Das Buch

»Das ist der Daumen, der schüttelt die Pflaumen, der hebt sie auf...« Wer kennt ihn nicht, diesen Abzählreim aus frühen Kindertagen? Aber wer weiß auch, was sich an tieferem Sinn und jahrtausendealter Kultur hinter dieser magischen »Fingerformel« verbirgt, wer weiß, daß in der vorchristlichen Zeit der Daumen für die Seele des Kindes stand, der Zeigefinger der »Mutterfinger« war, der Mittelfinger hingegen der »Vaterfinger«, dessen Karriere als Phallussymbol bis in die heutige Zeit reicht? Und weiß man, warum der Freitag, der Tag der Göttin Freya, als unglücksbringend gilt? Was dieselbe heidnische Göttin mit dem Wort »Schiff« und »Fregatte« zu tun hat? Daß das heute geächtete »Zunge zeigen« einst eine heilige Geste war und Zeugnisse davon sich in gotischen Kathedralen und ihren zahlreichen Figuren finden? Früher wußte »man« das alles: Frauen wußten es, und Männer wußten es. Und Männer waren es, die all das Wissen, das die herrschende Rolle der Frauen bei der kulturellen Evolution unserer Spezies belegt, unterdrückt und verdreht haben: um die patriarchalisch geprägten Macht- und Denkstrukturen im jüdisch-christlichen Abendland zu installieren und zu festigen. Diese feministische These ist dank Barbara G. Walkers einzigartiger Enzyklopädie mit 1350 Stichwörtern zu Mythologie, Religion, Sexualität, Geschichte, zu Kultur und Sprache, gesammelt in 25 Jahren detektivischer Arbeit, zu einer nicht mehr zu leugnenden Tatsache geworden – für jede Frau und jedermann!

Die Autorin

Die Amerikanerin Barbara G. Walker ist Autorin zahlreicher Bücher und unermüdliche Forscherin zu Frauenthemen. Auf deutsch sind erschienen ›Die weise Alte. Kulturgeschichte – Symbolik – Archetypus‹ (1986) sowie der Roman ›Amazone‹ (1993).

Barbara G. Walker

Das geheime Wissen der Frauen

Ein Lexikon

Mit zahlreichen Schwarzweißabbildungen

Deutscher
Taschenbuch
Verlag

dtv

Herausgeberin der deutschen Übersetzung: Dagmar Kreye

Aus dem Amerikanischen von Ulrike Bischoff, Christa Boeckel, Annette Gabriel-Reinecke, Andreas Jonda, Dagmar Kreye, Frank Kuhnke, Ursula Pesch-Itzstein, Annemarie Telieps, Michael Windgassen

Seite II: KORE, bemalter Marmor, Griechenland, ca. 5. Jahrhundert v. Chr.

Ungekürzte Ausgabe
September 1995
Deutscher Taschenbuch Verlag GmbH & Co. KG, München

Titel der amerikanischen Originalausgabe:
The Woman's Encyclopedia of Myths and Secrets
HarperCollins Publishers, Inc., New York 1983

ISBN 3-86150-006-X
Umschlaggestaltung: Klaus Meyer, Costanza Puglisi
Satz: Dieter Kohler & Bernd Leberfinger, Nördlingen
Druck und Bindung: C. H. Beck'sche Buchdruckerei, Nördlingen
Printed in Germany · ISBN 3-423-30484-7

Hinweise zur Benutzung

Querverweise. Im Text fettgedruckte Begriffe verweisen auf ein eigenes Stichwort zu diesem Thema. Da der Text sehr stark vernetzt ist, werden solche Querverweise nur gegeben, wenn sie inhaltlich besonders wichtig erscheinen. Wenn ein Schlüsselbegriff oder Name nicht fett gedruckt ist, heißt das also nicht unbedingt, daß es hierzu keinen eigenen Artikel gibt!

Manche Stichworte sind eigentlich selbst Querverweise: Statt einführender Informationen werden Sie auf die Abhandlung des Themas andernorts verwiesen; auf diese Weise werden inhaltliche Wiederholungen vermieden. Zum Beispiel finden Sie unter den Stichworten Alphabet, Blut und Weltei Hinweise auf eine Reihe anderer Stichworte, unter denen Sie zu diesen Themen nachlesen können. Außerdem verweisen manche Stichworte auf eine andere Schreibweise, unter der dieser Begriff besprochen wird, zum Beispiel Halleluja statt Alleluja, Jaina statt Dschaina usw.

Die sonst übliche Unterscheidung in *Siehe* und *Siehe auch* wird in dieser Enzyklopädie nicht verwendet. Sie können unter den Querverweisen zur weiteren Information über das spezielle Thema oder einfach aus allgemeinem Interesse nachlesen.

Marginalien. Diese Enzyklopädie enthält vier Arten von Marginalien:

Erstens werden, weil viele Namen und Begriffe in verschiedenen Sprachen und historischen Zeiten gebräuchlich sind oder waren, am Rand verschiedene Schreibweisen angeführt, um die kulturellen Querbezüge deutlich zu machen.

Zweitens wird die Ethymologie eines Wortes, wo sie besonders ergiebig und interessant ist oder deutsche und englische Wortstammbäume sich erheblich unterscheiden, in einer Randbemerkung erläutert, um den Fluß des Haupttextes nicht unnötig zu stören.

Drittens hat die Autorin so viele Quellen benutzt, daß nur ein- oder zweimal verwendete Literatur nicht in die Bibliographie aufgenommen wurde, sondern jeweils am Rand kurz angeführt und beschrieben wird.

Viertens werden über historische oder heutige Personen, die im Text nicht näher vorgestellt werden, manchmal in einer Marginalie ein paar grundsätzliche Informationen gegeben.

Um die in den Marginalien enthaltene Information besser zugänglich zu machen, sind die Marginalien nach Stichworten alphabetisch geordnet nach der Bibliographie aufgelistet.

Quellenangaben. Die Fußnoten sind – für jeden Artikel neu – von 1 fortlaufend numeriert. Die Information ist abgekürzt, ermöglicht aber problemlos die Zuordnung zur vollständigen Quellenangabe in der Bibliographie. Angegeben sind: Nachname des Autors oder der Autorin (mit Initialen davor, falls ein Nachname mehrmals vorkommt); Titel (abgekürzt), wenn mehr als ein Werk von derselben Autorin zitiert wird; gegebenenfalls Bandnummer, dann (nach dem Komma) die Seitenzahl. Wo es sinnvoll erscheint, etwa bei (Ranke-) Graves, *Mythologie der*

Griechen, sind, wann immer möglich, statt Seitenzahlen Kapitelangaben angeführt. In geeigneten Fällen wird hinter der Seitenzahl in Klammern die Seitenzahl einer etwaigen deutschen Ausgabe angegeben. Da neun ÜbersetzerInnen an der deutschen Ausgabe beteiligt waren und nicht allen immer die gleiche Ausgabe eines bestimmten Quellenwerkes vorlag, muß die deutsche Seitenzahlangabe nicht in jedem Fall für die im Anhang aufgeführte deutsche Ausgabe zutreffen; immerhin bietet sie einen Anhaltspunkt.

Ein Beispiel:

1. Frazer, G. B., 403 (dt. 506)

Fußnote 1 zitiert Sir James G. Frazer, *The Golden Bough*, Seite 403, die Seitenzahl der deutschen Ausgabe ist 506. Aus der nach Autorennamen alphabetisch geordneten Bibliographie ist dann ersichtlich, daß der Titel der deutschen Ausgabe *Der goldene Zweig. Das Geheimnis von Glauben und Sitten der Völker* lautet und 1989 als Reprint der Kurzfassung von 1928 erschienen ist.

Zitate wurden nach Möglichkeit aus den in der Bibliographie angeführten deutschen Ausgaben der entsprechenden Werke übernommen. Kurze Zitate aus dritten Sprachen wurden teilweise aus der amerikanischen Originalausgabe ins Deutsche übersetzt.

Einführung

Warum »gebar« Adam Eva? Siehe **Gebären durch einen Mann**.
Wer bildete ursprünglich die Heilige Dreifaltigkeit? Siehe **Dreifaltigkeit**.
Wie wurde aus dem Mittelfinger ein Phallussymbol? Siehe **Finger**.
Warum bringen Spiegelscherben Unglück? Siehe **Spiegel**.
Was verbirgt sich hinter dem Osterhasen? Siehe **Ostern**.
Warum verfluchte Jesus den Feigenbaum? Siehe **Feige**.
Warum ist es Sitte, sich unter dem Mistelzweig zu küssen? Siehe **Mistel**.
Was ist mit Luzifers Fall gemeint? Siehe **Luzifer**.
Warum gingen nur Frauen zu Jesu Grab? Siehe **Maria Magdalena**.
Warum hieß Mohammeds Tochter die Mutter ihres Vaters? Siehe **Fatima**.
Woran ging Rom zugrunde? Siehe **Mittelalter**.
Hat es den heiligen Petrus wirklich gegeben? Siehe **Petrus, Heiliger**.
Warum mußten Frauen in der Kirche ihr Haupt bedecken? Siehe **Haar**.
Warum verdammten die Ur-Christen die Ehe? Siehe **Ehe**.
Warum versuchte König Arthur, Säuglinge zu ermorden? Siehe **Kindermord**.
Hat es jemals eine Päpstin gegeben? Siehe **Johanna, Päpstin**.
Was steckt hinter den Feenmärchen? Siehe **Feen**.

In diesem Lexikon werden mehrere tausend wenig bekannte Tatsachen und verbreitete Vorstellungen erläutert, und das komplexe Thema des Sexismus erfährt eine Annäherung aus historischer wie mythischer Sicht. In Standardlexika tauchen solche Informationen nicht auf oder werden mit kurzen, wenig erhellenden Bemerkungen abgetan. Eine umfassende Untersuchung der vielfältigen Vorgänge beim Übergang von Frauen- zur Männer-orientierten Religionen in der westlichen Zivilisation ist dringend erforderlich.

Unsere Kultur ist zutiefst durchdrungen von der Überzeugung, daß der Mann – nicht die Frau – nach dem Bilde Gottes geschaffen ist. Diese Überzeugung lebt weiter, obwohl die Schöpfung vermutlich eher in der umgekehrten Richtung verläuft: Gott als menschliche Projektion des Bildes vom Menschen, vom Mann. Keiner Religion in Vergangenheit und Gegenwart ist es bislang gelungen, dem Glauben an eine völlig geschlechtsneutrale Gottheit Geltung zu verschaffen. Die Anbetung hat sich von jeher an ein weibliches oder männliches Wesen gerichtet, gelegentlich auch an ein Paar in sexueller Vereinigung oder ein androgynes Symbol dieser Vereinigung; aber alle Gottheiten hatten ein Geschlecht, so wie alle Menschen ein Geschlecht haben. Die alten Griechen und andere Kulturen, in denen die Homosexualität akzeptiert war, verehrten auch homosexuelle Gottheiten. (Siehe **Hermes**.)

Die moderne Christenheit findet es selbstverständlich, die Gestalten eines Vaters und eines Sohnes anzubeten, ohne sich Göttlichkeit jemals in Gestalt entsprechender Mutter- und Tochterfiguren vorzustellen, wie es in alten Kulturen der Fall war. Die KatholikInnen beten zwar immer

2469

noch die Große Göttin an, sogar unter ihren alten heidnischen Ehrenbezeichnungen wie Mutter Gottes, Himmelskönigin, Gesegnete Jungfrau und so weiter, aber ihre Theologen weigern sich zuzugeben, daß Maria die alte Göttin in neuem Gewand ist und bestehen paradoxerweise auf ihrer Nicht-Göttlichkeit. (Siehe **Maria**.)

Die ältere Vorstellung, nach der die weibliche Heilige Dreifaltigkeit in Gestalt von Jungfrau, Mutter und Greisin über alle Kreisläufe von Schöpfung, Geburt und Tod regiert, ist beim Kampf des Christentums gegen die Tempel, Schriften, Rituale und AnhängerInnen dieser Göttinnen-Trinität ausgelöscht worden. Die Kirche hat von Anfang an erklärt, daß die Große Göttin, »die von der ganzen Provinz Asien und von der ganzen Welt verehrt wird«, geschmäht werden und »ihre Hoheit verlieren« müsse (Apostel 19, 27). Dies ist offenbar die einzige Lehre des Neuen Testaments, deren Umsetzung die Kirchen all die Jahrhunderte ohne Abweichung und Widerspruch betrieben haben. Es schien auch notwendig, die Tatsache zu verbergen, daß das Christentum selbst ein – vom Asketentum Persiens und Indiens verzerrter – Ableger der Göttinnen-Verehrung im Mittleren Osten war. (Siehe **Jesus Christus**.)

Als Erlöserkult legte das frühe Christentum seinem Sühnemodell die Vorstellung weiblicher Schlechtigkeit zugrunde. Erlösung war notwendig, weil es einen Sündenfall gegeben hatte, und zwar durch die archetypische Frau. Ohne den Mythos von Evas Ungehorsam hätte es keine Sünde gegeben und somit auch nicht die Notwendigkeit der Erlösung. (Siehe **Eva**.) Die Kirchenväter erklärten, diese Ursünde würde über die sexuelle Empfängnis und den Akt des Gebärens durch alle Generationen – als Erbsünde – von jeder Frau weitergetragen. Die geheimnisvolle, teuflische sexuelle Anziehungskraft der Frauen verleitete die Männer zu der »Lüsternheit«, die auch innerhalb einer rechtmäßigen Ehe den Makel der Sünde auf jeden Mann übertrug. (Siehe **Sexualität**.) So sprach der heilige Augustinus, und die Kirche ist nie von seiner Meinung abgerückt.

In der gesamten Geschichte des Christentums finden wir Kleriker, die den Mißbrauch von Frauen verteidigen, ihren Abscheu gegenüber der weiblichen Sexualität zum Ausdruck bringen und die Überzeugung äußern, daß alle Frauen für die Ur-Sünde, die Tod und Verdammnis über die Menschheit brachte, Bestrafung verdienen. Adam war stellvertretend für alle Männer weniger schuldig als Eva, das Urbild aller Frauen. Der Apostel Paulus sah Eva sogar als die allein Schuldige (1.Timotheus 2, 14). Diese Tradition setzte sich bis in unser Jahrhundert fort, wenn der Klerus, wo er aktiven Mißbrauch von Frauen nicht verteidigte, sich jedenfalls immer gehütet hat, allzusehr gegen ihn vorzugehen. Auch Geistliche sind schon der Frauenmißhandlung überführt worden. Viele sind nach wie vor der Ansicht, die Frau solle dem Mann »nach Gottes Willen« untertan sein. (Siehe **Sexismus**.)

Die Angriffe von Männern gegen Frauen sind in aller Regel nicht als Rache für real erlittenes Unrecht entschuldbar. Das mythische Unrecht

Seite VIII: Die Göttin MAAT, Baasrelief, Ägypten, 19. Dynastie.

des Sündenfalls war daher für das theologische Lehrgebäude unerläßlich. Das praktische Ziel dabei war nicht, daß Frauen daran gehindert werden sollten, Männern Schaden zuzufügen, sondern es sollte verhindert werden, daß Frauen unabhängig von Männern handeln: Eigener Besitz, eigenes Einkommen, freie Wahl des Sexualpartners, ungestörte Erziehung der eigenen Kinder, dagegen richtete sich der Kampf.

Die patriarchale Religion erklärte den heidnischen Gesellschaften den Krieg. Dort galt Mutterschaft als die einzige wichtige Verwandtschaftsbeziehung, den Frauen gehörte das Land, sie regelten seine landwirtschaftliche Nutzung, und sexuelle Bindungen wurden nach Ermessen der Frauen geschlossen und gelöst. (Siehe **Weibliche Erbfolge**.) Aus biologischer Sicht spricht die patriarchale Religion den Frauen die natürlichen Rechte aller anderen Säugetierweibchen ab: das Recht, ihren Gefährten zu wählen, die Umstände der Vereinigung zu bestimmen, ihr eigenes Nest oder Revier zu besetzen und alle Männchen zurückzuweisen, solange sie mit der Aufzucht der Jungen ausgelastet sind. (Siehe **Mutterschaft**.)

Solche grundlegenden weiblichen Rechte wurden in patriarchal beherrschten menschlichen Gesellschaften beseitigt – obwohl die soziale Rolle der männlichen Erzeuger in der Frühzeit ganz anders gesehen wurde, als die modernen patriarchalen Ansichten es nahelegen. (Siehe **Königtum**.) Heutige Gelehrte bezeichnen gewohnheitsmäßig alle weiblichen und männlichen Gottheiten vergangener Zeiten als »Götter«, die »man« verehrte. Aber die höchste Gottheit jener Welt war normalerweise eine Göttin, die Schöpferin oder Mutter der Götter; sogar das Wort »man« hieß eigentlich »frau« und meinte ursprünglich eine Inkarnation der lunaren Mutter. (Siehe **Man(n)**.)

Die frühen christlichen Denker wußten sehr wohl, daß die Abschaffung der Göttin einen vernichtenden Schlag gegen Stolz und Selbstvertrauen der Frauen bedeuten würde. Denn auch der männliche Stolz basierte zum großen Teil auf der männlichen Vision dieser Christen von einem Gott, der so war wie sie, nur besser. Frauen wurden nicht als Töchter dieses Gottes bezeichnet, der den Männern ihre Seele schenkte. Im sechsten Jahrhundert wurde sogar bestritten, daß Frauen überhaupt eine Seele haben.

Da die christlichen Eroberer ihnen verboten, ihren eigenen Glauben zu leben, übernahmen die Frauen Europas schließlich notgedrungen den Glauben der Männer. Zu manchen Zeiten wurden sie mit Zugeständnissen gelockt, die später wieder zurückgenommen wurden. (Siehe **Kloster**.) Manchmal wurden sie von christlichen Ehemännern oder Landesherren auch einfach gezwungen. Die Mythen und Geheimnisse aus der spirituellen Vergangenheit der Frauen wurden begraben, genauso wie die Männer die Sheila-na-gig-Figuren der halb heidnischen irischen Kirchen vergruben, in der Hoffnung, daß sie nie gefunden werden würden. (Siehe **Sheila-na-gig**.)

Obwohl die Kirchengeschichte es nur sehr ungern zugibt, war nach mehr als tausend Jahren, in denen abwechselnd Gewalt und List angewandt wurden, die westliche Welt immer noch nicht wirklich christianisiert. Der alte Glaube lebte weiter, weil auch die Männer immer noch von Frauen geboren und genährt wurden, obwohl die Theologen darauf beharrten, nur der Vater sei wirklich mit dem Kind verwandt. (Siehe **Heidentum**.) Das waren theoretische Weisheiten, die in völligem Gegensatz zu der unmittelbaren Erfahrung jedes Kindes und seiner Abhängigkeit von der Mutter standen. Wo sie überhaupt in Erscheinung trat, schien Vaterliebe eine unbefriedigende künstliche Nachahmung der Mutterliebe darzustellen. (Siehe **Vaterschaft**.) In den Beziehungen zwischen Vätern und ihren Kindern war das vorherrschende Gefühl Angst. Den Männern wurde von der Kanzel herab befohlen, ihren Kindern mit grausamen Strafen die rechte »Gottesfurcht« einzubläuen.

Am schrecklichsten waren die Strafen des Himmlischen Vaters selbst: entsetzliche Visionen ewiger Qual waren die Frucht der männlichen Ängste. Die christliche Hölle ist die gräßlichste sadistische Fantasie, die jemals im Gewand einer Tatsache dahergekommen ist. (Siehe **Hölle**.) Der Klerus trieb mit solchen Visionen nicht nur naive Gemeindemitglieder zum Gehorsam, sondern rechtfertigte mit ihnen auch die Folter und Verbrennung der Hexen. Nach Meinung der Inquisitoren sollte die ewige Bestrafung solcher Ketzerinnen schon in diesem Leben beginnen und bis zu Tod des Opfers nicht enden. (Siehe **Inquisition**.)

Die Glaube an die Göttin und ihre Söhne und Liebhaber, die alten Götter, hieß nun Teufelsanbetung, weil diese Gottheiten (soweit sie nicht als Pseudo-Heilige in den christlichen Kanon übernommen wurden) jetzt als Teufel galten. Der Zusammenhang zwischen »Frau« und »Teufel« im patriarchalen Bewußtsein war so alt wie die Geschichte vom Garten Eden. (Siehe **Schlange**.) Er überlebte auch, als mit dem Heraufziehen eines aufgeklärteren Zeitalters die systematische Verfolgung allmählich ein Ende nahm. Folterbank und Scheiterhaufen wurden im 18. und 19. Jahrhundert durch subtilere Methoden des Mißbrauchs ersetzt, die dazu dienten, Frauen juristisch, politisch, wirtschaftlich und psychologisch zu unterdrücken. Der Klerus half dabei, indem er sich einer Ausbildung der Mädchen widersetzte und alle physischen und rechtlichen Mittel befürwortete, um Frauen »an ihrem Platz« zu halten. Wie Sir Hermann Bondi sehr richtig beobachtet hat, erklärten die Männer Gott zur Urquelle der »üblichen und unverhohlenen Frauenverachtung in den drei großen westlichen Religionen, die Grundlage für den immer noch wuchernden grausamen, unmenschlichen und sinnlosen Sexismus ist.« Die weiblichen Gefühle von Minderwertigkeit und Unsicherheit und sogar Extreme wie Masochismus und Depressionen können oft auf die Erziehung in einem männerzentrierten Religionssystem gegen die eigentliche Natur der Frauen zurückgeführt werden.

In neuerer Zeit haben Frauen versucht, sich ein genaueres Bild von dieser weiblichen Natur zu machen, die unter der Vielfalt männlicher Bilder und Werte in der westlichen Gesellschaft verschüttet war. Aus dieser neuen Forschung hat sich unter anderem die interessante Vorstellung ergeben, daß unsere Welt weniger von Streit und Entfremdung geprägt wäre, wenn die Religion der Frauen weiterbestanden hätte. Götter wie Jahweh befahlen ihren Anhängern gern, in den Krieg zu ziehen, während die Großen Muttergöttinnen für die friedliche Entwicklung zivilisierter Fertigkeiten und Künste einstanden. Das matriarchale Gesetz lautete Zusammenarbeit, nicht Ausbeutung. (Siehe **Krieg**.)

Zu der Huldigung an die Große Göttin gehörte normalerweise das unbefangene Akzeptieren der natürlichen Kreisläufe von Sexualität, Geburt und Tod sowie die mütterliche Sorge für das Wohl kommender Generationen. Liebe war nicht jenes abstrakte Prinzip, zu dem später die »Liebe Gottes« einmal werden sollte. In den Anbetungsriten selbst konnte diese Liebe direkt, körpernah und physisch erfahren werden. (Siehe **Karuna**.) In den mittelalterlichen »Häresien«, die den Zorn der Kirche erregten, steckten sicherlich noch viele Elemente dieser östlich-weiblichen Vorstellungen. (Siehe **Ritterromane**.)

Vielleicht der wichtigste Teil jeder Religion ist die Richtung, die sie den zwischenmenschlichen Verhaltensmustern gibt. Die von den Frauen zu Ehren ihrer alten Göttin entwickelten Verhaltensweisen verdienen heute zweifellos ein intensives Studium. Ein Text der matriarchalen Religion formuliert es treffend: »Was nützen große Bekenntnisse über die Seele von den Lippen derer, die einander hassen und verletzen? … Religion ist Güte.« (Siehe **Atheismus**.)

Spuren der »gütigen Göttin« sind immer noch in tausend verborgenen Winkeln von Geschichte und Brauchtum versteckt: Mythen, abergläubische Bräuche, Feenmärchen, Volkslieder und Tänze, Kinderreime, alte Spiele und Feiertage, magische Symbole, Sagen. Die unverändert erhalten gebliebenen, aber auch die überarbeiteten apokryphen und anderen Schriften sowie das wertvolle Material, das ArchäologInnen, OrientalistInnen und andere Gelehrte zutage fördern, sind ebenfalls Fundgruben für das geheime Wissen von der Göttin. Vergleichende Studien können wie Puzzleteile zusammengefügt werden und lassen dann ein Muster erkennen. Das Puzzle ist noch sehr unvollständig, aber viele der kleinen Teilchen sind in diesem Buch versammelt.

Die hier aufgeführten Mythen und Sagen stammen nicht nur aus heidnischer Überlieferung. Die biblischen Geschichten sind ebenfalls sehr wichtig, nicht nur, weil sie die westliche Kultur entscheidend geprägt haben, sondern auch, weil sie in den Jahrhunderten des Übergangs von matriarchalen zu patriarchalen Systemen geschrieben und überarbeitet wurden. Die spätere Entwicklung der christlichen Mythen hat viel zum sexistischen Denken beigetragen. In Europa war Sexismus eine Hauptfolge des kirchlichen Christentums. Patriarchale Religionen wie Judentum und Christentum haben die heutige »Männerwelt« überwiegend durch ein ausgeklügeltes System von Lügen errichtet und befestigt. Unter den in diesem Buch gelüfteten Geheimnissen sind viele überraschende historische Tatsachen; die meisten von ihnen sind in den 1500 Jahren des kirchlichen Monopols über schriftliche Chroniken, in denen die kirchlichen Orden selbst die Geschichte ihrer Kirche aufgezeichnet haben, verheimlicht, geschönt oder sonstwie verfälscht worden.

In den letzten Jahrzehnten ist ein Teil der Fakten, die von der christlichen Geschichtsschreibung stets verschleiert wurden, ans Licht gekommen. Andere werden von religiösen Organisationen, die sich nach wie vor dem Erhalt der patriarchalen Gesellschaft widmen, heute noch geheimgehalten. Theoretisch dürfen Laien, besonders Frauen, in diese Geheimnisse nicht eindringen. Trotzdem ist es möglich, vieles herauszufinden.

Das am besten gehütete Geheimnis der christianisierten Geschichte war natürlich die vielnamige Göttin, die ursprüngliche Heilige **Dreifaltigkeit**, welche die Welt erschuf und regierte, die Erlösergestalten gebar, den ProphetInnen Tafeln mit göttlichen Gesetzen sandte und nach vorchristlichem Glauben über jedes Leben vom Mutterleib bis ins Grab, von der Wiege bis zur Bahre wachte. Heute wird sie als »mythische« Gestalt angesehen, die von einem (ebenfalls mythischen, aber in einer männerbetonten Gesellschaft besser vertretbaren) Gott, der die meisten ihrer Attribute übernahm, verdrängt wurde. Vielen Menschen ist gar nicht bewußt, wie sehr das spirituelle Leben der westlichen Welt und besonders der westlichen Frauen durch die gewaltsame Unterdrückung der Großen Göttin verarmt ist.

Der ständige Krieg der Kirche gegen die Anhängerschaft der Göttin macht einen großen Teil dessen aus, was Feministinnen heute »unsere verborgene Geschichte« nennen. Obwohl auch das Christentum aus der einstmals universalen Religion der Göttin hervorgegangen ist, hat ein muttermörderischer Fanatismus jeden Gedanken und alle Gefühle mit Frauenhaß getränkt. Im Endeffekt hat das Christentum eine Gesellschaft hervorgebracht, in der die Angehörigen des einen Geschlechts die des anderen ständig unterdrückten und beide der Ansicht waren, das sei die von einem männlichen »Schöpfer« vorgegebene natürliche Ordnung der Dinge. In der vorchristlichen Welt, wo der »Schöpfer« meistens eine »Schöpferin« war, verhielt es sich anders. Indem er Gott nach seinem Bilde schuf, hat der Mann fast vergessen, daß die Frau einst nach ihrem Bilde die Göttin geschaffen hat. Hier liegt das tiefe Geheimnis aller Mythologie und das grundlegende Geheimnis dieses Buches.

Barbara G. Walker

ARTEMIS, die Mond- und Jagdgöttin der Amazonen. Griechenland, viertes Jahrhundert v. Chr.

Der »Ludovisische Thron«, Marmor. Lange Zeit als Geburt der APHRODITE aus dem Meer identifiziert, mit zwei Horen als Helferinnen. Mittlerweile wird die Darstellung als Hera im Bad gedeutet. Griechenland, fünftes Jahrhundert v. Chr.

Majestätische Statue der ATHENE, über 2 m groß. Ihr großer Helm mit Eulen und Greifen und die *Aigis* mit dem Medusenhaupt, die sie über der Brust trägt, bedeuten weibliche Weisheit. Frühes viertes Jahrhundert v. Chr., Bronze.

A

Die heiligen Alphabete der alten Welt bezeichneten Geburt und Anfang durch den Buchstaben A. Dieser Buchstabe stand für die Schöpfergöttin, welche die Alphabete erfunden und sie den Menschen geschenkt hatte.

Die BabylonierInnen nannten die Große Göttin »A«, den Anfang, oder Aya, die Mutter aller Dinge[1]. Tantrische Weise nannten ihren Geburts-Buchstaben Alpha Akshara, »den Buchstaben A, der als ›Mutter der Weisheit‹ angesehen wird, deshalb wird von allen begnadeten Menschen, allen Buddhas und Bodhisattvas gesagt, daß sie durch das ›A‹ entstanden sind«.[2]

Die GriechInnen hatten ähnliche Ansichten vom Buchstaben Alpha, in dem auch die Bezeichnung für den Fluß der Geburt- oder Schöpfung mitschwang. Sein anderer Name war **Styx**, der Fluß des Todes, denn in dem zyklischen System der Alten verschmolzen Geburt und Tod in einem kreisförmigen Kontinuum. Der Styx kreiste siebenmal durch den Leib der Erde und ergoß sich erneut als Alpha.

1. *Assyr & Bab. Lit.*, 133f. 2. Wadell, 161.

Ab

Das ägyptische Wort der Herz-Seele, unter den sieben Seelen am wichtigsten. Diese eine wurde beim »Wägen der Seele« durch die Göttin **Maat** in der unterirdischen Halle des Gerichts nach dem Tod gewogen. Wie auch in Indien wurde die Herz-Seele als winziger Tänzer dargestellt, der im Zentrum des Körpers einen konstanten Rhythmus stampfte, so wie der tanzende **Shiva** oder die tanzende **Kali** den Rhythmus des Lebens im Zentrum des Kosmos aufrechterhielten. Die Hieroglyphe des Wortes *ab* war eine tanzende Gestalt.[1] (Siehe **Herz**.)

1. Budge, E. L., 44.

Var. Abaton

Abaddon

Der Gott **Apollon** war während des Tages ein Sonnenkönig im Himmel und bei Nacht ein Herr des Todes in der Unterwelt. Letztere Form wurde zum jüdischen Apollyon, dem Engel des Abgrunds (Offenbarung 9,11). Apollon-Python war die **Schlangen**-Gottheit in der Grube des delphischen Orakels, welche die Seherin durch mystische Dämpfe aus der Unterwelt inspirierte. Das griechische Wort für Grube war *abaton*, das die Juden zu Abaddon veränderten – später war dies ein geläufiges christliches Synonym für die Hölle.

Auch *mundus* oder Erd-Leib genannt, war *abaton* tatsächlich eine Grube oder Höhle, wie sie in jedem heidnischen Tempel zu finden war. Von denjenigen, die sie betraten, um dort »bebrütet«, inkubiert zu werden, beziehungsweise um dort eine Nacht in einer magischen Imitation des Schlafes im Mutterleib zu verbleiben, hieß es, daß sie von einem »Incubus« besucht würden, einem Geist, der prophetische Träume brachte.[1] Novizen begaben sich für längere Zeit in die Gruben, wo sie Tod, Begräbnis und Wiedergeburt aus dem Leib von Mutter Erde darstellten. Wenn sie einmal auf diese Art eingeweiht waren, dachte man, daß sie die Gabe der Oneiromantie besäßen, die Fähigkeit, Träume zu deuten.

Der Joseph des Alten Testamentes bekam seine Gabe, Träume zu deuten, durch den Aufenthalt in einer Grube. Die »Brüder«, die ihn dort hineingeworfen hatten, scheinen seine Priestergenossen gewesen zu sein. Er konnte die Träume des Pharao erst deuten, nachdem er diesem Ritual unterworfen worden war. Assyrische Priester entwickelten ähnliche Kräfte durch den Aufenthalt in einer Grube.[2] Danach legten sie das vielfarbige Priestergewand an, das die Kommunion mit der Göttin unter ihrem Namen Nansche, »Deuterin der Träume«, andeutete.[3] Es ist wahrscheinlich, daß Josephs vielfarbiger Mantel ihm ursprünglich nicht vor der Initiation, sondern hinterher gegeben wurde, durch einen »Vater«, der in Wirklichkeit der Hohepriester war.[4]

Dasselbe Begräbnis-und-Wiederauferstehungs-Ritual findet sich in den Lebensbeschreibungen antiker Weiser. Von dem pythagoräischen Philosophen Thales von Milet, der zu den Sieben Weisen der Antike gezählt wurde, heißt es, er habe seine intellektuellen Fähigkeiten durch die Kommunion mit der Göttin der Weisheit in einem *abaton* erlangt.[5]

1. Bromberg, 11. 2. Lethaby, 172. 3. *Assyr & Bab. Lit.*, 131. 4. *Larousse*, 63.
5. Lys, 336.

Abdu

Der »Abyssos«, manchmal Fisch der Isis genannt. Er repräsentierte ihre Genitalöffnung, die den Penis des Osiris »verschluckte«. Abdu war der ägyptische Name von Abydos, einem frühen Yoni-Heiligtum, wo der Gott starb und in den Leib seiner Mutter eintrat, in die Unterwelt. (Siehe **Fisch**.)

Abischag

Die Bibel behauptet, daß das Mädchen Abischag aufgrund ihrer Schönheit erwählt wurde, um in dem alternden König **David** »Hitze« zu erzeugen (1. Könige 1, 2–3). Diese »Hitze« war nicht reine Wärme, sondern das heilige Feuer der sexuellen Potenz, ohne das es keinem König gestattet war zu herrschen. Wenn ein impotenter König regierte, wurde das Land unfruchtbar. Daher trat, als David versagte und Abischag nicht »erkannte«, ein virilerer Prinz, Adonija, auf den Plan. Er »trat anmaßend auf und sagte: Ich werde König sein« (1. Könige 1, 5). Davids Tod ereignete sich unmittelbar, nachdem er bei diesem Virilitätstest versagt hatte.

Der Name Abischag hängt vielleicht mit der Hindu-Zeremonie *abisheka* zusammen, dem Salben der Könige mit der heiligen Flüssigkeit der Göttin Sarasvati.[1] Von China bis zum Mittelmeer leiteten die antiken Könige ihre Legitimation von einer Vereinigung mit der Göttin durch ihre Priesterin-Stellvertreterin her.[2] Die mesopotamischen Könige und ihre vergöttlichten Seelen, die Götter, wurden ständig als von der Göttin »geliebt« bezeichnet, die Schöpferin der Erde und

»Schafferin des Schicksals der Menschen und Götter«[3] genannt wurde. So wie die östliche Göttin repräsentierte auch Abischag das Land auf dieselbe Weise wie Salomos **Braut**; die Vereinigung mit ihr ist im Hohenlied mit der notwendigen Intimität Punkt für Punkt aufgezeichnet.

Nach Davids Tod traf die Königinmutter die Wahl zwischen den rivalisierenden Kandidaten Salomo und Adonija. Sie krönte Salomo von eigener Hand (Hoheslied 3, 11), wie es bei den königlichen Frauen Brauch war, deren Aufgabe darin bestand, Könige zu inthronisieren oder zu entthronen, so auch in Indien, Ägypten und den Ländern des Fruchtbaren Halbmondes.[4] Trotzdem hatte Adonija immer noch Absichten auf den Thron, wie seine Bitte um die Hand Abischags zeigt. Um diese symbolisch und politisch bedeutsame Hochzeit zu verhindern, ließ Salomo Adonija ermorden (1. Könige 2, 17–25). Die Bibel vermag nicht, Salomos seltsam grausame Reaktion auf Adonijas Wunsch zu erklären; sie kann aber nur bedeuten, daß die Krone auf dem Spiel stand. Das wiederum zeigt, daß eine sexuelle Vereinigung mit Abischag Grundvoraussetzung war, um König zu sein. (Siehe **Königtum**.)

1. Gaster, 514. 2. Boulding, 191. 3. Pritchard, A. N. E. 1, 65; 2, 17, 21, 135, 202. 4. Boulding, 210.

Ablaß

Simonie ist der nach **Simon Magus** benannte Handel mit geistlichen Ämtern und Sakramenten. Die Simonie galt zwar als Sünde, wurde jedoch kaum je kirchenrechtlich verfolgt.

Die katholische Lehrmeinung ließ sich in vielen Fällen kaum von der Sünde der Simonie abgrenzen. Durch den Verkauf von Ablaß machte die Kirche ohne materielles Wagnis einen enormen Profit – es kostete sie lediglich das Versprechen, die AblaßkäuferInnen würden von ihren Sünden losgesagt und damit nach ihrem Tode zum Himmelreich zugelassen. Kein Kunde kehrte je mit einer Betrugsbeschwerde zurück.

Es war ein allgemein übliches Verfahren der Päpste, den Befehlshabern der Kreuzzugsheere Generalablaß (die Vergebung aller – auch der zukünftigen – Sünden) zu gewähren. Das Zuckerbrot der Ablaßbriefe wurde so das spirituelle Gegenstück zur Peitsche der Exkommunikation, der die Kraft zugeschrieben wurde, einen Sünder unwiderruflich ins Höllenfeuer zu verdammen.

Mit dem Verkauf von Ablaßbriefen finanzierten die Päpste ihren aufwendigen Lebensstil und ehrgeizige Projekte – so etwa den Bau des Petersdoms. Papst Alexander VI. (1492–1503) begründete auf der Ablaßkrämerei ein ganzes Handelsimperium. Der von Leo X. (1513–1521) ausgesandte Dominikanermönch Johann Tetzel bereiste das deutsche Reich, wo er Ablaßbriefe feilhielt, die – je nach Preis – für eine unterschiedliche Anzahl an Tagen Befreiung vom Fegefeuer versprachen. Tetzel kündigte sich mit den Worten an:

> *Ich halte Freibriefe solcher Art feil, … der Menschen Seele ins Paradies zu geleiten. Auf jegliche Todsünde, deren mehrere gemäß unserem Bekenntnis jeglichen Tag begangen werden, sind uns sieben Jahre der Buße, sei es auf Erden oder im Fegefeuer, auferlegt. Wer würde um eines Viertelguldens willen zögern, einen meiner Briefe zu erwerben, erwirbt er so doch seiner göttlichen und unsterblichen Seele die himmlischen Freuden des Paradieses?*[1]

Ein Zeitzeuge des 15. Jahrhunderts berichtet: »Dieser Tage rufen die Sünder aus: ›Was schert's mich, wie viele und große Übel ich vor Gott tu, kann ich doch ohne die kleinste Mühe und auf einen Schlag völlige Vergebung an Schuld und Sünden erlangen durch den Ablaß, den mir der Papst garantiert und seinen Freibrief, den ich um vier Pfennige erstanden.‹ … Die Ablaßkrämer ziehn von Ort zu Ort und bieten ihre Briefe für zwei Pfennige oder einen guten Trunk Weins und Biers feil, mitunter auch gegen ihre Spielschulden, item gegen die Befriedigung ihrer fleischlichen Lust oder als Hurenlohn.«[2]

Reginald Scot war der Ansicht, in der Ablaßkrämerei zeige sich die Oberflächlichkeit der katholischen Lehre – vor allem dort, wo sie mit der Bilderverehrung einherging. Er schrieb über »die Verblendung einiger Papisten, die zwar die Absurdität der päpstlichen Religion erkennen und eingestehen – die Einführung und Förderung der **Idolatrie** und des Aberglaubens, vor allem den an Bilder, Ablaß, und die Reliquien der Heiligen – und trotzdem darauf beharren, daß der restliche Dogmenplunder heilig und gut ist.«[3]

Allerdings waren nicht alle Katholiken mit dem Ablaßhandel einverstanden. In Prag wurden päpstliche Ablaßbullen öffentlich verbrannt. Zuvor gaben sie den Halsschmuck einer Prostituierten ab, die sie in einem feierlichen Umzug unter lasziven Bewegungen zum Pranger trug.[4] Der Nürnberger Schuhmacher und Meistersinger Hans Sachs faßte seinen Spott über die Ablaßkrämerie in seinem prolutherischen Gedicht »Die wittembergisch Nachtigall« in Verse, die bald als geflügeltes Wort überall verbreitet waren:

Legt ein, gebt euwer hilff und stewr
Und lößt die seel aus dem Fegefewr
Bald der guldin im Kasten klinget
Die Seel sich auff gen hymel schwinget.[5]

1. Chamberlin, B. P., 241. 2. Murstein, 113. 3. Scot, 12. 4. Lea ungek., 489.
5. Büchmann, dt. 679.

Abraham

Dieser Name, der »Vater Brahm« bedeutete, scheint eine semitische Version des indischen patriarchalischen Gottes Brahma gewesen zu sein; er war auch der islamische Abrama, der Gründer von Mekka. Allerdings sagen die islamischen Legenden, daß Abraham ein Eindringling in das Heiligtum der Kaaba war. Er kaufte es von den Priesterinnen ihrer ursprünglichen Göttin.[1] Sarah, »die Königin«, war einer der Titel der Göttin, der zum Namen von Abrahams biblischer »Frau« wurde.[2] Die Schreiber des Alten Testamentes gaben vor, die Affäre Sarahs mit dem Pharao sei von Abraham selbst arrangiert worden, weil er sich davon einen Vorteil versprach – was ihn unvorteilhafterweise als Zuhälter erscheinen läßt (Genesis 12, 16). Ebenso wird er als Möchtegern-Mörder seines Sohnes (Genesis 22, 10) dargestellt.

In der Erzählung vom beinahe erfolgten Töten Isaaks übernimmt Abraham die Rolle des Opferpriesters, ähnlich einem Druiden, um die dem Jahweh geweihten Bäume mit dem Blut Isaaks zu bestreichen. Dies war ein alter Brauch, von dem der Opfertod Jesu nur eine Variante darstellt. Jahweh erschien Abraham zum ersten Mal bei der heiligen Eiche von Sichem, wo Abraham einen Altar baute. Später erbaute Abraham einen Altar für die Eichen-Gottheit von Mamre bei Hebron. Noch im 4. Jahrhundert n. Chr. war nach Ansicht Konstantins des Großen Abrahams Heim bei der Eiche von Mamre immer noch ein heidnischer Schrein: »Es wird gesagt, daß überaus verdammenswerte Götzenbilder daneben aufgestellt sind und daß ein Altar nahe bei steht und daß immerzu unreine Opfer dargeboten werden.«[3]

1. Briffault 3, 80. 2. Graves, W. G., 163. 3. Frazer, F. O. T., 335.

Var. Abrasax

Abraxas

Gnostischer Gott, sowohl mit Mithras als auch mit Jahweh gleichgesetzt, in der Zeit der ersten ChristInnen »Unser Vater« und »Herr der Heerscharen« genannt.[1] Wie Mithras repräsentierte auch Abraxas »die 365 Aeonen«, 365 000 Jahre, die der gegenwärtigen Welt als Lebensspanne zugeteilt sind, was auf der hinduistischen Vorstellung basiert, daß ein Götterjahr 1000 Menschenjahren entspricht. Jüdische Schriftgelehrte brachten diesen Glauben in Psalm 90, 4 zum Ausdruck und im »Ersten Buch Adam und Eva«, in dem Gott sagt, daß seine fünfeinhalb Tage 5500 Jahre für die Menschheit bedeuten.[2] Der Zahlenwert der Namen Mithras und Abraxas beträgt jeweils 365. Beide waren Götter der Numerologie.

Die rechtgläubige Christenheit betrachtete Abraxas schließlich als einen Dämonen, da er mit dem gnostischen Gott »Herr Dieser Welt« verschmolz, dessen Attribute sowohl göttlich als auch dämonisch waren. Als Schöpfer des materiellen Universums wurde er für schlecht erklärt, da nach der gnostischen Lehre sämtliche Materie schlecht ist. Deshalb würden er und seine Werke – die materielle Welt selbst – am Jüngsten Tag zerstört werden.[3] Trotzdem war Abraxas während des Mittelalters die bevorzugte Gottheit verschiedener häretischer Sekten.

1. Budge, A.T., 209. 2. *Forgotten Books*, 6. 3. Legge 2, 239.

Abschalom

Die Bibel zeigt Abschalom entweder als Davids Sohn oder als Davids Nachbarn (2. Samuel 12, 11), da die Schreiber der Bibel nicht entscheiden konnten, wo er genau herstammte. Er war lediglich als Ersatz-»König« der Juden wichtig. Sein Name, Vater Salm oder Schalm, war ein weitverbreiteter Name der Sakralkönige, auch in den Formen Salma, Salem, Salomo oder Solomon; in Assur hieß er Shalmaneser, auf Kreta »Sohn Gottes« Salmoneus.[1] Der Name bedeutete Friedensfürst, ein Synonym für den Herrn der Toten, da »Frieden« das Abschiedswort dieses Gottes war, als er in die Unterwelt herabstieg.

Die Kanaaniter verehrten Vater Salm in der Stadt Salem, deren palästinensisches Gegenstück Jeru-salem war, das »Haus Salems«. Die Könige des Stammes, von dem auch David war, die Keniter, nahmen den heiligen Namen an, als sie in Jerusalem herrschten. Wahrscheinlich wurden mehrere von ihnen Salomo genannt, einschließlich des biblischen Salomo, dessen wirklicher Name nach 2. Samuel 12, 25 Jedidja war.

Abschalom erhielt den heiligen Namen und starb als Stellvertreter für den herrschenden König David, dessen Klage um den Toten in Wirklichkeit eine liturgische Formel war. Er rief »mein Sohn, mein Sohn Abschalom. Wäre ich doch an deiner Stelle gestorben«, um die Tatsache zu verbergen, daß dieser in Wirklichkeit für ihn gestorben war. Bei den alten Semiten mußte im allgemeinen jemand in bestimmten Zeitabständen für den König sterben, um mit seinem Blut die Fruchtbarkeit des Bodens und des Volkes zu erhalten. (Siehe **Königtum**.)

Althergebrachte Überlieferungen diktierten den Ablauf des Dramas. Das auserwählte Opfer saß auf dem Thron und vereinigte sich öffentlich mit den Frauen des Königs unter einem Hochzeitsbaldachin (2. Samuel 16, 22). (Siehe **Huppah**.)

Anschließend wurde Abschalom für göttlich erklärt und der Geist seines Phallus wurde durch eine aufgerichteten Säule unsterblich gemacht (2. Samuel 18, 18). Abschalom wurde in eine heilige Eiche gehängt, »zwischen Himmel und Erde«, wie alle Opfer für die Gottheiten der Luft und des Himmels.[2] Sein Herz wurde von drei Pfeilen durchbohrt, wie das des ägyptischen Gottes Seth. Er wurde von zehn Männern in Priesterkleidung zerstückelt (2. Samuel 18, 14–15). Nach altem Brauch wurde seine Teile über die Felder und Weingärten verteilt, um das Wachstum der Feldfrüchte zu fördern.

1. Graves, W. G., 363 f. 2. Angus, 173.

Abtreibung

Die Alten betrachteten die Abtreibung generell als die Privatangelegenheit der Frauen, bei der kein Mann das Recht hatte, sich einzumischen. Hartley sagt dazu: »Jede Frau muß frei sein, ihre eigene Wahl zu treffen. Kein Mann kann für sie entscheiden. Sie muß frohen Herzens Leben geben, um sicher zu sein, daß sie es gut gibt.«[1] Aber mit dem Aufstieg der patriarchalischen Religionen – vor allem unter den Griechen – entwickelte sich der Glaube, daß der väterliche Samen dem Fötus die Seele verleiht. Die Menschen sorgten sich um die Sicherheit aller Körperbestandteile, die sie von sich fortgaben (abgeschnittene Haare und Fingernägel, Speichel und Blut), damit keine Zauberei den lebenden Menschen durch etwas Schaden könnte, was einmal Bestandteil seiner selbst gewesen war. Diese Angst konzentrierte sich besonders auf das Sperma als Erweiterung der väterlichen Seele. Wenn der von ihm gezeugte Fötus zerstört wurde, mußte nach den Gesetzmäßigkeiten der Magie auch der Mann selbst mit Sicherheit spirituellen Schaden nehmen. Thomas von Aquin vertrat dieselbe Meinung, indem er behauptete, der Same sei das Gefährt der Seelen.[2] Es war eine logische Fortführung dieser Meinung, daß Abtreibungen durch das Gesetz bestraft werden müssen, nicht weil sie für die Frauen gefährlich waren, sondern weil sie in der (magischen) Vorstellung für die Männer gefährlich waren.

Im Osten war die Abtreibung allerdings bis zum fünften Monat, in dem die Kindsbewegungen fühlbar wurden, absolut legal. Nach diesem Zeitpunkt war eine Frau, die ihren Fötus abtrieb, den Schriften der Brahmanen zufolge des Mordes schuldig. Vor diesem Zeitpunkt besaß der Fötus keine Seele und konnte straflos zerstört werden.[3] Diese Lehre verkörperte sich innerhalb der katholischen Kirche in der Doktrin von der passiven Empfängnis, der Thomas von Aquin widersprach, um zu beweisen, daß die Seele allein von Gott kommt. Bis ins späte 19. Jahrhundert erklärte die Lehre der passiven Empfängnis, daß die Seele im fünften Monat der Schwangerschaft hinzukommt, um den Fötus zu beleben, der bis dahin ohne Seele war.[4]

1869 revidierte die Kirche diese Meinung, wobei sie stillschweigend eingestand, daß entweder Gott seine Kirche über seine Methode, die Seele im Körper zu installieren, falsch informiert hatte, oder daß er sich entschlossen hatte, diese Methode zu ändern. Papst Pius X. verkündete, die Seele würde schon im Moment der Befruchtung empfangen.[5]

In Wirklichkeit hatte sich die Kirche nur mit ein paar Jahren Verspätung entschlossen, einigen neuen Gesetzen zu folgen, die jedoch von Menschen, nicht von Gott gemacht worden waren. In Europa wurde die Abtreibung erst im 19. Jahrhundert als Verbrechen eingestuft.[6] In den USA erscheint die Abtreibung zum ersten Mal 1830 als Straftatbestand.[7]

Die Kirche gibt heute fälschlicherweise vor, »immer schon« gegen Abtreibung gewesen zu sein. Der Zorn der mittelalterlichen Kirche richtete sich nicht gegen Abtreibungen per se, sondern gegen die Hebammen, die sie vornahmen. Das Handbuch der Inquisition stellt fest: »Niemand fügt der katholischen Kirche mehr Schaden zu als die Hebammen.«[8] (Siehe **Geburtshilfe**.) Die Kirche war nicht gegen das Töten der Ungeborenen, immerhin verbrannte sie viele schwangere Frauen als Hexen. Sogar die schwangere Frau eines Stadtrates wurde 1630 in Bamberg gefoltert und verbrannt.[9]

Die Bestrebungen der vergangenen Jahre zur Legalisierung der Abtreibung waren offensichtlich behindert durch die Unkenntnis darüber, wie jung das Verbot des Schwangerschaftsabbruchs ist; daneben aber auch durch den männlichen Glauben, daß Frauen durch den Zwang zum Kinderkriegen unter Kontrolle gehalten werden müßten. »Männliche Gesetzgeber haben den Gedanken einer Legalisierung des Schwangerschaftsabbruchs verlacht und auf eine beispiellose Promiskuität (auf Seiten der Frauen, nicht der Männer) hingewiesen, für den Fall, daß so etwas erlaubt werden sollte. Währenddessen sterben jedes Jahr Tausende verzweifelter Frauen als direkte Folge männlicher Gesetze, die eine Abtreibung verbieten. Die Frauen lernen die Bedeutung dieses männlichen Gelächters und die Gleichgültigkeit gegenüber dem riskantesten und ernstesten biologischen Vorgang, dem sich Frauen unterziehen, kennen, ob sie wollen oder nicht.«[10]

Die katholische Kirche besteht nach wie vor auf ihrem Anspruch, über die reproduktive Funktion der Frauen Autorität zu besitzen. Katholische Krankenhäuser verweigern die Durchführung von Abtreibungen, selbst wenn das Kind Folge einer Vergewaltigung ist.[11]

1. Hartley, 263. 2. Rees, 277. 3. *Mahanirvanatantra*, 269. 4. Briffault 2, 450. 5. Sadock, Kaplan & Freedman, 352. 6. *Encyc. Brit.*, »Abortion«. 7. Rugoff, 256. 8. Sprenger & Institoris, 66. 9. Robbins, 509. 10. Roszak, 299. 11. Medea & Thompson, 114.

Acedia

»Grenzenlose Apathie«, der kirchliche Ausdruck für die akute Depression, von der Menschen im Kloster befallen werden.[1] Die Kirche erkannten, daß die *acedia* Mönche und Nonnen extrem anfällig für dämonische Besessenheit machte. (Siehe **Besessenheit**.)

1. Mumford, 302.

Achamoth

Muttergöttin, die den frühen gnostischen ChristInnen zufolge den Schöpfer der materiellen Welt gebar.[1] Sie war die Dritte in einer weiblichen Ur-Dreiheit, die aus Sige, Sophia und Achamoth bestand – vergleichbar der göttlichen Urgroßmutter, Großmutter und Mutter in Nordeuropa.[2] Die drei bestraften den männlichen Schöpfer wegen seines exzessiven Hochmuts und anderer Vergehen. (Siehe **Sophia, Heilige**.)

1. Legge 2, 69. 2. Turville-Petre, 147.

Achilles

Homerischer Held aus der Ilias, der größte aller griechischen Krieger bei der Belagerung Trojas. Achilles war der Sohn der Meergöttin Thetis, »Sie, die entscheidet«. Er war fast am gesamten Körper unverwundbar, da seine Mutter ihn als Kind in den heiligen Fluß **Styx** getaucht hatte, aber der Fleck an seiner Ferse, an dem sie ihn festgehalten hatte, kam nicht mit dem magischen Wasser in Berührung. Deshalb konnte er durch einen Pfeil in seine Ferse getötet werden, was auch geschah, ähnlich wie bei dem Hindugott Krishna. Deshalb wird eine empfindliche Stelle in einer ansonsten starken Konstruktion »Achillesferse« genannt.

Wie Herakles lebte auch Achilles eine Zeitlang als Frau verkleidet, was an die Priesterkulte homerischer und vor-homerischer Zeiten erinnert, in denen Frauenkleider getragen wurden, um göttliche Kräfte zu erlangen.

Ada und Zilla

»Licht« und »Schatten«, nach der Bibel die beiden Frauen Lamechs. Eine Transformation der doppelgesichtigen Göttin von Geburt und Tod, Hell und Dunkel, Alpha und Omega – in Anatolien als die Zwei Herrinnen bekannt, in Ägypten als die Zwei Herrscherinnen.[1] Die Göttin erschien in zahlreichen Kombinationen von Hell und Dunkel, Himmel und Hölle, zunehmendem und abnehmendem Mond wie **Isis**-Nephthys, **Ishtar**-Erischkigal, **Kore**-Persephone.

1. *Larousse*, 29.

Adam

Wörtlich: Ein Mann, gemacht aus Blut. In vorbiblischen Mythen war er ein Geschöpf der Erdgöttin, gemacht aus ihrem eigenen Lehm (*adamah*), zum Leben erweckt durch ihr Blut (siehe **Eva**). Die Vorstellung von der Rippe Adams war dem Mythos einer sumerischen Göttin entnommen, welche die Knochen der Kinder aus den Rippen der Mütter formte. Sie war sowohl Herrin der Rippe, als auch Herrin des Lebens. Ihr Name bedeutete beides gleichzeitig.[1] (Siehe **Gebären durch einen Mann**.)

1. Hooke, M. E. M., 115.

Adam Kadmon

Gnostisches Bild des ursprünglichen Menschen: Ein unschuldig-unwissender, primitiver Adam, gemacht aus Schlamm. Diese Vorstellung beruhte wahrscheinlich auf den ältesten Ansichten des Nahen Ostens, daß die Menschen von den Göttern als Bauern-Sklaven geschaffen wurden, um das Land zu bestellen und sonst nichts. In der okkulten Tradition war Adam-Kadmon der ewige Narr oder Prinz der Narren, der den unerleuchteten Menschen symbolisierte. Sein Name wurde auf den Narren des Tarot übertragen, die Karte mit der Zahl Null.[1]

1. Gettings, 111.

Adamu

Sumerisch-babylonische Version des ersten Menschen. Eine der Quellen für den biblischen Adam. Die Götter nahmen ihm und seinen Nachkommen mit List die Unsterblichkeit fort, da sie nicht wollten, daß einfache Sterbliche wie Götter unsterblich wurden. Sie belogen den Menschen und erzählten ihm, daß ihn die magische Nahrung des ewigen Lebens töten würde. Darum wies er diese Nahrung zurück und verlor für immer seine Chance, dem Tod zu entrinnen.[1]

Der biblische Gott sorgte ebenfalls dafür, daß die Menschen nicht von der Nahrung des ewigen Lebens aßen (Genesis 3, 22). Gott erzählte Adam dieselbe Lüge, die Adamu von den babylonischen Göttern gehört hatte: »Doch vom Baum der Erkenntnis von Gut und Böse darfst du nicht essen; denn sobald du davon ißt, wirst du sterben« (Genesis 2, 17). Adam aß davon und starb doch nicht sofort. Im Gegenteil, er wurde 930 Jahre alt (Genesis 5, 5). Es war die **Schlange**, welche die Wahrheit über die umstrittene Frucht aussprach: »Nein, ihr werdet nicht sterben. Gott weiß vielmehr: Sobald ihr davon eßt, gehen euch die Augen auf, ihr werdet wie Gott« (Genesis 3, 4–5).

1. Hooke, M. E. M., 57f.

Adelphos

Griechisch für »Bruder«. Das Wort geht zurück auf die matriarchalische Epoche, als Blutsverwandtschaft nur aufgrund der mütterlichen Abstammung anerkannt wurde. Wörtlich bedeutet es »einer aus demselben Mutterleib«.[1]

1. Briffault 1, 405.

Aditi

Die Große Göttin der Hindus als Frau, die mit der Sonne bekleidet ist, Mutter allen Lichtes im Himmel. Sie gebar die zwölf Tierkreisgeister, genannt Adityas, »Kinder von Aditi«, unter denen auch Aryaman war, der Ahnengott aller »Arier«.[1] (Siehe **Sonnengöttin**.)

1. O'Flaherty, 339; *Mahanirvanatantra*, XL.

Adler

Der klassische Vogel der Seele. Als Symbol der Apotheose wurde er mit dem Sonnengott, mit Feuer und mit dem Blitz assoziiert. Die Griechen glaubten so fest an die enge Verwandtschaft des Adlers mit dem Geist des Blitzes, daß sie am Frontgiebel ihrer Tempel Adler befestigten, die als magische Blitzableiter dienen sollten. Daher stammt die Bezeichnung *aetoi*, »Adler«, für die Giebel der griechischen Tempel.[1] Diese Adler waren antike Vorläufer des »Wetterhahns« auf Scheunen- oder Hausdächern.

In Feuer- und Sonnenkulten galt der Adler als Träger des königlichen Geistes, der die Seele des Königs nach der Zeit seiner irdischen Inkarnation zum Himmel zurückbringt.[2] Es war römischer Brauch, bei der Beerdigung eines Kaisers einen Adler über dem Scheiterhaufen frei zu lassen. Ähnlich stieg der ägyptische Pharao auf den Schwingen des Sonnenfalken in den Himmel empor.[3]

Zeus nahm die Gestalt eines Adlers an, um seinen jungen Liebhaber **Ganymed** in den Himmel zu tragen. Dies wurde in den Einweihungszeremonien der Sonnenmysterien oft als Symbol für die Aufnahme der Menschenseelen durch den Gottvater interpretiert.[4]

Der Adler stand auch bei den Riten im Mittelpunkt, in denen, wahrscheinlich mit Hilfe eines Brennglases, »Feuer vom Himmel« gerufen wurde, das die auf dem Altar liegenden Opfer verzehrte. Ein »Himmelsfeuer« dieser Art sandte Jahweh, um die Söhne des Aaron zu verzehren (Levitikus 10, 2), die den gleichen Tod wie die Kultopfer des Sonnengotts von Tyros starben. Die Opfer mußten »durch das Feuer gehen« und stiegen als Adler zum Himmel empor.

> *Wir dürfen nicht vergessen, daß das Feuer im Osten, aus dem alle unsere Glaubensüberzeugungen und Kulte stammen, nicht nur als allmächtige, reinigende Kraft angesehen wurde, sondern der Feuertod als eine Apotheose galt, die das Opfer in den Rang der Götter erhob. … »Feuer«, sagt Iamblichos, »vernichtet den materiellen Teil der Opferhandlung, es reinigt alle Dinge, die in seine Nähe gebracht werden, befreit sie von den Fesseln der Materie und führt sie – aufgrund der Reinheit seiner Natur – zur Gemeinschaft mit den Göttern. So befreit es auch uns von der Knechtschaft der Verdorbenheit, es macht uns den Göttern gleich.*[5]

Oft wurde der Adler mit dem Feuervogel oder dem Phoenix gleichgesetzt, der sich einer Feuertaufe unterzog, die alle »Sünden verbrennt«, und dann aus seiner Asche wiedergeboren wurde. Der Adler galt auch als Verkörperung der Seele des **Herakles**, die bei den Jahreszeitenfesten von Tarsos durch das Feuer in den Himmel aufstieg. Dieser Vorgang inspirierte den Apostel Paulus dazu, den Ritus der Feuerbestattung zu akzeptieren (1. Korinther 13, 3). Der Adler war auch das Totem des Prometheus, der das himmlische Feuer »stahl«, ähnlich wie der östliche Feuer-Blitz-Sonnen-Held, Mann oder Engel, der im Vogel Garuda verkörpert war. Garuda flog zum Berg des Paradieses, um den Göttern das Geheimnis der Unsterblichkeit zu stehlen. Später verwandelte er sich in den goldenen Sonnenkörper. Die Indianer kannten ebenfalls einen solchen Helden, den Donner- oder Blitzvogel.[6]

Die römischen Legionäre verehrten den Adler als den königlichen Vogel Roms und als Verkörperung der vergöttlichten Kaiser. Jede Legion hatte ihre eigenen heiligen Adler, die wie Fahnenbanner in die Schlacht getragen wurden. Verlor eine Legion ihre Adler, so bedeutete das eine unerträgliche Schmach. Manchmal wurde ein neuer Feldzug gestartet, um sie zurückzugewinnen.[7]

Das römische Kaiseremblem wurde vom deutschen »Heiligen Römischen Reich« und seinen »Kaisern« (abgeleitet von *Caesar*) übernommen. So entwickelte sich der Adler zu einem germanischen Herrschaftssymbol.

1. Reinach, 90. 2. Strong, 182. 3. Campbell, Oc. M., 334. 4. Strong, 187. 5. Ebd., 194. 6. Hallet, 376. 7. Tacitus, 41.

Adonis

Griechische Version des semitischen Adonai, »des Herrn«, ein kastrierter und geopferter Retter-Gott, dessen Liebestod ihn mit **Aphrodite**, **Aschera** oder **Mari** vereinte. In Jerusalem war sein Name **Tammuz**.

Adonis' Geburtsort war Betlehem, genau die heilige Höhle, von der die Christen später behaupteten, sie sei der Geburtsort Jesu gewesen.[1] Er war der Sohn der Jungfrau Myrrha, einer Tempeldienerin oder Hierodule, von den frühen ChristInnen mit Maria gleichgesetzt, die Jesu Mutter »Myrrhe der See« nannten.[2] Die Myrrhe war ein Symbol für den Tod des Herren, sowohl in heidnischer als auch in christlicher Überlieferung. Er kehrte zur Großen Mutter zurück, der See, Aphrodite-Mari. Alexandrinische Priesterinnen feierten dieses Ereignis, indem sie das Abbild des Gottes ins Meer warfen.[3]

Der syrische Adonis starb um **Ostern**, zur Blütezeit der roten Anemone, die angeblich aus seinem Blut entstanden war. Ihr Name leitete sich von seinem Titel ab, Naaman oder »Geliebter«. Er wurde auch der Schöne Gott genannt, wie auch andere Götter der Frühjahrsblüte, zum Beispiel Narziss, Antheus oder Hyazinth.

Eine andere Form dieses Gottes war Anchises, der nach seiner Vermählung mit Aphrodite kastriert worden war. Auch Adonis war kastriert: er wurde von den Priestern der Aphrodite, die eine Ebermaske trugen, »in der Lende durchbohrt«. Sein abgetrennter Phallus wurde zu seinem »Sohn«, dem ithyphallischen Gott Priapos, in Griechenland mit Eros gleichgesetzt, in Ägypten mit **Osiris**-Min. Priapos führte ein Messer mit sich, wie es zum Beschneiden der Bäume gebraucht wurde, als Zeichen für die Notwendigkeit der Kastration des Herren, um neues Leben auf der Erde sprießen zu lassen.[4]

Die Kastration Gottes wurde mit der Ernte des Getreides verglichen, die Adonis personifizierte. Seine Wiedergeburt war ein Sprießen aus dem Schoß der Erde. Jedes Jahr wurden heilige Gefäße, genannt *kernos* oder »Adonisgärtlein«, mit Weizen oder Hirse bepflanzt, die um Ostern sprießen sollten. Dieser Brauch hielt sich in den Mittelmeerländern bis in unser Jahrhundert.[5] Das Tongefäß symbolisierte den Schoß der Erde. Manchmal wurde in Prozessionen ein riesiger *kernos* auf einem Wagen mitgeführt, der als *kalanthos* bezeichnet wurde.[6]

Adonis starb und erwachte wie alle Götter der Vegetation und Fruchtbarkeit in periodischen Zyklen zu neuem Leben. Er wurde auch mit der Sonne gleichgesetzt, die starb und am Himmel neu aufging. Ein orphischer Hymnus sagte von ihm: »Du erscheinst und verschwindest im herrlichen Kreis der Horen, manchmal weilst du in den düsteren Tiefen des Tartarus, dann erhebst du dich selbst zum Olymp, verleihst den Früchten Reife.«[7] Er wurde in derselben Höhle (demselben Leib) begraben, in der er auch zur Welt gekommen war. Heutzutage wird diese Höhle auch »Milchhöhle« genannt, da ihr Staub angeblich stillenden Müttern hilft. Es wird erzählt, das Maria dort Jesus gestillt hat.[8] Die Höhle wurde als Grabhöhle Jesu versiegelt, da sowohl im christlichen Kult als auch im Kult des Adonis der jungfräuliche Leib mit der jungfräulichen Höhle gleichgesetzt wurde, »und legte ihn in ein Felsengrab, in dem noch niemand bestattet worden war«. (Lukas 23, 53).

Die Magischen Papyri sagen, daß Jesus und Adonis dieselbe Namensmagie geteilt hätten. »Adonai« war der höchste Gott, er besaß den Wahren Namen, der Wunder bewirken konnte.[9] Jahrhunderte später behaupteten die christlichen Autoritäten, daß »Adonai« ein Dämon sei.

Magische Papyri Sammlung von Exorzismen, Anrufungen, Zaubersprüchen und Verwünschungen, die in der Frühzeit des Christums weit verbreitet waren. Sie bildeten die Basis für spätere Zauberbücher und hermetische Texte.

1. Doane, 155; Briffault 3, 97. 2. Ashe, 48. 3. Frazer, G. B., 390.
4. Graves, G. M., 18e; 18k. 2. 5. Frazer, G. B., 400f. 6. Briffault 3, 126.
7. Baring-Gould, C. M. M. A., 286. 8. Budge, A. T., 319f. 9. M. Smith, 124.

Aeneas

Sohn der **Aphrodite**, nach einer Version der Sage ist er der Gründer Roms. Er rettete den heiligen Fetisch, das **Palladium** während der Plünderung Trojas und brachte es an den Ort des späteren Roms, wo es im Tempel der Vesta aufgestellt wurde. Wie alle Sakralkönige besuchte er die Unterwelt, wobei er den magischen Mistelzweig umklammerte, der seine Rückkehr zur Erde sicherstellte.[1]

1. Graves, W. G., 101 (dt. 121).

Agape, Heilige

»Liebsmahl«, die erste der heiligen Huren (**Horen**) der Aphrodite. Sie wurde als christliche Heilige kanonisiert, als die Ikonen der Horen mit der Bezeichnung »jungfräuliche Märtyrerinnen« belegt wurden. Es waren die Heiligen Agape, Chione und Irene.[1] Agape verkörperte ursprünglich den Ritus der sexuellen Kommunion, wie er in den Aphroditetempeln praktiziert und von einigen frühchristlichen Sekten als tantrischer Typ der »spirituellen Hochzeit« übernommen wurde. Im 7. Jahrhundert n. Chr. wurde die Agapefeier für häretisch erklärt, konnte aber insgeheim das ganze Mittelalter überdauern.[2] (Siehe **Menstruationsblut**.)

1. Attwater, 34. 2. Saddock, Kaplan & Freedman, 23.

Agatha, Heilige

»Die Freundliche«, eine falsche Heilige, deren Verehrung auf Abbildern der »Milchspendenden Göttin« mit nackten Brüsten beruht. Normalerweise wurde **Ishtar** so dargestellt. Als fiktive »jungfräuliche Märtyrerin« weigerte sich Agatha, den König von Sizilien zu heiraten, der aus Rache befahl, ihr die Brüste abzuschneiden. Frühchristliche Ikonen zeigen sie, wie sie ihre Brüste auf einer *patera* (einer Opferschale) trägt, ähnlich wie die heilige Lucia ihre Augäpfel trägt.[1] Später wurden die amputierten Brüste fälschlich als Glocken interpretiert, deshalb wurde Agatha zur Schutzpatronin der Glockengießer.[2] Ihre Legende hat vielleicht ihren Ursprung in der christlichen Unsitte, den Statuen von Göttinnen und Priesterinnen die Brüste abzuschlagen.[3]

Die ursprüngliche Agathe hatte den Beinamen Tyche (Schicksal) und wurde im unterirdischen Mutterleib-Orakel von Trophonios bei Lebadeia verehrt.[4] Wie die Göttin des ähnlichen Mutterleib-Orakels von Delphi wurde sie von einer Großen Schlange begleitet: dem Geist des Orakels mit Namen Agathodämon, dem Gott des Freundlichen Schicksals, der von orphischen Sekten bis ins 5. und 6. nachchristliche Jahrhundert verehrt wurde. Weit entfernt davon, Agatha zu foltern, wie es die christliche Legende behauptet, erlangten die Könige von Sizilien den Thron, indem sie die heilige Hochzeit mit ihr feierten. Viele dieser Könige nahmen den Namen Agathokles, »Ruhm Agathas«, an, so wie sich Herakles »Ruhm Heras« nannte.[5]

Die *Legenda Aurea* legte der heiligen Agatha den seltsamen Titel »Rettung dem Land« bei, da sie »ihr Land errettete«.[6] Das bezieht sich vielleicht auf Votivbilder der Göttin, von denen gesagt wurde, daß sie das Land vor allen äußeren Gefahren schützten.

1. Brewster, 95. 2. Attwater, 34. 3. *Larousse*, 211. 4. Guthrie, 225. 5. d'Alviella, 20. 6. Jacobus d.V., 161 (dt. 120f).

Agnes, Heilige

Die Gelehrten sagen, daß es »nach den Evangelisten und Aposteln keinen Heiligen und keine Heilige gibt, dessen Bildnis älter ist« als das der weitverbreiteten heiligen Agnes.[1] Tatsächlich scheint sie sehr viel älter zu sein als die Evangelisten und Apostel: eine römisch-jüdische Version des Heiligen Schaflammes (Agna), jungfräuliche Inkarnation der Schafgöttin Rachel.

Wie die Jungfrau Maria stammte Agnes von »unbefleckten« Eltern ab. Das *Portiforium ad usam Sarum (sic!)* sagt, daß ihre Mutter eine Jungfrau war, ihr Vater eine geläuterte Seele, die der sexuellen Liebe entsagt hatte.[2] Wie alle legendären jungfräulichen Märtyrerinnen wurde auch Agnes umgebracht, weil sie die Liebe eines jungen Heiden zurückwies. Trotzdem kann ihr Ursprung als orgiastische Priesterin-Heldin aus der unausrottbaren Verbindung zu Liebe und Heirat erschlossen werden. Ein Priester wurde ihr Bräutigam, indem er einen Ring auf den Finger ihrer Statue steckte wie bei der Statue von Aphrodite-Galatea.[3] In den *Acta Sanctorum* des Jesuiten Jean Bolland steht, daß Agnes ihr Nonnenkloster in einem Haus heiliger Tempelhuren gründete, wie es zum Beispiel die Priesterinnen von Aphrodite-Salacia waren.[4] Bis in unser Jahrhundert war der Abend vor dem Tag der heiligen Agnes traditionell der Zeitpunkt, an dem die Mädchen mit magischen Spiegeln den Namen ihres zukünftigen Liebhabers zu erfahren suchten.[5]

Die Glaubwürdigkeit der Legende von der heiligen Agnes wird leider dadurch beeinträchtigt, daß sie ihr Martyrium angeblich während der Herrschaft Konstantins des Großen erlitten hat; zu dieser Zeit wurden die ChristInnen jedoch nicht mehr verfolgt. Die Behauptung, Agnes habe die Tochter Konstantins von der Lepra geheilt, ist ebenfalls falsch. Von den römischen Juden wird berichtet, daß sie die Heilige in einer Kirche, die ihr zu Ehren 350 n. Chr. an der Via Nomentana gegründet wurde, verehrt hätten. Die römischen Juden haben aber keine christlichen Heiligen verehrt, und 350 n. Chr. wurden auch keine Kirchen zu Ehren weiblicher Märtyrer errichtet.[6] Allerdings verehrten die römischen Juden wahrscheinlich wenigstens eine Version von Agna, dem Heiligen Lamm.

Obwohl die katholischen Gelehrten heute sagen, daß die Legende der heiligen Agnes einen »enttäuschenden« Mangel an Wahrheit aufweist, werden ihre Reliquien immer noch in Rom aufbewahrt und nach wie vor von Gläubigen verehrt.[7]

1. Brewster, 76. 2. Hazlitt, 2f. 3. Jacobus d.V., 112 (dt. 91). 4. Seligmann, 157. 5. Brewster, 75. 6. Jacobus, 91. 7. Attwater, 35.

Agni

Vedischer Feuergott, der mit Kali unter ihrem Namen Ambika, »Mütterchen«, verheiratet war. Sie repräsentierte den Urozean aus Blut, aus dem während der Schöpfung alle Dinge hervorkamen. Er repräsentierte das befruchtende Feuer vom Himmel (den Blitz). Ihre Kombination bedeutete vitale Hitze. Die vedischen Weisen sagten, daß die Seele des ganzen Universums, sowohl in Bewegung als auch im Stillstand, aus einer Kombination von Blut und Feuer geschaffen worden ist. Agni trat auch in Erscheinung, um die Opfergaben zu verzehren, die auf den Altären verbrannt wurden. Er war ein Vorbild für solche indoeuropäischen Feuer-Bringer wie Luzifer, Prometheus, Etana, Hephaistos und Herakles.[1]

1. O'Flaherty, 97, 148, 339.

Ahriman

Die Große Schlange, Herr der Dunkelheit und Rivale des Sonnengottes im persischen Mythos. Anführer der *daevas*, die von den Anhängern Zarathustras als Teufel bezeichnet wurden, obwohl das ursprüngliche indo-iranische Wort »Götter« bedeutete.[1] (Siehe **Schlange**.)

Die Geschichte von Ahrimans Aufstand gegen seinen Zwillingsbruder, den Himmlischen Vater, ihr Krieg im Himmel und der Fall der *daevas* in die Unterwelt war die Basis für den westeuropäischen Mythos vom Sturz Luzifers. Auch die dualistische Aufteilung des Universums in die Kräfte des Guten und die des Bösen stammt daher. Die persischen Propheten sagten die Niederlage Ahrimans und seiner dunklen Engel während des letzten Kampfes am Ende der Zeiten voraus, und die jüdisch-christlichen Propheten übernahmen diese Vorstellung. Wie die Schlange verführte auch Ahriman den ersten Mann und die erste Frau.

Ahriman wurde allerdings im Vergleich zum Himmlischen Vater nicht als tieferstehend betrachtet. Im Gegenteil, sie waren Zwillinge, gleichzeitig aus dem Leib der Urmutter der Zeit (Zurvan) geboren. Der Einfluß Ahrimans auf die Erde war größer als der seines himmlischen Bruders, da er der Schöpfer der materiellen Welt war. Die persischen **Magi** betrachteten ihn als die Quelle ihrer magischen Kraft und brachten ihm Opfer. Mithrasschreine von Budapest bis York waren »Arimanius« als dem unterirdischen Gott der magischen Künste geweiht.[2]

Ahriman stammt ursprünglich nicht aus Persien. Er war der vedische Gott Aryaman, der Erschaffer der »Arier« – des Volkes, das er aus Lehm gemacht hatte. Aryaman war eine der zwölf Tierkreissöhne der Göttin Aditi.[3] Er hatte auch eine keltische Inkarnation als der göttliche König Eremon.

1. *Larousse*, 317. 2. Legge 2, 239. 3. O'Flaherty, 339.

Ahura Mazda

Persischer Sonnengott, von der Unbegrenzten Zeit, der Ursprünglichen Schöpferin als Zwillingsbruder des dunklen Gottes **Ahriman** geboren. Der Kampf zwischen den beiden Brüdern, der mit dem Sturz Ahrimans aus dem Himmel endete, hatte dieselbe Ursache wie der Zwist zwischen Kain und Abel: Das Opfer des einen wurde durch die ältere Gottheit angenommen, das Opfer des anderen wurde zurückgewiesen. Die ältere Gottheit war Vayu, wahrscheinlich abgeleitet von dem vedischen himmlischen Androgynen Varuna oder Mitra-Varuna, dessen Beiname zu »**Mithra**« wurde.

Die Geschichte von Kampf und Fall könnte eine Überarbeitung des uralten Schöpfungsmythos sein, nach welchem die Göttin den durch sie geschaffenen Schlangen-Gemahl für seinen Hochmut bestrafte.[1] Der Name Ahura war einst ein weiblicher Name gewesen.[2]

Mittelpersische Formen des Namens waren Ormazd, Ormizd oder Hormizd. Diese Namen wurden gewöhnlich von den Königen angenommen, die den sonnenähnlichen Geist Gottes verkörperten, vor allem von den Königen der Sassaniden-Dynastie.[3] Da sie nach ihrem Tod natürlich vergöttlicht wurden, besaßen solche Könige Kultzentren und Gruppen von Priestern, die ihren Kult pflegten. Einer der Priester konvertierte offenbar zum Christentum und fügte dem christlichen Kanon der Heiligen einen weiteren apokryphen Heiligen hinzu, der fälschlicherweise »St. Hormidz« genannt wurde, obwohl Hormizd gemeint war. Der Heilige wurde etwa dem 5. Jahrhundert zugerechnet und zum persischen Märtyrer erklärt, obwohl seine Legende jeder Grundlage entbehrt. Es wurde behauptet, daß der heilige Hormidz als Reaktion auf seine Weigerung, dem Christentum zu entsagen, dazu verurteilt wurde, in der Armee als Kameltreiber zu dienen. Das mag zwar kein besonders luxuriöses Leben gewesen sein, reicht aber kaum aus, den Heiligen zum Märtyrer zu erklären.[4] Dieser zum Heiligen gemachte Sonnengott wurde während des frühen Mittelalters in Kultzentren Persiens und im Irak verehrt.

1. Graves, G. M., 1 c. 2. Budge, E. M., 144. 3. *Encyc. Brit.*, »Ormizd«.
4. Attwater, 173.

Aigis

Brustschild aus Ziegenfell der Göttin **Athene**, verziert mit Orakelschlangen und dem versteinernden Haupt der **Medusa**. Die ursprünglich libysche Athene war selbst die Gorgonenmaske, umgeben von Schlangen. Ihr dienten Priesterinnen, welche die *aigis* in Form von Ziegenfellschürzen trugen. Die *aigis* war ein Behältnis der göttlichen Macht. Später räumten die homerischen Mythen ein, daß die *aigis* so untrennbar zur Herrschaft gehörte, daß noch nicht einmal Zeus ohne sie über die anderen Götter herrschen konnte.

Aion

Var. Aeon, Äon

»Das Jahr«, Titel eines jeden Gottes, der jährlich geopfert und wiedergeboren wurde, so wie der Erlöser in jedem Januar von der Jungfrau **Kore** in Alexandria geboren wurde.[1] Der klassische Aion scheint auf der tantrischen Verehrung von Shiva-Prajapati zu gründen, der jedes Jahr zum Herr des Todes wurde, um die Befreiung des menschlichen Lebens zu bringen. Nach dem Aitareya Brahmana ist »das Jahr dasselbe wie der Tod; und wer auch immer weiß, daß dieses Jahr der Tod ist, dessen Leben wird von diesem Jahr nicht zerstört.«[2]

1. Campbell, M. I., 34. 2. Eliade, M. E. R., 79.

Akka

Ahnengöttin von Akkad, genannt die Alte Frau, die Großmutter oder Hebamme. Sie war die »Wasser-Zieherin«, welche die Götter aus der Ur-Tiefe ins Leben brachte, der weibliche Prototyp des Wassermanns. Eine entsprechende zentralamerikanische Göttin trug seltsamerweise ähnliche Namen: Acat oder Akna.[1]

Akka hatte viele verwandte Namen. Die GriechInnen nannten sie Akko, »die Gestalterin«.[2] Für die Lappen und Finnen war sie Mader-Akka, Mutter Akka, die Schöpferin der Menschheit.[3] Für die Römer war sie Acca Larentina, oder Acca Mutter der Laren, welche die archaischen Geister der Vorfahren waren, ein Relikt des vorrömischen Latiums.

Acca Larentina wurde manchmal als die erste Vestalin bezeichnet, als Tempelprostituierte, als reiche Kurtisane oder als jungfräuliche Braut

Gottes – Rollen, die sich nur scheinbar gegenseitig ausschließen (siehe **Prostitution**; **Vestalinnen**). Als göttliche Hebamme half sie Rhea Silvia bei der Geburt von Romulus und Remus, den Gründern Roms. Sie zog die göttlichen Zwillinge aus ihrem auf dem Tiber schwimmenden Korb, so wie Akka oder Akko den Sargon aus seinem auf dem Tigris schwimmenden Korb zog und die »Tochter des Pharao« Mose aus dem Nil.

Zu Ehren der Acca Larentina fand jedes Jahr in Rom das Fest der Larentalia statt. Sie wurde dem Herakleskult einverleibt, der zu einem ihrer Ehegatten wurde. In seinem römischen Tempel wurde Herakles mit »Acca, der Schöpferin« vermählt.[4]

1. *Larousse*, 439. 2. Graves, G. M., 141.1. 3. *Larousse*, 306.
4. Graves, G. M., 141.1.

Aktaion

Sakralkönig des **Artemis**-Kultes, der den Gehörnten Gott verkörperte: Ein Mann »verwandelte sich in einen Hirsch« und wurde in Stücke gerissen. Seine Vorläufer gehen zurück auf »paläolithische Wandmalereien in den spanischen Höhlen von Altamira und in der *Caverne des Trois Frères* in Ariège in den Pyrenäen, deren Entstehung wenigstens 20000 Jahre zurückliegt«.[1]

1. Graves, W. G., 229 (dt. 255).

al-Uzza

»Die Mächtige«, Titel der arabischen Göttin als Urmutter des Stammes Mohammeds, der Koreshiten, die das ererbte Wächteramt ihres heiligen Steines in Mekka innehatten.[1] (Siehe **Arabien**.)

1. Briffault 3, 80.

Aladin

Marco Polo beschreibt Aladin sehr viel anders als das mythische Porträt in Tausendundeiner Nacht. Das Märchen berichtet, daß er Herr über eine geheime Höhle voller Schätze war, allerdings gab es die Höhle wirklich. Sie lag in dem befestigten Tal von Alamut bei Kazvin, dem Hauptquartier der fanatischen Bruderschaft der *hashishim* oder »Haschisch-Esser«, die von den Christen fälschlicherweise »Assasinen« genannt wurden. Noch heute bezeichnet dieses Wort im Englischen und Französischen Meuchelmörder.

Aladin war der »Alte vom Berge«, was der vererbte Titel des Anführers der *hashishim* war. Begründer dieser Tradition war der schiitische Anführer Hassan ibn al-Sabbah, dessen Name Sohn der Göttin bedeutet (siehe **Arabien**). Der spätere Name Aladin wurde von mehreren Anführern angenommen. 1297 wurde das Gebiet von Gujarat von einem Krieger erobert, welcher Ala-ud-den, »Der Blutige« genannt wurde.[1]

Mit Hilfe von Drogen und eines künstlichen »Paradieses«, das mit menschlichen Huris bevölkert war, wurden die neuen Mitglieder der

Bruderschaft bei ihrer Einweihung davon überzeugt, daß sie gestorben seien und sich im Himmel oder im Feenreich befänden, wo Gärten und Paläste das Tal der geheimen Höhle einnahmen. Spezielle Rohrleitungen speisten die vier Ströme des Paradieses mit Wasser, Wein, Milch und Honig. Jeder Kandidat wurde zunächst bis zur Bewußtlosigkeit unter Drogen gesetzt, erwachte dann und »bemerkte, daß er von lieblichen Frauen umgeben war, die sangen, spielten, ihn mit überaus faszinierenden Liebkosungen verwöhnten und ihn außerdem mit delikaten Speisen und exquisiten Weinen bedienten; solange er durch die exzessiven Vergnügungen berauscht zwischen Bächen von Milch und Wein lebte, glaubte er gewiß, im Paradies zu sein und wollte dessen Genüsse nicht wieder aufgeben.«[2]

Nach dieser Phase der Glückseligkeit wurde der Krieger erneut mit Drogen betäubt und von diesem geheimen Ort fortgeschafft, um im Dienst des Alten vom Berge zu kämpfen. Er stritt furchtlos in dem Glauben, daß ihn ein Tod auf dem Schlachtfeld unverzüglich zurück in den Himmel bringen würde, der für ihn zur Realität gemacht worden war. Das Versprechen einer sexuellen Glückseligkeit waren der wirkliche Schlüssel für die Wildheit der islamischen Armeen. Der Koran sagt, daß jeder Held, der in der Schlacht fällt, ein ewiges Vergnügen mit himmlischen Huris erlangen wird, die »große, schöne, leuchtende Augen haben«.[3]

Aladins Sekte verehrte den Mond als das Symbol der Göttin, so wie die Schale des Lichtes auch in Westeuropa sowohl mit der Jungfrau Maria als auch mit dem heiligen Gral in Verbindung gebracht wurde.[4] Die Dichter des Orients meinten, die Schale des Lichtes habe die *djinn* hervorgebracht, »die Geister der Ahnen«. Diese Schale war gleichzeitig Aladins Lampe, die Quelle eines *djinnis* (Geistes), sowie der Mond, den ältesten Überlieferungen zufolge der Ursprung aller Seelen. Der Mond war der Bereich der Toten und gleichzeitig der Bereich der Wiedergeburt, da alle Seelen viele Umläufe des Schicksalsrades mitmachen mußten. Auch die göttlichen Huris lebten auf dem Mond, der wahrscheinlich das Licht in Aladins geheimer Höhle war. (Siehe **Mond**.)

Die Geschichte aus Tausendundeiner Nacht verrät das Kennwort zu Aladins Höhle: Sesam, öffne dich! Das bezog sich auf das ägyptische *seshemu*, »sexueller Verkehr«. Die Hieroglyphe für *seshemu* war ein Penis, der in ein bogenförmiges Symbol der Yoni eindrang.[5] Alle alten Kulturen benutzen die eine oder andere Form eines sexuellen Symbolismus, um das Eingehen eines Mannes in das Paradies auszudrücken.

1. Zimmer, 54. 2. Polo, 53 f. 3. Campbell, Oc. M., 430. 4. Wilkins, 58.
5. Budge, E. L., 58.

Alako

Bei den **ZigeunerInnen** der »Sohn Gottes«, der die Seelen nach dem Tod zum Mond bringt. Alako hat zwei Feinde: den Teufel und Christus.[1]

1. Trigg, 202.

Alani

»Jagdhunde«, griechischer Name für die skythischen Stämme, die **Artemis** als ihre göttliche Jägerin verehrten. Im englischen Namen Alan klang noch immer die ursprüngliche griechische Bedeutung Jagdhund an, als er im Schottland des Mittelalters populär wurde. Artemis wurde oft die Große Hündin genannt, und ihre jagenden Priesterinnen waren die »heiligen Hündinnen«, die jagten, töteten und die Eber- und Hirschgötter wie Phorcis und Aktaion fraßen. Daher bezeichnete das englische Schimpfwort »son of a bitch« (Sohn einer Hündin) für die Christen einen Teufelsanbeter, den heidnischen Verehrer der Göttin. (Siehe **Hund**.)

Alban, Heiliger

Fiktiver Heiliger, der auch »Erzmärtyrer Englands« genannt wird, angeblich der erste christliche Märtyrer auf den britischen Inseln, erschlagen auf dem Hügel von Holmhurst im Jahr 287 n. Chr. Allerdings wird er erst 200 Jahre später zum ersten Mal erwähnt. Gildas entwickelte die Legende des heiligen Alban endgültig im 6. Jahrhundert, wobei die Daten etwas durcheinander gerieten. Er behauptete, der heilige Alban habe einen christlichen Flüchtling während der Christenverfolgung unter Diokletian versteckt, 20 Jahre bevor die Verfolgung unter Diokletian begann.[1]

Der wirkliche Ursprung des heiligen Alban war wahrscheinlich nichts anderes als der britische Titel der Göttin Albion, »Weißer Mond«. Bei ihrem Heiligtum am Hügel von Holmhurst befand sich eine heilige Quelle, die in der christlichen Kunst immer unter den Füßen »Albans« abgebildet wird.[2] Zur Zeit Bedas war dieser Ort immer noch heilig, und irgend jemand mußte eine christianisierte – und am besten auch maskulinisierte – Legende dafür erfinden.

1. Attwater, 37. 2. Brewster, 293.

Alberich

Im germanischen Mythos der König der Unterwelt, gleichzusetzen mit dem Elfenkönig Oberon. Alberich tritt im Nibelungenlied als chthonischer Zwerg und Meister-Schmied auf, Wächter des vergrabenen Schatzes der Rheintöchter. Wie in den meisten Versionen des dämonischen Elfenkönigs konnte er seine Gestalt verändern und in so typisch diabolischen Verkleidungen wie als Kröte oder Schlange erscheinen. Opernfreunde kennen ihn als Gestalt aus Richard Wagners »Ring des Nibelungen«.

Alchimie

Auf arabisch bedeutet das Wort Alchimie »Stoff aus Ägypten«, Al-Khemeia, abgeleitet von Khemennu, »Land des Mondes«, ein alter Name Ägyptens.[1] Die Araber dachten, die Alchimie sei eine Erfindung der ÄgypterInnen. Die Christen lernten sie von den Arabern kennen und glaubten, sie sei von Thot, von Hermes oder der Jungfrau Maria erfunden worden.[2]

»Maria die Jüdin« soll die erste große Alchimistin gewesen sein. Sie entdeckte zur Zeit der Kalifen die Destillation von Alkoh'ol und erfand das Erhitzen im Wasserbad, in Frankreich auch heute noch *bain-marie* genannt (Marias Bad). Während der Renaissance wurden verschiedene Alchimistinnen als Hexen verfolgt. Julius, der Herzog von Braunschweig, verbrannte eine von ihnen im Jahre 1575 bei lebendigem Leibe in einem eisernen Sessel, da sie ihm nicht verraten konnte, wie man aus unedlen Metallen Gold macht.[3]

Als ein mystisches System war die Alchimie von sexuellen Symbolen durchdrungen. Sexuelle Zeichnungen belebten die Texte. Der alchimistische Rebus war das gebräuchliche bisexuelle Abbild männlicher und weiblicher Kräfte in der Vereinigung, »ein Hermaphrodit, geboren von zwei Bergen, Merkur und Venus«. Sonne und Mond wurden als nackte männliche und weibliche Gestalten gezeigt, dabei galt der (weibliche) Mond als Gemahlin der (männlichen) Sonne; und der Mond sagte zur Sonne: »Oh Sonne, du vollbringst nichts allein, wenn ich nicht mit meiner Stärke da bin, so wie der Hahn ohne Henne hilflos ist.«[4]

Die AlchimistInnen suchten die göttliche weibliche Kraft Sapientia oder Sophia (Weisheit), die Große Mutter der Gnostiker. Valentins *L'Azoth des philosophes* zeigte sie als gekrönte Aphrodite mit einem Fischschwanz, die aus dem Meer emporstieg und aus deren Brüsten Ströme von Milch und Blut flossen. Das war eine direkte Kopie der hinduistischen Version der jungfräulichen **Maya**, der Weltenmutter.[5] Die Alchimisten nannten sie die Sirene der Philosophen, »geboren aus unserer tiefen See (Maria), die Milch und Blut aus ihren Brustwarzen verströmt«.[6]

Ein italienisches Manuskript zeigte zwei bärtige Weise, die eifrig an ihren Brüsten saugten, um ihre Geheimnisse aufzunehmen, die durch ihre Farben symbolisiert wurden: weiß wie Milch und rot wie Blut.[7] Dieselben Farben erschienen in der Blume der Alchimisten, einer fünfblättrigen, rotweißen Rose, die manchmal der Leib des *filius philosophorum* oder des Glorreichen Kindes genannt wurde. Dieselbe Rose war ein Symbol der Jungfrau Maria.[8]

Maria-Sophia war sowohl die Göttin der Gnostik als auch der Alchimie. Der Stein der Weisen wurde manchmal auch Stein der Sophia genannt.[9] Alchimistische Schriften bezeichneten die verborgene Göttin als Mutter der Weisheit, indem sie Elemente der Gottesmutter Maria mit heidnischen Mütter-Bildern kombinierten:

> *Ich bin die Blume des Feldes und die Lilie des Tales. Ich bin die Mutter der reinen Liebe und der Furcht und des Wissens und der heiligen Hoffnung ... Ich bin die Mittlerin der Elemente ... Ich bin das Gesetz der Priester und das Wort der Propheten und der Rat der Weisen. Ich werde töten und ich werde zum Leben erwecken, und es ist niemand, der aus meiner Hand erlösen kann.*[10]

Da die Große Mutter der Antike durch ein heiliges Gefäß dargestellt wurde, suchten die Alchimisten das *vas hermeticum* (den Leib des Hermes), das dem *vas spirituale* ähnelte, welches mit der Jungfrau Maria gleichgesetzt wurde. Arabische Alchimisten übernahmen den Rosenkranz von fernöstlichen Kulten der Göttin, deren Rosenkranz-Symbol eine vasenförmige Perle war, von der gesagt wurde, daß aus ihr die anderen Perlen »entsprangen«. Auch die Rosenkränze, die Maria geweiht waren, enthielten diese vasenförmige Perle. Die Araber nannten den Rosenkranz *wardija*, »Rosengarten«, womit sie den hinduistischen *japamala* (»Rosen-Kranz«) übernahmen, die Halskette der Göttin Kali Ma, welche die Elemente beherrschte – was auch das Ziel der Alchimisten war. Eine Zeichnung von Albrecht Dürer aus dem Jahr 1506 zeigt einen arabischen Alchimisten mit Turban, der einen Rosenkranz an seinem Gürtel trägt.[11]

Viele alchimistische Texte bieten offensichtlich sexuelle Allegorien, zum Beispiel in der *Turba Philosophorum*: »Nimm den weißen Baum, baue ihm ein rundes, dunkles, betautes Haus; setzte einen hundertjährigen Mann hinein und verschließe es so, daß kein Wind oder Staub zu ihm gelangen kann; dann laß ihn dort für acht Tage. Ich sage dir, daß der Mann nicht aufhören wird, die Frucht des Baumes zu essen, bis er wieder ein Jüngling geworden ist. Oh, welch wunderbare Natur, denn hier ist der Vater zum Sohn geworden und wurde neugeboren.«[12]

Ähnliche allegorische Bezüge zu den Mysterien der Fortpflanzung waren unter den chinesischen Alchimisten weit verbreitet, die davon sprachen, »ein langes Leben durch das flüssige Gold zu erreichen«, durch »eine rote schweflige Substanz beim Goldmachen« – die männliche und die weibliche Essenz im taoistischen und tantrischen Symbolismus (siehe **Menstruationsblut**). Einer der Texte sagt:

> *Ich muß mein eigenes Feld sorgfältig bepflanzen. Darin ist ein spiritueller Keim, der tausend Jahre leben kann. Seine Blüte ist wie gelbes Gold. Seine Knospe ist nicht groß, aber seine Samen sind rund und reifen zu einem fehlerlosen Edelstein [d. h. zum Juwel in der Lotosblüte] heran. Sein Wachstum hängt von Boden des zentralen Platzes [d. i. der Leib] ab, aber seine Bewässerung muß einer höheren Quelle entspringen. Nach neun Jahren [oder Monaten] der Kultivierung können Wurzel und Zweig in den Himmel der höheren Genien verpflanzt werden.*[13]

Die Theologen waren von der Sprache der Alchimie verwirrt und ließen diejenigen, die dieses spezielle »Teufelswerk« ausübten, in Ruhe, solange es keine Frauen waren. Da aber die offizielle Opposition gegenüber allen Naturwissenschaften die besten Köpfe von der Alchimie abhielt, verzögerte dies die Entwicklung der modernen Chemie aus den alchimistischen Experimenten noch zusätzlich.[14]

Das tiefe Geheimnis der alchimistischen Operationen beschäftigt immer noch viele Gelehrte. C. G. Jung fragte sich, warum diese chemischen Prozesse durch das Gestrüpp einer symbolischen Mythologie verdunkelt und verwirrt werden mußten; oder, wenn eine mystische Form von Erleuchtung beschrieben werden sollte, warum dies mit Vorgängen aus dem Laboratorium verbunden wurde.[15] Die Antwort könnte im politischen Umfeld der Alchimisten liegen. Die Kirche hatte oft die Naturwissenschaften als Häresie bezeichnet. Zu den Zeiten der aktiven **Inquisition** war jeder, der mit solchen Dingen umging, in Gefahr. Die beste Verteidigung war eine bewußt obskure Allegorisierung, hinter der theologische Prinzipien – falls es welche gab – versteckt werden konnten.

Ein Teil des Geheimnisses wird durch das Vorherrschen sexueller Symbole in der alchimistischen Literatur verraten. »Die Kopulation von Athene und Merkur« kann das Vermischen von Schwefel und Quecksilber bedeutet haben; es kann aber auch die sexuelle »Arbeit« des Alchimisten mit seiner Geliebten gemeint gewesen sein. Die Illustrationen in alchimistischen Büchern zeigten meist einen sexuellen Mystizismus. **Adam** und **Eva** wurden als nacktes Liebespaar dargestellt, Hälften des Ur-Androgynen. Adam wurde als ein unvollständiges männliches Wesen dargestellt, das vom Pfeil Merkurs durchbohrt werden mußte, damit seine leidenschaftliche Liebe zur Weisheit angeregt wurde. Danach erblühte sein Phallus im blühenden Baum des Lebens; so wurde symbolisiert, daß er für die vollständige Vereinigung mit der göttinähnlichen Eva bereit war, die ihn ergänzen würde.[16]

Merkur oder Hermes war der alchimistische Heros, der das Heilige Gefäß befruchtete, eine gebärmutterähnliche Hohlkugel (oder ein Ei), aus dem der *filius philosophorum* geboren werden sollte. Diese Gefäß mag real gewesen sein, eine Laborflasche oder Retorte, häufiger aber scheint es ein Symbol gewesen zu sein.[17] Der Königliche Diamant seiner Nachkommen erschien angeblich *in menstruo meretricis*, »im Menstruationsblut einer Hure«, welche die Große Hure gewesen sein kann, ein alter Beiname der Göttin. Ihr Menstruationsblut kreiste in ihrem Leib, um das Universum zu erschaffen, einschließlich seiner Metalle, Mineralien und der anderen Ausgangsstoffe der Alchimie. Im *Rosarium Philosophorum* (»Rosenkranz der Philosophen«) stand, die Seele der Welt sei aus männlichen und weiblichen Stoffen gemacht: *Anima est Sol et Luna*. Ebenso war die menschliche Seele von männlichen und weiblichen Eltern erschaffen. Die Sexualmystiker vertraten die Theorie, daß jedes Individuum und jeder Gegenstand nur eine halbe Seele besitzt und seine andere Hälfte im entgegengesetzten Geschlecht finden muß.[18]

Zu manchen Zeiten suchten die Alchimisten anscheinend eine verlorene Gottheit, wie die Schechina der Kabbalisten: die Mutter (*mater*), die in der *Mater*ie der Welt ruht, getrennt von Gott, dessen andere Hälfte sie war. Die Alchimisten lehnten gewöhnlich die Lehre der Kirche ab, wonach die Materie »sündig« oder »gefallen« ist. Wie die gnostischen Animisten glaubten sie, daß der »Erlöser«, der aus der alchimistischen *matrix* (dem Mutterleib) entstehen sollte, sowohl ein anthropomorphes Göttliches Kind oder *filius macrocosmi* sei, als auch der »wunderbare Stein«, der Stein der Weisen. Nach ihrer Lehre besitzt dieser Erretter der unbelebten Welt *corpus*, *anima* und *spiritus*.[19] Als erleuchteter Mystiker hoffte der Alchimist, bei der Geburt dieses seltsamen Wesens anwesend zu sein, das ihn lehren würde, unedle Metalle in Gold zu verwandeln, wie es auch von fernöstlichen Yogis berichtet wurde, wenn sie nur ausreichend erleuchtet waren.

Ein Grund, warum die Kirche gegen die Alchimie war und sie mit schwarzer Magie gleichsetzte, lag darin, daß manche der alchimistischen Texte weiterreichendere und einfacher zu erlangende Offenbarungen eröffneten, als Bibel oder Kanzel anbieten konnten, und daraus entstand eine Form von Rivalität. Zum Beispiel zeigte das *Abtala Jurain* (1732) die gesamte Schöpfung:

> *Nimm von gewöhnlichem Regenwasser eine gute Menge, wenigstens zehn Quarter; bewahre es mindestens zehn Tage gut versiegelt in Glasgefäßen auf, dann werden sich Materie und Unrat am Boden absetzen. Schütte die klare Flüssigkeit ab und gib sie in ein hölzernes Gefäß, das rund ist wie ein Ball; zerschneide es in der Mitte und fülle das Gefäß zu einem Drittel und setzte es gegen Mittag an einem geheimen oder abgeschlossenen Ort in die Sonne.*
>
> *Wenn das getan ist, nimm einen Tropfen des konzentrierten roten Weines und laß ihn in das Wasser fallen, und du wirst unverzüglich einen Nebel und eine große Dunkelheit über dem Wasser erhalten, so wie es bei der Schöpfung war. Dann gib zwei Tropfen hinein und du wirst Licht sehen, das aus dem Dunkel kommt; sodann gib nach und nach zu jeder Hälfte jeder Viertelstunde zuerst drei, dann vier, dann fünf, dann sechs Tropfen hinzu und nicht mehr, und du wirst mit deinen eigenen Augen sehen, wie eine Ding nach dem anderen auf dem Wasser erscheint, so wie Gott alle Dinge in sechs Tagen erschaffen hat, und wie es alles geschah, und solche Dinge sollen nicht laut ausgesprochen werden, und ich habe nicht die Macht, es zu enthüllen. Falle auf die Knie, bevor du diese Operation wagst. Lasse deine Augen darüber entscheiden, denn so wurde die Welt geschaffen. Laß alles stehen wie es ist, und in einer halben Stunde, nachdem es begann, wird alles verschwinden.*
>
> *Dadurch wirst du die Geheimnisse Gottes klar erkennen, die zur Zeit vor dir wie vor einem Kind verborgen sind. Du wirst verstehen, was Mose über die Schöpfung geschrieben hat. Du wirst sehen, von welcher Art die Körper von Adam und Eva vor und nach dem Sündenfall waren, was die Schlange war, was der Baum und welche Frucht sie aßen; wo und was das Paradies ist und in welchen Leibern die Gerechten auferstehen werden; nicht in diesem Körper, den wir von Adam empfangen haben, sondern in dem, den wir durch den Heiligen Geist empfangen, namentlich in solch einem Leib, wie ihn unser Heiland aus dem Himmel mitbrachte.*[20]

1. Budge, E. M., 20. 2. Ashe, 213. 3. Sprague de Camp, S. S. S., 143, 147.
4. Shumaker, 178, 183. 5. Goldberg, 101. 6. Givry, 361.
7. Neumann, G. M., pl. 174. 8. Campbell, M. I., 254. 9. Shah, 194.
10. Jung, M. H. S., 186. 11. Wilkins, 44, 50, 56, 58. 12. Silberer, 258.
13. Shah, 201 f. 14. Castiglioni, 286. 15. Campbell, C. M., 268.
16. Ders., M. I., 258. 17. Ders., C. M., 273. 18. Ebd., 289, 295.
19. Ebd., 271 f. 20. Campbell, C. M., 268 f.

Alekto

»Sie, die nicht genannt werden darf«, eine aus Demeters Triade der **Furien**, welche auf die Einhaltung der alten Gesetze der Göttin achteten und die Gesetzesübertreter bestraften.

Alkmene

»Macht des Mondes«, jungfräuliche Mutter des Sonnenheroen **Herakles.**[1] Sie war die griechische Form der hebräischen *almah*, »Mond-Frau«, welche die Sakralkönige des Jerusalem-Kultes großzog und deren Titel auf die Jungfrau Maria übertragen wurde.[2] Die Parallelen zwischen den früheren Mythen von Alkmene und den späteren Mythen von **Maria** sind zu zahlreich, als daß sie Zufall sein könnten. Alkmenes Ehemann enthielt sich sexueller Beziehungen mit ihr, bis ihr Kind, das sie von Gott empfangen hatte, geboren war. Das Paar ging auf eine Reise, »so daß das Kind einen Geburtsort hatte, der nicht sein Elternhaus war.«[3] Auch Herakles wuchs auf, um einen rituellen Tod zu sterben, nach diesem Tod ging er in die Unterwelt und veränderte sie gewaltsam. Dann stieg er zum Himmel auf, um dort mit seinem göttlichen Vater zu verschmelzen und den jungfräulichen Aspekt der Göttin erneut zu heiraten, um sich selbst von neuem zu zeugen.

1. Knight, S. L., 98. 2. Brasch, 25. 3. H. Smith, 183.

Allah

Späte islamische Maskulinisierung der arabischen Göttin Al-Lat oder Al-Ilat – die Allatu der BabylonierInnen – die einst in der **Kaaba** in Mekka verehrt wurde. Offenbar ist der »Allah des Islam« eine männliche Transformation »der alten Mondgottheit Arabiens«.[1] Ihr altes Symbol, der Halbmond, ist heute noch auf islamischen Flaggen zu sehen, obwohl moderne Moslems nicht mehr zugeben würden, daß ein weibliches Symbol mit dem durch und durch patriarchalischen Allah verbunden ist. (Siehe **Arabien**.)

1. Briffault 3, 106.

Alleluja

Siehe **Halleluja**

Alma Mater

»Seele-Mutter«, eine römische Priesterin-Lehrerin, die vor allem ermächtigt war, die Sexual-Mysterien zu lehren (siehe **Kauri**). Der Name kommt von Al-Mah, einem Namen der Mondgöttin aus dem Nahen Osten und auch Titel ihrer Tempelfrauen, *almah* – dasselbe Wort, das in den hebräischen Versionen des Evangeliums die Jungfrau **Maria** beschreibt.[1] Die Priesterin, die sich *alma mater* nennen durfte, hatte ähnlich der tantrischen **Shakti** eine Beziehung zu dem männlichen Eingeweihten.

1. Brasch, 25.

Alphabet

Siehe **Mutterschaft**

Altar

Der Brauch, Reliquien von Heiligen unter dem Altar zu vergraben, beruht auf einer falsch verstandenen Bibelstelle: »[Ich sah] unter dem Altar die Seelen aller, die hingeschlachtet worden waren wegen des Wortes Gottes ...« (Offenbarung 6, 9). Dies basierte auf der heidnischen Lehre, daß die Seelen der Erleuchteten am Himmel zu Sternen würden. Die noch nicht lange tot waren, standen am Rand des Himmels, unter dem Sternbild des Altars, das in den Breiten der Mittelmeerländer dicht am Horizont liegt.[1]

Der Altar war ein weibliches Sternbild, da die ersten Altäre nach dem Vorbild des maternalen Herdes gebaut wurden und Altäre die Mutter symbolisierten. Der regenerative Schoß der Erde wurde oft als ein Altar dargestellt, wodurch auch klar wird, warum in den »Hexenkulten« der Altar angeblich aus dem Bauch einer lebenden Frau bestand. Die Himmelsjungfrau war ebenfalls ein Altar, Ara Coeli, »Altar des Himmels«, sie, welche die Seelen der Toten empfing. Die ChristInnen übernahmen diesen Symbolismus für die Jungfrau **Maria**. Eine der Geburtslegenden besagt, daß die cumäische Sibylle dem Kaiser Augustus in einer Vision Maria zeigte und sagte: »Diese Frau ist der Altar des Himmels.« Am Ort der Vision wurde eine Kirche errichtet, und sie bekam den Namen Santa Maria in Ara Coeli.[2]

1. Rose, 289. 2. Jacobus d.V., 49.

Altes Weib

Allgemeine Bezeichnung für den dritten Aspekt der Dreifachen Göttin, Beispiele sind Kali die Zerstörerin, Cerridwen die Totensau, Atropos die Schnitterin, Macha, Hekate, Hel, Ereshkigal, Morgan, die Königin der Geisterwelt, die Königin der Unterwelt, die Königin der Schatten, Persephone »die Zerstörerin« usw. Alle diese Formen repräsentieren Alter oder Tod, Winter, Weltende, den abnehmenden Mond und andere Symbole der unausweichlichen Vernichtung oder Auflösung, die der Neuschöpfung oder Regeneration vorangehen muß.

Das »Alte Weib« könnte sich von Rhea Kronia als Mutter der Zeit herleiten; der Titel wurde auch mit *Coronus*, der Raben- oder Aaskrähe in Verbindung gebracht, da Krähen und andere schwarze Tiere der Totengöttin heilig waren. Ihr furchteinflößender Charakter besaß oft auch eine Seite als »jungfräuliche Mutter«, denn die Dreiheit ihrer Erscheinungen war zyklisch. Im Orient galt die Lehre, daß wahre Anbeter der Göttin sowohl ihre schrecklichen, vernichtenden Aspekte als auch ihre schönen, lieblichen Aspekte lieben sollten. Die Alte stand auch für die dritte Phase im Leben einer Frau, die Zeit nach der Menopause, und in ihren Heiligtümern dienten Frauen dieses Alters. Da es den Glauben gab, Frauen würden sehr weise, sobald sie nicht mehr das lunare »weise Blut« vergössen, sondern in sich behielten, war die Alte gewöhnlich die Göttin der Weisheit. Minerva, Athene, Metis, Sophia und Medusa bieten dafür Beispiele.

Amata

»Geliebte«, der Titel einer **Vestalin** als Braut Gottes, also als Braut des Geistes von Rom, der sich in dem phallischen Palladium manifestierte.[1] Die christlichen Nonnen übernahmen den Titel und nannten sich Bräute Christi.

1. Graves, W. G., 395 (dt. 428).

Amazonen

Griechischer Name für die Volksstämme in Nordafrika, Anatolien und am Schwarzen Meer, welche die Große Göttin verehrten.[1] Aufgrund der irrtümlichen Annahme, daß die Amazonen ihre rechte Brust entfernten, um ungehindert den Bogen benutzen zu können, wurde ihr Name manchmal von *a-mazos*, »brustlos«, abgeleitet. Griechische Darstellungen der Amazonen zeigen allerdings keine derartigen Verstümmelungen. Zu dieser Idee könnten asiatische Bilder des Ur-Androgynen beigetragen haben, der eine männliche und eine weibliche Hälfte hat, was sich in einer Verbindung der Amazonengöttin **Artemis** mit ihrem Bruder-Gefährten **Apollon** widerspiegelt. Jüngere Forschungen besagen, daß Amazone »Mondfrau« bedeutete.[2]

Sueton schrieb, daß die »Amazonen einst einen großen Teil Asiens beherrschten«. Noch im 5. Jahrhundert n. Chr. war das Schwarze Meer als Amazonenmeer bekannt.[3] Libyen, womit in der Antike das gesamte nördliche Afrika außer Ägypten bezeichnet wurde, war ebenfalls Amazonien. Herodot spricht von den libyschen Amazonen. Diodor, ein griechischer Historiker des ersten vorchristlichen Jahrhunderts, nannte sie die »kriegerischen Frauen von Libyen«. Bis heute nennen sich die nordafrikanischen Berber Amazigh, obgleich ihr gebräuchlicher Name sich vom Lateinischen *barbari*, »Barbaren«, ableitet.[4]

Gaius Tranquillus Suetonius
Römischer Biograph und Historiker, ca. 70–122 n. Chr.

Herodot
Griechischer Historiker des 5. vorchristlichen Jahrhunderts.

Nach der Überzeugung der Alten waren die Amazonen die ersten, die Pferde zähmten, worauf sich die legendäre Unbesiegbarkeit ihrer Armeen beziehen könnte.[5] In einem offenen Gelände haben berittene Truppen, ob sie nun aus Frauen oder Männern bestehen, einen entscheidenden Vorteil gegenüber Fußsoldaten.

In den Mythen der Amazonen wurde die Göttin oft als Stute verehrt: die indische Stute-Mutter **Saranyu**, die stutenköpfige **Demeter** oder auf Kreta **Leukippe**, die »weiße Stute«, deren Priester kastriert wurden und Frauenkleidung trugen.[6] Auch unter den Skythen traten Männer in den Dienst der Göttin, indem sie sich selbst kastrierten und die Kleidung von Frauen anlegten. Die einzige Gottheit, die in den skythischen Kunstwerken dargestellt wurde, war die Große Göttin, die von den GriechInnen Artemis, **Hestia** oder **Gaia** (Erde) genannt wurde.[7] Einige der Skythen ließen sich in Parthien, dem »Jungfrauenland«, nieder, das nach der Göttin benannt war. Sie wurden als Sakai bekannt, und ihre wichtigste Stadt war Sakastane, das heutige Seistan.[8]

Die Skythen wurden von Priesterköniginnen beherrscht, die gewöhnlich einzeln in reich ausgestatteten *kurgans* (Königinnengräbern) beigesetzt wurden. 1954 wurden bei Pasyryk im südlichen Rußland fünf *kurgans* entdeckt. Die skythischen Priesterinnen waren ältere Frauen, alt genug, graues Haar zu haben. Sie brachten die traditionellen Opfer dar, bei denen sie das Blut in heiligen Kesseln auffingen und aus den Eingeweiden Omen lasen. Außerdem begleiteten sie ihre Armeen in die Schlacht, um den Sieg mit Zaubersprüchen zu beschwören.[9]

Die Mondsichel, die bei den mythischen Kastrationen der Götter verwendet wurde, war eine skythische Waffe. Deshalb heißt die langstielige Form der Sichel, die Sense, im Englischen heute noch *scythe*, sie wurde dem Schnitter Tod zugeordnet, der ursprünglich **Rhea** Kronia in der Verkleidung als Mutter Zeit oder Mutter Tod war: die Erde, die ihre eigenen Kinder verschlang. Die skythischen Frauen benutzten solche Waffen offensichtlich sowohl im Krieg als auch bei religiösen Zeremonien und in der Landwirtschaft. Nach Diodor kämpften die skythischen Frauen »wie Männer, und sie sind ihnen in keiner Weise an Tapferkeit unterlegen.«[10] Ein skythisches Mädchen durfte erst heiraten, wenn sie drei Feinde in der Schlacht getötet hatte.[11]

Es war für Barbarenarmeen nicht unüblich, daß in ihnen Frauen kämpften. Die weiblichen Zauberkräfte wurden häufig als unerläßlich für den Sieg angesehen. Die Bibel sagt, daß Barak eine Armee von 10000 Männern anführte, aber er weigerte sich, in die Schlacht zu ziehen, bis die Priesterin-Königin Debora kam, um Zaubersprüche für den Sieg zu sprechen (Richter 4, 8). Tacitus erzählt von druidischen Kräften, welche die römischen Invasoren im Jahr 61 n. Chr. auf der Insel Mona (Mond, die heutige Insel *Man*) zurückschlugen: Unter den Soldaten schwangen schwarzgekleidete Frauen Schwerter und verfluchten die Feinde »wie die Furien«.[12]

Cornelius Tacitus
Römischer Historiker und Rhetoriker, ca. 56–120 n. Chr.

Nach griechischen Mythen besetzten Stämme der Amazonen Kappadozien, Samothrake und Lesbos und gründeten die Städte Kyme, Myrine und Paphos – alles wichtige Zentren für die Verehrung der Göttin. Die Amazonen kamen dem matriarchalischen Troja während des trojanischen Krieges zu Hilfe. Die Amazonenkönigin Penthesilea fiel unter dem Schwert des Achilles, der daraufhin sofort ihren toten Körper vergewaltigte. Homer schrieb diesen nekrophilen Akt Achilles' Liebe zu ihrem schönen Körper zu. Wahrscheinlicher ist aber, daß dies eine magische Beschwörung darstellte, um ihren rachsüchtigen Geist zu binden. Die GriechInnen fürchteten die Geister der erschlagenen Amazonen. Sie nannten sie »die Schönen«, errichteten ihnen Heiligtümer und brachten ihnen noch Jahrhunderte nach dem Krieg Opfer zur Besänftigung.[13]

Theseus, König von Attika, verletzte das Amazonengesetz der matrilinearen Heirat, indem er ihre Königin entführte; sie hatte unterschiedliche Namen: Hippolyte, Antiope oder Melanippe (schwarze Stute). Manche sagen, daß Antiope die Schwester Hippolytes war. Die erste wurde von Theseus erschlagen, die zweite von **Herakles**, der ihren magischen Gürtel stehlen wollte. Zornentbrannt drangen die Amazonen in Griechenland ein, plünderten Küstenstädte und belagerten Athen.[14] Amazonen und Griechen wurden zu erbitterten Feinden. Eine spätere Amazonenkönigin, Artemisia (Geist der Artemis), verbündete sich mit Xerxes, um bei der Schlacht von Salamis im Jahr 480 v. Chr. gegen die Griechen zu kämpfen – nicht etwa, weil ihr die Perser so sympathisch waren, sondern weil sie die Griechen haßte.[15]

Die griechischen Mythen erwähnen verschiedene Fraueninseln, auf denen die Amazonen ohne Männer lebten; lediglich zu bestimmten Zeiten verkehrten sie mit den Männern benachbarter Siedlungen, um von ihnen Kinder zu empfangen. Tauros, Lemnos und Lesbos sollen solche rein weiblichen Gesellschaften gewesen sein. Offensichtlich fürchteten die Griechen sie. Sie sagten, die Frauen von Tauros opferten ihrer Göttin alle Männer, die an ihren Küsten landeten, und die Frauen von Lemnos hätten sich gegen ihre Männer erhoben und alle gleichzeitig ermordet.[16] Die griechischen Schriftsteller scheinen nicht daran gezweifelt zu haben, daß Frauen sämtliche erwachsenen Männer einer Bevölkerung töten konnten und daß es dagegen keine effektive Verteidigung gab.

Auch im nördlichen Europa gab es mythische Amazonen: die Walküren, Kriegerinnen aus Walhalla. Es gab aber auch wirkliche Amazonen unter den Wikingern: weibliche Häuptlinge und Heerführerinnen.[17] Im 10. Jahrhundert n. Chr. fiel eine norwegische Flotte in Irland ein und zerstörte Ulster und den Nordosten der Insel. Die Flotte stand unter dem Befehl einer Kriegerkönigin, die sie »die rote Frau« nannten.[18] Eine andere Kriegerkönigin, Olga, war eine der ersten Herrscherinnen über Kiew.[19] Mittelalterliche Historiker sagten, die Amazonen hätten schon vor der Zeit Abrahams bis zur Regierungszeit Alexanders des Großen die Stadt Ulm regiert. Die Stadt war nach den heiligen Ulmen des Haines benannt, in dem Diana-Artemis verehrt wurde.[20]

Immer wieder erwähnen die Legenden die magischen Kriegsrufe der Frauen, die ihre Feinde hilflos machten. Die Walküre Kara raubte durch den Klang ihrer Stimme ihren Feinden die Kraft, ihre Waffen zu führen.[21] Eine keltische Walküre, Nemhain, verfluchte die Krieger Cuchulains und ließ hundert von ihnen auf der Stelle tot zu Boden stürzen.[22]

Das Lebor Gabála Érenn – Das Buch von der Einnahme Irlands – berichtet, daß die erste Besiedelungsexpedition nach Irland von einer Frau angeführt wurde.[23] In Irland gab es bis zum 7. Jahrhundert n. Chr. weibliche Krieger, dann verboten neue, christliche Gesetze den Frauen, Waffen zu tragen.[24] Die Tradition überlebte aber in den Hochzeitsbräuchen. Zur Kleidung einer Braut gehörte bis ins 17. Jahrhundert ein Messer am Gürtel.[25] Aber nach dem 9. Jahrhundert wurden die Kriegerinnen auch im keltischen Kulturbereich als »Hexen« bezeichnet.[26] In den Ländern der Amazonen um das Schwarze Meer bewahrten die Frauen bestimmte Sitten der Amazonen bis ins 18. Jahrhundert: das Tragen von Männerkleidern, das Reiten rittlings auf dem Pferderücken und das Kämpfen an der Seite der Männer im Krieg.[27]

Lebor Gabála Érenn
Auch »Buch der Invasionen« genannt: frühmittelalterliche irische Geschichte, behauptet, den Ursprung der irischen Stämme bis in die Zeit Adams zurückverfolgen zu können.

1. Lederer, 103. 2. Graves, G. M. 2, 379. 3. Sobol, 153, 155.
4. Wendt, 52, 66. 5. Lederer, 103. 6. Gaster, 316. 7. *Encyc. Brit.*, »Amazons«.
8. Thomson, 174. 9. Wendt, 116, 137. 10. Briffault 1, 456.
11. Knight, S. L., 33. 12. Pepper & Wilcock, 216.
13. Graves, G. M., 164.a; *Larousse*, 122. 14. Graves, G. M., 131.g.
15. *Encyc. Brit.*, »Artemisia«. 16. Graves, G. M., 131.b.
17. Oxenstierna, 208. 18. Briffault 1, 457. 19. *Larousse*, 294.
20. Borchardt, 104. 21. *Larousse*, 279. 22. MacCana, 90. 23. Rees, 28.
24. Paor, 109; Joyce, 84. 25. Hazlitt, 75. 26. Boulding, 319.
27. Spretnak, 106.

Ambrosia

Der »übernatürliche rote Wein« der Mutter Hera, der den griechischen Göttern Unsterblichkeit verlieh.[1] In den Veden war es *soma*, in Persien *haoma*, in Ägypten *sa*: Dieses Getränk wurde immer mit dem Mond und dem weiblichen »Blut des Lebens« assoziiert, das heißt mit dem **Menstruationsblut**.[2] Merlins älterer Name Ambrosius legt eine Verbindung zu heidnischen Unsterblichkeits-Symbolen nahe, die durch einen Kontakt mit dem lebenspendenden weiblichen Blut erreicht wurde. (Siehe **Merlin; Thomas der Reimer**.)

1. Graves, G. M., 29.6. 2. Budge, G. E. 2, 298; Hartley, 231.

Amen

Magisches Wort, das als »so soll es sein« auf hebräisch interpretiert wurde; es wurde benutzt, um eine göttliche Antwort auf ein Gebet hervorzurufen. Solche Worte waren häufig ursprünglich der Name einer Gottheit. Dieser diente vielleicht zuerst zur Anrufung des ägyptischen Gottes Amen oder Amun, »des Verborgenen«, der als Sonnengott im Leib seiner Mutter ruht, bevor er bei Sonnenaufgang wiedergeboren wird. Seine Hieroglyphe symbolisierte einen schwangeren Bauch.[1]

1. Budge, B. D., 194.

Amma

Nordische Matronen-Göttin, die das Geschlecht der *Karle* (der Freien) gebar. Vielleicht von Ama abgeleitet, einem Einheitsnamen der Großen Göttin in Mesopotamien und im Orient.[1] (Siehe **Kaste**.)

1. Turville-Petre, 147.

Amphitrite

»Allumfassende Triade«, die vorgriechische Große Göttin, die von griechischen Schriftstellern in eine bloße Meernymphe umgedeutet wurde. Sie wurde gezwungen, Poseidon zu heiraten, da dieser Gott »gierig nach irdischen Königreichen« war. Das bedeutet, daß die irdischen Königreiche vormals der Nymphe selbst gehört hatten. Nach Graves bedeutet dieser Mythos das Eindringen der männlichen Priesterschaft in die ehemals weibliche Herrschaft über den Fischfang.[1]

1. Graves, G. M., 16.b., 16.1–2; 2, 379.

Anahit

Neben den Variationen Anahid, Anahita und Anaitis war dies der persische und armenische Name für die Göttin **Venus**, den Stern der **Ishtar** und **Astarte**, die Muttergöttin der Zend-Avesta; die Herrscherin über Gewässer, Sterne und Schicksal. Die Mithrasmysterien bewahrten Anahit als notwendiges weibliches Prinzip der Schöpfung, obwohl sie sonst stark auf das Männliche ausgerichtet waren.[1]

1. Cumont, M. M., 180.

Ananke

»Notwendigkeit«, ein neuplatonisch-pythagoräischer Titel der Großen Göttin, welche die Welt nach dem Gesetz des Karmas regierte; ein anderer Name für Fortuna oder das Schicksal. »Was wir in der westlichen Kultur als Kausalität bezeichnen, hat seine Wurzeln in der griechischen Vorstellung von der Ananke (Notwendigkeit), Dike (Gerechtigkeit), Heimarmene (zugeteiltes Schicksal) und Nemesis (Rache) – alles Göttinnen, die gefürchtet und respektiert wurden.« Anaximander sagte, es stimme mit Ananke überein, daß die »Quelle des Ursprungs aller Dinge dasjenige ist, in das auch ihre Zerstörung führt«. Die Philosophen der Stoa machten Ananke oder Heimarmene zum höchsten, alles beherrschenden Prinzip der Welt, mit einer uneingeschränkten Gewalt selbst über die Götter. Nach den Orphikern war Ananke mit Chronos (der Zeit) vermählt, was Anlaß gab zu der Vorstellung einer übernatürlichen Dualität, die als Zeit-und-Schicksal bekannt wurde.[1] Vermutlich gilt, daß es keine griechische Vorstellung von »Gott« gab, die das weibliche Bild von Ananke als dem unausweichlichen »Was-geschehen-muß-wird-geschehen« transzendieren oder beherrschen konnte.

Anaximander
Milesischer Philosoph, Astronom und Geograph, 6. Jahrhundert v. Chr.

1. Franz, 23.

Ananta

»Die Unendliche«, eine große **Schlange**, in deren Windungen die Hindugötter ihre Schlaf- oder Todesperioden verbrachten.[1] Die Schlange kann mit der ägyptischen Göttin Mehen »die Umhüllende« verglichen werden, einer Schlange, die jede Nacht **Ra** umschloß, wenn er »tot« in der Unterwelt war. Das Geschlecht der unsterblichen Schlange war nicht festgelegt. Ältere Mythen neigen dazu, sie als weiblich zu sehen, eine kosmische **Kundalini**. Die späteren, vedischen Traditionen tendieren eher zu einer männlichen Interpretation Anantas.

1. O'Flaherty, 221, 340.

Anastasia, Heilige

»Sie, die im Himmel steht«, Titel der römischen Großen Göttin, personifiziert als Pseudo-Heilige. Ihre drei »Dienerinnen«, Agape, Chionia und Irene waren ursprünglich die drei der Göttin zugeordneten **Horen** oder Grazien.

Ihre christianisierte Legende verband Agape, Chionia und Irene mit einem Mann, der einen zeremoniellen Tod erlitt, ähnlich den antiken Opfern der heidnischen Mamuralia oder der Sündenbock-Opferung. Er wurde mit Stangen geschlagen, geschmäht und bespuckt, dann wurde ihm im Moment seines Todes eine Vision der Dreifachen Göttin gezeigt, worauf er in »einen derart tiefen Schlaf fiel«, daß auch weitere Schläge ihn nicht mehr aufwecken konnten.[1]

Die Hagiographen behaupteten, Anastasia sei eine weitere jungfräuliche Märtyrerin gewesen, die während der Christenverfolgung unter Diokletian umgebracht wurde. Allerdings sagen moderne Gelehrte, daß sie niemals existiert habe, außer als Inschrift auf Statuen der Göttin, die als Abbilder der Heiligen interpretiert wurden.[2] Ihr Fest wurde exakt an dem Tag begangen, an dem zur Wintersonnwende die Sonne von der Großen Mutter wiedergeboren wurde: dem 25. Dezember. Im alten

Mondkalender begann dieser Tag am Vorabend, dem 24. Dezember, der *matrum noctem* genannt wurde, »Nacht der Mutter«.[3]

1. Jacobus d.V., 52. 2. Attwater, 44. 3. Turville-Petre, 227.

Var. Anatha, Anat, Neit oder Ath-enna; ägyptisch: Aynat

Anath

Zwillingsschwester der Göttin Mari als Herrin über Geburt und Tod, wurde von den KanaaniterInnen, AmoriterInnen, SyrerInnen, ÄgypterInnen und HebräerInnen verehrt. Die griechisch sprechenden PhönikierInnen auf der Insel Zypern nannten sie »Anat, Lebenskraft«. Eine ägyptische Stele aus der Zeit Ramses des II. redet sie als Königin des Himmels und Herrin aller Götter an. Unter der griechischen Dynastie der Ptolemäer beherrschte sie sowohl Ägypten als auch Palästina. Semitische Texte nannten sie Jungfräuliche Tochter Palästinas oder Jungfräuliche Weisheit, die in Zion wohnt.[1]

Der Tempel in Jerusalem war über Jahrhunderte durch Gott (El) und die Göttin besetzt, die als Himmelskönigin bekannt war, aber auch als Anat, Aschera, Mari oder Miriam.[2] Ihr Heiligtum Beth-Anat (Haus der Anat) wird im 19. Kapitel des Buches Josua erwähnt. Einige frühe israelische Stammesführer bezeichneten sich als ihre Söhne, wie Shamgar ben Anat, der »sechshundert Philister mit einem Ochsenstecken« erschlug (Richter 3, 31). Der Ochsenstecken war ein Zauberspruch, der durch den Buchstaben *lamedh* dargestellt wurde, was »Ochsenstecken« hieß. Auf Sizilien wurde eine phönikische Siedlung, Mach-Anath, nach dieser Göttin benannt. Die GriechInnen nannten sie Panorma, was soviel heißt wie Allumfassende Bergmutter.[3]

Ugarit-Texte Keilschrifttafeln, die 1929 im Hügel von Ras Schamra, im nördlichen Syrien, gefunden wurden. Dort lag die antike Haupstadt Kanaans, Ugarit. Die Tafeln enthüllen die kanaanäischen Wurzeln des biblischen Materials.

Primitive Opferriten für Anath oder Anat sind in den Ugarit-Texten beschrieben. Anath wurde durch das Blut von Männern befruchtet, nicht durch deren Samen, da ihre kultische Verehrung bis in die Jungsteinzeit zurückdatiert, als eine Vaterschaft noch unbekannt war und Blut als die einzige Substanz galt, die Leben übertragen konnte. Anscheinend wurden Anath Hekatomben von Männern geopfert, wenn ihr Bild zu diesem Anlaß mit »roter Schminke und Henna« eingefärbt wurde.[4] »Gewalttätig zerschmettert sie und weidet sich daran, Anat tötet sie und starrt sie an; ihr Sinn jubelt in Freude, denn sie taucht ihre Knie in das Blut der Soldaten, ihre Lenden in den Lebenssaft der Krieger, bis ihr das Schlachten in dem Haus, das Zerhacken auf den Tischen genügt.«[5] Bei ähnlichen Riten in Ägypten schürzten die Priesterinnen ihre Gewänder, während sie den Stiergott **Apis** zerteilten, so daß sein herausspritzendes Blut ihre Lenden baden konnte und sie befruchtete.[6]

Wie die mexikanische »Herrin des Schlangengewandes«, die aus dem Genitalblut Quetzalcoatls neues Leben schöpfte, hing auch Anath die abgeschnittenen Penisse ihrer Opfer an ihre Ziegenfellschürze oder **Aigis**.[7] Als die Göttin nach Griechenland kam und dauerhaft als **Athene** zur Jungfrau erklärt wurde, wurde die *aigis* von der Zeremonialschürze der libyschen Priesterinnen zu einem Brustschild.[8] Auch Athene trug auf ihrer *aigis* »Schlangen« (Phalli) gemeinsam mit dem Gorgonenhaupt ihres zerstörerischen Aspektes. Gorgo, »die Grimmige«, war Athenes Titel als Totengöttin.[9] (Siehe **Medusa; Metis; Neith.**)

Anath schleuderte einmal im Jahr ihren Todesfluch, *anathema*, gegen den kanaanäischen Gott, der zum Herrn der Toten wurde: Mot, der kastrierte, sterile Aspekt des fruchtbaren **Baal**. Wie Seth in Ägypten stand **Mot** für die unfruchtbare Jahreszeit, die ihren eigenen, fruchtbaren Zwillingsbruder, den Gott Aleyin, tötete. Wie für Sakralkönige typisch, war Mot-Aleyin der Sohn der Jungfrau Anath und gleichzeitig der Bräutigam seiner eigenen Mutter. Wie Jesus war auch er das Lamm Gottes. Er sagte: »Ich bin Aleyin, Sohn des Baal (des Herrn). Bereitet also das Opfer vor. Ich bin das Lamm, das mit reinem Weizen gemästet wurde, um zur Buße geopfert zu werden.«[10]

Nach Aleyins Tod erweckte Anath ihn und opferte dafür Mot. Sie sagte Mot, daß ihn sein himmlischer Vater El verlassen habe, derselbe Gott, der auch Jesus am Kreuz »verlassen« hatte. Die Jesu zugeschriebenen Worte »Mein Gott, mein Gott, warum hast du mich verlassen?« (Markus 15, 34), waren wahrscheinlich von der alten liturgischen Formel übernommen worden, die ein Teil des Pascha-Rituals in Jerusalem geworden war.

Das sakrale Drama schloß den Moment mit ein, an dem Anath das Schilfrohr-Zepter Mots zerbrach, um seine Kastration anzudeuten – auch hier eine Vorwegnahme der christlichen Evangelien. Das Zerbrechen des Zepters bedeutete den Abbruch der Verbindung des alten ausgedienten Königs mit der Erdgöttin nach der Ernte seiner Regierungszeit. Anath tötete ihn deshalb und nahm seinen Körper und sein Blut, um den Boden für die Ernte des nächsten Jahres erneut zu beleben. »Sie packt Mot, den göttlichen Sohn. Mit ihrer Sichel schneidet sie ihn. Mit ihrem Dreschflegel schlägt sie ihn.« Seine Teile wurden über die Felder zerstreut, wie die Teile des Erlösers **Osiris** in Ägypten.[11]

Natürlich wurde die Gott-tötende Anath in den patriarchalischen Berichten später stark dämonisiert. Die abessinischen Christen nannten sie Aynat, »das böse Auge der Erde«. Nach ihrer Auffassung war sie eine alte Hexe, die von Jesus vernichtet wurde, der befahl, sie zu verbrennen und ihre Asche in den Wind zu streuen.[12] Die Feindseligkeit Jesu stammt vermutlich daher, daß die Missionare seine frühere Identifikation mit dem getöteten Gott bewußt umgekehrt hatten.

Im Neuen Testament wurde der Todesfluch Anaths, *anathema maranatha* sehr frei übersetzt: »Der Bräutigam naht« (1. Korinther 16, 22). Eigentlich bedeutete es den baldigen Tod des Bräutigams; es war der feierliche Fluch, der über jedes sakrale Opfer gesprochen wurde.[13] Es hatte dieselbe doppelte Bedeutung wie das lateinische *sacer*, das sowohl »heilig« als auch »verflucht« heißen konnte – wie alle sterbenden Götter, die zuvor *anathemata* waren, »Opfergaben«.[14] Jedes Volk kennt Beispiele von Göttern, die für die heilige Hochzeit erwählt wurden, danach verflucht und getötet. Die Schicksalsworte der keltischen Göttin bezeichneten Heroen wie Cuchulain und Diarmuid als Todeskandidaten. Der »Herr der Jagd« genannte Gott wurde zum *Chausseur Maudit*, dem »verfluchten Jäger«.

Der Ursprung des verfluchten Helden im allgemeinen könnte im alten Indien liegen, wo von Sati-Kali **Shiva** der Verdammte erwählt wurde, um die heilige Hochzeit mit ihrer jungfräulichen Inkarnation zu vollziehen, gefolgt von seinem Tod und einem Abstieg in die Unterwelt.[15] Als Personifizierung des Ur-Abgrundes wurde die Göttin manchmal Kalanath genannt, was mit dem Namen Anath in Verbindung stehen könnte.[16]

Anaths Fähigkeit zu verfluchen und zu töten machte sogar dem Himmlischen Vater angst. Wenn El anscheinend nur widerwillig auf ihre Bitten einging, drohte sie, sein Haupt zu zerschmettern und sein graues Haar und seinen grauen Bart mit Blut zu bedecken. Hastig gab er ihr alles, worum sie gebeten hatte und sagte: »Wer immer dich behindert, der soll zermalmt sein.«[17] Es war ein großer Schritt von diesem Mythos des Nahen Ostens zu der griechischen Vorstellung, daß die schreckliche Göttin die pflichteifrige Tochter des Himmlischen Vaters sei. (Siehe **Anna, Heilige**.)

1. Ashe, 30f, 59. 2. Briffault 3, 110. 3. Massa, 48. 4. Hooke, M. E. M., 83. 5. Gray, 80. 6. Graves, G. M., 75.5. 7. Gaster, 416, 8. Graves, W. G., 410. 9. Knight, S. L., 130. 10. *Larousse*, 77. 11. *Ebd.*, 78. 12. Gifford, 63. 13. Budge, G. E. 2, 253. 14. Hyde, 111. 15. *Larousse*, 335. 16. Evans-Wentz, 147 (dt. 223). 17. Pritchard, A. N. E. 1, 124.

Anathema

Christlicher Ausdruck für ein Ding oder eine Person, die offiziell verflucht und exkommuniziert worden ist. Entnommen der biblischen Stelle »Wer den Herrn nicht liebt, sei verflucht [anathema]! Marana thá ...« (1. Korinther 16,22). Ursprünglich war es der Fluch, der von der Göttin Marah oder Mari-Anath über ihren sterbenden Gott ausgesprochen wurde. Im Mittelalter bedeutete, mit dem *anathema* belegt zu werden, daß der oder die Betreffende mit Glocke, Buch und Kerze aus der Gemeinde ausgestoßen und unwiderruflich der Hölle überantwortet wurde: Eine seltsame Reminiszenz an den zeitweiligen Abstieg des verfluchten Gottes in die Unterwelt bei den antiken Religionen.

Var. Ankh

Anch

Ägyptisches »Lebenskreuz«, das die Vereinigung von weiblichen und männlichen Sexualsymbolen darstellt: ein weibliches Oval, das auf einem männlichen Kreuz angebracht ist. Ein anderer Name dafür war Schlüssel des Nils, da die heilige Hochzeit zwischen Gott und Göttin jedes Jahr vor der Flut an der Nilquelle stattfinden sollte. Der christlichen Version des Lebenskreuzes, die erst nach dem 5. Jahrhundert auftauchte, fehlte bezeichnenderweise das weibliche Oval, sie bestand nur noch aus dem männlichen Kreuz.[1]

Das *anch* scheint sich aus einem alten Symbol der Göttin in Libyen und Phönikien entwickelt zu haben: ein enges Dreieck, über dem sich eine Querstange befand, und ein runder oder ovaler Kopf.[2]

Anch

Die ÄgypterInnen sahen in dem *anch* einen universellen Lebenszauber. »Das Leben eines jeden Wesens, göttlich oder menschlich, hängt davon ab, ob er oder sie es besitzt. Immer wurden die Götter mit ihm in der rechten Hand gesehen, und sie gaben ihren Königen und Dienern Leben, indem sie es ihnen zeigten.«[3] Auch die frühen ChristInnen benutzten das *anch* manchmal als Zeichen der Ewigkeit, sie nannten es *crux ansata*, Henkelkreuz. Sie wußten, daß die ÄgypterInnen eine bestimmte Hieroglyphe hatten, die »das zukünftige Leben bedeutete, und dieses Zeichen hatte die Form eines Kreuzes«.[4] In hieroglyphischen Inschriften steht das *anch* einfach für das Wort »Leben«.[5]

1. H. Smith, 188. 2. d'Alviella, 186–190. 3. Budge, A. T., 128. 4. Jacobus, 550. 5. Budge, E. L., 83.

Andreas, Heiliger

Abgeleitet vom griechischen *andros*, »Mann« oder »Männlichkeit«, ein Titel des Sonnengottes von Patras in Achaea, wo der Apostel Andreas angeblich gekreuzigt wurde, nachdem er das oströmische Papsttum begründet hatte.[1] Die Legende des heiligen Andreas wurde von byzantinischen Bischöfen erfunden, um dem Anspruch Roms auf die Oberherrschaft zu begegnen, der in der Legende des heiligen **Petrus** begründet war. Die östlichen Patriarchen stützten und verstärkten ihre Autorität, indem sie Andreas als den älteren Bruder von Petrus bezeichneten. Sie behaupteten, daß Andreas als erster Apostel den Messias entdeckt habe.[2]

Andreaskreuz

Die Legende, daß Andreas an einem X-förmigen Kreuz, dem sogenannten Andreaskreuz, das Martyrium erlitten habe, war bis ins Mittelalter unbekannt. Wahrscheinlich entwickelte es sich aus einem verbreiteten Symbol der ostkirchlichen Patriarchen, einem Sonnenkreuz in einem Kreis.[3] Daneben war es das Kreuz Wotans, das von den nordischen Erobereren nach Schottland gebracht worden war, wo es bis heute das Nationalwappen ist.

Patras, der Ort des angeblichen Martyriums des heiligen Andreas, war ein altes Heiligtum des phallisch-solaren Vatergottes, der Pater, Petra oder Peter genannt wurde, dessen Name dieselbe grundlegende Bedeutung hat wie Andreas. Politische Kämpfe im vierten nachchristlichen Jahrhundert zwischen den Anhängern des Andreas und des Petrus führten zur kanonischen Verkleidung der *genii loci* sowohl in Byzanz als auch in Rom. Sie werden bis heute im Heiligenkalender aufgeführt.[4]

1. Attwater, 45. 2. Brewster, 5. 3. B. Butler, 241. 4. H. Smith, 252.

Androgyn

Viele indoeuropäische Religionen versuchten, männliche und weibliche Anteile im Ur-Androgynen zu vereinen, beide Geschlechter in einem Körper, oft mit zwei Köpfen und vier Armen. In den Brhadaranyaka Upanishaden steht, der Erste Androgyne »war genauso groß wie ein Mann und eine Frau in enger Umarmung«.[1] In manchen Quellen wird gesagt, daß die weiblichen und männlichen Elemente in einer Haut lebten, sie erfuhren dabei ununterbrochen sexuelle Befriedigung und spirituelle Ganzheit.

Shiva und **Shakti**-Kali erschienen als der androgyne Ardhanarisvara, die rechte Seite männlich, die linke Seite weiblich.[2] Rudra, die ältere Gestalt Shivas, war als der »Herr, der zur Hälfte Frau ist« bekannt.[3]

Brahma und **Vishnu** erschienen ebenfalls als bisexuelle Wesen, die mit ihrer Shakti vereinigt waren. Die chinesischen Taoisten kannten das Mandala von **Yin und Yang**, um das Androgyne zu repräsentieren.

Auch die westlichen Mythen ordneten den älteren Gottheiten oder den ersten Menschen Androgynität zu. Der orphische Schöpfungsmythos besagt, daß die erstgeborene Gottheit der zweigeschlechtliche Phanes oder **Eros** war, »die fleischliche Liebe«, dessen weibliche Hälfte **Psyche** war, die Seele, das griechische Äquivalent zur Shakti.[4] **Hermes** verdankte seine unglaubliche Weisheit seiner früheren androgynen Existenz mit Mutter **Aphrodite** als doppelgeschlechtlicher Hermaphrodit.[5]

Häufig erschien der Androgyne in den Mythen als gleichzeitig geborenes männlich-weibliches Zwillingspaar, zum Beispiel Isis-Osiris, Jana-Janus, Diana-Dianus, Fauna-Faunus, Helena-Helenus oder Artemis-Apollon, »Mond und Sonne«, die im Mutterleib vereinigt waren. Wahrscheinlich gab eine androgyne Darstellung auf dem Apollonaltar in Delos Anlaß zu der Legende, daß Apollon auf diesem Altar mit seiner Schwester Artemis geschlafen habe. Verschiedene Formen des Sonnengottes wurden so dargestellt, daß sie eine enge körperliche Vereinigung mit der Mondgöttin brauchten, wie zum Beispiel sogar Brahma ohne seinen weiblichen Gegenpart Bhavani, »Wesen«, nutzlos war.[6] Der ägyptische höchste Sonnengott war häufig androgyn: die Sonne war sein rechtes Auge, der Mond sein linkes.[7] Dasselbe androgyne Wesen wird immer noch in Dahomey als Nana-Buruku, Mond-Sonne, verehrt, durch den die Welt erschaffen wurde und der das erste Menschenpaar gebar.[8]

Viele Mythen bildeten die ersten menschlichen Wesen als Androgyn. Die PerserInnen glaubten, daß das erste Menschenpaar im Garten Heden (**Eden**) zusammen in einem Körper lebte, bis **Ahura Mazda** sie trennte. Jüdische Nachahmer der persischen Mythen sagten, daß auch **Adam** und **Eva** in einem bisexuellen Körper vereint waren. Manche rabbinische Quellen besagen, daß Eva nicht aus einem Teil Adams erschaffen wurde, sondern daß sie voneinander getrennt wurden durch einen eifersüchtigen Gott, der ihnen ihre sexuelle Erfüllung nicht gönnte, die für die Menschen zu gottähnlich war und den Gottheiten vorbehalten bleiben sollte. Den Mann aus dem Paradies zu vertreiben bedeutete, ihn vom weiblichen Körper zu trennen, der oft durch das hebräische *pardes*, »Garten«, symbolisiert wurde.[9] Das war ein anderer Weg um auszudrücken, daß die Erbsünde, die Gott zornig machte, nicht Ungehorsam war, sondern Sexualität.[10]

Die griechischen Mythen über das Goldene Zeitalter erzählten dieselbe Geschichte vom eifersüchtigen Gott: **Zeus**, der seinen menschlichen Freund **Prometheus** mit ewigen Qual bestrafte, weil er den Himmlischen Vater zugunsten der Menschen betrogen hatte (siehe **Opfer**). Die Menschen des Goldenen Zeitalters waren als Androgyne erschaffen worden, von Prometheus, der ihre Körper aus Lehm machte, und von **Athene**, die ihnen das Leben verlieh. Vater Zeus ließ seinen Ärger an ihnen aus und trennte sie. Ein Stück Lehm wurde dem weiblichen Körper entnommen und an den männlichen angesetzt. Deshalb haben die Frauen eine blutende Öffnung, und die Männer haben einen lose baumelnden Fortsatz, der nicht zu ihnen zu gehören scheint, sich aber immer wieder zu dem weiblichen Körper zurücksehnt, von dem er kam.

Der grausame Zeus erlaubte den Menschen, den männlichen Fortsatz manchmal zu seiner weiblichen Heimat zurückkehren zu lassen, um für einen kurzen Moment die Seligkeit ihrer früheren bisexuellen Existenz zu erfahren. Manche gnostischen Mysterienkulte der ersten nachchristlichen Jahrhunderte lehrten tantrische Techniken, um den Augenblick des Höhepunktes zu verlängern, was die meisten Formen des Himmlischen Vaters erboste, so auch die christliche, so daß seine Bischöfe diese Übungen als eine Schulung in Bosheit denunzierten.[11] Die Kirchenväter verurteilten vor allem das Erschaffen – oder Wiedererschaffen – des Tieres mit den zwei Rücken, was ein anderer Ausdruck für den Ur-Androgynen ist.

Obwohl die offizielle Christenheit sowohl Sexualität als auch Androgynität in religiösen Bildern verwarf, benutzten die gnostischen ChristInnen diese Mittel sehr wohl. So wie **Kali** die weibliche Hälfte Shivas war, so war die gnostische Große Mutter **Sophia** die weibliche Hälfte Christi. Das wurde »in einem großen Licht« offenbart: Der Heiland wurde androgyn gezeigt, vereinigt mit »Sophia, der Mutter von allem«.[12]

Die gnostischen ChristInnen meinten, daß diejenigen, welche die wahre Offenbarung des Vater-Mutter-Geistes erhalten hatten, als einzige für das geheime Sakrament vorbereitet waren, das *apolytrosis*, »Befreiung«, genannt wurde, ein Konzept, das mit der tantrischen *moksha* oder »Befreiung« identisch war.[13] Offensichtlich durch den **Tantrismus** oder seine Vorläufer beeinflußt, hatten die Gnostiker direkt das hinduistische *Yab-Yum*, »Vater-Mutter«, übernommen, die sexuelle Vereinigung eines Weisen mit seiner Shakti im entscheidenden Augenblick des Todes.[14] Es wurde tatsächlich mit sexuellen Sakramenten für diesen Augenblick geübt, in dem der Erleuchtete wieder in die Bedingungen der ursprünglichen Glückseligkeit als androgynes Wesen eintreten würde.

Die Naasener meinten, daß keine Erleuchtung ohne den Vater-Mutter-Geist möglich sei, einen androgynen Geist, der manchmal Himmlisches Horn des Mondes genannt wurde.[15] Im 5. Jahrhundert versuchten die orphischen Einweihungsriten den weiblichen Geist im Mann zu erwecken, um ihn empfänglich für die Botschaft der Mysterien zu machen. Nachdem er den Gottheiten in einer Tod-und-Wiedergeburt-Erfahrung begegnet war, trug er eine Schale, Symbol des Mutterleibes, und berührte seinen Bauch wie eine schwangere Frau, um anzudeuten, daß »eine spirituelle Erfahrung die gegensätzlichen Wege des männlichen und weiblichen Wissens vereint hatte. Mit dieser Zeremonie verknüpft ist der Gedanke von einem neuen Leben, das darin empfangen wurde.«[16]

Solche gnostischen Subtilitäten wurden von den Kirchentreuen abgelehnt, die jede geschlechtliche Vereinigung als eindeutig sündhaft betrachteten. Nachdem die gnostischen Sekten zerschlagen waren, wurde die Androgynität der Hölle zugeordnet und war Anlaß für zahlreiche seltsame Darstellungen von Teufeln mit männlichen und weiblichen

Naasener
Vom hebräischen *nahash*, »Schlange«. Jüdische oder christliche gnostische Sekte aus der Zeit des frühen Christentums. Sie verehrten den Schlangengott Ophis (Hermes) als eine Form des Heilands.

Mysterien
Allgemeine Bezeichnung für religiöse Riten vom Typ der »geheimen Einweihung«, wozu auch das frühe Christentum gehörte.

Attributen. Ein Buch des 16. Jahrhunderts zeigte den **Satan** auf einem Thron sitzend, mit einer päpstlichen Tiara, Vogelfüßen, einem weiblichen Gesicht in seinem Genitalbereich und hängenden weiblichen Brüsten.[17] Der **Teufel** der Tarotkarten war gewöhnlich androgyn, wie auch viele der Teufel, die auf den Wandmalereien in den Kathedralen dargestellt waren.

1. O'Flaherty, 34. 2. *Larousse*, 371. 3. O'Flaherty, 298. 4. *Larousse*, 90, 132. 5. Graves, G. M., 18.8. 6. Baring-Gould, C. M. M. A., 375. 7. Erman, 301. 8. Hays, 339. 9. Hughes, 47. 10. Cavendish, P. E., 27. 11. J. H. Smith, C. G., 287. 12. Malvern, 53. 13. Pagels, 37. 14. Rawson, A.T., 103. 15. Jung & Franz, 136. 16. Campbell, M. I., 389. 17. Givry, 125.

Andromeda

»Beherrscherin der Männer«, griechischer Titel der See-Königin der Philister, erworben durch die Heirat mit Perseus, der sie angeblich vor der Seeschlange Yamm gerettet hatte. Perseus scheint innerhalb dieses Mythos ein griechischer Name für **Baal** gewesen zu sein, da Baal jährlich mit Yamm um die Liebe seiner Mutter **Astarte** kämpfte, die Göttin der Philister, die an manchen Orten auch Atargatis hieß. Baal nahm den Platz Yamms ein und wurde seinerseits ersetzt, als die Königin seiner überdrüssig wurde, und er wurde zu Yamm. Andromeda auf ihrem Felsen wurde im klassischen Mythos von der kritischen Beobachterin des Kampfes zum Opfer umgedeutet.

Daß Perseus im ursprünglichen Mythos die Rolle des Sakralkönigs spielte, wird durch seine Apotheose deutlich und durch seinen Aufstieg zu den Sternen. Herakles wurde ebenfalls zu den Sternen erhoben, nachdem er dasselbe Meisterwerk vollbracht hatte: Die große Seeschlange zu erschlagen, um Hesione, »die Königin von Asien«, zu heiraten, wahrscheinlich ein anderer Name für Andromeda-Atargatis.[1]

1. Graves, G. M., 73.7.

Androphonos

»Männer-Töter«, Titel der Göttin Aphrodite als Zerstörerin oder Totengöttin. Außerdem war sie Die Schwarze, die Göttin der Gräber und die Bienenkönigin, die ihre Liebhaber durch Kastration und Aussaugen tötete, ähnlich wie Drohnen getötet werden. Sie hatte »viele Namen, die nicht alle im Einklang mit ihrer Schönheit und Nachgiebigkeit zu stehen scheinen«.[1] Das lag daran, daß die klassischen Mythographen sie auf die Funktion der Liebesgöttin beschränkten und dabei ihre ältere Charaktere als erschaffende und zerstörende Dreifache Göttin ignorierten (siehe **Trinität**).

1. Graves, G. M., 18.4.

Angerona

Stumme Göttin in Rom, die mit einem Finger vor dem verschlossenen Mund dargestellt wurde. Manche sagen, daß Angerona den geheimen Namen Roms symbolisierte, der nicht ausgesprochen werden durfte.[1]

Aller Wahrscheinlichkeit nach war sie der vorrömische Titel derselben Ur-Schöpferin, die von der **Gnosis** Göttin **Sige** genannt wurde, »Schweigen«, und die den dunklen und stillen Mutterleib personifizierte, aus dem die ersten Gottheiten geboren wurden. Die Gnostiker sagten, die Stille sei die Mutter der Großen Göttin selbst.

1. *Larousse*, 214.

Angurboda

In der Edda war sie die »Alte Frau vom Eisenwald«, Mutter Hels und der Mondhunde, welche die Toten wegtrugen. Die Danaans oder Dänen kannten sie als Anu, Yngona, Nanna oder »Anna von den Engeln«. Sie war eine »Alte« in der alten Bedeutung des Wortes: eine »Heilige«, die Totengöttin.[1] (Siehe **Hund**.)

1. Graves, W. G., 409.

Anima

Weibliche Seele, abgeleitet von den Wurzeln *an*, »Himmel«, und *ma*, »Mutter«. Das Wort erinnert an eine Zeit, als die Menschen glaubten, alle Seelen stammten von der Himmlischen Mutter.[1] Im 16. Jahrhundert lehrte Guillaume Postel, daß jede Seele eine männliche und eine weibliche Hälfte besitzt, animus und anima. Die männliche Hälfte wurde bereits durch Christus erlöst, aber die weibliche Hälfte ist noch unerlöst und erwartet einen weiblichen Heiland.[2] Das war eine neue Entwicklung der alten christlichen Ansicht, daß überhaupt nur Männer Seelen besitzen. Der dritte Lehrsatz des Konzils von Nantes (660 n. Chr.) besagte, alle Frauen seien »seelenlose Tiere«.[3]

Guillaume Postel (1510–1581) Französischer Gelehrter, Lehrer und Mystiker, Freund des Ignatius von Loyola, in den Jesuitenorden aufgenommen, aber später wegen »falscher« Ideen wieder ausgestoßen. Er wurde in Rom von der Inquisition ins Gefängnis gesperrt, bis ein allgemeiner Aufstand die Gefängnisse öffnete und ihm die Möglichkeit zu einer glücklichen Flucht bot.

Die Alchimisten verwandten das Wort *anima* für alle »Geister«, die sie für weiblich hielten: Anima Mercuri, Anima Mundi etc. Der Weltgeist war mit den Elementen Erde und Wasser verbunden, ähnlich wie die eleusinische Demeter, die »Herrin von Land und Meer«. Ein Grund, warum die Alchimisten der Häresie verdächtigt wurden, war ihre Vorstellung, die Weltseele sei eine weibliche *anima*.

C. G. Jung belebte die Ausdrücke animus und anima neu, um die vernunftbetonten und die intuitiven Teile des Geistes (also die linke und die rechte Hemisphäre des Gehirns) zu beschreiben. Die anima eines jeden Menschen ist »häufig symbolisch sowohl mit Erde als auch mit Wasser verbunden. Sie wird als zeitlos und tiefgründig weise vorgestellt … Die erste und prägende Erfahrung der anima erlebt jeder Mensch mit seiner Mutter. Ihre wahre Aufgabe innerhalb des Geistes ist nach Jung Kreativität.«[4]

1. Graves, W. G., 410. 2. Seligman, 223. 3. Dreifus, 4. 4. Cavendish, T., 79.

Ankamma

Emanation der Zerstörerin Kali als Geist der Cholera. Sie besitzt viele solcher Emanationen, jede einzelne ist auf eine besondere, todbringende Krankheit spezialisiert. (Siehe **Kali Ma**.)

Anna, Heilige

Die mythische Mutter der Jungfrau **Maria**, abgeleitet von der orientalischen Göttin Anna, Hannah oder Di-Ana, Mutter der **Mari**. Von Sumer bis zum vorrömischen Latium war sie als Anna bekannt, die Großmutter-Göttin: Anatha in Syrien, Anat in Kanaan, Ana oder Anah in verschiedenen Umformungen innerhalb des Alten Testamentes. Lange bevor die Bibel geschrieben wurde, war die Göttin Anna bereits als Großmutter Gottes bekannt. Deshalb ist die Wahl ihres Namens für die Mutter der Gottesmutter nicht besonders überraschend.[1]

Syrische Versionen des Jakobusbuches sagen, daß die Großmutter Gottes nicht Anna war, sondern Dinah, eigentlich derselbe Name, eine semitische Di-Ana oder »Göttin Ana«. Dinah war die Ahnin des Stammes der Dinaiten, die sich in Sumer niederließen (Esra 4, 9). Wie Anath war sie Gefährtin Jahwehs in Elephantine.[2] Für die Römer war sie als Anna Perenna die Großmutter Zeit, Mutter der Aeonen (siehe **Aion**). Als Ana oder Anu beherrschte sie die keltischen Stämme. Als Nanna war sie eine Inkarnation von Freya als Mutter-Braut Baldurs. Auch in Phrygien hieß sie Nana, Mutter des Retters. Sie war in der Tat so alt wie die älteste Zivilisation. Ein sumerisches Gebet deklamiert: »Hört, oh ihr Länder, den Ruhm der Königin Nana, der Mutter des Retters; erhebt den Ruhm der Schöpferin, jubelt der Würdigen, naht euch der Mächtigen Herrin.«[3]

Die Römer verehrten sie als Anna Perenna, »Ewige Anna«, Mutter der Aeonen. Sie war dem Jahreswechsel zugeordnet, eine doppelköpfige Göttin der Zeit, ihre zwei Gesichter trugen die Namen Prorsa und Postverta, sie schauten von ihrem Himmelstor, wo ein himmlischer Zyklus mit dem nächsten verschmolz, vorwärts und zurück. Sie stand demnach für Alpha und Omega, Anfang und Ende. Unter dem Namen Carmenta erfand sie alle Buchstaben dazwischen.[4] Außerdem war sie Jana oder **Juno**, Mutter des neuen Jahres im Januar. Die klassischen Mythen machten sie männlich und zum doppelgesichtigen Janus, dem Gott der Türen und Tore. Die Christen haben eventuell Bilder mit der Aufschrift IANA mit der Mutter der Jungfrau verwechselt, denn Jana-Juno war die jungfräuliche Mutter des Rettergottes Mars.

Nach Ovid war Anna dieselbe Göttin wie die Mondgöttin **Minerva**. **Sappho** nannte sie »die Königin«.[5] Für die KeltInnen war sie mit ihrer Ana identisch, der ersten aus der weiblichen Triade **Morrigans**, sie wurde mit dem Kessel der Verjüngung in Verbindung gebracht. Ihr Mondtempel stand gewöhnlich bei Cnoc Aine bei Limerick, jetzt befindet sich dort eine Kapelle der »Heiligen Anna«.[6] Für die heidnischen Iren bedeutete das Wort Ana »Mutter«. Es erweiterte seine Bedeutung aber auch in Richtung Reichtum, Fülle, Schatz.[7]

Als Großmuttergöttin konnte Ana eine zerstörerische Alte sein. Manche Mythen nennen sie Morg-ana, »Unüberwindbare Königin des Todes«. Die Christen des Mittelalters nannten sie Anna von den Engeln, Schwarze Annis oder **Angurboda**, Alte vom Eisenwald, Mutter der Hel.[8] Das Zeichen Morganas war der magische Fünfstern oder Drudenfuß.[9] Ein ebenfalls fünfstrahliger Stern war in den ägyptischen Hieroglyphen das Zeichen für die Unterwelt.[10] Derselbe Stern war das offizielle Siegel der heiligen Anna.[11]

In ihrer christianisierten Form hatte Anna drei Ehemänner, gebar viele Heilige und wurde die Schutzpatronin der Hebammen und Bergleute. Neumann sagt dazu: »All dies zeugt von ihrem ursprünglichen Fruchtbarkeitsaspekt als Mutter Erde.«[12]

Die heilige Anna war für das Dogma der **unbefleckten Empfängnis** der Jungfrau **Maria**, das 1854 nach sieben Jahrhunderten der Kontroverse als Glaubensartikel angenommen wurde, von entscheidender Bedeutung.[13] In der offiziellen katholischen Sicht wurde die Erbsünde durch den Sexualakt übertragen. Damit Maria ohne den Makel der Erbsünde geboren sein konnte, mußte die heilige Anne deshalb selbst von Sexualität frei sein. In Übereinstimmung damit stellte Johannes Trithemius die These auf, daß Anna »von Gott für ihren Dienst vor der Erschaffung der Welt erwählt wurde. Sie empfing ›ohne die Tat eines Mannes‹ und war so rein wie ihre Tochter.«[14]

Johannes Trithemius
Deutscher Gelehrter des 15. Jahrhunderts, Abt des Klosters Sponheim.

Zuerst akzeptierte die Kirche diese Lehre, weil sie versprach, das Problem der Sündenlosigkeit Marias zu lösen. Später wurde sie verworfen. Zwei jungfräuliche Geburten waren eine zuviel. Schließlich wurde gesagt, die heilige Anna habe Maria ganz normal empfangen, aber das Kind sei noch im Mutterleib von der Erbsünde befreit worden. Obwohl dieses intime Thema angeblich bis in die kleinsten Einzelheiten bekannt ist, geben die Kirchenmänner übereinstimmend zu, daß »gar nichts über die Eltern der Jungfrau Maria bekannt ist«.[15]

1. Graves, W. G., 411. 2. Hays, 89. 3. Stone, 219. 4. *Larousse*, 210.
5. Graves, W. G., 408. 6. Loomis, 387. 7. Joyce 1, 261. 8. Snorri, 56.
9. Loomis, 342. 10. Budge, E. L., 75. 11. Brewster, 343.
12. Neumann, A.C. U., 57. 13. Young, 203. 14. Neumann, A.C. U., 59.
15. Attwater, 186.

Anna-Nin

Sumerischer Prototyp der vielfältigen Formen der Großen Göttin mit Namen Anna, Ana oder Hannah im Nahen Osten und in den Mittelmeer-Ländern. Der Name bedeutete Herrin des Himmels. (Siehe **Anna, Heilige**.)

Annapurna

Berg im Himalaya, der die Große Brust oder Ernährerin genannt wird. Eine Manifestation der Großen Göttin als Heimstätte und Hilfe der Götter.

Antic Hey

Englische Bezeichnung für den Tanzschritt des mittelalterlichen Karnevalskönigs: *antic* (»Narr«) kommt vom lateinischen *antiquus*, »alt, verehrungswürdig«. Die Karnevalsnarren wurden mit den alten Religionen in Verbindung gesetzt, deren heilige Prozessionen oft von Spaßmachern begleitet wurden, die absichtlich obszöne Gesten und Zoten machten, um die Festlichkeit zu steigern.[1] Das »Hey« war – und ist – eine Achterfigur (Lemniskate), die am Boden abgeschritten wurde. Im hinduistisch-arabischen Zahlensystem und in seinen modernen Varianten steht die Lemniskate für »Unendlichkeit«. In Refrains alter Volkslieder kommt das »Hey« oft in sinnentleerten Phrasen wie »Hey, nonny nonny« oder »Hey, derry down« vor. Demnach war das »Antic Hey« in Wirklichkeit eine heidnische Liturgie, die gesungen oder getanzt wurde, manchmal auch beides gleichzeitig. Diese Liturgie kam dann bei den säkularisierten Varianten der antiken Riten zur Aufführung.

1. Funk, 54.

Antichrist

Jungfräulich geborener Sohn des Teufels, der am letzten Tag der Welt erscheinen soll. Das Christentum entkam nie den Mustern des Dualismus, nach denen es zu jedem Gott einen gleichrangigen entgegengesetzten Anti-Gott geben muß. Der Antichrist war das christliche Äquivalent des chaldäischen **Aziels**, des Herrn der Unterwelt, der das Gegengewicht zu dem Sonnengott des Himmels darstellte.

Die Ankunft des Antichrist wurde während des gesamten christlichen Zeitalters wieder und wieder verkündet, vor allem in Zeiten politischer und sozialer Unruhen. Die Bezeichnung »Antichrist« wurde auf Nero, Attila, Dschingis Khan, Merlin, Friedrich II. und viele andere übertragen, einschließlich mehrerer Päpste. In neuerer Zeit sind Napoleon, Kaiser Wilhelm und Hitler für diesen Posten vorgeschlagen worden. (Siehe **Jüngstes Gericht**.)

Antinomismus

Ursprünglich und im weiteren Sinne eine Bezeichnung für die Ablehnung des Gesetzes, in der christlichen Theologie die Lehre, daß das Gesetz des Alten Testamentes für die Christen nicht gilt.

Im engeren Sinne Bezeichnung für die Grundhaltung christlicher Sekten, die der ursprünglichen Lehre der **Apotheose** folgten, dem Glauben an die Einswerdung des einzelnen mit Christus. Wie ihre heidnischen Zeitgenossen glaubten auch viele frühe ChristInnen, daß der einzige Weg zur Unsterblichkeit die Vergöttlichung sei, und Gegenstand ihrer Mysterien war, zu lernen, wie der oder die einzelne vergöttlicht werden könnte. Der Unterschied zwischen Menschen und Göttern lag darin, daß die Menschen sterblich waren und die Götter nicht. Deshalb hing die Unsterblichkeit des einzelnen davon ab, daß er oder sie Gott wurde, häufig durch sakramentale Akte wie dem Verzehr von Fleisch und Blut Gottes (siehe **Kannibalismus**).

Klemens von Alexandria sagt: »Der Mann, mit dem der Logos ist ... ist wie Gott und ist schön ... Dieser Mann wird Gott, denn Gott will es so ... Der Logos Gottes wurde Mensch, daß du daraus lernst, wie der Mensch Gott werden kann ... Die wahre christliche Gnosis ist bereits Gott geworden.«[1]

Klemens von Alexandria (Titus Flavius Clemens Alexandrinus) Christlicher Presbyter und Lehrer des

Diese Vergöttlichungslehre baut fest auf heidnischen Vorläufern auf. Die Verehrer von »Hermes der Logos« glaubten, daß »dies das gute Ende ist für diejenigen, die Wissen erlangt haben, nämlich die Vergöttlichung.« Sie redeten Hermes an und sagten: »Du bist ich, und ich bin du; dein Name ist der meine, denn ich bin dein Abbild (*eidolon*).« Mithrasanhänger benutzten dieselbe Formel, »Ich bin du, und du bist ich«, die in den Evangelien Jesus in den Mund gelegt wurde: »Bleibt in mir, dann bleibe ich in euch« (Johannes 15,4). Seneca sagte: »Ein heiliger Geist wirkt in uns.« Und von Epiktet sind die Worte überliefert: »Du trägst einen Gott mit dir. … Er ist in dir, damit du ihn trägst.« Nach Cicero lehrte die Einweihung in die Mysterien den Menschen, daß er Gott sein konnte, »um nichts geringer als die Himmlischen«.[2]

späten 2. Jahrhunderts n. Chr. Einst als Heiliger anerkannt, aber 1586 von Papst Sixtus V. aus dem Heiligenkalender verbannt.

Der theologische Fallstrick im Konzept der Erlösung durch Apotheose lag darin, daß die Identifikation des Selbst mit Gott zu dem führt, was die Tantriker *svecchacara* nennen, »Tu was du willst«. Im Endeffekt kann der vollkommene Weise nichts Böses tun, weil er Gott ist, und Gott ist nicht in der Lage zu sündigen.[3] Deshalb steht er über allen von Menschen gemachten Gesetzen und kann machen, was er will.

Die griechische Kultur basierte auf der verwandten Idee, daß jeder Bürger durch Erleuchtung und Vernunft fähig würde, sich selbst zu »beherrschen« und keine moralischen Fehler zu begehen. Das bezog sich nicht auf Sklaven, Frauen oder auf eigentumslose Arme, sie galten nicht als Bürger. Erwachsene männliche Landbesitzer konnten allerdings zu *idiotae* werden, »Selbst-Göttern«.[4] Deshalb lag der Ursprung des Wortes »Idiot« in Griechenland bei der Bedeutung »einer, der nicht beherrscht wird«, also jemand, der glaubt, daß das Göttliche in ihm wirkt.

Zahlreiche christliche Sekten des Mittelalters übernahmen den antinomistischen Weg zur Erlösung und glaubten wie die fernöstlichen Weisen, daß sie eins werden könnten mit dem Göttlichen. Diese Mystiker »nahmen in ihrer Identifikation mit Gott an, daß sie aufgrund ihrer bewußten Vereinigung mit Ihm außerhalb der Gesetze standen, die für normale Sterbliche galten«. Ihre Anführer wie Amalrich von Bene oder Johannes Hartmann, Sekten wie die Alumbrados, Illuminaten, Adamiten und andere lehrten, daß sie keine fleischlichen Sünden mehr begehen konnten, wenn ihr Körper erst vom Heiligen Geist ergriffen war. Für sie stellte die sexuelle Promiskuität lediglich ein »natürliches Umarmen Gottes« dar.[5]

Alumbrados »Die Erleuchteten«. Spanische häretische Sekte des 15. bis 17. Jahrhunderts. Entstanden aus Reformbewegungen unter den Jesuiten und Franziskanern. Schließlich durch die Inquisition ausgelöscht.

Illuminati oder »Perfektisten«. Bayerische Geheimgesellschaft, gegründet von dem ehe-

Die Brüder und Schwestern des Freien Geistes verpflichteten sich, die erlösenden Tugenden der Sexualität, der Nacktheit und der Verachtung von Konventionen zu demonstrieren. Je öffentlicher sie ihr hippie-ähnliches Verhalten zeigten, desto näher kamen sie dem göttlichen Wesen. Frazer bemerkt dazu: »Zuweilen wurde ihr Weg zu dieser mystischen Vereinigung beschleunigt durch die Inquisition, und sie kamen in den Flammen um, nicht nur in ungetrübter Gelassenheit, sondern geradezu unter den stolzesten Gefühlen von Heiterkeit und Freude.«[6] Sie hatten ihre eigene Märtyrerin, eine schriftstellerisch gewandte Schwester, Marguerite Porète, die das Evangelium ihrer Sekte

maligen Jesuiten Adam Weishaupt. Die Gesellschaft wurde 1785 verboten.

Adamiten
Sektierer des 18. Jahrhunderts, die glaubten, daß Nacktheit den natürlichen Zustand widerspiegelt, in dem sich Adam vor dem »Sündenfall« befand, bevor er sich Kleider machte.

verfaßt hatte, den *Miroir des simples âmes*, »Spiegel der einfachen Seelen«. Sie wurde gemeinsam mit ihrem Buch 1310 exkommuniziert und verbrannt.[7]

Die Vorstellungen des Antinomismus wurden häufig als Häresie verurteilt, so auch im Fall des Simon Morin, der anscheinend ziemlich verbreitete Wahnvorstellungen von Macht gehabt hat. Er sagte, er sei die fleischgewordene zweite Wiederkunft Christi und unfähig, eine Sünde zu begehen. Alles was er tat, war verehrungswürdig. Die Kirche kam zu einem anderen Ergebnis und verbrannte ihn wegen Hexerei.[8]

Die gebräuchlichen Ausreden der Antinomisten für sexuelle Selbstverwirklichung beeinflußten eine Gruppe von Nonnen in dem Dominikanerkloster St. Katharina in Prato. Zu Beginn des 19. Jahrhunderts erschien in Brüssel ein Text über die offizielle Untersuchung dieses Falles, der später »auf Drängen des päpstlichen Stuhles zurückgezogen wurde. Die zweite Auflage ist … stark bereinigt.« Eine der Nonnen legte ihre antinomistischen Lehren dar: »Es reicht aus, den Geist zu Gott zu erheben, und dann ist keine Handlung sündig, was es auch sein mag. … Liebe zu Gott und Liebe zum Nächsten sind die obersten Gebote. Der Mann, der sich mit Hilfe einer Frau mit Gott vereinigt, folgt beiden Geboten. Ein gleiches tut der, der seinen Geist zu Gott erhebt und sich mit einem Menschen des gleichen Geschlechts oder alleine vergnügt. … Im Vollzug dessen ist das, was irrigerweise unrein genannt wird, die wahre, von Gott verfügte Reinheit, ohne die kein Mensch irgendein Wissen von Ihm erlangen kann.«[9]

Solche Gedanken waren typisch orientalisch, da sie der Vorstellung des Christentums, Gott als einem getrennten Gegenüber zu begegnen, entgegenstanden. Obwohl im Evangelium steht, daß »das Reich Gottes schon mitten unter euch« ist (Lukas 17, 21), verwarfen die kirchentreuen Christen dies als Irrlehre.[10]

1. Angus, 106. 2. Ders., 102, 108, 110, 112. 3. Woodroffe, 624f.
4. Lindsay, O. A., 91. 5. Woodroffe, 636. 6. Frazer, G. B., 117f (dt. 148).
7. Tuchman, 317. 8. Summers, G.W., 429f. 9. Woodroffe, 637ff.
10. Campbell, M. L. B., 79, 95.

Anubis

Schakalköpfiger ägyptischer Gott der Unterwelt und der Mumifizierung; Totenrichter, ursprünglicher **Psychopompos** der ÄgypterInnen, wie Hermes in Griechenland. Vermählt mit **Nephthys**, dem Unterweltaspekt der Göttin Isis, war Anubis zu manchen Zeiten als der Große Hund bekannt. Für die Verehrung von Isis und Osiris war er unabdingbar notwendig. Nach Plutarch besaß er »unter den ÄgypterInnen eine Macht, ähnlich wie Hekate unter den GriechInnen, er ist gleichzeitig irdisch und olympisch … Diejenigen, die den **Hund** verehren, besitzen ein bestimmtes Geheimnis, das nicht enthüllt werden darf. In früheren, älteren Zeiten wurde dem Hund in Ägypten die höchste Ehre gezollt.«[1] Anubis könnte ursprünglich eine hundeförmige Inkarnation von Shiva gewesen sein, dessen Name gleichfalls Schakal bedeutete.[2]

1. Knight, S. L., 113. 2. *Mahanirvanatantra*, 113.

Anuket

Var.: Anukis

»Die Umschlingende«, ägyptische Göttin, welche die yonische Quelle der Nilflut verkörperte. Ihr Symbol war die **Kauri**schnecke, seit jeher ein Sinnbild für die weiblichen Genitalien. Ihre Verehrer glaubten, daß ihre Vereinigung mit dem ithyphallischen Gott dem Land das lebenspendende Nilwasser brachte. Sie »umschlang« eine Reihe von Göttern, unter anderen den hebräischen Jahweh im 5. Jahrhundert v. Chr.[1]

Wie die indische **Kali Ma** hatte auch Anuket vier Arme, durch die die Vereinigung männlicher und weiblicher Prinzipien symbolisiert wurde. Das allgemeine Muster dieser Gottheiten bestand darin, daß zwei Arme als Symbole des männlichen Elements dienten, zwei weitere Arme Symbole des weiblichen Elements waren. Trotzdem hieß sie »Die Eine«. Sie war »selbst-empfangen und selbst-erzeugt, und während sie noch Jungfrau war, gebar sie den Sonnengott«.[2]

Beim Fest der Nilüberschwemmung sangen die ÄgypterInnen: »Du bist die Spenderin der Nahrung, du bist die Mächtige über Fleisch und Getränke, du bist die Schöpferin aller guten Dinge. Du füllst die Vorratshäuser, du füllst die Kornspeicher mit Getreide, und du sorgst für die Armen und Bedürftigen.«[3]

Das Fest der Nilüberschwemmung
Jährliche Feier zur Ankunft der Nilflut; sie brachte das Wasser und den Schlamm, die für die Fruchtbarkeit des gesamten Niltales, in dem Regen so gut wie unbekannt war, nötig waren.

1. Graves, W. G., 405; *Larousse*, 37. 2. Budge, D. N., 159.
3. Ebd., 106.

Apex

Spitze, konische Mütze, die von dem römischen Hohenpriester getragen wurde, dem *flamen Dialis*. Im Freien mußte er immer den *apex* tragen.[1] Er war ein phallisches Symbol, das seine ständige Vereinigung mit der Himmelskönigin darstellte. Es konnte nachgewiesen werden, daß »in der Symbolsprache der Träume und Mythen der Hut gewöhnlich der Phallus ist«.[2]

Die Gattin des *flamen*, die *flaminica*, stellte die Göttin dar. Sie war die wichtigere Würdenträgerin von beiden. Wenn seine Ehe durch ihren Tod endete, verlor der *flamen* unmittelbar seine religiöse Funktion und wurde zum Privatmann. Solche Bräuche zeigen, daß sich die Macht der Priester »in Rom wie an anderen Orten zunächst einmal von einem älteren Priestertum magischer Frauen ableitete«.[3]

Dieselbe konische Mütze gehörte auf keltiberischen heidnischen Bildnissen zum Herrn der Unterwelt. Sein Name war Helman: ein Mann, der zur Göttin Hel gehört.[4] Manchmal wird er als der Gott Frey bezeichnet, Gefährte der **Freya**, dem himmlischen oder lunaren Aspekt Hels.[5]

Keltiberisch
Aus der Zeit der Landnahme der iberischen Halbinsel durch keltische Stämme. In erster Linie das lose zusammenhängende Reich der sogenannten Briganten, die von der Göttin Brigit beherrscht wurde.

Dieselbe konische Mütze entwickelte sich zur traditionellen Kopfbedeckung von Zauberern und Hexen, zur Narrenkappe, die vom König des Karnevals getragen wurde, zur Bischofsmitra und zur päpstlichen Tiara, und davor bereits zur konischen Krone der ägyptischen Pharaonen, wo sie ein Zeichen für die Vereinigung des Königs mit der Himmelsgöttin war. Bis zum heutigen Tag wird der konische Hut von den tantrischen Priestern und Zaubereren in Tibet getragen.[6]

1. Rose, 209. 2. Silberer, 87. 3. Briffault 3, 20f. 4. Knight, D. W. P., 73.
5. H. R. E. Davidson, P. S., 134. 6. Waddell, 483.

Apfel

Evas Frucht der Erkenntnis, die gewöhnlich in allen indoeuropäischen Kulturen das heilige Herz der Unsterblichkeit der Göttin war. Die Göttinnen zahlreicher westlicher Paradiese züchteten die Äpfel des ewigen Lebens. Die KeltInnen nannten das westliche Paradies **Avalon**, »Apfel-Land«. Dort herrschte Morgan, die Königin des Todes. Die irischen Könige erhielten die magischen Äpfel der Göttin der Unsterblichkeit und gingen fort, um mit ihr im Sonnenuntergang zu leben. König Artus wurde durch die Dreifache Göttin persönlich in Gestalt von drei Feenköniginnen nach Avalon entrückt.

Für die SkandinavierInnen waren die Äpfel notwendig für die Auferstehung, sie legten Gefäße mit Äpfeln in die Gräber.[1] Die nordische Göttin Iduna regierte das magische Apfelland im Westen, wo die Götter die Früchte bekamen, durch die sie unsterblich wurden.[2] Äpfel transportierten die Seele von einem Körper zum nächsten. Die Großmutter Sigurds oder Siegfrieds wurde durch einen Apfel schwanger.[3] Das Julschwein wurde mit einem Apfel im Maul gebraten, der ihm im nächsten Leben als Herz dienen sollte (siehe **Eber**).

Die GriechInnen sagten, daß Mutter **Hera** einen magischen Apfelgarten im Westen besaß, in dem der Baum des Lebens von ihrer heiligen Schlange bewacht wurde. Graves weist darauf hin, daß die Erzählung von **Adam**, **Eva** und der **Schlange** im Baum eine ganz bewußte Fehlinterpretation von Bildnissen ist, welche die Große Göttin zeigen, die ihren Anbetern das Leben in Form eines Apfels gibt, mit dem Baum und der Schlange im Hintergrund. Ähnlich mißinterpretierten die Hellenen auch Bilder, auf denen der zu opfernde Heros vor seiner Reise ins Paradies einen Apfel von der Dreifachen Göttin bekommt, als »Urteil des Paris«, obwohl auf dem Bild ein junger Mann den Apfel von drei Göttinnen empfängt und nicht umgekehrt.[4]

Die Römer gaben der Apfel-Mutter den Namen Pomona, was sie vermutlich von den Etruskern übernommen hatten. Sie symbolisierte die gesamte Fruchtbarkeit. Ein römisches Festessen schritt gewöhnlich *ab ovo usque ad mala* fort, vom Ei bis zu den Äpfeln. Es begann also mit dem Symbol der Schöpfung und schloß mit dem Symbol der Vollendung. Es wird berichtet, daß König Herodes jedes Mahl nach römischer Sitte mit einem Apfel beendete.[5]

Ein Grund für die große Ehrerbietung, die dieser Frucht entgegengebracht wurde, erschließt sich, wenn wir einen Apfel quer durchschneiden, wie es die ZigeunerInnen und Hexen taten. Verborgen im Apfel liegt der magische Fünfstern, das Zeichen der **Kore**. Genauso, wie die Jungfrau Kore im Herzen der Mutter Erde (**Demeter**) verborgen war und die Weltseele darstellte, so war auch ihr **Pentagramm** im Apfel versteckt.

Der fünfstrahlige Stern im Kreis war die ägyptische Hieroglyphe für den Leib der Unterwelt, wo die Auferstehung durch das Mutterherz der »Transformation« hervorgerufen wurde.[6] Auch in der christlichen Ikonographie stellte das Apfelzeichen die Jungfrau dar, die in der Mutter bewahrt ist, so wie Kore in Demeter. (Siehe **Anna, Heilige**.)

Bei den ZigeunerInnen schnitten »okkulte Paare« den Apfel sorgfältig auf, um seinen Fünfstern sichtbar zu machen, und aßen ihn als zauberkräftige Nahrung während ihrer tantrischen Vereinigung.[7] Sie glaubten, daß eine Zigeunerin durch ihren eigenen Körper ihren Partner zur mystischen Vereinigung mit der Weltseele bringen könnte; also war sie die Shakti, und der Apfel war ihr sexuelles Symbol. Es war unter den ZigeunerInnen üblich, daß eine junge Frau ihren Geliebten dadurch erwählte, daß sie einen Apfel nach ihm warf, so wie Kali-Shakti **Shiva** zu ihrem Bräutigam erwählte.[8]

Bei den heidnischen KeltInnen bedeutete der Apfel in ähnlicher Weise eine heilige Hochzeit und eine Reise ins Land der Toten. Königin Guinivere, die in Wirklichkeit gemäß der walisischen Triade die Dreifache Göttin war, gab einen magischen Apfel »dem irischen Ritter Sir Patrice«, der in Wirklichkeit der Heilige Patrick war, einst der Vatergott oder *Pater*.[9] (Siehe **Patrick, Heiliger**.) Der irische Ritter starb, Guinivere wurde als Hexe angeklagt und zum Tode verurteilt, wovor Lancelot sie rettete. Ihr Verbrechen war, einen Sakralkönig im alten, zeremoniellen Stil erwählt zu haben. Vorchristliche Legenden zeigen, daß jeder König, der über Britannien herrschte, von der Dreifachen Göttin erwählt und später von ihr in der Gestalt des **Alten Weibes**, als Morgan, der Herrin des blutroten Fünfsterns und Bewahrerin der Apfelinsel im Westen, getötet wurde.[10]

Die Apfelspiele zu **Halloween**, dem Abend vor Allerheiligen, leiten sich von dem keltischen Fest des Samhain ab, dem Fest der Toten am Ende des Monats Oktober. Das Schnappen nach Äpfeln, die an Fäden hingen oder im Wasser schwammen, könnte gehängte oder ertränkte Hexen beschworen haben. In den Spielen ging es darum, dem Tode in der Gestalt von Cerridwen zu entwischen, einem anderen Namen für Morgan als Saugöttin. Am Ende des Spiels rannten alle Spieler fort, »um der schwarzen, kurzschwänzigen Sau zu entkommen«.[11]

Außerdem wurden die Halloweenäpfel zum Wahrsagen benutzt, als ob sie aus der Unterwelt gerufene Orakelgeister wären. Diese Magie trieben vor allem Frauen, weil nach heidnischer Tradition Frauen Macht über die Naturgeister hatten. Der Wälsungen-Zyklus zeigt, daß ein Mann die »Äpfel der Hel« von seiner Frau bekommen mußte, da ihn ihr Geschenk beschützen konnte, wenn er starb und in die Unterwelt kam.[12] Deshalb wurden die Halloweenäpfel oft mit Hochzeiten in Verbindung gebracht. Wer an Halloween einen Apfel vor einem Spiegel schälte, vor dem Kerzen standen, konnte das Bild seines zukünftigen Ehegatten sehen.[13]

Wälsungen
Germanisches Geschlecht von Halbgöttern, die von Odin beschützt wurden, welcher einen magischen Apfel benutzte, um die Mutter der ersten Wälsungen zu schwängern. Sein Nachfahre Sigurd ist besser bekannt unter dem Namen Siegfried, Held des *Ring des Nibelungen*.

Die Blüten des Apfelbaums waren Hochzeitsblumen, sie repräsentierten die jungfräuliche Form der Göttin, deren Reifwerden die Frucht hervorbrachte. Als die heidnischen Symbole christianisiert wurden, galt die Apfel-Eva-Mutter-Göttin als wiedergeboren in ihrem eigenen, jüngeren Rose-Maria-Jungfrau-Göttin-Aspekt: die fünfstrahlige Rose und die Apfelblüte gingen oft eine mystische Verbindung ein. Die rote und die weiße alchimistische Rose waren eine Allegorie der jungfräulichen Mutter.[14] Manche Mystiker sagten, daß **Maria**, genannt die heilige Rose, die Alchimie erfunden hätte.[15]

Trotzdem wurde nie der gefährliche Aspekt vergessen, der die Äpfel auch mit der Göttin in der Form von Mutter Tod verband. Da sie nicht nur die Jungfrau und die Mutter war, sondern auch Hel oder **Hekate**, wurden ihre Äpfel in der christlichen Kunst als vergiftet dargestellt. Die Kleriker behaupteten, daß eine Hexe dämonische Besessenheit hervorrufen könne, wenn sie ihrem Opfer einen Apfel gäbe.[16] Alte Frauen wurden umgebracht, wenn sie einem Kind oder irgend jemandem einen Apfel gegeben hatten und der oder die Beschenkte später unter Anfällen litt.

1. Turville-Petre, 187. 2. Hollander, 39. 3. Turville-Petre, 200.
4. Graves, G. M., 159.3; 277. 5. Jacobus d.V., 67.
6. Budge, B. D., 454; Budge, E. L., 75. 7. Derlon, 157. 8. Groome, XLVIII.
9. Malory 2, 274. 10. Loomis, 342. 11. Hazlitt, 297.
12. H. R. E. Davidson, G. M. V. A., 165. 13. Lys, 365.
14. Campbell, M. I., 254. 15. Ashe, 213. 16. Haining, 70.

Aphrodite

Oft als »griechische Liebesgöttin« abgetan, war Aphrodite in Wirklichkeit viel mehr als das. Wie Kali war sie die Dreiheit von Jungfrau, Mutter und altem Weib. Einst war sie nicht von den Schicksalsgöttinnen (Moiren) unterscheidbar; ihr alter Name war Moira, und sie ist angeblich älter als die Zeit. Sie regierte die Welt durch das *ius naturale*, das natürliche Recht der matriarchalischen Sippe.[1]

Sie war nicht allein auf Griechenland beschränkt. Sie war die Dea Syria, auch unter dem Namen **Aschera** oder **Astarte** bekannt, Göttin des ältesten, ununterbrochen benutzten Tempels der Welt.[2] Sie war die göttliche Urahnin der Römer, da sie deren Gründer, **Aeneas** zur Welt brachte.[3] Unter dem Namen **Venus** war sie die Mutter der Venetier, deren Hauptstadt später Venedig hieß, nach der Göttin auch als »Königin der See« bezeichnet.

Ein Hauptzentrum der Verehrung dieser Göttin war Paphos auf Zypern, der Insel, die nach ihren Kupferminen benannt ist. Daher hieß sie auch »die Zyprische« oder »die Paphische«, und ihr heiliges Metall war das Kupfer. Sie hieß auch **Mari**, die See. Die ÄgypterInnen sprachen von ihrer Insel als Ay-Mari.[4]

Unter der Herrschaft des Christentums wurde der Aphroditetempel auf Zypern in ein Heiligtum der Jungfrau **Maria** verwandelt, ein anderer Name derselben Göttin, aber in diesem Heiligtum wird die Jungfrau Maria bis zum heutigen Tage als *Panhagia Aphroditessa*, »Allheilige Aphrodite« verehrt.[5]

Eine fortgesetzte Verehrung der Göttin auf Zypern trug wahrscheinlich zu der christlichen Vorstellung bei, daß die gesamte Bevölkerung Zyperns von Dämonen abstammt.[6] Die zyprische Aphrodite war wie alle anderen Manifestationen der Großen Göttin: sie beherrschte Geburt, Leben, Liebe, Tod, Zeit und Schicksal und brachte die Menschen durch einen sinnlichen und sexuellen Mystizismus mit all diesen Dingen in Einklang. Der zyprische Weise Zenon von Kition lehrte die Philosophie der Aphrodite: »Menschheit und Universum waren durch das System des Schicksals miteinander verbunden. … Nach Diogenes Laertios war

Zenon der erste, der das Ziel der menschlichen Existenz als ›Leben in Übereinstimmung mit der Natur‹ definierte.«[7]

Aphrodite hatte fast soviele Emanationen wie die tausend-namige Kali. Sie war nicht nur Mari, Moira, Marina, Pelagia und Stella Maris, alles Titel, die sich auf ihre Herrschaft über das Meer bezogen: sie war auch Ilithya, Göttin der Geburt, Hymen, Göttin der Ehe, Venus, Göttin der Sexualität und der Jagd, Urania, Königin des Himmels, **Androphonos**, Männer-Töterin, und viele andere. Häufig wurde sie mit **Isis** gleichgesetzt. Der Name des Anchises, der mit Aphrodite Aeneas zeugte und dann kastriert wurde, bedeutete »Liebhaber der Isis«.[8] Unter verschiedenen Namen war sie die Gefährtin semitischer Götter. Ihr Kult nahm nach 70 n. Chr. vom Haupttempel in Jerusalem Besitz. Im 4. Jahrhundert fand die Mutter des Kaisers Konstantin, Helena, angeblich unter dem Jerusalemer Aphroditetempel das wahre Kreuz Christi. (Siehe **Kreuz**.)

Eines der größten Heiligtümer Aphrodites in Kleinasien war die Stadt Aphrodisias, einst der Göttin **Ishtar** geweiht. Bis ins 12. Jahrhundert n. Chr., als die Seldschuken die Stadt eroberten, wurde die Göttin dort als Patronin der Künste und der Wissenschaften, des Handwerks und der Bildung verehrt.[9] Jüngste Ausgrabungen haben hervorragende Kunstwerke ans Tageslicht gebracht, die von einem kultivierten und verfeinerten Lebensstil unter der Herrschaft der Göttin erzählen.[10]

Der Kalender bewahrt den Namen der Göttin immer noch im Monat April (Aphrilis), der ihr geweiht war. Der antike Kalender des Romulus besagt, daß dies der Monat der Venus war.[11]

1. Bachofen, 57, 192. 2. *Encyc. Brit.*, »Byblos«. 3. Graves, G. M., 18. f–g. 4. Ders., W. G., 410 (dt. 445). 5. Ashe, 192. 6. Cavendish, P. E., 104. 7. Lindsay, O. A., 103. 8. Graves, G. M., 18. f, g, 3. 9. Lederer, 170. 10. *National Geographic*, v. 141, n. 6 (Juni 1972). 11. Brewster, 172.

Apis

Ägyptischer, lunarer Stiergott, der jährlich bei Memphis geopfert wurde. Später wurde er mit **Osiris** kombiniert, woraus der synkretistische Gott der Ptolemäer entstand, Osorapis oder Serapis. Apis wurde in Gestalt eines Stieres gezeugt, als Mondlicht auf eine brünstige Kuh fiel. Er wurde anhand bestimmter Merkmale erkannt, in erster Linie Symbole der Göttin: ein Dreieck auf der Stirn, ein fliegender Geier auf seiner Seite, ein zunehmender Mond auf seiner Flanke. Nach seinem Tod wurde jeder Apisstier sorgfältig einbalsamiert und in den riesigen, unterirdischen Stiergräbern beigesetzt.[1] In seiner mumifizierten Form wurde er wie alle ägyptischen Gottheiten »zu Osiris«.

1. *Larousse*, 44.

Apollon

Griechischer Sonnengott, der die Macht über seine Zwillingsschwester, die Mondgöttin Artemis errang. Ursprünglich war er ihr Kind, da die Sonne in Ägypten und andernorts von der Mondgöttin geboren wurde. Außerdem war er ihr Totemtier in verschiedenen Formen: ein Wolf

(Apollon Lykeios), eine Maus (Apollon Smintheus) oder ein Löwe mit einer goldenen Mähne (Apollon Chrysocomes).

Der vollständig anthropomorph gewordene Gott erhob Anspruch auf die Kräfte der Göttin wie Prophetie, Poesie, Musik, Magie und Heilkunst. Seine Priester übernahmen die **Musen**, die Grazien, sogar die Große Schlange, die aus dem Erdleib heraus Orakel verkündete, Apollon Phyton, der (auf lateinisch) als Sol Niger (schwarze Sonne) seine nächtliche Reise durch die Unterwelt machte. Die ÄgypterInnen nannten ihn Apep oder **Apophis**, die Schlange der Finsternis. In der Bibel ist er Apollyon, »der Engel des Abgrunds« (Offenbarung 9, 11).

Die Schlangengestalt Apollons inspirierte die Phytia, die Priesterin des delphischen Orakels, des berühmtesten Orakeltempels Griechenlands. Dieser Tempel gehörte anfänglich der Göttin: *delphi* bedeutet Leib, Gebärmutter. Sogar die Apollonpriester gaben zu, daß sie das Orakel in ihrer dreifachen Gestalt innegehabt hatte: als Mutter des Himmels, der Erde und des Abgrundes, als oberste Göttin der Prophetie, als Erdgöttin; dann als Themis, Mutter der Meere und aller Themistes, »Orakel«; und als Mondgöttin, **Artemis**, unter dem Namen Phoebe – ein weiterer Titel, den Apollon, der als Phoebos bekannt wurde, gestohlen hatte.[1]

Die Apollonpriester richteten ihre Energien natürlich auf die Eroberung der Orakel. »Der Grund, warum eine Gottheit, die mit politischer Macht und Ordnung verbunden war, von Orakelheiligtümern Besitz ergreifen sollte, ist offensichtlich: Orakel waren die Hauptmittel, um die öffentliche Meinung und öffentliche Vorgänge zu steuern. Die Orakel zu kontrollieren war für einen politischen Gott ebenso nötig, wie für die späteren Politiker die Kontrolle über Presse oder Erziehungswesen.«[2]

Zur heiligen Pflanze Apollons wurde der Lorbeer, denn er war die Pflanze der inspirierten poetischen Leidenschaft. Deshalb wird bis auf den heutigen Tag der britische Nationaldichter mit dem Titel *Laureate*, das heißt »mit Lorbeer gekrönt«, bezeichnet.

Die Priester des Apollon benutzten die Orakel, um neue, patriarchalische Gesetze zu schaffen, welche die Gesetze des Matriarchats außer Kraft setzten. Der bedeutendste Akt der Rechtsprechung durch Apollon war der Freispruch des Orest vom Vorwurf, seine Mutter getötet zu haben. Apollon sagte, daß dies kein Verbrechen gewesen sei, weil eine Mutter kein wirklicher Elternteil ist. Allein der Vater gibt dem Kind das Leben. Diese »apollinische« Meinung wurde später von den christlichen Theologen übernommen.[3] Allerdings widersprach dieser patriarchalischen Auffassung Apollons eigener Beiname Letoides, »Sohn der Leto«.[4] Er trug nur den Namen seiner Mutter und folgte damit den Bräuchen der matriarchalischen Lykier, die eine strenge matrilineare Erbfolge beachteten und in deren Land der Kult des Apollon sich zuerst entwickelte.

In seinen frühesten Manifestationen war Apollon der Göttin als ihr hunde- oder wolfsgesichtiger Türhüter untergeordnet: ein »Geist des Abgrundes« wie Apollyon, was ein anderer Name für **Anubis** oder Kerberos war. Vier in Anatolien gefundene hethitische Altäre waren einem Gott namens Apulunas geweiht, dem Wächter der Tore, einem Vorläufer von Apollon Lykeios, dem »wölfischen Apollon«.[5] Einst folgte er der Großen Göttin bei Fuß, wie Anubis, aber das wurde unterdrückt und vergessen.

Für manche der frühen ChristInnen wurde Apollon zu einem kleineren Gott. Es wurde sogar behauptet, er habe mit mehreren sterblichen Jungfrauen heidnische Weise gezeugt, die in der Kirche hoch angesehen waren, zum Beispiel Platon.[6] Wundersame Krankenheilungen wurden häufig Apollon zugeschrieben.[7] Die ChristInnen bemühten sich bei bestimmten Krankheiten um seine Hilfe. Es hieß, daß eine nackte Jungfrau Kranke heilen konnte, indem sie den kranken Körperteil berührte und dazu sagte: »Apollon läßt es nicht zu, daß die Hitze der Krankheit steigt, wo eine nackte Jungfrau sie unterdrückt.«[8]

Unter seinem Titel Benediktus, »Gut-Sprecher«, wurde Apollon sogar heiliggesprochen und wurde zum heiligen **Benedikt**.[9]

1. Lederer, 149. 2. Briffault 3, 153f. 3. Bachofen, 159. 4. Guthrie, 83. 5. Ebd., 86. 6. Shumaker, 152. 7. Graves, W. G., 433. 8. Hazlitt, 354. 9. Attwater, 62.

Apophis

Var. Apep

Griechischer, bzw. ägyptischer Name der Großen Unterweltschlange, die jede Nacht drohte, den Sonnengott auf seinem Weg durch die Unterwelt zu verschlingen, während dieser vom Westen in den Osten zurückkehrte. (Siehe **Schlange**.) Die Priesterschaft des Gottes **Ra** beschloß offensichtlich irgendwann, daß Ra in der Unterwelt Gefahren ausgesetzt sei, so daß die Gläubigen dazu angehalten wurden, der Sonne durch nächtliche Gebete bei ihrer Wiederkehr zu helfen. Die Schlange war allerdings eine gewöhnliche Personifizierung der ägyptischen Unterwelt oder Tuat selbst. Der finstere Bereich mit seinen verschiedenen »Kammern« war das Innere des Schlangenkörpers, durch den der Sonnengott hindurch mußte, da er bei jedem Sonnenuntergang verschlungen wurde.[1]

In der mittelalterlichen Alchimie wurde die »Apophisschlange« mit dem hermetischen Ouroboros vermischt, einem verborgenen Weltgeist in Form einer Schlange, der das Geheimnis des **Steins der Weisen** enthüllen konnte.

1. Budge, G. E. 1, 266.

Apostel

Als er die Religion der Azteken beschrieb, verriet Pater Acosta unbeabsichtigt eine der wirklichen Funktionen der zwölf Apostel Jesu:

> *Sie nahmen einen Gefangenen … und bevor sie ihn ihren Götzen opferten, gaben sie ihm den Namen des Götzen … und sagten, er vertrete den Götzen … Wenn er durch die Straßen ging, kamen die Menschen heraus, um ihn anzubeten, und jedermann brachte ihm Almosen und Kinder und Kranke, die er heilen und segnen sollte. Er durfte alles tun, was er wollte, nur war er stets von zehn oder zwölf Mann begleitet, falls er fliehen sollte … War das Fest herangekommen und er dick geworden, dann töteten sie ihn, schnitten ihn auf und verzehrten ihn, indem sie ihn zu einem feierlichen Opfer machten.*[1]

José de Acosta
Spanischer Jesuit und Missionar des 16. Jahrhunderts, der die Konquistadoren begleitete und eine Geschichte der Kulturen Perus, Boliviens und Mexicos verfaßte.

Dieser verzehrte Heiland, sorgfältig von seinen zehn oder zwölf Wächtern beobachtet, verkörperte den Gott Quetzalcoatl, der von einer Jungfrau geboren war, er wurde als Sühneopfer für die Ursünde getötet, und seine zweite Wiederkunft wurde vertrauensvoll erwartet.[2] Er wurde oft als Dreiheit durch drei Kreuze dargestellt, ein großes zwischen zwei kleineren.[3] Pater Acosta stellte naiv fest: »Es ist seltsam, daß der Teufel nach seiner Art eine Dreifaltigkeit in die Götzenverehrung hineingebracht hat.«[4] Seiner Kirche war dies alles viel zu vertraut, und sie hielt sein Buch unter Verschluß.

Die Evangelien enthalten Hinweise, daß Jesus genauso widerwillig war wie das Quetzalcoatl-Opfer. Einmal floh er vor seinen »Aposteln« allein in die Berge und fürchtete sich, Männer würden kommen, »um ihn in ihre Gewalt zu bringen und zum König zu machen«. (Johannes 6, 15). Das heißt, er wollte der zweifelhaften Ehre entgehen, Sakralkönig der Juden zu werden, der zum Tode verurteilte Bräutigam Zions. Die Apostel holten ihn in Kafarnaum ein, und seine nachfolgenden Reden zeigen sein resigniertes Einverständnis in sein Schicksal.

Er sagte, er sei das Brot Gottes, vom Himmel gekommen, um der Welt das Leben zu geben: »Das Brot, das ich geben werde, ist mein Fleisch, ich gebe es hin für das Leben der Welt ... Wer mein Fleisch ißt und mein Blut trinkt, hat das ewige Leben« (Johannes 6, 51 + 54). Am Abend vor dem Opfer betete er verzweifelt, »Mein Vater, wenn es möglich ist, gehe dieser Kelch an mir vorüber. Aber ... dein Wille geschehe.« (Matthäus 26, 39 + 42). Zumindest behauptet der Erzähler des Evangeliums, daß Jesus dies gesagt habe.

Selbstverständlich waren alle Wächter eines Sakralkönigs bereit, seinen Kult zu verbreiten, die göttlichen Worte und Handlungen über Jahre hin »auszuschlachten«. Trotzdem sind die Evangelien nicht von den Aposteln geschrieben worden, deren Namen sie tragen. Es waren Fälschungen, lange nach der Zeit Jesu zusammengetragen, manche erst in der Mitte des 2. Jahrhunderts.[5] Aber selbst das ist nur ein Ergebnis gelehrter Forschungsarbeiten, da kein authentisches Manuskript vor das 4. Jahrhundert datiert werden kann.[6]

Bei der Heiligsprechung der Apostel wurde ein altes buddhistisches Symbol adaptiert, die *ushnisha*, die »Flamme des unsichtbaren Lichtes«, welche auf den Häuptern der Apostel erschien. Für Buddhisten entströmt diese Flamme dem »Lotos-Zentrum« des Schädels und bedeutet extreme geistige Kräfte. Sie erschien über den Köpfen der Bodhisattvas.[7] Dasselbe Phänomen erschien auch über den Köpfen der Apostel (Apostel 2, 3). Der Rest ihrer Legenden war ebenso mythisch wie die der Bodhisattvas. Guignebert sagt: »Nicht eine davon ist wahr ... Es gibt keine Informationen über das Leben und Werk der unmittelbaren Apostel Jesu, die wirklich wert wären, geglaubt zu werden.«[8]

1. Frazer, G. B., 680 (dt. 853 f.). 2. Neumann, G. M., 203–208.
3. Briffault 2, 604. 4. Doane, 378. 5. H. Smith, 179, 182; Stanton, 106.
6. Pfeifer, 103. 7. Ross, 126. 8. Guignebert, 61.

Apostolische Kongregation; Apostler

Ein mittelalterlicher Ketzerorden, dessen Mitglieder auch als Apostoliker bekannt waren. Sein Gründer war ein Bauer namens Segarelli, der sich vergeblich darum bemüht hatte, dem Franziskanerorden beizutreten. Weil er dennoch daran glaubte, ein echter Geistessohn des Heiligen Franziskus zu sein, versammelte er Schüler um sich und predigte gegen den weltlichen Reichtum der Kirche. Er wurde gefangengenommen und verbrannt. Seine Gemeinde blieb unter dem neuen Führer Fra Dolcino bestehen, der von dem Nahen des Jüngsten Gerichts, dem Sturz der sündenbeladenen Kirche und dem Triumph der Armen und Bescheidenen über die Theokratie predigte.

Die Apostler nahmen auch Frauen in ihre Reihen auf. Den »Schwestern in Christus« wurden die gleichen Rechte wie den Männern zugestanden. Sie hielten Predigten und Andachten. Dies galt als einer der schlimmsten Auswüchse ihrer Ketzereien. Die Apostler gaben vor, sexuellen Verzicht zu üben. Als Dolcinos besonders »innig geliebte Schwester in Christus«, Margaretha di Trank, ihm ein Kind gebar, behaupteten sie, daß es auf wunderbare Weise durch die Mittlerschaft des Heiligen Geistes gezeugt worden sei.

Von den permanenten Nachstellungen der Inquisition aufgerieben, suchten die Apostler Zuflucht im Gebirge. Die Kirche rief zu drei Kreuzzügen gegen sie auf. Im Winter 1307, als sie schließlich kurz vor dem Hungertod standen, wurden sie gestellt und niedergemetzelt. Dolcino selbst fiel unglücklicherweise noch lebend in die Hände seiner Feinde. Nachdem er mitansehen mußte, wie seine Margaretha verbrannte, wurde er vor den Augen der Menge auf einem langsam durch die Straßen rollenden Karren mit rotglühenden Zangen in Stücke gerissen.

Trotz dieses belehrenden Exempels lebte der Glaube an Dolcinos Lehren noch ein Jahrhundert fort. In Deutschland wurden im Jahre 1404 zwei seiner Anhänger gefangengenommen und auf dem Scheiterhaufen verbrannt.[1]

1. Lea ungek., 614–623.

Apotheose

»Vergöttlichung« oder »Verklärung«, das Ritual der Aufnahme eines als Opfer getöteten Retters in den Himmel; dort wird er zu einem Sternbild oder zu einem Teil seines himmlischen Vaters wird. In Rom war es üblich, daß die Kaiser noch zu Lebzeiten vergöttlicht wurden. Die meisten anderen Könige der Antike waren ebenfalls Götter auf Erden. Ihren Stellvertretern, den Sakralkönigen, die an ihrer Stelle starben, wurde versprochen, daß sie unmittelbar nach dem Tod zu Göttern würden.

Auch den christlichen Märtyrern, die in dem Glauben starben, daß sie voll und ganz mit Christus verschmelzen würden und »zur rechten Hand Gottes« sitzen könnten wie er, wurde diese Apotheose versprochen. Das kirchliche Ritual der Heiligsprechung war eine direkte Kopie der heidnischen Zeremonien der Apotheose. Die Vorstellung, die Seelen der römischen Kaiser flögen in Gestalt von Adlern in den Himmel, führte dazu, daß am Höhepunkt der Zeremonie der Heiligsprechung weiße Tauben freigelassen wurden.[1] (Siehe **Drama**.)

1. Gaster, 769.

Arabien

Vor dem Aufkommen des Islam im 7. Jahrhundert n. Chr. war Arabien seit mehr als tausend Jahren aufgezeichneter Geschichte matriarchalisch. Die Annalen des Assurbanipal besagen, daß Arabien seit Menschengedenken von Königinnen regiert worden war.[1] Der ursprüngliche **Allah** des Landes war Al-Lat, Teil der weiblichen Dreiheit zusammen mit **Kore** oder Q're, der Jungfrau, und Al-Uzza, der Mächtigen. Diese Dreiheit war als Manat, der Dreifache Mond, bekannt.[2]

Die Annalen Assurbanipals Königliche assyrische Chroniken auf Keilschrifttafeln. Sie stammen aus dem 7. Jahrhundert v. Chr. und wurden von Archäologen des 19. Jahrhunderts in der berühmten Bibliothek des Königs in Ninive gefunden.

In Mekka hieß die Göttin Shaybah oder Scheba, die Alte. Sie wurde in Gestalt eines schwarzen Steines verehrt, der keine figürliche Darstellung zeigte; ähnlich wurde die Göttin bei den skythischen **Amazonen** verehrt.[3] Dieser schwarze Stein, der heute in der **Kaaba** in Mekka ist, stellte das Symbol ihrer Weiblichkeit dar, gekennzeichnet durch das Zeichen der **Yoni** und wie die antike Muttergöttin von einem Schleier bedeckt.[4] Es scheint, als wisse heute niemand ganz genau, was dieser Stein darstellen soll.

Der Schwarze Stein ruht im *Haram*, dem »Heiligtum«, sprachlich verwandt mit »Harem«, das früher einen Frauentempel bezeichnete: Ein Heiligtum der Göttin Har in Babylon, der Mutter der Prostituierten, die mit einem altertümlichen englischen Begriff auch »Harlots« heißen.[5] Das Amt der Wächter vererbte sich innerhalb des Stammes der Koreschiten, »Kinder von Kore«, dem Stamm Mohammeds.[6] Der heilige Dienst wurde ursprünglich von Frauen versehen, bevor er von männlichen Priestern übernommen wurde, die sich selbst Beni Shaybah nannten, »Söhne der Alten«.[7]

Die Legenden vom Leben Mohammeds weisen eindeutig auf einen matriarchalischen Familienhintergrund. Die Ehe seiner Eltern war matrilokal. Seine Mutter blieb bei ihrer eigenen Familie und empfing ihren Ehemann als zeitweiligen Gast. Mohammed lebte bis zu seinem Tod bei seiner Mutter, da sie nach dem altüberlieferten System sein wirklicher Elternteil war: »Kinder gehörten zur Familie der Frau ... Vaterschaft im biologischen Sinn war relativ unbedeutend.«[8] Sie kann sehr gut eine der »älteren Priesterinnen« gewesen sein, die im Tempel zu Mekka dienten.[9] Die Tradition solcher Priesterinnen kann bis auf die assyrisch-babylonischen *um-mati* oder »Mütter« zurückverfolgt werden; sie waren die einzigen Menschen, die das Allerheiligste betreten durften. In den archaischen arabischen Heiligtümern dienten gewöhnlich Hohepriesterinnen, die an die gesetzgebenden Sieben Weisen erinnerten, die Frauen gewesen waren.[10] Die erste Sammlung von Gesetzbüchern wurde ihnen zugeschrieben und hieß Koran: das Wort der Kore oder Q're.

Die Sieben Weisen Legendäre Persönlichkeiten sowohl in der griechischen, als auch in der arabischen Überlieferung. Sie wurden mit verschiedenen Sehern

Das vorislamische Arabien wurde von den matriarchalischen Clans bestimmt. Die Ehen waren matrilokal, die Erbfolge matrilinear. Polyandrie – eine Frau mit mehreren Ehemännern – war üblich. Die Männer lebten in den Häusern ihrer Frauen. Die Scheidung ging von der Frau aus. Wenn sie ihr Zelt für drei aufeinanderfolgende Nächte so aufstellte, daß es nach Osten wies, war der Ehemann verstoßen und durfte das Zelt der Frau nicht mehr betreten.[11]

Die Überlieferung schrieb Mohammed einfach das altüberlieferte System mit umgekehrten Vorzeichen zu, wodurch die Männer begünstigt wurden. Ein moslemischer Ehemann konnte seine Frau verstoßen, indem er dreimal hintereinander sagte »Ich verstoße dich«. Wie in Europa entwickelte sich auch in Arabien der Übergang vom Matriarchat zum Patriarchat nur nach und nach unter vielen Konflikten.

Viele Koreschiten blieben der Göttin und ihrer Königin Hind al-Hunud (Hirschkuh der Hirschkühe, ein ähnlicher Titel wie der der Artemis) treu. Sie wurde auch die Herrin des Sieges genannt. Aber ihre Siege hörten mit einer der letzten Königinnen auf; sie wurde von ihrem Ehemann verraten, der ihre Stadt Makkah dem Feind übergab.

Nach der Legende heiratete die Stieftochter der göttlichen Hirschkuh Mohammed.[12] Allerdings besteht fast die gesamte Geschichte des frühmittelalterlichen Arabiens aus Legenden. Wie Buddha, Konfuzius, **Jesus** und anderen Gründern patriarchalischer Religionen fehlt Mohammed die historische Überprüfbarkeit. Es gibt keine verläßlichen Informationen über sein Leben oder seine Lehren. Die meisten Geschichten über ihn sind genauso apokryph wie die, daß sein Sarg für alle Zeiten in der Luft schwebt, »zwischen Himmel und Erde«, wie die Leiber der antiken Sakralkönige.[13]

Ob mit oder ohne Mohammed, der Islam wurde mit Erfolg vollständig von Männern beherrscht, für Frauen gab es keinen Platz, außer als Sklavinnen oder in der Abgeschiedenheit des Harems. An islamischen Moscheen sind bis heute Schilder, auf denen steht: »Frauen, Hunde und andere unreine Tiere dürfen nicht herein.«[14]

Trotzdem gibt es unauslöschliche Spuren der Göttin. Wie die Jungfrau **Maria** bekam auch die arabische Himmelskönigin eine sterbliche Form und eine untergeordnete Position als **Fatima**, die »Tochter« Mohammeds. Sie war aber nicht wirklich seine Tochter. Sie war als »Mutter ihres Vaters« bekannt, und als »Quelle der Sonne«: »Die Erleuchtung, die Licht und Dunkelheit voneinander trennt, der Baum des Paradieses, die Rote Kuh, die alle Kinder der Welt nährt, die Nacht, die Welt, der Mond, die eine Essenz des Seins.«[15] Wie ihr westliches Gegenstück Maria wurde auch sie mit dem brennenden Busch verglichen und der Nacht der Kraft; »Sie verkörperte das Zentrum des genealogischen Mysteriums.«[16]

Der Name Fatima bedeutet Schöpferin. Ein schiitischer Text, *Omm-al-Kitab*, besagt, daß sie »bei der Erschaffung der materiellen Welt« erschien, gekrönt und auf einem Thron sitzend, ein Schwert haltend und »mit einer Million unterschiedlich schimmernder Lichter geschmückt«, die den gesamten Paradiesgarten erleuchteten. Sie war die erste, die den Sitz der Herrschaft innehatte, »den Ruheplatz Allahs, des Allerhöchsten«.[17] Ihr Symbol als heilige Jungfrau, der zunehmende Mond, ist bis heute auf islamischen Fahnen zu sehen.[18] Sie wird Al-Zahra genannt, »Strahlend Blühende«, was ein früherer Titel der Großen Göttin ist. Es

und Philosophen gleichgesetzt, zuerst mit weiblichen, die mit den Sieben Schwestern oder den Plejaden austauschbar waren.

Schiiten
Eine Minderheit innerhalb des Islam, die ihre Abstammung auf ein heiliges Kalifat von Mohammeds Tochter Fatima und ihrem Ehemann Ali zurückführt. Eine Linie innerhalb der Schiiten waren die mächtigen Fatimiden-Kalifen. Heute werden sie von den Khojas, den Bohras und den Drusen Syriens repräsentiert.

heißt, daß das Symbol ihrer rechten Hand, welche die Sonnenscheibe krönt, »die gesamte Religion des Islam repräsentiert«.[19]

Innerhalb des Islam führten Sekten wie die Schiiten oder die Sufis die tantrische Verehrung des weiblichen Prinzips fort. Sie hielten das Wissen aufrecht, daß die weibliche Kraft der Sexualität die Kraft ist, die das Universum zusammenhält.[20] Der größte mittelalterliche Dichter der Sufis, Ibn al-Farid, war als »Sultan der Liebenden« bekannt.[21] Er sagte, daß wahre Göttlichkeit weiblich sei, und Mekka war der Schoß der Erde. So wie die Minnesänger des mittelalterlichen Europas, die den Frauen huldigten, wegen ihrer Verehrung der Liebesgöttin angegriffen wurden, so wurden auch die Sufis wegen ihres »wollüstigen Libertinismus« attackiert. Ibn el-Arabia, der »größte Meister« der Sufimystiker, wurde der Blasphemie angeklagt, weil er gesagt hatte, die Gottheit sei weiblich.[22]

Die Schiiten trennten sich vom orthodoxen Islam und nahmen für sich in Anspruch, einer reineren Linie von Imams zu folgen, die sich direkt von den Fatimiden ableitete. Im 11. Jahrhundert vereinigten sie sich unter Hassan ibn al-Sabbah, d. h. Hassan ben-Shaybah, einem andern »Sohn des Matriarchats«. Hassan errichtete die Festung Alamut und machte sie zum Hauptquartier einer Bruderschaft von Kriegern, den *hashishim* (siehe **Aladin**). Die Festung fiel unter den vereinigten Angriffen der Mongolen und Mameluken 1256, nachdem von ihr aus mehr als ein Jahrhundert lang Krieg gegen die Türken und die christlichen Kreuzfahrer ausgegangen war.[23]

Das Schiitentum hat bis zum heutigen Tag überlebt, und ihre Gläubigen erwarten die Ankunft einer Jungfrau mit Namen Paradies (Pairidaeza), die den Mahdi gebären wird, den »Mond-geleiteten« Erlöser, dessen Bezeichnung in Europa »der ersehnte Ritter« war.[24]

Eines der gut gehüteten Geheimnisse der mittelalterlichen Dichtung ist der arabische Ursprung des Motivs der **Einöde**, das am deutlichsten im Zyklus der Erzählungen vom Heiligen Gral zutage tritt. Trotz aller Anstrengungen der Mönche, den Gral in einen christlichen Kelch zu verwandeln, wurde er doch ganz allgemein als weibliches Symbol erkannt, dessen Verlust Sorge um die Fruchtbarkeit der Erde bedeutete. Die Kreuzfahrer hatten mit eigenen Augen die Trostlosigkeit der arabischen Wüsten gesehen, eine der unwirtlichsten und vor allem totesten Regionen der Welt. Sie hörten auch die Erklärung der schiitischen Häretiker dafür: Der Islam hatte die Große Göttin gekränkt, und sie hatte dafür das Land verflucht und war fortgegangen. Nun konnte dort nichts mehr wachsen.

Die westlichen Mystiker glaubten, daß dieselbe Katastrophe auch Europa heimsuchen würde, wenn nicht der Geist der Mutter aus der Vorhölle zurückgeholt würde, wohin die christliche Kirche ihn verstoßen hatte. Das mag ein Grund für die Häufigkeit gewesen sein, mit der im 12. und 13. Jahrhundert Kathedralen zu Ehren von *Notre Dame*, »Unserer Herrin«, errichtet wurden. Das Motiv der Einöde beschäftigte die kollektive Psyche der frühen Renaissance durch das Drohen von Bedingungen, die im Land der Ungläubigen bereits Wirklichkeit waren.

Spuren des Matriarchats erhielten sich bis in unsere Zeit bei einigen Arabern in Nordafrika, dem antiken Land der »libyschen Amazonen«.[25] Die Frauen der Targi und der Tuareg blieben frei von sexuellen Einschränkungen. Die Jungfräulichkeit hatte keinen besonderen Stellenwert. Bei einer erneuten Heirat konnte die Frauen das Doppelte des Brautpreises verlangen, der für eine Jungfrau galt. Die Männer des Walad 'Abdi-Stammes waren der Meinung, daß die Fruchtbarkeit ihrer Felder von der sexuellen Freiheit ihrer Frauen abhing, die von den Franzosen insgesamt als Prostituierte abgestempelt wurden. Die Hassanyeh-Araber am Weißen Nil erlaubten ihren Ehefrauen an bestimmten Tagen der Woche untreu zu sein, wie es auch im Hochzeitsvertrag stand; dieser wurde von der Mutter der Braut festgelegt, die stolz darauf war, ihrer Tochter die sexuelle Freiheit zu erhalten.[27] Trotzdem schränkt der Islam insgesamt die Frauen so weit wie möglich ein. Viele islamische Theologen sagen, daß Frauen nicht einmal ins Paradies gelangen können und auch keine religiösen Unterweisungen erhalten dürfen, weil dies sie »ihren Herren zu ähnlich« machen würde.[28]

1. *Assyr. & Babyl. Lit.*, 120. 2. Riencourt, 193. 3. Sobol, 55. 4. Harding, 41.
5. Pritchard, S. S., 95. 6. Shah, 390. 7. Briffault 3, 80. 8. Riencourt, 188.
9. Briffault 3, 80. 10. Ebd. 1, 377. 11. Riencourt, 187ff. 12. Beard, 293f.
13. Sprague de Camp, A. E., 153. 14. Farb, W. P., 144. 15. Lederer, 181.
16. Campbell, Oc. M., 446. 17. Ebd., 445f. 18. Briffault 2, 630.
19. Budge, A. T., 469. 20. Bullough, 150. 21. *Encyc. Brit.*, »Sufism«.
22. Shah, 263, 319. 23. *Encyc. Brit.*, »Assassins«. 24. Lederer, 181.
25. Wendt, 52. 26. Briffault 1, 286; 3, 200, 314. 27. Hartley, 166.
28. Crawley 1, 58.

Arachne

»Spinne« oder »Spinnerin«, Totemtier und Titel der **Athene** als Schicksalsspinnerin. Die Ohnmacht des Menschen im Gewebe der **Schicksalsgöttinnen** wurde durch die Hilflosigkeit einer Fliege im Spinnennetz symbolisiert. Die Fliege war das weit verbreitete, alte Symbol der menschlichen Seele, sie galt sogar als tatsächliche Verkörperung der Seele beim Übergang von einem Leben ins nächste. Deshalb wurden ein göttlicher Seelenführer wie **Beelzebub** »Herr der Fliegen« genannt, da er die Seelen geleitete.[1]

Die klassischen Autoren interpretierten Bilder der Athene mit ihrem Spinnen-Totem und Spinnennetz falsch und schufen die Legende der Arachne, einer Sterblichen, deren Geschick im Weben sogar das der Göttin in den Schatten stellte. Deshalb wurde sie von Athene in eine Spinne verwandelt.[2]

1. Spence, 95f. 2. Graves, G. M., 25.h.

Aradia

Var. Herodias

Mittelalterlicher Name für die Königin der Hexen, sie wurde eine Tochter der Göttin **Diana** genannt. Ihr Name kann eine Entstellung von **Heriodias** sein. Sie repräsentierte den Mond, und ihr Bruder Luzifer, der Lichtbringer, die Sonne.[1]

1. B. Butler, 215.

Ardhanarisvara

Bisexuelles Abbild der Vereinigung von **Kali Ma** und **Shiva**: ein Körper, dessen linke Hälfte weiblich und dessen rechte Hälfte männlich ist.[1] Andere Götter folgten diesem zweigeschlechtlichen Muster. Manchmal war die Gottheit zweiköpfig und vierarmig, obwohl sie als »die Eine« bekannt war. (Siehe **Androgyn; Linke Hand**.)

1. *Larousse*, 371.

Ariadne

»Die Heiligste« oder »Sehr Fruchtbare Mutter«, die jüngere Form der kretischen Mondgöttin, verehrt bei Amathos als Gefährtin des Dionysos.[1] Die hellenischen Mythen setzten sie herab und machten sie zu einer sterblichen Frau, die Theseus half, das kretische Labyrinth zu überleben. Anschließend floh sie mit ihm, er verließ sie jedoch, als er genug von ihr hatte. Allerdings zeigt ihre spätere Vermählung mit dem Gott, daß sie die rechtmäßige Braut der Götter war.[2]

1. Graves, W. G., 93 (dt. 113). 2. Ders., G. M., 1, 347; 2, 381.

Ariana

Archaischer Name des Irans und der Großen Göttin des Landes, manchmal auch als Mariana erwähnt.

Arianismus

Frühchristliche häretische Strömung, die von Arius im 4. Jahrhundert begründet wurde. Der Grundsatz des Arianismus war, daß Gott keine Trinität war, sondern eine Einheit oder Monade.

Die Orphiker und andere Mysterienanhänger der frühchristlichen Zeit hielten das klassische dreigeteilte Muster aufrecht, das Tausende von Jahren zuvor durch die Dreifache Göttin begründet worden war. Sie sagten: »Alle Dinge sind von einer Gottheit geschaffen worden, die drei Namen hat, und dieser Gott ist in allen Dingen.« Von den Mysterienkulten übernahmen manche Christen die Vorstellung, daß auch ihre Gottheit eine **Trinität** sein könnte. Andere Christen widersprachen und sagten, daß ihr Gott eine Monade sein müßte wie der jüdische Jahwe. Der heilige Augustinus fand die Vorstellung einer Trinität unverständlich. Er spottete über seine heidnischen Nachbarn, weil sie ihre Große Göttin gleichzeitig eine Person und drei Personen nannten.[1]

Weder das Alte noch das Neue Testament erwähnen einen dreifaltigen Gott, deshalb verehrten die frühen paulinischen Christen Gott als ein Individuum. Diese monotheistische Idee wurde allerdings beim Konzil von Nicäa im 4. Jahrhundert verworfen. Die arianischen Christen, die an dem hebräischen Glauben an einen ungeteilten Gott festhielten, fanden sich plötzlich zu Häretikern gestempelt. In immer erbitterteren Schlachten wurden die Verfechter des einen oder andern Standpunktes in Straßenkämpfe mit Steinen und Keulen verwickelt und schlugen ihre Gegner blutig, um die wahre Natur ihres Gottes zu beweisen.[2]

Die Ablehnung der Heiligen Dreifaltigkeit durch Arius war zutiefst logisch. Er bestand darauf, daß ein göttlicher Sohn nicht seit ewigen Zeiten mit seinem Vater zusammenleben konnte. Es muß eine Zeit gegeben haben, als der Vater allein existierte, bevor er seinen Sohn ins Leben rief. Aber die Gegner des Arius wollten sicher sein, daß sie an der unendlichen Göttlichkeit teilhatten, die seit Beginn der Zeit existiert hatte, wenn sie in der Kommunion Blut und Leib Christi zu sich nahmen. Anderenfalls wären sie ja eventuell der Unsterblichkeit beraubt, wenn sie sich dummerweise mit einer niedrigeren, endlichen Macht identifizierten. Deshalb bestanden sie darauf, daß Christus und Gott ein und derselbe seien.

Abgesehen davon stützten die heidnischen Traditionen die Vorstellung, daß göttliche Väter und Söhne miteinander identisch waren, indem sie einander zyklisch abwechselten und durch die Mutter vereinten. Verfechter der Lehre von der Trinität »liehen« sich Mythen und Symbole bei den HeidInnen und sagten, daß zu dem Zeitpunkt, als die **Magi** im Osten den Stern sahen, der die Geburt des Erlösers ankündigte, drei Sonnen am Himmel erschienen seien, die zu einer verschmolzen.[3]

Kaiser Konstantin I. verteidigte anfänglich Arius, da er seine Idee einer einzigen obersten Gottheit, die er mit sich selbst gleichsetzen konnte, schätzte. Außerdem waren ihm die nicht enden wollenden sektiererischen Streitigkeiten der Christen zuwider. Er schrieb an Bischof Alexander: »Ich schreibe an Dich und bitte nicht nur, sondern flehe Dich an, daß Du diese Männer (die Arianer) wieder aufnimmst … auf daß Frieden herrscht und Eintracht unter Euch allen.«[4] Diese Bitte wurde jedoch nicht beachtet.

Das Konzil entschied, daß Gott, Christus und der Heilige Geist ein und derselbe seien, seit ewigen Zeiten gleichzeitig existierten, alle gleich mächtig. Arius wurde mit dem **Anathema** belegt und ins Exil vertrieben. Schließlich erlag er einem Gift, das offensichtlich von einem seiner trinitarischen Gegner kam.[5] Aber die Schlacht war noch nicht vorüber. Die arianische Kontroverse zog sich noch viele Jahrhunderte hin und forderte eine Menge Blut, wie es bei theologischen Auseinandersetzungen zu jener Zeit üblich war.

Nach 360 n. Chr. wurde der Arianismus durch Missionare zu den germanischen Stämmen gebracht, deren Christentum bis zur Zeit Karls des Großen und darüber hinaus ein arianisch angehauchtes halbes Heidentum blieb.[6] Der Arianismus trat in Ungarn und Transsylvanien im 16. Jahrhundert erneut zutage. Damals verwarfen die dort ansässigen christlichen Autoren die Trinität insgesamt. Sie initiierten damit eine Bewegung, die letztlich zur Gründung der Unitarischen Kirchen führte.[7]

1. Briffault 3, 90. 2. Sprague de Camp, A. E., 282. 3. Jacobus d.V., 49. 4. J. H. Smith, C. G., 242. 5. Gibbon 1, 694. 6. *Encyc. Brit.*, »Arianism«. 7. *Ebd.*, »Unitarianism«.

Arianrhod

Muttergöttin der keltischen »Arier«, sie hielt das sich endlos drehende Silberrad der Sterne, ein Symbol der Zeit, identisch mit dem karmischen Rad Kalis. Manchmal wurde die Göttin selbst mit dem Titel »Silberrad, das in der See versinkt« belegt.[1]

Das **Rad** von Arianrhod war auch das Rad des Lichtes oder das Steuerrad. Es wurde oft mit einem großen Schiff verglichen, das die toten Krieger zum Mondland, Magonia, Emania oder Hy-Many genannt, bringt. Das Rad war von »drei Druidinnen« gemacht worden – das heißt von der Dreifachen Göttin, die das kosmische Rad des Tierkreises oder die Milchstraße erschaffen hat.[2] Arianrhod scheint dieselbe Göttin gewesen zu sein wie **Ariadne**, eine andere Version der »Mutter der Arier«.[3]

1. Briffault 3, 71. 2. Spence, 152f. 3. Graves, W. G., 93 (dt. 122).

Arier

Allgemeine Bezeichnung für indoeuropäische Völker, abgeleitet vom Sanskritwort *arya*, ein Mensch aus Lehm (wie Adam), oder ein Mensch vom Land, ein Bauer oder Landbesitzer.[1] Der göttliche Urahne der »Aryans« war Aryaman, einer der zwölf Tierkreissöhne der Hindugöttin Aditi. In Persien wurde er als **Ahriman** bekannt, der dunkle Erdgott, Widersacher oder unterirdisches Alter Ego der Sonnengottheit Ormazd (Ahura Mazda). Im keltischen Irland war er Eremon, einer der Sakralkönige, der sich mit der Erde (Tara) vermählte.

Obwohl an dem Namen oder der ausgedehnten Mischung von Stämmen, die dieser Name beschreiben sollte, nichts »rein« war, wurde der Begriff »reinrassige Arier« im Dritten Reich wiederbelebt, um ein mythologisches Konzept der germanischen Rasse, der sogenannten Herrenrasse, zu unterstützen. Nicht-ArierInnen galten als Angehörige minderwertiger Rassen: SemitInnen, Schwarze, alle Zigeunerstämme wie Sinti und Roma, SlawInnen und romanische oder dunkelhäutigere Menschen, deren Blut angeblich die nordische Überlegenheit derer, die sie beherrschten, verunreinigte.

1. Potter & Sargent, 33.

Var. Arinnitzi

Arinna

Hethitischer Name der Großen Göttin als »Mutter der Sonne«. Im Zweistromland und Ägypten wurde der Sonnengott im allgemeinen als Kind der Mond-, Erd-, See- oder Himmelsgöttin betrachtet.

Var. Aramaiti

Armaiti

Iranische Erdgöttin, mythische Vorfahrin der Aramäer, deren Sprache die ursprüngliche Sprache der Evangelien war. Ara-ma-iti bedeutet vermutlich »Mutter der Menschen, die aus Lehm gemacht wurden«.

Armathr

»Mutter des Wohlstandes«, die Große Göttin, inkarniert in einem heiligen Stein; dieser wurde von den isländischen Häuptlingen verehrt, die das Christentum bis ins 11. oder 12. Jahrhundert nicht annahmen.[1] Das abseits gelegene Island gehörte zu den letzten Gebieten, die christianisiert wurden. Deshalb konnten die heidnischen Sagas (Eddas) und andere literarische Denkmäler auf Island die Feuerstürme der Zensur überstehen.

1. Turville-Petre, 230.

Artemidos, Heiliger

Fiktiver christlicher Heiliger, der auf einem Votivbild der Göttin **Artemis** basiert.[1] In manchen Traditionen blieb sie weiblich, während sie in anderen ihr Frausein verlor und als ein heiliger Mann beschrieben wurde.

1. H. Smith, 227.

Artemis

Mondgöttin der Amazonen, in Ephesus unter dem lateinischen Namen Diana oder »Göttin Anna« verehrt. Wie die hinduistische Göttin **Saranyu**, die alle Tiere geboren hat, wurde sie Mutter aller Geschöpfe genannt. Ihre Statue in Ephesus besaß einen Oberkörper, der über und über mit Brüsten bedeckt war, was bedeutete, daß sie alle Lebewesen nährte. Allerdings war sie auch die Jägerin, die jedes Lebewesen tötete, das sie zur Welt gebracht hatte.[1] In Sparta war ihr Name Artamis, »Schnitterin« oder »Schlächterin«.[2]

Die Mythen um Artemis weisen zurück auf neusteinzeitliche Opferbräuche. Auf Tauris opferten die heiligen Frauen unter der Oberpriesterin Iphigenie alle Männer, die an ihren Küsten landeten, und nagelten den Kopf jedes einzelnen an ein Kreuz.[3] In Hierapolis wurden die Opfer der Göttin an künstliche Bäume in ihrem Tempel gehängt. In Attika wurde Artemis mit Bluttropfen besänftigt, indem mit einem Schwert der Nacken eines Mannes angeritzt wurde, ein symbolisches Relikt früherer realer Enthauptungen. Die Menschenopfer wurden später durch Stiere ersetzt, daher auch der Beiname *Tauropole*, »Stiertöterin« für die Göttin.[4]

Ihr Aspekt als Jägerin war eine andere Form der zerstörerischen Alten oder des abnehmenden Mondes. Wie **Hekate** führte sie die nächtliche Jagd an, ihre Priesterinnen trugen Masken in Form von Jagdhunden. *Alani*, »Jagdhunde«, war auch der griechische Name für die Skythen, die die Göttin verehrten. Die Jagdhunde im Mythos, die den Gehörnten Gott Aktaion in Stücke zerrissen, waren in Wirklichkeit die der Artemis geweihten Priesterinnen-Hündinnen.

Die klassischen Mythographen taten so, als habe sich Aktaion schuldig gemacht, als er die keusche, jungfräuliche Göttin im Bad sah. Sie verdammte ihn also wegen ihrer befleckten Sittsamkeit. Tatsächlich waren aber das Bad, die Nacktheit und das Zerreißen des Sakralkönigs Teile des Dramas. Im heidnischen Germanien durfte das rituelle Bad der Göttin nur von Männern beobachtet werden, »die dem Tode geweiht waren«.[5] Das Hirschfell und das Geweih Aktaions weisen ihn als prähellenischen Hirschkönig aus, der für die Hälfte eines Großen Jahres die heilige Jagd beherrschte, bevor er in Stücke zerrissen und durch den *Tanisten* (Mit-König) ersetzt wurde. Noch im 1. Jahrhundert n. Chr. verfolgten und töteten die Artemis-Priesterinnen auf dem Berg der Göttin einen Mann, der als Hirsch verkleidet war.[6] Ihre Haine wurden zu »Tiergärten« (englisch *deergarden*, schwedisch *djurgarden*), einstmals der Schauplatz von Hirschfesten.

Ursa Major, Große Bärin
Im Volksmund auch Großer Wagen genannt. Ein zirkumpolares Sternbild mit sieben hellen Sternen, einschließlich der beiden, mit deren Hilfe der Polarstern gefunden werden kann. Für eine kurze Zeit hieß dieses Sternbild nach der Kutsche Karls des Großen »Karls Wagen«.

Eine der populärsten Inkarnationen der Göttin Artemis in einem Tier war die Große Bärin, Ursa Major, Herrscherin über die Sterne und Beschützerin der *axis mundi*, der Weltachse. Die Weltachse wurde am Himmel durch den Polarstern markiert, der in der Mitte eines kleinen Kreises liegt, der vom Sternzeichen der Großen Bärin beschrieben wird. Helvetische Stämme in der Nähe von Bern verehrten sie als die Bärin und sie ist bis heute das Wappentier Berns. Auch der Name der Stadt bedeutet »Bärin«.[7] Manchmal nannten die Helveter die Bärin auch *Artio*, was von den KeltInnen zu *Art* verkürzt wurde, die sie mit dem Bärenkönig **Arthur** zu einem Paar zusammenfügten. Der mittelalterliche Gott der Hexen wurde unter seinem Aspekt des Artios, Herren der Jagd, als »Robin, Sohn von Art« bekannt. Im Irischen bedeutet *Art* »Gott«, aber die ältere Bedeutung ist »Göttin« – vor allem die Bärengöttin.[8] Sie wurde auch als christliche Heilige kanonisiert unter dem Namen **Ursula**, abgeleitet von ihrem altsächsischen Namen Ursel, Bärin.

Es gab einen sehr ausgeklügelten astronomischen Grund für die Verehrung der himmlischen Bärin, die Jahr für Jahr ihren Weg um den Polarstern nahm. Dieser Grund wurde wahrscheinlich zuerst im Fernen Osten entdeckt. »Die Monate und Jahreszeiten werden vom Umlauf der großen Bärin bestimmt. Wenn der Schwanz dieses Sternzeichens bei Einbruch der Nacht nach Osten weist, kündigt er die Ankunft des Frühjahrs an. Zeigt er nach Süden, beginnt der Sommer, zeigt er nach Westen, der Herbst, und zeigt er nach Norden, verkündet er den Beginn des Winters. ... Die Große Bärin nimmt im taoistischen Himmel eine wichtige Stellung als luftiger Thron der höchsten Gottheit ein.« Diese Gottheit ist in der Tradition der Taoisten die Himmelskönigin, die Heilige Mutter Ma-zu P'o, die ähnliche Eigenschaften aufweist wie Artemis. Sie beschützt die Seeleute und beherrscht das Wetter, sie wird als Jungfrau bezeichnet und ist Herrin der Maße, sie ist die Mutter der Gnade und wurde mit **Maria** und der buddhistischen Göttin Marici verglichen.[9]

Die *axis mundi* wurde oft mit männlichen Göttern in Verbindung gebracht, entweder als Große Schlange oder als Weltenbaum, die mehr oder weniger deutlich als phallische Symbole erkannt wurden. In ähnlicher Weise stellten sich die GriechInnen den Kleinen Bären innerhalb des Kreises der Großen Bärin als Arkas vor, also als ihren Sohn (siehe **Kallisto**). In den ältesten Traditionen finden sich jedoch Hinweise darauf, daß dieser Pol oder dieser Baum, der die Welt trug, weiblich war. Sogar Yggdrasil, die Weltenesche der nordischen Völker, wies mit ihrem alten Namen Mjotvidr oder Mutvidr, »Mutterbaum«, zahlreiche Parallelen zu den gebärenden, Milch oder Obst gebenden Mutterbäumen des Nahen Ostens auf. Manchmal war sie der Met-Baum, wie »der Milch gebende Baum der finnisch-ugrischen Stämme, ein Symbol, das letztlich auf das Zweistromland zurückgehen muß und sehr alt ist«.

Es hieß, daß »der Baum die Quelle der ungeborenen Seelen ist«, der nach dem Ende des gegenwärtigen Zyklus in einem neuen Universum eine neue, Ur-Frau gebären würde: Lif (Leben). Seine Früchte sollten gebärenden Frauen gegeben werden, »damit das, was innen ist, heraus kommt«. Die Quelle am Fuß des Baums war ein Bronn der Weisheit oder der lebenspendenden Flüssigkeit *aurr*, die mit dem »weisen Blut« der Großen Mutter gleichgesetzt werden kann. *Aurr* war die stark mythologisierte, weibliche Lebensquelle, die dem Kula-Nektar der uterinen Quelle der Kundalini glich, als ob der mütterliche Baum, der das Universum trug, die Wirbelsäule der Mutter mit ihren zahlreichen Chakren gewesen wäre.[10] (Siehe **Menstruationsblut**.)

Die »vielbrüstige« Artemis war immer eine Patronin der Ernährung, der Fruchbarkeit und der Geburt. Männliche Götter wandten sich gegen diese Attribute und bekämpften den Kult der Göttin. Ihr eigener Zwillingsbruder und zeitweiliger Liebhaber **Apollon** verbot auf der ihm geweihten Insel Delos Geburten. Schwangere Frauen mußten von der Insel entfernt werden, damit sie nicht den Gott durch eine Geburt auf der Insel verärgerten.[11] Die Christen setzten die Verunglimpfung der Artemis fort. Tatian schreibt: »Artemis ist eine Vergifterin, Apollon führt Heilungen aus.«[12] Das Neue Testament verlangte die Zerstörung des Artemistempels in Ephesus (Apostel 19, 27). Der Heilige Johannes Chrysostomos predigte im Jahr 406 gegen diesen Tempel. Kurze Zeit später wurde er geplündert und niedergebrannt. Der Patriarch von Konstantinopel pries den Eifer von Johannes Chrysostomos: »In Ephesus räumte er den Schatz der Artemis, in Phrygien ließ er die ohne Söhne, die man die Mutter der Götter nennt.«[13] (Siehe **Diana**.)

Tatian
Christlicher Apologet des 2. Jahrhunderts mit griechischer Bildung und gnostischen Kenntnissen. Nach seiner Lehre war allen Christen die Ehe streng verboten.

Johannes Chrysostomos
»Johannes Goldmund«, christlicher Prediger des 4. Jahrhunderts, Patriarch von Konstantinopel, bis er den Zorn der Kaiserin Eudoxa auf sich lud, die es schaffte, daß er abgesetzt wurde und ins Exil gehen mußte.

1. Neumann, G. M., 276 (pl. 35). 2. Graves, G. M., 22.2. 3. Herodot, 244. 4. Graves, G. M. 1, 86; 2, 79. 5. Tacitus, 728. 6. Graves, G. M., 22.1. 7. *Larousse*, 226. 8. Joyce 1, 249. 9. Williams, 30, 336ff, 371ff. 10. H. R. E. Davidson, G. M. V. A., 195. 11. Halliday, 29. 12. Graves, W. G., 433 (dt. 468). 13. J. H. Smith, D. C. P., 175.

Artha

Sanskritwort für »Reichtum« oder »Überfluß«, Wurzel der indoeuropäischen Namen für Mutter Erde: Ertha, Hretha, Eortha usw. Die Erdmutter Frigg (Freya) trug ebenfalls einen Namen, der Reichtum bedeutet, gleiches galt für Rhea-Pluto, Ops, Opulentia und Terra Mater. (Siehe **Erde**.)

Arthur

König Arthur war der walisische *Arth Vawr*, der Himmlische Bär. Sein Vorgänger oder »Vater« war Uther Pendragon, »der wunderbare Kopf des Drachen«.[1] Aber wo geht der Drachenkopf dem Bären voran? Damals lag die Antwort im Zentrum des Sternenhimmels, das die Alten peinlich genau beobachteten.

Im 3. Jahrtausend v. Chr. lag der nördliche Himmelspol nicht beim Polarstern im Kleinen Bären wie heute. Es war vielmehr Alpha Draconis, der Kopf des Drachen.[2] Aufgrund der Präzession der Tagundnachtgleichen erfolgte im Verlauf von 5000 Jahren eine langsame Verschie-

Mahabharata
Indisches Versepos, das aus historischem und legendenhaftem Material besteht und zwischen dem 4. und dem 10. Jahrhundert n. Chr. zusammengetragen wurde, ein Teil davon ist die berühmte Bhagavadgita.

bung der Himmelspole. Wie schwer diese Verschiebung auch zu beobachten gewesen sein mag, die Menschen des Altertums scheinen davon gewußt zu haben. In Indien war wie in Britannien der frühere Himmelspol im Sternbild des Drachen lokalisiert. Im Mahabharata steht, daß der Polarstern, »an dem die Welt festgemacht war«, der Kopf der Großen Schlange war.[3]

Die GriechInnen sagten, daß der Kleine Bärengott, der die Schlange ersetzte, Arkas war, der Urahn der Arkadier. Seine Mutter war **Artemis** Kallisto, die Große Bärin, die normalerweise alle Sterne beherrschte.[4] Als Große Bärin umkreist sie immer noch den Himmelsnordpol. Die Westeuropäer nannten sie Artio, Art, Ursel oder Ercel.[5] Arthur war eine keltische Version ihres Sohnes, Geliebten und Sakralkönigs.

Arthur stellte eine weitere Vermenschlichung eines alten heidnischen Gottes dar – offensichtlich sehr alt, denn er konnte keine glaubhafte Abstammung vorweisen, lediglich zahlreiche widersprüchliche Geburtsmythen. Manche besagen, daß er überhaupt keinen Vater hatte. Wie der nordische Gott Heimdall und der angelsächsische Held Scyld wurde er von der Neunfachen Meeresgöttin geboren und von der neunten Welle an Land gespült, direkt vor die Füße Merlins.[6] Nach Bulfinchs *Mythology* war Arthurs Vater Ambrosius, ein früherer Name **Merlins**.

Die Legende, daß Uther Pendragon der Vater Arthurs gewesen sei, trägt Züge einer forcierten Überarbeitung. Die königliche Mutter Arthurs war zu der betreffenden Zeit mit Uthers Rivalen verheiratet. Uther war weit entfernt, aber mit Merlins Hilfe sandte er seinen Geist zu ihr, verkleidet als ihr Ehemann. Währenddessen wurde der wirkliche Ehemann getötet. Arthur wurde in dem Moment gezeugt, als sein offizieller Vater starb. Merlin nahm Arthur fort, um ihn an einem geheimen Ort zu erziehen, bis er alt genug war – das Aufwachsen im Verborgenen ist das traditionelle Schema, das zum Werdegang eines jeden Sakral-Königs gehörte.[7]

Arthurs Mutter war in Wirklichkeit die Dreifache Göttin, wie gewöhnlich in ihrer Königin inkarniert. Ihre drei Töchter stellten sie als Triade dar: **Elaine**, das jungfräuliche Lilienmädchen, **Morgause**, Mutter der vier Aeonen, **Morgan**, Königin der Schatten. Arthur vereinigte sich später mit seiner Schwester Morgause und zeugte in diesem Inzest seinen eigenen Sohn-Neffen-Rivalen Mordred, der wie Arthur schon bei der Geburt fortgenommen wurde, um an einem geheimen Ort erzogen zu werden.

Wie Galahad der reinkarnierte Lancelot war, so war Mordred der reinkarnierte Arthur, dazu bestimmt, Arthur sowohl nach matrilinearem, als auch nach patrilinearem Recht zu folgen, da er gleichzeitig der Sohn Arthurs und der Sohn von dessen Schwester war. Wie alle Könige, die durch ihren ödipalen Konkurrenten bedroht wurden, versuchte auch Arthur, Mordred zu töten, indem er unschuldige Kinder hinmetzeln ließ. Er ließ alle Kinder sammeln, die am ersten Mai geboren waren, dem vorhergesagten Geburtstag seines Rivalen, setzte sie in ein Schiff und schickte dieses aufs offene Meer, damit es dort unterging. Natürlich überlebte Mordred den Schiffsuntergang und wuchs in der Fremde auf, um unerkannt an Arthurs Hof zurückzukehren.[8]

Arthur verlor sein heiliges Mana, seine übernatürliche königliche Kraft, als er seine Königin verlor, die Dreifache Göttin, die sich in Ginevra inkarniert hatte, welche nach den Walisischen Triaden[9] aber in Wirklichkeit drei Ginevras oder Guiniveres war. Mordred nahm sie gefangen, wodurch er symbolisch die Königsherrschaft an sich riß, und setzte Arthurs Leben ein Ende.

Als Arthur starb, führte ihn dieselbe Dreifache Göttin zurück ins Meer, das ihn geboren hatte. »Drei Elfenköniginnen« trugen ihn zu den im Westen gelegenen Paradiesinseln, indem sie sein Todeslied sangen, also die Art von Gesang, den die walisischen Barden *marwysgafen* nannten – Der-Meeresmutter-Zurückgeben.[10] Die drei Elfenköniginnen waren in Wirklichkeit die letzte Triade der Neunfachen Göttin, Morgan le Fay und zwei ihrer *alter egos*: die Königin von Northgallis (d. h. Nordgallien oder die Bretagne) und die Königin Westerlands, das sind die Inseln der Toten.[11] Von diesen Inseln hieß es, sie würden von neun Elfenschwestern regiert, deren Anführerin Morgan war.

Arthurs Legende deutet also ganz allgemein nicht auf einen menschlichen König, sondern auf einen brythonischen Gott, den Johnson »einen keltischen Zeus« nennt.[12] Er mag sich in einem oder mehreren der zahlreichen Kriegerkönige für kurze Perioden inkarniert haben, aber die Grundlage seiner Legende ist eher mythisch als historisch.

1. Hitching, 242. 2. *Encyc. Brit.*, »Precession of the Equinoxes«. 3. O'Flaherty, 274, 131. 4. Graves, G. M., 22.4. 5. Joyce 1, 249. 6. Guerber, L. M. A., 215. 7. Hallet, 388. 8. Malory 1, 35, 45. 9. Ebd. 1, XXIV. 10. *Encyc. Brit.*, »Welsh Literature«. 11. Guerber, L. M. A., 232. 12. Johnson, 85.

Walisische Triade
Poetische Literatur des vorchristlichen Wales, entnommen der mündlichen Überlieferung der Barden.

Neunfache Göttin
Die dreifache Dreiheit, wie sie in den neun Musen der GriechInnen zu erkennen ist, den neun Schwestern in Skandinavien, den neun Morganen der Glückseligen Inseln usw.

Brythonisch
Zum britischen Zweig der KeltInnen gehörend, einschließlich der walisisch, kornisch und bretonisch sprechenden Menschen.

Asasel

»Bote Gottes«, die Gottheit, die am jüdischen **Versöhnungsfest** (Jom Kippur, Neujahr), ein Opfer in Form von Ziegen bekam. Ursprünglich war Asasel nicht hebräisch, sondern syrisch.[1] In manchen rabbinischen Texten wird er als Azel bezeichnet, ein ungehorsamer Engel, der Gott magische Geheimnisse gestohlen und sie an **Eva** weitergegeben und so der Menschheit Erleuchtung gebracht hatte, allerdings damit den Zorn Gottes heraufbeschwor. Die Moslems legen den Namen Asasel manchmal einem rebellischen Engel bei, der ein Widersacher Allahs war, allerdings wird diese Gestalt häufig auch Iblis oder Schaitan (Satan) genannt.[2]

Im Mittelalter wurde Asasel von den christlichen Dämonologen aufgegriffen und zu einem der Anführer innerhalb des höllischen Pantheons gemacht. Seine Name wurde oft von den Exorzisten genannt als der eines aktiven, lebendigen Dämonen, entsprechend seiner antiken Funktion als hermesähnlicher »Bote«.

1. Cumont, O. R. R. P., 113. 2. Keightley, 25.

Aschenputtel

Das Märchen vom Aschen-Mädchen nahm seinen Ursprung in einer antiklerikalen Allegorie, die von echten »Feen«, also heidnischen Frauen, weitererzählt wurde. In dem Namen, unter dem Aschenputtel im angelsächsischen Sprachraum bekannt ist, Cinderella, steckt noch der Name Ella, das heißt **Hel** oder Helle, eine Tochter von Mutter Erde, der Göttin mit ihrem verjüngendem Feuer, das zu Asche (lat. *cinis*) reduziert ist. Ihre böse Stiefmutter war die neue Kirche. Ihre bösen Stiefschwestern waren die Lieblinge der Kirche: die militärische Aristokratie und der Klerus.

Eine frühe deutsche Version des Märchens besagte, daß Aschenputtels wirkliche Mutter die Erde war, die, obwohl sie tot ist, als Antwort auf die Bitten ihrer Tochter aus ihrem Grab einen Feenbaum wachsen ließ. Dieser Baum brachte goldene Äpfel, Kleider und andere Gaben hervor. Deshalb scheint die »gute Fee« der späteren Versionen ein Geist der Mutter zu sein, der entmachteten Großen Göttin in ihrer unterirdischen Zufluchtsstätte.[1]

Mit ihren neuen Schätzen geschmückt gewann Aschenputtel das Herz des »Prinzen« (der Menschheit), die schon immer leicht durch zur Schau gestellte Pracht zu beindrucken war. Ihre Vereinigung wurde durch das Anziehen des Schuhes symbolisiert, eine geläufige sexuelle Allegorie. Die Eleusinischen Mysterien stellten die heilige Hochzeit durch das Auf- und Abbewegen eines phallischen Gegenstandes in einem Frauenschuh dar.[2] Der gläserne Schuh stand vielleicht für die Kristallhöhle, durch die die heidnischen Heroen die uterine Unterwelt betraten.

Wie andere geheime mittelalterliche Prophezeiungen von der Überwindung der reichen, mächtigen Theokratie kann auch der Fall von Aschenputtels böser Stiefmutter und der bösen Schwestern als Prophezeiung intendiert gewesen sein.[3]

1. Jung & Franz, 127. 2. Graves, G. M., 24.6. 3. Tuchman, 41 (dt. 49).

Aschera

Der semitische Name der Großen Göttin, möglicherweise abgeleitet vom Altiranischen *asha*, »universelles Gesetz«, ein Gesetz des Matriarchats, wie das römische *ius naturale*.[1] Aschera war »in Weisheit die Herrin der Götter«.[2] Die SumererInnen nannten sie Ashnan, »Kraft aller Dinge«, und »eine freundliche und gütige junge Frau«.[3] Ihre heilige Stadt Mar-ash wird in der Bibel unter dem Namen Maresch erwähnt (Josua 15, 44).

Der alttestamentarische Name »Aschera« wird mit »Hain« übersetzt, ohne jede Erklärung, daß der heilige Hain die heiligen Genitalien der Göttin repräsentierte, den Geburtsort aller Dinge. In der matriarchalischen Epoche verehrten die Jüdinnen und Juden die Göttin in Hainen (1. Könige 14, 23), die später von den patriarchalischen Reformern abgeholzt wurden, welche auch die Knochen der Ascherapriester auf ihren eigenen Altären verbrannten (2. Könige 23, 16 + 20).

Die Yoni der Göttin in dem Hain war *Athra qaddisa*, »der heilige Ort« (wörtlich »göttliche Hure«). Manchmal wurde sie einfach »Heiligkeit« genannt, ein Ausdruck, der später auf Jahweh überging. Die Kanaaniter nannten sie *Qaniyatu elima*, »Sie, die die Götter gebar«, oder *Rabbatu athiratu yammi*, »Herrin, die die See (d. h. den Mond) überquert«.[4] *Rab-*

batu war eine frühe weibliche Form von *Rabbi*. Athirat, Athra, Aethra, Athyr und das ägyptische Hathor waren Variationen desselben Namens der Göttin.[5] In Ägypten war sie außerdem die gesetzgebende Mutter, Ashesh, eine archaische Form der **Isis**; der Name bedeutete sowohl »verströmen« und »ernähren«, bezeichnete also die Funktionen ihrer Brüste. Ihr yonischer Schrein in Theben war Asher, Ashrel oder Ashrelt. Manche nannten sie »Große Herrin von Ashert, Herrin des Himmels, Königin der Götter«.[6]

Eine Zeitlang akzeptierte Aschera den semitischen Gott El als ihren Geliebten. Sie war die Himmelskuh, er der Stier.[7] Nach ihrer heiligen Hochzeit gebar sie die himmlischen Zwillinge, Shaher und Shalem, Morgen- und Abendstern (siehe **Luzifer**). Zu den Hochzeitsriten gehörte anscheinend auch das Kochen eines Zickleins in der Milch seiner Mutter, eine Prozedur, die später von den jüdischen Priestern verboten wurde (Exodus 23, 19).[8]

1. *Larousse*, 312; Bachofen, 192. 2. *Larousse*, 76. 3. Hays, 57; Hooke, M. E. M., 27. 4. Albright, 121, 210. 5. Hooke, M. E. M., 70. 6. Budge, G. E. 2, 90. 7. *Larousse*, 74. 8. Hooke, M. E. M., 93.

Aschermittwoch

Dieser angeblich christliche Feiertag wurde aus dem heidnischen Rom übernommen, das ihn wiederum dem vedischen Indien entlehnt hatte. Asche galt als der Samen des Feuergottes **Agni**, sie besaß die Macht, von allen Sünden zu befreien. Sogar wer »tausend Dinge getan hatte, die nicht getan werden sollten: Wenn er in Asche badet, wird er bewirken, daß alle diese Dinge zu Asche verbrannt werden, so wie Feuer mit seiner Kraft einen Wald verbrennt.« Eine andere Quelle besagt, daß die Asche für das reinigende Blut **Shivas** steht, in dem Sünden hinweggewaschen werden können, so wie die Christen im Blut des Lamms badeten.[1]

Bei dem römischen Versöhnungsfest am Neujahrstag im März gingen die Menschen in Sack und Asche, um ihre Sünden wiedergutzumachen.[2] So wie heute war der Abend vor Neujahr eine Art Karneval mit Essen, Trinken und Ausschweifungen, da der Theorie zufolge ja alle Sünden am nächsten Tag ausgelöscht wurden. Als sterbender Gott des Monats März nahm Mars die Sünden seiner Gläubigen mit in seinen Tod. Deshalb fiel der Karneval auf den *dies martis*, den Tag des Mars. Im Deutschen ist dies der Dienstag, da Mars mit dem germanischen Gott Tyr oder Ziu gleichgesetzt wurde, der dem Dienstag seinen Namen gab. In Frankreich ist der Karnevalstag der *Mardi Gras*, der »fette Dienstag«, der Tag, an dem vor Aschermittwoch Ausgelassenheit herrscht.

Ein katholisches Regelverzeichnis aus dem Jahr 1511 weist die Priester an, der Gemeinde am Aschermittwoch folgendes zu sagen: »Bedenkt, ihr Menschen, aus Asche seid ihr, und zu Asche werdet ihr.« Nach Fullers Kirchengeschichte ist der Zweck des Aschermittwochs, jeden Menschen daran zu erinnern, daß er nichts ist »als Asche und Staub, und dorthin wird er zurückkehren«.[3] Diese Maxime steht seltsamerweise im Widerspruch zu der kirchlichen Lehre von der Auferstehung des

Fullers Kirchengeschichte
Eine monumentale Geschichte der englischen Kirche von Thomas Fuller (1608–1661).

Fleisches. Ihr Zweck liegt darin, die alte Vorstellung, Erlösung könne durch das Berühren von Asche erlangt werden, mit einem dünnen christlichen Überzug versehen zu rechtfertigen.

1. O'Flaherty, 148f. 2. *Encyc. Brit.*, »Ash Wednesday«. 3. Hazlitt, 19.

Buch Tobit
Eine der apokryphen oder deuterokanonischen Schriften der Bibel, zuerst als Teil des jüdisch-christlichen Kanons heiliger Schriften akzeptiert, später aber von verschiedenen Kirchen aus dem offiziellen Kanon entfernt.

Aschmodai

Dämon des Christentums, von dem angeblich Nonnen und junge Frauen besessen waren, wodurch sie lüstern wurden, und der im Buch Tobit als Geist der Wollust erscheint. Der Aschmodai aus dem Buch Tobit war eigentlich »der Gott Asmo« oder Aeshma, eine persische Gottheit, die mit **Ahriman** in Verbindung gebracht wurde. Ursprünglich sollen Priester des Zarathustra ihn wegen einer archaischen Verbindung zur Göttin Ma diabolisiert haben.[1]

1. *Larousse*, 318.

Asen

»Asiaten«, die nordischen Götter, die von Vater **Odin** angeführt wurden und die in die Länder der älteren Götter, der Vanen eindrangen. Die Asen kamen aus Asaland oder Asaheimr, beide Begriffe können »Land der Asen« und »Asien« bedeuten.[1] Manche behaupteten, daß die Asen aus Troja stammten. Solche Mythen bewahren die Kenntnis von den häufigen Wanderungsbewegungen der IndoeuropäerInnen oder **ArierInnen** nach Westen. Das nordische Wort für Gott war Ass, »Asiat«. Der ägyptische Gott Osiris war vorher Ausar gewesen, »der Asiat«.[2] Auch die Etrusker nannten ihre Ahnengötter Asiaten.[3] Der phönikische König Kadmos war »der Orientale«, abgeleitet von *kedem*, »der Orient«.[4]

Die asiatischen Eindringlinge waren aggressiv. Die Völuspa berichtet, daß »zum ersten Mal auf Erden« Krieg ausbrach, als die Asen das friedliebende Volk der Göttin angriffen.[5]

1. Turville-Petre, 23. 2. Budge, G. E. 2, 113. 3. Keightley, 61.
4. Massa, 40. 5. Dumézil, 71.

Askese

Die Religion der Selbstverleugnung, wie sie von den frühen ChristInnen praktiziert wurde, charakterisiert durch selbstverursachte Schmerzen, Hunger und andere Entbehrungen und den Verzicht auf sinnliche Freuden.

Die erste Sekte, die Askese als Schlüssel zum Himmel ansah, war der Jainismus (siehe **Jaina**), dessen Theologie die persischen Patriarchen beeinflußte, welche wiederum ihrerseits jüdische Eremiten wie die **Essener** beeinflußten. Die jainistischen Mönche hatten im 4. Jahrhundert bereits die Höfe Syriens, Ägyptens, Makedoniens und von Epirus erreicht und wurden aufgrund ihrer angeblichen magischen Fähigkeiten, die sie durch ein ungeheures Ausmaß an Selbstverleugnung erlangt hatten, in Legenden glorifiziert.[1]

Ursprünglich scheint sich die Askesepraxis der Männer aus der Vorstellung entwickelt zu haben, durch extreme Formen der Selbstüberwindung könnten Männer die magische weibliche Fähigkeit, des Kindergebärens erlangen. Orientalischen Mythen zufolge erreichte der erste Schöpfergott die Fähigkeit, lebende Wesen hervorzubringen, indem er »zehntausend Jahre lang eine unnachgiebige Askese praktizierte«.[2]

Obwohl die Männer nie die Fähigkeit erreichten, Kinder zu gebären, behaupteten sie, durch die Askese andere wunderbare Fähigkeiten erlangt zu haben. Von den vollkommenen Einsiedlern hieß es, sie könnten fliegen, auf dem Wasser gehen, alle Sprachen verstehen, unedle Metalle in Gold verwandeln, Blinde und Lahme heilen sowie andere Wunder vollbringen, die zu Gemeinplätzen aller heiligen Schriften wurden, einschließlich derer des Christentums.[3]

Die Anhänger des Jainismus betrachteten Frauen bei den Anstrengungen der Askese als hoffnungslos unterlegen. Ihr Handbuch besagte, daß keine Frau das **Nirvana** erlangen könnte, da »sich in ihrem Leib, zwischen den Brüsten, in ihrem Nabel und ihren Lenden unaufhörlich eine subtile Emanation des Lebens ereignet. Wie können sie sich also zur Selbstkontrolle eignen? Eine Frau mag im Glauben rein sein und sogar die Sutren studieren oder eine ungeheuerliche Askese praktizieren; aber in ihrem Fall wird es kein Fortfallen der karmischen Materie geben.«[4]

Manche der Asketen verachteten ganz offen Sexualität und Mutterschaft. Das *Mahabharata* nahm die Bemerkungen des heiligen Augustinus über das Widerwärtige der Geburt vorweg: »der Mensch kommt zwischen Exkrementen und Wasser zur Welt, verpestet mit den Unreinheiten der Frau. Ein weiser Mann wird die befleckende Gesellschaft von Frauen vermeiden, so wie er die Berührung von Körpern vermeidet, die von Würmern befallen sind.«[5] Manche machten ihre Absage an die Sexualität durch Selbstkastration deutlich, oder sie befestigten große Metallringe im Fleisch ihres Penis.[6]

Mahabharata
Indisches Versepos, das aus historischem und legendenhaftem Material besteht und zwischen dem 4. und dem 10. Jahrhundert n. Chr. zusammengetragen wurde, ein Teil davon ist die berühmte Bhagavadgita.

Das essenische Judentum und die frühen Christen waren Abkömmlinge der jainistischen Tradition, sie drangen darauf, die Familie zu verlassen und alle weltlichen Belange zu mißachten.[7] Wie die Kunstwerke des Jainismus zeigte auch die frühmittelalterliche Kunst der Christen steife und puppenähnliche Figuren, die unter ihren hölzernen Gewändern anscheinend körperlos waren, sogar die Hände und Gesichter waren undeutlich gearbeitet. Noch nicht einmal die Künstler durften die menschliche Gestalt studieren.[8] Eine attraktive Person anzuschauen – vor allem, wenn sie aus Fleisch und Blut war –, war höchst verdächtig, weil der Beobachter ja vielleicht den Vorgang des Betrachtens genießen konnte. Nach Meinung des heiligen Hieronymus mußte ein Christ jeden Vorgang oder jede Erfahrung als giftig betrachten, bei dem es auch nur den kleinsten Hinweis auf sinnliche Lust gab.[9]

Schmerz war allerdings erlaubt und wurde im Christentum sogar gefördert. Die heilige **Katharina** von Siena wurde hoch gelobt, weil sie sich dreimal am Tag selbst geißelte, einmal für ihre eigenen Sünden, einmal für die Sünden der Lebenden und einmal für die Sünden der Toten. Der heilige Simeon Stylites wurde gerühmt, weil er bewegungslos auf der Spitze seiner Säule verharrte, wie buddhistische Yogis, die stillstanden, bis ihr Fleisch verfault war.[10]

Die Kirchenväter ermutigten die Gläubigen fortwährend zur Askese.

Gregor von Nyssa warb dafür in Begriffen von Feuchtigkeit und Trokkenheit: »Wie das Trommelfell, von dem jegliche Feuchtigkeit entfernt worden ist, so daß es äußerst trocken ist, einen lauten Klang gibt, so ist auch die Jungfräulichkeit, die keine lebenspendende Feuchtigkeit empfängt, ruhmreich und sehr berühmt.«[11] An einer anderen Stelle sagt er: »Oft sehen wir Wasser, in einer Röhre durch die zwingende Kraft, die es nicht herausläßt, nach oben steigen, und dies trotz der natürlichen Schwerkraft. Auf dieselbe Weise wird der Geist des Menschen, eingeschlossen in den engen Kanal einer gewohnheitsmäßigen Enthaltsamkeit, aus dem es keinen seitlichen Austritt gibt, durch die natürliche Bewegungskraft seiner Tugend zu einer erhöhten Liebe erhoben.«[12]

Die von den Kirchenvätern verbreiteten moralischen Erzählungen konzentrieren sich auf die Ablehnung der Sexualität und die willige Annahme eines schmerzvollen Martyriums. Typisch dafür ist die Legende der Heiligen Cyprian und Justina. Cyprian, ein heidnischer Zauberer, verliebte sich in die christliche Jungfrau Justina und belegte sie mit einem Liebeszauber. Obwohl sie sich wie alle christlichen Mädchen der Jungfräulichkeit verschworen hatte, wurde Justina von ihrem Verlangen gequält. Trotzdem meisterte sie dieses Verlangen und bewies ihre Frömmigkeit mit derart extremer Askese, daß sie sogar Cyprian beeindruckte: sie fastete sich beinahe zu Tode, schlief nackt auf dem steinigen Fußboden und verstümmelte sich selbst, um ihre Schönheit zu zerstören.[13] Cyprian wurde durch all dies so tief berührt, daß auch er Christ wurde, und gemeinsam mit seiner standhaften Jungfrau erlitt er das Martyrium.[14]

Fleischliche Liebe galt den frühen Christen als verdammungswürdig, und sie bestanden darauf, daß die Familien verlassen werden mußten. Sexuelle Impulse wurden als unnatürliche Obsessionen angesehen.[15] Der Untergang Roms ist nicht völlig losgelöst zu sehen von der christlichen Abscheu gegenüber der grundlegenden sozialen Einheit des Staates: Loyalität und die damit verbundene Abhängigkeit von der Familie. Jesus selbst untergrub die Funktion der Familie in seinen Lehren: »Wenn jemand zu mir kommt und nicht Vater und Mutter, Frau und Kinder, Brüder und Schwestern, ja sogar sein Leben gering achtet, dann kann er nicht mein Jünger sein.« (Lukas 14, 26.) Nach Becker war es die »Ablehnung dieser Welt und der Bedürfnisse dieses Lebens durch das Christentum, weshalb die Heiden dachten, die Christen seien verrückt. Es war eine Art von Anti-Heroismus eines kuriosen Lebewesens, das sich dem Leben verweigerte, um sich dem Bösen zu verweigern.«[16]

Die Prinzipien der Askese fügten sich selbst so stark ins Christentum ein, daß fast jegliche Art sinnlichen Vergnügens allein deshalb als sündhaft betrachtet wurde, weil es ein Vergnügen war. Die Freuden des sakramentalen Tanzes wurden verboten. Eine Geschichte aus dem rheinischen Ramersdorf berichtet von einem christlichen Missionar, der die Jugendlichen an einem Sonntag beim Tanz erwischte. Er rief Gottes Fluch auf sie herab, worauf sie gezwungen waren, Tag und Nacht weiter zu tanzen, bis sie ihren Verstand verloren hatten.[17] Die ländliche Bevölkerung in manchen Gegenden Europas enthält sich heute noch während der Zeit der Aussaat des Geschlechtsverkehrs, da sie, von der Kirche bestärkt, glauben, sexuelle Aktivitäten riefen einen Fluch auf die Saat herab.[18]

Noch im 18. Jahrhundert predigten Theologen, daß auch die verstecktesten Lustgefühle sündig seien. Beaumont riet den Frauen, vor allem jedes angenehme körperliche Gefühl dem Einfluß des Teufels zuzuschreiben: »Wenn ihr plötzlich einen süßen Geschmack im Mund feststellt oder ein Gefühl von Wärme in euren Brüsten oder ... wenn ihr bei Gelegenheit Lust oder Befriedigungen gewahr werdet, die euch von der Kontemplation Jesu Christi und euren spirituellen Übungen fortlocken, ... dann kommt dieses Gefühl mit großer Wahrscheinlichkeit vom Widersacher. Deshalb war es so wunderbar und auffällig, entsagt ihm.«[19] Die zwanghafte Kontemplation von Schmerzen, beginnend mit den Schmerzen Jesu am Kreuz, wurde jedoch immer wieder gefördert.

Der entscheidende Unterschied zwischen dem Christentum und seinen heidnischen Vorgängern war diese Umkehr des Lust-Schmerz-Kontinuums. Frühe Gesellschaften hatten sinnliche Freuden als Berührung mit dem Göttlichen betrachtet, und Seligkeit – sexuelle oder andere – galt als Vorgeschmack des Himmels. Die Frau war aufgrund ihrer Fähigkeit, physische Lust zu geben und zu empfangen, die Trägerin des göttlichen Funkens. Die christliche Lehre stellte diese Auffassung vollkommen auf den Kopf. Die Kirchenväter lehrten, daß das Menschengeschlecht erst durch ein allgemeines Zölibat aussterben müsse, bevor Christus zurückkehren und seinen Himmel auf Erden gründen konnte. Da der Mensch durch eine Frau in Ungnade gefallen war, konnte er nur dadurch in den Stand der Gnade zurückgelangen, daß er die Frauen ablehnte.[20] Deshalb kamen die mittelalterlichen Kirchenmänner auf die Idee, die Sexualität mit den schlimmsten Sünden und Häresien gleichzusetzen; vor allem der heilige Augustinus brachte die Sexualität mit der Ursünde in Verbindung. Auch die protestantischen Theologen übernahmen diese Ansicht. Nach Calvin war jedes Kind, da es seinen Ursprung in der Sexualität und im Leib der Mutter hat, aus der Sicht Gottes »verdorben und befleckt«, noch bevor es das Licht des Tages gesehen hatte. Ein neugeborenes Kind ist ein »Saatbeet der Sünden und kann deshalb für Gott nicht anders sein als widerwärtig und abscheulich«. Martin Luther heiratete eine ehemalige Nonne, hielt aber trotzdem nicht viel von Sex. Er behauptete, wenn Gott ihn in dieser Angelegenheit gefragt hätte, dann hätte er ihm geraten, auch weiterhin die Lebewesen aus Lehm zu erschaffen und so zu vermehren.[21]

Dieser Anflug von Arroganz und Hochmut bei der Vorstellung, der Mensch könne Gott Ratschläge geben, war trotz der nach außen gezeigten extremen oder unnatürlichen Demut immer ein verborgener Teil der Askese. »Nichts ist stolzer als die Demut der Askese eines überweltlichen Geistes, der vorgibt, höher zu stehen als die gesamte natürliche Welt, oder die Demut des Mystizismus, die dem Ich entsagt, um nur noch mit Gott allein zu kommunizieren.«[22] Hier liegt der wahre Grund versteckt für die heimliche Lust an asketischen Prinzipien und Praktiken. Es muß daran erinnert werden, daß das ursprüngliche Ziel einer solchen Selbstverleugnung die Verschmelzung mit Gott war und der Wunsch, göttliche Kräfte für sich zu erlangen.

Gott zu werden bedeutete das Erlangen der Fähigkeit, Wunder zu wirken, wie es von vielen christlichen Asketen berichtet wird. Per definitionem setzen sich Wunder über die Naturgesetze hinweg. Demnach wurde der Asket freiwillig un-natürlich, indem er die Verachtung seiner eigenen instinktiven Bedürfnisse mit der Verachtung der beobachteten Gewohnheiten von Mutter Natur vermischte. Darum stürzten die asketischen Ideale Körper und Geist in einen Konflikt. »Askese ist der ethische Code, der unvermeidlich aus dem dualistischen Gegensatz zwischen dem Geistigen und dem Natürlichen entstehen muß. Diese werden als absolut unvereinbare Gegenspieler dargestellt; wenn der Mensch der Natur entkommen soll, muß er die Rechte seiner physischen Natur im Interesse seiner spirituellen aufgeben.«[23] Die psychische Problematik einer derart dualistischen Auffassung ist auch heute noch fast überall zu beobachten.

1. Campbell, C. M., 146. 2. O'Flaherty, 32, 47.
3. Menen, 93; Tatz & Kent, 167 (dt. 152); Evans-Wentz, 158 (dt. 238).
4. Campbell, Or. M., 237. 5. Menen, 17. 6. Rawson, E. A., 48.
7. Campbell, Or. M., 279. 8. Zimmer, 56. 9. Mumford, 145.
10. *Encyc. Brit.*, »Simeon«. 11. Ashe, 176. 12. Mumford, 139. 13. Ashe, 178.
14. Attwater, 97. 15. H. Smith, 228f. 16. Becker, E. E., 154.
17. Guerber, L. R., 111. 18. Frazer, G. B., 159 (dt. 201). 19. Silberer, 284f.
20. Lederer, 163. 21. Holmes, 35, 71. 22. Muller, 32. 23. Angus, 219.

Assassinen

Ein europäischer Aussprachefehler für die arabische Bruderschaft der *hashishim*, der »Haschisch-Esser«, die während der Kreuzzüge die Christen im Heiligen Land bekämpften. (Siehe **Aladin**.)

Astarte

Die Bibel nennt sie Aschera, Ashtoret oder Aschterot. Sie war die Göttin, die von Salomo verehrt wurde (1. Könige 11, 5).

Herrin von **Byblos**, eine der ältesten Formen der Großen Göttin im Nahen Osten, sie wurde mit der ägyptischen Hathor, der mykenischen Demeter und der zyprischen Aphrodite gleichgesetzt.

Ihr Tempel in Byblos geht auf die Jungsteinzeit zurück und stand bis zur Bronzezeit in voller Blüte.[1] Sie war dieselbe erschaffende-erhaltende-zerstörende Göttin, die in allen indoeuropäischen Kulturen angebetet wurde, und heute noch in Gestalt der Kali ein Natursymbol ist. Astarte war die »wahre Herrscherin der Welt«, unermüdlich erschaffend und zerstörend, das Alte vernichtend und das Neue hervorbringend.[2] Die Könige von Sidon konnten nicht ohne ihre Erlaubnis regieren. Jeder König nannte sich selbst erster und oberster »Priester der Astarte«.

Sumerische Rollsiegel aus Lagasch, um 2300 v. Chr. entstanden, zeigen die Göttin in exakt der Liebe-und-Tod Haltung der Göttin Kali: Sie hockt über dem Körper ihres Geliebten.[3]

Für die Araber war sie die Göttin Athtar, »morgendliche Venus«. Auf Aramäisch hieß sie Attar-Sa-mayin, »Morgen-

Astarte regierte die Geister der Verstorbenen, die im Himmel wohnten und Lichtkörper besaßen; von der Erde aus waren sie als Sterne sichtbar. Deshalb hieß sie auf griechisch auch Astroarche, »Königin der Sterne«.[6] Sie war die Mutter aller Seelen im Himmel, der Mond war von ihren Sternkindern umgeben, denen sie ihre »astralen« (sternengleichen) Körper verliehen hatte. Okkultisten sprechen heute noch von einem Astralleib als einem unsichtbaren Doppelgänger. Sie haben dabei die ursprüngliche Konnotation des Wortes von Sternenlicht vergessen.[7]

Astarte-Ashtoret wurde von den christlichen Autoren, die automatisch davon ausgingen, daß jede Gottheit der Bibel, die nicht Jahweh war, ein Bewohner der Hölle sein mußte, zu einem Teufel gemacht. Außerdem wurde sie maskulinisiert. In Büchern des 15. und 16. Jahrhunderts findet sich ein Dämon namens Ashtoret, Aschtoreth oder Astaroth, ein »Fürst« oder »Prinz« der Hölle.[8] Milton wußte es besser, er sprach von »Astarte, Königin des Himmels, mit Mondsichelhörnern«.[9]

Gelehrte, die das Mysterium der Astarte wirklich verstanden haben, erkennen in ihr einen alten Prototyp der Jungfrau **Maria**. Die heiligen Dramen in Syrien und Ägypten feierten an jedem 25. Dezember die Wiedergeburt des Sonnengottes durch die Himmelsjungfrau. Ein neugeborenes Kind wurde gezeigt, und der Ruf erscholl, daß die Jungfrau geboren habe. Frazer schreibt dazu: »Zweifellos war die Göttin, die so am fünfundzwanzigsten Dezember einen Sohn empfing und gebar, die große orientalische Gottheit, welche die Semiten die Himmlische Jungfrau oder einfach die Himmlische Göttin nannten. In semitischen Ländern war sie eine Abart der Astarte.«[10]

stern des Himmels«, und vereinigte beide Geschlechter in sich, wie Luzifer als Morgenstern und Diana als Lichtbringerin. Ihr hurritischer Name war Attart oder manchmal auch Ishara, eine andere Form von Ishtar, »der Stern«.[4] Für die Kanaaniter war sie die Himmelsherrscherin, Herrin des Königtums und Mutter aller *baalim* (Götter).[5]

1. *Encyc. Brit.*, »Byblos«. 2. Massa, 101. 3. Campbell, Or. M., 42.
4. Albright, 196, 228. 5. Stone, 64. 6. Lindsay, O. A., 327. 7. Cavendish, P. E., 44.
8. Givry, 132. 9. Cavendish, P. E., 237. 10. Frazer, G. B., 416 (dt. 522).

Aster

»Stern«, Platons Name für **Luzifer**, den biblischen Gott des Morgensterns.[1] Er wurde als zyklische Gottheit wahrgenommen, der die Sonne bei Sonnenuntergang in die Unterwelt begleitete und jeden Morgen verkündete: »Sie hat sich erhoben«.

1. Lindsay, O. A., 94.

Astraia

»Die Sternenklare«, ein römischer Titel für die libysche Göttin des heiligen Gesetzes, Libra oder Libera. Sie wurde symbolisiert durch die Waage der Gerechtigkeit, die heute noch als Waage im Tierkreis bewahrt ist. Wie Minerva, Athene, Maat und andere Manifestationen derselben Göttin, wurde sie als himmlische Jungfrau dargestellt, die den Menschen ihr Schicksal zuteilt. (Siehe **Jungfrau**.)

Astrologie

Das Studium der Sterne ist »die Basis jeder intellektuellen Kultur« genannt worden.[1] Dieses Studium wurde von den Chaldäern, die gleichzeitig Astronomen und Astrologen waren, stark vertieft. Anders als die Sterngläubigen unserer Zeit (die auf Englisch noch heute *Chaldeans*, »Chaldäer« heißen), waren sie Verehrer der Mondgöttin und gründeten ihr System fast vollständig auf den Bewegungen der Mondgöttin. Ihr Tierkreis hieß auch »Häuser des Mondes«.[2]

Offensichtlich war ein Großteil der Mondbeobachter Frauen, Priesterinnen, die damit beauftragt waren, die richtigen Jahreszeiten für Aussaat und Ernte zu bestimmen, Kalender zu erstellen usw. Nach Plinius war die Beobachtung des Himmels, um Ereignisse wie Finsternisse vorhersagen zu können, traditionell die Angelegenheit von Frauen. Er hatte den Verdacht, daß nicht die Magie der Priesterinnen die Finsternisse hervorrief, sondern daß sie diese vielmehr aufgrund ihrer wissenschaftlichen Meßreihen vorhersahen. Trotzdem »war und ist der größte Teil des einfachen Volkes der Meinung, … daß all das durch Beschwörungen geschieht, sowohl Sonne als auch Mond können durch Hexerei und Kräuter verzaubert werden und dazu gebracht werden, ihr Licht zu verlieren oder wiederherzustellen. Für diese Meisterleistung sind Frauen der allgemeinen Ansicht nach geschickter und geeigneter als Männer.« Er glaubte, daß die Göttinnen **Medea** und **Kirke** besondere Macht über die Lichter des Himmels besaßen.[3]

Weissagen mit Hilfe der Himmelslichter war eine andere Spezialität der Mondgöttin und ihrer Sibyllen, ein Wort, das mit dem Namen der Göttin **Kybele** verwandt ist und eventuell vom chaldäischen *subultu*, Himmlische Jungfrau (das Sternzeichen **Jungfrau**), abgeleitet ist.[4] Ein archaischer Ausdruck für astrologische Weissagungen war *mathesis*, »das Lernen«, wörtlich Mutterweisheit. Die chaldäischen Astrologen waren Mathematici, »gebildete Mütter«.[5]

Als Resultat dieser alten weiblichen Assoziationen wurde die Astrologie von vielen Kirchenvätern als Teufelswerk betrachtet. Einige hielten sie für untrennbar mit der Hexerei verbunden, andere respektierten sie aber. Origenes hielt die Sterne für intelligente Geister, die die Zukunft erkennen können und ihr Wissen durch die beobachteten Bewegungen mitteilen. Der heilige Thomas von Aquin stimmte dem zu. Er sagte, daß das Schicksal der Menschen die Kraft ist, welche die Sterne in ihren Bewegungen ausüben.[6]

Savonarola hielt es allerdings für eine Schande, daß zu seiner Zeit die Kirche »ganz von der Astrologie beherrscht« wurde, wie er es ausdrückte. Jeder wichtige Prälat hatte einen Astrologen an seiner Seite und ließ sich jeden seiner Schritte von den Sternen vorherbestimmen.[7] Der heilige Hieronymus hielt Astrologie für Götzenanbetung. Die Heiligen Gregor, Ambrosius, Chrysostomos, Eusebius und Laktanz verdammten sie übereinstimmend. Der heilige Augustinus trat dafür ein, die Astrologie aus allen christlichen Staaten zu verbannen. Das Konzil von Toledo verbot sie.[8]

Trotz all dieser Bemühungen bemächtigte sich die Kirche im 12. und 13. Jahrhundert der Astrologie. Papst Julius II. legte den Tag seiner Krönung nach dem Rat von Astrologen fest. Papst Paul III. plante das Konsistorium durch Horoskope. Papst Leo X. gründete einen Lehrstuhl für Astrologie an einer bedeutenden Universität.[9] Die Tierkreiszeichen wurden mit den Aposteln in Verbindung gebracht. Kathedralen wurden mit astrologischen Motiven geschmückt. Der *Zodiacus Christianus* verglich den Tierkreis mit den Phasen des menschlichen Lebens und den zwölf Tugenden.[10]

Origenes
(Origenes Adamantius). Kirchenvater, ca. 185–254. Ein Ägypter, der auf Griechisch schrieb und einen außergewöhnlich starken Einfluß auf die frühe griechische Kirche ausübte. Anfänglich wurde er zu den Heiligen gerechnet, aber drei Jahrhunderte nach seinem Tod zum Häretiker erklärt, da sich in seinen Schriften gnostische Elemente finden.

Konzil von Toledo
Die größte theologische Bedeutung wurde dem Konzil von Toledo im Jahre 675 zugeschrieben, obwohl es in dieser Stadt zwischen dem 5. und dem 8. Jahrhundert 17 weitere Konzile gab.

Petrus von Abano war einer der wenigen Ungläubigen. Er verspottete Gott öffentlich und entkam der **Inquisition** nur, weil er im richtigen Moment starb. Gegen Ende seines Lebens merkte er an, daß er sein Leben drei edlen Künsten gewidmet habe: der Philosophie, die ihn feinsinniger gemacht habe, der Medizin, die ihn reicher gemacht habe, und der Astrologie, die ihn zum Lügner gemacht habe.[11]

Die Protestanten waren von der Astrologie nicht ganz so begeistert wie die Katholiken. Die englische Königin Elisabeth I. lehnte die Astrologie ab, weil sie in der Vorhersage der Lebensdauer des Königs beziehungsweise der Königin Verrat witterte. Gegen Ende ihrer Regierungszeit setzte sie für das Erstellen von Horoskopen für den Herrscher verschiedene Strafen fest.[12] Protestantische Flugblätter listeten bei den »Sünden der Papisten« auch die »Beobachtung und Wahl von Tagen, von Planetenstunden, von Bewegung und Lauf der Sterne ... das Erstellen von Horoskopen oder das Aufzeichnen der Geburtsstunde, Hexerei, Zaubersprüche und all solchen abergläubischen Firlefanz« auf.[13]

Trotzdem bewahrte das einfache Volk zahlreiche Bräuche, die auf die Astrologie zurückgingen. Die Vorstellung, daß die Sterne Seelen im Himmel seien, starb nie ganz aus. Englische Bauern waren sicher, daß ein vom Himmel fallender Stern entweder eine Empfängnis oder eine Geburt bedeutete – die einen glaubten dies, die anderen das, denn es war nicht ganz klar, in welchem Moment die Seele vom Himmel herabsteigt, um von ihrem neuen Körper Besitz zu ergreifen.[14] Da sie das Wesen eines neuen Lebens darstellte, war und ist eine Sternschnuppe mit dem »Wünschen« verbunden, genau wie jeder andere Geist, von dem man dachte, daß er von einer Welt in die andere hinübergeht.

1. Campbell, M. I., 149. 2. Briffault 2, 600. 3. Hawkins, 138f.
4. Briffault 2, 600. 5. Rose, 262. 6. Castiglioni, 259, 261.
7. Lea ungek., 772. 8. Hazlitt, 22. 9. Seznec, 57. 10. Budge, A.T., 414.
11. Lea ungek., 774. 12. Robbins, 161. 13. Hazlitt, 376.
14. Elworthy, 424

Zodiacus Christianus
Ein kurioses astrologisches Werk, angeblich jesuitischen Ursprungs. Der volle Titel lautet: *Zodiacus Christianus locupletatus seu Signa XII Divinae Praedestinationis. Totidem Symbolis explicata ab Hierem Drexilio è Societatis Jesu.*

Petrus von Abano
1250–1318, Renaissancegelehrter, Arzt, Geomantiker, Astrologe und Häretiker, ein Freund des Marco Polo.

Atalanta

Amazone und Jägerin, die beste Athletin in Kalydon. Als Kind wurde Atalanta von **Artemis**, in Gestalt ihres Totemtieres, der Bärin, gestillt. Als sie größer wurde, nahm sie an der berühmten Jagd auf den kalydonischen Eber teil und erzielte den ersten Treffer, sie mußte die Jagd aber unterbrechen, um zwei Zentauren zu töten, die sie vergewaltigen wollten.

Sie konnte schneller laufen als jeder Mann. Wer um sie warb, mußte sie in einem Wettlauf besiegen, sonst starb er. Viele wurde umgebracht, bis es einem gelang, sie durch einen Trick zu überlisten: Er ließ goldene Äpfel fallen, um ihre Aufmerksamkeit abzulenken. Manche sagen, daß sie und ihr Bräutigam in Löwen verwandelt wurden, die vor den Wagen der Großen Mutter der Götter gespannt wurden.[1] Die phrygische **Kybele** fuhr immer in einem Wagen, der von einem Löwenpaar gezogen wurde, einem weiblichen und einem männlichen Tier.

1. Graves, G. M., Kap. 80.

Kalydon
Antike Stadt in Aitolien, Ort des Tempels der Artemis Laphria.

Atargatis

Fischgöttin der Philister, in Syrien Tirgata genannt, mit **Aphrodite** gleichgesetzt. Im Tempel von Der in Babylon war sie Derceto, »Wal von Der«. Ihre Tochter, die Königin **Semiramis**, gründete die Stadt Babylon.[1] Sie verlieh Jonas in seiner früheren babylonischen Form als Fischgott Oannes die Wiedergeburt. Die Philister nannten ihn Dagon, Gefährte der Atargatis. Die Leute von Harran glaubten, die der Göttin geweihten Fische hätten Orakelkraft. In Böotien wurde sie mit Artemis gleichgesetzt, die ein Fischamulett über ihren Genitalien trug.[2] (Siehe **Fisch**.)

1. Baring-Gould, C. M. M. A., 497. 2. Neumann, G. M., pl. 134.

Atheismus

Das griechische *a-theos* bezeichnete jemanden, der die Existenz jedes Gottes leugnete. Die christlichen Theologen neigten dazu, Atheismus als Teufelswerk anzusehen, jedoch impliziert der Atheismus einen Unglauben an Teufel ebenso wie an alle anderen übernatürlichen Wesen.

Die orientalischen Denker waren in Hinsicht auf den Atheismus weniger simplifizierend. Die fortgeschritteneren Weisen lehrten, daß Nicht-Glaube »religiöser« sein kann als Glaube – und in der Tat kann der Atheismus die Menschen vielleicht zu besseren Wesen machen, als es der Glaube vermag. Im Osten »gilt es keineswegs als unvorstellbar, daß der Atheismus ebenso tief religiös sein kann wie Theismus, noch wird der Atheismus von spirituellen Menschen für an sich unspirituell gehalten. Dies ist für einen westlichen Menschen extrem schwer zu verstehen: Er sieht nicht, daß die Essenz der Religion in der religiösen Erfahrung liegt und nicht in irgend einem Glauben und daß die sogenannten religiösen Überzeugungen oder Bräuche in erster Linie Theorien über religiöse Erfahrungen darstellen.«[1]

W. Y. Evans-Wentz Ein britischer Erforscher des tibetischen Buddhismus. Er übersetzte 1927 *Das Tibetanische Totenbuch* aus dem Tibetischen ins Englische.

Evans-Wentz lenkte die Aufmerksamkeit auf denselben fernöstlichen Gedanken: » ›Die Vaterschaft Gottes‹ ist als persönliche und anthropomorphe Gottheit der Eckstein christlicher Theologie, aber im Buddhismus hat sie – obwohl der Buddha die Existenz einer obersten Gottheit weder leugnete noch bestätigte – keinen Platz, weil, wie der Buddha behauptete, weder das Glauben noch das Nichtglauben an eine oberste Gottheit, sondern eigene Anstrengungen im Recht-Tun wesentlich sind, um die wahre Natur des Lebens zu verstehen.«[2]

Nach diesen Maßstäben konnte kein Krimineller als religiös angesehen werden, egal welchen Glauben er vorgab. Im Gegenteil: niemand konnte als irreligiös bezeichnet werden, der seine Mitgeschöpfe gut behandelte, egal wieviele Götter er leugnete. Die Weisen des Ostens betrachteten theologische Dispute mit einer gewissen Verachtung, da sie für das Verhalten, das eine wahre Religion ausmacht, irrelevant waren: »Bloßes Reden über Religion ist lediglich eine intellektuelle Übung. … Wozu nützen großartige Phrasen über Atma (die Seele) von den Lippen derer, die hassen und einander verletzen? … Religion ist Freundlichkeit.«[3]

1. Vetter, 320f. 2. Evans-Wentz, 236 (dt. 317f.). 3. Woodroffe, 175.

Athene

Zeichen der Athene

Muttergöttin der Athener, verehrt als heilige Jungfrau, Athene Parthenia im Parthenon, ihrem »Jungfrauentempel«. Obwohl die klassischen Schriftsteller ihre Keuschheit behaupteten, gaben ihr ältere Traditionen verschiedene Gefährten bei, zum Beispiel Hephaistos und Pan.[1] Sie war mit dem phallischen Pallas verbunden, dessen »Palladium« ein Lingam war, in späteren Zeiten der wichtigste Fetisch Roms.[2]

Athene stammte aus Nordafrika. Sie war die libysche Dreifache Göttin Neith, Metis, Medusa, **Anath** oder Ath-enna. Eine Inschrift bei Larnax-Lapithou bezeichnet sie auf griechisch als Athene, auf phönikisch als Anat.[3] Prähellenische Mythen besagen, daß sie aus der Gebärmutter des Sees Tritonis (Drei Königinnen) in Libyen hervorgekommen ist.[4] Die ÄgypterInnen nannten Isis manchmal Athene, was soviel heißt wie »Ich stamme aus mir selbst«.[5]

Die Griechen behaupteten, daß Athene dem Haupt des Zeus entsprungen sei, nachdem er ihre Mutter Metis verschlungen hatte – d. h. Medusa, die »weibliche Weisheit«, in früheren Zeiten durch das Gorgoneum symbolisiert, eine Maske Athenes mit Schlangen als Haaren. Diese Maske besaß die Macht, Menschen in Stein zu verwandeln.[6] Gorgo oder Gorgon war der zerstörerische Aspekt Athenes.[7] Grabstatuen oder phallische Säulen waren ihre »in Stein verwandelten Menschen«, die vielleicht auch mit den Säulen des Parthenons gleichgesetzt wurden, das zu einem unbekannten Zeitpunkt im 5. oder 6. Jahrhundert von den Christen übernommen und in einen Tempel der Jungfrau Maria verwandelt wurde.[8]

1. Graves, G. M., 39.10. 2. Dumézil, 323. 3. Massa, 104. 4. Graves, G. M., Kap. 8. 5. Budge, G. E. 1, 459. 6. *Larousse*, 107. 7. Knight, S. L., 130. 8. Hyde, 61.

Atlas

Prähellenischer Titan oder Erdgott, Bruder des **Prometheus**, verdammt, die Welt auf seinen Schultern zu tragen, weil er an dem Aufstand der Riesen gegen die olympischen Götter beteiligt gewesen war. Dies stellt eine Neuinterpretation seiner ursprünglichen Funktion als Träger der Erde dar. So wie Prometheus zum Kaukasus gehörte, und Herakles zu den »Säulen des Herakles« im Westen, so wurde Atlas mit dem Atlasgebirge in Nordafrika assoziiert – dadurch wird angedeutet, daß die Titanen ursprünglich die göttlichen Säulen des Himmels waren, welche die Welt bewahrten. Atlas kann mit dem vedischen Gott Vishnu verglichen werden, der die Gestalt einer Schildkröte annahm und die Welt auf seinem Rücken trug.

Atropos

»Die Unabwendbare«, die dritte der griechischen Dreiheit der **Parzen** (Moiren). Sie war die Zerstörerin, deren Aufgabe es war, den Lebensfaden zu zerschneiden, den ihre erste Schwester gesponnen und die zweite gewebt hatte. Sie wurde gewöhnlich als Alte mit einer Schere dargestellt. Wie die Zerstörerin Kali wurde sie auch als eigenständige

Göttin verehrt. In Parthien, dem »Jungfrauenland«, besaß sie ihre eigene heilige Stadt, Atropatene, das heutige Aserbaidschan.[1]

1. Thomson, 173.

Attis

Der Attis-Kult beeinflußte das frühe Christentum stark.

Attis begleitete Kybele, die Große Mutter der Götter, die 204 v. Chr. von Kleinasien nach Rom gebracht wurde. Auf dem Vatikanhügel wurde ihnen ein Tempel errichtet, wo sie bis ins 6. Jahrhundert blieben.[1] Zuerst wurde Attis von der Göttin, die Kaiser Augustus als Höchste Mutter Roms ansah, getrennt und ihr untergeordnet. »Die Römer nahmen Attis an, weil sie Kybele als nationale Göttin ansahen und dabei eine Tradition aus der Frühzeit Roms aufrechterhielten.«[2]

Attis war ein Sohn der irdischen Inkarnation der Göttin, der Jungfrau **Nana**, die ihn auf wunderbare Weise empfing, als sie eine Mandel oder einen Granatapfel aß, beides yonische Symbole. Deshalb war er ein typischer »Gott ohne Vater«, der Sohn der Jungfrau. Er wuchs auf, um Opfer und Retter zu werden, getötet für das Heil der Menschheit. Sein Leib wurde von den ihn Anbetenden in Form von Brot gegessen.[3] Er wurde von den Toten erweckt als »der Höchste Gott, der das Universum zusammenhält«.[4] Seine Epiphanie wurde mit den Worten »Heil, Bräutigam, Heil, neues Licht« angekündigt.[5] Wie seine Priester wurde auch er kastriert, dann wurde er an einer Pinie gekreuzigt, wodurch sein heiliges Blut niederfloß, um die Erde zu erlösen.

Die Passion des Attis wurde am 25. März gefeiert, genau neun Monate vor der Sonnwendfeier seiner Geburt am 25. Dezember. Der Zeitpunkt seines Todes war gleichzeitig der Zeitpunkt seiner Empfängnis oder Wieder-Empfängnis. Um den Moment zu markieren, an dem Attis in seine Mutter eintrat, um seine Wiedergeburt zu zeugen, wurde sein Baum-Phallus in ihre geheiligte Höhle getragen. Demnach war die jungfräuliche Mutter Nana in Wirklichkeit die Große Göttin selbst: Sie, die bei den SumererInnen Inanna hieß, war bei den Kanaanitern Mari-Ana, Anna Perenna bei den Sabinern und Nanna, die Mutter des sterbenden Gottes Balder oder Baldur, in Nordeuropa.[6]

Die Christen beanspruchten dieselben Umstände für Empfängnis und Tod ihres Heilandes. Daraus ergaben sich natürlich Probleme. Die Christen retteten sich mit ihrem bevorzugten Argument, daß der Teufel die heidnischen Mysterien begründet hatte, um das Christentum zu imitieren, noch bevor es das Christentum gab. Tertullian schrieb: »Der Teufel ahmt durch die Mysterien seiner Götzen sogar die wichtigsten Teile der göttlichen Mysterien nach.«[7]

Tertullian
Quintus Septimius Florens Tertullianus, einflußreicher frühchristlicher Schriftsteller und Kirchenvater. Ca. 155–220. Geboren in Karthago als Kind heidnischer Eltern.

Die Anhänger Attis' verloren ihre heiligen Tage schließlich an die Christen. Justinian bestimmte, den 25. März zum Fest der Verkündigung Mariä. Natürlich war der Tag der Verkündigung der Tag der Empfängnis Jesu, so daß er wie Attis neun Monate später zum Zeitpunkt der Wintersonnwende geboren werden konnte, so wie alle Götter, die mit der Sonne verschmolzen waren und Licht der Welt genannt wurden.[8]

Der 25. März war außerdem der Tag, an dem die gesegnete Jungfrau **Juno** auf wunderbare Weise ihren Retter-Sohn **Mars** empfangen hatte, indem sie ihre eigene magische Lilie gegessen hatte. Deshalb ist der Monat März nach diesem Gott benannt, und die Franzosen des Mittelalters nannten den Tag der Verkündigung Mariä auch *Notre Dame de Mars*. Der Tag wurde 656 n. Chr. auf dem Konzil von Toledo offiziell als Fest der Muttergottes christianisiert. Aber sein Symbol, die Lilie, blieb ein heidnisches Zeichen der **Yoni**.[9] Mars hatte sein phrygisches Gegenbild, den Satyr Marsyas, der ebenso an einen Baum gehängt wurde und ebenso ein Sohn von **Kybele** war. Es hieß, er und Attis seien derselbe Gott.[10]

Der Tag von Attis' Tod war der Schwarze Freitag oder der Tag des Blutes. Sein Bild wurde zum Tempel gebracht und an den Baum gebunden, begleitet von »Schilfträgern« (*kannophori*) mit Schilfzeptern, die wiederhergestellte Phalli und neue Fruchtbarkeit symbolisierten.[11] Während der Zeremonien kastrierten sich die Eingeweihten in Nachahmung des kastrierten Gottes selbst und zeigten ihre abgeschnittenen Genitalien der Göttin gemeinsam mit denen des kastrierten Stieres, der im Ritual des Tauroboliums geopfert worden war.[12] Alle diese männlichen Relikte wurden in die heilige Höhle der Großen Mutter gebracht.[13]

Der Gott starb und wurde beerdigt. Er stieg in die Unterwelt hinab. Am dritten Tag stand er von den Toten auf. Seinen Anbetern wurde gesagt: »Der Gott ist errettet; und auch ihr werdet von euren Mühen erlöst werden.«[14] Dieser Tag war ein regelrechter Karnevalstag, Hilaria oder Tag der Freuden genannt. Die Menschen tanzten in den Straßen und verkleideten sich, alberten herum und genossen flüchtige Liebesabenteuer.[15] Das war der Sonnen-Tag: Der Gott erhob sich prächtig als Sonnengott einer neuen Jahreszeit. Die Christen begingen auch später noch den Ostersonntag mit einem Karnevalsumzug, der sich aus den Mysterien des Attis herleitete. Wie Christus erstand auch Attis, wenn »die Sonne zum ersten Mal den Tag länger macht als die Nacht«.[16]

Die Naasener des 3. Jahrhunderts n. Chr. verehrten Attis als eine synkretistische Mischung verschiedener Gottheiten. Eine ihrer Hymnen sagt: »Von Attis will ich singen, von Rheas Sohn, seinen Ruhm nicht mit donnernden Trommeln erschallen lassen, nicht auf Schilfrohren, nicht mit dem Gebrüll der Kureten vom Berge Ida, sondern als Muse des Phöbos will ich die Saiten der Leier rühren. Euhoi, Euhan, er ist Pan, er ist Bacchus, er ist der Hirte der weißen Versammlung.«[17]

Inschriften des 4. Jahrhunderts legten Attis den Titel Menotyrannus bei, abgeleitet vom griechischen *tyrannos*, »Herr, Herrscher« und Men oder Mennu, **Osiris** als auferstandenem, ithyphallischem Mondstier, »dem Herrn, der seine Mutter befruchtet«.[18]

Die HeidInnen feierten die Hilaria manchmal auch am Ende ihrer heiligen Woche und verlegten das Fest auf den 1. April, den Karneval des Aprilnarren, des Karnevalskönigs oder des Prinzen der Liebe, alles alte Synonyme für Attis. Außerdem wurde er mit dem Grünen Georg der altrömischen Parilia gleichgesetzt, der am Ostermontag dadurch verehrt wurde, daß ein Bild des Gottes als Opfer in einen heiligen Baum

Grüner Georg
Geist des Frühlings, abgeleitet vom Opfer eines Heros

bei den römischen Parilia oder Palilia. In den Ländern des Balkans wurde er im Mittelalter, zum Teil noch bis heute, durch einen jungen Mann dargestellt, der mit grünen Ästen bekleidet war und symbolisch »geopfert« wurde.

gehängt wurde. Noch im 18. Jahrhundert hieß der 25. März Neujahrstag, während der 1. April als »Oktav« die heilige Woche beschloß.[19]

Manche Christen sagten, daß Christus am 1. April gekreuzigt worden sei, so daß der Narr beim Umzug des Aprilnarren zu Christus wurde, der sein Kreuz trägt und die Verhöhnungen der Menge erduldet. Die heilige Woche im Frühling war allerdings ursprünglich nicht christlich. Ihre Wurzeln gehen auf eine allgemeine, indoeuropäische Tradition zurück, die uralt ist und sich vielleicht sogar bis zu den Holi-Festen Indiens zurückverfolgen läßt. Dabei wurde die Wiedergeburt des Frühlings mit ausgelassenen Orgien gefeiert.[20]

1. Clodd, 79. 2. Vermaseren, 177f. 3. Guignebert, 73. 4. Graves, W. G., 367. 5. Angus, 136. 6. *Larousse*, 268f. 7. Robertson, 112. 8. Ashe, 82. 9. Brewster, 144. 10. Graves, G. M., 21.e–h. 11. Cumont, A. R. G. R., 56. 12. Guignebert, 71f. 13. Vermaseren, 111. 14. Cumont, A. R. G. R., 59. 15. Frazer, G. B., 405ff. 16. Vermaseren, 182. 17. Ebd. 182. 18. Cumont, O. R. R. P., 61. 19. Hazlitt, 13, 548. 20. Lys, 360.

Atum

Siehe **Khepera**

Auge

Einst besaß die ägyptische Göttin **Maat**, die Göttin der Wahrheit und des Rechts, das alles sehende Auge.[1] Die Muttersilbe *Maa* bedeutete »sehen«, das entsprechende Hieroglyphenzeichen war ein Auge.[2]

Im heiligen hebräischen Alphabet bedeutete *Ayin* das »Auge«, wahrscheinlich hergeleitet von Aya, der babylonischen Schöpferin.[5] Islamische Araber dämonisierten sie und verfälschten ihren Namen in Ayin, Geist des bösen Auges. Syrische Moslems nannten sie *Aina Bisha*, die Augen-Hexe.

Eine spätere Schrift schrieb das alles sehende Auge dem männlichen Gott Horus zu, und das altbekannte Symbol wurde zum Auge des Horus. Horus verkörperte auch den Phallus, den »Einäugigen Gott«. Trotzdem wurde dieses Auge widersinnigerweise als Richterin beschrieben: »Ich bin das alles sehende Auge des Horus. Mein Erscheinen erregt Schrecken. Ich bin die Herrin des Schlachtens, die Gewaltige.«[3] Das Auge, dessen Erscheinen Schrecken erregt, war der Urtyp des bösen Blicks, der – ähnlich dem versteinernden Blick der Medusa – gewöhnlich mit Frauen in Verbindung gebracht wurde. Bis heute ist es bei vielen einfachen Menschen überall auf der Welt gefürchtet.

Starr blickende Bilder der neolithischen »Augen-Göttin« sind in ganz Mesopotamien gefunden worden. In Syrien war sie als die Göttin Mari bekannt, deren riesige Augen die Seelen der Menschen suchten.[4]

Wie die Moslems dämonisierten auch die Christen den weiblichen Geist des alles sehenden Auges. Von alten Frauen wurde gesagt, daß sie die Macht der alten Göttin besäßen, mit ihrem Blick verhexen zu können. Die Richter der Inquisition fürchteten die bösen Blicke ihrer Opfer so sehr, daß sie angeklagte Hexen dazu zwangen, den Gerichtshof rückwärts zu betreten. Sie sollten nicht den Vorteil eines ersten Blicks haben.[6]

Seltsamerweise schützte man sich aber oft mit weiblichen Symbolen vor dem bösen Blick. Schalen der **Kauri**-Muschel, ein weitverbreitetes yonisches Symbol, sind in Indien bis heute als Amulette gegen den bösen Blick geschätzt. Das die Vulva symbolisierende Dreieck oder Yoni Yantra wird in Indien, Griechenland und auf dem Balkan für ähnliche

Zwecke verwendet. Nordindische Bauern schützen ihr Getreide vor dem bösen Blick, indem sie einen schwarzen Topf, eines der Symbole Kalis, in ihren Feldern aufhängen. Im England des 18. Jahrhunderts galt die schwarze Katze – das klassische Tier der Hexe – als schutzbringend, und bei entzündeten Augen sollte das Reiben mit einem Katzenschwanz helfen.[7] Außerdem gab es als Gegenzauber viele Zeichen, Gebärden und andere Mittel, die sofort Hilfe bringen sollten, wenn jemand durch einen Blick verhext worden war.

Anscheinend hegten Männer einen besonders starken Widerwillen dagegen, dem direkten Blick einer Frau ausgesetzt zu sein. In den meisten patriarchalischen Gesellschaften, vom mittelalterlichen Japan bis Europa, wurde von »anständigen« Frauen erwartet, daß sie in Gegenwart von Männern ihre Augenlider gesenkt hielten. Im 19. Jahrhundert glaubten die islamischen Iraner, daß jede Frau, die die Wechseljahre überschritten hatte, den bösen Blick besäße. Alten Frauen war es nicht gestattet, die öffentlichen Auftritte des Schah zu besuchen, damit seine heilige Person nicht ihren gefährlichen Blicken ausgesetzt war.[8]

Allerdings konnte auch jede Person, die mit geistlicher Macht ausgestattet war, die Kraft des verwünschenden Blickes besitzen. Mehrere Päpste waren als Träger des bösen Blicks, oder *jettatura*, bekannt. Papst Pius IX. (gest. 1878) war ein berühmter *jettatore*. Auch sein Nachfolger, Papst Leo VIII., soll den bösen Blick gehabt haben, weil in seiner Amtszeit viele Kardinäle starben.[9]

1. Budge, G. E. 1, 392. 2. Budge, E. L., 55. 3. Cavendish, P. E., 167. 4. Neumann, G. M., 111f., Tafel 87. 5. *Assyr. & Bab. Lit.*, 133f. 6. Lea ungek., 831. 7. Gifford, 79ff. 8. Gifford, 47. 9. Budge, A.T., 365.

August

Der römische Monat der Orakelgöttin Juno Augusta. In der halbmatriarchalischen »republikanischen« Zeit hießen die Orakel *augustae*. Der Begriff wurde später auf männliche Priester übertragen, dann auf die Kaiser. Ein »Augustus« war ein Mann, der vom Geist der Göttin erfüllt war.[1] Der alte Name für einen Seher, *augur*, bedeutete »Vermehrer«, was sich einst auf die Mutter-Priesterin bezog.[2] Der erste römische Kaiser, Augustus, übernahm seinen Titel von der Großen Göttermutter, von der es hieß, daß sie sich in seiner Frau Livia Augusta inkarnierte. Ihr Haus stand dem Tempel der Großen Mutter gegenüber, die Augustus als Nationalgöttin verehrte.[3]

Bei den europäischen HeidInnen begann der Monat August mit einem der Hauptfeste der Göttin, dem Lammasabend, abgeleitet von *hlaf-mass*, dem »Brotfest«. Die geheime Verehrung von **Ops**, **Ceres**, **Demeter** oder Juno Augusta erhielt sich über das Mittelalter hinaus in Riten, die an die Getreidemutter Lammas gerichtet waren, welche den Erntemonat beherrschte. »Für einen Schotten des 17. Jahrhunderts implizierte der Satz ›Er (oder sie) ist im August geboren‹, Anerkennung und großes Lob für einen ›sehr geschickten Menschen‹. Der August, der Monat der Lammas-Türme, der Monat, in dem die irischen Tänzer um das Abbild der Weiblichkeit herumtanzten, war die richtige Zeit für

Geburten. Dann war der Lammasmond am Werk, zum Wohl der neugeborenen Kinder und der neuen Ernte.«[4]

Die Männer der Kirche versuchten immer wieder, die Verbindung der Göttin zu ihrem Erntemonat zu verschleiern. Es wurde offiziell erklärt, daß der August nach dem heiligen Augustinus benannt worden sei – natürlich »prophetisch«, da der Monat schon Jahrhunderte vor der Geburt des Heiligen seinen Namen bekommen hatte.[5]

1. J. H. Smith, C. G., 5. 2. Rose, 233. 3. Vermaseren, 83, 86, 126. 4. Dames, 164f. 5. Brewster, 349.

Aurora

»Morgenröte«, römischer Name für Eos oder Mater Matuta, die Morgenmutter der Sonne. Dem klassischen Schema folgend ist ihr Kind gleichzeitig ihr Geliebter, ein Sakralkönig, der manchmal Tithonos, »Gemahl der Königin des Tages«, genannt wird. Sie verlieh ihm Unsterblichkeit, vergaß aber, ihm dazu die ewige Jugend zu geben. Deshalb wurde er grau und runzlig. Schließlich wurde er zur Zikade, dem Symbol für die Wiedergeburt der Sonne, bei der die Zikaden ihre zunehmende Wärme begrüßen.[1]

1. Graves, G. M., 40. c; Ders., W. G., 117.

Avalon

»Apfelinsel«, das keltische Paradies jenseits der westlichen See, wo die Götter und Heroen die Äpfel der Unsterblichkeit aßen. Verwandt mit der hinduistischen Insel Jambu, dem ägyptischen Westlichen Land und dem nordischen Feenland. (Siehe **Paradies**.)

Avatar

Sanskritwort für eine Seele, die in einem neuen Körper wiedergeboren wird; im Gegensatz zu *Atavismus*, was ein Zurückfallen auf eine frühere, primitivere Seinsstufe bedeutet.

Axis Mundi

»Weltachse«. Die antike Kosmologie stellte sich die Erde als Kugel vor, die sich um eine Achse drehte, welche wiederum an den Himmelspolen befestigt war. Die *axis mundi* durchbohrte die Erde in ihrem Mittelpunkt. Deshalb wurde sie gewöhnlich mit dem kosmischen Lingam oder dem männlichen Prinzip gleichgesetzt. Jedes Volk dachte sich diesen Nabel der Welt im Zentrum seines eigenen Siedlungsgebietes gelegen. (Siehe **Omphalos**.)

Var. Aciel

Aziel

Die Schwarze Sonne der chaldäischen Unterwelt. Der Gott der Finsternis am Grund der siebenfachen Höhle, ein genaues Spiegelbild der Lichtgötter an der Spitze der sieben Himmel. Die meisten Unterweltgötter und Totenherrscher ähnelten Aziel: Hades, Pluto, Saturn, Ahriman, Apollyon, Python, Zeus Chtonios und ihr späteres Gegenstück, der jüdisch-christliche Teufel. Jüdische Schriftgelehrte machte Aziel zum »Fürsten der Unterwelt« und verfälschten seinen Namen zu Arsiel.[1] Er galt nicht immer als teuflisch oder böse. Die orientalischen Religionen erkannten generell an, daß ein Prinzip der Dunkelheit für das Leben notwendig war, da nur in der Unterwelt eine Regeneration stattfinden konnte.

1. Budge, G. E. 1, 275.

BAAL, in charakteristischer Kleidung und Haltung. Phönikische Bronze, 15. bis 14. Jahrhundert v. Chr.

Eine der vielen Versionen des BUDDHA. Borobudur-Tempel, bei Jogyakarta, Java.

Baal

»Der Herr« bei den alten SemitInnen, Gefährte von Mutter **Astarte**, deren Gunst er mit Yamm, dem Herrn der Toten (vom Hindugott Yama), teilte. Jeder Gott war ein Baal. Der Titel kam über die phönikischen Kolonien in Spanien nach Irland und wurde dort zum irischen Bel oder Bial, Herr von Beltane.[1]

Die Juden des Alten Testaments verehrten zahlreiche *baalim* als ehemalige oder gegenwärtige Liebhaber der Göttin Zion (Hosea 2, 2–8). Jahweh teilte sich die Tempel der fremden Götter lange Zeit mit ihnen, bis seine Priester es schafften, seinen Kult zu isolieren und die andern zu unterdrücken.[2] Einige der in Israel verehrten *baalim* waren: Sin, der Mondgott des Sinai; Moloch (Melek), »König« und Sonne von Tyrus; Horus, das ägyptische Goldene Kalb, dessen Statue von Aaron gemacht worden war; Baal-Pegor, ein phallischer »Herr der Spalte« (oder Yoni); Nehuschtan, die »feurige fliegende Schlange« des Blitzes, die Mose gemacht hatte (2. Könige 18, 4); Kemosch, der babylonische Sonnengott Schamasch, der sich in Samson (oder Shams-on, Sonne) inkarniert hatte; Melchisedek, der Gott von Saalem; Etana oder Ethan, der kanaanitische Eytan, der »zum Himmel ging«; Baal-Rimmon, der Herr des Granatapfels, der durch Salomo verkörpert wurde; Baal-Berit, der kanaanitische »Herr des Bundes«; El oder Elias, der Sonnengott Helios, den Jesus am Kreuz anrief; Joseph, Jakob und Israel, die keine Menschen waren, sondern Stammesgötter.[2]

Der Schlangengott Leviathan (oder Levi), der Elefantengott Behemoth und der Eselsgott Pales, der Palästina seinen Namen gab, stammen alle aus dem Fernen Osten, genauso wie Abraham oder »Vater Brahm«, was offensichtlich auf Brahma basiert. Der Adonis der Griechen war der semitische Adonai, »der Herr«.

Da fast alle Götter in ihrer irdischen Inkarnation Opfer waren, könnte Baal von dem Sanskritwort Bala oder Bali, Opfergabe, stammen.[3] Das semitische *melek*, »König«, kommt vom phönikischen *molk*, Votivgabe, denn die frühen Könige waren nicht nur Götter, sondern auch Opfer.[4] (Siehe **Königtum**.)

Baal wurde oft als Titel für sterbliche Könige verwendet, vor allem für diejenigen, deren Herrschaft durch eine rituelle Opferung beendet wurde. Zur Zeit Asarhaddons von Assur war der Königsname in Tyros Baal oder »Gott«. Im 10. Jahrhundert v. Chr. trugen die Könige von Byblos Namen wie Yehimilk (Gott-König), Abibaal (Vater-Gott) und Baalshamen (Himmlischer Vater).[5]

Baal wurde zum bevorzugten Namen der Christen für den Teufel, da die Schreiber der Bibel alle *baalim* ohne Unterschied abwertend als Teufel oder Dämonen bezeichneten (2. Chronik 11, 15; 1. Korinther 10, 20; Offenbarung 9, 20). Noch lange erfreuten sich die verwandten nordischen Namen Bal, Bel, Bael oder Balder einer gewissen Hochachtung bei Menschen, die der Kirche fern standen.[6] Baal war im Schottland des 18. Jahrhunderts Patron des Beltanefestes. Um das Getreide zu üppigem Wachstum anzuregen, verbrannten die SkandinavierInnen in Dänemark, Norwegen und Schweden sein Bild in der Mitsommernacht in »Balders Balar« (Balders Scheiterhaufen).[7]

1. Joyce, 279. 2. Reinach, 201; Frazer, G. B., 341. 3. O'Flaherty, 340.
4. Gaster, 588. 5. Pritchard, 22f. 6. Hallet, 336. 7. Frazer, G. B., 717, 769 (dt. 899, 907).

Baal-Berit

»Gott des Bundes«, kanaanitische, gesetzgebende Gottheit, die in Gestalt von zwei Steintafeln im Tempel von Sechem dargestellt wurde. Diese wurden später von den hebräischen Einwanderern übernommen und in den **Jahweh**-Kult eingefügt. Die Gesetze auf den Tafeln beruhten auf der Gesetzesstele des Hammurabi, die dieser babylonische König von der Göttin Shamash erhalten hatte.[1] Die Stele des Hammurabi wiederum gründete sich auf Gesetzestafeln, die dem ersten Gott von seiner großen Mutter, Tiamat, übergeben worden waren.[2]

Obwohl der jüdisch-christliche Gott sowohl die Tafeln als auch den Titel für sich in Anspruch genommen hatte, wurde der Name Baal-Berit einem Teufel zugeschrieben, der oft von mittelalterlichen Autoren in Texten über Magie angerufen wurde; sie waren sich offensichtlich nicht bewußt, daß sie den Herrn des Alten Bundes beschworen. Weyer setzte Baal-Berit jedoch wieder in seine alte Funktion ein. In der höfischen Hierarchie der Hölle war Baal-Berit als Minister für die Verträge zuständig.[3] Obwohl Kleriker für den Häretiker Weyer nur wenig Verwendung hatte, benutzten sie doch diesen Präzedenzfall, um Baal-Berit mit dem Teufelspakt zu betrauen. Im Jahre 1335 wurde eine Hexe namens Catherine Delort verbrannt, weil sie einen Pakt mit »dem Dämonen Berit« unterschrieben hatte.[4]

1. Hooke, M. E. M., 142, 147. 2. *Assyr. & Babyl. Lit.*, 287. 3. Waite, B. C. M., 186f. 4. J. B. Russel, 184.

Baal-Gad

Ziegen-Herr, ein semitischer Name des Gottes Pan, Urahn des biblischen Stammes Gad. Wurde auch mit **Asasel** gleichgesetzt, der jährlich Ziegen als Opfer erhielt. Er wurde in einer Höhle bei der Jordanquelle verehrt. Es hieß von ihm, daß Hermes sein Vater sei; nach seinem Tod wurde er als Sternbild Steinbock an den Himmel entrückt.[1]

1. Graves, W. G., 230, 391.

Baal-Hadad

Kanaanitischer Herr der Jagd, getötet von den Priesterinnen der Aschera, welche ihn in einem Sumpf (Erd-Leib) begruben und nach sieben Jahren, der üblichen Dauer der Königsherrschaft in der Frühzeit Palästinas, wiedererweckten.[1] Er war mit Aschera in ihrer Gestalt als Herrin des Granatapfels in Hadad-Rimmon vermählt. Sein Name wurde von zwei biblischen Königen getragen: Ben-hadad und Hadadezer (Sacharja 12, 11).

1. Hooke, M. E. M., 87.

Baal-Hammon

»Herr des Kohlebeckens«, der tyrische **Herakles**, der durch Feuer umkam. Die ÄgypterInnen nannten ihn Ammon. In seinem kultischen Zentrum in Karthago starben angeblich noch 200 n. Chr. »Männer, die

Lichtgötter waren«, in Opferfeuern.[1] In Elam hieß der Gott Haman, getötet als Stellvertreter für Marduk (den jüdischen Mordechai). Eine Version seiner Opferdramen ist im Buch Ester enthalten. Der eucharistische Verzehr seines Leibes wird noch heute mit den **Purim**-Keksen vollzogen, die *Hamantaschen* genannt werden.

1. H. Smith, 136.

Baal-Pegor

»Herr der Spalte«, phallischer phönikischer Gott, der mit Ascheras yonischer »Spalte« in Zusammenhang stand. Die Israeliten übernahmen seinen Kult und führten zu seinen Ehren sexuelle Riten im Allerheiligsten durch, bis die Reformer Jahwehs die Feiernden töteten (Numeri 25). Das Symbol Baal-Pegors war eine **Palme** zwischen zwei Steinen, ein Symbol des männlichen Genitals, das an Osiris-Min erinnert, den phallischen Gott Ägyptens, dessen Verehrer um Erektionen »wie Palmenbäume« beteten.[1]

1. Budge, B. D., 518.

Var. Beelzebub

Baal-Zebub

»Herr der Fliegen«, ein Gott aus Ekron im Land der Philister, zu dessen Orakelkönig der Israelit Ahasja Boten wegen eines Heilungszaubers sandte (2. Könige 1, 2). Wie Hermes Psychopompos bedeutete auch sein Titel Herr der Toten oder Führer der Seelen, da die Seelen auf der Suche nach einer Wiedergeburt gewöhnlich die Gestalt von Fliegen annahmen. Die Mütter vieler mythischer Heroen sind durch das Verschlucken einer Seele in Gestalt einer Fliege schwanger geworden.[1] Die legendäre irische Königin Etain, die mit Ochy Airem verheiratet war, und **Cuchulain** sind zwei Beispiele dafür aus der keltischen Mythologie.

Die Pharisäer nannten Baal-Zebub einen »Anführer der Dämonen«, weil sie glaubten, er könne Menschen heilen, die von niedrigeren Teufeln besessen waren (Matthäus 12, 24). Ein oder zwei Randbemerkungen über diesen »Anführer der Dämonen« im Neuen Testament reichten aus, um im mittelalterlichen Christentum Baal-Zebub (meist in der Form Beelzebub) als alternativen Namen für **Satan** zu etablieren und Fliegen als Manifestationen des Teufels anzusehen.

Der heilige Bernhard exorzierte einmal eine Wolke von Fliegen, die beim Klang seiner heiligen Worte augenblicklich tot zu Boden fielen und in Haufen aus der Kirche geschaufelt werden mußten.[2]

Noch im späten 16. Jahrhundert gab es den festen Glauben an Fliegen-Teufel. Als ein junges Mädchen in Wien im Jahre 1583 an Krämpfen litt, diagnostizierten Priester vom Orden der Jesuiten ihren Fall als dämonische Besessenheit. Nach einem achtwöchigen Exorzismus gaben sie vor, 12652 Dämonen aus dem Mädchen ausgetrieben zu haben. Ihre 70jährige Großmutter wurde angeklagt, diese Dämonen als Fliegen in Gläsern zu verstecken. Die alte Dame wurde am Schwanz eines Pferdes zum Scheiterhaufen geschleift und bei lebendigen Leibe verbrannt.[3]

1. Spence, 95 f. 2. White 2, 109, 113. 3. Robbins, 395; Cavendish, P. E., 234.

Baalat

»Herrin«, weibliches Äquivalent zu Baal. Verbreiteter Titel der Göttin im Nahen Osten. Auch als Belit, Belit-ili oder Beltis erwähnt.

Babel, Turmbau zu

Ba-Bel, »Tor Gottes«, war der babylonische Himmelsberg oder Zikkurat, über die Gott vom Himmel zum Allerheiligsten herabstieg, dem genitalen Ort seiner Vereinigung mit Mutter Erde.[1]

Die biblische Erzählung vom Turmbau zu Babel »spiegelt die Haltung von Nomaden wider, die die fruchtbaren Ebenen des Deltas betraten, die voller Verwunderung und Furcht die hoch aufragenden Türme der babylonischen Städte erblickten und die Massen verachteten, die in den unterschiedlichen Sprachen des Nahen Ostens redeten«.[2] Für die Ohren der Fremden war die Vielzahl der Sprachen »gebabbel«, ein Wort, was sich von Ba-Bel oder seiner Stadt Bab-ilani herleitete, die nach ihrem von Menschen geschaffenen Heiligen Berg benannt war.[3]

Die berühmten Hängenden Gärten Babylons nahmen sieben Etagen der Zikkurat ein, um ein Paradies zu erschaffen, das dem der Hindugötter glich: »Sieben Teile der Welt ... in denen die sieben unterschiedlichen Städte und Paläste der Götter errichtet sind, inmitten grüner Bäume und murmelnder Bäche, in sieben Kreisen gebaut, einer über dem anderen.« Die von Nebukadnezar restaurierte Zikkurat war ein »Tempel der sieben Sphären der Welt«. Sie half, den universellen Glauben an die sieben Himmel zu begründen, die den sieben Planetensphären entsprachen. Diese Sicht des Kosmos wurde von Christen und Moslems übernommen. Nach dem Koran erschuf Allah sieben Himmel und sieben Unterweltsphären, die sieben Höllen.[4]

Als die Zikkurate aufgegeben wurden und verfielen, zerbröckelte die Konstruktion aus Lehmziegeln. Spätere Nomadenvölker glaubten, die Götter wären über den Stolz der Vorfahren erzürnt gewesen und hätte deren himmelstürmende Bauwerke zerstört. Der Babel-Mythos findet sich auf der ganzen Welt, einschließlich Indien und Mexiko. In den griechischen Mythen war es die Geschichte der Giganten, die Berge aufeinandertürmten, um den Himmel zu erreichen. Die Hindus sagten, daß es kein Turm, sondern ein Baum gewesen sei, der in den Himmel wuchs und **Brahma** verärgerte, so daß er dessen Zweige abschnitt und hinunterwarf. Aus jedem Ast wuchs ein neuer *wata*-Baum, der der Menschheit eine weitere neue Sprache gab.[5]

Berossos schrieb, der babylonische Himmelsberg sei von einem Wind zerstört worden, der eine Vielzahl von Sprachen unter die Menschen wehte. Der erste Teil dieser Annahme ist sicher nicht irrational, da Austrocknung und Winderosion die Hauptursachen für die Zerstörung des Lehmziegelbaus darstellten. Berossos' Geschichte taucht viele Jahrhunderte später im armenischen Mythos des Heiligen Berges, der von Riesen errichtet wurde, wieder auf. Der Berg wurde von den Winden auseinandergeweht, während »zur selben Zeit unbekannte Worte unter die Menschen geweht wurden«.[6]

Berossos
Chaldäischer Priester des Bel-Marduk aus dem 3. Jahrhundert v. Chr. Autor einer auf griechisch verfaßten Geschichte Babylons und Assyriens.

In der westlichen Hemisphäre gibt es dieselbe Geschichte. Die Choctaw-Indianer sagten, daß ihre Vorfahren Steine aufgetürmt hätten, um einen Berg zu bauen, der den Himmel erreicht. Er wurde aber vom Wind auseinandergeblasen, woraufhin sich die Menschen, verschiedene Sprachen sprechend, wiedergefunden hätten.[7] In Mittelamerika wurde die bis in den Himmel reichende Pyramide von Cholula von Riesen unter der Anleitung von Xelhua gebaut. Die zornigen Götter zerstörten die Pyramide durch Blitze und sandten verschiedene, einander unverständliche Sprachen auf die Welt.[8]

1. White 2, 170. 2. Hooke, M. E. M., 138. 3. Eliade, M. E. R., 14.
4. Lethaby, 24, 124f., 129. 5. White 2, 173. 6. Doane, 35. 7. Farb, W. P., 309.
8. White 2, 173.

Bacchus

Römischer Name für den Opfergott Dionysos, auch bekannt als Bacchus Liber oder Vater Liber, Gefährte der Göttin Libera. Er wurde als die orgiastische Gottheit des Weins und der Weinlese-Feiern überall dort verehrt, wo im römischen Imperium Weintrauben wuchsen. Die rheinische Stadt Bacharach wurde nach ihm benannt. Noch im 20. Jahrhundert glaubten die Winzer an seinen Einfluß auf das Reifen der Trauben, und von seinem alten Steinaltar auf einer Insel im Fluß wurden Omen abgelesen.[1]

1. Guerber, L. R., 215.

Baitylia

Heilige Steine, die eine Gottheit beherbergten, griechisch *baitylos*, hebräisch *beth-el*, »Haus Gottes«. Zwei Göttinnen-Gemahlinnen Jahwehs im 5. Jahrhundert v. Chr hießen Aschima Baetyl und Anathea Baetyl.[1] Die Bibel spricht von Anathas *baetyl* als Bet-Anat (Josua 19, 38). Die mittelalterlichen Katharer glaubten, Gott habe zwei Ehefrauen, Collam und Colibam.[2]

1. Graves, W. G., 405 (dt. 439). 2. J. B. Russel, 125.

Balder

Var. Baldur, Baldr

Norwegischer Name für den Gott Bel oder **Baal**, der als Sohn von seinem Vater **Odin** geopfert wurde. Er stieg hinab in den Leib der Mutter **Hel**, in die Unterwelt. Am Tag der Götterdämmerung, Ragnarök, sollte seine Wiederkunft auf der Erde erfolgen. Er sollte dann eine neue Erde und einen neuen Himmel schaffen, nachdem die alten, destruktiven Götter und ihre Welt untergegangen wären.

Balders Bild wird immer noch in den Beltanefeuern Schottlands und Irlands verbrannt. Die SkandinavierInnen kennen dieses Feuer als »Balders Balar« (Balders Scheiterhaufen). Sein Geist wohnte in den Kuchen, die zum Beltanefest gebacken wurden, ein Bild für das Fleisch Gottes wie die christliche Hostie. Manchmal hatten diese Kuchen sogar die Gestalt eines Menschen wie die symbolischen Opferbrote des Fernen Ostens.[1] Solche heidnischen Hostien lieferten vermutlich das Motiv für den lebendig gewordenen Lebkuchenmann der Märchen.[2]

Opferbrote
Überall auf der Welt der übliche Ersatz für die Menschenopfer der primitiveren Epochen. Manchmal hatten die Opferkuchen die Gestalt eines Menschen, damit sie für die Augen der Gottheit einem wirklichen Menschen ähnelten.

Wie Herakles, Siegfried und andere Sonnenheroen stand auch Balder für die Idee der Regeneration durch Verbrennen. Seine Beisetzung war für die Wikinger eine Auflösung in Feuer und Wasser: Er wurde auf einem brennenden Schiff auf das Meer gesandt. Das geschah durch die Göttin Hyrrockin, »Feuer-geschrumpft«, eine der älteren Gottheiten. Sie war eine ehemalige Riesin, die ihre Größe verloren hatte, als sie ein magisches Feuer durchschritt.[3]

1. Waddell, 531. 2. Frazer, G. B., 679, 716. 3. Hollander, 51.

Manchmal waren es ganz gewöhnliche Brote oder Kuchen, die mit einem Opfersymbol gekennzeichnet waren wie die christlichen Hostien (das Wort kommt vom lateinischen *hostia*, »Opfertier«).

Balkis

Dem Koran zufolge die Königin von Saba. Die Moslems sagen, Salomo habe seinen Thron der Königin Balkis gestohlen.[1] Ihr Name wurde auch mit Bilqis oder Balqama wiedergegeben. Der Tempel der Königinnen von Saba in Marib hieß Mahram Bilqis: Mondmutter Balkis. Salomo wurde von Batseba zum König gesalbt, und die Bibel nennt sie seine »Mutter«. Da ihr Name aber »Tochter von Saba« bedeutet, ist es möglich, daß Salomo seinen Thron von einer Königin von Saba erhielt. (Siehe **Salomo und Saba**.)

1. Givry, 98.

Banshee

Vom gälischen *bean-sidhe*, »Frau aus den Feen-Hügeln«. Die irische Banshee war eine geisterhafte Weiße Frau, deren Schrei denjenigen, die ihn hörten, den Tod brachte.[1] In der Bretagne hieß sie Bandrhude oder Druide des Verderbens oder Dryade des Todes.[2] Sie wurde mit Macha, der Königin der Phantome, gleichgesetzt, der dritten Person von Morrigans Dreiheit. Demnach war sie die Gestalt des **Alten Weibes**, das seine Kinder zum Sterben rief.[3]

Manche sagten, daß der Schrei der Banshee in Wirklichkeit der Ruf des Seetauchers war. Der Seetaucher ist ein Vogel, der der Mondgöttin Luna geweiht war. Auf englisch heißt dieser Vogel auch heute noch *loon*, was sich gesprochen ähnlich wie Luna anhört.

Wie die **Vila**, die Todespriesterin Zentraleuropas, oder die fernöstliche **Dakini** konnte die Banshee so segensreich sein wie die heiligen Frauen, die die Sterbenden sanft in den Schlaf sangen. »Wenn die Banshee diejenigen, die sie ruft, liebt, dann ist ihr Lied ein langsamer, sanfter Gesang, der zwar die Nähe des Todes verkündet, aber mit einer Zartheit, die die Sterbenden beruhigt und die Überlebenden tröstet; mehr ein Willkommensgruß als eine Warnung.«[4] Für die anderen erscheint sie als ein schlimmer Tod voller Schrecken.

1. Goodrich, 177. 2. Baring-Gould, C. M. M. A., 493. 3. Rees, 36.
4. Pepper & Wilcock, 275.

Baphomet

Androgyner Götze oder redender Kopf, der angeblich von den **Tempelrittern** verehrt wurde, weshalb sie im 14. Jahrhundert der Häresie angeklagt wurden. Für den Namen Baphomet wurden mehrere mögliche Herleitungen vorgeschlagen. Manche sagten, es sei der arabische *abu-fihamat*, »Vater der Weisheit«, der alte Titel eines Orakelkopfes.[1] Andere hielten es für eine verballhornte Form von **Mohammed**. Wieder andere führten den Namen auf Baphe Meteos zurück, die »Taufe der Metis«, das ist die gnostische Göttin als Herrin der Weisheit. Der Name war bei den gnostischen Sekten des Ostens wohlbekannt.[2] Da Baphomet als das Objekt der »Teufesanbetung« der Tempelritter galt, wurde er oder sie mit teuflischen Attributen dargestellt: Pferdefuß, Kopf eines Ziegenbocks, männliche und weibliche Genitalien usw.

1. Shah, 225. 2. Knight, S. L., 202.

Barabbas

»Sohn des Vaters«, nach Lukas 23,18 an Jesu Stelle aus dem Gefängnis entlassen. Barabbas war aber ein weiterer Titel des Sakralkönigs, weshalb manche Gelehrte glauben, daß er auf Jesus selbst bezogen war, als er von der römischen »Schutzmacht« freigegeben und den jüdischen Priestern für ihr Paschaopfer ausgeliefert wurde. (Siehe **Jesus Christus**.)

Barbara, Heilige

Sancta Barbara, »die Göttliche Barbarin«, eine nur locker christianisierte heidnische Göttin in ihrem Heiligen Berg; entweder ist es der Venusberg, der Hörselberg oder der Runde Berg bei Pozzuoli, wo sie unter verschiedenen Titeln verehrt wurde. In dem Berg wohnten die heidnischen Toten, »verzauberte Männer und Frauen«, die sich ihre Zeit mit Tanzen, Lieben und anderen Freuden bis zum Tag des jüngsten Gerichts vertrieben.[1] Anders ausgedrückt, die heilige Barbara war niemand anderes als die Feenkönigin.

Als angebliche Märtyrerin folgte die Legende von Barbara dem üblichen Muster: Sie war eine schöne Jungfrau, wurde von ihrem bösen heidnischen Vater gequält, damit sie dem christlichen Glauben entsagte. Sie blieb standhaft, und ihr Vater ermordete sie. Daraufhin tötete Gott den Vater mit einem Blitz, leider zu spät, um Barbara noch zu retten. Das alles soll im 3. Jahrhundert n. Chr. passiert sein, möglicherweise in Rom, vielleicht auch in Ägypten oder der Toskana oder wo auch immer. Die Berichte variieren. Die Legende entstand nicht vor dem 7. Jahrhundert.[2] Aufgrund einer ziemlich dubiosen Gedankenverbindung wurde die heilige Barbara zum Schutz gegen Blitzschläge angerufen.[3]

1. Jung & Franz, 121. 2. Attwater, 57. 3. Mâle, 271.

Bartholomäus, Heiliger

Pseudo-Heiliger, der auf dem Titel eines Sakralkönigs beruhte: Bar-Tholomeus, »Sohn des Ptolemäus«. Er wurde in die Bibel als Apostel aufgenommen, aber die Hagiographen schrieben ihm eine andere Herkunft zu. Er wurde als Sohn des »Prinzen Ptolemäus« bezeichnet, gekreuzigt in Armenien und gehäutet wie der Satyr Marsyas (siehe **Mars**).

Bilder zeigen ihn, wie er eine Mondsichel hält, das Opfermesser des Nahen Ostens.[1]

Eine alternative Erzählung machte Bartholomäus zu einem Missionar in Indien, wo er seltsamerweise die Götzenbilder der nicht-indischen Gottheiten **Astarte** und **Baal-Berit** umstürzte. Mit zahlreichen Wundern bekehrte er den König dieses Landes zum Christentum, aber der Bruder des Königs durfte den Heiligen aus unerfindlichen Gründen später kreuzigen, ihm die Haut abziehen und ihn enthaupten.[2]

Fälschlicherweise ihm zugeschriebene Reliquien wurden in den römischen Tempel des Heilgottes Asklepios oder Aesculapius gebracht. Die Christen übernahmen den Tempel, und er blieb bis ins 20. Jahrhundert das Hospital von San Bartolommeo.[3]

1. Brewster, 379. 2. Jacobus d.V., 481 ff. (dt. 346–352). 3. Carter, 42.

Basilisk

»König Schlange«, die mythische Schlange, deren bloßer Anblick tödlich war. Als wirkliches Lebewesen bis ins 18. Jahrhundert in den Bestiarien (Tierbüchern) aufgeführt. Wie das Haupt der Gorgo, deren Anblick ebenfalls zum Tode führte, war der Basilisk eng mit dem weiblichen **Menstruationsblut** verbunden. Der Kopf der **Gorgo**, der anstelle von Haaren Schlangen hatte, repräsentierte das »weise Blut« der Frauen und bewachte die Menstruationsmysterien, die nicht von Männern erblickt werden durften. Daher existierte im Mittelalter der Glaube, daß sich ein Haar, das vom Kopf einer menstruierenden Frau genommen und vergraben wurde, in eine **Schlange** oder einen Basilisk verwandeln würde.[1] Der Volksglauben besagte, daß sämtliche Schlangen auf dem Kopf der Gorgo Basilisken waren, die ihren Bösen Blick aus ihrem eigenen tödlichen Anblick erhielten.

1. Rawson, A.T., 165 f.

Bassareus

Lydische Fuchsgottheit, eine Totemform von **Orpheus** oder **Dionysos**, dessen **Maenaden** manchmal auch Bassariden genannt wurden, weil sie Fuchsfelle trugen.[1] Als heidnische Gottheit wurde der Fuchs zu dem weit verbreiteten listigen Helden der mittelalterlichen Volkserzählung, in der er als Reinecke oder Reynaert auftritt. Er wurde im 9. Jahrhundert n. Chr. tatsächlich im Kölner Dom und in Westfalen verehrt.[2] (Siehe **Hund**.)

1. *Larousse*, 160. 2. Guerber, L. M. A., 162.

Bastet

Ägyptische Katzengöttin, Mutter aller Katzen, die in Ägypten als die heiligsten Tiere galten. Bastets heilige Stadt Bubastis besaß angeblich den größten Tempel des Landes. Nach Herodot wurden in Ägypten »alle toten Katzen in bestimmte heilige Häuser gebracht, wo sie zuerst einbalsamiert wurden, dann wurden sie in Bubastis beerdigt«.[1] Die

GriechInnen setzten **Artemis** oder **Diana** mit Bastet gleich, die ebenfalls Mutter aller Katzen hieß. Die GriechInnen behaupteten, der Tempel von Bubastis sei zu ihren Ehren errichtet worden.[2] Die legendären neun Leben einer Katze leiten sich von Artemis als Mutter der neun **Musen** her, die der ägyptischen Enneade der neun ursprünglichen Gottheiten entsprach. (Siehe **Katze**.)

1. Budge, G. E. 2, 61, 364. 2. Herodot, 106 (dt. 2, 59).

Beata

»Heilige Frau«, spanischer Ausdruck für eine weiße Hexe, häufig eine Einsiedlerin, die durch ihre Visionen, Trancezustände, Stigmata, Wunderheilungen usw. gekennzeichnet ist. Die Kirche wußte nicht, was sie mit solchen Menschen anfangen sollte. Manchmal, wenn sie berühmt genug waren, wurden sie heiliggesprochen, Manchmal wurden sie wegen Häresie und Hexerei verfolgt.

Beelzebub

Siehe **Baal-Zebub**

Behemoth

Biblischer Name des indischen Elefantengottes Ganesha, des »Herrn der Heerscharen«.[1] Sein Titel wurde vom jüdischen **Jehova** zu der Zeit angenommen, als er mit der Jungfrau-Göttin **Anath** oder Neith im Tempel von Elephantine in Ägypten verheiratet war. Jüdische Söldner, die dort stationiert waren, verehrten den elefantenköpfigen Sohn einer Jungfrau und Herrn der Heerscharen als ihren eigenen Ia-Hu (oder Jahweh).[2] Damals war der jüdische Gott nur ein untergeordneter Geliebter der Göttin, die als »Königin des Himmels und Herrin über alle Götter« gepriesen wurde.[3]

Dieselbe jungfräuliche Göttin war Mutter und Braut des männlichen Elefantengottes, in Übereinstimmung mit dem Standardmythos des göttlichen Inzests, der durch die Gleichsetzung von Vater und Sohn entstanden war. In Indien war Parvati, die jungfräuliche Form der Kali, die Mutter von Ganesha. Sie schuf ihn aus ihrem eigenen »Körper-Tau« (Menstruationsblut). Als wahrer archetypischer Sohn bewachte er ihr »Tor« (Yoni) vor dem Eindringen des Allvaters **Shiva**. Er wurde wegen dieses ödipalen Vergehens erschlagen, dann jedoch wiedergeboren.[4] Mit derselben jungfräulichen Mutter unter ihrem anderen Namen **Maya** (vergleichbar mit **Mari**, dem zweiten Namen **Anaths**), zeugte er die nächste Inkarnation des Sohnes des Herrn der Heerscharen: **Buddha**, den Erleuchteten.

Der Elefantengott geriet bei den Juden nicht in Vergessenheit, aber er wurde von dem späteren Konzept **Jahwehs** losgelöst und diabolisiert. Er wurde zum Dämon Behemoth. In dieser Verkleidung erscheint er in mittelalterlichen Zauberbüchern und Werken über Dämonologie, wobei er immer noch den Elefantenkopf von Shiva-Ganesha trägt.[5]

Allerdings können in der jüdischen Überlieferung noch ältere Spuren des göttlichen Elefanten gefunden werden. Rabbinischen Quellen zufolge sollte das Paschafest an mehr als einen Gott erinnern. Das Lamm stand für den **Erstgeborenen**. Der Fisch stellte Leviathan dar, die ursprüngliche weise Schlangengottheit der Leviten. Das hartgekochte Ei repräsentierte Ziz, Aziz oder Asasel, den Gott der Versöhnungsopfer. Das Brot stand für Behemoth.[6]

1. Campbell, Or. M., 307. 2. Graves, W. G., 405 (dt. 402). 3. Ashe, 30. 4. *Larousse*, 378. 5. Givry, 137. 6. Hazlitt, 345.

Belbog

Slawisch der »Weiße Gott«, eine himmlische Gottheit, die dem Schwarzen Gott Czernobog entgegengesetzt ist. Beide waren Varianten der antiken persischen Widersacher im Himmel und in der Unterwelt, die in den letzten Kampf zwischen den Kräften des Guten und des Bösen am Ende der Welt verwickelt sein würden. (Siehe **Weltgericht**.)

Bellerophon

Korinthischer Heros, Bezwinger des Pegasus, des geflügelten Pferdes der Musen. Als er zu stolz wurde, versuchte Bellerophon, auf Pegasus zum Himmel zu fliegen, wurde aber von Zeus niedergeschlagen. Er starb lahm, blind und verdammt.

Bendis

Var. Benthesicyme

Thrakischer Name der Großen Göttin als Zerstörerin, die Alte des abnehmenden Mondes.[1] Christliche Autoritäten übernahmen sie als Dämonin in den Pantheon ihrer Unterwelt.

1. Graves, G. M., 16.1.

Benedikt, Heiliger

Ein antiker Schrein des Sonnengottes Apollon auf dem Monte Cassino wurde von den Christen übernommen und in ein Kloster verwandelt. Der »heilige Benedikt«, dem er geweiht war, war in Wirklichkeit Apollon Benedictus, der »Wohl-Sprecher«.[1] Sogar katholische Gelehrte sagen, es gebe keinen Beweis dafür, daß der »heilige Benedikt« jemals ein christlicher Priester gewesen ist. Jedoch hat ihn seine Legende mit dem Sonnengott verbunden. Wenn Benedikt betete, »schien die ganze Welt in einem Sonnenstrahl zusammengefaßt und so vor seine Augen gebracht zu sein«.[2]

1. Rose, 294. 2. Attwater, 62.

Berg

Berge repräsentierten die Große Mutter vielleicht häufiger als andere natürliche Objekte. Sie waren in jedem Land die Brüste, der Bauch oder der **Mons Veneris** der Erde und das Paradies, in dem die Götter leben.

Chomolungma, »Göttin-Mutter des Universums«, ist der höchste Berg der Welt; im Westen ist er typischerweise unter dem Namen eines Mannes bekannt: Mount Everest. Dicht dabei erhebt sich der Annapurna: die »Speisevolle«.[1] Es gibt dort auch den Nanda Devi, »gesegnete Göttin«, die Mutter der Flußgöttin Ganga (Ganges). Diese Berge sind einige der Urmütter, die Himalaya, »Berge des Himmels«, genannt wurden; daher stammt auch das Wort »Himmel«.[2]

Die Nordeuropäer nannten die Heimat der Götter Himinbjorg, Himmels-Berg.[3] Die Götter lebten auf dem »Schoß« der Großen Mutter. »Diese Vorstellung von der Heimat der Götter als einem bergigen Ort wird von anderen indoeuropäischen Völkern wie zum Beispiel den Griechen geteilt, die ihren Pantheon auf dem Berg Olymp ansiedelten; sie steht sicher hinter dem Ausspruch des Psalmisten: ›Ich hebe meine Augen auf zu den Bergen: Woher kommt meine Hilfe?‹«[4]

Schneebedeckte, brustartig geformte Berge wurden als die Quelle der »Hilfe« (oder Nahrung) der wohlwollenden Göttin angesehen, deren weiße Milch in Wirklichkeit Wasser war: eisgenährte Ströme, deren Wasser oft durch den mitgeführten Steinstaub eine weiße Färbung erhielt. Die Bergmutter war gleichzeitig die Quelle des lebenspendenden Wassers und die Himmelskönigin. Einer der ältesten Titel der dreifachen Hindugöttin Parvati-Kali-Uma war »Tochter des Himmels« (Himalaya).[5] Die Griechen gingen davon aus, daß die Große Göttin früher nicht nur den Olymp, die Heimat der klassischen Götter, sondern alle Berge beherrschte; daher ihr Titel Panorama, »Universelle Bergmutter«.[6]

Eine der Göttinnen des Altertums war Niobe, die »Schneeige«, die mit dem Berg Sipylos gleichgesetzt wurde, auf dem noch heute eine wasserüberströmte Klippe das eingeritzte Bild einer hethitischen Muttergöttin trägt.[7] In Irland erheben sich im County Kerry bergige Brüste, Doppelgipfel namens *Paps of Anu*, »Brustwarzen Anus« – der Stammgöttin Anu oder Danu, der Mutter der Tuatha Dé Danann.[8] Die Schamanen der Samojeden glauben, daß sie eine Vision erleben müssen, in der sie einen magischen Berg besteigen, auf dem sie die Herrin des Wassers treffen. Die Herrin des Wassers ist eine nackte Göttin, die den Schamanen dadurch akzeptiert, daß sie ihm erlaubt, von ihrer Brust zu trinken, während sie sagt: »Du bist mein Kind, darum lasse ich dich an meiner Brust saugen.«[9]

In sumerisch-babylonischen Texten war von dem Mutterberg die Rede, auf dem der Sonnengott am Tag geboren und nachts verschluckt wurde. Das war Mashu, der »Doppelgipfel«, der so hoch war wie die Mauern des Himmels und in den westlichen Gärten des Paradieses an den Ufern des Ozeans stand.[10] Die Doppelgipfel waren Brüste, die den Himmel nährten. Dieser Berg hatte noch einen anderen Satz »Brustwarzen«, die, als sei er die zweigesichtige Göttin von Leben und Tod, nach unten gerichtet waren, um die Unterwelt zu ernähren. Der Weg in das Land des Todes führte über die Straße des Siegeswagens oder die Straße ohne Wiederkehr in den Körper des Mutterberges hinein.[11]

Es gab zwischen dem Mashu der SumererInnen und dem Macchu Picchu der peruanischen Inkas, einem anderen doppelgipfeligen heiligen Berg, bei dem die von Priesterinnen gehütete Sonne auf- und unterging, eine seltsame Ähnlichkeit. Dort wie im entfernten Sumer war normalerweise »Mama« der Name der Großen Göttin.[12]

Der Pantheon der Hindus lag auf dem Berg Meru oder Sumeru, dem »Großen Berg« im Norden des Landes, was auf eine uralte Beziehung zwischen Indien und Sumer hindeutet.[13] Die ChinesInnen siedelten ihren Paradiesberg in einem Gebiet im Westen an; in derselben Richtung lag Sumer. Bei diesem Paradiesberg entsprangen die üblichen vier Flüsse, und er war von »rotem Wasser« umspült, so wie der Blutfluß um alte Feenreiche kreiste.[14] (Siehe **Menstruationsblut**.)

Die IranerInnen gingen davon aus, daß die Erhabene Bergmutter, die sie Hohe Haraiti nannten, in der Mitte der Erde stehe. Auf ihrem Gipfel befand sich der Nabel der Wasser, »denn dort entspringt, behütet von einer majestätischen und wohltätigen Göttin, die Quelle allen Wassers«. In den Veden heißt es, daß in der Mitte des himmlischen Ozeans im höchsten Himmel der Göttin, auf dem Nabel der Wasser, da, wo »Materie zuerst Gestalt annahm«, Yama, der Herr des Todes, sitze.[15] Die JapanerInnen kombinierten Yama mit der Bergmutter Fuji, der Stammutter, und der magische Berg wurde Fujiyama genannt.[16]

Eine sehr alte drawidische Form der Bergmutter war Hariti, die fünfhundert übernatürliche Wesen auf einmal nährte.[17] Die Götter, die sie auf ihrem Schoß trug, rufen archetypische Bilder von dem Kind herauf, das auf dem Körper der Mutter thront, wobei der Körper der Mutter gleichermaßen die »Erde« und das »Paradies« ist. Es gibt in den Mythen viele Hinweise auf die Eltern-Kind-Beziehung zwischen dem jeweiligen Gott und seinem weiblichen Beistand. Eines der Embleme von **Isis** war *Mu'at*, die »Grundlage des Thrones«; es drückte aus, daß der Pharao und sein göttliches *alter ego* auf der Erde ebenso wie im Himmel auf ihrem Schoß saßen.

Drawidisch
Die Kulturen der drawidischen Sprachgruppe in Süd- und Zentralindien betreffend, die heutzutage von hochzivilisierten Völker bis zu schriftlosen Waldbewohnern viele verschiedene Völker umfaßt. Die drawidischen Sprachen hatten ihre Wurzel in der vorarischen Zivilisation der Indus-Ebene, der frühesten bekannten Zivilisation Indiens.

Der persische Sonnengott Ahura Mazda lebte in einem glühenden Palast auf dem Gipfel des Berges Hara (eine Ableitung von Hariti).[18] *Hara* bedeutete im Hebräischen gleichzeitig »Berg« und »schwangerer Bauch«.[19] Im Lateinischen bezeichnete das Wort die öffentlich bestellten Wahrsager oder *haruspices*, diejenigen, die in den Bauch hineinblicken – also Leser von Innereien.[20]

Die Vorstellung vom Paradiesberg als dem Bauch der Göttin oder ihrer Vulva führte zu der weitverbreiteten Auffassung, daß aus ihm lebenspendende Flüsse von Blut entsprängen, die »vier Flüsse des Paradieses«. Es gibt sie in allen asiatischen Überlieferungen, und in der Bibel wurden sie unter erhabener Nichtbeachtung ihrer Geographie mit wirklichen Flüssen gleichgesetzt (Genesis 2, 10–14). Einer dieser Flüsse war Gihon, der hebräische Name für den Nil, der angeblich aus dem »ganzen Land Äthiopien« kam. Der Name Gihon war eine Verfälschung von Gehenna oder Ge-enna, Fluß der Ge (Gaea, Gaia) oder von Mutter Erde. Es wurde aber auch angenommen, daß der Nil dem Mondberg (Ruwenzori) entspringe, der hinter Äthiopien liegt.

Dies war in der Mythologie eines der weltumspannenden weiblichsymbolischen Bilder: der in einem Paradiesgarten gelegene Mondberg, in dem es eine große Höhle oder ein Labyrinth gab, woraus die Flüsse des Lebens entsprangen. Die mitschwingende genitale Bedeutung war kaum zu übersehen. Die Araber nannten ihn Jebel Kar-mar, den Mutterberg. Bei ihm lag sogar in den Märchen des mittelalterlichen Europas die Quelle der Weisheit; Merlin erwarb seine magischen Fähigkeiten, indem er von der Ambrosia dieser Quelle trank. Gesalbte Ritter Karls des Großen, die nach dieser Quelle suchten, reisten zu einer großen Höhle unter einem Mondberg im Quellgebiet des Nils.[21]

Die ÄgypterInnen verlegten im Laufe der Zeit die mystische Quelle des Nils von den entlegenen Mondbergen zu dem nähergelegenen ersten Katarakt bei Elephantine (dem heutigen Jazirat Aswan). Er wurde als die Yoni der Erde angesehen, wo der Gott die Göttin freite, um den jährlichen Erguß des Nils hervorzubringen. Die genitale Metapher des Berges wird auch noch durch das lateinische Wort *mons* nahegelegt, das gleichzeitig einen Berg und das weibliche Genital bezeichnet.[22]

Pyramiden und babylonische Zikkurats waren künstliche Berge, die dort gebaut wurden, wo das Land flach war, um als Thron für den Herrn, als »hohe Plätze« für seine heilige Ehe mit der Göttin, als Erdschöße für seine Wiedergeburt und als Schreine zu dienen. Ein buddhistischer Reliquienschrein oder *Stupa* war wie der keltische *tumulus* ebenfalls eine Nachahmung des heiligen Berges und ähnelte oft dem Mutterbauch.[23] Die mykenischen *tholos*-Gräber, die mit Erdmassen bedeckt wurden, um künstliche Berge darzustellen, waren ähnliche Gräber in größerem Maßstab.[24]

Die Lamas des Ostens wurden in Domen oder Pyramiden beigesetzt, die nach Möglichkeit vergoldet waren, denn das unvergängliche Gold war das Metall der Verklärung und Unsterblichkeit, durch das auch der Körper Unvergänglichkeit erlangte.[25] Im Westen, wo es nicht soviel Gold gab, hieß es, der magische Berg sei aus Glas oder Kristall, eine Nachahmung der sieben kristallenen Sphären des Himmels. Die keltische Vorstellung von der Nachwelt kreiste um einen Glaspalast, was vielleicht auf einem Mißverständnis des alten Wortes *glas*, »Himmelsblau«, beruhte.[26] Aber der Kristallberg wurde manchmal auch wörtlich genommen. Am keltischen Begräbniswall von New Grange war früher die Oberfläche des Erdschoßes mit Quarzkieseln bedeckt, um ihn in der Sonne wie einen Kristallhügel glitzern zu lassen.[27] Die Slawen glaubten an einen kristallenen Himmelsberg und gaben ihren Toten Bärenklauen mit, damit sie das glatte Glas besser hochsteigen konnten.[28]

Der Ausdruck »im siebten Himmel« entstand aus dem alten Glauben, daß die sieben himmlischen Sphären gleich einem siebenstöckigen Berg angeordnet seien, wie ihn auch die siebenstufige babylonische Zikkurat darstellte.[29] Dem himmlischen Reich entsprachen unter der Erde sieben konzentrische »Höllen« oder »Gruben« in Sheol, dem Spiegelbild des himmlischen Reiches in der unendlichen Tiefe. Es wurde von der Königin der Unterwelt beherrscht, die viele Namen hatte – Allatu, Ereshkigal, Persephone, Hel, Hekate, Nephthys oder den des früher weiblichen Pluto –, aber immer ein finsteres *alter ego* der Himmelsgöttin war.[30]

Die babylonische Unterwelt war »wie Dantes Inferno in sieben Zonen aufgeteilt, nach dem Modell der sieben planetarischen Sphären ... Sieben Tore, jedes von einem Türhüter bewacht, gaben Einlaß ... Diese

Vorstellung von den Kreisen der Unterwelt findet sich auch in der ägyptischen Mythologie des Totenrituals.« Assyrische Priester stiegen, wie der biblische Joseph, als Teil ihrer Initiationen von Tod und Wiedergeburt in Gruben hinab. Dort, am Grund des himmlischen Berges, im Land der Schwarzen Sonne, befanden sich »die Fundamente der Erde, das Aufeinandertreffen der mächtigen Wasser«.[31]

Initiationen spielten überall auf der Welt eine Reise durch die niederen und himmlischen Sphären nach, eine symbolische Besteigung des Berges. Selbst der nordische Vater-Gott Odin erlangte seine Weisheit erst durch die Durchquerung der »sieben niederen Sphären« des Todes.[32] Apuleius beschrieb seine eigene Einweihung in die Mysterien von Isis als eine Reise in das Land des Todes, wo er die schwarze Sonne sah und die Gottheiten der oberen und unteren Welten von Angesicht zu Angesicht erblickte. Er stieg danach zu den Höhen auf und zeigte sich der Gemeinde im Aufzug des Sonnengottes. Mithra-Initianten stiegen ebenfalls durch sieben Sphären und erwarben die Weihegrade Rabe, Verborgener, Soldat, Löwe, Perser, Sonnenläufer und Pater (Hoherpriester).[33]

Die Araber übernahmen die von der Grundlage her chaldäische Vorstellung vom Kosmos als einem magischen Berg mit sieben aufsteigenden und sieben unterirdischen Sphären; diese Vorstellung wiederum beruhte auf der hinduistischen Vorstellung von Purusha, dem personifizierten Universum. »Es gibt nach der gängigen Auffassung der Araber sieben Himmel, einer über dem anderen, und, eine unter der anderen, sieben Erden ... Dies wird in einer Passage des Koran deutlich, in der es heißt, daß Gott sieben Himmel und ebensoviele Erden oder Stockwerke der Erde geschaffen habe.«[34] Die Christen des Mittelalters schlossen sich, als sie ihren Kosmos dem des alten Chaldäa nachbildeten, dieser Ansicht an. Die Kirche listete die Himmel offiziell als luftigen, ätherischen, olympischen, Feuerhimmel, Sternenhimmel, kristallenen und empyreischen Himmel auf. Im siebten Himmel »lebt Christus, und das ist der besondere und angemessene Wohnort Christi, der Engel und der Heiligen«.[35]

Obwohl das Christentum den mythischen magischen Berg übernahm, verdammte die Kirche alle wirklichen magischen Berge, da dort durch »Hexerei« weiter die Große Göttin angebetet wurde. Der Puy de Dôme in der Auvergne war, wie der Brocken im Harz, ein berühmter Hexenberg. Auf dem Puy de Dôme gab es einen Tempel, den Frauen leiteten, die *fatuae*, »Feen« oder »Schicksalsgöttinnen«, und *fatidicae*, »Seherinnen« hießen. Periodisch wurden junge Frauen unter dem Novizinnentitel *bonnes filles* in die Sekte initiiert.[36]

Auf einer 1751 vom Brocken erstellten Karte ist verzeichnet, daß sein Gipfel ein Hexenplatz sein soll, auf dem vor einem Altar bei einer magischen Quelle, die »früher einer falschen Gottheit der Heiden geweiht« war, Hexensabbate zelebriert wurden.[37] Das könnte der Berg gewesen sein, den Papst Pius II. Mons Veneris nannte, auf dem man Hexen und Dämonen antreffen, »sie ansprechen und die Zauberkünste lernen« konnte.[38]

Die Geschichte vom Aufenthalt **Tannhäusers** im Mons Veneris oder

Venusberg war ein anderes Relikt der Feen-Religion, das auf die wirkliche Existenz einer Hohepriesterin hindeutet, die mächtig genug war, um dem Papst zu trotzen, und unter dem Namen Königin Sibylle der Göttin diente. Die Große Göttin »residierte noch immer in den Megalithentempeln Westeuropas, die schon alt waren, bevor die Griechen in Griechenland eindrangen. Ihre Riten waren offiziell verboten, aber ihre Verehrung wurde trotzdem auf magischen Bergen in ganz Europa zelebriert. Sie wurde mit der klassischen Göttin Venus vermengt und in Germanien, wo die schriftliche Version des Tannhäusermythos seinen Ursprung zu haben scheint, hießen ihre magischen Berge Venusberge. Ihre Verehrung fand auf zahlreichen wirklichen Bergen statt: auf dem Hörselberg, bei Waldsee, Freiburg und Wolkenstein genauso wie auf Gipfeln in Italien und Schottland ... Die Königin Sibylle ist im ganzen Tannhäusermythos die Göttin Venus.«[39]

Sibylle war eine Latinisierung von Kybele, der Großen Göttermutter, deren geheime Verehrung bis zum 20. Jahrhundert auf wilden Berggipfeln in ihrem Heimatland Anatolien stattfand. Ihre Riten »umfaßten ursprüngliche Bräuche der Religion Anatoliens, von denen einige trotz Christentum und Islam bis zum heutigen Tag überlebt haben. Die Einwohner der Halbinsel trafen sich wie die Kizil-Bash Bauern von heute auf Berggipfeln, die mit Wäldern bedeckt waren, die noch keine Axt entweiht hatte, und zelebrierten ihre Festtage.«[40]

Die Menschen glaubten noch während des ganzen Mittelalters, daß die Göttin sie, wie es in vielen Geschichten dargestellt ist, in das Innere ihres magischen Berges einladen könne – Tannhäuser war nicht der einzige Held, der Venus liebte. Die dänische Ballade vom *Elfenhügel* handelt von einem Jungen, der, bezaubert von dem Tanz einer Elfe, von ihr in das Innere ihres Hügels gebeten wurde.[41] Es gibt auch Hinweise darauf, daß die Berggöttin eine Dreiheit war. Nach einer thüringischen Chronik von 1398 erschien sie mittags als drei große Flammen in der Luft, »die alsbald in einem großen Feuerball zusammenliefen, sich wieder trennten und am Ende in den Hörselberg herabsanken«.[42]

Die Mutterberge beschützten weiterhin die heidnischen Götter, von denen angenommen wurde, daß sie nicht tot seien, sondern im Mutterleib der Erde schliefen und wie die Hindugötter zwischen ihren Inkarnationen die Wiedergeburt abwarteten. Merlin, Wilhelm Tell, Barbarossa, Kaiser Friedrich II. und andere schliefen in magischen Bergen. Viele wurden der »Gestalt Wotans [angeglichen], welche in diesen Kaiser- und Reichssagen weiterlebt. Es ist Wotan, der auf eine Wiederkehr ins Diesseits wartet ... ein dunkles heidnisches Gottesbild, welches im vorherrschenden Bewußtsein nicht berücksichtigt war.«[43]

1. Neumann, G. M., 152 (dt. 151). 2. Lethaby, 125. 3. Eliade, M. E. R., 12.
4. Branston, 85. 5. Ross, 62. 6. Massa, 48. 7. Graves, G. M., 77.1.
8. Graves, W. G., 409. 9. Eliade, S., 39 (dt. 49). 10. Hooke, M. E. M., 47.
11. *Gilgamesh*, 27, 37, 98. 12. *Larousse*, 443. 13. O'Flaherty, 206. 14. Hallet, 245.
15. Lethaby, 74f. 16. Campbell, P. M., 336. 17. *Larousse*, 359. 18. Stone, 77 (dt. 118).
19. Fodor, 290. 20. Rose, 237. 21. Hallet, 115, 401. 22. Dumézil, 64.
23. Campbell, Or. M., 40. 24. Sprague de Camp, A. E., 81. 25. Waddell, 243, 271.
26. Joyce 2, 360. 27. Campbell, P. M., 430. 28. Baring-Gould, C. M. M. A., 539.
29. Budge, G. E. 1, 275. 30. Campbell, Or. M., 106. 31. Lethaby, 129, 162, 172.
32. Baring-Gould, C. M. M. A., 247. 33. Rose, 283, 288. 34. Lethaby, 24.

35. Jacobus d.V., 291. 36. Pepper & Wilcock, 166. 37. Givry, 74. 38. Wedeck, 160. 39. Goodrich, 155ff. 40. Cumont, A. R. G. R., 47. 41. Steenstrup, 62. 42. Baring-Gould, C. M. M. A., 211. 43. Jung & Franz, 197 (dt. 303).

Berserker

Träger eines Hemdes aus Bärenfell. Ein nordischer Krieger, der sich der Göttin Ursel, der Bärin, geweiht hat. (Siehe **Ursula**.) Durch das Tragen des Bärenfells bekam ein Krieger den Kampfgeist des Bären und erlangte die Gnade der Bärengöttin, die häufig als Lehrerin der Kriegskünste galt. Das Wort »Berserker« meinte schließlich jemanden, der in einen Kampfrausch verfällt, ohne auf seine eigene Sicherheit zu achten und unfähig ist, Angst zu haben.

Eine totemistische Abstammung von der Bärin kennzeichnete mehrere alte europäische Sippen oder Clans. Die Familie der Orsini oder Ursini waren die »Bärenjungen«, sie trugen einen Bären in ihrem Wappen. Guillaume de Auvergne, im 16. Jahrhundert Bischof von Paris, verkündete feierlich den Ursprung der Orsinis, indem er sagte, der Samen des Bären sei dem des Menschen sehr ähnlich, deshalb sei es möglich, daß ein Bär Menschenkinder zeugt, vermutlich mit einer menschlichen Mutter.[1] Diese Geschichte reflektiert die zeitgenössische theologische Ansicht, daß nur Männer wirkliche Eltern sein können. Es wird nichts über die Eizelle einer Bärin gesagt, die der einer Menschenfrau ähneln könnte, noch gibt es einen menschlichen Vater, der vielleicht mit einer Bärin Kinder gezeugt haben könnte.

1. Summers, W., 243.

Beschneidung

Var. Zirkumzision

Symbolische Opferung der Männlichkeit an eine Gottheit, die in Ägypten, Persien und dem gesamten Nahen Osten praktiziert wurde und wird. Ursprünglich wurde sie als Imitation der Menstruation zu Beginn der Pubertät an Jungen vollzogen, die für diese Gelegenheit Mädchenkleider anlegten.[1] Die Beschneidung galt als Opfer, das der männlichen Gottheit wohlgefiel, da es als Ersatz für die **Kastration** angesehen wurde.

1. Gifford, 42.

Besenstiel

Besenstiele wurden lange mit Hexen assoziiert, da sie in heidnischen Hochzeits- und Geburtsriten, den Mysterien der Frauen, eine Rolle spielten. In Rom fegte die Priesterin-Hebamme der Hekate nach jeder Geburt die Schwelle des Hauses, um die bösen Geister zu entfernen, die dem Kind schaden konnten.[1]

Da Hekate auch die Dreifache Göttin war, die über die Ehe wachte, war ihr Besenstiel ein Symbol der sexuellen Vereinigung. Alte Hochzeitsbräuche schlossen auch einen Sprung über einen Besenstiel ein, der möglicherweise die Zeugung darstellen sollte. Bei den ZigeunerInnen gehörte dieses Ritual bei Hochzeiten immer dazu, obwohl die heutigen

ZigeunerInnen sagen, sie wüßten nicht, was es bedeutet.[2] Seltsamerweise kennzeichnete das Ritual des Sprunges über den Besen auch bei den schwarzen Sklaven im Amerika des 19. Jahrhunderts die Trauung außerhalb der Kirchen.

Auch die mittelalterlichen Bauernhochzeiten in Europa fanden normalerweise ohne den Segen der Kirche statt, sie fielen eher unter die Jurisdiktion des weltlichen Gesetzes als des kirchlichen und benutzten lieber die Riten der alten Religionen als die der neuen. Der Besen war mit den nicht-kirchlichen Trauungszeremonien so eng verbunden, daß in der Renaissance, als die Kirche begann, die Trauungsriten festzulegen, Vereinigungen »durch den Besen« für unehelich erklärt wurden. Bei den englischen Bauern gibt es heute noch die Redewendung »wenn ein Mädchen über einen Besenstiel geht, wird sie Mutter, bevor sie verheiratet ist«. Eine junge Frau, die ein uneheliches Kind zur Welt bringt, ist »über den Besen gesprungen«.[3]

Als Reitwerkzeug der Hexen symbolisierte der Besen offensichtlich eine Art der tantrischen sexuellen Vereinigung, die einer der Hauptanziehungspunkte der weiblich ausgerichteten Hexenkulte war. Die *Planta genista*, der (Besen)ginster, war den Hexen heilig. Die französische Form von *genista* ist *genet*. Das könnte erklären, warum die englische Herrscherfamilie der Anjou im 12. Jahrhundert den Namen Plantagenet erhielt. Heinrich II., der erste Plantagenet auf dem englischen Königsthron, wurde durch matrilineare, das heißt weibliche Erbfolge König. Er erbte das Königtum von seiner Mutter Mathilde, oder Maud – Namen, die gewöhnlich mit Hexerei assoziiert werden –, der Gräfin von Anjou. *Genet* bedeutete auch Pferd oder Roß, das »königliche Roß« des Heidentums. Diese Bedeutung hat sich in dem englischen *jennet* erhalten, womit kleine Pferde oder weibliche Esel bezeichnet werden, und in den Namen, die häufig von Hexen gewählt werden: Jenet, Janet, Jeannette, Jean, Johanna oder Joan.

Solche Namen verwiesen auf ein Hexenkind, daß aus der heiligen Hochzeit mit dem phallischen Gott hervorgegangen war, der durch den Besen dargestellt wurde. Eine Janet oder Jenny war eine Tochter des Pferdes, und die alten Götter wie Volos, Völsi, Waelsi oder Odin wurden »Pferdepenis« genannt.[4] Der Ritt auf dem Besenstiel scheint die sexuelle Stellung bezeichnet zu haben, die von der Kirche als Perversion angesehen wurde: die Frau oben und der Mann unten als ihr »Pferd«. Diese sexuelle Implikation wird von einem alten englischen Hexenvers unterstrichen: »Auf einem Steckenpferd nach Banbury Cross (d. h. Kreuzweg) reiten, um eine feine Dame auf ihrem weißen Pferd zu sehen.« Die feine Dame war Lady Godiva, »die Göttin«. Ihr weißes Pferd symbolisierte ihren Liebhaber.[5]

Kinder ritten auf ihren Steckenpferden, die aus einem Besenstiel mit einem Pferdekopf bestanden. Dieses »Steckenpferd« war von den Sufimystikern übernommen worden, die im frühen Mittelalter nach Spanien gekommen waren. Sie waren in Gruppen zu je dreizehn organisiert, vergeichbar dem Hexensabbat, und verehrten Rabba oder den »Herrn«, der später zu Robin, dem Gott der Hexen wurde. Die sufischen Weisen ritten außerdem auf Rohrstöcken mit Pferdeköpfen, die *zamal-zain* genannt wurden, »festliches, hinkendes Pferd«. Die Steckenpferde der Derwische standen für das pegasusähnliche Feenpferd, das sie zum Himmel und wieder zurück trug.[6] Solche Bräuche waren unter den Basken weit verbreitet, die häufig *en masse* der Hexerei angeklagt wurden.

Zu manchen Zeiten scheint der Besenstiel der Hexen nichts weiter als ein künstlicher Penis gewesen zu sein, der mit der berühmten **Flugsalbe** eingerieben und zur genitalen Stimulation benutzt wurde.[7] Die französischen Hexen »flogen« folgendermaßen: »Mit einer Salbe, die ihnen der Teufel gegeben hat, rieben sie einen hölzernen Stab ein, der aber klein war, und ihre Handflächen und die ganzen Hände ebenso: und so, indem sie den Stab zwischen ihre Beine nahmen, flogen sie direkt dorthin, wo sie sein wollten ... und der Teufel führte sie.«[8] Bestimmte Kirchenmänner neigten dazu, jede Form von Masturbation als vom Teufel geleitet zu beschreiben – vor allem aber die weibliche Masturbation, denn es gab nichts Schrecklicheres für ein patriarchalisches Hirn als die Vorstellung, Frauen könnten ohne Männer sexuelle Freuden erfahren.

In den Hexensalben waren oft Stoffe wie Akonit enthalten, das aus einer ölhaltigen Creme ohne weiteres durch die Haut oder die Schleimhäute aufgenommen werden konnte und Symptome wie Schwindel, Verwirrung, Lethargie, zuerst ein kribbelndes, dann ein taubes Gefühl und durchaus auch die Illusion zu fliegen hervorrief. Deshalb dichtete Oldham:

Die Hexen, mit Zauberstab zwischen den Beinen,
Durch alle Lüfte zu fliegen vermeinen.[9]

Aufgrund der alten Assoziationen mit heidnischen Hebammen und ihrer christlichen Entsprechung, den Hexen, wurden auch die Besenstiele mit ähnlichen Überzeugungen in Zusammenhang gebracht. Bestimmte Geister, die zu den Hexen gehörten, konnten angeblich kein fließendes Wasser überqueren; deshalb bedeutete es Unglück, einen Besen durch ein fließendes Gewässer zu bewegen. Es bedeutete auch Unglück, einen Besen zu verbrennen, schließlich war es für die Hexe mit Sicherheit ein Unglück.[10]

1. Dumézil, 616. 2. Trigg, 86f. 3. Spence, 148. 4. Turville-Petre, 201. 5. Hazlitt, 25. 6. Shah, 210, 223. 7. Ewen, 78. 8. Givry, 70. 9. Hazlitt, 655. 10. Lys, 467.

Besessenheit

Die Vorstellung, daß ein menschlicher Körper neben seiner eigenen natürlichen Seele noch von einem übernatürlichen Geist besessen sein könnte, taucht in jeder Religion auf. Die ChristInnen glaubten an verschiedene Arten der Besessenheit, an eine göttliche wie auch an eine dämonische. Die katholische Kirche hat das Amt des Exorzisten bis heute beibehalten, da sie Bessenheit nach wie vor für eine Realität hält. Zugleich bildet die Besessenheit von Gott den zentralen Gedanken der Leibwerdung Christi, und es herrscht der Glaube, daß ein Gläubiger vom Geist Christi beseelt sein kann, häufig in der ekstatischen Weise primitiver Schamanen. Manche christlichen Sekten nannten dies »den Geist empfangen«.

Heidnische Mysterienkulte bewirkten die Gottesbesessenheit, indem sie den Gott aßen (wie es auch ChristInnen tun), sowie durch initiatorische Riten und Formeln. Im Mithraskult sagte der Initiand: »In dieser Stunde macht mich das Wohlwollen Gottes in seiner unendlichen Güte unsterblich ... auf daß ich aufgenommen werde und der Heilige Geist in mir atme.« Eine hermetische Papyrusschrift rief Gott an, in den Betenden einzugehen, »denn du bist ich und ich bin du ... Ich kenne dich, Hermes, und du kennst mich; ich bin du und du bist ich.«[1] Aus christlicher Sicht wäre eine Besessenheit durch Hermes, die weise Schlange, »diabolisch« gewesen; doch das Prinzip war überall das gleiche.

Von heidnischen Göttern Besessene schufen gelegentlich eine Tradition, die das Christentum nahtlos übernommen hat. Die Anhänger des Gottes Attis kastrierten sich, wenn sie vollends vom Geist ihres kastrierten Gottes beseelt waren. Unter dem gleichen Einfluß »peitschten sie sich, bis Blut floß. In Italien finden solche Prozessionen von Flagellanten in der Passionswoche bis auf den heutigen Tag statt; heute ist allerdings die Madonna die Patronin dieser *Re penitenti* (büßenden Könige)« und nicht mehr die Große Mutter der Götter, die früher ihr Blutvergießen leitete.[2]

Besessen zu sein hieß den Geist in den eigenen Körper aufnehmen, entweder als Fleisch eines Sakralopfers oder als Brot und Wein, die dieses Fleisch symbolisierten. Aus demselben Grunde, aus dem Christus in jene »einging«, die ihn aßen, glaubten die Menschen auch, daß unvorsichtiges Essen zu dämonischer Besessenheit führen könne. Gregor der Große berichtete von einer Nonne, die von einem Teufel besessen war, nachdem sie Lattich gegessen hatte. Der Teufel beklagte sich beim Exorzisten: »Was habe ich denn getan? Ich saß hie auf dem Lattich, da kam diese und aß mich.«[3] Der Brauch, vor dem Essen einen Segen über die Mahlzeit zu sprechen, diente ursprünglich dazu, die bösen Geister auszutreiben, die vielleicht darin lauerten.

Papst Gregor bekannte sich zu der Fähigkeit, die Zeichen dämonischer Besessenheit unter allen Umständen zu erkennen. Als ein Pferd austrat, sich bäumte und ihn nicht aufsteigen ließ, erkannte er sofort, daß das Pferd vom Teufel besessen war. Er wußte sogar, daß zwei Zauberer die Besessenheit herbeigeführt hatten; er ließ sie verhaften, blenden und durch Folterung zum Geständnis bringen. Anschließend wurden sie für den Rest ihres Lebens auf Kosten der Kirche »versorgt«, das heißt sie blieben lebenslänglich eingesperrt.[4]

Alle Naturvölker glauben, Menschen, Tiere und unbelebte Dinge könnten Geistern als Gefäß dienen. »Das Maori-Wort *waka* gibt deutlich zu verstehen, daß der Inspirierte den Gott in sich trägt wie ein Boot seinen Eigentümer.«[5] Unser eigener Wortschatz bringt denselben Glauben zum Ausdruck. Inspiration bedeutet, einen Geist einatmen; Enthusiasmus bedeutet, der Gott im Inneren. Wir sagen: »Welcher Teufel hat dich geritten, das zu tun?« oder »Ich weiß nicht, was in mich gefahren ist.« Von einem verbohrten Menschen sagen wir, er oder sie sei vom Teufel getrieben oder von allen guten Geistern verlassen.

Euripides nannte Dionysos den Gott der Weissagung, weil er sich des Körpers in einer Form göttlichen Wahnsinns bemächtigte, der »jene, die er zum Wahnsinn treibt, die Zukunft voraussagen läßt«.[6] Noch heute sprechen wir von prophetischen oder dichterischen »Eingebungen«. Medien sind »besessen« von den Geistern der Toten, die durch sie sprechen, wie auch den Dämonen nachgesagt wurde, sie sprächen durch ihre menschlichen Wirte.

Die Menschen haben sich nie von der Vorstellung gelöst, daß fremde Geister in der menschlichen Seele wohnen können. Einerseits war der Begriff der Gottesbeseeltheit von entscheidender Bedeutung für den Ritus der Kommunion, andererseits war aber auch der Begriff der Teufelsbesessenheit wesentlich für die Ächtung anderer Gottheiten, deren Kommunionsriten die gleichen waren. Teuflische Besessenheit war zudem biblisch belegt. Summer erklärte: »Wir haben das Zeugnis Christi für dessen Realität ... Kein Leser der heiligen Schrift kann leugnen, daß Christus mit Wort und Tat Seinen ganzen Glauben an die Besessenheit durch böse Geister gezeigt hat. Und wenn Christus göttlich war, wie käme Er dazu, einen Irrglauben zu nähren und zu stärken?«[7]

Die dritte Auflage der *Encyclopedia Britannica* vertrat unter dem Stichwort »Dämonen« die gleiche Auffassung: »Die Realität dämonischer Besessenheit beruht auf den gleichen Belegen wie das gesamte System der Evangelien.« Eine Autorität des 19. Jahrhunderts schrieb: »Die teuflische Besessenheit zu leugnen bedeutet, Jesus und seine Apostel der Betrügerei zu beschuldigen ... Wie kann das Zeugnis der Apostel, der Kirchenväter und Heiligen geleugnet werden, die die Besessenen sahen und zu solchen erklärten?«[8]

Die Kleriker des 17. Jahrhunderts bekämpften das »böse Herz des Unglaubens«, das die Menschen dazu verleitete, die Realität dämonischer Besessenheit und die Wirksamkeit des Exorzismus anzuzweifeln. Priester wetteiferten miteinander, wer wohl die meisten Dämonen austreiben könne. Im ausführlich publizierten Fall der Schwester Madeleine de la Palud aus einem Ursulinenkloster in Aix-en-Provence wurden 6666 Dämonen gefunden, darunter auch Beelzebub, Leviathan, Baalberith, Asmodeus und Astaroth – also die *crème de la crème* der Hölle.[9] In Wien behaupteten Jesuiten, in einem einzigen Fall von Besessenheit 12000 Dämonen ausgetrieben zu haben. Ein Skeptiker, Bischof Miron, verdächtigte die besessene Martha Brossier der Täuschung, als ihr Dämon sie in Krämpfen zusammenbrechen ließ, während ihr aus einem Buch vorgelesen wurde, das sie für die lateinische Bibel hielt; in Wirklichkeit war es eine Ausgabe der *Aeneis* von Vergil. Miron nannte das Mädchen eine Betrügerin, doch die Kapuzinermönche wiesen sein Urteil als »gottlos« zurück.[10]

Täuschung hatte einen hohen Anteil an Fällen von Besessenheit; sie wurde häufig gefördert von Priestern, die mit einer dramatischen Demonstration ihrer Macht über die Kräfte des Bösen auftrumpfen wollten. In Salmesbury wurden 1612 drei Frauen angeklagt, Besessenheit bei einem Mädchen bewirkt zu haben; später gab das Mädchen zu, daß ein katholischer Priester sie dazu bewogen hatte, weil er eine Verfolgung der Frauen wünschte, die von seiner Kirche abgefallen und Protestantinnen geworden waren.[11] Sir Walter Scott beobachtete:

> *Die katholische Kirche hatte durchaus Anlaß, allen Respekt um sich zu sammeln, der ihr in einem schismatischen und häretischen Königreich geblieben war; und als ihre Väter und Doktoren die Existenz einer so schrecklichen Krankheit [wie der Besessenheit] verkündeten und die Macht der kirchlichen Gebete, Reliquien und Zeremonien, sie zu heilen, war es für einen Priester – von dem anzunehmen ist, daß er den Interessen seines Amtes stärker verpflichtet war als denen der Wahrheit – schwierig, eine so verführerische Gelegenheit wie einen angeblichen Fall von Besessenheit auszulassen. Hier bot sich die Chance, das große Privileg zur Schau zu stellen, zu dessen Verbündeten ihn sein Amt machte, oder sich zurückzuhalten und den Betrug stillschweigend zu dulden, um seiner Kirche den Ruhm einzutragen, den Dämon auszutreiben. Es war kaum verwunderlich, wenn der Priester gelegentlich dazu verleitet wurde, den Betrug zu unterstützen, den zu entdecken ihm solche Motive verboten.*[12]

Manche dieser Fälle waren keine bewußte Täuschung. Symptome der Besessenheit konnten durch Hysterie, Epilepsie, sexuelle Frustration, Depressionen oder schiere Langeweile hervorgerufen sein. Asketische Mönche und Nonnen in Klöstern waren am anfälligsten für dämonische Besessenheit, die offenbar eine Möglichkeit bot, ihnen Erleichterung von der Isolation, Untätigkeit und Eintönigkeit ihres abgeschiedenen Lebens zu verschaffen. Nonnen wurden häufig gegen ihren Willen in Klöstern eingesperrt, weil ihre Ehemänner sich ihrer entledigen wollten oder weil ihre Eltern ihnen keine Mitgift geben konnten und sie stattdessen zwangen, Bräute Christi zu werden.[13] Der kirchliche Ausdruck für die Depression, die Nonnen und Mönche befiel, lautete *acedia*, »abgrundtiefe Apathie«.[14]

Schreikrämpfe, Blasphemien, sexuelle Fantasien und Erotomanien der Besessenen entsprangen unmittelbar dem Haß auf das klösterliche Leben, wie das Beispiel der Nonne Jeanne des Anges zeigt:

> *Mein Geist war oft voller Blasphemien, und manchmal äußerte ich sie, ohne daß ich imstande gewesen wäre, mich bedachtsam daran zu hindern. Ich verspürte eine ständige Abneigung gegen Gott … Der Dämon umwölkte meinen Geist derart, daß ich kaum zu unterscheiden vermochte zwischen seinen Begierden und meinen; er gab mir zudem einen starken Widerwillen gegen meine religiöse Berufung ein, so daß ich manchmal, wenn er in meinem Kopf war, meine Schleier und die meiner Schwestern, derer ich habhaft werden konnte, zu zerreißen pflegte; ich trat sie mit Füßen, zerriß sie mit meinen Zähnen und verfluchte die Stunde, da ich die Gelübde abgelegt hatte … Meist sah ich recht klar, daß in erster Linie ich die Ursache all meiner Beschwerden war und daß der Dämon nur soweit Wirkung hatte, wie ich ihm Einlaß verschaffte … Wenn ich zur Kommunion ging, nahm der Teufel von meinem Kopf Besitz, und wenn ich die gesegnete Hostie empfangen und halb aufgeweicht hatte, spie der Teufel sie dem Priester ins Gesicht.*[15]

Es gab eine Zeit, da war dämonische Besessenheit fast so ansteckend wie eine Grippe. Sie griff in einem Kloster um sich wie eine Epidemie. Im 15. Jahrhundert wurde ein deutsches Kloster von einer Welle der Besessenheit überrollt, bei der alle Nonnen anfingen, einander zu beißen. In einem französischen Nonnenkloster begannen sie, wie die Katzen zu miauen. 1611 wurde in Aix ein Mann auf dem Scheiterhaufen verbrannt, weil er eine enorme Anzahl Dämonen in Nonnen gehext hatte; allein eine Nonne war von 6500 Dämonen besessen.[16]

Besessenheit diente in verschiedenen Klöstern des 17. Jahrhunderts als Ausrede für orgiastische Vorgänge. In Louviers unterwiesen Beichtväter von 1628 bis 1642 die Nonnen in lesbischem Verkehr, reichten nackt die Kommunion und zelebrierten obszöne Messen, bei denen der Priester, der die Messe las, eine Hostie an seinem Penis befestigte, und hetero- wie homosexuellen Geschlechtsverkehr trieb. »Dämonen« trieben Nonnen dazu, sich mit »Teufeln« und Prälaten zu paaren. In Auxonne wurde der Mutter Oberin vorgeworfen, sie habe Besessenheit unter ihre Nonnen gebracht, indem sie sie lehrte, mit einem Dildo zu masturbieren. In Nimeguen behaupteten besessene Nonnen, schwarze Kreaturen mit riesigen, erigierten Gliedern lauerten ihnen in ihren Betten auf und belästigten sie sexuell. Selbst noch im 19. Jahrhundert befiel die Schwestern von Mont-Saint-Sulpice eine erotische Hysterie auf Betreiben einer »besessenen« Nonne Cantianille, die angeblich im zarten Alter von 15 von einem Priester vergewaltigt und dem Teufel verschrieben worden war.[17]

Maria Renata Sanger, Subpriorin eines Klosters in Würzburg, wurde hingerichtet, weil sie andere Nonnen behext und bewirkt hatte, daß sie sich von Dämonen in Gestalt hübscher, junger Männer verführen ließen.[18] Natürlich liegt der Verdacht nahe, daß diese »Dämonen« aus recht handfestem Material waren und nachts durch ein geheimes Schlupfloch ins Kloster kamen, nicht ohne Hilfe von innen.

Erotomanie war ein wesentlicher Bestandteil eines der berühmtesten Fälle betrügerischer Besessenheit um 1630, jenem Fall der Nonnen von Loudon, der mit der legalen Ermordung eines Priesters endete, Urbain Grandier, dessen Mißgeschick es war, sich einige mächtige Feinde gemacht zu haben.

Nach dem Beispiel der Mutter Oberin, die behauptete, von vier Hauptdämonen besessen zu sein – Leviathan, Balan, Iscaron und Behemoth – beschuldigten die Nonnen Pater Grandier, ihre Besessenheit verursacht zu haben, die mit jedem Versuch des Exorzismus nur schlimmer wurde.[19] Der Priester beteuerte seine Unschuld selbst unter gräßlichster Folter; seine Beine wurden im spanischen Stiefel zu Brei zerquetscht. Er weigerte sich, Komplizen zu benennen, wie es die Sitte verlangte. Um ihre Sicht der Dinge zu belegen, behaupteten seine Folterer, er beschwöre in Wahrheit den Teufel, wenn er laut zu Gott flehte, ihn von seinen Leiden zu erlösen.[20] Schließlich ersannen sie einen fingierten Pakt mit dem Teufel, der sein Todesurteil besiegelte. Er lautete:

> *Mein Herr und Meister, ich bekenne mich zu dir als meinem Gott; ich gelobe, dir Zeit meines Lebens zu dienen und von Stund an entsage ich allen anderen Göttern und Jesus Christus und Maria und allen Heiligen im Himmel und der katholischen, apostolischen, römischen Kirche, und jeglicher Wohltaten durch sie und die Gebete, die für mich gesprochen werden. Ich gelobe, dich anzubeten und dir zu huldigen mindestens dreimal am Tag und Böses zu tun, sosehr ich es vermag, und so viele Menschen zu Bösem zu verleiten, wie es ich es vermag, und von ganzem Herzen schwöre ich ab der Firmung, der Taufe und allen Sakramenten Jesu Christi; und für den Fall, daß ich nach Änderung verlangte, gebe ich meinen Leib und meine Seele und mein Leben dir zu eigen, die ich auf ewig ohne jeden Vorsatz zur Reue dir geweiht habe. Gezeichnet* URBAN GRANDIER *mit seinem Blute.*[21]

Nachdem Urban Grandier auf dem Scheiterhaufen verbrannt worden war, ging die Besessenheit der Nonnen weiter. Sie war zur Touristenattraktion geworden, und die Schwestern waren Berühmtheiten. Sie lernten, sich vor der Menge zu produzieren wie Schwester Claire:

> *Sie fiel zu Boden, lästerte Gott unter Krämpfen, riß ihre Röcke und Hemden hoch, zeigte ohne jede Scham ihre Geschlechtsteile und stieß schmutzige Wörter hervor. Ihre Gesten wurden so anstößig, daß die Zuschauer die Augen abwandten. Sie schrie wieder und wieder, wobei sie sich mit den Händen mißbrauchte: »Komm, foutez-moi! [Fick mich]«*[22]

Häufig legten Kinder und Jugendliche, die mit sicherem Instinkt erkannten, womit sie die größte Aufmerksamkeit erregen konnten, Besessenheit an den Tag. Die gerade rechtzeitig sich einstellende Hysterie pubertierender Mädchen, gefolgt von den magischen Ängsten Erwachsener brachte den berühmten Hexenwahn in Salem, Massachusetts hervor; die zugrundliegenden Vorstellungen waren in England seit langem verbreitet. Vom geringsten Anzeichen für Anfälle bei einem Kind in Panik versetzt machten sich Eltern und Nachbarn sofort auf die Suche nach der schuldigen Hexe.[23] Es bedarf keiner Erwähnung, daß jedes Kind, das merkte, welchen Wirbel es auf diese Weise erregen konnte, stark motiviert war, das Spiel zu wiederholen.

1595 lernte ein dreizehnjähriger Junge in Staffordshire, einen Anfall zu bekommen, sobald er eine Frau namens Alice Gooderidge sah; sie wurde gefoltert, indem ihr die Füße verbrannt wurden, damit sie gestand, dem Kind einen Dämon eingegeben zu haben. Als sie ihm gegenübergestellt wurde, flehte Alice: »Thomas, ich bitte dich, vergib mir und sei gut mit mir.« Doch Thomas fiel in »einen wundersamen, bösen Anfall«, verfiel in Trance, »sah einen Mann aus dem Nachtgeschirr kommen, Flammen aufsteigen und die Himmel sich öffnen«. Zu Alice sagte er: »Dort kommt Mutter Rotkappe, sieh, wie sie ihr das Hirn ausschlagen, sieh, wie es ist, eine Hexe zu sein; sieh, wie die Kröten ihr das Fleisch von den Knochen nagen.« Alice Gooderidge wurde wegen Hexerei verurteilt und starb im Gefängnis.[24]

Vorgetäuschte Besessenheit diente 1653 auch als Vorwand, die achtzigjährige Ann Bodenham zu verurteilen. Ein Dienstmädchen, das mit gestohlenem Silberzeug erwischt worden war, beschuldigte Ann Bodenham, ihr einen Dämon in Gestalt eines schwarzen Mannes ohne Kopf gesandt zu haben. Das Mädchen bekam in Ann Bodenhams Gegenwart Anfälle, die augenblicklich nachließen, wenn die »Hexe« aus dem Zimmer entfernt wurde. Sie beschrieb, wie Ann Bodenham sich in eine schwarze Katze verwandelt hatte, um sie in den Dienst des Teufels zu locken.[25] Die alte Frau wurde zum Tode verurteilt. Auf dem Weg zum Galgen rief sie nach Bier und verfluchte alle, die es ihr verweigerten. Wie es Brauch war, bat der Henker sie um Vergebung, ehe er sie von der Leiter stieß. Sie fuhr ihn an: »Dir vergeben? Die Blattern wünsch ich dir, stoß mich runter«, und starb im Zorn.[26]

1660 verhexte angeblich eine Frau namens Margaret Francis in Norfolk ein Mädchen, das die üblichen Symptome der Besessenheit zeigte.

> *Sie riß sich an den Haaren, schlug ihren Körper und ihren Kopf gegen Betten und Stühle, manchmal schäumend, manchmal schreiend vor Schmerzen und*

> *brüllend wie ein Kalb; stöhnend, heulend und bellend wie ein Hund; und beißend wie ein tollwütiger Hund. Kopf, Füße und Beine waren vedreht und wiesen fast rückwärts; und sie stierte und glotzte gar fürchterlich und knirschte mit den Zähnen und lag wie tot und aller Sinne beraubt mehrmals am Tag und manchmal längere Zeit, ohne zu atmen oder zu keuchen, nur daß ihre Gesichtsfarbe noch frisch blieb; dann wieder spie sie plötzlich den Umstehenden ins Gesicht oder ihren Freunden oder dem Namen Jesu; und manchmal packte sie sogar ihre Eltern ... manchmal raste sie wider Gott und gute Menschen, und manchmal lästerte sie Gott, indem sie sagte, Gott ist ein guter Mann, ich kann ebensoviel wie er; Jesus ist mir gleich; und oftmals in einer seltsam schnippischen Stimme und manchmal wieder in Stimme und Tonfall der Hexe und in ihren Worten und Sätzen.*[27]

Exorzismus linderte solche Symptome selten, meist verstärkte er sie, da das exorzistische Ritual den erwünschten Effekt nur noch förderte, indem es die Besessenen umso mehr ins Zentrum der Aufmerksamkeit rückte. Wirklichkeitsnähere Kuren brachten das Wunder zustande, das der Exorzismus nicht bewirkte. 1835 war in einem französischen Kloster in Morzine eine Besessenheitsepidemie in vollem Gange. Professor Tissot untersuchte den Fall und fand heraus, daß die Nonnen bei der Berührung mit Weihwasser Anfälle bekamen, sofern sie wußten, was es war; insgeheim konnte er ihnen jedoch Dosierungen in Wein oder Essen verabreichen, ohne daß sie Wirkungen zeitigten. Die Dämonen wurden mit der Polizei ausgetrieben, die mit Gerichtsbeschlüssen erschien, die Besessenen als Irre zu behandeln und in ein Asyl zu bringen. Augenblicklich waren alle Symptome verschwunden.[28]

Der holländische Arzt Boerhaave stellte eine Besessenheitsepidemie in einer Station eines Krankenhauses in Harlem fest, bei der die PatientInnen Krämpfe bekamen und sich gegenseitig in Wahnsinnsanfällen nachahmten. Er ordnete an, ein Kohlebecken und ein Kauterisiereisen auf der Station aufzustellen, und drohte, das nächste Opfer der Besessenheit zu brandmarken. Es gab keinen weiteren Fall. Ein ähnlicher Bericht aus Japan beschrieb die wunderbare Heilung eines besessenen Mädchens, dessen Vater sie an einen Pfahl gebunden hatte und mit gezogenem Schwert auf sie zugelaufen war, schreiend: »Böser Geist, wenn du nicht auf der Stelle dieses Kind verläßt, töte ich euch beide!« Das Kind war augenblicklich geheilt.[29]

Manche Fachleute empfahlen Auspeitschen zur Heilung der Besessenheit. Bergomensi erklärte, eine »vernünftige und mäßige« Auspeitschung könne Wunder wirken.[30] Natürlich half sie nie etwas in Fällen von Erkrankungen, die durch dämonische Besessenheit verursacht waren. Dämonen waren bequeme Sündenböcke für unwissende Ärzte, und viele Krankheiten wurden auf Besessenheit zurückgeführt. Manche Autoritäten vertraten sogar die Ansicht, jede Krankheit sei von Dämonen bewirkt.[31] Die Liste der »Zeichen« dämonischer Besessenheit enthielt unter anderem: Unfähigkeit, Nahrung bei sich zu behalten; Völlegefühl im Bauch; Schmerzen in Unterleib, Nieren oder Kopf; Mattigkeit; Impotenz; körperliche Schwäche oder Auszehrung; brennende Schmerzen in den Eingeweiden; plötzliche Schwellung des Bauches; gelbliche oder blasse Hautfarbe; Melancholie. Dämonische Besessenheit war die richtige Diagnose, »wenn fähige Ärzte nicht sicher sind, welches Leiden es ist, und sich keine Meinung darüber bilden können; oder wenn die verschriebenen Medikamente nicht helfen, sondern die Krankheit verschlimmern«.[32] Da die Medikationen der damaligen Zeit die Patienten in der Regel kränker machten, muß die Diagnose häufig auf Besessenheit gelautet haben.

Abgesehen von ihrer Nützlichkeit für Ärzte, brachte die Theorie der Besessenheit auch den Besessenen einen gewissen Nutzen. Sie bot ein Ventil für unterdrückte Wut. Diese psychologische Funktion ist noch heute in Gruppen feststellbar, die die Besessenheit förmlich fördern. Beim Zar- oder Dämonenkult im heutigen Äthiopien halten Moslemfrauen unter der Leitung von Priesterinnen, die in matrilinearer Folge bestimmt werden, an einer dämonistischen Religion fest. Es ist die einzige Religion, die diese Frauen haben, da selbst koptische Kirchen ihnen die Aufnahme verweigern, und es ist die einzige feministische Organisation des Landes. Ein Beobachter berichtete, daß der Zarkult sich enormer Beliebtheit erfreut und die meisten Frauen sich gegen den Widerstand ihrer Männer daran beteiligen, »weil diese die sexuelle und wirtschaftliche Emanzipation der Frau fürchten«.[33]

Die Besessenheit wird herbeigeführt durch Trommeln, Singen und rhythmische Bewegungen. Eine Frau wird von ihrem Dämon oder Zar »geritten«; der Name Zar läßt sich vielleicht bis auf Osiris Zer zurückführen.[34] Die Besessene schreit, stammelt, stößt Gotteslästerungen aus, macht ihren sexuellen Frustrationen Luft und überhäuft ihren Mann mit bitteren Vorwürfen. Sie verlangt neue Kleider, Geschenke und Schmuck, die ihr als Bestandteil des Heilungsvorganges gegeben werden müssen. »Die Epidemiologie der Besessenheit löst eine Kettenreaktion aus, die es ihnen [den Frauen] ermöglicht, ihren gesellschaftlichen Beschränkungen zu entkommen« – zumindest für eine Weile.[35]

Die gleichen Kräfte waren früher in der christlichen Gesellschaft am Werke. Unterdrückte Frauen benutzten ihre »Dämonen«, um dem himmlischen Vater zu sagen, was sie von ihm hielten, ohne sich den Strafen für Häresie auszusetzen. Dämonische Besessenheit war das Glaubensbekenntnis der Enteigneten.

Andererseits war die Theorie der Besessenheit auch ein Mittel, sadistisches Verhalten zu entschuldigen. Noch 1895 folterte und verbrannte ein Michael Cleary aus Clonmel, Irland, seine junge Frau Bridget unter dem Vorwand, sie sei vom Teufel besessen.[36] Mit Hilfe einiger anderer Männer übergoß er sie mit Paraffin und setzte sie in Brand. Die Männer zerrten sie zum Herd und zwangen sie, sich aufs Feuer zu setzen, während ihr Mann exorzistische Sprüche hersagte.[37]

1966 prügelten zwei religiöse Fanatiker in der Schweiz ein Mädchen namens Bernadette Hasler mit der Erklärung tot, sie trieben ihr den Teufel aus. Die Reaktion der Kirchenväter auf diesen Fall war interessant. Johannes Vonderach, der Bischof von Chur, machte sich anscheinend mehr Gedanken über den Umstand, daß die Mörder kirchliche Vorrechte für sich in Anspruch genommen hatten, als über die Tatsache, daß sie einen Mord begangen hatten. Er erklärte, ebenso wie die Kirche Abstand von abergläubischem Wunderglauben nehme, lehne sie auch einen falschen Glauben an den Teufel ab. Da sie jedoch den Teufel aufgrund der Heiligen Schrift ernst nehme, unterstelle sie sich in doppelter Weise dem Schutz des gekreuzigten Herrn.[38]

Dieses bemerkenswerte Beispiel für theologische Doppelzüngigkeit wirft die Frage auf, was wohl der Unterschied sein mag zwischen »abergläubischem« und nicht abergläubischem Wunderglauben; oder zwischen »falschem« und richtigem Glauben an den Teufel. Und wo liegt der Unterschied zwischen einem Fanatiker, der an den Teufel glaubt, weil er die Bibel liest, und einer Kirche, die den Teufel aufgrund der Heiligen Schrift »ernst nimmt«? In seinem übereilten Bemühen, die Kirche von den beiden Verbrechern zu distanzieren, stellte Vonderach seine eigene Unkenntnis der Heiligen Schrift bloß. Johannes sagte zu Jesus: »Meister, wir haben gesehen, wie jemand in deinem Namen Dämonen austrieb, und wir versuchten, ihn daran zu hindern, weil er nicht mit uns zusammen dir nachfolgt. Jesus antwortete ihm: Hindert ihn nicht! Denn wer nicht gegen euch ist, der ist für euch« (Lukas 9, 49–50).

Im August 1976 ging ein moderner Fall von Exorzismus in Deutschland durch die Presse:

> *Die Stimme auf dem Tonband war die einer Frau, aber sie war unnatürlich tief, und die Worte waren unzusammenhängende Schreie mit wilden Beschimpfungen vermischt. Die Tonbandaufzeichnungen dokumentierten den mehrtägigen Todeskampf einer schüchternen, dreiundzwanzigjährigen Epileptikerin namens Annaliese Michel und waren Teil des Beweismaterials in einem Ermittlungsverfahren vergangene Woche. Die westdeutschen Behörden hatten wegen Totschlags gegen den katholischen Bischof von Würzburg, Josef Stangl, und zwei Priester eingeleitet, die er angewiesen hatte, den Teufel aus der jungen Frau zu exorzieren. Als Michel vergangenen Monat an Unterernährung und Dehydration starb, wog sie nur noch 63 Pfund. Einer der Priester, Arnold Renz, behauptete, Michel sei von sechs Teufeln besessen gewesen – unter anderem von Nero, Judas, Hitler und Luzifer –, diese hätten sie bewogen, die Nahrung zu verweigern.*[39]

Daß solche menschlichen Tragödien sich in einem angeblich aufgeklärten Zeitalter immer noch ereignen können, ist ein grausamer Beweis für die Blindheit, die »blinder Glaube« hervorbringen kann. 1970 gab Dr. Henry Ansgard Kelley von der University of California eine vielleicht entscheidende Erklärung zum Thema Besessenheit ab: »Besessenheit vom Teufel entsteht durch den Glauben an die Besessenheit vom Teufel.«[40]

1. Angus, 110. 2. Vermaseren, 97. 3. Cohen, N. H. U. T., 71; Jacobus d.V., 549 (dt. 2, 161f.). 4. Ebd., 186 (dt. 1., 300). 5. Eliade, S., 370 (dt. 354).
6. d'Alviella, 165. 7. Summers, H.W.D., 203. 8. White, 2, 167 (dt. 133f.).
9. Cavendish, P. E., 234. 10. White 2, 142f. (dt. 114). 11. Robbins, 298.
12. W. Scott, 168. 13. White 2, 121 (dt. 97). 14. Mumford, 302.
15. Oesterreich, 49f. 16. White 2, 141ff. (dt. 113ff.). 17. R. E. L. Masters, 107f.
18. Summers, G.W., 506–516. 19. Castiglioni, 247. 20. Haining, 107.
21. Givry, 118f. 22. Robbins, 316; R. E. L. Masters, 106. 23. Robbins, 393.
24. Ewen, 180; Robbins, 66. 25. Robbins, 140. 26. Ewen, 328. 27. Ewen, 191.,
28. White 2, 159ff. 29. Oesterreich, 107. 30. Robbins, 189.
31. Cavendish, P. E., 206. 32. Robbins, 182. 33. Ebon, D. B., 80. 34. H. Smith, 39.
35. Ebon, D. B., 83. 36. Cavendish, P. E., 206. 37. Budge, E. M., 206f.
38. Ebon, D. B., 148, 171–177. 39. *Newsweek*, 23.8.1976, 57.
40. Ebon, S.T., 195.

Bewußtsein

Ein Wort aus der stoischen Philosophie, nach der die Gottheit nur innerhalb des menschlichen Verstandes gefunden werden kann. Der berühmte Spruch des Sokrates, »Erkenne dich selbst«, war ein stoischer Aphorismus für die Erkenntnis Gottes. Das Verschmelzen des Göttlichen mit dem Selbst rief das »Bewußtsein« hervor. Deshalb war für die Philosophen jeder Befehl des eigenen Bewußtseins unausweichlich heilig und richtig.[1] Dieses Konzept entwickelte sich aus den östlichen Lehren über die Identität des Mannes mit dem Gott, der Frau mit der Göttin. (Siehe **Antinomismus**.)

1. Angus, 207f.

Bibel

Diese Bezeichnung für ein heiliges Buch leitet sich von Byblos ab, der Stadt der Großen Mutter, dem ältesten, ununterbrochen benutzten Tempel der Welt. Die Göttin – genannt **Astarte**, Baalat, Hathor usw. – war die Schutzpatronin des Lernens, ihre Priesterinnen begründeten eine Bibliothek, die aus den von ihnen gesammelten Papyrusrollen bestand. Darum nannten die Griechen jeden Papyrus *byblos*, was zur Bedeutung »heiliges Buch« führte. Deshalb die »Bibel«.[1]

Die Gelehrten konnten unter den zahlreichen Schichten von Zusätzen und Korrekturen der Bibel ein Substrat des früheren semitischen Matriarchats ausfindig machen. So enthält zum Beispiel das Buch Rut matrilineare und matrilokale Hochzeitsbräuche, und das Buch Richter beschreibt eine weibliche Herrschaft über Israel (Richter 4, 4). In mehreren Büchern der Bibel bedeutet das Wort, das mit »Gott« übersetzt wird, in Wirklichkeit den femininen Plural »Göttinnen«, vor allem in Bezug auf matriarchalische Funktionen wie die Gesetzgebung, das Rächen von Vergehen und der Versorgung des Reiches mit einer Regierung.[2]

Manche der Wunder, die den biblischen Helden zugeschrieben werden, wurden von älteren Mythen der Göttin übernommen. Daß Josua die Sonne festhalten konnte, war ein Vorgang, der früher den Priesterinnen von Isis, Hekate und der thessalischen Großen Göttin zugeschrieben wurde, die angeblich den Lauf der Himmelskörper aufhalten und Tag und Nacht nach ihrem Willen verlängern konnten.[3] Moses blühender Stab, der Fluß voller Blut und die Gesetzestafeln waren Symbole der alten Göttin. Seine Wundertat, Wasser aus einem Felsen fließen zu lassen, wurde zuerst von Mutter Rhea vollführt, nachdem sie Zeus geboren hatte, sowie von Atalanta mit Hilfe von Artemis.[4] Die wunderbare Teilung des Meeres, mit deren Hilfe die Israeliten trockenen Fußes aus Ägypten fliehen konnten, war zuvor bereits von Isis oder Hathor auf ihrem Weg nach Byblos vollbracht worden.[5]

Der größte Irrtum der religiösen Autoritäten des Westens war ihre Ansicht, daß die Bibel prinzipiell von allen anderen Schriften zu unterscheiden sei, da sie Wort für Wort von Gott diktiert wurde. Ihrer Meinung nach war die Bibel nicht während eines langen Zeitraums von Menschen langsam zusammengetragen, neu geschrieben, falsch abgeschrieben und überarbeitet worden. Die Vorstellung, daß die Bibel im Gegensatz zu den meisten anderen heiligen Schriften dieser Zeit nicht in einem langen Prozeß entstanden ist, hat sich fast bis zum heutigen Tag gehalten, auch bei den Menschen, die es eigentlich besser wissen sollten.

Nach einer weitverbreiteten Legende über den Ursprung der Bibel wurde das Alte Testament von 72 Übersetzern vom Hebräischen ins Griechische übertragen, die von Eleazar, einem jüdischen Hohenpriester, im 3. Jahrhundert v. Chr. zu Ptolemäus geschickt wurden. Daher stammt auch die Bezeichnung »Septuaginta«, Siebzig, für diese Übersetzung. Der Legende nach schloß Ptolemäus auf der Insel Pharos die Übersetzer in Einzelzellen ein, wo jeder seine eigene griechische Version in exakt zweiundsiebzig Tagen erstellte. Die Übersetzungen stimmten exakt, Wort für Wort, miteinander überein.

Natürlich ist das nie so geschehen. Die wirkliche Geschichte der Bibel verlief sehr viel ungeordneter. Im 1. Jahrhundert v. Chr tauchte eine Sammlung auf, die im 1. Jahrhundert n. Chr. von den Juden in der Diaspora als heilig akzeptiert und an die Christen weitergegeben wurde. Sowohl unter den Juden als auch unter den Christen erlebte die Bibel viele Veränderungen. Im 4. Jahrhundert n. Chr. sammelte der heilige Hieronymus einige hebräische Manuskripte und redigierte sie, um eine lateinische Übersetzung anzufertigen, die Vulgata, eine Bibel von bemerkenswerter Ungenauigkeit, die merklich von dem Original, das Hieronymus zur Verfügung stand, abwich.

Luthers Bibelübersetzung beruhte ebenso wie die für den englischen Sprachraum wichtige *King James Bibel* hauptsächlich auf einem griechischen Text, den Erasmus von Rotterdam im 16. Jahrhundert zusammengetragen und herausgegeben hatte. Dieser Text basierte wiederum auf einer byzantinischen Sammlung, die zwischen dem 4. und dem 8. Jahrhundert nach und nach in Konstantinopel zusammengetragen worden war. Später wurden noch einige ältere Texte entdeckt: die Texte von Qumran (2. Jahrhundert v. Chr.), die Chester Beatty Papyri (2. oder 3. Jahrhundert n. Chr.), der Codex Sinaiticus, der Codex Vaticanus (beide aus dem 4. Jahrhundert n. Chr.) und der Codex Alexandrinus (5. Jahrhundert n. Chr.). Alle sind fragmentarisch, sie weichen voneinander und von der *King James Bibel* ab. Es gibt keine bekannten Teile der Bibel, die vor dem 4. Jahrhundert v. Chr. entstanden sind.[6]

Die oftmals revidierte Fassung der Luther-Bibel (zuletzt 1956–1964) versucht ebenso wie die 1881 begonnene Revision der King James-Bibel, deren letzte Revised Version von 1952 stammt, einige besonders offensichtliche Fehler zu korrigieren. Im Neuen Testament wurden zwölf Verse am Ende des Evangelium nach Markus getilgt bzw. in Klammern gesetzt, weil sie falsch waren, es waren spätere Einschübe, einschließlich der Worte, die jahrhundertelang viel Leid verursacht hatten: »wer aber nicht glaubt, wird verdammt werden.« Die revidierten Fassungen eliminierten die absichtlich falsche Übersetzung »Joseph und seine Mutter«, die das Dogma der jungfräulichen Geburt stützen sollte, und ersetzten sie durch das originale »sein Vater und seine Mutter«. Sie lassen den gefälschten Einschub (in 1. Johannes 5, 7) fort, der das Dogma der Trinität stützen sollte: »Drei sind es, die Zeugnis ablegen im Himmel. Der Vater, das Wort und der Heilige Geist, und diese drei sind eins.« Diese Worte tauchen vor dem 15. Jahrhundert nirgendwo auf. Trotzdem bestand die katholische Kirche bis in die jüngste Zeit auf der Fortsetzung dieses Betrugs. Der Gedankengang der Kirchenmänner war folgender: »Wenn diese Worte ein Einschub sind, wie könnte der Heilige Geist, der die Kirche führt und leitet, ihr dann erlaubt haben, diese unsichere Bestätigung der Trinität als authentisch anzusehen, und die Aufnahme in die offizielle Edition der heiligen Schrift zugelassen haben?« 1897 verbot die Index-Kongregation mit der Zustimmung von Papst Leo XII. jede weitere Forschung über die Ursprünge dieses Textes.[7]

Traditionell verbot die Kirche nicht nur die Forschung, sondern sogar das Lesen der Bibel durch Laien. Im ganzen Mittelalter war der Besitz einer Bibel in der Landessprache ein Verbrechen, das durch Tod auf dem Scheiterhaufen bestraft wurde.[8] Mit der Reformation wurde das Bibellesen zur Suche nach einer neuen Basis des Glaubens; im Verlauf dieses Prozesses fanden sich aber auch viele neue Gründe für einen Skeptizismus.

Richard Simons *Critical History of the Old Testament* (Kritische Geschichte des Alten Testamentes) aus dem 17. Jahrhundert führte den mittlerweile hinreichend bekannten Beweis, daß die 5 Bücher Mose nicht von Mose geschrieben, sondern von vielen Händen zu einem späteren Zeitpunkt zusammengestellt worden waren. Bischof Bossuet bezeichnete das gelehrte Werk Simons als »einen Haufen Gottlosigkeiten«, warf seinen Autor aus dem Oratorium und ordnete die Verbrennung der gesamten ersten Auflage an. Dr. Alexander Geddes, ein katholischer Gelehrter, übersetzte 1792 das Alte Testament mit einem kritischen Anhang und bewies, daß der Pentateuch (die 5 Bücher Mose) nicht von Mose geschrieben und auf keinen Fall früher als zur Regierungszeit König Davids entstanden sein konnten. Er wurde als »Möchtegern-Verbesserer des Heiligen Geistes« angeklagt.[9]

Bibelkritik
Die wissenschaftliche Untersuchung des biblischen Textes unter Kriterien wie Ursprung, Form und Aussage, Autor, ursprünglicher Leserkreis uvm.

Im Laufe der Jahre wurde klar, daß der Heilige Geist einer Verbesserung sehr wohl bedurfte. Sieben kirchliche Wissenschaftler gaben 1860 die *Essays and Reviews* heraus, in denen die neue Wissenschaft der Bibelkritik definiert wurde. Sie wurden angeklagt, und zwei von ihnen wurden ihres Amtes enthoben; sie zogen aber vor Gericht und gewannen den Prozeß. 1869 etablierte Kuenens *The Religion of Israel* die Bibelkritik als vollgültiges Forschungsgebiet. Er fand viele Nachfolger in Holland, Deutschland und Frankreich. 1889 gab ein Buch mit Aufsätzen über die Bibel, *Lux Mundi*, die ganze angebliche Historizität und göttliche Inspiration der Bibel auf und räumte ein, die Bibel sei eine wirre Masse von Mythen, Legenden und verstümmelten geschichtlichen Tatsachen, einschließlich zahlreicher, sich widersprechender Fakten.[10]

Natürlich gab es eine andauernde Opposition gegen die Bemühungen der Wissenschaftler. Viele Kirchenmänner des 19. Jahrhunderts bestanden darauf, daß der alleinige Autor der Bibel Gott sei. Dekan Burgon schrieb: »Die Bibel ist die eigentliche Äußerung des Ewigen; so sehr Gottes eigenes Wort, als ob die hohen Himmel sich geöffnet hätten und wir Gott hörten, wie er mit menschlicher Stimme zu uns spricht. Jedes Buch [der Bibel] ist gleichermaßen inspiriert, und es ist vollständig inspiriert.« Nach Dr. Baylee ist die Bibel »unfehlbar genau; alle ihre Geschichten und Erzählungen jeglicher Art sind ohne jede Ungenauigkeit«. Dr. Hodge erklärte, daß die Bücher der Bibel »jedes für sich und alle zusammen, in Gedanken und im geschriebenen Wort, in Substanz und Form ganz das Werk Gottes [seien], sie teilen mit absoluter Zuverlässigkeit und göttlicher Autorität all das mit, was Gott mitteilen wollte, ohne Zusätze oder Beimischungen von Menschen«.[11] Offensichtlich war keiner dieser Herren mit den früheren, anderslautenden Texten vertraut; auch hatten sie die Bibel nicht gründlich genug gelesen, um die vielen Stellen zu erkennen, an denen Gott sich selbst widerspricht.

Der springende Punkt war, daß die Amtskirche ein ökonomisches Interesse daran hatte, die biblischen Mythen wortwörtlich zu interpretieren. Guignebert schrieb: »Die Doktrin von der Unfehlbarkeit der Bibel ... brachte die Theologie notwendigerweise zu einer Haltung der entschiedenen und tödlichen Feindschaft gegenüber den exakten Wissenschaften, die sie nicht aufgeben wird, außer mit äußerstem Widerwillen und mit soviel Verzögerungen wie möglich. ... Die Methoden haben sich geändert, die Illusionen, die immer noch im Schwange sind, haben abgenommen, aber ihr Geist hat sich kaum geändert.«[12]

Als die Theologen nachzugeben begannen, stellten sie fest, daß eine Betrachtungsweise der Bibel als Mythos die ganze Struktur zerstörte, auf der ihr Lebensunterhalt und ihre Selbstachtung beruhte. Nachdem David Straus' *Leben Jesu* die Historizität der Evangelien untergraben hatte und Renans *Vie de Jésus* zeigen konnte, daß die Evangelien nicht als wörtliche Wahrheit interpretiert werden durften, sondern nur als romantischer Symbolismus, erklärte Rev. Maurice Jones: »Wenn die Theorie vom Christus-Mythos wahr ist, und wenn Jesus nie gelebt hat, dann hat die gesamte zivilisierte Welt seit fast zweitausend Jahren unter dem Fluch einer Lüge gelebt.«[13] Der Erzbischof von Canterbury fand es unmöglich, die offensichtlichen Lügen der Bibel zu leugnen und begann seinen Rückzieher mit der folgenden wehmütigen Frage: »Könnte nicht der Heilige Geist von Mythen und Legenden Gebrauch machen?«[14]

Maurice Jones
Schrieb 1934 *The New Testament in the Twentieth Century.*

Augenscheinlich war die Bibel voll von Mythen und Legenden, aber die meisten Theologen in den Amtskirchen hatten keine Vorstellung von ihrer Bedeutung. Ein Grund dafür war, daß sie nicht die entsprechenden Mythen und Legenden anderer Kulturen studiert hatten – die des antiken Heidentums, des modernen Mystizismus, der nicht-christlichen Religionen auf der ganzen Welt, ob sie nun von zivilisierten oder nichtzivilisierten Völkern geglaubt wurden. Die christlichen Missionare dachten, ihre Verbindung zum Göttlichen sei die einzige, die Gottheiten aller andern Menschen auf der ganzen Welt seien Teufel und die Mythen der Bibel wären absolut wahr, wohingegen alle anderen Mythen absolut falsch wären.

Heutzutage erscheint solch ein Glaube nicht weniger unproblematisch als der »primitive« Animismus, den die Missionare ausrotten wollen. Allerdings gab es einen noch dunkleren Punkt in der Geschichte der christlichen Missionen: ihren arroganten Vandalismus, in dem sie Bücher und Kunstwerke verbrannten und Statuen zerschlugen. Das Singen und Anhören der Gedichte und Lieder aus den heidnischen Traditionen wurde verboten, anstatt sie anzuhören und aufzuzeichnen, um die Menschen zu verstehen und einen gewissen Respekt zu zeigen für das, was die fremden Kulturen heilig hielten, wie es die Römer zur Zeit ihres Imperiums gemacht hatten. Es wäre möglich gewesen, die Mythologie der Bibel überall auf der Welt in anderen Ausformungen der ursprünglichen Quellen zu entdecken, wären die Missionare nur bereit gewesen, zuzuhören und zu lernen. Denn alle Völker, fast überall auf der Welt, besitzen dieselben Schöpfungsmythen, die Flut, den Zaubergarten mit dem Baum des Lebens und dem ersten Menschenpaar, die kluge Schlange, den Turm, der zum Himmel ragt, das geteilte Wasser, das auserwählte Volk, die jungfräuliche Mutter, den Erlöser und alles andere. Wir wissen heute, daß beide Teile der Bibel lediglich junge und relativ stark verfälschte Ableitungen von einem weltweiten Zyklus archetypischer Mythen sind.[15]

Am allerwenigsten wurden die aufrechten Christen darauf vorbereitet zu erkennen, daß ihre Ehrfucht vor der Bibel auf einer magischen Basis ruht: die Bibel war – und ist – ein Fetisch. Eide wurden in dem Glauben an ihre übernatürlichen Kräfte, die einen Meineid unweigerlich bestrafen würden, mit physischem Kontakt zur Bibel abgelegt. Sowohl die Juden als auch die Christen benutzten die Bibel, um Vorhersagen zu treffen, genauso wie eine Hexe eine Kristallkugel benutzt, ein Afrikaner einen »Donnerstein« oder ein römischer Augur die heiligen Vögel. Die Bibliomantie (das Wahrsagen aus der Bibel) wurde zu manchen Zeiten verurteilt, aber vom 4. bis zum 14. Jahrhundert wurde sie »wiederholt von Königen, Bischöfen und Heiligen praktiziert«.[16] Der heilige Augustinus empfiehlt freimütig, der Bibel »in allen Fällen spiritueller Schwierigkeiten« Omen zu entnehmen.[17] Auch in unserer Zeit wird die Bibel in Europa wie in Amerika benutzt, um mit ihrer Hilfe wahrzusagen.[18]

Eine beliebte »biblische« Methode, einen Dieb zu entlarven, eignete sich für einen bewußten Taschenspielertrick: Der Name des Angeklagten wurde auf ein Stück Papier geschrieben und in das hohle Ende eines Schlüssels gesteckt. Dann wurde der Schlüssel zwischen die Seiten einer Bibel gelegt. Der Wahrsager rezitierte den Vers 18 aus dem 50. Psalm: »Siehst du einen Dieb, so läufst du mit, du machst dich mit Ehebrechern gemein.« Die Schuld des Angeklagten war erwiesen, wenn sich der Schlüssel anschließend umgedreht hatte.[19]

Trotz der vielen Entdeckungen und Klärungen, die WissenschaftlerInnen etwa seit dem vergangenen Jahrhundert machen konnten, ist die Haltung des Durchschnitts-Christen gegenüber der Bibel kaum vernünftiger, als dieses Beispiel einfältiger Magie zeigt. Die meisten Geistlichen achten darauf, daß ihre Gemeinden nichts über die wahren Quellen der biblischen Mythen erfahren. Die primitivsten oder uninteressantesten dieser Mythen werden ständig als tiefe Allegorien oder metaphorische Geschichten neu interpretiert, da ihre göttlichen Autoren wollten, daß es zweitausend Jahre oder noch länger dauerte, bis sie korrekt erklärt wurden. Die wirklichen Erklärungen für diese Geschichten, die von sorgfältigen Forschungen der Textkritik aufgedeckt wurden, werden aber nur selten erwähnt. In ähnlicher Weise werden auch viele der wirklich unangenehmen Passagen ignoriert, zum Beispiel »Eine Hexe sollst du nicht am Leben lassen« (Exodus 22,17) oder Gottes häufige Befehle, gnadenlos Krieg zu führen, was durch keine noch so große Anstrengung der Exegese an eine tolerantere Ethik angepaßt werden kann.[20]

Die irrigen, aber althergebrachten Ansichten über den Ursprung der Bibel werden vor allem von männlichen Chauvinisten hartnäckig aufrechterhalten, da die Bücher des Kanons absichtlich so ausgewählt und bearbeitet wurden, daß alle weiblichen Bilder des Göttlichen ausgelöscht waren und die religiöse Unterdrückung der Frauen sanktioniert wurde. Robert Ingersoll führte aus: »Solange die Frauen die Bibel als ihr Gesetzbuch ansehen, solange werden sie Sklaven der Männer sein.« Josephine Henry beklagte sich: »Die Bibel berichtet, daß Gott die Frau auf eine andere Weise schuf als alle anderen Lebewesen, dann verfluchte er sie, weil sie nach Wissen suchte.« Elizabeth Stanton schrieb, daß es kein Entrinnen vor den »erniedrigenden Lehren« der Bibel über die Stellung der Frau gäbe und riet den Frauen, die Kirchen zu boykottieren. »Es ist für Frauen keineswegs lobenswert, Basare und Wohltätigkeitsveranstaltungen zu organisieren, für Kirchen, in denen die Begabteren ihres Geschlechts weder beten noch predigen dürfen, keine Ämter innehaben und kein Stimmrecht besitzen, wenn es um Geschäfte, Glaubensdinge und Kirchenordnungen geht, und von deren Altären Bibelinterpretationen ausgehen, die die Unterdrückung der Frauen bezwecken.«[21]

Robert Ingersoll (1833–1899). Amerikanischer Jurist und Hochschullehrer, Generalstaatsanwalt von Illinois; ein freimütiger Verbreiter der Bibelkritik.

Josephine Henry Lebte im 19. Jahrhundert in Kentucky, verfaßte Flugblätter und war in der Frauenrechtsbewegung aktiv.

Elizabeth Cady Stanton (1815–1902). Eine der Führerinnen der amerikanischen Frauenrechtsbewegung; eine Gefährtin von Susan B. Anthony.

Eine der falschen Vorstellungen, die die christlichen Frauen immer noch an ihr »minderwertiges« biblisches Selbstbild fesseln, ist die Meinung, das Christentum basiere auf dem Neuen Testament, während in Wirklichkeit die ersten Christen keine Evangelien hatten, sondern lieber ihre eigenen schufen.[22] Die Männer der Kirche gaben nicht nur fälschlicherweise vor, die Evangelien stammten von den Aposteln her, sondern sie tilgten auch alle Hinweise, daß Frauen an den Anfängen des Christentums beteiligt waren.[23] Nur die verbotenen gnostischen Evangelien bewahrten Hinweise darauf, daß Jesus entsprechend den 12 männlichen Aposteln auch 12 weibliche Apostel hatte, oder daß Maria Magdalena ihre Anführerin war. Sogar die Tatsache, daß unter den Gelehrten auch Frauen waren, wurde geleugnet. Der heilige Hieronymus gibt offen zu, daß zu den Übersetzern der Vulgata auch zwei gebildetete Frauen gehörten, spätere Gelehrte löschten jedoch die Namen der Frauen aus und ersetzten den Hinweis auf die Frauen durch die Worte »verehrungswürdige Brüder«.[24]

1. *Encyc. Brit.*, »Byblos«. 2. Mendenhall, 85. 3. Wedeck, 231. 4. Graves, G. M., 80.c. 5. Budge, G. E. 2, 191. 6. Pfeifer, 103. 7. Reinach, 260. 8. Coulton, 123. 9. White 2, 319, 327. 10. Ebd. 2, 343–359. 11. White 2, 368. 12. Guignebert, 381. 13. H. Smith, 190, 479. 14. White 2, 359. 15. Hallet, 328. 16. Hazlitt, 47. 17. Waite, O. S., 131. 18. Cavendish, P. E., 83. 19. Maple, 39. 20. Muller, 91. 21. Stanton, IX, 125, 196, 214. 22. Muller, 148. 23. Pagels, 57. 24. Boulding, 356, 372.

Blancheflur

»Weiße Blume«, das Lilienmädchen der keltischen Initiationsriten, das den jungfräulichen Aspekt der Großen Göttin darstellte – gemäß den heiligen Farben der **Gunas**. Die rote Blume stand für die Mutter, der schwarze Vogel für die **Alte**. Die keltischen Erzählungen sagen, daß Blancheflur **Parzival** im Feenland empfangen hat, bevor dieser von den gelehrten Mönchen zu christlicher Reinheit bekehrt wurde. Blancheflur war mit der tantrischen indischen Liebsten von Parzivals Vorgänger, Peredur Paladrhir aus den *Mabinogion*, identisch. Die Mönche verleumdeten Blancheflur, wie jede Shakti von Asketen verleumdet wurde. Sie beschrieben sie als eine jüdische Hexe, die sich dem Satan am Sabbat hingab und den **Antichristen** gebar.[1]

Mabinogion
Später hinzugefügter Titel für elf walisische Erzählungen aus der mündlichen Tradition der Barden, erstmals gesammelt im *Red Book of Hergest*, um 1400 n. Chr.

1. Baring-Gould, C. M. M. A., 169.

Blasius, Heiliger

Irrtümlich heiliggesprochene Form des slawischen Pferdegottes Vlaise, Vlas oder Volos: ein Geliebter der lunaren Diana. Er wurde ungefähr im 8. Jahrhundert kanonisiert, behielt aber seine heidnische Funktion als Schutzpatron der Tiere.[1] Zaubersprüche, die laut in den Kirchen verlesen wurden, behaupteten, daß er jedes kranke Tier heilen könne.[2] Der Mythos seines Martyriums wurde mit den traditionellen sieben Frauen ausgeschmückt, die sein heiliges Blut auffingen.[3]

1. Attwater, 70. 2. Scot, 197. 3. Jacobus d. V., 155 (dt. 117).

Blitz

Die himmlischen Vatergötter der meisten indo-europäischen Religionen befruchteten die Mutter Erde oder den Schoß des Meeres mit phallischen Blitzstrahlen. Der indische Dyaus Pitar, der »Himmelsvater«, sandte den Blitz als Zeichen seiner Vereinigung mit der Göttin aus. Er war der Vorbote des griechischen Zeus Pater und des römischen Jupiter, die seinem Beispiel folgten. Mit dem vom Himmel herabsteigenden Phallus, von dem Jesus behauptete, er habe ihn »vom Himmel fallen (sehen) wie einen Blitz« (Lukas 10, 18), wurden auch Dumuzi, Dionysos, Leviathan und viele andere Versionen der »feurigen Schlange«, einschließlich Luzifer und der verschiedenen Satansgestalten, gleichgesetzt.

Der »Fall« des Blitzgottes bedeutete ursprünglich keine Niederlage in einer himmlischen Schlacht, sondern eher einen Abstieg in den Schoß des Abgrundes, um die Erde zu befruchten. Plutarch sagte, der Blitz befruchte die Große Göttin der Wasser (Maria), und seine Vereinigung mit dieser Göttin sei der »Grund für die Lebens-Wärme«.[1]

Der Blitz war auch der kosmische Phallus des vedischen Feuergottes Agni, der mit Kali, dem Ur-Abgrund, verheiratet war. Von ihr wurde gesagt, sie »lösche einen brennenden Lingam in ihrer Yoni«.[2] In Unkenntnis der sexuellen Bedeutung übernahmen die Christen unabsichtlich eben dieses Bild und ließen Maria, die Göttin der Wasser, von einem vom Himmel kommenden männlichen Feuer befruchten. Das

Taufbecken christlicher Kirchen wurde mit dem Schoß Mariens verglichen, so wie auch die antiken Wasserkessel, die »Meer« oder »Abgrund« genannt wurden, mit dem Schoß der Göttin verglichen wurden (siehe **Kessel**). Bei der Weihe eines christlichen Taufsteines wurde die Osterkerze wie der Blitz des Agni mit den folgenden Worten im Wasser gelöscht: »Möge ein himmlischer Sproß, empfangen in Heiligkeit und wiedergeboren in eine neue Schöpfung, aus diesem makellosen Schoß des heiligen Taufbeckens hervorgehen«. Von Maria wurde gesagt, sie sei *igne sacro inflammata:* befruchtet vom heiligen Feuer.[3]

Diese universale Vorstellung von den männlich-weiblichen Konnotationen von Feuer und Wasser basierte auf der tantrischen Sicht des Wasserelementes als Shakti, Ur-Energie, die alle »feurigen Elemente« hervorbrachte, d. h., männliche Gottheiten und deren Symbole, die Sonne, das Feuer und den Blitz.[4] Das tantrische Ur-Bild der von Weiblichkeit umschlossenen Männlichkeit war das Juwel im Lotos. Zur Beschreibung des männlichen Elementes wurde häufig das Wort *vajra* verwendet, was soviel bedeutet wie Juwel, Phallus, Blitz.[5]

Die gleiche Bedeutungskombination ist in dem lateinischen *Gemma Ceraumiae*, Blitz, enthalten – wörtlich das Juwel des Ceraunus, des Blitzgottes.[6] Manchmal war das »Juwel« ein phallisches Zepter, so wie das tantrische *dorje* auch ein Phallus, »Blitzstrahl« oder »Donnerschlag« war. Der gleiche Wortstamm bezeichnete ein phallisches Zepter, das Hephaistos, der Schmied des Blitzstrahls, für Zeus gemacht hatte. Es wurde *doru*, Speer, genannt.[7] Die indische Stadt Darjeeling wurde nach dem *dorje-lingam*, dem »Blitzphallus«, benannt.[8]

Ein Blitzphallus oder Blitzzepter war das Herrschaftsemblem griechischer und römischer Himmelsväter und der Söhne, in denen sie wiedergeboren wurden. Der von der Erd- oder Mondmutter geborene Dionysos wurde der »König aller Götter der Welt«, als er auf seines Vaters Thron saß und das Blitzzepter schwang.[9] Sein Vater Zeus stieg in Form eines Blitzes in die »Brautkammern« der Muttergöttinnen auf der Akropolis bei Theben hinab. Aus diesem Grund waren diese Heiligtümer tabu und wurden Orte des Kommens genannt.[10] Auch der Himmelsgott »kam« als Blitz, um den mütterlichen Felsen, Petra Genetrix, zu befruchten, der den persischen Erlöser Mithra gebar.[11]

Ein herabfahrender Blitz kennzeichnet in der gesamten Mythologie viele wundersame Befruchtungen und Jungfrauengeburten. Die erste war möglicherweise die Geburt des assyrisch-babylonischen Zeus, der Zu der Sturmvogel genannt wurde. Zu war das Modell für die mit Flügeln ausgestatteten Blitzgeister, die in der Bibel *Serafim* oder feurige, fliegende Schlangen genannt werden. Als ein Sohn Gottes begehrte Zu die Gesetzestafeln, wollte die Orakel beherrschen und sich selbst zum König des Himmels ernennen.[12] Im babylonischen Mythos wurde er wegen seiner Hybris bestraft, aber als der olympische Zeus besiegte er ältere Himmelsgötter wie Uranos, Kronos, Prometheus und Hephaistos und verteidigte seinen Thron erfolgreich gegen andere Herausforderer.

König Salmoneus von Elis wagte es, sich als der Blitzgott Zeus auszugeben. Er wollte der Geliebte der Göttin Salma (Salome) werden und das Wetter kontrollieren. Um den Donner nachzuahmen, zog er große

Salmoneus von Elis
Legendärer heiliger König. Die griechische Version des

Shalmaneser oder Salomo. Elis war eine antike Stadt und ein antiker Staat im Nordwesten der Peloponnes.

Messingkessel hinter seinem Streitwagen her und warf Fackeln in die Luft, um Blitze herauszufordern. Zeus vernichtete ihn wegen seiner Hybris.[13] Das jedenfalls sagten spätere Mythologieforscher. Tatsächlich wurde der heilige Könige überall durch derartige magische Mittel zu Gott oder Gottes Sohn »gemacht«, um dann später eben diesem Gott geopfert zu werden.

Eine von den Ufern des Ilisós stammende Dipylonvase zeigt einen König, der ein Zepter schwingt, von dem ein Blitzstrahl ausgeht. Der eregierte Penis dieser Figur schießt ebenfalls einen Blitzstrahl auf einen Altar zum Deltasymbol der Göttin.[14] Dies war ein typisches Bild des Gott-Königs, von Nordeuropa bis hin nach Asien, wo Häuptlinge den Blitzgott nachahmten, um sich mit der göttlichen Schwanenwalküre Kara, einer Variante von Kali oder Kauri, zu paaren.[15] Bei den KeltInnen war Colombe die Göttin in Vogelgestalt. Sie war eine Taube, die Braut Lanceors, der »Goldenen Lanze«, eines Blitzgottes, aus dem sich die Gestalt des **Lancelot** entwickelte.[16]

Ein phallischer Blitzstrahl war das ursprüngliche Symbol des ugaritischen Weisen Atyn, Eytan oder Etana, den die Bibel Etan nannte. Dieser König war fast so weise wie Salomo (1. Könige 4, 31). Er versuchte zur Mutter Ishtar in den Himmel aufzusteigen und wurde von dem eifersüchtigen Sonnengott Shamash wie ein Blitzstrahl hinuntergestoßen. Sein hebräischer Name bedeutete entweder »immerwährender Strom« oder »immerwährend steif«, beides hoffnungsträchtige Beinamen des phallischen Gottes. Etan oder Eytan war die Lösung zum Rätsel in Sprüche 30: »Wer ist hinaufgefahren zum Himmel und wieder herab?«[17] Sein Totem war der Adler, Symbol für Blitz, Feuer und die Sonne. Er stieg wie der griechische Ganymed oder der hinduistische Garuda auf dem Rücken eines Vogels hinab. Dabei waren seine Arme und Beine in der Form eines Kreuzes gespreizt, und seine Hände ruhten »auf den Federn der Flügel«.[18]

Vielen Geschichten über Gott-Könige und ihre Rivalen lag der Streit um den Besitz des Blitzstrahls zugrunde. So stieß z. B Gott den Luzifer »als Blitz« vom Himmel hinunter. Zeus stieß den älteren Blitzgott Hephaistos hinunter, weil dieser seine Große Mutter Hera gegen einen patriarchalischen Angriff verteidigte. Als Gott des besiegten Matriarchats wurde Hephaistos in einen Feuerberg eingesperrt, wo er sich daran machte, für den neuen Herrscher Zeus Blitzstrahlen zu schmieden. Als archaisch-kretischer Velchanos, etruskisch Vulcanus, war Hephaistos bei den Amazonen einer der Götter der Schmiedekunst, die sich dem olpympischen Patriarchat widersetzten.[19]

Der Gott Moses ahmte viele Verhaltensweisen anderer patriarchalischer Gottheiten nach und behauptete, »Blitze aussenden« zu können (Psalm 144, 6). Im Sinne einer Vermenschlichung bedeutete dies, daß er den Blitzgott **Luzifer** aus dem Himmel verstoßen konnte. Mittelalterliche Theologen waren sich nie ganz sicher, wer die Blitzstrahlen ausgesandt hatte – Gott oder sein Rivale Luzifer, der den Titel des »Fürsten der Lüfte« beibehielt.

Im Jahre 1783 berichteten deutsche Bischöfe, daß trotz des angeblich unfehlbaren Schutzes durch Prozessionen, Hymnen und heilige Reliquien der Blitz des Teufels innerhalb von 33 Jahren 400 Kirchtürme beschädigt und 120 Küster erschlagen habe.[20] Es war schwierig zu erklären, warum Gott so häufig seine Blitzstrahlen auf seine eigenen Kirchen sandte oder wieso er seine eigene Kirche nicht besser beschützte, falls die zerstörerischen Strahlen vom Teufel ausgesandt wurden. Effektive Abhilfe ließ so lange auf sich warten, bis der völlig ungläubige Benjamin Franklin den Blitzableiter erfand. Viele Kirchenmänner weigerten sich jedoch, diese neue Erfindung zu nutzen, weil sie in ihren Augen ein Werkzeug des Teufels war.

Mit dem schwindenden Ansehen des Teufels wurde der durch Blitze angerichtete Schaden wieder Gott zugeschrieben. Moderne juristische Dokumente bezeichnen Blitzschläge immer noch als »höhere Gewalt«.

1. Knight, S. L., 135. 2. Rawson, E. A., 57. 3. Neumann, G. M., 311f.
4. *Mahanirvanatantra*, cxviii. 5. Rawson, E. A., 151. 6. Leland, 250.
7. Gelling & Davidson, 33. 8. Waddell, 258. 9. Frazer, G. B., 451.
10. J. E. Harrison, 91. 11. Riencourt, 135. 12. *Assyr & Bab. Lit.*, 304.
13. Graves, G. M., 68.a.; 2, 408. 14. J. E. Harrison, 77.
15. Baring-Gould, C. M. M. A., 568. 16. Malory 1, 377. 17. Albright, 250.
18. Campbell, Or. M., 134. 19. Graves, G. M., 23.b.; W. G., 361.
20. White 1, 367.

Blodeuwedd

Walisische jungfräuliche Göttin des Frühlings, die ganz aus Blütenknospen bestand. Hinter ihrer Schönheit verbarg sich eine Personifizierung des bluthungrigen Erdbodens, der darauf wartete, mit dem Blut des Sakralkönigs befruchtet zu werden. Daneben verkörperte sie die »Bluthochzeit«, bei der Llew Llaw Gyffes ihr versprochener Bräutigam wurde und durch einen Speerstich in seine Seite starb, dem klassischen Muster folgend, das sich auch bei Balder, Jesus, Krishna und vielen anderen zeigt. Llew Llaw Gyffes' Seele wurde ein Adler, aber er erstand auch wieder in Menschengestalt, um seinen Mörder Gronw zu einem Wettkampf im darauffolgenden Jahr herauszufordern. Genauso wie Gawain und der Grüne Ritter oder Frey und Njord in Skandinavien, opferten die beiden »Blutgötter« (*blotgodar*) einander abwechselnd in jahreszeitlichen Zyklen.[1] Der wiedergeborene Llew Llaw tötete Gronw mit einem Speerstich durch einen heiligen Stein, der ein Loch hatte.

Das Totemtier Blodeuwedds war die **Eule**, derselbe Vogel der Weisheit und der lunaren Mysterien, der alte Göttinnen wie **Athene** und **Lilith** begleitete oder symbolisierte. Die Eule war beinahe unveränderlich im Mittelalter mit der Hexerei verbunden. Blodeuwedd war auch die Neunfache Göttin des westlichen Paradieses, anderenorts bekannt unter dem Namen Morgan, die Jungfrau, die mit der **Alten** des Todes verschmilzt. Sie sagt von sich: »Neun Kräfte, in mir vereint, / Neun Knospen von Pflanze und Baum. / Lang und weiß sind meine Finger / Wie die neunte Welle der See.«[2]

1. Turville-Petre, 163. 2. Graves, W. G., 29, 340 (dt. 45, 539).

Blut

Siehe **Menstruationsblut**

Var. Bogumilen

Bogomilen

»Gott-liebende«, gnostische Häretiker des Balkans im 12. bis zum 14. Jahrhundert. Gemeinsam mit den ursprünglich manichäischen Häretikern der Paulicianer in Armenien und den Patarenen Bosniens erhoben sich die Bogomilen in Bulgarien gegen die Mißbräuche der katholischen Kirche. Sie verwarfen die Taufe, die Eucharistie, das Kreuz, Wunder, Kirchenbauten und die gesamte Organisation der Amtskirche. Wie andere Manichäer glaubten sie, daß der Gott, der die materielle Welt geschaffen hatte, ein Dämon war.[1]

Die Bogomilen waren äußerst puritanisch, aber weniger sexistisch als die römische Kirche. Sie ließen Frauen gleichberechtigt zu kirchlichen Ämtern zu. Der katholische Autor Kosmas verdammte ihren Brauch, Frauen die Beichte hören und die Sünden vergeben zu lassen, als »Teufelei«.[2] Bis ins späte 14. Jahrhundert waren die Bogomilen »die mächtigste sektiererische Bewegung in der Geschichte des Balkans«. Die katholischen Kreuzfahrer trieben jedoch viele Mitglieder der Sekte in die Arme des Islam, und die Bewegung wurde zerschlagen. (Siehe **Bugger**.)

1. *Encyc. Brit.*, »Bogomils«. 2. Spinka, 66.

Var. Bogey

Bogy

Englische Bezeichnung für den Teufel, *bogy* oder *bogy-man*, leitete sich vom slawischen *bog*, »Gott« her. Verwandte Bezeichnungen für Dämonen und Teufel im Englischen sind *bugobow*, *bugaboo*, *bugbear* und *buggle-ho*, was gewöhnlich eine heidnische Statue bezeichnete, die bei der Prozession zur Feier des ersten Mai mitgetragen wurde.[1] »Humbug« kommt von dem nordischen Wort *hum*, »Nacht«, zusammen mit *bog*, und ist eigentlich ein nächtlicher Geist.[2] Das englische Wort für Insekten, »bug«, kommt vom walisischen *bwg*, »Geist«, da es früher den Glauben gab, Insekten seien die Seelen der Verstorbenen auf der Suche nach einer Wiedergeburt.[3] Das »man« in *bogy-man* kommt vom griechischen *mantis*, der Bezeichnung für die Seele eines Sehers oder Zauberers. Ein Schmetterling war eine weibliche Seele, *psyche*.

Andere Ableitungen von *bog* sind das schottische *Bogle*, *Boggart* in der Sprache Yorkshires und das englische *Pug* oder *Puck*, der isländische *Puki*, der friesische *Puk*, der deutsche *Putz* oder *Butz* (Butzemann), der irische *Pooka* und der walisische *Pwcca*, der dänische *Spoge* und der schwedische *Spoka* und das davon abgeleitete englische Wort *Spook*, deutsch *Spuk*.[4] Das altenglische *puca*, eine Fee, wurde auf die alten Götter des Beltane angewandt.[5] Also war Puck identisch mit dem Gott der Hexen, **Robin**.

1. Hazlitt, 80. 2. Leland, 161. 3. Spence, 96. 4. Keightley, 315f.
5. Potter & Sargent, 295.

Bohnen

Wie die Gerste in Griechenland, so war in Rom die Bohne eine yonisches Symbol, wie es heute noch der derbe italienische Ausdruck für die weiblichen Genitalien belegt: *fava*, »Bohne«.[1] Gemeinsam mit anderen antiken Symbolen für die weiblichen Genitalien, wurde auch von den Bohnen geglaubt, sie besäßen die magische Kraft, schwanger zu machen, da sie die Geister der Vorfahren beherbergten, der *manes*, die im Dunkel der Vorzeit von der Mondmutter Mana geboren worden waren. Die Pythagoräer belegten den Verzehr von Bohnen wegen ihrer angeblichen Besessenheit durch Geister mit einem Tabu. In Rom vollzog jeder *pater familias* jährlich einen rituellen Exorzismus der Geister seiner Vorfahren, indem er um Mitternacht Bohnen hinter sich warf und dabei die *manes* aufforderte, das Haus zu verlassen.[2]

Eine andere römische Zeremonie am zwölften Tag nach der Wintersonnwende (Epiphanias oder Dreikönigsfest) erinnerte an die alten Bräuche, einen Sakralkönig zu wählen. Es war das Fest des Bohnenkönigs, wobei die Bohnen offensichtlich Frauen darstellten; die Wahl wurde durch das Ziehen von schwarzen oder weißen Bohnen durchgeführt. Später wurden Würfel benutzt, und ein zeremonieller König-für-eine-Nacht wurde durch den Wurf der »Venus« bestimmt. Die Zeremonie hielt sich im mittelalterlichen Europa, wo in den Dreikönigskuchen eine Bohne eingebacken wurde. Wer die Bohne fand, wurde zum König des Festes erklärt.[3]

Verschiedene einander überschneidende esoterische Bedeutungen der Bohnen können dem Sanskritwort *mudra*, wörtlich »Nierenbohne«, entnommen werden. Es bedeutet nämlich auch »Frau« und »magische Geste«, das ist der wohltätige Zauber einer **Shakti**.[4] Der Einfluß der tantrischen Symbole auf das mittelalterliche Europa gab vielleicht Anlaß zu der Geschichte von Jacks Bohnenstengel, die der Himmelsleiter insoweit glich, als beides eine Seelen-Brücke war: »Der Mythos der Ranke, die einst Himmel und Erde miteinander verband«, und zwar zur Zeit des Paradieses, als die Menschen den Weg in den Himmel kannten – oder jedenfalls glaubten, ihn zu kennen.[5]

1. Young, 74. 2. *Larousse*, 213. 3. Hazlitt, 602. 4. Bharati, 41.
5. Eliade, S., 354 (dt. 455).

Boudicca

Var. Boadicea

Kriegerkönigin der Icener, die ihren Stamm im Jahr 60 n. Chr. gegen die römischen Invasoren führte. Tacitus berichtet, daß die römischen Soldaten gewagt hatten, die Königin zu mißhandeln, ihre beiden Töchter zu vergewaltigen, und das Land zu plündern. Boudicca rächte sich, indem sie eine ganze Legion hinschlachtete. Dann aber rückte eine übermächtige Verstärkung nach, um die Revolte zu unterdrücken. Schließlich waren die Brittanier geschlagen und Boudicca tötete sich selbst, um Gefangenschaft und Schande zu entgehen.[1]

Cornelius Tacitus Römischer Historiker und Rhetoriker, ca. 56–120 n. Chr.

1. Tacitus, Annal. dt. 14, 31–37.

Brahma

Indiens patriarchalischer Gott, dessen Priester versuchten, eine vollkommen männlich bestimmte Gesellschaftsordnung zu etablieren und die Muttergöttin zu verdrängen – die allerdings nach wie vor die Mutter Brahmas wie auch aller anderen Götter blieb. Deshalb versuchten manche Schriften, ihn von der Mutter zu trennen, indem sie ihn als den »Nicht Geborenen« bezeichneten, gleichzeitig beziehen sich dieselben Schriften aber absurderweise auf ihn als den »Erstgeborenen« der Göttin.[1]

Das ältere *Dharma* (das heilige Gesetz) besagte, daß das schlimmste Verbrechen sei, eine Frau oder ein Mädchen zu töten, denn das bedeutete, noch nicht geborene Generationen zu töten.[2] Trotzdem hob der Brahmanismus, wie die meisten patriarchalischen Religionen, das Tabu der männlichen Aggression gegenüber Frauen auf und behauptete, es sei besser, Frauen zu töten als Brahmanen zu beleidigen: »Einen Verehrer des Höchsten Brahma zu schmähen und zu verleumnden ist eine Sünde, die zehnmillionenmal schlimmer ist als das Töten einer Frau.«[3]

Wie die mittelalterliche christliche Kirche stellten die Brahmanen Regeln für die rigide Kontrolle der Ehefrauen auf und ließen ihre Gottheit verkünden, daß jede andere Form der Ehe eine Sünde sei, die die Frau zur Hure mache und die Kinder unehelich, so daß sie für religiöse Dienste ungeeignet seien.[4]

Die brahmanische Ehe kehrte das alte System der **weiblichen Erbfolge** um, indem die Regel aufgestellt wurde, daß Eigentum vom Vater auf den Sohn übergehen müsse. Eine Witwe ohne männliche Kinder durfte nur dann erben, wenn sie »unter der Kontrolle der Verwandten ihres Mannes lebte, und in deren Abwesenheit unter der Kontrolle der Verwandeten ihres Vaters«, – das heißt der männlichen Verwandten – »nur dann kann sie erben. Die Frau, *bei der auch nur der Verdacht besteht*, sie könne auf Abwege geraten, kann nicht das Gut ihres Ehemanns erben.«[5] In der Praxis konnte natürlich jeder einzelne aus dieser Gruppe von Männern – oder auch alle zusammen – erklären, daß die Witwe ungeeignet sei, das Erbe anzutreten, und so das Vermögen unter sich aufteilen.

Im wesentlichen war der Brahmanismus eine Verehrung der väterlichen Vorfahren, möglicherweise ist das auch die Wurzel für die vergleichbare Ahnenverehrung, die von dem legendären **Abraham**, dessen Name »Vater Brahm« bedeutete, in Israel eingeführt wurde. Dort gab es dieselbe Besessenheit, Chroniken zu führen. Bei jeder brahmanischen Hochzeit wurden lange Listen der Vorfahren des Mannes rezitiert, wie die biblischen Listen von »Erzeugern«. Die Söhne der Brahmanen lernten folgenden Text zu rezitieren: »Mein Vater ist mein höchstes Dharma. ... Mein Vater ist mein Himmel. Wenn mein Vater zufrieden ist, dann ist das ganze Universum zufrieden.« Brahma zeigte auch das für patriarchalische Götter übliche Bestreben, exklusiv zu sein: »Diejenigen, die gegen meine Lehre sind, sind Ungläubige und Sünder, so schlimm wie die, die einen Brahmanen töten.«[6]

Es ist offensichtlich, daß das jüdische Patriarchat seinen brahmanischen Vorgängern manches verdankte. Aus dem Fernen Osten kam die Legende vom Goldenen Zeitalter der Rechtschaffenheit, als die Menschen noch ohne Sünden waren, lange lebten und zu Riesen heranwuchsen.[7] Damit vergleichbar waren die langlebigen biblischen Patriarchen der Zeit vor der Sintflut, als sie noch »auf der Erde die Riesen«

waren (Genesis 6, 4). Die Geschichte von Kain und Abel war indoiranischen Ursprungs. Die Dichter der Veden baten ihre Götter, ihre Opfer anzunehmen und die der anderen *arya* (Menschen) zurückzuweisen.[8]

Die Legende von **Jona** ist in der indischen Erzählung von Candragomin bereits vorgebildet. Candragomin brachte das Schiff, auf dem er reiste, in Gefahr, weil ein rivalisierender Zauberer einen Sturm auslöste und die Gestalt eines Ungeheuers annahm, um ihn zu verschlingen.[9]

Die talmudische Tradition übernahm den typisch orientalischen Glauben an die Seelenwanderung: Adams Seele ging auf David über, dann auf den Messias.[10] Brahmanische Offenbarungen scheinen einen Teil der messianischen auszumachen. Nach der Katha Upanishade ist Brahma in der Seele des Menschen nur undeutlich realisiert, als ob er in einem Spiegel gesehen würde; aber im Himmel Brahmas ist er klar und deutlich realisiert, »wie einer das Licht von der Dunkelheit unterscheidet«.[11] Das Neue Testament wiederholt diese Botschaft beinahe wörtlich: »Jetzt schauen wir in einen Spiegel und sehen nur rätselhafte Umrisse, dann aber schauen wir von Angesicht zu Angesicht.« (1. Korinther 13, 12). Die brahmanische Lehre, daß tausend Jahre vor Brahma wie ein Tag seien, wird in Psalm 90, 4 wiederholt. In dem (apokryphen) *Ersten Buch von Adam und Eva* erklärt Gott, daß »fünf Tage und ein halber« für ihn 5500 Jahre für die Menschen bedeuten.[12]

In seinem Geburtsland ist Brahma heute nicht mehr sehr populär. Er gilt als »Gott der Theologen, dessen Verehrung im Volk nie vitale Wurzeln schlagen konnte«. Er diente hauptsächlich dazu, daß Kastensystem zu stützen. »Heutzutage ist Brahma so unbedeutend, daß nur ein oder zwei Tempel in ganz Indien ausschließlich für seine Verehrung reserviert sind.«[13]

1. *Upanishaden*, 22. 2. O'Flaherty, 293. 3. *Mahanirvanatantra*, 45. 4. Ebd., 45, 58. 5. Ebd., 283. 6. Ebd., 215, 236, 16, 242. 7. Ebd., XLVII. 8. Dumézil, 425. 9. Tatz & Kent, 146. 10. Wadell, 226. 11. *Upanishaden*, 23. 12. *Forgotten Books*, 6. 13. Ross, 57.

Brigit, Heilige

Dreifache Göttin des großen keltischen Reiches der Brigantia, das Teile Spaniens, Frankreichs und der britischen Inseln umfaßte. Bevor sie zur Heiligen wurde, war sie eine typische weibliche Dreiheit: Brigit herrschte, ihre beiden Schwestern regierten die Künste des Heilens und des Schmiedens. Das Glossar von Cormac nannte sie »Brigit die weibliche Weise. … Brigit die Göttin, von den Dichtern verehrt, da ihre schützende Sorge für sie groß war und sehr berühmt.«[1]

Glossar von Cormac Kompendium altirischer Wörter und Legenden, dem Erzbischof Cormac Mac Cullenen, König von Munster (gestorben 908 n. Chr.), zugeschrieben. Manche Gelehrte sind allerdings der Ansicht, das Glossar sei erst nach seinem Tod zusammengetragen worden.

Nach Dr. MacCulloch war Brigit »zu der Zeit entstanden, als die KeltInnen eher Göttinnen als Götter verehrten und als das Wissen – Heilkunde, Landwirtschaft, Inspiration – eher den Frauen als den Männern zugeschrieben wurde. Sie besaß eine weibliche Priesterschaft, und die Männer wurden möglicherweise von ihrem Kult ausgeschlossen, wie das mit einem Tabu belegte Heiligtum von Kildaere nahelegt.«[2] Brigits Priesterinnen in Kildaere unterhielten ein ewiges Feuer, ähnlich dem des Vestatempels in Rom. Sie nannten die drei *personae* von Brigit die

J. A. MacCulloch Schottischer Wissenschaftler, Autor von *The Religion of the Ancient Celts*, 1911.

Illyricum (oder Illyrien). Antiker Name für den nord westlichen Teil des Balkans, umfaßte zu manchen Zeiten Teile des modernen Serbiens, Bulgariens und Österreichs.

»drei gesegneten Herrinnen Britanniens« oder die »drei Mütter« und setzten sie immer mit dem Mond gleich.[3]

Brigit hatte in Kildaere 19 Priesterinnen, die den 19jährigen Zyklus des keltischen »Großen Jahres« repräsentierten. Die GriechInnen sagten, daß der Sonnengott des Nordens, den sie den hyperboräischen Apollon nannten, alle 19 Jahre den nördlichen »Tempel der Mondgöttin« besuchte, ein mythischer Ausdruck für das Zusammenfallen des solaren und des lunaren Kalenders.[4] Tatsächlich betrug diese Periode aber nur 18,61 Jahre, weshalb der kürzeste Zeitraum, nach dem sich Sonne und Mond wieder »vermählten«, 56 Jahre betrug, zwei Zyklen von 19 Jahren und einer von 18. Diese astronomischen Daten waren den Erbauern von Stonehenge bekannt, die die Spanne eines Großen Jahres mit Pfosten rings um ihren Kreis markierten.[5]

Brigit war älter als das keltische Irland, sie war mit den gälischen KeltInnen aus ihrer ursprünglichen Heimat Galatien gekommen. Eines ihrer ältesten Heiligtümer war das illyrische Brigeto.[6] Lange vor der christlichen Zeit hieß es von der Göttin der Briganten, sie sei mit Juno Regina, der Königin des Himmels, und mit Tanit, der Dea Celestis (Himmelsgöttin), identisch.[7]

Da die katholische Kirche den Kult der Brigit nicht auslöschen konnte, sprach sie sie unvorsichtigerweise heilig und nannte sie Brigitta oder Bridget. Die Hagiographen erklärten sie zur Nonne, die ein Kloster bei Kildaere gegründet hatte. Aber das Kloster war wegen seiner Heilungswunder und funktionierenden Fruchtbarkeitsmagie bekannt. Den Kühen versiegte die Milch nicht, Blumen und Kleeblätter entsprangen den Fußspuren Brigits, in ihrer Gartenlaube herrschte der ewige Frühling. Irische Schriftsteller weigerten sich, ihre Göttin zu einer bloßen Heiligen zu reduzieren und bestanden darauf, daß sie die Himmelskönigin war, was sie mit Maria gleichsetzte. Sie wurde »Mutter meines Herrschers, Maria der Gälen, Königin des Südens, Prophetin Christi, Mutter Jesu« genannt.[8]

Ein irischer Zauberspruch gegen den bösen Blick legt ein stilles Einverständnis zwischen der heidnischen und der christlichen Gestalt der Himmelsmutter nahe: es war »der Zauberspruch der großen weißen Maria, gerichtet an Bride, die Liebliche und Schöne«.[9] Brigit war auch die mystische Mutter-Braut des heiligen **Patrick**, der mutmaßlich als eines ihrer Opfer gestorben war und die Unterwelt über ihren heiligen Hain bei Derry Down betreten hatte. Ein altes Distichon lautete: »Auf dem Hügel von Down, begraben in einem Grab, waren Bridget und Patricius.«[10] Da der Name Patrick »Vater« bedeutet und da er genauso apokryph ist wie andere irische Heilige, kann es ein neuer Name für Brigits alten Geliebten gewesen sein, den Dagda oder »Vater«.

Das Gebiet der Dreifachen Göttin bei Hy Many, das früher Emania oder Emain Macha hieß, Land des Mondes, wurde von drei Kirchen beherrscht, die alle der heiligen Brigit geweiht waren. Die Taufgebühren dieser Kirchen gehörten den O'Kelly-Stämmen, die von den *kelles* oder heiligen Prostituierten der Göttin abstammten. Ihre ursprüngliche weibliche Dreiheit wurde halbwegs christianisiert als »Wunder-wirkende Triade«, die aus Brigit, Patrick und Columba bestand: Mutter,

Vater und Heiliger Geist. Das Fest der heiligen Brigit wurde am ersten Februar gefeiert; nach dem heidnischen Kalender war dies der erste Tag des Frühlings. Er wurde Oimelc, Imolg oder Imbulc genannt, der Tag der Vereinigung von Gott und Göttin.[11]

In Rom wurde dieser Tag als Lupercalia begangen, der Venus und allen Frauen geweiht. Mit unfreiwilliger Ironie verwandelte die Kirche den Tag in das Fest Mariä Reinigung oder Lichtmeß. Dieses Fest bewahrte viele seiner heidnischen Symbole und galt als ein Hauptfest der Hexen.[12]

Wie auch andere Versionen der keltischen Göttin lehrte auch Brigit die Kampfkünste und war Patronin der Kriegsführung, *briga*. Ihre Soldaten waren die *brigands*, oder wie sie von den Christen genannt wurden, die Gesetzlosen.[13] Die Getreuen Robin Hoods waren solche Gesetzlose, ebenso die Thags der Göttin Kali und die Assassinen, welche die arabische Mondgöttin verehrten.

Brigit wurde mehrfach heiliggesprochen. Außer der irischen Brigit gab es eine schwedische heilige Brigid, Gründerin und Oberhaupt eines Doppelklosters für Männer und Frauen, des Brigidenordens (siehe **Kloster**). Ein Ableger der antiken Brigit»versammlungen« war ein Haus der Brigiden von Zion, gegründet 1420 am Ufer der Themse, wo es bis 1589 als Bildungszentrum für adlige Damen blühte.[14]

1. Joyce 1, 260–261. 2. Campbell, P. M., 432. 3. Briffault 3, 70.
4. Hitching, 213. 5. Hawkins, 140. 6. J. H. Smith, D. C. P., 141.
7. Lindsay, O. A., 328. 8. Graves, W. G., 144. 9. Gifford, 60.
10. Brewster, 140. 11. Joyce 1, 379, 507; 2, 388. 12. Lys, 127.
13. Tuchman, 252 (dt. 186). 14. Brewster, 339.

Brisingamen

Die Halskette Freyas, im nordischen Mythos die magische Regenbogenbrücke zum Paradies. In Griechenland, Persien, Mesopotamien und dem Fernen Osten wurden wichtige Bestandteile des Jenseits oft als »Schmuck« der Großen Göttin bezeichnet. Ihre physische Gestalt stellte alles Existierende dar: Unterwelt, Erde und Himmel. Auch Ishtar trug die Regenbogen-Halskette, die von den Persern in die rasiermesserscharfe Brücke zum Paradiesberg umgedeutet wurde. (Siehe **Diakosmos, Ishtar, Regenbogen**.) Odin stahl der Göttin die Kette und hängte sie an sein eigenes Bild, Freya konnte sie aber zurückerobern.

Britomartis

»Süße Jungfrau«, ein Titel der Rhea, der Großen Göttin des bronzezeitlichen Kreta und der ägäischen Inseln.[1] Denselben Namen trug ein früher Eroberer Galliens, der wahrscheinlich eine Königin war, welche den Geist der Göttin verkörperte.[2] Nach der olympischen Mythologie war die Mutter von Britomartis die kretische Jungfrau Carme, eine andere Form von Car, Car-Dia, Carmenta, Carna usw. Es waren tatsächlich unterschiedliche Namen für dieselbe Göttin. Die Titel, mit denen sie in Gebeten und Hymnen angeredet wurde, wurden später fälschlich als Namen verschiedener Gottheiten interpretiert. Deshalb wurde die Göttin im Westen zu »Göttinnen« und im Osten zur Tausendnamigen Göttin.

1. *Larousse*, 86. 2. Briffault 3, 400.

Broceliande

Der Feenwald in der Bretagne, wo Nimue, oder Vivien oder Morgan Merlin verzauberte, so daß er in einer Kristallhöhle – oder, wie andere sagen, im Stamm einer als heilig verehrten Eiche – in einen magischen Schlaf fiel. Broceliande war einer der *nemora* oder Mond-Haine, die bis in die Renaissance zur Verehrung der Waldgottheiten genutzt wurden.[1] (Siehe **Hain, Heiliger**.)

1. Joyce 1, 359f.

Bron

Begleiter des Joseph von Arimathäa, Hüter der christianisierten Version des Heiligen Grals. In Wirklichkeit war Bron der keltische Gott Bran, Hüter des Kessels der Verjüngung; eine verbreitete Gottheit mit vielen Heiligtümern, Schutzpatron der »Heilung und Auferstehung«.[1]

1. Graves, W. G., 39 (dt. 101).

Bruder

Das griechische Wort für Bruder, *adelphos*, »einer aus demselben Leib«, stammt noch aus den matrilinearen Familien, wo nur die mütterliche Elternschaft anerkannt wurde. Das deutsche »Bruder« stammt von dem Sanskritwort *bhratr*, »Hilfe, Unterstützung«. Im prävedischen Indien war es die Pflicht des Bruders, nicht des Ehemanns, der Frau und ihren Kindern beizustehen. Ehemänner kamen und gingen, aber die matrilineare Sippe blieb stabil. Ein altes arabisches Sprichwort drückte es so aus: »Ein Ehemann kann gefunden werden, ein Sohn kann geboren werden, aber ein Bruder kann nicht ersetzt werden.«[1]

Die Vorzugsstellung von Brüdern gegenüber Ehemännern läßt sich in vielen vorpatriarchalischen Kulturen nachweisen. Die heidnischen Slawinnen hielten »bei meinem Bruder!« für den stärksten Eid. Im vorchristlichen Norwegen wurden die Runensteine auf den Gräbern der Frauen von ihren Brüdern errichtet, nicht von ihren Ehemännern.[2] Die antiken Systeme von Sippentreue ähnelten dem der Nairs, von denen es hieß, daß kein Mann seinen Vater kannte, aber »jeder sah die Kinder seiner Schwester als seine Erben an. Die Mutter eines Mannes beherrschte seine Familie; und nach ihrem Tod übernahm seine älteste Schwester die Leitung.« Namen und Eigentum wurden innerhalb der weiblichen Linie vererbt.[3]

Das Band unter Kindern derselben Mutter war in den alten Gesellschaften so viel stärker als das Band zwischen Eheleuten, daß die innigste Zärtlichkeit unter Verliebten oder Verlobten darin bestand, einander »Schwester« und »Bruder« zu nennen.[4] König Salomo nannte seine Geliebte »meine Schwester Braut« (Hoheslied 4, 10), mit »Schwester« an der ersten, wichtigeren Position. Eine ägyptische Ehefrau redete ihren Mann liebevoll als »Bruder, Gatte, Freund« an, in dieser Reihenfolge.[5]

Manchmal wurden auf Hochzeiten Braut und Bräutigam auf eine magische Weise zu Pseudogeschwistern. Polynesische Paare galten nicht als richtig verheiratet, bevor die beiden Mütter nicht ihr Blut vermischt hatten, um anzudeuten, daß das Brautpaar aus einem doppelten oder verschmolzenen Leib geboren war.[6] Häufig mischten Braut und Bräutigam auch ihr eigenes Blut; bei Hochzeiten unter ZigeunerInnen war das der gebräuchliche Ritus.[7]

Inzest zwischen Brüdern und Schwestern war bei den alten Herrscherfamilien eine übliche Angelegenheit, als die Meinung herrschte, König und Königin sollten derselben Familie entstammen, damit die wahre Blutlinie nicht geschwächt würde. Die ägyptischen Pharaonen heirateten ganz selbstverständlich ihre Schwestern, da der Thron in der weiblichen Linie vererbt wurde.[8] Einmal schlug ein Pharao, der einen Sohn und eine Tochter hatte, seiner Gattin vor, die Kinder sollten außerhalb der Familie heiraten. Die Königin verwarf ärgerlich die Idee: »Willst du mit mir streiten? Gerade weil ich keine Kinder mehr nach diesen beiden haben werde, ist es nicht Gesetz, daß die beiden miteinander verheiratet werden?«[9]

Inzest unter Geschwistern war überall unter den älteren Göttinnen und Göttern üblich gewesen, viele von ihnen waren Zwillinge, die sich bereits im Mutterleib vereinigt hatten. Beispiele sind Isis und Osiris, Artemis und Apollon, Fauna und Faunus, Diana und Dianus, Zeus und Hera, Yama und Yami, Freya und Freyr. Die nordischen Skalden berichteten, daß der Inzest zwischen Bruder und Schwester bei den Vanen, den älteren Gottheiten, ein akzeptierter Brauch gewesen war.[10]

Die mythologischen Belege zerstören zunehmend die bisherige Vorstellung vom Steinzeitmenschen, der »seine« Höhle mit »seiner« Gefährtin und »ihrer beider« Kinder verteidigte. Das Heim war vermutlich von der Frau ausgesucht und ausgestattet worden und gehörte ihr auch. Wenn es einen männlichen Beschützer dieses Heimes gab, dann dürfte es eher ein Bruder als ein »Ehemann« gewesen sein. In der Tat gab es keine monogamen Familien, sondern lediglich Familiengruppen, deren Mittelpunkt die Frauen und Kinder waren, während Männer hauptsächlich für die Zeugung da waren und nur am Rande und austauschbar dazugehörten.

1. Briffault 1, 405, 498, 505. 2. Oxenstierna, 212. 3. Hartley, 152.
4. Albright, 128. 5. Hartley, 195. 6. Briffault 1, 559. 7. Trigg, 88.
8. Hooke, S. P., 256. 9. Maspero, 121. 10. Turville-Petre, 172.

Brunnen

Quellen, Springbrunnen, Weiher und Ziehbrunnen galten in archaischen Religionen stets als weibliche Symbole. Sie wurden oft als Wasserwege zum unterirdischen Schoß betrachtet und in Nordeuropa mit der Mutter Hel assoziiert, deren Name auch die Wurzel der Wörter »heilig« und »heilen« bildet. In ganz England erhielten heilige Quellen zu christlicher Zeit den Namen »Helena-Quelle«, und die Männer der

Kirche behaupteten, all diese Quellen seien nach der Kaiserin Helena, Konstantins heiliggesprochener Mutter, benannt. Aber die wirkliche »Helene« war Hel oder Frau Holle, deren Wasserleib auch als Ursprung aller Kinder dieser Erde bezeichnet wurde.[1]

Auch die Göttinnen Morgana und Brigitta waren Namenspatroninnen vieler Quellen. Coventina, die »Mutter der Hexensabbate« (engl. *coven*), wurde in einem engen Zusammenhang mit Heilquellen gesehen. Nach Margarete, einem althergebrachten Hexennamen, wurden ebenfalls Brunnen und Quellen benannt. Eine Legende aus Lancashire berichtet von einer Statue namens Peg of the Well (etwa: »der Nagel des Brunnens«); sie befand sich neben einer alten heiligen Quelle in Ribblesdals, und es hieß von ihr, daß sie alle sieben Jahre ein Menschenopfer forderte.[2] Kirchliche Vorschriften aus dem zehnten Jahrhundert verboten ausdrücklich die »Verehrung der Quellen«, aber das tat dem Brauch keinen Abbruch.[3]

Das dänische Gedicht vom *Wasser des Lebens* bezog sich auf den heidnischen Brauch der Auferstehung vermittels des Hileva (Hel-Eva) genannten Mutter-Symbols eines heiligen Brunnens. Mit Hilfe seines Wunderwassers fügte die göttliche Königin den zerstückelten Leib ihres Liebhabers – wie im Mythos von Isis und Osiris – wieder zusammen und schenkte ihm so aufs neue das Leben.[4] Die Quellgrotte von Lourdes war einst Schauplatz eines ähnlichen heidnischen Brauches, der nun – notdürftig umgedeutet – im Sinne der Kirche ausgeübt wird.

Im Jahre 1770 verbot der Kurat zu Bromfield heidnische Rituale, Totenwachen und Volksfeste an einer Quelle namens Hellywell (Quell der Hel).[5] Diese Zeremonien bestanden schon seit sehr langer Zeit und fanden ursprünglich auf dem Kirchhof statt; erst nachdem man sie dort nicht mehr duldete, wurden sie an der Quelle ausgeübt. Ein mittelalterliches Buch über das Leben der heiligen **Columba** erwähnt diese Rituale in Verbindung mit einem Quellen-Heiligtum, das »bei diesen heidnischen Leuten berühmt war und von den törichten Menschen durch die Blendung des Teufels wie ein göttliches Wesen verehrt wurde«.[6]

1. Rank, 73. 2. Phillips, 112, 160. 3. M. Harrison, 143. 4. Steenstrup, 186. 5. Hazlitt, 78, 6. Joyce 1, 366.

Var. Buanann

Buana

»Gute Mutter«, die irische Göttin in Gestalt einer Kuh, die an Hathor oder die kuhäugige **Hera** erinnert, die auch die irische Göttin Eriu (Eire) war.[1] Wie alle anderen Versionen der milchspendenden Mutter stand sie für Reichtum oder Fülle. Deshalb wurde ihr Name Ana ein Synonym für »Überfluß«.[2]

1. Graves, W. G., 414. 2. Joyce 1, 261.

Buddhismus

500 Jahre vor dem Christentum entstanden und weit bis in den Nahen Osten verbreitet, hatte der Buddhismus mehr Einfluß auf das frühe Christentum, als die Kirchenväter zugeben wollten, da sie die orientalischen Religionen allgemein als Teufelswerk ansahen.

Legenden und einzelne Sprüche, die vom Buddhismus abgeleitet sind, erscheinen in den Evangelien, verkleidet als »typisch christliche« Vorschriften, einschließlich der **Goldenen Regel**. Die Amogha-Schule des Buddhismus praktizierte einen strengen Moralismus, ein Leben der Armut und Keuschheit in Zurückgezogenheit von den weltlichen Belangen und erwartete die Ankunft eines Erlösers, der in naher Zukunft auf die Erde kommen würde.[1] Die buddhistischen Weisen lieferten die Modelle für die christlichen Wunder. Sie konnten auf dem Wasser gehen, in Zungen reden und in ihrer körperlichen Gestalt in den Himmel auffahren.[2] Die Jainas hielten den wahren buddhistischen »Helden« (*vira*) »nicht für den, der von großer körperlicher Kraft und Macht ist, der ein großer Esser und Trinker ist oder ein Mann von mächtigen sexuellen Energien, sondern für einen, der seine Sinne beherrscht, die Wahrheit sucht, immer in Anbetung versunken ist und der Wollust und allen Leidenschaften entsagt hat.«[3]

Buddha ist richtiger *der* Buddha, da Buddha nicht ein Name war, sondern ein Titel, der »Erleuchtete« oder »Gesegnete«, vergleichbar mit *Christos*, dem »Gesalbten«. Buddha hatte noch viele andere Namen, weil er schon in vielem Inkarnationen auf der Erde gelebt hatte. Selbst der Buddha, der vermutlich im 5. Jahrhundert v. Chr. aufgetreten ist, hatte verschiedene Namen: Gautama, Shakyamuni, Siddhartha – wobei letzteres wiederum kein Name, sondern ein Titel ist, »Reich an Yoga-Kraft«. Buddha wurde auf wunderbare Weise durch den Herrn der Heerscharen gezeugt und von der Jungfrau Maya geboren, derselben Großen Göttin, die in ganz Asien verehrt wurde und auch die Namen Maia, Marah, Mari oder Maria trug.[4]

Viele Buddhas, die bereits gekommen und wieder gegangen waren, waren Bodhisattvas oder Heilige, manchmal einfach als Buddha bezeichnet. Jeder Weise konnte ein Bodhisattva werden, indem er sich ganz einem heiligen Leben weihte. Aber ein wahrer Buddha bleibt noch zu erwarten und steht bereit, um zur Erde zurückzukehren: Maitreya, der Meister oder der zukünftige Buddha, vergleichbar jenem Wesen, das als Kalki bekannt war, der letzte Avatar des Gottes Vishnu, der beim Herannahen des Weltendes erscheinen würde. Die schließliche Ankunft des Erlösers würde das Ende der gegenwärtigen Welt ankündigen. Er würde die Gerechten richten und die Sünder vernichten und alles vorbereiten für die Schöpfung eines neuen Himmels und einer neuen Erde.[5]

Das waren grundlegende Vorstellungen des Christentums und des Buddhismus: einfach, leicht zu verstehen, dramatisch und mehr oder weniger in Übereinstimmung mit den Archetypen von Furcht und Hoffnung. Die subtileren Lehren des Buddhismus entwickelten sich wie die des Christentums offensichtlich aus einem Gruppendenken späterer Sekten, vor allem derer, die den asketischen Weg beschritten. Allerdings waren die Asketen – wieder wie im Christentum – nicht in der Lage, die reiche und farbige Sinnlichkeit des »heidnischen« Hinduismus auszulöschen. Obwohl der Buddha ihrer Meinung nach gesagt hatte, daß der wahre Weise nie eine Frau sehen oder mit ihr sprechen darf und daß er weibliche Wesen wie die Pest meiden soll, verstärkte sich innerhalb weniger Jahrhunderte die Verehrung der Göttin, und alle Bodhisattvas wurden mit Shaktis versehen, die sie zu ewiger sexueller Glückseligkeit im Himmel führen sollten. Der »tantrische« Buddhismus nahm das weibliche Prinzip wieder auf. Bis zur Ankunft des Islam war der ursprüngliche asketische Buddhismus weitgehend vergessen, außer bei einigen Gruppen von Eremiten. Ein weitverbreiteter Aphorismus besagte, *Buddhatvam yosidyonisamsritam*, »Buddhaschaft wohnt in der Vulva (Yoni)«.[6]

Die buddhistischen Legenden zeigen die ständigen Spannungen zwischen asketischen und sinnlichen Elementen. Buddha soll von seinem Bruder Nanda verlangt haben, daß er Mönch wurde. Nanda war aber zu sehr in seine schöne Gefährtin verliebt. Deshalb wandte Buddha einen Trick an. Er nahm Nanda mit zum Himmel und zeigte ihm die himmlischen Nymphen, die so begehrenswert waren, daß Nanda auf der Stelle die sterbliche Frau vergaß, die er geliebt hatte. Dann lehrte ihn Buddha, daß diese Himmelswesen nur durch ein Leben rigoroser Selbstverleugnung und Meditation gewonnen werden könnten. Nanda erklärte sich bereit, Mönch zu werden. Das asketische Leben trieb ihm bald alle Begierden aus, und er wurde so zölibatär, wie es Buddha gewünscht hatte – allerdings nur wegen seiner übergroßen Begierde nach einer transzendenten sexuellen Erfahrung![7]

Wie ihre westlichen Ebenbilder in späteren Jahrhunderten, bedrohten die buddhistischen Mönche die Göttin bewußt mit Zerstörung, obwohl sie in ihrer jungfräulichen Gestalt den Erlöser geboren hatte. In einer buddhistischen Hymne heißt es: »Diesmal werde ich dich restlos verschlingen, Mutter Kali; denn ich wurde unter einem schlimmen Stern geboren – und wer so geboren wurde, heißt es, wird seine Mutter auffressen.«[8]

Geschichten über Buddha und seine vielen Inkarnationen kursierten unablässig in der ganzen alten Welt, vor allem, seit die buddhistischen Mönche begonnen hatten, nach Ägypten, Griechenland und Kleinasien zu wandern, um dort vier Jahrhunderte vor Christus ihre Lehren zu verbreiten.[9] Asketen wie die Essener wurden von ihnen mit Sicherheit beeinflußt. Die Christen hörten immer wieder buddhistische Märchen und bauten sie relativ naiv in ihren eigenen Glauben ein. Buddha selbst kam als christlicher Heiliger in den Kanon – als der heilige Josaphat, eine verderbte Form von Bodhisattva – als Johannes Damascenus seine Lebensgeschichte im 8. Jahrhundert n. Chr. niederschrieb.[10] Dem christlichen Heiligen Buddha wurde ein Gefährte namens Baarlam an die Seite gegeben, der den indischen Prinzen zum christlichen Asketentum bekehrte, trotz aller Anstrengungen seines königlichen Vaters, diese Absicht zu vereiteln.[11]

Viele Gelehrte haben darauf verwiesen, daß die Grundsätze des Christentums zuerst die Grundsätze des Buddhismus waren; es ist aber ebenso wahr, daß die Zeremonien und Insignien beider Religionen einander ähnlicher waren, als beide zugeben wollten.

> *Der Buddhismus hat viel mit der römisch-katholischen Kirche gemein, er hat ein Fegefeuer, seine gnadenreiche Göttin und seine ausgefeilte Maschinerie, um die Toten durch die guten Dienste der Priester von Schmerzen und Elend zu*

befreien. Von den weiteren Ähnlichkeiten seien der Zölibat, der Gebrauch von Kerzen und Blumen auf dem Altar, Weihrauch, Weihwasser, Rosenkränze, Priesterroben, Reliquienkult, Heiligsprechung, der Gebrauch einer toten Sprache für die Liturgie und generell für Zeremonien genannt. Die Dreifaltigkeit des vergangenen, des gegenwärtigen und des zukünftigen Buddhas wird von manchen mit Vater, Sohn und heiligem Geist verglichen. Die unbefleckte Mutter Shakyamunis, deren Name Maya verblüffend dem der Maria ähnelt, der Mutter Jesu, muß ebenfalls festgehalten werden, während die Versuchung Buddhas durch Mara, den Bösen, auf dem Geierberg der vergleichbaren Versuchung unseres Herrn gegenübergestellt werden kann. ... Die Verehrung der Ahnen sieht in gewisser Weise dem Lesen von Messen für die Verstorbenen ähnlich, und früher einmal betrachteten die Jesuiten den Ahnenkult als eine harmlose Tradition und gestatteten ihn ihren Konvertiten. Schließlich ist der Dalai Lama als spirituelles Oberhaupt dem Papst sehr ähnlich.[12]

1. Woodroffe, 211. 2. Tatz & Kent, 167, 200; Wadell, 159.
3. *Mahanirvanatantra*, CXII. 4. *Larousse*, 348. 5. *Ebd.*, 374.
6. Campbell, Or. M., 302, 352. 7. Rawson, E. A., 184. 8. Wilson, 257.
9. Campbell, C. M., 146. 10. Muller, 313. 11. Attwater, 58. 12. Williams, 355.

Bugger

Das englische Wort *Bugger* für einen sexuell Abartigen kommt von »Bulgare«, französisch *bougre*. Die moderne Bedeutung leitet sich von der Anklage der römischen Kirche her, die mittelalterlichen Bulgaren hätten in ihren Kirchen sexuelle Perversionen praktiziert. Die bulgarischen Paulicianer wurden verdammt, weil sie sich dem römischen Papst nicht unterordnen wollten und Frauen gleichberechtigt zu kirchlichen Ämtern zuließen.[1]

Auch die bosnischen Patarenen wurden als Perverse bezeichnet, da sie ihre Nationalkirche nach dem Vorbild Bulgariens schufen. Um 1200 startete das Papsttum »einen grausamen Krieg gegen die bosnischen Patarenen, der zweieinhalb Jahrhunderte dauerte und schließlich auf der Seite der Patarenen zur Annahme des Islams führte und dazu, daß sie lieber Türken wurden, als sich dem Heiligen Stuhl zu unterwerfen«.[2]

Die Religionskriege stürzten den Balkan in ein soziales Chaos. Die Ketzer wurden wie Tiere gejagt und gefoltert. Das Land der häretischen Magnaten (Edelleute) wurde beschlagnahmt und ihren katholischen Feinden überlassen. Die Häretiker blieben ihrerseits bei der Auffassung, daß sie die einzig wahre christliche Nation seien. Unter dem anti-römischen Codex des Stephanus wurden katholische Priester, die versuchten, die Christen des Balkans wieder zum »römischen Glauben« zu bekehren, zu Kriminellen erklärt.[3] Diese Streitigkeiten und Konflikte haben bekanntlich bis in unser Jahrhundert überlebt.

1. Knight, D.W. P., 176. 2. Spinka, 147. 3. Ebd., 167f.

Bundeslade

Bei ihrer frühesten Erwähnung in der Bibel war die Bundeslade derart *sacer* (tabu, gefährlich), daß schon die bloße Berührung tötete. Während sie auf einem Ochsenkarren transportiert wurde, schwankte sie, weil die Ochsen ausbrachen. Die Bundeslade wäre fast zu Boden gestürzt, aber »Usa streckte seine Hand nach der Lade Gottes aus und faßte sie an.« (2. Samuel 6, 6). Trotz der guten Absicht Usas tötete Gott ihn auf der Stelle, da er es gewagt hatte, diesen heiligen Gegenstand zu berühren.

Bei der Rückkehr der Lade von den Philistern veranstaltete Gott ein unglaubliches Massaker und tötete 50000 Menschen, weil sie es in ihrer Freude gewagt hatten, die Bundeslade anzuschauen: »Der Herr aber strafte die Leute von Bet-Schemesch, weil sie die Lade des Herrn angeschaut hatten. Er erschlug aus dem Volk fünfzigtausend Mann. Da trauerte das Volk, weil der Herr einen so schweren Schlag gegen das Volk geführt hatte.« (1. Samuel 6, 19)

Sogar die Priester fürchteten die Macht der Lade und reinigten sich rituell, bevor sie sich ihr näherten, »damit sie nicht sterben« (Exodus 30, 20). Wasser stellte ein gebräuchliches Abwehrmittel gegen die zerstörerischen Kräfte heiliger Gegenstände dar. Philon von Byzanz sagt, daß die »Alten« stets Wasser für rituelle Reinigungen benutzt hätten, bevor sie die Tempel betraten. Außerdem drehten sie Gebetsräder, die aus Kupfer, dem der Aphrodite geweihten Metall, gemacht waren.[1]

Aus verschiedenen Gründen verlor Gott zur Zeit Jeremias sein Interesse an der Bundeslade: »In jenen Tagen, wenn ihr euch im Land vermehrt und fruchtbar seid – Spruch des Herrn –, wird man nicht mehr rufen: Die Bundeslade des Herrn! Sie wird niemand in den Sinn kommen; man denkt nicht mehr an sie, vermißt sie nicht und stellt auch keine neue her« (Jeremia 3, 16).

Der wahrscheinliche Grund für den Sinneswandel Gottes war eine Reformbewegung, die den Tempel von sexuellen Symbolen reinigen wollte. Die Laden oder *cistae* der Griechen und Syrer trugen Embleme von Lingam und Yoni, zum Beispiel Eier und Schlangen, Lehm- oder Teigmodelle der Genitalien. Nach der rabbinischen Tradition enthielt die Bundeslade ein Hexagramm, das die sexuelle Vereinigung von Gott und Göttin symbolisierte. Diese Bedeutung trug das Hexagramm auch in Indien.[2] Demnach war die Lade ein weibliches Gefäß für einen männlichen Gott. **Maria**, die spätere Gestalt der Gefährtin Gottes, wurde oft als »Gefäß« bezeichnet.

Das semitische *arek*, »Lade, Truhe«, leitet sich von dem indischen Argha, »großes Schiff« her (Arche!), das als Metapher für die Große **Yoni** benutzt wurde: ein weiblich-sexuelles Gefäß, das den Samen des Lebens durch den Ozean des Chaos von der Zerstörung des einen Kosmos zur Erschaffung des nächsten trägt.[3] Aus derselben Wurzel kommt das Wort »arkan«, wörtlich: die dunkle oder zunehmende Mondphase. Das Mondboot, bestehend aus der zunehmenden Sichel, symbolisierte den Geist der Göttin, der auf dem ursprünglichen Gebärmutter-Blutozean tanzt, dessen geronnenes Blut das Land und die Bewohner eines neuen Universums bildet. Noahs Version der Arche kam über Sumer und Babylon nach Palästina (siehe **Flut**), wurde aber durch die jüdischen Patriarchen, die eifersüchtig darauf achteten, daß das weibliche Prinzip ausgelöscht wurde, gründlich neu-interpretiert.

1. Sprague de Camp, A. E., 122. 2. Silberer, 197. 3. Jobes, 121.

Buto

Griechischer Name für die ägyptische Schlangengöttin Per-Uatchet, auch Uräus, Anqet, Iusaset, Mehen die Umschlingende usw. genannt.[1] Gemeinsam mit der Geiergöttin Nekhbet regierte sie die beiden Reiche in Gestalt der Nebti, der Zwei Herrinnen.[2] Wie die Zwei Herrinnen des antiken Nahen Ostens waren sie die Zwillingsgeister von Geburt und Tod. (Siehe **Schlange**.)

1. Norman, 48; Budge, G. E. 2, 57. 2. *Larousse*, 29.

Byblos

Ältester und berühmtester Sitz der semitischen Großen Göttin, die unter den Namen Mari, Astarte, Aschtoret, Ishtar, Isis oder Hathor bekannt war. Das griechische Wort für »Bücher«, *biblos* leitete sich vom Namen dieser Stadt ab, weil die frühesten Büchereien (Bibliotheken) mit dem Tempel der Göttin verbunden waren (siehe **Bibel**). Die Könige von Byblos erhielten ihr Mandat von der Göttin, bevor sie ihre Herrschaft antraten. So sagte zum Beispiel König Yehawmilk, daß sie ihn und seine Vorgänger auf den Thron erhoben habe. Wenn sie als Herrin angerufen wurde, »hörte sie meine Stimme und behandelte mich gnädig«. Der König bat sie um ihren Segen und darum, daß sie seine Jahre in Byblos verlängern möge.

Vor kurzem stellte sich heraus, daß die früheren Gelehrten die Worte »Herrin von Byblos« in aramäischen Texten, die sich auf die Göttin bezogen, falsch als »Herr von Byblos« gelesen hatten.[1] In Wirklichkeit hatte es in Byblos nie einen Gott gegeben, dessen Macht an die der vielnamigen Herrin heranreichte.

1. Pritchard, A. N. E. 1, 215, 221.

Cäcilia, Heilige

Mythische Heilige, deren Legende sich auf einigen Knochen gründete, die Papst Paschalis I. in einer römischen Katakombe gefunden hatte, die Kallistus-Katakombe hieß, wahrscheinlich nach Artemis Kallisto, der Muse der Musik, die auch das Spezialfach der »heiligen Cäcilia« wurde.[1] Angeregt von der vorherrschenden Sucht nach Reliquien (im 9. Jahrhundert n. Chr.), erklärte der Papst unverzüglich, daß Cäcilia eine jungfräuliche Märtyrerin des 2. oder 3. Jahrhunderts gewesen sei, die zu Tode gequält wurden, weil sie ihren heidnischen Bräutigam am Tag der Hochzeit zurückgewiesen hatte. Der Papst befahl, sie sofort heilig zu sprechen.[2]

Der Name Cäcilia bedeutet »Lilie des Himmels« und ist ein anderer alter Titel der Großen Göttin.[3]

1. *Encyc. Brit.*, »Cecilia«. 2. Attwater, 81. 3. Chaucer, 454.

Caduceus

Einige gnostische ChristInnen verehrten die **Schlange**, die an einem Kreuz, Stab oder Lebensbaum hing. Sie nannten sie »Christus der Retter«, welches auch ein Titel des Hermes war, der Weisen Schlange, dargestellt durch seinen eigenen heiligen Caduceus, das Zepter mit den zwei Schlangen. Dies war eins der ältesten und ehrwürdigsten heiligen Symbole. »Die übliche mythologische Assoziation mit der Schlange ist nicht, wie in der Bibel, Verderben, sondern körperliche und geistige Gesundheit, wie im griechischen Caduceus.« Für die SumererInnen war die Schlange ein Sinnbild des Lebens, das auf Kunstwerken wie der Trankopfertasse von Gudea, ca. 2000 v. Chr., dargestellt wurde. Im prähellenischen Griechenland wurde der Caduceus in Heiltempeln wie denen von Asklepios, Hygieia und Panacea zur Schau gestellt. Aus diesem Grunde ist er immer noch ein internationales Symbol für den medizinischen Beruf. Der Caduceus wurde auch in aztekischen Sakralkunstwerken gefunden, wo er wie eine Schlangengottheit auf einem Altar thront. Auch die nordamerikanischen Indianer kannten ihn. Ein Navaho-Medizinmann berichtete, die heilige Höhle seines Volkes hätte einst als Besonderheit »eine Steinschnitzerei von zwei verflochtenen Schlangen, deren Köpfe nach Osten und Westen zeigten« enthalten.[1]

Die hinduistische Symbolik setzte den Caduceus mit dem bedeutendsten Energiekanal des menschlichen Körpers gleich, der Wirbelsäule, umschlungen von zwei geheimnisvollen Schlangen wie die genetische Doppelhelix: *ida-nadi* zur Linken, *pingala-nadi* zur Rechten.[2]

Moses Messingschlange an einem Stab, von derem bloßen Anblick die Israeliten geheilt wurden, war vermutlich ein vorbeugender Caduceus (Numeri 21, 9). Er wurde Nehuschtan genannt und während der Herrschaft Hiskijas im Allerheiligsten verehrt (2. Könige 18, 4). (Siehe **Hermes**.)

1. Campbell, M. I., 282ff., 286ff., 294f.. 2. Evans-Wentz, 215 (dt. 297).

Caillech

Alter keltischer Name für Kali als die Alte, die Große Göttin in ihrem Vernichtungsaspekt. Wie Kali war auch Caillech eine schwarze Mutter, die viele Menschenrassen begründete und viele Ehemänner überlebte. Sie war auch eine Schöpferin. Sie erschuf die Welt, indem sie Bergketten aus Steinen errichtete, die aus ihrer Schürze fielen.[1]

Schottland wurde einst Caledonia oder Kaledonien genannt: das Land, welches von Kali, Cale oder Caillech gegeben war. »Schottland« kam von Scotia, derselben Göttin, die den Römern als eine »dunkle Aphrodite«, den KeltInnen als Scatha oder Scyth und den Skandinaviern als **Skadi** bekannt war.[2]

Wie die hinduistische zerstörerische Kalika war Caillech ein Sinnbild der Krankheit. Es gab von ihr ein berühmtes Götzenbild aus geschnitztem und bemaltem Holz, welches von einer alten Familie in County Cork aufbewahrt und als die Göttin der Pocken bezeichnet wurde. So wie erkrankte Personen in Indien der entsprechenden Verkörperung der Kalika Opfer brachten, so opferten in Irland die von Pocken Gepeinigten diesem Bildnis Schafe.[3] Es kann kaum bezweifelt werden, daß Kalika und Caillech eng verwandte Worte waren.

Nach den unterschiedlichen Auslegungen bedeutete *Caillech* entweder eine alte Frau, eine Hexe, eine Nonne oder »eine Verschleierte«.[4] Letzteres bezog sich offensichtlich auf das geheimnisvollste Erscheinungsbild der Göttin als Zukunft, Schicksal und Tod – immer verhüllt vor dem menschlichen Blick; deshalb kann kein Mensch die Art und Weise seines eigenen Todes wissen.

In der mittelalterlichen Sage wurde Caillech die Schwarze Königin, die ein westliches Paradies in Indien beherrschte, in dem die Männer nach Amazonenart nur zu Zeugungszwecken benutzt und dann ermordet wurden. Die SpanierInnen nannten sie Califia, deren Hoheitsgebiet reich an Gold, Silber und Edelsteinen war. Spanische Entdecker gaben später ihren Namen dem gerade erst entdeckten Paradies an der Pazifikküste von Nordamerika, weshalb der Staat Kalifornien nach Kali benannt ist.

Im gegenwärtigen Jahrhundert benutzen irische und schottische Nachfahren der keltischen »Schöpferin« immer noch das Wort *Caillech* als ein Synonym für »alte Frau«.[5]

1. Rees, 41. 2. Graves, W. G., 131. 3. Squire, 413. 4. Joyce 1, 316.
5. Frazer, G. B., 467 (dt. 587).

Carna

Var. Car-Dia, Cardea, Carmenta, Carna usw.

Die Göttin Carna, Kore, Ker, Q're oder Cerdo. Eine der am weitesten verbreiteten Namensformen der indoeuropäischen Göttin. Ihre heilige Stadt auf Sardinien war Caralis, das heutige Cagliari.[1] Ihre heilige Stadt auf der Malaiischen Halbinsel war Cardia, »die Göttin Car«. Der gallische Stamm der Carnuten stammte angeblich von ihr ab; Chartres war nach ihr benannt. Als Carna und Carmenta wurde sie zur etruskisch-römischen Mutter des »Karnevals«, des »Charmes« und damit der Zauberei (auch im Deutschen kann jemand, der »charmant« ist, »bezaubernd« sein) und der Buchstaben des Alphabets.

Zur Zeit Alexanders des Großen hieß Persien auch Carmania, »Car, der Mond«.[2] Irische Legenden berichten, daß aus diesem Land drei mächtige Zauberer gemeinsam mit ihrer Mutter Carman, offensichtlich einem Bild der Göttin nach Erin (Irland) kamen. Später wurden die Zauberer vertrieben, aber sie ließen ihre »Mutter« zurück.[3]

1. Massa, 43. 2. B. Butler, 137. 3. Spence, 150.

Ceres

Zeichen der Ceres

Lateinische Form der Großen Göttin, verwandt mit der griechischen Kore oder Core, die mit Demeter als Mutter Erde gleichgesetzt wurde. Als erdbeherrschender Aspekt der Göttinnen-Triade wurde Ceres mit Juno als Königin des Himmels und Proserpina als Königin der Unterwelt kombiniert. Sie wurde Ceres Legifera genannt, »die gesetzgebende Ceres«. Ihre Priesterinnen galten als Begründerinnen des römischen Rechtssystems.[1]

Ceres beherrschte durch die ihr geweihten *matronae* Rom während der dunklen vierhundert Jahre vor 200 v. Chr.; die schriftlichen Aufzeichnungen aus jener Zeit wurden von späteren, patriarchalischen

Historikern zerstört, welche lediglich einen Rest an Mythen und religiösen Bräuchen mit vagen Erklärungen übrigließen.[2] Die Bauern betrachteten sie als Quelle aller Nahrung und bewahrten ihre Riten aus Angst vor Mißernten getreu.

Das galt nicht nur für die römischen Bauern, sondern auch für die christlichen. Das größte Fest der Ceres im Jahreslauf, die Cerealia, wurde in Großbritannien beinahe bis heute begangen. Ein Bericht aus der Grafschaft Murray aus dem 19. Jahrhundert sagt, daß »Mitte Juni die Bauern im Andenken an die Cerealia mit brennenden Fackeln um ihre Felder herumgehen«.[3]

1. Bachofen, 192. 2. Dumézil, 10. 3. Hazlitt, 101.

Var. Cerunnos

Cernunnos

Keltische Version des gehörnten Gottes, der in sakralen Darstellungen mit Geweihstangen abgebildet wurde, die an seinem Kopf befestigt sind, während er wie ein Yogi den Lotossitz einnimmt.[1] Diese kontemplative Haltung war für die gallo-römischen Gottheiten des ersten Jahrtausends v. Chr. typisch.[2] Cernunnos war ein Gefährte der Mondgöttin, deren römischer Name Diana mit dem Sanskritwort *dhyani* verwandt sein könnte, der »Versenkung«.[3] Mittelalterliche Erzählungen sprechen von heidnischen Heroen, die gottähnliche Kräfte erwarben, als sie bei der »Kontemplation« der Göttin als Geliebte in Trance fielen.[4]

1. Campbell, Or. M., 307. 2. *Larousse*, 232. 3. Campbell, Or. M., 440.
4. Goodrich, 69.

Var. Cerdo

Cerridwen

Keltischer Name der Dreifachen Göttin, vor allem als furchteinflößendes Todes-Totem, eine weiße, leichenfressende Sau, die den Mond symbolisierte. Sie war mit der syrischen Astarte und der griechischen Demeter identisch, die beide als Säue dargestellt wurden. Das gleiche gilt für Freya, die unter anderem einen Titel trug, der mit dem von Cerridwen verwandt war: Syr, »Sau«.[1]

Cerdo ist das spanische Wort für Schwein. Die Erntetänze der spanischen Bewohner der Pyrenäen hießen *cerdaña*, »Schweinetänze«. Sie wurden zu Ehren der Göttin aufgeführt, die als »die Quelle des Lebens und Gefäß des Todes« das Leben gab und wieder nahm und die Seelen erntete.[2] Eine Gegend in den Pyrenäen, in der vor allem Weizen wuchs, wurde von der ihr geweihten Stadt Puigcerdá, Cerdos Hügel, beherrscht.[3] Ihr Kult geht wahrscheinlich auf die prähistorischen Tempel von Malta zurück, in denen es Bilder der Göttin in Gestalt einer Sau gab.

Die walisischen Barden, die Begräbniselegien komponierten, nannten sich selbst *cerddorion*, Söhne der Cerridwen oder Cerdo. Ihr größter Heros, **Taliesin**, einer der Erfinder ihrer Kunst, war angeblich von Cerridwen geboren und mit einigen kostbaren Tropfen der magischen Inspiration aus ihrem **Kessel** behandelt worden.

1. Turville-Petre, 168. 2. Baring-Gould, C. M. M. A., 621. 3. Graves, W. G., 58f.

Chad, Heiliger

Legendärer Bischof von Mercia, angeblich ein Anhänger der heiliggesprochenen Prinzessin Wereburg (siehe **Kloster**). Wahrscheinlich hat er niemals gelebt. Sein »Bruder«, der heilige Cedd, soll Bischof von London gewesen sein, aber beide, Chad und Cedd, waren Varianten des heidnischen Gottes Ceadda, der mit magischen, heilenden Quellen assoziiert wurde. Im Runenkalender war das Emblem des heiligen Chadd ein Palmzweig oder der Baum des Lebens.[1]

Eine heidnische Gottheit namens Chaddi wird heute noch von den Samojeden verehrt, die offiziell, solange es ihnen gut geht, Christen sind, aber in schwierigen Zeiten zu ihrem eigenen Gott Chaddi zurückkehren. »Bei Nacht werden in alten Steinkreisen heidnische Gottesdienste abgehalten, und alle Bilder von Chaddi werden sorgfältig vor den Blicken abgeschirmt. ... In diesen Steinkreisen wurden früher Menschenopfer dargebracht, mit denen die Eingeborenen Chaddi gnädig stimmen wollten.«[2]

1. Brewster, 122. 2. Johnson, 139.

Chakra

Tantrische Bezeichnung für den magischen Gebetskreis, den abwechselnd Männer und Frauen nach Art der **Ei-und-Stab-Leiste** bilden; außerdem einer der »Ringe« oder Räder oder Blüten als Stufen der Erleuchtung, die als Kelche visualisiert wurden, welche in oder an der Wirbelsäule übereinanderliegen, wo sich die innere Schlangengöttin Kundalini vom Becken her zum Kopf hinauf entrollt. Dieser Aufstieg der Chakren entsprach verschiedenen Stufen der initiatorischen Belehrung, von denen jede in einem magischen Kreis stattfand, dessen Mitglieder sich gemeinsam um Verständnis bemühten.

Das Chakra war im wesentlichen mit dem *halka* der Sufis identisch, dem »magischen Kreis«, der als zentrale und grundlegende Einheit des Sufismus gilt.[1] Der Zweck eines sorgfältig geleiteten Chakras war, daß sich alle Teilnehmer so fühlten, »als ob die Shakti ihre eigene Mutter war, die sie geboren hatte«.[2] Sie war eine Mutter-Braut, deren spürbare Anwesenheit beide Aspekte von Göttin und Frau vereinigte. Im klassischen Chakra hatte jeder Mann seine Frau oder seine Shakti zur Linken, während der Leiter des Chakras mit seiner Shakti den Mittelpunkt des Kreises besetzte.[3] Manche heidnischen Religionen in Europa haben diese Anordnung bewahrt; sie wurde möglicherweise auch zum Grundmuster der im Kreis getanzten Volkstänze wurde.

1. Shah, 21. 2. Woodroffe, 166. 3. *Mahanirvanatantra*, CXXI.

Chaldäer

»Mond-Anbeter«, ein verbreiteter Name für die Astrologen des Zweistromlandes, die die Bewegungen des Mondes im Verhältnis zu den Sternen studierten.[1] Weil die magischen Kräfte der Chaldäer fast überall in der alten Welt Respekt hervorriefen, machten die Schreiber der

Bibel Abraham zum Chaldäer (Genesis 11, 28). Derselbe Name wurde noch im 15. Jahrhundert n. Chr. auf Astrologen und Zauberer angewendet.[2]

1. Briffault 2, 600. 2. Lea ungek., 772.

Chaos

Griechisches Wort für das undifferenzierte Durcheinander roher Elemente, das sich vor der Erschaffung und nach der Zerstörung jedes aufeinanderfolgenden Universums im Leib der Weltgöttin befinden soll. Damit war die Göttin selbst in ihrem Zustand des »ewigen Flusses« gemeint, als die Flüssigkeit ihres Schoßes noch nicht zur Bildung einer festen Welt verklumpt war. Das Chaos wird in der Bibel als der Zustand der Welt vor der Schöpfung mit den Worten »wüst« und »leer« beschrieben (Genesis 1, 2). (Siehe **Weltgericht, Tiamat, Tohuwabohu**.)

Chariten

»Grazien«, die himmlischen Spenderinnen der *charis* (lateinisch *caritas*), der Gnade von Mutter Aphrodite, die in der Bibel entweder mit »Liebe« oder »Nächstenliebe« (1. Korinther 13) wiedergegeben wird. Die Chariten waren alte Manifestationen der Dreifachen Göttin. Nach Pausanias wurden sie in Orchomenos in Gestalt dreier aufrecht stehender Steine verehrt.[1] Der klassische Mythos ihres Nymphenseins beschreibt sie nur vage; auch ihre christianisierte Form, die heilige Caritas bleibt undeutlich. (Siehe **Gnade; Sophia, Heilige**.)

1. Dumézil, 166.

Charme

Das eingedeutschte Wort für »Anmut, Liebreiz, Zauber« wurde im 18. Jh. aus dem Französischen entlehnt und leitet sich vom lateinischen *carmen* ab, einer heiligen Anrufung der Göttin Carmenta, Erfinderin des Alphabets und der »Worte der Macht«.[1] Ein *carmen* im Sinne einer Beschwörung spiegelte den uralten Glauben der Männer wider, daß die Frauen Gewalt über die Körper und Seelen der Männer hätten, weil sie gesungene oder gesprochene Zauberformeln beherrschten, mit denen die Hilfe der Göttin angerufen wurde. Dieser Glaube war nicht ganz unlogisch, denn die angerufene Göttin war die Natur, und die Natur verursachte die Zeichen sexueller Anziehung, einschließlich Verliebtheit und der Peniserektion, so daß sich der Mann wie ein hilfloses Opfer unbekannter Kräfte fühlen mußte.

Deshalb war alles, was einen Mann fühlen ließ, daß er zu einer Frau hingezogen wurde, gleichbedeutend mit Zauberei: der Charme der Frau, die Bezauberung, die von ihr ausging, mit der sie den Mann verhext hatte, daß er wie ein Schlafwandler umherirrte; und auch der moderne »Glamour« der Filmstars, jedenfalls in seiner uralten Bedeutung, war der Zauberspruch, den die Fee Morgan von »Glamorgan« gesprochen hatte. Das Britische Parlament beschloß 1770 ein seltsames

Gesetz, das Hinweise auf genau diese archetypische Angst liefert: Es verbot den Frauen, Männer durch irgendein künstliches Hilfsmittel wie falsches Haar, eiserne Korsettstangen, hochhackige Schuhe oder Parfüm in die Ehe zu »locken«. Wenn ein Ehemann nachweisen konnte, daß seine Frau solche Hilfsmittel angewandt hatte, wurde die Ehe für nichtig erklärt und die Frau »zog sich die Strafen des Gesetzes zu, die gegen die Hexerei vor kurzem verschärft worden sind«.[2]

Auch der Gesang von Frauen war im hohen Maße verdächtig, da es die klassische Methode war, einen Zauber zu sprechen. Das französische *enchanter*, »verzaubern, bezaubern«, kam vom lateinischen *incantare*, was ursprünglich »hineinsingen« meinte, später aber »durch Zaubersprüche weihen« bedeutete.[3]

1. Potter & Sargent, 49. 2. Murstein, 227. 3. Funk, 254.

Charon

In der klassischen Mythologie der Fährmann über den Styx und wie Hermes, Führer der Seelen in die Unterwelt. Die Toten wurden mit Münzen im Mund oder auf den Augen begraben, damit sie den Fährlohn an Charon bezahlen konnten. Auch die Chinesen gaben Geld mit in die Gräber, damit die Toten den Fluß der Unterwelt überqueren konnten. Auf dem Balkan gab es den Glauben, daß eine Frau ihren Ehemann »blind wie einen Leichnam« für ihren Ehebruch machen konnte, wenn sie ihm Wasser zu trinken gab, in dem Münzen von den Augen eines Toten gewaschen worden waren.[1] Der Fährlohn für Charon wurde als St. Peterspfennig christianisiert: Es war das Bestechungsgeld für den heiligen Petrus, damit er die Himmelstore öffnete.[2] In Griechenland fand Charon eine neue Existenz als heiliger Charus, Begleiter und Führer der Seelen in die »untere Welt«, die Heimstatt der Toten.[3]

1. Frazer, F. O. T., 35. 2. Halliday, 50. 3. Hyde, 206, 213.

Cherub

Hebräisch *kerubh*, die totemistischen Tiergottheiten Babylons, die Adlerflügel, Löwentatzen, Stierköpfe und Schlangenschwänze in sich vereinigten: Tiersymbole der vier Jahreszeiten, der Himmelsrichtungen und der Elemente. Die *kerubim*, die die Tore des Garten Eden und den Thron Gottes bewachten, waren den nackten, mit Flügelchen versehenen Kindergestalten der barocken und romantischen Kunst nicht besonders ähnlich, obwohl auch sie *Kerubim* oder *Cherubim* genannt wurden. Als Priester, die mit Tiermasken und Tierkostümen verkleidet waren, stammten die *kerubim* wahrscheinlich von den *mu-karribim*, den »eng Verwandten«, im alten Saba ab, Wächtern des Heiligtums der Mondgöttin in Marib.

Chicomecoatl

Mexikanische Göttin, die der Demeter ähnelte und Herz der Erde genannt wurde, Urahnin aller Menschen. Kein Gott konnte sich mit ihrer

Macht vergleichen. Sie wurde normalerweise von einem jungen Erlösersohn begleitet, einem Fruchtbarkeitsopfer. Ihre engelsgleichen Boten waren sieben Schlangen.[1]

1. Neumann, G. M., 182.

Chidambaram

Tantrisches Konzept vom Zentrum des Universums, wo Shiva seinen ewigen Tanz des Lebens vollführt. Dasselbe Zentrum war ein mythisches Modell des Herzens als Zentrum des Körpers, der Herzschlag war der Tanz, denn Chidambaram existierte »mitten im Herz«.[1] Das Herz des gesamten Kosmos war mit der Herzhöhle identisch, »wo das wahre Selbst ist«.[2] Es war ein anderer Ausdruck für den Glauben des Ostens an die Identität von Selbst und Gottheit. (Siehe **Antinomismus, Herz**.)

1. Ross, 32. 2. Menen, 70.

Chimalmam

Jungfräuliche Mutter des aztekischen Erlösers Quetzalcoatl. Sie war eine von »drei göttlichen Schwestern«, welche mit der Dreifachen Göttin identisch waren, die überall auf der Welt als Jungfrau, Mutter und altes Weib verehrt wurden. (Siehe **Trinität**.)

Chione

»Schneekönigin«, ein griechischer Titel für eine der drei **Horen**, eine unantastbare jungfräuliche Göttin der hohen Berge, Vorbild für die mittelalterliche Fee »Virginal die Eiskönigin«. Sie wurde von den Christen auch als »jungfräuliche Märtyrerin« kanonisiert.

Chomolungma

»Göttin, Mutter des Universums«, der wahre Name des höchsten Berges der Welt, der von westlichen Menschen nach einem Mann Mount Everest benannt wurde. Diesen maskulinen Namen erhielt die Göttin Mutter von fremden Invasoren, die es vorzogen, alle Dinge mit patriarchalischen Namen zu versehen.[1]

1. *Encyc. Brit.*, »Everest, Sir George«.

Christina, Heilige

Eine weitere, apokryphe »jungfräuliche Märtyrerin«, deren Legende ausschließlich auf ihrem Namen fußt, der »eine Christin« bedeutet. Ihre Geschichte war eines dieser sadistischen Wundermärchen, an denen sich die Christen erbauten, und in denen eine Marter durch die nächste noch übertroffen wurde, erdacht von einer Fantasie, die jeden Blick für die natürlichen Leidensgrenzen des Körpers verloren hatte.

Weil sie sich geweigert hatte, den heidnischen Göttern Weihrauch zu opfern, wurde Christina von ihrem Vater in einen Turm gesperrt. Sie wurde mit Stöcken geschlagen, dann mit Haken zerrissen, und ihre Glieder wurden gebrochen. Unverzagt nahm sie Stücke ihres eigenen Fleisches, warf sie ihrem Vater ins Gesicht und sagte: »Ja, Tyrann, nimm und friß das Fleisch, das du selbst gezeugt hast.« Da ließ ihr Vater sie mit Öl besprengen und röstete sie auf einem Feuerrad. Danach wurde sie mit einem Stein um den Hals ins Meer geworfen. Engel retteten sie, und sie kehrte zu ihrem Vater zurück, der vor Enttäuschung tot umfiel.

Christinas Martern wurden von einem Richter namens Elius fortgeführt, der befahl, sie in eine rotglühende, eiserne Wiege zu legen. Ihr nächster Richter, Julianus, warf sie in einen brennenden Ofen, den sie nach fünf Tagen unverletzt wieder verließ. Dann wurden ihr giftige Schlangen um den Hals gelegt. Anschießend wurden ihr Brüste und Zunge abgeschnitten. Sie nahm die Zunge und warf sie Julianus ins Auge, das dadurch erblindete. Schließlich tötete Julianus sie, indem er drei Pfeile auf sie schießen ließ.[1] Dabei kann es sich nur um eine magische Form von Zerstörung gehandelt haben, denn Christina hatte bis zu diesem Zeitpunkt zur Genüge ihre Unverwundbarkeit gegenüber jeder normalen Hinrichtungsmethode demonstriert.

1. Jacobus d. V., 366ff. (dt. 267ff.).

Christus

»Der Gesalbte«, ein Titel vieler Opfergötter des Vorderen Orients – Attis, Adonis, Tammuz, Osiris –, abgeleitet vom Kult der Heiligen Hochzeit. Im Osten wurde der *Lingam* oder eregierte Penis der Götterstatue mit heiligem Öl (griechisch *chrisam* oder *chrisma*) gesalbt, damit er seine Braut, die von einer Tempeljungfrau verkörpert wurde, leichter penetrieren konnte.[1] Vor der Salbung mit Öl wurde der Phallus des Gottes häufig mit Pigmenten, Wein oder Blut – vor allem mit dem **Menstruationblut** seiner Braut – in der Farbe des Lebens angemalt.[2] Weil das Königtum einst auf der Heiligen Hochzeit beruht hatte, wurde das Salben zum offiziellen Ritus bei der Einsetzung des Königs und seines Stellvertreters. In der Salbung lag die Verheißung der Göttlichkeit.

Die Worte des Psalmisten, »Du salbest mein Haupt mit Öl«, kommen von dem alten Brauch, den Penis des Gott-Königs zu salben, wobei »Haupt« ein verbreiteter Euphemismus war. Bei königlichen Hochzeiten wurde das Haupt des Königs wie in der hinduistischen *svayamara*-Zeremonie mit einem Blumenkranz gekrönt, und Blumen waren in der Sprache der Bibel ein Symbol des Menstruationsblutes. Bei den Heiden entjungferten sich die Tempeljungfrauen selbst auf dem geschnitzten Phallus des Gottes und krönten im selben Augenblick sein Haupt mit Blumen.[3] Schließlich wurde aus dem Salben des Penis das Salben des Hauptes, denn die Hochzeitsriten wurden aus den öffentlichen Opferungen des Erlösers, Heilands, Sohnes Gottes usw. verbannt. Wie der Christus des Neuen Testaments wurde er nur für sein Begräbnis »gesalbt«: also für seine Hochzeit mit der Erde (Johannes 12,7). Jesus wurde zum *Christos*, dem Gesalbten, als er von Maria, der Magdalena oder Tempeljungfrau (Matthäus 26, 12), für das Begräbnis gesalbt wurde. Maria Magdalena verkündigte auch seine Auferstehung (Markus 15,47).

Bei den Essenern war ein *Christos* ein Priester, ein besonders auserwählter Sündenträger oder Erlöser: einer, der für die Sünden der anderen litt.[4] Bei den slawischen Völkern bedeutet *Christos* oder *Krstnk* einen Opferheros und einen »Verfluchten«, nach der alten Praxis, den Sündenbock mit einem formellen Fluch zu belegen, bevor er geopfert wurde.[5] (Siehe **Erstgeborener, Königtum**.)

1. Rawson, E. A., 29. 2. G. R. Scott, 187; Edwardes, 50. 3. Legman, 661.
4. Pfeifer, 133. 5. Leland, 145.

Chtonia

»Die Unterirdische«, ein Beiname der Schwarzen Demeter, der Kybele und anderer Unterweltformen der Großen Göttin; auch auf männliche Götter in ihrem unterweltlichen, düsteren Aspekt als Herren der Toten angewendet, zum Beispiel Zeus Chthonios oder chthonischer Apollon.

Cinderella

Siehe **Aschenputtel**

Coatlicue

»Herrin des Schlangenschurzes«, Mutter aller aztekischen Gottheiten wie auch der Sonne, des Mondes und der Sterne. Sie brachte alles Leben auf der Erde hervor und nahm die Toten wieder in ihren Körper auf. Sie wurde mit vulkanischen Bergen in Verbindung gebracht. Wie Kali trug sie eine Halskette aus Schädeln und einen Schurz aus Schlangen oder aus den abgeschnittenen Penissen ihrer kastrierten Erlöser-Liebhaber. Ihre Tochter Xochiquetzal, die mexikanische Aphrodite, war eine Göttin aller Frauen.

Columba, Heilige

»Heilige Taube«, eine Pseudo-Heiligsprechung der Aphrodite als »jungfräuliche Märtyrerin« Columba von Sens.[1] In den keltischen Mythen heißt sie Colombe und ist die yonische Geliebte von Lancelot als Blitzstrahl, dem Phallus des Himmels.[2]

1. Attwater, 92. 2. Malory 1, 377.

Corona, Heilige

Fälschliche Heiligsprechung des Ausdrucks *sancta corona*, heilige Krone, eine frühchristliche Bezeichnung für das Martyrium. Vielleicht mit der Göttin Coronis verwechselt, der jungfäulichen Mutter des Gottes der Heilkunst, Asklepios.

Coventina

»Mutter der Hexensabbate« (engl. *coven* ist der Hexensabbat oder eine Versammlung von Hexen), ein verbreiteter Name für die keltische Göttin als Schutzpatronin heilkräftiger Brunnen und Quellen.[1] Eine Versammlung von dreizehn Hexen sollte die dreizehn Mondmonate darstellen. Das Wort *coven* kommt vielleicht vom maurisch-spanisch-baskischen *kaftan*, einer zeremonielle Robe; sie wurde bei heiligen Tänzen getragen, welche in Gruppen zu je dreizehn aufgeführt wurden.[2] Während der Hexenverfolgung wurde der Name natürlich auf alle Formen der Göttin angewendet.

1. Phillips, 112. 2. Ravensdale & Morgan, 153.

Crann Bethadh

Im keltischen Mythos war Crann Bethadh der phallische Baum des Lebens, gepflanzt im yonischen Heiligtum im Mittelpunkt der Welt. Er war vergleichbar mit Yggdrasil, dem Stein von Fal, Irminsul, der *axis mundi* und vielen anderen Versionen des kosmischen Phallus.

Creiddylad

Walisischer Name für die Maikönigin, eine der »drei Schwestern« (die Dreifache Göttin), zu deren Ehre bis zum Ende der Welt jedes Jahr am ersten Mai zwei Heroen einander bekämpften. Sie ist mit Shakespears »Cordelia« identisch. (Siehe **Gwyn**.)

Crispinus, Heiliger

Römischer Schutzgott der Schuhmacher, durch eine »sehr späte und im Grunde wertlose« Legende in einen christlichen Heiligen verwandelt.[1] Der 25. Oktober, der Feiertag der Schuhmacher in der heidnischen Religion, wurde als Tag des heiligen Crispin übernommen.[2] Er ist immer noch der Schutzpatron der Schuhmacher, und sein Symbol ist ein Schuh.

1. Attwater, 94. 2. Lys, 182.

Cuchulain

Keltischer sterbender Gott, Sohn Gottes, geboren von einer Jungfrau, wiedergeboren als Vater und Sohn. Von ihm hieß es, er sei gezeugt »von einem Mann, der kein Mann war; sein Vater wurde als Kind von seiner Mutter großgezogen, als Kind, das starb und nicht starb«.[1] Mit anderen Worten: Er war eine vorchristliche Christusgestalt, von Gott mit der »Mutter Gottes« gezeugt, eines Wesens mit seinem eigenen Vater.

Cuchulain wurde von der Göttin Macha mit dem Todesfluch belegt und starb an eine heilige Säule gefesselt, von Pfeilen durchbohrt, während sein Blut den Boden befruchtete. Andere keltische Heroen starben ebenso. Ihre Bilder wurden manchmal als Bilder des heiligen Sebastian gedeutet, der mittlerweile als eine übereilt heiliggesprochene heidnische Erlösergestalt Galliens gilt.[2]

Cuchulain wurde von Skadi oder Scatha in den Kriegskünsten unterwiesen. Sie war als nordische Totengöttin mit der skythischen Himmelskönigin identisch. Cuchulains Bestimmung oder sein Schicksals war es, seinen Rivalen am »Tag vor dem Frühling« zu töten, damit das vergossene Blut »die Ankunft des Frühlings erlaubte«.[3] Diese Vorstellung, daß Blut vergossen werden müßte, um dem Frühling die Rückkehr zu ermöglichen, findet sich auch in den germanischen Skadi-Mythen.[4]

Cu bedeutet »Hund«; diese Bezeichnung war ein verbreiteter Titel unter den keltischen Häuptlingen (zum Beispiel in Cunobelin), die mit dem Totengott der Unterwelt gleichgesetzt wurden. Wie der ägyptische Anubis würde auch der tote Heros zum Torhüter in Hundegestalt werden, der die Aufgabe hatte, die Seelen ins Paradies zu lassen, wie es auf dem silbernen **Kessel** von Gundestrup abgebildet ist.[5] Der Hund stand für die Reinkarnation. Das galt auch für Cuchulain, der versprach, daß »seine Wiedergeburt aus ihm selbst sein« würde. Er wurde nach Emania geschickt, dem Land der Toten auf dem Mond.[6] Es könnte sein, daß er die Ursache für die britische Legende ist, der Mann im Mond sei in Wirklichkeit ein Hund, der als Bote des Todes dient.[7]

Die jungfräuliche Mutter von Cuchulain empfing ihn, indem sie seine Seele in Form einer Fliege verschluckte. Dieses keltische Symbol der Seele stammt aus dem Vorderen Orient, wo **Baal-Zebub** (Beelzebub), der Herr der Fliegen, der Totengott war. Wie die meisten heidnischen Götter konnte auch Cuchulain seine Gestalt verändern. Er konnte ein Insekt, ein Tier oder ein Mensch unterschiedlichen Alters sein. Solche Wandlungen von einer Form zu einer anderen basierten auf der uralten indoeuropäischen Vorstellung der Metempsychose, der Seelenwanderung. Der proteische Heros paßte seine Gestalt sogar an das Christentum an: Die Iren des Mittelalters waren fest davon überzeugt, daß er ein Avatara, eine Inkarnation Christi gewesen sei.[8]

Spätere irische Schriftsteller behaupteten, Cuchulain sei nicht nach dem Vorbild der alten Götter in schändlicher Weise als Opfer an seine Säule gefesselt gewesen. Sie hielten es für wichtig zu beweisen, daß er in der Schlacht fiel. Deshalb erfanden sie die Legende, daß sich Cuchulain, verwundet und des nahen Todes gewiß, selbst an eine Säule band, damit er nicht vor seinen Feinden zu Boden fiel, die ihn mit Pfeilen durchbohrten, sondern lieber »mit unangetasteter Ehre starb«.[9]

1. Rees, 235. 2. Spence, 85; Attwater, 304. 3. Goodrich, 187, 216. 4. Oxenstierna, 213. 5. Cavendish, V. H. H., 49. 6. Spence, 146. 7. Baring-Gould, C. M. M. A., 197. 8. Spence, 95 f, 108. 9. *Larousse*, 233.

Cunnus

Lateinisches Wort für die weiblichen Geschlechtsorgane oder speziell für die Vagina, im Englischen in der Form *cunt* als derbe Bezeichnung verwendet, vergleichbar dem deutschen Wort Möse oder Fotze. Es leitet sich von der orientalischen Großen Göttin in ihrer Erscheinung als Cunti oder Kunda ab, der Yoni des Universums.[1] Aus derselben Wurzel kommt zum Beispiel das gotische Wort *kuni*, »Geschlecht, Stamm, Gattung«, das zu den englischen Worten *kin* und *kind* geführt hat (s. u.). Verwandte Formen sind das mittelenglische *cunte*, das altnordische und friesische *kunta* und das baskische *cuna*. Weiter verwandte Worte sind das lateinische *cunabula*, »Wiege«; *Cunina*, eine römische Göttin, die die Kinder in der Wiege beschützte; das englische *cunctipotent*, allmächtig (d. h. die Cunnus-Magie besitzend); lat. *cuniculum*, Loch oder Höhle; engl. *cuniculate*, mit einem Durchgang versehen, *cundy*, ein überdachter Kanal; daneben das englische *cunning*, Schläue, Gerissenheit; und die deutschen Worte *kennen* und *Kenntnis*. der englische Ausdruck *cunt* ist »nicht Slang, Dialekt oder sonst eine Randform, sondern ein echtes Sprachwort, eines aus den ältesten Schichten«.[2]

Das englische Wort *kin* bedeutet nicht nur »Blutsverwandschaft«, sondern auch »Spalt«, die genitale Öffnung der Großen Göttin. Der in der Sahara lebende Stamm der Kuntahs, führte seinen Ursprung auf diesen heiligen Ort zurück.[3] Die indischen *kundas* waren die natürlichen Kinder ihrer Mutter, die als Geschenk der Göttin Kunda unehelich geboren waren.[4] Seit alters her wurden Mädchen so genannt, zum Beispiel in China, wo Mädchen nur als Kinder ihrer Mutter angesehen wurden, die keine natürliche Verbindung zu Vätern hatten.[5]

In alten Schriften wurde das Wort *cunnus* synonym mit »Frau« verwendet, allerdings nicht in dem beleidigenden Sinn, den wir heute kennen. Ein Ägyptologe zeigte sich entsetzt, als er in den *Maximen des Ptah-Hotep* ein Wort fand, »welches für ›Frau‹ verwendet wurde, und das mehr als indiskret war«, diese Indiskretion existierte allerdings nicht in den Augen der damaligen Leser, sondern nur in denen des modernen Gelehrten.[6]

Auch die Kirchenmänner des Mittelalters entdeckten in den weiblich-genitalen Heiligtümern der Heiden – heilige Höhlen, Brunnen und Haine – Obszönitäten. Alle diese Orte wurden *cunnus diaboli* genannt, »teuflische Fotze«. Hexen, die an diesen Orten ihre Zeremonien abhielten, nahmen manchmal den Namen des Ortes an, zum Beispiel der Hexer Johannes Cuntius, der von Thomas More erwähnt wird.[7] Dieser Hexer starb »unter qualvollen Umständen« durch die Hand der Hexenverfolger, aber es hieß von ihm, er sei wiederauferstanden und in Gestalt eines lüsternen Incubus zur Erde zurückgekehrt.[8]

Heilige Plätze, die mit dem Welt-Cunnus gleichgesetzt wurden, verwirrten manchmal die viktorianischen Gelehrten, welche die frühere Bedeutung dieser Orte nicht verstanden. A. H. Clough wurde zum Gespött unter den gälisch sprechenden Studenten, als er ein Gedicht mit dem Titel *Toper-na-Fuosich* veröffentlichte, wörtlich »der bärtige Brunnen«, ein gälischer Ortsname für ein Cunnus-Heiligtum. Das synonyme *twat* wurde von einem anderen Dichter der viktorianischen Epoche, Robert Browning, in den Schlußzeilen seines Gedichtes *Pippa Passes* verwendet, ohne daß er die genaue Bedeutung kannte:

> *Darauf begeben sich Eulen und Fledermäuse,*
> *Kapuzen und Mösen [twats],*
> *Mönche und Nonnen, wie in einem Kloster,*
> *zu der Speisekammer am Eichenstumpf!*

Die Herausgeber des *Oxford English Dictionary* fragten Browning nach einigem Zögern, woher er das Wort hätte. Er sagte, es stamme aus einem zweideutigen Gedicht von einem Flugblatt aus dem Jahre 1659: »Sie sprachen davon, daß er den Kardinalshut wollte / Sie schickten ihm sofort die Twat einer alten Nonne.« Browning dachte, das Wort bedeute einfach einen Schleier oder eine andere Kopfbedeckung, entsprechend dem »Kardinalshut«.[9]

1. G. R. Scott, 188. 2. Dames, 110–114. 3. Briffault 1, 604.
4. *Mahanirvanatantra*, 289. 5. Murstein, 473. 6. Erman, 61. 7. Summers, V., 179.
8. Hazlitt, 211. 9. Perrin, 217.

Cupido

Römischer Name für den Gott der erotischen Liebe, den die GriechInnen Eros und die Hindus Kama nannten. Cupido war der Sohn von Venus und Merkur (Aphrodite und Hermes) und deshalb ein »Herm-Aphrodit«, der die sexuelle Vereinigung symbolisierte.

Im christlichen Sprachgebrauch wurde die antike Bedeutung des sexuellen Verlangens mit der Gier nach Geld vermischt, weshalb das lateinische Wort *cupiditas*, wie das englische *cupidity*, Gier oder Geldgier bedeutet. In derselben Weise wurde aus dem lateinischen *caritas* für das Geben von sinnlichen oder sexuellen Wohltaten das englische *charity*, was – neben der eingeschränkten Bedeutung der christlichen Nächstenliebe – auch das Spenden von Almosen bedeuten kann.

Die Renaissancekunst verwandelte die Emanationen Cupidos in *amoretti*, »kleine Lieben«, die wie geflügelte Kleinkinder dargestellt wurden. Die antiken Talismane Cupidos waren jedoch keineswegs Kleinkinder; es waren vielmehr geflügelte Phalli aus Bronze, Elfenbein oder Holz. Deshalb lautet noch heute ein italienischer Slang-Ausdruck für den Penis *uccello*, »kleiner Vogel«.[1]

1. Young, 74.

Cuthbert, Heiliger

Einst der heidnische Herr der Jagd; sein Pilgerzentrum war das englische Durham, das früher Duirholm hieß, »Rehweide«.

1104 wurde über dem alten Heiligtum des Gottes die Kathedrale von Durham errichtet. Sie beherbergte den unverweslichen Leichnam Cuthberts, dessen Heiligkeit durch seine Unzerstörbarkeit bewiesen war. Er wurde regelmäßig gezeigt und wirkte jedesmal bemerkenswert gut erhalten. Seine Überreste wurden zuletzt 1827 gezeigt und waren so voll und rosig wie immer – beinahe als wäre er eine Wachsfigur, falls überhaupt der Verdacht geäußert werden darf, daß die Kirche einen derartigen Schwindel verübt.

Seltsam genug lebte der heilige Cuthbert, während sein unverweslicher Leichnam in der Kathedrale von Durham lag, gleichzeitig als mariner Schmiedegott auf dem Grund des Meeres und fertigte in seiner ozeanischen Höhle Perlen für Rosenkränze an. Die Panzer der Seelilien, die von Stürmen an die Strände Northumbrias gespült wurden, hießen St. Cuthberts Perlen.[1]

Edenhall
In Deutschland vor allem durch die Ballade Ludwig Uhlands *Das Glück von Edenhall* bekannt.

Es gab auch einen Brunnen des heiligen Cuthbert, in der Nähe des berühmten Landsitzes Edenhall, dessen glückbringender Talisman ein von den Feen stammender Kelch war.[2] Dem Wasser aus dem Brunnen des heiligen Cuthbert wurden die üblichen Wunderkräfte wie Krankenheilungen und der Erhalt der Gesundheit zugeschrieben.

1. Brewster, 396f. 2. Hazlitt, 374.

Cyboread

»Königin des Nordens«, die Mutter-Braut von Judas; dessen Mythos glich denen von Oedipus, Osiris und anderen Heroen, die ihre Mutter heirateten. (Siehe **Judas**.)

Cypria

Beiname von Aphrodite, »die Zyprische«; ihr Tempel wurde in Paphos auf Zypern gegründet. Wegen der vielen Kupferminen auf der Insel war Kupfer (*kypros*) der Aphrodite heilig.

Czernobog

Der »Schwarze Gott« der SlawInnen, Gegner des Weißen Gottes Byelobog; eine weitere Variante von **Ahriman** als Gegenspieler **Ahura Mazdas**, der Schwarzen Sonne unter der Erde, die der Weißen Sonne des Himmels entgegengesetzt ist. Wie andere Versionen der chthonischen Gottheiten war auch Czernobog ein Herr der Toten, der oft bei Verwünschungen angerufen wurde. Die Ukrainer sagen heute noch: »Der Schwarze Gott soll dich vernichten!«[1] In derselben Art riefen die Perser Ahriman an, die Chaldäer wandten sich an Aziel, und die Römer an Saturn, die Christen beschworen zu diesen Zweck den Teufel.

1. *Larousse*, 283.

DIANA, die Himmelskönigin, ist hier in Gestalt der mehrbrüstigen Artemis zu sehen, die in Ephesos kultisch verehrt wurde. Die abgebildete antike Skulptur stammt aus der Villa Albani in Rom.

Der DÄMON Pazuzu, einer der bösen akkadischen Geister, brachte den Menschen Unheil in Form von wilden Stürmen und der Krankheit Malaria und plagte besonders Frauen in der Schwangerschaft. 14 cm große Bronze aus Mesopotamien, 500–100 v. Chr.

Daeira

»Göttin«, ein Beiname Demeters als der Weisen des Meeres und als Mutter des Königs Eleusis (Advent). Der Name hatte dieselben Bedeutungen wie heute das Wort »Gott«.

Dagon

Der Meeresgott der PhilisterInnen und einer der wichtigsten Gegengötter Jahwehs (Richter 16, 23). Er erschien als Meeres-, Fisch- oder Schlangenmensch. Seine Gattin war Atargatis, die Astarte der PhilisterInnen. Weil sie – wie ihre mykenische Zwillingsschwester Demeter – Erde und Meer beherrschte, galt auch ihr Gemahl als Schutzherr der Landwirtschaft und der Fischerei. In Kanaan wurde er als der »Getreidegott« Dagan, der Vater des Baal, verehrt. Baal war mit Anath, der Großen Göttin der KanaaniterInnen, vermählt. Wegen seines schlechten Ansehens in der Bibel entwickelte sich Dagan unweigerlich zu einem der Hauptteufel der christlichen Hölle.

Dakhma

Ein iranischer Begräbnisturm, der früher benutzt wurde, um sich der Körper der Toten zu entledigen. Die Toten wurden in das nach oben offene Rundgemäuer, den »Turm des Schweigens«, geworfen, aus dem Geier sie in die himmlische Sphäre trugen (siehe **Geier**). Große Dakhmas stehen heute noch. Sindbad der Seefahrer geriet bei einem seiner Abenteuer in das Tal der Toten, aus dem übernatürliche Vögel Fleischbrocken in die Lüfte trugen. Diese Geschichte geht vielleicht auf die Legende von einem Weisen zurück, der sich eine Zeitlang in ein Dakhma begab, um symbolisch Tod und Wiedergeburt zu zelebrieren.

Dakini

»Himmelswandlerin«, eine tantrische Priesterin, die den Geist der Kali Ma als Engel der Toten verkörperte.[1] Dakinis waren meist ältere Frauen, manchmal konnte aber auch eine junge Frau eine Dakini sein. Dann verkörperte sie die Göttin Shakti, die mit einem Kuß des Friedens den letzten Atemhauch des sterbenden Erleuchteten mitnahm. Dakinis standen den Sterbenden bei, indem sie sie in ihren letzten Minuten tröstend umarmten. Es gab allerdings auch »böse Dakinis«, die gewaltsame oder besonders qualvolle Tode repräsentierten.[2]

Ähnlich wie die Hexen der westlichen Kulturen trafen sich die Dakinis auf Friedhöfen und Feuerbestattungsplätzen, weil sie für die Begräbnisriten und die Präparierung der Leichname verantwortlich waren. (Siehe **Tod**.)

1. Tatz & Kent, 148. 2. Evans-Wentz, 128.

Dämon

Der Begriff Damön ist vom griechischen *daimon*, einem Hausgeist oder Schutzengel, abgeleitet. *Daimon* ähnelt dem römischen *genius* und war fast bedeutungsgleich mit »Seele«. Der *daimon* eines Helden konnte göttlich werden und in den Himmel aufsteigen, wo er seinen Platz zwischen den Sternen einnahm.

Das mittelalterliche Bild des Dämonen entwickelte sich aus der rigorosen Verdammung aller heidnischen *daimones* durch die Christen, die aber insgeheim an deren Existenz glaubten.[1] Dämonen galten meistens als Boten und Diener eines bestimmten Teufels, zu dem sie ein ähnliches Verhältnis hatten wie die Engel zu Gott. Dennoch wurden sie auch als »Teufel« bezeichnet und ihr Herr dementsprechend als »der Dämon«. Die Begriffe waren niemals klar voneinander abgegrenzt.

Sowohl Tiere wie Menschen konnten Dämonen sein oder diese in ihrem Körper oder Geist beherbergen. Manchmal gerieten beliebige Gruppen fremder Menschen in den Ruf, »Dämonen« zu sein. Europäer stellten sich Dämonen oft als Schwarze vor.[2] Andererseits glaubten dunkelhäutige Völker, wie z. B. die Singalesen, daß Dämonen weiß und behaart seien.[3]

Dem heiligen Thomas von Aquin zufolge waren Dämonen für alle Wetter- und Naturkatastrophen verantwortlich: »Es ist ein Glaubensgrundsatz, daß Dämonen Winde, Stürme und vom Himmel fallende Feuerregen erzeugen können.« Papst Eugen IV. erließ gegen die menschlichen »Agenten des Satans«, welche die Wetterdämonen beherrschten, eine Bulle. Papst Johannes XXII. beklagte sich über Zauberer, die angeblich versuchten, ihn mit Hilfe von Dämonen zu töten, die sie durch Spiegel und Ringe zu ihm sandten.[4]

Die Kirche vertrat unterschiedliche, widersprüchliche Theorien über die Herkunft der Dämonen. Einem Erklärungsansatz zufolge handelte es sich bei ihnen um die noch vor der Erschaffung von Adam und Eva mit Luzifer rebellierenden und gefallenen Engel, so daß das Prinzip des Bösen bereits vorhanden war, um im Garten von Eden die Rolle des Versuchers zu spielen. Dieser Theorie widersprach eine andere Version, nach der die Dämonen erst nach der Erschaffung des Menschen von Engeln und den Töchtern der ersten Menschen gezeugt wurden (Genesis 6, 4). »Die vorherrschende Meinung über den Sturz der Engel stammte von Augustinus und galt das ganze Mittelalter hindurch als verbindlich. Demnach gab es die Dämonen schon vor der Erschaffung Adams. Allerdings ließ man, um die Vorurteile gegen das weibliche Geschlecht zu bekräftigen, einige Reste der alten Vorstellung fortleben, nach der die Engel wegen ihrer Lüsternheit nach den Töchtern der Menschen gefallen waren.«[5]

Einige Kirchenautoritäten, denen die heidnischen Tiermasken und tierköpfigen Götzenbilder vertraut waren, behaupteten, daß Dämonen eine den Tieren ähnliche, von Gott geschaffene eigene Gattung bildeten, die sich in den unterschiedlichsten Tieren verkörpern könne. Schwarze Ziegen, Stiere, Katzen oder Hunde könnten ebensogut Dämonen sein. Das gälische *uile-bheist*, engl. *Yule-beast*, »Mondkalb«, wurde als dämonisches Tier bezeichnet. Der heilige Ambrosius erzählte von einem Priester, der die Frösche einer bestimmten Marschgegend mit Hilfe exorzistischer Beschwörungen dazu bringen wollte, nicht mehr während der Heiligen Messe zu quaken. Im 13. Jahrhundert versuchte ein Bischof aus Lausanne eine Teufelsaustreibung an den Aalen im Genfer See.[6] Selbstsicher erklärte der heilige Augustinus, daß Dämonen den Zauberern bei ihren Künsten helfen würden und die Fähigkeit besäßen, die verschiedensten Tiergestalten anzunehmen.[7]

Im Jahre 1474 beging ein Hahn zu Basel den der Natur zuwiderlaufenden Frevel, ein Ei zu legen. Man beschloß, daß er von einem Dämon besessen sei, aber exorzistische Handlungen blieben erfolglos. So wurde der unglückselige Vogel von den zuständigen kirchlichen Autoritäten feierlich zum Tode verurteilt und auf dem Scheiterhaufen verbrannt.[8]

In Griechenland gibt es immer noch den Glauben an Dämonen, die zur Hälfte Pferdewesen sind. Diese sogenannten *kallikantzari* sollen von den alten Kentauren und den indischen *kinnaras*, »Gallopierer«, abstammen, die in wechselnder Gestalt – häufig als Zauberer in Kentaurgestalt – dargestellt wurden und auf dem heiligen Berg Mandara lebten.[9] Ihre Nachfahren gründeten möglicherweise die Stadt Kallipolis (Gallipoli). Ihr oberster Herr trug den Namen »Lahmer Teufel«, was an die Schmiedegötter der Amazonen, wie z. B. Hephaistos, erinnert. Noch vor nicht allzu langer Zeit wurde jedes zu Weihnachten geborene Kind für einen *kallikantzaros* gehalten.[10] Aus diesem Glauben entsprang ein grausamer Brauch. Zu Weihnachten geborene Kinder wurden auf den Marktplatz getragen, wo ihre Füße so lange in ein Feuer gehalten wurden, bis die Zehennägel angesengt waren.[11] Diese magische Handlung sollte wohl die »Hufen« des Pferde-Dämonen entzaubern.

Berichte über Hexenprozesse belegen, daß fast jedes Tier als Dämon angesehen werden konnte. Hexen wurden hingerichtet, weil sich das Nachbarskind vor »dem Teufel in Hundegestalt« fürchtete; weil ein Mann sah, »wie ein rattenähnliches Wesen« aus dem Haus einer Frau lief; weil eine Frau bei sich zu Hause »zwei Teufel in Hundegestalt« hielt; weil ein Mann im Garten seiner Nachbarin »den Teufel als Kröte erblickte«; weil ein Reisender neben dem Haus der Angeklagten »so etwas wie eine schwarze Kuh« sah; oder weil Kinder mit angehört hatten, wie eine Frau »mit dem Teufel in Froschgestalt sprach«. Eine andere Frau wurde verurteilt, weil Nachbarn nachts neben ihrem Haus ein »scheußliches, gellendes Schreien, wie das von unzähligen Katzen«, gehört hatten. Niemand scheint erwogen zu haben, daß es sich tatsächlich um Katzengejammer und nicht um Dämonengeschrei gehandelt haben könnte.

Im Jahre 1581 wurde Ursula Kemp aufgrund der Aussage ihres eigenen achtjährigen Sohnes gehängt. Er hatte bezeugt, daß seine Mutter vier Dämonen in ihrem Haus beherbergte: zwei Katzen, eine Kröte und ein schwarzes Lamm.[12] In den überlieferten Prozeßakten findet sich nicht eine einzige Stelle, in der die zuständigen Richter die Fähigkeit des Zeugen, Dämonen von gewöhnlichen Tieren zu unterscheiden, hinterfragen. Es wurde in aller Selbstverständlichkeit angenommen, daß jeder, selbst ein kleines Kind, ›Seine Höllische Majestät‹ erkennen könnte, unabhängig davon, wie geschickt sich der Satan als gewöhnliches Haustier tarnte.

Mehrere Päpste sollen angeblich eigene Schutzdämonen gehabt haben. Der berühmteste war Honorius, der noch lange nach seiner Zeit den Ruf eines Zauberers hatte. Bei der Auseinandersetzung zwischen Papst Bonifazius VIII. und Philipp IV. von Frankreich erreichte der König in einer Versammlung die formale Absetzung des Papstes. Er legte Beweise vor, die den Papst als Zauberer und Verbündeten eines Schutzdämonen entlarven sollten.[13]

Manchmal reichte die Fantasie der Gefolterten bei der Beschreibung von Dämonen nicht aus, und sie griffen auf populäre Vorstellungen zurück. Im Jahr 1391 wurde in Paris eine bedauernswerte Frau namens Margot de la Barre verbrannt, weil sie einen Dämon »im Namen des Vaters, des Sohnes und des Heiligen Geistes« angerufen hatte. Als sie unter der Qual der Folter gezwungen wurde, den Dämon zu beschreiben, fiel ihr keine bessere Antwort ein als diese: er habe so ausgesehen »wie die Dämonen in den Passionsspielen«.[14]

Oft wurde angenommen, daß sich Dämonen aus unerklärlichen Gründen besonders gern in Kirchen und um diese herum versammelten. Deshalb war die Weihe von Kirchen immer von Geisterbeschwörungen begleitet. Die Wände wurden mit Kreuzen bemalt, »um Dämonen abzuschrecken«.[15]

Auf ähnliche Weise wurden Häuser mit Kreuzen und Kruzifixen geschützt, obwohl dort angeblich auch weiterhin viele Dämonen lebten. Dieser Glaube verrät ein geringes Vertrauen in die angeblichen Kräfte des Kruzifix. Der Brauch, die Kirchenglocken zu läuten, wenn jemand im Sterben lag, diente der Vertreibung von Dämonen, »die bereits am Bettende und um das Haus herum warteten, um ihr Opfer zu packen oder wenigstens seine Seele beim Übergang ins Totenreich zu ängstigen und zu peinigen. Das Läuten der Glocken aber (laut Durandus fürchten sich böse Geister besonders davor) hielt sie fern, und die Seele erhielt so einen Vorsprung.« Wenn die größte Glocke der Kirche geläutet werden sollte, war eine höhere Geldsumme fällig, »weil die größere Lautstärke die bösen Geister noch weiter wegtrieb, wodurch die arme Seele einen größeren Vorsprung erhielt«.[16]

Bevor im 12. und 13. Jahrhundert die Hexenmanie einsetzte, war die Vorstellung üblich, daß Dämonen nichts anderes sein könnten als die in Tiergestalten erscheinenden alten Götter und Göttinnen. Die Kirchenväter beharrten darauf, daß die heidnischen Gottheiten keine reinen Fantasiegebilde, sondern wirklich lebende Dämonen seien. Diese Meinung vertraten noch im 19. Jahrhundert einige Gelehrte. Rawlinson, der Übersetzer von Herodot, war der festen Überzeugung, daß das Orakel von Delphi ein böser Geist gewesen sei.[17] Eine frühmittelalterliche Taufformel mahnte, allen »Verbindungen mit Dämonen« zu entsagen, und degradierte die alte Religion als ein »Werk des Dämonen und all seiner Worte und des Thor und des Odin und des Saxnot und aller bösen Wesen, die so sind wie er«.[18] Verhaltensvorschriften dieser Art wurden im Alltag weitgehend ignoriert. Noch Jahrhunderte später gab es unter Festtagstänzern auch Personifikationen des Gehörnten Gottes und des skandinavischen *Julebuck* (Julbock), den Geistliche öffentlich als »den Teufel in Person« verurteilten.[19] Gelehrte Mönche des 11. Jahrhunderts sprachen von einer Reihe von Dämonen, die permanent versuchten, die Menschen vom Kirchgang abzuhalten, indem sie ihnen andere »Freuden« vor Augen führten und ihnen »Geheimnisse, wie das der Unsterblichkeit«, verrieten.[20] Es liegt auf der Hand, daß sie hier über eine konkurrierende Religion sprachen.

Der spanische Dominikaner Raymond von Tarrega behauptete, Dämonen hätten die nützliche Aufgabe, die Sünder in der Hölle zu bestrafen; ebenso wie Engel führten sie Gottes Willen aus. Deshalb sei es zulässig, Dämonen anzubeten, »solange wir nicht das Böse in ihnen anbeten, sondern nur ihre Existenz, die ihnen Gott schenkte. Es ist unerwünscht, Dämonen Opfer darzubringen, aber dieses trotzdem zu tun, ist nicht bedenklicher als ein Bild von Christus oder irgendeinem Heiligen anzubeten.«[21] Später wurde diese Ansicht verworfen, und die Inquisition verbrannte Raymonds Bücher.

1. Rose, 110, 137. 2. J. B. Russell, 114. 3. Briffault 3, 283. 4. White 1, 337, 351, 384. 5. J. B. Russell, 108f. 6. White 2, 113. 7. J. B. Russell, 56. 8. H. Smith, 294. 9. O'Flaherty, 275. 10. Lawson, 190. 11. Summers, V., 184. 12. Ewen, 157. 13. J. B. Russell, 187. 14. Ebd., 214. 15. Jacobus d.V., 776. 16. Hazlitt, 479. 17. Halliday, 119. 18. J. B. Russell, 16, 67. 19. Miles, 202. 20. Joyce 1, 256. 21. J. B. Russell, 206.

Var. Danu, Danuna, Danaë

Dana

Die namengebende Bezeichnung der Großen Mutter der Dänen und vieler anderer Völker, wie z. B. der Danaer, der Danaiden und der biblischen Danaiten und für die irische Götterfamilie Tuatha Dé Danann, das »Volk der Göttin Dana«.[1] Die RussInnen nannten sie Dennitsa, »Größte aller Göttinnen«. Ein mittelalterlicher russischer Exorzismus lautete: »Am Morgen laß uns aufstehen und zu Gott und Dennitsa beten.«[4]

Als Danu-Ana oder Anu führte sie die drei Schicksalsgöttinnen an, die gemeinsam in der Morrigan verkörpert waren. Zwei Hügel in Kerry werden nach ihr die Brüste der Anu genannt.[5] Unter dem Namen Don wurde sie in einer späten irischen Legende als »König« von Dublin maskulinisiert. Derselbe König galt jedoch gleichzeitig als Mutter der Götter.[6] Manchmal hieß sie bei den IrInnen Damnu, eine Muttergöttin, die die Tiefe personifizierte.[7]

Prähellenische ägäische Volksstämme nannten sie Danuna, die Allumfassende Mutter.[2] Die Flüsse im Lande der Amazonen hießen nach ihr Danube, Don und Dnieper, weil sie »die Wasser« symbolisierte. Für die Hindus war sie »die Wasser des Himmels«, die Mutter der vedischen Götter.[3]

In der klassischen griechischen Mythologie wurde die Göttin Danaë in sehr ähnlicher Weise vermenschlicht wie die Erdmutter Eva in der Bibel. Bei beiden handelte es sich um dieselbe Gottheit, die der Samenregen des Himmlischen Vaters befruchtete. Die hellenische Danaë, eine jungfräuliche Prinzessin, wurde vom goldenen Regen des Zeus geschwängert. (Gemeint war wohl Urin, der bei Urvölkern manchmal als ebenso fruchtbar galt wie Samen.) Danaë gebar Zeus einen Sohn, den Heroen Perseus, der für die christlichen Kirchenväter immer ein Ärgernis darstellte, weil er genauso als ein von einer Jungfrau geborener Gottessohn angesehen wurde wie ihr eigener Erlöser.[9] Wie Eva war Danaë in Wirklichkeit ein anderer Name für die allumfassende Dreifache Göttin, die Dam-Kina der SumererInnen, die Dinah der HebräerInnen und die Danu oder Dunnu der BabylonierInnen. Die GriechInnen kannten drei Danaiden, die als Telchinen oder »Verzauberinnen« bekannt waren und »den drei wichtigsten Städten auf Rhodos ihre Namen gaben«.[10]

Die Schreiber des Alten Testaments hegten einen Widerwillen gegen die Danaiten. Sie bezeichneten sie als Schlangen (Genesis 49, 17), übernahmen aber einen phönikischen Gott der Weissagung, Dan-El oder Daniel, den sie in einen hebräischen Propheten verwandelten. Seine magischen Kräfte erhielt er, wie die Danaiter, von der Göttin Dana und ihren heiligen Schlangen. Er diente sowohl dem persischen König Cyrus als auch Nebukadnezar, dem König der BabylonierInnen, als Hofastrologe und Traumdeuter (Daniel 1, 21; 2, 1). Das deutet darauf hin, daß »Daniel« nicht ein Personenname, sondern ein Titel war, wie z. B. der keltische Titel »Diener der Göttin Dana«.

In der angelsächsischen Mythologie wurde Danu-Ana zu Black Annis, Anna of the Angles, Blue Hag oder Angurboda, der Mutter der Hel. Ein alter Höhlenschrein – bekannt als Black Annis' Bower – bei Dane's Hill in Leicestershire galt als ihr Wohnort.[8]

1. Graves, G. M., 60.2–5; *Larousse*, 225. 2. Graves, W. G., 54 (dt. 72).
3. Rees, 53. 4. *Larousse*, 285. 5. Graves, W. G., 409 (dt. 443).
6. Squire, 372. 7. Ebd., 48. 8. Briffault 3, 71. 9. H. Smith, 183.
10. Graves, G. M., 60.2.

Daphne

»Lorbeer« galt als die Pflanze der Weissagekunst. Im Tal von Tempe kauten ihn die Priesterinnen der Großen Göttin, bis der Apollonkult sie verdrängte. Zuletzt durfte nur noch die delphische Pythia Lorbeerblätter kauen.[1] Der ursprüngliche Name der Göttin lautete Daphoine, »die Blutige«. Dieser Name stammte aus früheren Zeiten, als ihr die Maenaden noch Blutopfer darbrachten.

Die vormals orgiastische Göttin Daphne ging in die klassische Mythologie als Jungfrau ein, die, rechtzeitig bevor ihr Apollon Gewalt antun konnte, in einen Lorbeerbaum verwandelt wurde. Der Mythos scheint von einer Darstellung inspiriert, auf der die Göttin von den Ästen eines Lorbeerbaumes auf den zu ihren Füßen geopferten Heiligen König herabblickt. Lorbeer blieb die Pflanze der Inspiration und der poetischen Ekstase. Deshalb wurden den großen Poeten Lorbeerkränze geschenkt; sie hießen dann »Laureaten« – die mit Lorbeer Gekrönten.

1. Graves, G. M., 21.6.

Daumen

Die Hindus waren der Ansicht, daß die Seele »von der Größe eines Daumens, das innerste Selbst, für immer im Herzen aller Wesen wohnt«. Der Katha Upanishad zufolge wohnt »dieses Wesen von der Größe eines Daumens tief unten im Herzen. Es ist Herr der Zeit, der Vergangenheit wie der Zukunft«. Dieser Glaube wollte wörtlich verstanden sein. Die Weisen dachten, daß ein daumengroßes Männchen im Herzen tanzte und – wie der tanzende Shiva im kosmischen Leib seiner Gemahlin den Rhythmus des Universums – den Rhythmus des Herzschlags stampfte. Moderne Kommentatoren haben das Ungeschlachte dieses urprünglichen Glaubens geglättet, um den Eindruck zu verhindern, ihre alten Überlieferungen seien absurd. So schreibt ein frommer Gelehrter: »Der Weise schreibt dem Selbst eine bestimmte, winzige Größe zu, das den Schüler bei seiner Meditation unterstützt.«[1]

Upanishaden Buddistische Schriften, die das endgültige Stadium einer *Vedanta* genannten Philosophie fixieren. Die Katha Upanishad handelt von der Auswanderung der Seelen, der Natur des ewigen Lebens, der Lehre vom *maya* und berichtet von einem Besuch bei Yama, dem Herrn des Todes.

Immerhin gelangte die daumengroße Seele in das europäische Volksmärchen; so zum Beispiel im Märchen vom Däumling, das vermutlich ursprünglich von der Suche einer entkörperten Seele nach einem neuen Körper handelte.

1. *Upanishaden*, 21, 24.

David, Heiliger

Ein Schutzheiliger von Wales, der in Wirklichkeit ein im 11. Jahrhundert n. Chr. kanonisierter heidnischer Gott war. Die WaliserInnen verehrten ihn als Meeresgott unter dem Namen Dewi, einer Ableitung aus dem indogermanischen *devi* oder *deva*, »Gottheit«. Über einen Bischof David, der im 6. Jahrhundert gelebt haben soll, gab es erst im Jahr 1090, also 500 Jahre später, einen schriftlichen Beleg. Seine gänzlich unzuverlässige Biographie wurde in erster Linie geschrieben, um die Unabhängigkeit der walisischen Bischöfe in dieser Zeit zu unterstützen.[1]

Die heutige Stadt St. David's hieß vormals Menevia, »Straße des Mondes«, ähnlich dem dänischen Manavegr und dem irischen Mond-Paradies E-Mania.[2]

David-Dewi wurde symbolisch als die Große Rote Schlange dargestellt, die heute als roter Drachen auf dem walisischen Nationalemblem abgebildet ist. Wie der phallische Gott Phyton oder Okeanos, der das Weltei umschlang, könnte Dewi durch seine Vereinigung mit der Mondgöttin Mab rot geworden sein, denn sie verlieh ihren Königen Herrschaft, indem sie sie rot färbte.[3]

Davids Beiname »Wassermann« bedeutete für die christlichen Gelehrten, daß er ein Abstinenzler war.[4] Die walisischen Seemänner waren besser informiert. In ihren Überlieferungen lebte David-Dewi in den Tiefen des Meeres. Sie nannten ihn Davy-Jones, der, wie der Meeresgott Manamann, die Seelen der ertrunkenen Seefahrer in seinem »Sarg« aufbewahrte.[5]

Wassermann war ein häufiger Beiname verschiedener alter Wassergötter, von denen Ceadda, ein mercischer Gott der Heilquellen, besonders erwähnenswert ist, weil er zweimal heiliggesprochen wurde (siehe **Chad, Heiliger**).

Selbst im christlichen Gewand blieben David die heiligen Fähigkeiten eines Barden. Es wurde behauptet, sein wunderbares Talent zu Harfenspiel und Gesang beruhe auf seiner geradlinigen Herkunft von der Jungfrau Maria, da er als direkter Nachkomme von König David, dem Harfenspieler, in der 18. Generation galt. Maria wurde auch mit der walisischen Meergöttin Marian gleichgesetzt, der Braut Dewis, die die Seelen der Toten empfing. Walisische Barden nannten ihre Totengesänge *marwysgafen*, »Gaben an Maria«. Sie geleiteten das Leichenschiff zur Insel der Toten.[6]

Zuweilen wurde David mit Merlin verwechselt, der angeblich die Steine von Stonehenge mit Harfenspiel und Gesang zu ihrem Bestimmungsort brachte. Einige Legenden machten aus David den Bischof von Caerleon, der Stadt Merlins.[7] Andere behaupteten, David sei der Onkel von König Arthur gewesen. Wie vielen mythischen Heiligen war auch ihm eine lange Lebenszeit beschieden, womit demonstriert werden sollte, wie sehr ein Leben in christlicher Tugend die Gesundheit fördert. Er wurde 140 Jahre alt.[8] Seine Mutter war eine Tempeljungfrau, wie es bei fast jedem Gott des Altertums der Fall war. In diesem Fall hieß sie St. Non (Heilige Nonne).[9] Zwei Städte erhoben Anspruch darauf, sein Geburtsort zu sein: nicht nur St. David's, sondern auch Chester, das früher Deva oder Dewi genannt wurde.[10]

1. Attwater, 101 f. 2. Brewster, 121. 3. Rees, 75. 4. Attwater, 102. 5. Phillips, 110. 6. Brewster, 120. 7. Ebd., 121. 8. Hazlitt, 168. 9. Attwater, 102. 10. Cumont, M. M., 57.

Debora

»Königin Biene«, eine israelitische Herrscherin aus matriarchalischer Zeit. Denselben Namen trugen mykenische und anatolische Herrscherinnen, die als Personifikationen der Großen Göttin galten: »die reine Mutter Biene.«[1] Debora lebte unter einem geheiligten Palmbaum, der ihren Namen trug und, ähnlich dem Xikum, dem Baum der Ishtar, mit dem mütterlichen Baum des Lebens gleichgesetzt wurde. In der Bibel wurde Debora als »Priesterin« oder »Richterin« bezeichnet, um zu verschleiern, daß sie in Vorzeiten eine führende matriarchalische Herrscherin gewesen war (Richter 4, 4).

Ein anderer Name Deboras war Jael, »die Göttin Jah«. Sie war möglicherweise dieselbe Göttin, die persische Patriarchen als »die Hure Jahi« anriefen, bei der es sich um eine frühere, feminine Form von Jahweh handelte.[2]

1. Sobol, 138; Neumann, G. M., 267. 2. Albright, 23.

Delila

»Die, die schwächt.« Der Name setzte sich zusammen aus *De* (daleth), der yonischen Pforte, und *lilu*, dem Lotus, einem anderen yonischen Symbol. Sie war die Göttin, die den Sonnengott täglich »schwächte« und auf einem Rad, das ihn mit unter die Erde nahm, in den Tod schickte. Bei **Simson**, der dem Sonnengott Shams-On oder Shamash entsprach, war es ein Mühlrad, bei **Herakles** – ein anderer Name desselben Sonnengottes – Omphales Rad: der *omphalos* verkörperte oft die kosmische Yoni.

Delphi

»Schoß, Gebärmutter«, das älteste und berühmteste Orakel Griechenlands. Hier wurden die Mutter Erde unter dem Namen Delphyne, »Schoß der Schöpfung«, und ihr Schlangensohn und Gemahl Python kultisch verehrt.[1] Verschiedentlich wurde das Orakel auch der Meergöttin oder der Mondgöttin zugeschrieben, mit denen aber dieselbe Ur-Göttin gemeint war. Ihre Priesterinnen-Töchter, die Pythiai, leiteten die Rituale. Später übernahm der patriarchalische Gott Apollon das Orakel. Er behielt die Pythiai in seinen Diensten und behauptete, er habe den Schlangengott in seine Erdhöhle, den Schoß seiner Mutter, verbannt, von wo aus er das Orakel inspiriere. Apollon tötete die Priesterin Delphyne und blieb der Gott des delphischen Orakels, bis der christliche Herrscher Theodosius es auflöste. Arcadius ließ später die Tempelanlage völlig zerstören.

1. Graves, G. M., 21.3.

Demeter

Das griechische *meter* bedeutet »Mutter«. *De* meint das Delta oder Dreieck, ein Symbol für das weibliche Geschlechtsorgan. Dieses Symbol war im heiligen griechischen Alphabet auch als »der Buchstabe der Vulva« bekannt. Ähnlich galt in Indien das yonische Yantra als das Yantra der Vulva.[1] Die entsprechenden Buchstaben anderer Alphabete – Sanskrit *dwr*, keltisch *duir*, hebräisch *daleth* – standen für die Pforte der Geburt, des Todes oder des sexuellen Paradieses.[2] So repräsentierte Demeter das, was in Asien »das Tor des rätselhaften Weiblichen ... die Wurzel, aus der Himmel und Erde entsprangen« genannt wurde.[3] In *Mykenä*, einer der frühesten Kultstätten Demeters, repräsentierten die Kuppelgräber mit ihren dreieckigen Eingangspforten, ihren kurzen, scheidenartigen Durchgängen und ihren runden Wölbungen den Mutterleib der Göttin, den Schoß der Wiedergeburt. Eingangspforten waren gemeinhin den Frauen geweiht. Bei den SumererInnen wurden sie rot angestrichen, um das weibliche »Blut des Lebens« zu versinnbildlichen.[4] Die ÄgypterInnen beschmierten sie zu bestimmten religiösen Zeremonien mit echtem Blut, ein Brauch, den die Juden in ihre Passahriten übernahmen.

Die dreieckige, yonische Pforte symbolisierte die Trinität Demeters. Wie alle ältesten Personifikationen der asiatischen Ur-Göttin war sie als Jungfrau, Mutter und Altes Weib Schöpferin, Erhalterin und Zerstörerin. Die dreifache Kali-Cunti entsprach derselben yonischen Ur-Mutter. Als Jungfrau erschien Demeter in Gestalt der Kore, des keuschen Mädchens, das manchmal auch als »Tochter« Demeters bezeichnet wurde. In der mythologischen Erzählung von der Entführung Kores traten beide Aspekte der Göttin – Jungfrau und Mutter – in zwei verschiedenen Personifikationen auf. Als Muttergöttin hatte Demeter viele Namen und Titel, wie z. B. Despoena, »die Gebieterin«, Daeira, »die Göttin«, die Gerstenmutter, die Weise der Erde und des Meeres oder Pluto, »Überfluß«. Dieser letzte Name wurde später auf den männlichen Gott der Unterwelt übertragen. Ein später, künstlicher Mythos erzählt, Pluto habe die Jungfrau in der düsteren Jahreszeit, als die Felder brachlagen, in den Schoß der Erde entführt. Ursprünglich war Pluto weiblichen Geschlechts, und ihr »Reichtum« ergoß sich aus ihren Brüsten über die Welt.[5]

In ihrer Erscheinungsform als »Altes Weib« wurde Demeter zu Persephone, der Zerstörerin, die in einer späten Variante des Mythos mit der Jungfrau gleichgesetzt wurde, so daß das Mädchen, das in die Unterwelt entführt wurde, manchmal Kore, manchmal Persephone hieß. Einige andere, frühere Namen Demeters in ihrer Funktion als Zerstörerin waren Melaina, die Schwarze, Demeter Chthonia, die

Unterirdische, und Erinys, die Rächerin. Ihr Standbild wurde in einem ihrer ältesten Heiligtümer, Mavrospelya oder die schwarze Höhle genannt, das in Phigalia (südwestliches Arkadien) lag, gefunden. Es zeigt sie im schwarzen Mantel mit einem Pferdekopf, und gorgonische Schlangen umwinden ihre Mähne. Delphin und Taube, beides Symbole für Mutterschoß und Yoni, waren ihre Hauptattribute. Sie galt – ebenso wie die verschlingende Todesgöttin aller anderen Religionen – in Vorzeiten als Kannibalin, die das Fleisch des Pelops verschlang und ihm dann in ihrem großen Kessel das Leben zurückgab.[6] Sie war so schrecklich wie alle anderen Erscheinungsformen des Alten Weibes. Darstellungen des legendären mittelalterlichen Nachtmahrs, einer pferdeköpfigen Furie, die schlafende Bösewichte quälte, fußten auf den alten Statuen der pferdeköpfigen Demeter.

In Mykenä war ihr Kult bereits im 13. Jahrhundert v. Chr. fest etabliert. Er lebte bis in das christliche Zeitalter fort, also über einen Zeitraum, der der Dauer der christlichen Epoche beinahe entspricht.[7] Ihr Tempel in Eleusis, eines der größten Heiligtümer Griechenlands, war das Zentrum eines kunstvollen Mysterienkultes. Sophokles schrieb: »Überglücklich sind jene, die diese Riten schauen durften, bevor sie in das Haus des Hades treten; denn sie allein finden dort das wahre Leben.« Aristides sagte: »Der Reiz des Festes liegt nicht nur in der heiter gelassenen Stimmung des Augenblicks und dem Gefühl der Ruhe und des Befreitseins von allen vorherigen Sorgen, sondern auch in der Verheißung, die auf ein glückliches Leben nach dem Tod hoffen läßt. Das Leben im Jenseits wird schöner als dasjenige im Diesseits sein, und wir werden nicht in Finsternis und im Dreck liegen – ein Schicksal, das die nicht Eingeweihten erwartet.« Isokrates schrieb: »Demeter … die unseren Vorfahren gütig geneigt war, weil sie ihr in Kulten, die nur die Eingeweihten kannten, dienten, schenkte uns die wichtigsten Gaben, nämlich erstens jene Früchte der Erde, die uns davor bewahrten, wie Tiere zu leben, und zweitens den Ritus, der jene, die an ihm teilhaben, froher Hoffnung werden läßt, was das Ende ihres Lebens und ihre ganze Existenz betrifft.«[8]

Eleusis bedeutet »Advent«. Die Hauptriten galten der Ankunft des göttlichen Kindes oder des Erretters, der verschiedene Namen trug: Brimus, Dionysos, Triptolemes, Jason oder Eleuthereos, der Befreier. Wie das Korn wurde er von der Erdmutter Demeter geboren und in eine Krippe oder in einen aus Binsen geflochtenen Korb gelegt.[9] Die Kommunikanten aßen sein Fleisch in Form von Brot, das aus den ersten oder letzten Garben gebacken wurde, und tranken sein Blut in Form von Wein. Wie Jesus wurde er zu Grabe gelegt, beerdigt und erstand wieder auf. Die Kommunikanten glaubten, seiner Unsterblichkeit teilhaftig zu werden. Nach ihrem Tod wurden sie *Demetreioi*, die Seligen der Demeter, genannt.[10]

Den Eingeweihten wurden durch geheime »gehörte Dinge, geschmeckte Dinge und gesehene Dinge« Offenbarungen zuteil.[11] Diese Formel erinnert an die Gruppe der drei mahnenden Affen, die sich Ohren, Augen und Mund zuhalten, wahrscheinlich um die Maxime: »Höre nichts Böses, rede nichts Böses, sieh nichts Böses« zu versinnbildlichen. War das »Böse« ein Geheimnis der eleusinischen Religion? Griechische Bauern verehrten Demeter das ganze Mittelalter hindurch als die Große Göttin. Selbst im 19. Jahrhundert wurde sie in Eleusis noch als die »Gebieterin über Erde und Meer« bezeichnet. Als die beiden Engländer Clark und Cripps im Jahre 1801 die Statue der Göttin in ein Museum in Cambridge brachten, entfesselten sie einen Bauernaufstand.[12]

Die ersten Christen standen den eleusinischen Mysterien wegen ihres offenkundig sexuellen Charakters sehr feindlich gegenüber, obwohl das Ziel dieser Riten die »Wiedergeburt und Vergebung der Sünden« war.[13] Asterius sagte: »Ist Eleusis etwa nicht der Schauplatz des Sturzes in die Finsternis, wo der Hierophant und die Priesterin allein gemeinsam den feierlichen Akt des Geschlechtsverkehrs vollziehen? Werden die Fackeln nicht gelöscht, und glaubt die große Versammlung unzähliger gewöhnlicher Menschen nicht daran, daß ihr Heil in dem liegt, was die beiden in der Finsternis tun?«[14] Fanatische Mönche zerstörten im Jahre 396 v. Chr. den Tempel der »sexuellen« Mysterien. Dennoch blieb die Stätte den Anhängern der Göttin heilig, und die Zeremonien wurden hier und an anderen Orten weiterhin gefeiert.[15]

Die Landbevölkerung gab den Glauben nie auf, daß sich Demeters Geist in der zuletzt geernteten Getreidegarbe manifestiere. Sie bezeichnete diese Garbe als Demeter, das Korn der Mutter, das Alte Weib usw. Bei Erntedankfesten wurde sie oft mit Frauenkleidern versehen und in eine Krippe gelegt, ein Brauch, der dem guten Gedeihen des Viehs galt.[16] In den geheimen anti-christlichen Doktrinen der mittelalterlichen Freimaurer wurden einige Symbole des Kultes der alten Gebieterin übernommen, z. B. in dem freimaurerischen heiligen Bild vom Überfluß: »eine Getreideähre neben einem Wasserfall.«[17] Das letzte aller Rätsel wurde in Eleusis in »einer schweigend geernteten Getreideähre« offenbart – ein heiliger Fetisch, den die Juden **Schibboleth** nannten.[18]

1. *Mahanirvanatantra*, 127. 2. Gaster, 302. 3. Riencourt, 175. 4. Hays, 68.
5. Graves, W. G., 159, 406; G. M., 16. f; G. M., 108. a, c, 5.
6. Graves, G. M., 108.5–6. 7. *Encyc. Brit.*, »Demeter«. 8. Lawson, 563f.
9. Graves, W. G., 159. 10. Angus, 172. 11. H. Smith, 127. 12. Lawson, 79, 89–92.
13. Angus, 97. 14. Lawson, 577. 15. Angus, VII. 16. Frazer, G. B., 473.
17. Elworthy, 105. 18. d'Alviella, 2.

Demetra, Heilige

Wie alle anderen Manifestationen der Großen Göttin sollte auch Demeter als Heilige christianisiert werden. Obwohl die Kirche es offiziell ablehnte, »die heilige Demetra« zu kanonisieren, blieb sie im Volksglauben sehr beliebt. Es kursierten Geschichten über ihre Wundertaten, und sie wurde in Gebeten ebenso inbrünstig verehrt wie andere, offiziell in den Kanon aufgenommene Heilige.

Der klassische Mythos von Kore-Persephone und Demeter wurde in ein Märchen über die heilige Demetria umgewandelt. Die Tochter der Heiligen (Kore) wurde von einem »bösen türkischen Zauberer« (Hades) geraubt und in einen Turm gesperrt. Ein junger Held rettete sie, kam aber dabei auf grauenvolle Weise um. Der Bösewicht zerhackte ihn und ließ die Leichenteile an der Mauer des Turms »zwischen Himmel und Erde« herunterhängen. Daraufhin erschien die heilige Demetria, geleitet von einem Storch (in der Antike ihr Totemvogel, der die Geburt symbolisiert), setzte die Leichenteile des Retters wieder zusammen und gab ihm sein Leben zurück.[1] Verschiedene Elemente dieser Geschichte tauchten im Märchen Rapunzel wieder auf.

Eine maskulinisierte Form der Demeter – oder vielleicht eine *Demetreioi* – wurde als der »Heilige Demetrius« in den Heiligenkanon aufgenommen. Weder über seinen Tag noch über seine Biographie ist etwas bekannt. Die aus dem späteren Mittelalter überlieferte Legende machte ihn zu einem Schutzheiligen der Krieger, ähnlich dem ebenso mythenhaften heiligen Georg. Der Stoff der Legende wurde erfunden, um für die Heilkraft seiner in Saloniki aufbewahrten Reliquien zu werben.[2]

1. Lawson, 80–84. 2. Attwater, 102.

Denis, Heiliger

Eine christianisierte Form des Gottes Dionysos. Wie die orphischen Dionysosschreine zeigte auch der Schrein von St. Denis in Paris einen Kopf, der Orakel spricht. Die Legende erzählt, daß der heilige Denis auf dem Montmartre, »Berg des Märtyrers«, enthauptet wurde und danach seinen eigenen Kopf in die ihm geweihte Abteikirche getragen habe.[1]

Einigen Klerikern zufolge starb Denis-Dionysos im Jahre 250 n. Chr., andere verlegten sein Leben ins 1. Jahrhundert n. Chr. Wieder andere verwechselten ihn mit der mythischen Person des Dionysios Aeropagita. Die Namen seiner beiden »Gefährten im Martyrium«, Rusticus und Eleutherius, waren lediglich Beinamen des Gottes **Dionysos**.[2]

1. Tuchman, 309. 2. Attwater, 104.

Derketo

»Wal von Der«, eine Bezeichnung für die babylonische Fischgöttin, welche die Mutter der Gründerin Babylons, Königin Semiramis (Sammuramat), gewesen sein soll.[1] Derketo war als der »Große Fisch« bekannt, der den Sonnengott Oannes oder Joannes (Jonas) verschlang und ihm ein neues Leben schenkte. Somit war sie das Urbild für den Wal des Jonas. (Siehe **Fisch**.)

1. Baring-Gould, C. M. M. A., 497.

Devi

»Göttin«, die Sanskrit-Wurzel für viele indoeuropäische Namen der Großen Mutter. Die Lehren des Krishna oder Shiva waren an Devi adressiert, die im indischen Katechismus die Rolle der Fragenden hatte. Sie wurde auch als »Innig Geliebte«, die Shakti, angerufen, eine Gepflogenheit, die das Neue Testament übernommen hat. Als jungfräuliche Mutter Krishnas hieß sie Devaki. Der Titel der Göttin als »der Weg, der zu den Göttern führt« war Devayani, »Göttliche Yoni«. Als jungfräuliche Mutter Mahaviras wurde sie Devananda, »Selige Göttin«, genannt.[1] Ein tschechischer Name für die Mondgöttin, Devana, stammt aus derselben Wurzel, ebenso die lateinische Diana, die minoische Diwija, die serbische Diiwica und die römische Diviana. Alle diese Namen bedeuten »die Göttlichkeit«.[2]

1. *Larousse*, 347. 2. Thorsten, 361.

Di Parentes

»Elterngottheiten«, eine römische Bezeichnung für die *Manen* oder Kinder der Mutter Mana, der Mondgöttin. Sie verkörperten im allgemeinen die guten Geister der Ahnen.[1] Bei der Gründung einer römischen Stadt mußte ein Loch gegraben werden, das mit dem *lapis manalis*, »Stein der Manen«, bedeckt wurde. Es stellte das Tor dar, durch das die Di Parentes aus der Unterwelt heraus- und wieder in sie hineingehen konnten, damit sie den Ort als ihr zu Hause annahmen. Ihnen zu Ehren fand jedes Jahr das Fest der Parentalien statt.

1. *Larousse*, 213.

Diabolus

»Schlange der Göttin«, eine lateinische Bezeichnung für den Teufel. Ein Schöpfungsmythos erzählt, wie die Große Mutter ihren **Schlange**ngemahl aus einem Lehmklumpen (*bolus*) erschuf, den sie so lange in ihren Händen rollte, bis er Schlangengestalt annahm. Dann erweckte sie ihn zum Leben.[1] Auf die gleiche Art soll die ägyptische Göttin Isis eine Schlange aus Lehm und einen Lehmphallus für Osiris geschaffen haben. Mit Hilfe dieses Phallus empfing sie das Horuskind, die Reinkarnation des Osiris.

Auf den *bolus* ging die päpstliche »Bulle« zurück, ein gewundenes Lehmsiegel für Urkunden, das meistens mit Zauberformeln zur Abwehr des Bösen versehen war. Römische Kinder trugen bis zur Volljährigkeit die *bulla* als schützendes Amulett.[2]

1. Graves, G. M., 1.a. 2. Gifford, 71.

Diakosmos

»Universum der Göttin«; Pythagoräer und Stoiker bezeichneten mit Diakosmos die »Ordnung«, die den Elementen im uranfänglichen Chaos bei der Erschaffung der Welt auferlegt worden war. Wie der Name der unergründlichen Mutter Themis bedeutete *Kosmos* »richtige Ordnung«. Homer benutzte den Begriff für ein Arrangement von Frauenschmuck.[1] Nach der Vorstellung einiger Philosophen schuf die Göttin gegenständliche Dinge, um sich zu schmücken. Aus ihnen entsprang die materielle Welt, in deren Schönheit sich ihre äußere Erscheinung, ihr Gewand und ihr Schmuck widerspiegelt. In und hinter diesen Dingen wirkt unsichtbar ihr wahrer Geist. Im Lauf der Welt ordnet und ändert die Göttin dauernd diese äußeren Manifestationen ihrer selbst, um unendlich viele verschiedene Lebensformen zu schaffen. Am Weltende zerstört sie alles und beginnt mit ihrer nächsten Schöpfung. (Siehe **Tohuwabohu**.)

1. Lindsay, O. A., 75, 120.

Diamant

Das englische *diamond* (Diamant) bedeutet wörtlich übersetzt soviel wie »Weltgöttin«. Im Altertum galten Edelsteine als erstarrte Tropfen aus göttlicher Substanz, die bei der Schöpfung der Welt in Felsen eingeschlossen wurden. Diamanten waren der Mutter der Götter geweiht, weil sie wegen ihrer besonderen Härte alle anderen Steine »regierten«. Im tibetischen Tantrismus wird die Diamantene Sau als Sitz der göttlichen Substanz der Erdgöttin Tara verehrt. Sie gilt traditionell als das weibliche Gegenstück zum Dalai Lama.

Da Diamanten der höchsten Göttin geweiht waren, spielten sie im Kult um die Heilige Jungfrau ebenfalls eine Rolle. Außerdem wurden sie, weil man sie mit Jungfräulichkeit assoziierte, in späterer Zeit zu einem beliebten Verlobungsgeschenk. Bei der Entwicklung der modernen Spielkarten aus dem **Tarot** ersetzte der Diamant das alte Pentagramm, das als Symbol der Mutter Erde (Tara) und des weiblichen Elements Erde galt.

Diana

»Himmelskönigin«, ein römischer Titel der Dreifachen Göttin als: 1. Mondjungfrau, 2. Mutter aller Geschöpfe und 3. Jägerin (Zerstörerin). In Griechenland hieß sie Artemis. Ihre wichtigsten Heiligtümer standen in Ephesos und Nemi, dem Heiligen Hain. Sie war auch Dione, Diana Nemorensis oder Nemetona, die Göttin des Mondhains. In ihren Heiligtümern fanden regelmäßig Kämpfe zwischen geweihten Königen statt. Der Verlierer starb als der Gott Hippolytos, der Sieger wurde mit dem Beinamen Verbius als Priester der Diana eingesetzt. (Siehe **Hippolytos, Heiliger**.)

Als Diana Egeria war sie die Schutzgöttin der gebärenden und stillenden Frauen und der Krankenpflege. Unter ihrem Namen wurde die heilige Quelle von Nemi zum Lourdes des vorchristlichen Rom.[1] Der legendäre König Numa soll all seine Weisheit der Heiligen Hochzeit mit Diana verdankt haben.

Der Dianakult war in der vorchristlichen Zeit so weit verbreitet, daß die ersten Christen sie als die Hauptrivalin ihres Gottes betrachteten. Deshalb wurde sie später die »Königin der Hexen« genannt. Die Evangelien verlangten die völlige Zerstörung aller Tempel der Diana, der Großen Göttin, die »von der ganzen Provinz Asien und von der ganzen Welt verehrt wird«. (Apostel 19, 27).

In den römischen Städten Europas wurde die Muttergöttin gewohnheitsmäßig Diana genannt, ebenso wie die christlichen Städte später ihre Madonna hatten. Nach Fortunatus wurde in Vernemeton – »was in der gallischen Sprache ›Großes Heiligtum‹ bedeutet« – der Göttin Diana gehuldigt. Im 5. Jahrhundert n. Chr. galt sie den GallierInnen als

Venantius Honorius Clementianus Fortunatus
Ein Dichter des 6. Jahrhunderts und

Bischof von Poitiers, der in Frankreich bis heute als Heiliger verehrt wird.

höchste Gottheit. Die Christen äußerten sich abschätzig über den gallisch-heidnischen Brauch, den Geist der Diana in einem abgeschnittenen Zweig oder Baumstamm zu verehren.[2] Gozbert, ein fränkischer Stammeshäuptling des 7. Jahrhunderts, zweifelte dagegen an den Behauptungen der christlichen Missionare über ihren Gott. Der christliche Gott konnte »nicht besser sein als unsere eigene Diana«.[3]

In Ephesos wurde die Göttin auch Mutter der Tiere, Gebieterin der wilden Geschöpfe und vielbrüstige Artemis genannt. Letztere wurde mit einem von Brüsten bedeckten Körper dargestellt, um sie als Ernährerin aller Geschöpfe der Welt zu zeigen.[4]

Im 4. Jahrhundert n. Chr. übernahm die Kirche das Heiligtum in Ephesos und weihte es der Jungfrau Maria.[5] Im Jahre 431 gab es in Ephesos eine der ersten Kirchen, die »Unserer Lieben Frau« gewidmet war. Die meisten Menschen glaubten jedoch, daß mit dieser Lieben Frau nicht Maria, sondern Diana gemeint sei. Im Jahre 432 versuchte das Konzil von Ephesos die Verehrung der heidnischen Göttin zu verbieten, aber die Bischöfe wurden von Menschenmassen belagert, die riefen: »Gebt uns unsere Diana der Epheser!«[6]

Um die Ordnung zu wahren, wurde als Entschuldigung für die Umfunktionierung der Dianatempel in Kirchen der Heiligen Jungfrau eine Legende erfunden, nach der Maria ihre letzten Jahre in Ephesos verbracht hatte. Auch ihr Grab sollte dort liegen, und einige Christen konnten sogar ihr ehemaliges Wohnhaus ausfindig machen.[7] Manchmal wurde sie aber mit der sogenannten bösen Witwe von Ephesos gleichgesetzt, einer Erscheinungsform der Göttin Diana als Altes Weib, die einige Züge der alten Gottheiten aufwies.

Nach Petronius' Version des Mythos hängte die Witwe den Leichnam ihres Ehegatten an eines der drei vor dem Dianatempel stehenden Kreuze, nachdem sie einen zuvor gekreuzigten Dieb davon abgenommen hatte. Dann legte sie sich mit ihrem neuen Liebhaber am Fuß des Kreuzes nieder.[8] Die Parallele zwischen diesem Bild und dem der dreifachen Maria am Fuße des Kreuzes Jesu liegt auf der Hand, besonders weil Diana als Marias Mutter, oder auch als die »Großmutter Gottes« mit Namen Anna (Hannah) oder Di-anna (Dinah), in den christlichen Mythos eingegangen war.[9]

Gnostische Christen hielten Sophia, ihre Göttin der Weisheit, für eben diese Großmutter Gottes und setzten sie häufig mit der Diana von Ephesos gleich. Als Dianas Tempel schließlich niedergerissen wurde, wie die Evangelien es befahlen, brachte man seine prächtigen Porphyrsäulen nach Konstantinopel und stellte sie in der Kirche der Heiligen Sophia auf.[10]

Die Erinnerung an die magischen Kräfte von Ephesos blieb im ganzen Mittelalter lebendig. 1725 schrieb ein Gelehrter: »Verschiedene Autoren berichten, daß auf dem in Ephesos verehrten Bildnis der Diana bestimmte dunkle Wörter und Sätze zu finden waren ... Sie standen auf den Füßen, dem Gürtel und auf der Krone besagter Diana geschrieben: Wenn ein Mann sie aufschrieb und immer bei sich trug, hatte er bei allem, was er sich vornahm, eine glückliche Hand.«[11]

Einige Christen hielten Diana sogar für die Dreifache Gottheit, die vormals die Welt beherrscht hatte. In einem dem Bischof von Meaux zugeschriebenen Gedicht aus dem 14. Jahrhundert hieß es, Diana sei ein alter Name für die Dreieinigkeit.[12]

Die Beamten der Inquisition hielten Diana jedoch für die »Göttin der Heiden«, mit deren Hilfe die Hexen ihre nächtlichen Reisen durch die Lüfte unternahmen – oder es sich wenigstens einbildeten.[13] Die Anbetung der Diana wurde, wo immer sie zutage trat, angeprangert und verurteilt, sogar dann, wenn Mitglieder des Klerus betroffen waren. Im 14. Jahrhundert beobachtete ein Bischof, wie die Mönche der Priorei Frithelstock an einem Waldaltar einer Statue »der unkeuschen Diana« huldigten. Er zwang sie, die Statue zu zerstören.[14] Der berüchtigte Inquisitor Torquemada erklärte Diana ohne Umschweife zur Teufelin.[15]

Ob Teufelin oder nicht, Diana blieb das ganze Mittelalter hindurch die Gebieterin der dichten und dunklen Wälder Europas. Als Dea Arduenna war sie die Schutzpatronin der Ardennen und als Dea Abnoba die des Schwarzwaldes.[16] SerbInnen, TschechInnen und PolInnen kannten sie als die Wald-Mondgöttin Diiwica, Devana oder Dziewona.[17] Für lange Zeit – in England bis ins 18. Jahrhundert – blieb sie die Göttin der Wälder und der Jagd.

Einige Bräuche des Dianakultes lebten trotz des Widerstandes des Klerus sogar in den Kirchen fort. Ein Londoner Pfarrer z. B. äußerte sich kritisch über eine traditionelle Prozession, bei der ein Hirschkopf in die St. Paul's Kathedrale getragen wurde: »... tragen sie in einer Prozession den Kopf eines Hirschen auf einem langen Speer oder einem Pfahl in die Kirche, wobei die ganze Gesellschaft auf's scheußlichste in Jagdhörner bläst. Und unter diesem primitiven Pomp schreiten sie bis an den Hochaltar und bringen ihr Opfer dar. Sie alle benehmen sich wie die verrückten Jäger der Diana.«[18]

1. Frazer, G. B., 5, 10. 2. Graves, W. G., 273 f. (dt. 301). 3. Reinach, 153.
4. Neumann, G. M., Tafel 35. 5. Ashe, 185. 6. Legmann, 661. 7. Ashe, 112, 185.
8. Legmann, 650. 9. Graves, W. G., 411. 10. J. H. Smith, C. G., 234.
11. Hazlitt, 103. 12. Seznec, 92 f. 13. Sprenger & Institoris, 104. 14. Lethbridge, 71.
15. J. B. Russell, 235. 16. Spence, 76. 17. *Larousse*, 288. 18. Hazlitt, 484.

Dido

Eine Priesterinnenkönigin und Gründerin Karthagos; sie wurde auch mit der zyprischen Aphrodite und der Göttin **Tinnit** gleichgesetzt.[1] Als Dido-Anna war sie die Gemahlin des tyrischen Gottes Herakles Melkarth, der alljährlich als rituelles Opfer den Feuertod starb. In der römischen Mythologie wählte Dido Aeneas zu ihrem Heiligen König und wollte ihn opfern. Aeneas entkam, und sie starb statt seiner. Er überlebte und wurde der Gründer Roms.

Ein anderer Name der Dido lautete Elissa, »die Göttin«.

Dike

Ein alternativer Name der griechischen Schicksalsgöttin Tyche, die die Orphiker Eurydike, »allumfassende Dike«, nannten. Ihr war das orakelhafte Knöchelspiel gewidmet, mit dem die für den Kult bestimmten

Opfer ausgewählt wurden. Es diente außerdem zur Zukunftsschau. Bei den HebräerInnen gab es mit den heiligen *urim* und *thummim* einen ähnlichen Brauch. (Siehe **Orpheus**.)

Diktynna

Eine Bezeichnung der Mutter Rhea in ihrer Funktion als gesetzgebende Göttin vom Diktegebirge auf Kreta. Hier übergab sie ihre Gesetzestafeln und »E-dikte« den minoischen Königen.[1] Das Wort »Diktat« leitet sich von den Anweisungen ab, die sie vom Berg »Dikte« aus erteilte.

1. *Larousse*, 86.

Diogenes

Ein kynischer Philosoph, der vor dem Tor des Tempels der Großen Mutter in einer Tonne lebte und beständig nach einem einzigen ehrlichen Menschen Ausschau hielt.[1] Die Kyniker waren »Hunde« oder »Wachhunde« der Göttin, worauf auch ihr Name hindeutet (*kynikos*, »Hundeähnliche«). Die Suche nach einem ehrlichen Menschen resultierte aus ihrer Überzeugung, daß sie im letzten Weltzeitalter lebten und die Göttin die Welt zerstören würde, wenn sich nicht ein einziger ehrlicher Mensch finden ließe.

Diese Vorstellung entsprach der orientalischen Idee vom Kali Yuga, dem letzten Weltzeitalter, in dem die Menschen gefühllos, gewalttätig, chaotisch und unehrenhaft werden.[2] Wenn dieser Zustand erreicht war, sollte das Weltende bevorstehen.

Die heutige Bedeutung von »zynisch« ergab sich daraus, daß Diogenes, trotz seiner lebenslangen Suche, den einen ehrlichen Menschen, dessen Existenz die Welt vor der Vernichtung bewahren sollte, niemals fand. (Siehe **Hund**.)

1. Campbell, Oc. M., 244. 2. *Mahanirvanatantra*, 52.

Dionysios Areopagita

Einer der einflußreichsten Schriftsteller des Mittelalters, der wegen seiner Kenntnisse in der Mystik, seines Wissens über die Himmelsordnung und wegen seines frommen Lebenswandels verehrt wurde. Sein einziger Makel war, nie existiert zu haben.

Die Schriften des Dionysios wurden im 6. Jahrhundert n. Chr. gefälscht und als das Werk von Dionysios, des ersten Bischofs von Athen, ausgegeben. Dieser soll vom Apostel Paulus persönlich zum Christentum bekehrt worden sein, als Paulus, nachdem er bereits eine »Entrückung in den dritten Himmel« erfahren hatte, nach Griechenland reiste. Pseudo-Dionysios schrieb die Berichte des Paulus über den Himmel nieder und predigte darüber auf dem Areshügel in Athen, dem Aeropag – daher der Beiname »Aeropagita«.

Die mittelalterliche Kirche stützte ihre Lehre von den drei Sakramenten, den drei heiligen und den drei niederen Ordnungen auf die unechten Offenbarungen des Dionysios und teilte nach dessen Beschreibung die himmlische Hierarchie in neun Engelschöre ein: 1. Seraphim, Cherubim, Throne; 2. Herrschaften, Gewalten, Mächte; 3. Fürstentümer, Erzengel, Engel. Der Glaube an diese Hierarchie der Himmelsgeister blieb bis in das 18. Jahrhundert hinein bestehen.

Die Kleriker gaben ihren Glauben an die Authentizität der Schriften des Dionysios widerwillig auf, als sich herausstellte, daß die Werke schon einer einfachen Überprüfung der Chronologie nicht standhielten. Sie bezogen sich permanent auf Ereignisse und Institutionen aus viel späterer Zeit als der des vermeintlichen Dionysios.[1] Anfänglich versuchten die frommen Männer ihren Standpunkt zu verteidigen, indem sie die Unstimmigkeiten als wunderbare Zukunftsprophezeiungen interpretierten. Diese Argumentation erwies sich jedoch als unhaltbar.

1. White 2, 315f.

Dionysos

Dionysos wurde mit vielen anderen Erlöser-Göttern gleichgestellt, er trug u. a. die Namen Bacchus, Zagreus, Sabazius, Adonis, Anthaios, Zalmoxis, Pentheus, Pan, Liber Pater oder »der Befreier«.[1] Sein Totemtier war der Panther (*Panthereos*, Tier des Pan). Als Attribut trug er den Thyrosstab, ein den Phallus darstellendes, mit einem Pinienzapfen gekröntes Zepter. Die Priesterinnen seines Gefolges hießen Maenaden oder Bachantinnen. Sie feierten seinen heiligen Kult mit orgiastischen Festgelagen, auf denen sie nackt tanzten und sich mit Wein berauschten.

Dionysos wird oft als ländlicher Weingott, als Erfinder des Weinbaus, dargestellt. Er war aber viel mehr als das. Er war das Urbild Christi. Jerusalem und fast alle anderen wichtigen Städte des Mittleren Ostens waren Zentren seines Kultes. Nach Plutarch wurde das jüdische Laubhüttenfest ihm zu Ehren gefeiert: »Der Sabbat scheint mir nicht ganz ohne Bezug zum Dionysosfest.«[2] Er fügte hinzu, daß die Juden kein Schweinefleisch äßen, weil ihr Gott Dionysos-Adonis (der Herr Dionysos) von einem Eber getötet wurde. Im ersten Jahrhundert v. Chr. sagten die Juden von sich, daß sie Dionysos unter seinem phrygischen Namen »Sabakischer Zeus« verehrten.[3]

Nach Tacitus war Dionysos Liber in früherer Zeit der Gott Jerusalems, später ersetzte ihn ein anderer Gott mit weniger anziehenden Eigenschaften: »Liber schuf einen festlichen, heiteren Kult, wogegen die jüdische Religion fade und armselig ist.«[4] Im 5. Jahrhundert v. Chr. waren Dionysos und Jehovah auf den beiden Seiten derselben Münze abgebildet. Eine Münze, »die bei Gaza gefunden wurde, zeigt auf der Vorderseite ein bärtiges Haupt vom Typ Dionysos und auf der Rückseite eine bärtige Figur ... mit den hebräischen Buchstaben JHWH-Jehovah bezeichnet.«[5]

Im Libanon war Dionysos in der Gestalt des Ampelus verkörpert, eines »wunderschönen Jünglings«, der von einem Stier in Stücke gerissen und als Weinstock wiedergeboren wurde. In Chios wurde das Blut der von den Maenaden des Dionysos getöteten Männer benutzt, um die Weinreben fruchtbar zu machen. In Orchomenos erschien die Dreifache Göttin zu den Dionysischen Riten in Gestalt »der drei Prinzessinnen«, die einen Knaben zerrissen und verschlangen (während die

Erde das Opferblut in sich aufnahm). König Pentheus von Theben wagte es, den Dionysoskult zu verbieten, vielleicht weil er nicht wie die anderen dionysischen Gott-Könige sterben wollte. Die Frauen rissen ihn dennoch in Stücke. Sie wurden dabei von der Mutter des Königs (Mutter-Göttin) angeführt, die ihm den Kopf abriß.[6] In späterer Zeit stand im Mittelpunkt der Dionysosriten von Theben das Töten und Essen eines Rehs, das Pentheus genannt wurde. Die Maenaden trugen Rehfelle. Das lydische Totemtier des Gottes war der Fuchs Bassarus, ein Vorläufer des mittelalterlichen Reineke Fuchs. Dort nannten sich die Maenaden Bassariden und trugen Fuchsfelle.[7]

Diese dunkleren Mythen zeigen Dionysos als Urtyp des Erlöser-Gottes. Im anfänglichen, älteren Kult wurde ein König getötet und geschlachtet, um sowohl die Frauen wie die Erde mit seinem Blut zu befruchten. Später trat an die Stelle des Königs ein Ersatz, meistens ein verurteilter Verbrecher oder ein Jüngling, der durch das Los ausgewählt wurde. Noch später wurde anstelle des Menschen ein Tier geopfert, und schließlich wurden »Fleisch« und »Blut« in Form von »Brot« und »Wein« verzehrt, wie bei den klassischen Dionysos-Mysterien in Eleusis.

In Palästina wurde Dionysos mit Noah, dem ersten Erzvater der Bibel, der sich betrank (Genesis 9, 21), gleichgesetzt. Sein griechischer Name lautete Deukalion, »Seemann des jungen Weines«. Dieser galt in vorhellenischen Mythen als der griechische Held der Sintflut.[8] Eine andere Variante des Dionysos war Adam, den der Himmelsvater und die Mutter Erde (Zeus und Demeter) gezeugt hatten. Er wurde in Stücke gerissen, um den »Wein« seines Blutes als Sühneopfer darzubringen.[9] Seine spätere Inkarnation, der Heroe **Orpheus** – die zentrale Gestalt der berühmten orphischen Mysterien – war derselbe Opfergott, der von den Maenaden zerrissen wurde. Proklos schrieb, »... daß Orpheus, der die Hauptfigur in den Dionysischen Riten war, dasselbe Schicksal erlitten habe, wie der Gott.«[10]

Orpheus setzte die Idee der Erlösergestalt in der dritten Generation fort, denn er wurde mit seinem göttlichen Vater Dionysos gleichgesetzt, genauso wie dieser mit seinem Vater Zeus. Dionysos wurde, auf dem Thron des Himmlischen Vaters sitzend und sein Blitzzepter schwingend, als König der Könige und Gott der Götter gefeiert.[11] Er galt ebenfalls als der von Gott gezeugte und von einer Jungfrau geborene »Gesalbte« (*Christos*), dessen Mutter alle drei Erscheinungsformen der Dreifachen Göttin in sich vereinigte: neben der Erdmutter auch Persephone, die Gebieterin der Unterwelt und Semele, die Mondgöttin. Sein Opfername Dendrites, »Baum-Jüngling«, deutete auf Erhängungs- oder Kreuzigungsriten hin.[12] Außerdem erschien er als gehörnter Gott in Stier-, Ziegen- oder Hirschgestalt.

Die klassische Version des Mythos von seiner Zerstückelung erzählt, wie der Gott, um dem Angriff der Titanen (den vorhellenischen Erdgottheiten) zu entgehen, in schneller Folge verschiedene Tiergestalten annahm. Schließlich packten sie ihn doch, rissen ihn in Stücke und verzehrten ihn. Sie fingen seine Seele in einem Spiegel, während er gerade sein Spiegelbild bewunderte. Diese Geschichte setzte Dionysos mit dem Frühlingsblumengott Narziß – einer seiner vielen Erscheinungsformen – gleich. Pausanias nannte Onomakritos als Quelle für die Geschichte von den Titanen als den »Urhebern der Leiden des Dionysos«, aber im orgiastischen Kult traten diese Einzelheiten nicht zutage. Wahrscheinlich war eine der ältesten Formen des Gottes der Dionysos Melanaigis, »Dionysos des Schwarzen Ziegenfells«, eine satyrhafte Sündenbockgestalt wie die des Marsyas.[13] Sein übliche Aufmachung trug viel zur mittelalterlichen christlichen Vorstellung vom Teufel in Gestalt eines schwarzen Ziegenbocks bei.

Pausanias
Ein griechischer Geograph und Verfasser von Reiseberichten, der im 2. Jahrhundert n. Chr. lebte. In einer Zeit des kulturellen Zerfalls erfüllte ihn der Wunsch, die alten heiligen Kultstätten für die Nachwelt zu beschreiben.

In Eleusis, dem Ort seiner »Wiederkunft«, erschien Dionysos als neugeborenes Heiliges Kind, das in eine Getreideschwinge, *liknon*, gelegt wurde; daher stammt sein Beiname Dionysos Liknites. Bei den Umzügen wurde seine Wiege als heiliges Objekt von besonderen Würdenträgern, den *liknophoros* (Wiegenträger), getragen.[14] Der *liknon* war der Urtyp der »Krippe« des Jesuskindes. Alle Getreidegötter, deren Fleisch in Form von Brot verzehrt wurde, erschienen als Neugeborene in Saatkorngefäßen.

Eine altbekannte Inkarnation des Gottes war König Dionysios von Syrakus, der im 4. Jahrhundert v. Chr. den Brauch des Königsopfers änderte. Als sich der Zeitpunkt seiner Opferung näherte, setzte der König einen Höfling namens Damokles – was soviel heißt wie »siegreicher Ruhm« oder »Ruhm des Blutes« – an seine Stelle. Damokles soll sich freiwillig gemeldet haben, den Platz des Königs einzunehmen, weil er ihm die Vorzüge der Königsherrschaft neidete. Aber er genoß nur noch kurze Zeit das angenehme Leben. Er entdeckte, daß ein an einem einzigen Haar befestigtes Schwert über seinem Kopf schwebte: ein Symbol für das unabwendbare Schicksal der Könige in der Zeit, in der die Könige und die in ihnen verkörperten Götter dem regelmäßigen Opfertod bestimmt waren.[15] (Siehe **Königtum**.)

1. James, 198. 2. Knight, S. L., 156. 3. Graves, W. G., 366ff. (dt. 400ff.).
4. Tacitus, 660. 5. Graves, W. G., 368 (dt. 402). 6. Graves, G. M., 27f.
7. *Larousse*, 160. 8. Graves, G. M. 2, 388. 9. Knight, S. L., 156.
10. Graves, G. M., 28.2. 11. Frazer, G. B., 451. 12. Graves, G. M., 27.2.
13. Guthrie, 169, 320. 14. Ebd., 161. 15. *Encyc. Brit.*, »Damocles«.

Dioskuren

Der griechische Name für das Himmlische Zwillingspaar, die Götter des Morgen- und des Abendsterns, die gemeinsam aus dem Weltei der Leda geboren wurden. Jeder der beiden trug seine Hälfte der Eierschale als Krone oder Kappe. Die Zwillinge hießen Kastor und Polydeukes. Der Name Polydeukes bedeutet soviel wie »überfließender Wein« und ist vielleicht eine Anspielung auf das dahinströmende Blut des Sonnen-Erlösers. In Fruchtbarkeitsriten wurde er von den Zwillingen in die Unterwelt hinein und aus ihr heraus geleitet.[1] Die Bedeutung des Namens Kastor wurde mit dem Brauch der Gotteskastration in Verbindung gebracht, der im klassischen Heidentum so verstanden wurde, daß »der Phallus der Liebesgöttin als Opfer dargebracht wurde«.[2]

Die römische Liebesgöttin hieß Venus, und ihr Planet war der »Stern«, der als Morgen- und als Abendstern erscheint. Wegen dieses

Zusammenhanges mit der Liebesgöttin assoziierten die Christen vielleicht den römischen Namen des Polydeukes, Pollux, mit »Pollution«. Wie das kanaaitische Zwillingspaar Shaher und Shalem verkündeten die Himmlischen Zwillinge allmorgendlich mit den Worten »Er ist auferstanden« die Geburt des Sonnengottes und sandten ihn bei seinem allabendlichen Tod mit dem Wort »Frieden« (Shalom oder Salaam) zurück in die Unterwelt. (Siehe **Luzifer**.)

Die die Sonne verehrenden Mithrasanbeter erkannten die Dioskuren in zwei goldenen Sternen, dem Alpha- und Betastern des Sternbildes Gemini (Zwillinge), das wir heute noch kennen. Darstellungen auf Mithrasschreinen zeigen die Dioskuren in menschlicher Gestalt. Sie halten Lanzen oder Fackeln, von denen die einen nach oben, die anderen nach unten gerichtet sind; damit wurde der Auf- und Untergang der Sonne angedeutet. Meistens wurde das Zwillingspaar in einer bestimmten Pose dargestellt: der eine Zwilling kreuzte das rechte Bein über das linke, der andere das linke über das rechte.[3] Die gleiche Beinstellung der »Magischen Vier« findet sich manchmal auf den Herrscher-Karten der **Tarot**trümpfe wieder. Die Dioskuren wurden in Sparta als Reiter, Krieger und Kriegstänzer verehrt.

1. Graves, G. M., 74. n–p. 2. Jobes, 179. 3. Cumont, M. M., 128.

Diotima

Eine mantineische Priesterin und berühmte pythagoräische Philosophin. Außerdem war sie Lehrerin des Sokrates: eine weitere einstmals berühmte *alma mater*, die später von den patriarchalischen Historikern vergessen wurde.[1]

1. Boulding, 261.

Dis Pater

»Vater Dis«, ein aus dem Etruskischen stammender Titel des römischen Totengottes. Gelegentlich wurde er mit dem Wolfskopf des etruskischen Totengottes dargestellt. Wie Pluto, der Herrscher der Unterwelt, wurde auch er »Spender des Reichtums« genannt, weil er wußte, wo Minen, Edelsteine und vergrabene Schätze zu finden waren.[1] Für die gallischen KeltInnen stand Dis über allen anderen männlichen Gottheiten, da sie behaupteten, daß er der »Vater der Sippe« sei. Ihr Kult stützte sich auf die alte Vorstellung vom sterbenden Gott, der durch das Verströmen seines Blutes »Vater« wird. (Siehe **Königtum**.) In Großbritannien wurde Dis als universelle Gottheit, ähnlich dem Gott Jehovah, angesehen. Dessen spätere Verehrer benutzten Dis als einen weiteren Namen für den Teufel.[2]

1. *Larousse*, 211. 2. Graves, W. G., 45 (dt. 62/63).

Disen

Die altnordische Bezeichnung für die ältesten, matriarchalischen Herrscherinnen, die Göttinnen-Großmütter, die vor dem Aufkommen der patriarchalischen Götter die Stämme regierten. Die Göttin Freya galt als die Vanadis, die Führerin der *dísír*.[1] Die Matriarchinnen waren im Besitz des wahren magischen Wissens, in das die Götter von ihnen eingeweiht werden mußten.

1. Turville-Petre, 176.

Djinn

Var. Dschinn

Die arabischen »Geister« oder Seelen der Ahnen. Der Name ist verwandt mit dem römischen *genius*, »Geist des Vaters« oder »Erzeuger«. Die Mohammedaner sahen die *djinn* wegen ihrer Zugehörigkeit zur alten Religion als heidnische Halb-Dämonen an. (Siehe **Genius**.)

Doppelaxt

Siehe **Labrys**

Doppelgänger

Eine Bezeichnung für das eigene Ebenbild; es entspricht dem ägyptischen *ka*, einem Spiegelbild der Seele. Manchmal wurde die Nachgeburt als der unentwickelte Zwilling des Neugeborenen angesehen. Er sollte durch einen Zauber die Gestalt des lebenden Zwillings annehmen können und ihm dann durch das Leben folgen. Zuweilen gab es den Glauben, das eigene Spiegelbild zeige diesen Doppelgänger.

Drama

Der Ursprung des Dramas liegt in den alten, heiligen oder magischen Dramen, die zu speziellen Zeiten im Jahr aufgeführt wurden und ein gemeinsames universelles Thema hatten: die Herausforderung, die Prüfung, die Hochzeit, das Opfer und die Auferstehung des Helden, des Heiligen Königs oder des Erlösers. Das Publikum beteiligte sich mit Liedern, Tänzen, sexuellen Orgien und Wehklagen. Außerdem verzehrte es das Fleisch des Gottes und frohlockte bei seiner Wiederauferstehung. Ein Ziel dieser Zeremonie war das Erreichen der religiösen Ekstase, das Eintreten in den »Traum«.

Es ist darauf hingewiesen worden, daß jeder Traum »eine bemerkenswerte Ähnlichkeit mit dem Drama« in sich birgt.[1] Das alte skandinavische *draumar* – verwandt mit dem deutschen *Traum* – war durch die Opferung des Gottes gekennzeichnet, die zum »tragischen« Teil des kultischen Spiels gehörte.[2]

Die Tragödie hatte ihren Ursprung im »Ziegenlied«, der Aufführung der Heiligen Dramen zu Ehren des Dionysos und des Pan. Die Einteilung des klassischen Dramas in fünf Akte ging hierauf zurück. Die Gottesriten waren in fünf Abschnitte eingeteilt: 1. *agon*, der Kampf: die amtierende Inkarnation des Gottes kämpfte gegen den Herausforderer. 2. *pathos*, die Passion: der Gott vereinigte sich mit der Göttin und sandte seine Seele in seinem Samen (oder Blut) aus, um die Welt von neuem zu befruchten – er starb bei seiner eigenen Zeugung. 3. *threnos*, die Klage: ein wehklagendes »Trauerlied« (Threnodie), das von Gebärden des Schmerzes begleitet wurde. Es sollte das Publikum von der Verantwortung für den Tod des Gottes freisprechen. 4. *anagnorisis*, die Entdeckung: Priesterinnen begaben sich zum Grab und sahen, daß der Gott »auferstanden« war. Dieses Ritual ähnelte sehr der Szene in christlichen Spielen, in der Maria Magdalena und andere Tempeljungfrauen das leere Grab Jesu fanden (Lukas 24, 10). Bezeichnenderweise war auch dabei kein Mann zugegen. 5. *apotheosis*, die Vergöttlichung: das wieder zum Leben erweckte Opfer wurde zum Gott erhoben und stieg in den Himmel auf, wo es Teil seines göttlichen Vaters wurde.[3] An dieser Stelle des Rituals begannen die Anbetenden eine Art Freudenorgie, ähnlich der, die den römischen Karneval – Hilaria, »Tag der Freude« – kennzeichnete, an dem der Tod und die Wiederauferstehung des Erlösers Attis gefeiert wurden.[4]

Die kultischen Dramen zu Ehren von Dionysos, Pan, Attis, Osiris, Orpheus und vieler anderer Götter der Mysterien fanden in den mittelalterlichen Mysterienspielen ihre Fortsetzung. Die Maskenspiele und Feste wie Karneval, der Beginn des Mai oder der Erntedank entlehnten verschiedene Teile aus dem alten Heiligen Drama. Einige Figuren der klassischen *commedia* wurden nach dem Vorbild heidnischer Gottheiten entworfen. Aus der Taubengöttin wurde Columbina (Taube). Der Schlangengott wurde zu Pierrot, engl. *Big Peter*, oder *the Pied One*, »der bunt Gekleidete«. Der Name Harlekin geht auf die Hellequins oder *Hella cunni*, »Familie der Göttin Hel«, zurück, womit im heidnischen Glauben die Seelen der Verstorbenen gemeint waren, die aus der Unterwelt herausreiten.[5]

Masken waren im frühen mittelalterlichen Drama so gebräuchlich wie in den Spielen des antiken Rom oder Griechenlands. Magisch gesehen barg die Maske, und nicht der Schauspieler, der sie trug, den Geist der dargestellten Figur in sich. Auf dieser alten Vorstellung beruhte der Einsatz aller Arten von Masken und Kostümen in religiösen Zeremonien, angefangen mit den tierköpfigen, ägyptischen Gottheiten – Menschen trugen die Maske der Götter – bis zum modernen Ornat der Priester. Bei manchen Naturvölkern existiert noch immer der Glaube, daß das Tragen von Tier- , Geister- oder Göttermasken oder der entsprechenden Verkleidung zu einer wirklichen Verwandlung in das jeweilige Wesen führt.[6] (Siehe **Maske**.)

1. Sagan, 178. 2. Turville-Petre, 109. 3. J. E. Harrison, 344. 4. Frazer, G. B., 407. 5. Potter & Sargent, 73; J. B. Russell, 146. 6. Jung, M. H. S., 44.

Dreieck

Tantrischen Traditionen zufolge ist das Dreieck das Urbild oder das Weibliche Dreieck des Lebens.[1] Als Kali-Yantra stand es für die Kali als Cunti, daneben war es auch als Yoni-Yantra oder Zeichen der Vulva bekannt.[2] In Ägypten war das Dreieck das hieroglyphische Zeichen für »Frau«; die gleiche Bedeutung hatte es bei den ZigeunerInnen, die es aus ihrer ursprünglichen Heimat in Hindustan mitbrachten.[3] Im griechischen heiligen Alphabet stand das *delta* oder Dreieck für die Heilige Tür, die Vulva der All-Mutter Demeter (Mutter Delta).

In den meisten alten Symbolsystemen steht das Dreieck gleichzeitig für die Jungfrau-Mutter-Greisin-Trinität der Göttin und für ihr Genital, den »heiligen Platz« und Quell allen Lebens. Das Dreieck stellte die Jungfräuliche Mondgöttin Men-Nefer dar, eine archaische Gottheit der ersten Mutter-Stadt Memphis.[4] Das Dreieck selbst wurde in der gleichen Weise verehrt, in der die ChristInnen heutzutage das Kreuz verehren. In diesem Zusammenhang sagten die Orientalen: »Es ist das Ziel der Yantraverehrung, die Einheit mit der Mutter des Universums in ihrer Gestalt als Geist, Leben und Materie zu erlangen. ... Dies ist die Vorbereitung auf die yogische Vereinigung mit ihrer wahren Gestalt: dem reinen Bewußtsein.«[5]

Das Dreieck stand überall im Zusammenhang mit der weiblichen Dreinigkeit und war oft ein Bestandteil des Monogramms der Göttin. Den Gnostikern bedeutete es »kreativen Intellekt«.[6]

1. Silberer, 170. 2. *Mahanirvanatantra*, 127. 3. Lederer, 141. 4. Budge, B. D., 204. 5. Woodroffe, 428. 6. Koch, 8f., 54.

Dreifaltigkeit, Heilige

Siehe **Trinität**

Dreiheit

Siehe **Trinität**

Dreizack

Symbol des dreifachen Phallus; er war ein Attribut jedes Gottes, dessen Funktion es war, sich mit der Dreifachen Göttin zu vermählen, und bildete das männliche Gegenstück zum Dreieck. In Indien war der »Dreizackträger« Shiva der Bräutigam der dreifachen Kali.[1] Im Westen ging der Dreizack auf Unterweltgötter wie Hades, Pluto, Neptun und Poseidon über; danach wurde er ihrem gemeinsamen Nachfahren, dem christlichen Teufel zugeschrieben.

Dreizack

Der keltische Mythos bewahrte die ursprüngliche phallische Bedeutung des Dreifachen Schlüssels zur Heiligen Tür. Wie Shiva war der irische Gott **Trefuilngid Tre-Eochair** »ein Träger des dreifachen Schlüssels«. Symbol seiner Tür war das Kleeblatt (irisch *shamrock*), das die Araber *shamrakh* nannten und das die Hindus bereits Jahrtausende vor der ersten arischen Besiedlung Irlands als ein Emblem der Kali verehrten.[2] Der irische Gott fand auf merkwürdige Weise Eingang ins Christentum: Ein mittelirischer Text behauptete, er sei Fintan, dem König von Tara, am Karfreitag erschienen und hätte den heiligen Zweig mit drei Früchten sowie Steintafeln mit den keltischen Eigentums-Gesetzen getragen.[3]

Weil der Dreizack in heidnischer Tradition allgemein als Phallus angesehen wurde, wurde während der Renaissance der »Teufel« oft mit einem dreizinkigen Penis dargestellt. Ein Teufel *»cum membro bifurcato«*

wird 1520 erwähnt, und nicht wenige Inquisitionsrichter behaupteten, Hexen pflegten mit Teufeln zu kopulieren, deren Phalli zwei oder mehr Spitzen hätten.[4]

1. O'Flaherty, 130. 2. *Encyc. Brit.* »Indus Valley Civilization.« 3. Graves, W. G., 523. 4. Robbins, 466.

Drudenfuß

Siehe **Pentagramm**

Druiden

Var. dryaden, druides, druidai, drysidae; gallisch *druvis*; altirisch *drui*.[1]

Die europäischen Priester der Heiligen Eiche waren unter vielen Namen bekannt. Die griechische Mythologie bezeichnete die Dryaden als Eichennymphen. Jede von ihnen war eine Orakelpriesterin, die einen eigenen Baumgeist besaß; das erinnert an die biblische Debora, die unter einem Baum lebte, der ihren Namen trug (Buch der Richter 4, 5). In der griechischen Mythologie hießen die Priesterinnen der Artemis, deren Seelen in ihren Bäumen lebten, Dryaden. Sie konnten auch die Gestalt von Schlangen annehmen und wurden dann Hamadryaden oder Amadryaden genannt.[2] Nach Strabo praktizierten die Druiden in ihren Hainen, die über ganz Nordeuropa verstreut lagen, Riten, »ähnlich den Orgien von Samothrake«.[3]

Dryaden- und Druidentum waren zwei Phasen derselben Religion. Offensichtlich gab es ein früheres, matriarchalisches Stadium, das nur Priesterinnen zuließ, und ein späteres, in dem es auch Priester gab. Gallische und keltische Priester der Eichenhaine bildeten die Gruppe der Zauberer-Barden, die die heiligen Traditionen bewahrten, indem sie mündliche Überlieferungen auswendig lernten und weitergaben. Hier lag die Quelle mittelalterlicher Sagen, Epen und Balladen.

> *Es gibt keinen Bruch zwischen den alten, halb magischen Formeln, die die Druiden sangen, und den späteren Beschwörungsformeln des Zauberers und der »weisen Frau«. Beide entsprangen den – den Veden ähnelnden – heiligen Hymnen, die den Lehrfundus der Druidenlehrer und -seher ausmachten. Ihn gaben sie in ihren Schulen mündlich weiter. Die meisten dieser Weisheiten sind niemals schriftlich niedergelegt worden. Die uns erhaltenen, schriftlichen Fragmente sind wahrscheinlich nur die Überreste einer bedeutenden mündlichen Literatur.*[4]

Die Christen griffen die Druiden nicht nur an, weil sie Heiden waren, sondern vor allem, weil es auch heilige Frauen in höheren Rängen gab. Laut Scot wurden noch zu seiner Zeit weibliche Geister mit Bäumen assoziiert. In Griechenland waren es die Dryaden, in Schottland die Druiden. Sie konnten ihre Gestalt wechseln und einmal als Vogel, ein anderes Mal als Frau erscheinen. »Sie lesen unsere Gedanken und können zukünftige Ereignisse voraussehen.«[5]

Trotz ihrer offiziellen Bekehrung zum Christentum hielten die IrInnen noch viele Jahrtausende lang an ihrem Druidenglauben fest. Ihr angebeteter heidnischer König Diarmuid war für sie »halb Druide, halb Christ«. Um den IrInnen die Legende des Heiligen Patrick schmackhafter zu machen, behaupteten einige Mönche, Patrick sei von Druiden erzogen worden.[6] Die IrInnen nannten ihre Kirchen *dairthech*, das druidische Wort für »Eichenhaus«, das einst den Heiligen Hain bezeichnete.[7]

Die »Kollegien« der Druidinnen oder Dryaden gingen fast unbemerkt in ihre neue Bestimmung über; sie wurden zu Nonnenklöstern. Eine der drei Druidinnengruppen bestand aus einer nach außen hin abgeschlossen lebenden Schwesternschaft, wie z. B. den Priesterinnen der Brigit, die in konventähnlichen Heiligtümern lebten und die heiligen Feuer hüteten, die niemals erlöschen durften. Eine andere, weniger abgeschirmt lebende Druidinnengruppe setzte sich aus verheirateten Frauen zusammen, die in der Nähe der Tempel wohnten und gelegentlich nach Hause gingen, um ihre Ehemänner zu besuchen. Eine dritte Gruppe bestand aus Tempeldienerinnen, die bei ihren Familien lebten.[8] Das Christentum verwandelte nur die hohen heiligen Schwesternschaften in Nonnenorden. Die Frauen aller anderen Gruppen galten fortan als Hexen.

Die druidische Religion hielt sich erstaunlich lange in einer bemerkenswert großen geographischen Region. In Hessen verehrten Christen bis ins 8. Jahrhundert n. Chr. in ihren heiligen Hainen Eichengötter. Nach Gildas ahmten die christlichen Mönche die Tonsur der Druiden nach. In Rußland fanden sich noch 1874 Spuren des Druidenglaubens.[9] Noch deutlichere Spuren blieben bis ins 20. Jahrhundert im Heiligen Land bestehen, wo seit vorbiblischer Zeit Aschera, die Göttin der Heiligen Haine, angebetet wurde. In Kanaan galt sie als die Ahnin der Götter.[10] Ihre Priesterinnen, die Eichennymphen, wurden weiterhin unter dem Titel Benat Ya'kob (Töchter des Jakob) verehrt. Sie wohnten angeblich in ihren Bäumen, die in der Nähe alter Schreine standen, die mittlerweile fiktiven Heiligen der Moslems geweiht wurden. Die Bäume galten immer als Tabu. Niemals wurde ihr Holz als Brennholz verwendet, es diente allenfalls zu Weihezwecken.[11]

In einem gewissen Ausmaß blieb die mystische Verehrung der Eichenbäume bis heute erhalten. Viele britische und amerikanische Städte besitzen eine altehrwürdige »Gründungseiche« oder irgendeinen alten Baum, unter dem Jahreszeitenfeste stattfinden. Eicheln und Eichenblätter dienen immer noch zum Binden von Kränzen und zur Dekoration von Herbstfeiern, auch wenn sie nicht mehr die heiligen Könige der Göttin krönen.

1. Piggott, 105f. 2. Lawson, 153. 3. Haining, 23. 4. Spence, 33, 151. 5. Scot, 417. 6. Spence, 42, 53, 56. 7. Paor, 60. 8. Boulding, 319. 9. Spence, 78, 108. 10. Pritchard, A. N. E. 1, 97. 11. Frazer, F. O. T., 329.

Dschaina

Siehe **Jaina**

Durga

Die Dreiheit der Göttin Kali als Schöpferin-Erhalterin-Zerstörerin bestand aus Parvati oder Maya, der Jungfrau, Durga, der Königin-Mutter, und Uma oder Prisni, dem Alten Weib. Durga wurde auch »die Unnahbare« genannt. Als gekrönte Amazone ritt sie auf Tigern in die Schlacht und besiegte viele dämonische Ungeheuer, um ihre Kinder, die Götter, zu schützen.[1] Wie andere Kriegerinnen-Göttinnen, so z. B. die Ma-Bellona des Mittleren Ostens, trank Durga das Blut ihrer Feinde.[2] Dies bedeutete in Wirklichkeit, daß ihre Altäre oder Bilder mit dem Blut ihrer Kriegsgefangenen beschmiert wurden, die als Jagdtrophäen getötet worden waren.

Als »die Unnahbare« verkörperte Durga zum einen den Kampfgeist einer Mutter, die ihre Jungen beschützt, und zum anderen die nährende Mutter, die – wie es der alte orientalische Brauch besagte – für Männer sexuell »unnahbar« ist. Durga repräsentierte die fundamentalen, animalischen Instinkte der Mutterschaft, für die der erwachsene Mann nicht länger von Bedeutung ist, denn allein die Kinder brauchen die Aufmerksamkeit der Mutter.

Manchmal trug Durga den Namen Shasthi, »die Sechste«, die Führerin der Mütter. Diese Bezeichnung entsprang dem Brauch, sie am sechsten Tag nach einer Geburt anzurufen, wenn die endlosen Beschwörungen zum Schutz der Mutter und des Kindes beendet werden durften. Der siebte Tag galt als Ruhetag.[3] Hier lag der wahre Ursprung der bekannten patriarchalischen Legende von den Göttern, die die Welt in sechs Tagen schufen und am siebenten ausruhten. Zu diesen Göttern gehörten der persische Ahura Mazda, der memphische Ptah, der babylonische Marduk, der syrische Baal und der hebräische Jehovah.[4]

Durgas Eigenschaften und Bezeichnungen durchdrangen bereits vor dem 1. Jahrhundert v. Chr. die westlichen Vorstellungen von der Göttin. Juno, die römische Große Mutter, trug die gleichen Attribute wie ihre orientalische Schwester. Sie war Juno, die Erhalterin und Königin der Mütter.[5]

1. *Larousse*, 333. 2. O'Flaherty, 249. 3. Ebd., 49, 353. 4. Hooke, M. E. M., 73. 5. Dumézil, 297.

Dusii

Ein gallisches Wort für Götter, das sich vom lateinischen *deus*, »Gott«, herleitete. In mittelalterlichen Schriften wurde es als Synonym für **Incubus** gebraucht.

Dybbuk

Eine hebräische Bezeichnung für einen Dämonen, der vom Menschen Besitz ergreift. Insbesondere war damit ein äußerst »anhänglicher« gemeint, der seinen menschlichen Wirt erst nach einer gründlichen exorzistischen Austreibung verläßt.

Dymphna, Heilige

Var.: Dympna

Diese Kanonisation scheint allein auf einem Stückchen Graffiti zu beruhen, auf Worten, die auf einem im 13. Jahrhundert in Antwerpen gefundenen Stein geschrieben standen. Der Stein war in der Nähe eines Sarges vergraben, in dem sich die Knochen eines nicht identifizierbaren

Paares befanden. Auf dem Stein standen die Worte *ma dompna*, »meine Herrin«. Das war die traditionelle Anrede eines mittelalterlichen Dichters für seine geliebte Herrin.

Obwohl diese auf einen alten Stein geschriebenen Wörter die einzige Grundlage für die Kanonisation bildeten, wurde der Kult um die Heilige Dymphna sorgfältig weiterentwickelt. Nach ihr wurde eine große Nervenheilanstalt bei Gheel benannt, so daß sie – vielleicht nicht zu Unrecht – zur Patronin der Geisteskranken wurde. Bis heute gilt sie als Fürsprecherin der Menschen mit seelischen Problemen.[1]

1. Attwater, 108.

Die Erschaffung EVAS in der Version, nach der sie aus einer Rippe Adams geschaffen wurde. Florentiner Schule, Gemälde auf Holz, von Fra Bartolommeo, ca. 1510.

EUROPA und der Stier, hier auf einer rot-gemusterten Vase abgebildet; ungefähr 27 mal 27 cm. Griechenland, ca. 490 v. Chr.

E-Anna

Das »Land der Anna«, eine Region Babylons, die nach der Großen Göttin benannt war. Anna war einer der am verbreitetsten mesopotamischen Namen für die Göttin. (Siehe **Anna, Heilige**.)

Eber

Der Kult der geopferten Ebergötter, der sowohl in der skandinavischen als auch in der mittelöstlichen Tradition zu finden ist, ging ursprünglich von dem indischen Kult um **Vishnu** aus, der von sich sagte, er habe die Welt durch sein Selbstopfer in Gestalt eines Ebers erschaffen. Vishnu sagte, das Blut seiner Eber-Inkarnation habe dieselbe schöpferische Macht gehabt, wie sie früher nur das Blut der Großen Mutter besessen hatte: »Götter und sterbliche Wesen entstehen aus dem Opfer, denn das Opfer ist ihre festgelegte Nahrung; alles wird für allezeit aus dem Opfer entstehen; dieses ganze Universum ist aus dem Opfer geschaffen.« Vishnu wagte es, sich mit der Erdgöttin zu vereinen, während sie menstruierte. Er zeugte drei Ebersöhne, die ebenfalls geopfert wurden, durch das »Om der Götter«, das Wort der Schöpfung.[1]

Vishnu als Eber verkörpert einen frühen Versuch, einem männlichen Wesen das heilige, schöpferische Blut des Lebens zuzuordnen, das Menstruationsblut der Göttin. Als der phallische Gott, der sein Leben für die Menschheit gab, wurde er von den germanischen Ariern gemeinsam mit der Göttin verehrt. Nach Tacitus verehrten die GermanInnen »die Mutter der Götter und tragen als ein religiöses Symbol das Zeichen des Keilers«.[2]

Dieser germanische Ebergott wurde zum Verkünder des Weltendes, zum Erlöser und Herrn über die Toten, sowohl in menschlicher Gestalt als auch in Form eines Ebers, »geboren in den Tagen der Alten ... aus dem Geschlecht der Götter«. Er wurde mit Heimdall gleichgesetzt, einem Sohn der »Mutter Erde-und-Meer«, gezeugt von Eberblut. »Er wurde stark durch die Macht der Erde, durch die kalte See und das Blut des geopferten Ebers.«[3] Das heißt, daß er sich – wie die meisten Götter – im Sterben selbst neu zeugte.

Der Ebergott wurde vor allem am Julfest geopfert, mit einem Apfel in seiner Schnauze, der gemäß dem skandinavischen Glauben, daß Äpfel Zaubermittel der Auferstehung waren, seine sich verjüngende Herz-Seele symbolisierte.[4] Deshalb wird das traditionelle Julschwein noch heute mit einem Apfel in seiner Schnauze gebraten. Das Ritual, ein Schwein zu verzehren, besaß auch eine mystische Bedeutung. »Walhallas Eber« wurde in einem Kessel gekocht, dem Symbol des verjüngenden Mutterleibes, und die Skalden berichteten: »Es ist sehr gutes Schweinefleisch, aber wenige Menschen wissen, womit die Helden in Walhalla ernährt werden.«[5] Wir dürfen die Vermutung wagen, daß sich die Helden in Walhalla eigentlich von Menschenfleisch ernährten, für das der Eber ein Ersatz war. Schwedische Priester mit Ebermasken galten als Inkarnation von Freyr und als Ehemänner der Freya. Dies deutet auf eine Gleichsetzung mit dem Opfergott hin, welcher einst mit der Großen Mutter verheiratet war und sowohl als Eber als auch als Mann starb.[6]

Das jüdische Tabu gegenüber Schweinefleisch war nicht so sehr hygienisch oder rational mit der Furcht vor Trichinen begründet, wie es manche modernen Apologeten suggerieren möchten, die dadurch ein tiefes Mißverständnis in bezug auf die biblische Geisteshaltung zeigen. »In der gesamten Bibel gibt es kein einziges Beispiel dafür, daß eine Epidemie oder eine Krankheit auf den Verzehr von unreinem Fleisch zurückgeführt wird. ... Für die Autoren der Bibel ist wie für ihre heidnischen Zeitgenossen Krankheit etwas Übernatürliches; sie ist eine Folge des Zorns von Geistern. Die frommen Juden essen kein Schweinefleisch, weil ihre frühen Vorfahren, fünf- oder sechstausend Jahre vor unserer Zeit, den wilden Eber als ihr Totemtier ansahen.«[7]

Wie ihre Nachbarn verehrten auch die Juden Ebergötter, die geopfert wurden: der syrische Adonis ist zum Beispiel einer von ihnen. In Syrien wurden Eber der Astarte geopfert und in Griechenland ihrer Entsprechung, der Erdgöttin Demeter. Die eleusinischen Mysterien der Demeter mythologisierten das Eberopfer dergestalt, daß »die Erde sich plötzlich ... öffnete und die Schweine ... verschlang«, und zwar genau in dem Augenblick, als Pluto, der Herr der Unterwelt, seine jungfräuliche Braut Kore raubte.[8] Der Brauch, Opferschweine in eine Grube zu treiben, wie es in den Riten von Demeter und Astarte geschah, erscheint in den Evangelien als Wundererzählung über die Schweine von Gerasa, deren Opfertod, durch »Dämonen« angetrieben, der Wirkung Jesu zugeschrieben wurde (Markus 5, 11–13).

In den Mythen von sterbenden Göttern wie Tammuz, Attis oder Adonis treten Eber oder als Eber verkleidete Priester auf, die den Gott in Gestalt eines Schweines opferten. Solche Götter wurden durch den Eber »in der Lende« durchbohrt, eine Allegorie für die rituelle Kastration.[9] Sie wurden als Liebhaber der Göttin aus der Priesterschaft ausgewählt. Derjenige, der Adonis opferte, war ein anderer Liebhaber der Göttin, Ares, der Träger des Eberfells. Attis wurde von seinem göttlichen *alter ego* geopfert und kastriert, einem Eber, den Zeus geschickt hatte oder der König von Phrygien – zwei Personen, die angeblich in einem Körper inkarniert waren.[10] Wie Jesus war auch Attis der sterbende Sohn, der später wieder als der Vater auferstand, welcher seinen Tod befahl. Auf eine ähnliche Weise verfügte Vishnu als Eber den Tod seiner Ebersöhne.[11] Manchen Mythen zufolge starb Attis auf dieselbe Art wie Adonis, aufgespießt von einem Eber. Nach anderen Mythen war Adonis selbst der Eber, ein totemistisches Zeichen seiner Königsherrschaft.[12]

Auf der Hebrideninsel Malekula herrscht noch die uralte Sichtweise des Opfertieres als Erlöser oder als Ersatz für Menschenopfer. Mutter Tod bewacht die Tore des Totenreiches. Ein Mann muß diese Tore passieren, indem er ihre Aufmerksamkeit mit einem Opferschwein ablenkt. Während sie das Schwein verschlingt, schlüpft er an ihr vorbei.[13] Nachdem er auf dem Erdboden das Erlöser-Schwein, das ein Teil von ihm selbst wird, geopfert und verzehrt hat, sagt der Mann: »Ich bin es nicht länger, der lebt, sondern mein Opfer lebt in mir.«[14] Die Christen aßen ihren Gott auf eine ähnliche Weise während der Kommunion und lernten, an den Toren des Himmels zu zitieren: »Nicht ich, sondern der Christus in mir.«

Die alten Eberkulte wurden nicht gänzlich vergessen. Die mittelalterlichen Geschichten sind voll von magischen Ebern, die oft die Rolle von Opfertieren übernehmen. Das erste gedruckte französische Buch über Hexerei, de Spinas *Festung des Glaubens*, erklärte, daß sich die französischen Hexen an einem bestimmten Felsen versammelten, um den Teufel in Gestalt eines Ebers anzubeten.[15]

1. O'Flaherty, 196f. 2. Tacitus, 731. 3. Turville-Petre, 147f. 4. Ebd. 187. 5. Snorri, 63. 6. Gelling & Davidson, 162. 7. Reinach, 19f. 8. Graves, G. M., 24.f. 9. Ebd., 18.3. 10. Ders., W. G., 198. 11. O'Flaherty, 196. 12. Campbell, P. M., 427. 13. Ebd. 447. 14. Ders., M. I., 456. 15. Robbins, 27.

Ecclesia

»Die Kirche«, ein Titel der Jungfrau Maria. Sie wurde als Körper der Kirche angesehen, wogegen Christus als der spirituelle Kopf der Kirche galt. Für die christlichen Mystiker war die Heilige Mutter Kirche sowohl die Braut wie die Mutter Gottes. Sie postulierten sogar eine inzestuöse Heilige Hochzeit nach altem heidnischen Brauch. Die erotische Dichtung des Hohen Liedes wurde als Ausdruck der Liebe zwischen Christus und der »Ecclesia« gedeutet. Nach Irenäus war Maria-Ecclesia »der reine Schoß, der den Menschen nach Gott neu erzeugt«. So wie heidnische Tempelbauten die äußere Gestalt ihrer Götter widerspiegelten, wurden Kirchen nach Marias Körper entworfen.

Irenäus
Ein Heiliger und Kirchenvater, der im 2. Jh. n. Chr. gelebt haben und Bischof von Lyon gewesen sein soll. Seine Lebensgeschichte ist unklar. Sie basiert weitgehend auf (möglicherweise erfundenen) Behauptungen des Eusebius, nach denen er Briefe von Irenäus besaß. Allerdings ist keiner von ihnen überliefert. Die Geschichte vom Martyrium des Irenäus hat sich als Fälschung herausgestellt.

Echo

Die griechische »Nymphe«, an deren spiegelndem Teich Narkissos den Tod fand. Dem klassischen Mythos zufolge trauerte Echo so heftig um ihren geliebten Blumengott, daß sie vor Gram verging und von ihr nur noch ihre Stimme zurückblieb.

Ursprünglich war sie Acco, die prähellenische Geburtsgöttin. Die Bedeutung des Namens spielte auf die Fähigkeit der Göttin an, Orakel zu sprechen: »das letzte Echo der Stimme.« Damit war die Stimme der Schöpfung gemeint, die im alten Indien von der Göttin Vac verkörpert wurde. (Siehe **Logos**.) Bei den HebräerInnen hieß sie Bath Kol, Tochter der Stimme.[1]

Das Wort, das Echo zu dem Frühlingsgott Narkissos-Antheus-Adonis-Hyacinthos sprach, war offensichtlich der Todesbann, der den letzten Teil des rituellen Königsopfers einleitete, denn bei Narkissos handelte es sich um den gleichen Gott wie Dionysos mit all seinen Blumentiteln.[2]

1. Leland, 220. 2. Graves, G. M., 85.e.1–2.

Edda

»Urgroßmutter«, ein skandinavischer Name der Mutter Erde (Erda), mit dem auch die durch sie inspirierte heilige Dichtung bezeichnet wurde. Isländische Sagen oder *Eddas* begannen meistens mit der Anrufung dieser Göttin, die dem ältesten Drittel der Menschheit das Leben schenkte.[1]

1. Turville-Petre, 150.

Eden

Hebräisch »Garten der Freude«. Der Begriff ging auf den persischen *Heden*, den ersten aller Gärten, zurück, in dem im Goldenen Zeitalter das erste Menschenpaar in einem zweigeschlechtlichen Wesen vereinigt war. Wie alle anderen Varianten vom irdischen Paradies sollte Eden ursprünglich im weit entfernten Westen liegen, dort, wo die Sonne jeden Abend unterging. Die der Bibel bekannten Länder lagen deshalb »östlich von Eden« (Genesis 4, 16).

Edmund, Heiliger

Die kanonisierte Version einer in Bury St. Edmunds kultisch verehrten heidnischen Gottheit. Wie Shiva wurde diese Gottheit an ihrem Jahresfest in Gestalt eines weißen Stieres getötet.

Das rituelle Töten von Stieren ging auf den kretischen Minotauruskult zurück und setzte sich in den Riten der Artemis Tauropolos, des römischen Tauroboliums und im iberischen Heidentum fort. Dort hat es sich in den spanischen Stierkämpfen bis heute erhalten. Das Heiligtum des heiligen Edmund wurde wahrscheinlich auf seinem Grabmal erbaut. Er war ein junger Mann, der im 9. Jahrhundert n. Chr. von den Ostangeln zum König gewählt wurde.[1] Seine Legende ist allerdings ein reiner Mythos. Wie andere keltische Erlöser-Götter wurde er an einem Baum festgebunden und mit unzähligen Pfeilen durchbohrt. Dasselbe Schicksal war dem Opferstier bestimmt: die spanischen Matadore führen es noch heute vor. Edmunds Wappen zeigte einen Wolf, der den Kopf des Märtyrers hält – eine Anspielung auf die traditionelle Rolle des Wolfes als Totenwächter – und in Form dreier Kronen eine symbolische Darstellung der Dreifachen Göttin. (Siehe **Hund**.)

Aufzeichnungen aus Klöstern belegen, daß der wahre Charakter des Festes zu Ehren des »Heiligen Edmund« vom Totemglauben geprägt war. Einmal jährlich wurde ein weißer Stier ausgewählt und in den Straßen zur Schau gestellt, wobei Frauen, die sich eine Schwangerschaft wünschten, ihn streichelten, denn einem zum Untergang verdammten Gott wurde gemeinhin eine große Fruchtbarkeit zugesprochen. In einer überlieferten Klosterurkunde heißt es: »Diese Urkunde bescheinigt, daß der Küster John Swassham mit der Zustimmung des Priors dieses Konvents ... in jedem Jahr seiner Amtszeit selbst oder durch einen anderen einen weißen Stier ausfindig machen soll, und zwar solange, wie eine Dame oder eine andere Frau nach Gebeten und Gelübden das Grabmal des glorreichen Märtyrers, des heiligen Edmund, besucht, um eben diesem weißen Stier Opfergaben zu bringen.«[2]

1. Attwater, 109. 2. Briffault 3, 190.

Ehe

Ehe heißt auf englisch *marriage*; dieses Wort entwickelte sich aus dem lateinischen *maritare*, Vereinigung unter dem Schutz der Göttin Aphrodite-Mari. Die christlichen Urväter standen der Einrichtung der Ehe feindlich gegenüber, denn bei jedem Aspekt der Ehe wurde der Schutz

Origenes (Origenes Adamantius) Christlicher Mönch, der ca. 185–254 n. Chr. lebte; er war Ägypter, schrieb aber griechisch und übte einen starken Einfluß auf die frühe christliche Kirche aus. Er wurde zuerst als Heiliger angesehen, aber drei Jahrhunderte nach seinem Tod wegen gnostischer Elemente, die in seinen Schriften gefunden wurden, zum Ketzer erklärt.

Tertullian (Quintus Septimius Florens Tertullianus) Einflußreicher frühchristlicher Autor und Kirchenvater, der 155–220 n. Chr. in Kathargo als Sohn heidnischer Eltern geboren wurde.

der Göttin angerufen. Origenes erklärte: »Der Ehestand ist unrein und unheilig, ein Mittel der sexuellen Leidenschaft.« Es sollte nach der Auffassung des heiligen Hieronymus das vorrangige Ziel eines frommen Mannes sein, »den Wald der Ehe mit der Axt der Jungfräulichkeit zu fällen«.[1] Der heilige Ambrosius hielt die Ehe für ein Verbrechen gegen Gott, weil sie den Zustand der Jungfräulichkeit veränderte, in dem Gott jeden Mann und jede Frau bei der Geburt geschaffen hatte.[2] Die Ehe sei eine Entehrung der Christen, und »verheiratete Leute sollten über die Verhältnisse, in denen sie leben, erröten«. Tertullian sagte, die Ehe sei ein moralisches Verbrechen, »schrecklicher als jede Strafe und jeder Tod«. Sie war für ihn *spurcitiae*, »obszön« oder »unflätig«.[3]

Für den heilige Augustinus war die Ehe schlicht eine Sünde. Tatian sagte, die Ehe sei eine Verdorbenheit, »ein befleckter und schändlicher Lebensweg«. Es war auf seinen Einfluß zurückzuführen, daß bei den syrischen Kirchen nur unverheiratete Männer Christen werden konnten und kein Mann, der jemals verheiratet gewesen war, getauft werden durfte. Saturninus erklärte, daß Gott lediglich zwei Arten von Menschen geschaffen habe: gute Männer und schlechte Frauen. Die Ehe verewige die Schlechtigkeit der Frauen, da die Frauen die Männer mittels ihres sexuellen Zaubers beherrschten.[4] Der heilige Bernhard verkündete Jahrhunderte später immer noch, daß es für einen Mann leichter sei, einen Toten zum Leben zu erwecken, als mit einer Frau zu leben, ohne dabei seine Seele zu gefährden.[5]

Der heilige Paulus verurteilte die Ehe mit ohnmächtigem Lob; er stellte fest, daß es immerhin besser sei zu heiraten, als sich in Begierde zu verzehren (1. Korinther 7, 9). Spätere Anhänger des paulinischen Christentums verdammten die Ehe in Bausch und Bogen und bezogen sich dabei auf das Wort Jesu: »Wenn jemand zu mir kommt und nicht Vater, Mutter, Frau und Kinder, Brüder und Schwestern, ja sogar sein Leben gering achtet, dann kann er nicht mein Jünger sein« (Lukas 14, 26). Jesus sagte sich von seiner Familie los; er sprach davon, daß er außer den Gläubigen keine Verwandten habe (Markus 3, 31–35). Hieronymus interpretierte das als einen Auftrag zur Zerstörung von Ehe und Familie. Ihn widerte die Mutterschaft an: »Das Anschwellen des Leibes, die Versorgung schreiender Kinder, all diese närrischen Gefühle finden mit dem Tod ein plötzliches Ende.«[6] Jeder Mann, der seine Frau leidenschaftlich liebte, machte sich seiner Meinung nach des Ehebruchs schuldig.[7] Auch Augustinus drückte seinen Widerwillen gegen die weibliche Sexualität und die Mutterfunktionen aus. Er prägte die Redewendung, daß die Geburt offensichtlich verflucht sei, weil jedes Kind »zwischen Kot und Urin« zur Welt kommt.[8]

Eine erfundene Heilige, für die ein Titel der die Familie schützenden Großen Göttin, Perpetua, »die Ewige«, als Grundlage diente, wurde als ein Beispiel antifamiliärer Tugenden herangezogen. Sie weihte sich in ihrer neuen christlichen Verkleidung als St. Perpetua derart inbrünstig dem Junggesellinnenleben, daß sie nicht nur der Märtyrerschaft mit Gleichmut entgegensah, sondern auch, um Christin zu werden, ihren Eltern, ihrem Ehemann und ihrem Säugling entsagte. Ihre heidnischen Verwandten legten Perpetua in dem Versuch, ihr Herz zu erweichen, das Kind an die Brust, aber sie stieß es von sich und sagte zu ihnen: »Fort von mir, Feinde Gottes, denn ich kenne euch nicht!«[9]

Der frühchristliche Inbegriff einer »guten« Frau war eine Frau, die den Glauben über die Familie stellte. Diese Auffassung spiegelte sich in entsprechenden Kirchenbräuchen wider. Bis zum 16. Jahrhundert existierte kein christliches Sakrament der Ehe.[10] Katholische Wissenschaftler gehen davon aus, daß die Hochzeitszeremonie einer widerstrebenden Kirche »aufgedrängt« wurde: »Nichts ist bemerkenswerter als die Langsamkeit, mit der man liturgische Formen für die Hochzeitszeremonie erarbeitete.« Die Tatsache, daß die Kirche diese liturgischen Formen nicht ersann, sondern sie dem heidnischen Gewohnheitsrecht entlieh, scheint nicht so bemerkenswert zu sein.[11]

Der anglikanische Hochzeitsgottesdienst entwickelte sich aus angelsächsischen Dokumenten, die benutzt wurden, um das Land einer Frau der Verwaltung ihres »Hausmannes« (engl. *husband*) zu übertragen. Der Bräutigam hatte ursprünglich zu sagen: »Mit dem Ring verbinde ich mich mit dir, und dieses Gold und Silber gebe ich dir, mit meinem Körper bete ich dich an, und mit all meinen weltlichen Gütern halte ich dich in Ehren.« Die Braut antwortete: »Ich nehme dich zu meinem angetrauten Ehemann, den ich haben und behalten werde, komme es wie es wolle, auf Glück und Unglück, in Reichtum und Armut, in Krankheit und Gesundheit, fröhlich und freundlich im Bett und bei Tisch, bis daß der Tod uns scheidet.« In einer seltsamen klerikalen Anmerkung, die später am Rand gemacht wurde, hieß es, daß mit »fröhlich und freundlich« in Wirklichkeit »sanftmütig und gehorsam« gemeint gewesen sei.[12]

Ein Kenner der griechischen Religion schrieb über Hochzeitszeremonien in Griechenland und auf dem Balkan: »Der Gottesdienst ihrer Kirche ist bei den modernen Griechen, wie bei anderen Europäern, nicht wirklich ein Teil der Hochzeitszeremonie, sondern ein ihr aufgesetzter, sorgfältig ausgearbeiteter Versuch, die eigentliche Hochzeitszeremonie, oder das, was von ihr übriggeblieben ist, mit einem Segen zu versehen.«[13]

Die christliche Priesterschaft bekämpfte die althergebrachten Traditionen, denn in ihnen war die Erinnerung daran enthalten, daß die spirituelle Autorität der Männer von der Ehe abhing: dies war der Fall bei dem *Hieros Gamos* zwischen dem Herrscher eines Landes und seiner Göttin und wurde nicht zuletzt bei der vorgeschriebenen Ehepflicht für Priester deutlich, die erst dann mit der Gottheit in Kontakt treten durften, wenn sie Frauen hatten. In Asien mußten sogar die Götter verheiratet sein. Selbst patriarchalische Figuren wie Vishnu und Brahma brauchten ihre Shaktis oder Frauen, die ihre Macht verkörperten und »ohne die sie zu nichts nützen«.[14] Brahmanenpriester ohne Ehefrauen konnten bestimmte Zeremonien nicht vollziehen.[15] Orientalische Mystiker lehrten, daß jeder Mann spirituell unvollkommen sei, bis er *bhavanan* kennengelernt hatte, die Ehe, die ihn mit der Göttin als Bhavani oder »Existenz« verband.[16] Das implizierte, daß ein unverheirateter Mann nicht wirklich existierte. In tantrischen Hymnen heißt es, daß alle Frauen Göttinnen seien, weil sie den Geist der Göttin verkörperten; »Frauen [sind] das Leben selbst«.[17]

Auch die frühen Israeliten schlossen unverheiratete Männer von der Priesterschaft aus. Sie hielten die Zaubersprüche und Beschwörungen eines Priesters, der keine Ehefrau hatte, für wirkunglos.[18] Es hieß in jüdischen Schriften: »Der Mann, der weder Weib noch Kinder hat, ist in der Welt in Ungnade gefallen und wird von ihr gehaßt, wie ein kahler und unfruchtbarer Baum.«[19] Die spirituelle Autorität des römischen Hohepriesters, des Flamen dialis, war an seine Ehe mit Junos Hohepriesterin, Flamenica, gebunden. Er verlor umgehend sein heiliges Amt, wenn sie starb oder ihn verließ.[20]

In uralten Zeiten hing so viel von der Fähigkeit des Mannes ab, verheiratet zu bleiben, daß die ersten von Männern erfundenen Eheregeln offenbar aus Regeln zur Sicherung der permanenten Monogamie bestanden. Ein Ehemann konnte als Ergebnis dieser Gesetze den Reichtum der Frau und der Kinder behalten und damit die Frau selbst an sich binden. In matriarchalischen Gesellschaften spielte sexuelle Eifersucht keine große Rolle. Frauen konnten ihre Liebhaber oder Ehegatten frei wechseln und Poly- oder Gruppenehen führen. Über den Übergang von den losen, flexiblen ehelichen Arrangements, die von den Göttinnen bevorzugt wurden, zu der von den Göttern favorisierten rigiden Monogamie ist einiges in Mythen überliefert.

Die prähellenische Mutter Gottes, Rhea, verurteilte die Monogamie als eine Sünde und bestand auf ihrem alten Recht zur Gruppenehe. Ihr Sohn Zeus widersetzte sich ihr und stützte sich dabei auf patriarchalische Angreifer, die in ihre Länder eingedrungen waren. Er zwang Rheas »Tochter« Hera – in Wirklichkeit eine andere Gestalt Rheas – in eine monogame Verbindung. Er selbst hielt später nie seinen Teil der Abmachung ein, er brach fortgesetzt die Ehe, und Hera verabscheute ihn. Bei einer Gelegenheit führte sie die anderen Götter zur Rebellion gegen ihn. Zeus bestrafte Hera, indem er sie mit an ihren Fußgelenken befestigten Ambossen vom Himmel herabhängen ließ – vielleicht der erste göttliche Präzedenzfall, in dem ein Mann seine Ehefrau mittels Folter in die Unterwerfung zwang.[21]

Die hellenischen Griechen glaubten, daß Männer jede Gelegenheit wahrnehmen sollten, Frauen zu Gehorsam und (insbesondere) Treue zu zwingen. Aristoteles lehrte, daß ein Mann mehr als doppelt so alt sein sollte wie seine Braut – er 37, sie 18 –, denn so könne er sie beherrschen: »Der Ältere und ganz Erwachsene ist der Jüngeren und Unreiferen überlegen.«[22] Im griechischen Patriarchat warf die patriarchalische Religion schon ihre Schatten voraus. Diese ist »in der Form, wie sie im Judaismus, Christentum und Mohammedanismus zu sehen ist, vom Grundsatz her nichts anderes als der Versuch, mit dem Mittel der Projektion auf Gottheiten und der Forderung nach Unterwerfung unter ihren kundgetanen Befehl, die vom Vater gewünschte sexuelle Kontrolle über seine Frauen und ihre Töchter sowie den gewaltsamen Ausschluß der Söhne von sexueller Aktivität sicherzustellen.«[23]

Die Frauenverachtung der Griechen führte vielleicht dazu, daß sie ihre homosexuellen Liebschaften kultivierten; sie ignorierten ihre Familien und nahmen sich für wirkliche Liebesziehungen junge Männer.

Diese Herabsetzung der Ehe hatte nach der Meinung einiger Wissenschaftler ihre Grundlage in der Angst vor den Frauen:

> *Die Frauenverachtung der griechischen Männer war nicht nur vergleichbar, sondern auch untrennbar verbunden mit ihrer intensiven Furcht vor ihnen, der eine Ahnung der männlichen Unterlegenheit zugrundelag. Warum sonst wären solche extremen Maßregelungen nötig gewesen? Die Tatsache, daß eine Frau in der Regel nicht älter als ihr Ehemann, nicht von höherem sozialem Status, nicht gebildeter oder für dieselbe Arbeit genauso wie ein Mann bezahlt oder in einer Autoritätsposition sein durfte, läßt erkennen, daß Männer offenbar nicht in der Lage sind, auf gleicher Ebene mit Frauen zu konkurrieren; die Karten müssen erst gezinkt, die Frauen mit einem Handicap versehen werden.*[24]

Bräuche wie die Gruppenehe, die sie bei ihren Nachbarn beobachteten, hielten die Griechen für barbarisch oder pervers.

Ein Grieche sagte in einer Zeit, in der die GriechInnen fast das einzige Volk mit einer patriarchalisch-monogamen Sozialstruktur waren, zu der aus Sparta stammenden Frau von Leonidas: »Ihr aus Lazedaemon seid auf der Welt die einzigen Frauen, die über ihre Männer herrschen.« Sie erwiderte: »Wir sind die einzigen Frauen, die Männer hervorbringen.«[25]

Griechischen Schriftstellern wie Herodot war, obwohl sie irrigerweise ihr System für das einzig normale hielten, sehr wohl bekannt, daß die AraberInnen polyandrisch (also in Vielmännerei) lebten, die Skythen Frauen und Kinder gemeinschaftlich teilten, die LykierInnen nur das Erbe in der weiblichen Linie anerkannten und die Agathyrser »den Weibern gemeinschaftlich beiwohnen, damit sie alle untereinander blutsverwandt und durch ihren häuslichen Zusammenhang dahin gebracht würden, weder Neid noch Feindschaft gegeneinander zu üben«.[26]

Caesar berichtete, daß in Britannien die Gruppenehe die Regel sei. Ein Anzeichen für das System der Gruppenehe bei den KeltInnen war, daß viele ihrer mythischen Helden mehrere Väter hatten. Clothru, die Königin von Connaught, heiratete drei Brüder auf einmal; es handelte sich dabei um dieselbe Art der brüderlichen Polyandrie, wie sie bei Völkern des Ostens, zum Beispiel den Todas und den SinghalesInnen, üblich war.[27] Die Nairs praktizierten die Gruppenehe bis zum 19. Jahrhundert. In der Hinduliteratur ist von einer Prinzessin die Rede, die fünf Brüder auf einmal heiratete. Sie war von der Göttin Cunti gesegnet, die ihr viele Kinder versprach.[28] Es gibt im Mahabharata in einer Rede an dieselbe Göttin Cunti einen Bericht von »der Praxis der Alten, auf die berühmte Rishis hinwiesen, die völlig mit jeder Moralregel vertraut waren«:

> *Frauen lebten früher nicht eingekerkert in Häusern und in Abhängigkeit von ihren Ehemännern und Verwandten. Sie pflegten sich frei zu bewegen und vergnügten sich so, wie sie wollten ... Sie klebten zu der Zeit nicht treu an ihren Gatten; und trotzdem ... wurden sie nicht für sündhaft gehalten, denn es handelte sich um die gutgeheißene Sitte jener Zeit. Diese den Frauen gegenüber so milden Sitten fanden die ausdrückliche Unterstützung des Altertums. Die heutige Praxis, Frauen auf einen Ehemann zu beschränken, führte man auf jeden Fall erst später ein.*[29]

Die Eheregeln wurden, nachdem die Brahmanen in einigen Teilen Indiens die Monogamie eingeführt hatten, stark verändert: »Das Handeln eines jungen Mädchens oder einer jungen Frau darf sich, außer in ihrem eigenen Haus, in nichts nach ihrem eigenen Willen richten. Ein Mädchen sollte in seiner Kindheit unter dem Willen seines Vaters stehen; eine junge Frau unter dem ihres Ehemannes; wenn ihr Mann tot ist, unter dem Willen ihrer Söhne. Eine Frau sollte sich niemals ihres eigenen Willens erfreuen. Eine gute Frau muß ihren Ehemann immer wie einen Gott verehren, auch wenn er sich schlecht benimmt oder ein ausschweifendes Leben führt.«[30]

Die christlichen Autoritäten sorgten in Westeuropa für die Einführung von Regeln, die denen der Brahmanen so weit wie möglich ähnelten. Manche Kirchen bestanden sogar darauf, daß eine Braut bei ihrer Hochzeit als Zeichen ihres unterwürfigen Gehorsams niederknien und den Fuß ihres Bräutigams auf ihren Kopf stellen müsse.[31] Das Christentum akzeptierte die Ehe nur unter der Bedingung, daß die Partner eine Beziehung von Herr und Sklavin eingingen. Die Frauen sollten der Göttin, deren mannigfaltige Gestalten und Offenbarungen die verheiratete Frau in allen Phasen der Ehe und Mutterschaft beschützte, unbedingt entsagen.

Alle Angelegenheiten der Ehe regelte Juno, die römische Himmelskönigin, durch ihre Priesterinnen. Juno Pronuba arrangierte Ehen. Juno Domiduca führte die Braut über die Schwelle ihres neuen Heimes. Die Türpfosten parfümierte Juno Nuxia. Juno Cinxia löste den Jungfrauen-Gürtel der Frau, und Juno Lucina wachte über die schwangere Frau. Juno Ossipago achtete darauf, daß ihre Kinder groß und kräftig wurden, Juno Rumina sorgte für die Milch der Mutter, und Juno Sospita beschützte die Frauen im Kindbett.[32] In Ehe- und Familienangelegenheiten ignorierten die Frauen also Gott und beriefen sich stattdessen auf ihre eigene Göttin. Die Idee, daß ein männlicher Priester bei der Hochzeitszeremonie den alleinigen Vorsitz innehaben sollte, war unvorstellbar – weshalb die Christen auch gar nicht darauf kamen. Die Hochzeit existierte über viele Jahrhunderte in einer Art Rumpelkammer, ohne eine Gottheit, um sie feierlich zu vollziehen und ohne Platz im kanonischen Recht. Das war der Grund dafür, daß die Ehe so lange unter die weltliche Gerichtsbarkeit fiel.

Das Konzil von Trient legte fest, daß eine Person, die auch nur andeutete, daß der Zustand der Ehe gesegneter sein könne als das Zölibat, *anathema* erklärt würde – verflucht und exkommuniziert.[33] Die früheste Form der christlichen Ehe bestand in einem einfachen Segnen des neu verheirateten Paares, *in facie ecclesiae* – außerhalb der geschlossenen Kirchentüren –, um die Entweihung durch die Sinnenlust aus dem Gotteshaus herauszuhalten. Diese Segnung verletzte rein technisch das Kirchenrecht, aber sie wurde populär und allmählich mehr und mehr akzeptiert. Das vierte Laterankonzil gewährte ihr 1215 einen legalen Status.[34] Die Kirche hielt jedoch weiter daran fest, daß es im Himmel keine Ehen gäbe und bezog sich dabei auf eine Äußerung Christi in der Heiligen Schrift (Markus 12, 25; Lukas 20, 35). Der heilige Thomas von Aquin bestimmte einen »Tugendwert« von 30 für die Ehe; der Witwenstand erhielt demgegenüber 60 und 100 gab es für lebenslange Jungfräulichkeit.[35]

In mittelalterlichen Volkserzählungen ist deutlich erkennbar, daß der Christengott der Ehe ablehnend gegenüberstand. Eine dieser Erzählungen handelt von einem keuschen Jüngling und einer ebenso keuschen jungen Frau, die »aus Liebe zu Gott« nie ihre Einwilligung zu einer Hochzeit geben wollten. Ihre heidnischen Eltern zwangen sie aber zur Heirat. Da tat sich durch die Gnade Gottes die Erde unter ihren Füßen auf und sie wurden verschluckt, bevor sie ihre Jungfräulichkeit verlieren konnten. Der Priester, der es gewagt hatte, bei der Hochzeit zu amtieren, wurde am nächsten Tag tot aufgefunden. Ein anderes junges Paar lief davon, als es gezwungen werden sollte, Gott herauszufordern, denn Gott »billigt keine irdischen Ehen«. Von Gebhard, dem Erzbischof von Köln, hieß es, er habe verheiratete Paare illegal gesegnet und sich sogar selbst eine Frau genommen. Er wurde exkommuniziert, in der Godesburg von katholischen Streitkräften belagert, gefangengenommen und getötet. (Heutzutage besichtigen Touristen die Ruinen dieses Schlosses.)[36]

Ehen nach dem Gewohnheitsrecht waren oft formlos, und eine wilde Ehe konnte umstandslos zu einer rechtsgültigen Ehe führen.[37] Auch zeitlich begrenzte Probeehen waren bis ins 17. Jahrhundert hinein legal. Hinter bäuerlichen »Verlobungen« verbargen sich oft Probeehen, die solche Bräuche wie das »Verweilen«, nächtliche Besuche und das Buhlen im Bett einschlossen. Eine derartige Verbindung konnte durch eine Schwangerschaft zwar dauerhaft werden, aber das war nicht zwangsläufig der Fall. Uneheliche Geburten waren in allen sozialen Klassen der mittelalterlichen Gesellschaft ganz normal.[38]

Die Kirche zeigte einen bemerkenswerten Widerstand dagegen, sich überhaupt mit den Angelegenheiten der Ehe zu befassen. Es gab im Mittelalter keine kirchliche Definition für eine rechtsgültige Eheschließung oder für einen Vertrag, durch den eine Ehe Rechtsgültigkeit erhielt, und der Klerus schien von der ganzen Sache keine rechte Vorstellung zu haben.[39] Er ignorierte die Ehe und beließ sie weitgehend im Bereich des Gewohnheitsrechts.

Nach römischem und barbarischem Recht konnten Ehen »frei angebahnt und ohne Formalitäten beider Parteien jederzeit beendet werden«.[40] Dieses System war bis 1563 unter dem gewöhnlichen Volk gültig. Schließlich erklärte die Kirche den priesterlichen Segen zum unabdingbaren Bestandteil einer rechtmäßigen Ehe und lehnte es ab, nach dem Gewohnheitsrecht geschlossene Ehen anzuerkennen. Die Regeln der Kirche blieben aber in vielen Gegenden noch einige weitere Jahrhunderte lang ohne Bedeutung.[41]

In England wurde 1753 durch das Lord Harwickes-Gesetz für eine legale Ehe der kirchliche Segen erforderlich. Da in Schottland diese Verordnung nicht galt, entwickelte sich Schottland zu einem Mekka für junge Paare, denn dort ließen sich legale Ehen noch nach der alten heidnischen Sitte des Heiratsvertrages schließen – durch einfaches »Händereichen« des Paares in der Gegenwart von Zeugen, ohne besondere Beteiligung des Klerus.[42] Bis 1939 konnten englische Liebespaare zur schottischen Küste in die »Hochzeitsstadt« Gretna Green hinüberfahren und dort sofort heiraten.

Die christlichen Autoritäten beschäftigten sich bei der Veränderung der heidnischen Ehegesetze hauptsächlich damit, den Besitz der Frau unter die Kontrolle ihres Ehemannes zu bringen und dort zu belassen. Unter dem heidnischen System besaßen die Frauen das Land, und ihre Ehemänner konnten ein Anrecht darauf nur durch den Ehestand geltend machen. Dieses System wurde zugunsten der Ehemänner geändert. Die Kirche akzeptierte morganatische Ehen und nach dem Gewohnheitsrecht geschlossene Ehen erst, und dann auch nur vorläufig, nachdem viele Rechte der Frau in bezug auf Besitz und Erbe weitgehend eingeschränkt worden waren. Die christliche Ehemoral lief darauf hinaus, den Frauen die Mittel der Unabhängigkeit zu nehmen und sie den Männern zu übergeben.

Morganatische Ehe Eine Form des legalisierten Konkubinats, die zuerst in Deutschland eingeführt wurde. Diese »Ehe zur linken Hand« ermöglichte es hochrangigen Adligen und Fürsten oder Bürgern, Frauen unter ihrem Stand zu »heiraten«, mit dem Vorbehalt, daß weder Frau noch Kinder jemals einen rechtlichen Anspruch auf den Besitz des Vaters hatten.

Als neue Gesetze den Männern erlaubten, ihren Besitz (und den ihrer Frauen) direkt ihren Kindern zu vererben, sorgte die Kirche dafür, daß die Ehelosigkeit unter der Geistlichkeit strikt durchgesetzt wurde. Priester, die keine rechtsgültigen Ehen eingehen durften, konnten auch keine Erben haben. Aller Reichtum, den sie besaßen oder erworben hatten, fiel folglich bei ihrem Tod der Kirche zu.[43] Der Kirche ging umgekehrt durch klerikale Ehen ein ziemlich großes Vermögen verloren.

Die Priester hatten die frühkirchliche Regel des Zölibats während des fünften und sechsten Jahrhunderts aufgegeben und begonnen, Ehen zu schließen. Dieser Zustand dauerte bis zum 11. Jahrhundert an; dann wurden verheiratete Kirchenmänner per päpstlichem Dekret aufgefordert, ihre Frauen aus dem Haus zu jagen und ihre Kinder als Sklaven zu verkaufen.[44] Die Kirche wurde durch diese neuen Gesetze sehr reich, denn obwohl einige Ex-Ehefrauen die Konkubinen ihrer vormaligen Ehemänner blieben, waren sie doch zugunsten der Kirche enterbt. (Siehe **Weibliche Erbfolge**.)

Die Geistlichen verehrten besonders den heiligen Hilarius, der verheiratet und Vater einer Tochter war; als seine Tochter heiraten wollte, verbat Hilarius ihr das. Weil er befürchtete, daß sie schwach werden und ihre Jungfräulichkeit verlieren könnte, bat Hilarius Gott, sie zu töten. Gott kam dieser Bitte nach – mit Hilarius' Unterstützung. Nachdem Hilarius seine Tochter beerdigt hatte, sandte er auch seine Frau »durch sein Gebet« gen Himmel. Die Legende berichtet, die Frau habe Hilarius freiwillig gebeten, »ihr die gleiche Gnade zu gewähren, die er seiner Tochter zukommen ließ«.[45]

Die Kirche popularisierte nicht nur die seltsame Moral eines Heiligen, der seine Familie umbrachte, sie befürwortete auch die »Züchtigung« von Frauen durch ihre Ehemänner. Sie stützte sich dabei auf die Lehre des heiligen Paulus, nach der »Christus das Haupt des Mannes ist, der Mann das Haupt der Frau« (1. Korinther 11,3). In der Praxis hieß das, daß ein Mann seine Frau unter dem Vorwand der Durchsetzung der Disziplin straflos quälen durfte, ohne daß sie auf rechtlichen oder kirchlichen Beistand hoffen konnte. Es wurde im 13. Jahrhundert in einem milden Protest gegen die Sitten und Gesetzen von Beauvais vermerkt, daß eine übermäßige Anzahl von Frauen durch eheliche

Züchtigung starb, woraufhin man den Ehemännern den Rat gab, ihre Frauen nur »in den Grenzen der Vernunft« zu schlagen.[46]

Zu dieser Zeit herrschte die theologische Auffassung, daß »die Frau mehr als der Mann gesündigt« habe und deshalb unglücklicher sein solle; ihr Leiden müsse auf Erden verdoppelt werden. Das galt sogar für die Zeit im Mutterleib, weshalb weibliche Embryos ihre Seelen nicht so früh von Gott erhielten wie männliche.[47] Die Männer erfüllten nur den Willen Gottes, wenn sie die Frauen leiden ließen.

Andere Regeln galten bei den orientalischen Heiden, die von den Christen für barbarisch gehalten wurden: »Der Hausherr sollte seine Frau niemals bestrafen, sondern sie wie eine Mutter hegen ... Die Wünsche der Frau sollten mit Reichtümern, Kleidern, Liebe, Respekt und freundlichen Worten erfüllt werden. Der Ehemann sollte ihr nie Verdruß bereiten.«[48] Die Abendländler dagegen verurteilten die Passagen der Brhadaranyka Upanishade, in denen die sexuelle Verehrung der Ehefrau als »Hausgöttin (Grhadevata)« als Sakrament bezeichnet wurde, als obszön.[49]

Körperlicher Mißbrauch und sexuelle Gewalt waren so oft das Los einer christlichen Ehefrau, daß es normal war, anzunehmen, daß keine Frau ihren Ehemann lieben könne. Mit einem »Liebhaber« war ein Mann außerhalb der Ehe gemeint. Die Gräfin von Narbonne, die Herrin von Frankreichs berühmtem Liebeshof, betonte, daß eine Beziehung zwischen Ehemann und Ehefrau und »die wahre Liebe zwischen Liebenden zwei ganz unterschiedliche Dinge sind, die nichts miteinander gemein haben ... Wir sagen deutlich und mit Bedacht, daß es zwischen Eheleuten keine Liebe geben kann.«[50] Ein wichtiger Grund dafür lag in dem Verhältnis von Herr und Sklavin. »Die Männer ermahnte man von der Kanzel, ihre Frauen zu schlagen, die Frauen wurden ermahnt, den Stock zu küssen, der sie schlägt.«[51]

Die mittelalterliche Gesellschaft hatte sich so an die Vorstellung gewöhnt, daß alle Frauen von ihren Männern geschlagen werden, daß Geistliche das sogar als Argument benutzten, um Frauen zu überzeugen, zugunsten des Klosters auf eine Ehe zu verzichten. Sie warnten junge Frauen: »Die Frau ist ihrem Manne untertan, sie ist oft Wutanfällen und Fußtritten ausgesetzt und bringt mißgestaltete Nachkommen zur Welt ... Während die Männer verlobt sind, scheinen sie voller Freundlichkeit zu sein, aber nach der Hochzeit regieren sie als grausame Herren.«[52]

Es wurde kürzlich darauf hingewiesen, daß »die christliche Kirche ... Höchstleistungen im Praktizieren und in der Empfehlung körperlicher Mißhandlung von Frauen erbracht hat, obwohl dies in den meisten kirchenhistorischen Berichten übergangen wurde«. Ein Dekret aus dem Jahr 1140 bestimmte: »Es ist recht, daß der, dessen Frau ihn zu falschem Handeln bringen konnte, sie weiter unter seiner Führung haben soll, auf daß er nicht ein zweites Mal durch weibliche Leichtfertigkeit fehlgehe.« Bruder Cherubinos *Eheregeln* aus dem 15. Jahrhundert machten den Ehemann zum alleinigen Richter über die Frau: »Schelte sie scharf, schüchtere sie ein und erschrecke sie. Und wenn das noch nicht ausreicht, ... nimm einen Stock und schlage sie tüchtig, denn es ist besser, den Körper zu strafen und die Seele zu verbessern, als der Seele Schaden zuzufügen und den Körper zu verschonen ... Dann schlage sie leicht, nicht in Rage, aber aus Mildtätigkeit und in Sorge um ihre Seele, so daß dir das Schlagen zur Ehre gereichen wird.«[53]

Ein russischer Pope empfahl statt eines Stocks aus Holz oder Eisen, der wahrscheinlich eher verkrüppeln oder töten würde, die Benutzung einer Peitsche. »Nimm eine Peitsche«, sagte der Pope, »und achte sorgfältig darauf, wo du hinschlägst: eine Peitsche ist schmerzhaft und wirkungsvoll.«[54]

Martin Luther hielt sich für einen außergewöhnlich gütigen Ehemann. Er sagte: wenn seine Frau »frech wird, bekommt sie lediglich eine Ohrfeige«.[55]

Sir William Blackstone (1723–1780) Berühmter englischer Jurist und Autor der *Commentaries*, die während des 19. Jahrhunderts als das maßgebliche Standardwerk des britischen und des amerikanischen Rechts galten.

Die englische Rechtswissenschaft wandte auf eheliche »Meinungsverschiedenheiten« die berühmte, von Blackstone erläuterte Daumenregel an: ein Ehemann besaß die Freiheit, seine Frau mit einer Peitsche oder einem Stock, nicht dicker als sein Daumen, zu schlagen, »um die erforderlichen Schranken der häuslichen Disziplin zur Geltung zu bringen«. Das britische Gesetz bestimmte bis zum späten 19. Jahrhundert, daß Taten, die zu einem Sturm der Entrüstung geführt hätten, wenn eine Fremde davon betroffen gewesen wäre, gesetzlich erlaubt waren, wenn ein Ehemann sie gegen seine Frau beging.[56] Ehefrauen fanden wenig Unterstützung durch die Gesetze; sie standen rechtlich auf einer Stufe mit Minderjährigen und geistig Behinderten und unter der Obhut ihrer Ehegatten.[57]

Als John Adams sich 1777 mit dem Aufsetzen der Verfassung der Vereinigten Staaten beschäftigte, schrieb ihm seine Frau Abigail: »Lege nicht so grenzenlose Macht in die Hände der Ehemänner. Denke daran, daß alle Männer Tyrannen wären, wenn sie nur könnten.«[58] Abigails Ersuchen blieb ungehört. Der amerikanische Ehemann war nicht weniger tyrannisch als sein britischer Vorfahr. Es hieß, daß der Ehemann besonders unter den Puritanern »die Autorität Gottes« über seine Frau ausübe.[59]

Die Feministin Emily Collins beschrieb 1848 ein typisches Beispiel für eine mißhandelte amerikanische Frau: diese Frau bemutterte sieben Kinder, kochte, putzte, wusch, spann, webte, nähte und besserte die Kleidung der Familie aus, sie melkte die Kühe und bewältigte die vielfältigen Verantwortlichkeiten für das Wohlbefinden von neun Personen, einschließlich ihres Ehemannes, der sie schlug, weil sie manchmal »zankte« – also nörgelte oder sich beschwerte. Dies wurde als ausreichender Grund für gewaltsame Angriffe auf seine hart arbeitende Gattin akzeptiert.[60]

Das amerikanische Recht hielt bis zur Mitte des 20. Jahrhundertes an der sogenannten Immunitätsdoktrin fest, die besagte, daß, um der Gewalt des Mannes Grenzen zu setzen, die »Heiligkeit des Hauses« nicht verletzt werden konnte. Das Heim eines Mannes war seine Burg, selbst wenn es für seine Frau ein Gefängnis war. Das Gesetz verweigerte den Frauen sogar das Recht, ihre Ehemänner wegen tätlicher Angriffe zu verklagen, weil als Folge davon »der häusliche Friede zerstört werden könnte«. Erst 1962 entschied ein Richter, daß durch einen Ehemann, der seine Frau schlug, der häusliche Friede bereits zerstört und deshalb die Immunitätsdoktrin rechtlich nicht stichhaltig sei.[61] Selbst heutzutage kann das Gesetz noch das Recht der Ehefrau auf Schutz in ihrem eigenen Haus ablehnen.

Das Schlagen von Frauen ging mit der christlichen Betrachtungsweise der Frau als Besitz des Mannes einher. Napoleon stellte fest: »Die Frau wurde uns gegeben, damit sie Kinder gebäre. Sie ist unser Besitz ... Sie ist unser Eigentum, wie der Obstbaum Eigentum des Gärtners ist.«[62] Der heilige Thomas von Aquin sagte, daß eine Frau niedriger sei als ein Sklave, weil ein Sklave befreit werden könne: »Die Frau ist nach dem Gesetz der Natur unterjocht, ein Sklave aber nicht.«[63]

Josephine Henry berichtete: »Der Besitz an der Frau, der aufgrund der Lehre der Bibel eingeführt und verewigt wurde, ist für die häusliche Hölle und das Schwelgen im Frauenmord verantwortlich, das überall dort, wo das Christentum herrscht, gang und gäbe ist. Allein in den Vereinigten Staaten wurden im eintausendachthundertundsiebenundneunzigsten Jahr der christlichen Ära 3482 Ehefrauen, viele davon mit ungeborenen Kindern in ihren Körpern, kaltblütig von ihren Ehemännern ermordet ... Die Seitenpfade der Kirchengeschichte stinken von Berichten über Verbrechen gegen Frauen; und ›die Hälfte ist nie erzählt worden‹.«[64]

Josephine Henry Suffragette und Flugblattschreiberin des 19. Jahrhunderts aus Kentucky, die in der Frauenrechtsbewegung aktiv war.

Christliche Sklavenhalter-Systeme legten seit der Feudalzeit in die Hände von Sklavenbesitzern die gleiche Macht, wie sie Ehemänner hatten; oft waren beide Funktionen verbunden. Eine Schwester von Präsident Madison schrieb: »Man schmeichelt uns Südstaaten-Frauen mit der Bezeichnung Ehefrauen: in Wirklichkeit sind wir nur Haremsdamen.« Die Frau eines Südstaatenfarmers beschrieb sich als »die Chefsklavin des Harems«. Die Frau eines Generals der Konföderierten schrieb: »Gott vergebe uns, aber wir haben ein gräßliches System ... Unsere Männer leben wie die Patriarchen des Altertums mit ihren Frauen und ihren Konkubinen in einem Haus ... Jede Frau kann Ihnen sagen, wer der Vater all der Mulattenkinder in jedem fremden Haushalt ist. Nur in ihrem eigenen, denkt sie offenbar, fallen sie vom Himmel.«[65]

Das zweigleisige Denken der Südstaatenfrauen in bezug auf ihre Rolle war eine erwartete und befohlene gesellschaftliche Reaktion. In der ersten Ausgabe von Emily Posts *Etiquette* stand: »Die inneren Gefühle einer Lady: Als unglückliche Ehefrau erfordert es ihre Würde, daß sie niemals zeigt, daß sie das Verhalten ihres Ehemannes mißbilligt, egal wie er sie öffentlich geringschätzt oder gröblich mißhandelt.«[66]

Das Gesetz diente offensichtlich der Würde des Mannes und nicht der der Frau, aber unglückliche Ehefrauen versuchten dennoch, ihm Folge zu leisten. Die patriarchalische Gesellschaft konnte sie zu der Überzeugung bringen, daß sie, wenn sie ihre Ehen nicht »glücklich« gestalten konnten, auch als Frauen und menschliche Wesen versagt hätten. Geschlagene Ehefrauen nahmen deshalb oft die Schuld für ihre Opferrolle auf sich. Jüngere Untersuchungen ergaben, daß geschlagene Ehefrauen aus Verlegenheit und Scham weitgehend dazu neigen, das Verbrechen zu verheimlichen.[67]

Die Kirchen halfen tatkräftig mit, diese heimliche Verlegenheit zu kaschieren. Der Routineratschlag eines Kirchenmannes für Bräute war: »Du bist zur Unterwerfung verpflichtet ... Dein Ehemann ist dir durch das Gesetz Gottes und der Menschen überlegen; gib ihm niemals einen Grund, dich daran erinnern zu müssen.«[68] Die Geistlichen zeigten sich unter allen Berufsgruppen am wenigsten fähig oder willens, geschlagenen Ehefrauen zu helfen.

Eine mißhandelte Ehefrau aus einer »netten Vorstadtgegend« berichtete über ihre dringende Bitte an ihren Geistlichen und über die Zurechtweisung, die sie daraufhin erhielt. Der Priester wollte von ihr wissen, welches Fehlverhalten ihrerseits die Gewalt ihres Ehemannes gegen sie hervorgebracht hätte; er riet ihr, in sich zu gehen und herauszufinden, wie sie sich besser benehmen könnte, um die Spannung zu verringern. Ihr Ehemann war so gewalttätig, daß sie um ihr Leben fürchten mußte, aber ihr geistlicher Führer und angeblicher Tröster gab ihr weniger als keinen Trost. Er versuchte offensichtlich, ihr Leiden durch das Aufbürden einer zusätzlichen Schuld noch zu vergrößern.[69]

Ellen Kirby vom *Board of Global Ministries of the United Methodist Church* schrieb 1977: »Die Institution Kirche erlaubte sich durch ihre himmelschreiend sexistische Theorie, die der Unterwerfung von Frauen ihren Segen gab, und durch ihr Schweigen, ihre Blindheit und ihren Mangel an Courage, eine führende Akteurin in der fortgesetzten Tragödie der Mißhandlung zu sein.«[70] Es zeugt unter diesen Umständen von mangelndem Wirklichkeitssinn, daß Papst Paul VI. 1966 zu beobachten glaubte, daß »... zwischen den göttlichen Gesetzen, die die Weitergabe des Lebens regeln und jenen, die die echte eheliche Liebe fördern, kein wirklicher Widerspruch bestehen« könne.[71] Mit den »göttlichen Gesetzen« ist, aus der Sprache der Theologen übersetzt, schlicht die Haltung der Kirche zur Geburtenkontrolle gemeint, und »echte eheliche Liebe« ist eine andere Bezeichnung für die Vorherrschaft des Mannes über die Frau.

Patriarchalische Religionen entwickelten viele Regeln zur Unterstützung der männlichen Vorherrschaft in der Ehe, aber diese Struktur war schon von Natur aus unstabil:

> *Die patriarchalische »Familie« der akademischen Sozialwissenschaft ist nichts anderes als ein beschönigender Ausdruck für das Individuum Mann mit seinen ihm untergebenen Angehörigen. Die Familie als soziale Einheit ist das von seinen aggressivsten individualistischen Instinkten angetriebene (männliche) Individuum; sie ist nicht die Grundlage, sondern die Negation der Gesellschaft ...*
>
> *Die menschliche Gesellschaft entstand nicht als eine Organisation des Interessensausgleichs. Sie entwickelte sich aus einem Gefühl jenseits der Vernunft; sie hat nie in irgendeiner Form außer durch die Bindungskraft solcher Gefühle existiert.*[72]

Die patriarchalische Gesellschaft war von Grund auf unnatürlich, eine Umkehrung der biologischen Autorität der Frau über ihre Angehörigen. »Der ökonomisch denkende Mann handelt im perfekten Eigeninteresse; eine Frau kann ihre Beziehungen in der Familie nicht auf dem Prinzip des *quid pro quo* (»Gegenseitigkeit«) gründen: sie gibt. Von einer maskulinen Perspektive aus gesehen scheint es so, als wäre die Frau die primitivere Version eines Mannes – nicht weil es einen *prima facie*

(»offensichtlichen«) Beweis ihrer geringeren Intelligenz gäbe, sondern wegen ihrer liebenden und gebenden Natur, die er als Beweis niedriger Intelligenz auffaßt. Rousseaus ›edler Wilder‹ war ebenso mitfühlend und fürsorglich wie seine ideale Frau.«[73]

Frauen wurden in der Regel durch sozialen Druck in die Ehe getrieben; dieser soziale Druck machte die Jungfernschaft sogar ökonomisch unattraktiv. Nachdem die patriarchalischen Gesetze den Frauen den Besitz aus den Händen genommen und ihn in die Hände von Männern gelegt hatten, konnten sich unverheiratete Frauen ebensowenig selbst ernähren wie Ehefrauen. Im 17. Jahrhundert wurde eine Frau als »Jungfer« bezeichnet, die ohne Geld oder männlichen Beschützer in einem »Jungfernhaus« eingesperrt war. John Evelyn beschrieb ein Jungfernhaus als einen Ort, an dem man »unverbesserliche und liederliche Frauen in Disziplin und Arbeit hielt«.[74] Es wurde selten vermerkt, daß Jungfern erst dadurch »unverbesserlich und liederlich« geworden waren, daß sie sich in einer Gesellschaft ihren Lebensunterhalt verdienen mußten, in der es ihnen nicht erlaubt worden war, außer der Fertigkeit, Männern zu gefallen, auch noch andere Fertigkeiten zu erlernen.

John Evelyn (1620–1706) Dieser englische Literat war der Autor von über 30 Büchern, darunter auch eines berühmten Tagebuches.

Obwohl die patriarchalische Ehe typischerweise für den Dienst am Mann existierte, wurde gewöhnlich der Schein männlicher Autonomie und Führerschaft aufrechterhalten; auf der Entdeckung der mythischen Qualität dieser männlichen Autonomie und Führerschaft beruhte nach Jessie Bernard das »Grundtrauma« der Frau:

Jessie Bernard Eine US-amerikanische feministische Autorin und Soziologin unserer Tage.

> *Es gibt nur wenige Traumen, die größer sind … als die Entdeckung der Abhängigkeiten ihres Ehemannes durch die Ehefrauen; als die Entdeckung ihrer eigenen überlegenen Charakterstärke in tausend verborgenen Schlupfwinkeln der Beziehung; als die Erkenntnis, daß seine Urteilsfähigkeit in vielen Situationen nicht besser ist als ihre; daß er nicht wirklich mehr weiß als sie; daß er nicht ruhig, vernünftig, gefühlsmäßig unbeteiligt Fakten und wichtige Argumente abwägt; daß er, kurz gesagt, nicht im geringsten die Person ist, als die ihn das männliche Klischee darstellt. Genauso bedeutend, wenn nicht noch bedeutender, ist ihre Erkenntnis, daß in Wirklichkeit nicht sie der unsicherere Kantonist ist, daß sie oft als die bei Bedarf Starke in der Beziehung gilt.*[75]

Marc Feigen Fastau wies darauf hin, daß das falsche Vertrauen in den Mythos männlicher Standhaftigkeit und Objektivität unter den Ehefrauen zu Desillusionierung führt:

> *Nichts ist ein schärferer Kontrast zu dem männlichen Bild von Selbstvertrauen, Vernunft und Kontrolle als die schmollende, stumpfsinnige und oft im Grunde totale Abhängigkeit der Männer von ihren Frauen, wenn es darum geht, ihre eigenen unglücklichen Gefühle auszusprechen und mit ihnen umzugehen und ihre Unsensibilität, Furcht und Passivität, wenn es darum geht, ihren Frauen zu helfen, mit den ihren umzugehen. Das desillusioniert die Frauen mehr über ihre Männer als alles andere. Binsenweisheiten wie ›Männer sind nur große Jungen‹ beschreiben das Phänomen, sind aber auch ein Verharmlosungsversuch, um den Schmerz der Desillusionierung zu lindern: Desillusionierung darüber, daß sie sich einer Person unterworfen haben, von der sich herausstellt, daß ihr die besonderen Eigenschaften fehlen, die das Opfer rechtfertigen könnten, einer Person, die wahrscheinlich in vielerlei Hinsicht nicht viel gescheiter ist als du selbst es bist und die in gewisser, sehr wichtiger Hinsicht sehr viel weniger wahrnehmungsfähig, viel abhängiger und kindlicher ist.*[76]

Ehefrauen stellen ein wesentliches Unterstützungssystem bereit, ohne das nur wenige Männer in der Lage wären, eine einträgliche Karriere zu machen, aber der »Job« einer Ehefrau ist, weil er nicht bezahlt wird, das letzte Relikt der Sklaverei. Eine Frau erhält kein Arbeitslosengeld, wenn sie diesen nichtbezahlten Job verliert, selbst wenn das für sie und ihre Kinder eine finanzielle Härte bedeutet. Sie wird als Witwe hoch besteuert, denn ihr Beitrag zum Erbe ihres Mannes wird nicht anerkannt. Der Marktwert der Dienste einer Ehefrau beläuft sich selbst nach einer konservativen Einschätzung auf über eine Million Dollar. Und der Job ist wahrlich nicht leicht. Vom US-Ministerium für Gesundheit, Erziehung und Sozialfürsorge erhobene Daten zeigen, daß Hausfrauen mehr unter Streßsymptomen leiden als außerhalb des Haushalts arbeitende Frauen.[77]

Marlene Dixon
Eine moderne Feministin, Schriftstellerin und Dozentin für Soziologie an einer kanadischen Universität.

Die Ehe ist nach Marlene Dixons Auffassung »das hauptsächliche Vehikel zur Verewigung der Frauenunterdrückung; durch die Rolle der Ehefrau wird die Unterjochung der Frauen aufrechterhalten.«[78] Dafür war in der westlichen Welt in starkem Ausmaß das christliche Konzept der Ehe verantwortlich, weil die Kirche die Frauen zu gesellschaftlich, politisch und intellektuell Unterlegenen erklärte und sie zum Hab und Gut ihrer Ehemänner machte.[79] Das Schlagen von Frauen war im christlichen Europa so normal, daß in elsässischen Neujahrsdekorationen das Standardsymbol für die »Ehe« ein Miniaturmann war, der seine Miniaturfrau schlug.[80]

Geistliche in Europa und Amerika hielten es im 19. Jahrhundert durchweg für das Recht der Ehemänner, ihre Frauen zu schlagen und ihr »in jedem Fall von Fehlverhalten geeignete Beschränkungen« aufzuerlegen, ohne eine Beeinträchtigung durch, wie ein Gerichtsreport von 1824 es nannte, »ärgerliche Anklagen«. Es wurde anders ausgedrückt als ein Ärgernis betrachtet, daß eine geschlagene Ehefrau Wiedergutmachung verlangte, aber nicht, daß ihr Mann sie überhaupt schlug. Diesen Standpunkt nehmen viele Geistliche noch immer ein. Eine geschlagene Frau sagte kürzlich: »Mein Mann sprach mit mir wiederholt anhand der Heiligen Schrift über die Aufgaben einer Frau ... Von der Ehefrau würde erwartet, daß sie unterwürfig sei, und er wollte den heiligen Paulus zitieren, Vers für Vers. Ich hatte nicht das Gefühl, daß ich sehr viel ausrichten könnte ... Ich erinnere mich nicht an alle Geistlichen, zu denen ich ging – und ich ging zu mehr als einem –, um Unterstützung für meine Empfindungen zu erhalten; ich wollte die Ehe nicht fortsetzen, ich wollte nicht mehr, daß die Mißhandlungen weitergingen. Ich bekam von keinem Geistlichen irgendeine Unterstützung.«[81]

Erst kürzlich und widerwillig entfernte der Klerus mancher Konfessionen das Wort »gehorchen« aus der Antwort der Braut bei der Trauung. Viele Geistliche glauben immer noch, daß sich eine Frau mehr den Wünschen ihres Mannes beugen sollte, als er sich ihren beugt – keine gute Einstellung für Männer, die sich für qualifiziert halten, als Anwälte der Ehe aufzutreten.

1. Fielding, 82, 114. 2. Briffault 3, 373. 3. Lederer 162f. 4. Bullough, 103, 112. 5. Campbell, M. I., 95. 6. Briffault 3, 373. 7. Sadock, Kaplan & Freedman, 22.

8. Simons, 99. 9. Jacobus d.V., 736. 10. Fielding, 233. 11. Briffault 3, 248f. 12. Hazlitt, 447. 13. Rose, 144. 14. *Mahanirvanatantra*, XXIV. 15. Bullough, 234. 16. Waddell, 117. 17. Woodroffe, 172. 18. Brasch, 70. 19. *Forgotten Books*, 201. 20. Briffault 3, 20. 21. Graves, G. M., 13.c. 22. Bullough, 64. 23. Legman, 416. 24. Bullough, 309. 25. Hartley, 219. 26. Bachofen 140, 145 (dt. 90, 96). 27. Briffault 3, 378; Hauswirth, 88. 28. Briffault 1, 712, 683. 29. Briffault 1, 346. 30. Briffault 1, 345. 31. Hazlitt, 453. 32. *Larousse*, 203. 33. Briffault 3, 375. 34. *Encyc. Brit.*, »Marriage«. 35. Murstein, 115. 36. Guerber, L. R., 77, 110, 121. 37. Briffault 3, 249. 38. Fielding, 233f. 39. Pearsall, W. B., 166f. 40. *Encyc. Brit.*, »Marriage«. 41. Briffault 3, 249. 42. *Encyc. Brit.*, »Marriage«. 43. M. Harrison, 197. 44. H. Smith, 263. 45. Jacobus d.V., 90f. (dt. 75). 46. Riencourt, 228. 47. Jacobus d.V., 150. 48. *Mahanirvanatantra*, 162f. 49. Woodroffe, 596. 50. Briffault 3, 428. 51. T. Davidson, 98f. 52. Jacobus d.V., 282. 53. T. Davidson, 99. 54. Murstein, 445. 55. T. Davidson, 100. 56. Langley & Levy, 34ff. 57. Crow, 147. 58. Rugoff, 169f. 59. Ehrenreich & English, 7. 60. Stone, 233 (dt. 323). 61. Langley & Levy, 40. 62. E. Douglas, 137. 63. Riencourt, 219. 64. Stanton, 196ff. 65. Bullough 300; Rugoff, 325f. 66. Wolff, 346. 67. Langley & Levy, 117. 68. Ehrenreich & English, 7. 69. Langley & Levy, 21. 70. T. Davidson, 211. 71. Wickler, XXX (dt. 43). 72. Briffault 3, 511ff. 73. Ehrenreich & English, 17. 74. Funk, 260. 75. Gornick & Moran, 154f. 76. Fastau, 82. 77. Sheehy, 313f. (dt. 220). 78. Roszak, 193. 79. H. Smith, 228. 80. Miles, 270. 81. Hirsch, 173, 354.

Ehebruch

Das lateinische Wort für Ehebruch, *adulterium*, abgeleitet von *ad alterum se conferre*, »(Eigentum) auf einen anderen übertragen«, beinhaltet noch die älteren Vorstellungen, die dem Ehebruch zugrunde lagen.[1] Im Zeitalter der **weiblichen Erbfolge** konnten Frauen, die Eigentum besaßen, ihre ehemaligen Ehemänner arm machen, indem sie ihr »matrimonium« (ihren Reichtum) auf einen anderen übertrugen. Patriarchalische Gesellschaften versuchten deshalb, sich aus ökonomischen Gründen der sexuellen Treue ihrer Frauen zu versichern.[2]

Zu diesem Zweck befahl die Bibel, ehebrecherische Ehefrauen oder Verlobte, die eines vorehelichen Verhältnisses verdächtig waren, zu Tode zu steinigen (Deuteronomium 22, 21). Letztere Regel diente dazu, den heidnischen Brauch der Defloration durch einen Fremden zu verhindern, damit niemand außer dem Bräutigam einen Anspruch auf das Eigentum der Braut hatte.[3] Die hebräischen Patriarchen betrachteten daneben auch eine Witwe, die außerhalb des väterlichen Stammes einen Fremden heiratete, als Ehebrecherin. Den Witwen wurde befohlen, den Bruder des verstorbenen Ehemannes zu heiraten, so daß das Eigentum unter der Kontrolle der männlichen Schwäger blieb. Dieses Gesetz des Leviratsehe mit ihrer angeblich göttlichen Sanktionierung verursachte in den späteren Jahrhunderten erhebliche Schwierigkeiten.

1. Brasch, 125. 2. Hartley, 165, 171. 3. Harding, 135.

Ehemann

Das englische Wort *husband* (Ehemann), »ein an das Haus (*hus*) Gebundener«, erinnert noch an die Funktion, die der Ehemann im alten angelsächsischen Matriarchat hatte. Damals, als Besitzrechte noch matrilinear vererbt wurden, wählte sich die Frau einen Haushalter oder

Majordomus aus, der ihren Besitz zu versorgen hatte. Der *husband* oder Ehemann war kein integres Mitglied der mütterlichen Sippe, sondern blieb »ein Fremder« im Haus, so wie im frühen Griechenland der Männergott Zeus als der »Gott der Fremden« galt.[1]

In den matrilinearen Sippen der vorislamischen Zeit trugen die arabischen Ehemänner solange keinen eigenen Namen, bis sie Kinder gezeugt hatten. Dann erst durften sie sich *abu*, »Vater des ...«, nennen. Diese Komponente eines arabischen Namens wird noch heute als die allerwichtigste angesehen.[2]

Im Südosten Indiens galt ein Ehemann mehr oder weniger als Dauergast im Heim der Frau. Er mußte sich, um dort bleiben zu dürfen, durch ein gutes Benehmen gemäß den Gesetzen des Gastrechts bewähren. Im archaischen Japan waren Ehemänner überhaupt keine Mitbewohner im Haus der Frau, sondern Gäste. Das alte Wort für Hochzeit bedeutete wörtlich übertragen »bei Nacht in das Haus schlüpfen«.[3] Die patrilokale Hochzeit war in Japan bis ins 15. Jahrhundert hinein unbekannt.[4]

In der alten Welt hatten Männer oft nur vorübergehend den Status eines Ehemannes, Frauen konnten sich einfach und schnell von ihnen trennen. So konnte eine arabische Frau ihren Mann verstoßen, indem sie ihr Zelt drei aufeinanderfolgende Nächte lang in Richtung Westen drehte.[5] Nach dem Entstehen des islamischen Patriarchats wurde die Ehescheidungsprozedur zugunsten des Mannes umgekehrt. Er konnte seine Frau aus dem Haus werfen, indem er einfach dreimal aussprach: »Ich trenne mich von dir.«

Frühe latinische Stämme folgten den gleichen Regeln, die in Arabien verbreitet waren. Eine Frau mußte ihren Ehemann in drei aufeinanderfolgenden Nächten aus ihrem Haus aussperren, um sich von ihm zu trennen.[6] Selbst zu den Zeiten des Kaisertums konnte eine römische Frau ihren Besitz dadurch vor den Ansprüchen des Ehemannes bewahren, daß sie jedes Jahr drei Nächte außerhalb seines Hauses verbrachte.[7]

Im alten Ägypten gab es nebeneinander mehrere Varianten der Hochzeit. Einige, wahrscheinlich die ältesten, waren durch voreheliche Erklärungen geregelt, in denen die Besitzrechte der Frau und die verhältnismäßig große Machtlosigkeit des Ehemannes gesetzlich festgeschrieben wurden. So hieß es z. B.:

> *Ich verneige mich vor deinen Rechten als Frau. Von diesem Tag an werde ich niemals mit einem einzigen Wort gegen deine Forderungen aufbegehren. Vor allen anderen erkenne ich dich als meine Frau an, obwohl ich nicht das Recht habe zu sagen, daß du meine Frau sein mußt. Ich bin nur dein Ehemann und Gefährte. Du allein hast das Recht fortzugehen. Von diesem Tag an, an dem ich dein Ehemann geworden bin, kann ich nicht gegen deinen Wunsch aufbegehren, was immer du zu tun gedenkst. ... Ich habe keine Befugnis, mich auch nur in eines deiner Geschäfte einzumischen. Hiermit trete ich an dich alle mir jemals urkundlich übertragenen Rechte ab, die zu meinen Gunsten ausfielen. Durch dich bin ich verpflichtet, alle diese Abtretungen anzuerkennen.*[8]

Ägyptische Priester rieten den Ehemännern, sich die Gunst ihrer Frauen zu erhalten:

> *Hüte dein Haus, liebe dein Eheweib und zanke nicht mit ihr. Sie wird sich vor deiner Gewalt zurückziehen. Ernähre sie, schmücke sie und streichle sie. Sei zärtlich zu ihr und sorge, solange du lebst, für die Freude ihres Herzens. Achte*

auf ihre Wünsche und sei offen für das, was ihre Gedanken beschäftigt. Denn mit diesem Verhalten bringst du sie dazu, bei dir zu bleiben. Widersetzt du dich ihr, wird das dein Untergang sein.[9]

Die christlichen Priester ermahnten in späterer Zeit in ähnlicher Weise die Ehefrauen, ihren Ehemännern dienstbar zu sein und ihnen zu gehorchen.

Dagegen wurde einem ägyptischen Ehemann geraten, das Herz seiner Gemahlin »in der Zeit, die dir bleibt«, glücklich zu machen. Damit war wahrscheinlich die Lebenszeit auf Erden oder aber eine kürzere, zeitlich begrenzte Ehezeit gemeint.[10] Bei matrilokalen Familienbräuchen mußten die Männer häufig eine Bewährungszeit als Knecht durchstehen, um ihre Braut als Lohn empfangen zu dürfen. So diente z. B. der biblische Jakob sieben Jahre lang, um seine spätere Frau Rahel zu gewinnen. Sophokles schrieb: »Ha, wie sie ganz die Sitten des Aegyptervolks nachahmen in des Sinnes und des Lebens Art! Dort hält das Volk der Männer sich zu Haus und schafft am Webstuhle, und die Weiber fort und fort besorgen draußen für das Leben den Bedarf.«[11]

Angelsächsische Stämme bezeichneten die Landarbeit mit dem Begriff *husbandry*, weil der Ehemann normalerweise verpflichtet war, das Land seiner Frau zu bearbeiten. Im modernen Englisch hat der Begriff noch die gleiche Bedeutung. Formen eines solchen landwirtschaftlichen Matriarchats sind bis heute anzutreffen. Bei den Zuni, den Puebloindianern Mexikos, bestellen die Ehemänner die Felder, das Land und die Ernte gehören aber ihren Frauen.[12] Aus dem alten Brauch, die Hochzeit mit Arbeit zu entgelten, entsprang das englische Wort für den Bräutigam, *bridegroom*, das wörtlich übersetzt soviel wie »Diener der Braut« meint. Der Koran lehrt: »Eure Frauen sind euer Ackerland«, denn nach altem arabischen Gesetz galt ein Mann ohne Eheweib als ein Mann ohne Land.[13] (Siehe **Weibliche Erbfolge**.)

Für tantrische Weise hatte der Ehestand (*bhanavanan*) noch eine andere wichtige Bedeutung: Er galt als unerläßlich für die geistige Entwicklung eines Mannes. Die gleiche Vorstellung fand sich bei den arischen KeltInnen. Den alten IrInnen zufolge konnte ein echter Barde nur dann Poesie und Magie beherrschen, wenn er die »Reinheit des Ehestandes« besaß, womit die Treue zu seiner Gemahlin gemeint war.[14]

1. J. E. Harrison, 519. 2. Briffault 2, 90f. 3. Hartley, 147, 159. 4. Briffault 1, 369. 5. Riencourt, 187. 6. Briffault 2, 348. 7. Hartley, 232. 8. Diner, 212. 9. Ebd., 218; Budge, D. N., 26. 10. Hartley, 196. 11. Bachofen, 180 (dt. 296). 12. Farb, M. R. C., 81ff. 13. Fielding, 83. 14. Joyce 1, 463.

Ei

Ein mystisches Symbol der Schöpferin, deren Weltei den Embryo des Universums enthält. Den Orphikern zufolge gebar die Große Göttin der Finsternis, die Mutter der Nacht, zuerst das Weltei, das mit dem Mond gleichgesetzt wurde. Aus den beiden Hälften der Eierschale schuf sie Himmel und Erde. Als erster Gott entsprang der zweigeschlechtliche Eros, der Begehrte, dem Ei. Im Orient war das Ei weithin als Bild für die Schöpfung verbreitet. Seine westlichen Versionen »gingen auf die Kosmologie des Tiamat-Typus und auf den frühen Austausch griechischer und östlicher Vorstellungen zurück«.[1] Die ägyptische Hieroglyphe für das kosmische Ei war identisch mit der für den im Schoß einer Frau liegenden Embryo.

1. Lindsay, O. A., 116.

Ei-und-Stab-Leiste

Eine Dekorationsleiste der klassischen Architektur, die manchmal auch »Leiste der Venus und des Mars« genannt wurde. Sie war ein Symbol für den magischen Kreis, in dem sich das Männliche und das Weibliche abwechseln. Auf der Zierleiste wechselten eiförmige Gebilde mit dreigezackten, pfeilartigen Gebilden ab, die jeweils Embleme für das weibliche und das männliche Geschlecht waren. Antike Architekten zogen die Leiste ohne Unterbrechung um ein ganzes Haus oder einen Raum herum, weil eine Lücke einen Bruch im Fortgang des Familiengeschlechts bedeuten konnte.

In Ägypten wiesen die gleichen Zierleisten viel offenere sexuelle Anspielungen auf. Nach unten zeigende Phalli wechselten mit schmalen Mandorlen (weiblichen Mandelformen), deren obere Spitze ein kleines Dreieck bildete, das die Klitoris darstellte.[1]

Der tantrische »magische Kreis« oder *chakra* ist ein menschliches Äquivalent zur Ei-und-Stab-Leiste. In den Kulten des heidnischen Britannien gab es ebenfalls magische Kreise. Bei rituellen Zeremonien wechselten die Druidenpriester mit grün gekleideten Würdenträgern, die die Eiförmigen oder die Eier genannt wurden.[2] Grün galt in der Religion der DruidInnen als die Farbe des Lebens, deshalb muß es sich hier um Priesterinnen – ähnlich den östlichen Shaktis – gehandelt haben, oder aber um Männer in Frauenkleidung, die Frauen verkörperten.

Viele Abzähl-Spiele gingen aus dem magischen Kreis hervor, bei dem die geraden Zahlen für die Männer standen, die ungeraden für die Frauen. Nach heidnischen Überlieferungen versinnbildlichen die ungeraden Zahlen die »Unsterblichkeit«, weil alle ungeraden Zahlen weiblich sind.[3] Dies bietet eine Erklärung dafür, daß alle römischen Religionsfeste an Tagen mit ungeradem Datum stattfanden: sie galten als günstige Tage.

1. Budge, B. D., 273. 2. Pepper & Wilcock, 203. 3. Wedeck, 66.

Eide

»Göttin im Inneren«, ein griechischer Begriff für die weibliche Seele, der der lateinischen *Idea* entspricht. Aristoteles war einer der ersten Philosophen, der diese alte Vorstellung von der von der Mutter gegebenen Geisteskraft durch eine Astraltheologie zu ersetzen versuchte.[1]

1. Lindsay, O. A., 102.

Eingeweide

Mut oder Beherztheit wird in der englischen Umgangssprache mit den Wörtern für Eingeweide, *guts*, oder Bälle, *balls*, bezeichnet – eine Kombination mit sehr alten Vorläufern. Früher wurde angenommen, daß die männlichen Geschlechtsteile ihre Fortsetzung in den Eingeweiden fänden. Das lateinische *intestines*, »Eingeweide«, bedeutete wörtlich »innere Hoden«. Das ägyptische *sma* bezeichnete sowohl die Eingeweide wie auch die männlichen Genitalien.[1] Die Ägypter beteten darum, am Weltgerichtstag von der Kali-ähnlichen Totengöttin Baba erlöst zu werden. Baba »verschlang« die Männer nicht nur in sexueller Hinsicht, »sie nährte sich auch von den Eingeweiden der Toten«.[2]

Kali verschlang ihren Geliebten genital und verschlang gleichzeitig seine Eingeweide.[3] Ganz ähnlich tötete Aphrodite in ihrer Gestalt als das Alte Weib Androphonos ihre Liebhaber dadurch, daß sie ihnen – wie die Bienenköniginnen den Drohnen – die Eingeweide gemeinsam mit den Genitalien herausriß.[4] In Nordeuropa gab es einen ähnlichen Brauch: Bei dem Ritual zur Geburt des Frühlings wurden die Eingeweide des **Loki** symbolisch mit einem um seine Geschlechtsteile gebundenen Seil herausgerissen. Sein Blut floß in den Schoß der Göttin, sie lächelte, und der Frühling konnte beginnen.[5] (Siehe **Skadi**.)

In den männlichen Eingeweiden verbarg sich angeblich der Geist des phallischen Gottes, der auch als unterirdische Schlange mythologisiert wurde. Deshalb war es üblich, die Zukunft aus den Eingeweiden der Opfer zu lesen. Bei den Amazonenstämmen am Schwarzen Meer waren »alte, grauhaarige Frauen« die Eingeweidebeschauerinnen.[6] Die Römer nannten diese Seherinnen *haruspices*, »die, die in den Bauch schauen«.[7]

1. Budge, G. E. 1, 43. 2. Cavendish, P. E., 112. 3. Neumann, G. M., Tafel 66. 4. Graves, G. M., 18.3–7. 5. Oxenstierna, 213. 6. Wendt, 137. 7. Rose, 237.

Einhorn

Klassisches Symbol der phallischen Pferde-Gottheit. Einer mittelalterlichen Legende zufolge konnte das Einhorn nur von einem jungfräulichen Mädchen gefangen werden, weil es den unwiderstehlichen Drang verspürte, sein »Horn« in den Schoß eines Mädchens zu legen. Währenddessen war es ihm unmöglich, sich der Gefangennahme zu widersetzen. (Aber wie dem auch sei, es ist noch nie ein Einhorn gefangen worden.)

Das Einhorn war – wie viele Beispiele christlicher mystischer Kunst zeigen – der geheime phallische Gefährte der Jungfrau Maria. Mitunter wurde es mit dem Erlöser gleichgesetzt; ein mittelalterlicher Hymnus bezeichnete Christus als »das wilde Einhorn, das von der Jungfrau eingefangen und gezähmt wurde«.[1]

Eine Quelle des Einhorn-Mythos mag in dem babylonischen Drachen-Ungeheuer liegen: es war mit dem Körper eines Pferdes, den Vorderbeinen eines Löwen, Klauen, dem Hals einer Schlange und einem abgeflachten, hornigen Kopf ausgestattet; mitten auf der Nase trug es einen einzelnen Dorn.[2] Es gibt eine Theorie, nach der das Einhorn ursprünglich der Frühjahrsstier war, der sich erhebt und mit dem Löwen des Sommers kämpft. Weil die babylonische Kunst beide stets im Profil abbildete, sah es aus, als hätte der Stier nur ein einziges Horn. Das englische Wappenschild zeigt »den Löwen und das Einhorn« immer noch auf genau diese Weise.[3]

Forscher glaubten, sie hätten das Einhorn im afrikanischen Rhinozeros entdeckt. Wegen der phallischen Bedeutung des Einhorns wurde gemahlenes Rhinozeros-Horn ein sehr begehrtes Heilmittel gegen Impotenz und wird auch heute noch als solches benutzt.[4]

1. Harding, 51. 2. Hooke, S. P., 135. 3. Jobes, 254. 4. Woods, 176.

Einöde

Das »öde Land« (engl. *waste land*) ist ein immer wiederkehrendes bedrohliches Thema mittelalterlicher Erzählungen – besonders im Zyklus des Heiligen Grals. Wie die Gralslegenden selbst kam das Motiv des öden Landes vermutlich aus dem Mittleren Osten, wo Reisende und Kreuzritter eine wirkliche Einöde gesehen hatten: die große Wüste, deren Existenz östliche Mystiker auf die Tatsache zurückführten, daß der Islam die fruchtbare Große Mutter verstoßen hattte. Westliche HeidInnen behaupteten ebenfalls, daß die Große Mutter – wenn sie beleidigt oder vernachlässigt würde – das Land verfluchen und es zu der gleichen hoffnungslosen Unfruchtbarkeit verdammen könnte, die im Arabia Deserta (dem verödeten Arabien) und in Nordafrika zu sehen war. (Siehe **Gral, Heiliger**.)

Eine Gralslegende erzählte, daß ein König von England (Logres) einstmals eine Todsünde beging, indem er eine Priesterin der Großen Göttin vergewaltigte und das Symbol ihrer Liebe, ihren goldenen Kelch raubte; dieser Kelch durfte von niemandem je geraubt werden, denn er war nur als Geschenk zu erhalten. Von diesem Zeitpunkt an bewirteten die Priesterinnen der heiligen Quellen vorüberziehende Reisende niemals wieder mit Speise und Trank.[1] Der Friede der Göttin war gestört, denn die Frauen konnten den Männern nicht mehr vertrauen. »Das Land verödete. Die Bäume verloren ihre Blätter, Gras und Blumen welkten, und das Wasser trat mehr und mehr zurück. ... Ein Verbrechen gegen ein weibliches Wesen war begangen worden; die Natur war geplündert worden. ... Der Ursprung der Störung wurde als ein Vergehen gegen die Feenwelt und damit als ein Vergehen gegen die Natur angesehen. ... Die Zunahme des männlichen Bewußtseins und des patriarchalen Logos-Prinzips der christlichen Weltsicht sind in erheblichem Maß an diesen Entwicklungen beteiligt.«[2]

In mehreren Sagen des Grals-Zyklus erscheint die Göttin als eine vornehme, enterbte Dame oder als Königin, die ihrer Besitztümer beraubt ist und in bescheidenen Verhältnissen leben muß – wie etwa *La Reine de la Terre Gaste* (die Königin des öden Landes) in dem zisterziensischen Roman über die *Queste del Saint Graal* (die Suche nach dem heiligen Gral).[3] Viele Geschichten berichteten von Frauengruppen, die sich – ihres ehemaligen Besitzes und ihrer Rechte beraubt – in »Burgen junger Edelfrauen« unter drei Herrscherinnen zusammenfanden, die die Göttin repräsentierten: einer Königin, ihrer Tochter und ihrer Enkeltochter.

In der Hoffnung, sich ihrer Feinde mit Hilfe eines Zauberbanns erwehren zu können, warteten diese Frauen auf den Helden, der ihre Sache so ausfechten sollte, wie sie es von einem Grals-Ritter erwarteten. Zu den Bediensteten der Königin zählte ein gelehrter Astrologe, dessen Zauberei jeden Ritter, dessen Versagen durch Feigheit, Neid, Gier oder eine andere Charakterschwäche abzusehen war, von der Burg fernhielt. Die Damen warteten auf die Ankunft ihres Erlösers: den Ersehnten Ritter, der in Ehrlichkeit und Tapferkeit vollkommen war; einer, der all ihre Feinde vernichten könnte und ihnen ihr Land und ihre Besitztümer, derer sie von habgierigen Baronen beraubt worden waren, zurückgeben würde. Durch die neuen patriarchalen Gesetze ihres Erbes beraubte »Verwaiste Jungfrauen« flüchteten ebenso in solche Frauenburgen wie ältere Witwen, die nun nicht mehr – wie unter mutterrechtlichen Gesetzen – einen Grundbesitz als Erbinnen beanspruchen konnten.[4]

Die Legenden über die Ankunft des Ersehnten Ritters sind möglicherweise von Frauen verbreitet worden – oder von Barden, die versuchten, die Frauen mit einer ihrer Lieblingsgeschichten zu erfreuen. Aber es steckte mehr hinter dieser Vorstellung vom »Öden Land«. Sie ließ einer Gesellschaft keine Ruhe mehr, deren »gebildetste Köpfe im Verlauf des Mittelalters unter der Alleinherrschaft des alles verfolgenden Christentums, dessen Dogmen zwar dem Namen nach, aber nur unter Zwang und mit Vorbehalten angenommen hatten. … Männer von großer Klugheit waren genötigt, dem Glauben, an dem sie innerlich festhielten, in sehr vorsichtigen Worten Ausdruck zu verleihen.«[5] Diese Sprache bestand oft aus Symbolen – denn Symbole gewährten den besten Schutz, da ihre wahre Bedeutung jederzeit verleugnet werden konnte. Das symbolische »Öde Land« war »eine Landschaft des geistigen Todes«, in der religiöse Begriffe von den Gefühlen und Lebenserfahrungen normaler Menschen losgelöst waren und einer verwirrten, unwilligen Öffentlichkeit nur durch autoritäre Indoktrination aufgezwängt wurden.[6]

Dies war vermutlich eine ausgezeichnete Beschreibung Europas im zwölften Jahrhundert, in dem die Ankunft des Ersehnten Ritters vage mit der Wiederkunft Christi – oder Merlins, Arthurs usw. – gleichgesetzt wurde. Viele unterdrückte Menschen sehnten sich verzweifelt nach dem kraftvollen Heros, der die Bedrücker an ihrer Stelle herausfordern würde. Das Thema der Einöde oder des »Öden Landes« beschwor die kollektive Furcht jeder bäuerlichen Gesellschaft seit der Steinzeit: die Furcht, daß das stets wiederkehrende Wunder der Mutter Erde – das Hervorbringen von Wachstum und Nahrung – einmal ausbleiben könnte. Aber es bedeutete mehr als das. Es stand ebenfalls für die kollektive Schwächung der Lebenskraft und für die Melancholie einer Gesellschaft, die sich selbst als geistig wurzellos empfand.

Thomas Stearns Eliot (1888–1965) veröffentlichte sein langes Gedicht *The Waste Land* im Jahre 1922; es gilt als einer der Höhepunkte moderner Lyrik und zitiert u. a. die Gralslegende, Frazers *Goldenen Zweig* und die Upanishaden.

Eine berühmte moderne Variation dieses Themas ist natürlich das große Gedicht des T. S. Eliot, dem nicht nur die westliche Grals-Symbolik, sondern auch die hinduistische Geschichte von der hoffnungslosen Suche nach dem wahren Wort der Kraft zugunde liegt, die in den *Brihadaranyaka Upanishaden* erzählt wird. Diese Version lautete folgendermaßen:

Götter, Menschen und Dämonen gingen zu dem als Herrn des Donners verkleideten Shiva-Prajapati, um von ihm das allerletzte Wort zu erfahren; jenes Wort, das Ziel und Ende aller Dinge bedeutete, so wie das OM deren Anfang bedeutete. Aber der Donner konnte – weil er eben Donner war – nur ein einziges Wort hervorbringen: Da.

Die Menschen, die dieses Wort hörten, dachten, es bedeute *datta*, was soviel wie »geben« oder »fruchtbar machen« heißt; mildtätiges Geben war für sie die einzige Art, nach der Glückseligkeit zu trachten. Die Dämonen dachten, als sie das Wort hörten, es hieße *dayadhvam*, was »mitfühlen« oder »sich erbarmen« bedeutet – im Orient galten die Dämonen nicht als böse Geister, sondern als Gottheiten der alten matriarchalen Religion, die *karuna* (Mutterliebe) predigten. Die Götter dachten, dieses Wort hieße *damyata* (Kontrolle). Kontrolle war das Geheimnis ihres Erfolges: durch Selbstkontrolle wurden sie göttlich, und durch ihre Göttlichkeit erlangten sie die Macht, alle anderen zu kontrollieren.

Aber der Herr des Donners konnte kein Wort vom anderen unterscheiden, er wiederholte nur unsinnig das einzige Wort, das er kannte: »Da! Da! Da!«[7]

1. Spence, 138. 2. Jung & Franz, 202, 204. 3. Campbell, C. M., 5f, 373, 388. 4. Jung & Franz, 229. 5. Shirley, 31f. 6. Campbell, C. M., 5f., 373, 388. 7. *Upanishaden*, 112.

Eire

Var. Erin

Der keltische Name für Irland, der sich von »der Dame Eriu«, oder Erinn, der Dreifachen Göttin, herleitet.[1] Sie war eine Variante der **Hera**, deren Apfel-Eiland eine Insel im westlichen Ozean gewesen sein soll.[2]

1. Squire, 126. 2. Graves, G. M., 24.3.

Ekstase

Das griechische Wort *ekstasis* bedeutete »nackt außer sich stehen«. Damit war der Bewußtseinszustand in religiöser Trance gemeint, in dem das Bewußtsein abgestreift wurde, bis zuletzt das eigentliche Selbst übrigblieb. Sowohl in Griechenland wie im alten Indien wurde die ordnungsgemäße Andacht oft nackt, Hindu *digambara*, abgehalten (siehe **Nacktheit**), als Symbol für die Reinigung von äußeren Ablenkungen und der Konzentration auf die ekstatische Erfahrung.

El

Ein semitischer Oberbegriff für »Gottheit«, besonders in zusammengesetzten Namen wie Isra-el, Beth-el, Dani-el oder El-ias. Sowohl das hebräische Wort El wie seine Pluralform *elohim*, das mehrere Gottheiten beiderlei Geschlechts bezeichnete, wurden in der Bibel mit »Gott« übersetzt. Manchmal heißt »Gott« auch Elias, eine hebräische Version der Sonne (griechisch Helios). Er war der »Vater«, den Jesus am Kreuz anrief (Matthäus 27, 47–49). In Phönikien war El der Himmlische Stier an der Spitze des Pantheons, dessen Gemahlin Aschera in Gestalt der Mutterkuh war. Die meisten Darstellungen zeigen ihn als Menschen mit Stierkopf oder -hörnern.

Elaine

Var. Elen, Hel-Aine, Eileen, Helen(a)

Die »Lilienjungfrau« Britanniens, eine jungfräuliche Mondgöttin, die den gleichen Namen wie Helena von Troja trug. Britischen Überlieferungen zufolge wurden die Britischen Inseln von Trojanern besiedelt. Die Barden behaupteten, der römische Kaiser habe das Britische Reich durch die Hochzeit mit dessen Königin Elen erworben. Weil die Königin es wünschte, half ihr Volk beim Bau römischer Straßen, die »die Straßen Elens, der Gastgeberin« genannt wurden. »Die Männer der Insel Britannien hätten für niemanden sonst als nur für sie soviel Gastfreundschaft gezeigt.«[1]

In der Artusepik wurde Elen oder Elaine zur Mutter-Braut des Lancelot-Galahad. Lancelot, der Vater, zeugte mit ihr seine Reinkarnation, den Sohn Galahad. In seiner Jugend hieß Lancelot jedoch selbst Galahad, und seine Mutter war Königin Elaine. Die Lilienjungfrau versah Lancelot mit einem sexualsymbolischen Zauber, der ihn unbesiegbar machte: ihrer rotseidenen, mit Perlen bestickten Schleife. Das Symbol des Mutterschoßes, der Heilige Gral, befand sich in ihrer Burg und wurde von ihrer Seelentaube Colombe behütet. Dies sah Galahad in einer Vision, als er – wie die Opferkönige des Altertums – vor dem Altar seinen letzten Atem aushauchte.[2]

1. Mabinogion, 85. 2. Malory 1, 377; 2, 268.

Elbenstrahl

Ein altnordischer Name für die Sonnengöttin. Sie bringt eine Tochter der Sonne zur Welt, die nach dem Weltgericht das neue Universum beherrschen wird.[1] Wahrscheinlich war die arische Sonnengöttin Aditis ihr Vorbild, deren Kind am Weltgerichtstag »offenbart« wurde.[2]

1. Snorri, 92. 2. O'Flaherty, 339.

Elefant

Eines der Totemtiere **Shivas**, der auch als Elefant oder aber als Gott, der den Elefanten tötet, dargestellt wurde. Nachdem Shiva sein Opfer besiegt hatte, legte er sich dessen Haut um und verwandelte sich so selbst in einen Elefanten, während »seine Göttin-Gemahlin ihm zuschaut«.[1] In dem erotischen Gedicht *Lied des Kuhhirten* erschien der Gott als Inkarnation Krishnas und die Göttin-Gemahlin als seine sexuell unersättliche Gefährtin Radha, »Elefantin«. Der Elefant galt als Symbol für eine übermäßige sexuelle Potenz. Das Kamasutra nannte die Menschen mit den größten Geschlechtsteilen und mit besonders starkem Sexualtrieb »Elefanten-Männer« und »Elefanten-Frauen«. Radha erschien dennoch ganz in Menschengestalt. Sie wurde als Frau beschrieben und als »Objekt der Verehrung, dem sich selbst Gott, der Schöpfer, unterwirft«.[2]

Männliche Elefanten trugen oft Beinamen wie »Erzeuger«, »Vater« oder »Großvater«.[3] Buddha wurde von der Jungfrau Maya und dem Elefantengott Ganesha, dem »Herrn der Heerscharen«, gezeugt. Dieser Titel ging wahrscheinlich auf den Einsatz von Elefanten in Kriegsfeldzügen zurück.[4] Jede Geschichtsstudentin weiß, daß die nordafrikanischen Kriegsbefehlshaber die außergewöhnliche Kraft der Elefanten für kriegsentscheidend hielten. Der karthagische Heerführer Hannibal bestand z. B. darauf, Elefanten mit über die Alpen zu nehmen, als er die Römer vom Norden aus angreifen wollte – eine verhängnisvolle taktische Fehlentscheidung, die den Verlust der Elefanten und Hannibals Niederlage zur Folge hatte.

In Nordafrika und Ägypten umgab den Elefantengott, den »Herrn der Heerscharen«, ein blühender Kult. Deswegen wurde dieser Titel auch auf den biblischen Jahweh übertragen, der noch während des 5. Jahrhunderts v. Chr. in der heiligen Stadt des Elefantengottes, in Elephantine, mit dem heidnischen Gott gleichgesetzt wurde.[5] Dort stationierte jüdische Söldnertruppen bestanden darauf, daß ihr Gott derselbe Gott wie der Elefant-Gemahl der Jungfrau-Mutter Neith oder Anath sei. Diese beiden wurden in Ägypten in Tiergestalt, als Elefantenkuh und -bulle verehrt, und zwar an den Orten, die damals als Quellen des Nil galten. Elefanten wurden in Ägypten schon in früher Zeit als sexualsymbolische Gottheiten angebetet. Es fanden sich dort viele Kunstgegenstände und Geräte aus Elfenbein sowie Darstellungen von Elefanten als Totemtiere, die bereits aus vordynastischer Zeit stammten.[7]

Jüdisch-christliche Gelehrte versuchten Jahwehs Verbindung mit dem Elefantenkult eher zu ignorieren, weil, laut Hooke, »den meisten Leuten [d. h. Männern, Anm. B. Walker] die Vorstellung zuwider ist, Jahweh könnte, wie all die kanaanitischen Baalim, eine Gemahlin haben«. Die Überlieferungen über die Zelebrierung der Heiligen Hochzeit in Elephantine wurden nur wegen dieses angeblichen Widerwillens unterdrückt. Dennoch gibt Hooke zu, daß Jahweh einst eben auch zu diesen Baalim gehörte und sogar in der Bibel mit Baal angeredet wurde.[8]

Eine merkwürdige Parallele zu der biblischen Flucht nach Ägypten findet sich in der buddhistischen Ikonographie. Die Jungfrau-Mutter sitzt auf einem weißen Stier, der von Shiva geführt wird. Shiva trägt Bauernkleidung, und die Jungfrau hält ein göttliches Kind mit Elefantenkopf in den Armen, den wiedergeborenen Ganesha.[9] Die ursprünglich ägyptische Variante dieses wiedergeborenen Gottes fand möglicherweise unter dem Namen **Behemoth** Eingang in die Bibel. Behemoth wurde in der späteren, westeuropäischen Mythologie zu einem elefantenköpfigen Dämon.

Noch heute gibt es ein buddhistisches Fruchtbarkeitsritual, bei dem der Elefant als Symbol der Heiligen Hochzeit gilt. Mönche führen einen weiß angemalten Elefanten in einer feierlichen Prozession durch die Straßen. Seine Begleiter sind Männer in Frauenkleidern, die obszöne Bemerkungen und Witze machen. »Durch diese rituelle weibliche Verkleidung ehren sie das weibliche Prinzip des Kosmos, die mütterliche, gebärende, nährende Energie der Natur, und durch ihre ebenfalls rituelle unzüchtige Sprache stimulieren sie die schlafende sexuelle Energie der Lebenskraft.«[10] Das gleiche Tranvestitentum und die zotige Sprache lassen sich in Fruchtbarkeitsriten auf der ganzen Welt finden.

1. Zimmer, 173 (dt. 193). 2. Campbell, Or. M., 352. 3. B. Butler, 224.
4. Campbell, Or. M., 307. 5. Graves, W. G., 405. 6. Ashe, 31, 59. 7. Budge, G. E. 1, 22.
8. Hooke, S. P., 104, 182. 9. Ross, 47. 10. Zimmer, 108 (dt. 121/122).

Elektra

Eine der Sieben Schwestern (siehe **Plejaden**). Elektra war die jungfräuliche Mutter des Dardanos, des Gründers von Troja, an dessen Namen heute noch die Dardanellen erinnern. Sie war auch als Meeresnymphe bekannt. In der klassischen Mythologie erschien sie als »Tochter« zweier Königinnen, die für die rituellen Morde an ihren Ehegatten verantwortlich waren, Königin Klytaimnestra und Königin Iokaste, die Agamemnon, bzw. Oedipus den Tod brachten. Der Name Elektra bedeutet »Bernstein«. Er war ursprünglich vielleicht der Titel einer Priesterin, die als Kennzeichen ihres Amtes Bernsteinamulette trug.

Elemente

Die Menschen aller Kontinente sahen dieselben vier Elemente, nämlich Wasser, Feuer, Erde und Luft, als die Grundsubstanzen alles Lebenden und alles Toten, alles Organischen und alles Anorganischen an. Die IndianerInnen aus Missouri und Neu Mexiko, die Azteken, die ChinesInnen, die Hindus, die alten ÄgypterInnen, GriechInnen und RömerInnen – sie alle vertraten die gleiche Vorstellung.[1] Die erste uns bekannte Schriftkultur, die der SumererInnen, kannte bereits Zeichen für die Elemente Wasser, Feuer, Erde und Luft.[2] Auch die westeuropäische »Wissenschaft« glaubte bis zur Entdeckung der ersten wirklichen Elemente im 18. Jh. an diese mystischen Elemente.

Nach indoeuropäischer Überlieferung wurden die vier Elemente von der Großen Mutter Kali geschaffen. Sie organisierte sie in Buchstaben-Mantras, die auf die Totenschädel ihres Rosenkranzes geschnitzt waren. Damit gestaltete sie das sanskritische Alphabet und stattete es mit der Kraft aus, alles das zu schaffen, was es zum Ausdruck brachte. Die Laute der Elemente waren in vier Kategorien eingeteilt: Va, Wasser, Ra, Feuer, La, Erde und Ya, Luft. Sie wurden von der Muttersilbe Ma (Kali Ma selbst), der Verkörperung der »Geisteskraft«, zusammengehalten.[3] Im tibetischen Buddhismus hat sich die Überzeugung erhalten, daß die Elemente von der »Alten Mutter Khon-Ma«, der Großen Göttin, beherrscht werden.[4]

Eine Anrufung der Göttin lautete: »Du bist die Erde, du bist das Wasser, du bist das Feuer, du bist die Luft, du bist die Leere, du bist das Bewußtsein, du bist das Leben in dieser Welt; du bist das Wissen des Ich und du bist die höchste aller Gottheiten.«[5] Die alte Theorie von den elementaren »Körpersäften« des Menschen, die die westliche Medizin bis ins 19. Jahrhundert hinein übernahm, basierte auf der Vorstellung, daß die Göttin Kali die Elemente als Bausteine des Lebens nutzte. Mit Wasser schuf sie Blut, dem sie mit Feuer Lebenswärme verlieh, mit Erde schuf sie die festen Teile des Körpers, und mit Luft hauchte sie ihm den Lebensatem ein.[6]

Diese Theorie wurde von westlichen Philosophen übernommen.

Firmicus Maternus sagte, der Mensch sei ein Mikrokosmos »unter der Herrschaft der Natur ... so daß er nach den Bedürfnissen der Natur innerhalb der engen Grenzen seines Körpers die ganze Kraft und Substanz der Elemente unterbringen könne.«[7]

Dieselben Symbole der Elemente, die Kali in ihren vier Händen hielt, finden sich auch in der westlichen Ikonographie. Kalis mit Blut gefüllte Schale symbolisierte das Wasser, ihr Zepter oder *dorje* (Blitzstrahl) das Feuer, ihr Lotosrad stand für die Erde und ihr Schwert für die Luft. Die Griechen übertrugen eigene Versionen dieser Symbole auf die Göttin Nemesis (Schicksal): einen Kelch, einen Apfelzweig oder eine Rute, ein Rad und ein Schwert.[8] In Europa bildeten später die gleichen Symbole der Elemente die vier Grundsymbole des **Tarot**spiels: 1. die Kelche, 2. die Ruten, Stäbe oder Zepter, 3. die Pentakel, Münzen oder Scheiben und 4. die Schwerter. Aus ihnen entwickelten sich wiederum die modernen Spielkartensymbole Herz, Kreuz, Karo und Pik.

Die zwei Farben (rot und schwarz) der modernen Spielkarten sind eine Reminiszenz an die uralte tantrische Vorstellung von den zwei Geschlechtern, die sich in den Elementen verkörpern. Die weiblichen Elemente Wasser und Erde sind mit den männlichen Elementen Feuer und Luft gepaart. Überlieferungen orientalischer Weiser besagen, daß Mantras, in denen Feuer- oder Luftbuchstaben (männlich) überwiegen, grausam und zerstörerisch seien. Dagegen galten Mantras, in denen Wasser- oder Erdbuchstaben überwiegen, als menschenfreundlich.[9] Den entsprechenden roten Kartensätzen gemäß – Rot als Farbe des Lebens – sollten in den weiblichen Elementen die aktiven, lebenspendenden Kräfte enthalten sein. In späterer Zeit kehrten griechische Philosophen diese Ansicht um, indem sie die männlichen Elemente als »die Aktiven« bezeichneten und die weiblichen als »die Passiven«. Und doch besagte selbst im christlichen Mittelalter ein Aphorismus, der angeblich von Mose stammte: »Nur Erde und Wasser erzeugen eine lebende Seele.«[10]

Thales von Milet
Ein pythagoräischer Philosoph, der als einer der Sieben Weisen der Antike galt.

Nach Thales von Milet war das Wasser die *Arché*, das erste aller Elemente, das, weil es den abgrundtiefen Schoß verkörpert, die anderen beherrscht.[11] Wasser und Feuer als Kombination des Weiblichen und Männlichen kennzeichneten eine sehr alte Vorstellung, nach der das Blut, die Essenz des Lebens, aus Meerwasser entstand. Das magische Feuer des Himmels durchströmte es und machte es warm und rot, obwohl es weiterhin wie Meerwasser schmeckte. Bei vedischen Weisen tauchte diese Kombination manchmal unter den Namen Kali und Agni auf. Am Anfang der Welt wurde die Göttin, befruchtet von Agnis Feuer, zum Ozean des Blutes, der Quelle aller Lebenskräfte bis zum Tag der Zerstörung. Das »heilige Feuer« symbolisierte die sexuelle Leidenschaft, seine Hitze erzeugte Himmelsfeuer-Götter wie Agni, Luzifer, Hephaistos, den syrischen Baal, Herakles-Melkart, Thor-Heimdall u. a. Der Feuergott verlor sein Leben, als ihn die alles umfassende Mutter der Wasser verschlang. Die Weisen sagten, er wurde »in ihrer Yoni gelöscht«, so wie ein Blitzstrahl im Meer gelöscht wird.[12] (Siehe **Blitz**.) Diese Vorstellung führte zu dem römischen Glauben, daß das weibliche Element Wasser gefährlich für Männer sei.[13]

Das andere männlich-weibliche Paar, die Kombination Luft-Erde, verkörperte offensichtlich den Vater Himmel und die Mutter Erde, die durch ihren erstgeborenen Sohn auseinandergebracht wurden; er war der Gott, der »den Himmel von der Erde trennte«, ein oedipaler Mythos, der in ganz Südost-Asien, in Ozeanien und im alten Mesopotamien bekannt war.

Die ÄgypterInnen schrieben jedem der uranfänglichen Elemente, die aus dem homogenen Abgrund – oder dem Schoß (Ma-Nu) – entsprangen, ein weiblich-männliches Paar zu. Diese acht bildeten zusammen mit ihrer Großen Mutter die erste Enneade (die Neun Großen Gottheiten).[14] Ihre Elementar-Totems waren verknüpft mit den vier Himmelsrichtungen, den vier Winden, den vier Seiten eines Heiligen Berges (Pyramide) und den vier Geistern, die die Söhne des Horus genannt wurden und die Tempelecken bewachten.[15] Sie entsprachen den vier Prinzen des Himmels, die in China und Japan als Hüter der vier Himmelsrichtungen verehrt wurden: ein blauer Drache im Osten, ein roter Vogel im Süden, ein weißer Tiger im Westen und im Norden ein schwarzer Krieger. Drei Tiergeister und ein Menschengeist gehörten auch zu den »vier Mächten des Armenti« der Ägypter.[16] Aus den gleichen Elementar-Totems gingen die vier Engel der Apokalypse und die vier Evangelisten hervor, die die christliche Ikonographie als Stier (Erde), Löwe (Feuer), Schlange (Wasser) und Adler, Engel oder Mann (Luft) symbolisierte.

Die IndianerInnen besaßen eine auffallend ähnliche Symbolik der Elemente. Indianerdörfer und -lager wurden in vier Viertel oder Sippenabschnitte unterteilt, die Feuer, Luft, Wasser und Erde repräsentierten. Jedes Viertel trug bestimmte Farben und Totems. Die Zunis verknüpften z. B. den Wind mit dem Norden, dem Krieg und der gelben Farbe; das Feuer mit dem Süden, dem Sommer, dem Ackerbau und der roten Farbe; das Wasser mit dem Westen, dem Frühling, dem Frieden und dem Blauen und die Erde mit dem Osten, dem Herbst, der Magie und der weißen Farbe. Die Elementar-Totems der Azteken waren der Hase (Norden, schwarz, Winter, Luft), der Flintstein (Süden, blau, Sommer, Feuer), das Haus (Osten, weiß, Herbst, Erde) und das Bambusrohr (Westen, rot, Frühling, Wasser).[17]

Die amerikanische Mythologie ging von vier Aeonen aus, die jeweils mit einem Element korrespondierten. Aus den heiligen Geschichten Mexikos geht hervor, daß jedes der ehemaligen Zeitalter von demselben Element vernichtet wurde, das es vorher beherrscht hatte.[18] »Die Erde, die Stütze und Grundlage der Welt, verschlang alle Dinge. Die Luft, der Atem des Lebens, verwandelte sich in einen verheerenden Sturm. Das Feuer, das einst als Feuer des Lebens in Form eines milden, lebenspendenden Regens niederging, fiel nun als Flammenregen herab. Schließlich wurde das Wasser, das sanfte Medium der mütterlichen Kräfte der Geburt, der Nahrung und des Wachstums, zu einer wahren Sintflut.«[19]

Diese Mythen liefern einen Schlüssel zu der Frage nach dem Ursprung der Idee von den vier Elementen. Warum galten von allen Substanzen und Kräften der Welt gerade diese vier als die Urstoffe aller Dinge? Die Antwort lautet, daß diese Elemente die einzigen vier Möglichkeiten außer dem Kannibalismus repräsentierten, einen toten Körper wieder in seinen »Ursprung« zurückzuführen. Er konnte in der Erde vergraben, verbrannt, ins Wasser geworfen oder den in der Luft fliegenden Vögeln zum Fraß vorgesetzt werden. Jede Bestattungsform wurde als Rückkehr zu derselben Kraft angesehen, aus der der Geborene hervorgegangen war.

Diese vier Bestattungsarten werden im tantrischen Tibet noch immer nebeneinander praktiziert. Die Menschen der ärmeren, breiteren Bevölkerungsschicht werden nach dem Tod in Stücke zerhackt und den aasfressenden Vögeln vorgeworfen, wie es auch bei den Parsen Indiens und Persiens üblich ist. Wohlhabendere Tibeter werden verbrannt oder, wenn eine Krankheit den Tod verursacht hat, begraben. Manchmal werden die Leichname, wie bei den Hindus, in Flüsse oder Seen geworfen.[20] Bei den vedischen Völkern gab es beide Bestattungsriten, sowohl das Beerdigen wie das Verbrennen. Sie glaubten, daß die Seelen auf beiden Wegen von Yama, dem Herrn des Todes, empfangen werden.[21]

Einige Denker des Altertums versuchten, anhand der Lehre von den Elementen die verschiedenen Nationen zu kategorisieren, wobei sie möglicherweise die in den Nationen vorherrschenden Bestattungsriten zur Grundlage ihrer Theorien nahmen. Ihnen zufolge gehörte die Verehrung des Wassers zu Ägypten und der Nilgöttin. Die Phrygier waren typische AnbeterInnen »der Erde, die für sie als die Große Mutter aller Dinge galt. Die Syrier und Karthager beteten die Luft unter dem Namen der himmlischen Juno an«, und die Perser huldigten dem Feuer.[22]

Aus einigen Kulturen ist der Glaube an ein fünftes Element überliefert, das die Griechen das *ätherische*, »das himmlische«, nannten. Aus ihm bestanden die unsterblichen Körper von Gottheiten, Engeln, Sternengeistern oder Heiligen. Dieses Element war aufgrund seines unveränderlichen Charakters unberührt vom ewigen Fluß der anderen Elemente, die permanent Verbindungen eingingen und wieder auflösten. Der unveränderliche Äther spielte eine so wesentliche Rolle in der westlichen Vorstellung von der unsterblichen Seele, daß diese Idee nie ganz aufgegeben wurde. Auch heute noch bezeichnen einige okkultistische Sekten den Äther als die Substanz des »Astralleibes«. Die Astronomen des 18. und 19. Jahrhunderts hielten den Äther für ein den gesamten Weltraum ausfüllendes Gas.

Die ätherischen Geister galten als unsterblich, aber auch die anderen Elemente wurden von Geistwesen mit übermenschlichen Fähigkeiten verkörpert: von Undinen (Wasser), Salamandern (Feuer), Gnomen (Erde) und Sylphen (Luft). Manche Menschen glaubten, daß diese Wesen zu vormenschlichen Rassen gehörten, die den vier aus dem Schoß der Großen Mutter strömenden Paradiesflüssen entsprangen. Die vier Elementarfarben waren diesen vier Flüssen zugeordnet, die weibliche Nahrung trugen: Wasser, Blut, Honig und Milch. Orientalische Goldschmiede ordneten ihnen Juwelen mit mystischer Bedeutung zu: den Saphir oder den Lapislazuli (Wasser), den Rubin (Blut oder Feuer), das Gold (Erde) und das Silber, den Kristall oder den Diamanten (Luft).[23] Biblischer Symbolik zufolge wurde das weibliche Land aus den Flüssen Milch und Honig geschaffen. Der männliche Gott, der Erlöser der alten Zeit, trug Blut und Wasser dazu bei, also die beiden Flüssigkeiten, die im »Land von Milch und Honig« aus dem Körper Jesu strömten (Johannes 19, 34).

Die philosophische Sekte der Stoiker, die nach *stoicheia*, »die Elemente«, benannt war, verband Farbsymbole, Tierkreiszeichen, Jahreszeiten und Gottheiten mit den Elementen.[24] Ihr System fand sich in der Einteilung des römischen Circus wieder, der aus vier, den Elementen zugeordneten und in entsprechende Farben gekleideten Sektionen bestand: grün für den Frühling, die Erde, die Blumen, die Terra Mater und Venus; rot für den Sommer, das Feuer und Mars; blau für den Herbst, das Wasser, den Himmel, für Saturn und Neptun; weiß für den Winter, die Luft, die Zephyre und Jupiter.[25] Dieselben Gottheiten wurden noch im 16. Jahrhundert n. Chr. mit den Elementen verknüpft: Venus (Wasser), Mars (Feuer), Jupiter (Erde) und Saturn (Luft).

Im Mittelalter bediente sich das *Compendium Maleficarum* einer von Psellus aufgestellten Liste der Elementargeister, um verschiedene Typen von Teufeln zu definieren. »Der erste ist der feurige, weil er in der oberen Luft wohnt und niemals herabsteigt. ... Der zweite ist der luftige, weil er in der uns umgebenden Luft wohnt. ... Der dritte ist der irdische ... einige leben in den Feldern und führen Nachtreisende auf den falschen Weg; einige leben an versteckten Orten und in Höhlen. ... Der vierte ist der wässrige, denn er lebt unter dem Wasser von Flüssen und Seen. ... Sie erzeugen Meeresstürme, lassen Schiffe im Ozean versinken und ... unter ihnen gibt es mehr Frauen als Männer.«[26] Laut Scot regieren die Feuergeister den Intellekt und die Wassergeister die Instinkte und Leidenschaften: »Feurige Geister zwingen den Menschen zur Kontemplation, wässrige Geister zur Lust.«[27] In diese Definitionen schlichen sich auch Vorurteile gegen die Geschlechter ein, denn die angenommene geschlechtliche Polarität von Feuer und Wasser war immer präsent.

Compendium Maleficarum
Eine im Jahre 1608 von Guazzo verfaßte Abhandlung über Hexen und Hexerei.

Michael Constantin Psellus
Ein byzantinischer Politiker, Gelehrter, Philosoph und Höfling aus dem 11. Jahrhundert. Er verfaßte ein Geschichtswerk, mehrere Gedichte und Briefe zu vielen verschiedenen Themen.

Das Wort »Temperament« stammt vom lateinischen *temperare*, »richtig mischen«, ab. Temperament meinte eine Mischung der elementaren »Körpersäfte«, die nach alter Vorstellung von verschiedenen Göttern, denen wiederum die Elemente zugeordnet waren, beherrscht wurden. Ein Charakter konnte demnach martial (Mars), jovial (Jupiter), saturnisch (Saturn) oder merkurisch (Merkur) sein. Ein Vorherrschen von Blut führte zu einem *sanguinischen* Temperament. Zuviel Phlegma ergab ein *phlegmatisches*, zuviel Galle ein *melancholisches* und zuviel Äther ein *ätherisches* Wesen und so fort. Außerdem war die Mischung der Temperamente abhängig von *tempor*, der Zeit oder Jahreszeit, weil die Elemente auch in bezug auf die Jahreszeiten und verschiedenen Sternenkonfigurationen kategorisiert wurden.[28] All diese Ideen waren schon alt, bevor Rom überhaupt gebaut wurde. Der legendäre Stammvater der Skythen soll alle Dinge der Welt nach vier elementaren Symbolen geordnet haben, die vom Himmel herabkamen: ein Pflug (Erde), eine Schale (Wasser), eine Axt (Feuer) und ein Joch (Luft als das mit dem Wort *yoga* verwandte »Joch« zwischen Himmel und Erde).[29] Allgemein betrachtet lieferte die Lehre von den Elementen eines der ersten Beispiele für eine der charakteristischsten Verhaltensweisen des Menschen: die Neigung zum Klassifizieren.

1. Lindsay, O. A., 20f.; Campbell, P. M., 458. 2. Campbell, M. I., 90. 3. d'Alviella, 240.
4. Waddell, 484. 5. *Mahanirvanatantra*, 262f. 6. Evans-Wentz, 15f.; Agrippa, 57.
7. Lindsay, O. A., 122; Wedeck, 236. 8. Cavendish, P. E., 71. 9. Rawson, A.T., 70.
10. Agrippa, 43, 49. 11. Campbell, P. M., 64; Oc. M., 181; Agrippa, 49.
12. Rawson, E. A., 57. 13. Dumézil, 319. 14. Ebd., 647. 15. Budge, E. M., 89.
16. Lethaby, 58ff. 17. Lindsay, O. A., 20f. 18. Castiglioni, 134.
19. Campbell, M. I., 154. 20. Evans-Wentz, 25f. 21. Rose, 63.
22. Cumont, A. R. G. R., 205. 23. Waddell, 81. 24. Cumont, A. R. G. R., 68.
25. Lindsay, O. A., 240. 26. Robbins, 133. 27. Scot, 419. 28. Funk, 301.
29. Jung & Franz, 114.

Elfen

Das Wort Elfe wurde mit *helleder*, dem Volk der Mutter Hel in ihrer Gestalt als Totengöttin, in Verbindung gebracht. Ganz allgemein waren damit die Heiden gemeint, sowohl die verstorbenen wie die lebenden. Im 11. Jahrhundert bezeichnete Sigvat Thordarson alle heidnischen Menschen als *alfar*, »Elfen«, und die kultischen Feste zu Ehren ihrer Gottheiten als *alfablót* (Elfenblut). Ihm zufolge fanden diese Feste in besonderen »Heiden-Heiligtümern« statt, die unter der Leitung von Frauen standen.[4]

Nach Spenser bedeutete das englische Wort *elf*, »Elfe«, soviel wie *alive*, »lebend«.[1] Es gibt allerdings kaum Zweifel daran, daß Elfen für verstorbene Ahnen gehalten wurden, die in ihren Grabhügeln weiterlebten. »Es ist weithin bekannt, daß die Verstorbenen in Skandinavien früher ›Elfen‹ genannt wurden.«[2] Die *Kormaks Saga*, eine heidnische isländische Dichtung aus dem 10. Jahrhundert, erzählte von Opfern, die den Elfen dargebracht wurden, um Kranke zu heilen: »Färbe den Grabhügel außen mit dem Blut eines Stiers rot ein und laß' die Elfen mit seinem Fleisch ein Fest feiern, und alsbald wirst du geheilt sein.«[3]

In dem Paradies *Alfaheimr* (Elfenland) herrschte das Matriarchat. Hier wohnten die weiblichen Lichtgeister, die die Sonne schufen. Wie die **Dakinis**, ihre älteren Schwestern, konnten die Elfen, Walküren oder Feen sowohl wunderschön als auch häßlich sein und damit einerseits die Geburt und das Leben, andererseits den Tod verkörpern.[5] In der nach dem Weltgericht folgenden, neuen Schöpfung würde, so hieß es, die neue weibliche Sonne Elbenstrahl heißen.[6]

Die Christen lehnten diese alte Theologie, die das weibliche Geschlecht in den Mittelpunkt stellte, ab. Dies belegen christliche Berichte, die die Feste zu Ehren der Elfen als Dämonensabbate beschrieben, bei denen »Tänzer und Tänzerinnen mit Pferdefüßen« ihre Feenreigen stampfen würden. Henry More, ein englischer Philosoph und Dichter des 17. Jahrhunderts, schrieb, daß Elfen vor allem in Nordengland und Irland erschienen.[7] In einigen Balladen verschmolzen der dämonische Liebhaber und der »Elfenritter« der heidnischen NordländerInnen miteinander.[8] Aus dem Brauch der Wilden Jagd oder des Nachtrittes, der dem Elfenkönig (Odin) gewidmet war, wurde eine Prozession, bei der – ähnlich wie zu **Halloween** und anderen heidnischen Festtagen – Dämonen durch den Wind ritten. Der Anführer der Nachtreiter war der Erlkönig, ein Titel, der auf den dänischen *ellerkonge* zurückging, »ein König von jenen, die zu Hel gehören«. Sein Baum war die heilige Erle.[9]

Zu den anderen Pflanzen, die häufig mit Elfen assoziiert wurden, gehörten die der Hel geweihte heilige Stechpalme, die Mistel, die Alraune und verschiedene Hexenkräuter, wie z. B. das Rosmarin, das als Elfenpflanze bekannt war.[10] (Siehe **Rose**.)

1. Keightley, 57. 2. Wimberly, 127. 3. H. R. E. Davidson, G. M.V. A., 156.
4. Hollander, 154. 5. Turville-Petre, 231. 6. Snorri, 92. 7. Summers, V., 115.
8. Wimberly, 137. 9. *Encyc. Brit.*, »Erl King«. 10. Wimberly, 350.

Elija, Heiliger

Var. Elias

Die kanonisierte Form von Helios, dem Sonnengott, der bei den semitischen Völkern auch »El, der Sonnenstier« genannt wurde.[1] Elija war der Gott, den Jesus am Kreuz anrief. »Einige von denen, die dabeistanden und es hörten, sagten: Er ruft nach Elija ... wir wollen sehen, ob Elija kommt und ihm hilft!« (Matthäus 27, 47–49; Markus 15, 35). Eusebius erfand eine absurde christliche Legende zu dem Namen. Ihm zufolge war Elija einer von fünf Ägyptern, die am Stadttor von Caesarea »verhört« wurden. Sie nannten ihre Namen und ihre Heimatstadt Jerusalem. »Der Statthalter ordnete an, sie zu foltern, um genauere Informationen aus ihnen herauszubekommen. Sie aber blieben stumm und wurden daraufhin enthauptet.«[2]

1. Lawson, 44. 2. Attwater, 112.

Elisabeth, Heilige

Die Tochter eines im 13. Jahrhundert herrschenden Königs von Ungarn. Sie wurde im Alter von 13 Jahren mit dem Landgrafen von Thüringen verheiratet. Mit 14 war sie Mutter, mit 20 Witwe, und mit 24 starb sie an einem Übermaß christlicher Pflichterfüllung.

Ihr geistlicher Ratgeber war Konrad von Marburg. Schon bei dem geringsten Verstoß gegen seine Anordnungen mußten sich Elisabeth und ihre Mägde entkleiden, woraufhin sie erbarmungslos von ihm ausgepeitscht wurden. Einmal z. B. folgte die junge Landgräfin ohne seine Erlaubnis einer Einladung in ein Nonnenkloster. Er schlug sie so brutal, daß »die Peitschenstriemen drei Wochen lang ihren Körper entstellten«. Nach dem Tod ihres Gatten vertrieben Adlige sie von ihrem Besitz und ließen sie in ihrer Mittellosigkeit allein. Von Marburg befahl ihr, sich von ihren letzten guten Freunden und ihren Kindern zu trennen. Sie sagte: »›Ich fürchte um Gottes Willen einen sterblichen Menschen also sehr als ich den himmlischen Richter selber müßte fürchten, darum hab ich Meister Conrad ... gelobt ... also daß ich von allem zeitlichen Trost möchte geschieden sein.‹«[1]

Abgesehen von den Mißhandlungen Konrads ging Elisabeth auch äußerst streng mit sich selbst um. Diese physischen Torturen brachten ihr bald den Tod. Konrad von Marburg ließ all seine politischen Beziehungen spielen, um sie heiligsprechen zu lassen, womit er seinen Ruhm als ihr Lehrer steigern wollte. Er selbst betätigte sich als Folterknecht – eine Aufgabe, die eindeutig zu seiner Persönlichkeit paßte – und soll in einem einzigen Jahr 8000 Ketzer auf den Scheiterhaufen gebracht haben. Schließlich wurde er von einer Gruppe aufgebrachter Ritter, gegen die er zu einem Kreuzzug aufgerufen hatte, meuchlings ermordet.[2] Die Kirche kanonisierte ihn prompt als Heiligen und Märtyrer.[3]

1. Jacobus d.V., 684 (dt. II. 396). 2. Lea ungek., 415–425. 3. H. Smith, 258.

Elmsfeuer

Ein elektrisches Phänomen, das meistens auf Schiffen zu beobachten ist und früher der Mond-Göttin Helena oder auch Hermes, dem Gott der

Magie, geweiht war. Die Franzosen nannten es *Feu de S. Hélène* oder *Feu de S. Herme*: Feuer der heiligen Helene oder des heiligen Hermes. In Spanien waren aus Sumpfgas entstandene Irrlichter als Feuer des St. Helmes oder des St. Telmes bekannt; sie wurden – wie die **Fata Morgana** – als eine Art Hexenfeuer angesehen.[1] In Wirklichkeit handelt es sich bei diesem Phänomen um statische oder atmosphärische Entladungen, die an hervorragenden Punkten wie Schiffsmasten und -spieren oder an den Tragflächen älterer Flugzeuge beobachtet werden können.

Einigen Seefahrergeschichten zufolge kündigt Helena schlechtes Wetter an, wenn eine Flamme erscheint; erscheinen zwei Flammen, so zeigen Helenas Brüder Castor und Pollux eine Wetterbesserung an – auch diese Mythen unterliegen also patriarchalen Tendenzen. Andere Bezeichnungen für dieses rätselhafte Licht sind Corposant (von ital. *corpo santo*, der Leib Christi), St. Annen-Licht und sogar »heilige Elektrizität«.[2]

Der heilige Elmo war eine durch und durch erfundene Gestalt, auch wenn einige Gelehrte behauptet haben, er sei mit dem heiligen Erasmus von Syrien identisch. Dieser Heilige war aber ebenfalls rätselhaften Ursprungs; seine Legende stützt sich ausschließlich auf unechte Zeugnisse, die erst dreihundert Jahre nach seinem angeblichen Märtyrertod aufgezeichnet wurden. In diesen Zeugnissen wird ihm ein eigenartiges Martyrium zugeschrieben: die Gedärme sollen ihm mit einer Winde aus dem Leib gerissen worden sein; sein Symbol in der Sakralkunst war deshalb die Winde. Aufgrund dieser losen Verbindung zur Seefahrt (Ankerwinde) wurde er zum Schutzpatron der Seeleute.[3] Da er aber vermutlich niemals existiert hat, ist die Untersuchung dieser Frage rein akademischer Natur.

1. Hazlitt, 94. 2. Jobes, 180. 3. Attwater, 117.

Elohim

Die hebräische Pluralform für »die Göttinnen und die Götter«; sie wurde in allen Bibelstellen ausschließlich mit der Singularform »Gott« übersetzt. In den Originalmanuskripten der Genesis war Jahweh nur einer der *elohim*. Manchmal tauchte die Singularform als Name auf, so z. B. wurde der phönikische Stier-Gott nur als **El**, »der Gott«, bezeichnet.[1]

Mittelalterliche Zauberer hielten Elohim für einen der geheimen magischen Namen Gottes. Zuweilen wurde Elohim aber auch als Name eines Teufels gebraucht.

1. *Larousse*, 74.

Elysium

Eine griechische Bezeichnung für das Paradies, den Himmel Persephones, in den die Heroen entrückt wurden. Das Elysium hieß auch »Inseln der Seligen« und wurde entweder in der Unterwelt oder im weit entfernten Westen vermutet, wo auch die Apfelgärten der Mutter

Hera sein sollten. Es war wie Avalon und Eden ein »Apfel-Land«.[1] Die Bezeichnung Elysium wurde zu einem gebräuchlichen Synonym für »Paradies«.

1. Graves, G. M., 31.2.

Emania

Var. Emain, Hy-Many

Das keltische »Land des Mondes«, in das die Toten eingingen und dessen Gebieterin die Königin der Schatten war. Sie trug verschiedene Namen: Mania, Mana, Macha, Mene oder Minne, die Feenkönigin. Das Land Emania wurde ebenso wie das altnordische Himmelreich »Manavegr« mit der Mondbahn des Himmels, aber auch mit Heiligtümern auf der Erde gleichgesetzt. (Siehe **Mond**.)

Empyreum

»Himmel des inneren Feuers«; Empyreum war in der griechischen Philosophie die Bezeichnung für den höchsten Himmel über den Planetensphären. Hier lag »das Reich« des Sonnengottes, bzw. des »göttlichen Königs vom himmlischen Berg«. Das »innere Feuer« bezog sich wahrscheinlich auf das göttliche Element Äther, aus dem angeblich die Geistwesen gebildet waren. (Siehe **Elemente; Berge**.)

Endymion

»Verführter Mond-Mann«, ein griechischer Held, der, von der Mondgöttin Selene verzaubert, in ewigen Schlaf fiel. Er war ein Sohn des Zeus und wurde, nachdem er den früheren König nach der üblichen Art der antiken Helden abgesetzt hatte, zum König von Elis. »Als seine Regierungszeit zu Ende ging, wurde er wie vorgeschrieben geopfert. In Olympia erhielt er eine Weihestätte.«[1] Dies war der Schlaf, den seine Göttin des Nachts mit einem Kuß »über ihn brachte«, als er auf einem Berghang lag. So blieb er in ewigem Schlaf dort liegen. (Siehe **Königtum**.)

1. Graves, G. M., 64.1.

Engel

Die ersten Engel waren himmlische Nymphen wie die hinduistischen Apsaras, die den Auserwählten sexuelle Erfüllung gewährten. Die Wikinger nannten sie Walküren, die Griechen **Horen**. Bei den Persern hießen sie Houris oder Peris (Feen). Ein Schutzengel war eine persönliche Shakti, die auf den Mann aufpaßte und ihn im Moment seines Todes in ihre ekstatische Umarmung nahm.

Die hinduistischen Engel waren ursprünglich erschaffen, um zu lieben. Sie kannten keine Menstruation, Schwangerschaft, Geburt und kein Stillen, obwohl sie Mütter waren. Jedes Kind erschien auf wunderbare Weise auf den Knien seiner Mutter und war bereits fünf Jahre alt. Die Apsaras konnten sich ohne Ende mit den Göttern sexuell vereinen, ohne den Verlust von Körperflüssigkeiten oder Energie. Solch ein Wesen war »die perfekte Spenderin sinnlicher Freuden und amouröser

Ekstasen in einem göttlichen Ausmaß«.[1] Wie die Königin des Gralspalastes in den Erzählungen der fahrenden Sänger war auch der Engel ein »Freudenspender«. (Siehe **Gral, Heiliger**.)

Es gab aber auch irdische Engel, die Dakinis, »Himmelswandlerinnen«. Die tantrischen Schriften besagen, daß sie in einem Palast aus Lotoslicht leben. Manchmal wurden sie Prostituiertentöchter genannt oder Yoginis, d. h. Yoga-Priesterinnen.[2]

Obwohl es so scheint, daß solche Engel die Erfüllung aller Wünsche für jeden Mann bedeuten, leugneten die patriarchalischen Religionen die Sexualität der Engel. Moslems lehnten die Existenz der Houris (himmlische »Huren«) ab und behaupteten, daß die Engel frei von fleischlichen Begierden seien.[3] Das widerspricht den Lehren des Korans, nach dessen Aussage jeder Held nach dem Tode wunderschöne Mädchen als himmlische Gefährtinnen erhält.[4]

Die europäischen Christen verwiesen die ehemals himmlischen Horae ins Feenreich, das irdische Paradies, das vom himmlischen getrennt ist. Dieser Ort wurde *locus voluptatis terrestris*, der irdische Ort der Freuden, genannt oder *pratum felicitatus*, der Garten des Glücks.[5]

Die Engel sind oft mit Seraphim und Cherubim durcheinander gebracht worden. Seraphim waren feurige, fliegende Schlangen mit sechs Flügeln, die Blitzgeister der chaldäischen Mythen. Cherubim waren die semitischen *kherub*, vom (süd-)arabischen mu-karrib, »Mondpriester«; manchmal nahmen sie die Gestalt von Vögeln an. Die Engel, welche die Große Göttin der Hindus begleiteten, konnten auf den Flügeln der Garudas fliegen.[6]

Die biblischen Engel waren die »Söhne Gottes«, die auf die Erde kamen, um mit den Frauen der Sterblichen Kinder zu zeugen (Genesis 6,4). Später wurden sie Dämonen, Inkubi oder »gefallene« Engel genannt. Im Buch Henoch werden Frauen für den Fall der Engel verantwortlich gemacht. Die Frauen hatten »die Engel des Himmels auf Abwege geführt«.[7] In den Magischen Papyri waren die Bezeichnungen für Engel, Geister, Götter und Dämonen untereinander austauschbar.[8] Als der heilige **Paulus** sagte, daß die Frauen »mit Rücksicht auf die Engel« in der Kirche ihr Haupt bedecken sollten (1. Korinther 11,10), meinte er damit die *daemones* (Dämonen), von denen angenommen wurde, daß sie von Frauenhaaren angezogen würden (siehe **Haar**). Die GriechInnen glaubten, daß jeder Mensch einen individuellen Wächterengel oder *daemon* hatte, der in Gestalt eines Tieres erscheinen konnte, und im Christentum entwickelte sich daraus der Schutzengel. Es gab keine genau definierten Unterschiede zwischen Engeln, Schutzengeln, Dämonen, Feen, Elfen, Heiligen, Genien, Geistern der Vorfahren oder heidnischen Göttern.[9] Unter den übernatürlichen Wesen ließen sich immer unscharf abgegrenzte Bereiche finden, die sich überlappten, selbst die Qualitäten »gut« und »böse« waren verschwommen.

Magische Papyri Sammlung von Exorzismen, Anrufungen, Zaubersprüchen und Verwünschungen, die in der Frühzeit des Christentums weit verbreitet waren. Sie bildeten die Basis für spätere Zauberbücher und hermetische Texte.

Eine Untersuchung des Gallup-Institutes zeigte, daß 1978 mehr als die Hälfte aller US-Amerikaner noch an Engel glaubte.[10]

1. Zimmer, 163. 2. Tatz & Kent, 84, 148. 3. Budge, G. E. 1, 5.
4. Campbell, Oc. M., 430. 5. Silberer, 212. 6. Tatz & Kent, 146. 7. Tennant, 183f.
8. M. Smith, 191. 9. Wimberly, 423. 10. *Newsweek* vom 26. Juni 1978, S. 32.

Enneaden

»Die Neun«, die ältesten Großen Gottheiten Ägyptens. Die Gruppe bestand aus jeweils einem männlich-weiblichen Paar für jedes Element und ihrer Großen Mutter, der Schöpferin Nu, Nut, Ma-Nu, Temu oder Maa, die auch Nacht, Tiefe und Chaos (das undifferenzierte Gemisch der Elemente) genannt wurde. (Siehe **Schöpfung; Elemente.**)

Enthusiasmus

Der griechische Begriff *enthousiasmos*, »einen Gott in sich tragen«, bezeichnete einen Zustand, in dem der göttliche Geist den Menschen erfüllt. Dieser Zustand wurde in Asien *Svecchacara* genannt und meinte die Freiheit von jeder Sündhaftigkeit, die daraus resultiert, daß alle Handlungen von der inneren Göttlichkeit motiviert sind.[1] (Siehe **Antinomismus; Besessenheit.**)

1. Angus, 151.

Eos

Homers »rosenfingrige Morgenröte« war Eos. Als Geburtsgöttin entsprach sie der Mater Matuta, der Aurora oder der Hebe. Die rosigen Wolken bei Sonnenaufgang wurden gemeinhin als Verkörperungen ihrer rosigen Finger angesehen. Die Bezeichnung war aber vielleicht wörtlicher gemeint, sie könnte sich auf den Brauch ägyptischer und asiatischer Priesterinnen bezogen haben, sich bei religiösen Zeremonien die Finger rot zu färben. (Siehe **Henna.**)

Epona

In der Eisenzeit Britanniens hieß so die keltisch-sächsische Schutzgöttin der Pferde. Ihre Vorbilder waren wahrscheinlich die kretische Leukippe (Weiße Stute), die pferdeköpfige Demeter und die Pferdegottheiten Zentralasiens. Der Eponakult »erstreckte sich von Spanien bis Osteuropa und von Norditalien bis Britannien«.[1] Noch im 11. Jahrhundert n. Chr. wurden irische Könige symbolisch mit einer weißen Stute vereint. (Siehe **Pferd.**)

1. *Larousse*, 240.

Erbfolge

Siehe **Weibliche Erbfolge**

Erbrecht

Siehe **Weibliche Erbfolge**

Erde

Herodot schrieb: »Die Erde trägt drei verschiedene Namen, die wie ein einziger sind, und alle drei sind Frauennamen entlehnt.«[1] Herodot verzählte sich. Die Erde wurde mit Tausenden von weiblichen Namen bedacht. Die Kontinente – Asien, Afrika, Europa – wurden nach Manifestationen der Großen Göttin benannt. Länder trugen die Namen weiblicher Vorfahren oder anderer Manifestationen der Göttin: Lybien, Lydien, Rußland, Anatolien, Latium, Holland, China, Ionien, Akkadien, Chaldäa, Schottland, Irland (Eriu, Hera) sind nur einige Beispiele.[2] Jede Nation gab sich selbst den Namen ihrer eigenen Mutter Erde. Nach Tacitus betrachteten Europas Stämme die Mutter Erde als »die alles beherrschende Gottheit, der alles untertan und ergeben ist«.[3]

Die Mutter Erde wurde auf der ganzen Welt verehrt, weil sie der Anfang aller Dinge war. IndianerInnen sagen noch heute, daß alle Völker und alle Tiere am Anbeginn aller Zeit aus der yonischen Höhle der Erde hervorgingen. »Es war wie die Geburt eines Kindes. Die Stätte des Entstehens ist der Schoß der Erde.« Sibirische Rentierjäger glauben, daß die Menschen von einer Göttin abstammen, deren kleine geschnitzte Figuren die Hütte des Jägers schützen. Er opfert ihr und betet: »Hilf uns, unsere Gesundheit zu erhalten! Hilf uns, daß wir viel Wild erlegen!«[4]

Ein zentrales Element der indianischen Religion war der Glaube an die Reinkarnation in einen neuen Körper, der aus dem Schoß der Mutter Erde geboren wird. Der Religionsführer Smohalla erzählte von den moralischen Verpflichtungen, die sich für ihn aus diesem Glauben ergaben:

> *Es ist eine Sünde, unser aller Mutter zu verletzen oder zu schneiden, aufzureißen oder zu zerkratzen, wie es die landwirtschaftliche Arbeit erfordert. Ich soll in der Erde graben? Soll ich ein Messer nehmen und es in die Brust meiner Mutter stoßen? Wenn ich aber dann sterbe, wird mich ihr Schoß nicht aufnehmen. Du sagst mir, ich solle Steine ausgraben und sie wegtragen? Muß ich ihr Fleisch verstümmeln, so als ob ich ihre Knochen begehre? Dann kann ich niemals wieder in ihren Körper eingehen und wiedergeboren werden.*[5]

Unter orientalischen InderInnen gab es eine fast identische Vorstellung vom Sterben als Eingehen in die Erde. Hindu-Priester sprachen zu einem Toten die Worte: »Geh', suche die Erde, diese weise und sanfte Mutter aller. Oh Erde, erhebe seine Knochen und verletze sie nicht, sei sanft und freundlich zu ihm. Oh Erde, decke ihn zu wie eine Mutter, die ihr Kind mit ihren Röcken bedeckt.«[6]

Diese Vorstellung findet sich auch bei antiken römischen Philosophen: »Die Mutter Erde ist die rätselhafte Kraft, die alles zum Leben erweckt. ... Alles entspringt aus der Erde und alles endet in ihr ... die Erde erzeugt alle Dinge und nimmt sie wieder in sich auf ... die Göttin ist der Anfang und das Ende allen Lebens.« Ein römischer Schriftsteller des 3. Jahrhunderts n. Chr. betete zu der »Heiligen Göttin Erde, Mutter der Natur, die du alles Leben bringst und wiedererweckst von Tag zu Tag. In ewiger Treue gewährst du die Nahrung des Lebens. Und wenn die Seele Abschied nimmt, suchen wir Zuflucht in dir. Alles, was du gewährst, fällt zurück in deinen Schoß.«[7]

Von den patriarchalischen Christen wäre zu erwarten gewesen, daß sie eher vom Vater Himmel als von der Mutter Erde sprachen, und doch schafften sie es nicht, die ältere Gottheit ganz aufzugeben. Die Grabschrift für Papst Gregor den Großen lautete: *Suscipe terra tuo de corpore sumptum*: »Nimm den Leib auf, Erde, der von deinem Leib ist genommen …«[8] Die Grabsteine deutscher Christen trugen sogar noch bis ins 20. Jahrhundert hinein die Aufschrift: »Hier ruht im Mutterschoß der Erde …«[9] In Chaucers Erzählung vom Ablaßhändler flehte ein alter Mann die Göttin an:

> *So wandl' ich rastlos, jammervoll und schwach auf diesem Grund, der meiner Mutter Thor, steh' früh und spät mit meinem Stab davor und klopf' und rufe: Mutter, laß mich ein, Haut, Fleisch und Blut schrumpft mir um mein Gebein, und ach, wann dürfen meine Glieder rasten?*[10]

Geoffrey Chaucer (etwa 1340–1400) schuf mit seinem Hauptwerk, den *Canterbury Tales*, einem Zyklus von Versnovellen, die bedeutendste englische Dichtung des Mittelalters.

Hier handelte es sich nicht nur um eine poetische Metapher. Viele Europäer erkannten noch im 12. Jahrhundert die Mutter Erde als Göttin an, vielleicht sogar als ihre einzige oberste Gottheit. Ein englisches Herbarium aus dieser Zeit beschrieb sie, ohne daß Gott überhaupt eine Erwähnung fand:

> *Erde, göttliche Königin, Mutter Natur, die du alle Dinge geschaffen und immer aufs neue die Sonne aufgehen läßt, die du den Völkern geschenkt hast; Hüterin des Himmels und des Meeres und aller Götter und Mächte; durch deinen Einfluß wird alle Natur stumm und sinkt in den Schlaf. … Und wiederum schickst du, wenn es dir gefällt, das glückliche Licht des Tages und nährst das Leben mit deiner ewigen Gewähr; und wenn der Geist des Menschen hinscheidet, kehrt er zu dir zurück. Mit Recht bist du die Große Mutter der Götter genannt; Sieg ist dein göttlicher Name. Du bist die Quelle der Kraft von Völkern und Göttern; ohne dich wird nichts geboren und nichts vollkommen; du bist mächtig, Königin der Götter. Göttin, ich verehre dich als göttliche Königin, deinen Namen rufe ich an; geruhe, mir zu gewähren, um was ich dich bitte, auf daß ich dir, Gottheit, meinen Dank erstatte …*[11]

Noch bis in die Zeit der Renaissance hinein baten englische Bauern die *Erce, eorthan modor* (Erde, Mutter der Erde), um Beistand, wenn sie auf den Feldern säten.[12] Ganz ähnlich riefen russische Bauern bis ins 20. Jahrhundert hinein die Mati-Syra-Zemlya (Feuchte Mutter Erde) in fast allen Angelegenheiten um Hilfe an. Anstatt auf die Bibel zu schwören, legte sich ein russischer Bauer einen Erdklumpen auf den Kopf und flehte um den Fluch der Mutter, falls er seinen Eid brechen würde. Hier findet ein einstmals griechischer Brauch seine Fortsetzung. Selbst die patriarchalischen olympischen Götter schworen ihre bindenden Eide im Namen von Mutter Erde: Gaia oder Rhea, die die Universelle Mutter oder die Tief-Brüstige, die fest Gegründete und die älteste der Gottheiten genannt wurde.[13] Hesiod gab zu, daß sie den Olympos vor den hellenischen Gottheiten beherrschte. Sie herrschte auch über Rußland. Das Land trägt ihren alten Namen, »Rha« (Rhea), die Rote, die Mutter der Wolga und all ihrer Stämme.[14]

Heimat und Mutter waren für viele Menschen, deren Vorstellung von der Erdgöttin beide Begriffe umfaßte, identisch. Viele glaubten daran, daß sie in derselben Erde begraben werden müßten, die sie als Kind genährt hatte. Als einfallende Feinde die matriarchalischen Kimmerer bedrohten, hätten sie sich durch die rechtzeitige Flucht aus dem Heimatland noch retten können. Aber sie stellten sich den zahlenmäßig überlegenen Feinden und starben auf ihrem Land, weil sie ihr Leben für wertlos hielten, wenn sie nicht mit derselben Erde, die sie geboren hatte, vereinigt wurden.[15] Der ägyptische Reisende Sinuhe eilte, als er seinen Tod nahen fühlte, heim in sein Mutterland, um »der alles Beherrschenden zu folgen«. Dabei hoffte er, daß sie »an meiner Seite Ewigkeit gewähren wird«.[16]

Die Vorstellung, sich nach dem Tod mit der Mutter wiederzuvereinigen, traf sich oft mit der, sie zu heiraten. Männer unterschieden in vielen Fällen nicht klar zwischen ihren drei Rollen als Kind, als Leichnam und als Bräutigam der Göttin. Bauern auf dem Balkan stellen sich den Tod noch immer als eine Heilige Hochzeit vor und legen den Leichnamen Hochzeitskleidung an. In feierlichen Klageliedern heißt es: »Die schwarze Erde nahm ich als mein Eheweib.« Antike griechische Grabinschriften verkündeten ganz ähnlich, daß der Tote nun »Zutritt zum Brautgemach der Persephone« habe. Artemidoros schrieb: »Alle Begleiterscheinungen der Hochzeit sind exakt die gleichen wie die des Todes.«[17]

Die archetypische Vorstellung von der Hochzeit mit der Erde fand in England in der als Pornotopia bekannten pornographischen Literatur der mittleren viktorianischen Epoche eine seltsame Neubelebung. Der weibliche Körper wurde z. B. als Landschaft dargestellt, während der männliche Betrachter in der Fantasie auf die entsprechende Größe einer Fliege verkleinert war:

> *In mittlerer Entfernung erhebt sich eine große, unregelmäßige Form. Am Horizont wölben sich zwei riesige, schneeweiße Hügel; diese sind von großen, rosigen, zum Greifen nahen Gipfeln oder Spitzen gekrönt. Die Landschaft wellt sich sanft hinunter in eine breite, glatte Ebene, ihre weichen Wendungen sind nur im unteren Mittel von einem kleinen vulkanischen Krater oder Omphalos unterbrochen. Weiter unten verengt die Szenerie die Perspektive. Rechts und links ragen zwei glatte, weiße Bergkämme empor. Dazwischen, gleichsam in ihrem Zenit, steht ein dunkler Wald. Wir sind im Mittelpunkt unserer Reise angelangt. Der dunkle Wald (manchmal wird er auch Dickicht genannt) hat eine dreieckige Gestalt. Er ähnelt einem Deckel aus Zedernholz, und in seiner Mitte öffnet sich eine dunkle Schlucht. In dieser Schlucht sind alle Wunder der Natur versammelt. An ihrem Eingang hängt ein rosiger Stalaktit, der seine Form, Größe und Farbe je nach den Bewegungen der Gezeiten im Innern der Schlucht verändert. Die Schlucht selbst ist reich an Höhlen, die unermeßlich sind, an Grotten, Nestern, Schründen und Rinnsalen – eine komplette innere Landschaft. Das Klima ist warm, aber feucht. Gewitter sind in dieser Gegend häufig, ebenso Erdbeben und Wolkenbrüche. Die Wände der Schlucht ziehen sich bisweilen mit rhythmischer Gewalt zusammen; dann verdoppeln die salzigen Ströme, die das Gelände durchschneiden, ihre Fluten. Dies ist der Mittelpunkt der Erde, die wirkliche Heimat der Menschheit.*[18]

Marcus sieht die Motive für derartige Vorstellungen der Pornotopia nicht nur in der unterdrückten Sexualität der Viktorianer, sondern auch in einem spirituellen Verlust, der möglicherweise direkt aus der Ablehnung der Erdmutter in der zeitgenössischen religiösen Symbolik resultierte:

> *Pornotopia konnte nur von Leuten erfunden werden, die von Entbehrungen – und ich meine nicht nur sexuelle Entbehrungen – geschlagen waren, von Männern, die eine fundamentale Hungererfahrung geprägt hat. ... In jedem Pornographen steckt ein Säugling, der nach der Brust schreit, von der man ihn getrennt hat. Pornographie steht für die permanente und ständig erneuerte*

Anstrengung, zur Brust der Mutter zurückzukehren, die Wonnen wiederzuerlangen ...[19]

Der Erwerbstrieb scheint ein weiterer Ausdruck des versteckten seelischen Verlangens nach der Mutter Erde gewesen zu sein. Ihre europäischen Namen Urth, Hertha, Eortha, Erda, Hretha usw. leiteten sich vom sanskritischen *Artha*, »*mater*-ieller Wohlstand«, ab. Bei den Zigeunerstämmen, deren Glaubensvorstellungen im Hinduismus wurzelten, bedeutete »Erde« Glück, Wohlstand und Geld.[20] Das Wort Materie stammt von dem lateinischen Wort *mater* (Mutter) ab. Plutarch schrieb: »Die Materie ist Mutter und Amme ... und sie enthält die Elemente, aus denen alles geschaffen ist.«[21] Die Tibeter glauben auch heute noch daran, daß die Elemente von der Alten Mutter geschaffen wurden.[22] Der materielle Körper besitzt einen eigenen Namen, Anna-Maya. Varianten von ihr tauchen überall in den antiken, mediterranen Ländern als Namen der Großen Göttin auf.[23] Anna-Maya selbst ist als »die in Materie manifestierte Seele« definiert. Die Weisen sagen: »Geist und Materie sind Erscheinungsformen derselben Kraft. ... Der Geist ist der subjektive und die Materie der objektive Aspekt des einen polarisierten Bewußtseins.«[24]

Die abendländische Theologie spaltete diese frühere Einheit in eine Zweiheit, sie begriff die Materie (oder das Fleisch) und den Geist (oder die Seele) als dem Wesen nach unterschiedlich und gegensätzlich. Deshalb, meint Jung, »bleibt das Wort ›Materie‹ ein trockener, inhumaner und rein intellektueller Begriff, ohne jede psychische Bedeutung für uns. Wie anders war dagegen die frühere Vorstellung von der Materie – die Große Mutter –, welche die tiefe emotionale Bedeutung der Mutter Erde umfassen und ausdrücken konnte.«[25]

Neben dem Bild der Mutter Erde als Gebärerin hat vielleicht die Vorstellung von der Mutter als Empfängerin der Toten die tiefsten emotionalen Reaktionen hervorgerufen. Der Tod schien weniger schrecklich, wenn er als eine Rückkehr in den Schoß der Mutter Erde angesehen wurde. Im Rigveda heißt es: »Krieche zu deiner Mutter Erde. Sie wird dich vor der Leere retten.«[26] In mittelalterlichen Balladen verkörpert manchmal die Geliebte des Helden die Mutter Erde, wenn sie ihren Geliebten, um ihn »zu verstecken«, mit ihrem grünen Mantel bedeckt, so als ob sie ihn begräbt.[27] Der schlimmste Fluch, den griechische Bauern ihrem Feind gegenüber aussprechen konnten, war, daß ihn die Mutter Erde nicht annehmen solle: »Möge die Erde dich nicht aufnehmen! Möge die schwarze Erde dich ausspeien! Möge der Erdboden dich nicht verzehren!«[28] Aus diesen Menschen, die nach dem Tod keine Aufnahme in der Erde fanden, wurden angeblich die sogenannten Wiedergänger, die ruhelosen Geister.

Im 12. Jahrhundert verurteilte der Erzbischof von Reims in Frankreich Mitglieder einer ketzerischen Sekte offenbar in erster Linie deshalb zum Tod auf dem Scheiterhaufen, weil sie, neben anderen Vergehen, der Mutter Erde gehuldigt hatten. Auf dem Weg zur Exekution rief einer der Verurteilten »wieder und wieder, ›Oh Erde, öffne dich!‹« Die Zuhörer glaubten, er wolle, daß die Erde seine Feinde verschlinge, aber er dachte wohl eher daran, daß die Erde sich öffnen und ihn verschlingen möge, um ihn vor dem Feuertod zu bewahren.[29] So hatte sich hier der ursprüngliche Todesaspekt der Rhea oder Cerridwen erhalten, also die Vorstellung, daß Mutter Erde ihre Kinder verschlingt.

1. Herodot, 226. 2. Agrippa, 269. 3. Tacitus, 728. 4. Campbell, P. M., 240, 314. 5. Riencourt, 23. 6. Hauswirth, 21. 7. Vermaseren, 10, 49. 8. Jacobus d.V., 187 (dt. I 301). 9. Lederer, 24. 10. Chaucer, 269–270 (dt. 432). 11. Graves, W. G., 64 (dt. 83). 12. Turville-Petre, 188. 13. *Larousse*, 89, 287. 14. Thomson, 252. 15. Mumford, 416. 16. Maspero, 83. 17. Lawson, 547, 554. 18. Marcus, 271 f. (dt. 232 f.). 19. Marcus, 273 f. (dt. 234). 20. Leland, 99. 21. Knight, S. L., 22. 22. Evans-Wentz, 15; Waddell, 484. 23. *Mahanirvanatantra*, 11. 24. Woodroffe, 49, 318. 25. Jung, M. H. S., 95. 26. H. R. E. Davidson, G. M. V., 92. 27. Wimberly, 390. 28. Summers, V., 161. 29. Coulton, 55.

Var. Erebus

Erebos

Ein griechisch-römischer Name der Unterwelt, dem Land des Todes, das in der orphischen Mysterienreligion als »der abgrundtiefe Schoß« beschrieben wurde.[1] Wie andere antike Versionen der »Hölle« war auch Erebos ein Ort der Erneuerung und der Wiedergeburt. (Siehe **Hölle**.)

1. Lindsay, O. A., 116.

Ereshkigal

Die unterirdische Gegenspielerin der babylonischen Göttin Ishtar. Ereshkigal ähnelte der ägyptischen Nephthys, der griechischen Persephone, der indischen Kali-Uma und der nordeuropäischen Hel. Ihr Gefährte Nergal wurde in späterer Zeit von christlichen Mythenschreibern in einen dämonischen Höllendiener verwandelt.

Erigone

Vergils Bezeichnung für das Sternbild Jungfrau, das auch als Astraea, die Göttin der Gerechtigkeit, oder Libra, die Herrin der Waagschalen, bekannt ist.[1] Als himmlische Richterin entsprach sie der ägyptischen Göttin Maat.

1. Lindsay, O. A., 277.

Erinys

»Rächerin«, eine Bezeichnung für die Mutter Demeter in ihrer Gestalt als dreifache Furie. Sie bestrafte all jene, die gegen das matriarchalische Gesetz verstießen. In ihrer Eigenschaft als furchterregende Rächerin erschien die Göttin manchmal als Nachtmahr, engl. *night-mare*, »Alpdruck«, mit einem schwarzen, von Schlangen umwundenen Pferdekopf.[1] (Siehe **Demeter; Furien**.)

1. Graves, W. G., 411.

Erlkönig

Der dänische *ellerkonge*, »König der Elfen«, wurde mit der heiligen Erle oder dem Holunder und mit dem unterirdischen Land der Toten assoziiert. Als Herr des Todes war er der Gemahl **Hels**, der Göttin der

Erlen.[1] In Wirklichkeit stellte er eine Variante des **Odin** dar, des Anführers der sogenannten Wilden Jagd, einer auf dem Nachtwind reitenden Geisterhorde.

1. Keightley, 93.

Erlöser

Das griechische Wort *soter* (Heiland oder Erlöser) war oft der Beiname eines Gottes oder eines göttlichen Königs – so etwa Dionysios Soter oder Antiochus Soter. Buchstäblich bedeutete es »einer, der den Samen sät« – er war also ein phallischer Gott wie der römische Semo Sancus (heiliger Samen), der Gemahl der Mutter Erde.[1] Nach der Aussaat der Pflanzen wurde der Soter in dem neuen Samenkorn als göttliches Kind »wiedergeboren«; sein Advent (die spirituelle Ankunft) wurde mit den Worten »Er ist auferstanden« freudig begrüßt.[2]

Der Erlöser brachte seinen Samen üblicherweise dreimal aus – wie der persische Messias, der seinen Samen dreimal in den Schoß der Mutter Erde (Hvov) ergoß.[3] Der Erlöser Iaison trug in Eleusis den Titel Triptolemos (Dreimal Pflügend). Auf den ersten Blick scheint der Name daher zu rühren, daß er mit seiner Mutter Demeter »in einem dreifach gepfügten Acker« das Beilager hielt – aber Demeter selbst war in ihrer Funktion als Mutter Erde das Feld; der Erlöser war der Pflug.[4] Ptolemäus, der königliche Name für die makedonische Linie der ägyptischen Pharaonen, bedeutete – wie das griechische *soter* – auch »Pflüger« oder »Säer«.[5]

Da die meisten Könige fleischgewordene Götter waren, trugen viele den Titel »Erlöser«. Antiochus Soter (Antiochus der Erlöser) herrschte 280–260 v. Chr. in Babylon und wurde mit dem geopferten Gott Nabu, dem »erhöhten Sohn und kraftvollen Führer der Götter« gleichgesetzt.[6] Im Jahre 48 v. Chr. wurde Julius Cäsar begeistert als »erschienener Gott und universaler Erlöser des menschlichen Lebens« begrüßt. Sein Nachfolger Augustus war der »Gott der Vorfahren und Erlöser des ganzen Menschengeschlechtes«.[7] Nero wurde auf seinen Münzen als »Erlöser der Menschheit« verewigt.[8] Die römischen Kaiser wurden automatisch vergöttlicht und zu »Erlösern« gemacht; dies zeigt eine Ansprache, die für die Geburtstags-Feierlichkeiten des Augustus im Jahre 9 v. Chr. vorbereitet wurde:

> *Dieser Tag hat der Erde ein völlig neues Aussehen gegeben. Die Welt wäre untergegangen, wäre nicht von ihm, der nun geboren ist, Segen für alle hervorgeströmt. Der urteilt richtig, der seinen Geburtstag als den Anfang des Lebens und aller Lebenskräfte ansieht. … Die über allem herrschende Vorsehung hat diesen Mann mit Gaben zur Errettung der Welt beschenkt, die ihn als unseren Erlöser für die kommende Generation auszeichnen: die Kriege wird er beenden und was des Aufrichtens wert ist, wird er wieder aufrichten. Mit seinem Erscheinen sind die Hoffnungen unserer Vorväter erfüllt: nicht nur die guten Taten der Altvorderen hat er übertroffen; es ist unmöglich, daß ein Größerer als er erschiene. Der Geburtstag Gottes hat der Welt frohe Kunde gebracht, die von ihm ausgeht. Von diesem Geburtstag an beginnt eine neue Zeit.*[9]

Solche Reden wurden von den Gefolgsleuten weniger bedeutender »Erlöser«, deren es zu frühechristlicher Zeit besonders im Mittleren

Osten nicht wenige gab, oftmals kopiert. »In Palästina wimmelte es von eschatologischen [d. h. Heils-] Bewegungen. ... Das Auftauchen der christlichen Sekte war alles andere als ein Einzelfall.« Eines der größten Probleme der frühen Christenheit bestand darin, herauszufinden, von welchem Übel der Erlöser die Menschheit denn eigentlich erlösen sollte. Zu den vielen Theorien, die diesbezüglich entwickelt wurden, gehörten auch folgende: Christus erlöste die Menschheit (1) vom Tod oder (2) von der Sünde oder (3) von den Dämonen oder (4) von der fleischlichen Welt und ihrem bösen Demiurgen.[10]

Aulus Cornelius Celsus
Ein patrizischer römischer Gelehrter aus dem ersten nachchristlichen Jahrhundert. Er verfaßte umfangreiche Abhandlungen über Themen aus der Medizin, Landwirtschaft, Philosophie, Jurisprudenz und Religion.

Celsus zitierte die typische Rede eines selbsternannten Erlösers, deren es in seinen Tagen viele gab:

> *Ich bin Gott (oder ein Sohn Gottes oder ein göttlicher Geist). Und ich bin gekommen. Die Welt ist in Zerstörung begriffen. Und ihr, oh Menschen, müßt vergehen wegen eurer Ungerechtigkeit. Aber ich möchte euch erlösen. Und ihr werdet sehen, wie ich mit himmlischer Kraft wiederkomme. Gesegnet ist der, der mir jetzt gehuldigt hat! Aber ich will ein ewiges Feuer auf alle Übrigen werfen, auf ihre Städte und auf ihre Dörfer. Und Menschen, die nicht begreifen, welch Strafen sie erwarten, werden vergeblich bereuen und ächzen. Aber die will ich für immer bewahren, die an mich geglaubt haben.*[11]

Die Gnostiker glaubten an eine buddhistische Abfolge von Erlösern. Manche ihrer Führer sagten: »Der Erlöser erscheint nicht nur einmal in der Welt; seit dem Anbeginn der Zeit wandelt er in verschiedenen Gestalten durch die Geschichte.«[12] Der Glaube der jüdischen Essener an einen Erlöser dieses Typus hat wahrscheinlich zu der mittelalterlichen Legende vom Ewigen Juden, der unablässig die Welt durchwandern mußte, beigetragen.

1. Hays, 109. 2. Briffault 3, 162. 3. Campbell, Oc. M., 210. 4. Graves, G. M., 24.a; 24, 1. 5. Budge, G. E. 2, 199. 6. *Assyr & Bab.* Lit., 195. 7. Angus, 109. 8. Strong, 82. 9. H. Smith, 171. 10. Jonas, 31, 139. 11. Ebd., 104. 12. Ebd., 79.

Eros

Eine zweigeschlechtliche griechische Gottheit der erotischen Liebe, die dem hinduistischen Kama entsprach. Den Orphikern zufolge war Eros der erste Gott, der aus dem Schoß der Ur-Schöpferin, der Mutter Nacht, »vor der selbst Zeus in Ehrfurcht stand«, hervorging.[1] Platon hielt Eros für die älteste aller Gottheiten, der die höchste Ehre gebühre; sie gebe den Seelen die Kraft, nach dem Tode in den Himmel aufzusteigen.[2] Eros war also, bevor asketische Kulte die Verehrung der Sexualität als ursprüngliche Lebenskraft verdrängten, eine Art Erlösergott.

1. Graves, G. M., 2.b. 2. Lindsay, O. A., 125.

Erstgeborener

Die meisten asiatischen Götter beanspruchten für sich den Titel des Erstgeborenen aus dem Schoß, der im Sanskrit **Hiranyagarbha** genannt wurde. Jede Priesterschaft hielt ihren Gott für den »Erstgeborenen« der Schöpferin, weil ihr erstes Kind eine natürliche Autorität über die nachfolgenden Geschwister besitzen würde. Zwar konnte nur ein Gott *der* Erstgeborene sein, doch die Gelehrten benutzten diesen Titel auch für alle anderen mit dem Argument, daß jeder Gott der Erstgeborene einer der jungfräulichen Emanationen der Großen Mutter sei.

Ein klassisches Beispiel ist Buddha, der in vielen Inkarnationen jedesmal als der »Erstgeborene« einer irdischen Stellvertreterin der Großen Göttin geboren wurde. Diese Stellvertreterin war eine Tempeljungfrau oder *devadasi*, die »jungfräuliche Braut Gottes«, die den Namen (und den Geist) von Maya, dem jungfräulichen Aspekt der Mutter Kali, trug. Wie in allen Mythen von göttlichen Geburten konnte die Jungfrau einen irdischen Ehemann besitzen, der aber nicht eher mit ihr schlief, als bis sie den Erstgeborenen zur Welt gebracht hatte. Dieser war der Sohn Gottes, also im Fall Buddhas der Sohn des Herrn der Heerscharen Ganesha.[1]

Der eigentliche Ablauf dieser göttlichen Befruchtung verlief recht wirklichkeitsnah. Die zur Mutter bestimmte Jungfrau deflorierte sich selbst, indem sie sich rittlings auf den heiligen Lingam – den erigierten Penis des Gottes – setzte und ihn in sich eindringen ließ.[2] Während die Jungfrau so den Sohn Gottes empfing, setzte sie einen Blumenkranz auf den Kopf seines Standbildes. Dies war ein symbolischer Akt, der an die altindische Zeremonie des **Svayamara** erinnerte.[3] Der Blumenkranz symbolisierte ihr Geschlecht, der Kopf des Gottes das seinige. Der Kopf und die Spitze des Lingam wurden für die Heilige Hochzeit mit geweihtem Öl gesalbt, was sicher notwendig war, um einen Steinschaft in die Vagina einführen zu können. Dieser Brauch war nicht nur im ganzen Mittleren Osten, sondern auch in der mediterranen Welt verbreitet, in der das geweihte Öl als *chrism* bezeichnet wurde. Der priapische Gott hieß deshalb *Christos*, der »Gesalbte«.

Maya wurde im Mittleren Osten zu Maia, Mari oder Maria, einer anderen »jungfräulichen Braut Gottes«, die als Tempeljungfrau oder *kadesha*, einer Entsprechung der hinduistischen *devadasi*, diente. In der klassischen indoeuropäischen Version »trat der Engel des Herrn bei ihr [Maria] ein« (Lukas 1, 28). Dies war ein biblischer Ausdruck für den Geschlechtsverkehr. Ihr Ehemann Joseph »erkannte sie aber nicht, bis sie einen Sohn gebar« (Matthäus 1, 25).

Schon seit frühester Zeit, als die ersten Früchte der Ernte noch den Gottheiten dargebracht wurden, die sie in den Augen der Gläubigen auch geschaffen hatten, galten göttlich gezeugte Erstgeborene als *sacer* – auserwählt für ein besonderes Schicksal. Erstgeborene Söhne verkörperten den Gott, wuchsen selbst zum Gott heran und wurden schließlich dem Gott geopfert. In Ägypten sollte ein Massenopfer der erstgeborenen Söhne während einer schweren Dürre die Götter besänftigen. Jüdische Schriftgelehrte verfälschten diese Legende und behaupteten im Alten Testament, daß ihr Gott Jahweh für den Tod der ägyptischen Kinder verantwortlich gewesen wäre (Exodus 12, 29).

Das ägyptische Erstgeborenenopfer leitete sich in Wirklichkeit aus einer uralten Tradition ab. Im ägyptischen Totenbuch hieß es: »An dem Tag, an dem die Erstgeborenen in Stücke zerhackt werden ... schüren die Mächtigen des Himmels das Feuer unter dem Kessel, in dem die Schenkel der Erstgeborenen aufgeschichtet liegen.«[4] In späteren Dynastien waren es wahrscheinlich Tieropfer, aber die Hieroglyphe für

»Schenkel« zeigte nicht die Beine eines Tieres, sondern die eines Menschen. In der Bibel wird dieser Akt der »Mächtigen des Himmels« von Jahweh übernommen, der ein Feuer aussendet, damit es die Söhne Abrahams auf dem Altar verzehrt (Levitikus 10, 2).

Wie ein ägyptischer Gott sprach Jahweh zu seinen Priestern: »Erkläre alle Erstgeburt als mir geheiligt! Alles, was bei den Israeliten den Mutterschoß durchbricht, bei Mensch und Vieh, gehört mir« (Exodus 13, 2). Erstgeborene Kinder wurden so lange auf den Altären Jahwehs geopfert, bis die Priester die Auslösung eines Kindes durch die Opferung eines Lammes erlaubten (Exodus 13, 15). Das beim Passahfest geopferte Lamm stellte also einen gleichwertigen Ersatz für den Sohn dar, und der an Stelle von Isaak auf Jahwehs Altar geopferte Widder stand für den Übergang vom Menschen- zum Tieropfer (Genesis 22, 9–13). Die Geschichte von Isaak und dem Widder wurde wahrscheinlich aus dem böotischen Mythos vom erstgeborenen Königssohn Phrixos übernommen. Dieser sollte auf dem Altar geopfert werden, als auf wundersame Weise der Widder des Goldenen Vlieses als Ersatzopfer erschien.[5]

Jahweh war nicht unbedingt menschenfreundlicher als andere Götter dieser Zeit, weil er an Stelle von Menschenopfern auch Tieropfer akzeptierte. Schon lange vor Abrahams Zeit waren bei orientalischen Völkern Tier- statt Menschenopfer üblich.[6] Die Juden scheinen eher länger als die meisten ihrer Zeitgenossen an dem alten Brauch festgehalten zu haben. Sie widersetzten sich Hadrians Verbot des Menschenopfers und fuhren insgeheim fort, ihrem Gott mit Blut zu huldigen, wie es in den Riten des essenischen *Christos* geschah.[7] (Siehe **Jungfräuliche Geburt**.)

Die RömerInnen gaben zwar das Menschenopfer auf, hielten aber die Zeremonie der Erstgeborenen-Empfängnis bei. Die römischen Bräute deflorierten sich üblicherweise auf dem gemeißelten Phallus von Hermes, Tutunus, Priapos oder irgendeinem anderen »gesalbten« Gott. Erst dann schliefen sie mit ihrem Bräutigam, so daß ihre erstgeborenen Kinder von Gott gezeugt waren.[8] Es war überall üblich, die erstgeborenen Kinder als »geboren von Gottes Gnaden« zu bezeichnen.[9]

Die Kirchenväter mißbilligten diesen Brauch, weil er aus der Geburt eines *Christos*, die sie als ein Wunder ansahen, ein alltägliches Ereignis machte. Der heilige Augustinus rügte die römischen Frauen, weil sie die jungen Bräute dazu ermutigten, »hinzugehen, um sich auf die den Priapos darstellende, männliche Monströsität zu setzen«. So wie er berichtete, sahen die Frauen diesen Brauch als »sehr ehrenhaft und fromm« an.[10] Nach Lactantius lag der Zeremonie die Idee zugrunde, der Braut durch die »Vereinigung mit der göttlichen Natur« Fruchtbarkeit zu verleihen.[11]

Lactantius Firmianus (ca. 250–330 n. Chr.) Ein früher Kirchenschriftsteller und Kirchenvater; er war der Erzieher des Krispus, des ältesten Sohnes von Konstantin dem Großen.

Der Brauch scheint auch noch fortgelebt zu haben, nachdem die »göttliche Natur« dieser priapischen Götter zur teuflischen Natur erklärt worden war. Darauf weisen Beschreibungen mittelalterlicher Hexen über ihren Verkehr mit dem Teufel hin. Sie behaupteten, sein Penis sei hart und kalt gewesen und sein Körper habe sich »so kalt wie der eines Wesens aus Stein angefühlt«.[12] Solch ein »Teufel« könnte ebensogut ein Wesen aus Stein, d. h. eine Statue von Priapos oder einem anderen phallischen Gott, gewesen sein, mit der nach klassischem Vorbild auch der Antichrist als Erstgeborener einer jungfräulichen Mutter gezeugt werden sollte.

1. *Larousse*, 332. 2. Rawson, E. A., 29. 3. Legman, 661. 4. Budge, B. D., 94. 5. Graves, G. M., 70.2. 6. Robertson, 36. 7. Cumont, O. R. R. P., 119. 8. Simons, 77. 9. Briffault 3, 231. 10. Goldberg, 51. 11. Knight, D. W. P., 103. 12. H. Smith, 273.

Erua

Ein babylonischer Name der Himmelskönigin; sie wählte die Könige aus und vermählte sich mit ihnen. Außerdem galt sie als Göttin der Schwangerschaften und Geburten aller Geschöpfe ihres Reiches.[1] Ihr Name wurde auch alternativ für die Göttin Ishtar oder Inanna benutzt.

1. *Assyr. & Bab.* Lit., 114.

Esel

Dem Eselsgott **Pales** galt ein ausgedehnter Kult in der gesamten antiken Welt. Palästina, Philistia und der Palatinische Hügel in Rom waren nach der Gottheit benannt, die sowohl männlich als auch weiblich war.[1]

Im Englischen heißt »Esel« *ass*, und das altnordische Wort *ass* bedeutete gleichzeitig »Asiat« und »Gottheit«, was eventuell darauf verwies, daß der göttliche Esel aus Asien stammte.[2] Der prävedische Sakralkönig Ravana stellte zehn gekrönte Menschenköpfe zur Schau, über denen ein Eselskopf angebracht war. Das sollte den Geist des Eselsgottes symbolisieren, der sich in zehn Königen inkarniert hatte.[3] Die langen Ohren des Esels scheinen im alten Indien dieselbe Bedeutung von Fruchtbarkeit gehabt zu haben wie die Hörner des Stiers oder das Geweih eines Hirschs.[4]

Nach Tacitus verehrten die Juden den Esel, da die Wildesel für das Überleben in der Wüste notwendig waren.[5] Genesis 36, 24 zufolge war es die Stammesmutter Anah oder Hannah, die als erste Esel in der Wildnis entdeckt hatte. Bileams Orakel-Eselin könnte eine Manifestation des Geistes der Anah gewesen sein, so wie Bileam nur ein anderer Name für **Baal** war. Samson erschlug die Philister mit dem Kieferknochen eines Esels; das ist der Knochen, von dem einige afrikanische Stämme bis heute glauben, er sei der Sitz der Seele.[6] Jesus ritt auf einem Eselsfohlen, dem Symbol des Neujahrs, nach Jerusalem hinein. Die *lilim* oder Kinder der Lilith waren zur Hälfte Esel, denn sie waren Geister, die noch aus der wahren Quelle des jüdischen Eselskulte stammten: aus Ägypten, der Heimat des eselsköpfigen Gottes Seth oder **Set**.

Cornelius Tacitus
Römischer Historiker und Redner, ca. 56–120 n. Chr.

Einst regierte Seth die ägyptischen Götter, und als Zeichen seiner Herrschaft trug sein Rohrzepter an der Spitze ein Paar Eselsohren. Die Hyksoskönige von Ägypten belebten seinen Kult im 2. Jahrtausend v. Chr. erneut, vielleicht, weil ihr eigener, eselohriger König Midas ein ähnlicher Gottkönig war. Der jährliche Wechsel zwischen Seth und seinem Bruder Osiris (oder Horus), die sich in unaufhörlicher Rivalität im Streit um die Gunst der Isis ermordeten, spiegelte den ständigen Austausch der Sakralkönige während der ägyptischen Frühzeit wider.[7]

Midas, der König mit den Eselsohren, ein Sohn der Kybele, starb, nachdem er Stierblut getrunken hatte. Anders formuliert: Er wurde mit dem Taurobolium, dem Stieropfer zu Ehren von Kybele und Isis in Verbindung gebracht. Midas wurde mit Mita (»Saat«) gleichgesetzt, einem König der Moschoi oder »Kalbs-Leute«, die im 2. Jahrtausend v. Chr. von Thrakien aus in das Land der Hethiter eindrangen. Die Sage, daß alles, was Midas berührte, sich in Gold verwandelte, sowie seine Eselsohren, verbinden ihn mit dem Kult des Seth und des Goldenen Kalbes (Horus), dessen Abbild von den Israeliten angebetet wurde (Exodus 32, 2–6).

Unter den Hyksoskönigen Ägyptens war Seth der Gott des heißen Wüstenwindes, bekannt als »Atem des Esels«. Er war der »Herr der Kammern des Südens«, woher der Sturmwind wehte.[8] Sein Wind aus der Wüste brachte angeblich Krankheiten, zum Beispiel Typhus, was vom griechischen Namen Seths abgeleitet wurde: Typhon. Dieser Name war in vielen Sprachen gebräuchlich und meinte sowohl den Eselsgott als auch den Wind, der auf Arabisch und Hindustani *tufan* heißt, *t'ai fung* auf Chinesisch und *tuffoon* oder Taifun im Südpazifik.[9]

Der eselköpfige Seth war eine Opfergottheit im Kult von Horus und Osiris. Er wurde an einem gegabelten Holzstamm gekreuzigt und an seiner Seite verwundet.[10] Er und Horus wurden als alternierende Jahresgötter gedacht, die sich bekämpften und einander kastrierten, wobei jeder mit dem Blut des »phallischen Auges« des anderen getauft wurde. Die Pyramidentexte sagen dazu: »Horus wird mit dem Auge seines Bruders Seths gereinigt, Seth wird mit dem Auge seines Bruders Horus gereinigt.«[11] Das Auge oder der Phallus ging von dem einen auf den anderen über. Eine Statue des Horus bei Koptos trägt den abgetrennten Phallus Seths in ihrer Hand.[12] Nachdem er Seth kastriert hatte, versprengte Horus sein Blut auf den Feldern, um sie fruchtbar zu machen – die übliche Befruchtung durch männliches Blut, die sich in den ältesten Opfermysterien findet.[13]

Pyramidentexte Sammlung von Gebeten, Hymnen und Zaubersprüchen, die auf den Innenwänden der Pyramiden von Saqqara (Sakkara) niedergeschrieben sind. Sie stammen aus der Zeit der 5. bis 7. Dynastie.

Demnach waren Seth und Horus Relikte eines primitiven Sakralkönig-Kultes, den die Juden übernahmen. Die Erzählung von den rivalisierenden Göttern erscheint in der Bibel: Set(h) ersetzt den geopferten Schafhirten Abel, offensichtlich derselbe »gute Hirte« wie Osiris-Horus (Genesis 4, 25). Ihre Rivalität wurde in Ägypten dadurch beendet, daß der Pharao beide Götter in sich vereinigte. Grabmalereien von Ramses IV. zeigen ihn als Seth und als Horus mit zwei Köpfen, die auf einem Hals sitzen.[14]

In ähnlicher Weise war der jüdische Gott, der Vater und Sohn in sich vereinte, manchmal ein eselsköpfiger Mann, der an einem Baum gekreuzigt wurde. Dies war eine der ältesten Darstellungen der Kreuzigung des Messias. Manche behaupteten, Christus sei mit dem jüdischen Eselsgott Iao identisch, der mit Seth gleichgesetzt wurde.[15] Von den Juden in Rom hieß es, sie verehrten einen Eselskopf als ihre Gottheit.[16]

Der römische Eselskult stammte offensichtlich aus Libyen, der Heimat des androgynen **Pales**, dessen Tempel auf dem Palatin stand, wovon sich das Wort »Palast« ableitet.[17] Nach Servius war Pales eine Göttin, die Diva Palatua, eine Form der Vesta, der die **Vestalinnen** dienten. Anderen zufolge war Pales entweder eine Beschützerin der Haustiere oder Vestas männlicher Gefährte. In den ersten beiden Jahrhunderten n. Chr. wurde Pales als lüsterner Gott bei dem Fest der Palilia am traditionellen Gründungsfeiertag Roms verehrt, wenn das **Palladium** in den Vestatempel gebracht wurde.[18] Die Priester des Pales trugen Eselsmasken, wenn sie zu Ehren ihrer langohrigen Gottheit tanzten. Die Palilia wurden als Festtag des heiligen Georg in den christlichen Kalender übernommen. Einer der alten Bräuche dieses Tages mag zu einem Spiel Anlaß gegeben haben, das in angelsächsischen Ländern vor allem an **Halloween** veranstaltet wird: Einem gezeichneten Esel muß mit verbundenen Augen ein Schwanz angeheftet werden. Das erinnert an die römischen Opfer von Pferde- und Eselsschwänzen, die im Triumphzug zum Tempel der Vesta gebracht wurden.[19]

1. *Larousse*, 209. 2. Turville-Petre, 23. 3. Norman, 123. 4. Rawson, E. A., 25. 5. Tacitus, 658. 6. Budge, B. D., 270f. 7. Graves, G. M., 83.2. 8. Ders., W. G. 301. 9. *Encyc. Brit.*, »Typhoon«. 10. Campbell, M. I., 29. 11. Norman, 42. 12. Knight, S. L., 124. 13. Budge, G. E. 2, 59. 14. Norman, 38, 48. 15. M. Smith, 62. 16. Guignebert, 53. 17. Briffault 3, 18. 18. *Larousse*, 209. 19. Dumézil, 221.

Essener

Eine jüdische Asketengemeinschaft, die auf persische sonnenanbetende Einsiedler zurückging, deren Lehren sich wiederum von dschainistischen Yogis ableiteten. Letztere glaubten, durch eine rigorose Selbstverleugnung und ein Leben in völliger Abgeschiedenheit Wunder vollbringen zu können. Jesus, Johannes der Täufer und Simon der Magier sollen in essenischen Gemeinschaften erzogen worden sein. Die meisten der ersten Christen waren Essener. Epiphanius schrieb: »Jene, die an Christus glaubten, hießen Essener, bevor sie Christen genannt wurden.«[1]

Epiphanius Heiliggesprochener Kirchenvater des 4. Jahrhunderts. Er war ein Freund des heiligen Hieronymus und der Verfasser vieler Traktate und Polemiken gegen das Heidentum.

An der Spitze der essenischen Hierarchie stand ein Oberpriester, der *Christos* (der Gesalbte), »das Oberhaupt der gesamten Gemeinde von Israel«, genannt wurde. Außerdem gab es einfache Priester, »die Söhne des Aaron«, und einen weiteren Würdenträger, der als der Messias von Israel bekannt war und auch als Lehrer der Gerechtigkeit bezeichnet wurde.[2] Er erduldete physische Mißhandlungen als Buße für die Sünden der ganzen Gemeinschaft: »»... seine Geißel mit Urteilen der Bosheit, und Schrecken schmerzhafter Krankheiten taten sie ihm an, und Rache an seinem fleischlichen Leib.««[3]

Flavius Josephus, ein jüdischer Geschichtsschreiber aus dem 1. Jahrhundert n. Chr., sagte über die Essener, sie würden »Vergnügungen als Sünde zurückweisen, dagegen Enthaltsamkeit und die Unterwerfung menschlicher Leidenschaften hochschätzen, um tugendhaft zu sein. Der Ehestand hat keine große Bedeutung für sie. Sie suchen sich diejenigen Kinder anderer Leute aus, die fügsam und lernfähig sind. Diese achten sie so, als ob es ihre eigenen wären und erziehen sie in ihrem Sinne.« Es wird uns nicht mitgeteilt, ob diese »Kinder anderer Leute« von ihren Eltern aufgegeben, verkauft, zur Erziehung abgegeben oder von den Essenern geraubt wurden. Die strengen Einsiedler unterwarfen sich auch wegen geringfügigster Gesetzesübertretungen grausamen Strafen, von denen das Hungern bis kurz vor dem Tod die häufigste war. Einige ertrugen zwei- und mehrjährige Strafen, weil sie die Grundsätze der Gemeinschaft mißachtet hatten.[4]

Die Lehren der Essener waren denen des frühen Christentums verblüffend ähnlich. Sie nahmen bereits die später von Augustinus vertretene Lehre vorweg, nach der die unsterblichen Seelen der himmlischen Sphäre angehören, aber von der »natürlichen Verlockung« des Geschlechtstriebes zur Erde herabgezogen werden und im verderblichen, bestechlichen Fleisch gefangen sind.[5] Sie glaubten, die Reinheit der Seele könne durch Askese, z. B. durch die Kasteiung des Fleisches, durch Fasten, durch völligen Verzicht auf alle sinnlichen Freuden und durch einsame Meditation in der Einöde wiedergewonnen werden. Das freiwillige Exil von Johannes und Jesus entsprach diesen Maximen.

Die Essener nannten sich selbst *therapeutae*, »Heiler«, denn sie waren davon überzeugt, daß ihre strenge und enthaltsame Lebensweise ihnen die Kraft gäbe, Krankheitsdämonen zu vertreiben, ja sogar Tote zum Leben zu erwecken. Jesu Erweckung des Lazarus war ein typisches Essener-Wunder.[6] Der größte Teil ihrer exorzistischen Ausbildung bestand aus dem Auswendiglernen von Listen mit den Namen böser Geister und den Heiligennamen, mit denen sie ausgetrieben werden konnten. So wie Jesus es in der wundersamen Geschichte von der Sauherde in Gerasa getan hatte, erfragten die Essener immer zuerst den Namen der Dämonen. (Siehe **Name**.) Sie mußten schwören, die magischen Namen für exorzistische Beschwörungen streng geheimzuhalten.[7]

Die Essener predigten, daß beim Eintritt in ihre Gemeinde alles weltliche Gut aufgegeben werden müßte. Praktisch hieß das, daß neue Mitglieder den Höherstehenden ihren gesamten Besitz überließen. Über diejenigen, die falsche Angaben über ihren Besitz machten, um einen Teil davon für sich oder für ihre Familie zurückzubehalten, wurden gräßliche Strafen verhängt.[8] Im Neuen Testament erzählt eine Essener-Geschichte von Hananias und seiner Frau Saphira. Weil sie von dem Erlös eines Ackerverkaufs nur einen Teil an die Gemeinde abgaben, wurden sie vom Apostel Petrus getötet. Petrus und seine Gefährten wurden wegen Mordes eingesperrt, konnten aber später entkommen (Apostel 5, 2–10/18).

Trotz ihres Armutsgelübdes waren die Essener auf seltsame Weise vom Gedanken an den Reichtum und die Macht besessen, die ihnen nach *Armageddon*, dem »Krieg der Söhne des Lichts gegen die Söhne der Finsternis«, zukommen würden.[9] Natürlich waren die Essener die Söhne des Lichts. Alle anderen Menschen, die nicht ihrer Gemeinschaft angehörten, waren die Söhne der Finsternis und wurden von ihnen auch »Männer der Hölle« genannt.[10] Die Essener glaubten fest an das Bevorstehen der Letzten Tage, an denen sie berufen sein würden, die Streitmächte des Bösen zu bekämpfen und als Belohnung die Weltherrschaft zu erlangen. Davon geben ihre Schriften ein sonderbar materialistisches Bild:

> *Erhebe dich, oh Held! Führe deine Gefangenen weg, oh ruhmreicher Mann! Und mach deine Beute, oh Tapferer! Leg deine Hand an den Nacken deiner Feinde, und setze deinen Fuß auf die Haufen der Getöteten! Schlag die Völker, deine Feinde, und dein Schwert verzehre das schuldhafte Fleisch! Erfüll dein*

Land mit Herrlichkeit und dein Erbe mit Segen! Überfluß an Vieh in deinen Weiden, Silber und Gold und Edelsteine in deinen Palästen! ... Öffne beständig deine Tore, um die Reichtümer der Völker zu dir hereinzulassen! Und ihre Könige sollen dir dienen, und alle deine Bedrücker sollen sich vor dir niederwerfen und den Staub deiner Füße lecken![11]

Von 110 v.Chr. bis zum Fall Jerusalems im Jahre 70 n.Chr. war eine große Kolonie der Essener in der Gemeinde von Qumran angesiedelt, allerdings mit einer bedeutsamen Unterbrechung während der Regierungszeit von Herodes dem Großen (31–4 v.Chr.). Im Jahr 31 v.Chr. mußte der Ort verlassen werden, weil ein schweres Erdbeben die Wasserzisterne und die übrigen Gebäude zerstört hatte.[12]

Die Überlebenden begriffen das Erdbeben offenbar als Anzeichen der bevorstehenden Letzten Tage und zogen aus, um in der Welt ihre Botschaft zu predigen. Laut Josephus gab es vor 70 n.Chr. viele Messias- und Christusgestalten, die das Ende der Welt verkündeten.[13] Einige waren gewillt, als Märtyrer zu sterben, weil sie glaubten, daß ihnen damit im Jenseits besondere Privilegien zustünden. Johannes der Täufer könnte solch ein Märtyrer gewesen sein. Er kam aus der Einöde, um Herodes und seinen Hof zur Reue aufzurufen, und blieb dort, um als Heiliger König zu dienen. (Siehe **Salome**.)

Frühe mandäische Christen hielten nicht Jesus, sondern Johannes den Täufer für den wahren Propheten. Sie bezeichneten sich als die Christen des Heiligen Johannes oder auch als Nasoraje oder »Nazaräer«.[14] Eine der von Qumran verbannten Eremitenkolonien siedelte sich im Gebiet von Nazareth an und widmete sich dem Zimmermannshandwerk; nach der Handwerkerschaft der Nazoräer, abgeleitet von *najjar*, »Zimmerer«, war die Stadt möglicherweise benannt. Aus christlichen Zeugnissen der ersten nachchristlichen Jahrhunderte geht hervor, daß in dieser Zeit »alle Christen Nazoräer genannt wurden«.[15] Auch Jesus wurde als Nazoräer bezeichnet. Das älteste Evangelium sprach von ihm als »Jesus, der Zimmermann« (Markus 6, 3).

Seltsamerweise ist aus einer östlichen Metapher vom Zimmermann im Neuen Testament eine Maurer-Metapher geworden. Die den Essenern ähnelnden buddhistischen Eremiten beschrieben sich als Baumstämme, die von den Zimmerleuten zurückgewiesen worden waren.[16] Die gleichen Worte – nur leicht abgeändert – wurden Jesus in den Mund gelegt: Er nannte sich einen Stein, den die Bauleute verworfen haben (Matthäus 21, 42).

1. Doane, 426. 2. Pfeifer, 133. 3. Augstein, 108 (dt. 132). 4. Pfeifer, 59, 138. 5. Ebd., 99; *Encyc. Brit.*, »Augustine«. 6. Mumford, 146. 7. Legge 1, 158. 8. Pfeifer, 59. 9. Black, 3. 10. Pfeifer, 51. 11. Ebd., 82 (dt. Dupont-Sommer, 205f.). 12. Pfeifer, 24; Campbell, Oc. M., 285. 13. Brandon, 248. 14. Reinach, 77. 15. Black, 72. 16. Campbell, Or. M., 279.

Ester

»Stern«, die hebräische Variante der Ishtar oder Astarte. Das biblische Buch Ester enthält eine säkularisierte elamische Mythe von Ishtar (Ester) und ihrem Gemahl Marduk (Mordechai), die den Gott Hamman oder Aman (Haman) opferten. Der Name Jahweh wird niemals erwähnt, weil die Juden Elams nicht Jahweh sondern Marduk kultisch verehrten. (Siehe **Purim**.)

Wahrscheinlich erhielt jede Priesterin, die auserwählt war, bei der Heiligen Hochzeit des Königs die Rolle der Göttin zu übernehmen, den Namen Ester. Selbst in der Bibel wird erwähnt, daß Ester-Ishtar nicht der echte Name der elamisch-jüdischen Königin war. Ihr richtiger Name lautete Hadassa (Ester 2, 7).

Etan

Ein biblischer Weiser, der als fast so weise wie Salomo galt (1. Könige 5, 11). Ursprünglich war er keine biblische Gestalt, sondern der sumerische Gott-König Etana, der in Kanaan Eytan genannt wurde. Er stieg – wie Ganymed – auf dem Rücken eines Adlers in den Himmel empor, um zur Göttin zu gelangen und von ihr das Geheimnis des ewigen Lebens zu erfahren. Dann kam er wieder auf die Erde herab, weil ihn – wie einige glaubten – der eifersüchtige Sonnengott wegen seiner Hybris heruntergeworfen hatte.[1] Offensichtlich kehrte er auf die Erde zurück, um im nächsten König reinkarniert zu werden. (Siehe **Königtum**.)

1. Albright, 250.

Eugenia, Heilige

»Heilende« oder »Gesundheit«, eine Variante der Großen Göttin, die in eine fiktive »jungfräuliche Märtyrerin« umgewandelt wurde. Ihre Legende behauptete, sie sei eine der Frauen gewesen, die »sich in einen Mann verwandelte«, um in eine christliche Ordensgemeinschaft eintreten zu können, denn einige Gemeinschaften nahmen Frauen nur unter dieser Voraussetzung auf.[1] So wurde aus der heiligen Eugenia ein Mönch, der sich Bruder Eugenius nannte. Von ihr wurde die gleiche Geschichte wie die von allen anderen Mönchen erzählt: Man klagte sie fälschlicherweise der Unzucht an und verurteilte die Unschuldige zu einem Leben in Buße, das sie geduldig ertrug. Die Wunderheilungen, die ihren Schreinen zugeschrieben wurden, waren jedoch älter als die christliche Legende. Das beweist, daß sie ursprünglich eine Variante der Großen Göttin war, deren Eugenia-Quellen im 1. Jahrhundert berühmter waren als Lourdes und Compostela im 20. Jahrhundert.[2]

1. Malvern, 33. 2. Jacobus d.V., 537 (dt. II, 147f.).

Eule

Die Römer nannten die Eule *strix* (pl. *striges*); dasselbe Wort bedeutete auch »Hexe«.[1] Die Eule war bei den Griechen der Athene geweiht, in ihrer Gestalt als alte mesopotamische »Augengöttin«, deren starrende eulenäugige Abbilder im ganzen Mittleren Osten, besonders im Umkreis der Mutter-Stadt Mari, gefunden wurden.[2] Die Eule war auch das Totemtier von Lilith, Blodeuwedd, Anath und anderen Versionen der dreifachen Göttin des Mondes. (Siehe **Dreiheit**.)

Nach der christlichen Legende war die Eule eine der »drei ungehorsamen Schwestern«. Sie trotzte Gott und wurde in einen Vogel verwandelt, der niemals die Sonne sah.[3] In dieser Geschichte läßt sich leicht die Gestalt der Großen Göttin erkennen und die Feindseligkeit der Kirche ihr gegenüber. Einer der mittelalterlichen Namen für die Eule war »Nachthexe«; es hieß, sie sei eine Hexe in Vogelgestalt.[4] In den ***Halloween***-Symbolen und in Märchen wird die Eule noch immer mit Hexen in Verbindung gebracht.

Die Eule ist auch ein Vogel der Weisheit, denn sie verkörperte die Weisheit der Großen Göttin. Die Orakelmacht des Vogels sollte durch bestimmte Zaubersprüche des Mittelalters offenbar gegen seine vormalige Herrin, die Frau, gekehrt werden. Es hieß, daß eine Frau im Schlaf reden und all ihre Geheimnisse preisgeben würde, wenn es gelang, eine Eule zu töten, ihr das Herz herauszunehmen und es auf die linke Brust einer schlafenden Frau zu legen.[5] Daher könnte der englische Ausdruck *heart-to-heart-talk*, »ein Gespräch von Herz zu Herz«, kommen, mit dem die heimliche Unterhaltung einer Frau mit ihrer Vertrauten gemeint war.

1. Trigg, 96. 2. Neumann, G. M., Tafel 87. 3. Lys, 37. 4. Cavendish, P. E., 100. 5. Agrippa, 76.

Eumeniden

»Die Guten«, ein euphemistischer Name für die **Furien**, mit dem ihr Zorn besänftigt und verhindert werden sollte, daß die Anrufung ihrer echten Namen ihre Aufmerksamkeit erregte.

Eunomia

»Ordnung«, die erste der drei Horen der Aphrodite. Eunomia war außerdem einer der Namen für die Dreifache Göttin als Jungfrau und Schöpferin, die am Anfang aus dem Chaos die Ordnung schuf. (Siehe **Schöpfung; Diakosmos**.)

Euphemia, Heilige

»Wohlklang«, eine fiktive christliche Heilige. Ihr Name ging auf die Große Göttin in ihrer Eigenschaft als die Muse der lieblichen Rede zurück. Die Legende der heiligen Euphemia zeigt, daß sie kein menschliches Wesen, sondern eine Statue war. Diese stand an einem hoch gelegenen Ort und konnte deshalb nur mit Leitern erreicht werden. Diejenigen, die hinaufkletterten, um sie herunterzuholen, gaben verängstigt auf, denn der erste, der sie berührte, wurde gelähmt.[1] Er mußte halbtot fortgetragen werden. Sie war also ein heiliges Standbild, das durch ein so strenges Tabu geschützt war, daß selbst die frühen Christen es nicht zu entweihen wagten.

1. Jacobus d.V., 552 (dt. II, 177 f.).

Europa

»Vollmond«, die Große Göttin als Mutter des gesamten europäischen Kontinents. Sie war wie Hathor, Hera, Io und Kali in der weißen Mond-

Pausanias
Griechischer Geograph und Verfasser von Reiseberichten, der im 2. Jahrhundert n. Chr. lebte. In einer Zeit des kulturellen Zerfalls erfüllte ihn der Wunsch, die alten heiligen Kultstätten für die Nachwelt zu beschreiben.

kuh verkörpert. So wie Kali auf dem in Gestalt des weißen Stieres Nandi erscheinenden Shiva »ritt«, ritt Europa auf dem als weißer Stier erscheinenden Zeus.[1] Der hellenischen Sage nach wurde sie von Zeus entführt und vergewaltigt. Diese Sage wurde aber »von prähellenischen Bildwerken abgeleitet, die die Mondgöttin triumphierend auf dem Sonnenstier, ihrem Opfer, reitend darstellten«.[2] Schon seit sehr füher Zeit wurden in Kreta und Mykene der Mondkuh-Göttin weiße Stiere geopfert. Pausanias zufolge war Europa ein Beiname der alten mykenischen Göttin Demeter.[3]

1. Campbell, Or. M., 63. 2. Graves, G. M., 58.3. 3. Guthrie, 225.

Eurydike

»Universelle Dike«, die Mutter des Schicksals. Eurydike war ein orphischer Name der Unterweltgöttin, die die Seele des Orpheus empfing. Hellenische Mythenschreiber verwandelten sie in Orpheus' Gemahlin, die durch einen Schlangenbiß in das Land der Toten einging, wohin Orpheus ihr folgte. Dies war allerdings ein erfundener Mythos sehr späten Ursprungs. Bilder zu der zweifelhaften Geschichte von Eurydikes Tod zeigten offenbar die Ankunft des Orpheus in der Unterwelt, wo ihn Hekate mit ihren Schlangen empfängt. Eurydikes »Schlange im Gras« war das heilige Tier der Göttin der Unterwelt und begleitete sie ständig.[1]

Mittelalterliche Dichter kannten die gleiche klassische Göttin als eine Königin von England, »Heurodis«, deren Gemahl ein gottgezeugter König von Winchester, »Sir Orfeo«, gewesen sein sollte.[2]

1. Graves, G. M., 28.4. 2. Loomis, 315–319.

Eurynome

»Die Universelle«, die Schöpferin, die einsam auf dem Urmeer des Chaos tanzte, bis sie die Elemente in eine »Ordnung« (*themis*, ein anderer ihrer Namen) brachte. Wie Isis und Eva erschuf sie die Große Schlange, einen entkörperten Phallus, als ihren ersten Gemahl. Sie erlaubte ihm, ihren Schoß zu befruchten, aber danach behauptete er, der Schöpfer der Welt zu sein. Aus Wut über diese Anmaßung trat sie ihm mit der Ferse auf den Kopf und warf ihn in die Unterwelt.[1]

Christliche Gnostiker erzählten eine ähnliche Geschichte über die Mutter der Schöpfung, die sie Sophia nannten. Ihr erster Gemahl hieß Jehovah, der ihr nur deswegen beim Schöpfungswerk helfen konnte, weil sie »ihn mit Energie erfüllte« und ihm ihre eigenen Ideen eingab. Auch er wurde überheblich und mußte, weil er seine Mutter vergaß, bestraft werden.[2] (Siehe **Eva**.)

So wie es mit vielen Varianten der Großen Göttin geschah, wurde auch Eurynome von den späteren christlichen Schreibern sowohl dämonisiert als auch maskulinisiert. Sie versetzten sie in die Hölle und verwandelten sie in den männlichen »Dämonen Eurynome«, der manchmal auch als Fürst des Todes bezeichnet wurde.[3]

1. Graves, G. M., 1.a–c. 2. Pagels, 57f. (dt. 103). 3. Givry, 132, 141.

Eva

Der biblische Name Eva, »Mutter alles Lebendigen«, leitete sich aus einer Übersetzung von *Jaganmata*, einem Beinamen der Kali Ma, ab. In Indien war sie auch als Jiva oder Ieva, die Schöpferin aller wahrnehmbaren Formen, bekannt.[1] Assyrische Schriften bezeichneten sie als den Mutterschoß, als die Schöpferin des Schicksals, die aus Lehm männliche und weibliche Menschen erschuf und »sie zu Paaren vervollkommnete«.[4] Der erste der beiden biblischen Schöpfungsmythen gibt die assyrische Version wieder, ändert jedoch bezeichnenderweise die »Sie« in einen »Er« um (Genesis 1, 27).

Einer ihrer tantrischen Namen lautete Adita Eva: »der erste Anfang.«[2] In Nordbabylonien war Eva als »die göttliche Herrin von Eden« oder »Göttin des Lebensbaumes« bekannt.[3] Die AssyrerInnen benannten ihre Hauptstadt nach ihr: Nin-Eveh, »Heilige Herrin Eva«.

Ursprünglich hatte Eva keinen anderen Gefährten als die **Schlange**, einen lebenden Phallus, den sie zu ihrem sexuellen Vergnügen erschuf.[5] Einige alte Völker sahen die Göttin und ihre Schlange als ihre Ureltern an.[6] Religiöse Bilder zeigen Szenen, auf denen die Göttin einem Mann Leben schenkt, während ihre Schlange sich hinter ihr um einen Apfelbaum windet.[7] Bewußte Fehldeutungen dieser Bilder lieferten die Ideen für überarbeitete Schöpfungsmythen, wie z.B. den der Genesis. Jüdische Überlieferungen aus dem 1. Jahrhundert v. Chr. setzten Jehovah jedoch mit der Schlangengottheit gleich, die die Große Mutter in ihrem Garten begleitete.[8] Sie hieß mal Eva, mal Nahema, Naama oder Namrael und schenkte Eva und Adam ohne Hilfe irgendeines Mannes, auch nicht der Schlange, das Leben.[9]

Wie gnostische Schriften überlieferten, war Eva gezwungen, Jehovah zu bestrafen, weil er anmaßend vorgab, der alleinige Schöpfer zu sein. Er vergaß, daß vor allem anderen die Mutter des All-Lebendigen existierte, die auch ihn geschaffen und ihm einen Teil ihrer schöpferischen Kraft eingegeben hatte. »Weil er seiner Mutter gegenüber töricht und unverständig war, sagte er: ›Ich bin Gott, es gibt keinen neben mir.‹« Gnostische Texte schildern häufig, wie der Schöpfer von einer viel älteren und stärkeren weiblichen Macht wegen seiner Überheblichkeit gerügt und bestraft wird.[10]

Das Geheimnis der in Gottes Namen – dem **Tetragrammaton** – verborgenen Kraft bestand darin, daß die vier heiligen Buchstaben nicht Gott, sondern Eva anriefen. Die Buchstabenkombination JHWH, *yod-he-vau-he*, leitete sich von der hebräischen Wurzel HWH ab, in lateinischen Buchstaben E-V-E, die sowohl »Leben« wie »Frau« bedeutet.[16] Mit dem angefügten J (yod) entstand das Wort, durch das die Göttin ihren eigenen Namen als das Schöpfungswort anrief – eine in Ägypten und anderen Ländern des Altertums verbreitete Vorstellung.[17]

Gnostischen Schriften gemäß wurde Adam nicht durch Gottes, sondern durch Evas Wort geschaffen. Sie sagte: »›Adam, lebe! Erhebe dich über die Erde!‹ Sofort wurde aus ihrem Wort eine Tat. Denn als Adam sich erhob, öffneten sich sofort seine Augen. Als er sie sah, sagte er: ›Du wirst 'Mutter der Lebendigen' genannt werden, denn du hast mir das Leben gegeben.‹«[18]

Der Name Adams bedeutete, daß er aus blutfeuchtem Lehm gebildet wurde, nämlich durch den weiblichen Zauber des *adamah*, »blutiger Lehm«.[19] Die Mutter alles Lebendigen ging nicht aus seiner Rippe hervor. Frühen mesopotamischen Mythen zufolge wurde er aus ihrer Rippe

Im Mittleren Osten war Eva einer der gängigen Namen für die höhere, weibliche Macht. Bei den HethiterInnen hieß sie Hawwah, »Leben«.[11] Die PerserInnen nannten sie Hvov, »die Erde«;[12] und die

AramäerInnen kannten sie als Hawah, die »Mutter alles Lebenden«.[13] In Anatolien hieß sie Hebat oder Hepat, abgeleitet von der griechischen Hebe, »jungfräuliche Mutter Erde«. Ihre Verwandschaft mit der Großen Göttin Hera entsprach der von Kore-Persephone mit Demeter. Außerdem könnte Hebe die namengebende Stammutter der »HebräerInnen« gewesen sein. Eine der semitischen Wurzeln ihres Namens war havy, eine Bezeichnung für die direkte Nachkommenschaft der Mutter, die einst als das »Leben« jedes Stammes angesehen wurde.[14] Die heutigen arabischen Namen für Eva, die Schlange und »das Leben« sind von derselben Wurzel abgeleitet.[15]

geschaffen. (Siehe **Gebären durch einen Mann**.) Sein babylonischer Vorgänger Adapa (oder Adamu) wurde nicht von der Göttin, sondern von einem feindseligen Gott seines ewigen Lebens beraubt.

Der biblische Schöpfungsmythos kehrte ältere Mythen um, nach denen die Göttin den ersten männlichen Stammvater gebar und ihn dann zu ihrem Gefährten wählte – eine in jeder Mythologie zu findende, archetypische, göttlich-inzestuöse Beziehung. Die Umwandlung dieses Mythos stammte ursprünglich nicht einmal von den Schriftgelehrten der Bibel. Sie geht auf arische Patriarchen zurück, die den ersten männlichen Stammvater **Brahma** nannten. Sie behaupteten, ihr Gott habe die Mutter alles Lebendigen aus seinem eigenen Körper hervorgebracht und sich dann mit ihr vereinigt, so daß sie den Rest des Universums gebären konnte.[20] Die hebräische Version erzählt von einem Gott ohne Schoß, der seine Nachkommen mit den Händen schuf und dann das eigentliche Gebären Adam überließ. In der von den patriarchalischen Schriftgelehrten bearbeiteten Bibelversion wird keine göttliche Geburt erwähnt, weil die Schreiber offenbar entschlossen waren, die Vorstellungen von »Gottheit« und »Mutter« so streng wie möglich voneinander zu trennen.

Gnostische Schriften kehrten jedoch zu der älteren Tradition zurück. Nach ihnen erschuf Eva Adam nicht nur und verschaffte ihm den Zugang zum Himmel, sie war darüber hinaus die in ihm wohnende Seele, ähnlich wie Shakti die Seele jedes hinduistischen Gottes und Yogis war. Adam konnte nicht ohne die »Kraft der Mutter« leben, also stieg sie als »der gute Geist, der Gedanke des Lichts, von Adam ›Leben‹ (Hawwa) genannt«, zur Erde hinab. Sie drang in Adam als die ihn inspirierende Kraft ein: »Sie ist es, die an dem Geschöpf (= Adam) wirkt, sich mit ihm abmüht, ihn in seinen vollkommenen Tempel stellt, ihn über den Ursprung seines Makels aufklärt und ihm den Weg nach oben zeigt.« Erst durch sie schaffte es Adam, sich über seine eigene Beschränktheit, die der männliche Gott ihm auferlegte, zu erheben.[21]

Aus dieser gnostischen Wurzel ging der Midraschglaube hervor, nach dem Adam und Eva ursprünglich, ähnlich wie Shiva und Shakti, in einem androgynen Wesen vereint waren. Sie wohnte in ihm und er in ihr. Zwei Seelen waren in einem Körper vereint, den Gott später auseinanderriß. Dadurch raubte er ihnen ihre Seligkeit der Einheit. Anhänger der Kabbala griffen diese Vorstellung auf, ihnen zufolge konnte das Paradies von Eden nur durch die Wiedervereinigung der beiden Geschlechter zurückgewonnen werden. Selbst Gott müsse mit seinem weiblichen Gegenstück, der **Schechina** genannten himmlischen Eva, wiedervereint werden.[22]

Eine andere gnostische Version des Schöpfungsmythos zeigte Gott als wahren Schurken, der Adam und Eva verfluchte und aus dem Paradies verbannte, weil er sie um ihr Glück beneidete. Er begehrte die Jungfrau Eva, vergewaltigte sie und zeugte ihre Söhne Jahweh und Elohim, die auch Kain und Abel genannt wurden. Dies war einer von mehreren Mythen, in denen Eva nicht nur als Mutter Adams sondern auch als Mutter Jehovas und aller Elemente erschien. Der Mythos berichtete weiter, daß der erste Nachkomme Evas die männlichen Elemente Feuer und Luft beherrschte, während der zweite über die weiblichen Elemente Erde und Wasser herrschte.[23]

Wie ihr Urbild, die Kali Jaganmata, gebar Eva sowohl den Tod als auch das Leben, d. h. sie gebar alles Leben, das mit seiner Geburt bereits dem Tod verschrieben war, und das einfach deshalb, weil es lebte. Patriarchalisch geprägte Glaubensvorstellungen gaben der Mutter die Schuld daran, daß jedes Leben dem Tod geweiht ist; denn sie war es, die nur endliches Leben schenkte. Anstatt Gott für die Vertreibung Adams aus dem Paradies, wo er ewig hätte leben können, verantwortlich zu machen, beschuldigten die Patriarchen Eva. Das apokryphe Buch Jesus Sirach schrieb, alles Böse habe mit der Frau (Eva) begonnen: »Ihretwegen sterben wir alle.«[24] Den Kirchenvätern zufolge wurde Eva von der Schlange geschwängert und gebar den Tod. Weil alle Frauen die Nachkommen Evas sind, hat sich, so behauptete der heilige Johannes Chrysostomos, »mit ihr das ganze weibliche Geschlecht versündigt«.[25]

Johannes Chrysostomos »Goldmund«, ein berühmter christlicher Redner des 4. Jahrhunderts. Er war Patriarch von Konstantinopel, bis er den Zorn der Kaiserin Endoxia erregte, die seine Absetzung und Verbannung veranlaßte.

Das Buch Henoch erzählt, daß Gott den Tod schuf, um die Menschheit für Evas Sünde zu bestrafen. Aber viele patriarchalische Denker zögerten, Gott auch nur indirekt verantwortlich zu machen. Nach vorherrschender Meinung gab es den Tod einfach irgendwie, seitdem Eva Gott gegenüber ungehorsam war.[26] Der heilige Paulus gab ausschließlich Eva die Schuld für den Sündenfall und sprach Adam frei: »Und nicht Adam wurde verführt, sondern die Frau ließ sich verführen und übertrat das Gebot.« (1. Timotheus 2,14). Im Jahre 418 n. Chr. verkündete ein Kirchenkonzil, es wäre Häresie, den Tod als natürliche Notwendigkeit und nicht als Folge von Evas Ungehorsam anzusehen.[27]

Hier liegt der wahre Ursprung für die Angst und den Haß der Kirchenväter den Frauen gegenüber. Diese Einstellung steigerte sich zu einer die gesamte westliche Zivilisation durchziehenden Ansicht, die die Frau mit dem Tod gleichsetzte. Ihre entgegenwirkende Verantwortung für die Geburt wurde ihr aberkannt, die Erschaffung des Lebens wurde als Verdienst des Vatergottes hingestellt, dessen Priester behaupteten, er könne den Fluch des Todes bannen. Da jede Frau als Emanation Evas angesehen wurde, sagte Tertullian jeder Frau:

Tertullian (Quintus Septimius Florens Tertullianus), ein bedeutender frühchristlicher Gelehrter und Kirchenvater (ca. 155–220 n. Chr.), der in Karthago als Kind heidnischer Eltern geboren wurde.

> *Und du wolltest nicht wissen, daß du eine Eva bist? Noch lebt in dieser Welt das Strafurteil Gottes über dein Geschlecht fort; also muß auch deine Schuld fortleben. Du bist es, die dem Bösen Eingang verschafft hat … du hast zuerst das göttliche Gesetz außer acht gelassen; du bist es auch, die den betört hat, dem der Teufel nicht zu nahen vermochte. So leicht hast du den Mann, das Ebenbild Gottes, zu Boden geworfen. Wegen deiner Schuld, d. h. um des Todes Willen, mußte auch der Sohn Gottes sterben.*[28]

Theologen des Mittelalters behaupteten, daß Adam vergeben worden sei. Christus stieg in die Hölle hinab und rettete Adam gemeinsam mit anderen biblischen Vätern. Er begleitete Adam in den Himmel und sagte: »Friede sei mit dir und mit allen Gerechten unter deinen Söhnen.«[29] Aber für Eva gab es keine Vergebung. Weder ihr noch ihren Töchtern wurde Frieden gegönnt. Vermutlich wurden sie in der Hölle zurückgelassen. Sowohl christliche Theologen wie persische Patriarchen vertraten die Ansicht, daß der Himmel allen Frauen verschlossen sei, ausgenommen denjenigen, die unterwürfig wären und ihre Ehemänner wie Götter verehrten.[30] Selbst moderne Theologen machen naiverweise die Erbsünde für den Tod der Menschen verantwortlich. So sagte z. B. Rahner: »Des Menschen Tod demonstriert die Tatsache, daß er von Gott abfiel. ... Tod ist sichtbar gemachte Schuld.«[31] Bis heute haben sich die Theologen noch nicht mit der Frage befaßt, welche Schuld für den Tod der anderen Lebewesen verantwortlich ist.

Tatsächlich ist die Existenz der Kirche vom herkömmlichen Eva-Mythos abhängig. »›Man nehme die Schlange, den Apfelbaum und die Frau aus dem Bild, dann haben wir keinen Sündenfall, keinen zürnenden Richter, keine Hölle, keine ewige Verdammnis – und somit auch kein Bedürfnis nach einem Erlöser mehr. Damit wird der ganzen christlichen Theologie der Boden entzogen.‹«[32] Ebenso vernichtend für die christliche Theologie wäre eine erneute Beachtung der apokryphen Schriften, die von der Kirche eigenmächtig aus dem Kanon entfernt wurden. In der *Apokalypse des Adam* z. B. sagte Adam, er sei gemeinsam mit Eva erschaffen worden, aber sie sei ihm überlegen gewesen. Sie war umgeben von »dem Glanz des Aeons, das uns hervorgebracht hatte. Sie lehrte mich ein Wort des Wissens. ... Und wir ähnelten den großen, ewigen Engeln, denn wir standen über dem Gott, der uns geschaffen hatte.«[33]

In einigen dieser einst heiligen Bücher stand Eva sowohl über Adam als auch auch über dem Schöpfer. Nicht Gott, sondern sie war es, die Adam seine Seele schenkte und ihn zum Leben erweckte. Nicht Gott, sondern sie verbannte die bösen Geister aus dem Himmel und machte sie zu Dämonen. Und als die ewig weibliche Kraft war sie es, die eines Tages den von ihr geschaffenen Gott richten, ihn der Ungerechtigkeit überführen und vernichten würde.[34]

Allegorisch gesehen könnte die Umdeutung der Evagestalt eine soziale Wahrheit widergespiegelt haben. Als zerbrechliche Konstrukte des kollektiven Bewußtseins lassen Götter sich leicht vernichten, wenn sie nur ignoriert werden. Frühe gnostische Schriften belegen, daß die meisten Frauen in der Antike geneigt waren, den Gott, der ihr Geschlecht und ihre Nachkommen verflucht hatte, zu ignorieren. Hätte sich nur eine der anderen Versionen des Eva-Mythos behaupten können, würden sich die sexuellen Verhaltensmuster der westlichen Kultur mit größter Wahrscheinlichkeit ganz anders entwickelt haben. Das Christentum schaffte es, die Angst der Männer vor dem Tod auf die Frau zu projizieren und sie nicht, wie die Zerstörerin Kali, zu achten, sondern zu hassen.

Die nicht-kanonischen Schriften waren nicht weniger glaubwürdig als die kanonischen. Das Bild, das sie von Eva als Gottes strenger Mutter und als Verteidigerin der Menschheit vor einem tyrannischen Gott-Dämon entwarfen, hatte in den frühchristlichen Jahrhunderten mehr AnhängerInnen als das uns heute vertraute Bild der Verführerin Eva. Die Mutter alles Lebendigen war die Schöpferin, die Gott bestrafte. Dies ist eines der von den Christen am besten gehüteten Geheimnisse.

1. Woodroffe, 120, 278. 2. Waddell, 126. 3. d'Alviella, 153. 4. Neumann, G. M., 136. 5. Graves, G. M., 1.a; Tennant, 154. 6. J. E. Harrison, 129. 7. d'Alviella, 166f.; Lindsay, O. A., 54. 8. Enslin, C. B., 91. 9. Legge 2, 329.

10. Pagels, 30, 52, 57f. (dt. 103/104). 11. Hooke, M. E. M., 112.
12. Campbell, Oc. M., 210. 13. Pagels, 30 (dt. 72). 14. Tennant, 26. 15. Shah, 387.
16. Reinach, 188; Cavendish, T., 116. 17. Brandon, 126f. 18. Pagels, 30 (dt. 72).
19. Hooke, M. E. M., 110. 20. *Larousse*, 345. 21. Jonas, 82, 204 (dt. 397).
22. Ochs, 121. 23. Jonas, 205 (dt. 397). 24. Malvern, 30. 25. Ashe, 178f.
26. Tennant, 207, 244. 27. H. Smith, 238. 28. Bullough, 114 (dt. Schriften der Kirchenväter Bd. III, 614.). 29. Jacobus d.V., 223. 30. Campbell, Oc. M., 196.
31. Cavendish, P. E., 28. 32. Daly, 69 (dt. 88; Zitat v. Elizabeth Cady Stanton).
33. Robinson, 256f. 34. Ebd., 172–178.

Evolution

Die Theorie von der Entwicklung der Arten, die die Welt Darwin und seinen Nachfolgern verdankt, hatte keine besondere religiöse Bedeutung außer der, daß christliche Autoritäten in ihr einen Widerspruch zu ihrem zentralen Mythos von Eden sahen, so wie die astronomischen Entdeckungen Galileos das geozentrische Weltbild der Bibel widerlegt hatten. Die Evolutionstheorie zeigte, daß der Mensch nicht »gefallen« sein konnte. Da es keine Erbsünde gab, war die Erlösung der Menschen überflüssig.

Im Jahre 1869 sagte der deutsche Theologe Dr. Schund: »Wenn Darwin mit seiner Ansicht von der Entwicklung des Menschen aus einer tierischen Stufe heraus recht hätte, dann wäre die Bibel mit ihrer Lehre vom Menschen völlig zunichtegemacht.« Der amerikanische Zweig der anglikanischen Kirche kommentierte: »Wenn diese Annahme wahr ist, dann ist die Bibel eine unerträgliche Vorspiegelung ... dann wurden die Christen fast 2000 Jahre hindurch mit einer ungeheuerlichen Lüge zum Narren gehalten. ... Darwin fordert uns zum Unglauben an die allein maßgebenden Worte des Schöpfers auf.« Ein anderer berühmter Theologe erklärte: »Wenn die Darwinsche Lehre wahr ist, so ist die Genesis eine Lüge; das ganze Rahmenwerk des Buches des Lebens fällt in Stücke, und die Offenbarung Gottes an die Menschen, wie wir Christen sie kennen, ist ein Wahn und eine Schnurre.«[1]

Wie recht diese Herren hatten! Die Evolutionstheorie widerspricht tatsächlich den biblischen Schöpfungsmythen und der Lehre vom Sündenfall des Menschen. Als sich die Belege für die Evolutionstheorie immer mehr anhäuften, versuchten die fundamentalistischen Kirchen verzweifelt, sie zu widerlegen oder das Unvereinbare zu vereinen. Papst Paul IV. äußerte sich 1966 über das Thema Evolution wie folgt:

> *Diese Auslegungen stimmen nicht mit der Heiligen Schrift, der heiligen Überlieferung und der Lehrmeinung unserer Kirche überein, nach der sich die Sünde des ersten Menschen auf all seine Nachkommen überträgt und zwar nicht durch Nachahmung, sondern durch Vererbung. ... Die Evolutionstheorie wird solange nicht akzeptabel für euch sein, wie sie nicht in entscheidenden Punkten mit der Lehre übereinstimmt, nach der jede menschliche Seele unmittelbar von Gott erschaffen ist und nach der allein der Ungehorsam Adams, des universellen Stammvaters, das Schicksal der Menschheit bestimmt.*[2]

Da die Evolutionstheorie »in den entscheidenden Punkten« niemals mit der rechtgläubigen Perspektive in »Übereinstimmung« zu bringen ist, kann die »unfehlbare« Kirche sie auch niemals akzeptieren. Die fromme Anschauung ist auf dem Stand von Pater Mersenne stehengeblieben, der im 17. Jahrhundert »die Ansicht der aufgeklärtesten Theologen zum Ausdruck brachte, als er erklärte, daß die Rechtgläubigkeit weder die Wissenschaft noch die Vernunft zu fürchten habe. Bereitwillig wolle er alle deren Schlußfolgerungen akzeptieren, ›vorausgesetzt, sie stimmen mit der Schrift überein‹.«[3]

Origenes Adamantius Griechischer Kirchenschriftsteller (ca. 185–254 n. Chr.), der einen starken Einfluß auf die frühe griechische Kirche ausübte. Nachdem er zunächst als Heiliger angesehen wurde, erklärte ihn die Kirche jedoch drei Jahrhunderte nach seinem Tod zum Häretiker, weil seine Werke gnostisches Gedankengut enthielten.

Siebenhundert Jahre zuvor hatte Origenes über den Mythos vom Garten Eden geschrieben: »Niemand wird so töricht sein und diese Allegorie als die Beschreibung einer tatsächlichen Begebenheit verstehen.«[4] Aber Origenes wurde exkommuniziert, und unzählige Millionen von Menschen faßten tatsächlich den Mythos vom Garten Eden als wahre Begebenheit auf.

1. White 1, 72, 74, 371 (dt. 71, 72). 2. Wickler, XXIX. 3. Guignebert, 422. 4. Shirley, 170.

Exorzismus

Der alte Brauch, Dämonen mit Hilfe von Zaubersprüchen und beschwörenden Gesten auszutreiben, wird auch heute noch praktiziert: zum einen von Medizinmännern ursprünglicher Völker und zum anderen von der katholischen Kirche. Die protestantischen Kirchen kennen diesen Brauch nicht. Schon 1603 verbot die anglikanische Kirche ihren Geistlichen exorzistische Handlungen. Dennoch bekannte sich 1974 ein Erzbischof von Canterbury zu seinem Glauben an die Möglichkeit einer »echten dämonischen Besessenheit«.[1] Die römisch-katholische Kirche hält am Amt des Exorzisten fest, dessen Ordinationsritus bekräftigt: »Ein Exorzist muß Teufel austreiben.«[2] Die *Official New Catholic Encyclopedia* [Offizielle Neue Katholische Enzyklopädie] schreibt: »Unsere Kirche hält an ihrer traditionellen Einstellung zum Exorzismus fest. Sie erkennt die Möglichkeit einer diabolischen Besessenheit an, und sie regelt die Art der Handlungsweise in einem solchen Fall. … Die feierliche Zeremonie des Exorzismus ist im römisch-katholischen Ritual festgelegt.«[3]

Diese »feierliche Zeremonie« beruht auf der magischen Beschwörung von Namen und Worten besonderer Kraft, ähnlich den Exorzismen, die den ägyptischen Zauberern vor Tausenden von Jahren bekannt waren. Auszüge lauten: »Ich befehle dir, wer immer du bist, du unreiner Geist, und all deinen Gefährten, die ihr diesen Diener Gottes beherrscht, daß du im Namen der Mysterien der Inkarnation, der Passion, der Auferstehung und der Himmelfahrt unseres Herrn Jesus Christus, im Namen des Heiligen Geistes und im Namen der Wiederkunft unseres Herrn am Tag des Jüngsten Gerichts, mit einem Zeichen deinen Namen und den Tag und die Stunde deines Austritts aus diesem Körper nennst; und ich befehle dir, mir, dem Werkzeug Gottes – obwohl ich seiner unwürdig bin –, gehorsam zu sein in allen Dingen.« Auch die beschwörende Kraft der Keuschheit wird angerufen: »Die Keuschheit der Beichtväter beherrscht dich.« Unbelebte Dinge können auf die gleiche Weise beschworen werden, wie es z. B. die Weihe von Medaillen zeigt: »Ich beschwöre euch, Medaillen, durch Gott, den allmächtigen Vater. … Mögen die Macht des Widersachers und alle Träger des Teuflischen, alle Angriffe des Bösen, aller Ungeist und alles Blendwerk des Satans durch die Kraft dieser Medaillen vertrieben und ferngehalten werden.«[4]

Die Geschichte des Exorzismus enthüllt an vielen Stellen, wie die streng wortgetreue Auslegung von Kirchenvorschriften zu den seltsamsten Possen führte. So gab es z. B. immer wieder Versuche, mit exorzistischen Beschwörungsformeln gegen Insektenplagen vorzugehen, obwohl das Ungeziefer den Drohungen und Verwünschungen keine sichtbare Aufmerksamkeit schenkte. In Bern richteten sich die Kirchenbehörden 1478 folgendermaßen an Getreideschädlinge: »Ich erkläre und versichere, daß ihr verbannt und ausgetrieben werdet, und durch die Kraft des allmächtigen Gottes sollt ihr verflucht werden, und eure Zahl soll täglich abnehmen.« Die Insekten vermehrten sich jedoch weiter. Im Jahr 1516 befahl der Probst von Troyes allen Raupen, »innerhalb von sechs Tagen die Weinberge und die Ländereien von Villenose zu verlassen, im Falle ihres Ungehorsams drohte er ihnen mit seinem heiligen Fluch und Bann«. Die Raupen verstanden ihn offensichtlich nicht. Seit dem 16. Jahrhundert gab es den savoyardischen Brauch, zerstörerische Insekten zu exkommunizieren. Die Betroffenen begegneten ihrer Verbannung aus Gottes Gemeinde allerdings mit Gleichgültigkeit. Die Konsuln von Strambino forderten 1633 die Raupen auf, »unter Androhung der Verbannung und Beschlagnahme vor der Richterbank zu erscheinen und die Ursache dafür zu nennen, warum sie nicht davon abließen, zu fressen und zu zerstören«. Im Jahre 1713 behaupteten Mönche in Piedade no Maranho, Brasilien, daß ihr gegen Ameisen gerichteter Exorzismus Erfolg gehabt hätte, denn »auf Gottes ausdrücklichen Befehl hin zogen die Ameisen zu einem anderen Ort weiter«.[5]

> *Im Verlauf eines Prozesses gegen Blutegel, der 1451 in Lausanne angestrengt wurde, brachte man eine Anzahl Blutegel zum Gerichtshof und verlas eine gegen sie gerichtete Verwarnung. Sie wurden aufgefordert, die Region innerhalb von drei Tagen zu verlassen. Da die Blutegel jedoch Ungehorsam zeigten und sich weigerten, das Land zu verlassen, wurden sie feierlich von Exorzisten verbannt. ... Insbesondere die Gelehrten in Heidelberg, einem damals berühmten Studienort, billigten den Exorzismus nicht nur uneingeschränkt und einmütig, sondern verhängten auch über alle beharrlich nörgelnden Kritiker, die sich erdreisteten, dagegen zu sprechen, ein Redeverbot.*[6]

Exorzistische Handlungen an Menschen waren nicht nur unsinnig, sie waren zudem oft schädlich, denn sie bescherten den Betroffenen meistens eine Verschlimmerung derjenigen Symptome, die eigentlich bekämpft werden sollten. Eine Rechtfertigung für dieses Relikt aus archaischen Zeiten steht immer noch aus, denn das Amt des Exorzisten existiert weiterhin und die Notwendigkeit seiner Existenz muß begründet werden. Heutzutage wird ein Fall von »dämonischer Besessenheit« allerdings für gewöhnlich von Psychotherapeuten und nicht von Theologen behandelt. (Siehe **Besessenheit**.)

1. Robbins, 243; Ebon, S. T., 193. 2. Summers, H.W. D., 208. 3. Patai, 139. 4. Summers, H.W. D., 212f., 216, 223. 5. Frazer, F. O. T., 408ff. 6. Ebd., 408.

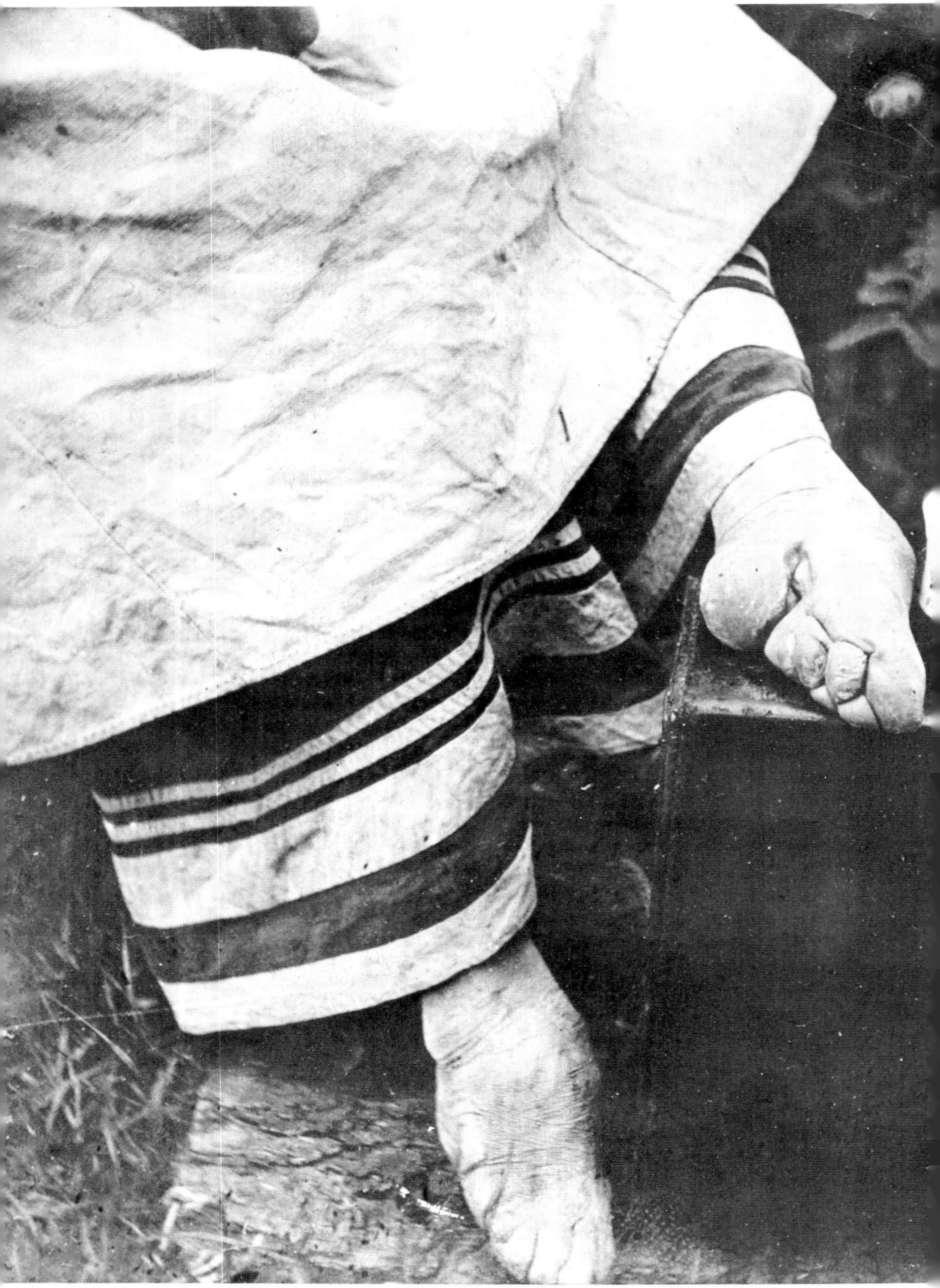

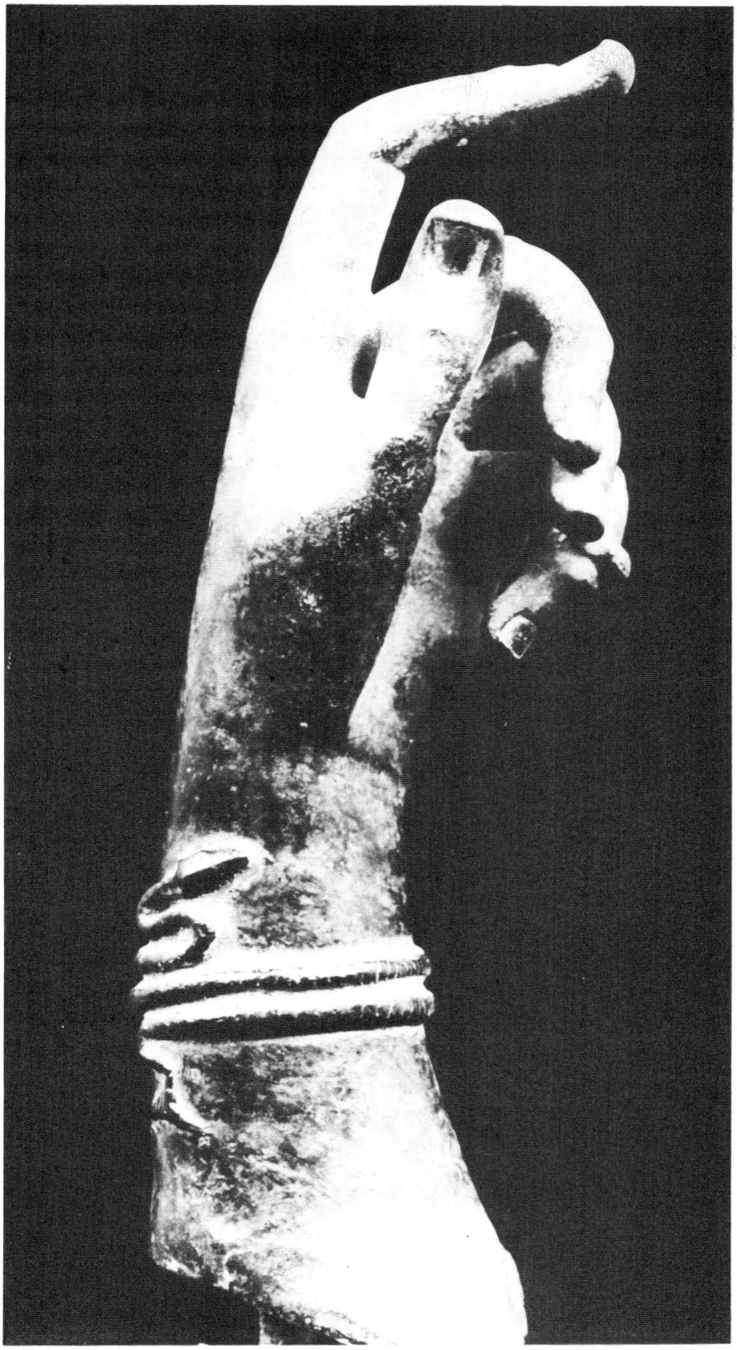

Der durch das FUSSBINDEN entstellte »Lotoshaken« einer chinesischen Frau. Der Brauch, die Füße fast das ganze Leben lang fest einzubinden, so daß die Knochen brachen und der gesamte Fuß allmählich deformiert wurde, betraf vor allem aristokratische Frauen. Das »zierliche« Ergebnis war der vielbewunderte »Lotoshaken« anstelle des Fußes. Dieser Brauch hielt sich bis zum Anfang des 20. Jahrhunderts.

Arm und Hand mit ausgestrecktem ZeigeFINGER. Dieser »Mutter«-Finger hatte die stärkste Zauberkraft – er führte, winkte heran, segnete und verdammte; hier gehört er zu einer etruskischen Bronzefigur.

Fälschung

Urkunden, die den Anspruch der christlichen Kirche auf weltliche Macht begründeten, waren häufig Fälschungen. Dies trifft auch auf die wichtige Doktrin von den Schlüsseln des heiligen Petrus zu. (Siehe **Petrus, Heiliger.**) Unter den Fälschungen aus späterer Zeit sind die Dekretalien des heiligen Isidor besonders erwähnenswert. Bei ihnen handelte es sich angeblich um kanonische Schriften und Dekrete des Papsttums aus der apostolischen Zeit bis ins 8. Jahrhundert n. Chr. hinein, die den päpstlichen Machtanspruch auf die europäischen Länder bestätigten. Diese Dokumente wurden aber erst etwa im Jahr 850 n. Chr. in Frankreich verfaßt, obwohl vorgetäuscht wurde, daß sie bis in die früheste Zeit der Kirche zurückgingen.

Im 15. Jahrhundert fand Kardinal Nikolaus von Kues nach einer sorgfältigen Untersuchung der Dekretalien heraus, daß es sich um eine plumpe Fälschung voller Anachronismen und Geschichtsentstellungen handelte.[1] Die Kirche weigerte sich anzuerkennen, daß ihre traditionellen Privilegien auf gefälschten Dokumenten basierten. Arbeiten späterer Gelehrter, die die Fälschungen nachwiesen, wurden verboten und deren Autoren verfolgt. Apologeten, die den Schwindel durch Interpretationen wegzudeuten versuchten, belohnte die Kirche mit kirchlichen Ehrenämtern. Als David Blondel im Jahre 1628 unwiderlegbare Beweise für die Fälschung der Dekretalien veröffentlichte, wurde sein Werk prompt auf den Index verbotener Bücher gesetzt.

David Blondel
Theologe, der mit seinem Werk *Pseudo-Isidorus et Turrianus Vapulantes* (Genua, 1628) die verlogene Natur der früheren Versuche zur Verteidigung der gefälschten Dekretalien aufzeigte.

Index der verbotenen Bücher
(Index Librorum Prohibitorum). Die erste offizielle Ausgabe erschien 1559, obwohl die kirchlichen Autoritäten schon seit den ersten Jahrhunderten des Christentums die unterschiedlichsten Bücher zensiert, verdammt und vernichtet hatten. Katholiken durften keines der auf dem regelmäßig erneuerten Verbotsindex stehenden Bücher lesen. Die Überwachung dieses Verbotes war noch bis 1966 obligatorisch, als schließlich Papst Paul VI. den Index aufhob.

Zu den falschen Dekretalien gehörte die sogenannte Konstantinische Schenkung, die sowohl die weltliche als auch die geistliche Herrschaft über das gesamte römische Kaiserreich auf Papst Sylvester I. und seine Nachfolger übertrug und die Lehnsgüter des Kirchenstaates festschrieb. Mit diesem Dokument machte Konstantin den Papst zum mächtigsten Feudalherren Italiens: »Damit die päpstliche Krone in Würde bewahrt bleibe, treten wir unsere Paläste, die Stadt Rom und alle Provinzen, Orte und Städte Italiens und der westlichen Länder ab und überlassen sie dem hochgepriesenen, gesegneten Pontifex und Papst der Welt, Sylvester.« Dem wirklichen Verfasser der Schenkung, einem päpstlichen Beamten namens Christophorus, unterliefen jedoch schwere historische Fehler. So bezeichnete Konstantin sich in dem Schriftstück als Bezwinger der Hunnen, obwohl diese erst fünfzig Jahre später in Europa auftauchten. Der Bischof von Rom wurde, zweihundert Jahre, bevor der Titel überhaupt gebräuchlich wurde, »Papst« genannt.[2]

Lorenzo Valla wies die Fälschung schon 1440 nach. Er schrieb: »Selbst wenn sie echt gewesen wäre, so wäre sie mittlerweile ungültig, schon allein wegen der Verbrechen des Papsttums, dessen Habsucht ganz Italien in einen andauernden Krieg gestürzt hat.«[3] Die Kirche weigerte sich noch weitere vierhundert Jahre lang, den Schwindel zuzugeben. Eine griechische Redensart besagte, daß das Hauptgewerbe des päpstlichen Roms im Anfertigen falscher Dokumente liege. Nach diesem Präzedenzfall »fügte fast jedes Pontifikat dem riesigen *corpus* eine eigene ergänzende Sammlung gefälschter Dokumente hinzu. Für lange Zeit leiteten die Theologen, unter ihnen der heilige Thomas von Aquin, aus diesem *corpus* vertrauensvoll Rechtfertigungen für alles ab, was die römischen Päpste zu tun oder zu sagen wünschten.«[4] Selbst die Evangelien wurden so gefälscht, daß sie die Privilegien und Praktiken der frühen Kirche stützten. »Wir dürfen niemals vergessen, daß die Schriften des Neuen Testaments größtenteils nicht wirklich von denjenigen verfaßt oder veröffentlicht wurden, nach denen sie benannt sind.«[5]

Nachdem die Kirche Bücher verbrannt und heidnische Schulen geschlossen hatte, beschäftigte sie sich mit einer anderen Art von Betrügerei, mit der Fälschung durch Unterschlagung. Die gesamte europäische Geschichte wurde von der Kirche, die es geschafft hatte, sich zur alleinigen Besitzerin literarischer und historischer Überlieferungen zu machen, in umfassenden Werken neu bearbeitet. Da sie alle wichtigen Aufzeichnungen in Klöstern sammelte und das Analphabetentum und die Unwissenheit bei der Laienbevölkerung förderte, konnte sie die christliche Geschichte ungestraft fälschen.

Lorenzo Valla Italienischer Humanist und Kirchenkritiker des 15. Jahrhunderts; er arbeitete als Sekretär Königs Alfons V. von Sizilien, durch den Valla vor der Inquisition bewahrt wurde. Später versöhnte er sich mit dem Papsttum und wurde unter Papst Nikolas V. sogar zum apostolischen Sekretär ernannt.

1. White 2, 314. 2. Chamberlin, B. P., 14f. 3. Chamberlin, B. P., 166. 4. Guignebert, 249. 5. Stanton, 106.

Fata Morgana

Ein mittelalterlicher Begriff für Sinnestäuschungen, Trugbilder oder Irrlichter, also die »Magie« der Göttin Morgane. Diese hatte ihren Ursprung in der archaischen **Magog**. Sie ähnelte in ihren Eigenschaften sehr der hinduistischen Göttin Maya, der Schöpferin der »Magie«. Einem verbreiteten Glauben nach lebte »Morgane, die Schicksalsgöttin« in Sümpfen und an Meeresküsten, wo sie Reisende mit Hilfe ihrer Trugbilder auf Irrwege führte. (Siehe **Maya; Morgan**.)

Fata Scribunda

»Schreibende *Fata*«, ein römischer Titel der Göttin, die das Schicksal eines Neugeborenen in ihr Buch des Lebens schrieb.[1] Das Schreiben galt einst als Attribut der Frauen und Göttinnen.

1. Gaster, 764.

Fatima

Eine Variante der arabischen Mondgöttin, die in der fiktiven »Tochter« Mohammeds verkörpert war, aber auch als »Mutter ihres Vaters« bezeichnet wurde. Ihr Name bedeutet »Schöpferin«. Außerdem wurde sie Quelle der Sonne, Baum des Paradieses, Mond und Schicksal genannt. Sie existierte seit dem Entstehen der materiellen Welt.[1] Kurz gesagt, war sie in Wirklichkeit keine andere als die Große Göttin selbst. Fatima wurde wie die Jungfrau Maria, ihr westliches Pendant, offiziell zu einer menschlichen Sterblichen degradiert, behielt aber im Volksglauben bis heute die meisten ihrer alten Namen und Kräfte bei.[2] (Siehe **Arabien**.)

1. Campbell, Oc. M., 445f. 2. Lederer, 181.

Fauna

Der Beiname der Göttin Diana als Mutter der wilden Tiere. Ihr Gemahl war der Satyr Faunus, der dem androgynen Dianus entsprach, welcher wiederum mit der Gestalt der Diana verschmolz. Der Name Fauna entwickelte sich mehr und mehr zu einem Synonym für »Tierwelt«; das ging auf eine Vorstellung von Diana zurück, nach der sie die Tiere gebar und mit ihren unzähligen Brüsten säugte, wie es die berühmte Statue in Ephesos zeigt.[1] Ein anderer Name für Fauna war Bona Dea, die »Gute Göttin«.[2]

1. Neumann, G. M., Tafel 35. 2. *Larousse*, 208.

Febronia, Heilige

Eine fiktive Märtyrerin, von der die gleiche Geschichte erzählt wird wie von allen anderen erfundenen Märtyrerinnen: Weil sie ihre jungfräuliche Reinheit nicht durch die Hochzeit mit einem verliebten Edelmann verlieren wollte, erduldete sie standhaft unglaubliche Foltern und Verstümmelungen, um als *virgo intacta* (unversehrte Jungfrau) zu sterben. Sie war, wie andere Märtyrerinnen auch, eigentlich eine Pseudo-Kanonisation der wollüstigen Großen Göttin, allerdings in einer für den christlichen Gebrauch geläuterten Variante. Febronia war ursprünglich Juno Februata, die Schutzherrin der Liebesleidenschaft (*febris*). Ihr zu Ehren wurden im Februar orgiastische Riten gefeiert. (Siehe **Valentin**.)

Die Legende der Febronia siedelt ihr Martyrium in der Regierungszeit Diokletians an. Allerdings gibt es aus dieser Zeit keinerlei Zeugnis von ihr. Sie erschien erst vierhundert Jahre später zum ersten Mal in den christlichen Martyrologien.[1]

1. Attwater, 127.

Feen

Die IrInnen nannten das Land der Feen **Tir-nan-og**, das Land der ewigen Jugend; andere Varianten des Namens waren: Tir-nam-beo, das Land des ewigen Lebens; Tir-Tairngiri, das Land der Verheißung; Tir-na-Sorcha, das Land des Lichts; Mag Mell, die Ebene der Freuden; Mag Mon, die Ebene des Vergnügens; I-Bresail, I-Brazil oder Hy-Brasil, das Land des Bresal, woraus sich der Name Brasiliens

Die alten heidnischen Götter und Göttinnen, Stammesvorfahren und PriesterInnen verwandelten sich im französischen, deutschen und britischen Volksglauben allesamt in »Feen«. Bei den IrInnen lebt bis heute der Glaube fort, in den heidnischen *sidhe* (Grabhügeln), von denen es in den ländlichen Gebieten Irlands immer noch mehrere Hundert gibt, würden Feen wohnen.[1] WaliserInnen wie IrInnen nannten die Feen »Mütter« oder »Segen der Mutter«, das Feenland galt ihnen als das Land der Frauen – eine Reminiszenz an die matriarchale Gesellschaftsform ihrer Stammesahnen.[2]

Den Erzählungen der KeltInnen zufolge verließen die Feen zu Halloween ihre Feenhügel; diese Hügel waren nach einem alten Glauben die Grabesschöße der Wiedergeburt. Halloween war lediglich ein anderer Name für Samhuin, den Tag, an dem die Toten mit Hilfe der Priesterinnen in das Diesseits zurückkehrten. Diese Priesterinnen wurden von den Christen als Hexen bezeichnet.[3] Der Respekt vor den heidnischen Toten hielt bis in bemerkenswert späte Zeiten an, und das selbst bei den zum Christentum konvertierten Menschen, deren Kirche die alten Gottheiten zu Teufeln erklärt hatte. In Cornwall weigerten sich Bergarbeiter, das Kreuz zu schlagen, wenn sie unter Tage arbeiteten. Sie hatten Angst, die Feen in ihrem unterirdischen Reich mit einer Geste, die ihre Feindschaft erregen könnte, zu verletzen.[4]

Im *Book of the Dun Cow* [Das Buch der braunen Kuh] beschrieb die Feenkönigin ihr Reich als »das Land des ewigen Lebens, ein Ort, an dem es weder Tod noch Sünde, noch Missetaten gibt. Jeder Tag ist ein Festtag. Wir verrichten jedes wohltätige Werk ohne kleinliches Gezänk. Wir wohnen in einem großen Shee (*sidh*), und werden deshalb das Volk des Feenhügels genannt.«[5]

Das heidnische Jenseits war eine goldene »Traumzeit« vor langer, langer Zeit, als die Heroen noch durch die Heilige Hochzeit mit der Göttin zu Göttern erhoben wurden. Der Große Gott Lug, der Vater des **Cuchulain**, Irlands sterbendem Erlöser, »entstieg den unterirdischen Kammern von Tara, wo das vierte Geschlecht der Götter lebte, die Irland besiedelten. Sie waren die ruhmreichen und gesegneten RiesInnen der Tuatha Dé Danann. Dieses Volk der Göttin Dana entdeckte in der Bronzezeit den Nutzen von Gold und Silber. Die Mitglieder dieses Volkes rodeten als erste das Land und legten die Sümpfe trocken. Sie errichteten große Steinheiligtümer, wie z. B. Stonehenge in Britannien. Als sie besiegt wurden, zogen sie sich in ihre Hügelgräber, oder *Sidhe*, unter die Erde zurück, wo sie bis heute wohnen.«[6]

Feenhügel galten als Eingänge zum heidnischen Paradies, das angeblich unter der Erde, dem Wasser oder den Hügeln entfernter, irgendwo im westlichen Ozean liegender Inseln verborgen war, dort, wo die Sonne erlosch.

Die Feenkönigin war offensichtlich keine andere als die alte Fruchtbarkeitsmutter, wie z. B. Demeter oder Ceres. Laut William von Auvergne hieß sie im 13. Jahrhundert Abundia oder die Dame Abonde, »Überfluß«.[9] Sie wurde auch Diana, Venus, Hekate, Sibylle oder Titania genannt. Titania war ein Beiname der kretischen Rhea als Beherrscherin der Erdgeister, die die Titanen genannt wurden und die Vorfahren der olympischen Götter waren. (Siehe **Titania**.) Sie vereinigte in sich alle drei Aspekte der Dreifachen Göttin. Als den Tod verkörpernde Alte erschien sie in Irland unter dem Namen **Banshee** – eine Verfälschung ihres Namens *Bean-Sidhe* (»Frau aus den Feenhügeln«) –, eine gellend schreiende weibliche Dämonin, deren Stimme angeblich den Tod brachte. In Gestalt der Dreifachen Morrigan sang sie von Blutopfern, die mit Frühlingsfeiern zum Wiedererwachen der Natur in Zusammenhang standen.[10] Eine Variante ihres Namens war die berühmte Morgane le Fay, die Fee Morgane, die auch als die Totengöttin »Morgue la faye« bekannt war.[11]

In dem altfranzösischen Prosaroman *Lancelot du Lac* (ca. 1220) erschien die Feenkönigin in Gestalt der Herrin vom See: »Das Edelfräulein, das Lancelot zum See trug, war eine Fee. In jenen Zeiten wurden alle Frauen, die mit Zauberei zu tun hatten, Feen genannt. Von ihnen gab es vor allem in Großbritannien sehr viele. Sie wußten um die Kraft und die Wirkung von Worten, Steinen und Pflanzen.« Ihre Ritter durften niemals die Namen der Feen aussprechen, um sie nicht den christlichen Verfolgern zu verraten.[12]

ableitete.[7] Als Feenland galten auch das magische »Apfel-Land« Avalon, die Inseln der Glückseligen oder aber das Elfenland, Elphame, Alfheim oder *Elvenhome* (Heimat der Elfen). Mancherorts hieß es das *never-never* (engl. niemals-niemals) Land, vielleicht hergeleitet von einem der ägyptischen Namen für das Paradies, *nefernefer*, »doppelt schön«. Die Färöer Inseln hießen einst »Feenland« (mittelalterlich skandinavisch: *Faeroisland*), weil die ersten Entdecker sie auf dem Weg nach Westen fanden und für die Inseln der Toten hielten.[8]

Book of the Dun Cow Lebar-na-Heera (»Das Buch der Braunen Kuh«); es wurde nach der Haut der Kuh des heiligen Curan benannt, aus der das Buch hergestellt worden sein soll, und enthielt eine Sammlung altirischer Sagen aus dem 11. Jahrhundert n. Chr. Einer der drei Schreiber war Mael Muire Mac Céilechair (gest. 1106).

Das Gebot der Geheimhaltung spielte in der Feenreligion eine zentrale Rolle, weil diese Religion versteckt unter einem religiösen System weiterbestehen mußte, das ihre AnhängerInnen mit Folter und Tod bedrohte. Einer der Anklagepunkte, die Johanna von Orléans auf den Scheiterhaufen brachten, war der Vorwurf, sie würde »Feen anbeten und ihnen Ehrerbietung zollen«.[13]

Eine mündlich überlieferte Zigeunersage erzählte, daß ein Mann, der in den Ruinen heidnischer Tempel oder Grabmäler die Statue einer nackten *fate* (Fee) finde, diese in Liebe umarmen und mit seinem Samen benetzen solle. Die *fate* würde sodann – ähnlich wie Pygmalions Galatea – in seinen Träumen lebendig werden und ihrem Geliebten verraten, wo er einen vergrabenen Schatz finden könne. So würde sie zu seiner »Glücksfee« werden. Er bleibe für alle Zeiten glücklich mit ihr, wenn er bereit sei, zeitlebens niemals wieder einen Fuß in eine christliche Kirche zu setzen.[14]

Diese Vorstellung von der Glücksfee kann möglicherweise auf frühzeitliche Bräuche der weiblichen Erbfolge und der matrilokalen Hochzeit zurückgeführt werden, die beide sowohl für die Mythen der Bronzezeit als auch für die Märchen der späteren Zeit charakteristisch waren. Es war selten so, daß der Märchenheld seine Braut mit in sein Land brachte. Statt dessen verließ er die Heimat, um sein »Glück« woanders zu suchen. Dieses offenbarte sich meistens in Gestalt einer fremden Prinzessin, die er nach einigen Prüfungen für sich gewann und in ihrem Land heiratete. Anschließend regierte er das Land seiner Frau mit. Die Frau galt hier, ebenso wie im vorpatriarchalischen System, als »fortuna« (Glück) oder »fatum« (Schicksal) des jungen Mannes. Das Wort »Fee« ist über Zwischenformen wie Fata, Fay, Le Fée oder *fey* (engl. todgeweiht/entrückt) mit »fortuna« und »fatum« verwandt. Im Englischen besteht ein Zusammenhang zwischen einerseits *fairy* (Fee) und *fate* (Schicksal) und andererseits *fear* (Angst) und *fair* (Schöne, Geliebte). Das mittellateinische *fatare*, »verzaubern«, entwickelte sich im Französischen zu *faer* oder *féer*.[15]

Feen lebten dem Volksglauben nach in tiefen Wäldern, wo ihre verborgenen Heiligen Haine vor christlichen Übergriffen geschützt waren. Die Rumänen sprechen noch heute von der Fata Padourii, dem Mädchen der Wälder, einer der irischen Banshee ähnelnden Fee, die des Nachts furchterregende Laute von sich gibt, die dem, der sie vernimmt, den bevorstehenden Tod ankündigen.[16] In der Bretagne, wo es das ganze Mittelalter hindurch viele der Mondgöttin geweihte Haine gab, wurden die Feen manchmal *man-devent*, »Mond-Göttin«, genannt.[17]

Die Feenreligion scheint fast die gesamte christliche Zeit hindurch im geheimen praktiziert worden zu sein, insbesondere von Frauen. Die patriarchalische Kirche versuchte unentwegt, ihnen ihre Große Göttin zu nehmen, gab ihnen dafür aber keinen anderen Ersatz als Maria, der die Macht der alten Göttin fehlte.

Französische Priesterinnen der alten heidnischen Religion wurden als »große Prinzessinnen« beschrieben, »die der Fluch Gottes traf, weil sie sich weigerten, den christlichen Glauben anzunehmen. Sie sollen deshalb von einem heftigen Abscheu vor der [christlichen] Religion und den Klerikern besessen sein.« Manchmal wurden sie Korrigen, Korrig oder Korr genannt, eine Bezeichnung, die sich eventuell auf die Anbeterinnen der Jungfrau **Kore** bezog. In einem bretonischen Lied hieß es: »Da sind neun Korrigen, die tanzen im Lichte des Vollmonds in weißen Kleidern aus Wolle und mit Blumen im Haar um die Quelle herum.« Es scheint sich um alte Frauen gehandelt zu haben, die geschminkt waren oder Masken trugen: »Bei Nacht oder in der Abenddämmerung sind sie von großer Schönheit, bei Tageslicht jedoch erscheinen ihre Augen rot, ihr Haar weiß und ihre Gesichter faltig; deshalb lassen sie sich am Tag selten blicken.«[18]

Noch im 17. Jahrhundert gab es Berichte über Heiligtümer, die von »Tausend alten Frauen« gehütet wurden. Diese unterwiesen Jungfrauen in den Riten der Venus und lehrten sie Feenkünste wie das Verwandeln der eigenen Gestalt oder das Entfesseln von Stürmen.[19] Sie waren als *fatuae* oder *fatidicae*, »Seherinnen«, bekannt, zuweilen auch als *bonnes filles*, »gute Frauen«.[20]

Norwegische, schottische und irische Christen behaupteten, daß Feen die Nachkommen der gefallenen Engel seien. Sie trügen, ebenso wie die nicht gefallenen Engel, die Seelen der Toten fort. Jeder, der in der Stunde der Feen, also während der Abenddämmerung, stürbe, fände sich im Feenland, dem Land zwischen Leben und Tod und zwischen Himmel und Hölle, wieder.[22] Solche Legenden spiegeln alte Jenseitsvorstellungen wider, nach denen das Jenseits weder ein Ort der Bestrafung noch der Belohnung ist, sondern eine Zwischenstation im karmischen Kreislauf. Feen ähnelten insofern den Untoten, sie konnten wie sie nach Belieben ihren Gräbern entsteigen. Als Führerinnen der Seelen in die Unterwelt (siehe **Psychopompos**) glichen sie den Walküren oder den hinduistischen Apsaras. Diese himmlischen Nymphen wurden in den Ländern des Mittleren Ostens, in deren patriarchalischer Kultur die alte Religion als Unterströmung fortbestand, zu *Peris*, »Feen«.

Eine der stärksten Anziehungskräfte der Feenreligion lag sicherlich in ihrer toleranten Einstellung zur Sexualität, einem Charakteristikum des alten Matriarchats. Hier lebte etwas fort, das in krassem Gegensatz zu der streng sexualfeindlichen Haltung der Kirche stand. Das Feenreich war der Himmel der erotischen Engel. Im christlichen Himmel dagegen hatten »Wonne und Seligkeit« gerade *nichts* mit Sexualität gemein, nicht einmal in der Ehe (Matthäus 22, 30). In der Romanze von Aucassin und Nicolette hieß das Reich der Feen Tolerore. Es wurde als die Heimat der Liebenden beschrieben – ein völlig entgegengesetztes Bild zum Himmel der Christen, der »alte Priester und alte, verkrüppelte, hinkende Männer« beherbergt. Wie im alten Brauch der Couvade, »Männerkindbett« (siehe **Vaterschaft**), gab der Feenkönig im Bett liegend vor, ein Kind zu gebären. Die Königin führte in einer Schlacht ohne Blutvergießen ein Heer gegen ihre Feinde. Die Kämpfenden bewarfen sich symbolisch mit Nahrungsmitteln, u. a. mit Äpfeln, Eiern und Käse. Der König sprach: »Es ist keineswegs unsere Angewohnheit, uns gegenseitig abzuschlachten.«[23] (Siehe **Paradies**.)

Die Feenkönigin entrückte ihre Geliebten »über einen weiten, weiten Weg, über die Lilienaue«, wie es die Ballade von Thomas dem

Torquato Tasso
(1554–1594)
Italienischer Dichter und Dramenschreiber, dessen abwechslungsreicher Lebenslauf ihn an Höfe, in Klöster, aber auch in Kerker brachte. Sein Hauptwerk war ein Epos über die Eroberung Jerusalems. Tassos Auflistung von Feenfrauen unterschied die Feen weder von Göttinnen noch von Hexen; ihre Namen wurden beiden Gruppen zugeordnet. Unter den Bezeichnungen Fata, Maga, Zauberin oder Weise Frau fanden sich Namen wie: Oriane, »die vom Berg«; Silvana oder Silvanelle, »die aus dem Wald«; Filidea, »die die Göttin liebt«; Mirinda, »die Kämpferin«; Argea, »Königin des Schicksals«; Lucina, »Herrin des Sees«; Urganda, »die Weise«; zwei Schicksalsgöttinnen oder Feen namens Dragontina und Montana; und Morgane mit ihren drei »Töchtern«, den Morrigan.[21]

Aucassin und Nicolette
Titel eines mittelalterlichen französischen Ritterromans, der auf eine arabische Liebesgeschichte zurückging. Aucassins ursprünglicher Name lautete Al-Kasim.

Reimer ausdrückte. Einige verstanden die Lilienaue als den Weg zum Himmel, andere als den Weg zur Hölle: ein Prototyp des berühmten Rosenpfades (Pfad der Freude). Die Königin selbst wurde als Himmelskönigin angerufen.[24] Ihre irdischen Engel waren manchmal eher geisterhafte als sterbliche Wesen, wie z. B. die Feen, die die Bayern als »Kleine Waldfrauen« (*wudu-maer*) bezeichneten und denen Knödel und andere Nahrungsmittel dargebracht wurden.[25] Dennoch geht aus den meisten Quellen hervor, daß es sich bei den Feen um wirklich lebende Frauen handelte. Prior schrieb: »Dänische Balladen beschreiben die Feen als erwachsene Frauen und nicht als die winzigen Wesen unserer englischen Märchen.« Andrew Lang meinte: »Die Feen der Ritterromane scheinen sich, abgesehen von ihrem übernatürlichem Wissen und ihrer übermenschlichen Kraft, in ihrer Wesensart nur wenig von den Menschen zu unterscheiden. Sie sind ... normalerweise von gewöhnlicher Gestalt und heben sich äußerlich tatsächlich kaum von den Menschen ab, außer durch ihre Taten.«[26] Es handelte sich mit anderen Worten um Frauen, die heidnische Riten praktizierten.

R. C. Alexander Prior war der Autor eines dreibändigen Werkes über *Alte Dänische Balladen*, 1860.

Andrew Lang (1844–1912) Schottischer Volkskundler, Anthropologe und Märchensammler. Er war außerdem der Verfasser einer vierbändigen *History of Scotland* und einer *History of English Literature*.

1. MacCana, 65. 2. MacCana, 123; Rees, 41. 3. Joyce 1, 264f. 4. Cavendish, P. E., 242. 5. Joyce 1, 494. 6. Goodrich, 195. 7. Joyce 1, 293. 8. Ramsay, 57. 9. Keightley, 475. 10. Goodrich, 177, 192. 11. Keightley, 45. 12. Ebd., 31, 421. 13. Coulton, 252. 14. Leland, 206. 15. Keightley, 6f. 16. Cavendish, P. E., 242. 17. Keightley, 427. 18. Ebd., 422, 431f. 19. Wedeck, 157. 20. Pepper & Wilcock, 166. 21. Keightley, 453f. 22. Cavendish, P. E., 241. 23. Loomis, 251, 276. 24. Wimberley, 407, 413. 25. Frazer, F. O. T., 312. 26. Wimberley, 170f.

Fegefeuer

Eine von mehreren christlichen Lehren, die mehr oder weniger unmittelbar dem Buddhismus entlehnt sind. Fünf Jahrhunderte vor christlicher Zeit behaupteten buddhistische Priester, sie könnten die Vorfahren von den Leiden der Buße in der Unterwelt befreien und ihre Wiedergeburt im Himmel bewirken, indem sie magische Worte für sie sprachen und Opfer darbrachten – gegen ein Entgelt, das die frommen Angehörigen zahlten.[1] In buddhistischen Schriften hieß es: »Vor allem ist es nötig, die Hilfe der Priester zu erlangen. Sie befreien diese gebundenen Seelen durch das Ritual an sich.«[2]

Die christliche Lehre vom Fegefeuer ließ durchblicken, Priester hätten die Macht, Seelen in den Himmel zu bringen, die ansonsten verdammt worden wären. Manche Geschichten deuteten an, daß sie dieses Privileg auch zu weit treiben konnten. Papst Gregor der Große gelang es mit seinen Gebeten, Trajan aus dem Fegefeuer in den Himmel zu bringen, doch Gott strafte Gregor mit Gicht, Fieber und Leibschmerzen für die Sünde, für einen Heiden zu beten.[3]

Die Protestanten lehnten die katholische Vorstellung vom Fegefeuer ab, da sie alles verachteten, was nach einem Verkauf der Erlösung aussah. Reginald Scot bemerkte, daß in England keine Geister mehr die Lebenden plagten, für ihre Rettung aus dem Fegefeuer zu beten: »Wo sind die Geister? Wer hört ihren Lärm? Wer sieht ihre Visionen? Wo sind die Seelen, die so sehr seufzten ... von ihren Leiden im Fegefeuer erlöst zu werden?« Er schloß, daß sie wohl alle nach Italien gegangen seien, da in England die Messen zu teuer geworden waren.[4]

Das Wort Fegefeuer wurde häufig auch verwendet für den heidnischen Gefäß-Schrein oder *abaton*, der in vorchristlicher Zeit für Einführungsriten benutzt wurde (siehe **Abaddon**). Ein Kandidat »stieg hinab in eine unterirdische Kammer, erlebte einen todesähnlichen Zustand, machte schwere Prüfungen durch und erlebte die Wiedergeburt in ein neues Leben. Die frühchristliche Kirche hielt an dieser Sitte fest und nannte solche heidnischen Schreine ›Fegefeuer‹. Das berühmteste Fegefeuer des Mittelalters befand sich in Lough Derg (Roter See) im County Donegal, Irland; im 12. Jahrhundert fanden dorthin Wallfahrten zu Ehren des heiligen Patrick statt, nach dem das Fegefeuer benannt war.« Obwohl Papst Alexander VI. es 1497 zur Behausung von Teufeln erklärte und seine Schließung anordnete, war St. Patricks Fegefeuer 1790 noch immer in Gebrauch.[5]

Nach einer Illustration der *Göttlichen Komödie* aus dem 15. Jahrhundert war das Fegefeuer keine Grube oder Höhle, sondern ein Berg, der nach Art eines Hochzeitskuchens schichtweise aufgebaut war wie ein Zikkurat. Auf dem Gipfel lag das irdische Paradies, in dem sich ein nackter Mann und eine nackte Frau in Heiliger Hochzeit vereinten: ein seltsames Bindeglied zwischen der Großen Göttin des Altertums, die sich auf der Spitze des Zikkurats mit dem König vereinigte, und den konventionellen Püppchen auf dem Hochzeitskuchen, die Braut und Bräutigam darstellen.[6] Dieses Bild besagte, daß der Sünder, wenn er erst einmal seine Sünden gebüßt und die Stufen des Berges erklommen hatte, ebenfalls in das Liebesparadies auf dem Gipfel eingehen konnte: für einen christlichen Glaubenssatz ein merkwürdiges Bild.

1. Waddell, 98f. 2. Woodroffe. 3. Jacobus d.V., 185 (dt. I., 298f.) 4. Scot, 390. 5. Goodrich, 157; Baring-Gould, C.M.M.A., 244. 6. Campbell, M.I., 91.

Feige

Das Markusevangelium berichtet, Jesus habe den Feigenbaum verflucht. Weil er sich weigerte, ihm außerhalb der Erntezeit Früchte zu spenden, durfte er nie wieder Früchte tragen (Markus 11, 13–22). Hinter dieser Geschichte steckte wahrscheinlich die Absicht, ein altbekanntes Symbol der Großen Göttin zu verunglimpfen. Die Feige, deren herzförmige Blätter »die traditionelle Form der Yoni« bildeten, galt schon immer als weiblich.[1] Die Römer begingen alljährlich »ein wildes und merkwürdiges rituelles Fest«, das mit der Befruchtung der Juno Caprotina, der Göttin des Feigenbaumes, durch ihren wollüstigen gehörnten Ziegengott in Zusammenhang stand.[2]

Der Gott **Mithra**, ein Rivale Jesu, den manche für den echten Messias hielten, wurde ebenso mit dem mütterlichen Feigenbaum in Verbindung gebracht. Kurz nachdem ihn die *petra genetrix* geboren hatte und betende Hirten ihn fanden, nahm der Feigenbaum Mithra unter seine Obhut. Er gab ihm unentwegt Nahrung (Früchte) und versorgte ihn mit Kleidung (Blättern).[3] Nach dem Buch Genesis dienten die Blätter des Feigenbaums als erste Bekleidung der Welt: Adam und Eva bedeckten sich mit ihnen, als sie sich durch die neu gewonnene Erkenntnis ihrer Nacktheit bewußt wurden. Die Adoption durch einen Feigenbaum spielte auch in der Legende Buddhas eine wesentliche Rolle. Unter dem Schutz des Bodhi-Baumes, des Baumes der Weisheit, der auch *ficus religiosa*, die Heilige Feige genannt wurde, empfing er während einer Vollmondnacht im Mai seine Erleuchtung.[4]

Die Feige war ein verbreitetes, indo-iranisches Symbol für die Große Mutter. Die babylonische Göttin Ishtar erschien auch in Gestalt des göttlichen Feigenbaumes Xikum, der »Urmutter im Mittelpunkt der Erde« und Beschützerin des Erlösers Tammuz.[5] In späterer Zeit verwandelten die patriarchalisch denkenden Schriftgelehrten des Koran Ishtars Baum in Zakkum, den Baum der Hölle, der vom Erdboden aus nach unten wächst.[6]

Gallische Götter, die sogenannten Dusii, wurden im Mittellateinischen als *ficarii*, »Feigen-Esser«, beschrieben. Dem entsprachen die »Lotos-Esser« Homers, denn sowohl Feige wie Lotos symbolisierten die weiblichen Genitalien.[7] Das englische *fuck* leitete sich möglicherweise von *ficus*, »Feige«, ab. Italiener benutzen bis heute manchmal das sexuell abschätzig gemeinte Zeichen der *mano in fica*, »Feigenhand«, das, ähnlich wie der ausgestreckte Mittelfinger, *fuck you* bedeutet. Die *mano in fica* ist orientalischen Ursprungs. Zeige- und Mittelfinger bildeten mit dem zwischen ihnen herausstehenden Daumen eine Lingam-Yoni. Die Hindus nannten die Feigenhand eine heilige *mudra*. Nach Ovid setzten römische Hausbesitzer sie als Schutz vor bösen Zaubern ein.[8] Bei den Christen hieß sie allerdings *manus obscenus*, »die obszöne Hand«.[9]

Ebenso wie andere Geschlechtssymbole spielte die Feige, wie viele weitere, ehemals heilige Attribute der Venus, in verschiedensten Liebeszaubern eine Rolle. Einige der ihr heiligen Attribute, wie Blut, Brot, Tauben und Pentagramme, werden in einem Zauber aus dem *Zekerboni* gemeinsam mit der Feige genannt. Er sollte Junggesellen dazu verhelfen, ihre zukünftige Braut in einem Traum zu sehen:

Zekerboni
Abhandlung über Oneiromantie (Traumdeuterei) von Pierre Mora, Manuskript Nr. 2790 in der Bibliothèque de L'Arsenal.

> *Nimm eine pulverisierte Koralle und ein wenig fein pulverisierten Magneteisenstein. Vermenge beides und verdünne es mit dem Blut einer weißen Taube, so daß ein Teig daraus entsteht. Diesen hülle in blauen Taft ein und verschließe ihn in einer Feige, die du dir um den Hals hängst. Wenn du nun zu Bett gehst, lege das Pentagramm für den Samstag unter dein Kopfkissen, derweil du ein bestimmtes Gebet sprichst.*[10]

1. King, 28. 2. Rose, 217. 3. Hooke, S. P., 85. 4. Ross, 88; Wilkins, 45. 5. Harding, 48. 6. Campbell, Oc. M., 430. 7. Knight, D. W. P., 153. 8. Dumézil, 367. 9. Gifford, 90. 10. Givry, 325.

Felix, Heiliger

Ein Heiliger, dessen merkwürdige und verworrene Legende noch einer gründlichen Untersuchung bedarf. Der heilige Felix in Pincis, der zuweilen auch der heilige Felix von Nola genannt wurde, war angeblich ein Schulmeister, der sich so grausam zu seinen Schülern verhalten haben soll, daß sie ihn von ganzem Herzen haßten. Als herauskam, daß er Christ war, lieferten ihn die heidnischen Würdenträger denjenigen

Schülern aus, die unter seiner Gewalt besonders gelitten hatten. Sie bohrten rachsüchtig ihre spitzen Schreibgriffel in ihn, bis er starb.[1]

Ein anderer Heiliger namens Felix soll, wie Luzifer, die Kraft der Luft besessen haben. Als er in die Gesichter der Statuen von Merkur, Diana und Serapis blies, zerfielen sie im selben Augenblick. Die Fähigkeit, mit der Kraft des Atems zu zerstören, wurde oft auch Hexen zugesprochen.[2]

1. Jacobus d.V., 92. 2. Jacobus d.V., 514; Lea ungek., 815.

Fenris

Wolf des Nordens, eine skandinavische Version des Nordpol-**Hund**es der Kyniker, der angeblich am Weltgerichtstag losgelassen wird, um die Sonne zu verschlingen. Der erste Monat nach der Wintersonnenwende war dem Wolf gewidmet, was darauf hindeutet, daß Fenris ursprünglich möglicherweise eine Wölfin entsprechend der etruskischen Lupa war. Dem Glauben nach verschlang sie an jedem Jahresende die alte Sonne und gebar deren Reinkarnation.[1]

1. Brewster, 50.

Feronia

Ein römischer Name der Mutterwölfin, die vor der eigentlichen Gründung Roms von den SabinerInnen verehrt wurde. Ihr Gemahl war der alte Waldgott Soranus, der abwechselnd einmal in dem unterirdischen Herrn der Toten und dann in der zum Himmel aufgestiegenen Sonne personifiziert war. Die RömerInnen begingen alljährlich zu Ehren der Mutterwölfin das Feronia-Fest. Dieser Ritus lag in den Händen einer auserwählten, sehr alten Großfamilie, deren Mitglieder Zauberkunststücke vorführten, wie z. B. das Schreiten mit nackten Füßen über brennende Kohlen. Diese Zauberkunststücke wurden von einer Generation auf die nächste weitergegeben.[1]

1. *Larousse*, 210.

Fides, Heilige

Eine unechte »jungfräuliche Märtyrerin«, die eine der drei heiligen Schwestern Glaube, Liebe und Hoffnung war. Sie waren die Töchter der Heiligen **Sophia**, einer ebenfalls niemals real existierenden Jungfrau-Mutter-Märtyrerin. Wenn auch die heilige Fides in christlicher Zeit eine der Personifikationen dieser drei Tugenden darstellte, hatte sie ihren wahren Ursprung doch in einer der ältesten heidnischen Göttinnen. Ihr römischer Name lautete Bona Fides, »Guter Glaube«. Sie wurde in allen Vertragsurkunden angerufen. Nach Plutarch baute ihr der erste König von Latium einen Tempel. Vergil sagte, daß die »altehrwürdigen Fides und Vesta« die ältesten gesetzgebenden Göttinnen Roms gewesen seien.[1] Tatsächlich wurde die Bona Fides in einem der ältesten römischen Tempel verehrt. Ihr dienten die drei ranghöchsten Flamen, die Priester, die den Kern der alten römischen Priesterschaft bildeten.[2]

Als christliche Heilige erhielt Fides unter ihrem englischen Namen »St. Faith« eine Gruft in der Londoner St. Paul's Kathedrale. Die Martyrologen ließen ihrer Einbildungskraft freien Lauf und schwärmten von der unvergleichlichen Schönheit der Heiligen.[3] Vielleicht wurde sie deswegen zu einer bekannten Patronin der Liebeshändel. Unter englischen Mädchen gab es den Brauch, ein Stück Brot dreimal durch einen Hochzeitsring zu stecken und danach von »St. Faith« eine Vision des zukünftigen Ehemannes zu erbitten.[4]

1. Dumézil, 165, 202, 258. 2. Rose, 250. 3. Brewster, 440. 4. Hazlitt, 373.

Finger

Die Daktylen, »Finger«, waren Wesen, die aus den Fingerabdrücken der Göttin Rhea entsprangen: Fünf männliche aus dem Abdruck ihrer rechten, fünf weibliche aus dem Abdruck ihrer linken Hand.[1] Ihr griechischer Name leitete sich vom sanskritischen Daksha, »der Rechtshändige«, ab, der ein hinduistischer Gott der Hand war.

Mano Pantea, die Hand der Universellen Göttin, bezeichnete einen heiligen Fetisch, von dem viele Exemplare in den Ruinen von Pompeji und Herculaneum gefunden wurden.[2] Bei dieser Fingerhaltung sind Daumen, Zeige- und Mittelfinger ausgestreckt, Ringfinger und kleiner Finger dagegen angewinkelt. Mit dem Mittelfinger, Zeigefinger und Daumen wurde die heidnische Trinität von Vater-Mutter-Sohn angerufen, z. B. in deren Manifestationen als Jupiter, Juno und Mars oder Osiris, Isis und Horus. Östliche Christen verehrten mit Gott, Maria und Jesus dieselbe Art von Trinität. Das erklärt vielleicht, weshalb das Christentum die *mano pantea* übernahm und als »Hand des Segens« bezeichnete.[3] Christliche Priester, Kaiser und Könige benutzten diese Geste, um zu segnen und die Verbundenheit mit ihrem Land anzudeuten.[4]

Der Daumen stand für das Kind oder die Seele des Kindes, die in vielen Märchen in der Figur des Däumlings symbolisiert ist. Der Zeigefinger verkörperte die Mutter. Er gab die Richtung an, lenkte und zauberte. Der Mittelfinger stand für den Vater und war über Jahrtausende hinweg bis in die heutige Zeit hinein ein Symbol für den Phallus.

Araber schnitten sich früher mit Hilfe eines Steinmessers eine Vene des Mittelfingers auf, wenn sie ein Gelübde ablegten. Dabei riefen sie, sie sollten zur Kastration verdammt sein, wenn sie ihren Schwur brächen.[5] Römische Strichjungen lockten ihre potentiellen Kunden, indem sie den Mittelfinger in ihr Kopfhaar schoben.[6] Wie alle anderen weitverbreiteten phallischen Symbole wurde auch der Mittelfinger von den christlichen Autoritäten mit dem Teufel verknüpft. Sie nannten ihn den *digitus infamis*, den »anstößigen Finger«. Wenn Folterknechte eine angeklagte Hexe danach fragten, welchen Finger sie erhoben habe, um den Teufelsschwur zu leisten, akzeptierten sie als einzige »richtige« Antwort darauf nur den Mittelfinger.[7] Es galt als ein Zeichen des Bösen, einen Ring am Mittelfinger zu tragen: offensichtlich lag dies an den mit dem Finger assoziierten sexuellen Bedeutungen.[8]

Merkwürdigerweise hat aber der Mittelfinger für das klassische Fingerzeichen des Teufels keinerlei Bedeutung. Die Fingerhaltung zeigt seinen »gehörnten Kopf«; dabei werden bei ausgestrecktem Zeigefinger und kleinem Finger der Mittel- und der Ringfinger heruntergeknickt und in der Handfläche vom Daumen festgehalten. Wegen der altbekannten, magischen Regel, daß ein Zeichen des Bösen auch als Abwehr des Bösen dienen kann, wurde diese Geste in Italien und auf dem Balkan häufig als Schutz gegen den bösen Blick eingesetzt. Dieses Zeichen scheint ebenso wie viele andere europäische Symbole auf symbolische Darstellungen der Kali Ma zurückzugehen, die in ihrer Manifestation als Jagadamba, »Mutter der Welt«, durch eine entsprechende Fingerhaltung, *mudra* (heilige Geste), versinnbildlicht wurde.[9] Wahrscheinlich stand dieses Zeichen für den gehörnten Kopf der heiligen Kuh, die Verkörperung der Kali Ma.

Am stärksten verehrt wurde die *mudra*, die für »Unendlichkeit« und »Vollkommenheit« stand und fast immer mit dem weiblichen Geschlechtsorgan assoziiert wurde. Daumen und Zeigefinger wurden dabei an ihren Spitzen zusammengeführt, die drei anderen Finger blieben ausgestreckt – das entspricht unserem modernen Zeichen für Okay.[10] Tantrische Yogis und Bodhisattvas kannten diese Geste als ein Zeichen für kontemplative Ekstase.[11] Persische heilige Amulette aus sassanidischer Zeit (3. Jh. v. Chr.) zeigen eine Hand in dieser Haltung, die von zwei Fruchtbarkeitshörnern flankiert ist.[12] Durch die Verbindung von Daumen und Zeigefinger ergibt sich die Form der *vesica piscis*, des uralten Symbols der Yoni. Die drei ausgestreckten Finger weisen dabei möglicherweise auf die Trinität der Großen Göttin hin.

Die WesteuropäerInnen übernahmen die Vorstellung, daß der Zeige- und der Mittelfinger für die Mutter bzw. den Vater stehen, von den Ägyptern, die ihren Mumien ein schützendes Amulett beilegten, das beide Elternteile anrief und »das Amulett der Zwei Finger« genannt wurde.[13] Der Zeige- oder »Mutter«-Finger besaß die stärkste Zauberkraft. Er war der Finger, der führte, auf etwas zeigte, herbeiwinkte, zur Aufmerksamkeit rief, segnete und verdammte.

Weil mittelalterliche ChristInnen den auf sie gerichteten Zeigefinger einer Hexe fürchteten, wird es heute noch als unhöflich angesehen, mit dem Finger auf andere Menschen zu zeigen. Außerdem gilt der wie eine Waffe hin und her geschwungene Zeigefinger als charakteristische Scheltgeste der Frau. Die tantrische Überlieferung kannte diesen Mutter-Finger als »den drohenden Finger«.[14] Dieser Finger war in allen indoeuropäischen Traditionen weiblich. Die Araber glaubten, im Zeigefinger verkörpere sich die Göttin **Fatima**, deren symbolische Hand immer noch als eine mystische Zusammenfassung »der gesamten islamischen Religion« verehrt wird.[15] Jüdische Patriarchen bestanden darauf, den bedrohlichen, verzaubernden Zeigefinger der Frauen durch den Hochzeitsring zu fesseln. Jüdisch-orthodoxe Frauen tragen den Hochzeitsring bis heute am Zeigefinger. Die Christen übernahmen ihren Brauch des Hochzeitrings dagegen von den Heiden. Nach heidnischer Vorstellung führte eine mystische »Liebesvene« vom vierten Finger der linken Hand direkt zum Herzen, weswegen gerade dieser Finger bei der Hochzeit gebunden werden mußte. Macrobius schrieb, der Hochzeitsring einer Frau solle an diesen Finger gesteckt werden, damit »die Gefühle des Herzens nicht fliehen«.[16]

Ein weit verbreitetes Vorurteil empfahl, abgeschnittene Nägel nach dem Schneiden sorgfältig zu beseitigen, damit die Fingernagelpaare nicht für einen böswilligen Zauber gegen ihren früheren Besitzer verwendet werden könnten. Skandinavische Mythen erzählen, daß das Schiff des Weltuntergangs, Naglfar genannt, aus den Fingernägeln toter Menschen gebaut sei. »Stirbt ein Mensch mit ungeschnittenen Nägeln, dann liefert er eine Menge Baumaterial für Naglfar« und läßt damit den Weltuntergang viel näher rücken.[17] Daher rührt der Brauch, Leichnamen die Fingernägel zu schneiden.

1. Graves, G. M., Kap. 53. 2. Gifford, 92. 3. Ashe, 206. 4. Strong, 90. 5. Johnson, 119. 6. G. R. Scot, 108. 7. Robbins, 106. 8. Budge, A.T., 304. 9. Rawson, A.T., 50. 10. Legman, 526. 11. *Larousse*, 365. 12. Budge, A.T., 126. 13. Budge, E. M., 55. 14. *Mahanirvanatantra*, 29. 15. Budge, A.T., 304. 16. Lys, 287f. 17. Branston, 278.

Firmament

Das hebräische Wort für Firmament bedeutete »eine Platte aus gehämmertem Metall«.[1] Manchmal wurde es auch »der eherne Himmel« genannt. Die Bibel übernahm die alte Vorstellung, nach der der Himmel den Boden einer riesigen Zisterne bildet, die das »Wasser über der Feste« (Genesis 1, 7), also den Regen, faßt.

Dieser Vorstellung des Altertums nach regnete es immer dann, wenn die Engel »die Fenster des Himmels« öffneten, um aus der gigantischen Zisterne Wasser abzulassen. Die Dächer kanaanitischer und früher jüdischer Tempel waren mit magischen Fenstern ausgestattet, die Nachbildungen der himmlischen Fenster sein sollten, denn in den Augen der Gläubigen stellte die gesamte Architektur eines Tempels eine Kopie des Kosmos dar und das nicht nur im symbolischen, sondern auch im wörtlichen Sinne. Wenn es regnen sollte, wurden die magischen Fenster geöffnet. Dies sollte zu einer entsprechenden Reaktion in der himmlischen Region führen.[2] Auf einer gleichartigen Vorstellung beruht auch die Erzählung der Bibel, nach der Gott, als er die Sintflut sandte, alle Fenster des Himmels gleichzeitig öffnete (Genesis 7, 11).

Die biblische Idee vom ehernen Firmament hatte ihren Ursprung im alten orientalischen Bild von dem am Zenit stehenden Haus des Voruna. Es war ein »Haus mit vielen Wohnungen«, ganz ähnlich der Beschreibung, die Jesus vom Himmel seines Vaters gab (Johannes 14, 2). Es besaß tausend Türen, durch die das Licht der himmlischen Regionen fiel, das die Menschen als Sterne sahen.[3] Die Verfasser der Bibel verwandelten diese Türen in die Fenster des Himmels.

1. Gaster, 6. 2. *Larousse*, 79. 3. Campbell, Or. M., 177.

Fisch

Das oval zugespitzte Zeichen der Yoni – bekannt als *vesica piscis*, Gefäß des Fisches – war ein über die ganze Welt verbreitetes Symbol für die Große Mutter. Es wurde mit »Fischgeruch« assoziiert, den die Hindus als Titel für die yonische Göttin benutzten, weil – wie sie sagten – die weiblichen Geschlechtsorgane nach Fisch röchen.[1] Die chinesische Große Mutter, Kwan-yin (Yoni aller Yonis) wurde häufig als Fischgöttin dargestellt.[2] Kali erschien als Verschlingerin von Shivas Penis in der Gestalt der Minaski, »die Fischäugige«, ähnlich wie die ägyptische Isis als Verschlingerin von Osiris' Penis zu Abtu, dem Großen Fisch der Meerestiefe wurde.[3]

Vesica piscis

Im Griechischen waren Fisch und Schoß Synonyme. Beide hießen *delphos*.[4] Das Delphische Orakel gehörte ursprünglich der Fischgöttin der Meerestiefe unter ihrem prähellenischen Namen Themis. Darstellungen zeigen sie häufig in der Verkörperung eines großen Fisches, Wales oder Delphins (*delphinos*). Der Zyklus, nach dem sie den Vater-Sohn verschlang und wieder zum Leben erweckte, ging in die Symbolik aller Religionen ein. So findet sich dieses Motiv bereits in der jüdischen Jonaslegende, aber auch beim klassischen »Knaben auf dem Delphin«. Nach Apuleius spielte die Göttin Aphrodite Salaci, »Schoß voller Fische«, die Rolle des Delphins.[5]

Ihr »Knabe« war Palaimon, die reinkarnierte junge Sonne, die wieder aufging, nachdem sie in denselben abgrundtiefen Schoß gesunken war, in den der sterbende Gott Herakles fiel.[6] Die Fisch-Göttin Aphrodite Salacia schenkte »Wollust«, wenn an ihrem heiligen Tag, dem Freitag, orgienartige Fisch-Essen veranstaltet wurden. Die Katholische Kirche übernahm den heidnischen Brauch, an diesem Tag Fisch zu essen, und stellte ihn als heiliges Fasten dar. Diese Umdeutung war jedoch ziemlich durchsichtig. Im Lateinischen hieß der Freitag *dies veneris*, der Tag der Venus oder des Liebens, bei den alten Germanen war es der Tag Freyas. Die Vorstellung vom Fisch als »Aphrodisiakum« ist auch heute noch weit verbreitet.

Die KeltInnen glaubten, daß das Essen von Fisch neues Leben in den Schoß der Mutter pflanzen könnte. Der keltische Heroe Tutan wurde in Gestalt eines Fisches von der Königin von Irland verzehrt, die ihn auf diese Weise neu empfing und ihm ein neues Leben schenkte.[7] Ein anderer Mythos brachte Fisch mit den geronnenen Klümpchen des »weisen Blutes« in Zusammenhang, das aus dem Mutterbaum und seiner heiligen Quelle im Reich der Feen strömte.[8] Diese Klümpchen wurden als die blutroten Nüsse der Göttin Boann bezeichnet, die dem in ihrer heiligen Quelle schwimmenden »Lachs der Erkenntnis« als Nahrung dienten. »Wenn Dichter und Geschichtenerzähler über irgendein schwieriges Problem schreiben, sagen sie oft: ›Hätte ich nicht den Lachs der Erkenntnis gegessen, fehlten mir jetzt die Worte.‹«[9]

Das Fischsymbol der yonischen Göttin fand die gesamte römische Kaiserzeit hindurch so große Verehrung, daß die christlichen Herrscher darauf bestanden, es zu übernehmen; dies geschah allerdings erst nach einer umfassenden Überarbeitung der überlieferten Mythen, durch die sorgfältig sämtliche das weibliche Geschlecht betreffenden Bedeutungen ausgemerzt wurden. Einige Christen behaupteten, daß der Fisch Christus repräsentiere, weil das griechische *ichthys*, »Fisch«, ein Akronym für »Jesus Christus, Sohn Gottes« war. Das Fischzeichen der Christen entsprach jedoch dem der Yoni oder der Himmelspforte der

Fisch

Großen Göttin: zwei Halbmonde, die eine *vesica piscis* formen. Das Christuskind wurde zuweilen in einer *vesica* abgebildet, die auf Marias Bauch gemalt war und offensichtlich Marias Schoß symbolisierte, was an die alte Symbolik der Großen Göttin erinnert.

Ein mittelalterlicher Hymnus nannte Jesus den »kleinen Fisch, den die Jungfrau in der Quelle fing«.[10] Maria wurde mit der jungfräulichen Aphrodite-Mari oder Marina gleichgesetzt, die alle Fische des Meeres gebar. In Aphrodites größtem Heiligtum auf Zypern wird Maria noch immer als Panaghia Aphroditessa verehrt.[11] Nach biblischem Verständnis meinte »Jesus, der Sohn Marias« das gleiche wie Jeschua, Sohn Marahs, oder Joshua, Sohn Nuns (Exodus 33.11); letzteres bedeutete ebenfalls Sohn der Fisch-Mutter. Die zahlreichen mesopotamischen Namen Marias wie Mari, Marriti, Nar-Marratu oder Mara wurden, wie in dem hebräischen *Mem*, durch ein Schriftzeichen ausgedrückt, das sowohl für »Meer« als auch für »Mutter« stand.[12] Der nächste im heiligen hebräischen Alphabet folgende Buchstabe war *Nun*, »Fisch«.

Ein anderer biblischer Name der Großen Göttin lautete Mehitabel. Sie war keine andere als die ägyptische Fisch-Mutter Mehit in hebräischem Gewand.[13]

1. Campbell, C. M., 13. 2. Goldberg, 98. 3. Campbell, Or. M., 149. 4. Briffault 3, 150. 5. Neumann, A. P., 6. 6. Graves, G. M., 70.h. 7. Spence, 94. 8. Briffault 2, 631. 9. Joyce 1, 439; Squire, 55. 10. Harding, 58. 11. Ashe, 192. 12. Hooke, M. E. M., 24. 13. Budge, D. N., 151.

Flidhais

Ein keltischer Name der Waldgöttin in Gestalt einer Hindin oder eines Rehs. Sie entsprach Diana, die in zahlreichen frühmittelalterlichen Ritterromanen in Gestalt der Weißen Hindin auftrat. Flidhais nährte die Heroen und führte sie in mystische Abenteuer. Wenn sie starben, trug sie die Helden in das Reich der Feen, das die Skandinavier Hinderfjall (Hirsch-Berg) nannten.[1] Oft wuchsen ihnen dort Hörner, und sie wurden zu Gehörnten Göttern.

1. Turville-Petre, 199.

Fliege

Die Fliege war in vielen alten Religionen ein volkstümliches Symbol für die Seele. Es entstand aus der archaischen Glaubensvorstellung, daß Frauen durch das Verschlucken einer Fliege Kinder empfangen könnten, denn Fliegen galten als Träger der Seelen von noch nicht lange verstorbenen Personen. Die jungfräulichen Mütter keltischer Heroen wie Etain oder **Cuchulain** waren auf diese Weise schwanger geworden.[1] Die GriechInnen glaubten, daß eine Seele als Insekt vom einen ins nächste Leben wechselt. Das eigentliche Wort für Seele, *Psyche*, bedeutete Schmetterling. Im Mittleren Osten wurde **Baal-Zebub** oder Beelzebub der »Herr der Fliegen« genannt, weil er ein **Psychopompos** war, sein Titel ihn also in Wirklichkeit als den Herrn der Seelen kennzeichnete.

Hinter diesen Vorstellungen standen archaische Denkweisen aus der Zeit vor der Entdeckung der Vaterschaft, als die Menschen eine Reihe unfertiger Theorien entwickelten, mit denen sie das Geheimnis lüften wollten, wie ein Fötus in den Bauch der Frau gerät.[2]

1. Spence, 95f. 2. Neumann, A. C. U., 11; Stone, 11.

Flora

Eine römische Göttin des Frühlings, »die Blühende«. Sie wurde alljährlich beim Fest des ersten Maitages, dem Floralia-Fest, geehrt. Lactantius bemerkte mit Abscheu, daß Flora »eine Herrin der Freuden« sei, aber sie spielte in der römischen Religion eine bedeutende Rolle. Vereinzelt wurde behauptet, ihr Name sei der geheime Name der Seele Roms gewesen.[1]

Lactantius Firmianus
(ca. 250–330 n. Chr.) Ein früher Kirchenschriftsteller und Kirchenvater; er war Erzieher des Krispus, des ältesten Sohnes von Konstantin dem Großen.

Der heilige Augustinus und andere Kirchenväter verabscheuten Flora und ihr Fest, weil es ihrer Ansicht nach nichts anderes als eine unzüchtige Orgie war, in deren Mittelpunkt Nackttänze und promiskuitive Bräuche standen.[2]

1. J. H. Smith, D. C. P., 225. 2. G. R. Scott, 68.

Fluch einer Mutter

Nach alter asiatischer Überzeugung bedeutete der Fluch einer Mutter den sicheren Tod. Jeder Tod kam von dem vernichtenden Wort der Göttin, da auch jede Geburt durch ihr erschaffendes Wort geschah. Durch die Mutterschaft konnte jede Frau an der verbalen Macht der Göttin teilhaben. Im Markandaya Purana steht: »Gegen jeden Fluch gibt es ein Gegenmittel, aber es gibt nirgendwo etwas, was den Fluch derer aufheben kann, die von einer Mutter verwünscht worden sind.«[1] Vergleichbar damit war die Freude der biblischen Hanna, als sie Mutter wurde: »Weit öffnet sich mein Mund gegen meine Feinde« (1. Samuel 2, 1), denn die Mutterschaft gab ihren Flüchen eine unbezwingbare Stärke.

Homer erzählt die Geschichte von Meleagros, der von seiner Mutter verflucht wurde, weil er ihre Brüder ermordet hatte. Sie fiel auf ihre Knie, schlug die Erde mit den Fäusten und beschwor die unterirdische Göttin. »Und die wütende grause Erinnys / hört' aus dem Erebos sie, das nachtdurchwandelnde Scheusal.«[2] Die Furie sagte Meleagros Mutter, sie solle seine Seele in Form eines Holzscheits verbrennen, so daß er von einem Fieber befallen wurde und bald darauf starb.[3]

Hexerei dieser Art war nicht einmal notwendig, schon der Fluch allein konnte töten. Das griechische Wort für die Folgen einer Verfluchung durch eine Mutter war *miasma*, eine Art spiritueller Vergiftung, die langsam aber sicher die Vernichtung brachte. Ein *miasma* konnte die Mitglieder einer Familie viele Generationen lang verfolgen. Die tragische Familiengeschichte des Orest kann auf einen Fluch zurückgeführt werden, der von der Göttin Artemis selbst auf seinen Vorfahren Atreus gelegt worden war. Dieser hatte es gewagt, ihr Goldenes Vlies von einem Lamm, das sie geschickt hatte, zurückzubehalten, um seine Herrschaft zu festigen.[4]

Auch männliche Götter stießen Flüche aus, von denen manche wirklich spektakulär waren, zum Beispiel die, mit denen Jahweh all die bedrohte, die ihm nicht gehorchten: eine Kombination von Pest, Schwindsucht, Fieber und Brand, Glut und Trockenheit, Versengung und Vergilbung, ägyptischen Geschwüren, Beulen, Krätze und Grind, Wahnsinn, Blindheit und Irresein, Sklaverei und Unfruchtbarkeit des Bodens (Deuteronomium 28). Trotzdem scheinen die Flüche Gottes nicht soviel Schrecken heraufbeschworen zu haben wie die der Göttin oder Mutter.

Das schreckenerregende Mittel des weiblichen Fluchs war das **Menstruationsblut**; im Englischen wird die Menstruation immer noch als *the curse*, »der Fluch«, bezeichnet. »Verdammen« hängt mit dem hebräischen Wort *dam* zusammen, »Blut«, vor allem Mutterblut, die Flüssigkeit der Gebärmutter, durch das nach uralter Vorstellung die Seele gebildet wurde – und auch wieder zerstört. *Dam* war auch ein Synonym für »Mutter« (*Ma-dame* also »meine Mutter«). Ältere Frauen nach der Menopause wurden, der uralten Theorie zufolge, daß sie ihr »weises Blut« in sich behielten, für die mächtigsten Urheberinnen von Flüchen gehalten. Durch dieses Blut erhielten sie die übernatürliche Kraft, ihre Worte wahr werden zu lassen.[5] Deshalb gab es im Europa des Mittelalters den Glauben, jeder Zauber, der irgendwie mit Menstruationsblut zusammenhing, sei übermächtig. Und deshalb wurden gerade ältere Frauen als Prototypen der Hexen angesehen, deren Worte oder sogar Blicke Schrecken erregten.

Die Kirchenväter warben sogar Konvertiten mit der Versicherung an, daß der christliche Glaube stark genug sei, um den Fluch einer Mutter auszulöschen, den schlimmsten und mächtigsten Fluch, den die Männer kannten. Der heilige Augustinus berichtet, daß mehrere Kinder, die von ihren Müttern verflucht worden waren, mit Schwäche und Zittern geschlagen worden seien, aber nachdem der heilige Stephanus die Kinder bekehrt hatte, wurden sie vollständig von den Folgen des Fluches geheilt.[6]

Die Weisen des Ostens glaubten, die weibliche Macht über den Fluch müsse nicht in erster Linie dadurch geschwächt werden, daß ihr die patriarchalische Religion gegenübergestellt wurde, sondern indem die Frauen gut behandelt wurden, so daß sie nicht auf die Idee kämen, ihre zerstörerische Macht anzuwenden. Die Gesetze des Manu sagten:

Gesetze des Manu Nachvedische Abhandlung über das heilige Gesetz, geschrieben oder zusammengetragen etwa zwischen dem 2. Jahrhundert v. Chr. und dem 2. Jahrhundert n. Chr.

> *Die Frauen müssen von ihren Vätern, Brüdern, Ehemännern und Schwägern, die ihr Wohlergehen im Sinn haben, geehrt und verehrt werden. Wo Frauen geehrt werden, da sind die Götter zufrieden, aber wo sie nicht geehrt werden, nützen keine heiligen Riten. Wo die weiblichen Verwandten in Elend leben, wird die Familie bald ausgelöscht sein, aber die Familie, wo sie nicht unglücklich sind, die wird ewig blühen und gedeihen. Das Haus, auf das weibliche Angehörige, die nicht pflichtgemäß geehrt werden, einen Fluch legen, wird vollkommen untergehen, als ob es durch Magie zerstört worden sei.*[7]

Dieser Rat kam von einem Ort, den die nördlichen ArierInnen Mutspellheim nannten, die Heimat der Verfluchung durch die Mutter, in »den heißen Ländern des Südens«. Nach den skandinavischen Prophezeiungen über das **Weltgericht**, würde der Mutspell, der Fluch der Mutter, auf die grausamen patriarchalischen Götter fallen, welche die alten

Stammesbindungen und moralischen Regeln mißachteten und stattdessen eine grausame Kriegsführung erfunden hatten. Das Resultat dieses Fluches würde der Tod aller Götter sein, die Götterdämmerung. Deshalb sah es so aus, als ob das zerstörende Wort der Mutter, Mutspell, das Ende der Welt bedeute.[8]

Die Schriften der christlichen Gnosis verweisen auf denselben Glauben an eine Vernichtung der Welt durch den Fluch einer Großen Mutter, die die Grausamkeiten der Götter, die sie erschaffen hat, leid ist. In ihrem Zorn wird die Göttin eine Große Macht von dort senden, »wo das Firmament der Frau gelegen ist«, der gnostischen Entsprechung von Mutspellheim. »Dann wird sie die Götter des Chaos vertreiben, die sie zusammen mit dem ersten Vater geschaffen hatte. Sie wird sie in den Abgrund stürzen. Sie werden von ihrer eigenen Ungerechtigkeit fortgefegt werden.«[9]

Im allgemeinen war in den Mythen der Fluch der Mutter unerläßlich für die Vernichtung eines Gottes, auch der Erlöser-Söhne, von denen die meisten vor ihrer Opferung feierlich verflucht wurden.[10] Da der Fluch einer Mutter durch nichts abgewendet werden konnte, luden die Henker, die in den uralten Dramen von Tod und Auferstehung das Töten des Opfers erledigten, keine Schuld auf sich. Die Mythologie drückt die archetypische Vorstellung aus, daß eine Frau, die gebiert, eine unbegrenzte Macht über das so gegebene Leben besitzt und daß die Kontrolle über die Dauer dieses Lebens ebenfalls bei ihr liegt.

Deshalb benutzten Todesflüche in der Regel weibliche Symbole. Typisch war der Fluch des »schwarzen Fastens«, für den ein schwarzes Huhn benötigt wurde; es war der Königin der Schatten, der zerstörerischen Zwillingsschwester der Weltei-Mutter, geweiht. Der Fluch wurde vollzogen, indem die Ausführende und das Huhn gemeinsam fasteten, neun Wochen lang jeden Freitag (das waren Zahl und Tag der Göttin). Danach starb der Verfluchte mit Sicherheit.[11]

1. O'Flaherty, 68. 2. Homer, Ilias, IX, 571 f. 3. Graves, G. M., 80.pass.
4. Ebd. 2, 44. 5. Gifford, 26. 6. Jacobus d.V., 57. 7. Bullough, 232 f.
8. Turville-Petre, 281 ff. 9. Robinson, 178. 10. Budge, G. E. 2, 253.
11. Leland, 137.

Flugsalbe

Eine in ihrer Wirkung dem Eisenhut ähnliche Droge war vermutlich für jene Berichte über Hexen verantwortlich, nach denen sie gemeinsam mit der heidnischen Göttin Diana durch die Luft flogen und zwischen Sonnenuntergang und Tagesanbruch weite Entfernungen zurücklegten.[1] Der Dominikanermönch Pater Nidar berichtete, daß zwei seiner Glaubensbrüder den Flug einer Hexe zum Sabbat beobachtet hätten. Später entpuppte sich dieser angebliche Flug als reiner Drogentrip. Die »Hexe« hatte ihren Körper mit einer Salbe eingerieben und sich in einen Backtrog gelegt, woraufhin sie in ein Delirium fiel, sich hin und her warf und etwas über Venus und den Teufel murmelte. Als sie wieder zu sich kam, sagten ihr die Mönche, sie sei zu einem Treffen von Teufeln und Hexen geflogen. Einem anderen Bericht zufolge rieb der Chefastrologe von Papst Julius III. bei einem Experiment eine Frau mit

Professor H. S. Clarke war der Verfasser eines Anhangs zu Margret Murrays 1921 erschienenem Buch Witch Cult in Western Europe [Hexenkult in Westeuropa]

Hexensalbe, einer Mixtur aus Schierling, Alraune, Bilsenkraut und Tollkirsche ein. Die Frau fiel in ein Koma, das 36 Stunden andauerte und ihr zahlreiche Halluzinationen bescherte.[2]

Professor H. S. Clarke erwähnte erst kürzlich, daß viele der von den Hexen benutzten Drogen als Verursacher solcher Effekte bekannt gewesen seien. Eisenhut hemmt den Herzschlag und ruft sonderbare Gefühle hervor, wie z. B. Schwindel oder auch das Gefühl des Fliegens. Die Tollkirsche führt zum Delirium. Bilsenkraut verursacht Erregung und Lähmung. »Durch das Einreiben der Haut mit solchen Salben wird jede physiologische Empfindung intensiviert.« Diese Drogen also machten die »Zauberkraft« der Hexen-Flugsalbe aus, und nicht das Fett gekochter Kinder, das Geistliche für die wesentliche Zutat hielten.[3] Die römischen Hexen benutzten als Lösungsmittel für ihre Flugsalbe Öl. Lucian berichtete von einer Frau, die sich in einen Nachtreiher verwandelte und aus dem Fenster flog, nachdem sie ihren Körper mit geweihtem Öl eingerieben hatte.[4] Der Flug in den Himmel war ein elementarer Bestandteil aller okkulten Initiationsriten. Der Aufstieg konnte durch Einsalben des Körpers oder durch den Verzehr des göttlichen Leibes herbeigeführt werden. Ein Eingeweihter konnte z. B., indem er das Fleisch des Osiris in Form von Brot zu sich nahm, zu Osiris werden, in den Himmel aufsteigen und »in einem winzigen Augenblick grenzenlose Entfernungen zurücklegen, für die ein Mensch normalerweise Millionen und Hunderttausende von Jahren brauchte«.[5]

Obwohl die Vorstellung, durch das Essen des Leibes Gottes zum Himmel aufzusteigen, auch einen zentralen christlichen Glaubensinhalt bildete, erklärte die Kirche den Glauben, daß dies ein Lebender auch mit Hilfe eines nicht-christlichen Gottes schaffen könne, zur Sünde. In der ersten Hälfte des Mittelalters behauptete die Kirche noch, daß Hexenflüge reine Einbildung wären, weshalb es Ketzerei sei, sie für echt zu halten. Nachdem die Inquisition aufgekommen war, behauptete die Kirche allerdings, Hexenflüge wären Wirklichkeit und es sei Ketzerei, sie für Einbildung zu halten.

Die frühere Ansicht war um 900 n. Chr. durch den Sekretär des Trierer Erzbischofs in einem Episkopalkanon schriftlich niedergelegt worden. Das Dokument wurde als ein Kanon des im 4. Jahrhundert abgehaltenen Konzils von Ancyra [der Name des alten Ankara] ausgegeben. Der Nachweis dieser Fälschung gelang Jahrhunderte später. Der Kanon riet den ChristInnen, den »dämonischen Fantasien« zu widerstehen, die einige Frauen zu der irrigen Annahme verführten, sie flögen mit der heidnischen Göttin Diana durch den Nachthimmel.[6] Als die Meinung der Kirche im 13. Jahrhundert umschlug, waren plötzlich diejenigen, die den Flug der Hexen anzweifelten, »aus Mangel an echter Ehrfurcht vor unserer Mutter Kirche sündig«.[7]

Eine Fülle von »Belegen« aus der Folterkammer der Inquisition unterstützten die nützliche Theorie vom Hexenflug. Sie wurde als Grund dafür herangezogen, daß niemand jemals die riesigen Versammlungen des Hexensabbat, zu dem sich TeilnehmerInnen angeblich aus weitesten Entfernungen zusammenfanden, gesehen hatte.[8] Außerdem lieferte diese Theorie eine Begründung für die Selbstmorde der Opfer in den

Gefängnissen, die, um weiteren Folterungen zu entgehen, so lange ihre Köpfe gegen die Zellenwände schlugen, bis sie starben. Der Inquisitor Bodin behauptete, daß sich die Hexen, die zwischen den Sitzungen in der Folterkammer nicht gefesselt waren, oftmals gegen die Wand würfen und dabei ihr Genick brächen, weil sie versuchten, mit Diana oder Minerva davonzufliegen.[9]

Viele Frauen gestanden unter der Folter, zur Herstellung ihrer Flugsalbe Kinderleichname ausgegraben zu haben. Bei einem Vorfall in Lindheim bekannten sich sechs Frauen zu diesem Verbrechen und wurden zum Tod auf dem Scheiterhaufen verurteilt. Die Familie einer der Frauen ordnete eine Untersuchung des in Frage kommenden Grabes an. Die Leiche des Kindes war unversehrt. Die Inquisitoren erklärten gewandt, der Teufel habe den Körper wieder zusammengesetzt, um Verwirrung zu stiften. Planmäßig wurden die Hexen verbrannt.[10]

1. Sprenger & Institoris, 104. 2. Castiglioni, 249f. 3. Robbins, 364, 366. 4. Budge, E. M., 204. 5. Budge, B. D., 499. 6. J. B. Russell, 76. 7. Robbins, 74, 514. 8. Arens, 185. 9. Scot, 16. 10. Castiglioni, 249.

Flüstern

Die Alten glaubten, daß Gespenster und Geister nur flüsternd sprechen könnten. Da sie ihres Körpers entbehren mußten, konnten die Toten keine Kehlkopflaute hervorbringen; nahezu alle übernatürlichen Wesen sollten an ihrer Flüsterstimme erkennbar sein. Bei der Bibelstelle, in der Gott mit einem »sanften, leisen Säuseln« (1. Könige 19, 12) zu Elias spricht, handelte es sich um die Fehlübersetzung eines Ausdrucks, der wörtlich »ein leises Flüstern« bedeutete.[1]

Weitere biblische Parallelen bieten Hiob 4, 16, wo das gleiche Wort als »leise Stimme« übersetzt wurde und Jesaja 29, 4: »... wie eine Geisterstimme aus der Totenwelt werdet ihr aus dem Staube heraus wispern.« Diese Textstellen lassen das alte Verfahren eines »Geist-Mediums« erkennen, das vorgab, mit den Toten in Verbindung zu stehen. Wenn es den Geist eines Verstorbenen verkörperte, flüsterte es, damit die Stimme nicht erkannt werden konnte.

In einer mittelalterlichen deutschen Legende regierte die Dreifache Göttin ein Totenreich, das Wisperthal genannt wurde. Seinen Mittelpunkt bildete ein verzaubertes Schloß mit einem Spiegelsaal -- vielleicht ein Anklang an das Märchen vom gläsernen Berg. Drei unschuldige junge Burschen drangen einst in dieses Tal ein und trafen die Göttin in ihren verschiedenen Aspekten in der Gestalt von drei wunderschönen jungen Mädchen, drei schrecklichen alten Frauen und drei Todes-Raben. Sie entkamen diesem unheimlichen Tal nur mit knapper Not, retteten das nackte Leben und schworen, niemals dorthin zurückzukehren.[2]

1. Hooke, S. P., 57. 2. Guerber, L. R., 219.

Flut

Die biblische Geschichte von der Sintflut war eine späte Variante eines großen Mythenkreises über eine verheerende Sturmflut. In der alten Welt war überall irgendeine Version dieses Mythos bekannt. Der sumerische Held Ziusudra z. B. erbaute schon Tausende von Jahren vor der Niederschrift der Bibel eine Arche. In Akkadien hieß der Held der Flut Atrakhasis. Sein babylonischer Name lautete Uta-Napishtim. Er war der einzige Sterbliche, der unsterblich wurde. In Griechenland war es Deukalion, der die Erde nach der großen Flut neu bevölkerte. Dabei halfen ihm seine Gemahlin Pyrrha und Themis, die Große Göttin der Wasser. Der armenische Held hieß Xisuthros – eine Abwandlung des sumerischen Namens Ziusudra. Seine Arche strandete auf dem Berg Ararat.[1]

Nach der frühesten Überlieferung, einer chaldäischen Version der Erzählung, befahl der Gott dem auserwählten Helden der Flut: »Baue ein Schiff und statte es mit allem Notwendigen aus. Ich will eine Sintflut senden, die alle Dinge und alles Leben vernichtet. Du sollst in das Schiff gehen und von allem Lebendigen etwas mitnehmen.« Anschließend folgten technische Angaben: Die Arche sollte 600 Ellen (cubiti) lang und 60 Ellen breit sein. Auf seine Außenwände sollten dreimal je 3600 Maß Erdharz gestrichen werden und die gleiche Menge in das Innere. Dreimal 3600 Lastenträger brachten 3600 Proviantkisten auf das Schiff, von denen 3600 Kisten für die engste Familie des Helden bestimmt waren, während »die Matrosen zweimal 3600 Kisten unter sich aufteilten«.[2] Noahs Arche scheint, verglichen mit den früheren, grandiosen Ausmaßen, klein gewesen zu sein.

Cubiti
Pluralform des lateinischen *cubitum*, »Ellenbogen«; dieser Ausdruck bezeichnet die durchschnittliche Länge eines Armes von der Spitze des Mittelfingers bis zum Ellenbogen (etwa 46 cm) und entspricht einer Elle.

Assurbanipal
(etwa 669–630 v. Chr.) König von Assyrien, Heerführer und Staatsmann. Er schuf in Ninive eine große Bibliothek von Texten in Keilschrift, die im 19. Jh. n. Chr. von Archäologen entdeckt wurde.

Schon 1872 übersetzte George Smith die Zwölf Tafeln der Schöpfung aus der Bibliothek des Assurbanipal und entdeckte dabei die frühere Version des Flutmythos.[3] Eine der Einzelheiten, die die christliche Lehre zu unterschlagen versuchte, war, daß der Gott der Flut mit seiner Tat eine Ungehorsamkeit gegenüber der Großen Mutter beging; denn sie wollte nicht, daß ihre irdischen Kinder ertranken. Die Mutter Ishtar verhängte eine schwere Strafe über den ungehorsamen Gott. Sie verfluchte ihn mit ihren »mächtigen Blitzen« und setzte ihren magischen Regenbogen an den Himmel, wo er dem Gott den Zugang zu den Opfern versperrte, die ihm auf den irdischen Altären geweiht wurden. All das tat sie, »weil er unbesonnen die Sturmflut herbeigerufen und mein Volk der Vernichtung preisgegeben hat«.[4]

Die Verfasser des Alten Testaments übernahmen zwar andere Einzelheiten des alten Flutmythos, konnten aber niemals zulassen, daß ihr Gott von der Großen Hure Babylon wie ein freches Kind bestraft wurde, das von der verärgerten Mutter ohne Abendbrot ins Bett geschickt wird. Also wandelten sie Ishtars Regenbogensperre in ein »Zeichen des Bundes« um, das Gott selbst freiwillig an den Himmel setzte (Genesis 9, 13).

Das Tal von Euphrat und Tigris war mehreren schrecklichen Flutkatastrophen ausgesetzt. Eine blieb besonders lange in Erinnerung. GeologInnen haben sie mit dem Vulkanausbruch in Verbindung gebracht, der die Insel Thera (Santorin) auseinanderriß und die kretische Zivilisation vernichtete. Als Sir Leonard Woolley die alte Stadtanlage von Ur freilegte, fand er eine etwa zweieinhalb Meter dicke Sandschicht, die keine Siedlungsspuren aufwies – ein Hinweis auf eine riesige Flut.[5] Es lag nahe, eine solche Flutkatastrophe für das Wasserchaos zu halten, das nach dem Glauben aller indoeuropäischen Völker die Welt am Ende ihres Laufs verschlingt und aus dem im Schoß der Gestaltlosen Mutter eine neue Welt entsteht.[6] Die Arche und ihre Fracht verkörperten den Keim des Lebens. Er überdauert die Periode des Chaos, die mit der Zerstörung des alten Universums beginnt und mit der Geburt des neuen endet. Selbst in der Bibel wurde die »Geburt« durch die yonische Taube der Großen Göttin angekündigt (Genesis 8, 12).

In der gnostischen Literatur blieb die ältere Version erhalten, die den Flutgott als den bösen Vernichter der Menschheit und die Große Göttin als deren Retterin ansah. Weil sich die Menschen weigerten, nur ihn allein zu verehren, sandte der eifersüchtige Jehovah die Flut, um alles Leben auszulöschen. Glücklicherweise widersetzte sich ihm die Große Göttin, »und Noah und seine Familie wurden durch das Funkeln des Lichts, das von ihr ausging, in einer Arche gerettet, und dadurch füllte sich die Welt von neuem mit Menschen«.[7]

Diese gnostische Auslegung ging sowohl auf babylonische wie auf hellenische Quellen zurück. Die GriechInnen erzählten, die Urmutter des Meeres, Themis, habe Deukalion und seiner Gemahlin das geheime Wissen (»Licht«) verraten, wie sie aus Steinen, den »Knochen ihrer Mutter«, d. h. der Erde, Menschen erschaffen könnten.[8] Das Verwandeln von Steinen oder Knochen in Menschen war ein weit verbreitetes Wunder. Jesus erwähnte es, und der Gott Ezechiels behauptete, es im Tal der Toten vollbracht zu haben.

1. Graves, G. M., 38.4; Hooke, M. E. M., 130. 2. Lethaby, 239. 3. Ceram, 314. 4. *Assyr. & Bab. Lit.*, 357; *Gilgamesh*, 112. 5. Ceram, 353. 6. Woodroffe, 233. 7. Pagels, 55 (dt. 101). 8. Graves, G. M., 38.d.

Focus

Das lateinische Wort für »Herd«, den ersten Altar und Mittelpunkt des frühen Stammeslebens.[1] Die Göttin des *focus* war Vesta (die griechische Hestia), deren Priesterinnen ein immerwährendes Feuer unterhielten, das untrennbar mit der Seele Roms verknüpft war. Dem Glauben nach lag im Altar der Vesta das Zentrum des Universums. Ihr Kult wurzelte in der neolithischen Vorstellung von der lokalen Kraft der Mutter, die vom Zentrum des Sippenhauses ausstrahlt. Die Matriarchin war die höchste Priesterin, und alle religiösen Zeremonien konzentrierten sich um ihren Herd.[2]

1. Funk, 353. 2. Potter & Sargent, 201.

Folter

Im Mittelalter wurde die Folter zur allgemeinen Begleiterscheinung der Rechtsfälle, die mit Glaubensdingen zu tun hatten. Die überlieferte vorchristliche Rechtsprechung lehnte den Gebrauch der Folter ab und erachtete einen Angeklagten so lange für unschuldig, bis seine Schuld sich durch die Strafverfolgung erweisen ließ.[1] Christliche Kreuzritter und Inquisitoren kehrten dieses Verfahren um. (Siehe **Inquisition**.) Der Gebrauch der Folter durch die Inquisition machte jeden Beweis der

Unschuld unmöglich. Gibbon sagte: »Keine Macht der Welt konnte den Gefangenen retten, er war verdammt.« Der Augenzeuge der Inquisition Weyer schrieb, daß ihre Opfer »mit den raffiniertesten Foltern gequält wurden, die die Tyrannen überhaupt zu ersinnen vermochten und die kein Mensch ertragen konnte. Und diese Grausamkeit wurde fortgesetzt, bis die Unschuldigen nicht mehr umhin konnten, sich für schuldig zu erklären.«[2]

Die Berichte der wenigen Überlebenden malten ein grausiges Bild der Aktivitäten der Inqusition; sie waren derartig unvorstellbar, daß ihnen mitunter nicht einmal die Zeitgenossen Glauben schenkten. Eine Frau, die 1637 in Eichstätt arrestiert wurde, »lachte herzlich«, als man ihr am ersten Tag ihres Prozesses vorwarf, sie hätte Umgang mit dem Teufel gepflegt. Sie sagte, sie würde lieber sterben, als sich selbst solcher Dinge zu bezichtigen; sie hätte mit ihrem Mann und ihren acht Kindern zwanzig Jahre lang ein unbescholtenes Leben geführt. Drei Wochen später starb sie unter der Folter, nachdem sie eingestanden hatte, daß sie den Teufel liebte und auf seinen Wunsch eines ihrer Kinder getötet hätte, und daß mindestens 45 ihrer NachbarInnen gleichfalls SatansanbeterInnen wären.[3]

Gegen die Foltermaschinen der Inqusition hatten nicht einmal die Heiligsten eine Chance. Im 16. Jahrhundert erfreute sich Magadalena de la Cruz als Äbtissin des Konvents von Santa Isabela in Cordova »wegen ihres einer Heiligen gemäßen Lebens eines besonders guten Rufes«. Trotzdem wurde sie angezeigt, verhaftet und gestand bald, daß sie mit der Hilfe zweier bekannter Dämonen, Balbar und Pithon, Hexerei praktiziere.[4]

Der Grundsatz der Inquisitoren war, so lange mit der Folter fortzufahren, bis das Opfer viele »Komplizen« genannt hatte; diese wurden dann auch verhaftet und gefoltert, bis weitere Namen genannt wurden – schließlich konnte so festgestellt werden, daß ein ganzer Landstrich von der Ketzerei »verseucht« war. Eine Frau sagte zu ihrem Beichtvater: »Ich habe mir niemals träumen lassen, daß ein Mensch durch die Folter dazu gebracht werden könnte, solche Unwahrheiten zu erzählen, wie ich sie erzählt habe. Ich bin keine Hexe und ich habe den Teufel niemals gesehen, und doch mußte ich mich schuldig bekennen und andere beschuldigen.« Ein Pfarrer drängte eine verurteilte Hexe, ihre Denunziation unschuldiger Menschen zurückzunehmen, aber sie antwortete: »Vater, schauen Sie sich meine Beine an! Sie brennen wie Feuer, so schrecklich sind die Schmerzen. Ich könnte es nicht einmal ertragen, von einer Fliege berührt zu werden; die Vorstellung, weiterhin gefoltert zu werden, ist fürchterlich. Ich möchte lieber hundertmal sterben, als noch einmal solch schreckliche Qualen erleiden zu müssen. Ich kann keinem Menschen beschreiben, wie entsetzlich der Schmerz wirklich ist.«[5] Solche Foltern wurden »umfassend, sadistisch und anhaltend eingesetzt und vermochten mit Ausnahme der heldenhaftesten Seelen jeden Menschen zu zerbrechen«.[6]

Weyer diente als Arzt in einem Hexen-Gefängnis und berichtete aus unmittelbarer Anschauung von Frauen, die »durch häufige Folter« halb wahnsinnig geworden waren. Sie wurden »über lange Zeit in dem

Schmutz und der Dunkelheit ihrer Verliese festgehalten … und ständig herausgezerrt, um grausamen Qualen unterzogen zu werden. Am Ende hätten sie diese bittere, unerträgliche Existenz jeden Augenblick von Herzen gerne mit dem Tode vertauscht und waren bereit, lieber jedes Verbrechen, das man ihnen unterstellte, zu gestehen, als wieder in die scheußlichen Verliese zurückzukehren und erneute Foltern auszustehen.« Der Jesuit und Beichtvater der Inquisition Friedrich von Spee, der ebenfalls in den Gefängnissen arbeitete, schrieb: »Jeder Widerruf ist vergeblich. Wenn sie nicht bekennt, wird die Folter wiederholt, zweimal, dreimal, viermal. Bei ›außergewöhnlichen‹ Verbrechen wird die Folter mit grenzenloser Dauer, Härte und Häufigkeit eingesetzt. … Eine Hexe kann sich niemals reinwaschen. Die Untersuchungsbeamten würden sich beschämt fühlen, wenn sie eine Frau, die einmal verhaftet und in Ketten gelegt war, freilassen müßten; sie muß schuldig sein, ob zu Recht oder zu Unrecht.«[7]

Dem mag die *lex ripuaria*, das alte Gesetz der Rheinfranken, gegenübergestellt werden: Jeder Mann, der eine Frau – aus welchem Grund auch immer – umgebracht hatte, wurde mit einer derartig empfindlichen Geldbuße belegt, daß seine Nachkommen bis in die dritte Generation damit belastet waren.[8]

Die Mutterschaft war eine deutliche Belastung für Frauen, die in die Hände der Inquisition fielen. Bodin empfahl, Kinder durch »geschickte Behandlung« zu Aussagen gegen ihre Mütter zu bringen. Weil Kinder sehr empfindlich auf die Folter reagierten, wurde es zur Regel, sie unverzüglich und ohne vorherige Wartezeit zu foltern. Derartig hervorgelockte Aussagen von »Kindern« – und das bedeutete Kinder unter zehn Jahren – wurden von der Inquisition ohne weiteres anerkannt. Obgleich solche Aussagen in anderen Prozessen nicht zulässig waren, konnten Mütter in Inquisitionsprozessen auf diese Weise der Hexerei überführt werden.[9]

Die Gesetze der Hexenverfolgung erlaubten keinen Widerruf des Geständnisses nach der Folter. Diejenigen, die versuchten, ihre Bekenntnisse zu widerrufen, wurden wiederum in die Folterkammer gebracht und erneut gefoltert; zum einen, um sie von ihrem Widerruf zu reinigen und zum andern, um ihnen erneut ein »wahres Geständnis« zu abzupressen. Jedes Anzeichen von Angst galt – ebenso wie die Denunziation durch ein anderes Opfer der Folter – als Schuldbeweis. Im Jahre 1597 gelang es der 69jährigen Clara Geissler, den Daumenschrauben zu widerstehen, aber nachdem man ihr die Füße ausgerenkt und gequetscht hatte, gestand sie alles und beantwortete alle ihr vorgelegten Fragen. Als die von ihr denunzierten Personen verhaftet und ebenfalls gefoltert worden waren, schaffte man Clara in die Folterkammer zurück, um auch deren Geständnisse zu bestätigen. Sie wurde mit »der größten Härte« gefoltert und starb. Das Protokoll hielt fest, der Teufel habe ihr den Hals umgedreht.[10]

In manchen Fällen des Widerrufs ging das Gericht ohne weiteres davon aus, daß das Geständnis wahr und der Widerruf ein Meineid sei. Das Opfer wurde dann für rückfällig und unbußfertig erklärt und dem Scheiterhaufen überantwortet.[11]

Die Inquisitoren wurden in ihren Handbüchern angewiesen, falsche Gnadenversprechen zu geben, um Willfährigkeit und ein Geständnis zu erreichen.[12] Allerdings war es nicht nötig, einer angeklagten Hexe gegenüber ein solches Versprechen zu halten. Wenn eine der Hexerei bezichtigte Frau alles gestanden, der Ketzerei abgeschworen und sich der Gnade des Gerichtes überantwortet hatte, wurde sie troztdem aufgrund zweier Anklagepunkte zum Tode verurteilt und ihrer Hinrichtung zugeführt: (1) wegen des »zeitlichen Schadens«, den sie verursacht hatte, und (2) wegen der Wertlosigkeit ihres Geständnisses, das sie nicht aus wahrer Reue, sondern aus »Angst vor dem Tode« abgelegt hatte.[13] Dasselbe wertlose Geständnis war allerdings ein legaler Grund für die Hinrichtung.

Das Leugnen der Schuld war nutzlos, selbst wenn das Opfer unter der Folter standhaft blieb. Le Sieur Bouvet erklärte, daß »das Leugnen der Schuld durch eine Gefangene ein besonders guter Grund für die Fortsetzung der Folter war«. In Limborchs *Geschichte der Inquisition* hieß es, es sei einfach, aus »denen, die am unschuldigsten sind« durch die Folter ein Geständnis herauszupressen. Cornelius Loos zufolge wurden »die armen Wesen durch die Härte der Folter gezwungen, Dinge zu gestehen, die sie niemals getan hatten. So wurden unschuldige Leben durch grausame Schlächterei genommen; so gewann man durch eine neue Alchimie Gold und Silber aus menschlichem Blut.« Friedrich von Spee schrieb: »Die Widerstandsfähigsten, die dies erlitten haben, gestanden mir, daß es kein Verbrechen gäbe, das sie nicht sofort gestehen würden, wenn es ihnen auch nur ein klein wenig Erleichterung brächte, und daß sie zehn Tode willkommen heißen würden, könnten sie damit einer Wiederholung der Folter entgehen.«[14]

Die Protokolle der spanischen Inquisition in Toledo zeigen, daß manche Opfer so lange am Geständnis gehindert wurden, bis die Lust ihrer Folterer gestillt war. Man quälte sie tage- und wochenlang, bis sie völlig zusammenbrachen und darum baten, man möge ihnen sagen, was sie gestehen sollten – sie würden alles gestehen.[15] Solche Zeugnisse beweisen, daß die Inquisition in Wirklichkeit ein zum System erhobener Sadismus war. Der Umstand, daß es sich bei der großen Mehrzahl der Opfer um Frauen handelte, weist auf verkappte sexuelle Motivationen hin, die ein Ergebnis massiver Repressionen der Sexualität waren.

Papst Alexander III. bestimmte in einem Hirtenbrief, Geständnisse dürften nicht durch Folter erzwungen werden. Seinen Nachfolgern fiel es zu, dies zu korrigieren: sie erklärten, Alexander hätte eigentlich nur sagen wollen, daß kirchliche Würdenträger nicht von Laien, wohl aber umgekehrt Laien von kirchlichen Würdenträgern gefoltert werden dürften. Als Innozenz IV. die Folter in kirchenrechtliche Prozesse einführte, sagte er, sie solle »einhalten, bevor Leben oder Gliedmaßen verloren gingen«; dies war aber eine reine Formalität, da in der Folterkammer routinemäßig Arme und Beine gequetscht und gebrochen wurden. Papst Urban IV. ermächtigte die Inquisitoren, einander die Absolution zu erteilen, damit sie vor dem Angesicht Gottes unschuldig wären, wenn ein Opfer in der Folterkammer unter ihren Händen starb.[16]

Um den offiziellen Eindruck zu vermitteln, daß die Inquisitoren keine grausamen Ungeheuer waren, bedurfte es kunstvoller Wortklaubereien. Die Protokolle betonten oft, die Geständnisse seien freiwillig – *sine tortura et extra locum torturae* (ohne Folter und außerhalb der Folterkammer) – abgelegt worden. Dies bedeutete, daß die Opfer nach der Folter in einen anderen Raum gebracht wurden und die Wahl hatten, entweder »ein freies Geständnis« abzulegen oder in die Folterkammer zurückzukehren.[17]

Gelang es den Opfern, im Gefängnis Selbstmord zu begehen oder starben sie an ihren Verletzungen, so hieß es, der Teufel habe sie umgebracht. Der Mönch Guazzo schrieb über ein Opfer, dem es gelungen war, sich die Kehle durchzuschneiden, es sei »durch einen Dämonen verleitet« gewesen, der seine Seele davongetragen hätte, »denn die göttliche Gerechtigkeit hatte es so angeordnet«.[18] Nur wenigen Opfern war es vergönnt, sich selbst umzubringen, denn sie waren nachts eng angekettet; dafür befanden sie sich allerdings ständig in der Gefahr, von Ratten oder anderem Ungeziefer, das durch den Geruch des Blutes und der eiternden Wunden herbeigelockt die Gefängnisse heimsuchte, angefressen zu werden.[19]

Die meisten Opfer baten früher oder später um den Tod, aber die Gläubigen wurden weiterhin von Visionen des Höllenfeuers gequält, das sie erwarten würde, wenn sie mit Lügen auf den Lippen starben. Eine Frau namens Rebecca Lemp schrieb aus dem Gefängnis an ihren Ehemann und ihre sechs Kinder Briefe, aus denen hervorgeht, wie grundlegend die Folter ihr Verhalten veränderte. Zunächst war sie zuversichtlich: »Mein überaus geliebter Mann, sorge dich nicht. Wenn ich auch tausender Vergehen bezichtigt würde, bin ich doch unschuldig – sonst mögen alle Teufel der Hölle kommen und mich in Stücke reißen. Und wenn sie mich zu Staub zermalmten und mich in tausend Stücke schnitten, so würde ich doch nichts zu gestehen haben. Drum sei unbesorgt: vor meinem Gewissen und meiner Seele bin ich unschuldig. Werden sie mich foltern? Ich glaube es nicht, da ich doch in keiner Weise schuldig bin.«

Nachdem man sie fünfmal gefoltert hatte und sie alle Ungeheuerlichkeiten gestanden hatte, die ihre Folterer ihr in den Mund gelegt hatten, schrieb Rebecca abermals an ihren Mann: »Oh du, Erwählter meines Herzens, muß ich von dir genommen werden und bin doch völlig unschuldig? Wird es so sein, so sollen meine Vorwürfe Gott durch alle Ewigkeit verfolgen. Man wird bedrängt und zum Geständnis gezwungen, so sehr haben sie mich gefoltert. ... Mein geliebter Mann, sende mir ein Mittel, mein Leben zu beenden, oder ich muß es unter der Folter aushauchen. ... Sende mir etwas, sonst ist selbst meine Seele in Gefahr.«[20]

Noch ein Brief wurde im Jahre 1628 aus dem Bamberger Gefängnis herausgeschmuggelt. Sein Verfasser war ein Mann von Stand, der Bürgermeister Johannes Junius, dessen Besitz von der Inquisition konfisziert worden war:

> *Viel hunderttausendmal Gut' Nacht, meine vielgeliebte Tochter Veronika. Ohne Schuld hat man mich ins Gefängnis geworfen, ohne Schuld hat man*

> *mich gefoltert, ohne Schuld muß ich sterben. Denn wer immer in ein Hexengefängnis kommt, der muß Hexe werden oder er wird gefoltert, bis er etwas erfindet und – Gott erbarme sich seiner – ein Geständnis ablegt. Ich will dir schreiben, wie es mir ergangen ist. ... Der Scharfrichter hat mir die Daumenschrauben angesetzt, beide Hände haben sie dergestalt gepreßt, daß mir das Blut aus den Nägeln quoll. Vier Wochen lang konnte ich meine Hände nicht benutzen; du siehst es an meiner Handschrift. ... Danach haben sie mich entkleidet, mir die Hände hinter dem Rücken zusammengebunden und mich schließlich der Hängefolter unterzogen. Ich meinte, Himmel und Erde seien zu Ende, achtmal haben sie mich hochgezogen und wieder fallen lassen, und ich habe schreckliche Schmerzen gelitten. Der Scharfrichter sagte, »Mein Herr, ich bitte Sie, gestehen Sie um Gottes Willen etwas, sei es wahr oder nicht. Erfinden Sie etwas, denn Sie werden die Folter, die man Ihnen antun wird, nicht ertragen können. Und selbst wenn Sie sie ertragen sollten, können Sie nicht entkommen.« ... Nun mein liebes Kind, hier hast du das ganze Geständnis, um dessentwillen ich sterben muß. Und so wahr mir Gott helfe, es sind schiere Lügen und erfundene Dinge. Denn die Angst vor der Folter hat es mir abgepreßt, die Angst vor der Folter, die mir über das bereits Erlittene hinaus noch angedroht wurde. Denn sie lassen niemals von der Folter ab, ehe jemand ein Geständnis abgelegt hat; er mag so gut sein, wie er will, er muß eine Hexe sein. Niemand entkommt. ... Liebes Kind, verberge diesen Brief gut, daß niemand ihn finden kann, sonst wird man mich ganz erbarmungswürdig foltern, und meine Kerkerwächter würden enthauptet. So streng ist es verboten. ... Es hat mich mehrere Tage gekostet, dies zu schreiben; meine Hände sind beide gelähmt. Ich bin in einer traurigen Lage. Gute Nacht, denn Dein Vater Johannes Junius wird dich niemals wiedersehen. ... Liebes Kind, sechs Zeugnisse wurden gegen mich abgelegt. ... Ein jedes davon ist falsch und erpreßt; ihre Urheber gestanden es mir und baten mich um Gottes Willen um Vergebung, bevor sie hingerichtet würden.*[21]

Weil man die Wahrheit nicht beim Namen nennen wollte, wurde die Folter mit »Vernehmung« umschrieben. Um eine geheuchelte Barmherzigkeit hervorzukehren, empfahlen die Handbücher der Inquisition, daß die Angeklagten zunächst »leicht und ohne Blutvergießen« befragt werden sollten.[22] Manchmal ließ sich bereits so ein volles Geständnis entlocken. In der Diözese Konstanz gestand eine Hexe, einen Hagelsturm entfacht zu haben, indem sie Wasser in ein kleines Loch im Boden gegossen hatte – nachdem man sie »zunächst der allerleichtesten Befragung« ausgesetzt hatte, »bei der sie an ihren Daumen knapp über dem Boden aufgehängt worden war«.[23]

Zu den weniger sanften Methoden gehörten das Streckbett, die Daumen- und Fußschrauben, das Auspeitschen, glühende Eisen, Zangen, mit denen Fleischfetzen aus dem Körper gerissen wurden und Stricke, mit denen die Gliedmaßen abgeschnürt wurden, bis das Blut unter den Nägeln hervorquoll. Eine bevorzugte Folter der Richter war die Hebe oder der *strappado*; ein Zuggerät, mit dessen Hilfe das Opfer mit hinter den Rücken gebundenen Armen zunächst in die Höhe gezogen und anschließend solange herauf- und heruntergezerrt wurde, bis seine Schultern verrenkt und ausgekugelt waren. Die Wasserfolter erfreute sich ebenfalls allgemeiner Beliebtheit: man steckte dem Opfer einen Trichter in die Kehle und pumpte ihm literweise Wasser in den Magen. Manchmal ließ man das Opfer zusammen mit dem Wasser lange Stoffstreifen schlucken, die anschließend wieder herausgezogen wurden oder man schlug seinen aufgedunsenen Bauch mit Stöcken. Des weiteren konnten die Hände und Füße eines Opfers mit heißem Fett übergossen und auf Feuerrosten angesengt werden.[24] Die Folterinstrumente trugen die fromme Inschrift: *Soli Deo Gloria*, Ehre sei Gott allein.[25]

Dr. Johann Meyfarth wohnte im 17. Jahrhundert hunderten von Hexenprozessen als Zeuge bei. Er schrieb, er würde gern tausend Taler geben, wenn er vergessen könnte, was er gesehen hatte: »Von den Beinen gerissene Füße, aus den Höhlen gerissene Augen und Gefangene, die man mit Schwefel verbrannt und mit Öl begossen hatte. Er hatte gesehen, wie Folterknechte flammende Schwefelklumpen an die Genitalien einer Frau hielten, während sie im Strappado hing. Er hatte gesehen, wie sie das Entsetzliche auskosteten, bis das Opfer gestand oder – vom Teufel stranguliert, wie die Richter behaupteten – starb.«[26]

Die Hinrichtung war eine Folter für sich; manchmal wurde sie auf die niederträchtigste Weise in die Länge gezogen. Dies geschah etwa in Spanien, wo halbverbrannte Ketzer noch lebendig aus den Flammen gerissen wurden; man ließ sie stundenlang leiden, ehe man sie vollends verbrannte. Im »Hexenturm« in Hessen wurden die Ofper drei Meter über dem Boden in Wandnischen aufgehängt und über einem kleinen Feuer langsam zu Tode gebraten. Auf dem Boden des Turmes sind zahllose verbrannte Knochen und Schädel gefunden worden.[27] Die Ironie der Geschichte wollte, daß dieser Turm später in das Eigentum des Schriftstellers Sacher-Masoch – er gab der als Masochismus bekannten Perversion seinen Namen – überging.[28]

Eine in psychologischer Hinsicht wichtige Einzelheit war, daß die Inquisitoren sehr darauf bedacht zu sein schienen, die Frauen zum Weinen zu bringen. Ihren Richtlinien gemäß erwies eine Hexe sich als schuldig, wenn sie während der Folter keine Tränen vergoß. Der Richter beschwor sie »bei den liebenden Tränen, die Christus am Kreuz vergossen hat«, zu weinen. Vergoß sie jedoch Tränen, so mußte sie dennoch auf den Scheiterhaufen, denn diese Tränen bewiesen, daß der Teufel ihr die Gabe des Weinens verliehen hatte, um die Richter hinters Licht zu führen.[29] Weinte sie aber nicht, so wurde sie wegen »Verstocktheit« verurteilt; ein Verbrechen, das mit Verbrennen zu bestrafen war. In England war die Strafe für Verstocktheit die *peine fort et dure*: Das Opfer wurde zu Tode gequetscht.[30]

Im Gegensatz zu Schottland führte England die auf dem Kontinent benutzte Foltermaschinerie nicht ein. Englische Hexen-Finder benutzten informelle oder unblutige Foltern: sie ließen eine Hexe Hunger leiden, sie ließen sie »schwimmen« oder »umherwandeln« – das bedeutete, sie am Schlaf zu hindern, bis sie gestanden hatte.[31] Es wurden auch verschiedene Binde-Foltern benutzt. Eine angeklagte Hexe wurde entkleidet und mit gekreuzten Beinen auf einem Tisch gebunden, mitunter legte man um ihren Hals Seile, die in den vier Ecken des Raumes befestigt waren. In dieser Position wurde sie belassen, bis sie gestand. Manchmal waren die Handschellen der angeklagten Hexen, die im Kerker auf ihren Prozeß warten mußten, derartig eng, daß sie mit brandigen und verfaulten Gliedern in den Gerichtssaal kamen. Viele Hexen starben bereits vor Prozeßbeginn am »Gefängnisfieber« Thyphus.

Das »Schwimmenlassen« einer Hexe war ein Relikt des durch Wasser vollzogenen Gottesurteils. Dabei wurden den Opfern zunächst die Daumen an die gegenüberliegenden Zehen gebunden, dann wurden sie in einen Fluß oder Teich getaucht und währenddessen von an den Ufern stehenden Männern mit Seilen festgehalten. Schwamm der Körper, so war die Hexerei erwiesen, sank er, so galt die Angeklagte zwar als unschuldig – in der Regel war sie dann allerdings ertrunken. Die Entscheidung darüber lag größtenteils bei den Männern, die die Seile hielten.

Ländlicher Mob erfand oft eigene Foltern für der Hexerei verdächtigte Frauen. In Catton in Suffolk wurde eine 80-jährige Frau von einem männlichen Pöbelhaufen in die Luft geschleudert; man kniff sie, streute ihr Schießpulver ins Gesicht, und »hatte einen Stuhl hergerichtet, auf dem Dolche mit der Spitze nach oben angebracht waren; sie wurde mehrfach auf diesen Stuhl gestoßen, wobei man sie beklagenswert verletzte.«[32]

Das »Stechen« war eine beliebte Methode der Hexen-Jäger, die vorgaben, sie könnten das verräterische Hexenmal oder »Teufelsmal« finden, indem sie die Hexe mit einer sieben Zentimeter langen Ahle stachen. Das Teufelsmal war angeblich eine taube Stelle, in die hineinzustechen der Hexe keinen Schmerz verursachen würde. Die meisten Hexen-Finder benutzten ein dem Theaterdolch vergleichbares Trickinstrument mit zurückfederndem Dorn, um den »schmerzlosen« Punkt zu finden.[33] Schottische Hexenstecher bildeten eine regelrechte Zunft; zu ihren bekanntesten Mitgliedern zählten John Bain, John Balfour, der »öffentliche Stecher« John Kincaid, und Mathew Hopkins, der Hunderte von alten Frauen in Suffolk stach und bald verkündete, daß der gesamte Landstrich mit Hexen verseucht sei.[34]

Wenn die Suche nach dem Teufelsmal fehlschlug, bedeutete dies nicht notwendigerweise das Ende der Untersuchung. Als der bayerische Hexenfinder Jorg Abriel das Mal an einer Frau nicht finden konnte, behauptete er kurzerhand, sie sähe wie eine Hexe aus. Dann machte er sich daran, sie so lange zu foltern, bis sie es zugab.[35]

Das verbissen calvinistische Schottland führte Foltern ein, die denen des restlichen Europas an Scheußlichkeit in nichts nachstanden, obgleich die Verfolgung hier geringere Ausmaße annahm, weil die Kirche keinen materiellen Anreiz hatte. Der vielleicht berühmteste schottische Hexenprozeß wurde in der Gegenwart des Königs James VI. (James I. von England) geführt; James war fest davon überzeugt, Hexen hätten einen Sturm verursacht, der sein Schiff nahezu zerstört und ihm schreckliche Angst eingejagt hatte. Im Protokoll heißt es, sie hätten dies bewerkstelligt, indem sie eine tote Katze ins Meer warfen; außerdem seien sie mit einem Weidenkorb aufs Meer gefahren.[36]

Der angebliche Anführer des »Hexensabbats« war Dr. John Fian, ein Schulmeister, der angesichts einer vielfachen Folter außergewöhnlichen Mut bewies – was ihm allerdings nicht gut bekommen sollte. »Die Nägel sämtlicher Finger wurden ihm abgebrochen und mit einem Instrument herausgerissen, das auf schottisch *turkas* heißt und das wir in England Beißzange nennen; unter jedem seiner Nägel staken zwei

Nadeln.« Man unterzog ihn dem »thrawing« (dem Einschnüren des Kopfes mit einem Seil), dem Zungenstechen und drei Torturen in den Stiefeln. »Er erlitt von den Stiefeln derartige Qualen, daß seine Beine schließlich zusammengepreßt und zermalmt waren, so klein es eben ging; Knochen und Muskeln waren derartig zerquetscht, daß Blut und Mark in großer Menge hervorquollen, wodurch sie ihren Dienst nicht mehr versehen konnten.«[37] Er wurde mit dem Karren zum Scheiterhaufen gebracht.[38]

Die Erinnerung an dieses Martyrium wurde durch eine recht unflätige Geschichte besudelt, die nach seinem Tod aufkam. Man sagte Dr. Fian nach, weil es ihn nach der Liebe eines Dorfmädchens verlangt habe, habe er deren Bruder bestochen, ihm für einen Liebeszauber drei Schamhaare zu besorgen. Der Junge wurde von der Mutter erwischt, die Fian stattdessen drei Haare von einem Kuheuter unterschob. Dr. Fian nahm sie an und vollführte mit ihnen seinen Liebeszauber, worauf er von einer brüllenden, liebeskranken Kuh durch das Dorf verfolgt wurde.[39]

Die westliche Zivilisation hat ihre gesamte Geschichte hindurch wiederholt Schande auf sich geladen, indem sie hilflosen Wesen mit öffentlicher Billigung Schmerz zugefügte. Heutzutage werden solche Schauspiele zum Zweck der »Unterhaltung« – beispielsweise in Filmen – sogar eigens erfunden. G. B. Shaw bemerkte: »Eine öffentliche Auspeitschung wird immer die Massen anziehen, an deren Verhalten deutlich ablesbar ist, in welch scheußlich-leidenschaftliche Ekstase sie angesichts von Zerfleischung und Qual geraten.«[40] Mitunter war dies derartig offenkundig, daß selbst die Teilnehmer solcher Spektakel davon peinlich berührt waren. Als die Protestanten in England das blutige Vergnügen der Bärenhatz abschafften, begründeten sie dies nicht damit, daß es für Bären und Hunde grausam sei, sondern daß es den Zuschauern zuviel Spaß mache.[41]

Tiere und Frauen waren die immerwährenden Opfer; die Männer der Kirche stellten sie sogar mit der Behauptung, beide hätten gleichermaßen keine Seele, auf eine Stufe. Die grausamsten Quälereien mußten Frauen erdulden, die im Verdacht standen, Freude an ihrer Sexualität zu haben – Hexen, Prostituierte und Ehebrecherinnen. Im kolonialen Amerika wurden Ehebrecherinnen öffentlich ausgepeitscht: »Öffentliche Auspeitschungen gewährten eine sexuelle Ersatzbefriedigung: eine Mischung aus Sadismus und Massen-Voyeurismus unter dem Deckmantel gerechter Mißbilligung. ... Bei solchen Gelegenheiten versammelte man sich, um zuzuschauen, wie eine Frau ihren Rücken bis zur Taille entblößte und für ihr unbeherrschtes Verlangen von einem Mann ausgepeitscht wurde. Dies geschah mit einer gewissermaßen erotischen Heftigkeit von der Art, wie sie später durch den Grafen de Sade weltweit bekannt wurde.«[42]

Die westliche Zivilisation stellte schließlich den Schmerz über das Vergnügen: Sie hielt das Zufügen von Schmerz nicht nur für ein erlaubtes Mittel, sie sah darin auch eine Gelegenheit für öffentliche Spektakel und empfand diese obendrein als fromm. Körperlich-sinnliches Vergnügen war dagegen fragwürdig, mußte versteckt werden und galt als »verdorben«. Diese beiden entgegengesetzten Verhaltensmuster hängen offensichtlich zusammen und verhalten sich umgekehrt proportional zueinander. Wenn eine Gesellschaft eines von ihnen unterdrückt, wird das andere gedeihen. Beobachtungen an Labortieren – ebenfalls jedes Jahr millionenfach Opfer der modernen patriarchalen Gesellschaft – belegen, daß Tiere, denen ein hochaggressives Verhalten antrainiert wurde, einen unternormalen Geschlechtstrieb haben und wenig Interesse an der Paarung zeigen. Auch bei Menschen ist beobachtet worden, daß zornige, feindlichgesinnte Individuen wenig sexuellen Appetit haben.[43]

Sexuell unterdrückte Menschen gab es in der westlichen Gesellschaft reichlich – vor allem im Einflußbereich jener Kirche, die die Inquisition ersonnen hatte. Dort zeigten sich auch weniger extreme Auswirkungen dieser Verklemmung: die heilsame Wirkung des Schmerzes wurde von den Ärzten gelobt. Paullinis *Flagellum Salutis* (Der Prügel des Heils) aus dem Jahre 1698 empfahl heftige Schläge als »schnelle und leichte Kur« bei Erkrankungen wie Melancholie, Lähmungen, Zahnschmerzen, Schlafwandeln, Taubheit und Nymphomanie. Professor Cullen lehrte in Edinburgh, »Peitschenhiebe und Schläge auf den Körper« könnten Irrsinnige heilen. John Battie, ein weiterer Experte für die Fürsorge geistig Behinderter, schrieb: »Körperliche Schmerzen können zweckdienlich und ohne jede Gefahr verabreicht werden. Schlagen ist oft nützlich.«[44]

Zu den seltsamsten Erscheinungsformen der Schmerzbesessenheit westlicher Männer gehört die Fantasie, daß eine Frau diese Schmerzen *zufügen* müsse – als ob die Männer eine kollektive Strafe für ihr historisches Vergehen an Frauen gesucht hätten. Bei den viktorianischen »Puritanern« erfreute sich die Flagellation bemerkenswerter Beliebtheit. Der Publizist Georg Cannon nannte sie »eine Lüsternheit, die es seit undenklichen Zeiten gegeben hat, und der in diesen Tagen in London so ausgiebig gefrönt wird, daß es nicht weniger als zwanzig elegante Etablissements gibt, die lediglich dieser Praxis dienen«.[45] Ein anderer Autor sagte: »Liebhaber der Birkenrute, meine Damen und Herren, sind fast so zahlreich wie Liebhaber der Venus.«[46]

Aber es war Venus, die die Rute schwang: meist ein Mutter-Surrogat – Stiefmutter, Tante, Gouvernante, Haushälterin oder eine gewaltige, imposante Kurtisane. Swinburne sagt: »Der größte Zauber der Rutenschläge liegt in dem Gefühl, machtlos dem rasenden Zorn einer schönen Frau ausgeliefert zu sein.« St. Georg H. Stock schrieb: »Wenn eine elegante, vornehme Frau die Rute mit Würde und Anmut schwingt, dann wird dieser Akt und sein Erleiden zu einem wahren Vergnügen.« Dugdale publizierte unter dem Titel *Betsy Thoughtless* ein pornographisches Buch; »eine überaus pfeffrige und pikante Erzählung über ein junges Mädchen, das genötigt wurde, ihres Liebsten Arsch wundzuschlagen, ehe sie sich ihre Jungfernschaft rauben lassen durfte.«[47] Eine typische Passage solch viktorianischen »Pfeffers« lautete:

> *»Währenddessen hatte Martinet ihren Morgenmantel abgelegt und sich mit einer Rute bewaffnet, die nicht, wie üblich, aus Gezweig bestand, sondern aus festen Birkenzweigen mit unzähligen Verästelungen wie ein Miniatur-Baum.*

> *Mit dieser Waffe in der Hand – wie schrecklich erschien sie! Juno, ihres Apfels beraubt, mochte so ausgesehen haben wie sie. Ihre herrlichen Arme und der Hals waren bloß, ihre Wangen glühten, ihre Brüste hoben und senkten sich. Alle Worte reichten nicht aus, ihre Erscheinung wiederzugeben. Und nichts als grausames Schlagen konnte ihr Verlangen nach Rache stillen.«*[48]

War dies eine Vision der ungerecht behandelten Frau – oder der vernachlässigten Göttin – die hier nach Jahrhunderten der Unterdrückung in pornographischen Schriften wieder erschien? Bei solchen Darstellungen könnte es sich gerade wegen ihrer ausgesprochene Einfachheit um den Ausdruck echter archetypischer Bilder gehandelt haben. Diese Bücher wurden von Männern geschrieben, nicht von Frauen. Sie sind Zeugnisse der Wunschfantasien ihrer Autoren und lassen uns in deren Inneres blicken. In einem pornographischen Roman wurde ein junger Mann von einer älteren Frau geschlagen, weil er seine Mutter beleidigt hatte; diese Frau wurde als seine Amme eingeführt. Ihre bizarre Ansprache lautete: »Der junge Herr dachte wohl, daß keiner ihm diese Schandtaten abgewöhnen könne, aber ich werde sein bloßes Hinterteil so lange schlagen, bis ich jedes Stück Haut abziehen kann oder ich eine Besserung in ihm sehe.« Der junge Mann bettelte: »Stellt mich auf die Probe, meine liebe Herrin! Oh, bitte, versucht es! Oh, ich werde getötet! Laßt mich runter! Laßt mich runter! Amme! Amme! Amme!« Sie antwortete: »Du kannst brüllen und schreien und zappeln und bitten, soviel Du willst, mein hübscher Herr, es nutzt nichts; ich schlage Dich, bis das Blut die Füße hinunterläuft! Du wirst die Lehren dieser ausgezeichneten Rute spüren.«[49]

Der viermalige englische Premierminister William Gladstone gab sich regelmäßig seinen flaggellantischen Neigungen hin und besuchte zu diesem Zweck einschlägige Bordelle; dies wurde bekannt, als im Jahre 1975 seine Tagebücher veröffentlicht wurden.[50] Natürlich schuf der Brauch des Prügelns und Schindens in englischen Privatschulen viele Unglückliche, deren Geschlechtstrieb im Durcheinander zwischen Lust und Schmerz verbogen wurde; ein bekanntes Beispiel dafür ist der Dichter Swinburne. Aber eine weitaus ältere Tradition hatte die ganze Christenheit für eine derartige Verwirrung empfänglich gemacht: alle Sexualität war mit dem Ruch von Schuld und Sünde behaftet. Das allgegenwärtige Bild des gefolterten Christus, der für die ihm vom Vater zugefügten Leiden verehrt wurde, die verbreitete Ansicht, daß Kinder durch schmerzhafte Bestrafung lernen müssen – viele solcher Dinge kamen zusammen und vereinigten sich zu einer Kultur der Grausamkeit; einer Kultur, in der die Männer oft ihren eigenen Lebenserfolg nach dem Maßstab der Fähigkeit, anderen Leid zuzufügen, bewerteten. Dies war die wahre Bedeutung der Macht.

Psychologisch gesehen offenbaren Männer, die beim Quälen von Frauen und Kindern Genuß empfinden, ihre eigene Liebesunfähigkeit. Sadisten empfinden sadistisches Verhalten als befriedigend, weil es starke emotionale Reaktionen bei Menschen hervorrufen kann, von denen sie sonst nicht oder nicht genug beachtet werden. Ein Sadist weiß nicht, wie er liebenswert sein könnte; nur wenn er quälen kann, ist es ihm möglich, dieses Gefühl der Machtlosigkeit in ein Machtgefühl zu verwandeln.

Mitunter kann er sich dabei sogar als tapfer und mutig empfinden, obwohl sein Opfer keinerlei Möglichkeit der Vergeltung hat. Andere einem gewalttätigen körperlichen Angriff auszusetzen, heißt ihrer Wut die Stirn zu bieten. Wenn diese Wut völlig hilflos ist und sich – wie es etwa bei Gefangenen der Fall ist – niemals äußern darf, dann werden die Opfer zu Objekten totaler Kontrolle. Und Frauen zu solchen Objekten zu machen, genau dies war das Anliegen der Männer, seit ihnen das patriarchale Denken die Möglichkeit dazu bot.

Der Sadismus ist als die Religion der seelisch Verkrüppelten bezeichnet worden.[51] Der Sadismus ist aber auch die Religion der sexuell Verkrüppelten: In der Unfähigkeit, ihren Sündenbegriff mit Zärtlichkeit und Liebe – Grundvoraussetzungen eines guten Sexuallebens – zu versöhnen, entwickelten die Christen eine pervertierte Besessenheit von ihrem sadistischen Strafkonzept. Westliche Historiker stellten mit Vorliebe die barbarischen Grausamkeiten der alten heidnischen Welt als Gegensatz zu einer »christlichen« Ethik der Güte dar. Aber es will scheinen, daß bei einem Vergleich zwischen Christentum und Heidentum dem Heidentum insgesamt die gütigere Einstellung zuzubilligen ist. Wenigstens war dessen Grausamkeit niemals so gnadenlos wirkungsvoll wie die der westlichen Zivilisation, die sich von der Inquisition bis zu den Kriegen und Konzentrationslagern des 20. Jahrhunderts erstreckte.

1. Lea, 117. 2. Robbins, 500, 540. 3. Haining, 103. 4. Summers, H.W., 69. 5. Robbins, 501. 6. J. B. Russel, 43. 7. Robbins, 102. 8. Bullough, 154. 9. Scot, 15f., 21. 10. Robbins, 43, 104, 503. 11. Lea, 125. 12. Sprenger & Institoris, 226, 125. 13. H. Smith, 290. 14. Robbins, 103, 482f., 307. 15. Plaidy, 157. 16. Coulton, 154f. 17. J. B. Russel, 221. 18. Robbins, 18, 508. 19. H. Smith, 287. 20. Robbins, 303f. 21. Ewen, 122f. 22. H. Smith, 285. 23. Sprenger & Institoris, 149. 24. Plaidy, Kap. 8. 25. H. Smith, 286. 26. Robbins, 346. 27. Summers, G.W., 496f. 28. Robbins, 450. 29. Daly, 64. 30. Robbins, 506. 31. Ewen, 124. 32. Robbins, 509. 33. W. Scott, 240. 34. H. Smith, 294. 35. Robbins, 42. 36. H. Smith, 293; Robbins, 196. 37. Ebd, 198. 38. Rosen, 201. 39. Seth, 39f. 40. Pearsall, N. B. A., 181. 41. Woods, 141. 42. Rugoff, 22f. 43. Fromm, 190, 193, (dt. 172, 175). 44. Bromberg, 53, 102. 45. Pearsall, N. B. A., 257. 46. Marcus, 254 (dt. 218). 47. Marcus, 255 (dt. 219); Pearsall, N. B. A., 258f. 48. Marcus, 258 (dt. 221f.). 49. Ebd, 256f. (dt. 220). 50. Sadock, Kaplan & Freedman, 62. 51. Fromm, 288ff. (dt. 271ff.).

Forke

Y

Furca

»Furca« oder »Forke« ist die Bezeichnung für den sogenannten verlorenen Buchstaben des griechischen Alphabets, das *digamma*, ein doppeltes Gamma mit dem Lautwert F. Seine sanskritische Entsprechung *forkwas* setzt sich aus zwei Stammwurzeln mit eigener Bedeutung zusammen. Sie bezeichneten jeweils einen der beiden Bäume, auf denen sterbende Götter geopfert wurden: Das skandinavische *fyr* bedeutete Tanne, das lateinische *quercus* Eiche.[1] Bei den Ägyptern war Furca das Y-förmige Kreuz, auf dem der Gott Set gekreuzigt wurde. Es galt außerdem als phallisches Symbol der Heiligen Hochzeit des Gottes.[2] Das »Schächer-Kreuz« der christlichen Ikonographie hatte dieselbe Form. Kreuze dieses Typs standen zu beiden Seiten des Kreuzes Jesu und versinnbildlichten möglicherweise die Heilige Hochzeit. Die Y-förmige Forke wurde zuweilen als Symbol für das weibliche Geschlechtsorgan angesehen, meistens in Verbindung mit dem männlichen Dreizack.[3]

Die Krücke des hinkenden Legba, des Erlöser-Gottes im Wodu-Kult, ist bezeichnenderweise der heiligen Furca des Set nachgebildet.[4]

1. Potter & Sargent, 230. 2. Campbell, M. I., 29. 3. Lys, 233. 4. Martello, 164.

Fortuna

Die römische Dreifache Schicksalsgöttin wurde in zahlreichen Varianten verehrt: als Fortuna Primigeneia, die Erstgeborene, Fortuna Muliebris, die Göttin der Frauen, Fortuna Scribunda, das schreibende Schicksal, Fortuna Regia, die Göttin der Herrschaft und Bona Fortuna oder Mala Fortuna, das gute und das schlechte Schicksal.

Durch die Fortuna Augusti erhielt der römische Kaiser das Herrscherrecht. Die Römer leisteten ihre Eide auf die persönliche Fortuna des Kaisers, die seine Seele beherrschte. Die Caesaren »hatten ständig – sogar während sie schliefen oder auf Reisen waren – eine goldene Statue der Göttin vor sich. Sie riefen sie als *Fortuna Regia* an, die der griechischen *Tyche Basileos* (Schicksal der Herrschaft) entsprach. Bei ihrem Tod übergaben sie die Statue ihrem Nachfolger.«[1]

Das Vorbild der Fortuna war die griechische Tyche. Wenn sie, ähnlich einem Schutzengel, das Schicksal des Einzelnen verkörperte, war sie *psyche* (Seele) oder *anima* (Geist). Ihr römischer Name Fortuna leitete sich möglicherweise von Vortumna, »die, die das Jahr dreht«, ab, also von der Großen Mutter, die das himmlische **Rad** der Sterne und das karmische Rad des Schicksals drehte.[2]

Unter dem Namen Agathe, »Gütige Fortuna«, wurde die Göttin mit einem Schlangen-Gemahl, Agathodemon, einem Genius des gütigen Schicksals, in Verbindung gebracht.[3] Auf einer orphischen Schale des 5. Jahrhunderts n. Chr. erscheint er im Gewand des Herrschers der Toten neben ihr, »auf der Hälfte des Rades, an dem Punkt, der die Mitternacht bezeichnet ... und hält in seiner rechten Hand einen abwärts gerichteten Mohnstengel, das Symbol des Todesschlafs.«[4] Hier verkörpern Fortuna und ihr Gemahl das in einem sanften Tod endende, glückliche Leben. Die Lieblinge der Göttin gingen in ihr Paradies ein, das oft »Glückliche Inseln« genannt wurde und im fernen Westen lag.

Von den Zahlen auf dem magischen Zeitrad der Göttin galten die ungeraden als ihre heiligen Zahlen, die geraden als die ihres Gemahls. Die Römer legten ihre religiösen Festtage auf ungerade Daten. »Weibliche« Tage sollten glückbringender sein als »männliche«.[5]

Mit der Verweltlichung der Vorstellung vom Schicksalsrad wurde Fortuna zur Patronin der Glücksspieler. In England lebte sie als das Feenwesen »portune« fort, das Pferde in die Irre leitete, Reisende auf falsche Wege lockte und ähnliche Possen trieb.[6] Sie wurde, wie die meisten anderen Varianten der Großen Göttin, in einen bösen Geist umgewandelt.

1. Cumont, A. R. G. R., 86; M. M., 97. 2. Graves, G. M., 32.1. 3. Elworthy, 384.
4. Campbell, M. I., 388. 5. Rose, 228. 6. Hazlitt, 518.

Frastrada

Der Sage nach war Frastrada die Ehegattin von Karl dem Großen und eine Fee oder Hexe aus dem Osten. Der Aachener Dom soll über einem Zauberteich errichtet worden sein, auf dessen Grund Frastradas Ring lag. Jeder, der den Brunnen bei Mondschein besuchte, wurde von seinem Zauber gefesselt. Er verspürte den Zwang, immer wieder dorthin zurückkehren zu müssen.[1] Eine ähnliche Geschichte gibt es über den Trevi-Brunnen in Rom, der vormals der Hekate Trevia geweiht war.

1. Guerber, L. R., 85.

Fravashi

»Geist des Weges«, Sufi-Bezeichnung für eine heilige Hure, die dazu ausgebildet war, in die Praktiken des sexuellen Mystizismus einzuweisen; ein arabisches Äquivalent der **Shakti**.

Freier Wille

Zentraler Begriff einer theologischen Lehrmeinung, nach der Gott es zuläßt, daß die Menschen von der Sünde versucht werden, damit jeder Mensch »frei« entscheiden kann, ob er der Versuchung widerstehen will oder nicht. Diese Lehre war als Erwiderung auf den Gedanken entwickelt worden, daß eigentlich Gott für die Sünde verantwortlich sei. Er allein habe die Macht, sie zu verhindern, und da dies nicht geschehe, liege der Fehler bei ihm und nicht bei den Menschen. So steht in der Esra-Apokalypse: »Es wäre besser gewesen, die Erde nicht Adam zu überlassen; oder aber, wenn sie ihm untertan sein sollte, ihn von der Sünde abzuhalten. Denn was nützt es den Menschen, ihr Leben im Diesseits mit Schwermut ertragen zu müssen, und nach ihrem Tod auf die Bestrafung im Jenseits zu warten?«[1]

Esra-Apokalypse
Eines der apokryphen Bücher, das später aus der Bibel verbannt wurde, aber in der lateinischen Vulgata (4. Jh.) im Anhang zum Neuen Testament noch aufgenommen ist.

Die Schwierigkeit war, Gott von dem Verdacht freizusprechen, launenhaft Bosheiten zu begehen, ähnlich einem Kind, das ein Tier mit Futter anlockt und es nach dem Fressen wegen seiner Verführbarkeit bestraft. Ein allwissender Gott hätte im voraus wissen müssen, wie sich der Mensch entscheidet. Damit wäre den Sünden des Menschen das Element des Unvorhersehbaren genommen. Könnte Gott aber die Entscheidung des Menschen nicht voraussehen, und würde er deshalb von den menschlichen Taten überrascht werden, wäre er nicht allwissend.

Johannes Scotus Eriugena
Irischer Theologe des 9. Jahrhunderts und Lehrmeister an der Hofschule des westfränkischen Königs Karl der Kahle.

Scotus Eriugena suchte gottesfürchtig nach einem Ausweg aus der paradoxen Situation und entwickelte das neue Dogma der »göttlichen Unwissenheit«. Leider kam er unfreiwillig zu dem Schluß, daß Gott nicht in der Lage sei, zu verstehen, was er schuf. Eriugena führte aus: »Es gibt eine andere Art der Unwissenheit Gottes, insofern als über ihn gesagt werden kann, daß er nicht weiß, welche Dinge er bis zu dem Zeitpunkt voraussieht und vorherbestimmt, bis sie im Laufe der geschaffenen Dinge erfahrbar werden. … Es gibt noch eine dritte Art von Gottes Unwissenheit, insofern, als gesagt werden kann, daß er nichts von Dingen weiß, deren Auswirkungen sich noch nicht durch das Erfahren ihres Ablaufs und ihrer Veränderung manifestieren; und dennoch birgt sich in ihm ihre unsichtbare Ursache, die er selbst schuf und die nur ihm bekannt ist.«[2]

All diese Spitzfindigkeiten gipfelten in der Behauptung, daß Gott nicht weiß, was er eigentlich weiß. Sie enthielt die versteckte Schlußfolgerung, daß der Mensch klüger sei als Gott, weil der Mensch (nach Eriugena) zugleich alles das weiß, was Gott weiß und auch nicht weiß. Theologen, die sich gelehrt mit dem Problem der Unwissenheit Gottes befaßten, begaben sich mit der Behauptung, daß sie etwas erforschen und analysieren könnten, was sie selbst für unergründlich erklärten, auf eine gefährliche Gratwanderung. Die Lehre vom freien Willen war am Ende derart undurchschaubar, daß sie von einigen protestantischen Gruppen, wie z. B. den calvinistischen Presbyterianern, zugunsten der Prädestinationslehre aufgegeben wurde. Nach dieser war jeder Mensch von Geburt an durch Gottes unabänderlichen Ratschluß verdammt oder erlöst. Diese Idee stellte Gottes Allwissenheit wieder her, spornte die Gläubigen aber auch nicht mehr an, ein gottesfürchtiges Leben zu führen.

Ein Volksmärchen aus dem Osten verglich und allegorisierte die Beziehung zwischen Gott und den Menschen mit derjenigen zwischen einem Zauberhirten und seinen besonders klugen Schafen. Weil die Schafe wußten, daß ihr Herr sie eines Tages töten, häuten und essen würde, versuchten sie ständig zu flüchten, und es war mühsam, sie zu hüten. Da machte sich der Hirte seine magischen Kräfte zunutze und versetzte die Schafe in eine hypnotische Trance. Er suggerierte ihnen Vorstellungen, die sie als die ihren verinnerlichten. Er sagte, sie seien unsterblich, weshalb ihnen der Tod kein Leid zufügen könne. Sie sollten, was immer mit ihnen geschehe, der Güte ihres Herrn vertrauen und nicht weiter über ihr Schicksal nachdenken, das sich ohnehin nicht sofort erfülle. Es gebe keinen Grund, sich ihr Los ständig vor Augen zu führen. Schließlich waren die Schafe gehorsam und liefen nicht mehr weg. In dem Glauben, daß es sich dazu aus eigenem freien Willen entschieden hätte, erwartete jedes ruhig den Tod aus der Hand seines Herren.[3]

Einer der »gestrichenen« Verse des *Rubaiyat* von Omar Khayyam verulkte die Lehre vom freien Willen auf eine Art, die sich auch beim Verfasser der Esra-Apokalypse fand. In den Zeilen wurde nicht der Mensch, sondern Gott für den Sündenfall verantwortlich gemacht, denn Gott sah ihn voraus, plante ihn und schuf die Umstände, die ihn unvermeidlich werden ließen:

> *Oh du, der du den Menschen aus schmutziger Erde schufst und selbst die Schlange mit dem Paradies ersannst;*
> *Für all die Sünden, von denen der Ruf des Menschen besudelt ist, vergib ihm – so vergibt er dir!*

1. H. Smith, 235. 2. Campbell, C. M., 343. 3. Wilson, 268.

Freitag

Der Tag der Göttin Freya, der wie alles, was mit weiblicher Göttlichkeit zusammenhing, von christlichen Mönchen als unglückbringend bezeichnet wurde. Ein Freitag am 13. Tag des Monats galt als besonderer

Unglückstag, weil der heilige Tag der Göttin mit ihrer heiligen Zahl zusammenfiel; diese leitete sich von den dreizehn Monaten des heidnischen Mondjahres her. (Siehe **Menstruationskalender**.)

Die RömerInnen nannten den Tag *dies Veneris*, nach der Göttin Venus, ihrer Version derselben Göttin. Im Französischen wird auch heute noch der Freitag als *vendredi*[1] und im Italienischen als *venerdi* bezeichnet.

Der Freitag zählte gewöhnlich als der siebte Tag der Woche. Im alten jüdischen Mondkalender fiel der Sabbat auf einen Freitag, im Islam wird noch heute der Sabbat an diesem Tag gefeiert. Skandinavische Heiden, schottische Bauern und Hindus schworen auf den Freitag als günstigsten Hochzeitstag, weil er angeblich die Fruchtbarkeit förderte.

Fisch wurde am Freitag als fruchtbarkeitspendende Zauberspeise zu Ehren der Venus (oder Freya), als deren Totemtier er galt, gegessen. Er hat, weil er einst der Aphrodite geweiht war, noch immer den Ruf eines aphrodisischen Nahrungsmittels. Der katholische Brauch, am Freitag Fisch zu essen, ist also seinem Ursprung nach völlig heidnisch. Die Kirche gab die Herkunft dieses Brauches jedoch niemals zu. Im Mittelalter, als heidnische Verehrer der Freya weiterhin am Freitag ihren Kult zelebrierten, bezeichneten die Geistlichen ihren Tag als den Tag der »Teufelsanbetung«.[2]

1. Funk, 337. 2. Lys, 375ff.

Freya

Var. Frea, Frigga, Frigg

Die Große Göttin Nordeuropas, die Führerin der »ersten Matriarchinnen«, der sogenannten Affliae, »Mächtige«, oder Disen, »göttliche Großmütter«. Sie entsprachen den hinduistischen *matrikadevis* oder Mutter-Göttinnen. Freya war die Vanadis, die herrschende Stammutter (*dís*) der Vanen oder älteren Götter, die vor der Ankunft Odins und der **Asen** (»Asiaten«) aus dem Osten herrschten. Mythen erzählten, Odin habe all sein Wissen über Magie und göttliche Macht von Freya erlernt.[1]

Die Heiden glaubten, daß ohne Freyas Gegenwart nichts ein glückliches Ende nehmen könnte. Selbst die Kräfte der Götter ermatteten, und als ihnen Freya genommen war, gingen sie, den Sterblichen gleich, dem Tode entgegen.[2]

Wie alle Verkörperungen der Großen Göttin repräsentierte Freya die sexuelle Liebe. Aus diesem Grund entwickelte sich ihr zweiter Name Frigg zu einer umgangssprachlichen Bezeichnung für den Geschlechtsverkehr. Ihr Gemahl Freyr erschien zuweilen in Gestalt eines Phallus. In Uppsala hieß er Fricco, »der Geliebte«, verwandt mit dem phallischen Gott Priapos, in dessen Name der indoeuropäische Stamm *prig*, »lieben«, steckte – der Ursprung des modernen englischen Ausdrucks *prick*, »Schwanz«.[3]

Obwohl Freya und ihr Gemahl ähnlich den Paaren Artemis-Apollo und Isis-Osiris manchmal als Zwillingspaar angesehen wurden, läßt sich ihre Beziehung besser als eine Lingam-Yoni-Verbindung charakterisieren. Ihre Namen hatten die Bedeutung »der Herr« und »die Gebieterin«.[4] Einige Autoren setzten die beiden mit Attis und Kybele gleich, indem sie Frigga von »Frigia« oder Phrygien, der Heimat der *Magna Mater*, herleiteten.[5]

Freyr war der Gott des Julfestes, der heidnischen Sonnwendfeier, die mit dem christlichen Weihnachtsfest verschmolz. Er wurde am Wendepunkt des Sonnenjahres von seiner Jungfrau-Mutter-Schwester-Braut geboren.[6] Wie andere Jahreszeiten-Götter hatte er einen ständigen Rivalen: Njörd verkörperte die andere Hälfte des Jahres. Diese rivalisierenden Götter wurden zusammen als die *blotgodar* (Blut-Götter) bezeichnet. Sie bekämpften sich immer aufs neue und opferten sich gegenseitig. Njörd soll der erste Gott Schwedens gewesen sein, denn er herrschte, bevor Odin fremde Götter aus Asien mitbrachte. Freyr verkörperte einen Aspekt des Njörd und wurde, lange bevor die Priester des Odin dieses Heiligtum übernahmen, im heiligen Tempel von Uppsala verehrt.[7] Der Tempel selbst stand für den Körper der Göttin.

Viele von Freyas Namen gehen auf die *kennings* (Metaphern) aus den Hymnen zurück, die ihre Skalden ihr zu Ehren komponierten. Diese als *mansongr*, »Frauenlieder«, bekannten Kompositionen, in deren Mittelpunkt die Liebe stand, wurden von der mittelalterlichen Kirche strikt verboten.[11] Gegen den Widerstand des Klerus blieb der Freitag im deutschen Volksglauben der heilige Tag Freyas, der glückbringendste Tag für Hochzeiten.[12]

Freya erschien unter vielen wechselnden Namen als: Gerd, die Mutter Erde, auch Eartha; Godiva, »die Göttin«; Syr, »die Sau«; Gefn, »die Geberin«; Horn, die heilige Hure; Vanadis und Mardoll, der Mondschein über dem Meer.[8] Manchmal hieß sie einfach Lofn, »Liebe«.[9] Sie wurde auch gleichgesetzt mit: Mana, dem Mond; Hel, der Unterwelt, und Nerthus, der Ur-Göttin des Pfluges, die für die Fruchtbarkeit der Erde verantwortlich war. Nerthus trennte Seeland von Schweden, indem sie eine Furche um die Insel pflügte.[10]

Freya, bzw. ihre jeweilige Entsprechung, heiratete jeden der schwedischen Könige: »In vorchristlicher Zeit wurden sie als die Ehegatten der Fruchtbarkeitsgöttin angesehen. ... Sie erlitten in dieser Eigenschaft den wirklichen oder aber einen symbolischen Tod, wenn die Zeit ihrer Herrschaft zu Ende ging.« Die skandinavischen ArierInnen folgten dem vertrauten Vorbild der Heiligen Hochzeit der Göttin mit dem König. Letzterer wurde mit dem männlichen Fruchtbarkeitsgott gleichgesetzt, dessen Aufgabe es war, »für sein Land und sein Volk zu sterben, wohingegen die Göttin niemals stirbt. Ihre Aufgabe ist es, um ihn zu trauern, eventuell seine Wiederkehr zu ermöglichen oder ein göttliches Kind zu gebären, das seinen Platz einnimmt.«[13] (Siehe **Königtum**.)

Nach der Opferung beherbergte Freya die Geister der getöteten Könige und Heroen in *Fensalir*, ihren Moor-Hallen, die auch *Folkvangr*, das Feld der Krieger, genannt wurden.[14] Wenn sie eine bestimmte Zeit in dem feuchten, fruchtbaren Erdschoß verbracht hatten, konnten sie wiedergeboren werden. Freyas Moor-Hallen erinnern an den »Sumpf«, in dem Baal-Hadad sieben Jahre lang lag, bevor ihn die Priesterinnen der Ashera als Gott wieder zum Leben erweckten.[15] Wie die ersten semitischen VerehrerInnen der Großen Mutter waren die ArierInnen »Lehmmenschen« – das ist auch die Bedeutung ihres Namens –, weil ihre Körper von der Großen Göttin **Modir** geboren wurden. Das Wort Modir setzt sich aus den Wurzeln *mud*, »Lehm, Modder«, und *mother*, »Mutter«, zusammen. Die gleiche Ur-Schöpferin riefen die RussInnen als die »Feuchte Mutter Erde« an.[16] Außerdem war Modir eine der Manifestationen von Freya.

Freya wurde insbesondere mit dem seltsamen archaischen Gott Heimdall in Verbindung gebracht, dessen Name »Widder« bedeutete.

Widder wurden oft als Tierersatz für Menschenopfer eingesetzt. Heimdalls schallendes Gjallahorn war ein Widderhorn, das seine christliche Entsprechung in der Posaune des Jüngsten Gerichts hatte. Mit ihm kündigte Heimdall das nahende Ende der Welt an. In der Bibel steht, die zauberkräftigen Widderhörner hätten die Vernichtung Jerichos ausgelöst.[17] Die Verbindung von Heimdall und Freya weist auf Freyas Kali-ähnliche Funktion als zerstörende Göttin hin. Diese Funktion übernahm sie, wenn die Menschen und Götter ihre Grundsätze der rechten Lebensführung, der Gerechtigkeit, der Ehre und des Friedens nicht mehr achteten. Sie besaß mehr magisches Wissen als alle Götter. Ihr Wissen wurde mit dem Sammelbegriff *seidr* bezeichnet, was mit dem sanskritischen *siddhi* verwandt ist, den wunderbaren Kräften, die sich mit Hilfe von Yoga-Praktiken entfalten lassen.

Freya hatte so viele Inkarnationen und Aspekte, daß sich die Gelehrten bei ihren Versuchen, sie durch einen einzigen Aspekt zu charakterisieren, schnell in eine Unzahl von Widersprüchen verstrickten. Zu ihren zahlreichen Titeln gehörten: Göttin der Fruchtbarkeit, der Liebe, des Mondes, des Meeres, der Erde, der Unterwelt, des Todes und der Geburt; Jungfrau, Mutter, Stammutter, Himmelskönigin, Gebieterin des Schicksals, der Sterne und der Magie; die Große Sau, verheiratet mit dem Opfer-Eber; Herrin der Katzen, Führerin der Walküren und Saga, »Sprecherin«, die alle heilige Dichtung inspirierte.

1. Turville-Petre, 144–159. 2. Branston, 249. 3. Ebd., 134, 158. 4. Gelling & Davidson, 163. 5. Borchardt, 222. 6. Oxenstierna, 216. 7. Turville-Petre, 163, 172. 8. Branston, 133. 9. Snorri, 59. 10. H. R. E. Davidson, G. M. V. A., 113. 11. Turville-Petre, 176. 12. H. R. E. Davidson, G. M. V. A., 112. 13. Ebd., G. M. V. A., 97, 110. 14. Turville-Petre, 189. 15. Hooke, M. E. M., 87. 16. *Larousse*, 287. 17. H. R. E. Davidson, G. M. V. A., 173ff.

Friedhof

Das griechische *koimeteria* (das Stammwort für das englische *cemetery* für Friedhof) war der Platz der Mutter, wo die Toten so nahe wie möglich beim Tempel der Göttin ruhen konnten. Dieser Brauch erhielt sich auch im christlichen Europa. Noch in der englischen Bezeichnung für den Kirchhof *churchyard*, die Ruhestätte der Toten, schimmert diese Bedeutung durch, da das germanische *gard* oder *garth*, das in *yard* steckt, »Erde« oder »Welt« hieß, es bezeichnete also die Welt der Toten unter der Erde.

Die tantrischen **Dakinis** feierten ihre Riten, weil sie Totenpriesterinnen waren, die mit den Nekropolen eng vertraut waren, an den Verbrennungsplätzen, »zu denen zu gehen sich normale Menschen fürchteten«.[1] Ihre Göttin, die Zerstörerin Kali Ma, war dieselbe Königin der Gräber, die in den finno-ugrischen Mythen Kalma genannt wird.[2] Die Dakinis wurden zu den europäischen *Vilen*, *Valas* oder *Wilis*, Frauen, die mit dem Tod in Verbindung gebracht wurden; später wurden sie als Hexen bezeichnet. Die überlieferte Legende, das Hexen ihren Hexensabbat auf Friedhöfen begehen, kann demnach ihren Ursprung im alten Matriarchat haben.

1. Rawson, E. A., 152. 2. *Larousse*, 306.

Friedrich II.

Ein heiliger römischer Kaiser, der seine Kirche bekämpfte. Er sagte z. B., daß »drei Männer die ganze Welt verführt haben: Mose die Hebräer, Christus die Christen und Mohammed die Heiden.« Mittelalterliche Ketzer verehrten ihn und machten aus ihm einen legendären Helden, der – ähnlich wie Merlin – an einem entrückten Ort in einem Zauberschlaf liegt und auf den Zeitpunkt seiner Wiederkehr wartet. Dem Glauben nach ruhte Friedrich in einem Zauberberg, dem Kyffhäuser, umgeben von seinen schlafenden Rittern und bewacht von übernatürlichen Raben. Im 16. Jahrhundert wurde diese Sage auf seinen Großvater Friedrich I. »Barbarossa« übertragen.

Die Prophezeiung von Friedrichs Wiedererwachen oder Reinkarnation blieb kein reiner Volksglaube. Gelehrte Autoren und Dichter nahmen die Sage auf und machten sie zum Gegenstand antiklerikaler Propaganda. Ihre Werke bezogen sich auf die »alte« deutsche Prophezeiung, nach der ein neuer Friedrich, ein Nachkomme des ersten, erscheinen werde, um den deutschen Klerus zu demütigen und dem Land Frieden, Wohlstand und Freiheit zu bringen.[1]

1. Borchardt, 245, 257–258, 288.

Frosch

Frösche waren im Mittelalter die Totemtiere von Hexen. Das ging auf alte Traditionen zurück, die den Frosch mit Hekate bzw. mit der ägyptischen Hekat verbanden, die als Königin der himmlischen Geburtshelferinnen galt. Die ÄgypterInnen benutzten den Frosch als Symbol für den Fötus. Hekats heiliges Froschamulett trug die Worte »Ich bin die Auferstehung«, eine Formel der Geburtsmagie, die von den frühen Christen übernommen wurde.[1]

In Rom galt der Frosch als das heilige Tier der Venus, von der Hekate einen Aspekt verkörperte. Ihre dreifache Yoni wurde zuweilen als eine Lilie dargestellt, die sich aus drei Fröschen zusammensetzte.[2] Noch heute wird ein bestimmter, aus einer Kordel bestehender Kleiderverschluß, der wie eine Lilie geformt ist, im Englischen *frog*, »Frosch«, genannt. Ein alter Schneiderbrauch besagte, daß zu jedem Gewand genau neun *frogs* gehören sollten, was sich möglicherweise auf babylonische Rollsiegel zurückführen läßt, auf denen neun Frösche als Fruchtbarkeitszauber abgebildet waren. Die Neunfache Göttin herrschte über die neun Monate der Schwangerschaft.[3]

Rollsiegel
Eine Art Skulptur, die in der schriftlosen Periode Mesopotamiens aufkam. Rollsiegel waren kleine Steinzylinder mit reliefartig gemeißelten Figuren. Sie wurden über Tafeln mit nassem Lehm gerollt, auf denen dann der Abdruck eines Bildes entstand, das gewöhnlich magischen oder religiösen Charakter hatte.

1. Budge, E. M., 63. 2. Lys, 139, 141. 3. Budge, A.T., 91.

Fu-Hi

Ein chinesischer patriarchalischer Held, dem nachgesagt wurde, daß er als erster Mann die Rolle des Mannes bei der Fortpflanzung entdeckte. Er selbst war aber ohne einen Vater gezeugt worden.[1]

1. Briffault 1, 366.

Fuji

»Großmutter« oder »Stammutter«, der heilige Mutterberg Japans.[1] Der Berg Fujiyama wurde, wie die meisten Berge, als Berührungspunkt zwischen Himmel und Unterwelt angesehen. (Siehe **Berg**.)

1. Campbell, P. M., 336.

Furche

Ein auf der ganzen Welt verbreitetes Symbol für das weibliche Geschlechtsorgan; in den Religionen ackerbauernder Völker war es häufig mit einem männlichen Symbol verbunden. Indische Schriften machten die Erdmutter Sita, »Furche«, zur Gattin Ramas, dessen Name »Genuß der männlichen Zeugungskraft« bedeutete. Er war eine Inkarnation des phallischen Krishna.[1] Die alten ÄgypterInnen zelebrierten jährlich einen wichtigen Kult, den sie als das »Finden des steinernen Zepters in der Furche der [Göttin] Maat« beschrieben.[2] Im Verlauf eines ähnlichen sexual-symbolischen Festes suchten die Römer in einer heiligen Furche, die Ceres oder Ops, die Mutter Erde, darstellte, nach Donnerkeilen, den »Steinen Jupiters«.[3]

Die Stadt Rom wurde durch das Pflügen einer Furche gegründet, eine Handlung, die dem legendären Romulus zugesprochen wurde. Es hieß von einem vor-römischen Stammeshelden namens Tages, er sei als ein Sohn der Mutter Erde »aus der Furche geboren« worden.[4]

Der Name des Tierkreiszeichens Jungfrau bedeutete ursprünglich »Furche«.[5] Sein Hauptstern, Spica, wurde in Babylon »das Getreideohr der Göttin Shala« genannt. Mit »Getreideohr« war das *Schibboleth* gemeint, das auf dem Höhepunkt der Riten zu Ehren von Ishtar, Astarte und Demeter, die alle drei Verkörperungen der Furche waren, gezeigt wurde. Demeter machte Iasion oder Iasions »in einem dreifach gepflügten Feld« zu ihrem Geliebten und gab ihm den Namen Triptolemos, »dreimal pflügend«, weil er dreimal in die Furche eindrang. Sein Beiname war Soter, was sowohl »Retter« wie »Sämann« hieß.

Das Bild von der in der Furche aufgehenden Saat wurde fast nahtlos auf die Vorstellung vom männlichen Samen, der in den Schoß der Mutter Erde eindringt, übertragen. Zahlreiche Darstellungen von heidnischen Erlöser-Göttern zeigten, wie der Gott als Saat in die Mutter eindringt und in Gestalt der neuen Vegetation aus ihrem Schoß wiedergeboren wird. Der lateinische Gott Semo Sancus, dessen Name sowohl »Saat« wie »Samen« bedeutete, vereinigte sich auf diese Weise mit Ops und starb in ihren Armen, um sich selbst zu erneuern.[6]

Der klassische Brauch, als Schutzzauber eine Furche um eine Stadt herum zu pflügen, lebte in ganz Europa lange im Glauben der Landbevölkerung fort. Noch im 20. Jahrhundert wurden russische Dörfer jährlich mit dieser Zeremonie »gereinigt«. Sie lag ausschließlich in den Händen von Frauen. Neun Jungfrauen und drei alte Frauen (Verkörperungen der Schicksalsschwestern oder Zorya) pflügten um Mitternacht eine Furche um das Dorf und riefen dabei die Mondgöttin an. Sie waren mit Sicheln, Keulen und Tierschädeln bewaffnet und schlugen jeden

Mann nieder, der ihnen während der Durchführung des Zaubers zufällig begegnete.[7]

1. O'Flaherty, 354; Woodroffe, 607. 2. Budge, G. E. 1, 420. 3. Dumézil, 28. 4. Dumézil, 636. 5. Lindsay, O. A., 81. 6. Bachofen, 214. 7. *Larousse*, 287.

Furien

Die Furien, auch Erinnyen oder Eumeniden genannt, personifizierten die rachedürstigen Launen der Dreifachen Göttin Demeter, die als Bestraferin der Sünder auch Erinnys genannt wurde. Die drei Erinnyen waren Emanationen von ihr. »Wann immer ihre Zahl erwähnt wird, sind es drei. ... Aber sie können alle zusammen als ein einzelnes Wesen bezeichnet werden, als eine Erinnys. Die Bedeutung des Wortes meint ›Geist des Zorns und der Rache‹. ... Vor allem repräsentierten sie die scheltende Mutter. Wann immer eine Mutter verletzt oder vielleicht sogar umgebracht wurde, erschienen die Erinnyen. Sie verfolgten wie flinke Hündinnen all jene, die die Blutsverwandtschaft verspottet und ihr die ihr gebührende Achtung versagt hatten.«[1]

Die GriechInnen glaubten, daß das Blut der ermordeten Mutter den Mörder mit einem fürchterlichen, spirituellen Gift infizierte, dem *miasma*, »Fluch der Mutter«. Dieses Gift zog die Furien zu ihrem Opfer. In dem Fall, daß jemand unwissentlich einem Muttermörder geholfen hatte, rief er die Furien aus Angst vor ihrer Rache als »die Freundlichen« (Eumeniden) an und hoffte, dadurch ihren Zorn besänftigen zu können.

Aischylos nannte die Furien »die Kinder der ewigen Nacht«. Sophoklos gab ihnen den Namen »Töchter der Erde und des Schattens«. Im einzelnen hießen sie Tisiphone (»die den Mord Rächende«), Megaira (»die Neidische«) und Alekto (»die Unablässige«). Sie sollen aus den Blutstropfen des kastrierten himmlischen Vaters Uranus hervorgegangen sein. Einer anderen Version nach sind sie älter als irgendein Gott.[2] Ihr hohes Alter wird durch die Tatsache belegt, daß ihre Rache nur gegen Mörder erfleht wurde, deren Opfer aus der mütterlichen Linie stammten – ein Relikt aus matriarchalischer Zeit, als alle Stammbäume über die weibliche Linie erstellt wurden.[3]

In Aischylos' Drama *Die Eumeniden* erschienen die Furien als Verfolgerinnen von Orestes, der seine Mutter, die Königin Klytemnestra, getötet hatte. Der Mord an seinem Vater kümmerte sie dagegen nicht, denn er war kein richtiges Mitglied des Familiengeschlechts. Als Orest eine der Furien fragt, warum sie Klytemnestra nicht für den Mord an ihrem Gatten bestraften, antwortet sie: »Sie war dem Mann nicht blutsverwandt, den sie erschlug.« Orest fragt nach (als ob er es nicht wüßte): »Ich aber, sagst du, bin von meiner Mutter Blut?« Die Furie erwidert: »Trug denn, du blut'ger, unter ihrem Herzen sie dich nicht? Verschwörst du deiner Mutter teures Blut?«[4] So ging die Erscheinung der Furien offensichtlich auf eine matriarchalische Stammesordnung zurück, wie z. B. auf die des vorchristlichen Britanniens, in der »der Sohn den Vater nicht mehr liebte als einen Fremden«.[5] Der Name der archaischen Dreifachen Göttin Irlands, Erin oder Eriu, ist tatsächlich mit den dreifachen Erinnyen in Verbindung gebracht worden.[6]

Die Furien wurden aber auch mit den englischen *fairies*, »Feen«, und mit Hexen gleichgesetzt, weil sie jeden, der ihre Gesetze verletzte, verfluchen konnten. Solche *fairies* waren möglicherweise wirklich lebende Hexen, die versuchten, die Rechte der Frauen gegen die Übergriffe der Christen zu verteidigen. Ihr *modus operandi* mag dem der afrikanischen *Women's Devil Bush Society* geähnelt haben: Beklagte sich eine Frau bei der Gemeinschaft über Mißhandlungen durch ihren Ehemann, so starb dieser bald darauf an einer mysteriösen Vergiftung.[7]

Die Christen übernahmen die Furien widersinnigerweise als Dienerinnen des patriarchalischen Gottes. Sie wurden zu Handlangerinnen von Gottes Bestrafungssystem in der Hölle, zu hundeköpfigen, weiblichen Dämonen, den sogenannten »Furien, die Böses säen«, Anklägerinnen oder Prüferinnen und Rächerinnen von Verbrechen.[8] Wie immer schon hatten sie auch hier die Pflicht, Sünder zu bestrafen. Auf dem Tympanon der Kathedrale von Bourges sind sie als »Grotesken« zu sehen. Ihre großen, schwangeren Bäuche zeigen das Bild des Vollmondes als Gorgonenantlitz, und ihre hängenden Brüste enden in Hundeköpfen.[9] Die griechische Kunst stellte sie dagegen mit finsterem Gesicht, aber als wunderschöne Frauen dar, die Fackeln und Peitsche tragen und in deren Haar sich – wie bei den Gorgonen – Schlangen winden.[10]

Die klassische Tradition verstand die Furien als ein Symbol der unpersönlich strafenden Gerechtigkeit. Mittlerweile verkörpern sie jedoch die versteckten Ängste der Männer vor den Frauen, eine Vorstellung, die offensichtlich noch in Entwicklung begriffen ist. So heißt es in der *Psychiatric Worldview*:

> *Jenen Männern, die den gesellschaftlichen Veränderungen ihrer Zeit gegenüber wach sind, wird sofort klar, daß sie von einer großen Zahl unverhohlen zorniger Frauen umgeben sind. … Männer, die dazu erzogen wurden, in einer Gesellschaft, in der Vergewaltigung und Vergeltung alltäglich sind, die eigene Wut und Aggressivität offen zu zeigen und auszuleben, betrachten wütende Frauen mit Furcht. … Sie sehen sich in diesen Frauen mit dem vollen Ausmaß ihres eigenen agressiven Potentials konfrontiert. Das Schreckgespenst einer zornigen Furie oder eines Medusenhauptes schürt eine Angst im Mann, mit der er aber nur unbeholfen umgehen kann, weil Männer keine Angst zeigen dürfen. Verlangt eine Frau lediglich eine angemessene soziale und berufliche Gleichstellung, sieht sich ein Mann sofort einem Wesen gegenüber, dem nach der Art von Rache gelüstet, die sein Stolz von ihm fordern würde, hätte er die psychischen und physischen Kränkungen erfahren, die die Frau ertragen mußte.*[11]

1. Branston, 191. 2. Graves, G. M., 31.g.; 32.2. 3. Lindsay, A.W., 34.
4. Bachofen, 159 (dt. 178). 5. Malory 2, 179. 6. Graves, W. G., 317 (dt. 346).
7. Briffault 2, 548. 8. Shumaker, 130. 9. Givry, 27. 10. Cavendish, P. E., 123.
11. *Psychiatric Worldview*, Lederle Laboratories, Juli/Sept. 1977.

Fußbinden

Ein seltsamer erotischer Brauch des mittelalterlichen China, der über tausend Jahre lang, bis zum Beginn des 20. Jahrhunderts, praktiziert wurde. Dieser Brauch hatte sogar einen gewissen Einfluß auf die romantische Literatur des westlichen Europa, in der Frauen oft ihrer winzigen Füßchen wegen gerühmt wurden.

Das Verkrüppeln des chinesischen Mädchens begann in ihrem fünften oder sechsten Lebensjahr. Das Fußbinden bedeutete eine lebenslange Qual. Es brach ganz allmählich die Knochen und deformierte den gesamten Fuß, bis sich die volle »Schönheit« des verkümmerten, 7–8 cm langen »Lotoshakens« herausbildete. Viele Frauen starben an eitrigen Entzündungen und Wundbrand, bevor die ersehnte Form erreicht war. Für die chinesischen Männer war die intensive, fetischistische Verehrung deformierter weiblicher Füße normal. Chinesische Dichter sangen ekstatische Lobeshymnen auf den Lotosfuß, der ihr Verlangen in fiebrige Höhen trieb. Die chinesische Frau galt gerade wegen ihrer Verwundbarkeit, ihrer Schmerzen und ihrer Hilflosigkeit als ungeheuer bezaubernd und anziehend – sie konnte noch nicht einmal vor einem Angreifer davonlaufen.[1]

Im Westen gab es vereinzelt die Vorstellung, das Fußbinden führe zu einem verkleinerten, aber wohlgeformten Fuß. In Wirklichkeit hatte das Ergebnis kaum Ähnlichkeit mit einem normalen Fuß (siehe Photo Seite 244). Nachdem die vier kleineren Zehen vollständig unter die Fußsohle gepreßt waren, wurde der ganze Fuß so gebogen, daß die Zehen die Unterseite der Ferse berührten. Das Opfer mußte die Füße bis ans Ende seines Lebens fest verbunden halten, denn wenn sich die Füße langsam wieder ausgestreckt hätten, wären noch schlimmere Schmerzen die Folge gewesen.

1. Siehe Levy.

Die Mutter-GÖTTIN sitzt hier auf einem Thron und hält mehrere Säuglinge in den Armen. Die Darstellung aus erdfarbenem Tuffgestein weist eher italienische als frühgriechische Stilmerkmale auf. Italien, 400–300 v. Chr.

GORGO, eine »schreckenerregend blickende« Maske der Athene oder Medusa, die die weibliche Weisheit repräsentierte. Kopfschmuck und Gürtel aus Schlangen waren ihre traditionellen Attribute. Griechisch, Teil eines Kalksteingiebels vom Tempel der Artemis; Korfu, ca. 600–580 v. Chr.

GANESHA, ein indischer Elefantengott, der »Herr der Heerscharen«, der mit der die Jungfrau Maya den Buddha gezeugt haben soll. Haihaya, 11. Jahrhundert.

Gabriel

Der Engel, der Maria Gottes Samen brachte. Die Bibel sagt, Gabriel »trat bei ihr ein« (Lukas 1,28), womit in der Sprache der Bibel gemeint war, daß er Geschlechtsverkehr mit ihr hatte. Der Name Gabriel bedeutet »göttlicher Gemahl«.[1] Es scheint hier ein versteckter Zusammenhang mit dem alten Brauch vorzuliegen, nach dem auserwählte Priester, die als »Väter des Gottes« bezeichnet wurden, Tempeljungfrauen schwängerten, wie es z. B. in Ägypten geschah.[2] (Siehe **Maria; Jungfräuliche Geburt**.)

1. Augstein, 302. 2. Budge, D. N., 169.

Var. Gaea, Ge

Gaia

Ein griechischer Name für die Mutter Erde, die »Großbrüstige«, die als älteste aller Gottheiten angesehen wurde. Obwohl die olympischen Götter, angeführt von Zeus, die alten Heiligtümer der Mutter Erde in Besitz nahmen, schworen sie doch ihre verbindlichen Treueeide auf ihren Namen, denn sie alle waren ihrem Gesetz unterworfen.

Galahad

Der Sohn und die Reinkarnation des Lancelot. Er wurde von Elaine, der Lilienjungfrau, geboren, die als Königin Elaine auch die Mutter Lancelots war – denn Lancelot und Galahad waren, mystisch betrachtet, ein und dieselbe Person. Galahad, der Sohn der Königin Elaine, wurde nach Meidelant, dem heiligen Land der Jungfrauen, gebracht, wo ihn die Herrin vom See erzog und seinen Namen in Lancelot umwandelte. Später vereinigte er sich mit der Lilienjungfrau und zeugte sich in dem jungen Galahad selbst. Dieses Oedipus-Thema durchzieht alle Mythologien und findet sich selbst bei den Christen in der Gleichsetzung von Vater und Sohn wieder. (Siehe **Inzest**.)

Als Heiliger König regierte Galahad ein Jahr lang und starb dann während einer Vision vom Heiligen Gral, seinem Muttersymbol, »plötzlich, am Altar«. Danach wurde er von Engeln zum Himmel emporgetragen.[1]

Christliche Mönche schrieben seine Legende neu. Sie sahen Galahad als den reineren Ritter an, verglichen mit seinem Vater Lancelot, dessen Leben mit »der schmutzigen Sünde der Lust« befleckt war. Galahad wurde auserwählt, die Suche nach dem Heiligen Gral zu vollenden, weil er der einzige noch keusche Ritter der Tafelrunde war.[2] Dieser christianisierte Galahad sollte ein Nachkomme des Joseph von Arimathäa gewesen sein. Ein anderer Autor enthüllte jedoch, daß Galahad über Ginevra ein Nachkomme Jesu gewesen sein soll.[3]

1. Malory 2, 268 (dt. III 843). 2. Campbell, C. M., 550. 3. Malory 2, 171 (dt. II, 712).

Galatea

»Milchspendende Göttin«, ein Name der Weißen Aphrodite von Paphos. Dort »heiratete« ihr jeweiliger Oberpriester Pygmalion sie, indem er ihr weißes Abbild neben sich in sein Bett legte.[1] Dieser Brauch bildete die Grundlage für den klassischen Mythos von der Marmorstatue der Galatea, die von Aphrodite für ihren Bräutigam zum Leben erweckt wurde. Wahrscheinlich ging diese Geschichte auf ein Anbetungsritual zurück, bei dem der Geist der Göttin in ihrem *eidolon*, ihrer Skulptur, beschworen wurde.

Galatea war nicht nur ein anderer Name für Aphrodite, sondern auch für Hathor, die himmlische Kuh der Ägypter, und für die Astarte der Phönikier, die gleiche milchspendende Göttin. Dem hellenischen Pygmalion entsprach in Byblos ihr Oberpriester Pumiyathon.[2]

Keltische Stämme aus dem nach ihr benannten Galatien verehrten die milchspendende Mutter Galata, als deren Nachfahren sich die GallierInnen und GälInnen verstanden.[3] Ihr frühmittelalterlicher Held Galahad war einer ihrer Heiligen Könige, die gallische Version des Herakles. Er heiratete die gallische Ur-Göttin Galata, die in Britannien zuweilen als Albion, die weiße Mondin, aus der die **Milchstraße** entsprang, verehrt wurde. Auch Herakles war ein Sonnenheld. Er lebte – wie Galahad – ein Jahr im Palast der Göttin, der sich im Zentrum des sich drehenden Rades der Galaxie (Milchstraße) befand. In dieser lydischen Sage hieß die Göttin Omphale, »Zentrum«, oder *omphalos*. Wenn sich das Rad nach einem Jahr einmal gedreht hatte, sollte auch Herakles auf einem Feuerrad den Tod des Jahresgottes sterben.[4]

All diese Namen, Galatea, Galata und Galatien, gingen auf *gala*, »Muttermilch«, zurück, denn dem Glauben nach hatte die Göttin das Rad der Sterne und Sternbilder aus ihrer eigenen Milch geschaffen.[5] Deshalb erschien die Mondgöttin in der alten Ikonographie oft als eine göttliche Kuh, die mondsichelartige Hörner trägt.

1. Graves, G. M., 65. 2. Frazer, G. B., 387. 3. Graves, G. M., 132.j.
4. Graves, G. M., 136.g–j. 5. Lawson, 13.

Galilei

Der erste Christ, dem es gelang, sichtbare und nachvollziehbare Beweise für die tatsächliche Bewegung der Himmelskörper zu liefern. Vor Galileo Galilei glaubte die gesamte Christenheit an das Weltbild der Kirche, nach dem der Mensch und seine Werke im Mittelpunkt des Universums auf der unbeweglichen Erde standen, die von den »Sphären« der Sonne, des Mondes, der Planeten und der Sterne umgeben war. Diese Vorstellung stützte sich auf die Bibel und wurde von so unfehlbaren Denkern wie Albertus Magnus, Isidor von Sevilla und Thomas von Aquin vertreten.

Das Mittelalter hatte die Erkenntnisse antiker Astronomen über das Sonnensystem entweder unterdrückt oder vergessen. So lehrte Aristarch um etwa 275 v. Chr., daß sich die Erde als drehende Kugel auf einer Bahn um die Sonne bewegt. Eratosthenes errechnete ungefähr um 250 v. Chr. einen Erdumfang von 39689 km und lag damit nur ca. 400 km unter dem richtigen Wert von 40077 km. Um 240 v. Chr. bestimmte Hipparchos den Durchmesser des Mondes und dessen Entfernung von der Erde mit nur wenigen Meilen Abweichung v n den heute festgestellten

Werten.[1] In den Augen der christlichen Kirche jedoch war dieses Wissen heidnisch und deshalb häretisch und falsch.

Fast zwei Jahrtausende später fand Nikolaus Kopernikus durch geduldige Beobachtungen und Berechnungen zu der alten Wahrheit zurück, nach der die Erde um die Sonne kreist. Nachdem Kopernikus zunächst fast 30 Jahre lang gezögert und seine Ergebnisse überprüft hatte, veröffentlichte er seine Arbeit 1543. Sie wurde von Katholiken und Protestanten nicht gut aufgenommen. Martin Luther spottete: »Die Leute hören auf einen aufsässigen Astrologen, der beweisen möchte, daß die Erde sich dreht und nicht der Himmel oder das Firmament, Sonne und Mond. ... Diese Narren wollen die ganze astronomische Wissenschaft umkehren, aber die Heilige Schrift sagt uns, daß Josua die Sonne still stehen hieß und nicht die Erde.«[2]

Index der verbotenen Bücher
(Index Librorum Prohibitorum)
Die erste offizielle Ausgabe erschien 1559, obwohl die kirchlichen Autoritäten schon seit den ersten Jahrhunderten des Christentums unterschiedlichste Bücher zensiert, verdammt und vernichtet hatten. KatholikInnen durften keines der Bücher lesen, die auf dem regelmäßig auf den neuesten Stand gebrachten Index erschienen. Die Überwachung dieses Verbotes war noch bis 1966 obligatorisch, als Papst Paul VI. schließlich den Index aufhob.

Die römisch-katholische Kirche überprüfte die Theorie des Kopernikus anhand der Heiligen Schrift und setzte sein Werk auf den Index der verbotenen Bücher, auf dem es bis 1835 blieb. Der Papst verkündete: »›Der erste Satz, daß die Sonne der Mittelpunkt ist und nicht um die Erde kreist, ist närrisch, widersinnig, der Gotteslehre zuwider und ketzerisch, weil ausdrücklich der Heiligen Schrift entgegen‹, und ›der zweite Satz, daß die Erde nicht im Mittelpunkt ist, sondern um die Sonne sich dreht, ist widersinnig, der Philosophie zuwider und ... gegen den wahren Glauben.‹«

Giordano Bruno war dessenungeachtet von Kopernikus' Berechnungen so fasziniert, daß er die heliozentrische Theorie akzeptierte, die vom heiligen Thomas von Aquin aufgestellte Kosmologie der Sphären angriff, eine frühe Erklärung der Nebularhypothese veröffentlichte und sogar Ansätze für eine Evolutionstheorie entwickelte. Ebenso bezweifelte er die Existenz der Hexerei und behauptete, daß die meisten der auf dem Scheiterhaufen verbrannten Frauen unschuldig wären. Man brachte ihn auf die gleiche Weise zum Schweigen: 1600 wurde er auf dem Campo dei Fiori verbrannt.

Zehn Jahre später waren durch Galileis kleines Teleskop die Phasen der Venus, die Monde des Jupiter und die Sonnenflecken zu sehen. Galilei lud Geistliche ein, selbst durch das Teleskop zu schauen. Sie aber weigerten sich mit der Begründung, das würde ihre Seelen gefährden, weil Objekte wie die Monde des Jupiter ein Blendwerk des Teufels seien. Außerdem lehre die Kirche, daß es nur sieben Planeten geben könne, weil die Heilige Schrift nur sieben Erzengel, sieben Gemeinden Asiens, sieben goldene Leuchter und andere, entsprechende Allegorien kenne. Einer der damaligen Haupteinwände der Kirche gegen Galileis Entdeckungen war, daß sie das bisherige Wissen über den Tierkreis ins Wanken brachten; denn die gelehrten Geistlichen vertrauten uneingeschränkt auf das Wissen der **Astrologie**.

Im Jahre 1632 veröffentlichte Galilei seinen *Dialog*, der eine überwältigende Beweisführung für das Kopernikanische Weltbild enthielt. Von seiten der Kirche gab es stürmischen Widerstand, der viele Jahre lang anhielt und Priester, Kardinäle und zwei Päpste beschäftigte. Ein Dokument wurde gefälscht und prompt in den Kirchenakten »gefunden«. Es besagte, daß es Galilei, unter Androhung der Bestrafung durch die

Inquisition, bereits verboten gewesen war, die kopernikanischen Theorien zu lehren oder zu diskutieren. Galilei wurde eingesperrt, gefoltert und gezwungen, auf den Knien zu widerrufen. Er mußte geloben, »den Irrtum und die Ketzerlehre von der Bewegung der Erde zu verfluchen und zu verabscheuen«. Der Legende nach flüsterte er leise weiter *Eppur si muovere* – »Und sie bewegt sich doch.« Papst Paul V. beendete die Diskussion mit einem feierlichen Dekret: »Die Lehre von der doppelten Erdbewegung um die eigene Achse und um die Sonne ist eine Irrlehre und völlig gegen die heilige Schrift.«[3]

Nach Galileis Tod verbot der Papst die Beisetzung des Leichnams in der Familiengruft und verfügte, daß er ohne Zeremonie, Grabstein oder Grabinschrift beerdigt werden sollte. Sein Andenken war wegen des, wie Papst Urban VIII. es ausdrückte, »so großen Skandals für das Christentum« zwei Jahrhunderte lang verflucht. Kirchliche Zensoren ordneten an, daß Galilei in einer neueren wissenschaftlichen Arbeit nicht als »berühmt«, sondern als »berüchtigt« bezeichnet werden sollte. Im Jahre 1846 erhielt Monsignore Marini den Auftrag, die Akten über den Prozeß gegen Galilei zugunsten der Kirche zu verfälschen und zu veröffentlichen. M. L'Epinois deckte den Betrug zwanzig Jahre später auf.[4] Als Reaktion auf Galileis Entdeckungen segnete die Kirche zahlreiche hastig erstellte Arbeiten ab, die ihn widerlegen sollten. Die Beweisführung war manchmal mehr als wunderlich, beispielsweise bei Chiaramonti:

> *Tiere, die sich bewegen, haben Glieder und Muskeln; die Erde hat keine Glieder oder Muskeln, daher kann sie sich nicht bewegen; Engel sind es, die Saturn, Jupiter, die Sonne usw. kreisen lassen; wenn die Erde sich drehte, müßte sie auch einen Engel in ihrer Mitte haben. Aber dort leben nur Teufel; es würde also auch nur ein Teufel sein können, der die Erde in Bewegung setzte …*[5]

M. L'Epinois Geistlicher der römisch-katholischen Kirche, der die Prozeßakten über den Fall Galilei herausgab.

Scipio Chiaramonti Konservativer Theologe, der sein Werk, das Galilei widerlegen sollte, dem Kardinal Barberini widmete.

Die naiv argumentierende Theologie der damaligen Zeit erklärte immer wieder, daß, wenn sich die Erde wirklich drehen würde, ein von einem höheren Punkt fallender Stein nicht auf den Punkt senkrecht darunter, sondern seitlich davon aufschlüge. Die Theologie war fest an die Maxime des heiligen Augustinus gebunden, die besagte: »Nichts außer der Autorität der Heiligen Schrift darf gelten, denn diese Autorität ist größer als alle Kräfte des menschlichen Verstandes.«[6] Voetius, ein berühmter Utrechter Professor, wiederholte im 17. Jahrhundert die gleiche Maxime: »Nicht ein Wort ist in der Heiligen Schrift enthalten, das nicht im strengsten Sinne göttlich eingegeben wäre, sogar die Punktuierung nicht ausgenommen.«[7]

Noch im späten 19. Jahrhundert bemühten sich Geistliche vergeblich, die biblische Kosmologie zu verteidigen. Der Direktor eines lutherischen Lehrerseminars versuchte in einem Buch, Kopernikus, Galilei, Kepler, Newton und alle nachfolgenden Astronomen zu widerlegen:

> *Die gesamte Heilige Schrift stellt die Frage dahin fest, daß die Erde der Hauptkörper des Weltalls ist und feststeht, und daß Sonne und Mond nur dazu dienen, sie zu beleuchten … ich weiß, daß von vornherein mein Gott nimmer lügt und nimmer ein Versehen macht. Aus seinem Munde kommt nur Wahrheit, wenn er von dem Zusammenhang des Weltalls, der Erde, Mond und Sternen spricht.*[8]

Im Jahr 1885 erkannte der heiliggesprochene George Mivart, ein katholischer Gelehrter, daß Gott in bezug auf die Struktur des Universums wirklich gelogen hatte. Seiner Hypothese nach täuschte Gott seine Päpste und Kardinäle absichtlich, um ihnen vor Augen zu führen, daß die Astronomie außerhalb ihrer Macht lag. Dies wurde die offizielle katholische Meinung zum galileischen Fiasko.[9] Dieser Standpunkt fügte der Doktrin von der päpstlichen Unfehlbarkeit irreparablen Schaden zu und öffnete zukünftigen Zweifeln an Gottes Glaubwürdigkeit Tür und Tor. Wenn Gott in diesem einen Fall seine erwählten Stellvertreter getäuscht hatte, wer konnte dann sicher sein, daß er es nicht auch in anderen Fällen tat?

Der Kampf um Galilei lieferte das Muster, nach dem die Kirche in den folgenden drei Jahrhunderten jede neue Entdeckung verdammte. Im Zeitalter der Aufklärung wurde fast jede naturwissenschaftliche Erkenntnis verworfen, weil sie im Widerspruch zur Heiligen Schrift stand. Linnés Arbeiten zum Sexualsystem des Pflanzenreichs wurden verboten. Die theologische Fakultät der Sorbonne zwang Buffon zu einem öffentlichen Widerruf seiner geologischen Entdeckungen, »die dem Buch Mose widersprechen könnten«. Bernoulli mußte den Nachweis, daß der lebendige Körper ständigen Veränderungen unterworfen ist, aus seinen Arbeiten streichen, weil er unvereinbar mit der Kirchenlehre von der Wiederauferstehung des Fleisches war. Der Ägyptologe Sir J. S. Wilkinson wurde gezwungen, die alte ägyptische Zeitrechnung zu »modifizieren«, weil sie dem biblischen Mythos von der Sintflut im Wege stand. Dr. Franz Gall durfte mit der Begründung, er betreibe »Blasphemie«, nicht die Struktur des menschlichen Gehirns erforschen.[10]

Annähernd jedes bedeutende wissenschaftliche Werk dieser drei Jahrhunderte erschien auf dem Index der verbotenen Bücher, nachdem es, weil es der Bibel widersprach, »unfehlbar« für falsch erklärt worden war. Der Biologe Huxley sagte, er stoße auf allen Pfaden der Naturwissenschaften immer auf eine Schranke, an der eine Tafel mit der Aufschrift stünde: »Durchgang verboten! Mose.«[11] Im Jahr 1832 erklärte Papst Gregor XVI. in seiner Enzyklika *Mirari vos* den Krieg gegen: 1. alle Gesellschaftsformen, die sich auf die Freiheit des Denkens gründen; 2. die Freiheit der Presse, »die nicht genug verabscheut und verdammt werden kann, weil durch sie alle Lehren des Bösen propagiert werden«, und 3. die Freiheit der wissenschaftlichen Forschung.[12] Stanton schreibt: »Durch die Jahrhunderte hindurch sind Gelehrte und Wissenschaftler eingesperrt, gefoltert und lebendig verbrannt worden, weil sie etwas entdeckten, das zu einer unbedeutenden kleinen Textstelle in der Heiligen Schrift in Widerspruch zu stehen schien.«[13] Mit dem Fall des Galilei begann ein langwieriges Rückzugsmanöver.

1. Campbell, M.T. L. B., 15. 2. White 1, 126 (dt. 117).
3. Ebd., 1, 138 (dt. 125, 130, 126). 4. Ebd., 1, 162f. (dt. Ebd.).
5. Ebd., 1, 145 (dt. 132). 6. H. Smith, 297. 7. White 2, 308 (dt. 246/47).
8. Ebd., 1, 151 (dt. 136/137). 9. Ebd., 1, 165f. 10. Bromberg, 77; White 1, 256.
11. Ebd., 2, 312 (dt. 250). 12. Guignebert, 452. 13. Stanton, 9.

Ganesha

»Herr der Heerscharen«, ein indischer Elefantengott, der gemeinsam mit der Jungfrau Maya Buddha zeugte.[1] Im ägyptischen Elephantine oder Jebu erschien er als Variante von Jahweh, des Gemahls der Göttin Anath, der »Jungfrau Zion«. In der Bibel kehrte er als Behemoth wieder, der später zu einem Dämonen umgewandelt wurde. (Siehe **Elefant**.)

1. Campbell, Or. M., 307.

Ganges

Der Fluß der Göttin Ganga, der Tochter der Bergmutter Nanda Devi (Selige Göttin), einer der Himalayaberge. Das Wasser der Ganga symbolisierte Taufe und Erlösung. Shivas Lobeshymne auf die Göttin lautete: »Sie ist die Quelle der Erlösung. ... Berge von Sünden, die ein Sündiger während Millionen von Wiedergeburten aufhäufte, werden durch die bloße Berührung eines Windes zerstört, der mit ihrer Feuchte gesättigt ist. ... Wie Feuer Brennholz verzehrt, so verzehrt dieser Strom die Sünden der Bösen. Weise steigen die Stufenterrasse der Ganga herauf und schreiten auf ihr über den höchsten Himmel Brahmas selbst hinaus: gefahrlos, auf himmlischen Wagen gelangen sie zu Shivas Wohnung. Sünder, die am Wasser des Ganges sterben, werden von allen ihren Sünden frei: sie werden Shivas Diener und weilen an seiner Seite. Sie werden ihm gleich an Gestalt; sie sterben niemals, nicht einmal am Tag der völligen Auflösung der Welt ...«[1] So nimmt es nicht wunder, daß Millionen von Menschen aus ganz Indien zusammenkommen, um im heiligen Wasser des Ganges zu baden.

1. Zimmer, 110 (dt. 124).

Gans

Die Mutter Gans hatte ihren Ursprung im alten Ägypten, wo sie als Mutter Hathor in der Nilgans inkarniert war. Sie legte das Goldene Ei der Sonne, eine Umschreibung dafür, daß sie Ra gebar. Seine Sonnenscheibe wurde zuweilen »Gänseei« genannt.[1] Einige ägyptische Überlieferungen bezeichneten die Gans als Schöpferin der Welt, weil sie das gesamte Universum in einem Ur-Weltei schuf.[2]

Das Märchen vom Hans, der eine Bohnenstange hinaufkletterte, um die Gans zu finden, die goldene Eier legte, geht auf vordynastische Schamanen zurück. Diese kletterten den himmlischen Weinstock hinauf, der auch die Leiter des Set genannt wurde. In Gebeten wurde diese Gottheit als »das Ei der Gans, das aus der Sykomore erscheint«, angerufen.[3]

Ebenso wie Hathor war die Mutter Gans, engl. *Mother Goose*, die Taufpatin aller Kinder. Darstellungen zeigen sie mit schwarzem Umhang, einem spitzen, der ägyptischen Krone ähnelnden Hut und einem Zauberstab.

1. Lys, 27. 2. Neumann, G. M., 217. 3. Budge, E. M., 132.

Ganymed

Wörtlich übersetzt bedeutet dieser Name »Erfreuen an der Männlichkeit«, er war der knabenhafte Geliebte, den die hellenischen Schriftgelehrten an die Seite des Vaters Zeus stellten, um ein göttliches Urbild für ihren Kult der Homosexualität zu schaffen. Ganymed wurde auf dem Rücken eines Adlers in den Himmel getragen, wo er Zeus' Lust dienen sollte. Zeus machte ihn zum Mundschenk der Götter und setzte ihn damit an die Stelle von Hebe, die den jungfräulichen Aspekt der Mutter Hera verkörperte.[1] So ging die Aufgabe, den Nektar der Unsterblichkeit auszuschenken, vom weiblichen auf das männliche Geschlecht über.

1. Graves, G. M., Kap. 29.

Gautama

Ein hinduistischer Weiser, der gemäß einem im Ramayana erzählten alten Oedipus-Mythos den Gott Indra kastrierte und ihm seine Gemahlin nahm.[1] Gautama war einer der zahlreichen Beinamen Buddhas, von dem der archaische Weise eine Emanation war.

1. O'Flaherty, 94f.

Var. Gavin

Gawain

Ein keltischer Name des Sonnengottes. Im Kampf gegen Lancelot nahm seine Stärke zu, bis der Morgen sich dem Mittag näherte. Sobald die Sonne jedoch den Zenit durchlaufen hatte, schwanden seine Kräfte, und noch bevor die Sonne unterging, wurde er besiegt.

In einer anderen Sage erschien Gawain als Symbol der neuen Sonne am Wendepunkt des Jahres. Er köpfte den Grünen Ritter (das alte Jahr) beim Fest der Wintersonnenwende, mußte sich aber im folgenden Jahr dem gleichen Schicksal unterwerfen.[1]

Gawain und seine drei Brüder Gaheris, Gareth und Agravin verkörperten die vier Jahreszeiten des heiligen keltischen Jahres. Alle vier wurden von der Dreifachen Göttin Morgause, der Schwester-Frau des Artus, geboren, die außerdem Mordred, den Sohn-Neffen des Artus, zur Welt brachte. Dieser war dazu bestimmt, Artus zu besiegen und seine Stelle einzunehmen. (Siehe **Arthur**.)

1. Loomis, 324–342.

Gebären durch einen Mann

Da das Gebären im Glauben der frühen Naturvölker das einzige wahre Zeichen von Göttlichkeit darstellte, mußten die ersten Götter, die irgendeine Form von Überlegenheit für sich beanspruchten, sich auch die Fähigkeit zu gebären zuschreiben. Und tatsächlich scheint die Übernahme der weiblichen Macht, Leben zu schenken, das kennzeichnende Merkmal der frühesten Götter gewesen zu sein.

Da ihnen die Vagina fehlte, gebaren viele Götter durch den Mund. Die Priester des Ra behaupteten, daß ihr Gott das erste Menschenpaar durch seinen Mund geboren habe. Nach dem Satapatha Brahmana lernte der Gott Prajapati, Wesen durch seinen Mund zu gebären. Bevor er dazu in der Lage war, mußte er einer älteren, höheren Macht opfern: der Göttin Svaha, der Herrin der Opfer. Gemäß dem Padma Purana wurde ein Gott mit Namen Sukra (Samen) durch den Penis Shivas geboren, nachdem er 100 Jahre in Shivas Bauch gelebt hatte. Trotzdem war das nicht die eigentliche mütterliche Art zu gebären. Sukra existierte schon vorher, und Shiva mußte sich selbst schwängern, indem er ihn verschluckte.[1]

Der Rigveda spricht von einem männlichen Schöpfer, der die Mutter der Schöpfung gebar. Dann befruchtete er sie, so daß sie das restliche Universum hervorbrachte. Die Brahmanen versuchten zu erklären, daß die Mutter aller Götter aus **Brahmas** Körper geboren war, obwohl sie auch die Mutter von Brahma war.[2] Brahma war bekannt als der Lotos-Geborene, was bedeuten sollte, daß er der Ur-Yoni entsprungen war, der Göttin Padma (»Lotus«). Sein erster Lotosthron lag in ihrem Schoß. Der Rigveda nennt sie auch Vac, den Großen Leib, die Königin, die Erste, die Größte aller Gottheiten. Sie sagte: »Ich zeugte den Allvater hoch oben. Ich wohne in den Wassern, der Tiefe, und von daher erstrecke ich mich durch alle Wesen und berühre die Himmel mit meiner Krone. Dem Winde ähnlich blase ich und umhülle alle Geschöpfe; über den Himmeln und über der Erde.«[3]

Die hellenistischen Griechen gaben vor, ihr neuer Vater Zeus habe die viel ältere Göttin Athene aus seinem Kopf geboren. Bevor er allerdings Athene gebären konnte, mußte er ihre wirkliche Mutter Metis (Weisheit) verschlucken, die zu dieser Zeit mit Athene schwanger war.[4] Die Hellenen behaupteten auch, Zeus habe den Dionysos aus seinem Oberschenkel geboren, aber auch hier gibt es eine wirkliche Mutter, Selene, die Mondgöttin, die von Zeus umgebracht wurde, als sie schwanger war. Der Seelenführer Hermes nahm den sechs Monaten alten Fötus aus Selenes Leib und nähte ihn in den Schenkel des Zeus ein, damit er heranreifen konnte.

Eine griechische Schnitzarbeit zeigt den Gott Apollon, wie er auf einem Haufen Eier sitzt und so versucht, seine Mutter Leto (oder Leda oder Latona) zu kopieren, die das Weltenei zur Welt brachte und ausbrütete.[5] Dieses Weltenei war eine alte orientalische Idee. Im Satapathada Brahmana steht, daß es »die Kontinente, die Ozeane, die Berge, die Planeten, die Teile des Universums, die Götter, die Dämonen und die Menschheit« enthielt.[6] Deshalb war die Geburt – das Ei legen – ein Bild der kosmischen Schöpfung, und Schöpfergötter mußten es kopieren. In Ägypten war die Mutter des Welteneis Hathor in ihrer Gestalt als Nilgans; sie wurde später als »Gans, die goldene Eier legt« mythologisiert. (Siehe **Gans**.)

Atum, der Lokalgott von Heliopolis, der biblischen »Stadt On« (Jeremia 43, 13), hatte angeblich ein erstes Paar aus seinem Penis geboren, indem er masturbierte. In den Pyramidentexten (um 2000 v. Chr.) hieß es, »Atum schuf in Heliopolis durch einen Akt der Masturbation. Er nahm seinen Phallus in seine Faust, um derart das Verlangen zu vertreiben. Und die Zwillinge wurden geboren, Shu und Tefnut.«[7] Die

Satapatha Brahmana
Der »Brahmana der 100 Pfade«. Brahmanas sind Prosakommentare zu den vedischen Schriften, die vermutlich zwischen 800 und 500 v. Chr. entstanden.

Padma Purana
»Lotos Purana«. Puranas sind alte Sanskrittexte in Versform, die Kosmologien, heilige Geschichte und die Natur des Göttlichen behandeln.

Rigveda
Der erste der vier arischen Texte, die auf Vedisch (einer älteren Form des Sanskrit) zwischen 1500 und 1200 v. Chr. geschrieben wurden. Er enthält heilige Mythologien, Hymnen und Gedichte und ist die literarische Grundlage der Vedischen Religion.

Priester Kheperas behaupteten allerdings, daß ihr Gott Shu und Tefnut durch Masturbation und Selbstbefruchtung durch seinen Mund geschaffen hatte. Die ältesten Überlieferungen besagen jedoch, daß Shu (»Trockenheit«) und Tefnut (»Feuchtigkeit«) Kinder der Urmutter Iusaset waren. Wie der biblische Gott, der sie viele Jahrhunderte später kopierte, schuf Iusaset nicht nur das erste Paar, sondern brachte als ersten Schöpfungsakt das Licht hervor.[8]

Bevor die Menschen den Zeugungsakt verstanden, versuchten sich die archaischen Schöpfer der Mythen in allen möglichen Vorstellungen, wie ein männlicher Körper Nachfahren produzieren konnte. Ein chinesischer Ahnen-Gott, Kun, mußte einen primitiven Kaiserschnitt über sich ergehen lassen: Er wurde getötet und aufgeschlitzt, so daß Yu, der Gründer der Hsia-Dynastie, aus seinem Magen kommen konnte.[9] Die nordischen Mythen berichten, daß ein erstes männliches und weibliches Paar der verschwitzten Achselhöhle des Riesen Ymir entsprungen war, der Mutter Erde imitierte, indem sein Fleisch die Erde wurde, sein Blut das Meer und seine Knochen die Berge.[10] Ymirs Schädel wurde zum Himmelszelt, der an den vier Ecken von vier Zwergen getragen wurde, Austri, Vestri, Nordri und Sudri (Osten, Westen, Norden und Süden), eine nordische Kopie der Horussöhne.[11] Ähnliche Götter der Himmelsrichtungen wurden später zu den vier Engeln der Apokalypse und den vier Evangelisten, deren Totemtiere dieselben waren.[12]

Totem
Symbol oder Verkörperung eines Individual-, Stammes- oder Nationalgeistes, häufig in Tiergestalt. Ein göttlicher oder halb-göttlicher Glücksbringer, der sich angeblich von einem Tier als Urahn ableitet.

Der Gott Loki gebar Odins Pferd, nachdem er sich selbst durch den Verzehr eines Frauenherzens geschwängert hatte.[13] Das übliche mythische Symbol für ein Frauenherz war, von Ägypten bis Nordeuropa, ein Apfel. Deshalb darf angenommen werden, daß in einigen Vorläuferversionen der Erzählung vom Garten Eden, Adam den Apfel aß, bevor er Eva gebar und nicht anschließend.

Adams Gebären war ein synkretistisches Produkt aus verschiedenen lokalen Vorstellungen über die männliche Mutter. Ein hethitischer Gott, Kumarbi, schaffte es, schwanger zu werden, indem er den Penis seines Rivalen fraß. Seine Kinder weigerten sich, durch seinen Mund oder seine Ohren zur Welt zu kommen, und da er keine Vagina hatte, konnte er sie nicht gebären. Schließlich entnahm der Meergott Ea die Nachkommen Kumarbis aus seiner Seite, wie es später auch der Gott Adams tat. Die Idee zu der magischen, gebärenden Rippe Adams stammte von einer sumerischen Geburtsgöttin, Nin-ti, »Herrin der Rippe«. Da *ti* sowohl »Rippe« als auch »Leben« bedeutete, war sie auch die Herrin des Lebens. Sie bildete im Mutterleib aus den Rippen der Mutter die kindlichen Knochen. Daher glaubten die Verfasser der biblischen Schöpfungsgeschichte, die Rippe besäße die Magie der Mutterschaft.[14]

Ein ausgefallener Mythos über männliches Gebären kam aus dem stark patriarchalischen Zarathustra-Kult und bot eine Verbindung von Homosexualität und Sodomie. Das erste Wesen, der sonnengeschaffene Stier, wurde kastriert und erschlagen. Sein Sperma ging zum Mond, um dort geläutert zu werden; dann wurden aus diesem geläuterten Sperma zwei neue Stiere geschaffen. Von diesen »stammen alle Tiere ab«. Das verborgene weibliche Element in dieser phallischen Fantasievorstellung war natürlich der Mond; aber die beiden Stiere müssen die Homosexualität erschaffen haben. Diese Vorstellung war auch im christlichen Europa nicht unbekannt. »Autoritäten« wie Paracelsus lehrten, daß als Resultat eines oralen oder analen Verkehrs eines Mannes mit einem anderen ein Ungeheuer geboren werden könnte.[15] Wie unmöglich es auch erscheinen mochte, die Männer wollten offenbar um jeden Preis die Vorstellung erhalten, daß ein Mann ein Kind bekommen könne.

Die Christenheit degradierte die Große Göttin in Eva und in Maria, die von Mystikern als zwei Inkarnationen derselben Person angesehen wurden, zu einer Sterblichen. In beiden Inkarnationen war sie die Mutter ihres Vaters. Nach den Gnostischen Evangelien wurde Adam von der jungfräulichen Erde geboren, die niemand anderes war als Eva.[16] Die Geschichte ihrer Geburt aus Adam war eine späte, verfälschte Version des Mythos.

> *Wo der männliche Geist nicht fähig ist, eine rein abstrakte Welt – wie in der Mathematik – zu konstruieren, muß er die natürlichen Symbole benutzen, die dem Unbewußten entspringen. Das aber bringt ihn in einen Widerspruch mit dem natürlichen Charakter der Symbole, die er entstellt und pervertiert. Unnatürliche Symbole und eine Feindseligkeit gegenüber den natürlichen Symbolen – z. B. Eva, die aus Adam entnommen wird – sind charakteristisch für den patriarchalischen Geist. Aber auch dieser Versuch der Umdeutung bleibt erfolglos, wie eine Analyse dieses Symbolismus zeigen könnte, denn der matriarchalische Charakter der natürlichen Symbole setzt sich immer wieder durch.*[17]

Auf der ganzen Welt umschlossen die initiatorischen Dramen der Männer den Geburtsakt, um das Erreichen des Mannseins darzustellen. Anscheinend konnten sich die Männer keine bessere Methode vorstellen, neue Mitglieder in ihre Bruderschaft aufzunehmen, als die Novizen symbolisch zu töten und wiedergebären zu lassen, häufig von einer männlichen Mutter. In Neuguinea krabbelten die Initianden der Männergruppe zwischen den Beinen eines Mannes hervor, der als Geist der Geburt verkleidet war.[18] Die australischen Männer öffneten ihre Venen, um einen jungen Initianden in ihrem Blut zu baden, eine magische Imitation des Blutes im Mutterleib.[19]

Die Vorstellung der Wiedergeburt durch eine Taufe mit Blut wurde von allen Mysterienkulten der frühchristlichen Zeit geteilt. In den Mysterien des Mithras wurde der Initiand mit dem Blut eines geopferten Stieres übergossen und dann als »wiedergeboren für die Ewigkeit« erklärt.[20] Anschließend wurde er wie ein Kind mit Milch gefüttert.[21] Seit Urzeiten führen Männergesellschaften theatralische Imitationen der Geburt auf, wobei oft behauptet wurde, die Riten seien von Frauen gestohlen worden – oder Frauen seien dafür ermordet worden. Die Priester dieser Männerbünde haben immer versucht, diese Maskeraden mit allen Tabus, die sie erfinden konnten, zu schützen.[22] Auf Malekula benutzten die Männer sogar den Namen *mara* für den Platz, wo ihre Initiationsriten stattfanden; er bezeichnete sonst den abgeschiedenen Ort, an dem die Frauen ihre Kinder bekamen, oder den Geburtstempel.[23]

In seiner absichtlichen Ausschließung der Frauen entwickelte das frühe Christentum einige »Geburtsriten« mit leicht homosexueller

Tingierung. Manche Schriftsteller behaupteten, Männer könnten sich gegenseitig »befruchten«, jedenfalls im geistigen Sinne, indem sie einander küßten: »Denn es geschieht durch einen Kuß, daß die Vollendeten empfangen und gebären.«[24] Aber es war schwer für die Männer, sich selbst als Vollendete zu betrachten, wenn ihnen unübersehbar die Fähigkeit, neue Mitglieder ihrer Rasse hervorzubringen und zu stillen, fehlte. Daher kommt es, daß ihre endlose Suche nach Vollkommenheit fast immer ein wenig Travestie der Mutterschaft nötig hatte.

In der mittelalterlichen russisch-orthodoxen Trauungszeremonie spielte die symbolische Mutterschaft eine wichtige Rolle. Der Bräutigam warf die Schöße seines Gewandes über seine Braut und symbolisierte so eine Adoption gemäß dem alten Ritus der Scheingeburt. Der Träger des Gewandes war die »Mutter«, derjenige, der unter ihnen hervorkam, war das »Kind«. Die christliche Idee war, zu zeigen, daß ein Ehemann über seine Frau die Autorität einer Mutter über ihre Kinder ausübt. Es ist seltsam, Vaterschaft bedeutete in der Praxis Autorität, aber die Männer hielten es immer noch für nötig, diese Autorität mit Symbolen der Mutterschaft zu umschreiben.

1. O'Flaherty, 32f, 297. 2. *Larousse*, 345; O'Flaherty, 26. 3. Briffault 1, 7. 4. Graves, G. M., 9.d. 5. Knight, S. L., 147. 6. *Larousse*, 248. 7. Lederer, 156. 8. Budge, G. E. 1, 297, 354, 429. 9. Hallet, 180. 10. *Larousse*, 248. 11. Branston, 60. 12. Budge, E. M., 89. 13. Turville-Petre, 129. 14. Hooke, M. E. M., 115. 15. Silberer, 71, 144. 16. Pagels, 53. 17. Neumann, G. M., 50. 18. Briffault 2, 687. 19. F. Huxley, 103. 20. Angus, 239. 21. Guignebert, 71f. 22. Mead, 102f. 23. Neumann, G. M., 159. 24. Robinson, 135.

Geburtenregelung

Der Übergang von den matriarchalischen zu den patriarchalischen Gesellschaften zerstörte das natürliche System der Geburtenregelung der Säugetiere, das von Tieren und Naturvölkern angewandt wurde: Die Frauen verweigerten sexuelle Beziehungen, während sie schwanger waren oder stillten, eine Periode, die pro Kind zwei bis sechs Jahre dauern konnte. Dieses System ist in manchen Gegenden der Welt noch intakt. Bei den Hunza schlafen die schwangeren oder stillenden Frauen nicht mit ihren Männern. Die Semai auf Malaysia halten es für richtig, Sex während der langen Stillphase zu verbieten, da dies den Eltern ermöglicht, ihre Kinder in größeren Abständen zu bekommen und jedem einzelnen mehr Aufmerksamkeit zuzuwenden.[1] Sogar in einer aggressiven und von Männern dominierten Gesellschaft wie bei den Yanomanos fürchten sich die Männer, mit einer Mutter, die noch stillt, Geschlechtsverkehr zu haben.

Manchmal beleidigen die modernen Menschen die Tiere, indem sie einen menschlichen Vergewaltiger ein »Tier« nennen. Tiere vergewaltigen nicht. Geschlechtsverkehr findet nur statt, wenn das Weibchen empfängnisbereit ist. Ist das Weibchen mit der Pflege der Jungtiere beschäftigt – was immer die höchste Priorität hat –, dann zeigt es kein sexuelles Interesse an den Männchen. Sollte dieses so falsch beraten sein, ihr sexuelle Angebote zu machen, vertreibt sie es mit gebleckten Zähnen.

> *Bei den Tieren ist Gewalt von seiten der Männchen kein Thema; die geschlechtliche Vereinigung beruht auf der Zustimmung des Weibchens. … Und die Sexualinstinkte der weiblichen Tiere sind häufigen und länger andauernden Unterbrechungen unterworfen, die nicht immer mit der Funktion der entsprechenden Instinkte der männlichen Tiere gleichlaufen. Bei allen Pflanzenfressern ziehen sich die Weibchen, sobald sie trächtig sind, von der Gruppe zurück, um entweder vollkommene Absonderung und Einsamkeit zu suchen oder um sich zu Herden zu formieren, von denen die Männchen ausgeschlossen bleiben. Elefantenkühe vertreiben nicht nur während der fast zweijährigen Tragzeit alle Bullen von der Herde der Kühe und Kälber, sondern auch während der Phase des Säugens. Dieses Verhalten ist für Tierweibchen typisch. Wenn die »primitive« Menschenfrau während der Menstruation, Schwangerschaft oder Stillzeit den Mann zu sich gelassen hätte, dann hätte sie sich von allen biologischen Vorgängerinnen entfernt; ihr Verhalten hätte eine Abweichung dargestellt.*[2]

Viele frühe Aufzeichnungen zeigen, daß sich die Frauen der Menschen nicht von ihren Vorgängerinnen entfernt hatten. Hippokrates und Galen unterstützten das alte Tabu gegenüber Sex in Schwangerschaft und Stillzeit. Es gab ein seltsames Überbleibsel dieses Tabus noch in einem weitverbreiteten Ehehandbuch des frühen 20. Jahrhunderts. Der Autor erklärte, daß ein ehelicher Verkehr während der Schwangerschaft beim Kind Epilepsie auslösen könne.[3]

In den meisten »primitiven« Gesellschaften war es undenkbar, daß das männliche Sexualverlangen Vorrang gegenüber den Bedürfnissen der Mütter und ihrer Kinder haben sollte.[4] Das Patriarchat hat überall auf der Welt versucht, das zu ändern. Die Frauen mußten die sexuellen Bedürfnisse der Männer auch dann befriedigen, wenn sie durch die Mutterschaft besetzt waren. Das war die Bedeutung von Gottes Ankündigung an Eva: »Viel Mühsal bereite ich dir, sooft du schwanger wirst. Unter Schmerzen gebierst du Kinder. Du hast Verlangen nach deinem Mann, er aber wird über dich herrschen.« (Genesis 3, 16). In diesem Kontext bedeutet »Mühsal« nicht nur Wehenschmerzen, sondern auch das aufreibende Leben einer Mutter mit Kindern, die zu schnell nacheinander kommen, und die Krankheiten und Ungerechtigkeiten, die dadurch entstehen, daß die Sorge der Mutter kaum für alle ausreicht.

Das *Erste Buch Adam und Eva*, das den kanonischen Büchern widersprach, indem es behauptete, daß Eva trotz allem bei dem alten System der Geburtenreglung blieb, wurde nicht in die christliche Bibel aufgenommen. Dieser apokryphen Schrift zufolge gebar Eva Kain und seine Zwillingsschwester Luluwa, eine Inkarnation der *lilu* oder »Lilie«, die Evas Vorgängerin **Lilith** gewesen war. Dann, »als die Tage des Stillens beendet waren« – aber nicht vorher – »empfing Eva erneut«. Sie brachte Abel und seine Zwillingsschwester zur Welt. Nachdem Abel mit 15 Jahren getötet worden war, bekam Eva Seth, um ihn zu ersetzen. »Nach seiner Geburt hörte Eva auf, Kinder zu gebären.«[5] Deshalb stammt die gesamte menschliche Rasse von diesen vieren ab: Kain, Seth und ihren Schwestern. Nach dieser Version der Geschichte wurde Eva nicht speziell von Gottes Fluch getroffen.

Trotzdem legte die spätere, jüdisch-christliche Kultur Wert darauf, daß die Männer die Kontrolle über die Körper der Frauen haben. Von den Ehefrauen durften keine sexuellen Aktivitäten ausgehen, aber sie durften sich nie ihrem Mann verweigern. Die katholische Kirche erließ das Gesetz, daß keine Ehefrau ihren Mann wegen Vergewaltigung verklagen durfte, selbst wenn er sie brutal gezwungen hatte. Sexuelle »Befreiung« war sein eheliches Recht (ihres keineswegs).

Die Kirche interpretierte die biblische Schöpfungsgeschichte als Gottes Auftrag, die Frauen dazu zu zwingen, soviele Kinder wie möglich zu gebären, auch auf Kosten der Gesundheit von Mutter und Kindern.[6] Die Männer weigerten sich, das Problem der Überbevölkerung zu bedenken, und die Frauen durften es nicht aufgrund kirchlicher Tradition. In den heidnischen Zeiten verfügten die Frauen über ein paar sehr effektive Mittel zu Geburtenregelung, die von Vaginalschwämmen bis zu Abtreibungsdrogen reichten. Viele Kirchenmänner glaubten, daß die Hexen das geheime Wissen über solche Dinge weiterreichten. So wurde die Heftigkeit der Hexen- und Hebammenverfolgung noch verstärkt.

Pater Dominic Pruemmer schrieb vor kurzem in *American Freedom and Catholic Power*: »Geburtenregelung ist nichts anderes als gegenseitige Masturbation oder unnatürliche Sinnenlust.«[7] Außerhalb der Kirche ist es kaum üblich, die »Sinnenlust« von Ehepartnern als unnatürlich zu betrachten. Auch hat die Kirche niemals gegen Sex in Form von Masturbation protestiert, vorausgesetzt, die Masturbation kam ausschließlich dem Ehemann zugute – und nicht beiden Ehepartnern. Tatsächlich besagte die kirchlich abgesegnete Literatur des 17. Jahrhunderts, daß der einzige Zweck ehelicher Sexualität die Empfängnis sein darf, und wenn eine Frau zuviel Vergnügen hat, dann kann sie nicht empfangen.[8]

Die Kirche lehrte die Frauen darüber hinaus, daß ihre Kinder mehr Gott als ihnen selbst gehörten, um so die mütterlichen Besitzansprüche zu untergraben. Es war nicht unlogisch, daß Mütter häufig ihre unerwünschten Kinder Gottes Obhut überließen. Im 18. Jahrhundert berichtete das St. Vincent de Paul-Hospital in Paris, daß jährlich mehr als 5000 Kinder dort auf die Stufen gelegt wurden.[9] Kinderleichen waren im Müll westlicher Städte nichts Ungewöhnliches. Die Findelheime hatten soviel zu tun, daß drehbare Kästen in die Wände eingebaut wurden, damit die Kinder auf diese Art herein kamen. Die Findelheime hielten die Kinder, die ihnen anvertraut wurden, jedoch kaum am Leben. Es war vielmehr Praxis, das Problem der zahlreichen Geburten so zu lösen, daß Tausende von Säuglingen mit Genehmigung der männlich dominierten Bürokratie umgebracht wurden.[10]

Londons erstes Findelheim nahm zwischen 1756 und 1760 15000 Kinder auf. Von ihnen erreichte weniger als ein Drittel das Erwachsenenalter. Auf dem Kontinent betrug die Sterberate für Kinder in Findelheimen in den ersten fünf Lebensjahren zwischen 80 und 90 Prozent. Kirchenbeamte übertrugen die Pflege der Neugeborenen Frauen, die den Spitznamen »Mordammen« hatten, weil von ihnen erwartet wurde, daß sie die »Drecksarbeit« des Staates erledigten und darauf achteten, daß die Kinder nicht allzulange überlebten.[11]

Tatsächlich konnte die patriarchalische Gesellschaft, nachdem sie

Geburtenregelung und Abtreibung verboten hatte, keine bessere Lösung für den (menschlichen) Überschuß finden, als ihn zu vernichten. Anscheinend war das in Ordnung, jedenfalls solange, wie die Entscheidung, Leben zu geben oder nicht, nicht von den Müttern selbst getroffen wurde. George Vetter fand diese Art von Moral schwierig:

> *Gibt es irgendeinen Beweis, daß die Religion eine höhere Form der Weisheit zur Verfügung gestellt hat, mit deren Hilfe weltliche Angelegenheiten eine Richtschnur finden, oder für die brennenden sozialen Probleme der Gegenwart? Welcher religiöse Führer spricht sich denn für die Notwendigkeit der Familienplanung aus, während die Bevölkerung der Erde mit Riesenschritten durch unkontrollierte Fruchtbarkeit zunimmt und Epidemien und Seuchen zunehmend unter Kontrolle gebracht werden? Nicht einer! Aber viele jagen Margaret Sanger aufgrund ihrer konstruktiven Arbeit in dieser Richtung ins Gefängnis.*[12]

Eine englische Frau schilderte mit den folgenden Worten die konventionelle Moral in Bezug auf das Kinderkriegen. Sie machen deutlich, daß sich die religiösen Führer viel eher um ihre eigene Mythologie und ihre Zeremonien kümmern als um das zukünftige Wohl der ganzen Menschheit:

> *In einem Dorf, das ich gut kenne, bekam eine Frau, ordentlich verheiratet, fünf geistig behinderte Kinder, eins nach dem anderen. Ihr Ehemann war ein bekannter Säufer und geistig zurückgeblieben. Eins der Kinder starb glücklicherweise. Der Text, der für die Todesanzeige gewählt wurde, lautete: »Ihrer ist das Himmelreich.« Ungefähr zur selben Zeit bekam ein Mädchen in dem Dorf ein uneheliches Kind. Sie war ein wunderbares Mädchen; der Vater, der nicht in dem Dorf lebte, war stark und jung, aller Wahrscheinlichkeit nach wäre auch das Kind gesund gewesen. Aber das Mädchen flog aus ihrer Stelle, und dann warf ihr Vater sie aus dem Haus. Schließlich suchte sie in einem nicht mehr benutzten Steinbruch Zuflucht. Zwei Tage hielt sie dort ohne Nahrung aus. Als wir sie fanden, hatte sie ihr Kind zur Welt gebracht, es war tot. Später wurde das Mädchen verrückt.*[13]

Margaret Sanger widmete ihr Leben dem Bemühen, solche Tragödien innerhalb wie außerhalb der Ehe zu verhindern. Sie glaubte, daß »die Überbevölkerung, und nicht eine Tat Gottes, Armut, Hunger und Krieg geschaffen hat. ... Alle Gesellschaften würden davon profitieren, ... wenn es der Geburtenregelung erlaubt würde, den Hahn abzudrehen, der die Welt mit Schwächlingen überflutet. Wenn kranke und ungeeignete Mütter nicht gezwungen würden, Kinder zu bekommen, dann hätte es ein Ende mit den unerwünschten Kindern, die aufwachsen, um unsere Gefängnisse und Heime zu bevölkern.«[14]

Die Kirchen bekämpften aber weiterhin zäh das Recht der Frauen, zu bestimmen, wann, wo und wieviele Kinder sie bekommen wollten, hauptsächlich aufgrund des tiefsitzenden Wunsches der Männer, die Kontrolle über das lebenspendende Wunder zu behalten, bei dem die Männer bloß eine untergeordnete biologische Rolle spielen. Es kann kaum bestritten werden, daß sich die männlich dominierten Religionen seit ihren frühesten Anfängen überall auf der Welt diesem Ziel verschrieben haben. Als Folge davon bedroht die Überbevölkerung die Erde mit praktisch unvorstellbaren ökologischen und sozialen Katastrophen.[15] Selbst jetzt, im Angesicht dieser Schrecken, bleiben die religiösen Führer bei der Ansicht, daß sich die Gläubigen in alle Ewigkeit immer weiter vermehren sollen.

1. Dentan, 98. 2. Briffault 2, 400f. 3. Simons, 161. 4. Briffault 2, 48. 5. *Forgotten Books*, 54. 6. Vgl. E. T. Douglas. 7. Ellis, 89. 8. Simons, 141. 9. Lederer, 64. 10. M. Harris, 183. 11. Ebd., 184. 12. Vetter, 513. 13. Hartley, 347. 14. E. T. Douglas, 137. 15. Hallet, 411f.

Geburtshilfe

Geburtshilfe heißt auf englisch *midwifery*, was vom angelsächsischen *med-wyf*, »weise Frau« oder »Zauberin« abgeleitet ist. Die Priesterinnen der Großen Mutter hatten selbst in christlicher Zeit in der Geburtshilfe eine Monopolstellung inne, weil sich die meisten Männer vor den unter Tabu stehenden Geheimnissen der Geburt fürchteten. Nach der Bibel war eine junge Mutter 66 Tage nach der Geburt (Levitikus 12, 5) *sacer* oder unberührbar; das Kirchenrecht legte fest, daß eine Mutter bis 40 Tage nach dem Kindbett keine Kirche betreten durfte.

Die Heilkunst blieb in der ersten Hälfte der christlichen Epoche fast ausschließlich in der Hand von »weisen Frauen«, denn die alten Heilorte waren früher meist den Priesterinnen der Großen Göttin geweiht.[1] Im alten Ägypten fiel die Geburtshilfe in das Gebiet der siebenfachen Hathor, die jedem Kind seine sieben Seelen gab. Die malayischen Semai halten noch heute alle Hebammen für heilig, weil sie am Geist der Ersten Hebamme teilhaben, die im höchsten der sieben Himmel lebt; jeder dieser sieben Himmel wird nach dieser Auffassung von einer der sieben himmlischen Hebammen regiert, die den Hathors gleichen. Eine irdische Hebamme ist eine Art wundertätige Patin, die zu jedem Kind, das sie auf die Welt bringt, eine geistige Verbindung aufrechterhält.[2]

Die mexikanische Landbevölkerung spricht der *recibidora* ähnliche Kräfte zu; diese vereint in sich die Funktionen einer Geburtshelferin, Patin, Priesterin und Hexe. Während sie die Nabelschnur abbindet und versorgt, führt sie komplizierte Knotenzauber durch und spricht Zauberworte für das zukünftige Schicksal des Neugeborenen.[3]

Im heidnischen Rom gab es verschiedene Arten von Hebammen, die nach einer erfolgreichen Geburt besondere Gaben erhielten. Da war die *obstetrix*, die die Entbindung durchführte; die *nutrix* oder »Nährerin«, die den Milchfluß der Mutter förderte und ihr Stilltechniken beibrachte; und die *ceraria*, eine Priesterin der Ceres, die mit Geburtsritualen beauftragt war.[4] Sie alle standen mit dem Tempel der Frauen in Verbindung, wie die griechischen Horae, die auf der Erde Tempelfrauen waren und als Hebammen zu den Göttern in den Himmel emporstiegen.

Das mittelalterliche Christentum verabscheute die Hebammen wegen ihrer Verbindung mit dem heidnischem Matriarchat und ihrer Verehrung der Großen Göttin. Die Geistlichen sahen in ihnen unversöhnliche FeindInnen des katholischen Glaubens. In den Handbüchern der Inquisition wurde festgestellt, daß niemand dem katholischen Glauben mehr schade als die Hebammen; angeblich weihten die Hebammen neugeborene Kinder mit einer magischen Taufe am Küchenfeuer dem Teufel.[5] Der wirkliche Grund für die Feindseligkeit der Kirche war offenbar die Tatsache, daß die Hebammen den Frauen helfen konnten, selbst über ihr Schicksal zu bestimmen, die Geheimnisse der Sexualität und Geburtenkontrolle zu erfahren oder Abtreibungen vorzunehmen. Die heidnischen Frauen des Altertums besaßen ein großes Wissen über solche Dinge, die als die ureigenste Angelegenheiten der Frauen betrachtet wurden und nicht der männlichen Autorität unterworfen waren.[6] Die patriarchalische Religion dagegen verbot den Hebammen, ihren Patientinnen bei der Verhütung oder Befreiung von unerwünschten Schwangerschaften Beistand zu leisten oder die Geburtswehen der Frauen zu lindern.

1591 wurde eine schottische Adlige, Eufame Macalyne, bei lebendigem Leibe verbrannt, weil sie eine Hexen-Hebamme um Mittel zur Bekämpfung ihrer Wehenschmerzen gebeten hatte.[7] 1559 wurden die Kirchenvorsteher durch parlamentarische Inquisitions-Vorschriften angewiesen, jeden Gebrauch von »Zaubersprüchen, Zauberei, Bezauberungen, Anrufungen, Kreisen, Hexerei, Wahrsagerei« oder allen ähnlichen Handlungsweisen, »besonders wenn Frauen in den Wehen liegen«, zu melden.[8] Einige Zauberformeln und Zaubereien wurden zugelassen, wenn sie christianisiert waren: also mit christlichen Namen, die in den Sprüchen die heidnischen Namen ersetzten. Frauen im Kindbett wurden offiziell aufgefordert, einen langen Zauberspruch in lateinischer Sprache um ihre Schenkel zu binden, der mit *In nomine Patris et Filii et Spiritus Sancti Amen* begann, worauf Anrufungen von Heiligen und geheimen Namen Gottes folgten. Der Zauberspruch war des Teufels, wenn die Namen nicht christlich waren. Hebammen durften nach den Festlegungen einer bischöflichen Verordnung nicht »Hexerei, Zaubersprüche, Zauberei, Anrufungen oder Gebete, außer solchen, die erlaubt sind und sich mit den Gesetzen und Verordnungen der katholischen Kirche vertragen, benutzen oder ausüben«.[9] Der offizielle Standpunkt des Christentums war, daß eine Linderung der Leiden der Frauen in Zusammenhang mit der Fortpflanzung bedeute, sich Gottes Willen in bezug auf den Fluch über Eva zu widersetzen. Gott hatte bestimmt, daß Eva und alle ihre weiblichen Nachkommen unter Schmerzen gebären sollten. Die Ärzte lehnten es infolgedessen bis zum Anfang des 20. Jahrhunderts ab, eine Behandlung der häufigsten Todesursache von Frauen, des Kindbettfiebers, in Erwägung zu ziehen. Der Klerus hielt solche Todesfälle entweder für die gerechte Strafe für ein unmoralisches Leben oder für den Ausdruck der fortdauernden Verurteilung »des Geschlechts«.[10]

James Simpson, der vorschlug, die Wehenschmerzen der Frauen mit den neuentwickelten Anästhetika Chloroform und Äther zu lindern, rief damit große Empörung unter den Geistlichen hervor, die das als eine sündhafte Verleugnung der Wünsche Gottes bezeichneten. Schottische Geistliche meinten, daß eine Linderung der Wehenschmerzen den ursprünglichen Fluch gegen die Frauen aufhebe.[11] Ein Geistlicher aus Neuengland schrieb: »Chloroform ist eine Verlockung des Teufels, der scheinbar anbietet, Frauen glücklich zu machen; aber am Ende wird er die Gesellschaft verhärten und Gott der tiefernsten Hilfeschreie berauben, die sich in Zeiten der Not erheben.«[12] Mit dem üblichen, nur notdürftig verhohlenen Sadismus der patriarchalischen Moral, sagte er damit im Grunde, daß die weiblichen Schmerzensschreie Gott Freude machten und daß die Männer darauf achten sollten, daß er auf sie nicht verzichten müßte.

In England war die Sache entschieden, als Queen Victoria ihrem Arzt erlaubte, ihr bei der Geburt ihres achten Kindes Chloroform zu verabreichen und diese neue Möglichkeit der Schmerzenslinderung öffentlich als einen großen Segen begrüßte. Die Geistlichen waren dadurch auf der Stelle zum Schweigen gebracht, denn der Königin gestanden sie das Recht zu, Gott zu überstimmen.[13]

Gegen Ende des 19. Jahrhunderts drangen männliche Ärzte in den letzten verbliebenen Bereich ausschließlich weiblicher Medizin ein und entfernten die Geburtshilfe aus dem Zuständigkeitsbereich der Frauen. Der US-Kongreß schloß auf Veranlassung der American Medical Association die Hebammen von der Ausübung der Geburtshilfe aus. An ihre Stelle traten die neuen männlichen »Geburtshelfer«. Ältere Hebammen fanden sich häufig aus ihrer Arbeit vertrieben oder sogar wegen illegaler Praxis im Gefängnis wieder, und das in einer Gesellschaft, deren Mitglieder sie fast alle zur Welt gebracht hatten![14]

Die Ausübung des Berufs durch Männer wirkte sich nicht immer segensreich aus:

> *Unsere mechanisierte Zivilisation gefährdete im Interesse einer zügigen Entbindung und der bequemen, zeitlich begrenzten Teilnahme des Arztes mit einer ungeduldigen Einmischung in den natürlichen Prozeß oft Mutter und Kind und verschlimmerte diesen Fehler nur zu häufig durch eine vollständige Betäubung der Mutter. Das Kind wurde, als Ergebnis des wissenschaftlichen Stolzes über die Entdeckung einer Methode, es unabhängig von den natürlichen Quellen der Milch zu füttern, allzubald von seiner Mutter getrennt und nicht nur der Milch der Mutter beraubt, sondern auch der Erfahrung einer warmen, liebevollen, eßgemeinschaftlichen Beziehung zu ihr, von der Art, wie wir sie auch mit Mutter Erde haben müssen.*[15]

Der männerdominierte Berufsstand der Mediziner übernahm es nicht nur, die Frauen zu entbinden, sondern erdreistete sich sogar, Frauen zu belehren, wie sie ihre Kinder »bemuttern« sollten. Das führte oft zu so schrecklichen Fehlern wie der Theorie einer minimalen Pflege, die um die Jahrhundertwende aktuell war. Sie ging davon aus, daß schreiende Kinder nicht durch Verhätscheln »verwöhnt«, sondern nur in vorherbestimmten Abständen hochgenommen werden sollten. Den Gipfelpunkt der Hybris erreichte möglicherweise L. K. Frank, der schrieb: »Der Psychiater ist einzigartig kompetent, uns zu sagen, wie das christliche Gebot, kleine Kinder zu lieben, zu praktizieren ist.«[16] Die moderne »Erziehung« ignoriert damit die historische Wahrheit, daß unzählige Tausende von Jahren – lange bevor etwas von der Christenheit oder der Psychiatrie zu hören war – die ganze Existenz der menschlichen Rasse auf der einzigartigen Fähigkeit von Müttern beruhte, kleine Kinder zu lieben und auf der Fähigkeit von »weisen Frauen«, die mütterlichen Instinkte zu unterstützen.

1. Briffault 1, 488. 2. Dentan, 96ff. 3. Castiglioni, 139. 4. Dumézil, 37. 5. Sprenger & Institoris, 66, 141. 6. *Encyc. Brit.*, »Abortion«. 7. White 2, 63. 8. Robbins, 157. 9. Hazlitt, 379. 10. Pearsall, N. B. A., 85. 11. White 1, 319. 12. Vetter, 355. 13. *Encyc. Brit.*, »Anesthesia«. 14. Siehe Barker-Benfield. 15. Mumford, 469. 16. Torrey, 109.

Gehenna

Var. Ge-Hinnom, islam. Djahannam

Das Tal Hinnom außerhalb Jerusalems; hier stand einst ein »Tophet« genannter Feueraltar, auf welchem dem tyrischen Gott Moloch, Molech oder Melek, dem »König«, geopfert wurde. Ihm huldigte auch Salomo (1. Könige 11, 7).

Als die Juden es aufgaben, ihre erstgeborenen Kinder »für Moloch« (Levitikus 18, 21) zu opfern, geriet der Altar in Vergessenheit. Das Tal entwickelte sich zu einer Müllhalde, auf der Abfälle, aber auch die Leichen von Kriminellen und Ausgestoßenen verbrannt wurden.[1] Der Name Gehenna war später möglicherweise deshalb ein Synonym für Hölle, weil mit ihm Gestank und Feuer assoziiert wurden.

Die Juden nahmen die babylonische Vorstellung von der aus sieben Ebenen bestehenden Unterwelt auf und entwickelten daraus ihr mystisches Gehenna, das sechzigmal größer als die Welt war. Jeder »Palast« bestand aus 6000 Häusern und jedes Haus aus 6000 Gefäßen, die mit Feuer und Galle gefüllt waren. Der Fürst von Gehenna hieß Arsiel und war ein Ebenbild des babylonischen Unterweltgottes Aziel, »Schwarze Sonne«, des negativen Aspekts des Sonnengottes.[2] Im tiefsten Abgrund Gehennas lebte der Schlangenengel Apollyon, dessen Name ein anderer Name für den gleichen negativen Aspekt des Sonnengottes Apollo war (Offenbarung 9, 11).

1. Cavendish, P. E., 146. 2. Budge, G. E. 1, 275.

Geier

Eines der ältesten ägyptischen Totemzeichen der Großen Mutter war der Geier, der die Toten fraß. Die aasfressenden Geier wurden als Todesengel angesehen, weil sie die Toten stückchenweise in den Himmel trugen. In der Jungsteinzeit war es allgemein üblich, die Leichname den Aasgeiern, die den mütterlichen Geist verkörperten, zu überlassen. Aus diesem Grunde glaubten selbst die Griechen und Römer, alle Geier seien weiblich.[1] Die Abbildungen auf der Geier-Stele von Catal Huyuk (7. Jahrtausend v. Chr.) zeigen, wie Leichname von Geiern davongetragen werden – zu einer Zeit und an einem Ort, an dem ausschließlich das weibliche Prinzip verehrt wurde.[2]

Im alten Persien wurden die Toten nicht beerdigt, sondern in *dakhmas*, den dachlosen »Türmen des Schweigens« den Geiern dargeboten; viele dieser Türme stehen heute noch. Die *dakhmas* wurden zu einer Zeit erbaut, in der die Perser die Mond-Göttin Mah (die Mutter) verehrten und glaubten, die Geier trügen die Verstorbenen in ihr himmlisches Gefilde.[3] Selbst nach der Einführung der Erdbestattung durften in Persien die Toten nicht beigesetzt werden, ehe sie von Geiern zerrissen worden waren.[4]

Die ÄgypterInnen verehrten die geierköpfige Mutter als den Ursprung aller Dinge und nannten sie Mut, Isis oder Nekhebet.[5] Die Geier-Mutter und die Schlangen-Göttin Buto (Per Uatchet) hatten als »die zwei Gebieterinnen« die Aufgabe, die königliche Sippe zu bewachen und die toten Könige in ihrem jenseitigen Leben zu betreuen. Den zwei Gebieterinnen waren in Tempeln besondere Kapellen vorbehalten: in der östlichen gebar die Schlangen-Göttin täglich die Sonne, in der westlichen bestimmte die Geier-Göttin täglich den Sonnenuntergang.[6] Zuweilen erschienen beide Göttinnen als Geier auf dem heiligen Berg Sehseh, wo der verstorbene Pharao zu einem ewigen Kind an ihrer Brust wurde.[7]

Ägyptens ältestes Orakel war das Heiligtum der Geier-Göttin Nekhebet zu Nekhen (heute Al-Kab), die ursprüngliche Nekropole (Totenstadt). Weil es sich hier gleichermaßen um ein Geburts- wie auch um ein Totenheiligtum handelte, nannten die Griechen es nach ihrer eigenen Großen Mutter des Gebärens, der Aphrodite Ilithyia, Ilithyiaspolis.[8] Bei den Römern hieß es Civitas Lucinae, die Stadt der Juno Lucina, der Göttin der Kindsgeburt.[9]

Das ägyptische Symbol für »Großmutter« war die Geier-Göttin, die als Zeichen Ihrer Herrschaft einen Dreschflegel trug; eine Totem-Form der vor-dynastischen matriarchalen Sippen.[10] Das Wort »Mutter« war in der Hieroglyphenschrift das Zeichen des Geiers.[11] Die Geier-Göttin Nekhebet herrschte einst über ganz Oberägypten und trug als Zeichen der höchsten Staatsgewalt die weiße Krone. Auf Mumienkissen erschien auch die Isis in Geiergestalt; sie war mit dem Geiergefieder gekrönt und trug in jeder Klaue das *anch* (das Kreuz des Lebens).[12] Als Geier verspeiste sie – der Kali vergleichbar, die den toten Shiva verzehrte – ihren toten Gemahl Osiris.[13] Danach reinkarnierte sie ihn in ihrem eigenen Körper und gebar ihn erneut als das heilige Kind Horus.

Osiris wurde dem altägyptischen Begräbnisritual gemäß zerstückelt; dieser Brauch stammte aus einer fernen Vergangenheit, in der die Toten möglicherweise noch nach Art der frühgriechischen *omophagia* verzehrt wurden. Die Begräbnis-Magie lag in den Händen tanzender Priesterinnen, der *muu* (Mütter). Die *muu* könnten Kostüme aus Geierfedern getragen haben, um so die »Esser« darzustellen und wie Isis die Toten in ihrem Körper wiederherzustellen. Im *Buch von Ani* heißt es, das erste Tor zur uterinen Unterwelt würde von der Geier-Göttin bewacht, deren reißender Schnabel den Toten Einlaß zu dem Ort gewährte, von dem sie wieder auferstehen würden.[14]

Die Geier-Mutter war in Nordeuropa ebenso bekannt wie in Asien. Nach Meinung der Sachsen waren die Walküren »Leichen-Esserinnen« und nahmen oft die Gestalt aasfressender Krähen oder Raben an. In Sibirien hatte jeder Schamane eine »Raubvogel-Mutter«, die ihm zweimal in seinem Leben erschien: zunächst bei seinem geistigen Tod und seiner Wiedergeburt – hier gleicht sie der Tauben-Mutter, die bei der Taufe Jesu erschien – und dann anläßlich seines leiblichen Todes. Diese Geist-Mutter war ein großer Aasgeier »mit eisernem Schnabel, hakenförmigen Krallen und einem langen Schwanz«.[15]

Die klassische Mythologie späterer Zeit bezeichnete die Begräbnis-Priesterinnen als »schmutzig«; sie erscheinen dort als die geiergefiederten Harpyien. Der alte Glaube, daß alle Geier weiblich seien, hielt sich allerdings bis weit in die christliche Ära hinein. Die Kirchenväter führten zur Verteidigung der jungfräulichen Geburt die »Tatsache« an, daß Geier ihre Eier nur empfangen konnten, wenn sie durch die Geister des Windes befruchtet wurden.[16]

1. Budge, G. E. 2, 372. 2. Riencourt, 24. 3. *Larousse*, 311, 114. 4. Herodot, 56.
5. *Larousse*, 34. 6. Budge, G. E. 1, 440. 7. Neumann, A. C. U., 13; Erman, 9.
8. Budge, B. D., 623. 9. Budge, G. E. 1, 438. 10. Ebd. 1, 286.
11. Neumann, A. C. U., 12. 12. Budge, B. D., 623. 13. Hays, 257.
14. Budge, B. D., 272, 289. 15. Eliade, S., 36. 16. Neumann, A.C. U., 65.

Geist

Ein mit dem deutschen »Gast« verwandter Begriff, der ursprünglich den Geist eines verstorbenen Vorfahren meinte, der zu Stammesfesten wie Samhuin (Halloween) und anderen feierlichen Zeremonien eingeladen wurde. Bei vielen europäischen Völkern war es Brauch, die Schädel der Vorfahren aufzubewahren. Sie wurden bei Stammesversammlungen in erhöhter Position aufgestellt, angemalt und dekoriert. Nachdem sie ihren Anteil am Festmahl erhalten hatten, wurden sie als Orakel befragt; daher stammte der Brauch des »Totenkopfes auf dem Fest«. In späterer, christlicher Zeit wurde der Brauch verurteilt, weil die Lehre von der Auferstehung des Fleisches es verbot, einen Körper ohne Kopf zu beerdigen. Der Glaube an Geisterbesuche blieb trotzdem unausrottbar. Geister suchten angeblich immer wieder alle Schauplätze ihres früheren Lebens auf, insbesondere dann, wenn sie unglücklich oder durch Gewaltanwendung gestorben waren, in ungeweihter Erde begraben lagen oder von einem Dämon besessen gewesen waren. Die frühere Vorstellung von dem eher wohlwollenden Familiengeist findet sich in Nordengland heute noch in der identischen Aussprache von *ghost*, »Geist«, und *guest*, »Gast«, wieder.[1] Der Zorn eines Geistes wurde eher von den Menschen gefürchtet, die sich weigerten, ihn als Gast zu ehren.

1. Hazlitt, 27.

Genius

»Erzeuger«, eine römische Bezeichnung für einen Geist der väterlichen Ahnen, verwandt mit dem arabischen *djinni* oder *genie*. Jeder Römer hatte seinen persönlichen *genius* als Schutzengel oder Hausgeist. Entsprechend besaß jede Römerin einen weiblichen Schutzgeist, der *juno* genannt wurde.[1] In der Kaiserzeit bezeichnete das Wort Genius den Geist beider Geschlechter. Öffentliche Gebete richteten sich an den »Genius von Rom, sei er männlich oder weiblich, Gott oder Göttin«.[2]

Die Bedeutung des Wortes »Genius« änderte sich im Mittelalter, als es sich zu einem Synonym für »Geist« entwickelte. So bezeichnete der *genius loci* den atmosphärischen Geist eines Ortes oder der »böse Genius« einen Dämon. Die moderne Bedeutung des Wortes als Bezeichnung für eine außergewöhnlich intelligente oder talentierte Person ist jüngeren Ursprungs. Im Jahre 1875 definierte James Hinton den Genius als »Frau im Mann«.[3] Diese Vorstellung von Genius kommt der von einer Muse oder Shakti sehr nahe.

1. Rose, 193. 2. Dumézil, 39. 3. Pearsall, W. B., 490.

Var. Geneviève, Genovefa

Genoveva, Heilige

»Erzeugerin des Lebens«, eine kanonisierte Version der gallischen Diana, der Schutzherrin von Paris. Einer deutschen Volkssage nach lebte Genoveva in einem Wald bei Andernach in einer heiligen Höhle und gebar ein heiliges Kind. (Später wurde hier eine christliche Kirche errichtet.) Sie konnte – wie die Große Göttin – die Gestalt einer weißen Hindin annehmen. Ein König namens Siegfried traf bei der Jagd auf sie, heiratete sie und wurde ihr Herr der Jagd.[1]

Der fränkische König Chlodwig I. ließ sich im Schrein von St. Geneviève begraben. Gregor von Tours bestand darauf, die Kirche mit ihrem neueren Namen, »Kirche der Heiligen Apostel Petrus und Paulus«, zu bezeichnen. Trotzdem war sie zu seinen Zeiten noch als Tempel der Göttin bekannt.[2] Das über ein Jahrhundert nach Chlodwigs Zeit von Gregor verfaßte, legendenhafte Geschichtswerk ist die einzige ausführliche Quelle zu Chlodwig und Genoveva.

Das runenartige Emblem der heiligen Genoveva bestand aus einem Pentagramm über einem Kreuz – ein deutlicher Hinweis auf den heidnischen Hintergrund.[3] Die PariserInnen gedenken noch immer des Ereignisses von 1129, als die heiligen Reliquien der Geneviève angeblich eine Epidemie abwehrten.[4]

1. Guerber, L. R., 149ff. 2. *Encyc. Brit.*, »Clovis«. 3. Brewster, 52. 4. Attwater, 147.

Georg, Heiliger

Ein fiktiver Schutzheiliger Englands. Der Tag des heiligen Georg war den Römern als Tag des Fruchtbarkeitsfestes der Pfähle bekannt. Der mittelalterliche Brauch ehrte den heiligen Georg am Ostermontag, dem Mond-Tag, der auf den Sonnen-Tag des christlichen Erlösers folgte. Im Volksglauben hieß der heidnische Erlöser Grüner Georg und verkörperte einen Frühlingsgeist.[1] Sein Bild fand sich häufig auf alten Kirchenreliefs. Es zeigte einen Menschenkopf, der entweder von Blättern umrankt war oder aus einem Baumstamm herausschaute. Manche nannten ihn auch den Gott der Hexen, »eine konfuse Vorstellung von einem Mischwesen, halb Baum und halb Mensch«, oder beschrieben ihn als »Teufel in Gestalt eines Baumstammes ... mit angedeuteten menschlichen Gesichtszügen.«[2]

Die Gestalt des heiligen Georg als Drachentöter geht offensichtlich auf eine mythische Verschmelzung des Grünen Georg mit einem arianischen Bischof von Alexandrien zurück. Dieser war ein Gegner des heiligen Athanasios und tötete einen rechtgläubigen Münzmeister namens Dracontius, »Drache«.[3]

Das Emblem des heiligen Georg war eine **Vesica Piscis**, ein uraltes Fruchtbarkeitssymbol, das die Yoni der Großen Göttin verkörperte. Christliche Interpreten zogen es jedoch vor, es als das »Schild« des Heiligen zu deuten. Dennoch wurde Georg weiterhin so schamlos in Fruchtbarkeitsriten eingebunden, daß ihn die Kirche diskreditierte und als »imaginären Heiligen« bezeichnete. In einer alten englischen Ballade hieß es: »Die einen sagen, es gab keinen George, die anderen, es gab keinen Drachen. Gott hilf', daß es wenigstens ein Mädchen gab.«[4]

1. Frazer, G. B., 145f. (dt. 184/185). 2. Knight, D.W. P., 221, 229.
3. Baring-Gould, C. M. M. A., 269. 4. Brewster, 209f.

Ghora

»Schrecklich«, das dritte von Vishnus drei Eberkindern, die zur Opferung bestimmt waren, um mit ihrer »Kraft« (Blut) die Welt zu nähren und zu erhalten. Ihre Namen gingen wahrscheinlich auf archaische Titel der Dreifachen Göttin zurück. Die Namen der ersten beiden bedeuteten »die Wohlgerundete« und »die Goldene«. Das dritte, Ghora, personifizierte – ähnlich wie die griechische Gorgo, die ebenfalls »die Schreckliche« war – ein uraltes Tabu. Ghora war zerstörerisch und wurde deshalb mit ihren Geschwistern »um der drei Universen willen« geopfert, denn diese Eberkinder konnten sogar die Götter im höchsten Himmel vernichten.[1]

1. O'Flaherty, 193–196.

Gilgamesh

Der Held eines sumerisch-babylonischen Epos, in dem die erfolglose Suche eines Menschen nach dem Geheimnis der Unsterblichkeit, das die mißgünstigen Götter hüten, erzählt wird. Die wichtigste erhaltene Fassung stammt aus der Assurbanipal-Bibliothek in Ninive aus dem 7. Jahrhundert v. Chr., ältere Fragmente weisen jedoch auf ein viel früheres Datum, etwa am Beginn des zweiten Jahrtausends v. Chr., hin.[1]

Aus Angst vor dem Tod zog Gilgamesh aus, um Utnapischtim (Noah), den Fluthelden, zu suchen, der ihm als einziger unsterblicher Mensch das Geheimnis offenbaren konnte. Nach vielen Abenteuern fand Gilgamesh den Patriarchen, der ihm eine magische »Rose« des ewigen Lebens gab. Gilgamesh nahm die Pflanze an sich, sie wurde jedoch von einer **Schlange** gestohlen. So erlangte die Schlange als einzige Kreatur die Unsterblichkeit. Sie besitzt die Fähigkeit, sich ohne irgendein Zwischenstadium im Totenreich zu häuten und periodisch zu erneuern.

Auf seiner Reise begegnete Gilgamesh der Großen Göttin in der Verkleidung einer Wirtin – in dieser Gestalt spendete sie den Göttern den Wein der Unsterblichkeit. Ihr Name war Siduri Sabitu, die Gebärerin des Weins; später wurde sie von den Sufi-Philosophen als die Göttin Saki übernommen, die jedem Menschen den Kelch der »offenbarten Wahrheit« eingießt.[2] In Griechenland hieß sie Oenothea, »die Weingöttin«.[3]

Sie offenbarte Gilgamesh die Wahrheit. Er solle nicht länger nach dem Geheimnis der Unsterblichkeit suchen, denn nach dem Beschluß der grausamen Götter seien alle Menschen zum Sterben verurteilt. Sie riet Gilgamesh, nach Hause zurückzukehren und die schönen Dinge des Lebens zu genießen, solange er könne: »Drum fülle dir, o Gilgamesh, den Bauch, ergötze dich bei Tage und bei Nacht, bereite täglich dir ein Freudenfest mit Tanz und Spiel bei Tage und bei Nacht! Laß deine Kleider (strahlend) sauber sein, wasch dir das Haupt und bade dich in

Wasser, blick' auf das Kind, das an die Hand dich faßt, beglückt sei deine Frau an deiner Brust – denn solches alles ist der Menschen Lust!«[4]

Siduris Lebensphilosophie des *carpe diem*, »genieße den Tag«, wurde in das neunte Kapitel des Prediger Salomo, einen merkwürdig heidnischen Text der Bibel, übernommen. Hier verwirft »das Wort Gottes« die christliche Jenseitsvorstellung mit all ihren Belohnungen und Bestrafungen, und der jüdisch-christliche Gott spricht kein Recht.

1. *Larousse*, 66. 2. *Gilgamesh*, 38 (dt. 88). 3. Wedeck, 207. 4. *Gilgamesh*, (dt. 88).

Var. Ägid(ius)

Gilles, Heiliger

Eine druidische Gottheit, die in den christlichen Heiligenkanon übernommen wurde. Seine Legende stammt aus Nimes, dessen Name auf das Mondgrab der Diana, *nemeton* genannt, zurückgeht. (Siehe **Hain, Heiliger**.) Eine Zauberhindin, die Große Göttin in Hirschgestalt, nährte ihn in einer Höhle. Er wurde mit dem keltischen Heroen Oisin gleichgesetzt, dessen Mutter eine Hirschkuh war.[1] Wie die meisten keltischen Herren der Jagd wurde auch er von Pfeilen getötet. Er starb den Liebestod des Helden, denn bei seinem Tod umklammerte er die Zauberhindin.

Zuweilen wurde behauptet, der heilige Gilles sei Grieche gewesen und habe aus Athen gestammt. Dies sollte möglicherweise eine Begründung für seine Verbindung zu Hirschgöttern wie Aktaion liefern, dessen Kult der Diana gewidmet war.[2] Ein weiterer Held dieses Typs war Telephos, der König von Mysien. Er wurde in seiner Kindheit von einer Damhirschkuh genährt, bis Hirten ihn entdeckten. Ein Orakel schickte ihn nach Mysien, wo er – nach typischer Oedipus-Tradition – die Königin Auge heiratete, also seine eigene Mutter.[3]

Wie die Schmiedepriester der archaischen Diana war auch der heilige Gilles lahm und wurde so zum Schutzheiligen der »Krüppel«. Wegen seiner großen Beliebtheit wurde im 10. Jahrhundert sein fiktives »Leben« verfaßt. Über 150 Kirchen waren ihm gewidmet, inbegriffen St. Giles Cripplegate in London und die *High Kirk* von Edinburgh.[4] Dennoch gibt es fast nichts Christliches aus seiner Legende zu berichten, und sein Heiligenstatus basierte auf einer Fälschung.

1. Turville-Petre, 204. 2. Brewster, 391. 3. Rank, 25. 4. Attwater, 155.

Var. Guinèvre, Guinevere

Ginevra

In Deutschland hieß Ginevra auch Cunneware, »weibliche Weisheit«.[1] Sie entsprach als eine der walisischen Triaden der Dreifachen Göttin Gwenhwyar, der »First Lady dieser Inseln«. Manchmal erschien sie in Gestalt dreier Königinnen, die alle Gwenhwyar hießen und alle König Artus heirateten.[2]

Dieselbe Göttin gebar **Arthur**, der von der neunten Welle ans Ufer geworfen wurde. Die WaliserInnen bezeichneten sich brechende Wellen als die Schafe der Meerjungfrau, die sie Gwenhidwy oder Gwenhwyar nannten. Die neunte Welle verkörperte den »von neun Jungfrauen geborenen Gott«, der auch »der Widder« hieß.[3] Die neun

Jungfrauen versinnbildlichten, ähnlich wie die neun Musen in der griechischen Mythologie, die verdreifachte Dreifache Göttin.

Ginevra verkörperte die höchste Gewalt Britanniens. Kein König konnte ohne sie regieren. Deshalb erzählten alle Geschichten immer wieder von ihrer Entführung durch den Herausforderer und zukünftigen Herrscher. Melwas, Meleagant, Artus, Lancelot und Mordred, sie alle raubten Ginevra dem herrschenden König, wenn sie beschlossen hatten, selber König zu werden. Verlor ein König Ginevra, dann verlor er auch die Königswürde. Einige Mythen kennen sie als eine heilige Statue, ähnlich der Fortuna Regia der römischen Caesaren.[4] Gleichwohl hat sie wirklich gelebt. Sie war die Frau, die – in Gestalt der Zerstörerin – **Patrick** den Todesapfel gab und beinahe wegen Hexerei auf dem Scheiterhaufen verbrannt wurde. Frühe Legenden erzählten, sie sei in die Burg Freudenturm entschwunden, in das irdische Paradies, in dem sie jedes Frühjahr als Maikönigin regierte.

1. Campbell, C. M., 448. 2. Malory 1, XXIV. 3. Turville-Petre, 152.
4. *Encyc. Brit.*, »Guinevere«.

Gnade

Ein berühmter Text des Neuen Testaments erhob die Fähigkeit zur *caritas* über den Glauben und die Hoffnung. *Caritas* wurde manchmal mit Nächstenliebe, engl. *charity*, manchmal mit »Liebe« übersetzt. Beide Übersetzungen sind unpräzise. Das Wort bedeutete »Gnade« und meinte insbesondere die Gnade der Dreifachen Göttin, die sich in den drei die guten Gaben bringenden Grazien verkörperte. [Das englische *grace* bedeutet sowohl »Grazie« wie »Gnade«.] Sie schenkten *caritas* (lateinisch) oder *charis* (griechisch) und wurden auch Chariten genannt. Julian nannte ihre Gnade ein Geschenk des Himmels: »Die dreifache Gabe der Chariten kommt aus dem Himmel, aus dem Kreislauf der Gestirne, zu uns.«[1]

Die RömerInnen bezeichneten die Gnade auch mit dem Begriff *venia*. Diese hatte durch die enge Verbindung mit Venus göttlichen Charakter und meinte die wahrnehmbaren Zeichen der Gunst der Göttin.[2] Gnade war identisch mit der sanskritischen *karuna*; diese spendeten die himmlischen Nymphen und ihre irdischen Vertreterinnen, die heiligen Huren der Hindutempel (*devadasis*). Ihre »Gnade« bestand aus einer Kombination von Schönheit, Güte, Mutterliebe, Zärtlichkeit, Sinnenfreude, Mitgefühl und Anteilname.

Die Gnade spendenden Grazien waren Emanationen der Großen Göttin, in deren Heiligtümern sie tanzten. Die Göttin schmückte sich mit ihnen, und sie waren die Geburtshelferinnen der Götter. Außerdem galten sie als Schutzgeister der Musik, des Tanzes, der Poesie und der Kunst.[3] Darstellungen zeigten sie immer wieder in der gleichen klassischen Pose als drei nackte, tanzende Frauen, die in Haltung und Gebärden sehr stark den himmlischen Nymphen auf dem Tempel der Liebe im indischen Khajuraho ähnelten.[4]

Griechische Schriftgelehrte nannten die Grazien Aglaia (Glanz), Thalia (Blüte) und Euphrosyne (Frohsinn). Sie trugen jedoch eigentlich ältere, aus grauer Vorzeit stammende Namen. Homer kannte nur eine Grazie, die Cale oder Kale hieß – vielleicht eine Verwandte der Kali.[5] Der Gnostiker Markus der Magier rief die Große Göttin als Gnade oder Charis an: »Möge sie, die vor allen Dingen ist, die unbegreifliche und unbeschreibliche Gnade, dich im Innern erfüllen und in dir ihre Erkenntnis mehren.«[6]

Die Christen nahmen den heidnischen Gedanken der *charis* auf und bemühten sich, den Begriff von allen sexuellen Bedeutungen zu befreien, um ihn für ihren asketischen Glauben nutzbar zu machen. Die *Caritas*, »Nächstenliebe«, wurde, ähnlich wie vorher im Buddhismus, zu einem Glaubensfundament der Ur-Christenheit. Ihr grundlegender Gedanke war, daß demjenigen ein Platz im Himmel sicher war, der all sein weltliches Gut an die Armen verschenkte. Jesus predigte von den Gnadengeschenken für diejenigen, die auf Erden sanftmütig und arm sind und sich freiwillig bescheiden (Lukas 6,20–30). Die Kirche benutzte für diese »Seligpreisungen« den Begriff *macarisma*, ein Wort alten Ursprungs, das die Dreifache Göttin als Ma (Geburt), Charis (Gnade) und Ma (Tod) anrief.[7] Das verwandte Wort *charisma* bedeutete »muttergegebene Gnade«.

Charis verschmolz mit *charity*, engl. »Nächstenliebe«, über ältere Vorläufer, die Liebe und Zuneigung mit Gastfreundschaft und großzügigem Schenken, den »mütterlichen Tugenden«, gleichsetzten. Bei Homer meinte das Wort *philein* die freigebige Gastfreundschaft.[8] Die christliche Theologie interpretierte »Gnade«, ein Wort, das einst sowohl die Freigebigkeit als auch die warme, physische Zuneigung einschloß, allein als jene Großzügigkeit, die praktiziert werden mußte, um die eigene Unsterblichkeit zu sichern.

1. Lindsay, O. A., 391. 2. Dumézil, 94. 3. *Larousse*, 132.
4. Elisofon & Watts, 118. 5. Graves, G. M., Kap. 13. 6. Pagels, 50 (dt. 96).
7. Augstein, 115. 8. Lindsay, A. W., 33.

Gnosis

»Erkenntnis«, eine allgemeine Bezeichnung für die Mysterienkulte der frühchristlichen Zeit und für die von ihnen abstammenden, häretischen Lehren des Mittelalters. Die »Erkenntnis« bezog sich auf die Offenbarungen der wahren Natur Gottes und die Geheimnisse des Lebens im Jenseits, auf Sprachformeln und Worte besonderer Kraft, mit denen ein begehrter Platz im Himmel erlangt werden konnte. Die führenden gnostischen Sekten stellten die Große Mutter und ihren sterbenden Gott in den Mittelpunkt ihrer Kulte, so wie z. B. in den Eleusinischen, Orphischen und Osirischen Mysterien. Nach Angus war die Gnosis »für über ein halbes Jahrtausend der Weg, auf dem sich nachdenkliche Geister der Religion näherten«.[1]

Die westliche Gnosis, aber auch Sekten, die im wesentlichen christlich waren, kannten Meditationsformen und sexuelle Riten nach tantrischer Art. Das letzte Ziel des tantrischen Yoga galt der Einkehr in das erste Reich der Stille, eine weibliche Macht, die die ursprüngliche, kreative Welt, den Logos, umhüllt. So suchten gnostische Christen die

Vereinigung mit der Göttin Sige (Stille), die am Anfang aller Dinge existierte.[2] Sie gebar **Sophia** (Weisheit), die gnostische Große Mutter, die sowohl die Braut wie die Mutter Gottes war.

Einige Gnostiker übernahmen die Vorstellung von der Weltseele, die sie mit Sophia gleichsetzten und die sie sich manchmal in androgyner Vereinigung mit Gott dachten. Diese Ansicht vertrat der Kirchenvater Origenes, der zu seiner Zeit verehrt, drei Jahrhunderte später jedoch wegen seiner häretischen Ansichten exkommuniziert wurde.[3] Er schrieb: »So wie unser Körper aus vielen menschlichen Gliedern besteht, doch von einer Seele zusammengehalten wird, so muß das Universum als ein riesengroßes Lebewesen gedacht werden, das eine Seele zusammenhält.«[4] Die Christen taten sich mit der Vorstellung von der Weltseele deswegen schwer, weil in ihr die Seligen und die Verdammten in einem einzigen göttlichen Geist vereinigt sein sollten. Somit war die Trennung von Guten und Bösen, die am Tag des Jüngsten Gerichts stattfinden sollte, unmöglich.

Origenes Adamantius
Griechischer Kirchenschriftsteller (ca. 185–254 n. Chr.), der einen starken Einfluß auf die frühe griechische Kirche ausübte. Nachdem er zunächst als Heiliger angesehen wurde, erklärte ihn die Kirche drei Jahrhunderte nach seinem Tod zum Häretiker, weil seine Werke gnostisches Gedankengut enthielten.

Die offizielle Kirche lehnte insbesondere das gnostische Bild der Frau ab. Man wollte sich nicht vorstellen, daß Gott von der Großen Mutter bestraft würde, so wie es die Gnostiker behaupteten. Die Nachfolger des heiligen Paulus verkündeten öffentlich, die GnostikerInnen seien die Erstgeborenen des Satans, sie seien beutegierige Wölfe, vom Teufel Besessene, Bestien in Menschengestalt, und sie handelten mit tödlichem Gift. Diese Beschimpfungen waren typisch dafür, wie die Christen in jenen Zeiten miteinander umgingen.[5]

Vom 4. bis zum 8. Jahrhundert wurden gnostische Minderheiten von der Kirche hartnäckig verfolgt. Dennoch »hielten geheime Bruderschaften an den Lehren der Gnosis und der Erleuchtungslehre der heidnischen Religionen, auch nach ihrem angeblichen Verschwinden, viele Jahrhunderte lang fest«.[6] Gnostische Kultobjekte sind überall in Sizilien, Spanien und Südfrankreich gefunden worden, insbesondere die *coffrets gnostiques* oder heiligen Gefäße aus frühmittelalterlicher Zeit, die den griechischen *cistae* oder den semitischen »Truhen« entsprachen.[7]

Die Kirchenväter nahmen besonderen Anstoß daran, daß die GnostikerInnen auch Frauen für geistliche Ämter zuließen. »Alle Initiierten, Männer wie Frauen, nahmen gleichberechtigt an der Verlosung teil; auf jeden konnte die Wahl fallen, als *Priester*, *Bischof* oder Prophet zu amtieren.« Tertullian berichtete mit Entsetzen von gnostischen Frauen, die »lehren, disputieren, den Exorzismus vornehmen und Heilungen versprechen«. Sie vollzogen sogar die Taufe und bewiesen damit, daß sie den Status eines Bischofs innehatten. Tertullian schrieb: »... sie treten miteinander ein, sie hören miteinander zu, sie beten miteinander; auch wenn Heiden dazukommen ... Sie tauschen auch den Friedenskuß unterschiedslos mit allen.«[8]

Tertullian
(Quintus Septimius Florens Tertullianus), ein bedeutender frühchristlicher Gelehrter und Kirchenvater (ca. 155–220 n. Chr.), der in Karthago als Kind heidnischer Eltern geboren wurde.

Einige gnostische Sekten gingen so weit zu behaupten, daß die wahre Offenbarung des christlichen Geheimnisses durch eine Frau, die »Apostelin der Apostel«, geschehen sei, nämlich durch **Maria Magdalena**, die so innig von Jesus geliebt wurde. Sie beteten zu einer zweigeschlechtlichen Gottheit, dem Vater und der Mutter, die mit Jesus und Maria gleichgesetzt wurden. Irenäus verhängte über die Sekte den Kirchen-

Irenäus
Heiliger und Kirchenvater, der im 2. Jh. n. Chr. gelebt haben und Bischof von Lyon gewesen sein soll. Seine Lebensgeschichte ist nur vage überliefert. Sie basiert weitgehend auf (möglicherweise erfundenen) Behauptungen des Eusebius, nach denen er Briefe von Irenäus besaß. Allerdings ist keiner von ihnen erhalten. Die Geschichte vom Martyrium des Irenäus hat sich als Fälschung erwiesen.

bann. Er bestand darauf, daß die Mitglieder »Reue üben« und sich ihm unterwerfen sollten, damit er sie mit »vorweggenommener Kirchenzucht« bestrafen konnte, um so ihre Seelen vor der Verdammnis zu retten.[9]

Im frühen Mittelalter fanden die gnostischen Lehren der Erleuchtung Eingang in den Minnesang der Barden, die Mysterienspiele und die Märchen. In diesen Quellen sind die Geheimnisse der häretischen Religionen in Form von Allegorien oder symbolhaften Dramen überliefert. Manichäische Gnostiker trennten sich von der römischen Kirche, die sie als hoffnungslos materialistisch ansahen, und gründeten ihre eigenen Kirchen. Sie behaupteten, der Gott der römisch-katholischen Kirche sei in Wirklichkeit ein teuflischer Demiurg, der die materielle Welt geschaffen habe, damit sich die menschlichen Seelen in das Böse verstricken.[10] (Siehe **Manichäer**.)

Aus der gnostischen Tradition gingen die christlichen Katharer Südfrankreichs und Italiens hervor, gegen die sich die blutigen Albigenser-Kreuzzüge richteten (siehe **Kreuzzüge**). Die Katharer behaupteten, Jesus habe ihnen eine geheime, gnostische Lehre übermittelt, die die Dogmen der römisch-katholischen Kirche außer Kraft setze. Nur der »innere Mensch« steige zum Himmel auf, das Dogma der Auferstehung des Fleisches sei also falsch. Die Taufe sei sinnlos, die Heirat unwichtig. Niemand müsse zölibatär leben, abgesehen von den »Vollkommenen«, die, wie die östlichen Yogis, das Sinnesleben aufgeben. Die Inquisition klagte die Katharer an, weil sie die römische Kirche mit Namen wie Mutter der Hurerei, Große Hure Babylon, Basilika des Teufels und Synagoge des Satans betitelt hatten.

Die Geschichte von Johannes dem Weber aus Toulouse führt den Gegensatz zwischen den Ansichten der römischen Kirche und den katharischen Lehren in bezug auf die rituelle Keuschheit deutlich vor Augen. Als Johannes angeklagt wurde, der gnostischen Häresie anzuhängen, erklärte er zu seiner Verteidigung, er habe gelogen, geflucht, Fleisch gegessen und den Verkehr mit seiner Frau genossen. Damit bewies er, daß er ein gläubiger Christ und kein häretischer Katharer war.[11]

Gnostische Elemente durchzogen die Astrologie, die Alchimie, die hermetische Magie und den Okkultismus. Insofern die Suche nach Erkenntnis die Naturwissenschaft betraf, die Alchimisten und Hexenmeister allmählich entdeckten (oder wiederentdeckten), lehnte die Kirche diese Suche als für den Glauben verderblich ab. Der heilige Augustinus hatte »den eitlen und neugierigen Wunsch des Forschens, bekannt als Wissenschaft und Suche nach Erkenntnis« streng verurteilt. Lactantius dagegen pries den von den mittelalterlichen Alchimisten und Okkultisten fast als Gott verehrten Hermes Trismegistos als den Offenbarer »nahezu der ganzen Wahrheit«. Auch Frauen waren von der Verfolgung der Naturwissenschaften betroffen, einige von ihnen wurden eng mit den Ursprüngen der alchimistisch-mystischen Gnosis in Verbindung gebracht: Theosebia, Maria die Jüdin, eine gewisse Kleopatra und eine Frau, die sich Isis nannte.[12]

Die Wiederentdeckung heidnischer Schriften bescherte der ägyptischen Göttin Isis eine neue, einflußreiche, wenn auch geheime Berühmtheit. Die hellenistische Welt fand die »Isis der unzähligen Namen« in jeder anderen weiblichen Gottheit wieder.[13] Mittelalterliche Okkultisten entdeckten, daß Plutarch sie in seinen Werken rühmte, und setzten sie mit der Weltseele, der »Sophia«, gleich. In zahlreichen okkultistischen Schriften erschien sie als die von Sternen gekrönte »Nackte Göttin«. Ihre Herrschaft über Land und Meer wurde dadurch symbolisiert, daß ihr rechter Fuß auf der Erde, ihr linker im Wasser stand. Ihre Vulva war durch einen Halbmond an entsprechender Stelle gekennzeichnet. Seine Funktion beschreibt ein moderner Gelehrter mit dem so typischen, männlich-ungenauen Blick für dieses weibliche Geschlechtsteil simpel als Bedeckung des »Schoßes«.[14]

Es war durchgehend die Regel, daß die Kirchen alles für häretisch erklärten, was auch nur den Ruch weiblicher Göttlichkeit oder Autorität hatte. Verfolgungen verschiedener gnostischer Sekten belegten dies immer wieder. Die Naturwissenschaft wie auch die weibliche Spiritualität entwickelten sich nur unter größten Schwierigkeiten gegen all die Hindernisse, die das westliche Patriarchat gegen sie ersann. Die weibliche Spiritualität hat sich selbst heute noch nicht vollständig durchsetzen können.

1. Angus, VII. 2. Campbell, M.T. L. B., 112. 3. Evans-Wentz, 234. 4. Shirley, 46. 5. Legge 2, 10. 6. Waite, O. S., 195. 7. Jung & Franz, 137 (dt. 144). 8. Pagels, 42 (dt. 84/85). 9. Ebd., 46, 49. 10. Legge 2, 239. 11. Coulton, 71, 77. 12. Seligmann, 80f., 88. 13. Boulding, 252. 14. Seligmann, 45.

Godiva, Lady

Der Name der im englischen Sprachraum bekannten Lady Godiva ist nichts anderes als eine Kombination dreier Bezeichnungen für »Göttin«. Als Mutter Goda oder Gerd entsprach sie Freya, der Gemahlin Godas (Wotan), des Vaters der »Götter«. Das englische *gods*, »Götter«, hat eine verblüffende Ähnlichkeit mit *goths*, »Goten«, da im Altgermanischen das *d* und das *th* austauschbar waren.[1] *Diva* war eine universelle indoeuropäische Bezeichnung für »Göttin« und von dem sanskritischen *devi* abgeleitet. Tantrische Schriften sprachen von einer »Mutter der Schöpfung« und von einem »heiligen weiblichen Fluß« namens Godiva, der den westlichen Kontinent verkörpert. Dieser Kontinent, Apara-Godaniya, war das Land des Viehs und der rauhen Barbaren, die sich von Fleisch ernährten. Offensichtlich waren damit die Goten gemeint.[2]

Die Legende vom Ritt der nackten Lady Godiva durch Coventry geht auf eine Mai-Prozession zu Ehren der Großen Göttin zurück. Kleriker versuchten, diesen Festumzug zu verhindern, sie befahlen den Menschen, in ihren Häusern zu bleiben und nicht aus den Fenstern zu schauen. In Southam gab es zwei Ladys, eine weiße und eine schwarze, die Jungfrau und Greisin, Sommer und Winter, Liebe und Tod verkörperten.[3] Die Schwarze Göttin erschien in Begleitung eines Stiermaskentänzers, der als *Old Brazen Face*, »altes bronzefarbenes Gesicht«, bekannt war: der Sonnenstier vermählte sich mit der Mondkuh.[4] Mit der »feinen Dame« auf dem weißen Pferd aus dem englischen Kinderreim *Ride A Cock-Horse* war die »Nackte Göttin« des jährlichen Festumzugs gemeint.[5] In einigen Versionen des Reims wurde sie als die »alte Frau« bezeichnet.[6]

Die englische Sage erzählt, daß der neugierige *Peeping Tom*, der »heimlich blickende Tom«, es wagte, einen Blick auf ihren nackten Körper zu werfen und dafür mit Blindheit bestraft wurde. Dies erinnert an das Schicksal anderer Männer (z. B. Teiresias von Theben), die erblindeten, weil sie die Göttin nackt gesehen hatten. Diese Strafe, die aber mit einer Art Gotteserfahrung einherging, scheint auf ältere gnostische Bräuche zurückzugehen, in denen die »Nackte Göttin« nur von »Menschen, die zum Sterben verdammt waren« gesehen werden durfte. Ähnlich erging es Aktaion, dem weniger glücklichen Vorgänger des Teiresias.[7] Blindheit war eine nicht unübliche Strafe für heimliche, verbotene Blicke auf heilige Mysterien. König Philipp von Makedonien erblindete, weil er heimlich durch einen Spalt mitansah, wie der Schlangengott mit der Königin Alexander den Großen zeugte.[8] Vielleicht war mit Godivas »Tom« **Thomas der Reimer** gemeint, ein anderer dem Teiresias ähnlicher Seher, der sieben Jahre damit verbrachte, der Göttin zu dienen.

Die Puritaner verboten den jährlichen Ritt der Lady Godiva. Aber nach dem Fall des puritanisch regierten Commonwealth im Jahr 1678 ritt sie wieder wie zuvor nackt auf ihrem weißen Pferd. Dieser Brauch hielt sich bis 1826, als der neu auflebende Puritanismus schließlich durchsetzte, daß sie bekleidet sein mußte.[9]

Der ursprüngliche Sinn ihres Rittes, die Erneuerung ihrer Jungfräulichkeit, der Vollzug der Heiligen Hochzeit und der damit verbundene Fruchtbarkeitssegen für das neue Jahr geriet schließlich in Vergessenheit. Es kam eine unglaubwürdige Fabel auf, nach der eine Lady von Coventry nackt allein durch die Stadt ritt, weil ihr Lord darauf bestand. Das ist alles, was die meisten Menschen noch von der Geschichte der Godiva, der gotischen Göttin, wissen.

1. Turville-Petre, 72, 177. 2. *Mahanirvanatantra*, 67; Tatz & Kent, 85.
3. Graves, W. G., 451. 4. Spence, 111. 5. Knight, D.W.P., 170. 6. Hazlitt, 25.
7. Tacitus, 728. 8. Gifford, 141. 9. Ebd., 142.

Gog

Siehe **Magog**

Goldene Regel

Diese Regel, die als die Essenz der christlichen Lehre bezeichnet wurde, ist keineswegs christlichen Ursprungs, sondern eine in der ganzen Welt verbreitete Lebensregel, die letztlich auf das tantrische Gesetz des Karma zurückgeht. Der tantrische Sadhaka oder Sadhu (Yogi) lernte, »anderen Geschöpfen Gutes zu tun, so als ob sie sein eigenes Selbst wären.«[1] Tantrische Priester erreichten den Mittleren Osten schon sehr früh und waren unter Umständen identisch mit den im Neuen Testament erwähnten »Sadduzäern«. Die buddhistische Version des Gebots lautete: »Was der Mensch sät, wird er ernten.« Sie wurde etwa 500 Jahre später in christliche Schriften übernommen (Galater 6, 7).[2] Lange vor der Bibel schrieben akkadische Maximen den Gläubigen vor: »Begegne deinem Gegner nicht mit Boshaftigkeit; vergelte Böses mit Gutem ... sei freundlich zu deinem Feind.«[3] Im Mittleren Königreich der ÄgypterInnen war die Goldene Regel eine der Maat, der Mutter der Gerechtigkeit, geweihte Sentenz. »Sei gut zu deinem Nächsten, dann wird er dir Gutes tun.«[4] Bei den GriechInnen wurde aus demselben karmischen Gesetz das Gesetz der Göttin Dike, der Gebieterin des Schicksals, die sagte: »Wer dem anderen schadet, schadet sich selbst.«[5] Jüdische Schriftgelehrte übernahmen das Prinzip und schrieben es den Geboten des Hillel zu: »Füge anderen nicht zu, was sie dir nicht zufügen sollen, dies ist das ganze Gesetz.«[6]

Die patriarchalischen Gelehrten verbanden die Regel natürlich mit männlichen Heroen, aber in älteren Quellen findet sie sich fast immer als das Gesetz der Großen Göttin.

1. Woodroffe, 93. 2. Evans-Wentz, 236. 3. Pritchard, A. N. E. 2, 146. 4. Erman, 121. 5. Lindsay, A.W., 44. 6. Reinach, 217.

Goldenes Kalb

Gemeint war damit **Horus**, das Stierkalb, eine Verkörperung des von seiner Mutter Isis-Hathor wiedergeborenen Osiris. Sie erschien in ihren Prozessionen in Gestalt einer goldenen Kuh. Im ägyptischen Exil war den IsraelitInnen das Horuskalb so wichtig, daß sie Aaron gestatteten, ihre Goldjuwelen für ein Abbild einzuschmelzen. Aaron präsentierte das vollendete Kalb als den Gott, der das Volk sicher aus dem Land der ÄgypterInnen geführt hatte (Exodus 32, 4). Ebenso wurde die sexuelle Verehrung des Horus beibehalten. Die IsraelitInnen brachten dem Goldenen Kalb zunächst Opfer dar, dann setzte sich das Volk zu einem Fest nieder und »stand auf, um sich zu vergnügen«. (Exodus 32, 6). Das Wort, das hier als »sich vergnügen« übersetzt ist, bedeutete in Wirklichkeit »sich vereinigen«.[1]

1. Knight, D.W. P., 62.

Gorgo

Eine Schutzmaske, die die weibliche Weisheit symbolisierte. Sie zeigte das von Schlangen umlockte Gesicht der Athene oder Medusa. Gorgo, Gorgon oder Gorgopis, »das schreckliche Antlitz«, war Athenes Titel in ihrer Funktion als Totengöttin.[1] Die Athener versuchten, das auf Athenes **Aigis**, ihrem Schild, abgebildete Gorgonenhaupt auf den Mythos zurückzuführen, nach dem Perseus das Haupt der Medusa abschlug und zu seiner eigenen Göttin brachte. Allerdings war dies ein später Mythos, der den Zweck hatte, Athenes Wurzeln in Libyen zu verbergen, wo sie als Medusa oder Metis angerufen wurde. Wie andere Varianten der archaischen Großen Göttin bildeten in der klassischen Mythologie auch die Gorgonen eine Trinität. Ihre Namen waren Medusa, Stheino oder Stheno und Euryale: Weisheit, Stärke und Vielseitigkeit. Hellenische Schriftgelehrte hielten sie für Ungeheuer, aber ihre

Namen, die Titel der triadischen Mondmutter waren, sprechen gegen diese Vorstellung. Orphische Mystiker bezeichneten den Mond weiterhin als das »Gorgonenhaupt«.[2]

Die Geschichte, daß der Blick der Gorgonen Menschen versteinern könne, leitete sich von der Funktion des Gorgo-Antlitzes ab, die Geheimnisse der Mysterienkulte der Großen Göttin zu schützen und zu bewahren. Zu diesem Zweck wachte es auf den Steinsäulen, die vormals zu Ehren der verstorbenen Geliebten der Göttin errichtet worden waren.

1. Bachofen, 168. 2. Graves, G. M., 33.3.

Gossip

Ein uraltes englisches Wort für Frauen, besonders für solche, die das mittlere Alter überschritten haben. Deutsche Übersetzungen wie Patin, Klatschweib, Gevatterin oder Waschweib treffen nur einzelne Aspekte des englischen Begriffs. Das ursprüngliche Wort lautete *godsib*, »Verwandte Gottes«, womit eine *godmother*, engl. »Patin« (wörtlich Gott-Mutter) gemeint war. In vorchristlicher Zeit galten ältere Frauen als göttlich, weil sie nach der Menopause ihr »weises Blut« bei sich behielten. (Siehe **Menstruationsblut**.)

In christlicher Zeit war *gossip* die allgemeine Bezeichnung für »Patin«. Beispielsweise war Königin Elizabeth I. die *gossip* bei der Taufe ihres Patensohnes James VI. von Schottland.[1]

Als Bezeichnung für eine bestimmte Gruppe älterer Frauen wurde *gossip* früher respektvoll gebraucht. Es bezog sich auf den ländlichen Brauch, jede ältere Frau als »Mutter« oder »Großmutter« anzureden. Die moderne Bedeutung von *gossip* als Klatschweib geht auf die Gespräche der *gossips* zurück, sogenannte »Altweibergeschichten«.

1. Funk, 256.

Götterdämmerung

Der germanische Weltgerichtstag, an dem alle alten Götter von der Großen Göttin **Skadi**, »Schatten«, vernichtet und wieder aufgesogen werden.[1] Wie die Kali des Fernen Ostens verkörperte Skadi den Urschoß der Finsternis, der periodisch Welten verschlingt und neu gebärt. Die skandinavische und germanische Vorstellung von der periodischen Erneuerung des Universums mit neu geborenen Gottheiten entsprach im wesentlichen der indischen. (Siehe **Weltgericht**.)

1. Turville-Petre, 164.

Göttin

Nur wenige Wörter verraten so viel über die Vorurteile der westlichen Kulturen gegen die Geschlechter wie das Wort Göttin im Vergleich zu Gott. Die modernen Bedeutungen des Wortes unterscheiden sich völlig von denen der alten Völker, für die die Große Göttin eine völlig eigenständige, in Würde auftretende Elternfigur war. Sie schuf das Universum mit seinen Gesetzen, und sie gebot über Natur, Schicksal, Zeit, Wahrheit, Weisheit, Gerechtigkeit, Liebe, Geburt, Tod usw.

Im Laufe der Jahrhunderte zerlegten die Schriftgelehrten die Gestalt der Großen Göttin in unzählige »Göttinnen« und gaben diesen all die unterschiedlichen Namen und Titel, unter denen die Göttin in verschiedenen Zeiten bei den verschiedenen Völkern angerufen wurde. Wäre diese Vorgehensweise auch auf die Gestalt Gottes übertragen worden, gäbe es heute eine Vielzahl verschiedener »Götter« mit Namen wie: Allmächtiger, Jahweh, Herr, Heiliger Geist, Sonne der Gerechtigkeit, Christus, Schöpfer , Gesetzgeber, Jehova, Vorhersehung, Allah, Erretter, Erlöser, Paraklet, Himmlischer Vater usw. – *ad infinitum*, und jedem einzelnen wäre eine besondere Funktion im Pantheon zugewiesen worden. Im Mittelalter wurden die meisten alten Namen und Titel der männlichen Gottheiten als »Geheimnamen« des einen Gottes zusammengefaßt. Die Namen und Titel der Großen Göttin wurden dagegen immer genauer voneinander abgegrenzt und klassifiziert, einige Varianten wurden sogar maskulinisiert, vermenschlicht oder dämonisiert. Und doch scheinen diese Klassifizierungen bei intensiver Betrachtung zu verschwimmen, denn bei fast allen »Göttinnen« lassen sich dieselben archetypischen Charakteristika feststellen.

Es ist äußerst lehrreich, die alten Vorstellungen von der Großen Göttin zu erkunden. Hier zeigt sich eine weibliche Gestalt, die fast immer mächtiger ist als ihr männliches Pendant. Sie ist nicht nur dessen Mutter, die Urheberin seiner Existenz, sondern auch die Gottheit, die die ganze Schöpfung mit dem kraftvollen Blut des Lebens durchdringt. Die Götter konnten nur mächtig werden, weil sie an der Weisheit und Kraft der Göttin teilhatten, bis sie schließlich die äußerste Hybris, den symbolischen Muttermord, begingen, indem sie eine ausschließlich männliche Theologie begründeten. Die Kraft der Göttin wurde ausgenutzt, um eine neue, männliche Religion zu stützen, so wie auch die Kraft des weiblichen Instinktes, ein Kind zu ernähren und zu umsorgen, für ein patriarchalisches, die Männer stärkendes System der Ehe ausgenutzt wurde. Selbst heute noch neigen Gelehrte dazu, alle alten Gottheiten als »Götter« zu bezeichnen, gleichgültig, ob diese weiblichen oder männlichen Geschlechts sind; und zuweilen sprechen sie die orakelhaften Verkündigungen der Großen Göttin einem »Gott« zu.[1]

Vielleicht sollte die von den Alten oft wiederholte Ansicht, daß ihre Göttin tausend Namen besäße, mehr beachtet werden. Die vorliegende Enzyklopädie versteht jede weibliche Gottheit als einen weiteren Aspekt der Grundidee von einem einzigen weiblichen Höchsten Wesen. Dieses Prinzip wird in keinem modernen Heiligtum bewahrt. Die Heiligtümer der Großen Göttin haben die Menschen vor langer Zeit niedergerissen, so wie es ihnen die christlichen Evangelien befahlen (Apostel 19, 27). Und doch lebt diese Grundidee sogar in einer Gesellschaft fort, die sie trivialisiert und schmäht. Manche Menschen meinen, daß sich daraus noch in diesem Jahrhundert eine neue weibliche Theologie entwickeln wird.

1. Pritchard, A. N. E. 1, 285; 2, 185.

Graien

Die »Grauen Frauen« des klassischen Mythos; ähnlich wie die nordischen Nornen stellten sie eine Variante der Dreifachen Göttin dar. Die Graien galten als die Mütter Griechenlands (Graecia). Dem Perseus-Mythos zufolge waren sie nicht so schrecklich wie die Gorgonen, obwohl Graien und Gorgonen ursprünglich dieselbe Triade bezeichneten, nur daß die Namen der Graien finsterer klangen. Sie hießen Enyo, Pemphredo und Deino: die Kriegerische, die Wespe und die Schreckliche.[1] Sie hatten ein einziges gemeinsames Auge und einen gemeinsamen Zahn. Das deutet darauf hin, daß sie für ein ursprüngliches, archaisches Konzept der Großen Göttin standen, die »Drei in Einer und Eine in Drei« war. (Siehe **Gorgo; Trinität**.)

1. Graves, G. M., 33.5.

Gral, Heiliger

Der christliche Mythos erzählt, daß der Heilige Gral der Kelch gewesen sei, mit dem Christus seinen Jüngern beim Letzten Abendmahl Wein reichte, wobei er sprach: »Das ist mein Blut.« (Matthäus 26, 28). Nach der Kreuzigung brachte Joseph von Arimathäa den Kelch nach England und hütete ihn in einem Schrein bei Glastonbury. Von dort verschwand der Gral später.

Dieser Mythos verbreitete sich in Europa erst im 12. Jahrhundert. Der wirkliche Ursprung des Gral war nicht christlich, sondern heidnisch. Die erste christliche Version des Heiligen Gral findet sich in Spanien und geht auf einen heiligen Brauch der Mauren zurück.[1] Wie der heilige Kessel der Wiedergeburt bei den KeltInnen, war der Gral ein mit Blut gefülltes Gefäß, das den weiblichen Schoß symbolisierte und, entsprechend den orientalischen oder gnostischen Vorstellungen von der Reinkarnation, auf die Wiedergeburt hindeutete. Seine ursprüngliche Bedeutung war also nicht männlich, sondern weiblich.

Der Gral wurde in einem prachtvollen Tempel gehütet, dem eine Königin vorstand. Ihr Name war Repanse de Joie (Freudenspenderin), eine alte Bezeichnung für eine heilige Hure. Die Barden erzählten, ihr Gemahl sei ein Maure gewesen und ihr Sohn Johannes habe im Osten den Templerorden gegründet. Die Tempelritter waren eine Gruppe von Kriegern, die sich dem Gralstempel und dem Schutz der Frauen verschrieben hatten. Benötigte eine hohe Dame Hilfe oder Schutz, dann erhielten die Gralsritter, wie Galahad, Parzival oder Lohengrin, durch feurige Zeichen auf dem Gralskelch Order und ritten aus, um die Dame zu retten.

Überlieferungen der spanischen Mauren siedelten den Gralstempel auf dem Montsalvatsch, dem »Berg der Erlösung« an, der in den spanischen Pyrenäen liegt.[2] Der Tempel war dem Universum nachgebildet. Seine Spitze bildete ein riesiger Rubin, der das mütterliche Herz der Welt, die Heilige Rose, darstellte. Das Pseudo-Universum beinhaltete sogar eine Miniaturnachbildung seiner selbst, in der das heilige Gefäß eingeschlossen war:

Der Tempel selbst hatte einen Durchmesser von etwa hundert Klaftern. Um ihn herum erhoben sich 72 achteckig gebaute Chöre. Zu je zwei Chören gehörte ein sechsstöckiger Turm, der über eine außen liegende Wendeltreppe zugänglich war. ... Das Gewölbe des Tempels bestand aus blauem Saphir, und dessen Mittelpunkt bildete eine Tafel aus Smaragd. ... Alle Altarsteine waren aus Saphir. ... Auf der Innenseite der Kuppel, die den Tempel überdachte, symbolisierten ein Diamant die Sonne und ein Topas den Mond. Selbst in der Dunkelheit der Nacht strahlten sie wie Tageslicht. Die Fenster waren aus Kristall, Beryll oder anderem transparenten Gestein. Der Boden war aus lichtdurchlässigem Kristall gebildet, ein Meer, in dem aus Onyx gemeißelte Fische wie lebendig umherschwammen. Die Türme bestanden aus kostbarem, mit Gold ausgelegtem Stein, ihre Dächer aus goldener und blauer Emaille. Von jedem Turm ragte ein kristallenes Kreuz in die Höhe, und darauf wiederum saß jeweils ein goldener Adler mit ausgebreiteten Flügeln. Aus der Entfernung betrachtet schien er zu fliegen. Auf der Spitze des mittleren Turmes befand sich ein riesiger Karfunkel, der die Gralsritter des Nachts wie ein Stern dorthin geleiten sollte. Im Zentrum des Tempels, unter der Kuppel, stand eine Miniaturnachbildung des gesamten Tempels, und darin verschlossen wurde das heilige Gefäß aufbewahrt.[3]

Die legendären Templer erwarteten – wie die arabische Bruderschaft der *hashishim* (siehe **Aladin**) – den auserwählten Ritter oder *Mahdi*, der die Welt von der Tyrannei befreien und unter das mildtätige Gesetz des Gral stellen sollte. Als Alternative dazu wurde eine schreckliche **Einöde** vorhergesagt, deren Vorbild die unfruchtbare arabische Wüste war. Manche östlichen Weisen glaubten, sie sei entstanden, als die Große Göttin fortging.

Der Gralstempel wurde zuweilen auch Montjoie, »Berg der Freude«, genannt. Ganz ähnlich hieß die Burg, in die sich die Königin Ginevra mit ihrem Geliebten zurückzog: »Freudenturm«. Die Burg war auch als Mons Veneris oder Venusberg bekannt. Ihre sexuelle Symbolik wurde für häretische Aufstände gegen die sexualfeindliche Kirche genutzt. Im 14. Jahrhundert übernahm William Karle, oder Cale, der Anführer eines Bauernaufstandes, »Montjoie« als Schlachtruf und führte Banner mit, auf denen die traditionelle dreifache Lilie der Göttin abgebildet war.[4] Denselben Schlachtruf benutzten die legendären Soldaten des Roland, die angeblich in der Nähe der Gralsburg ums Leben kamen.[5] Noch ältere Mythen erzählen, daß der Schlachtruf des Gralskönigs *Amor* (Liebe) war.[6]

Der Gral als Abendmahlskelch Christi erschien zum ersten Mal in dem Epos *Joseph d'Arimathie*, das der burgundische Dichter Robert de Boron zwischen 1180 und 1199 verfaßte. Die Herkunft des mystischen Gefäßes blieb jedoch im Dunkeln. Angeblich spielte ein Edelstein aus der Krone des Teufels eine Rolle. Sechzigtausend Engel überreichten sie dem Satan, als er noch im Himmel lebte. Beim Höllensturz des Satans fiel der Edelstein von seiner Krone auf die Erde hinab, wo er gefunden und in einen Kelch eingearbeitet wurde.[7] Joseph von Arimathäa erwarb den Kelch und gab ihn Jesus, der ihn beim letzten Abendmahl mit seinen Jüngern verwendete. Für ihn war es der Kelch des Schicksals. In einem Moment des Zweifels sprach Jesus in einem Gebet zu Gott: »Mein Vater, wenn es möglich ist, gehe dieser Kelch an mir vorüber.« (Matthäus 26, 39).

Der Dichter erzählte, daß die Juden Joseph ein Jahr und einen Tag lang ohne Nahrung in einen Kerker einsperrten. Er blieb aber lebendig und gesund, weil er den Gral bei sich trug. Schließlich schenkte ihm der römische Kaiser Vespasian die Freiheit. Dieser war zum Christentum konvertiert, nachdem er durch das Schweißtuch der Veronika von der Lepra geheilt worden war. Joseph reiste dann mit einer Pilgergruppe nach England, baute in Glastonbury den Gralstempel und setzte die Tafelrunde ein, um das Heilige Abendmahl zu feiern. Zu seinen Anhängern gehörte Bron, der Reiche Fischer, eine aus der heidnischen Mythologie übernommene Gestalt. Brân the Blessed, »Brân der Gesegnete«, war der walisische Gott des Heiligen Kessels. Um ein wenig antisemitische Propaganda in dieses fantastische Durcheinander zu bringen, behauptete de Boron, daß der freie Stuhl der Tafelrunde, der sogenannte »Gefährliche Sitz«, der Platz des Judas sei. Ein Jude namens Moyses (Mose), der es einst gewagt hatte, sich auf diesen Stuhl zu setzen, wurde wegen seiner Selbstüberhebung von der Erde verschlungen.[8]

Etwa um 1230 erschien der noch undurchsichtigere Vulgata-Zyklus *L'Estoire del Saint Graal*, eine Sammlung von fünf Prosaromanzen in altfranzösischer Sprache. Der Autor behauptete, daß ein Zisterziensermönch am Karfreitag des Jahres 717 n. Chr. das Buch vom Geist Christi persönlich erhalten habe. Dieses Werk nannte den Gral frei heraus bei seinem alten Namen *escuele*, »Kessel«. Die Gralsrunde gründete die heilige Stadt Sarras, die von Mordrain und Nascien (Tod und Geburt) regiert wurde. Glühende Hände rissen Moys (Mose) vom Gefährlichen Sitz herunter. Das Schiff Salomos, das sich von selbst auf dem Meer bewegte, trug das Christentum in alle Länder. Die Ritter der Gralsrunde erlebten verschiedenste Abenteuer: Bron ging nach Schottland und trug – wie Tristan – eine Giftwunde davon. Er wurde von der dort lebenden Prinzessin geheilt, tötete ihren Vater und heiratete sie. Alain, der »Jagende Hund«, ging in ein fremdes Land und errichtete dort eine neue Gralsburg namens Corbenie (*cors-benoiz*, was entweder Füllhorn oder Heiliges Herz heißt). Lambor, der siebente Reiche Fischer, wurde von einem Sarazenen mit dem magischen Schwert aus Salomos Schiff erschlagen, und das Land des verlorenen Grals hieß von da an *la terre gaste* – die Einöde.[9]

Ein letzter Schritt bei der Umwandlung des Grals von einem heidnischen in ein christliches Symbol geschah mit dem Werk *La Queste del Saint Graal*, das ein Zisterziensermönch verfaßte. Nun war Galahad angeblich der vollkommene »Auserwählte Ritter« und ein direkter Nachkomme des Joseph von Arimathäa. Galahad setzte sich ungefährdet auf den Gefährlichen Sitz, weil er seine Keuschheit bewahrt hatte. Aus dem gleichen Grund konnte er das magische Schwert aus einem Stein ziehen, der auf dem Fluß trieb. Durch ihn offenbarte sich allen Rittern der Tafelrunde die Vision des Grals. Sofort verließen sie ihre Spiele, Feste und Turniere (d. h. ihren heidnischen Glauben), um der Vision bis ans Ende der Welt zu folgen und die Wahrheit zu suchen.

Diese Suche oder *Queste* zeigte eine deutliche Feindschaft gegen den zeitgenössischen Kult höfischer Liebe. Aber ohne die den Gral umgebende Aura des weiblichen Mysteriums fehlte seine romantische Anziehungskraft. Wenn der Gral nicht mehr war als der Kelch mit dem Blute Christi, dann gab es keinen Grund mehr, nach ihm zu suchen, denn dieser Kelch war in jeder Kirche für jedermann leicht zugänglich. Und obwohl er als heiliges Sakrament galt, war es nicht mehr besonders reizvoll, ihn zu finden.[10] Wie sich zeigte, hob die Christianisierung des Gral die Anziehungskraft seiner geheimen Natur auf.

Die eigentliche Absicht des schreibenden Mönchs war es, ein Lob auf die Keuschheit zu verfassen. Bis auf eine Ausnahme versagten alle Ritter der Tafelrunde bei der Suche nach dem Gral, weil sie sexuelle Sünden begangen hatten. Parzival wurde wegen seiner früheren Verbindung mit der höfischen Liebe fallengelassen. Gawain, der in einigen anderen Epen die Rolle des Auserwählten Ritters spielte, versagte völlig. Lancelot, der mit Ginevra Ehebruch beging, durfte den Gral nur einmal im Traum sehen. Der einzige unbefleckte Ritter war Galahad, der erneuerte, geläuterte Lancelot. Aufgrund seiner Keuschheit gelang es ihm, jeden christlichen Schatz zu finden, darunter auch den Schild des Joseph von Arimathäa, der in einer Zisterzienserabtei aufbewahrt wurde. Er war weiß, mit einem roten Kreuz darauf – die gleichen »Farben der Unschuld und des Bluts«, die auch das rot-weiße Emblem der assassinischen Ordensgemeinschaft kennzeichneten. Diese Farben wurden zunächst von den Kreuzfahrern und später von Mystikern übernommen, die sich die Ritter des Rosenkreuzes oder Rosenkreuzer nannten.[11]

Insgeheim hielt sich der Gral in einzelnen Regionen viele Jahrhunderte lang als heidnischer Kultgegenstand. In England gab es Geschichten über den Gral, nach denen er dem irischen Füllhorn nachgebildet war. In ihm wurde Blut/Wein zum Trinken gereicht, und er wurde »das Gefäß des Geistes« genannt. In Braunschweig hieß ein Volksfest, das alle sieben Jahre stattfand, bis es im Jahr 1481 verboten wurde, Gral.[12]

1. Guerber, L. M. A., 182f. 2. Ebd., 185, 200. 3. Ebd., 186ff. 4. Tuchman, 177. 5. Goodrich, 81. 6. Campbell, M. T. L. B., 163. 7. Guerber, L. M. A., 182f. 8. Campbell, C. M., 534. 9. Ebd., 535. 10. Ebd., 550, 507. 11. MacKenzie, 117. 12. Jung & Franz, 115, 121 (dt. 128).

Granatapfel

Rimmon, »Granatapfel«, war ein biblischer Name für den Genitalschrein der Göttin (2. Könige 5, 18), abgeleitet von *rim*, »ein Kind gebären«.[1] Der Granatapfel mit seinem roten Saft und seinen zahlreichen Samenkörnern war ein vorrangiges Symbol für die Fruchtbarkeit des weiblichen Schoßes. Daher aßen auch die Seelen in der Unterwelt Granatäpfel, um ihre Wiedergeburt zu bewirken. Der hellenischen Mythologie zufolge sind sowohl Kore als auch Eurydike in der Unterwelt festgehalten worden, weil sie dort Granatäpfel gegessen hatten. Nana, die jungfräuliche Mutter des Erlösers Attis, empfing ihren Sohn, indem sie entweder einen Granatapfelsamen oder eine Mandel aß, ein weiteres Yonisymbol.

In der Bibel heißt es, die Säulen des Tempels Salomos seien mit den weiblichen Genitalsymbolen Lilien und Granatäpfeln geschmückt gewesen (1. Könige 7, 18–20). Salomo selbst verkörperte den phallischen Gott Baal-Rimmon, »Herr des Granatapfels«, als er mit seiner göttlichen Braut, der mysteriösen Schulammit, vereint wurde und den Saft ihres Granatapfels trank (Hohelied 8, 2).

Die argivische Hera wurde in Capaccio Vecchio bei Paestum – einer ehemaligen sybaritischen Kolonie namens Poseidonia – als »Unsere Herrin mit dem Granatapfel« verehrt. In der Antike legten die Menschen zu Füßen der Großen Göttin kleine, mit Blumen gefüllte Boote als Gaben nieder, während sie mit ihrem Kind auf dem Arm und einem Granatapfel in der anderen Hand auf einem Thron saß und zur Kontemplation des Wunders einlud, daß sie ein Kind geboren hatte. Um das 12. Jahrhundert n. Chr. bauten ihr die Menschen von Paestrum ein neues Heiligtum, zu dem bis heute Wallfahrten stattfinden. Dort sitzt Unsere Liebe Frau mit dem Granatapfel immer noch mit ihrem Kind auf einem Arm und einem Granatapfel in der anderen Hand auf ihrem Thron.[2] Die Menschen legen ihr als Gaben kleine, blumengefüllte Boote zu Füßen.

Hera war Mutter Erde, und bei den Tarotkarten steht die Kartenfolge mit dem Pentagramm für das Erdelement. Es ist daher keineswegs überraschend festzustellen, daß diese Kartenfolge in manchen mittelalterlichen Tarotspielen durch eine Folge von Granatäpfeln ersetzt ist, bei der die Frucht immer eine ovale Öffnung zeigt, die den Blick auf ihr feucht-rotes Inneres freigibt.[3]

1. Graves, W. G., 444f. 2. J. H. Smith, D. C. P., 244. 3. Cavendish, T., 155, 170.

Greisin

Siehe **Altes Weib**

Grim

»Maske«, ein häufiger Bestandteil germanischer Götternamen, wie K(G)rimhild. Dem nordischen, ägyptischen und afrikanischen Glauben nach wohnten die Götter in den Masken, die ihre Personifikationen bei religiösen Festumzügen trugen.[1] Masken tragende Priester und Priesterinnen waren traditionell die Verkünder von Omen. Das heutige, im Sinne von »drohend« gebrauchte Wort »grimmig« hat hier seinen Ursprung.

1. Snorri, 49.

Griseldis

Eine legendenhafte Gestalt, die den Christen als Vorbild für das rechte weibliche Betragen diente. Die »Dulderin Griseldis« heiratete einen gesellschaftlich höher stehenden Mann, der sie grausam mißhandelte, vernachlässigte, vor ihren Augen Ehebruch beging, ihr sogar die Kinder nahm und vorgab, diese getötet zu haben. Er verbot Griseldis, auch nur eine einzige Träne zu vergießen, weil der Anblick ihrer Trauer ihn verärgere. Griseldis erduldete alles mit Demut, bis ihr Gemahl sich schließlich von einer anderen Seite zeigte und sie, nachdem sie all die »Prüfungen« bestanden hatte, mit seiner echten Liebe belohnte. So lebten sie glücklich bis an ihr Ende, anscheinend ohne daß Griseldis wegen der jahrelangen Mißhandlungen Groll gegen ihren Gatten hegte.

Grotesken

»Grottenwesen«, Darstellungen von Tiergöttern, Masken, Sirenen, Gorgonen, Satyrn, Schlangengottheiten und anderen Abgöttern in heiligen heidnischen Höhlen, die zur Dekoration christlicher Kirchen übernommen wurden.[1] Die Christen bauten die ersten Kirchen auf heidnischen »Grotten«. In ihnen wurden die alten Gottheiten Seite an Seite mit dem christlichen Gott verehrt. Weil die Menschen in den Kirchen ihre vertrauten Bilder vorfanden, gingen sie gewohnheitsmäßig weiter dorthin.[2] Einige bemerkten den Wechsel kaum, und darauf hatten die Kleriker gesetzt. Papst Gregor der Große befahl seinen Missionaren, »die Zeremonie des christlichen Gottesdienstes so weit wie möglich an den heidnischen Kult anzupassen, damit der Wechsel die Menschen nicht zu sehr verwirre«.[3]

In späterer Zeit, als die »Grotesken« in Teufel umgewandelt wurden, blieben die nun unpassenden Bilder der rivalisierenden Gottheiten in den Kirchen erhalten, und insgeheim beteten die Menschen immer noch zu ihnen, berührten sie als »Glücksbringer« oder brachten ihnen Spenden. Hugo schrieb: »Manchmal enthält ein Portal, eine Fassade oder eine ganze Kirche eine Symbolik, die unserem Gottesdienst völlig fremd, ja sogar schädlich für die Kirche ist.«[4]

Der Wormser Dom z. B. stellte entlang einer Seitenwand die Götter und Helden des Nibelungenliedes zur Schau, obwohl die offizielle Theologie diese Wesen zu Teufeln erklärte.[5]

Die Grotesken lebten in einigen Geheimgesellschaften fort, insbesondere bei den Steinmetzen und Schmieden, deren Bruderschaften gnostische Symbole, wie z. B. die doppelschwänzige Sirene, den zweigeschlechtlichen Demiurgen und die von den Alchimisten und Hermetikern besonders verehrte Weltschlange, oder Ouroboros, bewahrten. (Siehe **Schmied**.)

1. Guerber, L. R., 272. 2. Sheridan & Ross. 3. M. Harrison, 138.
4. Mâle, 395. 5. Guerber, L. R., 272.

Grüne Kleidung

Das Tragen grüner Kleidung war ein heidnischer Frühlingsbrauch, der im christlichen Europa besonders im Mai lange populär war. Als eine Art von Nachahmungszauber sollte das Tragen grüner Kleidung die Mutter Erde dazu ermuntern, sich mit dem Grün reich sprießender Getreideähren zu bedecken. In mittelalterlichen Balladen waren die als Feen beschriebenen Frauen immer grün gekleidet. Ihre Liebhaber, wie z. B. **Thomas der Reimer**, trugen im Reich der Feen ebenfalls grün. Die Christen lehnten diese heidnischen Bräuche ab. Sie brachten die Farbe Grün mit dem Tod und mit Hexen in Zusammenhang und sorgten für den »bekannten Aberglauben, nach dem Grün Unglück bedeutet«.[1] Außerdem verknüpften sie die Farbe mit der oftmals bei alten Riten praktizierten Promiskuität.

1. Wimberly, 176.

Guignole, Heiliger

Ein christianisierter, vormals phallischer Gott der GallierInnen, wahrscheinlich der französische Name für Priapos. Seine Kirche stand in Brest. Selbst nach der Aufnahme in den christlichen Kanon blieb St. Guignole eine ithyphallische Figur. Von seinem eregierten Penis brachen die Frauen Splitter für einen Empfängniszauber ab. Die Priester unterstützten dies und brachten einen Kunstpenis an der Statue an, der heimlich von hinten so verlängert werden konnte, wie er vorne kürzer wurde.[1] (Siehe **Phallusverehrung**.)

1. G. R. Scott, 247.

Gula

Ein babylonischer Name für die Große Göttin in ihrer Eigenschaft als Herrin der Geburt und Mutter der Hunde. Sie herrschte auch über das Schicksal. Darauf deutet die Pluralform ihres Namens hin: Gulsen, »Schreibende Schicksalsgöttinnen«, die den römischen Fata Scribunda und den germanischen *Schreiberinnen* entsprachen.[1]

1. Gaster, 764.

Gunas

»Fäden«, die drei Schicksalsfäden, von denen einer weiß, einer rot und einer schwarz war. Im Tantrismus symbolisierten diese drei Farben »die göttliche, weibliche Prakriti [Urmaterie]« – d. h. **Kali** – in ihren drei Aspekten als Schöpferin, Erhalterin und Zerstörerin, bzw. Spenderin von Geburt, Leben und Tod.[1] Die Jungfrau-Schöpferin war Sattva, weiß; die Mutter-Erhalterin war Rajas, rot; das zerstörende Alte Weib war Tamas, schwarz. Zusammen symbolisierten sie die zyklische Aufeinanderfolge von »Reinheit, Bewegtheit, Finsternis«.[2]

Gemäß der Svetasvatara Upanishade waren Weiß, Rot und Schwarz die Farben der Göttin Maya, die Kali entsprach. Sattva bedeutete »strahlende Ruhe«, abgeleitet von *sat*, dem ewigen Sein.[3] Rajas galt als Farbe des königlichen Blutes; es war die Farbe des Königs (*raj*) und der Großen Mutter als Königin und Schlachtengöttin, die, wie die Durga-Kali, von »aufwallender Bewegung, Heftigkeit und Leidenschaft« gekennzeichnet war. Auf einen ihrer anderen Namen, Aruna, ging möglicherweise die babylonische Göttin Aruna zurück. Sie formte die Menschen aus Lehm, den sie mit ihrem Mondblut rot färbte.[4] Tamas, die Farbe des Alten Weibes, stand für die »träge Schwere und Finsternis«, also die Dunkelheit des Grabes.[5]

Die Vorstellung von den Gunas war nicht nur im Orient verbreitet.

Der weiße, rote und schwarze »Faden« wurde auch mit westlichen Manifestationen der Großen Göttin in Verbindung gebracht. Sowohl Theokrit wie Ovid, Tibull und Horaz behaupteten, die heiligen Farben des Lebensfadens seien weiß, rot und schwarz.[6] Die Parzen, Fata oder Schicksalsgöttinnen hielten die Fäden in den Händen. Diese Vorstellung basierte auf orientalischen Darstellungen, wie z. B. die der drei Göttinnen im Mahabharata. Sie webten in einer unterirdischen »Stadt der Schlangen« den Schleier der Tage und Nächte. Ihre schwarzen und weißen Fäden symbolisierten den Zyklus von Licht und Finsternis, den sie mit dem blutroten Faden des Lebens verbanden.[7]

Mahabharata Indisches Epos; es vereinigt in sich historische und legendenhafte Inhalte, die vom 4.–10. Jahrhundert n. Chr. zusammengetragen wurden. Es enthält auch das berühmte Bhagavadgita.

Stiftmosaike in sumerischen Tempeln zeigten immer die drei Farben, die auch in der Mimbres-Keramik Amerikas bevorzugt wurden.[8] In der keltischen Mythologie wurden sie nicht nur den Jagdhunden der Annwn oder den Hunden der Unterwelt zugeordnet, sondern auch den Jungfrauen der Gralsburg. Dies läßt sie fast als Kalis erscheinen – oder, wie die IrInnen sagten, Kelles. (Siehe **Kelle**.)

Die Idee von den Gunas verbirgt sich auch hinter altbekannten Märchenmotiven, z. B. in *Schneewittchen*. Die Prinzessin verkörpert nicht nur die Jungfrau in Verbindung mit der Mutter-Königin und dem Alten Hexenweib, sie trägt auch die Gunas in sich, mit einer »Haut, so weiß wie Schnee, Lippen, so rot wie Blut, und Haar, so schwarz wie Ebenholz«. Schneewittchen war eine Nachbildung der göttlichen Geliebten des Peredur. Auch deren Haar war pechschwarz, und ihre Haut war weiß und rot. Durch eine Vision, in der Peredur nur die drei Farben sieht (Krähenfedern und Blut im Schnee), fällt er in eine heilige Trance, in der er über dem Bild seiner Geliebten meditiert und aus der er nicht mehr zu erwachen vermag.[9] Das Grimmsche Märchen von *Schneeweißchen und Rosenrot* geht auf dieselbe Vorstellung zurück. Jungfrau und Mutter wurden in den Gestalten von Eithne der Hellen und Fedelim der Rosigen vereinigt. Im Marienkult wurde diese Verbindung durch die der Jungfrau geweihten Lilien und Rosen symbolisiert. Dieselben Farben der Jungfrau und Mutter wurden im alten Ägypten den zwei Gebieterinnen Nekhbet und Buto, den Trägerinnen der weißen und roten Krone, zugeordnet. Mittelalterliche Mystiker des Mittleren Ostens kannten Weiß und Rot als die Farben von Unschuld und Blut.[11]

Schwarz, die Farbe des Alten Weibes, wurde häufig von den Farben der Jungfrau und der Mutter getrennt. Dennoch trugen die drei Altardecken bei der christlichen Weihnachtsmesse weiter die Farben der heidnischen Trinität, nämlich Weiß, Rot und Schwarz.[12] Seit Homers Zeiten bis in das 18. Jahrhundert hinein wurden der Unterweltgöttin schwarze Tiere geopfert.[13] Die Slawen opferten ihrem pferdeköpfigen Herrscher der Toten, Volos, schwarze Pferde. Aus ihm machten die Christen einfach die Heilige Vlas.[14] Zigeunerfrauen trugen bei Beerdigungen rot-schwarze Kleidung, eine Kombination von Mutter und Altem Weib.[15] Die ChinesInnen trugen hingegen weiße Trauerkleidung, um auf die Wiedergeburt hinzuweisen. Alte europäische Balladen bringen zuweilen alle drei Farben mit dem Tod in Verbindung. Der Aufstieg der Toten aus der Erde wurde vom »Krähen des weißen, des roten und des schwarzen Hahnes« angekündigt.[16]

Die heiligen Farben tauchten so häufig in Hunderten von Mythen, Volkssagen und selbst in christlichen Bräuchen auf, daß Dante sie ins Innerste seiner Hölle verlegte, um das Wesen von Gottes Widersacher zu versinnbildlichen: Die drei Köpfe des Luzifer sind weiß, rot und schwarz.[17]

1. Woodroffe, 328f. 2. Silberer, 280. 3. *Mahanirvanatantra*, XXXIII. 4. Woodroffe, 146. 5. Rawson, E. A., 160. 6. Wedeck, 66. 7. Lethaby, 238. 8. Whitehouse, 60. 9. Goodrich, 63ff. 10. Spence, 56. 11. MacKenzie, 117. 12. Miles, 93. 13. Homer, 163. 14. *Larousse*, 298. 15. Groome, 144. 16. Wimberly, 104. 17. Campbell, C. M., 426.

Gunnlöd

Ein altnordischer Name der Erdgöttin oder urzeitlichen »Riesin«, aus derem unterirdischen **Kessel** Odin das weise Blut der Unsterblichkeit, der Magie und des weiblichen *mana* stahl, um sich zum höchsten Gott zu erheben.[1] Wenn auch ihr Mythos verschiedene Bearbeitungen erfuhr, so blieb Gunnlöd doch eine Variante der Dreifachen Göttin. Sie bewahrte im Inneren der Erde, d. h. in sich selbst, drei Kessel (oder Schöße) auf.

1. *Larousse*, 257.

Gwyn

Der »weiße Gott« von Wales, eine dem Osiris ähnliche Erlöser-Gestalt, die manchmal mit König Arthur gleichgesetzt wurde. Er wurde von seinem ewigen Gegner und *alter ego* Gwythur ap Greidawl (Set) erschlagen und lag bis zu seiner Wiederauferstehung in einem bootsförmigen Eichensarg begraben. Arianrhod, die Große Göttin in ihrer Gestalt als jungfräuliche Mutter brachte ihn zur Welt, später folgte er ihr als Gefährte. Ebenso wie sie stellte er eine Trinität dar: Dylan, der silbrige Fisch, Llew, der weiße Hirsch, und Gwyn, der weiße Reiter auf dem weißen Pferd. In diesen Gestalten paßte er zur Trinität von Arianrhod, dem silbernen Rad, Blodeuwedd, der weißen Blumenjungfrau, und Cerridwen, der todbringenden weißen Sau. Gwyn kämpfte »bis zum Tag des Weltgerichts« an jedem ersten Maitag mit seinem Gegner um die Königin, die eine irdische Inkarnation der Großen Göttin war. Sie trug den Namen Creiddylad – Shakespeares »Cordelia« – und gehörte abwechselnd einem der beiden Kämpfer. Gwyn ist der Ursprung der in den Namen alter britischer Städte häufig vorkommenden Vorsilbe »Win«.[1]

1. Graves, W. G., 185, 351, 430.

Gyges

Ein König von Lydien, den die Königin erwählte, ihren früheren Gatten Kandaleus zu töten und sie anschließend zu heiraten. Dies entsprach dem archaischen Brauch der Königswahl durch einen Zweikampf. Zuvor wurde Gyges' Potenz dadurch überprüft, daß die Königin vor seinen Augen entkleidet wurde und er ihre Nacktheit schauen durfte, wobei seine physische Reaktion als Maß seiner Eignung festgestellt und abgeschätzt werden konnte.[1] Weil zur damaligen Zeit die Zeugungskraft die wesentliche Anforderung an einen König war, hing seine Souveränität davon ab, daß die Königin ihn als Liebhaber akzeptierte. (Siehe **Königtum**.)

1. Herodotus, 5–6.

HYGIEIA, »Gesundheit«. Sie und ihre Schwester Panazea waren Varianten der Göttin Rhea; eigentlich verkörperten sie die milchspendenden Brüste der Göttin. Asklepios, der hier als ihr Kind dargestellt ist, war auch ihr Adoptivvater. Die ganze Familie, einschließlich Schlange und Caduceus, wurde zur kollektiven Schutzpatronin der Mediziner.

HATHOR, Himmelskönigin und Mutter aller Götter. Ihr Name bildete einen Bestandteil jedes frühen ägyptischen Königsnamens, wodurch die matrilineare Thronfolge sichergestellt werden sollte. Eine ihrer Inkarnationen ist die Sphinx. Die vorliegende Darstellung zeigt sie mit dem der 19. Dynastie angehörenden Pharao Sethos I., in dessen Grabmal sie gefunden wurde.

Haar

Das Haar galt gewöhnlich als Träger oder Sitz zumindest eines Teils der Seele. Das zeigte sich unter anderem an seiner Wichtigkeit für Zaubersprüche oder den Austausch von Glücksbringern zwischen Verliebten. Im alten Tempel von Troizen weihten junge Frauen und Männer vor ihrer Heirat dem Erlösergott Hippolytos Locken ihres Haares; dadurch sollte dessen »Vereinigung mit der Göttin gestärkt werden«.[1]

Wenn die Göttin-Mutter einem Menschen oder Gott am Ende seines Lebens als Königin der Schatten gegenübertrat, wurde seine Seele einem Kinde gleich, das Sicherheit im Schatten der Mutter sucht. Das Haar der Großen Mutter warf seinen Schatten über die sich nahende Seele. Ein Ägypter erlangte dadurch Erlösung, daß er sich mit Osiris identifizierte, für den die Göttin mit ihrem Haar einen Wiederauferstehungszauber zelebrierte: »Er liegt da, und ihr Haar breitet sich über ihn aus; es fällt über seine Stirn.«[2] Als Isis um Osiris trauerte, schnitt sie sich eine Haarlocke zum Schutze seiner Seele ab. Ägyptische Witwen legten eine Locke ihres Haares als Grabbeigabe in die Gruft ihres verstorbenen Gatten; sie diente ihm in der Nachwelt als Schutzzauber.

Als Isis dem toten Osiris, der Schweigendes Herz betitelt wurde, wieder Lebenskraft schenkte, schuf sie sein neues Leben mit ihrem Haar. Sie ließ sein Herz wieder schlagen und verlieh seinem Penis Kraft, so daß sie seine Reinkarnation Horus empfangen konnte. Sie »strahlte mit ihrem Haar Wärme aus, ließ Luft herbeiströmen. ... Sie setzte in Bewegung, was im Schweigenden Herzen untätig ruhte, sie entlockte ihm Essenz (Samen), schuf Fleisch und Blut, stillte ihren Säugling.«[3] Und sie schützte ihr göttliches Kind, indem sie »ihr Haar über ihn ausbreitete«.[4]

Oft sprachen sterbliche Frauen diesen schützenden Zauber auch ihrem eigenen Haar zu. Berenike bewahrte ihren Gatten Ptolemäus III. auf seinem Feldzug nach Syrien vor Unglück und Verletzung, indem sie Locken ihres Haares abschnitt und der Aphrodite weihte. Nachdem das Haar plötzlich aus dem Tempel verschwunden war, erschien es unter den göttlichen Sternbildern am Himmel. Dieses Sternbild ist bis heute als *Coma Berenices*, »das Haar der Berenike«, bekannt.[5]

Zeichen und Wunder am Firmament, insbesondere aber Kometen, die »Geister der Haare«, galten als wichtige Omen zukünftiger Katastrophen. Dem Glauben nach sollte eine Strähne aus dem Haar der Großen Mutter in Gestalt eines Kometen am Himmel erscheinen, wenn sie mit ihrem dämmrigen Schatten langsam die Erde überziehen und das **Weltgericht** ankündigen würde. Die meisten Varianten der Todesgöttin zeigten ihren Kopf mit einer Fülle von abstehenden Haaren oder zuweilen auch Schlangen. Beispiele dafür sind die gorgonischen Göttinnen Medusa, Metis, Neith, Anath und Athene. Gemäß dem magischen Prinzip, daß »das Untere gleich dem Oberen und das Obere gleich dem Unteren ist«, hatte das Haar von sterblichen Frauen die gleichen magischen Kräfte wie das von Göttinnen. Tantrische Weise behaupteten, daß offenes oder gebundenes Frauenhaar die kosmischen Kräfte des Erschaffens und Zerstörens aktiviere.[6]

Die gleiche Vorstellung war unter Seherinnen und Hexen verbreitet.

Sie trugen ihr Haar offen, weil sie glaubten, daß es die Geisterwelt beherrschen könne. Muttergöttinnen wie Isis, Kybele oder viele der Emanationen Kalis geboten angeblich durch das Flechten oder Lösen ihrer Haare über das Wetter. Die Göttinnen korrespondierten wechselseitig mit ihren jeweiligen sterblichen Stellvertreterinnen. Wenn letztere auf Erden ihr Haar lösten oder banden, taten die Göttinnen es ihnen nach. Hieraus entsprang der im christlichen Europa verbreitete, unauslöschliche Glaube, daß Hexen mit Hilfe ihres Haares das Wetter beherrschen könnten. Kleriker behaupteten, Hexen würden Stürme entfesseln, Dämonen herbeirufen und verschiedenste Katastrophen herbeiführen, wenn sie ihr Haar lösten. Das *Compendium Maleficarum* lehrte noch im 17. Jahrhundert, Hexen würden auf diese Weise über Regen, Hagel, Wind und Blitze gebieten.[7] In Tirol gab es den Glauben, daß jedes Unwetter von einer Frau herrührt, die ihr Haar kämmt. Schottischen Mädchen war es verboten, ihr Haar zu kämmen, wenn ihre Brüder nachts auf See waren, weil sonst ein Sturm aufgekommen wäre und die Boote hätte kentern lassen.[8] Ein syrischer Exorzismus gegen Werwölfe beschwor »jenen Engel, der die Frau richtete, die sich am Heiligen Sonntag ihr Haar kämmte«. Dies deutet auf einen Zusammenhang zwischen »Werwölfen«, die in der Mythologie die Hunde des Weltgerichts waren, und Frauen, die ihr Haar kämmen.[9]

Compendium Maleficarum
Eine von Guazzo verfaßte Abhandlung über Hexen und Hexerei aus dem Jahre 1608.

Der Apostel Paulus fürchtete sich sehr vor den »Engeln« (Geistern), die sich von Frauen mit unbedecktem und offenem Haar beherrschen ließen. Er bestand darauf, daß Frauen »um der Engel willen« (1. Korinther 11, 10) ihren Kopf bedecken mußten. So wurde es bei den Christen zur Norm, daß Frauen nur mit Kopfbedeckung die Kirche betreten durften, damit sie keine Dämonen anzogen. Frauen, die heute in der Kirche Hüte oder Kopftücher tragen, unterwerfen sich unbewußt diesem alten Glauben. Aus demselben Glauben entwickelte sich die Vorstellung, daß sich Fledermäuse, die mit Dämonen gleichgesetzt wurden, im Frauenhaar festkrallen.[10]

Im Altertum besaßen Frauen ohne langes Haar keine Zauberkraft, weswegen Frauen mit abgeschnittenem Haar als ungefährlich galten.[11] Aus diesem Grund wurden christliche Nonnen und jüdische Ehefrauen gezwungen, ihre Köpfe zu scheren. Die Inquisitoren der mittelalterlichen Kirche bestanden darauf, das Haar angeklagter Hexen abzuschneiden, bevor sie der Folter übergeben wurden.[12] Nach Ansicht der Kleriker versicherte Satan seinen Dienern, daß ihnen kein Schaden zugefügt werden könne, »solange sie ihr Haar behielten«.[13] Einige Inquisitoren gingen sogar so weit, auch das Körperhaar rasieren zu lassen. Der englische Ausdruck *to make a clean breast*, wörtlich »eine reine Brust machen«, was soviel heißt wie: »ein offenes Geständnis ablegen«, entsprang dem Brauch, Hexern das Brusthaar abzurasieren. Widersinnigerweise verboten die Kleriker den Frauen aber, ihr Haar selbst zu schneiden. Das war eines der Hauptverbrechen, für das Jeanne d'Arc zum Tod auf dem Scheiterhaufen verurteilt wurde. Der Anklagepunkt lautete: »Diese Frau ist eine Abtrünnige, weil sie sich das Haar, das ihr als Schleier von Gott geschenkt wurde, vor der Zeit abschnitt.«[14] Hätte man sie gefoltert, wie es ihr die Inquisitoren androhten, wäre ihr Haar ohnedies »vor der Zeit« verloren gewesen. Die Männer wollten anscheinend das Haar selbst schneiden, ihnen sollte auf keinen Fall jemand zuvorkommen.

Das mittelalterliche Europa kannte eine Unzahl magischer Vorstellungen, die auf der heidnischen Bedeutung des Haars basierten. Kinderhaar blieb viele Jahre lang mit der Begründung ungeschnitten, daß sonst die Kraft des Kindes geschwächt würde.[15] Zigeunerhexen rieten unglücklich Verliebten, heimlich eine Locke aus dem Haar des geliebten Menschen abzuschneiden und sie als Ring oder Medaillon zu tragen. Wer Haare von seinem Gegenüber besaß, hatte auch Macht über dessen Seele.[16] Verliebte tauschten oft als Zeichen der Treue Locken aus. Wenn der eine den anderen verriet, konnte die Locke dazu verwendet werden, einen Rachezauber über den Verräter auszusprechen.

ZigeunerInnen behaupteten, Hexen seien an ihrem Haar erkennbar. Es wüchse zunächst sieben bis zehn Zentimeter glatt herab und welle sich dann wie »ein Wasserfall, der auf Felsen schlägt«. Dies war eine der eindeutig hinduistischen Vorstellungen, die die ZigeunerInnen aus Asien mitbrachten.[17] Auf diese Weise gewellte Haare entstanden, wenn das natürliche, glatte Haar längere Zeit geflochten war, eine gängige Haartracht bei Hindu- und Zigeunerfrauen. Während des Gebärens ließen Zigeunerinnen ihr Haar dagegen offen hängen. Dieser Brauch entsprach der magischen Regel, daß Zöpfe oder Knoten die Geburt hemmen könnten, woran auch europäische Hexen-Hebammen weithin glaubten.[18] Sie flochten weibliches Haar zu Amuletten, die den Säugling und die stillende Mutter schützen sollten. Der Brauch lebte in England bis ins 19. Jahrhundert hinein fort.[19]

Homer sprach von »Kirke mit den schönen Flechten, der schrecklichen Göttin der tödlichen Rede«. Kirkes Haare und Worte bestimmten, wie diejenigen von Kali, Werden und Vergehen.[20] Kirke war ein anderer Name für die Schicksalsspinnerin, die an ihrem Webstuhl saß, die Schicksale der Menschen webte und dabei ihre Zauberlieder sang.[21] Kirkes geflochtenes Haar symbolisierte ihre Macht über die Seelenwanderung, sie verkörperte den kosmischen Kreislauf oder das karmische Rad.[22]

Das Flechten oder Spinnen des Schicksalkreislaufs wurde in vielen heidnischen Tänzen, wie zum Beispiel dem Maibaumtanz, nachgespielt. Hierbei symbolisierten Bänder die Strahlen der Sonne und des Mondes. Am Abend vor dem ersten Mai umtanzten die Tänzerinnen den Baum entgegen der Richtung des Sonnenlaufs, also mit dem Mondlauf, denn diese dem Uhrzeigersinn entgegengesetzte Richtung war den Frauen geweiht. Die Tänzer bewegten sich dagegen andersherum, also in Richtung des Sonnenlaufs. Aus diesen Tanzfiguren resultierte ein Geflecht, das die gegenseitige Durchdringung der männlichen und der weiblichen Kräfte versinnbildlichte.[23] Dieser heidnische Tanz hat sich bis heute in der »Flechtfigur« der Quadrille erhalten, die als das »Große Rechts und Links« bekannt ist. Männer und Frauen tanzen in jeweils entgegengesetzter Richtung im Kreis und schlängeln sich aneinander vorbei, wobei sie sich, wenn sie aufeinandertreffen, bei manchen Tänzen mit den Händen berühren.

Das Haar der Sonnengötter symbolisierte sowohl die »Sonnenstrahlen« als auch die Zeugungskraft. Apollons phallische Funktion war in der Bezeichnung Chrysocomes, »der Goldgelockte«, angedeutet. Einem Sonnengott das Haar zu schneiden, wie es z. B. Samson geschah, hatte die Bedeutung einer rituellen Kastration. Ein uralter Schauplatz, an dem die Kastration oder das Haareschneiden von Heroen stattgefunden haben soll, war Golgatha, die »Schädelstätte«, ein Hügel, auf dem Opfer dargebracht wurden. Die Römer nannten die Große Göttin manchmal Calva, die »Kahlköpfige«, ein Name, der so alt war, daß niemand seine Herkunft erklären konnte. Er könnte sich wie Morija, der Name des Jerusalemer Tempelberges, von einem Hügel ableiten, auf dessen Kuppe ein Opferaltar stand.[24]

> *Das Kopfhaar rückt als Symbolträger' im Westen wie im Osten zunehmend in den Mittelpunkt der Aufmerksamkeit. Priester, die ihre Lebenskraft erhalten wollen, die, um einen buddhistischen Ausdruck zu verwenden, die »Absonderungen wegschneiden« wollen, rasieren es ab. Das lange Haar des biblischen Samson war der Sitz seiner Kraft. Das gleiche gilt für den Sikh. Der indische Gott Shiva, der die kreative und sexuelle Energie des Universums verkörpert, wird immer mit einer Fülle langer, verflochtener und aufgetürmter Haare dargestellt. Yogis, die Shiva verehren, eifern ihrem göttlichen Vorbild in dieser Hinsicht nach. Eine große Haarpracht ist gleichbedeutend mit einem Überfluß an göttlicher Energie. Dasselbe gilt für Shivas eregierten Phallus. ... Ein Inder glaubt normalerweise auch heute noch, daß das Verhüllen seines Kopfes, selbst wenn der Rest seines Körpers praktisch nackt ist, Erkältungen von ihm abhält und seine Gesundheit (d. h. seine vitale Energie) schützt. Deshalb auch der Turban.*[25]

Die »Sadduzäer« der Bibel waren vermutlich ursprünglich die tantrischen *sadhakas*, die den langhaarigen Shiva anbeteten. Eine den Sadduzäern verwandte Eremitensekte, die sogenannten Nazaräer oder Nazarener waren ebenso wie die *sadhakas* an ihren ungeschnittenen Haaren zu erkennen. Diese Tradition lebte in den langen Ohrlocken der orthodoxen Juden fort. Das orientalische Gesetz des heiligen Eremiten findet sich in der Bibel wieder: »Er ist heilig, er muß sein Haar ganz frei wachsen lassen.« (Numeri 6, 5). Die Christen dagegen hielten einen langhaarigen Mann für unehrenhaft (1. Korinther 11, 14).

Hippokrates verbreitete einen dieser Vorstellung widersprechenden Mythos. Er bezog Manneskraft und Kahlköpfigkeit aufeinander, wahrscheinlich, weil er selbst unter Haarausfall litt. Ihm zufolge besaßen kahlköpfige Männer »ein entflammbares Wesen; und die Wollust versetzt das Blut in ihrem Kopf in heftige Wallungen und erhitzt es so sehr, daß, wenn es die Hautoberfläche erreicht, die Wurzeln der Haare verdorren und das Haar ausfällt.«[26] Dank Hippokrates blieb der mythische Zusammenhang von Kahlköpfigkeit und sexueller Potenz bis heute im allgemeinen Bewußtsein erhalten.

Ein anderer langlebiger Mythos behauptete, daß sich das Haar einer Hexe unter Wasser in eine Schlange verwandele, insbesondere dann, wenn es der Hexe während der Menstruation ausgerissen wird.[27] Diese Vorstellungen gingen auf die Gorgonenmythen zurück, in denen der weibliche, von Schlangen umwundene Kopf die »Weisheit« symbolisierte und jeden davor warnte, das Menstruationstabu zu verletzen.

Das Haar war so universell mit heidnischen Bräuchen verknüpft, daß englische Kirchen den Männern befahlen, am Gründonnerstag, dem Tag vor Karfreitag, Bart und Haare zu schneiden, damit sie das Osterfest »ehrlich« (d. h. christlich) begehen konnten. Dieser Tag wurde dementsprechend in älteren Schriften als »Schur-Donnerstag« beschrieben.[28]

1. Frazer, G. B., 8. 2. Budge, B. D., 54, 400. 3. Budge, D. N., 250. 4. Budge, G. E. 1, 443. 5. Lindsay, O. A., 131. 6. Rawson, A. T., 67. 7. Wedeck, 152, 78. 8. Frazer, G. B., 273. 9. Summers, V., 225. 10. Cavendish, P. E., 95. 11. Graves, W. G., 396. 12. Frazer, G. B., 789. 13. Campbell, C. M., 595. 14. Coulton, 253. 15. Lys, 153. 16. Leland, 134. 17. Leland, 160. 18. Trigg, 58. 19. Hazlitt, 341. 20. Homer, *Odyssee*, 148. 21. Graves, G. M., 170.i–j. 22. Lindsay, O. A., 239. 23. Lys, 374. 24. Dumézil, 422. 25. Rawson, E. A., 25. 26. Knight, S. L., 79. 27. Briffault 2, 662. 28. Hazlitt, 541.

Hades

Ein Gott der Unterwelt, Herr des Todes und Gemahl der Hekate oder Persephone. Er war im vorrömischen Latium als Eita oder Ade bekannt, seine Braut hieß Persipnei.[1] In der griechischen Mythologie wurde er zum Entführer der jungfräulichen Persephone oder Kore, die als »Zerstörerin« in Wirklichkeit früher die Totengöttin selbst war. Sein griechischer Name Aidoneus bedeutete »der Unsichtbare«, eine übliche Bezeichnung für den im Schoß der Erde verborgenen phallischen Gott.[2]

Hades war auch unter dem Namen Pluto oder Pluton, der Gott des Reichtums, bekannt. Er kannte angeblich alle Stellen der Erde, wo Edelsteine und Edelmetalle zu finden waren. Nachdem ihn die Christen mit dem Teufel gleichgesetzt hatten, lebte der Glaube fort, der Teufel könnte seine Anhänger zu verborgenen Schätzen führen. Ebenso wie andere Unterweltgottheiten galt Hades als der herrschende Höllenbewohner, eine Bezeichnung, die oft von ihm statt von der Göttin Hel abgeleitet wird.

1. *Larousse*, 211. 2. Graves, G. M., Kap. 31.

Hag

Englische Bezeichnung für ein böses, häßliches, altes Weib (siehe **Hexe**). Ursprünglich bedeutete *hag* »heilige Frau«, verwandt mit der ägyptischen *heq*, einer Matriarchin der vordynastischen Zeit. Sie kannte die Worte der Kraft, die sogenannten *hekau*.[1] In Griechenland wurde sie zu Hekate, dem Alten Weib (*hag*) als Königin der Toten, von dem es eine ganze Reihe irdischer Inkarnationen in Gestalt weiser Frauen oder hoher Priesterinnen gab.

Im 8. Spruch Salomos steht das hebräische Wort *Hokhmah* für »Weisheit«. Es leitet sich von dem ägyptischen *heq-maa* ab oder von Heka-Maat, der in der Unterwelt herrschenden Mutter der Weisheit, des

Die *hag* war die nordeuropäische Entsprechung der griechischen Totengöttin Hekate. Sie erschien als die *hag* des Eisenbaums, deren Tochter- oder Jungfrau-Aspekt in Hel verkörpert war.[4] Das altnordische *hagi* bezeichnete einen heiligen Hain, den Hain des Eisenbaums, in dem Opfer dargebracht wurden. *Haggen* bedeutete »in Stücke zerhacken«, was mit den Kultopfern geschah, die beim sakralen Festmahl verspeist wurden. Die *hags* waren möglicherweise Opferpriesterinnen, die, ähnlich den skythischen Matriarchinnen, ihre Opfer für den heiligen Kessel schlachteten und aus den Eingeweiden die Zukunft lasen.[5] Zur Zeit der normannischen Besiedelung Schottlands gab es dort ein heute noch verbreitetes, gekochtes Gericht, den sogenannten *haggis* oder *hag's dish*, »Hags Eintopf«, der aus Innereien zubereitet wird. Noch bis ins 19. Jahrhundert gab es ein als Hagmena, »Mond der *hag*«, bezeichnetes Neujahrsfest, an dem die Menschen verkleidet von Haus zu Haus zogen und um Kuchen bettelten. Ein Chronist schrieb: »In der letzten Nacht des alten Jahres (die seltsamerweise Hagmenai genannt wurde) wollten die Besucher und ihre Begleitung unter keinen Umständen auseinandergehen, bevor die Uhr nicht zwölf geschlagen hatte. Erst dann erhoben sie sich, küßten sich gegenseitig und wünschten sich ein glückliches neues Jahr.« Dieser Brauch existiert noch immer. Ein zeitgenössischer Kleriker behauptete dagegen, Hagmena bedeute, daß sich der Teufel im Haus befinde.[6]

Den Steinidolen der *hag* wurden teuflische Qualitäten zugeschrieben. Der berühmte Stein von Scone, der heute noch bei der Krönung jedes britischen Monarchen eine Rolle spielt, repräsentierte einst die *hag* mit ihrem Spinnrad, bzw. Arianrhod, die Göttin des Schicksalsrades. Eine dänische Ballade erzählte, daß die *hag* von Scone die »dunklen Elfen« angeführt habe, aber durch einen Zauber des Missionars St. Olaf in einen Stein verwandelt worden sei: »Du, Hag von Scone, bleib' ewig dort, in harten Stein verwandle dich an diesem Ort.«[7] Helvetier, die sich zum Christentum bekehren lassen wollten, mußten die heiligen Steine, in denen ihre Göttin wohnte, in Stücke schlagen. Dabei sprachen sie: »Einst war ich die Göttin und nun bin ich Nichts.«[8]

Im 16. Jahrhundert war *hag* ein Synonym für »Fee«.[9] Das Althochdeutsche kannte als Bezeichnung für eine weise Frau das Wort *hagazussa*, »Priesterin des Mondes«.[10] Obwohl mit »Hagiologie« heute noch die Lehre von den Heiligen und ihrem Leben gemeint ist, verschob sich die ursprüngliche Bedeutung der Stammwurzel *hag* ins Negative. Shakespeare benutzte das Verb *hagged* im Sinne von »verhext« und das Substantiv *haggard* im Sinne von »Gauner«, »Gierhals« oder »störrische Frau«.[11]

Als Totengöttin erschien die *hag* mit verschleiertem Gesicht, um anzudeuten, daß kein Mensch wissen kann, wie er sterben wird. Die Verschleierung findet sich in christlichen Legenden bei den Nonnen wieder.[12]

1. Budge, B. D., 351. 2. Budge, G. E. 1, 296. 3. *Encyc. Brit.*, »Haggadah«.
4. Snorri, 39. 5. Wendt, 137. 6. Hazlitt, 296. 7. Wimberly, 36.
8. Thorsten, 336. 9. Scot, 550. 10. J. B. Russell, 16. 11. Potter & Sargent, 70.
12. Graves, W. G., 409.

Gesetzes und der Worte der Kraft.[2] Das verwandte griechische und römische Wort *hagia* bedeutete heilig, insbesondere wenn es sich auf das Prinzip der weiblichen Weisheit, *Hagia Sophia* (siehe **Sophia, Heilige**) bezog. In Israel gab es den *haggiah*, einen heiligen Tag. Ein Teil der jüdischen religiösen Schriften aus der matriarchalischen Zeit Israels wurde wahrscheinlich von weisen Frauen verfaßt; diese Schriften trugen den Titel Haggada. Patriarchalische Rabbis erklärten diese Überlieferungen später für »ungesetzlich«.[3]

Hahnrei

Das Wort Hahnrei ist die alte Bezeichnung für einen impotenten und später für einen betrogenen Ehemann. Die Silbe »rei« bedeutet soviel wie Kastrat: Dem verschnittenen Hahn setzte man die abgeschnittenen Sporen in den Kamm, wo sie festwuchsen. Auf diese Weise konnten die Kapaunen leicht von den Hühnern unterschieden werden.

Im Englischen wird ein betrogener Ehemann auch als *cuckold* bezeichnet, was sich von *cuckoo*, »Kuckuck«, ableitet, dem Vogel des Monats Mai. Ursprünglich war der Kuckuck der heilige Vogel der promiskuitiven Maifeiern, die das mittelalterliche Europa aus dem Heidentum übernommen hatte.[1] Dem Mann, der zum »Kuckuck« oder *cuckold* wurde, war es egal, ob seine Frau treu war oder nicht, da beide an den Maifeiern teilnahmen, wo bis ins 16. Jahrhundert rituelle Promiskuität – oder eine Art Fruchtbarkeitszauber – die Regel war.[2] Die Jahreszeit, in der zu Ehren der wiedergeborenen Vegetation grün getragen wurde, kündigte sich durch den Ruf des Kuckucks an, »aus jedem Gehölz und von der Heide«, wie Chaucer es beschreibt. Eheliche Bande waren zu dieser Zeit aus Kraft gesetzt.

Geoffrey Chaucer (um 1340–1400) Bedeutender Dichter des spätmittelalterlichen Englands. Besonders berühmt sind seine *Canterbury Tales*, 23 Erzählungen, die ein wirklichkeitsnahes Bild der damaligen Zeit liefern.

Die Redewendung, daß einem betrogenen Ehemann »Hörner aufgesetzt« worden sind, leitet sich von einem anderen heidnischen Symbol her, dem des Gehörnten Gottes, der als Hirsch, Ziegenbock oder Widder bei den Frühlingsfeiern geopfert wurde. Die heidnischen Priester trugen Hörner des Opfertiers an ihren Köpfen; auch die anderen an diesen Riten Teilnehmenden trugen gewöhnlich gehörnte Masken oder Kopfbedeckungen zur Ehre ihres Gottes. Ein Autor des 16. Jahrhunderts beschreibt deshalb den Hahnrei als »cornutus (gehörnt)«, das heißt, »er ist am Kopf stark gerüstet, als Ziegenbock, Capricornus, oder als das am stärksten gehörnte Zeichen des Tierkreises«.[3] (Siehe **Hörner**.)

1. Potter & Sargent, 80. 2. Frazer, G. B., 142 (dt. 197). 3. Hazlitt, 160.

Hain, Heiliger

In den alten Religionen war, neben der Höhle, der Hain eines der beliebtesten Symbole für die Gebärmutter. Dies gilt selbst für die frühen biblischen SemitInnen, die Aschera als Muttergöttin des Hains verehrten. Ein hoher Baum, Pfahl oder Obelisk inmitten des Hains verkörperte den Gott in der Göttin, sowohl als ihr Kind wie als ihr Geliebter.

In Britannien gab es noch im 11. Jahrhundert einen heiligen Wald der Druiden, der Nemet genannt wurde. Möglicherweise entsprach er dem Feenwald Broceliande, dem Hain von Merlins Nemesis, der Gebieterin Nimuë, die auch den Namen der Schicksalsgöttin des Hains trug.

Die patriarchalischen Priester fanden die Haine anscheinend gefährlich. Die Bibel erzählt von vielen Angriffen auf die *asherim*, die Haine der Aschera, die von Volk und Königen weiterhin kultisch verehrt wurden, obwohl Propheten sie wiederholt verdammt hatten: Exodus 34, 13; Deuteronium 16, 21; Buch der Richter 3, 7; 1. Könige 15, 13; 2. Könige 18, 4 und 21, 7.

Unzählige moralisierende Mythen berichteten davon, wie sehr die Zerstörer heiliger Haine den Fluch der Mutter fürchteten. Erysichthon wagte es, einen heiligen Hain der Demeter fällen zu lassen, obwohl die Priesterin es ihm durch die Stimme der Göttin selbst verboten hatte. Die zornige Demeter verdammte ihn daraufhin zu ewigem Hunger, der niemals gestillt werden konnte. Er endete elend als geistig umnachteter Bettler, der sich den Mund mit Abfall vollstopfte.[4]

Ein verbreitetes indoeuropäisches Wort für den Heiligen Hain war Nemi (lat. *nemus*), es weist darauf hin, daß er der Mondgöttin Nemesis gewidmet war. Sie hieß auch Diana Nemorensis oder Diana Nemetona, »Gebieterin des Hains«. Der Eichenwald der Druiden hieß Nemeton. Laut Strabo war Drunemeton, der Druidenhain, das größte Heiligtum der Galater (Gallier) in Kleinasien. In Süd-Schottland gab es einen Hain namens Medionemeton, in Frankreich den Nemetodorum (das heutige Nanterre). Die SpanierInnen

Die heiligen Haine der Druiden waren teilweise durch die Angst vor ähnlichen Flüchen geschützt. Der Eichenhain von Derry war eines der bekanntesten Heiligtümer im heidnischen Irland. Sein magischer Name wurde von Barden noch lange im Refrain alter Balladen angerufen: »Hey, Derry Down.« Schriften, die dem heiligen Columban zugeschrieben wurden, drängten darauf, daß der Hain von Derry auf jeden Fall erhalten bleiben möge. Der Heilige schrieb, so sehr er auch den Tod und die Hölle fürchte, so »fürchte er noch mehr den Schlag einer Axt im Hain von Derry«.[5]

Von den Heiligen Königen in Dianas altem Hain von Nemi wurde erwartet, jeden Herausforderer zu bekämpfen, der einen Ast von einem heiligen Baum abschlug. Dieser symbolische Akt findet sich so häufig in mittelalterlichen Epen wieder, daß angenommen werden kann, daß der Brauch das Mittelalter hindurch fortlebte. Das Vulgata-Epos von Lancelot erzählte, Parzival habe einen konkurrierenden Ritter in gleicher Weise herausgefordert, wie es die Heroen von Nemi taten: er »fand einen Baum im ungeschützten Hain und schlug einen Ast von ihm ab«.[6] Überlieferungen deuten darauf hin, daß das Abbrechen eines Astes von einem heiligen Baum mit der Androhung gleichbedeutend war, den Gott oder aber den als Verkörperung des Gottes eingesetzten Heiligen König zu kastrieren.[7]

1. Piggott, 72. 2. Strong, 192. 3. Joyce 1, 359f. 4. Graves, G. M., Kap. 24. 5. Spence, 42. 6. Campbell, C. M., 555. 7. Frazer, G. B., 815ff.

kannten den heiligen Hain der Mondgöttin Brigit, den Nemetobriga.[1] In Ungarn gibt es heute noch den Maros-Nemeti, ein altes Waldheiligtum der Mari-Diana.[2]

Die IrInnen nannten jedes Heiligtum *nemed* oder *fidhemed*, »Waldschrein«; der Name geht auf die archaischen Siedler zurück, die Nemed oder Mond-Volk genannt wurden. In diesen Waldschreinen wurden das ganze Mittelalter hindurch religiöse Riten zelebriert.[3] Christliche Gelehrte sprachen von »heidnischen Schändlichkeiten«, die in den Waldschreinen oder *nimidae* begangen wurden.

Hakenkreuz

Siehe **Swastika**

Hakkni Panki

Ein Begriff aus der Zigeunersprache; er bezeichnet eine Betrügerei bzw. Gaunerei, bei der Nicht-ZigeunerInnen Geld oder anderes entwendet wird. Aus einer Verfälschung dieses Begriffs entstand das moderne englische *hanky-panky*, »Hokus-Pokus«.[1] (Siehe **ZigeunerInnen**.)

1. Leland, 211.

Haligmonath

»Heiliger Monat«, der Monat der Geburt. Er war der neunte Monat des angelsächsischen Mondkalenders, dessen Bezeichnungen sich auf die biologischen Zyklen der Frau bezogen.

Halja

Ein gotischer Name für Hel, die Göttin der Unterwelt, die u. a. auch als Helga, Helle, Holle bekannt war. In den ersten Bibelübersetzungen aus dem Lateinischen ersetzte das Wort *Infernus* ihren Namen.

Halka

Eine sufistische Bezeichnung für den magischen Kreis, der dem tantrischen *chakra* entspricht. Der rituelle Kreis, in dem Männer und Frauen abwechselnd stehen, wird als »die Grundeinheit und das Herz des praktizierenden Sufismus« bezeichnet.[1] Tänze, Anbetungsformen und andere rituelle Zeremonien, bei denen Männer und Frauen einen Kreis bildeten, kennzeichneten auch das westliche Heidentum. Das belegen die Hinweise auf Kreise und Ringe von Feen, Hexen, Maskenträgern und Maibaumtänzern. Der Kreis war allgemein ein Ausdruck zyklischer Religionsvorstellungen. Das patriarchalische lineare Denken fand seinen Ausdruck eher in Linien, wie z. B. den Bankreihen christlicher Kirchen.

1. Shah, 21.

Halleluja

Von der christlichen Liturgie aus dem Hebräischen übernommene (und dort als Jubelruf verstandene) Version eines internationalen Wortes für die Totenklage, die in den antiken religiösen Dramen den Übergang eines Sakralkönigs ins Reich der Toten ankündigte. Diese Klage wurde auch »Geheul« oder »Wehklage« genannt. Der akkadische Gott Alalu war eine direkte Anthropomorphisierung des liturgischen Wehklagens. Auf griechisch hieß es *ololyge*, im Lateinischen *ululatus* und *hulluloo* und *hulla-baloo* im Altirischen.[1] Nach Herodot leitete sich das »Geheul im Tempel« vom Kult der Athene in Libyen her, wo »die Frauen es besonders gut machen«.[2]

Das *Halleluja* wurde im Mittelalter als Kriegsruf benutzt, da man es für einen mächtigen Sieges-Zauber hielt. Die Legende vom heiligen Germanus beschreibt den Gebrauch des Wortes in der Schlacht zwischen Sachsen und Briten. So wie der Schrei des Gottes Pan bei seinen Feinden einen »*pan*ischen« Schrecken auslösen sollte, so sollte auch der Klang des Wortes *Halleluja* den Kampfgeist der Feinde ersticken.[3]

1. Hazlitt, 341. 2. Herodot, 270. 3. Jacobus d.V., 399 (dt. 293).

Halloween

Der Allerseelen- oder Allerheiligentag, *All Hallow's Day*, am 1. November ist die christliche Version des Samhuin, des keltischen Festes der Toten. Es war nach dem Herrn des Todes Samana, »Gleichmacher« oder »Schrecklicher Schnitter«, dem Führer der Ahnengeister, benannt. Gemäß dem heidnischen Mondkalender wurden kultische Feste eher am Abend als am Tag begangen. Halloween oder Allerheiligenabend war deshalb ursprünglich ein Fest am Abend vor dem 1. November, das erst in späterer Zeit auf den folgenden Tag verlegt wurde. Die IrInnen bezeichneten die Allerheiligennacht als die Vigilien des Saman. Kleriker beschrieben sie als die Nacht der Zaubereien und Weissagungen, in der, neben anderen anrüchigen Ritualen, aus Hexenspiegeln und der Asche von Nußschalen die Zukunft gelesen und in Wasserfässern nach Äpfeln (Symbol der Seelen im Kessel der Wiedergeburt) getaucht wurde. Es heißt auch heute noch, daß, wenn ein Mädchen an Halloween vor einem Spiegel einen **Apfel** schält, das Bild ihres zukünftigen Ehemannes im Spiegel erscheint.[1] Der Klerus schrieb über Halloween: »An diesem Feiertag sind viele abergläubische Rituale, die Reste des Druidenglaubens, zu beobachten. Sie können niemals ausgerottet werden, wenn der Name Saman nicht verboten wird.«[2] Der Name des heidnischen Gottes lebte in der Bibel als Samuel fort, eine Ableitung des semitischen Sammael, des gleichen Gottes der Unterwelt.

Bei den Prophezeiungen handelte es sich ursprünglich sicherlich um orakelhafte Äußerungen der verstorbenen Ahnen, die dem Glauben nach zu Halloween ihren Gräbern entstiegen und manchmal Geschenke für die Kinder ihrer lebenden Nachkommen brachten. Im sizilianischen Allerheiligenbrauch »galten die verstorbenen Verwandten als die guten Feen der Kinder ihrer Nachkommen«.[3] Diese Vorstellungen erinnern an manche Weihnachtsbräuche.

In Litauen, dem zuletzt christianisierten europäischen Land, feierte die heidnische Bevölkerung an Halloween das Neujahrsfest. An diesem Tag wurden dem Gott Zimiennik (Samanik; Samana) Haustiere geopfert und Gebete gesprochen: »Nimm' unser Feueropfer an, oh Zimiennik, und teile es gütig mit uns.«[4] Wenn der Herr der Unterwelt das Opfer zugunsten der Toten akzeptierte, waren die Geister zufrieden und unterließen es, Schaden anzurichten. Wenn sie aber nicht angemessen besänftigt wurden, bestand die Gefahr, daß sie, angeführt von Dämonen und »Hexen« (Priesterinnen), von denen sie herbeigerufen wurden, als rachsüchtige Geister aus der Erde stiegen. Heute noch werden Hexen und Geister, gemeinsam mit Seelensymbolen wie Eulen, Fledermäusen und Katzen, mit Halloween assoziiert.

Die diesen Bräuchen zugrundeliegende heidnische Vorstellung war, daß sich an den Berührungspunkten der Jahreszeiten Risse im Raum-Zeit-Gefüge bildeten, die den Kontakt zwischen der Geisterwelt und der Welt der Sterblichen ermöglichten.

1. Lys, 365. 2. Hazlitt, 340. 3. Miles, 192. 4. Miles, 195.

Hananias

Ein Rabbi, der den Apostel **Paulus** bekämpfte. Nach der Apostelgeschichte war Hananias (1) ein heiliger Mann, der Lehrer des heiligen Paulus, der dessen Glauben übernahm; (2) ein Gegner, der Paulus schlug und öffentlich entehrte; und schließlich (3) »ein Lügner vor Gott«, der einen Teil seines Geldes vor den Aposteln zurückhielt, obwohl sie der Meinung waren, daß er alles abgeben müßte. Wegen dieser Weigerung ließ der Apostel **Petrus** ihn mit seiner Frau Saphira »tot zu Boden fallen«, und die jungen Männer von der Sekte der Apostel begruben sie. Die Apostel wurden wegen des Mordes eingesperrt, aber »ein Engel« kam heimlich in der Nacht und befreite sie aus dem Gefängnis (Apostel 5, 1–9).

Diese eigenartige Geschichte wurde oft in Verbindung mit dem Einziehen der Kirchensteuern wiedergegeben. Wer den Zehnten zurückbehielt, wurde wie der sündige Hananias als »Lügner« bezeichnet.

Hannah

Eine biblische Version der anatolischen Großmutter-Göttin Hannahanna oder Anna, die die HethiterInnen Hwanhwanar, die Untere Aufwallung, nannten. Hannah wurde beim Puruli-Fest mit dem Heiligen König vermählt, der danach als der neue Herr der Toten in ihren Abgrund gesandt wurde.[1]

Hannahs biblischer Sohn trug denselben Namen wie der Herr der Toten, Sam-El, Sammael oder Samuel. Dieser Name war von Samana, einem hinduistischen Beinamen des Totengottes Yama als Führer der Seelen abgeleitet.[2]

Eine Stammutter hieß im alten Iran *hana*, »Großmutter«. Dementsprechend wurde die Mutter der Jungfraumutter im gesamten Mittleren Osten unter Namen wie Hannah, Anna, Nana, In-anna oder »Königin Nana, die Schöpferin«, verehrt.[3] Christliche Überlieferungen kennen Anna als die Großmutter Gottes.[4] Anna oder Hannah war die Mutter der Jungfrau Maria, so wie die anatolische Hannahanna die Mutter der Jungfrau Mari war. Sie hieß in der Verkörperung als Jungfrau zuweilen auch Inara und trat dann gleichzeitig als Totengöttin auf. Einmal im Jahr sperrte sie den Heiligen König in einen Tempelturm, vereinigte sich mit ihm und tötete ihn danach.[5] (Siehe **Anna, Heilige**.)

1. Gaster, 7. 2. *Larousse*, 346. 3. Stone, 219. 4. Graves, W. G., 410.
5. Hooke, M. E. M., 98f.

Hapi

Eine archaische Nilgottheit, die als Mann, allerdings mit hängenden weiblichen Brüsten und einem schwangeren Bauch, dargestellt wurde. Die vordynastischen Ur-Stämme Ägyptens sollen die Kinder Hapis gewesen sein, die daher ursprünglich als eine Version der Großen Göttin galt. »Er« wurde wie die meisten der ältesten orientalischen Gottheiten mit dem yonischen Lotos assoziiert.[1]

1. *Larousse*, 36, 38.

Var. Harmonia

Har

Ishtar als Patronin der Tempelhuren oder *harines* war als Große Göttin Har bekannt. Ihre Priesterinnen lebten, wie die griechischen *horaę*, die persischen *houris* und andere heilige Huren, im Sanktuarium oder Heiligtum, dem Teil des Tempels, der später Harem genannt wurde.[1] Um herrschen zu dürfen, mußten die Könige ihre Zeugungskraft unter Beweis stellen, indem sie die *harines* schwängerten. Später übernahmen ausgewählte Priester diese Aufgabe. (Siehe **Prostitution**.)

Von der Stammwurzel *har* leitete sich das hebräische Har ab, das sowohl einen heiligen Berg wie einen schwangeren Bauch bezeichnet. In der vorvedischen, drawidischen und der altiranischen Kosmologie war Hariti oder Haraiti der »hochragende Berg« des Paradieses. Aus dieser Stammwurzel entwickelte sich auch Harmonia, eine »Tochter der Aphrodite« und Friedensbringerin. Letzteres war eine der Funktionen der heiligen Hure. Harmonia wurde als eine frühe Königin Böotiens mythologisiert, die mit Kadmos vermählt war. Sein Name lautete im Phönikischen *kedem*, »der Orientale«.[2] Als Kadmos und Harmonia starben und ins Paradies eingingen, verwandelten sich beide in Schlangen.[3] Sie wurden wahrscheinlich mit den weiblich-männlichen, ewig ineinander verschlungenen Schlangen des hermetischen Caduceus gleichgesetzt, dessen Bedeutung »Leben« war. (Siehe **Schlange**.)

1. *Assyr. & Bab.* Lit., 170; Briffault 2, 320. 2. Massa, 40. 3. Graves, G. M., 59.e.

Häresie

Griech. »die erwählte Meinung«, jede Lehre, die dem kirchlichen Dogma widerspricht und deshalb kirchlicherseits als Irrlehre oder **Ketzerei** verurteilt wird. Die Definition der Häresie ist naturgemäß äußerst vage und wurde daher in der Geschichte oft nahezu beliebig auf alle mißliebigen Persönlichkeiten oder Personengruppen angewandt. Das katholische Kirchenrecht unterscheidet heute *formelle* HäretikerInnen, die getauft sind und ein Dogma schuldhaft und hartnäckig leugnen oder bezweifeln, von »nur« *materiellen* HäretikerInnen, denen ihr Widerspruch zum Dogma nicht bewußt ist. Auch in der evangelischen Kirche existiert der Begriff der Häresie bis heute als »Fehlglaube«, gegen den spezielle Spruchkammern sogenannte Verwerfungsurteile fällen können.[1]

1. Brockhaus, »Häresie«.

Harpyien

Weibliche Todesgeister vom Berg Dicte, dem Zuhause der kretischen Großen Göttin. Sie erschienen als Aasvögel, wahrscheinlich als Geier, und hatten einen Vogelkörper, einen Frauenkopf und weibliche Brüste. Dies deutet auf die Kleidung minoischer Begräbnispriesterinnen hin, die ihr Amt in Federkostümen mit freiem Hals und nackten Brüsten ausübten. Ihr Name bedeutete »Greiferinnen« oder »Zupferinnen«, vielleicht eine Anspielung darauf, daß sie bei Bestattungen die Leier spielten.[1] Der patriarchalisch geprägte hellenische Mythos machte aus den Harpyien abscheuliche Unwesen, obwohl sie zuvor anscheinend eine ähnliche Funktion hatten wie die **Dakinis** oder **Walküren**. Die christliche Ikonographie übernahm sie als geflügelte Engel, die als Harfenspieler die Seelen zum Himmel trugen.

1. Graves, G. M., 33.g; 150.j.

Hathor

Eine ägyptische Göttermutter und Himmelskönigin, die ursprünglich Het-Hert, das »Haus (oder der Schoß) des Himmels« hieß und später Hat-Hor, das »Haus (oder der Schoß) des Horus«. Hathor war »die Mutter jeden Gottes und jeder Göttin«. Sie »schuf sich in der Urzeit selbst und wurde niemals geschaffen«. Zu Zeiten der ersten Dynastien war ihr Name immer ein Bestandteil der ägyptischen Königsnamen, was auf das archaische, matrilineare Königinnentum hinweist, das auf den aufeinanderfolgenden Inkarnationen ihres Geistes beruhte.[1]

Hathor wurde in Israel im 11. Jahrhundert v. Chr. in ihrer heiligen Stadt Hazor verehrt, die dem Alten Testament nach von Josua zerstört wurde (Josua 11, 13/21). Die Sinai-Inschriften belegen, daß um 1500 v. Chr. hebräische Arbeiter in den ägyptischen Minen am Sinai die Göttin Hathor verehrten und sie mit der Gebieterin von Byblos, **Astarte**, gleichsetzten.[2]

Einigen Quellen zufolge gab es sieben Hathors: die den sieben himmlischen Sphären zugeordneten heiligen Hebammen. Die siebenfache Hathor fand sowohl als Feen-Patin und Märchenerzählerin wie auch als Mutter des Sonnenkönigs, Herrin vom See und Jägerin Eingang in die Sagenwelt des Mittelalters.

In Oberägypten war Hathor als Sati oder Satis, »die von den beiden Flußufern«, die Quelle des Nils, bekannt.[3] Ihr zerstörerischer Aspekt war in der löwenköpfigen Jägerin, der Sphinx, verkörpert, die manchmal Sekhmet oder Sakhmis, »die Mächtige«, genannt wurde. Wie Kali trank sie das Blut von Göttern und Männern.

1. Budge, G. E. 1, 92f, 428, 431. 2. Albright, 96, 196. 3. Erman, 4.

Hebe

Hebe war die jungfräuliche Erscheinungsform der griechischen Göttermutter Hera. Sie verkörperte eine Variante von Eva, die in Anatolien Hebate, in Mesopotamien Heveh oder Hawwa und in Persien Hvov hieß. In der griechischen Mythologie war Hebe die Mundschenkin der Götter und spendete ihnen den Nektar der Unsterblichkeit. Ohne sie wären die Götter gealtert und gestorben. Das gleiche Schicksal drohte den altnordischen Göttern, wenn sie Freya verloren.[1]

In ihrem Mutteraspekt gebot Hebe, ebenso wie Eva, über den Baum des Lebens und dessen magische Äpfel. Er war die Quelle des ewigen Lebens der Götter, die von Hebe wachsam vor der Menschheit geschützt wurde (Genesis 3, 22). Heroen wie Herakles konnten durch die Hochzeit mit Hebe zu unsterblichen Göttern werden und in Hebes Paradiesgarten leben, wo sie von den Äpfeln des heiligen Baumes essen durften.[2] Solche Mythen belegen, daß mit Hebe nur Hera in ihrem jungfräulichen Aspekt gemeint gewesen sein konnte, denn der von Schlangen bewachte Apfelbaum im weit entfernten, westlichen Paradies, das die Griechen als den Garten der Hesperiden kannten, gehörte Hera.

Als sich bei den Griechen das patriarchalische Gesellschaftssystem entwickelt hatte und die Lebensform der romantischen homoerotischen Liebe aufkam, vertrieb der Vater Zeus Hebe von ihrem angestammten Platz und setzte seinen eigenen jungen Liebhaber, Ganymedes oder Ganymed, an ihre Stelle. So wurde die Jungfrau-Göttin von dem Jüngling, dem neuen Mundschenk der Götter, verdrängt. »Zeus setzte das Bild des Ganymedes als das Sternbild des Aquarius, des Wasser(krug)-trägers, unter die Sterne.«[3]

1. Branston, 249. 2. Graves, G. M., 145.i. 3. Ebd., 116.c.

Heidentum

Der Begriff »Heide« stammt eventuell aus dem germanischen Wort *heiden*, das Verborgene, denn die Kirche verbot die Riten der alten Gottheiten, und die Ungläubigen hielten insgeheim an diesen Riten fest.[1] Das Wort könnte aber auch analog zum *paganus* mit der Bezeichnung »Heide« für öde, spärlich besiedelte Gegenden in Zusammenhang stehen: Das lateinische Wort *pagani* (Paganismus) bedeutet Dorfbewohner; später bezeichnete es die ländliche Bevölkerung, die aufgrund ihrer religiös konservativen Haltung an alten Göttern und Göttinnen noch festhielt, als das Christentum in Städten und Adelshäusern bereits Fuß gefaßt hatte. »Es ist inzwischen erwiesen, daß die feindselige Haltung der Landbevölkerung zum Christentum dem Wort *paganus* die Bedeutung ›Heide‹ verlieh. Diese Belegung scheint aus der ersten Hälfte des vierten Jahrhunderts zu stammen und fand in der zweiten Hälfte allgemeine Verbreitung.«[2]

Im ersten Jahrtausend der christlichen Ära war das Heidentum eine unverhüllte und mehr oder weniger akzeptierte Haltung. Christentum und Heidentum lebten lange in einem unbehaglichen Nebeneinander, bis die ChristInnen so viele heidnische Götter, geheiligte Stätten, Gebräuche und Feiertage wie nur möglich übernahmen. Papst Gregor I. erkannte, daß die Menschen das Christentum erst dann akzeptieren würden, wenn sie es als Erweiterung ihres Heidentums sehen könnten; er verfügte daher, die christlichen Reliquien in die Heiligtümer heidnischer Tempel zu bringen, und allmählich gingen die Menschen zu der Vorstellung über, ihre Gottheiten seien Heilige und keine unchristlichen DämonInnen.[3] Heidnische Festtage waren zu christianisieren. So sollte es den Menschen zum Beispiel erlaubt sein, Weihnachten »zahlreiche Ochsen zum Ruhme Gottes zu opfern und zu essen, wie sie es zuvor für den Teufel getan hatten«.[4]

Obwohl die alten Götter und Göttinnen nun zu Teufeln umdefiniert waren, glaubten die meisten nominellen ChristInnen nach wie vor ebenso fest an sie wie an Christus, wenn nicht noch fester.[5] Sie waren durchaus bereit, im alltäglichen Leben die »Teufel« um Beistand anzurufen. Beda Venerabilis erklärte, Redwald, der König der Ostsachsen, habe in ein und demselben Gotteshaus einen Altar gehabt, um Christus Opfer darzubringen, und einen weiteren, um den »Teufeln« zu opfern.[6] Gotische Konvertiten nahmen den Namen Christi einfach in die Liste ihrer eigenen Götter auf, ließen ihn jedoch ebenso bereitwillig wieder fallen, wenn sich seine Magie als wirkungslos erwies.[7]

Dieses duale Religionssystem hielt sich selbst in Zeiten, die den »Geisterglauben« als Hexenwerk verfolgten. Es ließe sich die Ansicht vertreten, daß selbst heute Christentum und Heidentum nebeneinander leben, da ein Großteil der christlichen Anbetungsformen, Sakramente und grundlegenden Glaubenssätze auf heidnisches Erbe zurückgeht. »Das Lamm, der Drache (oder die Schlange), die Taube über dem Altar, das Dreieck mit dem allsehenden Auge (auch bei den Freimaurern üblich), das heilige Fischsymbol, das ewige Licht oder Feuer oder das Bild der aufgehenden Sonne auf dem Behälter für die geweihte Hostie in der Römischen Messe, die architektonischen Symbole und die Orientierung von Kirche und Kathedrale, das Kreuz selbst und sogar die Farben und der Entwurf der Priester-, Bischofs- und Papstgewänder gehören zu den stillen Zeugnissen dafür, daß in den modernen christlichen Kirchen die Symbole des Heidentums fortleben.«[8] Selbst so grundlegende Doktrinen wie die Jungfrauengeburt, die Menschwerdung Christi, der Logos, die Auferstehung, die Erlösung, das Fegefeuer, die Taufe und die heilige Kommunion waren Produkte des Paganismus, die sich viele Jahrhunderte vor der Entstehung des Christentums herausgebildet haben.

Im 12. Jahrhundert n. Chr. beklagte Giraldus Cambrensis, die Bevölkerung von Irland gebe sich nach wie vor »alten, barbarischen und obszönen Gebräuchen« hin.[9] Noch im 14. Jahrhundert n. Chr. bestand in Devon der Dianakult neben dem Christentum, und selbst Mönche huldigten der Göttin an heiligen Stätten im Wald.[10] Petrarca sah 1333 in Köln »Frauen den Rhein beschwören« in einem, wie es hieß, »Volksritus«.[11]

Der Volksglaube lag seit Caesars Zeiten weitgehend in Händen der Frauen, und so blieb es bis ins 12. und 13. Jahrhundert n. Chr., als die aktive »Hexenverfolgung« einsetzte.[12] Martin von Braga, ein portugiesischer Missionspater des 6. Jahrhunderts, stellte fest, daß Frauen nicht nur an ihren eigenen unchristlichen Tempeln festhielten, sondern im häuslichen Bereich Götzendienste leisteten, indem sie Tische schmückten, Lorbeeren trugen, Omen ausdeuteten, Wassergeistern Brot und dem Julblock Wein opferten, beim Spinnen Minerva anriefen und bei Hochzeiten und auf offener Straße Venus um Beistand anflehten. »Was ist das anderes als Teufelsanbetung?« fragte er. Zudem glaubte er selbst an die heidnischen Götter der Frauen. Er erklärte, die Flüsse, Quellen und Wälder steckten voller Lamien, Nymphen und Dianas; »und sie alle waren heimtückische Teufel und böse Geister«.[13]

Im 10. Jahrhundert versuchte ein Pönitenzbuch, den Frauen zu untersagen, ihre Kinder nach althergebrachter Weise an einem Kreuzweg der Mutter Erde zu weihen, »denn das ist finsteres Heidentum«.[14] Ein finnischer Bischof beobachtete: »Wenn die Menschen krank werden, suchen sie Hilfe beim Teufel, indem sie Wachsfiguren, Kerzen, Eichhörnchenfelle und anderes auf die Altäre legen und an bestimmten Tagen Schafe und Münzen opfern.«[15] Im 9. Jahrhundert berichtete die Synode von Rom von heidnischen Gebräuchen in den Kirchen: »Viele Menschen, vor allem Frauen, kommen an Sonn- und Feiertagen in die Kirche, nicht um der Messe beizuwohnen, sondern um zu tanzen, derbe Lieder zu singen und derlei heidnische Dinge mehr zu tun.«[16]

Natürlich hatte die Kirche die Frauen bewußt angelockt, indem sie die heiligen Stätten ihrer Göttinnen mit dem Versprechen übernommen hatte, sie könnten ihre Riten wie gewohnt beibehalten. Sie errichtete Kirchen über den Heiligtümern der syrischen Astarte in Corbridge, Northumberland, der Diana Nemetona in Bath und des Sarapis und des Mithras in York.[17] In Cangas de Onis, Arrichinaga und anderen Orten Spaniens entstanden um heidnische Dolmen und heilige Hügelgräber Kirchen, die noch heute stehen.[18] An kirchlichen Prozessionen nahmen

Vermummte teil, die Masken und Kostüme alter Tiergötter trugen, zum Beispiel die vier Totems des heidnischen heiligen Jahres: Löwe, Stier, Adler und Schlange – die Kirche hatte sie als Symbole für die vier Evangelisten übernommen.[19] Das Schlangensymbol wurde im Patriarchat generell verteufelt und oft in einen Phallus verwandelt und schließlich in eine Männergestalt – Mann, Gott, Halbgott oder Engelmensch, das Symbol des Evangelisten Matthäus. Heidnische Götter tauchten sogar in Schnitzereien und Gemälden der Kirchen auf. Noch 1576 beschäftigte eine britische Kirche Arbeiter, um die »mannigfaltigen abergläubischen Dinge, die zum Erhalt der Götzenverehrung beitragen, niederzureißen und zu vernichten«.[20]

Die christliche Kirche besaß keine eigenen Festtage; jedes Fest im christlichen Kalender war heidnischen Überlieferungen entlehnt, einschließlich Ostern und Weihnachten. Römische Festtage hielten sich besonders hartnäckig, bis sie schließlich christliche Namen erhalten mußten, um zu entschuldigen, daß die Menschen sie auch weiterhin feierten. So wurde aus den Hilaria Mariä Verkündigung; die Robigalia wurden zum Fest des heiligen Markus; Quinquatrus wurde zum Fest des heiligen Joseph; und das Fest des heiligen Cyprianus trat an Stelle des Feiertages von Jupiter.[21] »Vor tausend Jahren versammelten sich Alt und Jung in Feld und Wald, um den Göttern Geschenke zu bringen, sie feierten mit Tänzen, Spielen und Gaben das Frühlingsfest, das Erwachen und Erblühen der Natur. Diese Feiern haben christliche Namen erhalten, doch finden sich in ihnen immer noch unzählige heidnische Sitten und Gebräuche.«[22]

Christliche Historiker vermitteln häufig den Eindruck, die europäischen Barbaren hätten den neuen Glauben willkommen geheißen, der ihnen Hoffnung auf Unsterblichkeit und eine menschenfreundlichere Ethik geboten habe. Dieser Eindruck ist falsch. Die Menschen gaben durchaus nicht bereitwillig den Glauben ihrer Vorfahren auf, der nach ihrer Auffassung für die richtigen zyklischen Abläufe der Erde von entscheidender Bedeutung war. Sie hatten ihre eigene Hoffnung auf Unsterblichkeit und ihre eigene Ethik, die in mancherlei Hinsicht menschenfreundlicher war als die des Christentums, das ihnen mit Gewalt aufgezwungen wurde.[23]

Justinian erwirkte in Kleinasien 70000 Konversionen mit so gewaltsamen Methoden, daß die unterworfenen Völker schließlich zum Islam übertraten, um sich von den Härten der christlichen Herrschaft zu befreien.[24]

In der Regel widerstanden heidnische Völker dem Christentum so lange wie möglich, selbst nachdem ihre Herrscher der materiellen Vergünstigungen wegen zum neuen Glauben übergetreten waren. Ludwig der Fromme bewegte den dänischen Herrscher Harald Klak dazu, sich taufen zu lassen, und gab ihm ein großes Lehen an der Weser unter der Bedingung, daß er sein Volk christianisiere; doch die Bevölkerung lehnte sowohl das Christentum als auch Harald ab. Im 10. Jahrhundert stieß König Haakon von Norwegen auf heftigen Widerstand, als er versuchte, das Christentum einzuführen. Sein Volk rebellierte, brannte die christlichen Kirchen nieder und zwang Haakon, die geopferte Pferdeleber zu essen und den Neujahrstrunk zum Wohle Odins, Freyas, Bragis und des ganzen Göttergeschlechts zu trinken. Selbst manche Herrscher lehnten den neuen Glauben rundheraus ab. Im 8. Jahrhundert erklärte Alkuin, es bestünde keinerlei Hoffnung, die Dänen je zu christianisieren. Ihr König sei »härter als Stein und wilder als jedes Tier« und wolle von dem Gott Roms nichts wissen.[25]

Gewisse Worte lassen in ihrer Abstammung noch etwas vom Widerstand erkennen, auf den die Missionare stießen. Die ländliche Bevölkerung Savoyens nannte Christen »Idioten«, daher der Begriff *crétin*, »Idiot«, der von Chrétien, »Christ« abgeleitet ist. Die deutsche Landbevölkerung prägte den Begriff *bigott*, eine Ableitung des Ausrufs »bei Gott«, den die Mönche ständig im Munde führten.[26] Während die Juden ihren Gott für den höchsten hielten, waren die Christen die ersten, die darauf bestanden, daß es überhaupt nur einen Gott gibt, und zwar ihren. Diese Haltung rief unter den AnhängerInnen anderer Gottheiten Verärgerung hervor.

Das Römische Reich ließ innerhalb seiner ausgedehnten Grenzen allen Völkern ihre Religion, solange sie den offiziellen römischen Göttern Lippendienst leisteten und den gottähnlichen Imperatoren den schuldigen Respekt erwiesen. Die römische Kirche gab diese Politik der Religionsfreiheit sehr bald auf und begann, die Ausrottung jeglichen nichtchristlichen Glaubens zu fordern; bald verlangte sie sogar, daß andere Christen, die nicht papstfixierten Sekten angehörten, ihren häretischen »Irrglauben« aufgeben oder sterben sollten. Der Beginn des organisierten Christentums brachte das Ende der antiken Welt polytheistischer Glaubensfreiheit mit sich. Die neuen Glaubenslehren wurden zur allein gültigen Lehre. Andere Schriften wurden verbrannt. Doch in Wirklichkeit konnten all diese Vernichtungszüge dem Heidentum kein Ende setzen.[27] Während der gesamten christlichen Zeit hielten die Menschen es in ihrer Erinnerung wach und praktizierten seine Riten weiter.

Das dritte Konzil von Konstantinopel verfügte im 7. Jahrhundert, die Menschen müßten aufhören, in Neumondnächten Freudenfeuer zu entzünden und zu überspringen.[28] Der heilige Eligius schrieb: »Laßt keinen Christen Lichter an Tempeln, Steinen, Quellen, Bäumen, Einfriedungen oder Orten entzünden, an denen drei Wege zusammenlaufen ... Laßt niemanden vorgeben, Weihen vorzunehmen, Kräuter zu verzaubern oder Pflöcke in einen hohlen Baum oder eine Erdspalte zu treiben; denn indem er dies tut, weiht er sie offenbar dem Teufel.«[29] Und dennoch lebten diese Praktiken fort.

Vergebens verurteilte die Synode von Toledo »Götzenanbeter, jene, die Steine verehren, Fackeln anzünden und Quell- und Baumriten begehen ... Männer, die in der Maske eines Hirsches oder Stierkalbs umhergehen, das Fell eines Herdentieres anlegen oder Tierköpfe aufsetzen.«[30] In Ephesos vollzog die Bevölkerung noch zwölf Jahrhunderte nach Christus uralte Fruchtbarkeitsriten, auch wenn christliche Schriftsteller berichteten, daß »Menschen sich genüßlich in unheiligen Dingen ergingen, als seien es fromme Werke«.[31] Für die HeidInnen waren es in der Tat fromme Werke.

Die slawischen Völker haben nie aufgehört, Kupala zu verehren oder die Wassermutter Wa-kul, den Pferdegott Wolos, den Fruchtbarkeitsgott Jarilo und all ihre übrigen Gottheiten. Immer wieder versuchten bulgarische Pönitenzbücher, die Anbetung von Sonne und Mond zu verbieten – ohne Erfolg. Noch im 18. Jahrhundert verurteilte der Bischof von Woronesch die »satanischen Spiele«, die mit den Opfern für Jarilo einhergingen; und der bulgarische Mönch Spiridon beklagte, daß die meisten seiner Landsleute nach wie vor statt Jesus den Donnergott Perun anbeteten.[32]

Vor allem die Frauen, die in der neuen Kirche nicht willkommen waren, bewahrten die alten Gebräuche und bevorzugten das Heidentum, da es ihnen eine gewisse geistige Autorität bewahrte. Ein kirchlicher Kanon des 10. Jahrhunderts appellierte an die Väter, nicht an die Mütter, die Kinder christlich zu erziehen. Männer müßten »Brunnenverehrung, Geisterbeschwörung und Wahrsagerei verbieten, Zauberei und Menschen-Vergötterung und all die anderen törichten Praktiken, die mit verschiedenen Zauberformeln bewerkstelligt werden ... Und wir machen es zur Pflicht, daß jeder Mann seine Kinder mit Eifer dem Christentum vertraut macht und sie das Vaterunser und das Glaubensbekenntnis lehrt. Und wir machen es zur Pflicht, daß sie sich an Feiertagen heidnischer Gesänge und teuflischer Spiele enthalten.«[33]

Doch die Gesänge und Spiele gingen weiter und nahmen in Form von Karneval, Erntefesten, Maitänzen, Oktoberfesten, Mittsommernachtsfesten und so weiter allmählich weltliche Gestalt an. Die Frauen waren es, die viele dieser Traditionen aufrechterhielten, nicht weil sie rebellischer gewesen wären als Männer, sondern weil sie konservativer waren. Die Priesterinnen erhielten von ihren christlichen Gegnern den Namen »Hexen«. »Heidnische Volksgebräuche und Glaubensvorstellungen, seien sie nun griechisch-römischer, teutonischer oder keltischer Herkunft, starben mit der Einführung des Christentums nicht aus, sondern blieben erhalten und bildeten die Grundlagen der Hexerei.«[34]

Nachdem die Kirche heidnische Zeremonien jahrhundertelang verunglimpft und unterdrückt hatte, kam sie zu dem Schluß, daß viele zu hartnäckig seien und daher dem christlichen System einverleibt werden müßten. Gegen Ende des 18. Jahrhunderts gaben irische Geistliche »dem Aberglauben der Einheimischen äußerlich nach, um die kirchliche Macht zu erringen und aufrechtzuerhalten, indem sie heidnischen Riten das Christentum aufpfropften«. Bourne sagte: »Die Mönche ahmten in den finsteren, ungebildeten Zeiten des Pfaffentums die Heiden nach und träumten sich in ähnlichen Aberglauben hinein.«[35] Manchmal verwuchsen Christus und die alten Götter zu einer widersinnigen Mischung, so zum Beispiel, als im 15. Jahrhundert eine Kirche in Istein dem »Jupiter Christus« geweiht wurde.[36] Bis auf den heutigen Tag wird jedes Jahr zu Ostern auf dem Berg Lycabettus die heidnische Zeremonie des Neujahrsfeuers begangen, die an die Wiedergeburt Apollos erinnert.

Viele heidnische Gottheiten wurden zu Heiligen umgedeutet. Andere erfuhren eine vage Christianisierung durch ihre Auslegung als prophetische Gestalten. »Aesculap, der den Tod erlitt, weil er Tote auferweckt hatte, ist eine Art Christus ... Jupiter, der sich in einen Stier verwandelte und Europa auf seinem Rücken trug, verkörpert ebenfalls Christus, den geopferten Ochsen, der die Sünden der Welt auf sich nahm.«[37]

Mit einer Kombination aus Synkretismus, Umdeutung und Exegese gelang es dem Christentum, fast das gesamte Heidentum zu absorbieren – bis auf seine Göttinnen. Bei Guignebert heißt es:

> *Die westlichen Völker haben in den ersten Jahrhunderten des Christentums die christlichen Lehren niemals wahrhaft begriffen, noch haben sie sie seither verstanden. Die Religion, die sie aus eigenem Bemühen auf diesen Dogmen aufgebaut haben, war etwas völlig anderes ... sie (die Dogmen) waren in Formeln gefaßt, die nur schwerlich geeignet waren, sie aufzunehmen. Die westlichen Völker waren streng genommen niemals Christen ... Geprägt nur von der christlichen Legende und gefüttert mit passiv wiederholten Formeln blieben diese Menschen – die große Mehrheit der erklärten Christen – eigentlich Heiden und sind es immer noch im Schoß der katholischen Kirche.*[38]

1. Borchardt, 290. 2. Guignebert, 175. 3. Hitching, 210; Guignebert, 214. 4. M. Harrison, 139. 5. Coulton, 27. 6. M. Harrison, 42. 7. J. H. Smith, D.C.P., 238. 8. Evans-Wentz, 4 (dt. 79). 9. M. Harrison, 181. 10. Lethbridge, 71. 11. Borchardt, 282. 12. Turville-Petre, 261. 13. J. H. Smith, D. C. P., 238ff. 14. Hitching, 210. 15. Robbins, 199. 16. J. B. Russel, 75. 17. Squire, 275. 18. Hitching, 216. 19. Rose, 298. 20. Hazlitt, 335. 21. Rose, 295. 22. Leland, 142. 23. Campbell, C. M., 390. 24. H. Smith, 228. 25. Oxenstierna, 67ff., 221. 26. Potter & Sargent, 202. 27. Phillips, 152. 28. Hazlitt, 63. 29. Hitching, 209. 30. H. Smith, 270. 31. Lawson, 223. 32. *Larousse*, 294; Spinka, 34. 33. M. Harrison, 143. 34. J. B. Russell, 37. 35. Hazlitt, 336, 374. 36. Borchardt, 117. 37. Mâle, 339f. 38. Guignebert, 500, 502.

Heiland

Siehe **Erlöser**

Heilig

Siehe **Sakral**

Heilige

Bei der Kanonisierung von Heiligen handelte es sich um eine christliche Übernahme des alten griechisch-römischen Gedankens der Apotheose (Vergöttlichung, Verklärung). Durch die Apotheose wurden Sterbliche unsterblich und konnten – weil sie mit einer Gottheit gleichgesetzt wurden – ewig im Himmel weiterleben. Die Liturgie und die Formen der Heiligsprechung übernahm die Kirche von den Heiden; zu diesem Komplex gehörte auch das zeremonielle Freilassen der Vogelseelen, durch das der Aufstieg der vergöttlichten Seele zum Himmel und ihre Vereinigung mit den anderen Unsterblichen dargestellt werden sollte.[1]

Der Kanon der Heiligen machte das Christentum eigentlich zu einer Abart des Polytheismus (Vielgötterei); er kann mit dem System der sich immer weiter vermehrenden Bodhisattvas verglichen werden, das den buddhistischen Polytheismus hervorbrachte. Die mittelalterlichen Europäer gaben sich nicht mit nur einem Gott zufrieden, sie wollten viele Gottheiten. So kam es, daß »das Leben Christi weniger Raum einnahm und mit weniger Inbrunst erzählt wurde als die Leben der Heiligen«.[2] Auf die Bestimmung des oder der richtigen Heiligen für die jeweiligen Probleme eines Gläubigen wurde viel Zeit und Kraft verwandt.

Unter den mythischen Heiligen befanden sich zahlreiche Umformungen der Großen Göttin. Diese »Heiligen« trugen Namen, bei denen es sich eigentlich um heidnische Titel der Großen Göttin handelte – auch der jüdisch-christliche Gott hatte mehrere solcher Titel: »Allmächtiger«, »der Erste« oder »Herr«. Zu den heiliggesprochenen Namen der Göttin zählten Mari, Marina, Margaret, Aphra, Venerina, Martina, Maria von Ägypten, die drei Marien, Aphrodite, Demetra und Titel wie Irene (Friede), Philomena (Mond-Geliebte), Reine (Königin), Pelagia (Meer), Corona (Krone), Rosalia (Heilige Rose), Sophia (Weisheit), Eugenia (Gesundheit), Viviane (Leben) und Columba (Taube).[3] Die Diana Ilithyia wurde als St. Illis heiliggesprochen. Artemis wurde zu St. Atemidos. Die Donner-Schlange Keraunos wurde zu St. Ceraunos. Castor und Pollux wurden in die Heiligen Cosmas und Damianus verwandelt, deren Bilder die der heidnischen himmlischen Zwillinge in ihrem Heiligtum zu Aegaeae ersetzten. Die Heiligen Sebastian und Hubertus, die Patrone der Bogenschützen und Jagdhunde, sind einst heidnische Herren der Jagd gewesen. Zu dieser Gruppe gehört auch St. Eustachius, der bekehrt wurde, nachdem Christus vom Geweih eines Zauber-Hirsches herab zu ihm gesprochen hatte.[4]

Der Sonnengott Helios wurde zu St. Elias. Götter und Heroen wie Bacchus, Dionysos, Hyacinthus, Narcissus, Nereus und Achilles wurden unter ihren eigenen Namen heiliggesprochen. Der Götterbote Merkur wurde zu einem Krieger-Heiligen, den der Himmel angeblich aussandte, um den Kaiser Julian Apostata zu ermorden. Unter seinem griechischen Namen Hermes erscheint er in der unechten Legendensammlung Papst Alexanders I. zwischen den Lebensbeschreibungen anderer Heiliger. Der Satyr-Gott Silvanus wurde heiliggesprochen und zum Sohn der gleichfalls erfundenen St. Felicitas erklärt.[5] Sogar Buddha wurde, als St. **Josaphat** (Bodisat) verkleidet, zu einem christlichen Heiligen gemacht.[6]

Julian Apostata Römischer Kaiser (332–336), der sich nach einer streng christlichen Erziehung dem Neuplatonismus zuwandte und versuchte, die alten Götterkulte wieder einzuführen. Sein Tod wurde von der Kirche – der er auch den Beinamen Apostata (griech. *der Abtrünnige*) verdankt – als Strafe des Himmels begrüßt und mit Legenden ausgeschmückt.

Aphrodite erscheint als St. Aphra oder St. Afra in der Rolle der reumütigen Prostituierten, die das Martyrium mit Freuden auf sich nimmt, um ihr sündiges Leben zu sühnen. Sie soll gesagt haben: »Mein Körper hat gesündigt, nun soll er leiden.« Sie wurde auf einer Insel des Flusses Lech bei lebendigem Leib verbrannt – was bedeutet, daß das Bildnis der Göttin in ihrem alten Tempel der Lüsternheit (engl. *lechery*) verbrannt worden war.[7]

Eine späte Absurdität war die Vermenschlichung und anschließende Heiligsprechung der heiligen Phiole der Göttin; ein Historiker des 18. Jahrhundert erwähnte diese Gestalt tatsächlich unter dem Namen St. Ampoule (»Fläschchen«).[8]

Zu Anfang des 9. Jahrhunderts wurden Knochen, Zähne, Haare und andere Überbleibsel erfundener Heiliger überall in Europa und Asien passenderweise »gefunden« und triumphierend in den Reliquienschreinen sämtlicher Kirchen untergebracht – das ganze katholische Europa fiel schließlich vor etwas auf die Knie, das Calvin als einen Ameisenhaufen voller Knochen bezeichnete.[9] Die Überreste von Märtyrern wurden zu äußerst hohen Preisen gehandelt; Gibbon merkt dazu an: »Die befriedigende Erfahrung, daß die Reliquien von Heiligen mehr wert waren als Gold und Edelsteine, brachte die Geistlichkeit auf den Gedanken, die Schätze der Kirche zu vermehren. Ohne sich lange mit der Frage nach der Wahrheit oder Wahrscheinlichkeit aufzuhalten, erfanden sie Namen zu den Skeletten und Legenden zu den Namen.«[10] Die Mythen, die zu den unechten Reliquien der Evangelisten erfunden wurden, liefern typische Beispiele für diese Praxis.

Einige venezianische Kaufleute gaben vor, im Jahre 815 in Alexandrien die Knochen des heiligen Markus gefunden zu haben. Sie brachten ihren Fund in ihre Heimatstadt und verkauften ihn an die städtische Schatzkammer. Dort wurde auf dem St. Markus-Platz eine große Kirche über den Knochen erbaut – obwohl die Verbindung des Evangelisten zu der Stadt eher zufällig war: das Totem- und Wappentier der Stadt war der Löwe, und der Evangelist gehörte nach dem vorchristlichen Kalender dem Sternzeichen des Löwen an. Die Knochen befinden sich bis auf den heutigen Tag in Venedig, denn die Kirche mag dieser Fiktion wohl noch nicht entsagen.

Auf die gleiche Weise wurden im Jahre 1080 die Knochen von »St. Matthäus« – auf dem Höhepunkt der Welle neu erfundener Heiliger – in Parthia bei Hierapolis ausgegraben und in eine Kirche in Salerno gebracht. Die dazu passende Matthäus-Legende war das Werk Papst Leos VII., der behauptete, er habe durch göttliche Inspiration von den Reisen des Apostels durch Ägypten, Äthiopien und andere Gegenden erfahren und so auch von den Wundern, die der Apostel wirkte, um die armselige Zauberkraft der heidnischen Magier zu beschämen.[11] In vielen Kirchen befanden sich Porträts der Jungfrau, die angeblich von der Hand des St. Lukas stammten; der Anzahl der Bilder nach zu urteilen, muß dieser Heilige als einer der produktivsten Künstler der alten Welt gehandelt worden sein. Obwohl inzwischen umfassend bewiesen wurde, daß die Bilder samt und sonders im Mittelalter entstanden sind, befinden sich einige von ihnen nach wie vor an ihrem Ort.[12]

Die Umwandlung heidnischer Götter und Göttinnen zu Heiligen hatte meistens die Übernahme ihrer Heiligtümer durch die Kirche im Gefolge. Ein Beispiel dafür ist die sogenannte Insel der Heiligen, deren heilige Bewohner in keiner Weise Heilige waren, sondern als Gallicenae bekannte frühere Priesterinnen des Gallischen Orakels. Pomponius Mela, ein latinischer Geograph des ersten vorchristlichen Jahrhunderts, erwähnte sie als »heilig in immerwährender Jungfräulichkeit, neun an der Zahl; mit einmaligen Kräften ausgestattet; befähigt, mit ihrem Zauber Wind und Meer aufzuwiegeln und sich nach ihrem Willen in jedes Tier zu verwandeln, Wunden und Krankheiten zu kurieren, die für andere unheilbar waren und die Zukunft zu kennen und vorauszusagen – was sie nur für die Seefahrer tun, die eigens zu ihnen fahren, um sie um Rat zu fragen.«[13]

Wie die heidnischen Opfer und weisen Frauen wurden auch Opfer-

Götter in Heilige verwandelt. Das Blut-Ritual der nordischen HeidInnen ist bereits früh zu einer christlichen Zeremonie umgedeutet worden – man hatte die alte Gottheit einfach durch das Blut Christi oder die Reliquie eines Ortsheiligen ersetzt. In Westfalen ordnete ein kirchliches Dekret aus dem 10. Jahrhundert an: »Jedes Jahr sollt ihr am Pfingstmontag mit der Gnade des Heiligen Geistes den Patronatsheiligen eurer Klosterkirche in einer langen Prozession durch euren Pfarrbezirk tragen. ... Diese Prozession wird die Saat auf den Feldern reichlicher gedeihen lassen und das rauhe Wetter bändigen.«[14]

In den alten Heiligtümern der Großen Mutter Kybele in Acrae auf Sizilien schützten künstliche Felsnischen aus dem 3. Jahrhundert v. Chr. zahlreiche Figuren der Göttin – einige der Figuren dürften sogar wesentlich älteren Datums sein. Nachdem das Christentum diese Gegend erobert hatte, wurden diese Figuren als Satoni (»Heilige«) bekannt; diesen Titel tragen sie bis auf den heutigen Tag.[15]

Pseudo-Heilige behielten oft die Gewalt über jene Bereiche der Natur, die sie schon als heidnische Gottheiten innehatten. St. Medardus herrschte über den Regen; während der Trockenzeit wurde seine Statue mit Wasser begossen, um ihn zu Taten anzuregen. St. Caesarius von Arles wurde mit Boreas, dem Gott des Nordwindes gleichgesetzt. Im Tal von Vaison, so hieß es, läge sein heiliger Handschuh, der die Lüfte zu halten und Wind und Sturm zu entfesseln vermochte; seine Kraft sei ungefähr so groß wie die des Satans, der als Prinz der Luft-Mächte galt.[16]

Die Kirche, die HeidInnen abschlachtete, weil sie die falschen Götter verehrten, machte sich selbst der Verehrung falscher Heiliger schuldig – die manchmal sogar mit den Gottheiten der Heiden identisch waren. Dies wurde so offensichtlich, daß im 8. Jahrhundert die Synode von Leptinnes Opfergaben verbieten mußte, die anstelle Gottes den Heiligen dargebracht wurden.[17]

Die Christen übertrafen ihre heidnischen Vorfahren an Leichtgläubigkeit, die, wie es scheint, keine Grenzen kannte, wenn es darum ging, die Wundergeschichten der Heiligen zu glauben und weiterzuspinnen. Gregor der Große verfaßte eine Sammlung von Heiligenleben, die von den unmöglichsten Leistungen und Wundertaten nur so strotzte. St. Honoratus soll beispielsweise einen riesigen Felsbrocken, der von einem Berg auf sein Kloster zugerollt kam, mitten in der Luft angehalten haben, indem er einfach das Zeichen des Kreuzes schlug. Der Mönch Maurus soll wie Jesus und Petrus auf dem Wasser gewandelt sein.[18] Im Grunde waren die Wunder, die man Jesus zuschrieb, im Vergleich mit den vorgeblichen Wundern der Heiligen einigermaßen unbedeutend. Angobard schrieb im 9. Jahrhundert: »Die elende Welt wird jetzt von der Narrheit tyrannisiert; Christen glauben Dinge von solcher Absurdität, wie sie in früheren Zeiten niemand je einem Heiden weismachen konnte.«[19]

An einem Punkt hat die Kirche ihren Sinn für das Praktische allerdings nie verloren: Die Heiligen bildeten dank der vorgeschriebenen Pilgerreisen, Schenkungen und der Zehntpflicht eine ihrer Haupteinnahmequellen. Gold, Silber und Edelsteine wurden zur Aufbewahrung und zum Schmuck der kostbaren Reliquien gesammelt. Ein kirchlicher Chronist aus Trier berichtete, wie Priester den Kirchenschatz vergraben hatten, um ihn vor den angreifenden Nordmännern zu verstecken, »so daß die Reliquien nicht von den Barbaren verspottet und verhöhnt würden«.[20] Natürlich fürchtete man in Wirklichkeit weniger die Verhöhnung der Reliquien, als vielmehr den Raub ihrer wertvollen Behältnisse.

Es wurden allerdings auch einige Männer aus wirklichem Fleisch und Blut dafür heiliggesprochen, daß sie der Kirche durch Betrügereien zur Mehrung ihres Reichtum verholfen hatten. Die geschickte Ausnutzung des allgemein im Volk verankerten Geisterglaubens erfreute sich in diesem Zusammenhang offenbar besonderer Beliebtheit. Der heilige Fridolin von Säckingen forderte für die Kirche das Eigentum des verstorbenen Grafen Urso mit der Begründung ein, Urso hätte es der Kirche vermacht, als er von Fridolin die letzte Ölung empfing. Aber Ursos Bruder und Erbe Landolf hatte den Besitz bereits übernommen, und es gab kein Dokument, auf das sich Fridolins Forderung stützen konnte. Dennoch siegte der heilige Fridolin in seiner Sache, indem er Urso selbst herbeizitierte: Urso erstand aus dem Grab auf, erschien vor den Richtern und bestätigte »mit Grabesstimme«, daß Landolfs Besitz dem Kloster zu übergeben sei. Der unglückliche Landolf verlor nicht nur sein Erbe, sondern auch sein Leben. Fridolin wurde als Patronatsheiliger von Säckingen in der Kirche beigesetzt, die er von des toten Mannes Geld erbaut hatte.[21]

Das gleiche ereignete sich im Fall des St. Stanislaus, des Märtyrer-Bischofs von Krakau: Er verwaltete ein »sehr stattliches« Gut, das einem gewissen Peter gehörte. Nach Peters Tod wollten die Erben das Gut einfordern, aber der Bischof weigerte sich, mit ihnen zu teilen. Da er keine Besitz-Urkunden vorweisen konnte, entschied ein Gericht zu Gunsten von Peters Erben. Da begab sich der Bischof zu Peters Gruft, berührte den Leichnam, befahl ihm aufzustehen und ihm zum Gericht zu folgen. Der Leichnam »bestätigte dann die Behauptung des Bischofs in jedem Punkt, und voller Furcht revidierten die Richter ihre vorherige Entscheidung«.[22] Der gerissene Heilige behielt das Gut und ließ zweifellos jenem Komplizen, der den toten Peter gemimt hatte, einen Anteil zukommen.

Solche Wunder geschahen häufiger, als wir vermuten möchten. Die abermals gleiche Geschichte ereignete sich zur Zeit des heiligen Augustin, dem Apostel Englands. Sein Biograph John Brompton berichtete: »St. Augustin hatte sich lange bemüht, einen gewissen sehr begüterten Edelmann zur Zahlung des festgesetzten Zehnten zu bewegen, was dieser jedoch immer wieder hartnäckig ablehnte und damit großen Schaden anrichtete, indem er andere veranlaßte, unzufrieden und unverschämt einem so schlechten Beispiel zu folgen.« Eines Tages befahl St. Augustin während des Hochamtes allen Exkommunizierten, die Kirche zu verlassen. Eine Gruft in der Krypta öffnete sich plötzlich, ein Leichnam kam hervor und erklärte, er sei von einem inzwischen verstorbenen Priester exkommuniziert worden. St. Augustin führte Zeugen zu der Gruft des toten Priesters und fragte, warum der Wiedergänger exkommuniziert sei. Der Geist des Priesters antwortete mit einer »tiefen, von weither kommenden« Stimme: »Ich habe ihn für seine Missetaten exkommuniziert, besonders, weil er die Kirche dessen beraubte, was er ihr schuldig war und sich weigerte, seinen Zehnten zu entrichten.«[23] Durch diese kunstvoll in Szene gesetzte Maskerade trug der Heilige sehr zur Hebung der ökonomischen Frömmigkeit in seinem Kirchspiel bei.

Die Liste der erfundenen oder um ihrer wirtschaftlichen Erfolge willen kanonisierten Heiligen wird von modernen katholischen Gelehrten mit einer fast amüsierten Toleranz behandelt. Sie tun so, als ob die Hirngespinste der Heiligenmacher genauso entzückend wären, wie die Geschichten, die gescheite Kinder sich ausgedacht haben. Es wird selten zugegeben, daß diese Fantasiegestalten kaum je erfunden wurden, um zu entzücken – man wollte mit ihnen betrügen. Heilige wurden erfunden, um die Einnahmen der Kirche zu vergrößern, und viele dieser frei erfundenen Heiligen bringen heute noch Geld ein. Die Kirche unterläßt es, ihre Unechtheit öffentlich zu bekennen, damit durch solche Veröffentlichungen die Gläubigen nicht enttäuscht werden und sich betrogen fühlen, – mit anderen Worten, damit der Zustrom der Spenden nicht aufhört.

1. Gaster, 769. 2. Mâle, 176. 3. Reinach, 312, 4. Norman, 73.
5. Attwater, 128, 168, 243, u. ö. 6. H. Smith, 227. 7. Attwater, 33.
8. Hazlitt, 285. 9. Kendall, 122. 10. Campbell, Oc. M., 393.
11. Brewster, 212, 420. 12. Attwater, 223. 13. Keightley, 420.
14. Oxenstierna, 210ff. 15. Vermaseren, 68. 16. Mâle, 271.
17. J. B. Russel, 66. 18. Sprague de Camp, A. E., 265. 19. H. Smith, 260,
20. Oxenstierna, 14. 21. Guerber, L. R., 316ff. 22. Summers, V., 55.
23. Ebd., 111.

Heilige Hochzeit

Siehe **Hieros Gamos**

Heiligenschein, Halo

Ein christliches Symbol der Apotheose, der Vergöttlichung oder Heiligsprechung; die Christen übernahmen es von den eleusinischen Mysterien, bei denen der Erlösergott am sogenannten Haloa, dem Fest des Dreschbodens (*halos*), zum Gott erhoben wurde.[1]

Der Gott hieß entweder Dionysos, Triptolemos oder Iason/Jason und war im Getreidekorn verkörpert. Bei seiner Geburt wurde er in eine Krippe gelegt. Er wurde geopfert, begraben und wiedererweckt. Diese Abfolge symbolisierte Ernte, neues Aussäen und neues Wachstum. Zur Kulthandlung gehörte die sakramentale Aufnahme seines Fleisches und Blutes in Form von Brot und Wein. (Siehe **Demeter**.)

Die Gottheit wurde mit dem täglich neu geborenen Sonnengott gleichgesetzt, so daß der Halo auch, ähnlich wie in Ägypten, ein Symbol für die Sonne war. Die christliche Hagiographie kennt ihn als *aura*, »Goldkreis«; in der byzantinischen Kunst wurde er als goldene Scheibe dargestellt, die ziemlich umständlich mit einem Winkel am Hinterkopf des entsprechenden Heiligen befestigt war. Eine andere Variante ging auf die tantrische Vorstellung des »tausendblättrigen Lotos des Lichtes« zurück, der aus dem Kopf des vollkommen erleuchteten Weisen hervorsprießt. Er wurde auch *nimbus* oder »Wolke« des Lichts genannt und war schon lange, bevor es christliche Götter und Heilige gab, ein göttliches Symbol.[2]

1. Potter & Sargent, 185. 2. Budge, A.T., 351.

Heill

Wörtlich »Manneskraft«, die göttliche Kraft, ohne die nordische Könige nicht herrschen konnten. Die Zeugungskraft eines Königs wurde regelmäßig überprüft. Ließ sie nach, wurde er meistens getötet und ersetzt. Als König Fjölnir von Schweden »impotent wurde«, ertränkte man ihn in einem Faß Met, ein üblicher abmildernder Ausdruck für den heiligen Kessel.[1] Ein ähnlicher Brauch entschied auch über das Schicksal biblischer Könige. David starb beispielsweise bald, nachdem das Mädchen **Abischag** seine Impotenz festgestellt hatte (1. Könige 1, 4).

Der Riese von *Cerne* in Dorset wurde als Verkörperung des angelsächsischen Gottes Heill angesehen, als, wie es sein eregierter Penis zeigt, eine Personifikation des phallischen Prinzips. Die Kirche behauptete, daß der heilige Augustinus Cerne Abbey bauen ließ, um an den Sturz dieses lüsternen »Teufels« zu erinnern. Wahrscheinlich war aber die Kultstätte ursprünglich Heill geweiht und wurde dann von christlichen Mönchen übernommen.[2]

1. Turville-Petre, 119, 191. 2. Johnson, 326.

Heimarmene

Ein pythagoräischer Name für die Göttin des unabwendbaren Schicksals. Sie bildete mit **Ananke** und Dike eine Trinität und stellte eine weitere philosophische Transformation der Dreifachen Göttin dar.

Heimdall

Ein alter nordischer Gott, der aus dem Meer geboren war und »König« (*rig*) genannt wurde. Er hatte, wie der Engel am Tag des Jüngsten Gerichts, die Aufgabe, auf seinem Horn (*Gjallarhorn*) den Beginn der Götterdämmerung anzukündigen.[1] Heimdall hielt Heilige Hochzeit mit allen drei Personifikationen der Dreifachen Mutter Erde und galt deswegen auch als Begründer streng hierarchischer Ordnungen.

1. Turville-Petre, 154.

Heka

Var. Hekau

Ägyptische »Worte der Kraft«; sie wurden von Matriarchinnen entwickelt, die der Geburtsgöttin Hekat oder Heqit (der griechischen Hekate) dienten. In ägyptischen Erlösungsmysterien war das mechanische

Auswendiglernen und Aufsagen der *hekau* unerläßlich, um Zugang zu verschiedenen Bereichen der Nachwelt zu gewinnen. Ebenso hilfreich waren Amulette wie das Hekat, eine nach der Göttin benannte uterusförmige »Arche«. (Siehe **Schiff**.)

Hekabe

Var. Hekuba

Eine matriarchalische Königin Trojas; sie verkörperte den Geist der Mondgöttin Hekate, deren Name wiederum die gleiche Bedeutung hatte wie der von Hekabe. Hekabes »Töchter« (Priesterinnen) besaßen, wie es die Sage von **Kassandra** belegt, seherische Kräfte und konnten Zauber verhängen. Hekabe selbst sprach äußerst wirksame Verwünschungen aus. Als sie von ihren Feinden gefangengenommen wurde, verwandelte sie sich in Hekates Totem, eine schwarze Hündin namens Maera, Mara oder Moira, das zerstörende Schicksal.[1] Die Irrfahrten des Odysseus sind auf ihren Bannfluch zurückzuführen. Nur ein Gegenzauber seiner Gemahlin, der Göttin Penelope, bewahrte ihn vor dem Tode.

1. Graves, G. M., 168. n.

Hekate

Eine der ältesten, griechischen Versionen der Dreifachen Göttin. Hekate hatte ihren Ursprung in der ägyptischen Göttin der Geburtshelferinnen, Heqit, Heket oder Hekat, die sich wiederum aus der *heq* oder Stammesmutter des vordynastischen Ägypten entwickelte. Letztere war eine weise Frau; sie beherrschte die *hekau* oder »mütterlichen Worte der Kraft«.[1]

Heqit, in der alle sieben Hathors verschmolzen, befreite als himmlische Geburtshelferin jeden Morgen den Sonnengott.[2] Ihr heiliges Tier war der Frosch, ein Symbol für den Fötus. Noch viertausend Jahre später, als sie für die Christen zur »Königin der Hexen« wurde, war dieses Tier ihr geweiht.

In Griechenland war Hekate einer der vielen Namen für die ursprüngliche weibliche Trinität, die über den Himmel, die Erde und die Unterwelt herrschte. Die HellenInnen betonten bei ihr mehr den Aspekt des Alten Weibes oder der Unterwelt, verehrten sie aber, besonders mit Riten der Zauberei, Wahrsagerei und Totenbeschwörung, weiterhin auf Plätzen, an denen drei Straßen zusammentrafen.[3] Ihre Bilder schützten viele Jahrhunderte lang **Kreuzwege** aus drei Wegen, weshalb sie auch Hekate Trivia, die »Hekate der drei Wege«, hieß. In Vollmondnächten wurden ihr auf ihren Altären am Wegesrand Opfer dargebracht. Insbesondere Reisende huldigten ihr vor und während der Reise als Göttin der Zauberei und Wahrsagerei. Vom König von Babel heißt es z. B.: »Denn der König von Babel steht an der Wegscheide, am Anfang der zwei Wege und läßt das Orakel entscheiden: Er schüttelt die Pfeile, befragt die Götterbilder …« (Ezechiel 21, 26).

Hekate wurde als »Allerliebste«, einem Titel des Mondes, angerufen.[4] Ihre drei Aspekte hingen, wie alle anderen Erscheinungsformen der Dreifachen Göttin, mit dem Mond zusammen. Einigen Überlieferungen zufolge verkörperte sie im Himmel Hekate Selene, den Mond, auf Erden die Jägerin Artemis und in der Unterwelt die Zerstörerin Persephone.[5] Ältere Quellen sprechen von ihr als Hekate Selene, dem weitfliegenden Mond, der Mutter des Dionysos, obwohl Dionysos eigentlich der Sohn von Persephone war. Das zeigt, daß Hekate und Persephone oft miteinander verwechselt wurden.[6] Hekate wurde manchmal mit Diana Ilithyia, der Mondgöttin in ihrer Funktion als Beschützerin der gebärenden Frauen, gleichgesetzt. Manchmal gehörte sie auch zu der Trinität der Himmelskönigin, die aus der Jungfrau Hebe, der Mutter Hera und Hekate, dem Alten Weib, bestand. Porphyrios schrieb über sie:

Porphyrios (ca. 234–305 n. Chr.) Neuplatoniker, Schriftgelehrter und Biograph Plotins. Er war ein Gegner der christlichen Kirche, die schließlich die meisten seiner Bücher vernichtete.

> *Der Hekate ist als Symbol ihrer veränderlichen Phasen der Mond zugeordnet. … Ihre Macht drückt sich in drei Erscheinungsformen aus. Als Symbol des Neumondes ist sie in ein weißes Gewand gehüllt, trägt goldene Sandalen und wird von brennenden Fackeln umgeben. Der Korb, den sie bei ihrem Aufstieg trägt, symbolisiert den Anbau des Getreides, das sie je nach der Menge des von ihr gespendeten Lichtes gut oder schlecht wachsen ließ.*[7]

Spätgriechische Autoren ersannen eine ziemlich gesuchte Erklärung für Hekates Reise vom Himmel zur Unterwelt, einer ursprünglich mythischen Metapher für den Untergang des Mondes. Weil sich Hekate einmal im Hause einer Gebärenden aufgehalten hatte, fürchteten sich die Götter vor einer magischen Ansteckung durch das Geburtsmana und stießen sie in den Fluß Acheron, um alle Spuren davon abzuwaschen. Der Fluß trug Hekate in die Unterwelt, wo sie Hades heiratete. Dieser Mythos entstand aus patriarchalischen Ängsten vor dem Kontakt mit gebärenden Frauen (Levitikus 12, 5). Die Geschichte von Hekates Flußreise ging wahrscheinlich auf einen Brauch zurück, bei dem Mutter und Kind nach dem Wochenbett in einem heiligen Fluß ein rituelles Bad nahmen.

Das frühe Mittelalter kannte Hekate als Königin der Geisterwelt oder als Königin der Hexen. Die katholischen Geistlichen verteufelten sie besonders, denn ihrer Meinung nach stellten die Menschen, die sich unter das Patronat Hekates begaben, also die Hebammen, die schlimmste Gefahr für das Christentum dar.[8] Christliche Schriftgelehrte übertrugen die dreifache Macht der Hekate auf ihren eigenen Gott. Sie schrieben von der »dreifältigen Macht Christi, nämlich der im Himmel, der auf Erden und der in der Hölle«.[9]

1. Budge, E. M., 196; G. E. 2, 300. 2. *Larousse*, 38. 3. Graves, G. M., 31.7.
4. Angus, 173. 5. Wedeck, 203. 6. Graves, G. M., Kap. 31. 7. Briffault 2, 605.
8. Sprenger & Institoris, 66. 9. Jacobus d.V., 776.

Hekatombe

Ein Opferfest, bei dem der Hekate genau einhundert Opfer dargebracht wurden. Die spätere, erweiterte Bedeutung bezeichnete jede Art von Massaker an einer Gruppe von hundert Menschen. Die meisten Götter des Mittleren Ostens (Jahweh eingeschlossen) erhielten zu besonderen Anlässen Hekatomben.

Hel

Eine altnordische Göttin der Unterwelt, aus deren Namen sich das englische *hell* und das althochdeutsche *hella* (Hölle) ableitete. Die verstorbenen Heroen, die in das Haus der Hel eintraten, wurden Helleder, »Hels Männer«, genannt.[3] Manchmal waren sie auch die Ahnengeister, die sogenannten *Hella cunni*, »Verwandte der Hel«. Daraus entstand in mittelalterlichen Spielen fälschlicherweise der Harlekin, der Geliebte von Columbine, dem Taubenmädchen. Diese wiederum war eine andere Version der Großen Göttin.[4] Der keltische Herr der Toten, der die *apex* oder die spitze Tiara der Göttlichkeit trug, hieß Helman.[5]

In frühen Vorstellungen war die »Hölle« anscheinend ein gebärmutterartiger heiliger Hügel oder eine heilige Höhle der Wiedergeburt, was der altnordische Begriff *hellir* andeutet.[6] Die Vorstellung von der Hel als einem mit reinigendem Feuer gefüllten Kessel-Schoß ist möglicherweise mit der von dem vulkanischen Mutter-Berg (lateinisch *caldera*) verwandt. Auf den Pazifischen Inseln wurde die Mutter Hölle oder die Mutter Tod häufig als Feuerberg dargestellt, in dessen Inneres eine heilige Höhle führt. Die hawaiische Vulkangöttin Pele hütete, wie Hel, die Seelen der Verstorbenen in einem regenerierenden Feuer. Pele und Hel sind möglicherweise sprachlich verwandt, denn in den indoeuropäischen Sprachen waren *p* und *h* austauschbare Laute. In Malekula leben die Toten unter der Herrschaft der Göttin in einem Vulkan: »In jenem Feuer zu verweilen ist selige Wonne, und es gibt keine Angst, davon verzehrt zu werden.« Japans heiliger Vulkan bekam seinen Namen von der Feuergöttin Fuji, der »Großmutter« oder »Stammesmutter«.[7] Ganz ähnlich beschreiben germanische Sagen Hel als Feuerberg. Der Kaiser Theoderich erlangte Unsterblichkeit, weil er durch einen Vulkan in ihren Schoß gekommen war.[8]

In verschiedenen Dialekten lautete Hels Name Holle, Halja, Hild, Helga, Ella oder Hellenia. Viele Orte verdanken ihren Namen der Hel, so z. B. Helgo, Helgoland, Helsinki, Hollingstedt, Holderness, Holstein und Holland. Sie verkörperte den Grabesschoß der Wiedergeburt nach dem Tod. Die Isländer kennen noch heute ein traditionelles »Heim der Toten« in Helgafell oder Hels Hügel.[1] In Deutschland galt »Frau Holles Brunnen« als der Mutterschoß aller Kinder der Erde.[2]

Im Christentum verschmolzen die verschiedenen Bilder von Hels Land. Zu ihnen zählte auch der Infernus des klassischen Heidentums. Mit Infernus war ein im Erdinneren liegender Ofen gemeint. Ein altes römisches Sprichwort besagte: »Der Ofen ist die Mutter.« Die RömerInnen assoziierten Öfen und Bäckereien mit den Tempeln der Großen Göttin. Deren Huren-Priesterinnen trugen z. B. häufig den Titel »Gebieterinnen des Brotes«. Ihre kultischen Orgien waren die Fornacalia, »Ofen-Feste«, abgeleitet von *fornax*, »Ofen«. Im Englischen hat sich *fornax* bis heute in *furnace*, »Schmelz- oder Hochofen«, und *fornicate*, »Unzucht treiben«, erhalten.[9] Die christliche Kirche betrachtete die Idee, das heilige Feuer der Ewigkeit mittels »Hurerei« erfahren zu wollen, selbstverständlich als Sünde.

Hel erschien in mittelalterlichen Sagen als Brunnhilde, »Brennende Hel«. Den gleichen Namen trug die Anführerin der Walküren, die auch als die Rächerin Hild bekannt war.[10] Einer ihrer weiteren Namen lautete Matabrune, »Brennende Mutter«. Sie gebar den König Oriant. Dieser verkörperte eine Variante des orientalischen Sonnengottes, der in der Dämmerung aus dem Inneren der Erde geboren wurde.[11]

Das magische Feuer, das die Burg der Walküren umgab, war eine Allegorie der Feuerbestattung. Der Held durchschritt das Feuer auf dem Weg zu Hel. In späterer Zeit verbot die christliche Kirche die

Feuerbestattung mit der Begründung, daß sie den Körper vernichte und die »Auferstehung des Fleisches« gemäß dem kirchlichen Dogma verhindere. Der mehr praktische Hintergrund für das Verbot war, daß die Verbrennung, eine heidnische Zeremonie, der Kirche keine Einkünfte einbrachte.[12] Dagegen war es ziemlich einträglich, *lebendige* Hexen zu verbrennen, denn für jedes Stück Seil, jeden Nagel und jedes Stück Holz wurden der Verurteilten bzw. ihren Angehörigen überhöhte Preise in Rechnung gestellt.

Einige Mythen enthalten Hinweise darauf, daß das Bild der Hel ursprünglich nicht mit Feuer, sondern mit Finsternis verknüpft war. Ähnlich wie die Schwarze Kali, die Verschlingerin der Toten, zeigte sich Hel als göttliche Greisin. Sie trug als Nehellenia den gleichen Namen wie der Mond der Unterwelt. Ihre alten Opferaltäre wurden an den holländischen Rheinmündungen gefunden.[14] 1646 wurden in Seeland Vasen und Statuen ihrer Heiligtümer entdeckt.[15] Nach manchen Überlieferungen herrschte in ihrem unterirdischen Reich nicht glühende Hitze, sondern eisige Kälte. Vielleicht diente es Dante als Vorbild für den tiefsten, innersten Kreis des Inferno. Die kalte, finstere Königin der Schatten hieß Nef-Hel, **Nifl** oder Nifhel.

Hel war die oberste Gebieterin. Sie riß unabwendbar jeden, selbst die Götter, mit ihrer Umarmung an sich. Die schwedische Überlieferung erzählt, daß der Himmlische Vater Odin in einem Hügelgrab, das als Hels Berg bekannt war, begraben lag.[16] Da Hel mit Bergen assoziiert wurde, verschmolz sie manchmal mit der Mutter Freya. Auf dem Lüftelberg wurde eine schicksalsspinnende Göttin als die Hel der Lüfte verehrt.[17] Gleichzeitig wurde sie als das weibliche Pendant des Fürsten der Macht und der Lüfte (Odin-Satan), des Anführers der Wilden Reiter, dämonisiert. Hexenschriften aus dem 10. Jahrhundert erzählten, daß heidnische Frauen unter der Anführerschaft der »Hexe Hulda« ausritten.[18]

Wie ihre griechische Zwillingsschwester Hekate erschien Hel zuweilen in allen drei Versionen der Dreifachen Göttin. Das germanische *Gudrunlied* stellte sie in Gestalt dreier Jungfrauen als Herrscherin von Holland vor. Hild, die Prinzessin von Isenland, Hilde, die Prinzessin von Indien, und Hildburg, die Prinzessin von Portugal, lebten in einer mystischen Höhle. Sie glichen Seejungfrauen oder Waldnymphen. Der legendäre Prinz Hagen heiratete alle drei Hels, nachdem er den üblichen rituellen Zweikampf mit dem früheren König gewonnen hatte.[19]

Balladen und Sagen, die von der Begegnung eines sterblichen Mannes mit einer übernatürlichen Frau erzählen, wurden im Englischen kollektiv mit *hellish* bezeichnet, das sich von *hellig*, dem mittelalterlichen dänischen Wort für »heilig«, ableitet.[20]

Nach Plinius waren alle Einwohner von »Scatinavia« (Skandinavien) Kinder der Mutter Hel und hießen deshalb Hellevionen.[21] Sie sahen vor allem den Holunderbaum (»Hollerbusch«) als Verkörperung ihrer Göttin an. Holunderbäume wurden noch im Mittelalter auch Hel-Bäume oder Elfenbäume genannt. Dänische Bauern beteten ältere Bäume als »Hyldemoer« an, was soviel wie Hel-Mutter oder Holunder-Mutter bedeutete.[22]

Auf Hels frühere Verbindung mit Fruchtbarkeitsriten weisen ihre mittelalterlichen Namen hin: Gebieterin Abundia oder Satia (Überfluß). In dieser Gestalt führte sie die »Herrinnen der Nacht«, die sogenannten Hellequins, an. Sie ritten aus, um die Speise- und Trankopfer des einfachen Volkes zu empfangen. Als Gegenleistung versprachen sie den Familien Reichtum und Glück.[23] Dabei handelte es sich offensichtlich nicht um reine Sagengestalten, sondern um einstmals wirklich lebende Frauen, die die nächtlichen Kultfeste zu Ehren der Göttin fortführten. Die Kirche ächtete Hel, aber der Volksglaube sah sie anscheinend eher als menschenfreundlich und gütig. Der Weg in ihr unterirdisches Reich führte über einen Fluß, der an den griechischen Fluß Styx erinnert. Sein Name war Gjöll, »Klagen«. Auf der Brücke des Flusses wartete eine Emanation der Göttin, die sogenannte *Modgudr* (Gute Mutter), um – wie die orphische Persephone – die Verstorbenen zu empfangen und sie sicher in die Ewigkeit zu geleiten.[24]

Nordische Schamanen glaubten an die Kraft der Helkappe. Sie waren davon überzeugt, sich mit dieser Zaubermaske oder diesem Zauber*hel*m unsichtbar wie Geister machen zu können. Mit ihr konnten sie, ohne zu sterben, die Unterwelt besuchen und wieder zur Erde zurückkehren. Die Helkappe scheint eine Verkörperung der schamanischen Ekstase gewesen zu sein. Während dieses Trancezustandes wurden in einer Vision Tod und Wiederauferstehung erfahren. (Siehe **Maske**.)

1. Turville-Petre, 55. 2. Rank, 73. 3. Steenstrup, 149. 4. Potter & Sargent, 52, 73. 5. Knight, D.W.P., 78. 6. Wainwright, 113. 7. Campbell, P.M., 336, 450. 8. Borchardt, 242. 9. Neumann, G.M., 286. 10. Oxenstierna, 191. 11. Baring-Gould, C.M.M.A., 579. 12. Pepper & Wilcock, 226. 13. Robbins, 111ff. 14. Reinach, 138. 15. Johnson, 211ff.; Hays, 145. 16. Johnson, 165. 17. Guerber, L.R., 99. 18. J.B. Russell, 81. 19. Guerber, L.M.A., 23ff. 20. Steenstrup, 186. 21. Ramsay, 23. 22. Keightley, 93. 23. J.B. Russell, 146. 24. Branston, 91.

Helena von Troja

Eine Inkarnation der jungfräulichen Mondgöttin und Tochter der Königin Hecuba oder Hekate, die das **Alte Weib** verkörperte. Helena hieß auch Helle oder Selene. Das ihr geweihte, spartanische Fest Helenephoria verehrte Helena als orgiastische Gottheit. Während des Festes wurden charakteristische Sexualsymbole in einem besonderen Korb, der *helene* genannt wurde, umhergetragen.[1]

Die trojanische Helena heiratete Menelaos, den »Mondkönig«, dem wegen der Heiligen Hochzeit Unsterblichkeit versprochen war.[2] Sie verließ ihn jedoch und kehrte mit ihrem neuen Geliebten Paris nach Troja zurück, so daß Menelaos sowohl seine Unsterblichkeit als auch das trojanische Lehen, das ihm durch die »Ehe« mit Helena zugefallen war, verlor. Menelaos segelte mit seinen Kämpfern nach Troja, um Helena zurückzuholen. Dies war der Beginn des berühmten trojanischen Krieges, bei dem sich die patriarchalischen Griechen und die matriarchalischen Trojaner gegenüberstanden.[3]

Die gleiche Mondjungfrau wurde als Elen, Elaine oder Hel-Aine zur Königin des heidnischen Britannien. Sie wurde auch »Lilienmädchen« genannt und schloß die ersten Bündnisse mit den Eroberern aus Rom. (Siehe **Elaine**.) Die ältesten britischen Überlieferungen berichten, daß der erste britische König ein Trojaner und Verwandter der Helena namens Brutus gewesen sei.[4] Er segelte nach dem Untergang Trojas westwärts zur Insel Albion und gründete die Stadt Neu-Troja, die später nach seinem Nachkommen, dem Gott Lug, in Lugdunum (London) umbenannt wurde.[5]

1. Graves, G. M., 62.3. 2. Knight, S. L., 125. 3. Graves, G. M., 159.1. 4. Briffault 3, 431. 5. Guerber, L. M. A., 309.

Helike

»Weide«, ein Titel der Hekate in ihrem jungfräulichen Aspekt als Neumond. Helike gab auch dem Helikon oder »Weidenstrom«, der den Berg der Musen umfloß, seinen Namen. Wie Artemis wurde Helike, die Weidenjungfrau, sowohl mit dem Mond als auch mit dem Sternbild des Großen Bären assoziiert, das für alle Zeiten um den Pol, die Achse Helikes, kreist.[1] Hexen hielten eine Weidengerte für eine mikrokosmische *axis mundis* (»Achse der Welt«). (Siehe **Weide**.)

1. Lindsay, O. A., 251.

Heng-e

Chinesische Mondgöttin, sie allein bewahrte den Nektar der Unsterblichkeit (**Menstruationsblut**). Ihr Gatte Shen-yi, der Himmlische Bogenschütze, wurde wegen ihres Monopols auf die Lebensmagie rasend vor Eifersucht und stritt sich mit ihr. Da verließ sie ihn, wie Lilith Adam verlassen hatte, und ging fort, um für alle Zeiten im Mond zu leben und ihr Elixier nur noch an Frauen zu verteilen.[1]

1. *Larousse*, 383.

Henna

Ein Färbemittel, das in Indien und Ägypten weit verbreitet war. Bei den GriechInnen war Henna eine der Großen Göttin geweihte Farbe. Es diente den Frauen bei den ihr zu Ehren gefeierten Opferriten zur Bemalung von Handflächen und Fußsohlen. Das Standbild der Todesgöttin **Anath** wurde vor dem Menschenopfer mit Henna rot gefärbt.[1] In Zigeunersagen blieb der Zusammenhang zwischen Henna und den Opferzeremonien der Mari-Anath erhalten. Maria soll in dem Moment, als ihr Sohn gekreuzigt wurde, gerade dabei gewesen sein, ihr Haar rot zu färben; deshalb verfluchte sie den vormals heiligen Farbstoff.[2] In jüdische Schriften war von den »Töchtern des Kain« die Rede – also von Frauen, die Jahweh nicht verehrten –, die ihre Hände und Füße nach orientalischer Sitte »gefärbt« hatten.[3]

Wie jeder andere Schmuck, der in den Religionen der Frauen eine Funktion hatte, wurde auch Henna im Mittelalter mit Hexerei verknüpft. Eines der häretischen Vergehen, für das die spanische Inquisition Frauen einkerkerte, war die Verwendung von Henna zum Rotfärben der Haut oder der Fuß- und Fingernägel.[4] In viktorianischer Zeit wurde eine Frau aus Essex allein deshalb der Hexerei beschuldigt, weil sich in ihrem Haus etwas »roter Ocker« oder Henna fand.[5]

1. Hooke, M. E. M., 83. 2. Esty, 17. 3. *Forgotten Books*, 78. 4. H. Smith, 259. 5. Maple, 132.

Hephaistos

Ein vorhellenischer **Schmiede**gott, den Zeus aus dem Olymp warf, weil er versucht hatte, seine Mutter Hera zu beschützen. Hephaistos war einer der alten Schmiede der Amazonen und ein Gegner des göttlichen Vaters. Bei Heras Ehestreitigkeiten mit Zeus stand er auf ihrer Seite. Er heiratete Aphrodite, stand mit den alten Seegöttinnen Thetis und Eurynome auf gutem Fuß und teilte sich mit Athene einen Tempel. Wie alle amazonischen Schmiede hinkte er. Er wurde mit Vulkanen und Blitzen assoziiert, was ein charakteristischer Zug aller frühen Götter war, die den »Abgrund« der Großen Mutter mit Feuer befruchteten. Ein Hauptheiligtum des Hephaistos befand sich auf der Insel Lemnos, einer von den Amazonen gegründeten matriarchalischen Siedlung.[1]

1. Graves, G. M., Kap. 23.

Hera

Heras Name soll das griechische Wort für »Gebieterin« gewesen sein, doch könnte es auch *He Era*, die Erde, bedeutet haben. Ihre frühere Version war Rhea, die prähellenische Große Mutter, die als Mutter der griechischen Hera in die Mythologie einging. Beide waren in der frühen ägäischen Zivilisation, bevor die Götter die Weltbühne betraten, Erscheinungsformen der Großen Göttin.[1]

Heras Name könnte seinen Ursprung auch in Hiera, der »Heiligen«, gehabt haben, einem Titel der alten Göttinnen-Königinnen, die unter diesem Namen regierten. Die Amazonenkönigin Hiera von Mysia führte bei der Verteidigung des matriarchalischen Troja ihre Armee gegen die Griechen. Philostratos behauptete, daß Homer Hiera nicht in der *Ilias* erwähnen wollte, weil sie in ihrer Größe die eigentliche Heldin seines Werkes, Helena, in den Schatten gestellt hätte.[2]

Es gab noch viele andere, entferntere Verwandte und Entsprechungen von Hera. In Babylon hieß sie »Erua, die Königin, die über die Geburt gebietet«.[3] Sie wählte die Könige aus, gab diesen durch die Hochzeit mit ihr Souveränität und setzte sie auch wieder ab. Als namengebende Göttin des alten Irland trug sie den Namen »Lady Eire« oder Eriu.[4] Lady Eire herrschte wie Hera über den im Westen liegenden Apfelbaumgarten der Unsterblichkeit.

Hera war die Mutter der Götter, auch der olympischen. Sie schenkte ihnen den Nektar des ewigen Lebens. Griechische Autoren versuchten sie dem Zeus unterzuordnen, obwohl es sie schon viel früher gegeben hatte und Zeus Hera gegen deren Willen geheiratet hatte. Ihre ständigen Streitigkeiten spiegelten die Reibung zwischen den frühen patriarchalischen und den matriarchalischen Kulten wider. Hera war

Pausanias
Griechischer Geograph und Verfasser von Reiseberichten, der im 2. Jahrhundert n. Chr. lebte. In einer Zeit des kulturellen Zerfalls erfüllte ihn der Wunsch, die alten heiligen Kultstätten für die Nachwelt zu beschreiben.

ursprünglich eine weibliche Trinität, die aus Hebe, Hera und Hekate – Neumond, Vollmond und Halbmond – bestand. Andererseits verkörperte sie die Jungfrau des Frühlings, die Mutter des Sommers und die zerstörerische Alte des Herbstes. Pausanias schrieb, daß Hera als Kind, Braut und Witwe verehrt wurde.[5] In ihrem Tempel in Argos durchlief sie endlose Zyklen, da ihre Jungfräulichkeit, wie die der Aphrodite, jährlich durch das Bad in einer heiligen Quelle erneuert wurde.[6]

Der Göttin Hera wurden »Heroen« oder »Hera geweihte Männer« geopfert. Die Mythen darüber gehen auf frühgeschichtliche Zeiten zurück, in denen Männer getötet wurden, um ihr Märtyrer-Bräutigam zu werden. Im Alten Griechenland war der Begriff »Heroe« mit »Geist«, d. h. jemandem, der zur Göttin gegangen war, synonym.[7] Herodot erzählte die Geschichte von den beiden Helden Kleobis und Biton, die dazu auserwählt wurden, bei einer Prozession den Wagen der Mutter Hera zu ziehen. In ihrem Tempel »fielen sie in einen tiefen Schlaf« und wachten nie wieder auf. Dieser heilige Tod bescherte ihrer Familie große Ehre; Solon bezeichnete Kleobis und Biton als »die glücklichsten unter den Männern«.[8] Sie errangen, wie die christlichen Märtyrer, die »Krone«.

Heras Kult verbreitete sich schon früh im gesamten heidnischen Europa, dem Kontinent, der nach einer ihrer Inkarnationen, der Göttin Europa, benannt wurde. Die Sachsen verehrten sie auf Heresburg (Berg der Hera), wo die »Hermeseul« genannte phallische »Säule der Welt« in die Yoni der Erdgöttin gepflanzt wurde.[9] Im späten 8. Jahrhundert n. Chr. wurde die Kultstätte zerstört und der phallische Pfeiler von den Armeen Karls des Großen umgestoßen. Das Heiligtum war jedoch nicht vergessen. Das salische Gesetz verwies auf »Hexen«, die *hereburgium* oder *herburgium* genannt wurden, also die, die auf Heresburg Kulte feiern.[10] Diese Hexen wurden mit denen gleichgesetzt, die bei kultischen Treffen zu Ehren der Göttin »den Kessel trugen«. Der Klerus bezeichnete solche Zusammenkünfte als Hexensabbat. Legenden über Heras im Westen liegenden Zaubergarten, in dem die Äpfel der Unsterblichkeit wuchsen, gingen in mittelalterliche Überlieferungen über das Reich der Feen ein.

1. Graves, G. M., 12.1. 2. Bachofen, 107. 3. *Assyr. & Bab. Lit.*, 195. 4. Graves, W. G., 317. 5. Graves, G. M., 12.6. 6. *Larousse*, 102. 7. Halliday, 47. 8. Herodot, 11 f. 9. Borchardt, 122. 10. Caro, 59.

Var. Herkules

Herakles

Ein griechischer Erlöser und die irdische Inkarnation entweder von Zeus oder Apollon, der Sonne. Er wurde von der Mondjungfrau Alkmene (»Kraft des Mondes«) geboren, deren Gemahl solange nicht mit ihr schlief, bis ihr göttliches Kind geboren war.

Sein Name bedeutete »Heras Ruhm«. Als die Große Göttin (Hera) ihn stillte, schoß aus ihren Brüsten die Milch, die die Milchstraße bildete. Seine zwölf Aufgaben symbolisierten den Sonnenlauf durch die zwölf Häuser des Tierkreises. Der »Weg« durch den Himmel wurde ihm durch den Strom der himmlischen Milch angezeigt. Nachdem er seinen Weg zurückgelegt hatte, wurde er mit dem purpurnen Gewand des geweihten Königs bekleidet und anschließend getötet, um als sein eigener göttlicher Vater aufzuerstehen, zum Himmel zu steigen, dort immer wieder die jungfräuliche Göttin zu heiraten und unter den Sternen zu wohnen, wo er noch heute zu finden ist.

Pausanias schrieb, daß Herakles den Nachnamen Soter (Erlöser) trug.[1] Julian behauptete über ihn, daß »alle Elemente der weltschöpferischen und vervollkommenden Kraft diesem reinen und unverfälschten Geist gehorchen, dem der große Zeus beschieden hat, der Erlöser des Universums zu werden.« Er wurde überall als der Retter verehrt, der »starb« und wie die Sonne wieder erschien. Aus diesem Grund wurde auch angenommen, daß seinen Tod eine Sonnenfinsternis begleitete. Das Auftreten einer Finsternis findet sich auch in den Mythen vom Tode Krishnas, Buddhas, Osiris' und Jesu.[2]

Julian (Flavius Claudius Julianus) war von 361–363 n. Chr. römischer Kaiser und nach der Zeit Konstantins des Großen der einzige heidnische Herrscher Roms. Christliche Geschichtsschreiber nannten ihn »den Abtrünnigen«, weil er versuchte, die alte römische Religion wieder einzusetzen. Sein mysteriöser Tod führte zu der manchmal vertretenen Ansicht, daß Julian von einem Christen meuchlings ermordet wurde.

Der Einfluß des Herakleskultes auf das frühe Christentum kann nicht hoch genug eingeschätzt werden. Tarsus, die Heimatstadt des Apostel Paulus, feierte regelmäßig das Heilige Drama von Herakles' Feuertod. Es inspirierte Paulus zu der Annahme, daß es eine erlösende Wirkung hätte, wenn man seinen Leib wie die Heraklesmärtyrer verbrennen ließe (1. Korinther 13, 3). Herakles wurde auch Friedefürst, Sonne der Gerechtigkeit und Licht der Welt genannt. Er verkörperte dieselbe Sonne, die von den Persern und Essenern täglich mit dem rituellen Anruf: »Er ist auferstanden« begrüßt wurde.[3] Mit der gleichen Formulierung wurde die Auferstehung Jesu von den Toten verkündet (Markus 16, 6).

Herakles drang auch in die Unterwelt und in die »geeggte Hölle« vor. Er personifizierte damit den Himmelskönig, der befruchtend in den Schoß der Erdgöttin (Hera) eindrang. Sie schenkte ihm sein zweites Leben und machte ihn zum Gott – daher stammte sein Name, der ihrem Ruhm gewidmet war.[4] Er wurde zur Zeit der Frühjahrs-Tagundnachtgleiche (Ostern) geopfert, nach alter Zeitrechnung also am Neujahrstag. Am Tag der Wintersonnenwende (Weihnachten), wenn die Sonne ihren *nadir* (Tiefpunkt) erreicht und im Osten das Sternbild der Jungfrau aufgeht, wurde er wiedergeboren.[5] Jahrhunderte später schrieb Albertus Magnus: »Das Sternzeichen der himmlischen Jungfrau steigt zu dem Zeitpunkt über dem Horizont auf, der für die Geburt unseres Herrn Jesus Christus festgesetzt war.«[6]

Die himmlische Jungfrau, zu der Herakles emporstieg, war gelegentlich Hebe, Hera als Jungfrau, oder auch Eva, wie sie im Mittleren Osten genannt wurde. Sie sagte wie Isis, daß die Frucht ihres Schoßes später die Sonne werde.[7] Oft wurde sie mit der zyprischen Aphrodite verwechselt, die tatsächlich eine Inkarnation derselben Jungfrau in Gestalt der Horen war. Diese begleiteten den Gott als dessen Gefolge bei seinem Auf- und Abstieg auf dem Rad der Zeit: »In den zwölf Monaten folgen ihm die ruhig schreitenden Horen von der Unter- zur Oberwelt, dem Wohnort der zyprischen Göttin, dann steigt er wieder zum Acheron hinab.«[8]

In Lydien war Herakles an das kosmische Rad der Königin Omphale, einer Inkarnation der Göttin, gefesselt, das den Mittelpunkt der Welt (*omphalos*) darstellte. Herakles wurde einer ihrer regelmäßig wechselnden Heiligen Könige. Sein Vorgänger war der eichenlaubgekrönte Tmolos, der gepfählt wurde, weil er mit der höchsten Priesterin geschlafen hatte. Eine weitere, frühere Version des Radkönigs war Ixion von den Lapithen, der auf einem Feuerrad starb, das den Sonnenzyklus symbolisierte. Ein Opferbrauch dieser Art verbirgt sich wahrscheinlich hinter dem Mythos, nach dem Herakles auf ein Rad gefesselt war, das sich mit ihm ein Jahr lang drehte – d. h. er mußte alle Zeichen des Tierkreises, die das Rad schmückten, durchlaufen.[9] Griechische Schriftsteller deuteten den Mythos um. Nach ihrer Version verbrachte Herakles ein Jahr als Sklave unter Omphales Frauen, flocht aus Wolle auf einem Spinnrad Fäden und trug Frauenkleidung. Diese Geschichte wurde erfunden, um die Entwicklungsstufe des heiligen Königtums zu erklären, in der ein Mann nur dann Stellvertreter der Königin werden konnte, wenn er deren Gewänder trug.[10] Die Priester des Herakles trugen noch ziemlich lange Frauenkleider.

Einem anderen Mythos nach war der Vorgänger des Herakles der Zentaure Nessos, der mit Herakles um den Besitz der Priesterin Deianeira kämpfte. Herakles gewann und heiratete Deianeira. Nessos starb und vermachte dem Sieger sein blutrotes Gewand. Als später seine Priesterin-Gattin anordnete, daß er das Gewand tragen müsse, legte Herakles es an und verbrannte, als wäre er »in Flammen gehüllt«. Sein Scheiterhaufen wurde vom nachfolgenden König Philoktetes angezündet, der die Embleme seines Amtes erbte.[11]

Eine ägyptische Variante desselben sterbenden und wiedergeborenen »Heroen« war Horus oder Heru, der Erstgeborene der Isis-Hathor.[12] Er verkörperte in seinem Sterbeaspekt die geschwächte Form des Ra, genannt Harakhti, der zu seinem brennenden Scheiterhaufen im Westen abstieg, um vom unterirdischen Mutterschoß verschlungen zu werden. Die Griechen nannten seine heilige Stadt Herakleopolis, die »Stadt des Herakles«.[13] Im Fernen Osten war derselbe Sonnen- und Feuergott als eine der zehn wissenerhaltenden Gottheiten bekannt. Er ist als der »Allerhöchste Heruka« noch immer unvergessen.[14]

In Ägypten wurden bis ins 19. Jahrhundert hinein am ersten Tag eines jeden Jahres, gerechnet nach der koptischen Zeitrechnung, der Feuertod und die Wiedergeburt eines Spottkönigs gefeiert. Der Gott-Mensch saß drei Tage lang auf dem Thron und war mit einer langen, spitz zulaufenden Mitra gekrönt, die derjenigen von Pharaonen, Maikönigen, Karnevalskönigen und anderen heidnischen Erlösergestalten ähnelte. Dann erfolgte die Verbrennung seines Bildes, und er kroch »wiedergeboren« aus der Asche des königlichen Gewandes. Frazer schreibt: »Der Brauch deutet auf die alte Sitte hin, einen echten König in allerdings grausamem Ernst zu verbrennen.«[15] Nach Tertullians Aussagen verbrannten die Bewohner von Karthago noch im 3. Jahrhundert n. Chr. alljährlich »Männer als Götter des Lichtes«.[16]

Nach seinem Märtyrertod stieg Herakles direkt zum Firmament empor und erhielt seinen Platz rechts neben dem Kranz, bzw. der Nördlichen Krone – *Corona Borealis*, dem Sternbild der Belohnung des Märtyrers. Christlichen Märtyrern wurde die gleiche »Krone« im Himmel versprochen. Später erhoben die Kleriker Anspruch auf Herakles' irdischen Lohn, den Zehnt. Ursprünglich gab es beim römischen Militär den Brauch, den zehnten Teil der Siegesbeute dem Tempel des Herakles zu schenken.[17]

Da Herakles eine weitere Verkörperung der Unterwelts- und Todesgottheit war, wurde auch ihm die Fähigkeit zugeschrieben, Orte mit vergrabenen Schätzen zu kennen; die Christen übertrugen diese Eigenschaft auf ihren Teufel.[18]

1. Knight, S. L., 98. 2. Lindsay, O. A., 333, 316. 3. Briffault 3, 366.
4. Graves, G. M. 2, 394. 5. Neumann, G. M., 313. 6. Martello, 189.
7. Legge 2, 63. 8. Baring-Gould, C. M. M. A., 286. 9. Campbell, C. M., 422.
10. Graves, G. M., 136.1–4. 11. Ebd., 136.c; 145.e–g. 12. Budge, G. E. 1, 9.
13. Erman, 48, 139. 14. Waddell, 497. 15. Campbell, Or. M., 73.
16. H. Smith, 135f., 182. 17. Dumézil, 438. 18. Rose, 240.

Hermes

Der griechische Gott der Magie, Gelehrsamkeit, Medizin und okkulten Weisheit, der in Ägypten mit Thot und bei den Römern mit Merkur gleichgesetzt wurde. Er stammte schon aus vorgriechischer Zeit und war einer der frühesten Schlangengemahle der ägäischen Großen Mutter. Da er einst ein Teil von ihr war, hatte er auch Anteil an ihrer Weisheit. Wie Indiens Ardhanarisvara – Kali und Shiva in einer Person – war Hermes der Ur-»Hermaphrodit«, mit Aphrodite in einem Körper vereinigt. Die Priester des Hermes trugen, wenn sie dem zyprischen Tempel der Aphrodite in Gestalt des Gottes Hermaphroditos vorstanden, künstliche Brüste und Frauenkleider.[1]

Hermes war ein im ganzen indoeuropäischen Raum bekannter Gott. Als der von der Jungfrau Maia geborene Erleuchtete war er identisch mit dem indischen Erleuchteten (Buddha), den dieselbe Jungfrau Maya geboren hatte. Das *Mahanirvanatantra* sagte, daß Buddha und Merkur (Hermes), der Sohn des Mondes (Maya), dieselben Götter wären.[2]

Die Griechen nannten Hermes »Psychopompos«, den Führer der Seelen. Diesen Beinamen trug der Herr des Todes in seiner Vereinigung mit der Gebieterin des Lebens auch in vielen anderen Religionen. Hermes besaß mehr Macht über Wiedergeburt und Reinkarnation als der himmlische Vater Zeus. Es war Hermes, der Dionysos aus dem Schoß der Mondgöttin nahm und in den Schenkel (Penis) des Zeus einnähte, so daß er von einem Mann geboren werden konnte; Zeus allein konnte dieses Wunder offenbar nicht vollbringen.[3]

Wegen seiner weiblichen Weisheit galt Hermes als Urheber verschiedener Künste, die für gewöhnlich der Großen Göttin zugeschrieben wurden. So soll er die Gewichte und die Maße, die Astronomie und die Astrologie, die Musik sowie die Knöchelspiel-Wahrsagerei erfunden und den drei Schicksalsgöttinnen bei der Zusammenstellung des Alphabets geholfen haben.[4] Außerdem herrschte er über die Elemente. Hermes konnte mit seinem Heroldsstab alles, was er berührte, in Gold verwandeln und wurde daher zum Schutzpatron der Alchimisten.[5]

Nach Ovid war Hermes mit der Mondpriesterin der heiligen Quelle in Karyai, dem Land der Göttin Kar, verheiratet. Er bildete aber auch mit der Mutter Erde und dem Vater Hades eine Trinität, und er war ein phallischer Gott der Kabeini, die Demeter Kabeira in den Mysterien von Phrygien und Samothrake in orgiastischen Riten verehrten.[6]

Im gesamten griechisch-römischen Raum wurden Kreuzwege durch *hermen*, die den phallischen Geist des Hermes symbolisierten, geschützt. *Hermen* waren entweder Steinphalli oder kurze Steinsäulen mit dem Kopf des Hermes auf der Spitze und einem erigierten Penis auf der Vorderseite. Die Christen ersetzten sie durch Wegkreuze, aber die Idee, aufragende Votive an Wegkreuzungen zu errichten, war eher heidnisch als christlich.

Die Sachsen verehrten Hermes als den phallischen Geist der Hermeseul oder Irminsul, der Weltsäule oder Weltesche, die am Mutterberg Heresburg (Berg der Hera) in die Erde gepflanzt wurde. Der Ort ist als Eresburg bekannt, und an der Stelle, an der sich in dem alten Heiligtum des Hermes das phallische Prinzip mit der Mutter Erde vereinte, steht nun eine dem heiligen Petrus geweihte Kirche. Andere germanische Stämme verehrten Hermes unter dem Namen Thot oder Teutates, »Vater der Teutonen«.[7] Hermes-Merkur war mit dem germanischen Vater-Gott Wotan identisch. Der hermische Tag, der Mittwoch, wird deshalb im Englischen als Wotans Tag (Wednesday), in romanischen Sprachen dagegen als Merkurs Tag (franz. *mercredi*, ital. *mercoledi*) bezeichnet.

Das Wotanskreuz repräsentierte Hermes als »den einzigen vierfachen Gott«. Das Bekreuzigungszeichen der Christen entstand aus einem der Kreuze des Hermes, nämlich der arabischen Zahl 4, die oft auf dem Kopf stehend oder seitenverkehrt erschien, also wie bei der Bekreuzigungsgeste der Christen.[8] Die mittelalterliche Legende, nach der Hexen ein auf dem Kopf stehendes oder seitenverkehrtes Kreuz schlugen, mag ihren Ursprung in der Verehrung des Hermes haben; auf jeden Fall aber hatten die Christen das von den Heiden erfundene Bekreuzigungszeichen verdreht.

Zeichen des Merkur (Hermes)

Das Kreuz kennzeichnete Hermes als Gott der Vierwegekreuzung, der vier Teile der Welt, der vier Elemente, der vier Phasen des Heiligen Jahres, der vier Winde und der Sonnenwenden und Tagundnachtgleichen, die durch ihre Tierkreistotems Taurus, Leo, Scorpio und Aquarius dargestellt wurden. Die Symbole Stier, Löwe, Skorpion (Adler) und Wassermann haben die Christen zur Darstellung der vier Evangelisten übernommen.[9] Das Kreuz des Hermes erschien manchmal als ein auf einer Mondsichel stehendes Henkelkreuz; die Mondsichel symbolisierte seine Mutter, die Mondin. Daraus entwickelte sich das traditionelle Zeichen des Merkur, ein Kreis mit einem an der Unterseite angesetzten Kreuz und einer an der Oberseite aufgesetzten Mondsichel.[10]

Hermes wurde auch durch das gnostische »Welt«-Zeichen dargestellt, ein Malteserkreuz, das an jedem Ende einen Kreis trug.[11] Das Zeichen scheint sich auf die Sonne an den jeweils zwei Tagen der Sonnenwende und Tagundnachtgleiche bezogen zu haben. Die GnostikerInnen verstanden Hermes als eine Personifikation der Weltschlange, dem Herrscher über die Zeit, der sich um das Weltei schlang.[12] Gnostischen Evangelien zufolge erzählte Jesus der Maria, daß die Schlange die Welt umschließe und dabei das eigene Schwanzende im Maul halte, wobei der Schlangenkörper die zwölf Häuser des Tierkreises umschließe. Hermes wurde folglich mit dem ägyptischen Tuat (Thot) und dem *ouroboros*, der auch als die Weise Schlange Hermes bekannt war, gleichgesetzt.[13]

Neuplatonische Philosophen bezeichneten Hermes als den **Logos** oder das fleischgewordene Wort Gottes.[14] Christliche Vorstellungen von Jesus als dem Logos stammten also von der älteren Gottheit, die in ihren Hymnen ähnlich angerufen wurde wie Jesus in den Evangelien:

> *Herr der Schöpfung, Alles und Einziger. ... Er ist das Licht meines Geistes; ihm sei der Segen meiner Kräfte. ... Preise, oh Wahrheit, die Wahrheit, oh Güte, das Gute, das Leben und das Licht, das von dir kommt, so wie unser Dank zu dir geht. Ich danke dir, oh Vater, der du die Energiequelle meiner Kräfte bist; Ich danke dir, oh Gott, der du die Kraft meiner Energie bist. Dein eigenes Wort preist dich durch mich. ... Du Fülle der göttlichen Kraft in uns, oh Leben, erlöse uns; oh Licht, erleuchte uns; oh Gott, dein göttlicher Funke entzünde unseren Geist. Der Geist hütet dein Wort. ... Durch den Ewigen empfing ich die Gnade und das, was ich suche. Durch dich werde ich Ruhe finden.*[15]

So entwickelte sich Hermes zu dem »inneren Gott«, nach dem alle religiösen Philosophen der gnostischen Strömung suchten. (Siehe **Antinomismus**.) Seine traditionelle Androgynie wurde als Selbstliebe verstanden. Einige Denker behaupteten, er habe das Ritual der Selbstliebe, d. h. die Masturbation, erfunden. Sein von Schlangen umwundener und massierter Heroldsstab galt als Masturbationssymbol.[16] Es wurde angenommen, daß die Masturbation das typische Mittel eines Einsiedlers zur Selbstversenkung sei, und wie verschiedentlich behauptet wurde, zur Erkenntnis Gottes führe, genauso wie der Geschlechtsverkehr zur Erkenntnis der Göttin. Das Wort »*Herm*-et« bezeichnete wörtlich einen kleinen Hermes, in dessen Phallus ein göttlicher Geist wohnt.

Im Mittelalter lebte Hermes in der Gestalt des Hermes Trismegistos, Hermes der dreimal Größte, fort, dem Begründer der hermetischen Magie, Astrologie, Alchimie und anderer Künste, die den Mystizismus und die Naturwissenschaften verbanden. Lazzareli schrieb in seinem Werk *Calix Christi et Crater Hermetis* (Der Abendmahlskelch Christi und der Kelch des Hermes), daß alle Erkenntnis von Hermes herstamme, der sie dem Mose in Ägypten offenbarte. Agrippa von Nettesheim erwähnte oft die Autorität und die Macht des Hermes, den er für einen Enkel Abrahams hielt. Burtons *Anatomy of Melancholy* führte Hermes zusammen mit Sokrates, Platon, Plotin, Seneca, Epiktet, den drei Weisen aus dem Morgenland und den Druiden als einen der größten Philosophen auf.[17] Eine Abhandlung aus dem 16. Jahrhundert beschreibt das hermetische Gefäß als »eine Gebärmutter für die spirituelle Erneuerung und Wiedergeburt des Einzelnen ... und ist mehr zu suchen als die Schrift.«[18]

Robert Burton (1577–1640) lebte als Geistlicher und Schriftsteller in Oxford. Sein Hauptwerk *Anatomy of Melancholy* (1621), eine pseudo-medizinische Abhandlung über die Krankheit der Melancholie, wurde im 17. Jahrhundert zu einer Modelektüre und beeinflußte viele spätere Autoren.

Die Araber betrieben die hermetische Magie intensiv. Vieles in ihrer Zahlenkunde und Alchimie hatte seine Wurzeln in der hermetischen Überlieferung.[19] Sowohl Sufi-Mystiker als auch östliche Alchimisten sahen in Hermes einen Eingeweihten ihrer Lehre.[20] Die Europäer entwickelten nach den Kreuzzügen ein neues Interesse an der alten Weisheit des Ostens und waren von der Philosophie der klassischen Antike tief beeindruckt.

Um 1460 legte der Mönch Leonardo da Pistoia dem Cosimo di Medici ein griechisches Manuskript des östlichen Corpus Hermeticum vor. Später wurden noch andere Texte der wachsenden Sammlung halbgeheimer »Teufelskünste« hinzugefügt, die europäische Intellektuelle mehr und mehr in ihren Bann zog. Sir Thomas Browne bezeichnete den Hermetismus als die in den Hieroglyphenschulen der Ägypter entwickelte mystische Lehre und Weisheit des Mose. Er schrieb weiterhin, daß die Ägypter Hermes als Merkur oder Anubis, »den Schreiber des Saturn und Berater des Osiris, den großen Stifter ihrer religiösen Riten und Förderer des Wohlergehens Ägyptens« verehrten. Hermes stieg als Sirius, der Hauptstern des Großen Hundes, zum Firmament auf. Seine Verehrung in Italien war so groß, daß seine Darstellung auf einem Mosaik der Kathedrale von Siena mit der Inschrift versehen wurde: »Hermes Merkur Trismegistos, Zeitgenosse von Mose.«[21]

Sir Thomas Browne (1605–1682) Englischer Arzt, der in seiner Abhandlung *Religio Medici* (»Die Religion eines Arztes«) naturwissenschaftliche Erkenntnis und christlichen Glauben als so verbindlich wie unvereinbar darstellte.

Die am häufigsten mit Hermes verglichene christliche-mythologische Gestalt war der Erzengel Michael, der Engel des Todes, dessen Aufgabe der des alten Psychopompos ähnelte. »Auf den Ruinen der alten Merkurtempel, die in der Regel auf Hügeln gebaut waren, erhoben sich Kapellen, die dem heiligen Michael geweiht wurden.« Ein Hügel in Frankreich, der vormals dem Hermes-Merkur geweiht war, trägt noch den Namen Mont-Saint-Michel-Mercure. Ihm gegenüber, auf der anderen Seite des Ärmelkanals, liegt in England ein »Michael's Mount«.[22]

In vorchristlicher Zeit wurden die Geister der beiden Berge auf jeder Seite des Kanals Merkur genannt. Sie repräsentierten vielleicht die Zwillingsschlangen, die Hermes' Doppelfunktion als Herr des Todes und der Wiedergeburt symbolisierten. Die Zwillingsschlangen tauchten in Alchimie und Magie immer wieder auf. Flamel schrieb über sie: »Diese sind Schlangen und Drachen, welche die alten Egyptier in Gestalt eines Cirkels gemahlet, da der Kopf in den Schwanz beißt, um dadurch zu lehren, daß sie von und aus einem Dinge entsprossen. – Diese sind Drachen, so die Alten Poeten bestellet, ohne Schlafen die güldenen Aepfel im Garten der Hesperidischen Jungfrauen zu bewahren … Diese sind die beyden Schlangen, welche um den Heroldsstab und Ruthe des Mercurii fest gemachet sind …«[23]

Der hermetische Mystizismus bezeichnete die Schlangen gewöhnlich als männlich und weiblich, weil das eigentliche Geheimnis der hermetischen Kraft in ihrem androgynen Wesen lag. Hermes' Wirksamkeit hing wie die der orientalischen Götter von seiner Vereinigung mit der weiblichen Weltseele, beispielsweise mit seiner archaischen Dualität Aphrodite, ab. Mittelalterliche Texte bezeichneten sie als die Anima des Merkur und stellten sie als nackte Frau dar, umgeben von Mandorla-Motiven, wie sie auch auf der »Welt«-Karte des Tarotspiels zu finden sind.[24] Diese Spielkarte war der letzte der Tarottrümpfe. Der Magier, der mit Hermes identisch war, stand an erster Stelle der Tarottrümpfe. Ein von Mantegna entworfenes Tarotspiel zeigte den Magier als klassischen Merkur, der mit schlangenumwundenen Caduceus, Flügelhelm und Flöte über einen abgetrennten Kopf – ein Symbol für das Orakel – auf einen Hahn, das Symbol der Verkündung, zuschreitet.[25]

1. Graves, G. M., 18.8. 2. Rawson, A.T., 142. 3. Graves, G. M., 14.c
4. Ebd., 17.g–h. 5. d'Alviella, 228. 6. *Encyc. Brit.*, »Hermaphroditus«, »Hermes«.
7. Borchardt, 145, 122, 216. 8. Koch, 84. 9. Campbell, M. I., 181. 10. Silberer, 189.
11. Koch, 93. 12. Campbell, M. I., 298. 13. Budge, G. E. 1, 266. 14. Doane, 375.
15. Angus, 99. 16. Cavendish, T., 104f. 17. Shumaker, 232. 18. Jung & Franz, 143.
19. *Encyc. Brit.*, »Hermes Trismegistus«. 20. Shah, 196. 21. Shumaker, 242f.
22. Mâle, 378. 23. Silberer, 129 (dt. 83/84). 24. Gettings, Tafel 32.
25. Cavendish, T., 67f.

Herodias

Sie war in der Bibel »die Gemahlin des Herodes«, wörtlich übersetzt »die große Gebieterin«. Ihre Geschichte erfuhr so vielfältige Bearbeitungen, daß sie nicht nur als Gemahlin des Herodes, sondern auch als die seines Bruders Philippus genannt wird (Matthäus 14, 3). Das Matthäusevangelium erzählt, wie Herodias den Kopf Johannes des Täufers verlangte und ihre Tochter anstiftete, diesen von Herodes als Belohnung für ihren Tanz zu fordern. Durch diese Tat hatte sie im Christentum den Ruf einer schrecklichen Schurkin. Seit dem 10. Jahrhundert n. Chr. wurde ihr Name als Synonym für Hekate, die Königin der Hexen, gebraucht. Dennoch ging der klassische Glaube von der Hekate als der dritten Verkörperung der Dreifachen Göttin, also der Herrin der Unterwelt, auf Herodias als die neue Hekate über. (Die anderen Verkörperungen, Hebe und Hera, herrschten jeweils über Himmel und Erde.) Im Jahre 936 verurteilte der Bischof von Verona »all jene, die daran glauben, daß Herodias ein Drittel der Welt beherrscht«.[1]

1. J. B. Russell, 75.

Heroe

Der griechische Titel für einen der Göttin Hera geopferten Mann. Über den ägyptischen Heru oder Harakhti, den sterbenden Gott Horus-Osiris, geht die Bezeichnung wahrscheinlich auf den sanskritischen Heruka, eine Gottheit des erleuchtenden Wissens zurück.[1] Das griechische Maifest hieß Heroantheia, »Blüte des Heroen«.[2] Mit Blüte war das befruchtende Blut des Heroen gemeint, das durch rote oder purpurne Blumen symbolisiert wurde. Die Bibel benennt mit dem gleichen Wort das Menstruationsblut (Levitikus 15, 24). Der Mai-Heroe war also ein Blumengott: Narkissos, Hyakinthos, Adonis oder Antaios verkörperten alle denselben Gott. Manchmal wurde er Naaman, »Liebling«, genannt, weil er der Geliebte der Aphrodite war.[3]

1. Evans-Wentz, 70. 2. Gaster, 290. 3. Frazer, G. B., 390.

Herz

Das ägyptische Wort für die Herz-Seele, die wichtigste der sieben Seelen, die jedem Menschen von den sieben Geburtsgöttinnen (Hathors) geschenkt wurden, war ***Ab***. Nach dem Tod eines Menschen wurde seine *ab* in Maats unterirdischer Gerichtshalle auf ihre Waagschalen gelegt. Es sollte gewogen werden, wie schwer die Seele mit Sünden beladen war. Sie mußte mit der Feder der Wahrheit das Gleichgewicht halten. Die *ab* hatte deswegen eine so große Bedeutung, weil sie die innerste Blutseele darstellte, die von der Essenz der Mutter ausströmt.

Der Ausdruck, daß eine schwangere Frau ihr Kind »unter dem Herzen trägt«, hat seinen Ursprung bei den ÄgypterInnen. Sie glaubten, das Leben des Kindes werde dadurch geschaffen, daß Menstruationsblut vom Herzen der Mutter in ihren Schoß hinabströme. Demnach war das Herz der Mutter die Quelle für das Leben des Kindes. Eine Mutter nannte deshalb ihr Kind »Herzblut«. Gebete aus dem ägyptischen Totenbuch enthalten Anreden wie: »Mein Herz meiner Mutter. ... Mein Herz der Verwandlungen«, womit die Quelle der Wiedergeburten gemeint war.[1]

Das ägyptische Wort für das von der Mutter geschenkte Herz wurde im Hebräischen bezeichnenderweise umgedeutet: *ab* wurde zu »Vater«.

Die ägyptische Hieroglyphe für *ab* war eine tanzende Gestalt, als Verb bedeutete sie »tanzen«.[2] Damit war der mystische Tanz des Lebens im Körperinneren – der Herzschlag – gemeint. Das gleiche mystische Symbol wurde bei den InderInnen mit dem Tanz des Shiva verknüpft, der, dem Glauben nach, im schlagenden Herzen des Kosmos inmitten des Weltkörpers der Kali wohnte. Während seines vorübergehenden Aufenthaltes im Totenreich durchlief Shiva, der jetzt als »Der Leichnam Shava« bezeichnet wurde, bestimmte Kreisläufe. Er hielt in seinem Tanz inne, bis seine Mutter ihn wieder zum Leben erweckte. Ähnliches geschah mit dem ägyptischen Gott Osiris, der ebenfalls eine Todesphase durchlief, bevor ihm die Göttin ein neues Leben schenkte. In dieser Phase trug er den Titel »Das Schweigende Herz«.[3]

Dem Bestattungsbrauch gemäß erhielt auch die Mumie des Osiris eine neue *ab*. Das »Herzamulett« bestand aus rotem Stein und wurde in die Brust der Mumie gelegt, um dem Verstorbenen die Lebenskraft zurückzubringen.[4] Dieser Brauch, bei dem das echte Herz entfernt wurde, ging wahrscheinlich auf die ursprüngliche rituelle Opferung von Menschenherzen für die Große Göttin zurück, die in einigen archaischen Gebeten als die »Verschlingerin von Herzen« angerufen wurde.[5] Dahinter verbarg sich die immer wieder anzutreffende archaische Vorstellung, daß das Geschenk der Gottheit irgendwann in Teilen zurückgegeben werden muß, um deren Kraft zu erhalten, so daß sie auch in Zukunft schenken kann. Die Opferungen auf den heiligen Pyramiden von Mexiko hatten einen ähnlichen Hintergrund. Die den sterbenden Gott verkörpernden Opfer wurden so schnell aufgeschnitten, daß das Herz noch lebend und »tanzend« geopfert werden konnte. Das ägyptische *ab* bedeutete sowohl Opfer als auch Herz, was darauf hindeutet, daß irgendwann in der frühen ägyptischen Geschichte den Kultopfern das Herz herausgerissen wurde.[6] Nach Juvenal gab es bei den ÄgypterInnen das Menschenopfer und den sakralen Verzehr von Menschenfleisch. Die ägyptische Große Göttin nahm in der Unterwelt die Gestalt des weiblichen Ungeheuers Ab an, »Die Herzen Verzehrende«.[7] Alte Schriften überliefern, daß die Göttin – ähnlich wie Kali – alles verschlang, was sie erschuf, wie die Erde, die Zeit und das Schicksal: »Sie nimmt die Herzen in ihren Besitz, sie verschlingt.«[8]

Diese ägyptischen Vorstellungen blieben bis in unser Jahrhundert hinein bei den Zauberinnen der Bantu erhalten. Wenn diese einen Todeszauber verhängen wollen, verspeisen sie symbolisch das »Herz-Leben« (vergleichbar mit dem ägyptischen *ab*) des auserwählten Opfers.[9] Viele heute noch gebräuchliche Redewendungen gehen auf die ägyptische Vorstellung vom Herzen als Zentrum des Selbst, der Seele oder der Gefühle zurück: Das Herz kann schwer und leicht sein; bei Verliebten werden Herzen geraubt oder verschenkt, oder sie werden schwach. Herzen können kalt oder warm und hart oder weich sein.

Die Vorstellung vom Herzschlag war in den orientalischen Religionen so lebendig, daß die tantrischen Weisen das Zentrum des Universums »inmitten des Herzens« sahen.[10] Dieser Ort hieß Chidambaram. Hier tanzte Shiva zum Grundrhythmus der Ewigkeit. Die Yogis sagten: »Dieser ›Ton‹ (nada) repräsentiert den ›Zustand der Macht‹. Der Yogi erfährt ihn, wenn er tief in sich selbst hinabtaucht. Er offenbart sich im Herzschlag. Und da der Mikrokosmos letzten Endes mit dem Makrokosmos identisch ist, so lauscht der Yogi, wenn er diesen Nada, den ›Ton der Macht‹, vernimmt, dem Herzschlag des Absoluten.«[11]

Die Yogis ließen mit dieser mystischen Grundidee von der im Menschen wohnenden Gottheit praktisch die Idee zu, daß der Mensch Gott geschaffen hat. Der Herzschlag galt außerdem als das Maß für den tieferen Rhythmus der Dichtung, der Musik und des Tanzes.

Die tantrische Vorstellung vom Tanz des Herzens fand sich auch in einer Schrift des frühen gnostischen Christentums wieder. Hier wurde Jesus mit dem tanzenden Gott im Inneren gleichgesetzt. In den *Akten des Johannes* sprach Jesus zu seinen Jüngern: »Dem All zu gehört der Tanzende. – Amen. Wenn du aber Folge leistest meinem Reigen, sieh dich selbst in mir, dem Redenden. ... Der du tanzt, erkenne, was ich tue, weil dein ist dieses Leiden des Menschen, das ich leiden werde.«[12]

Akten des Johannes
Einer der berühmtesten gnostischen Texte, der niemals völlig unterdrückt werden konnte, obwohl ihn die Kirche durch alle Jahrhunderte hindurch immer wieder öffentlich verurteilte. Der Grund dafür lag in der häretischen Behauptung, daß Jesus als Gottheit eigentlich nicht am Kreuz hatte sterben können.

Obwohl die Kirche den sakralen Tanz schon in frühchristlicher Zeit verbot, geriet die Vorstellung des inmitten des Herzens tanzenden Gottes nicht in Vergessenheit. Sie führte schließlich zu der Idee vom Herzen Jesu, die im 17. Jahrhundert als ein katholischer Glaubensartikel festgeschrieben wurde. Mit dieser Erneuerung des Herz-Seele-Gedankens war eine seltsam weibliche Symbolik verknüpft. Die Göttlichkeit Jesu war »der Mond, der im Herzen wohnt«. Das Herz Jesu wurde mit all den Metaphern belegt, die vormals das Mutterherz umschrieben: »als ›Heiligtum, drin des Weltalls Leben lebte‹, als Rose, als Weinkelch, als Kleinod, als Quell, als Glutofen göttlicher Liebe ... als Brautgemach.«[13]

Die Kirche behauptete, daß die Herz-Jesu-Frömmigkeit mit der göttlichen Vision der heiligen Marie Marguerite Alacoque im Jahr 1675 einsetzte, doch die Idee stammte nicht von ihr. Eine elf Jahre vor ihrer Geburt veröffentlichte alchimistische Schrift zeigte eine Darstellung des von einer Dornenkrone umschlossenen Herzen Jesu. Mehrere Jahrhunderte später war dieses Bild auf verschiedenen Kirchenfenstern zu sehen: im Kloster *Des Cordeliers* in Paris, in der Mauer eines Dominikanerklosters, auf einem Fenster der Kirche des heiligen Thomas von Aquin und an vier Stellen der Karmeliterkirche St. Michael. Einige dieser Darstellungen »stammen sicherlich aus dem 15. oder 16. Jahrhundert«.[14] Abgesehen davon gab es die Idee von der göttlichen Herz-Seele – also von dem Heiligen Herzen des Shiva und des Osiris –, die das Zentrum der lebenden Welt bildete, schon lange vor dem Christentum.

1. Budge, B. D., 454. 2. Budge, E. L., 44. 3. Budge, B. D., 410.
4. Budge, A.T., 138. 5. Budge, B. D., 416ff. 6. Budge, E. L., 44, 71.
7. Budge, G. E. 1, 232. 8. Neumann, G. M., 161f. 9. Summers, H.W., 163.
10. Ross, 32. 11. Zimmer, 205 (dt. 228). 12. Pagels, 74 (dt. 124).
13. Jung & Franz, 100 (dt. 106). 14. Givry, 216.

Hesione

»Königin von Asien«, ein syrischer Beiname der Atargatis oder Meri-Yamm, der Großen Meergöttin in Verbindung mit ihrer Schlange. Die Griechen behaupteten, Herakles habe Hesione vor einer Meeresschlange gerettet, was eine andere Version des Mythos von Perseus und Andromeda darstellte. Der Ursprung des Mythos liegt wahrscheinlich im Kampf zwischen Baal und der Meeresschlange Yamm um die Liebesgunst der asiatischen Göttin. (Siehe **Königtum**.)

Hesperiden

Garten der Unsterblichkeit, der im weit entfernten Westen lag und der Mutter Hera gehörte, die zuweilen die Gestalt Hesperas, des Abendsterns (Venus), annahm. Auf Heras hesperischem Apfelbaum, der von ihrer heiligen Schlange bewacht wurde, wuchsen die Äpfel des ewigen Lebens. Wie die meisten Versionen des irdischen Paradieses oder des Garten Eden lagen die Hesperiden angeblich jenseits der Säulen des Herakles (Gibraltar). Die Säulen markierten nicht nur die in den westlichen Ozean führende Meerenge, sondern erfüllten auch die Funktion jener phallischen Pfeiler, die vor dem Eingang jedes antiken Tempels standen. Der Paradiesgarten, der Heras lebenserneuernden Schoß symbolisierte, wurde also als Tempel angesehen.

Hestia

Griechisch »Herd«, eine der ältesten matriarchalischen Göttinnen, deren lateinischer Name »Vestia« war. Sie verkörperte das Zuhause, »die Weltmitte« eines jeden Menschen. In den Zeiten des Matriarchats »stand der Herd im Mittelpunkt der Behausung; dieser Herd galt für jedes Mitglied der Hausgemeinschaft als der *umbilicum orbis*, als der Nabel der Erde ... denn H*erd* ist lediglich eine andere Bezeichnung für *Erde*.« Pythagoras betrachtete das Feuer der Hestia als den Mittelpunkt der Erde.[1]

Die RömerInnen verbanden denselben Gedanken mit dem Altar der Vesta, auf dem ein von den mystischen **Vestalinnen** gehütetes, ewiges Feuer brannte. Nach den Aussagen Ciceros erstreckte sich die Macht Vestas über alle Altäre und Herde. Deshalb würden alle Gebete und

Opferungen mit ihr beginnen und bei ihr enden. »Denn sie ist die Wächterin der innersten Dinge.«[2]

Hestia hatte niemals einen Gemahl, weil kein Gott ihren streng matriarchalisch gehüteten Bereich, das sogenannte Prytaneum, den öffentlichen Herd einer jeden Stadt, mit ihr teilen durfte. Dem Glauben nach »saß sie genau in der Mitte des himmlischen Wohnorts und empfing dort den reichsten Teil der dargebrachten Opfer. Sie verehren die Menschen von allen Gottheiten am meisten.«[3]

1. Lethaby, 81f. 2. Dumézil, 322. 3. *Larousse*, 136.

Hetäre

»Gefährtin«, die griechische Bezeichnung für eine Kurtisane. In der von Männern beherrschten hellenischen Zeit hatten die Kurtisanen als einzige Frauen die Gleichstellung mit den Männern bewahrt. Wie die christlichen Nonnen des frühen Mittelalters blieben die griechischen *hetaerae* unverheiratet, um ihre Besitzrechte vor den patriarchalischen Heiratsgesetzen zu schützen. Ungleich den verheirateten Frauen stand es den Kurtisanen frei, Schulen zu besuchen und regelmäßige Gesellschaften zu geben. Sie nahmen einen wesentlichen Anteil am gesellschaftlichen und intellektuellen Leben ihrer Zeit.

Ihr Name ist möglicherweise mit dem ägyptischen *heter*, »Freundschaft«, verwandt, dessen Hieroglyphe zwei sich an den Händen haltende Frauen zeigte.[1]

1. Budge, E. L., 51.

Hexagramm

Hexagramm

Das altbekannte Emblem der zwei ineinandergehakten Dreiecke repräsentierte angeblich seit den Zeiten Davids oder Salomos den jüdischen Glauben. Aus diesem Grund ist das Hexagramm als Magen David (Schild des David), Davidstern oder Siegel Salomos bekannt. In Wirklichkeit hatte das Hexagramm jedoch weder mit David noch mit Salomo etwas zu tun. Es wurde im 12. Jahrhundert zum erstenmal in der jüdischen Literatur erwähnt und erst im 17. Jahrhundert als jüdisches Emblem übernommen.[1]

Der wirkliche Ursprung des Hexagramms lag im tantrischen Hinduismus, bei dem es für die Vereinigung der Geschlechter stand.[2] Das nach unten weisende Dreieck symbolisierte das schon vor der Erschaffung des Universums existierende weibliche Urbild oder Yoni Yantra. Im Laufe der unendlichen Zeit empfing die Göttin in ihrem Dreieck einen Lebensfunken, den *bindu*, der schließlich geboren wurde und sich zu einem Mann entwickelte. Sein Symbol war das aufwärts zeigende Dreieck. Er vereinigte sich mit seiner Mutter zu dem Ur-Androgyn.[3] Das Zeichen dieser Vereinigung war ein Hexagramm, das sogenannte Shri Yantra oder Große Yantra. »Das nach unten weisende Dreieck ist ein Symbol des Weiblichen, der Yoni entsprechend. Es wird ›Shakti‹ genannt. Das nach oben zeigende vertritt das Männliche, den Lingam, und heißt ›das Feuer‹ (*vahni*).«[4]

Als Personifikation des Großen Yantra galt die Bindumati, »Mutter des Bindu«, die in den Mythen als göttliche Hure erschien. Sie beherrschte die Naturgewalten. Mit ihrer magischen Kraft gebot sie über die Stürme und konnte das Strömen der Flüsse anhalten – eine Wundertat, die auf mehrere ägyptische Heilige und später auf Mose übertragen wurde.

Aus dem tantrischen Hexagramm der beiden Geschlechter entstand eine jüdische Glaubensströmung, in der die Sexualität verehrt wurde. Diese Strömung war sowohl mit der mittelalterlichen Kabbala verknüpft als auch mit jener rabbinischen Überlieferung, nach der »in der Bundeslade nebst den Gesetzestafeln ein Bild gelegen sein [soll], das einen Mann und ein Weib in inniger Umarmung, in Hexagrammform zeigte«.[5]

Die Juden des maurischen Spanien entwickelten die Kabbala in der Zeit nach den Kreuzzügen, durch die sie die Verehrung der Großen Göttin in den östlichen Kulturen kennengelernt hatten. Für die Kabbalisten hatte das Hexagramm die gleiche Bedeutung wie für die tantrischen Yogis. Es repräsentierte die Vereinigung Gottes mit seiner weiblichen Kraft Schechina, der jüdischen Version der Shakti-Kali. So wie Shakti die Seelensubstanz jedes hinduistischen Gottes bildete, war Schechina die Seelensubstanz des kabbalistischen Gottes. Wie alle Religionen, bei denen die Heilige Hochzeit im Mittelpunkt stand, sah auch das kabbalistische Judentum Mann und Frau als irdische Ebenbilder des Gottes und der Göttin an. Die geschlechtliche Vereinigung der Sterblichen ermunterte die Gottheiten, in ihrem überirdischen Reich das gleiche zu tun. Deshalb galt der Geschlechtsverkehr als »ein sakramentaler Akt zur Huldigung eines Gottes und seiner Gemahlin (oder vielleicht andersherum: einer Göttin und ihres Gemahls)«.[6]

Das Buch Zohar setzte Schechina mit Thora, dem »Gesetz«, gleich. Ebenso entsprach die älteste gnostische Große Göttin ihrer eigenen jungfräulichen Verkörperung Maat, dem »Gesetz« oder der »Wahrheit«. Ein Mann, der nach mystischer Weisheit strebte, mußte »Bräutigam der Thora« werden, weil das Gesetz in einer Jungfrau verkörpert war. Ihr ähnelte die erleuchtete Geliebte der zeitgenössischen Minnelyrik, deren Verehrung ebenfalls von der Großen Göttin des Ostens inspiriert war.

> *Denn die Thora ähnelt einem wunderschönen, erhabenen Edelfräulein, das versteckt in einem abgelegenen Gemach ihres Palastes lebt. ... Sie öffnet die Tür ihrer verborgenen Kammer immer nur einen Spalt breit und enthüllt ihrem Geliebten einen Augenblick lang ihr Gesicht, um es dann sofort wieder zu verbergen. ... Er allein sieht es und fühlt sich mit seinem Herzen und seiner Seele und seinem ganzen Wesen zu ihr hingezogen. ... Wenn er zu ihr kommt, beginnt sie Worte zu ihm zu sprechen, die in Einklang mit seinem Denken stehen. Dabei gelangt er ganz langsam zur Erleuchtung.*[7]

Das Hexagramm stand für die vollständige Vereinigung des Erleuchteten mit Schechina-Thora. Daß das Hexagramm als »Siegel Salomos« mit Salomo in Verbindung gebracht wurde, entsprang wahrscheinlich der verbreiteten Vorstellung von dem durch eine Heilige Hochzeit erleuchteten Salomo, worauf die erotische Dichtung des Hohelieds Salomo in der Bibel hindeutet.

1. *Encyc. Brit.*, »Magen David«. 2. Jung, M. H. S., 240. 3. Rawson, A.T., 74, 82. 4. Zimmer, 147 (dt. 163/164). 5. Silberer, 197 (dt. 126). 6. Lederer, 188. 7. Cavendish, T., 73.

Hexe

Es gibt viele Worte für Hexe, z.B. Incantatrix, Lamia, Saga, Maga, Malifica, Sortilega, Strix, Venefica.[3] In Italien war die Hexe – nach einem alten Titel der Priesterinnen der Jana (Juno) – eine strega oder Janara.[4] Englische Autoren bezeichneten Hexen sowohl als »hags« (alte Vetteln) wie auch als »fairies« (Feen); beide Worte waren einst bedeutungsgleich.[5] Daneben gab es auch bildliche Bezeichnungen für Hexen: *bacularia* (Besenreiterin), *fascinatrix* (die mit dem bösen Blick), *herberia* (Kräuterfrau bzw. -sammlerin), *strix* (Schrei-Eule), *pixidria* (Bewahrerin einer Salbenbüchse), *femina saga* (Weise Frau), *Lamia* (Nacht-Ungeheuer), *incantator* (Beschwörungen Sprechender), *sortiariae mulier* (Wahrsagerin, Seherin), *veneficia* (Giftmischerin), *maliarda* (Übeltäterin). Lateinische Abhandlungen bezeichneten Hexen als *anispex, auguris, divinator, januatica, ligator, mascara, phitonissa* und *stregula*.[6]

Skeats etymologisches Wörterbuch leitet *witch* (Hexe) ab aus altengl. *wicche*, angelsächs. *wicca* (mask.) oder *wicce* (fem.): einer verderbten Form von *witga*, der Kurzform von *witega* (Seher, Wahrsager), das seinerseits von angelsächs. *witan* (sehen, wissen) herrührt. Entsprechend entwickelte sich isländ. *vitki* (Hexe) aus *vita* (wissen) oder *vizkr* (Kluger, Wissender). *Wizard* (Zauberer) stammt von normannisch-französ. *wischard*, altfranzös. *guiscart* (der Scharfsinnige).[1] Der Nachname *Whittaker* kam von *Witakarlege* (Zauberer, Hexe).[2] Die Wörter *wit* (Witz) und *wisdom* (Weisheit) stammen aus den gleichen Wurzeln.
Die Wurzeln des dt. Wortes *Hexe* finden sich nur im westgerman. Sprachraum: mittelhochdt. *hecse*, *hesse*, althochdt. *hagzissa*, *hagazussa*, mittelniederländ. *haghetisse*, altengl. *haegtesse* – im modernen Engl. verkürzt zu *hag*. Die Wortbedeutung ist nicht eindeutig geklärt; der erste Bestandteil von *hagazussa* ist wahrscheinlich althochdt.

Dalmatische Hexen waren *krstaca*, »Gekreuzte«; eine Ableitung des griechischen *Christos*.[7] In Holland galt eine Hexe als *wijsseggher* (Wahrsagerin); von diesem Wort leitet sich auch das englische *wiseacre* (Besserwisser) ab.[8] Die Bibelstelle, auf die sich eine jahrhundertelange Hexenverfolgung stützte, lautet: »eine Hexe sollt ihr nicht am Leben lassen« (Exodus 22, 18); ursprünglich stand dort das hebräische Wort *kasepha*, das mit »Zauberin« übersetzt wurde, obgleich es »Seherin« oder »Wahrsagerin« bedeutet.[9]

Im frühen Mittelalter gab es in England weibliche Clan-Oberhäupter, die als Gesetzgeberinnen matriarchales Recht ausübten und vollstreckten. Die Magna Carta von Chester nannte sie *iudices de wich*: Hexenrichterinnen.[10] In früheren Zeiten hatten die ältesten Frauen eines Clans die politische Macht inne, aber die patriarchale Religion und ihre Gesetzgebung verdrängten sie allmählich aus dieser Position; man bezeichnete sie nun als Hexen (*witches*), um sie zu vernichten. Im Jahre 1711 äußerte Addison folgende Beobachtung: »Wenn eine Frau anfängt, senil zu werden und der Gemeinde zur Last fällt, wird sie meistens zu einer Hexe gemacht.«[11]

Scot meinte, daß eine direkte Beziehung zwischen dem Schicksal einer Hexe und ihrem Vermögen bestehe; der Papst spreche reiche Witwen heilig, während arme Hexen verbrannt würden.[12] Von den vielen Vorfällen, die zur Erhärtung dieser Ansicht beitrugen, sei hier die berühmte französische *Chambre Ardente*-Affäre genannt, bei der es um die Verwicklung vieler Mitglieder der Aristokratie und der höheren Geistlichkeit in einen Hexenkult ging. Zahlreiche Diener und Dienstmädchen wurden gefoltert und verbrannt, weil sie ihrer Herrschaft bei der Zauberei geholfen hatten; aber im Verlauf der insgesamt vier Jahre, über die sich diese Affäre hinzog, wurde keine einzige Standesperson gefoltert oder hingerichtet.[13]

hag (Zaun, Hecke, Gehege), der zweite ist möglicherweise mit norweg. *tysja* (Elfe) verwandt. Eine Hexe wäre demnach ein dämonisches Wesen, das sich auf Zäunen und Hecken aufhält; diese Vermutung wird auch von altisländ. *tunrida* (Hexe, wörtlich »Zaunreiterin«) nahegelegt.

Aller Logik zun Trotz verfolgten die Machthaber armes, ausgestoßenes Volk als Hexen und verkündeten im gleichen Atemzug, Hexen könnten sich mit allem erdenklichen Reichtum versehen. Der Skeptiker Reginald Scot beobachtete voller Zorn, daß man Hexen zutraute, sie könnten »das Korn des Nachbarn auf ihr eigenes Stück Land versetzen. Dabei sind sie als ständig bedürftige Bettlerinnen gar nicht in der Lage, sich zu bereichern; weder mit Geld noch auf andere Art: wer ist so dumm und glaubt weiterhin an ihre übernatürlichen Kräfte?«[14] Helen Jenkenson aus Northants wurde im Jahre 1612 gehängt, weil sie ein Kind verhext haben sollte. Die Hexerei hatte ihr so wenig Gewinn eingebracht, daß im Protokoll ihrer Hinrichtung heißt: »So beendete diese Frau ihr erbärmliches Leben, nachdem sie viele Jahre in Armut gelebt hat, elend, verachtet und von der Welt verlassen.«[15]

Die klischeehaften Vorstellungen über Hexen haben Scots Darstellung viel zu verdanken:

> *Es sind Frauen, die gewöhnlich alt, lahm, triefäugig, blaß, widerlich und voller Falten sind; arm, mürrisch, abergläubisch und papistisch; oder solche, die keine Religion kennen. In ihrem schläfrigen Sinn hat der Teufel einen vortrefflichen Wohnsitz gefunden: was immer sich an Unheil, Mißgeschick, Unfällen oder Gemetzel ereignet; sie sind leicht zu überzeugen, daß sie es verschuldet haben. ... Sie sind mager und verkrüppelt, ihr Gesichter zeigen Trübsinn, sie sind ein Schrecken für alle, die sie sehen. Sie sind wirr im Geist, zänkisch, verrückt, teuflisch, und sie unterscheiden sich nicht sehr von denen, die, wie man glaubt, von bösen Geistern besessen sind.*[16]

Die Verfolger sagten, Hexen für harmlos zu halten sei Ketzerei. Selbst in England, wo Hexen nicht verbrannt, sondern gehängt wurden, führten einige Autoritäten ängstlich die »allgemein anerkannte Meinung« an, daß der Leib einer Hexe zu Asche verbrannt werden müßte, um die bösen Wirkungen zu verhindern, die von ihrem Blut herrühren könnten.[17] Der Klerus versicherte den Häschern, daß eine Hexe ihre Zauberkraft verliere, sobald sie von einem Bediensteten der Inquisition berührt würde; die Gehilfen der Inquisition waren sich dessen allerdings nicht so sicher.[18]

Zahlreiche Geschichten berichteten von der Angst der Verfolger vor ihren Opfern. Es hieß, im Schwarzwald hätte eine Hexe ihrem Henker ins Gesicht geblasen und ihm seinen Lohn versprochen; am nächsten Tag sei er von der tödlichen Leprakrankheit befallen worden. Die Inquisitoren wurden in ihren Handbüchern angewiesen, ständig ein am Palmsonntag geweihtes Säckchen mit Salz bei sich zu führen, es zu vermeiden, einer Hexe in die Augen zu sehen und sich im Hexen-Gefängnis ständig zu bekreuzigen. Peter von Bern vergaß diese Vorsichtsmaßnahmen, und eine eingekerkerte Hexe ließ ihn durch einen Zauber eine Treppe hinunterfallen – er erbrachte den Beweis für dieses »Vergehen«, indem er sie folterte, bis sie es zugab.[19]

Jede ungewöhnliche Begabung einer Frau führte sofort zur Anklage der Hexerei. Die sogenannte »Hexe von Newbury« wurde von einer Gruppe Soldaten ermordet, weil sie auf den Wellen des Flusses »reiten« konnte: Soldaten des Grafen von Essex hatten sie dabei beobachtet und waren »äußerst erstaunt«, zu sehen, »wie sie aufrecht auf einem Brett stehend hin- und herglitt. ... Sie drehte und wendete sich, wie es ihr gefiel, als mache sie sich einen Zeitvertreib und dachte wohl weder daran, wer sie bei ihren Kunststücken beobachtete, noch hatte sie eine Ahnung, daß diese die letzten waren, die sie sie zeigen sollte«. Die meisten der Soldaten hatten Angst, sie zu berühren, aber ein paar tapfere Seelen lauerten der Brett-Reiterin auf, als sie an das Ufer zurückkehrte; sie schlugen auf ihren Kopf ein, verprügelten sie, erschossen sie und ließen dann ihren »verabscheuungswürdigen Leichnam für die Würmer liegen«.[20]

Im Vergleich mit den unbarmherzigen Hexenverfolgungen des europäischen Festlandes handelte es sich bei englischen Hexenjagden eher um Dorffehden und kleinliche Böswilligkeiten. Wuchs das Korn nicht gut, gingen die Pferde durch, wurden die Kühe krank, brach der Wagen, hatten Frauen Fehlgeburten oder wollte die Butter nicht geraten: immer ließ sich eine Hexe finden, der der Schaden angehängt werden konnnte. Marion Cumlaquoy auf den Orkney-Inseln wurde 1643 verbrannt, weil sie sich dreimal gegen den Uhrzeigersinn gedreht hatte, um die Gerstenernte ihres Nachbars verfaulen zu lassen. Die Frau eines Schneiders wurde hingerichtet, weil sie sich mit ihrem Nachbarn gezankt hatte; dieser sah anschließend auf seinem Grundstück eine Schlange, und seine Kinder wurden krank. Eine Hexe wurde verurteilt, weil sie in einer Bierkneipe mit einem Säufer gestritten hatte. Nachdem er so maßlos betrunken war, daß er sich übergeben mußte, beschuldigte er sie, ihn verhext zu haben – und man schenkte ihm Glauben.[21]

Eine Frau wurde der Hexerei überführt, weil sie eine Lähmung ihres Nachbarn verursacht hatte – indem sie ihre Strümpfe auszog. Eine andere wurde hingerichtet, weil das neugeborene Kind der Nachbarin aus der Wiege fiel und starb, nachdem sie es bewundert hatte. Zwei Hexen aus Glasgow wurden gehängt, weil sie ein krankes Kind behandelt hatten – obgleich die Behandlung erfolgreich war und das Kind genas. Joan Cason aus Kent kam 1586 an den Galgen, weil sich trockenes Stroh auf ihrem Dach befand. Ihr Nachbar, dessen Kind krank war, hatte von einem nicht näher bekannten Reisenden die Mitteilung erhalten, daß das Kind verhext sei; diese Behauptung ließe sich überprüfen, indem ein wenig Stroh vom Dach der Hexe gestohlen und ins Feuer geworfen werde: wenn es knackte und Funken sprühte, sei die Hexerei erwiesen. Der Test fiel zu Ungunsten der Joan Cason aus, und dem Gericht war dies ein ausreichender Anlaß, die arme Joan zu verurteilen.[22]

Hexen waren bequeme Sündenböcke für Ärzte, denen es nicht gelang, ihre Patienten zu kurieren, denn es war ein »allgemeiner« Glaube, daß von Hexerei verursachte Krankheiten unheilbar wären. Weyer meinte: »Dumme und ungeschickte Ärzte schoben alle Schuld an Krankheiten, die sie nicht kurieren konnten oder falsch behandelt hatten, auf die Hexerei.« Es gab auch Priester und Mönche, die »behaupten, sich auf die Kunst des Heilens zu verstehen. Wer immer ihre Hilfe sucht, dem lügen sie vor, seine Krankheit rühre von Hexerei her.«[23] Als Anlaß der meisten wirklichen Hexenverfolgungen finden sich »keine erotischen Orgien, keine Hexensabbate und keine ausgefeilten Rituale;

in ihnen kommt nichts weiter als der Haß und die Bosheit eines engstirnigen Bauernlebens, unterstützt von mangelhaften Gesetzen, zum Vorschein.«[24]

Einer von Männern beherrschten Gesellschaft waren Hexen willkommene Gegenstände des sexistischen Hasses; Stanton führt dazu aus:

> *Der Geist der Kirche, der sich in den Paulinischen Briefen und in den fünf Büchern Mose in seiner ganzen Frauenverachtung zeigt; der Haß der Kirchenväter, der in ihren kanonischen Schriften und in den Dogmen des Asketentums, in Zölibat und Hexenglauben festgeschrieben ist, hat des Mannes Achtung vor Frauen zerstört und das Verbrennen, Ertränken und Foltern von Frauen zum Recht erhoben …*
>
> *Den christlichen Missionaren wurden die Frauen und ihre Pflichten zu Zielscheiben des Hasses; bei frommen Asketen und Mönchen lösten sie abwechselnd Verachtung und Furcht aus. Die Priesterin-Mutter wurde zu etwas Unreinem, zu einer Verbündeten des Teufels; ihr überliefertes Wissen wurde zu einer höllischen Beschwörung und selbst ihre Kochkunst wurde zur Giftmischerei – ja sogar ihr ganzes Dassein wurde für den Mann zu einem Quell der Sünde. So wurde aus der Frau als Mutter und Priesterin die Frau als Hexe …*
>
> *Hier liegt der Grund, weshalb die Gelehrten trotz aller Forschungsarbeit und Bibelkritik niemals das Problem der Stellung der Frau anrühren.*[25]

Die Männer zeigten ein lebhaftes Interesse an der körperlichen Erscheinung der Hexen und versuchten herauszufinden, woran sie zu erkennen wären – so wie es sie immer schon danach verlangte, auch andere Frauentypen nach ihrer Erscheinung zu klassifizieren. Die Männer waren sich allgemein darüber einig, daß jede Frau mit einer abweichenden Augenfarbe eine Hexe war. Wo die meisten Menschen – wie in Spanien und Italien – dunkle Augen und eine bräunliche Gesichtsfarbe hatten, brachte man hellblaue Augen mit Hexerei in Verbindung; viele behaupteten auch, rothaarige Frauen seien Hexen.[26]

Dies mag daher kommen, daß rothaarige Menschen meistens auch Sommersprossen haben, die – wie auch Warzen, Muttermale, Pickel, Pockennarben, Zysten, Leberflecken, Grützbeutel und andere Schönheitsfehler – oft als »Hexenzeichen« angesehen wurden. Einige Hexenjäger sagten, das Mal könne wie ein Insektenstich oder ein Geschwür aussehen.[27]

Niemand konnte je erklären, worin sich ein Hexenzeichen von einem normalen Schönheitsfehler unterschied. Da nur sehr wenige Menschen eine makellose Haut haben, war die Suche nach dem Hexenzeichen selten erfolglos. Thomas Ady erkannte dies und schrieb: »Nur wenige Menschen auf dieser Welt sind ganz ohne geheime Körpermale wie Muttermale oder andere Flecken – auch solchen, die von den Hexenverfolgern als des Teufels heimliche Merkmale bezeichnet werden.«[28] Aber dieser Beobachtung schenkte niemand Aufmerksamkeit.

Thomas Ady
Einer der wenigen englischen Schriftsteller des 17. Jahrhunderts, die es wagten, die Hexenverfolgung als wahnhafte Vorstellung zu entlarven; Autor von *A Perfect Discovery of Witches* (1661).

Die Gerichtsverfahren wurden mit jeder nur denkbaren Ungerechtigkeit geführt. 1629 wurde Isobel Young angeklagt, einen Mann, der sich mit ihr gestritten hatte, durch Hexerei gelähmt und außerdem den Einsturz einer Wassermühle verursacht zu haben. Sie protestierte und sagte, der Mann sei lahm gewesen, bevor sie sich gestritten hätten, und eine Wassermühle könne auch wegen Baufälligkeit zusammenbrechen. Der Richter Sir Thomas Hope verwarf ihre Verteidigung mit der Begründung, daß »sie im Widerspruch zur Anklageschrift stehe« – das bedeutet, daß die Unrechtmäßigkeit von Isobel Youngs Verteidigung darin bestanden hatte, die Beschuldigungen überhaupt zu bestreiten.[29] Wenn eine Hexe unter Anklage steht, so sagte Scot, »wird jede doppeldeutige oder unsichere Antwort als Geständnis aufgefaßt«.[30]

Andererseits galt Schweigen ebenfalls als Geständnis. Verweigerten Hexen die Aussage, so wurden sie verurteilt: »Der Hexerei überführt durch Schweigen der Angeklagten.«[31] Mitunter war schon bloße Ausgelassenheit ein ausreichender Beweis für die Hexerei: so im Fall der Mary Spencer, die 1634 angeklagt wurde, weil sie vergnügt ihren Wassereimer einen Hügel herunterrollen ließ, vorauslief und ihm zurief, er solle ihr folgen.[32] Die Ungerechtigkeit der Prozeßordnung führte auch in anderen Fällen dazu, daß Frauen als Hexen gebrandmarkt wurden: So gab es beispielsweise ein Gesetz, nach dem das Zeugnis eines Mannes vor Gericht auch dann für wahr galt, wenn mehrere Frauen das Gegenteil ausgesagt hatten. In Deutschland stahl ein Schlachter Frauen einige Silberschüsseln; anschließend bezichtigte er diese Frauen der Hexerei und behauptete, er habe die Schüsseln dort im Wald gefunden, wo die Frauen an einem Hexensabbat teilgenommen hätten.[33]

Manchmal wurde die Anklage der Hexerei als eine Art Bestrafung gegen Frauen angewandt, die ihrer Enttäuschung von Männern zu deutlich Ausdruck verliehen oder es vorzogen, allein zu leben. In alten Quellen finden sich viele Belege »für die Freude, mit der verwitwete Frauen ihren eigenen Haushalt führten und für die Kraft, mit der sie den amourösen Annäherungsversuchen von Witwern widerstanden«.[34] Ein unabhängiges Leben setzte eine Frau selbstverständlich noch stärker der Anklage der Hexerei aus – die Männer waren im allgemeinen der Ansicht, eine Frau müsse unbedingt beaufsichtigt werden.

Die Männer, die der unglücklichen Angeklagten unter der Folter das Geständnis der Hexerei abnötigten, bedienten sich einer Sprache, mit der sie die wahren Sachverhalte verschleiern und beschönigen wollten. Aber gerade diese Sprache machte deutlich, daß das Opfer *a priori* verurteilt war. Anne Marie Georgel leugnete, einen Teufelspakt geschlossen zu haben, bis sie sich durch die Folter – wie es in der Niederschrift heißt – »gerechterweise dazu genötigt sah, sich für schuldig zu erklären«. Catharine Delort wurde »durch die Mittel, die uns zur Erkenntnis der Wahrheit zur Verfügung stehen, zum Geständnis gezwungen« und »all der Verbrechen, derer wir sie verdächtigten, überführt, obgleich sie lange Zeit ihre Unschuld beteuerte«. Der Inquisitor Nicholas Rémy bekundete eine fromme Verwunderung über die große Anzahl der Hexen, die »ein unbedingtes Verlangen nach dem Tod« zum Ausdruck brachten – als hätte er nicht gewußt, daß man sie durch unzählige entsetzliche Folterqualen zu diesem Verlangen gebracht hatte.[35] (Siehe **Folter**.)

In welchem Umfang heidnische Religion tatsächlich unter den Hexen des 16. und 17. Jahrhunderts überlebt hat, ist zwar oft diskutiert, aber niemals entschieden worden. R.W. Church äußerte: »die Gesellschaft ist schon lange dabei, sich des Heidentums zu entwöhnen; bisher ist es ihr allerdings noch nicht gelungen. Im 11. Jahrhundert war sie nicht

Dechant R.W. Church Britischer Geistlicher, Autor des *St. Anselm* (1870).

(oder zumindest kaum) in der Lage, sich vorzustellen, daß so etwas jemals möglich sein könnte.« In Böhmen war es im 15. Jahrhundert noch allgemeiner Brauch, zu Weihnachten und an anderen Festen »den Göttern« – nicht »Gott« – Gaben darzubringen.[36] In den Dörfern Europas gab es nach wie vor viele »Weise Frauen«, die offiziell oder inoffiziell als Priesterinnen fungierten. Seit die Kirchenväter christliche Priesterinnen für unvorstellbar erklärt hatten, waren alle Funktionen der Priesterin mit dem Heidentum verknüpft.[37] Bischöfe berichteten von heidnischen Zusammenkünften in ihren Diözesen, an denen »Teufel ... in der Gestalt von Männern und Frauen teilgenommen haben«.[38] Heidnische Zeremonien konnten im Rahmen von Hochzeitsfeiern, Volksfesten, jahreszeitlich bedingten Ritualen und Trauerfeiern überleben.[39] Wenn aber Frauen oder Göttinnen dabei eine bedeutende Rolle spielten, wurden diese Zeremonien nachhaltig unterdrückt. Johannes von Salisbury schrieb, der Teufel sende »mit der Erlaubnis Gottes« Menschen zu den Zusammenkünften, die zu Ehren der Königin der Nacht – einer Priesterin, die unter dem Namen Noctiluca oder Herodiade die Mondgöttin verkörperte – abgehalten wurden.[40]

Die katholische Kirche hängte das Wort »Hexe« jeder Frau an, die es wagte, die Kirchenpolitik zu kritisieren. Frauen, die sich im 14. Jahrhundert mit den reformierten Franziskanern (von denen man einige wegen Ketzerei verbrannt hatte) zusammentaten, galten als Hexen, Judastöchter und als vom Teufel aufgehetzt.[41] Die Autoren des Talmud zeigten ebenfalls die Neigung, nahezu alle Frauen für Hexen zu halten. Sie behaupteten etwa, »Frauen neigen von Natur aus zur Hexerei« oder: »Je mehr Frauen es gibt, desto mehr Hexerei wird es geben.«[42]

Vermutlich gab es – verglichen mit der großen Zahl derer, die man vor die kirchlichen Gerichte gezwungen und trotz ihrer Unschuld legal ermordet hatte – nur sehr wenige, die wirklich Hexerei betrieben. Und so mußte es allen nur halbwegs Einsichtigen klar sein, daß die christliche Gesellschaft absichtlich Frauen erniedrigte und diskriminierte. Manche mögen so aufgebracht gewesen sein, daß sie trotzig Wiederstand leisteten. »Das Kirchenrecht, die Katechismen, die Glaubensartikel und die Kirchendisziplin billigten den Frauen keine Stimme zu. Warum sollten die Frauen also den Anordnungen einer durch und durch männlichen Religion Folge leisten, die das weibliche Geschlecht in jedem entscheidenden Punkt benachteiligten?«[43] Sie hatten nur wenige Möglichkeiten, ihre Enttäuschung und ihren Trotz auszudrücken – freiwillig den Ruf und das Verhalten einer Hexe auf sich zu nehmen, war sicherlich eine davon.

1. Leland, 66. 2. Wainwright, 238. 3. Wedeck, 140. 4. Elworthy, 353.
5. Scot, 550. 6. Robbins, 544. 7. Leland, 66. 8. Funk, 116. 9. Russell, 54.
10. Wainwright, 97. 11. Phillips, 180. 12. Scot, 259. 13. Robbins, 84.
14. Scot, 405. 15. Rosen, 354. 16. H. Smith, 269; Scot, 5. 17. Summers, V., 81.
18. Robbins, 334. 19. Lea ungek., 815, 831. 20. Ewen, 251ff.
21. Rosen, 326ff. 22. Ebd., 163f. 23. Bromberg, 59. 24. Maple, 49.
25. Daly, 69. 26. Lys, 149. 27. Castiglioni, 243. 28. Robbins, 552.
29. Ebd., 456. 30. Scot, 19. 31. Caro, 202. 32. Holmes, 112.
33. Caro, 124. 34. Boulding, 554. 35. Caro, 85f., 117. 36. Miles, 35, 183.
37. Boulding, 361. 38. Caro, 64. 39. Miles, 161, 190f. 40. Caro, 62.
41. Beard, 277. 42. Caro, 62. 43. Stanton, 74.

Hexenkunst, Verhexen

Diese Bezeichnung für die Zauberei einer Hexe hat eine lange Geschichte, die mit den Bedeutungen der Zahl Sechs – griechisch *hex*, lateinisch *sex*, verwandt mit dem ägyptischen *sexen*, »umarmen, begatten«, – zusammenhängt. Die Zahl Sechs symbolisierte die Vereinigung der Dreifachen Göttin mit ihrem den Dreizack tragenden Gemahl und galt deshalb überall als die Zahl der geschlechtlichen Vereinigung. Aus diesem Grund bezeichnete die christliche Kirche die Sechs als »die Zahl der Sünde«.[1] Die Pythagoräer hielten sie im Gegensatz dazu für die vollkommene Zahl, die sogenannte Mutter. Das von ihr abgeleitete ägyptische Wort *seshemu*, »Geschlechtsverkehr«, das in der Hieroglyphenschrift durch ein miteinander verbundenes männliches und weibliches Geschlechtsteil dargestellt war, lebte in dem Sufi-Liebeszauber fort, der die »Höhle« der Göttin öffnen sollte: Sesam, öffne dich.[2]

Bis heute haben Hexenzeichen, ähnlich wie das sechszackige tantrische Yantra der Liebe (siehe **Hexagramm**), eine sechseckige Form. Die Bezeichnung Hexagramm ist mit »Hexe« verwandt. Vielleicht wurden die Hexen nach dem Zeichen benannt, weil sie »die Sechs machten«.

Eine dreifache Sechs, die 666, galt als die magische Zahl der Dreifachen Aphrodite (oder Ishtar) in Gestalt der Schicksalsgöttinnen. In der Offenbarung des Johannes wurde sie »die Zahl des Tieres« (Apokalypse 13, 18) genannt, womit offensichtlich das Tier mit den zwei Rücken, der Androgyn der fleischlichen Liebe gemeint war. Salomo, der König der Weisen und Magier, vollzog die Heilige Hochzeit mit der Göttin und erhielt die mystische Summe von 666 Zentnern Gold (1. Könige 10, 14). Die Christen bezeichneten die Sechs gewöhnlich als die Zahl des Satans. Umso erstaunlicher ist die anscheinend hohe Bedeutung der Sechs in den esoterischen Traditionen der Christen. Das Labyrinth auf dem Fußboden der Kathedrale von Chartres hat beispielsweise eine exakte Länge von 666 Fuß.[3]

Die Ägypter sahen die 3, die 6 und die 7 als die heiligsten Zahlen an. Die Drei stand für die Dreifache Göttin; die Sechs wies auf deren Vereinigung mit dem Gott hin; die Sieben symbolisierte die sieben Planetensphären, die sieben-torige heilige Stadt, die sieben Herrscherjahre eines Königs usw. Die Ägypter waren der festen Überzeugung, daß die Gesamtzahl aller Gottheiten genau 37 sein müsse, weil diese Zahl magische Eigenschaften besäße. Sie verband nicht nur die heilige 3 mit der heiligen 7, sondern ergab auch, wenn sie mit irgendeinem Vielfachen von 3 multipliziert wurde, immer eine dreifache Zahl oder »Trinität«: 111, 222, 333, 444, 555 usw. Die magische Zahl 666 ist das Produkt aus 3 x 6 x 37.[4]

1. Baring-Gould, C. M. M. A., 652. 2. Budge, E. L., 57f.
3. Pepper & Wilcock, 159. 4. Budge, E. M., 174.

Hexensabbat

Manche leiten »Sabbat« von dem maurischen *zabat*, »eine Gelegenheit der Macht« ab. Die Berber, Nachfahren nordafrikanischer »Amazonen«, führen gelegentlich dieses Festes immer noch heilige Tänze in Gruppen zu dreizehn auf – die Dreizehn ist auch die überlieferte Zahl des Hexensabbats und steht für die dreizehn Mond-Monate eines Jahres.[1]

Der europäische Sabbat oder Festtag ist in der Hauptsache von Inquisitionsrichtern des 14. und 15. Jahrhunderts auf der Basis heidnischer Vorbilder eingeführt worden. Die Kirchenmänner behaupteten, die Hexen hielten alljährlich vier große Sabbate ab, »um die vier großen Feste der Kirche zu verspotten«; ursprünglich hatte die Kirche diese Feste allerdings von den HeidInnen übernommen.[2] Dabei handelte es sich um (1) das Lichtmeß-Fest (den Vorabend des 2. Februar), (2) die Walpurgisnacht (den Vorabend des 1. Mai), (3) den Lammas-Abend (den Abend vor dem 1. August) und (4) Halloween (den Vorabend des Allerheiligenfestes). Manche Aufzählungen schließen auch die Sommersonnenwende (24. Juni, Johannistag) und die Wintersonnenwende (21. Dezember, das Fest des heiligen Thomas) mit ein.[3]

Einzelheiten entnahmen die Inquisitoren den Berichten über klassisch-römische Fruchtbarkeitsfeste, wie etwa die Bacchanalien, die Saturnalien und die Lupercalien. Bei der alten Reinigungszeremomie zu Neujahr wurden in der Lupercal-Grotte – dem Ort, an dem die Wölfin Lupa die Zwillinge Romulos und Remus gesäugt haben soll – Ziegenböcke geopfert, mit deren Blut junge Männer benetzt wurden; in ungegerbte Ziegenfelle gekleidete Priester schlugen im Rahmen eines Fruchtbarkeitszaubers den Frauen mit Riemen aus Ziegenleder auf die Hände; Männer und Frauen tauschten ihre Kleidung und gaben sich sexuellen Ausschweifungen hin. Erst im späten fünften Jahrhundert wurden die *Lupercalia* in den christlichen Kalender aufgenommen und in das Fest der Reinigung der Jungfrau verwandelt.[4]

Andere heidnische Praktiken, die vermutlich zum Hexensabbat gehörten, waren zu Ehren der Mondgöttin gegen den Uhrzeigersinn aufgeführte Tänze (siehe **Widdershins**), das Tragen von Masken, Sprünge über ein Feuer, das Halten eines Opferfestmahles und die Anbetung von Bäumen, Quellen und heiligen Steinen; schließlich wurden in einer karnevalsartigen Atmosphäre ziemlich freizügige Späße gemacht und allerlei Unfug getrieben. Der Karneval, das Fest der Narren, stammt in der Tat von alten heidnischen Festen ab, in deren Verlauf die gesellschaftliche Ordnung vorübergehend auf den Kopf gestellt wurde. Alles geschah genau umgekehrt wie üblich; damit bildeten diese Feste ein Vorbild des »umgekehrten Christentums«, der schwarzen Messe. Noch im mittelalterlichen Christentum wurden die Saturnalien auf diese Weise gefeiert:

> *Die Priester einer Kirche erwählten einen Narrenbischof, der im vollen Ornat einzog und auf dem Bischofsstuhl im Chor Platz nahm. Dann begann das Hochamt; alle Geistlichen, die assistierten, hatten ihre Gesichter geschwärzt oder trugen abscheuliche oder alberne Masken. Während die Meßfeier ihren Verlauf nahm, tanzten einige als Marktschreier verkleidet oder im Frauenkleidern in der Mitte des Chores und sangen derbe oder obszöne Lieder. Andere aßen Würste oder Blutwürste vom Altar, spielten Karten und würfelten vor dem zelebrierenden Priester, beräucherten ihn mit Weihrauch oder verbrannten alte Schuhe und ließen ihn den Rauch einatmen.*[5]

Solch karnevaleske Clownerien waren »schlicht die letzte Form, welche die Priapeia und die Liberalia im Abendland angenommen hatten; in ihren verschiedenen Einzelheiten wiederholten sie alle Vorkommnisse der großen unzüchtigen Orgien der Römer.«[6] Einige Kirchenbehörden gelangten allerdings zu der Auffassung, daß solcher Trubel von Grund auf böse sei. Im Jahre 1445 verlangte die theologische Fakultät der Pariser Universität eine Reform; sie schrieb an die französischen Bischöfe und gab ihnen eine puritanisch-schockierte Schilderung von den Bräuchen der Vorfastenzeit: »Priester und Kleriker kann man zur Zeit des Gottesdienstes mit Masken und monströsen Visagen sehen, sie tanzen im Chor, als Frauen, Kupplerinnen oder Minnesänger verkleidet. Sie singen leichtfertige Lieder. Sie essen Blutwurst vor dem Hochaltar, während der Zelebrant die Messe liest. Sie spielen dort Würfel. Sie weihräuchern mit stinkendem Rauch von alten Schuhsohlen. Sie laufen und hüpfen durch die Kirche, ohne über ihre Schändlichkeit zu erröten.«[7]

Briefe wie der angeführte, den die Inquisitoren sich aus den Kirchenarchiven verschafft haben mögen, gaben ihnen viele Anregungen für die Einzelheiten des Sabbats, die sie ihren Opfern in den Mund legten und von ihnen unter der Folter bestätigen lassen konnten. Ein Richter brauchte nur ein wenig Fantasie, um den Ablauf eines normalen Gottesdienstes umzudrehen und sein Opfer zu beschuldigen, es habe nicht den Ring des Bischofs, sondern den Anus des Teufels geküßt, anstelle von Brot und Wein Kinderleichname gegessen und Menstruationsblut getrunken, die Gebete rückwärts gesprochen, das Kreuzeszeichen mit dem linken Fuß anstelle der rechten Hand gemacht, sich nicht an himmlische, sondern an unterirdische Wesen gewandt und so fort.

Die wöchentlichen Sabbate wurden angeblich am Freitag abgehalten; dies war einst der lunare »Vorabend« des ursprünglichen Sabbat, dem Tag des Saturn (engl. *saturday*) oder des Zeus Sabazios. Der Freitag war der Venus-Freya geheiligt; nach Sonnenuntergang begann hier der Sabbat-Tag der Juden – beides machte ihn nach Ansicht der ChristInnen zu einem schlechten Tag oder gar zu einem Unglückstag. Fiel ein Freitag auf den dreizehnten Tag eines Monats, so war er besonders unbeliebt.

1. Ravensdale & Morgan, 153; Schah, 210. 2. Knight, D.W. P., 225.
3. Robbins, 415. 4. *Larousse*, 208. 5. Crawley, 333. 6. Knight, D.W. P., 207.
7. Miles, 304.

Hexerei

Im frühen Mittelalter konnte nahezu alles, was Frauen taten, als Hexerei bezeichnet werden, weil sie sowohl mit einer Vielzahl alltäglicher kleiner Zeremonien, als auch mit den großen Zeremonien der jährlichen Hauptfeste die Göttin anriefen. Martin von Braga meinte, Frauen müßten dafür verurteilt werden, daß sie »Tische schmücken, Lorbeer tragen, Vorzeichen aus Fußspuren lesen, Früchte und Wein in den Kamin und Brot in den Brunnen stellen: denn was ist dies anderes, als Teufelsverehrung? Wenn Frauen sich beim Spinnen an Minerva wenden, bei Hochzeiten den Tag der Venus beachten und sie anrufen, wann immer sie auf eine öffentliche Straße gehen: was ist das sonst, als Teufelsverehrung?«[1]

An den Rand der offiziellen Religion gedrängt, gaben Frauen ihre privaten Familienrezepte und Zaubersprüche, ihre Flüche und Segen weiter, erzählten sich die überlieferten Geschichten und sagten die Zukunft aus Omen und »Zeichen« voraus. Der Dominikaner Johann Herolt behauptete: »Die meisten Frauen strafen ihren katholischen Glauben mit Zaubersprüchen und Beschwörungen Lügen. Sie handeln in der Weise ihrer Urmutter Eva, die dem Teufel, der aus der Schlange sprach, mehr glaubte als Gott selbst. ... Eine einzige Frau weiß mehr von solchem Aberglauben und Zauberformeln als hundert Männer.«[2]

Bis zum 15. Jahrhundert waren die »Zaubersprüche und Beschwörungen« der Frauen nahezu die einzige und ausschließliche Quelle praktischer Medizin. Die Männer der Kirche befaßten sich nicht mit der Heilkunst, weil sie der Ansicht waren, alle Krankheit sei dämonische Besessenheit und das einzige zulässige Heilmittel dagegen sei der Exorzismus.[3]

Die traditionellen Hexenärzte Europas waren Frauen: Sippenälteste, Priesterinnen an heilkräftigen Kultstätten, Hebammen, Ammen. Im vorchristlichen Gallien und Skandinavien lag die Medizin vollkommen in der Hand der Frauen.[4] Selbst in der christlichen Ära war die weise Frau des Dorfes immer noch die »Hausärztin« der Bauern. Paracelsus sagte, daß Hexen ihn sein gesamtes heilkundliches Wissen gelehrt hätten.[5] Von Dr. Lambe, dem berühmten »Teufel« des Herzogs von Buckingham hieß es, er habe mit Hexen verkehrt und sei von ihnen in die Geheimnisse der Medizin eingeweiht worden.[6]

Im Jahre 1570 ließ der Kerkermeister der Burg von Canterbury eine bereits verurteilte Hexe frei und begründete das mit der verbreiteten Ansicht, sie täte mit ihren Hausmitteln mehr Gutes für die Kranken, als alle Priester mit ihren Gebeten und ihrem Exorzismus.[7] Für Agrippa von Nettesheim waren Hexen den männlichen Ärzten überlegen: »Sind nicht Philosophen, Mathematiker und Astrologen den Frauen vom Lande mit ihren Ahnungen und Voraussagen oft unterlegen, und schlägt nicht oft die alte Pflegerin den Arzt aus dem Felde?«[8] Während Männer, die ihre Heilkunst von Hexen erlernt hatten, praktizieren durften, wurden ihre Lehrerinnen verfolgt. Scot beobachtete, daß ein männlicher »Beschwörer« die Erlaubnis erhielt, Krankheiten durch magische Kunst zu heilen; eine Frau, die das gleiche tat, wurde hingegen zum Tode verurteilt.[9]

Für das gewöhnliche Volk gab es keine Ärzte, sie waren fast ausschließlich den Reichen vorbehalten. Die Armen flüchteten sich mit ihren Kümmernissen zur Dorfhexe. Irische Bauern behaupten heute noch, ohne die Zaubersprüche einer »Feen-Ärztin« dem bösen Blick ausgeliefert zu sein. In Griechenland »stehen für Notfälle, die durch den bösen Blick enstanden sind, sowohl Priester als auch Hexen zur Verfügung. Der Priester verbrennt Weihrauch und spricht passende Gebete. Die Hexe verbrennt ebenfalls Weihrauch und spricht passende Zauberformeln.«[10]

Es war nicht ungewöhnlich, daß die Heilungssegen der Hexe denen der Kirche vorgezogen oder daß beide für grundsätzlich gleichwertig angesehen wurden. Ramesey schrieb, daß die Heilkunst der Hexen nicht von dem »Hokuspokus« der Priester zu unterscheiden wäre: »Heilige, Bilder, Reliquien, Weihwasser, Schreine, Ave Marias, Kruzifixe, Segenssprüche, Zaubersprüche, Schriftzeichen, Zeichen der Planeten und Symbole … all diese Heilmittel wirken eher durch die Einbildung, als daß sie in sich selbst von Wert wären.«[11]

Offiziell war den Frauen meist keinerlei Art des Heilens gestattet. Im Jahre 1322 wurde eine Frau namens Jacoba Felicie verhaftet und von der medizinischen Fakultät der Pariser Universität angeklagt, weil sie den Beruf der Ärztin ausübte. Die Anklage wurde erhoben, obwohl selbst das Protokoll eingestand, daß »sie in der Kunst des Wundheilens und der Medizin erfahrener war als der größte Meister oder Arzt in Paris.«[12]

Scot meinte, die Hexenverfolger schrieben den Hexen ebenso viel Macht wie Christus zu – und sogar mehr, wenn sie behaupteten, Hexen könnten Tote auferstehen lassen, wie Christus den Lazarus von den Toten auferweckt hatte; sie könnten Wasser in Milch oder Wein verwandeln; sie hätten Macht über das Wetter, das Getreide, die Tiere und die Männer; sie könnten in die Vergangenheit und in die Zukunft sehen. Bei der Lektüre von Gerichtsakten der Hexenprozesse, so sagte er, »entdeckst du derartig unmögliche Geständnisse, daß niemand, der richtig im Kopf ist, sie zu glauben vermöchte«.[13] Loher erklärte ebenfalls, daß die »Sünden«, um derentwegen die Hexen auf den Scheiterhaufen gebracht wurden, so beschaffen waren, »daß sie diese unmöglich begangen haben konnten«.[14]

Die Männer der Kirche sahen jedoch gerade in den Unmöglichkeiten der Hexen-Wunder den perfekten Beleg für ihre Wahrhaftigkeit – »weil die Unmöglichkeit der Ausführung beweist, daß Dämonen am Werk waren«.[15] Es wurde niemals erklärt, wie ein Wunder in dem einem Fall das Eingreifen eines Heiligen und in dem anderen das Wirken eines Dämonen bewies. So wurde beispielsweise Marie Bucaille als Hexe verbrannt, obgleich ihre »Wunder« einer Heiligen würdig waren: sie heilte die Kranken, hatte fromme Visionen, konnte Stigmata vorzeigen und vollbrachte viele Taten, die in anderen Fällen zur Heiligsprechung geführt haben.[16]

Die gleichen Taten wurden von Kirchenleuten zu unterschiedlichen Zeiten unterschiedlich ausgelegt. In der ersten Hälfte der christlichen Ära war die Hexerei zugelassen; erst seit dem 14. Jahrhundert wurde sie als Ketzerei bezeichnet. Im Jahr 500 erkannte das Gesetz der salischen Franken das Recht der Hexen auf Ausübung der Heilkunst an. Im Jahre 643 erklärte ein Erlaß Hexenverbrennungen für ungesetzlich.[17] Im Jahre 785 ließ die Synode von Paderborn verlauten, daß jeder, der eine Hexe verbrannte, zum Tode verurteilt werden sollte.[18] In Frankreich fand das erste Gerichtsverfahren, in dem jemand des Verbrechens der Hexerei angeklagt war, im Jahre 1390 statt.[19]

Bis zu einem überraschend späten Zeitpunkt nahmen Adelige und Geistliche gleichermaßen die Dienste der Hexen in Anspruch. Im Jahre 1382 stellte der Graf von Kyburg eine Hexe an, die sich auf die Zinnen seiner Burg stellen und ein Gewitter heraufziehen lassen sollte, um so eine Armee von Feinden zu zerstreuen.[20] Diese Praxis gründete sich auf die theologische Überzeugung, Hexen könnten Gewitter »zur See und zu Lande« nach Belieben aufziehen lassen.[21] Die Männer der Kirche meinten, Hexen hätten »mit Gottes Erlaubnis« Macht über das Wetter, und bis zum Beginn der Renaissance wollten sie nicht bestrafen, was Gott erlaubt hatte.[22]

Auch Ludwig von Orleans holte Hexen an seinen Hof; sie sollten – nachdem der Exorzismus der Priester versagt hatte – seinen Bruder vom Irrsinn heilen (die Hexen versagten ebenfalls). Guichard, der Bischof von Troyes, wandte ein klassisches Verfahren der Hexerei an, um die Königin Blanche von Navarre zu töten: er durchstach nach Art der Voodoo-Magie eine Puppe, die stellvertretend für seine Feindin stand.[23]

Das englische Recht stand der Hexerei bis zur Regierungszeit Jacobs I. ziemlich tolerant gegenüber. Erst 1371 wurde in Southwark ein Hexer verhaftet, weil er magische Gegenstände besaß: einen Totenschädel, ein Zauberbuch und den Kopf eines Leichnams, den er für Wahrsagungen verwandte. Er wurde jedoch entlassen, nachdem er versprochen hatte, der Hexerei abzuschwören.[24] Im Jahre 1560 – während einer vergleichsweise milden Phase – gestanden acht Männer, Beschwörungen und Zauberei betrieben zu haben; sie wurden mit einem Verweis entlassen. Schon drei Jahre später wurden die gleichen Vergehen mit Gefängnis und Todesstrafe geahndet.[25]

1310 verbot das Konzil von Trier Zauberei, Wahrsagen und Liebestränke.[26] Weitere Verbote waren offenbar zur Unterstützung von Ehemännern bestimmt, die ihre Frauen verstoßen wollten. Hexen, an die verlassene Ehefrauen sich um Rache durch *maleficia* (Zaubermittel) wandten, wurden durch strenge Gesetzt bedroht und waren ihnen schutzlos ausgeliefert.[27]

Die Kirche traf eine Unterscheidung zwischen der Zauberei, die in der Regel nicht verfolgt wurde, und der Hexerei, die als »Häresie« galt. Agrippas Bücher über die Zauberei erhielten mit dem *imprimatur* (lat. »es möge gedruckt werden«) die ausdrückliche kirchliche Billigung; es war in der Tat ein Kleriker – der Abt John Trithemius – gewesen, der Agrippa in die Magie eingeführt hatte. Am Ende lief die Unterscheidung zwischen Hexerei und Zauberei auf eines hinaus: Männer durften Magie ausüben, Frauen durften es nicht.[28]

Als die Kirche entdeckte, daß das einfache Volk die dogmatischen Spitzfindigkeiten über die Ketzerei nicht verstehen konnte und sich um theologische Argumente auch nicht kümmerte, dehnte sie die Verfolgung auf solche Gebiete aus, die dem Verstand des Volkes zugänglich waren. Auf diese Weise konnte die Kirche ihre Herrschaft über die Seelen weiterhin aufrechterhalten. So vernichtete beispielsweise im Jahre 1610 ein Frühjahrsfrost in der Gegend von Bonn die Saat; dieser Unglücksfall wurde offiziell als höhere Gewalt bezeichnet. Zwanzig Jahre später – inzwischen gehörte auch diese Gegend zum Einflußbereich der Hexen-Richter – wurde die Schuld an einer vergleichbaren Naturkatastrophe einzig und allein den Hexen zugeschoben.[29]

Die Männer der Kirche nährten den Glauben des Volkes, die Hexen seien in ein großes geheimes Komplott unter der Führung des Teufels verwickelt, mit dem das Königreich Gottes auf Erden gestürzt werden sollte. Sie prägten die Vorstellung der schwarzen Messen, schmückten sie aus und redeten den Laien ein, daß solche Messen oft stattfänden – obwohl es sich dabei größtenteils um Schwindel handelte, der sich lediglich auf »Pseudo-Aussagen« aus der Folterkammer stützten konnte. Die Inquisition brauchte diese allgemeinen Wahnvorstellungen, weil ihre eigentliche Aufgabe mit der Vernichtung der Albigenser, der Waldenser und anderer südfranzösischer Ketzergruppen endgültig erledigt war. Um ihre einträgliche Existenz fortzuführen, brauchte die Inquisition neue Opfer: der Hexenwahn war die Lösung dieses Problems.[30] Welcher weltlichen Verbrechen man auch immer die Hexen bezichtigte – das Verbrechen, um dessentwillen sie allesamt auf den Scheiterhaufen geschickt wurden, war ein Verbrechen, dessen sie allesamt völlig unschuldig waren, weil sie es gar nicht begangen haben konnten: das Verbrechen des Paktes mit einem wirklichen Teufel. Und was das geheime Festhalten an einer vorchristlichen Religion anbelangt: das wurde in wesentlich höherem Maße durch Heiligenverehrung, Festtage, Reliquien- und Heiligenschreine usw. von der Kirche selbst unterstützt.

Die Gelehrten sind sich nicht sicher, wieviel heidnische Religion zu Beginn der Hexenverfolgung in Form tatsächlich von ganzen Gruppen ausgeübter Rituale noch bestand. Pico della Mirandola beschrieb in *La Strega* (die Hexe) einen norditalienischen Kult, bei dem eine heidnische Göttin sexuelle Orgien anführte: ihr wurde eine große Ähnlichkeit mit der Mutter Gottes nachgesagt.[31] Von einer Gruppe in Arras hieß es, sie hätte sich um eine »Prostituierte« versammelt, die Demiselle oder Die Jungfrau genannt wurde. Ihr Gemahl war ein auch als »Narrenprinz« bekannter »Abt von sehr geringem Verstand«, ein Verfasser und Sänger volkstümlicher Lieder – mit anderen Worten: es handelte sich hier um einen Minne-Kult.[32] (Siehe **Minnesang**.)

Es gibt eine Unzahl von »Mitteilungen« über die Ereignisse an Hexensabbaten – sie sind allesamt wertlos, weil ihre Quelle die Folterkammer war. In der Spätrenaissance verbreitete sich unter den Wohlhabenden ein frivoles Interesse an »schwarzen Messen«; sie versuchten, nach dem Vorbild der Berichte über frühere Gerichtsverfahren einen eigenen Kult zu gestalten. Im Jahre 1610 berichtete Pierre de l'Ancre von »hohen Herren und Damen und anderen mächtigen Leuten, die sich dem großen Thema des Sabbat widmeten; die Herren erschienen verhüllt und die Damen trugen Masken, auf daß sie jederzeit verborgen waren und unerkannt blieben.«[33] Zur Regierungszeit Ludwigs XIV. pflegte die halbe Priesterschaft und fast der ganze Hof einschließlich Madame de Montespan die Beziehung zu einer Gesellschafts-Hexe, die sich *La Voisine* (die Nachbarin) nannte und schwarze Messen für sie veranstaltete.[34] Aber ihr Ritual beruhte nicht auf einer echten Volkstradition, sondern auf dem kirchlichen Meßbuch.

Françoise Athénaïs de Rochechouart, die **Marquise de Montespan** (1641–1707) war für 13 Jahre die Mätresse Ludwigs XIV. Sie war die Mutter von sieben seiner Kinder und die höfische Mäzenin von Corneille, Racine und La Fontaine.

Es ist behauptet worden, die Hexerei habe von Anfang an eine zusammenhängende Untergrundbewegung mit einem ausgefeilten Befehlssystem und einem guten Kommunikationsnetz gebildet. In »Hexenbüchern«, die angeblich aus uralter Überlieferung stammen, ist von einer »Bruderschaft« (nicht von einer »Schwesternschaft«) die Rede: »Fürchte dich nicht, wenn du verurteilt wirst, die Bruderschaft ist mächtig; sie wird dir zur Flucht verhelfen, wenn du standhaft bleibst. ... Sei gewiß, daß dich, wenn du standhaft zum Feuer gehst, Drogen erreichen werden; du wirst nichts fühlen. Du gehst nur in den Tod, und dahinter liegt die Ekstase der Göttin.«[35] Aber während der wirklichen Verfolgung schienen nur wenige Hexen ihre Leiden auf die leichte Schulter zu nehmen, und kaum keine entkam.

Monstrelet beschreibt ein typisches frühes Beispiel der Verfolgung im Jahr 1459:

> *In diesem Jahr kam in der Stadt Arras und in der Grafschaft Artois durch schreckliche und traurige Umstände ein Glaube auf, der – ich weiß nicht warum – die Religion der Vaudoisie genannt wurde. Es heißt, diese Sekte bestand aus gewissen Personen, Männern und Frauen, die sich im Schutze der Nacht und durch die Kraft des Teufels an einem einsamen Ort in Einöden und Wäldern begaben, wo der Teufel ihnen in menschlicher Gestalt erschien – aber sein Antlitz war für sie niemals deutlich erkennbar. Er trug dort der Versammlung aus dem Buch seiner Bräuche vor und bedeutete ihnen, wie sie ihm gehorchen könnten: er verteilte ein wenig Geld und es gab eine sehr reichliche Mahlzeit, welche mit einer allgemeinen Lasterhaftigkeit beendet wurde; danach wurde ein jeder Teilnehmer in sein Heim zurückgebracht.*
>
> *Mehrere ehrenwerte Personen aus Arras wurden unter der Anklage, an solch verrückten Handlungen teilgenommen zu haben, festgenommen und zusammen mit einigen törichten Frauen und Personen niederen Standes in den Kerker geworfen. Letztere wurden so schrecklich gefoltert, daß sie die Wahrheit der ganzen Anschuldigung gestanden und außerdem aussagten, sie hätten bei ihren nächtlichen Zusammenkünften viele Standespersonen wie Prälaten, Grundbesitzer, Gerichtspräsidenten und Stadtkommandanten gesehen; es wurden allesamt die Namen genannt, die der Untersuchungsrichter den Angeklagten nahegelegt hatte, als er sie unter Folter zwang, diese Personen zu beschuldigen. Mehrere von denen, die auf diese Weise angezeigt wurden, verhaftete man, warf sie in den Kerker und folterte sie so lange, bis sie sich ihrer Anklage für schuldig bekannten. Danach wurden die von niederem Stande verurteilt und auf unmenschliche Weise verbrannt, während die reicheren und mächtigeren der Angeklagten der Strafe und der damit verbundenen Schande entgehen konnten, indem sie sich durch Geldsummen loskauften. Viele der letzteren gaben an, sie hätten diesen Weg gewählt, weil sie von den Vernehmern dazu überredet worden seien; man hatte ihnen versprochen, daß sie auf diese Weise keinen Schaden an Leib und Gut erleiden sollten. Manche von ihnen erlitten um der Wahrheit willen mit bewundernswerter Geduld und Standfestigkeit die Qualen, die man ihnen antat und wollten nichts von dem gestehen, dessen man sie beschuldigt hatte; aber auch sie mußten den Richtern große Summen Geldes zahlen, und schließlich bestimmten die Richter für alle, die trotz der Mißhandlung noch die Glieder regen konnten, die Verbannung aus diesem Teil des Landes. ... Es darf nicht verschwiegen werden, daß die ganze Anklage ein Plan verworfener Männer zum Wohle ihrer eigenen habsüchtigen Zwecke war; durch diese falschen Anklagen und erzwungenen Geständnisse sollten Leben, Ruhm und Glück wohlhabender Menschen zerstört werden.*[36]

Als die Gefangenen von ihren Todesurteilen erfuhren, verkündeten sie lautstark, daß sie einem üblen Betrug aufgesessen seien; für den Fall einer Aussage nach den Wünschen des Inquisitors sei ihnen sei eine leichte Strafe – etwa eine Pilgerreise – versprochen worden.[37]

Die Suche der Inquisitoren nach neuen Opfern, mit denen sie ihre Organisation rechtfertigen konnten, bereitete der Verfolgung der

Hexerei einen Aufschwung. 1375 beklagte sich ein französischer Inquisitor, daß alle reichen Häretiker ausgerottet seien und niemand mehr übrig wäre, von dessen Reichtum die Inquisition zehren könnte: »Es ist ein Jammer, daß eine so heilsame Organisation wie die unsere eine so unsichere Zukunft haben soll.« Daraufhin ermächtigte Papst Johannes XXII. die Inquisition, all diejenigen, die Magie betrieben, zu verfolgen, und die Inquisition entwickelte »langsam und unsicher ihr Konzept gegen die Hexerei«.[38] Bald stellte die Kirche stark verallgemeinernde Behauptungen auf – etwa die, daß die gesamte Bevölkerung von Navarre aus Hexen bestünde.[39]

Die Hexenjagd konnte sich selbst tragen, weil sie zu einem bedeutenden Gewerbe wurde und das Einkommen vieler sicherte. Der örtliche Adel, Bischöfe, Könige, Richter, Gerichte, Gemeinden, städtische Magistrate und andere hohe und niedere Funktionäre – alle erhielten ihren Anteil an der Beute, die die Inquisitoren aus dem Nachlaß ihrer Opfer zusammentrugen. Die Opfer hatten sogar den Strick, mit dem sie an den Pfahl gebunden und das Holz, mit dem sie verbrannten wurden zu bezahlen. Jeder einzelne Foltergang hatte seine eigene Gebühr. Nach der Hinrichtung einer vermögenden Hexe gönnten sich ihre Richter ein üppiges Mahl auf Kosten des Opfers.[40]

Die Inquisitoren legten stets den gleichen Eifer an den Tag – es machte keinen Unterschied, ob sie versuchten, ihren unvermögenden Opfern den letzten Pfennig zu entwinden oder ob sie darauf bedacht waren, sich das Vermögen der Reichen anzueignen. Im Jahre 1256 starb eine Frau namens Raymonde Barbaira, bevor sie hingerichtet werden konnte, und hinterließ ihren Erben eine Schublade voller Leinenzeug, ihre Kleidung, einige Kühe und vier Sous in barem Gelde. Der Inquisitor forderte von ihren Erben für den gesamten Besitz 40 Sous. »Solche kleinlichen und vulgären Einzelheiten«, sagte Lea, »gewähren uns einen klareren Einblick in den Geist und die Vorgehensweise der Inquisition und illustrieren die gnadenlose Art, mit der sie die von ihr abhängige Bevölkerung ausbeutete.«[41]

Eine im Jahre 1909 von einem Katholiken verfaßte Geschichte der Inquisition mußte zugeben, daß die Inquisition »das Verbrechen der Hexerei erfunden ... und sich anschließend auf das Beweismittel der Folter gestützt hat.« Zuerst traf die Inquisition überall auf Skepsis. Selbst Theologen, die Naturkatastrophen als zufällig oder von Gott kommend ansahen und nicht auf Hexerei zurückführten, waren den Inquisitoren ein Ärgernis. Das Volk glaubte nicht an die Geständnisse der Hexen und sagte, sie seien durch Folter zustande gekommen. In einigen Alpentälern empörten sich die Bauern über die Massenverbrennungen, und es kam zum offenen Aufstand gegen die Richter. Es bedurfte Jahre ununterbrochener Propaganda und rücksichtsloser Maßnahmen, bis den KritikerInnen der Mund gestopft war und man behaupten konnte, die Verfolgung habe die Unterstützung des Volkes gewonnen.[42]

Nach der Veröffentlichung der Bulle *Summis desiderantes* durch Papst Innozent VIII. nahmen die Verfolgungen besondere Härte an. Der Stellvertreter Gottes auf Erden erklärte in diesem Schreiben »unfehlbar«, Hexen könnten Getreide und Haustiere verfluchen, Krankheiten hervorrufen und den Geschlechtsverkehr zwischen Mann und Frau verhindern; außerdem seien sie ganz allgemein »der göttlichen Majestät ein Greuel und sehr vielen ein Ärgernis und eine Gefahr«.[43]

Da die göttliche Majestät offenbar außerstande war, die eigenen Interessen ohne menschliche Hilfe zu wahren, nahmen die Männer der Kirchen die Rache Gottes in ihre eigenen Hände. Daraus entstand ein »schrecklicher Alptraum«, in dem die eiserne Faust der Kirche für fünf Jahrhunderte die ganze westliche Welt unterdrückte.[44]

Der alte *canon episkopi* bestimmte, daß die Hexerei nur eine Täuschung und der Glaube an Hexerei demzufolge Ketzerei sei. Aber das galt nur solange, bis die Kirche herausfand, wie sie aus diesem Glauben Profit schlagen konnte. Nach der Zeit Papst Innozents war es eben Ketzerei, *nicht* an Hexerei zu glauben. Dem Jesuiten Martin Del Rio zufolge mußten all diejenigen, die Hexerei nur für Täuschung oder Betrug hielten, selbst in den Verdacht der Hexerei geraten. Es war niemandem gestattet, gegen die Ausrottung der Hexen Einspruch zu erheben. Der Inquisitor Heinrich von Schultheis sagte: »Derjenige, der gegen die Ausrottung der Hexen mit einem einzigen Wort Einspruch erhebt, kann nicht erwarten, unversehrt davonzukommen.«[45]

Die Überzeugung vom »Bösen« der Hexerei hielt sich bis in die jüngere Zeit. Der letzte englische Hexenprozeß wurde im Jahre 1712 geführt, in Schottland wurde die letzte Hexe offiziell im Jahre 1727 verbrannt; inoffizielle Hexenverbrennungen fanden sogar noch später statt. Vor nur einem Jahrhundert wurde in dem russischen Dorf Wratschewe eine ältere Frau in ihre Hütte gesperrt und darin verbrannt, weil sie angeblich das Vieh verhext hatte. Ihre Mörder wurden vor Gericht gestellt, das ihnen aber nur eine leichte Kirchenbuße auferlegte.[46] Im Januar 1928 prügelte eine ungarische Familie eine alte Frau mit der Behauptung, sie sei eine Hexe, zu Tode. Ein Gericht sprach sie frei, weil sie unter »unwiderstehlichem Zwang« gehandelt hatten.[47]

Worin lag nun der wirkliche Grund für das beharrliche Festhalten an den Vorstellungen über die Hexerei? Die kirchlichen Autoritäten konnten sie nicht aufgeben, ohne einzugestehen, daß Gottes Wort falsch war und daß Gottes Diener Millionen legaler Morde begangen und Millionen hilfloser Menschen grundlos gefoltert hatten. Dr. Blackstone, Englands anerkannteste Koryphäe in Sachen Jurisprudenz, schrieb: »Die Möglichkeit – oder besser gesagt – die tatsächliche Existenz von Hexerei und Zauberei zu bestreiten, heißt zugleich, dem geoffenbarten Wort Gottes an verschiedenen Stellen des Alten und des Neuen Testamentes rundweg zu widersprechen. Der Tatbestand selbst ist eine Wahrheit, für die jede Nation der Welt im Verlauf der Geschichte Zeugnis abgelegt hat.« Als sich bezüglich des Hexenglaubens Skepsis zu regen schien, äußerte John Wesley bitter: »Das Aufgeben der Hexerei kommt dem Aufgeben der Bibel gleich.«[48] Calvin und Knox protestierten ebenfalls, daß das Verleugnen der Hexerei ein Verleugnen der Autorität der Bibel bedeute.[49] Joseph Glanvill, Kaplan am Hofe Charles II., behauptete, wer nicht an Hexerei glaube, sei Atheist.[50]

Trotz solcher Proteste wuchs mit dem allmählichen Fortschritt der Aufklärung auch die Skepsis. 1736 wurden die schottischen Gesetze gegen das »Verbrechen« der Hexerei in aller Form aufgehoben. Doch die Kirche weigerte sich, mit den Gesetzen Schritt zu halten. Vierzig Jahre später formulierten Pastoren der Vereinigten Presbyterianischen Kirchen einen Beschluß, in dem sie ihren unverminderten Glauben an die Hexerei Ausdruck verliehen.[51] Noch um 1920 konnte ein Pfarrer von vier Gemeinden in Norfolk schreiben: »Wenn ich eine Meinungsumfrage in meinen vier Dörfern veranstaltete, so bin ich sicher, die Mehrheit meiner Leute würde ernsthaft bekunden, daß sie an Hexerei, den bösen Blick und die Wirksamkeit guter und böser Zauberformeln glaubt.«[52] Die Kirchen wollten diesen Glauben einfach nicht sterben lassen.

Die Christenheit trug also die Hauptverantwortung für den Fortbestand und die Pflege der Glaubensartikel über die Hexerei. Daran hat sich offenbar nichts geändert. In den vierziger Jahren unseres Jahrhunderts schätzte Seabrook, daß »die Hälfte der gebildeten Weltbevölkerung heutzutage an Hexerei glaubt«; unter den AnalphabetInnen dürfte dieser Anteil weitaus höher liegen.[53] Eine Gallup-Umfrage aus dem Jahre 1978 zeigte, daß zehn Prozent aller AmerikanerInnen an Hexen glauben.[54]

Aber was bedeutet es, dies zu »glauben«? Es könnte – selbstverständlich genug – den Glauben bedeuten, daß es Menschen gibt, die sich Hexen nennen. Es könnte den Glauben bedeuten, solche Menschen unterlägen ihrerseits der irrigen Annahme, sie seien mit übernatürlichen Kräften ausgestattet. Es könnte aber auch den Glauben bedeuten, daß solche Menschen wirklich übernatürliche Kräfte haben. Ferner könnte es den Glauben bedeuten, an dem die Kirche stets festgehalten hat: den Glauben, daß Hexen Agenten des Teufels sind, die versuchen, die Welt aus reiner Perversionslust zu zerstören. Oder es könnte den Glauben bedeuten, daß die Hexen eine ältere und bessere Religion bewahren, die auf Ehrfurcht gegenüber der Natur und dem weiblichen Prinzip beruht.

Diejenigen, die sich heutzutage Hexen nennen, berufen sich zumeist auf die eine oder andere Art dieses letzteren Glaubens. Der moderne Hexenmeister Leo Louis Martello schreibt:

> *Wir verehren und identifizieren uns mit dem gehörnten Gott, dem Herrn der Jagd und der Unterwelt und mit der Mutter-Göttin, besonders der letzteren (Mutter Erde, Mutter Natur). Ohne das weibliche Prinzip (Frauen) würde es den Mann nicht geben. ... Die Hexerei ist ein vorchristlicher Glaube. ... Sie neigt zum Matriarchat, wohingegen Christentum und Satanismus patriarchal und männlich-chauvinistisch sind. Die beiden letztgenannten bilden lediglich zwei Seiten der gleichen Münze. Hexerei ist als eine alte Religion eine Münze besonderer Prägung, die es schon vor beiden anderen gegeben hat.*[55]

Auf die Frage, wie er sich als Angehöriger einer entschieden matriarchalen Tradition fühle, antwortete ein Hexer: »Ich bin lieber erster Matrose auf einem soliden Schiff als Kapitän auf einem Schiff mit einem verfaulten Rumpf, einem Schiff, das untergehen muß. Das Patriarchat ist ein solches Schiff.« Hexen haben das Patriarchat als »manipulierend und dominierend« beschrieben. In der matriarchalen Weltsicht erfahren dagegen »das Gefühl für Zusammenhänge und Intuition, ... nichtautoritäre und nichtdestruktive Machtverhältnisse« hohe Wertschätzung. Wir können behaupten, daß die Hexerei im Begriff ist, die von W. Holman Keith als fundamentaler religiöser Irrtum unserer Zeit bezeichnete Grundeinstellung zu korrigieren – nämlich »Macht als göttliches, maßgebendes herrschendes Prinzip an die Stelle von Schönheit und Liebe zu setzen und die Destruktivität, durch die Männertüchtigkeit sich auszeichnet, im Leben für wichtiger zu halten als die Kreativität der Frauen«.[56]

Jedenfalls zeigt die Geschichte der Hexerei, daß Männer Frauen verfolgt haben, um das männliche Monopol auf einträgliche Unternehmen wie Medizin und Magie aufrechtzuerhalten. Frauen, die durch hervorragende Leistungen auf irgendeinem Gebiet bekannt wurden, waren gefährdet, da fast jede von einer Frau erreichte Befähigung zur Hexerei erklärt werden konnte. Als die Kirche den Heilerinnen den Krieg erklärte, wurde das Heilen zum todeswürdigen Vergehen – sofern es durch eine Frau ausgeübt wurde. Man verwehrte den Frauen das Studium der Medizin, und »wenn eine Frau es wagte, zu heilen, ohne studiert zu haben, war sie eine Hexe und mußte sterben«.[57] Die Ärzte beteiligten sich eifrig an der Hexenjagd, um die Konkurrenz auszuschalten; all dies geschah sehr überlegt. »Es gibt der zahlreiche Fälle, in denen die Kirche sich mit verschiedenen wirtschaftlichen Interessengruppen – von Ärzten und Juristen bis hin zu Kaufmannsgilden – zusammentat. Angesichts dieser Fälle, in denen es nicht nur darum ging, wiederholt ein vernichtendes Urteil über die Untüchtigkeit der Frauen zu verkünden, sondern auch deren physische Vernichtung in Hexen- und Ketzerprozessen zu betreiben, kann man wohl kaum behaupten, dies alles sei völlig absichtslos geschehen.«[58]

Kirchenmänner, die in eigener Person die Dienste der Hexen in Anspruch genommen hatten, verfolgten sogar manchmal diejenigen, die ihnen gerade noch geholfen hatten. Es gibt bemerkenswerte Beispiele der Undankbarkeit: Alison Peirsoun aus Byrehill war als Hexen-Heilerin derartig berühmt, daß der Erzbischof von St. Andrews nach ihr schickte, als er krank war; sie konnte seine Genesung bewirken. Später verweigerte er nicht nur ihre Bezahlung, sondern er ließ sie gefangennehmen, klagte sie wegen Hexerei an und ließ sie verbrennen.[59]

Das beste Beispiel für die konfuse Unlogik des sexistischen Denkens dieser Verfolger ist das Hexen-»Püppchen«. Dabei handelte es sich um eine Wachspuppe, die durch Stechen oder Einschmelzen mißhandelt werden konnte; dem ihr entsprechenden menschlichen Opfer sollten auf diese Weise stechende Schmerzen, Fieber oder andere Leiden zugefügt werden. Zerstörte die Hexe die Puppe ganz und gar, so würde das Opfer schließlich sterben. Doch merkwürdig genug: entdeckten männliche Amtspersonen die Puppe und zerstörten sie, so genas das Opfer wieder und mußte nicht sterben. Eine vergleichbare sexistische Haltung wird in der Vorstellung über den Verkehr zwischen Menschen und Dämonen sichtbar. Burton stellte in den *Criminal Trials of Scotland* fest, daß ein Zauberer ein Meister der Dämonen, eine Hexe aber deren Sklavin ist.[60] Trotzdem hielt man ihr Vergehen in der Regel für strafwürdiger als seines.

Moderne Hexen und Hexer neigen offenbar dazu, das in alten Dichtungen beschriebene sexuelle Gleichgewicht wiederherzustellen – dort erlangten Männer ihre magischen Fähigkeiten durch weibliche Unterweisung.[61] Es sieht so aus, als seien die Hexen darin begriffen, eine alte Religion in neuer Gestalt wieder aufleben zu lassen; sie erarbeiten schrittweise eine Theologie, die in ihren Wurzeln eher alten indo-europäischen Denkmodellen als einem satanistischen Gedanken nahestehenden »umgekehrten Christentum« verpflichtet ist. Die Kernpunkte, in denen sich diese Theologie vom Christentum unterscheidet, sind folgende:

(1) Das weibliche Prinzip wird vergöttlicht; es ist dem männlichen gleich oder übertrifft es an Bedeutung. (2) Körper und Seele werden als ein und dasselbe angesehen; eins kann nicht ohne das andere existieren. (3) Die Natur ist heilig und darf nicht mißbraucht oder »erobert« werden. (4) Der Wille des einzelnen Menschen hat einen inneren Wert und darf nicht dem »geoffenbarten« Willen einer Gottheit untergeordnet werden. (5) Zeit ist zyklisch und wiederholt sich ständig; das Dasein ist zirkulär. Die Gestalten der Dreifachen Göttin symbolisieren den ständigen Kreislauf von Werden und Vergehen. (6) Es gibt keine Erbsünde und keine absolute Trennung von »Gut« und »Böse« (ein aus frischem Rindfleisch zubereitetes Festmahl ist beispielsweise zwar gut für die Essenden, aber böse für das einstmals lebende Hauptgericht). (7) Sexualität, Spontaneität, Humor und spielerische Aktivitäten können in das Ritual aufgenommen werden, weil die Erfahrung von Freude als Quell lebendiger Lebenskraft angesehen wird – und nicht als Versuchung und Sünde.[62]

Die Göttin spricht zu modernen Hexen in nahezu der gleichen Tonart, die bereits ihre in alten Schriften aufgezeichneten Reden auszeichnet:

> *Mein ist das Geheimnis, das die Tür zur Jugend öffnet und mein sind der Becher des Lebensweines und der große Kessel von Cerridwen, welcher der Heilige Gral der Unsterblichkeit ist. Ich bin die Göttin der Gnade, die jedes Menschenherz auf Erden mit dem Geschenk der Freude erfüllt. Von mir kommt das Wissen um den Ewigen Geist, und über den Tod hinaus gewähre ich Frieden und Freiheit und Vereinigung mit denen, die vorausgegangen sind. ... Ich bin die Schönheit der Grünen Erde und die Weiße Mondin unter den Sternen und das Geheimnis der Wasser und die Sehnsucht im Herzen eines jedes Menschen. Ich rufe deine Seele, auf daß sie sich erhebe und zu mir komme. Denn ich bin die Seele der Natur, die dem Universum Leben gibt; bei mir nehmen alle Dinge ihren Anfang, und alle Dinge müssen zu mir zurückkehren. ... Ich bin seit dem Anbeginn bei dir gewesen, und mich erlangst du am Ende aller Sehnsucht.*[63]

1. H. J. Smith, D. C. P., 241. 2. Bullough, 177. 3. White 2, 36.
4. Briffault 1, 488. 5. Lederer, 150. 6. Rosen, 7. 7. Ewen, 69. 8. Agrippa, 270.
9. Scot, 20. 10. Gifford, 89. 11. Hazlitt, 103. 12. Tuchman, 216.
13. Scot, 43, 124, 141, 403. 14. Robbins, 308. 15. Cavendish, P. E., 218.
16. Summers, G.W. 429f. 17. Tannahill, 96f. 18. Castiglioni, 233.
19. Robbins, 209. 20. Briffault 3, 12. 21. Hazlitt, 655. 22. Wedeck, 78.
23. Givry, 193. 24. Lea ungek., 786. 25. Robbins, 161. 26. Ebd., 547.
27. Hazlitt, 341. 28. Agrippa, Vorwort. 29. Robbins, 330. 30. Ebd., 50, 207f.
31. R. E. L. Masters, 27. 32. Knight, D.W. P., 207. 33. Givry, 84f.
34. Summers, G.W., 435. 35. *Book of Shadows*, 11. 36. W. Scott, 166ff.

37. Robbins, 105. 38. Ebd., 8. 39. Ravensdale & Morgan, 105.
40. Robbins, 111, 113. 41. Lea, 172. 42. Robbins, 9, 271.
43. Sprenger & Institoris, XLIII. 44. R. E. L. Masters, XXVI.
45. Robbins, 108, 143. 46. Ebd., 169, 457, 336. 47. Summers, W., 87.
48. Ders., H. W. D., 63; Ders., G. W. 169. 49. H. Smith, 293. 50. Maple, 98.
51. Robbins, 457. 52. Summers, G. W., 181 f. 53. Bromberg, 179.
54. *Newsweek* vom 26. Juni 1978, 32. 55. Cohen, M. B., 129 ff.
56. Adler, 122, 188, 204. 57. Dreifus, 7. 58. Boulding, 427, 505.
59. Caro, 126. 60. Wimberly, 159. 61. Ders., 219. 62. Goldenberg, 111 ff.
63. *Book of Shadows*, 65 ff.

Hierophant

»Ebenbild des Heiligen«, ein Titel des höchsten eleusinischen Hohepriesters, der bei der geschlechtlichen Vereinigung mit der Priesterin, die die Göttin verkörperte, die Rolle des Gottes übernahm.[1] Erst viel später wurde dieser Titel in den Trumpfkarten des **Tarot** für den Papst übernommen.[2]

1. Lawson, 577. 2. Cavendish, T., 82.

Hieros Gamos

»Heilige Hochzeit«, die griechische Bezeichnung für die Vereinigung eines Königs oder Heiligen Königs (ein Stellvertreter für den wirklichen König) mit seiner Göttin, die meistens von einer Priesterin-Königin verkörpert wurde. Allein durch den Hieros Gamos wurde dem König das Herrschaftsrecht verliehen. (Siehe **Königtum**.)

Hilaria

Der römische Osterkarneval, an dem die Auferstehung des Erlösergottes **Attis** gefeiert wurde. An diesem »Tag der Freude« liefen die Menschen verkleidet durch die Straßen und durften tun und lassen, was sie wollten.[1] Das Fest fand zum Zeitpunkt der Frühjahrs-Tagundnachtgleiche statt. Es wurde normalerweise auf den 25. März gelegt, ein Datum, das die Christen später als Auferstehungstag *ihres* Erlösers beanspruchten.

1. Frazer, G. B., 407.

Himalaya

Sanskritisch »Berge des Paradieses«. Das Sanskrit ist die Stammsprache aller indoeuropäischen Sprachen. Im Deutschen z. B. wurde aus dem Paradies der *Himmel*, womit ursprünglich ein in den Himmel hineinragender Berg gemeint war.[1] (Siehe **Berg**.)

1. Lethaby, 125.

Hina

Eine Jungfrau-Mutter-Göttin, die in Polynesien als Schöpferin der Welt verehrt wurde. Sie war gleichzeitig der Mond und die erste aller

Frauen.[1] Ihr Geist verkörpert sich in allen Frauen, weshalb sich das Wort für »Frau« von ihrem Namen ableitete: *wahine*.[2] Hina schenkte sowohl allen Göttern wie den ersten Menschen das Leben.

1. Hays, 391. 2. Campbell, M.T. L. B., 43.

Hind Al-Hinüd

»Hindin der Hindinnen«, die von den Soldaten Mohammeds gestürzte koreschitische Königin (siehe **Arabien**). Als die Große Hindin personifizierte sie Kore-Diana, die Mutter der Tiere und Ahngöttin ihres Stammes.

Hippolytos, Heiliger

Ein Pseudo-Heiliger, dessen Gestalt auf einen in Griechenland und Rom als sterbender und wiederauferstehender Erlöser verehrten Gott zurückging. Ursprünglich starb er als Stellvertreter für König Theseus, der seinen Thron dadurch sicherte, daß er »Söhne« opferte. Diese erhielten den Titel Hippolytos, »von Pferden zerrissen«. Das auserwählte Opfer wurde von einem Pferdegespann zu Tode geschleift. Diesen Ritus führte offenbar die Gemahlin des Theseus, die kretische Königin Phaedra, in Athen ein. Der griechische Mythos erzählt, wie die Pferde des Hippolytos scheuten und ihn hinter sich herschleiften, weil sie vor einem weißen Meeres-Stier erschraken. Diesen Titel trug eigentlich der kretische Hohepriester, dessen Totem der Minotaurus war.

Hippolytos wurde auch als der Sohn der Amazonenkönigin bezeichnet, die den Geist der Artemis-Diana personifizierte. Der römische Hippolytos wurde erschlagen und in Dianas heiligem Hain in Nemi wieder zum Leben erweckt. Nachdem er zum Gott erhoben worden war, stieg er als Sternenbild Auriga, Wagenlenker, zum Himmel auf.[1] Außerdem vermählte er sich mit der jungfräulichen Variante der Göttin, der Nymphe Egeria. Wie alle Götter, die Zyklen durchlaufen, wurde er in seinem eigenen Sohn Virbius, dem »Männlichen«, wiedergeboren. Auch Virbius wurde am Ende von Pferden getötet.

»Wir haben nämlich keinerlei Grund, daran zu zweifeln«, so sagt Frazer, »daß der heilige Hippolytus des römischen Kalenders, der am 13. August, dem Tage der Diana, von Rossen zu Tode geschleift wurde, kein anderer ist als der griechische Held gleichen Namens, der, nachdem er zweimal als heidnischer Sünder gestorben war, wieder glücklich als christlicher Heiliger auferstand.«[2]

Unter dem Namen des heiligen Hippolytos, dessen »Leben« in das dritte nachchristliche Jahrhundert verlegt wurde, erschienen zahlreiche theologische Schriften. Bei diesen Schriften handelte es sich aller Wahrscheinlichkeit nach um Fälschungen aus späterer Zeit, die willkürlich irgendeinem Heiligen zugeschrieben wurden, so wie es in der frühchristlichen Kirche üblich war.[3]

1. Graves, G. M., 101i. 2. Frazer, G. B., 6 (dt. 7).
3. Attwater, 172.

Hiranyagarbha

»Der Erstgeborene aus dem Schoß«, ein Titel, den fast alle hinduistischen Götter für sich beanspruchten. Jeder bestand darauf, der älteste Sohn der Ur-Schöpferin zu sein. Heutige WissenschaftlerInnen neigen dazu, die wahre Bedeutung des Namens zu verschleiern, indem sie dessen feminine Bedeutung verschweigen. So heißt es in einem Kommentar zu den *Upanishaden*, daß jeder Gott den Beinamen Hiranyagarbha bekommen könne, »wenn er mit der Kraft, der sogenannten Maya, in Verbindung steht – der Kraft, die das erfahrbare Universum erzeugt«.[1]

Hier wird erfolgreich die Information zurückgehalten, daß es sich bei der »Kraft Maya« um die Große Göttin handelt und daß mit der »Verbindung« zwischen ihr und dem Gott diejenige von Mutter und Kind gemeint ist. (Siehe **Erstgeborener**.)

1. *Upanishads*, 21.

Höder

Der nordgermanische »blinde Gott«, der den jungen Erlöser Balder mit einem Lanzenstoß bzw. Mistelzweig tötete und danach Balders Braut Nanna heiratete. Einigen Mythen zufolge war Höder in Wirklichkeit ein anderer Name für den blinden oder halbblinden Odin. Denn Odin plante den Tod seines göttlichen Sohnes, ebenso wie Jahweh den Tod seines göttlichen Sohnes Jesus plante.

Die Christen behaupteten, ein Blinder – der heilige Longinus – habe die Lanze geführt, die Jesus durchbohrte. Wahrscheinlich war Höder der Titel des Hohepriesters, der Odin verkörperte und dem das Töten der Kultopfer oblag.[1] Dabei legte er möglicherweise eine Augenbinde um oder setzte eine Maske ohne Augenlöcher, den Helm der Finsternis (Tarnhelm), auf, um das Heilige Drama als eine Art tödliches »Blindekuhspiel« zu inszenieren.

1. Turville-Petre, 113–118.

Hof

Eingefriedeter Platz, Gehege, Garten (engl. *yard*); das Wort stammt vom skandinavischen *gard bzw. garth* (Welt, Erde).[1] Der Kirchhof entstand aus der vorchristlichen Vorstellung, daß ein Tempel und seine Umgebung ein Abbild des Universums seien; wer im Hof eines Tempels – der griechischen *koimeteria*, dem **Friedhof** (engl. *cemetery*) – beerdigt wurde, konnte unmittelbar ins Paradies gelangen, weil die Nähe des Tempels mit der Nähe des Paradieses gleichbedeutend war. Von diesem alten Glauben leitet sich auch der christliche Brauch ab, die Gläubigen nahe der Kirche »in geweihter Erde« zu bestatten. Verbrechern, Hexen und anderen Ausgestoßenen ein solches Begräbnis zu verwehren bedeutete, sie direkt zur Hölle zu schicken: Wer nicht in geweihter Erde beigesetzt wurde, galt automatisch als verdammt.

1. Lethaby, 62.

Hoffnung, Heilige

Nach Hesiods Fabel von der Vase der Pandora (oder Büchse der Pandora, wie sie später irrtümlich genannt wurde) kam gerade im Prinzip der »Hoffnung« die subtile Grausamkeit von Vater Zeus gegenüber den hilflosen Sterblichen zum Ausdruck. Zeus schickte den Menschen, um sie zu plagen, eine mit allen Übeln der Welt gefüllte Vase. Dazu gehörten: Laster, Irrsinn, Krankheit, schwere Arbeit, Krieg, Hungersnot und alle möglichen anderen Mißgeschicke. Er schloß aber auch die Hoffnung ein, die die geplagten Menschen davon abhalten sollte, dem Leid, das Zeus über sie gebracht hatte, durch den freiwilligen Tod ein Ende zu setzen.[1]

Die Hoffnung wurde somit als eine Haltung der Selbsttäuschung verstanden, denn ihr eigentlicher Zweck war es, den Menschen leidensfähig zu machen. Christliche Schriften bezeichneten sie jedoch, zusammen mit dem Glauben und der Barmherzigkeit (Liebe), als eine der drei Kardinaltugenden. Einige ausgesprochen naive Verfasser von Heiligenleben kanonisierten diese drei Tugenden zu drei fiktiven jungfräulichen Märtyrerinnen, die alle Töchter der ebenfalls fiktiven heiligen **Sophia** waren.[2] Die heilige Hoffnung wird noch heute im Heiligenkanon der römisch-katholischen Kirche aufgeführt, auch wenn längst bewiesen ist, daß es sie nie gegeben hat.

1. Graves, G. M., 39.j. 2. Attwater, 127, 312.

Hofgydja

»Tempelpriesterinnen«, eine altnordische Bezeichnung für die Stammesmütter, die bis in das 11. Jahrhundert n. Chr. über die religiösen Riten wachten. Als die christlichen Missionare damit begannen, die Frauen aus ihren Heiligtümern zu vertreiben, begingen diese ihre traditionellen Kultfeste weiterhin, allerdings unter sich – als »Hexen«.[1]

1. Turville-Petre, 261.

Höhle

Porphyrios zufolge fanden alle religiösen Riten, bevor es Tempel gab, in Höhlen statt.[1] Die Höhle wurde überall auf der Welt mit dem Leib der Mutter Erde gleichgesetzt und war damit der natürliche Platz für eine symbolische Geburt und Erneuerung. In etruskischen und römischen Tempeln befand sich ein *mundus*, was sowohl »Erde« als auch »Schoß« bedeuten konnte.[2] Auch das Sanskritwort für ein Heiligtum, *garbhagrha* bedeutete »Schoß«.[3]

Porphyrios (um 234–305 n. Chr.) Griechischer neuplatonischer Philosoph, Gelehrter und Schriftsteller, Biograph des Plotin; Gegner der christlichen Kirche, die schließlich fast alle seine Schriften vernichtete.

Die heiligen Plätze des Hinduismus waren Höhlen, die die Yoni der Großen Mutter darstellten. Viele *gompas*, (heilige Einsiedeleien), wurden zuerst in Höhlen angelegt. Wie die Berge des Paradieses, der Heimat der Götter, wurden die vier großen Höhlen Sikkims nach den vier Himmelsrichtungen unterschieden. Im Norden liegt die Höhle des Götterhügels, im Westen die Höhle der großen Freude, im Süden die Höhle der verborgenen Feen, im Osten die geheime Höhle, aus der die Sonne hervorgeht.[4]

Unter den ältesten Formen der hinduistischen Göttin gibt es Kurukulla, eine *matrikadevi*, rot wie die Gebärmutter, sie wird Mutter der Höhlen genannt.[5] Als eine Emanation der Kali wurde sie in Höhlentempeln wie Ellora, Ajanta oder Elephanta verehrt. Ihre westliche Entsprechung war die phrygische Kybele, »die in der Höhle wohnt«, die Große Mutter der Götter. Eine römische Form ihres Namens war **Sibylle**, der prophetische Geist der in Höhlen wohnenden cumaeischen Sibylle, auf deren Befehl die Große Mutter der Götter 204 v. Chr. nach Rom gebracht wurde.

Die kastrierten Priester der Kybele behaupteten, daß niemand aus ihrer Bruderschaft je stürbe. Stattdessen gingen sie »hinunter in die Höhle«, um sich mit ihrer Göttin zu vereinen. Die Höhlenheiligtümer Kybeles wurden auch Hochzeitskammern genannt, wie die *pastos* von Eleusis. Der alexandrinische Dichter Nikander nannte sie »Hochzeitsgemächer der Rhea Lobrina«.[6] Sie waren auch die »heiligen unterirdischen Orte«, wohin diejenigen kamen, die sich selbst zu Ehren von Attis und Kybele entmannt hatten, um dort die Opfergabe ihrer Genitalien niederzulegen.[7]

Rhea war der kretische Name derselben Göttin während der langen Periode, als die Vaterschaft in der kretischen Gesellschaft unbekannt oder unwichtig war.[8] Die Kreter jener Zeit glaubten, daß alles Leben aus Rheas Gebärmutter-Höhle auf dem Berg Dikte entsprungen sei, woher sich auch die E-dikte ihres heiligen Gesetzes herleiten. Darum lautete ihr Titel Diktynna, Gesetzgeberin. Sie wurde auch Britomartis, »süße Jungfrau«, genannt, Mutter ohne Bräutigam.[9] Aus derselben Gebärmutter-Höhle gebar sie Zeus, der später für sich in Anspruch nahm, der Göttervater zu sein.

Die Höhlentempel der Rhea Diktynna entwickelten sich später zu *dikteria*, die von den Gesetzen Solons als öffentliche Bordelle bezeichnet wurden. Zur Zeit der promiskuitiven Priesterinnen waren die Worte für Höhle, Tempel und Bordell oft austauschbar.[10] Die Höhle zu besuchen und bei den heiligen Prostituierten zu liegen war ein Akt der Anbetung. In der frühchristlichen Epoche feierten die meisten heidnischen Mysterienkulte ihre heiligsten Riten in Höhlen oder unterirdischen Räumen.

Die Anhänger des Mithras hielten Höhlen für so wichtig für eine angemessene Verehrung, daß sie, wenn eine Tempelanlage keine natürlichen Höhlen aufwies, eine künstliche gruben. Die Höhle auf dem vatikanischen Hügel war dem Mithras geweiht bis 376 n. Chr., als ein Präfekt der Stadt den Kult des rivalisierenden Erlösers unterdrückte und das Heiligtum genau am Geburtstag des heidnischen Gottes, dem 25. Dezember, im Namen Christi mit Beschlag belegte.[11]

Trotz aller Anstrengungen der Kirche, sie zu unterdrücken, wurden die alten Gottheiten auch weiterhin in heiligen Höhlen noch viele Jahrhunderte verehrt. Soviele »Grotten« enthielten heidnische Götterstatuen, daß von ihnen Ideen für die Ausgestaltung der Kathedralen übernommen wurde: daher stammen auch die Grotesken oder »Grotten-Figuren«, von denen es in der Gothik nur so wimmelte. Noch im 15. Jahrhundert versuchte Papst Kalixtus II., religiöse Zeremonien in heiligen Höhlen zu verbieten.[12] Als Einstieg zur Unterwelt wurden die Höhlen immer mit dem yonischen Tor der Großen Mutter in Verbindung gebracht. Ein lange Zeit verehrtes Tor zum Schoß der Welt war eine Meereshöhle auf der südlichen Peloponnes in der Nähe des Heiligtums der Marmari – Mutter Mari, die Seegöttin, die auch Aphrodite Marina, Marah und Maria hieß.[13]

Bis ins 18. Jahrhundert wurde eine Höhle mit Namen Tangrogo in Denbigshire, England, von »drei Feenschwestern« bewacht – den drei Schicksalsgöttinnen –, deren Fußabdrücke häufig am Rand ihres heiligen Teiches zu sehen waren. Die Höhle beherbergte angeblich »verborgene Schätze«, ein Ausdruck, mit dem oft Gerätschaften der Alten Religion bezeichnet wurden.[14]

Nach Spenser waren die verborgenen Schätze in der *Faery Queen's Bower of Bliss* (»dem glückseligen Gemach der Feenkönigin«) dieselben wie im geheimen »Paradiesgärtlein« der Jungfrau Maria: ein magischer Jungbrunnen, ein Baum des Lebens, singende Vögel, Äpfel und Rosen, einschließlich der zentralen Rose der Liebe. Andreas Capellanus schrieb, daß die Grotte der heidnischen Göttin ein Palast der Liebe im Mittelpunkt der Welt war (*in medio mundi*), mit den männlichen und den weiblichen Symbolen des Lebensbaums und der heiligen Quelle.[15]

Die heiligen Höhlen wurden noch lange, nachdem die heidnische Religion in den Untergrund gezwungen war, im wahrsten Sinne des Wortes als »Hochzeitsgemächer« genutzt. Die Barden und Minnesänger, die die häretische Göttin der Liebe (Minne) verehrten, erwähnten gewisse Höhlen der Liebe, die von heidnischen Riesen in die wilden Berge gehauen worden waren, und wo sich die Menschen verstecken konnten, wenn »sie sich heimlich lieben wollten«. Gottfried von Straßburg schrieb in dem Epos von *Tristan und Isolde*, daß jedesmal, wenn solch eine Höhle entdeckt würde, sie mit einer bronzenen Tür verschlossen sei, auf der die Worte *la fossiure a la gent amant*, »die Liebesgrotte«, stünden. »Das Gewölbe war oben vortrefflich geschlossen, auf dem Schlußstein war eine Krone, die war sehr schön mit Schmiedearbeiten verziert, mit Edelsteinen ausgelegt, und unten war der Fußboden glatt und rein und edel, aus grasgrünem Marmor. In der Mitte stand ein Bett, schön und gut aus Kristallen geschnitten, hoch und breit, schön erhaben, am Rand waren Buchstaben eingegraben, die besagten, daß es der Göttin Minne geweiht sei.« (Gottfried von Straßburg, Tristan und Isolde, Verse 16707–16723.)[16]

Um die heilenden Wasser in allen heiligen Quellen Europas entstanden neue Mythen, die diese Heilfähigkeiten Heiligen oder der Jungfrau Maria zuschrieben, aber ihre wirkliche Tradition entspringt den erneuernden Quellen der heidnischen Göttin. Bis ins 19. Jahrhundert wurde eine heilige Höhle bei Dunskey in Schottland wegen der Heilwirkung ihrer Quelle genutzt. Die Kranken wurden immer beim »Mondwechsel« von weither gebracht, damit sie in dem Wasser baden konnten. Der Zusammenhang mit den Mondphasen verweist darauf, daß es sich um ein matriarchalisches Heiligtum handelte. Die magischen Taufen, die dort vollzogen wurden, galten besonders für schwache und unterernährte Kinder als segensreich.[17]

1. Robertson, 111. 2. Hays, 181. 3. Campbell, C. M., 168. 4. Waddell, 256f. 5. *Larousse*, 359. 6. Gaster, 609. 7. Vermaseren, 111. 8. Briffault 1, 392. 9. *Larousse*, 86. 10. Sadock, Kaplan & Freedman, 16. 11. J. H. Smith, D. C. P., 146. 12. Jung, M. H. S., 234. 13. Hughes, 159. 14. Hazlitt, 580. 15. Wilkins, 128, 139. 16. Campbell, C. M., 44. 17. Hazlitt, 420.

Hokmah

»Weisheit«, eine hebräische Variante der gnostischen Göttin, die im Lateinischen als Sapientia und im Griechischen als **Sophia** bekannt war. Ihr Name war lediglich ein Beiname der Großen Mutter, die, wie die Sprüche Salomos (8, 22ff.) besagen, Gott bei der Erschaffung der Welt aktiv half. Ihr Symbol war die Taube der Aphrodite; die Christen übernahmen es später als Symbol des Heiligen Geistes. Ein großer Teil der jüdischen »Weisheitsliteratur« geht auf alte orientalische und ägyptische Quellen zurück, in denen die Göttin als Inspiration des klaren Denkens in allen Fragen der Moral und der Religion beschrieben wurde.[1] Hokmah war deshalb Isis sehr ähnlich. Der Verfasser der »Weisheit Salomos« legte Salomo, einem ihrer berühmtesten Liebhaber, ihre Lobpreisungen in den Mund:

> *Mehr als Gesundheit und Wohlgestalt liebte ich sie, und ich zog es vor, sie als Leuchte zu gebrauchen, weil das von ihr ausgehende Licht nie verlöscht. Es kamen aber zugleich mit ihr alle Güter zu mir. … Ich ergötzte mich an allen (diesen Dingen), weil die Weisheit [Hokmah] ihre Führerin ist; Ich wußte aber noch nicht, daß sie auch die Urheberin derselben sei. … Denn die Künstlerin von allem, die Weisheit lehrte es mich. Denn in ihr ist ein Geist: denkend, heilig, einzig in seiner Art (und doch) vielteilig, fein; beweglich, durchsichtig … alles vermögend, alles übersehend und hindurchgehend durch alle Geister. … Sie durchdringt und geht durch alles hindurch wegen ihrer Reinheit. … Obgleich sie (nur) eine ist, vermag sie (doch) alles, und in sich selbst (unverändert) bleibend erneuert sie (doch) alles. … Denn sie ist herrlicher als die Sonne und übertrifft jedes Sternbild. Mit dem Lichte verglichen wird sie als die vorzüglichere befunden. … Sie erstreckt sich aber gewaltig von einem Ende zum andern und durchwaltet das All wohl.*[2]

Möglicherweise war der hebräische Name der Hokmah ebenfalls ägyptischen Ursprungs; denn dort gab es die alte Bezeichnung der Isis als Heq-Maa, Mutter des magischen Wissens, die auf die *heq*, die weise Stammesfrau der vordynastischen Zeit, zurückging. Die Göttin in ihren Erscheinungsformen als Heqit und Hekat und in der griechischen Version als Hekate (Weise Greisin) kann auf dieselbe Quelle zurückgeführt werden.

1. *Encyc. Brit.*, »Wisdom Literature«. 2. Barrett, 143, 218f. (dt. 231).

Hokus Pokus

Eine Zauberformel, die auf die im Mittelalter übliche Verwendung liturgischer Texte für Anrufungen und Zaubersprüche zurückging. Hokus Pokus ist eine verfälschende Kurzform des *hoc est corpus meum*, »dies ist mein Leib«, das bei der Abendmahlsfeier gesprochen wird.[1] (Siehe **Magie**.)

1. Shumaker, 16.

Hölle

Obwohl die christliche Theologie ihre Unterwelt nach der Göttin Hel benannte, hatte die Hölle nichts mit Hels göttlichem Schoß der Wiedergeburt gemein. Die alten Völker sahen die Unterwelt nicht in erster Linie als einen Ort der Bestrafung an. Sie war zwar finster, geheimnisvoll und furchteinflößend, aber keineswegs die gewaltige Folterkammer, die die Christen aus ihr machten.

Die Griechen nannten die Unterwelt Erebos, Hades oder Tartaros. Die dort wohnenden Schatten der Toten hatten keine andere Qual zu erleiden als die, über ihren toten Zustand zu trauern. Ohne Blut, Schatten, Stimme und Lebenskraft warteten sie sehnsüchtig auf ihre Wiedergeburt.

Die Unterwelt besaß, ebenso wie die irdische Welt und die himmlische Sphäre, eine eigene Hierarchie. Die Königin Persephone oder Hekate herrschte mit ihrem Gefährten Pluto oder Hades über Höllendiener wie Aeacus, Rhadamantys und Minos, die auf Erden Könige der Hexen und Zauberer waren. Es gab auch Geistwesen wie Hypnos (Schlaf), Morpheus (Träume) und Thanatos (Tod).[1] In manchen Vorstellungen, wie z. B. in der mittelalterlichen Vision vom Reich der Feen, war die Unterwelt ein Ort sinnlicher Freuden. Im Elysium, dem Land der Seligen, wurden die Seelen der Entrückten von den göttlichen Nymphen der Großen Göttin umsorgt.

Wie der ägyptische Unterweltsgott Seker oder Amen galt Hades als der »Unsichtbare«: der allgegenwärtige verborgene Gott während seiner Zeit in der Gebärmutter der Erde. Diese Zeit wurde auch die schlafende oder tote Phase der Schwarzen Sonne genannt. Als Herr der Unterwelt oder Herr des Todes hatte er auch die Funktion eines phallischen Gottes, der den »Schlüssel« zur yonischen Pforte des unterirdischen Reiches besaß. Sein himmlisches Pendant Petra (Peter) besaß den Schlüssel zur Perlenpforte der Himmlischen Aphrodite. Der Unterweltgott ließ seinen Samen in die Felsen fließen, wo dieser zu wertvollen Edelsteinen erstarrte – eine westliche Version des Edelsteins in der Lotosblume; er galt deshalb auch als der Herr des Reichtums. Die Römer riefen Hades mit dem Namen Dis an, einer verkürzten Form von *dives*, »reichströmend«.[2] Den meisten Erlöser-Göttern, die die »Hölle eggten« oder die Erde pflügten, wurde die Fähigkeit zugesprochen, den Weg zu verborgenen Schätzen zu kennen, eine Gabe, die der christliche Teufel von ihnen erbte.[3]

Die Ägypter nannten ihre Unterwelt Amenti, Khert-Neter, Neter-Khertet oder Duat. Sie war sowohl Hölle wie Paradies, ein Ort des Gerichts wie ein Ort der Wiedergeburt. In der Religion der Ägypter stand nicht die Bestrafung der Sünden im Vordergrund. Der Erlöser Osiris erschien nicht, um die Menschen von endlosen Qualen, sondern vom Tod zu befreien.[4] Die Ägypter fürchteten den Tod, den sie ein »Scheusal« nannten und dem sie, um ihm zu entgehen, die meisten religiösen Zeremonien widmeten.[5]

Die Christen sahen in den ägyptischen Bildern von »den Bösen«, die in der Unterwelt in Feuergruben vernichtet werden, Darstellungen von Qualen der verdammten Seelen. Bei diesen »Bösen« handelte es sich aber nicht unbedingt um Menschen. Sie waren übernatürliche Feinde des Sonnengottes: die Geister der Finsternis, des Nebels und der Stürme. Die Feuergruben symbolisierten anscheinend die brennenden, roten Wolken des Sonnenauf- und untergangs. Selbst wenn es sich bei den Gemarterten um verstorbene Menschen handelte, dauerte die Qual des Verbrennens nicht ewig an.

> *Die Ägypter glaubten nicht an das Fegefeuer oder eine ewig dauernde Bestrafung. ... Jeden Tag wurden die Bösen getötet, und das Feuer verzehrte ihre Körper. Aber täglich traten neue Opfer in die Unterwelt ein, und so waren die rächenden Götter jeden Tag beschäftigt. Die Feuergruben füllten sich täglich mit neuen Opfern. Es gibt in den Überlieferungen keinen Beleg dafür, daß die Ägypter glaubten, das Verbrennen eines Opfers könnte ewig andauern.*[6]

Die Vorstellung von der ewigen Höllenqual kam mit den asketischen, patriarchalischen Religionen, wie z. B. dem zarathustrischen Parsismus, auf. Die männliche Beschäftigung mit der Qual, ein psychischer Auswuchs des harten und strengen asketischen Lebens, stand in krassem Gegensatz zur matriarchalischen Beschäftigung mit den Freuden des Lebens. Es gibt Grund genug zu der Annahme, daß die widerlichen Höllenmartern in erster Linie zur Einschüchterung der Frauen erfunden wurden, damit sie den neuen patriarchalischen Gesetzen gehorchten.

Zarathustrische Priester versicherten, daß den Ehebrecherinnen in der Hölle die Brüste mit eisernen Kämmen aufgerissen würden. Zänkische Frauen zwinge man, glühend heiße Öfen abzulecken, untreue Frauen hänge man an einem Bein auf, und in ihre Körper fräßen sich dann Skorpione, Schlangen, Ameisen und Würmer.[7] Eine ähnliche Vision inspirierte Matthias Grünewald zu seinem mittelalterlichen Gemälde von den Höllenqualen, die auf diejenigen warteten, die das Verbrechen der Liebe begangen hatten.[8] Aber selbst die Perser glaubten nicht daran, daß die Qualen der Hölle ewig währten. Diese Vervollkommnung der Grausamkeit blieb den Christen überlassen.

Die Juden übernahmen die persische Hölle als einen Ort der Bestrafung für die Mehrheit der Frauen, die als hoffnungslos unwürdig für den Himmel des Gottvaters befunden wurde. Männern drohte dann die Hölle, wenn sie überflüssige Konversation mit ihren Ehefrauen betrieben oder den Rat einer Frau angenommen hatten.[9] Der weibliche Schöpfungsstrom Gihon verwandelte sich in **Gehenna**, den jüdischen Höllenfluß des Feuers, dessen Name manchmal auf die ganze Unterwelt übertragen wurde. Das Königreich Gehenna war 60mal größer als die Welt. Jeder seiner »Paläste« hatte 6000 »Häuser« und jedes Haus enthielt 6000 Gefäße mit Feuer und Galle, die die Sünder erwarteten. Der Fürst von Gehenna hieß Arsiel. Sein Vorbild war der chaldäische Aciel, »die Schwarze Sonne«, eine böse Gottheit, deren Gegenspieler der Gott des Lichts im himmlischen Reich war.[10]

Die jüdisch-christliche Tradition bevölkerte die Hölle mit vielen biblischen *baalim*, selbst mit jenen, die Jahweh ursprünglich gleichgestellt gewesen waren: Behemoth, Leviathan, Baal-Peor, Baal-Zeebub, Baal Rimmon, Belial, Asmodaios, Moloch, Luzifer, Satan, Tammuz, Dagon, Nehushtan, Chemosh (Shamasch), Appollyon und sogar Baal-Berith, der »Gott der Verheißung.« Diese wurden mit den Göttinnen und Göttern der antiken Religionen vereinigt: Hades, Pluto, Diana, Persephone, Hermes, Python, Hekate, Minerva, Venus, Kybele, Attis, Jupiter, Neptun, Saturn, Adonis, Pan, Lamia, Medusa und Lilith, und hinzu kamen noch alle heidnischen Göttinnen und Götter der KeltInnen und GermanInnen. Selbst jene Gottheiten, die man mit Hilfe erfundener Legenden zu Heiligen machte, um ihre alten Heiligtümer in Kirchen umwandeln zu können, wurden oft gleichzeitig dämonisiert und als Teufel in die Hölle verwiesen.

Im Mittelalter gab es die merkwürdige Vorliebe, Dämonen zu identifizieren, zu klassifizieren und zu benennen. Die Kenntnis ihrer Namen war für die Zauberei und Hexerei unerläßlich. Ein Exorzist konnte nichts ausrichten, bevor er nicht den Namen des Dämonen, den er austreiben wollte, kannte. Wie die Evangelien berichten, mußte selbst Jesus zunächst die Namen der Gerasener Teufel kennen, bevor er sie vertreiben konnte (Markus 5, 9). So füllten sich die Listen der Dämonennamen aus vielen Quellen.

Eine der interessantesten gelehrten Abhandlungen über die Hölle war Johann Weyers *Pseudomonarchia Daemonum*, die im 16. Jahrhundert veröffentlicht wurde, als Weyer dem Herzog von Kleve als Heiler und Wahrsager diente. Nach Weyers Aussagen gab es genau 7405926 Dämonen, die er in 72 Gruppen unterteilte. Diese Zahlen wurden bereits im Talmud genannt.[11] Der oberste Herr des Höllenreiches und der Gründer des Ordens der Fliege war Beelzebub (Baal-Zebub), der frühere Herr der Fliegen der Philister. Zu seinen Leutnants gehörten Satan, der Anführer des Widerspruchs, Pluto, der Fürst des Feuers, Moloch, Fürst des Tränenlandes und Großkreuzträger des Ordens der Fliege, Baal, der Oberbefehlshaber der Höllenarmee und ebenfalls ein Großkreuzträger des Ordens der Fliege, und Luzifer, der oberste Richter der Hölle.

Baal-Berith, der ehemalige Gott der Verheißung, war Minister für Teufelspakte. Nergal, der Gemahl der babylonischen Unterweltgöttin Ereshkigal, wurde zum Leiter der Geheimpolizei ernannt. Zur königlichen Hofhaltung gehörten Melchom (Milcom) als Zahlmeister und Dagon, einst ein Gott der Philister, als Groß-Truchseß. Der hebräische Elefantengott Behemoth (ursprünglich Ganesha, der Vater Buddhas) war Groß-Mundschenk. Unter den Meistern der Orgien besetzte Asmodoios die Stelle des Oberaufsehers der Kasinos. Der Antichrist war ein nur unbedeutender Zauberkünstler und Mime.[12]

Zur Höllenhierarchie gehörten Niederlassungen in verschiedenen europäischen Ländern. Thamuz, oder Tammuz, war Botschafter in Spanien. Baal-Rimmon, der phönikische »Herr des Granatapfelbaums«, war Botschafter in Rußland. Der Botschafter in England war Mammon, dessen Berufung die Ressentiments der Kontinentalbewohner gegen die handelseifrigen Engländer widerspiegelte.

Die herrschenden Vorurteile gegenüber den Geschlechtern übertrugen sich ebenfalls auf die Bewohner der Hölle. Unter den regierenden Geistern der Hölle gab es nur einen weiblichen Geist: Proserpina, die sogenannte Haupt-Teufelin und die höchste Fürstin der boshaften Geister. Astaroth (Astarte) war nur in männlicher Gestalt, als ein »Herzog« der Hölle und deren Groß-Schatzmeister, vertreten. Die Göttin Belili erschien in Gestalt zweier männlicher Wesen als Belial und Belphegor, den Botschaftern der Hölle in der Türkei und in Frankreich.

Auch der nach dem Vorbild von Weyers *Psychomonarchia* verfaßte *Dictionnaire infernal* des Collin de Plancy zählte maskulinisierte Formen von ehemaligen Göttinnen auf. Er zeigte z. B. Abbildungen der männlichen »Dämonen Ashtoreth und Eurynome«. Alexis de Terreneuve du Thym machte in seiner Auflistung der Höllenbewohner sogar Lilith zu einem männlichen »Fürsten« der Hölle. Er nannte in einem Atemzug: »Beelzebub, der oberste Anführer; Satan, der entthronte Fürst; Eurinome, Fürst des Todes; Moloch, Fürst des Tränenlandes; Pluto, Fürst des Feuers; Pan, Fürst der Incubi; Lilith, Fürst der Succubae; Leonard, Großmeister des Sabbat; Daalberith (Baal-Berith), der Hohepriester; und Proserpina, die Haupt-Teufelin.«[13]

Die eifrigen Nachfolger Weyers verstanden jedoch nie, daß die *Pseudomonarchia* in Wirklichkeit als geistreicher Scherz gedacht war, als eine Karikatur der irdischen Hierarchien. Humor und Skepsis waren dem Zeitalter des Glaubens, in dem das Gelehrtenwissen auf Leichtgläubigkeit basierte, in gleicher Weise fremd. Es war ein kindliches Zeitalter. Generationen von Möchtegern-Weisen und -zauberern widmeten Weyers Spottschrift ernsthafte Studien, um in ihr die notwendigen Dämonennamen für ihre magischen Künste zu finden.

Weyer verspottete aber nicht nur die christliche Hierarchie, er setzte sich auch für Hexen ein. Nachdem er als Arzt einige Opfer der Inquisition hatte untersuchen müssen, bezeichnete er sie als harmlose, irregeleitete Frauen, die nicht für ihre unter der Qual der Folter herausgepreßten Aussagen verantwortlich gemacht werden könnten. Sein Versuch, den Folterungen und Verbrennungen Einhalt zu gebieten, blieb erfolglos. Dafür warf man ihm häretisches Denken und anstößiges Verhalten vor. Pater Bartolomeo da Spina verspottete Weyer mit plumper Ironie: »Erst kürzlich ging der Satan im Putz eines großen Fürsten zu einer Sabbatfeier und erzählte den versammelten Hexen, daß sie sich keine Sorgen zu machen brauchten; denn dank Weyer und seiner Anhänger liefen die Geschäfte des Teufels hervorragend.«[14]

Aber die Hölle war kein Scherz. Hinter ihr verbargen sich die wohl grausamsten Fantasien, die jemals von Menschen ersonnen wurden. Die Beschreibungen und Gemälde von Höllenqualen zeugen von einem unglaublich perversen Sadismus. Nach Berthold von Regensburg sollten sich die sündigen Menschen ihre Höllenstrafen als die Pein eines weißglühenden Leibes in einem weißglühenden Universum vorstellen. »Laß sie die Sandkörner der Meeresstrände zählen, laß sie jedes Haar zählen, das den Menschen und den Tieren seit den Zeiten Adams gewachsen ist, laß sie für jedes Haar ein Jahr ihrer Pein rechnen, und selbst dann werden die Sündigen erst am Anfang ihrer ewig währenden Qualen stehen.«[15] Martin von Braga sagte, daß jeder, der das Christentum verleugne, »mit seinem Körper dem ewigen Höllenfeuer, den unauslöschbaren ewigen Flammen ausgesetzt sein wird … und solch ein Mensch wird sich danach sehnen, noch einmal zu sterben, um diese Marter nicht länger zu spüren. Aber es wird ihm nicht erlaubt sein.«[16]

Die Kleriker behaupteten, das Feuer der sexuellen Leidenschaft würde sich in das Feuer der Hölle verwandeln, das vom Atem Gottes zu einer glühenderen Falmme als jede irdische Flamme angefacht werde. Jeder Schweißtropfen einer verdammten Seele würde das lebendige Fleisch wie ein Pfeil durchdringen und brennen wie Säure. Die Menschen sollten sich den Schmerz ausmalen, diesen Schweiß in Ewigkeit auf ihrer Haut zu spüren.[17] Die Geschichte vom Schweiß der Sünder war das ganze Mittelalter hindurch verbreitet. Sie war möglicherweise von einer Passage des Mahabharata inspiriert: »Als der Herr der Götter, dessen Energie grenzenlos ist, zornig wurde, bildete sich ein fürchterlicher Schweißtropfen auf seiner Stirn; und als dieser Schweißtropfen zur Erde gefallen war, erschien ein gewaltiges Feuer, gleich dem Feuer des Weltgerichts.«[18]

Die Theologen beharrten darauf, daß die Freude der Erlösten im Himmel erst dann vollkommen sei, wenn sie sich an den Leiden der Verdammten in der Hölle weiden dürften; dies war vielleicht der abstoßendste Gedanke an der Höllenvision. Der heilige Gregor der Große nahm mit erschreckender Selbstverständlichkeit an, daß die »guten« Menschen im Himmel nicht das geringste Mitleid fühlen würden. Der heilige Thomas von Aquin schrieb: »Damit der Glückseligkeit der Erlösten im Himmel nichts fehlt, wird ihnen ein freier Blick auf die Qualen der Verdammten gewährt.« Andere Kirchenväter erklärten, daß es die größte Freude der Seligen sei, sich in die Göttliche Essenz zu versenken, die zweitgrößte Freude aber sei es, die Verdammten dabei zu beobachten, wie sie sich in der Hölle winden. Die Erlösten könnten für die Qualen ihrer verstorbenen Angehörigen und Freunde kein Mitleid empfinden, weil ihre Ansichten immer mit denen Gottes übereinstimmten, und Gott sich offensichtlich an der Pein der Sünder weide.[19]

Thomas von Cantrimpé sprach von einigen »einfachen Gemütern«, die sich darum sorgten, ihre früheren Freunde und Verwandte in der Hölle leiden sehen zu müssen. Er bezeichnete diese Sorgen als närrisch, weil es im Himmel keinen Kummer geben könne. Dabei berief er sich auf die heilige Marie d'Oignies, die in einer Vision sah, daß ihre Mutter zu den Verdammten zählte und daraufhin sofort aufhörte, um sie zu trauern.[20]

Der heilige Bernhardin von Siena erklärte, daß im Himmel Vollkommenheit herrschen müsse und keine Vollkommenheit erreicht werden könnte, wenn nicht auch »das Klagen der Verdammten in angemessener Weise vernehmbar sei«. Nur eine Handvoll Menschen wären gut genug, um erlöst zu werden. Die große Mehrheit aber würde in die Hölle verbannt. Dies war die offizielle Auffassung.

Raymundus Lullus wurde als Häretiker verurteilt, weil er gelehrt hatte, daß die Gnade Christi fast alle Menschen retten würde. So barmherzig war Christus nicht. Die Mutter Maria dagegen war, wie eine christliche Legende aus Äthiopien erzählt, sehr betrübt über den Anblick ihrer im Höllenfeuer leidenden Verwandten. Deshalb bat sie Gott darum, der Menschheit zu deren Rettung Heilige Schriften zu schenken.[21]

Thomas von Cantrimpé Gelehrter und Enzyklopädist des 13. Jahrhunderts, Verfasser von *On The Nature Of Things* [Über die Natur der Dinge].

Der heilige **Bernhardin von Siena** (1380–1444) Franziskanischer Gelehrter, Theologe und Wanderprediger; er wurde 1450, sechzig Jahre nach seinem Tod, kanonisiert.

Raymundus Lullus (eigentlich Ramón Lúll), ein katalanischer Philosoph des späten 13. Jahrhunderts und Verfasser zahlreicher mystischer Schriften in katalanischer, arabischer und lateinischer Sprache. Lullus wurde bei den Franziskanern als *Doctor Illuminatus* verehrt und galt in einigen Gegenden als Heiliger. Er wurde niemals offiziell in den Heiligenkanon aufgenommen, obwohl Papst Pius IX. seinen *cultus* im Jahr 1858 bestätigte.

Die Inquisition mit ihren Folterungen und Verbrennungen setzte den Sadismus der Höllenfantasien nur zu anschaulich in Szene. Der Inquisitor Bodin sah sogar das langsame Verbrennen, verglichen mit dem, was im Jenseits folgen würde, als eine geringfügige Strafe an.[22] Er sagte: »Gleichgültig, welche Strafe man über Hexen verhängt, ob man sie bei schwacher Flamme röstet oder kocht, sie ist nicht wirklich schlimm und keineswegs so schrecklich wie das Leid, das ihnen der Satan im Diesseits bereitet. Ganz zu schweigen von den ewigen Qualen, die in der Hölle auf sie warten; denn das Feuer des Scheiterhaufens kann nicht viel länger als eine Stunde brennen, gerade so lange, bis die Hexen gestorben sind.«[23] Natürlich mußten die Hexen, die so gnädig getötet wurden, zuvor häufig über Wochen, Monate und sogar Jahre hinweg unerträgliche Folterungen erleiden.

Der Inquisitor Nicholas Remy sagte, daß Hexen »mit Recht jeder Art der Folterung unterworfen und dem Flammentod übergeben werden, weil ihre Verbrechen mit einer angemessenen Bestrafung gebüßt werden müssen, und weil ihr schreckliches Ende anderen als ein warnendes Beispiel dienen soll«. Damit den Kindern der Hexen das Ereignis nachhaltig in Erinnerung blieb, wurden sie ausgezogen und mit Ruten um die Scheiterhaufen herumgejagt, auf denen ihre Mütter verbrannten.[24] Die Inquisitoren hegten ganz offensichtlich eine Abneigung gegen Kinder. Sie ließen »Hexen« im Alter von 10 oder 12 Jahren und jünger verbrennen.[25] 1629 wurden in Würzburg erst sieben Jahre alte Kinder wegen Hexerei hingerichtet. Dazu kamen viele andere Kinder im Alter von 10, 12, 14 und 15 Jahren.[26]

Das Ausmalen der Höllenqualen diente bis in das 19. Jahrhundert hinein als eine angemessene und bequeme Erziehungsmethode, um Kindern »Gottesfurcht« einzuflößen. Pater Furniss trug in *Sight of Hell* [Anblicke der Hölle] lehrreiche Fantasien für junge Menschen zusammen:

> *Von zwei jungen, sechzehnjährigen Mädchen sorgte das eine sich nur um ihre schönen Kleider. Sie ging am liebsten in eine Tanzschule und wagte es, sich sonntags im Park zu vergnügen, anstatt die Heilige Messe zu besuchen. Dieses junge Mädchen steht jetzt auf einer Stelle fest und wird in alle Ewigkeit dort stehenbleiben, mit nackten Füßen auf rotglühendem Boden. Das andere Mädchen spazierte nachts auf den Straßen und trieb sehr sündhafte Dinge. Nun dringen ihre qualvoll ausgestoßenen Schreie aus einem brennenden Ofen. Eine besonders schreckliche Qual hat ein Junge zu erleiden, der sich gern mit schlechter Gesellschaft umgab, zu faul war, die Messe zu besuchen, und noch dazu trank. Nun steht er bis zum Hals eingetaucht in einem kochenden Kessel, und Flammen der Rache züngeln aus seinen Ohren heraus. Weil ein Mädchen sich anstößig verhalten hatte und gern ins Theater ging, kocht jetzt das Blut in ihren Adern. Du kannst es hören, und auch, wie das Mark in ihren Knochen siedet und das Gehirn in ihrem Kopf sprudelt. »Denke daran«, sagt der barmherzige Pater, »wie qualvoll die Kopfschmerzen dieses Mädchens sein müssen!«*[27]

Der holländische Theologe Dirk Camphuysen lehnte eine so rohe Erziehung junger Menschen ab. Er glaubte, sie wirke eher beunruhigend auf sensible Menschen als abschreckend auf sündige. Da es unmöglich war, sich von jeder Sünde frei zu halten, entwickelten einige Menschen über das, was sie am Tag des Jüngsten Gerichts erwartete, eine ganz persönliche Vorstellung. Diese »führt notwendigerweise zu einer großen Furcht und Seelenangst, so daß das Leben für diese Menschen zum Schrecken wird, und sie sich selbst den Tod geben. Davon zeugen nicht wenige Beispiele, und einige dieser Fälle sind mir persönlich bekannt. Andere gehen nicht so weit, Selbstmord zu begehen, aber sie verfallen in einen Zustand der Melancholie und Verzweiflung, der manchmal im Wahnsinn endet.«[28]

John Wesley vertrat die unerbittliche Ansicht, daß die ganze christliche Religion ausschließlich vom Schreckensbild der Hölle abhänge. »Ohne das unauslöschbare Feuer und das ewig andauernde Verbrennen« seien alle Lehren des Neuen Testaments Lügen, und es gebe keinen Grund, an die Offenbarung des Himmels zu glauben.[29] Dem widersprachen jedoch andere Theologen. Johann Cloppenburg sagte 1682: »Es ist absurd, daß Gottes Zorn in Ewigkeit anhalten soll, und daß er die im Diesseits begrenzten Sünden der Geschöpfe mit einer endlosen Sühne belegt.«[30]

Einige Denker behaupteten, nur ein böser Gott könne eine so grausame Hölle schaffen und den Menschen bewußt in sie hineinstürzen lassen, obwohl er doch die Macht habe, dies zu verhindern. Um dieser Logik entgegenzuwirken, entwickelte die Kirche die Lehre vom **Freien Willen**. Aber, wie Bayle zeigte, war ein im Menschen vorausgesetzter »absolut freier Wille nicht dazu geeignet, die Hölle oder das Problem der Theodizee im allgemeinen zu rechtfertigen«. Der freie Wille des Menschen »spricht Gott nicht davon frei, für die Sünden, die er bestraft, am Ende verantwortlich zu sein, es sei denn, er ist weder allwissend noch allmächtig. ... Wenn er vor der Schöpfung voraussah, daß die meisten Menschen ihren freien Willen mißbrauchen und Sünden begehen würden, hätte er es unterlassen können, sie zu erschaffen.«[31] Die gleiche Ansicht hatte 2000 Jahre zuvor bereits der Autor der Esra-Apokalypse entwickelt. Er fragte, warum Gott sich überhaupt mit der Erschaffung Adams befaßt hätte, wenn er ihn nicht von der Sünde abhalten konnte.

Im Ringen um das Problem der Verantwortung Gottes für die Hölle kamen die Theologen des 17. und 18. Jahrhunderts, oft von ihrer eigenen Logik gezwungen, zu einem sehr manichäischen Bild vom bösen Gott. Sterry schrieb: »Ein zorniger, rächender Gott ist überhaupt kein Gott, sondern eine Projektion der schlechten menschlichen Leidenschaften. ... Wenn die Sünde ein Bestandteil von Gottes Plan ist, dann kann der Sünder wie der Heilige von sich behaupten, Gottes Willen zu erfüllen.« Jurieu gab zu, daß es völlig unmöglich sei, Gottes Haß auf die Sünde damit in Einklang zu bringen, daß er sie zuließ. Er formulierte Esras Frage noch einmal: »Wenn Gott die Sünde grenzenlos haßt, warum verhinderte er sie dann nicht, da er sie doch voraussah? Warum erschuf er Menschen, die – wie er nur zu gut wußte – sich selbst in die Verdammnis bringen mußten?« Bayle beschrieb Gott als einen »Gesetzgeber, der dem Menschen verbietet, ein Verbrechen zu begehen, diesen aber dennoch in das Verbrechen stürzt und ihn dann in alle Ewigkeit dafür bestraft.« Es mußte sich also um einen Gott handeln, »der kein Vertrauen verdient; um ein betrügerisches, verschlagenes, ungerechtes, grausames Wesen. Er kann nicht länger ein Objekt religiöser

Johann Cloppenburg
Theologe des 17. Jahrhunderts, der Verfasser des *Compendium Socinianismi Confutatum*.

Pierre Bayle
(1647–1706) Französischer Philosoph und Theologe mit calvinistischem oder pseudo-calvinistischem Hintergrund.

Esra-Apokalypse
Eines der apokryphen Bücher, das später aus der Bibel verbannt wurde, aber in der lateinischen Vulgata (4. Jh.) im Anhang zum Neuen Testament noch aufgenommen ist.

Verehrung sein.«[32] Whiston kam sogar zu dem Schluß, daß Gott in den Augen der Menschen allein wegen der Existenz der Hölle verdammt werden müsse.

> *Die heftigen Qualen, die diese ungeheuer zahlreichen und elenden Geschöpfe erleiden, werden ohne das geringste Mitgefühl und Erbarmen ihres eigenen Schöpfers über sie verhängt. Sie müssen in ewigem Feuer, in den Flammen der Hölle, brennen, unendlich viele Zeitalter lang, ohne jede Linderung und ohne jeglichen Strafnachlaß. Und all das Leid nur wegen der Sünden dieses kurzen Lebens, in die der Mensch durch die geheimen Fallstricke des Satans und andere gewaltige Versuchungen hineingeraten ist. Versuchungen, denen er normalerweise auch nicht zuvorkommen, die er nicht vermeiden kann. … Umstände … geschaffen von der absolut höchsten Macht und Herrschaft des grausamen und unerbittlichen Schöpfers seiner Existenz.*[33]

Petersen legte die politischen Implikationen des »Problems« Hölle wie folgt dar:

> *Welche Früchte hat die Lehre von der ewigen Verdammnis bis heute getragen? Sind die Menschen durch sie frommer geworden? Im Gegenteil. Denn als sie das grausame, schreckliche Mißverhältnis zwischen den Höllenstrafen und ihren eigenen begrenzten Sünden erkannten, hörten sie auf, überhaupt noch an etwas zu glauben. Sie hielten die Bücher der Heiligen Schrift für Erfindungen der Priester, die nach ihren eigenen Vorstellungen die in der Hölle drohenden Strafen für die gewöhnlichen Menschen ersannen, um sie so unter ihrer Herrschaft zu halten.*[34]

Indem Gott, Satan, Adam oder irgendeine andere mythische Gestalt für die teuflische Grausamkeit der Hölle verantwortlich gemacht wurde, ließ sich natürlich die Einsicht vermeiden, daß die eigentlichen Erfinder der Hölle die Menschen selbst waren. Östliche Weise sprachen diese Erkenntnis offener aus: »Die Qualen der Hölle sind morbide Fantasieerzeugnisse des einzelnen Menschen.«[35] Die Vorstellungen des einzelnen Menschen waren jedoch von der Gesellschaft beeinflußt – im Fall der Hölle also von der Kirche. In Chaucers *Canterbury Tales* weist der Büttel verschlagen darauf hin, daß Bettelmönche in dem Ruf stünden, besonders vertraut mit der Hölle zu sein, und stets so täten, als sei ihnen die Hölle bestens bekannt. Das sei, läßt Chaucer den Büttel süffisant hinzufügen, auch kein Wunder, denn der Unterschied zwischen einem Bettelmönch und dem Teufel sei nur gering.[36]

Geoffrey Chaucer (etwa 1340–1400) schuf mit seinem Hauptwerk, den *Canterbury Tales*, einem Zyklus von Versnovellen, die bedeutendste englische Dichtung des Mittelalters.

Obwohl der Gedanke selten Anerkennung findet, gibt es viele Anzeichen dafür, daß die christliche Höllenvision mit all ihren sadistischen Schrecken hauptsächlich aus der Enttäuschung der Christen über das Christentum entstand. Es *mußte* eine Hölle geben, denn sonst konnte die »Erlösung« niemanden erlösen. Und doch will es scheinen, als ob viele Menschen nur dafür in die Hölle verbannt wurden, daß sie eben Menschen waren. William Blake sagte, für den Engstirnigen erweise selbst die Liebe ihren Ursprung in der tiefsten Hölle.[37]

Die Gelehrten waren schließlich gezwungen, die Vorstellung von der Hölle aufzugeben, weil Gott durch sie rachsüchtiger als der Mensch erschien. Dennoch wagten es nur wenige, einzuräumen, daß die von der Kirche so betonte Rachsucht Gottes in Wirklichkeit allein die des Menschen war. Shaftesbury hielt es für undenkbar, einen Gott anzubeten, »dessen Charakter bedrohlich erscheint, der von starkem Unwillen und

Groll geprägt und dem Zorn und der Rache zugeneigt ist; einen rasenden, rächenden Gott ... mit arglistiger Veranlagung, der die Menschen zur Falschheit und Hinterlist treibt und nur wenigen Menschen, manchmal aus geringfügigem Anlaß, günstig gewogen ist, die anderen aber grausam behandelt.« Bayle sprach von der Unmöglichkeit, »einen guten und allmächtigen Gott« von der Verantwortung für das Böse in der Welt freizusprechen, wenn er doch die Menschen für das Böse leiden ließ. Das Problem werde »unendlich schwieriger, wenn er auch noch von der Verantwortung für das Leiden und die Verruchtheit des Jenseits freigesprochen werden soll«.[38]

1. *Larousse*, 166. 2. Cavendish, P. E., 119. 3. Rose, 240. 4. Budge, G. E. 1, 264. 5. Budge, B. D., 550. 6. Ebd., 161. 7. Campbell, Oc. M., 199. 8. Hughes, 203. 9. Cavendish, P. E., 146. 10. Budge, G. E. 1, 275. 11. Wedeck, 94. 12. Waite, C. M., 186–187. 13. Givry, 132, 141. 14. Castiglioni, 253. 15. Coulton, 18. 16. J. H. Smith, D. C. P., 241. 17. Jacobus d.V., 649, 651. 18. O'Flaherty, 121. 19. H. Smith, 206. 20. Cavendish, P. E., 153. 21. Coulton, 18–20; Budge, A.T., 196. 22. Sprenger & Institoris, 79. 23. Robbins, 179. 24. Cavendish, P. E., 213. 25. R. E. L. Masters, 271; Summers, G.W., 488–491. 26. Robbins, 554f. 27. H. Smith, 376. 28. Walker, 90. 29. Cavendish, P. E., 139. 30. Walker, 84. 31. Ebd., 47. 32. Ebd., 112, 119, 195, 201. 33. Ebd., 99–100. 34. Ebd., 244. 35. Waddell, 89. 36. Chaucer, 321 (dt. 325). 37. Wilson, 227. 38. Walker, 49, 185.

Honig

Als eines der wenigen Konservierungsmittel, das neben dem **Salz** im Altertum bekannt war, diente der Honig weithin als Substanz der Wiederauferstehungsmagie. Zwischen 3500 und 1750 v. Chr. wurden in Kleinasien die Toten zur Vorbereitung ihrer Wiederauferstehung in Honig einbalsamiert und in Fötusstellung in die Begräbnisvasen, die sogenannten *pithoi*, gelegt. »In den Honig fallen« wurde zu einer verbreiteten Metapher für »sterben«.[1] Der *pithos* repräsentierte den Schoß der Göttin in ihrer Personifikation als Pandora, »Allgeberin«, zu deren heiliger Substanz der Honig wurde.

Viele Mythen enthielten das symbolische Versprechen, die Göttin würde die Toten mit Hilfe ihres magischen »Bienen-Balsams« wieder zum Leben erwecken. Demeter wurde als die »reine Mutter Biene« angebetet, und bei ihrem Fest Thesmophoria wurden Honigkuchen in Form des weiblichen Genitals gezeigt. Das Symbol der Aphrodite von Eryx war eine goldene Honigwabe.[2] Ihre Priesterinnen hießen Melissa, »Bienenkönigin«. Den gleichen Titel trug die jüdische Königin Debora, die Priesterin der Aschera, deren Name ebenfalls »Biene« bedeutete.[3]

> *Daher erscheint nun die Biene mit Recht als Darstellung der weiblichen Naturpotenz. ... An den syrakusischen Thesmophorien werden sogenannte »mylloi« herumgetragen. Sie sind aus Sesam und Honig bereitet und geben das Bild der weiblichen Geschlechtsteile, ein Gebrauch, mit welchem Menzel in der sehr lesenswerten Monographie über die Bienen die indische Sitte, bei Hochzeiten die Genitalien der Braut mit Honig zu bestreichen, passend zusammenstellt.*[4]

Bienen werden auch heute noch als *hymenoptera*, »schleierbeflügelt«, beschrieben. Das Wort geht zurück auf das *hymen* oder den Schleier, der das innerste Heiligtum des Tempels der Göttin abgrenzte und seine physische Entsprechung im Körper der Frau hatte. Die Defloration galt als ein rituelles Durchdringen dieses Schleiers unter den Hochzeitsgesetzen der Göttin, die in ihrer Eigenschaft als Beschützerin von Hochzeitsnacht und »Honigmond« Hymen genannt wurde.

Der *Honeymoon* umfaßte den Zeitraum eines Mondzyklus, meistens im Mai, dem Monat der Liebe, der nach der Göttin in ihrer Variante als Jungfrau Maya benannt ist.[5]

In archaischer Zeit ist der Heilige König offenbar nach einem 28 Tage währenden Honigmond mit der Göttin getötet worden. Am Ende des Mondzyklus tötete sie ihn, wie die Bienenkönigin ihren Drohnenbräutigam tötet, d. h. indem sie seine Eingeweide und Genitalien herausriß.[6]

In Verbindung mit gewöhnlichen Hochzeiten schloß der einen Mondmonat währende Honigmond eine Menstruationsperiode ein. Hier liegt der eigentliche Ursprung für die euphemistische Bezeichnung »Mond-Honig«. Dem ältesten orientalischen Glauben zufolge fand der Bräutigam durch die Vereinigung mit seiner Braut während ihrer Menstruation zur Quelle des Lebens. Selbst der Große Gott Shiva war machtlos, bevor sein Phallus nicht mit dem Blut der Vagina der Kali Ma, seiner Shakti und Mutter, getauft war. Im tantrischen Ritual hieß sie Maharutti.[7]

Das Gemisch aus Honig und Menstruationsblut galt einst als das universelle Lebenselixier, als der Unsterblichkeit verleihende »Nektar« der Götter, den Aphrodite und ihre heiligen Bienen zubereiteten. In der altnordischen Mythologie gab es ein ganz ähnliches wichtiges Geheimnis. Der Nektar, der den Göttern Weisheit, Inspiration, Bildung, Magie und ewiges Leben schenkte, wurde aus Honig und dem »weisen Blut« des großen Kessels im Bauch der Mutter Erde gemischt. Eine spätere, patriarchalische Bearbeitung des Mythos behauptete dagegen, daß diese *hydromel* oder »Honigflüssigkeit« ein Gemisch aus Honig und dem Blut des männlichen Kultopfers, des sogenannten Weisesten der Männer, sei.[8]

Selbst die strengsten patriarchalischen Kulte konnten offensichtlich nicht auf die lebenspendenden weiblichen Säfte verzichten. Die unverheirateten Priester des Mithra schlossen zwar Frauen aus ihren Tempeln aus, verehrten aber dennoch die Mondgöttin Diana oder Luna, die »den für die Reinigungen benötigten Honig spendete«.[9] Natürlich war es die Mondgöttin, die auch das »weise Blut« des weiblichen Mondzyklus spendete. Porphyrios berichtete von einem in seiner Zeit verbreiteten Glauben, nach dem Bienen Reinkarnationen der Mondnymphen waren.[10]

Porphyrios
(um 234–305 n. Chr.) Griechischer neuplatonischer Philosoph, Gelehrter und Schriftsteller, Biograph des Plotin; Gegner der christlichen Kirche, die schließlich fast alle seine Schriften vernichtete.

Die finnische Mythologie kennt den Heroen Lemminkainen, der wie ein Kultopfer in Stücke gerissen und nach Manala, dem unterirdischen Reich der Totengöttin Mana, geschickt wurde. Seine eigene Mutter gab ihm mit Hilfe ihres Zauberhonigs das Leben zurück, wobei ihr ihr weiblicher Schutzgeist, Mehilainen die Biene, assistierte.[11]

Frühchristliche Ophiten zelebrierten das dem tantrischen Brauch ähnelnde »Liebesfest«, bei dem Menstruationsblut getrunken werden mußte. Angeblich mischten die Ophiten das Blut mit Honig.[12] Sie vermischten auf diese Weise zwei der drei Substanzen – die dritte war das Salz –, die am häufigsten mit der Auferstehung und Wiedergeburt assoziiert wurden.

1. Neumann, G. M., 267. 2. Graves, G. M., 18.3. 3. Sobol, 138.
4. Bachofen, 295f. (dt. 114f.). 5. Graves, W. G., 179. 6. Ders., G. M., 18, 3.
7. Edwardes, 50. 8. *Larousse*, 257. 9. Cumont, M. M., 112. 10. Lys, 50.
11. *Larousse*, 301f. 12. Campbell, C. M., 160.

Horen

In Ägypten hießen sie »Gebieterinnen der Stunde«, in Persien *houris* und in Babylon *harines*; bei den SemitInnen waren sie die *hor* (Loch) genannten »Huren«, die Stammütter der Horiten.

Aphrodites himmlische Nymphen, die die Stundentänze aufführten, Geburtshelferinnen der Götter waren und die irdischen *horae* (Huren-Priesterinnen) bei deren Aufgabe, Männer in die sexuellen Mysterien einzuweisen, inspirierten. Bei dem heute noch als *hora* bezeichneten Tanz imitierte die Priesterin den Tierkreis-Umlauf der »Horen« (Stunden). Die Zeitmessung wird aufgrund des von den alten Priesterinnen der Großen Göttin erfundenen Systems *Horologie* genannt. (Siehe **Prostitution**.) Die Horen waren »die Schönen und Reinen, die Mütter aller Dinge, die in festgelegter Reihenfolge Tag und Nacht, Sommer und Winter aufeinanderfolgen lassen, so daß sich die Monate und Jahre langsam füllen«.[1]

1. Jonas, 258.

Hörner

Das gehörnte Haupt war wohl das auffälligste äußere Merkmal eines göttlichen Wesens. Die Masken und Kronen der verkörperten Gottheiten zeigten oftmals Abbildungen gehörnter Tiere: Stiere, Ziegenböcke und Hirsche. Die Hörner waren eng mit den ältesten tantrischen Vorstellungen von männlicher Lebenskraft verknüpft: durch die Unterdrückung der Ejakulation stieg demnach mystische Energie das Rückgrat empor und gelangte so in den Kopf, wo sie sich – durch Hörner dargestellt – als Weisheit und magische Kraft entfaltete.

> *Exkreszenzen am Kopf kommt außerordentliche Bedeutung zu. Gehörnte Tiere sind besonders heilig, weil sie den augenscheinlichen Beweis mit sich führen, daß ihr »Kopfschmuck« bis zur Veräußerlichung entwickelt ist. Stiere, Widder und Ziegenböcke sind diesbezüglich besonders gut ausgestattet; das gleiche gilt für Hirsche. In der westlichen Welt finden sich umfassende Sprachzeugnisse, die den Zusammenhang zwischen Hörnern und männlicher Sexualität belegen. Auf indischen Miniaturen und Elfenbeinschnitzereien des 17. und 18. Jahrhunderts werden gehörnte Tiere häufig als Symbol für das Begehren einer schönen Waldjungfrau benutzt.*[1]

Der Bibel zufolge trug Jahwehs Altar Hörner. Zuweilen wurde er als phallischer Stein bezeichnet, zum Beispiel als der »Fels, der dich gezeugt hat« (Deuteronium 32, 18). Jahweh galt als identisch mit El, »dem obersten Gott des semitischen Pantheons«, der als Gatte der göttlichen Kuh Mari-Asherah die Hörner eines Stieres trug.[2] Er konnte, wie Zeus und Apis, die Gestalt des weißen Mond-Stiers annehmen; dieser Zug wurde möglicherweise von der totemistischen Inkarnation Shivas in der Gestalt des weißen Stiers Nandi (»der Gesegnete«) übernommen.

Vulgata
»Die allgemein Verbreitete«, eine im 4. Jahrhundert durch Hieronymus erstellte und in der katholischen Kirche heute noch gültige lateinische Übersetzung der Bibel.

Der weiße Mond-Stier scheint eine der Erscheinungsformen des Mondgottes Sin gewesen zu sein. Mose erstieg den heiligen Berg Sinai und kehrte zum Zeichen seines Zusammentreffens mit dem Gott »gehörnt« zurück. In der üblichen Übersetzung dieser Stelle heißt es, er stieg von Sins Berg mit »strahlendem Gesicht« herab, aber im Hebräischen kann das entsprechende Wort sowohl einen »gehörnten« als auch einen »strahlenden« Kopf bezeichnen.[3] In der Vulgata lautet die Bibelstelle *cornuta fuit facies eius*, sein (Moses) Angesicht war gehörnt. Michelangelo bezog sich auf diese Fassung: seine berühmte Mose-Statue ist gehörnt, wie ein Satyr.[4]

Der gehörnte Gott war so alt wie die Steinzeit. In der frühesten sakralen Kunst finden sich allenthalben Abbildungen von Männern mit den Hörnern eines Stieres, Hirschen, Widders oder eines Ziegenbocks; dieses Merkmal zeichnete den Schamanen, den heiligen König, den Priester oder das geweihte Opfer aus.[5] Gehörnte Tiere wurden auch häufig mit Darstellungen der Muttergottheit in Verbindung gebracht.[6] Die Mythen aller späteren Zeiten erwähnten den Gehörnten Gott neben der Großen Göttin: So etwa Aktaion als Hirsch, Pan als Ziegenbock, Dionysos und Zeus als Stiere, Ammon als Widder und die unzähligen Verbindungen dieser Figuren mit menschlichen Gestalten. Der teutonische Heroe Sigurd (oder Sigfrid) war zeitweise ein Mann, zeitweise ein Hirsch und als solcher der Gefährte der Weißen Hirschkuh, die Männer auf geheimnisvolle Abenteuerfahrten geleitete. Er fand seine Mutter-Braut in Gestalt einer Walküre, die an ihrem geheimen Ort Hinderfjall (»Berg der Hirschkuh«) schlief.[7] Später wurde er im Wald als gejagter Hirsch von Pfeilen durchbohrt und starb – genau wie Aktaion, der Herr der Jagd und dessen mittelalterliche Entsprechung, der Gehörnte Gott der Hexen.

Die Menschen des Mittelalters hielten es für durchaus möglich, daß einem menschlichen Wesen wirkliche Hörner wachsen konnten. Das Spektrum der Ursachen, die sie dafür annahmen, reichte von der Verbreitung von Lügen (Lügner wurden mit dem Teufel als Vater der Lügen gleichgesetzt) bis hin zu den sprichwörtlichen Hörnern des **Hahnreis**. Agrippa von Nettesheim bot für den Fall des italischen Königs Cyprus, dem angeblich über Nacht Hörner gewachsen waren, eine pseudowissenschaftliche Erklärung an: Jener hätte die ganze Nacht hindurch von kämpfenden Stieren geträumt, wodurch »seine Wachstumskraft, angestachelt durch die Gabe heftiger Vorstellung« angeregt worden sei, »hornerzeugende Säfte in den Kopf steigen zu lassen und so Hörner hervorzubringen«.[8]

Sir Thomas Browne
(1605–1682) war ein englischer Arzt, der in seiner Abhandlung *Religio Medici* (»Die Religion eines Arztes«) naturwissenschaftliche Er-

Der wichtigste aller Gehörnten Götter war selbstverständlich der Teufel – eine Zusammensetzung aus allen Gehörnten Göttern vorchristlicher Zeiten. Sir Thomas Browne zufolge handelte es sich bei den »Teufeln« der heiligen Schrift um Faune, Satyrn und Söhne des Pan; das ursprüngliche hebräische Wort für sie bedeutete allerdings »Ziegenböcke«.[9] In Schottland war der Teufel unter dem Namen *Ould Hornie* geläufig. Seine bekannte Lüsternheit gab Anlaß zu dem modernen umgangssprachlichen Ausdruck *horny*, engl. »geil«. Das sogenannte Teufelszeichen – ausgestreckter Zeigefinger und kleiner Finger bei geschlossener Faust – war ursprünglich ein gestisches Symbol für den gehörnten Tierkopf, das von einer heiligen *Mudra* der Großen Göttin aus Indien übernommen wurde.[10]

1. Rawson, E. A., 25. 2. *Larousse*, 74. 3. Elworthy, 185.
4. *Encyc. Brit.*, »Michelangelo«. 5. Jung, M. H. S., 235–236. 6. *Larousse*, 3.
7. Turville-Petre, 199. 8. Agrippa, 202. 9. Hazlitt, 176–178. 10. Rawson, A. T., 50.

kenntnis und christlichen Glauben als so verbindlich wie unvereinbar darstellte.

Horsel

Eine germanische Mondgöttin, die »Venus des Hörselberges«, aber auch Ursel oder Ercel genannt wurde. Einer ihrer vielen Liebhaber war in Deutschland Tannhäuser und in England **Thomas der Reimer** (Thomas von Ercels Hügel). Der Thüringischen Chronik nach erschien sie im Jahre 1398 als eine Feuertrinität, als »drei große Feuer in der Luft«, und stieg in den Hörselberg hinab, um dort zu ruhen.[1] Die Göttin Hörsel wurde schließlich als die apokryphe heilige **Ursula** mit ihren »elftausend Jungfrauen« kanonisiert – eine Vereinnahmung der Mondmutter und ihrer Töchtersterne.

1. Baring-Gould, C. M. M. A., 211.

Hortus Conclusus

»Verschlossener Garten«, ein Symbol der Jungfrau, deren Garten als Paradies bezeichnet und mythologisch mit dem Schoß in Beziehung gesetzt wurde. Jungfräulichkeit bedeutete, daß das »Tor des Paradieses« noch nicht geöffnet war. Die erotischen Metaphern aus Salomos Hochzeitslied besingen die jungfräuliche, kurz vor ihrer Entjungferung stehende Braut nicht nur als *hortus conclusus*, sondern auch als einen »verschlossenen Garten, ein versiegelter Quell« (Hohelied Salomos 4, 12). In den Werken der mittelalterlichen Kunst war es üblich, die Jungfrau Maria in einem mit einer Mauer umschlossenen Garten darzustellen, der ihre Jungfräulichkeit symbolisierte.[1]

1. Hughes, 55.

Horus

Horus war bei den Ägyptern das göttliche Kind oder die wiedergeborene Sonne, eine Sohn-Reinkarnation entweder von **Ra** oder **Osiris** oder auch von beiden. Abbildungen als Kind zeigen ihn mit einem Finger im Mund, was auf seine kindliche Abhängigkeit hinweist. Außerdem fällt von seiner Schläfe eine Locke herab.[1] Er war aber auch ein Krieger, der seinen »Vater« oder sein älteres Ich Osiris dadurch rächte, daß er Seth, den halbjährlich herrschenden Gott der Wüste, kastrierte und tötete.

In einigen Überlieferungen findet sich ein Horus der Ältere, den Isis sofort nach ihrer eigenen Geburt gebar. Sie empfing ihn von ihrem Zwillingsbruder und Gemahl Osiris, als sich beide noch im Schoß ihrer Mutter Mut befanden. Anderen Mythen zufolge soll Horus die erstgeborene Sonne der Welt gewesen sein, die zu Beginn aller Zeit aus der Lotos-Yoni der Ur-Mutter aufging.[2]

Möglicherweise geht Horus auf den »lotosgeborenen« Heruka oder Heroen des Fernen Ostens zurück; die erste ägyptische Version seines Namens war Heru. Griechische Gnostiker des philosophischen Zeitalters nannten ihn Harpokrates. Wie immer sein wirklicher Name auch war, Horus verkörperte eine weitere Variante des altbekannten Motivs vom sterbenden und wiedergeborenen Gott, vom Vater, der den Sohn tötet und vom Sohn, der den Vater tötet.

1. Budge, G. E. 1, 484. 2. Ebd., G. E. 1, 473.

Hostie

Lateinisch *hostia*, »Opfer«, später die Hostie des Abendmahls. Sie bezeichnete den toten und kannibalisierten Gott, dessen Anhänger sein Fleisch und Blut verzehrten. In den frühesten religiösen Systemen geschah dies im wörtlichen Sinne, in den späteren Mysterien des Mithraskultes, des Orphizismus und des Christentums dagegen symbolisch. Brot spielte den *host*, Gastgeber oder Wirt für den der Gemeinschaft erscheinenden Geist der Gottheit, der durch den sakralen Verzehr eins mit dem Körper des Gläubigen wurde. (Siehe **Kannibalismus**; **Transsubstantiation**.) Eine andere Ableitung von *hostia* war *hostage*, engl. »Geisel«, ein Ersatz. Sie diente, wenn sie nicht freigekauft wurde, als Opfer.

Hsi wang mu

»Edle Königin des Westens«, die chinesische Große Mutter, die in ihrem Zauberobstgarten im fernen Westen die Frucht der Unsterblichkeit hütete. Ähnliche Vorstellungen verbanden sich mit Idun, Pomona, Hera, Morgane und anderen Göttinnen. Hsi-wang-mu zog anstelle von Äpfeln Pfirsiche. Sie waren das chinesische Symbol für die Yoni. Alle dreitausend Jahre verteilte sie die Pfirsiche von ihrem Baum des Lebens an die Götter.[1] (Siehe **Pfirsich**.)

1. *Larousse*, 382.

Hudigamma

Eine hinduistische Muttergöttin, der Eunuchenpriester in Frauenkleidern dienten.[1] Bei ihren westlichen Varianten gab es ähnliche Bräuche; transvestitische Eunuchenpriester dienten der Kybele und der Artemis, Herakles als Gemahl der lydischen Omphale und Adonis als Gemahl der syrischen Aphrodite. Die Erlösergötter dieser Kulte waren kastriert. (Siehe **Kastration; Transvestismus**.)

1. Gaster, 317.

Hufeisen

Hindus, AraberInnen und KeltInnen sahen die yonische Form des Hufeisens als ein Symbol des »Großen Tores« der Göttin an. Es war als schützender Schwellenzauber allgemein hoch geschätzt. Druidische Heiligtümer wurden in der Form eines Hufeisens errichtet.[1] Das gleiche galt für hinduistische Tempel, wobei deren Grundriß vor allem als Darstellung der Yoni gedacht war. Die hufeisenförmigen Rundbögen der arabischen Sakralarchitektur entwickelten sich aus dieser Tradition.[2]

Die GriechInnen wiesen dem letzten Buchstaben ihres heiligen Alphabets, dem Omega, oder wörtlich »Großes Om«, die yonische Form zu. Dieses Schöpfungswort leitete jeden neuen Zyklus des Werdens ein. Mit dem Hufeisensymbol verband sich die Vorstellung, daß jeder Mensch am Ende seines Lebens (Omega) die yonische Tür durchschreitet und durch dieselbe Tür als ein Kind (Alpha) wiedergeboren wird. Das Hufeisen findet sich überall in der Welt als Symbol. Es ist »eben das Zeichen, das an so viele Türen in aller Welt als Glücksemblem genagelt ist. Die meisten Menschen wissen jedoch nicht, daß das Hufeisen ein Symbol für die Yoni ist und daß sie, wenn sie es an ihre Tür nageln, einem alten Brauch folgen, der älter als die Geschichte ihres Volkes ist.«[3]

Der christliche Gott, der für sich in Anspruch nahm, das »Alpha und Omega« (Offenbarung des Johannes 1, 8) zu sein, griff nur eine Version dieser sehr alten Symbolik auf, deren Bedeutung die Verfasser der biblischen Schriften anscheinend nicht verstanden hatten.

1. Graves, W. G., 315f. 2. Lys, 113. 3. Goldberg, 102.

Hund

Niemand weiß genau, wann der Mensch begann, Hunde zu zähmen. Zeugnisse weisen darauf hin, daß nicht der Mann, sondern die Frau dafür verantwortlich war. In den Mythen wurden immer nur die Göttinnen von Hunden begleitet. Hunde bewachten die Tore der Jenseitswelt und halfen, die Toten in Empfang zu nehmen.

Wie andere Aasfresser – z. B. Geier – wurden Hunde, Wölfe und Schakale mit Bestattungsriten in Verbindung gebracht. Hunde trugen die Toten zur Mutter zurück. Auch nachdem es im Iran üblich geworden war, die Toten zu begraben, lebte der alte Ritus verschiedentlich noch fort. Die Leichname wurden vor der Beerdigung von Hunden zerfetzt.[1] Im Vendidad (ein Teil des sogenannten Avesta, des heiligen Buches des Parsismus) hieß es, daß die Seele auf dem Weg zum Himmel auf die Große Göttin mit ihren Hunden treffen würde: »Dann erscheint die wunderschöne, wohlgestaltete, starke und anmutige Jungfrau, an ihrer Seite wird sie von Hunden begleitet. Sie ist diejenige, die erkennt. Sie hat viele glückliche Kinder von großer Klugheit. Sie weist den Seelen der Gerechten den Weg in die Höhe.«[2]

Die semitische Tradition verwandelte die Göttin in den Engel des Todes, dessen Nahen nur Hunde wahrnehmen können. Sie heulen angeblich den Mond an, um einen bevorstehenden Tod anzukündigen.[3] In Devonshire kennt der Volksglaube noch heute einen auf dem Mond lebenden Hund, der als Todesbote fungiert.[4] Die IrInnen kennen zwei Hunde, die das Tor zum Tod bewachen, das nach Emania, dem Mondland, führt. Trauernde dürfen nicht zu laut klagen und jammern, weil sie sonst die Hunde stören, die dann die Seele vor dem Tor angreifen. Diese und viele andere Vorstellungen wurzeln in der uralten vedischen Idee vom Mond als Tor zum Tod, das von der Göttin beherrscht und von ihren beiden Hunden bewacht wird.[5]

Dieses orientalische Symbol hat sich bis heute in fast unverfälschter Form auf der 18. Trumpfkarte des Tarot, der Mond-Karte, erhalten. Das übliche Kartenbild zeigt zwei den Vollmond anheulende Hunde, die vor einem Tor oder aber vor zwei Türmen sitzen, durch die ein Weg führt, der am Horizont entschwindet. Dieses Bild wurde gemeinhin mit dem Tod in Verbindung gebracht.[6] Manchmal wurde die Karte nach der klassischen Todesgöttin Hekate benannt, deren Totemtiere Hunde waren.[7] Vor ihrem Tor wachte der dreiköpfige Hund Kerberos, »Geist der Hölle«.[8] Die keltische Mythologie kennt den Hund Dormarth, »Tor des Todes«, als Torwächter.[9] Derselbe Hund ist wahrscheinlich auf dem berühmten Kessel von Gundestrup zu sehen. Die Darstellung zeigt ihn als Bewacher der yonischen Pforte, die die Helden auf ihrem Weg zu Tod und Verklärung durchschreiten.[10]

In den vedischen Religionen war Saramana, eine Göttin in Hundegestalt, die Herrin der Totenhunde. Wie Artemis, Diana, Anath und andere westliche Versionen der Mondjungfrau wurde auch sie als göttliche Jägerin dargestellt.[11] Die alten BabylonierInnen kannten sie als Gula, die Schicksalsgöttin, deren Symbol ein Hund war.[12] Sie wurde der Ishtar angeglichen, deren heiliger König Tammuz von »Hunden« in Stücke gerissen wurde.[13] Die griechische Version des Tammuz war Adonis oder Aktaion, den die Hunde der Artemis in Stücke rissen. Als der Erlöser Orpheus war er in Neanthes von Lesbos inkarniert und wurde im orphischen Tempel von »Hunden« zerfleischt.[14] Wenn Athene ihre Gestalt als Totengöttin annahm, erfüllten die Priesterinnen ihren Tempel mit hundeähnlichem Geheul (*houloi*), so als ob Wölfe oder Hunde den Mond anheulten.[15] Zuweilen jagte eine ganze Meute Hunde – oder Priesterinnen? – die Seelen in das Totenreich. Das erinnert an die keltischen Hunde der Annwn, aus denen die Christen die Höllenhunde machten.[16]

Ursprünglich waren damit die Hunde der Göttin Hel gemeint, der Herrscherin des Totenreichs. Skandinavische Mythen erzählen, sie habe die Wolfshunde des Mondes geboren, die das Fleisch der Toten fressen und ihre Seelen in das Paradies tragen. Ihr Anführer hieß Managarm, »Mondhund«. Die *Prosa-Edda* beschreibt Managarm als »vollgestopft mit dem Fleisch der toten Verdammten; mit rotem Blut beschmiert er den Wohnsitz der Götter.«[17] Er trug also, wie der archaische aasfressende Hund, die Toten fort.

Als alternativer Name für die skandinavische Mutter der Mondhunde wurde Angurboda, die Alte vom Eisenwald, genannt. Sie war eine ältere Version von Hel und wurde zuweilen als Mutter der Hel bezeichnet.[18] Zwei von Angurbodas Hundekindern, Geri und Freki, lebten in Walhall und aßen an »Odins Tafel«, womit sein Altar gemeint war.[19] Es liegt nahe, daß die beiden Totenhunde der vedischen Religion als Hundegötterpaar in die skandinavische Mythologie Eingang fanden. Ähnlich

Edda
Eine Sammelbezeichnung für zwei isländische Handschriften. Die *Ältere* oder *Lieder-Edda* entstand im 12. Jahrhundert und versammelte Gedichte vornehmlich mythologischen Inhalts in sich, die allerdings teilweise bis in das

erging es jedenfalls vielen heiligen Hunden, Wölfen und Schakalen der alten Welt.

Einer der ältesten dieser Hundegötter war der ägyptische **Anubis**. Als Up-Uat, »Wegöffner«, war er ursprünglich ein Gott Zentralasiens, der sehr früh von den Ägyptern übernommen wurde. Einer seiner anderen Namen lautete Mates, »Der von der Mutter«, ein Name, der dem altirischen Wort für Hund, *madra*, ähnelte.[20] Dieser alte asiatische Gott in Wolfsgestalt verschmolz bald mit der Schakalgestalt des Anubis, der als sein Zwilling angesehen wurde. Als Mischwesen entstand eine Gottwesen, »dessen Gesicht das eines Windhundes ist … das sich von den Toten ernährt … das die Leichname verzehrt und Herzen verschlingt.« In vordynastischer Zeit herrschte er über die sogenannten Opferpriester, »schakalköpfige Männer mit Schlachtermessern«, die einen alten Bereich der Unterwelt bewohnten.[21] Später setzten koptische Christen Anubis mit Gabriel gleich, der als Richter der Toten galt.[22]

Als Herr über das Totenreich wurde Anubis zum Gott der Einbalsamierer. Darstellungen zeigen oft, wie er sich fürsorglich über die Mumie des Osiris beugt, die er mit dem konservierenden *mumiya* behandelt. Hier wurzelt das Wort »Mumie«. Als der Osiriskult mit der Astrologie verknüpft wurde, wanderten viele seiner Bilder aus der Unterwelt an den Himmel, eingeschlossen das Bild des Anubis.

Sein Stern war Sothis (Sirius), das Auge des Hundes, griechisch *Canopis*. Der Sirius bildet das »Auge« des Sternbildes Canis Major, des »Großen Hundes«. Er ist der hellste Stern am Himmel. Die Ägypter glaubten, er trage die Seele des Osiris, dessen Wiedergeburt mit dem Hochwasser zusammenfiel, das der im Osten aufgehende Stern ankündigte. »Drei weise Männer« wiesen den Weg zum neugeborenen Erlöser, nämlich die drei Gürtelsterne des Orion, die eine Linie in Richtung des Sirius bilden. Auf Erden galt Kanopus, das »Auge des Hundes«, als die heilige Stadt des Anubis. Nach ihr sind die Kanopen benannt, die altägyptischen Eingeweidekrüge, die dort zuerst gefunden wurden.

In den römischen Osirismysterien spielte Anubis die zentrale Rolle. In Prozessionen »… ließ er sich dazu herab, auf Menschenfüßen zu gehen. Furchterregend hochaufgerichtet erschienen Hundekopf und -nacken – dieser Bote zwischen Himmel und Hölle, der sein Gesicht abwechselnd schwarz wie die Nacht oder golden wie der Tag aussehen ließ; in seiner Linken der Merkurstab, in der Rechten der hoch emporflatternde Palmzweig. Direkt hinter ihm folgte eine Kuh, in aufrecht sitzender Position – die Kuh als Fruchtbarkeitssymbol der universellen Mutter, der Göttin selbst, die einer der glücklich Einherziehenden majestätischen Schrittes auf seinen Schultern trug. Ein anderer trug den Sarg mit den geweihten Gegenständen, in dem die tiefen Geheimnisse der Heiligen Religion fest verschlossen lagen.«[23]

Neben Anubis wurden im römischen Kaiserreich noch viele andere Hundegottheiten verehrt. Eine frühe römische Cista aus Palestrina-Praeneste zeigt, wie die Mondjungfrau Minerva über einem großen Kessel den nackten Mars opfert. Ihr dreiköpfiger Totenhund, mit dem der Kerberos der Persephone oder Hekate identisch ist, hilft ihr dabei.[24]

8. Jahrhundert zurückdatiert werden können. Bei der *Jüngeren* oder *Prosa-Edda* handelt es sich um ein Skaldenlehrbuch des isländischen Politikers Snorri Sturluson (1179–1241). Die Bedeutung des Namens – der urspünglich nur für die Prosa-Edda galt – ist ungeklärt.

Das Motiv des Hundes als Wächter vor dem Tor der Mutter war in der Antike überall verbreitet. Wahrscheinlich lag das daran, daß wildlebende Hunde zunächst deshalb gezähmt wurden, um sie als Bewacher vor die Haustürschwelle zu setzen, die Türschwelle aber grundsätzlich der Frau des Hauses geweiht war. In Assyrien wurden Hundebilder unter Haustürschwellen vergraben. Das erinnert an einen ähnlichen Brauch aus früherer Zeit, bei dem verstorbene Hunde unter Türschwellen begraben wurden.[25] Die Geister der Hunde schützten das Haus vor Eindringlingen, was vielleicht die alte Sitte erklärt, eine Braut über die Türschwelle in ihr neues Heim zu tragen. Die darunter wohnenden Schutzgeister betrachten sie dann nicht als Eindringling, sondern erkennen sie als Hausherrin an.

Der kynische Philosph **Diogenes** machte sich selbst zum Wachhund vor dem Eingang zum Tempel der Großen Mutter. Dort lebte er in »einem großen, tönernen Gefäß«, das den Schoß der Mutter Erde darstellte.[26] Die Kyniker waren die »Hundeähnlichen« (*kynikos*) der Göttin. Ihre im 4. Jahrhundert v. Chr. gegründete Schule versuchte, das Ende der Welt über das zirkumpolare Sternbild Ursa Minor, welches als Hund bezeichnet wurde, vorauszusehen. Der Polarstern war der Hundeschwanz, *kunos oura*, der Cynosure.[27] Wenn er diesen Festpunkt der sich drehenden Welt verließe, sei, so glaubten die Kyniker, das Ende der gegenwärtigen Welt gekommen.

Die kynische Vorstellung der Verbindung von Hund und Nordpol ist in europäischen Volkserzählungen bis heute erhalten. Die SlawInnen kennen die drei Zorya (eine dreifache Schicksalsgöttin), deren »Hund mit einer eisernen Kette am Sternbild des Kleinen Bären hängt. Wenn die Kette reißt, steht das Ende der Welt bevor.«[24] Eine ähnliche Vorstellung gab es bei den ÄgypterInnen. Die Göttin hält »die Mächte der Dunkelheit« bis zum Weltuntergang mit einer himmlischen Kette gefesselt.[29] Nordische Völker glaubten, daß die Kette den kosmischen Weltuntergangs-Wolf Fenris festhält. Er wird am Ende der Welt von den Nornen (dreifache Schicksalsgöttinnen) befreit, um den himmlischen Vater zu verschlingen, und das löst die Vernichtung aller Götter aus.[30] Deswegen bezeichneten NordländerInnen den Jüngsten Tag auch als Tag des Wolfes.[31]

In dem sehr alten, römischen Kult der Wölfin Lupa, deren ursprünglicher Gemahl Lupus, der Wolf, war, erschien die Große Göttin selbst in Gestalt einer Wölfin. Lupus hieß auch Feronius oder **Dis Pater**, ein unterirdischer Wolfsgott, der ebenso wie die Wölfin, die Roms Gründer Romulus und Remus säugte, aus dem Etruskischen stammte. Die berühmte Skulptur von Lupercal zeigt die in Bronze gegossene Wölfin (5. Jh. v. Chr.). Die beiden unter ihrem Bauch säugenden Jungen gehörten nicht zum Original, sondern wurden einige Jahrhunderte später hinzugefügt, um die römische Version der Legende zu stützen.[32]

Das Wort Lupercalia könnte eine Verfälschung von Lupa-Kali gewesen sein; die orientalische Große Göttin trat gleichfalls als Wölfin auf. Unter ihrem yonischen Namen Cunti gebar sie einen göttlichen Sohn »in der Wolfshöhle«, ähnlich der Höhle von Lupercal. Sie setzte ihr Kind in einem Binsenkorb auf dem Ganges aus, so wie Romulus und Remus auf dem Tiber, Mose auf dem Nil und Sargon auf dem Euphrat ausgesetzt wurden. Die Wolfs-Hündin Lupa wurde auch mit der Göttin der Hebammen, Acca Larentia, gleichgesetzt. Sie rettete Romulus und Remus aus dem Korb, so wie Akka den Sargon und »die Tochter des Pharaos« (eine Variante von Akka) den Mose retteten. Akka, Acca oder Acco entsprachen der griechischen Hekate, die sich einer homerischen Legende zufolge in eine Wolfshündin verwandelte.[33] Lupa (oder Acca) entschwand in die heilige Quelle der Höhle von Lupercal. An dieser Stätte fand ihr zu Ehren das alljährliche Fest der Lupercalia statt.

In den Mythen des Mittleren Ostens gab es viele Nährmütter in Wolfsgestalt. Tu Kueh, der legendäre Gründer der türkischen Nation, wurde in seiner Kindheit von einer heiligen Wölfin beschützt, die er später heiratete. Deswegen erschien sie als Landesgöttin in Gestalt des Totemtieres.[34] Einer der berühmtesten türkischen Herrscher war Atatürk, der »Graue Wolf«.[35] Zarathustra wurde von einer Wölfin aufgezogen. Kyros der Große wurdé von Mandane (Mond-Mutter) geboren und von einer Frau genährt, deren griechischer Name Cyno lautete. Ihr medischer Name Spako bedeutet »Hund«. Auch Siegfried wurde als Kind von einer Wolfs-Amme genährt. Sein ältester Name war Wolfdietrich.[36]

Die älteste Religion der Kanarischen Inseln war ein Hunde- oder Wolfs-Kult, an den heute noch viele Hundestatuen aus alter Zeit erinnern. Der Kanarienvogel und der Kanarienwein verdanken ihren Namen dem der Inseln, der wiederum aus Canis, »Hund«, abgeleitet ist.[37]

Die gleiche Bezeichnung wurde in alten Zeiten für die Erbkaste der jüdischen Priester, die Kohen oder Cohen (vom griechischen *kuon*, »Hund«), gebraucht.[38] Weil Hunde immmer direkt mit dem einstigen Matriarchat assoziiert wurden, faßten die semitischen Patriarchen den Beinamen »Hund« als Beleidigung auf. Der Islam verbot sowohl Frauen wie Hunden, sich einem Heiligtum zu nähern.[39] Paradoxerweise gibt es unter Moslems aber immer noch den Glauben, daß die Galle eines schwarzen Hundes als heiliges Amulett dienen kann, mit dessen Hilfe ein ganzes Haus von bösen Einflüssen gereinigt werden kann.[40]

Frühe Christen unternahmen den Versuch, den gallisch-römischen Wolfsgott in einen Heiligen, St. Lupus oder St. Loup (heiliger Wolf) umzuwandeln.[41] Er sollte ein legendärer Bischof von Troya gewesen sein, dem es auf wundersame Weise gelungen war, seine Provinz vor den einfallenden Hunnen zu retten. Dieses Ereignis war allerdings mehr Wunschdenken als wirkliche Geschichte.[42] Der Kirche wollte keine einzige der Erscheinungsformen des Lupus recht gefallen, denn er war eigentlich eher der Prototyp des **Werwolfs**. Die Sachsen feierten ihn im ersten Monat des heiligen Jahres, dem Wolf-monath (Wolfsmonat). Kirchenautoritäten änderten den Monatsnamen jedoch in Nach-Jul oder Jesu-Monath um. Sein Runenzeichen war ein Punkt in einem Kreis. Das gleiche Zeichen stand für das Fest der Beschneidung Christi, das am Neujahrstag begangen wurde.[43]

In England gab es einen äußerst lebendigen Kult um die Jägerin

Diana und ihre »Hunde«. Einige ihrer Legenden verschmolzen mit den Sagen um König Arthur, Lancelot und andere britische Helden. Eine Geschichte erzählt, wie Lancelot, ähnlich wie Aktaion, unerlaubt den grünen Wald der Göttin betrat und an ihrer geheimen Quelle in tiefen Schlaf fiel:

> *In jenem Walde aber wohnte eine Dame, die eine große Jägerin war und täglich auf die Jagd ging und stets ihren Bogen bei sich führte. In ihrer Begleitung befanden sich niemals Männer, sondern immer nur Frauen, und sie waren im Bogenschießen geübt und konnten sehr wohl auf der Pirsch wie auf dem Anstand Wild erlegen. Sie waren mit Pfeil und Bogen, Hörnern und Jagdmessern ausgerüstet und hatten viele gute Hunde zum Aufspüren und zum Hetzen.*[44]

Als die »Dame« Lancelot an dem verbotenen Ort ertappte, hetzte sie nicht, wie ihre Vorgängerinnen es taten, ihre Hunde auf ihn, sondern schoß ihm ins Hinterteil, so daß er »nicht im Sattel sitzen konnte«.[45] Das war ein Angriff auf seine Ehre, weil ein Krieger nur auf der Vorderseite des Körpers verwundet sein durfte.

Weil Hunde für gewöhnlich die Begleiter der Hausfrau wie auch der Jägerin waren, wurden sie oft als Vertraute von Hexen angesehen. Ein schwarzer Hund war sogar verdächtiger als eine schwarze Katze. Häufig stellte man sich einen dämonischen Liebhaber in Gestalt eines Hundes vor, wahrscheinlich weil Frauen zu ihren Hunden sehr zärtlich waren. In England erhängte man viele Frauen nur wegen dieses einen Anklagepunktes. Eine Hexe wurde offiziell verurteilt, weil sie »Geschlechtsverkehr mit dem in Männergestalt erscheinenden Teufel« hatte, »der sie aber in Gestalt eines schwarzen Hundes verließ«.[46]

Die Wurzel eines alten Zigeunermärchens liegt in diesen Hexenprozessen: Es lebte einmal ein wunderschönes Mädchen, dessen Liebhaber ein Hund war. Einmal im Jahr verwandelte er sich in einen Mann und schlief bei ihr. Nach entsprechender Zeit schenkte sie einem »kleinen weißen Welpen« das Leben. Danach sprang sie in einen Fluß und ertrank. (Eine bevorzugte Methode, Hexen zu beseitigen, war, sie bei der sogenannten Schwimm-Gottesprobe zu ertränken.) Der dämonische Liebhaber nahm seine menschliche Gestalt an, zog den Körper des Mädchens aus dem Wasser und holte sie ins Leben zurück, indem er das Welpenjunge an ihrer Brust saugen ließ. Wie immer im Märchen heirateten die beiden später und lebten glücklich bis an das Ende ihrer Tage.[47]

Der schwarze Hund half der Hexe beim Sammeln der Zutaten für Zaubermittel. Einem außergewöhnlich beständigen Glauben zufolge konnte die wunderkräftige Alraunwurzel nur von einem schwarzen Hund aus der Erde gezogen werden. Diese seltsam geformte Wurzel, die auch »der Phallus des Ackers« oder »das Geschlechtsteil des Teufels« genannt wurde, soll einen Schrei ausgestoßen haben, wenn ein Unachtsamer sie ausriß. Jeder Mensch, der ihn vernahm, wurde irrsinnig oder starb.[48]

Bei den IrInnen hielt sich der Glaube an die Verbindung von Hund und Tod lange. Sie behaupteten, daß ein echter Zauber nur mit Hilfe eines Hundes verhängt werden könne. Die keltische Bezeichnung

Cainte, »Hund«, meinte einen mit Zauberkräften ausgestatteten, satirischen Barden, dessen Verwünschungen sich erfüllten.[49]

In ihrer alten Rolle als Führer der Seelen in die Unterwelt tauchen Hunde und Wölfe in mehreren merkwürdigen Berichten über Kathedralenbauten auf. Diese Geschichten sind vielleicht Anklänge an den etruskischen Lupus oder Dis Pater, den wolfsköpfigen Gott der Toten, der die Kultopfer forttrug. Beim uralten Ritus des *Mundus* wurden die Gräben für die Fundamente eines Tempels mit Opferblut gefüllt. Dahinter verbarg sich die Befürchtung, daß das Gebäude ohne den Blutzauber nicht fest stünde. So gab es diesen Brauch vom hinduistischen Indien bis nach Latium und Britannien. In der sakralen Kunst erschien Lupus als Wolfsengel, der das Opfer in ein seliges Leben nach dem Tode trägt. Eine Darstellung auf einer etruskischen Vase setzt den Totengott Charon mit Lupus gleich: er trägt einen Wolfspelz.[50]

Die Vorstellung, daß das Fundament heiliger Gebäude auf Blut stehen müsse, findet sich offenbar in jeder religiösen Tradition, auch in der jüdisch-christlichen. Die Bibel berichtet von der Gründung der Stadt Jericho durch Hiël: »Um den Preis seines Erstgeborenen Abiram legte er die Fundamente, und um den Preis seines jüngsten Sohnes Segub setzte er die Tore ein, wie es der Herr … vorausgesagt hatte.« (1. Könige 16, 34). Eine britische Legende erzählt, daß die Mauern von Vortigerns Tempel nur deswegen immer wieder einstürzten, weil bei der Auslegung des Fundaments das Blutopfer vergessen worden war.[51] Diese heidnischen Bräuche lebten im Mittelalter fort. In den Wänden, Säulen und Grundsteinen von Kirchen und Abteien wurden viele Skelette von Geopferten gefunden, die dort als Schutzbringer eingemauert worden waren.[52] In der Nähe von Göttingen wurde ein Taubstummer unter dem Grundstein eines Klosters begraben.[53] In einer Pfarrkirche in Holsworthy in Nord Devon wurde 1845 ein in die Südwest-Wand eingemauertes Skelett entdeckt.[54] Häufig waren unter Gebäudefundamenten uneheliche Kinder begraben. Einen St. Benezet, der auch Kleiner Bennet genannt wurde, mauerte man 1184 in die Fundamente einer Brücke in Avignon ein. Fünf Jahrhunderte später wurde seine Gruft geöffnet, und St. Benezet stellte seinen Heiligenstatus unter Beweis, denn sein Leichnam war noch gut erhalten und unverwest.[55] Jedenfalls behaupteten dies seine geistlichen Presseagenten. »In der Tat war es auch bei den Christen üblich, Kinder, Jungfrauen oder Erwachsene zu opfern. Sie wurden unter den Grundmauern von Burgen u. ä. lebendig begraben, um die Stabilität der Bauwerke zu sichern.«[56]

Als der heilige Columban ein Kloster auf der Insel Iona gründete, suchte er nach einem Freiwilligen, der bereit war, sich in den Fundamenten lebendig begraben zu lassen. Ein Mönch namens Oran oder Ordan bot sich an und verdiente sich damit seine spätere Heiligsprechung.[57] Aus irgendeinem Grund – vielleicht wegen des Versprechens, daß er wie Christus wieder auferstehe – wurde er nach drei Tagen wieder ausgegraben. Er lebte noch und begann, gotteslästerliche Lehren zu predigen: Es gebe keinen Gott, keinen Teufel, keinen Himmel und keine Hölle. Daraufhin ließ ihn der heilige Columban töten und wieder begraben.[58] Dies war für Mönche, die sich mit gnostischen, agnostischen oder atheistischen Gedanken befaßt hatten, kein ungewöhnliches Schicksal.

Die europäischen Totem-Hunde oder -Wölfe waren anscheinend in diese Opferbräuche einbezogen, so wie sie auch im antiken *Mundus*-Kult eine Rolle gespielt hatten. Es wurde z. B. behauptet, der Teufel habe den Kölner Dom entworfen und die Glocken seien unter der Anweisung des Teufels in der Gießerei eines mysteriösen Schmiedes namens Wolf gegossen worden. Nachdem Wolf eine bestimmte dissonante Glocke, die nur in Unglückszeiten geläutet werden sollte, gegossen hatte, kam er bei einem Sturz vom Glockenturm um. Der Architekt, der mit dem Teufel kollaboriert hatte, starb ebenfalls. Ein großer Steinblock, auf dem bereits sein Name eingemeißelt war, zerschmetterte ihn.[59]

Chansons de gestes Eine altfranzösische epische Dichtung aus der Zeit zwischen dem 11. und 13. Jahrhundert n. Chr.

Die *Chansons de gestes* erzählten eine andere Version der Geschichte. Die Erbauer des Kölner Doms töteten einen Helden namens Renaud (Fuchs) und begruben ihn in den Fundamenten. Im Jahre 811 n. Chr. wurde zu Ehren Renauds eine Kirche errichtet. An der Stelle in Köln, wo der Mord stattgefunden hatte, stand eine Kapelle.[60] In einigen Berichten wurde Renaud mit dem nahezu göttlichen Gauner und Helden Reineke Fuchs gleichgesetzt. Andere behaupteten, er sei ein großer Krieger, ein Paladin im Gefolge Karls des Großen gewesen.

Wolf und Teufel wurden auch mit der Gruft Karls des Großen in Aachen in Zusammenhang gebracht. Der Teufel stiftete Geld für den Bau der Kathredale. Als Gegenleistung forderte er das Leben des ersten Besuchers der Kirche. Bei der Einweihungszeremonie wurde durch das Kirchenportal ein Wolf geworfen. Der Teufel nahm das Leben des Wolfes, und die Menschen konnten sicher eintreten. Ebenso wie in Köln läutete in Aachen bei Katastrophenfällen eine dissonant tönende Glocke. Der Gießer dieser Glocke wurde vom Klöppel zu Tode gequetscht, so daß die Glocke mit seinem Blut getauft war.

Ähnliche Geschichten kursierten über das Straßburger Münster, das angeblich eine weise Hexe namens Sabine entwarf. Sabine war einst ein anderer Name für die Wölfin Lupa. Im Mittelpunkt der Einweihungszeremonie des Münsters stand das Opfer eines Zwillingsbrüderpaares. Wie in der Sage von Romulus und Remus tötete der eine Bruder den anderen. Er stieß ihn unter den Grundstein, als dieser gerade auf seinen Platz heruntergelassen wurde. (Bei den von der Sabinischen Wölfin genährten Zwillingen tötete Romulus Remus, während er eine Furche für die Fundamente der römischen Stadtmauern grub.) Der Bischof von Straßburg befahl, den Grundstein noch einmal anzuheben, und der Bruder des Getöteten wurde auf seinen eigenen Wunsch hin ebenfalls unter dem Stein zerschmettert. Zuvor erklärte er feierlich: »Mein Körper wird der Kathedrale zum Schutze dienen.«[61]

Reste dieser merkwürdigen Bräuche hielten sich bis in die Gegenwart. Im Zweiten Weltkrieg sorgten Nazis der SS dafür, daß Menschenkörper »in Betonfestungen und -bunkern eingeschlossen wurden, als ob diese Körper der leblosen Materie Festigkeit hätten verleihen können«.[62] Noch heute bestehen griechische Bauern bei jedem Brückenbau darauf, ein Blutopfer zu bringen. Das Fundament wird im lebendigen Blut eines Vogels oder eines anderen Tieres gebadet, um der Brücke »Festigkeit« zu geben.[63]

Der Gedanke, Hunde- und Menschenblut gleichzusetzen, hat sich bei den Berbern bis in unsere Zeit gehalten. Sie glauben daran, daß ein Mörder wie durch einen Zauber für den Rest seines Lebens von dem Blut seines Opfers befleckt ist. Das Gleiche gilt für den, der einen Hund tötet.[64] Fast überall begegnet uns der Glaube, daß Hunde Gespenster und andere Geister sehen können, ein Überbleibsel der einstmals universellen Assoziation von Hunden mit der Totenwelt und dem Reich der Göttin der Unterwelt.[65]

1. Herodot, 56. 2. Robertson, 115. 3. Budge, G. E. 1, 19.
4. Baring-Gould, C. M. M. A., 197. 5. Lethaby, 193. 6. Cavendish, T., 128.
7. A. Douglas, 106. 8. Graves, G. M. 2, 385. 9. Squire, 257.
10. Cavendish, V. H. H., 49. 11. O'Flaherty, 352. 12. *Larousse*, 63.
13. *Assyr. & Bab. Lit.*, 338. 14. *Larousse*, 198. 15. Herodot, 270.
16. Graves, W. G., 36 (dt. 54). 17. Snorri, 39. 18. Graves, W. G., 409 (dt. 443).
19. Snorri, 63. 20. Joyce 2, 453. 21. Budge, B. D., 182, 394, 140.
22. Graves, W. G., 153. 23. Budge, G. E. 2, 266. 24. Dumézil, 243.
25. Budge, A. T., 99. 26. Campbell, Oc. M., 244. 27. Potter & Sargent, 174.
28. *Larousse*, 285. 29. Budge, G. E. 2, 249. 30. Snorri, 88. 31. Campbell, M. I., 72.
32. *Larousse*, 220. 33. Rank, 18, 45; Graves, G. M., 168.n. 34. Gaster, 228.
35. Wedeck, 173. 36. Rank, 29, 56–58. 37. Potter & Sargent, 173.
38. Knight, S. L., 114. 39. Farb, W. P., 144. 40. Budge, A. T., 12.
41. Knight, D. W. P., 191. 42. Attwater, 223. 43. Brewster, 50.
44. Malory 2, 307 (dt. III, 889/890). 45. Malory 2, 308 (dt. III, 891).
46. Robbins, 193, 463. 47. Groome, 139. 48. Simons, 67. 49. Joyce 1, 455.
50. Castiglioni, 201; Summers, W., 69. 51. Guerber, L. M. A., 205.
52. Lys, 380–381. 53. Groome, 13. 54. Elworthy, 80. 55. Brewster, 194.
56. Leland, 241. 57. Joyce 1, 285. 58. Holmes, 207. 59. Guerber, L. R., 47–56.
60. Ders., L. M. A., 162. 61. Ders., L. R., 85–88, 297–300.
62. Becker, E. E., 104. 63. Lawson, 264. 64. Frazer, F. O. T., 35.
65. Halliday, 59.

Hündin

Das englische Wort für »Hündin«, *bitch*, wurde im angelsächsischen Sprachraum zu einem Schimpfwort, weil es eine der heiligsten Bezeichnungen der Großen Göttin Artemis-Diana war. Sie führte die skythischen *alani* oder »Jagdhunde« an. Die Hündin-Göttin der Vorzeit war in allen indoeuropäischen Kulturen bekannt, beginnend mit der Großen Hündin Sarama, die die vedischen Hunde des Todes anführte. Das altenglische Wort für einen Jagdhund, *bawd*, wurde ebenfalls zu einem Schimpfwort, da es sich sowohl auf die promiskuitiven Priesterinnen der göttlichen Jägerin bezog als auch auf ihre Hunde.[1]

Huren und »Hündinnen« wurden im altrömischen Kult der Göttin Lupa, der »Wölfin«, gleichgesetzt; deren Priesterinnen, die *lupae*, lieferten den Namen für Prostituierte allgemein.[2] Irdische Repräsentantinnen der Wölfin regierten die römische Stadt Ira Flavia in Spanien, in der es eine Königin oder eine ganze Reihe von Königinnen gab, die den Namen Lupa trugen.[3]

Das englische Schimpfwort »son of a bitch« (Sohn einer Hündin) wurde im Christentum nicht wegen des Bezugs auf einen Hund als beleidigend angesehen, sondern weil damit ein Teufel gemeint war: der spirituelle Sohn der heidnischen Göttin.

1. Potter & Sargent, 208. 2. Murstein, 76. 3. Hartley, 237.

Huppah

Bei den Ägyptern blieb aus der matriarchalischen Periode das gleiche Symbol des *senti* genannten Hochzeitszeltes erhalten. Unter diesem Baldachin empfing der Pharao seine Braut und zugleich seine Krone. Die Heirat mit der Königin gab ihm formal das Recht, über ihr Land zu herrschen. Das *senti* symbolisierte, wie das Huppah, ihre Erlaubnis dazu.[3]

Hebräisch »Zelt«, ein Hochzeitsbaldachin, der während einer jüdischen Hochzeit über die Köpfe von Braut und Bräutigam gehalten wurde. Der Brauch stammte aus der Zeit des alten semitischen Matriarchats, als Frauen die Besitzerinnen der Wohnzelte waren. Durch die Hochzeitszeremonie wurde dem Mann feierlich die Erlaubnis erteilt, das Zelt seiner Geliebten betreten zu dürfen.[1] Das Zelt und das Land, auf dem es stand, verkörperten die Frau selbst. Vor dem Entstehen patriarchaler Herrschaftsformen war sie in jeder Beziehung Herrscherin über ihren Besitz. Eine arabische Frau konnte sich von ihrem Ehemann trennen, ohne auch nur ein Wort mit ihm zu sprechen, indem sie einfach das Zelt in eine andere Richtung drehte. Damit ließ sie ihn wissen, daß es ihm verboten war einzutreten.[2]

Als Abschalom versuchte, seinen Herrschaftsanspruch auf Israel durchzusetzen, machten sie »für Abschalom ein Zelt auf dem Dach, und Abschalom ging vor den Augen ganz Israels zu den Nebenfrauen seines Vaters«. (2. Samuel 16, 22). Ohne diesen Ritus der Heiligen Hochzeit konnte kein Mann König werden. Auf Anordnung Abschaloms errichteten seine Anhänger dem Brauch entsprechend eine phallische Säule zur Verherrlichung seiner Manneskraft – nachdem er als Stellvertreter des Königs gestorben war (2. Samuel 18, 18).

Das Huppah war häufig auch Bestandteil nicht-jüdischer Hochzeitsbräuche. Trauungszeremonien im angelsächsischen Raum verliefen ähnlich, nämlich »unter einem Schleier oder quadratischen Stück Stoff, das an jeder Ecke von einem großen Mann über die Braut und den Bräutigam gehalten wurde«.[4] Der Schleier symbolisierte offenbar das Zuhause der Frau, denn frühe angelsächsische Hochzeiten waren matrilokal.

1. Briffault 1, 374. 2. Riencourt, 187ff. 3. Budge, B. D., 427. 4. Hazlitt, 90.

Huri

Var. Houri

Im persisch-arabischen Raum war die Huri eine himmlische Nymphe, Tempelprostituierte oder ein Liebesengel, verwandt mit dem griechischen *hora*, dem babylonischen *harine*, dem semitischen *harlot* oder mit »Hure«. Huris waren tanzende »Gebieterinnen der Stunde«, die ihre Zeit im Himmel verbrachten und den Sternenseelen dienten. (Siehe **Engel; Prostitution**.)

Hvov

»Die Erde«, eine iranische Variante der **Eva**. Anhänger des Zarathustra sagten, daß sie die Gattin ihres Propheten sei, allerdings nicht als Göttin, sondern als sterbliche Frau. Sie gaben aber, ähnlich den Verfassern der Bibel, ihr Geheimnis unbeabsichtigt preis, indem sie sie als Mutter allen Lebens anriefen. Zarathustra »war dreimal in ihr«, und jedesmal »floß sein Same in die Erde«, ein Hinweis darauf, daß er den die Erde befruchtenden Gott verkörperte.[1]

1. Campbell, Oc. M., 210.

Hyakinthos

Ein Gott der Frühlingsblumen, der auf Kreta, Rhodos, in Sparta und Mykene verehrt wurde. Hyakinthos war ein anderer Name für Narkissos, Antheus oder Adonis. In Lakedämonia repräsentierten seine Blumen Phalli, die beim jährlichen Fest der Hyazinthe getragen wurden. Der klassische Mythos machte aus ihm einen homosexuellen Liebhaber des Gottes Apollon. Das ist ein weiterer Beleg dafür, daß Apollon die Rolle seiner Schwester Artemis usurpierte, deren Priesterinnen, die Hyakinthiden, den archaischen Riten zu Ehren des Blumengottes vorstanden.[1]

1. Graves, G. M., 21.i–21; 14.

Hybris

Griechisch »Wollust« oder »Hochmut«; beide Begriffe waren eng mit der Erektion des Penis verbunden. Die Hybris war angeblich die Sünde des **Luzifer**. Patriarchalische Götter bestraften sie streng. Sie war das Vergehen jener Emporkömmlinge, die im doppelten Sinne »nicht mehr in ihre Hosen paßten«.[1]

Bei den ursprünglichen Hybristika handelte es sich um ein argivisches »Fest der Wollust«, in dessen Mittelpunkt Orgien und **Transvestismus** standen. Die Männer brachen dabei ein besonderes Tabu. Sie trugen Frauenkleider und übertrugen dadurch die magische Kraft der Frauen auf sich.[2] Das Christentum verurteilte jede Form des Transvestismus als Teufelsverehrung, weil er implizierte, daß Männer durch die Verbindung mit dem Weiblichen an Stärke gewannen, gleichgültig ob dies auf sexuellem Wege oder durch eine Maskerade geschah.

Aus dem Begriff *hubrizein*, »wollüstiges Verhalten«, entstand das römische Wort *hybrid*. Es bezeichnete ein Kind, das einen Römer zum Vater und eine Fremde zur Mutter hatte. Als ein Überbleibsel des alten Gesetzes der matrilinearen Erbfolge wurde festgelegt, daß ein Kind, je nachdem ob die Mutter eine Sklavin oder frei war, als Sklave oder freier Bürger lebte. Der Status des Vaters spielte dabei keine Rolle. Ähnlich wurde bei den Juden und Jüdinnen im Falle von Mischehen das Kind jüdisch, wenn die Mutter das jüdische Elternteil war. Es blieb nichtjüdisch, wenn nur der Vater jüdisch war.[3]

1. Potter & Sargent, 176. 2. Lederer, 145. 3. Ochs, 96.

Hygieia

»Gesundheit«, der Titel der Mutter Rhea Koronis an ihrem Altar in Titane, dem eine heilende Wirkung nachgesagt wurde. Der Name bezeichnete auch eine ihrer milchspendenden Brüste. Die andere hieß **Panakea**. Spätere Verehrer des Gottes der Heilkunde, Asklepios, machten Hygieia und Panakea zu dessen »Töchtern«.

Hymen

Vorhang des Tempels; die anatomische Bezeichnung entstand aus der Auffassung, die Vagina wäre das Heiligtum der Aphrodite, der über die Entjungferung wachenden, jungfräulichen Göttin. Der Vorhang des Tempels wurde durch die Leidenschaft ihres dem Tode geweihten Liebhabers in dem Moment »mitten entzwei« gerissen (Lukas 23, 45), als er in ihren chthonischen Leib eindrang, und sich die Sonne (das männliche Prinzip) verdunkelte. Der christliche Kreuzigungsmythos übernahm diese Elemente. (Siehe **Honig**.) Bei der Heiligen Hochzeit wie auch bei weltlichen Hochzeiten wurde die Göttin mit *Oh Hymen Hymenaie* angerufen, woraus sich möglicherweise das Wort »Hymne« entwickelt hat.[1]

1. Rose, 32.

Hypatia

Eine neuplatonische Philosophin aus Alexandrien, die ein Opfer der von den Christen im 5. Jahrhundert betriebenen Verfolgungen intellektueller Frauen war. Auf dem Wege zur Akademie, an der sie lehrte, lauerte ihr eine Bande Mönche auf. Sie zerrten sie aus ihrem Wagen in eine Kirche und rissen ihr dort die Kleider vom Leib. Dann kratzten sie ihr mit Austernmuscheln das Fleisch von den Knochen und verbrannten, was übrig blieb. All dies geschah auf Befehl des heiligen Kyrillos, des Patriarchen von Alexandria. Mit Hilfe wohlplazierter Geschenke an die zivilen Behörden erreichten Kyrillos und seine Mönche, daß die offizielle Untersuchung zur Ermittlung der Mörder Hypatias eingestellt wurde.[1] Im Jahre 1882 sprach Papst Leo XIII. Kyrillos heilig und kanonisierte ihn als »Kirchenlehrer«.[2]

Hypatias Lehren waren in ganz Ägypten berühmt. Ihr Tod signalisierte den Untergang des heidnischen Wissens in diesem Land.[3]

1. Gibbon 2, 816f. 2. Attwater, 100. 3. Seligmann, 82.

Hyperboreer

Die griechische Bezeichnung für die Stämme des nördlichen Europas und der Britischen Inseln, wörtlich »die BewohnerInnen jenseits des Nordwindes.« Ihnen wurden übernatürliche Kenntnisse, z. B. über den Lauf der Sterne, die Jahreszeiten, das Schicksal und die Reinkarnation, nachgesagt. Ihre Heiligtümer zur Himmelsbeobachtung, wie Stonehenge, trugen wahrscheinlich zu dieser Ansicht bei.

Hysteria

»Schoß«, das orgiastisch religiöse Fest der Aphrodite in Argos, wo der Schoß der Welt angebetet und symbolisch befruchtet wurde.[1]

Ärzte der Renaissance gaben dem Begriff der Hysterie seine heutige Bedeutung. Sie stellten zur Erklärung von Frauenleiden die Theorie auf, daß sich die Gebärmutter manchmal von ihrem angestammten Platz löse und im Inneren des Körpers umherwandere, was zu unbeherrschtem Verhalten führe.

1. H. Smith, 126.

Maria ist die berühmteste JUNGFRAU in der westlichen Kultur, aber es hat in der antiken und mittelalterlichen Geschichte und Mythologie viele unverheiratete Frauengestalten gegeben. Die hier abgebildete, geschnitzte und bemalte Tafel trägt den Titel »Christus im Leib der Jungfrau Maria« und ist um ca. 1400 in Deutschland entstanden.

Der Name KORE stand während der Antike im gesamten mittleren Osten für die Große Göttin. Er bezeichnet eine Jungfrau oder ein Mädchen, das zumeist – wie im Fall nebenstehender Figur – dem Kult der Athene zugehörig war. Obwohl sie in der Nähe des Pantheons gefunden wurde, dürfte diese Skulptur aus farbig bemaltem Marmor vermutlich von den ionischen Inseln stammen. Etwa 5. Jahrhundert v. Chr.

Diese Grabbeigabe aus prähellenischer Zeit entstammt dem Umfeld der vorchristlichen IDOLATRIE. Sie ist knapp 30 cm hoch und bereits mit komplexen Details stilisiert; vermutlich diente sie als Wandschmuck der Grabkammer.

Iao

Einer der in magischer Praxis sehr gebräuchlichen »geheimen Namen Gottes«, der in Anrufungen, Bann- und Schutzzaubern verwendet wurde. Übernommen aus der neuplatonischen Mystik, die damit das Wesen des (heidnischen) **Logos** bezeichnete. Im okulten Zusammenhang bedeutete er offenbar die sich selbst beschwörende Gottheit: »Ich, das Alpha und Omega.« (Siehe **Name**.)

Den Orphikern zufolge war Iao identisch mit Dionysos bzw. dem zweigeschlechtlichen Phanes (Eros), dem »Erstgeborenen unter den Göttern«.[1] Möglicherweise kann der Name Iao aber auch auf die Große Göttin zurückgeführt werden.[2] Im mittelalterlichen Christentum wurde Iao mit Jesus gleichgesetzt.

1. Graves, W. G., 463 (dt. 499). 2. Graves, G. M. 1 (Einf.).

Iblis

Arabischer Name für den Satan oder Shaitan; der Engel, der sich gegen Allah auflehnte und sich der Verehrung von Allahs Schöpfung – dem Menschen – verweigerte.[1] Iblis war der Anführer der *djinn* – Geister, die bereits vor Allah existierten. Sein Name ist möglicherweise auf eine Entstellung des griechischem *diabolos* zurückzuführen.[2]

1. Keightley, 289. 2. Jonas, 210.

Ichor

Homers Wort für das der Sage nach »blaue Blut« der Götter, das ihre Unsterblichkeit verbürgte und Ursache ihrer blauen Hautfarbe war – die beispielsweise die Götterdarstellungen in der sakralen Kunst Indiens auszeichnet. Die Diabolisierung der Götter im Verlauf des Mittelalters betraf auch ihr magisches Blut. *Ichor* bedeutete nun eine eitrig-wäßrige Flüssigkeit, die mittelalterliche Kleriker in den Blutgefäßen der Teufel vermuteten; mit dem Wort wurde auch das Blut der Insekten bezeichnet. (Siehe **Quintessenz**.)

Idee

»Innere Göttin« (lat. *idea*). Okkulter Tradition zufolge war eine Idee eine Emanation der weiblichen Weltseele (Shakti, Schechina, Psyche, Sophia usw.). Ihre Ideen wurden gedacht als personale Musen, »die sie am Himmel über den Sternen formte, um sich selbst eine Gestalt zu geben«.[1]

Mittelalterliche Theologen lehnten die Vorstellung einer weiblichen Idee ab und zogen der alten *eide*-Theorie die aristotelische Astral-Philosophie vor, der zufolge Gedanken durch Sternkonstellationen bestimmt wurden.[2] Die weibliche »Idee« wurde durch den männlichen »Plan« (engl. *concept*, von lat. *conceptum*: Begriff, Auffassung) ersetzt; dieses Wort hatte ursprünglich die gleiche Bedeutung wie »Empfängnis« (von lat. *concipere semina*: das Aufnehmen des Samens).[3]

Die frühchristliche Gnosis betrachtete den Schöpfergott dessen ungeachtet als bloßen Demiurgen, als Kind der Großen Mutter, die seinem Geist all jene Ideen eingab, die er dann als Dinge in der materiellen Welt erschuf. Sein Frevel bestand darin, diese Schöpfungen für sich selbst zu beanspruchen, weil er, wie Clemens von Alexandria schrieb, »durchaus keine Kenntnis von den *Ideen* des von ihm Erschaffenen und von der Mutter selbst hatte«.[4] Die Vorstellung eines Gottes, der gegenüber der großen Göttin der (Tod-) Sünde der Hybris schuldig war, trat wiederholt bei gnostischen Gruppen auf; schließlich erklärte die rechtgläubige Kirche den Gedanken für häretisch und unterdrückte so mit Gewalt die Ansichten seiner AnhängerInnen.

Demiurg
Aus der platonischen Philosophie übernommene Bezeichnung für den »Weltbaumeister«. Den Gnostikern galt der Demiurg als der Erlösung durch einen höheren Gott bedürftig.

1. Agrippa, 65. 2. Lindsay, O. A., 102. 3. Potter & Sargent, 224. 4. in: Jonas, 191.

Idolatrie

»Bilderkult«. Die vorchristliche Sitte der Verehrung von Gottheiten und Heroen in Form von Idolen wurde von der katholischen Kirche übernommen und – trotz Gottes zahlreicher Verbote des Bilderkultes (2. Mose 20, 4; 3. Mose 19, 4) – niemals aufgegeben. Thomas von Aquin rechtfertigte die Kirche gegenüber der biblischen Überlieferung mit der Formulierung, dem Abbild Christi sei die gleiche Achtung entgegenzubringen wie der Gottheit selbst.[1]

Die Idolatrie wurde zu einem der Hauptthemen der Reformation: Die protestantischen Gruppen warfen der römisch-katholischen Kirche vor, sie würde weder in diesem Punkt noch irgendwo sonst den biblischen Vorschriften Folge leisten.

John Wyclif verkündete, die Heiligenbilder seien höchstens als Feuerholz tauglich; nicht zuletzt aus diesem Grund bestand die Kirche noch 30 Jahre nach seinem Tode auf der Exhumierung und Verbrennung seiner Gebeine.[2]

John Wyclif
(ca. 1330–1384) Englischer Reformtheologe, der die Lollarden, Johannes Hus und andere Köpfe der protestantischen Reformation beeinflußte. Wyclif hatte folgende Ämter inne: Oberpfarrer von Fillingham, Stiftsherr von Aust, Kirchenvorsteher von Canterbury und Oberpfarrer von Ludgershall in Buckinghamshire.

Einige protestantische Gruppen (wie etwa die Sozinianer) behaupteten, wenn die Katholiken ungeachtet ihrer Mißachtung von Gottes ausdrücklichem Verbot des Bilderdienstes ins Himmelreich kämen, dann würden auch ihre eigenen Seelen trotz der Ablehnung päpstlicher Dogmen (wie dem der Dreieinigkeit und dem der ewigen Verdammnis) gerettet werden. Gerade wegen ihrer Ablehnung des Bilderkultes nahmen sie für sich in Anspruch, die biblischen Gebote genauer zu befolgen als die römische Kirche.[3]

Sozinianer
Von Fausto Sozzini (1537–1604) in Polen gegründete Glaubensgemeinschaft, die kirchliche Lehren wie die von der Dreifaltigkeit und von der Erbsünde als vernunftwidrig ansah. Die Sozinianer verbreiteten sich im 17. Jahrhundert in ganz Westeuropa und beeinflußten das Gedankengut der Aufklärung.

Ein Grund für den Verzicht auf Idole war die Befürchtung, daß sie die Gläubigen nicht mehr in ausreichendem Maße beeindrucken könnten; seit dem Niedergang des römischen Reiches verloren die Heiligenbilder zunehmend an Ausdruckskraft. In Ermangelung der Kunstfertigkeit und der handwerklichen Fähigkeiten vorchristlicher Zeit waren die mittelalterlichen Bildermacher nicht in der Lage, der antiken Bildhauerei und Malerei etwas Vergleichbares an die Seite zu stellen: Ihre Erzeugnisse waren oft nur rohe, bemalte Holzfiguren oder -Bilder.[4]

Bilder – wie verehrungswürdig sie auch immer sein mochten – konnten nicht mehr die rechte Andacht erzeugen, wenn sie rissig wurden, ihre Farbe abblätterte oder die unbeholfene Technik eines mittelmäßigen Künstlers sie zu offensichtlich als von Menschenhand gemachte Objekte bar jeder Inspiration auswies. Was ein chinesisches Sprichwort besagt: »Kein Bildermacher verehrt die Götter – er weiß, woraus sie gemacht sind«[5], lag im Falle solcher grobschlächtigen Idole für alle Welt offen zutage. Trotzdem gelang es in einigen Fällen, die (Leicht-) Gläubigen über lange Zeit hin zum Narren zu halten. So zog das Kloster Boxley bei Maidstone mit seinem Gnadenkreuz viele Pilgerzüge an – diese Christusfigur konnte »lebendig werden«: ihre Augen und Lippen bewegten sich. Cromwells Gefolgsleute machten der Betrügerei 1536 ein Ende, indem sie die Hebel und Drähte öffentlich ausstellten, die, im Inneren der Statue verborgen, das »Wunder« bewirkten.[6]

Um ähnlich »wundertätige« Idole handelt es sich sowohl bei den von der christlichen Kirche vereinnahmten heidnischen Grabmälern und Statuen als auch bei den nachträglich christianisierten Märtyrern und Heiligen. Wo sich in vorchristlicher Zeit die Heiligtümer von Heroen und Halbgöttern wegen ihrer Wundertätigkeit und Heilkraft regen Zulaufs erfreuten, wurde einfach eine Kirche errichtet und eine neue Märtyrerlegende für einen alten Gott erfunden; dessen gefälschte »Reliquien« wurden fortan zum Zwecke der christlicher Heilmagie eingesetzt. Vor allem den mittelalterlichen Mönchen ist zu verdanken, daß »die Produktion von Märtyrern sich zu einer blühenden Industrie entwickelte«. Selbst die Gebeine gewöhnlicher römischer Bürger – wie man sie in antiken Gräbern und Katakomben fand – ließen sich so zu Idolen machen, die als göttliche Gefäße des Geistes der **Heilige**n verehrt wurden.[7] Diese Abart der Idolatrie war keine genuin christliche Erfindung, sondern eine Übernahme heidnischer Gebräuche. In den Schriften des Plinius finden sich Anweisungen für Zaubereien aus klassischer Zeit, in denen die Gebeine erschlagener Gladiatoren, Haare, Kleidungsstücke oder auch Nägel aus Hinrichtungskreuzen verwendet wurden.[8]

Gaius Secundus Plinius der Ältere (ca. 23–79 n. Chr.), römischer Offizier und Verfasser der *Naturalis Historia*, einer naturwissenschaftlichen Enzyklopädie, die bis in das Mittelalter als verbindlich galt. Plinius kam bei dem Versuch, den Ausbruch des Vesuv zu beobachten, ums Leben.

Die katholische Kirche änderte verschiedentlich ihre Haltung gegenüber der Idolatrie, bevor sie den Entschluß faßte, sie endgültig zu dulden. Im Bilderstreit des 8. und 9. Jahrhunderts machten sich die Gegner der Bildanbetung, die sogenannten Ikonoklasten, eine typisch semitische Bilderfurcht zu eigen und weihten sich der Zerstörung jeglicher bronzenen und marmornen Bilder von Göttern oder Göttinnen. Auf dem Konzil zu Konstantinopel beschlossen die Bischöfe einmütig, daß Bilder Teufelswerk und somit von der Kirche fernzuhalten seien. 30 Jahre später widerrief das Konzil von Nicaea diese Entscheidung und verhängte sogar den Kirchenbann über diejenigen, die sich dem Bilderdienst verweigerten. Zwei weitere Konzilen kamen in dieser Sache zu jeweils widersprüchlichen Entscheidungen, bis 843 die Bilder wieder ein für allemal in den kirchlichen Gebrauch eingesetzt wurden.[9]

Die Kirche selbst verteidigte ihren Bilderkult mit der Behauptung, es handele sich schließlich nicht um echte Idole, sondern lediglich um »Symbole«. Was dies auch immer bedeuten mag: die Männer der Kirche wußten sehr genau, daß durchschnittliche Gläubige eine solche Unterscheidung nicht nachvollziehen würden. Die Bilder waren genauso gründlich idolisiert wie jeder afrikanische Fetisch oder die Athene-Statue des berühmten griechischen Bildhauers Phidias:

> *Wenn wir einem Bild die Fähigkeit zu wirklichem Handeln zuschreiben, erklären wir es zu einem beseelten, selbstständigen Wesen. Alle Spitzfindigkeiten der Welt, die versuchen, es dann als ein Werkzeug des Glaubens, als ein Symbol oder als ein Mittel, das die Hingabe des Anbetenden verstärken soll, zu deuten, sind blanker Unsinn. Der Andächtige glaubt* tout bonnement, *daß genau dieses Bild die Heilung bewirkt. Und glaubte er das nicht, so würde ihm schließlich auch eine beliebige andere Abbildung der Jungfrau oder des Heiligen den gleichen Zweck erfüllen. Das ist tausendmal gedroschenes Stroh ... Und solange ein Fetisch anerkannt wird, wird sich nichts daran ändern: der Oberpriester wird ihn als bloßes Symbol bezeichnen, und der unwissende Gläubige wird außerstande sein, ihm darin zu folgen. So wird er das Symbol als das Ding selbst anbeten – genau, wie man es von ihm erwartet.*[10]

1. H. Smith, 217. 2. Ebd., 319. 3. Walker, 185. 4. H. Smith, 217. 5. Muller, 329. 6. Hazlitt, 524. 7. Muller, 206. 8. Halliday, 49. 9. Muller, 16. 10. Leland, 237.

Idun

Var. Iduna

Skandinavische Göttin, »die Erneuernde«.[1] In ihrem Garten im Westen zog sie die Äpfel der Unsterblichkeit, die den Göttern das ewige Leben verliehen.[2] Als die Äpfel einmal gestohlen wurden, fielen die Götter – wie normale Sterbliche – Verfall und Alter anheim.[3] Der Name »Idun«, möglicherweise eine weibliche Vorstufe von »Odin«, könnte sich von dem der Rhea heiligen Berg Ida herleiten. Rheas *alter ego* Hera[4] war die Hüterin der Äpfel der Unsterblichkeit, die den olympischen Göttern das ewige Leben verliehen. Es heißt auch, Idun habe die Runenschrift erfunden. Ihr Gemahl Bragi wurde der größte aller Barden, weil sie die magischen **Runen** in seine Zunge prägte.

1. Snorri, 54 (dt. 355). 2. *Larousse*, 266. 3. Hollander, 39. 4. Graves, G. M. 7.8.

Ignatius, Heiliger

Auch Theophoros, »Gottes-Träger« genannt. Die historische Gestalt des Bischofs Ignatius war in trajanischer Zeit die Hauptfigur eines triumphalen Zuges von Antiochia nach Rom; er starb in Rom den Märtyrertod, vermutlich im Zirkus beim Tierkampf.[1] Ignatius bedeutet »heiliges Feuer«; möglicherweise wurde in ihm der Geist des Kult-Heros Herakles verehrt. Anderen Vermutungen zufolge handelt es sich bei ihm auch um eines der Götterbilder, die zusammen mit anderem Beutegut nach Rom gelangten und anläßlich von Trajans Triumphzug ausgestellt wurden.[2] Seine Heiligsprechung würde dann nur bedeuten, daß einem viel älteren Namen später ein Mythos zugeordnet wurde.

1. Attwater, 176. 2. Brewster, 89.

Ilex

Siehe **Stechpalme**

Var. Eileithyia

Ilithyia

Beiname verschiedener Erscheinungsformen der Großen Göttin (so etwa Artemis/Diana, Aphrodite usw.) in ihrer Funktion als göttliche Hebamme. Während der Niederkunft beteten Frauen zu Ilithyia Eleutho, der Großen Göttin als »Befreierin«, die das Kind aus der Gebärmutter erlöste. Als St. Eleutherius wurde diese mythologische Gestalt zu christlicher Zeit sogar (in männlicher Form) heiliggesprochen. Ähnlich verhält es sich mit einer der Maria in ihrer Funktion als Panaghia Blastike (»Jungfrau der Fruchtbarkeit«) geweihten Kirche: sie wurde auf einem Heiligtum der Aphrodite Ilithyia (»Mutter der Fruchtbarkeit«) errichtet.[1] Die GriechInnen verwendeten den Beinamen Ilithyia außerdem für verschiedene ägyptische Göttinnen, darunter Isis, Buto, Hathor und Nephtys.

1. Hyde, 61, 77.

Immanuel

Persischer Titel des »Gottes Immani« oder auch E-mani, der in Elam als heiliger Märtyrer-König verehrt wurde.[1] Eine seiner späteren Inkarnationen war der Erlöser Mani, der angeblich von einer Jungfrau namens Maria geboren wurde.[2] (Siehe **Manichäer**.)

Jesaja 7, 14 zitiert eine persische Schrift: »Siehe, eine Jungfrau ist schwanger und wird einen Sohn gebären, den wird sie heißen Immanuel.« Der Evangelist Matthäus (1, 22–23) besteht darauf, daß es sich hier um eine Prophezeiung der Geburt Christi handele, der demnach eben mit »Immanuel« identisch sei; der Name konnte sich allerdings nicht durchsetzen.

1. *Assyr a. Bab.* Lit., 170, 178. 2. Robertson, 86ff.

Inanna

Sumerischer Name der Großen Göttin als Königin, die jeden König zu ihrem Bräutigam machte. In Hochzeitshymnen für den **Hieros Gamos** hieß es: »Oh meine Königin, Königin des Universums, Königin, die das Universum umschließt, möge er [der König] sich lange Tage deines heiligen Schoßes erfreuen.« Mitunter wandte sie ihre Macht gegen Feinde des Königs: »Meine Königin, die fremden Länder erschauern unter deinem Ruf. ... Meine Königin, du bist all-zerstörend in deiner Macht. ... Meine Königin, die großen Götter flohen vor dir wie flatternde Fledermäuse.« Der Überlieferung nach wurde die Stadt Agade völlig zerstört, weil Inanna ihren dortigen Tempel aufgab: »Die heilige Inanna verließ das Heiligtum Agade ...; sie zog in eine Schlacht gegen die Stadt.«[1]

Inanna war die Quelle für das Blut der Erde; sie füllte die Brunnen, Flüsse und Quellen mit ihrem Blut. Als Fruchtbarkeitsgöttin stieg sie (wie ihr babylonisches Pendant Ishtar) alljährlich zur Unterwelt hinab, um ihren Gemahl Damuzi (auch Dumuzi, Tammuz) zu retten. Als Nanna, Nana oder Anna wurde sie zur heiligen jungfräulichen Mutter des Attis, zur Braut Baldurs, und zur älteren Jungfrau-Mutter, die von den Christen »Heilige Anna, Mutter Mariä« genannt und im Mittelalter oft mit Maria und dem Jesusknaben als »Anna selbdritt« dargestellt wurde.[2]

Die Hethiter nannten sie Inaras. Im Lande Hatti erneuerte sie jedes Jahr ihre Jungfräulichkeit, um die Braut des heiligen Königs zu werden; dies geschah während des Purulli-Festes, dessen Spuren sich noch im jüdischen Purim-Fest finden. Gewisse Klagelieder legen die Vermutung nahe, daß der heilige König seinen kurzen Ruhm bedauerte.[3]

1. Pritchard, A. N. E., 127, 202, 207. 2. Graves, W. G., 441 (dt. 445).
3. Hooke, M. E. M., 99.

Incubus

Der vorchristliche Incubus war ein besonderer Priester, durch den vermittels Visionen und Träumen ein weissagender Geist sprach. Dieser Geist erschien denjenigen, die sich der Prozedur des Tempelschlafs (der Inkubation) unterzogen und die Nacht in einer Erdhöhle oder einer Tempelgrube verbrachten (inkubierten). Bei den GriechInnen wurde die Inkubation vornehmlich in den Heil-Tempeln des Äskulap und der Hygieia ausgeübt; der bedeutendste Incubus der ÄgypterInnen erschien in den Tempeln des Imhotep.[1] Das Erscheinen des Incubus wurde zweifelsohne des öfteren auch mit Bedacht inszeniert: Handelte es sich bei den SchläferInnen um gesellschaftlich einflußreiche Personen, so lagen – wenn damit dem Wohl des Tempels gedient war – entsprechende Manipulationen der Traumbotschaft nahe.

Die christliche Praxis ahmte den Brauch der Inkubation mit ihren Vigilien (»Nachtwachen«) nach. Waren schwierige Entscheidungen zu fällen, so galt die Empfehlung, die Nacht hindurch in einer Kirche »zu wachen und zu beten«, um so einer hilfreichen Erscheinung teilhaftig zu werden. Der Incubus wurde allerdings gleichzeitig diabolisiert und galt nun nicht mehr als ratgebender Engel. Er fiel in Ungnade, weil aus der älteren Tradition nächtliche sexuelle Vereinigungen der Inkubierenden mit Priestern bzw. Priesterinnen bekannt waren. Fortan wurden die Incubi als Geister der Wollust angesehen.

Manchen Kirchenmännern zufolge waren die Incubi dämonische Liebhaber mit der Fähigkeit, Frauen in einer dämonischen Abart der jungfräulichen Zeugung zu schwängern. Ludovico Sinistrari bemerkte dazu – nicht ohne sich dabei in der Art eines geschulten Klerikers nach allen Seiten aufs beste abzusichern: »Unter dem Vorbehalt einer Korrektur durch unsere Heilige Mutter Kirche und als bloßer Ausdruck meiner persönlichen Überzeugung sage ich, daß ein Incubus beim Verkehr mit einem Weibe vermittels seines eigenen Samens einen menschlichen Fötus zeugt.« Als »wohlbekanntes Beispiel« für einen dämonisch gezeugten Mann führte Sinistrari »jenen abscheulichen Erzketzer Martin Luther« an.[2] Und was die Meinung des »abscheulichen Erzketzers« selbst betraf: Wäre es nach Luther gegangen, so hätten alle abnormal aussehenden Kinder unmittelbar nach der Geburt getötet werden müssen, weil sie für ihn Ausgeburten von Dämonen waren.[3]

Ludovico Maria Sinistrari (1632–1701) Franziskaner, Berater des obersten Inquisitionsgerichtshofs; Autor einer *Dämonenlehre* und der *Practica criminalis illustrata*, eines Handbuchs zur Strafverfolgung.

Thomas von Aquin (um 1225–1274), Dominikaner, Lehrer an den Universitäten von Paris, Köln, Bologna, Rom und Neapel und einer der einflußreichsten Theologen und Philosophen des Mittelalters. Verfasser von Aristoteles-Kommentaren und der *Summa Theologica*, die als Hauptwerk der scholastischen Philosophie gilt. Thomas bejahte zwar die Möglichkeit vernunftgemäßer Erkenntnis, stufte sie aber geringer ein als geoffenbarten Glauben.

Andere Autoritäten, darunter Thomas von Aquin, bestanden auf der Unfruchtbarkeit der Dämonen. Demnach konnten Dämonen nur dann eine Frau schwängern, wenn sie das Sperma eines Mannes besaßen, mit dem sie zuvor als Sukkubus (ein weiblicher Dämon; man nahm an, daß Dämonen ihr Geschlecht beliebig ändern konnten[4]) sexuell verkehrt hatten. Thomas behauptete auch, daß ein Dämon jenes Sperma benutzen könne, das ein Mann während eines feuchten Traums verloren hätte; solch ein Mann sei dann »Jungfrau und Vater zugleich«.[5]

Damit widersprach Thomas allerdings der biblischen Überlieferung und dem Kirchenvater Augustinus, der als Beleg für die These, daß gefallene Engel mit sterblichen Frauen Kinder gezeugt hatten, 1. Mose 6,4 anführte: »... denn da die Kinder Gottes zu den Töchtern der Menschen eingingen und sie ihnen Kinder gebaren...«. Papst Benedikt XIV. (1740–1758) verkündete noch im Jahrhundert der Aufklärung: »Diese Bibelstelle meint die Teufel, welche als Incubi und Succubi bekannt sind.« Der Papst verweigerte sich allerdings einer endgültigen Entscheidung in der Frage der dämonischen Empfängnis; er zog es vor, beide Schulmeinungen zu zitieren: »Einige Autoren verneinen, daß es Abkömmlinge geben kann. ... Andere hingegen versichern die Möglichkeit eines Koitus und behaupten, daß daraufhin Kinder entstehen können.« Wenn auch die offiziellen kirchlichen Theorien über die Vermehrung der Dämonen seit alters her völlig diffus waren, als Grundlage ihrer »Rechtsprechung« reichten sie der Kirche allemal: So wurde 1275 in Carasconne eine Frau verbrannt, weil sie dem Teufel ein Kind geboren haben sollte.[6]

Kleriker mit klassischer Bildung machten darauf aufmerksam, daß die Götter der HeidInnen (nach kirchlichem Verständnis natürlich Teufel) auch Väter seien.[7] Die Kirche erkannte viele Legenden an, in denen historischen Gestalten solch eine dämonische Abstammung zugeschrieben wurde: darunter illustre Persönlichkeiten wie der Herzog der Normandie »Robert der Teufel«, Alexander der Große, Platon, Scipio Africanus, schließlich die Hunnen und die Zyprioten in ihrer Gesamtheit.[8] Eine *Geschichte der Goten* aus dem 6. Jahrhundert behauptete, die Hunnen ließen sich auf die Abkömmlinge von Frauen und Incubi zurückführen.[9] Trotz allem: Thomas' Ansichten wirkten letztlich nachhaltiger als biblische und antike Gegenbelege.

Giovanni Pico della Mirandola (1463–1494), italienischer Humanist und Philosoph der Renaissance. Er lehnte zwar die

Wie es auch immer um die Vermehrungsfähigkeit des Incubus bestellt sein mochte – in einem Zeitalter, in dem Männer in sexuellen Dingen naiv genug waren, ihre amourösen Fähigkeiten an der Penislänge zu messen, befeuerte das sexuelle Vermögen des Incubus ihren ganz unverhohlenen Neid. Laut Sinistrari empfanden Frauen nach dem Beilager mit Incubi die amourösen Fähigkeiten normaler Männer als »erbärmlich und keineswegs dazu angetan, sie auch nur in geringstem Maße zu erregen«.[10] Pico della Mirandola legte die Ursachen dafür klar: Incubi waren wohlgestaltet und bekannt für »die außerordentliche Größe ihrer Genitalien. ... Die Teufel können das Ding auch dann noch rühren, wenn es zuinnerst steckt, woraus den Weibern größeres Vergnügen erwächst als beim Verkehr mit dem Manne.« De Lancre zitiert das Zeugnis einer der Hexerei bezichtigten Frau; sie sagte aus, ihr Teufel habe »einen Schwanz wie ein Maulesel … von Armeslänge und -Dicke. Er entblöße immerfort sein Werkzeug, gar schön an Maß und Gestalt.« Trotz dieser sperrigen Proportionen sagte man den Incubi auch den Mißbrauch sehr kleiner Kinder nach. Der Kanzler von Würzburg behauptete im Jahr 1629, daß »es einige 300 Kinder im Alter von drei oder vier Jahren gibt, die des Verkehrs mit dem Teufel gepflegt haben«.[11] Heute wissen wir allerdings um die erschreckende Häufigkeit von sexuellem Mißbrauch von Kindern und daß die Täter fast immer Väter oder andere nahe Verwandte sind – die Aktivität besonderer Teufel ist gar nicht vonnöten.

Astrologie ab, war aber sonst magischen Praktiken gegenüber aufgeschlossen.

Satyrn, Faune und die gallischen *dusii* (von lat. *deus*, Gott) sollten nach Angaben eines offiziellen Inquisitions-Handbuches vor Zeugen Verkehr mit Hexen gehabt haben. Der heilige Augustinus bezeichnete den gallischen *Dusius* als Incubus, der bei sterblichen Frauen liege; später unterstützten andere Kleriker seine Äußerungen mit dem, was sie für Beweise hielten.[12] Frauen scheinen unerklärlicherweise bereit gewesen zu sein, mit ihren Dämonen vor den Augen von »Beistehern« zu kopulieren; letztere berichteten, daß die Dämonen zwar unsichtbar blieben, jedoch »aus der Stellung der Glieder und Körperteile, die am Liebesakt teilhaben, und aus dem Orgasmus offensichtlich war, [daß] … sie mit Incubus-Teufeln kopuliert haben.«[13]

Nonnen schienen den Aufmerksamkeiten der Incubi in besonderem Maße ausgesetzt zu sein.[14] Autoritäten sagten, daß Nonnen oftmals am Morgen aufwachten »um sich solcherart besudelt zu sehen, als hätten sie mit Männern geschlafen«.[15] Einige Nonnen behaupteten auch, sie hätten mit Christus geschlafen; dies wurde allerdings als von dämonischer Besessenheit herrührende Blasphemie verurteilt – obwohl Nonnen sich gemäß kirchlicher Lehren als Bräute Christi zu betrachten hatten.

Schließlich gab es noch christliche Heilige, die in eigener Person als Incubi in Erscheinung traten. In den Kirchen von St. Giles in der Normandie und St. René in Anjou lagen Frauen die ganze Nacht hindurch mit ithyphallischen Abbildern der Heiligen bei den Reliquienschreinen – in der Hoffnung, schwanger zu werden.[16] Weil die ChristInnen in Canopis sich den örtlichen Gebräuchen anschlossen und im Isis-Tempel »inkubierten«, ließen die Bischöfe ein paar Knochen in den Tempel schaffen und behaupteten, es seien die Reliquien der Märtyrer Cyrus von Alexandria und Johannes von Edessa. Die Inkubationen fanden nach wie vor statt; nur wurden fortan alle Wunder anstelle der Isis den Märtyrern zugeschrieben.[17]

Mitunter schien von Frauen, die mit Incubi zu verkehren pflegten, mehr Schrecken auszugehen als von den Dämonen selbst. In einem angelsächsischen Heilmittelbuch finden sich Rezepte für magische Salben, die allerdings nicht vor den Incubi schützen sollen, sondern vor »Frauen, mit denen der Teufel Geschlechtsverkehr hatte«. In Toulouse wurde im Jahre 1275 eine 56jährige Frau durch kirchliche Beschlagnahmung ihrer weltlichen Güter beraubt und so lange gefoltert, bis sie gestand, sie habe über Jahre hin allnächtlich den Verkehr mit einem Incubus vollzogen und dem Dämonen ein Kind geboren, das halb Wolf und halb Schlange gewesen sei.[18]

Der Gipfel der Ironie dürfte wohl die offizielle Meinung der Kirche zu den Umtrieben der Incubi gewesen sein: sie geschahen »mit Erlaubnis Gottes«.[19] Aber was Gott zuließ, das bestraften die Männer.

1. Gifford, 111. 2. R. E. L. Masters, 215, 219. 3. G. R. Scott, 113. 4. H. Smith, 278. 5. Robbins, 28. 6. Ebd., 461, 516. 7. H. Smith, 278. 8. Robbins, 465. 9. J. B. Russel, 59. 10. Haining, 77. 11. Robbins, 385, 462, 464. 12. Hazlitt, 176. 13. Sprenger & Institoris, 24, 114. 14. Haining, 70. 15. Robbins, 127. 16. G. R. Scott, 245ff.; Knight, D.W. P., 141. 17. Gifford, 123. 18. J. B. Russell, 75, 164. 19. Robbins, 127.

Infernus

Lateinisches Wort für die Unterwelt, von dem sich unser »Inferno« herleitet. Während wir dies mit Vorstellungen von höllischem Feuer und großer Hitze verbinden, ist der Infernus keineswegs als heiß zu denken; das Wort bezeichnet lediglich »den inneren Ort«. Er wurde in der Regel nicht als feurig, sondern als dunkel geschildert und hatte mehrere Eingänge: einer davon war der Averner See mit der benachbarten heiligen Grotte der Sibylle von Cumae.

Inquisition

Vor dem Nationalsozialismus und seinem Völkermord kannte Europa keine Art der Gewaltherrschaft, die der 500-jährigen Geschichte der Inquisition ebenbürtig gewesen wäre. Der Historiker Henry Charles Lea, ein ausgewiesener Fachmann für mittelalterliche Geschichte, nannte die Inquisition eine »einzigartige Verhöhnung der Gerechtigkeit – vielleicht die frevelhafteste, die je von Menschen mit willkürlicher Grausamkeit ersonnen wurde. … Fanatischer Eifer, willkürliche Grausamkeit, und unersättliche Habgier wetteiferten miteinander beim Aufbau eines Systems von unaussprechlicher Scheußlichkeit. Es war ein System, das sehr wohl als Erfindung von Dämonen erscheinen konnte.«[1] (Siehe **Folter**.)

Die Inquisition wurde ursprünglich eingesetzt, um die allgemeine Anerkennung einer Kirche, die vom Volk abgelehnt wurde, zu erzwingen. Nach einem zeitgenössischen Sprichwort kannte die Kirche statt der zehn Gebote nur noch eines: »Her mit dem Geld.«[2] Bernhard von Clairvaux bedauerte die Habgier der Kirche: »Welchen Prälaten könnt ihr mir zeigen, der nicht lieber die Taschen seiner Herde leert, als ihre Laster zu vermindern?«[3]

Bulgarischen Autoren zufolge hatten sich die römischen Priester der Trunksucht und Räuberei ergeben, und »niemand war da, es ihnen zu verbieten«. Der dortige Presbyter Cosmas stritt das zwar nicht ab, meinte aber, daß die Christenheit selbst sündenhaften Priestern Verehrung entgegenzubringen hätte.[4] Dies war eine anerkannte Doktrin. Pilichdorf sagte: »Der ärgste Mann, sofern er Priester ist, ist ehrbarer als der heiligste Laie.«[5]

Peter von Pilichdorf Antihäretischer missionarischer Autor des frühen 14. Jahrhunderts.

Die Priester bildeten zwar eine privilegierte Schicht, aber die Privilegien wurden ihnen immer mehr übelgenommen. Im 12. Jahrhundert verwandelten sich Klöster in Weinschenken und Spielhöllen; Nonnenklöster wurden zu Privatbordellen des Klerus; Priester benutzten die Beichte zur Verführung weiblicher Pfarrkinder. Die bischöflichen Geldeintreiber wurden in weitverbreiteten Geschichten als die übelsten Sünder geschildert.[6] »Der Handel mit Kirchenämtern fand ständig und schamlos statt.«[7] Selbst der Papst stellte fest, daß »die von göttlicher Gnade Erfüllten ... sich an Raub und Plünderung und sogar an Blutvergießen beteiligen.«[8]

Pierre de Bruys wurde im Jahr 1126 verbrannt, weil er öffentlich verkündet hatte, daß »Gott auf dem Marktplatz genau so gut wie in der Kirche zu finden ist; die Formen und Zeremonien, die so vielen Menschen den wahren Glauben ersetzen, sind völlig unnütz; das Kreuz sollte nicht angebetet werden. ... Die Priester lügen, wenn sie vorgeben, sie hätten Christi Leib gemacht, und ihn den Menschen zur ihrer Erlösung überreichen.«[9] Nach Tyndale hieß es, wann immer etwas mißriet, beim einfachen Volk: »Der Bischof hat's gesegnet.« Brannte das Essen an, so hatte der Bischof seinen Fuß hineingestellt, »denn die Bischöfe verbrennen, wen sie registrieren und wer immer ihnen mißfället«.[10]

Pierre de Bruys Reformtheologe des 12. Jahrhunderts. Gründer der häretischen Sekte der Petrobrusianer.

William Tyndale (etwa 1494–1536), von Wyclif beeinflußter englischer Kirchenreformer; erster Übersetzer der Bibel ins Englische. Viele seiner Bibeln wurden von den katholischen Kirchenbehörden beschlagnahmt und verbrannt. Nach einem von Predigen und Schreiben erfüllten Leben, mit dem er zur Förderung der Reformation beitrug, wurde Tyndale in Brüssel festgenommen und hingerichtet.

Mutmaßliche Reformatoren brachte die Kirche für gewöhnlich zum Schweigen. Frère Raymond Jean wurde hingerichtet, weil er gegen die kirchlichen Mißstände predigte. Er sagte verbittert: »Die Feinde des Glaubens sind unter uns. Das Sinnbild der Kirche, die uns regiert, ist die Große Hure der Apokalypse – sie drangsaliert die Armen und die Diener Christi.«[11]

Der Rektor der Pariser Universität, Nicolas de Clamanges, bekundete in einem offenen Brief, die Priester seien Schänder und nicht Hirten ihrer Herden: »Die Priesterschaft ist eine Plage geworden, gezwungen, ihre Berufung durch den Verkauf von Reliquien und Kreuzen und Gefäßen und durch die Versteigerung der mystischen Riten des Sakraments zu entweihen. ... Wer, glaubt ihr, kann unter so vielen Mißbräuchen eure käuflichen Ernennungen, eure vielfachen Verkäufe von Benefizien, eure Erhöhung von Männern ohne Ehrlichkeit oder Tugend in die höchsten Stellungen noch hinnehmen?«[12] Papst Alexander VI., selbst einer der so geschilderten Männer, bemerkte darauf nur zynisch: »Es ist nicht Gottes Wille, daß ein Sünder sterben möge. Er soll leben – und zahlen.«[13]

Die franziskanische Splittergruppe der Fraticellen wandte sich mit der Begründung von ihrem Orden ab, der Papst und seine Gefolgsleute seien mit der Sünde der Simonie befleckt. Die gesamte Kirche sei von Gott exkommuniziert, weil sie Christi Armutsgebot mißachte. Die Fraticellen bezeichneten den Papst als den Antichristen.[14] Diese Häretiker wurden bald ausgerottet. Das Dorf Maiolati, eine ihrer wichtigsten Zufluchtsstätten, wurde auf Veranlassung des Papstes Martin V. geschleift; alle Einwohner wurden erschlagen.[15]

Im Jahr 1325 veröffentlichte Papst Johannes die Bulle *Cum inter nonnullos*, mit der er »unfehlbar« erklärte, die Behauptung, Jesus und seine Jünger hätten keinerlei Besitz gehabt, sei Häresie. An die Inquisitoren erging die Anordnung, all diejenigen zu verfolgen, die daran festhielten, daß Jesus ein armer Mann gewesen sei. Eine »spirituelle Franziskaner« genannte Gruppe war dieses Glaubens – sie erhielt eine deutliche Lektion, als der Papst 114 von ihnen bei lebendigem Leibe verbrennen ließ.[16]

Die Waldenser erregten unter anderem wegen ihrer vielen »fal-

Waldenser
Auch Valdenser oder Vaudois genannt. Die häretische Sekte wurde im 12. Jahrhundert in Südfrankreich von Petrus Waldus (oder Valdes) gegründet. Er predigte ein einfaches und armes Leben in der Nachfolge Christi.

schen« Ansichten Anstoß. Sie sagten, Laien – Männer wie Frauen – hätten das Recht zu predigen, Messen, Votivtafeln und Totenandachten seien unnütz, es gebe kein Fegefeuer, jeder Mensch könne zu Gott beten, ohne auch nur den Fuß in eine Kirche zu setzen, und einem schlechten Priester solle die Erteilung der Sakramente verboten werden – »ein Vorschlag, der nichts Geringeres als die immerwährende Gnade der von den Orden ausgeteilten Sakramente in Abrede stellt und so eines der fundamentalen Privilegien der Kirche untergräbt«. Den Waldensern zufolge standen Priester, die für die Erteilung der Kommunion Geld forderten, niedriger als Judas, »weil sie für einen Denar den Leib feilbieten, für den *er* dreißig Denare verlangte«.[17]

Hand in Hand mit dem allgemeinen Ekel vor der klerikalen Habgier wuchs angeregt von der gnostischen Philosophie des Ostens der Verdacht, daß die Mythen der Kirche über den Garten Eden, den Sündenfall, die Erbsünde, Himmel und Hölle, die jungfräuliche Geburt usw. im strengen Sinne falsch waren. Das Volk verweigerte sich dem Glauben, daß Brot und Wein des Abendmahles im Wortsinn Fleisch und Blut seien. Deshalb ging ganz Böhmen dem päpstlichen Einfluß verloren; nach vielen Kriegen und Kreuzzügen wurde hier die unabhängige mährische Kirche gegründet. Die Grundsätze der römischen Kirche wurden weithin in Frage gestellt. Deshalb galt für Priester das Verbot, öffentlich »mit solch scharfsinnigen Ketzern über Glaubensfragen zu disputieren«, damit sie sich nicht der Lächerlichkeit preisgaben.[18] Becker merkt dazu an: »Dies ist, kurz gesagt, eine Neurose: Das Mißlingen plumper Lügen über die Realität.«[19]

Trotz der kirchlichen Bestrebungen, die Öffentlichkeit unwissend zu halten, gab es auch unter der Bauernschaft einige Köpfe, die scharfsinnig genug waren, die plumpen Lügen der Theologie zu erkennen. In diesem Licht erweist sich sogar die Leidenschaft des 12. Jahrhunderts für den Bau von Kathedralen als eine äußerste Anstrengung, das Schwinden des allgemeinen Ansehens der Kirche aufzuhalten: Man bot dem Volk »Unserer Lieben Frau« geweihte Tempel als Ersatz für die zuvor zerstörten Mutter-Heiligtümer an. Aber schließlich reichten dazu nicht einmal die *Notre Dames* hin. Die Kirche mußte wieder in ihren althergebrachten Hang zur Gewaltherrschaft zurückfallen.[20]

Guignebert sagt, die Christenheit habe sich »einem dauernden Kriegszustand ergeben: mit ihrem Alleinvertretungsanspruch und ihrer gewalttätigen Intoleranz, die vor allem für die Juden bedrohlich waren; vollgepfropft mit endgültigen Dogmen, die aller Vernunft trotzten; mit ihren komplizierten und verwickelten Riten, ... die von einer gewaltigen Mönchsarmee aufrechterhalten und von einer spitzfindigen Truppe scharfsinniger Theologen überwacht wurden.«[21] Die Gewaltherrschaft der Inquisition war dabei die allerletzte Waffe.

In diesem System reichte es aus, ein ganz normales Leben zu führen, um die Gewalt auf den Plan zu rufen – genau wie der bloße Umstand des Geborenwerdens als Anlaß für die Befleckung durch die Erbsünde ausreichend war. Nicht allein sexuelle Regungen, die zu jeder Zeit als verderbt bezeichnet wurden, sondern beinahe jede natürliche Regung wurde als Anzeichen für antichristliche Perversität gewertet.[22]

Die heutigen Verteidiger der Inquisition führen an, sie hätte auch guten Zwecken gedient, indem sie den weltlichen Mächten geholfen hätte, Kriminelle der Justiz zu überstellen.[23] Noch vor wenigen Jahrzehnten fand sich in katholischen Handbüchern die lügenhafte Behauptung, die Inquisition sei ein reines Zivilgericht gewesen.[24] In Wirklichkeit war sie an weltlichen Verbrechen nicht interessiert, solange sich daraus nicht eine Anklage wegen Ketzerei oder Hexerei ableiten ließ. Die Inquisition wurde geschaffen, um den Krieg der Kirche gegen die desillusionierte Bevölkerung zu gewinnen. Coulton sagt: »Das sogenannte Zeitalter des Glaubens war lediglich ein Zeitalter der Ergebung«; aber selbst diese Ergebung nützte sich allmählich ab.[25]

Die Macht der Inquisition wurde durch eine Reihe päpstlicher Bullen errichtet und ständig ausgeweitet. Die Bulle *Ad exstirpanda*, die Papst Innozenz IV. am 15. Mai 1252 veröffentlichte, »war ein fürchterlicher Schlag gegen die Häretiker Italiens. Sie befahl die Beschlagnahmung ihrer Güter, Einkerkerung, Folter, im Falle der Schuldigsprechung den Tod – und all das schon bei dem geringsten Verdacht.«[26]

Die Inquisition war ein ungeheuer ausgefeiltes Erpressungsgeschäft; sie diente in erster Linie dem Profit.[27] Die Habe eines Angeklagten wurde nach seiner Festnahme unverzüglich konfisziert; offenbar ist nie etwas zurückgegeben worden. Die Päpste priesen währenddessen die Konfiskation öffentlich als Hauptwaffe gegen die Ketzerei.[28] Konfiskation war der Kern der gesamten Organisation; wo sie nicht angewandt wurde, »war die Arbeit der Inquisitoren weniger gründlich und [sank] zu verhältnismäßiger Bedeutungslosigkeit herab«. Das wohlhabende Italien verhalf seinen Inquisitoren im Verlauf des 14. Jahrhunderts zu unermeßlichem Reichtum. Innerhalb von zwei Jahren häufte der Inquisitor von Florenz »die gewaltige Summe von mehr als 7000 Gulden« auf.[29] Der Inquisitor Heinrich von Schultheis schrieb selbstzufrieden: »Hab ich dich gefoltert und mit den strengen Mitteln, so das Gesetz vorschreibt, dir zum Geständnisse verholfen, dann tat ich ein für Gott erbaulich Werk und hab meinen Lohn davon.«[30]

Die Konfiskation fand bereits vor dem Urteil statt, weil man davon ausging, daß ohnehin niemand entkommen würde. »Die Beamten wiegten sich in der Sicherheit des Schuldverdachts.« Mitunter wurde sogar schon vor dem Geständnis konfisziert. Im Jahr 1300 wurde ein Edelmann namens Jean Baudier verhaftet; das erste Verhör fand am 20. Januar statt. Er weigerte sich lange Zeit, ein Schuldbekenntnis abzulegen, brach aber schließlich unter der Folter zusammen und gestand am 5. Februar. Am 7. März wurde er verurteilt. Trotzdem wurde sein beschlagnahmter Besitz bereits am 29. Januar verkauft – also lange vor dem Geständnis. Ähnliches geschah Guillem Garric: er wurde 1284 in Carcassonne verhaftet und erst 1319 verurteilt; die Beamten der Inquisition stritten sich aber bereits 1301 um sein Schloß.[31]

Von den Angeklagten wurde erwartet, daß sie für die Kosten ihrer Haft selbst aufkamen; sogar die Kosten ihrer eigenen Folter mußten sie tragen. Diesem kontinentalen Brauch schloß man sich auch in Schottland an, wo die Folterer ihren Opfern beispielsweise 6 Schillinge und 18 Pence für ein Brandmal auf den Wangen berechneten. In England wurden der Hexerei bezichtigte Frauen manchmal freigesprochen; trotzdem blieben sie in Haft, bis sie die Kosten ihrer ungesetzlichen Einkerkerung beglichen hatten.[32]

Die Gefangenen der Inquisition mußten ihre Mahlzeiten im Gefängnis bezahlen; ohne Geld verhungerten sie. Papst Gregor XI. bemerkte, daß zu viele des Hungers stürben, noch bevor sie auf den Scheiterhaufen gebracht werden könnten; auf den Gedanken, sie aus kirchlichen Mitteln zu ernähren, scheint er nicht gekommen zu sein. Im Gegenteil – wegen der »vielen der Ketzerei bezichtigten und wirklichen Ketzer, die aufgrund ihrer Armut in den Gefängnissen nicht verpflegt werden können, wenn die fromme Freigiebigkeit der Gläubigen ihnen nicht mit einem Werk der Nächstenliebe hilft« bot er allen, die Gefangene mit Speisen unterstützten, einen Ablaß an. So brach die Kirche mit ihrem Grundsatz: Wer immer einen Ketzer unterstützt, ist gleichfalls der Ketzerei verdächtig. Lea kommentiert dies folgendermaßen:

> *Es liegt etwas fürchterlich Groteskes darin, ehrbare, fleißige Menschen zu Tausenden ihrem Heim zu entreißen, sie in Verliesen dem Hunger und der Verwesung preiszugeben und sich den Unterhaltsskosten für sie zu entziehen, indem man sie den Gläubigen als Objekte der Nächstenliebe vorführt. Die Proklamation, mit der Gregor am 15. August 1376 an die Öffentlichkeit trat, ist vielleicht das schamloseste Zeugnis einer schamlosen Zeit.*[33]

Waren die inhaftierten Ketzer verschuldet, so annullierten die Richter einfach alle Ansprüche mit der Begründung, kein Ketzer könne rechtsgültige Geschäfte betreiben; so »wurden die Gläubiger schamlos betrogen«. Das gesamte finanzielle Netz der europäischen Gesellschaft wurde von den Herren der Religion aufs äußerste angespannt. »Diese Massenkonfiskationen stürzten indessen nicht bloß tausende von unschuldigen Frauen und Kindern in Unglück und Elend, indem sie ihnen alle Habe entzogen, sondern sie lähmten auch das ganze öffentliche und geschäftliche Leben in einem Maße, das schwer zu begreifen ist. Jedem Geschäfte raubte es die nötige Sicherheit. Kein Käufer oder Gläubiger konnte der Rechtgläubigkeit dessen sicher sein, mit dem er es zu tun hatte; und mehr noch als der Grundsatz, daß das Eigentumsrecht verwirkt sei, wenn ein Lebender sich der Ketzerei schuldig gemacht hatte, mußte die Gewohnheit, nach einem tatsächlich unbeschränkten Zeitraum immer noch gegen Tote vorzugehen, es einem jeden unmöglich machen, sich im Besitze seines Vermögens sicher zu fühlen, mochte es nun in seiner Familie Generationen hindurch vererbt oder von ihm selbst erworben worden sein.«[34]

Auch der Besitz von Toten konnte noch beschlagnahmt werden; ihre Gebeine wurden dann exhumiert und als Ketzer *post mortem* verbrannt; ihr Besitz wurde bei ihren rechtmäßigen Erben eingezogen.[35] Erfuhr jemand von einer bevorstehenden Inhaftierung und versuchte, das Eigentum zu verkaufen oder zu verschenken, so wurde es beschlagnahmt, weil Ketzern rechtsgültige Geschäfte nicht gestattet waren. Auf diejenigen, die sich durch Selbstmord dem Zugriff der Folterknechte zu entziehen suchten, wurde das Gesetz angewandt, daß niemand Selbstmörder beerben konnte; auch hier kassierte die Kirche alles. Flohen Angeklagte in ein anderes Land, so fanden Gerichtsverhandlung und

Urteilsspruch *in absentia* statt. Die Familien der Angeklagten blieben in völliger Mittellosigkeit zurück; aus Angst, selber verdächtigt zu werden, wagte niemand, sie zu unterstützen. Die Inquisition erließ ein Gesetz, nach dem das Eigentum von Selbstmördern beschlagnahmt werden konnte; diese Regelung blieb in in den meisten Ländern Europas und auf den britischen Inseln bis 1870 in Kraft.[36]

Die Inquisitoren konnten auch beträchtliche Geldstrafen verhängen. Zwar hieß es mitunter, solche Geldbußen seien sinnlos, da ja die Besitztümer angeklagter Ketzer ohnehin der Konfiskation anheim fallen würden; die Inquisitoren konstruierten aber den Typus der sogenannten »Begünstiger und Beschützer«; dies waren unwissentlich Schuldige, deren Ketzerei aus einem einzigen gedankenlos gesprochenen oder überhörten Wort bestehen konnte. Dieser Typus konnte für seine Unvorsichtigkeit mit einer Geldbuße abgestraft werden.[37]

Das System der Geldbußen geriet oftmals zur Schutzgelderpressung. Die Inquisitoren konnten – wie Scot es ausdrückte – »die Bestrafung des Körpers gegen die Bestrafung der Börse austauschen«, und viele zahlten ihren jährlichen Obolus, um der Verfolgung zu entgehen.[38]

Wer sich den Inquisitoren auch nur im geringsten widersetzte oder sie behinderte, wurde auf der Stelle exkommuniziert und nach einem Jahr im Zustand der Exkommunikation »formlos der weltlichen Gerichtbarkeit zur Verbrennung übergeben, ohne auf einen Prozeß oder auf Gnade rechnen zu können«. Niemand wurde je freigesprochen. War es unmöglich, ein Geständnis zu erlangen – was dank des Einsatzes der Folter nur selten vorkam – hieß der Urteilsspruch »Schuldbeweis nicht erbracht«. Selbst in diesem Fall konnte der Angeklagte auf unabsehbare Zeit im Kerker verbleiben, weil neue Verdachtsmomente entstehen oder wiederholtes Foltern sich als erfolgreicher erweisen konnte.[39] Hätte je ein Opfer der Folter widerstanden und sie überlebt – was praktisch unmöglich war – so hätte es damit noch nicht die Freiheit erlangt: Es wäre wegen »Verstocktheit« zu lebenslänglichem Kerker verurteilt worden.

Der Hexen- bzw. Ketzerprozeß war eine einzige Farce. Die Angeklagten hatten keine Verteidiger; Papst Bonifatius hatte bestimmt, die Verhandlungen sollten »einfach, ohne viel Aufhebens und die Formalität eines Anwalts« durchgeführt werden.[40] Man erkannte die Aussagen von Zeugen an, die man in keinem anderen Gerichtsverfahren vereidigt hätte: verurteilte Verbrecher, andere Ketzer, sogar zweijährige Kinder. Der Inquisitor Bodin »schätzte die Zeugnisse von Kindern, da sie aufgrund ihres zarten Alters leicht zur Aussage bewegt oder gezwungen werden konnten«.[41] Ein Zeuge, der eine belastende Aussage widerrief, wurde wegen Meineids verurteilt; seine Zeugenaussage wurde allerdings nicht aus dem Protokoll gestrichen.[42] Ein Inquisitionsprozeß verlief nach folgenden Regeln:

1. Das Verfahren blieb geheim.
2. »Allgemeines Zeugnis« und Hörensagen wurden als Schuldbeweis anerkannt.
3. Den Angeklagten wurde weder die Art der Anschuldigung mitgeteilt, noch wurde ihnen ein Rechtsbeistand gestattet.
4. Die Zeugen blieben anonym.

5. Meineidige, Exkommunizierte oder Kinder konnten gegen Hexen aussagen.
6. Entlastende Aussagen zum Tatvorwurf oder zur Person der Angeklagten wurden nicht zugelassen. Wer immer Fürsprache zugunsten angeklagter HäretikerInnen wagte, wurde als MittäterIn festgenommen.
7. Die Folter wurde grundsätzlich angewandt, und zwar ohne Begrenzung ihrer Dauer und Schwere. Gestanden Angeklagte bereits vor der Folter, so wurden sie ihr dennoch unterzogen, um das Geständnis zu »bekräftigen«. Starben Angeklagte unter der Folter, dann verzeichnete das Protokoll, der Teufel habe ihnen im Kerker das Genick gebrochen.
8. Die Angeklagten wurden unter der Folter dazu gezwungen, die Namen von »Mitschuldigen« zu nennen, wie der Richter sie ihnen eingab.
9. Keine angeklagte Person wurde für unschuldig befunden.[43]

Offiziell galt das Gesetz, daß die Folter nur einmal angewandt werden durfte. Dank einer spitzfindigen Wortklauberei konnte sie allerdings beliebig oft »fortgesetzt« werden – und dies sogar über mehrere Jahre hin: die jeweiligen Pausen wurden dann nicht als Ende, sondern als »einstweilige Unterbrechungen« betrachtet. Es gibt Protokolle, aus denen hervorgeht, daß einige Opfer mehr als fünfzigmal gefoltert wurden.[44] Nach dem *Malleus Maleficarum* mußte eine Hexe »oftmals und wiederholt der Folter ausgesetzt werden. Weigert sie sich nach angemessener Folterung, die Wahrheit zu gestehen, soll er [der Inquisitor] ihr neue Folterwerkzeuge zeigen lassen und ihr sagen, sie müsse auch diese erleiden, falls sie nicht gestehe. Wenn der Schrecken sie dann nicht zum Geständnis führt, muß die Folter fortgesetzt werden.« Sollte sie immer noch halsstarrig bleiben, so »ist sie durchaus nicht freizulassen, sondern soll auf ein Jahr ins schmutzigste Verlies geworfen und gefoltert werden, dabei auch häufig verhört, insbesondere an Feiertagen«.[45]

Malleus Maleficarum (lat. »Hexenhammer«) Das von den Dominikanern Jakob Sprenger und Heinrich Institoris zusammengestellte Handbuch der Hexenverfolgung enthielt in einer Mischung aus christlichen Lehren und magischen Überzeugungen »Beweise« für die Existenz der Hexerei, eine Aufzählung verschiedener Arten derselben und Anweisungen zum Führen des Hexenprozesses. Der Hexenhammer ist so abstrus, daß sich seinerzeit sogar die theologische Fakultät der Universität Köln sehr reserviert zeigte, als sie um ein Gutachten gebeten wurde. Sprenger und Institoris fälschten in

Einem anderen offiziellen Gesetz zufolge vergoß die Kirche kein Blut. Deshalb überantwortete sie ihre Opfer zur Hinrichtung den weltlichen Gerichten. Dieses Verfahren wurde als »das Verstoßen« der Delinquenten bezeichnet; es war von einer scheinbaren Bitte um Gnade begleitet: »Wir stoßen dich hinweg aus unserem kirchlichen Gericht und überlassen dich der Auslieferung an die weltliche Macht. Aber wir beten darum, daß das weltliche Gericht seine Gerechtigkeit durch Gnade mildern möge, auf daß dort kein Blutvergießen, keine Bedrohung und kein Tod sei.«[46]

Diese Bitte war als reine Formalität nur dazu bestimmt, die Kirche von ihrer Verantwortung für das Blutvergießen freizusprechen. »Der weltlichen Macht ausgeliefert« zu werden, bedeutete nichts anderes als ein unwiderrufliches Todesurteil, dessen Ausführung einem weltlichen Gerichtshof abgenötigt wurde. Und die Gerechtigkeit durch »Gnade« zu mildern bedeutete die Erlaubnis, das Opfer zu erwürgen, bevor man es verbrannte – was allerdings nicht oft geschah.[47]

Die Geschichte der Inquisition wurde später von kircheneigenen

Historikern aufgezeichnet. Sie behaupteten auftragsgemäß, daß die Kirche »keinen Anteil an der körperlichen Züchtigung der Ketzer hatte.« Die klerikale Schönfärberei zwang die zivilen Behörden, die Schuld auf sich zu nehmen, mit der sich die Kirche beladen hatte. Der weltlichen Obrigkeit wurde unter Androhung von Exkommunikation und nachfolgendem Arrest die Ausführung der Todesstrafe befohlen. »Die gewissenlose Logik des Thomas von Aquin bewies zur Evidenz, daß die weltlichen Gerichte sich der Pflicht, den Ketzer zu töten, nicht entziehen konnten ... Die eigentliche Verbrennung [wurde] als die einzige für die Ketzerei ausreichende Strafe angesehen. Selbst wenn der weltliche Herrscher exkommuniziert und unfähig war, irgendeine gesetzliche Handlung zu vollbringen, so war er doch nicht von der Erfüllung der höchsten, allen anderen vorangehenden Pflichten entbunden. ... Tatsache ist, daß die Kirche nicht nur über die Schuld entschied und die Bestrafung erzwang, sondern vielfach selbst die Urheberin des angeblichen Verbrechens war.«[48]

den nicht für den Kölner Raum bestimmten Exemplaren ihres Buches kurzerhand den Wortlaut des Gutachtens. Der Hexenhammer erschien erstmals 1487 und wurde bis 1669 in verschiedenen Sprachen 29 mal aufgelegt.

Die Mär von der unschuldigen Kirche wurde 1521 durch eine Bulle Papst Leos X. aufgebracht. Der Senat von Venedig hatte sich geweigert, die zahlreichen von der Inquisition angeordneten Hinrichtungen zu bestätigen. Daraufhin schrieb der Papst seinem Gesandten: »Hiermit erteilen Wir dir den Auftrag, besagtem Senat von Venedig, dem Dogen und seinen Beamten zu befehlen, er möge die Einmischung in dererlei Verfahren unterlassen, stattdessen unverzüglich und ohne Untersuchung oder Abänderung der von kirchlichen Richtern gefällten Urteilssprüche die ihm auferlegten Urteile ausführen. So sie dies mißachten oder sich widersetzen, sollst du sie mit dem Verweis der Kirche und anderen angemessenen gesetzlichen Mitteln zwingen. Gegen diesen Befehl ist kein Widerspruch statthaft.«[49] Einer 1599 veröffentlichten Direktive zufolge kam es einer Todsünde gleich, wenn ein Richter die Hinrichtung von Hexen ablehnte; wer immer gegen Todesurteile Einspruch erhob, wurde der Mittäterschaft verdächtigt.[50]

Die Inquisitoren »hüteten ihre Protokolle eifersüchtig vor den Blicken Außenstehender«.[51] Der Magistrat von Brescia erhob einmal Einspruch gegen die Verbrennung schuldig gesprochener Hexen, weil er keine Einsicht in deren Prozeßakten nehmen konnte. Aber die Inquisitoren hielten ihre Protokolle wohlverwahrt, und der Papst erklärte das Widerstreben des Magistrats zu einem Glaubensskandal. »Er ordnete die Exkommunikation der betreffenden Beamten an, wenn sie nicht binnen sechs Tagen die Verurteilten hinrichteten ... eine Entscheidung, durch die den weltlichen Behörden eine Frist von sechs Tagen zur Ausführung der Verdammungsurteile gesetzt wurde.«[52]

Wenn man sie auch versteckte: die Protokolle wurden nicht selten gefälscht. Außerdem hatten die Inquisitoren für jeden Vorgang einen besonderen Ausdruck. So hieß es beispielsweise von den Opfern der Folter, sie würden »lachen«, wenn die Qual ihr Gesicht entstellte; sie »schliefen«, wenn sie ohnmächtig wurden. Wer unter der Folter starb, hatte entweder »Selbstmord begangen« oder war »vom Teufel erschlagen« worden. Legten Angeklagte unter der Folter ein Geständnis ab, so wurden sie dazu gezwungen, es außerhalb der Folterkammer zu wiederholen; es war ihnen natürlich klar, daß man sie dorthin zurückbringen würde, falls sie nicht gehorchten. Trotzdem galten Geständnisse, die unter dem ersten Grad der Folter – Daumenschrauben und Streckbank – abgelegt wurden, als »freiwillig«.[53] Ein bischöflicher Schreiber in Pamiers notierte völlig naiv, ein Gefangener habe freiwillig gestanden, »nachdem er von der Folter genommen wurde«.[54]

Einige Opfer wurden unter der Rubrik »Geständnis ohne Folter« aufgeführt; man hatte ihnen lediglich ein Gerät *gezeigt*: eine mit Nägeln besetzte eiserne Zwinge, die die Beine zermalmte. Der Jesuit Friedrich von Spee, der als Beichtvater verurteilter Hexen fungierte und dabei einiges Mitgefühl für sie entwickelte, äußerte über diese Praxis: »Noch nennen jene das: Ohne Folter gestehen! ... Was werden da die schon einsehen können, die für solche Schmerzen kein Verständnis haben? Wie sollen da die um ein Gutachten angegangenen Gelehrten urteilen und entscheiden, die noch nicht einmal die Sprache, die Fachausdrücke der Inquisitoren verstehen?« In seiner *Cautio Criminalis* schrieb Spee:

> *»Was suchen wir so mühsam nach Zauberern? Hört auf mich, ihr Richter, ich will euch gleich zeigen, wo sie stecken. Auf, greift Kapuziner, Jesuiten, alle Ordenspersonen und foltert sie, sie werden gestehen. Leugnen welche, so foltert sie drei-, viermal, sie werden schon bekennen. Bleiben sie noch immer verstockt, dann exorziert, schert ihnen die Haare vom Leib, sie schützen sich durch Zauberei, der Teufel macht sie gefühllos. Fahrt nur fort, sie werden sich endlich doch ergeben müssen. Wollt ihr dann noch mehr, so packt Prälaten, Kanoniker, Kirchenlehrer, sie werden gestehen, denn wie sollen diese zarten, feinen Herren etwas aushalten können?*
>
> *Wollt ihr immer noch mehr, dann will ich euch selbst foltern lassen und ihr dann mich. Ich werde nicht in Abrede stellen, was ihr gestanden habt. So sind wir schließlich alle Zauberer, denn wir natürlich werden tapfer und standhaft trotz so vielfach wiederholter furchtbarer Qualen zu schweigen wissen!«*[55]

Cautio Criminalis (»Gewissensbuch oder Über die Hexenprozesse«) Das Buch des Jesuiten Friedrich Spee von Langenfeld (1591–1635) erschien 1631 mit der Widmung »An die Obrigkeiten Deutschlands« zunächst anonym. Es setzte auf dem Höhepunkt der Hexenverfolgung ein Zeichen der Humanität und markierte den Anfang eines allmählich sich ändernden Bewußtseins. Allerdings lehnte Spee die Möglichkeit oder Existenz von Hexen und Teufelspakten nicht grundsätzlich ab, er wandte sich vielmehr aus eigener Erfahrung gegen die Ungerechtigkeit der Prozeßführung und die Inhumanität der Folter.

Bernhard Delicieux war ebenfalls solch ein ungewöhnlicher Mann der Kirche. Er wurde exkommuniziert, eingekerkert, gefoltert und bei lebendigem Leibe verbrannt, weil er der Überzeugung Ausdruck verliehen hatte, daß selbst die Apostel Petrus und Paulus – würde die Inquisition ihre Mittel an ihnen erproben – mit Sicherheit der Ketzerei zu überführen seien.[56]

Papst Innozenz IV. machte die Inquisitoren 1252 mit seiner Bulle *Ad exstirpanda* vollends über jedes Gesetz erhaben.[57] Ob Herrscher oder Bürger, jeder hatte sie bei Strafe der Exkommunikation zu unterstützen. Widerstand konnte eine ganze Gemeinde entweder unter den Kirchenbann bringen, oder sie wurde zur Zahlung empfindlicher Bußgelder gezwungen. Wurde eine Einzelperson von der Inquisition mit Bußgeldern belegt, dann konnte sie solange eingekerkert werden, bis sie zahlte oder starb. Die Folter wurde im Jahr 1257 offiziell gebilligt und blieb für fünfeinhalb Jahrhunderte ein zulässiges Rechtsmittel der Kirche, bis Papst Pius VII. sie 1816 verbot.[58]

Diese fünfeinhalb Jahrhunderte forderten im wahrsten Sinne des Wortes ungezählte Opfer. Die öffentlichen Verbrennungen sind nur die Spitze des Eisbergs. Daneben gab es noch zerrissene, hungernde Familien, nicht beurkundete Selbstmorde, inoffizielle Lynchjustiz; Hunderttausende, wenn nicht Millionen, fielen, von den Geschichtsschreibern nicht beachtet, den päpstlichen Kreuzzügen gegen die Ketzer zum Opfer. In der Spätrenaissance gab es in protestantischen Ländern Hexenjagden, die zwar formal nicht mit der Inquisition zusammenhingen, aber sicherlich von ihr angeregt waren.

Der Chronist der Stadt Trier berichtet, daß die Inquisitoren im Jahr 1568 die weibliche Bevölkerung zweier Dörfer vollständig ausrotteten; lediglich zwei Frauen ließ man leben.[59] Zwei weitere Dörfer wurden völlig zerstört und dem Erdboden gleich gemacht.[60] In Quedlinburg, einer 12000-Seelen-Gemeinde, wurden an einem einzigen Tag 133 Menschen verbrannt. Henri Boguet zufolge war das deutsche Reich um 1590 »nahezu vollständig mit dem Anlegen von Scheiterhaufen beschäftigt. Der Schweiz nötigten die Inquisitoren die Vernichtung zahlreicher Dörfer ab. Wer nach Lothringen reiste, konnte überall Tausende und Abertausende von Scheiterhaufen und darauf gefesselte Hexen sehen.«[61]

Henri Boguet
Äußerst geschäftiger Inquisitionsrichter, dessen *Discours des sorciers* (»Abhandlung über die Hexen«, 1590) zu einem allgemein anerkannten Nachschlagewerk wurde.

Im Verlauf des Jahres 1524 starben in Como 1000 Hexen.[62] Straßburg verbrannte 5000 innerhalb von 20 Jahren.[63] Der Senat von Savoyen verurteilte 800 Hexen auf einen Schlag. Paramé bestätigt, daß während des 15. Jahrhunderts mehr als 30000 Hexen hingerichtet wurden.[64] Nicholas Remy gab an, er habe höchstpersönlich in 15 Jahren 800 Hexen verurteilt und allein in einem Jahr 16 Hexen gezwungen, Selbstmord zu begehen. Ein Bamberger Bischof brüstete sich mit der Zahl von 600 Hexen in zehn Jahren, ein Bischof von Nancy mit 800 in 16 Jahren, und ein Würzburger Standeskollege gab 1900 Hexen in nur fünf Jahren an. 500 wurden innerhalb dreier Monate in Genf hingerichtet, 400 an einem Tag in Toulouse. Die Stadt Trier verbrannte 7000 Hexen. Der lutherische Prälat Benedikt Carpzov, der behauptete, die Bibel 53 mal gelesen zu haben, verurteilte 20000 Teufelsanbeter. Selbst im vergleichsweise freizügigen England wurden zwischen 1542 und 1736 etwa 30000 Hexen getötet. Das ganze christliche Europa war für gut fünf Jahrhunderte in dieses Morden verstrickt.[65]

Auf der iberischen Halbinsel wurden die Massenverbrennungen als *Autodafé* – Akt des Glaubens – bezeichnet. Sie fanden meist einmal im Monat statt, für gewöhnlich an einem Sonn- oder Feiertag, damit auch alle dem Spektakel beiwohnen konnten; wer fernblieb, machte sich verdächtig. Es kam vor, daß man die Zuschauer zum Mitmachen ermunterte; so z. B. bei der Belustigung mit dem fröhlichen Namen »Das Scheren der neuen Christen«. Dahinter verbarg sich das Abbrennen der Haare oder Bärte derjenigen Verurteilten, die noch auf ihre Hinrichtung warten mußten.[66]

Die Beobachtungen, die ein Reisender im Jahr 1590 in Wolfenbüttel machte, legen auch hier die Vermutung von Verbrennungen großen Stils nahe: Auf dem Hinrichtungsplatz gab es dermaßen viele Scheiterhaufen, daß ihre Beschickung einen kleinen Wald verschlang. Der Henker von Neisse in Schlesien (dem heutigen Nysa) erfand einen Ofen, in dem er während eines Jahres 42 Frauen und Mädchen zu Tode röstete; innerhalb von neun Jahren tötete er so mehr als 1000 Menschen, darunter zwei- bis vierjährige Kinder.[67]

Die Inquisitoren waren dazu ermächtigt, sich gegenseitig sowie auch ihre Milizionäre, Folterknechte und Henker von der Blutschuld am Tod ihrer Opfer freizusprechen, sei er im Kerker, in der Folterkammer oder auf dem Scheiterhaufen erfolgt.[68] Außerdem zwangen sie die verurteilten Hexen, folgenden Spruch herzusagen: »Ich entbinde alle Männer, insbesonders die geistlichen und weltlichen Obrigkeiten, von der Schuld an meinem Blut. Auf mich allein nehme ich alles, mein Blut auf mein eigen Haupt.« Einige Hexen wurden auch dazu gebracht, die unglaubwürdigen Passagen des ihnen durch Folter abgezwungenen Geständnisses zu widerrufen und als eine Art Selbstmordversuch darzustellen: »Vom Teufel versucht, legte ich dies Geständnis ab, in der Absicht, mein eigen Leben zu zerstören. Ich bin des Lebens müde, und hab ich zu wählen, so wähl ich den Tod.« Solche unterwürfig dahergemurmelten Sprüche gingen dem Scheiterhaufen voran. Es war gängige Praxis, die Hexen auf ihrer Fahrt zur Hinrichtungsstätte zum Schweigen zu bringen; dazu wurden entweder hölzerne Knebel verwendet oder man schnitt ihnen die Zunge ab. So wurde verhindert, daß sie den Schaulustigen noch etwas mitteilen konnten.[69]

Die Inquisitoren wollten den Hexen jede Möglichkeit nehmen, sie selbst der Vergewaltigung zu bezichtigen, zumal die Vergewaltigung eine im Zuge der ein Verhör einleitenden »Entkleidung« von den Folterern und ihren Knechten gern geübte Praxis war.[70] Vor dem Hintergrund der eigenartigen Moral jener Tage konnte das Bekanntwerden sexueller »Unregelmäßigkeiten« zu Aufständen führen, während die Darbietung entsetzlicher Qualen ohne ernsthafte Einwände hingenommen wurde. Die Einwohner von Toulouse trugen Material zusammen, vermittels dessen sie nachweisen konnten, daß der Inquisitor Foulques de Saint-George Frauen einzig in der Absicht sexuellen Mißbrauchs verhaften ließ.[71] Dieser Umstand wurde offenbar für schrecklicher gehalten als die Folter.

Einige Zeugnisse weisen darauf hin, daß die Henker sich der Befriedigung ihrer Gelüste hingeben konnten, solange sie dabei einigermaßen umsichtig vorgingen. An dem oben genannten Tag des Jahres 1589, an dem in Quedlinburg 133 Hexen verbrannt wurden, verschwanden vier von ihnen unter ungeklärten Umständen. »Vier schöne Mädchen sparte der Henker auf und sagte, der Teufel habe sie hinweggezaubert.«[72] Sie wurden niemals wiedergesehen. Es fällt nicht schwer, zu erraten, wer dieser »Teufel« war und was den armen Mädchen geschah, bevor man sie endgültig umbrachte.

Sadistische sexuelle Perversion war zweifellos die Hauptantriebskraft aller Hexenjagden. Mit Vorliebe traktierten die Folterknechte mit rotglühenden Eisen und Zangen aller Art Brüste und Genitalien der Frauen. Nach den Gesetzen der Inquisition durften kleine Mädchen wegen des Verdachts auf Zauberei ein ganzes Jahr früher als kleine Jungen verfolgt und gefoltert werden – mit neuneinhalb; für Jungen galt das Alter von zehneinhalb Jahren. Hexenjagden waren im allgemeinen gegen das weibliche Geschlecht gerichtet, und die unterwürfige Hilflosigkeit der eingekerkerten und gefolterten Frauen ermutigte beständig zu sexuellem Mißbrauch und allen nur denkbaren Vergehen. Im ausgehenden 14. Jahrhundert wurde es üblich, »eifrigen Katholiken« den »Besuch« der in Einzelzellen untergebrachten Häftlinge zu genehmigen. Bei den Häftlingen handelte es sich überwiegend um Frauen, als Besucher waren Frauen nicht zugelassen.[73]

Der Inquisitionsrichter Dietrich Flade wagte in einer Anwandlung von Ekel vor seiner Arbeit, frei zu bekennen, daß die seinen Opfern abgepreßten Geständnisse falsch und nur deren Pein zu verdanken seien. Sein Erzbischof ließ ihn festnehmen und nun seinerseits auf die Streckbank fesseln, bis er zuletzt zugab, er habe seine Seele dem Satan verkauft. Schließlich wurde er verbrannt.[74]

Ein weiterer Mann, der sich Ärger zuzog, weil er zu offen sprach, war der Kantor Petrus aus Paris. Er sagte, die Inquisition erpresse die Reichen und verfolge »ehrbare Frauenzimmer« mit gefälschten Anklagen und Kerkerhaft, nur weil sie »sich auf die Geilheit der Priester nicht einlassen«.[75] Angehörige der bürgerlichen Obrigkeit, die Kritik an der Inquisition äußerten, fanden sich oft in deren Verliesen wieder. Als der Gouverneur von Albi im Jahr 1306 seine Bevölkerung vor den Inquisitoren in Schutz nahm, wurden Briefe gefälscht und anschließend zwischen kirchlichen Urkunden »entdeckt«; so konnte man ihn mit der Begründung, sein Großvater sei der Ketzerei überführt worden, des Amtes entheben.[76]

Umgekehrt mußten Inquisitoren nicht selten um ihr eigenes Leben fürchten und traten nur unter dem Schutz bewaffneter Garden in der Öffentlichkeit auf. Einige wurden von kleinen Armeen robuster Burschen begleitet, die für ihr rüpelhaftes Benehmen von ihren Herren stets die Absolution erhielten; damit standen sie »über dem Gesetz« und konnten für Mord, Raub und Vergewaltigung nicht belangt werden.[77] Viele Inquisitoren trugen Panzer unter ihren Gewändern und ließen ihre Mahlzeiten auf Gift überprüfen. Pedro Arbués, der wichtigste Protégé Torquemadas, erlag in einer Kirche in Aragon dem Mordanschlag von Angehörigen einiger seiner Opfer, als er sich ohne seine Leibwache allein zum Altar begab, um das Sakrament entgegenzunehmen. Im 19. Jahrhundert wurde Pedro Arbués durch Papst Pius IX. heiliggesprochen.[78]

Ein weiterer Inquisitor-Märtyrer war Peter Martyr (Pietro da Verona), dessen Fall nie richtig aufgeklärt werden konnte. Er ging seinem Amt in der Lombardei derartig eifrig nach, daß er damit sogar die Kirche in Verlegenheit brachte. Offenbar beschloß man, daß er tot eher von Nutzen sein würde als lebendig. 1252 wurde er meuchlings ermordet und innerhalb eines Jahres heiliggesprochen – die bisher schnellste Fabrikation eines Heiligen, die überliefert ist. Seine Mörder wurden zwar ergriffen, aber nicht weiter belangt. Einer von ihnen bekleidete später selber das Amt eines Inquisitors. Ein anderer trat den Dominikanern bei, starb hochbetagt und wurde als St. Acerinus heiliggesprochen; sein Porträt befindet sich seit 1505 im Chorgestühl von Peter Martyrs eigener Kirche. Ein dritter Mitverschwörer wurde 43 Jahre nach dem Anschlag von der Inquisition festgenommen und eingekerkert – vermutlich hatte er zuviel geredet.[79]

Ein weiterer merkwürdiger Fall war der des Ketzers, der beinah ein Heiliger geworden wäre. Armanno Pongilupo lebte im 13. Jahrhundert in Ferrara und war ein hochrangiges Mitglied der dortigen Katharer, einer vom Gnostizismus und den Manichäern beeinflußten asketischen Sekte. Nach außen hin mimte er den ergebenen Katholiken und unterstützte insgeheim eingekerkerte Ketzer. Er spielte die Rolle des Frommen so überzeugend, daß er nach seinem Tod eine prunkvolle Grabstätte im Dom erhielt. Altäre und Bilder wurden ihm geweiht; es hieß, er hätte auf wunderbare Weise Kranke, Lahme und Blinde geheilt. Die Bürgerschaft von Ferrara forderte seine Heiligsprechung; die Kirche widersetzte sich dem allerdings und ordnete an, seine Überreste wären zu exhumieren und wegen Ketzerei zu verbrennen. Ferrara kam diesen Forderungen nicht nach. Daraufhin wurde der Bann über den Dom verhängt und das Domkapitel exkommuniziert. Der Streit um Pongilupo zog sich über 33 Jahre hin. Zu guter Letzt beendete Guido da Vincenza die Geschichte, indem er die Gebeine des Pongilupo verbrennen, seine Altäre verwüsten und seine Erben ihrer Habe berauben ließ – die natürlich der Kirche zufiel. Guido wurde dafür mit dem Bistum Ferrara belohnt.[80]

Die Inquisition wurde nicht eingerichtet, um Gerechtigkeit auszuüben, sie wurde eingerichtet, um die Kirche zu bereichern und ihre KritikerInnen zum Schweigen zu bringen. Lea schreibt: »Daher blieben alle Vorsichtsmaßregeln, die, wie alle menschliche Erfahrung gezeigt hatte, schon bei gewöhnlichen Gerichtsverfahren notwendig waren, hier, wo das Leben, Ansehen und Vermögen von drei Generationen auf dem Spiel stand, absichtlich unberücksichtigt. Jeder zweifelhafte Punkt wurde ›zugunsten des Glaubens‹ entschieden. ... Wäre das Inquisitionsverfahren ein öffentliches gewesen, so hätte sich auch diesem infamen System ein Riegel vorschieben lassen. So aber war die Inquisition vom furchtbaren Dunkel des Geheimnisses umgeben, bis das Urteil gesprochen und sie imstande war, durch die schauerliche Feier des Autodafé Eindruck auf das Volk zu machen.«[81]

Die Inquisition blieb bis 1834 in Kraft, besonders in Süd- und Mittelamerika, wo die »heidnische« Bevölkerung wegen ihrer Verbrechen gegen das wahre Bekenntnis – etwa nicht daran zu glauben – gefoltert und verbrannt wurde.[82] Schreiber der mittelamerikanischen Maya notierten: »Bevor die Spanier kamen, waren Raub und Gewalt unbekannt. Mit der spanischen Invasion begannen die Abgaben, mit ihr begannen die Kirchensteuern, mit ihr begann der Unfriede.«[83] Die katholischen Patres der Mission von San Francisco mußten viele indianische »Hexen« verbrennen, bis ihre Stämme unterjocht waren und Gottes Wort annahmen.[84] Lea meint dazu: »Der Inquisitor wurde offenbar als ein unverzichtbarer Bestandteil der missionarischen Ausrüstung angesehen.«[85]

Selbst in diesem Jahrhundert haben katholische Würdenträger noch versucht, die Inquisition in ein unverdient mildes Licht zu stellen. Kardinal Lépicier erklärte mit der ausdrücklichen Unterstützung Papst Pius X. die kirchliche Schreckensherrschaft für rechtmäßig – nur, weil sie von der Kirche ausgeübt wurde. »Das bloße Faktum, daß die Kirche Häretikern den Prozeß machte und sie zur Auslieferung an den Henker verurteilte, zeigt, daß sie wahrhaft das Recht zum Töten besitzt. ... Wer wagt zu behaupten, die Kirche könne sich in einem derartig gewichtigen Fall geirrt haben?«[86]

Diese Behauptung wagen in der Tat nicht wenige. Leland schreibt: »Wenn der Glaube, sei er nun wahrhaft oder geheuchelt, Menschen dazu bringt, wie die Teufel zu foltern und tausend und abertausend Mitmenschen – zumeist alte und hilflose Frauen, ganz zu schweigen von den vielen Kindern – umzubringen, dann muß sich die gesamte Menschheit dieser höchst bedeutsamen Angelegenheit stellen und ein für allemal entscheiden, ob das System oder der Kodex, nach dessen Maßgabe dies geschah, auf alle Zeit bedingungslos im Recht war oder nicht.«[87] Der Anthropologe Jules Henry sagt: »Die organisierte Religion, die sich so gern als Mutter des Mitleids sieht, hat den Anspruch darauf vor langer Zeit durch die organisierte Unterstützung organisierter Grausamkeit verloren.«[88] Coulton meint zur Inquisition: »Die Geschichte hält kaum bessere Beispiele für die entsittlichende Auswirkung unbegrenzter Macht auf leidlich normale Menschen bereit.«[89] Und Vetter weist darauf hin, daß das System, von dem solche Schrecken ausgingen, vielleicht immer noch gefährlich ist:

> *Sind religiöse Institutionen im Prozeß ihrer Machtkonsolidierung je humaner gewesen als säkulare Mechanismen in einem vergleichbaren Stadium? Der Mordlust, die die Söhne des Propheten an den Tag legten, hatten die Christen mit ihrer Liquidierung von Ketzern und Heiden etwas mindestens Ebenbürtiges zur Seite zu stellen. Die kulturellen Hintergründe der vergangenen und gegenwärtigen Diktatorengenerationen bieten interessantes Material für Spekulationen. Mussolini, Franco, Salazar, Hitler, Perron und nahezu alle lateinamerikanischen Diktatoren waren oder sind römische Katholiken – zumindest, was ihre Herkunft und Erziehung betrifft. Und Stalin hatte eine gründliche Ausbildung für das Priesteramt einer vergleichbar diktatorischen Kirche genossen. Wer mit solchen Tatsachen konfrontiert wird, muß sich doch zumindest die Frage nach den kausalen Zusammenhängen stellen, die hier durchscheinen. …*
>
> *Sowohl im Islam als auch im Christentum wurde den naiven Gläubigen über lange Zeit hin gesagt, es sei ihre Pflicht, die Ungläubigen – oder wer immer sich der jeweiligen Vorstellung von göttlicher Lenkung widersetzte – umzubringen. Sie haben ihre wahre Gesinnung niemals geändert; lediglich ihre unheilvolle Macht wurde beschnitten.*[90]

Die Vorstellung, diese unheilvolle Macht könne wiederbelebt werden, hat etwas Beunruhigendes. Die Erlasse, auf die man die Inquisition gründete, sind nie aufgehoben worden. Sie bilden »offiziell einen festen Bestandteil des katholischen Glaubens und wurden noch 1969 zur Rechtfertigung bestimmter Praktiken herangezogen«.[91]

Julian Huxley beklagt die »ekelhafte Doktrin, auf der alle Kirchen seit jeher beharren: daß nämlich der aufrichtige Zweifel an ihren mehr oder minder befremdlichen Glaubensbekentnissen ein sittliches Ärgernis ist … das die gleiche Strafe verdient, wie Mord und Raub.« Seiner Ansicht nach würden die schrecklichsten Gemälde von der Hölle neben einer umfassenden Darstellung der blutrünstigen Geschichte der Christenheit ziemlich blaß aussehen.[92] Und diese Geschichte sollte nicht in Vergessenheit geraten – denn nach wie vor gilt der Grundsatz: Wer seine Geschichte vergißt, ist stets dazu verurteilt, sie zu wiederholen.

1. Lea, 60, 97, 257. 2. Tuchmann, 327. 3. Lea ungek., 21 (dt. 1, 56f.). 4. Spinka, 61. 5. Coulton, 177. 6. Lea ungek., 10, 16 (dt. 1, 40). 7. Coulton, 42. 8. Tuchmann, 224. 9. Coulton, 61; H. Smith, 254; Guignebert, 291. 10. Hazlitt, 53. 11. Lea ungek., 599.

12. Tuchmann, 522 (dt. 472). 13. Chamberlin, B. P., 167, 170. 14. Coulton, 230.
15. Lea ungek., 653 (dt. 3, 198). 16. Guignebert, 287. 17. Ebd., 298, 326.
18. Coulton, 81. 19. Becker, D. D., 178. 20. Campbell, C. M., 395.
21. Guignebert, 184. 22. Campbell, M. T. L. B., 162. 23. *Encyc. Brit.*, »Inquisition«.
24. White 1, 319. 25. Coulton, 58. 26. J. B. Russel, 155. 27. Lea, 224.
28. Robbins, 229. 29. Lea ungek., 173ff., 225 (dt. 1, 597, 535). 30. Robbins, 451.
31. Lea, 213f. (dt. 1, 579). 32. Robbins, 116, 456. 33. Coulton, 151.
34. Lea, 215, 218, 225 (dt. 1, 585). 35. Coulton, 132, 148. 36. H. Smith, 418.
37. Lea, 169 (dt. 1, 528). 38. Scot, 27. 39. Lea, 45, 149. 40. H. Smith, 284.
41. Robbins, 229, 554. 42. H. Smith, 284. 43. Robbins, 13f.
44. H. Smith, 287; Robbins, 304. 45. Sprenger & Institoris, 226, 249.
46. Coulton, 168f. 47. H. Smith, 290. 48. Lea, 231, 233, 237 (dt. 1, 598, 600, 605).
49. Robbins, 305. 50. Pepper & Wilcock, 150. 51. Coulton, 119.
52. Lea, 235 (dt. 1, 603). 53. Robbins, 108, 269, 482f., 540. 54. Coulton, 156.
55. Shumaker, 62; Bromberg, 61. 56. Lea ungek., 214 (dt. 2, 93); Coulton, 216.
57. Lea, 33 (dt. 1, 377). 58. Robbins, 269. 59. Summers, G. W., 486f. (dt. 60).
60. Robbins, 219. 61. Shumaker, 61. 62. W. Scott, 170. 63. Robbins, 219.
64. Coulton, 263. 65. H. Smith, 292f. 66. Plaidy, 157. 67. Robbins, 554f.
68. Lea, 77 (dt. 1, 471). 69. Robbins, 105; Lea, 248. 70. Robbins, 592.
71. Lea ungek., 302 (dt. 2, 83). 72. Robbins, 219. 73. Lea, 99, 183 (dt. 1, 544, 549).
74. H. Smith, 292. 75. Coulton, 38. 76. Lea, 76f. (dt 1, 424).
77. Ebd., 77ff. (dt. 1, 426ff.); Coulton, 293. 78. Reinach, 312.
79. Lea ungek., 376 (dt. 1, 514). 80. Ebd., 390 (dt. 2, 271ff.).
81. Lea, 101f. (dt. 1, 451f.). 82. Plaidy, 165. 83. Hagen, 61. 84. Briffault 3, 519.
85. Lea, 51. 86. Coulton, 69. 87. Leland, 250. 88. Henry, 422.
89. Coulton, 129. 90. Vetter, 411, 510, 518. 91. Holmes, 45.
92. H. Smith, 392f.

Inzest

Dank Freud ist der König Oedipus eine der am häufigsten fehlinterpretierten Gestalten der Mythologie. Die Geschichte von Mutterheirat und Vatermord erwuchs nicht aus einer Wunscherfüllungs-Fantasie, sondern aus der archaischen Abfolge heiliger Könige; jeder zum neuen Bräutigam der Königin erwählte Nachfolger eines solchen Königs erschlug seinen Vorgänger. Der Mörder wurde immer als »Sohn« seines Opfers bezeichnet, weil in ihm der gleiche Gott in Gestalt des Gatten der Mutter-Braut reinkarnierte. Solch ein heiliger Inzest läßt sich bis hinein in die christliche Vorstellung des nicht von seinem Vater unterscheidbaren göttlichen Sohns verfolgen: Der Vater schwängerte seine eigene Mutter (also die Mutter Gottes), um sich selbst zu zeugen.

Als patriarchalische Eindringlinge das thebanische Matriarchat unterwarfen, mißdeuteten sie bewußt die heiligen Zeichen, in denen die Geschichte der Königsfolge überliefert war. Der Name des erschlagenen »Vaters« – Laios – bedeutete schlicht »König«, und der der verwitweten »Mutter« war identisch mit dem der Mondgöttin. Man stellte nun den Thronfolger Oedipus als Fremden aus einem fernen Land da. Um ihn zum leiblichen Sohn des Königs zu machen, mußte seine Geschichte mit unglaubhaften Einzelheiten ausgeschmückt werden, die Oedipus' frühe Verbannung und seine Erziehung durch Fremde belegen sollten. Freuds einigermaßen subjektive Beobachtung, daß alle Männer insgeheim ihre Väter töten wollen – der sogenannte Oedipus-Komplex –, dürfte somit eher auf Freuds eigene Erfahrung eines repressiven Vaters als auf einen mythischen Archetyp zurückzuführen sein.[1]

Der heilige Inzest zwischen Vater-Sohn und Mutter-Braut war unter archaischen Gott-Königen durchaus üblich. Er wurde für notwendig erachtet, weil durch ihn der Gott-Königin immer wieder ein neuer Gatte zugeführt wurde, der den gleichen Gott verkörperte wie der ältere Gemahl. Ägyptische Gottheiten (z. B. Ammon und Osiris) trugen deshalb den respektvollen Beinamen »Gatte deiner Mutter«.[2] Der wiedergeborene Erlöser trat als Min oder Menu in Erscheinung – als Mond-Stier, der sich mit seiner heiligen Kuh-Mutter paarte. Wurde er in menschlicher Gestalt dargestellt, so zeichnete er sich durch einen übermäßig großen erigierten Phallus aus; so etwa auf den Darstellungen ithyphallischer Sex-Götter wie Eros oder Kama – dem Stier, »dem die Freuden der Liebe entspringen«.[3]

> *Überall in Ägypten bestimmte allgemein die Dreizahl die Göttergemeinschaft einer Siedlung oder Stadt ...; bei zwei Mitgliedern einer solchen Trias handelte es sich stets um Götter – einen alten und einen jungen. Das dritte Mitglied war eine Göttin, die naturgemäß als die Gemahlin (oder einfach als der weibliche Gegenpart) des älteren Gottes fungierte. Dem jungen Gott wurden die Macht und die Attribute zugeschrieben, die seinen Vater auszeichneten. ... Es wurde allgemein angenommen, daß er nach dem Tode des älteren Gottes dessen Rang und Thron einnehmen würde.*[4]

Hier liegt die Grundlage aller Trinitäten aus Vater, Sohn und heiligem Geist (oder: Göttin; das dritte Mitglied der Trinität war weiblich – noch die christlichen Gnostiker kannten sie unter dem Namen Sophia). Die gleiche Trinität erscheint in fast allen Mythologien, ohne sich jemals zu einer vollständigen Familie zu entwickeln: Es gibt nie eine Tochter, stets nur einen Sohn. Dies ist darin begründet, daß dem jungen Mann und dem erwachsenen Mann jeweils eine eigene göttliche Darstellung entspricht, während die Frau sich immer gleich bleibt.

Jung war im Gegensatz zu Freud der Ansicht, daß die Bedeutung des Inzestes zwischen Mutter und Sohn nicht einfach aus erotischen Motiven zu erklären sei, sondern der Vorstellung von der Wiedergeburt entspringe; dem Wunsch, »in die Mutter hinein zu gelangen, um wiederum von der Mutter geboren zu werden. ... Einer der einfachsten Wege wäre, die Mutter zu befruchten und sich identisch wieder zu erzeugen. ... Es ist nicht die inzestuöse Kohabitation, die gesucht wird, sondern die Wiedergeburt ... Der Neurotiker, der die Mutter nicht lassen kann, hat gute Gründe: Die Todesangst hält ihn dort. Es scheint, als sei kein Begriff und kein Wort stark genug, die Bedeutung dieses Konfliktes auszudrücken. Ganze Religionen wurden gebaut, um der Größe dieses Konfliktes Worte zu leihen.«[5]

Der Oedipus-Mythos handelt also weniger von Vater-Sohn-Rivalität als vielmehr vom heiligen Königtum; aber das Thema »männliche Eifersucht« wurde in den Mythen an anderer Stelle ausgiebig dargestellt. Bei Rank heißt es: »Es ist doch unnötig, die Himmel nach einem Geschehen abzusuchen, mit dem sich dieser Charakterzug dann notdürftig erklären läßt ...; die Wirklichkeit zeigt, daß eine gewisse Spannung zwischen Vater und Sohn wenn auch nicht alltäglich, so doch häufig genug vorkommt ... sie erklärt sich aus dem Wettbewerb um die zärtliche Hingabe und Liebe der Mutter.«[6]

Die nähere Untersuchung der Frage, warum die Liebe zwischen Mutter und Sohn in der Mythologie fast immer in die Sphäre der Erotik verschoben wurde, mag sich als ein fruchtbares Feld zukünftiger psychologischer Forschung erweisen.

1. Graves, G. M. 105.1–3. 2. Maspero, lix. 3. Budge, E. M., 140. 4. Budge, G. E., 1, 113f. 5. Jung, W. S., 259f. 6. Rank, 77.

Io

»Mond,« die weiße Kuh-Göttin, die die IonierInnen bemutterte. Io war eine andere Bezeichnung für die – wie Homer sie nannte – »kuhäugige« Hera, obwohl die klassischen Mythographen sie als eigenständige Göttin schilderten und sie zu einer von Zeus' zahlreichen Liebschaften machten. Io repräsentierte die gehörnte, Milch spendende, dreifache Mondgöttin, was an ihren heiligen Farben zu erkennen war: Sie wechselten von Weiß nach Rot und von Rot nach Schwarz, den Farben von Jungfrau, Mutter und Greisin (siehe **Gunas**).[1]

Bei der später hinzugefügten Erzählung, nach der Hera eine Bremse aussandte, die Io stechen und um die ganze Welt jagen sollte, handelt es sich um einen hellenischen Mythos, der erfunden wurde, um die weite Verbreitung des Kultes der weißen Mond-Göttin zu erklären. Da Hera ebenfalls mit dieser Göttin identisch war, kann ihre vorgebliche Eifersucht auf Io nur eine patriarchalische Fiktion sein. Einige sagten, Hera hätte Io der Aufsicht des hundertäugigen Argus Panoptes (des »Alläugigen«) unterstellt. Dies ist eine Allegorie auf den Mond, der unter dem vieläugigen Blick des Sternenhimmels seine Bahn zieht.[2]

1. Graves, G. M., 56.c. 2. Jobes, 210.

Iokaste

»Leuchtender Mond«, Mutter-Braut des Oedipus. Wiederum eine mythische Verbindung zwischen der Mondgöttin und ihrem heiligen König.

Iphigenie

»Mutter der Starken«, Hohepriesterin der Artemis zu Tauris, wo alle Fremden der Göttin geopfert und und ihre abgehackten Häupter an Kreuze genagelt wurden. Der Mythos, Iphigenie sei eine Tochter Agamemnons, der sie als grausamer Vater dem Meer opferte, wurde als Ergebnis des Bestrebens »der Mythographen, gewisse barbarische Gebräuche zu vertuschen« bezeichnet.[1] Ein anderer Name der Iphigenie lautet Hekate.

1. Graves, G. M., 116.1.

Irene, Heilige

»Friede«, die dritte der drei Horen Aphrodites; die Taube, die das Nahen des Todes ankündigte. Das griechische *eirene* für »Frieden« hat einen viel umfassenderen Charakter als das lateinische *pax* (von *pactum*, dem Friedensvertrag nach einer kriegerischen Auseinandersetzung); *eirene* meint mehr als nur die Abwesenheit von Krieg. Die heilige Irene wurde auch mit dem durch rituelle Kastration gewonnenen »Frieden« assoziiert. Noch im späten 14. Jahrhundert wurde eine Nonne oder Priesterin namens Irene mit den häretischen Mönchen vom Berg Athos, die sich selbst zu entmannen pflegten, in Verbindung gebracht.[1] (Siehe **Kastration**.)

Der vorchristliche Tempel der Irene auf der Akropolis von Konstantinopel wurde von den Christen übernommen und in die Kirche der Heiligen Irene verwandelt.[2] So geschah es, daß die byzantinische Göttin gemeinsam mit ihren beiden Trinitäts-Schwestern heiliggesprochen wurde.[3]

1. Spinka, 119. 2. J. H. Smith, C. G., 228. 3. Reinach, 312; Attwater, 34.

Iris

Griechische Göttin des **Regenbogens**, wie die Maya der Hindu eine Personifizierung des vielfarbigen Schleiers der Erscheinungen in der Welt, hinter dem der Geist der Großen Göttin ungesehen wirken kann. In vielen Mythologien stand sie für die Brücke zwischen Himmel und Erde: die Regenbogenbrücke im vorchristlichen Skandinavien, der Halsschmuck der Ishtar in Mesopotamien, die Straße der Götter in Japan, die Brücke Cinvat in Persien.[1]

Bei den GriechInnen hieß es, der Regenbogen stelle die Göttin Iris dar, »die Quelle des Wassers aus der Höhe«, die Mutter der Liebe.[2] Wie die nach ihr benannte Regenbogenhaut des Auges war sie als Kore, Jungfrau oder Weibliche Seele zugleich Organ der Wahrnehmung und die wahrgenommene Welt. Ihr Spektrum umfaßte alle Farben. Die siebengeschossigen mesopotamischen **Zikkurats** wiesen das gleiche siebenfarbige Spektrum auf; es bezeichnete die sieben Planetensphären und den symbolischen Aufstieg in den Siebten Himmel als Teil der initiatorischen Pilgerfahrt.[3]

1. Eliade, S., 134f. (dt. 378). 2. Cavendish, T., 116. 3. Lethaby, 131.

Isebel

Sidonische Königin von Israel, in der Bibel verunglimpft, weil sie Astarte verehrte und nicht Jahweh.[1] Isebel und ihr Gatte, der König Ahab, wurden in einem Bürgerkrieg ermordet, den Anhänger Jahwehs angezettelt hatten. Ihre Tochter Athaliah trat ihre Nachfolge als Königin an, fiel aber sieben Jahre später ebenfalls einem Verrat zum Opfer (2. Könige 11, 16). Die Verehrung der Göttin war seither verboten.[2]

1. Boulding, 236. 2. Stone, 188.

Ishtar

Babylonisch für »Stern«, die Große Göttin, wie sie in der Bibel als Ashtoreth, Anath, Aschera, Ester, die Himmelskönigin (Jeremia 44, 19) erscheint. Sie ist identisch mit der Großen Hure, die in der Offenbarung

(17, 5) als »das große Babylon, die Mutter der Hurerei« beschrieben wird. Sie war auch bekannt als die Göttin Har, die sich selbst als die barmherzige Prostituierte bezeichnete. Männer suchten mittels der sexuellen Riten der Tempelhuren bei ihr um Rat nach.[1] (Siehe **Prostitution**.)

Auf babylonischen Inschriften trägt Ishtar unter anderem folgende Beinamen: Licht der Welt, Herrin der Heerscharen, Öffnerin des Schoßes, Gerechte Richterin, Gesetzgeberin, Göttin der Göttinnen, Spenderin der Kraft, Fügerin allen Ratschlusses, Gebieterin des Sieges, Vergeberin der Sünden.[2] Bei einem Gutteil der liturgischen Schmeicheleien, mit denen der alttestamentarische Gott bedacht wird, handelt es sich um Plagiate der babylonischen Ishtar-Gebete. Ein Beispiel:

> *Wer macht das grüne Gras wachsen, Gebieterin der Menschheit! Wer hat alles geschaffen, wer führt alle Schöpfung des rechten Weges! Mutter Ishtar, deren Macht über allen Göttern ist! Ein Gebet will ich sprechen; möge sie mir tun, was sie für gut befindet. ... Oh meine Gebieterin, laß mich meine Taten erkennen, gib mir einen Ort, zu ruhen! Erlöse mich von meinen Sünden, laß mich mein Angesicht erheben!*[3]

In einem babylonischen Gebet, das offensichtlich eine Vorlage für die Gebete und Psalmen der Bibelautoren (und sogar der biblischen Theologie) bildet, wird die Göttin so angeredet: »Oh, die du Erlösung bringest, Leben und Gerechtigkeit, du bist würdig der Anbetung, gib meinem Geschlecht Leben.«[4] Gleich dem alttestamentarischen Gott war Ishtar die Bezwingerin in den Schlachten und die Zerstörerin der Gebirge.[5] Sie sagte:

> *Ich erscheine in den strahlenden Himmeln, Zeichen in Fülle zu geben, ich erscheine in Vollkommenheit. Frohlockend in meiner Macht, frohlockend schreite ich, die Göttin, zuoberst einher; Ishtar bin ich, die Göttin des Abends, Ishtar bin ich, die Göttin des Morgens, Ishtar, öffnend die Himmelpforten durch ihre Macht. Die Himmel zerstöre ich, die Erde verwüste ich durch meine Gewalt. Ich, die ich strahlend zum Firmament aufsteige, die ich droben wie drunten angebetet werde in meiner großen Macht. Die Gebirge fege ich hinweg wie Staub in meiner großen Macht. Die große Wand der Gebirge bin ich, ihr großes Fundament bin ich durch meine Macht.*[6]

In einem langen babylonischen Gebet finden sich zahlreiche Metaphern und liturgische Phrasen, die später von jüdischen Priestern für ihren Gott übernommen wurden:

> *Ich flehe dich an, Gebieterin der Gebieterinnen, Göttin der Göttinnen, Ishtar, Königin aller Städte, Lenkerin aller Menschen. Du bist das Licht der Welt, du bist das Licht des Himmels. ... Unermeßlich ist deine Macht, oh Gebieterin, du bist gestellt über alle Götter. Du hältst Gericht, und dein Spruch ist gerecht. Untertan sind dir die Gesetze der Erde und die Gesetze des Himmels, die Gesetze des Tempels und des Heiligtums wie die Gesetze der Wohnung und der geheimen Kammer. Wo ist der Ort, da dein Name nicht ist, und wo ist der Flecken, da die Menschen deine Weisungen nicht kennen? Bei deinem Namen erbeben Himmel und Erde, und die Götter erzittern; die Geister des Himmels erbeben bei deinem Namen, und die Menschen fürchten ihn. Du bist groß, gepriesen seiest du, alle Menschen aus Sumer, alle Geschöpfe, die ganze Menschheit rühmt deinen Namen. Mit Gerechtigkeit urteilst du über die Taten der Menschen, du schauest herab zu den Unterdrückten und den*

Geknechteten und bringst Gerechtigkeit jeden Tag. Wie lang, Königin des Himmels, wie lang, wie lang, Hirtin der hellhäutigen Menschen, wie lang willst du noch zögern? Wie lang, oh Königin, deren Füße nie ermüden und deren Knie immer eilen? Wie lang, Herrin der Heerscharen, Gebieterin der Schlachten? Ruhmreiche, die alle Geister des Himmels fürchten, die du alle zornigen Götter unterwarfst; Mächtige über allen Herrschenden, die du die Könige am Zaum führest. Öffnerin des Schoßes aller Frauen, groß ist dein Licht. Leuchtendes Licht des Himmels, Licht der Welt, Erleuchterin aller Orte, da Menschen wohnen, die du die Scharen der Völker vereinst. Göttin der Menschen, Gottheit der Frauen, dein Rat bringt Einvernehmen. Wohin du schauest, da werden die Toten lebendig, und die Kranken erheben sich und wandeln; die betrübte Seele wird genesen, so sie dein Antlitz schaut. Wie lang, oh Gebieterin, soll mein Feind frohlocken über mir? Befiehl, und auf dein Wort wird sich der zornige Gott abwenden. Ishtar ist groß! Ishtar ist die Königin! Meine Gebieterin ist die Höchste! Meine Gebieterin ist die Königin![7]

Akkadische Quellen belegen die Identität der Ishtar mit der Großen Göttin, die im gesamten nahen Osten unter Namen wie *Dea Syria* (»Syrische Göttin«), Astarte, Cybele, Aphrodite, Kore, Mari usw. verehrt wurde:

Preiset Ishtar, die furchtbarste aller Göttinnen, verehret die Königin der Frauen, die größte aller Gottheiten. In Freude und Liebe ist sie gehüllt. Voll des Lebens, der Anmut und der Wollust ist sie. Süße ist auf ihren Lippen, in ihrem Mund liegt Leben. Ihre Erscheinung macht das Vergnügen erst voll. Sie ist ruhmreich. ... Ein jedes Schicksal hält sie in der Hand. ... Ishtar – wer käme ihrer Größe gleich? Mächtig, erhaben und glänzend ist ihr Ratschluß. ... Ohnegleichen ist Ishtars Rang unter den Göttern. Geachtet ist ihr Wort; es ist erhaben über die Götter. Sie ist ihre Königin; ohne Unterlaß folgen sie ihrem Befehl. Ein jeder von ihnen beugt sich vor ihr.[8]

Die Mächte der Unterwelt beugten sich vor ihr, als sie herabstieg, um ihren Sohn und Geliebten Tammuz zu retten; ein älterer sumerischer Mythos nimmt die gleiche Konstellation in der Rettung des Dumuzi durch Ishtars Vorläuferin Inanna vorweg. Sie sprach zu den sieben Torwächtern: »Wenn ihr die Pforte nicht öffnet, so daß ich eintreten kann, dann werde ich die Tür zerschmettern, die Angel zerbrechen, dann werde ich das Tor aushängen, ich werde die Toten erwecken, daß sie die Lebenden fressen, ihre Zahl wird die Lebenden übertreffen.«[9] Diese Drohung war typisch für die Todesgöttin Ereshkigal, Ishtars finsteres Unterwelt-Pendant; sie besaß die Macht, die himmlischen Götter ihrer geweihten Speise zu berauben.[10] Ishtars zeitweilige Abwesenheit verursachte auf dem gesamten Erdkreis Unfruchtbarkeit und ein Aussetzen geschlechtlicher Aktivität: »Seit die Gebieterin Ishtar hinabgestiegen war, besprang der Stier nicht mehr die Kuh, beugte sich der Esel nicht mehr über die Eselin, der Mann nicht mehr über die Frau: Er schlief an seinem Ort, die Frau schlief allein.«[11]

Bei der Reise in die Unterwelt handelte es sich um einen gefahrvollen, aber notwendigen Akt des heiligen Dramas; es dauerte drei Tage und erreichte seinen Höhepunkt mit dem Freudentag, an dem der Gott wieder zum Leben erweckt wurde.[12] Dieser Tag leitete nach einer Zeit reuiger Buße und Opferungen ein neues Jahr ein. »Am Neujahrstag liegt Ishtar bei Tammuz, und der König wiederholt das heilige Beilager, indem er sich rituell mit der Göttin (d. h. mit ihrer irdischen Stellvertreterin, der Priesterin-Prostituierten) in einer geheimen Kammer des Tempels vereinigt, in der sich ihr Hochzeitsbett befindet.«[13]

Dem Gilgamesh-Epos zufolge war die Göttin grausam mit ihren Geliebten, deren jeder den sterbenden Gott zu verkörpern hatte, der die Fruchtbarkeit der Erde mit seinem Blut erneuerte.[14] Reinkarnierte der Gott in Form eines Stieres, so wurde das Tier kastriert und seine Genitalien vor das Bild der Göttin geworfen; ein Ritus, »der sich vermutlich von der zu Ehren der Ishtar geübten rituellen Selbstentmannung herleitet«.[15] Im Tempel von Jerusalem vollzogen die Priesterinnen der Ishtar offenbar alljährlich eine Abart dieses Rituals; hier wurde die Göttin in ihrer jungfräulichen Erscheinung als Mari, Mari-Anna oder Miriam verehrt, und ihre heiligen Frauen beklagten den Opfertod des Tammuz (Ezechiel 8, 14). (Siehe **Salome; Maria Magdalena.**)

1. Briffault 3, 169. 2. Harding, 164f. 3. *Assyr. & Bab. Lit.*, 434. 4. d'Alviella, 189. 5. *Gilgamesh*, 6.26. 6. *Assyr. & Bab. Lit.*, 434. 7. Briffault 3, 88f. 8. Pritchard, A. N. E., 232f. 9. Hooke, M. E. M., 40. 10. Pritchard, A. N. E. 2, 13. 11. Neumann, A. P., 87. 12. Frazer, G. B., 407. 13. Eliade, M. E. R., 26. 14. *Assyr. &. Bab. Lit.*, 338f. 15. Jobes, 185.

Isis

Ägyptische Inschriften verkünden: »Am Anfang war Isis, die Älteste der Alten. Sie war die Göttin, aus der alles Werden wuchs.«[1] Als Schöpfer-Göttin gebar sie den Sonnenstern, »als er das erste Mal über der Erde aufging«.[2] Ihr Beiname »Spenderin allen Lebens« wurde auch auf die ägyptische Königin-Mutter angewandt.[3]

In ihren römischen Mysterien trug sie den Titel »Die Eine, die Alles ist«. In einem an sie gerichteten Hymnus heißt es:

> *Heilige Frau und Menschheitsretterin immerdar, allzeit hilfreicher Hort aller Erdenkinder, ja du erweisest süße Mutterliebe den Elenden und Geschlagenen! Nicht Tag noch Nacht oder auch nur ein kurzer Augenblick vergeht ohne deine Gnadenwirkung; keiner, da du nicht zu Meer und Land die Menschen behütest, Gewitter des Lebens verscheuchst und deine Rechte zur Hilfe reichst, mit der du selbst unentwirrbar verstrickte Parzenfäden auflösest, Schicksalsstürme besänftigst und böse Sterne in ihrem Lauf hemmst. Dich ehren die droben, achten die unten; du drehst das Firmament, entfachst die Sonne, die Welt ist dein Thron, die Hölle dein Schemel. Nach dir wandeln die Gestirne, wechseln die Jahreszeiten; dir jauchzen die Geister, dienen die Elemente. Dein Wink macht Winde wehen, Wolken gießen, Samen sprießen, Sprosse wachsen. Vor deiner Hoheit erbeben die am Himmel ziehenden Vögel, die auf den Bergen schweifenden Tiere, die am Boden lauernden Schlangen, die im Meere schwimmenden Wale. Doch mir gebricht es an Gaben, dein Lob zu verkünden und fehlt es an Gütern, dir Opfer zu bringen. Ich habe nicht Stimmkraft genug zu sagen, was ich von deiner Hoheit fühle, nicht tausend Münder oder Zungen gleicher Art oder ewig regen Redestrom. Was allein der Mensch zu tun vermag, der fromm aber sonst arm ist, das soll also meine Sorge sein: dein himmlisches Antlitz und hochheiliges Gotteswesen will ich auf alle Zeit in meinem Herzensschrein bewahren, hüten und vor Augen haben.*[4]

Lucius Apuleius (ca. 125–180 n. Chr.) Redner und Schriftsteller, der zeitweise

Apuleius, ebenfalls ein hingebungsvoller Isis-Anbeter, will folgende Antwort von ihr erhalten haben, nachdem er sie mit den Namen verschiedener anderer Göttinnen angerufen hatte:

Von deinem Gebet gerufen bin ich da, die Mutter der Natur, Herrin aller Elemente, Keimzelle der Geschlechter, – Geisterfürstin, Totenkönigin, Himmelsherrin, – Inbegriff der Götter und Göttinnen. Des Firmamentes Lichtkuppel, des Meeres Heilbrise, der Hölle Jammerstille gehorchen meinem Wink; ein Wesen bin ich, doch in vielen Gestalten, wechselnden Bräuchen, mancherlei Namen betet mich der ganze Erdkreis an. Dort bei den uralten Phrygern bin ich die Göttermutter von Pessinus, hier bei den attischen Autochthonen Pallas Athene, da bei den Cyprioten Venus von Paphos; bin kretischen Pfeilschützen Diktynna-Diana, dreisprachigen Siziliern Höllen-Proserpina, alten Eleusiniern aktäische Ceres; Juno rufen mich die einen und Bellona die anderen, Hekate diese und Rhamnusia jene; doch die Äthiopier beiderseits, die der Sonnengott im Aufgang und im Untergang mit fallenden Strahlen beleuchtet, und die Ägypter mit ihrer mächtigen alten Weisheit verehren mich mit den eigentlichen Bräuchen und heißen mich mit meinem echten Namen Königin Isis.[5]

Auch Aristides war in die Mysterien der Isis eingeweiht; er berichtet von einem mystischen Erlebnis, in dessen Verlauf er sah, wie »ein Licht und andere unaussprechliche Dinge, die zur Erlösung führen« von Isis ausgingen. In ihren Mysterienkult eingeweiht zu sein bedeutete, nach dem Tode einen privilegierten Status einzunehmen (eine Vorstellung, die später von den Christen übernommen wurde): »Isis, die ›ewige Erlöserin der Menschheit‹, verhieß ihrer Gefolgschaft: ›Du sollst ein gesegnetes Leben führen, du sollst ein ruhmvolles Leben führen unter meinem Schutz. Und ist deine Lebensbahn beendet und du steigst hinab in die Unterwelt, selbst dort im Reich der Tiefe sollst du mein schützendes Licht sehen im Schimmer des Acheron, selbst der tiefste Styx ist mir untertan; du aber sollst einziehen in die Felder Elysiums und sollst nicht ablassen, mir Andacht zu spenden, die ich ewig voll der Gnade bin.‹«[6]

In Ägypten wurde sie angeredet als »Herrin der Götter, du Beflügelte, du rotgewandete Gebieterin, Königin mit den Kronen des Südens und des Nordens, du Einzige ... über der kein Gott sein kann, die du mächtig bist durch Zauberei [oder: Worte der Kraft] ... die du über allem stehst, Herrscherin und Gebieterin des Grabes, Mutter am Ende des Himmels ... Preis sei dir, oh Gebieterin, die mächtiger ist als die Götter, Worte der Anbetung mögen dir die Acht Götter von Hermopolis entgegenbringen. Die lebendigen Seelen an ihren geheimen Orten mögen dein Geheimnis preisen, oh du, die du ihre Mutter bist, du Quell, dem sie entsprangen, die du ihnen einen Ort in der verborgenen Unterwelt schufest, die du ihre Gebeine unversehrt erhieltest und sie vor Schrecken bewahrtest, die du sie in ihrem ewig währenden Aufenthalt stärktest.« Der Name Isis leitet sich möglicherweise von *Ashesh* ab und bedeutet so gleichermaßen »das Ausgießen« und »das Ernähren«; ein Hinweis auf den Umstand, daß ihre göttliche Essenz (Blut oder Milch) die Götter und alle anderen Geschöpfe am Leben erhielt.[7]

Isis stand für den Thron Ägyptens. Die Pharaonen saßen auf ihrem Schoß; dort waren sie durch die Arme bzw. Flügel der Isis beschützt.[8] Das Zeichen auf ihrer Krone war das *mu'at*, »die Grundmauer des Throns«; es verwies gleichzeitig auf ihr *alter ego* Maat, die Verkörperung des mütterlichen Prinzips, das Recht, Gerechtigkeit, Wahrheit oder das

auch das Amt eines Isis-Priesters innehatte. In seinen *Metamorphosen* (»Verwandlungen«, besser bekannt als *Der goldene Esel*) erweiterte er einen – leider nur als Inhaltsangabe überlieferten – Roman des Lukios von Patrai um wesentliche Teile; darunter das *Märchen von Amor und Psyche* und eine Darstellung des Isis-Kults.

Das Zeichen der Isis

Allessehende Auge genannt wurde.[9] Die Bibel übernahm einen ägyptischen Hymnus: »Gerechtigkeit und Gericht ist deines Stuhles Festung« (Psalm 89, 15).

Hermetischen Texten zufolge offenbarte Isis Gott, der als ihr Sohn galt, die Geheimnisse der Sterne.[10] Sie lieferte das Vorbild für Moses wunderbare Teilung der Wasser (2. Mose 14, 19–31), die sie anläßlich ihres Zugs nach Byblos ganz nebenbei bewirkte; auch das Wunder, bei dem Josua die Sonne stillstehen ließ (Josua 10, 12–14), wurde von ihr vorweggenommen, als sie Horus das Leben wiedergab.[11] Weil Horus die Sonne verkörperte (identisch mit Ra oder Osiris in deren Funktion als Kinder der Isis), mußte eine Unterbrechung seines Lebens naturgemäß einen Stillstand der Sonne verursachen.

Isis und ihre dunkle Zwillingsschwester Nephthys waren die ägyptischen Varianten der weithin bekannten Göttin der Schöpfung und Zerstörung, der Mutter des Lebens und der Greisin des Todes. Die ÄgypterInnen kannten sie unter vielen Namen: Mut, Hathor, Bast, Maat, Heqit, Sekhmet, Sati, Neith, usw. Einige ihrer zerstörerischen Eigenschaften beschreibt das Totenbuch:

Totenbuch
Sammelbezeichnung für mehrere ägyptische Papyri, die zwischen 1500 und 1350 v. Chr. entstanden. Sie beinhalten Vignetten, Hymnen, Erläuterungen und Darstellungen. Zu den sehr gut erhaltenen und typischen Exemplaren thebanischer Handschriften des *Totenbuchs* zählt der gründlich erforschte Papyrus von Ani.

> *Furchtbare, Gebieterin des Regensturms, Zernichterin der Menschenseelen, Verschlingerin der Menschenkörper, Befehlshaberin, Erzeugerin und Bewirkerin des Mordens … Metzlerin im Blut, Ahibit, Gebieterin mit dem Haar, Feuerliebende, Reine, Mordliebende, Kopfabhackerin, Angebetete, Gebieterin vom Großen Haus … Clother ist ihr Name, die ihre Geschöpfe verbirgt, die Herzbezwingende, die Herzverschlingende … Messer, das schneidet, wenn sein Name genannt wird, Schlächterin derer, die sich ihrer Flamme nähern.*[12]

Isis verschlang den Erlöser **Osiris** und schenkte ihm das Leben wieder. Er reinkarnierte als Horusknabe oder auch in Gestalt des ithyphallischen Mondgottes Min (bzw. Menu), »Der seine Mutter schwängert«.[13] Er wurde alljährlich in Stücke zerrissen und wieder zusammengesetzt – nur sein Penis fehlte. Isis formte einen neuen Penis aus Ton und hauchte ihm neues Leben ein, indem sie ihn unter Anrufung ihrer eigenen heiligen Namen als Lebens- und Todesspenderin beschwor: »Siehe, ich fand dich dort liegend vor. Erschlafft ist der Große … Oh Osiris, lebe, erhebe dich, Unglücklicher, der du da liegst! Ich bin Isis. Ich bin Nephtys.«[14] So erhob sich Osiris und lebte und hielt Hochzeit mit der Göttin, und das Leben ging weiter. Osiris-Mins Gegenstück Adonis wurde von der Göttin auf vergleichbare Weise als Priapus wiedergeboren und – ebenfalls vergleichbar – mit den Frühjahrsüberschwemmungen in Vebindung gebracht.[15]

Alte Überlieferungen besagten, das jährliche Hochwasser des Nils würde von einer Träne der Isis bei ihrer Klage um den toten Gott verursacht. Das Nilfest fand in der »Nacht der Träne« statt; der Islam bewahrte es unwissentlich in dem Juni-Fest Lelath al-Nuktah, »Nacht des Tropfens«. Die Gläubigen sprachen zur Göttin: »Du spendest Leben dem Vieh und den Herden; wenn du herabsteigst, trinkt das ganze Land, das ganze Land ist erfreut, wenn du kommst. Du bringst Speise, du bist die Mächtige mit Fleisch und Trank, die Schöpferin alles Guten bist du. Du füllest die Lagerhäuser, du füllest die Kornspeicher, um die Armen und Bedürftigen sorgst du dich.«[16]

Isis wurde überall in der griechisch-römischen Welt verehrt, »von Alexandria bis Arles, vom Rand der Sahara bis zu den britischen Inseln, von den Bergen Asturiens bis zur Mündung der Donau«.[17] Die weite Verbreitung des Märchens von der »Hexe im steinernen Kahn« markiert die Wanderung des Isis-Kultes: Die Hexe war niemand anders als Isis selbst; in jedem ihrer Tempel finden sich Reliefs, auf denen ihre Gestalt – die Christen bezeichneten sie als Hexe oder Dämonin – in einem Mond-Schiff dargestellt ist. In vorchristlicher Zeit war dem Schiff der Isis ein eigener Feiertag gewidmet: das *Navigium Isidis*, die Segnung des Isis-Schiffes am fünften März.[18]

Der Isis-Kult gelangte um das Jahr 80 v. Chr. nach Rom, erfreute sich in vespasianischer Zeit großer Beliebtheit und blühte im ganzen römischen Reich, bis er vier Jahrhunderte später vom Christentum verdrängt wurde. Die Göttin selbst wurde allerdings weniger verdrängt als vielmehr absorbiert; ihre Gleichsetzung mit der Jungfrau Maria war Bestandteil der synkretistischen Entwicklung des Madonnenkultes. Eine Gruppe früher römischer Christen bezeichnete sich selbst als Pastophori; der Name bedeutete »Schäfer« oder auch »Diener der Isis«, später entstanden daraus die *Pastoren*.[19]

Die biblische Geschichte von der Ägyptenfahrt Mariae mit ihrem Kind wurde offenbar nicht nur erfunden, um die Prophezeiung »Aus Ägypten habe ich meinen Sohn gerufen« zu erfüllen (Matthäus 2,15); damit sollten auch die weitgehenden Parallelen zwischen Isis und Maria gerechtfertigt werden. Einer Legende nach suchten Maria und Jesus Zuflucht bei dem heiligen Baum von Mataria, der Sykomore (Pharaonen-Feige) der Isis-Hathor, Göttin des Baumheiligtums Dendera.[20] Isis war das »Schicksal« und stand – genau wie Maria – in einer Person für die drei **Moiren**. »Der Baum ist ein Symbol des Schicksals, weil er in der Tiefe wurzelt. Aber bedeutender ist der Umstand, daß er in die Zeit wächst, seine Äste wie ein Stammbaum ausbreitend.«[21] Mataria war lange Zeit als ägyptischer Name der Göttin bekannt, die auch Mata-Meri oder **Mari** genannt wurde.[22]

> *Bilder und Statuen, die Isis beim Stillen des Horus-Knaben zeigen, waren Vorbilder für die christlichen Darstellungen der Madonna mit dem Kinde. Einige Episoden der ägyptischen Reise von Jungfrau und Kind, die in apokryphen Evangelien überliefert sind, spiegeln Szenen aus dem Leben der Isis wieder, wie sie in den Inschriften der Metternich-Stele erhalten sind. Außerdem stimmen viele Attribute von Isis, der Göttermutter und Mutter des Horus und von* **Neith**, *der Göttin von Sais, mit den Attributen von Maria, der Mutter Christi, überein.*[23]

Ein ägyptisches Amulett im Britischen Museum zeigt die unter einem Baum hockende Göttin, die im Begriff ist, ihr göttliches Kind zu gebären; in einer Hand hält sie das **Anch** – das Kreuz des Lebens. Die Kehrseite zeigt ein weiteres Anch und die Inschrift »*Ein* Gott im Himmel«. Es gibt die These, das Bild stelle die Geburt des Buddha dar, üblicherweise wird es allerdings als die Geburt Christi gedeutet – dabei handelt es sich zweifellos um ein Bildnis der Isis.[24]

1. Stone, 219. 2. Budge, G. E. 1, 259. 3. Ders., D. N., 265. 4. Apuleius 11, 25. 5. Apuleius 11, 5. 6. Angus, 135, 139. 7. Budge, G. E. 1, 519; 2, 90.

8. Budge, G. E. 2, 202. 9. Gaster, 769. 10. Lindsay, O. A., 184. 11. Budge, E. M., 135. 12. Budge, B. D., 416ff. 13. James, 135–139. 14. Brandon, 126f. 15. Frazer, G. B., 390. 16. Budge, D. N., 105f. 17. Cumont, O. R. R. P., 83. 18. Angus, 123. 19. Budge, G. E. 2, 217. 20. Ebd., 220. 21. Neumann, G. M., 248. 22. Budge, D. N., 160; Graves, W. G., 357. 23. Budge, G. E. 2, 220. 24. Ders., A. T., 129f.

Var. Isôt, Iseult

Isolde

»Weiße Dame« des walisischen Epos, eine vorchristliche Königin, die ihren Gatten verließ, um sich einen anderen zu nehmen. Gemeinsam mit ihrer »großen Liebe« Tristan wurde sie zum literarischen Prototyp der unglücklich Liebenden. In den Ritterromanen des Mittelalters wurde die vorchristliche Sitte verfochten, nach der auch verheiratete Frauen die Freiheit zustand, sich einen Geliebten zu nehmen. König Marke von Cornwall, Isoldes eifersüchtiger Ehemann, wurde wegen seiner Versuche, den Geliebten seiner Gattin ins Gefängnis zu werfen und umzubringen, von den Dichtern als »Schurke« und als »Verräter« beschimpft.[1] (Siehe **Ritterroman**.)

1. Malory, 10.32.

Isra-El

Philon von Alexandria (etwa 30 v. Chr. bis 40 n. Chr.) Stark von hellenischem Platonismus, Stoizismus und pythagoräischen Gedanken beeinflußter jüdischer Philosoph; Autor von Bibelkommentaren, Traktaten und Historien.

Laut Philon war Isra-El ein jüdischer König in Phönikien, der seinen eingeborenen Sohn Jeud in königliche Gewänder kleidete und ihn statt seiner selbst opferte.[1] Der Bibel zufolge war Isra-El der königliche Name, den Jakob annahm, nachdem er eine Nacht hindurch mit einem Mann, der Gott war, gerungen hatte (1. Mose 32). Üblicherweise heißt es, daß es sich dabei um einen Engel gehandelt habe, aber es dürfte eher ein amtierender heiliger König, der die Gottheit vekörperte, gewesen sein. Jakob nahm als nächster den Namen der Gottheit an. Das Suffix El stand für »eine Gottheit« und konnte männlich oder weiblich sein – die Bibelübersetzer übertragen es allerdings beharrlich mit »Gott«. Is-Ra ist möglicherweise aus einer androgynen Zusammensetzung von Isis und Ra abzuleiten, eine andere Deutungsmöglichkeit wäre die Verbindung von Vater und Sohn, Osiris und Ra. In jedem Fall ist der göttliche Name wesentlich älter als die Geschichte Jakobs.

1. Frazer, G. B., 341.

Istadevata

Schutzgöttin des Selbst; ein tantrischer Name der spirituellen **Shakti** oder auch der persönliche Schutzengel erleuchteter Weiser; sie entspricht der griechischen *Psyche*, der römischen *Anima* und anderer Manifestationen der »weiblichen Seele« im Menschen.

Ithyphallisch

Götterdarstellungen mit aufgerecktem männlichem Glied.

Ius Naturale

»Naturrecht«, lateinischer Terminus für das Recht der Aphrodite, der Juno oder der Demeter: die Rechtsgrundlage des alten Matriarchats. Es ist »das aphroditische Gesetz, das den Stoff durchdringt und dessen Befruchtung herbeiführt. Aphrodite ist es, welche die beiden Geschlechter mit Zeugungstrieb anfüllt, die Sorge für die Pflege der Kinder einpflanzt, zwischen Mutter und Kind das engste Band schließt und allen Geburten Freiheit und Gleichheit sichert. Derselben Göttin ist jedes Sonderdasein verhaßt. Daher wird das gleiche Recht aller an dem Meere, den Ufern, der Luft, überhaupt die *communis omnium posessio* [das Gemeinschaftseigentum] auf das *ius naturale* zurückgeführt.«[1] Matriarchalische Gesetze waren nicht hierarchisch, sondern demokratisch; die Autorität der Frauen war eine »natürliche«, weil sie auf dem archetypischen Bedingtsein durch die moralischen Unterweisungen der Mutter beruhte. (Siehe **Mutterschaft**.)

1. Bachofen, 189.

Ius primae noctis

Siehe **Recht der ersten Nacht**

Ixion

»Starker Mond-Mann«, heiliger König der Lapithen, der »Träger der Steinwaffen«. Ixion starb nach der Hochzeit mit der Himmelsgöttin Dia, gefesselt auf ein feuriges Rad – ein Symbol für die unablässig durch die Himmel rollende Sonne. Der hellenische Mythos deutete dies als Strafe für eine Sünde gegen Zeus, aber ursprünglich handelt die Geschichte von der Opferung eines heiligen Königs; das »Bild erinnert an die brennenden Räder, die bei den germanischen Sonnenwendfeiern zum Zeichen dafür, daß die Sonne ihren Höchststand erreicht hatte und nun wieder sinken mußte, die Hügel herabgerollt wurden«.[1]

Ixions Name ist eng verwandt mit *axis* und identisch mit dem *Akshivan* der Hindus, einer die Weltachse *(aksha)* personifizierenden Emanation Shivas.[2] Ixion war also ein weiterer Gott, dessen Tod im Mittelpunkt der Welt stattfand; die *axis mundi* wurde später dem Kreuz Christi angeglichen.

1. Graves, G. M., 63.2. 2. Jobes, 260.

Izanami und Izanagi

Japanisches Schöpferpaar, Verkörperungen des uterinen Meers und des phallischen Blitzes, der dem Mythos nach das Meer in schäumende Bewegung versetzte, so daß die Ur-Gebärmutter »Quark-Quark« (koworokoworo) machte und die »geronnene«feste Materie gebar. In einer Variante heißt es, der männliche Zwilling Izanagi habe vom Himmel heruntergelangt und das Meer mit seinem Speer aufgerührt.[1]

Das Paar war auch bekannt als der Mann, der verlockt und die Frau, die verlockt. Ihr Mythos berichtet, wie sie die Sexualität entdeckten und für ihre Schöpfungsmagie benutzten:

> *Seine Erhabenheit, der Mann, der verlockt, fragte Ihre Erhabenheit, die Frau, die verlockt: ›Wie ist dein Körper beschaffen?‹ Sie antwortete: ›Mein Körper ist in blühendem Wachstum begriffen, aber da ist ein Teil, der nicht zusammenwachsen will.‹ Und Seine Erhabenheit, der Mann, der verlockt, sprach zu ihr: ›Auch mein Körper ist in blühendem Wachstum begriffen, aber da ist ein Teil, der ohne Maß wächst. Wäre es deswegen nicht passend, wenn ich meinen maßlos wachsenden Körperteil in deinen Körperteil, der nicht zusammenwachsen will, hineinstecke, auf daß wir so festes Land hervorbringen?‹*
>
> *Ihre Erhabenheit, die Frau, die verlockt, erwiderte: ›Das wäre ausgezeichnet.‹ Und Seine Erhabenheit, der Mann, der verlockt, sprach zu ihr: ›Laß uns diesen Erhabenen Himmelspfeiler umrunden, und wenn wir uns wiedertreffen, laß uns unsere erhabenen Körperteile in erhabener Verbindung vereinigen.‹ Sie war einverstanden ... und als sie sich wiedertrafen, sprach Ihre Erhabenheit, die Frau, die verlockt: ›Ah, welch ein schöner und liebenswerter Bursche!‹ Worauf Seine Erhabenheit, der Mann, der verlockt, sprach: ›Ah, welch ein schönes und liebenswertes Mädchen!‹*[2]

In frühesten Mythen gebar Izanami alle Dinge, später beraubte eine erfinderische Überarbeitung sie allerdings aller Initiative. In der späteren Fassung hieß es, sie sei verbrannt, während sie das Feuer gebar; anschließend sei sie in die Unterwelt herabgestiegen und habe sich in ein der **Tiamat** ähnliches Meerungeheuer verwandelt. Izanagi folgte ihr, aber sie konnte nicht mit ihm in die Oberwelt zurückkehren, weil sie von den Früchten der Unterwelt gegessen hatte (ein Motiv, das sich auch in den griechischen Mythen von Persephone und Eurydike findet).

Izanagi floh erschrocken vor der veränderten Erscheinung seiner Gefährtin. Sie verfolgte ihn mit einem Heer von Sturmdämonen, denen er entgegentrat, indem er sie mit Pfirsichen bewarf; die Dämonen konnten der Versuchung, diese yonischen Lebensfrüchte aufzusammeln, nicht widerstehen. Daraufhin unterzog sich Izanagi magischen Reinigungen und entwickelte so die Fähigkeit, Wesen zu gebären. Der Sonnengott Amaterasu wurde aus seinem linken Auge, der Mondgott aus seinem rechten Auge, der drachentötende Held Susa-no-wo aus seiner Nase geboren. Die vormalige Schöpferin Izanami, die in der Unterwelt zurückblieb, gebar ebenfalls mehrere Gottheiten, aber es waren allesamt böse Geister.[3]

1. *Larousse*, 403. 2. Campbell, Or. M., 467f. 3. Jobes, 172f.

Jack und Jill

Himmlisches Zwillingspaar der nordischen Mythologie, ursprünglich Hjuki und Bil, ein Junge und ein Mädchen, die von ihrer Mondmutter Mana »den Berg hinauf« in den Himmel geführt werden. Sie tranken das Wasser des Lebens »von der Quelle Byrgir aus dem Eimer Soegr, der von dem Stecken Simul herabhing, den sie geschultert hatten«. Der Name Hjuki ist hergeleitet von *jakka*, d. h. zusammensetzen, vermehren; Bil von *bila*, d. h. zerbrechen oder auflösen. Die Zwillinge symbolisierten demnach die Kraft der Schöpfung beziehungsweise der Zerstörung.[1] Es hieß, ihre Gesichter seien auf ewig in den Zügen des Mondes zu erkennen. Bils Stimme konnte im Gesang des Windes vernommen werden, und Hjuki schickte nächtlichen Skiwanderern das Mondlicht, um sie sicher ins Tal zu den Dörfern zu führen.[2]

Einem Bericht aus dem Jahre 1633 zufolge scheint der Mythos von Jack und Jill in ein als ketzerisch angesehenes Ritual eingebettet gewesen zu sein. Ein 20jähriges Mädchen namens Mary Spencer wurde der Hexerei für schuldig befunden, weil sie »auf dem Weg zum Brunnen ihren Eimer wiederholt den Hügel hinabrollen ließ, vor ihm herlief und ihn spaßhaft aufforderte, ihr zu folgen«.[3] Daß eine solche doch eher harmlose Handlung schwer geahndet wurde, ja, sogar die Todesstrafe nach sich zog, läßt vermuten, daß dem damaligen Verständnis nach mehr als nur ein Spiel dahinter gesteckt haben muß.

1. Baring-Gould, C. M. M. A., 201. 2. Jobes, 27. 3. Robbins, 381.

Jael

Var. Jaala

»Wilde Ziege«, Beiname der israelitischen Königin Deborah als Gemahlin des Sündenbockgottes Baal-Gad oder Pan. Ja-El war identisch mit der obersten persischen Göttin Jahi, die während der vorpatriarchalen Zeit von Stammesköniginnen verehrt wurde. Jael/Deborah opferte Sisera auf seltsame Weise: Sie pflockte seinen Kopf am Boden fest (Richter 4, 21), vergleichbar den Priesterinnen von Artemis Tauropolos, die die Köpfe ihrer Opfer an Kreuze nagelten.[1] In der Bibel wurde, wie häufig in patriarchalischer Literatur, ein Beiname der Göttin in »Weib« umgewandelt und ihr Opferhymnus umgedeutet, so daß Deborah und Jael als zwei verschiedene Personen erscheinen.

1. Graves, G. M., 116.c.i.j.

Jagadamba

»Mutter der Welt«, ein im Tantra verwendetes Prädikat der Göttin Kali.[1] Sie wurde auch Jaganmata, »Mutter allen Lebens«, genannt so wie später die biblische Eva.

1. Rawson, A.T., 50.

Jahi, die Hure

Persisch-patriarchaler Beiname der Großen Mutter, die die Schlange Ahriman gebar und sich dann mit ihr paarte, was auch Lilith oder die prä-adamitische **Eva** mit der biblischen Schlange getan haben soll. Nach den Schriften des Zarathustra kam mit Jahi die Menstruation in die Welt, denn sie menstruierte zum ersten Mal nach ihrer Vereinigung mit der Schlange. Deshalb verkörperte sie den Mond, der allenthalben als die eigentliche Ursache der Menstruation angesehen wurde. Jahi brachte auch die Sexualität in die Welt, indem sie den ersten Mann im Urgarten verführte. Ihre Vorstellung von der Sündhaftigkeit der Frauen (als Abkömmlinge Evas) übernahmen die jüdischen Patriarchen wahrscheinlich von persischen Asketen, die behaupteten, daß alle Frauen Huren seien, da sie von Jahi abstammten.

Bemerkenswerterweise scheinen die frühesten Namen des jüdischen Gottes eine maskuline Version des Namens Jahi zu sein; so zum Beispiel: Jahu, Jah, Yahu, Jahweh, Iau, Jaho. Manche Mythen weisen darauf hin, daß dieser Gott wie einst Ahriman von schlangenhafter Gestalt gewesen sei und den Schlangenpart der Gott-Mutter gespielt haben mag.

Jahweh

Hebräischer Gottesname, eine Vokalisation des **Tetragrammatons** JHWH. Es wurde auch als Iah, Iahu, Jahweh, Jahi oder Jehovah wiedergegeben und steht in Zusammenhang mit dem Namen der kanaanitischen Mondgöttin Jarea, möglicherweise einer weiblichen oder zwiegeschlechtlichen Form. Ein männlicher Jahweh vermählte sich in Elephantine mit der kanaanitischen Mutter-Göttin Anat.[1]

Als Jaho, Iao oder Ieuw wurde der Gottesname auch für den Zeus-Sabazius verwandt: in seiner Funktion als nächtliche Sonne war er – wie Saturn – ein Herr des Todes und der Unterwelt; die Juden nannten ihn Zebaoth, »Herr der Heerscharen«. Sein lateinischer Name Jupiter kam aus der gleichen Wurzel: Iu-piter bedeutet »Vater Ieu«.[2]

Jahi war auch eine Göttin aus sehr alter Zeit; sie erscheint in persischen Schriften als Schöpferin und Verführerin des ersten Mannes. Wie viele andere Schöpferinnen vermählte auch sie sich mit der Urschlange; außerden gab sie Eva das menstruale »Blut des Lebens«.

1. Hays, 85, 89. 2. Knight, D.W. P., 113.

Var. Dschaina

Jaina

Asketische Sekte buddhistischer Einsiedler-Yogis, die durch krasse Selbstverleugnung magische und übernatürliche Kräfte zu entfalten suchten. Der Begründer des Jainismus wurde Jina oder auch Mahawira (großer Held bzw. großer Mann) genannt. Seine Mutter Devananda, die »Gesegnete Göttin«[1], war bezeichnenderweise Jungfrau. Jaina vollbrachte die üblichen Wunder, wandelte auf dem Wasser, heilte Kranke, machte aus Wasser Wein, trieb böse Geister aus, ließ Blinde wieder sehen usw. Diese Kräfte sollen ihm zugeflossen sein, weil er auf sinnliche Freuden verzichtete und ein Leben in Zurückgezogenheit und andauernder Meditation führte.

Seit der Zeit Alexanders des Großen zogen Jaina-Mönche nach Westen, wo sie die Perser, die jüdischen Essener und später auch die Christen beeinflußten. (Siehe **Askese**.)

1. *Larousse*, 347.

Jakobus von Compostela, Heiliger

Die Muschelschale blieb als Symbol erhalten, obwohl sie sich für einen männlichen Heiligen kaum eignet. Der

Compostela im Nordwesten Spaniens war in vorchristlicher Zeit ein bedeutender Wallfahrtsort und wurde später durch eine Legende, wonach der tote Apostel Jakobus, in einem Steinsarg auf wundersame Weise übers Wasser treibend, dorthin gelangt sein soll, vom Christentum vereinnahmt.

Die Legende tauchte zum ersten Mal im 7. Jahrhundert n. Chr. auf, als die Kirche das Heiligtum der brigantinischen Meeresgöttin **Brigit** übernahm. Das Heiligtum hatte vorher Brigantium geheißen.[1] Das Symbol der Göttin, eine **Kteis** oder Vulva in Form einer Muschelschale bzw. Kaurischnecke, wurde vom Kult des neuen Heiligen übernommen.[2]

Die als die Gebeine von Jakobus ausgegebenen Knochen stammten in Wirklichkeit aus dem Mittelalter und waren irgendwo in Galizien aufgelesen. Obwohl die spanische Kirche noch immer an der Legende festhält – wohl wegen des beträchtlichen Spendenaufkommens der Compostela-PilgerInnen –, sind heute viele katholische Gelehrte der Ansicht, daß der heilige Jakobus nie existiert hat.[5]

1. Graves, G. M., 88.3. 2. Lindsay, A.W., 132. 3. Potter & Sargent, 108. 4. Brasch, 179. 5. Attwater, 182.

Begriff *scallop* (engl. für Muschel) läßt sich ableiten aus dem norwegischen Wort *skalpr*, d. h. Hülle oder Scheide.[3] Die lateinische Entsprechung ist *vulva*.[4] Künstler des Mittelalters wußten um die Bedeutung der Muschelschale als *kteis* und Symbol der Göttin. Botticellis berühmte *Venus* wurde aus einer solchen *kteis* geboren.

Jambu

Var. Jambudvipa

Land (in manchen Überlieferungen auch Insel oder Kontinent) des Rosen-Apfelbaums, das mit dem Körper der mütterlichen Shakti verglichene tantrische **Paradies**; es entspricht den westlichen Vorstellungen von den Inseln der Glückseligen, dem Märchenland oder dem Garten Eden mit seinem apfeltragenden Baum des Lebens. Die Insel Jambu ähnelt in der Form einer Yoni, dem Streitwagen bzw. dem Thron von Shiva. In ihrer Mitte ist der Diamantsitz (*vajrasana*) oder die Klitoris, wo den sexuell und geistig Erleuchteten der Weg des Erwachens gezeigt wird.[1]

1. Tatz & Kent, 84.

Janua Coeli

»Gate of Heaven« (Himmelspforte), die im englischen Sprachraum verwendete Bezeichnung der Tür zum Tabernakel in christlichen Kirchen, abgeleitet aus dem yonischen »gate« der Juno (Uni oder *Yoni*), in den Tempeln der Göttin abgeschirmt durch das *Hymen*. Als Personifikation der Pforte hatte Juno zwei Gesichter und zwei Blickrichtungen: nach draußen auf die Geburt hin und nach innen auf den Tod. Während der Anfang Januar ihr zu Ehren abgehaltenen Feierlichkeiten wurde sie Antevorta bzw. Postvorta genannt, die Göttin, die nach vorn blickt und zurück, denn der Januar war die »Pforte« des Jahres, der Übergang vom Tod des Gottes Aion zu seiner Wiedergeburt durch die Mutter der Zeit.[1]

Als die römische Religion patriarchalischere Züge annahm, wurde aus Juno, der Torwächterin, ein androgynes Janua-Janus und später dann der maskuline doppelgesichtige Gott Janus, dem alle Pforten geweiht waren. Er war in seiner Rolle vergleichbar mit Petra, Pater oder Petrus, dem Schlüsselverwalter der Himmelspforte.

Nach christlicher Version hat die *janua coeli* zwei Seiten, die des Himmels und der Hölle. Die »falsche« Seite bzw. die des »Todes« wurde auch *janua diaboli* bezeichnet, »das Tor, durch das der Teufel eintritt«.

Da diese Vorstellung im Bild der Yoni gründete, kamen die Kirchenväter beinahe zwangsläufig dazu, die *janua diaboli* als Synonym für die Frau schlechthin zu verstehen.[2]

1. Graves, W. G., 184. 2. J. B. Russell, 283.

Januarius, Heiliger

Kanonisierte Version des römischen Pförtnergottes Janus. Sein alter Schrein in Neapel wurde in eine Heiligenkirche umgewandelt, wo eine Flasche getrockneten Blutes, angeblich das des Heiligen, aufbewahrt und verehrt wurde. Das Blut, so hieß es, würde sich verflüssigen, wenn es neben den Schädel eines wahrhaften Märtyrers gestellt werde. Papst Pius II attestierte persönlich und »unfehlbar« die Echtheit dieses Wunders.[1]

Natürlich gab es St. Januarius nicht wirklich. Er war lediglich eine andere Erscheinungsform von Petrus bzw. »Petra«, Wächter der Himmelspforte (siehe **Petrus, Heiliger**). Aus der Wächterrolle wurde schließlich die des Pförtners.[2] Im Englischen bedeutet das Wort *janitor* nach wie vor »Pförtner« oder »Hausmeister«.

1. Brewster, 415. 2. Dumézil, 328.

Jeanne d'Arc

»Johanna mit dem Bogen«, die Jägerin – auch La Pucelle oder die Jungfrau genannt, der traditionelle Name einer Priesterin in der Feenreligion.[1] Johanna selber behauptete, ihre Mission »am Feenbaum«, dem Zentrum des Dianakultes bei Domrémy, erhalten zu haben.[2] 1429 wurde sie von geistlichen Richtern geprüft, die daraufhin öffentlich erklärten, daß Johanna von heiligen Engeln bestimmt worden sei, Frankreich zu retten.[3] Der Bischof von Beauvais nahm diesen Beschluß später zurück. 1431 wurde Johanna, neunzehnjährig, in Rouen als Hexe verbrannt. Das ihr umgehängte Schild trug die Aufschrift: »Rückfällig, häretisch, abtrünnig, götzendienerisch.«[4] Ihre vermeintlichen Abgötter wurden von der Kirche nie näher bezeichnet. Der Henker gab vor, ihr Herz unverbrannt in der Asche vorgefunden zu haben, und verkaufte es als heilige Reliquie.[5]

500 Jahre lang war Johanna eine beliebte Nationalheldin, bis sie schließlich 1920 von Papst Benedikt XV. heiliggesprochen wurde. Für die Kirche ihrer Zeit wäre dies undenkbar gewesen. »Die Kirche, eifersüchtig auf (Johannas) Macht über heidnische Soldaten sowie auf ihre erfolgsbedingte Beliebtheit, brauchte nicht erst von den Engländern gedrängt zu werden, Johanna als entbehrlich anzusehen. Es war die Kirche, die sie anklagte und verurteilte, die Kirche, die sie – nicht ohne triftigen Grund – als Feindin betrachtete, und die Kirche war froh, sie loszuwerden.«[6] Dieselbe Kirche, die Johanna zur Hexe gestempelt und sie getötet hat, nimmt sie nun ironischerweise als Heilige in Anspruch.

1. Daly, 148. 2. Cohen, N. H. U. T., 109. 3. Attwater, 187. 4. Cohen, N. H. U. T., 9. 5. *Encyc. Brit.*, »Joan of Arc«. 6. M. Harrison, 204.

Jehovah

Name Gottes, konstruiert aus den Vokalen des Wortes *Adonai*, »der Herr«, und den hebräischen Konsonanten JHVH, yod-he-vau-he, das **Tetragrammaton**. Anfänglich war dieses künstliche Wortgebilde verwendet worden, um den »wirklichen« Gottesnamen, in dem ein Fluch mitschwang, nicht aussprechen zu müssen. In den semitischen Dialekten sind verschiedene Variationen des Namens zu finden: Yahu, Jah, Jeud, Ieu, Yahweh, Jahweh, Yaho, Iao.[1] Eine weitere Ableitung ist auch Jesus als lateinische Form von Jeschua, Joshua oder Jeud (siehe **Jahweh**).

1. Albright, 262.

Jesus ben Pandera

Var. Panthera

Bei dem spätantiken römischen Philosophen Celsus und in der Talmudtradition ist von Jesus, dem Sohn des Pandera (oder Panthera), die Rede, gezeugt von einem römischen Soldaten und einer jüdischen Prostituierten, genannt Miriam von Magdala (Maria Magdalena), deren Gatte Zimmermann war.[1] Mit dem Begriff *najjar* (Zimmermann) wurde eine heilige Bruderschaft von Männern bezeichnet, die auch als Nazariten oder Nazorenes bekannt waren und von der Holzarbeit lebten.[2] Jesus ben Pandera wurde *najjar*, »Heiliger«, genannt. Er tat Wunder, heilte Kranke und prophezeite das Ende der Welt.[3] Schließlich wurde er hingerichtet, wahrscheinlich durch Erhängen, wozu er sich selbst entschlossen haben soll.

Manche hielten ben Pandera oder Bar-Panther für den Großvater der Jungfrau Maria.[4] Andere christliche Autoritäten wie z. B. Ephiphanius behaupteten, er sei der aus der väterlichen Linie stammende Großvater von Jesus Christus – was dem Mythos der Jungfrauengeburt offensichtlich widerspricht. Der Beiname »Sohn des Pandera« war so untrennbar verbunden mit dem Namen Jesus, daß viele christliche Autoren ihn übernommen und zu erklären versucht haben. Der Name Pandera ist zurückführbar bis in die Zeit der Evangelien und hat »gleichrangigen Gültigkeitsanspruch«.[5] Spätere Christen meinten, daß der Name von Juden gebraucht worden sei, in der Absicht, den Heiland als vermeintlichen Sohn einer Hure und eines hingerichteten Verbrechers zu diskriminieren.

Die Miriam von Magdala genannte »Hure« scheint eine Tempelprostituierte bzw. jungfräuliche Gottesbraut und dem Tempel (*magdala*) geweiht gewesen zu sein. Da in den ältesten Überlieferungen Maria Magdalena mit dem heiligen Gefäß der Pandora in Zusammenhang gebracht wird, behaupten einige, daß Pandera eine Verballhornung dieses Namens sei.[6] Einer anderen Theorie zufolge soll Jesus ben Pandera tatsächlich heißen: Jesus, Sohn der Jungfrau. Parthenos (Jungfrau) war auch der Titel einer Tempelprostituierten.[7] Andererseits könnte Pan-Thera auch Dionysos, den Sohn des Pan, bezeichnet haben, dessen Totemtier ein Panther bzw. »All-Tier« war. Die Vorstellung von Jesus als einem dionysischen Wesen klingt in der Wundergeschichte über die Hochzeit von Kanaan an, die einem bei Sidon gefeierten dionysischen Hochzeitsritus nachempfunden wurde. Selbst in der Wortwahl der

Evangelisten sind Anklänge an dieses Fest des älteren Gottes wiederzufinden.[8]

Die wenigen und vagen Hinweise auf den heidnischen Hintergrund Jesu, die uns heute noch vorliegen, hätten vermutlich durch die zahlreichen verschiedenen Evangelien geklärt werden können, die in den ersten Jahrhunderten n. Chr. noch vorhanden waren, aber dann von der Kirche vernichtet wurden.[9]

1. Keller, 341f. (dt. 350). 2. Briffault 3, 367. 3. Robertson, 68. 4. Jacobus d.V., 520 (dt. 2, 125). 5. M. Smith, 61, 65. 6. Graves, G. M., 39.8. 7. Ashe, 53. 8. M. Smith, 120. 9. Ebd., 2.

Jesus Christus

Jesus, »der Gesalbte« (*Christos*), übernahm seinen Beinamen von den orientalischen Erlöser-Göttern wie Adonis und Tammuz, geboren von der jungfräulichen Meeresgöttin Aphrodite-Maria (Myrrha) bzw. Ishtar-Mari (hebräisch: Mariamne). Ältere biblische Helden vergleichbarer Art waren Josua, der Sohn Nuns (2. Mose 33, 11), und Nimschis Sohn Nehu, den Elia zum König salbte (1. Könige 19, 16), sowie Jeschua, Marahs Sohn. Dem im zweiten Jahrhundert v. Chr. verfaßten Buch Henoch zufolge war Jeschua bzw. Jesus der von Gott verwendete Geheimname für den Menschensohn, ein aus Persien stammender Titel, der soviel wie »Jahweh ist Hilfe« bedeutet.[1]

Andere Versionen des Namens sind Jaho, Iao oder Ieuw, bisweilen auch Titel von Zeus-Sabazios als nächtliche Sonne und Herr des Todes in der Unterwelt.[7] Derselbe Gott ist Sabaoth, der jüdische »Herr der Gastgeber«. Der lateinische Name dieses himmlischen Vaters stammt aus derselben Wurzel: Iu-piter, Vater Ieu.[8]

Im Norden Israels wurde der Name »Ieu«[2] geschrieben und war gleichbedeutend mit Ieud oder Jeud, dem »eingeborenen Sohn«, gekleidet in königliche Gewänder und geopfert durch den Gott-König **Isra-El**[3]. Griechische Versionen des Namens waren Iasion, Jason oder Iasius – der von Zeus getötete Geliebte Demeters.[4] Der Name bezeichnete eine Art Heiler oder *Therapeuta*, wie die Griechen die Essener nannten, jene Kultgruppe, die stets einen Mann mit dem Titel *Christos* in ihren Reihen hatte.[5] Die eigentliche Bedeutung des Namens war »heilender Mond-Mann«, was der hebräischen Version Jesu als Sohn Marias, der *almah* oder »Mond-Jungfrau«, entspricht[6] (siehe **Jungfräuliche Geburt**).

Es scheint, als sei Jesus nicht eine einzige Person gewesen, sondern eine Zusammensetzung vieler. Er spielte die Rolle des heiligen Königs der Juden, der in der regelmäßig veranstalteten Bußzeremonie stellvertretend für den tatsächlichen König in den Tod ging. »Menschenopferung wurde in den semitischen Religionen länger praktiziert als in allen anderen Religionen. Kinder und erwachsene Männer mußten sterben, um die blutdürstigen Götter zufriedenzustellen. Trotz des von Hadrian erlassenen Verbotes dieser mörderischen Opferhandlungen wurden sie im Verborgenen weiter durchgeführt.«[9] Die Priesterschaft des jüdischen Gottes beharrte auf der Vorstellung, daß »ein Mann sterbe für sein Volk« (Johannes 11, 50). Für Jahweh konnten Sünden nur mit Blut reingewaschen werden: »ohne Blutvergießen geschieht keine Vergebung« (Hebräer 9, 22).

Buch Henoch
Die henochischen Werke, die aus vier Büchern bestehen, wovon eins verloren ist, wurden wahrscheinlich zwischen der Makkabäerzeit und dem 1. Jahrhundert v. Chr. geschrieben. Hauptthema ist der nahende Weltuntergang und die Wiederkehr des messianischen Menschensohns, die der letzten Avatara

Die Reihe der erschlagenen oder kannibalisierten Erlöser in nahöstlichen Traditionen ist lang und führt bis in prähistorische Zeiten zurück. Zuerst waren es Könige. Als sich die Macht der Monarchien entwickelte, übernahmen Stellvertreter oder »geistliche« Könige die Opferrolle. Der Jesus der Evangelien war gewiß nicht der erste, womöglich aber der letzte. Eine Textstelle weist auf die verständliche Angst eines heiligen Mannes vor dieser kurzen, verhängnisvollen Würdenstellung hin: »Da Jesus nun merkte, daß sie kommen würden und ihn greifen, damit sie ihn zum König machten, entwich er abermals auf den Berg, er selbst allein« (Johannes 6, 15).

Buddhas gleicht, wie sie für die Zeit vor dem Weltuntergang prophezeit wurde.

Dieser Jesus schien nur wenig bzw. überhaupt keinen Eindruck auf seine Zeitgenossen gemacht zu haben. Er wird in keiner uns überlieferten Schrift aus dieser Zeit erwähnt. Die Evangelien stammen nicht aus seiner Zeit; ihre Autoren kannten ihn nicht persönlich. Die Namen der Apostel wurden fälschlicherweise mit den Evangelien in Zusammenhang gebracht, deren Entstehung in die Zeit nach der Kirchengründung (ca. 2. Jahrhundert n. Chr. oder noch später) fiel und dem Bedürfnis der Kirche nach traditioneller Verankerung entsprach.[10] Die Mehrheit der BibelforscherInnen glaubt, daß die früheste Schrift des Neuen Testaments der 1. Brief an die Thessalonicher war; er wurde wahrscheinlich im Jahre 51 n. Chr. geschrieben, und zwar von Paulus, der Jesus nie gesehen hatte und keine Detailkenntnis von dessen Leben besaß.[11]

Die Einzelheiten wurden nachträglich aus den Mythen zusammengetragen, die sich zur Zeit des Römischen Reiches um alle Erlöser-Götter rankten. Wie Adonis war Jesus demnach von einer geweihten Tempeljungfrau in der heiligen Grotte von Bethlehem, dem »Haus des Brotes«, geboren worden.[12] Wie Adonis, Osiris und andere wurde er in Form von Brot rituell »gegessen«. Er nannte sich »Brot Gottes« (Johannes 6, 33). Wie die Anbeter von Osiris machen sich die ChristInnen Jesus im Abendmahlsritus zu eigen, um an seiner Auferstehung teilzuhaben: »Wer mein Fleisch isset und trinket mein Blut, der bleibt in mir und ich in ihm« (Johannes 6, 56).

Wie der phrygische Frühlings- und Jünglingsgott Attis starb Jesus zur Tagundnachtgleiche im Frühling den Opfertod, aus dem er nach drei Tagen wiederauferstand, zu Gott wurde und später gen Himmel fuhr. Wie Orpheus und Herakles hat er »Höllenqualen erlitten«, das Geheimnis des ewigen Lebens gelüftet und versprochen, alle Menschen zu sich in die Herrlichkeit zu holen (Johannes 12, 32). Wie Mithra und alle anderen Sonnengötter feierte er seinen Geburtstag zur Wintersonnenwende. Sein Todestag war also auch der Jahrestag seiner Zeugung (siehe **Attis**).

Von den älteren Göttern bezog Jesus nicht nur den Beinamen Christos, sondern auch alle anderen Titel. Osiris und Tammuz wurden jeweils auch »der gute Hirte« genannt. Serapis war König des Todes und Herr der Herrlichkeit. Mithra und Herakles waren das Licht der Welt, Sonne der Gerechtigkeit. Helios war die aufgehende Sonne, Dionysos König der Könige, Gott aller Götter. Hermes war der Erleuchtete und der Logos. Vishnu und Mithra waren Menschensohn und Messias. Adonis war Herr und Bräutigam. Mot-Aleyin war das Lamm Gottes. Alle trugen auch den Beinamen »Erlöser« (Soter).

Mysterienkulte lehrten allenthalben, daß sterbliche Menschen vom

Geist eines solchen Gottes ergriffen werden könnten, und Männer identifizierten sich mit ihm als »Sohn« oder *alter ego*, wie es Jesus gewesen war. Nach allgemeinem Verständnis konnten auf diese Weise übernatürliche Fähigkeiten erlangt werden, wie sie sich in den Kräften der Zauberer zeigten: »Was ich auch sage, wird geschehen ... Denn ich habe die Kraft Abrahams, Isaaks und Jakobs sowie die des großen Gott-Dämons Iao Ablanathanalba in mir aufgenommen ... denn ich bin der Sohn, der Grenzüberschreiter ... Ich bin der, der in den Sieben Himmeln wohnt, der in den Sieben Heiligen Stätten weilt; denn ich bin der Sohn des lebendigen Gottes ... Ich bin mit deiner heiligen Gestalt verschmolzen. Durch deinen heiligen Namen habe ich Vollmacht erlangt. Über mich hat sich ergossen der Ausfluß der Güte, des Herrn, des Gottes der Götter, des Königs, des Dämonen ... und so ist mein Wesen gleich dem Gottes geworden.«[13]

Aulus Cornelius Celsus
Römischer Patrizier und Gelehrter aus dem 1. Jahrhundert n. Chr., der sich in seinem umfangreichen Werk mit den Themen Medizin, Landwirtschaft, Philosophie, Rechtswissenschaft und Religion befaßt hat.

Der Skeptiker Celsus bemerkte, daß im ganzen Reich Bettler und Vagabunden vorgäben, Wunder zu tun und gottgleich zu sein, dabei Anfälle simulierten, das Ende der Welt prophezeiten und sich als Erlöser aufspielten:

> *Jeder erzählte das gleiche: »Ich bin Gott« oder »ein Sohn Gottes« und: »Ich bin gekommen. Denn die Welt wird untergehen, und mit ihr gehst auch du, Mensch, an deiner Ungerechtigkeit zugrunde. Ich aber will dich erretten, und du wirst mich, mit himmlischen Kräften ausgestattet, wiederkehren sehen. Gesegnet sei, wer mich jetzt verehrt! Auf alle anderen, auf ihre Städte und Länder werde ich immerwährendes Feuer werfen. Und die Menschen, die ihre Strafe jetzt abtun, werden umsonst bereuen und stöhnen. Doch jene, die an mich glauben, sollen ewig leben.«*[14]

Diese Lehre steht auch im Mittelpunkt der Evangelien. Die durch das jüdische Essenertum gefilterte persische Eschatologie weissagte, daß »des Menschen Sohn ... in einer Wolke mit großer Macht und Herrlichkeit« (Lukas 21, 27) kommen werde. Jesus sagte das Ende der Welt noch für seine Generation voraus. Viel Platz wird in den Evangelien den Wundertaten Jesu eingeräumt, die seine göttliche Kraft beweisen sollen. Religionen führen generell »Offenbarungen, Erscheinung, Prophezeiungen, Wundertaten und heilige Mysterien (an), um Akzeptanz und Wertschätzung zu erlangen«.[15] Die Wunder in den Evangelien sind aber nicht einmal originell. Die Verwandlung von Wasser in Wein bei der Hochzeit zu Kanaan ist einem dionysischen Ritual entliehen, das bei Sidon und an anderen Orten praktiziert wurde.[16] In Alexandria wurde derselbe Zauber regelmäßig gläubigen Zuschauern vorgeführt, und zwar mit Hilfe eines ausgeklügelten Systems aus Gefäßen und Siphons, das von einem findigen Ingenieur namens Heron entwickelt worden war.[17] Viele Jahrhunderte früher heilten Priesterinnen von Ninive Blinde mit Speichel; ähnliches wurde von etlichen Göttern und deren Inkarnationen berichtet.[18] In ihrer Rolle als Erd- und Meeresmutter vermehrte Demeter von Eleusis Brot und Fische. Heilungen, Totenerweckungen, Teufelsaustreibungen, das Beschwören giftiger Schlangen (Markus 16, 18) – all das war so alltäglich, daß sich Celsus über die »christlichen« Wunder entrüstete und sagte, sie seien »nichts anderes als die üblichen Werke jener Zauberer, die für ein paar Almosen mitten auf dem Forum größere Taten vollbringen ... Die ägyptischen Zauberer treiben böse Geister aus, heilen Krankheiten allein durch ihren Atem und üben auf ungebildete Menschen einen so starken Einfluß aus, daß sie ihnen nach Belieben alles mögliche zu Gesicht und Gehör zu bringen vermögen. Aber sollten wir sie darum, daß sie solche Dinge tun, als Söhne Gottes verstehen?«[19]

Zauberer behaupteten oft, sie könnten durch ihre Gebete Heerscharen übernatürlicher Wesen zur Hilfe herbeirufen.[20] So erklärte auch Jesus, mehr als zwölf Legionen (72 000) Schutzengel anfordern zu können (Matthäus 26, 53). Magier feierten auch zusammen mit ihren Anhängern die weit verbreitete heilige Kommunion mit Brot und Wein. Einschlägigen Texten zufolge schenkte »ein Zauberer-Gott sein Fleisch und Blut einem Empfänger, der durch die Aufnahme derselben mit ihm in Liebe verbunden wird«.[21]

Die Fähigkeit, auf Wasser wandeln zu können, wurde auch von orientalischen Heiligen behauptet, seit buddhistische Mönche diese Disziplin als Zeichen wahrer Askese priesen.[22] Laut den Magischen Papyri kann fast jeder mit der Hilfe eines »mächtigen Dämons« übers Wasser schreiten.[23] Unmöglichkeiten waren immer schon Stützen religiöser Glaubwürdigkeit; in diesem Sinne erkannte Tertullian an: »Es ist glaublich, weil absurd; es ist gewiß, weil unmöglich.«[24]

Die Magischen Papyri
Sammlung von Exorzismen, Bittgebeten, Zaubersprüchen und Flüchen, die im frühen Christentum weite Verbreitung fand und als Fundus diente für spätere Geheimschriften.

Wiederholte Wunder waren jedoch nicht so glaubwürdig wie erstmalig vorgeführte. Daher behaupteten die frühen Christen, daß alle älteren Götter und deren Wundergeschichten Erfindungen des Teufels seien, der die Heraufkunft der wahren Religion vorhergewußt habe und die Gläubigen durch »Nachahmungen« zu verwirren trachtete.[25] Heidnische Philosophen konterten mit der Beobachtung, daß »die christliche Religion nichts enthält, was Christen nicht auch mit Ungläubigen gemein haben; nichts Neues, nichts wirklich Großes«. Selbst Augustinus, dem die Hypothese von der teuflischen Erfindung zu weit ging, stimmte mit der Vorstellung überein, daß die »wahre Religion« den Vorfahren schon bekannt gewesen sein und von Anbeginn der Zeit existiert haben mußte, aber erst nach der »Fleischwerdung Christi« christlich genannt werden konnte.[26]

Die Anhänger der wahren Religion stritten trotzdem weiterhin heftig über die Gründungsfrage. In den ersten Jahrhunderten n. Chr. entstanden zahlreiche unterschiedliche christliche Sekten und ebensoviele sich gegenseitig widersprechende Evangelien. Im Jahre 450 erklärte Theodoret, Bischof von Kyrrhos, daß in den Kirchen seiner Diözese mindestens 200 verschiedene Evangelien verehrt worden seien, bevor er diese Anzahl bis auf die kanonischen vier dezimiert habe.[27] Die übrigen Schriften gingen verloren, als stärkere Sekten die schwächeren auflösten, deren Kirchen zerstörten und ihre Bücher verbrannten.[28]

Einer später aus dem Kanon herausgenommenen Schrift zufolge ist Jesus nicht gekreuzigt worden. An seiner Statt erlitt Simon von Kyrene den Kreuzestod, während Jesus dabeistand, die Henker auslachte und sagte: »... ein anderer ... war jener, der die Galle und den Essig trank; nicht ich war es, der mit dem Rohr geschlagen wurde, ein anderer war es, der das Kreuz auf seiner Schulter trug, nämlich Simon. Ein anderer war es, dem die Dornenkrone aufs Haupt gesetzt wurde; ich aber ergötzte mich in der Höhe ... an ihrem Irrtum ... und ich lachte über ihren Nichtverstand.«[29] Wer an diese Schrift glaubte, wurde verfolgt und gezwungen, zur Abschwörung folgenden Satz zu unterschreiben: »Ich verfluche diejenigen, die behaupten, daß unser Herr nur dem Schein nach gelitten habe und daß am Kreuz ein Mann gewesen sei sowie ein anderer fernab, der lachte.«[30]

Manche Christen interpretierten Jesu *Noli Me tangere* (»Rühr mich nicht an«) dahingehend, daß er als körperloser Geist von den Toten zurückgekehrt sei, ganz nach Art anderer zum Himmel aufgefahrener Helden wie zum Beispiel der irische Held Laegaire, der seinen Leuten ebenfalls geraten hatte, ihn nicht zu berühren.[31] Später fügte ein unbekannter Evangelist die Geschichte des ungläubigen Thomas ein, der darauf bestand, Jesus berühren zu dürfen. Damit sollte der häretischen Vorstellung einer nicht-fleischlichen Auferstehung entgegengetreten und Tammuz (Thomas), der Ortsgott Jerusalems, dem neuen Erlöser untergeordnet werden (siehe **Thomas, Heiliger**). Tatsächlich scheint die Quelle der urchristlichen Mythologie im Jerusalemer Tammuz-Kult zu liegen. Wie Tammuz war auch Jesus Bräutigam der Tochter Zions (Johannes 12, 15), also von **Anath**, »der in Zion wohnenden jungfräulichen Weisheit« und Mutter Gottes.[32] Ihre Taube senkte sich während seiner Taufe auf ihn herab, um (im Sinne der alten Religion) deutlich zu machen, daß sie ihn für den Liebestod auserwählt hatte. Anath zerbrach das aus Schilf bestehende Zepter des Bräutigams, geißelte ihn und preßte das befruchtende Blut aus ihm heraus. Sie sprach den Todesfluch »Maranatha« über ihn aus (1. Korinther 16, 22). Wie im Evangelium von Jesus behauptet, so wurde auch Anaths Bräutigam von El, seinem himmlischen Vater, »verlassen«.[33] Jesu Ausruf: »Mein Gott, mein Gott, warum hast du mich verlassen?« scheint eine für den zweiten Akt des heiligen Dramas, des *Pathos* bzw. der Passion, geschriebene Zeile gewesen zu sein (Markus 15, 34).

Natürlich war die Passion ursprünglich eine sexuelle. Die letzten Worte Jesu: »Es ist vollbracht« (*consummatum est*) (Johannes 19, 30) wurden gedeutet als Vollendung seines Werkes, könnten aber auch auf seine Hochzeit zutreffen. So wie ein Kreuz oder eine Säule den göttlichen Phallus symbolisierte, so symbolisierte ein Tempel den Leib der Göttin, deren »Vorhang« (*Hymen*) »mitten entzwei« riß, als Jesus verschied (Lukas 23,45). Die Sonne verfinsterte sich, wie gewöhnlich, wenn ein Gott in die Unterwelt hinabstieg (Lukas 23,44). In ihrer Unkenntnis astronomischer Phänomene behaupteten die Christen, daß der Mond zur selben Zeit voll gewesen sei – Ostern ist immer noch ein Fest zur Vollmondzeit –, obwohl eine Sonnenfinsternis nur bei Neumond stattfinden kann.[34] Der Vollmond bedeutete im Grunde die Befruchtung der Göttin.

Das Zurücklassen der leinenen Tücher im Grab erinnert an Osiris' Entkleidung, als er in Gestalt des ithyphallischen Min, als »Gatte seiner Mutter« aus der Gruft stieg. Wenn Jesus eins war mit seinem himmlischen Vater, hat er gleichfalls seine Mutter geheiratet und begattet. In einer Schrift aus dem 4. Jahrhundert heißt es, daß er in der Unterwelt seiner Mutter, also dem Tod bzw. der *Mu* gegenübertrat.[35] Sie war auch die Braut, verkleidet als Venus, als Abendstern, der über den Tod der Sonne wacht. Juden gedenken ihrer immer noch in einem rituellen Gruß an den Abendstern: »Komm, o Freund, laß uns die Braut willkommen heißen.«[36]

Den HeidInnen gleich setzten frühe ChristInnen die Braut mit der Mutter gleich. Sie sagten, Jesus habe am Kreuz die Vereinigung mit Maria-Ecclesia, seiner Braut, der Kirche, »vollzogen«. Augustinus schrieb: »Wie ein Bräutigam trat Christus aus seiner Kammer, er ging hinaus in Erwartung seiner Hochzeit ... Er kam ans Ehebett des Kreuzes, und indem er es bestieg, vollzog er seine Ehe ..., liebend gab er sich anstelle der Braut den Qualen hin und vermählte sich mit ihr auf ewig.«[37] In Johannes 19, 41 heißt es: »Es war aber an der Stätte, da er gekreuzigt ward, ein Garten und im Garten ein neues Grab, in welches niemand je gelegt war.« Der Garten galt als Symbol für den Körper der Mutter/Braut, und ein neues Grab war der jungfräuliche Schoß, aus dem der Gott wiedergeboren wurde. Am dritten Tag kehrte Jesus aus dem Grab/Schoß zurück wie Attis, dessen Wiederauferstehung als Hilaria, d. h. Freudentag gefeiert wurde.[38] Der Tag von Jesu Wiederauferstehung wurde nach Eostrae benannt, derselben Göttin wie Astarte, von den Syrern Mutter Mari bezeichnet.[39]

Drei Inkarnationen von Mari oder Maria standen am Fuß des Kreuzes, eine Gruppe vergleichbar mit den griechischen Moiren. Eine war die Jungfraumutter, die zweite seine »teure Liebste« (siehe **Maria Magdalena**). Die dritte Maria muß wohl die Greisin repräsentiert haben (entsprechend der todbringenden Moira). Die Gruppe gleicht also dem der drei Nornen am Fuß des Opferbaums von Odin. Die Schicksalsgöttinnen waren anwesend bei den Opferzeremonien, die von den himmlischen Vätern angeordnet wurden: dabei hingen die Opfer an Bäumen oder Säulen, »zwischen Himmel und Erde«. Bis in die Zeit Hadrians hinein wurden die bei Salamis dem Zeus geweihten Opfer mit heiligen Ölen gesalbt – wodurch sie »Gesalbte« wurden –, aufgehängt und mit einer Lanze aufgespießt.[40] Im Mythos um Jesus geschah nichts zufällig. Jedes Detail war Teil einer formalisierten Opfertradition, bis hin zur »Palmprozession«, mit der im alten Babylon heilige Könige verehrt wurden.[41]

Auch fernöstliche Traditionen flossen ein. Das Römische Reich kannte die Lehren und Mythen des Buddhismus sehr genau. Im ersten Jahrhundert n. Chr. wurden in Pakistan und Afghanistan Buddhastatuen im klassisch griechischen Stil hergestellt.[42] Buddhistische Vorstellungen wie »die Fußspuren Buddhas« tauchen auch bei Christen auf. Bischof Sulpicius von Jerusalem berichtete, daß in dem Staub, über den Christus schritt, seine Spuren immer noch zu sehen seien und die »Erde den Abdruck seiner Füße« trage.[43] Auch buddhistische Metaphern und Anredeformeln sind in den Evangelien wiederzufinden.[44]

Die Anstrengungen der Gelehrten, heidnische Anteile aus den Evangelien zu streichen, um den historischen Jesus zu finden, haben sich als so hoffnunglos erwiesen wie die Suche nach dem Zwiebelkern.[45]

Wie eine Fata Morgana erscheint die Gestalt Jesu aus der Distanz klar erkennbar, bei näherem Hinsehen mangelt es ihr jedoch an Festigkeit. »Seine« Sprüche und Gleichnisse stammen aus anderen Quellen, »Seine« Wunder sind nacherzählte Geschichten. Sogar das Vaterunser ist bloß eine Sammlung von Talmud-Sprüchen, von denen einige aus alten ägyptischen Gebeten an Osiris entliehen sind.[46] Die Bergpredigt, der vermeintliche Wesenskern des Christentums, enthält kein Originalmaterial, sondern besteht aus Fragmenten der Psalmen, der Prediger, Jesajas, der Geheimnisse Henochs und der Esrabücher.[47] Außerdem war die Bergpredigt Markus, dem Autor des ältesten Evangeliums, unbekannt.[48]

Die Entdeckung, daß die Evangelien Jahrhunderte nach der Zeit ihrer Handlung gefälscht wurden, ist immer noch nicht allgemein bekannt, obwohl die Katholische Enzyklopädie einräumt: »Die Vorstellung von einem vollständigen, klar umrissenen und von Anfang an existierenden Kanon des Neuen Testaments ... ist geschichtlich unbegründet.« Von den vorliegenden Manuskripten datiert keines auf die Zeit vor dem 4. Jahrhundert. Die meisten sind sogar noch später verfaßt worden.[49] Die ältesten Texte wie auch der heutige Kanon der Synopsis widersprechen sich gegenseitig.

Synopsis
Die ersten drei Bücher des Neuen Testaments (Matthäus, Markus, Lukas), die sehr deutlich vom Material des sogenannten gnostischen Johannesevangeliums abweichen.

Ihren Schriftenkanon verdankt die Kirche dem gnostischen Lehrer Marcion, der in der Mitte des 2. Jahrhunderts als erster die Paulusbriefe sammelte. Später wurde er als **Häretiker** exkommuniziert, weil er der Auffassung widersprach, daß die Heilige Schrift aus mystischen Allegorien magischer Machtworte bestünde. Die von ihm zusammengetragenen Briefe waren, wenn sie denn tatsächlich von Paulus stammten, bereits über hundert Jahre alt, und ein Großteil des gesamten Textes bestand aus verfälschenden Einfügungen.[50]

Die »historischste« Figur in den Evangelien ist Pontius Pilatus, dem Jesus als »Juden-König« und gleichzeitig als Delinquent vorgestellt wurde, der die Todesstrafe verdiente, weil er sich blasphemischerweise Christus, Sohn des Hochgelobten, nannte (Lukas, 23, 3; Markus 14, 61–64). Das angebliche Verbrechen war kein wirkliches. In den nahöstlichen Provinzen wimmelte es von selbsternannten Erlösern, die sich als Söhne Gottes ausgaben und das Ende der Welt prophezeiten. Keiner von ihnen wurde für seine »Blasphemie« hingerichtet.[51] Der Anfang der Geschichte lag wahrscheinlich in der Tradition des Königsopfers, das lange vor Pontius Pilatus in Jerusalem gepflegt wurde. Die Römer versuchten, solche Barbareien zu unterbinden.

Zwischen 103 und 76 v. Chr. regierte über Jerusalem Alexander Janaeus, genannt Aion, der den Thron im Kampf gegen seine Herausforderer verteidigte. Eines Bußtages wurde er vor dem Altar angegriffen. Das Volk wedelte mit Palmzweigen zum Zeichen, daß er um der Fruchtbarkeit der Erde willen sterben müsse. Alexander verzichtete auf diese Ehre und institutionalisierte statt dessen die Verfolgung seiner Untertanen. Ein anderer König von Jerusalem nahm den Namen Menelaus (»Mondkönig«) an und praktizierte den Ritus der heiligen Hochzeit im Tempel.[52] Auch Herodes feierte eine heilige Hochzeit und ließ Johannes den Täufer an seiner Stelle opfern.

Wenn es um 30 n. Chr. einen Jesuskult in Jerusalem gegeben haben sollte, so war vierzig Jahre später nichts mehr davon übriggeblieben. Zu der Zeit eroberte Titus die Stadt und ließ zahlreiche lokale Sitten verbieten, einschließlich die des Menschenopfers. Unter Hadrian wurde Jerusalem dann völlig romanisiert, in *Aelia Capitolina* umbenannt und wieder der Großen Göttin geweiht. Aus dem Tempel wurde ein Heiligtum der Venus.[53] Von Tacitus liegt eine Beschreibung der Belagerung Jerusalems vor, doch die bricht an der Stelle, wo die römischen Streitkräfte in die Stadt einmarschierten, unvermittelt ab. Es scheint, als sei das letzte Kapitel absichtlich zerstört worden, damit niemand erfahren sollte, was die Römer vorfanden. Sie gaben allerdings ihrem Widerwillen gegen die kannibalistischen Riten der Juden bzw. Christen Ausdruck. Porphyrios nannte es »über alle Maßen absurd und bestialisch, daß ein Mensch Fleisch und Blut von Art- und Stammesgenossen kosten solle, um damit ewiges Leben zu erwerben«.[54]

Porphyrios (ca. 234–304 n. Chr.) Neoplatoniker, Gelehrter und Schriftsteller; Biograph von Plotin; Gegner der christlichen Kirche, die schließlich die meisten seiner Bücher vernichtete.

Aus christlicher Perspektive ist ein wirklicher, historischer Jesus von entscheidender Bedeutung für das Heilsversprechen: die Möglichkeit der Unsterblichkeit durch die Identifikation mit seinem Tod und seiner Wiederauferstehung. Wellhausen meint zu Recht, daß Jesus in der Geschichte keinen Platz hätte, wenn er nicht gestorben und genau so wiederauferstanden wäre, wie es in den Evangelien behauptet wird.[55] »Ist Christus aber nicht auferstanden, so ist euer Glaube nichtig« (1. Korinther 15,17). Trotz jahrhundertelanger Forschung ist ein historischer Jesus noch nicht ans Licht getreten. Seine Geschichte scheint nicht bloß von Mythen überlagert, sondern durch und durch mythisch zu sein.

Julius Wellhausen (1844–1918) Deutscher Theologe und Orientologe.

Wie alle Mythen offenbart auch dieser viel über die kollektive Psyche, die ihn hervorgebracht hat. In älteren heidnischen Religionen wurde der Vater in regelmäßigen Abständen durch die Mutter und den Sohn von seinem Himmelsthron gestürzt. Der göttliche Sohn des Christentums fordert den himmlischen König nicht mehr heraus, sondern beugt sich dem fatalen Gebot: »… nicht mein, sondern dein Wille geschehe!« (Lukas 22, 42) Manche frühe Sekten fanden, daß ein Vater, der das Blut seines Sohnes forderte, grausam, ja, dämonisch sei.[56] Sie wurden zwar unterdrückt, doch haben Forscher im Christentum »eine ursprünglich vaterfeindliche Einstellung [entdeckt], die sich … während der ersten beiden christlichen Jahrhunderte in eine passiv-masochistisch-gefügige umgewandelt« hat.[57]

Stärker noch als vom Sohn forderte das Kirchenchristentum die Unterordnung von der Mutter. Der Jesus der Evangelien zeigt nur wenig Respekt für seine Mutter, was der Kirche der Renaissancezeit Probleme bereitete, da sie mit dem Marienkult Frauen anzulocken versuchte. »Ein Held, der nur zweimal mit seiner Mutter spricht und sie beide Male mit ›Weib‹ anredet, ist für die empfindsamen Biographen eine problematische Gestalt.«[58] Dieser Sexismus des Neuen Testaments und Jesu ausdrückliche Abneigung gegen Ehe und Familie (Matthäus 22, 30; Lukas 14, 26), also auch gegen die Hauptbelange von Frauen, schreckte gebildete Frauen der heidnischen Welt immer wieder ab.

Jener Jesus aber, der Buddha nacheiferte, indem er Armut und Demut propagierte, wurde schließlich das mythische Oberhaupt einer gigantischen Bereicherungs-Organisation. Der zynische Papst Leo X. rief aus: »Welchen Nutzen hat uns doch diese Fabel von Christus eingebracht!«[59]

Moderne TheologInnen gehen der Frage, ob Jesus eine wirklich existierende Person war oder nicht, möglichst aus dem Weg. In Anbetracht des Mangels an stichhaltigen Beweisen und der zweifelhaften Natur der vorliegenden Hinweise scheint sich das Christentum auf das allenthalben beobachtbare soziale Phänomen der Leichtgläubigkeit zu gründen:

> *Durch Erzählung und Wiederholung kann eine Idee eine Aura essentieller Wahrhaftigkeit um sich herum schaffen und behaupten. Im Verlauf dieses Prozesses wird eine liebgewonnene Vorstellung mit mehr Wahrheit ausgestattet als eine Bibliothek voller Fakten ... Der dokumentarische Nachweis spielt nur eine untergeordnete Rolle im Vergleich zum Vollzug der wiederholten Bestätigung durch jede neue Gelehrtengeneration. Überdies nimmt die Kraft der Überzeugung zu, je weiter die fragliche Zeit in der Vergangenheit entschwindet. Anfängliche Zweifel wandeln sich bald zum Glauben an eine Möglichkeit und schließlich zur selbstgefälligen Gewißheit.*[60]

1. H. Smith, 193. 2. Albright, 262. 3. Frazer, G. B., 341. 4. Graves, G. M., 24.a.
5. Rose, 111. 6. Graves, G. M. 2, 396 (dt. 250ff.). 7. Albright, 262.
8. Knight, D.W. P., 113. 9. Cumont, O. R. R. H., 119 (dt. 108). 10. H. Smith, 179f.
11. Enslin, L. C. M., 233–238. 12. Frazer, G. B., 402; Briffault 3, 97.
13. M. Smith, 102ff. 14. Ebd., 117. 15. Guignebert, 371. 16. M. Smith, 25, 120.
17. Sprague de Camp, I. A., 258 (dt. 294f.). 18. Gifford, 63. 19. Doane, 272.
20. M. Smith, 109. 21. Ebd., 123. 22. Evans-Wentz, 158; Tatz & Kent, 167.
23. M. Smith, 120. 24. Angus, 268. 25. Robertson, 112. 26. Doane, 409ff.
27. M. Smith, 2. 28. H. Smith, 189. 29. Pagels, 72f. (dt. 122). 30. Reinach, 245.
31. Joyce 1, 298. 32. Ashe, 31. 33. *Larousse*, 77. 34. Agrippa, 71. 35. Brandon, 45.
36. Wilkins, 143. 37. Cavendish, P. E., 54; T., 75. 38. Frazer, G. B., 407.
39. H. Smith, 201. 40. Ebd., 135. 41. Pritchard, A. N. E., 204. 42. Ross, 100.
43. Jacobus d.V., 287 (dt. 1, 475). 44. *Mahanirvanatantra*, 173. 45. M. Smith, 4.
46. Budge, E. M., 116. 47. H. Smith, 186. 48. Augstein, 260 (dt. 229ff.).
49. Pfeifer, 103. 50. Reinach, 256, 277. 51. Brandon, 248. 52. Pfeifer, 72ff., 120.
53. *Encyc. Brit.*, »Jerusalem«. 54. M. Smith, 66. 55. Guignebert, 47.
56. Legge 2, 239. 57. Augstein, 309 (dt. 391). 58. M. Smith, 25.
59. Sprague de Camp, A. E., 399 (dt. 461). 60. Arens, 89.

Johanna, Päpstin

Katholische Theologen bestreiten inzwischen, daß es jemals einen weiblichen Papst gegeben habe. Trotzdem behauptet sich die Legende von Päpstin Johanna. Selbst die Kirche akzeptierte bis zu Anfang des 17. Jahrhunderts ihr Pontifikat als historische Tatsache. In der Kathedrale von Siena erschien in einer Reihe von Papstbüsten ihr Porträt, bezeichnet mit dem Vermerk: *Johannes VII., femina ex Anglia*, d. h. Engländerin.[1]

Zum ersten Mal wurde Päpstin Johanna von ihrem Zeitgenossen, dem Gegenpapst Anastasius Bibliothecarius (gest. 886), erwähnt. Aufgeführt ist sie auch in der Chronik der Päpste von Scotus: »A. D. 854, Lotharii 14, Johanna, eine Frau, Nachfolgerin von Leo, zwei Jahre, fünf Monate und vier Tage im Amt.« De Gemblours' Chronik stellt fest: »Es wird berichtet, daß dieser Johannes eine Frau gewesen und von einem ihrer Diener geschwängert worden sei. Die Päpstin, in andere Umstände geraten, brachte ein Kind zur Welt, weswegen sie von einigen nicht mit zu den Pontifizes gezählt wird.« In Thomas de Elmhams offizieller Liste heißt es: »A. D. 855, Johannes. Dieser Eintrag zählt nicht. Sie war eine Frau.«[2]

Der Historiker und Vatikanbibliothekar Platina schrieb in *Das Leben der Päpste*, daß Johanna eine Engländerin gewesen sei, sich in der Heiligen Schrift besser ausgekannt habe als irgendein Mann und daß sie zum Papst gewählt worden sei, weil sie sich als Mann verkleidet und als gelehrter Mönch ausgegeben habe. Der Betrug kam ans Licht, als die Geburtswehen über sie kamen. Sie starb auf der Straße zwischen dem Lateranpalast und der St. Clemens-Kirche.[3] Johanna wurde nach draußen gezerrt, zu Tode gesteinigt und verscharrt.[4] Martin Polonus berichtete, daß diese Straße anschließend von jeder päpstlichen Prozession gemieden wurde »aus Verachtung für das, was dort geschehen war. Daß sie nicht im Katalog der heiligen Pontifizes aufgeführt ist, liegt nicht allein in ihrem Geschlecht begründet, sondern auch in der Widerwärtigkeit der Umstände.«[5]

Ihr Name war der einzige, der je aus den päpstlichen Papieren gestrichen wurde, obwohl ihr Amt besser dokumentiert war als das vieler anderer Päpste, besonders derer vor dem 4. oder 5. Jahrhundert. Hier wurden, obwohl es keine zeitgenössischen Zeugnisse gab, einfach Namen in spätere Chroniken eingesetzt, um die Illusion einer ununterbrochenen Reihenfolge zu erzeugen.

Die offizielle Version dieser Geschichte behauptet, daß es einen »Gegenpapst« namens Johannes gegeben habe, der auf Druck der Öffentlichkeit, aber gegen den Willen des Klerus entmachtet und bald darauf gestürzt worden sei.[6] Doch kirchliche Historiker sind selten glaubwürdig. Emmanuel Royidis veröffentlichte 1886 Johannas Biographie unter dem Titel *Papissa Joanna*. In der Einleitung heißt es: »In meinem Buch gründet jeder Satz und fast jedes Wort auf den Zeugnissen zeitgenössischer Autoren.« Die Kirche reagierte sofort, setzte das Buch auf den Index und exkommunizierte Royidis.[7]

In der Legende um Päpstin Johanna könnte mehr Wahrheit enthalten sein, als es heute den Anschein hat. Teile der sorgsam geheimgehaltenen Kirchengeschichte bestätigen, daß es bis zum 12. Jahrhundert in höchsten geistlichen Ämtern Frauen gegeben hat. Deutsche und französische Äbtissinnen hatten früher episkopale Vollmachten und trugen den Titel Sacerdos Maxima, also Hohepriesterin. Bei Quedlinburg, später Schauplatz besonders heftiger Verfolgungen, kontrollierten einst Äbtissinnen als oberste Stiftsdamen, Metropolitinnen oder Matriarchen alle religiösen Orden sowie die ganze Stadt.[8]

In Mailand verehrten zu Beginn der Renaissance allem Anschein nach sowohl die Mönche von St. Iovanni als auch die Stiftsdamen von St. Maria Maggiore das weibliche Prinzip gemäß des Ordens von Fontevrault, dessen Mönche »der Äbtissin Gehorsam gelobten wie Jesus seiner Mutter gegenüber«. Die Mailänder Nonnen trugen den Titel: Sancta Dei Genetrix – Heilige Mutter Gottes.[9]

Aus Mailand stammte auch eine Sekte, die einer inoffiziellen Päpstin namens Guglielma ergeben war. Deren Anhänger »hielten sie für die Verkörperung des Heiligen Geistes«. Ihre Wiederkunft war vorausgesagt, und sie reinkarnierte als Frau mit Namen Manfreda bzw. Maifreda; ihre JüngerInnen behaupteten, »das männliche Papsttum werde vergehen und einer Folge von Päpstinnen Platz machen. In Vorbereitung darauf wählten sie Schwester Manfreda zur ersten Päpstin. Mehrere wohlhabende Familien der Lombardei stifteten kostbares Weihgeschirr und hofften, daß die Päpstin es während der Messe in der Santa Maria Maggiore von Rom benutzen würde.« Die Sekte wurde jedoch von der Inquisition aufgelöst und Manfreda 1300 auf dem Scheiterhaufen hingerichtet.[10] Ganz Verstockte behaupteten, sie sei später als Elfenkönigin wiederauferstanden.[11]

Es gab noch andere Frauen im Umfeld des Papstamtes, die zur einschlägigen Legendenbildung hätten beitragen können. Gibbon vermutet, daß Rom im 10. Jahrhundert von zwei Frauen aus dem Hause Theophylakt beherrscht wurde, von Theodora und ihrer Tochter Marozia, die beide sowohl Königinnen als auch heilige Huren waren und den Titel *Senatrix* trugen. »Die tüchtigsten Liebhaber (dieser Frauen) wurden mit der römischen Mitra ausgezeichnet, und ihre Herrschaft mag im dunklen Mittelalter der Legende von einem weiblichen Papst zugrundegelegen haben. Der uneheliche Sohn, der Enkel und der Urenkel von Marozia, sie alle saßen auf dem Stuhl des Heiligen Petrus – eine erstaunliche Genealogie.«

Liudprand, Bischof von Cremona, behauptete hingegen: »Eine gewisse schamlose Metze mit Namen Theodora war eine Zeitlang Alleinherrscherin über Rom und übte – schändlich, solches zugeben zu müssen – Macht aus wie ein Mann. Sie hatte zwei Töchter, Marozia und Theodora, die ihr in den Liebesübungen der Venus nicht nur ebenbürtig, sondern bisweilen sogar überlegen waren.« Einer von Theodoras Liebhabern, Bischof Johannes von Ravenna, erlangte Papstwürde. »Wie eine Hure, die um Gelegenheiten zur Bettung mit dem Buhlen fürchtet, zwang Theodora ihn, das bischöfliche Amt aufzugeben und – oh, monströses Verbrechen – Petri Stuhl zu besteigen.«[12] Johannes brauchte offenbar nicht gezwungen zu werden. 914 wurde er Papst Johannes X. Marozia aber setzte ihn 928 ab und warf ihn in ein Verließ der Burg von Sant'Angelo, wo er starb. Drei Jahre später machte sie ihren mit Papst Sergius gezeugten Sohn zum Papst.[13]

Im Laufe der Zeit übten Frauen immer wieder entscheidenden Einfluß auf das päpstliche Amt aus. Papst Johannes XXII. hatte so viele Mätressen, daß Stimmen laut wurden, er würde den Lateranpalast in ein Bordell verwandeln. Seine Favoritin machte er zu einer der mächtigsten Baronessen Italiens, »denn er war so heillos in sie verliebt, daß er sie über Städte herrschen ließ – und ihr sogar die goldenen Kreuze und Kelche von St. Petrus gab«. Als Papst Alexander VI. (Rodrigo Borgia) Rom verließ, um seinen Sohn Cesare zu besuchen, ließ er sich von seiner Tochter Lucretia Borgia im Amt vertreten. Eine andere Frau, die über Päpste befohlen hat, war Catherine Benincasa von Siena, die Papst Gregor XI. davon überzeugen konnte, daß sie von Gott beauftragt sei, den päpstlichen Sitz von Avignon zurück nach Rom zu verlegen.[14]

Die wahre Päpstin jedoch, falls es sie gegeben hat, gehörte in eine frühere Zeit, aus der nur zweifelhafte und unzusammenhängende Chroniken erhalten sind. Das populäre Märchen »Der Fischer und seine Frau« beginnt als eine feindliche Allegorie auf die Päpstin. Eine magische Flunder gewährt einer ehrgeizigen Fischersfrau die Erfüllung mehrerer Wünsche. Zuerst will sie reich, dann adelig werden, den Königsthron besteigen und als Papst herrschen. In ihrer Hybris verlangt sie schließlich auch, Gott zu sein, was ihren Fall bewirkt. Der Fischermann im Märchen ist natürlich St. Petrus, der Bräutigam der Kirche (Ecclesia). Der wundersame Fisch, der wohl Päpste, aber nicht Gott bestellen kann, repräsentiert den Christenmenschen.[15] Die Moral der Geschichte entspricht der üblichen antifeministischen Auffassung, daß Frauen von politischer Macht leichter korrumpierbar seien als Männer.

Im England des 17. Jahrhunderts wurde die ursprüngliche Geschichte von Päpstin Johanna absichtlich in Umlauf gebracht, um Schmach über die »Papisten« zu bringen. Ein Pamphlet aus London zeigte Johanna mit Tiara und in päpstlicher Amtstracht, unter der ihr Kind zum Vorschein kommt. Dazu der Vers:

'Ne Frau als Papst (so tut es heißen)
geriet bei einer Prozession ins Kreißen
und bracht' zur Welt 'nen Bastardsohn;
seitdem heißt Rom bei manchen Hure Babylon.[16]

Die Hohepriesterin im **Tarot**blatt wurde oft Papst Johanna genannt. Als die ersten Tarotkarten hergestellt wurden, galt Johannas Pontifikat als historisch gesichert. Die dreispitzige Tiara der Kartenpäpstin entsprach der auf manchen Stichen abgebildeten Kopfbedeckung Johannas.[17] Vor weniger als hundert Jahren gingen französische Kartenzeichner jedoch davon ab, eine Frau auf dem Papststuhl darzustellen, nicht einmal mehr symbolisch. Statt dessen wurde Juno in klassischer Chlamys (Mantel der Antike) ins Bild gesetzt. Ein belgisches Tarotblatt verwandelte Johanna sogar in einen Mann und nannte die Karte »Spanier«.[18]

Im Vatikan hatte sich infolge der Legende um Johanna eine sonderbare Sitte durchgesetzt. Kandidaten für das Pontifikalamt mußten sich nackt auf einen nach unten offenen Schemel setzen; dieser war über einem Loch im Boden plaziert, durch das die Kardinäle aus einem daruntergelegenen Zimmer Inspektion hielten. Von diesem Komitee mußte die offizielle Erklärung kommen: *Testiculos habet et bene pendetes*, d. h. »er hat Hoden, und sie hängen richtig«.[19] Man legte offenbar viel Wert darauf, daß die »Heilige Mutter Kirche« nie von einer heiligen Mutter geführt wurde.

1. Chamberlin, B. P., 25. 2. Baring-Gould, C. M. M. A., 172f.
3. Durell, 11. 4. Chamberlin, B. P., 25. 5. Baring-Gould, C. M. M. A., 173.
6. *Encyc. Brit.*, »Papacy«. 7. Durell, 8f. 8. Morris, 19, 58f. 9. Ebd., 45.
10. Moakley, 72f. 11. Chamberlin, B. P., 97. 12. Ebd., 26. 13. Ebd., 27–35.
14. Ebd., 44, 201, 127. 15. Moakley, 72. 16. Gettings, pl. 56. 17. Ebd., 33.
18. Cavendish, T., 15, 71ff. 19. Simons, 116.

Jona

Biblische Version des babylonischen Gottes Oannes, der als Mensch aus dem Maul eines großen Fisches oder Wales wiedergeboren wird, dem Symbol der Göttin Derketo (Wal von Der).[1] Eine aus dem 10. Jahrhundert stammende Bibel hat die ursprüngliche Bedeutung der Jona-Geschichte bewahrt in der Formulierung, daß er drei Tage lang im Schoß des Wals gelebt habe. Später wurde »Schoß« durch »Bauch« ersetzt.[2] (Siehe **Derketo; Fisch.**)

1. Reinach, 209. 2. Potter & Sargent, 180.

Josaphat, Heiliger

Christliche Entstellung des Namens Bodhisat; eine versehentliche Kanonisierung von Siddhartha Buddha. Mittelalterliche Heiligenschöpfer machten die Lebensgeschichte Buddhas vor seiner Erleuchtung zur eigenen Fiktion und nannten den Vater St. Josaphats einen »indischen König«, der den jungen Heiligen unter Verschluß hielt, um zu verhindern, daß er Christ wurde.[1] Trotzdem konvertierte der Junge und bewirkte eine Reihe der üblichen Wunder, von denen einige entsprechenden Vorfällen aus dem Leben Buddhas nachempfunden sind. Im Mittelalter erfreute sich St. Josaphat großer Beliebtheit – ironischerweise, denn damals wurde der Buddhismus als Teufelswerk verabscheut.

1. Attwater, 58.

Joseph

Im Markusevangelium, dem ältesten der Synopsis, kommt Joseph an keiner Stelle vor. Jesus ist einzig und allein »Mariä Sohn«. Das Matthäusevangelium liefert eine lange Genealogie der väterlichen Vorfahren, um zu beweisen, daß Jesus über seinen Vater Joseph von David abstammt. Die unmittelbar an diese Stelle anknüpfenden Verse machen aber diese Genealogie hinfällig, da nun erklärt wird, daß Jesus nicht der Sohn von Joseph sei. In einer frühen Übersetzung, dem Codex Sinaiticus, heißt es jedoch: »Joseph zeugte Jesus.«[1]

Das Lukasevangelium nennt Joseph einen Sohn Elis, d. h. von Helios, der Sonne (Lukas 3, 23). Jesus nannte Eli bzw. Elias seinen »Vater«, der ihn, den Sohn, verließ, als er gekreuzigt wurde (Matthäus 27, 46; Markus 15, 34). Später wurde Jesus mit diesem Vater gleichgesetzt. Eine Sekte von gallischen Christen verehrte Jesus als Helios; sie nannten sich selber Heliognostiker.[2] Die Sonnenfinsternis zur Zeit des Todes Jesu, seine Bezeichnung als »Licht des Lebens« und »Sonne der Gerechtigkeit« entsprechen einzelnen Details kultischer Sonnenanbetung, wie auch die Jungfrauengeburt und sein sterblicher Pseudo-Vater, der seiner Frau nicht beiwohnte, bis sie ihr göttliches Kind, den Sohn der Sonne, zur Welt gebracht hatte.[3]

Der christlichen Josephlegende nach ist er aus einer Gruppe von Bewerbern als Marias Ehemann ausgewählt worden, und zwar mittels eines symbolischen Fruchtbarkeitstests. Alle Kandidaten legten ihren jeweiligen Stab (Phallus) auf den Altar (Symbol der Frau). Einzig Josephs Stab blühte auf und zeugte somit von seiner magischen Potenz. Die heilige Taube der Aphrodite kam vom Himmel herab, setzte sich auf Josephs Stab und zeigte somit an, daß er gottgefällig sei.[4] Zum selben Zeichen erschien diese Taube später bei der Taufe Jesu.

Die Geschichte des blühenden Stabes war in der orientalischen Mythologie durchaus nicht unbekannt. Stab und Schlange lassen sich austauschen, da beide gleichermaßen phallische Bedeutung haben (2. Mose 7, 12). Der blühende Stab war auch ein magischer Talisman des Tannhäuser, der damit die Gültigkeit seines heidnischen Glaubens dem Papst gegenüber unter Beweis stellte. Dieser Stab stammte vom Bergheiligtum der Göttin Venus und wies Tannhäuser als ihren Geliebten aus.[5]

Die Göttin trat auf in der Inkarnation einer Königin – in Tannhäusers Fall als »Königin Sibylle«, vor Thomas dem Reimer als Feenkönigin, im Falle des biblischen Joseph als Mariamne, Königin von Jerusalem, Verkörperung der Göttin Mari. Am Hofe des Herodes gab es einen Joseph, der mit den Tempeljungfrauen verkehrte, aber erschlagen wurde, nachdem er der Königin Mariamne bzw. Miriam oder Maria beigewohnt hatte.[6]

Der priesterliche Name Joseph mag den jüdischen Gegenstücken jener Priester verliehen worden sein, die in Ägypten als »Väter des Gottes« bekannt waren.[7] Ihrer Funktion nach zeugten diese heiligen Männer mit den Tempeljungfrauen Kinder, die *sacer* waren: erstgeborene »Gottessöhne«, dem Dienst an der Gottheit geweiht. Im Protoevangelium steht geschrieben, daß die Jungfrau Maria eine solche Tempeljungfrau gewesen sei. Sie trug den Namen der Königin und der Göttin wie auch den der heiligen Hure, der Hohenpriesterin in der Heilsgeschichte.[8] Die mythische Vielfalt um Maria und Joseph deutet darauf hin, daß diese Namen nicht für einzelne Personen stehen, sondern für Rollen in einem Drama: der auserwählte Ehemann, der doch kein Ehemann war; der Gottesvater, der doch nie Vater wurde; die Jungfrau-Mutter-Göttin-Priesterin-Königin, die außerdem eine *Kadesha* war, eine »Braut Gottes«.[9]

Es läßt sich nachweisen, daß Joseph in Israel tatsächlich ein heiliger Name war. Die ägyptische Form des Namens lautet Djoser oder Tcheser und benennt jenen vergöttlichten Pharao, der sowohl nach ägyptischer wie auch hebräischer Tradition mit der siebenjährigen Hungersnot am Nil assoziiert wurde.[10] In Palestina gab es eine Stadt, die Joseph-El oder »Joseph, dem Gott« geweiht war, der wahrscheinlich mit dem ägyptischen Gottkönig gleichzusetzen ist.[11] Der Joseph des Alten Testaments war gewiß »auserwählt«, und zwar von der Göttin, die Traumdeutungen eingibt und von den BabylonierInnen Nanshe genannt wurde.[12] Auf Traumdeutung verstand sich der alttestamentliche Joseph in seiner Rolle als ägyptischer Hexenpriester, der wie Djoser mit der siebenjährigen Hungersnot in Verbindung gebracht wurde. Erkennungszeichen der traumdeutenden Hexenpriester Babyloniens war der bunte Rock. Das erklärt wahrscheinlich auch Josephs vielbeachtetes buntes Kleid (1. Mose 37, 23).

Josephs Aufenthalt in der Grube muß notwendigerweise vor und nicht nach seiner Belohnung mit dem Rock stattgefunden haben. Seine »Brüder« (Priesterkollegen?) versenkten ihn in den *Abaton* zum Zwecke eines Tod-und-Auferstehungsrituals, mit dem assyrische und babylonische Priesteranwärter in den heiligen Stand versetzt wurden.[13] Nach dieser Initiation war Joseph nicht nur in der Lage, Träume zu deuten, sondern er konnte mit Hilfe eines silbernen Bechers (1. Mose 44, 5) und des aus Mondmetall getriebenen Gefäßes der Göttin (siehe **Abaddon**) auch weissagen.

Ein weiterer Joseph, der mit der christlichen Heilsgeschichte und einem göttlichen Becher in Zusammenhang steht, war Joseph von Arimathäa, wörtlich: »ein Joseph, der der Göttin-Mutter Ari angehört«, bzw. jener Mari, die die Menschen (*Arya*) aus Lehm formte.[14] Dieser Joseph war »Ratgeber« der Stadt Jerusalem, d. h. ein Priester. Er beaufsichtigte die Beisetzung Jesu. Spätere Mythen sprechen davon, daß eben dieser Joseph die göttlichen Geschlechtssymbole in Form eines (männlichen) blühenden Stabes und eines (weiblichen) mit heiligem Blut gefüllten Bechers oder Grals nach England getragen habe. Mehrere Frauen mit dem Namen Maria begleiteten ihn dabei. Die heiligen Gegenstände wurden in einem Schrein bei Glastonbury deponiert, an jenem Ort also, der früher, Caer Wydyr genannt, ein omphalischer Ort der Vereinigung zwischen dem heidnischen Gott und der Göttin war.[15] Stab und Becher wurden mit der Legende des Heiligen Grals von Glastonbury in einen christlichen Kontext rückübersetzt. Mysteriöse Bilder wie das der Tarotsätze mit Stäben und Kelchen lassen jedoch vermuten, daß Stab und Becher eindeutig maskulin-feminine Elementarsymbole sind, denen ein christlicher Lack verpaßt wurde (siehe **Gral, Heiliger**).

1. H. Smith, 182. 2. Lindsay, O. A., 333. 3. H. Smith, 183.
4. Guerber, L. R., 340; Graves, W. G., 123. 5. Goodrich, 174.
6. Enslin, C. B., 48f. 7. Budge, D. N. 169 (dt. 2, 53). 8. Ashe, 201.
9. Briffault 3, 169f. 10. Budge, G. E. 2, 53; Sprague de Camp, A. E., 294.
11. Reinach, 201. 12. *Larousse*, 63. 13. Lethaby, 172. 14. Potter & Sargent, 33.
15. Graves, W. G., 105.

Jove

»Die Jugend«, ein Titel des Gottes Jupiter als Ersatz für Juventas, die »Jungfrau«, in der ursprünglichen, vollständig weiblichen kapitolinischen Trias, der Jungfrau-Mutter-Greisin-Personifikation der etruskischen Göttin. Juno, die Mutter, und Minerva als weise Greisin blieben erhalten; aber die Jungfrau Juventas machte einem jungen Gott Platz, genauso wie Hebe, die jungfräuliche Gestalt der griechischen Dreiergottheit, dem Jüngling Ganymed weichen mußte (siehe **Trinität**).

Judas

Als christliche Figur des Verräters ist Judas sehr unvollständig typisiert. Einst war Judas ein Ahnengott, Vater der jüdischen Nation (*Judaei*). Unter dem Namen »Jude« oder »Jeud« war er der »eingeborene Sohn«

des göttlichen Vaters Isra-El.[1] Seit Judas Makkabäus 156 v. Chr. die alten Opfergebräuche im Jerusalemer Tempel wieder eingeführt hatte, war sein Name hundert Jahre lang ein dynastischer Titel für die Priesterkönige von Judäa.[2] Daher wurde den als Stellvertreter für den jeweils regierenden König Geopferten der königliche Name Judas verliehen.

Die Judaslegende entspricht den Legenden vieler anderer heiliger Könige. Er wurde von einer Prophetin oder Priesterin namens Cyboread geboren und dann in einer Kiste (*cista*) im Wasser ausgesetzt, die zur Insel Scariot getrieben wurde – daher sein Name Judas Ischarioth. Die Königin der Insel zog ihn auf, so wie die Prinzessin von Ägypten Mose aufgezogen hatte. Später kehrte Judas in seine Heimat zurück, um am Hof von Pilatus Dienst zu tun. Wie Oedipus tötete er den Vater und heiratete seine Mutter. Frühe Christen meinten, daß Judas der Jüngerschaft von Jesus beitrat, um sich von seinen Sünden zu befreien.[3]

Dem Thomasevangelium zufolge war Judas ein Zwillingsbruder von Jesus und trug den vollen Namen Judas Thomas, d. h. »Judas, der Tammuz«. In manchen Passagen des Korans wird behauptet, daß Judas das gleiche Gesicht hatte wie Jesus und an seiner Statt gekreuzigt wurde.[4] Die Hinweise auf Judas als erlösende Opfergestalt lassen vermuten, daß er zusammen mit Jesus im frühen Christentum womöglich als eine sich jahreszeitlich wandelnde Gottheit aufgefaßt wurde, so wie Horus und Seth in Ägypten.

Die Evangelien sind sehr vage und widersprechen sich im Hinblick auf Judas' Tod. Matthäus sagt, er habe sich erhängt (27, 5). In der Apostelgeschichte 1, 18 steht zu lesen, daß er gestürzt und dabei »mitten entzweigeborsten und all sein Eingeweide ausgeschüttet« sei. Erhängen und Entweiden waren übliche Formen ritueller Tötung. Am stärksten wird die rituelle Natur seines Todes durch die Ortsangabe suggeriert: Akeldamach, der Blutacker, zugeeignet dem »Schmelzer (bzw. Töpfer) im Hause des Herrn«, der Judas' Blutgeld erhielt.

Der Evangelist gibt naiverweise zu, daß die Sache mit dem Geld, für das Jesus verraten wurde, nur deshalb mit in die Schrift aufgenommen wurde, um die Prophezeiung in Sacharja 11 zu erfüllen: »Und sie wogen mir den Lohn dar, dreißig Silberstücke. Und der Herr sprach zu mir: Wirf's hin dem Schmelzer … Und ich nahm die dreißig Silberstücke und warf sie ins Haus des Herrn, dem Schmelzer hin.« Der Schmelzer bzw. Töpfer im Tempel war ein Bildnis der großen Göttin Aruru. »Töpferin« ist der Beiname von Ishtar oder Astarte oder Ninchursanga, die die Menschen schuf aus blutgetränktem Lehm. Der Töpferacker, d. h. der Lehm wurde periodisch mit Blut benäßt, um der Göttin einen Teil der von ihr verliehenen Lebensessenz zurückzugeben.[5]

Die Evangelisten widersprechen einander in diesem Punkt. Einer behauptet, Judas habe den Acker für dreißig Silberstücke gekauft (Apostel 1, 18). Ein anderer berichtet, Judas habe Reue empfunden, das Geld zurück zum Tempel gebracht, wo er die Silberlinge den Priestern hinwarf, die »den Töpfersacker dafür zum Begräbnis der Pilger« kauften (Matthäus 27, 3–8).

Die Geschichte des Verrates an Jesus ist besonders verwirrend. Warum bedurfte es jemanden, um auf ihn hinzuweisen, wo er doch schon als zentrale Figur triumphzugartig in die Stadt eingezogen war, den Bräutigam Zions darstellte, sich Gottes Sohn nannte, in aller Öffentlichkeit mit den Engeln Zwiesprache hielt und versprach, alle Menschen an seiner bevorstehenden Auferstehung teilhaben zu lassen (Johannes 12, 15, 29, 32)? Die Bezahlung und der Verrat scheinen als eine Art Kunstgriff in das traditionelle Drama miteingebaut worden zu sein, um die Henker von ihrer Schuld freizusprechen.

Vielleicht wurde Jesus, als er den Judaskuß empfing, zu einem heiligen König der *Judaei*. Er wurde »verraten« durch den Geist der elften Stunde, der in Sonnenkulten den in der zwölften Stunde eintreffenden Tod des Weltenlichts verkündet. Daher haftet der elften Stunde immer noch etwas Unheilvolles an. Was den Kuß angeht, so wurde bisweilen auch angenommen, daß Judas der Jünger war, »den Jesus liebhatte« – obwohl in Evangelien, die später aus dem Kanon ausgeschieden wurden, zu lesen stand, daß Jesus Maria Magdalena mehr liebte als irgendeinen seiner männlichen Jünger.[6] Die vieldiskutierte Passage in Johannes 21 erinnert an Formen der Sonnenverehrung, auf die es im Johannesevangelium zahlreiche Hinweise gibt:

> *Petrus aber wandte sich um und sah den Jünger folgen, welchen Jesus liebhatte, der auch an seiner Brust beim Abendessen gelegen hatte und gesagt: Herr, wer ist's, der dich verrät? Da Petrus diesen sah, spricht er zu Jesus: Herr, was wird aber mit diesem? Jesus spricht zu ihm: Wenn ich will, daß er bleibe, bis ich komme, was geht es dich an?*

Die zwölf Jünger stehen für die zwölf Stunden des Tages: »Sind nicht des Tages zwölf Stunden? Wer des Tages wandelt, der stößt sich nicht; denn er sieht das Licht dieser Welt« (Johannes 11, 9). Der Jünger der letzten Stunde, der an der Brust der untergehenden Sonne lehnte, entspricht dem Abendstern, oft auch Shalem oder Shalom, also »Friede« genannt, weil er die Sonnengottheit zu ihrem nächtlichen Tod verrät und zu ihr das Abschiedswort *salaam*, Friede, sagt. Der jüdische Sonnengott starb in Jeru-*salem*, dem »Haus des Friedens«.

Die Alten wußten, daß Abend- und Morgenstern identisch sind, nämlich der Planet Venus. Derselbe »Jünger« also, der den Sonnengott verriet und dem Land des Todes überantwortete, war derjenige, der blieb und als letzter Stern noch leuchtete, als die Sonne am Morgen wieder aufging. Demnach war der Betrüger derjenige Geist, der der Gottheit, der Stunde also, die ihn »liebte«, am nächsten stand. Im Zuge der Hellenisierung von Israel wurde die göttliche Dualität von Morgen- und Abendstern in die Dioskuren oder das himmlische Zwillingspaar verwandelt. Ikonen aus der Mithratradition zeigen die beiden, wie sie die Fackel des Lebens auf der einen Seite der Sonne nach unten, auf der anderen nach oben halten.[7]

Es gibt noch eine andere Interpretation jener mysteriösen Stelle aus der bekannten Legende vom Ewigen Juden. Ungeachtet der beiden Berichte über Judas' Tod glaubten mittelalterliche Exegeten, daß Judas aufgrund seines Verbrechens nach Gottes Willen verdammt sei, am Leben zu bleiben, bis Jesus am Ende der Welt wiederkehrte. Also wandert Judas durch die Zeit, müde, aber unsterblich, Zeitalter um Zeitalter in Bitterkeit und Reue durchlebend. Vielleicht war mit der Geschichte vom Ewigen Juden auch eine Verspottung der heidnischen Reinkarnationsvorstellung beabsichtigt.

In einer anderen Christianisierungsversion wurde aus Judas ein Heiliger und seine Geschichte dem christlichen Kanon einverleibt, weil der alte Kult um diese Gestalt in Judäa andauerte und nicht abgeschafft werden konnte. Der fiktive Heilige Judas des Judasbriefes war im Mittelalter sehr beliebt. Seinem Judas-Charakter getreu wurde dieser Heilige »ein mächtiger Fürsprecher derer, die verzweifelt sind« genannt.[8]

1. Frazer, G. B., 340. 2. Pfeifer, 39. 3. Rank, 21f.
4. Augstein, 151, 183 (dt. 184f, 183). 5. Neumann, G. M., 152.
6. Pagels, 64f. (dt. 110). 7. Cumont, M. M., 128 (dt. 111). 8. Attwater, 206.

Judenverfolgung

Widersinnigerweise rechtfertigten Christen die Verfolgung der Juden dadurch, daß sie diese als »Christusmörder« bezeichneten, obwohl der christlichen Theologie gemäß Gott den Tod von Christus angeordnet hatte. In diesem Sinne befolgten Juden bloß den Willen Gottes. Einzelne Passagen in den Evangelien, die nach dem Aufstieg der Kirche in Rom eingefügt wurden, entlasten Pilatus von der Schuld, weil er die Heilige Stadt Rom repräsentierte. Die Juden wurden mit einem alten liturgischen und ins Evangelium aufgenommenen Spruch verurteilt, mit dem früher die befruchtende Kraft des göttlichen Blutes beschworen worden war, der aber später interpretiert wurde als Eingeständnis der Blutschuld: »Sein Blut komme über uns und unsre Kinder« (Matthäus 27,25).

Dieser fromme Schwindel wurde zur Grundlage jahrhundertelanger Verfolgungen, die im gegenwärtigen Jahrhundert in der millionenfachen Auslöschung von Juden durch die Nazis gipfelten – dem vorerst letzten einer zweitausendjährigen Geschichte von Pogromen.

Bis zur Mitte des 14. Jahrhunderts hin war die freie Stadt Köln ein Stützpunkt für jüdische Händler, für Webergilden und andere Wirtschaftsunternehmen, die sich der Bevormundung durch die Kirche widersetzten. Dann rückten die katholischen Streitkräfte an. Jüdische Händler wurden mit Frauen und Kindern in ihren Häusern verbrannt. Wer dem Anschlag entkam, mußte in die Verbannung ziehen. Das jüdische Eigentum blieb in christlicher Hand, fünfzig Prozent davon fiel dem siegreichen Erzbischof zu.[1]

Die großen Seuchen des 14. Jahrhunderts wurden für gewöhnlich den Juden angelastet. Es hieß, daß sie die Pest durch Brunnenvergiftung, durch den Diebstahl geweihter Hostien und durch das Menstruationsblut ihrer Frauen verursacht hätten. Jede Epidemiewelle führte zu einem Massaker in den jüdischen Gemeinden. Im Jahre 1382 plünderten und verwüsteten Randalierer das jüdische Quartier in Paris.[2] 1391 rief der Archidiakon von Sevilla zum »Heiligen Krieg gegen die Juden« auf. Der Pöbel stürmte das Ghetto, riß die Synagogen ein und ermordete schätzungsweise 41000 Menschen.[3] In Bayern kamen zur Zeit des Schwarzen Todes zwölftausend Juden um. Zweitausend wurden in Straßburg verbrannt, weil sie angeblich die Seuche von 1348 verursacht hatten. Bei Chinon wurde ein langer Graben ausgehoben und mit Reisigholz gefüllt, um an nur einem Tag 160 Juden zu verbrennen.[4]

Die Kirche ermutigte die Judenverfolgung, um von der allmählich aufkeimenden Vorstellung abzulenken, daß die schrecklichen Epidemien, die bis zum Jahrhundertende die Bevölkerung Europas um die Hälfte dezimierten, von einem böswilligen Gott verursacht seien. In einer Bulle bezog sich sogar der Papst auf »die Pest, mit der Gott das Christenvolk heimsucht«. Die Schrecken der Seuche ließen gnostische Vorstellungen von einem übelmeinenden Jehovah wiederaufleben. Ein Gelehrter schrieb: »... die Unbarmherzigkeit Gottes [war] stärker als die des Menschen.«[5]

Der tatsächliche Grund für die Seuchen lag in den christlichen Handelsbeziehungen zum Heiligen Land. Kreuzfahrerschiffe schleppten aus dem Orient Millionen von schwarzen Ratten samt deren Flöhen ein, die als die eigentlichen Träger des Pestbazillus anzusehen sind.[6] In Unkenntnis darüber unternahmen die christlichen Behörden auch nichts gegen die Ratten, sondern versuchten statt dessen, die Juden zu vernichten. Der Mord an ihnen diente wahrscheinlich auch dem Versuch, der Volkswut, die sich gegen feige Geistliche richtete, ein anderes Ziel zu bieten. Die meisten Priester nämlich ließen ihre Gemeinden im Stich und flohen aus den verseuchten Gebieten. Kirchenmänner wurden ganz allgemein »der panischen Angst und Pflichtversäumnis« bezichtigt.[7]

Die Verfolgungen wurden durch zahlreiche, wie auf Bestellung zurechtgezimmerte Mythen unterstützt. In Spanien lieferte der populäre Mythos vom rituellen Mord, kombiniert mit dem Mythos der Pestmagie, dem spanischen Großinquisitor Torquemada im Jahre 1490 einen Vorwand, die Juden aus dem Land zu vertreiben und ihren Besitz der Kirche einzuverleiben. Einige Juden wurden gefangengenommen und gefoltert, bis sie gestanden, eine geweihte Hostie gestohlen und einen vierjährigen Jungen, Santo Niño (heiliges Kind) genannt, vom Eingang einer Kirche verschleppt zu haben. Das Kind sei mit fünftausend Peitschenhieben traktiert, mit Dornen gekrönt und das ihm entrissene Herz für antichristliche Magie mißbraucht worden. Alle Juden seien beteiligt an dem Komplott, das Christentum durch schwarze Magie zu zerstören – so das Geständnis. Juden würden planen, Christenkinder zu verschleppen und mit deren Herzen, Blut oder Asche Zaubermittel herzustellen, die, in Flüsse oder Brunnen geworfen, alle Christen erkranken lassen würden.

Es hieß, daß Santo Niño seine Leiden mit großer Gelassenheit ertrug und seinen Folterern bei der Entfernung des eigenen Herzens sogar Anweisungen gab. Im Moment seines Todes soll die blinde Mutter des Jungen auf wundersame Weise das Augenlicht wiedergewonnen haben (vielleicht eine Allegorisierung jener Auffassung, daß der Judaismus durch Christi Tod erleuchtet werde). Das heilige Kind soll sofort zum Himmel aufgefahren sein. Offenbar hatten die Behörden den Leichnam dort nicht finden können, wo er laut Geständnis der Gefolterten vergraben worden war.[8]

Dieses mythische Gebräu leitete in Spanien die Vertreibung Tausender von Juden und die Beschlagnahmung ihres Besitzes durch die Christen ein. 1260 hatte die jüdische Bevölkerung von Toledo »die größte und schönste Synagoge Spaniens« erbaut. Im 15. Jahrhundert wurden die Juden von Toledo massakriert, die Synagoge übernahm die Kirche. Ihr heutiger Name ist Santa Maria la Blanca.[9] Zeitgenössischen Theologen zufolge waren Verfolgung und Enteignung legitime Maßnahmen der katholischen Macht. Aus ihrer Perspektive »ist den Juden, den Ungläubigen und Häretikern, die auf Geheiß der Kirche hin dem Schwert überantwortet wurden, keine ungerechtfertigte Gewalt angetan worden: Diese Menschen hatten keine Rechte, die verletzt werden konnten.«[10]

Die Legende von Santo Niño war nicht einmal eine originelle Erfindung der spanischen Inquisition. Im Rheinland war eine ähnliche Geschichte schon zwei Jahrhunderte früher in Umlauf gebracht worden, um dort zur Judenverfolgung aufzuhetzen. Der deutsche Märtyrerknabe hieß Werner. Auch er soll verschleppt, gefoltert und dem Judengott geopfert, sein verwüsteter Körper in einem Fluß gefunden worden sein. Über seinem Grab bei Bacharach wurde eine Kapelle errichtet.[11] 1322 wurden bei Ehingen achtzehn schwäbische Juden erschlagen aufgrund des Verdachts, eine geweihte Hostie aus einer Kirche gestohlen zu haben. Später stellte sich ihre Unschuld heraus. Schuldig war vielmehr eine christliche Frau gewesen, die daraufhin als Hexe verbrannt wurde.[12]

Juden und Frauen waren fast gleichermaßen immer wieder Sündenböcke für die Übel des mittelalterlichen Lebens. Nur wurden Frauen noch mehr verachtet als Juden, was ein 1350 in Orvieto erlassenes Dekret belegt. Liebesbeziehungen zwischen Christen und Juden waren verboten. Kam es dennoch dazu, sollte dem Gesetz nach jeweils die Frau, egal, welcher Religion sie angehörte, geköpft oder lebendig verbrannt werden.[13]

Der Antisemitismus ging oft so weit, daß kirchliche Autoritäten sogar die Entstehung ihrer Religion aus der jüdischen Wurzel leugneten. Im Widerstreit mit einem Papstaspiranten jüdischer Herkunft schrieb der Heilige Bernhard: »Es wäre eine Beleidigung Christi, wenn der Nachfahre eines Juden Petri Thron bestiege.«[14] Bernhard schien die Lehren der eigenen Kirche ganz vergessen zu haben, nach denen Petrus selber Jude gewesen war so wie Jesus und alle seine Apostel auch. Die Juden gingen auf diesen Umstand nicht näher ein, denn der Hinweis auf die Stammesverwandtschaft mit Jesus oder Petrus hätte an ihrer politischen Lage nicht viel geändert.

Der Antisemitismus erreichte im gegenwärtigen Jahrhundert unter der Herrschaft Adolf Hitlers einen grausigen Höhepunkt. Eine christliche deutsche Organisation verkündete 1937: »Hitlers Wort ist Gottes Gesetz.«[15] Hitler selbst sagte:

> *Mein christliches Gefühl weist mich hin auf meinen Herrn und Heiland als Kämpfer. Es weist mich hin auf den Mann, der einst einsam, nur von wenigen Anhängern umgeben, diese Juden erkannte und zum Kampf gegen sie aufrief, und der, wahrhaftiger Gott, nicht der Größte war als Dulder, sondern der Größte als Streiter! In grenzenloser Liebe lese ich als Christ und Mensch die Stelle durch, die uns verkündet, wie der Herr sich endlich aufraffte und zur Peitsche griff, um die Wucherer, das Nattern- und Otterngezücht hinauszutreiben aus dem Tempel!*[16]

Offenbar war Hitler nicht sehr bibelfest und nie bis zu der Stelle vorgedrungen, die Jesus als Bräutigam von Zion ausweist. Auch scheint Hitler nicht verstanden zu haben, wem der Tempel gehörte.

1. Agrippa, 19. 2. Tuchman, 380 (dt. 329). 3. Coulton, 288. 4. White 2, 73. 5. Tuchman, 104, 109 (dt. 110). 6. Sprague de Camp, S. S. S., 47. 7. Coulton, 202. 8. Plaidy, 171 ff. 9. Pepper & Wilcock, 120. 10. J. B. Russell, 148. 11. Guerber, L. R., 206 f. 12. J. B. Russell, 167. 13. Tuchman, 118 (dt. 113 ff.). 14. *Encyc. Brit.*, »Bernard«. 15. Langer, 63 (dt. 71). 16. Ebd., 39 (dt. 50).

Juggernaut

Englische Verballhornung von »Jagannatha«, dem Beinamen Vishnus in der Bedeutung »Herr der Welt« zur Zeit seiner Inthronisierung in einem Tempel, dessen Bau einem riesigen Streitwagen nachempfunden war.[1] Der Tempel sollte die sich bewegende Welt darstellen, beladen mit einer Fracht aus Göttern, Helden, Nymphen, Tieren, Pflanzen, Menschen und dem Rest der Schöpfung.

Jedes Jahr zum Purimfest fuhr der Gott zusammen mit Schwester und Bruder auf einem schweren Wagen daher, gezogen von Hunderten von Pilgern, von denen manche, wie es hieß, das Martyrium und die ewige Seligkeit im Paradies suchten, indem sie sich unter die rollenden Räder des Wagens warfen.[2] Daher bezeichnet das Wort »Juggernaut« im Englischen auch alles, was schwer und unaufhaltsam ist.

1. Elisofon & Watts, 79. 2. *Encyc. Brit.*, »Juggernaut«.

Jul

Skandinavisches Sonnenwendfest; die Jahreszeit der Wiedergeburt der Sonne. Im Mittelalter wurde das Jul-Fest mit allen Einzelheiten dem Weihnachtsfest einverleibt: mit Stechpalmen, Efeu, Kiefernzweigen, Lichterbäumen, Punsch, Spanferkeln, Julscheiten, Weihnachtsliedern, Geschenken und gutem Essen. Manche sagten, der Gott des Julfestes sei Kris Kringle gewesen – ein Christus des Himmelslichtes, ein neuer Sonnenkönig. Aber den meisten nordischen Völker galt Frey als der neugeborene Gott. Sie sagten: »Das Julfest wird zu Ehren des Gottes Frey gefeiert.«[1]

In Frankreich wurde dieses Fest zu Ehren eines anderen phallischen Gottes gefeiert, dessen Phallus – wie der des Cernunnos – als *bûche de noël* dem Jul-Scheit gleichgesetzt wurde. In provencalischen Volksliedern wird der Fruchtbarkeitszauber des *bûche de noël* erwähnt, dessen Asche einem alten Brauch zufolge mit dem Futter der Kühe vermischt wurde, um ihnen das Kalben zu erleichtern.[2]

1. Oxenstierna, 216. 2. Briffault 3, 101 f.

Julian, Heiliger

Christianisierte Version des Gottes der Reisenden und derer, die Reisenden behilflich sind: GastwirtInnen, Fährleute usw. Er wurde auch Julianus Hospitator, d. h. der Gastfreie, genannt.[1] Die christliche Legende um ihn war nicht besonders heilig. Von einer Reise spät nach

Hause zurückkehrt, fand er zwei Personen in seinem Bett vor, die er in der Annahme, seine Frau mit einem Liebhaber erwischt zu haben, beide tötete. In Wirklichkeit aber hatte Julian die eigenen Eltern umgebracht.[2] Als Strafe für seinen Irrtum ließ sich Julian mit seiner Frau an einer Furt nieder, wo er Reisenden Unterkunft und Hilfe bot. Die Legende scheint von einer Votivfigur des Kaisers Julian inspiriert worden zu sein, die in einem Heiligtum am Straßenrand ausgestellt war und der Reisende Opfergaben darboten, um günstige Geschicke für unterwegs zu erbitten. Viele der so von heidnischen Pilgern verehrten Götter sind willkürlich zu Heiligen erklärt worden, um ihrer Wertschätzung ein christliches Motiv zu geben.

1. Attwater, 206. 2. Hazlitt, 351.

Jungfrau

Nach Vergil entsprach das Sternenbild *Virgo* (die Jungfrau) der Erigone, der Göttin der Gerechtigkeit, die auch als Astraea, »die Strahlende«, bekannt war.[1] Sie wurde mit Libera oder Libra (»Waage«) gleichgesetzt, der Herrin der Waagschalen, Richterin der Menschen und Lenkerin des Schicksals. Die Dichter der Renaissance nannten sie weiterhin Astraea: »Sie ist jene königliche und große Göttin, durch die Städte und Länder in Stolz bestehen; ohne sie ist kein Königreich von Dauer. Sie ist es, die ihnen Sicherheit gewährt.«[2]

1. Lindsay, O. A., 277. 2. Moakley, 111.

Jungfräuliche Geburt

»Heilige Jungfrau« war der Titel der Huren-Priesterinnen der Ishtar, Aschera oder Aphrodite. Er bedeutete nicht die körperliche Jungfräulichkeit, sondern stand einfach für »unverheiratet«. Es war die Aufgabe dieser »heiligen Jungfrauen«, durch sexuellen Gottesdienst den Segen der Mutter zu erteilen, zu heilen, wahrzusagen, heilige Tänze aufzuführen, die Totenklage zu halten und Bräute Gottes zu werden.

Die Tempel-Hierodulen wurden in Rom *virgines* oder *venerii* genannt, in Griechenland *horae* und *kadishtu*, *qadesch* oder *kadesha* in Babylon, Kanaan und Palästina.

Die von solchen Frauen im Tempel geborenen Kinder wurden von den Semiten *bathur* und von den Griechen *parthenioi*, »jungfrau-geboren« genannt.[1] Nach Auskunft des Protoevangeliums war die Jungfrau Maria eine *kadesha* und als solche möglicherweise mit einem der als »Väter Gottes« bezeichneten Priester verheiratet.[2] (Siehe **Erstgeborener**.)

Das **Protoevangelium** (Erstevangelium) des Jakobus ist nicht unter die Schriften des Neuen Testaments aufgenommen worden. Jakobus, der als Bruder Jesu gilt, berichtet darin von dessen Vorgeschichte und Geburt.

Die Schwängerung der Maria verlief ähnlich wie die der Persephone. Persephone saß in ihrer Jungfrauengestalt in einer heiligen Höhle und hatte gerade angefangen, den großen Teppich des Universums zu weben, als Zeus ihr in Gestalt einer phallischen Schlange erschien, um mit ihr den Erlöser und Heiland Dionysos zu zeugen.[3] Maria saß im Tempel und begann den blutroten Faden zu spinnen, der im Teppich des Schicksals für das Leben stand, als der Engel Gabriel »bei ihr eintrat« (Lukas 1,28). Dies ist ein biblischer Ausdruck für Geschlechtsverkehr; der Name »Gabriel« bedeutet wörtlich »Göttlicher Ehegatte«.[4]

Hebräische Evangelien bezeichneten Maria als *almah*. Dieses Wort wurde fälschlicherweise mit »Jungfrau« übersetzt; die korrekte Übersetzung lautet schlicht »junge Frau«.[5] Es wurde von der persischen Al-Mah, der unverheirateten Mondgöttin abgeleitet.[6] Zu diesem Wortfeld gehörte auch das lateinische *alma* (lebendige Weltseele), das in seiner Bedeutung mit dem griechischen *psyche* und dem Sankskritwort *shakti* identisch ist. Die Heiligen Jungfrauen oder Tempel-Huren hießen *alma mater* – »Seelenlehrerin« oder »Seelenmutter«.

Christliche Übersetzer achteten streng darauf, den Titel der Maria mit »Jungfrau« wiederzugeben und belasteten so ihre Religion mit einem peinlichen Glaubensartikel. Selbst heute noch erklären Theologen wie Karl Barth: »Dem wahren christlichen Glauben ist es ein zentrales Anliegen, das Dogma der Jungfrauengeburt gelten zu lassen« – damit vermindern sie freilich drastisch die Zahl derer, die wirklich ChristInnen genannt werden können.[7]

Daß die frühen Christen für ihren Erlöser die Jungfrauengeburt forderten, beruhte auf der Nachahmung fremder Vorbilder. Alle anderen Erlöser konnten eine jungfräuliche Geburt vorweisen, denn sie waren von einer »Tempeljungfrau« geboren worden. Diese »Tempeljungfrau« galt als Inkarnation der Göttin; sie war eigens für die Aufgabe, Erlöser zur Welt zu bringen, ausgewählt worden. Die Vorstellung, daß sterbliche Frauen von Göttern und Geistern geschwängert werden konnten, galt in der gesamten alten Welt als Selbstverständlichkeit. Selbst das Alte Testament spricht von dem archaischen »Geschlecht der Riesen« (Heroen der Vorzeit); es war von Menschenfrauen, die von den Gottessöhnen geschwängert worden waren, zur Welt gebracht worden (Genesis 6, 4).

Zarathustra, Sargon, Perseus, Jason, Miletus, Minos, Asklepios und Dutzende anderer galten als von Gott gezeugt und von einer Jungfrau geboren. Selbst der himmlische Vater Zeus, der viele »von Jungfrauen geborene« Heroen gezeugt hatte, wurde Zeus Marnas, »jungfrauengeborener Zeus« genannt.[8] Plutarch beobachtete den in Ägypten verbreiteten Glauben, dem Geist Gottes sei es möglich, Geschlechtsverkehr mit Menschenfrauen zu haben.[9]

Plutarch (etwa 46–119) war – neben seinem Amt als Priester zu Delphi – der Verfasser zahlreicher Biographien und populärwissenschaftlicher Abhandlungen aus allen Wissensgebieten. Seine Schrift über den Kult der Isis gilt heute noch als bedeutende religionsgeschichtliche Quelle.

Herakles wurde ebenfalls von einer *almah*, der Jungfrau Alkmene (»Kraft des Mondes«) geboren.[10] Genau wie der biblische Joseph hielt sich ihr Gatte während ihrer Schwangerschaft von ihrem Bett fern. Die gleiche Geschichte wurde von Platon berichtet, dessen Neffe bestätigte, er sei durch den Gott Apoll gezeugt worden und seine irdischen Eltern hätten erst nach seiner Geburt Geschlechtsverkehr miteinander gehabt.[11] Die Christen glaubten dies und bestätigten, daß Platon ein jungfräulich geborener Sohn des Sonnengottes wäre.[12]

Nach der Einführung des Christentums als offizielle römische Staatsreligion versuchten die Kirchenväter, alle anderen jungfräulichen Geburten in Mißkredit zu bringen; sie behaupteten, der Teufel hätte sie erfunden und böswillig »vordatiert«, damit sie den wahren Erlöser scheinbar an Alter überträfen. Justin der Märtyrer schrieb: »Wenn man mir sagt, Perseus sei von einer Jungfrau geboren worden, so wird mir klar, daß es sich hier wieder um einen Fall handelt, in dem die Schlange und Betrügerin unsere Religion nachgeahmt hat.«[13]

St. Justin der Märtyrer, ein christlicher Apologet des zweiten Jahrhunderts, stammte aus

Trotz aller Bemühungen der Kirchenväter war die jungfräuliche Geburt Jesu weder das erste noch das letzte solcher Wunder, denen die ChristInnen Glauben schenkten. Priapeische Idole des Altertums, die angeblich Zeugungskraft besaßen, zeugten wirklich weitere priapeische Idole, die zu Heiligen wie Foutin, Gurtlichon, Gilles, Regnaud und Guignole wurden; diese Heiligen galten nun als mit der gleichen Zeugungskraft ausgestattet und wurden von Frauen verehrt, die sich Kindersegen wünschten.[14] Toskanische und portugiesische Frauen glaubten, sie könnten schwanger werden, wenn sie eigens zu diesem Zweck von einem Priester geweihte Äpfel äßen. Die Spanier erinnerten sich an die jungfräuliche Geburt des Mars und glaubten, jede Frau könne wie die Mutter des Mars Juno ein Kind empfangen, indem sie eine Lilie esse. Viele waren der Ansicht, Seelen könnten in Gestalt von Würmern, Fliegen oder Schlangen in einen weiblichen Körper gelangen und eine Schwangerschaft verursachen. Fälle wie der des Schotten Gillie Downak Chravolick wurden ernsthaft dokumentiert: Seine Mutter empfing ihn, als sie auf einem alten Schlachtfeld ihre Röcke hob und Asche von den verbrannten Knochen der toten Krieger in ihre Geschlechtsteile gelangte.[15] Die Schwängerung durch einen Gott galt in den meisten heidnischen Ländern, in denen der Geschlechtsakt einen Bestandteil des Fruchtbarkeitsritus bildete, als ausreichende Erklärung einer Schwangerschaft. Aus diesem Grunde hielten die Christen die Befruchtung durch einen Geist immer noch für glaubwürdig, sei der vorgebliche Vater nun ein toter Heros, ein Teufel, ein Incubus oder sogar – so glaubten manche Sekten – der Heilige Geist.[16]

Ein derartig unhaltbarer Glaube konnte nur überleben, weil den Männern daran gelegen war. Die unmögliche Jungfrauen-Mutter war jedermanns ersehnte Lösung des ödipalen Konfliktes: reine Mutterschaft, die niemals durch sexuelles Begehren von ihrer Aufopferung abgelenkt wurde. Die Männer der Kirche zeigten unabsichtlich ihre Angst, indem sie selbst das deutliche Zeugnis für die Brüder und Schwestern Jesu leugneten, das sich in ihren eigenen Evangelien fand. Der heilige Ambrosius bestand darauf, daß Maria niemals wieder ein Kind empfing, denn Gott konnte als seine Mutter-Braut keine Frau erwählen, »die das himmlische Gemach mit dem Samen eines Mannes besudelt und entweiht hatte«.[17]

Die Theologen zertrennten tatsächlich die alte heidnische Göttin, deren realistische Weiblichkeit in reichem Maße Sexualität und Mutterschaft miteinander verband, in zwei Hälften. Die eine Hälfte wurde mit »Hure« und »Verführerin« etikettiert, die andere galt selbst in der Mutterschaft als Asketin. Der alte Titel der Göttin, Sancta Matrona – Heilige Mutter –, wurde der Liste der Heiligen als eine gefälschte heilige Matrona hinzugefügt, deren Pseudo-Biographie sie zu einer »Einsiedlerin« machte.[18]

Die ursprüngliche Naivität der Vorstellungen über die jungfräuliche Geburt wurde mit einem anmaßenden Wortschwall umkleidet. Man gab vor, das Wunder zu erklären, während man es in Wirklichkeit vor neugierigen Augen versteckte. »Wenn Licht auf einen Körper fällt, entsteht ein Schatten. Die Jungfrau konnte als Menschenwesen das ganze Maß

einer heidnischen Familie und hatte vor seiner Bekehrung eine philosophische Ausbildung genossen. Außer seiner *Apologie* (einer Verteidigung des Christentums gegen die antike Philosophie) und dem *Dialogus* wurden auch spätere anonyme Werke fälschlich seiner Feder zugeschrieben.

der Göttlichkeit nicht fassen; aber die Kraft des Allerhöchsten überschattete sie, während das körperlose Licht der Gottheit in ihr menschliche Gestalt annahm, und so war es ihr möglich, Gott zu gebären.«[19]

Kirchenmänner präsentierten das Dogma der Jungfrauengeburt oft als »Veredelung« der Frauen, da sie die natürliche weibliche Sexualität für erniedrigend hielten. Weibliche Sexualität und Mutterschaft wurden selten als Bestandteile eines einheitlichen Ganzen betrachtet. Einige Frauen waren scharfsinnig genug zu erkennen, daß dieses Dogma mit seiner Verherrlichung eines unerreichbaren Ideals tatsächlich alle wirkliche Weiblichkeit herabsetzte. Am Ende des 19. Jahrhunderts schrieb eine Frau:

> *Ich glaube, das Dogma von der jungfräulichen Geburt – insofern diese etwas Höheres, Süßeres und Edleres als normale Mutterschaft sein soll – ist eine Verunglimpfung aller natürlichen Mutterschaft in der ganzen Welt. ... Aus dieser Lehre und allem, was dazugehört, sind alle Klöster und Nonnen dieser Welt entstanden, die tausend Jahre lang Männlichkeit wie Weiblichkeit geschändet, verdreht und demoralisiert haben. Neben diesen falschen, mönchischen und unnatürlichen Anspruch stelle ich ... meine Mutter, die in ihrer Mutterschaft so heilig war wie die Jungfrau Maria selbst.*[20]

1. Briffault 3, 169f. 2. Budge, D. N., 169. 3. Campbell, P. M., 101. 4. Augstein, 382. 5. Brasch, 25. 6. *Larousse*, 311. 7. Augstein, 44 (Fußnote). 8. Graves, W. G., 320. 9. Angus, 113. 10. Graves, G. M. 2, 378. 11. H. Smith, 183. 12. Shumaker, 152. 13. H. Smith, 183. 14. Knight, D. W. P., 141. 15. Briffault 2, 452. 16. Holmes, 35. 17. Ashe, 182. 18. Boulding, 370. 19. Jakobus d. V., 206. 20. Stanton, 114.

Jüngster Tag, Jüngstes Gericht

Siehe **Weltgericht**

Juno

Zeichen der Juno

Römische Muttergöttin, zurückzuführen auf die sabinisch-etruskische Uni, jene triadische Gottheit, deren Name verwandt ist mit »Yoni« und »Uni-versum«. Juno hatte Dutzende von Attributen oder Emanationen, die im Laufe der Zeit irrtümlicherweise als eigenständige Göttinnen angesehen wurden. Juno Fortuna war die Glücksgöttin, Juno Sospita die Bewahrerin, Juno Regina die Himmelskönigin, Juno Lucina die Lichtbringerin, Juno Moneta die Beraterin und Mahnerin, Juno Martialis die Jungfrau-Mutter von Mars, Juno Caprotina oder Februa die Göttin der erotischen Liebe, Juno Populonia die Mutter der Menschheit usw. Die Erscheinungen der Juno sind damit noch längst nicht vollständig aufgezählt.[1]

Jede römische Frau verkörperte einen Teil des Wesens dieser Göttin, trug ihre *Juno* in sich wie der Mann seinen *Genius*.[2] Im patriarchalischen Sprachgebrauch ging das Wort *Juno* verloren, *Genius* hingegen nicht, wodurch die Frauen ihrer Seele beraubt wurden – was womöglich erklärt, warum mittelalterliche Kirchenkonzile Frauen mitunter als seelenlos ansahen.

Der ihr geweihte Monat Juni huldigt der Göttin als Schutzpatronin von Ehe und Familie. Aus diesem Grund ist dieser Monat in manchen Ländern noch immer der traditionelle Zeitraum für Eheschließungen.

Juno hatte auch schreckliche Seiten. Als Kriegsgöttin repräsentierte sie den Kampfgeist einer Mutter, die ihr Kind verteidigt, was nach römischer Vorstellung der Ausdruck von Tapferkeit schlechthin war. Daher galt *Juno Seispitei Matri Reginae* (Juno, Bewahrerin, Königin der Mütter) als Geist des Krieges.[3] Dieser Beiname entsprach dem der hinduistischen Kriegsgöttin Durga, die ebenfalls Bewahrerin, Führerin der Mütter genannt wurde.[4] Wie alle indo-europäischen Formen dieser Göttin war Juno nur eine von vielen Manifestationen ein und derselben, allesumfassenden Gottheit.

Zu Junos heiligen Symbolen zählen der **Pfau**, die **Kaurischnecke** und natürlich auch die Lilie oder der Lotos als universelle Yoni-Zeichen. Mit ihrer heiligen Lilie empfing Juno den Gott Mars, und zwar ohne Hilfe ihres Gemahls Jupiter. So wurde aus ihr die heilige Jungfrau Juno.[5] Die dreilappige Lilie als Symbol parthenogenetischer Kraft wurde für die Jungfrau Maria übernommen und gilt heute noch.

1. *Larousse*, 203 f.; Rose, 217. 2. Reinach, 102; Rose, 193. 3. Dumézil, 297. 4. O'Flaherty, 49, 353. 5. *Larousse*, 202.

Jupiter

♃

Zeichen des Jupiter

Römischer Himmelsvater, von sanskr. *Dynaus Pitar*, der Urvater des Himmels, vermählt mit Mutter Erde. Zeus Pater, der griechische Himmelsvater, war eine andere Inkarnation derselben arischen Gottheit, deren Verehrung sich mit den Migrations- und Invasionszügen der indo-europäischen, patriarchalen Stämme nach Westen hin ausbreitete. Wie sein Gegenstück in anderen Nationen war auch Jupiter urspünglich ein Regengott, der den Boden mit seiner Samenflüssigkeit befruchtete. Also wurde er auch mit Donner und Blitz – gedeutet als Stimme und Waffe des Gottes – in Zusammenhang gebracht. Gemeinhin war er bekannt als Jupiter Pluvius, als »himmlischer Vater des Regens«.

Jupiter wurde der ursprünglich rein weiblichen kapitolinischen Trias zugeordnet und verdrängte damit Juventas, die jungfräuliche Form der Göttin. Übrig blieben als seine Partnerinnen Juno und Minerva.[1] Juno galt als seine Gemahlin, obwohl sie viel älter war als er, was dem Altersverhältnis zwischen Hera und Zeus entsprach.

1. Rose, 116.

Justitia, Göttin des Rechts

Im klassischen Heidentum war der Geist der Gerechtigkeit weiblich. Ulpian war der Meinung, daß Gerechtigkeit abhinge vom weiblichen Naturprinzip, das »mit dem *natura iustum* (was von Natur aus gerecht ist) eine weit tiefere Verwandtschaft hat als das männliche, dem Prinzip der Herrschaft ... zugänglichere Geschlecht.« Die Pythagoräer lehrten, daß *iustitia* und *aequitas* (Gerechtigkeit und Gleichheit) »ureigene Attribute des weiblichen Naturprinzips« seien.[1]

Der römische Praetor oder Richter gab der Gerechtigkeit Ausdruck als das Organ und die *viva vox* der Bona Dea-Fauna-Fatua. »Durch dies Verhältnis zu dem stofflichen Urmuttertum wird es ihm möglich, dem sachlichen *aequum*, der Billigkeit des *ius naturale* und jener in der linken Hand erkannten *aequitas* zu folgen und der strengen formellen Konsequenz des Civilrechts vielfältig entgegenzutreten. Als (feminine Gottheit) nimmt Bona Dea ganz die Natur einer Themis an, in deren Mysterien die Verehrung der weiblichen *kteis*, des *sporium muliebre* (Gebärmutter), eine so hervorragende Rolle spielt. Der Name (feminine Gottheit) gewinnt erst dann seinen prägnanten Sinn, wenn die gleiche physisch-sinnliche Beziehung in ihm erkannt wird. Daraus ergibt sich, daß mit der weiblichen *kteis* und ihrer Verehrung nicht nur der Gedanke an die mütterliche Fruchtbarkeit, sondern ebenso an das Mysterium des mütterlichen Rechts ... verbunden wurde.«[2]

1. Bachofen, 189, 186 (dt. 376ff.). 2. Ebd., 193 (dt. 383).

Juwel im Lotus

Die heilige Phrase des Tantrismus, *Om mani padme hum*, bedeutet: der Lingam (Penis) in der Yoni (Vulva) oder das befruchtende männliche Prinzip, eingeschlossen im erhaltenden, gebärenden, umschließenden weiblichen Prinzip. Abgesehen von der rein sexuellen Bedeutung gab es viele Begleitvorstellungen wie zum Beispiel: (1) der Lebensfunke oder Fötus (*bindu*), empfangen von der Mutter der Schöpfung; (2) der im Schoß der Erde eingeschlossene Leichnam; (3) der ewige Orgasmus von Shiva, dem Juwel, und Kali, dem Lotus, in ihrem gemeinsamen kosmischen Tanz; (4) der zwischen seinen Reinkarnationen schlafende und im Lotus der Mutter gewiegte Gott. Ein anderes Wort für das männliche »Juwel« war *Vajra* in der Bedeutung von Phallus, Diamant, Lebensfunke und Donnerkeil.[1]

1. Rawson, E. A., 151.

Ka

In der ägyptischen Mythologie eine der sieben Seelen, oft für einen Geisteszwilling gehalten, der in der Nachgeburt lebt.[1] Die Schilluk am Oberlauf des Nils, die bis in unser Jahrhundert hinein die kuhköpfige Muttergöttin Hathor als Beseelerin verehrten, bestatteten die Nachgeburt ihrer heiligen Könige in besonderen Gräbern, weil nach ihrem Glauben ein Mensch seinen *Ka* brauchte, um nach dem Tod ein Gott werden zu können.[2] Im alten Ägypten wurden Gebete oft an den *Ka* von Osiris oder irgendeiner anderen Gottheit gerichtet. In Indien war die gleiche Vorstellung bekannt, sogar dasselbe Wort. Brahma hatte einen Seelenzwilling namens Ka, was übersetzt soviel wie »Wer?« bedeutet.[3]

Die Hieroglyphe für *Ka* ist ein Paar aufgerichteter Arme mit eingewinkelten Ellbogen.[4] In dieser Armhaltung wurde allem Anschein nach die Göttin angerufen bzw. die Vorstellung von Ka als eine von der Mutter gegebene Wesenheit zum Ausdruck gebracht, als der ungeborene, aus Blut gemachte Zwilling eines jeden Kindes.[5] Ein in Algerien gefundenes paläolithisches Gemälde zeigt einen Jäger, der sich an einen Strauß heranpirscht, während eine breithüftige weibliche Gestalt, die größer ist als er, die Arme hebt zur *Ka*-Haltung. Diese Figur scheint entweder eine Mutter oder eine Sexpartnerin zu sein, was zu erkennen ist an der geschlängelten Verbindungslinie zwischen den Geschlechtsteilen der beiden.[6] Anscheinend übt sie Magie aus, um dem Jäger zu helfen, obwohl sie wahrscheinlich weit entfernt ist vom Ort des Geschehens.

Eine Vasenzeichnung aus amritischen Zeiten zeigt eine Priesterin, die auf ähnliche Weise den *Ka* anruft. Dabei helfen zwei Männer, die ihr die müde werdenden Arme stützen.[7] Auf gleiche magische Weise beschwor Mose den *Ka* während des Kampfes zwischen Israeliten und Amalektitern. Die Israeliten gewannen, weil Mose mit Aarons und Hurs Hilfe den ganzen Tag über die Arme zur *Ka*-Position erhoben hielt, bis die Sonne unterging und die Schlacht beendet war (2. Mose 17, 12).

Die ÄgypterInnen hielten die *Ka*-Seele für unsterblich und glaubten, daß sie im Inneren oder in der Nähe des Grabes weilt, in dem der Körper ruht. Die gleiche Vorstellung war auch unter Christen verbreitet, die glaubten, daß der Geist um das Grab schweben würde. Es liegt ein Brief vor, den ein Ägypter der Antike an seine gestorbene Frau geschrieben hat – drei Jahre nach ihrem Tod. Er heftete diesen Brief an die Statue in ihrer Gruft, im Vertrauen darauf, daß ihr *Ka* den Brief vorlesen würde.[8]

Bei den Ariern im Norden wurde der *Ka*-Glaube zum Doppelgänger-Motiv umgewandelt, in die Vorstellung von einer verborgenen Zwillingsseele, die in der Plazenta oder der Nabelschnur wohnte, sich aber auch manchmal zu einem erwachsenen Zwilling entwickeln mochte. In der germanischen Folklore finden sich viele Beispiele für außerhalb des Körpers aufbewahrte Seelen, z. B. der Riese, dessen Seele in einem Ei steckt. Deutsche und französische Landfrauen pflegten Nabelschnur und Nachgeburt mit äußerster Vorsicht zu behandeln, um auf magischem Wege dem Kind Gesundheit und ein langes Leben zu sichern. In der griechischen Mythologie bewahrten Mütter die Nabelschnüre ihrer Kinder an einem geheimen Ort auf in der Hoffnung, daß, solange die Nabelschnur intakt blieb, dem Kind kein Unheil geschehen könne.[9]

1. H. Smith, 24. 2. Briffault 3, 192; Frazer, G. B., 310, 345. 3. O'Flaherty, 344. 4. Budge, E. L., 57. 5. Montagu, S. M. S., 271. 6. Neumann, G. M., 114. 7. Ebd., 116. 8. Budge, E. M., 219. 9. Frazer, G. B., 46.

Kaaba

Schrein des heiligen Steins von Mekka, ursprünglich der vor-islamischen Göttinnen-Trias Manat, al-Lat (Allah) und al-'Uzza, der »Greisin« geweiht, die von Mohammeds Stammesangehörigen, den Koreischiiten, verehrt wurde. Der Stein wurde auch Kubaba, Kuba oder Kube genannt und ist mit dem Namen der Kore oder auch Kybele (Cybebe), der Großen Göttermutter, in Verbindung gebracht worden.[1] Wie auch der Schwarze Stein, der von den Anhängern der Artemis verehrt wurde, trug die Kaaba das Emblem der Yoni.[2] Jetzt wird sie als Zentralheiligtum des patriarchalischen Islam angesehen. Ihre feminine Symbolik ist verlorengegangen, obwohl Priester der Kaaba immer noch als Söhne der Greisin gelten. (Siehe **Arabien; Kybele**.)

1. Vermaseren, 22. 2. Harding, 41.

Var. Kabbalah

Kabbala

Mittelalterliche, jüdische Geheimlehre, offensichtlich von Tantrismus und Sufismus beeinflußt, wie auch von der höfischen Minnebewegung dieser Epoche. Die Grundannahme der Kabbala war, daß alle Übel der Welt aus dem Verlust der Verbindung Gottes mit seiner weiblichen Ergänzung, der Schechina, stammen, einer hebräischen Version der Shakti. Gott ist in Bruchstücken vorhanden, und nur die Schechina hat die Kraft, »Gott wieder zusammenzusetzen«.[1] Die allumfassende Harmonie muß wiederhergestellt werden, indem Gott und seine Göttin noch einmal »eins« werden.[2]

Entsprechend dem kabbalistischen Glauben an die Analogie himmlischen und irdischen Geschehens sollte die geschlechtliche Vereinigung der Sterblichen auf der Ebene des Göttlichen das gleiche hervorrufen. Deshalb war der Geschlechtsverkehr ein sakramentaler Akt, nützlich für Gott und die Schechina. »Das Aufblühen des Glaubens an solche orgiastische Riten macht es nur allzu wahrscheinlich, daß so etwas ausprobiert wurde, und tatsächlich gab es in der weiteren Entwicklung der kabbalistischen Lehre derartige Versuche.«[3] Im allgemeinen beschränkte der Kabbalist seine erotischen Experimente jedoch auf seine Ehefrau. Die erste Stufe seines Aufstiegs zum Sephiroth oder Baum der Weisheit war die weibliche sexuelle Kraft, Schechina-Malkuth, Königin und Braut, dargestellt vom Mond und der Gattin.[4] Weitere Stufen verwendeten ausgeklügelte Systeme von Numerologie, Magie und biblische Allegorie und brachten nach und nach Offenbarungen der göttlichen Natur hervor.

Das bedeutendste kabbalistische Werk war das *Sefer ha-Sohar*, das »Buch des Glanzes«, das im späten 13. Jahrhundert von Moses de León aus Guadalajara verfaßt wurde. Er behauptete, der wirkliche Autor dieses Buches sei der legendäre Mystiker des 2. Jahrhunderts Simeon ben Jochai. Er gab vor, das uralte Original zu besitzen, ohne es jemals vorzulegen. Daraus haben Gelehrte geschlossen, daß es nie existiert hat und daß León selbst das *Sefer ha-Sohar* geschrieben hat.[5]

Giovanni Pico della Mirandola (1463–1494). Italienischer Edelmann, Philosoph und Gelehrter. Wegen seiner Versuche, die christliche Theologie mit kabbalistischen Lehren zu vereinen, zum Häretiker erklärt.

Trotz ihrer jüdischen Orientierung übte die Kabbala auch auf zeitgenössische christliche Mystiker eine starke Wirkung aus. Seit damals wird sie von den Okkultisten hoch geschätzt. Pico della Mirandola erklärte sogar, in der Kabbala das zu finden, was die Juden selbst leugneten: die Verkörperung der gesamten Gottheit in Jesus. Er schrieb: »Keine Wissenschaft bietet eine größere Sicherheit über die Göttlichkeit Christi als Magie und Kabbala.«[6] (Siehe **Hexagramm; Schechina**.)

1. Lederer, 186. 2. *Encyc. Brit.*, »Cabala«. 3. Lederer, 188. 4. Cavendish,T., 52, 74. 5. *Encyc. Brit.*, »Cabala«. 6. Shumaker, 16.

Kabiria

Titel der Demeter als Göttin der kabirischen Mysterien in Phrygien, Samothrake und anderen Gegenden, kaum weniger wichtig als die eleusinischen Mysterien. Ihr Gemahl war der Junge Gott, der unter verschiedenen Namen bekannt war, zum Beispiel als Dionysos, Ganymed oder Kabirius. In Theben wurde die Große Göttin Demeter Kabiria genannt, manchmal eine Dreiheit von »drei kabirischen Nymphen«. Ihre geschlechtliche Vereinigung mit dem Gott wurde durch dasselbe Symbol wie in Indien und Ägypten dargestellt: Wasser, das von einem männlichen in ein weibliches Gefäß gegossen wird.[1] (Siehe **Wasserkrugträger.**) Wegen seiner uralten erotischen Nebenbedeutung wurde Kabiria im Mittelalter zu einem verbreiteten Hexennamen.

1. Neumann, G. M., 324f.

Kadi

Babylonische Göttin von Der, eine Schlange mit Frauenkopf und Brüsten. Ihr Name bildet die Wurzel von *kadishtu*, hebräisch *kadesha*, der Tempelprostituierten, auch bekannt als Heilig-Eine oder jungfräuliche Braut Gottes (siehe **Prostitution; Jungfräuliche Geburt**). Wahrscheinlich gehörte sie zur Nachkommenschaft der vedischen Göttin Kadru/Kadi, der Mutter aller Nagas oder heiligen Schlangen, die durch das Blut, das Kadru ihnen zu trinken gab, Unsterblichkeit erlangten.[1]

1. O'Flaherty, 222.

Kain

»Schmied«, Mutter Evas Erstgeborener, nach rabbinischer Überlieferung nicht von Adam, sondern von der Schlange gezeugt. Die Bibel sagt, Kains Mord an seinem Bruder Abel wäre durch Eifersucht verursacht, nachdem Gott Abels blutiges Opfer angenommen, aber Kains Opfer aus den ersten Feldfrüchten zurückgewiesen hatte. Ängstlich darauf bedacht, nicht auf ähnliche Weise abgelehnt zu werden, brachten die Juden Jahweh bis in die frühchristliche Zeit Blutopfer dar.

Die biblische Geschichte war eine hebräische Wiederholung des persischen Mythos von Ahriman und Ahura Mazda, die einer älteren Gottheit, Vayn, Opfer darbrachten. Ahriman wurde zum Verräter und Teufel erklärt, als sein Opfer abgelehnt wurde.[1] Indo-iranische Priester pflegten die Götter zu bitten, ihre eigenen Opfer anzunehmen und die der anderern *arya* (Menschen) zu verweigern.[2] Ahriman war der Vorfahre dieser anderen *arya*, denn sein ursprünglicher Hindu-Name war Aryaman, Vater der Menschen.

Der Mythos des Kain gründete sich auf primitive Opfermagie, wie durch gewisse innere Widersprüche deutlich wird. Gott verfluchte Kain und kennzeichnete ihn gleichzeitig, »damit ihn keiner erschlage«. Hooke erklärt einen Teil des rituellen Fruchtbarkeitsopfers:

> *Der Opfernde ist durch seine Tat befleckt. ... Das ist es, was erklärt, warum der Mörder rituellen Schutz genießt ... die glaubhafteste Erklärung für das Zeichen ist, daß es eine Tätowierung oder ein anderes Anzeichen darstellt, das den Flüchtigen als Angehörigen einer heiligen Klasse ausweist. Wir haben Beweise aus hebräischen Quellen, daß die Propheten solche Zeichen trugen. ... Tammuz, der die Bezeichnung »der Schafhirte« trägt, stirbt oder wird während der sommerlichen Dürrezeit rituell ermordet ... und sein offizieller Mörder wird gezwungen zu fliehen, um die zeremonielle Schuld des Mordes von der Gemeinschaft zu nehmen.*[3]

Solche Vergleiche werden gebraucht, um das Dilemma der Theologen aufzulösen, die viele Jahrhunderte lang nicht in der Lage waren, Gottes offensichtlichen Fehler zu erklären; er schützte Kain vor nichtexistierenden Feinden, denn es gab ja außer Kain und seinen Eltern noch keine Menschen auf der Welt. Tatsächlich verehrte die heilige Kaste der kainitischen Schmiede die Große Göttin und weihten ihr in ihrer Gestalt als Erde, die für das Blut Abels ihren »Mund aufgesperrt hat« (Genesis 4, 11), den Guten Hirten als Opfer.

Der Kainsmythos reflektiert die Feindschaft der Patriarchen dieser Kaste gegenüber.[4] Schließlich vertrieben sie alle Schmiede aus ihrem Land und mußten ihr Werkzeug zur Reparatur zu den Philistern schicken, denn »damals war im ganzen Land kein Schmied zu finden« (1. Samuel 13, 19). Bevor die Schmiede verbannt wurden, hatten sie allerdings den berühmten Tubal-Kajin, den »Stammvater aller Schmiede«. (Genesis 4, 22). Die Bruderschaft der Schmiede stammte aus Midian und hat ihren Initianden möglicherweise eine bestimmte Beinverletzung beigebracht, die das Kainszeichen oder Kainsmal gewesen sein könnte. Das hebräische Wort Paschah oder Pesach bedeutete »mit steifen Beinen tanzen«.[5] Das Paschahfest wurde mit den Midianitern oder Kenitern (Kainiter, »Kinder des Kain«) in Zusammenhang gebracht, die als Bergleute und Schmiede berühmt waren und die Große Mutter in den Kupferminen des Sinai verehrten.

Nach den Tafeln vom Sinai nannten die semitischen Metallhandwerker ihre Gottheit Elath-Iahu, eine Kombination aus Jahweh und El-Lat oder Allatu, Herrin der Unterwelt; sie wurde aber auch mit der himmlischen Hathor gleichgesetzt.[6] Die Kainiten wanderten aus dem nördlichen Syrien ein, wo ihr Schmiedegott früher den vulkanischen Berg Dschebel-Al-Aqra für sich in Anspruch genommen hatte; in den Ugarit-Texten ist dies ein Sitz Baals.[7] Der mosaische Jahweh war wie dieser midianitische Baal ein Vulkangott, oder auch wie der hinkende Hephaistos und der römische Vulcanus; alle diese Götter wurden am Tag durch eine »Wolkensäule« und bei Nacht durch eine »Feuersäule« repräsentiert (Exodus 13, 22).

Exodus 2, 16 zufolge wurde Mose von den midianitischen Schmieden durch eine Heirat mit ihrer Priesterin angenommen; sie war eine von sieben Schwestern, und die Sieben ist eine verbreitete heilige Zahl. Besonders berühmt aus diesem Geschlecht wurde Bezalel, der die Bundeslade gemacht hatte, er war »mit dem Geist Gottes erfüllt, mit Weisheit, Klugheit und Kenntnis für jegliche Arbeit, Pläne zu entwerfen und sie in Gold, Silber und Kupfer auszuführen« (Exodus 35, 31–32). Das Wort, das hier mit »Gott« wiedergegeben wird, bezeichnete offensichtlich den Geist von Elath-Iahu. Aber Mose stritt sich mit seiner midianitischen Frau, anscheinend wegen seiner Versuche, den ägyptischen Brauch der Beschneidung einzuführen (Exodus 4, 25), so wurden sie geschieden (Exodus 18, 2). Als Folge davon verschwand die Schmiedekunst nach langen Zwistigkeiten, bei denen den Gefolgsleuten Mose das Verbrechen der Brudermordes zugeschrieben wurde, aus Israel, obwohl die Überlieferung ihrer Priester dieses Verbrechen Kain vorwarf. Die Erzählung in Exodus 32 zeigt, daß die Opfer keine Schafhirten, sondern Kainiter waren:

Mose trat an das Lagertor und sagte: Wer für den Herrn ist, her zu mir! Da sammelten sich alle Leviten um ihn. Er sagte zu ihnen: So spricht der Herr, der Gott Israels: Jeder lege sein Schwert an. Zieht durch das Lager von Tor zu Tor! Jeder erschlage seinen Bruder, seinen Freund, seinen Nächsten! Die Leviten taten, was Mose gesagt hatte. Vom Volk fielen an jenem Tag dreitausend Mann. (Exodus 32, 26–28)

In späteren Zeiten wurde Kain zum Halbteufel, jedenfalls aus der Sicht der Theologen, die nicht erkannten, daß die wahren Brudermörder die Anhänger Moses waren. Oder, wenn sie es doch wahrgenommen hatten, dann hielten sie die Ermordung von dreitausend für weniger schwerwiegend als die Ermordung eines einzelnen. Im Volksglauben blieb Kain mit der verteufelten matriarchalischen Tradition verbunden: Er wurde zum Mann im Mond.[8] Eine deutsche Sage berichtet, der Mann im Mond habe sich geweigert, Gottes Sabbat, den Sonn-tag, einzuhalten. Darum wurde er auf den Mond verbannt, und ein Heiliger sagte ihm: »Da du den Sonntag auf Erden nicht würdigtest, so sollst du einen ewigen Mond-tag im Himmel haben.«[9]

1. *Larousse*, 323. 2. Dumézil, 425. 3. Hooke, S. P., 69–71. 4. Hooke, M. E. M., 124. 5. Graves, W. G., 358 (dt. 389). 6. Ebd., 368 (dt. 403). 7. Gray, 108. 8. Briffault 2, 629. 9. Baring-Gould, C. M. M. A., 192.

Kala-Nath

Titel der Göttin Kali als Ur-Abgrund oder Schoß der Schöpfung.[1] Wahrscheinlich abgeleitet von der syro-phönikischen Göttin Anath, in Libyen als Neith verehrt, in Kanaan als Anat, die einst die Gemahlin Jehovahs war. (Siehe **Anath**.)

1. Evans-Wentz, 147.

Kalanemi

»Felge des Zeitrades«, ein vor-vedischer Geist des Tierkreises bzw. der Milchstraße, angesehen als das große Sternenrad am Rand des Universums, manchmal auch vorgestellt als Weltschlange, die, sich in den Schwanz beißend, die Erde umschließt. Die Menschen mußten die Kalanemi studieren, um die *Kalenden* bestimmen zu können, also die Ordnung der Jahreszeiten, der Ruhe- und Festtage. Kalanemi war wahrscheinlich ein Aspekt von Kali Ma als Altes Weib der Zeit. Interessanterweise entspricht *nemi*, also der zweite Teil des Namens, dem Mondhain aus dem griechisch-römischen Kulturraum. Antiken Astrologen zufolge war der Tierkreis jener Hain, den der Mond in der Nacht durchwanderte (siehe **Hain, Heiliger**). Später wurde Kalanemi von vedischen Priestern verteufelt als ein »Dämon«, der Balarama und Krishna vor Anbeginn der Zeit in der Unterwelt zeugte.[1]

1. O'Flaherty, 207.

Kalenderees

Umherziehende Derwische aus dem Hindustan des Mittelalters, die in Persien und Arabien tantrisches Denken verbreiteten.[1] Ihr Kult um die

Göttin Kali mag der Ursprung der auf das Weibliche zentrierten Sufi-Sekte gewesen sein, die dasselbe feminine Schöpfungswort verehrte (Om, Umm: die Matrix oder der Mutterbauch) und glaubte, daß Männer und Frauen nur in der sexuellen Liebe religiöse Erfüllung finden könnten.[2] (Siehe **Kali Ma**.)

1. Keightley, 20. 2. Shah, 29, 175.

Kali Ma

Die »dunkle Mutter«, Trias hinduistischer Göttinnen der Schöpfung, Bewahrung und Zerstörung; heute hauptsächlich bekannt in ihrem Aspekt der Zerstörung, wie sie auf ihrem toten Gemahl Shiva hockt und dessen Eingeweide verspeist, während ihre Yoni seinen Lingam (Penis) sexuell verschlingt. Kali ist »die hungrige Erde, die ihre eigenen Kinder frißt und sich an deren Fleisch mästet … Die indische Mythologie hat dem Aspekt der schrecklichen Mutter in Kali die grandioseste Form verliehen. Sie ist – und das sollte nicht vergessen werden – nicht bloß ein Bild des Weiblichen, sondern speziell und im besonderen des Mütterlichen. Denn in profunder Weise sind Leben und Geburt immer auch mit Tod und Zerstörung verbunden.«[1]

Kali ist das archetypische Bild der Mutter, die Geburt und Tod bringt; sie ist Schoß und Grab, Lebensspenderin und Verschlingerin ihrer Kinder: ein Bild, das so oder ähnlich in Tausenden von archaischen Religionen gezeichnet wurde. Auch heute noch fällt es schwer, sich dem unbehaglichen Bann dieses Bildes zu entziehen. Die Vorstellung vom zürnenden, strafenden und kastrierenden Vater erscheint längst nicht so bedrohlich wie die der zerstörenden Mutter – vielleicht weil die Mutter die unbegreifliche Realität des Todes symbolisiert, während er, der Vater, nur ein problematisches *post mortem*-Urteil postuliert.[2]

Tantrische Verehrer von Kali hielten es für unerläßlich, ihren Fluch, den Todesschrecken, ebenso freiwillig auf sich zu nehmen wie die Segnungen ihrer schönen, nährenden, mütterlichen Erscheinung. Weisheit hieß für sie zu lernen, daß jede Münze zwei Seiten hat: Leben und Tod bedingen einander. Die Weisen Kalis kommunizierten mit ihr in gespenstischer Friedhofsatmosphäre, um sich mit den Bildern des Todes vertraut zu machen. Sie sagten: »Seine Göttin, seine liebende Mutter in der Zeit, die ihn geboren hat und im Fleische liebt, wird ihn auch im Fleische zerstören. Sein Bild von Ihr ist unvollständig, solange er Sie sich nicht auch zerstörerisch und verschlingend vorstellt.«[3]

Nur wenige westliche Forscher haben die Philosophie verstanden, die hinter den entsetzlichen Bildern der Kali als Zerstörerin steckt. Im Londoner Museum ist ein Bild der verschlingenden Kali mit dem Vermerk beschriftet: »Kali – zerstörerische Dämonin.«[4] Die *Encyclopaedia Britannica* widmet fünf Spalten der christlichen Interpretation des Begriffes Logos, ohne auch nur zu erwähnen, daß sein Ursprung in Kalis Schöpfungswort, dem *Om*, zu suchen ist. Kali selbst wird in einem kurzen Absatz abgehandelt als Shivas Gemahlin und als »eine Göttin der Krankheit«.[5] Als Kalika oder Altes Weib herrschte sie natürlich über jede Form des Todes, also auch über die Krankheit, doch herrschte sie außerdem über jede Form des Lebens.

Kali stand für Sein im Sinne von Werden, denn ihre Welt war ein ewig lebender Strom, der in unendlichen Zyklen alle Dinge entläßt und wieder aufnimmt. Die von ihr geborenen und verschlungen Götter sprachen sie mit folgenden Worten an:

> *Du bist das Urbild aller Manifestationen; Du bist der Geburtsort von uns allen; Du kennst die ganze Welt, doch niemand kennt Dich … Du bist das Grobe wie das Feine, das Offenbare wie das Verhüllte, das Formlose, das dennoch Form hat. Wer kann Dich begreifen? … Du bist die höchste ursprüngliche Kalika … Als diejenige, die nach ihrer Auflösung die eigene dunkle und formlose Gestalt wieder annimmt, bleibst du allein als die Eine, unergründlich, unbegreifbar … obwohl selbst ohne Anfang, vielfältig durch die Kraft der Maya, bist du der Anfang aller Dinge, Schöpferin, Bewahrerin und Zerstörerin.*[6]

Die Brahmanen schrieben die drei Funktionen Kalis drei männlichen Göttern zu, die sie Brahma, den Schöpfer, Vishnu, den Bewahrer, und Shiva, den Zerstörer nannten. Shiva war ursprünglich einmal Kalis Gemahl gewesen. Doch viele Schriften wandten sich gegen diese männliche Dreifaltigkeit und bezeichnen sie als auf anstößige Weise gekünstelt. Ein Gebet aus der Tantrasara lautet: »O Mutter! Urgrund und Mutter der Welt! Du bist das eine, ursprüngliche Wesen, die Mutter unzähliger Geschöpfe, Schöpferin der Götter, sogar von Brahma, dem Schöpfer, Vishnu, dem Bewahrer, und Shiva, dem Zerstörer! O Mutter, indem ich dir zu Ehren singe, läutere ich meine Sprache!«[7] Das Nirvana-Tantra hatte für die vermeintlich männliche Trias nur Spott übrig:

Tantrasara, Nirvana Tantra usw. Tantras sind die grundlegenden Schriften des **Tantrismus**. Etliche davon sind noch nicht aus dem Sanskrit oder anderen Originalsprachen übersetzt. Die vorliegenden Texte datieren auf die Zeit um 600 v. Chr., obwohl das Material noch viel älter ist. Zu den populärsten Hindu-Tantras zählen die Shaktisamgama, die Kularnava, die Mahanirvanatantra und die Tantraraja.

> *Brahma, Vishnu, Mahesvara (Shiva) und die anderen Götter sind Söhne der ewigen Kalika und werden zur Zeit der Zerstörung wieder in Ihr verschwinden. O* ***Devi****, aus diesem Grund wird der Mann, solange er Sie in Ihrer Wahrheit nicht erkennt, nur lächerlich wirken in seinem Verlangen nach Freiheit. Nur aus einem Teil Kalikas, aus der ursprünglichen Shakti nämlich, entsteht Brahma; auch Vishnu und Shiva entspringen lediglich einem Teil von Ihr. O helläugige Devi, so wie es Flüssen und Seen unmöglich ist, ein weites Meer zu durchqueren, so werden auch Brahma und die anderen Götter ihre Existenz verlieren, sobald sie ins unbeschreitbare und unendliche Sein der Großen Kali eintreten. Verglichen mit dem weiten Meer des Seins von Kali sind die Existenzen von Brahma und der anderen Götter nicht mehr als die Wasserpfütze, die sich im Abdruck eines Kuhhufs bildet. So unmöglich es einem solchen Abdruck ist, eine Ahnung von den unergründlichen Tiefen des Meeres zu haben, so wenig sind auch Brahma und die anderen Götter in der Lage, die wahre Natur von Kali zu erkennen.*[8]

Sogar der arrogante Vishnu, der behauptete, die ganze Erde aus dem Urgrund heraufgeholt zu haben, empfing, was Kali anbetraf, die Gnade der Erleuchtung und schrieb in einem Gedicht über sie: »Seinsgrund allen Wandels, aller Manifestation und Zerstörung … das gesamte Universum ruht auf Ihr, entsteht aus Ihr, verschmilzt in Ihr. Von Ihr stammen die Elemente und Qualitäten, aus denen die sichtbare Welt zusammengesetzt ist. Sie ist sowohl Mutter als auch Grab … Die Götter selbst sind bloß Gebilde aus Ihrer Mutterschaft, die beides ist: Bewußtsein und Glückseligkeit.«[9]

Das Yogini Tantra sagte von Kali: »Alle Macht geht von der Göttin aus.«[10] Shakti, »Kraft, Macht«, war einer ihrer Hauptnamen. Ohne ihre Hilfe konnten weder Menschen noch Götter handeln:

> *Shakti als Kraft übernimmt die aktive und sich verändernde Rolle bei der Zeugung und Empfängnis, beim Austragen und Gebären des Welt-Kindes. Dies alles ist – wie bei der menschlichen Mutter – die Funktion des Göttlichen. ... So verdankt der Mensch der Mutter die Welt der Formen oder das Weltall. Ohne sie als materielle Ursache könnte sich das Sein nicht entfalten und bliebe ein Leichnam. ... Aus solchen und anderen Gründen wird der Mutter der Vorrang gegeben und gelehrt: ›Was kümmert mich der Vater, wenn ich auf dem Schoß der Mutter sitze?‹«*[11]

Ein Tantra-Gelehrter hebt hervor, daß »die Poeten viel mehr innige Rufe des Herzens vernommen haben, wenn sie die Gottheit nicht als Vater, sondern als Mutter verstanden«. Die Dichter der Kali näherten sich der Göttin in Liebe: »Nur im Fühlen ist Sie zu erkennen. Wie also könnte Mangel an Gefühlen Sie finden?« Nach Ansicht dieser Dichter ist alles die Mutter, »und sie ist Wirklichkeit an sich. ›Sa'ham‹ (›Sie bin ich‹), sagt der Shakta, und alles, was er empfindet, ist sie in der Gestalt, in der er sie erblickt. Sie trinkt in ihm und als er selbst den geweihten Wein, und sie ist der Wein.« Sie nährt ihn wie eine Mutter ihr Kind, und er wird unsterblich: »Ohne Tod sind diejenigen, die an der Brust der Mutter des Universums lagen.« Das Yoginihrdaya-Tantra sagt: »Ehrerbietung Ihr gegenüber, die als Kraft reines Sein-Bewußtsein-Glück ist, die in der Form von Zeit und Raum und allem, was darinnen ist, existiert und die strahlende Erleuchtung alles Seienden ist.«[12]

Als Mutter wurde Kali auch Schatzhaus des Mitleids genannt (*karuna*), Lebensspenderin der Welt, Leben alles Lebendigen. Im Gegensatz zur westlichen Vorstellung von ihr als bloß destruktive Göttin war sie die Quelle aller Arten von Liebe, die durch ihre Mittlerinnen, die Frauen in die Welt strömte. Deshalb wurde von männlichen Verehrern Kalis gesagt, daß sie »sich vor Frauen tief neigen«; sie sahen diese als ihre rechtmäßigen Lehrerinnen an.[13]

Der Name Eva ist möglicherweise hergeleitet aus Kalis Ieva oder Jiva, dem weiblichen Urprinzip der Manifestation, das die »erste manifeste Form« zur Welt brachte und sie Idam (Adam) nannte. Sie, Ieva oder Jiva, trug auch den Beinamen, den Eva im Alten Testament besaß, nämlich »die Mutter alles Lebendigen« (*Jaganmata*).[17]

Abendländische Gelehrte sahen in den verschiedenen Manifestationen und Inkarnationen von Kali irrtümlicherweise verschiedene Gottheiten und isolierten insbesondere jene uralten *Matrikadevis* (Muttergöttinnen), die als »drawidische Menschenfresserin-

Als ursprüngliche Tiefe oder menstruales Blutmeer der Schöpfung war Kali sicherlich identisch mit dem biblischen *Tehom*, Tiamat oder *Tohuwabohou*, also dem »Flux«, der ihren formlosen Zustand zwischen den manifesten Universen kennzeichnet. Als Mahanila-Sarasvati, die große blaue Flußgöttin, war sie vielleicht die direkte Namensschwester des Stromes Nil. Als Kundalini, die weibliche Schlange, glich sie der archaischen Schlangenmutter und vermeintlichen Weltschöpferin aus Ägypten. Von Kundalini hieß es, daß sie im Anbeginn der Zeit damit anfing, sich »in einer spiralförmigen Bewegung, die der Bewegung der Schöpfung entspricht«, zu entwinden.[18] In der religiösen Symbolik zur Zeit des späten Paläolithikums und des Neolithikums war diese Spirallinie von zentraler Bedeutung und repräsentierte Tod und Wiedergeburt als Bewegung hin zum Fluchtpunkt der Formlosigkeit und zurück in eine neu geformte Welt. Spiralen zählen zu den ersten mystischen Symbolen überhaupt und waren früher oft an Gräbern zu finden.

Die Mondpriester von Sinai, die die Priesterinnen der Mondgöttin ablösten, nannten sich *kalu*.[22] Vergleichbar damit waren die Priesterinnen aus dem prähistorischen Irland, die sich *kelles* nannten und den Kelten ihren Namen gaben, der ursprünglich einen die »Göttin Kele« verehrenden Priesterstamm bezeichnete (siehe **Kelle**).[23] Dieser Stamm war verwandt mit den sächsischen Kale oder Cale, deren Mondkalender den Frühlingsmonat Sproutkale einschloß als die Zeit, in der Mutter Erde (Kale) die Schößlinge sprossen läßt.[24] In der Antike nannten die Phönikier die Straße von Gibraltar, die sie für den Durchgang zum westlichen Paradies der Mutter hielten, »Calpe«.[25]

Die indoeuropäischen Sprachen, die vom Sanskrit abstammen, sollen Kalis Erfindung gewesen sein. Sie schuf die magischen Buchstaben des Sanskrit-Alphabets und schrieb sie auf die Schädel, die ihr wie ein Gebetskranz um den Hals hingen.[27] Magisch waren diese Buchstaben, weil sie für die ursprüngliche Schöpfungsenergie standen und als deren lautliche Äußerung verstanden wurden. Kalis *Mantras* ließen all jene Dinge entstehen, deren Namen sie erstmalig in ihrer heiligen Sprache formulierte. In dieser Vorstellung wurzelt also das Bild vom **Logos** bzw. dem schöpferischen Wort, das die Christen später übernahmen und als eigene Idee ausgaben. Kalis Buchstaben verknüpften auf magische Weise die Elemente, die zuvor voneinander geschieden waren in männliche (Feuer-Luft) und weibliche (Wasser-Erde) Kräfte. Die ersteren galten als »grausam«, die letzteren als »gütig«.[28] In dieser Unterscheidung scheint sich jene tantrische Vorstellung widerzuspiegeln, die Kali als Gebieterin des Lebens und ihren Gemahl als Herrn des Todes auffaßte.

Obwohl »die Eine« genannt, war Kali immer eine Dreiheit, eben jene Jungfrau-Mutter-Greisin-Trias, die als Vorstellung etwa neun- oder zehntausend Jahre alt ist. Ihr verdanken die KeltInnen ihre Morrigan, die GriechInnen ihre Moiren sowie alle anderen Manifestationen einer dreifaltigen Gottheit, die GermanInnen ihre Nornen, die Römer ihre drei Parzen und Uni (Juno), die ÄgypterInnen ihre Mut, die Araber ihre Mondgöttin – alle diese Göttinnen waren dreifaltig. Sogar die Christen formten ihren Gott gemäß dieser archetypischen Trinität.[29]

Ihre drei Formen nahmen auf vielerlei Art Gestalt an: in den drei Jahresabschnitten, den drei Mondphasen, den drei Teilen des Kosmos (Himmel, Erde, Hölle), den drei Lebensabschnitten, den drei Stufen der Schwangerschaft und so weiter. Als sterbliche Abbilder repräsentierten Frauen Kalis Geist. »Die göttliche Mutter erscheint zuerst in Gestalt der irdischen Mutter des Anbetenden. Dann als seine Frau, drittens als Kalika. Sie offenbart sich in Alter, Krankheit und Tod.«[30]

Drei Arten von Priesterinnen bewachten ihren Schrein: Yoginis oder Shaktis, die »Jungfrauen«; Matri, die »Mütter«, und **Dakinis**, die »Himmelswandlerinnnen«, die sich der Sterbenden annahmen, die Bestattungsriten beaufsichtigten und als Todesengel fungierten. Sie alle hatten ihre Entsprechung in der geistigen Welt. Bis auf den heutigen

nen« eingeordnet wurden.[14] Dabei sprachen die Kali-Gäubigen deutlich aus, daß die Göttin Hunderte verschiedener Namen habe und dennoch stets dieselbe sei: Saravati, Lakshmi, Gayatri, Durga, Annapurna, Sati, Uma, Parvati, Gauri, Bagala, Matangini, Dhumavati, Tara, Bharga, Devata usw. Sie alle waren Kali Mahadevi, die »Große Göttin« – eben diesen Namen trug sie auch in den heidnischen Religionen des Westens.[15] Manche der älteren Namen Kalis finden sich in der Bibel wieder. Als Tara, die Erde, wurde sie zu Terah, Mutter der hebräischen Ahnengeister, den sogenannten **Teraphim**. Dieselbe Kali-Tara wurde bei den KeltInnen Tara, den GallierInnen Taranis, den EtruskerInnen Turan und bei den RömerInnen Terra, also »Mutter Erde« genannt, identisch mit Venus.[16]

Variationen von Kalis ursprünglichem Namen tauchten in der gesamten antiken Welt auf. Die altgriechische Silbe *kalli* bedeutet »schön«, wurde aber auch weniger schönen Dingen zugeordnet wie zum Beispiel den dämonischen Zentauren namens *Kallikantzari*, die als

Verwandte von Kalis Asvins anzusehen sind. Die Stadt Kallipolis, das heutige Gallipoli, lag im Zentrum des Amazonenlandes, das früher von Artemis Kalliste beherrscht wurde.[19] Das alljährliche Geburtsfestival von Eleusis hieß früher Kalligeneia, übersetzt: »Entstehung aus der Schönen Einen« oder »Entstehung aus Kali«.[20] Der Tempel der Großen Göttermutter bei Pergamon stand auf dem Berg Mamurt-Kaleh, was eindeutig mit Mutter-Kali übersetzbar ist.[21]

Kalis Titel »Devi« (Göttin) war auch im gesamten indo-germanischen Sprachraum weit verbreitet. Lateinisch hieß sie *diva* (Göttin) und minoisch *diwi* oder *Diwija*, jene »Göttin«, die in Knossos mit Zeus gleichgesetzt wurde. Dia, Dea und Diana sind weitere Formen desselben Titels.

Tag führt der tantrische Buddhismus die drei sterblichen Formen der Frau auf die weibliche Trias zurück, auf die sogenannten Drei kostbarsten Einen.[31]

Kalis drei Formen zeigten sich auch in den drei heiligen Farben, bekannt als **Gunas**: weiß für die Jungfrau, rot für die Mutter und schwarz für die Greisin als Symbole für Geburt, Leben und Tod.[32] Schwarz war Kalis »Grundton«, denn als Zerstörerin repräsentierte sie das Chaos zwischen den Schöpfungen, das ursprüngliche Sein, in dem alle Elemente aufgelöst sind. »Wie das Weiße, Gelbe und alle anderen Farben im Schwarzen verschwinden, geradeso ... tritt alles Seiende in Kali ein.«[33]

In Finnland war die Schwarze Gottheit als Kalma (Kali Ma) bekannt, die an Gräbern spukt und die Toten verzehrt.[34] Europäische »Hexen« verehrten ebenfalls auf Friedhöfen, und zwar aus den gleichen Gründen wie tantrische Yogis und Dakinis, die sie an den Orten der Einäscherung als Smashana-Kali, als Frau des Todes verehrten.[35] Ihre Zeremonien fanden an Orten statt, vor denen sich das Volk fürchtete.[36] Gleiches trifft für die Zeremonien der westlichen »Hexen«, sprich: der Heidinnen zu. Auf Friedhöfen verehrten sie die Schwarze Mutter Erde, wovon Inschriften auf römischen Grabsteinen zeugen wie: *Mater genuit, Mater recepit* – die Mutter gebar mich, die Mutter holte mich zurück.[37]

Manchmal trug die Zerstörerin Kali Rot in Anspielung auf das Blut des Lebens, das sie schenkte und wieder zurücknahm. »Da Sie alles Sein verschlingt und alles Lebende zwischen wilden Zähnen zermalmt, kommt es zu der Vorstellung, daß sich die Königin der Götter zur letztlichen Auflösung in Blut kleidet.«[38] Die ZigeunerInnen, die Kalika als krankheitsstiftende Göttin verehrten, nannten sie »die Tante«, gekleidet in Rot, die Trauerfarbe der ZigeunerInnen.[39]

Blut gehörte ebenso zur Kali-Verehrung wie auch zum Dienst am biblischen Gott, der forderte, daß seine Altäre mit Blut zu waschen seien, um Vergebung der Sünden zu erzielen (Hebräer 9, 22). Der Unterschied zwischen dieser Forderung und der von Kali bestand darin, daß jüdische Priester die Opfergaben der Gläubigen an sich nahmen und verzehrten (4. Mose 18, 9), während es den AnhängerInnen von Kali gestattet war, die von ihnen dargebrachten Gaben selber zu essen. So wie in Kalkutta:

> *Der Tempel dient überhaupt einfach als Schlachthaus, denn dem Opfernden verbleibt das Tier, der Tempel nimmt sich nur das Haupt als sinnbildliche Gabe, das Blut aber fließt der Göttin zu. Ihr gebührt ja das Lebensblut aller Wesen als Opfer – es ist ja ihr Geschenk, darum muß das Tier in ihrem Tempel geschlachtet werden; darum sind Tempel und Schlachthaus eins.*
>
> *Da geht es freilich fürchterlich und schmutzig zu; im Schlamm von Blut und Erde werden die Häupter der Tiere wie Trophäen vorm Bild der Göttin zuhauf geschichtet, indes der Opfernde mit dem Leib des Tieres zum Festmahl im Familienkreis nach Hause zieht. Die Göttin will nur das Blut der Opfer, darum ist Enthaupten die Form der Darbringung – da bluten sie schnell und gründlich aus ... der Kopf meint freilich auch das Ganze, die völlige Aufopferung.*[40]

Das Köpfen oder Schächten waren auch in der westlichen Welt die gebräuchlichsten Opfermethoden. »Koscheres« Töten für Jahweh bedeutet nach wie vor, ein Tier ausbluten zu lassen, denn das Blut galt und gilt als die besondere Nahrung der Götter. Kali verlangte ausschließlich männliche Opfertiere, denn die waren verzichtbar. Diese Sitte wurzelte in der archaischen Annahme, männliche Wesen hätten keinen Anteil an der Fortpflanzung. Kein geringerer als Kalis Gemahl Shiva verbot die Opferschlachtung weiblicher Tiere.[41]

Zu Beginn und am Ende der Welt war Kali das Meer des Blutes; ihre letztendliche Vernichtung des Universums zeigte sich an im Sterben jedes einzelnen Menschen. Doch ihr karmisches Rad brachte immer wieder auch Reinkarnation. Nach dem Tod kam das Nichts, von tantrischen Weisen als dritte Seinstufe bezeichnet, die zu erfahren der Erfahrung eines traumlosen Schlafs gleichkam. Dieser Zustand wurde auch »Fruchtbarer All-Schoß, Anfang und Ende des Seins« genannt.[42] Kali selbst verschlang die Zeit. Am Ende der Zeit nahm sie ihre »dunkle Gestaltlosigkeit« wieder an, die in allen Schöpfungsmythen als elementares Chaos bezeichnet wird.[43]

Die mystische Erfahrung Kalis ist oft beschrieben worden als eine Vorschau auf die Formlosigkeit hinter dem Schleier des Todes, als eine psychische Rückkehr in den Mutterschoß, als Vereinigung mit Kalis ozeanischem Wesen. Ramakrishna beschrieb diese Erfahrung wie folgt:

> *Ich litt unsägliche Schmerzen, weil mir noch keine Vision der Mutter vergönnt war ... Ich fürchtete, daß es meinem Schicksal versagt sei, sie noch in diesem Leben zu erkennen. Ich konnte die Trennung nicht länger aushalten; das Leben erschien mir unwert. Da fiel mein Blick auf das Schwert, das im Tempel der Mutter aufbewahrt wurde. Entschlossen, meinem Leben ein Ende zu machen, sprang ich auf und ergriff das Schwert, als sich mir die Mutter plötzlich offenbarte. ... der Tempel und alles verschwand spurlos; statt dessen war da ein uferloser, unendlicher, schimmernder Ozean des Bewußtseins oder des Geistes. So weit das Auge reichte, sah ich von allen Seiten Wellen auf mich zuwogen ... um mich zu verschlingen. Ich schnappte nach Luft, wurde von den Wellen ergriffen und verlor die Besinnung.*[44]

Ramakrishna sorgte für eine Erneuerung der Mutterverehrung. Sein Schüler Vivekananda sagte: »Es waren keine neuen Wahrheiten, die Ramakrishna lehrte; seine Ankunft brachte alte Wahrheiten wieder ans Licht.«[45] Vivekananda prophezeite ein Wiederaufleben der Gott-Mutter, die von patriarchalen Religionen aus dem Bewußtsein der Menschen verdrängt worden war: »Eines sehe ich so klar vor mir wie die Wirklichkeit, daß nämlich die Urmutter wieder erwacht und verjüngt und strahlender denn je ihren Thron besteigt. Kündigt sie der Welt an mit der Stimme des Friedens und des Segens.«[46] Diese Göttin war wohl eindeutig mehr als die »zerstörerische Dämonin« im Londoner Museum.

Ramakrishna (1836–1886). Der bedeutendste hinduistische Heilige des 19. Jahrhunderts, der durch die Lehren seines berühmten Schülers Vivekananda auch im Abendland bekannt wurde.

1. Neumann, G. M., 149–153. 2. Fromm, 363 f. 3. Rawson, A. T., 112.
4. Wilson, 257. 5. *Encyc. Brit.*, »Kali«. 6. *Mahanirvanatantra*, 47 ff. 7. Riencourt, 167.
8. Rawson, A. T., 184. 9. Ders., E. A., 159. 10. Ders., A. T., 183.
11. Woodroffe, 419 f. (dt. 258 f.). 12. Ebd., 130 f., 466, 27–31 (dt. 27 ff.).
13. Ebd., 410, 533. 14. *Larousse*, 359. 15. *Mahanirvanatantra*, xxxi. 16. Dumézil, 676.
17. Woodroffe, 120, 277. 18. Ebd. 193, 229, 233. 19. Graves, W. G., 185.
20. *Encyc. Brit.*, »Thesmophoria«. 21. Vermaseren, 26. 22. Lindsay, O. A., 40.
23. Joyce, 352. 24. Brewster, 88. 25. Massa, 43. 26. Hays, 104.
27. Graves, W. G., 250. 28. Rawson, A. T., 70. 29. Stone, 17.

30. Woodroffe, 171 (dt. 112). 31. Waddell, 129, 169. 32. Woodroffe, 328. 33. *Mahanirvanatantra*, 295. 34. *Larousse*, 306. 35. *Mahanirvanatantra*, 360. 36. Rawson, E. A., 152. 37. Lederer, 22. 38. *Mahanirvanatantra*, 295 f. 39. Trigg, 119, 186. 40. Neumann, G. M., 152 (dt. 150f.). 41. *Mahanirvanatantra*, 103. 42. Campbell, C. M., 347. 43. Woodroffe, 517. 44. Wilson, 254. 45. *Encyc. Brit.*, »Ramakrishna«. 46. Menen, 149.

Kallisto

»Die Schönste«, ein Titel der Artemis als Totem in Gestalt der Bärin und Mutter von Arkas, dem Kleinen Bären. Kallisto war ein älterer Name für die der Artemis geweihte Insel Thera (weibliches Tier). Hellenischen Schriftstellern zufolge gehörten zu den attischen Artemis-Riten junge Mädchen, die als Bärinnen verkleidet waren, woraus der Mythos der Kallisto entstand, einer Nymphe, die durch Zeus ihre Jungfräulichkeit verlor und das Bärenkind zur Welt brachte. Sie wurden als Große Bärin und Kleiner Bär an den Himmel versetzt.[1] Selbstverständlich war die Nymphe der jungfräuliche Aspekt der Göttin selbst.

1. Graves, G. M., 22.4; W. G., 185.

Kama-Mara

Upanishaden (sanskr. »geheime, belehrende Sitzungen«) Altindische philosophisch-religiöse Texte.

»Erotisches Verlangen« plus »Todesangst«, ein dualistischer Geist, der Buddha während seiner einsamen Meditationen in Versuchung brachte. In den Upanishaden heißt es, daß Kama-Mara das eigene Selbst sei, die Quelle des Verlangens wie auch der Furcht.[1] Doch Mara war einst die Mutter der Maruts bzw. der Naturgeister. Kama war die vedische Entsprechung des Gottes Eros. Es ist anzunehmen, daß beide, Kama und Mara, in einer archaischen Periode zu einem Zwitterwesen verbunden wurden. Die »dämonische Kombination« drückte den asketischen Glauben aus, daß Erotik den Menschen körperlich verzehre.

In einer buddhistischen Legende ist davon die Rede, daß der Gesegnete Eine die Herausforderung durch Kama-Mara annahm, indem er mit den Fingern die Erde berührte und so die unwiderstehliche Macht der universellen Mutter anrief, ihn zu beschützen.[2]

1. Campbell, Oc. M., 371. 2. Campbell, M. T. L. B., 131.

Kamsa

Vedischer Prototyp von König Herodes. Kamsa, der König von Bhojas, richtete ein Gemetzel unter Unschuldigen an bei dem Versuch, das Kleinkind Krishna, seinen zukünftigen Überwinder, zu töten. Kamsa brachte nur Jungen um, bis Devaki ein Mädchen zur Welt brachte. Auch das Mädchen mußte sterben; es stieg zum Himmel auf und wurde eine Göttin. Sie erschien Kamsa und sagte ihm: »Kamsa, Kamsa, da du mich anfielest, um mich zu töten … werde ich nun deinen Leib mit bloßen Händen zerquetschen und dein warmes Blut trinken.« Kamsa erkannte, daß sie sein Tod war.[1] Mit diesem Mythos war die Absicht verknüpft, das Tabu der Tötung von Frauen und Mädchen zu festigen.

1. O'Flaherty, 213.

Kannibalismus

Das am konsequentesten befolgte Tabu der zivilisierten Gesellschaft ist das Tabu, kein Menschenfleisch zu verzehren, obwohl es kein vergleichbares Tabu gegen das Töten gibt, was ja regelmäßig geschieht, manchmal in ungeheuren Ausmaßen, zum Beispiel in Kriegen.

Über die Entdeckung von Menschenopfern – allerdings war es kein Kannibalismus – bei den Polynesiern schrieb James Cook, es sei eine erschreckende Verschwendung des Menschengeschlechts: »Es wäre überaus wünschenswert, daß diese fehlgeleiteten Menschen lernen würden, vor der Ermordung ihrer Mitmenschen etwas von dem Schrecken zu haben, ... wie sie ihn jetzt vor dem Verzehr von Menschenfleisch körperlich empfinden.«[1] Natürlich sah der gute Kapitän Cook nicht, daß seine eigenen Landsleute genauso fehlgeleitet waren. Schließlich lehrten die Christen die Polynesier, nicht länger ihre Mitmenschen umzubringen, indem sie einfach solange die Polynesier umbrachten, bis diese damit aufhörten.

Die abendländische Moral hat Massentötungen immer erlaubt und sogar gefördert, vorausgesetzt, daß die Toten nicht zur Nahrung der Lebenden wurden. Es ist bekannt, daß das Ende der Menschenopfer und des Kannibalismus in der Antike nicht bedeutet hat, daß das Abschlachten von Menschen allgemein zurückging oder aufhörte. Im Gegenteil, das Ausmaß von Kriegen wuchs beständig mit dem Aufstieg der Zivilisation, bis zu dem Punkt, an dem die hochtechnisierten Zivilisationen heute stehen und wo sie in der Lage sind, die gesamte Welt auszulöschen. Außerdem finden sich die umfangreichsten Listen von Gefallenen in eben den Ländern, die sich selbst christlich nennen.[2]

Die Kirchen, die sich offiziell gegen das Töten aussprechen, haben es immer geschafft, das Töten trotzdem zu rechtfertigen, wenn es nützlich erschien. Ein eher kurioser Widerspruch findet sich bei dem Thema des Kannibalismus, den die christlichen Autoritäten mit dem größten Abscheu betrachten. Mehr als alle anderen wurden die Hexen dieses Verbrechens beschuldigt, da es grauenvoll genug erschien, um die gnadenlosen Torturen zu rechtfertigen, die die angeblichen Täterinnen erleiden mußten. Und doch liegt im tiefsten Kern des christlichen Glaubens das Sakrament, auf dem Erlösung, ewiges Leben und alles andere beruht: ein Sakrament des Kannibalismus, nicht »symbolisch«, sondern den theologischen Handbüchern zufolge absolut real.

Der Verzehr eines Gottes war ein verbreiteter Brauch, der noch aus den Uranfängen der Zivilisation stammte, als dieses Sakrament noch ein genuin kannibalisches Fest war. Als inkarnierter Gott »wurde das Opfer nicht nur umgebracht, sondern die Verehrer [der Gottheit] nahmen Fleisch und Blut des Opfers zu sich, so daß sein Leben in ihr Leben überging und sie mit der Gottheit in der lebendigen Kommunion verband.«[3]

Das Ziel war, Fleisch vom Fleisch Gottes zu werden, indem er gegessen wurde, um so an der Auferstehung des göttlichen Fleisches teilzuhaben. Es nützt nichts zu behaupten, daß diese »christliche« Zeremonie nicht den Zeremonien eines wirklichen Kannibalismus als primitive sympathetische Magie entsprang. Alle Mysterienreligionen der frühchristlichen Zeit sind um ein pseudo-kannibalisches Zeremoniell zentriert, von dem geglaubt wurde, daß es die Anbeter mit dem Angebeteten vereinen könnte. »Es kann nicht bezweifelt werden, daß es in den frühen Stadien der Religion einen festen Glauben gab, durch den Verzehr Gottes im sakramentalen Mahl eine solche Teilhabe mit ihm zu erreichen. Zum Beispiel erhielten die Teilnehmer in den thrakisch-dionysischen Mysterien durch solch ein Mahl Anteil an dem göttlichen Leben des Gottes und wurden deshalb mit seinem Namen gerufen.«[4]

Den christlichen Sakramenten lag dieselbe Vorstellung zugrunde wie denen der anderen Mysterienkulte. Cyril von Jerusalem spricht von dem »Verzehr von Fleisch und Blut Christi, damit du ein Fleisch und ein Blut mit Ihm wirst; denn so werden wir Christophori, sein Fleisch und sein Blut kommen in unsere Glieder.« Methodius lehrte, daß »jeder Gläubige durch Teilhabe an Christus als Christus geboren wird. ... Er wurde Mensch, daß wir Gott würden.« Dasselbe Sakrament in anderen Religionen war allerdings ein teuflischer Ritus: »Böse Geister gewinnen Macht durch die Nahrung, die ihnen geweiht wird, und sie werden durch eure eigenen Hände in eure eignen Körper aufgenommen. Dort verstecken sie sich für eine lange Zeit und vereinigen sich mit der Seele.«[5]

Methodius
Griechischer Missionar der Slawen im 9. Jahrhundert. Kurz nach seinem Tod von der griechischen Kirche heiliggesprochen, tausend Jahre später auch von der römischen.

Ein echter Kannibalismus war noch bis ins 7. Jahrhundert unverhohlen mit tibetischen Opferriten verbunden. Danach wurden die heiligen Mysterienspiele mit Ersatzopfern ausgestattet. Eine Opfergabe aus Teig wurde zerrissen, die »Eingeweide« verteilt und verzehrt. Manchmal wurde reales Fleisch vom Leichnam eines hingerichteten Kriminellen in die Opfergaben eingearbeitet. Bei dem Reinigungsfest erstach ein Priester, der eine Stiermaske trug und Heiliger König der Religion genannt wurde, die Opferfigur, schnitt ihre Glieder ab, öffnete die Brust und entnahm die künstlichen Lungen, das Herz und die Eingeweide. Die Reste wurden von Tänzern in Tiermasken verstreut, so wie die Überreste von Osiris und anderen Erlöser-Gottheiten der Antike über die Erde verstreut wurden.[6]

Solche Tänzer erinnern an die Frauen aus Samaria (Ezechiel 23), von denen es heißt: »an ihren Händen klebt Blut«, die mit »prächtigen Kronen« und »Spangen an [den] Armen« gekleidet waren, um die Totenklage zu begehen. Ähnliche Tänzer bei Begräbnisfeiern waren die ägyptischen *muu* oder »Mütter«, die **Geier**federn trugen, um die Göttin Mut oder Nekhbet zu verkörpern, welche die Toten verschlang.

Noch bis vor kurzem war es in Teilen Frankreichs üblich, aus den letzten Garben der Ernte einen Teigmann zu machen, um ein Menschenopfer darzustellen. Er wurde von dem *maire* (Bürgermeister, früher eine Bezeichnung der Clanmutter) in Stücke gebrochen und an die Menschen verteilt, damit sie ihn aßen. Auch in Mexiko wurde, nachdem die Menschenopfer aufgehört hatten, in einer ähnlichen Weise ein Pfeil mit einer Feuersteinspitze in die Brust eines aus Brotteig geformten Menschen gebohrt. Diese Zeremonie war als »den Gott töten, damit er gegessen werden kann« bekannt. In einer Zeremonie mit dem Namen *torqualo*, »Gott wurde gegessen«, wurde der Teigmann in kleine Stücke gebrochen und unter die Menge verteilt.[7]

Dies stellt ein offensichtliches Überleben der aztekischen Vorstellungen dar. Das Opfer, das den Gott verkörperte, wurde verehrt, heilte die Kranken und segnete die Menschen, immer von seinen Aposteln-Wächtern beaufsichtigt. Dann wurde es umgebracht und in besonderen Häusern, die *calpulli* hießen, geschlachtet und zerteilt. Stillende Mütter rieben ihre Brustwarzen mit dem heiligen Blut des Opfers ein, damit auch ihre Kinder davon essen konnten.

Die griechischen Omophagien waren ursprünglich eine kannibalische Orgie, die sogar auf das Kochen verzichtete. Die Opfer wurden von den Teilnehmern mit Zähnen und bloßen Händen zerrissen und roh verschlungen. Die griechischen Autoren des klassischen Altertums zogen es vor, die Omophagien zu vergessen. Sie blickten auf die Barbarenstämme wegen ihrer sexuellen Promiskuität und dem Verzehr ihrer eigenen Familienmitglieder herab.[10]

Wo war der Verknüpfungspunkt zwischen dem Aufessen des Sakralkönigs und dem Aufessen der Familienmitglieder? Die Antwort haben die Kannibalen selbst gegeben: Die Frauen essen das Fleisch der toten Männer und bringen sie als Kinder erneut zur Welt. Die Naturvölker glaubten, daß, wer neu geboren werden wollte, zuerst in den Körper einer Frau eingehen mußte. Der einfachste Weg, daß zu erreichen, war, von einer Frau gegessen zu werden. Aus dieser Wurzel entspringt die weltweite Lehre der Reinkarnation: wörtlich übersetzt das Wieder-in-Fleisch-gekleidet-werden.

Vor der Entdeckung des Vorgangs der Befruchtung freute sich ein sterbender Mensch darauf, von einer der Stammesmütter wiedergeboren zu werden, die sein Fleisch und Blut in das eines Neugeborenen verwandeln würde. Deshalb hielten es die Massageten für den einzigen ehrenvollen Tod, von den Müttern der Sippe verzehrt zu werden. Ein Mann konnte Fleisch von ihrem Fleisch werden und erneut leben.[11] Die Auferstehung kam von der mysteriösen Magie der Frauen, die wie die Erde immer wieder neues Leben schenkten.

Von den Eingeborenenfrauen Australiens ist bekannt, daß sie ihre gestorbenen Kinder aßen, dann malten sie die Knochen rot an und hängten sie über sich auf: eine einfache Magie, um die Rückkehr der Kinder in die Gebärmutter zu ermöglichen; ihre Knochen wurden erneut mit dem lebenspendenden mütterlichen Blut umgeben. Die Frauen des Bibinga-Stammes gaben ziemlich offen zu, daß sie die Toten äßen, um sie von neuem zu gebären.[12] In Neuguinea erhielt ein neugeborenes Kind den Seelen-Namen eines Mannes, der umgebracht worden war und dessen Fleisch die Mutter zu essen bekam.[13]

1852 schrieb Dr. Hubsch über den afrikanischen Stamm der Niam-Niam: »Sobald einer aus dem Stamm stirbt, schneiden ihn seine Verwandten auf, anstatt ihn zu beerdigen, und laben sich an seinen Überresten; konsequenterweise gibt es keine Friedhöfe in diesem Land.«[14] Die Männer vom Stamm der Baganda sagten von ihren Frauen, daß sie manchmal so hungrig wurden, daß sie die Ohren der Säuglinge abbissen – vielleicht eine euphemistische Umschreibung dafür, daß sie die ganzen Kinder verzehrten, im sicheren Glauben, sie noch einmal zur Welt bringen zu können.[15]

Der Ursprung des englischen *Barbecue* (»Grillparty«) war ein kannibalisches Fest. Das Wort leitet sich von *barbricot* ab, einem Feuer aus grünen Ästen, auf dem die Eingeborenen der Karibik Menschenfleisch brieten.[8] Alte Schriften erzählen oft von kannibalischen Bräuchen älterer Geschlechter. Die frühen Götter oder Riesen des europäischen Nordens waren die *jotunn*, abgeleitet aus einer indoeuropäischen Wurzel, die »Esser« bedeutete. Von ihnen hieß es, daß sie Menschen fraßen, wie der Riese aus der englischen Sage, der das Blut der Engländer trank und aus ihren Knochen Brot buk.[9]

Die Vorstellung, daß eine Schwangerschaft das Resultat einer Mahlzeit ist, ist unter den Naturvölkern weit verbreitet. Die Wörter für »Verzehr« und für »Empfängnis« sind oft identisch. Es gibt ein altes babylonisches Sprichwort: »Wer wird schwanger, ohne empfangen zu haben? Wer wird dick, ohne gegessen zu haben?«[16] Nach Horaz war das ursprüngliche Drama nicht, wie von Freud postuliert, sexueller Natur, sondern »ein Kind, von einer grausamen Hexe verschlungen, aus ihren Eingeweiden herausgezogen, wieder zum Leben erweckt«.[17] Der biblische Ausdruck für die Geburt ist »aus dem Leib kommen«, denn die Menschen dieser Zeit waren sich – wie Kinder – nicht ganz sicher über die Unterschiede zwischen dem reproduktiven System und dem Verdauungssystem. Die Sanhedrin sagten, eine Frau könne dadurch schwanger werden, daß sie in Wasser badet oder davon trinkt, mit dem ein Leichnam gewaschen wurde, ein offensichtlicher Überrest der primitiven Vorstellung, die Seele eines Gestorbenen könne in eine neue Mutter eingehen.[18]

Die Chinesen der Shang-Zeit hielten Geburt und Wiedergeburt für dasselbe. Das Schriftzeichen *kuei*, das sowohl »Seele« als auch «Wiedergeburt« bedeuten konnte, war ein Fötus.[19]

Die Yanomano sagen, daß sie Kannibalismus praktiziert hätten, weil ihnen ihre Muttergöttin Mamokoriyoma erlaubte, ihre toten Eltern und Kinder zu essen. Sie hätten aber mit der Verehrung der Göttin aufgehört und den Kannibalismus zur Sünde erklärt. Statt dessen wurde die Verbrennung der Toten eingeführt. Die Yanomano essen allerdings immer noch, vermischt mit anderen Nahrungsmitteln, die Asche der Gestorbenen. Die Asche wichtiger Vorfahren zu sich zu nehmen, ist eine heilige Zeremonie, der eine Stärkung der verwandtschaftlichen Bande zugeschrieben wird.[20]

In Südostafrika mußte eine Frau, die in eine andere Familie heiratete, Getreidekörner essen, die auf dem Schädel eines Vorfahren gewachsen waren. Wenn sie ein Kind bekam, achteten die Älteren auf Ähnlichkeiten zwischen dem Verstorbenen und dem neugeborenen Kind. In einer ähnlichen Weise wurden Getreidekörner auf die Mumie des Osiris und den Körper des Adonis gesät, wobei letzterer in Betlehem geboren war, dem »Haus des Brotes«. In einer feierlichen Kommunion wurde das Getreide von den Verehrern des Gottes verzehrt, die es als ein Mittel ansahen, wie er zu werden und gleichfalls wiedergeboren zu werden. Auch die HawaianerInnen hatten einen Gott wie Osiris, der zerstückelt und in vielen Erdhöhlen begraben wurde. Aus den Teilen seines Körpers wuchsen Nahrungsmittel.[21]

Fast alle Religionen enthalten versteckte Hinweise auf Kannibalismus. Abgesehen von dem Sakrament des Verzehrs ihres Gottes, das die Christenheit mit den heidnischen Religionen teilt, wurde die frühe Kirche auch eines tatsächlichen Kannibalismus beschuldigt. Die Römer behaupteten, die Christen würden Kinder opfern und verspeisen und ihre Hostien in das Blut der Kinder tauchen. Die Autoritäten der Amtskirche bestritten diese Vorwürfe nicht, sondern wiesen darauf hin, daß dies nur für die gnostischen Sekten zuträfe. Justinus der Märtyrer sagte, daß die Marcioniten Inzest und Kannibalismus praktizierten, Eusebius von Caesarea behauptete es von den Karpokratianern, Epiphanius zufolge taten es die Montanisten und Ophiten. Clemens von Alexandria, Irenaeus und der Presbyter Salvian aus dem 5. Jahrhundert warfen allen häretischen Sekten vor, kannibalische Riten zu praktizieren, die Schande über die Kirche brächten.[22]

Trotz mächtiger Tabus war der Kannibalismus auch im mittelalterlichen Europa nicht unbekannt. In Zeiten von Hungersnöten oder Epidemien, wenn in den Straßen der europäischen Städte und Dörfer viele Menschen verhungerten, verschwanden manche Körper einfach. 1435 wurde die Familie Sawney Beane aus Galloway angeklagt, seit Generationen von Menschenfleisch gelebt zu haben; allerdings wurden sie vom Gericht in Edinburgh zu Tode gefoltert, was die Geständnisse fragwürdig macht.[23] 1661 gestanden vier schottische »Hexen« unter der Folter, daß sie auf dem Friedhof von Forfar ein ungetauftes Kind ausgegraben und verzehrt hätten.[24] Dies scheint unwahrscheinlich, da ungetaufte Kinder nicht auf dem Friedhof in geweihter Erde beerdigt werden durften. Neben den Hexen traf die Anklage des Kannibalismus am häufigsten die Juden. (Siehe **Judenverfolgung**.)

1. Campbell, M. I., 446f. 2. M. Harris, 121. 3. Elworthy, 112. 4. Angus, 129.
5. Ebd., 107. 6. Waddell, 518, 527, 531. 7. Elworthy, 111.
8. Frazer, G. B., 680; M. Harris, 102f. 9. Branston, 101. 10. Thomson, 64, 145.
11. Herodot, 83f. 12. Summers, V., 263f. 13. Tannahill, 15f.
14. Baring-Gould, C. M. M. A., 158. 15. Briffault 2, 460. 16. *Assyr & Babyl. Lit.* 448.
17. Summers, V., 227. 18. Gaster, 521. 19. Brandon, 98. 20. Chagnon, 46, 51.
21. Campbell, P. M., 127, 200. 22. J. B. Russel, 89f. 23. Summers, V., 61.
24. Tannahill, 101.

Kanopen

Ägyptische Grabgefäße, die die Eingeweide der Mumien enthielten. Abgeleitet von der Stadt Kanopis, »Auge des Hundes«; das war der griechische Name für den Stern des Anubis, den die ÄgypterInnen Sothis (Sirius) nannten, das »Auge« des Sternbildes Canis Major, Großer Hund. Von diesem Stern wurde angenommen, daß er die inneren Teile des Gottes Osiris in seiner mumifizierten Phase als Herr der Toten enthielt. (Siehe **Hund.**)

Kara

Schwanenkönigin der Walküren, die ihre Feinde besiegte, indem sie in einem Kleid aus Schwanenfedern und magische Lieder singend über sie hinwegflog. Ein anderer Name der arischen Großen Göttin; als Mutter der himmlischen Nymphen bzw. Apsaras auch Kauri, Cara, Kari u. a. genannt. (Siehe **Schwan.**)

Karezza

Coitus reservatus; tantrisches *Maithuna*, wahrscheinlich vergleichbar mit der *Drudaria* in mittelalterlichen höfischen Liebesgedichten: Geschlechtsverkehr ohne männlichen Orgasmus. Ziel war es, die geistigen

Kräfte des Mannes zu steigern durch Zurückhaltung der Samenflüssigkeit und Aufnahme der Energie, die die Partnerin in ihren mehrfachen Orgasmen ausströmte. (Siehe **Tantrismus**.)

Kari

Malaiische Version der Göttinnentrias Kali, manchmal auch gleichgesetzt mit den »drei Großmüttern unter der Erde«, die die Fluten hervorbringen, d. h. die vernichtende Sintflut und die anschließende Neuschöpfung. Kari war auch eine vorzeitliche Schöpferin, wahrscheinlich androgyn. Sie brachte die ersten Menschen zur Welt, die sie mittels magischer Blumen (dem yonischen Lotus) empfangen hatte.[1] Kari sprach mit der Stimme des Donners.

1. Hays, 352.

Karl der Große

Fränkischer Kaiser, dessen Herrschaft (768–814) den zweiten Wendepunkt in der Geschichte des Heiligen Römischen Reiches darstellte. Er war ein zweiter Konstantin. Karl fand es nützlich, Christ zu sein, da die Kirche seine Eroberungskriege billigte – wie die heidnischen Stammesreligionen es nie getan hätten –, ihren Anteil der Beute einsteckte und ihn schließlich mit der Kaiserkrone belohnte. Er durfte auch eine besondere Form der Ehe eingehen, die anderen Männern nicht erlaubt war. Er hatte vier Ehefrauen und unzählige Konkubinen, die von den Kirche tolerant als »Ehefrauen zweiten Grades« beschrieben wurden.[1]

Die Herrschaft Karls war eine schmerzliche Zeit der Aggression gegen die matriarchalischen Religionen seiner Vorfahren. 772 ließ er mehr als 4000 Sachsen ermorden und ihr Heiligtum in der Eresburg, einen Omphalos der Erdmutter Hera, zerstören. Er ließ den phallischen Stamm der Irminsul fällen, der »Säule der Erde«, dieselbe *axis mundi* (»Weltachse«), die von den GriechInnen Große Herme, in Skandinavien Yggdrasil und von den ChristInnen Kreuz genannt wurde.[2]

Nachdem er, um die heidnischen Stämme zu demoralisieren, ihre Heiligtümer zerstört hatte, machte er sie zu Vasallen und bekehrte sie zum Christentum, indem er ihnen einfach die Wahl ließ zwischen Christentum und Tod. Alle, die sich gegen die Taufe auflehnten, wurden umgebracht. In 33 Jahren eines ununterbrochenen Krieges errichtete Karl das Heilige Römische Reich auf Kosten derart vieler Menschenleben, daß die Historiker nicht einmal versuchen, das Ausmaß dieser Massaker abzuschätzen.[3]

Karls Politik der Bekehrung durch das Schwert war so erfolgreich, daß die Kirche seitdem christliche Herrscher bei derartigen militärischen Aktivitäten immer unterstützte. Das Rolandslied drückt es so aus: »Die Bischöfe segnen die Wasser und bekehren die Heiden. Wenn einer sich wehrt, wird er verbrannt oder dem Schwert übergeben.«[4]

Manchmal diente auch das gesegnete Wasser dazu, die widerspenstigen Heiden umzubringen. Berichten zufolge wurden Konvertiten, die unter dem heiligen Goar bekehrt wurden, solange unter Wasser gehalten, bis sie entweder Christus annahmen oder ertranken.[5]

1. Murstein, 143. 2. Reinach, 144. 3. H. Smith, 251. 4. Goodrich, 96.
5. Guerber, L. R., 193.

Karma

Hindu-Begriff für Schicksal, eventuell abgeleitet von Kauri-Ma bzw. Kali-Ma. Das gebräuchliche Symbol war ein Rad als Sinnbild für die endlosen Zyklen des Werdens und für das Kräftegleichgewicht im Universum. Dem Gesetz der Göttin entsprechend, mußte jedes Individuum zu seiner Entwicklung im Lauf des Großen Zeitrades eine Reihe von Inkarnationen vollziehen. Böse Handlungen resultierten in der Wiedergeburt zu einem schlechteren Leben; gute Taten führten zu einem Leben in größerer Tugend und vermehrtem Glück. Asketische Yogis des frühen Buddhismus verbreiteten die Vorstellung, daß sich die Zeitzyklen abkürzen ließen und daß sogar eine Flucht aus dem karmischen Rad möglich sei, und zwar in direkter Richtung auf den Zustand des Nirvana oder kosmischen Nicht-Seins, der individuellen Auflösung in der Unendlichkeit.

Karuna

Tantrischer Begriff für Mutterliebe in ihrer ursprünglichen Qualität, wie das Kind sie erfährt und im Erwachsenenalter umsetzt in alle Formen von Liebe: Berührung, Zärtlichkeit, Mitleid, Sinnlichkeit und Erotik im weitesten Sinne. Viele Jahrhunderte vor Freud war die kindliche »Sexualität« oder besser Sinnlichkeit durchaus bekannt. Tantrische Gelehrte nannten *Karuna* die Essenz der Religion, ein unterschwelliges Gefühl liebender Güte im Gegensatz zu der oft grausamen und sinnlosen Formulierung theologischer Prinzipien.[1] Es herrschte Einigkeit darüber, daß *Karuna* bereits im Kindesalter durch die elterliche, besonders die mütterliche Zärtlichkeit erlernt werden müsse. Was in der westlichen Zivilisation erst jetzt wieder neu entdeckt wird, war also schon seit langem bekannt: die Identität von kindlichen, sexuellen, liebenden und religiösen Verhaltensmustern. Damit war natürlich in keiner Weise sexueller Mißbrauch von Kindern durch genital-phallisch fixierte »erwachsene« Sexualität gemeint, sondern das positive Verhältnis des Kindes zu seinem Körper und seinen Sinnen durch die Erfahrung mütterlicher/elterlicher Zärtlichkeit und Geborgenheit.

Die Menschen der Antike wußten sehr genau, daß die Erfahrung des Verliebtseins die Mutter-Kind-Beziehung in ihrer intimen Körperlichkeit, Vertrautheit und Abhängigkeit nachvollzieht. Das Erkennen des anderen Menschen als besonderes Objekt der Liebe entwickelte sich sicherlich aus dem instinktiven Mechanismus, der eine Mutter mit dem Kind verbindet. Auch im Tierreich ist nachgewiesen worden, daß die Beziehung des Jungen zur Mutter ausschlaggebend ist für das sexuelle Verhalten im Erwachsenenalter.[2]

Im Altertum waren die heiligen Huren der Göttin Lehrerinnen der *Karuna*. Aus diesem Wort ist wohl auch die italienische Bezeichnung *carogna* für Hure abgeleitet. Im heidnischen Rom gab es eine Göttin mit dem Beinamen *Mater Cara*, »Teure Mutter«.[3] In ihr vereinigten sich alle Qualitäten von Sexualität, Mutterschaft, Eheglück, Freundschaft, Großzügigkeit und Gnade oder auch *caritas*, die von den Christen später entsinnlicht und in die sogenannte Barmherzigkeit umgewandelt wurde. Die griechische Version von *Karuna* wurde verkörpert von den Charites bzw. Grazien, der nackten Dreiheit, deren anmutige oder »grazile« Qualität im christlichen Kontext ebenfalls unterschlagen wurde. In Babylonien war die große Gott-Mutter Ishtar gleichzeitig auch die große Hure und Liebhaberin aller Männer, die *Karuna* umschrieb mit den sich selbst charakterisierenden Worten: »Ich bin eine barmherzige Hure.«[4]

Das christliche Derivat von Mari-Ishtar ist **Maria Magdalena**, die heilige Hure, die von allen Huren sagte, diese würden »Mitleid mit der gesamten Menschheit empfinden«.[5] In den Apokryphen wird Maria Magdalena als die ureigentliche Päpstin erwähnt, die in sich den wahren christlichen Geist verkörperte, der den männlichen Aposteln verschlossen blieb und nur ihr durch die Liebe Jesu zu ihr eröffnet worden sei.[6] Bezeichnenderweise haben christliche Ikonographen Maria, die Hure, oft vermischt mit der Mutter Maria (siehe **Prostitution**).

Mutterschaft, sinnliche Befriedigung und warmherzige Gefühle wurden mit der Göttin unter ihren verschiedenen Namen und natürlich auch mit den Frauen, die ihr als irdische Stellvertreterinnen dienten, in Zusammenhang gebracht. Die Vorstellung von *Karuna* ist heutzutage in ihrer Vielschichtigkeit kaum mehr nachvollziehbar, weshalb es überaus schwerfällt, die ursprüngliche Bedeutung des Wortes angemessen zu erklären. »... jene Weisen der Wirklichkeitswahrnehmung und Verhaltensorganisation, die als vorwiegend ›weiblich‹ zu bezeichnen sind, können nicht verstanden werden als Qualitäten, die aus dem Kontext der heutigen Welt entstanden sind. ... Menschliches Verhalten hat sich über unzählige Jahrhunderte unter dem Zwang entwickelt, in einer primitiven Umwelt zu überleben. Zum Schutz des Schwächeren waren soziale Bindungen – ›Liebesbindungen‹ – zwischen Mann und Frau, Eltern und Kindern, Familien und größeren sozialen Gruppen unentbehrlich.« Im Grunde ist jedes Individuum auf irgendeine Weise schutzbedürftig: »Es kann sein, daß wir Einsamkeit deshalb als vernichtende Kraft empfinden, weil das Alleinsein für den Menschen – vor allem für den Säugling oder das Kind – stets den Tod bedeutet hat.«[7]

Die westliche Kultur verlor den Blick auf die enge Beziehung zwischen Sinnlichkeit und liebender Güte, als sich Augustinus mit seiner Überzeugung durchsetzte, daß jedes Kind sündig zur Welt kommt, weil es im Geschlechtsakt gezeugt wurde.[8] Fast sämtliche Ausdrucksformen der Liebe wurden theologisch beargwöhnt, da sie nahezu alle das weibliche Prinzip aufscheinen lassen (siehe **Ritterromane**). »Sie konnten den männlichen Sexualtrieb nicht akzeptieren und projizierten ihn deshalb auf die Frauen. Von Frauen wurde nun gesagt, daß ihre Lust nicht zu stillen sei. ... Frauen werden immer noch als Verführerinnen angesehen, was darin zum Ausdruck kommt, daß Prostituierte und nicht etwa ihre Kunden vor Gericht gestellt werden und daß dem Vergewaltigungsopfer oft vorgeworfen wird, es habe durch seine Kleidung oder sein verführerisches Verhalten die Attacke ›herausgefordert‹.«[9]

In einer Gesellschaft, die das Konzept der *Karuna* nicht zum Tragen kommen läßt, lernen Frauen als Mütter, Geliebte oder Haushälterinnen sehr schnell, »daß sie sich schämen sollen für eben jene Qualitäten, die ganz besonders die ihren sind. Paradoxerweise werden sie gleichzeitig ständig bedroht von der Aussicht, daß sie vor sich selbst und vor den Augen anderer versagen, wenn sie nicht so liebevoll, hingebend oder zärtlich anderen gegenüber sind, wie es von ihnen verlangt wird.« Das Resultat ist »ein schädliches soziales Klima, das bei Männern zu wenig und bei Frauen zu viel Gefühl entstehen läßt«.[10]

Der Verlust dieser überaus wichtigen Gefühlsqualität kann übelste gesellschaftliche Auswüchse hervorrufen. »Die männlich geprägte Kultur versteift sich auf Maschinen und tote Gegenstände. Die Entscheidungen derer, die an der Macht sind, sind häufig realitätsfern und ohne Bezug zu den Notwendigkeiten des Lebens. Paradoxerweise ist zu beobachten, daß die öffentlichen Vorbilder, die uns dabei helfen sollen, den Tod zu leugnen, zunehmend das Leben aus dem Auge verlieren und sogar Verachtung dafür zeigen. Wir haben eine Zivilisation, in der Männer in hohen Positionen die Götter im Himmel imitieren; sowohl die sterblichen als auch die ›unsterblichen‹ Männer wähnen sich erhaben über die schlichte Sorge um Ernährung sowie über die Freude am Geschlechtsleben.«[11]

1. Woodroffe, 175. 2. Scarf, 178. 3. Potter & Sargent, 71. 4. Briffault 3, 169. 5. Malvern, 49. 6. Pagels, 64 (dt. 60). 7. Scarf, 107, 575 (dt. 286). 8. Holmes, 35. 9. Hirsch, 193. 10. Lewis, 242, 292. 11. Goldenberg, 107f.

Karyatide

Tempelsäule in der Gestalt einer Frau; nach der griechischen Tradition eine Priesterin der Artemis Karyatis, den Mondpriesterinnen von Karyae nachgebildet. Die sieben Hohenpriesterinnen der matriarchalischen Tempel waren als die sieben Säulen der Weisheit bekannt. Die Bibel sagt: »Die Weisheit hat ihr Haus gebaut, ihre sieben Säulen behauen« (Sprüche 9, 1). Schon im 3. Jahrtausend v. Chr. wurden in den moabitischen Tempeln der Großen Göttin sieben Menhire aufgestellt.[1] Jede Säule wurde anscheinend zu einem Seelenbild einer der sieben Mütter, der ursprünglichen »Säulen der Kirche«. (Siehe **Plejaden**.)

1. Gaster, 804.

Kassandra

Trojanische Prophetin, Tochter der Hekabe genannt, das ist die Königin Hekuba, welche die trojanische Göttin verkörperte. Nach der Eroberung Trojas wurde Kassandra von König Agamemnon gefangengenommen, den sie mit einem Fluch belegte. Den klassischen Mythen zufolge prophezeite sie seinen Untergang, was bedeutet, daß sie den Untergang nicht nur vorhersah, sondern vielmehr durch ihre magischen Sprüche heraufbeschwor. Kurze Zeit später wurde Agamemnon von seiner Gattin Klytämnestra und ihrem Liebhaber umgebracht. Die rituellen Umstände seines Todes zeigen, daß es sich nicht um einen einfachen Mord handelte, sondern um das Ersetzen eines Sakralkönigs nach dem alten Recht der Königinnen. (Siehe **Furien; Königtum**.)

Kaste

Erfinder des Kastensystems waren die indoeuropäischen patrilinearen Stämme, deren frühe Wanderzüge viele Zentren des neolithischen Martriarchats zerstörten; und doch mußten sie ihre soziale Hierarchie der Autorität von Mutter Erde zuschreiben, der Göttin der endgültigen Autorität. Ihre östlichen Abkömmlinge, die sich selbst Arier nannten, eroberten um die Mitte des 2. vorchristlichen Jahrtausends das nordwestliche Indien und brachten eine dunkle Zeit über eine ehemals blühende Zivilisation. Wie die westeuropäischen Priester eines späteren finsteren Zeitalters benutzten auch die arischen Priester das Kastensystem, um der eingeborenen Bevölkerung einen niedrigeren Status zuzuweisen und diese Ordnung mit einer angeblich göttlichen Einrichtung zu festigen.

Diese Kastendoktrin lehrte, daß alle, die in einer niedrigen Gesellschaftsstufe geboren wurden, eine notwendige Strafe für Sünden vergangener Leben erfuhren, auch wenn sie sich nicht an die Vergehen erinnern konnten. Es war ihre Pflicht, ihr Los ohne Klagen zu ertragen, hart zu arbeiten und ihren Vorgesetzten zu gehorchen, um so eine Beförderung im nächsten Leben zu erreichen. Es war vielleicht die effektivste Methode zur Aufrechterhaltung einer hierachischen Ordnung, die der menschliche Geist jemals ersonnen hat.[1]

Unter der Herrschaft der kriegerischen arischen **Asen**, welche die ehemals matriarchalischen Stämme Skandinaviens eroberten, »wurden die Kasten und Berufe als Spiegelungen der Naturgesetze in der Sphäre der Menschen betrachtet«.[2] Der Vater der nordischen Kasten war Rig-Heimdall, der »König der Meer-Heimat«, ihre Mutter die Dreifache Erdgöttin in allen ihren drei Gestalten.

Rig-Heimdall lag bei Edda, der Urgroßmutter, der ältesten der Göttinnen, und zeugte einen Sohn mit Namen Thrall, »Sklave«. Dann lag er bei Amma, der Großmutter, und zeugte einen Sohn namens Karl, »der Freie«. Dann lag er bei Modir, der Mutter, und zeugte einen Sohn, der Jarl, »Fürst, Prinz«, hieß. Diese drei waren die Urahnen der Kasten.

Derselbe Rig-Heimdall wurde auch Ram, Phallus, genannt. Er wurde als Gehörnter Gott geopfert. Wie Scyld, Arthur und andere heidnische Heroen wurde er von der neunten Welle des Meeres geboren. Sein Magisches Lied sagt, daß er von neun jungen Frauen geboren wurde, Töchtern der älteren Geschlechter, einer weiteren Multiplikation der Dreifachen Göttin, die überall die Mutter-Braut war. Die Neun machten ihn mit der kalten Kraft des Meeres und mit Opferblut stark.[3]

Rig-Heimdall erinnert an den vedischen Feuergott Agni, den Sohn der Wasser, der nach seinem Tod ins Wasser zurückkehrte. Manche behaupten, daß Agni immer wieder im Dalai Lama wiedergeboren wird, einem weiteren »Sohn des Meeres«. Der Rigveda sagt von Agni, »er leuchtet mit hellen Flammen, die nicht von Holz genährt werden, in den Wassern«.[4] Damit ist kein Meeresleuchten gemeint, sondern eine Allegorie der alten Vorstellung, daß Blut Meerwasser sei, das von Feuer erfüllt ist, dem Element der lebendigen Hitze (siehe **Elemente**). Wie der Gott durch seinen Tod Mutter Erde mit Blut befruchtet, so verwandelt auch Feuer, das im Wasser stirbt, das kalte Salzwasser in warmes rotes Lebensblut. Das war die Theorie, die hinter der »Vermählung von Feuer und Wasser« in den alten nordischen und vedischen Mythen stand.

Getrennt von den Kasten in den östlichen und westlichen arischen Gesellschaften waren die Ausgestoßenen die Unberührbaren oder Parias Indiens. Ihre Aufgabe war es, »Wasser zu holen und Brennholz zu hacken«. Ihre Tugend bestand im Akzeptieren und getreuen Verrichten dieser Arbeiten.[5] Es ist kein Zufall, sondern entspringt einer genuin indoeuropäischen Tradition, daß auch die Bibel von Ausgestoßenen spricht, die zwar nicht berührt, aber als »Holzfäller und Wasserträger« leben durften (Josua 9, 21). Die Autoren Jahwehs gaben vor, die Idee stamme von ihren Vorfahren, offensichtlich war sie aber dem fernöstlichen Konzept des Kastenwesens entlehnt.

1. Sprague de Camp, A. E., 294. 2. Campbell, Or. M., 416f.
3. Turville-Petre, 147, 150ff. 4. Branston, 140. 5. Campbell, Or. M., 459.

Kastration

Sämtliche Mythologien legen den Schluß nahe, daß die Männer, bevor sie ihre reproduktive Rolle verstanden, versucht haben, sich selbst zu »Frauen zu machen«, in der Hoffnung, dadurch eine Fruchtbarkeit wie die Frauen zu erlangen. Die Methoden umfaßten die Couvade, also das Nachahmen der Geburt, den vorgetäuschten Tod und die Wiedergeburt durch künstliche, männliche Mütter, ebenfalls die zeremonielle Verwendung roter Flüssigkeiten, um das **Menstruationsblut** zu imitieren, und **Transvestismus**.Eine andere Methode war die zeremonielle Kastration. Ihre primitive Absicht war, einen männlichen Körper in einen weiblichen zu verwandeln, wobei die baumelnden Genitalien durch ein blutendes Loch ersetzt wurden. (Siehe **Gebären durch einen Mann**.)

Viele Götter wurden auf diesem Weg zu Pseudo-Müttern. Der ägyptische Sonnengott **Ra** kastrierte sich selbst, um das Geschlecht der Ammiu aus seinem Blut hervorzubringen.[1] Der Phallus des hinduistischen »Großen Gottes«, Mahadeva, wurde von Priesterinnen der Großen Göttin abgeschnitten und in Stücke gehauen. Die Teile kamen in die Erde und brachten eine neue Menschenrasse hervor, die Lingajas (Männer des Lingam oder Phallus).[2] In einer Chukchi-Variante errang der Große Rabengott weibliche Geheimnisse der Magie, indem er den eigenen Penis zu Brei zerstampfte und diesen der Göttin Miti (Mutter) zu essen gab.[3] In der mexikanischen Mythologie schuf der Erlöser Quetzalcoatl neue Menschen, um die Erde nach einer Flutkatastrophe neu zu bevölkern. Dazu schnitt er seinen Penis ab und gab das Blut der

Herrin des Schlangenschurzes – der Göttin, der zahlreiche abgeschnittene Phalli an der Hüfte hingen, einer Gestalt, die auch im Nahen Osten bekannt war, zum Beispiel als **Anath**.[4]

Verschiedene Formen des Himmlischen Vaters wurden durch einen Kastrationsritus zu Schöpfern. Der Gott Bel schnitt seinen »Kopf« (des Penis) ab und vermischte das Blut mit Lehm, um Menschen und Tiere zu erschaffen, wobei er die Magie der Mutter Ninhursag kopierte.[5] Der phönikische Himmelsvater Schamin wurde von seinem Sohn El kastriert und schuf die Flüsse dieser Welt aus seinem Blut; dabei imitierte er die Menstruationsmagie der Großen Göttin. Die Araber nannten diesen Gott Shams-on, die Sonne. Die Bibel nennt ihn Samson oder Simson, dessen Blindheit wie die abgeschnittenen Haare mythische Metaphern der Kastration sind.

Das Abschneiden der »Haare« (Strahlen) des Sonnengottes hieß, ihn zu entmannen. Sein abgetrennter Penis stellte den Sohn/Nachfolger dar; der Penis wurde häufig »der kleine Blinde« oder »der einäugige Gott« genannt. Die griechische Personifizierung des Phallus, Priapos, war der Sohn der Aphrodite und ihres kastrierten Geliebten Adonis. Ihre römischen Entsprechungen Vesta und Vulcanus zeugten einen phallischen Gott namens Caeculus, »der kleine Blinde«.[6]

Uranus, »Vater Himmel«, wurde von seinem Sohn Kronos entmannt. Die abgeschnittenen Genitalien des Uranus fielen ins Meer und befruchteten es, woraus eine neue Inkarnation der Jungfrau Aphrodite Urania hervorging, »Himmlische Aphrodite«. Sie war die Herrscherin der frühen Kulte kastrierter Götter, zum Beispiel Anchises und Adonis. Sie war mit der kanaanitischen Herrin mit dem Schlangenrock identisch: auch ihre Priester kastrierten ihr zu Ehren Götter.

Ebenso verfuhren die Priester der nordischen Entsprechung Aphrodites, Freya-Skadis. Der nordische Himmelsvater war Odin, dessen zwölfter heiliger Name Jalkr, »Eunuch«, war.[7] Als ein kastrierter Gott war Odin der Sohn-Phallus eines älteren Eunuchen, der Vater und Sohn verkörperte. Denn Odin war auch der Einäugige Gott oder Völsi, ein »Pferdepenis«[8] (siehe **Pferd**). Wie der Hengst des vedischen Pferdeopfers wurde er kastriert. Ein später Mythos versuchte, Odins derben phallischen Titel damit zu erklären, daß Odin nicht von der kosmischen weiblichen Quelle der Weisheit trinken konnte, bevor er nicht ein Auge dafür gegeben hatte.[9] An dieser Stelle soll daran erinnert werden, daß sich die ägyptischen Götter Set und Horus im Wechsel der Jahreszeiten gegenseitig kastrierten, ihre abgeschnittenen Phalli wurden in der Mythologie ebenfalls als »Augen« bezeichnet.[10]

Die Schreiber der Bibel nannten den Penis »eine geschrumpfte Sehne«, die »auf der Höhlung des Oberschenkels liegt«. Das war die Sehne, die Jakob im Kampf mit »einem Mann, der Gott war«, einbüßte. Jakob, »der Nachfolger«, war ein anderer Name für Seth oder Set, der gleichfalls durch eine Himmelsleiter symbolisiert und ebenfalls in einen Kampf mit einem Widersacher verwickelt wurde, welcher mit seiner Kastration endete.[11] Set wurde kastriert, und sein Blut wurde bei der jährlich wiederkehrenden Zeremonie der Aussaat über die Felder verteilt, um das Wachstum zu fördern.[12]

Das Buch Genesis vermischt zwei Aspekte des Gott-Königs, der als Jakob den Kampf mit dem amtierenden König gewann und ihn ersetzte und als Israel seinen Kampf mit dem nächsten Nachfolger verlor und kastriert wurde. Is-Ra-El könnte eine verfälschte Form von Isis-Ra-El sein, der thronende Gott als Gefährte seiner Göttin, wartend auf den nächsten Herausforderer.[13] Die Silbe *El* wies auf seine Vergöttlichung hin.

Die durcheinandergeratene Geschichte von Jakob und dem Gott-Mann wurde vor allem in die Bibel eingefügt, um das jüdische Tabu zu untermauern, daß der Penis nicht gegessen werden durfte (Genesis 32, 33), was vormals ein Brauch der Sakralkönige nach ihrer Thronbesteigung war. Die Genitalien des erschlagenen Gegners wurden vom Sieger verzehrt, damit der phallische Geist von einem »Gott« zum nächsten überging. Das Königsheil (»Heiligkeit«) oder die »Tugend« (lat. *virtus*, was auch »Männlichkeit« bedeutet) des Königs saß in seinen Genitalien, da dies der Berührungspunkt mit der Göttin-Königin war. Unzählige Mythen über Könige, die ihre Väter kastrierten und ihre Mütter heirateten, entstanden, weniger wegen innerer ödipaler Konflikte, sondern vielmehr wegen der Bräuche, die in der Antike mit der Nachfolge des Königs verbunden waren. (Siehe **Königtum; Oedipus**.)

Der griechische König Aigeus starb in dem Moment, als sein »Sohn« Theseus aus Kreta zurückkam, um den Thron für sich in Anspruch zu nehmen. Der Schlüssel zu diesem Mythos liegt darin, daß Aigeus aufgrund eines Fluches »unfruchtbar wurde«. Derselbe rituelle Fluch wurde über alle Könige verhängt, die zu alt wurden, kurze Zeit später folgten dem Fluch dann die Kastration und der Tod.[14]

In den heiligen Dramen Kanaans wurde das Rohrzepter des sterbenden Gottes Mot zerbrochen, um seine Kastration anzudeuten.[15] Sein Name, der »Unfruchtbarkeit« oder »Tod« bedeutete, war ein Titel des Fruchtbarkeitsgottes Aleyin (Baal), wenn er in die absteigende Phase eintrat, in der sein Rivale den heiligen Thron errang und er zum Herrn der Toten wurde.[16] Die Sitte, die Genitalien des geschlagenen Königs zu essen, taucht in mehreren Mythen des Nahen Ostens auf, zum Beispiel in dem des hethitischen Gottes Kumarbi, einem aus einer Reihe von Himmelskönigen, die alle ihre Väter kastrierten.[17] Kumarbis Verzehr des Fruchtbarkeitsgeistes drückte sich darin aus, daß er »schwanger« wurde.

Väter und Söhne im Mythos zeigen eine bemerkenswerte Feindschaft gegenüber den Genitalien des anderen. Die Wissenschaftler neigen dazu, dies als Resultat des Oedipuskomplexes zu betrachten, welcher der Eifersucht der älteren Männer gegenüber den Jüngeren wegen ihrer größeren Virilität entspringt. Obwohl die Männer schließlich ihre hilflosen Versuche aufgaben, einen aus ihrer Mitte durch Umwandlung seines Körpers in einen weiblichen schwanger zu machen, erhielten sich die Bräuche der Kastration und der versteckten Kastration, weil sie ein Ventil für diese männlichen Eifersüchte hergaben.

Bei den Naturvölkern bieten die Pubertätsriten der Männer im allgemeinen einen Vorwand für Angriffe der älteren Männer auf die Körper der Jugendlichen. Eine abgewandelte Kastration kann in Form der Beschneidung (Zirkumzision) eingeführt worden sein, als Subinzision oder als andere genitale Verletzungen; daneben gibt es eine Vielzahl anderer Torturen wie das künstliche Beibringen von Narben, das Herausbrechen von Zähnen, Schläge, Quälereien und homosexuelle Vergewaltigungen.[18] »Der vorgespielte Ärger des Vaters wie des Beschneiders und die Mythen der ursprünglichen Beschneidung, in denen alle Jungen getötet wurden, zeigen mit Bestimmtheit die ödipalen Aggressionen der älteren Generation als grundlegende Antriebskraft hinter der Initiation.«[19]

Es ist eine allgemeine Regel, daß die Angriffe einer Gesellschaft auf die männliche Jugend um so brutaler werden, je patriarchalischer sie ist. Berüchtigt für ihre Brutalität war die moslimische *Esselkh* oder Opferzeremonie, ein vollständiges Abziehen der Haut von Hodensack, Penis und Leistengegend eines Knaben. Nachdem der Junge diese Folter ertragen hatte, wurde er mit Salz und heißem Sand weiter gequält und anschließend bis zur Taille in einem Misthaufen eingegraben. Nachfolgende Infektionen waren im Grunde nicht zu verhindern. Burton kommentiert das so: »Diese Tortur war manchmal tödlich.«[20] Legman weist darauf hin, daß Islam und Judentum »die chirurgische Einschüchterung des Sohnes durch den Vater an der Schwelle zur Pubertät kennen, entweder als psychologische Kastration der Beschneidung in der Pubertät (bei den Moslems) oder in Form derselben Operation, nur früher ausgeführt, im Alter von acht Tagen (im Judentum) oder als Erinnerung an diese Operation«.[21]

Die Subinzision bietet ein Beispiel für den Übergang einer Imitation des Weiblichen zu einem männlichen, sadomasochistischen Ritual. Bei den Arunta wurde die Subinzision folgendermaßen ausgeführt: Zuerst wurde ein langer Knochensplitter in die Harnröhre eingeführt. Dann wurde der Penis des Jungen bis zu dem Knochen mit einer Feuersteinklinge aufgeschnitten.Das Blut, das aus dieser Wunde floß, wurde auf ein heiliges Feuer geleitet, wie das Menstruationsblut der Menarche eines Mädchens. Die Operation hieß »Menstruation des Mannes«.[22] Die Wunde wurde »Vagina« genannt.[23]

Der offensichtliche Zweck dieser unerfreulichen Operation war, den Mann in eine Pseudo-Frau zu verwandeln. Der verstümmelte Jugendliche wurde sogar gezwungen, wie eine Frau im Hocken zu urinieren. Manchmal erneuerten die Männer die Verletzung mehrere Male, wobei sie die Litanei wiederholten: »Wir sind nicht von der Mutter getrennt, denn ›wir zwei sind eins‹.«[24] Den Eingeborenen zufolge wurde der Brauch von dem Geist eines Vorfahren eingesetzt, Mulkari oder Mu-Kari, vielleicht eine verfälschte Form von Mutter Kali (Ma-Kali), die auf der Malaiischen Halbinsel als Kari bekannt war.[25]

Diese primitiven Bräuche legen statt der freudianischen These vom Penisneid eher einen Vulvaneid als ursprüngliches Motiv hinter den rituellen Kastrationen nahe. Dieser Neid kann sogar in den sogenannten zivilisierten Gesellschaften gefunden werden. Bettelheim verwies auf den Wunsch mancher junger Männer, beschnitten zu werden oder sonstwie Blut zu lassen, wenn ihre Freundinnen zum ersten Mal menstruierten.[26] Die Beschneidung war sicherlich eine abgewandelte Form von früheren, das Weibliche imitierenden Kastrationen.

Die Einführung der Beschneidung wurde denselben Göttern – so wie El – zugeschrieben, die auch ihre Väter kastriert hatten. Das Ziel der Beschneidung war zu feminisieren. In Indien wurden die Jungen am Abend vor der Beschneidungszeremonie wie Mädchen gekleidet, mit Nasenring und allem. Auch im alten Ägypten trugen die Jungen auf ihrem Weg zur Beschneidung Mädchenkleider, ihnen folgte eine Frau, die Salz verstreute, ein gebräuchliches ägyptisches Symbol für das lebenspendende Menstruationsblut.[27]

Die Beschneidung fand mit dreizehn Jahren statt; dreizehn ist auch die Anzahl der Monate des Jahres nach dem alten Menstruationskalender, und dreizehn Jahre ist das traditionelle Alter für die Menarche. Nachdem die Juden die Beschneidung von den Ägyptern übernommen hatten, verlegten sie sie in die frühe Kindheit, wobei sie die Pubertätszeremonie, genannt Bar-Mizwah, interessanterweise an dem Zeitpunkt im Leben eines Jungen beließen, an dem wirklich nichts geschieht, im Gegensatz zu dem plötzlichen Einsetzen der Menarche bei einem Mädchen.

Die Beschneidung der Säuglinge wurde Mose zugeschrieben, der gegen den Willen seiner midianitischen Frau Zippora, die sich anscheinend der Verstümmelung ihres Kindes widersetzte, darauf bestand. Nach Beendigung der Operation warf sie Mose die blutige Vorhaut vor die Füße und nannte ihn einen »Blutbräutigam« (Exodus 4, 25).

Andere Stellen der Bibel zeigen, daß Vorhäute als geeignete Opfer für Jahweh galten. David kaufte seine Frau Michal dem König, dem Stellvertreter Jahwehs, für 200 Vorhäute der Philister ab (1. Samuel 18, 27). Andere Himmlische Väter verlangten nach ähnlichen genitalen Geschenken. Männliche Tiere, die Roms Himmlischem Vater Jupiter geopfert werden sollten, wurden kastriert.[28] Der Stier, der den entmannten Erlöser Attis darstellte, wurde ebenfalls kastriert.[29] Sein Blut brachte eine spirituelle Wiedergeburt für die, die darin badeten, ähnlich wie das Blut des christlichen »Lammes«, als ob es das geheime Blut des Mutterleibes wäre, nach den ältesten Überlieferungen die wahre Quelle des Lebens.[30]

Kastration als ein Mittel, weibliche Fähigkeiten zu erwerben, war unter den Priestern der Großen Mutter gemeinsam mit anderen Methoden, das Weibliche zu imitieren wie Transvestismus, noch deutlich zu erkennen. Selbstentmannte Priester in Frauenkleidern dienten der indischen Großen Göttin unter ihrem Namen Hudigamma.[31] Ähnliche Eunuchenpriester dienten in Tempeln des Nahen Ostens wie denen der *Dea Syria* in Hierapolis, der Artemis-Diana in Anatolien und der *Magna Mater* in Phrygien und Rom.[32] Der berühmte Seher von Theben, Teiresias, erlangte das Zweite Gesicht dadurch, daß er eine Frau wurde, wahrscheinlich durch Kastration, und sieben Jahre lang als Tempelprostituierte lebte.

Die vielleicht bekanntesten Selbstentmanner der antiken Welt waren die Priester von Attis und Kybele, der Großen Mutter. So wie Attis kastriert wurde und sein Blut gab, damit die Göttin befruchtet wurde, so schnitten auch seine Priester in Nachahmung seines Opfers ihre Genitalien ab und brachten sie dem Bild der Göttin dar.[33] Manchmal wurden die abgetrennten Glieder der Priester als ein besonderer Segen in Häuser geworfen. Als Gegenleistung gaben die Hausbesitzer den neuen Priestern Frauenkleider. Manchmal wurden die abgeschnittenen Genitalien in Körben oder *Cisten* zum Allerheiligsten der Mutter gebracht, wo sie gesalbt oder sogar vergoldet und dann in der Brautkammer feierlich beigesetzt wurden.[34] Der Phallus des Gottes wurde in Gestalt eines langen Pinienstammes in die heilige Höhle getragen, wobei der Pinienstamm, wie das phallische Kreuz der Erlösergottheiten des Nahen Ostens, gleichzeitig das Objekt war, an dem er gestorben war.[35] Seine Priester, die sein Selbstopfer nachgeahmt hatten, wurden mit dem androgynen Titel bezeichnet, der den ältesten Formen Shivas verliehen wurde: »Herren, die halbe Frauen waren.«[36]

Tertullian räumte ein, daß die »göttlichen Mysterien« der Christen mit den »teuflischen Mysterien« der heidnischen Erlöser wie Attis praktisch identisch waren.[37] Die Popularität des Attiskultes ließ die Christen manche der Wege der älteren Götter übernehmen. Eines der am besten gehüteten Geheimnisse der frühen Christenheit war die Aufforderung an den speziellen inneren Kreis der Eingeweihten, sich selbst zu entmannen, um durch diesen Beweis der Keuschheit größere Gnade zu erlangen. Die Kirche folgte dem Buch der Weisheit und lehrte: »Selig ist auch der Kinderlose (der Eunuch), der sich nicht frevelhaft verging« (Weisheit 3, 14).[38] Jesus selbst riet zur Kastration: »Manche sind von Geburt an zur Ehe unfähig,... manche haben sich selbst dazu gemacht – um des Himmelreiches willen. Wer das erfassen kann, der erfasse es« (Matthäus 19, 12).

Verschiedene frühe Kirchenväter erfaßten es. Origines wurde hoch gelobt, weil er sich selbst entmannt hatte.[39] In der *Apologie* des Justin ist stolz festgehalten, daß die römischen Ärzte von gläubigen christlichen Männern belagert wurden, die nach der Operation verlangten. Tertullian erklärte: »Das Königreich des Himmels steht für Eunuchen offen.«[40] Justin riet, die Christenknaben vor der Pubertät zu kastrieren, damit ihre Tugend dauerhaft geschützt sei.[41] Die drei Christen, die versucht haben, den Palast des Diokletian anzuzünden, soll Eunuchen gewesen sein.[42]

Im Mittelalter sangen in den Chören der Kathedralen *castrati*, die vor der Pubertät entmannt worden waren, um ihre Tugend und ihre Sopranstimme zu erhalten, die nach damaliger Auffassung Gott mehr gefiel als der »unreine« Sopran der Frauen. Frauen durften allerdings überhaupt nicht in Kirchenchören singen.

Kastration wurde auch den Mönchen empfohlen, die nicht die Dämonen ihrer sexuellen Begierden vertreiben konnten. Der Mönch Abaelard, dessen Liebesaffäre mit seiner Schülerin Heloise einen Skandal in der Kirche verursacht hatte, wurde gewaltsam entmannt. Aber es gab auch andere, welche die Keuschheit auf chirurgischem Wege anscheinend freiwillig wählten. Diesen Männern wurde der Titel Hesychasti beigelegt, »ewig Keusche« oder »die im Frieden sind«. Die Bezeichnung wurde in erster Linie mit den Mönchen vom Berg Athos in Verbindung gebracht, die derart asketisch leben, daß bis zum heutigen Tag kein weibliches Wesen auf ihren heiligen Berg darf; er ist für Hennen, Kühe, Ziegen und Frauen gleichermaßen verboten.[43]

Es ist wahrscheinlich, daß der Berg Athos nach Attis benannt wurde und ein Heiligtum war, dem seine Eunuchenpriester nahe seiner phrygischen Heimat in vorchristlichen Zeiten dienten. Es gab eine Figur der Magna Mater, die bis zum 14. Jahrhundert mit dem Berg Athos in Verbindung gebracht wurde. Die Mönche wurden als Häretiker bezeichnet, da sie sich zu sehr mit den Lehren einer gewissen sogenannten Nonne mit Namen **Irene**, »Frieden«, beschäftigten. Das ist die dritte *persona* der dreifachen Aphrodite, die sich in ihren Priesterinnen-Horen verkörperte. Irene wäre als **Alte** die Priesterin der Kastration gewesen, auf die es in den Mythen solcher Liebhaber der Göttin wie Anchises oder Adonis versteckte Hinweise gab.[44] Als die Kirche den Berg Athos von den Einflüssen der Irene säuberte, wurde der Abt Lazarus hinausgeworfen. Mit einem Gefährten, dem sogenannten Barfüßigen Kyrill, wanderte Lazarus durch Bulgarien und predigte dort die erlösungbringenden Tugenden der Nacktheit und der Selbstentmannung.[45]

Es scheint, daß die Kulte von Attis und **Kybele** ihren Einfluß auf die Christenheit im Balkan noch jahrhundertelang fortsetzen konnten. Die Mönchsgemeinschaften des Balkans bestanden aus Gruppen von je 50 Mönchen, wie die älteren »Kollegien« der kastrierten Priester der Großen Mutter. In Thrakien hatte die Große Mutter den Namen Kottyto, Mutter des hunderthändigen Riesen Kottus, eine allegorische Figur, die ihre fünfzig spirituellen Söhne darstellte, von denen jeder zwei Hände hatte.[46] Ihre Verehrung hielt sich im Verborgenen so lange, daß die Kirche sie als Hexerei bezeichnete und Kottyto zur Dämonin stempelte. Ein Heft, das 1619 in Paris gedruckt wurde, erinnerte an eben diese Tradition des Balkans, in der sich ein Priester auf eine Art Gott weihte, die später als ketzerisch verurteilt wurde: »Der Teufel schnitt seine Geschlechtsteile ab.«[47]

Die rituelle Kastration wurde von russischen Sektierern des 18. Jahrhunderts, die sich selbst Skoptsi, »Kastrierte«, nannten, wiederbelebt.[48] Sie nannten sich auch Volk Gottes und waren der Meinung, die Entfernung ihrer Genitalien würde ihnen weitreichende spirituelle Kräfte verleihen. Der »verrückte Mönch« Rasputin war ein Mitglied dieser Sekte.[49] Da Rasputin wegen seiner Frauengeschichten berühmt war, wollten nur wenige Zeitgenossen glauben, daß er ein Eunuch war. Sie hatten allerdings vergessen, was die Haremswächter des Orients nur zu genau wußten: auch Eunuchen sind in der Lage, Frauen sexuelle Befriedigung zu verschaffen. Die Macht Rasputins über seine weiblichen Anhängerinnen war auf jeden Fall eine seltsame Mischung aus spiritueller und sinnlicher Besessenheit.

1. Budge, G. E. 2, 89, 100. 2. G. R. Scott, 192f. 3. Hays, 412.
4. Campbell, M. I., 156. 5. Lindsay, O. A., 106. 6. Dumézil, 325. 7. Branston, 50.
8. Turville-Petre, 201. 9. *Larousse*, 257. 10. Norman, 42. 11. Graves, W. G., 355.
12. Budge, G. E. 2, 59. 13. Ebd., 1, 341f. 14. Campbell, C. M., 305. 15. *Larousse*, 78.
16. Hooke, M. E. M., 107. 17. Graves, G. M., 6.6. 18. Hays, 524.
19. Campbell, P. M., 98. 20. Edwardes, 97. 21. Legman, 416. 22. Brasch, 55.
23. Montagu, S. M. S., 243. 24. Campbell, P. M., 103. 25. Montagu, S. M. S., 241.
26. F. Huxley, 104. 27. Gifford, 42; Edwardes, 93. 28. Dumézil, 559.

29. Guignebert, 71f. 30. Angus, 239. 31. Gaster, 317. 32. Frazer, G. B., 403–409. 33. Ebd., 405. 34. Lederer, 145. 35. Gaster, 609. 36. Vermaseren, 126. 37. Robertson, 112. 38. H. Smith, 235. 39. Bullough, 100. 40. Briffault 3, 372. 41. Bullough, 113. 42. Brewster, 402. 43. Castiglioni, 221. 44. Graves, G. M., 18.3. 45. Spinka, 119f. 46. Ebd., 1, 32; Spinka, 117. 47. Robbins, 127. 48. Lederer, 162. 49. Martello, 175f.

Katharina, Heilige

Eine der populärsten Heiligen aller Zeiten – trotz der Tatsache, daß sie niemals existiert hat. Für viele Menschen wurde sie nur noch von der Jungfrau Maria übertroffen.[1] Allerdings räumen selbst katholische Gelehrte ein, daß ihre Legende »absurd« sei.[2]

Der Schlüssel zum Geheimnis der heiligen Katharina ist ihr sogenanntes Katharinen-Rad, das Feuerrad, auf dem sie ihr Martyrium erlitten haben soll. (Siehe **Rad**.) Auf dem Berg Sinai, dem ursprünglichen Zentrum des Kultes um die Heilige, war einst die asiatische Große Göttin als Tänzerin auf dem Feuerrad im Mittelpunkt des Universums abgebildet. Die Nonnen eines griechischen Frauenklosters des 8. Jahrhunderts n. Chr. auf dem Sinai bezeichneten sich selbst als *kathari*, »die Reinen«; das Wort ähnelt der Bezeichnung der Kathakali-Tempeltänzerinnen, die ihren Tanz der Zeit zu Ehren von Kali, der Göttin des Karmischen Rades, aufführten.[3]

Das Symbol des Rades nahm im Glauben der mittelalterlichen Gnostiker, die sich selbst Kathari nannten und die heilige Katharina beinahe als weiblichen Gegenpart Gottes verehrten, einen wichtigen Platz ein. Vielleicht ist das der Grund, warum katholische Kirchenfürsten im 15. und 16. Jahrhundert, nachdem die Katharer vernichtet waren, versuchten, die heilige Katharina aus dem Kanon zu verbannen.[4]

Ihr christlicher Mythos machte sie zum Vorbild einer jungen Schönheit, die der Jungfräulichkeit geweiht ist, außerdem war sie so weise, daß sie die Argumente von fünfzig heidnischen Philosophen gleichzeitig abschmettern konnte. Sie weigerte sich, den Kaiser zu heiraten, worauf dieser – dem gewöhnlichen Strickmuster der Hagiographen folgend – versuchte, ihre Liebe zu gewinnen, indem er sie in den Kerker sperren und foltern ließ. Ihre Glieder sollten auf einem brennenden Rad gebrochen werden, aber das Rad wurde von einem plötzlichen Blitzschlag zerschlagen, und sie war gerettet. Schließlich mußte sie enthauptet werden. Aus ihren Adern floß Milch statt Blut. Engel trugen ihren Leichnam von Alexandria zum Sinai, wo ihre Reliquien 500 Jahre später »entdeckt« wurden.[5] Aus ihren göttlichen Knochen trat ununterbrochen ein heilkräftiges Öl aus, das in Flaschen abgefüllt und mit großem Profit für das Kloster verkauft wurde.[6]

1. Brewster, 104. 2. Attwater, 209 3. *Encyc. Brit.*, »Kathakali«. 4. Brewster, 449. 5. Attwater, 209f; *Encyc. Brit.*, »Catherine«. 6. Jacobus d.V., 715 (dt. 507).

Katze

Neben Eule, Fledermaus und Wolf war die Katze das Tier, das am stärksten mit Hexen in Verbindung gebracht wurde. Wie alles andere, was mit Hexerei assoziiert wurde, geht auch diese Vorstellung auf die Verehrung der Großen Göttin in der Antike zurück. Die germanische Mutter Freya fuhr in einem Wagen, der von Katzen gezogen wurde.[1] Artemis-Diana trat häufig in Gestalt einer Katze auf und wurde mit der ägyptischen Katzengöttin Bastet gleichgesetzt. Die der Hekate heilige Sal- oder Palmweide (englisch *pussywillow*) trägt denn auch im Frühjahr »Kätzchen«.[2]

Die Katzenverehrung hatte ihren Ursprung in Ägypten, wo die ersten zahmen Hauskatzen Nachfahren einer wilden Urahnin waren, der *felis libyca*.[3] Nach Plutarch waren Katzen in das heilige Sistrum der Isis eingeschnitzt und stellten den Mond dar: »Ihre Aktivität bei Nacht und die besonderen Umstände, die ihre Fruchtbarkeit begleiten, machen sie zu einem eigentlichen Sinnbild dieses Himmelskörpers. Denn es wird von diesem Wesen berichtet, daß es zuerst ein Junges, dann zwei, dann drei und immer eines mehr gebiert, bis sieben erreicht sind. Insgesamt bringt sie also achtundzwanzig zur Welt, ganz so, als ob es die verschiedenen Grade an Helligkeit wären, die während des Mondumlaufes erscheinen.«[4]

Das ägyptische Wort für Katze war *Mau*, sowohl eine Nachahmung des Katzenrufes als auch eine Mutter-Silbe. In Ägypten galten die Katzen als so heilig, daß jeder, der einen Katze tötete, sterben mußte. Diodor, ein griechischer Historiker des ersten nachchristlichen Jahrhunderts, erzählt von einem verrückten Römer, der in Ägypten eine Katze umgebracht hatte und von der aufgebrachten Menge in seinem eigenen Haus erschlagen wurde.[5]

Bastet, die Katzen-Mutter der Stadt Bubastis, war ein wohltätiger Aspekt von Hathor, der Löwin. Die Feste der Bastet waren fröhlich, mit Musik, Tanz, Scherzen und sexuellen Riten verbunden.[6] Ihre dunkle Seite war Hathor als die Löwin-Sphinx, Sachmet, welche die Menschen zerriß und verschlang.[7] »Bei meinem Leben, wenn ich Menschen töte, freut sich mein Herz«, sagte sie von sich selbst. Ihr Feiertag erinnerte an ein Massaker, das einst von Sachmet, der Großen Katze, veranstaltet worden war. Der ägyptische Kalender der glücklichen und der unglücklichen Tage vermerkte für diesen Tag mit unfreiwilligem Humor: »Feindlich, feindlich, feindlich ist der 12. Tybi. Vermeide es, an diesem Tag eine Maus zu sehen.«[8]

Der mittelalterliche Glaube an die neun Leben (heute meist sieben) einer Katze stammt wahrscheinlich über die mythische Gestalt der Neunfachen Göttin von den ägyptischen Enneaden. Es wurde oft behauptet, jede Hexe könne sich neunmal in ihrem Leben in eine Katze verwandeln.[9] Sie konnte auch die Gestalt eines Hasen annehmen.[10] Frazer beobachtete, »daß gerade Katzen diejenigen Tiere sind, in die sich, mit Ausnahme vielleicht noch der Hasen, die Hexen am häufigsten verwandeln sollten«.[11]

Nachdem sie nach England gebracht worden waren, wurden die Katzen als Totemtiere der Mondgöttin mit den Hasen verwechselt. Auf sanskrit heißt der Mond *cacin*, »mit dem Zeichen des Hasen«, manche behaupten jedoch, das Tier, das im Mond zu erkennen ist, sei eine Katze.[12] Das Banner der Königin Boudicca trug das Zeichen des Mondhasen, der auch der altsächsischen Göttin Eostre (Ostern) bei ihren Frühlingsriten geweiht wurde: daher kommt auch der Osterhase. Irische Bauern befolgen bis heute das matriarchalische Tabu gegenüber Hasenfleisch. Sie sagen, einen Hasen zu essen heißt seine Großmutter essen.[13] Ein verniedlichender Name für Katze, Muschi, dient auch als Bezeichnung der Yoni.[14]

Für die Schotten war die Göttin der Hexen die Mither o' the Mawkins, Mutter der Mawkins, wobei »mawkin« oder »malkin« entweder einen Hasen oder eine Katze bezeichnen kann.[15] Als die Katze zum primären Tier des Mondes wurde, war der traditionelle Vertraute der Hexen Greymalkin oder Grimalkin, eine »graue Katze«. Graymalkins sind auch die »Kätzchen« des Weidenbaums, der den Hexen heilig war und die heidnischen Spiele des Monats Mai ankündigte.

Der Inquisitor Nicholas Remy behauptete, alle Katzen seien Dämonen. 1387 hieß es von den lombardischen Hexen, daß sie den Teufel in Gestalt einer Katze verehrten.[16] An bestimmten Feiertagen wie Mittsommer, Ostern oder Karfreitag war es üblich, Katzen in Weidenkörben zu verbrennen. »Die Katze, die den Teufel darstellte, konnte nie genug leiden.«[17] Nach jüdischem Glauben waren die Katzen nicht von Gott gemacht. Das erste Katzenpaar wurde an Bord der Arche Noah aus den Nasenlöchern eines Löwen »herausgeniest«.[18]

1. Turville-Petre, 107; Branston, 133. 2. Graves, G. M., 28.5. 3. *Encyc. Brit.*, »Cat«. 4. Budge, G. E. 2, 517. 5. Ebd. 2, 61, 364. 6. *Larousse*, 37. 7. Budge, G. E. 1, 517. 8. *Larousse*, 36. 9. Hazlitt, 661. 10. Briffault 2, 618f. 11. Frazer, G. B., 762 (dt. 954). 12. Baring-Gould, C. M. M. A., 204. 13. Graves, W. G., 319. 14. Wainwright, 272. 15. Potter & Sargent, 71. 16. Cavendish, P. E., 223, 247. 17. Frazer, G. B., 760 (dt. 952). 18. Ochs, 106.

Kauri

Var. Gauri

Prä-vedischer Name der Göttin, die **Karuna** schenkt. Kauri wurde bisweilen auch übersetzt mit »Die Leuchtende«, womit der jungfräuliche Aspekt der Göttin angesprochen war: Sie, die ihre »Kraft« (Shakti) den Göttern gab.[1] Kauri war auch der Name für Vulva (Yoni), woran die Bezeichnung der **Kaurischnecke** erinnert, die universell als Symbol der weiblichen Genitalien und deren heilende und fruchtbare Fähigkeiten angesehen wird.

1. *Larousse*, 375.

Kaurischnecke

Die Kaurischnecke repräsentierte überall die göttliche Vulva und verwies normalerweise auf die Vorstellung der Wiedergeburt. Ihr Name leitete sich von der Göttin Kauri ab, die identisch war mit Kali-Cunti, der Yoni des Universums. Es gibt Skelette aus der Solutréen-Zeit, ca. 20000 v. Chr., die »großzügig mit Kaurischnecken verziert waren«.[1]

Die ÄgypterInnen dekorierten als Wiedergeburts-Zauber auch Sarkophage mit den Kauris. Kaurischnecken gelten im ganzen Orient wegen ihrer angeblichen Heil- und Regenerationskräfte immer noch als besonders wertvoll. Halsketten aus diesen Schnecken dienen in Indien als Amulette gegen den Bösen Blick.[2] Moslemfrauen glauben, Kauris sollten während der Schwangerschaft am Körper getragen werden. Die Japaner bewahren Kaurischnecken in ihren Ankleideräumen als »Glücksbringer« auf; wenn keine Kauris zur Verfügung stehen, dienen pornographische Photos von weiblichen Genitalien als Ersatz.[3] Für die ZigeunerInnen waren Kauris die wertvollsten aller schutzbringenden Amulette.[4] Die christianisierten Eingeborenen im Sudan halten Lederbänder, in die ein Kreuz eingeprägt ist, für wertvolle Amulette, aber ein wirklich »starker Zauber« entsteht erst, wenn an dem Lederband neun Kaurischnecken befestigt werden.[5]

Die RömerInnen nannten die Kaurischnecke *matriculus*, »kleine Gebärmutter«, sie war ein Symbol der Alma Mater (Seelenmutter) oder Lehrpriesterin, weshab sich Studenten auch heute noch an den Universitäten »immatrikulieren«, einschreiben müssen. Die römische Alma Mater lehrte die Philosophie der Liebe ebenso wie die Liebe zur Philosophie. Anders als die Christen glaubten die HeidInnen, heterosexuelle Liebe bedürfe sorgfältiger Pflege und Ausbildung.

Manchmal wurde die Kauri von den Römern auch *porcella*, »kleine Sau«, genannt, da sie ein Symbol der Göttin war, die selbst die Große Sau darstellte, zum Beispiel Demeter, Astarte, Ceres, Freya, Cerridwen usw. Von *porcella* leitet sich die Bezeichnung »Porzellan« ab, weil dieses an die weißglänzende Oberfläche der Kaurischnecke erinnert.[6] Ein griechisches Wort für Kauri war *kteis*, was daneben noch Muschel, Kamm und Vulva bedeuten konnte.[7]

Das extrem hohe Alter des Kaurischnecken-Symbols im Nahen Osten beweisen die Ahnen-Schädel, die schon im 7. Jahrtausend v. Chr. die Einwohner Jerichos aufbewahrten. Diese Vorläufer der jüdischen *teraphim* (z. B. Genesis 31, 19) wurden vom Körper abgetrennt, mit eingefärbtem Gips überzogen und bekamen Augen aus Kaurischnecken.[8]

Über die Verehrung, welche die MelanesierInnen und PolynesierInnen den Kauris entgegenbringen, schrieb ein Missionar, der Reverend George Brown: »Es ist etwas Heiliges an ihnen, aber was es ist, wird nicht ganz klar. Die Eingeborenen wollen nicht darüber sprechen.«[9] Vermutlich hatten die Eingeborenen, die er erwähnt, schon zu genau erfahren, daß es keinen Sinn hatte, mit den Missionaren über sexuelle Symbole zu reden.

1. Campbell, P. M., 376. 2. Gifford, 79. 3. Briffault 3, 277f. 4. Trigg, 43. 5. Budge, A.T., 352. 6. Leland, 102. 7. Lindsay, A.W., 132. 8. Whitehouse, 168. 9. Briffault 3, 275.

Kelle

Var. Kelly

Irisch-druidischer Priestername, abgeleitet von den vorchristlichen Tempelhuren der Göttin Kelle, Kale oder Kali. In irischen Schriften wird die göttliche Hure Maria Magdalena als eine Kelle dargestellt.[1] Der mittelalterliche und als etwas mysteriös erachtete Begriff *Kele-De* wurde als »Braut Gottes« übersetzt, wenn er eine Frau bezeichnete, und »Diener Gottes« im Fall eines Mannes.[2] Diese Übersetzungen sind jedoch ungenau. Kele-De bedeutet wörtlich »Geist der Göttin Kele«, die allem Anschein nach identisch ist mit der Göttin Kali der indoeuropäischen KeltInnen.

VerehrerInnen der Göttin Kele legten Wert auf die Suche nach innerer Vervollkommnung durch Meditation nach Art der Yogis.[3] Keles Götter nahmen wie östliche Yogis den Lotussitz ein. Für Peredur, ihren archaischen Gralshelden, war sie die »schönste Frau der Welt«, dargestellt in den drei Farben der Göttlichen **Prakriti**, die immer noch bekannt sind als **Gunas** und für Keles Schöpfungs-, Bewahrungs- und Zerstörungskraft stehen.[4]

Eine andere Gestalt der Göttin Kele scheint die mythische »Santa Kilda« zu sein. Sie wohnte auf einer entlegenen Felseninsel, die ursprünglich mit dem im Westen gelegenen Paradies der Toten gleichgesetzt wurde. Die Santa-Kilda-Insel gibt es immer noch, doch der Ursprung ihres Namens ist vergessen. Das allgegenwärtige irische Wort *kill* in der Bedeutung von Zelle oder Höhle bezeichnete früher ein Heiligtum von Kele, deren Priester sich Culdees, Colidees, Cele-De, Keledio usw. nannten. Manche von ihnen wurden in der christlichen Geschichtsschreibung als Mönche bezeichnet, obwohl sie offensichtlich verheiratet waren.[5]

Kildare war das bedeutendste Heiligtum der Göttin Kilda-Kele bzw. Brigit, die mit der Jungfrau Maria gleichgesetzt wurde, nachdem christliche Mönche den Ort vereinnahmt hatten. Allerdings war der Schutz des heiligen Feuers von Kildare schon seit langem Sache der Priesterinnen gewesen; Männern war der Zutritt zum Heiligtum verboten.[6] Der Austausch von Kilda-Kele-Brigit gegen Maria war gar nicht so abwegig, da sie nur verschiedene Aspekte ein und derselben Göttin sind, die in Indien seit Jahrtausenden als Kali-Mari oder Kel-Mari bekannt ist, als jene töpfernde Göttin also, die die Menschen aus Lehm geformt hat.[7] (Siehe **Kali Ma**.)

1. Malvern, 117. 2. Joyce, 352. 3. Paor, 72. 4. Goodrich, 63–66; Woodroffe, 328. 5. Brewster, 130f. 6. Briffault 2, 540. 7. Ders. 1, 474.

Kemosch

Hebräische Form von Schamasch, dem Sonnengott von Zippor und Moab, der im Tempel Salomos angebetet wurde (1. Könige 11, 7). Von den späteren Priestern Jahwehs wurde er »abscheulich« genannt, denn sie versuchten, alle Kulte außer ihrem eigenen zu unterdrücken. Da Kemosch einer der Rivalen Jahwehs war, wurde er in das spätere christliche Pantheon der Hölle als Dämon aufgenommen. Er war bei den Exorzisten sehr beliebt, die häufig behaupteten, aus dem oder der Besessenen den Dämon Kemosch ausgetrieben zu haben.

Keraunos, Heiliger

Kanonisierte Form eines phallischen Lichtgottes, der wie Luzifer in den Leib der Erde hinabstieg, um dort Herr der Toten zu werden. Die Alten nannten den Blitz manchmal *Gemma Ceruniae*, das Juwel des Keraunos – wobei »Juwel« hier im tantrischen Sinne als (männliches)

Juwel im (weiblichen) Lotos verstanden wurde.[1] Die Griechen glaubten, daß Keraunos bei seinem Abstieg in die Unterwelt zu Charon geworden war, dem Fährmann auf dem Styx.[2] Als christlicher Heiliger hatte er vor allem die Aufgabe, denjenigen, die ihn zuvor als **Psychopompos** verehrt hatten, das Christentum attraktiv zu machen.

1. Leland, 250. 2. H. Smith, 227.

Keres

Hundsköpfige Furien der Erdmutter Demeter. Sie gaben der römischen Entsprechung von Demeter ihren Namen, nämlich Ceres. Wie die Todeshunde der Großen Göttin in den meisten Mythen tauchten die Keres auf Schlachtfeldern auf und fraßen die Gefallenen, um deren Seelen zur Glückseligkeit zu verhelfen. Die Keres repräsentierten einen Aspekt jener beängstigenden Seelenführerinnen, die auch Walküren, Dakinis, Harpien, Nekhbet-Geier, Werwölfe oder heilige Hündinnen genannt werden.[1] (Siehe **Hund; Psychopompos**.)

1. *Larousse*, 166.

Kermaria, Kerlescan

Heilige Orte in der Bretagne mit ausgedehnten neolithischen Tempelkomplexen, wahrscheinlich der Göttin Ker, Car, Kore, Q're, Car-Dia, Kauri o. ä. geweiht. Ihr wurden im 3. Jahrtausend v. Chr. Massenopfer dargeboten, und zwar an einem Ort in Ägypten mit dem Namen Ker-Ma.[1] Die Tempel von Karnak in Ägypten und Carnac in der Bretagne heißen nicht zufällig gleich.

1. Campbell, Or. M., 61 ff.

Kernos

»Herz« oder »Kern«; der eleusinische heilige Krug, ein Uterussymbol, aus dem der Same des neuen Lebens sprießen konnte. Aus dem *Kernos* wurde das »Adonis-Gärtlein«, ein mit keimendem Weizen- oder Gerstensamen gefülltes und von Frauen gepflegtes Gefäß. *Kernos*-Zeremonien wurden bis ins 20. Jahrhundert hinein beobachtet, und zwar auf Sardinien, Sizilien, in Kalabrien und anderswo.[1] In England und Schottland wurde das Erntefest, das sogenannte Ingathering, Mell Supper oder (in christlichen Zeiten) das »Festival of Our Lady of Mercy« manchmal auch *kirn* genannt.[2]

1. Frazer, G. B., 396–402. 2. Brewster, 424.

Keroessa

»Die Gehörnte«, ein byzantinischer Beiname für Hera oder Io als himmlische Mondkuh, symbolisiert durch die Hörner der Mondsichel.[1] (Siehe **Kuh**.)

1. Elworthy, 183.

Kessel

Dieses Symbol bildete gewöhnlich den Gegensatz zum Kreuz, da es für die Hexen das Objekt der Verehrung war. Als »Schüssel voll Blut in der Hand Kalis« stellte der Kessel die zyklische Wiederkehr dar im Gegensatz zu der linearen Betrachtungsweise der Zeit durch das Patriarchat.

Shakespeare folgte einem traditionellen Muster, als er den Kessel mit den drei Hexen in Verbindung brachte, denn seit seinem ersten Erscheinen in der Bronzezeit war der Kessel das Symbol für die Dreifache Göttin des Schicksals, im Altenglischen *wyrd*: die *three Weird Sisters* oder die drei Schicksalsschwestern.[1]

Die ägyptische Hieroglyphe für die dreifaltige Schöpferin, Mutter der Sonne, des Universums und aller Götter waren drei Kessel.[2] Der nordische Gott Odin stahl seine göttliche Macht aus drei Kesseln mit Weisem Blut aus der Gebärmutter-Höhle der Erde, in die er in Gestalt einer phallischen Schlange eindrang und wo er die Erdriesin verführte, mit ihm zu schlafen.[3] Danach trank er das magische Blut aus den Kesseln und konnte fortan seine Gestalt verändern. Er verwandelte sich in einen Vogel und brachte das kostbare Blut zu den anderen Göttern. Dieser Mythos hat seinen Ursprung in der Gestalt des arischen Himmelsgottes Indra, der ebenfalls den Nektar der Göttin aus drei Kesseln trank, den drei Leibern der dreifachen Kali.[4] Indra stahl das Elixier, indem er sich von einer großen Schlange verschlingen ließ, die die weibliche Sexualität darstellt (Kundalini). Auch er verwandelte sich in einen Vogel, um das Elixier den andern Göttern zu bringen.

> *In fast allen Mythologien gibt es einen wundertätigen Kessel. Manchmal verleiht er Jugend und Leben, zu anderen Zeiten besitzt er Heilkraft, und manchmal können, wie im Braukessel des nordischen Ymir, Macht und Weisheit in ihm gefunden werden. Oft … bewirkt er Veränderungen.*[5]

Der Kessel, der die Veränderungen verursachte, war mit dem Mutterleib identisch, der immer wieder aufs neue Wiedergeburten ermöglichte, bei denen sich die Gestalt jedesmal änderte. In Babylon unterstand er der Kontrolle der Schicksalsgöttin Siris, der Mutter der Sterne. Ihr Kessel war der blaue Himmel, in dem sie den Met der Wiedergeburten umrührte. »Siris, die weise Frau, die getan hat, was notwendig war. Ihr Kessel ist aus funkelndem Lapislazuli. Ihr Topf ist aus reinem Silber und Gold. Im Met ist Jubel, im Met ist Freude.«[6]

Die Bibel nennt den Lapislazuli *sappur* oder »heiliges Blut«. Er war die Substanz, aus der der Thron Gottes bestand (Ezechiel 1, 26). In der Lutherübersetzung wird *sappur* unzutreffend mit »Saphir« wiedergegeben.[8]

Lapislazuli ist der blaue Himmelsstein, der gerühmt wurde wegen seiner Macht, Wiedergeburten zu ermöglichen. Der Papyrus von Nekhtu-Amen besagt, daß ein Amulett aus Lapislazuli für das Herz (*ab*) steht, die Quelle des Mutterblutes. Deshalb wurden solche Amulette in die Mumien hineingelegt, um ein neues Herz für die Toten zu liefern.[7]

Die chaldäische Kosmologie interpretierte den Himmel als sieben ineinanderpassende Gefäße, die Planetensphären, die wie umgedrehte Schalen oder Kessel angeordnet waren. Unter der Erde befand sich das Spiegelbild dieser himmlischen Bereiche, sieben weitere Sphären, die manchmal als Kessel beschrieben werden. Ein hethitischer Mythos bezeichnete sie als die Gefäße von Mutter Tod, der finsteren Zwillingsschwester der himmlischen Mutter Siris. »Der Torhüter hat die sieben

Türen geöffnet, hat die sieben Riegel fortgenommen. Unten in der dunklen Erde stehen sieben Kessel, ihre Deckel aus *abaru*, ihre Griffe aus Eisen. Was auch immer hineinkommt, es kommt nicht wieder hinaus.«[9]

Die ÄgypterInnen betrachteten die sieben Kreise des unteren Erd-Leibes manchmal als einen verjüngenden Kessel, den sie »Feuersee« nannten.[10] Die entsprechenden Himmelsgefäße waren, »über dem Himmel«.[11] Der göttliche Kessel erschien jedoch auch auf Erden, und zwar im heiligen Bezirk des Tempels.

Große Kessel in den ägyptischen Tempeln wurden *shi* genannt, sie waren das Vorbild für das Bronzemeer im salomonischen Tempel, das mit Sicherheit ein Kessel der Wiedergeburt war.[12] Die babylonischen Tempel besaßen die gleichen Gefäße, die *apsu* oder »Abgrund« hießen und für Taufen, zeremonielle Reinigungen und Wiedergeburtsrituale verwendet wurden.[13] Solch ein »Meer« wurde auch »Tiefe« genannt, auf Hebräisch *tehom*.[14] Wie die christlichen Taufbecken, die sich von diesen Vorläufern herleiten, war auch der Kessel oder das »Meer« ein Symbol für den Mutterleib. Das »Meer« Salomos repräsentierte seine Göttin Aschtoret (Astarte). Es war mit ihren yonischen Lilien verziert: »Sein Rand war wie der Rand eines Bechers geformt, einer Lilienblüte gleich.« (1. Könige 7, 26.)

König Aison (Jason) erstand wieder zum Leben, nachdem er im Kessel der Medea gekocht worden war. Medea bedeutete »Met der Weisheit«, sie war die Muttergöttin der Meder, denen sie ihren Namen gab. Auch König Minos wurde im Kessel der Göttin gekocht und im Tartarus vergöttlicht, wo er ein Richter und Herr des Todes geworden ist. Unter dem Namen der Demeter erweckte die Göttin in ihrem Kessel Pelops zu neuem Leben.[15] Einer Inschrift auf dem Berg Hermon zufolge wurde der römische Kaiser Heliogabalus auf ähnliche Weise »im Kessel vergöttlicht«.[16]

Der Evangelist Johannes wurde auf eine seltsame Art in den heidnischen Mythos des Verjüngungskessels aufgenommen. Er wurde in dem Kessel gekocht und verließ ihn lebendiger, als er ihn betreten hatte. Seine Symbole waren ein blutendes Herz und ein kochender Kessel.[17] Der Synkretismus des »Festes vom heiligen Johannes vor dem Latinischen Tor« (6. Mai) wurde schließlich zu peinlich. Deshalb wurde das Fest 1960 aus dem katholischen Kalender gestrichen.[18] Der apokryphe heilige Georg kam allerdings, da es sich um eine seiner ihm zugeschriebenen Martern handelt, auch weiterhin in den Kessel. Indem er das Kreuzzeichen machte, kühlte er den Kessel auf eine harmlose Temperatur ab, ein Beispiel dafür, wie ein matriarchalisches Symbol einem patriarchalischen untergeordnet wurde.[19]

Bei den KeltInnen Galliens und Britanniens war der Kessel der Wiedergeburt das zentrale Mysterium ihrer Religion: Reinkarnation im Leib der Göttin. Die Iren, die die dreifache Morrigan verehrten, nannten die zweite Person ihrer Trinität *Badb*, »Kochen«, sie brachte Leben, Weisheit, Inspiration und Erleuchtung hervor.[20]

Für die walisischen Barden war sie die Göttin Branwen, »eine der drei Matriarchinnen der Insel«, Besitzerin eines Kessels der Wiedergeburt, in dem tote Männer über Nacht wieder lebendig wurden.[21] Als »eine mächtige Feenkönigin«, Herrin vom See, wohnte sie in einem heiligen See, aus dem ihr Bruder Bran der Gesegnete später den Kessel heraufholte, der als Heiliger Gral bekannt wurde.[22] Dieser heidnische Gott wurde als Bron christianisiert, der angebliche Schwager Josephs von Arimathäa, von dem es hieß, er habe den Gral nach Britannien gebracht. Tatsächlich war der Gral im britannischen Heidentum aber schon lange bekannt, bevor seine Legende mit Christus in Verbindung gebracht wurde.[23] Branwen, die Göttin des Kessels, tauchte in mittelalterlichen Epen noch in einer andern Inkarnation auf, als Brangäne, die weise Frau, die Tristan und Isolde den Liebestrank mit seinen verheerenden Folgen gab.[24]

Die Göttin hatte auch irdische Inkarnationen. Childerich, der Sohn des Merowech, Gründer der ersten französischen Königsdynastie der Merowinger, heiratete eine Druidin mit Namen Basina (Kessel), die die Zukunft seines Geschlechts vorhersagte.[25]

Wie die »Meere« der alten Tempel hatte der Kessel der Wiedergeburt auch seine Entsprechungen auf der Erde. Jedes keltische Heiligtum besaß seinen heiligen Kessel. Aubreys *A Natural History of Surrey* erwähnt einen heidnischen Kessel, der zu Aubreys Zeit immer noch in der Kirche von Frensham aufbewahrt wurde: »ein außerordentlich großer Topf oder Kessel«, der nach einer örtlichen Legende von den Feen gebracht worden war.[26] Ein salisches Gesetz des 8. Jahrhunderts gegen Priesterinnen – oder Hexen, wie sie von der Kirche genannt wurden – verbot den heidnischen Brauch, bei Prozessionen den »Kessel zu den Plätzen, wo sie kochten, zu tragen«.[27]

Der walisische Barde Taliesin sagte von sich, er habe den Met der Weisheit von seiner Mutter erhalten, der Göttin Cerridwen, »der keltischen Großen Mutter, der Demeter«.[28]

> *Sie beschloß, nach den Regeln des Buches der Fferyllt (Feen-Weisheit), einen Kessel der Inspiration und Wissenschaft für ihren Sohn zum Kochen zu bringen … der Jahr und Tag lang nicht aufhören würde zu kochen, bis sie endlich für ihn drei gesegnete Tropfen der Gnade der Inspiration erzielt haben würde.*[29]

Die Dichtung Taliesins enthielt indirekte Hinweise auf den magischen Kessel, versteckt in den halb-undurchschaubaren Ausdrücken, welche die mystischen Geheimnisse vor den Uneingeweihten verbargen. Sein »Jahr und Tag« war eine Anspielung auf den heidnischen lunaren Kalender, ein Jahr bestand darin aus 13 Monaten zu je 28 Tagen, was zusammen 364 Tage ergab, mit dem einen zusätzlichen Tag waren es 365 Tage. »Jahr und Tag« kommt in vielen Märchen vor. (Siehe **Menstruationskalender**.) Taliesins Preiddeu Annwm (Die Reste von Annwm) erzählt von neun Frauen, Priesterinnen des ewigen Feuers, über dem der symbolische Welt-Kessel kochte, und vom yonischen Heiligtum (den Pforten des Kalten Palastes), zu dem das Schwert (der Phallus) des Königs erhoben wurde:

> *In Caer Pedryvan, dem viermal kreisenden,*
> *Das erste Wort aus dem Kessel, wann ward es gesprochen?*
> *Durch den Odem von neun Maiden wird er sanft erwärmt.*
> *Ist es nicht der Kessel des Häuptlings von Annwm, in seiner Art*
> *Mit einem Perlenkranz am Rande eingefaßt?*
> *Darin keine Speise kocht für den Feigling, den Meineidigen,*
> *Ein hell funkelnd Schwert wird ihm gebracht*
> *und gelegt in die Hand von Lleminawg,*
> *Und vor den Pforten des Kalten Palastes werden die Hörner des Lichts brennen.*
> *Und als wir mit Arthur zogen, bei seinen herrlichen Taten,*
> *Kehrte, außer sieben, keiner von Caer Vediwid zurück.*[30]

Die neun Schwestern waren identisch mit den neun Göttinnen der Glückseligen Inseln, die von Morgan der Fee regiert wurden, sowie mit den neun Musen der griechischen Mythologie und der prähellenischen neunfachen Göttin Nonakris, der Königin des stygischen Geburts-

Tores.[31] Sie kam bzw. kamen aus orientalischen Traditionen, die fast so alt sind wie die Zivilisation selbst. Die Chinesen stellten während der bronzezeitlichen Shang-Periode die Große Göttin der Geburt durch neun dreifüßige Kessel dar, die den Mischgefäßen der Musen ähnelten.[32]

Der alte Kult um den Kessel schreckte offensichtlich »Feiglinge« ab, denn es war ein Märtyrerkult. Wie den christlichen Märtyrern, so wurde auch den Opfern für den Kessel die sofortige Auferstehung zu einem Leben in Seligkeit versprochen. Strabon schreibt von kimbrischen Priesterinnen, die Männer opferten. Sie machten sie zu göttlichen Heroen, fingen ihr Blut in magischen Kesseln auf und lasen die Zukunft aus ihren Eingeweiden.[33]

Strabon
Griechischer Reisender, Geograph und Historiker des 1. Jahrhunderts v. Chr. Ein Anhänger der Stoa.

Kimbern
Germanische Stämme aus Jütland, das die Römer die kimbrische Halbinsel nannten. Im 2. Jahrhundert v. Chr. marschierte eine kimbrische Armee gegen Rom und versetzte die Stadt in ungeheuren Schrecken.

Manche Mythen erwähnen Kannibalenkessel, die groß genug waren, um darin einen ganzen Menschen zu kochen, und in diesen Mythen wird auch die Vorstellung angedeutet, daß der Tod in einem Kessel kein wirklicher Tod gewesen sei. Ein Zigeunermärchen erzählt von einem Heros, der von einer geheimnisvollen Herrin gezwungen wurde, gefährliche Stuten zu melken und dann in einem kochenden Kessel dieser Milch zu baden. Ein Gott in Gestalt eines königlichen Pferdes versprach, Frost über den Kessel zu blasen und ihn so abzukühlen.[34] Die Geschichte erinnert an die korinthischen »menschenfressenden Pferde« oder Priesterinnen mit Pferdemasken, die Bellerophon dazu brachten, auf dem königlichen Pferd Pegasus zum Himmel aufzusteigen, ein Symbol der Apotheose nach dem Tod.[35]

Auf dem berühmten Silberkessel, der aus dem Moor bei Gundestrup in Dänemark geborgen wurde, symbolisiert das Reiten auf einem Pferd die Vergöttlichung. Der Kessel, der um 100 v. Chr. entstand, zeigt eine Opferzeremonie. Die Opfer scheinen mit dem Gehörnten Gott, Cernunnos, gleichgesetzt worden zu sein, der im Lotossitz eines Yogis abgebildet wird, männliche und weibliche Symbole, Schlange und Halsring, in den Händen haltend.[36] Unten nähert sich eine Reihe von Opfern dem Kessel, der schildförmig und zweifach gelappt ist, wodurch er an eine Yoni erinnert. Ein Priester oder eine Priesterin wird gezeigt, wie sie ein Opfer kopfüber in den Kessel steckt.[37] Oben reiten die Heroen glorifiziert auf Pferden fort, sie reiten in den Sonnenuntergang, der den Himmel symbolisierte. Cernunnos wurde selbst zerstückelt und in einem Kessel gekocht, damit er wieder auferstehen konnte, dadurch wurde er zum geeigneten Gott für solche Riten.[38]

Eine ähnliche Szene wie auf dem Silberkessel von Gundestrup ist auf einer heiligen *Cista* aus Palästrina-Praeneste zu finden. Die römische Mutter der Zeit, Anna Perenna, erscheint dem sterbenden Gott Mars in Gestalt seiner jungfräulichen Braut Minerva. Sie steht über ihrem nackten Geliebten und drückt seinen Kopf in einen kochenden Kessel, während der Hund der Unterwelt zusieht, was auch auf dem Gundestrup-Kessel dargestellt ist.[39]

Manche heidnischen Mysterien verwandten Visionen des Kessels als Symbol für Tod und Wiedergeburt. Bevor ein sibirischer Schamane sein Amt ausüben konnte, mußte er sich den halluzinatorischen Erfahrungen unterziehen, in Stücke gehauen und in einem Kessel gekocht zu werden; manchmal dauerte die Phase dieser Halluzinationen drei Jahre lang. Bei den Jakuten, Burjaten und anderen Stämmen heißt es, daß der Schamane von den Geistern der Vorfahren getötet und in ihrem magischen Kessel gekocht werden mußte, dann bekam er neues Fleisch. Das Wort »Schamane« kommt vom tungusischen *shaman*, »Gestorbener« und bezeichnet jenen, der dem Herrn der Toten ähnlich geworden ist, der auf sanskrit Samana heißt. Die tibetischen Schamanen unternahmen ihre Seelenreise zur »Großen Hölle«, die als Eisenkessel dargestellt wurde, genannt das Eiserne Haus oder der Eiserne Berg. Dort wurde der angehende Schamane von den *rakshasas* – uralten Ahnengöttern – zerrissen und gekocht, nicht zur Bestrafung seiner Sünden, sondern als initiatorischer Vorgang.[40]

Die Skalden-Schamanen Skandinaviens machten dieselbe Seelenreise nach Hvergelmir, dem Mächtigen Brüllenden Kessel, Quelle der lebenspendenden Wasser bei der Erschaffung der Welt. Es war eine andere Version des dreifachen Kessels im Erdenleib, aus dem Odin Inspiration und Macht schöpfte. Auch Hvergelmir war dreifach, er wurde von dem Brunnen der Weisheit und Erinnerung flankiert, der den Namen Mimir (ein archaisches Wort für »Mutter«) trug, und dem Brunnen des fortwährenden Lebens, Urdarbrunner, dem Strom von Mutter Erde. Brunnen und Kessel in der Erde wurden von den drei Schicksalsgöttinnen (Nornen oder Parzen) bewahrt, wobei Mutter Erde selbst die erste der drei war.[41]

Auch als der Kessel der Wiedergeburt als Heiliger Gral in die christliche Religion aufgenommen wurde, angeblich der Kelch Christi beim Letzten Abendmahl, wurde er noch als *escuele* oder »Kessel« bezeichnet.[42] Die Ritter König Arthurs suchten ursprünglich den Gral in der Unterwelt von Annwm, nachdem sie eine göttliche Vision in der Burg von Elaine oder Elen empfangen hatten, die der jungfräuliche Aspekt der Dreifachen Mondgöttin war. Der Gral erschien in ihrer Hand, angekündigt von ihrer yonischen Taube. Für ihren Erwählten, Galahad, bedeutete es den Tod. Er regierte als Sakralkönig und starb am Altar, als er die Vision vom Gral hatte.[43]

Die zisterziensische Erzählung *Estoire del Saint Graal* berichtet, daß zwei »heidnische Herrscher«, Mordrain und Nascien (Tod und Wiedergeburt), von der Vision des Grals geblendet waren, aber durch eine Berührung mit jener Lanze, die Christus durchbohrt hatte, wieder geheilt wurden, und diese beiden Gegenstände wurden im selben Heiligtum aufbewahrt.[44] Das Motiv für diese Legende scheint gewesen zu sein, das weibliche Symbol (den Gral) gegenüber dem männlichen Symbol (der Lanze) geringer erscheinen zu lassen.

1. Goodrich, 18. 2. Budge, B. D., 114. 3. *Larousse*, 257. 4. Campbell, Or. M., 182.
5. Jung & Franz, 114. 6. *Assyr. & Babyl. Lit.*, 308. 7. Budge, E. M., 30.
8. Graves, W. G., 290. 9. Hooke, M. E. M., 101. 10. Budge, B. D., 205f.
11. Budge, G. E. 1, 203. 12. Maspero, 283. 13. Hooke, S. P., 47. 14. Lethaby, 219.
15. Graves, G. M., 108.h. 16. Gaster, 587. 17. Brewster, 230. 18. Attwater, 189.
19. Jacobus d.V., 236 (dt. 165). 20. Graves, W. G., 409. 21. Rees, 47.
22. Baring-Gould, C. M. M. A., 619. 23. Campbell, C. M., 533.
24. Guerber, L. M. A., 240. 25. Guerber, L. R., 147f. 26. Keightley, 295.
27. J. B. Russel, 69. 28. Baring-Gould, C. M. M. A., 620. 29. Briffault 3, 451.
30. Graves, W. G., (dt. 124). 31. Ebd., 406 (dt. 440). 32. Campbell, Or. M., 397.

33. Wendt, 137. 34. Groome, 107. 35. Graves, G. M., 75.5. 36. *Larousse*, 142.
37. Cavendish, V. H. H., 49. 38. Jung & Franz, 373. 39. Dumézil, 213, 243.
40. Eliade, S., 41 (dt. 45), 159, 237, 439 (dt. 457).
41. Branston, 53, 82; Turville-Petre, 246. 42. Campbell, C. M., 531.
43. Malory 2, 130, 268. 44. Campbell, C. M., 535.

Ketzer

Bezeichnung für Menschen mit abweichender religiöser Meinung, abgeleitet von *Katharer* (gr. »die Reinen«, vermutlich im 12. Jahrhundert vom Balkan her eingewanderte religiöse Sekte unter dem Einfluß von **Bogomilen**, **Manichäern** und **Gnosis**). Die Bezeichnung Ketzer bzw. Ketzerei wird heute meist gleichbedeutend mit **Häresie** verwendet.

Keuschheitsgürtel

Mittelalterliches Gerät, um die potentiellen Liebhaber einer Ehefrau aus ihrem Körper auszusperren, während ihr Ehemann im Krieg, auf einer Pilgerreise oder einem Kreuzzug war. Diese Beckengürtel besaßen kleine, mit Spitzen versehene Löcher, durch die Urin, Fäkalien und Menstruationsblut austreten konnten – jedenfalls in der Theorie. In der Praxis wird es unmöglich gewesen sein, sauber zu bleiben. Vaginalinfektionen, Hautausschläge und Geschwüre werden schon nach kurzer Zeit mit solch einem Instrument unvermeidbar gewesen sein, ganz zu Schweigen von den Folgen nach einigen Monaten oder Jahren.

1889 wurde auf einem österreichischen Friedhof aus dem 15. Jahrhundert das Skelett einer Frau ausgegraben, das noch den Keuschheitsgürtel trug, der vermutlich ihren Tod verursacht hatte.[1]

1. Brasch, 25.

Khenti-Amenti

Früher Name von Osiris, Erlösergott von Abydos, ca. 2000 v. Chr, auch König Zer genannt. Er betrat die Unterwelt (*Amenti*, *Amentet*, »Westen«) und kehrte als orakelsprechender Prophet zurück, der seine AnhängerInnen über das Leben nach dem Tod und die geeigneten Techniken zur Erlösung informierte. Wohlhabende ÄgypterInnen zahlten große Summen für eine Bestattung in der Nähe seines Grabes, um ihre persönliche Wiederauferstehung zu sichern.[1] Aus demselben Grund ließen sich ChristInnen später nahe dem »Leib« ihres Erlösers, also neben der Kirche beerdigen – daher der Kirchhof als Grabstätte.

1. H. Smith, 39.

Khepera

Skarabäus oder Mistkäfer-Gott; Ergebnis eines Versuchs, eine rein männliche Schöpfergestalt zu installieren. Khepera wurde von der Sonnenpriesterschaft verehrt, weil der landläufigen Vorstellung nach

Mistkäfer allein männlichen Geschlechts waren und sich durch Eier fortpflanzten, die ohne Hilfe von Weibchen in Kotkugeln ausgebrütet wurden.[1] Die Kotkugel des Käfers wurde mit der Sonne gleichgesetzt, die Khepera täglich über den Himmel rollt.

Manche Priester meinten, daß Khepera durch Masturbation zur Vaterschaft gelangen könne. »Ich kam zur Vereinigung mit meiner Hand, ... flößte Samen in den eigenen Mund und brachte aus mir hervor Nachkommen in Form von ... Schu und Tefnut.« Khepera bestand darauf, alleiniger Schöpfer zu sein; »es gab kein Wesen, das mit mir tätig war.« Doch wie alle Götter kam auch er ohne ein Muttersymbol nicht aus. Er sagte: »Ich legte einen Grund in Maa«, womit die ursprüngliche Materie als Göttin gemeint ist.[2]

Das Muttersymbol re-absorbierte ihn schließlich. Es heißt, daß Khepera zur reproduktiven Kraft erst gelangte, als er ein Auge der Mondin empfing, die den Tieren und Pflanzen Leben schenkte. Khepera wurde ein Kind dieser Göttin: »Tem-Khepera, der sich auf den Schenkeln der göttlichen Mutter selbst hervorbrachte.«[3] Dargestellt wurde er auftauchend aus einer yonischen Lotosblüte zwischen Isis und Nephthys, den beiden Aspekten der Göttin.[4]

1. Budge, B. D., 169. 2. Budge, G. E. 1, 295ff. 3. Budge, B. D., 119, 435. 4. d'Alviella, 29.

Var. Neter-Khertet

Khert-Neter

Ägyptischer Name für die Unterwelt und gleichbedeutend mit Amenti und Tuat. Khert-Neter war das Land der »vielen Wohnungen« und wurde angeblich regiert von dem mysteriösen *Neter*, jener archaischen »Gottheit«, die anscheinend die Ahnenschaft mütterlicherseits repräsentierte. (Siehe **Neter**.)

Khnum

Ägyptischer Töpfergott, dessen Priester behaupteten, daß er das Weltei auf einer Töpferscheibe geformt und Geschöpfe aus dem Schoß des Lehms habe hervortreten lassen. Dieser späte Mythos geht zurück auf ältere Geschichten von einer Göttin, die einst die Welt gebar und den Frauen die Kunst des Töpferns vermittelte, jenes Handwerks, das ursprünglich ausschließlich von Frauen praktiziert wurde.[1]

1. Neumann, G. M., 136.

Khon-Ma

Tibetischer Name für Mutter Erde, der göttlichen »Alten Mutter«, die über alle aus dem Element der Erde hervorgetretenen Lebewesen herrschte.[1] (Siehe **Erde**.)

1. Waddell, 484.

Kiakra

Vedischer Name für das sogenannte Keltische **Kreuz**, das ein Rad in der Mitte aufweist und die Vereinigung von männlichem und weiblichem Prinzip symbolisiert. In der Darstellung von Vishnu bedeutete dieses Emblem die dem phallischen Gott zugeschriebene »Kraft, Himmel und Erde zu penetrieren«.[1] Das Wort ist wahrscheinlich von **Chakra** abgeleitet, der Bezeichnung für den magischen Kreis aus Männern und Frauen bei tantrischen Riten. Das Kiakra war eine der ursprünglichen Kombinationen aus Kreuz und Kreis (Rad oder Ei), auf die das sogenannte Wotanskreuz zurückgeht, das *anch* von Osiris und andere männlich-weibliche Symbole für die göttliche Einheit.

1. Baring-Gould, C. M. M. A., 375.

Kindermord

Teil des Mythos vom heiligen Königtum: der regierende König wird durch eine Prophezeiung von der Geburt seines künftigen Überwinders benachrichtigt und versucht, seinem Schicksal zu entgehen, indem er ein Blutbad unter Neugeborenen anrichtet. Die Mythen von Sargon, Nimrod, Mose, Jason, Krishna, Mordred und auch Jesus berichten von einem massenhaften Kindermord.

Der erste Kindermörder war möglicherweise Kamsa, der König von Bhojas, der versuchte, durch die Ermordung einer ganzen Reihe von Kindern zugleich auch Krishna zu beseitigen. Eine Darstellung des Gemetzels findet sich in den Höhlentempeln von Elephanta; das Kreuz steht hier als Symbol für den König.[1] Nach dieser Version des Mythos entkam Krishna, weil er insgeheim gegen ein kleines Mädchen vertauscht wurde, das an seiner Stelle den Tod erlitt. Das Mädchen wuchs im Himmel auf und wurde eine Göttin. Sie drohte, sie würde Kamsa dereinst zerquetschen und sein Blut trinken, und Kamsa »verstand, daß sie sein Tod war.«[2]

Die Artus- bzw. Arthur-Version des Kindermordes entspricht dem typischen heidnischen Modell: Merlin weissagte Arthur, daß er einst von einem am 1. Mai geborenen Prinzen überwunden werden würde. Am 1. Mai – dem Fest des Frühlingsanfangs und keltischen Neujahrstag – wurde üblicherweise der König durch seinen Tanisten (den gewählten Nachfolger) oder »Sohn« ersetzt. Mordred war der Sohn von König Arthur und dessen Schwester Morgause, also zugleich sein Sohn und sein Neffe; damit hatte Mordred sowohl nach vaterrechtlichen als auch nach mutterrechtlichen Gesichtspunkten Anspruch auf den Thron. Malorys Erzählung zufolge war sich Arthur der offensichtlichen Qualifikation Mordreds nicht bewußt, als er die Ermordung aller am 1. Mai geborenen Kinder anordnete; die Überlieferung verunklarte den Mythos weiterhin dadurch, daß sie die Kinder verschieden alt sein ließ, obwohl sie doch am gleichen Tag geboren waren (»einige vier Wochen alt, andere noch jünger«).[3]

Sir Thomas Malory (ca. 1408–1471), englischer Schriftsteller, verfaßte im 15. Jahrhundert *Le Morte d'Arthur*, eine Zusammenfassung aller bis dahin bekannten Erzählungen der Artus-Sage.

Dann ließ König Arthur nach allen Kindern schicken, die um den ersten Mai geboren, von Herren gezeugt und von Damen zur Welt gebracht worden waren; denn Merlin hatte ihm gesagt, derjenige, der ihn vernichten würde, wäre am ersten Mai geboren. Deshalb ließ Artus sie alle kommen, bei Strafe des Todes.

Und so wurden viele Söhne von Herren ausfindig gemacht und zum König geschickt, ... und alle Kinder wurden auf ein Schiff gebracht, einige vier Wochen alt, andere noch jünger.

Und es geschah, daß das Schiff auf ein Riff lief und in Stücke zerschellte. Fast alle kamen ums Leben, nur Mordred wurde an Land gespült, wo ihn ein braver Mann fand, der ihn aufzog, bis er vierzehn Jahre alt war, und ihn dann an den Hof brachte.[4]

Die christliche Variante des Kindermordes findet sich nur bei Matthäus; die anderen Evangelien verlieren kein Wort darüber, Markus und Johannes erwähnen nicht einmal die Kindheit Jesu. Soweit Lukas berichtet, wuchs Jesus friedlich in Galiläa auf, nachdem er unmittelbar nach seiner Geburt in Jerusalem im Tempel vorgeführt worden war; kein König bedrohte je sein Leben. Der Matthäusbericht vom Kindermord (Matthäus 2) wurde offenbar nur aufgenommen, um damit die Flucht nach Ägypten zu begründen: so sollte die Prophezeiung »Aus Ägypten habe ich meinen Sohn gerufen« (Matthäus 2, 15) eingelöst werden. Möglicherweise wurde Herodes' Angriff auf die Kinder auch erfunden, um eine Verbindung zwischen Jesus und seinem ägyptischen Gegenstück **Osiris** herzustellen.

Die angeblich von Herodes umgebrachten Kinder wurden *en masse* heiliggesprochen, obwohl keinerlei schriftliches Zeugnis ihre Namen oder ihre Anzahl belegt. Ein moderner katholischer Wissenschaftler bemerkt dazu, man hätte in der Vergangenheit von einer riesigen Menge gesprochen, aber »es ist unwahrscheinlich, daß es sich um mehr als zehn oder zwanzig Kinder gehandelt hat«.[5] Allerdings ist seine Behauptung auch nicht begründeter als die, es seien zweihundert, zweitausend oder vielleicht auch gar kein Kind gewesen. Letzteres ist eigentlich am wahrscheinlichsten, zumal es sich hier nicht um einen besonderen, sondern um einen universellen Mythos handelt.

Die gesamte namenlose Gruppe wurde zum Schutzpatron der Kinder; in England gab es den Brauch, daß Kinder an ihrem Feiertag, dem 28. Dezember, verkleidet von Haus zu Haus zogen und um Geschenke bettelten. Im Jahre 1540 ordnete die Kirche per Erlaß ein Verbot dieses Brauchs an;[6] er ist seitdem nicht mehr beobachtet worden.

1. Baring-Gould, C. M. M. A., 374. 2. O'Flaherty, 213. 3. Malory 1, 35 (dt. 27). 4. Malory 1, 45 (dt. 27). 5. Attwater, 179. 6. Hazlitt, 131.

Kingu

Erstgeborener Sohn der sumerischen Schöpferin **Tiamat**. Sie gab ihm die Schicksalstafeln und die Vollmacht über alle anderen Götter. Doch er wurde von Marduk, dem Ortsgott Babylons, erschlagen. Aus seinem Blut entstanden die »lebendigen Wasser« der Erde.

Kirchhof

Siehe **Friedhof; Hof**

Kirke

Homerische »Zauberin«, die Männer in Opferschweine verwandeln konnte: ein mythisches Bild für den Übergang vom Menschenopfer zum Tieropfer während der archaischen Epoche. Kirkes Insel Aiaia war ein Begräbnis-Heiligtum. Der Name bedeutete »Klagen«. Kirke selbst war der Totenvogel *kirkos*, der Falke. Aus derselben Wurzel kommt das lateinische Wort *circus*, ursprünglich eine Einfriedung für Totenspiele.[1]

Als Kreis (oder Zirkel) war Kirke mit der Omphale von Lydien mit ihrem Spinnrad identisch: eine Schicksals-Spinnerin, Weberin des Menschenschicksals.[2] Homer nannte sie Kirke mit den geflochtenen Haaren, ein Hinweis darauf, daß sie wie die orientalischen Göttinnen die Mächte der Schöpfung und Vernichtung durch die Knoten und Flechten in ihrem Haar beeinflussen konnte (siehe **Haar**). Sie regierte die Sterne, die das Schicksal der Menschen bestimmten. Nach Plinius war Kirke eine Göttin, die »alle Lichter des Himmels lenkte«.[3]

1. Lindsay, O. A., 239. 2. Graves, G. M., 170.5. 3. Hawkins, 139.

Kirsche

Das englische »cherry«, Kirsche, ist ein umgangssprachlicher Ausdruck für eine Jungfrau. Bei diesem und vielen anderen derben Ausdrücken kann die spezielle Bedeutung bis in mythische Zeiten zurückverfolgt werden. Wie andere rote Früchte, zum Beispiel Apfel und Granatapfel, symbolisierte die Kirsche die Jungfräuliche Göttin: sie trug die Farbe ihres heiligen Blutes und darin ihren Samen wie in einer Gebärmutter.

Maya, die jungfräuliche Mutter Buddhas, umfaßte den Kirschbaum Sala, während sie ihr göttliches Kind gebar.[1] Manche sagen, daß der Baum ihre Jungfräulichkeit erkannte und die Zweige senkte, um seine Früchte anzubieten. Die Geschichte wurde nach Europa gebracht und entwickelte sich dort zum mittelalterlichen *Lied vom Kirschbaum*, in dem Maya durch Maria ersetzt wurde.

Die ZigeunerInnen verwendeten die Liebesmagie der Kirsche in vielen Zaubersprüchen, vor allem bei solchen, die mit der Jungfräulichkeit zu tun hatten. Wenn ein Zigeunermädchen einen Liebhaber für sich gewinnen wollte, bohrte sie in den vierzehn Nächten des zunehmenden Mondes Löcher in vierzehn Kirschkerne und trug sie an einem Faden an ihrem linken Oberschenkel (also auf der »weiblichen« Seite).[2] Die offensichtlichen Bestandteile dieses Zaubers waren die Penetration der Kirschkerne und das Anwachsen mit dem zunehmenden Mond, was auf Wachstum allgemein oder insbesondere auf die Schwangerschaft hinweist.

Wahrscheinlich machte die französische Tradition der höfischen Liebe die »Kirsche« (*cerise*) zu einem Synonym für »Geliebte/Geliebter« (*chéri/chérie*). Kirschrot galt oft als die Farbe der Liebe.

1. *Larousse*, 348. 2. Bowness, 22.

Kismet

Türkische Variante von Qis-Mah, dem arabischen »Schicksal«, das von der Mondgöttin Mah bestimmt wird. Die Bedeutung ist dem hindischen *Karma*, der römischen *Fortuna* und der griechischen *Dike* verwandt. (Siehe **Ma**.)

Klara, Heilige

Mythische Heilige, gebildet aus dem Titel der keltischen Großen Göttin, Sinclair, »Heiliges Licht«.[1] Diese ursprüngliche Form erhielt sich in den angelsächsischen Ländern als beliebter Vorname.

1. Hitching, 212.

Kleeblatt

Siehe **Shamrock**

Kleopatra VII.

Als eine der letzten Göttinnen-Königinnen folgte Kleopatra dem Beispiel der meisten ägyptischen Herrscher und erklärte sich zu einer Gottheit. Bei einer Feier in Alexandria »legte sie die Robe der **Isis** an und wurde als neue Isis angeredet«.[1]

Obwohl sie nicht aus Ägypten stammte, sondern aus der makedonischen Familie der Ptolemäer, übte sie die alten Rechte der ägyptischen Königinnen aus. Julius Caesar wurde ihr Liebhaber, da dies der einzige Weg war, auf dem er Ägypten zur römischen Provinz machen konnte. Aufgrund eines uralten Gewohnheitsrechts konnte kein Mann in Ägypten politische Macht ausüben, wenn er nicht mit Ägyptens Königin liiert war.

Einige von Kleopatras weniger bedeutsamen Liebschaften dauerten nur eine einzige Nacht, und ihre Liebhaber mußten für den einmaligen Genuß ihrer Liebe mit dem Leben bezahlen.[2] Dieser Brauch scheint später, nach dem frauenmordenden Sultan aus *Tausendundeiner Nacht* zu urteilen, von den männlichen Herrschern Arabiens übernommen worden zu sein. Die Gedankengänge, die hinter diesem Brauch stecken, bleiben geheimnisvoll. Es kann sein, daß Männer, die bei der Königin gelegen hatten (und somit bei der Göttin), in der Vorstellung der Beteiligten durch diesen Akt unsterblich geworden waren, denn jeder Mann, der sich mit einer Göttin vereinigte, wurde selbst zu einem Gott. Die Heilige Hochzeit, gefolgt von Tod und Vergöttlichung, bildete die Grundlage für viele antike Mysterien.

Als ihr Sohn Caesarion geboren wurde, ließ Kleopatra sich einen *mammisi* oder »Geburtstempel« für die Verehrung ihrer eigenen Mutterschaft errichten. Ihr Abbild im Tempel zeigte sie im Augenblick des Gebärens, wobei ihr die sieben Hathors halfen.[3] Kleopatras *mammisi* stand noch im vergangenen Jahrhundert und ist von europäischen Reisenden beschrieben worden, aber dann verschwand er.[4]

Kleopatra gebar auch Sonne und Mond in Gestalt von Zwillingen mit Namen Alexander Helios und Kleopatra Selene – Alexander-Sonne und Kleopatra-Mond.[5] Vielleicht stellen diese Kinder ihre eigene Vermählung mit dem Sonnengott von Alexandria dar.

1. Lindsay, O. A., 132. 2. Lederer, 323. 3. Budge, G. E. 1, 161. 4. *Encyc. Brit.*, »Hermonthis«. 5. *Encyc. Brit.*, »Cleopatra«.

Klitoris

Vom Griechischen *kleitoris*, »göttlich, berühmt, wie die Göttin«.[1] Der griechische Mythos personifizierte den Phallus als Priapos und die Klitoris als eine Königin der Amazonen mit Namen Kleite, Urahnin der Kleitae, eines Stammes kriegerischer Frauen, die eine Stadt in Italien gegründet hatten.[2] In Korinth war Kleite eine Prinzessin, «die Artemis lang und schlank wachsen ließ«, eine Allegorie ihrer Erektion.[3] Oder sie war eine Nymphe, die den Phallus des Sonnengottes liebte und seinen Bewegungen immer mit ihrem »Kopf« folgte – eine leicht zu durchschauende sexuelle Metapher.[4] In einer »entschärften« Version dieser Geschichte wurde sie in eine Sonnenblume verwandelt, die sich um ihre eigene Achse dreht, um der Bewegung der Sonne am Himmel folgen zu können.

Pausanias zufolge war die arkadische Stadt Klitor der Artemis oder der Demeter geweiht und lag am genitalen Heiligtum der Erde, dem Quellfluß des Styx (oder Alpheios).[5] Die Bedeutung dieses geographischen Mythos wird durch den alten Glauben erhellt, der Styx stelle das **Menstruationsblut** von Mutter Erde dar, den Ursprung und das Ende aller Dinge. An diesem Ort wurden auch die orgiastischen Priesterinnen der Artemis von ihrer Raserei befreit; deshalb hat vermutlich der örtliche *Omphalos* die Klitoris der Göttin dargestellt, nicht ihren Nabel.

Pausanias
Griechischer Reisender und Geograph des 2. Jahrhunderts n. Chr. Er lebte in einer untergehenden Kultur und wurde von dem Wunsch getragen, die alten heiligen Riten für die Nachwelt zu beschreiben.

Die spätere patriarchalische Gesellschaft ignorierte die Klitoris. Die christliche Kirche lehrte, Frauen dürften keine sexuellen Freuden erfahren, sondern müßten den Geschlechtsverkehr lediglich aus Gründen der Fortpflanzung über sich ergehen lassen. Deshalb wurden die heranwachsenden Mädchen und Jungen in bezug auf die weibliche Sexualität soweit irgend möglich in Unwissenheit belassen.[6] Selbst Ärzte kamen zu der Ansicht, daß bei einer tugendhaften Frau keine Klitoris vorhanden sei.

Seit dem Mittelalter zeigten sich die tugendhaften Frauen kaum jemals einem Mann nackt, noch nicht einmal ihrem Ehemann; so war es eigentlich keine Überraschung, daß die Männer keine Ahnung von der weiblichen Anatomie hatten, an der sie ungeschickt im Dunkeln herumtasteten. Fromme Ehepaare trugen die *chemises cagoules*, lange Nachthemden mit je einem kleinen Loch an der Vorderseite, das eine Befruchtung ohne allzuviel Körperkontakt ermöglichte.[7]

Bei einem Hexenprozeß im Jahre 1593 entdeckte der untersuchende Scherge (ein verheirateter Mann) offensichtlich zum ersten Mal eine Klitoris und identifizierte sie als Teufelsmal, sicherer Beweis für die Schuld der Angeklagten. Es war ein »kleines Stück Fleisch, herausstehend, als ob es eine Zitze sei, ein halber Zoll lang«, was der Henkersknecht »beim ersten Blick davon bemerkte, aber es war versteckt, denn es lag an einem sehr geheimen Ort, den anzusehen unschicklich war; jedoch am Ende, da er nicht bereit war, eine derart seltsame Sache zu verschweigen«, zeigte er dieses Ding mehreren Zuschauern.[8] Die Zuschauer hatten noch nie zuvor so etwas gesehen. Die Hexe wurde verurteilt.

Die europäische Kultur wußte sicherlich alles über den Penis und hörte nie auf, ihn zu verehren, auch nicht im Christentum. (Siehe **Phallusverehrung**.) Aber die Klitoris geriet in Vergessenheit:

> *Beinahe von Anbeginn unseres Lebens an wird uns allen beigebracht, das primäre männliche Geschlechtsorgan sei der Penis und das primäre weibliche Geschlechtsorgan die Vagina. Über diese Organe definiert sich angeblich das Geschlecht, sie bilden den Unterschied zwischen Jungen und Mädchen. ... Das ist eine Lüge. ... Bei diesen Definitionen wird das sexuelle Vergnügen der Frauen oft außer acht gelassen. Wenn die Menschen in Betracht zögen, daß Zweck der weiblichen Gechlechtsorgane ist, Frauen Vergnügen zu bereiten, dann würde das weibliche Geschlecht durch ein anderes Organ definiert und diesem würde auch die Hauptaufmerksamkeit gelten. Jede und jeder würde von Kindheit an lernen, daß das primäre männliche Geschlechtsorgan der Penis ist und das primäre weibliche Geschlechtsorgan die Klitoris.*[9]

Die medizinischen Autoritäten des 19. Jahrhunderts scheinen eifersüchtig darüber gewacht zu haben, daß die Frauen ihre eigene Sexualität nicht entdeckten. Mädchen, die durch Masturbation gelernt hatten, ihre orgasmische Kapazität zu entwickeln, wie es ja auch die Jungen lernten, wurden als ein medizinisches Problem betrachtet. Sie wurden oft durch eine Amputation oder ein Ausbrennen der Klitoris »behandelt« oder »geheilt«; auch durch »Miniaturkeuschheitsgürtel, Zusammennähen der Schamlippen, so daß die Klitoris nicht mehr zu erreichen war, sogar durch Sterilisation, indem die Eierstöcke chirurgisch entfernt wurden. Es gibt aber keine Hinweise in der medizinischen Literatur auf eine chirurgische Entfernung der Hoden oder eine Amputation des Penis, um die Masturbation (bei Jungen) zu unterbinden.«[10]

In den USA wurde die letzte nachgewiesene Klitoridektomie (Entfernung der Klitoris) zur Behandlung von Masturbation 1948 durchgeführt – bei einem fünfjährigen Mädchen![11]

Die 1976 veröffentlichte katholische Definition der Masturbation als eine »schwerwiegende moralische Störung« könnte die Angst mit zum Ausdruck gebracht haben, daß die Masturbation Auswirkungen auf die weibliche orgasmische Fähigkeit hat, von der mittlerweile bekannt ist, daß sie sich ebenso wie die männliche durch Masturbationserfahrungen entfalten kann.[12] Es ist noch nicht einmal ein Jahrhundert her, daß die Ärzte und Priester der viktorianischen Epoche feststellten, »die totale Unterdrückung der weiblichen Sexualität ist von entscheidender Wichtigkeit, um die Unterordnung der Frauen zu sichern.« Führende Autoritäten, wie Dr. Isaac Brown Baker, nahmen zahlreiche Klitoridektomien vor, um bei Frauen Nervosität, Hysterie, Katalepsie, Wahnsinn, Demenz und wie die Schlagworte für die Symptome sexueller Frustration noch heißen, zu behandeln.[13]

1. Young, 47. 2. Bachofen, 283. 3. Graves, G. M., 108.f. 4. Hamilton, 291.
5. Graves, W. G., 405f. (dt. 439). 6. Simons, 141. 7. Sadock, Kaplan & Freedman, 25.
8. Rosen, 296f. 9. Gornick & Moran, 292f. 10. Ebd., 293.
11. Ehrenreich & English, 111. 12. *Newsweek*, 26. Jan. 1976.
13. Nobile, 223f.

Kloster

Mittelalterliche Institution, die sich aus den heidnischen »Kollegien« der Priesterinnen oder *virgines* – unverheirateten Frauen (nicht unbedingt Jungfrauen), die sich dem Dienst der Göttin geweiht hatten – entwickelt hat.

Die ersten Klöster waren gemischt: eine Gemeinschaft von Mönchen gemeinsam mit Priesterinnen unter der Herrschaft einer Äbtissin, normalerweise einer Edelfrau mit Landbesitz.[1] »Die Priester und Mönche legten gemeinsam mit den Nonnen das Gelübde ab, der Äbtissin zu gehorchen, eine Imitation des Gehorsams Jesu seiner Mutter gegenüber.« Ein sächsischer Chronist des 10. Jahrhunderts spricht von Doppelklöstern, in denen »Priester beiderlei Geschlechts« leben, in einer Übersetzung wurde daraus allerdings »Priester beider Orden«.[2]

Als die christlichen Gesetze auch in die Eigentumsrechte der Frauen eingriffen, legten viele adlige Frauen das Gelübde ab, um ledig zu bleiben und ihren Reichtum vor den Ansprüchen der Ehemänner zu schützen. Daraus entstanden die sogenannten Adelsstifte, unabhängige Mini-Königinnenreiche. So leitete zum Beispiel das sächsische Stift in Gandersheim im 9. Jahrhundert seine Oberherrschaft direkt vom König her. Die Äbtissin saß ihrem eigenen Gerichtshof vor, hatte einen eigenen Sitz im kaiserlichen Rat und unterhielt ein eigenes stehendes Heer.[3] Kultur und Bildung wurden gefördert. In diesem Kloster erhielt Roswitha von Gandersheim ihre Ausbildung. Sie wurde »eine Sappho« genannt, »die an Rang den legendären Weleda und Arinia gleichkam, den alten Dichterinnen-Priesterinnen Germaniens«.[4]

Im 7. Jahrhundert bestätigte eine päpstliche Bulle dem Parthenon der *Beatae Mariae et Sanctae Columbae et Agathae* (Jungfrauenhaus der Seligen Maria und der heiligen Columba und Agathe) das Recht auf Steuerbefreiung, und daß es nicht der bischöflichen Jurisdiktion unterstellt war. Die Äbtissinnen von Las Huelgas herrschten über sechzig Städte, konnten innerhalb ihrer Diözese Bischöfe und Priester einsetzen, Pfründe an Kleriker ihrer eigenen Wahl vergeben, Kirchenrichter ernennen, Strafverfahren unter ihren eigenen Untertanen abhalten und neue Pfarreien einrichten. Den Bischöfen und päpstlichen Gesandten war es verboten, im Herrschaftsgebiet der Äbtissinnen Kirchen und kirchliche Einrichtungen zu visitieren. Die Nonnen blieben bis 1874 ohne Unterbrechung exempt, d. h. sie unterstanden nicht der Gewalt des Bischofs.[5]

In christlichen Erzählungen werden die alten Göttinnen-Königinnen als »Äbtissinnen« beschrieben, um die wahre Natur des heidnischen Matriarchats zu verschleiern. So war die heilige Odilie oder Ottilia angeblich Äbtissin auf dem Odilienberg, einer Pilgerstätte im Elsaß, die ihr heiliger Berg war.[6] Ihre Legende besitzt keine dokumentarische

Grundlage.[7] Sie wurde in betrügerischer Absicht heiliggesprochen, nur um ihre AnhängerInnen zum Christentum zu locken.

Viele Äbtissinnen behielten ihren heidnischen Titel der Hohenpriesterin – Sacerdos Maxima –, vor allem in den Klöstern Deutschlands. In Quedlinburg »hatte die Äbtissin die Herrschaft über die ganze Stadt, ihre Einwohner, Kirchen, Hospitäler, Kleriker, Kanoniker und Kanonikerinnen und alle religösen Orden«. Sie war nicht nur Hohepriesterin, sondern auch oberste Kanonikerin am Dom, Metropolitana (Bürgermeisterin) und Matricia (Matriarchin). Die Äbtissin des Liebfrauenklosters von Überwasser in Münster trug den Titel einer *Prima donna et matre nostra spirituale*, »Herrin-Führerin und unsere spirituelle Mutter«. Die Zisterziensermönche von Las Huelgas gelobten der Äbtissin Treue: »Vornehme Dame, ... mein Prälat und meine Herrin, Höchste, Mutter und legitime Herrscherin in spirituellen und weltlichen Angelegenheiten des Königlichen Klosters und seines Hospitals«.[8]

Einige Jahrhunderte früher bedeutete der lateinische Titel der Sacerdos Maxima eine Hohepriesterin der großen Mutter der Götter. Rangniedrigere Priesterinnen, die als *ministra*, »Minister, Diener«, bekannt waren, assistierten ihr. Das (etwas altertümliche) Wort »Sodalität« für »Genossenschaft« kam vom lateinischen *sodales* und war ein Kollegium tanzender Priesterinnen, die im Tempel der Großen Mutter unterrichtet wurden.[9]

Daß Frauen in Klöstern noch lange die sexuellen Freiheiten der alten Priesterinnen bewahren konnten, kann daraus abgelesen werden, daß im Mittelalter »Kloster« und »Bordell« oft austauschbare Worte waren. Nicholas Clemangis schrieb, daß die Klöster nicht so sehr Heiligtümer Gottes seien, sondern vielmehr »Wohnstätten der Venus«.[10]

Das Wort *Nonne* bezeichnete ursprünglich eine Pflegeschwester oder Amme, d. h. eine Priesterin in einem Heiltempel, wie die »Nymphen« in den Kollegien der Hygeia und Panazea im heidnischen Griechenland. Daß die Klöster auch weiterhin als Hospitäler fungierten, wird durch die mittelalterlichen Epen nahegelegt: Verwundete, Kranke oder Sterbende wurden gewöhnlich von »Nonnen« gepflegt.[11] Im heidnischen Deutschland bezeichnete das Wort auch eine jungfräuliche Mutter. Damit verwandt ist der Name Nana für die jungfräuliche Mutter des Gottes Balder.

Manchmal gründeten heidnische Königinnen Klöster, damit sie heiliggesprochen wurden, genau wie die römischen Kaiser aufgrund ihrer religiösen Führerschaft zu Göttern wurden. Der Heiligenkalender enthält mehrere heidnische Königinnen, deren einziger Anspruch auf die Seligsprechung aus ihrem Reichtum bestand, mit dem sie die Jurisdiktion einer Abtei und das dazugehörende Land gekauft hatten. Einige der »heiligen« Königinnen waren den Männern der Kirche sogar ausgesprochen feindlich gesinnt. So zum Beipiel Königin Bathildis, die im 7. Jahrhundert ein Druidenkloster in Chelles gründete. Sie war die eigentliche Herrscherin der Westfranken und verschaffte ihrem Sohn Chlothar den Thron. Verschiedene Bischöfe, die es wagten, ihr in die Quere zu kommen, wurden durch gedungene Mörder beseitigt.

Schließlich wurde sie »unzeremoniell« durch christliche Adlige ihrer Macht beraubt und anscheinend als Häretikerin ermordet; trotzdem verehrten ihre Untertanen sie weiterhin und nannten sie »heilige Bathildis«.[12]

Zur Zeit Bedas wurde die Königin zur Hohenpriesterin von Ely geweiht, und ihr folgten bis zur dänischen Invasion von 866 noch mehrere Äbtissinnen, die über das Kloster *beatarum regimine feminarum* (Orden der seligen Frauen) herrschten. Königin Elfrida gründete 986 die Abtei von Wherwell. Die Abtei war den weltlichen Mächten enthoben und besaß viele Ländereien und Kirchen.[13]

Beda Venerabilis (ca. 672–735). Englischer Benediktinermönch, der eine wichtige Kirchengeschichte verfaßte.

Eine andere heidnische Prinzessin, die im 7. Jahrhundert ein Kloster gründete und kanonisiert wurde, war die heilige Wereburg aus dem Königshaus von Mercia, Herrscherin über die Stadt Chester. Ihr Haus war speziell für »adlige Damen« gedacht, die sich weigerten, ihren Besitz einem Ehemann zu geben. Die heilige Wereburg wurde Jahrhunderte später heiliggesprochen, und zwar wegen der Überzeugungskraft einer Legende, nach der ihre heiligen Gebeine die Feuer, die die plündernden Dänen in Chester gelegt hatten, zum Erlöschen brachten.[14]

Die heilige Hild oder Hilda, die aus dem Königshaus von Northumberland stammte, gründete eins der berühmtesten Doppelklöster der angelsächsischen Epoche in Hartlepool, die »Insel der Hirsche«. Ihr Einfluß erstreckte sich über ganz England. Sie setzte Bischöfe und Äbte ein und bevorzugte dabei vor allem die Dichter-Missionare mit keltischem Hintergrund. Nach Beda »nannten sie alle, die sie kannten, Mutter«.[15] Da sie den Namen der heidnischen Großen Mutter Hilda oder Hel trug, muß sich niemand über die wirkliche Grundlage ihrer Autorität wundern, in einem Jahrhundert, in dem der größte Teil der Bevölkerung noch nichts vom Christentum gehört hatte.[16]

Selbst als die Klöster christianisiert waren, wurden die Äbtissinnen wie Bischöfe ordiniert, und in manchen Gegenden besaßen sie mehr weltliche Macht als der Bischof, obwohl das in den Kirchengeschichten vertuscht wurde, manchmal sogar durch absichtliche Fälschung der Chroniken. So steht in einer päpstlichen Bulle, daß die Äbtissin des Cassianischen Klosters in Marseille »ordiniert« wurde, ein späterer Herausgeber machte daraus »gesegnet«. In Jouarre, Quedlinburg, Conversano und an anderen Orten hatte eine Äbtissin die oberste richterliche Gewalt über Kleriker und Laien in ihrem Gebiet inne. Nach den Regeln des heiligen Donatus waren die Äbtissinnen *Matris Spirituale* (geistliche Mütter) und hörten regelmäßig die Beichte. Französischen Kirchengeschichten zufolge erteilten die Äbtissinnen Männern die Absolution, indem sie ihnen eine Hand auf den Kopf legten.[17]

Die Kirche begann im 12. und 13. Jahrhundert die Rechte der Frauenklöster zu beschneiden, indem sie das Eigentum der Nonnen für sich beanspruchte und die Nonnen dem männlichen Klerus unterordnete. In Fontevrault gingen die Kanonikerinnen den Mönchen in den Prozessionen voran, sie trugen das Kreuz, predigten, lasen das Evangelium und nahmen die Beichte ab. Papst Innozenz III. nahm ihnen diese Privilegien. Zwischen dem weiblichen und dem männlichen Klerus kam

Streit auf. Die Mönche wollten nicht länger jedesmal die Knie beugen, wenn sie an der Äbtissin vorübergingen. Die Nonnen weigerten sich daraufhin, im Beichtstuhl vor ihren Brüdern niederzuknien. Innozenz III. befahl der Äbtissin von Jouarre, ihrem Klerus und ihren Laien, sich der Autorität des Bischofs von Meaux zu unterwerfen. Als die Äbtissin um Zeit bat, ihr Recht auf Unabhängigkeit zu überprüfen, wurde sie samt ihrer Gemeinschaft exkommuniziert. Erlasse des Konzils von Trient veränderten die Kirchengesetze dahingehend, daß die Frauenorden in Zukunft von Männerorden übernommen und beaufsichtigt werden sollten.[18]

Ziemliche Schroffheiten begleiteten die Trennung nach Geschlechtern und die Aufhebung der Doppelklöster, jedenfalls nach dem Brief des Abtes Konrad von Marchtal zu schließen, als Frauen aus seinem Orden ausgeschlossen wurden:

> *Wir und unsere ganze Gemeinschaft von Kanonikern, in Erkenntnis, daß die Verderbtheit der Frauen größer ist als jede andere Verderbtheit der Welt, und daß es kein Ärgernis gibt wie das Ärgernis der Frauen, und daß das Gift der Vipern und Drachen leichter zu heilen und weniger gefährlich ist für Männer als die Gemeinschaft mit Frauen, beschließen für die Sicherheit unserer Seelen, wie auch unserer Körper und unseres Gutes, daß wir auf keinen Fall eine weitere Schwester aufnehmen, um so unsere Verdammnis zu vergrößern, sondern daß wir sie meiden werden wie giftige Tiere.*[19]

Die Klöster waren für die Frauen Zentren der höheren Bildung gewesen, da ihnen damals der Zugang zu Schulen und Universitäten verschlossen war. Einst hatten Mädchen wie Jungen in Irland die kirchlichen Schulen besucht und Lesen und Schreiben gelernt; aber diese Praxis wurde später verboten, die Schulen blieben den Männern vorbehalten.[20] Die Nonnen der Prämonstratenser und Zisterzienser waren berühmt als Lehrerinnen von Frauen, bis das Konzil von Trient befahl, daß die Frauenorden von Männerorden übernommen werden mußten.[21] Den Zisterziensernonnen wurde verboten, weitere Klosterschulen einzurichten.[22]

Außerdem wurden die Nonnen dazu verurteilt, keine theologischen Inhalte mehr zu lehren oder zu diskutieren. Dieses Verbot lieferte den Vorwand, ihre Orden zu verbieten und ihr Vermögen zu beschlagnahmen. Dem Konzil von Vienne diente es als Ausrede, die lehrenden Nonnen, Beginen genannt, ihres Landes und ihrer Häuser zu berauben, als die Mönche der Inquisition das im Jahre 1312 verlangten:

> *Es ist uns berichtet worden, daß bestimmte Frauen, gemeinhin Beginen genannt, von einer Art Wahnsinn befallen, die Heilige Trinität disputieren und das göttliche Wesen, und Meinungen über Dinge des Glaubens und die Sakramente vertreten. ... Da diese Frauen niemandem irgendeinen Gehorsam versprechen und nicht auf ihren Besitz verzichten oder sich zu einer genehmigten (Ordens-)Regel verpflichten, ... haben wir beschlossen und mit der Zustimmung des Konzils erklärt, daß ihre Art zu leben für immer verboten ist, und daß sie alle zusammen aus der Kirche Gottes ausgeschlossen sind.*[23]

Die Beginen wurden gezwungen, in andere Orden einzutreten, die vom Papst genehmigt waren und in denen sie keine Bildung erlangen konnten. Ihre Besitztümer wurden von der Inquisition übernommen, die daraus Wohnhäuser und Gefängnisse für den Bedarf der Inquisitoren machte.[24]

Seit dem 12. Jahrhundert standen die Klöster unter dem zunehmenden Druck, die Regeln der strengen Abgeschlossenheit zu übernehmen und die Nonnen in strikter Trennung von der Welt zu halten. Die Stiftsdamen vom Liebfrauenkloster in Überwasser lehnten sich dreimal gegen die aufgezwungene Regel des heiligen Benedikt auf, die sie zur Isolierung von der Welt gezwungen hätte.[25] Viele Klöster wurden mit der Exkommunikation bedroht, mit Auflösung oder sogar mit der Verfolgung durch die Inquisition, um sie zu einer strengen Abgeschlossenheit zu zwingen und die geistige Entwicklung in den Köpfen der Schwestern zu unterbinden.

Zu Beginn des 17. Jahrhunderts versuchte die Lehrerin Mary Ward, einen katholischen Orden von Lehrnonnen zu gründen; sie waren in Deutschland als die »Englischen Fräulein« bekannt und wollten sich um die Erziehung junger Mädchen kümmern. Mary Ward und ihre Schwestern lehnten es ab, sich einem Kloster unterzuordnen. Deshalb wurde sie eingesperrt und der Häresie beschuldigt. 1629 wurde ihr Orden verboten. Papst Urban VIII. tadelte sie: »Gewisse Frauen, die sich Jesuitinnen nennen, versammelten sich und lebten zusammen, bildeten Kollegien und ernannten Superioren und einen General, sie nahmen ohne die Genehmigung des Heiligen Stuhles ein spezielles Ordenskleid an ... führten Arbeiten aus, die nicht zu der Schwachheit ihres Geschlechtes, der Bescheidenheit der Frauen und ihrer jungfräulichen Reinheit paßten.«[26] Nach einer typisch patriarchalischen Logik wurden die Englischen Fräulein dafür bestraft, daß sie taten, was Frauen angeblich gar nicht tun konnten.

Einige wenige Klöster schafften es, ihre prä-patriarchalische Unabhängigkeit zu wahren. So gelang es dem Klerus nicht, die Kanonikerinnen von St. Waudru in Mons hinauszuwerfen. In ähnlicher Weise scheiterten die Mönche von Fontevrault bei dem Versuch, die Hauptkirche oder das Nonnenhaus zu übernehmen, sie waren vielmehr bis zur Französischen Revolution gezwungen, weiterhin der Äbtissin Gehorsam zu schwören.[27]

1. *Encyc. Brit.*, »Women in Religious Orders«. 2. Morris, 45, 132.
3. Bullough, 158. 4. Borchardt, 107. 5. Morris, 18, 85f. 6. Gifford, 133.
7. Attwater, 257. 8. Morris, 58–65, 89. 9. Vermaseren, 57, 109.
10. Sadock, Kaplan & Freedman, 24. 11. Funk, 281. 12. Attwater, 60.
13. Morris, 25f. 14. Brewster, 93. 15. Attwater, 170.
16. Brewster, 490; *Encyc. Brit.*, »Hilda«. 17. Morris, 19, 71, 142.
18. Ebd., 48, 76, 37, 149. 19. Bullough, 160. 20. Joyce 1, 410.
21. Morris, 157. 22. Bullough, 191. 23. Ebd., 163. 24. Lea, 226.
25. Morris, 29. 26. Bullough, 208. 27. Morris, 149.

Klotho

»Die Spinnerin«, erste der griechischen Moiren oder **Schicksalsgöttinnen**; diejenige, die den Lebensfaden spinnt. Derselbe Name wurde Isis in ihrem »schrecklichen« Aspekt als Schöpferin-Zerstörerin beigelegt.[1] Klothos Faden war manchmal golden, meist aber blutrot.

1. Neumann, G. M., 162.

Klytämnestra

»Göttliches Werben« oder Heilige Hochzeit; die letzte matriarchalische Königin von Mykene; sie wurde von ihrem eigenen Sohn Orest erschlagen, einem Verehrer des patriarchalischen Gottes Apollon. Klytämnestra nahm für sich das traditionelle Recht der Königinnen in Anspruch, ihren Liebhaber selbst auszuwählen und jeden von dem nächsten umbringen zu lassen. So richtete sie es ein, daß ihr Ehemann Agamemnon von ihrem letzten Liebhaber Aigisthos erschlagen wurde, dessen Name »Starker Bock« bedeutete.[1]

Aigisthos besaß die richtigen mythischen Grundvoraussetzungen, um Sakralkönig zu werden. Er entstammte einer inzestuösen Verbindung. Seine Mutter Pelopia war eine Göttin aus der Sippe Klytämnestras, den Pelopiden. Als Kind wurde Aigisthos in der Wildnis ausgesetzt, gerettet und wie Zeus von einer Ziege gesäugt.[2] Er war dafür prädestiniert, ein Gott auf Erden zu sein.

Orest verhinderte dies, indem er seine Mutter und ihren Liebhaber umbrachte und durch den Muttermord den unerbittlichen Fluch des *miasmas* auf sich herabschwor. Die Rachegöttinnen verfolgten ihn, aber der Gott Apollon verteidigte ihn, da die Mutterschaft kein wirkliches Elternverhältnis begründete. Nach Bachofen ist die Mutter kein Elternteil, nach dem das Kind benannt werden könnte, sondern lediglich dazu da, den Nachwuchs aufzuziehen. Elterliche Rechte hat nur derjenige, der die Frau schwängert.[3] Diese apollinische Sicht der Elternschaft war auch die christliche Sichtweise, sogar noch nach 1827, als Carl Ernst von Baer die weibliche Eizelle entdeckte, die verglichen mit der männlichen Samenzelle riesengroß und viel komplexer ist.

1. Graves, G. M. 111.i. 2. Gaster, 224. 3. Bachofen, 159.

Knoblauch

Das ganze christliche Zeitalter hindurch wurde der Knoblauch als Schutzmittel gegen Vampire und Werwölfe betrachtet, er galt als mindestens ebenso wirkungsvoll wie ein Kruzifix. Dieser Glaube geht wahrscheinlich auf heidnische Bräuche zurück, denn die blutsaugenden Wiedergänger waren einfach Heiden, die verteufelt wurden, weil sie in rituellen Zeremonien das Blut ihrer Götter – und nicht das Blut Christi – tranken, um Unsterblichkeit zu erlangen. Knoblauch und KnoblauchesserInnen galten in den griechisch-römischen Tempeln der Göttermutter als tabu. Die Abneigung der Göttin gegen Knoblauch beruhte wahrscheinlich darauf, daß er bei Gruppenzeremonien und sexuellen Anbetungsriten störend wirkte, denn diese erforderten einen wohlduftenden Atem.

Knochen

Viele Religionen haben das Zerbrechen von Knochen eines Opfertieres mit einem Tabu belegt, aufgrund der Theorie, daß die Götter ein vollständiges Skelett benötigen, um es erneut zum Leben zu erwecken.[1] Bei einer Gelegenheit tötete der Gott Thor zwei Ziegen und erweckte sie wieder, aber der Oberschenkelknochen der einen war beschädigt worden, so daß die neue Ziege lahm war.[2]

Dieselbe Überzeugung findet sich auch in der Bibel. In bezug auf das Paschalamm befahl Gott: »Und ihr sollt keinen Knochen des Paschalammes zerbrechen!« (Exodus 12,46); »Sie sollen davon nichts bis zum nächsten Morgen übriglassen und sollen an dem Paschalamm keinen Knochen zerbrechen.« (Numeri 9, 12); »Er behütet alle seine Glieder, nicht eines von ihnen wird zerbrochen.« (Psalm 34, 21). Um diese angeblichen Phrophezeiungen zu erfüllen, wurden die Knochen Jesu nicht zerbrochen, damit er mit dem Lamm gleichgesetzt werden konnte: »Denn das ist geschehen, damit sich das Schriftwort erfüllte: Man soll an ihm kein Gebein zerbrechen.« (Johannes 19, 36).

Die Legenden verschiedener Heiliger benutzen ebenfalls das Motiv von Knochen mit der Fähigkeit zur Regeneration. Der heilige Germanus erweckte ein Kalb zum Leben, an dessen Fleisch er sich gerade gütlich getan hatte, indem er die Knochen auf das Fell legte und darüber ein Gebet sprach.[3] Ein abgeleiteter Glaube des Mittelalters war, daß es in jedem Körper einen unzerstörbaren Samen-Knochen gäbe, »aus dem, wie sie sagen, wie eine Pflanze aus einem Samen entspringt, unsere fleischlichen Körper bei der Auferstehung der Toten entspringen werden.«[4]

1. *Larousse*, 307. 2. Silberer, 82. 3. Jacobus d.V., 398 (dt. 293). 4. Agrippa, 88.

Knoten

Nach antiker Vorstellung verwebte und verknüpfte die Schicksalsgöttin die Fäden des Lebens. Die Heirat wird immer noch verstanden als ein Bund, der »geknüpft« wird, eine Metapher, die auf den Glauben zurückgeht, daß Aphrodite oder Juno zwei Lebensfäden miteinander verbindet. Isis-Hathor, die ägyptische Gottheit, band oder löste das Leben der Menschen mit dem *Tat*, dem Schicksalsknoten, und lehrte die Kunst der Herstellung magischer Knoten. *Tait*, der Titel, der ihr manchmal verliehen wurde, bedeutet »Knoten«. Hochrangigen ÄgypterInnen wurde versprochen, daß die Göttin ihnen persönlich das Totenhemd weben würde und daß auch »die Binden aus der Hand Taits« stammten.[1]

Der Schicksalsknoten in der griechischen Mythologie ist der gordische, den Alexander mit dem Schwert durchschlug in Erfüllung jener Prophezeiung, daß, wer diesen Knoten lösen könne, der Herrscher über ganz Asien werde. Ursprünglich stand dieser Knoten für die Verbindung des heiligen Königs von Phrygien – Gordios bzw. Midas – mit der Magna Mater. Der Knoten war am Joch eines Ochsenkarrens befestigt, auf dem Gordios in sein Königreich einfuhr, wie es das Orakel in Worten ankündigte, die der biblischen Beschreibung des triumphalen Einzugs von Jesus in Jerusalem ähneln: »Phryger, Euer neuer König naht mit seiner Braut auf einem Ochsenkarren!«[2]

Heidnische Religionen stellten einen Bezug her zwischen der Kunst des Knotens und den Binde- bzw. Lösekräften der Schöpfung und Vernichtung. Dieselbe Macht behauptet das Papsttum für die angeblichen Erben des heiligen Petrus (Matthäus 16, 19) (siehe **Petrus, Heiliger**). Die verschlungenen Wege des Schicksals und die Rätsel der Natur sind oft durch kunstvolles Knüpfwerk symbolisiert worden, zum Beispiel in den komplizierten Knotenmustern an skandinavischen oder sarazenischen Monumenten.

Hexen aus Finnland, Lappland und von den nördlichen Inseln bannten den Wind in magischen Knoten und verkauften diese an leichtgläubige Seeleute, die damit die Meereswinde zu steuern versuchten, so wie es Odysseus mit Hilfe von Äolos' Windschlauch getan hatte. Dieser Zauber wurde bis weit ins 16. Jahrhundert hinein praktiziert.[3] Von schottischen Hexen heißt es, daß sie Winde und Stürme mit Hilfe eines verknoteten Tuchs entstehen ließen, das sie in Wasser tauchten und dann auf einem Stein ausschlugen, so daß die Tropfen wie Regen sprühten. Dazu sangen sie:

Den Lappen schlag ich auf den Stein,
um Sturm in Teufels Namen zu befrein,
bis ich es will, soll er nicht ruhig sein.[4]

Im Jahre 1814 traf Sir Walter Scott eine gewisse Bessie Millie, die »mit des Teufels Hilfe« Winde in Form von verknoteten Stricken an Seeleute verkaufte.[5] Britische Hexen behaupteten, Nasenbluten durch das Knüpfen roter Schnüre stillen zu können – das klassische Blutsymbol der Schicksalsweberinnen.[6] Der Webfaden soll auch gegen »Lendenlahmheit« geholfen haben, wenn bei jedem Knotenschlag der Name einer Witwe ausgesprochen wurde.[7] Andererseits konnten Hexen Männer auch impotent machen, und zwar durch einen magischen Knoten, die sogenannte Ligatur. Natürlich hielten Männer dies für eine »verabscheuungswürdige Gottlosigkeit«, die nur mit dem Tod bestraft werden konnte. Der kanonischen Rechtsordnung zufolge waren Gottes Ansichten jedoch recht widersprüchlich, da diese Verhexung nur mit göttlicher Erlaubnis auftreten und allein »mit Gottes Hilfe« geheilt werden konnte.[8]

Die Juden fürchteten magische Knoten derartig, daß ein rabbinisches Gesetz sämtliches Knotenknüpfen am Sabbat verbot. Ein Rabbi war allerdings der Meinung, es müsse erlaubt sein, einen Knoten zu knüpfen, der sich mit einer Hand wieder lösen ließe.[9] Moslems behaupteten, daß Mohammed fast an einer Krankheit gestorben wäre, die jüdische Hexen mit einer Knotenschnur heraufbeschworen hätten, was aber rechtzeitig entdeckt worden sei. Beim Lösen von Knoten wurden stets Verse aus dem Koran aufgesagt. Moslems glauben immer noch, daß die 113. Sure des Korans vor den »Übeltaten jener Frauen, die auf Knoten blasen«, schützt.[10]

Knotenmagie wird auch von der mexikanischen *Recibidora* (Hebamme) praktiziert, wenn sie die Nabelschnur in komplizierter Weise knotet.[11] GriechInnen erinnern sich immer noch an die geknoteten Lebensfäden der Moiren, wenn sie von einem Verstorbenen sagen, daß »sein Faden durchtrennt ist«.[12] Dieselbe Dreiheit der Schicksalsgöttinnen beherrscht auch den »Nordischen Knoten« der drei ineinander verschlungenen Dreiecke, auch als Knoten der Völva bekannt.[13] Mit diesem dreifachen Symbol der weiblichen Genitalien wurde die Große Völva (Freya) angerufen, die das Schicksal der Menschen webte.

1. Erman, 73. 2. Graves, G. M., 83.e. 3. Robbins, 201. 4. Frazer, G. B., 93f. 5. Holmes, 207. 6. Maple, 147. 7. Agrippa, 157. 8. Robbins, 306f. 9. Barrett, 147f. (dt. 157). 10. Budge, A.T., 62–67. 11. Castiglioni, 139. 12. Hyde, 198. 13. Davidson, G. M.V. A., 147.

Kobolde

Germanische Erdgnome, die in Höhlen und Minen hausen und von König Alberich (engl. *Oberon*) regiert werden. Ihr Name ist abgeleitet von dem griechischen Wort *kaballoi*: Reiter(innen), womit ursprünglich nur die Amazonenstämme gemeint waren, die von der Großen Göttin angeführt wurden. Als Oberons vermeintliche Gemahlin hieß die Göttin Titania, Königin der Titanen, jener sagenhaften Erdriesen, die von den vor-hellenistischen PelasgerInnen anstelle der olympischen Gottheiten verehrt wurden.[1] Ähnliche Kobolde lebten im Untergrund und widersetzten sich den Geboten der neuen Himmelsgötter.

1. Givry, 315.

Königtum

In frühen asiatischen Zivilisationen kürten Frauen den König. Es gab kein Erbfolge- oder Erstgeburtsrecht. Könige wurden nur selten von ihren Söhnen abgelöst. Die Väter der sumerischen und assyrischen Könige waren unbekannt. König Esakkuruna wurde »Niemandes Sohn« genannt.[1] In den von ihm beherrschten Ländern bestimmten die Frauen den König.[2]

Als Voraussetzung für die Königsmacht galt die Ehe mit der irdischen Stellvertreterin der Göttin in Gestalt der Königin, worauf die eigentliche Bedeutung von »Heilige Hochzeit« (**Hieros Gamos**) zurückzuführen ist. Mit ihren kriegerischen Expeditionen verfolgten akkadische Könige anscheinend hauptsächlich den Zweck, sich der heiligen Ehe als würdig zu erweisen.[3]

Assurbanipal behauptete, von der Göttin Ishtar als Herrscher eingesetzt und der »aus ihren Hände erschaffene« König zu sein. Shamashshum-ukin von Babylonien berief sich auf dieselbe Göttin unter dem Namen Erua, Königin der Götter. Asarhaddon, König der AssyrerInnen (680–669 v. Chr.), hielt sich für den Geliebten der Königin Ishtar, »der Göttin über alles, der schonungslosen Waffe, die Zerstörung bringt über das Land der Feinde«.[4] Ishme-Dagan, König von Isin im Jahre 1860 v. Chr., sagte, er sei derjenige gewesen, »den Inanna, die Königin des Himmel und der Erde, zu ihrem geliebten Mann erkor«.[5] König Ixion von Lapith in Thessalonien heiratete die Göttermutter, nachdem er ihren früheren Gemahl getötet hatte; dieser galt als Ixions Schwiegervater, denn jeder Nachfolgekönig war gehalten, seinen unterlegenen Rivalen »Vater« zu nennen.[6] Die Königinnen nahmen den Platz der Göttin bzw. der Gottmutter ein. Pharao Amenhotep III errichtete seiner Frau Ti, die als Göttin verehrt wurde, einen Tempel.[7]

Die Wahl der Göttin-Königin hing vor allem von der erotischen Anziehungskraft des Kandidaten ab. Wenn sie am Liebesspiel des Königs keinen Gefallen mehr hatte, wurde er abgesetzt oder getötet, denn das sexuelle Gefallen der Königin an ihm entschied über die Fruchtbarkeit des Landes. In vielen frühen Gesellschaften wurde der alte König von seinem Nachfolger ermordet, der zwar als sein »Sohn« galt, aber nicht mit ihm verwandt war. Daher die ununterbrochene Folge von vermeintlichen Vatermördern, über die sich moderne ForscherInnen lange den Kopf zerbrochen haben, bis endlich bekannt wurde, daß die Begriffe »Vater« und »Sohn« nicht im biologischen Sinn verwendet worden waren. Auf einer babylonischen Tafel steht geschrieben:

> *Habarni beanspruchte für sich die Herrschaft über Dunnu. Die Erde wandte aber das Antlitz ihrem Sohn Amakandu zu. »Komm, laß mich dich lieben«, sagte sie. Amakandu nahm seine Mutter (zur Frau) und tötete den Vater Habarni; der wurde in seiner geliebten Dunnu begraben. Und Amakandu riß die Herrschaft des Vaters an sich und nahm dessen Schwester, das Meer (zur Frau). Lahar, der Sohn Amakandus, kam und tötete Amakandu, und in Dunnu … bettete er ihn zur Ruhe. Das Meer, seine Mutter, nahm er (zur Frau).*[8]

Lahars Sohn tötete den Vater und nahm dessen Schwester Fluß zur Frau. Er wiederum wurde von seinem Sohn ermordet, der seine Schwester Ningeshtinna heiratete; ihr Name bedeutete »Frau des himmlischen Weins« und war die Kurzform von Nin-gest-inanna, dem Namen der Göttin. Die Herrschaft ging von der Mutter auf die Tochter über, beginnend mit der Erde, der Göttin Dunnu und Begründerin der Erbfolge. Ihr entsprechen auch die kretische Danuna, die Danu Anatoliens, die Danaë Griechenlands und die gallische Diana. Könige töteten ihre Vorgänger bzw. Pseudo-Väter. »Sohn« bedeutete »Nachfolger«, und »Schwester« war ein Synonym für »Frau«.[9]

Die Herrschaftsdauer eines Königs war oft vorherbestimmt, denn das Volk glaubte, daß die Göttin von Zeit zu Zeit Abwechslung, sprich: einen neuen Liebhaber brauchte. Bis zum Jahr 1810 n. Chr. wurden die Könige von Simbabwe alle vier Jahre im Mondtempel von ihren Frauen zeremoniell zu Tode gewürgt.[10] Die Könige des antiken Thebens regierten sieben Jahre lang; so auch die Könige von Kanaan. Den Mythen zufolge scheint die Herrschaft der kretischen Könige ebenfalls sieben Jahre gedauert zu haben. Sie durften nicht alt werden und starben immer in der Blüte ihrer Jugend.[11] Bis vor nicht allzu langer Zeit wurden Könige in Nigeria stranguliert, sobald die jeweilige Königin schwanger war. Also hatte der König mit der Zeugung einer Stammhalterin seine Rolle erfüllt.[12]

Weiße Afrikaforscher haben von Stammeskönigen berichtet, meist jedoch ohne zu erwähnen, daß die eigentlichen Herrscher der Stämme Königinnen waren. »In frühester Zeit gab es in Afrika keine regierenden Fürsten; die Neger hatten vielmehr große Königreiche (sic), die von Göttinnen beherrscht wurden.«[13] Ghana wurde von Königen aus weiblicher Erbfolge angeführt, deren göttliches Recht an die Söhne der Schwester weitergegeben wurde. Dem Stamm der Lovedu stand eine Königin vor, die sich mehrere Liebhaber in Folge nahm, die Regierungsgeschäfte aber immer den königlichen Prinzessinnen überließ.[14] Angola wurde bis zur Invasion der Portugiesen von Frauen beherrscht. Auch die Aschanti hatten Königinnen, bis ihr Land 1895 von den Briten unterworfen wurde. Die Könige waren Untertanen der Königin-Mutter; die Prinzessinnen heirateten nicht, nahmen sich aber einen Liebhaber nach dem anderen. Ähnliche Sitten herrschten in Loango, Daura, dem Land der Abronen und auch in anderen afrikanischen Nationen. Die Königin von Ubemba wurde Mamfumer genannt, »Mutter der Könige«, und erledigte alle Regierungsgeschäfte.[15]

Kandake, die »Königin in Mohrenland« (Apostel 8, 27) war keine Einzelperson, sondern der dynastische Titel von Königin-Müttern, die über die nubischen Staaten herrschten.[16] Äthiopische Könige wurden seit Urzeiten rituell erschlagen. Der Königsmord war bis zum 1. Jahrhundert v. Chr. Sitte der nubischen, am Oberlauf des Nil lebenden Kassiten. Dem Geschichtsschreiber Diodorus zufolge konnte nur ein einziger ägyptischer Monarch seinem königlichen Schicksal entkommen, und zwar weil er in Griechenland erzogen worden war und es gewagt hatte, dem Stammesgesetz zu widersprechen. Er führte eine Truppe von Soldaten ins Heiligtum und tötete sämtliche Priester, bevor diese ihn töten konnten.[17]

Die Singasari-Dynastie von Java hatte matriarchale Königinnen ähnlich der Kandake. Ihr Vorbild war Königin Dedes, die in Statuen als wunderschöne Shakti der Weisheit dargestellt wurde. Sobald ihr jeweiliger Gemahl seine siebenjährige Amtsperiode absolviert hatte, wurde er getötet und gegen einen neuen König und Gemahl ausgetauscht.[18]

In vielen Legenden stehen Königstum und zeremonieller Tod in direktem Zusammenhang miteinander. Ein Siegel von Lagasch zeigt die Göttin, wie sie ihren neuen König bei der Hand nimmt, während der sein Schwert erhebt, um den alten, erschöpft vor den Füßen der Königin liegenden König zu töten.[19] Der assyrische König Sanherib wurde im Tempel von Ninive mit Götterstatuetten erschlagen. Die Täter waren seine »Söhne«, von denen einer als König Asarhaddon seine Nachfolge antrat. Als er den Thron bestieg, sagte Asarhaddon: »Ich bin mächtig, ich bin allmächtig, ich bin ein Held, ich bin den Riesen gleich, ich bin ungeheuer!«[20]

Um die Autorität einer Königin für sich beanspruchen zu können, mußten Könige bisweilen öffentlich erklären, Verkörperungen der Göttin zu sein. Antiochos von Kommagene gab bekannt, daß er herrschen könne, weil er eine Göttin sei.[21] Zu seiner Investitur wurden dem König oft Frauengewänder angelegt, damit er sich als Göttin-Transvestit darstellen konnte (siehe **Transvestismus**).

Im Nahen Osten der Antike waren Könige generell nicht so sehr politische als vielmehr zeremonielle Gestalten und vor allem mit dem Bau von Tempeln und anderen religiösen Aufgaben betraut.[22] Manchmal führten sie auch Kriege und retten ihr Leben, indem sie das Volk davon überzeugten, daß niemand anders es vor dem Feind bewahren könne. In solch einem Fall wurde ein stellvertretendes Opfer herangezogen: ein leiblicher oder adoptierter Sohn, ein Prophet, ein verurteilter Verbrecher oder ein göttliches Tier.

Ein Kriegsherr von Karthago »kleidete seinen besten und am meisten geliebten Sohn in königliche Gewänder und schlug ihn als Opfer ans Kreuz«, um Baals Segen für seine Feldzüge zu erbitten.[23] Nach Philo legte auch der Gottkönig Isra-El seinem einzigen Sohn *Ieud* Königskleider an und opferte ihn »gemäß der jüdischen Sitte«.[24] Dieser König wurde zu Jesus, dem »König der Juden«. Da ein König gottgleich war, war folglich der leibliche oder adoptierte Sohn eines jeden Königs ein Sohn Gottes. Ein jüdischer König verkörperte Jahweh selbst. »In der Frühzeit der hebräischen Monarchie stand im Mittelpunkt der alljährlichen Neujahrsfeier die rituelle Inthronisierung von Jahweh als König.«[25]

Der Mord am Sohn war nicht nur unter den jüdischen Gottkönigen Sitte, sondern auch bei anderen Monarchen, die den alten Brauch abwandelten, indem sie zu gegebener Zeit jemand anders zum Opfer machten. Ein schwedischer König namens Aun konnte seine Herrschaft um neun Jahre verlängern, weil er neun Söhne hatte, von denen er jedes Jahr einen opferte, um das eigene Leben zu retten.[26]

Gunnar Helming, ein anderer schwedischer König, lief einfach davon. Nachdem er mit dem Gott Freyr in Gestalt des regierenden Königs gerungen hatte (ähnlich dem biblischen Jakob, der mit Gott kämpfte und den Königsnamen Isra-El erhielt), nahm Gunnar Helming dessen Platz im Bett der Hohenpriesterin (oder Göttin) ein. Anscheinend gefiel er ihr, denn mit ihrer Hilfe raffte er alles Gold und Silber aus dem königlichen Schatz zusammen und floh mit ihr gemeinsam.[27] Eine ähnliche Geschichte wird von Theseus erzählt; er konnte mit Hilfe der Priesterin Ariadne, der inkarnierten Mondgöttin, die sich in ihn verliebt hatte, seinem Schicksal als heiliger minoischer König entfliehen.[28]

Seleukos Nikator von Antiochia, ein ehemaliger General Alexanders, wurde König von Syrien, mußte aber zugunsten seines »Sohns« Antiochos abdanken, weil sich die Königin in den jüngeren Mann verliebt hatte.[29] Die Könige von Antiochia wurden bis rund hundert Jahre v. Chr. ihren »Verdiensten« gemäß erwählt oder fallengelassen, wenn sie diesen »Verdiensten« nicht mehr nachkamen. Die »Verdienste« hatten allem Anschein nach mit ihrer sexuellen Leistungsfähigkeit zu tun[30] bzw. mit *virtus*, was sowohl Tugend als auch Mannhaftigkeit bedeutet und von *vir* (Mann) abgeleitet ist.

Eine übliche Methode der Königswahl war es, die Virilität des Kandidaten zu testen, indem er mit der nackten Göttin konfrontiert wurde, die sich alljährlich während eines rituellen Bades auf magische Weise in den Stand der Jungfräulichkeit zurückversetzte. Aktäon, Teiresias und die Geliebten der germanischen Erdgöttin wurden auf diese Weise auserwählt.[31] Gyges wurde von der lydischen Königin gekürt, nachdem sie, die den Namen der Göttin Omphale trug, ihm ihren nackten Körper gezeigt hatte; daraufhin ließ er sich dazu anstiften, den amtierenden König umzubringen und sie zu heiraten.[32] Bathseba, deren Name besagt, daß sie die Tochter arabischer Königinnen war, heiratete König David, nachdem er sie nackt beim Baden gesehen und den Hethiter Urija, ihren früheren Mann, getötet hatte (2. Samuel, 11). Die Göttin Ishtar zeigte sich ihren angehenden Geliebten stets nackt und sagte: »Wir wollen deine männliche Kraft genießen. Strecke deine Hand (bzw. deinen Phallus) aus und nimm mir die Jungfernschaft.«[33]

Aus solchen Legenden ist zu schließen, daß das Kriterium für die Wahl eines Königs dessen Erektionsvermögen beim Anblick der nackten Göttin war. Das Volk ließ sich nur anführen von einem Mann mit nachgewiesener Potenzkraft, wie es der 110. Psalm in sexueller Metaphorik zum Ausdruck bringt: »Der Herr wird das Zepter deines Reiches senden aus Zion: Herrsche unter deinen Feinden! Nach deinem Sieg wird dir dein Volk willig opfern in heiligem Schmuck. Deine junge Mannschaft wird dir geboren wie Tautropfen aus dem Schoße des Frührots.« Tau war das biblische Wort für Samen; der Zepter stand für Phallus, und Zion entsprach dem Heiligen Berg bzw. dem Körper der Jungfrau Israel.

Sobald den König die Jugend und die Manneskraft verließen, ließ ihn auch das Volk im Stich, das es für gefährlich hielt, einen impotenten König zu haben. Eine sinkende Geburtenrate oder eine schlechte Ernte konnte zum Königsmord führen. Im 14. Kapitel der Sprüche steht zu lesen: »Wenn ein König viel Volk hat, das ist seine Herrlichkeit; wenn aber wenig Volk da ist, das bringt einen Fürsten ins Verderben.«

Auch in Nordeuropa wurden Könige getötet, wenn ihre *gaefa* oder *heill* (Männlichkeit, göttliche Kraft) versagte, was sich in der Unfruchtbarkeit des Landes bemerkbar machte. Während der Herrschaft von Domaldi gab es eine schlechte Ernte nach der anderen; seine Untertanen opferten Ochsen, dann Menschen, aber ohne Erfolg. Schließlich fielen sie über den König her und töteten ihn. Noch im 9. Jahrhundert n. Chr. wurde ein König, nämlich Halfan von Norwegen, zum Wohl der Ernte erschlagen.[34] In Schriften, die fälschlicherweise dem Heiligen Patrick zugeordnet werden, kommt die keltische Überzeugung zum Ausdruck, daß die Herrschaft eines potenten Königs für günstiges Wetter, ruhige See, großen Getreideertrag und eine gute Obsternte sorge.[35]

Der rituelle Königsmord war auch bei den Römern alter Brauch und datiert zurück auf jene obskure Periode, von der heute kaum mehr etwas bekannt ist, weil die nachfolgenden Priesterschaften fast sämtliche Dokumente vernichtet haben.[36] Frühe römische Könige wurden meist durch »Assassination« (Meuchelmord) umgebracht, und zwar im Monat März, zu Beginn des heiligen Jahres.[37] König Tatius wurde am Altar mit heiligen Messern gemeuchelt – ein auffällig stilisierter Mord. Julius Cäsar fand einen ähnlich rituellen Tod durch Ermordung zur unheilbringenden Zeit, nämlich in den Iden des März und, wie es seine Frau prophezeit hatte, im heiligen Innensaal des Senats, auf den Altarstufen.

Es herrscht Zweifel darüber, ob Cäsars Gemahlin als sterbliche Frau oder als Verkörperung der Göttin angesehen wurde, als Venus Genetrix, der Cäsar huldigte, um Erfolg in der Schlacht zu erbitten. Nach der Niederwerfung Pompejis baute er ihr im Forum einen Tempel aus Marmor und Gold und ließ dort sein eigenes Standbild plazieren, das ihn als ihren Gemahl darstellt. Das Drama seines Lebens und Sterbens weist Parallelen auf zu den Legenden über jene heiligen Könige, die mit der Göttin vermählt waren.

Zu Beginn seiner Karriere hatte Cäsar einen Traum, in dem er seiner eigenen Mutter beiwohnte, und die Wahrsager prophezeiten ihm aus diesem Umstand, daß er die Erde (Mutter) beherrschen werde. Am Vorabend seiner Ermordung nahm er an einem Festessen oder Abendmahl teil und wurde gefragt: »Welches ist die beste Art zu sterben?« Und er antwortete: »Die am wenigsten erwartete.« Am folgenden Tag starb er den Tod, den er sich gewünscht hatte. Später, während der Bestattungsriten zu Ehren von Venus Genetrix tauchte ein Komet auf, der als Seele Cäsars auf ihrem Weg zu den Göttern angesehen wurde.[38]

Augustus, Cäsars Nachfolger, verdankte seinen Titel der Heirat mit Livia Augusta, die das Wiederaufbauprogramm für Rom plante und auch den Kultus für ihre Göttin Juna Augusta wiederaufleben ließ. Obwohl Livias Beitrag zum Ruhm des Augusteischen Zeitalters von den christlichen Historikern gern geschmälert wurde, besteht kein Zweifel daran, daß sie gleichwertige Mitregentin war und viele Rechtsreformen sowie kommunale Projekte durchführte. Einem vagen Verdacht zufolge, dem nie näher nachgegangen worden ist, soll Livia irgendwie, wie Cäsars Frau zuvor, »das Ende ihres Gatten beschleunigt haben«.[39]

Nach dem römischen Gesetz der matrilinearen Erbfolge wurde Augustus von Tiberius abgelöst, Livias erstgeborenem Sohn, den sie mit einem anderen Mann gezeugt hatte. Der Titel »Augustus« blieb den Stammhaltern der weiblichen Linie erhalten bis in die Zeit Konstantins, der den Thron dank der Heirat mit Prinzessin Fausta besteigen konnte.[40]

Der Titel »Cäsar« (Kaiser, Zar) ging auf die deutschen Monarchen im Mittelalter über. Legenden aus dieser Zeit erzählen meist ebenfalls von rituell getöteten Helden und Königen. Siegfried erlitt einen typischen Cäsarentod, den seine Frau im Traum vorausgeahnt hatte. Sie selber stickte ihm jenes Kreuz aufs Gewand, das die Stelle markierte, die der Mörder zu durchbohren hatte.[41]

St. Cäsarius, dessen Name »König« bedeutet, war ein fiktiver Heiliger, dessen Legende auf die alte Sitte des Königsmordes zurückgeht. Er war der Kaiser, der als Verkörperung Apollons bei Terracina umgebracht wurde. Der Mann, der den König darstellte, mußte durch ein Spalier von Zuschauern laufen und von einer Klippe springen, so wie es der Heilige des Mythos angeblich getan hatte.[42] Das Fest des Heiligen Cäsarius ist Allerheiligen, ursprünglich ein heidnischer Festtag zu Ehren der Ahnengeister (siehe **Halloween**).

Einem ähnlichen Zweck der Vergöttlichung oder Heiligsprechung schien der mysteriöse Liebestod des Hunnenkönigs Attila gedient zu haben, der in der Nibelungensage unter dem Namen Etzel in Gesellschaft mit Siegfried und anderen Helden auftritt. Attilas letzte Braut trug den Namen der germanischen Todesgöttin, nämlich Grimhild oder Kriemhild. Laut Marcellinus tötete Kriemhild Attila im Ehebett während der Hochzeitsnacht.[43] In anderen Quellen heißt es euphemistischer, daß er plötzlich, an »strömendem Blut« erstickend, in den Armen der Braut verschied. Daß sein Tod womöglich geplant war, um ihn zu einem Gott zu machen, wird durch sein Begräbnis nahegelegt, das mit allem Prunk, eines heiligen Kaisers würdig, zelebriert wurde. Der Sarg bestand aus Gold, Silber und Eisen (für Sonne, Mond und Erde). Die Totengräber wurden allesamt erschlagen, um die Gruft geheimzuhalten.[44] Die Bestattungsriten bestanden aus einer kurzen, übersteigerten Trauerphase, gefolgt von einem freudenreichen Fest, mit dem seine Verklärung und die erwartete zukünftige Wiederkehr gefeiert wurde.

Männer, die in den klassischen heiligen Dramen die fatale Rolle des Königs spielen mußten, wurden oft vergöttert bzw. heiliggesprochen, um sie dazu zu bringen, als Stellvertreter für den König einzuspringen. Wie christliche Märtyrer glaubten sie, daß auf sie, die wie der jeweilige Herrscher mit dem höchsten Gott gleichgesetzt wurden, Glück und Unsterblichkeit warteten. Deshalb erzählen viele Geschichten von Männern, die willig in den Tod gingen. Antinoos, ein Favorit des Kaisers Hadrian, opferte sich in einer magischen Zeremonie, um das Leben des Herrschers zu retten.[45] In jedem Winter trat bei den römischen Saturnalien ein Mann auf, der die Rolle des Todes spielte und sowohl mit dem Herrscher wie mit dem Gott Saturn gleichgesetzt wurde.[46] Letzterer repräsentierte den himmlischen Vater in seinem unterweltlichen, »erschlagenen« Aspekt, so wie Shava, der Leichnam, für Vater Shiva in seiner Eigenschaft als Erschlagener stand (siehe **Shiva**).

Die lateinische Vokabel für König – *rex* oder *reg* – stammt wie das keltische *rig* vom Sanskritwort *raj* ab.[47] Nicht nur das Wort, sondern auch die Auffassung des damit verbundenen Amtes breitete sich auf dem eurasischen Festland aus. Die Souveränität eines Königs hing von der Akzeptanz des stets durch Frauen verkörperten Landes ab. Diese Vorstellung ist in einer tartarischen Sitte heute noch wiederzuerkennen: Damit er später Anspruch auf seine Führerschaft erheben kann, muß der Sohn eines Häuptlings von Ort zu Ort getragen und von jeder stillenden Mutter gesäugt werden.[48] Das Land war für einen König die ewige Mutter-Braut. König James I. von England berief sich auf eine uralte Tradition, als er sagte: »Ich bin der Gatte, und die gesamte Insel ist meine gesetzlich angetraute Frau.«[49] Die Waliser glaubten lange Zeit, daß die Britischen Inseln durch eine heilige Ehe zwischen dem römischen Herrscher und der britischen Königin, der Lilienmaid Elen mit Rom verbunden seien. Walisische Barden sangen davon, daß ihr eigener Llefelys durch Heirat König von Frankreich geworden war und mit der Königin »die Krone des Reiches« erworben hatte.[50]

Wie die frühen Könige von Ägypten, Babylon, Assyrien, Griechenland und Rom, so wurden auch die britischen Könige aus vorchristlicher Zeit erst durch einen **Hieros Gamos** mit der Königin zu Landesherrschern. Der altdänische Geschichtsschreiber Saxo Grammaticus sagte von Hermutrude, der Königin Schottlands, daß, »wen immer sie ihres Bettes für würdig erachtete, sofort ein König wurde, und sie gab ihr Königreich mit ihrem Körper«.[51] Piktische Könige wurden von adeligen Frauen aus matrilinearer Blutslinie ausgewählt. Die frühen angelsächsischen Königinnen herrschten prinzipiell allein; zur Macht kam ein König nur, wenn er eine Königin heiratete.[52] Deshalb nahm König

Canute die Witwe seines Vorgängers zur Frau, und Ethelbald, der König von Westsachsen, heiratete die Witwe seines Vaters. Ein anderer Ethelbald, König von Kent, ehelichte die Stiefmutter nach dem Tod des Vaters.[53]

Die britischen Ritterromane handeln von Königen, die nicht zur Macht gelangten, es sei denn durch eine Königin, die oft den Namen Guinevere trug bzw. Cunneware, Gwenhwyfar, Jennifer, **Ginevra** oder Geneviéve. In frühen Quellen ist von dreien die Rede (die göttliche Trias). König Arthur heiratete alle drei.[54] Daß sie wiederholt entführt wurde, und zwar von Meleagant, Lancelot, Melwas, Arthur und Mordred, ist zu interpretieren als der Versuch von Königen, die Herrschaft zu gewinnen.[55] Der Zusammenbruch von Arthurs Reich hing eng mit dem Verlust der Königin zusammen.

Im heidnischen Irland erklärte der König bei seiner Inauguration, daß er mit seinem Land verehelicht sei (es buchstäblich begattet habe) in Person der Königin. Die legendäre irische Königin Mab, in der Folklore als Fairy Queen (Feenkönigin) besungen, wählte und bestallte ihre Könige und wechselte oft ihre Liebhaber.[56]

Rivalitäten zwischen Königen – Herrscher und Anwärter, Vater und Sohn, königlichem »Drachen« und Drachentöter – sind mythischer Ausdruck der archetypischen sexuellen Eifersucht, die männliche Macht mit der Anerkennung durch die Frau und Machtlosigkeit mit sexueller Ablehnung verknüpfte. Im Mythos von Diarmuid und Gráinne zeigt sich diese Eifersucht deutlich in dem Versuch des Häuptlings, Königin Grainne oder Grianne (Igraine, eine weitere Form von Guinevere) für sich zurückzugewinnen. Die Todesszene von König Arthur wird ahnungsvoll angekündigt durch jene Episode, die von Finn berichtet, der dreimal loszieht, um dem verwundeten Diarmuid Heilwasser zu bringen, doch jedesmal absichtlich Wasser durch die Finger rinnen läßt, so daß Diarmuid stirbt. Selbstgefällig sagt Finn dem jüngeren, hübscheren Rivalen: »Es freut mich, dich, o Diarmuid, in dieser Not zu sehen; nur eines schmerzt mich, nämlich daß nicht alle Frauen von Erin dich so zu Gesicht bekommen, denn deine Schönheit ist jetzt Häßlichkeit und dein edler Wuchs Verunstaltung.«[57]

Eine altenglische Sitte, den König alljährlich zu Ostern von einer Gruppe von Hofdamen in die Luft heben zu lassen, zeugt von der einstmals großen Bedeutung der Frauen für die gesamte Laufbahn eines Königs, einschließlich seiner Auswahl und Anerkennung, des Liebestodes und der Verklärung. Dieser Brauch wurde zwar als Imitation der »Wiederauferstehung unseres Erlösers« ausgegeben, war aber sehr viel älter als das Christentum und von der heidnischen Vorstellung geprägt, daß Götter und Könige eins und gleichermaßen der Magie von Frauen unterworfen seien.[58]

1. *Assyr. & Bab. Lit.*, 198. 2. Bachofen, 215. 3. Hooke, S. P., 49.
4. *Assyr. & Bab. Lit.*, 91, 114, 130. 5. Gray, 59. 6. Campbell, C. M., 422.
7. Budge, D. N., 83. 8. Albright, 94. 9. Ebd., 94, 128. 10. Lederer, 132.
11. Campbell, Oc. M., 59. 12. Stone, 132. 13. Briffault 3, 26–32. 14. Hays, 296, 312.
15. Hartley, 161. 16. Briffault 3, 41. 17. Campbell, P. M., 200. 18. Ders., M. I., 216f.
19. Ders., Or. M., 42. 20. Sprague de Camp, A. E., 64 (dt. 79).
21. Cumont, M. M., 95 (dt. 86). 22. Hooke, S. P., 49. 23. Lys, 450.

24. Frazer, G. B., 341. 25. Hooke, S. P., 110. 26. Frazer, G. B., 337.
27. Oxenstierna, 219. 28. Graves, G. M., 98.1. 29. Gifford, 180.
30. Thomson, 312. 31. Tacitus, 729. 32. Herodot, 5f. (dt. 1, 13ff.).
33. *Assyr. & Bab. Lit.*, 338f. 34. Turville-Petre, 191f. 35. Joyce 1, 57.
36. Pepper & Wilcock, 84. 37. Graves, W. G., 399. 38. Dumézil, 545ff.
39. Beard, 302. 40. J. H. Smith, C. G., 71. 41. Goodrich, 148f.
42. Brewster, 471. 43. Gibbon 2, 294. 44. *Encyc. Brit.*, »Attila«. 45. King, 55.
46. Frazer, G. B., 679. 47. Dumézil, 17. 48. Hazlitt, 112. 49. Daly, 99.
50. Mabinogion, 85, 90. 51. Frazer, G. B., 180. 52. Briffault 1, 416.
53. Hartley, 127. 54. Malory 1, xxiv. 55. *Encyc. Brit.*, »Guinevere«.
56. Briffault 3, 379. 57. Campbell, C. M., 302. 58. Hazlitt, 363.

Konstantin der Große

Der »erste christliche Kaiser« (288?–337), hoch gerühmt wegen der Einsetzung des Christentums als Staatsreligion im römischen Imperium. Tatsächlich tat Konstantin das zu Lebzeiten keineswegs; seine Bischöfe taten es später. Konstantin war nicht so sehr ein Verehrer Christi als vielmehr ein Verehrer seiner selbst.

Konstantin hielt sich für eine Inkarnation der »höchsten Gottheit«, eine Mischung aus Apollon, Mithras, Jupiter, der Sonne und Christus. Er nannte sich selbst »das Werkzeug der Gottheit«. Er sagte: »Ich habe jede einst mächtige Form des Bösen vollkommen verbannt und abgeschafft, in der Hoffnung, daß die menschliche Rasse, durch mich erleuchtet, zu einer getreuen Beachtung der heiligen Gesetze Gottes aufgerufen werde.« Er bestimmte einen Punkt im Zentrum der kreuzförmigen Kirche der Heiligen Apostel zu seiner Grabstätte, weil er dort, wie er sagte, für immer mit sechs Aposteln zu seiner Linken und sechs zu seiner Rechten liegen könne. Ein zeitgenössischer Geschichtsschreiber sagte, Konstantin sei »unsagbar ruhmsüchtig« gewesen.[1]

Er unterstützte die Glaubensfreiheit in seinem Reich lediglich aus dem Grund, daß auf diese Weise kein Gott sich so sehr gekränkt fühlen könnte, daß er an ihm persönlich Rache nehmen würde. Er erließ Toleranzedikte für alle Religionen, in denen er verfügte, daß »wir den Christen und allen andern das Recht geben, frei ihrer Religion zu folgen, welche sie auch wählen mögen, so daß, welche Gottheit auch im Himmel thronen mag, sie mir gegenüber wohlgesinnt und gnädig ist.« Er versuchte die christlichen Fanatiker davon abzuhalten, die Heiden, Juden und Häretiker zu verfolgen, und schrieb in einem Brief an Bischof Eusebius von Nikomedia, daß diese anderen »dasselbe Maß an Ruhe und Frieden erhalten« müßten wie die rechtgläubigen Christen.[2] Die rechtgläubigen Christen waren damit nicht einverstanden, und bald nach dem Tod Konstantins begannen sie mit ausgedehnten Verfolgungen und Kreuzzügen, die noch drei Jahrhunderte andauern sollten.

Konstantin tat für die Kirche sein Bestes. In einem einzigen Jahr gewann er zwölftausend Neubekehrte, indem er einfach jedem, der den neuen Glauben annahm, neue Kleider und zwanzig Goldstücke versprach.[3] Aber er tat auch viel für die anderen Religionen. Erst kurz vor seinem Tod wurde er selbst Christ und empfing auf dem Totenbett die Taufe, eine Versicherung für sein Leben nach dem Tode.

Konstantins Leben war kaum ein Modell für Frömmigkeit. Er brachte seinen ältesten Sohn um, seine zweite Frau, seinen Schwiegervater, seinen Schwager und »viele andere«, wie ein Chronist es ausdrückt. Seine erste Frau, Minervina – offensichtlich eine Priesterin der Mondgöttin Minerva –, verschwand unter mysteriösen Umständen. Niemand weiß, was aus ihr wurde. Seine zweite Frau, Fausta, war sein Schlüssel zum Thron, gemäß der alten Regel des **Hieros Gamos**. Bei der Hochzeit sagten bestellte Lobredner: »Die Herrschaft fällt nun dir zu, oh Konstantin, durch deinen Schwiegervater.«[4] Es gab kein Gesetz der männlichen Primogenitur, der Thron wurde nach wie vor über die weibliche Linie weitergegeben.

Um einen potentiellen Rivalen auszuschalten, ermordete Konstantin seinen ältesten Sohn Crispus, ein Kind der verschwundenen Minervina. Später beschuldigte er Fausta, neben anderen ehebrecherischen Liebschaften eine Affäre mit ihrem mittlerweile toten Stiefsohn gehabt zu haben, und brachte auch sie um. Es scheint, daß jeder Liebhaber, den sich die Kaiserin nahm, eine Bedrohung für die politische Position des Kaisers darstellte.[5]

Der ermordete Crispus könnte die Rolle eines Erlösers und Sakralkönigs gespielt haben, denn er wurde nach seinem Tod als »seliger Märtyrer« praktisch kanonisiert. Mehr als tausend Jahre lang wurden ihm in Griechenland Kirchen geweiht. »Während der Besetzung Griechenlands durch die Türken, mehr als tausend Jahre später, galt er immer noch als *der* Kaiser, der heldenhafte Prinz, der christliche Theseus, als ob er der Begründer der modernen griechischen Nation gewesen sei.«[6] Crispus war allerdings weder Kaiser noch Christ gewesen.

Die christlichen Bischöfe konnten Konstantin schließlich davon überzeugen, daß ihr Gott ihm seine Sünden vergeben und ihn im Himmel auf den Thron erheben würde. Als er den Tod herannahen fühlte, sagte er zu ihnen: »Die Erlösung, die ich seit langen Jahren innig von Gott erbeten habe, erwarte ich nun. Es ist deshalb an der Zeit, daß wir mit dem Siegel der Unsterblichkeit gezeichnet werden sollten.«[7] So wurde er getauft und starb in der sicheren Erwartung einer ruhmreichen Auferstehung.

Die Beschönigung seiner Biographie setzte sofort ein. Trotz seiner zwei Ehefrauen und zahlreicher Konkubinen behaupteten die christlichen Lobredner, er sei »mit der Keuschheit verheiratet« gewesen.[8] Eusebius erhob alle Taten des Kaisers in den Rang der Heiligkeit und erfand die Legende, Christus hätte ihn durch eine heilige Vision an der Milvischen Brücke bekehrt. Spätere christliche Legenden behaupteten, Konstantin habe das Zeichen des Kreuzes im Himmel gesehen, gemeinsam mit den Worten *in hoc signo vinces* (in diesem Zeichen sollst du siegen). Allerdings war das heilige Zeichen, das Konstantin auf seinen Kriegsfahnen anbringen ließ, kein Kreuz. Es war das **Labarum**, ein Monogramm des Mithras und Zeichen der Sonne; schon vor Konstantin hatten es verschiedene heidnische Kaiser benutzt.[9]

Als ein Beispiel für Konstantins christliche Milde hat Credenus aufgezeichnet, wie Konstantin einmal krank war. Er ließ eine Anzahl

Kinder zusammentreiben, um sie umzubringen, da er als Heilungszauber in ihrem Blut baden wollte. Allerdings verschonte der Kaiser schließlich, bewegt von den Tränen ihrer Mütter, die Kinder, und als Belohnung für diesen Akt der Gnade machten ihn die »Heiligen« wieder gesund.[10] Anscheinend kam niemand auf die Idee, ihn wegen des ursprünglich geplanten Massakers zu kritisieren.

Konstantins leuchtendes Beispiel zeigte, daß die christliche Magie eine Bestrafung im Jenseits wegen eines ruchlosen Lebens verhindern konnte. »Zukünftige Tyrannen wurden darin bestärkt zu glauben«, sagte Gibbon, »daß das unschuldige Blut, das sie während einer langen Herrschaft vergießen würden, sofort durch die Wasser der Taufe fortgewaschen würde; und der Mißbrauch der Religion untergrub die Grundlagen der Moral gefährlich.«[11]

Die Christenheit diente allen Kaisern nach ihm, mit Ausnahme des Julian Apostata (des »Abtrünnigen«), der von der Kirche verteufelt wurde, weil er die Verfolgung der Heiden aufhob und versuchte, die Kultur des klassischen Roms wiederherzustellen. Aber Julian starb jung; manche sagen, er sei von einem Christen umgebracht worden.[12] Der Krieg gegen das Heidentum wurde fortgesetzt. Um 330 n. Chr. wurde damit begonnen, heidnische Heiligtümer zu plündern und ihre Gold-, Silber- und Bronzeschätze zu rauben, von denen viele dazu dienten, das größte Denkmal zu schmücken, das Konstantin sich gesetzt hatte: Konstantinopel.[13] Eusebius schrieb schadenfroh: »Die Schlupfwinkel der Häretiker wurden aufgebrochen … und die wilden Tiere, die dort ihre Heimstatt hatten, wurden fortgejagt.«[14]

Konstantins Toleranzedikte wurden nach seinem Tod für ungültig erklärt. Die neue Staatsreligion bekämpfte ihre Konkurrenten mit einer noch nie dagewesenen Intoleranz. Der Erfolg war durchschlagend. »Vierzig Jahre nach dem Tod Konstantins besaß die Kirche bereits ein Zehntel des Landes im weströmischen Reich, einen Anteil, der im Mittelalter in Westeuropa auf ein Drittel anwuchs. … Die Kirche hat seit der Zeit Konstantins den Beweis erbracht, daß mit der Verbreitung des Christentums nicht spirituelle Wahrheit triumphiert hat, sondern menschliche Macht.«[15]

1. J. H. Smith, C. G., 182, 235f, 262. 2. Ebd., 123, 183. 3. Gibbon 1, 654f.
4. J. H. Smith, C. G., 27, 71. 5. Ebd., 210. 6. Ebd., 215f. 7. Doane, 446.
8. J. H. Smith, C. G., 39. 9. *Encyc. Brit.*, »Flag«. 10. Leland, 240.
11. Gibbon 1, 654. 12. Jacobus d.V., 131. 13. J. H. Smith, C. G., 232.
14. Legge 2, 220. 15. Augstein, 299.

Koran

Mohammedanische Schriften, die oft fälschlicherweise als von Mohammed verfaßt angesehen werden. Die Moslems selbst sind anderer Auffassung.[1] Doch viele wissen nicht, daß der Koran eine ergänzte und korrigierte Version des göttlichen Wortes der **Kore** ist, die von den Koreischiten (Kindern der Kore), dem Stamm Mohammeds, verehrt wurde. Die Koreischiten hüteten seit altersher den Schrein der Kore in Mekka.

Der ursprüngliche Text wurde lange vor Mohammed von den heiligen *Imamen* niedergeschrieben. Das Wort Imam ist mit dem semitischen *ima* (»Mutter«) verwandt.[2] Wie die *Mahatmas* oder »Großen Mütter« in Indien waren auch die Imame wahrscheinlich ursprünglich Priesterinnen des alten arabischen Matriarchats. Nach alter Vorstellung schrieben sie Texte von einer Vorlage ab, die seit Anbeginn der Zeit im Himmel als »Mutter des Buches« vorhanden war, und zwar in Gestalt der Göttin selbst, die das Schicksalsbuch auf der Brust trug wie Mutter Tiamat die Tafeln des Schicksals. Manchmal wurde der Koran auch »Bewahrte Tafel« genannt.[3] Es gibt einige Ähnlichkeiten zwischen diesen Schriften und anderen legendären Büchern göttlichen Ursprungs wie zum Beispiel der Ur-Schrift, dem Buch des Thot und der Smaragdtafel des Hermes Trismegistos.

Wie im Fall der jüdisch-christlichen Bibel ist am Koran sehr viel verändert worden, um die neuen patriarchalen Gesetze zu legitimieren und die Göttin samt ihren Priesterinnen zu eliminieren. (Siehe **Arabien**.)

1. *Encyc. Brit.*, »Mohammed«. 2. Campbell, Oc. M., 443. 3. Budge, A.T., 52.

Kore

Griechische Heilige Jungfrau, Seele der Mutter Erde (Demeter); ein Name, der so weit verbreitet ist, daß er wohl als eine der frühesten Bezeichnungen der Welt-Shakti bzw. des weiblichen Geistes des Universums angesehen werden darf. Ker, Car, Q're, Cara, Kher, Ceres, Core, sanskritisch: Kaur oder Kauri – all dies sind Namen der Göttin Kali.

Das neolithische Asien kannte eine mysteriöse Göttin namens Ker oder Car als Stammutter der KarerInnen.[1] Ihre Stadt auf Chersones hieß Cardia, »die Göttin Car«. *Kardia* wurde das griechische Wort für Herz wie *cor* im Lateinischen. Beide Begriffe gehen auf die Göttin zurück, die als das Herz der Welt angesehen wurde. Die gleiche Silbe ist in Wörtern zu finden, die Verwandtschaftsverhältnisse in matrilinearer Folge bezeichnen: *cairdean* (gälisch für Verwandtschaft) oder *kardes* (türkisch für die Geschwister der Mutter).[2] Die Göttin wurde *Kardia ton kosmos*: »das Herz der Welt«.[3]

Die Heiligtümer bei Karnak in Ägypten sowie die bei Carnac in der Bretagne waren gigantische Tempel und Bestattungskomplexe, die vor über 5000 Jahren der Göttin Kar oder Kore geweiht waren. In Frankreich gab es vergleichbare Heiligtümer an Orten mit ähnlich klingenden Namen: Kerlescan, Kercado, Kermaria.[4] Der zuletzt genannte Name ist eine Kombination der heidnischen Jungfrau mit der Göttin Mari, die wie die in Kel-Mari verkörperte Kali mal als deren Tochter, mal als deren Mutter, aber auch bisweilen selbständig in Erscheinung trat.[5] Die BewohnerInnen von Carnac oder die von Carnuntum an der Donau nannten sich in römischen Zeiten *Carnutes*, »das von der Göttin Car geborene Volk«.[6]

Während der ägyptischen früh-dynastischen Periode gab es in Nubien einen Ort mit Namen Kerma (Mutter Ker), an dem Massenopferungen stattfanden. Ein ähnlicher Name, Kara, wurde von mehreren frühen ägyptischen Herrschern in Ehren gehalten. Die ÄgypterInnen sprachen von einem Land im Osten namens Kher; Palästina nannten sie das Land von Kharu.[7]

Car oder Carna war den Römern bekannt als »eine Göttin aus den alten Zeiten«; die archaische Form, in der sie verehrt wurde, hing mit den Karneia-Festen in Sparta und dem klassisch römischen Karneval zusammen.[8] Mitunter tauchte auch die Gottheit Carmenta auf, d. h. »Geist von Car«; ihr wurde die Erfindung des römischen Alphabets zugeschrieben.[9] Ein sehr alter Tempel auf dem Caelius war dieser Göttin geweiht.[10] Eine spätere Abwandlung ihres Namens war Ceres, das Ursprungswort für Wörter wie Korn, Kern, Zerealien, Kardia usw.

Im Osten war diese alte Göttin allgegenwärtig. Manche behaupten, daß sie Artemis Karyatis gewesen sei, die Mutter der Karyatiden des lakonischen Tempels von Karyae.[11] Der tyrrhenische Hafen von Caraalis (heute: Cagliari) war ihr geweiht.[12] Eins der ältesten Heiligtümer Israels, der als Garten bezeichnete Berg Karmel, war ihre Wohnung und die ihrer *baalim* (Götter).[13]

Kore hatte auch sehr viel Einfluß auf die koptische Religion und deren blühenden Kult in Alexandria um das 4. Jahrhundert n. Chr. Ihr Fest, das Koreion, fand an jedem 6. Januar statt und ist später als Fest der Erscheinung des Herrn (Epiphanias) vom Christentum assimiliert worden. Kores Fest feierte die Geburt des Neujahrsgottes Aion durch die Jungfrau, deren nacktes Abbild siebenmal um den mit Goldsternen und dem Zeichen des Kreuzes geschmückten Tempel herumgetragen wurde. Die Priester verkündeten dem Volk, daß die Jungfrau den Aion hervorgebracht habe.[14]

Das Koreion fand Aufnahme in die britische Tradition als *Kirn*, das Erntefest, das von der Kirche im nachhinein umgeändert wurde in das Fest Unserer Lieben Frau. Kirn war bei den GriechInnen bekannt als *kern* oder heilige Mutterleib-Vase, in der der Gott des Korns wiedergeboren wurde.[15] Auch hier war Kore oder Ker eine jungfrauliche Mutter. Das Erntegerät der Göttin, die Mondsichel, kennzeichnete sogar noch die christliche Version dieses Festes.[16]

Der klassische Mythos von Kores Entführung durch Pluto ließe sich einordnen unter die Rubrik: Usurpation der Macht einer Göttin durch einen Gott. Darauf weisen gnostische Quellen hin. »Plutonius Zeus ... besitzt nicht die Lebensmittel für alle sterblichen Wesen, denn es ist Kore, die Frucht trägt.«[17] Kores Wiederauferstehung markierte die jahreszeitliche Rückkehr der Vegetation. Sie war auch die Weltseele, die die Menschen belebt und ihnen aus den Augen schaut. Die Reflektion in der Pupille war bekannt als Kore oder »Jungfrau« im Auge. Die Araber sprachen von einem »Säugling« im Auge. Die Bibel nennt eine Tochter oder eine Seele »Augapfel« (Sprüche 7, 2), und natürlich hat auch jeder Apfel einen Kern (engl. *core*), eine Kore.

1. Graves, W. G., 373. 2. Farb, W. P., 144. 3. Cumont, O. R. R. H., 72 (dt. 61). 4. *Encyc. Brit.*, »Carnac«. 5. Briffault 1, 474. 6. J. H. Smith, D. C. P., 39. 7. Erman, 228, 278. 8. Dumézil, 386, 389. 9. Graves, G. M. 83.6; 132.o. 10. *Encyc. Brit.*, »Carna«. 11. Graves, W. G., 372. 12. Massa, 43. 13. *Encyc. Brit.*, »Carmel«. 14. Campbell, M. I., 34. 15. Neumann, G. M., 132. 16. Brewster, 424. 17. Robinson, 305.

Kornelius, Heiliger

»Der Gehörnte«, fiktiver Heiliger, der angeblich der Gegend am Mont Saint-Michel eine heilende Magie verliehen haben soll. Das Gegenstück auf der anderen Seite des Ärmelkanals, St. Michael's Mount, war ein Heiligtum des legendären trojanischen Helden Corineus, des ersten Herrschers von Cornwall. Sein bretonischer Name war Cornelius.[1] Vielleicht leitet er sich vom Gehörnten Gott, Cernunnos, ab. Corineus besiegte angeblich den letzten Riesen, Goemagot (Gog und Magog) und warf ihn in den Ärmelkanal.

1. Pepper & Wilcock, 193, 203.

Var. Kottyto, Cotys, Kotys, Kottytaris, Kotytaris

Kotyto

Thrakische Mondgöttin, deren Sohn, der Riese Kottos mit den hundert Händen, für ihr Kollegium von fünfzig Priestern oder Priesterinnen stand.[1] Theokrit nannte sie »Kotytaris, die Alte, ... die auf der Flöte bei Hippokion den Schnittern jüngst vorblies.«[2] Da die Christen ihre edonischen Riten als Teufelsverehrung verunglimpften, wurde Kotyto in den mittelalterlichen Texten über Dämonologie als eine der Dämoninnen aufgeführt.

1. Graves, G. M. 3.1. 2. Theokrit, dt.VI, 40f.

Krähe

Gemeinsam mit **Geier** und **Rabe** war die aasfressende Krähe in Nordeuropa das gebräuchliche Symbol für die Totengöttin. Die Walküren, manchmal als männerfressende Frauen beschrieben, nahmen oft die totemistische Form von Raben und Krähen an.[1]

Anglo-dänische Mythen erzählten von einer Hexe namens Krake (Krähe), einer Tochter der Walküre Brunhild. Krake konnte ihre Gestalt verwandeln: manchmal war sie eine wunderschöne Jungfrau, dann eine Hexe, ein Ungeheuer oder eine Krähe. Sie heiratete den dänischen König Ragnar Lodbrok (Lederhose) und gebar den Helden Sigurd.[2] Sigurd ist in Deutschland unter dem Namen Siegfried besser bekannt, seine mystische Geliebte war die Walküre Brunhild. So findet sich hier dieselbe verschlungene inzestuöse Beziehung, die auch in den ältesten Mythen des sakralen Königtums vorkommt. Und noch einmal tritt die Dreifache Göttin in diesem Mythos auf: in Gestalt der drei weissagenden Töchter von Ragnar und Krake, Schicksalsweberinnen, die das magische Banner *Hraefn*, »Rabe«, geschaffen haben.[3]

Es gab einen mythologischen Kraken, der mit dem Meer assoziiert und als Schlange oder Seeungeheuer dargestellt wurde. Er war aber lediglich eine andere Form derselben Totengöttin. Die Drei Raben (Kraken) der alten Lieder und Balladen waren Vögel des Untergangs, die sich auf dem erschlagenen Helden niederließen. Manchmal waren es auch nur zwei wie in der alten englischen Ballade von den *Twa Corbies* (Zwei Krähen), in der sie die schönen blauen Augen eines erschlagenen Ritters herauspicken wollen.[4]

Solche Manifestationen der Göttin als Krähe könnten mit *Coronis*, »Krähe«, in Verbindung stehen, einem Todesaspekt der prähellenischen Erdmutter Rhea. Die klassischen Mythographen neigten dazu, *Coronis* zu ignorieren, sie kam bei ihnen nur als jungfräuliche Mutter des Gottes der Heilkunst, Asklepios, vor. Sie scheint aber eine weitere Variante der Kombination aus Jungfrau und Altem Weib gewesen zu sein: Rhea Kronia als Mutter Zeit, die allen Dingen den Tod bringt.[5]

1. Woods, 156. 2. Guerber, L. M. A., 274f. 3. Turville-Petre, 59.
4. Sargent & Kittredge, 45. 5. Graves, G. M. 1, 175; 2, 387.

Krake

»Krähe«, die Greisin oder Todesgöttin in der anglo-dänischen Mythologie; manchmal auch Hexenkönigin, gleichgesetzt mit der menschenfressenden Krake; manchmal eine schöne Jungfrau, Gemahlin von Königen.[1] (Siehe **Krähe**.)

1. Guerber, L. M. A., 274f.

Krebs

Die besondere Bedeutung des Sternzeichens Krebs in der alten Astrologie lag darin, daß es das Ende der Welt ankündigte. Die Chaldäer glaubten, die Welt werde sich auflösen und in ihre ursprünglichen Elemente zerfallen, wenn alle Planeten im Zeichen des Krebses aufgereiht seien. Diese Lehre taucht auch in Indien, Ägypten, Persien, China, Nordeuropa und dem präkolumbischen Mittelamerika auf.[1]

Das Zeichen des Krebses wurde vor allem mit Wasser und Mond assoziiert, beides typische Elemente der Großen Göttin, von der es heißt, sie führe alle Dinge zu ihrer Vernichtung.[2]

1. Campbell, M. I., 149. 2. Gettings, 95.

Kreuz

Lateinisches Kreuz

Das »Lateinische« oder »Passions«-Kreuz, heutzutage das wichtigste Symbol des Christentums, wurde in der christlichen Kunst nicht vor dem 6. Jahrhundert n. Chr. dargestellt.[1] Lange vor dem christlichen Zeitalter war es allerdings ein heidnisches Symbol in ganz Europa und im westlichen Asien.[2] Die ersten Christen lehnten das Kreuz sogar ab, weil es heidnisch war. Ein Kirchenvater des 3. Jahrhunderts, Minucius Felix, bestritt entrüstet, daß die Christen das Kreuz verehrten: »Ihr seid es, ihr Heiden, die am ehesten ein hölzernes Kreuz anbeten ... denn was sonst sind eure Zeichen, Fahnen und Banner, wenn nicht vergoldete und verzierte Kreuze. Eure Siegeszeichen stellen nicht nur ein einfaches Kreuz dar, sondern ein Kreuz mit einem Mann daran.«[3]

Seit uralten Zeiten wurde in den Feldern, um das Getreide zu schützen, das Bild eines Mannes aufgestellt, der an einem Kreuz hing. Die Vogelscheuchen unserer Zeit sind ein Überbleibsel dieser Opfermagie, welche den Sakralkönig darstellte, dessen Blut die Erde fruchtbar machen sollte. Diese Magie wurde nie ganz fallengelassen, obwohl auch die heutigen Bauern durchaus wissen, daß eine Vogelscheuche keinen einzigen Vogel verscheucht.[4]

Keltisches Kreuz

Daneben war das Kreuz ein männliches Symbol des phallischen Lebensbaums; deshalb trat es häufig gemeinsam mit dem weiblichgenitalen Zeichen des Kreises oder Ovals auf, um die Heilige Hochzeit anzudeuten. Das männliche Kreuz und der weibliche Kreis bildeten zusammen das ägyptische »Amulett Nefer«, das Segensamulett, ein Zauber für sexuelle Harmonie.[5]

Das sogenannte Keltische Kreuz, mit einem Ring um die Arme des Kreuzes, war ein anderes Lingam-Yoni-Zeichen der sexuellen Vereinigung; bei den Hindus hieß es *Kiakra*.[6] Einige alte Keltische Kreuze, die die Jahrhunderte überdauert haben, weisen offensichtlich phallische Elemente auf, bis hin zur realistischen Öffnung der Harnröhre an der Spitze des Kreuzes.[7] Kreuze symbolisierten sogar in der präkolumbischen Kunst Amerikas den Liebestod eines Gottes. Diese Kreuze zeigten den Erlöser an seinem Kreuz, ein Bild, das dem christlichen sehr stark ähnelte.[8]

Griechisches Kreuz

Niemand weiß genau, ab wann das Kreuz mit dem Chistentum assoziiert wurde. Frühe Bilder Jesu zeigen ihn nicht an einem Kreuz, sondern in der Gestalt des osirischen oder hermetischen »Guten Hirten«, der ein Lamm trägt. Später wurden viele verschiedene Versionen des Kreuzes als christliches Symbol verwendet. Sie umfaßten das Griechische Kreuz mit vier gleich langen Schenkeln, das X-förmige Andreas-Kreuz, die Swastika (Hakenkreuz), das gnostische Malteserkreuz, das Sonnenkreuz oder Wotanskreuz und das Henkelkreuz, eine Form, die aus dem ägyptischen **Anch** entwickelt wurde, auch als Venuskreuz bezeichnet.[9]

Die GriechInnen sagten, daß dieses Kreuz »bei der Verehrung Christi und des Sarapis gebräuchlich« war.[10] Die Göttin Isis wird auf einer Abbildung mit dem Kreuz in der einen und einer Samenkapsel des Lotos in der anderen Hand als Symbole der männlichen und weiblichen Genitalien dargestellt.[11] Sarapis als ihr Gefährte wurde in Ptolemäus wiedergeboren. Hinter den Worten »Ptolemäus der Erlöser« auf dem Stein von Damiette steht ein Kreuz. Fromme christliche Gelehrte wollten früher glauben machen, dies sei in Wirklichkeit eine Prophezeiung des zukünftigen Christus gewesen.[12]

Tau-Kreuz

Einige wenige Jahrhunderte lang war das Emblem Christi eher das T-förmige Tau-Kreuz als das Lateinische Kreuz. Es könnte von den heidnischen Druiden übernommen worden sein, die Tau-Kreuze aus Eichenstämmen machten; die Äste wurden entfernt, und oben wurden zwei lange Balken befestigt, welche die Arme eines Mannes darstellten. Das war der Thau oder Gott.[13]

Ein Tau-Kreuz war das Symbol des heiligen Tages, der passenderweise der Tag der Auffindung des Kreuzes genannt wurde, angeblich um an die Entdeckung des Wahren Kreuzes in einer Krypta unter dem Aphroditetempel in Jerusalem durch die Kaiserin Helena, die Mutter Konstantins, zu erinnern.[14] Nachdem das Tau-Kreuz fast überall durch das Lateinische Kreuz ersetzt worden war, wurde es dem Apostel Philippus zugeordnet, der angeblich in Phrygien an einem Tau-Kreuz gekreuzigt worden war. Er hatte dort den Gott Mars, der die Gestalt eines Drachen angenommen hatte, vertrieben.[15] Demnach war das Tau-Kreuz das Zeichen des ersten Mai, der von der Kirche als Tag des Apostels Phillipus übernommen wurde; und der Thau der Druiden wurden mit dem Maibaum vermischt.

Die ersten Nachrichten vom Auffinden des Wahren Kreuzes haben wir erst lange nach dem Tod der Kaiserin Helena erhalten. Angeblich hatte sie das Kreuz im Jahre 328 gefunden, aber kein einziger zeitgenössischer Chronist hat es für nötig gehalten, solch ein großartiges Ereignis zu erwähnen. Nach der Legende fand Helena drei Kreuze unter dem Aphroditetempel, konnte aber nicht unterscheiden, welches das Kreuz Christi gewesen war. Sie ließ eine Leiche bringen und nacheinander auf die Kreuze legen. Als der Leichnam auf dem Wahren Kreuz lag, sprang er lebendig auf. Einer anderen Legende zufolge heilte das Wahre Kreuz eine vornehme Dame, die »dem Tode nahe war«.[16]

Die christlichen Autoritäten behaupteten außerdem, daß die Kaiserin die heiligen Nägel und die Tafel mit der Inschrift INRI gefunden habe, aber letztere ging verloren und blieb für mehr als ein Jahrtausend verschwunden. 1492 wurde sie auf wunderbare Weise in Rom in der Kirche vom Heiligen Kreuz wiedergefunden, wo sie anscheinend die ganze Zeit gelegen hatte. Papst Alexander III. verfaßte eine Bulle, die unfehlbar die Echtheit der Reliquie bestätigte.[17]

Die Auffindung des Kreuzes stellte sich für das Mittelalter als überaus nützlich heraus, jedenfalls wenn es nach der Menge Splitter des Wahren Kreuzes geht, die in den Kirchen Europas verehrt wurden. Es gab derart viel wunderkräftiges Holz vom Wahren Kreuz, daß sie nach Calvin einen Lastkahn gefüllt hätten.[18]

Die Kirche vertrat die Ansicht, daß das Kreuz Christi aus demselben Holz gemacht sei, der als Baum des Lebens im Garten Eden gewachsen war. Adam hatte ihn aus dem Paradies mitgenommen, und nacheinander hatten die Patriarchen darüber gewacht (er war sogar auf der Arche mitgefahren), einzig und allein, damit der Erlöser daran gekreuzigt werden konnte, sobald er erschien. Gnostische Quellen fügten noch eine ödipale Wendung hinzu: Das Kreuz Jesu war von seinem Vater gemacht worden, dem Zimmermann Joseph. Darüber hinaus war das Kreuz an genau der Stelle errichtet worden, wo einst der Baum des Lebens gewachsen war. Der Kirche zufolge wurde es zum »Baum des Kreuzes, denn, wovon der Tod kam, davon sollte auch wieder Leben kommen«. Solche Aussagen wurden im Mittelalter oft buchstäblich genommen.[19]

Die Araber nennen die männlichen Genitalien heute noch »den Baum des Lebens«, und ein Kreuz war eines der ältesten Symbole der männlichen Genitalien. Unter den Christen kam schließlich doch eine Ahnung von der phallischen Bedeutung des Kreuzes auf. Ein altes Kruzifix in Sancreed in Cornwall bestand aus einem Speer, der aufrecht in einer heiligen Vase stand (dem uterinen Gefäß), mit zwei hodenähnlichen Rollen, die an seinem Schaft befestigt waren.[20] Das Kreuz, das in das Labyrinth eindrang, war eines der ältesten Lingam-Yoni-Symbole des Westens, es geht fast bis in die Jungsteinzeit zurück. Spiralförmige »weibliche« Labyrinthe, die von einem Kreuz penetriert werden, kommen in prähistorischen Felsbildern auf Kreta vor, in Tintangel in Cornwall, der Insel Wier in Finnland und in der Kathedrale von Chartres.[21]

Bewußt oder nicht, die phallische Konnotation des Kreuzes tritt auch noch in unserem Jahrhundert zutage. 1950 erschien in der Zeitschrift *Wake* ein Gedicht mit folgenden Zeilen: »Christus, ich ging um deine Erektion herum, Das Kreuz, welches in einem Himmel des Gebets eine Milliarde Menschen zeugte, in Demut treu ergeben.«[22]

Im sogenannten christlichen Zeitalter war die Landbevölkerung dem Kreuz vielleicht nicht ganz so treu ergeben, wie es sich die Männer der Kirche gewünscht hätten. Gewisse Bruderschaften der »Verdammten

Jäger« oder »Bogenzauberer« verunstalteten immer wieder Wegkreuze, da sie glaubten, sie könnten magische Fähigkeiten mit dem Bogen erlangen, wenn sie drei Pfeile nacheinander auf ein Kruzifix schössen.[23] So setzten sie den phallischen Dreizack des alten Jagdgottes dem Symbol der Christen entgegen (siehe **Dreizack**). Heute ist das Kreuz oft ein Schmuckstück vom Juwelier, was seine Funktion als Amulett bestätigt, die praktisch nicht von dem magischen, schutzverheißenden Gebrauch dieses Zeichens im Altertum zu unterscheiden ist.

1. H. Smith, 188; Cumont, O. R. R. P., 109. 2. Budge, A.T., 336. 3. Doane, 345. 4. Lys, 42. 5. Budge, E. M., 59. 6. Baring-Gould, C. M. M. A., 374. 7. Paor, pl. 37. 8. Campbell, M. I., 175. 9. Jung, M. S., 43. 10. Baring-Gould, C. M. M. A., 355. 11. Knight, D.W. P., 50. 12. d'Alviella, 15. 13. Elworthy, 103f. 14. J. H. Smith, C. G., 322. 15. Brewster, 221, 226. 16. Jacobus d.V., 274. 17. Budge, A.T., 343f. 18. Kendall, 122. 19. Mâle, 153. 20. Baring-Gould, C. M. M. A., 613. 21. Hitching, 237. 22. Ellis, 112. 23. Sprenger & Institoris, 150.

Kreuzweg

Im katholischen Sprachgebrauch ist mit dem Kreuzweg der Weg Christi vom Haus des Pilatus bis nach Golgatha und im weiteren Sinne die Betrachtung des Leidensweges Christi an 14 **Kreuzwegstationen** gemeint. In der griechisch-römischen Welt waren die Kreuzwege Kreuzungen oder auch Weggabelungen, die der älteren Diana unter ihrem Namen Hekate Trivia (**Hekate** der drei Wege) geweiht waren. Sie war die Mutter der *lares compitales*, der »Geister der Kreuzwege«. Reisende brachten den dreigesichtigen Statuen der Göttin Opfer dar, und die regelmäßig stattfindenden Compitalia wurden an ihren Heiligtümern begangen, die an den Straßen lagen.[1]

Kreuzungen mit vier Straßen wurden manchmal **Hermes** geweiht, dessen ithyphallische Hermen dort an den Wegrändern standen, bis sie durch die christlichen Wegkreuze ersetzt wurden. Allerdings war das christliche Kreuzzeichen aus dem Kult des Hermes übernommen und vollzog dessen heilige Zahl 4 auf Kopf und Brust der Verehrer. Die Kreuze des Hermes blieben im Irland des 10. Jahrhunderts einfach an den Wegkreuzungen stehen und wurden in christliche Kreuze umgedeutet, obwohl auf ihnen deutlich die Doppelschlange um den heidnischen Caduceus zu sehen war, ein weiteres Symbol der älteren Gottheit.[2]

Kreuz, Herme und Caduceus vermischten sich in der Symbolsprache Nordeuropas mit dem Galgenbaum von Odin/Wotan, dem »Gott der Gehängten«, was zu dem christlichen Brauch führte, sowohl Galgen als auch Kreuze an Kreuzwegen aufzustellen. Der Gott am Galgen spielte einst dieselbe Rolle wie Jesus am Kreuz: Das Bild eines sterbenden Gottes mahnte an das Numinose eines Kreuzweges. Vorchristliche Europäer hielten Treffen an Kreuzwegen ab, den sogenannten *moots*, um dort die Aufmerksamkeit der Götter für ihre Gerichtsverhandlungen zu beschwören; noch heute heißen strittige Fragen auf englisch *moot points*, da sie früher auf solchen Versammlungen entschieden wurden. Die Göttin als Mutter Erde, die das »natürliche Gesetz« gab und die Schöpferin der Zyklen von Geburt und Tod war, war immer dort anwesend, wo ihr sterbender Gott war – wie die Frauen noch lange wußten. Der englische

Mönch Aelfric klagte über die Bräuche der Frauen, neugeborene Kinder der alten Mutter zu weihen. Die Frauen würden »zu Kreuzwegen gehen und ihre Kinder über die Erde ziehen und sich und ihre Kinder so dem Teufel überantworten«.[3]

Mit der Verteufelung der alten Gottheiten und der Zeremonien an Kreuzwegen wurde die Göttin der Versammlungen an solchen Kreuzungen zur Königin der Hexen, denn die Hexen wirkten dort nach wie vor ihre Zauber. Im *Schlüssel Salomonis* steht, Kreuzungen eigneten sich am besten für magische Handlungen »in der Dunkelheit und Stille der Nacht«.[4] Die Geister der Gehängten, der Heiden und der alten Orakel spukten an den Kreuzwegen. Bernard Ragner schrieb, eine Geisterstimme würde jedem die Zukunft vorhersagen, der in der letzten Stunde des Heiligen Abends an eine Wegkreuzung ginge. Noch in den zwanziger Jahren unseres Jahrhundert glaubte die englische Landbevölkerung, daß an Kreuzwegen Hexensabbate stattfänden. Dieser Glaube wurde durch die Sitte bestärkt, Kriminelle und Selbstmörder an Kreuzwegen in ungeweihter Erde zu vergraben; die Kirchenmänner behaupteten, jeder so Begrabene würde als Geist spuken. Manchmal wurden solche Leichen mit einem Pfahl im Boden »verankert«: »Ein Pfahl wurde durch sie hindurch getrieben, wenn sie an der Wegkreuzung begraben wurden, um den Geist am Umherwandern zu hindern.«[5] Vermutlich konnte der Geist an diesem Ort befragt werden, so wie die Geister von einem Nekromantiker aus ihren Gräbern auf dem Friedhof heraufbeschworen werden konnten.

Schlüssel Salomonis (Claviculum Salomonis). Ein weit verbreitetes »Schwarzes Buch« oder Zauberbuch, das zwischen dem 11. und dem 13. Jahrhundert viel benutzt wurde.

Bernard Ragner Schrieb 1925 die *Legends and Customs of Christmas*.

So wurden Hermes und Hekate, die im Altertum die Seelen der Toten geleitet hatten, zu schrecklichen Geistern der »Hexerei« an eben den Orten, die sie einst zum Wohl der Menschen beherrscht hatten.

1. Hyde, 137. 2. Campbell, M. I., 337. 3. Briffault 3, 58. 4. Wedeck, 153. 5. Summers, V., 154f.

Kreuzwegstationen

Eine Reihe von Bildern, auf denen die Hauptereignisse des Lebens Christi und sein Martyrium dargestellt sind; für jedes dieser Bilder sind bestimmte Gebete und Meditationen vorgeschrieben. Die Reihe der Kreuzwegstationen gründete sich auf alte orientalische Bildergalerien innerhalb der Tempel, an denen Pilger auf dem Weg ins Allerheiligste vorbeizogen.[1] Der Gedanke eigenständiger, fortschreitender Meditationen wurde direkt aus der orientalischen Tradition übernommen; dahinter stand die Vorstellung, das Gemüt eines Pilgers würde - während er langsam und etappenweise die Galerie oder das Labyrinth durchschritt – allmählich auf die Offenbarung des Allerheiligsten vorbereitet.

1. Zimmer, 127.

Kreuzzüge

»Heilige Kriege«, die dazu dienten, den Heiden oder den häretischen Feinden der rechtgläubigen Christen ihr Eigentum zu rauben. Die Kreuzzüge wurden normalerweise von den Vasallen der christlichen

Herren geführt, einschließlich des wohlhabenden Klerus. Den Soldaten wurden nicht nur der normale Sold, sondern auch Ablässe versprochen, wie die sofortige Vergebung der Sünden und eine garantierte Aufnahme in den Himmel, egal, welche Sünden die Kreuzfahrer noch begehen würden.

Vom 8. bis zum 10. Jahrhundert wurde das Heilige Römische Reich von den Normannen heimgesucht, die viele der nordeuropäischen Handelszentren in ihrem Besitz hatten und die See beherrschten. Sie eröffneten auch Handelsbeziehungen mit den Staaten in Nordafrika und dem Nahen Osten. 834 besuchten arabische Gesandte Dänemark, um Militär- und Handelsabkommen zu schließen.[1] Das Heilige Römische Reich sah sich zwischen zwei antichristlichen Mächten gefangen: Die heidnischen Normannen im Nordwesten und die moslemischen Sarazenen im Südosten. Die Normannen kontrollierten auch die Handelswege über die Donau und das Schwarze Meer in die Türkei, sie häuften mit arabischem Silber, mit Gold und Edelsteinen Schätze an. Außerdem segelten sie an der Atlantikküste entlang bis nach Gibraltar und gründeten Kolonien in Libyen. Das christliche Abendland war so gut wie eingeschlossen.

Papst Urban II. versuchte das Problem zu lösen, indem er zu Kreuzzügen in den Osten aufrief, angeblich, um die Gebiete der Sarazenen im »Heiligen Land« in christliche Lehen zu verwandeln. 1095 initiierte er den Zug des Volkes als eine Kombination aus Pilgerfahrt und Eroberungskrieg. Für diesen Kreuzzug wurde in ganz Europa geworben. Alle Teilnehmer wurden der normalen Gerichtsbarkeit enthoben und bekamen die Vergebung aller Sünden versprochen sowie die ewige Seligkeit im Himmel, ohne Wartezeit im Fegefeuer.

Ein Mob von 150000 bis 300000 Menschen, fast durchweg der Bodensatz der Gesellschaft, vermischt mit Glücksrittern aus der Soldateska, machte sich durch Südeuropa hindurch auf den Weg, mordend, folternd und plündernd, wo sie entlangkamen. Eine Abteilung schlachtete 10000 Juden im Rheinland ab, dann vergaßen sie das Heilige Land und zerstreuten sich. Zwei andere Gruppen verbreiteten in Ungarn soviel Schrecken, daß die Einheimischen ein Heer gegen sie bildeten und alle vernichteten. Die Menschen starben massenweise auf dem Weg, an Krankheiten, Hunger oder Verletzungen, die sie sich bei ihren Gewalttätigkeiten zugezogen hatten. Der Rest überlebte, um die allzu gastfreundlichen GriechInnen auszuplündern und dann in Konstantinopel einzuziehen. Dort verkauften die stärkeren Kreuzfahrer die schwächeren als Sklaven, um ihren eigenen Sold zu finanzieren. Schließlich überquerten die letzten ca. 7000 den Bosporus und wurden von den Türken angegriffen, die bald alle umgebracht hatten.[2]

Man könnte annehmen, daß das Schicksal des Kreuzzuges von Papst Urban zukünftige Experimente dieser Art entmutigt hätte, aber dem war nicht so. Es scheint eine Idee gewesen zu sein, deren Zeit einfach gekommen war.

Die späteren Kreuzzüge waren besser organisiert und bestanden mehr aus erfahrenen Soldaten und weniger aus Pilgern. Ihr hauptsächliches Motiv waren Plünderungen. In den nächsten 400 Jahren fuhren die christlichen Ritter fort, die Sarazenen durch ihre intellektuelle Naivität und militärische Raffinesse zu verblüffen, die sich in einer feudalen Gesellschaft entwickelt hatten, deren Grundlage die Kriegsführung war.

> *Im allgemeinen benahmen sich die Kreuzfahrer, ungeachtet des heiligen Anlasses, wie Wegelagerer. Das erste Heer, das 1095 ausgesandt wurde und von den Türken bei Nikäa aufgerieben wurde, mordete, brandschatzte und plünderte alles, was ihm in den Weg kam. Die Armee unter Gottfried von Bouillon metzelte 1098 die gesamte Bevölkerung Jerusalems nieder. Das Geschick Venedigs lenkte den vierten Kreuzzug von der eigenen Stadt ab nach Konstantinopel, und die Plünderung dieser Stadt (1204) ist ein dunkler Fleck in der Geschichte der westlichen Christenheit. Konstantinopel wurde bestialisch heimgesucht, und sogar die christliche Hagia Sophia-Kirche war ein Schauplatz blutiger und gotteslästerlicher Orgien.*[3]

Ein zeitgenössischer Chronist schrieb, daß Jerusalem der Belagerung einen Monat lang standhalten konnte. Als die Kreuzfahrer nach dem Fall der Stadt nach Jerusalem hineinritten, wateten ihre Pferde »knietief im Blut der Ungläubigen«. Die Juden wurden in ihre Synagoge getrieben und bei lebendigem Leibe darin verbrannt. Am nächsten Tag schlachteten die Kreuzfahrer »eine große Menge Volkes jeden Alters, alte Männer und Frauen, Jungfrauen, Kinder und Mütter mit Säuglingen, als feierliches Opfer« für Jesus hin.[4] Nach der Schlacht von Akra verletzte Richard Löwenherz ein Waffenstillstandsabkommen und ließ seine Geiseln niedermetzeln und schinden (häuten). »Sein Verhalten stand in einem scharfen Gegensatz zu der Ehrenhaftigkeit und Nachsicht Saladins, unter dessen Augen die Greueltat begangen wurde und der sich nicht dazu herabließ, an seinem feigen Gegner Rache zu üben.«[5]

Nachdem sich das System der Kreuzzüge etabliert hatte, wurde es auch gegen Feinde der Kirche angewandt, die nicht so weit von der Heimat der Kreuzfahrer entfernt lebten. Es wurde die Standardmethode des Umgangs mit den Heiden und Häretikern auch in Europa. Zwischen 1236 und 1283 predigte Papst Honorius einen Kreuzzug gegen die heidnischen Pruzzen, der von den deutschen Königen ausgeführt wurde. Die christlichen Ritter des Schwertbrüderordens bekehrten auf ähnliche Weise Livland und Kurland. Die Armeen der christlichen Fürsten Polens zwangen die Wenden, die christliche Taufe zu akzeptieren und Vasallen zu werden. Die Litauer hielten bis zum Ende des 14. Jahrhunderts hartnäckig an ihrem Heidentum fest, aber schließlich wurden auch sie mit dem Schwert christianisiert.[6]

Es gibt Berichte darüber, daß die halbbarbarischen Stedinger an der Unterweser noch im 13. Jahrhundert ihr altes Stammessystem bewahrt hatten, sich der Kirche gegenüber gleichgültig verhielten und keinen Zehnten bezahlten. Papst Gregor IX. sandte Bullen an die Bischöfe von Minden, Lübeck und Verden, in denen er zum Kreuzzug gegen diese aufsässigen Bauern aufrief, die er als Häretiker bezeichnete, weil sie weise Frauen befragten, Wachsbilder herstellten und »Dämonen« verehrten. Den Kreuzfahrern wurde blanko die Vergebung ihrer Sünden versprochen. Die Stedinger Bauern wehrten sich allerdings zäh, und mehrere Feldzüge gegen sie scheiterten. Schließlich fiel 1234 eine große

Armee in ihr Land ein, überzog alle Siedlungen mit Feuer und Schwert und löschte sie aus. Ihr Land wurde zwischen der Kirche und den Baronen aufgeteilt.[7]

Es gibt Schätzungen, wonach die Christianisierung Europas 8 bis 10 Millionen Menschenleben gekostet hat.[8] Auch nach der offiziellen Bekehrung gab es noch einen großen Widerstand gegen den neuen Kult, der fremd war und den Menschen, denen er aufgezwungen wurde, nicht sehr verlockend erschien. Der Klerus führte seine Autorität auf einen fremden Erlöser aus dem Osten und dessen Gott zurück und verleumdete alle lokalen Gottheiten der Vorfahren – von denen viele seit der Jungsteinzeit verehrt wurden –, als Dämonen. Darüber hinaus wurden die Familiengesetze und überlieferten Lebensgewohnheiten in Bausch und Bogen als sündhaft bezeichnet. Es kann kaum überraschen, daß eine Häresie nach der anderen entstand und sich der Kirche der Eroberer gegenüberstellte. Eben diese Kirche wurde in ihrer diktatorischen Politik zunehmend fanatischer und schaffte es am Ende doch nicht, das Bedürfnis des Volkes nach einer Bestätigung seiner eigenen religiösen Andersgläubigkeit zu unterdrücken.[9] Viele Menschen weigerten sich, ihre heidnische Göttin oder ihre Überzeugung, daß die Sexualität ein Element des Göttlichen enthält, aufzugeben. Viele erinnerten sich an eine Zeit, die noch gar nicht so lange Vergangenheit war, als »heilige Kommunion« einen Vorgeschmack der göttlichen Glückseligkeit durch sinnliche Erfüllung bedeutete: eine Vorstellung, die vor allem in Südfrankreich vorherrschte.

Die Kreuzzüge gegen die Katharer (von denen sich das deutsche Wort »Ketzer« ableitet) oder Albigenser Südfrankreichs waren besonders erbittert, da diese Leute mit ihrem Reichtum Plünderer anzogen und der römischen Kirche, die sie die Synagoge des Satans nannten, unversöhnlich gegenüber standen. Sie verdammten die Bilderverehrung in der katholischen Kirche als Götzendienst, leugneten die Macht der katholischen Sakramente, bestanden darauf, die Bibel selbst zu lesen und erweckten den alten gnostischen Glauben neu, daß der Jehovah, der von der römischen Kirche angebetet wurde, ein dämonischer Demiurg sei, der die materielle Welt erschaffen habe, um die Seelen in ihrer Sündhaftigkeit zu fesseln. Papst Alexander III. verdammte die Gemeinschaften der Katharer und schickte im Jahr 1163 kirchliche Richter aus, um ihre Vergehen zu untersuchen. Zum ersten Mal wurde das Wort »Inquisitor« benutzt.[10]

1209 rief Papst Innozenz II. zu einem großen Kreuzzug gegen die französischen Rebellen auf. Dieser Kreuzzug ging als Albigenser-Kreuzzug in die Geschichte ein und bildet eines der blutigsten Kapitel in der Geschichte des Christentums.[11] Halb Frankreich wurde entvölkert. Als der päpstliche Legat gefragt wurde, wie die Ketzer von den Rechtgläubigen unterschieden werden könnten, antwortete er: »Tötet sie alle; Gott wird die Seinen erkennen.«[12]

Schon bald konnte der Legat berichten, daß allein in Béziers »fast zwanzigtausend Menschen durch das Schwert getötet wurden. Nach dem Massaker wurde die Stadt geplündert und niedergebrannt, und die Rache Gottes schien auf herrliche Weise über sie hinwegzufegen.« Die

Ermordung der Häretiker setzte sich in den folgenden zwanzig Jahren fort, und nach manchen Schätzungen wurden mehr als eine Million Menschen hingeschlachtet.[13]

Dies stellte mehr dar als nur eine Polizeiaktion gegen die Ketzerei. Es war die Zerstörung einer ganzen Gesellschaft, die das Unglück hatte, weiter fortgeschritten zu sein als das restliche Europa.

> *Im 12. Jahrhundert war der Süden Frankreichs das kultivierteste Land Europas. Handel, Industrie, Künste und Wissenschaften waren der Zeit weit voraus. Die Städte regierten sich praktisch selbst, waren stolz auf ihren Reichtum und ihre Macht, eifersüchtig auf den Erhalt ihrer Freiheiten bedacht und aufopferungsvoll in ihrem Patriotismus. Die Adligen waren zum größten Teil kultivierte Männer, Dichter oder Mäzene der Dichtkunst, die gelernt hatten, daß ihr Wohlstand vom Wohlstand ihrer Untergebenen abhing und daß die städtischen Freiheiten für den weisen Herrscher eher ein Schutz waren als eine Bedrohung. Die Kreuzritter kamen, und ihr noch unvollendetes Werk wurde von der Inquisition zum bitteren Ende geführt. Sie hinterließ ein ruiniertes und verarmtes Land, dessen Industrien zerschlagen und dessen Handel zusammengebrochen war. Die einheimischen Adligen waren durch Beschlagnahmung ihrer Güter entmachtet worden und wurden durch Fremde ersetzt. ... Ein Volk mit seltenen Gaben war gequält, dezimiert, gedemütigt und zerstreut worden. ... Diese früh gereifte Gesellschaft, die versprochen hatte, Europa auf den Weg zur Kultur zu führen, war verschwunden, und die Ehrenbezeichnung der Renaissance ging auf Italien über.*[14]

Die katholischen Autoren unternahmen viele Versuche, die Zerstörung zu rechtfertigen. Apologeten wie Pierre des Vaux-de-Cernay benutzten Schmähungen, indem sie die Überzeugungen der Katharer als »diese verabscheuungswürdige Pest ... das Gift der abergläubischen Abtrünnigkeit« bezeichneten. Pierre des Vaux-de-Cernay schrieb, Toulouse sei »auf seltsame Weise und elendiglich mit dieser Seuche infiziert worde ... fast alle Barone der Provence schützten und verteidigten die Häretiker.« Im 19. Jahrhundert schrieb der Abbé Vacandard: »Die Kirche hat sich, alles in allem, nur selbst verteidigt. Die Katharer versuchten, ihr den Todesstoß zu geben, indem sie ihre Lehren, ihre Hierarchie und ihre apostolische Legitimation angriffen. Sie hätten (die Kirche) am Ende zerstört, wenn ihre gemeinen Schmähungen, welche einen wilden Aufruhr in den Köpfen der Menschen anrichteten, gesiegt hätten.«[15] Es war innerhalb der Kirche schon immer üblich, jeden Skeptizismus gegenüber ihren Verlautbarungen als »wilden Aufruhr« zu bezeichnen, aber trotzdem war das ganze Blutvergießen schließlich vergebens. Am Ende hat der Skeptizismus doch gesiegt.

1. Oxenstierna, 76. 2. H. Smith, 252f. 3. Reinach, 295. 4. H. Smith, 253. 5. Briffault 3, 392. 6. Reinach, 294. 7. Lea ungek., 656ff. 8. H. Smith, 251. 9. Campbell, C. M., 629. 10. H. Smith, 254f. 11. Oldenbourg, M. M. 12. Campbell, Oc. M., 499. 13. H. Smith, 257. 14. Briffault 3, 487f. 15. Coulton, 80, 91f.

Krieg

Ein wesentlich patriarchaler Beitrag zur Kultur, der in den matriarchalen Gesellschaften der Steinzeit und der frühen Bronzezeit fast völlig fehlt.[1] Selbst als die Göttinnen-Verehrung schon allmählich dem Kult agressiver Götter weichen mußte, wirkte sich das Erscheinen der Göttin noch lange befriedend auf alle feindlichen Gruppen aus. Bei den germanischen Stämmen Europas – so berichtete Tacitus – »gingen die Leute nicht in den Kampf und trugen keine Kriegsgeräte«, wann immer die Göttin in ihrem Wagen zu gewissen Zeiten an bestimmten heiligen Stätten erschien. »Jede Waffe wurde weggeschlossen; mit der Göttin kehrten Frieden und Stille ein und wurden willkommen geheißen.«[2] Einer der Gründe für die Abwertung der Frau im feudalen Europa späterer Jahrhunderten war der Umstand, daß dieses feudale System auf dem Krieg beruhte: und Frauen spielten im Krieg keine Rolle – außer als Opfer.[3]

Patriarchale Götter zeigten von Anbeginn an eine Vorliebe für den Krieg – der jüdisch-christliche Gott zeichnete sich hier sogar ganz besonders aus. Stanton stellte fest, daß die Berichte des Alten Testamentes über die Natur Gottes, sein Ziel und seine Taten für sein auserwähltes Volk auf »eine peinlich lange Liste von Kriegen, Korruption, Vergewaltigung und Lüsternheit« hinauslaufen. »Warum Christen die Heiden zu unserer Religion bekehren wollten, indem sie ihnen diese Bücher brachten, ist völlig unverständlich.«[4]

Aber das Christentum war niemals eine pazifistische Religion. Die Kirche nahm den Krieg in ihr Waffenarsenal auf, sobald ihre politische Macht dies zuließ. Papst Innocent I. (gestorben 417) verkündete, die Kirche habe das Recht zu töten von Gott erhalten und erlaubte der päpstlichen Armee, das Schwert zu gebrauchen, »um die Schuldigen zu bestrafen« – womit ein Massaker unter den nicht Rechtgläubigen gemeint war.[5] Die eine christliche Religionsgemeinschaft führte unablässig Krieg gegen die andere, so daß heidnische Beobachter meinten, die Christen gingen mit der Grausamkeit wilder Tiere aufeinander los.[6] Diese Kämpfe wurden die ganze christliche Ära hindurch im Namen heiliger Kriege, Kreuzzüge, Eroberungen und Bekehrungen durch das Schwert fortgesetzt. Das Männer-Christentum verbreitete sich durch die Saat der Gewalt.[7]

Inzwischen ging die religiöse Kraft der Frauen zur Neige, ihre Göttin wurde ausgelöscht. Die Frauen mißbilligten dies – damals wie heute – hilflos. Eine schwarze amerikanische Frau sagte unlängst:

> *Ich glaube nicht, daß ein paar Leute alles unter Kontrolle haben sollten. Ich glaube nicht, daß es richtig ist, wenn Frauen sich niederlegen und Söhne gebären, und die müssen losziehen und für ihr Land sterben. Sie sterben nicht für ihr Land. Sie sterben, damit ein paar da oben bleiben können. Ich glaube nicht, daß das nötig ist. Ich bin's einfach müde, sowas mitanzusehen. Ich glaube, wir sollten endlich menschlich werden.*[8]

Filippo Tommaso Marinetti (1876–1944), Mitbegründer des literarischen Futurismus und Anhänger des Faschismus, beschrieb sich selbst als »Mystiker der Aktion«.

Im Gegensatz zu diesen Gefühlen drückte sich die männliche Meinung in Marinettis »Futuristischem Manifest« folgendermaßen aus: »Wir wollen die Liebe zur Gefahr singen, die gewohnheitsmäßige Energie und die Tollkühnheit. ... Nur im Kampf ist Schönheit. Kein Meisterwerk ohne agressives Moment. ... Wir wollen den Krieg preisen – die einzige Hygiene der Welt – den Militarismus, den Patriotismus, die zerstörende Geste des Anarchisten, die schönen Gedanken, die töten, und die Verachtung des Weibes!«[9]

Manche Frauen akzeptierten diese Verachtung und unterwarfen sich zahm dem Gott und den Männern, die den Krieg priesen; sie lieferten ihnen sogar – wie die Hausfrau Jesusita Novarro – ohne Protest ihre Kinder aus:

> *Ich bete viel. Ich bete zu Gott um Kraft, damit ich die Kraft habe, es hinzunehmen, wenn Er mir mein Kind wegnehmen sollte. Es ist Sein Kind. Er hat es mir nur geliehen ...*
>
> *Diese Kinder haben nicht danach verlangt, geboren zu werden – diese Kleinen wachsen auf und müssen eines Tages ihr Leben dahingeben. ... Es wird immer Krieg geben. Warum? Ich weiß es wirklich nicht. Niemand hat es mir je gesagt. ... Ich wünschte, ich wüßte es. Ich vermute, die großen Tiere da oben bestimmen über den Krieg.*[10]

Frauen, die sich besser auszudrücken vermochten, haben gegenüber diesen »großen Tieren«, die in ihrer Zukunftsplanung alle lebenssichernden Interessen von Frauen übergehen, kein Blatt vor den Mund genommen. Sie bezeichneten ihre Machtbesessenheit als »Gynozid« (Frauenmord) und damit als »Genozid« (Völkermord).[11] Es heißt oft, daß gerade Frauen um ihrer Kinder willen in der Verantwortung stünden und der Kriegsmaschinerie entgegentreten müßten. Dem ist allerdings entgegenzuhalten, daß die Frauen – solange sie keine Macht haben, ihren Widerstand durchzusetzen – immer wieder in Situationen geraten, in denen ihren Anstrengungen kein Erfolg beschieden sein kann.

Wie wir alle wissen, sind die Kriege mit dem Fortschritt der technologischen Zivilisation immer tödlicher geworden; es ist, als würde der Geist der Menschheit je »unzivilisierter«, je »zivilisierter« ihre Werkzeuge werden. Manche beweifeln, daß der Mensch in der Lage ist, eine stabile, friedliche Welt aufzubauen. Becker bemerkt: »Es hat den Anschein, daß es sich beim Experiment ›Mensch‹ um eine evolutionäre Sackgasse, um ein unmögliches Tier handelt.«[12] Jules Henry sagte:

> *Gibt es in einer leistungsorientierten Gesellschaft nichts im Leben als Krieg? – Krieg nach außen als vollkommener Ausdruck des Triebes und Krieg nach innen, um den Trieb zu bändigen und umzuwandeln? Die gräßliche Geschichte der Leistungsgesellschaften bestätigt es immer wieder: Nein, es gibt nichts sonst. Obgleich der innere und der äußere Krieg fortgeführt werden, ist der äußere bisher am erfolgreichsten gewesen, und die Geschichte des Erfolgstriebes zeigt, daß der Homo sapiens am Erfolg zugrunde geht und um des Erfolges willen wahrscheinlich als Spezies aussterben wird.*[13]

Teilhard de Chardin fragte sich, ob ein historischer Irrtum die Menschheit auf dem Weg des Fortschritts in eine falsche Richtung einschlagen ließ. Wenn dies richtig wäre, dann würde die Gewalt der modernen Welt »einen gewissen Exzeß offenbaren, der, für unseren Verstand unerklärlich, eintritt, wenn zu dem normalen Wirken der Evolution der außerordentliche Anstoß einer Katastrophe oder Urabweichung eintritt.«[14] Es ist nicht schwer, eine solche Abweichung im Gegensatz zwischen den »matriarchalen« und den »patriarchalen« Gesellschaften zu finden; besonders in ihrer unterschiedlichen Wertung elementaren Fürsorgeverhaltens.

Eine grundsätzliche Schwierigkeit der Menschheit besteht darin, eine Kultur zu entwickeln, in der die Bedürfnisse des Einzelnen und die seiner Umgebung sich jeweils ergänzen; eine Kultur, in der ein Kind nicht geschlagen wird, wenn es weint; eine Kultur, in der Trauer immer das komplementäre Bedürfnis erweckt, Mitleid zu zeigen; in der Furcht im anderen das komplementäre Bedürfnis erweckt, Sicherheit zu geben; in der dem Wunsch nach Liebe der Wunsch begegnet, Liebe zu geben – all dies jeweils in der Art und der Intensität, die dem Wunsch gemäß ist. Dies ist keine amerikanische Ansicht, denn die Amerikaner machen den Konflikt zu einen Gott; und obgleich die Soziologie mit geschwellter Brust tausend »Konflikt-Theorien« anbietet, hat sie keine Theorie des Mitleids entwickelt. ... Ein Leben ohne Konflikt erscheint der amerikanischen Elite schal; sie hat das Mitleid als uneinträgliche Motivation eingestuft und es an den uneinträglichen Randbezirk der Kultur verwiesen. Es ist niemals Gegenstand der Forschung gewesen.[15]

Das einträglichste Geschäft der modernen Zeit ist darauf gerichtet, Gewalt entweder direkt oder im Symbol kommerziell zu verwerten. Arthur Miller beobachtete:

Es gibt Gewalt, weil wir täglich Gewalt verherrlicht haben. Jeder halbgebildete Mann in einem guten Anzug kann sich ein Vermögen verdienen, wenn er einen Fernsehfilm zusammenbraut, dessen Brutalität in monströsen Einzelheiten fotografiert wird. Wer produziert diese Sendungen, wer bezahlt sie durch Werbespots, wer wird honoriert, weil er daran mitwirkt? Sind diese Leute kriminelle Psychopathen, die an Mietskasernen entlangschleichen? Nein, sie sind die Säulen der Gesellschaft, unsere respektierten Mitbürger, unsere Vorbilder an Erfolg und sozialer Stellung. Wir müssen die Scham und Reue empfinden, die uns zukommt, bevor wir anfangen können, mit Verstand eine friedliche Gesellschaft aufzubauen, ganz zu schweigen von einer friedlichen Welt. Ein Land, in dem die Menschen nicht sicher durch ihre eigene Straße gehen können, hat nicht das Recht verdient, anderen Menschen zu sagen, wie sie sich regieren sollen, geschweige denn, sie zu bombardieren und zu verbrennen.[16]

Manche Beobachter der gegenwärtigen Szene befürchten, daß die Gewaltsymbolik, von der die sogenannte »Unterhaltung« unserer aggressiven Gesellschaft geprägt wird, schließlich auf Grund der Neigung des Menschen, sein Verhalten an Vorbildern auszurichten, ihr gesellschaftliches Ebenbild hervorbringen wird. Mumford sagt:

Werden Macht und Ordnung auf die Spitze getrieben, so führen sie zu ihrer selbstzerstörerischen Umkehrung: Unordnung, Gewalt, geistige Verwirrung, allgemeines Chaos. Diese Tendenz drückt sich in Amerika heute schon auf der Kinoleinwand, auf den Fernsehbildschirmen und in den Comics der Kinder aus. Diese Formen der Unterhaltung führen in zunehmendem Maße zur Inszenierung von kaltblütiger Brutalität und körperlicher Gewalt: pädagogischen Vorübungen für die wirkliche Ausübung von Mord und Massenmord. ... Wurde nicht in einem Land, das durch Militarismus, Absolutismus und die Naturwissenschaften aufs schärfste diszipliniert wurde, die systematische Folter in Form »naturwissenschaftlicher Experimente« durchgeführt? Hat nicht Deutschland die ekelerregenden Schrecken der Vernichtunslager geschaffen? Aus der Verbindung von kaltem wissenschaftlichem Rationalismus und kriminellem Irrationalismus schuf das tödliche Gift sein entsprechend tödliches Gegengift.[17]

Der Aufstieg Hitler-Deutschlands liefert ein interessantes Beispiel: Er zeigt, wohin die Paarung militaristischer Regungen mit einem quasireligiösen Sendungsbewußtsein eine Nation führen kann. Die Kirche begrüßte Hitlers Kriegstreiberei mit religiöser Begeisterung. Im April 1937 stimmte eine rheinische Gruppe von »Deutschen Christen« für eine Resolution, nach der Hitlers Wort göttliches Gesetz sei und ihm »göttliche Autorität« zukomme. Hans Kerrl verkündete in seiner Eigenschaft als Reichsminister für kirchliche Angelegenheiten: »Eine neue Autorität über das, was Christus und das Christentum wirklich sind, ist erstanden – Adolf Hitler. Adolf Hitler ... ist der wahre Heilige Geist.«[18] Und so gaben die Gläubigen ihm ihren Segen, und die Kirche gab ihm Gottes Segen. »Die organisierte Religion hat immer schon dafür gestanden, blutige Kriege mit Gebeten und Dankgottesdiensten für Siege zu unterstützen. ... Läßt sich irgendein Beweis dafür beibringen, daß die organisierte Religion im Verlauf der jüngeren Geschichte jemals etwas anderes getan hat, als auf beiden Seiten die Krieger zu segnen?«[19]

Tatsächlich war der Nationalsozialismus nicht die alleinige Schöpfung Hitlers; er war nicht einmal die alleinige Schöpfung Deutschlands. Der Nazi-Mythos von den »reinen Ariern« wurde nicht von einem Deutschen, sondern von einem Franzosen erfunden. Arthur Graf von Gobineau behauptete 1853, die von Gott erwählte Herrenrasse teutonischer Abstammung sei verunreinigt worden war, weil sie sich mit minderwertigen, dunkelhäutigen Völkern – Latinern, Negern und Semiten – vermischt hätte. Die Teutonen würden »naturgemäß« die Welt beherrschen, sobald sie ihr arisches Blut von diesen minderwertigen Beimischungen gereinigt hätten.

Die Deutschen gründeten überall im Lande Gobineau-Gesellschaften und entwickelten aus dem Mythos des teutonischen *Übermenschen* einen neuen nationalistischen Stolz. Der Mythos wurde durch einen Engländer weiter ausgebaut. Houston Steward Chamberlain veröffentlichte im Jahre 1899 sein Buch *Die Grundlagen des Neunzehnten Jahrhunderts* und bot darin eine »wissenschaftliche« Erklärung für die schrecklichen Folgen der Rassenmischung an – besonders für die Folgen der Verunreinigung der »hochstehenden Arier« durch semitisches Blut. Chamberlain heiratete 1908 Richard Wagners Tochter Eva und wurde 1916 deutscher Staatsbürger. Kaiser Wilhem II. lobte ihn; Chamberlains Buch zählte zu seiner Lieblingslektüre – zweifellos war es auch ein Lieblingsbuch Hitlers.

Die Gobineau-Chamberlain-Hitler-Theorie vom *Übermenschen* zeigt eine der häufigsten unterschwelligen Kriegsursachen: Die männliche Neigung, sich selbst und seine eigene Gruppe für überlegen zu halten und daraus zu schließen, daß alle anderen wegen ihrer Minderwertigkeit den Tod verdient haben. Hat die Propaganda-Maschinerie sich erst einmal in Bewegung gesetzt, dann kennt die Schlechtigkeit, die sie dem Feind anlasten kann, keine Grenzen mehr. Und dies nicht ganz ohne Grund, denn Krieg korrumpiert (obgleich diese Tatsache ständig übersehen wird) jeden – auch die eigenen Truppen. Krieg ist ein hervorragendes Beispiel für das Wir-Sie-Syndrom: Die Erretteten gegen die Verdammten, das erwählte Volk gegen die Heiden, die Kämpfer Gottes gegen die Mächte des Bösen – auch wenn beide Seiten Gott für sich beanspruchen. Hitler hatte glänzenden Erfolg; es gelang ihm, seine Gefolgsleute davon zu überzeugen, daß es sich bei seinen politischen Feinden um *Untermenschen* handelte und es darum nur vernünftig war, sie »auszumerzen«.[20]

Diese Indoktrination kann sich gewissermaßen bis auf das Heimatland des Feindes erstrecken: es wird dann zum Nicht-Land, während – dem patriotischen Ideal zufolge – das eigene Land das allerbeste Fleckchen Erde, der lebenswichtige Mutterschoß archaischer Überzeugungen, ein Paradies auf Erden ist. Solche mütterliche Symbolik benutzte man mit gutem Erfolg, wenn es darum ging, die in Kriegszeiten erwünschten aggressiven Gefühle zu schüren. Dies zeigt etwa der folgende, von einem hohen kalifornischen Schulgeistlichen verfaßte Text:

> *Der gute Bürger verhält sich zu seinem Land wie der gute Sohn zu seiner Mutter.*
>
> *Er gehorcht ihr, weil sie die ältere ist, weil sie in sich die Visionen vieler vereinigt und weil er ihr sein Leben und seine Erziehung verdankt.*
>
> *Er ehrt sie vor allen andern und bewahrt sie in einer besonderen Kammer seines innersten Herzens, vor der stets die Kerzen der Ehrfurcht und Bewunderung brennen.*
>
> *Er verteidigt sie gegen alle Feinde und opfert ihr sein Leben gern.*
>
> *Vor allem andern liebt er sie tief und ohne Aufhebens. Er weiß, auch wenn er sich in dieses Privileg mit anderen teilt, so ist doch die Art seiner eigenen Zuneigung einmalig und persöhnlich. Sie steigt aus den tiefsten Quellen seines Seins und wird auf die gleiche Art erwidert.*
>
> *Dies ist der gute Bürger. Solange seine Art sich behauptet, solange wird die Große Republik blühen und wachsen.*[21]

Eine solche Ausnutzung des machtvollen Mutter-Symbols für militaristische Zwecke neigt dazu, die tatsächlichen Aggressoren vor den wahren Opfern zu verbergen. Frauen wissen anscheinend instinktiv, daß die Aggressoren die »großen Tiere« sind: erwachsene Männer in Machtpositionen. Ihre Opfer sind die jüngeren, hübscheren, kräftigeren Rivalen: die Söhne, aus denen man gehorsame Soldaten machen kann, die fortgeschickt und ihrer Vernichtung preisgegeben werden – was immerhin die ödipale Eifersucht zu entschärfen vermag. Im Endeffekt ist Krieg ein »Gentlemens-Agreement« zwischen den Machthabern beider Seiten, mit dem Zweck, ihre jungen Leute gegenseitig abzuschlachten und dafür sogar noch gesellschaftliche Hochachtung und speichelleckerisches Lob einzukassieren.[22]

Patriarchale Männer haben ihren jüngeren Geschlechtsgenossen gegenüber stets eine feindselige Gesinnung gezeigt, weil diese die Aufmerksamkeit der Frauen als Ehepartner oder als Mütter ablenken. Im Westen wurde die männliche Aggression gegen die Jugend manchmal auf die Frauen übertragen; so etwa, wenn sie im Falle der Abtreibung des Mordes bezichtigt wurden, oder wenn die (weibliche) Empfängnisverhütung kriminalisiert wurde. Beide Maßnahmen konnten nämlich dazu führen, daß die Versorgung der Patriarchen mit Kanonenfutter nicht mehr ausreichend gewährleistet war. Margret Sanger meinte, Frauen könnten Kriege beenden, indem »sie der Überbevölkerung ein Ende setzen. Militaristische Staaten schreien natürlich immer nach mehr Kindern, zunächst, um das Vaterland zu verteidigen und später –

wenn die Bevölkerung wächst – um mehr Land für die hinzugekommenen Millionen zu erobern.«[23] Den Zielen eines militaristischen Staates sei jedoch nicht mit Frauen gedient, die bewußt die Notwendigkeit des Bevölkerungszuwachses ablehnten; ein solcher Staat würde Quantität, nicht Qualität fordern.

Die Religionen des patriarchalen Typs stehen immer auf der Seite der Patriarchen. Vetter sagte: »Die Kopfjagd begrenzt die Zahl der Menschen, die sich von dem Wild ernähren, das ein bestimmtes Gebiet hervorbringen kann. Es gibt kaum einen Unterschied zwischen ihr und der periodischen Massenschlächterei, auf die sich ›zivilisierte‹ Menschen bei ihren Kämpfen um die Herrschaft über ebenso lebenswichtige wirtschaftliche Ressourcen einlassen; diese Metzeleien konnten sich des Segens unserer Religionen immer sicher sein.«[24]

Kriege werden von einer männlichen Elite erklärt und von Männern niederen Ranges geführt, während die Priesterschaft alles segnet. »Nach genauer Schätzung wurden seit 1900 100 Millionen Menschen durch Kriege getötet. Die Verantwortung für diese Massenvernichtung liegt allein bei den männlichen Vertretern der Art.«[25] Obgleich Männer sich einbilden, daß ihre Handlungen vernünftig sind, ist Krieg niemals vernünftig. »Die Vernichtung der Welt durch ein paar weiße Männer, die mehr Reichtum ansammeln wollen, als sie jemals verbrauchen können, ergibt keinen Sinn. Wir sprechen hier von einem Machttrieb; es gilt, das Bedürfnis nach Herrschaft zu untersuchen. … Indem es weibliche Energie unterdrückt, schafft das Patriarchat eine Kultur, die zerstörerisch und todesorientiert ist.«[26] Heute »sehen wir, daß die Bedrohung der atomaren Vernichtung nach zwei Jahrzehnten der Abrüstungsverhandlungen ernster ist denn je. Uns wird klar, daß Wissenschaft und Technik uns nicht retten können – zumindest nicht in Form der gegenwärtig von Männern gehandhabten Technologie. Das Katastrophenszenario, dem wir heute gegenüberstehen, ist nicht von Frauen entwickelt worden.«[27]

Die tantrische Ethik, die vermutlich zumindest teilweise von Frauen entwickelt wurde, lehnt den Krieg grundsätzlich ab. Der Adept darf an keinem Kampf teilnehmen oder Waffen herstellen; er darf weder die Tapferkeit der Soldaten rühmen noch das Töten auf der Jagd oder in Schlachten loben. Lob und Ruhm kriegerischen Verhaltens »lassen eine schlimmere Art von Mord entstehen; sie verführen andere zum Morden und hemmen so ihre geistige Entwicklung.«[28] In Anbetracht der ständigen Gewaltverherrlichung in Kino- und Fernsehenfilmen scheint es, daß die Einsicht in die menschliche Natur in unserer »aufgeklärten« Welt weit hinter dem Wissen der alten tantrischen Weisen zurücksteht.

1. Fromm, 158. 2. Tacitus, 728. 3. J. B. Russell, 281. 4. Stanton, 66.
5. Bullough, 122. 6. Gibbon 1, 719ff. 7. Campbell, C. M., 390; Reinach, 295.
8. Terkel, 461. 9. Wolff, 258. 10. Terkel, 402. 11. Daly, 184. 12. Becker, E. E., 153.
13. Henry, 348. 14. T. A. Harris, 224 (dt. 242). 15. Henry, 197.
16. T. A. Harris, 262 (dt. 277f.). 17. Mumford, 385. 18. Langer, 63 (dt. 71f.).
19. Vetter, 513. 20. Fromm, 121. 21. T. A. Harris, 246 (dt. 263). 22. Fromm, 178.
23. E. Douglas, 137. 24. Vetter, 485. 25. Lewis, XIII. 26. Spretnak, 401.
27. Boulding, 761. 28. Tatz & Kent, 31.

Var. Grimhild

Kriemhild

Burgundische Königin, die nach einer alten Sagenversion den Hunnen Attila heiratete und unmittelbar darauf tötete. Während der Hochzeitsnacht badete sie im Ehebett in seinem Blut. Auch bekannt als Ildico, repräsentierte sie wahrscheinlich jene germanische Göttin, die heiligen Königen durch den Liebestod Unsterblichkeit verlieh. (Siehe **Königtum**.)

Kris Kringle

»Christus vom Rad«, Titel des nordischen Jahresgottes, geboren zur Wintersonnenwende (Weihnachten). Sein Name scheint ursprünglich einem am Feuerrad Geopferten gegolten zu haben. Heute wird er mit Nikolaus gleichgesetzt. (Siehe **Nikolaus, Heiliger**.)

Krishna

Populäre Inkarnation von Shiva, Sohn der Göttin Devaki, angekündigt von einem Stern und durch Engelsstimmen, beschenkt von Hirten und Weisen, begrüßt als Erlöser und Erstgeborener, als einer, der die Sünden trägt, als Befreier und Weltenwort. Er überlebte einen Massenmord an unschuldigen Kindern und gab wahrscheinlich das Vorbild ab für die Mythen um Sargon, Mose, Nimrod, Kronos, Mordred und Jesus.[1]

Im Unterschied zu *Christus* war Krishna jedoch ein erotischer Gott. Seine Abenteuer mit den Gopis (Milchmädchen) sind ein Klassiker religiöser Pornographie. Seine Favoritin war die unersättliche Radha, die »Elefantenfrau« und eine der Verkörperungen von Maya als Gemahlin des Elefantengottes Ganesha.

Ramayana, indisches Epos, basierend auf aus uralter Zeit überlieferten Geschichten, um 300 v. Chr. erstmalig von Valmiki in Sanskrit niedergeschrieben.

Krishna ereilte der für heilige Könige übliche Opfertod; »zwischen Himmel und Erde« hängend, befruchtete er den Boden mit seinem Blut. Wie alle Hindu-Götter durchlief er mehrere Inkarnationen oder Avatars, einschließlich die des Rama, des Helden der *Ramayana*.

1. O'Flaherty, 207.

Krittikas

»Die Schneidenden« oder »Scharfe Messer«, hinduistischer Name für die sieben Plejadenschwestern, die sogenannten Weltenmütter, die heilige Könige kürten, richteten, kastrierten und töteten. Der griechische Begriff *kritikos* (»Richter«) geht auf ihren Namen zurück. (Siehe **Plejaden**.)

Kronos

Titanischer Gott, der seinen Vater Uranos (Himmel) kastrierte und selbst von seinem eigenen Sohn Zeus entmachtet wurde. Kronos versuchte die Gefahr, die von seinen Kindern ausging und die er kannte, zu vermeiden, indem er die Kinder verschlang – eine frühe Version des Kindermords –, Zeus aber entkam. Kronos wurde mit Chronos, der »Zeit«, verwechselt, da auch die Zeit alles verschlingt, was sie hervorgebracht hat. Eigentlich ist das ein Merkmal von Kronos' Mutter-Gefährtin, Rhea Kronia, der Göttin, die Zeit und Schicksal verkörpert. Sie war eigentlich Mutter Erde, die Kronos gebar, Rhea, die ihn heiratete, und Hera, die seinen Sohn Zeus heiratete. Die drei gleichen der Mutter-, Großmutter- und Urgroßmuttergöttin in Nordeuropa.[1] (Siehe **Kaste**.)

1. Graves, G. M., Kap. 6–7.

Kteis

Griechisches Wort für Kamm, Muschelschale oder Vulva; Symbol des femininen Tors zum Leben. Wer zum Heiligtum der Aphrodite pilgerte, trug eine *kteis* zum Zeichens seines Gnadenstandes (*charis*). Diese Sitte lebte fort im Symbol des heiligen **Jakobus von Compostela**.

Kuan-yin

Var. Kwai-Yin

Große Mutter von China, bekannt als »Die Kinder Bringende«; sie verkörperte das *yin*-Prinzip, so wie in Indien Kali das *yoni*-Prinzip verkörperte. Kuan-yin sann fortwährend über das goldene Gefäß ihres eigenen Schoßes nach, dem die gesamte Welt entsprang, während Shang-te (Himmelsvater) als Gemahl in ihr wohnte so wie der Juwel im Lotus der indischen Mythologie. Kuan-yin und ihr japanisches Gegenstück Kwannon repräsentierten das Prinzip der **Karuna**, der grenzenlosen Mutterliebe.[1]

1. Campbell, M.T. L. B., 155.

Kuh

Vielleicht die verbreitetste Manifestation der Großen Mutter als Bewahrerin war die weiße, gehörnte, milchgebende Mondkuh, die als Symbol der Kali in Indien immer noch heilig ist. In Ägypten wurde Mutter **Hathor** als Himmelskuh verehrt, aus deren Euter die Milchstraße entsprang, deren Körper das Firmament bildete und die täglich die Sonne gebar. Die Sonne war Horus-Ra, ihr Goldenes Kalb, dieselbe Gottheit, die von Aaron und den Israeliten angebetet wurde: »Das sind deine Götter, Israel, die dich aus Ägypten heraufgeführt haben.« (Exodus 32, 4).

Der Name Italien bedeutete »Kalb-Land«.[1] Dieses Land war ein Geschenk der Milch-Geberin, welche die Etrusker Lat nannten, die Araber Al-Lat, die Griechen Latona, Lada, Leto oder Leda. Sie beherrschte Latium und gab der Welt ihre Milch (lat. *lac*).

Europa hat seinen Namen nach der Göttin in Gestalt der weißen Mondkuh, die in der griechischen Mythologie mit der Inkarnation des Zeus als weißem Stier verbunden war. Sie trug auch den Namen Io, »Mond«. Unter diesem Namen war sie in der klassischen Mythologie als Rivalin der Hera präsent, aber die patriarchalischen Schreiber der Mythen brachten immer die unterschiedlichen Manifestationen der Göttin in Widerspruch zueinander, vielleicht nach dem Prinzip des »Teile und herrsche«. Hera selbst wurde auch Io genannt, sie war die

Nach Herodot war die milchspendende Mutter Hera-Io-Latona identisch mit der ägyptischen Buto, »einer archaischen Königin von Unterägypten«.[3] Die heilige Stadt der Buto, das älteste

Orakelheiligtum Ägyptens, hieß bei den Griechen Latopolis, »Stadt der Lat«.[4] Natürlich war Buto oder Lat nur ein anderer Name für Hathor, Isis, Mut oder Neith; diese stellten alle »die große Kuh [dar], die Mutter des Ra, die große Göttin, die Mutter aller Götter ... die Kuh, die große Herrin des Südens, die Eine Große, die die Sonne gebar, die der Urgrund der Götter und Menschen war, die Mutter des Ra, die in der ältesten Zeit Tem aufzog, die existierte, als noch nichts war, und die alles schuf, was existiert.«[5]

Urahnin der Ionier. In ihrem Tempel in Byzanz erschien sie als dieselbe Mondkuh, die Gehörnte, und trug denselben mondsichelförmigen Kopfschmuck wie die ägyptische Kuhgöttin.[2]

Die Kuh als Schöpferin war auch in den Mythen des nördlichen Europa weit verbreitet, wo sie den Namen Audumla trug; außerdem war sie Freya oder eine Walküre, die die Gestalt einer »wilden Kuh« annahm.[6] Ein semipatriarchalischer nordischer Mythos versuchte, die Erschaffung der Welt dem Riesen Ymir zuzuschreiben, dessen Blut und Fleisch das Universum bildeten. Aber er war nicht der ursprüngliche Schöpfer. Die Kuh ging ihm voraus, denn er lebte von ihrer Milch.[7]

Frühere Mythen zeigten ein Universum, das aus Kuhmilch »geronnen« war. In Indien ist der Glaube an den Schöpfungsmythos, der das »Buttern des Milchmeeres« genannt wird, noch weit verbreitet.[8] Der japanischen Version zufolge ist die anfängliche Tiefe geronnen zu »Quark-Quark« (*koworokoworo*), als sie von den ersten Gottheiten umgerührt wurde, und es entstanden Klumpen: das Land.[9] Im alten Nahen Osten gab es den Glauben, auch die Körper der Menschen seien durch Gerinnung aus der Milch der Göttin entstanden. Eine ihrer Liturgien wurde in die Bibel aufgenommen: »Hast du mich nicht ausgegossen wie Milch, wie Käse mich gerinnen lassen?« (Ijob 10, 10).

Die Wurzel des Wortes »Kuh« ist das Sanskritwort *gau*, ägyptisch *kau* oder *kau-t*. Namen der Göttin wie Gauri und Kauri bezeichneten auch die yonischen Kaurischnecken.[10] Bei brahmanischen Wiedergeburtszeremonien wurde entweder eine große goldene Kaurischnecke verwendet oder ein Bild der Kuhmutter. »Wenn ein Mann wegen schwerer Vergehen aus seiner Kaste ausgestoßen wurde, kann er nach einiger Zeit, die er unter dem Bauch einer Kuh verbracht hat, wieder aufgenommen werden.«[11] Die ägyptische Göttin als Gebärerin trug normalerweise einen Kuhkopf oder Hörner, und bot mit beiden Händen ihre Brüste dar.[12] Als stillende Mutter, die jedem Ägypter seinen geheimen Seelennamen (*ren*) gab, hieß sie Renenet, Herrin des doppelten Granatapfels, ein Verweis auf ihre unerschöpflichen Brüste.[13] Das Enzym Lab (englisch *rennet*), das aus Kälbern gewonnen wird und schon im Altertum dazu diente, Milch zum *Gerinnen* zu bringen, war dieser Göttin heilig.

Ein bevorzugtes römisches Emblem der Göttin war das *cornu copiae*, das Füllhorn: ein Kuhhorn, das alle Früchte der Welt hervorbringt. Die Kuh wurde als Amme der Menschheit geehrt, und ihr Bild wird in Form der »Heiligen Kühe« unbeabsichtigt bis heute heraufbeschworen.

1. Thomson, 50. 2. Elworthy, 183, 194. 3. *Larousse*, 29. 4. Herodot, 106.
5. Budge, G. E. 1, 457 f., 463. 6. Turville-Petre, 256. 7. *Larousse*, 248.
8. O'Flaherty, 274. 9. Campbell, Or. M., 467. 10. Waddell, 404.
11. Frazer, F. O.T., 220ff. 12. Neumann, G. M., pl. 9.
13. *Larousse*, 38; H. Smith, 24.

Kula

»Nektar« oder »Blüte«, hinduistische Umschreibung für **Menstruationsblut**, vergleichbar den »Ausflüssen« in 3. Mose, 15. Ein Mädchen »trug die Nektarblume«, wenn es seine erste Blutung hatte; damit trat es dem Stammesgeist bei, der im mütterlichen Blut wohnte.[1] Auf den

Fidschi-Inseln bezeichnete dasselbe Wort einen gerade beschnittenen Jungen, dessen ausströmendes Blut ihn mit der Sippe verband und ihm – wie dem *kula*-Mädchen – magische Fruchtbarkeit verlieh.[2]

1. *Mahanirvanatantra*, 88. 2. Crawley 1, 79.

Kumarbi

Hethitischer Gott, der sich selber befruchtete, indem er die Genitalien seines Vorgängers, des Himmelsvaters, abbiß. Weil ohne Vagina, mußte Kumarbi, ähnlich wie Adam im biblischen Mythos, aufgeschnitten werden, um sein Kind zur Welt bringen zu können. Auf gleiche Weise wurde auch der chinesische Ahnengott Kun entbunden, nachdem er sich selber geschwängert hatte.[1] Viele vergleichbare Mythen deuten darauf hin, daß es in vorgeschichtlichen Zeiten immer wieder Versuche von Männern gegeben haben muß, das weibliche Wunder der Reproduktion nachzuahmen. (Siehe **Gebären durch einen Mann**.)

1. Hallet, 180.

Kundalini

Tantrisches Bild der weiblichen **Schlange**, eingerollt im untersten *Chakra* des menschlichen Körpers im Becken. Ein Ziel des tantrischen Yogas war es, »die Kundalini zu wecken«, und zwar durch Übungen und Meditationen wie zum Beispiel *yoni-mudra*, die Kontraktion der Darmmuskulatur zur Unterdrückung der Ejakulation. Wer es erreichen konnte, daß die Kundalini sich entrollte und durch die *Chakren* des Rückgrates zum Gehirn aufstieg, machte die ekstatische Erfahrung, daß die Kundalini in Form eines »tausendblättrigen Lotos« aus dem Scheitel auftauchte; dies bedeutete die Vereinigung mit dem Unendlichen. Tibetische Lamas halten immer noch dasjenige Mantra für das geheimste und heiligste, mit dem sich die schlafende Kundalini wecken und zum Aufsteigen bewegen läßt.[1]

1. Evans-Wentz, 221.

Kupala

Slawonische »Wasser-Mutter«, hervorgegangen aus der Frühlings-Aphrodite, die alljährlich ihre Jungfrauenschaft und die Lebenskraft der Natur durch Taufe erneuerte. VerehrerInnen der Kupala badeten in Flüssen und reinigten ihre Seelen mit dem »Tau der Kupala«, der sich in der Nacht ihres Festes ansammelte. Sie beteten: »Ich komme zu dir, kleine Wasser-Mutter, gebeugten Hauptes und reuevoll. Vergebung erbitte ich von dir und auch von euch, ihr Ahnen und Vorväter des Wassers.« Kupala wurde auch in Zusammenhang gebracht mit der mystischen Feuerblume des Farns, die angeblich einmal im Jahr, nämlich am Festtag der Göttin, genau um Mitternacht aufblühte. Über sie wachten Dämonen, doch wer klug und tapfer genug war, diese Dämonen zu überlisten und die Blume zu erringen, konnte die Sprache der Bäume verstehen.[1] Dies entspricht dem typischen Schamanenmythos in der talismanischen Form eines weiblichen Symbols, das nur unter großer Gefahr erlangt werden konnte.

1. *Larousse*, 296.

Kupparu

Sumerisch-akkadischer Vorläufer des jüdischen Jom Kippur-Festes: Versöhnungsfest zum Neujahr, wenn ein Opfer, für gewöhnlich ein Schaf, symbolisch mit Sünden beladen und getötet wird. Das jüdische Fest des Sündenbocks entwickelte sich aus dem *Kupparu* (siehe **Versöhnungsfest**).

Kurgan

Hügelgrab einer skythischen Königin oder Hohenpriesterin, das noch kunstvoller mit Feiergewändern und Juwelen ausgestattet war als Grabmale von Männern. Viele *Kurgans* sind im südlichen Rußland entdeckt worden, im Gebiet der vorgeschichtlichen **Amazonen**, deren Stämme von göttlichen Matriarchinnen beherrscht wurden.[1]

1. Wendt, 137 (dt. 140).

Kurukulla

Drawidische »Höhlengöttin«, eine der urtümlichen *Matrikadevis* (Muttergöttinnen), Prototyp für westliche Ebenbilder wie zum Beispiel Kybele, Demeter Chtonia, Nerthus, Hel und andere Gottheiten der Unterwelt. Sie war eine rote Kali, mit vier erhobenen Armen in einer Höhle sitzend: Mit zweien drohte sie, mit den beiden anderen beschwichtigte sie (siehe **Kali**).[1]

1. *Larousse*, 359.

Kuß

Wie die meisten Formen zärtlicher Berührung ist der Kuß eine Übernahme archaischen Mutter-Kind-Verhaltens. Das zugrundeliegende sanskritische Wort lautet *cusati*: »er saugt«. Gesten der Umarmung oder des An-die-Brust-Drückens sind Nachahmungen einer stillenden Mutter. WissenschaftlerInnen vermuten, daß der Kuß in der Fütterung von Mund zu Mund seinen Ursprung hat, die unter den GriechInnen der Antike, aber auch in anderen Kulturen als Liebesspiel praktiziert wurde. In Deutschland und Österreich war es bis ins 19. Jahrhundert hinein bei den Müttern üblich, dem Kind die Nahrung vorzukauen und sie ihm dann »küssend« zu verabreichen.[1] Das Küssen war vor allem in europäischen Ländern stark verbreitet, wo ihm die Bildung von engen Bindungen zwischen Stammesmitgliedern zugetraut wurde (daher die englische Verwandtschaftsbezeichung *kissing cousin*). In Asien (Japan, China und der Mongolei) war das Küssen früher völlig unbekannt. Indios und Eskimos küßten nicht, sondern rieben sich die Nasen und atmeten dabei den Atem des bzw. der Geliebten ein.

1. Wickler, 191, 237f. (dt. 170ff, 230).

Kvaen

»Königin« auf altnorwegisch; Titel einer skandinavischen Stammesherrscherin. Römische Geschichtsschreiber, die von ihr berichteten, nannten Nordeuropa wegen der dort herrschenden weiblichen Autoriät über Haushalt und Tempel das »Land der Frauen«.[1] Die *Kvaen* von *Faeroisland* (Färöerinseln oder das westliche Paradies) wurde zur Frau der Ahnengeister bzw. Königin der Geisterwelt und ging als Feenkönigin in die mittelalterlichen Ritterepen ein.

1. Thomson, 244.

Kvasir

In der skandinavischen Mythologie »das an Weisheit alle anderen übertreffende Wesen«, eine von den Göttern von Asgard geschaffene Zwergengestalt, die einzig und allein den Daseinszweck hatte, ihr Blut dem symbolischen Uterus, der großen Kessel-Dreiheit unter der Erde zu opfern. Kvasir stellt den männlichen Versuch dar, das »weise Blut« der Frauen für sich zu gewinnen, von dem angenommen wurde, daß es aus der weiblichen Grundessenz Kinder erzeuge (siehe **Kessel**; **Menstruationsblut**). Kaum war Kvasirs magisches Blut in den Kessel geströmt, als Odin es der Erdriesin stahl und den männlichen Göttern gab.[1]

1. *Larousse*, 257.

Kybele

Große Göttermutter vom Berg Ida – *Magna Mater Deum Idae* –, aus Phrygien im Jahr 204 v. Chr. nach Rom gebracht. Ihr Triumphzug wurde »später durch wundersame Legenden verklärt, und die Dichter erzählten von erbaulichen Wundern, die während der Reise Kybeles geschahen«.[1]

Ihr Bildnis hatte keine Menschen- oder Tiergestalt, sondern war ein heiliger Stein, eine Personifikation dieser Höhlen bewohnenden Göttin. Als Große Mutter von ganz Kleinasien wurde sie vor allem auf dem Berg Ida verehrt, dem Berg Sipylos, in Kyzikos, Sardeis und im phrygischen Pessinus.[2]

Ihre Feiern wurden *ludi*, »Spiele«, genannt.[3] Ein Höhepunkt ihrer Verehrung war das Taurobolium, die Taufe mit dem Blut eines heiligen Stieres, der ihren sterbenden Gott und Geliebten Attis repräsentierte. Auf dem Vatikan-Hügel, wo sich heute der Petersdom befindet, stand ihr Tempel, bis dieser im 4. Jahrhundert n. Chr. von den Christen in Besitz genommen wurde.[4] In der Blütezeit der Mysterienkulte gehörte sie gemeinsam mit Hekate und der eleusinischen Demeter zu den führenden Gottheiten Roms.[5]

Andere Namen der Kybele brachten sie in Verbindung mit allen bedeutsamen Formen der großen Göttin. Sie war die Berecynthische Mutter (*genetrix berecynthia*). Sie war Rhea Lobrina, Göttin der heiligen Höhlen, welche als ihre »Hochzeitslauben« bekannt waren.[7] Sie wurde Augusta genannt, die Große Eine; Alma, die Nährende; Sanctissima, die Heiligste. Römische Kaiser wie Augustus, Claudius und Antoninus Pius

Variationen des Namens Kybele – Kubaba, Kuba, Kube – wurden mit dem Stein der Kaaba in Mekka in Verbindung gebracht, einem »Kubus«, Würfel meteoritischen Ursprungs, der das Symbol der Göttin trug und einst als das Alte Weib bezeichnet worden war.[6]

betrachteten sie als höchste Gottheit des Reiches. Augustus baute seinen Palast ihrem Tempel gegenüber und betrachtete seine Gattin, die Kaiserin Livia Augusta, als irdische Inkarnation der Kybele.[8] Kaiser Julian richtete eine leidenschaftliche Botschaft an sie:

> *Wer ist denn die Mutter der Götter? Sie ist die Quelle der weisen und schöpferischen Götter, die wiederum die sichtbaren Götter leiten; sie ist sowohl Mutter als auch Geliebte des mächtigen Zeus; sie trat direkt nach und gemeinsam mit dem großen Schöpfer ins Sein; sie herrscht über jede Form des Lebens und die Abfolge der Generationen; sie bringt mit Leichtigkeit alles Seiende zur Vollendung; sie ist die mutterlose Frau, thront an der Seite des Zeus, und es ist sehr wahr, daß sie die Mutter aller Götter ist.*[9]

Die Kirchenväter waren ganz und gar nicht dieser Ansicht. Der heilige Augustinus nannte Kybele eine Hurenmutter, »die Mutter nicht der Götter, sondern der Dämonen«.[10]

Einer ihrer Namen, Antaea, machte sie zur mythischen Mutter des Riesen Antaeus, der solange unbesiegbar blieb, wie seine Füße zum Leib seiner Mutter, der Erde, Kontakt hatten. Herakles bezwang ihn, indem er ihn in die Luft hob. Der Klerus glaubte, daß auch die Macht der Hexen aus diesem Kontakt zur Mutter Erde stamme. Die Büttel, welche die Hexen festnahmen, brachten sie deshalb oft in Käfigen oder großen Körben ins Gefängnis, so daß ihre Füße nicht den Boden berühren konnten.[11]

Im 2. Jahrhundert n. Chr. gründete Montanus (Mann vom Berg), ein Priester der Kybele, eine Sekte, in der Attis mit Christus gleichgesetzt wurde. Montanus glaubte, daß die Frauen im Dienst der Göttin tätig waren und predigen und weissagen konnten wie die Männer. Das widersprach der rechtgläubigen Sekte in der Nachfolge des heiligen Paulus, die der Regel des Apostels folgten, nach der Frauen niemals öffentlich über heilige Dinge sprechen durften.[12] Im 4. Jahrhundert wurden die MontanistInnen zu Häretikern erklärt und viele von ihnen umgebracht. In Kleinasien wurden zahlreiche MontanistInnen in ihren Kirchen eingeschlossen und bei lebendigem Leibe verbrannt.[13]

1. Cumont, O. R. R. P., 47. 2. *Encyc. Brit.*, »Great Mother of the Gods«. 3. James, 246. 4. Clodd, 79; Frazer, G. B., 408. 5. Angus, 143. 6. Vermaseren, 22; Harding, 41. 7. Gaster, 609. 8. Vermaseren, 27, 53, 83, 85, 177f. 9. Ebd., 86f. 10. Ebd., 181. 11. Robbins, 334; Lea ungek., 814. 12. Reinach, 278. 13. Chamberlin, A. M., Kap. 1.

Kyklos Geneseon

Griechisches »Rad der Wiedergeburt« oder Rad des Werdens, identisch mit dem karmischen Rad Kalis in Indien; Symbol des altgriechischen Reinkarnationsglaubens, der von manchen philosophischen Strömungen, zum Beispiel den Pythagoräern oder Stoikern vertreten wurde. (Siehe **Reinkarnation; Rad.**)

1. Evans-Wentz, lxvii.

Kynosura

»Hundeschwanz«, *kynos oura*, der Name, den die griechische Philosophenschule der Kyniker, der »Hundeähnlichen«, dem Polarstern gegeben hatte; sie glaubten, daß er am Ende der Zeiten von seinem Ruhepunkt am Himmelspol fortwandern würde.[1] Deshalb, und weil der Polarstern für die Navigation von allergrößter Wichtigkeit war, bezeichnet das Wort *cynosure* im Englischen noch heute eine Richtlinie oder einen Anziehungspunkt.

1. Potter & Sargent, 174.

Kyrene

Marmarica an der Küste Libyens ist nach einer uralten Form der arischen Meergöttin benannt. Hier gründete Kyrene, die Königin der Amazonen, eine Stadt, die noch heute ihren Namen trägt.[1] Kyrene oder Cyrene war die Heimat der verführerischen »Sirenen«, deren Zaubersprüche Homer als für Seeleute höchst gefährlich beschrieb.

1. Graves, W. G., 438.

M. ANGUIER (1612 – 1686)

LEDA war eigentlich die Göttin Lat, die das Goldene Ei legte, aus dem der Nil hervorging. Deshalb galt sie bei den Ägyptern als Die Nilgans. Ihr Freund, der Schwan, wurde von mittelalterlichen Künstlern oft hinzugefügt, um der Erotik Raum zu geben, ohne tatsächlich ein anderes menschliches Wesen zu zeigen. Hier hat Michael Anguier (Mitte des 17. Jahrhunderts) die beiden lebensgroß in Kalkstein dargestellt.

Für die GriechInnen und RömerInnen war der LÖWE der Sonnengott; aber schon weit früher wurde er in Ägypten und im Mittleren Osten mit der Göttin in Verbindung gebracht. Hier wird die Göttin Selke mit einem Löwenhaupt dargestellt, das von einem Sonnenkreis umgeben ist. Schwarzer Granit; Tempel der Göttin Mut in Karnak, Ägypten; ca. 14. Jahrhundert v. Chr.

La Dama

»Die Dame«, die von baskischen Hexen in einer heiligen Höhle in den Bergen von Amboto verehrt wurde.[1] In den semitischen Sprachen bedeutete *Dama* auch »Blutmutter«.

1. Pepper & Wilcock, 150.

Labarum

Labarum

»Christusmonogramm«, das Konstantin in seiner Vision vor der Schlacht an der Milvischen Brücke gesehen haben soll. Es wird angenommen, daß die Vision dieses Monogramms, das später Konstantins *Labaron* oder Fahne zierte, seine Bekehrung zum Christentum herbeigeführt hat. Einige Jahrhunderte später erklärten Forscher, das Zeichen, das Konstantin am Himmel gesehen habe, sei das Zeichen des Kreuzes gewesen. Die frühesten Beschreibungen widerlegen diese Aussage allerdings. Das Labarum war nicht das Zeichen des Kreuzes; es erschien nicht am Himmel; es war nicht einmal ein christliches Symbol.

Lactantius schrieb, dem Kaiser sei »im Traum befohlen worden, die Schilder seiner Soldaten mit einem himmlischen Zeichen schmücken zu lassen ... dem Buchstaben X, geschnitten von einer senkrechten, an der Spitze umgebogenen Linie«. Dieses Zeichen war eigentlich das Emblem **Mithras**, dessen Verehrung bei den Legionären weit verbreitet war.[1] Die Christen behaupteten in dem Bemühen, sich dieses Zeichen zu eigen zu machen, es sei aus den Buchstaben *chi* und *rho* gebildet, die für *Christos* stünden. Eine Reihe heiliger Zeichen aus Philae zeigt jedoch, daß sich das Labarum aus dem ägyptischen **Anch** entwickelt hat.[2]

Die frommen Hagiographen des Mittelalters schenkten Lactantius keinerlei Beachtung. Sie verkündeten, Konstantin habe am Himmel »das Bild eines Kreuzes« gesehen, »gehüllt in strahlendes Licht; und über diesem Bild stand in goldenen Buchstaben geschrieben ›In diesem Zeichen sollst du siegen‹«![3] Dies war der kirchenchristliche Mythos, der überlebte.

Es gab noch andere Formen des Labarums oder Chrismons (Christusmonogramms). Die heutzutage üblichste Form ist die Kombination der Buchstaben IHS, wobei das H oft von einem Kreuz gekrönt wird. Dieses Chrismon wird *signum dei* genannt; die Buchstaben werden als *Iesus Hominum Salvator*, »Jesus, Erlöser der Menschheit«, gedeutet.

Nach Taylor standen diese Buchstaben jedoch in orphischen Wiederauferstehungskulten nicht für lateinische, sondern für die griechischen Buchstaben iota, eta und sigma und besaßen mystische Bedeutung.

> IHS *sind griechische Zeichen, die aus Unwissenheit für römische Buchstaben gehalten werden; und YES, welches die richtige Lesart dieser Buchstaben ist, ist nichts anderes als der Name für Bacchus, das heißt für die Sonne, die durch Bacchus eine ihrer bedeutendsten Personifizierungen erfahren hat; und aus YES oder IES ergibt sich durch Hinzufügen der lateinischen Endung US der Name Jesus. Die Strahlen der Herrlichkeit, die diese Buchstaben einrahmen und Ausdruck des Sonnenlichtes sind, machen sonnenklar, daß Christus und Bacchus identisch sind.*[4]

Eine andere Interpretation, die Konstantins Biographie mit dem mithraisch-christlichen Labarum vermischt, deutete die Buchstaben als *in hoc signo* (in diesem Zeichen) und das Kreuz als magischen Befehl zur Eroberung. In einer weiteren Deutung wurde das Labarum wiederum mit dem Alpha-und-Omega-Kreuz verwechselt, auf dessen linkem und rechtem Balken die Buchstaben Alpha und Omega – Schöpfung und Zerstörung – standen.[5] Dies war eine weitere Adaption uralter matriarchalischer Symbole, denn Omega war der Buchstabe der zerstörenden Mondgöttin und Alpha der heilige Fluß ihres Blutes, der alle Dinge erschuf. (Siehe **Styx**.)

1. J. H. Smith, C. G., 48. 2. d'Alviella, 180. 3. Jacobus d.V., 271. 4. G. R. Scott, 169. 5. Koch, 23, 26.

Labrys

Die doppelblättrige Axt, die von der antiken Amazonengöttin unter ihren verschiedenen Namen Gaia, Rhea, Demeter oder Artemis als Zepter geschwungen wurde. Sie war eine zeremonielle Waffe, die jedoch vielleicht ursprünglich von skythischen Kriegerinnen als Streitaxt verwendet wurde. Als eine männliche Priesterschaft das Heiligtum der Göttin zu Delphi, das von kretischen »Amazonen« errichtet worden war, an sich riß, übernahm sie auch die Doppelaxt und nannte ihre Priester Labryadae, »Axt-Träger«. Dieser Titel fand noch in klassischen Zeiten Verwendung.[1] Vielleicht ging er auf den männlichen Zepterträger zurück, der in früheren Jahrhunderten traditionell an den Prozessionen zu Ehren der Göttin teilgenommen hatte, vielleicht sogar auf den heiligen Jüngling selbst, der dem **Hieros Gamos** geweiht wurde, und ist in diesem Zusammenhang als »phallisches« Symbol seiner nahe bevorstehenden Vereinigung und Opferung zu sehen.

In jüngster Zeit wurde das Symbol der *Labrys* von Feministinnen übernommen in Erinnerung an den reinen Frauenstaat von Lesbos und dessen Gründungsmütter, die die Göttin ausschließlich in der Natur und in sich selbst verehrten. Wir finden dieses Symbol auf Schmuckstücken und in der Kunst wieder.

1. Graves, G. M., 51.2.

Labyrinth

»Haus der Doppelaxt«, abgeleitet von *labrys*, der zeremoniellen Axt, die dazu verwendet wurde, der kretischen Mondgöttin Stiere zu opfern. Das klassische Labyrinth war der Palast des Minos, des »Sonnengottes«, dessen Geist in dem heiligen Stier lebte. Der Minotaurus oder Mondstier war eine kretische Form des Apis, der in Ägypten geopfert wurde.[1] Minos, Herr des Todes und Totenrichter der Unterwelt, war die westliche Form des hinduistischen Mondstieres Yama, dem die gleichen Eigenschaften zugesprochen wurden.[2]

Das Labyrinth

Die mystische Bedeutung, die dem Entwurf eines Labyrinthes zugrunde lag, war eine Reise in die jenseitige und die Rückkehr in die diesseitige Welt, vergleichbar den zyklischen Reisen des heiligen Königs in den Tod und seiner anschließenden Wiedergeburt. Frühe Darstellungen des Labyrinths etwa auf Münzen, Höhlen, Gräbern usw. bezogen sich auf den Erdenschoß. Das klassische Labyrinth war kein Irrgarten; es bestand aus nur einem verschlungenen Pfad, der durch das gesamte Labyrinth führte. Solche Labyrinthe waren für das zeremonielle Umherwandeln gedacht. Sie waren »fast immer mit einer Höhle verbunden ... Wo das Ritual noch erhalten ist, befindet sich das Labyrinth selbst oder eine Zeichnung desselben stets am Eingang der Höhle oder der Wohnstätte.«[3]

Hexen spielten bei zeremoniellen Anlässen Labyrinthspiele. Einige dieser Spiele , wie z. B. das in den USA immer noch beliebte *Troy Town*, sanken zu Kinderspielen herab. Bei dem Troy Town-Spiel werden sieben labyrinthische Kreise in den Rasen gezogen.[4]

Einige Labyrinthe fanden Eingang in christliche Kirchen. Ihre Darstellung läßt sich auf Fußböden, in Gärten oder an Hecken beobachten. Für die Bruderschaften der Freimaurer war das Labyrinth, das sie in kirchliche Ornamente hineinschmuggelten, ein geheimes gnostisches Symbol. In der Kathedrale von Chartres hatte ein Labyrinth mit dem sechsblättrigen Muster der Aphrodite große Bedeutung. Der Pfad des Labyrinths war genau 666 Fuß lang. 666 war die heilige Zahl Aphrodites.[5] (Siehe **Hexagramm**.) Der zentrale Lotos trug einst die Namen der Baumeister, die vielleicht hofften, durch den gnostischen Namenszauber Unsterblichkeit zu erlangen. Aber die Namen sind entfernt worden.[6]

1. Graves, G. M., 75.5. 2. Lethaby, 156. 3. Norman, 107. 4. Lethaby, 155. 5. Pepper & Wilcock, 159. 6. Norman, 108.

Lachesis

»Die Messerin«. In der griechischen Religion die zweite der drei **Schicksalgöttinnen** oder Moiren, die der zweiten Person der Kali als der Bewahrerin entspricht. Sie teilte jeder Kreatur ihre Lebensspanne zu und war identisch mit der Großen Göttin. Wie diese bewahrte sie das Leben bis zu dem Zeitpunkt, an dem es enden mußte und Atropos, die »Unabwendbare«, den Lebensfaden zerschnitt.

Lady

Angelsächsisch *hlaf-dige*, »Die Brotgeberin«.[1] In alten matriarchalischen Gesellschaften waren die Frauen für die Lebensmittellagerung und das Austeilen der Ernte unter den Mitgliedern ihres Clans verantwortlich. »Herr« kam von *hlaf-ward*, dem Hüter des Brotes, denn der Ehemann der Stammesmutter hatte die Aufgabe, die Lebensmittellager vor Zerstörung und unerlaubter Nahrungsentnahme zu schützen.[2]

So hat sich der Gott, der wie im Vaterunser das tägliche Brot gibt, alte feministische Vorrechte angeeignet. In gewisser Weise blieb jedoch seine Gattin die »Geberin«, denn im lateinischen *Madonna*, im englischen »my lady« wie auch im deutschen »meine Dame« schwingt die Bedeutung der gebenden Mutter mit: Meine-Mutter-die-gibt.

1. Brewster, 349. 2. Funk, 257.

Laios

»Der König«, der **Oedipus** voranging. Er wurde Vater seines Mörders genannt, denn es war üblich, Königen, die von ihren Nachfolgern erschlagen wurden, den Titel Vater des mörderischen Sohnes zu geben. Damit sollte zum Ausdruck gebracht werden, daß des Gottes heiliger Geist von dem einen auf den anderen übergegangen war. (Siehe **Königtum**.)

Lakshmi

Hindu-Göttin der Herrschaft. Als Indra den Titel König der Götter beanspruchte, berief er sich auf Lakshmis Autorität. Die Göttin gab Indra einen Trank aus Soma oder »weisem Blut«, das ihrem eigenen Körper entstammte.So konnte Indra die Illusion der Geburt hervorrufen und die bunten Schleier der Maya tragen.[1] Alle alten indoeuropäischen Götter erhoben in ähnlicher Weise Ansprüche auf die Herrschaft infolge der Einnahme weiblicher Essenzen. (Siehe **Menstruationsblut**.)

1. Rees, 75.

Lamhussu

Das tiefrote, königliche Gewand babylonischer Könige; die Blutfarbe, die bei dem Sacaeafest von ihren Ersatzopfern angenommen wurde. Als heiliger König trug Jesus die gleiche »purpurrote« Farbe (Matthäus 27,28;Markus 15,17). (Siehe **Menstruationsblut; Purpur**.)

Lamia

Griechischer Name der libyschen Schlangengöttin – andere Entsprechungen waren Medusa, Neith, Athene, Anatha oder Buto.[1] Lamia war wahrscheinlich eine Variante der babylonischen Lamasthu, der »Göttermutter«, die in Der als Schlange mit Frauenkopf verehrt wurde. Obwohl als kaligleiche Zerstörerin gefürchtet, wurde Lamia als oberste Göttin verehrt und Tochter des Himmels und Große Dame genannt.[2] In der griechischen Mythologie ist sie eine weitere Rivalin der Hera.

Der lateinischen Bibel (Vulgata) zufolge war »Lamia« eine Übersetzung des hebräischen Namens Lilith. Lilith war Adams aufsässige erste Frau. Die autorisierte Version gab *lamia* als Schleiereule wieder; die revidierte Version übersetzte das gleiche Wort mit »Nachtungeheuer«. Während des Mittelalters wurde *lamia* der allgemeine Begriff für eine Hexe. Ein deutscher Theologieprofessor des 15. Jahrhunderts behauptete steif und fest, *lamiae* wären »Ungeheuer in Gestalt alter Frauen«.[3] (Siehe **Vagina Dentata**.)

1. Graves, G. M., 61.1. 2. Budge, A.T., 117. 3. Robbins, 295f.

Lamm

Totemistisches Christussymbol, das auf der jüdischen Sitte basiert, dem Herrn zum Passahfest ein erstgeborenes Lamm zu opfern. Dies war der Ersatz für das archaische Opfern der erstgeborenen Söhne, das der Herr ursprünglich gefordert hatte (Exodus 13, 2).

Als Lamm Gottes (*Agnus Dei*) sollte Jesus den erstgeborenen Sohn Adam und durch ihn das gesamte Menschengeschlecht erlösen, das, wie die Kirche lehrte, »im Blut des Lammes gewaschen« werden mußte.

Während des gesamten Mittelalters behaupteten die kirchlichen Theologen, Adam sei auf Golgatha an genau der Stelle begraben, an der das Kreuz Jesu gestanden habe, und das Blut des Lamm-Erlösers sei in die Erde hinuntergesickert und habe Adams sterblichen Überresten Erlösung gebracht.[1] Eva war nicht an diesem Ort begraben. Über ihre Erlösung hüllten sich die Theologen in Schweigen.

Den mittelalterlichen Namen *Agnus Dei* erhielten auch Wachslaibe, in die die Figur des Lammes eingestanzt war. Aufgrund einer päpstlichen Bulle von 1471 erhoben die Päpste auf den Verkauf dieser Wachslaibe ein uneingeschränktes Monopol. Die Nachfrage nach diesem Talisman war sehr groß, denn die Kirche empfahl ihn als sicheren Schutz gegen alle Arten von zerstörerischen Stürmen, laut Definition der Theologen auch »höhere Gewalt« genannt.[2] Um die Menschheit vor dem Zorn des Vaters zu bewahren, wurde also die Macht des Sohnes angerufen.

1. Eliade, S., 268. 2. H. Smith, 276.

Lammas

Das angelsächsische *Hlaf-mass*, Fest des Brotes, war ein bedeutendes Sommerfest der großen Göttin der Feldfrüchte: Ceres, Ops, Demeter oder Juno Augusta, Herrscherin des Erntemonats August. Lammas war der »Abend« dieses Reifemonats, der oft mit dem Abend zum 1. Mai oder Halloween, einem Fest der Hexen, gleichgesetzt wurde, denn die Kirche hatte es nicht geschafft, die heidnische Bedeutung dieses Festes auszulöschen.[1] Manchmal wurde Lammas mit dem keltischen Lugnasad, dem Fest der Sommersonnenwende, gleichgesetzt, bei dem der Tod und die Wiederauferstehung des Getreidegottes Lug gefeiert wurden. Der Klerus behauptete, Lammas sei einer der viermal jährlich stattfindenden großen Hexensabbate, abgeleitet von den Festen der vier Jahreszeiten im heidnischen Kalender.

1. Brewster, 349.

Lancelot

Held der Arthurromane, dessen Figur auf frühen keltischen Vorstellungen vom phallischen Gott des Blitzes basierte – Lanceor, die Goldene Lanze, Freund der Colombe, der Taube, einer nördlichen Version der Aphrodite Columba.[1] Wie der orientalische *vajra*, was Phallus, Juwel oder Blitz bedeutete, stieg Lanceor in den abgründigen Schoß der Göttin hinab, um die Welt zu befruchten. So behauptete Plutarch, der Blitz sei der Befruchter der Wasser.[2]

Obwohl Lancelot im Roman als Ritter der Tafelrunde menschliche Gestalt annimmt, lassen sich immer noch Zeichen seines heidnischen Ursprungs erkennen: er war auch hier der Geliebte der Mutter und die Wiedergeburt seines eigenen älteren Ichs. Er vereinigte sich mit **Elaine**, oder auch Elen, Helen oder Hel-Aine, der Göttin, die bei dem keltischen Mondschrein von Cnoc Aine verehrt wurde.[3] Sie war die Weberin des Schicksals und schenkte Lancelot einen vaginalen Fetisch, einen rotseidenen Ärmel, der ihn unbesiegbar machte. Elaine war auch die

Königinmutter, die Lancelot Galahad taufte. Derselbe Name wurde seiner jüngeren Wiedergeburt oder seinem »Sohn« gegeben. Der ältere Held erhielt den Namen Lancelot erst, als er von der Herrin vom See in das magische Land der Frauen eingeführt wurde.[4]

Wie Osiris-Horus, Apollon-Herakles, Zeus-Zagreus, Gott-Jesus und andere Versionen der allgegenwärtigen Vater-Sohn Gottheit wurde Lancelot Herr des Todes und Wächter des Paradiesschlosses und erschien in den **Ritterromanen** als freudiger Wächter, als die »Glückliche Welt«. Er raubte Arthurs Königin, das lebende Symbol Britanniens, nachdem er sie vor dem Feuertod am Pfahl gerettet hatte. Zu diesem Tod war die Königin der Hexerei wegen verurteilt worden. Sie war es auch, die verkündete, Lancelot stamme in der 8. und Galahad in der 9. Generation von Jesus ab.[5] Obwohl mittelalterliche Geistliche auf der Ansicht beharrten, daß Jesus niemals Kinder gezeugt habe, verbreiteten heidnische Barden weiterhin den gegenteiligen Glauben. So konnten sie am besten die alte Vorstellung von den aufeinanderfolgenden Inkarnationen am Leben erhalten.

Es scheint, daß die Figur des Lancelot, wie viele andere Figuren keltischer Romane, aus orientalisch-tantrischen Traditionen entwickelt wurde. Er glich dem tantrischen Heiligen Padmasambhava, dem in einem See geborenen *Vajra*, d. h. einem phallischen Blitzstrahl, der von der Wasser-Mutter in ihrer Rolle als Herrin vom See wiedergeboren wurde.[6] Seine Mutter-Braut war die Meerestaube, Symbol der Tiefe (Maria). Lancelots Name »Große Lanze« läßt sich vielleicht mit dem Namen des anderen naiven tantrisch-keltischen Helden Peredur Paladrihr, »Speerträger mit dem langen Schaft« vergleichen, eine Bezeichnung, die den ithyphallischen Gott in Vereinigung mit seiner Göttin beschrieb.[7]

Lancelots Abstammung aus dem Meidelant, dem »Land der Jungfrauen« deutet auf ein frühes Datum und eine orientalische Wurzel des Mythos hin.[8] Lancelot erinnert an Krishna, der von »heiligen Frauen« in einem heiligen Hain aufgezogen wurde und zu einem ausgesprochen sexuellen Gott heranwuchs.[9] Lancelot war keine Sonnengottheit, sondern ein Rivale des Sonnengottes, welcher durch Gawain repräsentiert wurde. Mit Gawain focht Lancelot einen großen Kampf aus, den er, als Gawains Kraft am Ende des Sonnentages nachließ, siegreich für sich entschied.

1. Malory 1, 377. 2. Rawon, E. A., 151; Knight, S. L., 135. 3. Graves, W. G., 409. 4. Malory 1, 91. 5. Malory 2, 171. 6. Waddell, 258. 7. Squire, 369. 8. Rees, 293. 9. *Larousse*, 367.

Lapis Manalis

»Stein der Unterwelt« oder der Toten; der heilige Stein, der die Grube der *manes* auf Roms Palatinhügel bedeckte. Beim jährlichen Fest zu Ehren der Mania, der antiken Mondmutter, wurde der Stein entfernt und ihre Kinder, die *manes* oder Seelen der Vorfahren, wurden eingeladen, an diesem Fest teilzunehmen. Manchmal wurde das Fest Parentalia genannt, da die Geister der Unterwelt mit den *di parentes* oder »Göttereltern« vergangener Zeiten identisch waren.[1]

Bei den NordeuropäerInnen hieß das vergleichbare Fest, zu dem ebenfalls die Geister der Vorfahren eingeladen wurden, Halloween oder Samhain.

1. *Larousse*, 213.

Lara

Kurzform des Namens der römischen Göttin Acca Larentia, der Mutter der *lares* oder Haushaltsgeister. Ihr zu Ehren wurden jährlich die aus vorrömischer Zeit übernommenen Larentalia gefeiert. (Siehe **Akka**.)

Lat

Das italienische *latte*, »Milch«, ist abgeleitet von dem Namen der milchgebenden Göttin Lat, der Mutter des vorrömischen Latiums. Sie war auch Latona oder Leto, Mutter des Welteis und der Sonne.[1] Bei den AraberInnen hieß sie al-Lat, der Mond, wurde jedoch später zu dem männlichen Allah des Islam. Im vordynastischen Ägypten war sie sehr bekannt. Herodot nannte sie »eine archaische Königin des Unteren Königreichs«. Ihr war eines der ältesten Orakel-Heiligtümer Ägyptens geweiht, die GriechInnen nannten es Latopolis.[2] Bei den ÄgypterInnen hieß dieser Ort Menhet, »Haus des Mondes«.[3]

Lat war deswegen der Mond, weil dieser in der Antike als universale Nahrungsquelle galt. Er war eine himmlische Brust, aus der die **Milchstraße** floß. Der Mond gab Wasser, Milch, Blut, Pflanzensaft und alle anderen lebensnotwendigen Flüssigkeiten.

Lat war die Begründerin der matriarchalischen römischen Kultur. Mit dem alten Wort *latifundia* waren die den Matriarchinnen eigens von der Göttin zugeteilten Landstücke gemeint.[4] (Siehe **Weibliche Erbfolge**.) Die Insel Malta hieß früher Ma Lata, »Mutter Lat«.

1428 wurde eine italienische Stadt, deren BewohnerInnen der Ketzerei bezichtigt wurden, von der Kirche dem Erdboden gleichgemacht. Seltsamerweise hieß diese Stadt ausgerechnet Magnalata: »Große Lat«.

1. Graves, W. G., 318. 2. *Larousse*, 29. 3. Budge, G. E. 2, 50. 4. Cumont, M. M. 74.

Leda

»Lady« oder »Frau«; ein weiterer Name der Göttin Lat, die das Weltei legte und Castor und Pollux, den Morgen- und Abendstern, ausbrütete. Leda brütete auch Helene, die irdische Inkarnation der Mondgöttin, aus; und Klytaiméstra, die für Mykene von gleicher Bedeutung war wie Helene für Troja. Die Mythologen verwechselten Leda mit Nemesis, die sich mit Zeus vermählte, als dieser die Gestalt eines Schwanenkönigs angenommen hatte. So wurde Leda unter dem Namen Leto[1] die berühmte Gans, die das goldene Ei (die Sonne, Apollon) legte. Bei den ÄgypterInnen kam diese Bedeutung Hathor, der Nilgans, zu.

Ledas Vermählung mit dem Schwanengott war ein beliebtes Sujet mittelalterlicher Künstler, denn es erlaubte ihnen, ein erotisches Thema darzustellen, ohne ein männliches menschliches Wesen miteinzubeziehen.

1. Graves, G. M., 62.2.

Legba

Voodoo-Gott, vergleichbar mit dem Trickster oder dem Hermes der klassischen Mythologie. Legba war zwar ein ithyphallischer Gott der Lust, aber auch androgyn. Bei zeremoniellen Tänzen übernahm ein Mädchen, das einen eregierten Holzphallus trug, seine Rolle. Er wurde als die Verkörperung des Wortes oder *logos* der Göttin Fa, »Schicksal« (engl. *fate*), angesehen.[1]

1. Hays, 341.

Leiter

Jakobs Leiter war eine Nachahmung der ägyptischen »Leiter des Seth«, mit deren Hilfe ein König oder Prophet in den Himmel hinaufgelangen konnte, »wenn er die Machtworte des Re aussprach«. Im ägyptischen Totenbuch stand, ein Pharao könne Herr der Leiter werden und mit Hilfe eines Gebetes, das man ihn gelehrt habe, in den Himmel gelangen: »Ehre sei Dir, oh göttliche Leiter, Ehre sei Dir, oh Leiter des Seth! Stehe aufrecht, oh göttliche Leiter! Stehe aufrecht, oh Leiter des Seth! Stehe aufrecht, oh Leiter des Horus, mit der Osiris am Himmel erschien, als er die Machtworte des Re aussprach.«[1]

Das Totenbuch
Üblicher Name für die Sammlung ägyptischer Begräbnispapyri, geschrieben zwischen 1500 und 1359 v. Chr., in denen Vignetten, Hymnen, Kapitel und beschreibende Anweisungen aufgezeichnet waren. Zu den besterhaltenen und typischsten Abschriften der thebischen Fassung des Totenbuches gehört der vielgelesene Papyrus von Ani.

Den UntertanInnen des toten Königs wurde versichert, daß »die Götter eine Leiter für [ihn] machen würden, auf der er in den Himmel hinaufsteigen könne«. Die Begräbnisinschriften für den König lauteten: »Ich stelle eine Leiter zum Himmel auf unter den Göttern«.[2]

Die Leiter zum Himmel war ein Relikt schamanischer Zeremonien von Tod und Wiedergeburt. Sie wurde von Königen, Propheten, Weisen, Bodhisattvas und anderen Erleuchteten, wie den »Engeln«, die Jakob in seinem Traum auf einer Leiter sah (Genesis 28, 12), erklommen. Bei zentralasiatischen Stämmen war die »Seelenleiter« ein auf dem Grab befestigter Pfosten mit vierzehn Kerben; sie repräsentierten die »Stufen« oder Tage des aufsteigenden Mondes. In Indien wurde eine ähnliche himmlische Leiter aus hölzernen Schwertklingen hergestellt, die der Priester erklettern mußte, um an ihrer Spitze die sakramentale Enthauptung eines Hahns zu vollziehen. Chinesische Schamanen oder Hohepriester erstiegen als Initiationsprüfung eine Leiter aus Messern, barfuß auf den Schneiden gehend.[3]

Die Priesterkönige des Altertums erstiegen anläßlich ihrer heiligen Hochzeit **(Hieros Gamos)** eine Seelenleiter, die es ihnen ermöglichte, der Göttin zu begegnen. Sie erstiegen diese Leiter auch nach ihrem Tod, wenn ihre Seele zu der Mutter, die sie geboren hatte, zurückkehrte. Manchmal wurde die Leiter als alltägliche Verbindung zwischen der Göttin im Himmel und ihrem Gemahl, dem König auf Erden, angesehen. Kosingas von Thrakien beherrschte seine Untertanen dadurch, daß er ihnen drohte, auf seiner Leiter aus Holz zu der großen Göttin Hera hinaufzusteigen, sich bei ihr über das Verhalten seiner Untertanen zu beklagen und so Heras Zorn zu erwecken.[4]

In der Regel führte die Seelenleiter wie die *axis mundi* in der gnostischen Kosmologie durch die sieben Himmel. Nach Celsus stiegen neu in die Mithra-Mysterien Eingeweihte eine *klimax* oder sieben-

Aulus Cornelius Celsus
Aus Rom stammender patrizischer

Gelehrter des 1. Jahrhunderts n. Chr., der ausführlich über Medizin, Agrikultur, Philosophie, Jurisprudenz und Religion geschrieben hat.

sprossige Leiter hinauf.[5] Die erste Sprosse aus Blei stand für Saturn, die zweite aus Zinn für Venus, die dritte aus Bronze für Jupiter, die vierte aus Eisen für Merkur, die fünfte aus »Münzlegierung« für Mars, die sechste aus Silber für den Mond und die siebte aus Gold für die Sonne. Eine Plattform an der Spitze stellte die Sphäre der Fixsterne, das Empyreum, dar.[6]

Die Leiter wurde von Judentum, Christentum und Islam als Symbol der ekstatischen Einführung in die Mysterien übernommen. Wie Jakob sah Mohammed in seiner Vision »eine Leiter sich vom Tempel in Jerusalem (dem ›Zentrum‹ par excellence) mit Engeln rechts und links bis zum Himmel erheben; auf dieser Leiter stiegen die Seelen der Gerechten zu Gott auf«[7] Sowohl Jakobs als auch Mohammeds Leiter basierten auf viel früheren ägyptischen Darstellungen, in denen der Pharao von den Göttern, die ihm die letzten Stufen der Leiter hinaufhalfen, im Himmel willkommen geheißen wurde.[8] Wie die Leitern von Set, Osiris und Buddha hatte die Leiter des Pharao 14 Stufen, die auf die zunehmenden Tage des Mondzyklus anspielten. Weitere 14 Stufen stellten die abnehmenden Tage des Mondzyklus dar, d. h. den Abstieg in die Unterwelt vor dem Wiederaufstieg.

Während des 4. Jahrhunderts n. Chr., als das Sitzen auf Leitern und Säulen unter heiligen Eremiten in Mode kam, gab es in Syrien und Persien viele »Leiter-Heilige«. Ein bekannter christlicher Säulenheiliger war der heilige Simeon Stylites, der dafür gerühmt wurde, daß er so lange bewegungslos sitzen blieb, bis seine Gliedmaßen vom Brand befallen waren.[9] Einer seiner Jünger und Bewunderer wurde der Heilige Sadoth (persisch Schiadurte) genannt. Die Legende dieses Heiligen besagt, daß er in einer Vision Simeon auf der Spitze einer in den Himmel reichenden Leiter sah und daß dieser zu ihm herabrief: »Steige hinauf, Sadoth; fürchte dich nicht! Ich stieg gestern hinauf; heute bist du an der Reihe.« Kurz danach starb Sadoth den Märtyrertod und stieg in den Himmel auf.[10]

Die heilige *Klimax* war in der byzantinischen und gnostischen Ikonographie so berühmt, daß sie sogar als falscher Heiliger kanonisiert wurde, als Johannes Climacus. Ein mystisches Buch, die *Leiter zum Paradies*, das im 7. Jahrhundert n. Chr. am Berg Sinai erschien, soll von ihm geschrieben worden sein.[11] Dieser heilige Johannes war angeblich ein Abt des Klosters Sinai, sein Vorname weist jedoch eher auf einen tantrischen Meister hin. Die *Klimax* war, wie die neuzeitliche Verwendung dieses Begriffs nahelegt, mehr als eine Leiter. Durch die Heirat mit der Göttin war sie auch ein Aufstieg zu sexuellem Glück. Von einigen gnostischen Sekten wurde die Leiter noch im Mittelalter als Symbol der Seelenehe verwendet.

1. Budge, B. D., 301. 2. Eliade, S., 489. 3. Eliade, S., 283, 426, 442. 4. Eliade, S., 391. 5. Cumont, M. M., 144. 6. Eliade, S., 121f. 7. Eliade, S., 489. 8. Gifford, 78. 9. Campbell, M. I., 169. 10. Brewster, 109. 11. Attwater, 199.

Lemnos

Isländisches Heiligtum der Göttin Myrine, der eine von Frauen beherrschte Gesellschaft diente. Diese Frauen tauchen im hellenischen

Mythos als **Amazonen** auf, die ihre Ehemänner niedermetzelten. Ihre Nachkommenschaft sicherten sich die Amazonen dann dadurch, daß sie vorbeifahrende Seeleute einluden, sie zu schwängern. Zu diesem Zweck kamen Jason und die Argonauten nach Lemnos.[1] Als Zentrum vorhellenischer Religion war Lemnos Gottheiten geweiht, denen, wie z. B. Aphrodite und **Hephaistos**, Vater Zeus ausgesprochen feindlich gesinnt war.

1. Graves, G. M., 148.13.

Lemuren

»Geister«. Römischer Name für die Geister der VorfahrInnen, die ihren Gräbern entstiegen, um den jährlich stattfindenden Lemuria beizuwohnen. Synonym für *lares* (Laren), *larvae* (Larven) oder *manes* (Manen).[1] »Lemurien«, der Name des mythischen, verlorenen Kontinents, bedeutete wörtlich eine Geisterwelt.

1. *Larousse*, 213.

Lenz

Aus dem angelsächsischen *Lenet-monath*, dem Mondmonat, in dem die Tage »länger werden«. Das für diese Zeit typische Fasten und die Enthaltsamkeit wurden von den römischen Matronalia oder dem Fest der Mütter übernommen, das im Kalendermonat März gefeiert wurde. Männern war die Teilnahme an diesem Fest nicht gestattet.[1] Die Frauen führten ihre Riten in dem heiligen Hain zwischen den Hügeln Palatin und Aventin aus, in dem sabinische Frauen jedes Jahr ihrem Erntegott Consus Opfer darbrachten.[2] Nach den Matronalia hielten römische Frauen bis zu dem im April stattfindenden Fest zu Ehren der Ceres eine Zeit der Keuschheit und des Fastens ein. Dieser Brauch, durch den ursprünglich die Fruchtbarkeit und das Wachstum des Getreides sichergestellt werden sollten, wurde von der christlichen Kirche übernommen und zur Fastenzeit umfunktioniert.[3]

1. *Larousse*, 204. 2. Bachofen, 36. 3. Gaster, 645.

Lesbierinnen

Amazonen nahmen die Insel Lesbos ein und machten sie zu einer ihrer »Inseln der Frauen«. Lesbos war eine heilige Siedlung, deren Bewohnerinnen sich der Verehrung des weiblichen Prinzips geweiht hatten, so wie sich später christliche Klöster der Verehrung des männlichen Prinzips widmeten.[1] Im 6. Jahrhundert v. Chr. wurde Lesbos von einer Gruppe von Frauen regiert, die sich dem Dienst von Aphrodite und Artemis sowie der Ausübung der *charis* oder »Anmut«, d. h. der Musik, Kunst, dem Tanz, der Poesie, Philosophie und der romantischen »lesbischen« Liebe verschrieben hatten.

Die berühmteste Inselbewohnerin war die Dichterin Sappho, von der ihre Zeitgenossen sagten, sie sei sogar bedeutender als Homer. Ihr Werk überlebte die Bücherverbrennungen der frühchristlichen Zeit nicht. Sie war eine der ersten klassischen Autorinnen, die wegen ihrer homosexuellen Orientierung und ihrer hingebungsvollen Verehrung der Großen Göttin Angriffen ausgesetzt war. Schon im 8. Jahrhundert n. Chr. war außer ein paar Fragmenten, die von anderen Autoren zitiert wurden, nichts mehr von ihrer umfangreichen Dichtung erhalten.[2]

Lesbe
Heute ist die Bezeichnung »Lesbierin« nicht mehr üblich; stattdessen unterscheiden die Frauen zwischen einer »Lesbe«, die Frauen liebt, und der heterosexuell orientierten »Hetera«. Viele Frauen empfinden aber auch bisexuell.

Weibliche Homosexualität wurde in patriarchalischen Gesellschaften generell als ungeheure Bedrohung angesehen. Das christliche Europa betrachtete lesbische Liebe als »namenloses Verbrechen«, und verbrannte Lesbierinnen manchmal ohne vorherigen Prozeß lebend. Bis zum heutigen Tag werden weiblichen Homosexuellen furchteinflößende Kräfte zugesprochen. Frank Caprio sagte: »Das Lesbierinnentum vermag die Stabilität unserer sozialen Struktur zu beeinflussen.«[3] Jede phallozentrische Gesellschaft beurteilt Frauen, denen der Phallus gleichgültig ist, naturgemäß in dieser Weise.

1. *Larousse*, 122. 2. *Encyc. Brit*, »Sappho«. 3. Klaich, 89.

Lethe

»Vergessenheit«. Der Strom des Vergessens in der griechischen Unterwelt; eine Quelle, aus der der Fluß Lethe entsprang. Den Aussagen der Orphiker und anderer Mysterienschüler zufolge war die Quelle Lethe, die sich unter einer weißen Zypresse befand, das erste, was nach dem Tod eine neu ankommende Seele in der Unterwelt sah. Beim Anblick dieser Quelle wurde die Seele sehr durstig und war versucht, zu trinken. Deswegen lernten die Mysterienschüler unter anderem, Durst zu ertragen, denn schon ein Schluck Lethe würde die Erinnerung an frühere Inkarnationen auslöschen und die Mysterienschüler kein bißchen weiser zurücklassen als den Rest der Menschheit, der stets wiedergeboren wird, ohne sich an frühere Geburten zu erinnern. Der Erleuchtete sollte stattdessen nach der Quelle der Erinnerung (Mnemosyne) suchen. »Zur Linken des Hauses des Hades wirst du eine Quelle finden, und neben ihr eine weiße Zypresse. Dieser Quelle nähere dich nicht. Aber du wirst eine andere Quelle finden, kaltes Wasser, das aus dem See der Erinnerung fließt, und vor dieser Quelle befinden sich Wächter.«[1]

Die Ansiedlung des Lethestroms in der Unterwelt, wie wir sie in der klassischen und gnostischen Metaphorik finden, geht auf die antike Orakelhöhle der Erdgottheiten (Chthonioi) bei Lebadeia zurück. Dort stieg der Mysterienschüler in die dunkle Grube, in der man durch »Gesehenes« oder »Gehörtes« das eigene Schicksal erfahren konnte. Zu den ausführlichen Vorbereitungen hierfür gehörte unter anderem, daß »er das Wasser, das Lethe genannt wird, trinken muß, um das Vergessen all dessen, woran er bislang gedacht hat, zu erreichen; und danach ein anderes Wasser, das Wasser der Mnemosyne, das ihm die Erinnerung an das bewahrt, was er unten gesehen hat«.[2]

Klassische Schriftsteller machten den Lethestrom neben Acheron, Kokytos, Phlegethon und Styx zu einem der Hauptströme der Unterwelt.[3]

1. Guthrie, 229. 2. Guthrie, 225. 3. *Larousse*, 165.

Leto

Im griechischen Mythos die Mutter der Sonne und des Mondes (Apollon und Artemis); eine griechische Form der östlichen Fruchtbarkeitsgöttin **Lat**, die im vorrömischen Latium, ihrem italienischen Herrschaftsgebiet, Latona oder Königin Lat genannt wurde.[1] Im griechischen Mythos erscheint sie gleichzeitig als Mutter (Artemis) und als Tochter des Mondes (Phoibe oder Phoebe). Darüber hinaus wurde sie fälschlicherweise als sterbliche, »jungfräuliche Mutter«, geschwängert vom himmlischen Vater Zeus, dargestellt.

1. Graves, G. M., 14.2.

Leukippe

»Weiße Stute«. Kretische Pferdegöttin, die wahrscheinlich von der hinduistischen Saranyu abstammte und von den BritInnen Epona genannt wurde. In Mykene war die stutenköpfige **Demeter** sowohl Leukippe, die weiße Stute des Lebens, als auch Melanippe, die schwarze Stute des Todes. Ihre Priester wurden kastriert und trugen Frauenkleider, um Priesterinnen gleich zu sein.[1] (Siehe **Pferd**.)

1. Gaster, 316; Graves, W. G., 425.

Leviathan

»Die sich Windende«. Hebräischer Name der großen Schlange Neuschthan, deren Verehrung auf Mose zurückgeht (2. Könige 18, 4). Der priesterliche Name Levi bedeutete Sohn der Leviathan. Leviathan war einst eine andere Personifikation Jahwehs, auch wenn spätere Jahrhunderte ihn/sie in einen Dämonen verwandelten. Die Mitra der Bischöfe entwickelte sich aus der Kopfbedeckung levitischer Priester.[2] (Siehe **Schlange**.)

1. Gaster, 576. 2. Briffault 3, 108.

Liber

Bacchus, der Vater Roms, war auch als Liber Pater, Gatte der Göttin Libera oder Libra, bekannt. Ihre göttliche Hochzeit fand am 17. März, den Liberalia, statt, die in Irland im Zuge der Christianisierung zum St. Patrick's Day wurden, da **Patrick** oder Patricius eine keltische Form des Bacchus war.[1]

Bei den GriechInnen war er der Dionysos Liber, der jährlich als das heilige Kind wiedergeboren und in einen Korb oder eine Krippe gelegt wurde. Diese Zeremonie wurde in die Legende um das Christuskind aufgenommen; es wurde als Sohn eben des Gottes bezeichnet, der einst in Jerusalem als Liber verehrt wurde.[2] Auch nachdem aus dem römischen Tempel der Großen Mutter die Kirche Santa Maria Maggiore geworden war, blieb die Krippenzeremonie ein wesentlicher Bestandteil des kirchlichen Weihnachtsfestes. Usener behauptete, diese Kirche sei von Papst Liberius gegründet worden. Hier handelt es sich möglicherweise um eine Verwechslung mit dem Namen des heidnischen Gottes.[3] (Siehe **Dionysos**.)

Die Jünger des Liber waren die »Libertiner«. In der modernen Bedeutung des Wortes schwingen noch immer die orgiastischen Riten mit. »Freiheit« erfuhren sie auch bei ihrem kultischen Liberaliafest, bei welchem, als Teil der Festlichkeit, Sklaven vorübergehend freigelassen wurden und sich so verhalten durften, als seien sie die Herren. Diese Sitte wurde in den mittelalterlichen Karnevalsbräuchen fortgeführt.

1. *Larousse*, 209. 2. Tacitus, 660. 3. Miles, 107.

Libra

In der Astrologie ist Libra die Herrin der Waage. Ihr Name leitet sich von der Göttin Libera ab, die in Karthago als Astroarche, Königin der Sterne, verehrt wurde. Wie die ägyptische **Maat** verkörperte sie den ausgleichenden Prozeß des karmischen Gesetzes. Das Zeichen der in Stein geschnittenen Zahl acht für »Gleichgewicht« (heute das mathematische Symbol für Unendlichkeit), bedeutete Aktion und Reaktion unter dem Gesetz des Schicksals.[1]

In der Astrologie wird Libra noch immer »von Venus beherrscht«, weil sie mit der römischen Venus-Aphrodite des *ius naturale* – Naturgesetz, matriarchalische Gerechtigkeit – gleichgesetzt wurde.[2] Die Augenbinde der heutigen Göttin der Gerechtigkeit war in der Antike unbekannt. Die Göttin hielt nicht nur die Schicksalswaage eines jeden Menschen, sondern besaß auch das allsehende Auge. (Siehe **Tinnit**.)

1. *Larousse*, 84. 2. Cavendish, T., 104f; Bachofen, 192.

Lichtmeß

Wegen des Termins, vierzig Tage nach Weihnachten, wurde Lichtmeß gemäß den Regeln der Juden und Christen, daß Frauen vierzig Tage nach einer Kindsgeburt »gereinigt« werden mußten, zum Fest der Reinigung Mariä, denn nach den Vorstellungen dieser patriarchalischen Religionen wurden Frauen durch eine Geburt unrein. Die Bibel legte für die Unreinheit einen Zeitraum von vierzig Tagen nach der Geburt eines Sohnes und von achtzig Tagen nach der Geburt einer Tochter fest, da Frauen als doppelt so unrein angesehen wurden wie Männer (Levitikus 12, 2–5). Auch der christliche Gott hielt junge Mütter für unrein und gestattete keiner Frau, eine Kirche zu betreten, bevor nicht die vorgeschriebene Zeit nach ihrer Niederkunft vergangenen war. Ihre rituelle Reinigung wurde als »Aussegnung« bezeichnet.

Auf einem Konzil in Konstantinopel (dem sogenannten Trullanum) wurde versucht, das Fest der Reinigung Mariä oder Lichtmeß abzuschaffen, da die Jungfrau durch die Geburt Christi »keine Befleckung erlitt und daher auch keine Reinigung benötigte«.

Allerdings war Lichtmeß ursprünglich kein christliches Fest. Für die heidnischen RömerInnen war es der Tag, an dem Juno Februata als jungfräuliche Mutter des Mars gefeiert wurde. Wie die Lupercalia zwei Wochen später erinnerte auch dieser Tag an die Göttin, die vom »Fieber« (*febris*) der Liebe befallen wurde.[1] Die christlichen Autoritäten sagten von den Heiden, daß sie nach Rom gingen und »Kerzen verbrannten zur Ehre dieser Frau Februa«. Papst Sergius gab diesem Tag einen neuen Namen, »um diesen törichten Brauch zu beenden und um ihn auf die Verehrung Gottes und unserer Lieben Frau zu richten ... so daß das Fest heute feierlich in der ganzen Christenheit begangen wird.«[2] Nach wie vor war Lichtmeß aber den Frauen und der Göttin der Liebe geweiht.[3] Bei den heidnischen KeltInnen war es das Fest Imbolg, das in dem alten, heiligen Jahreskreis dem großen Lammas-Fest gegenüberstand.

An Lichtmeß wurden Orakel für die neuanbrechende Jahreszeit befragt, vor allem in bezug auf das Wetter. Deshalb hieß es, daß die Tiere aus ihrem Winterschlaf kämen und hilfreiche Vorhersagen über das Ende des Winters leisteten. In Nordamerika wird Lichtmeß heute noch als *Groundhog Day*, (Tag des Waldmurmeltiers) bezeichnet. Ein alter Vers besagt, schönes und trockenes Wetter an Lichtmeß bedeute, daß der Winter noch einmal zurückkehrt; regnet es aber an diesem Tag, dann ist der Winter endgültig vorbei.[4]

1. Jacobus d.V., 151. 2. Hazlitt, 85f. 3. Lys, 127. 4. Hazlitt, 87.

Liebestod

Der Begriff »Liebestod« bezeichnete bei den GermanInnen die Tötung eines heiligen Königs bei der Hochzeit mit der Göttin oder einer Walküre, die ihn zum Himmel trug. So wie der orientalische Weise wurde der nordische Held im Tod mit seiner weiblichen Seele (Shakti), einer himmlischen Vala, vereint. Die meisten heidnischen Denker sagten, der schönste Tod sei auf mystische Weise mit der Liebe verbunden. Ovid schrieb, er wolle »bei der Vereinigung mit Venus« sterben.[1] Himmlische »Glückseligkeit« wurde oft mit Orgasmus gleichgesetzt.

1. Cavendish, P. E., 51.

Lif

»Life« (Leben); in der altnordischen Mythologie die neue Eva des nächsten Seinszyklus, der auf die Zerstörung des derzeitigen Universums folgt. Ihr Name bedeutete dem Wesen nach das gleiche wie Evas Titel »Mutter aller, die da leben« (Genesis 3, 20). Ihr Gatte, Lifthrasir, »der nach Leben Strebende«, war Lif untergeordnet.[1] Sein Name unterstrich den Glauben daran, daß Eva die wahre Hervorbringerin der neuen Schöpfung sei. Die einzige Daseinsberechtigung ihres Gatten bestand – wie auch in den ältesten bekannten Versionen des Mythos von Adam und Eva – darin, Lif zu befruchten.

1. H. R. E. Davidson, G. M. V. A., 234.

Lilie

Die Blume der Lilith, der sumerisch-babylonischen Schöpfungsgöttin; die *lilu* oder der »Lotos« ihres geschlechtlichen Zaubers. Oft repräsentierte die Lilie den jungfräulichen Aspekt der dreifaltigen Göttin, die Rose hingegen ihren mütterlichen Aspekt. Die Lilie wurde der **Astarte**, die auch Lilith war, geweiht. Nordeuropäer nannten sie Ostara oder Eostra, die Göttin der »Oster«-Lilien.[1]

Aufgrund der heidnischen Assoziationen zur jungfräulichen Mutterschaft symbolisierte die Lilie später die Befruchtung der Jungfrau Maria. Manche Theologen behaupteten, die Lilie in Gabriels Hand filtere den Samen Gottes, der durch Marias Ohr in ihren Körper eindringe.[2]

Auch die Lilie der Heiligen Jungfrau Juno wurde in den Marienkult aufgenommen. Juno empfing ihren Erlösersohn Mars durch ihre eigene magische Lilie ohne jede männliche Hilfe.[3] Dieser Mythos spiegelt einen frühen Glauben an die selbstbefruchtende Kraft der **Yoni** (Vulva) wider. Diese Kraft wurde durch die Lilie symbolisiert und durch Juno verkörpert. Ihr Name stammte von der vorrömischen Uni ab, einer dreifaltigen Göttin, dargestellt durch die dreigelappte Lilie oder *fleur-de-lis*, deren Name sich aus dem Sanskritwort *yoni*, Quelle des Universums, ableitete.

Im Jahre 656 n. Chr. nahm das 10. Konzil von Toledo den heiligen Tag, an dem Juno auf wundersame Weise Mars empfangen hatte, offiziell in den christlichen Kanon auf. Die Christen bestanden darauf, es sei der Gedenktag für die wundersame Weise, auf die Maria Jesus mit Hilfe einer Lilie empfangen hatte, und benannten ihn um in das Fest der Mutter Gottes oder den Tag unserer Lieben Frau.[4] Der Engel Gabriel wurde von christlichen Künstlern mit einem von einer fleurs-de-lis auf einem Lilienstengel gekrönten Zepter dargestellt, das er Maria entgegenhielt. Aus Gabriels Mund kam normalerweise eine Schriftrolle heraus, auf der das fruchtbare »Gotteswort« *Ave Maria gratia plena* stand, das Maria »voll« (plena) machte. Und über dieser Szene schwebte Aphrodites Taube, das andere yonische Symbol.[5]

Keltische und gallo-romanische Stämme nannten die jungfräuliche Mutter Lilienmaid. Ihr yonisches Emblem tauchte nicht nur in Form der französischen *fleur-de-lis* auf, sondern auch in Gestalt des irischen Kleeblattes. Das Kleeblatt-Symbol stammte nicht aus Irland, sondern war für die BewohnerInnen des Industales bereits 6000 Jahre vor der christlichen Zeit ein heiliges Symbol. Das christianisierte Frankreich setzte die Lilienmaid mit der Jungfrau Maria gleich, betrachtete sie jedoch niemals völlig losgelöst von dem Bild der heidnischen Juno. Im Volksmund hieß der Tag Unserer Lieben Frau *Notre Dame de Mars*.[6]

Die Osterlilie war die mittelalterliche Pas-Blume. Diese Bezeichnung geht auf das Lateinische *passus*, überschreiten oder hinübergehen, zurück und ist mit dem jüdischen Passahfest verwandt. Die Lilie wurde auch Pash-Blume, Paschalblume, Pasqueblume oder Passionsblume genannt. Die HeidInnen meinten, sie repräsentiere die Frühlingsleidenschaft des Gottes, wie z. B. die Leidenschaft des Herakles, sich mit der jungfräulichen Himmelskönigin, Hera-Hebe oder Juno oder Venus, die alle die Lilie für sich beanspruchten, im Liebestod zu vereinigen. Als Heras Milch aus ihren Brüsten herausströmte, um die Milchstraße zu formen, wurden die Tropfen, die auf den Boden fielen, zu Lilien.[7]

Manchmal war die Osterblume keine weiße Lilie, sondern eine scharlachrote oder violette Anemone, Emblem für die Leidenschaft des Adonis und mit dessen Braut Venus gleichgesetzt.[8]

1. H. Smith, 201. 2. Simons, 103. 3. *Larousse*, 202. 4. Brewster, 146.
5. Cavendish, V. H. H., 68. 6. Brewster, 146. 7. Guthrie, 71. 8. Agrippa, 103.

Lilith

Var. Lilit

Adams erste Frau ist das Relikt eines frühen rabbinischen Versuches, die sumerisch-babylonische Göttin Belet-ili oder Belili in die jüdische Mythologie zu integrieren. Für die KanaaniterInnen war Lilith die Ba'alat, die »heilige Herrin«. Auf einer Tafel aus Ur, die etwa aus dem Jahre 2000 v. Chr. stammt, wird sie mit dem Namen Lillake angesprochen.[1]

Die hebräische Tradition sagte, Adam habe Lilith deswegen geheiratet, weil er es müde wurde, sich mit Tieren zu paaren. Die Sodomie war, obwohl das Alte Testament sie als Sünde einstufte (Deuteronomium 27,21), unter den Hirten des Mittleren Ostens eine gebräuchliche Sitte. Adam versuchte, Lilith dazu zu zwingen, in der »Missionarsstellung«, die von männlich beherrschten Gesellschaften bevorzugt wird, unter ihm zu liegen. Die Moslems bestanden so hartnäckig auf dieser sexuellen Stellung, die den Mann zum Überlegenen macht, daß sie sagten: »Verflucht sei der Mann, der die Frau zum Himmel und sich selbst zur Erde macht.«[2] Katholische Autoritäten sagten, jede andere sexuelle Stellung als die der männlich-überlegenen sei Sünde.[3] Aber Lilith war weder Moslemin noch Katholikin. Sie verhöhnte Adams sexuelle Grobheit, verfluchte ihn, floh und ließ sich am Roten Meer nieder.

Gott sandte Engel aus, um Lilith zurückzuholen. Sie aber verfluchte auch diese, mißachtete Gottes Befehl und verbrachte ihre Zeit damit, sich mit »Dämonen« zu paaren (mit denen ihr die Liebe offensichtlich mehr Spaß machte) und täglich hundert Kinder zu gebären. So sah Gott sich gezwungen, Eva als einen zahmeren Ersatz für Lilith zu erschaffen.

Liliths Fruchtbarkeit und sexuelle Vorlieben zeigen, daß sie die Große Mutter seßhafter, Ackerbau treibender Stämme war, die sich den durch Adam repräsentierten Invasionen nomadischer Hirten widersetzten. Die frühen Hebräer lehnten die Große Mutter ab, weil sie das Blut des Hirten Abel getrunken hatte, nachdem dieser von Kain, dem älteren Gott des Ackerbaus und der Schmiedekunst, erschlagen worden war (Genesis 4, 11). Das Rote Meer der Lilith war eine Variante des Blutozeans der Kali Ma, aus dem alle Dinge geboren wurden. Dieser Ozean mußte jedoch regelmäßig durch Opfer aufgefüllt werden.

Vielleicht gab es eine Verbindung zwischen Lilith und der etruskischen Göttin Leinth, die kein Gesicht hatte und zusammen mit Eita und Persipnei (Hades und Persephone) am Tor zur Unterwelt wartete, um die Seelen der Toten zu empfangen.[4] Das Tor zur Unterwelt war eine **Yoni** oder auch eine Lilie, die »kein Gesicht« hatte. Der Einlaß in die Unterwelt wurde in der Mythologie oft als sexuelle Vereinigung betrachtet. Die Lilie oder *lilu* (Lotos) war die Blumenyoni der großen Mutter, deren Titel Liliths Namen bildete.

Die Geschichte von Lilith verschwand aus der kanonischen Bibel, aber ihre Töchter, die *lilim*, verfolgten Männer mehr als tausend Jahre lang. Bis weit in das Mittelalter hinein stellten die Juden noch Amulette her, um die *lilim*, lüsterne Dämoninnen, fernzuhalten, die sich gern mit Männern in deren Träumen paarten und so nächtliche Samenergüsse hervorriefen.[5] Natürlich hockten die *lilim* auf ihren Opfern in der Stellung, die in den antiken Matriarchaten bevorzugt wurde.

Die GriechInnen übernahmen die *lilim* und nannten sie Lamiae, Empusae (Gewalteindringlinge) oder Töchter der Hekate. Auch die Christen übernahmen sie und nannten sie Höllenhuren oder Succubi, das weibliche Gegenstück zu den Incubi. Enthaltsame Mönche versuchten, sie dadurch abzuwehren, daß sie im Schlaf ihre Hände, die ein Kruzifix umklammerten, über ihren Genitalien gekreuzt hielten. Es hieß, daß Lilith jedesmal lachte, wenn ein frommer Christ einen feuchten Traum hatte. Selbst wenn ein Junge im Schlaf lachte, so sagten die Leute, Lilith streichele ihn. Um Jungen im Babyalter vor ihr zu schützen, zog man Kreidekreise um ihre Wiegen, in denen die Namen der drei Engel standen, die Gott ausgesandt hatte, um Lilith zu Adam zurückzubringen; und das, obwohl sich diese Engel als unfähig erwiesen hatten, mit Lilith fertig zu werden. Einige Leute sagten, Männer und Babys dürften nicht allein zu Hause bleiben, denn sonst könnte Lilith sich ihrer bemächtigen.[6]

Nachthexe war ein weiterer üblicher Name für die Töchter der Lilith. Dieser Name beinhaltete nicht, daß sie häßlich waren. Im Gegenteil, sie sollen sehr schön gewesen sein.[7] Wie von ihren Brüdern, den Incubi, nahm man von ihnen an, sie wären so kundig in der Liebe, daß ein Mann nach einer Erfahrung mit einer Nachthexe nicht länger durch die Liebe einer sterblichen Frau befriedigt werden könne.

1. Graves & Patai, 68. 2. Edwardes, 157. 3. Graves & Patai, 67. 4. Hays, 183.
5. Graves, G. M., 55.1 6. Cavendish, P. E., 99. 7. Scot, 512.

Lingam

»Penis«. Hinduistisches Symbol für jeden Gott, am häufigsten für Shiva. Die Lingam-Yoni (die Vereinigung des männlichen und weiblichen Genitals) ist immer noch das erhabenste Symbol des Lebensprinzips.[1] Seine sprachliche Entsprechung ist das Juwel im Lotos.

Manchmal wurde der Lingam durch eine phallische Säule in der *cella* oder dem Allerheiligsten dargestellt, dem Herzstück des Tempels, das die Göttin repräsentierte und »Schoß« (*garbha-grha*) genannt wurde.[2] Shiva trug den Namen Sthanu, »Säule«, und er wurde aus einer Lingam-Säule emporwachsend dargestellt, mit seinem »Juwel« oder dem phallischen Auge mitten auf der Stirn. So wurde die Verwandlung des Lingams in eine männliche Gestalt veranschaulicht.[3]

Nach hinduistischer Sitte wurden Bräute durch Shivas geschnitzten Penis im Tempel entjungfert, damit ihre Erstgeborenen gottgezeugt wären (siehe **Erstgeborener**). Durch die gleiche Lingam-Zeremonie wurden die Tempeldienerinnen zu »Bräuten Gottes« gemacht. Dies war in der Antike auch im Mittleren Osten, in Griechenland und Rom üblich.[4] Außer diesen lebensgroßen Exemplaren gab es riesige Säulen, die häufig zum Gegenstand von Pilgerfahrten wurden. In der Umgebung von Shivas Lingam sollen sich viele Wunder ereignet haben.[5]

1. Rawson, A.T., 51. 2. Zimmer, 127. 3. O' Flaherty, 195.
4. Rawson, E. A., 29, 88. 5. *Mahanirvanatantra*, 335.

Linke Hand

Das englische Wort *sinister* (von lat. *sinister*, »links«) erhielt zunehmend die Bedeutung diabolisch, hexenartig. Dahingegen bedeutet *dexterous*, abgeleitet von lat. *dexter*, »rechts«, so viel wie geschickt oder klug. Die wörtliche Übersetzung des Wortes ambidexter lautet »zwei rechte Hände«. Mit »Rechtseitigkeit« verbinden wir Rechtschaffenheit, Gerechtigkeit, Rechtsprechung, Richtigkeit, gute, rechte Hand sowie *adroitness* (engl. Geschicklichkeit aus dem Französischen *à droite*, »nach rechts«). Das französische Wort *gauche* (links), schlaksig und linkisch, steht im Englischen für die Ableitungen *gawk, gawky*, was Tölpel, tölpelhaft bedeutet. Das italienische *mancino*, »links«, bedeutet betrügerisch, das deutsche Wort *link* falsch, gemein, pervers; das angelsächsische *lyft* schwach oder wertlos. Das böse Auge soll das linke gewesen sein.[1] Für die Brahmanen war Linkshändigkeit unvereinbar mit Wohlanständigkeit.[2] Jüdische Mystiker sagten, Gottes linke Hand sei die Hand, die zerstöre. Der Todesgott Satanael oder Sammael personifiziert Gottes linke Seite.[3] Das Evangelium des Nikodemus besagte, daß der Dieb, der rechts von Jesus gekreuzigt wurde, das Königreich des Himmels erhalte, der Dieb jedoch, der links von Jesus gekreuzigt wurde, verdammt sei.[4] Noch heute sind viele Menschen fest davon überzeugt, daß es Glück bringt, den Neumond über die rechte Schulter hinweg zu betrachten, hingegen Unheil, ihn über die linke Schulter hinweg anzuschauen.[5]

Sagan meint: »Die Assoziationen, die die Worte ›rechts‹ und ›links‹ weltweit hervorrufen, zeugen von einem bitteren Konflikt in der Frühgeschichte der Menschheit. Was vermochte wohl solch mächtige Emotionen hervorzurufen?«[6]

Was anderes als der Kampf der Geschlechter?

Alle Mythen stimmen darin überein, daß die rechte Seite die männliche, die linke Seite die weibliche sei. Alle Darstellungen androgyner Gottheiten folgten dieser Anordnung. Ein typisches Beispiel war die hinduistische, bisexuelle Gottheit Bhava, »Das Sein«, mit einer weiblichen linken Seite und einer männlichen rechten Seite. Diese Darstellung sollte die »Einheit des Menschen mit der Natur« zum Ausdruck bringen und zeigen, daß alles Sein aus zwei Geschlechtern besteht. Androgyne Symbole von Kali und Shiva wiesen die gleiche Anordnung auf.[7]

Die griechischen Pelopiden tätowierten sich zu Ehren der mütterlichen Vorfahren ein weibliches Symbol auf die linke Schulter und zu Ehren der väterlichen Vorfahren ein männliches Symbol auf die rechte Schulter. Die ÄgypterInnen sagten, die linke Hand repräsentiere die Göttin Maat, die rechte Hand ihren Gatten Thot. Die BabylonierInnen beteten: »Laß meine Göttin zu meiner Linken stehen! Laß meinen Gott auf meiner rechten Seite stehen!«[8]

Pelopiden Stämme, die den Anspruch erheben, von Pelops, einem legendären, heiligen König, abzustammen, der geopfert, teilweise verschlungen und von Mutter Demeter wieder ins Leben zurückgerufen wurde; BewohnerInnen der Peloponnes.

Die Juden glaubten, daß der Samen, mit dem weibliche Kinder gezeugt würden, dem linken Hoden des Vaters entstamme, der Samen für männliche Kinder dem rechten Hoden.[9] Dieser alte Glaube hat sich unter Christen bis in die heutige Zeit gehalten. 1891 hieß es in einem Buch mit dem Titel *Essentials of Conception*, ein Mann könne »dadurch, daß er um den nicht erforderlichen Hoden ein elastisches Band wickelt, bestimmen, ob er ein männliches oder weibliches Kind zeugen will. Samen aus dem rechten Hoden erzeugt männliche Kinder, Samen aus dem linken Hoden hingegen weibliche Kinder«.[10]

Einigen rabbinischen Traditionen zufolge war Gottes linke Hand weiblich. Vielleicht lag hier der Grund dafür, daß die Patriarchen es für notwendig hielten, »die linke Hand nicht wissen« zu lassen, »was die rechte tut« (Matthäus 6, 3). Und so lehrten die Rabbis: »Des Weisen Herz ist zu seiner Rechten, aber des Toren Herz ist zu seiner Linken« (Prediger 10, 2). Matriarchalische Gesellschaften glaubten, das Menstruationsblut, welches ein Kind im Schoß der Mutter entstehen lasse, sei das Blut ihres Herzens, das auf der linken Körperseite erzeugt werde; aber die Patriarchen verrückten das Herz auf die rechte Seite.

In gewisser Hinsicht hat die moderne Forschung eine physiologische Basis für die metaphorische Gleichsetzung von links gleich weiblich und rechts gleich männlich gefunden. Die linke Gehirnhälfte, welche die rechte Körperseite kontrolliert, soll für logisches Denken zuständig sein und sensorische Energien, die der Problemlösung im Wege stehen könnten, unterdrücken. Die rechte Gehirnhälfte, welche die linke Körperseite kontrolliert, wird der intuitive, kreative oder imaginative Teil des Gehirns genannt. Dieser Teil soll das sensiblere Bewußtsein und Reagieren erzeugen, welches sich in Gefühlen, Einfühlungsvermögen, Fantasie, Kunst, visuellen Bildern und der Inspiration manifestiert. Viele dieser Eigenschaften wurden von patriarchalischen Denkern als unverständliche »weibliche Intuition« abgetan.[11] Dies ist eine grobe Vereinfachung, denn in beiden Geschlechtern arbeiten beide Gehirnhälften zusammen, und ihre Funktionen sind nicht säuberlich trennbar. Eine Gehirnhälfte könnte wohl kaum ohne die andere existieren.

Indien schätzte intuitives Denken ein wenig höher ein als logisches Denken und erkannte zwei Wege der religiösen Offenbarung an: den männlichen, sonnenzugewandten, asketischen »Weg zu den Göttern«, bekannt als Weg der rechten Hand, und den weiblichen, dem Mond zugerichteten, sinnlichen Weg der Göttin, bekannt als Vama Marg oder Weg der linken Hand – wörtlich der Weibliche Weg.[12] Für die tantrischen Yogis war die linke Körperseite der Sitz der »weiblichen Seele« oder *shakti*, mit der jeder Mensch nach seinem Tode vereint wurde. Als Zeichen der Ehrerbietung für die ihnen innewohnende weibliche Seele betraten die Yogis eine Andachtsstätte stets mit dem linken Fuß voraus.[13]

Heidnische Gebräuche, die in der »Hexerei« ihren Ausdruck fanden, bewahrten in Europa die Tugenden der Linksseitigkeit gegen die vorherrschende patriarchalische Meinung. Hexen sagten, daß ein Jucken oder Brennen des linken Ohres Freude in der nahen Zukunft bedeute, die gleichen Empfindungen am rechten Ohr hingegen Leid.[14] Hexen tanzten links im Kreis herum, gegen den Uhrzeigersinn, dem Mond zugewandt oder »widdershins« (verkehrtherum), wie es in vielen Volkstänzen immer noch üblich ist. Sie folgten so der retrograden Bewegung des Mondes anstatt der sich im Uhrzeigersinn drehenden Sonne. Die mittelalterliche Kirche bezeichnete das Tanzen, Drehen oder Schreiten gegen den Uhrzeigersinn als Ketzerei. Während der Jahrhunderte der Verfolgung starben unzählige Menschen für das Widdershins-Tanzen auf dem Scheiterhaufen, besonders wenn sie mit dem Rücken zur Kreismitte getanzt hatten. Das Rücken-an-Rücken-Tanzen wurde offensichtlich als anstößig betrachtet, jedoch häufig praktiziert.[15]

Die HeidInnen bevorzugten eindeutig die **Widdershins**-Richtung. Von den vorchristlichen Königen Skandinaviens wurde erwartet, daß sie magische Schutzkreise um ihre Städte zogen, indem sie diese im Gegenuhrzeigersinn umkreisten. Das irische, druidische Recht bestand auf der gleichen, nach links gerichteten Bewegung um den heiligen Omphalos in Tara herum, das Heiligtum der Mutter Erde: »Du sollst nicht nach rechts um Tara herumgehen.«[16] Auch die Sufis des mittleren Ostens umkreisten unter dem Einfluß des Tantrismus ihre Heiligtümer gegen den Uhrzeigersinn.[17]

Die Christen verkehrten diese Bräuche in ihr Gegenteil, wie der Weissagungszauber am Brunnen des Heiligen Andreas auf der Insel Lewis zeigt. Kranke Pilger sollten dort eine hölzerne Schale auf dem Wasser treiben lassen. Wendete sich die Schale der Sonne zu, so wußte der Patient, daß er gesund werden würde; wendete sich die Schale dem Mond zu, würde er sterben müssen.[18]

Hexen sollen sich mit der linken Hand bekreuzigt haben; ein weiterer Beweis ihrer Ketzerei. Das im graphischen Symbolismus dargestellte linkshändige Kreuz war die orientalische Mond-Swastika, deren Balken nach links gerichtet waren. Sie war ein Emblem der Kali und der Sonnen-Swastika, dem Emblem männlicher Götter, entgegengesetzt.[19] (Siehe **Swastika**.)

Der schottische Verlobungsritus stammte von einem heidnisch-orientalischen Hochzeitsbrauch her, in dem das Unendlichkeitszeichen, dargestellt durch eine liegende Acht, eine Rolle spielt. Für die tantrischen Yogis repräsentierte dieses Zeichen die Einheit von Kali und Shiva. Das Paar gab sich zuerst die rechte Hand, um seine »männlichen« Seelenanteile zu vereinen, dann die linke Hand, um die »weiblichen« Seelenanteile zu vereinen, und bildete so, mit übereinander gekreuzten Armen, das Unendlichkeitszeichen[20], das noch heute in der Mathematik benutzt wird; das Händeschütteln erfolgte jedoch bezeichnenderweise ausschließlich mit der rechten Hand.

Ein weiteres tantrisches Zeichen der Einheit von Mann und Frau war das Gegeneinanderlegen der Handflächen mit nach oben gerichteten Fingern. Dies bedeutete die Verschmelzung zweier Körper zu einem. Bei den InderInnen ist dieser Brauch auch heute noch eine Geste des sich Begrüßens und Segnens. Als sich im 12. und 13. Jahrhundert religiöse Gebräuche der Hindus in Europa ausbreiteten, wurde diese Geste von katharischen Häretikern als *manibus junctis* (Händezusammenlegen) übernommen. Auch die orthodoxe Kirche machte sich in späteren Jahren diesen Brauch zu eigen.[21] Heute ist das Händezusammenlegen in Ost und West die übliche Geste des Betens.

Klassische Traditionen fügten diesen Vorstellungen von rechts gleich männlich und links gleich weiblich noch weitere Bilder hinzu. Als die Göttin Leto die Sonne und den Mond (Apollon und Athene) gebar, hielt sie in ihrer rechten Hand eine männliche Palme und in ihrer linken Hand einen weiblichen Olivenbaum.[22] Als die Göttin Rhea Zeus gebar, legte sie ihre Hände auf die Erde, um ihrem linken Händeabdruck fünf weibliche Geister und ihrem rechten Händeabdruck fünf männliche Geister entspringen zu lassen (siehe **Finger**). Die matriarchalische Magie der Medusa wurde in folgendem Mythos versinnbildlicht: Durch Blut aus ihrer linken Seite konnten Tote wiedergeboren werden; Blut aus ihrer rechten Seite vernichtete den menschlichen Körper auf der Stelle.[23] Noch die RömerInnen glaubten an die guten Eigenschaften der linken Seite. Plutarch sagte, es sei ein gutes Omen, z. B. einen fliegenden Adler auf seiner linken Seite zu sehen, ein schlechtes Omen, ein solches Zeichen rechts zu sehen.[24]

Männer steckten die Eheringe an die linke Hand der Frauen, um ihre magische Kraft zu fesseln und ihre Herzen in Besitz zu nehmen. Von uralten Zeiten her glaubten Männer, daß ein Blutgefäß oder eine Ader direkt vom Herzen der Frau in den vierten Finger ihrer linken Hand laufe. Dieser Glaube hielt sich erstaunlich lange. Noch im Jahre 1658 wurde er von Lemnius erwähnt.[25]

Dem Wappensymbolismus zufolge bedeutete der Schräglinksbalken, ein nach links verlaufender Streifen, Unehelichkeit oder das Fehlen eines Vaters. So war ein Krieger, der den Schräglinksbalken auf seinem Schild trug, entsprechend der Sitte heidnisch-matriarchalischer Stämme allein der Sohn seiner Mutter. Vaterlosigkeit wurde erst als Schande betrachtet, als das Christentum in ganz Europa das patriarchale Familiensystem errichtet hatte.

Mit dem Symbolismus der rechten und linken Hände war der Symbolismus von Ost und West verbunden. Rom begründete durch eine Nord-Südlinie und eine Ost-Westlinie die vier Kardinalpunkte, die *decumanus*. Die östliche Hälfte war *familiaris*, die Sphäre guter Omen und der Sonne. Die westliche Hälfte war *hostilis*, die Sphäre schlechter Omen und des Mondes.[26] Seit es gebräuchlich war, den »Fixpunkt« der Himmel, den nördlichen Himmelspol, als Orientierungspunkt für Gebäude und Städte zu nutzen, wies die linke Hand nach Westen und die rechte Hand nach Osten. Diesem Schema folgen heute noch unsere Landkarten. Im Westen lag das Mondland, die Heimat der toten AhnInnen, die in China, Griechenland, Ägypten und bei den KeltInnen die Westlinge genannt wurden.[27] Bis ins Steinzeitalter zurück wurden die Toten mit dem Gesicht nach Westen begraben. »Nach Westen gehen« war schon immer ein Synonym für »sterben«. Der Tod bedeutete eine Reise zum westlichen Tor der Mutter. Die AztekInnen nannten den Westen den »Ort der Frauen«, an dem die menschlichen Wesen einst aus dem genitalen Loch der Mutter Erde, in das alle Toten zurückkehren müssen, herausgekrochen waren.[28]

Borsippa
Alte Schwesterstadt von Babylon, ungefähr 15 Meilen südwestlich gelegen; bekannt als Birs Nimrud. Borsippa hatte seine Blütezeit im 7. und 6. Jahrhundert v. Chr. Die Stadt wurde im 5. Jahrhundert von Xerxes I. zerstört und im 3. Jahrhundert von Antiochus I. teilweise wiederaufgebaut.

Der Osten andererseits (im wahrsten Sinne des Wortes) war der Ort des männlichen Sonnengottes, der jeden Morgen mit der Formel »Er ist aufgegangen« begrüßt wurde. Der östliche Sonnentempel von Borsippa war als Tempel der Rechten Hand bekannt.[29] In Alexandria verlief die Hauptallee vom Tor der Sonne im Osten zum Tor des Mondes im Westen.[30] Die östliche *abt* eines ägyptischen Tempels war die Geburtsstätte des Sonnengottes Re; der Westen war der Ort seines Sterbens.[31] Dies war sicherlich der Ursprung der östlichen *Apsis* in christlichen

Kirchen, die genau wie die ägyptische *abt* nach Osten, der Geburtsstätte der Sonne, »gerichtet« war.

Die Christen lehrten, der Westen sei die natürliche Heimat der »Dämonen«. Der Bruce-Papyrus beschrieb, wie Jesus seinen Jüngern die magischen Worte enthüllte, mit denen die bösen Archonten gezwungen wurden, »nach Westen zu fliehen, zur linken Hand«[32] Wenn die griechische Kirche Bekehrte taufte, so »richteten sie ihr Gesicht zuerst nach Westen, um dem Teufel zu entsagen, und dann nach Osten, um ihren Bund mit Jesus zu schließen«.[33] Als Jan Hus im Jahre 1415 in Konstanz wegen Ketzerei verbrannt wurde, wurde er zuerst so an den Pfahl gebunden, daß er nach Osten schaute; aber der Irrtum wurde beizeiten bemerkt, und Hus wurde so gedreht, daß er nach Westen schaute, also in die Richtung, die »einem Ketzer anstand«.[34]

Manche Menschen halten auch heute noch an dem männlich-weiblichen Symbolismus von Ost und West fest. Das Pech, das dem Menschen durch das Verschütten von Salz (Symbol des Blutes) widerfahren wird, kann dadurch abgewendet werden, daß dieses Salz über die linke Schulter geworfen und das Pech somit an die Teufel weitergeleitet wird.[35]

Zigeuner glaubten, sie könnten ein Pferd vom Streunen abhalten, wenn sie sein rechtes Vorderhuf mit einem männlichen Kreuz und das linke Vorderhuf mit einem weiblichen Ring kennzeichneten.[36] Dahinter steckte der Gedanke, die sexuellen Symbole würden einander anziehen und die Füße des Pferdes so fest aneinanderbinden wie eine Fußfessel.

Für Herrscher ist es immer noch üblich, das »phallische« Zepter in der rechten, den »yonischen« Reichsapfel in der linken Hand zu halten. Dieser Brauch geht auf die symbolische Darstellung des **Hieros Gamos** zwischen dem König und der Göttin seines Landes zurück. Die ursprüngliche Bedeutung war die, daß der Herrscher männliche und weibliche Prinzipien vereinte, aber diese Bedeutung ging verloren, und es blieben nur die Symbole.

1. Elsworthy, 138. 2. O'Flaherty, 147. 3. Cavendish, P. E., 259. 4. Jacobus d.V., 208. 5. Hazlitt, 417. 6. Sagan, 185. 7. O'Flaherty, 148; Knight, S. L., 33; *Larousse*, 371. 8. *Assyr. & Bab. Lit.*, 420. 9. G. R. Scott, 142f. 10. Pearsall, W. B., 240. 11. Sheehy, 290f. 12. Campbell, Or. M., 202f; Woodroffe, 164. 13. *Mahanirvanatantra*, 72. 14. Lys, 162. 15. Robbins, 209, 421. 16. Pepper & Wilcock, 258. 17. Shah, 382. 18. Hazlitt, 8. 19. Lys, 452f. 20. Lys, 168f. 21. J. B. Russel, 222. 22. Elsworthy, 100. 23. Graves, G. M., 50.e, 53.a. 24. Scot, 163. 25. Hazlitt, 2. 26. Lindsay, O. A., 19. 27. H. Smith, 39. 28. Neumann, G. M., 184. 29. d'Alviella, 27. 30. Camp, A. E., 130. 31. Budge, E. L., 94. 32. Legge 2, 195. 33. Hazlitt, 66. 34. Lea, 248. 35. Budge, A.T., 323. 36. Bowness, 41.

Bruce-Papyrus
Gnostisches Manuskript des 2. Jahrhunderts, das in den vierziger Jahren dieses Jahrhunderts bei Nag Hammadi im Oberen Ägypten gefunden wurde.

Archonten
Gnostischer Begriff für gute und schlechte Engel, besonders in ihrer Eigenschaft als weltschaffende und weltregierende Geister, die die Phänomene der Sterne, des Himmels, des Wetters usw. kontrollierten.

Jan Hus
(ca. 1370–1415) Religiöser Reformator aus Böhmen. Gründer der Sekte der Hussiten, die die kirchliche Verweltlichung und die Doktrin von der **Transsubstantiation** ablehnten. Als Hus seine Ansichten vor dem Kirchenrat verteidigen wollte, wurde ihm sicheres Geleit versprochen. Dieses Versprechen wurde jedoch gebrochen, und Hus wurde zum Ketzer erklärt, festgenommen und verbrannt.

Logos

Griechisch »Wort«, eine Schöpfungstheorie, die vom Tantrismus über die neuplatonische Philosophie ins Christentum überging. Diese Theorie besagte, daß eine Gottheit durch die Macht magischer Worte alles erschaffen könne: andere Gottheiten, Welten, Kreaturen. Wurde der Name ausgesprochen, so nahmen die Dinge Gestalt an. Der Logos war also die göttliche Essenz, die in einem Wort zusammengefaßt war und Gestalt annahm, so wie Jesus »das Fleisch gewordene Wort« genannt wurde. Das Evangelium des Johannes verlieh dem Logos ewiges Dasein: »Im Anfang war das Wort, und das Wort war bei Gott, und Gott war das Wort« (Johannes 1, 1).

Jüdisch-christliche Denker definierten den Logos auf so vielfältige Weise, daß er praktisch bedeutungslos wurde und den Status eines »tiefen Geheimnisses« erhielt. Der Logos war Christus oder die Weisheit Jahwehs, ein Erzengel, die Wahrheit, der Hohe Priester, das Gesetz, der Bund, die Heilige Schrift, Mose, die Schöpfungsmacht, die Seele der Welt, die Sonne usw.[1] Orphische, pythagoräische und neuplatonische Philosophen wurden mit ihrer Lehre vom Logos von ihren christlichen Schülern, die vergeblich mit der scharfsinnigen Semantik der heidnischen Philosophen kämpften, nicht sonderlich gut begriffen.

Für die HeidInnen war das »zu Fleisch gewordene Wort« gewöhnlich **Hermes**. Er repräsentierte den *Logos spermatikos*, das befruchtende Wort, das aus dem Mund des Zeus hervorging und durch die Macht seines Stellvertreters auf Erden alle Dinge erzeugte.[2] Der Corpus Hermeticum pries seinen Wortträger so: »Geheiligt seist du, der du durch das Wort alles Lebendige erschaffen hast! Geheiligt seist du, von dem die ganze Natur ein Abbild ist«. In seiner *Apologia* versuchte Justin Martyr ernsthaft, die Attribute des Hermes-das-Wort auf Jesus zu übertragen. Er begründete dies mit Jesu »Weisheit« und behauptete, daß Jesus als die Sonne, der Bote und das Wort Gottes ein Ebenbild des Hermes sei.[3]

Ein Grund der männlichen Begeisterung für die Lehre vom Logos lag darin, daß diese Lehre den männlichen Gottheiten eine Schöpfungsmethode zur Verfügung stellte, was früher das ausschließliche Vorrecht der lebensspendenden Göttinnen gewesen war. Hermes-der-Logos wurde zu Hermes-dem-Schöpfer, der die magische weibliche Macht ausübte, die er aus dem Leben in androgyner Vereinigung mit Mutter Aphrodite gewann. *Das vollkommene Wort* bezeichnete Hermes nicht nur als das Lebenslicht der Menschen, sondern auch als »den fruchtbaren Schoß aller«.[4]

Das vollkommene Wort
Aus dem dritten Jahrhundert stammender griechischer Text hermetischer Offenbarungsliteratur; von Reitzenstein im Mimaut-Papyrus entdeckt.

Auf ähnliche Weise beherrschte Thot, die ägyptische Version des Hermes, die Worte der Macht und legte sich die Attribute der Göttin **Maat** zu, »deren Wort die Weisheit ist«. Sie wurde manchmal seine Gemahlin genannt. Die Priester aus Thots heiliger Stadt, die von den GriechInnen Hermopolis genannt wurde, sagten, Thot sei der universale Schöpfer, der das Wort der Schöpfung, *met*, gesprochen und »die ersten Götter« geboren habe.[5]

Met
Ein auf Maat bezogenes Stammwort; griechisch *metis*, Sanskrit *medha*, »weibliche Weisheit«.[6]

Die ältesten orientalischen Vatergötter, von Männern erdacht, denen die Physiologie der Befruchtung unklar war, »gebaren« anfänglich durch die Rede. In Sanskrit war das Wort für eine durch den Vater oder durch Brahma geborenen Seele *atman*, »Luft« oder »Atem«, verwandt mit dem deutschen *atmen* und dem griechischen *atmos*, »Luft«. Immer noch machen brahmanische Väter ihren Anspruch auf ein Kind dadurch geltend, daß sie ihm dessen Seelennamen dreimal in das Gesicht atmen und ihm so »die Seele in den Körper einhauchen«.[7]

Auch der biblische Jahweh behauptete, durch die Kraft seines Atems oder »Windes«, den er dazu verwendete, die trockenen Knochen der Toten zu beleben, könne er Leben erzeugen. »Siehe, ich will Odem in euch bringen, daß ihr wieder lebendig werdet« (Ezechiel 37, 5). Diese Episode wurde wahrscheinlich aus dem babylonischen *Enuma elish* übernommen. Hier verschaffte sich Marduk sein Anrecht auf ein Königtum unter den Göttern, indem er zeigte, daß er durch die Kraft seines Wortes zerstören und neu erschaffen könne.[8]

Obwohl männliche Götter die Vorstellung vom Logos populär machten, besaßen ursprünglich die Göttinnen die Fähigkeit, durch die Kraft des Wortes zu zerstören und neu zu erschaffen. Sie schufen Sprachen, Alphabete und die geheimen Mantras, Worte der Macht, die, im Ägyptischen *hekau* genannt, Schöpfungen der Hekate (Maat) waren. Jede Manifestation des Lebens wurde durch die große Göttin Kali mit ihrem Wort **Om**, einer Beschwörung ihres eigenen »schwangeren Bauches«, erschaffen. Dies war der ursprüngliche Logos, »die höchste Silbe, die Mutter aller Laute«.[10] In der Göttin Vac (*Voice*, Stimme), die mit Himmelswassern im Wipfel des kosmischen Baumes erzeugt wurde, erfuhr Kalis schöpferische Stimme ihre eigene Personifikation.[13] Kali brachte den Gott hervor, der sich selbst All-Vater nannte, sowie alles im Universum Existierende.[14] Im griechischen Mythos tauchte sie als geisterhafte Stimme wieder auf; als die Nymphe Echo, die den Blumengott Narziß ins Verhängnis stürzte, indem sie seine Seele in ihren Wasserspiegel einschloß. Im Arabischen wurde ihr *Om* zu *Umm*, was Mutter, Matrix, Quelle, Prinzip oder Prototyp bedeutete: der Logos der Sufis.[15]

Unter den ältesten mesopotamischen Texten finden sich Geschichten von Göttern, die »das Wort« repräsentieren. In dem *Gilgamesh-Epos* war Enlil, der Gott der »Luft« und des »Atems«, auch ein Logos: »Der Geist des Wortes ist Enlil, der Geist des Herzens von Anu (Himmel)«. Enlil verkörperte »das Wort, das die Himmel droben besänftigt«.[9]

Om war ein bekannter Laut. Die KeltInnen nannten ihre Mondmutter Omh, »Sie, die ist«. Die Schebans nannten ihren Mondtempel bei Marib *Aun* den Bauch der Welt. Die LydierInnen siedelten den gleichen Bauch der Welt in ihrem eigenen Land als einen *omphalos* oder Nabelstein an, den Nabel des Universums, »zu Fleisch geworden« in Omphale, ihrer Göttin und Königin. Dies war kein ausschließlich lydischer Brauch; jeder griechische Tempel barg einen *omphalos.*

Om war Alpha, der Buchstabe der Schöpfung, der nochmals als der letzte Buchstabe der Zerstörung, als Omega, wörtlich »großes Om«, wiederholt wurde. Seine griechische Form, die auf dem hinduistischen Symbol des yonischen Tores basiert, ist ein Hufeisen. Als der biblische Prophet erklärte: »Ich bin das A und das O, spricht Gott der Herr, der da ist und der da war und der da kommt, der Allmächtige« (Offenbarung 1, 8), benutzte er Worte, die er aus dem Tempel der großen Mutter bei Sais übernommen hatte, wo sie viele Jahre, bevor die Bibel entstand, in Stein gehauen wurden.[16]

Die fünfzig Buchstaben von Kalis Sanskrit-Alphabet waren *matrika*, »Mütter«. Hinduistische Schriften besagten: »So wie die Mutter Leben gibt, so geht aus den *matrika* oder Lauten die Welt hervor.«[11] Das *Om* war die *mantramatrika*, die Mutter der Mantras. Und diese heiligen Worte, gesprochen von Kali, erschufen und zerstörten alles, einschließlich aller Götter.[12]

Die Vorstellung vom Logos war praktisch identisch mit der orientalischen Vorstellung von der Überseele, die eine Essenz der Großen Mutter gewesen war, aber zur Essenz des Großen Vaters oder seines Sohnes, des Erlösers, umdefiniert wurde. Origenes sagte: »So wie unser Körper, der aus menschlichen Gliedern besteht, von einer Seele zusammengehalten wird, muß man sich auch das Universum als ein riesiges Lebewesen vorstellen, das von einer Seele zusammengehalten wird, der Kraft des Logos.«[17] Christus war nur einer von vielen Anwärtern auf den Titel des Logos. Vor ihm wurde Attis als Logos, »der das Universum zusammenhält«, gepriesen.[18] Aber vor ihnen allen war die Große Mutter: »Die höchste Shakti hat sowohl die Form des Samens als auch des

Keims der offenbarten Vereinigung von Shiva und Shakti; Zarteste der Zarten. Sie ist gegenwärtig in allem, was zwischen dem ersten und dem letzten Buchstaben des Alphabets liegt, welches die ursprünglichen Stammformen enthält, aus denen die Namen alles in der Welt Existierenden zusammengesetzt sind.«[19]

Die christliche Vorstellung, daß Christus Gottes »Fleisch gewordenes Wort« sei, war eine Vorstellung, die in der gesamten heidnischen Welt der Antike geläufig war. Jeder König war buchstäblich Gott, der sich im Fleisch offenbarte, gleichgültig ob er ein wirklicher Herrscher oder ein als heilig verehrter Ersatzherrscher war. Normalerweise wurde er Erlöser genannt und von Gott mit einer Tempeljungfrau gezeugt. Er wurde auserwählt und eingesetzt durch heilige Worte und Seelennamen. Antiochos von Syrien zum Beispiel erhielt den heiligen Beinamen Epiphanes, »Der sich (im Fleisch) offenbarende Gott«.[20]

Jedoch nicht einmal die Christen schafften es, den Logos von all seinen ursprünglichen weiblichen Konnotationen zu reinigen. Clemens von Alexandria entstellte den Symbolismus des Logos bis zur Absurdität, als er versuchte, ihn mit Elternschaft in Verbindung zu bringen: »Das Wort bedeutet dem Kind alles, Vater und Mutter, Lehrer wie Amme ... Die Nahrung ist die Milch des Vaters ... und das Wort nur versorgt uns Kinder mit der Milch der Liebe ... Aus diesem Grund heißt suchen saugen; für die Kinder, die das Wort suchen, spenden des Vaters liebende Brüste Milch.«[21]

Diese Vorstellungen erwuchsen aus dem antiken Glauben, daß eine Mutter ihrem Kind den Seelennamen mit der ersten Muttermilch gebe, denn sie flüsterte hierbei ein Wort, das fortan das Kind definierte und personifizierte. Im Alten Testament wurden Kinder nach ihren Müttern, niemals nach ihren Vätern benannt.[22] Aus diesem Grund wurde mit einer universalen Elterngestalt die Erwartung verknüpft, daß diese der gesamten Schöpfung sowohl Seelennamen als auch die universale Muttermilch gäbe.

Vom Nahrungsspender kam gleichzeitig auch das Gesetz (das englische *law* ist von dem gleichen Stammwort abgeleitet, das auch dem Logos zugrunde liegt). Der Oberste Priester des isländischen *althing*, des höchsten Verwaltungsgremiums der Stämme, besaß einen Titel, der heutzutage mit Rechtsprecher übersetzt wird. Das ist jedoch nicht die wörtliche Übersetzung des isländischen Wortes *lögsögumathr*, das eigentlich Die-das-Wort-sprechende-Mutter bedeutet.[23]

Die Lehre vom Logos war so weit verbreitet, daß kaum zu erwarten war, daß die Christen sie ignorieren würden. Sie war eine der vielen heidnischen Vorstellungen, welche die Kirche eifrig für sich vereinnahmte. Die Scholastiker des Mittelalters versuchten, durch den Logos den Glauben mit der Vernunft zu versöhnen und bestanden darauf, daß beide identisch sein müßten, da sie die gleiche Wurzel hätten: »... daß zu keiner Zeit mehr als eine Quelle der Wahrheit, der Logos, existiert habe, und daß alles, was in der menschlichen Weisheit irgendeinen Wert besitze – besonders in der griechischen Philosophie – aus dieser einen Quelle fließe. Platon selbst hatte den Ruf, von Mose abgeschrieben zu haben.«[24]

Scholastiker
Philosophische und theologische Denker der »scholastischen« Bewegung des 11. bis 15. Jahrhunderts. Zu ihnen zählen Autoritäten wie Abaelard, Johannes Duns Scotus, Ockham und Albertus Magnus.

Die Scholastiker kannten sich in den antiken *logoi* nicht aus. Das waren heiligen Schriften der Orphiker, die von Platon und anderen Philosophen als eine riesige Literatursammlung erwähnt wurden, die einer richtigen »Bibel« gleichkommen sollten. Diese Schriften wurden in den ersten früh-christlichen Jahrhunderten vollständig vernichtet.[25] Aber es gab christlich-gnostische Schriften, in denen die Schriften der Orphiker, auch nachdem diese zur »Ketzerei« erklärt worden waren, übernommen und die Vorstellung vom Logos auf christliche Lehrinhalte übertragen worden waren. *Das Evangelium der Wahrheit* sagte zum Beispiel: »Als das Wort erschien, das Wort, das in den Herzen derjenigen ist, die Es aussprechen ... Es war nicht nur ein Klang, sondern Es hatte auch Gestalt angenommen.«[26] Die Christen interpretierten solche Versicherungen auf eine ziemlich simple Weise. Sie nahmen an, daß diese Gestalt Christus sei. Doch scharfsinnigere unter den antiken Philosophen glaubten, daß der Mensch, das sprechende Tier, in Wirklichkeit alle seine Götter aus seinem Wort heraus erschaffe.

Das Evangelium der Wahrheit Gnostische Schrift, die mit der frühchristlichen Sekte der Valentinianer, gegründet um 150 n. Chr., in Verbindung gebracht wird.

1. H. Smith, 218. 2. *Encyc. Brit.*, »Logos«. 3. Doane, 375. 4. Angus, 243. 5. *Larousse*, 27f. 6. Budge, E. L., 142. 7. *Mahanirvanatantra*, 236; Hays, 223. 8. Fromm, 164. 9. *Gilgamesh*, 24. 10. *Upanishads*, 53. 11. *Mahanirvanatantra*, cvii. 12. Wilkins, 201. 13. d'Alviella, 162. 14. Briffault 1, 7. 15. Shah, 175. 16. *Larousse*, 37. 17. Shirley, 46. 18. Graves, W. G., 367. 19. Rawson, A. T., 198. 20. Cavendish, P. E., 18. 21. Pagels, 67f. (dt. 113f.). 22. Briffault 1, 372. 23. Branston, 30. 24. Guignebert, 258. 25. Guthrie, 310, 313. 26. Jonas, 76.

Lohengrin

Mittelalterliche Version von Zeus, dem Schwanenkönig, oder dem Schwanenritter Krishna, der von allen Schwanenmädchen im Himmel geliebt wurde (als Schwanenmädchen wurden kleine, über dem Blau schwebende Wolken angesehen). Der heilige Schwan, Ledas Geliebter, wurde in einen Ritter des heiligen Grals umgewandelt. Dieser Ritter machte es sich zur Aufgabe, Frauen zu helfen, die in einem patriarchalischen System um ihre Rechtsansprüche kämpfen mußten. (Siehe **Schwan**.)

Loki

Altnordischer Gott von vielschichtigem Charakter und hohem Alter. Er war vielleicht ein *genius loci*, »Geist eines Ortes«. Sein Name leitet sich eventuell von dem Sanskritnamen *Loka* für einen Geist der sieben himmlischen Sphären ab. Er war eine archaische Form des »Glücks« (derselbe Wortstamm wie das englische *luck*), Schutzengel eines Clans oder einer Familie und oft in einem Fetisch verkörpert.[1] Einer Erzählung zufolge waren Lokis Lippen mit einem Lederriemen zusammengenäht, was nahelegen sollte, daß sein Geist in einem mumifizierten weisen Kopf weile.[2] Solche mumifizierten Köpfe galten auch bei den frühen HebräerInnen als Clangeister und wurden **Teraphim** genannt.[3] Ihr Verlust bedeutete, das »Glück« der Familie zu verlieren.

Loki war manchmal auch **Logi**, »Flamme«, der Feuergott, der mit dem keltischen Lug gleichgesetzt wurde und vermutlich von dem arischen Agni-Shiva abstammte. Agni-Shiva war das Blitzfeuer, das durch die Heirat mit der Göttin des nassen Abgrundes »gelöscht« wurde.

Wie viele der ältesten Götter war Loki androgyn. Er schaffte es sogar, Mutter zu werden. Dies gelang jedoch erst, nachdem er, um die Macht

Tatsächlich war der Gott unter dem Namen Agni »ein früher König Schwedens«, verheiratet mit der Göttin Skialf oder Skadi.[7]

des Gebärens zu erlangen, das Herz einer Frau verschluckt hatte. Aus dem gleichen Grund griff der griechische Zeus zur gleichen weiblichen Magie. Lokis Abkömmling war das achtbeinige Pferd Sleipnir, der Geist des Todes, ein Symbol des Galgenbaums, auf dem Odin ritt.[4]

Loki selbst war auch ein Todesgeist, so wie Shiva der Zerstörer auch oft als Shiva der Zerstörte erschien, nämlich tot unter den Füßen der Greisin Kali liegend, die ihm die Gedärme aus dem Bauch riß und verschlang. Dasselbe passierte Loki, wenn er in regelmäßigen Abständen der Greisin Skaki geopfert wurde.[5] Wie der orientalische Gott kam Loki immer wieder ins Leben zurück. Obwohl die anderen Asen ihn anketteten, so wie der Fenriswolf und der Unruhestifter Prometheus angekettet wurden, war es Lokis unausweichliches Schicksal, sich zu befreien und die letzten Erschütterungen des Jüngsten Gerichts einzuleiten.[6] Der indogermanische Glaube nahm vor dem endgültigen Paradies von Shiva und Shakti das Erscheinen von sieben Lokis an. Daraus läßt sich schließen, daß Loki vor dem endgültigen Tod der Götter sieben Inkarnationen durchlebt.

1. Woodroffe, 40. 2. Branston, 267. 3. Graves, W. G. 164.
4. Turville-Petre, 129. 5. Oxenstierna, 213. 6. Cavendish, P. E., 169.
7. H. R. E. Davidson, G. M.V. A., 227, 234.

Longinus, Heiliger

Die christliche Legende machte Longinus zu einem blinden römischen Zenturio, der bei der Kreuzigung das Schwert in Jesu Seite stieß. Ein Teil des Blutes Jesu rann in die Augen des Longinus und heilte seine Blindheit, woraufhin Longinus bekehrt wurde und den Rest seines Lebens damit verbrachte, in Kappadokien heidnische Idole zu zerstören.[1]

Diese Kanonisierungsgeschichte ergibt noch weniger Sinn als die meisten anderen, denn römische Zenturios waren nicht blind. Möglicherweise wurde Longinus in einer verlorengegangenen Originalversion von Blindheit heimgesucht, nachdem er den Speerstoß vollführt hatte. Dies hätte ihm allerdings keine Zeit für seine Bekehrung gelassen.

Der wahre Prototyp der Legende scheint der blinde Gott Höd gewesen zu sein, der den altnordischen Gott Balder mit einem Mistelspeer erschlug. Frühmittelalterliche Missionare vermengten die Mythen Jesu und Balder in kluger Absicht. Einige behaupteten sogar, das Kreuz, an dem Jesus gehangen habe, sei aus Misteln gewesen.[2]

Der 15. März oder die »Iden des März« waren der Tag, an dem die meisten heidnischen Erlöser starben; er war bei den HeidInnen dem Höd geweiht. Später wurde dieser Tag von den Christen zum Festtag des seligen Longinus gemacht.

1. Brewster, 135f. 2. Turville-Petre, 119. 3. Brewster, 136.

Lorelei

Berühmter Fels im Rhein, der im Altertum mit einer Wassersirene oder Flußgöttin gleichgesetzt wurde, die Männer in den Tod durch Ertrinken lockte. Im frühen 19. Jahrhundert verwandelte der deutsche Dichter Clemens Brentano die Lorelei in das von der Liebe enttäuschte

Mädchen. Sie warf sich in den Fluß, tauchte dann als Geist des Felsens wieder auf und sang ihre verhängnisvollen Lieder für die vorbeifahrenden Bootsleute.[1]

1. *Encyc. Brit.*, »Lorelei«.

Lotos

Asiens Hauptsymbol für die Yoni (Vulva), oft personifiziert in der Göttin Padma, »Lotos«, auch als Kunti, Lakshmi oder Shakti bekannt. Der zentrale Satz des **Tantrismus**, *Om mani padme hum* (Om, du Kleinod im Lotos), meinte das Juwel (männlich) im Lotos (weiblich), mit ineinandergreifenden Konnotationen: der Penis in der Vagina, der Fötus im Schoß, der Leichnam in der Erde, der Gott in der Göttin, die alle diese Dinge repräsentierte.[1]

Der Vatergott Brahma behauptete, ein universaler Schöpfer zu sein, war jedoch ein »Lotos-Geborener«, denn er entstand aus der Yoni der Urgöttin. Auch der ägyptische Vatergott Re erhob den Anspruch, ein Schöpfer zu sein, verdankte jedoch seine Existenz der Göttin, die folgendermaßen beschrieben wurde: »Große Weltlotosblume, aus der die Sonne bei der Schöpfung zum ersten Mal aufging.«[2]

Nahezu alle ägyptischen Göttinnen wurden durch die Lotosblume symbolisiert.[3] Für die Wiedergeburt nach dem Tod wurden die Pharaonen sexuell mit dem Weltlotos vereint. Unas Begräbnishymne verkündete, daß er »mit der Göttin Mut vereint war; Unas hat die Flamme der Isis auf sich gezogen; Unas hat sich mit dem Lotos vereint«.[4]

Eine Art und Weise, sich mit dem Lotos zu vereinigen, war der rituelle Cunnilingus, der im Osten als Form der Vereinigung mit dem weiblichen Lebensprinzip weit verbreitet war.[5] Wahrscheinlich war dies die wahre Bedeutung des »Landes der Lotosesser«, das Odysseus und seine Mannschaft besuchten. Das sinnliche Land der Lotosesser wurde als tropischer Ort jenseits des südlichen Meeres beschrieben. Diese Beschreibung traf auf viele Länder von Ägypten bis Indien zu.[6]

Der asketische Jain-Buddhismus versuchte, das Lotossymbol wegen dessen erotischen Implikationen auszurotten. Wenige Jahrhunderte nach der Zeit Buddhas jedoch war Padma erneut die wichtigste Figur auf buddhistischen Monumenten, dagestellt mit ihrem genitalen Lotos.[7] Das asketische Christentum erfuhr ein ähnliches Wiederaufleben erotischer Bilder, als sich »obszöne« Figuren, wie z. B. die irische **Sheila-na-gig**, in Kathedralen und Kirchen verbreiteten.

Die meisten orientalischen Mystiker glaubten, daß geistiges Wissen mit fleischlichem Wissen beginne. Der Lotos war das Tor der Göttin, und Sex war der Weg durch das Tor zu ihren inneren Geheimnissen. Mit den richtigen sexuellen Übungen konnte ein Weiser unter Umständen die letzte Stufe der Offenbarung erreichen. Diese wurde als tausendblättriger Lotos des unsichtbaren Lichtes beschrieben, das vom Kopf ausstrahlte, nachdem es die Stufen der Erleuchtung vom Becken her die Chakren entlang am Rückgrat aufgestiegen war.

Die Verehrer des Vishnu malten ihren Gott manchmal als die Quelle des Weltlotos, der an einem langen Stengel aus Vishnus Nabel herauswuchs. Da aber »in Indien der Lotos in erster Linie mit der Göttin Padma, ›Lotos‹, in Verbindung gebracht wurde, deren Körper selbst das Universum ist, bedeutete der lange Stengel, der vom Nabel zum Lotos führte, sicherlich eine Nabelschnur, durch die die Energie von der Göttin zu dem Gott und der Mutter zum Kind floß, und nicht umgekehrt«.[8]

Manche hinduistische Kosmogonien sahen die ganze Welt als Lotosblume mit sieben Blütenblättern an. Diese repräsentierten die sieben Sphären des Himmels, in denen die Städte und Paläste des Gottes beheimatet waren.[9]

Im Mittleren Osten hieß der Lotos *lilu* oder **Lilie**.[10] Die Lilie war die Blume der **Lilith**, der sumerisch-babylonischen Erdenmutter, von der die Juden behaupteten, sie sei Adams erste Frau gewesen. Die dreiblättrige Lilie oder fleur-de-lis symbolisierte einst so wie das Kleeblatt die drei Yonis der dreifaltigen Göttin. Aus diesem Grund war die Lilie der dreieinigen Himmelskönigin geweiht. Die heilige Jungfrau Juno empfing ihren Erlösersohn Mars durch die Lilie, und ebendiese Blume diente zur Erklärung der wundersamen Empfängnis der heiligen Jungfrau Maria.[11] Als Isis in die zahlreich entstehenden Legenden um die Jungfrau integriert wurde, zeigten ägyptische Darstellungen sie mit dem phallischen Kreuz in der einen und der weiblichen Lotossamenkapsel in der anderen Hand.[12]

1. Rawson, E. A., 151. 2. Budge, G. E. 1, 473. 3. Angus, 139.
4. Budge, G. E. 2, 32. 5. Rawson, E. A., 103. 6. Thomson, 176.
7. Campbell, Or. M., 301. 8. Campbell, Oc. M., 157. 9. Lethaby, 124f.
10. Summers, V. 226. 11. Simons, 103. 12. Knight, D. W. P., 50.

Lotoshaken

Siehe **Fußbinden**

Lotossitz

Meditationspose tantrischer Yogis, die auch auf Ikonen früher keltischer Götter dargestellt ist.[1] Das heidnische Skandinavien stellte noch vom 8. bis 10. Jahrhundert Kunstwerke her, die Figuren im Lotossitz zeigten.[2] Die mittelalterliche Kirche brandmarkte das Sitzen mit gekreuzten Beinen als heidnisches Relikt und verkündete, alle, die in dieser Haltung säßen, hätten sich der Hexerei verschrieben.[3]

1. Campbell, Or. M., 307. 2. Campbell, M. I., 336. 3. Agrippa, 159.

Löwe

War der Löwe in Griechenland und Rom auch ein Symbol des Sonnengottes, so wurde er im Mittleren Osten und in Ägypten doch häufiger mit der Göttin in Verbindung gebracht. Ishtar, Astarte und Kybele ritten oder fuhren Löwen. Bast-Hathor, die Sphinx-Löwin, symbolisierte die Zerstörerin. Manchmal wurde sie mit zwei Löwenköpfen dargestellt, von denen wie bei ihrem römischen Gegenstück Ianus-Iana der eine nach vorne und der andere nach hinten blickte. Dies war ein Symbol für die Zeit mit den Hieroglyphen *xerefu* und *akeru*, den Löwen des Gestern und des Heute.[1]

Das mittelalterliche Königreich der BritannierInnen wurde nach der Löwin »Lyonesse« benannt; eine seiner frühen Königinnen taucht in den Arthurromanen als *Lady Liones* auf. Merlins Stadt war Carlion, Ort des Löwen. Löwen waren auf den britischen Inseln nicht heimisch, der britische Löwe war also ein importiertes Totemtier. Löwe und Schlange verkörperten die auf- und absteigenden Geister des heiligen Jahres, wobei im heidnischen Tierkreis ersterer der letzteren folgte.[2]

Vielleicht war es die britische »Lady, die die Löwen beherrscht«, die auf römischen Münzen dargestellt wurde, denn seit dem Augusteischen Zeitalter zeigten die Münzen die Große Mutter der Götter (Kybele) zwischen zwei Löwen thronend und die Mauerkrone tragend, die zu einem sächsischen Emblem der Göttlichkeit wurde. In einem Gedicht wurde Kybele folgendermaßen beschrieben: »Die Jungfrau in ihrer himmlischen Wohnstatt reitet auf dem Löwen; Trägerin des Korns, Erfinderin des Gesetzes, Gründerin der Städte, durch deren Geschenk es das gütige Schicksal des Menschen ist, die Götter zu kennen; deswegen ist sie die Mutter der Götter, der Friede, die Tugend und Ceres, die syrische Göttin, die Leben und Gesetze in ihrer Waagschale wiegt.«[3]

1. Budge, E. L., 61. 2. Graves, W. G., 270, 3. Vermaseren, 75, 138.

Lucia, Heilige

Christianisierte Form der Juno Lucina oder Lucetia; Mutter des Lichtes, die sabinische Göttin, deren Tempel im Jahre 735 v. Chr. auf dem Esquilin erbaut wurde. Die Symbole der Juno Lucina waren eine Lampe und eine *patera*, eine Opferschale. Sie schenkte den Menschen das Licht, die Erleuchtung und die Sehkraft und öffnete neugeborenen Kindern die Augen.[1]

Die erfundene »heilige Lucia« wurde mit den Symbolen der Göttin ausgestattet und als Schutzpatronin für Augenkranke angepriesen. Lucia gehörte zu den beliebtesten Heiligen des Mittelalters. Sie stand, was ihren gewinnbringenden Nutzen für die Kirche anging, mit Agatha, Katharina und Maria Magdalena auf einer Stufe.

Die Legende um Lucia basierte auf der bekannten Geschichte von der »jungfräulichen Märtyrerin«, die in vielen Mythen über weibliche Heilige erzählt wurde. Lucias Keuschheit war so groß, daß sie, nachdem ein Verehrer ihre schönen Augen bewundert hatte, sich diese aus den Augenhöhlen schnitt, ihm auf einem Tablett zuschickte und darum bat, künftig in Ruhe gelassen zu werden. So deuteten die Christen die *patera* der Göttin mit ihren Opfergaben.

Die Legende wußte ferner zu berichten, die Heiden hätten versucht, die heilige Lucia hinzurichten, weil sie angeblich das Verbrechen begangen hatte, sich ihre Jungfräulichkeit zu bewahren. Aber als sie versuchten, Lucia aus dem Tempel, in dem sie eingesperrt war, herauszuzerren, war diese einer Statue gleich am Boden angewurzelt. Sie konnte nicht einmal mit Seilen und Rollen von der Stelle bewegt werden. Es gelang auch nicht, sie durch ein Feuer, das um sie herum auf dem Steinboden errichtet wurde, zu zerstören. Schließlich wurde sie durch einen Schwertstoß getötet.[2]

Die Einzelheiten dieser naiven Legende zeigen, daß die »heilige Lucia« in Wirklichkeit eine riesige Statue der Juno Lucina war, deren Juwelenaugen von einem christlichen Vandalen aus der Statue herausgebohrt wurden. Die Statue zu zerstören erwies sich jedoch wegen ihres enormen Gewichtes als zu schwierig. So wurde Juno in Einzelteile zerlegt und auf diese Weise aus ihrem Tempel entfernt – Furcht vor ihrer Magie flößte den Menschen jedoch eine solche Verehrung ein, daß sie Juno zur Heiligen machten. Eine der bedeutsamsten Aussagen in der Legende um Lucia ist die, daß Lucia einstmals sehr reich gewesen sein soll, ihren gesamten Reichtum aber unter arme Christen verteilt habe. Bei diesem Reichtum handelte es sich offensichtlich um die wertvolle Tempelausstattung, die unter Plünderern verteilt wurde. Im 4. und 5. Jahrhundert gehörte in Rom das Ausrauben von Tempeln und die Zerstörung heiliger Statuen zu den Hauptbeschäftigungen armer Christen.[3]

Die sogenannten Hexen – diese Bezeichnung verdankten sie der Kirche – erinnerten sich aber daran, daß die Legende der heiligen Lucia ihren Ursprung in dem Mythos der heidnischen Göttin Lucina hatte, und verehrten Luzia weiterhin mit heidnischen Zeremonien, obwohl ihre Gestalt mit einem christlichen Mantel verbrämt war. Noch um 1890 bedienten sich toskanische Hexen der Heilkräfte Lucinas. Sie benutzten einen Kranz aus Rauten, der mit einem roten Band zusammengebunden war, und veranlaßten die Patientin, dreimal durch diesen Kranz zu spucken und dabei die »heilige Lucia« um ihren Schutz gegen das böse Auge anzurufen.[4]

Das Christentum machte sich noch weitere Ebenbilder der Göttin Lucina zu eigen, wie z. B. Triduans (Diana Triformis) und die irische Medana, und wandelte sie in fiktive Heilige um, über die stets die gleiche Geschichte erzählt wurde: Sie waren wunderschöne Jungfrauen, die sich eher die Augen ausrissen, als sich den Versuchungen der Liebe hinzugeben.[5] Es scheint, daß die alte heidnische Welt den neuen Kirchen eine Vielzahl von augenlosen weiblichen Statuen hinterlassen hat.

Einige mittelalterliche Quellen sahen Lucia als weiblichen Christus an und sprachen ihr die Wunder zu, die Christus vollbracht hatte. Sie konnte Blinde wieder sehend machen und heilte durch eine magische Berührung »die Blutungen« ihrer eigenen Mutter.[6]

In Sizilien beherrscht die heilige Lucia weiterhin das Lichterfest, das am kürzesten Tag des Jahres stattfindet. Dieses Fest ruft die Erinnerung an die antike Feier für Juno Lucina wach, die die Sonne wieder anzündete. Beim Lichterfest der Schweden tritt noch immer ein Mädchen mit einer Krone aus Kerzen auf, das Lussibrud (Lucienbraut) genannt wird.[7]

1. *Larousse*, 203f. 2. Brewster, 21. 3. J. H. Smith, D. C. P., 177. 4. Gifford, 76. 5. Gifford, 131. 6. Jacobus d.V., 34. 7. Miles, 221–22.

Ludus

Lateinisch »Spiel«; die Dramen, Aufführungen und Wettkämpfe anläßlich eines religiösen Festes. Aus den *ludi* entwickelten sich die *commedia*, der Karneval, der Zirkus und die Mysterienspiele des Mittelalters, bei denen die alten Götter als Clowns verkleidet waren, wodurch ihre traditionellen heiligen Gesten ins Spaßige gezogen wurden. Der antike *rex ludorum*, der König der Spiele, wurde zum mittelalterlichen Karnevalskönig oder Narrenprinzen. (Siehe **Antic Hey**.)

Lug

Keltischer Gott, Sohn oder Reinkarnation des Dagda, Gründer der Städte Lyons und London, damals Lug-dunom, die Festung des Lug. Sein Tempel stand auf dem Ludgate Hill.[1] »Luds Tor« war ein großer Stein mit dem Namen Crom Cruaich, der blutende Halbmond, was sicherlich ein Symbol für die menstruierende Mondgöttin war, mit der Lug – vermutlich in tantrischer Weise – verheiratet war.[2]

Das Fest zu Ehren des Lug war der Lammasabend, früher Lugnasad, »die Spiele des Lug« genannt. Noch sehr lange wurden im irischen Taillten, wo die Göttin als die Erdmutter Tailltiu verehrt wurde, die heidnischen Riten des Lugsanadfestes aufrechterhalten. Dort herrschte der Brauch, daß sich die Männer auf dem jährlich stattfindenden Taillltenmarkt ihre Bräute kauften. Die Art und Weise, wie sie dies taten, erinnerte an die mit der Göttin verbundenen alten Riten der heiligen Promiskuität und Defloration. Der Hügel, auf dem die Gelder eingesammelt wurden, hieß Hügel der Kaufenden.[4]

Taillten war so berühmt-berüchtigt für seine Promiskuität, daß jede zufällige sexuelle Affäre als Tailltenehe bekannt wurde.[5] Bis zum 13.Jahrhundert war die Tailltenehe tatsächlich legal. Sie sollte eine nach den alten Mondkalendern bemessene Zeitspanne dauern, nämlich ein Jahr und einen Tag.[6]

Lugs merkwürdiger Name stammt vielleicht aus Mesopotamien, wo in einer sehr fernen Vergangenheit der heilige König, der Gatte der Göttin, den Titel *Lugal* trug.[7]

Bei den Christen war Lug, je nach regionalen Dialekten, die Vorlage für mehrere Heilige: St. Lugad, St. Luan, St. Eluan und St. Lugidus. Die irische Legende kannte ihn als König Lugadius, der durch den Lanzenstoß eines druidischen Priesters gemartert wurde. Diese Geschichte war ziemlich direkt aus den antiken Kulten des heiligen Königs/-sterbenden Gottes übernommen. Lug starb, nachdem er die große Göttin geheiratet hatte, die »Herrscherin von Erin bis zum Jüngsten Tag« genannt wurde.[3]

1. Squire, 254. 2. Briffault 3.75. 3. Spence, 66, 102. 4. Joyce, 439. 5. Spence, 101. 6. Pepper & Wilcock, 273. 7. Campbell, Or. M., 107.

Luna

Lateinischer Name der Mondgöttin, die im gnostischen Symbolismus und in magischen Texten mit Sol, dem männlichen Sonnenwesen, gepaart war. Zusammen repräsentierten sie Feuer und Wasser, aus deren Kombination das Lebensblut hervorging. Luna, die wäßrige Mondin, galt als dem Sol, dem feurigen Sonnenwesen, überlegen. Selbst der englische Dichter Chaucer beschrieb sie als »Gelassene Luna, Oberste Göttin und Königin des Ozeans,/ Obwohl Neptun hier sein Reich hat,/ Sie steht über ihm und ist die Herrscherin des Meeres.«[1]

In vielen Mythen wurde die Mondgöttin als Schöpferin beschrieben, die zuerst allein auf dem Urmeer des Chaos umhertrieb, bis sie sich entschloß, aus der elementaren Formlosigkeit geordnete Formen zu schaffen. Für skandinavische HeidInnen war sie deswegen insbesondere der »Mond, der über dem Meer scheint«.[2] Die Finnen nannten sie Luonnotar, was manchmal frei mit »Tochter der Natur« übersetzt wird.

Aber sie war niemandes Tochter. In Urzeiten lebte sie ganz allein, bis sie des Alleinseins müde wurde und beschloß, eine Welt zu erschaffen.[3] (Siehe **Mond**.)

Die Christen behaupteten, wer Luna verehre, sei verrückt, und so bezeichnet das englische Wort *lunatic* (Verrückter) eine »mondsüchtige« Person. Bis heute glauben viele Leute, daß geistige Unruhe bei Vollmond auf den Einfluß des Mondes zurückzuführen ist.

1. Chaucer, 435. 2. Briffault 3, 67. 3. *Larousse*, 304.

Lupa

Heilige Wölfin der römischen Legende; Amme der Zwillinge Romulus und Remus, der Gründer Roms. Lupas Tempeldienerinnen waren *lupae;* in entlegenen Städten des Reiches wurden sie manchmal Königinnen (oder Hohepriesterinnen) genannt. Das höchste Fest der Lupa war das jährlich stattfindende Fest der Lupercalia, das in der Grotte der Wölfin begangen wurde. Die orgiastischen Riten, die dieses Fest begleiteten, sollten die Fruchtbarkeit für das Jahr sicherstellen. Nachdem sie an der Zeremonie teilgenommen hatten, wanderten nackte Jünglinge, die Luperci, durch die Städte, um diese zu »reinigen«.[1] Vielleicht war dies der Grund, weshalb das Lupafest, nachdem es von der christlichen Kirche übernommen wurde, in das Fest Mariä Reinigung umbenannt wurde.[2] (Siehe **Hund; Werwolf**.)

1. Wedeck, 174. 2. *Larousse*, 208.

Var. Heiliger Loup

Lupus, Heiliger

Fiktiver Heiliger. Gestalt basiert auf den Worten *Sanctus Lupus* (heiliger Wolf), die auf gallisch-römischen Ikonen zu finden waren und auf die Verehrung des Dis Pater als des heiligen Wolfes der Gallier zurückzuführen sind. Christliche Hagiographen gaben vor, Lupus sei der Bischof von Troja gewesen, der Gallien vor den Hunnen gerettet habe. Diese Geschichte ist jedoch widerlegt.[1] (Siehe **Werwolf**.)

1. Altwater, 223.

Luzifer

»Lichtbringer«. Lateinische Bezeichnung für den Morgensterngott, der die tägliche Geburt der Sonne ankündigte. Die KanaaniterInnen nannten ihn Shahar. Der jüdische Shaharit (Morgengottesdienst) gedenkt seiner noch immer.[1] Shahars Zwillingsbruder Shalim, der Abendstern, kündigte den täglichen Tod der Sonne an, und sprach zu Shahar das Wort des Friedens (hebräisch *shalom*, arabisch *salaam*).[2] Shalim wurde zusammen mit seinem Bruder in Jerusalem, dem »Haus des Shalim«, verehrt. Bei den Griechen wurden Shahar und Shalim von den Dioskuren Castor und Pollux verkörpert, die Zwillinge des Himmels, die aus Ledas Weltei hervorgingen. Bei den Persern spielten sie als die beiden Fackelträger, von denen der eine seine Fackel nach oben, der andere nach unten gerichtet hielt, eine bedeutende Rolle bei der Sonnenverehrung.[3]

Shahar und Shalim wurden aus dem im Weltenschoß der großen Mutter **Aschera** in ihrer Erscheinung als Helel, »die Grube«, geboren.[4] Der kanaanitische Mythos sagte, Shahar habe den Ruhm des Sonnengottes begehrt und versucht, dessen Thron gewaltsam in Besitz zu nehmen. Er wurde jedoch besiegt und wie ein Blitzstrahl vom Himmel hinuntergestoßen. Heidnische Schriften aus dem 7. Jahrhundert v. Chr. enthielten einen Klagegesang für den gefallenen Morgenstern:

> *Wie bist du vom Himmel gefallen, Helels Sohn Shahar! Du sagtest in deinem Herzen, ich will zum Himmel aufsteigen und meinen Thron über den Polarsternen errichten, und ich will wohnen auf dem Berg des Rates im entferntesten Norden; ich will steigen auf den Rücken einer Wolke, ich will gleich sein dem Elyon.*[5]

Jahrhunderte später übertrug ein jüdischer Schreiber diese kanaanitische Schrift in die Bibel und gab vor, sie sei von Jesajah geschrieben worden:

> *Wie bist du vom Himmel gefallen, du schöner Morgenstern. ... Du aber gedachtest in deinem Herzen: Ich will in den Himmel steigen und meinen Thron über die Sterne Gottes erhöhen, ich will mich setzen auf den Berg der Versammlung im fernsten Norden. Ich will auffahren über die hohen Wolken und gleich sein dem Allerhöchsten.* (Jesajah 14, 12–14)

Weiter sagte der biblische Schreiber zu Luzifer: »Ja, zur Hölle fährst du, zur tiefsten Grube!« (Jesajah 14, 15). Diese »Grube« war Helel oder Aschera, Gottes eigene Mutter-Braut; und sein Abstieg als Schlange des Blitzes in ihre »Grube« stand für die Befruchtung des Abgrundes durch männliches Himmelsfeuer. Kurz gesagt, der Lichtträger forderte den höchsten Sonnengott heraus, indem er um die Gunst der Mutter buhlte. Diese göttliche Rivalität erklärt die sogenannte Sünde des Luzifer, die *Hybris*. Von den Kirchenvätern wurde Hybris mit »Stolz« übersetzt. Die wirkliche Bedeutung dieses Wortes war jedoch »sexuelle Leidenschaft«.[6]

Tatsächlich strebten alle heiligen Könige nach genau der Position, die Luzifer und Shahar so sehr begehrten: sie wollten der Gatte der Göttin sein, im Mittelpunkt des Himmel stehen (zu dem sie auf einer Wolke hinaufgetragen wurden) und mit der höchsten Göttin eins werden. Die Grabinschrift des Pepi zeigt, daß die ägyptischen Pharaonen auf ähnliche Weise Ruhm für sich beanspruchten. Diese Grabinschrift besagt: Er »steht zusammen mit Re im fernsten Norden des Himmels, er wird Herr des Universums gleich dem König der Götter«.[7] Er stieg auch in Gestalt der unsterblichen Schlange Sata, des Vaters des Blitzes, in die Erde hinunter. Sein hebräischer Name Satan verschmolz in den Worten Jesu mit dem Bild des Luzifer: »Ich sah den Satan vom Himmel fallen wie einen Blitz«. (Lukas 10, 18)

Im Christentum wurde Luzifer weiterhin sowohl mit der Lust als auch mit dem Blitz in Verbindung gebracht. Er wurde der Mächtige, der in der Luft herrschte (Epheser 2, 2) und dessen Blitzstrahlen in Kirchtürme einschlugen. Er schwang den Dreizack, der im östlichen Symbolismus ein dreifacher Blitzphallus war, dazu bestimmt, die dreifaltige Göttin zu befruchten.[8]

Der assyrisch-babylonische Blitzgott, Zu der Sturmvogel, ein Vorläufer des Zeus, stellte eine weitere Quelle für die Luziferlegende dar. Manchmal war Zu ein *Seraph* oder eine »feurige, fliegende Schlange«, die Personifikation des Blitzstrahls. Zu wurde bestraft, weil er die machtvollen Tafeln des Schicksals begehrte, die die große Mutter Tiamat ihrem erstgeborenen Sohn, dem Vater der Götter gegeben hatte. Zu sagte zu sich selbst: »Ich selbst werde die Schicksalstafel der Götter nehmen; und ich werde alle Orakel der Götter lenken; ich werde einen Thron errichten und Gesetze erlassen; ich werde über alle Geister des Himmels herrschen!«[9]

Die ÄgypterInnen nannten den Gott des Morgensterns Benu. Er war der sterbende und wiedergeborene Phoenix, der als »Seele des Re« bekannt war. Er starb auf dem Weltenbaum, um sich selbst zu erneuern und »die Welt zu bescheinen«. Sein Geist wohnte in dem phallischen Obelisken, der Benu oder Benben-Stein genannt wurde. Dies versinnbildlichte die sexuelle Vereinigung des Gottes mit der Mutter. In einer anderen phallischen Gestalt war er die mächtige Schlange Ami-Hemf, »Der in seiner Flamme weilt«; diese Gestalt lebte auf dem Berg des Sonnenaufgangs und wurde mit dem Morgenstern gleichgesetzt.[10] Es gab also in Ägypten und Mesopotamien mehrere Versionen des lichtbringenden Luzifers, lange bevor Teile seines Mythos Eingang in jüdisch-christliche Schriften fanden.

Platon kannte den Morgensterngott als Aster (Stern) und wußte auch, daß sich derselbe Stern am Abend in einer anderen Position befand und so zum Abendstern wurde (eigentlich kein Stern, sondern der Planet Venus). Von daher war Aster für Platon die sterbende und wiedergeborene Gottheit selbst: »Aster, einst warfest du als Morgenstern Licht auf die Lebenden. Nun, sterbend, scheinst du als Abendstern unter den Toten.«[11] Die gnostischen ChristInnen behaupteten, das »Licht«, das Luzifer bringe, sei die wahre Erleuchtung, die dieser der Menschheit gegen den Willen Gottes gebe, so wie Prometheus das Feuer gegen den Willen des Zeus vom Himmel gestohlen habe, um der Menschheit die Zivilisation zu bringen. Die biblische Geschichte stützte diese gnostische Sicht. Gott verweigerte Adam und Eva die Frucht vom Baum der Erkenntnis, weil er sie in Unwissenheit halten wollte. Luzifer hingegen gab ihnen in Gestalt der Schlange das »Licht« der Weisheit.

Die Perser sagten ebenfalls, ihre eigene Große Schlange **Ahriman** habe dem ersten Paar im Garten Heden die Erkenntnis gegeben. Auch Ahriman war der Zwillingsbruder des Sonnengottes und wurde wegen seiner Hybris aus dem Himmel vertrieben. Die Weisen aus dem Morgenland jedoch verehrten die große Schlange als Quelle ihrer okkulten Weisheit.[12] Ahriman galt in irdischen Angelegenheiten oft als einflußreicher als der Vater, der ihn verstoßen hatte.

Solche persischen Vorläufer beeinflußten die gnostischen Christen, die Jehovah als den Schurken und Luzifer als den Helden, Erlöser und Freund der Menschen ansahen. Luzifer enthüllte die heiligen Geheimnisse, die der himmlische Vater der Menschheit eifersüchtig vorenthielt. Geheime Bruderschaften des Mittelalters bewahrten sich diese Hochachtung vor Luzifer und setzten ihn zuweilen mit Hermes, dem Gott der Offenbarung, gleich. Der Einfluß dieser gnostischen Lehren überdauerte die erste und einen großen Teil der zweiten Hälfte der christlichen Ära.[13] Meister Eckardt schrieb: »Luzifer, der Engel, der in der Hölle ist, hatte einen vollendet reinen Intellekt und verfügt bis zum heutigen Tage über großes Wissen.«[14]

Meister Eckart von Hochheim
Bedeutendster deutscher Mystiker des frühen 14. Jahrhunderts. Pfarrer eines dominikanischen Ordens in Sachsen. 1326 wurde er der Häresie beschuldigt und starb bald danach. Durch eine päpstliche Bulle von 1329 wurden 28 seiner Thesen von Papst Johannes XXII. verurteilt.

Im 14. Jahrhundert v. Chr. gab es gnostische Gruppen, die sich Luziferianer nannten. Diese Gruppen »verehren Luzifer und glauben, daß er der Bruder Gottes ist, der fälschlicherweise aus dem Himmel verstoßen wurde«.[15] Die ersten Luziferianer gab es in Österreich. Ihr Kult verbreitete sich rasch in Brandenburg, Böhmen, der Schweiz und Savoyen. Im Jahre 1336 wurden 14 Männer und Frauen von der Inquisition verbrannt, weil sie ketzerische Ansichten über Luzifer vertraten. 1384 beschuldigte ein Priester in Prenzlau seine gesamte Gemeinde, an Luzifer als Gott oder Bruder Gottes zu glauben.[16]

Die mittelalterlichen Gelehrten ereiferten sich über die »große Frage«, wieviele Engel mit Luzifer gefallen seien und wieviele im Himmel unter der Herrschaft des Engels Michael verblieben seien. Einige Fachleute sagten, die »meisten« Engel seien gefallen. Andere sagten, die »meisten« seien geblieben. Wiederum andere behaupteten, ein Zehntel, ein Neuntel oder ein Drittel der Engelschar sei gefallen, weil »der Drache mit seinem Schwanz den dritten Teil der Sterne mit sich hinuntergerissen habe«. Eine wütende Debatte über die »große Frage« nach Ort und Zeitdauer der Schlacht entzündete sich auch zwischen Thomisten, Scotisten und Anhängern des Augustinus. Diese Schlacht soll in der Luft, am Firmament oder im Paradies stattgefunden haben. Sie dauerte einen, zwei oder vier Augenblicke lang. Schließlich setzte sich unter den Gelehrten die Meinung durch, es seien 3 Augenblicke gewesen.[17] Die Theologen nahmen also an, Gott habe nicht lange dazu gebraucht, Luzifer zu besiegen. Über die Frage, warum Luzifers Armee überhaupt gegen den höchst mildtätigen und liebenden Gott rebellierte, schwiegen sich die Theologen aus – vielleicht, weil sie tief in ihrem Inneren die eigentliche Bedeutung Luzifers nur zu gut kannten.

1. Patai, 147. 2. Hays, 85. 3. Cumont, M. M., 68, 128. 4. Hooke, M. E. M., 93. 5. Albright, 232. 6. Potter & Sargent, 176. 7. Budge, B. D., 86. 8. O'Flaherty, 130. 9. *Assyr & Bab. Lit.*, 304. 10. Budge, G. E. 2, 96f; 1, 24. 11. Lindsay, O. A., 94. 12. Legge 2, 239. 13. Waite, O. S., 195. 14. Campbell, Oc. M., 513. 15. Weddeck, 142. 16. J. B. Russel, 177, 180. 17. Scot, 422f.

Lykaon

Arkadischer heiliger König, der Vorfahre aller »Lykanthropen« (Werwölfe). Seine Totemgestalt war der Wolf. Er wurde früher in dem Lyzeum oder »Wolfstempel«, in dem Aristoteles lehrte, verehrt.[1] Lykaon scheint eine irdische Inkarnation mehrerer älterer Götter zu sein, die, wie z. B. Apollon Lykaeus oder Zeus Lykaeus, in der Lage waren, Wolfsgestalt anzunehmen. (Siehe **Werwolf**.)

1. Summers, W., 144.

2469

Die ägyptische Göttin MAAT wog als Gesetzgeberin und Richterin jede Seele gegen eine Feder auf – mit diesem Symbol ist sie auf dem abgebildeten Basrelief dargestellt; es stammt aus der Zeit der 19. Dynastie.

Wenn die MAENADEN, dionysische Priesterinnen, vom Weingott besessen waren, brachten sie ihm Opfer dar, die sie anschließend verzehrten. Später, im klassischen Zeitalter, begnügten sie sich mit Trinkgelagen und der Durchführung ausgelassener Prozessionen. Nahezu lebensgroße römische Kopie eines griechischen Reliefs aus dem 5. Jahrhundert.

Die Geschichten der großen MÄRTYRERINNEN des Mittelalters gelten heutzutage allgemein als erfunden; sie sollten die ChristInnen späterer Zeiten mit einem geradezu grotesken Festhalten am Glauben beeindrucken. Die arme heilige Julitta zum Beispiel mußte die hier gezeigten Leiden erdulden, nachdem sie vorher schon von Nägeln durchbohrt, in Öl gesiedet und – abweichend von der hier gezeigten Darstellung – enthauptet worden war. Ausschnitt aus einer Malerei auf der Holzverkleidung einer Altarfront; 12. Jahrhundert.

Ma

»Ma-Ma« bedeutet in fast allen Sprachen »Mutterbrust«.[1] »Das Wort für ›Mutter‹ ist auf der ganzen Welt, von Rußland bis Samoa, und in den alten Sprachen Ägyptens, Babyloniens, Indiens und Amerikas, *mama* oder ein geringfügig abweichendes Wort.«[2] Im alten Anatolien hieß die Mutter Ma-Bellona; in Sumer und Akkad wurde die Große Göttin häufig Mama, Mami, Mammitu usw. genannt. In Zentral- und Südamerika trug die Große Göttin Namen wie Mama Cocha, Mama Quilla, Mama Cuna.[3]

Eine grundlegende Stammsilbe der indoeuropäischen Sprachen, in der sich auch die Verehrung des elementaren Namens der Großen Göttin ausdrückt. Die Universalität des Wortes für Mutter (die von den Wörtern für »Vater« nicht geteilt wird) ist ein Hinweis darauf, daß die Menschheit von ihren frühesten Ursprüngen an, in einer Periode, die noch vor der Entdeckung der Vaterschaft lag, dasselbe Wort in alle Teile der Erde verbreitet hat. Es kann aber auch so sein, daß alle menschlichen Wesen als ersten sprachlichen Laut instinktiv etwas wie »Ma« sagen, dies mit der Mutterbrust in Verbindung bringen und konsequent auf eine Gottheit vertrauen, die als milchgebende Mutter wahrgenommen wird – ungeachtet des Verweises auf Mose als nährenden Vater mit einem Säugling an seiner Brust (Numeri 11,12).

Das mütterliche Blut, das die Mitglieder einer matrilinearen Verwandtschaftsgruppe untereinander verband, hieß im Fernen Osten *mamata*, »Mein-heit«.[4] Der in bildhafter Form als Lebensfunke (Bindu oder Vindu) dargestellte heilige Buchstabe *Ma* befand sich »in der Großen Yoni«.[5] Diese Schriftstelle aus dem *Mahanirvanatantra* bezog sich auf eine mystische Essenz, die in sich alle Seelen einer matrilinearen Verwandtschaftsgruppe vereinte. *Ma* oder *Mamata* drückten aus, daß die Abkommen einer Mutter dasselbe Blut teilen und sich nicht gegenseitig verletzen können, ohne sich selbst zu verletzen; das Konzept des Mutterclans war also auch ein praktisches Instrument der Friedenssicherung.

Ma wurde in den indoeuropäischen Wurzelsprachen häufig als »Geistigkeit« definiert, als die mütterliche Kraft, welche die Elemente zusammenfügte und am Anfang der Welt die Formen schuf.[6] Diese mütterliche Kraft erhielt im alten Ägypten Bezeichnungen wie Ma-Nu, Maa oder Maat, die Große Göttin des alles erblickenden Auges und des Geistes der Wahrheit.[7]

Die alte iranische Mondgöttin Mah (oder Al-Mah, der Mond) war dieselbe Gottheit unter einem anderen Namen. Die AraberInnen nannten sie Qis-Mah, »Schicksal«, ein Wort, das im Türkischen zu *kismet* verfälscht wurde. Sie gebar eine Reihe Erlöser, die alle Mahdi genannt wurden, ein von Mutter Mah Geleiteter oder Geschenkter. Die Perser machten ihren Namen zu einem heiligen Wort, das aus den Buchstaben Mourdad-Ameretat, »Tod-Wiedergeburt«, bestand.[8] Das Ideogramm MA bezeichnete einen Zustand der Unsterblichkeit, der angeblich durch das Trinken an der Brust der Göttin erreicht wurde; hier ist also wieder der Zusammenhang zu dem ursprünglichen Ma-Ma hergestellt.

Die heiligen Buchstaben MA bildeten im Hebräischen das Mem-Aleph, das die Ideogramme von »flüssig« und »Geburt« verbindet. Diesem heiligen Zeichen wurde eine große beschützende Kraft zugesprochen; es findet sich auf jüdischen Amuletten, die zu Beginn des 9. Jahrhunderts v. Chr. entstanden.[9] Möglicherweise wurde es von den Persern oder den Ägyptern übernommen; deren Mutter Isis trug ebenfalls ein »Ma-Amulett«, eine Vase, die ihre Quellen nährender Flüssigkeit repräsentierte.[10] Ihr Symbol als Ma-Nu, die Urtiefe, waren drei

Kessel.[11] Mamaki ist noch heute der Name der tantrischen Göttin als Personifikation des »befruchtenden Wassers«.[12]

Aus einer Umkehrung von Ma-Ma, den nährenden Brüsten, entwickelte sich in der ägyptischen Mythologie die Verschlingerin in der Unterwelt: Am-Am, die Seelenfresserin. Im zyklischen Ablauf der alten Religionen verwandelte sich die Gebende in die Nehmende.[13]

Ma, die Große Göttin von Comana, wurde »in den Schluchten des Taurus und entlang der Ufer der Iris von einem ganzen Volk von Hierodulen verehrt. Sie war wie Kybele eine alte anatolische Gottheit und Personifikation der fruchtbaren Natur.«[14] In Rom verschmolz sie mit der Kriegsgöttin Bellona, die den unbezähmbaren Kampfgeist einer Mutter repräsentierte, die ihr Kind verteidigt.

Die göttlichen Anklänge der Silbe *Ma* sind heutzutage nur noch in halbmagischen Kulten wie dem Voodookult zu finden, in dem eine Priesterin den Geist der als *mamaloi* oder *mambo* bezeichneten Großen Göttin verkörpert.[15] Aber Ma ist noch immer ein universelles Synonym für »Mutter«. (Siehe **Mutterschaft**.)

1. Potter & Sargent, 229. 2. Farb, W. P., 317. 3. *Larousse*, 443.
4. Evans-Wentz, 219 (dt. 301); Campbell, Or. M., 216. 5. *Mahanirvanatantra*, CXX.
6. d'Alviella, 240. 7. Budge, E. L., 55. 8. *Larousse*, 311, 317. 9. Albright, 198.
10. Elworthy, 125. 11. Budge, B. D., 205. 12. Tatz & Kent, 164 (dt. 156).
13. Budge, E. M., 171. 14. Cumont, O. R. R. P., 54. 15. Martello, 160.

Maat

Eine ägyptische Göttin, die als Personifikation der »Wahrheit« oder »Gerechtigkeit« galt; der Name basierte ursprünglich auf der universellen indoeuropäischen Stammsilbe *Ma*, die einfach »Mutter« bedeutete. Maats Symbol war die Feder, gegen die sie in ihrer Unterwelthalle der Gerechtigkeit jede Herz-Seele aufwog. Der Federschmuck Maats entwickelte sich so zu einer Hieroglyphe für »Wahrheit«.[1]

Die Federn der Wahrheit wurden auch von anderen Aspekten der Großen Göttin getragen, zum Beispiel von Isis, die dieselbe gesetzgebende Mutter war. Selbst die Götter konnten nur »durch Maat leben«. Ihr Gesetz beherrschte alle drei Welten, die sie als Dreiheit, als »Gebieterin des Himmels, Königin der Erde und Herrscherin der Unterwelt«, regierte.[2]

Maat glich als Gesetzgeberin des alten Ägyptens der babylonischen **Tiamat**, die dem ersten König der Götter die heiligen Tafeln übergab. Maats Gesetze waren bemerkenswert milde; dies vor allem im Vergleich mit den harschen Anweisungen späterer patriarchalischer Götter, die wie in der Bibel (Deuteronium 28, 15–68) von grausamen Drohungen begleitet waren. Von einem Ägypter wurde erwartet, daß er in Gegenwart Maats und Thots (oder Anubis') das berühmte Negative Bekenntnis aufsagen konnte, um damit zu zeigen, daß er Maats Verhaltensregeln befolgt hatte:

> *Ich war kein zorniger Mann. Ich habe den Menschen nichts Böses getan. Ich habe niemandem Schmerz zugefügt. Ich brachte niemanden zum Weinen. Ich tat niemandem Gewalt an. Ich habe Tieren keinen Schaden zugefügt. Ich habe die Armen nicht beraubt. Ich habe kein Wasser verschmutzt. Ich habe keine*

> *Felder niedergetrampelt. Ich habe mich nicht unverschämt benommen. Ich habe nicht vorschnell geurteilt. Ich habe keinen Streit angestiftet. Ich verleitete niemanden dazu, für mich einen Mord zu begehen. Ich bestand nicht darauf, daß für mich Tag für Tag übermäßig gearbeitet wird. Ich habe kein falsches Zeugnis abgelegt. Ich habe nicht Land gestohlen. Ich habe beim Messen des Scheffels nicht betrogen. Ich habe nicht zugelassen, daß jemand Hunger leidet. Ich habe meinen Reichtum nur durch Dinge vergrößert, die mir gehören. Ich habe mich nicht zu Unrecht des Reichtums anderer bemächtigt. Ich raubte keinem Kind die Milch vom Munde.*[3]

Wer nach den Gesetzen Maats lebte, durfte einen sakramentalen Trank zu sich nehmen, der dem Soma der Hindus oder seinem persischen Gegenstück Haoma ähnelte; er führte in derselben Weise zu ritueller Reinheit, wie sich die Christen »im Blut des Lammes waschen«. Ein ägyptischer Schreiber stellte im dritten Jahrtausend v. Chr. fest: »Mein Inneres wurde in Maats Flüssigkeit gewaschen.« Maats Trank brachte, wie das Taufwasser des Lebens, den Friedfertigen das Leben nach dem Tode; gewalttätige Personen ereilte durch ihn der Tod.[4]

Die ägyptischen Moralvorstellungen waren hochentwickelt; viele von ihnen tauchten Jahrhunderte später wieder in der Bibel auf:

> *Hüte dich, die Armen zu berauben und grausam zu den Mittellosen zu sein … wenn du dich einem Mann nicht widersetzen kannst, der dich angreift, verletze ihn nicht. Laß den Übeltäter allein; er wird sich selbst zerstören. Wir müssen dem Sünder helfen, denn könnten wir nicht selbst wie er werden? … Brotkrusten und ein liebendes Herz sind besser als reichhaltiges Essen und Wortgefechte … Lerne, mit dem zufrieden zu sein, das du hast. Der Schatz, den du unrechtmäßig erwirbst, wird nicht bei dir bleiben; du besitzt ihn heute, morgen ist er verschwunden … Die Billigung der Menschen ist mehr wert als alle Reichtümer.*[5]

Im Verlauf der feudalen Unruhen der 12. Dynastie begannen mit dem Zusammenbruch des matriarchalischen Familiensystems auch die alten Regeln an Wert zu verlieren, auf denen es sich gegründet hatte; gebildete Ägypter beklagten die Zerrissenheit der Gesellschaft. Ein Priester aus Heliopolis schrieb: »Maat wird davongejagt, in der Ratshalle herrscht Ungerechtigkeit … Der Arme besitzt nicht mehr die Kraft, sich vor dem zu schützen, der stärker ist als er.«[6] Es kam sogar vor, daß Verwandte sich gegenseitig ermordeten und damit den heiligsten Sippengesetzen Gewalt antaten. Ein Autor zog einen für seine Landsleute ungünstigen Vergleich mit den Stämmen Nubiens, die Maat verehrten: »Die Matoi, die freundlich mit Ägypten sind, sagen: ›Wie könnte es wohl einen Mann geben, der seinen Bruder ermordet?‹«[7]

Maat war mehr als eine Richterin der Toten. Sie stand für alle ägyptischen Göttinnen, einschließlich Hathor, Mut, Isis, Neith, Nechbet usw. Dem Sonnengott wurde gesagt: »Die Göttin Maat umarmt dich am Morgen und am Abend.« Als Hervorbringende war sie manchmal Metet, »Stark Werden«, das Morgenboot der Sonne; sie entsprach der griechisch-römischen Mutter der Morgenröte, Mater Matuta.[8] Sie wurde in Ägypten, aber auch in anderen Ländern verehrt. Bei den HethiterInnen hieß Nordsyrien Mat Hatti: Mutter Hattis.[9] Ägyptische Priester zogen die in grüne Farbe getauchte Feder Maats über ihre Zungen, um ihren Worten eine Logos-ähnliche Kraft der Wahrheit zu verleihen und die Fähigkeit zu erlangen, durch die sprachliche Magie ihrer Worte Wirklichkeit zu erschaffen.[10] Der nordeuropäische göttliche Barde Bragi besaß diese Kraft durch die Runen, die ihm die Göttin Idun in die Zunge geritzt hatte.

Afrikanische Pygmäen kennen Maat noch heute unter dem Namen, den sie in Sumer als »Mutterschoß« und »Unterwelt« trug: Matu. Sie war die erste Frau und die Mutter Gottes. Wie ihr ägyptisches Gegenstück erschien sie manchmal katzenköpfig.[11]

1. Budge, E. L., 68. 2. Budge, G. E. 1, 418. 3. Budge, D. N., 254; Hallet, 411. 4. H. Smith, 49ff. 5. Budge, D. N., 258f. 6. H. Smith, 50. 7. Erman, 43, 107 (dt. 148). 8. Budge, G. E. 1, 323, 417. 9. Mendenhall, 157. 10. Seligmann, 39. 11. Hallet, 95.

Mab, Königin

Eine keltische Feenkönigin, deren Name »Met« bedeutete. Dieses rote Getränk repräsentierte Souveränität, und sie reichte es jedem ihrer vielen Gemahle.[1] Es war anscheinend, wie der »Rotwein« im Schoß der Feenkönigin Thomas des Reimers, ein Gebräu aus dem **Menstruationsblut** der Königin, der weibliche Wein der Weisheit. Die Legende von Mab stammt noch aus dem matriarchalischen Zeitalter, in dem sich Königinnen ihre Könige auswählten und sie in Amt und Würden einsetzten. (Siehe **Thomas der Reimer**.)

1. Rees, 75.

Macabre

Der grimmige Schnitter mittelalterlicher Mysterienspiele. Macabre führte als König des Todes den *danse macabre*, den Totentanz an, wobei er mit einem Skelett-Gewand bekleidet war und eine Sense mit sich führte. Die Figur des Macabre verkörperte wie die »Zerstörer«-Gottheiten des Ostens das gnostische Prinzip des Todes im Leben. (Siehe **Maske**.)

Macha

Diese »Große Königin der Trugbilder« wurde in Irland verehrt, noch bevor dort die KeltInnen lebten; sie war möglicherweise identisch mit der zentralasiatischen Mondgöttin Macha Alla, der Mutter von Tod und Leben. Im alten Testament erscheint sie als Königin Maacha; ihr Geist wurde in Form eines Göttinnenbildes in einem Hain verehrt, bis ihr »Sohn«, König Asa (1. Könige 15, 13), sie verdrängte. Die Festung Machaerus (wo Johannes der Täufer starb) könnte nach ihr benannt worden sein.

Machas irisches Heiligtum war Emain Macha, die Hauptstadt Ulsters. Seine himmlische Form war Emania, das von der Mondgöttin beherrschte Reich des Todes.[1] Sie verkörperte als dritte Person den Todesaspekt der dreifachen Morrigan und stand einer ausgedehnten Totenstadt vor. Wie andere Versionen der tödlichen Mutter (Morgane, Durga, Uma, Kara) suchte sie Schlachtfelder heim und betrieb Magie mit dem Blut erschlagener Männer.[2] Sie wurde auch mit der Feenkönigin Mab gleichgesetzt. Als dreifache Göttin belegte sie in der Maske der drei druidischen »Zauberinnen von Mab« **Cuchulain** mit ihrem Todesfluch.[3]

Es hieß auch, daß Machas Stimme die Menschen zum Tode riefe und daß es sich dabei um dieselbe schreckliche Stimme handele wie bei der **Banshee** oder der »Frau aus den Feenhügeln«.[4] Die AnhängerInnen der alten Religionen gingen in ihr Totenreich ein, und ihre Geister bevölkerten natürlich die alten Gräber, die auch Machas/Banshees Schoß der Wiedergeburt verkörperten.

1. *Larousse*, 229; Spence, 146. 2. Rees, 36. 3. *Larousse*, 233. 4. Goodrich, 177.

Mader-Akka

»Mutter Akka«, ein lappischer Name für die Stammutter der Menschheit; sie war identisch mit der Muttergöttin Akkads, die in Griechenland Acco hieß, in Rom Acca Larentia usw. (Siehe **Akka**.)

Madri

»Mutter«, im tantrischen Buddhismus eine Göttin der Erleuchtung, die den Mond und die Sonne gebar; sie war auch die Große Mutter und verkörperte die Gattin einer der beliebten Inkarnationen Buddhas.[1]

1. Waddell, 545.

Maenaden

Priesterinnen des **Dionysos** und Orpheus, die nach ihrer ursprünglichen Heimat, den heiligen Bergen von Maenalus, benannt sind. In diesen Bergen lebte auch Pan als arkadischer Schäfer. Die Maenaden wurden zu »wilden Frauen«, wenn sie vom Geist des Weingottes besessen waren; sie zerrten ihr Opfer davon und verschlangen es bei ihren Orgien. Im zivilisierteren klassischen Altertum huldigten sie ihrem Erlöser mit einem trunkenen Fest und karnevalsähnlichen Prozessionen. In Rom hießen sie, nach dem römischen Namen ihres Gottes Bacchus, die Bacchantinnen. (Siehe **Orpheus**.)

Maera

Var. Maira

Das schwarze Hunde-Totem der Hekate; diese Gestalt nahm ihre trojanische Inkarnation, Königin Hekabe oder Hekuba, an, nachdem Odysseus sie gefangengenommen hatte. Seine lange Verbannung und Irrfahrt ging offenbar auf den Fluch zurück, mit dem ihn Hekabe-Maira belegt hatte. Es heißt auch, sie sei getötet und im »Grab der Hündin« verbrannt worden. Eine andere Version dieser Geschichte besagt, daß sie ihre Feinde mit ihren Zaubersprüchen und Flüchen in die Flucht geschlagen habe und sich befreien konnte.

Maira war eine Tierversion der unheilbringenden Alten, der Göttin Moira; ihr Symbol war das Sternbild des kleinen Hundes, bei dessen

Erscheinen es in Attika üblich war, Menschenopfer darzubringen. Eines ihrer Opfer war ein König, dessen Tochter Odysseus geheiratet hatte und »dessen Schicksal er daher in der ursprünglichen Mythe geteilt haben wird«.[1] Der Totengöttin und Wolfsmutter Maerin wurden noch im 11. Jahrhundert n. Chr. in ihrem Tempel in Trondheim ähnliche Opfer dargebracht.[2]

1. Graves, G. M., 168.n.1; 170.o.1. 2. Turville-Petre, 91.

Magdala

»Hoher Platz« oder »Tempel«; so hieß in Herodes dreitürmigem Palast in Jerusalem das Heiligtum der Königin Mariamne. »Miriam von Magdala« (**Maria Magdalena**) war demnach entweder die Königin selbst oder eine hohe Priesterin, die die Göttin Mari verkörperte. (Siehe **Maria**.)

Magen David

Das »Schild Davids«, der sogenannte Davidstern oder das **Hexagramm**, das aus zwei ineinandergreifenden Dreiecken konstruiert ist und heutzutage als ein Sinnbild des Judentums gilt. Es wurde allerdings bis zum späten Mittelalter nicht mit dem Judentum in Verbindung gebracht, und war bis zum 17. Jahrhundert nicht offiziell als jüdisches Symbol akzeptiert.[1]

Davidstern (Hexagramm)

Der Magen David entstand ursprünglich aus dem tantrischen »Yantra aller Yantras«, einem Symbol für die Vereinigung der Geschlechter: das abwärtszeigende Dreieck repräsentierte das Weibliche, das aufwärtszeigende das Männliche, und beide zusammen drückten die ewige Einheit von Gott und Göttin aus.[2] Das Yantra gelangte durch die kabbalistische Verehrung der Sexualität in die jüdische Tradition, aber mit dem späteren Vordringen puritanischer Elemente geriet seine ursprüngliche Bedeutung zunehmend in Vergessenheit.

1. *Encyc. Brit.*, »Magen David«. 2. Zimmer, 147 (dt. 156).

Magi

Var. Magoi

»Magier«, die drei Weisen aus dem Morgenland aus der christlichen Geburtsgeschichte; sie waren nach den Aussagen persisch-essenischer Sagen die einzigen Seher, die das Auftauchen des Messiassterns deuten und so das göttliche Kind identifizieren konnten. Diese Auffassung hatte ihre Wurzel in Ägypten; dort waren die drei Weisen die drei Sterne im Gürtel des Orion, die auf Osiris' Stern Sothis (Sirius) zeigen, der »im Osten aufsteigt« und zur Zeit der Nilflut das Kommen des Heilands ankündigte. (Siehe **Osiris**.) Diese drei Gürtelsterne hießen noch im Mittelalter Magi.[1]

Als Magi wurden im frühen Christentum in Rom die Priester des Mithra (des ursprünglich persischen »Messias«), die Astrologen oder auch verschiedene Heiler und Wundertäter bezeichnet; Magi war ein allgemeiner Ausdruck für Zauberer. Die römischen Christen waren den

Magi feindlich gesinnt, aber sie sahen sich gezwungen, an der Geschichte der drei Weisen aus dem Morgenland festzuhalten, weil deren Anwesenheit ein ausdrücklicher Beweis der Göttlichkeit Jesu war.

1. Jobes, 221.

Magie

In allen Glaubensepochen herrschten, obwohl die Kirche die Magie als Teufelswerk verdammte, zahllose magische Vorstellungen und Praktiken. In Rom war die Magie legal; diese Toleranz währte bis ins frühe Mittelalter, in manchen Gegenden sogar noch viel länger. Sir Walter Raleigh pries die Magie als einen Weg zu »Kräften, die im Zentrum des Zentrums verborgen« sind. Er sagte, Magie »bringt die innersten Kräfte ans Tageslicht und zieht sie zum Nutzen der Menschen aus dem verborgenen Schoß der Natur hervor«.[1]

Der Adel und die Kirchenfürsten hielten sich Hofmagier, Astrologen und WahrsagerInnen, die ihnen halfen.[2] Die Gelehrten teilten die Magier sorgfältig in verschiedene Typen ein, um so die ketzerischen von den akzeptablen abzugrenzen. Die »Altvorderen« waren nicht zuletzt wegen ihrer großen magischen Weisheit respektiert.

Nahezu alle Manifestationen von Zauberei kennzeichnet eine Mischung aus Tradition und Verworrenheit; das betrifft besonders die Zaubersprüche und heiligen Namen, die nach allgemeiner Meinung die übernatürlichen Kräfte heraufbeschwören sollten, die für das Funktionieren der Zauberei notwendig waren. Ein Zauberer mußte zum Gelingen einer magischen Handlung Schutzsprüche aufsagen wie: »Zazaii, Zamaii, mächtigster Puidamon, stärkster Sedon, El, Yod He Vau He (das **Tetragrammaton**), Iah, Agla, steh mir unwürdigem Sünder bei, der so vermessen war, diese Allerheiligsten Namen auszusprechen, die niemand beim Namen nennen und heraufbeschwören sollte außer in sehr großer Gefahr. Ich habe zu diesen Allerheiligsten Namen Zuflucht genommen, da sich Körper und Seele in großer Gefahr befinden. Vergebt mir, wenn ich in irgendeiner Weise gesündigt habe, denn ich vertraue mich besonders auf dieser Reise allein Eurem Schutz an.« Zauberprozeduren wurden normalerweise mit einer »Beschwörung« eingeleitet, aber oft begannen sie auch mit einem Opfer, das in ganz bestimmter Weise vollzogen werden mußte. Der Grand Grimoire führte ein Beispiel an:

> *Die Hexe oder der Zauberer trennt am dritten Tag des Mondes den Kopf eines jungfräulichen Kindes auf einen Streich mit einem sauberen Schnitt ab. Zuvor wird das Kind mit Verbena und grünem Band bekränzt, und die Opferhandlung muß fernab von allen Wohnstätten stattfinden. Es wird ein sauberes, neues Messer benutzt; der Zelebrant muß die rechte Schulter entblößen und ein Weidenholzfeuer zu hellen Flammen geschürt halten. Dabei ist zu sagen: »Ich bringe dieses Wesen dir, oh großer Adonai, Elohim, Ariel und Jahweh zur Ehre und Macht und dem Glanz des Namens, der größer ist als alle Geister. Oh großer Adonai: nimm es an.«*[4]

In den Zauberbüchern standen viele aufeinanderfolgende Zaubersprüche; für den Fall, daß ein Zauberspruch seine Wirkung verfehlte und die schrecklichen Geister nicht herbeigerufen werden konnten,

Aus Giovanni della Portas Verzeichnis ging hervor, daß Zauberer von den PerserInnen früher *Magos* genannt wurden, von den RömerInnen *Sapientes*; bei den GriechInnen hießen sie *Philosophes*, bei den InderInnen *Brachmanen* oder *Gymnosophistas*; sie wurden bei den BabylonierInnen und AssyrerInnen als *Chaldeos* bezeichnet, und bei den KeltInnen hießen sie *Drydas*, *Bardos* und *Semnothen*; die ÄgypterInnen nannten sie *Sacerdoten* und die Kabbalisten *Propheten*. Die größten Magier der Geschichte waren der persische Zarathustra, der römische Numa Pompilius, Zalmoxis aus Thrakien, Buddha aus Babylonien und der ägyptische Hermes.[3]

Giovanni della Porta (1535–1615) war ein neapolitanischer Philosoph und Schriftsteller; er schrieb Komödien und verfaßte wissenschaftliche Abhandlungen über Magnetismus, Agrikultur, optische Phänomene, Kryptographie, Dampfmaschinen, Chemie, Astrologie

sollte sichergestellt werden, daß der nächste, mit noch kraftvolleren Namen ausgestattete Zauberspruch ganz bestimmt zum Ziel führte. Dämonen, die sich hartnäckig zu erscheinen weigerten, wurden mit ewigen Höllenqualen bedroht. Der frustrierte Zauberer spielte Gott und zauberte widerspenstige Geister in immer tiefere Höllengründe. Die Albernheit der Grimoires kann nur anhand ihrer eigenen Worte angemessen gewürdigt werden; hier deshalb eine Reihe Anrufungen aus dem Lemegeton oder Kleineren Schlüssel Salomonis:

> *Oh mächtiger und starker Prinz Samuel, der du auf Geheiß des Allerhöchsten Gottes, des Königs der himmlischen Herrlichkeit, der Herrscher und Regent der ersten Stunde des Tages bist; ich, der Diener des Allerhöchsten, bitte und ersuche dich bei den drei großen und machtvollen Namen Gottes, Adonai, Aglaon, Tetragrammaton und bei deren Kraft und Wirksamkeit, mir bei meinen Angelegenheiten beizustehen und mir mit deiner Macht und Autorität alle oder jeden deiner unter deiner Regentschaft stehenden Engel, den ich beim Namen nennen werde, zu senden und dazu zu bringen, vor mir zu erscheinen. Ich erbitte und verlange weiterhin, daß sie mir so, wie ich es wünschen werde, bei allen Angelegenheiten helfen, die zu ihrem Aufgabenbereich gehören, und daß sie für mich tätig werden wie für den Allerhöchsten. Amen.*

Sollte es ihm mit diesem Vertrag, der sich streng an den Buchstaben des Gesetzes hielt, nicht gelingen, die Dämonen heraufzubeschwören, nahm der Zauberer gewöhnlich Zuflucht zu Drohungen:

> *Weil du ungehorsam bist und meinen Befehlen nicht gehorchst und auch nicht den Anordnungen des Herrn, deines Gottes, werde ich, der Diener des Allerhöchsten und großartigen Gottes, des Herrn der Heerscharen, Jahweh, da ich Seine himmlische Macht und Erlaubnis habe, dich für diesen deinen Ungehorsam und deinen Widerstand zu exkommunizieren, werde ich deinen Namen und deine Seele zerstören und sie in ewigem Vergessen verbrennen, außer du folgst sofort, sichtbar und gefällig, hier zu diesem Kreis, in dieses Dreieck, in einer geziemenden und annehmbaren Gestalt, ohne mir oder irgendeinem Wesen Schaden zuzufügen und gibst auf meine Fragen vernünftige Antworten und befolgst meine Wünsche in allen Dingen.*

Die ehrwürdigen Zauberer erkannten offenbar nicht, wie absurd es ist, einen Dämon zu exkommunizieren, der wohl kaum unter Druck gesetzt werden konnte, indem seine Beziehungen zur Kirche zerstört wurden, da seine Beziehungen zu Gott wahrscheinlich schon längst abgebrochen waren. Ungeachtet dessen wurde Zauberern folgender Fluch für eine Exkommunikation empfohlen:

> *Da du immer noch böse und ungehorsam und nicht zu erscheinen gewillt bist, um mich über das zu informieren, was ich zu wissen begehre; deshalb also, im Namen und mit der Macht und Würde des Allmächtigen und Unsterblichen Gottes, des Herrn der Heerscharen, Jahweh Tetragrammaton, alleiniger Schöpfer des Himmels, der Erde und der Hölle, mit allem was dazugehört, der wunderbare Lenker aller sichtbaren und unsichtbaren Dinge, verfluche ich dich hiermit und beraube dich all deiner Ämter, Macht und Würden; ich zwinge dich in die Tiefe des bodenlosen Abgrunds, auf daß du dort, in dem für die rebellischen Geister vorbereiteten Meer aus Feuer und Schwefel, bleibest bis zum Jüngsten Gericht. Alle Himmelsbewohner mögen dich mit dem Bann belegen; die Sonne, der Mond, die Sterne und das Licht der himmlischen Heerscharen sollen dich in das unauslöschliche Feuer, zu unsäglichen Qualen verdammen; und so wie dein Name und deine Seele in dieser Schachtel gefangen*

und Dämonenkunde. Auf ihn geht die Gründung der Accademia dei Segreti zurück, die später von der Inquisition unterdrückt wurde.

Grand Grimoire
Eine der beliebtesten Renaissancesammlungen von Sprüchen, Exorzismen, Beschwörungen und Zauberrezepten.

> *sind, um darin an schwefligen und stinkenden Substanzen zu ersticken und in diesem materiellen Feuer zu verbrennen, so, im Namen Jahwehs und bei der Macht und Würde der drei Namen, Tetragrammaton, Anexhexeton, Primematum, sollen all diese dich, oh du ungehorsamer Geist X, in das Flammenmeer jagen.*

Für den Fall des Mißlingens ließen sich in den Grimoires viele Entschuldigungsgründe finden. Das Zubehör mußte mit ungeheurer Sorgfalt behandelt werden, und es waren komplizierte Zaubersprüche, entkräftende Reinigungen, Fasten und Buße nötig. Die Listen heiliger Namen und Worte der Kraft in den Grimoires waren lang und schwer zu behalten – und ein wortwörtliches Aufsagen war absolut notwendig. Die Magie lag eindeutig jenseits des Fassungsvermögens von Faulen, Dummen oder Ungebildeten. Sie lag leider auch außerhalb der Reichweite der allzu vertrauensseligen Gebildeten.

Ein Grimoire mit dem Namen *Little Albert* enthielt ein unfehlbares Rezept zur Anfertigung eines Ringes, der unsichtbar machen konnte; in den Ring mußten allerdings unbedingt drei Haare vom Kopf einer Hyäne eingeflochten werden.[6] Es gab natürlich in Europa nur wenige Hyänen, aber selbst wenn eine hätte gefunden werden können, wären ihre Kopfhaare zu kurz gewesen, um in einen Ring eingeflochten zu werden. Ähnlich undurchführbare Vorschriften tauchten in allen Zauberbüchern auf. Je unfehlbarer der Zauber angeblich war, als desto schwieriger erwies sich seine Durchführung.

Der Glaube an Zauberei entsprach dem Glauben an die Religion. Beides beruhte auf priesterlichen Zeremonien und verbalen Beschwörungen. Beides schloß die Anrufung einer übergeordneten Macht ein – sogar derselben Macht. Zauberei wie Religion verwendeten den Namen als Träger von Anrufung und Beschwörung. Die fromm praktizierte Magie wandte ebenso wie die unfromme Magie Tausende unzeremonieller Zaubersprüche an wie den folgenden, der 1785 empfohlen wurde und mit dem es möglich sein sollte, die Gewinnzahlen der französischen Nationallotterie herauszufinden:

> *Herr Jesus Christus, der du sagtest: »Ich bin der Weg, die Wahrheit und das Leben«, da du die Wahrheit in Ehren hieltest und mir die Geheimnisse deiner Weisheit offenbartest, durch die mir heute nacht wieder die unbekannten Dinge enthüllt werden, die dem Geringen sicher nicht enthüllt werden, sende mir die Engel Uriel, Rubiel und Barachiel, auf daß sie mir mitteilen, welche Zahlen ich wählen muß, um zu gewinnen, bei Ihm, der kommen wird, zu richten die Lebenden und die Toten und die Zeiten durch das Feuer.*[7]

Die Zaubersprüche der Landbevölkerung waren meist ungeschliffener und kamen ohne die geheimen Namen und wortreichen Anrufungen aus, wie die geschriebenen Anweisungen sie enthielten. Ungebildete Zauberinnen praktizierten lediglich magische Handlungen wie den folgenden einfachen Landzauber zur Heilung von Lahmheit:

> *Nimm Schweinedung und Knochen und tu alles zusammen, halte es in deiner linken Hand, nimm in die andere Hand ein Messer und steche dreimal in die Medizin, dann werfe dieselbige in das Feuer, nimm besagtes Messer und steche dreimal von unten in einen Tisch und laß das Messer dort stecken; danach nimm drei Blätter Salbei und genausoviel Johanniskraut und gib dies in Ale und trinke es als letztes am Abend und als erstes am Morgen.*[8]

Die Patientin einer Zauberin bestätigte, daß ihr diese Prozedur tatsächlich »Erleichterung ihrer Lahmheit« gebracht habe. Wir mögen darüber lachen, aber heutzutage wird manchmal genauso fauler Zauber verbreitet – oft gegen Bezahlung und auch von den Kirchen selbst. Eine der führenden Kirchen Philadelphias verkaufte 1880 gesegnete Kerzen, die garantieren sollten, daß der Käufer für ein Jahr lang von allen Halserkrankungen verschont bliebe. Man hielt zu diesem Zweck eine Predigt und führte sieben Beispiele für wundersame Heilungen an.[9] Auch 1970, ein Jahrhundert später, gab es augenscheinlich immer noch eine Menge ausbeutbarer Gläubiger; ein geschäftstüchtiger Seher verkaufte per Radiowerbung Heilkleidung: »Ich lege meine Hände auf ein Kleidungsstück«, sagte er. »Gottes heilende Kraft, die ich vor vier Jahren empfing, habe ich auf die Kleidung übertragen, die ich Ihnen schicken werde.«[10]

Die ChristInnen haben Magie praktiziert, seit es die Christenheit gibt. Isaak von Antiochien beklagte im 5. Jahrhundert, daß nicht nur das Volk, sondern auch Geistliche »die Zauberformeln der Zauberer mit sich herumtragen; und statt des heiligen Kreuzes, seht, haben sie Bücher des Teufels dabei ...; ein Kind führt Teufelsnamen mit sich und kommt damit zur Kirche.«[11] Heidnischen Amuletten wurde also oft eine viel größere Schutzkraft zugetraut als christlichen Amuletten. Der heilige Hieronymus persönlich erklärte, daß ein Saphiramulett »die Gunst von Fürsten verschafft, Feinde besänftigt und vor Gefangenschaft bewahrt«.[12]

Christliche Autoritäten behaupteten, ein Amulett, das viele geheime Namen Gottes enthalte, würde seinen Träger garantiert vor einem schlimmen Tod schützen. Papst Urban V. empfahl eine Wachstafel, genannt *Agnus dei* (Lamm Gottes), als sicheren Schutz gegen Blitz, Feuer und Wasser; sie sollte auch als Zauber für eine leichte Geburt und die Vergebung der Sünden wirken. Die Kirche verkaufte unter anderem Zauber, um Pferdehufe vor Rissen zu schützen, Krankheiten abzuwenden und zur Steigerung der sexuellen Potenz. Jungen Frauen, die sich ihr Haar lang wachsen lassen wollten, wurde empfohlen, Haarlocken vor ein Bildnis des heiligen Urban zu hängen. Aber die ChristInnen hatten auch böse Zauber. Sie glaubten, ein Mann müßte binnen eines Jahres sterben, wenn ein Priester den 108. Psalm »gegen ihn« spräche.[13] Der Messe wurden mächtige Zauberkräfte für gute wie schlechte Zwecke zugesprochen. Messen konnten für Heilung, Fruchtbarkeit, für den magischen Schutz des Viehbestandes, von Häusern, Booten usw. gelesen werden; es sollte auf diese Weise sogar möglich sein, Feinde umzubringen. In der Kirchenliteratur ist vom 7. bis zum 15. Jahrhundert von Priestern die Rede, die durch das Lesen der Totenmesse für noch lebende Personen deren Tod herbeiführen konnten.[14]

Noch bis zum 17. Jahrhundert hielt sich die Überzeugung, daß ein Traum, der den Verbleib eines gestohlenen Artikels enthüllte, erreicht werden konnte, indem unter das Kissen eine Wachstafel mit den Namen der drei Weisen aus dem Morgenland – Jasper, Melchisor (sic) und Balthasar – gelegt wurde. Eine andere Art Zaubertraum, in dem das Gesicht der zukünftigen Gattin zu sehen war, konnte herbeigeführt werden, indem man unter sein Kopfkissen eine Bibel mit einer kleinen Geldmünze im Buch Rut legte.[15] In vielen Zaubersprüchen wurden die Namen von Aposteln genannt:

Der Teufel macht einen Knoten in mein Bein!
Markus, Lukas und Johannes, ich bitt' euch, löst ihn;
Wir machen drei Kreuze, um uns zu befrein:
Zwei für die Diebe und einen für Jesus Christus![16]

Priester versuchten häufig, Menschen aus dem Volk dadurch zu beeindrucken, daß sie ihnen einfache Zaubersprüche beibrachten. Eine Magd bekam von einer alten Frau einen Zauberspruch mitgeteilt, durch den die Butter im Butterfaß gelingen sollte; diese alte Frau erzählte, ihre Mutter habe ihn von einem »gelehrten Kirchenmann aus den Tagen der Königin Mary, als die Kirchenmänner noch schlauer waren und den Leuten viele Tricks beibringen konnten, von denen unsere Priester den lieben langen Tag nichts verstehen«.[17] Die typische christliche Magie umfaßte Zaubersprüche zur Geisterbeschwörung, Heilung, Segnung oder zum Exkommunizieren; weiter das Tragen von Amuletten, wie Kruzifixe, St. Christophorus-Münzen und Papierstückchen mit biblischen Texten; die Benutzung von Weihwasser; die Geisterbeschwörung; und natürlich generell den Glauben an Wunder – denn »Magie« und »Wunder« waren nur unterschiedliche Worte für ein und dasselbe.

1. J. B. Russell, 55, 143. 2. Lea ungek., 772. 3. Shumaker, 235.
4. Ravensdale & Morgan, 72. 5. Waite, C. M., 77ff. 6. Waite, C. M., 310.
7. Givry, 310. 8. Rosen, 114. 9. Leland, 42. 10. Bromberg, 179. 11. Angus, 51.
12. Hazlitt, 6. 13. Scot, 165, 186, 188, 201, 216. 14. Cavendish, P. E., 224.
15. Hazlitt, 22, 189. 16. Ders., 363. 17. Ders., 84.

Magna Dea

Die »Große Göttin« Syriens, die besonders in Hierapolis, der »Heiligen Stadt«, verehrt wurde. Den Titel erhielten alle Göttinnen im ganzen römischen Reich, denn dort hatte sich, bevor das jüdische, persische und christliche Patriarchat dazwischentrat, eine Neigung zum weiblichen Monotheismus herausgebildet.

Magnaten

»Landbesitzer«, mittelalterliche Adlige; die Bezeichnung stammt möglicherweise von den Magneten oder Kentauren des Balkans. Das Vorbild jeder europäischen Militäraristokratie waren berittene Krieger: Spanische Caballeros, französische Chevaliers, englische Cavaliers, deutsche Ritter – das alles bedeutete einfach nur »Reiter«.

Magog

»Mutter von Gog«, der biblische Name der skytisch-amazonenhaften Großen Göttin und ihres Landes im Norden; von dort sollten angeblich berittene Krieger kommen, vor denen sich die Semiten, nach den ausführlichen Verfluchungen und Beschwörungen der Propheten zur Zurückschlagung dieser Krieger zu urteilen (Ezechiel 38), sehr fürchteten.

Die Autoren der Genesis machten Magog zu einem »Sohn« von Jafet (Genesis 10, 2), obwohl Jafet selbst kein hebräischer Held war, sondern eine aus der griechischen Mythologie entliehene Gestalt: der Titan Iapetus.[1] Aus dieser Vermischung erwuchs der Glaube, daß Magog männlich und ein Riese sei, weil der Sproß eines Titanen natürlich auch ein Titan sein mußte.

Von westasiatischen Stämmen wurde Magog weiter als Göttin verehrt, aber in Europa stellte man sich »Gogmagog« im allgemeinen als einen dämonischen Koloß vor. »Ma« verschmolz mit dem keltischen *mac*, und daraus ergab sich die Auslegung »Gog, Sohn des Gog«. Mit Gog und Magog wurde üblicherweise ein Paar riesiger Gestalten bezeichnet, speziell Gestalten heidnischer Gottheiten. In den Zauberbüchern der Renaissance tauchen »Gog und Magog« seltsamerweise als zwei der Unaussprechlichen Namen Gottes auf.[2]

1. Graves, W. G., 253 (dt. 280). 2. Waite, C. M., 277.

Maha-Nila-Sarasvati

»Große Blaue Flußgöttin«, ein Hindu-Name für die Mutter der Wasser; vielleicht stammt daher der Name Nil.[1] Für die Menschen war das Wasser der Göttin Sarasvati früher unentbehrlich zum Salben von Königen, für kultische Reinigungen und Taufen.

1. Woodroffe, 193.

Maharis

»Mutterschaft«, die soziale Kerneinheit der Sippen in Assam, wo die Familien matrilinear organisiert waren. (Siehe **Mutterschaft**.)

Maharutti

Das tantrische »Große Ritual«, die geschlechtliche Vereinigung zwischen der menstruierenden Göttin und ihrem auserwählten Bräutigam Shiva, dem Verdammten, der kurze Zeit später starb und zu Shava, dem Leichnam wurde. *Maharutti* war also beides, ein *Hieros Gamos* (Heilige Hochzeit) und ein Liebestod. (Siehe **Sexualität**; **Tantrismus**.)

Mahatma

Ein Hindu-Weiser; buchstäblich heißt das Wort »Große Mutter«; es ist in derselben Weise maskulinisiert, wie das semitische *ima*, »Mutter«, zu *imam*, einer Bezeichnung eines männlichen Weisen, wurde. Die ursprünglichen *mahatmas* waren die obersten Matriarchinnen oder *matrikadevis*.

Mahdi

Ein von der Mondgöttin Mah Geleiteter, Gesendeter oder Geschenkter; der arabisch-moslemische Titel des verheißenen Messias, der später zum herbeigesehnten Ritter der mitteleuropäischen Romantik wurde. Er war im wesentlichen identisch mit dem letzten Avatara Buddhas, dem

Kalki, der noch auf der Erde erscheinen soll; er glich auch dem persischen Messias oder dem Christus bei seiner letzten Wiederkunft. Der Mahdi sollte von der »Paradiesjungfrau« (*Pairidaeza*) geboren werden, die auf der Erde den Geist der Mondgöttin verkörperte. Sein Kommen wurde so sehr herbeigesehnt, daß viele historische Führer behaupteten, ihn zu verkörpern.

Nachdem Arabien zum Islam konvertiert war, wurde allgemein angenommen, daß der Mahdi von Allah gesandt werden würde. Aber das Konzept des Mahdi war viel älter als der Islam. Sein Titel deutet darauf hin, daß er in den allerfrühesten Zeiten, als die Mondgöttin ganz Arabien beherrschte, ein Sohn des Mondes war; einer ihrer ältesten Namen war Mah.[1] (Siehe **Ma.**)

1. *Larousse*, 311.

Mai

Der Mai war in Skandinavien der Jungfrau Maj geweiht, die sowohl Maria als auch die jungfräuliche Mutter der Heiden war. Im sächsischen England hieß der Monat Sproutkale: die Zeit des Sprießens der jungfräulichen Mutter Erde unter ihrem archaischen arischen Namen Kale, Kelle oder Kali. Den Namen Tri-Milchi für den Monat leitete Beda Venerabilis etwas unglaubwürdig aus einer Theorie ab, nach der die sächsischen Kühe im Mai dreimal täglich Milch gaben.[8] Eigentlich war damit wohl die Erscheinung der dreifachen Göttin in der Form von drei Kühen gemeint.

Der Monat von Maya oder Maia, der jungfräulichen Frühlingsgöttin; sie hieß in Nordeuropa die Jungfrau Maj oder Mai.[1] Im Mai trugen die Menschen traditionell zu Ehren des neuen Gewandes der Erdmutter frisches Grün und liebten sich in den frisch gepflügten Feldern, um damit das Wachstum des Getreides zu fördern. Bis ins 16. Jahrhundert hinein war der Mai im ganzen ländlichen Europa ein »Honey-Moon« der sexuellen Freiheiten.[2] Vorhandene Ehebande waren zeitweise außer Kraft gesetzt. Der Spruch, daß »nur schlechte Frauen« im Monat Mai heiraten, war möglicherweise ein Überbleibsel früherer Tabus gegen Hochzeiten im freizügigen Monat.[3]

Dennoch war zum Beispiel das »Maireiten« Rest eines göttlichen Hochzeitsrituals; Ritter und Damen ritten dabei paarweise in den Wald, angeführt von der Maikönigin auf einem weißen Pferd und ihrem männlichen Gefährten auf einem schwarzen. Sie personifizierten Frey und Freya, »den Herrn« und »die Herrin«. Ihre Vereinigung in jedem Frühling war ein Akt der Fruchtbarkeitsmagie.[4]

Am Abend vor dem ersten Mai fanden die großen Frühlingsfestlichkeiten der »Hexen« statt. Ihnen entsprach Halloween am entgegengesetzten Pol des Jahres. Der Abend vor dem ersten Mai war in Deutschland als Walpurgisnacht bekannt, in Irland und Schottland als Beltane oder Baltein, an dem symbolisch der Gott Baal, Bel oder Baldur verbrannt wurde. Manchmal verkörperte ihn ein vom Los ausgewählter Mann, der durch die Maifeuer sprang, die im ländlichen Skandinavien noch immer »Balders Scheiterhaufen« genannt werden.[5] Diese Bräuche gingen eindeutig auf das wirkliche Verbrennen des Mannes zurück, der den Gott in seinem Liebestod repräsentierte.

Der Maikönig mittelalterlicher Dichtungen übernahm die Bräuche der heiligen Könige Dianas. Er gewann auf dem Fest des Himmelfahrtstages im Mai nach einem Kampf mit ihrem vorherigen König die »Königin des Zauberwaldes« (die Große Göttin). *Le Chevalier de la Charette* nannte ihn Meliagaunce, Fürst des Landes ohne Wiederkehr (er war ein Herr des Todes). Sein Name wurde im *Morte d'Arthur* zu »Mellyagaunce« verfälscht; dieser lüsterne Maikönig war der rituelle

Liebhaber der Königin Ginevra und führte die sexuellen Spiele des ersten Mai an.[6] Ein Dichter des 15. Jahrhunderts setzte diesen Maikönig mit Christus gleich, der wie die heilige Rose des Mai war: »Die rote Blume, die Maria trug.«[7]

In Gestalt des Maibaums wurde der Phallus des Gottes in den Schoß der Erde gepflanzt. Die Tradition des Maibaumes kam ursprünglich nicht aus Europa, sondern war eine direkte Anleihe aus Indien; dort ist er noch immer »der große Lingam«.[9] Sein phallischer Symbolismus wurde im England des 16. Jahrhunderts noch verstanden; eine Schmähschrift des puritanischen Schriftstellers Philip Stubbes läßt das deutlich erkennen:

> *Im Mai, zu Pfingsten oder einer anderen Zeit laufen alle jungen Burschen und Mädchen, alten Männer und Weiber nachts in Wälder, Haine, Hügel und Berge, wo sie die Nacht bei angenehmer Kurzweil verbringen. Des Morgens kehren sie zurück mit Birkenbäumen und Zweigen, um ihre Zusammenkünfte zu verschönen. Kein Wunder, denn ein großer Herr ist unter ihnen und beherrscht ihre Vergnügungen und Spiele, nämlich Satan, der Fürst der Hölle. Aber der größte Schatz, den sie von dort mitbringen, ist ihr Maipfahl, den sie voller Ehrfurcht auf folgende Weise heimtragen: sie haben zwanzig oder vierzig Joch Ochsen, von denen jeder einen süßduftenden Strauß an die Hörner gebunden bekommt, und diese Ochsen ziehen den Maipfahl (vielmehr dieses stinkende Götzenbild), das über und über mit Blumen und Gräsern bedeckt, mit Schnüren umwunden und manchmal in verschiedenen Farben bemalt ist, nach Hause. Zwei- bis dreihundert Männer, Frauen und Kinder folgen in tiefer Ehrfurcht. Sie richten ihn dann auf, Tücher und Fahnen flattern an der Spitze, und sie bestreuen den Boden ringsherum, binden grüne Zweige darum und stellen Sommerlauben und Blätterbogen daneben auf. Und alsdann beginnen sie darum zu tanzen, gleichwie die Heiden es taten, wenn ein Götzenbild geweiht wurde, wovon dies ein vollkommenes Abbild ist, oder vielmehr es ist die Sache selbst.*[10]

Junge Männer und Frauen gingen in den Wald, und nur wenige kehrten »ungeschändet« wieder, wie der Beobachter feststellte. Nach den Aussagen Spelmans fielen die ländlichen Burschen und ihre Freundinnen aus dem seltsamen Grund, daß sie »in einen Nebel des Abschweifens von ihrem Weg gehüllt waren, in den Gräben übereinander her«. Douce hegte keinen Zweifel am heidnischen Ursprung des Festes: »Die Maikönigin ist bei den römischen Festlichkeiten die anerkannte Repräsentantin der Göttin Flora.«[11] Stuckeley beschrieb die Maifeiern von 1724 folgendermaßen:

> *Es gibt in der Nähe von Horn Castle, Lincolnshire, wo möglicherweise in römischen Zeiten eine Herme stand (herm, phallische Säule), einen Maibaum. Die Burschen feiern am 1. Mai das jährliche Fest der Floralia, indem sie mit Maigerten (wie sie sie nennen) in ihren Händen eine Prozession zu diesem Hügel durchführen. Es handelt sich dabei um einen weißen Weidenstab, dessen Rinde abgeschält und mit Himmelsschlüsselchen umwickelt ist, ein Thyrsus der Bacchanten. In der Nacht vergnügen sie sich mit einem Freudenfeuer und anderen Lustbarkeiten, es ist wirklich ein Opfer, ein religiöses Fest.*[12]

Die Kirche war natürlich gegen dieses religiöse Fest. Bischof Eligius von Noyons bat im 7. Jahrhundert seine frisch bekehrten Schäfchen, mit den sexuellen Mairiten aufzuhören – ohne Erfolg.[13] Der Monat wurde tausend Jahre später immer noch »Hexen« übergeben. In Treves läuteten im 17. Jahrhundert den Mai über nachts die Kirchenglocken, um »die Stadt vor fliegenden Hexen zu schützen«.[14]

Einige wenige Stimmen erhoben sich gegen die kirchlichen Beschränkungen der Aktivitäten im Wonnemonat. William Fennor beklagte in seiner *Pasquil's Palinodia* (1619) die neuen puritanischen Gesetze gegen die Mairiten:

Als sie noch nicht durch launische Schutzmänner gestört wurden,
Noch Friedensrichter sie an die Kandarre zu nehmen trachteten,
Noch grämliche Puritaner der schimpfenden Sorte,
Noch überschlaue Kirchenhüter den Spaß verdarben,
Waren die Zeiten glücklich und die Tage harmlos
(Denn dann fanden sich wahre Liebe und Freundschaft),
Als jedes Dorf einen Maibaum errichtete,
Und es Witson-Ale und Maispiele im Überfluß gab ...
Aber seit die Sommerbäume umgerissen wurden,
Und alle guten Späße und Belustigungen verschwanden,
Wie haben sich die Zeiten und Menschen geändert, das ist nur allzu bekannt,
Es wäre verlorene Liebesmüh, mehr zu sagen.
Oh weh, arme Maibäume; was sollte der Grund sein,
Daß ihr fast von der Erde verbannt wurdet?
Die ihr euch doch niemals gegen die Gesetze aufgelehnt habt;
Euer größtes Verbrechen war harmlos, aufrichtig fröhlich ...
Irgendein glühender, eifernder Bruder, voll übler Laune,
Der die ganze Welt in ihrer tiefen Weisheit verachtet,
Konnte nicht ertragen, den Maibaum zu sehen,
Der eine Narrenkappe trug, höher als seine Hörner:
Er nahm ihn als ein Götzenbild und das Fest
Als Opfer für dieses gemalte Biest.[15]

1. Steenstrup 32. 2. Briffault 3, 198. 3. W. Scott, 84. 4. Gelling & Davidson, 163. 5. Frazer, G. B., 717, 769 (dt. 884). 6. Rees, 285. 7. Wilkins, 155. 8. Brewster, 220. 9. Woodroffe, 517. 10. Frazer, G. B., 142 (dt. 179). 11. Hazlitt, 399ff. 12. Ders., 402. 13. Spence, 104. 14. Robbins, 512. 15. Hazlitt, 404.

Maia

»Großmutter der Magie«, die Mutter des Hermes, dem Erleuchteten der Griechen; sie war auch die westliche Version der **Maya**, »Magie«, der Mutter des erleuchteten Buddhas der Hindus. In Maia waren die Kräfte der Transformation und materieller »Erscheinungen« personifiziert; dieselben Kräfte wurden der Maya-Kali zugesprochen, die mittels ihrer Magie das Universum schuf. Griechische Autoren nannten eine der Plejaden Maia, betrachteten sie aber auch als die Große Göttin der Mai-Festlichkeiten, der Erneuerung und der Wiedergeburt. Maya machte ihren Sohn Hermes zum Führer der Seelen in die Unterwelt, so wie durch die Maya der Hindus ihr männliches Gegenstück Ya-Ma zu einem Führer der Seelen und einem Fürsten des Todes wurde.[1]

1. Graves, W. G., 179 (dt. 202).

Maira

Ein gnostischer Name des Isis-Sterns, der Venus oder der Stella Maris; als Stella Maris wurde auch die Jungfrau **Maria** bezeichnet. Der Stern repräsentierte die Welt-Seele.

Maithuna

Ein tantrischer Ausdruck für den *coitus reservatus*, den sexuellen Verkehr als eine der fünf Wohltaten, die Kali der Menschheit schenkte. Die anderen vier waren: *mayda*, Wein; *mamsa*, Fleisch; *matsya*, Fisch; und *mudra*, Frau.[1] Die sexuelle Technik *Maithuna* ermöglichte es dem Mann, sich die angeborene magische Weisheit der Frau zu eigen zu machen. (Siehe **Tantrismus**.)

1. Campbell, Or. M., 359.

Malinalxochitl

Die Urmutter der aztekischen Mythologie und Herrscherin über alle Menschen und Tiere, bis sie von ihrem Bruder, dem göttlichen Führer der patriarchalischen Azteken, gestürzt wurde. Nach ihrer Niederlage wurde sie verteufelt.

Mama

Var. Mamaki, Mamata

Die Bezeichnung der Großen Göttin **Ma** oder Mama; dies ist auf der ganzen Welt das Grundwort für »Mutterbrüste«. Mutter Kali war manchmal Mamaki, der Geist der »Fruchtbaren Wasser« der Welt. Sie war auch Mamata, der Geist des »Meinigen« oder Besitzes, der durch das Blut der Mütter die Mitglieder der matrilinearen Verwandtschaftsgruppe miteinander verband.[1] In Mesopotamien hieß sie Mami, Mammitu oder Mama, die Schöpferin; sie schuf die Menschheit aus Lehm und nährte ihre Geschöpfe mit ihren magischen Säften.[2]

1. Campbell, Or. M., 216. 2. Neumann, G. M., 136.

Mammisi

Ein ägyptischer »Mutterschaftstempel«, der normalerweise zur Ehrung der Mutterschaft der Königin gebaut wurde, nachdem sie ihr erstes Kind geboren und so der Großen Göttin gleichgeworden war. Auch Königin Kleopatra besaß einen *Mammisi*, der nach der Geburt ihres ersten Kindes zur Ehrung ihrer Mutterschaft gebaut wurde. Er stand noch im 19. Jahrhundert n. Chr., ist aber inzwischen verschwunden. (Siehe **Kleopatra VII**.)

Mammon

Der mittelalterliche Dämon des kaufmännischen Geschäftssinnes; sein Name bedeutete »Reichtum«. Mammon bezeichnete im Mittleren Osten ursprünglich das reiche Strömen aus den unerschöpflichen Brüsten der Großen Göttin (*mammae*), das alle ihre Kinder nährte; in Babylon hieß sie Mami oder Mammitu (Mutter), in der Bibel taucht sie als Mamre auf. In einigen sumerisch-babylonischen Schriften wurde sie als »Mammetun, die Mutter des Schicksals« bezeichnet.[1]

Jesu Vorschrift: »Du kannst nicht beiden dienen, Gott und Mammon« (Lukas 16, 13), verlangte eine Entscheidung zwischen Gott und Göttin, und das in einer Zeit, als ihre Tempel reicher und prächtiger waren als seine. Die Evangelien fordern dazu auf, ihre Altare zu zerstören und ihr ihre Reichtümer wegzunehmen – offensichtlich ein eifersüchtiger Angriff auf die »vielbrüstige« Göttin, die von »der ganzen Provinz Asien und von der Welt verehrt« wurde (Apostel 19,27). Sie galt wie die orientalische Göttin Erde (Artha, »Reichtum«) als Symbol für materiellen Wohlstand, denn ihre Tempel waren voll davon, und ihre Erde war die letzte Ursache aller Dinge.[2]

Wenn die Dämonologen Göttinnen verteufelten und der Hölle übergaben, maskulinisierten sie sie meist. Selbst Asthoreth oder Astarte war in der Hölle ein Mann. Mit Mammetun passierte offenbar so ziemlich dasselbe: sie wurde in einen »Fürsten« des Reichtums verwandelt. Weyer machte sie/ihn zu einer Würdenträgerin der Hölle und Höllenbotschafterin in England, was vielleicht den Unmut über den englischen Handelsgeist widerspiegelte.[3]

1. *Gilgamesh*, 107. 2. Cavendish, P. E., 238. 3. Waite, C. M., 186f.

Mamokoriyoma

Die Urmutter der Yanomamo-Stämme; sie gebar die ersten Menschen und führte das Ritual des **Kannibalismus** ein.

Mamom

»Großmutter«, der älteste Töpferstil der Mayas; er war den Frauen geweiht und wurde auch von Frauen entworfen und gestaltet. (Siehe **Töpferei**.)

Man(n)

Im ursprünglichen Altnordischen bedeutete *man* »Frau« (engl. wo*man*).[1] Das Wort für »Mann« war nicht *man* sondern *wer*, aus der Sanskritwurzel *vir*, wie in *wer-wulf*, dem Wolfsmann.[2] Bei den skandinavischen und anderen Stämmen Europas wurde mit Man der Mond, die Schöpferin aller Wesen, bezeichnet. Selbst im Rom der Kaiserzeit war Man oder Mana die Mutter aller *manes* oder Ahnengeister. Die Sanskritwurzel *man* bedeutete »Mond« und »Weisheit«, und dies waren die beiden wichtigsten Attribute der Großen Göttin.[3]

Die heidnischen Skalden dichteten eine Gruppe von Liebesliedern, die dem weiblichen Prinzip des Mondes und seiner irdischen Inkarnation, der Frau, geweiht waren; dies waren *mansongr*, »Frauenlieder«. Die katholische Kirche verbot sie ausdrücklich.[4]

Die englische Isle of Man war früher der Mondgöttin geweiht; diese Mondgöttin war manchmal eine Seejungfrau oder eine androgyne Aphrodite und bewahrte die Seelen der Menschen in »umgedrehten Töpfen« auf – Grabhügeln und Bienenkorb-Grabmälern.[5] Es gab in Ostjütland Ganggräber, in denen aufgrund einer Begräbnissitte der Eisenzeit lauter umgedrehte Töpfe standen.[6] Denselben Brauch gab es in Südamerika; dort brachte der Mond die Seelen fort und setzte sie unter umgedrehte Töpfe.[7] Die Isle of Man war offenbar eine heilige

Toteninsel. Der Name ihrer Gottheit wurde wechselnd mit Man, Mana, Mana-Anna oder Manannan wiedergegeben.

Auf der Insel stand ein »Zauberpalast« mit einer Krypta oder Kapelle mit dreizehn Säulen; dreizehn war die heilige Zahl des alten Mondjahres. Es wurde von jedem Besucher erwartet, daß er die Säulen zählte. Wer die Zählzeremonie unterließ, wurde in der Krypta festgesetzt, wo sich offenbar eine dem Mond geweihte Begräbnisstätte befand. Diese Stätte wurde später durch »auf den Boden geschüttetes Salz« zerstört – eine Anspielung auf die christliche Angewohnheit, heidnische Heiligtümer einzuebnen und den Boden mit Salz zu bestreuen, um ihn unfruchtbar zu machen.

In einer Legende von der Isle of Man erscheint die Mondgöttin als eine Feenkönigin, die manchmal alle Männer »ins Meer« führte, »wo sie umkamen«. Sie kamen vermutlich erst um und wurden dann, wie in dem alten nordischen Ritual, den Wellen übergeben. Die Feenkönigin konnte der Vernichtung durch die Priester dadurch entgehen, daß sie die Gestalt eines Zaunkönigs annahm, woraufhin fromme Männer der Isle of Man Zaunkönigjagden organisierten. Hieraus entstand der Brauch, an jedem Neujahrstag eine Anzahl der kleinen Vögel umzubringen, um »Jenny Wren«, die Fee, zu töten. Federn der erschlagenen Vögel bewahrten Seeleute angeblich vor dem Schiffbruch, und kein Seemann von der Isle of Man wagte es, ohne eine solche Feder in See zu stechen.[8] Die Zaunkönigsjagden stammten möglicherweise aus vorchristlichen Zeiten, und die Legende von der Feenkönigin wurde als neue Erklärung dazuerfunden. Bevor die Missionare kamen, waren die Zaunkönige wahrscheinlich die der Göttin geweihten »Seelenvögel«. Die Druiden hielten laut Vallencey die Zaunkönige für die verehrungswürdigsten Vögel überhaupt. »Der diesem Vogel entgegengebrachte abergläubische Respekt war den ersten christlichen Missionaren ein Dorn im Auge, und aufgrund ihrer Anordnung wird dieser Vogel noch immer am Weihnachtstag von den Bauern gejagt und getötet; am folgenden Tag (dem Tag des heiligen Stephanus) wird er zwischen zwei rechtwinklig ineinandergesteckten Ringen an den Beinen aufgehängt und so herumgeführt.«[9]

Die Göttin oder der Gott Mana-Anna oder Mannanan wurde als ein »Sohn des Lir« von Sidh Finnaha maskulinisiert. Lir war identisch mit Shakespeares König Lear, der drei Töchter, aber keinen Sohn hatte.[10] Die Quelle, die Shakespeare benutzt hat, scheint also darauf hinzudeuten, daß dieses Kind Lirs ursprünglich die Dreifache Göttin war, denn eine der sogenannten Töchter, Cordelia, war in Wirklichkeit Creiddylad, und das war ein anderer Name für die Feenkönigin.[11]

1. Steenstrup, 105. 2. J. B. Russell, 55. 3. Woodroffe, 178. 4. Turville-Petre, 176. 5. Spence, 126, 158; Keightley, 259. 6. H. R. E. Davidson, P. S., 34. 7. Eliade, S., 327. 8. Hazlitt, 387ff. 9. Ders., 666. 10. Goodrich, 177. 11. Graves, W. G., 183 (dt. 215).

Mana

Var. Mania

Es gab in nahezu allen Sprachen ein Wort wie »Mana«, das immer weibliche Kraft, Mond-Geist, Magie, übernatürliche Kräfte und Gottheit bedeutete. *Mana* gelangte über anthropologische Studien im Südpazifik wieder in die englische Sprache zurück; in diesen Studien wurde das Wort folgendermaßen beschrieben:

> *Das Mana ist der Stoff, durch den die Magie wirkt … es geht unmittelbar von der Natur der heiligen Person oder der geheiligten Sache aus oder mittelbar, weil es von einem Geist der Person oder Sache verliehen wurde … Der Kult der Heiligenreliquien entspringt dem Glauben, daß die Körper der Heiligen, ob tot oder lebendig, Mana besäßen.*[3]

Mana kann mit der hinduistischen Jungfrau-Göttin *Maya*, »Kraft«, und der arabischen Jungfrau-Göttin *Manat* verglichen werden, deren Name »Schicksal« bedeutete und die den dreifachen Mond repräsen-

Das Mana regierte auch die Unterwelt, die bei den Finnen Manala heißt.[6] Die Römer kannten eine sehr alte Göttin Mana oder Mania, die das unterirdische Land der schon lange Verstorbenen beherrschte: die Seelen der Verstorbenen, die *manes*, waren ihre Kinder. Sie lebten in einer Grube unter dem *lapis manalis* auf dem Forum und kamen hervor, um am alljährlichen Festtag der Maniae ihre Opfer entgegenzunehmen.[7] Die Göttin Mania erschien bei dieser Gelegenheit in einer Schreckensmaske, die dem fürchterlichen Altweiber-Gesicht der Medusa oder der Zerstörenden Kali glich.[8]

Mania war in klassischen Zeiten nicht nur ein Geist des Todes oder des Wahnsinns. Ihre »Mond-Verrücktheit« oder ihr »Wahnsinn« wurden als Offenbarung des Göttlichen verstanden, die mit Dankbarkeit anzunehmen war. Sokrates sagte: »Die größten Segnungen erreichen uns durch *mania* ... Wahnsinn, der von [der Gottheit] kommt, ist der geistigen Gesundheit menschlichen Ursprungs überlegen.«[9] Mit anderen Worten: Mana-Mania war die Muse. Die Gnostiker sagten, Mana sei »der göttliche Geist im Menschen«; und die Große Mana oder Mana der Glorie sei »die höchste Gottheit«.[10]

tierte.[1] Im Europa des Altertums war Mana die Mondmutter, die das Geschlecht der Menschen hervorbrachte – denn abgeleitet von »woman«, Frau, bedeutete *man* ursprünglich Mensch.[2]

Mana oder Mania war ein gebräuchlicher Name für die Große Göttin in ihrer Gestalt als Schöpferin und Himmelskönigin (Mond), denn sie war, wie der Mond selbst, eng mit den geheimnisvollen Kräften der Frauen verbunden. Die SkandinavierInnen nannten das Himmelreich der Göttin Manavegr, »den Mondweg«.[4] Die KeltInnen bezeichneten es als E-Mania oder Hy Many, das von der Dreifachen Göttin regierte Land. Manchmal war es Emain Macha, das Mondland der Mutter Macha. *Ema* war laut Cormacs Wörterbuch ein Ausdruck für »Blut« (ähnlich wie das semitische *ima*, »Mutter« und *dam*, das gleichzeitig »Mutter« und »Blut« bedeutet). Emain war also das Land des sich erneuernden Mondblutes der Großen Mutter.[5]

1. Briffault 2, 602. 2. Steenstrup, 105. 3. Budge, A.T., 24ff. 4. Turville-Petre, 76. 5. Joyce 1, 285, 370. 6. *Larousse*, 305. 7. James, 183. 8. *Larousse*, 213. 9. Angus, 264. 10. Jonas, 98.

Managarm

»Mond-Hund«, der erstgeborene Wolfssohn Angurbodas, der dänischen Totengöttin und »Alten vom Eisenwald«, die auch die Mutter Hels war. Managarm und seine Wolfsbrüder brachten die Körper der Toten nach Walhall – indem sie sie fraßen. (Siehe **Hund**.)

Manasa-Devi

Eine bengalische Schlangengöttin, die mit dem Mond gleichgesetzt wurde und die Trägerin der Mondmagie **Mana** war.

Manat

Eine arabische Mondgöttin, Herrscherin über das Schicksal: ihr Name ist heute noch ein Synonym für Glück oder Schicksal. Sie wurde in vorislamischen Zeiten in einem heiligen Stein in Kodaid verehrt und war eine der in Mekka angebeteten dreifachen Schicksalsgöttinnen. (Siehe **Arabien**.)

Mandala

Ein orientalisches heiliges Diagramm oder Meditationssymbol; es ist meist kreisförmig, manchmal quadratisch, kann aber auch eine andere regelmäßige Form haben, so wie der achtblütenblättrige Lotos Smashana-Kalis. Durch das Betrachten des Mandalas soll mystische Einsicht erlangt werden.

Mandorla

Vesica Piscis

»Mandel«, dieses spitz-ovale Zeichen der Yoni wird in der orientalischen Kunst benutzt, um das göttlich-weibliche Genital anzudeuten; es wird auch **Vesica Piscis** genannt, das Gefäß des Fisches. Mandeln waren wegen ihrer weiblichen, yonischen Nebenbedeutung heilige Symbole. Mit Mandeln war die Kraft jungfräulicher Mutterschaft verbunden – in dem Mythos Nanas empfing Nana den Gott Attis mit Hilfe einer Mandel.[1] Der Leuchter im Allerheiligsten der Juden war im Zusammenhang mit Fruchtbarkeitszaubern mit Mandeln geschmückt (Exodus 25, 33f.). Die Mandorla wurde auch in der christlichen Kunst benutzt – als Umrahmung für Darstellungen Gottes, Jesu und der Heiligen, denn die Künstler wußten nicht mehr, was sie früher bedeutet hatte.

1. Frazer, G. B., 403 (dt. 506).

Manichäer

Die gnostisch-christliche Sekte der Manichäer war die führende Konkurrenzorganisation der frühen Kirche. Der heilige Augustinus war über ein Jahrzehnt lang Manichäer; danach trat er zum »rechten Glauben« über und begann, Streitschriften gegen seine ehemaligen Lehrer zu schreiben.[1]

Der Gründer der Sekte der Manichäer war Manes oder Mani, ein persischer Prophet des dritten Jahrhunderts; in seiner Legende wird behauptet, daß er eine Inkarnation Christi gewesen sei. Er wurde von einer heiligen Jungfrau namens Mariham oder Mar Mariam geboren, der »Herrin Maria«, deren Titel »Mutter des Lebens der ganzen Welt« war.[2] Er vollbrachte die für jeden Heiland üblichen Heldentaten: Er predigte, heilte die Kranken, trieb Dämonen aus, scharte zwölf Jünger um sich und erlitt schließlich ein Martyrium. Am Ende wurde er unter dem persischen König gekreuzigt und gehäutet und diente dabei möglicherweise als ritueller Stellvertreter.[3]

Manis zentrale Doktrin war puritanisch. Die materielle Welt war demnach das Werk des Teufels, der die Sexualität ersonnen hatte, um die ätherischen Seelen im Gefängnis der Fleischeslust zu fangen; die **Essener** vertraten dieselbe Auffassung. Manis Anhänger lebten zölibatär und aßen weder tierisches Fleisch noch Eier, denn sie glaubten, daß durch Paarung erzeugtes Fleisch von übel sei. Sie aßen Fisch, weil Fische sich ihrer Auffassung nach nicht sexuell fortpflanzten, sondern unmittelbar aus »Lebenswasser« hervorgingen. Der christlichen Übernahme des aphroditischen Fischsymbols für Christus könnten manichäische Vorstellungen zugrundeliegen.[4]

Der Teufel, der die Welt der rohen Materie geschaffen hatte, war nach Manis Meinung der jüdische Jahweh. Mani sagte: »Der Fürst der Dunkelheit sprach mit Mose, mit den Juden und mit ihren Priestern. Die Christen, die Juden und die Heiden sind, wenn sie diesen Gott anbeten, in den gleichen Irrtum verstrickt. Denn er brachte sie mit der Sinnenlust, die er sie lehrte, vom rechten Weg ab.«[5] Wie Jesus begegnete Mani diesem Dämon-Gott auf einer Bergspitze und widerstand der

Versuchung durch ihn. Der Dämon-Gott bot Jesus für einen einzigen Akt der Anbetung »alle Königreiche der Welt«; also gehörten alle Königreiche der Welt dem Teufel, der über sie verfügen konnte, wie es ihm gefiel (Matthäus 4, 9). Jesus lehnte das Angebot ab, und Mani tat dasselbe.

Die Manichäer zogen sich natürlich, als sie deren Gott einen Teufel nannten, den Zorn der rechtgläubigen Christen zu. Eusebius schäumte förmlich vor Entrüstung über diese Ketzer: »Mani maßte sich an, Christus zu repräsentieren; er rief sich selbst zum Tröster und Heiligen Geist aus, und, aufgebläht mit diesem wahnsinnigen Stolz, wählte er, als wäre er Christus, zwölf Partner für seine neuentdeckte Lehre aus, die nur aus einem zusammengestoppelten Haufen falscher und abscheulicher Lehren von alten, verdorbenen und längst ausgerotteten Ketzereien bestand, die er aus Persien mitgebracht hatte.«[6]

Eusebius
Ein Bischof von Caesarea, der in die arianische Kontroverse während der Herrschaft Konstantins I. eingriff; ein überaus fleißiger Autor, Apologet, Exeget und »Korrektor« biblischer Texte, die er der Theologie seiner Sekte anzupassen pflegte.

Das war von Eusebius' Seite her reines Wunschdenken. Die Ketzerei war beileibe nicht ausgerottet. Die manichäische Vorstellung des katholischen Dämonen-Jahweh sollte während des ganzen Mittelalters bei Sekten wie den Katharern, Paulizianern, Albigensern, Bogomilen und vielen anderen immer wieder auftauchen. Sie schien angesichts der Leiden, die diese Menschen durch das katholische Rom erdulden mußten, nicht ganz unbegründet gewesen zu sein. Ein Historiker sagte, daß die manichäische Ketzerei nur »durch Blutbäder und Gewalt und dann organisierte Schreckensherrschaft« besiegt wurde.[7] Die Verfolgungen waren so entsetzlich, daß Lea sich zu der Schlußfolgerung veranlaßt sah: »Wenn das Blut der Märtyrer wirklich der Samen der Kirche wäre, müßte heute der Manichäismus in Europa die vorherrschende Religion sein.«[8]

1. Reinach, 76. 2. Legge 2, 279–286, 300f. 3. Robertson, 86ff. 4. Legge 2, 153. 5. Legge 2, 239. 6. Doane, 429. 7. Guignebert, 296. 8. Campbell, Oc. M., 496.

Mannessohn

Mit Narayana, dem »Mannessohn« (engl. *son of man*) war ursprünglich nicht Jesus, sondern Vishnu gemeint. Der Ausdruck wurde geprägt, um zu bekunden, daß der Gott Vishnu vollkommen nach dem Bild eines Mannes gemacht war und keine Mutter benötigte.[1] Und doch widmete sich selbst Vishnu schließlich der Verehrung der Mutter Kali und besang in einem Hymnus ihre Göttlichkeit: »Die Götter selbst sind nichts als Gebilde aus ihrer mütterlichen Substanz.«[2]

Die Bezeichnung »Mannessohn« wurde später auf den persischen Messias und anschließend auf den essenischen Christus übertragen; beide wurden von Männern »aus Wasser und Geist« »geboren«. Es hieß, daß derartig ins Leben gekommene Männer in der Lage seien, den Tod zu überwinden, während von Frauen geborene Männer sterben mußten. Der persische Mannessohn Yima (»der Herrliche«, eine Übernahme des vedischen Yama), wurde zu einem Herrn des Todes, »dem guten Hirten, dem Allerherrlichsten unter den Geborenen, dem alleinigen menschlichen Besitzer des Sonnenauges«. Er allein konnte »Menschen und Tiere unsterblich machen«.[3]

Jesus gab lediglich einen kleinen Auszug aus persischen Vorstellungen über die Endzeitgeschichte zum Besten, als er versprach, daß am jüngsten Tage »der Menschensohn« – also eigentlich der Mannessohn – »in der Herrlichkeit des Vaters mit seinen Engeln wiederkommen wird«, um die Welt zu richten (Matthäus 16, 27). Die Theologen haben sich niemals darüber geeinigt, wer denn nun eigentlich der Vater des Mannessohnes war.

1. O'Flaherty, 349. 2. Rawson, E. A., 159. 3. *Larousse*, 310.

Mante

»Prophetin« oder »Vom Mond Inspirierte«; ein Titel der Orakelpriesterinnen im alten Theben. Mante war in patriarchalischen Mythen eine »Tochter« des thebanischen Weisen Teiresias; gemäß einer üblichen Vorgehensweise nahm dabei, wie in der umgekehrten Geschichte von Adam und Eva, die Tochter die Stelle der Mutter ein. Es wird in dem Mythos erkennbar, wie die Vereinnahmung der Priesterinnen-Funktionen von Magie und Prophetie durch die Männer vor sich ging. Zuerst wurden durch Transvestismus und/oder Kastration Männer in Pseudo-Frauen verwandelt; Teiresias wurde weiblich gemacht, lebte sieben Jahre als Tempelhure und erwarb dadurch seine Weissagungsfähigkeiten.[1] Später gehörten zu den Mantes auch männliche Priester und schließlich setzten sie sich ganz aus einer männlichen Priesterschaft zusammen. Von den Seelen dieser magiekundigen Menschen wurde angenommen, daß sie zwischen ihren Inkarnationen die Gestalt von Insekten annähmen – daher stammt der Name *praying Mantis*, »Gottesanbeterinnen«, für eine bestimmte Heuschreckenart. Dasselbe griechische Stammwort bezeichnet in Nekromantie, Geomantie, Oneiromantie, Pyromantie usw. eine Methode der Weissagung.

1. Graves, G. M., 77.a; 2, 396.

Mantra

Sanskritbegriff für eine gesprochene Formel, die, wie die ägyptischen *hekau* oder der neoplatonische **Logos**, »Worte der Macht« einschließt. Das Stammwort *man* bedeutete: weibliches »weises Blut«, das vom Mond ausströmt; es wurde im allgemeinen als Geistigkeit definiert.[1] Wie die Musen den griechischen Poeten die Worte schenkten, übergaben die Mutter-Göttinnen oder auch *matrikadevis* den Sanskrit-Poeten das Geheimnis der Mantras, durch das sie selbst über die Götter herrschen konnten.[2]

Das *mantrikamantra* oder die Mutter der Mantras war Kalis Schöpfungswort *Om*, eine Bezeichnung ihres eigenen »schwangeren Bauches«, die vielleicht von der stöhnenden Atmung einer Frau bei der Geburt herrührt, denn Kali gab das Wort Om von sich, als sie das Universum hervorbrachte.[3] Das zweitbekannteste tantrische Mantra, *Om mani padme hum*, Juwel im Lotos, bezog sich auf den in der Göttin enthaltenen Herrn des Universums.

Die Hindus glaubten, daß ein Mensch, wenn er nur die richtigen

Mantras kannte, alles erreichen konnte. Kompendien wie das Tantrasara lieferten »Gebete, Mantras und Dharanis zum Schutz gegen jede Art von Übel, gegen böse Geister, wilde Tiere, Naturkatastrophen, menschliche Feinde und so fort; es hieß von ihnen, sie seien nur wirkungsvoll, wenn sie in der richtigen Anordnung, zur rechten Zeit und in der richtigen Weise eingesetzt würden.« Um die gewünschte Wirkung zu erzielen, muß das Mantra in der richtigen Weise ausgesprochen werden, in bezug auf den Klang (Varna) und den Rhythmus (Svara). Ein Mantra verliert deshalb seine Wirkung, wenn es in eine andere Sprache übersetzt wird.[4]

Auf derselben Auffassung beruhte der Entschluß der katholischen Kirche, Latein noch 1500 Jahre, nachdem die lateinische Sprache aufgehört hatte, als lebendige Sprache eines Volkes zu existieren, als liturgische Sprache beizubehalten. Die Kirchenväter dachten, wie die Brahmanenpriester mit ihren den Gott steuernden Mantras, daß der besondere Klang der Worte am päpstlichen Stuhl des heiligen Petrus mit magischer Kraft ausgestattet worden sei; eine Übersetzung der lateinischen Worte würde sie deshalb der Macht berauben, Gott zu bestimmten Handlungen zu veranlassen.[5] Christliche LaiInnen waren aufgrund dieses Mißtrauens Jahrhundert um Jahrhundert gezwungen, Gottesdiensten zuzuhören, von denen sie kein einziges Wort verstanden.

Die den Mantras zugrundeliegende Vorstellung kam nicht erst durch die Christen nach Rom. Heidnische Römer glaubten, wie Vergil es ausdrückte, daß die richtigen Worte, richtig gesprochen, den Mond vom Himmel herunterholen könnten. Moderne »Hexen« praktizieren noch heute ein Ritual des »Den Mond Herunterziehens«.[6] Eine römische Priesterin konnte kraft ihrer Worte »das Fließen von Flüssen aufhalten und die Sterne auf ihren Kurs zurückbringen; sie ruft die Geister der Nacht; du wirst den Boden unter ihren Füßen beben sehen; und die Eschen werden von den Bergen herunterkommen.«[7]

Alle Liturgien waren eigentlich Mantras; sie entstanden aufgrund der uralten Überzeugung, daß menschliche Worte Ereignisse im Reich des Übersinnlichen zur Folge haben könnten, die wiederum auf das natürliche Leben zurückwirkten. Es gab zum Beispiel die Vorstellung, durch »Mantras« Seelen aus dem Fegefeuer herausbeten zu können, obwohl das Ergebnis nicht nachprüfbar ist. Auch hierfür existierten tantrische Vorläufer. Tibetische Lamas überlisten noch immer ihr eigenes Gesetz gegen den Verzehr von Tierfleisch; sie essen es trotzdem, sprechen aber begleitend ein Mantra, das die Wiedergeburt des verzehrten Tiers im Himmel sicherstellen soll.[8] Das betroffene Tier wird so durch menschliche Worte in eine gesegnete Situation gebracht, an der es nicht mehr Anstoß nehmen kann. Mantras mit solch wundervoller Macht enthüllt man natürlich nur mit äußerster Vorsicht; sie werden nur geprüften Kandidaten, die es wert sind, Hüter der Geheimnisse zu sein, von hochstehenden Gurus mitgeteilt.[9]

1. Woodroffe, 493. 2. Frazer, G. B., 60 (dt. 76). 3. Wilkins, 201.
4. Woodroffe, 208f, 487. 5. Woods, 149. 6. Agrippa, 217 (dt. 176).
7. Wedeck, 144. 8. Waddell, 216. 9. Evans-Wentz, 221 (dt. 305).

Manu

Der vedische Noah, der mit Unterstützung der Großen Schlange, Vasuki, der Sintflut in seiner Arche entkam. Manus Arche, die mit den Samen einer jeden Pflanze sowie einem Paar von jeder Tierart beladen und an das Horn der Schlange angebunden war, überstand auf diese Weise das Chaos der Wasserfluten zwischen der Zerstörung des einen Universums und der Schaffung des nächsten.[1]

Manus Arche war das kosmische Samen-Gefäß; sie entsprach in vorvedischen Mythen dem Schoß der Göttin, der durch Zyklen von Zerstörung und Erneuerung hindurch den Lebensfunken bewahrte. Manu selbst war offenbar eine maskulinisierte Form von Ma-Nu oder Mutter Nacht; diese Namen trug sie in Ägypten als Geist des Ur-Abgrundes, aus dem der Kosmos entstand. Die SumererInnen kannten sie als Nammu, »das Urmeer, die Mutter der Götter«.[2]

Nach der archaischen Vorstellung Manus als Schöpferin geht auf sie auch die Einführung von Moral und Gesetz zurück; die vedischen Weisen nannten daher ihre Heiligen Schriften die Gesetze Manus. Sie wurden in patriarchalischen brahmanischen und buddhistischen Philosophien immer wieder umformuliert und ausgeweitet. Manu blieb auf jeden Fall sexuell doppeldeutig, wie die Ma-Nu oder Nu oder Nun der Ägypter, die manchmal die Gestalt eines großen Fisches annahm, der die Götter gebar.[3] Nu wurde ins Hebräische als Noah übersetzt. Bezeichnenderweise war das der »Fisch« ohne die geschlechtlich eindeutige Mutter-Silbe Ma.

Die vedischen Weisen sahen Manu als eine Art Adam; er war der Urahn der menschlichen Rasse, der von dem brahmanischen Schöpfer im Inzest mit seiner eigenen Tochter gezeugt wurde – eine Umkehrung des archaischen Mythos der Schöpferin, die ihre Große Schlange schuf und sich dann mit ihr vereinte. So viele verschiedene Handlungen, Mythen, Gesetze und Bräuche gingen auf Manu zurück, daß aus ihm 14 verschiedene Manus entstanden, Avataras oder Reinkarnationen desselben Manu in unterschiedlichen Zeitaltern der Welt.[4] Hierbei könnte es sich um eine Neuinterpretation der ursprünglichen Vorstellung aufeinanderfolgender Universen gehandelt haben, wonach der dunkle Mutterschoß die Samen des zukünftigen Lebens bewahrte und so die Perioden des Flutchaos zwischen ihnen überbrückte.

1. *Larousse*, 362. 2. Hooke, M. E. M., 29. 3. Erman, 252.
4. O'Flaherty, 25, 347.

Mara

Var. Marah

Ein sehr alter Name der Göttin in ihrer Gestalt als todbringende Greisin. Der Name und seine Variationen sind von Indien bis zum nördlichen Europa zu finden. Die Buddhisten übersetzten ihn als »Furcht vor dem Tod«, und kombiniert mit Kama, dem erotischen Verlangen, schuf das den Dämon, der Buddha verführen wollte, seine Meditation aufzugeben, bevor er das wahre Wissen vom Nirvana erlangt hatte.[1] Asketische Erlöser wie Mani und Jesus spielten in späteren Legenden diese »Versuchung in der Wildnis«-Szene immer wieder nach.

Die ZigeunerInnen, deren Traditionen im Hinduismus wurzeln, kannten Mara als die Todesgöttin, die die Seele des verzauberten Jägers in einem **Spiegel** einfing und dadurch seinen Tod herbeiführte – ein Mythos, der Parallelen zu den alten pelasgischen Geschichten über den Tod des Dionysos aufweist.[2]

Bei den SlawInnen hieß es, Mara oder Mora sei ein zerstörerischer weiblicher Geist gewesen, der nachts »das Blut von Männern trank«.[3] Sie entwickelte sich zur *mare* oder *nightmare*, englisch »Alpdruck«: »Eine monströse alte Hexe, die auf dem Brustkorb hockt – stumm, regungslos und bösartig; eine Verkörperung des bösen Geistes – und deren unerträgliches Gewicht den Atem aus dem Körper preßt.«[4] Das entsprach der Vorstellung von der schwarzen Kali, der Zerstörerin, deren Todesaspekt »passives Gewicht und Dunkelheit« bedeutete.[5]

Das deutsche Wort Alpdruck hat nichts mit den Alpen zu tun, sondern hängt mit den Alben, Elben oder Elfen zusammen, die der Vorstellung nach ebenfalls nachts auf der Brust hocken konnten.

Die SemitInnen brachten Mara oder Marah mit dem »passiven Gewicht und der Dunkelheit« des tiefen Meeresschoßes in Verbindung; ihr Name wurde deshalb manchmal mit »salzig« oder »bitter« übersetzt. Mara war auch der Name, den die Matriarchin Noomi (Rut 1,20) annahm, als sie in das Greisenstadium ihres Lebens eintrat. Ein altes Heiligtum der Göttin war das im Alten Testament erwähnte Marala, »ein Ort des Zitterns« (Joshua 19, 11), möglicherweise ein Friedhof. Der biblische Todesfluch Marána tha (1. Korinther 16, 22) beschwor ebenfalls die zerstörerische Göttin. Andere Versionen ihrer Namens waren **Mari**, wie in Kel-Mari (Kali, die Tongöttin, die die Menschheit aus Lehm schuf), Marici, die »mit der Sonne bekleidete« Göttin, Yammari, eine Kombination von Mari mit Yama oder »Tod«, und Mari-Amma, die Todesbringerin; im Hebräischen hieß sie Mariamne, Mirjam oder Maria.

1. Campbell, Or. M., 17. 2. Groome, 131 f. 3. R. E. L. Masters, 188. 4. Robbins, 340. 5. Rawson, E. A., 160.

Mardoll

»Der über dem Meer scheinende Mond«, ein Beiname der Göttin Freya als Schöpferin, die über den Urwassern brütet.[1] Ihre aus älteren sumerisch-babylonischen Ursprüngen abgeleitete biblische Form war der (weibliche) Geist Gottes, der »über dem Wasser« (Genesis 1, 2) schwebte. (Siehe **Tiamat**.)

1. Branston, 133.

Marduk

Ein babylonischer Stadtgott, dessen Legenden stark die jüdischen Vorstellungen über Jahweh beeinflußten. Marduk behauptete, er habe die Welt durch die Trennung der himmlischen und der Wasser des Abgrunds geschaffen, so wie es auch Jahweh tat (Genesis 1, 7); in Wirklichkeit spaltete Marduk den Körper seiner Mutter Tiamat, die alle »Wasser« verkörperte. Marduk tötete auch den erstgeborenen König, Kingu, und schuf aus Kingus Blut den ersten Menschen – ein Mythos, der an den Glauben der Araber erinnert, daß Allah den Menschen aus fließendem Blut geschaffen habe.[1] Außerdem erbte Marduk die Tafeln des heiligen Gesetzes, die die Muttergöttin ihrem älteren Lieblingssohn übergeben hatte. Dieselben Tafeln bekamen die babylonischen Könige auf dem heiligen »Berg« Zikkurat. Der Gott Moses übernahm auch diese Tradition.

1. Gaster, 20.

Mare Nostrum

»Unser Meer« oder »Unsere Mutter«, die römische Bezeichnung des Mittelmeeres oder des »Meeres in der Mitte der Welt«. Alle Meere waren *maria*, »Marien«. Sie wurden von der Göttin in ihrem blauen Kleid symbolisiert und manchmal auch von einer Meerjungfrau, die oft Aphrodite Marina, Aphrodite des Meeres, genannt wurde. (Siehe **Maria**.)

Marea

Eine früher der Göttin **Mari** geweihte Stadt in Westägypten; dort lag möglicherweise das sogenannte Land des Überflusses, das die Israeliten vor ihrer Vertreibung aus Ägypten eroberten (siehe **Mose**). Mari war auch die Göttin, die später in Israel als eine Gemahlin Jahwehs verehrt wurde.[1]

1. Graves, W. G., 439.

Margarete, Heilige

Eine mythische »jungfräuliche Märtyrerin«, die nie eine Christin gewesen war, sondern als eine Form der Aphrodite Marina, Pelagia oder Margarita, Perle des Meeres, heiliggesprochen wurde.[1] Sie war ursprünglich eine yonische Göttin, die Aphrodites »Perlentor« verkörperte, womit, wie mit dem Jadetor der chinesischen Großen Mutter, der genitale Zugang zum Paradies gemeint war. Der Name Margaret könnte auf das Sanskrit-Wort Marga, »das Tor« oder »der Weg«, zurückgehen – das Yoni-Tor von Kali-Shakti, das durch rituelle Sexualität zum Paradies der tantrischen Weisen führte.[2]

Die Hagiographen ersannen zahlreiche Legenden von Margarete-Pelagia-Marina (verschiedene Namen der heidnischen Meeresgöttin). Manchmal soll sie eine Jungfrau gewesen sein, die an ihrem Hochzeitstag plötzlich Christin wurde und ihrem Bräutigam, den »sündigen Orgien« der Hochzeitsfeier und den Freuden des Ehelebens entsagte, die ihr plötzlich wertlos wie »Mist« erschienen. Dann wieder war sie angeblich eine göttliche Hure, die wohlhabendste und schönste Frau Antiochiens, mit Gold, Silber und Edelsteinen geschmückt; sie wurde plötzlich Christin, schenkte all ihre Reichtümer den Armen (Christen natürlich) und ließ sich von einem Bischof ein hartes Leben in Buße auferlegen.[3] Diese Legende war ein Lieblingskind der frühen Heiligenmacher, die sich insbesondere über promiskuitive Frauen ärgerten und ständig deren unrechtmäßig erworbene Einkünfte begehrten.

Nach einer anderen Legende war die heilige Margarete die Tochter eines heidnischen Priesters. Sie wies ihren reichen Freier, Olybrius, den Herrscher Antiochiens, zurück und weihte sich der christlichen Jungfräulichkeit. Durch schreckliche Qualen sollte sie gezwungen werden, von ihrem Entschluß abzulassen. »All ihre Knochen wurden bloßgelegt, und das Blut floß aus ihrem Körper heraus wie aus einem wahren Brunnen.«[4] Aber ihre Kraft reichte noch aus, den Teufel zu besiegen, der daraufhin die Gestalt eines großen Drachens annahm und sie verschlang; sie brachte im Gegenzug seinen Körper zum Bersten und ging »unverletzt« davon – abgesehen natürlich von den Verletzungen, die sie bereits durch die verschiedenen Torturen erlitten hatte. Danach wurde sie verbrannt, ertränkt und enthauptet: Die heilige Margarete war nur sehr schwer umzubringen.

Eine weitere Legende über die heilige Margarete berichtet, daß sie vor ihrem Freier floh, um eine heilige Einsiedlerin zu werden. Sie schloß sich einem Mönchskloster von Asketen an und verkleidete sich als Mönch, »Bruder Pelagius«. Das erinnert an die Regel der frühen syrischen Kirchen, nach der Frauen nur Christinnen werden durften, wenn »sie sich männlich machten«.[5] Margarete verwandelte sich so erfolgreich in einen Mann, daß man sie beschuldigte, eine Nonne verführt zu haben. Sie bekam strenge Bußen auferlegt, die sie demütig akzeptierte. Erst nach ihrem Tode, als diejenigen, die ihren Körper für die Beerdigung vorbereiten wollten, entdeckten, daß sie eine Frau gewesen war, wurde sie schließlich rehabilitiert.

Margarete weihte unter ihrem anderen Namen **Pelagia**, den sie trug, bevor sie der Mönch Pelagius wurde, als Tempelhure ihr Leben der »unzüchtigen« Verehrung von Aphrodite. Nachdem sie zum Christentum konvertiert war, bezeichnete sie sich als »ein Meer der Bosheit, das von den Wellen der Sünde überflutet ist … ein Abgrund des Verderbens … ein Sumpf und eine Fallgrube für Seelen.«[6] Diese Margarete-Pelagia wurde am selben Tag gefeiert wie die heilige Thais, eine andere mythische Version der zur Christin bekehrten Kurtisane. Das war nach der »jungfräulichen Märtyrerin« der beliebteste Typ der weiblichen Heiligen.

Margarete war eigentlich eine Inkarnation der Aphrodite, der Gattin des Adonis, des »Herrn« in Bethlehem. Es lag deshalb nahe, davon auszugehen, daß sie die Gattin des »Herrn« bleiben würde; ihre Verehrer sagten folglich: »Gesegnet seist du, oh Margarete, Gattin Christi.«[7]

Hinter all ihren Erscheinungsformen als Jungfrau, Hure, Nonne und so weiter blieb Margarete, was die heidnische Große Göttin immer war: die oberste Patronin der gebärenden Frauen.

1. Attwater, 228. 2. Campbell, C. M., 661. 3. Jacobus d.V., 611 ff. 4. Ders., 352. 5. Bullough, 113. 6. Jacobus d.V., 611. 7. Scot, 384.

Mari

Viele Ortsnamen entwickelten sich aus Marienheiligtümern. Darunter waren

Ein Grundname der Großen Göttin; sie war bei den Chaldäern als Marratu bekannt, bei den Juden als Marah, die Perser kannten sie als Mariham, und bei den Christen hieß sie Maria, Marian, Miriam,

Mariamne, Myrrhine, Myrtea, Myrrha, Maria oder Marina. Ihr blaues Kleid und ihr Perlenhalsband waren klassische Symbole für das von perlengleichem Schaum gesäumte Meer.[1]

Mari, die amoritische Stadt der Großen Göttin, war eines der Wunder der alten Welt. Ihr sechs Morgen großer Palast versetzte die Archäologen, die ihn in den 30er Jahren dieses Jahrhunderts freilegten, in Erstaunen. Mari beherrschte das Gebiet, das heute als das Heilige Land bekannt ist, bis es 1700 v. Chr. an die Armeen Hammurabis fiel.[4]

Die SemitInnen verehrten eine androgyne Kombination aus Göttin und Gott, die sie Mari-El (Marie-Gott) nannten; sie entsprach der ägyptischen Meri-Ra, in der das weibliche Prinzip des Wassers mit dem männlichen Prinzip der Sonne verbunden war.[5]

Die syrische Version der Mari oder Meri wurde gemeinsam mit ihrem Schlangengemahl Jamm verehrt, der auf Yama zurückgeht, den hinduistischen Fürsten des Todes. Jamm wechselte sich als Favorit der Göttin und Herrscher über den Himmel und die Abgründe mit Baal, dem »Herrn« ab. Der indische Yama war einer der Gatten von Kel-Mari, wie Kali im Süden genannt wurde.[8] Tantrische Buddhisten sprechen noch immer von dem »Mörder des Königs der Toten« und meinen mit diesem König der Toten Yama-Mari, der auch mit dem Dalai Lama gleichgesetzt wurde.[9] Juden und frühe Christen benutzten dieselbe Namenskombination, Mari-Yamm oder Mariam, für die Mutter von Jesus.[10]

Babylons Wahrsagerinnen überkam der Geist der archaischen Mari. Diese Wahrsagerinnen waren als *mare baruti*, Meermütter, bekannt und im *bit mummu*, dem Mutterschoß-Raum tätig, von dem es hieß, daß dort Statuen der Götter »geboren« (beseelt) würden.[11] In ähnlichen Gebärzimmern wurde die Hindugöttin als Kau-Mari oder Kel-Mari angebetet.[12] Mari wird heute noch als Marici-Tara, die Diamantenstreuerin auf dem Lothosthron, »die Glorreiche, die Sonne des Glücks« verehrt. Sie ist die Göttin, »deren Maienkleid die Sonne ist« und die Vorläuferin »der Frau, mit der Sonne bekleidet« aus dem Evangelium (Offenbarung 12, 1), die mit der Jungfrau Maria gleichgesetzt wurde.[13]

Mari war auch der Große Fisch, der die Götter gebar, und später war sie die Meerjungfrau, Mare-mynd, Mareminde, Marraminde, maraeman oder mereminne.[20]

Sie war, kurz gesagt, immer die Meermutter. Ihr lateinischer Name war Maria, »die Meere«. Der heilige Peter Chrysologus nannte ihre christliche Inkarnation, die Jungfrau Maria, »die Vereinigung der Wasser«.[21] Aber sie war auch Himmel und Erde, da sie in ihrer frühesten Form als Dreiheit erschien. Im vorrömischen Latium wurde sie als Marica, die Mutter des ersten Königs Latinus, angebetet, der auch ihr priapischer ziegenfüßiger Gemahl Faunus war. Möglicherweise verehrten die SlawInnen dieselbe Göttin unter dem Namen Marzanna (Mari-Anna), »Die das Wachstum der Früchte fördert«.[22]

Mari und ihren heidnischen Gatten sprach man unpassenderweise als ein Paar christlicher Heiliger, Addai und Mari (Adonis und Aphrodite-Mari), heilig. Sie wurden in ihren Legenden »Bischöfe« genannt und schnell in das Zentrum des Aphroditekults in Edessa befördert, viel-

Amari oder Ay-Mari, die zyprische Heimat der Aphrodite Marina; Marib, die Stadt des Mondes und Sitz der Königinnen von Saba; Marea in Westägypten; Maronea nahe dem See Ismaris; Mari, die Heimatstadt der Meder; Sa-Maria, ein Land, dessen Name wörtlich »heiliges Blut Mariä« bedeutete.[2] Mar-Mari, »Mutter Meer«, war einer der Eingänge zu ihrem Unterweltschoß, eine nur vom Meer aus zugängliche heilige Höhle.[3]

Die Gottheit hieß manchmal einfach Mer, ein ägyptisches Wort für »Wasser« und »Mutterliebe«.[6] Mer war auch in den Namen der ägyptischen Königinnen der ersten Dynastie enthalten. Einer der ältesten Namen für Ägypten war Ta-Mera, Land der Wasser; das könnte auch als Land der Großen Mütter interpretiert werden.[7]

In Nordeuropa war diese Göttin als Maerin bekannt, die in ihrem Heiligtum in Trondheim mit Thor vermählt wurde.[14] Sie war für die Sachsen Wudu-Maer: wörtlich eine Wald-Marie oder Göttin des Haines, und bei den KeltInnen war sie die Jungfrau Marian, die Geliebte Robins, des gehörnten Gottes der Hexen. Ihr Kult in den Wäldern bereitete im 14. Jahrhundert den Männern der Kirche beträchtlichen Ärger.[15]

Mari war dieselbe wie Merian oder Merjan, die in Persien als Königin der Peris (Feen) angebetet wurde.[16] Der Iran verehrte in uralten Zeiten eine Muttergöttin Mariana.[17] Sie könnte aus dem Land Akkad stammen, wo sie aus einer Göttin entstand, die »Herrin Marri«, Mutter der Welt, genannt wurde.[18] Ein 2500 v. Chr. lebender König von Mari, der mit der Göttin verheiratet war, nahm den königlichen Namen Lamki-Mari an.[19]

Der heilige Peter Chrysologus (Peter Goldwort) war im 5. Jahrhundert Bischof von Ravenna und ein Freund Papst Leos des Großen. Drei Jahrhunderte nach seinem Tod wurde eine Sammlung von 176 Predigten angefertigt und auf ihn zurückgeführt, obwohl die meisten nicht von ihm stammten. 1729 wurde er zum Lehrer der Kirche ernannt.

leicht, weil dort ihre Porträts erschienen und sie leichter zu christianisieren als abzuschaffen waren.

Ihr Kult begann mit den nestorianischen Christen, die sie die »heiligen Apostel Addai und Mari« nannten.[23] Eine andere Christianisierung war St. Maura, von Moira, dem Namen der Großen Göttin als uralte Schicksalsgöttin, die auch Gorgo genannt wurde.[24] Sie führte als Schicksalsspinnerin, die das Schicksal der Menschen in ihren Händen hielt, zu einem Tabu: am St. Maurastag durften Frauen nicht spinnen oder nähen.[25]

Die SpanierInnen des Mittelalters kannten die Göttin Mari als »Dame« oder »Herrin«, die in einer magischen Höhle lebte und als Feuerball über den Nachthimmel ritt.[26] Damit war möglichweise der rote Herbstmond gemeint oder vielleicht der Mond während einer Finsternis, die immer ein schlechtes Omen war. Es hieß von der Göttin Mari auch, sie vergäbe Geschenke von Feengold und Edelsteinen, die sich bei Tageslicht in wertlose Stücke Kohle verwandelten.[27] Solche wertlosen Geschenke verteilte in späteren Jahrhunderten der heilige Nikolaus zu Weihnachten an »böse« Kinder.

Es gab auf der Insel Inis Maree eine Tempelruine, die einer gewissen »St. Mourie« geweiht war – bei der es sich um keine andere als die Göttin Mari handelte, nach der die Insel benannt war. Der Pfarrer von Dingwall »strafte« 1678 einige Leute, die am 25. August, einem Tag, der vor mehr als 1500 Jahren Aphrodite-Mari geweiht war, der Gottheit von Loch Maree Stiere opferten.[28]

1. Graves, W. G., 438. 2. Graves, W. G., 410f.; *Assyr. & Bab. Lit.*, 179; Herodotus, 41, 400. 3. Hughes, 159. 4. Keller, 46ff. (dt. 51ff.). 5. Budge, G. E. 1, 86; Budge, B. D., 602. 6. Budge, E. L., 76. 7. Budge, D. N., 160. 8. Briffault 1, 474. 9. Waddell, 364. 10. Ashe, 48. 11. Lindsay, O. A., 41. 12. *Mahanirvanatantra*, 149. 13. Waddell, 218, 361; *Mahanirvanatantra*, XL. 14. Turville-Petre, 91. 15. Graves, W. G., 441. 16. Keightley, 22. 17. Thomson, 135. 18. *Assyr. & Bab. Lit.*, 287. 19. Albright, 98. 20. Steenstrup, 105. 21. Ashe, 147. 22. *Larousse*, 208, 291. 23. Attwater, 31. 24. Bachofen, 57 (dt. 44). 25. Lawson, 175. 26. Lederer, 210. 27. Caro, 238. 28. Spence, 37.

Maria

Die Väter der christlichen Kirche setzten der Verehrung Marias erheblichen Widerstand entgegen, denn sie waren sich darüber im klaren, daß Maria aus einer Mischung verschiedener althergebrachter Göttinnen bestand; zu diesen Göttinnen gehörten Mariamne, die semitische Gottesmutter und Himmelskönigin, Aphrodite-Mari, die syrische Version von Ishtar, Juno, die gesegnete Jungfrau, Isis als Stella Maris, Stern des Meeres, Maya, die orientalische Jungfrau-Mutter des Erlösers, die Moiren oder dreifachen Schicksalsgöttinnen und viele andere Versionen der Großen Göttin.[1] Selbst Diana-Lucifera, die Morgenstern-Göttin, ging als Marias »Mutter«, Anna oder Dinah, in die christlichen Mythen ein. Die Geistlichen wußten, daß Maria mit denselben Titeln belegt wurde wie ihre heidnischen Vorgängerinnen: »Königin des Himmels, Kaiserin der Hölle, Herrscherin der ganzen Welt.«[2]

Maria wurde im *Speculum beatae Mariae* wie die Dreiheit Juno-Artemis-Hekate beschrieben: »Königin des Himmels, in dem sie inmitten der Engel auf den Thron gesetzt wurde, Königin der Erde, auf der sie beständig ihre Macht offenbart und Königin der Hölle, in der sie über die Dämonen herrscht.« Sie war in ihrer Funktion als Jungfrau das uranfängliche Wesen, »geschaffen im Anbeginn und vor der Zeit«.[3]

Speculum beatae Mariae
Ein Buch der Lobpreisung, das dem heiligen Bonaventura (13. Jahrhundert) zugeschrieben wird, aber möglicherweise einige Jahrhunderte später anonym verfaßt wurde.

Die christlichen Patriarchen versuchten, Maria zu vermenschlichen und herabzusetzen, um zu beweisen, daß sie eine Anbetung nicht wert sei. Epiphanius ordnete an: »Laßt den Vater, den Sohn und den Heiligen Geist anbeten, aber laßt niemanden Maria anbeten.«[4] Anastasius sagte: »Laßt niemanden Maria die Mutter Gottes nennen, denn Maria war nur eine Frau, und es ist unmöglich, daß Gott von einer Frau geboren wurde.«[5] Ambrosius bezeichnete Maria als den »Tempel« Gottes, und »nur Er ist anzubeten, der in dem Tempel wirkte«.[6] Die Mitglieder einer Sekte, die sich Marianiten nannten und behaupteten, daß Maria die wahre Eigenschaft der Göttlichkeit besäße, wurden von der Kirche bis ins 5. Jahrhundert hinein als Ketzer verfolgt.[7] Das christliche Patriarchat mußte sich seine ganze Geschichte hindurch mit dem Marienkult herumplagen. Das volkstümliche Bedürfnis, die Mutterfigur zu verehren, trat einfach immer wieder zutage.

Einige christliche Kirchenväter versuchten, dem Dilemma dadurch zu entkommen, daß sie Marias Mutterschaft angriffen, um zu beweisen, daß sie weder göttlich noch wirklich mütterlich gewesen sei. Sie behaupteten, daß Jesus nicht auf gewöhnlichem Weg geboren worden sei, sondern sich plötzlich vor Maria materialisiert hätte.[8] Die Marcioniten sagten, daß Jesus niemals vulgäres weibliches Fleisch hätte berühren können, weshalb er überhaupt nie geboren worden sei. Er kam ihrer Meinung nach schon als voll ausgebildeter Erwachsener vom Himmel herab.[9] Manche Kirchenväter lehnten Marias Mutterschaft ab, weil Maria nicht nur eine einfache Sterbliche, sondern auch noch eine sündige Frau gewesen war.[10]

Der Widerstand der Kirche gegen Maria setzte sich in der ganzen christlichen Ära fort. Papst Nikolaus III. befahl dem Mönch Jean d'Olive, der »im Lernen und in der Frömmigkeit hervorragend« war, eigenhändig ein Traktat zu verbrennen, das er zum Lobpreis Marias geschrieben hatte, weil es eine übermäßige Verehrung für sie ausdrückte.[11] Die Marienverehrung nahm, wo sie erlaubt war, manchmal die Form orientalischer Ausschweifung an.

Germanus, 717 Patriarch von Konstantinopel, nannte Maria die »heiligste Herrin« und »ehrwürdigste Gebieterin«. Er unterstützte die Auffassung, daß niemand gerettet werden oder das Geschenk der Gnade empfangen könne außer durch sie, weil Gott ihr, »als seiner wahren Mutter, durch alles und in allen Dingen« gehorche. Henri Boudon, der Erzdiakon von Evreux, äußerte, daß sein Volk Maria »genausoviel oder mehr als Gott selbst« verehre. Maria herrschte laut Isidor Glabas vor ihrer Geburt auf Erden schon im Himmel; sie ließ wie eine Schöpferin alles entstehen, und alle Engel gehorchten ihr. Bernhardin von Siena hielt die Geburt des Heilands durch Maria mit ihren mystischen Fähigkeiten für wunderbarer als Jesu Zeugung durch Gott. »Selbst wenn sie

Isidor Glabas
Ein griechischer marianischer Theologe des 14. Jahrhunderts.

Der heilige Bernhardin von Siena
Dieser Franziskanertheologe und Reformer (1380–1444) predigte gegen den moralischen Zusammenbruch als Folge des Schismas (Kirchenspaltung).

Der heilige Louis Marie Grignion de Montfort
(1673–1716) Ein französischer Priester, der zwei Kongregationen gründete und das Buch *Wahre Hingabe zur seligen Jungfrau* schrieb. Er wurde 1947 heiliggesprochen.

nicht die Mutter Gottes gewesen wäre, wäre sie doch die Herrin der Welt.« Louis-Marie de Montfort erklärte, Maria besitze absolute Macht über Gott.[12]

Die Menschen des Mittelalters betrachteten Gott oft als ihren Verfolger, aber Maria als ihre Verteidigerin. Holzstiche aus dem frühen 16. Jahrhundert zeigten Gott, wie er Pfeile der Pestilenz, des Krieges und des wirtschaftlichen Niedergangs auf die Welt verschoß, während die Inschrift Maria bat, ihn zurückzuhalten.[13] Es hieß: »Maria steht für Barmherzigkeit, und nur wegen ihres Einflusses bei Gericht, nicht durch die Liebe oder den guten Willen Gottes, ist der Himmel in Reichweite.«[14] Ein Franziskaner des 14. Jahrhunderts schrieb:

> *Wenn wir Christus beleidigt haben, sollten wir zuerst zur Himmelskönigin gehen und ihr Opfer darbringen … Gebete, Fasten, Nachtwachen und Almosen; sie wird dann, wie eine Mutter, zwischen dich und Christus treten, den Vater, der uns schlagen will, und sie wird den Mantel der Barmherzigkeit zwischen uns und die Rute der Strafe werfen und den Ärger des Königs über uns besänftigen.*[15]

Ashe sagte: »Die christliche Heilige Schrift und Doktrin schließen es völlig aus, Maria über Christus zu stellen. Obwohl die Lebensfähigkeit der Kirche Christi oft mehr von ihr abzuhängen schien als von ihm … Ohne sie hätte er sein Königreich vermutlich verloren.«[16] Die Kirche Christi entdeckte während der ersten fünf Jahrhunderte, daß keine noch so große Macht das Volk dazu bringen würde, ihrer Muttergöttin zu entsagen. Sie mußte in irgendeiner Form erhalten bleiben:

> *Die Kirche schien zum blutigen Untergang inmitten der blutenden Körper ihrer Opfer verdammt, als das Volk Maria entdeckte. Und nur nachdem diese gegen die strengen Erlasse der Kirche, aus der Vergessenheit, in die sie Konstantin verwiesen hatte, gehoben und mit der Großen Göttin gleichgesetzt worden war, wurde das Christentum schließlich vom Volk geduldet … Die einzige Realität im Christentum ist Maria, das weibliche Prinzip, die wiedergeborene alte Große Göttin.*[17]

Im byzantinischen Reich hieß es, das Zeichen für den wahren christlichen Glauben sei das Bekenntnis, daß die »heilige ewigjungfräuliche Maria wahrlich und wahrhaftig die Mutter Gottes und höher als jedes sichtbare oder unsichtbare Wesen ist«. Ephraim von Syrien nannte Maria die Braut oder Gemahlin Jesu und zugleich seine Mutter, nach der Art der heidnischen Göttin und ihres Sohn-Gemahlen; sie war das Tor zum Himmel, Arche und Paradiesgarten. Maria persönlich benetzte das Gesicht Adams mit lebenspendendem Regen und zeichnete sich dadurch in der Schöpfungsgeschichte als »Mit-Erlöserin« aus. Ephraims Meinungen wurden teilweise als ketzerisch bezeichnet, aber nach 1600 Jahren – im Jahr 1920 – erklärte man ihn durch päpstliches Dekret zum Lehrer (Doktor) der allumfassenden Kirche.[18]

Protoevangelium
Ein Evangelium, das auch als die Offenbarung des Jakob bekannt ist; es wurde

Die christliche Gestalt der Maria entstand in den ersten vier Jahrhunderten der christlichen Ära Stück für Stück aus Versatzstücken und Teilen der Großen Göttin, die in allen Tempeln der alten Welt »Söhne Gottes« und Heilande empfing. Es hieß im Protoevangelium, Maria habe als Hierodule gedient und Gottes Samen empfangen, während sie im Tempel einen blutroten Faden zu spinnen begann – das Werk der ersten der Moiren oder »Marien«, der Jungfrau des Schicksals, die den Schicksalsfaden spann.[19] In diesem mystischen, entscheidenden Moment sei der Engel Gabriel »über sie« gekommen (Lukas 1, 28–35), womit in der Bibel Geschlechtsverkehr gemeint ist.

im zweiten Jahrhundert n. Chr. geschrieben, von den frühen Kirchenvätern als echt bewertet, aber dann doch aus dem Kanon entfernt.

Andere Quellen setzten Maria auch mit der Schicksals-Spinnerin gleich, die in Griechenland Klotho hieß und die jüngste aus der Dreiheit der Moiren war. Die koptische *Abhandlung über Maria*, Kyrillos von Jerusalem zugeschrieben, stellte Maria als die dreieinige Schicksalsgöttin dar, die sich in den drei Marien verkörperte, die am Fuß des Kreuzes Jesu standen.[20] Die drei Schicksalsgöttinnen der nordischen Mythologie standen in ähnlicher Weise am Fuß von Odins Opferbaum; ihr jungfräulicher Aspekt war manchmal Freya, »die Herrin«. Die Schweden nannten das Sternbild des Orion den Spinnrocken der Jungfrau Maria, weil einst mit dem Spinnrocken Freyas die Schicksalsfäden der Menschen gesponnen wurden.[21]

Das Bild der Jungfrau Persephone im griechischen Mythos glich weitgehend dem der schicksalsspinnenden Maria. Persephone saß in einer heiligen Höhle oder einem heiligen Tempel und begann, an einem großen Bild des Universums zu weben – an dem magischen Bild, das durch die Mutter zur Realität wurde. In diesem Moment erschien der Himmlische Vater in Gestalt einer phallischen Schlange und zeugte mit ihr den Heiland Dionysos.[22]

Einige christliche Asketen dachten sich sehr seltsame Mechanismen aus, um Marias Schwängerung so geschlechtslos wie möglich darzustellen. Auf heiligen Kunstwerken war zu sehen, wie aus Gottes Mund Samen strömte und durch eine lange Röhre lief, die unter Marias Röcke führte. Manche Theologen behaupteten, Gottes Samen sei im Schnabel der heiligen Taube befördert worden. Andere meinten, er sei aus Gabriels Mund gekommen und durch die heilige Lilie gefiltert worden, bevor er durch Marias Ohr in ihren Körper gelangte.[23]

Es weist einiges darauf hin, daß die frühen Christen Maria als eine Dreiheit ansahen, obwohl auf dem Konzil von Nicäa der dreiheitliche Charakter der alten dreieinigen Göttin auf den christlichen Gott überging. Maria war, wie die Mara der Buddhisten, auch ein Geist des Todes.[24] Das *Marienevangelium* setzte alle drei Marien, die bei Jesu Kreuzigung anwesend waren, miteinander gleich, als seien sie die dreieinige Göttin, die den Tod des heidnischen Heilands erwartet.[25]

Marienevangelium Eins der frühen gnostischen Evangelien, die zunächst im Neuen Testament enthalten waren, aber später aus dem Kanon entfernt wurden. Eine Kopie wurde 1940 in Nag Hammadi wiederentdeckt.

Die östlichen Kirchen verehrten ein paar Jahrhunderte lang eine Vater-Mutter-Sohn-Dreiheit von Gott, Maria und Jesus, die nach dem Muster heidnischer Triaden wie Osiris-Isis-Horus, Zeus-Rhea-Zagreus, Apollo-Artemis-Herakles usw. gebildet worden war. Diese Vorstellung war derart allgemein verbreitet, daß sich sogar die Schreiber des Korans genötigt sahen, die göttliche Dreiheit von Gott, Maria und Jesus zu verneinen.[26] Islamische Quellen enthielten längere Zeit auch eine andere Manifestation der Jungfrau-Göttin, als Mar Mariam oder heilige Maria, der Mutter des persischen Heilands Mani.[27] Die dreieinige Göttin verschlang als »das Meer« (Maria) den Gott, den sie gebar. Die Frauen von Alexandria warfen nach Osiris' Passionsspiel in feierlicher Nachahmung Bilder von ihm ins Meer.[28] Hebräische Kopien dieser Zeremonie beziehen sich wahrscheinlich auf Plutarchs Bericht, daß die Hauptstadt Palästinas – Jerusalem – zu Ehren eines Kindes erbaut worden sei, das von Isis getötet und ins Meer geworfen wurde.[29]

Maria wurde auch mit der Großen Göttin von Ephesus in Zusammenhang gebracht, deren Tempel sie übernahm. Ein ephesischer Priester namens Proclus hielt im 5. Jahrhundert eine Predigt über die vielgestaltige Natur Marias; er nannte Maria darin »den lebenden Busch«, der »beim Feuer der göttlichen Geburt nicht verbrannte ... Jungfrau und Himmel, die einzige Brücke zwischen Gott und den Menschen, den ehrfurchtgebietenden Webstuhl ..., auf dem das Gewand der Vereinigung gewebt wurde.«[30]

Die Umkehrung des lateinischen Grußes an Maria durch den Engel, *Ave*, in den Namen Eva war Anlaß für ausgiebige Spekulationen. Mystiker behaupteten, Maria sei Evas geläuterte Reinkarnation gewesen, so wie Jesus die entsprechende Reinkarnation von Adam gewesen sei.[31] Die Theologen übersahen dabei offenbar, daß die neuen Inkarnationen die Eltern-Kind-Beziehung auf den Kopf stellten. Die Beziehung zwischen Maria und Jesus grenzte andererseits manchmal an eine sexuelle oder eheliche, da Adam und Eva Eheleute waren. In einer Legende, die dem heiligen Johannes zugeschrieben wird, hieß Jesus Maria im Himmel mit den Worten willkommen: »Komm, meine Erwählte, und ich werde dich auf meinen Stuhl setzen, weil ich deine Schönheit begehre.«[32]

Die kirchliche Doktrin von Mariä Himmelfahrt wurde auf viele verschiedene Arten erklärt. Frühe Geistliche stellten die Angelegenheit so dar, daß Jesus Marias Grab besuchte – das sie unterschiedlich in Ephesus, Bethlehem, Gethsemane oder Josaphat ansiedelten –, wo er ihren Leichnam aufhob und zum Leben erweckte; er begleitete sie dann persönlich als lebende Frau in den Himmel.[33] Seitdem war sie nicht eine Seele oder ein Geist, sondern eine unsterbliche Person, in ihrem eigenen ursprünglichen Körper. Dies entwickelte sich, als Papst Pius XII. 1950 die Doktrin der Himmelfahrt zu einem Glaubensartikel erklärte, zur offiziellen modernen Anschauung. Er verkündete, daß »die unbefleckte Mutter Gottes, die ewige Jungfrau Maria, mit Körper und Seele in die himmlische Herrlichkeit übernommen wurde, als ihr Leben auf der Erde abgelaufen war«.[34] Am Ende war die Sache mehr als tausend Jahre erörtert worden.

Das Problem der Kirche bestand darin, aus der volkstümlichen Beziehung zu Maria Vorteile zu ziehen und gleichzeitig ihre ausdrückliche Vergöttlichung zu vermeiden. Einige Theologen des 13. Jahrhunderts behaupteten, Marias Sterblichkeit sollte dazu führen, daß mehr Frauen der Kirche folgten, denn der König des Himmels »ist nicht ein bloßer Mann, aber eine bloße Frau ist seine Königin. Es ist nicht ein bloßer Mann, der über die Engel und den ganzen Rest des himmlischen Hofes gesetzt ist, aber eine bloße Frau; noch ist irgendein bloßer Mann so mächtig wie eine bloße Frau.«[35]

Die Theologen plagte immer die Furcht, Maria zuviel Macht und Ruhm beizumessen. Papst Johannes XXIII., der sich anmaßte, Marias innerste Gedanken zu kennen, verkündete: »Die Madonna ist nicht erfreut, wenn sie über ihren Sohn gestellt wird«, obwohl in erster Linie die Kirche nicht erfreut war. Die katholischen Doktrinen schrieben ihr zwei der drei grundlegenden Kennzeichen von Göttlichkeit zu: sie war aufgrund der Himmelfahrt unsterblich und wegen der **Unbefleckten Empfängnis** ohne Sünde. Das dritte Erfordernis von Göttlichkeit, Allwissenheit, gestand ihr der Volksglaube zu. In einem *Mariale* des 13. Jahrhunderts wurde behauptet, Maria kenne jedes göttliche Geheimnis, verstünde alle Schriften, würde die Zukunft voraussehen und alles über Mathematik, Geographie, Astronomie, Alchimie und kanonisches Recht wissen – und das sogar in ihrem irdischen Leben, als es noch keinen Kanon und demzufolge kein kanonisches Recht gab.[36] Auf einer französischen Illustration eines Manuskripts ist dargestellt, wie Maria am Tag des Jüngsten Gerichts neben Gott auf ihrem Thron sitzt und auf ihrer Waage die Seelen abwägt, wie 3000 Jahre zuvor ihr Vorbild, die Göttin Maat.[37] (Siehe **Alchimie**.)

Mariale
Der volkstümliche Name zweier marianischer Handbücher: das erste wurde von einem anonymen Autor verfaßt und fälschlich Albertus Magnus zugeschrieben; das zweite schrieb 1478 der Franziskanermönch Bernhardinus von Busti.

Die Waliser vermengten Maria mit der triadischen Weißen Göttin, und sie baten selten um Gottes Gnade, ohne gleichzeitig die Gunst der »weißen Maria« zu erflehen.[38] Heiligengeschichten ließen darauf schließen, daß der Umgang mit Maria zur Heiligsprechung führen konnte. Den heiligen Bernhard adelten drei Tropfen Milch, die die Jungfrau ihm aus ihrer eigenen Brust herausdrückte.[39] Auch die heilige Katharina von Siena behauptete, mit Marias Milch genährt worden zu sein.[40]

Maria wird in vielen Legenden als die einzige wahre Quelle der Milch menschlicher Güte beschrieben. Sie schenkte bei der Kathedrale von Mainz einem hungrigen Bettler, der sie mit seiner Musik erfreut hatte, einen der Goldschuhe ihrer Statue. Der Bettler wurde mit dem Schuh aufgegriffen, eingesperrt und zum Tode verurteilt. Auf dem Weg zum Schaffott blieb er stehen, um zur Jungfrau zu beten, und sie entlastete ihn dadurch, daß sie ihm in aller Öffentlichkeit ihren anderen Schuh gab. Nachdem der Bettler freigelassen worden war, nahm ihm der Priester die Goldschuhe weg und schloß sie in der Schatzkammer ein, »aus Furcht, daß die Jungfrau wieder versucht sein sollte, sie einem mittellosen Bettler zu schenken, der um ihre Hilfe betet«.[41]

Marias Barmherzigkeit erwies sich oft als größer als die von Gott oder Jesus. Sie wurde gelegentlich dargestellt, wie sie an der Waage lehnte, um die wenigen guten Taten eines Sünders schwerer zu machen als seine schlechten Taten und ihn vor der Verdammnis zu retten. Ihre Gnade erstreckte sich, ungeachtet der Abscheu, die ihre Priester vor ihnen empfanden, sogar auf die Juden. Ein jüdisches Kind empfing einmal am Ostertag in Bourges zusammen mit seinen christlichen Freunden die heilige Kommunion. Der Vater des Jungen warf ihn für diesen Verstoß in einen Ofen, aber das Feuer konnte ihm nichts anhaben, und er sagte, die Dame, die am christlichen Altar stand, habe ihn beschützt. »Die Christen, die sehr wohl verstanden hatten, daß er die Statue der gesegneten Maria meinte, packten daraufhin den alten Juden und warfen ihn in das Feuer, und er verbrannte und wurde vom Feuer verzehrt.«[42]

Es hieß im Lefafa Sedq der äthiopischen Christen, der »Binde der Rechtfertigung«, Gott habe der Menschheit nur deshalb die Geheimnisse der Erlösung verraten, weil Maria ihn darum bat, als sie sich darüber grämte, wie sich ihre Verwandten im Feuerfluß der Hölle quälten. Die wahre Quelle dieser vom Totenbuch übernommenen »christlichen« Schrift war das ägyptische Heidentum, der Name Gott trat an die Stelle von Ra, Christus ersetzte Thot, und Maria stand für die allumfassend barmherzige Isis.[43]

Einige Theologen meinten, selbst der schlimmste Sünder könne sich der Erlösung gewiß sein, wenn er Maria einen speziellen Dienst erweise. Zwei Schreiber erfreuten Maria einmal, indem sie ein Buch über die Wunder der Jungfrau Maria abschrieben. Sie begingen danach viele Sünden, und als sie starben, kamen Teufel, um ihre Seelen zu holen. Aber die Jungfrau entriß sie den Teufeln und rettete sie als Dank für die Ergebenheit, die sie ihr erwiesen hatten.[44]

Manchmal konnte der Eindruck entstehen, daß Maria, nicht Gott, die wahre Gegnerin der bösen Mächte sei. Dies war nach Spenglers Aussagen »eine der Maximen der Gotik, eine ihrer unergründlichen Schöpfungen – eine, die die Gegenwart vergißt und sie *absichtlich* vergißt … Die Erhabenheit dieses machtvollen, eindringlichen Bildes und die Tiefe der Aufrichtigkeit, mit der daran geglaubt wurde, können gar nicht genug betont werden. Der Marienmythos und der Teufelsmythos bildeten sich Seite an Seite heraus, keiner war ohne den anderen möglich. An einen von ihnen nicht zu glauben, war eine Todsünde. Es gab einen Marienkult des Gebets und einen Teufelskult der Zaubersprüche und Geisterbeschwörungen.«[45] Der Historiker Henry Adams hielt fest: »Der Mensch besaß ohne Maria außer dem Atheismus keine Hoffnung, und für den Atheismus war die Welt noch nicht reif … Das dreizehnte Jahrhundert konnte es sich nicht leisten, einen Zweifel zuzulassen. Die Gesellschaft gründete ihre Existenz, in dieser Welt und in der nächsten, auf die Realität und Macht der Jungfrau.«[46]

Caesarius von Heisterbach gab eine Geschichte wieder, die deutlich machte, daß Maria mehr verehrt wurde als Gott. Ein Ritter aus Lüttich brauchte Geld und schloß deshalb einen Pakt mit dem Teufel. Als er aufgefordert wurde, zu fluchen und Gott zu entsagen, tat er dies willig. Aber er lehnte entsetzt ab, als der Dämon ihn aufforderte, auch der Jungfrau zu entsagen. Die Jungfrau rettete ihn deshalb später vor der Verdammnis.[47]

Maria verschenkte ihr Mitleid (Hindu *karuna*) wirkungsvoller als Christus, denn diese besondere Eigenschaft wurde seit jeher mit dem weiblichen Element in Zusammenhang gebracht. Mitleid war die *charis* heiliger Huren, auf die es weitgehend zurückzuführen war, daß Maria immer die Prostituierten beschützte. Die »Hure« Maria Magdalena war ein Aspekt der ursprünglichen Marientrinität.[48] Augstein schreibt, daß sich der Marienkult entwickelte, weil die Menschen »wie schon die Israeliten des Jeremia, eine Himmelskönigin [brauchten], der sie Kuchen backen konnten, eine große Mutter, eine Fruchtbarkeitshure, doch sie wurde ihnen halb angedeutet, halb vorenthalten, und Freud trifft nur die halbe Wahrheit mit seinem Diktum, die christliche Religion habe die Muttergottheit wieder hergestellt«.[49] Im Grunde genommen ließ das Volk Maria aus seinem heidnischen Erbe als eine Neuschaffung der Mutter-Göttin entstehen.

Die Geistlichen behaupteten, daß alle Frauen unter einem dreifachen Fluch stünden. Sie seien verflucht, wenn sie unfruchtbar seien. Aber auch als Schwangere wären sie verflucht, denn die Empfängnis geschähe nach der Art der Ursünde. Und sie wären schließlich, in Erfüllung des Fluches Gottes gegen Eva, durch den Schmerz des Gebärens verflucht. Maria aber entging allen drei Flüchen: »Von allen Frauen ist nur Maria begnadet, denn sie ist Jungfrau und fruchtbar, sie empfängt in Heiligkeit und gebärt ohne Schmerz.«[50] Diese Sichtweise von Maria trug natürlich nur wenig dazu bei, das Los der normalen Frauen zu erleichtern; ihnen wurde ein völlig unerreichbares Ideal vorgehalten, das sie auch noch wegen ihrer Sündhaftigkeit in Schuldgefühle stürzen sollte.[51] Für die Menschen des Altertums war eine Göttin, die gleichzeitig Jungfrau und Mutter war (genauso wie Liebhaberin und **Altes Weib**), keine Ungereimtheit, denn für sie stellte die Große Göttin alle Frauen in allen Lebensphasen dar. Die Christen bestanden dagegen darauf, das »Geheimnis« wörtlich zu nehmen, da sie den Blick für seine subtile Sinnbildlichkeit verloren hatten.

Ein Grund für die Übernahme Marias durch die Kirche lag in der erfolgreichen Amputation ihrer vorchristlichen Sexualität. Marias Jungfräulichkeit wurde unter allen Attributen, die sie von der Großen Göttin geerbt hatte, am stärksten betont. Sie wurde »die Jungfrau«, nicht »die Mutter« genannt. Die Kirchenväter bestanden darauf, daß sie sich nie in ihrem Leben auf Geschlechtsverkehr eingelassen hätte, obwohl in der Bibel eindeutig von Brüdern und Schwestern Jesu die Rede ist.[52] Der heilige Ambrosius fragte: »Hätte der Herr Jesus etwa eine Frau als seine Mutter ausgesucht, die den himmlischen Raum mit dem Samen eines Mannes beflecken würde, also eine, die unfähig wäre, ihre jungfräuliche Keuschheit zu verteidigen?«[53] Es wurde in vielen Marienlegenden daran festgehalten, daß kein Mann Maria jemals mit Verlangen habe ansehen können, obwohl sie wunderschön gewesen sei.[54]

Einige Klöster institutionalisierten das Verlangen nach Maria. Sie »heiratete« die Mönche, so wie Christus Nonnen »heiratete«. Es hieß, Maria habe den Ring eines Ritters, den er auf das Bild von Maria hielt, so festgehalten, daß er nicht entfernt werden konnte. Der Ritter betrachtete sich aufgrund dessen als Bräutigam der Jungfrau und trat in ein Kloster ein. Dieselben Geschichten werden von heidnischen Statuen der Venus erzählt, die jeden Mann »heiratete«, der einen Ring auf ihrem Marmorfinger plazierte.[55] Ein bretonischer Dominikaner, Alain de la Roche, behauptete 1470, die Jungfrau habe ihn in Gegenwart vieler Heiliger und Engel geheiratet, indem sie einen aus ihrem Haar gewebten Ring auf seinen Finger steckte.[56]

Die Zisterzienser nannten sich »Ritter unserer Herrin« und brachten Maria mit der heidnischen Maikönigin in Zusammenhang. Zur Zeit Bischof Alberos soll laut Aegidius' Ordensgeschichte aus dem 13. Jahrhundert unter dem Klerus der Brauch geherrscht haben, »aus ihren Konkubinen« eine Oster- und Pfingstkönigin auszuwählen; sie wurde in Purpur gekleidet, gekrönt, auf den Thron gesetzt und mit Pauken und Musik verehrt, »fast mit göttlicher Anbetung, als sei sie ein Abgott«.[57] Maria manifestierte sich auch als die Feenkönigin, die als die göttliche

Braut der Mönche über ein Kloster in der Nähe von Laach wachte. Sie kündigte dort den Tod jedes Mannes drei Tage im voraus an, indem sie um Mitternacht eine Lilie auf seinen Kirchenstuhl legte.[58]

Gothische Kathedralen waren nicht Gott oder Jesus geweiht, sondern »Notre Dame«; sie wurden insgesamt »Unsere Herrinnen« genannt oder »Paläste der Himmelskönigin«.[59] Viele von ihnen waren auf heidnischen Heiligtümern der Großen Göttin erbaut. Die römische Kathedrale von Santa Maria Maggiore liegt über der heiligen Höhle der Magna Mater. Santa Maria in Aracoeli auf dem kapitolinischen Hügel war ehemals ein Tempel von Tanit. Marias Kirchen wurden in ganz Italien auf Heiligtümern von Juno, Isis, Minerva, Diana oder Hekate gegründet. Eine Kirche hieß sogar naiv Santa Maria sopra Minerva: Die heilige Maria über (dem Heiligtum von) Minerva.[60]

Der große Isistempel in Philae wurde im 6. Jahrhundert Maria geweiht.[61] Auf Zypern wurden Aphrodites Heiligtümer zu Kirchen Marias; die ZypriotInnen wandten sich weiterhin unter Aphrodites Namen an sie.[62] In Chartres wurde das heidnische Götzenbild der *virgo paritura* (Gebärenden Jungfrau) in der sogenannten Druidengrotte unter der Kathedrale aufbewahrt. Es hieß, es sei eine schwarze Statue von Maria.[63]

Einer der Titel Marias war Ecclesia, »die Kirche«. Maria wurde als Braut und Mutter Gottes mit den Bauten und der Organisation der heiligen Mutter Kirche gleichgesetzt. Aber diese pseudo-weibliche Kirche blieb im ausschließlichen Besitz von Männern. Im Februar 1977 wurde durch Papst Paul VI. erneut die Priesterweihe von Frauen verboten; er stellte fest, daß die Kirche »sich nicht als befugt betrachtet, Frauen die Priesterweihe zu erlauben«. Der Papst behauptete, Priester müßten eine »natürliche Ähnlichkeit mit Christus« aufweisen, und wenn sie Frauen seien, »wäre es schwierig, in dem Priester das Ebenbild Christi zu sehen«.[64] Er ging nicht darauf ein, daß eine Priesterin eine Ähnlichkeit mit Maria, die die Kirche selbst symbolisiert, darstellen könnte. Die moderne Kirche möchte am liebsten vergessen, daß in den frühen Marienkirchen Priesterinnen tätig waren, nicht Priester.[65]

Die Kirchenbehörden fürchteten vor allem, daß durch Maria die Göttinnen-Verehrung neuen Auftrieb erhalten könnte, denn Maria regte zu Worten an, die den Äußerungen ähnelten, zu denen früher auch die Große Mutter die Menschen inspiriert hatte. Goethe dichtete: »Höchste Herrscherin der Welt! ... Jungfrau, rein im schönsten Sinn, Mutter, Ehren würdig, uns erwählte Königin, Göttern ebenbürtig.«[66] Die geheime, unausrottbare Ketzerei der Marienanbetung nahm mit der berühmten Vièrge Ouvrante anschauliche Gestalt an – Maria als eine aufklappbare Statue, die in geöffnetem Zustand erkennen ließ, daß in ihr Gott, Jesus, Engel und Heilige enthalten waren.

Es ist im Unbewußten der gebärenden und nährenden, schützenden und wandelnden weiblichen Kraft der Tiefe eine Weisheit wirksam, die der Weisheit des Tagesbewußtseins unendlich überlegen ist und die, als Ursprung von Vision und Symbol, Ritual und Gesetz, Dichtung und Wahrheitsschau, erlösend und richtunggebend, gerufen und ungerufen, in das menschliche Leben eingreift.

Diese weiblich mütterliche Weisheit ist eine Weisheit liebender Bezogenheit, kein abstrakt »interesseloses« Wissen ... In der patriarchalisch und monotheistisch-männlichen zur Abstraktion tendierenden Entwicklung des jüdisch-christlichen Abendlandes wurde die weibliche Weisheitsfigur der Göttin entthront und unterdrückt. Nur heimlich fristete sie meist auf ketzerischen und revolutionären Nebenwegen ihr Leben weiter ...

Die Vièrge ouvrante, die von außen die bekannte und so bescheidene Mutter mit dem Kind ist, verrät das in ihr verschlossene ketzerische Geheimnis, wenn sie sich öffnet. Gott-Vater und Sohn, die sonst als himmlische Herren die erniedrigte und erdhaft »nur Weibliche« gnadenweise zu sich erheben, erweisen sich als in ihr enthalten und als »Inhalte« ihres alles bergenden Leibes.[67]

Maria repräsentierte nach Horneys Auffassung den zweiten der beiden Auswege, mit denen Männer ihre Furcht vor Frauen zu überwinden suchten: Verunglimpfung und Idealisierung.[68] Aber sie war schon derart vollkommen, daß sie als so unfehlbar wie Jesus selbst hätte angebetet werden müssen. Also erhob sie sich leibhaftig von der Erde und stieg zum Himmel auf. Diejenigen, die diese Idee formulierten, besaßen unglücklicherweise keine Informationen über die Weite des Weltalls; ihr einfaches »zum Himmel aufsteigen« verfehlt in einem Zeitalter, in dem solche Informationen leicht verfügbar sind, seinen Sinn. Selbst angenommen, Marias Körper könnte sich mit Lichtgeschwindigkeit fortbewegen – eine höchst unwahrscheinliche Vorstellung – hätte er zur heutigen Zeit erst eine Strecke von zweitausend Lichtjahren hinter sich gebracht, und diese Strecke entspricht ungefähr einem Fünfzigstel des Durchmessers unserer Galaxie. Sie hätte all diese Zeit ganz allein in der unvorstellbaren Größe des intergalaktischen Raumes verbracht. Papst Paul VI. bestätigte in der heutigen Zeit, in der für jeden Menschen mit normaler Schulbildung die Absurdität dieser Vorstellung auf der Hand liegt, genauer gesagt am 30. Juni 1968, durch sein Glaubensbekenntnis aufs neue das Dogma der Himmelfahrt der gesegneten Jungfrau Maria – obwohl sich Gott offenbar nicht die Mühe gemacht hatte, ihn über die Methode zu informieren, mit der diese Leistung möglich war.[69]

Nicht alle Menschen haben in modernen Zeiten auch eine moderne Gesinnung. Die Entdeckungen über das physikalische Universum bleiben vielen Menschen unbekannt. Andererseits wissen viele Menschen auch nichts von den Theorien und Doktrinen, zu denen sich ihre Religion bekennt. Sie verehren Maria, weil ihr inneres Wesen einen Mutter-Archetyp braucht und Maria der einzige ist, den sie kennengelernt haben. Sie wissen nicht, wieviele »Marias« es schon vor dem Christentum gab. Aber gebildete Geistliche wissen es. Der Kanoniker John de Satgé schrieb: »Der Anhänger des evangelischen Glaubens hegt das starke Mißtrauen, daß die tiefsten Wurzeln des Marienkultes nicht in der christlichen Tradition zu finden sind. Die religiöse Geschichte der Menschheit zeigt eine immer wiederkehrende Tendenz zur Anbetung einer Mutter-Göttin ... Könnte es nicht sein, fragt sich der Anhänger des evangelischen Glaubens, daß unsere Religion in Wirklichkeit viel älter ist, daß wir es mit einem Heidentum zu tun haben, das zu leichtfertig auf Christus umgetauft wurde und dessen althergebrachte Merkmale unter einer dünnen christlichen Hülle fortbestehen?«[70]

Aber Maria wurde eben nicht »leichtfertig« vom Christentum übernommen. Gegen sie gab es langanhaltenden Widerstand, sie wurde angegriffen und letztlich nur unter vielen theologischen Befürchtungen und Vorbehalten akzeptiert. Die Kirche bezeichnete frühe Evangelien, die auf der Göttlichkeit Marias bestanden, als »giftig«.[71] Christliche MystikerInnen, die sich nach der weiblichen Rolle sehnten und davon sprachen, »Maria zu werden und Gott aus dem Inneren heraus zu gebären«, stellten sich damit gegen die frühere Anordnung der Kirche, nach der Maria nicht den Titel Theotokus (Gott-Gebärerin) beanspruchen könne, weil Gott nicht von einer sterblichen Frau geboren sein konnte.[72] Dieses Edikt wurde nur deshalb nach einigen Jahrhunderten aufgehoben, weil die Christen gegenüber den heidnischen Mysterien-Kulten konkurrenzfähig bleiben wollten; deren Erlöser-Götter waren immer von sterblichen Jungfrauen geboren worden. (Siehe **Jungfrauengeburt**.)

Die christliche Kunst der ersten fünf Jahrhunderte zeigte Maria in einer niedrigeren Position als Jesus. Ihre Position war sogar noch unter der der heiligen drei Könige, die Heiligenscheine trugen, während sie darauf verzichten mußte. Erst im 6. Jahrhundert erhielt Maria einen Heiligenschein und stieg zu der zentralen Position in einer Gruppe von Aposteln ohne Heiligenschein auf. Im 9. Jahrhundert regierte sie in zwei Kathedralen bereits in der Mitte der Apsis als Himmelskönigin.[73]

Wyclif schrieb im 14. Jahrhundert: »Es scheint mir unmöglich, daß wir ohne Marias Hilfe Vergebung erlangen könnten. Es gibt in der ganzen Menschheit kein Geschlecht oder Alter, keinen Rang und keine Position, in der die Menschen es nicht nötig hätten, um die Hilfe der Heiligen Jungfrau zu bitten.« Im *Te Deum Laudamus* hieß es: »Die ganze Erde betet dich an, Gemahlin des Ewigen Vaters.«[74]

Maria erschien immer dann in einer untergeordneten Position, wenn sie – wie die Jungfrau Kore – in der Rolle der Tochter dargestellt wurde und auf dem Schoß der älteren Göttin, der »Großmutter Gottes« saß. Als diese ältere Göttin trat die heilige Anne in Erscheinung, die auch als Marias Mutter bezeichnet und durch die altbekannte Anna verkörpert wurde. Die zwei Göttinnen und das männliche Kind scheinen in einigen gemalten oder geschnitzten Gruppierungen ohne Gott eine Dreiheit zu bilden.[75] Eine BeobachterIn könnte sich dabei an den ägyptischen Gott-König auf den Schößen seiner zwei Mütter erinnert fühlen, die ihn für alle Zeit nährten und ihm so das ewige Leben schenkten. Die Legende der heilige Anna enthüllt, daß sie noch unmittelbarer als Maria aus dem Bild der fruchtbaren Göttin, Mutter Erde, hervorging.[76]

Von Marienlegenden und -bildern geht sogar in unserem »wissenschaftlichen« modernen Zeitalter mit seiner erklärten Skepsis gegenüber dem Übernatürlichen eine starke Anziehungskraft aus. Ein junger Mann namens Joseph Vitolo war 1945 von dem Film *Das Lied von Bernadette* so sehr beeindruckt, daß er danach eine Vision der Jungfrau für sich heraufbeschwor. Er sprach mit ihr in 16 aufeinanderfolgenden Nächten bei einem bestimmten Stein in der Bronx. Sie teilte ihm mit, daß er an dieser Stelle eine Kapelle zu bauen habe und versprach, daß dort binnen kurzem eine Heilquelle erscheinen würde.

Der Ort erhielt den volkstümlichen Namen Bronx Lourdes und Gläubige eilten in erstaunlich großer Zahl dort hin, um für Wunderheilungen zu beten; aber die Quelle erschien nicht. Das Aufsehen, das er verursacht hatte, wurde dem jungen Joseph im Laufe der Zeit peinlich. Er erzählte, daß die Jungfrau ihm mitgeteilt habe, sie würde nicht mehr an diesen Ort zurückkehren. Trotz dieser Enttäuschung versammelten sich dort noch viele Jahre lang Gläubige und gruben auf der Suche nach der heiligen Quelle im Lehm.[77]

Aber nicht nur einfältige Menschen suchten die Hilfe Marias. Der Historiker Henry Adams vertrat die Auffassung, die göttliche Mutter der Christenheit biete auch in abgeschwächter Form in einer entfremdeten, technologisierten Gesellschaft die einzige Hoffnung auf spirituellen Beistand. Er glaubte zu sehen, daß »die Männer seiner Gesellschaft, die so viele ihrer ehemals autonomen Aktivitäten auf Maschinen und Automaten übertragen hatten, nicht genug Sinn für das Leben besäßen, um die Menschheit zu retten. Sie würden sich in ihrem blinden Stolz auf ihre naturwissenschaftlichen Fähigkeiten an die von ihnen geschaffenen gefühllosen Mechanismen klammern, durch die sie trotz ihrer Unfähigkeit, die Bremsen zu benutzen, schneller und schneller würden ... Henry Adams wandte sich am Ende seiner Karriere einer anderen, entgegengesetzten Form der Energie zu, der Lebensenergie, der Energie der erotischen Liebe, der Fortpflanzung und Schöpfung; er suchte ein Gegengewicht zum Chaos und appellierte dabei an das Vertrauen der Frauen in ihre Kreativität und all die sich verzweigenden, formgebenden Prozesse des Lebens, vor allem jene von Sexualität, Liebe und Mutterschaft.« Er bekannte in einer poetischen Rede an die Jungfrau: »Ich fühle die Energie des Glaubens, nicht an die zukünftige Wissenschaft, sondern an dich.«[78]

Gott (oder der Mann) war offenbar wieder einmal auf seine Mutter (oder Frau) angewiesen, um das, was er angerichtet hatte, in Ordnung zu bringen, auch wenn das bedeutete, daß er ihr die Position der höchsten Macht abtreten müßte. Ein Theologe des 18. Jahrhunderts schrieb: »Auf den Befehl Marias hören alle, selbst Gott.« Selbst Laien erkennen heutzutage, daß »sich die zwei Flüsse gemeinsamen Ursprungs, Maria und Maya, Jungfrau und Shakti, wieder vereinen: und wieder einmal ist die Göttin, wie sie es immer war, die Schöpferin des Universums, die sich selbst offenbarende Energie des unerkennbaren Gottes.«[79]

1. Campbell, P. M., 140. 2. Scot, 348. 3. Mâle, 235, 238. 4. Ashe, 151.
5. Riencourt, 150. 6. Lederer, 173. 7. Briffault 3, 183. 8. Ashe, 134. 9. Bullough, 112.
10. *Encyc. Brit.*, »Mary«. 11. Coulton, 215. 12. Ashe, 203, 215, 223.
13. Wilkins, 193. 14. Ashe, 203. 15. Bullough, 169f. 16. Ashe, 236.
17. Daly, 92 (dt. 111, Gould Davis 248). 18. Ashe, 173, 203. 19. Ashe, 201.
20. Ashe, 135. 21. Briffault 2, 625. 22. Campbell, P. M., 101. 23. Simons, 103.
24. Campbell, Or. M., 352. 25. Malvern, 39. 26. Ashe, 206. 27. Robertson, 88.
28. Frazer, G. B., 390 (dt. 489). 29. Budge, G. E. 2, 191. 30. Ashe, 188.
31. Wilkins, 116. 32. Mâle, 249f. 33. Ashe, 208. 34. *Encyc. Brit.*, »Mary«.
35. Bullough, 178. 36. Ashe, 213, 228. 37. Robbins, 131. 38. Hazlitt, 630.
39. Bullough, 170. 40. Reinach, 308. 41. Guerber, L. R., 255. 42. Jacobus d.V., 461.
43. Budge, A.T., 196. 44. Ebd., 477f. 45. Campbell, C. M., 49. 46. Beard, 222.
47. J. B. Russell, 118f. 48. Malvern, 39. 49. Augstein, 302 (dt. 384).
50. Jacobus d.V., 205. 51. Daly, 62 (dt. 101). 52. Coulton, 308. 53. Ashe, 182.
54. Jacobus d.V., 152. 55. Baring-Gould, C. M. M. A., 224, 226. 56. Wilkins, 40.

57. Ders., 63, 168. 58. Guerber, L. R., 147. 59. Ashe, 217. 60. Wilkins, 69.
61. *Larousse*, 19. 62. Ashe, 192. 63. Swaan, 118. 64. *Time*, 7. Feb. 1977, 65.
65. Ashe, 231. 66. Riencourt, 250f. (dt. Goethe, WA I.15.1, 333).
67. Neumann, G. M., 330f. (dt. 309f.). 68. Bullough, 53. 69. Campbell, F. W. G., 125.
70. Ashe, 7f. 71. Ochs, 72. 72. Cavendish, T., 74; Riencourt, 150.
73. Ochs, 76. 74. Ders., 72, 74f. 75. Neumann, G. M., pls. 180f.
76. Neumann, A. C. U., 13, 57. 77. Castiglioni, 356. 78. Mumford, 363.
79. Lederer, 179.

Maria Magdalena

Die Evangelien berichten, daß Jesus aus der heiligen Hure Maria Magdalena sieben Teufel ausgetrieben habe und ihr nach seiner Wiederauferstehung als erster erschienen sei (Markus 16, 9). Bücher, die christliche Zensoren später aus dem Kanon entfernten, enthielten weitere interessante Details über die Beziehung zwischen den beiden: Jesus liebte Maria Magdalena mehr als alle anderen Apostel, nannte sie Apostel der Apostel und »die Frau, die alles wußte«, und küßte sie oft.[1] Er sagte, sie würde im kommenden Königreich des Lichts regieren und dort jeden anderen Jünger übertreffen.[2]

Die gnostischen Evangelien waren, bevor sie aus dem Kanon entfernt wurden, genauso wie die synoptischen Evangelien und andere Schriften des Neuen Testaments als das Wort Gottes akzeptiert. Mittelalterliche Bräuche bezüglich Maria Magdalena gründen sich deshalb auf ihre frühe mystische Überlegenheit. Sie wurde Maria Lucifer, »Maria, die Lichtbringerin«, genannt. Es war die Rede davon, daß Jesus Lazarus nur aus Liebe zu ihr vom Tode erweckt habe. »Es gab keine Gnade, die Er ihr abschlug, noch irgendein Zeichen der Zuneigung, das Er ihr vorenthielt.«[3]

Pistis Sophia (Glaubensweisheit) Eine gnostische Schrift des 3. Jahrhunderts n. Chr.; sie wurde aus dem Griechischen ins Koptische übersetzt und enthielt eine Weiterführung der Lehren Jesu nach seiner Rückkehr zur Erde 12 Jahre nach der Auferstehung.

Origenes (Origenes Adamantius) Ein christlicher Mönch, der ca. 185–254 n. Chr. lebte; er war Ägypter, schrieb aber griechisch und übte einen starken Einfluß auf die frühe christliche Kirche aus. Er wurde zuerst als

Die Pistis Sophia machte Maria Magdalena zur Christus-Befragerin und übernahm dabei die orientalische Art des Katechismus, der sich über die Shakti oder Devi (Göttin) des Gottes an Gott wandte. Die Fragestellerin wurde dabei als »von ganzem Herzen Geliebte« angesprochen.[4] Jesus benutzte dieselbe Anrede. Spätere Bearbeiter vernichteten alle Spuren der Identität der Fragerin, aber seine »von ganzem Herzen Geliebte« war offensichtlich Maria Magdalena.[5]

Origenes zeigte eine mystische Hingabe an Maria Magdalena; er vermengte sie mit der Großen Göttin, nannte sie »unser aller Mutter«, Jerusalem oder die Kirche (Ecclesia, ein anderer Titel der Jungfrau Maria). Origenes behauptete, daß Maria Magdalena unsterblich sei und vom Anbeginn der Zeit an gelebt habe.[6]

Maria die Hure scheint also nur eine andere Form von Maria der Jungfrau gewesen zu sein, genauso wie die dreifache Göttin Mari-Anna-Ishtar, die gemeinsam mit ihrem Erlöser-Sohn im Jerusalemer Tempel angebetet wurde, auch die Große Hure von Babylon war.[7] Es hieß im Evangelium nach Maria, daß alle drei Marien der kanonischen Bücher miteinander identisch seien.[8]

Die Jungfrau und die Hure wurden noch im 7. Jahrhundert nach Christus miteinander vermengt; Papst Sergius ordnete am Tag der Geburt der gesegneten Jungfrau eine alljährliche Prozession zum Tempel der Prostituierten-Göttin Libera an und wandelte den Namen des Tempels in Santa Maria Maggiore um: Allergrößte heilige Maria.[9] Es wurde dabei nicht deutlich, welche heilige Maria gemeint war. Ein gnostisches Gedicht verband die beiden zu einer einzigen weiblichen Urkraft: »Ich bin die erste und die letzte. Ich bin die Verehrte und die Verachtete. Ich bin die Hure, und ich bin die Heilige.«[10]

Magdalena heißt »die vom Tempelturm«. Der Jerusalemer Tempel hatte drei Türme; sie repräsentierten die dreifache Gottheit, und einer der Türme trug den Namen der Königin, Mariamne, die eine frühe Inkarnation der Göttin Mari war.[11] Dabei handelte es sich um dieselbe Mariamne, Miriam oder Maria, die sich **Joseph** zum Geliebten nahm.[12] Jesus und seine Gefährten wurden offenbar von Priesterinnen dieses Tempels unterstützt; es heißt in Lukas 8, 1–13, daß Jesus und »die Zwölf« von Maria Magdalena und einer Gruppe Frauen finanzielle Unterstützung erhielten. In lateinischen Texten ist die Rede davon, daß die Frauen »ihn« (Jesus) versorgten, aber in griechischen Texten heißt es »sie« (mehrere).[13]

Die sieben »Teufel«, die aus Maria Magdalena ausgetrieben wurden, scheinen die von der Göttin Mari geborenen sieben Maskim oder Anunnaki, sumerisch-akkadische Geister der sieben untersten Sphären, gewesen zu sein. Diese Mehrlingsgeburt wurde in Maris heiligen Dramen dargestellt, und daraus entstand vielleicht das angebliche Auftauchen der sieben »Teufel« aus Maria Magdalena. Auf einer akkadischen Schreibtafel wurde von ihnen gesagt: »Sie sind sieben! In den Tiefen des Ozeans, sie sind sieben! Im Glanze des Himmels, sie sind sieben! Sie kommen aus den Tiefen des Ozeans [Maria], aus dem verborgenen Schlupfwinkel.«[14]

Es heißt in den Evangelien, niemand außer Maria Magdalena und ihren Frauen habe Jesu Grab aufgesucht. Frauen allein verkündeten Jesu Auferstehung. Männer hatten keinen Zugang zu den zentralen Mysterien der Großen Göttin. Den erfolgreichen Abschluß der Riten und die Auferstehung des Heilands gaben Priesterinnen bekannt. Die Bibel spricht davon, daß die männlichen Apostel nichts von der Auferstehung Jesu gewußt hätten und sich auf das Wort der Frauen verlassen mußten (Lukas 24, 10f.). Die Apostel kannten sich mit den heiligen Traditionen nicht aus und erkannten noch nicht einmal, daß eine Auferstehung zu erwarten war: »Sie wußten noch nicht aus der Schrift, daß er von den Toten auferstehen mußte.« (Johannes 20, 9).

Mari-Ishtar, die Große Hure, salbte – oder *christ*-ete – ihren zum Tode verurteilten Gott, bevor er sich in die Unterwelt begab, aus der er auf ihr Geheiß wieder auftauchen würde. Das heißt, sie machte ihn zu einem Christus, einem Gesalbten. Wenn er den heiligen Opfertod gestorben war, stimmten ihre Priesterinnen die Wehklagen um ihn an. Im Gilgamesh-Epos wurde Opfern mitgeteilt: »Die Hure, die dich mit wohlriechendem Öl salbte, wird jetzt um dich klagen.«[15] Die Tempelfrauen von Jerusalem erhoben dasselbe Wehklagen für Tammuz (Ezechiel 8, 14), mit dem Jesus gleichgesetzt wurde. Jesus selbst sagte, Maria Magdalena habe ihn, als sie in der altehrwürdigen Art der Krönung des heiligen Königs eine kostbare Salbe über seinem Kopf vergoß (Matthäus 26, 7–12), für sein Begräbnis gesalbt. Die Vase mit heiligem Öl war in der christlichen Kunst das allgegenwärtige Symbol

Heiliger angesehen, aber drei Jahrhunderte nach seinem Tod wegen gnostischer Elemente, die in seinen Schriften gefunden wurden, zum Ketzer erklärt.

Marienevangelium
Eins der frühen gnostischen Evangelien, die erst in den Büchern des Neuen Testaments enthalten waren, aber später aus dem Kanon entfernt wurden. Eine Kopie wurde 1940 in Nag Hammadi wiederentdeckt.

von Maria Magdalena – obwohl auch die Jungfrau Maria den Titel »Heilige Vase« trug.[16] (Siehe **Jesus ben Pandera**.)

Jungfrau und Hure waren während des Mittelalters ständig wechselnde Attribute; die Jungfrau Maria war immer eine spezielle Beschützerin der Prostituierten.[17] Ein christlicher magischer Ring, der sich jetzt im Londoner Museum befindet, trägt die Inschrift: »Heilige Maria Magdalena, bitte für mich.«[18]

Papst Julius II. ließ durch eine päpstliche Bulle in Rom ein »heiliges« Bordell einrichten, das unter seinen Nachfolgern Leo X. und Clement VII. florierte. Die Einkünfte aus diesem Bordell dienten zur Unterstützung der heiligen Schwestern des Ordens von St. Maria Magdalena; das deutet darauf hin, daß die heiligen Schwestern und die *magdalenas* (Huren) ein und dieselben waren. Papst Innozenz III. begünstigte ebenfalls die römische *collegia* der Prostituierten, der sogenannten *virgines*, »unverheiratete Frauen«. Er verkündete öffentlich, daß jeder Mann, der eine von ihnen heiratete, im Himmel besonders gepriesen würde.[19]

In die spätere Geschichte von Maria Magdalena gingen viele christliche Fantasiegebilde ein. Es heißt, sie habe eine Zeitlang mit der Jungfrau Maria in Ephesus gelebt. Diese Geschichte entstand vielleicht aus der Verbindung des Namens Maria mit der ephesischen Großen Göttin. Maria Magdalena soll später nach Marseille gegangen sein, einer weiteren Stadt, die nach der alten Meer-Mutter benannt ist. Hier lag das Zentrum ihres Kults. In Vézelay gefundene Knochen wurden zu den ihren erklärt. Sie lebte in einer Höhle bei St. Baume (heiliger Baum), die früher den Heiden heilig gewesen war.[20] Dort verbrachte sie dreißig Jahre ohne Essen und Trinken; ihre einzige Nahrung war der süße Gesang der Engel, eine »herrliche Mahlzeit«, die sie jeden Tag durch ihre Ohren aufnahm.[21] Über ihrer Grotte wurde eine Kirche erbaut. Die Weinbauern der Gegend bringen ihr für eine gute Weinlese auch heutzutage noch Kerzen dar, als würde sich die alte Fruchtbarkeitsgöttin wie eh und je an dieser Stelle aufhalten.[22]

Die heilige Martha begleitete Maria in die Provence und vollbrachte dort einige Wunder. Als sie einem Drachen namens Tarsque (die keltische Gottheit Taranis) begegnete, tötete Martha ihn, indem sie ihn an ihrem Gürtel erhängte und ihm Weihwasser über den Kopf goß.[23] Die auf alten Bildern dargestellte zweifache Göttin mit ihrer Großen Schlange scheint in Maria und Martha umbenannt worden zu sein. Häufiger erschien Maria aber als die typische weibliche Dreiheit, die Geburt, Liebe und Tod beherrscht. Sie war als heilige Maria an der Wiege die Hebamme (oder Geburtsgöttin) bei der Geburt Jesu.[24] Als Hure und Bestattungspriesterin wurde sie mit Sexualität und Tod in Zusammenhang gebracht. Und schließlich gab es die gnostische Hypothese, daß sie der ursprüngliche »Papst«, die Gründerin der christlichen Kirche gewesen sei (siehe **Petrus, Heiliger**). Das entsprach der orientalischen Vorstellung, daß spirituelle Autorität von Mann zu Frau und umgekehrt weitergegeben werden müsse. Es hieß teilweise auch, sie habe den Evangelisten Johannes geheiratet.[25] Sie wurden im 12. Jahrhundert gemeinsam in einer Mailänder Doppelkathedrale verehrt. Diese Kathedrale, die auch Sancta Dei Genetrix (Heilige Mutter Gottes) genannt wurde, bauten und verwalteten die Mönche von St. Johannes gemeinsam mit den *virgines* von St. Maria Maggiore. Die androgyne Kathedrale wurde 1943–1944 ausgegraben, aber ihre Entdeckung wurde geheimgehalten.[26]

Ein Dianatempel wurde im 13. Jahrhundert Maria Magdalena geweiht. Zu Ostern wurde die Geschichte von ihrer Bekehrung der Herrscher Marseilles am Altar gesungen. Später wurde das heilige Lied unterdrückt. Noch später durften die Anhänger Marias nicht einmal mehr die Messe lesen. 1781 riß man den Magdalenentempel ab.[27]

1. Pagels, 22, 64. 2. Malvern, 47 ff. 3. Jacobus d.V., 355. 4. *Mahanirvanatantra*, 173. 5. Malvern, 12. 6. Ders., 60. 7. Briffault 3, 169. 8. Malvern, 39. 9. Brewster, 401. 10. Malvern, 55. 11. Keller, 371 (dt. 393). 12. Enslin, C. B., 48f. 13. Morris, 114. 14. Wedeck, 23. 15. Malvern, 16. 16. Brewster, 338. 17. Briffault 3, 216. 18. Budge, A.T., 297. 19. Briffault 3, 216; *Encyc. Brit.*, »Prostitution«. 20. Attwater, 237; Brewster, 338. 21. Jacobus d.V., 361. 22. Malvern, 77. 23. Brewster, 345. 24. Miles, 107. 25. Jacobus d.V., 363; Attwater, 237. 26. Morris, 12. 27. Malvern, 75f.

Mars

Marszeichen

Roms »roter« Kriegsgott Mars war früher der etruskische Fruchtbarkeitsgott und Erlöser Maris, der in Matiene, einem alten Heiligtum in den Apenninen, verehrt wurde.[1] Die Meder verehrten an einem ähnlichen Heiligtum namens Matiane (Mutter Ana) im Nordwesten Irans denselben Gott; er war für die Perser Martiya, ein heiliger »Märtyrer«, der auch Immanuel oder Imanisi genannt wurde. Die Inschrift des Darius in Behistun besagt, daß der Gott in einem heiligen König inkarniert war, der von seinem Volk erschlagen wurde.[2] Sein Geist beherrschte den als *mardiyya* oder Martyrium bekannten Prozeß von Tod und Wiedergeburt, den die Sufis noch heute als »vollkommen« bezeichnen.[3] Eine frühe phrygische Version dieses Opfergottes erscheint in der griechischen Mythologie als der gehäutete Satyr Marsyas, der auf Geheiß des himmlischen Vaters auf einer Kiefer erschlagen wurde, »zwischen Himmel und Erde«.

Mars war »rot«, weil sein indoeuropäischer Vorläufer der prävedische gehäutete Gott Rudra, »der Rote«, war, der Vater der Maruts oder heiligen Opfer, die von ihrem eigenen Blut gerötet waren. Rudra, »den Roten«, gebar die dreigesichtige Jungfrau-Mutter Marici, die Göttin der Geburt, der Dämmerung und des Neuen Jahres, eine Manifestation der alten weiblichen **Dreiheit**. Er trug deshalb den Titel Tryambaka: »Der drei Muttergöttinnen gehört«. In Japan war diese Göttin als Marici-deva oder Marishi-ten bekannt; spätere patriarchalische Autoren haben sie als buddhistischen Mönch maskulinisiert. Dieser angebliche Mönch trug allerdings immer Frauengewänder.[4]

Die Marica der italischen Stämme war dieselbe Göttin. Sie brachte den Gott-König Latinus, den Stammvater aller latinischen Stämme zur Welt. Ihr Gemahl war Faunus, der gehäutete Gott der Lupercalia. Diese andere Inkarnation des Mars erschien auch in Gestalt einer Vogelseele als der heilige Specht Picus, der in seinem Heiligtum von der Spitze einer phallischen Säule aus Orakel verkündete.[5]

Die Martianischen Neujahrsopfer fanden im März statt, dem Mars-Monat, der früher das römische Jahr einleitete; deshalb waren die »Iden des März« für Könige so gefährlich. Derselbe Neujahrsmonat der Sühneopfer hieß im babylonischen heiligen Kalender Marcheshvan.[6] Nach der Tradition der AstrologInnen beginnt das Jahr immer noch mit dem astrologischen Zeichen dieses Monats, dem Widder.

Mars wurde in Nordeuropa mit Tiw, Tyr oder Tig gleichgesetzt: Namen, die sich aus dem indoeuropäischen *dieus*, »Gott«, entwickelten.[7] Tiw war ein anderer Name für den Himmelsvater Odin, so wie Mars oft mit dem Himmelsvater Jupiter vermengt wurde. Tiws Zeichen war ein Lingam-Yoni-Arrangement, bei dem ein phallischer Speer an einer weiblichen Scheibe befestigt war. Mars-tiw war derjenige, der den Speer führte oder der Blitzstrahl der Fruchtbarkeit, ein Gott des Kampfes. Er war auch der Patron der römischen Krieger, die ihn Marspiter (Vater Mars) nannten und mit »martialischen« Feierlichkeiten auf dem Campus Martius ehrten. In etruskischen Zeiten stand dort ein Maris-Tempel. Der ihm geweihte Tag war der Dienstag. Im Englischen ist das der nach tiw benannte *tuesday*; auf Latein heißt er immer noch *dies martis* und in latinisierten Sprachen wird er ähnlich genannt (französisch *mardi)*.

Da die Römer nicht auf die unvermeidliche Geschichte verzichten wollten, nach der die Himmelskönigin als himmlische Jungfrau den heiligen Gott gebar, behaupteten sie, die gesegnete Jungfrau Juno habe die Liebe ihres Gatten Jupiter verächtlich zurückgewiesen, und um ihn zu ärgern, habe sie ihren Sohn Mars mit Hilfe ihrer Fruchtbarkeitsmagie, der Lilienblüte, die ihre eigene Yoni verkörperte, empfangen.[8]

1. Hays, 182; J. E. Harrison, 101. 2. *Assyr. & Bab. Lit.*, 178. 3. Shah, 394.
4. *Larousse*, 342, 422. 5. *Larousse*, 207ff. 6. *Assyr. & Bab. Lit.*, 170.
7. H. R. E. Davidson, G. M. V. A., 57. 8. *Larousse*, 202.

Martin, Heiliger

Eine christliche Version des März-Opfergottes Mars; es heißt von ihm, er würde nach Art des Wotan auf dem fahlen Pferd des Todes geritten kommen. In Irland hielt sich der Brauch, den durch einen Ochsen verkörperten Gott, das Mars-Tier, zu töten. Es wird behauptet, der Heilige selbst sei wie ein Ochse zerlegt und gegessen worden. Jeder Haushalt tötete eins seiner Tiere und besprenkelte die Schwelle mit dem Blut des Tieres. Der heilige Martin galt als »Märtyrer« und »einer der bedeutendsten Heiligen ... die Tradition des Schlachtens findet sich in dem britischen Brauch wieder, am St. Martinstag Vieh zu schlachten.«[1]

Dieser heilige Tag knüpfte an das römische Martinaliafest an. Der Gott Bacchus nahm bei diesem Fest eine Handlung Jesu vorweg: Er verwandelte bei seiner heiligen Hochzeit Wasser in Wein (die christliche Bearbeitung erscheint im Johannesevangelium). Bis zum 19. Jahrhundert n. Chr. war es britischer Volksbrauch, daß Schuljungen am Martinsabend Gefäße mit Wasser füllten, damit sich das Wasser bis zum Morgen in Wein verwandeln konnte. Manchmal tauschten die Eltern (ähnlich wie bei der Zahnfee, die angeblich ausgefallene Milchzähne gegen Zuckerstücke austauscht) in einer barmherzigen Täuschungsaktion das Wasser in der Nacht gegen Wein aus.[2]

1. Miles, 204ff. 2. Hazlitt, 393.

Märtyrer

Die Kirche führte seit dem 9. Jahrhundert, als Märtyrer-Legenden überaus populär wurden, unzählige falsche Heilige auf, von denen es hieß, sie seien während der »Verfolgungen« des vierten und fünften Jahrhunderts gestorben. Martyrologen schufen mit mehr Einbildungskraft als Geschichtsbewußtsein eine weitgehend erdichtete Kirchengeschichte. In Wirklichkeit sind über die angeblichen Heiligen, die bei den »Verfolgungen« erschlagen worden sein sollen, keine Aufzeichnungen vorhanden. Die blutigen Fantasien, die in Quellen wie der Goldenen Legende (*Legenda Aurea*) enthalten sind, wurden sechs bis sieben Jahrhunderte nach dem Zeitpunkt der angeblichen Vorfälle ersonnen. Sogar katholische Gelehrte halten die Geschichten der Martyrologen für so kindlich naiv, daß es beim Lesen »oft schwer fällt, sich ein Lächeln zu verkneifen«.[1]

Die Goldene Legende
Eine Sammlung der »Leben« verschiedener Heiliger, mit einer Betonung des Märtyrertums und geheimnisvoller Geschichten; sie wurde im 13. Jahrhundert von Jacobus d. V. verfaßt, einem Dominikanerbischof in der Lombardei und späteren Erzbischof von Genua.

Es mutet allerdings seltsam an, daß die Antwort auf diese gräßlichen Fantasien von Folter und Schlächterei ein Lächeln sein soll und weist auf einen sadistischen Zug bei denjenigen hin, die sich zur Erbauung ihrer christlichen Mitmenschen solche Geschichten ausgedacht haben.

Die meisten christlichen MärtyrerInnen gingen angeblich auf die Verfolgung unter Diokletian zurück, die durch die christliche Tradition im Nachhinein ziemlich übertrieben wurden. Bis 298 n.Chr. hatte Diokletian nichts gegen die Christen. Dann behaupteten seine Priester, christliche Ungläubige, die bei einem offiziellen Opfer anwesend seien, behinderten den Empfang günstiger Omen. Der Kaiser befahl deshalb den Christen, die Götter durch das Verbrennen einer Prise Weihrauch auf den kaiserlichen Altären zu ehren. Die Verweigerung dieser Anordnung konnte für Angehörige der Armee oder staatliche Zivilbedienstete die Entlassung nach sich ziehen. Die Streitigkeiten zwischen christlichen und heidnischen Priestern eskalierten fünf Jahre später so weit, daß offizielle Orakel auf der Schließung der christlichen Kirchen bestanden. Als Gegenschlag griffen einige christliche Eiferer den Kaiser an.

Diokletian
(Gaius Aurelius Valerius Diocletanius) Römischer Kaiser von 284 bis 305 n. Chr. Er hatte eine militärische Karriere durchlaufen und war berühmt für seine ökonomischen und administrativen Reformen.

Nachdem im Palast Diokletians in Nicomedia zweimal Feuer gelegt worden war, wurden drei in dem Palast wohnende christliche Eunuchen der Brandstiftung angeklagt und hingerichtet. Sie wurden Jahrhunderte später als die Heiligen Dorotheus, Gorgonius und Peter kanonisiert.[2] Diokletian ließ nach den Bränden auch einige christliche Priester gefangennehmen. Martin Jones schrieb: »Alle gefangenen Geistlichen wurden einige Monate später gezwungen zu opfern und dann, mit Ausnahme einiger weniger halsstarriger Eremiten, entlassen.« Einige Unbeugsame wurden hingerichtet. Die »Verfolgung« war allerdings immer nur halbherzig. Sie wurde mit Unterbrechungen noch eine Zeitlang weitergeführt, bis sie 313 n. Chr. ganz aufhörte.[3]

Diese zehn Jahre mit vergleichsweise wenigen Toten schmückten die Kirchen später, nachdem die Lehren der ursprünglichen Kirche in Vergessenheit geraten waren, zu einer legendären Schreckensherrschaft aus. Die Ur-Kirche hatte unter anderem den Standpunkt vertreten, das Märtyrertum, das die frühen Christen »die Krönung« nannten, würde automatisch zu einer christusähnlichen Göttlichkeit führen, wobei die Seele des Märtyrers sich mit Jesus vereinte, so wie sich die Seele eines Ägypters mit Osiris vereinen konnte. So viele Christen brachen im Bemühen um diese »Nachfolge Christi« vorsätzlich Gesetze und verlangten die Todesstrafe, daß sich Antonius von Antiochien gereizt erkundigte, ob die Christen sich nicht mit Stricken oder Todessprüngen umbringen könnten, ohne ständig den Behörden auf die Nerven zu gehen.[4]

Einige christliche Kirchen hielten ein Märtyrertum für erforderlich, um im Himmel unter den Begnadeten zu sein. Apokryphe Evangelien zitierten Jesus: »Wahrlich, ich sage dir, von denjenigen, die den Tod fürchten, wird keiner gerettet werden; denn das Königreich des Todes gehört denen, die sich selbst dem Tod hingeben.« Tertullian sagte, er sehne sich nach dem Martyrium, »auf daß er von Gott völlige Vergebung erlange, indem er im Tausch sein Blut hingäbe«. Die GnostikerInnen machten sich über das Märtyrertum lustig. Sie sagten, durch das Märtyrertum werde der Eindruck erweckt, Gott sei ein Kannibale, der nach menschlichem Blut dürste; und von den Anhängern des Märtyrertums behaupteten sie, sie würden es sich allzuoft gegenseitig aufzwingen. In einigen gnostischen Schriften wurden andere Christen angeprangert, weil sie »ihre Brüder unterdrücken« und selbst Kinder leiden lassen würden, um deren Seelen zu retten.[5] Die Anschuldigung, daß Christen ihrer Gottheit Kinder opferten, entstand unter anderem hieraus.[6] Die Christen benutzten Jahrhunderte später diesen Vorwurf der Kinderopfer, um ihre Judenverfolgung zu rechtfertigen.[7]

In Wirklichkeit waren in Rom außer dem Christentum noch viele andere Glaubensrichtungen vertreten, und es herrschte eine weit größere Toleranz, als die Christen sie an den Tag legten. Angus schreibt: »Die Christenheit unterschied sich in bezug auf ihre Intoleranz von allen heidnischen Religionen und übertraf sogar noch das Judentum; sie stand in dieser Hinsicht in direktem Gegensatz zum vorherrschenden Geist des Zeitalters.«[8] Einige der sogenannten Verfolger versuchten sogar, den Kampf zwischen verschiedenen Christengruppen zu verhindern. Kaiser Maxentius sperrte die rivalisierenden Päpste Marcellus und Eusebius ein, um weitere Straßenkämpfe zwischen ihren Anhängern zu verhindern. Ein anderes Paar konkurrierender Päpste, Damasus und Ursinus, stürzte sich in so blutige Kämpfe, daß in der Basilika von Sicininus an nur einem Tag 137 Leichen zurückblieben. Ammianus berichtete: »Die Leute, die sich zu solcher Wildheit gesteigert hatten, konnten nur unter Schwierigkeiten zur Ordnung gerufen werden.«[9]

Die Christen erhofften sich von dem »abtrünnigen« Kaiser Julian, einem weltmännischen Heiden, der fanatische Christen nicht ausstehen konnte, eine an Märtyrern reiche Verfolgung. Aber Julian enttäuschte sie, er ließ sie in Ruhe. Gregorius von Nazianz warf ihm seine Toleranz sogar vor: »Er mißgönnte unseren Soldaten die Ehre des Märtyrertums ... Damit wir leiden und trotzdem nicht die uns zukommende

Ehre erringen würden, um Christi willen zu leiden ... er griff unsere Religion auf eine schurkische und kleinliche Art an, indem er in seine Verfolgung die Fallen und Schlingen des Arguments einführte.« Julian wurde unter undurchsichtigen Umständen in einem Militärlager umgebracht. Laut Libanius wurde der Kaiser von einem Christen gemeuchelt, der offenbar nicht so gerne argumentierte, sondern den Gegner lieber tötete.[10]

Es gibt keine nachprüfbaren zeitgenössischen Berichte über einzelne Christen, die im römischen Kaiserreich »wegen ihres Glaubens erschlagen« wurden. Eusebius (371 n. Chr. gestorben) erwähnte einen Brief, den angeblich die Kirchen von Lyon und Wien an die Kirchen Asiens und Phrygiens gerichtet hatten. Darin sollen die Namen von 48 Christen aufgeführt gewesen sein, die 177 n. Chr., fast zweihundert Jahre zuvor, unter der Regentschaft von Marc Aurel hingerichtet worden waren.[11] Eusebius schrieb diesen Brief wahrscheinlich selbst. Auf ihn ging die Einführung des Prinzips der »heiligen Lüge« für die Kirche zurück. Geistliche haben seitdem immer Eusebius als Bestätigung dafür zitiert, daß jede Lüge zulässig ist, wenn sie nur den christlichen Glauben verherrlicht.[12]

Abgesehen von diesem Vater der »heiligen Lüge« und seinem dubiosen Brief war bis zum neunten Jahrhundert kein Märtyrer namentlich bekannt. Die Namen der angeblichen Märtyrer waren meist nur Namen oder Titel alter heidnischer Gottheiten, deren Heiligtümer schon in vorchristlichen Zeiten das Ziel von Pilgerfahrten gewesen waren.

Die echten Märtyrer der frühchristlichen Ära wurden seltener durch Heiden zu Märtyrern gemacht als durch ihre Christenbrüder. Verglichen mit dem gewalttätigen Krieg, den in diesen Jahrhunderten Christen gegen Christen führten, war die Verfolgung durch Diokletian fast zu vernachlässigen. In Kleinasien zerstörten Eiferer ganze Städte und Dörfer und massakrierten Tausende von »Ketzern«. Frauen und Kinder wurden gefoltert, bis sie sich bereit erklärten, die Hostie des wahren Glaubens anzunehmen. Ammianus schrieb: »Keine wilde Bestie ist gegenüber den Menschen so bösartig, wie es christliche Sekten im allgemeinen untereinander sind.«[13] Sogar Toleranz war strafbar. Zwei Bischöfe, Priscillian und Instantius, wurden in Trier im vierten Jahrhundert gemeinsam mit zwei anderen Männern und einer Frau von ihren christlichen Glaubensbrüdern gefoltert und hingerichtet, weil sie mit ihren heidnischen Nachbarn zu tolerant gewesen waren.[14]

Innozenz I. verkündete im fünften Jahrhundert, daß Gott der Kirche erlaubt habe zu töten. Ihre militärische Macht war »von Gott gewährt worden, und er erlaubte es, das Schwert zu benutzen, um die Schuldigen zu bestrafen« – womit alle gemeint waren, die nicht die richtigen Auffassungen hatten.[15] In einem Brief, der Clemens, dem Bischof von Rom, zugeschrieben wird, hieß es, jeder, der es ablehne, sich Gottes Bischöfen, Priestern und Diakonen »zu beugen«, mache sich der Unbotmäßigkeit gegen Gott schuldig und müsse die Todesstrafe erleiden.[16]

Nachdem sie erst einmal an der Macht war, bekämpfte die Kirche Heiden und »häretische«, das heißt nicht »rechtgläubige« Christen mit einem Terrorregime. Heidnische Herrscher töteten nach einer vorsichtigen Schätzung weniger als ein Zehntausendstel der ChristInnen, die später von anderen Christen umgebracht wurden.[17] Aus dem Jahr 386 n. Chr. stammt folgende Beschreibung der Verfolgungen in Kleinasien:

> *Die Mönche sagen, daß sie Krieg gegen die Tempel führen, aber ihre Kriegführung ist von der Art, daß sie plündern, was arme unbedeutende Unglückliche haben, den Ertrag der Felder und das Vieh, das diese versorgen … Sie reißen das Land des Volkes an sich, indem sie behaupten, der Ort sei heilig. Vielen wurde unter solch einem Vorwand ihr väterlichen Erbe geraubt. Diejenigen, die (wie sie sagen) ihren Gott durch Fasten ehren, werden durch das Elend anderer fett.*
>
> *Und wenn diese anderen, die Opfer einer solchen Plünderung, in die Stadt gehen, zu einem »Hirten« – er wird so genannt, obwohl er nicht gerade ein guter Hirte ist – und ihm weinend von dem ihnen zugefügten Unrecht erzählen, wird der Hirte die Plünderungen gutheißen und die Opfer fortschicken und sagen, daß sie noch einmal nachzählen sollen und daß ihnen nicht das Schlimmste zugestoßen sei.*
>
> *Hören sie von einem Ort, an dem etwas Wertvolles zu rauben ist, behaupten sie sofort, daß jemand dort [den heidnischen Göttern] opfert und Abscheulichkeiten begeht und statten dem Ort einen Besuch ab.*[18]

Christliche Glaubenseiferer quälten manchmal heidnische Frauen, damit sie ihrer Göttin abschworen.[19] Hier könnte der wirkliche Ursprung der vielen erfundenen »jungfräulichen Märtyrerinnen« gelegen haben, von denen es hieß, sie hätten der Liebe und Ehe entsagt, um das christliche Zölibat zu wählen, und ihre Jungfräulichkeit trotz schrecklichster Foltern behalten. Die Horrorgeschichten der Kirche über jungfräuliche Märtyrerinnen nennen katholische Autoren heutzutage »erbauliche Erzählungen« – obwohl nicht klar ist, was an diesen sadistischen Fantasien erbaulich sein soll.[20] Christliche Geschichten über die Hinrichtung von Jungfrauen durch die Heiden ergaben sowieso keinen Sinn, denn unter dem römischen Recht konnte keine Jungfrau hingerichtet werden. Eine zum Tode verurteilte Jungfrau mußte legal entjungfert werden, bevor das Urteil vollstreckt werden konnte.[21] Kein römisches Gesetz erklärte Jungfräulichkeit *per se* zu einem Verbrechen.

In Wirklichkeit brauchte die Kirche Märtyrerlegenden, weil das Märtyrertum der beste traditionelle Weg war, die Einheit mit einer Gottheit und folglich Unsterblichkeit zu erlangen. Wer unter Qualen starb, konnte sich seit den frühesten Vorstellungen eines Sakralkönigtums unmittelbar mit seinem Gott vereinen. Das Wort *martyr* war der Name des alten heiligen persischen Königs Martiya-Immanuel (siehe **Mars**).[22] Das Vierte Buch der Makkabäer, das ungefähr im ersten Jahrhundert v. Chr. geschrieben wurde, lieferte den christlichen Martyrologen ein vorbildliches literarisches Modell. Darin wurden, eingebettet in erhabene metaphorische Prosa, die Leiden des Juden Eleasar und seiner Gefährten beschrieben, die die übliche Sequenz von Häuten, Verbrennen, Auspeitschen, Ausweiden usw. ertrugen: »Eleasar, der wie ein guter Steuermann das Schiff der Heiligkeit durch das Meer der Leidenschaften steuerte, legte, obwohl angegriffen von den Drohungen des Tyrannen und überwältigt von den anschwellenden Wellen seiner Qualen, nie auch nur einen Moment lang das Ruder der Frömmigkeit um, bis er schließlich in den Hafen des Sieges über den Tod segelte.«[23]

1. Attwater, 13. 2. Brewster, 402. 3. *Encyc. Brit.*, »Diocletian«. 4. H. Smith, 211.
5. Pagels, 90ff. 6. Robertson, 116. 7. Lindsay, O. A., 219. 8. Angus, 277.
9. J. H. Smith, D. C. P., 40, 131. 10. Ebd., 102, 115. 11. Attwater, 224.
12. Knight, S. L., 164. 13. Gibbon 1, 719ff. 14. J. H. Smith, D. C. P., 155.
15. Bullough, 122. 16. Pagels, 34. 17. H. Smith, 210. 18. J. H. Smith, D. C. P., 166.
19. Gibbon 1, 720. 20. Attwater, 210. 21. Sadock, Kaplan & Freedman, 17.
22. *Assyr. & Bab. Lit.*, 178. 23. *Forgotten Books*, 185.

Mashu

»Doppelgipfel«, der heilige Berg des akkadischen Mythos. In diesen Berg sank täglich der Sonnengott herab; er entsprach dem Busen von Hathor, Ma-Nu, in dem die ägyptische Sonne unterging, bevor sie mit jeder Morgendämmerung wiedergeboren wurde.[1] Diese doppelgipflige Berg-Mutter könnte mit der keltischen Todesgöttin Macha, der Mörderin von Helden, oder sogar mit dem doppelgipfligen Berg Macchu Picchu, dem »Pfosten der Sonne«, im entfernten Peru verwandt sein.[2]

1. *Gilgamesh*, 123. 2. *Larousse*, 443.

Mashya und Mashyoi

Die persischen Urformen von Adam und Eva, das erste menschliche Paar. Es wurde gemeinsam aus dem Schoß der Erde geboren, in der der Samen von Gayomart, dem ersten Mann, »vierzig Jahre« begraben war – eine mythische Erhöhung der heiligen vierzig Wochen, der normalen Frist der menschlichen Schwangerschaft. Gott (Ahura Mazda) befahl ihnen, nicht den Lügen des Teufels (Ahriman) zuzuhören. Aber sie waren ungehorsam und glaubten Ahriman, daß er der Schöpfer der weiblichen Elemente Wasser, Erde und Früchte sei. Dieses Paar brachte sieben andere Paare hervor, von denen alle Rassen der Menschheit abstammten.[1] Das Siebenermuster rassischer »Wurzeln« kehrte im simonistischen Gnostizismus in Form der sieben Mächte wieder, die aus der weiblichen Urquelle entstanden, aus der sogar Gott-Vater stammte.[2] (Siehe **Simon Magus**.)

1. *Larousse*, 319. 2. Legge 1, 183.

Maske

In allen Naturreligionen wohnt die Gottheit auch in einer heiligen Maske. Der Träger der Maske ist vom Geist besessen. Er oder sie ist, zumindest während der Teilnahme am heiligen Drama oder an der Prozession, der Gott oder die Göttin. Auf paläolithischen Höhlenmalereien wurden göttliche Wesen als Menschen mit Tiermasken dargestellt. Ägyptische tierköpfige Gottheiten waren offenbar Menschen mit reich verzierten Tierköpfen.[1] Dieser Glaube findet sich heutzutage noch bei AfrikanerInnen, MelanesierInnen, AustralierInnen und vielen anderen. Ein Zauberdoktor in einer Löwenmaske »gibt nicht vor, ein Löwe zu sein, sondern er hält sich wirklich für einen Löwen … er ist mit dem Tier ›psychisch identisch‹.«[2] Wer die Maske oder den Kopfputz eines Gottes trug, war dementsprechend im vorchristlichen Europa der

Gott oder die Göttin – oder, wie die Christen es hinstellten, vom Teufel besessen.

Das Wort *Maske* gibt es in vielen indoeuropäischen Sprachen, und es läßt sich bis zu den *maskim* von Sumer oder Akkad zurückverfolgen: Geister der niederen Sphären oder Ahnengeister. Initiierte Sufi-Magier des Mittelalters trugen Geistermasken und wurden an ihren Versammlungstagen zu *maskhara*, »Nachtschwärmern«; hieraus entstand möglicherweise die französische Bezeichnung *masque* für ein Mysterienspiel.[3]

Das skandinavische Wort für Maske war *grim*.[4] Grim war oftmals ein Bestandteil von Götternamen, wie Grimnir (Maskierter, ein Titel von Odin).[5] In manchen Sagen wurde aus einer Maske ein magischer Helm, der den Zutritt zur Geisterwelt ermöglichte. Der berühmteste aller Zauberhelme hieß Hildegrim, Helkappe, Tarnkappe oder Cap of Darkness. Mutter Hel (Hilde) gab ihn ihren Lieblingshelden. Sie wurden durch ihn unsichtbar und konnten so die Rosengärten des Paradieses betreten, als ob sie tot wären, und trotzdem lebend zur Erde zurückkehren. Der Träger der Maske besaß die Fähigkeit des Herrn des Todes, sich selbst zu reinkarnieren.

Grim war im Buch der Helden und in der Wilkina Saga Hels fester Gemahl. Er lebte mit der Göttin in ihrer geheimen Höhle, bis ein anderer Held ihn herausforderte, tötete und die Maske erbte.[6] Manchmal hieß es, diese magische Helkappe sei aus Hundefell gemacht, denn Hunde waren der Göttin des Todes geweiht; dieselbe Maske trug Hades, der Herr des Todes.[7]

Dieser Herr des Todes war im mittelalterlichen Frankreich **Macabre**, der grimmige Schnitter – also der maskierte Schnitter, der seine Sense zum Mähen der Seelen benutzte. Er tanzte bei Mysterienspielen und Volksfesten, die häufiger Bestandteil der mittelalterlichen Kunst waren, den *danse macabre*, den Totentanz. Wie die tanzende Shiva in Kalis kosmischer Yoni erinnerte Macabre sein Publikum daran, daß der Tanz des Lebens auch ein Totentanz ist; beide sind wechselseitig voneinander abhängig, und den einen kann es ohne den anderen nicht geben.[8] Tibetische Mysterienspiele stellen den als Tod Verkleideten auch heute noch in einer Schädelmaske und einem Skelettkostüm dar.[9] Evans-Wentz schrieb, die mittelalterlichen Mysterienspiele enthielten einen »Symbolismus, der mit dem in den noch vor kurzem unter klerikalem Patronat blühenden Mysterienspielen in ganz Tibet und den Nachbarländern des Nördlichem Buddhismus so nahe verwandt ist, daß er auf einen weiteren Strom hinweist, der aus dem Osten nach Europa vorgedrungen ist«.[10]

Die tierköpfigen Gottheiten Ägyptens und des Mittleren Ostens inkarnierten sich in den mittelalterlichen Mysterienspielen aufs neue. Manche davon wurzelten vielleicht in neolithischen Ritualen, bei denen heilige Tänzer die Köpfe geopferter Tiere trugen. Beim ohne Unterbrechung beliebten Karneval »gingen Vermummte um, die als verschiedene Arten von Tieren verkleidet waren. Es handelte sich dabei möglicherweise um einen Überrest von den Jahreszeitenfeiern gallischer oder anderer einheimischer Götter, denn in Gallien wurden Götter bei allen möglichen Gelegenheiten häufig in nichtmenschlicher Gestalt dargestellt.«[11]

Das heidnische Tragen von Masken bei religiösen Festlichkeiten setzte sich im weltlichen Karneval fort. Die Kirche kapitulierte schließlich vor dem Karneval, nachdem sie ihn über viele Jahrhunderte als gesetzwidrig denunziert hatte und erklärte es für zulässig, zur Karnevalssaison Masken zu tragen.[12] Das Wort *masca* blieb aber weiterhin eines der offiziellen Wörter der Kirche für eine Hexe.[13]

1. *Larousse*, 32. 2. Jung, M. H. S., 45 (dt. 44). 3. Shah, 208. 4. Snorri, 49. 5. Turville-Petre, 39. 6. Guerber, L. M. A., 110, 119. 7. Cavendish, P. E., 88. 8. Campbell, M. I., 358. 9. Waddell, 524f. 10. Evans-Wentz, 3 (dt. 79). 11. Rose, 298. 12. Moakley, 56. 13. J. B. Russell, 15.

Maskottchen

Ursprünglich war das Maskottchen ein dienstbarer Geist in Tiergestalt, wie die traditionelle schwarze Katze oder der schwarze Hund einer Hexe. *Mascoto* bedeutete »Zauberkraft« und entstand aus dem provençalisch-französischen Wort *masco*, Zauberin (»die Maskierte«).[1] Das Maskottchen eines heidnischen Totemclans war eine Tiermaske, die bei zeremoniellen Anlässen getragen wurde. Nach der christlichen Definition war dies ein tierköpfiger Dämon.

1. Lys, 94.

Matabrune

»Brennende Mutter«, ein poetischer Name für die Walküre Brunhilde oder Brennende Hel, die Mutter des Sonnenkönigs Oriant.[1] (Siehe **Hel**.)

1. Baring-Gould, C. M. M. A., 579.

Mater Matuta

Die »Mutter der Morgendämmerung« und Geburtsgöttin gebar Tag für Tag aufs neue die Sonne. In der griechischen Mythologie war sie die griechische Göttin Eos, Hebe oder Ilithyia; sie war auch identisch mit der ägyptischen Göttin Matet, deren Name »Wachstum« oder »Werden in Stärke« bedeutete. Die Mater Matuta brachte am Morgen die Sonne zur Welt und unterstützte sie bei ihrem Aufstieg am Himmel.[1]

1. Budge, G. E. 1, 323.

Mater

Var. Matra, Meter

Dieses indoeuropäische Stammwort für »Mutter« und »Maß« war die Grundlage für viele lateinische Wörter und davon ausgehend auch für viele Wörter der europäischen Sprachen, wie matrix, matter, metrisch, materical, maternal, Matrone usw. *Matres* war eine Bezeichnung für die keltische dreifache Göttin oder Dreiheit der Schicksalsgöttinnen.[1] *Matri* oder »Mütter« war ein tantrisches Wort für alle wohlwollenden weiblichen Geister. Matta, »Mutter«, der Name der obersten Göttin der ZigeunerInnen, entstand aus vielen verschiedenen matriarchalischen Titeln.[2] Der gnostische, hermetische oder magische Begriff für den Leib der Mutter, *matrix*, war eine redundante Form; er bedeutete »Mutterin« – *mater* mit einer weiblichen Endung.

1. *Larousse*, 224. 2. Groome, LXII.

Mati-Syra-Zemlya

»Feuchte Mutter Erde«, eine Göttin, die von slawischen Bauern und sogar von rechtschaffenen Christen verehrt wurde. Ihre Zeremonien fanden an den Jahrestagen alter heidnischer Festlichkeiten außerhalb der Kirche statt. Im August wurde sie zum Beispiel mit Trankopfern von Hanföl angebetet. Der ihr Geweihte wandte sich in den Feldern nach Osten und betete um ihren Schutz vor bösen Zaubersprüchen; dann richtete er sich nach Westen und betete dafür, daß sie die Teufel in der Unterwelt kontrolliert; wenn er sich danach nach Süden wandte, bat er, sie möge die Sandstürme und Wirbelwinde unter Kontrolle halten; zuletzt richtete er sich nach Norden und betete um das Ausbleiben von Schneestürmen und Kälte. Dem liegt offensichtlich die Annahme zugrunde, daß Mutter Erde die Mächte beherrscht, die auch unter die Zuständigkeit von Hexen fielen: das Wetter und die Geister der Unterwelt.[1] (Siehe **Erde**.)

1. *Larousse*, 287.

Matrikadevis

»Heilige Mütter« oder »Mutter-Göttinnen«, ein Hindu-Begriff für die Urmatriarchinnen, die die Stämme der Ahnen regierten. Die *Matrikadevis* entsprachen den *dísir* oder göttlichen Großmüttern des nordischen Mythos, den keltischen Feen, den die Große Göttin anbetenden prähellenischen TitanInnen und vielen anderen. Nach der tantrischen Überlieferung waren die *matrikadevis* die wahren Eltern der Menschheit. Die *pitris*, »Väter«, waren dagegen Produkte einer völlig anderen Schöpfung.[1] (Siehe **Mutterschaft**.)

1. *Mahanirvanatantra*, XLI.

Matrikamantra

Die »Mutter der Mantras« war das von der Großen Göttin ausgesprochene Schöpferwort Om; es verwies auf ihre eigene Ur-Schwangerschaft, mit der sie das Universum hervorgebracht hatte.[1] Om wurde als die höchste Silbe, die Mutter allen Klanges, bezeichnet.[2] Die Große Göttin erschuf mit der Magie dieses Wortes alles, was auf der Welt existiert. (Siehe **Logos**.)

1. Wilkins, 201. 2. *Upanishads*, 53.

Matrilinieare Erbfolge

Siehe **Weibliche Erbfolge**

Matronalia

Das »Fest der Mütter« war bei den RömerInnen ein heiliger Tag. Er wurde im Frühjahr ausschließlich von Frauen bei einem heiligen Hain begangen, der in prärömischen Zeiten vom Matriarchat der Sabinerinnen angelegt worden war. Die diesem Tag folgende Periode von Selbstkasteiung und Fasten der Frauen dauerte bis zu den im April stattfindenden Festspielen der Ceres und war die Vorläuferin des christlichen **Lenz**-Fastens.[1] Die Riten der Matronalia wurden vor den Männern streng geheimgehalten und sind bis zum heutigen Tage im dunkeln geblieben; ihr Zweck war zweifellos die Vorbereitung der Erdmutter für die Wiedergeburt im Frühling.

1. Gaster, 645.

Maya

»Magie«, der Titel der Jungfrau Kali als Schöpferin irdischer Erscheinungen, das heißt aller Dinge, die aus Materie gemacht und für die Sinne wahrnehmbar sind. Sie brachte auch den Erleuchteten, Buddha, zur Welt.[1]

Dieselbe Göttin hieß bei den Griechen Maia und war die jungfräuliche Mutter von Hermes dem Erleuchteten, der soviele Reinkarnationen besaß wie Buddha. Manchmal war der Partner Maias Vulcanus (oder der griechische Hephaistos, der göttliche Schmied und Feuergott). Es handelte sich dabei um ein weiteres mythologisches Paar von männlichem Feuer und weiblichem Wasser.[2] Die Hindus sagten, Agni der Feuergott sei der Gemahl von Kali-Maya, obwohl sie ihn in regelmäßigen Abständen verschluckte und »auslöschte«. Nach einer tantrischen Redewendung löschte die Göttin in ihrer Yoni einen flammenden Lingam.[3]

Maya brachte als die jungfräuliche Mutter Buddhas die asketischen Buddhisten in Verlegenheit und wurde bald aus dem Manuskript gestrichen. Ähnlich dem Gerede asketischer Christen über die Geburt Christi behaupteten manche Buddhisten, daß der Erleuchtete nicht die »Schamteile« seiner Mutter hätte berühren können und deshalb durch eine Öffnung an ihrer Seite geboren worden wäre. Dieser mythische Kaiserschnitt scheint verpfuscht worden zu sein, denn ein paar Tage später starb Maya – »vor Freude«, wie buddhistische Schriften es später hinstellten.[4]

Maya blieb ungeachtet dessen als eine von Kalis verehrtesten Manifestationen sehr lebendig, denn allein die Tatsache des »Seins« – der materielle Kosmos – erforderte ihre Anwesenheit. Zimmer analysierte sie so:

> *Maya-Shakti wird als die weltbeschützende weibliche, mütterliche Seite des Höchsten Seins angesehen, und steht als solche für die spontane, liebende Annahme der greifbaren Realität des Lebens ... sie bestätigt, ist, vertritt und genießt den Wahn der manifestierten Formen ... Maya-Shakti ist Eva, »das Ewig-weibliche«; sie, die aß, ihren Gesellen verführte und selbst der Apfel war. Vom Blickpunkt des männlich-geistigen Prinzips (das auf der Suche nach dem Dauernden, Ewiggültigen und Göttlich-Absoluten ist) stellt sie das Rätsel aller Rätsel dar.*[5]

Maya verkörperte in sich alle drei Aspekte der mütterlichen Dreiheit. Ihre Farben waren weiß, rot und schwarz, die Farben der Gunas oder der Jungfrau-Mutter-Greisin.[6] Wie jede andere Form von Kali war sie Schöpferin, Bewahrerin und Zerstörerin. Sie war auch der Geist, der jederzeit in den Frauen lebt. In einem Mahayana-Text heißt es: »Die Frau ist von allen Formen Mayas die wichtigste.«[7]

Mayas Sohn Buddha war von ihren Symbolen umgeben. Er ging unter ihrem heiligen Feigenbaum in seine Meditationstrance und war durch ihn vor der Witterung geschützt. Als erste symbolische Handlung nach der Rückkehr von seiner Seelenreise nahm er am Tag des Maivollmondes, dem größten buddhistischen Fest, von einer Jungfrau ein Quarkgericht an.[8]

Nicht nur der Monat, auch viele andere Traditionen, Namen und Begriffe zeugen von dem großen Alter und der weiten Verbreitung der Göttin Maya. Sie war nicht nur die Maia, die Hermes hervorbrachte; sie war auch Maga, die Großmutter-Göttin, die **Cuchulains** Mutter trug sowie die mandäische Almaya der Christen, die »Ewigkeit«, »die Welt« oder »Wesen« genannt wurde; und sie war Maga oder Maj, die Maijungfrau Skandinaviens.[9] So wie die Hindu-Maya die irdischen Erscheinungen hervorbrachte, personifizierte die skandinavische den schwangeren Mutterschoß des Chaos vor dem Anfang der Welt: *Ginnungagap*. Die Weltjungfrau wurde dabei mit der Vorstellung magischer Illusion in Verbindung gebracht und schuf wie ihr Hindu-Gegenstück »Erscheinungen«.[10]

Der universelle Schöpferinnen-Name Maya könnte auch die westliche Hemisphäre erreicht haben. Das Maya-Volk von Yukatan brachte in derselben Weise Opfer dar, wie es in Nordindien geschah, zu den gleichen Jahreszeiten und bestimmt von denselben Sternen.[11] Die »Skorpion-Sterne« der Maya waren dieselben wie das Sternbild Skorpion auf den Himmelskarten der Hindus und Griechen. Die Gottesbilder der Maya waren wie in Indien in blauer Farbe gemalt, und Mayafrauen durchbohrten die linke Nasenwand, um sich einen Edelstein einzusetzen.[12] Eine andere Version der Schöpferin scheint die Muttergöttin Mayahuel der mexikanischen Agave gewesen zu sein; sie wurde »die Frau mit vierhundert Brüsten« genannt und hatte starke Ähnlichkeit mit der weltnährenden vielbrüstigen Artemis und anderen östlichen Formen der Gottheit, die wie eine Mutter für alle Geschöpfe der Welt sorgte.

1. *Larousse*, 348. 2. Rose, 229. 3. Rawson, E. A., 57. 4. *Larousse*, 348.
5. Lederer, 136 (dt. Zimmer, 32). 6. *Upanishads*, 124. 7. Campbell, Or. M., 320.
8. Ross, 88. 9. Squire, 156; Goodrich, 181; Jonas, 54. 10. Davidson, G. M.V., 197.
11. Hagen, 137; Tannahill, 82. 12. Hagen, 178, 38.

Me

Das babylonische Wort für »Mutterweisheit« auf den Tafeln des Schicksals, die die Große Göttin ihrem erstgeborenen Sohn übergab; es war mit dem Sanskritwort *medha*, weibliche Weisheit, und dem ägyptischen Wort *met* mit derselben Bedeutung verwandt; *met* bezeichnete, wie auch das griechische *meter* (Mutter), gleichzeitig ein dezimales Rechensystem.[1] Mit *Me* war außerdem die magische Macht des Schicksals, religiöse Inspiration und Heilmagie (Medizin) gemeint. Aus dieser Wurzel entwickelten sich viele Namen der Großen Göttin, wie Medea, Medusa, Metis, Mene, Maat und Demeter.

1. Budge, E. L., 93.

Mearah

Hebräisch »Höhle«, ein Titel der Göttin Kybele, der Großen Mutter der Götter; dieses Wort wurde auch auf die heilige Höhle angewendet, in der in Bethlehem Adonis geboren wurde. (Siehe **Höhle**.)

Medea

»Die Weise«, die namengebende Muttergöttin der Meder. Sie wurde, wie Medusa und Metis, nach dem Sanskritbegriff *medha*, »weibliche Weisheit«, benannt.[1] Bei ihr hatte die weibliche Heilkunst ihren Ursprung, und aus ihrem Namen entwickelte sich das Wort »Medizin«.[2] Sie konnte in ihrem magischen **Kessel** Tote zum Leben erwecken, wie in dem Mythos von Aeson, der auf diese Weise wieder lebendig wurde. Plinius nannte Medea eine Göttin, deren Zauberkünste die Sonne, den Mond und die Sterne beherrschen können.[3] Sie bewegte sich in einem von Schlangen gezogenen Siegeswagen fort, dessen Flügel anzeigten, daß sie gleichermaßen Himmel und Erde regierte.[4]

Nach den Aussagen Herodots war Medea die Große Göttin aller arischen Stämme von Parthia.[5] Sie war allwissend und starb nie, sondern lebte für alle Ewigkeit im Himmel.[6]

In Irland scheint sie als die Göttin Medana im Gedächtnis geblieben zu sein; sie wurde mit einem heiligen Baum und einer verjüngenden Quelle in Verbindung gebracht, von der es hieß, daß ihr Wasser entzündete Augen heile. Sie wurde künstlich als eine Heilige kanonisiert, und ihre christliche Legende übernahm man von der Legende der gleichfalls falschen heiligen **Lucia**.[7]

Die klassische Geschichte der unglücklichen Ehe mit Jason fußte offenbar auf einem entwendeten Standbild der Großen Göttin. Ihre Riten wurden nach Griechenland importiert, erwiesen sich aber als zu blutrünstig für den hellenischen Geschmack.

1. *Larousse*, 312. 2. Briffault 1, 186. 3. Hawkins, 139. 4. Graves, G. M., 155.3.
5. Herodotus, 390. 6. Graves, G. M., 155.h.; 157. 7. Gifford, 131.

Medusa

Der klassische Mythos machte Medusa zur schrecklichen Gorgo, deren Blick Menschen versteinern konnte. Die ArgiverInnen hielten Medusa für eine libysche Königin, die von Perseus, dem Helden des Altertums, enthauptet wurde. Ihren Kopf (oder ihre zeremonielle Maske) brachte er nach Athen zurück.[1]

Medusa war eigentlich die Schlangengöttin der libyschen Amazonen und repräsentierte die »weibliche Weisheit« (Sanskrit *medha*, griechisch *metis*, ägyptisch *met* oder Maat). Sie war der zerstörerische Aspekt der Dreifachen Göttin, die in Ägypten Neith und in Nordafrika Ath-enna oder Athene genannt wurde. In ihrer Inschrift in Saïs wurde sie als die »Mutter aller Götter, die sie gebar, noch bevor es eine Niederkunft gab« bezeichnet. Sie war die Vergangenheit, die Gegenwart und die Zukunft: »Alles, was war, was ist und was sein wird.«[2] Diese Beschreibung von ihr war so berühmt, daß die Christen sie später auf Jahweh übertrugen (Offenbarung 1, 8).

Sie sagte: »Kein Sterblicher hat bisher den Schleier lüften können, der mich verhüllt«, denn sie war der Tod, und sie von Angesicht zu Angesicht zu sehen, bedeutete zu sterben – also als eine Grabstatue »zu versteinern«. Sie war auch verschleiert, weil sie die Zukunft war, die immer hinter einem Schleier verborgen ist. Eine andere Bedeutung ihres verborgenen, gefährlichen Gesichts hängt mit dem Menstruationstabu zusammen. Naturvölker glaubten oft, daß der Blick einer menstruierenden Frau einen Mann in Stein verwandeln könne.[3] Medusas magisches Blut konnte Leben schaffen und zerstören; sie repräsentierte das gefürchtete Menstruationsblut der Frauen, das sowohl Leben als auch den Tod brachte (siehe **Menstruationsblut**).[4]

Die Perseusgeschichte wurde erfunden, um das Erscheinen des Gesichts Medusas zum Schutz Athenes zu erklären. Sie war ein Erbe aus der prähellenischen Zeit, als Athene dieselbe Göttin war (sie wurde auch als Metis, ihre angebliche »Mutter«, mythologisiert). Die AthenerInnen behaupteten, daß ihre Stadtgöttin die aus seinem Kopf geborene »Weisheit« von Zeus sei. Aber aus älteren Mythen geht hervor, daß Athene von den drei libyschen Königinnen geboren wurde – der Dreifachen Göttin, deren zerstörerischer Aspekt Metis-Medusa war.[5] Ein weibliches, von Schlangenhaar umrahmtes Gesicht war ein altertümliches, weithin anerkanntes Symbol göttlicher weiblicher Weisheit und des »weisen Blutes«, das nach allgemeinem Glauben den Frauen ihre göttlichen Kräfte verlieh.

1. Graves, W. G., 244 (dt. 270). 2. *Larousse*, 37.
3. Frazer, G. B., 695, 699 (dt. 873, 878). 4. Graves, G. M., 50. e.
5. Graves, G. M., 73 h; 134 c.

Meerjungfrau

Die »Jungfrau des Meeres« war eine Verkörperung der fischschwänzigen Aphrodite, der mittelalterlichen Minne, Maerin, Mari, Marina, mereminne, mare-mynd, marraminde, mareminde oder maraeman.[1] Ihr Todesgöttinnen-Aspekt, der manchmal Ran genannt wurde, empfing die Seelen derjenigen, die in Beisetzungsbooten dem Meer übergeben wurden; sie soll in ihrem Fischernetz aber auch Lebende gefangen haben. Die GermanInnen sagten, daß Ertrunkene im Hause Rans wohnten.[2]

Ein englisches Gesetz, das noch im 19. Jahrhundert gültig war, beanspruchte »alle Meerjungfrauen, die in britischen Gewässern gefunden werden« offiziell für die Krone.[3]

1. Steenstrup, 105; Branston, 133. 2. Davidson, G. M. V. A., 129. 3. Holmes, 228.

Megaira

Var. Megäre

»Die Neidische«, eine von Demeters drei Furien oder Hunden des Gesetzes; der Name Megaira ist möglicherweise mit Megara, »Höhle«, verwandt, der schwarzen Höhle von Demeter Chthonia, aus der ihre Geister des Gesetzes herausströmten, um Übeltäter zu bestrafen. Megaira oder Megara war auch eine mythische Ehefrau von Herakles.[1] (Siehe **Furien**.)

1. Graves, G. M. 2, 399 (6.a; 31.g).

Mehen der Umhüller

Eine ägyptische Schlangengottheit, die jede Nacht den Phallus von Ra umhüllte, so wie auch die Schlangengöttin namens Unendlichkeit die phallischen Götter der Hindus umhüllte, wenn sie schliefen. (Siehe **Schlange**.)

Mehet-uret

Ein Titel der ägyptischen Göttin Nut oder Neit als himmlisches Urgewässer, möglicherweise eine Variante von Mehit.

Mehetabel

Die hebräische Version der Herrin Mehit; sie war in Ägypten eine löwenköpfige Göttin und einer der Aspekte von Bast oder der Sphinx (Hathor). Die Bibel verwandelte sie in eine »Tochter Matreds« (Genesis 36, 39), also Maats oder Maters, was auf eine Priesterin der Göttin in einer Löwenmaske hinweist. Mehit wurde auch als Fischgöttin beschrieben.[1] Der Teil »Bel« in ihrem hebräischen Namen bedeutete einfach »Gottheit«.

1. Budge, D. N., 151.

Meidelant

»Land der Jungfrauen« oder Land der Frauen; das matriarchalische Feenland, in das die Herrin vom See Lancelot brachte.[1] In eben dieses Paradies der »Jungfrauen« kehrten normalerweise die Helden keltischer Märchen nach ihrem Tod zurück. (Siehe **Lancelot**.)

1. Rees, 293.

Melaina

Var. Melanie

»Die Schwarze«, eine Bezeichnung der Schwarzen Demeter, der Göttin der Unterwelt. Sie war auch die stutenköpfige Melanippe, »Schwarze Mähre«, in deren Mähne Schlangen eingeflochten waren und die in ihrer schwarzen Höhle (*Mavrospelya*) angebetet wurde – all diese Bilder gleichen denen von Kali, der »schwarzen Mutter« Indiens.[1] Die dunklen Aspekte von Demeter entwickelten sich zur Nacht-Mähre (englisch *nightmare*, Albtraum), die die Sünder mit Schreckensträumen strafte. (Siehe **Demeter**.)

1. *Encyc. Brit.*, »Demeter«.

Melchisedek

Ein Erlösergott, den die christlichen Gnostiker für eine größere Gottheit als Christus hielten. Melchisedek war der Heiland der Engel, während Christus nur der Heiland der Menschen war. Er war eine Ausstrahlung der fünf Bäume der Schatzkammer des Lichts und wurde in der *Pistis Sophia* die »Hand der Göttin Sophia« genannt. Melchisedeks kurzes Erscheinen im Alten Testament als Überbringer von »Brot und Wein« (Fleisch und Blut) sollte angeblich auf sein zweites Kommen als wahrer Heiland hindeuten (Genesis 14, 18). In Psalm 110 heißt es, Christus werde ein Priester »nach der Ordnung Melchisedeks« sein.

Var. Milcom

Melchom

Ein christlicher Dämon, der auf den tyrischen Feuergott Moloch, Melek oder zurückging; sein Name bedeutete »König« und seine Opfer wurden, wie die von **Herakles**, verbrannt. Dieser Gott und Herakles wurden oft als ein und derselbe angesehen.

Meliae

»Eschennymphen«, ein griechischer Name für die drei Schicksalsgöttinnen, die mit den germanischen **Nornen** gleichgesetzt werden können. Germanische Stämme hielten die drei Schicksalsgöttinnen für drei geheimnisumwobene Frauen, die an der Wurzel der Weltesche lebten.

Melissa

»Biene«, der Titel von Aphrodites höchster Priesterin beim Honigwabenschrein des Berges Eryx; der Fetisch der Göttin war dort eine goldene Honigwabe. Melissa entspricht Deborah, der Priesterin Israels, deren Name ebenfalls »Biene« bedeutete. (Siehe **Aphrodite**; **Honig**.)

Melita

»Geburts-Erzeugerin«, ein karthagischer Name für die Göttin, die nach Herodots Aussagen in Arabien Alitta war, in Assyrien Mylitta und Mitra in Persien.[1] In Karthago gab es eine nach ihr benannte Provinz, Magasmelita, »Heiligtum Melitas«. Wie die Fischmutter Atargatis oder Tirgata personifizierte sie den Ur-Mutterleib des Abgrunds.[2] Sie heiratete den Sonnengott und »löschte den lodernden Lingam« in den Wassern ihres Leibes, wie alle Personifikationen der weiblichen Tiefe.[3] Die alte Stadt Mdina auf Malta trug früher ihren Namen.[4]

1. Herodotus, 54. 2. Baring-Gould, C. M. M. A., 497 f. 3. Rawson, E. A., 57.
4. Pepper & Wilcock, 78.

Melusine

Eine mittelalterliche Version der fischschwänzigen Aphrodite; ihr uraltes Heiligtum in Lusinia (heute Lusignan), ist nach ihr als »Herrin des Lichts« benannt. Die Legende der Melusine machte sie während der Kreuzzüge der Kirche gegen die südfranzösischen Liebeskulte zur mystischen Braut von Raymond, dem Grafen von Poitou. Sie stimmte einer Heirat mit ihm nur unter der Bedingung zu, daß sie einen Tag in der Woche allein in ihrem Schloß von Lusinia verbringen durfte. Sie wurde dann zu einer fischschwänzigen Meerjungfrau und verbrachte den Tag in ihrem Bad liegend. (In klassischen Mythen wurde behauptet, daß es für Männer mit Todesgefahr verbunden sei, die Göttin in ihrem Bad zu sehen. Ob sie nun Aphrodite, Artemis, Athene oder Ertha hieß, nur zum Tode verurteilte Männer durften sie badend sehen.)[1]

Melusine wurde von Geistlichen entdeckt und getötet, oder, nach anderen Versionen, aus ihrer Burg verjagt. Die Legende sagt, daß sie noch immer jede Nacht zurückkehrt, um ihre »Kinder« zu stillen, womit möglicherweise das Volk selbst gemeint ist. Es gab sie auch in Gestalt einer prophetischen Todesgöttin. Erschien Melusine klagend über den Wällen von Lusignan, starb angeblich der König bald.[2]

1. Tacitus, 728. 2. Baring-Gould, C. M. M. A., 478.

Mem-Aleph

Die Hebräischen Buchstaben M und A, der Mutterzauber, der »Wasser« und »Anfang« bedeutet. Er stand auf Schutzamuletten aus dem 9. Jahrhundert v. Chr.[1] Ma war der magische Name der Großen Göttin **Ma**; der Begriff stammte von den Persern, die den mütterlichen Geist Mourdad-Ameretat (MA: Tod-Wiedergeburt) nannten.[2]

1. Albright, 198. 2. *Larousse*, 317.

Memra

Dies war in mittelöstlichen Geheimreligionen ein mystischer Begriff für »die Welt« und außerdem ein geheimer Name oder Logos zahlreicher mesopotamischer Gottheiten.

Menander

»Mondmann«; Menander war im ersten Jahrhundert v. Chr. ein indogriechischer König von Bactria, der auch als Soter (Retter) bekannt war. Nach seinem Tod wurden Teile seines Körpers in verschiedene Gebiete des von ihm regierten Landes gebracht, ähnlich wie bei Osiris oder den Mondstieren.[1]

1. *Encyc. Brit.*, »Menander«.

Menat

Der ägyptische »Mondzauber«, ein Amulett, das den Geschlechtsverkehr darstellte: aus einem engen männlichen Gefäß wird eine Flüssigkeit in ein weites weibliches Gefäß gegossen.[1] Das Menat war für die Ägypter früher ein riesengroßes Sternbild. Es erstreckte sich vom Arkturus im Bootes (griech.:Ochsentreiber) am nördlichen Himmel bis hinüber zum Antares im Skorpion am südlichen Himmel. Das Menat gab als astrologisches Zeichen »den Reproduktionsorganen Stärke, beförderte Fruchtbarkeit und Gesundheit«.[2]

Das Menat sicherte als ein heiliges Amulett für Götter, Priester und Mumien die sexuelle Potenz im Leben nach dem Tod und die magische Fruchtbarkeit in der irdischen Existenz. (Siehe **Wasserkrugträger**.)

1. Budge, E. M., 60. 2. Jobes, 208.

Mene

Dieses Wort bedeutete im ganzen Mittleren Osten des Altertums »Mond«. Im Alten Testament (Daniel 5, 25) wurde es als »gezählt« übersetzt, weil der Mond die Basis für Kalender und Zeitmessungen war. König Belschazzar wurde von der schrecklichen Schrift, die auf seinem Fest an der Wand erschien, in Angst und Schrecken versetzt: MENE, MENE, TEKEL, UPHARSIN. Daniel interpretierte sie folgendermaßen: 1. die Tage deiner Herrschaft sind gezählt; 2. du wurdest auf der Waage gewogen und für zu leicht befunden; 3. dein Königreich wird von den Medern und Persern übernommen werden. Die ursprüngliche Inschrift erschien möglicherweise in einer Sprache, die der hebräische Bearbeiter nicht kannte, und Daniels Rede wurde vielleicht sehr frei nach einem alten Bild interpretiert, das die Mondgöttin als Zerstörerin darstellt und das Ende der Amtszeit eines Königs ankündigte. (Siehe **Königtum**.)

Menec

»Mondschrein«, ein neolithisches System von Druidensteinen in der Nähe von Carnac in der Bretagne; einer der vielen steinernen »Mondtempel«, die früher über Europa verteilt waren.

Menelaos

»Mondkönig«, der Gatte von Helena, der Mondprinzessin aus Homers Troja. Die Götter sagten ihm, er sei unsterblich, weil er Helena zur Frau habe.[1] Als er sie verlor, mußte er sich auch von Unsterblichkeit und Reichtum trennen. (Siehe **Helena von Troja**.)

1. Knight, S. L., 125.

Var. Mena

Menes

Der erste König Ägyptens, durch den ca. 3000 v. Chr. Ober- und Unterägypten vereinigt werden sollten. Die Ägyptologen bezeichnen diese Person als »Pharao«; aber das Hieroglyphensymbol von Menes bedeutet »Mond« und »milchgebende Mutterbrust« – wohl kaum Symbole für einen Mann.[1] Moderne WissenschaftlerInnen räumen ein, daß dieser sogenannte erste Pharao eine matriarchalische Königin oder ein in ihrem Namen regierender Titularkönig gewesen sein könnte.[2]

Oberägypten gehörte früher ausschließlich der Mondgöttin. Es hieß Khemennu, »Land des Mondes«.[3] Eines der ältesten ägyptischen Orakelheiligtümer war Menhet, das »Haus des Mondes«, das die Griechen Latopolis, Stadt der milchgebenden Mutter, nannten.[4]

Die erste Mutterstadt Ägyptens war Memphis, der Regierungssitz der ersten Dynastie. Ihr ägyptischer Name war Men-nefer, »Schöne Mondjungfrau«. Eine andere Abwandlung der ägyptischen Mondgöttin war Menos, der die Erfindung der Hieroglyphenschrift zugeschrieben wurde. (Siehe **Mond**.)

1. Budge, E. L., 57. 2. Brandon, 134. 3. Hallet, 115. 4. Budge, G. E. 2, 50.

Menevia

»Mondweg«, der römisch-britische Name für die walisische Stadt St. Davids, die in Wirklichkeit nach dem Gott Dewi oder Devi benannt wurde (siehe **David, Heiliger**). Menevia war identisch mit dem skandinavischen Manavegr, dem von der Mondmutter Mana regierten himmlischen Paradies.

Menora

Der siebenarmige Leuchter des jüdischen Tabernakels; er verkörperte möglicherweise die sieben Schwestern oder Mond-Horen, da er mit yonischen Symbolen geschmückt war (Exodus 25, 33–35).

Menos

Ein ägyptischer Titel der Mondgöttin, auf deren Weisheit die Erfindung der Schrift zurückgehen soll.

Menrva

Var. Menarva

Die etruskische Version von Minerva, der römischen Göttin der Weisheit, des Krieges und des Mondkalenders; sie war auch die Alte der ursprünglichen kapitolinischen Dreiergruppe und eine latinische Form der Athene. Eine Bronzestatue aus dem 6. Jahrhundert v. Chr. zeigt sie mit einer **Aigis** der Athene, die ihre Brust bedeckt, einem Helm mit einem gigantischen Kamm auf dem Kopf und einem wurfbereiten Speer oder Wurfspieß in der Hand.[1] Sie wurde auch mit dem Tod des archaischen Erlösers Mars in Verbindung gebracht.

1. *Larousse*, 206.

Mensa

Eine römische Göttin der Messung, Zahlen, Kalender, Berechnungen, Tabellen und Aufzeichnungen; sie entwickelte sich aus der Mondgöttin als Erfinderin der Zahlensysteme. Mensa war möglicherweise auch ein Titel der archaischen Minerva als Mond, »Zeitmesserin«.

Menschensohn

Siehe **Mannessohn**

Menstruationsblut

Die Menschen glaubten schon seit ihren frühesten Kulturen, daß die geheimnisvolle Magie der Schöpfung dem Blut innewohne, das Frauen in offensichtlicher Harmonie mit dem Mond von sich gaben, und das manchmal im Mutterleib verblieb, um zu einem Kind zu »gerinnen«. Männer betrachteten dies Blut mit heiliger Furcht; sie sahen es als die Essenz des Lebens an, die unerklärlicherweise ohne Schmerz vergossen wurde und männlicher Erfahrung ganz fremd war.

Die Wörter für Menstruation waren oft Wörter, die gleichzeitig Tatbestände wie unbegreiflich, übernatürlich, heilig, Geist, Gottheit bezeichneten. Alte arabische Wörter für »rein« und »unrein« wurden, wie das lateinische *sacer*, auch auf Menstruationsblut angewendet und teilweise nur darauf. Die Maoris glaubten ausdrücklich daran, daß menschliche Seelen aus Menstruationsblut gemacht seien, das im Mutterleib »menschliche Gestalt annimmt und zu einem Menschen wird«.[1] Die AfrikanerInnen sagten, Menstruationsblut sei »geronnen, um einen Menschen zu formen«.[2] Aristoteles behauptete dasselbe: menschliches Leben sei aus »Geronnenem« von Menstruationsblut gemacht. Plinius nannte das Menstruationsblut die »materielle Substanz der Fortpflanzung« und verglich es mit der Bildung »eines Quarks, der später im Laufe der Zeit auflebt und zu der Form eines Körpers heranwächst«. Diese Vorstellung von der pränatalen Funktion des Menstruationsblutes wurde in europäischen Medizinfakultäten noch bis zum 18. Jahrhundert gelehrt.[3]

Die Grundlage für die Anschauungen über das Menstruationsblut bildete die Hindu-Theorie, nach der die Substanz der Großen Mutter beim Schöpfungsvorgang dicker wird und einen Quark oder Klümpchen bildet; nach dieser Theorie wird feste Materie als eine »Kruste« geschaffen.[4] So soll die Große Mutter den Kosmos hervorgebracht haben, und in kleinerem Maßstab, so dachte man, würden Frauen dieselbe Methode anwenden. Daustenius meinte: »... die Frucht im Leibe wird alleine ernähret von der Mutter Blut ... Das Menstruum der Frucht zur Nahrung mangelt nicht. Bis sie zur rechten Zeit kommt an des Tages Licht.«[5]

Südamerikanische IndianerInnen gingen davon aus, daß die ganze Menschheit zu Beginn aus »Mondblut« geschaffen worden sei.[6] Dieselbe Vorstellung gab es in Mesopotamien; dort soll die Große Göttin Ninhursag die Menschen aus Lehm gemacht und ihnen ihr »Blut des Lebens« eingeflößt haben. Unter ihren wechselnden Namen Mammetun oder Aruru die Große, die Töpferin, lehrte sie Frauen, Lehmpüppchen zu formen und sie als Empfängniszauber mit Menstruationsblut zu bestreichen. Diese Art Magie lag auch dem Namen **Adam** zugrunde, denn das weibliche *adamah* bedeutet »blutiger Lehm«, obwohl Wissenschaftler es meist zartfühlend mit »rote Erde« übersetzen.[7]

Die biblische Geschichte von Adam war die Kopie eines älteren, weiblich orientieren Schöpfungsmythos, der von der Entstehung des Menschen aus Lehm und Mondblut handelte. Die Schöpfungsgeschichte des Koran, nach der Allah »den Menschen aus fließendem Blut machte«, entstand auf ähnliche Weise: im präislamischen Arabien war Allah die Göttin der Schöpfung, Al-Lat.[8] Spuren des ursprünglichen Schöpfungsmythos finden sich auch bei den Römern. Plutarch sagte, der Mensch sei aus Erde gemacht, aber die Kraft, die einen menschlichen Körper wachsen ließ, sei der Mond, die Quelle des Menstruationsblutes.[9]

Von der geheimnisvollen Kraft des Menstruationsblutes hing sogar das Leben der Götter ab. In Griechenland wurde Menstruationsblut als der »übernatürliche rote Wein« bezeichnet, den Mutter Hera in ihrer jungfräulichen Form, als Hebe, den Göttern verabreichte.[10] Die Wurzelmythen des Hinduismus enthüllen die Natur dieses »Weines«. Früher erkannten alle Götter die Überlegenheit der Großen Mutter an, die sich als Geist der Schöpfung offenbarte (Kali-Maya). Sie »lud sie ein, in dem blutigen Fluß ihres Mutterleibes zu baden und davon zu trinken; und die Götter tranken in heiliger Gemeinschaft von dem Springquell des Lebens – (»Das ist mein Blut!«) – und badeten in ihm und stiegen glückselig zum Himmel auf.«[11] Seit diesem Tag werden Kleidungsstücke, die angeblich mit dem Menstruationsblut der Göttin befleckt sind, als Heilzauber hochgeschätzt.[12] W. R. Smith berichtete, daß der Wert des Akaziengummis als Amulett »mit der Ansicht zusammenhängt, daß es ein Klümpchen Mentruationsblut ist; der Baum ist also eine Frau.« Die australischen Aborigines bemalten für religiöse Zeremonien ihre heiligen Steine, die Churingas, und sich selbst mit rotem Ocker, und sie erklärten, dies sei in Wirklichkeit Menstruationsblut.[13]

Es war das esoterische Geheimnis der Götter, daß ihre mystischen Kräfte der Langlebigkeit, Autorität und Kreativität aus dieser weiblichen Essenz herrührten. Der nordische Gott Thor zum Beispiel erreichte das magische Land der Erleuchtung und des ewigen Lebens dadurch, daß er in einem Fluß aus dem Menstruationsblut von »Riesinnen« badete – den obersten Matriarchinnen also, den »Mächtigen«, die die älteren Götter regierten, bevor Odin aus dem Osten seine »Asier« (Asen) mitbrachte.[14] Odin stahl und trank das weise Blut aus dem dreifachen Kessel im Leib von Mutter Erde, derselben dreifachen Gottheit, die in Südostasien als Kali-Maya bekannt ist, und erlangte dadurch seine Vormachtstellung.

Odins Diebstahl von Menstruationsblut ähnelte dem von Indra, der auf die gleiche Weise die Ambrosia der Unsterblichkeit stahl. Der indische Mythos nannte die heilige Flüssigkeit Soma – griechisch »der Körper«, denn die östliche Wurzel des Wortes bezieht sich auf eine mystische Körpersubstanz. Soma war ein Anlaß für große Ehrfurcht und unzählige Deutungen.

Nach einer dieser Deutungen entstand der Soma durch das Aufwühlen des Ur-Meeres (Kalis »Ozean von Blut«, manchmal auch »Meer von Milch«). Nach einer anderen Interpretation war Soma eine Absonderung der Mondkuh. Oder die Zauberin Mohini trug Soma in ihrem »weißen Topf« (Bauch). Oder der Mond war die Quelle von Soma. Alle

Götter sollen aus Soma geboren worden sein, und Soma war angeblich auch ein geheimer Name der Muttergöttin und der aktive Teil der »Weltseele«.[15]

Die Priester tranken Soma bei Opferzeremonien, und er wurde mit Milch zu Heilzaubertränken vermischt; es kann sich deshalb sich nicht um Milch gehandelt haben. Soma wurde besonders am *somvara*, Montag, dem Tag des Mondes, in Ehren gehalten. Die Frauen von Maharashtra gingen in einer alten Zeremonie namens Soma-vati immer dann, wenn der Neumond auf einen Montag fiel, im Kreis um den heiligen, symbolisch gesehen weiblichen Feigenbaum herum.[16]

Einige Mythen enthalten die Behauptung, die Göttin habe unter ihrem Namen Lakshmi, »Glück« oder »Souveränität«, Soma an Indra gegeben, um ihm zum König der Götter zu machen. Seine Weisheit, Macht und seltsamerweise seine weibliche Fähigkeit zur Schwangerschaft rührte von Lakshmis mystischem Trank her, »von dem niemand kostet, der auf Erden wohnt«.[17] Dadurch, daß Indra ihn direkt von der Göttin erhielt, wurde er wie sie, der Berg des Paradieses mit seinen vier Flüssen, »vielfarbig« wie die Regenbogenschleier der Göttin, reich an Vieh und fruchtbarer Vegetation.[18] Das Blut der Göttin wurde seine Weisheit. Ähnlich glaubten die GriechInnen, daß die Weisheit des Menschen oder Gottes in seinem Blut konzentriert sei, dem Seelenstoff, den er von seiner Mutter erhielt.[19]

Ägyptische Pharaonen wurden göttlich, indem sie »das Blut der Isis« zu sich nahmen, eine Soma-ähnliche Ambrosia, die *sa* hieß.[20] Das Hieroglyphenzeichen dafür war dasselbe wie das für die Vulva: eine yonische Schlinge wie die auf dem *anch* oder Kreuz des Lebens.[21] Diese Schlaufe stellte rotgemalt das weibliche Genital und das Tor zum Himmel dar.[22] Amulette, die mit den Toten beerdigt wurden, baten ausdrücklich Isis, die Verstorbenen mit ihrem magischen Blut zu einem Gott zu erheben.[23] Ein besonderes Amulett, das Tjet genannt wurde, verkörperte Isis' Vulva und war aus einer roten Substanz angefertigt – aus Jaspis, Karneol, rotem Porzellan, rotem Glas oder rotem Holz. Von diesem Amulett hieß es, es trage die erlösende Kraft des Blutes von Isis.[24]

Ein gleichartiges Elixir der Unsterblichkeit hieß in Persien *amrita*. Es soll manchmal die Milch einer Muttergöttin, manchmal ein gegorenes Getränk oder auch heiliges Blut gewesen sein. Aber es wurde immer mit dem Mond in Verbindung gebracht. »Tau und Regen werden zum Saft der Pflanzen, der Saft der Pflanzen wird zur Milch der Kuh, und die Milch verwandelt sich in Blut; Amrita, Saft der Pflanzen, Milch und Blut stellen nur verschiedene Zustände desselben Elixiers dar. Das Gefäß oder der Becher dieses unsterblichen Fluidums ist der Mond.«[25]

Keltische Könige wurden dadurch zu Göttern, daß sie den »roten Met« tranken, den die Feenkönigin Mab spendete, deren Name ehemals Medheb war oder »Met«.[26] Sie gab somit, wie Lakshmi, ein Getränk von sich. Ein keltischer Name dieser Flüssigkeit war *dergflaith*, was »rotes Bier« und auch »rote Souveränität« bedeutete. Im keltischen Britannien war, wer rot gefärbt war, von der Göttin als König auserwählt.[27] Das keltische *ruadh* bedeutete sowohl »rot« als auch »königlich«.[28]

Mit dieser Blutfarbe war eine Verklärung nach dem Tod verbunden. Das heidnische Paradies oder Feenland befand sich im Gebärmutter-Zentrum der Erde, dem Sitz des magischen Springquells des Lebens. In einem alten Manuskript des Britischen Museums heißt es, dort lebe für immer der sterbende und wiederauferstandene Phoenix. Der zentrale heilige Berg oder *mons veneris* umfaßt männliche und weibliche Symbole: den Baum des Lebens und die Quelle der ewigen Jugend. Letztere war offensichtlich menstrual, da es von ihr hieß, sie würde einmal im Mond-Monat überfließen.[29]

Mittelalterliche Theologen bestanden darauf, daß der von Hexen getrunkene Abendmahlswein Menstruationsblut sei, und sie könnten recht gehabt haben. Der berühmte Hexenmeister **Thomas der Reimer** beteiligte sich an einem Hexenkult unter dem Vorsitz der Feenkönigin, die ihm erzählte, sie habe »eine Flasche von rotem Wein ... hier in meinem Schoß«, und ihn einlud, seinen Kopf auf ihren Schoß zu legen.[30] Rotwein war das traditionelle Getränk von Königen und auch ein Synonym für Blut; sein englischer Name *claret* bedeutete wörtlich »Erleuchtung«. In Zusammenhang mit der Vorstellung, daß der Wein Mondblut darstelle, gab es den Spruch: »Der Mann im Mond trinkt Claret.«[31]

Die mittelalterliche Dichtung und die Bewegung der höfischen Minne, die später mit Hexenkulten in Verbindung gebracht wurde, waren stark von der tantrischen Tradition beeinflußt, in der der Wein der Poeten und Weisen Menstruationsblut war. Im Linke-Hand-Ritus des Tantra ist immer noch ausdrücklich festgelegt, daß die die Göttin verkörpernde Priesterin ihre Menstruation haben muß; nach dem Kontakt mit ihr kann ein Mann Riten durchführen, die ihn zu einem »großen Poeten, einem Herrn der Welt« machen werden, der sich wie ein Rajah auf dem Rücken des Elefanten fortbewegt.[32]

Für die alten Völker im Osten wie im Westen barg Menstruationsblut den Geist höchster Autorität, denn es war das Medium der Fortpflanzung des Lebens von Sippe oder Stamm. Bei den Asanti werden weibliche Kinder noch heute mehr geschätzt als Jungen, weil Mädchen die Trägerin von »Blut« sind (*mogya*).[33] Dieser Gedanke wird auch in Indien deutlich. Menstruationsblut ist dort als Kula-Blume oder Kula-Nektar bekannt, beide haben eine intime Beziehung zum Leben der Familie. Wenn ein Mädchen zum ersten Mal menstruiert, heißt es, sie habe »die Blume geboren«.[34] Das englische Wort für Blume, *Flower*, bedeutet wörtlich: »das Fließende«.

Die britische Blumengöttin war Blodeuwedd, eine Form der dreifachen Göttin im Zusammenhang mit den Opfern urzeitlicher Könige. Ihr Körper bestand nach walisischen Legenden aus Blumen – wie es nach der alten Theorie der Körperbildung aus der Blut-»Blume« für jeden Körper zutraf. Blodeuwedds Name läßt an die Bluthochzeit denken, und der Mythos machte sie zur Gemahlin vieler ermordeter Helden. Das erinnert an die alte Vorstellung, daß das göttliche Blut der Göttin von Zeit zu Zeit durch Menschenopfer aufgefrischt werden mußte.[35]

Die Bibel bezeichnet Menstruationsblut ebenfalls als die Blume (Levitikus 15,24) und die Vorbotin der »Frucht« des Leibes (ein Kind).

Das hebräische Wort für Blut, *dam*, bedeutet in anderen

indogermanischen Sprachen »Mutter« oder »Frau« (zum Beispiel Dam, Damsel, Madam, *la Dama*, Dame) und auch »Fluch« (Verdammung). Die sumerische Große Mutter repräsentierte das mütterliche Blut und trug Namen wie Damkina und Damgalnunna. Aus ihrem Bauch flossen die vier Flüsse des Paradieses, die manchmal Flüsse des Blutes genannt wurden; das Blut war das »Leben« allen Fleisches. Ihr erstgeborenes Kind, der Erlöser, war Damu, ein »Kind des Blutes«.[37] *Damos* oder »Mutterblut« hieß im matriarchalischen Mykene das Wort für »das Volk«.[38] Ein anderes gebräuchliches Symbol des Altertums für den Blutfluß des Lebens war der rote Teppich, die traditionelle Bodenbedeckung für heilige Könige, Helden und Bräute.[39]

Das Gebärmutterblut war die Mondblume und trug die Seele zukünftiger Generationen, so wie jede Blume geheimnisvollerweise ihre zukünftige Frucht enthält. Diese Vorstellung war im matrilinearen Familienkonzept von zentraler Bedeutung.[36]

Die chinesische Religion des Tao, »der Weg«, lehrte tantrische Doktrinen, die später vom patriarchalisch-asketischen Konfuzianismus verdrängt wurden. Die Taoisten gingen davon aus, daß ein Mann unsterblich (oder zumindest langlebig) werden könne, wenn er Menstruationsblut, den Roten Yin-Saft aus dem geheimnisvollen Torweg einer Frau zu sich nahm; dieser »Torweg« hieß auch die Grotte des Weißen Tigers und symbolisierte die lebenspendende weibliche Energie. Chinesische Weise nannten diesen roten Saft die Essenz von Mutter Erde, das Yin-Prinzip, das allen Dingen Leben verleiht. Sie behaupteten, der Gelbe Kaiser sei dadurch ein Gott geworden, daß er den Roten Saft von zwölfhundert Frauen aufnahm.[40]

Ein chinesischer Mythos handelt davon, daß einst die Mondgöttin Heng-e, die über die Menstruation herrscht, durch die männliche Eifersucht auf ihre Fähigkeiten beleidigt worden sei. Sie verließ voller Groll ihren Ehemann, der mit ihr zankte, weil sie das ganze Elixier der Unsterblichkeit besaß und er nichts. Sie zeigte ihm ihr Hinterteil und ging fort, um für immer im Mond zu wohnen, in ganz ähnlicher Weise, wie Lilith Adam verließ, um allein am »Roten Meer« zu leben. Heng-e verbot den Männern, den chinesischen Mondfestlichkeiten beizuwohnen, die daraufhin nur von Frauen zelebriert wurden, beim Vollmond der Tag- und Nachtgleiche im Herbst.[41]

Im taoistischen China war Rot eine heilige Farbe; sie stand für Frauen, Blut, sexuelle Potenz und kreative Kraft. Weiß war die Farbe von Männern, Samen, negativen Einflüssen, Passivität und Tod.[42] Das entsprach der generellen tantrischen Vorstellung vom männlichen und weiblichen Wesen: Im Gegensatz zu späteren patriarchalischen Ansichten wurde das männliche Prinzip als »passiv« und »still« angesehen, das weibliche dagegen als »aktiv« und »kreativ«.[43]

Der weiblichen Blutfarbe wurde oft ein starker magischer Zauber beigemessen. Die Maori heiligten Dinge dadurch, daß sie sie rot färbten; die rote Farbe nannten sie Menstruationsblut.[44] Die BewohnerInnen der Andaman-Inseln glaubten, daß blutrote Farbe eine machtvolle Medizin sei und malten kranke Menschen am ganzen Körper rot an, um sie zu heilen.[45] Die Hottentotten wandten sich an ihre Muttergöttin als an eine, »die deinen Körper rot gemalt hat«; sie war göttlich, weil sie niemals Menstruationsblut vergoß oder verschwendete.[46] Einige afrikanische Stämme gingen davon aus, daß Menstruationsblut, das neun Monate lang in einem zugedeckten Topf aufbewahrt wurde, die Macht besitze, sich in ein Baby zu verwandeln.[47]

Ostereier, die klassischen Gebärmuttersymbole der Göttin Eostre, wurden traditionellerweise rot bemalt und zur Stärkung der Toten auf die Gräber gelegt. Dieser in Griechenland und Südrußland übliche Brauch läßt sich vielleicht bis zu den Grabbeigaben altsteinzeitlicher Gräber zurückverfolgen, die mit Ocker gerötet waren, um eine größere Ähnlichkeit mit der Gebärmutter der Erdmutter zu erreichen, aus der die Toten »wieder geboren« werden konnten. In alten Gräbern fanden sich oft die Knochen von Toten, die mit rotem Ocker gefärbt waren. Manchmal war alles im Grab, einschließlich der Wände, rot gefärbt. J. D. Evans beschrieb ein guterhaltenes Grab auf Malta, das voller geröteter Knochen war; die Arbeiter fürchteten sich und behaupteten, die Knochen seien von »frischem Blut« überzogen.[48]

Eine Wiedergeburtszeremonie aus Australien zeigt deutlich, daß die Aborigines Wiedergeburt mit dem Blut des Mutterleibes verbanden. Das Lied, das in Ankota gesungen wurde, der »Vulva der Erde«, betonte nachdrücklich, daß Röte den Gläubigen umgab: »Ein gerader Pfad tut sich vor mir auf. Eine Untergrundhöhle tut sich vor mir auf. Ein Hohlweg tut sich vor mir auf. Ich bin rot wie das Herz einer Feuerflamme. Rot ist auch die Höhle, in der ich raste.«[49] Durch Bilder wie diese wird klarer, warum einige der ältesten Bilder der Großen Göttin, wie die von Kurukulla im Osten und ihrem Gegenstück Kybele im Westen, sowohl mit Höhlen als auch mit Röte in Zusammenhang gebracht wurden.[50]

Bei den griechischen Mystikern herrschte der Glaube, sie würden aus dem Fluß **Styx** »wiedergeboren«, der auch als Alpha, »der Anfang« bekannt war. Dieser Fluß wand sich siebenmal durch das Innere der Erde und tauchte in einem yonischen Heiligtum nahe der Stadt Clitor (griechisch *kleitoris*) wieder auf, das der Großen Mutter geweiht war.[51] Die Styx war der Blutstrom aus der Vagina der Erde; ihrem Wasser wurden die gleichen furchtbaren Kräfte wie dem Menstruationsblut zugeschrieben. Die Götter des Olymps schworen ihre heiligsten Eide beim Wasser der Styx, so wie irdische Männer beim Blut ihrer Mütter schworen. Symbolischer Tod und Wiedergeburt waren mit der Taufe im Wasser der Styx wie auch in vielen anderen heiligen Flüssen überall auf der Welt verbunden. Jesus wurde in der palästinensischen Version der Styx getauft, dem Jordan. Wenn ein Mann siebenmal in diesem Fluß badete, »wurde sein Leib gesund wie der Leib eines Kindes« (2. Könige 5, 14). Die Reise zum Land des Todes bedeutete in der griechischen Tradition, die Styx zu überqueren; in der jüdisch-christlichen Überlieferung war die Rede davon, über den Jordan zu gehen. Das war derselbe »Fluß von Blut«, den Thomas der Reimer auf seinem Weg zum Feenland überquerte.

Die tantrische Verehrung des Menstruationsblutes drang schon vor der christlichen Ära in die griechisch-römische Welt ein, und in der gnostischen Periode hatte sie sich allgemein durchgesetzt. Aus dieser Verehrung entstand die *agape*, – das »Liebesfest« oder die »spirituelle Hochzeit« – die von den gnostischen Christen und den Ophiten praktiziert wurde. Ein anderer Name für die *agape* war *Synesaktismus*, »der Weg des Shaktismus«, also die tantrische Yoni-Verehrung.[52] Der *Synesaktismus* wurde schon vor dem 7. Jahrhundert n. Chr. zur Ketzerei erklärt.[53] In der Folge verschwand das »Liebesfest«, und den Frauen wurde entsprechend der Regel des heiligen Paulus (1. Timotheus 2, 11 f.) verboten, direkt am christlichen Gottesdienst teilzunehmen.

Epiphanius beschrieb, wie die ophitischen Christen die *agape* praktizierten, wobei er klarmachte, daß ihn diese ketzerischen sexuellen Aktivitäten mit Entsetzen erfüllten:

> *Sie teilen ihre Frauen gemeinschaftlich; und wenn jemand ankommt, dem ihre Doktrinen fremd sein könnten, haben die Frauen und Männer ein Zeichen, durch das sie sich anderen bekannt machen. Wenn sie ihre Hände, scheinbar zur Begrüßung, ausstrecken, kitzeln sie die Handfläche des anderen auf eine bestimmte Weise und stellen so fest, ob der Neuankömmling zu ihrem Kult gehört … Ehemänner trennen sich von ihren Frauen, und ein Mann wird zu seiner eigenen Gattin sagen: »Erhebe dich und zelebriere das Liebesfest (agape) mit deinem Bruder.« Und die Elenden vereinigen sich miteinander … nachdem sie sich in einer leidenschaftlichen Ausschweifung zueinandergesellt haben … Die Frau und der Mann nehmen die Ejakulation des Mannes in ihre Hände, stehen auf … bieten Gott Vater, der das höchste Wesen der Natur ist, das, was in ihren Händen ist, mit den Worten dar: »Wir bringen dir diese Opfergabe, die der Körper Christi ist.« … Sie verzehren es, nehmen das heilige Abendmahl mit ihrer Schande und sagen: »Dies ist der Körper von Christus, das Passahopfer, durch das unsere Körper leiden und genötigt sind, sich zu den Leiden Christi zu bekennen.« Und wenn die Frau ihre Periode hat, tun sie dasselbe mit ihrer Menstruation. Den unreinen Blutfluß, den sie sammeln, nehmen sie in derselben Weise auf und essen ihn gemeinsam. Und das, sagen sie, sei Christi Blut. Denn wenn sie in der Offenbarung lesen: »Ich sah den Baum des Lebens mit seinen zwölf Fruchtarten, der jeden Monat seine Frucht abwirft« (Offenbarung 22, 2), interpretieren sie das als eine Anspielung auf das monatliche Auftreten der weiblichen Periode.*[54]

Die Bedeutung, die dieses ophitische Sakrament für seine AnwenderInnen hatte, kann leicht aus tantrischen Parallelen wiederentdeckt werden. Die lebenden Substanzen der Reproduktion zu essen, wurde für »spiritueller« gehalten, als den toten Körper des Gottes zu essen, selbst in der verwandelten Form von Brot oder Wein. Der Farbsymbolismus war also derselbe:

> *Fällt der Same, durch das Feuer großer Leidenschaft geschmolzen, schließlich in den »Lotus« der »Mutter« und vermischt sich mit ihrem roten Element, so erlangt er, was als »gewöhnliches Mandala des Erleuchtungsgedankens« bezeichnet wird. Die zustandegekommene Vermischung wird von dem im »Vater-Mutter-Aspekt« Vereinigten erfahren, und beide sind, wenn die Mischung bis zum Kehlzentrum aufgestiegen ist, in der Lage, eine Art höchster Beseligung zu erzeugen … Bodhicitta – der Tropfen, der aus der Vereinigung von »Sperma« und »Menstruationsblut« entsteht – geht in den Yogi über … Dies aktiviert die entsprechenden Bahnen und Zentren psychischer Kraft, was die eigene Rede zum Buddhawort wandelt. Der Begriff »geheime Initiation« wird gebraucht, da du eine zuvor nicht gekannte »Substanz« schmeckst.*[55]

Zwei Bestandteile des Großen Ritus waren Samen und Menstruationsblut, die in der okkulten Sprache der Tantras *sukra* und *rakta* hießen. Die amtierende Priesterin mußte ihre Menstruation haben, so daß sich ihre Mondenergien im Zustand der Flut befanden.[56] Sie verkörperte die Kraft von *rakta*, das manchmal *als rukh* oder *ruq* wiedergegeben wurde. Es ist mit dem hebräischen *ruach*, »Geist«, und dem arabischen *ruh* verwandt, das »Geist« und »rote Farbe« bedeutet. Die Verschmelzung von weiblichem Rot und männlichem Weiß stellte in allen tantrischen und ähnlichen Glaubensrichtungen »eine tiefgründig wichtige symbolische Verbindung« dar.[57]

Ruh bedeutete für die Sufis, die ihre eigene Art des Tantrismus praktizierten, weiblich und rot. Sein männliches Gegenstück *sirr*, »Bewußtheit«, war weiß. Rote und weiße Farben wechselten sich im *halka* oder dem magischen Kreis der Sufis ab, entsprechend dem tantrischen *chakra*, das »die grundlegende Einheit und das wirkliche Herz des aktiven Sufismus« hieß. Der arabische Rosenkranz mit abwechselnd roten und weißen Perlen hatte dieselbe Bedeutung: Wie auch in den meisten europäischen Volkstänzen bildeten Männer und Frauen im Kreis Paare.[58]

Rot und Weiß trugen im heidnischen Irland beim »Feenreigen« der Hexen die abwechselnd weiblichen und männlichen TänzerInnen. Mit diesem Feenreigen wurde die Große Göttin unter demselben Namen wie die tantrische Erdmutter, Tara, verehrt.[59] Der Tanz bewegte sich, mit Männern und Frauen abwechselnd wie im tantrischen *chakra*, entgegen dem Uhrzeigersinn oder mondartig, wie es auch heute noch fast alle Kreistänze tun. Rote und weiße Farben repräsentierten die Feenwelt.[60]

Die Riten wurden oft von alten Frauen geleitet. Dem lag der alte Glaube zugrunde, daß Frauen nach den Wechseljahren die weisesten Sterblichen seien, weil sie fortwährend ihr »weises Blut« zurückbehielten. Christliche Autoren bestanden noch im 17. Jahrhundert darauf, daß alte Frauen mit magischer Kraft erfüllt seien, weil ihr Menstruationsblut in ihren Adern verbliebe.[61] Das war der wirkliche Grund, warum alte Frauen immer wieder wegen Hexerei verfolgt wurden. Dasselbe »magische Blut«, das sie im alten Clansystem zu Führerinnen gemacht hatte, ließ sie unter dem neuen patriarchalischen Glauben zu Objekten der Angst werden.

Menstruationsblut nahm in matriarchalischen Theologien eine zentrale Position ein und war damals *sacer* – heilig-schrecklich. Patriarchalisch-asketische Denker legten deshalb eine geradezu hysterische Furcht davor an den Tag. Die Gesetze von Manu besagten, daß ein Mann seine Weisheit, Energie, Sehkraft, Stärke und Vitalität verlieren würde, wenn er sich einer menstruierenden Frau auch nur näherte. Im Talmud heißt es, wenn eine menstruierende Frau zwischen zwei Männern geht, wird einer sterben.[62] Die Brahmanen legten fest, daß ein Mann, der bei einer menstruierenden Frau liegt, ein Viertel so streng bestraft werden müsse wie für den Mord an einem Brahmanen, das schlimmste Verbrechen, das ein Brahmane sich vorstellen konnte. Vedische Mythen dienten zur Unterstützung des Gesetzes, und so gab es einen Mythos, nach dem Vishnu es wagte, sich mit der menstruierenden Erdgöttin zu vereinigen, woraufhin sie Monster gebar, die beinahe die Erde zerstörten.[63]

Das war patriarchalische Propaganda gegen das tantrische Maharutti (»Großer Ritus«), in dem Menstruationsblut der wesentliche Bestandteil war. In Kalis Höhlentempel spritzte aus der vaginalen Öffnung ihres Abbildes das Blut der Opfer, das Shivas heiligen Phallus befeuchtete, während die beiden Gottheiten die Lingam-Yoni bildeten. Die Verehrer folgten ihnen mit einer Orgie, die die kosmische Lebenskraft unterstützen sollte, die sich durch die Vereinigung von männlich und weiblich, weiß und rot, entwickelte.[64] Shiva wurde in diesem Großen Ritus der Gesalbte, wie das auch bei vielen seiner Entsprechungen im Mittleren Osten der Fall war. Die griechische Übersetzung von Gesalbter ist *Christos*.

Die persischen Patriarchen folgten dem brahmanischen Vorbild: sie blieben bei der Behauptung, daß menstruierende Frauen wie Gift gemieden werden müßten. Frauen waren während ihrer Menstruation des Teufels, sie durften nicht die Sonne angucken, in Wasser sitzen, mit einem Mann sprechen oder ein Altarfeuer ansehen.[65] Der Blick einer menstruierenden Frau war gefürchtet wie der Blick der Gorgo. Die Anhänger des Zarathustra vertraten die Auffassung, daß jeder Mann, der bei einer menstruierenden Frau liege, einen Dämon erzeugen und in der Hölle damit bestraft werden würde, daß ihm Schmutz in den Mund gegossen würde.[66]

Die persische Religion nahm den allgemeinen Volksglauben auf, das erste Einsetzen der Menses müsse durch die Paarung mit einer übernatürlichen Schlange verursacht sein. Völker, die von der Vaterschaft noch nichts wußten, nahmen an, daß dieselbe Schlange jede Frau fruchtbar mache und ihr helfe, Kinder zu empfangen.[67] Ähnliche Glaubensvorstellungen existierten auch im minoischen Kreta, wo Frauen und Schlangen heilig waren, Männer aber nicht. Röhrenförmige kretische Behälter, mit denen Opfergaben vergossen wurden, verkörperten eine Vagina mit einer darin kriechenden Schlange.[68] Einige Sprachen des Altertums gaben der Schlange denselben Namen wie Eva, einen Namen, der »Leben« bedeutete; und in den allerältesten Mythen war das erste Paar nicht eine Göttin und ein Gott, sondern eine Göttin und eine Schlange.[69] Der Schoß der Göttin war der Paradiesgarten, in dem die Schlange lebte.

Die phrygischen Ophiogeneis, »schlangengeborene Menschen«, sagten, ihr erster männlicher Vorfahre sei die Große Schlange gewesen, die im Paradiesgarten wohnte.[70] Paradies war ein Name der Großen Göttin als Jungfrau. Ihr entsprach Mutter Hera (Erde), deren jungfräuliche Form Hebe war, eine griechische Schreibweise von **Eva**. Die Jungfrau Hera empfing durch Parthogenese die Orakelschlange Python des Orakelschreins in Delphi.[71] Schlangen, die im Mutterleib von Mutter Erde lebten, besaßen angeblich alle Weisheit, weil sie in Kontakt mit dem »weisen Blut« der Welt waren.

Zu den Geheimnissen, die die Ur-Frau und ihre Schlange teilten, gehörte das Geheimnis der Menstruation. Die PerserInnen gingen davon aus, daß die Menstruation von der ersten Mutter, die bei ihnen Jahi, die Hure, hieß, in die Welt gebracht worden sei. Diese Jahi war eine der Lilith ähnelnde Herausforderin des himmlischen Vaters. Sie bekam zum ersten Mal ihre Menstruation, nachdem sie sich mit Ahriman, der Großen Schlange, vereinigt hatte. Danach verführte sie »den rechtschaffenen ersten Mann«, der vorher allein, nur mit dem göttlichen Opferstier als Gesellschaft, im Paradiesgarten gelebt hatte. Er wußte nichts von Sexualität, bis Jahi ihn belehrte.[72]

Die Juden entliehen viele Details aus diesen persischen Mythen. Eva bekam nach der rabbinischen Überlieferung ihre Menstruation erst, nachdem sie im Garten Eden mit der Schlange geschlafen hatte, und Adam wußte nichts von Sex, bis Eva ihn aufklärte.[73] Es war ein weitverbreiteter Glaube, daß Evas erstgeborener Sohn Kain nicht von Adam, sondern von der Schlange gezeugt worden sei.[74] Glaubensvorstellungen, die Schlangen mit Schwangerschaft und Menstruation in Zusammenhang brachten, gab es über viele Jahrhunderte in ganz Europa.

Deutsche Bauern hielten noch lange daran fest, daß Frauen von Schlangen geschwängert werden könnten.[75]

Das menstruelle Bluten, ob nun von einer Schlange initiiert oder nicht, löste unter persischen und jüdischen Patriarchen Todesfurcht aus (Levitikus 15). Rahel stahl erfolgreich die *teraphim* (Haushaltsgötter) ihres Vaters, indem sie sie unter einem Kamelsattel verbarg und sich daraufsetzte. Sie erzählte ihrem Vater, sie hätte ihre Menstruation, und dieser wagte es daraufhin nicht, sich ihr zu nähern (Genesis 31). Orthodoxe Juden lehnen es seit diesem Tag ab, Frauen die Hand zu schütteln, weil diese ja ihre Menstruation haben könnten. Sie übernahmen auch eine Regel, die offenbar von Hesiod festgelegt worden war: ein Mann sollte sich niemals in Wasser waschen, das vorher eine Frau benutzt hat, weil es eine Spur von Menstruationsblut enthalten könnte.[76]

Es gab noch viele ähnliche Tabus. Das in der alten Welt am meisten gefürchtete Gift war der von thessalischen Zauberinnen gesammelte »Mondtau«, von dem es hieß, er sei das erste Menstruationsblut eines Mädchens, das sie während einer Mondfinsternis vergossen habe.[77] Plinius behauptete, die Berührung einer menstruierenden Frau könne die Früchte des Feldes vernichten, Wein sauer machen und Spiegel trüben, sie lasse Eisen rosten und die Schneiden von Messern stumpf werden.[78] Es hieß auch: Wenn eine menstruierende Frauen auch nur ihren Finger auf einen Bienenkorb legt, werden die Bienen davonfliegen und niemals wiederkehren.[79] Und: Ein Mann, der während einer Finsternis bei einer menstruierenden Frau liegt, wird in Kürze krank werden und sterben.[80]

Die Christen erbten all die magischen Ängste der alten Patriarchen. Der heilige Hieronymus schrieb: »Nichts ist so unrein wie eine Frau in ihrer Periode; was sie berührt, wird durch sie unrein.« Bußregeln, die im siebten Jahrhundert von Theodorus, dem Bischof von Canterbury, niedergeschrieben wurden, verboten Frauen, während ihrer Menstruation das Abendmahl zu empfangen oder überhaupt eine Kirche zu betreten. Bei der französischen Synode von Meaux wurde es menstruierenden Frauen ausdrücklich verboten, in die Kirche zu kommen. Viele Kirchengesetze aus der Zeit vom 8. bis zum 11. Jahrhundert verwehrten menstruierenden Frauen jeden Zutritt zu Kirchengebäuden. Noch 1684 mußten Frauen während ihres »Flusses« außerhalb der Kirchentür bleiben.[81] Die Synode von Würzburg befahl 1298 den Männern, sich nicht einer menstruierenden Frau zu nähern.[82] Dieser Glaube hielt sich bis ins 20. Jahrhundert. In einem schottischen medizinischen Text wird ein alter Vers zitiert, daß Menstruationsblut die ganze Welt zerstören könne:

> *Oh! Menstruierende Frau, du bist ein Feind,*
> *Von dem alle Natur streng abgeschirmt werden sollte.*[83]

Christliche Frauen sollten die »Unreinheit« ihrer Körper verachten. In der Regel für Einsiedlerinnen hieß es: »Bist du nicht aus fauligem Schleim gemacht? Bist du nicht immer voller Unreinheit?«[84]

Medizinische Autoritäten des 16. Jahrhunderts wiederholten noch immer den alten Glauben, daß »Dämonen aus Menstruationsfluß gemacht« seien.[85] Einer der Dämonen, die angeblich aus Menstruationsblut geschaffen wurden, war der sagenumwobene Basilisk mit seinem verderbenbringenden Blick.[86] Diese Legende war offensichtlich aus dem klassischen Mythos der Gorgo mit ihrem Schlangenhaar und weisem Blut entstanden, die durch ihren Anblick Männer in Stein verwandelte. Die Gorgo und das rote Kreuz aus Menstruationsblut kennzeichneten früher die strengsten Tabus.[87] Das Wort Tabu, von dem polynesischen *tupua*, »heilig, magisch«, wurde insbesondere auf Menstruationsblut angewandt.[88]

Die Menschen der Frühzeit sprachen dem Menstruationsblut zusammen mit seinen Schrecken auch wohltätige Kräfte zu, und die mittelalterlichen Bauern dachten, es könne heilen, nähren und fruchtbar machen.[89] Manche glaubten, eine menstruierende Frau könne dadurch eine Ernte schützen, daß sie um das Feld herumging oder in ihm ihre Genitalien entblößte.[90] Bauernfrauen trugen Samen zu den Feldern in Tüchern, die sie mit ihrem Menstruationsblut befleckt hatten, was eine Fortsetzung des Brauchs der eleusinischen Fruchtbarkeitspriesterinnen war.[91] Selbst Ärzte meinten, daß Menstruationsblut Aussatz heilen oder als machtvolles Aphrodisiakum wirken könne. Madame de Montespan benutzte es, um die Glut ihres königlichen Liebhabers, Ludwig XIV., anzuheizen.[92] Die ZigeunerInnen sagten, eine Frau könne mit einem Trank aus ihrem Menstruationsblut die Liebe eines jeden Mannes gewinnen.[93]

Menstruationsblut als ehemaliges Mittel der Wiedergeburt wurde manchmal für ein Mittel gegen den Tod gehalten. Der Elfenkönig erweckte in der Geschichte von Childe Roland mit einer »klaren roten Flüssigkeit« Menschen aus dem magischen Todesschlaf.[94] Frühe Dichtungen assoziierten dieses universelle Allheilmittel mit »dem Blut einer edlen Jungfrau«, wie eine weise Frau es Galahad enthüllte.[95] Derselbe Glaube trieb Ludwig den XI. zu dem Versuch, durch das Trinken des Blutes junger Mädchen den Tod abzuwenden.

Ein viktorianischer Glaube lehrte, daß ein Kind, das während der Menstruationsperiode empfangen wurde, mit einer Glückshaube geboren werden und okkulte Kräfte besitzen würde.[96] Die Ärzte des neunzehnten Jahrhunderts übernahmen die Vorstellungen ihrer Vorgänger von Zauberkraft und Bösem und blieben bei der Meinung, daß menstruierende Frauen nicht gesund seien; eine Vereinigung mit ihnen könne beim Mann zu Harnröhrenentzündung oder Tripper führen. Dr. Augustus Gardner sagte, Geschlechtskrankheiten würden normalerweise von Frauen auf Männer übertragen, nicht umgekehrt.[97] Anthropologen beschrieben Frauen, wenn sie über die Menstruationstabus von Urvölkern sprachen, als »unpäßlich«, »an monatlicher Krankheit leidend« oder »von der Krankheit betroffen, die ihrem Geschlecht eigentümlich ist«.[98] Noch in unserem Jahrhundert schrieb ein Arzt: »Wir können gar nicht nachdrücklich genug betonen, wie wichtig es ist, diese monatlichen Rückfälle als Perioden der Krankheit zu betrachten, als Tage, an denen die gewöhnlichen Beschäftigungen auszusetzen oder abzuwandeln sind.«[99]

Dr. Augustus Kinsley Gardner Ein berühmter Arzt des späten 19. Jahrhunderts und Gegner aller Arten der Geburtenkontrolle, von denen er behauptete, sie führten »geradewegs und unbestreitbar« zu Nervenkrankheiten und Schwäche.

Die katholische Kirche glaubt sich auch heute noch, genauso wie im Mittelalter, auf festem theologischem Grund, wenn sie als ein Argument gegen die Ordination von Frauen vorbringt, daß eine menstruierende Priesterin den Altar »entweihen« würde. Das würde die Ordination von Frauen nach den Wechseljahren nicht ausschließen, aber dafür werden andere Ausreden gefunden. Das heilige »Blut des Lebens« war früher weiblich und real; jetzt ist es männlich und symbolisch.

1. Briffault 2, 412f., 444. 2. Frazer, G. B., 243. 3. Briffault 2, 444f.
4. Woodroffe, 305. 5. Silberer, 136 (dt. 88). 6. Chagnon, 38.
7. Hooke, M. E. M., 110. 8. Gaster, 20. 9. Cumont, A. R. G. R., 107.
10. Graves, G. M. 1, 118. 11. Lederer, 139. 12. Harding, 62.
13. Briffault 2, 416, 631. 14. Turville-Petre, 79. 15. O'Flaherty, 148.
16. d'Alviella, XVII. 17. Rees, 75. 18. Hays, 214. 19. Knight, S. L., 119.
20. Budge, G. E. 1, 43; 2, 298. 21. *Larousse*, 39. 22. Jung, M. H. S., 55.
23. Budge, E. M., 127. 24. Budge, A. T., 137. 25. Zimmer, 60 (dt. 69). 26. Rees, 75.
27. Graves, W. G., 354. 28. Joyce 2, 90. 29. Baring-Gould, C. M. M. A., 256.
30. Sargent & Kittredge, 64; Gaster, 31. 31. Hazlitt, 384. 32. Rawson, A. T., 32.
33. Stone, 60 (dt. 99). 34. *Mahanirvanatantra*, 88. 35. Graves, W. G., 28f.
36. Stone, 26. 37. Briffault 3, 91. 38. Lindsay, A. W., 49. 39. Brasch, 33.
40. Rawson, E. A., 149, 234. 41. *Larousse*, 383. 42. Bullough, 244.
43. *Encyc. Brit.*, »Shaktism«. 44. Briffault 2, 413. 45 Hays, 351. 46. Briffault 2, 417.
47. Silberer, 143. 48. Pepper & Wilcock, 76. 49. Hays, 373. 50. *Larousse*, 359.
51. Graves, W. G., 406. 52. Bullough, 105. 53. Sadock, Kaplan & Freedman, 23.
54. Campbell, C. M., 159. 55. Tatz & Kent, 128f. (dt. 124f.). 56. Rawson, A. T., 32.
57. Ebd., 33. 58. Shah, 21, 380. 59. Keightley, 367. 60. Jung & Franz, 272.
61. Gifford, 26. 62. Frazer, G. B., 700 (dt. 879). 63. O'Flaherty, 90, 196.
64. Goldberg, 70; Edwardes, 50. 65. Ders., 8. 66. Campbell, Oc. M., 199.
67. Briffault 2, 669. 68. Hays, 101. 69. Potter & Sargent, 224; Graves, G. M., I.a.
70. J. E. Harrison, 129. 71. Graves, G. M., 21.1–4. 72. *Larousse*, 318.
73. Briffault 2, 666. 74. Tennant, 154. 75. Briffault 2, 664. 76. Briffault 2, 337.
77. Graves, W. G., 170. 78. Simons, 39. 79. Lys, 46. 80. Morris, 106.
81. Morris, 110. 82. Briffault 2, 396. 83. Pearsall, W. B., 209. 84. Bullough, 176.
85. Robbins, 357. 86. Silberer, 139. 87. Harding, 57. 88. Spretnak, 270.
89. Crawley, 241. 90. Briffault 2, 411. 91. Spretnak, 269. 92. Montagu, S. M. S., 113.
93. Trigg, 44. 94. Wimberly, 214. 95. Gaster, 514. 96. Hazlitt, 99.
97. Barker-Benfield, 278, 298. 98. Briffault 2, 369, 382.
99. Ehrenreich & English, 100.

Menstruationskalender

In Europa wurden fast im gesamten christlichen Zeitalter zwei sich widersprechende Kalender benutzt: der offizielle »julianische« Sonnenkalender der Kirche und der inoffizielle Mond- und Menstruationskalender der Bauern, der von der Großen Göttin stammte. Auf die dreizehn jährlichen Lunationen des letzteren läßt sich eine der widersprüchlichen Antworten eines Kinder-Rätselliedes zurückführen: »Wieviele Monate hat das Jahr? Es sind dreizehn, sage ich.« Die Christen gaben eine andere Antwort: »Es gibt nicht mehr als zwölf, sage ich.« Die dreizehn 28tägigen Monate des Mondkalenders hatten je vier Wochen mit sieben Tagen, die mit den neuen, zunehmenden, vollen und abnehmenden Mond-Wochen in der alten Form übereinstimmten. Die Wochen sind immer noch lunar, aber sie passen nicht mehr nahtlos in das solare Monatssystem. Dreizehn Mondmonate ergaben 364 Tage im Jahr (13 mal 28), mit einem Extratag, um auf 365 zu kommen. Kinderlieder, Märchen, Zaubersprüche, Balladen und andere Fundgruben der heidnischen Tradition beschreiben den vollen Jahreskreislauf fast immer als »Jahr und Tag«.

Ein Kalenderbewußtsein entwickelte sich zuerst bei den Frauen, denn sie hatten ihren natürlichen Kalender auf der Grundlage der Menstruation in Verbindung mit Beobachtungen der Mondphasen. Chinesische Frauen führten vor 3000 Jahren einen Mondkalender ein und teilten die himmlischen Sphären in 28 stellare »Häuser« auf, durch die sich der Mond hindurchbewegte. Bei den Mayas Zentralamerikas wußte jede Frau, daß »der Kalender seinen Ursprung in ihrer Monatsregel genommen hatte«.[1] Die Römer nannten die Zeitberechnung Mensuration, also Wissen von der Menses. Die gälischen Wörter für »Menstruation« und »Kalender« sind dieselben: *miosach* und *miosachan*. Die Neumond-Wochen des alten Latium hießen *kalenden*, ein Begriff, der vielleicht mit Kalis arischem Namen verwandt war. Bestimmte Handlungen waren aus Furcht, die Übergänge der Göttin zu stören, am siebten Tag jeder Mondphase verboten. Diese Ruhetage oder Sabbate wurden als Folge davon Unglückstage oder tabu. Selbst der biblische Gott sah sich, weil es ein altehrwürdiger Brauch war, gezwungen, am siebten Tag zu »ruhen«.

Zu den Vorläufern Jahwehs gehörte der babylonische Gott Marduk, der die mütterlichen »Wasser« in diejenigen über und die unter dem Firmament teilte (Genesis 1, 7). Marduk behauptete, der Schöpfer zu sein, aber er war noch nicht so patriarchalisch, den Mondkalender seiner Mutter abzuschaffen. Babylonische Priester sprachen davon, daß Marduk heilige Tage und Zeiten eingeführt habe, die sich nach dem Mond richteten.[2] Nach noch älteren Überlieferungen wurde in Babylon der Menstruationskalender von dem Gott Nabu-Rimmani eingeführt, dem biblischen Baal-Rimmon, einer phallischen Gottheit. Diese phallische Gottheit vereinte sich mit der Yoni der Großen Mutter in Gestalt eines **Granatapfels**.[3]

Die ChinesInnen erklärten ihren Menstruationskalender mit dem Mythos der heiligen Kalenderpflanze *lik-kiep*, an der 14 Tage lang täglich eine Schote wuchs; dann fiel 14 Tage täglich eine Schote ab. Als die Monate durch die Sonnenrechnung in Unordnung geraten waren, fügten die Chinesen Extratage hinzu, an denen »eine Schote vertrocknete, ohne abzufallen«.[4]

Nach einer anderen Überlieferung hieß der Menstruationskalender Hsiu, »Häuser«. Die Mondmutter schlief jede Nacht des Mondmonats in einem anderen ihrer 28 Häuser; die Häuser wurden von ihren 28 Krieger-Gemahlen gehütet, die sie am Himmel plaziert hatte, damit sie ihr dienten.[5]

Die alten HebräerInnen übernahmen ihren Kalender aus Chaldäa, der legendären Heimat Abrahams, dessen älterer Name Ab-sin war, »Mondvater«.[6] Den ChaldäerInnen wird die Erfindung der Astrologie zugeschrieben, die heutzutage weitgehend auf der Sonnenbewegung beruht. Aber die ChaldäerInnen studierten nicht die Sonne. Sie waren »MondanbeterInnen« und glaubten, daß der Mond durch seine Bewegungen durch verschiedene »Häuser« des Tierkreises das menschliche Schicksal bestimme. Dieselben Mondmythen gab es in Ägypten, Nordeuropa, Griechenland und Rom. Die vorrömischen Könige wurden während der *iden*, der dreitägigen Dunkelheit der Mondperiode, geopfert, um die sichere Rückkehr der Göttin aus der Unterwelt sicherzustellen. Die Griechen machten Opfergaben am Großen Ruhetag namens Noumenia (Neumond). Der andere Große Ruhetag war Dichomenia (Vollmond), wenn sich die Große Göttin auf dem Gipfel ihres Kreislaufes befand.[7]

Frühe Versuche zur Kalenderreform führten zwischen den griechischen Stadtstaaten zum Streit über Ruhetage und Schalttage. In Aristophanes' *Wolken* beklagte sich die Mondgöttin darüber, daß ihre Berechnung der Tage nicht korrekt befolgt werde.[8] In den Mythen gerieten Zeitabläufe durcheinander. Adonis wurde nach »zehn Monaten Schwangerschaft« geboren, womit in Wirklichkeit zehn Mondmonate gemeint waren, die normalen 280 Tage.[9] Nach dem Buch der Makkabäer dauerte jede Schwangerschaft zehn Monate.[10] Das war nicht Unwissenheit, sondern einfach eine lunare Berechnung.

Selbst die Heiligentage der mittelalterlichen Kirche wurden nach dem *Menologion* festgesetzt, dem »Wissen vom Mond«. Die sogenannten beweglichen Feiertage der Kirche waren beweglich, weil sie auf Mondkreisläufen beruhten, nicht auf Sonnenumläufen, und so wanderten sie durch die Monate des kanonischen Kalenders. Der wichtigste von ihnen, Ostern, wird noch immer durch den Mond bestimmt (der erste Sonntag nach dem ersten Vollmond nach der Frühjahrstagundnachtgleiche) und findet zu der Zeit statt, in der die Göttin den Heiland oder Vegetationsgott tötet und für eine neue Jahreszeit erneut empfängt.[11]

Weitere Verwirrung entstand dadurch, daß die Menstruationskalender den Tag von Mittag bis Mittag berechneten, mit Mitternacht in der zentralen Position. Das sächsische Wort *den* (Tag) bedeutete in Wirklichkeit »Nacht«. Die Menschen sagten sich zu Shakespeares Zeit damit gute Nacht, daß sie sich »gut *den*« wünschten, wörtlich guten Mond-Tag. Der am Abend aufgehende Mond wird in alten französischen Kinderliedern mit »Guten Morgen, Madame Mond« begrüßt.[12] Der *meridian* oder Mittags-Höhepunkt bezeichnete eigentlich den Vollmond um Mitternacht: daher sein Name Meri-Dia oder Maria-Diana, nach der Mondgöttin. Manche magiefürchtige Menschen sprachen vom *daemonium meridianum*, Teufel des Meridian, eine Verteufelung der Großen Göttin.[13] Sie war möglicherweise die zweite der slawischen Schicksalsdreiheit (Zorya), die in genau dieser Reihenfolge, »Sie des Abends, Sie der Mitternacht und Sie des Morgens« genannt wurde.[14]

Die HeidInnen feierten ihre Feste in der Nacht, bei Mondlicht: Dieser Brauch konnte bis ins alte Ägypten zurückverfolgt werden, wo, wie im ägyptischen *Totenbuch* nachzulesen ist, wesentliche religiöse Zeremonien nachts stattfanden:

> *Die Nacht des Kampfes und der Niederwerfung des Sebau-Feldes in Tattu ..., die Nacht des Aufstehenlassens des doppelten Tet in Sekhem ..., die Nacht der Einsetzung von Horus in das Erbe seines Vaters in Rekhti ..., die Nacht, als Isis in Abtu an der Seite ihres Bruders Osiris wehklagt ..., die Nacht des Hakerfestes, wenn eine Trennung gemacht wird zwischen den Toten und den Geistern, die sich auf dem Pfad der Toten befinden ..., die Nacht der Verurteilung jener, die bei dem großen Fest des Pflügens und des Umbrechens der Erde getötet werden sollen.*[15]

Die Nacht kam auch im vorchristlichen Europa vor dem Tag. Germanenstämme, KeltInnen, GallierInnen, Druiden und die alten IrInnen berechneten »Monate, Jahre und Geburtstage in der Weise, daß die Nacht dem Tag vorangeht«.[16] Caesar stellte fest, daß die KeltInnen die Zeit nach Nächten maßen statt nach Tagen.[17]

Christliche Feiertage beruhten auf heidnischen heiligen Tagen, aber durch die Sonnenberechnung waren sie um 12 Stunden versetzt; die ältere, heidnische Version jeder Feierlichkeit wurde deshalb am Vor-»Abend« ihres christlichen Gegenstücks begangen. Hieraus entstanden die sogenannten teuflischen Riten der Nacht zum ersten Mai, Mittsommernacht, der englische Lammas Eve (Petri Kettenfeier), Halloween und Heiligabend, der von dem heidnischen Julfest übernommen wurde und noch lange die »Nacht der Mutter« hieß.[18]

Die Hexenverfolger behaupteten, die Hexen würden mit ihren Sabbaten in vorsätzlicher Verhöhnung der Kirche christliche Festtage kopieren; in Wirklichkeit war es umgekehrt. Die Kirche übernahm die heidnischen Feste von Halloween, des ersten Mai, Lammas, Imbolg, Mittsommer, **Ostern**, Jul und so weiter und behauptete dann, sie hätte sie erfunden. Die christliche war jedenfalls von zwei rivalisierenden Festlichkeiten am selben Tag eindeutig die jüngere.[19]

Der Abend vor dem ersten Mai war bei den Sächsinnen die Walpurgisnacht und bei den KeltInnen Beltane. Mit diesen Feiern wurde der fröhliche Mai mit seiner sexuellen Freiheit und dem »Grüntragen« zu Ehren des neuen Frühjahrsgewandes der Erde eröffnet. Das Ereignis war noch im späten 16. Jahrhundert mit heidnischen Zeremonien verbunden.[20] (Siehe **Mai**.) Der Mittsommerabend verschmolz mit dem Johannistag, aber die Sonnenwendriten waren meist eher heidnisch als christlich. Am Lammas Eve (ein Erntefest am 1. August) fand ein Großer Hexensabbat statt, denn früher war an diesem Abend das Fest des Brotes (Hlaf-mass) zu Ehren der Korn-Mutter gefeiert worden.[21] **Halloween** war der Abend vor Allerheiligen oder Allerseelen und des keltischen Samhain oder Festes der Toten, bei dem die heidnischen Ahnen aus ihren Feenhügeln hervorkamen; die Christen nannten sie »Dämonen«, die die Festlichkeiten der Hexe besuchten.[22]

Die dreizehn Monate des Menstruationskalenders führten auch zu der heidnischen Ehrfurcht vor der Zahl 13 und dem christlichen Abscheu vor ihr. Die »Burschen« der Hexen sollen wie die mondanbetenden Tänzer des maurischen *zabat* (Sabbat), für die sich in der Dreizehn die dreieinige Natur der Mondgöttin ausdrückte, 13er-Gruppen gebildet haben.[23]

Manche hielten die Dreizehn für eine schlechte Zahl, weil Christus der dreizehnte in der Gruppe der Apostel gewesen war, und dementsprechend hieß es, das dreizehnte Mitglied jeder Gruppe sei zum Tode verdammt. In Wirklichkeit brachte erst der Widerstand der Kirche gegen den heidnischen Symbolismus Schimpf und Schande über die Zahl 13. Einige Menschen fürchteten sich sogar, das Wort auszusprechen, und umschrieben es als »Bäckerdutzend« oder auch »Teufelsdutzend«.[24]

Die heidnische Tradition lebte in solchen Symbolen wie den 13 Schätzen Britanniens weiter, die vielleicht Zeichen des Mondmonats waren und auf einer einfachen Auflistung von Tierkreiskonstellationen beruhten. Es waren Schwert, Korb, Trinkhorn, Wagen, Halfter, Messer, Kessel, Wetzstein, Gewand, Pfanne, Platte, Schachbrett und Mantel.[25] Die dreizehn Menstruationsmonate wurden im Tarxientempel auf Malta durch eine Sau mit 13 Zitzen symbolisiert, die der keltischen Saugöttin Cerridwen glich.[26] Der englische Brauch, am Dreikönigsabend (*Twelfth Night*, die zwölfte Nacht nach Weihnachten), zur Darstellung der Monde des neuen Jahres zwölf kleine Feuer und ein großes anzuzünden, beruhte ebenfalls auf den dreizehn »Monden« des Menstruationskalenders.[27]

Die Symbole des alten Matriarchats waren im allgemeinen die Nacht, der Mond und die Nummer Dreizehn, diejenigen des Patriarchats der Tag, die Sonne und die Zahl Zwölf.

1. Hagen, 62 (dt. 78). 2. Hooke, M. E. M., 45. 3. Lindsay, O. A., 40. 4. d'Alviella, 160. 5. Jobes, 37. 6. Briffault 3, 79, 108. 7. Briffault 2, 439, 599. 8. Hagen, 176 (dt. 233). 9. Frazer, G. B., 391 (dt. 491). 10. *Forgotten Books*, 145. 11. Lys, 362. 12. Briffault 2, 589. 13. Summers, V., 171. 14. *Larousse*, 285. 15. Budge, G. E. 1, 410. 16. Joyce 2, 391. 17. Phillips, 112. 18. Turville-Petre, 227. 19. J. B. Russell, 50. 20. Frazer, G. B., 142 (dt. 177). 21. Brewster, 349. 22. Joyce 1, 265. 23. Shah, 218. 24. Hazlitt, 24. 25. Squire, 339. 26. Pepper & Wilcock, 75. 27. Hazlitt, 602.

Menu

Var. Min

Menu war der als ithyphallischer Mondgott wiedergeborene Osiris, genannt »Er, der seine Mutter befruchtet«, oder auch »Stier seiner Mutter«. Er war als Bräutigam der Göttin ein dem Gott Eros ähnlicher Gott der Geschlechtlichkeit, »von dem die Freuden der Liebe ausgehen«.[1] Derselbe lunare Titel Mena oder Meny wurde manchmal auch auf seine Göttin angewandt. Später wurde daraus ein kabbalistischer Name für Venus-Aphrodite-Isis. (Siehe **Osiris**.)

1. Budge, E. M. 140.

Mera

Die ägyptischen »Wasser«, eine ursprüngliche Muttergöttin des Nils und die göttliche Ahnin der LokrerInnen. (Siehe **Mari**.)

Mercurius, Heiliger

Ein heiliggesprochener Merkur (Hermes), dessen kappadokischer Tempel im 6. Jahrhundert in eine Kirche umgewandelt wurde.[1] Der heilige Basilius erfuhr in einem Traum, daß der heilige Mercurius ein christlicher Soldat gewesen war, den die Jungfrau Maria geschickt hatte, damit er 363 n. Chr. den Kaiser Julian ermordete – aus Rache, weil Julian in Rom heidnische Religionen duldete.[2] In anderen Quellen heißt es, Julian sei nicht ermordet worden, sondern im Kampf umgekommen.[3] Dann gäbe es noch nicht einmal einen fiktiven heiligen Mercurius, sondern nur den heidnischen Gott mit einem neuen Heiligenschein.

1. Attwater, 243. 2. Jacobus d. V., 131 (dt. 112). 3. *Encyc. Brit.*, »Julian«.

Meri-Ra

Eine androgyne Kombination der ägyptischen Göttin der »Wasser« (Meri) mit dem Sonnengott Ra; in Indien gab es dieselbe Kombination mit Kali und Agni. (Siehe **Mari**.)

Meri-Yamm

Eine Variante der Miriam, Mari oder Maria als Gemahlin des Schlangengottes Yamm, des Herrn des Todes bei den Philistern, der mit dem Yama der Hindus verwandt war. Der Name Miriam entstand offenbar als eine androgyne Form von Mari-Ishtar, mit einer maskulinen Hälfte, die als Yamm bekannt war; Yamm war der ewige Rivale und das *alter ego* von Baal (Gott). (Siehe **Yama**.)

Meriah

Ein heiliges Opfer in Nordindien, das »gekauft« wurde und als Opfer an die Erdgöttin Tara oder ihren Gemahl, Vater Himmel, an einem Baum oder Kreuz, »zwischen Himmel und Erde«, hing.[1] Der Titel erinnert an den Opferberg des Alten Testaments in Morija, zu dem Abraham ging, um seinen Sohn Isaak Jahweh zu opfern; oder an den Opferplatz, den die Polynesier *morai* nannten.[2]

1. Robertson, 25f. 2. Campbell, M. I., 439.

Meriamlik

»Miriams Stein«, das ursprüngliche Heiligtum der falschen christlichen Heiligen Thekla oder Thecla, die in Wirklichkeit eine Priesterin Dianas war (siehe **Thekla, Heilige**). Meriamlik soll ein *beth-el* gewesen sein, der den Geist der Göttin Mari oder Mariamne, ein anderer Name für Diana, verkörperte.

Meridiana

Der Titel der Mondgöttin, die sich am Zenit (Meridian), auf dem Höhepunkt ihrer Kräfte, befindet; sie hieß auch Maria-Diana. Meridiana soll die Feengeliebte von Papst Silvester II. gewesen sein, der nach der Legende einen Pakt mit dem Teufel schloß, um das Pontifikat zu erlangen.[1] (Siehe **Teufel**.)

1. Gaster, 771.

Merlin

Ein Druidenzauberer, der mit der Feenreligion in Verbindung gebracht und später oberflächlich als der Weise am Hof König Arthurs christianisiert wurde. Merlin war nach alten walisischen Überlieferungen ein »wilder Mann aus den Wäldern« mit prophetischen oder schamanischen Fähigkeiten; er wurde auch Lailoken oder Myrrdin genannt. Der frühere Name Merlins war nach Geoffrey von Monmouth Ambrosius; das bringt ihn mit der weiblich-symbolischen Ambrosia in Zusammenhang, welche die Feenkönigin ausgewählten Barden und Magiern schenkte.[1] Bei der mittelalterlichen Beizjagd war ein *merlin* eine kleiner Falke, der nur von Frauen zur Jagd benutzt wurde.[2]

Merlin lernte all seine Zauberkünste von der Großen Göttin in der Gestalt von Morgan Le Fay oder Viviane (die Lebende) oder der Herrin vom See. Sie holte ihn am Ende seines Lebens in ihre magische Höhle zurück und hüllte ihn bis zu seiner Wiederkunft in unsterblichen Schlaf. In diesem Zusammenhang wurde sie Nimue oder Schicksal genannt, so wie die Mondgöttin Diana Nemorensis oder die Nemesis der Griechen. Die heidnischen BritInnen glaubten, daß Merlin aus seinem Zauberschlaf zurückkehren würde, um das Heraufziehen eines neuen Zeitalters von Frieden und Fruchtbarkeit zu verkünden.

Christliche Autoren machten Merlin zu einem Kind der Höllenmächte. Robert de Borrons vertrat die Auffassung, Merlin sei zu dem Zweck empfangen worden, der Antichrist zu werden, und von einem Teufel mit einer Jungfrau gezeugt worden. Aber wegen der Güte seiner Mutter habe seine gute Natur seinen dämonischen Anteil beherrscht.

Als König Vortigerns Tempel bei Salisbury gebaut wurde, fiel der Bau immer wieder zusammen, weil – so sagten die Astrologen –, für sein Fundament das Blut eines Kindes notwendig war, das keinen menschlichen Vater hatte. Die Beschreibung paßte auf den jungen Merlin; er wurde hergeholt und sollte geopfert werden; aber er entdeckte mit seinem magischen Seherblick den wahren Grund für die Schwierigkeiten. Unter dem Fundament des Tempels kämpften in einem mystischen Teich ein roter und ein weißer Drache gegeneinander. Merlin prophezeite daraufhin, daß Vortigern, der walisische rote Drache, von Uther Pendragon, dem britischen weißen Drachen, erschlagen werden würde; und so geschah es. Danach baute Merlin persönlich Stonehenge, indem er eines Nachts die dafür benötigten schweren Steine mit seinen magischen Liedern von Irland herüberrief.[3]

Merlin war auch als Handwerker und Schmied tätig. Er schmiedete König Arthurs Zauberwaffe und einen wundervollen Kelch, der mit dem heiligen Gral gleichgesetzt wurde. Er erbaute den Palast von Camelot und fertigte den Tisch der Tafelrunde an, der ein Symbol des heidnischen Mondkalenders war.[4] Die erste Zählung der an ihm sitzenden Ritter ergab 28, die Zahl des Mondes.[5]

Das Vorbild für den Runden Tisch scheint Vestas heilige *mensa*, der Kalendertisch, gewesen zu sein. Das war nach Petronius ein runder Tisch mit dem Bildnis der Göttin in der Mitte. Er verkörperte die Erde, die Anaximenes als »in der Form wie ein Tisch« beschrieben hatte. In Platons »Symposion« hieß es, der Tisch stünde für Mutter Erde, denn »abgesehen davon, daß er uns ernährt, ist seine Gestalt rund, er steht fest und manche gaben ihm sehr passend den Namen Hestia«.[6] Merlins geheime Höhle wurde im bretonischen Feenwald von Broceliande oder im britischen Druidenheiligtum von Mount Ambrosius angesiedelt. Es gab auch die Theorie, daß sie mit Chislehurst, einem von Höhlen durchzogenen Kreidefelsen, der lange von einem Kollegium von Drui-

Index der verbotenen Bücher (Index Librorum Prohibitorum)
Seine erste offizielle Ausgabe erschien 1559, obwohl kirchliche Autoritäten schon seit den ersten Jahrhunderten des christlichen Zeitalters die unterschiedlichsten

Bücher zensiert, verdammt und vernichtet hatten. Es war für Katholiken verboten, Bücher zu lesen, die im Index genannt wurden. Er wurde regelmäßig auf den neusten Stand gebracht. Die Beachtung dieses Verbots war bis 1966, als Papst Paul VI. den Index abschaffte, verbindlich.

dinnen genutzt wurde, identisch sei.[7] Mit der druidischen Göttin wurde Merlin unter vielen ihrer Namen in Verbindung gebracht: Morgan, Viviane, Nimue, Feenkönigin, La Dame du Lac – die keltische Wassergöttin Muirgen, die oft »boine clergesse« (die gute Priesterin) genannt wurde. Merlin stand eindeutig in Zusammenhang mit der Verehrung der Großen Göttin, und da jahrhundertelang die Merlin-Literatur meist ein Ausdrucksmittel für Kritik an der Kirche war, setzte das Konzil von Trient im 16. Jahrhundert das *Buch von Merlins Vorhersagen* auf den Index der verbotenen Bücher.[8]

1. *Encyc. Brit.*, »Merlin«. 2. Potter & Sargent, 89. 3. Guerber, L. M. A., 205. 4. Ebd., 211. 5. Malory 1, 72 (dt. 102). 6. Lindsay, O. A., 287. 7. Spence, 57. 8. Jung & Franz, 393, 367 (dt. 404, 377).

Mesmerismus

Mesmer fand 1840, als er mit seinem neuen Kult des »animalen Magnetismus« öffentliches Interesse erregte und geheimnisvolle Heilbehandlungen durchzuführen begann, die Billigung des Vatikans. 1847 wurde dann aber entdeckt, daß »mesmerisierte« Menschen oft religiöse Erleuchtungserfahrungen hatten und Kräfte von Hellsichtigkeit und Prophezeiung entwickelten. Die Kirche erklärte deshalb »diejenigen, die vorgeben, Dinge zu sehen, die unsichtbar sind … oder rein physikalische Prinzipien auf Dinge anwenden, die in Wirklichkeit übernatürlich sind«, für ketzerisch. Eine Enzyklika wies schließlich die Geistlichkeit 1856 darauf hin, daß der Mesmerismus ein gefährlicher »Irrtum« sei.[1] Das war ein gutes Beispiel für die Weigerung der Kirche, außer kirchlichen auch andere Quellen spiritueller Erleuchtung oder mythischer Vorstellungen zuzulassen.

1. Bromberg, 164.

Messe

Das lateinisch *missa*, aus dem das Wort Messe entstand, entwickelte sich aus der Bezeichnung für das persisch-mithraische Abendmahlsbrot, *mizd*. *Mizd* verkörperte das göttliche Fleisch und Blut des von Mithra geopferten Stieres, der sich immer wieder selbst erschuf.[1] Ein anderer lateinischer Name für das Abendmahlsbrot war *hostia* (Hostie), »Opfer«.

1. H. Smith, 201.

Messias

Ein persischer Titel für den Gesalbten (griech.: *Christos*), von dem angenommen wurde, daß er vor dem Jüngsten Gericht auf die Erde kommen würde; er basiert auf dem Kalki Avatara, der letzten Inkarnation Buddhas, der angeblich rechtzeitig vor der Zerstörung unseres Universums erscheinen wird, um die Rechtschaffenen zu retten.[1]

Die Perser setzten den Messias manchmal mit dem von einer Jungfrau geborenen Zarathustra gleich, von dem es hieß, er würde kurz vor dem letzten Kampf zwischen dem Gott des Lichts und dem Gott der Dunkelheit (Ahura Mazda und Ahriman) als seine eigene Reinkarnation oder sein »Sohn« zurückkehren.[2] Die Juden nannten den Messias »Mashiach« und setzten ihn mit Elija gleich. Für die Passahzeremonien waren vier Becher Wein erforderlich, von denen einer ungekostet bleiben mußte. Das war der Becher Elijas, von dem die Sage ging, daß er kurz vor der Wiederkehr des Messias auf geheimnisvolle Weise geleert werden würde. Im Mittelalter entfachten sich von Zeit zu Zeit die Hoffnungen der unterdrückten Juden an Berichten, daß irgendwo der Becher Elijas durch ein Wunder geleert worden sei.[3]

Im Talmud ist von zwei Erlösern die Rede: Messiah ben David und Messiah ben Joseph. Die christliche Genealogie versuchte deshalb, durch seine Mutter, die aus dem Hause Davids stammte und durch seinen Vater Joseph, in der Person Jesu beide zu vereinen. In einigen Versionen der Evangelien steht, Joseph sei Jesu natürlicher Vater gewesen, nach anderen Versionen war er es nicht.[4] Jesus war, wie auch der persische Messias, gleichzeitig der Menschensohn und der Sohn Gottes.

1. *Mahanirvanatantra*, XLVIII. 2. Campbell, Oc. M., 210.
3. Hooke, M. E. M., 158f. 4. H. Smith, 182; Pfeifer, 131.

Metis

»Weisheit», die mythische Mutter Athenes; sie wurde dem Zeuskult durch die Behauptung angepaßt, daß Zeus sie erst geschwängert und dann verschluckt habe, so daß ihr Weisheitsprinzip zu einem Teil seiner selbst wurde. Zeus gewann auf diese Weise die Fähigkeit, Metis' Kind Athene aus seinem eigenen Kopf zu gebären. Ältere Versionen des Mythos zeigen, daß Metis in Wirklichkeit **Medusa** war, deren Gorgonengesicht und Schlangenhaar die weibliche Weisheit symbolisierten. Athene war die jungfräuliche Gestalt derselben Göttin; sie wurde nicht aus dem Kopf des Zeus geboren, sondern von der dreifachen Gorgo im Land der libyschen Amazonen, die Medusa-Metis als die Mutter des Schicksals verehrten.[1] Eine spätere, gnostisch-christliche Version derselben Göttin war Sophia, deren Name ebenfalls »Weisheit« bedeutete.

1. Graves, W. G., 245f.

Mezuzah

Ein jüdischer Türzauber zum Schutz des Hauses vor dem Eindringen böser Geister. Er ahmte ursprünglich ägyptische Türzauber nach, die als Horussäulen bekannt waren: schmale Täfelchen mit eingravierten Hieroglyphen-Sprüchen, um böse Geister abzuwehren.[1] Das Berühren oder Küssen des Türzaubers beim Durchqueren der Tür geht auf den hinduistischen Brauch zurück, beim Eintreten in den Tempel Kalis die Yoni der Kalifigur am Türpfeiler zu berühren, weil das Glück bringen soll.[2] Ähnlich »obszöne« yonische Türzauber wurden in irischen Kirchen benutzt. (Siehe **Sheila-na-gig**.)

1. Budge, D. N., 247. 2. Rawson, E. A., 30.

Miasma

Griechisch »geistige Entweihung«, ein höchst ansteckendes schlimmes Schicksal, das für Verbrechen gegen die Mutter oder gegen das traditionelle Gesetz der Muttergöttin verhängt wurde. Orestes, der das unverzeihliche Verbrechen des Muttermordes begangen hatte, konnte niemanden finden, der ihn gegen die Furien verteidigte, weil ihn das *miasma* von jedem menschlichem Kontakt ausschloß. (Siehe **Fluch einer Mutter**.)

Michael, Heiliger

Der jüdisch-christliche Erzengel, der die Mythen und Eigenschaften von **Hermes** und Heimdall erbte, einschließlich der Posaune des Jüngsten Gerichts und zwei heiliger Berge des Merkur auf beiden Seiten des Ärmelkanals, die heute als Michael's Mount und Mont St. Michel bekannt sind. Michael soll während des »Krieges im Himmel« Gottes Engelarmee angeführt haben. Gott übertrug ihm die göttlichen »Worte der Macht«, um damit die rebellischen Truppen zu besiegen und sie in die Unterwelt zu treiben.[1] Michael der Krieger war ein bevorzugtes Objekt christlicher Künstler, die ihn meist in goldener Rüstung und mit einem langen Speer darstellten.

1. Legge 1, 169.

Mictecacihuatl

»Herrin des Ortes des Todes«, die namengebende Muttergöttin Mexikos. Sie repräsentierte, ganz ähnlich wie Kali, die yonische Öffnung der Erde, aus der alles hervorgeht; es gab auch Darstellungen von ihr, wie sie im Gewand des Todes einen Leichnam in die Erde stößt.[1] (Siehe **Kali Ma**.)

1. Summers, V., 263 f.

Midas

Ein eselohriger König von Phrygien, der das »goldene Händchen« gehabt haben soll, das später als die magische Fähigkeit, unedle Metalle in Gold zu verwandeln, in die Lehren der Alchimie einging. Hellenische Mythen machten sich über Midas' Ohren lustig, die auf Bildern deutlich dargestellt wurden, weil sie, wie im Kult des eselohrigen Set, einst ein Zeichen göttlicher Macht gewesen waren. (Siehe **Esel**.)

Milchstraße

Die Milchstraße ist unsere Galaxis, ein Wort, das sich von dem griechischen Wort *gala*, »Muttermilch«, herleitet. Die Menschen des Altertums glaubten, daß dieser himmlische Sternenstrom aus den Brüsten der Himmelskönigin ströme.[1] Die VerehrerInnen der griechischen Hera waren der Auffassung, daß die Sterne aus Milch von Heras Mondkuh-

Inkarnation gemacht seien, und die IonierInnen dachten, die Sterne kämen aus dem Euter ihrer eigenen Mondkuh, Io, »Mond«.[2] Andere glaubten, die Mondkuh sei Europa, die Gemahlin des Zeus in der Gestalt eines weißen Totemstieres. Aber alle weißen Mondkühe waren dieselbe Große Göttin, die von Indien bis Skandinavien als Nährerin der Welt und Mutter der Sternengeister bekannt war.[3] (Siehe **Kuh**.)

Aus den vier Zitzen des Euters der Mohnkuh strömten nach einem alten Glauben auch die vier Flüsse des Paradieses. Diese Flüsse kamen für die skandinavischen Völker aus dem Euter von Audumla, der Nährerin, einer göttlichen Kuh, die vor allen anderen Wesen existiert hatte.[4] Sie wurde mit Mana, der Mondmutter, gleichgesetzt. Die Milchstraße war in der skandinavischen Mythologie als *Manavegr*, »Mondweg«, bekannt.[5] Bei den KeltInnen hieß sie *Bothar-bó finné*, der Weg der Weißen Kuh.[6] Die weiße Ur-Kuh, deren Euter die Sternenflüsse hervorbrachte, war wahrscheinlich dieselbe Kuh, die »über den Mond sprang«, denn auf frühchristlichen Ikonen wurde dargestellt, wie sie über dem Mond schwebte.

Die AkkadierInnen nannten die Milchstraße den Fluß der göttlichen Herrin, oder Hiddagal, den Großen Fluß, was die Bibel zu Hiddekel abwandelte (Genesis 2, 14). Bei den AraberInnen hieß die Milchstraße *Umm al Sama*, Himmelsmutter.[7] Für die ÄgypterInnen war die Milchstraße der »Nil am Himmel«, der sich aus dem Euter der Mutterkuh, Hathor-Isis, ergoß, die so der ganzen der Welt den Regen brachte, obwohl sie ihren »wahren Nil« Ägypten vorbehielt.

Die klassische Mythologie machte die galaktische Mutter zu Gala-Tea, der »Milch-Göttin«. Galatea war eine weiße Aphroditestatue, die ihr Priester-Gemahl Pygmalion anfertigte und belebte. Sein Name war eine griechische Form von Pumiyathon, des Priestergemahls von Astarte-Hathor in Byblos.[8] Einem anderen Mythos zufolge spritzte die Galaxie aus Heras Brüsten heraus, als sie Herakles stillte oder aus den Brüsten Rheas, die Zeus stillte.[9] Die Namen waren verschieden, überall jedoch wurde die Milchstraße für die Sternenmilch der Göttin gehalten. Diese Sternenmilch bildete Klümpchen, und daraus wurden Welten und Wesen erschaffen.

Die Auffassung Rabelais', daß der Mond aus Molkenkäse gemacht sei, geht auf alte Legenden zurück, nach denen der Mond als ein Käseball geschaffen wurde, der aus der Milch der Milchstraße gerann.[10] Manchmal sollte auch die Erde aus dem Molkenkäse aus der Milch der Göttin bestanden haben. Die Bibel übernahm eine Anrede, die sich früher an die Göttin gerichtet hatte: »Hast du mich nicht ausgegossen wie Milch, wie Käse mich gerinnen lassen?« (Ijob 10, 10)

Angelsächsische Namen für die Milchstraße unterstellten, daß sie nicht nur ein Fluß, sondern auch eine Hauptstraße des Himmels sei. Sie wurde Irmins Weg genannt, Waetlinga Straet, Vaelinga, Vaetlinga oder Watlingastrate, Wadlyn Street und Watling Street.[11]

1. Lawson, 13. 2. Graves, G. M., 56.a.; 58.2. 3. Elworthy, 183, 194.
4. Branston, 57. 5. Turville-Petre, 76. 6. Graves, W. G., 175. 7. Jobes, 103.
8. Graves, G. M. 65 pass., 68.4. 9. Graves, W. G., 78. 10. Jobes, 27.
11. Jobes, 103.

Mimemata

»Nachahmungen der Mutter«, ein alter Name für Modellvorstellungen über die Bewegungen der Himmelskörper; mit diesem Namen wurde auf die himmlische Göttin angespielt, von der früher angenommen wurde, daß sie die Sterne steuern würde.[1]

1. Lindsay, O. A., 96.

Minaksi

»Die Fischäugige«; ein Titel, den Kali in ihrer Gestalt als das yonische Auge trug. Daraus entstand möglichweise die Liebesgöttin der europäischen Barden, Minne.

Minerva

Die römische Göttin der Weisheit und des Mondes, die sich aus der etruskischen Göttin Menarva oder Menrva entwickelte und vielleicht ein Greisinnenaspekt der ursprünglichen kapitolinischen Triade war – eine latinisierte Athene. Sie besaß dasselbe Totem wie Athene, Lilith und die walisische Göttin Blodeuwedd: eine Eule, die deshalb als Vogel der Weisheit und der Hexen bekannt wurde.[1]

1. *Larousse*, 207.

Miniato, Heiliger

Ein falscher christlicher Heiliger, der in Florenz verehrt wurde. Er entstand aus einem alten römischen Titel für jeden Gott, der mit *minium* angemalt war, einem roten Farbstoff, der für heiliges Blut und göttliche Herrschaft stand. Die Gesichter der Gottheiten wurden für die heiligen Prozessionen und Feierlichkeiten gerötet. Bei Triumphzügen waren die Gesichter der militärischen Helden mit *minium* bemalt.[1] »Miniato« bedeutete einfach nur, daß jemand auf diese Weise gerötet war. Bei den alten KeltInnen gab es denselben Brauch des zeremoniellen Rötens des Gesichts, und auch im traditionellen chinesischen Drama deutete ein gerötetes Gesicht eine heilige Person an.[2] (Siehe **Menstruationsblut**.)

1. Rose, 294. 2. Williams, 79.

Minne

»Liebe«, die Aphrodite des Mittelalters, die von Minnesängern und fahrenden Spielleuten verehrt wurde; sie war vielleicht die Mondgöttin Mene oder Mana oder die erotische Fischgöttin Minaksi-Kali aus Indien. Minne erschien wie Aphrodite oft als Meerjungfrau. Die Minnesänger sagten von ihr: »Sie erinnert an nichts Vorstellbares. Ihr Name ist bekannt, sie selbst jedoch unfaßbar … Sie kommt niemals zu einem falschen Herzen.«[1]

Die nordischen Skalden nannten Minne eine Göttin der Erinnerung, ähnlich der ersten der Musen, Mnemosyne, der die Dichter ihre Inspiration verdankten.[2] Sie wurde manchmal auch einfach Lofn, »Liebe«, genannt. In der Edda wird sie als eine heidnische Göttin beschrieben, die im Gegensatz zur christlichen Kirche, die die körperliche Liebe als ein Übel bezeichnete, Männern und Frauen die Erlaubnis gab, sich zu lieben.[3] (Siehe **Ritterroman**.)

1. Campbell, C. M., 181 f. 2. Turville-Petre, 251. 3. Snorri, 59.

Minnesang

Siehe **Ritterroman**

Minos

»Geschöpf des Mondes«, ein Titel der kretischen Könige, die in Opferstier-Gottheiten verkörpert waren und zyklisch als der Minotaurus oder »Mond-Stier« wiedergeboren wurden.[1] Der kretische Kult kam möglicherweise von den ägyptischen Apisstier-Königen, die vom Mond empfangen wurden. Minos war der Name einer Dynastie, die im frühen 2. Jahrtausend v. Chr. regierte, als jeder König die Mondgöttin heiratete.[2] Diese Mondgöttin war Mutter Rheia Dictynna oder die Tochter Kretas, Pasiphae, die »Glänzende«. Spätere Mythenerzähler, die auch ihren Sohn, den stiermaskigen Minotaurus, in ein Monster verwandelten, deuteten ihre rituelle Paarung mit dem Stiergott zu einer seltsamen Perversion um. Orientalische Königinnen des Altertums ahmten mit den abgetrennten Genitalien von Opfertieren pantomimisch den Geschlechtsverkehr nach.[3]

1. Graves, G. M. 2, 400. 2. Graves, G. M., 88.pass. 3. Briffault 3, 188.

Mirjam

Var. Mariamne, Miriamne, Miriam

Ein semitischer Name der Göttin Mari, der »fruchtbare Mutter« bedeutete. Sie wurde in vielen Gestalten heiliggesprochen, besonders als Maria; sie war außerdem die heilige Miriamne, von der es hieß, sie sei die Tochter des heiligen Philip gewesen, der früher der heidnische Gott des Ersten Mai war.[1] (Siehe **Mari; Maria**.)

1. Brewster, 221.

Mistel

Der goldene Mistelzweig ermöglichte nach heidnischem Glauben den Zutritt zur Unterwelt. Die goldene Farbe trockener Misteln war, wie das Metall Gold, ein Symbol der Verklärung nach dem Tode. Die lebende Pflanze verkörperte das Genital des Eichengottes, oder das von Zeus, Jupiter oder Dianus von Dodona, dem Gatten der Mondmutter Diana Nemetona, der Herrin des Hains. Zur Zeit der Opfer kastrierten die druidischen Priester zeremoniell den Eichengott, indem sie ihm mit einer goldenen Mondsichel seinen Mistelzweig abschnitten. Bevor er den Boden berühren konnte, fingen sie ihn in einem weißen Tuch auf, so daß er wie jede Opfergottheit »zwischen Himmel und Erde« verblieb.[1]

Die phallische Bedeutung der Mistel beruhte möglicherweise auf der

Vorstellung, daß ihre weißlichen Beeren Samentropfen seien, so wie die roten Beeren des weiblichen Gegenstücks, der Stechpalme, mit dem Menstruationsblut der Göttin gleichgesetzt wurden. Es war bei indoeuropäischen Völkern allgemein üblich, den Gott vor seiner Opferung einer **Kastration** zu unterziehen.

Heilige Eichenkulte bestanden auch in der christlichen Zeit weiter. Die Hessen verehrten noch im 8. Jahrhundert n. Chr. den Eichengott in Geismar, und sie gaben seinem heiligen Baum den Namen Donareiche. Noch 1874 wurde in Rußland von einer Gemeinde, die unter der Leitung eines orthodoxen Priesters stand, ein altes Eichenheiligtum verehrt. Dabei wurden Wachskerzen am Baum befestigt, und die Zelebranten beteten: »Heilige Eiche Hallelujah, bete für uns.« Darauf folgte eine ausgelassene Orgie.[2] Bräuche wie das Küssen unter dem Mistelzweig sind ein matter Abglanz der sexuellen Orgien, die früher die Riten des Eichengottes begleiteten.

Für die nordischen HeidInnen symbolisierte die Mistel den Tod des Erlösergottes Balder, des Sohnes von Odin, dessen Wiederkunft nach dem Jüngsten Tag erwartet wurde, wenn er zur Erde zurückkehren würde, um die neue Schöpfung zu errichten. Balder wurde von einem Mistelspeer getötet, den Hod, der blinde Gott führte; Hod war ein anderer Name für Odin selbst. Es hieß auch, daß Hod Balders dunkler Zwilling sei, so wie in Ägypten die Jahresgötter Set und Horus für hell und dunkel standen.[3]

Manche leiten den sächsischen *mis-el-tu* von Mas, dem »Messias« (Vishnu) des Sanskrit her, und von *tal*, einer Grube, die den Schoß der Erde verkörperte. Die Mistel symbolisierte so das Eindringen des Gottes in seine Mutter-Braut. Das Wort der Nordeuropäer für Mistel war »Guidhel«, also ein Führer (»guide«) zur Unterwelt, wie schon in der Aeneis des Vergil.[4]

Nachdem die Sachsen zum Christentum bekehrt waren, erklärten sie die Mistel zum »verbotenen Baum inmitten der Bäume Edens«, also zum Baum der Erkenntnis, von dem auch allgemein angenommen wurde, daß er das Holz für das Kreuz Jesu geliefert hatte.[5]

Die Mistel war durch ihre phallische Bedeutung der »Schlüssel«, der den Schoß der Unterwelt öffnete, wobei in mystischen Schriften Schlüssel und Phallus austauschbar waren. Es hieß in manchen Abhandlungen: »Alle Schlösser werden mit dem Mistelkraut geöffnet.« In Kombination mit dem »weiblichen« Kraut Alkyone »läßt es einen Mann häufig den Geschlechtsakt vollziehen«.[6]

Die heidnischen Deutungen der Mistel wurden auch noch in der Renaissance verstanden; die Mistel galt als ein Sinnbild des neuen Messias und wurde Weihnachten in englischen Kirchen »zum Hochaltar gebracht«. Einige christliche Autoren bestanden allerdings darauf, daß die Mistel »niemals in diese heiligen Gebäude hineinkam, außer durch Fehler oder Unwissenheit der Küster; denn diese heidnische und gottlose Pflanze hatte bei den heidnischen Riten des Druidentums hohes Ansehen genossen«.[7]

1. Frazer, G. B., 763–773, 816 (dt. 956–968). 2. Spence, 78, 108. 3. Lys, 60. 4. Hazlitt, 412. 5. Mâle, 153. 6. Wedeck, 189. 7. Hazlitt, 413.

Mithra

Var. Mithras

Der persische Heiland, dessen Kult in Rom die stärkste Konkurrenz für das junge Christentum war; in den ersten vier Jahrhunderten der »christlichen« Ära hatte der Mithrakult sogar den größeren Erfolg. Der Kaiser bezeichnete 307 n. Chr. Mithra offizieil als den »Beschützer des Kaiserreichs«.[1]

Die Christen übernahmen viele Details aus der mithraischen Mysterienreligion und erklärten später die Ähnlichkeit mit ihrem bevorzugten Argument, daß der Teufel bereits vor Christi Geburt den wahren Glauben nachgeäfft habe. Manche Ähnlichkeiten zwischen dem Christentum und dem Mithrakult waren so deutlich, daß selbst der heilige Augustinus erklärte, daß die Mithrapriester dieselbe Gottheit verehrten wie er.[2]

Mithra wurde am 25. Dezember geboren. Dieser Tag wurde der »Geburtstag der unbesiegten Sonne« genannt und schließlich im 4. Jahrhundert von den Christen als der Geburtstag Christi übernommen.[3] Es hieß manchmal, daß Mithra aus einer inzestuösen Vereinigung zwischen dem Sonnengott und dessen eigener Mutter hervorgegangen sei, genauso wie Jesus der Gott war, der von der Mutter Gottes geboren wurde. Aber es gab auch die Ansicht, Mithras Mutter sei eine sterbliche Jungfrau gewesen. Andere sagten, daß Mithra überhaupt keine Mutter gehabt habe, sondern auf geheimnisvolle Weise von einem weiblichen Felsen geboren worden sei, dem *petra genetrix*, den der phallische Blitz des himmlischen Vaters befruchtet hatte.[4]

Zeugen von Mithras Geburt waren Schäfer und drei Weise, die Geschenke zu seiner heiligen Felsen-Geburtshöhle brachten.[5] Mithra vollbrachte die üblichen Wunder: er erweckte Tote zum Leben, heilte Kranke, ließ Blinde wieder sehen und Lahme wieder gehen und trieb Teufel aus. Als Peter, der Sohn der *petra*, trug er die Schlüssel des himmlischen Königreichs (siehe **Petrus, Heiliger**).[6] Sein Triumph und Aufstieg zum Himmel wurde zur Zeit der Frühjahrs-Tagundnachtgleiche gefeiert (Ostern), wenn die Sonne an ihrem erdfernsten Punkt aufgeht.

Bevor Mithra zum Himmel zurückkehrte, nahm er mit seinen zwölf Jüngern, die für die zwölf Zeichen des Tierkreises standen, ein letztes Abendmahl ein. Seine Verehrer zelebrierten im Gedenken daran mit Brot, das mit einem Kreuz versehen war, ein heiliges Mahl.[7] Das war eins der sieben mithraischen Sakramente, die die Christen als Vorbilder für ihre sieben Sakramente benutzten.[8] Dieses Brot wurde *mizd* genannt, und daraus entstanden das lateinische Wort *missa*, das englische *mass*, und das deutsche Wort Messe. Mithras Bild wurde in einem Felsengrab verbrannt, in derselben heiligen Höhle, die den Schoß seiner Mutter repräsentierte. Dorthin kehrte er wieder zurück, und es hieß, er würde erneut leben.[9]

Der Mithrakult war wie das frühe Christentum eine asketische, antiweibliche Religion. Die Mithrapriesterschaft bestand nur aus unverheirateten Männern.[10] Das Betreten von Mithratempeln war Frauen nicht erlaubt.[11] Die Frauen der Familien von Mithraanbetern hatten mit dem Kult der Männer nichts zu tun; sie beteiligten sich in ihren eigenen Tempeln von Isis, Diana oder Juno an Gottesdiensten der Großen Mutter.[12]

Um das weibliche Prinzip aus ihrem Schöpfungsmythos zu entfernen, ersetzten die Mithraanbeter die Mutter alles Lebenden im Ur-Garten des Paradieses (Pairidaeza) durch den Stier,dem »Allein Erschaffenen«. Dieser Stier war statt Eva der Partner des ersten Mannes. Alle Geschöpfe gingen aus dem Blut des Stieres hervor. Die Entstehung durch den Stier imitierte dennoch auf seltsame Weise das Weibliche. Das Tier wurde kastriert und geopfert, und sein Blut wurde dem Mond für eine magische Befruchtung überbracht, dem Mond, der als Ursprung des magischen lunaren »Lebensblutes« der Frauen angesehen wurde, aus dem auf der Erde die wirklichen Kinder entstanden.[13]

Die Perser sind oft die Puritaner der heidnischen Welt genannt worden. Sie entwickelten die Mithraanbetung aus einer früheren arischen Religion, die nicht so puritanisch und weniger ausschließlich männlich orientiert war.[14] Mithra scheint ursprünglich der indo-iranische Sonnengott Mitra gewesen zu sein, oder Mitravaruna, einer der zwölf Tierkreiszeichen-Söhne der Unendlichkeitsgöttin Aditi. Ein anderer von Aditis Söhnen war Aryaman, der namengebende Vorfahr der »ArierInnen«, den die PerserInnen in Ahriman verwandelten, die große Schlange der Dunkelheit, Mithras Feind.[15]

Ganz früher scheint es eine weibliche Mithra gegeben zu haben. Herodot sagte, die PerserInnen hätten eine Himmelsgöttin Mitra gehabt, die mit Mylitta identisch war, der Großen Mutter Assyriens.[16] Die LydierInnen kombinierten Mithra mit seiner archaischen Gemahlin Anahita zu einer androgynen Mithra-Anahita, die mit Sabazius-Anaitis gleichgesetzt wurde, der Schlange und Taube anatolischer Mysterienkulte.[17]

Anahita war die Mutter der Wasser, die traditionelle Gemahlin des Sonnengottes, den sie gebar, liebte und verschlang. Sie wurde mit der anatolischen Großen Göttin **Ma** gleichgesetzt. Mithra, der als Geist des Feuers, des Lichts und der Sonne ihr Gegenteil war, wurde natürlich ihr Partner.[18] Ihr »Element«, das Wasser, überschwemmte die Erde mit der Urflut, für die nach dem Mithramythos ein Mann eine Arche baute und sich gemeinsam mit seinen Tieren rettete.[19] Die Geschichte bezieht sich offenbar auf die Hinduflut von Manu; sie wurde in persische und babylonische heilige Schriften übersetzt und tauchte in einer späten, ziemlich verfälschten Version auch im Alten Testament wieder auf. (Siehe **Flut**.)

Was im Wasser begann, wird nach der Mithra-Eschatologie in Feuer enden. Der in den Letzten Tagen stattfindende große Kampf zwischen den Mächten der Dunkelheit und den Mächten des Lichts wird mit seinen Erdbeben und Feuern die Erde zerstören. Rechtschaffene, die den Lehren der Mithrapriesterschaft folgen, können sich mit den Geistern des Lichts vereinigen und gerettet werden. Sündige, die anderen Lehren folgen, werden mit Ahriman und den gefallenen Engeln in die Hölle geworfen werden. Der christliche Erlöserglaube war fast vollständig ein Ergebnis dieser persischen Eschatologie, die von den semitischen Eremiten und Anhängern des Sonnenkults sowie von den Essenern übernommen wurde. Auch die römischen Militärs betrachteten die rigide Disziplin und die lebhafte Kampfesdarstellung des Mithrakultes als geeignet für ihre Soldaten. Mithra entwickelte sich unter Kaisern wie Julian und Commodus zum vorherrschenden Schutzheiligen der römischen Armeen.[20]

Die Christen begannen sich nach ihrem innigen Kontakt mit dem Mithrakult als Soldaten Christi zu bezeichnen; sie nannten ihren Heiland das Licht der Welt, Helios, die aufgehende Sonne, und Sonne der Rechtschaffenheit; sie feierten ihre Feste eher am Sonn-Tag als am jüdischen Sabbat; sie behaupteten, der Tod des Heilands sei von einer Sonnenfinsternis angezeigt worden, und sie übernahmen die sieben Mithra-Sakramente. Die Christen zelebrierten wie die Mithra-Anhänger die Taufe, um nach dem Tod auf dem Weg über die planetarischen Sphären in das höchste Himmelreich aufzusteigen, während die Bösen (Ungetauften) in die Dunkelheit herabgezogen werden würden.[21]

376 n.Chr. wurde der Höhlentempel Mithras auf dem vatikanischen Hügel von den Christen übernommen.[22] Die christlichen Bischöfe von Rom belegten selbst den Titel des Mithra-Hohepriesters Pater Patrum mit Beschlag; er wurde zum Papa oder Papst.[23] Der Mithrakult durchdrang viele Lehren der manichäischen Christenheit und beeinflußte noch tausend Jahre später seine alte Konkurrenzorganisation.[24] Das Mithrafest Epiphanias anläßlich der Ankunft der Sonnenpriester oder Madi an der Geburtsstätte des Heilands übernahm die christliche Kirche erst 813 n.Chr.[25]

1. Legge 2, 271; Angus, 168. 2. Reinach, 73.
3. H.J. Smith, D.C.P., 146; Campbell, M.I., 33. 4. Riencourt, 135.
5. H. Smith, 129; Hooke, S.P., 85; Cumont, M.M., 131. 6. H. Smith, 129.
7. Hooke, S.P., 89; Cumont, M.M., 160 (dt. 146). 8. James, 250.
9. H. Smith, 130, 201. 10. Legge 2, 261. 11. Lederer, 36. 12. Angus, 205.
13. Campbell, Oc. M., 204. 14. Knight, D.W.P., 63. 15. O'Flaherty, 339.
16. *Larousse*, 314. 17. Cumont, M.M., 17. 18. Cumont, O.R.R.P., 54, 65.
19. Cumont, M.M., 138. 20. Cumont, M.M., 87ff. 21. Cumont, M.M., 144f.
22. J.H. Smith, D.C.P., 146. 23. H. Smith, 252. 24. Cumont, O.R.R.P., 154.
25. Brewster, 55.

Miti

»Mutter«, die Große Göttin der Chukchi. Miti schenkte den Menschen als Gegenleistung für die Opferung des Penis ihres Gatten, der zerstampft, in einen Pudding eingerührt und ihr zu essen gegeben wurde, die Geheimnisse der Magie.[1] Sie wurde mit dem Mond gleichgesetzt, dem die Männer der Chukchi, wenn sie ihn um das Geschenk der Macht baten, ihre Genitalien zeigten. (Siehe **Kastration**.)

1. Hays, 412.

Mittelalter

Die abendländische Geschichtsschreibung hat viele Theorien über den Untergang Roms hervorgebracht und eine Vielzahl von Gründen für den Beginn des »finsteren Mittelalters« verantwortlich gemacht. Nur die eine Ursache, die in diesem Zusammenhang vielleicht ausschlaggebender war als jede andere, wurde oft übersehen: das Christentum selbst.[1] Indem die Kirche die spirituelle Bedeutung der Frau leugnete und die Anbetung der Göttin verbot, entfremdete sie Frauen wie Männer ihrem ursprünglichen Empfinden für die Einheit mit dem Göttlichen, die sie jeweils durch das andere Geschlecht wahrnahmen.

Den Christen zufolge war eines der teuflischen Anzeichen für das herannahende Ende der Welt die »Verbreitung des Wissens«, der sie durch massenhafte Bücherverbrennungen, die Zerstörung von Bibliotheken und Schulen und die Ablehnung der Laienbildung entgegenzuwirken versuchten.[2] Am Ende des 5. Jahrhunderts unterbanden christliche Herrscher gewaltsam das Studium der Philosophie, Mathematik, Medizin und Geographie. Lactantius verbot jedem Christen die Beschäftigung mit der Astronomie. Papst Gregor der Große tadelte alle weltliche Bildung als Narrheit und Gottlosigkeit und verbot christlichen Laien sogar das Lesen der Bibel. Er verbrannte die Apollon-Bibliothek, »damit ihre weltliche Literatur die Gläubigen nicht von der religiösen Kontemplation ablenkt«.[3]

Für die Kirche war jede von ihrer Lehrmeinung abweichende Auffassung häretisch und teuflisch. Sie barg die Gefahr, Zweifel bei den Gläubigen zu schüren. So wurden heidnische Intellektuelle und Lehrer verfolgt und Schulen geschlossen. Die christlichen Kaiser ließen per Befehl philosophische Werke verbrennen, weil, wie Theodosius sagte, »wir nicht zulassen können, daß auch nur eines jener Dinge, welche den Zorn Gottes erregen und den Geist des Gottesfürchtigen beleidigen, den Menschen zu Ohren kommt«. Nach Jahren des Vandalismus und der Zerstörung konnte der heilige Johannes Chrysostomos stolz prahlen: »Jede Spur der alten Philosophie und Literatur ist von der Erdoberfläche verschwunden.«[4]

Damit hatte er so gut wie recht. Die Verfolgungen durch die Christen hinterließen »nur wenige Überreste der reichen liturgischen und religiösen Literatur der Heiden. Sie hätte viel Licht auf die Ursprünge unseres eigenen Glaubens werfen können. Außerdem blieben verwüstete heilige Orte zurück und zerstörte Tempel, ehemals so wunderschöne, wie sie die Welt nie wieder bauen wird.«[5] Nach der Zerstörung der Tempel wurden Mönche und Eremiten in den Ruinen angesiedelt, damit sie die Heiligtümer mit ihren Exkrementen entweihten und den Wiederaufbau verhinderten.[6]

Christliche Herrscher ließen Kunstwerke aus Bronze, Gold und Silber einschmelzen, um sie gegen Geld einzutauschen. Bauern zerhackten marmorne Götter und Göttinnen und warfen die Trümmer zur Mörtelherstellung in Kalköfen.[7] Es ist überliefert, daß im Rom des 4. Jahrhunderts 424 Tempel, 304 Altäre, 80 Götterstatuen aus Edelmetall, 64 Statuen aus Elfenbein, 3700 Statuen aus Bronze und Tausende von Marmorstatuen existierten. Im darauffolgenden Jahrhundert waren sie fast alle verschwunden. Der Historiker Eunapius, ein Oberpriester der Eleusinischen Mysterien, war Augenzeuge der Verwüstungen. Er schrieb, daß das Kaiserreich unter einer »ungeheuren, gestaltlosen Dunkelheit, die sich des Liebreizes der Welt bemächtigt« begraben wurde.[8]

Der feste Zusammenhalt und die Disziplin der römischen Gesellschaft gingen mehr und mehr verloren. Das zeigte sich an typischen

Symptomen für den Zerfall einer Gesellschaft: unaufhaltsame Inflation, Warenknappheit, Kriminalität und Apathie und eine entmutigte Mittelklasse, die bis an das Ende ihrer Kräfte besteuert wurde, um eine überorganisierte, stagnierende Bürokratie zu versorgen.[9] Die Mehrheit der Christen gehörte nicht der Mittelklasse, sondern niedrigeren Gesellschaftsschichten an. Sie machten sich die gesetzlosen Zeiten zunutze, indem sie gierig an sich rissen, was sie zu fassen bekamen. Laut Celsus, einem Gegner des Christentums aus dem 2. Jahrhundert n. Chr., nahmen die Christen jeden in ihre Reihen auf, »der ein Sünder ist oder dumm oder ein Narr, mit einem Wort: jeden Gottverlassenen. Ihn wird das Königreich Gottes empfangen. Wen meinen sie aber mit dem Sünder, wenn nicht den Schlechten: den Dieb, den Einbrecher, den Giftmörder, den Tempelräuber, den Grabschänder? ... Jesus, so sagen sie, wurde gesandt, um die Sünder zu erretten; wurde er nicht gesandt, um denen zu helfen, die sich frei von Sünden gehalten haben? Die Christen geben vor, daß Gott den Ungerechten rettet, wenn er bereut und sich selbst erniedrigt. Der Gerechte, der von Jugend an standhaft den Weg der Tugend gegangen ist, wird gar nicht beachtet.«[10]

Bertrand Russell schrieb über die philosophische Haltung des heiligen Hieronymus: »Es ist seltsam, daß Hieronymus, den der Untergang der antiken Welt so tief beeindruckt, es doch wichtiger nimmt, die Jungfräulichkeit zu erhalten, als die Hunnen, Vandalen und Goten zu besiegen. Niemals denkt er darüber nach, welche praktischen Maßnahmen ein Staatsmann ergreifen könnte; niemals verweist er auf die Mängel des Finanzsystems oder die Mißstände, die sich aus der Abhängigkeit von einem aus Barbaren bestehenden Heer ergeben. Das gleiche gilt für Ambrosius und Augustin. ... Kein Wunder, daß das Imperium in Trümmer sank ...«[11] Die traditionellen Geschichtswerke entwarfen das Bild von den friedliebenden ersten Christen, die zu Unrecht verfolgt wurden. Dieses Bild konnte nur deshalb entstehen, weil die Geschichtsschreibung jahrhundertelang ausschließlich in den Händen der Kirche lag, die ohne Skrupel Überlieferungen veränderte und fälschte. Im heidnischen Rom wurden religiöse Minderheiten nicht verfolgt. »Niemals zog es die Existenz oder die Echtheit anderer Gottheiten in Zweifel. Der Aufnahme eines neuen Mitglieds im Pantheon wurde kaum Beachtung geschenkt. ... Alle Gottheiten aller Völker wurden als nichts anderes als die Manifestationen der einen höchsten Gottheit angesehen.« Dionysos, Venus und Priapos waren respektierte Mitbewohner des Isistempels in Pompeji. Im Mithratempel bei Ostia wurden italische und griechische Gottheiten gleichermaßen verehrt.[12] Alle Gottheiten waren bereit, nebeneinander zu existieren, ausgenommen der Gott der Christen. Allein die christliche Kirche »hat das Tolerieren anderer immer als eine Verfolgung ihres Glaubens aufgefaßt«.[13] Schon im Jahre 382 n. Chr. erklärte die Kirche öffentlich, daß jede Opposition, die den christlichen Glauben zugunsten eines anderen ablehne, mit dem Tode bestraft werden solle.[14]

Die Christen wurden nicht, wie es die traditionelle Geschichtsschreibung vermittelt, vom römischen Gesetz verfolgt, weil sie Chrsten waren, sondern weil sie Zivilverbrechen begingen.[15] Sie stifteten Krawalle an, »störten häufig und tumultartig den öffentlichen Gottesdienst und schmähten unentwegt die Staatsreligion«.[16] Sie scheinen sich auch des Vandalismus und der Brandstiftung schuldig gemacht zu haben. Der große Brand im Jahre 64 n.Chr. wurde von Christen gelegt, »die ängstlich gespannt auf das Feuer des Weltendes warteten und zuweilen etwas in Brand steckten, um Gott zu ermuntern«.[17] Sie verkündeten das jeden Augenblick zu erwartende Ende der Welt, und christliche Fanatiker verfielen dabei manchmal auf die Idee, daß diejenigen, die beim Entzünden des endgültigen Weltbrandes halfen, im Himmel besondere Anerkennung erwarte.[18] Die Heiligsprechung mindestens eines Heiligen erfolgte aus keinem anderen Grund als dem der Brandstiftung. Es war der heilige Theodorus, dessen einziger Anspruch auf Berühmtheit darauf beruhte, daß er den Tempel der Mutter der Götter ansteckte.[19]

Die Zeit, in der die römische Zivilisation immer mehr verfiel und das finstere Mittelalter seinen Anfang nahm, charakterisierte Gilbert Murray als die Epoche, in der der Lebensquell der westlichen Welt versiegte. Sie markierte den Wendepunkt, an dem das Abendland aus seiner kulturellen Führungsrolle in die Barbarei zurückfiel und Europa sich in ein Gebiet verwandelte, das heute als »unentwickelte Region« gelten würde.[20] Aus Kunst und Literatur verschwanden Intellekt, Geschmack und Ideenreichtum. Die Kirche lähmte den westlichen Geist, statt daß sie ihn beflügelte, sie förderte das Aufblühen kindischer, abergläubischer Vorstellungen in einer Atmosphäre der Ignoranz und des Unverstands.[21] Die Unterdrückung der lehrenden Priesterin, der *alma mater*, führte zu einem allgemeinen Bildungsschwund.

Viele Gelehrte flohen vor den Verfolgungen der Christen ostwärts in den Iran, wo der König der Sassaniden ihnen half, eine Schule für Medizin und Wissenschaft zu gründen. Sie war zwei Jahrhunderte lang das »wissenschaftliche Zentrum der Welt«.[22] Schon 529, als Justinian die Schulen Athens schließen ließ, wurde das Wissen der GriechInnen weit verstreut, zu den Sassaniden nach Persien, den Gupta nach Indien und den KeltInnen nach Irland.[23]

Kirchenhistoriker behaupteten immer wieder, daß mit der Vernichtung der heidnischen Kulturen nichts wahrhaft Wertvolles verlorengegangen sei. Dem widersprechen moderne WissenschaftlerInnen. Die Verwüstungen betrafen die Kunst, die Wissenschaften, die Literatur, die Philosophie, die Technik, die Architektur und alle anderen Fachgebiete. Die verheerenden Folgen wurden mit denen der *Gigantomachie* verglichen – wilde, rohe Giganten stürzten die weisen Götter. Die in der klassischen Zeit weitverbreitete Lese- und Schreibfähigkeit schwand dahin. Aquädukte, Häfen, Gebäude, selbst die großartigen römischen Straßen zerfielen zu Ruinen. Es ist darauf hingewiesen worden, daß Jahrhunderte verheerender Kriege die römische Zivilisation kaum so wirkungsvoll hätten zerschmettern können wie die neue Bessessenheit von einem asketischen Monotheismus.[24]

Bücher und Kunstwerke wurden zerstört, weil sie unchristliche Ideen und Vorstellungen zum Ausdruck brachten.[25] Medizinische Studien waren mit der Begründung verboten, daß alle Leiden von Dämonen verursacht seien und daher nur mit Hilfe exorzistischer Beschwörungen geheilt werden könnten. Diese Ansicht herrschte zur Zeit Papst Alexanders III. immer noch vor. Er verbot den Mönchen jede Beschäftigung mit Heilmethoden, ausgenommen das Auswendiglernen von Beschwörungsformeln.[26] Unter der Herrschaft christlicher Kaiser wurden gebildete Bürger von Analphabeten verfolgt, die behaupteten, ihre Bücher seien Hexenwerke. Christliche Beamte, die auf die finanzielle Belohnung für die Gefangennahme und Hinrichtung eines Häretikers hofften, schoben oft ahnungslosen Bürgern »magische« Schriften unter – eine in späteren Jahrhunderten von der Inquisition bevorzugte Vorgehensweise. Priesterinnen wurden besonders massiv verfolgt, da sie weiblichen Geschlechts und reich waren und Anspruch auf spirituelle Autorität erhoben.[27]

Die Kirchenväter waren sich zynisch darüber bewußt, wie sehr ihnen eine breite Unwissenheit zu ihrem Vorteil gereichte. Gregor von Nazianz schrieb an den Heiligen Hieronymus: »Mehr als etwas Geschwätz ist nicht nötig, um die Menschen zu beeindrucken. Je weniger sie verstehen, um so mehr bewundern sie. Unsere Vorfahren und Weisen haben oft nicht das ausgesprochen, was sie dachten, sondern das, was Umstände und Notwendigkeiten erforderten.«[28]

Lactantius verkündete, daß heidnische Tempel niedergerissen werden sollten, weil in ihnen »die Dämonen versuchen, das Königreich Gottes zu vernichten, und sich mit Hilfe falscher Wunderwerke und lügnerischer Orakelsprüche den Anschein echter Götter geben«.[29] Es war gefährlich, die Tempel zu verschonen, selbst dann, wenn sie in christliche Kirchen umgewandelt wurden. In Karthago wurde der Tempel der Himmelsmutter zu einer christlichen Kirche umfunktioniert. Im Jahre 440 entdeckte der Bischof jedoch, daß die KarthagerInnen immer noch ihrer alten Göttin huldigten, woraufhin er anordnete, die gesamte Tempelanlage dem Erdboden gleich zu machen.[30]

Unwissenheit war der Verbreitung des Glaubens dienlich, also wurde sie gefördert. Knight schreibt: »Die Menschen sind abergläubisch nach dem Grad ihrer Unkenntnis, und … diejenigen, die am wenigsten von den Grundbegriffen der Religion verstehen, sind die gewissenhaftesten und glühendsten Gläubigen.«[31] Weil die Kirche die Unwissenheit in Westeuropa soweit wie möglich förderte, ging ihr leider ein Großteil der europäischen Geschichte verloren. Selbst die zeitgenössischen Ereignisse vergingen unbeachtet oder wurden ungenau oder falsch aufgezeichnet. Die Ereignisse der Vergangenheit wurden bis ins Absurde verzerrt. Alles, was die Öffentlichkeit von der Geschichte wußte, stammte von Barden, die mit leidlichem Erfolg versuchten, die druidische Tradition des Auswendiglernens fortzusetzen. Von ihnen hörte man z. B., daß Alexander der Große eine Expedition zum Garten Eden unternommen hatte, wo ihm der Dichtermagier Vergil, »Monsignor, der Heilige Paulus« und »Tholomeus« (Ptolomäus), der ägyptische König, Ratschläge erteilten. Sie berichteten außerdem, daß Julius Caesar König von Österreich und Ungarn und der Prinz von Konstantinopel gewesen sei. Seine Mutter sei die Walküre Brunhilde gewesen, eine Tochter von Judas Maccabeus. Er habe die Feenkönigin Morgane geheiratet und sei der Vater von Oberon und des Heiligen Georg.[32]

In den Naturwissenschaften herrschte ein noch größeres Durcheinander. Gelehrten Büchern war zu entnehmen, daß Mäuse sich nicht wie gewöhnliche Säugetiere fortpflanzten, sondern spontan und ungeschlechtlich durch die »Zersetzung der Erde« entstünden. Wespen erzeugten sich selbst aus toten Pferden, und Bienen aus toten Kälbern; trenne man einem Krebs die Beine ab, so verwandle er sich in einen Skorpion; einige Säugetiere, wie z. B. Hasen, besäßen die Fähigkeit, ihr Geschlecht zu wechseln; eine mit Puder getrocknete und danach ins Wasser gesetzte Ente gebäre Frösche, eine gebackene und dann vergrabene Ente dagegen Kröten; Spargel wüchse aus eingegrabenen Abschabungen eines Widderhorns; Skorpione würden erzeugt, wenn Gartenbasilie zwischen zwei Steinen zerrieben würde. Regen und Blitze entstünden beim Verbrennen einer Chamäleonleber auf einem Hausdach; wenn ein Mann den Dreck an der Stelle sammle, auf der sein rechter Fuß stand, als er den ersten Frühlingsruf des Kuckucks vernahm und diesen Dreck an einer anderen Stelle verstreue, so könne dort keine Fliege mehr ausgebrütet werden.[33] Weil die Vorgehensweise, eine Hypothese durch ein Experiment zu belegen, durch das leichtgläubige Vertrauen auf die theologische Autorität ersetzt wurde, blieben selbst die Ansichten, die mit einfachen Methoden hätten überprüft werden können, ungefragt bestehen.

Komplexere Hypothesen lagen außerhalb des Horizontes der Theologen. Schon lange zuvor hatten vorchristliche Denker die Gestalt der Erde erkannt und sogar mit einer nur geringen Abweichung den ungefähren Erdumfang berechnet. Lactantius und andere gelehrte Geistliche bezeichneten solche Studien jedoch als »schlecht und sinnlos«. Mit Hilfe von Bibelzitaten bewiesen sie, daß die Erde eine Scheibe sein müsse.[34]

Die am gründlichsten christianisierten Nationen begannen sich erst in unserem Jahrhundert mühsam von dem durch die Kirche verursachten Bildungsverfall zu erholen. So war in Spanien die Bücherverbrennung seit 1502 ein fester Bestandteil des Autodafés [Ketzergericht]. Laien, die ein von den Bischöfen nicht genehmigtes Buch lasen, verstießen gegen das Gesetz.[35] Der Besitz einer volkssprachlichen Abschrift eines Testaments konnte mit dem Tod auf dem Scheiterhaufen bestraft werden.[36] Das Bücherstudium wurde zur Farce. Die wenigen noch existierenden Grammatikschulen sorgten für eine nur »oberflächliche Vorbereitung auf den Priesterstand«. Unter den Priestern gab es immer noch viele Analphabeten. Erst nach den Revolutionen von 1834 und 1855, als die Klöster aufgelöst wurden, kam es zu Versuchen, ein allgemeines Schulerziehungswesen einzuführen. Trotzdem konnten noch im Jahre 1896 mehr als zwei Drittel der Bevölkerung weder schreiben noch lesen.[37]

Der Argwohn der Spanier gegen jedes Buch übertrug sich auf die Neue Welt und raubte den Anthropologen und Archäologen wertvolle literarische Schätze, die wahrscheinlich viel Licht auf die vor Kolumbus dort lebende Zivilisation geworfen hätten. Spanische Mönche »bekehrten« 1562 die Maya von Yucatan mit den üblichen, gewaltsamen Methoden, d. h. mit Folter und Feuer. Sie nährten die Feuer mit Hunderten von heiligen Büchern der Maya. Wären sie erhalten geblieben, hätten sie den modernen WissenschaftlerInnen bei der Enträtselung der geheimnisvollen Schrift der Maya große Dienste leisten können. Wie die Mönche berichteten, waren die Eingeborenen »äußerst betrübt« über den Verlust ihrer Schriften, aber nach Ansicht der Mönche »enthielten diese Bücher nichts, was nicht als Aberglaube und Lügen des Teufels angesehen werden mußte; also verbrannten wir sie alle«.[38]

1. H. Smith, 254. 2. Mâle, 355. 3. H. Smith, 228, 253; Sprague de Camp, A. E., 283, 264. 4. Doane, 436, 447. 5. Angus, 280. 6. J. H. Smith, D. C. P., 173. 7. Sprague de Camp, A. E., 93. 8. Pepper & Wilcock, 90, 288. 9. Thomson, 352. 10. H. Smith, 203. 11. B. Russell, 344 (dt. 357). 12. Angus, 190ff. 13. Coulton, 91. 14. Robbins, 498. 15. Phillips, 152. 16. Knight, D.W. P., 111. 17. Lindsay, O. A., 277. 18. Sprague d. C., A. E., 234. 19. Jacobus d.V., 662. 20. Campbell, Oc. M., 247, 455. 21. Cumont, O. R. R. P., 26. 22. Sprague de Camp, A. E., 303. 23. Campbell, C. M., 133. 24. J. H. Smith, D. C. P., 4; Sprague de Camp, A. E., 135, 264. 25. Sadock, Kaplan & Freedman, 536. 26. White 1, 386. 27. Seligmann, 70–73. 28. Doane, 434. 29. Castiglioni, 215. 30. J. H. Smith, D. C. P., 229. 31. Knight, D.W. P., 31. 32. Briffault 3, 432. 33. Agrippa, 101, 108, 111, 122, 137, 148. 34. Sprague de Camp, A. E., 283. 35. H. Smith, 259. 36. Lea, 20. 37. Coulton, 305–306. 38. Hagen, 432.

Mittelerde

Das skandinavische *Midgard*, die Welt der Menschen, die zwischen den Geisterwelten darüber und darunter angesiedelt war. Das altnordische *gard* bedeutete Erde, Platz, Heim, vergleichbar dem verwandten englischen Wort *yard*.[1] Die SkandinavierInnen betrachteten, wie alle Völker des Altertums, ihr eigenes Land als den geographischen Mittelpunkt des Universums. (Siehe **Omphalos**.)

1. Lethaby, 62.

Mnemosyne

»Erinnerung«, die erste der Musen, eine alte Version der neunfachen Göttin. Die Dichter riefen Mnemosyne an, damit sie ihnen half, beim Aufsagen der heiligen Sagen Irrtümer zu vermeiden; denn in den frühen, schriftlosen Kulturen mußten diese Sagen ja auswendig gelernt werden.[1] Mnemosyne wurde mit Mutter Erde verknüpft, die die nordischen Barden unter dem Namen Erda anriefen.

1. Graves, G. M. 2, 400.

Modir

»Mutter«, die nordische Göttin, von der die herrschende Kaste der *Jarls* (Earls) oder Landbesitzer abstammte. (Siehe **Kaste**.) Ihr Name war mit dem germanischen *Moder* verwandt, das nicht nur »Mutter« bedeutete, sondern auch Ton oder Lehm, also eine Mischung der beiden weiblichen Elemente Erde und Wasser. Modir war dieselbe wie die feuchte Mutter Erde **Mati-Syra-Zemlya**, die von den SlawInnen verehrt wurde.

Modranect

»Nacht der Mutter«, ein alter sächsischer Name für Weihnachten, das traditionelle heidnische Wintersonnenwendfest, das zu der Zeit gefeiert wurde, in der der Sonnengott von der Großen Göttin wiedergeboren wurde.[1] An die Stelle der heidnischen Mutter trat später Maria, aber die Weihnachtsrituale blieben fast die gleichen. (Siehe **Weihnachten**.)

1. Turville-Petre, 227.

Mohini

»Die Zauberin«, eine vedische Nymphe, deren »weiße Schüssel« oder Bauch-Kessel angeblich der Ursprung des Soma war, des Unsterblichkeits-Elixiers der Götter. (Siehe **Kessel; Menstruationsblut**.)

Var. Moerae

Moiren

Die drei Schicksalsgöttinnen der Griechen: Klotho, die den Schicksalsfaden spinnt, Lachesis, die ihn zumißt und Atropos, die ihn abschneidet. Sie sind westliche Versionen der orientalischen dreifachen Göttin als Schöpferin, Erhalterin und Zerstörerin. Alle Nationen der alten Welt kannten die Theorie, daß das Leben ein geheimnisvoller Faden sei, der von der Jungfrau gesponnen, von der Mutter gemessen und gehalten und von der Greisin abgeschnitten wird.

Die Göttin Aphrodite nahm als die Große Moira, von der es hieß, sie sei älter als die Zeit, dreifache Gestalt an.[1] Griechische Grabgesänge, mit denen die Toten ihrer Obhut anvertraut wurden, waren als *Moirologia* bekannt, Anrufungen der **Schicksalsgöttinnen**.

1. Bachofen, 57 (dt. 44).

Var. Moly

Mola

Das gesalzene Mehl, das die vestalischen Jungfrauen zubereiteten, um es über jedes Tier zu streuen, das in Rom als öffentliches Opfer dargeboten wurde.[1] *Mola* besaß angeblich geheimnisvolle Kräfte, so wie das **Salz**, das später die Christen benutzten, um Altäre zu weihen.

1. Dumézil, 318.

Var. Molech

Moloch

Ein tyrischer Feuergott, der vielleicht mit dem Agni der Hindus verwandt war. Wie das semitische *melek* oder *melkart* bedeutete sein Name »König«. Er wurde dem Herakles der Griechen angeglichen, dessen Opfer ebenfalls im Feuer starben.

Die Juden verehrten Moloch in der Zeit Salomos, dessen berühmter Tempel eigentlich vom König von Tyrus erbaut wurde (1. Könige 5, 1–11). Als sie Moloch ihre erstgeborenen Kinder im Feuer opferten (Levitikus 18, 21), setzten sie Moloch offenbar mit Jahweh gleich, denn auch Jahweh forderte die Opferung der Erstgeborenen (Exodus 13, 2).

Das Heiligtum von Moloch in der Nähe von Jerusalem war **Gehenna**. Dieses Wort übernahmen die Christen aus der Bibel als ein Synonym für die Hölle, und sie räumten Moloch unter den Dämonen eine herausragende Position ein.[1]

1. Waite, C. M., 186f.

Mond, Mondin

Mond

»Die ägyptischen Priester bezeichnen den Mond als Mutter des Universums«, sagte Plutarch, denn der Mond »besitzt das Licht, das feucht und schwanger macht und die Zeugung lebender Wesen und die Befruchtung von Pflanzen fördert.«[1] In den meisten Sprachen ist der Mond weiblich, also die Mondin, und im mythologischen Zusammenhang sehr vieler Vöker war die Rolle des Mondes weiblich. Oberägypten hieß Khemennu, das »Land der Mondin«.[2] Bei der Verehrung der Himmelskörper nahm der Mond immer eine Vorrangstellung ein.[3] Die BabylonierInnen bevorzugten den Mond gegenüber der Sonne. Orientalische Nationen verehrten im allgemeinen vor der Sonne den Mond.[4] Mose Maimonides sagte, die Religion Adams sei die Mondanbetung gewesen.[5] Die Mitglieder der gnostischen Sekte der NaassianerInnen glaubte an ein Urwesen, das sie »das himmlische Horn des Mondes« nannten.[6] Der Mond war die ewige Große Mutter. Es hieß in Zentralasien, daß der Mond, ähnlich dem Spiegel der Maya, der alles auf der Welt reflektierende Spiegel der Großen Göttin sei.[7]

Viele Naturvölker verehren den Mond mehr als die Sonne. Sie würdigen damit die Tatsache, daß die Mondmutter ihnen nachts Licht gibt, also dann, wenn es gebraucht wird, während die Sonne nur am Tag scheint. Dieser Glaube setzt voraus, daß Sonnenlicht und Tageslicht nicht dasselbe sind, was bei Naturvölkern eine gängige Vorstellung ist.[8] Auch die Verfasser der Bibel gaben an, Gott habe das »Licht« (Tageslicht) vor der Sonne und dem Mond geschaffen (Genesis 1, 5; 1, 16).

Das Volk der Ashanti benutzte für alle Gottheiten einen allgemeinen Ausdruck: Boshun, »Mondin«. In der baskischen Sprache waren die Worte für »Gottheit« und »Mond« identisch. Die Sioux-IndianerInnen nannten den Mond »Die alte Frau, die nie stirbt«. Bei den IrokesInnen hieß er »Die Ewige«.[9] In Eritrea trugen Herrscher den Namen der Göttin, »Mond«.[10] Die frühen Herrscher des Tutsistammes hießen Mwezi, »Mond«.[11] Der gälische Name des Mondes, *gealach*, kam von Gala oder Galata, der ursprünglichen Mondmutter gälischer und gallischer Stämme. Britannien wurde allgemein als Albion, milchweiße Mondgöttin, bezeichnet. Die PerserInnen nannten den Mond Metra (Matra, Mutter), »deren Liebe alles durchdringt«.[12]

Das Stammwort für »Mond« und *Mind*, englisch »Seele, Verstand«, war das indoeuropäische Wort *manas*, *mana*, oder *men*, das in *women* (englisch Frauen) für das vom Mond regierte »weise Blut« der Großen Mutter stand.[13] Seine Ableitung »Manie« bedeutete ursprünglich »ekstatische Offenbarung«, genauso wie das englische *lunacy* ein Ausdruck für die Besessenheit vom Geist Lunas, der Mondin, war.[14] *Moon-touched* oder *moon-struck* (englisch »mondsüchtig«) zu sein, war gleich-

Aus *Mana* oder *men* entstanden der Name der frühromanischen lateinischen Göttin Menrva (Minerva) und Wörter wie Mentalität, menstruell, Menologie, Mensuration, Mentor, Menage (ein matrilinearer Haushalt), Omen (eine Offenbarung des Mondes) und Amen (der Mond der Wiedergeburt).

bedeutend mit »von der Göttin erwählt« zu sein; ein *moon-calf* (englisch »Mondkalb«) war jemand, der von der Liebe zu ihr hingerissen war. Nachdem patriarchalische Denker die Große Göttin herabgesetzt hatten, bedeuteten diese Wörter einfach Verrücktheit. Eine mondsüchtige Person wurde in England als *silly*, »albern«, bezeichnet, ein Wort, das früher »gesegnet« bedeutete und möglicherweise von Selena, der Mondin, abgeleitet war.[15]

Bei den GriechInnen bedeutete *menos* sowohl »Mond« als auch »Macht«. Für die RömerInnen wogen die Grundsätze der Mondgöttin schwerer als die des Sonnengottes. Plutarch sagte, daß die Wirkungen des Mondes den Wirkungen von Vernunft und Weisheit glichen, während diejenigen der Sonne offenbar durch Körperkraft und Gewalt herbeigeführt würden.[16]

Die Mondgöttin und die Schöpferin waren in vielen Kulturen identisch. Die PolynesierInnen nannten die Schöpferin Hina, »Mondin«. Sie war die erste Frau, und jede Frau war eine *wahine*, nach dem Bild Hinas geschaffen.[17] Für die FinnInnen war Luonnotar (Luna, die Mondin) die Schöpferin. Sie brütete über dem Meer und brachte schließlich das Weltei, den Himmel und die Erde hervor.[18] Die SkandinavierInnen nannten die Schöpferin manchmal Mardoll, »Mondin, die über dem Meer scheint«.[19]

Die Mondgöttin schuf die Zeit mit all ihren Kreisläufen von Schöpfung, Wachstum, Verfall und Zerstörung; alte Kalender beruhten deshalb auf den Mondphasen und Menstruationszyklen (siehe **Menstruationskalender**). In einigen Teilen Indiens richtet sich noch heute die landwirtschaftliche Arbeit nach dem Mond.[20] Indonesische Mondpriesterinnen waren dafür verantwortlich, für alle Unternehmungen die jeweils richtige Mondphase herauszufinden. Die Dayaks beteten zur Mondin um Kinder, die Vermehrung des Viehs und reiche Ernte; sie hielten sie für die Ursache und die Messerin der Zeit.[21] Die GriechInnen sagten dasselbe von Demeter, deren Priester sie »Söhne der Mondin« nannten.[22]

Die PeruanerInnen nannten den Mond Mama Quilla oder Mama Ogllo und setzten die beiden ähnlich wie Demeter und Kore manchmal als Mutter und Tochter gleich. Mama Quilla heiratete die Sonne und gebar die Mondjungfrau Mama Ogllo, »Ei«, und ihren Bruder, den Sonnenmann. Diese beiden schliefen miteinander und begründeten in Cuzco, »dem Nabel«, der in der Inkakosmologie das Zentrum der Welt war, die königliche Inkalinie.[23]

Da die Mondgöttin eine Dreiheit war, Zerstörerin und Schöpferin gleichermaßen, war sie genauso die Spenderin von Leben, wie sie die Verschlingerin der Toten war. Ihr Zerstörerinnen-Aspekt war in Mexiko Mictecacihuatl, die nachts auf der Suche nach Opfern zum Verschlingen den Himmel durchstreifte. Sie wurde die Herrin des Ortes der Toten genannt und trat ähnlich wie die Zerstörerin Kali auf. Mictecacihuatl war nicht nur die Mondin, sie war auch die Mutter aller Wesen; aus ihrer Genitalöffnung in der Erde kroch am Anfang die Menschheit hervor, und zu ihr würde sie auch zurückkehren.[24]

In den Veden heißt es, daß alle Seelen nach dem Tod zum Mond zurückkehren, um dort von Mutter-Geistern verschlungen zu werden.[25] Die BewohnerInnen der Trobriand-Inseln bezeichneten diese Geister als »Zauberinnen«, die mit der Mondin, der Verzehrerin der Toten, in Verbindung stehen.[26] Bei den Maoris hieß die Mondgöttin »Menschenfresserin«. Die TartarInnen Zentralasiens verehrten den Mond als Macha Alla, die Königin des Lebens und des Todes, und hielten sie für eine Menschenfresserin. Die AfrikanerInnen glaubten, daß der Mond nach Menschen zum Verschlingen suche.[27]

Orphische und pythagoräische Sekten sahen den Mond als die Heimat der Toten an, ein weibliches Tor (Yoni), das die Seelen auf dem Weg zu den paradiesischen Gefilden der Sterne passierten.[28] Die GriechInnen siedelten die elysischen Felder, die Heimat der seligen Toten, oft im Mond an.[29] Nach Kastor von Rhodos waren die Schuhe römischer Senatoren mit halbmondförmigem Elfenbein verziert, um darauf hinzuweisen, daß sie nach dem Tod den Mond bewohnen würden.[30] Die römische Religion lehrte, daß »die Seelen der Rechtschaffenen im Mond geläutert werden«.[31] Das Tragen des Halbmondes war »sichtbare Verehrung« der Göttin.[32] Der Prophet Jesaja rügte aus diesem Grund die Frauen Zions dafür, daß sie Mondamulette getragen hatten (Jesaja 3, 18). »Es heißt von dem Halbmond, den Diana trägt und der in der Verehrung anderer Göttinnen Verwendung fand, daß er die Arche sei oder ein Gefäß in Gestalt eines Bootes, ein Symbol der Fruchtbarkeit oder der Behälter des Keims allen Lebens.«[33] Derselbe bootförmige Kasten trug Götter, wie zum Beispiel Osiris, in den Tod, worauf Jeremias Abneigung gegen den Symbolismus der Bundeslade zurückzuführen sein könnte (Jeremia 3, 16). Im Englischen bedeutet *ark* sowohl Arche wie auch Bundeslade.

Die Semiten fürchteten den verschlingenden abnehmenden Mond, wie die Hindus die verschlingende Kali fürchteten. Die Doppelnatur des Mondes könnte dem Zusammenhang zwischen dem semitischen *ima*, »Mutter« und *e-mah*, »Schrecken« zugrundeliegen.[34] Viele ChristInnen vermieden es, an Stellen zu schlafen, wo das Mondlicht sie streifen konnte. Roger Bacon zufolge sind »viele gestorben, weil sie sich nicht genug vor den Mondstrahlen geschützt haben«.[35] Es bestand immer eine Assoziation mit dem Tod:

> *Die Vorstellung, nach dem Tod zum Mond zu reisen, hat sich auch in den höher entwickelten Kulturen gehalten ... Es ist nicht schwer, ... Texte über den Mond als das Reich der Toten oder den erneuernden Hort der Seelen zu finden ... Hier liegt ein Grund dafür, daß der Mond die Entstehung von Lebewesen und auch ihren Zerfall leitet.*[36]

Der Mond war der Aufenthaltsort der Seelen zwischen ihren Reinkarnationen und deshalb der Beschützer der Toten und der Ungeborenen, die ja identisch waren. Menschen, die an prophetische Träume glaubten, behaupteten, daß ein Mann, der im Traum sein Bild im Mond sah, der Vater eines Sohnes werden würde. Eine Frau, die von ihrem Bild im Mond träumte, konnte danach damit rechnen, eine Tochter zur Welt zu bringen.[37]

Der Mond, der wegen seines Zusammenhangs mit dem Geburtsvorgang sehr wichtig war, wurde als Gefäß des Menstruationsblutes angesehen, aus dem jede Mutter das Leben ihres Kindes bildete. Diese tabuisierte Mondflüssigkeit hielt selbst die Götter am Leben, sie galt als *sacer*. Der Mond galt als »... der Kelch für das Fluidum des unsterblichen Lebens, wie er das Pflanzenreich und was immer in der sublunaren Sphäre wächst, belebt, aber auch die Unsterblichen oben erquickt...«[38]

Viele Mythen von der Mondreise enthielten Spuren des alten Glaubens an lunare Himmelreiche. Die ZigeunerInnen widersetzten sich dem christlichen Erlöser mit ihrem eigenen Zigeuner-Erlöser; er trug wie Hermes Psychopompos die Seelen zum Mond.[39] In einen besonders seltsamen Mythos von der Mondreise war sogar Jesus einbezogen. Das Digby-Mysterienspiel aus dem 16. Jahrhundert zitierte »Jesu Hymne an den Mond, seine Mutter, das Gefäß ... in dem er rastete, bevor er zur Sonne aufstieg.«[40]

Digby Mystery Play Ein englisches Passionsspiel der Renaissance, das *Maria Magdalena* hieß; es wurde von einem anonymen Autoren verfaßt, möglicherweise war es Miles Blomefylde.

Die Landbevölkerung in Frankreich und Portugal vermengte die Mutter Jesu mit der Mondgöttin, die sie »Notre Dame« nannte und »Muttergottes«.[41] Schottische Frauen knicksten vor dem Mond, wenn sie ihn sahen und sagten: »Es ist eine schöne Mondin, Gott segne sie.«[42] In Kinderreimen aus dem Departement Loire war von Madame Mond die Rede, die die kleinen Kinder brachte.[43] Eine mittelalterliche deutsche Ketzersekte verehrte den Mond als Heva (Eva), die Mutter alles Lebenden, eine frühere Inkarnation der Jungfrau Maria.[44] Selbst die offizielle Kirche vertrat die Auffassung, daß Jesus der zweite Adam gewesen sei und Maria die zweite Eva, und Maria wurde mit dem Mond und dem Meer in Verbindung gebracht.

Es gab auch den Glauben, daß der Mond, so wie er die Tiden des Meeres beherrscht, auch die Tiden des Lebens und des Todes beherrsche. Viele KüstenbewohnerInnen hielten an der unausrottbaren Überzeugung fest, daß ein Kind nur bei auflaufender Tide geboren werden könne und daß umgekehrt ein sterbender Mensch, bis die Tide ablaufe, nicht aus dem Leben scheiden würde. Es hieß aus diesem Grund oft, daß eine Geburt bei voller Tide oder bei Vollmond ein glückliches Leben verspreche.[45] Die Seele konnte angeblich in lunarer Form auf der Tide reiten; Caesarius von Heisterbach sagte: »Die Seele ist eine spirituelle Substanz sphärischer Natur wie die Mondkugel.«[46]

Für schottische Mädchen wäre es undenkbar gewesen, an einem anderen Tag als zu Vollmond zu heiraten, der glückbringendsten Zeit für Frauen.[47] Skandinavische Frauen schworen besonders auf Amulette aus Silber, dem Mondmetall. Der Mond war noch während der Renaissance die besondere Gottheit der Frauen; es hieß, wenn eine Frau etwas wolle, sollte sie sich nicht an Gott wenden, sondern stattdessen zum Mond beten.[48]

Hexen riefen ihre Göttin durch das »Herunterziehen des Mondes« an, ein Ritus, der auf das mondanbetende Thessalien zurückgeht und Jahrhunderte vor der christlichen Zeit entstand.[49] Die thessalischen Priesterinnen übten ihre »Hexerei« in Form von Flüchen mit »Mondtau« aus, von dem gesagt wurde, daß es das erste, während einer Mondfinsternis gesammelte Menstruationsblut von jungen Mädchen sei.[50] Einen solchen Fluch hielt das Volk im Mittelalter für unabwendbar. Der heilige Augustinus und andere Kirchenväter glaubten an das, was Vergil über die Mondpriesterinnen gesagt hatte: sie könnten den Mond vom Himmel herabziehen, die Flüsse in ihrem Lauf anhalten, das Rad der Sterne zurückdrehen oder Bäume dazu bringen, den Berg hinunterzumarschieren.[51] Der heilige Augustinus schalt Frauen, weil sie »während der Tage des Neumondes den ganzen Tag lang unverschämt und unflätig« getanzt hatten.[52]

Nur wenige religiöse Symbole kommen in so vielen verschiedenen Zusammenhängen vor wie das Symbol des Mondes. Die Mondsichel stand im Runenkalender für das Erntefest, das die SchottInnen Kirn nannten – von Koreion, Mondjungfrau Kore – und das die Christen in das Fest unserer Gnädigen Herrin umbenannten.[53] Der zunehmende Halbmond war in Gallien ein Symbol für die druidische Diana. Das englische Wort *crescent* (Halbmond) leitet sich vom lateinischen *crescere*, »wachsen«, ab, was wiederum eine Form des lateinischen *creare*, herstellen, kreieren, ist.[54] Die GallierInnen buken halbmondförmige Abendmahlsbrote. Sie werden noch heute in Frankreich gegessen und *Croissants* genannt, »Halbmonde«. In der Umgangssprache heißen sie »Mondzähne«.[55]

Der Mond beherrschte die Sexualität der Frauen und reizte manchmal ihre Spottlust über die männerdominierte gesellschaftliche Vorstellung von Hierarchie. Ein Astrologiebuch von 1688 enthält die Warnung: »Die Doppelkonjunktion von Venus und Mond führt zu extremer Schlüpfrigkeit, bringt Geschlechtskrankheiten mit sich und veranlaßt Frauen von vornehmem Stand, sich in männliche Dienstboten zu verlieben.«[56]

Die Landbevölkerung vertraute ungeachtet aller Verurteilungen durch die Kirche in allen wichtigen Angelegenheiten weiter der Mondmutter. Es hieß in einem volkstümlichen Almanach: »Töte an Vollmond fette Schweine für Speck ... Schere Schafe bei zunehmendem Mond; zwischen dem vollen Mond und dem Mondwechsel fälle Holz ...; Hengste und Stuten müssen bei zunehmendem Mond zusammengebracht werden, denn bei abnehmendem Mond empfangene Fohlen werden wahrscheinlich nicht stark ...; Obst sollte bei abnehmendem Mond geerntet werden, genauso wie Vieh bei abnehmenden Mond verschnitten werden sollte.« Der Mond beherrschte vor allem immer die Magie. Melton sagte 1620, daß kein Zauberer jemals einen Schutzkreis ziehe, ohne den Stand des Mondes zu beachten.[57]

1. Knight, S. L., 99. 2. Hallet, 115. 3. Cumont, A. R. G. R., 19, 69.
4. Budge, G. E. 2, 34. 5. Briffault 3, 78. 6. Jung & Franz, 136 (dt. 144). 7. Jobes, 32.
8. Briffault 2, 677. 9. Briffault 2, 436, 601, 670; 3, 76. 10. Campbell, P. M., 166.
11. Hallet, 152. 12. Jobes, 29. 13. Woodroffe, 178; *Mahanirvanatantra*, LIII.
14. Lys, 414. 15. Cavendish, T., 62. 16. Briffault 3, 2. 17. Campbell, M. T. L. B., 43.
18. *Larousse*, 304. 19. Briffault 3, 67. 20. O'Flaherty, 89. 21. Briffault 2, 711.
22. Castiglioni, 192. 23. Jobes, 41, 48. 24. Summers, V., 263f. 25. Briffault 3, 132.
26. Hays, 400. 27. Briffault 2, 576. 28. Lindsay, O. A., 92.
29. Cumont, A. R. G. 96, 107. 30. Lindsay, O. A., 222. 31. Gettings, 91.
32. Elworthy, 194. 33. Woodroffe, 423. 34. Brasch, 25. 35. Gifford, 31.
36. Gettings, 95. 37. Hazlitt, 191. 38. Zimmer, 167 (dt. 186). 39. Trigg, 202.
40. Malvern, 121. 41. Harding, 100 (dt. 86). 42. Hazlitt, 417. 43. Briffault 2, 589.
44. Knight, D. W. P., 179. 45. Lys, 398. 46. Jung & Franz, 138. 47. Briffault 2, 587f.
48. Lys, 458. 49. Cumont, A. R. G. R., 186. 50. Graves, W. G., 170.
51. Cavendish, P. E., 97. 52. Hazlitt, 417. 53. Brewster, 424. 54. Potter & Sargent, 278.
55. Jung, M. H. S., 276 (dt. 276). 56. Givry, 224. 57. Hazlitt, 418, 143.

Monotheismus

Die christlichen Theologen hielten den Monotheismus für die höchste Form der Religion und bestanden darauf, daß ihre Religion monotheistisch sei, obwohl sie in Wirklichkeit drei Götter, eine Göttin und unzählige Halbgötter (Engel und Heilige) verehrten. Vetter kommentiert:

> *Man könnte sehr wohl fragen: Wo ist der Beweis dafür, daß die Verehrung eines höchsten Gottes der Verehrung mehrerer Götter so überlegen ist? – einmal abgesehen davon, daß der Standpunkt eingenommen werden könnte, es sei schwierig genug, den Beweis für die Existenz eines Gottes zu erbringen, und jeder weitere Gott, von dem angenommen wird, daß er existiert, würde nur das aufgeworfene Problem vergrößern. Wenn die Verminderung der Zahl von Gottheiten ein Verdienst ist, warum sind dann nicht die Religionen, in denen überhaupt keine Götter verehrt werden, die »höchsten« von allen?*[1]

An dem ursprünglichen Antrieb zum Monotheismus war nichts Erhabenes: es war der Dünkel von Königen, die sich mit einem Gott gleichsetzten und die Macht dieses Gottes für sich beanspruchten. Einer der frühesten sich selbst verehrenden Monotheisten war der ägyptische Pharao Echnaton (Akhenaten), der von 1379 bis 1362 v. Chr. herrschte.

Echnaton entschied, die einzige, höchste Gottheit sei Aton, der durch die Sonnenscheibe symbolisiert und auf Erden angeblich in ihm selbst verkörpert wurde. Echnaton zog mit seiner Familie und dem Hof 300 Meilen nördlich von Theben in ein irdisches Paradies mit einer großen Stadt und einem Tempelpalast; heute heißt der Ort Tell el Amarna. Er befahl, im ganzen Land das Wort »Götter« aus Inschriften zu entfernen, so daß allein sein göttliches Alter Ego herrschte. Der jüdische Monotheismus hat unter Umständen in Ägypten seinen Ursprung genommen, denn das Alte Testament enthält Schriften, die vom Atonkult übernommen wurden, speziell den 104. Psalm, den Echnaton geschrieben haben soll.

Die ägyptische Priesterschaft der alten Gottheiten lehnte eine Duldung des königlichen Monotheismus allerdings ab. Echnaton starb auf mysteriöse Weise, und sein Körper verschwand – er wurde nicht in dem Grab beerdigt, das für ihn vorbereitet war. Sein Name wurde aus den Listen der Könige gestrichen, und er wurde als Verbrecher bezeichnet.[2] Die Ägypter waren offenbar nicht gewillt, den Monotheismus als eine »höhere« Religion anzuerkennen.

Ein anderer Selbstanbeter war der römische Kaiser Elagabalus (Heliogabalus), der sich mit dem Sonnengott El Gabal gleichsetzte und alle anderen Gottheiten in einen einzigen Glauben aufgehen lassen wollte. Er baute auf dem palatinischen Hügel einen Tempel, »und er wünschte, daß das Bild der Magna Mater in diesen Tempel gebracht würde und das Feuer der Vesta und das Palladium und die Schutzschilde und all die Dinge, die den Römern heilig waren; und er strebte danach, es so weit zu bringen, daß in Rom kein Gott außer El Gabal verehrt würde.«[3] Aber das Volk der RömerInnen war noch nicht dazu bereit, sich auf El Gabal oder irgendeinen anderen einzigen Gott zu beschränken.

Fünfzig Jahre später errichtete Aurelian auf dem Marsfeld seinen großen Tempel und weihte ihn dem Sonnengott Mithra, dem *Deus*

Sol Invictus, dem einzigen Gott. Auch Diokletian erklärte diesen Gott zur alleinherrschenden Gottheit Roms. Es gelang dem Mithrakult fast, einen römischen Monotheismus einzuführen. Mithra hatte Verehrer »von der Mündung der Donau bis zum Hadrianswall in Britannien, vom Hadrianswall bis zu den Säulen des Herkules, und von den Säulen des Herkules bis zur Wüste Sahara«. Mösien, Dakien, Pannonien und Noricum übernahmen den Kult, genauso wie Südfrankreich, insbesondere Lyon. Mithrainschriften und Heiligtümer wurden in Ostia, Neapel, Palermo, Syrakus, Spoleto und an anderen Orten gefunden.[4] (Siehe **Mithra**.)

1. Vetter, 206f. 2. *Encyc. Brit.*, »Ichnaton«. 3. Carter, 81. 4. Carter, 91f.

Mons Veneris

Der »Venushügel«, ein Bergheiligtum und gleichzeitig eine bildliche Anspielung auf die weiblichen Genitalien. Die medizinische Terminologie nennt die weibliche Schamgegend noch immer *mons veneris*. Im Mittelalter trugen in Europa mehrere Berge diesen Namen. Papst Pius XII. erklärte, die Hexen würden sich bei Nacht auf dem Mons Veneris (Venusberg) treffen, um sich dort mit Dämonen zu beraten und magische Künste zu erlernen.

1. Wedeck, 160.

Montanisten

Eine christliche Sekte, die von Montanus gegründet wurde, einem ehemaligen Priester der Kybele. Sie wurde für ketzerisch erklärt und unterdrückt, weil sie Frauen für Weissagung und Predigt zuließ.[1]

1. Reinach, 278.

Montsalvatsch

»Berg der Erlösung«, der vage in den Pyrenäen lokalisierte Tempel des heiligen Grals. Montsalvatsch war vielleicht ein anderer Name für die Festung der ketzerischen Katharer in Montségur in den Pyrenäen. Dort wurden Mitglieder der Sekte von päpstlichen Armeen eingeschlossen und über Jahre belagert, bis schließlich 1244 die Festung erobert und zerstört wurde.[1] Der Gralstempel soll die Residenz der Gralsritter gewesen sein, die ausritten, um Damen in Bedrängnis zu helfen.[2] (Siehe **Gral, Heiliger**.)

1. Siehe Oldenbourg, M. M. 2. Guerber, L. M. A., 200.

Mordrain und Nascien

»Tod und Geburt«, zwei heidnische Herrscher der heiligen Stadt Sarras, die nach den Sagen vom heiligen Gral das Neue Jerusalem war. Sie verkörperten offenbar die Herrin des Lebens und den Herrn des Todes, die es in den meisten heidnischen Traditionen gab.

Mordred

»Der Mörder«, ein Sohn, Neffe mütterlicherseits und ödipaler Rivale von König Arthur. Letzterer wollte seinem Schicksal entrinnen und versuchte, erfolglos, Mordred umbringen, sobald dieser geboren war. Mordred überlebte den geplanten Kindermord und wuchs heran, um schließlich seinen Vater-König zu verraten und zu erschlagen. Wie andere Nebenbuhler-Götter wurde Mordred von Morgause, einer Version der Dreifachen Göttin geboren. Sie war die mittlere von Arthurs drei »Schwestern«, die in Wirklichkeit die Jungfrau, die Mutter und die Greisin verkörperten. (Siehe **Arthur**.)

Morgan le Fay

Eine keltische Todesgöttin: die Schicksalsgöttin Morgan oder Morgane, die Fata Morgana, die Dreifache Morrigan oder »Morgue La Faye«.[1] Sie war manchmal auch eine neunfache Göttin, die neun Schwestern, die »die Morgen« genannt wurden und die Glücksinseln im entfernten Westen beherrschten, zu der sich die toten Helden begaben.[2] Manchmal wurden aus ihnen Meerjungfrauen. Morgans oder »Meerfrauen« konnten »diejenigen zu ihren am Meeresboden oder am Grund von Teichen befindlichen Palästen aus Gold und Kristall herabziehen, die sich unvorsichtigerweise zu nahe ans Wasser wagten«.[3]

Morgan belegte als Mutter Tod wie Macha, der Greisinnenaspekt der Morrigan, jeden Menschen mit dem Todesfluch. Sogar in den Romanen von König Arthur, in denen sie als ein menschliches Wesen, Arthurs Schwester, dargestellt wird, heißt es: »Ihr Name ist Morgan die Göttin, und kein Mann ist so bedeutend und stolz, daß sie ihn nicht demütigen und bändigen könnte.«[4]

Manchmal war sie so freundlich, ihren Lieblingsliebhabern Unsterblichkeit zu versprechen; Ogier der Däne begleitete sie daraufhin in ihr Paradies. Sie leitete als Morrigan den Wettkampf zwischen **Cuchulain** und einem Riesen namens Schrecklich. In einer Geschichte, die auf der keltischen Sage von Gawain und dem Grünen Ritter beruhte, hatte sie auch bei dem Kampf, bei dem Cuchulain seinen Frühjahrsrivalen tötete, den Vorsitz inne.[5]

Morgan saß im Schloß des Grünen Ritters am Kopf der Tafel und beaufsichtigte Tod und Auferstehung der rivalisierenden Jahresgötter, die in ihren jeweils eigenen Jahreszeiten einer den anderen enthaupteten. Gawain war offensichtlich ein Sonnenheld, denn seine Stärke wuchs am Morgen und nahm am Nachmittag ab; er war einer von vier Brüdern, die die vier Jahreszeiten verkörperten. Der Grüne Ritter war sein ewiger Widersacher. Wie Njord und Frey, Horus und Set, Gwynn ap Nudd und Gwythyr, der Sohn von Greidwal, erhoben sie sich immer wieder und töteten sich an den Wendepunkten des Jahres gegenseitig. Gawain trug auf seinem blutroten Schild Morgans Pentagramm als Wappenbild. Er und seine Rivalen scheinen die Zeremonie des Ritterschlags eingeführt zu haben, eine symbolische Enthauptung, die einst am Ende des Jahres ein Opfer in einen Gott verwandelte.[6]

In späteren Ritterromanen verlor Morgan ihre Göttlichkeit und wurde menschlich, so wie die Große Göttin Mari sich in eine sterbliche Jungfrau Maria verwandelte. Morgan wurde zu Arthurs Schwester, blieb aber gleichwohl »eine große Vertreterin der Schwarzen Kunst«, das Urbild einer Hexe.[7] Sie erhielt einen fiktiven Ehemann, König Uriens von Gore, der vielleicht eine entstellte Form des klassischen kastrierten Himmelsgottes Uranus war. Ihr Name wurde als Fata Morgana mit allem Magischen, Geheimnisvollen oder Irreführenden in Verbindung gebracht. Ein altes Wort für Hexenzauber, *glamor*, entstand aus dem Wort Glamorgan; so hieß das heilige Gebiet der Göttin in Wales.

Morgans geheimnisvolle Glücksinseln kamen bis in die heutige Zeit immer wieder in der irischen Volksdichtung vor. Es wurde behauptet, daß alle sieben Jahre vor der Küste von Galway neun Inseln aus dem Meer auftauchten; wenn aber jemand sie mit dem Boot zu erreichen versuchte, würden sie verschwinden.[8]

1. Keightley, 45. 2. Rees, 193. 3. Keightley, 433. 4. Loomis, 387.
5. Goodrich, 188, 216. 6. Loomis, 107, 324–342. 7. Malory 1, 8 (dt. 20).
8. Ramsay, 90.

Morgause

Var. Margawse

Die zweite Person der keltischen weiblichen Dreiheit in der Sage um König Arthur: Elaine, die Jungfrau, Morgause, die Mutter, und Morgane, die Greisin. Morgause war identisch mit der lateinischen Anna, der Mutter des Jahreskreislaufs: sie gebar die vier Aeonen Gareth, Gaheris, Agravine und Gawain. Sie heiratete zudem ihren Bruder **Arthur** und brachte Arthurs Nemesis hervor, den Neffen, Sohn, Tanisten und Verdränger: Mordred, den sein Vater-Onkel Arthur zu töten versuchte, als er noch ein Kind war. Aber das Schicksal oder vielleicht auch Morgause beschlossen, daß Mordred weiterleben sollte, um heranzuwachsen und Arthur umzubringen.

Moros

»Schicksal«, ein göttliches Kind der Ur-Göttin Nacht aus den orphischen Schöpfungsmythen. (Siehe **Orpheus**.)

Morrigan

Die dreifache Göttin Morgane in Irland; sie war die Jungfrau Ana, eine blühende Fruchtbarkeitsgöttin; die Mutter Babd, »Wallend«, der Kessel, der fortwährend Leben hervorbringt; und die Greisin Macha, die »Große Königin der Gespenster« oder Mutter Tod.[1] Manchmal war sie auch Mugain, die herrschende Göttin von Munster.

Macha stand wie Hekate, die dreifache Mondgöttin, gelegentlich für alle drei *personae*. Ihr Heiligtum, Emain Macha oder Machas Emania, das Land des Mondes, beherrschten die Königinnen von Ulster.[2] Macha belegte Cuchulain mit dem Todesfluch, suchte Schlachtfelder heim und praktizierte mit dem Blut erschlagener Männer Magie.[3] Sie stieg in der Gestalt eines Raben aus ihrem Feenhügel hervor, thronte auf einem aufgerichteten Stein und sang von ihren Geheimnissen: »Ich habe ein Geheimnis, das du kennenlernen sollst. Die Gräser wiegen sich. Golden glühen die Blumen. Die drei Göttinnen muhen wie Kühe. Der Rabe Morrigan ist wild auf Blut.«[4] (Siehe **Trinität**.)

1. Rees, 36; Graves, W. G., 409. 2. *Larousse*, 229. 3. Rees, 36, 58. 4. Goodrich, 192.

Mose

Sir Flinders Petrie war der Ansicht, daß Mose ein ägyptischer Name ist, wie in Thutmose, Ahmoses usw., und »vaterloser Sohn einer Prinzessin« bedeutet. Ein ägyptisches Vorbild für den Mosemythos war der Halbgott Herakles von Kanopos, der aus einem in den Nilbinsen schwimmenden Korb gezogen wurde. Er vollbrachte als Erwachsener große Taten und starb schließlich auf einer Bergspitze.[1]

Es gab diesen Mythos nicht nur in Ägypten, er wurde von vielen Helden und Gott-Königen erzählt. König Sargon von Akkad, 2242–2186 v. Chr., war der Sohn einer Tempeljungfrau, deren Titel *enitum* wie das semitische *kadesha* »Jungfräuliche Braut Gottes« bedeutete. Sie setzte Sargon in einem Binsenkorb auf den Fluß, von wo ihn die göttliche Hebamme Akki, die Wasserschöpferin, rettete. Akki wurde später in Aquarius umgewandelt. Sargon erlebte die üblichen Abenteuer heiliger Könige: eine frühe tödliche Bedrohung durch den amtierenden Monarchen, eine Periode des Exils in der Wildnis, die Versuchung durch böse Geister und am Ende als Gemahl der Göttin Ishtar die Erhebung auf den Thron.[2]

Akki die Wasserschöpferin oder Brecherin des Wassers könnte mit Hekat in Ägypten, Akko, der Geburtsgöttin Griechenlands, »Acca der Schöpferin« im römischen Herakleskult und Akka, der namengebenden Mutter von Akkad verwandt sein.[3] Die FinnInnen und LappInnen nannten sie Mader Akka (Mutter Akka), die die ganze Menschheit hervorbrachte. Diese akkadische Große Mutter tauchte in vielen Legenden von Helden auf, die in ihrer Kindheit auf Flüssen trieben; diese Flüsse waren ein mythisches Symbol für das Geburtswasser. Die römische Acca Larentia zog Romulus und Remus aus einem auf dem Tiber dahintreibenden Korb.[4] Ihre ägyptische Version war die »Tochter

Der aus den »Wassern« (Maria) geborene vaterlose Held war ein allgemeines Bild für den heiligen König; es wiederholte sich in den Mythen von Perseus, Horus, Jason, Oedipus, Trakhan von Gilgit, von Joshua, dem Sohn von Nun, und anderen, einschließlich – zumindest vom Wort her – Jesus. Die meisten dieser Mythen beruhten auf dem alten Mythos der Göttin Kunti (Kali als die kosmische Yoni), die den Sonnengott gebar und ihn in einem Binsenkorb auf dem Ganges aussetzte. Derselbe Sonnengott wurde in Athen als Sohn Apollons und der Jungfrau Kreusa wiedergeboren und dann in einem geflochtenen Korb zurückgelassen.[5]

Es gab, vor allem in ägyptischen Mythen, auch Vorläufer für die Mose-Wunder. Die Austrocknung eines Gewässers, um es trockenen Fußes zu durchqueren, war ein Wunder von Isis, die auf ihrer Reise nach Byblos das Wasser des Phaedrusflusses teilte.[6] Dieselbe Geschichte gab es über Bindumati (Kali als Mutter des *bindu* oder Lebensfunkens) bei ihrer Überquerung des Ganges. Moses Wasserschlagen aus einem Felsen gelang lange Zeit vorher einem Guru in Lhasa; sein Fels wird immer noch »das Wasser aus Gottes Gefäß« genannt.[7] Atalanta von Kalydon holte ebenfalls Wasser aus einem Fels hervor. Sie schlug dafür mit einem Speer gegen den Stein und rief ihre Göttin an.[8] Mutter Rhea vollbrachte dasselbe Wunder, und sie übergab auch Gesetzestafeln auf einem heiligen Berg.

Die historische Grundlage des Mosemythos war die Vertreibung der Juden aus Ägypten während einer »Pestilenz«, womit möglicherweise

Lepra gemeint war. Nach Aussagen des Historikers Choeremen schoben die Orakel die Schuld für die Infektion auf die ausländischen Arbeiter, die »Kinder Israels« genannt wurden. Der Priester Manetho bezeichnete im 3. Jahrhundert v. Chr. fremde Stämme in Nordwestägypten als Aussätzige und unrein. Lysimachos stellte fest, das Orakel von Amon habe angeordnet, daß die ausländischen Arbeiter zusammengeholt und aus Ägypten vertrieben werden sollten.[9]

Tacitus nannte die Juden »eine von den Göttern verabscheute Rasse«, deren Anwesenheit in Ägypten für den Ausbruch einer entstellenden Krankheit verantwortlich sei. Die Missetäter wurden aus Ägypten ausgewiesen und in die Wüste geschickt:

> *Als man nun die so zusammengesuchte und zusammengetriebene Menge in Einöden ihrem Schicksal überlassen, habe, während alle übrigen in Tränen hinstierten, sie Moyses, einer der Verbannten, aufgefordert, keine Hilfe von den Göttern oder Menschen zu erwarten, da von beiden sie verlassen wären, sondern auf sich selbst unter ihrem himmlischem Führer zu vertrauen, durch dessen zuerst erschienen Beistand sie die Not des Augenblicks von sich entfernt hätten. Sie waren damit einverstanden und traten, mit allem unbekannt, aufs Geratewohl ihre Wanderung an. Doch nichts quälte sie nun so sehr als der Wassermangel; und schon waren sie, dem Verschmachten nahe, auf allen Feldern umher darniedergesunken, als eine Herde wilder Esel von der Weide auf einen von einem Haine beschatteten Felsen zulief. Moyses folgte ihr und entdeckte, wie er aus dem grasreichen Boden gemutmaßt hatte, reiche Wasseradern. Das gewährte Erquickung; und als sie ohne Unterbrechung einen Weg von sechs Tagen zurückgelegt, besetzten sie am siebenten nach Vertreibung der Einwohner das Land, in welchem sie Stadt und Tempel erbauten.*[10]

Die jüdische Geschichte beginnt mit dieser Vertreibung aus Ägypten. Alles Vorherige in der Bibel war eine aus nichtjüdischen Quellen zusammengesammelte synkretistische Mythologie, in der verschiedene religiöse Strömungen miteinander verschmolzen.[11] Moses Begegnung mit dem Gott Sinais – dem chaldäischen Mondgott Sin – zeigt, daß sich die Juden auf dem Territorium dieses Gottes, in dem Gebiet der kainitisch-midianitischen Bergbauerngesellschaft der Halbinsel Sinai, anzusiedeln versuchten.

Diese Halbinsel war das Land Sinim, das »Land des Mondes«. Sein Gott Sin war ein Gemahl von Mutter Inanna oder Nanna, die alljährlich das Wasser von Sumer in Blut verwandelte. Sin wohnte in einem heiligen Berg, den Mose erstieg. Mose berichtete dann, daß dieser Gott derselbe sei wie der Gott Abrahams, obwohl Abraham ihn nicht bei diesem Namen kannte (Exodus 6, 3). Der Name Abrahams selbst erschien in ganz alten Dokumenten als ein Synonym für Ab-Sin, »Mond-Vater«.[12]

Der »Gott Abrahams« (Abrahams Name bedeutete »Vater Brahm«) stellte sich Mose als »Ich bin der Ich bin« vor, eine Nachbildung des brahmanischen *Tat sat*: »Ich bin das, was ist.«[13] (Siehe **Tetragrammaton**.) Dieser Gott befahl auch: »Leg deine Schuhe ab; denn der Ort, wo du stehst, ist heiliger Boden.« (Exodus 3, 5). Das war ein alter Hindubrauch. In Indien ist es noch heute üblich, in Tempelbezirken barfuß zu gehen; dem liegt die Theorie zugrunde, daß durch die Füße feine Ausströmungen des heiligen Bodens in den Körper eindringen können.

des Pharao« aus dem Mosemythos, also Hekat die Hebamme oder Heka-Akka.

Die alten ÄgypterInnen und römische Zauberinnen befolgten denselben Brauch.[14]

Eine andere an Brahma erinnernde Haltung von Moses Gott war es, in seiner eigenen Sichtweise tausend Jahre des Menschen als einen Tag zu sehen (Psalm 90, 4). Er kopierte damit den »Tag Brahmas«, der sich aus tausend Jahren oder manchmal aus tausend *mahayugas* oder »großen Aeonen« zusammensetzte.[15]

Die Steintafeln des Gesetzes gab es schon bei dem kanaanitischen Gott Baal-Berith, dem »Gott des Bundes«. Seine zehn Gebote glichen wiederum den buddhistischen zehn Geboten.[16] In der Welt des Altertums überreichte solche Gesetze meist eine Gottheit auf einem Berggipfel. Auch Zarathustra empfing auf einem Berggipfel die Gesetzestafeln von Ahura Mazda.[17] Eine frühere gesetzgebende Berggottheit war Mutter Rhea vom Berg Dicte oder Ninhursag, die vielleicht als Vorbild für die männlichen Gesetzgeber diente. Die von Moses Gott festlegten Gesetze ähnelten in erstaunlicher Weise denen, die König Hammurabi von dem babylonischen Gott ausgehändigt wurden.[18]

Mose übernahm mit der Geschichte von den ägyptischen Plagen einen weiteren matriarchalischen Mythos. Er entstand während der Herrschaft von Tcheser (oder Joser, den die Hebräer Joseph nannten) in der dritten Dynastie. Als damals die Nilflut sieben Jahre lang ausgeblieben war, verhungerten Tausende Ägypter. Der Pharao schickte daraufhin eine verzweifelte Botschaft an Mater (Mutter), die Herrscherin von Nubien, und fragte, wie die Göttin versöhnt werden könne. Mater beschrieb in ihrer Antwort »das Ruhebett des Nils«, eine Qerti oder Khert genannte Doppelhöhle, eine Unterwelt, die »zwei Brüsten glich, aus denen alle guten Dinge herausströmten«.[19] Mater erklärte, daß der Ärger durch einen eifersüchtigen männlichen Gott verursacht worden sei, der »Göttervater« genannt werden wolle und den Schlüssel zum Nil zu bekommen wünsche. Die praktischen Forderungen des Gottes liefen wie üblich auf Geschenke und Zehntzahlungen für seine Priesterschaft hinaus.

Als viele Jahrhunderte danach, in der späten ptolemäischen Periode, die Geschichte aufgeschrieben wurde, behaupteten die Priester von Ra, ihr Gott hätte die Dürre beendet; er habe zur Ablenkung der Aufmerksamkeit Mutter Hathors, die die Menschen tötete, »rotes Bier« über Ägyptens Felder vergossen.[20] Dieses »Bier« war angeblich »wie menschliches Blut«; die Umwandlung in Blut sollte eine *dedi* genannte heilige Substanz aus den Quellen des Nils bewirkt haben.[21] Es hieß manchmal, daß es sich dabei um salzige rote Erde wie Ocker gehandelt habe, die dem **Menstruationsblut** ähnelte. Dann wieder soll die rote Farbe Granatapfelsaft gewesen sein, ein anderes Symbol für Menstruationsblut.[22] Der Granatapfel verkörperte in biblischen Zeiten die Vulva, und er wurde auf dem heiligen Berg Rimmon als ein Emblem der Göttin verehrt.[23]

In Wirklichkeit verwandelte nicht Moses Zauberstab den Nil in einen Blutstrom, sondern der rote Schlamm der Flutzeit, den die Menschen für das lebenspendende Gebärmutterblut der Großen Göttin hielten, das das Land in die Substanz des Lebens tauchte. Das mythische Töten bezog sich möglicherweise auf die erstgeborenen Söhne, die in einem Massenopfer getötet wurden, um die Trockenheit zu beenden; ihr Blut wurde auf den Feldern versprüht, um durch Sympathiezauber die Flut zu fördern. (Siehe **Erstgeborener**.)

Moses Anhänger behaupteten, Jahweh habe die Erschlagung der erstgeborenen Söhne der ÄgypterInnen angeordnet (Exodus 12, 29), während die Israeliten ihre Söhne mit dem Blut von Lämmern loskaufen durften (Exodus 13, 15). Jahweh ahmte auf jeden Fall lange die ägyptische Sitte des Erstgeborenenopfers nach. Er sagte: »Erkläre alle Erstgeburt als mir geheiligt! Alles, was bei den Israeliten den Mutterschoß durchbricht, bei Mensch und Vieh, gehört mir.« (Exodus 13, 2). Wie frühe ägyptische Götter vergab Jahweh Sünden erst dann, wenn seine Altäre in Blut getränkt waren: »Ohne daß Blut vergossen wird, gibt es keine Vergebung« (Hebräer 9, 22).

Der Herr teilte Mose ganz unnötigerweise mit, daß er sein Volk anweisen sollte, auf ihre Türpfosten Opferblut zu streichen. Dieser Brauch war für jedes in Ägypten lebende Volk absolut üblich, da die Menschen das dort seit ewigen Zeiten bei den meisten religiösen Feierlichkeiten taten. Der Ursprung dieses Brauchs scheint ebenfalls im Fernen Osten zu liegen. Bei den chinesischen Neujahrsopferungen wurden wie im Passahmythos die Türpfosten mit dem Blut von Opferlämmern bestrichen.[24] Obernigerianische Stämme opfern ihren Ahnengeistern auf der Schwelle des Hauses und schmieren das Blut an die Türpfosten.[25]

NichttheologInnen werden oft noch in dem Glauben gelassen, ein historischer Mose habe den Pentateuch geschrieben (die ersten fünf Bücher des Alten Testaments), obwohl die Gelehrten schon seit langer Zeit wissen, daß diese Bücher erst lange nach der Verbannung von priesterlichen Schreibern in Jerusalem verfaßt wurden.[26] Sie wollten ihrer Nation eine mythische Geschichte schaffen und griffen dafür auf Bräuche, Sagen und Legenden zurück, die sie zum großen Teil von anderen übernahmen. Die Figur des Mose bleibt geheimnisvoll, denn sie war weitgehend eine Ansammlung von Mythen, die mit einem nichtjüdischen Namen verbunden wurden.

1. Graves, W. G., 151, 161. 2. Gray, 55 (dt. 55). 3. Graves, G. M. 2, 190.
4. *Larousse*, 214, 308. 5. Rank, 18 (dt. 16). 6. Budge, G. E. 2, 191.
7. Waddell, 384. 8. Graves, G. M. 1, 264. 9. Doane, 52. 10. Tacitus, 658 (dt. 344).
11. Reinach, 182. 12. Briffault 3, 106ff. 13. *Mahanirvanatantra*, XIX.
14. Wedeck, 152. 15. Campbell, M. I., 143. 16. Waddell, 134. 17. Reinach, 66.
18. Hooke, M. E. M., 147. 19. Budge, G. E. 2, 53. 20. Hays, 256.
21. Erman, 49. 22. *Larousse*, 36. 23. Graves, W. G., 410. 24. Williams, 78.
25. Frazer, F. O. T., 322. 26. White 2, 328f.

Mot

Ein kanaanitischer Gott, der »Tod« oder »Sterilität« verkörperte; er war Rivale, Nachfolger, Zwilling und *alter ego* des Fruchtbarkeitsgottes Aleyin oder Baal. Mot könnte mit Shiva in seiner »toten« Phase als Shava, der Leichnam, verglichen werden oder mit Osiris in seiner »Mumien«-Phase, als »Regloses Herz«. Er war also der Vegetationsgott zur Jahreszeit der Brache.

Mot wurde wie der sterbende Jesus von seinem himmlischen Vater (El) »verlassen« und durch das Zerbrechen seines Schilfrohr-Zepters symbolisch kastriert. Er wurde wie das geerntete Getreide mit einer Sichel geschnitten, mit einem Flegel geschlagen, in einer Mühle gemahlen und von seiner Göttin, Anat (Anatha), in Stücken auf den Feldern verstreut. Er wurde auch der prächristlichen Figur des Lammes Gottes angeglichen und nannte sich das Opferlamm, das nur mit Weizen aufgezogen wurde und für die Sünden des Volkes büßen mußte.[1] Die Göttin erweckte ihn nach jedem seiner jährlichen »Tode« stets wieder zum Leben; durch sie wurde er als frisches Korn, Aleyin, wiedergeboren. Er wurde in Babylonien verehrt und unter dem Namen Tammuz in Jerusalem.

1. *Larousse*, 76ff.

Mother Carey

Die Version der englischen Seeleute von Mutter Cara, »geliebte Mutter«, der lateinischen Meeresgöttin. Die Sturmvögel (engl. *petrels*), »Mother Careys Hühner«, waren ihre Seelenvögel; die Franzosen nannten die Sturmvögel deshalb »die Vögel unserer Herrin«.[1] *Petrel* konnte auch »kleiner Peter« bedeuten. (Siehe **Petrus, Heiliger**.)

1. Potter & Sargent, 71, 117.

Mourdad-Ameretat

Ein persischer Geist von »Tod und Wiedergeburt«, dessen Name sich aus zwei heiligen Buchstaben zusammensetzte, die dem jüdischen Mem-Aleph oder Amulett von **Ma** entsprachen.[1] Der ursprüngliche Bezugspunkt war die Mutter-Göttin Ma als Herrscherin über die Reinkarnationen.

1. *Larousse*, 317.

Mudra

Ein tantrischer Begriff für 1) »Frau«, eine der fünf Wohltaten, die die Göttin Kali dem Mann schenkte; 2) »Kidneybohne«, ein Symbol des weiblichen Genitals in Verbindung mit der Seelenwanderung (siehe **Bohnen**); 3) eine geheimnisvolle Geste aus der Gestensprache der Tempeltänzer.[1]

1. Campbell, Or. M., 359; Bharati, 41.

Var. Mu-Kari

Mulkari

Ein australischer Urgeist, der die Männer lehrte, in Nachahmung der weiblichen Menstruationsblutung ihre Genitalien zu verstümmeln.[1] Vielleicht eine Verfälschung von Ma-Kali (Mutter Kali). (Siehe **Kali-Ma**.)

1. Montagu, S. M. S., 241.

Mumie

Ein Wort, das vom *mumiya*, Konservierungsteer, stammt, der zum Bestreichen von Leichnamen benutzt wurde; vielleicht bedeutete es auch, daß sie der Göttin der Wiedergeburt geweiht waren, die die Wotjaken noch heute Mumi oder Muzem-Mumi, Erdmutter, nennen.[1]

1. *Larousse*, 307.

Münzen

Das (gemünzte) Geld, englisch *money*, die sogenannte »Wurzel allen Übels«, bekam seinen Namen von einem Titel der Großen Mutter Roms, Juno Moneta (Juno, die Mahnerin), bei deren kapitolinischem Tempel sich die römische Münzprägestätte befand. Die dort hergestellten Silber- und Goldmünzen waren nicht nur wegen ihres edlen Metalls wertvoll, sondern auch wegen der Segnung durch die Göttin, die Glück und einen heilkräftigen Zauber bringen sollte. Spätere Päpste führten die heidnische Tradition fort: sie segneten christliche Amulette und heilige Medaillons, die als eine Art Geld auch im Handel verwendet wurden.[1]

Der Geist, der Juno Moneta begleitete, war der erotische Cupido; er entsprach dem griechischen Eros und war gleichzeitig Aphrodites Kind und Gefährte. Das englische *cupidity*, »Habgier«, bedeutete früher »erotisches Verlangen«, aber in christlichen Zeiten verschob sich seine Bedeutung zu einer Bezeichnung für Geldgier.

1. *Larousse*, 204.

Musen

Die Neunfache Göttin als die Quelle der »Inspiration«, was wörtlich heißt: einatmen von »Ideen« oder des Geistes der Göttin darin. Die Musen waren ursprünglich eine Dreiheit – die uranfängliche Dreifache Göttin. Die erste von ihnen war Mnemosyne, englisch *Memory*, Gedächtnis, die den Dichtern half, sich an heilige Erzählungen zu erinnern.[1]

Eine der Erfindungen der Musen war die Siebentonskala der Musik, die sich angeblich auf ihre »Musik« der sieben Sphären gründete. Scipio der Ältere sagte, die Sphären »produzieren sieben verschiedene Töne; die siebte Zahl ist der Kern alles Bestehenden. Und Menschen, die diese himmlische Harmonie mit der Lyra nachzuahmen vermögen, haben ihre Spur bis zu dem Erhabenen Reich zurückverfolgt.«[2] Die klassischen Musen waren Thalia, die sie anführte und die Musik generell beherrscht, Klio (Geschichtswissenschaft), Kalliope (Heldendichtung), Terpsichore (Tanz), Melpomene (Tragödie), Erato (Liebesdichtung), Euterpe (Flötenspiel), Polyhymnia (heilige Gesänge) und Urania, die himmlische Aphrodite der Sphäre der Fixsterne. Das alexandrinische Heiligtum der Musen war das Museum, »eine Einrichtung, die in der alten Welt einer modernen Universität am nächsten kam«.[3] Es wurde von den Christen zerstört, die das heidnische Wissen verabscheuten.

1. Graves, W. G., 377; G. M. 1, 66. 2. Seligmann, 245.
3. Sprague de Camp, A. E., 136.

Muspell

»Fluch der Mutter«, die nordische Vorstellung der Schicksalsgöttin, die aufgrund des Widerwillens der Großen Göttin gegen die Handlungen der Menschen und Götter am Jüngsten Tag die Welt übernimmt. Sie wird nach dieser Auffassung als Greisin-Mutter Skadi ihr Verhängnis über die Welt bringen, und Geister aus den heißen südlichen Ländern Muspellheims werden die Erde zu zerstören beginnen; das enthält einen mythischen Anklang an Kali, die Zerstörerin, in ihrem Ursprungsland. (Siehe **Weltgericht**.)

Mut

»Mutter«, ein archaischer Name für die ägyptische Göttin als Dreiheit. Der erste der drei Köpfe der Mut war die Jungfrau Maat, die die Federn der Wahrheit trug. Der zweite war Hathor, die Mutter der Welt, mit den rot-weißen Kronen der Zwei Länder. Nechhbet, die Greisin des Todes, war der Dritte; sie war schwarz bemalt und trug Geierfedern.[1] Der Dreiheitsname der Göttin könnte mit Kalis Namen Mutteyalamma verwandt sein, einer ihrer Manifestationen als eine Krankheiten verursachende Zerstörerin.

Mut war die Mutter aller ägyptischen Götter. Nach manchen Mythen soll Isis die älteste Gottheit der Welt gewesen sein, aber in anderen wird gesagt, daß Isis zusammen mit Osiris aus dem Mutterleib von Mut geboren wurde. Ihr Hieroglyphenzeichen waren drei Kessel, die den dreifachen Mutterleib verkörperten.[2] (Siehe **Kessel; Trinität**.)

1. Budge, E. M., 121. 2. Budge, B. D., 205.

Mütterliches Erbrecht

Siehe **Weibliche Erbfolge**

Mutterschaft

Die Mutterschaft war in der Frühzeit der Menschheitsgeschichte das einzig erkennbare Verwandtschaftsband. Die ursprüngliche menschliche Familie bestand wie jede Säugetierfamilie aus der Mutter und ihren Nachkommen.

> *Die Tierfamilie ist nur das Ergebnis der mütterlichen Instinkte; die Mutter ist ihr alleiniger Mittelpunkt und ihr Band ... Das Männchen hat keinen Anteil an der Herausbildung der Tierfamilie; es ist kein wesentliches Mitglied von ihr; es mag die mütterliche Gruppe begleiten, aber im allgemeinen tut es das nicht. Schließt es sich der Tierfamilie an, ist seine Verbindung mit ihr locker und unstet ... Eine solche Verbindung findet dort nicht statt, wo das Weibchen aus der Verbindung mit dem Männchen keinen Vorteil ziehen kann. Wo männliche Kooperation von Nutzen ist, sucht das Männchen das Weibchen auf oder folgt ihm, und es ist das letztere, das die Absonderung von der Gruppe bestimmt und ihren Wohnsitz wählt.*[1]

Die Wurzel der Zivilisation war das Verwandtschaftsband. Es hielt Gruppen so zusammen, daß sich in ihnen eine wechselseitige Zusammenarbeit entwickeln konnte. Dieses Band war mütterlich, denn eine väterliche Verwandtschaft wurde bei solchen frühen Gruppen mit ihren wechselnden, vorübergehenden sexuellen Bindungen nicht wahrgenommen oder auch nur vermutet. »Der Primitivmenschheit [war] ... der Zusammenhang zwischen Sexualität und Konzeption des Weiblichen noch unbekannt.«[2]

Bei Völkern, die unter »primitiven« Umständen leben, herrschte noch lange Unwissenheit über den Zusammenhang zwischen Sexualität und Geburt. Die BewohnerInnen der Trobriand-Inseln führten Schwangerschaften auf Geister zurück, nicht auf Geschlechtsverkehr. Der Ehemann konnte seiner Frau bei der Sorge für ihre Kinder behilflich sein, aber er hielt sie für »die Kinder meiner Frau«. Die InselbewohnerInnen lachten den weißen Mann aus, als er ihnen erstmals etwas über Befruchtung erzählen wollte. Die SchamanInnen der Chukchi sagten, sie würden ihre Kinder mit ihren heiligen Steinen machen, nicht durch Verkehr mit Männern. Die australischen Aborigines gingen davon aus, daß Frauen durch das Essen spezieller Nahrung schwanger werden würden oder durch die Umarmung eines heiligen Baumes, der mit Nabelschnüren früherer Geburten behängt war. Die Bataks glaubten, daß keine Frau schwanger werden könne, ohne daß unter ihrem Haus Nabelschnüre und Mutterkuchen verbrannt würden.[3]

Urvölker führten die Schwangerschaft nicht nur auf die verschiedensten Gründe zurück, sie gingen auch von einer Vielzahl unterschiedlicher Zeiträume aus; sie waren sich also nicht sicher, wann sie begann.[4] Die meisten Autoritäten stimmen heute darin überein, daß nicht nur die jetzt noch existierenden Naturvölker, sondern alle Völker der Welt in prähistorischen Zeiten nichts über den Anteil des Mannes am Reproduktionprozeß wußten. Sie nahmen an, daß nur Frauen die göttliche Macht besäßen, Leben hervorzubringen.[5] In den ganz alten Mythologien ist meist eher von einer Schöpferin als von einem Schöpfer die Rede, denn nach den Vorstellungen der Völker der Urzeit konnte Leben nur von der Frau geschaffen werden. Die Männer hielten sich für nicht erforderlich bei diesem Vorgang.[6]

Fast alle einfachen Jägerkulturen kennen Sagen aus noch früheren Zeiten, als die Frauen über alle magischen Künste verfügten und die Männer über keine. Frauen nahmen als Gebärerinnen und Erzieherinnen alles Wachsende unter ihre Obhut. Frauen erzeugten die pflanzlichen Nahrungsmittel, sie sorgten für ihre Bevorratung und Verteilung und waren deshalb auch die Besitzerinnen des Landes, das sie für den Anbau benutzten. Die Erde wurde durch Frauen wertvoll, und sie setzten sie mit sich selbst gleich. Unter ihrer ökonomischen und sozialen Macht entwickelten sich die ersten dörflichen Gemeinschaften in matriarchalischer Form. Die Männer hielten sich, abgesehen von der Arbeit, die sie als Jäger und Verteidiger der matriarchalischen Gruppe beisteuern konnten, für fast völlig überflüssig.[7]

Das Geheimnis der Vaterschaft kann den Männern nur von den Frauen selbst enthüllt worden sein, denn die Frauen fertigten kalendarische Aufzeichnungen an – eine weitere traditionell weibliche Fertigkeit, die für die meisten Männer jenseits ihres Verständnisses lag. Es hätte vor dem Aufkommen monogamer Ehen, einer späten Entwicklung in der Menschheitsgeschichte, weder Grund noch Veranlassung gegeben, einen Zusammenhang zwischen Beischlaf und Geburten herzustellen. Selbst wenn die Wahrheit vermutet worden wäre, gab es ja viele negative Fälle, die diese Vermutung scheinbar widerlegten: manche Frauen konnten oft Geschlechtsverkehr haben und wurden nie schwanger, andere blieben »unfruchtbar«, wenn sie mit dem einen Mann lebten, empfingen aber, wenn sie mit einem anderen lebten. Frauen nach der Menopause und vor der Menarche konnten sich jede gewünschte Zahl von Liebhabern nehmen, ohne schwanger zu werden, was die Annahme nahelegte, daß nicht die sexuelle Aktivität, sondern die Menstruation der entscheidende Faktor sei.

Die Grundlage der Familienloyalität war allein die Mutterschaft, wie es noch heute bei vielen Völkergruppen der Fall ist. Die gesellschaftliche Einheit der Stämme hieß in Assam *maharis*, »Mutterschaften«. Bei den Garos und bei den Khasis führten Mütter die Sippen an und vererbten alle Güter über die mütterliche Linie, Männer konnten nichts vererben. Auch Verwandtschaftsbande setzten sich fast überall nur über die weibliche Linie fort, was in dem System der biblischen »Erzeuger«, das nur männliche Vorfahren anerkannte, absichtlich umgedreht wurde. Etliche Indianerstämme nannten sich Kunkak, »Frauenschaft« oder »Mutterschaft«.[8] Die ersten religiösen Kunstwerke sind Figuren der einen Großen Göttin – das paläolithische Bild der Mutter, bevor es, ob auf der Erde oder im Himmel, überhaupt einen Vater gab.[9] Der Begriff der Vaterschaft war dem religiösen und gesellschaftlichen Denken der frühen Zivilisationen fremd.[10]

> *»Heim und Mutter« steht über allen Phasen der neolithischen Landwirtschaft ... Die Frau führte den Grabstock und die Hacke; sie pflegte die Gartenernte und vollbrachte die Meisterstücke der Selektion und Kreuz-Befruchtung, durch die sich rohe, wilde Spezies in fruchtbare und ausreichend nahrhafte häusliche Sorten verwandelten: die Frau fertigte auch die ersten Behältnisse, indem sie Körbe flocht und die ersten Tontöpfe formte ... Das Dorf ist von der Form her ebenfalls ihre Schöpfung: was das Dorf auch sonst sein mag, es war immer ein kollektives Nest für die Sorge und Erziehung der Nachkommenschaft. Hier verlängerte sie den Zeitraum der behüteten Kindheit und spielerischer Verantwortungslosigkeit, wovon so vieles in der Höherententwicklung abhing. Haus und Dorf, schließlich selbst die Stadt, gehen im großen und ganzen auf die Frau zurück. »Haus« oder »Stadt« konnten in ägyptischen Hieroglyphen als Symbole für »Mutter« stehen, als sollte dadurch die Gleichheit der individuellen und der kollektiven Pflegefunktion bestätigt werden. Die urtümlicheren Bauten – Häuser, Räume, Gräber – sind dementsprechend meist rund: so wie die nach Aphrodites Brust modellierte Ur-Schale, die im griechischen Mythos beschrieben ist.*[11]

Alte Zivilisationen liefern zahlreiche Hinweise auf den matriarchalischen Nährboden, auf dem sie wuchsen. Die ÄgypterInnen verfolgten ihre Abstammung über die Mütter. Sie nannten sich X, geboren von der Frau Y, und ließen den Namen ihres Vaters unbeachtet.[12] Auf ägyptischen Begräbnisstelen war der Name der Mutter erwähnt, der des Vaters dagegen nicht.[13] Diodorus berichtete, daß ägyptischen Königinnen mehr Respekt entgegengebracht wurde als Königen.[14] Im

Ramesseum wurde die Königinmutter als »mächtige Herrin der Welt« angesprochen.[15] Die Pharaonen herrschten in matrilinearer Folge und nannten sich »Herrscher vom Mutterleib an«.[16] Während der ersten Dynastien war der Name der Großen Göttin immer ein Bestandteil der Königsnamen. Der Titel eines Pharaos lautete ursprünglich *per aa*, Großes Tor oder Großes Haus, ein Symbol für den kosmischen Mutterschoß. Der Titel der Herrscher über Nubien, das Nachbarland Ägyptens, war noch stärker mutterzentriert: Mater.[17]

Ägyptische Männer hatten vor mütterlichen Verhaltensmustern Ehrfurcht und waren darüber erstaunt, daß Frauen das taten, was sie taten, um die Rasse zu erhalten. In Maximen, die um 1500 v. Chr. formuliert wurden, hieß es:

> *Du sollst nie deine Mutter vergessen und was sie für dich getan hat … Denn sie trug dich lange als eine schwere Bürde unter ihrem Herzen, und nachdem die Monate vollendet waren, gebar sie dich. Sie trug dich drei lange Jahre auf ihren Schultern und gab dir ihre Brust, und als du größer wurdest, erlaubte ihr Herz ihr nie, zu fragen: »Warum sollte ich das tun?«*[18]

Ägyptische Texte betonten mit Nachdruck die erforderliche Achtung gegenüber »deiner Mutter, die dich unter vielen Leiden gebar. Sie setzte dich in das Unterrichtszimmer, auf daß du Unterweisung aus Büchern erhieltest. Sie ließ in der Sorge für dich nicht nach und hatte in ihrem Haus Laibe und Bier für dich. Wenn du erwachsen bist … richte deine Augen auf sie, die dich gebar und alle guten Dinge für dich bereithielt, deine Mutter. Sie soll dir niemals Vorwürfe machen müssen.«[19]

Eine äthiopische Frau drückte gegenüber Frobenius die grundlegende psychologische Haltung der Mütter in naturnahen Gesellschaften aus:

> *Wie kann ein Mann wissen, wie das Leben einer Frau ist? … Der Mann verbringt eine Nacht bei einer Frau und geht fort. Sein Leben und sein Körper sind immer dieselben. Die Frau empfängt. Als Mutter ist sie ein anderer Mensch als die Frau ohne Kind. Sie trägt neun Monate lang die Frucht der Nacht in ihrem Körper. Etwas wächst. Etwas wächst in ihr Leben hinein, das nie wieder daraus verschwindet. Sie ist eine Mutter. Sie ist und bleibt eine Mutter, selbst wenn ihr Kind stirbt, selbst wenn alle ihre Kinder sterben. Denn einst trug sie das Kind unter ihrem Herzen. Und es geht nie wieder aus ihrem Herzen hinaus. Selbst dann nicht, wenn es tot ist. All das kennt ein Mann nicht; er weiß nichts. Er kennt nicht den Unterschied zwischen der Liebe und der Zeit nach der Liebe, vor der Mutterschaft und nach der Mutterschaft. Er kann nichts wissen. Nur eine Frau kann das wissen und darüber sprechen. Das ist es, warum wir uns von unseren Männern nicht sagen lassen wollen, was wir zu tun haben.*[20]

Das Oberhaupt einer Verwandschaftsgruppe oder einer Familie hieß im alten Iranischen *hana*, »Großmutter«. Bei den MederInnen gründete sich der Stammbaum auf die weibliche Linie. In Babylonien war das Ideogramm für »Mutter« mit den Elementen von »Haus« und »Gottheit« kombiniert, wie das Hinduwort *grhadevata* oder »Hausgöttin«. Das weibliche Geschlecht erhielt in allen Arten der Anrede den Vorrang, und die absteigende Ordnung aller Wesen begann mit »Göttin und Götter, Frauen und Männer«.[21] Nach dem babylonischen Gesetz wurde »jegliche Verfehlung gegen die Mutter, jegliche Zurückweisung der Mutter mit der Verbannung aus der Gemeinschaft bestraft«. Auch die LykierInnen verfolgten nur die Spur ihrer weiblichen Vorfahren. Heraklides Ponticus berichtete von ihnen: »Seit alters her sind sie von Frauen regiert worden.«[22] Die PhönikierInnen schrieben, daß noch in der »jüngeren Vergangenheit« die Menschen ihre Väter nicht kannten, sondern die Namen ihrer Mütter trugen.[23]

Der Vater blieb auch auf etruskischen Grabinschriften unbeachtet. Bei gemeinsam beerdigten Ehepaaren wurde nur der Name der Frau aufgeschrieben. Diese Sitte wurde bei spätrömischen Inschriften umgedreht, sie verzeichneten den Namen des Ehemannes und ließen den der Frau fort.[24] Aber vor der Gründung Roms regierte das Matriarchat der Sabinerinnen Italien, und selbst Könige kannten ihre Väter nicht. Romulus, Ancus Marcus und Servius Tullius hatten nur Mütter. Selbst in der klassischen Zeit wurde die Vaterschaft nicht immer beachtet; römische PlebejerInnen kannten ihre Väter nicht. Als der Mythos von Romulus und seinen Männern niedergeschrieben wurde, hieß es, daß Romulus seine Gefolgsleute sabinische Frauen heiraten ließ, weil es ihnen als Männern am *sanguis ac genus*, dem Blut der Rasse, mangelte.[25] Das konnten nur die Besitzerinnen des Landes beisteuern.

Patriarchalische Schriftsteller behaupteten, daß Romulus jede der frühen römischen *curiae* (Geschlechter) nach einer der sabinischen Frauen benannt habe.[26] Diese Geschichte wurde zur Verhüllung der Tatsache erfunden, daß diese *curiae* »Mutterschaften« waren und die Namen ihrer weiblichen Vorfahren trugen.[27] Die Mutter aller Geschlechter war Juno Curitis, die Himmelskönigin; die Römer übernahmen ihren Kult und versahen sie mit einem neuen Gatten, Jupiter.[28]

Bei den barbarischen Stämmen Nordeuropas gehörte den Frauen das Vermögen, sie waren die Familienoberhäupter und religiösen Führerinnen. Römische Autoren nannten die nördlichen Nationen »Frauenländer«, die von *kvaens* (*Queens*) regiert wurden.[29] Die prähistorischen irischen Königinnen werden in den alten Schriften erwähnt, aber ihre Ehemänner bleiben namenlos. Die LombardInnen behaupteten, ihre Vorfahren stammten von einer jungfräulichen Ur-Mutter Gambara ab, die keinen Ehemann hatte. Im heidnischen Britannien und Skandinavien gaben die Mütter, nicht die Väter, den Kindern ihren Namen. In alten germanischen Dokumenten wurden Personen nur mit dem Namen ihrer Mutter bezeichnet.[30]

Dasselbe geschah im Fernen Osten. Chinesische Familiennamen werden immer aus einem Zeichen gebildet, das »Frau« bedeutet. Es heißt, der Brauch datiere aus einer vergangenen Zeit, als die Menschen ihre Mütter kannten, aber nicht ihre Väter.[31] Die Man-Tseu Südchinas lebten mit einem System erblichen Königinnentums, das sich über eine heilige weibliche Sippe fortsetzte.[32] Tibet wird in chinesischen Schriften »das Land der Frauen« genannt und Japan »das Land der Königinnen«. Japanische Kaiserfamilien führten ihre Abstammung auf die oberste Sonnengöttin zurück, auf Omikami Amaterasu, die Mutter der Welt. Die legendären japanischen »Oberhäupter« der ursprünglichen Stämme waren normalerweise Frauen.[33]

Die ChinesInnen sagten, daß der erste Mann, der die Vaterschaft begriff und die monogame Ehe einführte, Fu-Hi gewesen sei – der allerdings keinen Vater, sondern nur eine Mutter hatte.[34] Im griechischen Mythos entdeckte als erster Kekrops, ein hoher Priester Athenes und einer ihrer Schlangengemahle, die Vaterschaft.[35] Athene wiederum war ein Name der ägäischen Großen Göttin und universellen Mutter, die während der Bronzezeit allein und als Höchste herrschte.[36] Die religiösen Riten lagen in der gesamten Ägäis in der Hand von Priesterinnen, die als Ausstrahlungen oder Verkörperungen der Großen Göttin angesehen wurden, die eigentlich eine vergöttlichte Frau war, so wie später Gott ein vergöttlichter Mann war. Männer nahmen bis zu einem ziemlich späten Zeitpunkt nicht an den öffentlichen Gottesdiensten teil und danach auch nur als Helfer der Priesterinnen, da die männliche Gottheit der weiblichen untergeordnet war.[37]

Die Große Göttin wurde auch im westlichen Europa als die alleinige, allmächtige Gottheit angesehen. Die Vaterschaft war kein Bestandteil des religiösen Denkens, denn im Familienverband war sie, selbst wenn sie anerkannt wurde, ein sehr schwaches Band.[38] Unter WissenschaftlerInnen ist bekannt, daß »die Göttin am Anfang überall Gott vorausging oder zumindest den Vorrang vor Gott besaß. Es hat sich bestätigt, daß in allen Ländern, vom Euphrat bis zur Adria, die oberste Gottheit zuerst in weiblicher Gestalt auftrat.«[39]

> *Die jüngeren Forschungsergebnisse zur Geschichte der Familie machen es höchst unwahrscheinlich, daß die physische Verwandtschaft zwischen dem Gott und seinen Verehrern, deren Spuren im ganzen semitischen Gebiet gefunden werden, ursprünglich als Vaterschaft begriffen wurde. Es war das Blut der Mutter, nicht des Vaters, das unter den SemitInnen wie unter anderen frühen Völkern in diesem Stadium der gesellschaftlichen Entwicklung das ursprüngliche Band der Verwandtschaft bildete; wenn die Stammesgottheit als Ahn der Völker betrachtet wurde, dann war notwendigerweise eine Göttin, nicht ein Gott, der Gegenstand der Verehrung.*[40]

Zeitgenössische männliche Wissenschaftler haben versucht, die Evidenz des alten Matriarchats zu verheimlichen oder zu leugnen. Einige von ihnen formten überall, wo es möglich war, Verweise auf die Große Mutter automatisch in das Wort »Gott« um, wie es auch beim Übersetzen der Bibel geschehen ist. Selbst ein so verantwortungsvoller Gelehrter wie Cumont erläuterte bei seiner Übersetzung von Apuleius' Beschreibung der syrischen Göttin als *omnipotens et omniparens*, »allmächtig und alles gebärend«, diese Beschreibung als eine »Konzeption der absoluten, unbegrenzten Autorität Gottes [sic] über die Erde«.[41]

Nach Frankforts Auffassung war die Große Göttin auch in Mesopotamien vorherrschend, »weil die Quelle allen Lebens als weiblich betrachtet wird«.[42] In Ägypten war sie das »ewige und unendliche Wesen, die schöpferische und beherrschende Macht des Himmels, der Erde und der Unterwelt und jedes Wesens und jeder Sache in ihnen ... Mutter-Göttin, Himmelsherrscherin, Königin der Götter ... die sich in den allerfrühesten Zeiten über ihnen erhob, die schon existierte, als es nichts anderes gab, und die das schuf, was existiert ... die größte Macht auf Erden, die über alles im Universum Bestehende gebietet, und die all die

Götter am Leben erhält ... die Gott-Mutter, Lebenspenderin ... Alles, was gewesen ist, was ist und was sein wird.«[43]

Die Große Göttin schuf außer der Welt und allem Seienden auch die Künste der Zivilisation: die Landwirtschaft, das Bauen, Weben, Töpfern, Schreiben, die Dichtkunst, Musik, die graphischen Künste, Kalender und Mathematik. All dies scheint sich zum großen Teil in den Händen von Frauen entwickelt zu haben, als Ergebnis des mütterlichen Nestbaus, mütterlicher Kommunikation und mütterlichen Spielverhaltens. »Die Frau war die Schöpferin der Urelemente der Zivilisation ... All die reicheren Wahrnehmungen und Interpretationen, die das Leben bunt machen, jede Kunst, jede poetische Empfindung, all dies entsteht aus den jenseits des Individualistischen liegenden Interessen der Menschheit, die von den Reproduktionsinstinkten repräsentiert werden und die vorherrschenden Interessen der Frauen sind. Sie entspringen den weiblichen Impulsen, die von der ganzen Menschheit ausgehen.«[44]

Die Große Göttin trug in manchen Hinduschriften den Titel Samjna (Zeichen, Name, Bild), weil sie Alphabete, Piktogramme, Mandalas und andere magische Zeichen erfand. Unter einem anderen ihrer Titel, Savitri, hat sie nach den Aussagen des Brahmavaivarta Purana die Veden hervorgebracht, die Rhythmen der Ragas, Tag und Nacht, das Jahr, den Monat, die Jahreszeiten, den Zoll, die Sekunde und alle anderen Maßeinheiten; sie schuf auch Logik, Grammatik, die Wochentage, Zeit, Tod, Nahrung, das Gedächtnis, den Sieg, religiöse Rituale, die Dreiheit der Aeonen und alle Götter.[45]

Sie trug als Große Mutter Kali Ma auf ihrer Halskette aus Totenköpfen die von ihr erfundenen heiligen Buchstaben des Sanskrit, und mit dieser magischen Kraft ausgestattet konnte sie Dinge erschaffen, indem sie einfach deren Sanskrit-Bezeichnungen aussprach.[46] Diese Vorstellung führte zum neoplatonischen und später christlichen Konzept des schöpferischen Wortes oder **Logos**.

Das Sanskritwort *matra* bedeutete wie das griechische *meter* gleichzeitig »Mutter« und »Messung«. Mathematik heißt eigentlich »Mutter-Weisheit«. Viele Bezeichnungen für Rechenvorgänge entwickelten sich aus Stammwörtern für Mutterschaft: Metrik, Mensur, Meter, Mensis, Markierung, Merkmal, Mentalität; Geo-metrie, Trigono-metrie, Hydro-metrie usw. Frauen haben schon so lange zeitliche und räumliche Berechnungen durchgeführt, daß nach dem Vaya Purana die Männer früher dachten, Frauen könnten gebären, weil sie über hervorragende Fähigkeiten im Rechnen und räumlichen Gestalten verfügten. Männer stellten sich vor, sie könnten mit der Beherrschung dieser weiblichen Fertigkeiten auch gebären. »Männliche Ahnen« erzählten einander, sie würden »glücklich Nachkommen hervorbringen« wenn sie nur lernen könnten, die Erde zu messen.[47]

Zahlen und Buchstaben waren auch im Mittleren Osten Erfindungen der Großen Göttin und die spirituelle Angelegenheit ihrer Priesterinnen. Assurbanipal erklärte stolz, er sei der erste babylonische König, der »die edle Kunst des Tafelschreibens« lernte, die in das Gebiet der *maryanu*, spezieller Schreiberinnen, fiel.[48] Ein ähnliches ägyptisches Wort für Schreiberin war Marjen oder Mahir, »die Große« oder »Mutter«.[49] Das zentrale Allerheiligste im Stadttempel von Babylon durften nur Frauen betreten, die schon geboren hatten. Es scheint also wahrscheinlich, daß die *maryanu* ursprünglich die der semitischen Göttin Mari-Anna geweihten Mütter waren; Mari-Anna war auch als **Ishtar** bekannt.[50] Bei den Hethitern lehrten Priesterinnen, die Ältere Frauen genannt wurden, die Kunst des Schreibens, hielten Berichte fest, berieten Könige und übten die Heilkunst aus.[51] Die dreifache Schicksalsgöttin war in den drei Gulsen oder »Schreiberinnen« verkörpert; sie entsprachen den germanischen Schicksalsgöttinnen, die »die Schreiberinnen« genannt wurden, und der römischen Mutter des Schicksals, Fata Scribunda, »die Schicksalsgöttin, die schreibt«.[52]

Im prähellenischen Griechenland wurde das Alphabet den ursprünglichen drei Musen zugeschrieben, die mit den Schicksalsgöttinnen oder Graeae identisch waren, den namengebenden Müttern der griechischen Stämme. Die archaische Göttin Carmenta, Mutter der *carmen* oder der *charms* (englisch Zauberformeln), schuf das lateinische Alphabet. Nach den Aussagen Isidors von Sevilla brachte die Mondgöttin Io unter ihrem ägyptischen Namen Isis das Alphabet hervor.[53]

Die Ägypter verehrten die Große Göttin als Zeitmesserin, Herrin des Hauses der Bücher und Herrin des Hauses der Architekten.[54] Als Begründerin der Architektur wurde sie Seshat genannt, »Herrin des Maßes des Erbauers«. Sie baute »den Wohnsitz eines Königs in der nächsten Welt«, eine Pyramide. Sie schuf auch das goldene Kalb, Horus; es ist aus der Bibel als das »Götzenbild« bekannt, das Aaron und die IsraelitInnen anbeteten.[55]

Die Glaubensvorstellungen alter Zeiten, die die Mutterschaft mit überlegener Geisteskraft in Zusammenhang brachten, machten es für die Männer auch dann noch schwer, das Matriarchat zu bekämpfen, als sie die Vaterschaft entdeckt hatten und in Göttern personifizierten. Der Anspruch des Vaters auf den kindlichen Respekt war im Vergleich mit der Schwangerschaft der Mutter, mit der Geburt, Ernährung, Unterstützung und täglichen Unterweisung durch die Mutter offenbar relativ unerheblich. Es hieß im Buch der Makkabäer, das Mitgefühl einer Mutter für ihre Kinder sei tiefer als das eines Vaters.[56] Im *Mahanirvanatantra* steht: »Die Mutter ist dem Vater überlegen, weil sie das Kind gebiert und auch nährt.«[57] Und Menander schrieb: »Eine Mutter liebt ihre Kinder mehr, als es ein Vater tut.«[58] Das Kind ist deshalb mehr ihr Kind als seins; ein altes irisches Sprichwort drückt es so aus: »Zu jeder Kuh gehört ihr Kalb.«[59] Die Gesetze von Manu legten fest: »Ein spiritueller Lehrer steht zehnfach über einem weltlichen Lehrer, ein Vater hundertfach über einem spirituellen Lehrer, eine Mutter aber hat tausendmal mehr Anspruch als ein Vater auf die Ehrung durch ihr Kind und als dessen Erzieherin.«[60]

Vielleicht lag den alten Auffassungen von der überlegenen weiblichen Geisteskraft ein wirklicher biologischer Vorteil zugrunde. Weibliche Säugetiere müssen als Mütter oder potentielle Mütter von Natur aus verständnisvoller und wachsamer sein. »Die weiterreichenden Fähigkeiten der Mädchen befähigen sie, schneller und genauer als Jungen auf Reize zu achten, besonders auf solche, die von anderen Menschen ausgehen. Mädchen können besser die Anforderungen der Umgebung analysieren und voraussehen; als Folge davon verfügen sie über eine größere verbale Gewandtheit ... Die wahrnehmenden, erkennenden und verbalen Fertigkeiten, die aus unbekannten Gründen für Mädchen charakteristischer sind, versetzen sie in die Lage, Anforderungen von Erwachsenen zu analysieren und vorauszusehen.«[61] Eine Frau unserer Zeit sagte es so: »Nach der Geburt von Kindern – diese enorme Sache, die du fertigbringst – scheint alles andere eine Art leichte Brise zu sein. Aber so viele verschließen die Türen des Geistes. Wir geben uns keine Mühe, unter die Oberfläche des unergründlichen Meeres der Ressourcen vorzudringen, die das Geschenk der Natur an die Frauen sein könnten.«[62]

Die Männer fürchteten lange Zeit, die Frauen zu bekämpfen; sie waren überzeugt, daß Frauen über eine engere Verbindung zu den Mächten der Natur verfügten. Westafrikanische Stammesangehörige erklärten, Frauen seien »machtvoller als Männer, denn nur sie kannten die Mysterien der Götter und die Geheimnisse der Natur«. Die magische Egbogesellschaft wurde von Frauen gegründet, aber nachdem die Männer die geheimen Riten gelernt hatten, schlossen sie die Frauen von der weiteren Teilnahme aus. Auch in Queensland verboten die Männer, nachdem sie erst einmal die Magie gelernt hatten, den Frauen deren Ausübung; sie begründeten das damit, daß Frauen dafür zuviel natürliche Befähigung besäßen.[63]

In Nordeuropa wurden die von Mutter Erde und der Göttin Freya geführten Vanen oder Älteren Götter von neuen, patriarchalischen Gottheiten aus Asien gestürzt, den Asen, deren Anführer Vater Odin war. In der Ägäis bekriegten die Anhänger von Vater Zeus die prähellenischen VerehrerInnen von Mutter Rhea oder Hera. Die babylonischen Verehrer von Marduk rebellierten gegen die Urmutter Tiamat, deren eigener Sohn sie tötete, um ihre welterschaffende Funktion zu übernehmen. In Mexiko stürzte der legendäre Führer der Azteken seine Schwester Malinalxochitl, die ehemalige Herrscherin der Menschen und Tiere, die später als »böse Hexe« bezeichnet wurde.[64]

In Australien verteufelten die Männer die Göttin Marm (Mutter), weil sie sich über die Vorteile ärgerten, die sie den Frauen verschaffte. Sie schuf die Frauen nach ihrem Ebenbild und schenkte ihnen »magische Früchte« (Nachkömmlinge), die sie den Männern verwehrte.[65] In Malekula gaben die Männer offen zu, daß sie ihre religiösen Riten von den Frauen gestohlen hatten; die Frauen hatten die Riten erfunden, praktizierten sie aber später nicht mehr.[66] Die Männer von Feuerland sprachen davon, daß die Frauen die Welt durch Hexerei beherrschten; alle religiösen Geheimnisse gehörten ihrer Göttin, dem Mond.[67] Die Männer nahmen den Kult des Sonnengottes an, ermordeten unter seiner Führung alle erwachsenen Frauen des Stammes und verschonten nur junge Frauen, die noch nicht initiiert waren.[68]

Eine durchsichtig verlogene Iatmul-Legende erzählt davon, daß die Frauen die von ihnen erfundenen heiligen Objekte und Geheimnisse der Magie den Männern »gaben« und danach die Männer »baten«, alle Frauen zu töten, damit keine Frau mehr die Geheimnisse besäße.[69] Viele ähnliche Beispiele zeigen, daß die Niederwerfung des Matriarchats als ein gewalttätiger Angriff der Männer auf die Frauen in die Mythologie einging. Solche Mythen über die den Frauen gewaltsam entrissene Führerschaft tauchen überall in der Welt auf und können nicht übersehen werden.[70] Schon Engels mußte feststellen: »Der Umsturz des Mutterrechts war die weltgeschichtliche Niederlage des weiblichen Geschlechts.«[71]

Es könnte in gewisser Weise eine Niederlage der ganzen Menschheit gewesen sein, die sich von einer grundlegend friedlichen gesellschaftlichen Ordnung abwandte und einer durch Aggression eingeführten und fortgeführten hierarchischen Struktur zuwandte. Patriarchalische Gesellschaften gründeten sich auf sozialen Neid; matriarchalische waren egalitärer.[72] Neolithische Dorfkulturen mit ihren matriarchalischen, auf Familienbeziehungen basierenden Regierungen waren kooperativ, nicht kriegerisch und nicht gewalttätig. Ihr Mangel an Zerstörungswut wurde auf den lebensliebenden Geist der Bestätigung zurückgeführt, den die WissenschaftlerInnen im Innersten der meisten matriarchalischen Gesellschaften finden.[73]

Derselbe Geist der Bejahung fand sich auch in den matriarchalischen oder halbmatriarchalischen Gesellschaften der jüngeren Vergangenheit. Die IndianerInnen verehrten das Prinzip des Weiblichen, und die Stammeshäuptlinge wurden bei ihnen von den eigentlichen Führern, den Herrscherinnen, ausgewählt. Sie überraschten christliche Missionare mit einem »christlicheren« Verhalten, als es weiße Männer an den Tag legten. Ein Missionar sagte: »Es überrascht sehr, zu sehen, wie Männer, deren äußere Erscheinung gänzlich barbarisch ist, einander mit einer Freundlichkeit und Rücksicht behandeln, die unter den gewöhnlichen Angehörigen der meisten zivilisierten Völker in der Regel nicht zu finden ist.« Indianerfrauen waren als das Leben der Nation und die Herrinnen des Bodens bekannt.[74] Einem weißen Fragesteller, der die indianische Verehrung der Frauen nicht nachvollziehen konnte, antwortete ein Indianer: »Natürlich folgen die Männer den Wünschen der Frauen; sie sind unsere Mütter.«[75]

Selbst aggressive Urvölker wie die Bewohner der Dobu-Inseln betrachteten die Mutterschaft als das einzig wirksame Gegenmittel gegen den Krieg. Gegenseitiges Vertrauen herrschte ausschließlich unter den Mitgliedern einer matrilinearen Verwandtschaftsgruppe, die als »Muttermilch« bezeichnet wurde.[76] Gesellschaften, in denen Frauen die Standards für Verhalten und Moral setzten, waren im allgemeinen freundlicher als männerdominierte Gesellschaften. Kinder wuchsen ohne harte Strafen auf und erwarteten ganz selbstverständlich von anderen Freundlichkeit; sie entwickelten sich in der Folge zu nicht feindseligen, nicht gewalttätigen Erwachsenen. Neid, Gier und Ausbeutung waren nur in geringem Ausmaß vorhanden, Depression fast unbekannt, und von Verbrechen war so gut wie nichts zu hören. Die Menschen waren im allgemeinen guter Laune und voller Vertrauen und Zuversicht. Frauen und Männer wurden gleich behandelt, und die Einstellung zur Sexualität war weitgehend positiv und tolerant. Die Menschen waren sich offenbar sicher, daß Mutter Natur schon ihre Bedürfnisse befriedigen würde, selbst in Fällen, wo aufgrund schwieriger Lebensbedingungen nur harte Arbeit das Überleben ermöglichte.[77]

Männerdominierte Gesellschaften neigen zu harten Strafen, Feindseligkeit gegenüber Kindern, formalisierter Rivalität und sadistischen Elementen anstelle von leichter, liebevoller Sexualität. Einiges davon hat vielleicht biologische Gründe. Bei den Tieren sorgen die Weibchen für die Jungen, die Männchen kämpfen um die Weibchen und sorgen nur für sich. Das primitive menschliche Weibchen »nährte, pflegte und schützte die ihm gegenüber Schwächeren, während ihr Gefährte, ein schrecklicher Wilder, sich nur auf die Jagd und das Töten verstand«.[78]

> *Als die neugeborene Menschheit den aufrechten Gang lernte, hing sie sehr von ihrer Mutter ab und hielt sich eng an ihrer beschützenden Seite. Da waren die Frauen Göttinnen, sie leiteten die Gottesdienste, die Stimme der Frauen wurde im Rat gehört, die Frauen wurden geliebt und verehrt, und Stammbäume setzten sich über sie fort. Wer brach in dieses weibliche Elysium ein und beraubte es der Freiheit und des Glücks? Der Mann der Spezies. Als die Rasse älter wurde, gedieh die Vernunft auf Kosten des moralischen Empfindens ... Dem Mann, der den Beitrag der Mutter für den Aufschwung und das Wohlbefinden der Rasse nicht mehr bedachte, ging es nur darum, jede Energie zu binden und von allem und jedem, was ihn erheben und ihm zu beherrschender Macht verhelfen konnte, Tribut zu erzwingen ... Es gibt in der Vorstellung eines Mannes, dessen eigennützige Gefühle ausufern dürfen, keinen Grund, das Leben von Menschen, die sich ihm widersetzen, mehr zu schonen als das Leben von Moskitos. Und der durchschnittliche »normale« Gleichgewichtszustand der männlichen Persönlichkeit tendiert definitiv in diese Richtung.*[79]

Bachofen sagte: »Aus dem gebärenden Muttertum stammt die allgemeine Brüderlichkeit aller Menschen, deren Bewußtsein und Anerkennung mit der Ausbildung der Paternität untergeht.« In den Gesellschaften des frühen Altertums herrschte der Glaube, daß diejenigen, die durch das Mutterblut verwandt waren, eine gemeinsame Seele besaßen, so daß kein Mitglied der Gruppe ein anderes verletzen konnte, ohne sich selbst zu verletzen. Die ÄgypterInnen und andere Völker unterschieden sorgfältig zwischen Kindern derselben Mutter und Kindern desselben Vaters; die ersteren waren die »richtigen« Geschwister und gezwungen, sich umeinander wie um sich selbst zu kümmern. Schon Telemach stellte fest, daß einem Menschen mitgeteilt werden muß, wer sein Vater ist, seine Mutter kennt das Kind von selbst.[80]

Die PsychologInnen sind sich darin einig, daß die Psyche auf die Bilder von Vater und Mutter in unterschiedlicher Weise reagiert. Gefühle der Verbundenheit hängen enger mit der Mutter zusammen, Gefühle von Trennung oder Entfremdung mit dem Vater. Das bedeutet in spirituellen Begriffen ausgedrückt: unter der matriarchalischen Ordnung waren die äußere und die innere Welt von Natur und Selbst nicht getrennt, das Patriarchat hingegen bestand auf ihrer absoluten Trennung.[81]

Frühe Gesellschaften fürchteten sogar einen zeitweiligen Verlust des Mutterbildes. Apuleius sprach von der Zeit, als sich die Große Göttin in der Jahreszeit ihrer Selbsterneuerung von der Welt entfernte und es »keine Wonne mehr, kein Wohlgefallen und keine Anmut mehr gibt, noch Freundschaftsbünde, noch Liebe der Kinder, sondern nur einen enormen Morast und widrigen Ekel schmutziger Verbindungen«.[82] Die Empfindung der Entfremdung wurde allumfassend, als die Göttin dauerhaft aus dem theologischen Bild verschwand:

> *Das Weibliche war in der früheren, neolithischen Ordnung dem Männlichen überlegen, die kosmische Mutter dem Vater … mit der fortschreitenden Abwertung der Mutter-Göttin zugunsten des Vaters, die überall die Herausbildung des dynastischen Staates und des Patriarchats begleitete … [wurde mit der Zeit] eine fortschreitende Empfindung der grundlegenden Trennung von dem überlegenen Wertesymbol das charakteristische religiöse Gefühl des ganzen Nahen Ostens.*[83]

G. R. Taylors Unterscheidung von »matrischen« und »patrischen« Gesellschaften zeigte bei den letztgenannten Schuld, Negativismus und Furcht, im Gegensatz zu einer vertrauensvolleren Auffassung in den ersteren. Matrische Gesellschaften waren gekennzeichnet durch: 1) eine tolerante Haltung gegenüber der Sexualität; 2) Freiheit für Frauen; 3) ein hohes Ansehen des Weiblichen; 4) eine Höherbewertung des Wohlergehens gegenüber der Keuschheit; 5) demokratische politische Prinzipien; 6) fortschrittliche Anschauungen; 7) Spontaneität, öffentliches Zeigen von Gefühlen; 8) möglichst geringe Geschlechterunterschiede; 9) eine positive Haltung gegenüber Genuß und Vergnügen; 10) Mutterverehrung. In patrischen Gesellschaften gab es gegensätzliche Tendenzen. Charakteristisch waren: 1) eine restriktive Haltung gegenüber der Sexualität; 2) Einschränkungen für Frauen; 3) die geringere Bewertung von Frauen und eine den Frauen unterstellte Sündhaftigkeit; 4) die Höherbewertung von Keuschheit gegenüber Wohlergehen; 5) eine autoritäre Politik; 6) konservative, gegen Neuerungen gerichtete Einstellungen; 7) Hemmungen, Angst vor Spontaneität; 8) größtmögliche Unterschiede der Geschlechter, zum Beispiel in der Kleidung; 9) Angst vor Vergnügen, asketische Selbstverleugnung; 10) Vaterverehrung.[84]

Die VerehrerInnen der Großen Mutter zelebrierten »Liebes«riten, die auch die körperliche Liebe einschlossen. Sie wurde oft als Symbol für alle Arten der Liebe genommen und in Gesten und Handlungen ausgedrückt, die denen des Verhaltens von Mutter und Kind ähnelten: Liebkosung, Saugen an der Brust und so weiter. Die Anhänger des Vaters wurden dagegen angewiesen, ihn zu »fürchten« (Deuteronium 6, 13). Der heilige Paulus erklärte, daß diejenigen, die keine Gottesfurcht besäßen, automatisch Sünder seien (Römer 3, 18). Das Christentum bot seinen Anhängern viel Anlaß zur Furcht; es erfand eine der sadischsten Höllen, die je der menschlichen Vorstellungskraft entsprungen ist und einen unversöhnlichen Gott, der nach seinen Theologen die »meisten« menschlichen Wesen auf ewig dieser Hölle übergab (siehe **Hölle**). Die Mutter der Vorzeit schenkte dagegen Beistand und Beruhigung. Eskimoschamanen nennen sie noch heute die nie gesehene Seele des Universums, deren Stimme aber vernommen werden kann: »Eine freundliche Stimme, wie die einer Frau, eine Stimme so fein und sanft, daß selbst Kinder keine Angst bekommen können. Sie sagt: ›Fürchte dich nicht vor dem Universum.‹«[85]

Montagu stellt fest, daß das Bild der Mutter immer noch zur Linderung von Schrecken benutzt wird. »Wenn die Abwehr des Mannes gebrochen ist, wenn er extreme Erfahrungen durchlebt, wenn er stirbt, ist sein letztes wie sein erstes Wort wahrscheinlich ›Mutter‹, in einem Wiederemporkommen seines Gefühls für die Mutter, die er nie zurückwies, von der auf einer äußeren Ebene sich zu lösen er jedoch gezwungen wurde.«[86] Eugene O'Neill drückte das geheime Sehnen in einer dramatischen Rede aus:

> *Der Irrtum fing damit an, daß man sich Gott als Mann vorstellte ... Das macht das Leben so widersinnig und den Tod so unnatürlich. Wie gut wäre es, wenn wir uns das Leben vorstellten, als aus den Geburtswehen Gottes, der Mutter, geschaffen. Dann verstünden wir, weshalb unser Erbteil, das Erbteil ihrer Kinder, Schmerz ist, denn wir wüßten, daß unser Lebensrhythmus der Schlag ihres großen Herzens ist, das in der tödlichen Qual von Liebe und Geburt zerrissen wird. Und wir fühlten, daß der Tod nicht anderes ist als die Wiedervereinigung mit ihr, ein Zurückkehren in ihren Schoß, nun wieder Blut von ihrem Blut, Frieden von ihrem Frieden! Sag, wäre das nicht sinnvoller und tröstlicher, als einen Mann zum Gott zu haben, dessen Brust vor Egoismus schwillt und viel zu hart und ohne Tröstung für ein müdes Haupt ist?*[87]

Die Kagaba-IndianerInnen drückten dieselben Empfindungen in einem weniger intellektuellen, aber gleichermaßen eindringlichen Gesang aus, mit dem sie ihre Göttin beschrieben:

> *Die »Mutter der Gesänge« ... die Mutter unseres ganzen Stammes, gebar uns am Anfang. Sie ist die Mutter aller Arten von Menschen und ist die Mutter aller Stämme. Sie ist die Mutter der Donner, die Mutter der Flüsse, die Mutter der Bäume und aller Arten von Dingen. Sie ist die Mutter der Gesänge und Tänze. Sie ist die Mutter der Welt und der älteren Brüder Steine. Sie ist die Mutter der Feldfrüchte und die Mutter aller Dinge ... Sie ist die Mutter der Tanzgeräte und aller Tempel und ist die einzige Mutter, die wir haben. Sie ist die Mutter der Tiere, die einzige, die der Milchstraße. Die Mutter selbst war es, die zu taufen begann, sie händigte die Kalkdose (zum Kokaessen) ein. Sie ist die Mutter des Regens, die einzige, die wir haben. Sie allein ist die Mutter aller Dinge, sie allein. Und so hat die Mutter ein Andenken in allen Tempeln hinterlassen. Zusammen mit ihren Söhnen, den ›Heilbringern‹ ... hinterließ sie als Andenken Gesänge und Tänze.*[88]

Die Psychologen betrachten den universellen Mythos des goldenen Zeitalters oft als ein Symbol für die Kindheit. Als aber Platon vom goldenen Zeitalter schrieb, übernahm er offensichtlich einige Einzelheiten aus matriarchalischen Gesellschaften, die den Griechen so vertraut waren, als ob sie in ihre eigene Zeit fielen oder der jüngeren Vergangenheit angehörten. Er sagte, daß es da »keine Wildheit oder gegenseitiges Sichauffressen, noch irgendeinen Krieg, noch Aufruhr unter ihnen [gab] ... Es gab keine Regierungen oder getrennten Besitz an Frauen und Kindern. Denn alle Menschen entstanden neu aus der Erde und erinnerten sich an nichts aus der Vergangenheit. Und so etwas wie Privatbesitz und Familien existierte nicht.«[89] Das wurde für ein Produkt der Vorstellungskraft Platons gehalten, bis die Forschung die präurbane Gemeinschaft der neolithischen Bauern entdeckte:

> *Es gab keine herrschende Klasse, die die Dorfbewohner ausbeutete, keinen Zwang, einen Überschuß zu erarbeiten, den die örtliche Gemeinschaft nicht verbrauchen durfte, keine Neigung zu trägem Luxus, keinen eifersüchtigen Anspruch auf privaten Reichtum, keinen übermäßigen Wunsch nach Macht, keinen institutionalisierten Krieg. Die Gelehrten wiesen lange den »Mythos des*

Goldenen Zeitalters« geringschätzig zurück, aber jetzt muß eher ihre Gelehrtheit als der Mythos hinterfragt werden.

Solch eine Gesellschaft entstand tatsächlich am Ende der letzten Eiszeit, wenn nicht schon davor, als der lange Prozeß der Domestizierung zu der Gründung von kleinen, stabilen Gemeinschaften mit einer ausreichenden und vielfältigen Nahrungsversorgung geführt hatte: Gemeinschaften, deren Fähigkeit, einen Überschuß an lagerbarem Getreide zu erzeugen, Sicherheit und ausreichende Ernährung der Kinder bedeutete. Der Zuwachs an Lebenskraft wurde von einem klaren biologischen Verständnis noch gesteigert.[90]

In Catal Hüyük (im Süden der heutigen Türkei), einer matriarchalischen Gemeinschaft des 7. Jahrtausends v. Chr., fanden sich keinerlei Belege für ein Häuptlingswesen oder Rivalität, obgleich es dort viele Priesterinnen gab. Die Kinder wurden in den Gräbern ihrer Mütter beerdigt. In Catal Hüyük blühten Kunst und Handwerk, es wurden Spiegel aus Obsidian, Werkzeuge und Schmuck aus Kupfer und Blei, Textilien aus Wolle und kunstvoll geschnitzte Schüsseln aus Holz hergestellt. Diese Gemeinschaft existierte 1500 Jahre lang – siebenmal solange, wie es die Vereinigten Staaten von Amerika gibt – ohne Massenmorde und Krieg. Keins der vielen Hunderte von Skeletten, die gefunden wurden, zeigte Anzeichen eines gewaltsamen Todes.[91]

Das matriarchalische Sumer dominierte 3000 Jahre den fruchtbaren Halbmond und hinterließ faktisch keine Anzeichen von Kriegen.[92] Überreste solcher friedlichen Gesellschaften aus der Jungsteinzeit wurden in Hassuna, Tell Halaf, Samarra und Ubaid ausgegraben. In diesen Orten gab es bemerkenswerterweise keine Götter. Auf heiligen Ikonen waren nur nackte Frauen abgebildet, die Kinder hielten oder versorgten.[93] Die alten Matriarchien wurden allmählich und im wesentlichen mit Gewalt von patriarchalischen Religionen verdrängt; aber einige WissenschaftlerInnen haben schon darauf hingewiesen, daß diese Revolution weder zufriedenstellend noch endgültig war. Die Große Mutter, die von ihren Söhnen scheinbar gestürzt wurde, ist ein unausrottbarer Archetyp, der irgendwo in der Psyche jedes menschlichen Wesens wohnt, das von einer Frau geboren ist – also natürlich jedes menschlichen Wesens. Je nachdrücklicher sie geleugnet wird, desto bedrohlicher ziehen ihre Bilder herauf.[94] Alte Mythen, die von dem wütenden Zorn einer vernachlässigten Gottheit handelten, waren nicht ausschließlich sinnbildlich zu verstehen.

Selbst Gelehrte tun sich schwer damit, von den alltäglichen Worten des Altertums Notiz zu nehmen, die klar auf einen matrilinearen Ursprung hinweisen: im Englischen heißen Vorfahren zum Beispiel *forebears*, eine Kurzform von *fore-bearers*, frühere Gebärerinnen. Das Altertum wird *extraction* genannt, Herkunft, Herausziehen, was offensichtlich einen Bezug auf das enthält, aus dem jemand herauskam; ähnlich ist *descent*, Abstammung, Geburt, das *descending*, Herabsteigen aus dem Mutterleib. Es war von Anfang an der mütterliche Geist, der die Kooperation und ein Zusammensein in der Arbeit oder Anbetung förderte.

Der mütterliche Totem-Clan war die erfolgreichste Form, die die menschliche Gemeinschaft angenommen hat – man könnte sogar sagen, daß es die einzige erfolgreiche war … Politische Organisationen, religiöse Theokratien, Staaten und Nationen haben vergebens nach wirklicher und vollständiger gesellschaftlicher Solidarität gestrebt. Sie alle sind künstliche Strukturen; der in Gemeinschaft lebenden Menschheit gelang es nie, das primitive Band angemessen zu ersetzen, auf dem sich ihre Existenz gründet.[95]

In mittelalterlichen Liedern wurde eine heidnische Welt beschrieben, in deren Haushalten Mütter die oberste Autorität innehatten. So wie der Held einer dieser Balladen, Johnie Cock, um die Hilfe seiner Mutter bat und durch sie um die Hilfe der Göttin, wandten sich Söhne in Krisenzeiten an Mütter, nicht an Väter. Das Christentum beschäftigte sich auf jeden Fall hingebungsvoll mit der Vernichtung der Großen Göttin und ihrer Tempel (Apostel 19, 27). Klemens von Alexandrien zitierte Christus: »Ich bin gekommen, um die Werke des Weibes zu zerstören.«[96] Christus befahl seinen Anhängern, ihren Familien zu entsagen (Lukas 14, 26) und sagte zu seiner eigenen Mutter: »Was willst du von mir, Frau?« (Johannes 2, 4). Die Kirchenväter verfaßten Schmähschriften gegen die Mutterschaft.[97] Westliche Religionen wurden folgerichtig zu einer Übung in männlich dominiertem Machtstreben.[98]

Viele männliche Wissenschaftler versuchen noch immer so zu tun, als habe es nie eine Göttin gegeben; wenn es sie doch gab, soll sie nur eine »Kult«-Figur gewesen sein, die vage mit sexueller Promiskuität und/oder »Fruchtbarkeit« assoziiert wurde. Es wird nicht anerkannt, daß das religiöse Gefühl für die Große Mutter viel tiefer und leidenschaftlicher war als die Gefühle für einen göttlichen Patriarchen, soweit es sie überhaupt gab. Gottheiten beiden Geschlechts werden durchgängig »Götter« genannt. Ägyptische religiöse Kunstwerke, die göttliche Personen mit klar erkennbar herabhängenden Brüsten zeigen, werden als Bilder von »Göttern« bezeichnet.[99] Wissenschaftler vermeiden nach Kräften, alte Texte zu zitieren, nach denen das Urwesen eine Schöpferin war, nicht ein Schöpfer. In historischen Werken über das Altertum wird die Große Mutter nicht erwähnt, obwohl sie das zentrale gemeinsame Konzept der Zivilisationen des frühen Altertums war. Die gewaltsame Verleugnung der Beweise für das prähistorische Matriarchat durch die Wissenschaftler legt die Vermutung nahe, daß ihre Vorurteile ihnen oft die Augen verschließen, so als würde eine patriarchalische Kultur ihre Mitglieder daran hindern, eine fremdartige Anschauung zu begreifen.[100]

Freud fehlte wegen seiner Ignoranz gegenüber weiblichen Werten ein Verständnis für die grundlegendsten Bande der Menschheit. Für ihn nahm die Sexualität eine Vorrangstellung ein, die vielleicht eher dem Band zwischen Mutter und Kind zugekommen wäre. Freud gab zu, daß er auch nach dreißig Jahren Praxis nie verstanden hatte, was Frauen wirklich wollen – weil er, natürlich, schon von vornherein überzeugt war, daß jede Frau vor allem einen Penis haben will.[101] Er bildete sich sogar ein, daß eine Mutter ihr Kind nur liebt, weil es für sie ein Penisersatz ist.

Der Grund für Freuds mißlungene Einsicht an dieser Stelle sollte jetzt klar sein: er ließ in seiner Analyse der Entwicklung des Ichs den positiven Einfluß des anderen Familienmitglieds, der Mutter, außer acht. Er vernachlässigte in übermäßiger Betonung der Rolle des Vaters, des jupitergleichen, machtstrebenden, unterdrückenden, organisierenden Elements in der Persönlichkeit, die Funktion der Mutter mit ihren lebenspendenden Gaben, ihrer entspannenden

> *und nachgiebigen Einstellung, ihren Leben weitergebenden und Leben nährenden Funktionen: die Sympathie und das Verständnis der Mutter, die ihrem Kind die Brust gibt, ihre besondere Anstrengung, durch die Sprache eine Ich-und-Du-Intimität aufzubauen, ihre unendlich vielen Arten, Liebe auszudrücken.*[102]

Durch den freudschen Phallozentrismus, der noch zu der christlichen Abwertung des Weiblichen hinzukam, wurde das übliche Muster gestörter Familien tendenziell festgeschrieben; ein Sozialarbeiter beschrieb es so: »Es gibt immer einen Ehemann, der seine emotionale Unterstützung verweigert und eine unglückliche Frau, deren Selbstwertgefühl beschädigt ist.«[103] Mumford weist darauf hin, daß die Abwertung der Mutterschaft Kinder beiderlei Geschlechts von einer lebendigen Erfahrung abschneidet, die die wesentliche Grundlage jeder künftigen Verpflichtung auf ein gemeinschaftliches Funktionieren im gesellschaftlichen Zusammenhang ist. »Der Wissenschaftler hat mit der Unterdrückung der pflegenden und nährenden Impulse in der Persönlichkeit auch das normale elterliche Interesse an der Zukunft verloren, das durch diesen Teil der Persönlichkeit in Ehren gehalten wird. Man weiß kaum, ob man diese Haltung als Unschuld oder Fatalismus charakterisieren soll; sie ist ganz sicher ein Zeichen für ein Mißlingen des Reifeprozesses.«[104]

Nach einer Theorie von Gilder können nur wenige Männer eine psychologische Reife erlangen, wenn sie nicht eine intime Beziehung mit einer Frau eingehen, durch die sie eine lebendige Verbindung mit dem Zukunftssinn erleben. Die Frau hat »als Teil ihrer besonderen Sexualität einen Sinn für die Zukunft: eine Empfindung für Entwicklung und Wachstum, die Neigung, Vergnügungen zugunsten zukünftiger Vorteile aufzuschieben, ein Gefühl für die Phasen und Abschnitte des Lebens, Verständnis für den Wert des einzelnen menschlichen Wesens. Diese Empfindungen sind die eigentliche Grundlage der menschlichen Moral.«[105] Das sind genau die Empfindungen, die in den matriarchalischen Religionen mit ihrer zyklischen, zukunftsorientierten Betrachtungsweise des Lebens verkörpert sind. Solche Religionen waren frei von neurotischen Fragen nach einem unbestimmbaren »Sinn« des Lebens, weil sie nie von der Notwendigkeit ausgingen, daß sich das Leben rechtfertigen müsse. Sie waren auch frei von den Gefühlen der Angst, von Schuldgefühlen und den Gefühlen von Sünde, wie patriarchalische Religionen sie den Menschen aufbürden; letzteres liegt sicher auch daran, daß diese Religionen von Männern entwickelt wurden, die seit ihrer frühesten Kindheit von einer Gesellschaftsordnung verunsichert wurden, die sich auf männliche Einschüchterung und Vorherrschaft gründet.

Wer die Macht hat, hat das Recht auf seiner Seite – diese Moral war typisch für die lineare, hierarchische männliche Theologie. Die weibliche Moral war feinfühliger und bejahender und unterstützte denselben Geist enger Zusammenarbeit, durch den die Zivilisierung der Menschheit vor allem ermöglicht wurde.

Die patriarchalische Gesellschaft ist offenbar, ungeachtet des Grundbürfnisses der Männer, an den weiblichen Fähigkeiten teilzuhaben, genau andersherum organisiert: Frauen sind gezwungen, ihr Selbstwertgefühl durch Teilhabe an männlichen Werten zu erlangen. Viele Frauen haben im »Schoß« der patriarchalischen Familie gelernt, die Mutterschaft für wertlos zu halten, statt nach dem kostbaren Zustand der Mutterschaft zu streben:

> *Der soziale Aufstieg jeder strebsamen Frau scheint das Geschenk ihres Vaters an sie gewesen zu sein. Vielleicht hat Daddy, um seine männlichen Schuldgefühle zu besänftigen, seine Tochter zu Leistungen angestachelt, die er seiner Frau vorsätzlich verweigerte; er mag in ihr zur Befriedigung seiner männlichen Eitelkeit derart schmerzhafte Gefühle weiblicher Wertlosigkeit erzeugt haben, daß nur die Nachahmung einer Existenz männlichen Stils sie mildern konnte. Die Tochter wurde aber offenbar immer stellvertretend für den Schaden verletzt, den das mütterliche Ego durch den Vater erleidet. Sie empfindet vielleicht Mitleid mit der Misere der Mutter, oder Verachtung dafür, daß »Mama Papa damit durchkommen läßt«, oder eine Mischung beider Gefühle, aber sie wächst unweigerlich mit einem geradezu krankhaften Horror davor auf, »wieder genauso wie Mama zu leben«.*[106]

Briffault und andere Wissenschaftler gingen davon aus, daß die Abwertung der Mutterrolle Männern genausoviel Schaden zufügt wie Frauen: »Männer müssen viel mehr von der ›patriarchalischen Theorie‹ verlernen. Frauen müssen lernen, daß alle lohnenden Ideale der Menschheit letztlich mit ihren eigenen elementaren Instinkten identisch und das Ergebnis davon sind ... Die Kompromisse, die die Beziehungen zwischen den Geschlechtern beherrschen, liegen allen wahren menschlichen Werten zugrunde ... Der Anteil der vestalischen Mütter besteht wie von alters her darin, die heiligen Feuer zu hüten. Den Frauen kommt die Aufgabe zu, sich nicht nur von ihrer ökonomischen Abhängigkeit zu befreien, sondern auch die grundlegendsten Realitäten, deren erste Mütter sie waren, aus dem Zustand der Quasi-Leibeigenschaft zu befreien.«[107]

Selbst Buddha griff in seinem Diskurs über die universelle Liebe auf die grundlegende mütterliche Vorstellungswelt zurück: »Ein Mann sollte so, wie eine Mutter ihr Kind, ihr alleiniges Kind, sogar unter Einsatz ihres eigenen Lebens liebt und beschützt, die maßlose Liebe gegenüber der ganzen Welt kultivieren, oben, unten und rundherum, uneingeschränkt und nicht vermischt durch irgendein Gefühl abweichender und gegensätzlicher Interessen ... Diese Geisteshaltung ist die beste auf der Welt.«[108] Kein Mann könnte sie aber ohne das Modell der Mutterschaft erreichen.

1. Briffault 1, 191. 2. Neumann, A. C. U., 11 (dt. 9).
3. Frazer, G. B., 45f., 138 (dt. 57f., 174). 4. Briffault 2, 445ff. 5. Stone, 11 (dt. 37).
6. Mead, 102. 7. Campbell, P. M., 315, 320f. 8. Briffault 1, 275, 288, 300.
9. Neumann, G. M., 94. 10. Graves, G. M. 1, 11 (Einf.). 11. Lederer, 87.
12. Maspero, 3. 13. Budge, D. N., 20. 14. Hartley, 188. 15. Briffault 3, 42.
16. Erman, 83 (dt. 119). 17. Budge, G. E. 1, 52, 93. 18. Hartley, 197.
19. Briffault 1, 374. 20. Jung & Kerenyi, 141f. 21. Hartley, 201ff.
22. Stone, 43, 46 (dt. 77, 81). 23. *Larousse*, 83. 24. Briffault 1, 245, 426.
25. Dumézil, 68. 26. M. Harris, 80. 27. Briffault 1, 422, 427. 28. Dumézil, 296.
29. Thomson, 244. 30. Briffault 1, 414, 419. 31. Riencourt, 170. 32. Briffault 3, 23.
33. *Larousse*, 403. 34. Briffault 1, 366. 35. Graves, G. M., 25.d. 36. *Larousse*, 85.
37. Stone, 47 (dt. 83). 38. Graves, G. M. 1, 11 (Einf.). 39. Woodroffe, 409.
40. Stone, 26 (dt. 56). 41. Cumont, A. R. G. R., 64. 42. Stone, 15, 26 (dt. 44, 56).

43. Budge, G. E. 1, 93, 213f., 459, 463; Maspero, 286f.; *Larousse*, 37.
44. Briffault 1, 432; 2, 442. 45. O'Flaherty, 65, 352, 49. 46. Graves, W. G., 250.
47. O'Flaherty, 48. 48. *Assyr. & Bab. Lit.*, 387. 49. Erman, 227ff. (dt. 286ff.).
50. Briffault 2, 515. 51. Stone, 131 (dt. 185). 52. Gaster, 764.
53. Graves, W. G., 240, 248. 54. *Larousse*, 28. 55. Budge, G. E. 1, 426.
56. *Forgotten Books*, 194. 57. *Mahanirvanatantra*, 161. 58. Bachofen, 133 (dt. 77).
59. Brewster, 280. 60. Hauswirth, 30 (dt. 40). 61. Gornick & Moran, 226.
62. Gittelson, 26. 63. Briffault 2, 545, 551f. 64. F. Huxley, 215. 65. Hallet, 183.
66. F. Huxley, 207. 67. Riencourt, 20. 68. Neumann, G. M., 290. 69. Mead, 94.
70. Campbell, P. M., 318. 71. Beard, 113. 72. Daly, 94 (dt. 114). 73. Fromm, 158.
74. Briffault 2, 497; 1, 316f. 75. Hartley, 142. 76. Fromm, 174. 77. Fromm, 168.
78. Briffault 1, 432. 79. Beard, 40f., 55f. 80. Bachofen, 80, 133 (dt. 13, 77).
81. Campbell, Oc. M., 70. 82. Neumann, A. P., 31 (dt. 39). 83. Mumford, 242f.
84. Bullough, 13f. 85. Campbell, M.T. L. B., 206. 86. Montagu, T., 273.
87. O'Neill, *Strange Interlude*, 88 (dt. 37). 88. Neumann, G. M., 85 (dt. 91).
89. J. E. Harrison, 496. 90. Mumford, 242f. 91. Fromm, 155. 92. Hays, 63.
93. *Encyc. Brit.*, »Babylonia and Assyria«. 94. Campbell, Oc. M., 86, 153.
95. Briffault 2, 493f. 96. Stone, 194 (dt. 277). 97. Simons, 99.
98. Augstein, 200. 99. *Larousse*, 13, 36. 100. Daly, 94 (dt. 113).
101. Lederer, 238. 102. Mumford, 341. 103. Gittelson, 87.
104. Mumford, 469, 347f. 105. Gilder, 144–152. 106. Gittelson, 66.
107. Briffault 3, 519f. 108. Ross, 123.

Mutterschoß

Das Sankrit-Wort, mit dem alle Tempel und Heiligtümer bezeichnet wurden, lautete *garbha-grha*, »Mutterschoß«.[1]

Das große Jahresfest der argischen Aphrodite wurde *Hysteria*, »Mutterschoß« genannt.[2]

Das älteste griechische Orakel – der Großen Mutter Erde, dem Meer und dem Himmel heilig – befand sich in Delphi; *delphos* bedeutete »Mutterschoß«.

Megalithische Gräber und Hügelgräber wurden als »Mutterschoß« angelegt, um den Toten die Wiedergeburt zu ermöglichen. Ihre vaginalen Pforten zeigen, daß die Menschen der Jungsteinzeit erhebliche Anstrengungen auf sich nahmen, um die weibliche Anatomie in Erde und Stein nachzubilden. Die englischen Wörter *tomb* (Grab) und *womb* (Mutterschoß) sind sogar sprachgeschichtlich eng miteinander verwandt: Grabhügel heißt auf griechisch *tumbos* und auf lateinisch *tumulus*; beide Wörter sind verwandt mit *tumere* (anschwellen, schwanger sein). Das englische Wort *tummy* (Bauch) stammt vermutlich aus der gleichen Wurzel.[3] Mutterschoß-Tempel und Mutterschoß-Gräber weisen in das Zeitalter des Matriarchats zurück, in dem ausschließlich der weibliche Lebens-Zauber für wirksam gehalten wurde. Auch die fernöstlichen Stupas – Grabgewölbe, in denen die Überreste geheiligter Toter innerhalb eines *garbha* (Bauch) genannten Gefüges aufbewahrt wurden – weisen auf diesen Typus der Wiedergeburtsvorstellung zurück.[4] Die Parallelen zwischen den Hügelgräbern, den mykenischen Schachtgräbern, den Höhlen-Tempeln und anderen vergleichbaren Bauten sind inzwischen ausreichend bekannt. Selbst der Raum im Zentrum der christlichen Kathedrale wird als »Schiff« bezeichnet; sein ursprünglicher Name war »Mutterschoß«. Von Höhlen und Begräbniskammern heißt es, sie lägen tief im »Schoß« der Erde.

Diese sprachliche Verwandtschaft besteht auch im Deutschen: *Gebären* (althochdt. *beran*, engl. *to bear*) bedeutete ursprünglich auch *bringen* oder *tragen*; diese Bedeutung ist noch in dem Wort »Toten*bahre*« erhalten. Die Redewendung »von der Wiege bis zur Bahre« bezeichnet also – wenn auch nicht auf den ersten Blick erkennbar – den gleichen Kreislauf wie das englische »from womb to tomb«.

Die archetypische Mutterschoß-Symbole sind heute so geläufig wie eh und je, auch wenn sie nicht immer als solche erkannt werden. Der Maler Paul Klee fragte einmal: »Welcher Künstler würde sich nicht wünschen, im zentralen Organ aller Bewegung zu leben, ... dem Organ, von dem alle lebendigen Wirkungen ausgehen? Im Schoß der Natur, im Urgrund der Schöpfung, wo der geheime Schlüssel zu allen Dingen verborgen liegt?«[5]

1. Campbell, C. M., 168. 2. H. Smith, 126. 3. Potter & Sargent, 28.
4. Waddel, 262. 5. Jung, M. H. S., 263.

Muttertag

Ursprünglich der heidnische Tag der Mutter, der in England bis ins 18. Jahrhundert n. Chr. begangen wurde. Am vierten Sonntag der Fastenzeit besuchten alle Leute mit einem *Simnel-cake* (Lateinisch *simila*, »feines Mehl«) als Geschenk ihre Mutter, um ihren Segen zu erbitten. Das war *going a-mothering*. Herrick erwähnte diesen Brauch in seiner Kanzonette an die Nymphe Dianeme, mit der vielleicht Diana von Nemi gemeint war. Der *Simnel* war ein Männchen, ein Pfefferkuchenmann, ein Ebenbild oder eine Hostie: ein Gott, der zeremoniell verspeist wurde.[1]

In den USA wurde 1914 ein »Muttertag« ohne spirituellen Bezug zum Staatsfeiertag erklärt; damit sollten die Mütter der patriarchalischen Kleinfamilien einmal im Jahr über die fehlende Anerkennung ihrer Arbeit hinweggetröstet werden. 1933 führten die deutschen Nationalsozialisten, die ihre eigenen Gründe hatten, an einer Aufwertung und Überhöhung der Mutterschaft interessiert zu sein, den Muttertag am zweiten Sonntag im Mai ein.[2] Noch heute fühlen sich viele Menschen veranlaßt, genau an diesem Tag ihrer Mutter einen Besuch abzustatten.

1. Brewster, 144. 2. Brockhaus, »Muttertag«.

Myrrhe

Die Myrrhe erschien an zwei entscheidenden Punkten der christlichen Mythologie: bei der Geburt Jesu (Matthäus 2, 11) und erneut bei seinem Tod (Markus 15, 23); sie repräsentierte die mystische Jungfrau-Mutter, die auch Mutter Tod war und Maria, Miriam, Mari oder Myrrha hieß oder – wie die Christen die Jungfrau Maria nannten – »Myrrhe des Meeres«.[1]

Die heidnische Version von Maria war die Tempeljungfrau Myrrha, die in derselben Höhle zu Bethlehem, die die Christen für den Geburtsort von Jesus halten, Adonis gebar, den »Herrn«.[2] Myrrhe wurde in den Riten des Adonis als aphrodisischer Weihrauch benutzt, und aus ihren dornigen Zweigen war vielleicht die Spottkrone des heiligen Königs angefertigt, die die »Dornenkrone« genannt wird. Die Myrrhe war ein Emblem Maras, wie im Orient üblicherweise der Geist des Todes hieß.[3]

Einige WissenschaftlerInnen vertraten die Theorie, daß Jesus am Kreuz Myrrhe zur Betäubung seiner Schmerzen gereicht bekam. Sie berufen sich darauf, daß es eine jüdische Tradition gab, nach der »die würdigen Frauen in Jerusalem« demjenigen, »der hinausgeführt wird, um getötet zu werden«, Myrrhe reichten.[4] Gegen diese Theorie spricht allerdings, daß Myrrhe keine betäubenden Eigenschaften besitzt. Die Frauen von Jerusalem hatten offenbar einen anderen, weniger barmherzigen Grund, denjenigen Myrrhe zu geben, die exekutiert werden sollten; auch die frühen Christen erinnerten sich noch daran, daß Myrrhe gleichbedeutend war mit Tod und Wiedergeburt eines Gottes und mit seiner heiligen Mutter gleichgesetzt wurde.

In der Zauberkunst wurde der Myrrhe die Kraft zugesprochen, die Menstruation hervorzubringen: vielleicht war das ein Überbleibsel alter Legenden vom Vergießen des »Lebensblutes« des kastrierten Gottes.[5]

1. Ashe, 48. 2. Doane, 155. 3. Frazer, G. B., 390 (dt. 491); Campbell, Or. M., 219. 4. Keller, 376 (dt. 358). 5. Pritchard, S. S., 47.

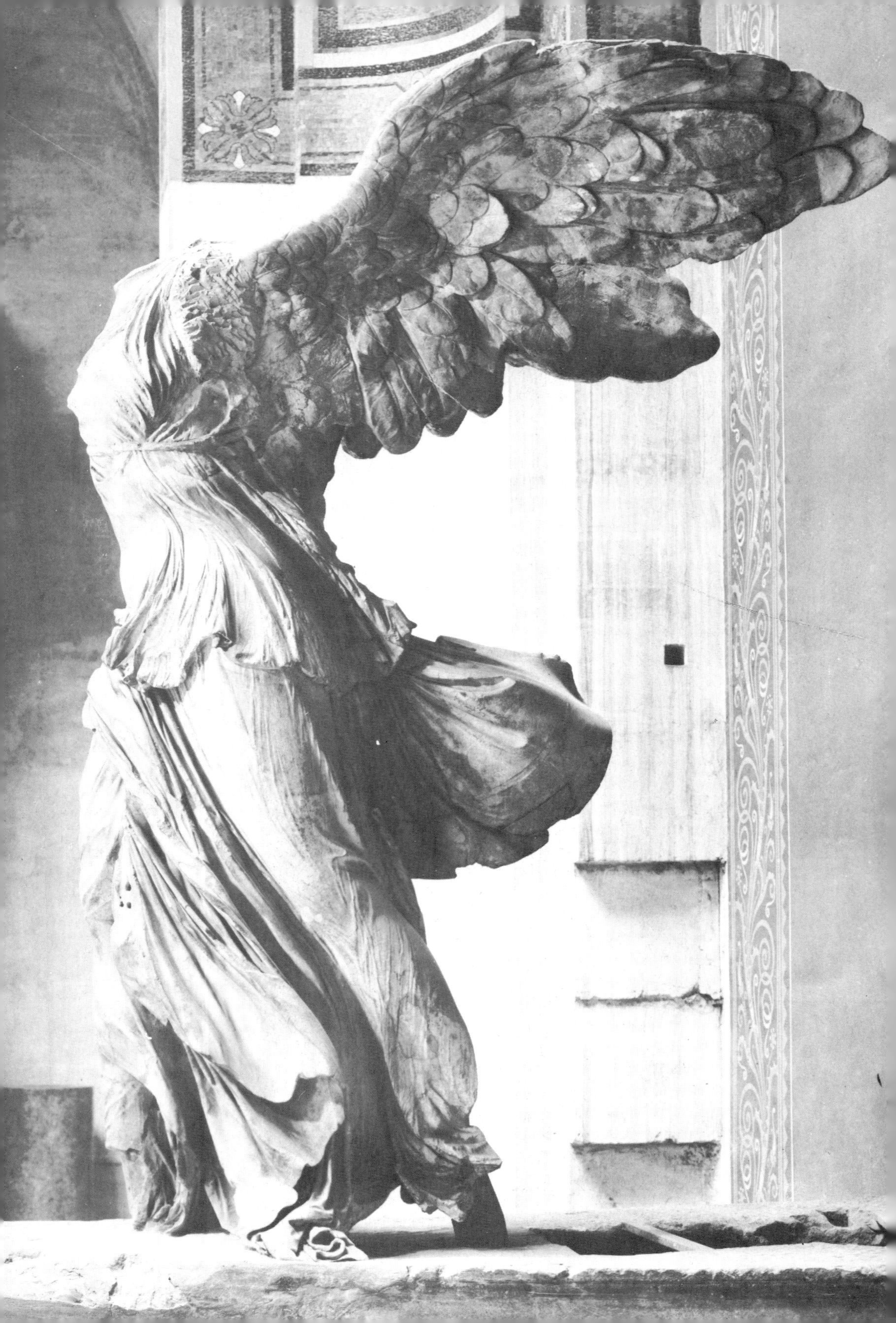

Das Standbild der Nike von Samothrake im Louvre ist heutzutage vielleicht bekannter, als es die prähellenische Göttin NIKE zu ihrer Zeit war. Ihr Name bedeutet »Sieg« oder »Herrschaft«, und die ungefähr zwei Meter fünfzig hohe Statue aus Marmor, die in der Mitte des 19. Jahrhunderts auf der Insel Samothrake gefunden wurde, demonstriert diese Charakterisierung eindrucksvoll; 5. Jahrhundert v. Chr.

OSIRIS, der älteste und am kontinuierlichsten verehrte der ägyptischen Götter. Sein Kult war schon um 2000 v. Chr. weit verbreitet und zu Beginn der christlichen Ära so einflußreich, daß sich viele seiner Eigenschaften in dem neuen Messias widerspiegelten (manche sagen, er hätte sie übernommen). Hier ist er mit seiner Frau-Mutter-Göttin Isis und dem ibisköpfigen Gott Thot dargestellt, die Ägypten jahrhundertelang beherrschten.

OEDIPUS war ein mythischer König von Theben, der nicht nur seinen Vater erschlug, seine Mutter heiratete und sich schließlich die Augen ausstach. Er war auch die Ursache dafür, daß das Bild der Göttin, die Sphinx, von einer Klippe hinunterstürzte.
J. A. Ingres stellt ihn kurz vorher dar, als er der vertrauten Gestalt das Rätsel beantwortet.

Naamah

Christliche Bezeichnung eines Dämons, der von einem Titel des Adonis, Naaman, »Liebling«, abgeleitet war.[1] Er gab als »Liebling« der Göttin Aphrodite auch der Anemone seinen Namen. Von ihr hieß es, sie sei die »Blüte« seines Blutes. (Siehe **Adonis**.)

1. Frazer, G. B., 390 (dt. 489).

Nacktheit

Religiöse Riten sollten nach der Meinung der tantrischen Weisen nur »himmelsbekleidet« (*digambara*), oder nackt, zelebriert werden. Vor den Augen der Großen Göttin müßten alle Unterschiede in Rang, Kaste oder Klasse mit der Kleidung abgelegt werden, durch die sie zum Ausdruck kommen.[1] Die Göttin selbst erschien unter dem Namen Nagna, »Nacktheit«, unbekleidet.[2] Es war allgemein anerkannt, daß die Magie der Göttin eher in ihrem realen Leib als in ihren Gewändern angesiedelt war, da die Schöpfung als ein Wirken des weiblichen Körpers und nicht irgendwelcher äußerer Staffagen begriffen wurde.[3] Mehr noch: Gerade die Nacktheit der Göttin übte die geheimnisvolle Macht über die Körper der Männer aus. Bilder der nackten Göttin schmückten bis ins 11. und 12. Jahrhundert n. Chr. sogar Kirchen, besonders auf den britischen Inseln. Viele dieser Bilder wurden zerstört, aber einige sind noch erhalten.[4]

Die Zauberkraft von Männern und die ihrer Götter wohnte, im Gegensatz zu dieser früheren Betonung der Nacktheit, häufig in ihren Gewändern. Odins Aussagen im Havamal zufolge gab er den Männern Kleidung, damit sie »Adel« – also Macht* – anlegen konnten, denn »der nackte Mann ist nichts«.[5] Patriarchalische Gesellschaften machten meistens viel Aufhebens um Uniformen, Amtskleider, Rangabzeichen und andere Dekorationen, durch die sich Männer definierten.

Die Einstellung, daß Nacktheit die Macht von Frauen erhöhe und die von Männern verringere, führte vielleicht dazu, daß die Christen normalerweise gegen die Nacktheit waren, selbst wenn sie, wie bei Tropenvölkern, praktisch war. Australische Missionare gaben hungrigen Ureinwohnern erst dann Nahrung, wenn diese sich bekleidet hatten. Ein Missionar im Orinocogebiet beklagte, daß die UreinwohnerInnen das Christentum nicht wirklich akzeptiert hätten. Er hielt sich aber »sehr getröstet« zugute, eingeborenen Frauen eine derartige Sittsamkeit beigebracht zu haben, daß sie ihre Kleidung selbst im Bett nicht mehr ausziehen wollten.[6]

Die frühen Christen verdammten die Nacktheit, weil sie für die Anbetung der Göttin charakteristisch war. Die Legende des heiligen Barnabas berichtet von der geheimnisvollen Zerstörung des Aphroditetempels zu Paphos durch den Heiligen. Als er sah, daß in diesem Tempel »viele Männer und Frauen ein Fest begingen und dabei nackt herumliefen, war er darüber so erzürnt, daß er den Tempel dieser Heiden verfluchte – und umgehend fiel der Tempel in Trümmer und zermalmte bei seinem Einsturz eine große Anzahl Heiden.«[7]

Ein christlicher Bischof namens Priscillian, der im 4. Jahrhundert n. Chr. lebte, scheint an heidnischen Riten teilgenommen zu haben. Er widmete sich »abscheulichen Studien, hielt nächtliche Treffen mit unzüchtigen Weibern ab und hatte sich angewöhnt, splitternackt zu beten«.[8]

In mittelalterlichen Werken über Zauberei wurde verbreitet, daß durch zeremonielle Nacktheit Geister heraufbeschworen werden könnten. Aber diese Art der Magie wurde als eine Entwürdigung verurteilt, die Frauen vorbehalten sei, »deren Altersschwachsinn öfters in solche Schändlichkeiten sich verirrt«.[9] Die Frauen glaubten aber weiter an die Macht der Nacktheit. Schottische Mädchen zogen sich am Andreasabend nackt aus und sprachen ein Gebet, »um zu erfahren, welche Art Ehemann sie haben werden«.[10] Pierre de Lancre schrieb, daß »Hexen in ihren verfluchten Versammlungen entweder völlig nackt sind oder *en chemise*«.[11] In Irland war es bis zum 17. Jahrhundert bei alten Fruchtbarkeitsriten Vorschrift, daß das Korn für die Festtagskuchen von jungen, völlig nackten Frauen mit »bestimmten Steinen« gemahlen werden mußte.[12]

Bei der bulgarischen Zeremonie des Notfeuers marschierten »vor den Viehherden, die durch die Flammen getrieben werden sollten, zwei junge Männer, ›deren Namen nicht ausgesprochen werden dürfen‹, und danach zogen sie sich nackt aus und entzündeten in einem Wald das neue Feuer«. In Serbien entzündeten bei einer ähnlichen Zeremonie »ein nackter Junge und ein nacktes Mädchen das Feuer, indem sie Holzstöcke aneinanderrieben«.[13] Landleute und ZigeunerInnen auf dem Balkan führten noch in unserem Jahrhundert Zeremonien durch, bei denen sie im Mondlicht nackt sein mußten.[14] Hexen führten manchmal die »Himmelskleidung«-Tradition fort; sie wurden im Mittelalter, wenn sie nachts nackt ausgingen, oft der Verehrung des »Großen Teufels« in Gestalt eines großen Sterns beschuldigt. Einige als »Schäfer« bezeichnete Ketzer des Mittelalters bestanden darauf, die Messe unbekleidet abzuhalten, sie beriefen sich dabei auf die Theorie, daß »dies die Art ist, wie Adam unserem Vater Opfer darbrachte«. Die Inquisition verdammte sie, weil Adam überhaupt keine Messe gehalten habe.[15]

Die Haltung der Kirche gegenüber der weiblichen Nacktheit beruht auf den Lehren des heiligen Hieronymus. Er vertrat die Ansicht, Frauen sollten sich über ihre Körper derart schämen, daß sie bei seinem Anblick »erröten und sich überwinden müssen«. Deshalb sollte keine »erwachsene Jungfrau« baden. Eine gutaussehende Frau müßte versuchen, ihre Erscheinung durch »absichtlichen Schmutz« zu verschandeln, damit sie fromme Männer nicht von ihren reinen Gedanken ablenke.[16] Die Nonnen des Mittelalters wechselten aus diesem Grund nur selten ihre Kleidung, und Unsauberkeit war fast gleichbedeutend mit Frömmigkeit.

Die Adamiten Böhmens brachten im 15. Jahrhundert die Nacktheit mit früherer menschlicher Reinheit in Verbindung und zitierten die Bibel (Genesis 3, 7) als Beweis dafür, daß die Menschen erst nach dem Begehen der ersten Sünde Kleidung trugen. Sie verteidigten die Nacktheit und die freie Liebe als Mittel der Befreiung des Fleisches von der Sündhaftigkeit. Ihre Sekte wurde 1421 ausgerottet.[17]

Nacktheit spielte oft auch in Geheiminitiationen eine Rolle. Ein französisches Mysterienbuch enthielt die Anweisung: »Der Aspirant sollte sich splitternackt ausziehen, er sollte sich völlig öffnen, sich all seiner Gaben entledigen, seinen Vorlieben entsagen, seinen Gedanken, seinem eigenen Willen – in einem Wort, seinem ganzen Selbst.«[18] Das »Selbst« schien auch hier weitgehend mit den Kleidern gleichgesetzt zu werden – die, wie allgemein bekannt ist, »Leute machen«.

1. Campbell, Or. M., 219. 2. Woodroffe, 111. 3. Campbell, P. M., 389. 4. Branston, 22. 5. Ebd., 64. 6. Briffault 3, 298, 306. 7. Jacobus d.V., 307. 8. Coulton, 24. 9. Agrippa, 128 (dt. 92). 10. Hazlitt, 8. 11. Leland, 158. 12. Johnson, 103. 13. Gelling & Davidson, 179. 14. Leland, 134. 15. J. B. Russell, 181, 210. 16. Muller, 160. 17. J. B. Russell, 224. 18. Waite, O. S., 234.

Nagas

Vedische Schlangenwesen, die Kinder der Göttin Kadru. Die Nagas bewachten in Unterwasserpalästen Schätze und behüteten Bücher, die mystisches Wissen enthielten.[1] Die wirklichen Nagas Südindiens waren Stämme, die matriarchalische Bräuche pflegten, das matrilineare Erbrecht praktizierten und Frauen keinerlei sexuelle oder eheliche Beschränkungen auferlegten.[2] Es hieß, die Große Göttin schenke den Nagas als Gegenleistung für die besondere Verehrung, die sie ihr entgegenbrachten, ein langes Leben.

1. Tatz & Kent, 79 (dt. 77). 2. Graves, G. M., 13 (Einf.)

Name

Der Name, die Bezeichnung eines Gegenstandes, wurde für magische und religiöse Zwecke oft mit dem Gegenstand selbst gleichgesetzt. Durch diesen spirituellen »Kunstgriff« konnte auf den entsprechenden Gegenstand oder das übernatürliche Wesen eingewirkt werden. Kinder und Naturvölker unterscheiden meist nicht genau zwischen der Wirklichkeit und dem Namen einer Sache.[1] Der kindliche Geist des Mittelalters drückte diesen Gedanken in pseudorationalen Worten aus: »Die Eigennamen der Dinge seien gewisse Strahlen derselben, die stets überall gegenwärtig sind und die Kraft der Dinge bewahren, insofern das Wesen der bezeichneten Sache in ihnen herrscht.«[2] Die alten BritInnen glaubten, wie andere Europäer auch, daß der Name und die Seele dasselbe seien.[4]

Die Bezeichnungen für »Name« waren im wesentlichen dieselben Ausdrücke wie die für »Seele«: auf irisch war das entsprechende Wort *ainm*, altwalisisch hieß es *anu*, altbulgarisch *imen*, auf Sanskrit *naman*, Griechisch *onoma*, lateinisch *anima*, *nomen* und *numen*. »So heißt z. B. im Irischen ›ainm‹ Name und ›anim‹ Seele, *anima*, und in gewissen Fällen der Deklination lauten beide gleich, so daß sie von Lernenden oft verwechselt werden.«[3]

Den Seelennamen, den jeder Ägypter trug, den *ren*, bekam ein Kind von seiner Mutter zugeflüstert, wenn es ihr das erste Mal an die Brust gelegt wurde; Renenet, die über das Stillen herrschte, war deshalb auch die Göttin der Seelennamen. Das Kind hätte ohne seinen *ren* keine Identität gehabt und nicht essen dürfen. Selbst die Götter waren darauf angewiesen, daß ihre Mütter ihnen ihren Namen gaben, denn sonst hätten sie alle Lebenskraft verloren und wären gestorben.[5] In Indien gab es denselben Glauben: Die Existenz, die die InderInnen »tausendäugiger Gott« nannten, schrie sofort nach der Geburt: »Gib mir einen Namen, denn ohne Namen werde ich keine Nahrung zu mir nehmen.«[6]

Die Namensgebung stand oft im Zusammenhang mit dem Füttern. Bei den Franzosen erhalten Kinder immer noch einen *nom de lait*, »Milchnamen« – offensichtlich ein Relikt des vorchristlichen Matriarchats, als nur Mütter Namen geben konnten.[7] Chinesische Kinder erhielten mit dem ersten Reis einen »Reisnamen«, von dem angenommen wurde, daß er die Seele verkörpere. Er wurde deshalb streng geheimgehalten.[8] Die Bibel berichtet davon, daß Kinder ihren Namen nicht von ihren Vätern, sondern von ihren Müttern erhielten.[9] Adams Benennung der Tiere war jedenfalls der Versuch, Adam mit magischen Mitteln zu ihrem Vater zu machen, ähnlich wie Shiva unter seinem Titel Prajapati, »Vater der Tiere«.

Beim Übergang vom Matriarchat zum Patriarchat übernahmen die Väter die namengebende Funktion. Die Brahmanen bestanden darauf, daß die Väter, nicht die Mütter, den Kindern den unentbehrlichen Seelennamen einhauchten; die Seele eines Brahmanen wurde Atman genannt, »der Atem«, woraus sich das griechische *atmos* und das deutsche »atmen« entwickelten. Bei jeder Brahmanenhochzeit wurden als Nachweis der väterlichen Abstammung lange Listen von »Erzeugern« rezitiert. Die Verzeichnisse unechter »Erzeuger« im Alten Testament sind auf die Nachahmung dieses fernöstlichen Brauchs zurückzuführen.[10]

Die Ahnenverehrung wurde in matriarchalischen Zeiten eingeführt. Die Stammesmütter wurden zu Göttinnen, die ihren Kindern Namen gaben. Als dann die Patriarchen mit Göttern gleichgesetzt wurden, kopierte das andere Geschlecht dieses System. Die ägyptischen Priester des **Ra** behaupteten, ihre Gottheit schaffe alle anderen Götter dadurch, daß sie ihnen Namen gebe: »Es ist Ra, der seinen Gefährten seinen eigenen Namen gab, und daraus wurden die Götter, die in seinem Gefolge sind ... Ra schuf die Göttergemeinschaft aus seinem eigenen Namen.«[11] Jemand, der einen bestimmten Gott erwähnen wollte, konnte also davon ausgehen, daß dieser Gott in Wirklichkeit Ra in anderer Gestalt war, womit nicht zuletzt die Priester zufriedengestellt werden sollten. Aber Ra existierte in uralten Zeiten nur als ein Name im Wesen seiner Mutter, Ma-Nu, dem kosmischen Abgrund.[12]

In Ägypten gaben die Mütter den geheimen Namen, der die Seele verkörperte. Genauso war es bei den PhönikierInnen, BabylonierInnen, SkythInnen und den keltischen und germanischen Stämmen. Sie bezeichneten sich mit den Namen der Mütter, in denen die Stammesseele enthalten war.[13] »Frage einen Lykier, wer er ist«, schrieb Herodot, »und er gibt als Antwort seinen eigenen Namen, den seiner Mutter und so weiter in der weiblichen Linie.«[14]

Der Großteil Indiens hielt, ungeachtet des Brahmanismus, weiter am alten System der mütterlichen Namensgebung fest. Die Vergabe von Familiennamen stand unter der Herrschaft der Großen Göttin unter ihrem Titel Samjna oder Saranyu, »Name« oder »Zeichen«.[15] In chinesischen Familiennamen war das Mutterzeichen enthalten. Es ist von diesem Brauch bekannt, daß er auf das matriarchalische Zeitalter zurückgeht, also auf Zeiten, bevor die Menschen ihre Väter kannten.[16] Die JapanerInnen benutzten bis 1400 n. Chr. keine Vaternamen; die Kinder trugen die Namen ihrer Mütter.[17] (Siehe **Mutterschaft**.)

Die hellenischen GriechInnen führten den Übergang von Mutternamen zu Vaternamen in ihrer Gesellschaft auf einen Streit zwischen dem Gott Poseidon und der Göttin Athene zurück. Sie gewann, aber er tyrannisierte das Volk, um die Durchsetzung seiner Forderungen zu erzwingen. Den Frauen von Athen wurde das Stimmrecht genommen, und die Männer durften nicht mehr die Namen ihrer Mütter tragen, wie sie es vorher getan hatten.[18]

Die römischen Geschlechter behielten die weiblichen Namen auch noch bei, als die Römer sich schon »Patrizier« nannten (vom Vater abstammend). Diese Namen hatten ihren Ursprung im prärömischen Matriarchat, in dem nur Frauen den Stammeswillen verkörperten.[19] Die Tatsache, daß römische Familien Namen wie Julia, Claudia, Cornelia, Lucretia usw. trugen, wurde später als Beweis gesellschaftlicher Unterdrückung mißverstanden. Bullough schrieb: »Frauen besaßen in der römischen Geschichte sehr lange keine individuellen Namen im eigentlichen Sinne des Wortes ...; Mütter und Töchter trugen denselben Namen.«[20] Er begriff das Wesentliche nicht: Frauen trugen den Familiennamen, weil er die Seele der Familie verkörperte und in mütterlicher Folge von der Mutter auf die Tochter weitergegeben wurde.

Das gesamte patriarchalisch-christliche System bestand durchgängig auf Vaternamen. In der Nomenklatur tauchten Frauen so gut wie gar nicht auf. Der einzige Name, den Frauen besitzen durften, war ihr Taufname, der dadurch unangreifbar war, daß er von einem männlichen Gott gutgeheißen wurde. Bei der christlichen Taufe wurden keine Nachnamen erwähnt, weil im Mittelalter die Regeln des Gewohnheitsrechts immer noch mütterliche Nachnamen vorsahen. Christliche Frauen trugen die Nachnamen ihrer Väter, aber nach der Hochzeit gaben sie selbst diese ab, so daß die Kinder über die weibliche Linie keinen Namen erbten. Christliche Väter gaben, wie Brahmanenväter, ihren Kindern einen Namen, indem sie ihn sprachen oder manchmal schrieben; deshalb kann im Englischen *author* nicht nur »Schreiber, Verfasser« bedeuten, sondern auch »Vater«. Der Muttername bestand allerdings in manchen Gebieten, wie zum Beispiel in Spanien, weiter, obwohl Kirchenkonzile mütterliche Nachnamen für illegal erklärt hatten.[21] Skandinavien blieb bis zum 11. Jahrhundert heidnisch und behielt das ältere System der Namensgebung bei. Skandinavische Frauen nahmen bis ins 18. Jahrhundert hinein nicht die Nachnamen ihrer Ehemänner an.[22]

Die große Bedeutung, die den Namen beigemessen wurde, geht auf früheste Zeiten zurück und steht vielleicht in einem tiefen psychologischen Zusammenhang mit der einzigartigen Fähigkeit der Sprache, die wir Menschen, anders als die Tiere, besitzen. Namen wurden oft mit der Seele gleichgesetzt. Die ÄgypterInnen sagten: »Die Namen der Toten auszusprechen heißt, sie wieder leben zu lassen.« In Grabinschriften wurden die Vorübergehenden gebeten, den Namen des dort Begrabenen auszusprechen und ihm dadurch den »Lebensatem einzuhauchen, der verschwunden ist«.[23] Einem Ägypter konnte kein größeres Leid zugefügt werden, als den Schriftzug seines Namens auszulöschen. Die Zerstörung dieser besonderen Buchstaben war gleichbedeutend mit der Vernichtung der Seele.[24]

Auch die Römer strebten danach, die Namen-Seele nach dem Tod zu erhalten. Römische Grabschriften forderten die Vorübergehenden auf, den Namen laut zu lesen. Reiche Römer richteten oft Stiftungen für einen Kreis ihrer Freunde und Nachfolger ein, damit auf einem Bankett am Jahrestag ihres Todes in regelmäßigen Zeitabständen ihr Name verkündet wurde.[25] Die christliche Praxis, Namen auf Grabsteine zu schreiben, entwickelte sich aus der römischen Praxis, im Sprechen die Seele neu zu erschaffen.

Ein Hauptzweck der Grabinschrift war nach gängiger Ansicht, Gottheiten dazu zu bewegen, den Namen auszusprechen. Das sollte die Unsterblichkeit sichern, denn die Menschen glaubten, daß jedes von einer Gottheit gesprochene Wort Realität werden würde. Das Aussprechen eines Namens durch einen göttlichen Mund konnte angeblich den realen Menschen wiedererzeugen. Der Pharao Sesostris I. (1965–1934 v. Chr.) ließ seinen Namen auf den Benben-Stein (einen Obelisken) schreiben und sagte: »Ein Name, der darauf steht, wird [von den Göttern] genannt und geht nicht unter in Ewigkeit.«[26] Die babylonischen Könige beteten aus demselben Grund zur Göttin **Ishtar** und baten sie, ihren Namen neues Leben zu verleihen.[27]

Ein Mensch konnte andererseits verflucht werden, wenn sein geheimer, magischer Name einem Feind bekannt wurde und dieser ihn im falschen Zusammenhang aussprach. Um Ra am Ende seines Tageslaufs zu zerstören und ihn zu einem alten Mann zu machen, der bei Sonnenuntergang schwach seinem Tod entgegenwankte, sprach Isis seinen geheimen Seelennamen aus.[28] Die Kenntnis seines Namens brachte im Märchen Rumpelstilzchen den Untergang; das könnte eine späte Version des Mythos von Ra und Isis gewesen sein.

Die Große Göttin beschwor manchmal die Macht ihres eigenen Namens oder mehrerer ihrer Namen, um Kräfte der Schöpfung oder Zerstörung freizusetzen. Isis brachte Osiris dadurch ins Leben zurück, daß sie sich als Isis und Nephthys beschwor.[29] Sie bekämpfte den Drachen der Dunkelheit und »erlangte unter ihrem Namen Sekhet Macht über ihn, sie überwältigte ihn unter ihrem Namen Khut-nebat (Flammenauge)«.[30] Jahwehs heidnisch inspirierter Titel El-Schadaj – der mit *schadajim*, »milchgebende Brüste«, und *schadaj*, »zerstören«, verwandt ist – entspricht widersinnigerweise den Namen der Göttin von Schöpfung und Zerstörung.[31]

Die Vorstellung, durch das Aussprechen eines göttlichen Namens Kräfte der Schöpfung und Zerstörung aktivieren zu können, entwickelte sich lange vor dem Aufkeimen der Zivilisation. Die Mutter der Götter beherrschte ihre Nachkommen durch die Kenntnis ihrer geheimen Namen. Eine frühe priesterliche Theorie enthielt den Vorschlag, daß die Menschen diese geheimen Namen lernen sollten, um mit ihnen die Götter beherrschen zu können. Brahmanenpriester behaupteten, sie könnten mit Mantras, in denen die göttlichen Namen genannt wurden, die Handlungen der Götter steuern. Einige Inhalte ihrer Lehre waren in den Upanishaden, den »geheimen Namen«, niedergelegt.[32] Der Name des Buddhas Amida war so mächtig, daß ein Priester sich selbst oder jeden anderen Menschen durch seine bloße Nennung auf der Stelle zum Westlichen Paradies senden konnte.[33]

Die Priesterschaft behielt natürlich die Kenntnis dieser gefürchteten Namen für sich, denn es wäre nicht angegangen, sie das gemeine Volk frei benutzen zu lassen. Das war auch der Grund, weshalb es für Juden mit einem Tabu belegt war, den Namen des Herrn ohne besonderen Anlaß zu benutzen. Dem einfachen Volk der semitischen Stämme waren die richtigen Namen ihrer Götter unbekannt; sie nannten sie einfach El oder Baal oder Adonai, »der Herr«. Als der Name des jüdischen Gottes einen größeren Bekanntheitsgrad erlangte, behaupteten die Rabbis, seine Magie liege in der richtigen Aussprache, die nur einmal alle sieben Jahre von einem älteren Priester an einen jüngeren Priester weitergegeben werden könne.[34] Der Name wurde auf geweihte Amulette geschrieben, von denen es hieß, sie würden ihren Träger nach vielen Wiederholungen der Silben vor jedem Übel bewahren. Gelehrte Juden vertraten die Ansicht, daß »Israel von Gott mit Hilfe eines Namens aus Ägypten geführt wurde, der aus zweiundsiebzig Namen bestand«.[35]

Der islamische Allah war mit neunundneunzig geheimen Namen sogar noch besser ausgestattet. Moslems waren der Auffassung, daß Allah jedes Gebet erhören müßte, bei dem all diese Namen ausgesprochen wurden. Der »wesentliche Name« war Allah, ursprünglich die Benennung für die milchgebende Göttin Al-Lat.[36] Fromme Moslems riefen vor dem Geschlechtsverkehr Allahs Namen an, damit kein böser Geist in den Mutterleib eindringen und ein schlechtes Kind zeugen könne.[37]

Moslems und Christen übernahmen die jüdische Namensmagie und glaubten, daß durch die Anrufung des Namens Gottes oder des Namens Christi, ganz zu schweigen von ihren geheimen Namen, alle Arten von Wundern bewirkt werden könnten. Es gab im Mittelalter den Glauben, daß jeder Priester Gott dazu zwingen könne, alles Erbetene zu tun, indem er eine Messe des heiligen Geistes abhielt, in der Gottes geheime Namen erwähnt wurden.[38] Henry Morley erklärte die Kräfte des Namens Gottes so:

> *Jeder, der die wahre Aussprache des Namens Jahweh kennt – des Namens, von dem wie die Zweige von einem Baum alle anderen göttlichen Namen der Welt ausgehen, der Name, der die Sephiroth zusammenhält – jeder, der diesen Namen in seinem Munde führt, führt die Welt in seinem Munde. Wenn er ausgesprochen wird, sind Engel von den Wellen des Klanges gerührt. Er beherrscht alle Kreaturen, bewirkt alle Wunder, er regiert all die untergeordneten Götternamen der zahlreichen Engel, die im Himmel über die entsprechenden Völker der Erde gebieten.*[39]

In der Frühzeit des Christentums, als die Christen noch darum kämpften, ihre Sekte gegen den Judaismus abzugrenzen, wurden viele Geschichten zum Beweis dafür erfunden, daß der Name Christi in seiner magischen Wirksamkeit dem Namen Gottes überlegen sei. Eine solche Geschichte aus dem *Leben des Papstes Silvester* handelte davon, wie sich der Papst und ein jüdischer Rabbi in Gegenwart der Kaiserin Helena, der Mutter Konstantins, ein Duell mit heiligen Namen lieferten. Der Jude behauptete, Gottes geheimer Name sei so mächtig, daß keine Kreatur ihn unvorbereitet hören und das überleben könne. Um seinen Standpunkt zu beweisen, flüsterte er den Namen in das Ohr eines Stieres, der unmittelbar danach tot umfiel. Der Papst flüsterte daraufhin den geheimen Namen von Christus in das andere Ohr des toten Stieres und sagte: »Stier, erhebe dich; gehe zurück zu deiner Herde«; und der Stier stand auf und ging.[40] Silvester spottete über die Behauptung des Juden, die verhängnisvolle Macht des göttlichen Namens zu beherrschen, und fragte ihn: »Und du, warum bist du nicht getötet worden, als du diesen Namen hörtest?«[41] Darauf antwortete der Jude nicht.

Jüdische und christliche Gnostiker konzentrierten sich darauf, durch die Macht der göttlichen Namen Heilung, Exorzismus, Absolution und Erlösung zu erreichen. Jesus befahl nach den Aussagen der Pistis Sophia seinen Jüngern, das Geheimnis eines großen Namens zu bewahren, der das Böse vernichten und alle wissentlich oder unwissentlich begangenen Sünden tilgen könne.[42] Glauben wir den Evangelien, dann war dieser Name das esoterische Geheimnis, das Jesus vor allen außer seinen Vertrauten verbarg. Er wurde den Massen nicht mitgeteilt, »damit sie sich nicht bekehren und ihnen nicht vergeben wird« (Markus 4,11); das weist darauf hin, daß sich das frühe Christentum, wie andere Mysterienreligionen auch, an einige Bevorzugte wandte. Jesus teilte seinen Jüngern seinen geheimen Namen mit, der die Macht hatte, Geister auszutreiben. Er sagte: »In meinem Namen werden sie Dämonen austreiben« (Markus 16,17). Zweiundsiebzig seiner Gefolgsleute erzählten ihm: »Herr, sogar die Dämonen gehorchen uns, wenn wir deinen Namen aussprechen« (Lukas 10,17). Origenes behauptete, daß der Name Jesu »Myriaden böser Geister aus den Seelen und Körpern von Menschen vertrieben« hätte.[43] Die Macht des Namens Jesu wurde im Enchiridion als so weitreichend bezeichnet, daß kaum vorstellbar war, wie in einer Welt, in der er ausgesprochen wurde, etwas schiefgehen konnte:

> *Oh heiliger Name, Name, der das Herz des Menschen stärkt, Name des Lebens, der Erlösung, der Freude, kostbarer Name, prachtvoller, glorreicher, angenehmer Name, der den Sünder festigt, Name, der rettet, erhält, leitet und alles regiert ... wo auch immer der allersüßeste Name Jesu ausgesprochen wird ... ergreifen die Dämonen die Flucht, jedes Knie ist gebeugt, alle Versuchungen, selbst die schlimmsten, sind zunichte gemacht, alle Gebrechen sind geheilt, alle Streitigkeiten und Konflikte zwischen der Welt, dem Fleisch und dem Teufel finden ein Ende, und die Seele ist erfüllt von himmlischem Entzücken.*[44]

Die esoterischen Geheimnisse der jüdisch-christlichen Namensmagie stammten aus Ägypten. Dort hatten die Engel des Lichts die Mächte der Dunkelheit mit machtvollen Worten aufgehalten; sie wurden in Werken wie dem Buch Henoch veröffentlicht, in dem beschrieben wird, wie der Erzengel Michael mit ähnlichen Worten gegen dunkle Engel kämpfte:

> *Dies ist die Zahl Kesbeels, der, als er hoch oben in Glorie lebte, den Heiligen die Kraft des Fluches zeigte, und sein Name ist Beqa. Und dieser Engel bat Michael, ihm den verborgenen Namen zu verraten, auf daß sie ihn im Fluch erwähnen könnten, so daß diejenigen, die den Menschenkindern all das enthüllten, was verborgen war, vor dem Namen und dem Fluch erzittern würden. Und das ist die Kraft dieses Fluches, denn er ist mächtig und stark, und er legte diesen Fluch Akae in die Hand von Michael.*[45]

Origenes
(Origenes Adamantius) Ein christlicher Kirchenlehrer, der ca. 185–254 n.Chr. lebte. Er war Ägypter, schrieb aber griechisch und übte einen großen Einfluß auf die frühe christliche Kirche aus. Nachdem er zuerst als Heiliger betrachtet worden war, wurde er drei Jahrhunderte später zum Ketzer erklärt, weil man in seinen Schriften gnostische Elemente gefunden hatte.

Enchiridion
Ein Buch mit magischen Sprüchen, Zaubern und geheimen Namen, das angeblich von Papst Leo dem Großen geschrieben wurde, der es Karl dem Großen geschenkt haben soll, um dessen immerwährendes Glück sicherzustellen.

Diese Passage war entstellte ägyptische Wiedererweckungsmagie. »Diejenigen, die all das enthüllten, was verborgen war« waren die Schlangengottheiten, die der Menschheit gegen den Willen des Himmels heilige Geheimnisse verrieten. »Der Fluch Akae« war Aqa, das Ruder des Totenbootes, die »Leuchte im Wasser, verborgener Glanz«. Der Name Aqa mußte gesprochen werden, bevor ein toter Mensch das Boot besteigen konnte, das den himmlischen Schilfrohrsee befuhr.[46] Er war eines der Machtwörter, mit denen Ras Engel den Drachen der Nacht bekämpften: »Als diese an Magie reichen Götter sprachen, war das der reine Geist (*ka*) der Magie, denn sie sollten mit dem wirkungsvollen Zauber ihrer Rede meine Feinde vernichten.«[47]

Die äthiopischen und abessinischen Christen übernahmen die Vorstellungen des ägyptischen Heidentums über die Worte der Macht (*hekau*). Ihre Vision vom Krieg im Himmel war nichts anderes als der Kampf zwischen Ra und der Schlange der Dunkelheit. Sie sprachen davon, daß Gottes Armeen zweimal überwältigt worden seien, und Satan sich angeschickt hätte, die Herrschaft über das Universum zu übernehmen, als Gott ein letztes Mal seine Engel in den Kampf schickte; sie waren mit einem Lichtkreuz bewaffnet, auf dem die drei geheimen Namen der Dreiheit standen. »Als Satan das Kreuz sah und die drei machtvollen Namen erblickte, verließen ihn Kühnheit und Mut, seine Arme verloren ihre Kraft, und die Waffen, die er führte, fielen ihm aus den Händen, und er und seine Heere wichen zurück und wurden von den jetzt unüberwindlichen Engeln Gottes in den Höllenschlund hinabgeschleudert.« Diese Dreiheit stammte allerdings aus demselben Abgrund der Großen Mutter Ma-Nu, in dem der dreifache Gott »zuerst nur als Name existierte«.[48] Das heißt, er / die Dreiheit trat ins Sein, weil die Mutter seinen / ihre Namen sprach. Diese Dreiheit verdankte angeblich ihre Existenz der fortgesetzten Erwähnung seines / ihrer heiligen Namen(s) durch den Mund der Menschen.

Die Christen übernahmen das Vertrauen, mit denen die Ägypter das Aussprechen des Namens der Dreiheit für wirksam hielten. Sie sahen die Worte: »Im Namen des Vaters, des Sohnes und des Heiligen Geistes« als absolut überlegene magische Formel an. Durch sie konnten Krankheiten geheilt, Ungeziefer vertrieben, weltliche Güter geschützt und mehr von ihnen erworben werden.[49] Papst Alexander III. verbot Mönchen das Medizinstudium mit der Begründung, alle Krankheiten seien durch dämonische Besessenheit verursacht und das einzige geeignete Mittel dagegen sei die Dämonenaustreibung durch die heiligen Namen der Dreieinigkeit.[50]

Die Nennung heiliger Namen war ein wesentlicher Bestandteil jeder christlichen Zeremonie. Typisch war dafür zum Beispiel die Absolutionsformel: »Ich spreche dich von allen Sünden los, im Namen des Vaters und des Sohnes und des Heiligen Geistes.« Die Letzte Ölung (oder Krankensalbung) setzte sich aus aneindergereihten Anrufungen zusammen: »Im Namen des Vaters und des Sohnes und des Heiligen Geistes, möge in dir alle Macht des Teufels ausgelöscht sein durch die Auflegung unserer Hände und durch die Anrufung aller heiligen Engel, Erzengel, Patriarchen, Propheten, Apostel, Märtyrer, Bekenner, Jungfrauen und aller Heiligen.« Die Sterbelitanei enthielt noch längere Reihen heiliger Namen: »Gehe hinaus, christliche Seele, aus dieser Welt, im Namen von Gott dem allmächtigen Vater, der dich erschaffen hat; im Namen des Heiligen Geistes, der über dich ausgegossen wurde; im Namen der heiligen und glorreichen Mutter Gottes, der Jungfrau Maria«, und so weiter, mit langen Aufzählungen. Das heilige Wasser zum Weihen einer Kirche wurde mit der folgenden Formel von bösen Geistern befreit: »Ich beschwöre dich, du Wesen des Wassers, im Namen des Vaters und des Sohnes und des Heiligen Geistes, daß du den Teufel aus jeder Ecke und jedem Loch dieser Kirche und dieses Altars vertreibest; auf daß er nicht in unserer Nähe bleibe.«[51]

Die heiligen Namen waren nicht nur Symbole. Den »im Namen Jesu« oder »im Namen des Vaters, des Sohnes und des Heiligen Geistes« gesprochenen Worten wurde eine absolute Wirksamkeit bei der Vertreibung von Dämonen aus Altären, Kerzen, Taufsteinen und selbst den Kniepolstern in Kirchen zugesprochen, so wie die ägyptischen *hekau* Dämonen aus einer Pyramide vertreiben konnten.[52] Der Mensch hat gegen die bösen Mächte, durch die er sich von allen Seiten bedroht fühlte, sicher nie eine Waffe erfunden, die leichter zu handhaben war. Nichts konnte ihn bewegen, sie jemals preiszugeben.

Agrippa von Nettesheim, der die Wirksamkeit der heiligen Namen auf pseudorationale Weise zu erklären versuchte, endete bei einer völlig irrationalen Beschreibung dieser Namen. Er bezeichnete sie als »Vehikel der göttlichen Allmacht, die nicht von den Menschen, auch nicht von den Engeln, sondern von dem höchsten Gotte selbst auf eine bestimmte Weise nach der unveränderlichen Zahl und Figur ihrer Charaktere für immer festgestellt und geheiligt sind, und die die Harmonie der Gottheit ausdrücken. Daher fürchten die Oberen sie und die Unteren zittern vor ihnen, den Engeln sind sie ein Gegenstand der Verehrung und den Teufeln des Schreckens, und jede Kreatur, jede Religion hält sie heilig.«[53]

Heinrich Cornelius Agrippa von Nettesheim (1486–1535) Ein österreichischer Offizier, Gelehrter, Hofgeschichtsschreiber und Magier; er war der Autor der berühmten *Okkulten Philosophie*, in der der Versuch unternommen wurde, Magie, Theologie, Physik, Mathematik, Alchimie und Kabbala miteinander zu versöhnen.

Aber auch Namen von Höllenwesen wurden teilweise für so wirkungsvoll gehalten wie göttliche Namen. Die Rumänen verwandelten die heidnische Mutter Tod in eine Hexe vom Olivenberg, die sie Avestitza oder »Satansschwinge« nannten. Sie war für die meisten menschlichen Wesen gefährlich, aber einer Person, die ihre neunzehn geheimen Namen kannte und aufschrieb, konnte sie nichts anhaben.[54]

Priester und Magier, christliche wie heidnische, gingen davon aus, daß es möglich sei, ein übernatürliches Wesen durch seinen Namen zu rufen und zur Erfüllung der Aufgabe zu zwingen, die sie von ihm verlangten. Magische Bücher und Kirchenliturgien waren von ihrer Absicht her nahe verwandt. Ein typisches Zauberbuch enthielt eindrucksvolle Aufzählungen geheimer Namen, die angeblich garantiert wirkten.

> *Dies ist der erste Name von Typhon, vor ihm zittern die Erde, der Abgrund, der Hades, der Himmel, die Sonne, der Mond, die Sterne und das ganze wunderbare Universum. Wird dieser Name gesprochen, verjagt er mit seiner Macht Götter und Dämonen. Es ist der hundertbuchstabige Name, der Name, der zuletzt geschrieben wird. Und wenn du ihn geäußert hast, wird der Gott oder der Tote, der ihn hört, bei dir erscheinen und dir deine Fragen beant-*

worten. Und hast du alle Dinge erfahren, schicke nur mit dem starken Namen, dem mit den hundert Buchstaben, den Gott weg und sage: »Fort, Herr, denn das will und befiehlt der große Gott!« Sage den Namen und er wird sich entfernen.[55]

In einer anderen Quelle wurden in einem Zauberspruch jüdische und griechische Götter kombiniert. Er diente dazu, einen Geist der Weissagung in eine Schüssel Wasser zu rufen, Ketten zu brechen, Feinde zu blenden und Träume und göttliche Gunstbezeigungen zu erreichen.

Ich beschwöre dich, der die Erde erschuf und die Knochen (Felsen) und alles Fleisch und allen Geist und das Meer erzeugte und die Himmel aufrüttelt und das Licht von der Dunkelheit trennte, du großer ordnender Geist, der alles ordnet, immerwährendes Auge, Dämon der Dämonen, Gott der Götter, Herr der Geister, stete Ewigkeit. Iao ouei, höre auf meine Stimme. Ich beschwöre dich, Herrscher der Götter, aufbrausender Zeus, oh König Zeus Adonai, oh Herr Jahweh. Ich bin der, der dich in der syrischen Sprache als den großen Gott Zaaler iphphou (Baal-zephon) beschwört, und mißachte nicht den Klang in hebräisch ablanathanalba abrasiloa.[56]

Ein Zauberspruch wirkte angeblich um so stärker, je länger und klangvoller er war und je mehr heilige und unheilige Namen in ihm erwähnt wurden. Ein typischer Liebeszauberspruch beschwor griechische, ägyptische und babylonische Gottheiten der Unterwelt; er wurde auf ein Grab gelegt, damit die Verstorbenen die Botschaft zu ihnen hinuntertrugen.

Ich lege diesen Zauberspruch bei euch nieder, unterirdische Götter, Kore, Persephone, Ereshkigal und Adonis, Hermes, Unterirdischer, Thot und starker Anubis, die den Schlüssel derer im Hades besitzen, Götter der Unterwelt und der Dämonen, derer, die endgültig dahingerafft sind, Männer, Frauen, Jungen und Mädchen, Jahr um Jahr, Monat um Monat, Tag für Tag, Stunde um Stunde. Ich bitte euch inständig, alle hier versammelten Dämonen … Begebt euch zu dem und dem Ort und der Straße und dem Haus und bringt sie hierher und haltet sie fest … Laßt sie mit niemand anderem schlafen, laßt sie mit keinem anderen Mann vergnüglichen Verkehr haben außer mit mir. Laßt sie nicht trinken noch essen, noch lieben, noch kräftig sein oder wohl, laßt sie keinen Schlaf finden außer mit mir, denn ich beschwöre euch bei dem fürchterlichen, schreckenverbreitenden Namen von ihm, der, wenn sein Name gehört wird, die Erde dazu bringen wird, daß sie sich öffnet; die Dämonen, die seinen furchterregenden Namen hören, werden sich fürchten, die Felsen, die seinen Namen hören, werden bersten.[57]

Die christliche Kirche lehrte, daß kein Dämon ausgetrieben werden könne, bevor nicht sein Name bekannt sei, und folgte damit dem Beispiel Jesu, der erst die Namen der Teufel erfragt hatte, bevor er sie aus Gerasa verjagte (Markus 5, 9). Im 1947 erschienenen *Rituale Romanum* wurde vorgeschrieben, daß ein Priester Rang und Namen des Teufels erfragen muß, »und der Teufel ist, wie ein Kriegsgefangener, moralisch verpflichtet, zu antworten«.[58] In Büchern, die noch älter sind als die Evangelien und die Magischen Papyri, wurden in dem Bemühen, den Namen eines Geistes kennenzulernen, endlos geheime Namen Gottes aneinandergereiht:

Rituale Romanum Ein katholisches Handbuch der Riten und Zeremonien, das vorgeschriebene Redewendungen und Gesten für jede Gelegenheit enthält.

Magische Papyri Sammlungen von Exorzismen,

Ich beschwöre dich bei dem Gott der Hebräer, Jesus, Jaba, Jae, Abraoth, Aia, Thot, Ele, Elo, Aeo, Eu, Jiibaech, Abarmas, Jabarau, Abelbel, Lona, Abra, Maroia, Arm, die in Feuer erscheinen, du, Tannetis, inmitten des Flachlands

> *und in Schnee und Nebel; laß deinen unerbittlichen Engel herniedersteigen und den umherirrenden Dämon dieses Geschöpfes, das Gott in seinem heiligen Paradies erschaffen hat, in sicheren Gewahrsam nehmen. Denn ich bete zum Heiligen Gott und setze mein Vertrauen in Ammonipsentancho. Ich flehe dich mit einer Flut kühner Worte an: Jakuthm, Ablanathanalba, Akramm ... Du bist Abrasiloth, Allelu, Jelosai, Jael: Ich beschwöre dich bei ihm, der sich Osrael bei Nacht in einer Feuersäule und am Tag in einer Wolke offenbarte und der sein Volk aus der harten Knechtschaft Pharaos rettete und auf Pharao die Zehn Plagen herniedergehen ließ, weil er nicht gehorchen wollte. Ich rufe dich an, dämonischer Geist, zu sagen, wer du bist. Denn ich rufe dich bei dem Siegel, das Salomo auf die Zunge Jeremias legte, daß er sprechen möge. Sage deshalb, wer du bist, ein himmlisches Wesen oder ein Geist der Lüfte.*[59]

Beschwörungen, Zauberformeln und -sprüchen. Sie waren während der frühchristlichen Ära weit verbreitet und dienten als Grundlage für spätere Grimoires (Zauberbücher) und hermetische Texte.

Der christliche Brauch, für alle möglichen Ziele vom Exorzismus bis zur Wiedererweckung heilige Namen anzurufen, war nach einer rabbinischen Tradition mit einem Fluch belegt; aber die Christenheit hätte ohne diese Möglichkeit kaum bestehen können. Jesus sagte: »Ich habe deinen Namen den Menschen offenbart, die du mir aus der Welt gegeben hast ... und werde ihn bekannt machen« (Johannes 17, 6 u. 26) und ahmte damit die geheime Weitergabe eines göttlichen Namens durch ägyptische Magier nach: »Ich bin der, den du [der Gott] unter dem heiligen Berg trafest und dem du das Wissen um deinen größten Namen übergabest, den ich heilig halten werde und niemandem weitergeben werde außer deinen Mitinitianten in deinen heiligen Riten.«[60] In magischen Büchern, die auf Papst Honorius zurückgehen sollen, der trotz seines päpstlichen Ranges Berühmtheit als Hexenmeister erlangte, werden unumwunden zweiundsiebzig geheime Namen Gottes aufgelistet und demonstriert, wie sie in Beschwörungen zu gebrauchen sind. Jedem modernen Leser, der ihre Wirksamkeit ausprobieren möchte, seien sie hier mitgeteilt: Trinitas, Sother, Messias, Emmanuel, Sabahot, Adonai, Athanatos, Jesu, Pentagna, Agragon, Ischiros, Eleyson, Otheos, Tetragrammaton, Ely, Saday, Aquila, Magnus Homo, Visio, Flos, Origo, Salvator, Alpha und Omega, Primus, Novissimus, Principum et Finis, Primogenitus, Sapientia, Virtus, Paraclitus, Veritas, Via, Mediator, Medicus, Salus, Agnus, Ovis, Vitulus, Spes, Aries, Leo, Lux, Imago, Panis, Janua, Petra, Sponsa, Pastor, Propheta, Sacerdos, Sanctus, Immortalitas, Jesus, Christus, Pater, Filius Hominis, Pater Omnipotens, Deus, Agios, Resurrectio, Mischiros, Charitas, Aeternas, Creator, Redemptor, Unitas, Summum Bonum, Infinitas, Jehovah, Agla, Sady, Gog und Magog.[61]

Die Christen halten bis heute an dem alten heidnischen Glauben fest, daß es den Geist Toter heraufbeschwören könne, wenn ihr Name genannt wird. Ein solcher Name muß, damit der Geist im Grab bleibt, wo er hingehört, immer von der Formel: »Er ruhe in Gott« begleitet werden. Nach Plinius haben die Heiden dieselbe Formel benutzt, wenn sie von den Toten sprachen.[62] Es war angeblich auch eine Katastrophe, wenn ein sterbender Mensch während des Sterbens den Namen eines anderen Menschen im Munde führte. Wenn ein Sterbender den Namen seines Feindes verfluchte, mußte der Feind ebenfalls sterben. Dem liegt offenbar der alte Glaube zugrunde, daß der Name ein lebendiger Teil der Seele ist.[63]

Eine der ältesten Überlieferungen vergaßen die Christen wohlweislich: daß Mütter ihren Kindern Seelen-Namen gaben, während sie sie mit Milch aus ihren Brüsten tauften. Heidnische Mütter praktizierten diesen Brauch noch bis ins Mittelalter hinein; aber es wurde ausdrücklich betont, daß das Christuskind nie eine solche matriarchalische Taufe erhielt.[64]

1. Campbell, P. M., 85. 2. Agrippa, 217 (dt. 172). 3. Jung & Franz, 185 (dt. 191). 4. Squire, 263. 5. Erman, 296. 6. O'Flaherty, 31. 7. Lys, 429. 8. Clodd, 65. 9. Briffault 1, 372. 10. Hays, 223; *Mahanirvanatantra*, 215, 236. 11. Budge, B. D., 266. 12. Ders., A.T., XIX. 13. Briffault 1, 419; *Larousse*, 83; Maspero, 3. 14. Stone, 46 (dt. 81). 15. O'Flaherty, 65, 352. 16. Riencourt, 170. 17. Briffault 1, 369. 18. Graves, G. M. 16.d. 19. Dumézil, 68; Briffault 1, 422. 20. Bullough, 82. 21. Hartley, 287. 22. Oxenstierna, 207 (dt. 114). 23. Cohen, N. H. U.T., 122. 24. Budge, B. D., 280. 25. Angus, 199. 26. Erman, 51 (dt. 81). 27. d'Alviella, 189. 28. *Larousse*, 11. 29. Brandon, 126f. 30. Budge, G. E. 1, 447. 31. Castiglioni, 177. 32. Campbell, Or. M., 200. 33. Ross, 111. 34. Campbell, P. M., 85. 35. Budge, A.T., 270, 378. 36. Ebd., 48, 50. 37. Fielding, 84. 38. Frazer, G. B., 61 (dt. 76). 39. Agrippa, 248. 40. J. H. Smith, C. G., 314f. 41. Jacobus d.V., 80 (dt. 72). 42. Malvern, 51. 43. Robbins, 181. 44. Waite, C. M., 51f. 45. Legge 1, 169. 46. Budge, E. M., 169. 47. Hooke, M. E. M., 74. 48. Budge, A.T., XX, XXI, XXII. 49. Frazer, G. B., 615, 632 (dt. 771, 792); Jacobus d.V., 770. 50. White 1, 386. 51. Scot, 191. 52. H. Smith, 200. 53. Shumaker, 149 (dt. Agrippa, 391). 54. Leland, 64. 55. Legge 1, 104. 56. Ebd. 1, 106f; Budge, E. M., 177. 57. E. M. Butler. 58. Robbins, 128. 59. E. M. Butler. 60. M. Smith, 49, 132. 61. Waite, C. M., 275ff. 62. Halliday, 47. 63. Wimberly, 352. 64. Ebd., 373.

Var. Nar-Marratu

Nammu

Ein sumerischer Name für die Mutter des Universums, der mit einem Ideogramm dargestellt wurde, das »Meer« bedeutete. Sie war offenbar identisch mit **Tiamat** oder der Urmutter, die in Indien und Ägypten Ma-Nu hieß, die Tiefe, die vor der Schöpfung existierte. Nach sumerischen Schriften »schuf [sie] Himmel und Erde«.[1]

1. Hooke, M. E. M., 24.

Namrael

Ein manichäischer Name für die Mutter von Adam und Eva. Die Juden nannten sie auch Nahemah oder Naama, eine Schlangen-Mutter, die wie Lilith als ein Wesen galt, das Dämonen gebar.[1] Sie war ein esoterischer Überrest der Urgöttin, die in ihrem magischen Garten das erste Paar hervorbrachte.

1. Legge 2, 329.

Nana

Die jungfräuliche Mutter von Attis, die mit der nordischen Nanna, der anatolischen Anna und der sumerischen Inanna verwandt war; sie war wie Adonis' jungfräuliche Mutter Myrrha eine Priesterinnen-Inkarnation der Großen Göttin. Der Name Nana bedeutete im alten Uruk »Mond«. In Dahomey wurde dieser Name auf dieselbe Gottheit angewendet. Dort wurden der erste Mann und die erste Frau von Nana-Buluku geboren, der »Mond-Sonne«.[1]

1. Hays, 339.

Nanda Devi

»Gepriesene Göttin«, die Bergmutter, die den Ganges gebar. Der Nanda Devi ist einer der heiligsten Berge der Himalayakette (siehe **Berg**). Sein nahezu unzugänglicher Gipfel liegt jenseits von Wänden aus Fels und Eis und ist mehr als 7500 Meter hoch. 1936 erkletterten Bergsteiger schließlich die »gepriesene Göttin«.

Nanshe

»Traumdeuterin«, ein babylonischer Titel der Großen Göttin, die ihren Priestern die Fähigkeit verlieh, die Träume anderer Menschen zu deuten und aus ihnen vorherzusagen. Um diese Fähigkeit zu erwerben, durchliefen die Priester eine Initiationszeremonie des Abstiegs in ihre »Grube«, einen symbolischen Tod mit nachfolgender Wiedergeburt. Diese Zeremonie ähnelte der von Joseph aus dem Alten Testament, der danach die Träume des Pharao deutete. Nanshe war außerdem die Göttin des Wassers und der Fruchtbarkeit. Ihr Symbol war eine Wasserschüssel mit einem Fisch; damit war der schwangere Mutterleib gemeint.[1] Joseph weissagte unter Zuhilfenahme seines »Bechers«, der möglicherweise ein Gefäß Nanshes war (Genesis 44, 5–15). (Siehe **Abaddon**.)

1. *Larousse*, 61, 63.

Narziß

Der griechische Blumengott, der starb, während er im Teich der Nymphe Echo sein Spiegelbild betrachtete. Als Gottheit der Frühlingsvegetation war es eine andere Form von Dionysos (Antheus). Dieser wurde von den Titanen mit einem magischen **Spiegel** oder einem spiegelnden Teich gefangen, in dem Wassernymphen lebten, die seine Seele ergriffen.[1] Nachdem seine Seele gefangen war, starb der Gott und kam in Gestalt von Frühlingsblumen wieder zum Vorschein. Der hellenische Mythos, daß Narziß aus lauter Liebe für sein Spiegelbild dahinschmachtete, war eine fantasievolle Neudeutung der älteren Geschichte von einem Menschenopfer an dem Frühjahrstag namens Heroantheia, »Heldenblühen«.

1. Graves, G. M., 85.e.

Natron

»Geburtsflüssigkeit«, das Salzwasser, in dem ägyptische Mumien konserviert wurden. Das Konservieren in Salzwasser war eine magische Nachahmung des Fötus-Daseins. Es wurde angenommen, daß die **Mumie** auf ihre Wiedergeburt aus dem Mutterleib der Göttin wartete.

Navis

Das zentrale Kirchenschiff, von lat. *navis*, Schiff; mittelalterliche Kirchen ahmten die Schiffsgestalt normannischer Bestattungswälle nach.[1] *Navis* bedeutete auch Nabel oder *omphalos*, da Schiff und Schrein Symbole des Schoßes der Großen Göttin waren, in den die SkandinavierInnen nach dem Tod zurückkehrten.

1. Oxenstierna, 34.

Nechbet

Ein archaischer ägyptischer Name für Mut, die Geiergöttin, die über Tod und Wiedergeburt herrschte. Ihre Nekropole in Nechen war eine echte Totenstadt und einer der ältesten ägyptischen Orakelschreine. Nechbet ist als »die Repräsentantin einer alten matriarchalischen Schicht« in der ägyptischen Religion anerkannt.[1] (Siehe **Geier**.)

1. Neumann, A. C. U., 12 (dt. 8).

Nehellenia

»Niederer Mond«, eine Variante der Göttin **Hel** oder Holle, nach der Holland benannt ist. Dort wurden ihr geweihte Altäre und Gerätschaften gefunden, nachdem 1646 ein großer Sturm die Erde weggewaschen hatte, unter der sie begraben gewesen waren.[1]

1. Johnson, 211f; Reinach, 138.

Nehuschtan

Ein semitischer Schlangengott, von dem Mose ein Götzenbild anfertigte (2. Könige 18, 4). Der hebräische Nehuschtan oder Nahash, »Schlange«, entstand aus dem vedischen Schlangenkönig Nahusha. Er war einst Herrscher über alle Götter, wurde aber später von Indra in die Unterwelt gestürzt.[1] Nehuschtan wurde in den ersten Jahrhunderten n. Chr. von gnostischen Juden verehrt, die als Naasener, »Schlangenanbeter«, bekannt waren und die jüdische Entsprechung zu den Ophiten darstellten (siehe **Schlange**).

1. O'Flaherty, 348.

Neith

Die Dreifache Göttin von Sais, die auch **Anath**, Ath-enna, Athene oder Medusa genannt wurde. Die ÄgypterInnen behaupteten, ihr Name bedeute: »Ich bin von selbst gekommen«. Sie war der Weltkörper, der Urabgrund, aus dem die Sonne zuerst aufstieg und »die Kuh, die Ra hervorbrachte«.[1] Sie war der verschleierte Geist, den kein Sterblicher von Angesicht zu Angesicht erblicken konnte. Neith nannte sich »alles, was war, was ist und was sein wird«, ein Satz, der in das Neue Testament übernommen wurde (Offenbarung 1,8). Sie war älter als das dynastische Ägypten. Ein prähistorischer Clan trug ihr Symbol, und nach ihrem

Namen waren zwei Königinnen der ersten Dynastie benannt. Die Griechen kannten sie als Nete, eine der Musen der ursprünglichen Dreiheit der Musen in Delphi.[2]

In der Bibel wurde sie Asenat genannt (Isis-Neith), die Große Göttin der Stadt Aun, was die Juden mit »On« übersetzten. Ihr Hohepriester Potifera wurde zu ihrem »Vater« gemacht, so wie Teiresias zum »Vater« der Göttin Mante und Brahma zum »Vater« der Göttin Sarasvati wurde (Genesis 41, 45). Die Göttin selbst wurde in der Bibel in die Gattin Josefs verwandelt, dessen ägyptischer Name bedeutete: »Er kam durch das Wort der Göttin (*neter*) zur Welt.«[3]

1. Budge, G. E. 1, 451, 459; 2, 299. 2. *Larousse*, 37, 118.
3. Budge, D. N., 34f.

Nekromantie

»Weissagung durch die Toten«, eine der weltweit populärsten Formen der Magie, die unter der modernen Bezeichnung Spiritismus noch immer häufig praktiziert wird. Mit der Nekromantie sollte (und soll) eine direkte Verbindung zu den Toten hergestellt werden, um etwas über die Geheimnisse des Nachlebens und der Zukunft zu erfahren.

Jeder Erlöserkult beruhte letztlich auf der Vorstellung von der Geisterbeschwörung. Erlösergestalten kehrten aus dem Land des Todes zurück, weil sie ihren Gefolgsleuten mitteilen wollten, wie sie die Fallstricke des Todes vermeiden und selige Unsterblichkeit erreichen könnten. Aus solchen Informationen bestanden die Mysterienlehren des Orphismus, die eleusinischen, die samothrakischen und die dionysischen Kulte genauso wie der Kult von Osiris, Pan, Adonis, Tammuz, Krishna, Balder, Zalmoxis und Christus. Aber nicht nur Heilande und heilige Könige kehrten aus dem Land des Todes zurück. Das konnte jeder Geist tun, wenn er in der richtigen Weise angerufen wurde.

Homer beschreibt, wie Odysseus eine Geisterbeschwörung mit Hilfe von Schafsblut durchführte, um die Toten aus dem Hades herbeizurufen und mit ihnen zu sprechen.[1] Den »Schatten«, die selbst blutleer waren, war ein Geschenk von Blut immer höchst willkommen. Dieser Gedanke lag mittelalterlichen Schreckgespenstern wie den Vampiren zugrunde und den Geschichten von Toten, die auf der Suche nach Blut aus dem Grab zurückkehrten.

Die Bibel berichtet, daß Saul im Gegensatz zu Odysseus die Geister nicht allein beschwören konnte. Um den Geist Samuels zu befragen, brauchte er die Hilfe der weisen Frau, die fälschlich als »Hexe« von En-Dor bezeichnet worden ist. Der Bibeltext beschreibt sie nicht als Hexe, sondern als eine »Frau, die über einen Totengeist Gewalt hat« (1. Samuel 28, 7). Diese Frau ist offensichtlich eine Betrügerin. Sie präsentiert Saul im Schutz der Dunkelheit eine in einen Mantel gehüllte obskure Gestalt, die flüstert, wie Geister es angeblich tun. Saul, der von Schrecken überwältigt ist, verneigt sich mit dem Gesicht zur Erde und versucht nicht einmal, einen Blick auf die Erscheinung zu werfen (1. Samuel 28, 14).

Die Römer hatten ebenfalls Spezialisten für schwarze Magie, obwohl auch die normalen Bürger in bescheidenem Umfang mit den Geistern ihrer Ahnen umgehen konnten; sie brachten ihnen dafür in den Nächten der Lemuria Opfer dar.[2] Einmal im Jahr riefen Priester die Geister, die in der Grube unter dem *lapis manalis* oder »Seelenstein« im Forum hausten, um sie nach Omen zu befragen.[3]

Die nordeuropäischen Völker kannten ähnliche Bräuche. Sie befragten die Ahnengeister beim Fest der Toten, Samhain, aus dem das christliche Allerheiligen oder Halloween wurde. Die Worte »Geist« und »Gast« stammen möglicherweise beide von dem germanischen »Geist« ab, denn bei den Festen waren die Schädel der Toten ganz real als Ehrengäste dabei.[4]

Auch die Christen glaubten an die Geisterbeschwörung und praktizierten sie. Der angebliche dritte Papst nach Petrus, Clemens I., genannt Clemens Romanus (der Römer), bezahlte einem Schwarzmagier viel Geld, damit er für ihn einen Geist aus der Unterwelt herbeirief und ihn über das Leben nach dem Tod befragte.[5] Eines der Wunder, die die Göttlichkeit von Christus definierten, war, daß er den toten Lazarus – für eine Weile – zum Leben erweckte; Scot wirft zu Recht die Frage auf, wie es kommt, daß »Hexen dasselbe tun, und es wird Geisterbeschwörung genannt?«[6]

Die Nekromantie wurde durch einen Übersetzungsfehler als »schwarze Magie« bekannt. Die griechische Wurzel *nekros*, »Leichnam«, wurde zu dem lateinischen *niger*, »schwarz« verfälscht; das ergab *Nigromantie*, die »schwarze Kunst«.[7]

Rituale Romanum Das katholische Handbuch der Riten und Zeremonien, das vorgeschriebene Redewendungen und Gesten für jede Gelegenheit enthält.

Eine seltsame nekromantische Vorstellung von der Wiedererweckung des Fleisches lag der kirchlichen Prozedur zur Aufhebung der Exkommunikation eines Leichnams zugrunde. Das *Rituale Romanum* schrieb vor:

> *Falls der Körper noch nicht begraben ist, laß ihn mit einer Rute oder schmalen Schnüren leicht peitschen, wonach er losgesprochen sein soll … Aber wenn er schon in ungeweihter Erde beerdigt ist, wie es angemessenerweise geschieht, laß den Körper wieder ausgraben, und nachdem er in gleicher Weise leicht gepeitscht und dann freigesprochen wurde, laß ihn in geweihter Erde begraben; kann aber der Körper nicht ausgegraben werden, dann soll das Grab geschlagen werden … Und wenn der Körper schon in geweihter Erde begraben ist, soll er nicht ausgegraben werden, aber das Grab soll leicht geschlagen werden.*[8]

Die christlichen Autoritäten behielten sich grundsätzlich alle Geschäfte mit dem Tod vor und betrachteten Geisterbeschwörungen durch Laien oder spiritistische Aktivitäten als Ketzerei, wenn nicht Teufelsanbetung. Das *Second Plenary Council of Baltimore* untersagte 1866 den Gläubigen, an Séancen teilzunehmen, selbst wenn sie nur die eitle Neugier antrieb: »Denn zumindest manche Manifestationen müssen unbedingt einem satanischen Eingreifen zugeschrieben werden, weil sie in keiner anderen Weise verstanden oder erklärt werden können.«

1. Homer, Buch XI. 2. *Larousse*, 213. 3. James, 183.
4. Hazlitt, 27. 5. Castiglioni, 165. 6. Scot, 141. 7. J. B. Russell, 9.
8. Summers, V., 101.

Nemeischer Löwe

Mutter Nemea brachte als eine zerstörende Mond-Göttin den nemeischen Löwen hervor, der sowohl von Herakles erschlagen wurde als auch von seinem jüdischen Gegenstück Simson, einem vergleichbaren Sonnenhelden.[1] Dieser Löwe war das Sternbild Löwe, dem sich die Sonne gegen Mittsommer, der Zeit des Honigmachens, näherte. Darauf weist auch die Honigwabe hin, die sich im Körper von Simsons Löwen befand (Richter 14, 8).

1. *Larousse*, 143.

Nemesis

»Gebührende Zuteilung«, die Zeitgöttin, die auch Dike oder Tyche, »Schicksal«, hieß.[1] Sie entwickelte sich möglicherweise aus Kala-Nemi, der Mutter des Karma und des Rades der Zeit.[2] Viele Versionen des Mondes und seiner heiligen Haine waren untereinander verwandt: Nemea, Diana Nemetona, die keltische Nemhain, Merlins Nimue, die Mutter der alten Nemed, des »Mond-Volkes«.

Ovid nannte Nemesis »die Göttin, die prahlerische Worte verabscheut«, weil sie alle Könige und Helden, wie stolz sie auch waren, am Ende dem Untergang weihte.[3] Die Stoiker verehrten sie als das weltbeherrschende Prinzip der Natur, die mit der Zeit alle Dinge auf ihre elementaren Bestandteile reduzierte. Selbst Zeus fürchtete Nemesis, denn sie war früher seine Zerstörerin und Verschlingerin, die Göttin, die allen Göttern sowohl das Leben als auch den Tod brachte.[4] Sie trug manchmal den Titel Adrasteia, die Unausweichliche.[5]

1. Graves, G. M. 32.pass. 2. O'Flaherty, 344. 3. Gifford, 55. 4. Angus, 12. 5. Graves, G. M., 32.3.

Nephthys

Var. Nebthet

Die Unterweltgöttin der Ägypter, die auch die ägyptische Hekate genannt wurde.[1] Plutarch sagte, sie sei mit Aphrodite gleichzusetzen und trage die Namen Endgültigkeit und Sieg.[2] Sie war zusammen mit Isis eine der beiden göttlichen Herrinnen, die Tod und Leben verkörperten.

1. Graves, W. G., 153. 2. Barrett, 92.

Nereiden

Ein allgemeiner griechischer Begriff für Feen, Nymphen, Meerjungfrauen oder weibliche Naturgeister. Im Berg Parnaß gab es Nereidengruben, dort entsprang auch eine Nereidenquelle; auf Kreta ist ein ganzer Berg das Schloß der Nereiden. Nereiden konnten ihre Gestalt wechseln und manchmal als schöne Frauen, dann wieder als Tiere erscheinen. Die Christen nannten sie »Teufelinnen« und ihre Führerin eine **Lamia**.[1]

1. Hyde, 143ff.

Nereus, Heiliger

Hier ist der heidnische Gott Nereus heiliggesprochen worden, ein »alter Mann des Meeres«, den die Große Göttin unter ihrem Namen Nereis, Königin der Nereiden, zur Welt brachte. Der ursprüngliche Nereus wurde mit Proteus, dem »ersten Mann«, vermengt und möglichweise auch mit Noah.[1] In der christlichen Legende wurde aus ihm ein Eunuch, dessen Anspruch auf Heiligkeit darin bestand, daß er zusammen mit einem anderen Eunuchen, Achilleus, eine reiche Frau davon überzeugte, ihrer Seele zuliebe Jungfrau zu bleiben. Die Geschichte könnte in einem Porträt Flavia Domitillas, einer von ihren Familiengöttern Nereus und Achilles flankierten Frau, ihren Ursprung haben.[2]

1. Graves, G. M., 33.2. 2. Jacobus d.V., 282.

Nergal

Ein akkadischer Unterweltgott und Gemahl der Ereshkigal, der Königin der Schatten. In der Bibel steht, daß die Männer von Kuta Bilder Nergals herstellten (2. Könige 17, 30). Ein Prinz von Babylon hieß »Nergal behütet mich« (Jeremia 39, 3). Da Nergal eine andere Form der Schwarzen Sonne in der Unterwelt verkörperte – wie Hades, Pluto und Saturn – wurde er der christlichen Legende als ein Dämon angeglichen.[1]

1. Waite, C. M., 186.

Var: Nether, Nuter, Nu

Neter

Auguste Mariette (1821–1881) Ein französischer Ägyptologe, der die Ruinen des Serapeums in Memphis entdeckte und in Karnak und an anderen Orten Ausgrabungen durchführte. Er erreichte die ägyptischen Ränge eines Bey und eines Pascha.

Ägyptologen entdeckten in der Mythologie des alten Ägypten ein Konzept, das sie mit ihren eigenen Vorstellungen eines höchsten Gottes in Übereinstimmung bringen konnten. Allerdings mußten sie dafür das Geschlecht ignorieren, da alle Beweise darauf hindeuteten, daß dieses Urwesen weiblich war. Auguste Mariette schrieb: »An der Spitze des ägyptischen Pantheons erhebt sich ein Gott, der eins, unsterblich, ungeschaffen, unsichtbar und in den unergründlichen Tiefen seines [sic!] Wesens verborgen ist; er [sic!] ist der Schöpfer der Himmel und der Erde; er [sic!] hat alles geschaffen, das existiert, und nichts wurde ohne ihn [sic!] geschaffen.« De Rougé schwärmte: »Die Einheit einer überlegenen und unabhängig existierenden Wesenheit, seine [sic!] Ewigkeit, seine [sic!] Allmacht und damit seine [sic!] ewige Wiedererschaffung als Gott; die Unsterblichkeit der Seele, vervollständigt durch den Grundsatz von Bestrafungen und Belohnungen; das ist die erhabene und dauerhafte Grundlage, die ... den Glaubensvorstellungen der alten Ägypter einen höchst ehrenvollen Platz unter den Religionen des Altertums sichern muß.«[1]

De Rougé und Mariette sprachen von dem Begriff *neter* (der auch als *nether*, *nuter*, oder Nu wiedergegeben wird). Neter wurde meistens als »Gott« oder »Götter« übersetzt, obwohl mehrere der sieben Hathors den Namen Neter hatten. Sie beherrschten den Mutterschoß der Wiedergeburt und die als Khert-Neter oder Neter-Khertet bekannte siebenschichtige Nachwelt.[2] Männliche Götter wurden nur *neter* genannt, wenn sie künstliche Brüste trugen.[3] *Neterit oder nutrit*, »Nährerin«, war ein übliches Synonym für »Göttin«.[4] *Nit* oder *Neter* waren Schicksalsgöttinnen, »die die Lebensbedingungen der Menschen gestalten«.[5]

Das *Totenbuch* unterschied zwischen Göttern und den *netri* oder *nutri*: »Ich bin geweiht in meinem Herzen ohne Heuchelei, oh Dir *netri*, mehr als Götter.« Von einem König hieß es, er würde nach seinem Tod »an der Seite einer *neter*« leben, wie ein Hindugott mit seiner Shakti. Jeder König wurde darauf hingewiesen, daß er nur »der Hüter der Güter und Lebensmittel, die neter gehören« war. Sie stellte allen Unterhalt, Reichtum und Kinder zur Verfügung; und sie stellte sich potentiellen Tyrannen entgegen.[6]

Neter netri war als »selbstgeschaffene, uranfängliche Materie« definiert, der uterine Ozean vor der Schöpfung, der die zukünftigen Formen im Zustand der Formlosigkeit oder des Chaos enthielt. Von Wissenschaftlern wurde dieser Begriff tatsächlich als »See Gottes« übersetzt.[7] Seine wirkliche Bedeutung lag in der Stammsilbe Nu oder **Nut**, »ein Ozean von unendlicher Ausdehnung und unergründlicher Tiefe, der in sich die Keime aller Arten des Lebens trägt«, ähnlich dem uranfänglichen Mutterschoß Kalis. Die Macht von Nu war »selbstgeschaffen«, sie war die »Erzeugerin der Götter« und »Schöpferin der Menschen«. Sie existierte vor dem Himmel, der Erde, den Sterblichen oder den Göttern. Nu gebar die Sonne; Nu und die Große Mutter waren deshalb ein und dieselbe.[8]

Die Sonne kehrte, wenn sie starb, in Mutter Nus »großes Tor« im Westen zurück. Nu war auch das Hieroglyphen-Symbol für das Wasser, das die Göttin Nut auf ihrer Krone trug. Nu war die Dreifache Göttin, die auf Grabschnitzereien als drei Kessel dargestellt wurde. Sie »machte die Wassermassen des Himmels fruchtbar und bringt das Wasser in den Bergen hervor, um den Menschen Leben zu schenken.«[9] Aus Nu wurde das semitische *nun*, das als die Fisch-Mutter (siehe **Fisch**) personifizierte Urmeer. Sie war auch in den als *nu-gig* bekannten heiligen Huren von Erech verkörpert.[10]

Dieses Urmeer hatte Ähnlichkeit mit dem Menstruationsblut der Großen Göttin Tiamat, die drei Jahre und drei Monate lang menstruierte, um ausreichend Lebensenergie für die Geburt des Universums zu produzieren.[11] Diese Flüssigkeit war die Untere Aufwallung oder Quelle der Tiefe, die aus ihrer »heiligen Tür« ausströmte, und sie wurde mit dem Buchstaben *daleth* oder *delta*, dem Zeichen der Yoni, bezeichnet. (Siehe **Demeter; Dreieck**.)

Daleth mit einem Vokalpunkt bildete das hebräische Wort *ed*, das in der Genesis 2, 6 irrtümlich mit »Feuchtigkeit« übersetzt wurde: »... aber Feuchtigkeit stieg aus der Erde auf und tränkte die ganze Fläche des Ackerbodens.« Die ursprüngliche Bedeutung des Wortes war nicht »Feuchtigkeit«, sondern etwas wie eine mächtige Fontäne oder Quelle, ein nicht näher erklärtes Aufwallen von Flüssigkeit aus den Eingeweiden der Erde, die, bevor Vater Himmel den Regen schickte, den Boden (*adamah*) tränkte, um ihn fruchtbar zu machen. Das wurde in manchen Schriften des Mittleren Ostens die Untere Aufwallung genannt: die aus den Tiefen hervorbrechende weibliche Flüssigkeit, die mit einer männlichen Flüssigkeit aus den Wolken zusammentraf.[12] Andere orientalische Quellen zeigen, daß das ursprüngliche Sakrament der Schöpfung geradezu nach einem Zusammentreffen von Samen und Menstruationsblut rief, »wie das Ergießen von Wasser in Wasser« in dem Treffen und Vermischen der Kräfte von Kali und Shiva, oder von Tiamat und Apsu. Als Folge davon brachte *adamah* das Leben hervor.

Adamah bedeutete eigentlich »blutrote Erde«, und andere Mythen machen deutlich, daß die Untere Aufwallung aus dem Inneren von Mutter Erde nicht Feuchtigkeit war, sondern lebenschaffendes Gebärmutterblut. Die Alten verglichen Blut oft mit Salzwasser, das als *arché* betrachtet wurde, das erste aller Elemente, aus dem die anderen entstanden.[13] Salzwasser war die »Geburtsflüssigkeit« (Natron) und repräsentierte regeneratives Mutterblut. Mutterblut war auch der Träger des welterschaffenden Geistes, der *neter*, *nether* usw. genannt wurde, und den die Ägyptologen unbedingt mit ihrem eigenen Gottesbegriff vermengen mußten.

> *Der großen und höchsten Macht, die die Himmel schuf, die Götter, die Erde, das Meer, Männer und Frauen, Tiere und Kriechendes, alles, das ist und bis jetzt geworden ist, gaben die Ägypter den Namen neter oder nether, ein Wort, das im Koptischen als nuti weiterbesteht ... Dr. Brugsch definierte neter als »die aktive Kraft, die Dinge in regelmäßiger Wiederkehr erzeugt und erschafft; die ihnen neues Leben verleiht und ihnen ihre jugendliche Lebenskraft zurückgibt ...« Das Wesen des Wortes wird vollständig ... durch das lateinische natura erfaßt ... die großen kosmischen Kräfte, die, obwohl sie für »göttlich« gehalten wurden, trotzdem endlich und sterblich waren ... wurden neteru genannt, und die Ägyptologen übersetzen das Wort mit »Götter«.*[14]

Das Wort »Götter« scheint jedoch die wahre Bedeutung des alten Wortes *neter*, ein Relikt ursprünglicher matriarchalischer Religion, noch nicht einmal ansatzweise zu erfassen. Budge führt aus:

> *Die Bedeutung des Verbs nuter, das den Stamm des Wortes neter, »Gott«, darstellt, ist nicht genau bekannt. Der Begriff hat Ähnlichkeit mit »werden« und »sich selbst erneuern« ... Er hat in anderen Worten die Bedeutung Gott, aber er lehrt uns nichts über die ursprüngliche Belegung dieses Wortes. Wir müssen vorsichtig sein ... ihm nicht die modernen religiösen oder philosophischen Definitionen von Gott zu unterstellen, wie sie heutzutage gebräuchlich sind ...; neter scheint ein Wesen zu meinen, das die Macht hat, Leben zu erzeugen und es, wenn es erzeugt ist, zu bewahren.*[15]

Die Macht, Leben zu erzeugen, galt zu der Zeit, als dieses entscheidende Wort geprägt wurde, natürlich als eine ausschließlich weibliche Eigenschaft (siehe **Mutterschaft**). Allein die Große Göttin war »selbsterneuernd« und der Ursprung alles »Werdenden«.[16] Die Ägyptologen, die *neterit* »Götter« nennen wollen, befinden sich darüber hinaus sogar im Widerspruch zu ägyptischen Texten. Die Götter im Gefolge Ras wurden streng von den *neterit* unterschieden, die von Ras Priestern als verächtliche Wesen bezeichnet wurden.[17] Zu Königin Hatshepsuts Zeiten waren die *neterit* nicht verachtenswürdige, sondern göttliche Wesen; jedenfalls »regierten sie ohne Ra« und schenkten seinen Befehlen keine Beachtung. Später waren sie auf irgendeine Art »entfernt worden«, und ihre Spuren sind von der Erde verschwunden.[18] Die *neterit* waren offenbar nicht mehr und nicht weniger als vergötterte mütterliche Vorfahren, wie die *matrikadevis* des alten Indiens und die *disír* Skandinaviens.

Die ägyptische Religion war nach der 20. Dynastie zersplittert, und unter der Herrschaft neuer patriarchalischer Götter wie Ra verlor sie sich im Chaos. Budge sagt: »Das Wissen über die frühen dynastischen Religionen Ägyptens, das die Priester nach, sagen wir, 1200 v. Chr., besaßen, war extrem vage und unbestimmt. Das Ergebnis davon war, daß sie in ihrer Religion ein Chaos anrichteten, das praktisch grenzenlos ist.«[19]

1. Budge, G. E. 1, 138f. 2. Ders., B. D., 126. 3. *Larousse*, 36. 4. Maspero, 267. 5. Budge, E. M., 34. 6. Ders., G. E. 1, 72, 120, 125, 127. 7. Ebd. 1, 74, 481. 8. Ders., B. D., 161, 163. 9. Ders., G. E. 1, 203, 511; 2, 103. 10. Stone, 158 (dt. 118). 11. *Assyr. & Bab. Lit.*, 301. 12. Hooke, M. E. M., 110f. 13. Campbell, P. M., 64. 14. Budge, B. D., 99f. 15. Ders., G. E. 1, 69f. 16. Stone, 219 (dt. 307). 17. Budge, B. D., 161. 18. Campbell, Or. M., 103. 19. Briffault 2, 773.

Niesen

Wenn jemand niest, so reagieren wir darauf gewohnheitsmäßig mit dem Zuruf »helf Gott« oder »Gesundheit«. Diesen Brauch verdanken wir dem vorchristlichen Rom; dort wurde in diesem Fall »Jupiter schütze dich« oder »Jupiter hilf mir« gerufen.[1] Dem Brauch liegt die alte indoeuropäische Vorstellung von der Luft- oder Atem-Seele *(Atman)* zugrunde, die durch einen heftigen Luftaussstoß aus dem Körper vertrieben werden konnte, wenn dies nicht durch eine Zauberformel verhindert wurde. Auch der Brauch, beim Gähnen die Hand vor den Mund zu halten, entstand aus der Furcht, die Seele zu verlieren. Die Kirche übernahm im Mittelalter diesen Glauben und lehrte, daß Niesen und Gähnen sofort durch das Zeichen des Kreuzes geschützt werden müßten, weil »es oftmals geschah, daß ein Mann nieste und im gleichen Augenblick sein Leben aushauchte. ... Desgleichen geschah es oft, daß ein Mann gähnte und tot umfiel.«[2]

Auch bei den PolynesierInnen war die Vorstellung von der Luft-Seele eng mit dem Niesen verbunden. Der erste Mensch dieser Erde wurde aus mit göttlichem Blut angefeuchtetem rotem Lehm geknetet (die alten Semiten bezeichneten diese Mischung aus Menstruationsblut und Erde als *adamah*) und durch den Atem der Gottheit beseelt. Daraufhin erwachte diese Lehmfigur zum Leben und nieste. Der Name des ersten Menschen war Tiki-ahua (des Schöpfers Niesen). *Ahua* war ein lautmalerisches Wort für »niesen«, bedeutete aber gleichzeitig »Ähnlichkeit«.[3] So war der »nach Gottes Ebenbild« geschaffene Mensch identisch mit dem durch »Gottes Niesen« entstandenen Menschen.

Das christliche »helf Gott«, das Niesenden zugerufen wird, ist eigentlich eine Kurzformel des Sterbesakramentes – für den Fall, daß die Seele den Körper verlassen sollte. Die Hindus halten sich immer noch an ähnliche Vorsichtsmaßregeln, wenn jemand gähnt: Sie schnippen mit den Fingern, um die Seele vom offenen Mund an ihren angestammten Ort – die Kehle – zurückzuscheuchen.

1. Lys, 305. 2. Jacobus d.V., 278. 3. Frazer, F. O.T., 5.

Nifl

Ein anderer Name der germanischen Untergrundgöttin Hel, der Herrscherin des Todes. Sie war auch die griechische Nephele, ein Schattenzwilling von Mutter Hera. Beide Namen, Nifl und Nephele, bedeuteten Dunkelheit, Wolken, Obskurität (althochdeutsch *nebul*, altsächsisch *nebal*, deutsch Nebel). Die Kinder von Nifl waren die Niflungar oder Nibelungen. Das war die Bezeichnung der Burgunden für ihre toten Ahnen, die sich als dunkle Schatten im Schoß von Nifl-Hel befanden. Ihre Sage wurde zum Nibelungenlied.[1]

Dieselben Ahnengötter wurden in der Bibel *nephilim* genannt, »Kinder von Nephele«. Die Nephilim waren nach der jüdischen Überlieferung Riesen, die von einer dunklen Mutter namens Nephesh, »Seele der irdischen Welt«, abstammten.[2] (Siehe **Schatten**.)

1. Turville-Petre, 202. 2. Campbell, Oc. M., 398.

Nike

»Vorherrschaft« oder »Sieg«, eine prähellenische Göttin, die von **Styx**, der Personifikation des Geburtsstromes, geboren wurde. Ihr Erzeuger war Pallas, der Phallus.[1]

1. J. E. Harrison, 72f.

Nikolaus, Heiliger

Dieser falsche Heilige entwickelte sich aus dem heidnischen Meeresgott, der als Beschützer von Seeleuten und Prostituierten an die Stelle von Artemis getreten war.[1] Die Tempel des Poseidon wurden zu Schreinen des heiligen Nikolaus, der auch Poseidons volkstümlichen Titel erbte: »Der Seemann.«[2]

Nikolaus trug den gleichen Namen wie der englische Old Nick oder Hold Nickar, der germanische Meeresgott, der als der König der Nixen (Meerjungfrauen) bekannt war. Nikolaus wurde außerdem mit Wotan gleichgesetzt. Als die europäischen Gottheiten der Heiden christianisiert wurden, entwickelte sich der wohltätige Aspekt von Wotan zum heiligen Nikolaus (im angelsächsischen Sprachraum Santa Claus genannt), der, wie es auch der ältere Gott getan hatte, zur Zeit der Wintersonnenwende über die Dachfirste galoppierte und seine VerehrerInnen auf der Erde mit Geschenken bedachte.[3]

In Italien verdrängte der heilige Nikolaus eine weibliche Gottheit namens »Großmutter«, Pasqua Epiphania oder Befana. Sie füllte mit ihren Geschenken die Strümpfe der Kinder.[4] Die »Großmutter« wurde aus ihrem Heiligtum in Bari vertrieben, das sich danach zum Zentrum des Kults des heiligen Nikolaus entwickelte. Christliche Seefahrer brachten an den Festtagen des Heiligen sein Bild aufs Meer hinaus, so wie es früher die heidnischen Seeleute mit dem Bild des Meergottes oder der Meergöttin getan hatten.[5] Im 11. Jahrhundert n. Chr. wurden einige Knochen zusammengetragen, in eine Kirche gelegt, die in Bari zu diesem Zweck gebaut worden war, und als die Knochen des heiligen Nikolaus ausgegeben.[6]

Das war der eigentliche Anfang des Kultes um den heiligen Nikolaus, obwohl in seiner christlichen Legende (ohne jede Grundlage) behauptet wurde, daß er im 4. Jahrhundert ein Bischof von Myra gewesen sei. Seine offizielle Biographie war grotesk. Nach den Angaben seiner Hagiographen fastete er als Kind und nahm die Brust seiner Mutter nur jeweils einmal am Mittwoch und am Freitag. Bischof wurde er wegen eines prophetischen Traums seines Vorgängers, da er der erste Mann war, der am darauffolgenden Tag in die Kirche gehen wollte. Er erweckte aus einem magischen Kessel Tote, besänftigte einen gewaltigen Sturm auf See, um drei ertrinkende Seeleute zu retten, und vermehrte auf wundersame Weise eine Ladung Getreide, das daraufhin zwei Jahre lang eine ganze Diözese ernährte. Dabei blieb sogar noch genügend Getreide für die nächste Aussaat übrig – womit er Christi Wunder der Brotlaibe und Fische um einiges übertraf. Nach seinem Tod vollbrachte er sogar noch großartigere Kunststücke. Aus seinen Knochen entsprang eine Quelle mit heiligem Öl, das jede Krankheit heilen konnte.[7]

Der ursprünglich heidnische Gott Nikolaus gab Anlaß zur Gründung der gnostischen Sekte der Nikolaiten, die ihn mitsamt seinem Kessel der Wiedergeburt als ein Fruchtbarkeitssymbol anbeteten. Sie »glaubten, daß der einzige Weg zur Erlösung im regelmäßigen Verkehr zwischen den Geschlechtern liege«.[8] Wie andere heidnische oder christliche Verehrer des sexuellen Fruchtbarkeitsprinzips wurden die Nikolaiten unterdrückt; aber der sexuelle Symbolismus überlebte in dem Symbol für den Tag des heiligen Nikolaus im Runenalmanach: ein mit einer yonischen Mandorla kombiniertes gabelförmiges Zeichen. Das war im alten Ägypten ein Zeichen des Phallus von Set in Verbindung mit dem Genitaloval der Großen Göttin.[9] Ein anderes Symbol des heiligen Nikolaus war die Traube aus drei goldenen Kugeln, die von der Familie der Medici als Wappen übernommen wurde und später ein Zeichen von Pfandleihern war.[10]

Die Holländer nannten den heiligen Nikolaus Sinte Klaas und trugen seinen Kult in die neue Welt, wo sein Name zu Santa Claus verfälscht wurde.

1. Miles, 218. 2. Hyde, 82f. 3. Zimmer, 186 (dt. 207). 4. Miles, 343. 5. Ebd., 221. 6. Mâle, 329. 7. Jacobus d.V., 17–21 (dt. 38ff.). 8. Knight, D.W.P., 173. 9. Brewster, 13. 10. Attwater, 251.

Nimrod

Ein biblischer »tüchtiger Jäger vor dem Herrn« (Genesis 10, 9), eine Kopie des Herren der Jagd, den die Griechen Orion nannten und die Kanaaniten **Baal-Hadad**.

Nimue

Eine keltische Mondgöttin, die mit der griechischen Nemesis und der Diana der Haine (*nimidae*) verwandt war. In den mittelalterlichen Dichtungen wurde sie zu der Hexen-Jungfrau, die den Zauberer **Merlin** in seine kristallene Höhle des Schlafes im Herzen des Feenwaldes,

Broceliande, verwünschte. Ihr Name bedeutete Schicksal. Sie wurde auch Vivien, »die Lebende«, genannt oder Morgan, die Todesgöttin, denn sie entsprach der archetypischen Tod-im-Leben-Dualität, wie selbst Tennyson sie beschrieb: »Wie von den rosigen Lippen von Leben und Liebe/ Blitzte das nackte Grinsen des Todesskeletts!«

Ninhursag

Ein sumerischer Name für die Bergmutter, »die den Toten das Leben schenkt«.[1] Ninhursag schuf aus Lehm die ersten menschlichen Wesen. Diesen besonderen Zauber ahmte später der biblische Gott nach. Sie wurde auch mit heiligen Schlangen in Verbindung gebracht.[2] Wie ihr ägyptisches Gegenstück Hathor erschien sie manchmal als heilige Kuh; mit der »heiligen Milch« aus der Tempelmolkerei in Lagash wurden vor fünftausend Jahren assyrische Könige genährt. Viele mesopotamische Könige schlossen in ihre Qualifikationen für den Thron die Erklärung ein, sie seien »mit der heiligen Milch von Ninhursag« genährt worden.[3] Als Ersatz für »Erstgeborene« wurden ihr Kälber geopfert.[4]

Die Todas in Südindien opfern der Kuhmutter, die die Erde verkörpert, immer noch ein Kalb mit einem Gebet, in dem das Wort *Ninkurshag* vorkommt. Sie sagen, die Bedeutung des Wortes sei unbekannt, aber es handele sich um ein sehr heiliges Wort.[5]

1. Ashe, 15. 2. Stone, 83 (dt. 125). 3. Whitehouse, 62.
4. Neumann, G. M., 124f (dt. 127). 5. Campbell, Or. M., 38.

Ninian, Heiliger

Ein mythischer Missionar, von dem es heißt, er habe im 2. Jahrhundert n. Chr. die Südpikten zum Christentum bekehrt – viele Jahrhunderte, bevor das Christentum überhaupt die Britischen Inseln erreichte. Das *Leben des heiligen Ninian*, des »Apostels der Südpikten«, schrieb im 12. Jahrhundert n. Chr. ein Zisterziensermönch. Er behauptete in diesem fiktiven Dokument, daß der heilige Ninian von einem Stamm namens Novantae an der Candida Casa (dem Weißen Haus), einem »nach römischer Manier« gebauten Tempel, angebetet werde. Nach einem anderen, irischen Text *Leben des heiligen Ninian*, in dem er mit dem Gott Monenni gleichgesetzt wird, soll er in Leinster eine Kirche gegründet haben. Monenni wiederum war nach einer These, die in dem *Martyrologium von Talsnacht* vertreten wurde, ein anderer Name für die mit Danes' Nanna verwandte heidnische Göttin Nenn oder Nynia.[1] Die Legende des heiligen »Ninian« ist also offenbar um ein heidnisches Götterbild unbestimmten Geschlechts entstanden, das in einem Tempel römischen Stils verehrt wurde.

1. Attwater, 255; Brewster, 409f.

Ninsun

»Die alles Wissen kannte«, ein akkadischer Titel der Großen Göttin als Königinmutter jedes heiligen Königs. Ninsun war die Mutter von Gilgamesh und die göttliche Mutter von Ur-Nammu (2112–2095 v. Chr.), dem Gründer der dritten Dynastie von Ur.[1] Sie war auch die Mutter von König Shulgi, der sie in ihrer Gestalt als Jungfrau, Inanna, heiratete, »die Vulva des Himmels und der Erde«.[2] Ninsun war allwissend und stellte die Regeln für den Wettkampf der heiligen Könige auf.

1. *Larousse*, 66. 2. Pritchard, A. N. E., 31, 132, 135.

Ninti

Var. Nintu

»Herrin des Lebens« oder »Herrin der Rippe«; eine sumerische Geburtsgöttin, die schwangere Frauen in die Lage versetzte, aus ihren eigenen Rippen die Knochen ihrer Kinder zu machen.[1] Diese Idee wurde von den Schreibern der Bibel für die Pseudogeburt Evas aus Adams Rippe übernommen. Auch moderne Wissenschaftler haben Ninti falsch dargestellt und ihre AnhängerInnen als diejenigen bezeichnet, die »den Gott« verehrten.[2]

1. Hooke, M. E. M., 115. 2. Pritchard, A. N. E., 285.

Niobe

»Die Schneeige«, eine anatolische Berggöttin, deren VerehrerInnen von patriarchalischen hellenischen Stämmen umgebracht wurden. Der griechische Mythos machte Niobe deshalb zu einer Mutter, die für alle Ewigkeit um ihre Kinder trauerte, die von den Göttern des Olymps erschlagen worden waren.[1] Die griechischen Schriftsteller behaupteten, daß sie zu stolz auf ihre Kinder gewesen sei, so daß die Götter diese Kinder als Strafe für die Hybris der Mutter töteten.

1. Graves, G. M., 77. pass.

Nirvana

Das Nirvana war entgegen der verbreiteten westlichen Annahme, daß es so etwas wie Paradies bedeute, in Wirklichkeit genau das Gegenteil: ein ewiges Nicht-sein, in dem jedes Gefühl aufhört, das asketische Ideal des Verschwindens des Ichs im Unendlichen. Nirvana war das endgültige Entfliehen vom karmischen Rad der irdischen Inkarnationen, das von der zyklischen Mutter regiert wurde. Es hieß, daß das Nirvana jenseits aller Sinneswahrnehmungen, jenseits von Erinnerungen, Liebe, Haß, Freude, Vergnügen oder Willen liege; es war, wie die tantrische Vorstellung vom traumlosen Schlaf, ewig. Nur heilige Männer konnten es erreichen, und das auch erst, nachdem sie viele Kreisläufe der Reinkarnation durchlebt und währenddessen gelernt hatten, alles Verlangen zu besiegen.

Niu-Kua

Eine legendäre chinesische Kaiserin, die 130 Jahre lang herrschte und die magische Fähigkeit besaß, die Bewegungen der Himmelskörper zu lenken; ein mythischer Überrest aus Chinas matriarchalischem Zeitalter.

Nixen

Diese germanischen Wasserfeen ähnelten den griechischen Nereiden, den Kindern von Mutter Nacht, deren Name im Norden Nott war; in Griechenland hieß sie Nyx.[1] Das Wort »nix«, Negation oder Nichts, geht auf sie als Personifikation des dunklen Chaos am Anfang und Ende des Universums zurück. Die Göttin Nyx-Selene (Nacht-Mond) wurde in prächristlichen Religionen als die Urheberin der Vergöttlichung nach dem Tod angesehen, wodurch sie zu einer direkten Rivalin der christlichen Erlöserfigur wurde.[2] Ihre Nixen waren Engel des Abgrunds, die, nach der Art aller germanischen Totengeister, in einem Unterwasser-Feenland die Seelen der Toten in »umgedrehten Töpfen« aufbewahrten.[3] Den Wasserfeen wurden im Mittelalter dieselben Eigenschaften zugeschrieben wie ihren engen Verwandten, den Meerjungfrauen, Sirenen, Wilis und Wasserhexen: sie lockten unglückliche Seeleute ins Wasser und verschlangen magisch ihre Seelen.

1. Branston, 145, 152. 2. Strong, 108. 3. Keightley, 259.

Noah

Die hebräische Version von Nu oder Nun, dem »Fisch« im hebräischen heiligen Alphabet; er war ursprünglich der Gott, der von Ma-Nu oder Ma-Nun, ägyptischen Göttinnen der Ur-Tiefe, geboren wurde.[1] Der Name Ma-Nu wurde in Ägypten und Indien mit der Schöpfungsflut in Verbindung gebracht. »Ma« war der Mutterschoß des Chaos, der oft als kosmischer Fisch verkörpert wurde; mit »Nu« oder Noah wurde der embryonische Samen des in eine neue Geburt mündenden Lebens bezeichnet. (Siehe **Schöpfung; Flut; Tiamat**.) Auch die Flut-Helden von Indien, Sumer und Babylon überstanden die Sintflut aus Geburtsflüssigkeit. Sie nahmen in einem Mond-Schiff, das sie *argha* oder **Arche** nannten, Paare aller Geschöpfe mit, um die neue Schöpfung zu bevölkern.[1] Aus der gleichen Wurzel wie Arche entstand *arc*, »Halbmond«, denn das Gefäß der Schöpfung wurde immer mit dem Mond gleichgesetzt.

1. Jobes, 121.

Nornen

Die weibliche Trinität von **Schicksalsgöttinnen**, wie sie in Skandinavien auftrat: die Nornen waren auch als Schicksalsschwestern bekannt. Auf englisch hießen sie *Weird-Sisters*, vom germanischen *wyrd*, »Schicksal«. Die Edda-Dichtung erwähnt sie als »drei geheimnisvolle Wesen«, die Hohe, die Genausohohe und die Dritte, die die Geheimnisse des Universums enthüllten und das Buch des Schicksals schrieben; daher stammte ihr anderer Titel: Die »Schreiberinnen«. Gebräuchlichere Namen für die Nornen waren Urd (Erde), Verdandi und Skuld. Diese Namen wurden entsprechend der alten ägyptischen Göttin der Vergangenheit, Gegenwart und Zukunft mit Schicksal, Wesen und Notwendigkeit übersetzt oder auch als »Gewordene, Seiende und Werdende«.[1]

Die ursprüngliche, einzeln auftretende und älteste Norne war Mutter Erde, Ertha, Urth, Urdr usw., die das Schicksal und das Schöpfungswort verkörperte. Sie hieß auf althochdeutsch *Wurd*, auf angelsächsisch *Wyrd* und im Englischen *Weird*.[2] Die Nornen lebten in der Höhle am Grund des Lebensquells, in Urdabrunnr, dem kosmischen Mutterleib unter der Wurzel des Weltbaumes. Sie waren älter als der älteste »himmlische Vater« und hatten Macht über jeden Gott.[3]

Die Todesnorne Skuld war eine Variante von **Skadi**, der namengebenden Mutter Skandinaviens, die eine typische Zerstörergöttin war. Die nordischen Schamanen-Dichter waren Diener Skulds und nannten sich *Skalden*; die Christen behaupteten, sie betrieben Zauberei oder *Skulduggery* (englisch »Schuftigkeit«). Es hieß, daß Skuld am Jüngsten Tag das ganze Universum mit dem Todesfluch belegen würde. Aus ihrem Namen entstand offenbar das englische Wort *scold*, mit dem eine Frau gemeint war, die die Macht hat, zu verfluchen. Skuld zerschnitt, wie die dritte der **Moiren**, den Lebensfaden aller Geschöpfe.

In der Erzähltradition heidnischer Balladen wurden die Nornen zu »Feen«:

Und Heh! Auf ihren Runenschilden reitend,
Kommen die mächtigen Nornen jetzt durchs Tor;
Drei schöne Rosenknospen, die in diesem Garten wachsen,
Von ernstem Aussehen, aber dennoch reizend.
Während Urda auf die geschwärzten Felder weist,
Enthüllt Skulda den Feenstab.[4]

1. *Larousse*, 37. 2. Campbell, C. M., 121. 3. Branston, 208.
4. Guerber, L. M. A., 267.

Numa

Ein legendärer König des frühen Roms, der durch seine heilige Ehe mit der Göttin von Schöpfung und Wiedergeburt, Diana Egeria, der Jungfrau von Nemis' heiliger Heilquelle, sehr weise wurde. Möglicherweise hat es einen König Numa nie gegeben, aber sein Name erinnert an die orientalische Sitte, einige der Gefährten der Göttin dadurch zu schaffen, daß die Silben ihres Namens umgedreht wurden. Der Herr des Todes, Ya-ma, ist zum Beispiel eine Umkehrung von Ma-ya, der Herrin des Lebens. Ma-Nu war in einigen der ältesten indoeuropäischen Überlieferungen eine Schöpfungsgöttin, und Nu-Ma scheint ihr männliches Gegenstück gewesen zu sein.

Nun

Ein ägyptisches Wort für das Urmeer; aus diesem Wort entstand der hebräische Buchstabe *nun* mit der Bedeutung »Fisch«. Nun war auch ein heiliger Name, wie in »Josua, dem Sohn Nuns« (Josua 1, 1). Das englische Wort *nun*, »Nonne«, entstand aus *nonne*, »Krankenschwester«, denn in der Antike übten die Priesterinnen auch die Heilkunst aus.

Var. Nuit

Nut

Die ägyptische Große Mutter als Personifikation des Nachthimmels. Sie war manchmal die Kuh, aus deren Euter die Milchstraße entsprang oder eine über die Erde gewölbte Frau, die mit ihren Zehen und Fingerspitzen die »Enden der Erde« berührte. Ihr Bild mit ausgestreckten Armen wurde oft auf die Innenseite des Sargdeckels gemalt, damit sie den Verstorbenen umarmen konnte.[1] Ihr Gemahl Geb war ein an irdischen Dingen hängender Gott, der auf dem Rücken lag und sie mit seinem aufgerichteten Penis zu erreichen versuchte. Dieser Penis wurde durch den Obelisken verkörpert.[2]

Die Pharaonen waren Söhne und Gefährten von Nut. Pepi II. sagte, er lebe »zwischen den Schenkeln Nuts«. Men-Kau-Rawar (Mykerinos) wußte: er war »geboren von Nut, empfangen von Nut ... breitete deine Mutter Nut sich unter ihrem Namen ›Geheimnis Nuts‹ über dich, sie sorget dafür, daß du ohne Feinde lebest, oh König des Südens und des Nordens, Men-Kau-Ra, der du für immer lebest!«[3] Die Ägypter sagten, jede Frau sei eine *nutruit*, Kleine Göttin (siehe **Neter**).

1. Neumann, G. M., Tafeln 36, 90ff. (dt. 130). 2. F. Huxley, 69.
3. Budge, B. D., 22, 17.

Nymphe

Griechisch *nymphe*, lateinisch *nympha*, eine Braut oder heiratsfähige junge Frau. Dasselbe Wort wurde für Symbole der weiblichen Genitalien wie Lotusblüten, Wasserlilien und bestimmte Muscheln benutzt. »Nymphen« dienten, besonders bei sexuellen Zeremonien, in den alten Tempeln der Großen Göttin als Priesterinnen. Sie stellten dabei das göttliche Prinzip blühender Fruchtbarkeit dar und waren manchmal als Bräute Gottes bekannt. (Siehe **Jungfräuliche Geburt**.)

Das Wort Nymphe wurde im Mittelalter sowohl auf eine Hexe als auch auf eine Fee angewandt, weil beide von den vorchristlichen Priesterinnen abstammten. Die »Nymphen« versenkten als Naturgeister ihre Seelen angeblich auf ewig in bestimmten Teilen der Natur. Die Natur wurde im Altertum von der Großen Göttin beherrscht, und es gab Wassernymphen, Baumnymphen, Bergnymphen und Nymphen, die in der Erde wohnten, im Meer oder im Feenland. Ihre alte Verbindung mit der Sexualität blieb mehr oder weniger durchgehend erhalten. »Nymphomanie« ist auch heute noch ein Ausdruck für sexuelle Besessenheit.

Obelisk

Die ÄgypterInnen wußten, daß der Obelisk einen riesigen Phallus darstellen sollte. Er wurde der Ben-Ben-Stein oder Erzeugerstein genannt. Ähnliches galt für *petra* (Stein), nach den Aussagen der Bibel »der Stein, der dich gezeugt hat«. (Siehe **Petrus, Heiliger**.) Der Obelisk war ein Symbol für die Erektion des Erdgottes Geb in seiner ewigen Begierde, sich mit der Himmelsgöttin zu paaren.[1]

1. F. Huxley, 69.

Oberon

Ein angelsächsischer Elfenkönig, der vom germanischen Alberich abgeleitet war, dem Zwergenkönig der Unterwelt, der in der Erde vergrabene Schätze hütete, was auch zu den Aufgaben des Teufels gehörte. Oberon galt als Mann der Feenkönigin **Titania**, der »Mutter der Titanen« des Altertums.

Occulta

»Verborgene Dinge«, die geheimen Zeremonien der Mysterienkulte, die in der frühchristlichen Zeit ihre jeweiligen esoterischen Geheimnisse der Erlösung lehrten. Die frühe Christenheit hatte ihre eigenen *occulta*, aber im Mittelalter wurde das Wort auf jede Religion außerhalb der christlichen Orthodoxie angewendet. Das Wort occulta wurde auf diese Weise fast gleichbedeutend mit Hexerei, Zauberei, Magie, Ketzerei, Geheimwissenschaft usw.

Odin

Der nordische Allvater, der »Gott der Gehängten« genannt wurde, weil die Bäume seines heiligen Hains in Uppsala sogar noch im 10. Jahrhundert voller aufgehängter Menschenopfer waren.[1] Das *draumar* (Drama) jedes Opfers wiederholte Tod und Wiedergeburt Odins, der seine göttlichen Kräfte dadurch erwarb, daß er sich, von einem Speer an seiner Seite verwundet, auf dem Weltenbaum als Opfer hingab. Er sagte: »Ich weiß, daß ich hing am windigen Baum neun Nächte lang, mit dem Ger verwundet, geweiht dem Odin, ich selbst mir selbst.«[2]

Die okkulte Bedeutung der neun Nächte bestand in einer Pseudofeminisierung zur Erlangung der Schöpferkraft; es war der Zeitraum, der gebärenden Frauen geweiht war. Die Latiner nannten ihn *nundinum* (Neun-Tag).[3] Bei den KeltInnen hieß er *noínden* (Neun-Nacht). Die Göttin Macha erlegte dabei den Männern eine neunnächtige Periode der Hilflosigkeit auf; vielleicht entstand dieser Brauch als ein zeremonielles Männerkindbett, durch das die Männer in früheren Zeiten an den Kräften der Frauen teilzuhaben versuchten.[4] Das Ziel von Odins neunnächtiger Prüfung war es, das Geheimnis des »weisen Blutes« in dem uterinen Kessel der Erdmutter kennenzulernen und die magischen Kräfte der Runen zu beherrschen, die seine weibliche Urform Idun (Freya) erfunden hatte. Nachdem er alle Reiche des Todes durchwandert hatte, sagte er: »Ich bekam ein Getränk des edlen Mets, ich wurde mit Odrerir besprengt. Dann begann ich fruchtbar und ergiebig zu werden, wuchs und gedieh; ein Wort von mir suchte das nächste.«[5]

Odin gewann durch sein Opfer die weiblichen Geheimnisse der *saga* (sprechende Frau, Prophetin, Priesterin) für die Männer. Er lernte die Runen, Worte der Macht, und die heilige Dichtkunst, die seine Skalden »das Meer von Odins Brust« nannten; sie meinten damit das Blut, das er auf die Erde vergoß.[6] Sein Mythos stammte offenbar noch aus den

Zeiten vor der Entdeckung der Vaterschaft, denn Erda oder Urth wurde eindeutig mit seinem Blut, nicht mit seinem Samen, gestärkt und befruchtet.

Der Baum seines Martyriums wurde manchmal durch das Tau-**Kreuz** repräsentiert, das außerdem als das Kreuz des heiligen Antonius oder Galgenkreuz bekannt ist.[7] Sein Galgen konnte aber auch wie ein Türpfosten geformt sein, mit zwei aufrechten Baumstämmen und einem Querbalken. Das entsprach der Beschreibung von Odins Galgen, der Weltenesche **Yggdrasil**, dem »schrecklichen Pferd«, durch die Dichter, denn der Galgen war sowohl ein Baum als auch ein Pferd, auf dem man zum Land des Todes reiten konnte.[8] Ein anderer Name für das achtbeinige graue Pferd Odins war Sleipnir. Dieselbe Form des Pferdegalgens erschien auf der Tarotkarte des Gehängten, dessen Zahl die zwölf ist; sie ist die zwölfte der durchnumerierten Großen Arkana oder Trümpfe. Der Gehängte des Tarot enthüllte auf diese Weise Odins Geheimnis der zwölften Rune, ein Geheimnis, das in der Edda ausdrücklich als nekromantisches Zeichen erwähnt wurde, mit der Macht, einen Gehängten dazu zu bringen, jede an ihn gerichtete Frage zu beantworten.[9] Das war eine der Quellen der göttlichen Magie, die den Bildern der Tarotkarten zugesprochen wurde. Der Gehängte war eindeutig eine heidnische Figur und »eins der klarsten Anzeichen dafür, daß die Tarottrümpfe zur Illustrierung eines nichtchristlichen Glaubenssystems hergestellt wurden«.[10] Der Karte des Gehängten folgte die Karte des Todes, Nummer 13, die zeigt, daß ein Opfer wie Odin dazu bestimmt war, die Unterwelten der Toten zu durchqueren.

Die skandinavischen Sakralkönige wurden mit Odin gleichgesetzt und erlitten den gleichen heiligen Tod, von dem angenommen wurde, daß ihm eine Apotheose folgte, wie es für heilige Opfer üblich war. Vikarr, der legendäre Stammvater der Wikinger, wurde während einer solchen Zeremonie von einem der Priester Odins durch einen Speerstoß getötet. Die Schweden des Mittelalters röteten in regelmäßigen Abständen, wenn sie den Liebestod des Königs und Gottes nachspielten, »die Erde mit dem Blut ihres Herrn«. Das Blut, das Odin vergoß, erzeugte seine Reinkarnation oder seinen Sohn, Balder. Er war der Adonis oder Attis des Nordens, dessen Gemahlin denselben Namen trug wie Attis' jungfräuliche Mutter. Sie hieß Nanna oder Nan, ein Walkürenname, der vielleicht auf die archaische Mondgöttin des mittleren Ostens, Inanna, zurückgeht.[11]

Balder wurde auf Anordnung des himmlischen Vaters ebenfalls erschlagen und in das Untergrundreich der Göttin Hel geschickt. Nachdem er durch die »Tränen roten Goldes«, die Hels himmlischer Aspekt, Freya, über ihm vergoß, wiederhergestellt worden war, wollte er nicht in diese Welt zurückkehren. Balders Wiederkehr soll im nächsten Universum, nach der Zerstörung der derzeitigen Götter und der heutigen Welt stattfinden. Dann soll er wieder auferstehen und in einer anderen Schöpfung mit tugendhafteren Göttern ein neues Königreich gründen.[12] (Siehe **Weltgericht**.)

Heidnische Erlöser wie Odin-Balder waren für die Anhänger ihres christlichen Rivalen natürlich Dämonen. Aus Odins Titel als Herr des

Todes, Yggr, »der Schreckliche«, wurde deshalb ein »Oger« (Menschenfresser).[13] Die Geisterbeschwörer des Mittelalters benutzten angeblich Dinge, die zu Odins Reich gehörten: Galgenholz, Galgenerde, Teile vom Körper Gehenkter. Eine Frau namens Anne-Marie de Georgel wurde 1335 in Toulouse wegen Hexerei angeklagt und beschuldigt, zur Herstellung ihrer Zaubersalben Kleidung, Haare, Nägel oder Fett von gehenkten Verbrechern benutzt zu haben.[14]

Odin wurde zwar Allvater genannt, er galt aber nicht als Schöpfer. Seine Macht war, wie die seines griechischen Gegenstücks Zeus, genau eingegrenzt. Odin und Zeus waren den Schicksalsgöttinnen, die in Skandinavien Nornen und in Griechenland Moiren (Moerae) hießen, hilflos ausgeliefert. »Die Vorfahren der Nornen waren die Wesen, die auch die griechischen Moiren, die Schicksalsgöttinnen, hervorgebracht haben. Die Moiren waren nach dem griechischen Mythos Kinder der Nacht; und die Nacht war, wie wir wissen, eines der älteren Geschöpfe des nordischen Mythos – auf jeden Fall älter als der Wikingergott Odin.« Ungeachtet dessen teilten Odins Verehrer ihn im Laufe der Zeit in eine Trinität namens Zwielicht, Mitternacht und Dämmerung auf und ahmten damit die dreifache Mutter Nacht nach, die er dadurch heiraten konnte. Genauso wurde der hinduistische Herr des Todes eine Dreiheit, um sich der dreifachen Kali gleichzustellen.[15]

Odin war ein arischer Gott, dessen Mythos aus dem des vedischen »Herrn der Winde«, Vata, entstand. Darauf weisen zahlreiche Variationen seines Namens hin: Voten, Wuotan, Wodan.[16] Er war auch Godan, nach hinduistischer Überlieferung ein Herr der westlichen Barbaren und Gemahl der Göttin **Godiva**, deren Name in Wirklichkeit eine Verdopplung war: »Göttin-Göttin«.

Odin wurde als Herr der Winde mit dem Fürsten der Lüfte gleichgesetzt, was im Christentum einer der Titel des Teufels war. Odin führte die Wilde Jagd an, eine nächtliche Zeremonie, die ursprünglich die über den Himmel galoppierenden, von Geistern gerittenen Sturmwolken darstellte: eine andere Form des Grauen Pferdes, das Odin ritt. Eine englische Chronik von 1127 beschrieb die Wilde Jagd, die am 6. Februar von einer Gruppe schwarzgekleideter Reiter veranstaltet wurde. Sie ritten auf schwarzen Pferden und folgten schwarzen Hunden mit »Augen wie Untertassen«. Zwanzig oder dreißig Männer galoppierten durch die Wälder zwischen Peterborough und Stamford, »und die ganze Nacht hindurch hörten die Mönche, wie sie ihre Hörner erklingen ließen.«[17]

Manchmal erschien Odin auch auf der Erde. Er trat als einäugiger, graubärtiger alter Hexenmeister auf, der sich auf einen Stock stützte und entweder eine Kapuze oder einen breitkrempigen Hexenhut trug.[18] Ein anderer gebräuchlicher Titel Odins war »der einäugige Gott«. Er ging auf zahlreiche mythologische Quellen zurück, einschließlich der alten Metapher für den Penis. In einem Mythos wurde als nichtsexuelle Erklärung der Metapher behauptet, daß Odin eines seiner Augen für das Vorrecht hergab, von dem weiblichen Quell der Weisheit zu trinken, der Mimir (Mutter der Erinnerung) oder Urdarbrunnr (Urdstrom, also Strom der ältesten Norne) genannt wurde. Nach einer anderen

Erklärung für seinen Erwerb weiblicher Weisheit stahl er das »weise Blut« aus dem Kessel Odrerir, der sich in der Obhut der Erdgöttin in ihrer heiligen uterinen Höhle befand.[19] Eine ähnliche Geschichte gibt es auch von dem arischen Gott Indra, der das lunare Blut der Großen Mutter, den Soma, stahl und in Gestalt eines Vogels damit in die Heimat der patriarchalischen Götter flog. Die Menschen verehrten Odin und Indra dafür, daß sie vormals verbotene Geheimnisse der Magie erlangt hatten und sie ihren bevorzugten Schamanen übergaben.

1. Oxenstierna, 223 (dt. 126). 2. Frazer, G. B., 412 (dt. 517).
3. Cumont, A. R. G. R., 91. 4. Rees, 58. 5. Turville-Petre, 42. 6. Ebd., 39.
7. d'Alviella, 15. 8. Branston, 114. 9. B. Butler, 154. 10. A. Douglas, 85.
11. Turville-Petre, 40, 113, 118. 12. Ebd., 115; Lederer, 109. 13. Branston, 114.
14. J. B. Russell, 183. 15. Branston, 66, 208. 16. Ebd., 109, 126. 17. Ebd., 108.
18. Ebd., 113. 19. *Larousse*, 257.

Oedipus

Mythischer König von Theben zu einem Zeitpunkt, als die Könige anfingen, sich gegen die matriarchalische Herrschaft aufzulehnen. Oedipus tötete seinen Vater/Vorgänger und heiratete nach der überlieferten Sitte seine Mutter/Königin, aber er veranlaßte auch, daß das Bild der Großen Göttin (die Sphinx) von einer Klippe gestürzt wurde und zerbrach.

Seine Mutter/Königin war Iokaste oder Jocaste, »Scheinender Mond«, die offenbar den Zorn der Göttin auf ihren Gatten herunterrief. Teilweise heißt es, daß er aus Theben verbannt wurde, es wird aber auch gesagt, daß ihn die Furien der Großen Göttin in ihrem heiligen Hain erschlugen.[1] Die meisten Geschichten stimmen darin überein, daß er mit einer »Spange« aus Iokastes Kleidung geblendet wurde.

Iokastes »Spange« könnte ein beschönigender Ausdruck für die kastrierende Mondsichel gewesen sein. Nach Herodot töteten die athenischen Frauen in alten Zeiten Männer mit ihren »Spangen«, aber ein neues patriarchalisches Gesetz verbot den Frauen später, solche Waffen zu tragen.[2] Blindheit war, wie es in den Geschichten über Samson, Odin und Teiresias von Theben deutlich wird, ein übliches mythisches Symbol für die Kastration. In Ägypten wurde der Penis auch Auge genannt; ihn abzuschneiden hieß, das »Licht« des Einäugigen Gottes auszulöschen.[3]

Die angeblich inzestuöse Ehe zwischen Oedipus und seiner Mutter/Königin war nichts anderes als der übliche Wechsel heiliger Könige; jeder von ihnen wurde von der Königin ausgesucht und zu ihrem »Sohn« oder der Reinkarnation seines umgebrachten Vorgängers erklärt. Oedipus' »Vater« trug den Namen Laios, was allerdings kein Name, sondern einfach ein Titel war: »König«. Da in der Antike jeder König ein Gott war, war jede Königin eine Mutter Gottes und gleichzeitig seine jungfräuliche Braut. (Siehe **Inzest; Königtum**.)

1. Graves, G. M., 105.pass., 170. 2. Herodot, 303 f.
3. Norman, 42.

Oenothea

»Weingöttin«, Titel einer Priesterin, die bei Apuleius erwähnt wird. Sie verkörperte die Große Göttin als Spenderin von Unsterblichkeit, die durch ihr magisches Ambrosia Götter und Menschen am Leben erhielt.[1] Unter anderem war sie auch als Hebe, Ariadne, Siduri oder Saki bekannt.

1. Wedeck, 207.

Offenbarung

Das lateinische Wort *revelatio* für Offenbarung bedeutete, den Schleier (*velum*) zurückziehen.[1] Dies bezog sich auf den Regenbogenschleier der Großen Göttin, der die Zukunft und die Geheimnisse des Geistes unter den Farben der irdischen Erscheinung verhüllte. Nach dem Tod war es den Menschen eventuell vergönnt, sie »von Angesicht zu Angesicht« zu sehen. Ein Blick auf die nackte Göttin war den heiligen Königen vergönnt, die den Schleier ihres Heiligtums, das *hymen*, zurückziehen, ihre Jungfräulichkeit durchdringen und in der Vereinigung mit ihr zu Göttern werden durften. Doch wie die Göttin in ihrem Tempel in Sais erklärte: »Kein Sterblicher hat je den Schleier zu lüften vermocht, der mich verhüllt.«[2] Wer sie unverschleiert gesehen hatte, war kein Sterblicher mehr.

Mit der Zeit fand das Wort Revelation oder Offenbarung Anwendung auf jedwede religiöse Vision oder Äußerung. Es bezeichnete sogar die stereotypen Verkündigungen von Wahrsagern.

Bei der biblischen *Offenbarung* handelt es sich angeblich um eine Vision des Jüngsten Tages, die der Verfasser Johannes hatte; in Wirklichkeit ist es eine Ansammlung von Bildern und Zitaten aus verschiedenen Quellen. Literatur dieser Art gab es in den ersten Jahrhunderten nach Christus in Fülle, und noch eintausend Jahre später tauchte sie in heidnischen Überlieferungen in Europa auf, zum Beispiel in der *Voluspá* (Vision der Sibylle), einer recht ähnlichen skandinavischen Schilderung des Weltgerichts.

1. Funk, 282. 2. *Larousse*, 37.

Offenkundiges Schicksal

Dieses Schlagwort erfanden weiße Siedler Nordamerikas, um zu beweisen, daß Gott sie dazu bestimmt hatte, die Indianer auszurotten. Als die Indianer sich widersetzten und sogar zurückschlugen, entstand das, was General Philip Sheridan »die verflixte Indianerfrage« nannte. Die Lösung dieser Frage bestand für den General in der Ausrottung des Büffels, von dem die Ernährung, Unterkunft und Kleidung der Plains-Indianer abhing. Nachdem die großen Herden getötet waren und verwesten, starben ganze Indianerstämme den Hungertod. Das wurde als Werk des offenkundigen Schicksals (engl. *manifest destiny*) begrüßt.[1]

Es war ebenfalls ein Ausdruck des offenkundigen Schicksals, daß die Indianer zur Religion der Eroberer übertreten mußten. Das taten sie beileibe nicht gern. Im Jahre 1805 sagte ein Seneca-Häuptling zu einem Missionar: »Bruder, wir wünschen nicht, eure Religion zu zerstören oder sie euch zu nehmen; wir wollen uns nur unserer eigenen erfreuen. Bruder, uns wurde erzählt, daß du an diesem Ort hier weißen Menschen gepredigt hast ...; wir werden ein Weilchen abwarten und sehen, welche Wirkung deine Predigt auf sie hat. Wenn wir feststellen, daß sie ihnen guttut, sie aufrichtig werden läßt und weniger geneigt, Indianer zu betrügen, werden wir das, was du gesagt hast, erneut bedenken.«[2]

1. *National Geographic*, v. 151, n. 3, 427. 2. Starkloff, 122.

Ogier der Däne

Ein Dichterkönig der mittelalterlichen Epen, der durch eine heilige Ehe mit **Morgan le Fay** Unsterblichkeit erlangte. Sie verwarf, als er geboren wurde, sein Schicksal und bestimmte, daß er mit ihr in Avalon leben würde. Als er dann das Alter von 100 Jahren erreicht hatte, übergab sie ihm eine Krone des Vergessens, um die Erinnerung an sein vorheriges Leben auszulöschen, steckte einen Zauberring an seinen Finger und nahm ihn mit in das westliche Paradies, wo er die Helden Artus, Oberon, Tristan und Lancelot traf, die sich dort in immerwährender Glückseligkeit unter dem Schutz der Großen Göttin befanden.[1]

1. Guerber, L. M. A., 135ff.

Okeanos

Var. Oceanus

Eine griechisch-römische Wasserschlangengottheit, von der angenommen wurde, daß sie, den Schwanz im Maul haltend, mit ihrem riesigen Körper die Erde umgürtet und dadurch an den äußeren Grenzen der Erde eine dauernde Wasserbarriere bildet. Okeanos wurde oft mit Neptun, Poseidon, Ouroboros, Taaut oder Python vermengt. Er war mit der uranfänglichen Seegöttin Tethys oder Thetis verheiratet. Sein Name bedeutete: »Der zu der schnellen Königin gehört.«[1]

1. Graves, G. M. 1, 27; 2, 402.

Old Nick

Ein volkstümlicher englischer Name des Teufels, der vielleicht von dem Namen des dänischen Meergottes Hold Nickar, dem Führer der Nicker oder Nixen (Wasserfeen), abgeleitet ist.[1] Derselbe Meeresgott entwickelte sich zu dem mythischen heiligen **Nikolaus**. Darauf geht vielleicht die Verbindung des Heiligen mit dem Kessel der Regeneration und den Symbolen der Dreifachen Göttin zurück. »Hold« war eine Variante des Namens der Göttin – Holde, Hild, Hel –, und mit »Old Nick« könnte der personifizierte Meeresschoß ein weiteres Mal maskulinisiert worden sein.

1. Hazlitt, 459.

Olga

Var. Wolga, Volga

Eine legendäre amazonenhafte Kriegsgöttin von Kiew, die von den Stämmen Südrußlands so sehr verehrt wurde, daß sich die orthodoxe Kirche gezwungen sah, sie zu übernehmen und als eine ihrer falschen Heiligen zu kanonisieren.[1] Nach einer alten Chronik führte sie ihre Soldaten in die Schlacht, nachdem sie den Schutz von Pyerun, dem heidnischen Donnergott, erbeten hatte.[2]

1. Leland, 36. 2. *Larousse*, 294.

Om

Das allumfassende »Schöpfungswort«, das die orientalische Große Göttin bei der Hervorbringung der materiellen Welt von sich gab; sie beschwor damit ihren eigenen schwangeren Bauch. *Om* wurde als Mutter der Mantras (*matrikamantra*), das höchste Wort, bezeichnet. (Siehe **Logos**.)

Omen

Wörtlich bedeutet Omen »ein Zeichen vom Mond«. Die Weissagungskünste standen generell unter der Herrschaft der Mondgöttin des Altertums. Es gab nach den Aussagen Ciceros vier Typen von Omen. *Ostenta* waren diejenigen, die »klärten«; hieraus entstand das englische Wort *ostensible* (scheinbar, angeblich). Omen, die etwas im voraus andeuteten oder Vorzeichen gaben, waren *Portenta*. *Monstra* waren die Omen, die etwas darstellten oder zeigten, wie Träume und Visionen. Die Zeichen, die durch übernatürliche Ereignisse zukünftige Geschehnisse ankündigten, wurden *Prodigia* genannt; »bedeutungsvolle Zeichen des Himmels« heißen auf englisch *prodigies*.[1]

Jedes Omen war numinos, ein Wort, das aus *nu-men* entstand, einer anderen lateinischen Übersetzung von Mondgeist. *Nu-men* war das römische Gegenstück zu *mana*.[2] Beides bedeutete »eine von der Mondmutter ausgehende Enthüllung«. (Siehe **Mana**.)

1. Wedeck, 230. 2. Rose, 19.

Omikami Amaterasu

Die japanische Sonnengöttin, von der die kaiserliche Familie ihre Abstammung herleitet. Die Abstammung verlief zuerst über eine Linie von Königinnen. Später, nachdem die japanische Gesellschaft um das 14. Jahrhundert n. Chr. patriarchalische Sitten eingeführt hatte, war die männliche Linie maßgeblich.[1] Ihr Name bedeutete »Mutter Schöpfungsgeist«. (Siehe **Sonnengöttin**.)

1. Briffault 1, 369.

Omophagia

»In den Bauch hinein essen«, ein griechisches Ritual des heiligen Abendmahls, bei dem das Fleisch von menschlichen oder tierischen

Kultopfern gegessen wurde. (Siehe **Kannibalismus**.) Nach der ursprünglichen Tradition wurde von den Gläubigen erwartet, daß sie das Opfer mit den bloßen Händen und den Zähnen zerrissen und es roh verzehrten, wie auch in den Mythen der frühesten Kulten von Dionysos, Orpheus, Zagreus und anderer Götter die Opfer in Stücke gerissen wurden. »Die KommunikantInnen stürzten sich wie toll auf das Opfertier, rissen es in Stücke und aßen es roh, da sie glaubten, daß dem Opfer der Gott innewohne … Es wurde angenommen, daß auf diese Weise eine Identifikation mit dem Gott stattfinde und eine Teilhabe an seinem Wesen und seinen Eigenschaften.«[1] Seine Unsterblichkeit wurde ebenfalls mitgegessen – sowohl beim *omophagia*-Ritual als auch bei seinem Nachfolger, dem christlichen Sakrament des Gott-Essens, obwohl sein Körper dabei nicht mehr aus Fleisch, sondern ein winziges Stückchen Brot war.

1. Angus, 129.

Omphale

Ein lydischer Name für die Göttin des Mittelpunktes – *omphalos*, der Nabelstein, bezeichnet den Mittelpunkt des Weltschoßes. Der griechische Mythos beschreibt sie als eine Königin von Lydien, die den Helden Herakles zum Sklaven machte und zur Arbeit an ihrem Spinnrad zwang. Herakles war die Sonne, und er führte seine zwölf Arbeiten am Spinnrad des Tierkreises durch. Jede »Arbeit« war in Wirklichkeit eines der Tierkreishäuser, die die Sonne während Herakles' einjähriger Dienstzeit in Omphales Palast durchquerte. Dieses Jahr markierte seine Herrschaft als Aion. Er trug dabei die Gewänder der Königin, und in Erinnerung daran hüllten sich auch die Priester des Herakles in weibliche Kleidung und gaben vor, die magischen weiblichen Kräfte zu beherrschen. Es war charakteristisch für die Übergangsperioden zwischen Matriarchat und Patriarchat, daß der König als Stellvertreter der Königin auch die Gewänder der Königin trug.[1]

Omphale verkörperte die Große Göttin als Verzehrerin der Sonnenkönige. Der Sonnenkönig wurde nach einem Jahr getötet und durch einen anderen, zur Wintersonnenwende geborenen, ersetzt. Omphale war, wie die archaische römische Göttin Anna Perenna, auch eine Mutter der Zeit.[2] Einer ihrer Gefährten vor Herakles war der Eichengott Tmolus, der seine eigene Reinkarnation zeugte, den heiligen König Tantalus, der während der Oschophoria-Feierlichkeiten zeremoniell ertränkt wurde, um den ins Meer sinkenden Sonnenkönig zu verkörpern.[3] Tmolus wurde als Menschenopfer mit dem Eichenkranz des Gottes geschmückt und von einem Stier auf spitze Pfähle geworfen, was darauf hindeutet, daß ihn die stiermaskigen Priester der Großen Göttin in einer Grube pfählten, damit sein Blut den Boden befruchten konnte.

Der göttliche Vater des Erlösers Herakles war der Sonnengott Apollon, von dem angenommen wurde, daß er seinen Ursprung in Lydien hatte; ungeachtet dessen war er später einer der typischsten griechischen Götter. Apollon stand in seinen frühesten Formen unter der Herrschaft seiner Schwester-Braut Artemis, des Mondes, die manchmal in einem heiligen Nabelstein verkörpert wurde und deshalb den Titel Omphale trug.

1. Graves, G. M., 136.4. 2. Herodot, 5f. 3. Graves, G. M. 108.2.

Omphalos

Eine griechische Bezeichnung für den lateinischen *umbilicus*, den Nabel oder Mittelpunkt der Welt, den Mittelpunkt des Körpers der Großen Göttin und Ursprung aller Dinge. So wie jedes Volk der Frühzeit seine eigene Version der Großen Mutter als den weltumfassenden Geist ansah, war seine Hauptstadt oder der Haupttempel am Mittelpunkt der Welt angesiedelt. Dieser Punkt wurde durch den Stein *omphalos* markiert, in dem das Wesen der Mutter konzentriert war. Die Hebräer nannten ihn *beth-el* oder »Wohnort der Gottheit«. Diese Gottheit befand sich als ein im König verkörperter männlicher Gott in der Mitte der Göttin, denn er war ihr Kind.

Ein König von Susa sagte 710 v. Chr.: »Das Land Susa, das auf der Erde das hervorragendste ist, befindet sich in der Mitte der ganzen Menschheit.« Die PerserInnen meinten: »Das Land Persien ist besser als alle anderen Orte, denn es liegt in der Mitte.« China nannte sich »das Land der Mitte«. Skandinavien war seinen Bewohnern als Mittelerde (Midgard) bekannt. Japan wurde in alten japanischen Dichtungen als das Mittlere Königreich der Erde bezeichnet. Die RömerInnen nannten das Meer in der Mitte ihres Kaiserreichs *mare nostrum*, »unser Meer« und gaben ihm den Namen Mediterraneum, wörtlich »Mitte der Erde«.[1]

Den Nabel der Erde oder *omphalos* legten die RömerInnen an den runden Herd des Tempels der Vesta. Die GriechInnen siedelten ihn am *omphalos* von Delphi, dem »Tempel des Mutterleibes«, an. Für die Juden befand er sich beim Tempel Zions. Das Christentum übernahm die jüdische Kosmogonie, nach der Jerusalem als der Mittelpunkt der Erde angesehen wurde. Jesus starb genau an dem Ort, an dem einst im Paradies der Lebensbaum gestanden hatte. Es hieß, daß ein Speer, der aufrecht auf dem Grab Christi stünde, mittags keinen Schatten werfen würde, weil er den Mittelpunkt aller Dinge unter der Sonne markiere. Als Papst Urban in Clermont für den ersten Kreuzzug predigte, erklärte er »unfehlbar«, daß Jerusalem der Mittelpunkt der Erde sei.[2]

Dieser Mittelpunkt war nach vorchristlichen Ansichten die Jungfrau Zion oder der yonische Tempel von Mari-Anat. In allen omphalischen Schreinen herrschte ein weiblicher Symbolismus vor; sie repräsentierten im allgemeinen den Körper der Göttin in Gegenwart des Gottes als Sexualpartner – eine phallische Schlange, ein Baum, ein Kreuz oder ein geopferter Mann, aus dem das Blut des Lebens floß. Selbst in mittelalterlichen Dichtungen war von dem Palast der Liebe die Rede, in dem sich Gott und Göttin *in medio mundi* trafen, in der Mitte der Welt. Dieser Ort war mit den üblichen sexuellen Symbolen ausgestattet: eine heilige Quelle in einem Garten, in dem auch der Baum des Lebens stand.[3]

Die christlichen Theologen neigten ebenfalls zu der Art Hybris, die die Menschen dazu brachte, ihren Heimatort als Mittelpunkt der Welt zu bezeichnen, ihre eigene Lebenszeit als das endgültige Zeitenende, ihre Religion als die einzig zulässige und ihre eigene Persönlichkeit als Brennpunkt des kosmischen Dramas von Gut und Böse. Das ganze Universum wurde eigentlich nur als Hintergrund für die Bewährungszeit des Menschen angesehen. Petrus Lombardus schrieb: »So wie der Mensch um Gottes willen gemacht ist – daß er Ihm also dienen möge – so ist das Universum um des Menschen willen gemacht – daß es ihm also dienen möge; deshalb befindet sich der Mensch im Mittelpunkt des Universums.«[4] Wenn sich der Mensch nicht als irgendwie wesentlich mit dem *omphalos* verbunden betrachten konnte, war seine Weltsicht bedroht. Auf eine solche Bedrohung war der Widerstand der Kirche gegenüber den Entdeckungen **Galileo**s zurückzuführen, die dazu beitrugen zu beweisen, daß die Erde nicht die Mitte von Gottes Universum ist.

1. Lethaby, 73. 2. White 1, 99. 3. Wilkins, 139. 4. H. Smith, 329.

Onkel

Vor der Anerkennung der physischen Vaterschaft und sogar noch lange danach sahen die meisten Menschen im Bruder der Mutter den nächsten männlichen Verwandten eines Kindes, denn er war mit der Mutter und der Großmutter durch die überaus wichtigen matrilinearen Blutbande verbunden. Auf Hawaii wird nach wie vor für »Vater« und »Onkel« das gleiche Wort benutzt, weil dort in früheren Zeiten zwischen beiden kein Unterschied gemacht wurde.[1]

Tacitus sagte, daß die germanischen BarbarInnen die Verwandtschaft zwischen Schwestersöhnen und ihren Onkeln für »heiliger und verpflichtender« ansahen als die Verwandschaft zwischen Vätern und Söhnen.[2] Das gleiche galt für die KeltInnen: in Irland mußten die ersten Missionare Christus »unserer Schwester Sohn« nennen, weil das der einzige männliche Verwandschaftsgrad war, der dort als heilig galt.[3]

Malory bemerkte, der einzige Grund für die Einführung des Christentums in Britannien habe in der Absicht gelegen, das patriarchale Erbrecht und die Herrschaft der Väter zu etablieren. In vorchristlichen Gesellschaften gab es keinerlei gefühlsmäßige Beziehung zwischen Vätern und Söhnen.[4] Einzig Neffen und matrilineare Onkel waren durch die wahren Bande des Blutes einander verpflichtet. Noch in jüngerer Zeit galten bei den südostasiatischen Semang erleuchtete Weise und Propheten als Neffen – nicht als Söhne – der Götter.[5]

Im alten Latium kam den Vätern in der Familienverwandtschaft der matrilinearen Sippen keinerlei Bedeutung zu. Diese Tradition wurde weitergegeben; selbst im patriarchalen Rom wurde noch zwischen dem Bruder des Vaters (*patruus*) und dem Bruder der Mutter (*avunculus*, von lat. *avus*, Vorfahre) unterschieden. Der *patruus* war unwichtig; ihm wurde üblicherweise keine Beachtung geschenkt.[6] Der *avunculus* galt hingegen als der wahre Onkel – was immer noch aus dem von diesem Titel hergeleiteten Wort »Onkel« ersichtlich ist. Zumindest in angelsächsischen Ländern hält die sprachliche Erinnerung immer noch an dem doppelten Onkel-System fest: Ein Bruder des Vaters ist dort einfach ein »Onkel«, der Bruder der Mutter wird dagegen ausdrücklich als »eigener Onkel« (*own uncle*) bezeichnet.

Die Systeme der Onkel-Verwandschaft waren stets älter als die der Vaterschaft; Sie stammten aus der Zeit der Matriarchate, in der die Vaterschaft noch unbekannt war. (Siehe **Mutterschaft**.)

1. Farb, W. P., 2. Tacitus, 719. 3. Rees, 145. 4. Malory 2, 179, 199. 5. Eliade, S., 337, (dt. 323). 6. M. Harris, 80.

Onuphris, heiliger

Die fälschliche Heiligsprechung des Gottes Osiris unter seinem Beinamen Unnefer, der Wohltäter.[1] Onuphris wurde in den Kanon der Heiligen aufgenommen, obwohl seine ursprüngliche ägyptische Form gewöhnlich als heidnischer »Teufel« angesehen wurde.

1. H. Smith, 227.

Opfer

Die Weiheopfer der alten Kulturen – Menschen wie Tiere – waren fast ausschließlich männlich. Die AnhängerInnen des Shiva opferten nur männliche Tiere; der Gott selbst hatte angeordnet, daß ein weibliches Tier niemals geschlachtet werden durfte.[1] Männliche Tiere waren zur Sicherung des Fortbestandes einer Herde durchaus entbehrlich.

Das galt auch für Menschenopfer: es handelte sich stets um Männer, niemals um Frauen. »Die Nachkommenschaft einer Gruppe hängt eher von der Zahl der erwachsenen Frauen als von der Zahl der erwachsenen Männer ab.«[2] Daher wurde auf den ältesten Altären – in Nachahmung des »lebensspendenden« weiblichen Blutes – ausschließlich männliches Blut vergossen. So kam es, daß es mehr väterliche als mütterliche totemistische Tier-Ahnen gab. Das Blut und Fleisch von Tieren würde – so war die Vorstellung – menschliche Nachkommen zeugen, wenn Frauen es verzehrten; es galt die Regel: »Was immer getötet wird, wird zum Vater.«[3] Das Opfer war zugleich Gott und König.

Amazonische Saken oder Skythen begründeten die Sakäen, ein babylonisches Narrenfest, in dessen Verlauf – um den ursprünglichen Brauch des Königsopfers zu entschärfen – verurteilte Kriminelle anstelle des Königs den Tod eines Weiheopfers sterben mußten. Das auserwählte Opfer wurde als heiliger König angesehen und auf jede nur mögliche Weise mit dem wirklichen König gleichgesetzt. Es trug die Königsrobe, saß auf dem Königsthron, schlief mit einer echten königlichen Konkubine und führte das Zepter. Nach fünf Tagen wurde es ausgezogen, gegeißelt und dann »zwischen Himmel und Erde« gehängt oder gepfählt – ein Prototyp der Kreuzigungszeremonie, die später auf die heiligen Könige der Juden ausgedehnt wurde.[4] Die

Ursache für das Geißeln und Stechen lag darin, daß der Pseudo-König für den Fruchtbarkeitszauber Blut und Tränen vergießen mußte.[5] Babylonische Schriften sagten: »Wenn der König nicht weint, wenn er geschlagen wird, ist dies ein schlechtes Vorzeichen für das Jahr.«[6] Der König oder Pseudo-König wurde unmittelbar nach seinem Tode zu einem »Gott«. Er stieg in den Himmel auf und vereinigte sich dort mit dem Himmlischen Vater – dem ersten Menschenopfer und Ur-Totemvater.[7] Vermutlich wurde das Opfer durch das Versprechen der Vergöttlichung und der bevorrechtigten Unsterblichkeit dazu gebracht, den Tod freiwillig auf sich zu nehmen; die gleiche Art von Versprechen hat später auch für die christlichen Märtyrer den Opfertod interessant gemacht.

In dem Maße, wie die Ritualmorde an Königen oder menschlichen Ersatz-Königen als barbarisch und unzivilisiert angesehen wurden, traten Tieropfer an ihre Stelle. Zur Gleichstellung des Opfertieres mit dem menschlichen Opfer wurden eigene Zeremonien ersonnen. Die Ägypter beispielsweise »speisten ihre Toten mit Nachahmungen ab und boten ihren Göttern ein Tier anstelle eines Mannes; sie stellten dabei allerdings den eigentlich beabsichtigten Akt symbolisch dar, indem sie das Opfertier mit einem Siegel markierten, auf dem das Bild eines gefesselten, knieenden Mannes zu sehen war, dessen Kehle von einem Schwert bedroht wurde.«[8]

In Ägypten, Indien und dem Mittleren Osten galten Schweine oft als *sacer* und wurden als Opfertiere ausgesondert; dies erklärt, warum Schweinefleisch bei den Juden tabu war. Der geopferte Eber-Gott Vishnu hatte viele westliche Entsprechungen; zu ihnen zählte auch Ares, der in Eberfell gekleidete Liebhaber der Aphrodite. Die aus dieser Verbindung entstandenen Kinder Phobos (Furcht), Deimos (Schrecken) und Harmonia (Friede) mögen – aus der Sicht des Opfers – die drei Aufzüge des Heiligen Dramas verkörpert haben.[9]

Da Fleisch nicht vergeudet werden durfte, suchten frühe Theologen angestrengt nach Wegen, das Opfer zwar vorgeblich gehorsam der Gottheit darzubringen, es aber in Wirklichkeit für sich selbst zu behalten und in aller Stille zu verzehren. Die übliche Methode war, der Gottheit nur die nicht eßbaren Teile des Tieres oder das Blut, das nicht sofort gesammelt und verwendet werden konnte, zu überlassen. Das »koschere Schlachten« durch Ausbluten des geopferten Tieres war keine jüdische Erfindung. Es war ein verbreiteter orientalischer Brauch, der Großen Mutter Erde das Blut des Tieres zu opfern, während die Opfernden das Fleisch für sich behielten.[10] Juden wie Hindus lehrten, daß im Blut die Seele des Tieres sei (Levitikus 17, 11).

Die Griechen glaubten, ihre Götter würden es übel aufnehmen, wenn sie ihnen die besten Teile des Opfers vorenthielten; sie vermieden es allerdings, Schuld auf sich zu laden und schoben die Ur-Schuld dem alten Zeus-Rivalen Prometheus zu: Bei der Schlachtung des ersten Opferstieres schichtete Prometheus die Knochen auf einen Haufen und verbarg sie unter dem Fett des Tieres; auf einen anderen Haufen schichtete er das Fleisch, das er unter den Eingeweiden versteckte. Darauf lud er Zeus ein, sich im Namen der Götter seinen Teil zu wählen. Zeus wählte das Fett und geriet in ohnmächtige Wut, als er sah, auf welch einen gemeinen Streich er hereingefallen war.[11] »Das Fett von den Tieren, davon man dem Herrn Feueropfer bringt...« (Levitikus 7,25) wurde aber zur Standardkost aller Götter einschließlich Jahwehs.

Die Juden waren mit ihren Opfern noch knauseriger als die Griechen. Mitunter erhielt Jahweh nicht einmal das Fett des Tieres; er mußte sich mit dessen Geruch zufriedengeben. Levitische Priester führten das »Schwingopfer« als rechtmäßigen Brauch ein; es bedeutete, daß der gute Braten vor dem Altar emporgehoben, herumgeschwenkt und anschließend von den Priestern verzehrt wurde: »das Fett soll er bringen mitsamt der Brust, daß sie ein Schwingopfer werde ... aber die Brust soll Aarons und seiner Söhne sein« (Levitikus 7, 30f.). Trotz allem hielten die Juden an dem Brauch des Menschenopfers für besondere Gelegenheiten länger fest als alle anderen Völker im Einflußbereich des römischen Reiches.[12] Aus dieser Tradition erwuchs die Gestalt des sterbenden *Christos* in Jerusalem.

Über die biblische Auffassung des Weiheopfers schrieb E.C. Stanton: »Die Menschen sind seit jeher der Illusion aufgesessen, daß alles, was sie der Kirche und der Priesterschaft darbrachten, dem Herrn dargebracht sei. Als ob der Schöpfer des Weltalls etwas aus unserer Hand benötigte! Wie unangemessen, ja ungehörig ist die Vorstellung eines unendlichen Wesens, das alle Planeten und deren Bewohner erschaffen hat und dann seinen Geschöpfen befehlen sollte, Tiere zu töten, um sie sich als Brandopfer darbringen zu lassen. Es ist wirklich traurig, wie sich die Menschen aller Zeiten und Länder von Priestern im Namen der Religion haben täuschen lassen.«[13]

1. *Mahanirvanatantra*, 103. 2. M. Harris, 39. 3. Campbell, P. M., 129.
4. H. Smith, 135. 5. Frazer, G. B., 328. 6. Stone, 143, (dt. 200).
7. Frazer, G. B., 513. 8. Elworthy, 82. 9. Graves, G. M., 18.a.
10. Neumann, G. M., 152. 11. Graves, G. M., 39.f.
12. Cumont, O. R. R. P., 119. 13. Stanton, 132.

Ophion

Var. Ophis

Der Schlangengemahl der Schöpferin Eurynome im pelasgischen Schöpfungsmythos; er war im gnostischen Sexualsymbolismus die mit dem Weltei vermählte Weltschlange. Nach einer alten phrygischen Überlieferung war er der Vater der Menschheit: eine göttliche Schlange, die im Urgarten im Baum des Lebens lebte und die Volksstämme hervorbrachte, die Ophiogeneis, »Schlangengeborene«, genannt wurden.[1] Ophion wurde von der christlich-gnostischen Sekte der Ophiten Christus angeglichen und von den jüdischen Naassianern oder »Schlangenanbetern« mit Jahweh gleichgesetzt. Die Schlange Ophion war ein himmlischer König, der sogar gegen den Willen des eifersüchtigen Gottes die heiligen Geheimnisse enthüllte. (Siehe **Schlange**.)

1. J. E. Harrison, 129.

Ops

Ein vorrömischer Name von Ceres, Bona Dea usw.; die Göttin, die das römische Recht erfand. Ihre geheimen Riten waren für Männer verboten, aber bei ihrem Fest im Monat Dezember, den Opalia, gab es eine gemeinsame Zeremonie, die sexuelle Orgien und die Berührung der Erde beinhaltete.[1] Es wurde angenommen, daß die Kräfte Jupiters unwirksam seien, wenn er nicht als Jove Opulentia mit Ops vereint war.[2] Jupiter wurde wie Pluto zum Herrn des Überflusses oder Herrn des Reichtums. Der geheime Name Roms soll nach Macrobius Ops Consivia gelautet haben.

Der heilige Stein der Opalia war der Opal, der die vielfarbigen Schleier der Göttin repräsentierte. Die Christen erklärten ihn wegen seiner untergründigen weiblichen Bedeutung zum Unglücksstein. Es hieß, daß er als Hexenzauber neugierige Augen blenden und seinen Träger unsichtbar machen könne.[3] Arabische Alchimisten setzten ihn mit dem Stein der Weisen gleich, weil von ihm geglaubt wurde, daß er alle wichtigen Farben enthalte – rot, blau, gelb, grün und weiß.[4]

1. *Larousse*, 208. 2. Dumézil, 689. 3. Wedeck, 189.
4. Seligmann, 94.

Orkos

Ein griechisch-römischer Totengott, der auch als Phorcys oder Porcus, Opfereber, bekannt war.[1] Im Mittelalter wurde aus ihm ein Dämon mit menschlichem Körper und Schweinekopf.

1. Graves, G. M., 123.2.

Orest

Gestalt des Muttermörders im klassischen Griechenland, der wegen der Verletzung des höchsten matriarchalischen Gesetzes von den Furien verfolgt wurde. Die Furien behaupteten, daß kein Verbrechen schlimmer sei, als die Mutter zu töten, deren »teures Blut« das eigene Leben schuf. Apollon verteidigte Orest aber mit der Begründung, daß, selbst wenn dieser seine Mutter, Königin **Klytemnästra**, ermordet habe, sie doch nicht seine Erzeugerin sei. Der einzige wahre Erzeuger, sagte Apollon, sei der Vater.[1]

1. Bachofen, 159 (dt. 145).

Orgie

Dieses Wort entstand aus dem griechischen *orgia*, »geheime Anbetung«.[1] Die meisten geheimen Anbetungen waren von sexuellen Riten begleitet, wie in den heiligen Mysterien von Eleusis, Cabiria, dem Shaktismus, Sufismus, bei der ophitischen Christenheit usw. Es heißt bei Wilkins: »Selbst wenn die Religion nicht mehr zum Orgienhaften neigt, wie es alle naturverbundenen Kulte tun … hat sie immer ihren erotischen Aspekt ... Je weiter man zurückgeht, desto weniger ist es möglich, zwischen dem Erotischen und dem Sakralen zu unterscheiden. Und ›je weiter zurück‹ heißt nicht nur in der Zeit, sondern auch in die Tiefe der Erfahrung.«[2]

Das englische *holiday*, Urlaub, stammt von den Holi-Festen Indiens, die ein frommer westlicher Beobachter als Saturnalien mit den »unzüchtigsten Ausschweifungen« beschrieb.[3] Die TeilnehmerInnen betrachteten ihre »Ausschweifung« allerdings als eine heilige Handlung mit starken Anklängen von Glückseligkeit. In Hindutexten wurde geschwärmt: »Geschlechtlichen Umgang mit der Göttin Parvati zu haben, ist eine Tugend, die alle Sünden auslöscht.«[4] Im I Ging ist die Rede von dem mystischen Wert des Geschlechtsverkehrs, der »allen Dingen Leben verleiht«.[5] Nach Iwan Blochs Meinung »teilt die Religion mit dem sexuellen Impuls das unablässige Sehnen, die Empfindung ewiger Dauer, das mystische Aufgehen in den Tiefen des Lebens, das Verlangen nach der Vereinigung von Einzelwesen in einer ewigen glückseligen Einheit.«[6] Wörter wie Leidenschaft, Seligkeit, Verzückung, Ekstase, Frohlocken sind aus solchen Gründen gleichermaßen auf religiöse wie auf sexuelle Erfahrungen angewendet worden.

Iwan Bloch
Der Autor von *The Sexual Life of Our Times*; ein Zeitgenosse von Havelock Ellis.

Die sexuelle *orgia* repräsentierte für das klassische Heidentum das zentrale Mysterium; deshalb verdammten die christlichen Asketen den Großen Ritus als »die unaussprechlichen Riten der Mysterien« oder »die Hurereien von Eleusis«. Die Göttin versprach denjenigen das ewige Leben, die »heimlich das Schlafzimmer betraten«, womit das *pastos* oder Brautzimmer gemeint war, in dem zwischen der Göttin und ihren Verehrern der **Hieros Gamos** vollzogen wurde.[7] Dieselbe Art der *orgia* fand bei den nordischen Heiden statt. Strabon sagte, daß die Druiden in Irland sexuelle Anbetungsriten praktizierten, die »den Orgien von Samothrake ähnlich« seien.[8]

Strabon
Ein griechischer Reisender, Geograph und Historiker des ersten Jahrhunderts v. Chr.; er war ein Anhänger des stoischen Glaubens.

Auch das Christentum hat trotz des extremen Asketismus seiner ersten Zeit manchmal Züge einer orgiastischen Religion entwickelt. In Orléans traf sich im 11. Jahrhundert eine christliche Gemeinde in bestimmten Nächten des Jahres, um sich promiskuitiven Riten hinzugeben. Es heißt in einem zeitgenössischen Bericht: Wenn die Lichter ausgemacht wurden, »griff sich jeder Mann ohne den Gedanken an Sünde die Frau, die ihm gerade über den Weg lief, selbst wenn sie seine eigene Mutter gewesen wäre, seine Schwester oder eine Nonne; denn ein solches Durcheinander halten sie für Frömmigkeit und Religion.«[9] Ein solches Verhalten war bloß dadurch, daß es als Manifestation von Teufelsanbetung bezeichnet wurde, nicht besonders wirksam zu verhindern. Gemeinschaftlicher Geschlechtsverkehr war überall auf der Welt eine normale Begleiterscheinung religiöser Zeremonien, lange bevor irgendein Teil der Bibel geschrieben wurde. Es war ein Teil des Gruppengefühls, das oft die religöse Erfahrung charakterisiert. Den mittelalterlichen Bauern war das Phänomen seit langem vertraut, und sie schätzten es so hoch, daß sie auch daran festhielten, als es Satanismus genannt wurde.[10]

Einige Orgiasten betrachteten sich ausdrücklich als Teufelsanbeter. Sie hielten sich in der Regel für außergewöhnlich heilig. Die Mitglieder

der Sekte Rasputins, die »Männer Gottes«, behaupteten, ihre Nackttänze ahmten die Tänze der himmlischen Engel nach. Nachdem sie gesungen und getanzt hatten, um in einen ekstatischen Zustand zu kommen, veranstalteten sie sexuelle Orgien, die manchmal die Geburt von Kindern zur Folge hatten; von ihnen wurde gesagt, der Heilige Geist habe sie gezeugt.[11]

Ein Methodistenprediger aus Indiana sagte: »Religiöse Leidenschaft schließt alle anderen Leidenschaften ein: du kannst nicht die eine erregen, ohne die anderen zu reizen.«[12] Die amerikanische Erweckungsbewegung bewies dies eindeutig: Jedes Kind, das innerhalb von neun Monaten nach einem Treffen der Erweckungsbewegung geboren wurde, hieß allgemein »Camp-meeting Kind«. Der amerikanische Protestantismus »erweckte«, obwohl er sich nach außen hin puritanisch gab, eine Art religiösen Verhaltens zu neuem Leben, das den alten Griechen mit ihren samothrakischen Orgien und ihren wollüstigen Satyren ganz geläufig gewesen wäre.[13] Es wurde nur nicht mehr bei seinem wahren Namen genannt.

1. Funk, 174. 2. Wilkins, 127. 3. Briffault 3, 198. 4. Edwardes, 52. 5. Rawson, E. A., 231. 6. Hartley, 317. 7. Lawson, 570, 586. 8. Haining, 23. 9. Campbell, C. M., 165. 10. Seligmann, 177. 11. Campbell, C. M., 163. 12. Rugoff, 337. 13. Mumford, 12.

Oriant

Ein Sonnenkönig des Mittelalters, der von der legendären Matabrune, der »Brennenden Mutter«, geboren wurde, die möglicherweise die rötlichen Wolken der Dämmerung darstellte. Sie war auch in Brunhilde, der Führerin der Walküren, verkörpert; ihr Name bedeutete also neben »Brennende Mutter« auch »Brennende Hel«.[1] Oriant war, wie schon sein Name nahelegt, ähnlich wie Ra der König des Ostens, der jeden Tag aufs neue aus dem Mutterleib der Göttin geboren wurde.

1. Baring-Gould, C. M. M. A., 579.

Orion

»Mondmann des Berges«, die griechische Version des Herren der Jagd, den Artemis, die Jägerin, rituell tötete. In einigen griechischen Erzählungen wird behauptet, daß die Göttin Orion aus Versehen umbrachte, während er im Meer schwamm. Er war zu weit entfernt, als daß sie ihn klar erkennen konnte. Sie schoß Pfeile nach einem schwimmenden Gegenstand, der sich schließlich als Orions Kopf herausstellte. Nach anderen Geschichten wurde Orion von einem von Apollon geschickten Skorpion getötet, und Artemis versetzte sein Seelenbild unter die Sterne. Seitdem wird Orion sogar am Himmel ewig vom Skorpion verfolgt. Graves geht davon aus, daß sich diese Anordnung von Sternbildern auf den Skorpion bezog, der von dem Gott Set geschickt wurde, um Horus zu töten.[1] In jedem Fall war Orion ein weiteres Kultopfer.

1. Graves, G. M., 41.d.

Ormazd

Var. Ohrmizd

Ein anderer Name von **Ahura Mazda**, dem persischen Sonnengott, der seinen Zwillingsbruder Ahriman, die Schlange der Dunkelheit, bekämpfte. Hormazd, Hormizd und Ormuzd sind weitere gebräuchliche Varianten. Die persischen Manichäer der frühchristlichen Zeit gaben den Namen Ormuzd einem Wesen, das »der erste Mann« genannt wurde, »eine Ausstrahlung des höchsten Gottes«. Damit wurde die gnostische Vorstellung unterstützt, nach der Mensch und Gott identisch sind, da mit Adam Gottes innerstes Selbst »Fleisch geworden« war.[1]

1. Jonas, 217.

Orpheus

Der Orphizismus war in den Anfängen des christlichen Zeitalters eine der populärsten Mysterienreligionen. Er entwickelte sich aus dem gemeinsamen Kult von Dionysos und Orpheus, seinem irdischen Propheten und Erlöser-Sohn.

> *Der Orphizismus führte eine Theologie der Erlösung ein. Er lehrte eine Doktrin der Ursünde. Die Natur des Menschen war danach dualistisch, zusammengesetzt aus den titanischen Elementen, die sich in enger Verbindung mit dem Körper befanden, und den mit der Seele verbundenen dionysischen Elementen. Nach asketischen Moralvorstellungen müssen die ersteren unterdrückt und die letzteren kultiviert werden, damit die Seele am Ende dem Körper wie einem Grab entfliehen und dem beschwerlichen kyklos genesios (Kreislauf der Reinkarnation) nicht mehr unterworfen ist. »Ich bin dem elenden Rad entflohen«, sagte der orphische Initiant auf der Tafel von Compagno ... Der Orphizismus hielt an dem dionysischen Typ griechischer Religion fest und formte sie zu seinen Zwecken um. Diese dionysische Religion war wie der Orphizismus von nordthrakischer Herkunft und steckte voller orgiastisch-mystischer Elemente, an die der Orphizismus anknüpfte; er übernahm ihre Emotionalität, ihre Doktrin des Enthousiasmos und der Besessenheit von der Gottheit, lehnte aber ihre wilde Raserei ab und gestaltete ihr unzivilisiertes Ritual zu einer sakramentalen Religion um.*[1]

Der Orphizismus war eine Art westlicher Buddhismus. Nach seinen Lehren sollte es möglich sein, durch asketische Besinnung, spirituelle Reisen nach dem Muster der Astralprojektion und mühsam erarbeitete Offenbarungen dem karmischen Rad zu entrinnen. »Der Orphizismus war durchdrungen vom Sakramentalismus, der die vormaligen Mysterien überschwemmte und sich in das Christentum ergoß. Erlösung wurde durch das Sakrament, Initiationsriten und durch eine esoterische Doktrin erlangt ... Der Orphizismus war das stärkste zersetzende Element, das je in das religiöse Leben des alten Griechenland eindrang. Die Orphiker säten die Saat des Mißtrauens gegen das volks- und abstammungsbezogene Prinzip in der Religion und maßen der Erlösung der individuellen Seele höchste Wichtigkeit bei. Der Orphizismus hatte auf diese Weise einen enormen Einfluß auf die nachfolgende Geschichte der Religion.«[2]

Der Orphizismus war der hauptsächliche Träger des orientalischen Mystizismus in Griechenland. Seine Lehren waren die aller Mystiker:

»In deinem Geist begreifen, daß nichts unmöglich für dich ist, dich als unsterblich betrachten und als fähig, alles zu verstehen ... Steige jenseits aller Höhen hinauf, jenseits aller Tiefen hinab. Vereinige in dir die Empfindungen der Schöpfung, von Feuer und Wasser, Trockenheit und Nässe, stelle dir vor, daß du zu ein und derselben Zeit überall bist, auf der Erde, im Meer, im Himmel, daß du noch nicht geboren bist, daß du jenseits des Todes bist.« Der orphische Weise konnte wie ein initiierter Yogi wiederholen: »Ich stelle mir Dinge nicht durch den Blick meiner Augen vor, sondern durch die spirituelle Energie, die ich aus den Kräften beziehe. Ich bin im Himmel, in der Erde, im Wasser. Ich bin in der Luft, in Tieren, in Pflanzen, im Mutterleib, vor dem Mutterleib, nach dem Mutterleib, überall.«[3]

Eine orphische Begräbnistafel, die in der Nähe von Sybaris ausgegraben wurde, spielte auf ein buddhaartiges Entkommen aus dem karmischen Rad an (*kyklos genesion*, der Kreislauf des Werdens), das im wesentlichen mit dem fernöstlichen *samsara* identisch war.

In Rumänien wurde 1837 eine mit Figuren verzierte sakramentale Goldschale aus dem 5. Jahrhundert ausgegraben. Die Figuren zeigten die Reise des orphischen Initianten durch Tod und Wiedergeburt und die in den oberen und unteren Welten anzutreffenden Gottheiten; wenn der Novize durch die Stufen der Initiation geführt wurde, traten sie in Gestalt von maskiertem Tempelpersonal auch persönlich auf. Diese Figuren waren auf der Schale in derselben Weise angeordnet, wie die Gottheiten des Zwischenzustands zwischen Tod und Wiedergeburt in den Mandalas heiliger tibetischer Bücher.[4]

Die Macht hinter allen Kräften der Offenbarung war im orphischen Glauben wie überall im Orient die Große Mutter; ihre Figur stand frei in der Mitte der orphischen Schale, während in der Form eines Rades um sie herum andere Göttinnen und Göttern angeordnet waren.[5] Sie war die Schwarze Mutter Nacht, die den Schlaf hervorbrachte, die Liebe, Träume, die Schicksalsgöttinnen, die Nemesis, das Alter und den Tod. Selbst Zeus fürchtete sie, »was einen alten Glauben an die Nacht als eine der großen Urkräfte des Universums widerspiegeln könnte«.[6]

Mutter Nacht wurde mit Persephone gleichgesetzt, der »Zerstörerin«, die mit Dionysos und Orpheus in Verbindung gebracht wurde. Wenn er initiiert war, konnte der orphische Mystiker verkünden: »Ich sank unter das Herz Persephones, der Königin der Unterwelt.« Bei seinem Abstieg in die Hölle nach dem Tod begrüßte ihn im allgemeinen Persephone und versprach, daß sie ihn »aus einem Sterblichen in einen Gott« verwandeln würde.[7]

Der Abstieg zum Hades war der Titel des orphischen Handbuchs und der wesentliche Ritus der orphischen Initiation; auf seine Offenbarungen waren die Mysterien gegründet.[8] Nach dem klassischen Mythos stieg Orpheus hinab, um seine Braut Euridike wiederzubekommen, die starb, nachdem sie im Gras von einer Schlange gebissen worden war. Das war eine späte Version eines frühzeitlichen thrakischen Mythos vom sterbenden Gott, auf den dann die Doktrinen des Orphizismus aufgepfropft wurden. Euridike war in Wirklickeit die »weltumfassende

Dike« oder Tyche, die Göttin des Schicksals und Herrin des karmischen Rades. Sie war ursprünglich eine von Demeters matriarchalischen Furien und wurde von den griechischen Schriftstellern in eine Tochter des Zeus umgewandelt.[9] In der Unterwelt war sie Persephone, die Totengöttin; und ihre »Schlange im Gras« war ihr eigenes Totem.

Es hieß im ältesten orphischen Mythos, daß Orpheus von den **Maenaden**, die Dionysos, Orpheus' göttliches Alter ego, verehrten, in Stücke gerissen worden sei. Mythographen ersannen unterschiedlichste Entschuldigungen für die Handlung der Maenaden, um das wirkliche Opfermotiv zu verbergen. Einige sagten, daß die Maenaden Orpheus töteten, weil er ihre sexuellen Orgien anprangerte und statt der heterosexuellen Liebe die homosexuelle Liebe verteidigte. Die Maenaden seien so zornig auf Orpheus gewesen, daß sie in Makedonien all ihre Ehemänner töteten, weil diese auf seine Lehren gehört hatten. Es wurde auch die Theorie aufgestellt, daß die patriarchalischen, asketischen Vorstellungen des Orphizismus von den ägyptischen Priestern des Ra stammten, weil die orphischen Priester ägyptische Kleidung trugen.[10]

Orpheus wurde nach anderen Darstellungen nicht von den Maenaden, sondern von Zeus' Blitzstrahl zur Strafe dafür getötet, daß er den Menschen die Geheimnisse Gottes enthüllt hatte. Nachdem er in die Hölle hinabgestiegen und zurückgekehrt war, wurde sein körperloser Kopf in eine dem Dionysos geweihte Höhle gelegt; dort fuhr er fort, zu singen und zu sprechen, wie in Abydos der Kopf von Osiris. Orpheus wurde, weil er die Geheimnisse des nachtodlichen Lebens lehrte, ein Gott der Orakel. Es hieß, daß er die Orakel von Hekate in Aegina und von Demeter Chthonia in Sparta begründet habe, wobei es sich allerdings um zwei Beispiele für hellenischen Synkretismus handelt, da diese Orakel vorher den Göttinnen gehörten, deren Namen sie trugen.[11] Orpheus' Name wurde auch von Urphi abgeleitet, einem bekannten Orakelschrein in Edessa; andererseits wurde sein Name mit Erebus in Verbindung gebracht, dem Land der Toten.[12] Aristoteles bestand darauf, daß er überhaupt nie gelebt habe.[13]

Orpheus soll nach der allgemeinen Legende wie Cinyras, der Ahne von Adonis (griechisch *cinyra*, »Lyra«, verwandt mit dem semitischen *kinnor*, »Lyra«) und wie David, der Vorfahre von Jesus, ein berühmter Dichter und Lyraspieler gewesen sein. Orpheus' Lyra wurde im Tempel zu Lesbos unberührbar und tabu als eine heilige Reliquie aufbewahrt. Als Neanthus, der Sohn des Tyrannen von Lesbos, einmal die orphische Lyra gespielt hatte, wurde er kurz danach von einer Meute von »Hunden« in Stücke gerissen; mit diesen »Hunden« waren vielleicht Maenaden-Priesterinnen mit Hundemasken gemeint. Später wurde die Lyra zu den Sternen erhoben; sie erscheint dort noch immer als das Sternbild Lyra.[14]

Einer der Sätze, die für die orphische Initiation geheimnisvollerweise bezeichnend waren, lautete: »Ich, ein Kind, bin in die Milch meiner Mutter gefallen.« Das war möglicherweise eine Anspielung auf den Tod unter dem Herzen Persephones, dem die Wiedergeburt als ihr Säugling folgte. Dieser Satz hing auch mit einem alten Ritual zusammen, das die jüdischen Gesetze ausdrücklich verboten: »Das Junge einer Ziege sollst du nicht in der Milch seiner Mutter kochen« (Exodus 23,19). Die Furcht der Juden vor dieser Zeremonie war so groß, daß sie sogar auf der Benutzung von unterschiedlichem Geschirr für Milch und für Fleischprodukte bestanden. Dabei war ihr Gott einst in einem Ritual einer heiligen Hochzeit, zu dem auch das Kochen eines Zickleins in der Milch seiner Mutter gehörte, mit der Mutter Asherah verheiratet worden, die wie Persephone die »Grube« repräsentierte.[15] Heute weiß niemand mehr, was die biblischen Schreiber mit diesem Satz ausdrücken wollten. Das Verbot war bestimmt nicht von Tierliebe motiviert oder von Verehrung für die Geißen-Mutterschaft; es gab dafür einen mystischen Grund.

Der Orphizismus wurde in den ersten Jahrhunderten n. Chr. zu einem der ernsthaftesten Rivalen des Christentums, bis die Kirche Möglichkeiten gefunden hatte, den orphischen Erlöser mit Christus geichzusetzen. Die christliche Kunst des 4. Jahrhunderts stellte Christus mit den Attributen von Orpheus dar – er trug eine phrygische Kappe, spielte die Lyra, und unter seinem Fuß war ein Opferlamm.[16] In der Privatkapelle Alexander Severus' befanden sich heilige Bilder von Christus und Orpheus direkt nebeneinander.[17]

Das orphische Evangelium wurde in der mediterranen Welt mindestens 12 Jahrhunderte lang gepredigt.[18] Es trug viel zur christlichen Theologie bei, und in der mittelalterlichen Spielmannsepik kehrte es sogar zurück. Die Dichter verwandelten Orpheus in Sir Orfeo, einen König von England und Sohn König Plutos und der Göttin Juno. Orfeos Frau war Heurodis (Eurydike). Orfeo drang durch einen Felsspalt in die Unterwelt ein und fand das heidnische Feenland mit Hainen und Gärten, die den mit Säulen aus Gold und Edelsteinen bestückten Kristallpalast der Königin umgaben. An dem Ort lebten »Menschen, von denen angenommen wurde, sie seien tot, aber sie waren es nicht«. Orfeo kehrte in seine Hauptstadt, Winchester, zurück, die »üblicherweise Thrace genannt wurde« – oder so sagte der Barde.[19] Soviel zu den mittelalterlichen Vorstellungen von Geographie.

Der Orphizismus brachte dem christlichen Europa aber mehr als eine verworrene Geographie und romantische Legenden. Die orphische Offenbarung, besonders in ihrer späteren, »bereinigten« Form der Asketen, die auf Fleisch und sinnliche Freuden verzichteten, um ewige Glückseligkeit zu erlangen, unterschied sich faktisch nicht von der christlichen. Das Christentum hatte mit seiner Einführung eines Systems nachtodlicher Bestrafung verblüffende Ähnlichkeit mit dem Orphizismus. Adeimantos, eine Persönlichkeit in Platons *Politeia* (»Der Staat«), sagte, die orphische Offenbarung sei von skrupellosen Lehrern »mißbraucht« worden, sie »bieten den Guten als Bestechungsgeschenk glückselige Unsterblichkeit an und drohen den Bösen mit ewiger Bestrafung, so daß sich die Menschen nicht um des Guten willen zum Guten wenden, sondern aus Angst«.[20] Dieses Problem ist nicht auf den Orphizismus beschränkt (siehe **Hölle**).

1. Angus, 151. 2. Ebd., 154, 202. 3. Lindsay, O. A., 121 f.
4. Campbell, M. I., 389; Evans-Wentz, Titelbild. 5. Campbell, M. I., 391.
6. Cavendish, P. E., 88. 7. Angus, 110, 154. 8. Evans-Wentz, LXXVI (dt. 58).

9. Hays, 114. 10. Graves, G. M., 28f. 11. Ebd. 1, 113.
12. Baring-Gould, C. M. M. A., 436. 13. Knight, S. L., XXII.
14. Graves, G. M., 28.g. 15. Hooke, S. P., 225; Ders., M. E. M., 93. 16. d'Alviella, 89.
17. Rose, 292. 18. Angus, VII. 19. Loomis, 315–319. 20. Guthrie, 320f.

Osculum Infame

»Schändlicher Kuß«; mit diesem Ausdruck wurde der Kuß bezeichnet, den die Verehrer des Teufels ihm angeblich als Akt der Huldigung auf den Anus gaben. Ein solcher Akt war in heidnischen Ritualen allerdings nicht enthalten; er scheint eher eine der Erfindungen der Inquisitoren gewesen zu sein. Fäkalfantasien und Exkremente spielten eine große Rolle in den Vorstellungen, die sich Geistliche von Hexenaktivitäten machten.

Osiris

Osiris hat zu der sich herausbildenden Christusfigur vielleicht mehr Details beigesteuert als jede andere Erlöser-Gottheit, die zu Beginn der christlichen Ära verehrt wurde. In Ägypten, wo sein Kult eine uralte Tradition hatte, wurde Osiris mit nahezu jedem anderen ägyptischen Gott gleichgesetzt, und sie gingen alle mehr und mehr in ihm auf. Er hatte weit über 200 göttliche Namen.[1] Er wurde Herr der Herren genannt, König der Könige, Gott der Götter.[2] Er war die Wiederauferstehung und das Leben, der gute Hirte, Ewigkeit und Endlosigkeit, der Gott, der »dafür sorgte, daß Männer und Frauen wiedergeboren wurden«. Es heißt bei Budge: »Der Gott-Mann, der litt und starb und wieder auferstand und ewig im Himmel herrschte, war für die Ägypter immer Osiris. Sie glaubten daran, daß sie das ewige Leben erlangen würden, wie er es erlangt hatte.«[3]

Folgende Darstellung fand sich in ägyptischen Schriften: »So wahr wie Osiris lebt, so wahr wird sein Anhänger leben; so wahr wie Osiris nicht tot ist, wird er nicht sterben; so wahr wie Osiris nicht zuschanden wird, so wird er nicht zuschanden werden.«[4]

Osiris' Ankunft wurde durch drei weise Männer angekündigt: die drei Sterne Mintaka, Anilam und Alnitak im Gürtel des Orion. Sie zeigen direkt auf Osiris' Stern im Osten, den Sirius (Sothis), der seine Geburt anzeigte. Die Ankunft des Herren der Welt, die mit dem Anstieg der Nilflut zusammenfiel, wurde von Engelsstimmen begrüßt. Die orientalischen Spuren der osirischen Tradition können nach Tibet zurückverfolgt werden; dort markiert das Aufgehen dieses Sterns im Osten das jährliche Fest des »Freisetzens der Frühlingswasser«, so wie mit dem ägyptischen Fest die Wasser des Nils freigesetzt wurden. Die TibeterInnen nannten den Stern Rishi-Agastya nach einem heiligen König aus »einer sehr alten Zeit«.[5] Die alten HebräerInnen bezeichneten ihn als Ephraim oder Stern Jakobs. In der syrischen, arabischen und persischen Astrologie war er der Messaeil: der Messias.[6]

Osiris war das Urbild eines Messias und das Urbild einer Hostie. Sein Fleisch wurde in Form von Abendmahlsbrot aus Weizen, der »Pflanze der Wahrheit«, gegessen. Osiris war Wahrheit, und diejenigen, die ihn aßen, wurden ebenfalls Wahrheit, jeder einzelne von ihnen ein anderer Osiris, ein Sohn Gottes, ein »Lichtgott, Bewohner des Lichtgottes«. Die Ägypter glaubten schließlich, daß kein Gott außer Osiris den Sterblichen ewiges Leben schenken könne.[7] Er allein war der Erlöser, Wennofer, der »Gute«.[8]

Die Ägypter hatten große Angst vor dem mit dem Tod einhergehenden Verfall, der sie ohne das gütige Eingreifen von Osiris erwartete: »Wenn die Seele entschwunden ist, sieht der Mensch dem Verderben entgegen, und die Knochen seines Körpers zerbröckeln und werden zu stinkenden Dingen, und die Glieder verwesen eines nach dem anderen, die Knochen zerkrümeln zu einer unnützen Masse, und das Fleisch verwandelt sich in eine stinkende Flüssigkeit. Ein Mann wird auf diese Weise ein Gefährte der Verwesung, die über ihn kommt, und er verwandelt sich in Myriaden von Würmern, und er wird nichts als Würmer, und ihm wird ein Ende gemacht, und er geht im Angesicht des Tages-Gottes zugrunde.«[9] Osiris aber konnte dieses ganze Elend verhindern:

> *Verehrung Dir, o mein göttlicher Vater Osiris. Du hast Dein Wesen mitsamt Deinen Gliedern. Du bist nicht der Verwesung anheimgefallen. Du wirst nicht zu Würmern, du wirst nicht weniger, du wirst nicht zu Fäulnis. Du hast nicht Verwesung gebracht und du wurdest nicht zu Würmern … Ich werde nicht verwesen und ich werde nicht zerfallen und werde nicht zu Fäulnis, ich werde nicht zu Würmern und werde keine Verwesung sehen vor den Augen des Gottes Shu. Ich werde mein Wesen behalten, ich werde mein Wesen behalten. Ich werde leben, ich werde leben; ich werde keimen, ich werde sprossen, ich werde ausschlagen. Ich werde in Frieden erwachen. Ich werde nicht zu Fäulnis, meine Eingeweide werden nicht vergehen. Ich werde kein Unrecht erleiden; mein Auge wird nicht verrotten, die Gestalt meines Gesichts wird nicht verschwinden … Mein Körper wird gefestigt und wird weder verfallen noch zerstört werden auf dieser Erde.*[10]

Der Osiriskult trug etliche Vorstellungen und Redewendungen zur Bibel bei. Der 23. Psalm war eine Kopie eines ägyptischen Textes, der an Osiris, den guten Hirten, die Bitte richtete, die Verstorbenen zu den »grünen Weiden« und »stillen Wassern« des *nefer-nefer*-Landes zu führen, dem Körper die Seele hinzuzufügen und im Tal des Todesschatten (im *duat*) Schutz zu bieten. Das Vaterunser gab es schon in Form einer ägyptischen Hymne an Osiris-Amun, die anfing mit: »O Amun, O Amun, der du bist im Himmel.«[11] Amun wurde auch am Ende jedes Gebets angerufen.

Die Worte Jesu: »Wenn das Weizenkorn nicht in die Erde fällt und stirbt, bleibt es allein; wenn es aber stirbt, bringt es reiche Frucht« (Johannes 12, 24), rühren von der osirischen Doktrin her, daß ein sterbender Mann wie ein Weizenkorn sei, »das in die Erde fällt, um aus ihrem Schoß ein neues Leben zu beziehen«.[12] Die Worte Jesu: »Im Haus meines Vaters gibt es viele Wohnungen« (Johannes 14, 2), stammen aus einem osirischen Text, in dem von zahlreichen Arits (Wohnungen) im gesegneten Land von Vater Osiris die Rede ist.[13] Geschichten über Osiris verwandelten sich in christliche Legenden. Jesu Heilung der Tochter eines vornehmen Mannes beruhte auf einer Erzählung von einem osirischen Priester, der eine Prinzessin heilte.[14] Es wurde den Osirisanhängern versprochen, daß sie über die Geisterseelen (Engel) im

Himmel herrschen würden; damit war schon das Versprechen des heiligen Paulus an seine Anhänger vorweggenommen worden, daß sie selbst Engel richten würden (1. Korinter 6, 3). Der Bischofsstab war nichts anderes als der osirische Hirtenstab. Selbst das christliche Kreuz stellte eine Variante des ägyptischen *anch* dar, das ebenfalls das »kommende Leben« symbolisierte.[15]

Ein bedeutender Unterschied zwischen Osiris und Christus bestand darin, daß Osiris nicht durch seinen göttlichen Vater das Leben zurückerhielt, sondern von seiner göttlichen Mutter – die auch seine Braut, Isis, war. Sie setzte seinen zerstückelten Körper wieder zusammen und erweckte ihn vom Tode. Dann vereinte sie sich mit ihm und empfing seine Reinkarnation, das göttliche Kind Horus, der wieder zu Osiris wurde. Sie brachte ihn auch in den Himmel, wo er als Vater Ra herrschte. Ra wurde manchmal als Osiris' Vater bezeichnet, manchmal war Osiris Ras Vater, und manchmal waren sie auch derselbe Gott, Osiris-Ra. Sie wurden zyklisch als Vater-Sohn und Sohn-Vater reinkarniert und lebten als ungeborenes Kind, Liebhaber und Leichnam in der Mutter.[16]

Der Osiriskult kreiste auf diese Weise um das Thema des göttlichen Inzests; dieses Thema tauchte auch im Christentum wieder auf, wo Vater und Sohn gleich waren und die Mutter Gottes identisch mit der Braut Gottes. Osiris drückte unmißverständlich den archetypischen Wunsch nach der Vereinigung mit der Mutter aus, wie er in allen Religionen der Menschheit zu finden ist. Er wurde als der ithyphallische Min, Men oder Menu, »Mondgott«, wiederhergestellt und als Stier der Lust begrüßt, als die »Mumie mit langem Glied« oder »der Herr, der seine Mutter befruchtet«.[17]

Ein Symbol der heiligen Eheschließung des Osiris war der *menat*, »Mondzauber«, der in den Hieroglyphen als phallusförmiges Gefäß dargestellt wurde, aus dem sich Flüssigkeit in einen größeren Krug oder eine Vase ergoß; damit wurde der Geschlechtsverkehr mit einer Gottheit angedeutet.[18] Fast jeder ägyptische Gott trug das *menat*-Amulett; Menat war auch ein Titel von Isis.[19] Das gleiche sexuelle Bild zweier Gefäße fand sich in den Gräbern und Tempeln von Babylonien und Assyrien.[20] Der männliche Wasserkrug repräsentierte in allen Ländern des Mittleren Ostens und Ägyptens den samentragenden Geist des Erlösers. Bei seinen Prozessionen ging dem Gott ein **Wasserkrugträger** voraus, so wie in der Passahprozession der Mann mit dem Wasserkrug vor Jesus ging (Lukas 22, 10).

Das Passahmahl der Juden, das sogenannte Seder, könnte sich aus dem ägyptischen Sed entwickelt haben, dem ältesten Fest der osirischen Wiedererweckung und Fruchtbarkeit.[21] Beim Seder wurde Osiris' Männlichkeit in Gestalt der Djedsäule aufgerichtet; diese Säule war ursprünglich ein einfacher phallischer Obelisk und später eine Verkörperung von Osiris' Sakrum (Kreuzbein), das »heiliger Knochen« genannt wurde, weil in ihm früher der Ursprung der Samenflüssigkeit vermutet wurde. Als Isis Osiris ins Leben zurückbrachte, war ihre erste Sorge, ihn »aufstehen« zu lassen, womit sie die Wiederherstellung seines phallischen Geistes meinte.[22]

Archaische Elemente im osirischen Mythos lassen sein extrem hohes Alter erkennen, das bis auf das neolithische Ägypten zurückreicht. Die Göttin verschlang Osiris offenbar, bevor sie ihn wiederempfing, und in der Gestalt der archaischen Geiermutter schwebte sie über seinem Leichnam (siehe **Geier**).[23] Das deutet, wie ähnliche Vorstellungen von der verschlingenden Kali, auf ein Alter hin, das sogar der Entdeckung der Vaterschaft vorausging, als noch der Glaube herrschte, daß Reinkarnationen durch Kannibalismus herbeigeführt werden könnten. Osiris begann vielleicht als eine der zahllosen Formen Shivas, denn sein Name leitete sich ähnlich wie die **Asen** oder »asiatischen« Götter Nordeuropas von Ausar oder Asar, »der Asiatische«, ab.[24]

Der Kult des Osiris wurde vor ungefähr 4000 Jahren in Abydos eingeführt, wo er Osiris Khenti-Amenti hieß, Herr des Todes oder Herr der Westleute. Damit waren diejenigen gemeint, die »in den Westen gegangen« waren, in das Land des Todes, wo die Sonne untergeht. Er war in einer Reihe heiliger Könige inkarniert, die wahrscheinlich als dargebrachte Opfer dienten. Ihre Körper wurden zerteilt und zur Förderung der Fruchtbarkeit in verschiedene Teile des Landes gesandt – so wie in Norwegen bis zum 9. Jahrhundert die Körper der Könige in vier Teile geteilt und zur Bestattung in die vier Provinzen geschickt wurden, damit jedes Gebiet königliches Fleisch hatte, um das Wachstum des Getreides zu fördern.[25] So wie christliche Kirchen oft auf falschen Reliquien von Aposteln und Heiligen gegründet wurden, waren ägyptische Tempel auf Teilen von Osiris' Leichnam errichtet.[26]

Der Kopf von Osiris wurde, wie der Kopf von Orpheus auf Lesbos, im Tempel zu Abydos aufbewahrt; er diente als ein Orakel, durch das die ÄgypterInnen einen großen Teil ihrer detaillierten Kenntnis über die Totenwelt erfuhren. Zu dem Schrein gehörte ein Peq oder Pega genannter heiliger Brunnen; er war der ursprüngliche Wohnort der Pega-Nymphen, die den Orakelbrunnen von Pirene in Korinth bewachten.[27] Christen streben eine Beerdigung in der geheiligten Erde bei einer Kirche an, reiche Ägypter kauften sich einen Bestattungsplatz nahe beim Osiristempel, um an der Wiederauferstehung des Gottes teilzuhaben. Abydos entwickelte sich deshalb zum Zentrum einer großen Nekropole.[28] Die Gläubigen behaupteten auf ihren Grabschriften: »Ich bin neben dem Geburtszimmer von Osiris ein heiliges Geschöpf geworden; ich bin mit ihm geboren worden, ich wiederhole meine Jugend.«[29]

Nachdem die Menschenopfer durch Opfer von Tieren ersetzt worden waren, inkarnierte sich Osiris freundlicherweise in verschiedenen Tieren, insbesondere im Apisstier, der dadurch zu Ruhm und Ehre kam, daß er, da er als Sühneopfer starb, die Sünden ganz Ägyptens davontrug.[30] Osiris-Apis wurde später zu der aus verschiedenen Überlieferungen zusammengesetzten Gottheit **Serapis**, die sechs Jahrhunderte lang der monotheistische Gott von Alexandria war.[31]

Es gab zahlreiche osirische Trinitäten. Eine davon bestand aus Osiris, dem Vater, Isis, der Mutter und Horus, dem Sohn. Eine andere setzte sich aus Ra, dem Vater, Osiris, dem Sohn auf Erden und Horus, dem zum Himmel aufgestiegenen Sohn, zusammen. Noch eine andere war

Ptah, der »Öffner des Weges«, ein phallischer Gemahl der Jungfrau und Öffner ihrer Gebärmutter, Seker, der den erschöpften, toten Mann verkörperte, der im weiblichen Mutterleib-Grab verborgen ist, und der als Min-Phallus neu inkarnierte Osiris, der die Wiedergeburt repräsentierte.[32]

Die heiligen lunaren Zahlen sieben, vierzehn und achtundzwanzig hatten im Kult des Osiris eine herausragende Bedeutung. Der lunare Kreislauf von 28 Tagen entsprach seinem Abstieg in die Unterwelt und Aufstieg zum Himmel: er benötigte für jeden Weg vierzehn Tage oder vierzehn Schritte auf seiner mystischen Leiter. Auch Buddhas Leiter des Abstiegs zur Erde und der Rückkehr zum Himmel hatte jeweils vierzehn Stufen.[33] Von einem tibetischen Weisen wird noch heute geglaubt, daß er wie Buddha und Osiris vierzehn Tage in die Unterwelt reist, bevor er in der Form des »Mandala der tierköpfigen Gottheiten« die Erleuchtung erfährt; dies erinnert an die ägyptischen Götter. Einige dieser Gottheiten hießen Heruka, ein Name, der möglicherweise mit dem Namen von Osiris, der Sonne, Heru-Herakhti, verwandt war.[34]

Das entscheidende Moment im Zyklus des osirischen Dramas liegt offenbar wie in den hinduistischen heiligen Dramen im Menstruationszyklus der Großen Göttin. Sie war in der Priesterin verkörpert, die den Titel »Heilige Mutter« trug. Ägyptische Frauen fertigten im Monat Athyr (Hathor) Phalli aus Erde an, die ihnen als Bildnisse des Osiris dienten. Sie warfen sie in den Nil, wenn er sich zur Zeit der Flut »in Blut verwandelte« (siehe **Mose**).[35] Dieser Brauch entsprach der orientalischen Überzeugung, nach der die Göttin zum Zeitpunkt ihrer heiligen Eheschließung mit dem sterbenden Gott menstruieren mußte. Spätere Berichte führten die osirischen lunaren Zahlen darauf zurück, daß er zum Zeitpunkt seines Leidens 28 Jahre alt gewesen sei oder auch darauf, daß es sich im 28. Jahr seiner Herrschaft auf Erden ereignete.[36]

Osiris wurde als Herr des Todes manchmal mit der Großen Schlange der Unterwelt gleichgesetzt und gelegentlich schlangenförmig gemalt, also zu einem Kreis gebogen, so daß seine Zehen seinen Kopf berührten.[37] In ptolemäischen Zeiten wurde die ganze Unterwelt zum Reich des Osiris, ihre sieben Hallen zusammen wurden das Haus von Osiris genannt.[38]

Zwischen 1450 und 1400 v. Chr. bildete sich der Osiris-Mysterienkult heraus, der Hunderte verbaler Formeln umfaßte, die dazu dienten, den Gläubigen zu Osiris werden zu lassen. Er würde von Isis geboren und von Nephthys gestillt werden. Er würde »Seite an Seite mit den Göttern der Sterne« durch den Himmel reiten. Er würde so zeugungsfähig sein wie Osiris-Menu: »Mein Palmbaum (Penis) steht aufrecht und ist wie Menu ... Deshalb soll der Phallus von Ra, der der Kopf von Osiris ist, nicht verschlungen werden.« Die Götter persönlich würden ihm im Himmel Opfer darbringen.[39]

Die osirischen Mysterien lehrten Worte der Macht, die diese erwünschten Wirkungen hervorbringen sollten. Solche Wörter der Macht waren »Schlüssel« zum Himmel, die vor nicht Eingeweihten als »ein großes Geheimnis« verborgen werden mußten.[40] Es hieß in der

Saite Recension
Ein Teil des ägyptischen *Totenbuchs*, der sich von der XXVI. Dynastie bis zur ptolemäischen Periode, ca. 600–30 v. Chr., großer Beliebtheit erfreute.

Saite Recension, daß sich eine Seele mit solchen Schlüsseln frei durch die Tore und vorbei an den Torhütern, Wächtern, Herolden, Inspektoren und anderen Geistern der himmlischen Gefilde bewegen könne, denn sie würde alle ihre Namen kennen.

> *Und die Majestät Anpu wird zu mir sagen: »Kennst du den Namen dieser Tür, und kannst du ihn nennen?« … Und Seine Majestät, der Gott Anpu, wird zu mir sagen: »Kennst du den Namen des oberen Flügels und den Namen des unteren Flügels?« Wenn sie die richtigen Antworten erhält, wird Seine Majestät, der Gott Anpu, sagen: »Passiere, denn du hast das Wissen, oh Osiris.«*[41]

Die osirische Religion etablierte sich im Verlauf des ersten Jahrhunderts v. Chr. in allen Teilen des römischen Kaiserreiches.[42] Sie verlor schließlich an Popularität, weil sie für den durchschnittlichen Verstand zu kompliziert wurde. Die notwendigen »Worte der Macht« entwickelten sich zu langen Aufzählungen der göttlichen Namen von Türpfosten, Türstürzen, Riegeln, Füllungen, Türhütern, Geistern der Stunde, Schwellen, Gottes rechtem und linkem Fuß usw. Die Ägypter erfanden sogar einen Erinnerungsgott, der die Sprüche und heiligen Namen wiederbringen sollte, wenn sie von einem Geist des Vergessens gestohlen worden waren.[43] Die wichtige Zeremonie der »Öffnung des Mundes« wurde durchgeführt, damit eine tote Person Sprüche und Wörter der Macht frei sprechen konnte.[44] Aber die Aufzählungen wurden einfach zu umfangreich und komplex, um alles behalten zu können.

Budge stellt fest, daß die Ägypter an die »Wiederauferstehung des Körpers in einer veränderten und glorifizierten Gestalt [glaubten], die bis in alle Ewigkeit in der Gesellschaft der Geister und Seelen der Rechtschaffenen in einem Königreich leben würde. Dieses Reich sollte von einem Wesen regiert werden, das göttlichen Ursprungs war, aber auf der Erde gelebt und durch die Hand seiner Feinde einen grausamen Tod erlitten hatte. Er war von den Toten auferstanden und ein Gott und der König der Welt geworden, die jenseits des Grabes liegt … Obwohl die Ägypter an all diese Dinge glaubten und sich zu ihrem Glauben mit geradezu leidenschaftlichem Eifer bekannten, scheinen sie sich doch nie von einem Verlangen nach Amuletten, Talismanen, magischen Namen und Worten der Macht befreit zu haben. Sie vertrauten darauf, daß durch sie ihre Seelen und Körper, in lebendem und totem Zustand, gerettet würden und benutzten sie mit so ziemlich der gleichen Zuversicht, die sie in den Tod und die Wiedergeburt von Osiris setzten. Es ist überraschend, daß sie offenbar in solch einer Mischung von Magie und Religion keinen Widerspruch sahen.«[45]

Es ist noch überraschender, daß ein Wissenschaftler von Budges Format im Christentum nicht genau dieselbe Mischung von Magie und Religion erkennen konnte; er hätte hier genausogut über Christen wie über Ägypter gesprochen haben können. Das Verlangen nach Kruzifixen und Medaillons, nach dem *agnus dei*, Beschwörungen, Anrufungen heiliger Namen und anderen Formeln, nach Heiligenreliquien, heiligem Wasser, Heiligenbildern oder auch nach Rosenkränzen, die von den Ägyptern übernommen wurden, ist bei den einfachen ChristInnen bis zum heutigen Tage noch immer zu erkennen. Christliche Formeln des Exorzismus, der Taufe, Krankensalbung, Absolution usw. waren nichts anderes als Worte der Macht unter einer anderen Bezeichnung. Die Vorstellung von der Auferstehung durch Identifikation mit einem auferstandenen Gott (durch das Essen seines Fleisches) war an sich eher magisch als religiös – und das war genauso die Grundlage für die christliche Erlösungsvorstellung wie für die der Osirisanbeter. Das Christuskonzept war offenbar nicht weniger synkretistisch als das von Osiris. Wenn überhaupt, konnte der ältere Gott ein größeres Recht auf sein archetypisches System der Anbetung beanspruchen – oder, je nach Standpunkt, des Aberglaubens.

1. Budge, G. E. 2, 178. 2. Ders., B. D., 650; Martello, 189.
3. Budge, G. E. 2, 126, 141. 4. Angus, 139. 5. Waddell, 509f.
6. Martello, 190. 7. Budge, B. D., 156, 268, 459, 551. 8. H. Smith, 227.
9. Budge, B. D., 462. 10. Neumann, G. M., 166 (dt. 163). 11. Budge, E. M., 116.
12. Pepper & Wilcock, 50. 13. Budge, B. D., 269. 14. Ders., G. E. 2, 41.
15. Baring-Gould, C. M. M. A., 355. 16. Budge, G. E. 1, 256.
17. Erman, 304 (dt. 375). 18. Budge, B. D., 170. 19. Ders., G. E. 2, 55.
20. James, 169. 21. Ebd., 135–139. 22. Brandon, 126f. 23. Hays, 257.
24. Budge, G. E. 2, 113. 25. Turville-Petre, 192. 26. Budge, G. E. 2, 192.
27. Ebd. 2, 118; ders., D. N., 276. 28. *Larousse*, 17. 29. Robertson, 48.
30. Budge, G. E. 2, 127. 31. Cumont, A. R. G. R., 80. 32. Budge, E. M. 84.
33. Campbell, M. I., 169. 34. Evans-Wentz, 70f. (dt. 222).
35. Hooke, M. E. M., 70. 36. Budge, G. E. 1, 101; 2, 188. 37. Ebd. 1, 172.
38. Lethaby, 157. 39. Budge, B. D., 297, 469, 509f., 518. 40. Ders., E. M., 116.
41. Ders., B. D., 571. 42. Angus, 197. 43. Budge, B. D., 279f., 591–594.
44. Ders., E. M., 196. 45. Ebd., XII–XIV.

Ostern

Ein Frühlingsopferfest, das nach der angelsächsischen Göttin Eostre oder Ostara, einer nordischen Variante der **Astarte**, benannt wurde. Ihr heiliger Monat hieß *Eastre-monath*, der Mond der Eostre.[1]

Angelsächsische Dichter wußten offenbar, daß es sich bei Eostre um dieselbe Göttin handelte wie bei Kali, Indiens Großer Mutter. Beowulf schrieb von »den Wassern des Ganges, dessen Flutwellen in ein unbekanntes Meer nahe der fernen Heimat der Eostre hinabströmen«.[2]

Der Osterhase ist älter als das Christentum. Er galt vormals sowohl im Osten wie im Westen als der heilige Mondhase der Großen Göttin. In Deutschland wurden die alten Mythen um Hathor-Astarte, die das Goldene Ei der Sonne legte, in einem Volksbrauch wiederbelebt: Es hieß, der Hase bringe den braven Kindern am Ostersonnabend Eier.[3] (Siehe **Katze**.)

Die Abhängigkeit des Osterfestes vom alten Mondkalender – die ähnlich für alle beweglichen Kirchenfeste gilt – belegt dessen heidnische Abstammung. Es fällt auf den Sonntag nach dem ersten Vollmond, der der Frühjahrs-Tagundnachtgleiche folgt. Einst hieß es, daß an diesem Punkt die »schwangere« Phase der Eostre in die Zeit der Reife überginge. Das christliche Fest bekam erst im späten Mittelalter den Namen der Göttin, »Ostern«.[4] (Siehe **Menstruationskalender**.)

Die IrInnen begingen das Osterfest weiterhin an einem anderen Tag als die römisch-katholische Kirche. Wahrscheinlich feierten sie am ehemaligen Tag der Eostre, bis ihnen 632 n. Chr. der römische Kalender auferlegt wurde. Die Klöster des heiligen Columban in Irland und im Norden von Britannien hielten dennoch für weitere 50 Jahre an dem alten Datum fest.[5]

Für die PerserInnen begann das neue Sonnenjahr mit der Frühjahrs-Tagundnachtgleiche. Sie folgten bis in die Mitte des 18. Jahrhunderts dem Brauch, sich an diesem Festtag bunte Eier zu schenken.[6] Eier galten immer schon als Symbole der Wiedergeburt, weshalb Ostereier meistens – und besonders in Osteuropa – rot gefärbt wurden, denn Rot galt als die Farbe des Lebens. Bei den RussInnen gab es eine Art Auferstehungszauber, der darin bestand, rote Ostereier auf Gräber zu legen.[7] In Böhmen wurde Christus vorschriftsmäßig am Ostersonntag und sein heidnischer Rivale am Ostermontag verehrt, der eine also am Sonnentag, der andere am »Mondtag«. So wie es bei den antiken Priesterinnen üblich gewesen war, opferten die Dorfmädchen dort den Herrn des Todes und warfen ihn ins Wasser. Dabei sangen sie: »Der Tod schwimmt im Wasser, der Frühling kommt, uns zu besuchen, mit Eiern, die sind rot, mit gelben Pfannkuchen. Wir haben den Tod aus dem Dorf getragen, wir tragen den Sommer hinein.«[8]

Eine Reminiszenz an das heidnische Heilige Drama war die Grablegung eines Gottes, der anschließend aus dem Grab genommen wurde, damit seine Auferstehung verkündet werden konnte. Einen solchen Brauch führte die Kirche im frühen Mittelalter ein, offensichtlich in der Hoffnung, ein wirkliches Wunder verkünden zu können. Dabei wurde ein kleiner, grabähnlicher Bau errichtet, in den man die geweihte Hostie legte. Ein Priester bewachte »das Grab« von Karfreitag bis Ostersonntag. Dann wurde die Hostie herausgenommen, der Gemeinde gezeigt und die Auferstehung Christi verkündet.[9]

Aus dem 16. Jahrhundert ist ein merkwürdiger Osterbrauch überliefert, der als »mit Eiern und Äpfeln zum Kreuze kriechen« beschrieben wurde – ein sehr augenfälliger Einsatz der alten weiblichen Symbole für Leben und Tod, Anfang und Erfüllung, das Öffnen und Schließen von Zyklen. Zur Krönung der englischen Könige wurden in der Kirche Teppiche ausgelegt, weil der König, die Königin und die Hofleute auf Händen und Knien den Mittelgang hinunterkriechen mußten.[10] Diese Kriechzeremonie bedeutete zweifellos eine Anspielung auf die Buße, allerdings erscheint dabei der Einsatz der alten weiblichen Symbole Apfel und Ei etwas rätselhaft.

Die Deutschen gaben Ostern den gleichen Beinamen, der früher auch die Zeit bezeichnete, in der der Heilige König den Liebestod starb, die »Hoch-Zeit«. In England wurde Ostern *the Hye-Tide* genannt. Aus diesem Titel entstand die umgangssprachliche Bezeichnung aller Fest- und Ferientage als *a high old time*, wörtlich »eine hohe alte Zeit«, mit der Bedeutung »eine tolle Zeit«.[11]

1. Knight, D.W.P., 157. 2. Goodrich, 18. 3. Lys, 117.
4. H. Smith, 201. 5. Paor, 70 (dt. 73). 6. Hazlitt, 201. 7. Gaster, 603.
8. Frazer, G.B., 362 (dt. 453). 9. Hazlitt, 281. 10. Ebd., 153.
11. Ebd., 316.

Ouroboros

Ein griechischer Name der hermetischen Weltschlange, die manchmal als Seeschlange Okeanos die Erde umrundete; sie war auch als der unterirdisch im Schoß der Erde zusammengerollte Python oder als Sata, Leviathan, Taaut, Tuat, Thot, Ophion usw. bekannt. (Siehe **Schlange**.)

Wie die hinduistische Shakti war PSYCHE in der Antike die weibliche Seele, die in der Vereinigung mit Eros nach vollkommener Einheit mit dem Körper strebte. Das Bild zeigt im Ausschnitt eine antike griechische Skulptur, die sich im Kapitolmuseum in Rom befindet.

Als Königin der Unterwelt spielte PROSERPINA in der römischen wie auch (als Persephone) in der griechischen Mythologie eine wichtige Rolle. Da das Christentum einer Auseinandersetzung mit ihr nicht ausweichen konnte, verwandelte es sie in eine »Erzteufelin«. Das Bild zeigt sie mit Ceres, die manchmal als ihre Mutter genannt ist, und mit Pluto, ihrem Gemahl im Hades. Lateranmuseum, Rom.

PARVATI, Tochter des Himmels und Braut Shivas, war der jungfräuliche Aspekt der hinduistischen Göttin Kali Ma. Bronzestatue, Südindien; Chola-Periode, 10. Jahrhundert n. Chr.

Paganismus

Siehe **Heidentum**

Paivatar

Finnisch-ugrische Version der arischen Göttin Parvati oder Prithivi, jener Jungfrau, die die Fäden des Schicksals spann. Gelegentlich wird sie als Tochter der Sonne oder als jüngere Form derselben Gottheit beschrieben. Die Sonne galt in Nordeuropa allgemein als weiblich.[1]

1. *Larousse*, 308.

Palaemon

Herakles, die Sonne, wurde von der Meeresmutter in Gestalt eines großen **Fisch**es verschluckt und von ihr als Jüngling Palaemon auf dem Delphin wiedergeboren. Palaemon bildet das griechisch-römische Pendant zu **Jonas**. Seine Mutter war Venus Salacia, der Schoß des Meeres, Delphinos genannt, was sowohl »Delphin« wie auch »Schoß« bedeutet.[1] Die Verfasser der Bibel machten aus dem Delphin Jonas' Wal und aus dem »Jüngling«, den das Fischmaul gebar, einen Propheten.

1. Neumann, A. P, 6 (dt. 14).

Pales

Archaische Weidegottheit in Eselsgestalt, nach der sowohl Palästina als auch Philistia benannt sind sowie der Hügel Palatium in Rom, auf dem alljährlich beim Fest Palilia die Riten zu Ehren von Pales oder Pallas begangen wurden. (Siehe **Palladium**.) Hinsichtlich des Geschlechts von Pales gab es einige Unstimmigkeiten. Manche sagten, er sei ein lüsterner, eselsköpfiger Fruchtbarkeitsgott wie Set oder Pan; andere meinten, Pales sei eine Frau, eine der Verkörperungen der Vesta namens Diva Palatua (die Göttin des Palatiums).[1] Der Tempel dieser androgynen Gottheit bildete den Ursprung für das Wort »Palast«. Die Feste zu Ehren dieser Gottheit fanden noch einige Jahrhunderte bis in christliche Zeit hinein regelmäßig statt und wurden von Priestern mit Eselsmasken begangen. (Siehe **Esel**.)

1. Briffault, 3, 18.

Palladium

Dieses rätselhafte Götterbild befand sich im Allerheiligsten des römischen Tempels der Vesta auf dem Palatinhügel; der Sage nach sollte es den Geist Roms verkörpern, wie es zuvor den Geist Trojas verkörpert hatte. Der römischen Legende nach rettete Aeneas es aus den Trümmern Trojas und gründete mit seiner Hilfe Rom. Es war Symbol einer androgynen Schutzgottheit, die gewöhnlich Pallas genannt wird, was soviel bedeutet wie »Mädchen« oder »Jugend«.[1]

Manche behaupten, Pallas sei identisch mit der Göttin Athene. Andere meinen, Pallas sei ein panähnlicher Ziegengott, der von Athene getötet wurde. Wieder andere sagen, Pallas sei ein Riese gewesen. Es heißt auch, Pallas sei die Holzstatue einer Kriegerin gewesen. Andererseits soll Pallas ein Donnerkeil gewesen sein. Eine Mehrheit hielt Pallas für einen phallischen Gott und sein Palladium für »das Zepter des Priamus in Gestalt eines männlichen Geschlechtsorgans«.[2]

Im griechischen Mythos besaß Pallas Nachkommen, die Pallantiden, die einer Kampfgöttin der Amazonen huldigten, der Feindin des patriarchalisch-hellenistischen Helden Theseus.[3] Das mag der Grund für die Vorstellung sein, daß Pallas eine Kriegerin war, einst Gefährtin von Athene, die ihren Namen annahm und zu Pallas Athene wurde, nachdem sie sie in einem Scheingefecht versehentlich getötet hatte. Dieser klassische Mythos trägt Züge einer Korrektur, einer Geschichte, die erfunden wurde, um Athenes androgynes Götterbild, repräsentiert durch eine **Lingam-Yoni**, zu erklären und ihre Einheit mit Pallas, Pales und Pan zu zeigen.

Die Vestalinnen wurden im Palladiumtempel mit Hilfe eines künstlichen Phallus dem Geist Roms vermählt; es scheint also wahrscheinlich, daß Pallas ein heiliger Lingam war, der für AMOR stand, den in ROMA verborgenen Namen.

Konstantin brachte das Palladium nach Konstantinopel und machte es zum Symbol seiner eigenen Männlichkeit. Es wurde unter einer riesigen, roten Porphyrsäule begraben, die ein Bildnis Konstantins in Gestalt Apollons krönte.[4]

1. Graves, G. M., 158.i, u. 3. 2. Graves, G. M., 89.3, 94.d; Dumézil, 323, 583.
3. Graves, G. M., 99.a. 4. Seznec, 43; J. H. Smith, C. G., 226.

Palladius

Römischer Name für den phallischen Gott, den das Palladium repräsentierte; ein Name, der dem *pater* oder Patricius gegeben wurde, dem Gott der Zeugung. Palladius wurde in einer christlichen Legende dem keltischen *pater*, »Patrick«, angeglichen; sie besagte, ein Bischof Palladius sei noch vor dem heiligen Patrick als Missionar im heidnischen Irland gewesen.[1] Sowohl der Bischof als auch der Heilige scheinen reine Fantasiegestalten zu sein. (Siehe **Patrick, Heiliger**.)

1. *Encyc. Brit.*, »Patrick«.

Palme

Im babylonischen Mythos vom Urgarten war die Palme der Lebensbaum, Wohnsitz der Göttin Astarte. Die hebräische Version ihres Namens lautete Tamar, »Palmbaum«.[1]

Ihr männliches Pendant war Baal-Peor oder Phoenix, der Gott Phönikiens, was soviel heißt wie »Land der Palme«. Als phallischer Gott war Baal-Peor symbolisiert durch eine Palme zwischen zwei großen Steinen. Seine Vereinigung mit der Göttin wurde in Phönikien und Israel mit Sexualorgien im Tempel begangen, bis die Priester Jahwehs die Zelebranten während ihrer Riten töteten (Numeri, 25, 8).

Dennoch hielten sich weibliche Bedeutungen der Palme. Die Göttin war häufig verkörpert in einer Mutterpalme, die das Brot des Lebens in Form von Kokosnußmilch oder Datteln spendete. Ein verwickelter biblischer Mythos zeigt Tamar, die Palme, als Frau eines getöteten »Erstgeborenen von Juda«, als verschleierte Dirne, geschmückt mit Siegelring, Schnur und Stab des Stammes Juda, als Witwe (altes Weib), der Ziegenböcke dargeboten werden, und als Idol »am Wegesrand«, das die Priester Jahwehs verbrennen wollten (Genesis, 38). Sie brachte rivalisierende Zwillinge zur Welt, Peres und Serach, das hebräische Gegenstück zu Osiris und Set. In der frühchristlichen Tradition galt der Geist der Palme immer noch als die Große Mutter, denn die Jungfrau Maria erhielt den Namen Heilige Palme (Ta-Mari).[2] Allerdings nannten die ÄgypterInnen weiterhin den Penis eines Mannes seine »Palme«.[3]

1. Graves, W. G., 197 (dt. 221). 2. Hughes, 55. 3. Budge, B. D., 518.

Pan

Der Name Pan geht zurück auf das Wort *paein*, »Weide«; es bezeichnete auch »alles« und »Brot« und erinnert an verschiedene All-Väter, die Götter des himmlischen Brotes waren, wie Osiris, Adonis und Tammuz. Wie sie war auch Pan ein heiliger König, der starb, um die Erde fruchtbar zu machen. Die rituelle Formel »Der große Pan ist tot« scheint den Riten des Tammuz zu entstammen; eine Lesart lautete auch: *Thamos Pan-megas Tethneke*, »der unendlich große Tammuz ist tot«.

König der arkadischen Satyrn; mit Hörnern und Hufen versehen ist er der Waldgott *par excellence*. Pan gehört zu den ältesten Göttern Griechenlands, gelegentlich wird er mit dem Kult des Dionysos in Verbindung gebracht und manchmal auch mit ihm gleichgesetzt. Pan soll sich mit allen dionysischen Maenaden gepaart haben. Außerdem soll er sich auch Athene, Penelope, Selene und vielen archaischen Formen der Großen Göttin vermählt haben.[1]

Die GriechInnen behaupteten, der ägyptische Sonnengott Amon-Ra sei identisch mit Pan. Sie nannten Amon-Ras heilige Stadt Panolois, »Stadt des Pan«, und sagten, sie sei von »Pans und Satyrn« bewohnt. Das englische Wort *panoply*, das eine prächtige Kleidung und Ausstattung bezeichnet, leitet sich von den heiligen Prozessionen in der Stadt Pans her.[2] Weitere Worte, die mit der Verehrung Pans in Zusammenhang stehen, sind Kapriole, Caprice und Capriccio, die auf das lateinische Wort *caper*, Ziege, zurückgehen. Pans Sakraldrama von Tod und Erlösung bildete den Ursprung der »Tragödie«, griech. *tragoidos*, »Ziegenlied«.[3] Das Wort »Panik« bezeichnete ursprünglich den furchterregenden Schrei des Gottes Pan, der seine Feinde mit einem Zauberschrei, der ihnen Furcht einjagte und alle Kräfte raubte, in die Flucht schlug.

Es könnte sein, daß die Ursprünge der Panlegende auf den hinduistischen Fruchtbarkeitsgott Pancika zurückgehen, den Gemahl einer der ältesten Muttergöttinnen, der vielbrüstigen Hariti, die Hunderte der prävedischen Tierdämonen säugte, ebenso wie die vielbrüstige Diana die Waldtiere säugte, deren König Pan war.[4]

Pan war ein bedeutendes Vorbild jenes gehörnten heidnischen Gottes, den die Kirche im Mittelalter Satan nannte. Den Teufel kennzeichneten immer die Merkmale Pans, Ziegenhufe, Hörner und unersättliche Lust, manchmal hatte er auch einen Ziegenkopf und eine Schar von Satyrn (Dämonen) um sich. Die Romantik des 19. Jahrhunderts schob das dämonische Wesen beiseite, das Pan nur wenige Jahrhunderte zuvor zugeschrieben worden war, und machte ihn zum freundlichen Inbegriff des verlorenen Arkadien, das Hirten und Nymphen bevölkerten. Romantische Dichter übernahmen Pan als ihren Waldgott.

1821 schrieb Shelley an seinen Freund Thomas J. Hogg: »Ich freue mich zu hören, daß Du die Riten der wahren Religion nicht vernachlässigst. Dein Brief rief meine schlafende Hingabe wach, und noch am gleichen Abend stieg ich allein den hohen Berg hinter meinem Haus hinauf, hängte einen Blumenkranz auf und errichtete einen kleinen Grasaltar für den durch die Berge streifenden Pan«. Oscar Wilde schrieb sehnsüchtig: »O geißfüßiger Gott Arkadiens! Diese moderne Welt bedarf Deiner!«[5] Byron schrieb eine Ode voller Trauer über das Hinscheiden Pans:

An ihrem Strand die alten Götter schweigen.
Der große Pan, er ist nicht mehr; es steigen
Grausige Stimmen auf aus dem jonischen Meer
und rufen: »Tot ist Pan, der mächtige Herr.«
Wieviel starb mit ihm! Schön war doch die Zeit,
Als noch in allen Bächen weit und breit
Najaden tanzten und in Strom und Wald
Die scheuen Nymphen hausten, welche bald
Den Freiern trotzten, bald sich auch vermählten
Mit Göttern, um zu zeugen große Helden,
Deren Geister auf Höhn und Wassern schweben ...[6]

1. Graves, G. M., 89.d–e. 2. Budge, G. E. 2, 22. 3. Funk, 253, 302. 4. *Larousse*, 359. 5. Merivale, 64, 119. 6. Byron, (dt.) 841.

Panakea

»Allheilerin«, eine der göttlichen Töchter der Mutter Rhea Coronis in ihrem pelasgischen Titanenheiligtum. Eine andere Tochter Rheas war Hygieia, die »Gesundheit«. Bis heute erinnert der Eid des Hippokrates an diese beiden Göttinnen.[1] Offenbar waren sie Personifizierungen der Brüste der Großen Mutter, dem Quell von Milch, Freundlichkeit und heilendem Balsam.

Die ÄgypterInnen sagten, das Heilmittel für fast alle Krankheiten sei »die Milch einer Frau, die ein Kind geboren hat: das ist der süße Duft«, der die Dämonen der Krankheit austreiben könne.[2] Panakea und Hygieia sind den beiden Herrinnen Ägyptens, Buto und Nekhbet, vergleichbar, deren Milch den Pharaonen Göttlichkeit und allen anderen Gesundheit verlieh.[3] Buto ist identisch mit der nährenden Göttin Latona, Lada, Leto oder Leda, der baylonischen Göttin Allatu, der arabischen Al-Lat (aus der später Allah wurde). Die Etrusker nannten sie **Lat**, Mutter des Latium und Spenderin der Mondmilch. Butos Orakel-Heiligtum, das älteste Ägyptens, hieß auch Latopolis, »Milchstadt«.[4]

Auch im Europa des Mittelalters glaubten die Menschen an die heilende Kraft der Muttermilch. Es hieß, jede Mutter könne entzündete Augen bei ihrem Kind heilen, indem sie ihre Milch hineinträufele.[5] Männliche Ärzte verordneten Kranken häufig Muttermilch.

Ironischerweise war einer der letzten Anhänger Panakeas Papst Innozenz VIII., der Verfasser der Bulle *Summis Desiderantes*, die die rechtlichen Grundlagen zur Hexenverfolgung schuf und Millionen Frauen

Folter und Tod brachte. Während seiner letzten Krankheit versuchte Papst Innozenz seinen Tod abzuwenden, indem er sich von Muttermilch ernährte.[6] Das Zaubermittel half nicht; er starb.

1. *Larousse*, 170. 2. Castiglioni, 162. 3. *Larousse*, 29. 4. Erman, (dt.) 187. 5. Lys, 159. 6. H. Smith, 291.

Pandämonium

»Sitz aller Dämonen«, die christliche Bezeichnung für die Unterwelt, der alle nicht-christlichen Gottheiten zugeordnet wurden, da die Kirche alle heidnischen Götter und Göttinnen zu Teufeln erklärte (1. Korinther 10, 20–21). »Während des langsamen Niedergangs Roms waren mit die letzten bewußten Anhänger alter Gottheiten ihre christlichen Gegner. Ein Heide mag über Apollo als Fabelwesen lachen. Ein Christ würde vor ihm als bösem Geist erschauern«.[1]

Die ersten Dämonen im Pandämonium waren die rivalisierenden Götter, die in der Bibel erwähnt sind. Ihnen gesellten sich die keltischen, teutonischen und sächsisch-skandinavischen Götter und Göttinnen hinzu; die Gottheiten Griechenlands und Kleinasiens; und die antiken Götter und Göttinnen Roms. Besonders genannt wurden unter den Teufeln Jupiter, Merkur, Venus und Minerva.[2] Herrscher des Pandämoniums war der Gott der Unterwelt: Pluto, Hades, Zeus Chthonios, Saturn, Luzifer.

1. Ashe, 145. 2. Jacobus d.V. II, 376.

Pandia

»All-Göttin«, eine der »drei Töchter des Mondes« in der griechischen Mythologie; eine Göttin der weiblichen Dreifaltigkeit.[1] Ihre beiden Schwestern hießen Erse und Nemea. (Siehe **Mond**.)

1. *Larousse*, 143.

Pandora

»All-Geberin«, Name der Erdgöttin Rhea; sie taucht als erste Frau in einer anti-feministischen Fabel bei Hesiod auf, der versuchte, die Schuld an Krieg, Tod, Krankheit und allen anderen Übeln Frauen zuzuschreiben.[1]

Pandoras Gefäß war keine Büchse, sondern ein Honigkrug oder allgemeiner Tongefäß, *pithos*, aus dem sie ihre Segnungen ausgoß: ein Symbol für den weiblichen Schoß wie das Füllhorn, das in der Antike ein Behältnis von Tod und Wiedergeburt war.[2] Pandoras Krug wurde erst im späten Mittelalter zur Büchse der Pandora, als Erasmus irrtümlich *pithos* als *pyxis* übersetzte.[3]

Hesiod behauptete, Zeus habe Pandora auf die Erde gesandt, um die Menschen zu strafen, die ihn beleidigt hatten. Sie trug ein Gefäß bei sich, das nicht mit Segnungen gefüllt war, sondern mit Flüchen: Zwist, Leid, Tod, Krankheit und allen sonstigen Übeln. In ihrer Neugier öffnete Pandora das Gefäß, wie Zeus es schon vorhergeahnt hatte, und ließ die Übel unter den Menschen frei. Mit raffinierter Grausamkeit gab Zeus ihnen trügerische Hoffnung bei, um die Menschen daran zu hindern, sich aus Verzweiflung selbst zu töten und dem vollen Maß des Leidens zu entgehen, das ihr himmlischer Vater ihnen zugedacht hatte.[4] Das Grundthema ist auch im Mythos der Eva wiederzufinden.

Hesiods Fabel fand auch Aufnahme in der Legende von König Salomo, der eine Horde Geister in einem Gefäß gefangengehalten haben soll. Nach seinem Tod brachen gierige Menschen das Gefäß auf der Suche nach einem Schatz auf und ließen die Geister in die Welt.[5]

1. Graves, G. M., 39.8. 2. Neumann, G. M. 267 (dt. 253). 3. *Larousse*, 93.
4. Graves, G. M., 39.j. 5. Jacobus d.V. I, 353 (dt. 606f.).

Pangaea

Universale Gaea, Gea oder Gaia, Name der Erdmutter in ihrem Bergheiligtum in Thrakien. Sie hieß auch Ida, Olympia, Panorma, Bergmutter der Welt.[1] (Siehe **Berg**.)

1. Massa, 48.

Pantalone

Figur der italienischen *Commedia dell'arte*, ein liebeswütiger alter Lebemann in Tanzschuhen. Er entwickelte sich aus einem erfundenen Heiligen, Sankt Pantaleon, Schutzpatron Venedigs, der in mittelalterlichen Mysterienspielen vorkam.[1] Der heilige Pantaleon verkörperte eigentlich den Löwen, der Venus – der Namenspatronin Venedigs – als Reittier diente. Der Löwe erfuhr in doppelter Weise eine Kanonisierung als Löwe von St. Markus, der Venus als Schutzpatron der Stadt ablöste und dessen »Reliquien« im ehemaligen Löwenschrein ruhen, dem jetzigen Markusdom.

Da die Figur des Pantalone wehende Hosen nach östlicher Manier trug, erhielt sein Kostüm den Namen »Pantalons«, was sich später weiter zu den *pants* (engl. Hosen) verkürzte.

1. Funk, 85f.

Paradies

Das persische *Pairidaeza* (Paradies) war ein Zaubergarten, der den heiligen Berg der Götter und Göttinnen umgab und in dem der Lebensbaum mit der Frucht der Unsterblichkeit wuchs. Pairidaeza war auch die göttliche Jungfrau, die den zukünftigen Erlöser zur Welt bringen sollte: den Mahdi, Messias, Retter oder ersehnten Ritter sarazenischer Gralsmythen. Schiitische Araber warten immer noch auf die Ankunft der Jungfrau Paradies, der nächsten Heiligen Mutter.[1]

Das hebräische Wort *pardes*, »Garten«, stammt ebenfalls von der Jungfrau Paradies her.[2] In Salomos Hohemlied ist der »verschlossene Garten« die jungfräuliche Braut, deren Quell an lebenspendendem Naß noch nicht geöffnet ist (Hohelied 4,12). Eine doppelte Vision vom Paradies als blühendem Garten und dem blühenden Garten als dem weiblichen Körper zieht sich durch die Symbolwelt aller Religionen. Lorenzo der Prächtige führt das gleiche uralte Thema in seiner Beschreibung des Himmels an: »Nichts anderes als ein herrlicher Garten, voll aller schönen und köstlichen Dinge, Bäume, Äpfel, Blumen, lebendiger Wasserläufe, Vogelgezwitschers und wirklich aller Annehmlichkeiten, die des Menschen Herz begehrt; und hierdurch bestätigt sich, daß das Paradies dort ist, wo eine schöne Frau ist, denn hier findet sich das Abbild jeglicher Anmut und Süße, die ein gütiges Herz nur ersehnen kann.«[3]

Psychologisches Vorbild des Paradieses war die erste Lebenserfahrung liebevoller Geborgenheit bei der Mutter, die das Kind unmittelbar nach dem schrecklichen Geburtstrauma wärmt und nährt. Wenn das Kind, das aus der Geborgenheit des mütterlichen Schoßes in eine Welt schmerzlicher Reize »gefallen« ist, nicht umarmt und »in der Illusion gewiegt wird, daß das verlorene Paradies fast wiedergewonnen ist, sind die Grundlagen für eine spätere Neurose gelegt«.[4] Oftmals befanden sich die BewohnerInnen des Paradieses in einem pseudo-kindlichen Zustand. Über einen ägyptischen Pharao, der zu seinen göttlichen Müttern in die Nachwelt kam, heißt es: »Die stecken ihre Brust in seinen Mund und nimmermehr entwöhnen sie ihn.«[5] Ägyptische Begräbnispriesterinnen entblößten ihre Brüste, wenn sie einen Toten zu Grabe geleiteten, vermutlich als magische Verheißung auf die zärtliche Fürsorge der nährenden Göttin.[6] Als weitere Verheißung war sie mit ausgestreckten Armen auf der Innenseite des Sarges dargestellt, um den Verstorbenen an ihre Brust zu drücken, wie eine Mutter ihren Säugling.[7]

Primitive Vorstellungen vom Paradies als dem Land, wo Milch und Honig fließen, repräsentieren eindeutig früheste Erinnerungen an den mütterlichen Körper. Ein älterer Kikuyu-Häuptling hat von diesen Erinnerungen, die ihm noch lebhaft im Gedächtnis waren, erzählt:

> *Zuerst war sie immer da; ich erinnere mich an das angenehme Gefühl ihres Körpers, als sie mich auf dem Rücken trug, und an den Geruch ihrer Haut in der Sonnenhitze. Alles kam von ihr. Wenn ich hungrig oder durstig war, schwenkte sie mich nach vorne vor ihre vollen Brüste. Noch jetzt fühle ich, wenn ich heute die Augen schließe, dankbar das Behagen, das mich erfüllte, wenn ich meinen Kopf in ihrer weichen Fülle barg und die süße Milch trank, die sie mir gaben. Nachts, wenn die Sonne nicht mehr wärmte, traten ihre Arme, ihr Körper an ihre Stelle, und als ich älter wurde und mich für andere Dinge zu interessieren begann, konnte ich diese ohne Angst von ihrem Rücken aus betrachten. Wenn ich schläfrig wurde, brauchte ich nur die Augen zu schließen.*[8]

Die westliche Kultur machte dieses Paradies – das Geburtsrecht eines jeden Kindes primitiver Kulturen – zum verlorenen Paradies. Dr. Henry schrieb: »Keine andere Kultur hat so viele Entschuldigungen erfunden, eine Mutter von ihrem Kind fernzuhalten.«[9] Wickler erklärte, ein menschliches Baby sei wie ein Affenbaby von Natur aus »ein ›Mutterhocker‹, der in der ersten Lebenszeit ununterbrochen am Körper der Mutter getragen werden sollte, so wie noch heute bei den Naturvölkern. Darauf ist das ganze Verhalten des Neugeborenen abgestimmt … Daß wir die Säuglinge in Bettchen ablegen, ist unbiologisch. Anzeichen dafür sind das abnorm häufige Schreien des Verlassenseins, das man von Kindern der Naturvölker kaum je hört.«[10]

Die PsychologInnen wissen, daß das Bild der verlorenen Mutter auf den Sexualpartner projiziert wird; das erklärt auch die ungewöhnlich große sexuelle Bedeutung, die der weiblichen Brust beigemessen wird. Darwin erklärte, daß der Symbolismus sogar über die eigentliche Brust hinausgehe: »Wenn wir in reiferen Jahren irgend etwas betrachten, das durch den Schwung oder den spiralförmigen Verlauf seiner Linie der weiblichen Brust entspricht ... fühlen wir die Neigung, [es] zu umarmen und mit den Lippen zu berühren, wie wir uns in früher Kindheit an die Mutterbrust drückten«.[11] Der Mann sieht sich oftmals in einer infantilen Beziehung zu einer Frau, die er umarmen und küssen kann – das heißt, zu einer Ehefrau oder Geliebten. Der bengalische Dichter Chandidas spricht zu einer geliebten Frau von sich, als sei er ihr Kind: »Ich habe Zuflucht zu deinen Füßen gesucht, Geliebte ... du bist für mich wie eine Mutter für ein hilfloses Kind.«[12]

Der Psychotherapeut Dr. Wachtel erklärt, die meisten Sexualfantasien erwachsener Männer »scheinen einem naiven Vierjährigen angemessen, der zur Befriedigung seiner Bedürfnisse in erster Linie von der Mutter abhängt ... obwohl er weiß, daß viele andere ihn weit besser befriedigen könnten, läßt er uneingestandene Zeichen dafür erkennen, daß es ihn immer noch mit derselben Inbrunst nach ihr verlangt wie zu der Zeit, als sie die ganze Welt für ihn bedeutete und sie der geheiligte Mittelpunkt seines kindlichen Universums war. Die Tatsache, daß er die Realitäten seines Lebens und die begrenzten Möglichkeiten der Befriedigung, die ihm die Mutter bietet, ganz bewußt wahrnimmt und versteht, scheint an seinem Verlangen überhaupt nichts zu ändern.«[13]

In ähnlicher Weise scheint der Wunsch, nach dem Tode in den paradiesischen Zustand der völligen Geborgenheit des mütterlichen Schoßes zurückzukehren, von der bewußten Erkenntnis der Unwahrscheinlichkeit einer solchen Möglichkeit unbehelligt zu sein. Verborgene pränatale Erinnerungen treten in vielen religiösen Visionen von den Segnungen des Paradieses zutage, die den starken Wunsch ausdrücken, nach dem Tode das bei der Geburt Verlorene wiederzugewinnen. Für alle in der Ausdeutung unbewußter Symbolik Geschulten liegt klar auf der Hand, daß die Metaphern der Ewigkeit für eine Rückkehr in den Mutterleib stehen.[14] Wenn der Tod naht, kann der Geist sogar lebhafte Fantasien produzieren, die an die mütterliche Geborgenheit erinnern, welche dem Geburtstrauma folgte und die ersten Erfahrungen von Schmerz und Angst linderte.

So stellen wir also fest, daß der Paradiesgarten, aus dem die Menschheit »fiel«, zu Anfang ein genitales Symbol war: Garten, Tor, Höhle, heiliger Berg (*mons veneris*). Das deutet schon das Wort Eden an, das im Hebräischen »Ort der Freude« heißt.[15] Im Mittelalter war die gebräuchliche Metapher für das Paradies der Garten der Lüste, ein Begriff, der weniger charakteristisch ist für den christlichen Himmel als für jenes andere Paradies, das Feenland oder Avalon, in dem Sexualität erlaubt war. Die christliche Tradition schloß sexuelle Liebe und Ehe im Himmel aus (Matthäus 22, 30), doch die heidnische Überlieferung sah das Paradies auch weiterhin als Inbegriff aller sinnlichen Wonnen und Befriedigung allen romantisch-sexuellen Verlangens.

Die Christen übernahmen das Wort Paradies als Synonym für ihren eigenen Himmel und bestanden darauf, daß das heidnische Paradies eigentlich die Hölle sei, die mit ihrem trügerischen Schein der Schönheit Sünder verlocke. Aus Rebellion gegen diese Theorie brachten die Barden offen ihre Vorliebe für die Hölle zum Ausdruck. So sagt zum Beispiel Aucassin:

Aucassin
Held der altfranzösischen *chantefable* aus dem 13. Jahrhundert *Aucassin et Nicolette*; Die Gestalt Aucassins stützt sich auf den früheren romantischen Helden arabischer Erzählungen, Al-Kasim.

> *Denn ins Paradies geht niemand ein als die, welche ich Euch nennen will: es kommen die alten Priester hinein und die alten Lahmen und Einäugigen, welche Tag und Nacht vor den Altären und alten Krypten hocken und mit alten Lappen bekleidet sind und alten zerissenen Mönchskutten, welche nackt und barfuß und ohne Hosen sind, welche vor Hunger und Durst, vor Kälte und Kummer sterben. Die gehen ins Paradies ein, und mit denen will ich nichts zu schaffen haben. Aber in die Hölle will ich gehen, … dorthin kommen die schönen, höfischen Damen, welche zu ihren Eheherren zwei oder auch drei Freunde haben. Und dort gibt es Gold und Silber und köstliche Stoffe, und Harfenspieler und Sänger und die Könige dieser Welt. Mit diesen will ich hausen, wenn ich Nicolette, meine herzliebe Freundin, bei mir habe!*[16]

Andere Balladen und Romanzen des frühen Mittelalters verwarfen das christliche Paradies wegen seines Mangels an weiblicher Gesellschaft. Die irischen Fenier, bei denen die Regel galt, niemals eine Frau zu beleidigen, sollen der Sage nach zur Hölle gefahren sein, weil sie die antifeministischen Lehren der Christen ablehnten. Der heidnische Weise Oisín (Ossian) lehnte den Himmel St. Patricks ab, weil es dort keine Jagd, keine Minnedichtung und keine Liebe zu schönen Frauen gab. Oisín erklärte, lieber würde er den Feniern in der Hölle Gesellschaft leisten.[17]

Die meisten Menschen weigerten sich zu glauben, daß die Hölle identisch sei mit ihrem geliebten Feenland, Avalon, Schlaraffenland, Torelore, Walhall, den Inseln der Seligen oder welches Paradies ihr heidnischer Glaube ihnen auch immer verheißen haben mag; so galt es mit der Zeit als das irdische Paradies im Gegensatz zum himmlischen. Das Reich dieser Feenkönigin lag meist im fernen Westen. Verehrte Volkshelden lebten dort: Oberon, Lancelot, Tristan, Arthur, Ogier der Däne und manch andere mehr.[18] Da diese Helden ewig lebten, nannten die Iren ihr Paradies *Thierna na Oge*, das Land der ewigen Jugend. Eine wundersame Quelle im Herzen dieses Landes spendete das Wasser des Lebens, das Alte wieder jung machte.

Der Glaube an diese uralte Vorstellung mag Seefahrer wie Leif Ericson und Kolumbus zu ihren Reisen nach Westen inspiriert haben oder auch den legendären Heiligen »Brendan der Seefahrer« – eigentlich eine kanonisierte Version des Meeresgottes Bran, der den Kessel der Wiedergeburt entdeckte. Auch der heilige Brendan soll ihn entdeckt haben, auf einer Zauberinsel im Westen. Allerdings wurde »St. Brendans Insel« niemals gefunden.[19] Ponce de Leon machte sich auf die Suche nach ihr und behauptete, die Quelle der Wiedergeburt in Florida entdeckt zu haben, er nannte sie Bimini.[20]

Auch Kleriker glaubten an dieses irdische Paradies. Der heilige Thomas von Aquin war überzeugt, daß es existierte, und erklärte, Elias und Esra lebten immer noch dort.[21] Die Hereford Map, eine Weltkarte aus dem 13. Jahrhundert, zeigte es als kreisrunde Insel vor der Küste Indiens, die Kolumbus meinte erreichen zu können, wenn er nach Westen segelte. Hugo von Sankt Viktor schrieb, das Paradies sei ein Ort im Orient, der Hölzer und Obstbäume aller Art hervorbringe. Er beherberge auch den Baum des Lebens: dort sei es weder kalt noch heiß, sondern von gleichbleibend mäßiger Temperatur. Es gebe auch eine Quelle, die vier Flüsse speise. Ein dänischer Held soll diesen Ort angeblich erreicht haben, als er nach Indien reiste und in den Rachen eines Drachen eindrang, der die Brücke zu dieser mystischen Insel bewachte.[22]

Die Brücke zum Paradies taucht in fast allen indo-europäischen Mythen auf. Manchmal ist es ein Drache oder eine Schlange, meist jedoch ein Regenbogen. Die PerserInnen nannten sie die Kinvad-Brücke. Die Babylonier sprachen von ihr als dem Halsband der Ishtar. Für die Nordgermanen war sie Bifrost oder gelegentlich auch Brisingamen, das Halsband Freyas. Jenseits dieser Brücke lebten die Götter in einem Gebiet in Asgard, das Gladsheim (glückliches Heim) genannt wurde, in der Festung Walhall. In Gralsmythen war dies die Gralsburg auf dem Freudenberg; im Artuszyklus war es Lancelots Burg Freudenturm. Die heidnischen Paradiese hatten viele »Wohnungen« wie das Paradies der Osiris, das Jesus für seinen eigenen Gott beanspruchte (Johannes 14, 2).[23]

1. Lederer, 181. 2. Hughes, 47. 3. Hughes, 99. 4. Fodor, 33. 5. Erman, 9 (dt. 34).
6. Budge, B. D., Frontispiz. 7. Neumann, G. M. Bildt. 90f. 8. zit. in: Montagu, T., 79.
9. Henry, 288. 10. Wickler, 266 (dt. 255f.). 11. zit. in: Montagu, T., 62f.
12. Elisofon & Watts, 82. 13. Wachtel, 27 (dt. 49f.). 14. Campbell, P. M., 65
15. Campbell, L. M., 34. 16. *Aucassin und Nicolette*, 14f. 17. Squire, 206, 226.
18. Guerber, L. M. A., 135. 19. *Encyc. Brit.*, »Brendan«.
20. Baring-Gould, C. M. M. A., 539f. 21. Wilkins, 119.
22. Baring-Gould, C. M. M. A., 258f, 263. 23. Branston, G. H.W., 120 (dt. 73).

Paria

Kastenloser Hindu; die Parias gehörten nicht zu der göttlichen Ordnung der Gesellschaft, sie sind »Unberührbare«. Solchen Menschen wurden in Indien wie auch in biblischen Ländern unreine Arbeiten zugewiesen; sie waren »Holzhauer und Wasserträger« (Josua 9, 21). (Siehe **Kaste**.)

Parnaß

Antiker Berg der **Musen**; Apollon, der die Funktion schöpferischer Inspiration von den Musen an sich riß, übernahm auch ihn als seinen Wohnsitz. (Siehe **Berg**.)

Parthenon

»Jungfrauentempel«, Schrein der Athene, der immer noch auf der Akropolis oberhalb von Athen steht. Der Titel der Göttin, Athena Parthenos (Jungfrau Athene), bezeichnete auch viele andere Verkörperungen dieser

Göttin. Ein alter Name für Magdeburg, die »Stadt der Jungfrau«, war Parthenopolis, geweiht der Venus Parthenia.[1] Parthia, »Jungfrauenland«, war die Heimat der Skythen, die die Jungfrau Artemis anbeteten. Die Parther regierten Persien von 250 v. Chr. bis 191 n. Chr.

1. Borchardt, 85.

Parvati

Jungfräulicher Aspekt von **Kali Ma**, genannt Tochter des Berges oder Tochter des Himmels; beide Namen haben die gleiche Bedeutung, da »Himmel« der Himalaya, das Gebirge, war.[1] Parvati war unter anderen Namen auch die Braut Shivas, zum Beispiel als Maya, Sati, Durga oder Shakti. Häufig wurde sie mit Prithivi, einer archaischen Erdmutter, gleichgesetzt.

1. O'Flaherty, 349.

Parzen

Römische Dreiheit von Geburts- und Schicksalgöttinnen, die allen Menschen ihr Geschick zuteilen. Der Name (lat. *Parcae*) hängt mit lat. *parere*, »gebären« zusammen. (Siehe **Schicksalsgöttinnen**.)

Parzival

Dieser schillernde Held des mittelalterlichen Ritterromans, auch bekannt als Parsifal, Perceval, Persevelle und unter anderen Namensvarianten, vereinigt viele heidnische wie christliche Mythen in sich.

Eine erste Verkörperung fand er in dem ithyphallischen walisischen Halbgott Peredur Paladrhir, dessen Name »Lanzenträger mit langem Schaft« bedeutete und die gleiche sexuelle Anspielung enthielt wie der Name des Osiris »Mumie mit langem Glied«.[1] Sein späterer Name Perceval besaß ebenfalls phallische Bedeutung: »Durchdringer des Tales.«[2]

Der ursprüngliche Peredur-Mythos war die Allegorie einer druidischen Initiation. Seine Abenteuer waren als geheime Prüfungen aufgebaut, und er mußte einen Eid ablegen, kein Wort mit einem Christen zu sprechen – ein Detail, das mit Sicherheit auf heidnische Mysterien hindeutet. Peredur verbrachte einundzwanzig Tage im Schloß der Hexen von Caer Loyw, wo er seine Unterweisungen erhielt. Im »großen Hof« der Frauen sah er, wie der **Kessel** der Wiedergeburt die Söhne des Königs des Leidens wieder zum Leben erweckte, und zwar in der Nähe einer heiligen Höhle, an deren Eingang eine phallische Säule stand. Jeden Tag wurde ein Mann getötet. Die Frauen salbten die Leiche ein, badeten sie im Zauberkessel, und der Mann war wieder zum Leben erweckt. Zwei Schwestern, die an Maria und Martha im Evangelium erinnern, gaben Peredur Brot und Wein, das er an der Festtafel servieren sollte. Diese Szene stellt keine Kopie des christlichen Abendmahls dar, sondern geht auf wesentlich ältere Quellen zurück. Sie leitete archaische Riten vom Tod und der Wiedergeburt des Vegetationsgottes ein, um den die Frauen wehklagten und in dessen Abwesenheit die Erde zur Wüste wurde.[3]

Peredurs wichtigste Lehrerin war seine edle Geliebte, »die schönste Edeldame der Welt«, deren Farben auch die der dreifaltigen Göttin in Indien waren: jungfräuliches Weiß, mütterliches Rot und das Schwarz des Todes. Es sind die Farben des Mädchens in vielen Liebesgeschichten und Märchen wie zum Beispiel »Schneewittchen« (siehe **Gunas**). Allein schon die Farben versetzten Peredur in eine »meditative Trance« über seine mysteriöse Shakti, denn das war sie für ihn. Beim Abschied sagte sie ihm: »Wenn du mich suchst, suche in Richtung Indien.«[4]

Ähnliche Anweisungen von seiten einer Shakti kommen auch im *Roman de Perceval* aus dem 12. Jahrhundert vor, in dem der walisische Held sich in den ersehnten Ritter verwandelt, der ausgesandt ist, die Welt wie ein sarazenischer *Mahdi* von allem Übel zu heilen. Es hieß, Perceval werde den verwundeten Fischerkönig heilen und die **Einöde** wieder fruchtbar machen.

Roman de Perceval Eigentlich: *Perceval Le Gallois ou Le Conte du Graal*, unvollendeter Versroman, 1185 von Chrétien de Troyes geschrieben, später von anderen Autoren fertigestellt.

Perceval wurde, wie die meisten Götterkinder, nach der Geburt versteckt und von seiner Mutter im Verborgenen aufgezogen. Er traf zufällig auf einige Ritter, hielt sie für Engel und folgte ihnen an den Hof König Arthurs. Trotz seiner lächerlich bäuerlichen Aufmachung prophezeite ihm eine Edeldame ein großes Schicksal. (»Edeldamen« waren die Seherinnen bei Hofe.) Perceval besuchte die Gralsburg und sah eine Vision des heiligen Kessels in den Händen der Königin *Repanse de Joie* (Wonnespenderin).

Percevals Lehrerin Blanchefleur (Weiße Blume) weihte ihn in die geheime Bedeutung der Ritterlichkeit oder in das Geheimnis der Liebe ein. Die spirituell-sexuelle Vereinigung mit ihr machte ihn im Kampf unschlagbar. Deutsche Versionen der Legende berichteten allerdings von einem Kampf zwischen dem alten heidnischen Parzival, den die Macht der sexuellen Liebe aufrechterhielt, und einem neuen, christlichen Parzival, den die Enthaltsamkeit stärkte.[5] Mönche bearbeiteten von der Zeit vor 1200 bis etwa 1230 den unvollendeten *Roman de Perceval* und christianisierten den Helden, der nun entdeckte, daß die wahre Bedeutung der Ritterlichkeit durchaus nicht in den Lehren lag, die seine Geliebte ihm gegeben hatte, sondern vielmehr in den Lehren der Kirche. Blanchefleur machte, mythisch betrachtet, harte Zeiten durch. Sie wurde als »Jüdin namens Blanchefleur« verleumdet, die sich am Hexensabbat dem Satan vermählt und den **Antichrist** geboren habe.[6]

Der neue Parzival war nicht länger ein Ritter der Damen. Er entmannte sich sogar selbst, um einer jener reinen Ritter zu werden, die »zutiefst an Jesus Christus glauben«. Einmal bot er einer Edeldame Hilfe an, deren Besitz geraubt worden war. Sie bereitete ihm ein Festmahl und lud ihn in ihr Bett ein. Wenn er auch stark versucht war, so sah er doch das Kreuz seines Schwertgriffes und schleuderte die Verführerin von sich. Sie verschwand in einer schwarzen Rauchwolke. Parzival stieß »sich das Schwert in den Schenkel« – eine klassische Metapher für Kastration – und rief aus: »Da mein Fleisch mich beherrschen will, werde ich es strafen … O Herrgott, nimm dies zur Wiedergutmachung für das, was ich dir angetan habe!«[7]

Auf diese Weise wurde aus dem phallischen Helden namens Durchdringer des Tales der reinste der reinen Ritter, der einzige, der würdig war, den heiligen Gral zu sehen, weil alle anderen Ritter durch Liebesaffären oder die Ehe besudelt waren. In Parzivals Vision war das »alte Gesetz« dargestellt durch eine Frau, die auf einer Schlange ritt und, wie ein Priester ihm sagte, eine Feindin war. Die Frau forderte Parzival auf, ihr zu dienen; wie der Priester erklärte, »wollte sie Euch dazu bringen, an sie zu glauben und Eure Taufe aufzugeben«. Parzival lehnte ab. Er bekreuzigte sich und tötete die Schlange.[8]

In einem Zisterzienserroman traf Parzival die Königin des Ödlandes, seine Tante, die in Armut im Ödwald lebte, obwohl sie einst »die reichste Frau der Welt« gewesen war. Das deutet auf die Göttin hin, deren Tempel ausgeraubt sind und der nur ihre Haine geblieben sind. Eine andere Verwandte Parzivals, seine Schwester, traf tot auf Salomos Schiff ein, einem Symbol der Kirche. Sie wurde in einen edlen Schrein gelegt, da sie als reine Jungfrau gestorben war – für die Mönche die einzig akzeptable Art von Frau.

In Parzivals *Queste* (Suche) kamen keine Frauen mehr vor, ebenso wenig wie es sie an den Schalthebeln der Kirchenpolitik gab.[9] In dieser letzten Fassung des Gralsmythos ist der weibliche Aspekt des Grals getilgt, obwohl er ein Preis war, den Männer anstrebten. Mit dieser Entwicklung nahm das Interesse an dem Thema allmählich ab. Die Gralslegenden gingen aus Mangel an weiterer Inspiration nach und nach unter. Der christianisierte, zur Enthaltsamkeit verdammte Parzival besaß anscheinend kein Charisma. Er war ein Held, der nur den Mönchen gefiel, die ihn erfunden hatten; das gemeine Volk fand es schwer, sich mit diesem einzigartig blutleeren Ritter zu verbinden.

1. Squire, 369. 2. Jung & Franz, 191 3. Goodrich, 52, 64, 67; Loomis, 209ff.
4. Goodrich, 63–69; Loomis, 211. 5. Campbell, C. M., 558.
6. Baring-Gould, C. M. M. A., 169. 7. Malory 2, 199, 204 (dt. 3, 749, 754f.).
8. Ebd. 2, 201 (dt. 3, 750f.). 9. Campbell, C. M., 543, 551, 566.

Pasht

»Die Rasende«, ein weiterer Name für die ägyptische Katzengöttin Bast oder Bastet, vermutlich in der Rolle der Zerstörerin oder der vernichtenden Sphinx. (Siehe **Katze**.)

Pasiphaë

»Die für alle Scheinende«, die kretische Mondgöttin verkörpert in einer Königin, die sich mit einem heiligen Stier vereinte und den Minotaurus (Minos den Stier) gebar. Ihre Nachkommen stellten jene Linie minoischer Könige, die sich alle sieben Jahre bei dem rituellen **Hieros Gamos** in der Maske eines Stieres mit der Göttin vereinigten, worauf die rituelle Tötung eines Stieres erfolgte.[1] Es wird angenommen, daß kretische SiedlerInnen den Kult der Pasiphaë und des Minos nach Spanien brachten und heilige Spiele einführten, die bis auf den heutigen Tag in Form der Stierkämpfe erhalten sind.

1. Graves, G. M., 88. e, 88.1.

Pastos

Inneres »Brautgemach« in heidnischen Tempeln, in dem sich Jungmänner mit der Göttin und Jungfrauen mit ihrem göttlichen Gefährten vereinen konnten, um ihre Erlösung nach dem Tode zu gewährleisten; vergleichbar dem *abaton* oder Allerheiligsten. (Siehe **Abaddon**.)

Pathos

»Passion«, die dionysische Zeremonie des Liebestodes, Vorläufer der »Passion« Christi. In der früheren Version vereinigte sich der Gott mit der Göttin und gab mit seinem Samen zugleich seine Seele fort, um der Welt Erneuerung zu bringen.[1] (Siehe **Drama**.)

1. J. E. Harrison, 344.

Patrick, Heiliger

Schutzpatron Irlands, vermutlich eine fiktive Figur, die auf dem römischen *pater* oder *patricius* beruht, einem Priester. Den einzigen Hinweis auf die Existenz eines christlichen St. Patrick bietet seine Autobiographie, die er angeblich im 5. Jahrhundert schrieb; allerdings wurde sie erst 400 Jahre später bekannt.[1] Die vorgeblichen Schriften Patricks stammen allem Anschein nach von Mönchen, die den Eindruck vermitteln wollten, Irland sei früher christianisiert worden, als es tatsächlich der Fall war. Es ist höchst unwahrscheinlich, daß die Iren im 5. Jahrhundert bereits bekehrt waren. Im 12. Jahrhundert beklagte der heilige Bernhard, daß die Iren nach wie vor »barbarischen Bräuchen« anhingen und das Christentum bei ihnen noch nicht Fuß gefaßt habe.[2]

Wie viele andere Heilige, die im 9. und 10. Jahrhundert in der Heiligengeschichte auftauchten, hatte auch Patrick heidnische Vorläufer. Einer war der irische Gott des Kleeblatts, Trefuilngid Tre-Eochair, »der dreifache Träger des dreifachen Schlüssels«, dessen heilige Pflanze alle eßbaren Früchte trug, die Äpfel der Unsterblichkeit eingeschlossen. Er war Sohn und Gemahl der dreifaltigen Göttin, deren dreifache Yoni die frühesten Kulturen des Industales durch das dreiblättrige Kleeblatt dargestellt haben. Die Geschichte, daß Patrick den Iren die christliche Dreifaltigkeit anhand des Kleeblattes erklärt habe, ist äußerst zweifelhaft. Die Iren verehrten das Kleeblatt als Symbol ihrer heidnischen Dreifaltigkeits-Göttin. Im *Book of Leinster* heißt es, Patricks Mutter sei die Göttin Macha gewesen: sie ist jene Gestalt der weiblichen Trinität, die den Gott des Kleeblatts geboren hat.[3]

Book of Leinster Ein irischer Kodex aus dem 12. Jahrhundert, der Geschichten und Gedichte aus heidnischer Überlieferung enthält.

Noch zahlreiche andere Geschichten deuten auf Patricks heidnische Herkunft hin. Er wurde von einem Druiden erzogen.[4] In Wales trug er den Titel Maenwyn, das bedeutet, ein dem Mond Geweihter.[5] Die Legende seines Martyriums läßt erkennen, daß er der Mondgöttin geweiht war, doch wie ein heidnischer Gott wurde er ihr in ihrer jungfräulichen Gestalt Brigit vermählt. Die Grabeskirche in Downpatrick ist Brigit und Patrick geweiht.[6] Die walisische Form der dreifaltigen Göttin, Ginevra, soll der Sage nach »Sir Patrice, einen Ritter aus Irland« mit ihrem Zauberapfel getötet haben, was an die Göttin erinnert, die jedem ihrer zum Tode verurteilten Liebhaber einen Apfel der Unsterblichkeit schenkte.[7]

Angesichts all dieser heidnischen Vorläufer nimmt es nicht wunder, daß Patrick sich in der mönchischen Version einen »Sünder…, von vielen verachtet« nennt.[8]

Der Tag des heiligen Patrick war im gesamten Römischen Reich der Tag der Verherrlichung jenes Gottes, der in den Iden des März getötet wurde: Liber Pater oder Mars Pater, der in Britannien als Patricius oder Patrick bekannt war.[9] Beim Fest dieses Gottes in Rom am 17. März wurde ein riesiger Phallus in einem Festzug durch die Straßen getragen und von einer eigens auserwählten Frau feierlich mit einer Girlande geschmückt, welche die göttliche Yoni darstellte.[10] Der Phallus des Liber Pater wurde auch bezeichnet als **Palladium**, aufgestellt im Schoß-Tempel der Vesta. Der Priester, der die Macht dieses Gottes verkörperte, war der *pater patrum*, »Vater aller Väter«, oder auch der Peter (die phallische Steinsäule) oder Palladius. Eine alte Chronik verzeichnet einen römisch-irischen Bischof mit Namen Palladius, »den ersten Bischof der Iren, die an Christus glauben«, der der irischen Mondgöttin geopfert wurde, noch ehe Patrick auftauchte.[11] Offenbar handelte es sich bei Palladius wie bei Patrick um denselben heidnischen Gott, der in den Kanon aufgenommen wurde, nachdem die Christen sich seiner alten Heiligtümer bemächtigt hatten.[12]

1. *Encyc. Brit.*, »Patrick«. 2. Paor, 174 (dt. 191). 3. Graves, W. G., 130, 518 (dt. 150, 563). 4. Spence, 56. 5. Hazlitt, 483. 6. Brewster, 140. 7. Malory 3, 850f. 8. Attwater, 266. 9. G. R. Scott, 165; Rose, 212. 10. Knight, D.W.P., 154. 11. *Encyc. Brit.*, »Patrick«. 12. Graves, W. G., 152.

Paulus, Heiliger

Der eigentliche Begründer des orthodoxen Christentums war Paulus, der die frühesten eindeutig christlichen Schriften verfaßte oder anregte und dabei die Evangelien vordatierte.[1] Paulus legte die Grundlagen der orthodoxen Lehren fest: Hoffnung auf eine hohe Stellung im Himmel für die Reinen; Meidung von Frauen und Sexualität; Trennung von Körper und Seele. »Denn das Begehren des Fleisches richtet sich gegen den Geist, das Begehren des Geistes aber gegen das Fleisch; beide stehen sich als Feinde gegenüber« (Galater 5, 17). Paulus kopierte die asketischeren gnostischen Sekten seiner Zeit, über die H. Jonas sagte: »eine ungeheure, nie mehr ganz zu überbrückende Kluft tut sich auf; Gott und Welt, Gott und Natur trennen sich, werden einander fremd, werden Gegensätze.«[2]

Ein Schlüssel zu diesem Prozeß lag in der Trennung von männlichem und weiblichem Prinzip in der Religion. Der himmlische Vater und Mutter Erde waren nicht länger vermählt. Frauen hatten nach Paulus keinen Anteil mehr an den heiligen Mysterien. Die Kirche mußte durch und durch patriarchalisch sein; Frauen durften in ihr weder lehren noch predigen. Paulus gab auch allein der Frau die Schuld an der Erbsünde und sprach den Mann von jeglicher Verantwortung frei: »Und nicht

Adam wurde verführt, sondern die Frau ließ sich verführen und übertrat das Gebot« (1.Timotheus 2, 11–14).

Pauli Abneigung gegen Frauen und Sexualität legt den Verdacht nahe, daß seine esoterische Lehre mit der frühchristlichen Praxis der freiwilligen **Kastration** »um des Himmelreiches willen« zusammenhing, von der Jesus gesprochen hatte (Matthäus 19, 12). Zu den Zeiten des Paulus verehrte Rom den selbstkastrierten Gott **Attis**, und Paulus war ein großer Bewunderer römischer Kultur, wie die Tatsache zeigt, daß er seinen Namen romanisierte und von Saulus in Paulus umwandelte. Römische Christen benutzten später die Selbstkastration nach Art der Attispriester als Eintrittskarte zum Himmel.[3] Tertullian sagte, Eunuchen stehe das Himmelstor immer offen.[4]

In dem geheimnisvoll verschlungenen Stil, der für die mystischen Schriften jener Zeit typisch ist, deutete Paulus an, daß er zu den gottgefälligen Eunuchen gehörte. Häufig erwähnte er seine rätselhafte »Schwachheit« – ohne sie je näher zu beschreiben –, die er eine »kleine Last unserer gegenwärtigen Not« nennt, die ihm allerdings ewige Herrlichkeit bringen sollte (2. Korinther 4, 17). Sie machte ihn Christus gleich: »Alle, die zu Christus Jesus gehören, haben das Fleisch und damit ihre Leidenschaften und Begierden gekreuzigt« (Galater 5, 24).

Paulus deutete an, er sei einer jener »neuen Schöpfungen« in Christus, weder beschnitten noch unbeschnitten. Ein Mann mußte das eine oder das andere sein, wenn er nicht ganz ohne Penis war. Paulus deutete dunkel auf eine Verstümmelung hin: »Denn ich trage die Zeichen Jesu an meinem Leib« (Galater 6, 17). Er schätzte den »physischen« (unverstümmelten) Mann gering wegen seines Mangels an Geistigkeit: »Der irdisch gesinnte Mensch aber läßt sich nicht auf das ein, was vom Geist Gottes kommt. Torheit ist es für ihn« (1. Korinther 2, 14). Und doch räumte Paulus ein, daß manche Menschen es vielleicht vorzögen, natürlich zu bleiben. Obwohl er vertrat: »Es ist gut für den Mann, keine Frau zu berühren«, schlug er vor, solche Männer sollten eine Frau nehmen dürfen, um der »Gefahr der Unzucht« zu begegnen. Das war allerdings gesagt als widerwilliges »Zugeständnis, nicht als Gebot. Ich wünschte, alle Menschen wären (unverheiratet) wie ich« (1. Korinther 7, 1–7).

Paulus schrieb an die Galater: »Diese Leute, die Unruhe bei euch stiften, sollen sich doch gleich entmannen lassen« (Galater 5, 12).[5] Er erklärte, jene, die einander »beißen und verschlingen« – Begriffe, die häufig für die sexuelle Vereinigung verwendet werden –, könnten sich dabei umbringen. Doch jene, die sich vom Geist leiten ließen, sollten »das Begehren des Fleisches nicht erfüllen« (Galater 5, 15–16). In seinen Briefen an die Römer stellt Paulus offenbar sich und einige seiner Anhänger als Beispiele für die Tugend der Enthaltsamkeit hin:

> *Wie können wir, die wir für die Sünde tot sind, noch in ihr leben? ... Unser alter Mensch wurde mitgekreuzigt, damit der von der Sünde beherrschte Leib vernichtet werde und wir nicht Sklaven der Sünde bleiben. Denn wer gestorben ist, der ist frei geworden von der Sünde ... Daher soll die Sünde euren sterblichen Leib nicht mehr beherrschen, und seinen Begierden sollt ihr nicht gehorchen. Stellt eure Glieder nicht der Sünde zur Verfügung als Waffen der Ungerechtigkeit ... Wegen eurer Schwachheit rede ich nach Menschenweise:*

> *Wie ihr eure Glieder in den Dienst der Unreinheit und der Gesetzlosigkeit gestellt habt, so daß ihr gesetzlos wurdet, so stellt jetzt eure Glieder in den Dienst der Gerechtigkeit, so daß ihr heilig werdet.* (Römer 6, 2–19)

Paulus sprach »nach Menschenweise«, als wäre er selbst keiner, da das Fleisch seiner Zuhörer eine »Schwachheit« besaß, die er nicht teilte. Er forderte sie auf, »unseren alten Menschen«, eine im Mittleren Osten gebräuchliche Bezeichnung für den Phallus, zu kreuzigen und zu vernichten. »Denn wer gestorben ist, der ist frei geworden von der Sünde«, da er der »Unreinheit« der Frauen nicht länger dienen kann.

Die Juden dürften natürlich argumentiert haben, daß Unfruchtbarkeit eine Verletzung des göttlichen Gesetzes darstelle, da Jahwehs Gebot vorschrieb, fruchtbar zu sein und sich zu vermehren. Paulus vertrat die Ansicht, dieses Gebot sei veraltet. Gott habe seine Meinung geändert. Er erklärte, Fruchtbarkeit des Fleisches bedeute nunmehr Tod und nicht Leben:

> *Denn als wir noch dem Fleisch verfallen waren, wirkten sich die Leidenschaften der Sünde … so in unseren Gliedern aus, daß wir dem Tod Frucht brachten. Jetzt aber sind wir frei geworden von dem Gesetz, an das wir gebunden waren, wir sind tot für das Gesetz und dienen in der neuen Wirklichkeit des Geistes … Die Sünde erhielt durch das Gebot den Anstoß und bewirkte in mir alle Begierde … Ich lebte einst ohne das Gesetz, aber als das Gebot kam, wurde die Sünde lebendig, ich dagegen starb und mußte erfahren, daß dieses Gebot, das zum Leben führen sollte, den Tod bringt.* (Römer 7, 5–10)

Paulus hielt das göttliche Vermehrungsgebot für überholt und verabscheuenswert, weil es »dem Tod Frucht« brachte – das heißt, noch mehr Leben zum Tode verurteilte. Er »starb« daher für das fleischliche Leben und gewann neue Geistigkeit. »Das Trachten des Fleisches (oder die Befriedigung des Fleisches) ist Feindschaft gegen Gott … Wer vom Fleisch bestimmt ist, kann Gott nicht gefallen … Wenn ihr nach dem Fleisch lebt, müßt ihr sterben; wenn ihr aber durch den Geist die (sündigen) Taten des Leibes tötet, werdet ihr leben« (Römer 8, 7–13).

Paulus benutzte das Gleichnis vom wilden Ölbaum, dessen Zweige herausgebrochen werden müssen, um sie einem fruchttragenden Baum aufzupfropfen. Jenen, deren »Zweige« um des Himmelreiches willen herausgebrochen wurden, verhieß er hiernach besseren Ersatz, denn: »Gott hat die Macht, sie wieder einzupfropfen. Wenn du aus dem von Natur wilden Ölbaum herausgehauen und gegen die Natur in den edlen Ölbaum eingepfropft wurdest, dann werden erst recht sie als die von Natur zugehörigen Zweige ihrem eigenen Ölbaum wieder eingepfropft werden« (Römer 11, 23–25).

Dieses Gleichnis, so erklärte Paulus, sei ein wichtiges »Geheimnis«, das seine Brüder kennen sollten. Er beschwor sie, den sündigen Trieb abzuschneiden: »Angesichts des Erbarmens Gottes ermahne ich euch, meine Brüder, euch selbst als lebendiges und heiliges Opfer darzubringen, das Gott gefällt; das ist für euch der wahre und angemessene Gottesdienst« (Römer 12, 1). Das »lebendige Opfer« des Paulus mag durchaus dem der buddhistischen Asketen und aztekischen heiligen Männer geglichen haben, bei denen Penisverstümmelungen gebräuchlich waren, um die Gunst der Gottheiten zu gewinnen.

Johannes der Täufer benutzte ähnlich wie Paulus ein Baumgleichnis: »Schon ist die Axt an die Wurzel der Bäume gelegt« (Matthäus 3,10). In heidnischen Zusammenhängen bedeutet dies die Kastration des Fruchtbarkeitskönigs. Die wilde Olive, »kastriert« mit einer goldenen Sichel wie die Orakeleichen von Dodona, kommt auch in den Mythen des Herakles und seiner tyrischen Gegenstücke vor.[6] Das Blut der Genitalien eines kastrierten Königs war dem ägyptischen *Totenbuch* zufolge der Trunk der Unsterblichkeit; die Seele der Menschen ernährte sich von der Nahrung, die »auf den Ölbaum gegossen wurde«.[7] Der Zweig des Ölbaums war und ist ein Zeichen des Friedens; und »Frieden« bedeutete den Tod eines phallischen Gottes, der bei seinem Hinscheiden das Friedenswort erhielt. Das ist ein Gleichnis, das heutigen Gelehrten vertraut sein dürfte. Den abgebrochenen Olivenzweig trug die Taube im Schnabel, das Sinnbild Aphrodites, die heilige Könige kastrierte.[8]

1. Enslin, L.C.M., 233–238. 2. Jonas 1, 149 (dt. 251). 3. Bullough, 100–113. 4. Briffault 3, 372. 5. Enslin, L.C.M., 223. 6. Graves, G.M., 138.j u. 5. 7. Budge, B.D., 89. 8. Graves, G.M., 18.3.

Pazuzu

Pazuzu war der einzige babylonische Gott, der je ein Filmstar wurde: er war der Dämon in dem Film *Der Exorzist*. Sein Name stammte eigentlich von einem alten sumerischen Namen des Flut-Helden-Königs Ziusudra ab, »der *pasusu*«.[1] Die babylonischen Mythen statteten ihn mit einem Schlangenpenis aus und machten ihn zum Gemahl der Schlangenmutter Lamashtu oder Lamia, der jüdischen **Lilith**.

1. Pritchard, A.N.E., 29.

Pegasus

Geflügeltes Pferd der griechischen Mythologie, Symbol der Reise des heiligen Königs oder Helden zum Himmel; ein Bild des Todes und der Auferstehung wie die mythischen Totenpferde Nordeuropas.[1] Pegasus war archaischen, matriarchalischen Ursprungs. Er entsprang dem »weisen Blut« der Mondgöttin Medusa, die das Prinzip *medha* verkörperte, die indo-europäische Wurzel des Wortes für weibliche Weisheit. Er war allerdings auch das Zauberpferd Arion, »das Mondwesen in der Höhe«, geboren von der Göttin Demeter und geritten von Herakles in seiner Rolle als heiliger König in Elis. Es gab eine frühere weibliche Pegasus-Variante namens Aganippe, »die Mähre, die gnädig vernichtet«, eigentlich eine Bezeichnung für Demeter als vernichtender Mond-Nachtmahr.[2]

Pegasus wurde benannt nach den Pegae, den Wasserpriesterinnen, die die heilige Quelle von Peirene in Korinth hüteten. Der Kult scheint seine Wurzeln in Ägypten zu haben. Der älteste Osiris-Schrein in Abydos (ca. 2000 v. Chr.) stand auf einer heiligen Quelle namens Pega.[3]

Die griechischen Pegae bewahrten einen alten Todesgott-Kult, wie der Mythos des Bellerophon zeigt, der Pegasus bestieg und versuchte, zum Himmel zu reiten, »als ob er ein Unsterblicher wäre«. Er scheiterte und fiel. Bellerophons Vorläufer (als sein »Vater« mythologisiert) scheiterte ebenfalls und wurde von wilden, menschenfressenden Pferden verschlungen. Das sollte nicht heißen, daß Pferde Menschenfleisch fressen. Vielmehr bedeutete es, daß »prähellenische Heilige Könige am Ende ihrer Regierungszeit von als Mähren verkleideten Frauen zerrissen wurden«.[4]

Pegasus stand gleichermaßen für göttliche Inspiration wie für gottähnliche Verklärung. Ein Mann, der ihn ritt, konnte ein großer Dichter werden. Pegasus' halbmondförmiger Huf stampfte die Hippokrene (Pferdequelle) aus dem Boden, einen Brunnen dichterischer Inspiration auf dem Berg Helikon, dem Wohnsitz der Musen. Das war eine andere Art der Unsterblichkeit; wer Pegasus ritt, war im *übertragenen Sinne* imstande, »in die Luft aufzufliegen und den Himmel zu erreichen«.[5]

1. Eliade, S., 431 (dt. 467). 2. Graves, G. M., 73.4, 75.3; W. G., 425 (dt. 460). 3. Budge, D. N., 276. 4. Graves, G. M. 71.1, 75.f. 5. Eliade, S., 467 (dt. 431).

Pelagia, Heilige

In der Zeit der Heiligenschöpfung (um das 9. Jahrhundert n. Chr.) wurden mehrere heilige Pelagias erfunden – Pelagia die Büßerin, Pelagia von Antiochien, Pelagia von Tarsus und andere. Alle waren Fiktionen auf der Grundlage der Aphrodite Pelagia, »Meer«. Sie wurden auch gleichgesetzt mit der heiligen Margarete oder St. Marina, anderen »pelagischen« Namen derselben Göttin.

Pelagia war manchmal ein schönes, tanzendes Mädchen, das von einem christlichen Prediger bekehrt und zur Buße geführt wurde. Gelegentlich war sie eine schöne Jungfrau, die sich vom Dach eines Hauses stürzte, um ihre Jungfräulichkeit zu bewahren. In anderen Legenden war sie eine schöne christliche Maid, die einen königlichen Liebhaber verschmähte, den Sohn Diokletians (in manchen Versionen auch den Herrscher selbst), und dafür in einem Bronzestier zu Tode geröstet wurde.[1] Diese Legenden waren offensichtlich inspiriert von den Statuen der als »Pelagia« bezeichneten Göttin und einigen Methoden, sie zu vernichten.

Eine andere Legende zeigt Pelagia abweichend als Verführerin, die einen männlichen Heiligen zu betören versuchte. Es handelte sich dabei um den heiligen Hilarius, der in ein abgelegenes Alpendorf wanderte, als die Menschen dort gerade unter Anleitung der Schloßherrin Pelagia die heidnischen Mittsommernachtsriten feierten. Sie lud den Heiligen in ihr Schloß ein und stellte ihm viele tiefschürfende Fragen. Als sie ihn fragte: »Wie groß ist der Abstand zwischen Himmel und Hölle?«, befahl eine himmlische Stimme St. Hilarius, sie im Namen Christi anzuhauchen. Dies tat er, und auf der Stelle erstarrte sie zu einer Statue der Aphrodite. Am nächsten Morgen zerfiel die Statue in tausend Stücke, und das Zauberschloß erwies sich als Ruine einer alten römischen Stadt.[2]

Das gleiche Rätsel wurde der Legende nach auch dem heiligen Andreas gestellt, der erklärte, nur der Satan könne die Entfernung zwischen Himmel und Hölle kennen, da er sie bei seinem Fall abgemessen habe.[3]

Eine andere Pelagia-Legende gab eine Geschichte wieder, die von vielen weiblichen Heiligengestalten erzählt wird, nämlich daß sie als Mann verkleidet unter dem Namen Pelagius einige Zeit in einem Mönchskloster verbracht habe.[4] Dies mag mit den frühen apokryphen Schriften in Zusammenhang gestanden haben, die es Frauen verboten, Christinnen zu sein, wenn sie sich nicht »zu Männern machten«.[5]

1. Attwater, 272. 2. Summers, V., 243 ff. 3. Jacobus d.V., 15 (dt. I, 31). 4. Attwater, 272. 5. Malven, 38.

Pelikan

Häufig mit dem Storch verwechselt, einem anderen Kinder bringenden Totem der Geburtsgöttin; der Pelikan war ein frühes Symbol für das Heilige Herz. Die ÄgypterInnen glaubten, eine Mutter nähre ihr Kind im Mutterleib mit ihrem Herzblut; ebenso nährte angeblich eine Pelikanmutter ihre Jungen, indem sie ihre eigene Brust mit dem Schnabel verletzte oder verwundete, um ihr Herzblut in die Schnäbel ihrer Jungen fließen zu lassen. Die Legende entspringt vermutlich der Gewohnheit der Pelikane, den Schnabel im Schlaf ins Brustgefieder zu stecken.

Augustinus nahm die uralte Fantasievorstellung von der Pelikanmutter als Tatsache hin, und dies taten auch nachfolgende Kirchenväter, da niemand Augustinus zu widersprechen wagte – obwohl nie ein Mensch gesehen hat, daß ein Pelikan tatsächlich seine Brust geöffnet hätte.[1] Die Selbstaufopferung der Pelikanmutter wurde zu einem populären Motiv, das kirchliche wie weltliche Vertreter auf ihrem Wappenschild führten.

1. Potter & Sargent, 179.

Penaten

Römische Haushaltsgötter, die den *penus*, die Vorratskammer bewachten, die einst mit der Familiengruft verbunden war. Wie die jüdischen *teraphim* scheinen die Penaten präparierte Schädel von Vorfahren gewesen zu sein, die in Nischen rund um die Vorratskammer aufgestellt waren.

1. Neumann, G. M., 269.

Penelope

»Die Verschleierte«, Name einer webenden Schicksalsgöttin, die in der Odyssee als Gattin des Odysseus dargestellt wird, obwohl sie vermutlich in einer älteren Geschichte seine persönliche Schutzgöttin war. Sie war einst eine orgiastische Fruchtbarkeitsmutter, wie die Legende zeigt, nach der sie all ihre »Freier« in ihr Bett nahm, und sie war die Mutter und Gemahlin Pans.[1]

In der Odyssee hatte sie die Funktion, Odysseus' Unverwundbarkeit zu erklären. Solange Penelope ihren Faden nicht durchschnitt, konnte

Odysseus nicht sterben. So überlebte er zahlreiche gefährliche Abenteuer, während sie das Muster seines Lebens webte und auftrennte, ohne je den Faden zu durchschneiden. Er überstand sogar den tödlichen Fluch, mit dem Hekabe ihn belegt hatte.

1. Graves, W. G., 392 (dt. 425). 2. Graves, G. M., 160.10, 171.b u. 1.

Pentagramm

Pentagramm

Das Pentagramm oder der Drudenfuß basiert auf dem Symbol der Göttin Kore im Kerngehäuse des Apfels; die pythagoräischen Mystiker verehrten es unter der Bezeichnung Pentalpha, da es fünfmal den Anfangsbuchstaben des Alphabets ineinanderschlang.[1] Seine Bedeutung war »Leben« oder »Gesundheit«.[2] Manche nannten das Pentagramm den Stern der Ishtar oder Isis oder der Nephthys, Isis' Zwilling in der Unterwelt. In Ägypten stand der fünfzackige Stern für den Schoß der Erde.[3]

In Babylon war es üblich, das Pentagramm als schützendes oder heilendes Amulett zu tragen, häufig war es dort auch auf Töpfe gezeichnet, um ihren Inhalt zu schützen. Das unter der Bezeichnung ›die sieben Siegel‹ bekannte Amulett enthält als erstes heiliges Zeichen ein Pentagramm. Nach der jüdisch-christlichen Tradition sollten die Siegel die geheimen Namen Gottes darstellen; das Pentagramm war der erste, eingeschrieben in König Salomos Zauberring.[4] Fälschlicherweise wurde es daher gelegentlich Salomossiegel genannt.

Allerdings stand das Pentagramm in engerem Zusammenhang mit heidnischen Göttern als mit dem jüdischen. Ein Pentagramm mit einem gerade nach unten gerichteten Zacken stand für den gehörnten Gott, den die neuplatonischen Philosophen Pentamorph nannten, »den der fünf Formen«.[5] Er erschien sowohl in Menschengestalt wie auch in der der vier gehörnten Tiere, Stier, Widder, Geißbock und Hirsch.

Heidnische KeltInnen verehrten das Pentagramm wie die ÄgypterInnen als Zeichen der Erdgöttin, die sie Morgan nannten. Zu ihren Ehren trug der Sonnenheld Gawain ein Pentagramm auf seinem blutroten Schild.[6]

Hermetische Magier verwendeten das Pentagramm für ihre Darstellung des Menschen als Mikrokosmos. Ein Mann stand in einem Kreis, der den Kosmos darstellte; Füße, Hände und Kopf berührten den Kreis an den Schnittpunkten des eingeschriebenen Pentagramms, und seine Genitalien befanden sich genau im Mittelpunkt.[7] Dieses Bild wurde mit der Bemerkung von Firmicus Maternus in Zusammenhang gebracht, daß der Mensch ein Mikrokosmos sei, beherrscht von den »fünf Sternen«.[8]

Wie bei anderen Figuren, die aus einer fortlaufenden Linie konstruiert sind, herrschte auch beim Pentagramm der Glaube, daß es Schutz vor Geistern biete, die die »Tore« einer unterbrochenen Linie bräuchten. Daher fand das Pentagramm häufig Verwendung, um magische Orte abzugrenzen, vor allem solche zur Geisterbeschwörung. Mittelalterliche Kleriker nannten es daher außer Drudenfuß auch Satanszeichen, Hexenkreuz, Zauberstern, Elfenkreuz oder Hexenfuß.[9] Es bestand der Glaube, daß ein Vampir oder Werwolf auf Fußsohle oder Handfläche ein Pentagramm trage, vergleichbar mit dem fünfblättrigen Lotos, der auf den Händen Buddhas erscheint.[10]

Die Tatsache, daß das Pentagramm ständig in magischen Büchern auftauchte, hat vermutlich slawische Hexen beeinflußt, die versuchten, Krankheiten zu heilen, indem sie Patienten »das Pentagramm aufmaßen«. Sie spannten dazu eine Schnur von den Füßen zum Kinn, vom Mittelfinger einer Hand zum Mittelfinger der anderen Hand, von jeder Hand zum gegenüberliegenden Fuß, während der Leidende in der Haltung des Menschen als Mikrokosmos dastand. »Abweichungen der Meßwerte geben eine Diagnose und Prognose, und die Schnur nach jeder Messung mit einem Messer durchzutrennen, schneidet die Krankheit fort. Die Schnurstücke werden so verbrannt, daß der Patient den Rauch inhalieren kann, und die Asche wird in frisches Wasser gestreut, von dem der Patient einen Teil trinkt.«[11]

Es existieren immer noch magische Riten, die das Pentagramm verwenden. ZigeunerInnen schneiden nach wie vor einen Apfel so auf, daß die Kore, das Pentagramm der Jungfrau, sichtbar wird, das sie den Stern der Erkenntnis nennen.[12]

1. Hornung, 212 (dt. 71). 2. Pepper & Wilcock, 23. 3. Budge, E. L., 75. 4. Budge, A. T., 40. 5. Wedeck, 121. 6. Loomis, 342. 7. Lehner, 77. 8. Wedeck, 236. 9. Lys, 478. 10. Ross, 104. 11. Gifford, 87f. 12. Derlon, 157.

Penthesileia

»Männer-Bekümmerin«, Amazonenkönigin, die während des trojanischen Krieges von Achilles im Kampf getötet wurde. Manche sagen, sie habe zuerst Achilles getötet, doch Zeus habe ihn wieder zum Leben erweckt. Verschiedene Quellen stimmen darin überein, daß Achilles ihre Leiche schändete. Manche Geschichten berichten, man habe ihr die Augen ausgestochen, sie an einem Fuß zum Fluß geschleift und hineingeworfen. Andere sagen, sie sei respektvoll und mit allen Ehren als große Heldin beigesetzt worden.

1. Graves, G. M., 164.a.

Peri

Persische Fee oder Geist, meist weiblich, wie westliche Feen, galt gelegentlich jedoch als einer der gefallenen Engel (*Djinn*). Eine Peri konnte auch ein vertrauter Geist, eine böswillige Elfe, eine himmlische Nymphe, eine Shakti sein. Sufis nannten eine Peri *pir*, Geliebte.

Perlentor

Eingang zum Himmel; christliche Vorstellung, die dem Kult der Aphrodite Marina entlehnt ist oder der Meeresmutter Mari, der die Perlen geweiht waren. Ihr eigener Körper galt als Himmelstor wie das Jadetor der chinesischen Göttin, das alle Menschen bei der Geburt (nach außen) und beim Tod (nach innen) passierten. Verschiedene Yoni-

Symbole der Großen Göttin sollen der Sage nach mit Perlen besetzt gewesen sein, sogar der heilige Kessel der Wiedergeburt bei den KeltInnen. (Siehe **Kessel**.)

Als die Göttin in Gestalt des Mondes erschien, erhielt sie den Namen Meeresperle oder Perle der Weisheit; ihre sieben Hohepriesterinnen waren die sieben Säulen der Weisheit (siehe **Plejaden**). Ebenso wie der Mond war die Göttin das Tor zum Paradies. Frühchristliche Sekten kopierten die HeidInnen mit der Behauptung: die Seelen der Toten »erheben sich ... zum Himmelskreis des Mondes, und der nimmt sie unaufhörlich vom Ersten bis zur Mitte des Monats auf, so daß er angefüllt und Vollmond wird, dann führt er sie zur Sonne bis zum Ende des Mondes ... und führt so sein Abnehmen herbei, indem er sich von seiner Last erleichtert«.[1]

Das perlenbesetzte Mondtor ließ wie Mutter Erde alle ohne Unterschied ein; da alle Lebewesen ihre Kinder waren, standen auch alle Toten in ihrer Obhut. Als die christliche Mythologie in Gestalt des heiligen **Petrus** einen Torhüter einführte, wurde das Perlentor zur Barriere, an der ein Urteil über den Wert oder Unwert einer Seele gefällt wurde.

In der Antike galten alle Perlen als weiblich, da sie der Sage nach aus zwei weiblichen Kräften entstanden waren, dem Mond und dem Wasser. Es herrschte der Glaube, Perlen sollten nur nachts getragen werden, da Mondlicht ihren Glanz verstärke und Sonnenlicht sie verderbe.[2]

1. Jonas, 233 (dt. 1, 316). 2. Lys, 284f.

Persephone

»Zerstörerin«, die dreifaltige Göttin Demeter in ihrer Erscheinungsform als **Altes Weib**; ihre andere Gestalten waren die Jungfrau **Kore** und die Mutter (oder Bewahrerin) Demeter-Pluto. Die drei Gestalten der Göttin folgten zyklisch aufeinander wie die drei Ecken eines sich drehenden Dreiecks – das Symbol Demeters, der griechische Buchstabe *delta* –, so wurden Kore und Persephone häufig verwechselt und galten schließlich als eine Göttin. Die Fabel über die Entführung der Kore-Persephone durch Pluto ist eine spätere Erfindung. Sie war die Königin der Unterwelt schon lange, ehe es einen vermännlichten Pluto gab. Orphische Mystiker verehrten sie als Göttin der Seligen, an die sie ihre Gebete richteten: »Als Bittender wende ich mich an die Heilige Persephone, daß sie mich durch ihre Gnade aufnehmen möge ins Reich der Seligen.« Persephone antwortete: »Glücklicher und Gesegneter, ein Gott sollst du sein statt eines Sterblichen.«[1] Sie trug die Schlüssel zu Himmel und Hölle (Elysium und Tartarus) und nahm somit den *pater patrium* des Mithraskultes und sein christliches Gegenstück, **Petrus**, vorweg.[2]

Persephone war erheblich älter als der eleusinische Mythos der klassischen Schriften, die ihren Abstieg in die Unterwelt und ihre alljährliche Rückkehr zur Erdoberfläche in jedem Frühjahr schilderten. Eigentlich ist Persephone ein anderer Name für Hekate oder Helle; sie hatte die Unterwelt ebenso regiert, wie dies die zerstörerische Mutter

Kali unter dem Namen Prisni tat, in dem möglicherweise die Wurzel für den etruskischen Namen der Persephone, Persipnei, liegt. Die Römer nannten sie Proserpina. Unter diesem Namen ging sie auch als Königin der weiblichen Dämonen in die christliche Überlieferung ein.[3] Wie Kali die Zerstörerin war sie von Anfang an die Todesgöttin.

1. Legge 1, 133. 2. Cavendish, P. E., 98. 3. Givry, 141.

Perseus

Dieser Held Athens, von einem Gott gezeugt, von einer Jungfrau geboren, soll die lybische Medusa und die phönikische Yamm getötet haben, die Verkörperung Baals als Seeschlange. Die GriechInnen behaupteten, er habe die phönikische Königin Andromeda (»Beherrscherin der Männer«) gerettet und geheiratet, um in Phönikien eine hellenische Herrschaft aufzubauen. Perseus wurde ein Gott und stieg in den Himmel auf; doch sein Sternbild übte der Sage nach einen schlechten Einfluß aus. AstrologInnen nannten es Cacodämon (böser Dämon), weil es den »Dämonenstern« Algol enthielt, einen sich verfinsternden Doppelstern, der auf mysteriöse Weise auftauchte und verschwand.[1]

1. Jobes, 228.

Perun

Auch Pjerun oder Pjorun genannt; slawischer Donnergott, entspricht Jupiter und Thor. Sein lautmalerischer Name ahmte den Klang des Donners nach. Perun wurde in manchen Teilen des Balkans noch bis ins 18. Jahrhundert verehrt.[1]

1. Spinka, 34.

Petrus, Heiliger

Der Mythos vom heiligen Petrus hat das dünne Fädchen geliefert, an dem das gesamte, gewichtige Gebäude des römischen Papsttums hängt. Eine einzige Stelle im Matthäus-Evangelium besagt, daß Jesus mit einem Wortspiel Simon, dem Sohn des Jonah, den Namen Petrus, »Felsen«, gab (lateinisch *petra*) mit den Worten, auf diesen Felsen werde er seine Kirche bauen (Matthäus 16, 18–19).

Die sogenannte Petrus-Passage ist allerdings eine Fälschung, was für die päpstliche Glaubwürdigkeit bedauerlich ist. Sie wurde um das 3. Jahrhundert n. Chr. aus politischen Gründen nachträglich eingefügt, um das Primat des Heiligen Stuhls gegenüber rivalisierenden östlichen Kirchen zu behaupten.[1] Zahlreiche Bistümer waren in einen Machtkampf verwickelt, bei dem die Hauptwaffen Bestechung, Fälschung und Intrigen waren. Lange erfundene Textpassagen wurden in großer Zahl in heilige Bücher eingefügt, und zwischen den rivalisierenden Parteien, die um die lukrative Position kämpften, Gottes Elite darzustellen, herrschte ein erbarmungsloser Wettbewerb.[2]

Die meisten Frühkirchen beriefen sich fälschlich auf ihre Gründung durch einen Apostel, obwohl die Apostel eigentlich mehr die Stellvertreter der »Zwölf Tierkreiszeichen« waren, die mit der Figur des Heiligen Königs verbunden waren. Frühe Päpste waren häufig nichts weiter als Namen, die von den Namen römischer Götter abgeleitet waren, so zum Beispiel Eleutherios oder Soter; sie wurden fälschlicherweise in eine künstliche Chronologie eingeführt, um eine kontinuierliche Nachfolge Petri vorzutäuschen. Doch selbst katholische Gelehrte geben inzwischen zu, daß die Geschichte von der Kreuzigung Petri mit dem Kopf nach unten im Beisein Neros und seiner Beisetzung auf dem Vatikan-Hügel erfunden war.[3]

Die eigentlichen Wurzeln der Petrus-Legende liegen in den heidnisch-römischen Mythen von der Stadtgottheit Petra oder Pater Liber; nach der Angleichung an den *pater patrum* (Vater der Väter) des Mithraskultes ging daraus wiederum die Bezeichnung *papa* und schließlich »Papst« hervor.[4] Diese Gestalt war sowohl ein Felsen als auch ein Vater – das heißt, eine phallische Säule – im vatikanischen *mundus* seit der Zeit der Etrusker, als die Orakelpriester, die *vatis*, diesem Gelände ihren Namen gaben. Andere Namensvarianten dieses Gottes lauteten Patriarch (Obervater), Pompeius und Patricius (Patrick).[5] Wie die indischen Brahmanen machten die römischen »Patrizier« für sich eine patrilineare Abstammung von diesem Gott geltend. Da sein Name auch Felsen bedeutete, war er auch derjenige, von dem es im Alten Testament heißt: »... den Felsen, der dich gezeugt hat« (Deuteronomium 32,18).

Der Steinphallus des Gottes blieb während der letzten Jahrhunderte des Römischen Reiches und bis weit ins Mittelalter hinein auf dem Vatikan stehen – vielleicht sogar bis ins 19. Jahrhundert, als ein Besucher erklärte, die Kirchenleitung des Vatikans »halte ein großes Steinemblem der Schöpfungsmacht von äußerst merkwürdiger Gestalt verborgen«.[6] Mittelalterliche Namen für solch ein Objekt – *perron, pyr, pierre* – zeigen, daß es sich dabei sowohl um einen Felsen wie auch um einen phallischen Gegenstand handelte. Dies gilt auch für das antike phallische Zepter oder den mit einem Tannenzapfen gekrönten Stab des Pater, den *thyrsus* des Pater Liber. Kirchliche Autoritäten verwandelten häufig einen behauenen *perron* in ein christliches Symbol, indem sie ihm einfach ein Kreuz aufsetzten.[7]

Der *perron* des Pater Liber tauchte in der Peterskirche des 14. Jahrhunderts auf dem Dach des runden Tempels auf, der den Namen Parthenon trug und in St. Martha Rotunda umbenannt wurde. Der Tempel war unter einem künstlichen Hügel begraben worden, der den Innenhof der Peterskirche bildete, vermutlich weil er als Heiligtum der Göttin bekannt war. Die örtliche Legende besagt, der phallische Stein sei »vom Teufel in der Nacht, in der die Jungfrau Christus gebar, fortgetragen« worden.[8]

Mit diesem »Teufel« war vermutlich der gehörnte Gott Bacchus gemeint (Pater Liber), dessen phallischen Stab, *baculus* genannt, der heilige Petrus angeblich getragen haben soll, nicht aber die Päpste. Eine seltsam verdrehte Legende erklärte den Verlust des *baculus*. Petrus gab ihn der Erde, um einen Heiligen namens Maternus aus dem Grab auferstehen zu lassen. Diese Legende entsprang offenbar dem Kult des Bacchus, der seinen phallischen Stab in die Unterwelt sandte, manchmal in Form eines umgekehrten »Petruskreuzes«, um den Mutterboden fruchtbar zu machen. Daher der merkwürdige Name Maternus, der wie die Vegetation der Erde entstieg. Angeblich liegen die Gebeine des heiligen Maternus unter dem Fundament der Märtyrerkirche in Köln, die die Kaiserin Helena zu seinen Ehren bauen ließ – eine typische Verwirrung der zeitlichen Reihenfolge.[9]

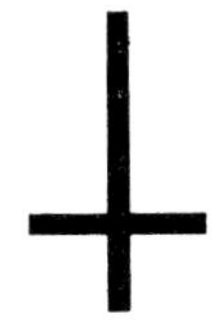

Petruskreuz

Wie verdreht die Legende vom *baculus* Petri auch immer sein mag, so hielten deutsche Herrscher doch nachhaltig an ihr fest und behaupteten, die Päpste hätten den Petrusstab an die Deutschen weitergereicht und damit die deutsche Führung des Heiligen Römischen Reiches bekräftigt.[10] Andere mittelalterliche Legenden stellten Petrus in der heidnischen Rolle eines Fruchtbarkeitsgeistes dar. Zum Beispiel soll er bei einer Frau eine Empfängnis bewirkt haben, indem er ihr einen Apfel oder einen Tannenzapfen gab, beides Symbole für Bacchus und seine Braut.[11]

Petrus oder Petra wurden auch mit anderen phallischen »Felsen« in Verbindung gebracht, so zum Beispiel mit dem Obelisken am Eingang zur ägyptischen Unterwelt, der Par geweiht war, dem Namen Ras als »Herr des Phallus«.[12] Er wurde auch Petra genannt. Ein »Prophet« Ras, verkörpert im Retter Osiris, war auch als Petosiris bekannt; sein Grab in der Nähe von Hermopolis war um 341 v. Chr. ein beliebter Wallfahrtsort. In einem griechischen Gebet heißt es: »Ich rufe Petosiris an, dessen heiliger Körper hier liegt. Heute weilt er bei den Göttern und ist mit den Weisen vereint.« König Nechepso war von seinem Geiste besessen, der ihn auf eine typische schamanische »Nachtreise« zum Himmel mitnahm.[13] Griechisch-ägyptische Schriften, die unter den Namen von Nechepso und Petosiris verfaßt waren, erfreuten sich im 2. Jahrhundert v. Chr. großer Beliebtheit.[14]

Phallische Säulen wie der Obelisk standen am »Perlentor« fast eines jeden Tempels der Großen Mutter und repräsentierten die Petra, die allen beim Eintritt in den Tempel und nach ihrem Tod beim Eingang in den Himmel die richtige Losung abverlangten. Petra hüteten auch die Tore des Jahres, die der *Christos Aion* passierte. So wurde also Petrus gleichgesetzt mit Janus, dem Gott der Türen und Tore, und erhielt den Namen Janitor, »Torhüter«.[15]

Das Kirchenfest des heiligen Petrus fand gewöhnlich am Tag des Gottes Janus statt, wenn die Sonne ins Zeichen des Wassermanns eintrat, dem Symbol für das Jahrestor wie auch für das Perlentor der Maria-Aphrodite.[16] Heidnische Vorbilder brachten Petrus naturgemäß in die Position des Hüters der *janua coeli*, »des Himmelstores«, früher ein yonisches Symbol der Jungfrau Juno. Robert de Borons behauptete in seinem Gralsroman sogar, Petrus stünde für den Eingang zum Grabe Jesu: Jesus wurde unter einem *pierre* begraben, einem phallusförmigen Stein, wie sie die antiken Gräber phallischer Helden kennzeichneten.[17]

Als Torhüter erbte Petrus die mystischen Schlüssel, die auf den Dreizack Shivas und den *anch* des Osiris zurückgingen, der »Schlüssel des Nil« oder auch »himmlischer Schlüssel zum Nil im Himmel« (Milchstraße) genannt wurde. Gottheiten, die die Schlüsselgewalt besaßen, konnten gewöhnlich den Zutritt zum Land der Toten gestatten oder verwehren, ob dieses sich nun im Himmel oder auf Erden befand. Das *Buch Henoch* beschrieb verschiedene Himmelsbewohner als Schlüsselbewahrer: einen für die Winde, einen für die Jahreszeiten, einen für das Tor zur Hölle und so weiter.[18] In Gebeten an die Göttin Persephone heißt sie die Schlüsselbewahrerin; auch ihr Gemahl galt als Hüter der Schlüssel zu Himmel und Hölle.[19]

Auf solchen heidnischen Vorbildern beruhte die entscheidende Lehre von der päpstlichen Schlüsselgewalt, wie sie die eingefügte Passage des Matthäus-Evangeliums behauptet: »Ich [Jesus] werde dir [Petrus] die Schlüssel des Himmelreichs geben; was du auf Erden binden wirst, das wird auch im Himmel gebunden sein, und was du auf Erden lösen wirst, das wird auch im Himmel gelöst sein« (Matthäus 16, 19). Die Schlüssel zu haben, bedeutete also, magische Kraft zu besitzen. Was immer der Schlüsselhalter befahl, würde eintreten. Diese Vorstellung lag der Macht der Priester, Bischöfe, Päpste und der Kirche als Organisation zugrunde. Ohne die mystischen Schlüssel wären die kirchlichen Segnungen, Verdammungen, Taufen, Teufelsaustreibungen, Exkommunikationen, Gebete und Beschwörungen wirkungslos geblieben. Wie die brahmanischen Priester den Göttern mit geheimen Mantras geboten, so machten die christlichen Kirchenväter die Öffentlichkeit glauben, die Schlüsselgewalt könne Gott zum Handeln veranlassen.

Das Evangelium deutet an, Petrus habe sogar den Eingang des Erlösers ins heilige Tor kontrolliert. Die Geschichte, daß Petrus Christus dreimal verleugnete, ehe der Hahn krähte (Matthäus 26, 34), hat einen rituellen Anklang, ganz so als sei hier ein bestimmter Stoff des antiken heiligen Dramas unbeholfen umgedeutet worden. Der auferstandene Gott konnte nicht vor der Morgendämmerung in sein Reich eingehen. Der Engel der Verkündigung erscheint hier als Hahn, »der die Ankunft der Sonne verkündet«, wie Pausanias sagte.[20] Beim Hahnenschrei stieg der Erlöser als Licht der Welt auf und vertrieb die Dämonen der Nacht. Wenn er jedoch versucht hätte, früher in sein Reich einzugehen und den Zyklus von Tag und Nacht zu unterbrechen, hätte ihn der Torhüter abgewiesen. Die rituelle Abweisung erfolgte auch in den Fruchtbarkeitsriten von Kanaan, wo ein Priester, der den himmlischen Vater repräsentierte, den sterbenden Gott Mot abwies.[21]

Pausanias
Griechischer Reisender und Geograph des 2. Jahrhunderts n. Chr. Da er in einer Zeit des kulturellen Niedergangs lebte, war er von dem Wunsch beseelt, der Nachwelt die antiken heiligen Stätten zu beschreiben.

Christlichen Theologen bereitete diese Geschichte Schwierigkeiten, als HeidInnen nachfragten, warum Jesus seine Kirche auf einen Jünger gegründet haben sollte, der ihn verleugnet hatte, statt auf einen loyaleren. Die herkömmliche Antwort war, dies zeige Christi Stärke der Vergebung. Im Laufe der späteren Verfolgungen wurde das Verleugnen Christi allerdings zum absolut unverzeihlichen Vergehen.

Der Hahn war ein weiteres totemistisches Phallussymbol, das manche für das Alter-Ego Gottes hielten. Die Kirchenoberen im Vatikan bewahrten das Bronzestandbild eines Hahns mit Männerleib auf, der einen übergroßen Penis hatte; die Inschrift auf dem Sockel lautete: »Der Erlöser der Welt.«[22] Der Hahn war auch ein Sonnensymbol. Die Sonnenverehrung tritt im christlichen Schrifttum deutlich zutage, vor allem im »gnostischen Evangelium« des Johannes. Die Sonnensymbolik des Mithraskultes fand Eingang in viele Gebräuche des Papsttums. Der

Stuhl des heiligen Petrus, der päpstliche Thron, war wie der Thron des Mithras geschmückt mit den Tierkreiszeichen und den zwölf Prüfungen des Sonnengottes.[23]

Eine weitere seltsame Erscheinungsform Petri in Vogelgestalt war der Wellenläufer, der im Englischen und Französischen *petrel* heißt, »kleiner Peter«. Die Wellenläufer gehörten der legendären Seehexe *Mother Carey*, einer Abwandlung von Mater Cara, der lateinischen Göttin Car oder Ceres, »Herrin der Erde und des Meeres«. Englische Seefahrer nannten die Wellenläufer Mother Careys Hähnchen, eine Verkleinerungsform von Hahn, wie *petrel* eine Verkleinerungsform von »Peter« ist.[24] Wie der heilige Petrus waren die Wellenläufer »Fischer«, die auf dem Wasser liefen. Manche behaupteten, sie seien heidnische Seelen, die die Hölle nicht mehr vor Toresschluß erreicht hätten und nun in »Erdlöcher« fliegen müßten.[25]

Der Gang Petri übers Wasser (Matthäus 14, 29) entstammte jahrhundertealten Mythen des Orients. Fünfhundert Jahre, ehe die Christen diese Tat Jesus und Petrus zuschrieben, behaupteten Buddhisten bereits, ein weiser Yogameister könne übers Wasser gehen.[26] Später schrieben mittelalterliche Autoren dieses Wunder auch verschiedenen Heiligen zu, die für ihre Askese bekannt waren. Der heilige Maurus lebte zum Beispiel ein besonders reines Leben und stellte fest, daß er übers Wasser gehen konnte, nachdem der heilige Benedikt ihn gesegnet hatte.[27]

Andere dem Petrus zugeschriebene Wunder sollten vermutlich belegen, daß er tatsächlich die Schlüsselgewalt besaß. Wie Christus konnte er Lahme gehend machen (Apostel 3, 7) und mit seinem Wort töten; seine ersten Opfer waren Hananias und Saphira (Apostel 5, 5 + 10). Es gibt allerdings in der Petruslegende keinerlei Hinweise darauf, daß er wirklich gelebt hat. Die Schriften über ihn entstanden lange nach den Paulusbriefen (oder wurden erst dann gefälscht).[28]

Es steht heute mit Gewißheit fest, daß es in Rom keinen heiligen Petrus gegeben hat, der »das Papsttum eingesetzt« hat.[29] Geschichten über Petrus wurden erst erfunden, nachdem der Apostolische Stuhl bereits fest etabliert war. Während der ersten fünf Jahrhunderte des Christentums war niemand der Ansicht, der Bischof von Rom habe ein Recht, über andere Bischöfe zu herrschen; es gab keine Doktrin über ein Primat des Apostolischen Stuhls in Rom. »Christus hat die Kirche weder gegründet noch gewollt.«[30] Tatsächlich hätte der Jesus der Evangelien keinerlei Anlaß gehabt, eine Kirche zu gründen, da seine Hauptbotschaft besagte, der Weltuntergang stehe fast unmittelbar bevor.

Welchen Ursprungs Petrus auch immer gewesen sein mag, er stand für die patriarchalische Opposition gegen das weibliche Prinzip, wie aus den gnostischen Evangelien hervorgeht, die später aus dem Kanon gestrichen wurden. Der *Dialog des Erlösers* stellt die heilige Hure Maria Magdalena über alle Apostel; im *Evangelium der Maria* heißt es, Christus habe sie am meisten geliebt und ihr eine geheime Offenbarung gegeben, die Petrus ihr habe entlocken wollen. In den *Pistis Sophia* erklärt Maria, sie wage es kaum, freimütig mit Jesus zu sprechen, da »Petrus mich zögern läßt; ich fürchte mich vor ihm, denn er haßt das weibliche Geschlecht«.[31]

Marienevangelium
Eines der frühen gnostischen Evangelien, die einst zum Neuen Testament gehörten, später aber aus dem Kanon genommen wurden. Eine Abschrift wurde 1940 in Nag Hammadi entdeckt.

Mittelalterliche Legenden deuten ebenfalls auf einen Antifeminismus Petri hin. Es hieß, Petrus habe eine Tochter gehabt, Petronella (»Kleine Petra«), die seiner Ansicht nach zu schön war; daher betete er zu Gott, er möge sie mit einer tödlichen Krankheit schlagen, und Gott erhörte sein Gebet. In der *Legenda Aurea* heißt es, Petrus habe Frauen gefoltert, um ihnen die Teufel auszutreiben, und habe sie die Teufel »mit viel Blut« ausspeien lassen.[32]

Von den Legenden einmal ganz abgesehen, war die politische Macht der Päpste davon abhängig, daß die Doktrin der Schlüsselgewalt Petri allgemein Anerkennung fand. Wie ein brahmanischer Hoherpriester beanspruchte der Papst für sich, absolute Gewalt über Gott zu haben, der seinem Statthalter die kleinste Bitte erfülle. So mit göttlicher Macht auf Erden ausgestattet wurde der Papst den antiken Gottkönigen vergleichbar, die mit ähnlicher Unterwürfigkeit verehrt wurden und zu ähnlicher Arroganz neigten.[33]

Papst Innozenz III. setzte die Richtlinien päpstlicher Politik mit seiner Erklärung: »Der Herr hat Petrus die Führung nicht nur der Kirche, sondern der ganzen Welt übertragen.«[34] Innozenz gab sich nicht mit dem Titel »Stellvertreter Christi« zufrieden, er änderte ihn in »Stellvertreter Gottes«.[35] Die Bulle *Unam Sanctam* von Papst Bonifazius VIII erklärte, jedes menschliche Wesen auf Erden müsse »dem römischen Pontifex unterworfen« sein.[36] In seinem Heiligen Jahr stellte Bonifatius sich als Herrscher ganz Europas dar. Er kleidete seine Kardinäle als römische Priester, trug selbst kaiserlichen Harnisch und verkündete: »Ich bin der Kaiser; ich bin Augustus.«[37]

Bonifatius kam an die Macht, indem er seinen achtzigjährigen Vorgänger Celestinus, einen Mann von schlichtem Gemüt, mit List zur Aufgabe des Throns bewegte. Bonifatius ließ Celestinus in der Festung Fumone gefangenhalten und ihn, wie Gerüchte behaupteten, ermorden, indem er ihm einen Nagel in den Kopf treiben ließ. Bonifatius' Feinde verehrten den angeblichen Schädel Celestinus', der ein Loch aufwies, als heilige Reliquie. Bonifatius hatte viele Feinde, da er seine päpstliche Macht benutzte, um der reichen Familie Colonna Ländereien und Städte abzunehmen und seiner eigenen Familie, den Gaetanis, zu geben. Als er auf den Widerstand der Colonnas stieß, rief Bonifatius zum Kreuzzug gegen sie auf und stürzte Italien in einen blutigen Bruderkrieg. Er belagerte die Colonna-Stadt Palestrina und bot an, dem Gegner die Hälfte seines Besitzes zurückzugeben, wenn dieser die Stadt aufgäbe; er brach jedoch sein Versprechen. Als Palestrina erst einmal in seiner Hand war, ließ er die Stadt dem Erdboden gleichmachen, Paläste, Bibliotheken und Schatzkammern plündern und den Boden pflügen und mit Salz verseuchen. Einer der Colonnas überlebte und ermordete schließlich Bonifatius.[38]

Ein ähnlich habsüchtiger Erbe Petri war der entgegen seinem Namen (Clemens heißt »der Milde«) äußerst unsanfte Papst Clemens VII., der wegen seiner Vorliebe für Massaker den Spitznamen »der Schlächter« trug. Er versprach den rebellischen Bewohnern von Bologna, er werde »seine Hände und Füße in ihrem Blute waschen«.[39] 1376 versprach er Cesena, Gnade walten zu lassen, und tötete dann fünftausend Bürger der Stadt. Es gab Aufstände gegen ihn. Das Volk verjagte ihn aus Rom und Neapel mit Rufen: »Tod dem Antichrist! Tod Clemens und seinen Kardinälen!«[40]

Alles in allem neigten die Erben Petri dazu, dem allgemeinen Vorbild von Diktatoren zu folgen, manche etwas weniger gütig als andere. Wenn sie eine Eigenschaft gemeinsam hatten, dann die der Habgier. Sie war ein so durchgängiger Charakterzug, daß die Renaissance-Päpste es zum Gerücht erklärten, daß Jesus und Petrus arme Männer gewesen seien. Als Martin Luther 1511 Rom besuchte, war er so schockiert vom dekadenten Luxus der päpstlichen Hofführung, daß er schrieb, wenn es eine Hölle gebe, dann sei Rom auf ihr erbaut. Selbst wenn Tiberius, der heidnische Imperator, ein solches Ungeheuer gewesen sei, wie Suetonius schreibt, sei er dennoch ein Engel im Vergleich zum damaligen Hof in Rom. Dort servierten zwölf nackte Mädchen das Abendessen.[41] Das war ein ziemlicher Kontrast zum allgemein verbreiteten Bild der zwölf Apostel.

1. Reinach, 240 (dt. 209). 2. H. Smith, 252. 3. Attwater, 274.
4. H. Smith, 252. 5. Knight, S. L., 47. 6. G. R. Scott, 254. 7. d'Alviella, 103, 109.
8. Kendall, 97. 9. Guerber, L. R., 67. 10. Borchardt, 68. 11. Groome, 65f.
12. Robertson, 193; Budge, G. E. 2, 19. 13. Lindsay, O. A., 185. 14. Angus, 167.
15. Dumézil, 328. 16. Robertson, 137. 17. Jung & Franz, 311.
18. *Forgotten Books*, 96. 19. Cavendish, P. E., 98, 119; Vermaseren, 80.
20. Knight, S. L., 70. 21. *Larousse*, 76. 22. G. R. Scott, 262f. 23. Robertson, 137.
24. Potter & Sargent, 71, 117. 25. Cohen, N. H. U.T., 112.
26. Evans-Wentz, 158 (dt. 237); Tatz & Kent, 167 (dt. 159).
27. Jacobus d.V. 198 (dt. I, 311). 28. Enslin, L.C. M., 233–38. H. Smith, 179f.
29. Reinach, 240 (dt. 209). 30. Guignebert, 125, 226.
31. Pagels, 22, 64f (dt. 60, 110f). 32. Jacobus d.V. I, 301, 252 (dt. 514, 428).
33. Campbell, C. M., 390. 34. H. Smith, 256. 35. Guignebert, 323.
36. Lea 662 (dt. 3, 691). 37. J. H. Smith, C. G., 320. 38. Chamberlin, B. P., 93, 102ff.
39. Lea 662 (dt. 1, 625). 40. Tuchman, 322, 333 (dt. 290f, 298f).
41. Chamberlin, B. P., 246.

Pfahl

Siehe **Säule**

Pfau

Vogel der Juno, der Mutter der römischen Gottheiten. Die irisierenden Schwanzfedern des Pfaus mit ihren großen »Augen« symbolisierten die Wachsamkeit der Göttin, ihre bunten Schleier und ihre Federn der Gerechtigkeit, gegen die die Herzen der Menschen aufgewogen wurden, wie sie in Ägypten gegen die Federn von Maat aufgewogen wurden. Der Pfau gehörte schon zu Juno, als sie noch die etruskische Göttin Uni war, die Große Yoni. Er gehörte auch zu den Hindu-Göttinnen Sarasvati und Maya und ihrem griechischen Gegenstück Hera.[1]

Junos Priester und Priesterinnen trugen bei den heiligen Prozessionen Fächer aus Pfauenfedern, *flabelli* genannt. Diese Attribute übernahmen die christlichen Päpste, und noch heute sind sie beim päpstlichen Ostergottesdienst in Gebrauch. Heute sollen sie angeblich »die vieläugige Wachsamkeit der Kirche« symbolisieren.[2]

Da der Pfau ursprünglich ein matriarchalisches Totem war, zog er tendenziell die gleichen Schmähungen auf sich wie schwarze Katzen, Opale, Leitern, Pentagramme, Spiegel, Eulen und Mondschein. Der christliche Glaube sah den Pfau allgemein als Vogel der Vernichtung. 1888 berichtete *St. James' Gazette*: »Niemand, der sich nicht eingehend mit diesem Thema befaßt hat, kann eine angemessene Vorstellung vom Ausmaß der allgemeinen Ungelegenheiten haben, die ein Pfau verbreitet. Gebrochene Herzen, gebrochene Gliedmaßen, finanzielle Rückschläge und verschiedene Arten von Infektionskrankheiten sind allesamt schon auf die Anwesenheit eines Pfaus zurückgeführt worden.« Manchen Legenden zufolge wurde der Pfau zum Unglücksvogel, weil er der einzige war, der sich bereitfand, dem Satan den Weg zum Paradies zu zeigen – ein Widerhall des heidnischen Glaubens, daß der Pfau Junos **Psychopompos** war.[3]

Im Orient blieb der Pfau allerdings ein Paradiesvogel. Die Menschen luden Pfauen ein, auf dem Gelände hinduistischer Tempel und in königlichen Gärten umherzuspazieren. Wie die Tauben in Westeuropa galten Pfauen als Seelenvögel und Glücksbringer, manchmal sogar als Orakel.

1. Jobes, 224. 2. Brewster, 166. 3. Leland, 154.

Pfeifen

Ein altes Sprichwort sagt: »Krähende Hennen und pfeifende Maiden müssen ein böses Ende erleiden.« Das stimmte; pfeifende Frauen wurden der Hexerei verdächtigt. Eine andere Version des Sprichworts wird noch deutlicher: »Mädchen, die pfeifen, und Hennen, die kräh'n, muß man beizeiten die Hälse umdreh'n.« Das Pfeifen wurde als ein Bestandteil der symphatischen Magie dazu verwandt, Wind aufkommen zu lassen. Seeleute, die in eine Flaute geraten waren, durften immer »um den Wind pfeifen«, aber von pfeifenden Frauen glaubte man, sie würden vernichtende Stürme heraufbeschwören.[1] Daher schickte es sich nicht für Mädchen, zu pfeifen; es war nicht »damenhaft«.

1. Robbins, 361.

Pfeiler

Siehe **Säule**

Pferd

Papst Calixtus III. ordnete im 15. Jahrhundert an, daß »in der Höhle mit den Pferdebildern« keine religiösen Zeremonien mehr durchgeführt werden dürften.[1] Etwa drei Jahrhunderte früher war neben dem Christentum der alte heidnische Pferdekult noch geläufig und anerkannt: Die irischen Könige unterzogen sich nach wie vor der symbolischen Wiedergeburt durch die Weiße Stute.[2] Ihr Name Epona war die keltische Variante der kretischen Leukippe (»Weiße Stute«); er ist nur eine der vielen Spuren, die der Pferdekult der Amazonen in ganz Europa hinterließ.

Auf einer Felswand in Uffington (in Berkshire, England) ist das göttliche Pferd heute noch zu bewundern. Sein über hundert Meter langes Bild (*White Horse*) wurde dort von heidnischen AnhängerInnen der Epona in den Kalkstein geritzt; heutzutage dient es als Touristenattraktion.[3]

Bei den Jüten, die Kent eroberten, galten die Pferde als heilige Tiere. Die Titel ihres Königs und ihrer Königin lauteten Hengist und Horsa, »Hengst und Stute«; ihre Tochter wurde die Gemahlin des Vortigern. Beda beharrte wegen seines christlichen Vorurteils gegen Königinnen darauf, daß es sich bei Hengst und Stute in Wirklichkeit um zwei Brüder gehandelt habe, die ihre Herrschaft gemeinschaftlich ausgeübt hätten – er erläuterte allerdings nicht, wie ein Brüderpaar zu Eltern einer Tochter werden konnte.[4]

Beda
(673–735), genannt *Venerabilis* (»der Verehrungswürdige«), war der Autor verschiedener Heiligenviten und einer Kirchengeschichte Englands.

Das Symbol der Pferdegottheiten war ein zweiköpfiges androgynes Pferd. In dieser Form dient es heute noch bei den alten Häusern des dänischen Festlandes – der ursprünglichen Heimat der Jüten – als Verzierung der Giebelsparren. Diese Figuren sind als Hengist und Horsa bekannt und gelten als Glücksbringer.[5]

Weitere Überreste des vorchristlichen Pferdekultes sind die pferdeköpfigen Stöcke der Moriskentänzer und die »Steckenpferde«, mit denen die Bevölkerung zum Kreuz von Banbury zog, um dort die Große Göttin bei ihrem traditionellen Ausritt als Lady **Godiva** zu sehen. Die zentralasiatischen Schamanen ritten auf vergleichbaren pferdeköpfigen Stöcken. »Das ›Pferd‹ macht es dem Schamanen möglich, in die Luft aufzufliegen und den Himmel zu erreichen. Nicht der Charakter als Unterwelts-, sondern als Totentier beherrscht die Mythologie des Pferdes; es ist ein mythisches Abbild des Todes und gehört deshalb in die Extase-Ideologien und -Techniken.«[6] Die sich als Traum vom Ritt auf einem schwarzen Pferd darstellende Todessymbolik wird als Vorzeichen von »Verlust und Trauer« gedeutet.[7]

In Nordeuropa galt das Pferd als unverzichtbarer Bestandteil der Begräbniszeremonien großer Krieger. Das reiterlose Pferd, das zu christlichen wie zu vorchristlichen Zeiten im Leichenzug eines hohen Militärs mitgeführt wurde, ging auf die alte Vorstellung zurück, daß sein Geist zum Himmel reiten müsse. Seine leeren Stiefel wurden oftmals mit den Fersen voraus an den Steigbügeln befestigt, weil es hieß, die Geister würden ihre Füße umgekehrt tragen. In alter Zeit wurde das Pferd gewöhnlich während des Begräbnisses geopfert und zusammen mit dem toten Helden beigesetzt, so wie auch die ägyptischen Mumien als Grabbeigaben Stiefel erhielten, die sie über die Wasser der jenseitigen Welt tragen sollten.[8]

Der Tod war auch die tiefere Bedeutung von Vater Odins achtbeinigem grauen Ross Sleipnir. Es symbolisierte den Galgenbaum, an dem in Odins heiligen Hainen Menschenopfer aufgehängt wurden. Die Skalden umschrieben den Galgen als »hochbrüstigen Seil-Sleipnir«. Gemeint war damit das Pferd, auf dem Männer nach Heljar, in das Land des Todes, ritten. Im Bericht über die dramatische Handlung von Odins Tod und Wiederauferstehung, dem ursprünglichen Neun-Tage-Wunder, hieß es in der älteren Edda: »Neun Nächte saß ich auf der Nornen

Edda
Eine Sammelbezeichnung für zwei isländische Handschriften. Die *Ältere* oder *Lieder-Edda* entstand im 12. Jahrhundert und versammelte Gedichte vornehmlich mythologischen Inhalts in sich, die allerdings teilweise bis in das 8. Jahrhundert zurückdatiert werden können. Bei der *Jüngeren* oder *Prosa-Edda* handelt es sich um ein Skaldenlehrbuch des isländischen Politikers Snorri Sturluson (1179–1241). Die Bedeutung des Namens – der urspünglich nur für die Prosa-Edda galt – ist ungeklärt.

Stuhl, dann saß ich auf Rosses Rücken, grimmig sengte der Riesin Sonne durch gewitterndes Gewölk. Draußen und Drinnen, durch sieben finstere Welten wanderte ich.«[9]

Das altnorwegische *drasil* bedeutete sowohl »Pferd« als auch »Galgenbaum«.[10] *Yggdrasil*, der Name der Weltesche, an der Odin kopfüber hing und blutete, kann demnach als Pferd des Yggr und als Galgen des Yggr übersetzt werden; gleichzeitig stand *Yggdrasil* auch für die *axis mundi*, die Nabe der Welt. Yggr war der Name Odins in dessen Funktion als Herrscher des Todes. Nachdem er durch die Christen diabolisiert worden war, wurde er zum großen Teufelsreiter, der das Heer der Toten auf ihren wolkenfarbenen Pferden anführte; sein Name ist im englischen *ogre* und im französischen *oger*, dem »Menschenfresser« der Märchen, erhalten.[11]

Der Pferdekult um Odin und die Asen wurzelte im vedischen Indien. Die Todesgottheiten der Hindus nahmen oft Pferdegestalt an; Hinduköniginnen verkörperten die Große Göttin als Saranyu (»Mutterstute«), indem sie zum Abschluß der heiligen Riten den Penis eines toten Pferdes zwischen ihre Beine hielten und währenddessen den »kraftvollen Mann« mit der Bitte anriefen, er möge zum Nutzen von Land und Leuten »Samen spenden«.[12]

Diese alte Zeremonie erläutert einen der eher rätselhaften Beinamen Odins: »Völsi«, was sowohl »Sohn Gottes« als auch »Pferdepenis« bedeutete.[13] Der Penis war der »Sohn«, den das eisenzeitliche Reitervolk der Völsungar (Wölsungen) – Abkömmlinge des Völsi – anbetete. Der Kult war nicht allein auf Skandinavien begrenzt. Die WalliserInnen kannten den gleichen Pferdegott als ihren Urahnen unter dem Namen Waelsi (oder Waels). Die SlawInnen beteten ihn als Volos an; ihnen galt er als das heilige Pferd, durch dessen Blut und Eingeweide das Wasser des Lebens entsteht. Den Helden eines russischen Volksmärchens wies Volos an, sich seiner zum Zwecke eines Wiederauferstehungszaubers zu bedienen: »Öffne meinen Körper, entferne meine Innereien, reibe den Toten mit meinem Blut ein.«[14] Auf diesem Wege sollte dem Toten das Leben wiedergegeben werden.

Bis in das 18. Jahrhundert hinein wurde Volos alljährlich durch einen im Frühling rituell kastrierten und geschlachteten Hengst verkörpert.[15] Da das Volk auf seinem Kult beharrte, wurde er in den christlichen heiligen Vlas verwandelt, der – außer in Gestalt eines vorchristlichen Pferdegottes – niemals existiert hat.

Das alte Rom kannte ihn als das Oktoberpferd oder *curtus equus*, »verstümmeltes Pferd«. Im Verlauf eines umständlichen Rituals wurde das Tier von drei heiligen Frauen, die als die Drei Königinnen bezeichnet wurden, in drei Teile zerlegt. Nach dem Schlachtopfer wurde der abgetrennte Schwanz des Pferdes in höchster Eile zum Tempel der Vesta – nach römischer Auffassung die Yoni der Erde – getragen, so daß sein Blut dort auf den Altar tropfen konnte.[16] In noch früheren Zeiten wird es sicherlich – wie in den Riten der Saranyu und des Völsi – der Penis des Pferdes gewesen sein, der der Göttin sein Blut spendete. Kastrierte Hengste wurden der Großen Göttin überall dort dargebracht, wo sie in Gestalt eines Pferdes auftrat. Die Taurer opferten der Artemis Pferde, denen »das Glied abgeschnitten worden war«.[17]

Die Bluthochzeit von Mutter Erde mit einem Pferdepenis brachte den Stamm der Pferdegottheiten hervor, die in der Ägäis als Zentauren, in Indien als Asvinen und Gandharvas bekannt waren.[18] Es handelte sich bei ihnen um große Zauberer, die der Musik und des Tanzes kundig, ausgezeichnete Heiler und sinnliche Liebhaber der Frauen waren. Sie raubten oft den angehenden Gatten die Bräute – in den Legenden ein Überbleibsel des altorientalischen Brauchs, nach dem die Bräute nicht von ihrem Gemahl, sondern durch Priester oder Götterpenisse defloriert wurden.[19] (Siehe **Erstgeborener**.)

Den Pferdegottheiten vergleichbar waren die griechischen Zentauren. Als ihre Mutter wurde in Mykene die stutenköpfige Demeter und in Kreta die Weiße Stute Leukippe angesehen.[20] Die Priester dieser Göttin waren Eunuchen und trugen Frauenkleider.[21] Mitunter wurden sie als Magnetes, »die Großen«, bezeichnet. Einer ihrer Anführer war das magische Pferd Arion, das einer Verbindung Demeters (als Stute) mit dem Meergott (als Hengst) entstammte.[22] Über den heiligen Hain Tripotamara, »drei Ströme«, zu Chios heißt es, daß er noch heute von geisterhaften zentaurischen Zauberern heimgesucht wird.[23]

Die Pegai – korinthische Priesterinnen mit Pferdemasken – wurden von den Griechen als »männerverschlingende Stuten« bezeichnet. Sie bewachten den heiligen Quell zu Peirene, die Heimat des Pegasus, des Pferdes, das die Helden in den Himmel trug; ein anderer Name des Pegasus lautete Arion. Die Pegai-Priesterinnen töteten Bellerophon und seinen Vater, eine typische Vater-Sohn-Figuration der wiedergeborenen Gottheit. Diodorus verglich die Orgien der Pegai mit denjenigen, die zu Ehren des ägyptischen Stiergottes Apis abgehalten wurden: Seine Priesterinnen rissen ihn in Stücke und benetzten ihre Genitalien mit dem ausstömenden Blut, um sich so im Namen ihrer Göttin, der Erde, zu befruchten.[24]

Diodorus Siculus etwa 80–29 v. Chr., der Verfasser einer (nur teilweise überlieferten) 40-bändigen Weltgeschichte, die als Quelle für die Frühgeschichte des Mittelmeerraums einschließlich Ägyptens und des Orients gilt.

Die Bräuche des kretischen Pferdekultes ließen den Mythos von **Hippolytos** (»der von Pferden zerrissene«) entstehen. Hippolytos wurde infolge eines von seinem Vater Theseus ausgesprochenen Fluches von seinen eigenen Wagenpferden zerrissen. Obwohl dieser Mythos ein ursprüngliches Opferritual überlagerte, wurde Hippolytos schließlich unter die christlichen Heiligen aufgenommen.[25] In dieser Version wurde er an dem der Göttin heiligen Tag im August von Pferden zu Tode geschleift.[26] Es heißt auch, daß Demeters kretischer Geliebter Iasion auf vergleichbare Weise von Pferden in Stücke gerissen wurde.[27]

Im frühzeitlichen Schweden wurden Könige von Pferde-Walküren oder *Volvas* – Priesterinnen der Freya, die mit Pferdemasken auftraten – in Stücke gerissen.[28] Die mittelalterliche volkstümliche Überlieferung deutete die Volva zu einer Hexe um, die die Fähigkeit besaß, sich in eine Stute zu verwandeln. Eine Volva verkörperte den Geist der skandinavischen Todesgöttin, die auf dem geflügelten schwarzen Pferd Walraven ritt, dem »Raben, den die Walküre reitet«.[29] Die Slawen beteten sie in ihrer Eigenschaft als jungfräuliche Königin der Schlachten (Diana, Athene, Bellona, usw.) an, ehe sie in den Krieg zogen: »Zieh, oh Jungfrau, das heilige Schwert deines Vaters aus der Scheide, gürte dich mit dem Harnisch deiner Altväter, nimm deinen heldischen Helm, reite den rabenschwarzen Rappen.«[30]

Der Mythos vom eselohrigen König Midas wurde in keltischer Einkleidung auf den irischen Pferdekult um den König Lavra (etwa 3. Jahrhundert n. Chr.) übertragen. Es hieß, der König habe Pferdeohren gehabt, ein Umstand, der lange Zeit nur seinem Barbier bekannt war – bis der Barbier sein Geheimnis einem Weidenbaum zuflüsterte. Der Weidenbaum wurde gefällt, und aus seinem Holz wurde eine Harfe gemacht, deren Spiel allenthalben die Wahrheit über des Königs Ohren verkündete.[31]

In Norwegen fanden bis in das 10. Jahrhundert hinein Pferdeopfer statt, obwohl die frisch zum Christentum bekehrten Könige dies zu verhindern suchten. König Haakons rebellische Untertanen hielten nicht nur an den vorchristlichen Pferdefleisch-Gelagen fest, sie zwangen den König auch, sich daran persönlich zu beteiligen und dabei sogar Trinksprüche auf das Wohl der alten Götter auszubringen.[32]

Spuren der Pferdeopfer erhielten sich in England bis in das 16. Jahrhundert. Noch um diese Zeit war es üblich, die Pferde am Stephanstag – dem Tag nach Weihnachten – zur Ader zu lassen; dieser Brauch sollte Glück bringen.[33] Zu Neujahr wurde die *Old Hob* genannte Figur eines weißen Pferdes geopfert. Dieses »Steckenpferd« engl. *hobby-horse*, bestand aus einem Pferdekopf, der von mit weißen Tüchern bedeckten jungen Männern bewegt wurde. In Pommern führte der Darsteller dieses Neujahrs-Steckenpferdes, der »Schimmelreiter«, pantomimisch alte Opfertänze vor.[34] Der christliche Widerstand gegen die alten Pferdeopfer ist möglicherweise die Ursache für die verbreitete Ablehnung des Genusses von Pferdefleisch.[35]

1. Jung, M. H. S., 234. 2. Graves, W. G., 425; Gelling & Davidson, 92.
3. *Larousse*, 225. 4. *Encyc. Brit.*, »Hengist & Horsa«.
5. Gelling & Davidson, 127; Johnson, 329. 6. Eliade, S., 467 (dt. 431).
7. Hazlitt, 191. 8. Lys, 261. 9. Baring-Gould, C. M. M. A., 247.
10. Turville-Petre, 48. 11. B. Butler, 153. 12. Briffault 3, 188. 13. Turville-Petre, 201.
14. Maspero, XXI. 15. *Larousse*, 288. 16. Dumézil, 223 ff. 17. Neumann, G. M., 276.
18. O'Flaherty, 60. 19. Jobes, 145. 20. Graves, W. G., 425. 21. Gaster, 316.
22. Graves, G. M., 16.f. 23. Lawson, 217. 24. Graves, G. M., 75.5.
25. Baring-Gould, C. M. M. A., 271. 26. Frazer, G. B., 6. 27. Graves, G. M., 24.a.
28. Lederer, 195; Turville-Petre, 48. 29. Guerber, L. M. A., 255. 30. *Larousse*, 294.
31. Pepper & Wilcock, 256. 32. Oxenstierna, 67 ff., 256. 33. Hazlitt, 57.
34. Miles, 200. 35. H. R. E. Davidson, G. M. V. A., 122.

Pfirsich

Symbol des weiblichen Genitals, galt in China als Quelle des Lebensambrosias, das den Gottheiten Unsterblichkeit verlieh; entspricht dem Apfel in Westeuropa. Die Große Mutter Hsi Wang Mu beherrschte den magischen Pfirsichgarten im Westen, in dem die Gottheiten wiedergeboren wurden.[1]

Die Pfirsichblüte stand in der taoistischen Symbolik für eine Jungfrau, während die Frucht eine reife Frau symbolisierte, deren Säfte für die menschliche Gesundheit lebenswichtig waren. Chinas Schutzpatron des langen Lebens, Shou Lou, war ein alter Mann mit einer hohen, gewölbten Stirn; er strotzte von »Yin-Saft«, den er durch die sexuelle Vereinigung mit vielen Frauen absorbiert und in seinem Kopf konzentriert hatte. Um sein mystisches Geheimnis zu enthüllen, hielt Shou Lou immer einen Pfirsich hoch, in dessen Spalte er einen seiner Finger gesteckt hatte.[2]

Chinesische Magier stellten Zauberstäbe aus Pfirsichzweigen her. Sie sind vermutlich den Zauberstäben vergleichbar, die im Westen aus anderen der Göttin geweihten Hölzern gemacht wurden, zum Beispiel aus Zaubernuß, Weide, Apfel oder Stechpalme.[3]

Abendländische Schriftsteller verwechselten gelegentlich den orientalischen Pfirsich mit der Aprikose, weil *abricot* früher in Europa eine Bezeichnung für die Vulva war. Skulpturen in Nîmes aus heidnischer Zeit zeigten diese Frucht in Verbindung mit Phalli.[4]

1. *Larousse*, 382. 2. Rawson, E. A., 230f. 3. Lys, 397.
4. Knight, D.W. P., 136, u. XV, XVI.

Phaedra

Tochter der kretischen Mondkönigin Pasiphaë, die den Minotaurus gebar. Phaedra heiratete Theseus, der den Minotaurus tötete. Sie begleitete Theseus zurück nach Griechenland und wurde durch die Ehe mit ihm zugleich die Stiefmutter des Hippolytos; dieser wurde von Pferden getötet, die der magische Stier des Meeres – der Minotaurus – antrieb.

Diese verworrene Geschichte, in deren Mittelpunkt Phaedra steht, verweist auf die Tatsache, daß der kretische Kult des heiligen Stieres Eingang nach Griechenland fand, wo er mit dem dort herrschenden Pferdekult verschmolz. Hippolytos war das Opfer, das von Pferden zu Tode geschleift wurde, nachdem er sich mit der Königin (Phaedra) vereinigt hatte. Offenbar starb Hippolytos stellvertretend für Theseus, der als Töter des Stierkönigs im Labyrinth normalerweise das nächste Opfer hätte sein müssen. Der klassische Mythos behauptet, Theseus habe den Tod seines Sohnes Hippolytos veranlaßt, indem er ihn mit einem Fluch belegte und den Meeresgott bat, ihn zu erfüllen.[1]

Manche sagen, Hippolytos sei auferstanden und nun in Gestalt Aurigas, des Wagenlenkers, am Himmel zu sehen.

1. Graves, G. M., 101.

Phaeton

Klassische griechische Gestalt des Sonnengottes Luzifer, eines Sohnes der Sonne. Phaeton machte sich der Auflehnung schuldig, beleidigte seinen Vater und wurde wie ein Blitz vom Himmel herabgeschleudert.

Phaeton überredete seinen Vater Helios-Apollo, ihm zu gestatten, den Sonnenwagen über den Himmel zu ziehen und die Rolle des großen Gottes zu spielen. Doch fehlte es Phaeton am Geschick seines Vaters. Er verlor die Kontrolle über die Pferde und setzte mit seiner waghalsigen Fahrt beinahe die Welt in Brand. Sein Vater schleuderte ihn gerade noch rechtzeitig hinab ins Meer, um die Erde davor zu bewahren, daß der feurige Sonnenwagen sie entzündete.[1]

Der Phaeton-Mythos hatte seinen Urprung nicht in Griechenland. Er war eine alte Sage aus Rhodos, der Insel der Sonne, wo alljährlich weiße Pferde und ein brennender Wagen ins Meer geworfen wurden, um dem hethitischen Sonnengott Tesup zu huldigen, dessen Kult den der Mondgöttin Danaë abgelöst hatte.[2] Es erscheint wahrscheinlich, daß es in ganz alten Zeiten auch noch einen Wagenlenker gab, der die Rolle des Phaeton spielte und sein Leben für die Gottgleichheit nach dem Tode hergab.

1. Reinach, 90 (dt. 83). 2. Graves, G. M., 42. d., 42.3–4.

Phallaina

Ein anderer Name der griechischen »weiblichen Seele«, auch bekannt als Psyche, in ihrem verschlingenden Aspekt; buchstäblich eine Yoni – das, das den Phallus verschlingt.[1] Das gleiche Wort fand auch Anwendung auf den Nachtfalter als geheimnisvoll-finsterer Schwester des Schmetterlings, welcher die Sonne liebt und die Tagseite der Psyche symbolisiert. Phallaina war die mit Eros gepaarte Psyche. Nach dem klassischen Mythos konnte ihre Vereinigung nur im Dunkeln stattfinden. Wenn Psyche ihren Gemahl bei Licht sah, war ihre Ehe aufgelöst.

1. Lindsay, A.W., 131.

Phallusverehrung

Religionen, die von einer Göttin dominiert waren, machten die Yoni zum allerheiligsten Symbol, und dementsprechend beteten Religionen, in denen ein Gott dominierte, den Phallus an. Patriarchalische Semiten verehrten ihre eigenen Genitalien und leisteten bindende Eide, indem sie gegenseitig die Hand auf die Intimteile des anderen legten, eine Sitte, die unter Arabern bis heute gebräuchlich ist.[1] Worte wie Testament, testieren und Testat *zeugen* noch heute von den Eiden, die auf die Testikel, die Hoden, geschworen wurden.[2]

Abrahams Knecht schwor, indem er die Hand »unter die Hüfte« seines Herrn legte (Genesis 24, 9), denn »Hüfte« oder »Lende« war ein verbreiteter euphemistischer Ausdruck für »Penis«, der benutzt wurde aus magischer Furcht, dieses göttliche Organ direkt zu benennen. Mythen über männliche Pseudogeburten – wie Zeus' »Entbindung« von Dionysos – ließen den Nachwuchs der »Lende«, »Hüfte« oder dem »Schenkel« des Vaters entspringen.[3] Eigentlich gemeint war allerdings »Penis« wie in jenem hinduistischen Mythos, der den Lingam anstelle der Yoni setzte: der Gott Sukra (Samen) kam auf dem Weg über den Penis aus dem Bauch des großen Gottes.[4]

Ein weiterer, im mittleren Osten gebräuchlicher bildlicher Ausdruck für »Penis« war »Knie«, *genu*; er wurde so oft benutzt, daß manche Menschen glaubten, das Knie sei die Quelle der Samenflüssigkeit. Ein Vater machte seine Vaterrechte geltend, indem er ein Kind auf sein Knie setzte; daher erhielt »genuin« (auf dem Knie) allmählich die Bedeutung »legitim«. In Mesopotamien bedeutete das Wort *birku* sowohl »Knie« als auch »Penis«.[5] Im Lateinischen wurde daraus *virtu*, »Mannhaftigkeit, Mannbarkeit, Aufrichtigkeit«.

Die Bibel nennt Jakobs Penis den geschrumpften Muskel, der »auf der Mulde der Hüfte« lag. Gelehrte haben versucht, diesen schlaffen Penis anders zu deuten: als gezerrte Sehne oder einen bestimmten Hüftmuskel, den Juden nicht essen durften (Genesis 32, 32). Doch mittelalterliche Übersetzer erkannten die phallische Bedeutung dieses »Muskels« offen an. Sie erklärten, die vernichtende Berührung des Gott-Mannes an Jakobs geschrumpftem Glied habe seine »Begierden stillen« sollen.[6]

Biblische Patriarchen machten sich außerordentliche Sorgen um die Verwundbarkeit des Penis und vermieden jede direkte Erwähnung, um nicht böse Geister auf ihn zu ziehen. Das Alte Testament verrät eine besondere Furcht vor der Macht der Frauen über den Penis. Gottes Gebot befahl, einer Frau, die die Genitalien eines Mannes ergriff, die Hand abzuhauen, selbst wenn sie es tat, um ihren Mann gegen einen Feind zu verteidigen (Deuteronomium 25, 11–12).

Das Wort »faszinieren« ist ein Relikt des männlichen Glaubens an die Zauberkraft der eigenen Genitalien. Im Lateinischen bedeutete *fascinum* einen erigierten Penis (der angeblich für das andere Geschlecht »faszinierend« war), vor allem in Form eines phallischen Amuletts. Solche Amuletts wurden noch im Mittelalter als Mittel gegen den bösen Blick verwendet.[7] Im 8. Jahrhundert n. Chr. verbot die Kirche den Männern, zum *fascinum* zu beten. Im 9. Jahrhundert mußte das gleiche Verbot wiederholt werden – und so auch im 12. und 13. Jahrhundert, was zeigt, daß die Sitte sich munter hielt.[8]

In verdeckter Form fand eine Anbetung des Phallusprinzips in der Verehrung heiliger Pfosten und Säulen wie des Maibaums und des »Brautpfahls« statt, der bei Hochzeiten aufgestellt wurde und um den »die Gäste zu tanzen pflegten wie um den Maibaum«.[9] 1583 beschrieb Stubbes, wie das einfache Volk den Maibaum, den er ein »stinkendes Götzenbild« nannte,[10] mit Girlanden schmückten und um ihn herumtanzte. Im antiken Rom schmückten die Frauen den erigierten Penis des Gottes Liber mit Blumenkränzen, damit »der Samen, den sie aussäten, Frucht trage«, erklärte der heilige Augustinus.[11]

Die gleiche sexuelle Zeremonie, den Phallus mit einem weiblichen Kranz zu umgeben, setzte sich in Antwerpen fort, wo eine antike ithyphallische Statue des Priapus vor dem Heiligtum der heiligen Walpurga stand, einst die orgiastische Göttin der Walpurgisnacht, des Vorabends zum 1. Mai. Alljährlich zum Frühjahrsfest hängten Frauen Blumenkränze um den Penis des Priapus.[12] Eine andere Statue dieses Gottes wurde in einer heiligen Prozession durch die Straßen von Neapel getragen; sein Penis war so lang, daß er ihm bis ans Kinn reichte. Dieser Auswuchs war unter der Bezeichnung *il santo membro* bekannt, das heilige Glied.[13]

In einer Chronik von Lanercost aus dem 13. Jahrhundert heißt es, zu Ostern habe der Gemeindepfarrer von Inverkeithing »den profanen

Ritus des Priapus wiederbelebt, indem er junge Mädchen der Dörfer zusammengeholt und gezwungen habe, Kreistänze für Vater Bacchus aufzuführen. Wenn er diese Mädchen in einer Schar beisammen hatte, führte er aus schierer Zügellosigkeit den Tanz an, indem er auf einer Stange eine Darstellung der menschlichen Fortpflanzungsorgane vorwegtrug und selbst wie ein Mime sang und tanzte.«[14] Dieser Priester war weniger exzentrisch, als es den Anschein haben mag; das gleiche geschah in ganz Europa. Die Phallusanbetung wurde auf eine Weise christianisiert, die den wahren Charakter des Christentums deutlich macht: die Verherrlichung des männlichen Prinzips.

Riesenphalli wurden bis ins 17. Jahrundert als Heilige verehrt, zum Beispiel als Eutropius, Foutin, Guerlichon, Gilles, Regnaud, René und Duignole. St. Foutin de Varailles war eine phallische Säule, die mit Trankopfern aus Wein ständig rot gehalten wurde, wie auch die Phalli des Shiva in hinduistischen Tempeln ständig gerötet wurden.[15] In der Normandie und im Anjou glaubten die Menschen, ithyphallische Heiligenfiguren könnten Frauen, die die ganze Nacht bei ihnen lägen, schwängern. Die Statue des Heiligen Guignole hatte einen großen erigierten Penis, von dem die Frauen Splitter als empfängnisförderndes Zaubermittel abkratzten. Sie kratzten so viel daran, daß sie dem Heiligen sein heiliges Glied wohl bald völlig abgeschnippelt hätten. Doch in weiser Voraussicht hatten die Priester seinen Phallus aus einem Holzstab gefertigt, der durch die ganze Statue hindurchging und auf der Rückseite abgedeckt war; von Zeit zu Zeit ließ er sich in dem Maße, wie er vorne weniger wurde, mit einem Hammerschlag nachtreiben.[16]

Christus lieferte in seiner Funktion als phallischer Gott den wohl populärsten Empfängniszauber: die Heilige Vorhaut – genauer: Vorhäute, denn es gab in Renaissance-Kirchen Hunderte von ihnen. Mindestens dreizehn Exemplare sind noch erhalten.[17] Alle besaßen die Macht, Frauen empfangen zu lassen. Die meistgefeierte der männlichen Vorhäute befand sich in der Abteikirche zu Chartres; ihr wurden Tausende wundersamer Schwangerschaften nachgesagt.[18] Die heilige Katharina von Siena ging sogar so weit zu behaupten, Jesus habe ihr seine Vorhaut als Ehering gegeben. Sie war Jesus als Braut vermählt, »nicht mit einem silbernen Ring, sondern mit einem Ring seines heiligen Fleisches, denn als er beschnitten wurde, nahm man genau einen solchen Ring seinem heiligen Körper ab«.[19]

Phallische Heilige waren Schutzpatronen der Männlichkeit; vor allem Männer mit Sexualproblemen riefen ihren Beistand an. Sir William Hamilton beschrieb 1781 den Kult, der in Isernia um zwei phallische Heilige, Cosmo und Damiano, herrschte: »*Ex-voti* verschiedener Größe aus Wachs in Gestalt der männlichen Fortpflanzungsorgane ... werden öffentlich zum Kauf angeboten ... Das Votivbild wird niemals vorgezeigt, ohne daß es nicht mit einem Geldstück einherginge, und der Anbetende küßt es jedesmal im Augenblick der Präsentation.« Die Priester verkauften St. Cosmos heiliges Öl als Mittel, die Männlichkeit zu stärken:

Das Öl des heiligen Cosmo ist berühmt für seine stärkende Eigenschaft, wenn die Lenden und angrenzende Teile mit ihm eingerieben werden. Nicht weniger

> *als 1400 Flaschen wurden entweder bei Einreibungen am Altar verwandt oder im Laufe des Festes 1780 mildtätig verteilt; und es ist üblich, daß jeder, der sich des Öles entweder am Altar bedient oder es in einer Flasche mitnimmt, ein Almosen für St. Cosmo gibt, so wird die Ölzeremonie für die Chorherren der Kirche recht lukrativ.*[20]

Ein Hinweis auf die große Verbreitung phallischen Christentums in England tauchte nach dem Zweiten Weltkrieg auf, als Professor Geoffrey Webb von der Royal Commission on Historical Monuments den von Bomben beschädigten Altar einer alten Kirche untersuchte und in ihm einen großen Steinphallus entdeckte. Weitere Nachforschungen ergaben, daß sich in etwa 90 Prozent der englischen Kirchen, die vor 1348 erbaut worden waren, verborgene Steinphalli befanden.[21] Nach heidnischer Tradition symbolisierte ein Altar den weiblichen Körper – aus diesem Grund hieß es auch, Hexen benutzten eine nackte Frau als Altar –, und der Phallus darin repräsentierte offenbar den verborgenen Gott.

Sexualsymbole tauchten immer wieder auf und brachten die Gelehrten in Verwirrung; so auch George Dumézil, der den römischen Glauben, das heilige Palladium im Tempel der Vesta sei das Zepter des Priamus »in Gestalt eines männlichen Geschlechtsorgans«, für »taktlos« erklärte. Und dennoch schrieb Dumézil selbst: »Eines Tages wird es nötig werden, in die Religionsgeschichte die Idee jenes Symbols wieder einzuführen, das heute so unterschätzt wird und doch von so großer Bedeutung ist.«[22]

Die Phallusverehrung zu begreifen ist wesentlich für ein Verständnis religiöser Psychologie, vor allem für die grundlegende Unsicherheit der männlichen Selbstverherrlichung: denn der phallische Gott war nutzlos ohne die Göttin. Dr. Lederer erklärt:

> *Im Laufe der Zeitalter weiblicher Vorherrschaft waren Frauen mit dem Besitz der ihnen eigenen Magie durchaus zufrieden und neideten den Männern ihr kleines Werkzeug nicht, das sich so leicht borgen ließ, wenn es nötig war. Tatsächlich fehlte es der Großen Mutter nie an einem Phallus … der Phallus stand ihr zu Diensten. Er war ständig im Heiligtum der Göttin ausgestellt und war nicht der Phallus eines bestimmten Gottes oder Sterblichen, war kein Mann oder Gott mit einem Phallus, sondern einfach ein Phallus an sich, ein entpersönlichtes Instrument, das jederzeit zur Verfügung bereitstand. Einmal gebraucht war es nicht mehr von Nutzen. Für die Große Mutter sind Penisse, wie für gewisse ihrer Töchter in heutiger Zeit, entbehrlich: es sind immer neue erhältlich und diese sind vermutlich besser. Die neuen sind natürlich jünger; und die Angst, benutzt zu werden und dazu verdammt zu sein, durch einen jüngeren ersetzt zu werden – sowohl im sexuellen wie auch im allgemeinen Dienst an der Göttin – mag gelegentlich ein Quell tiefer Besorgnis für Männer mittleren Alters darstellen.*[23]

Phallische Ängste traten in allen patriarchalischen Systemen deutlich zutage, in denen die Angst vor der verschlingenden Vulva zu asketischer Vermeidung einerseits und zur Verfolgung von Frauen andereseits führte. Phallische Ängste bestimmen den Grundton des einzigen Scherzes im *Malles maleficarum* (»Hexenhammer«), dem offiziellen Handbuch der Inquisition. Die Mönche, die es verfaßten, nahmen diesen Scherz ernst, obwohl sie ihn von einem schlauen Bauern gehört hatten, der sie verulken wollte. Es hieß in dieser Geschichte, eine Hexe habe einem Mann seinen Penis gestohlen, dieser habe sie aber gefangen und gezwungen, ihm dessen Verbleib zu entdecken. Sie hieß ihn auf einen hohen Baum steigen und in ein Nest sehen, das voller Penisse war. Er suchte sich den größten aus, aber die Hexe erklärte, diesen könne er nicht haben, er gehöre dem Gemeindepfarrer.

Die frommen Autoren schluckten all dies mit großer Feierlichkeit und schrieben: »Was endlich von jenen Hexen zu halten sei, welche bisweilen solche Glieder in namhafter Menge, zwanzig bis dreißig auf einmal, in ein Vogelnest oder einen Schrank einschließen, wo sie sich wie lebende Glieder bewegen, Körner und Futter nehmen, wie es von Vielen gesehen ist und allgemein erzählt wird …«[24] Besser: Was ist von jenen Kirchenmännern zu halten, die das glaubten?

Phallusanbetung überschritt häufig die undeutliche Grenze zur Homosexualität – ein unvermeidliches Phänomen unter Männern, die man lehrte, das Phallusprinzip in ihresgleichen anzubeten. Gelegentlich bezog sich die homosexuelle Verehrung auf den männlichen Vorgesetzten oder auf Gott. Unter Zigeunermännern war der Ausdruck für rituelle Selbsterniedrigung *hav co kar*, »Ich esse deinen Penis«. Erläuternd hieß es: »Wenn jemand zum Beispiel Gott um die Erfüllung eines Wunsches bitten wollte, sollte er seinem Gebet vorausschicken: ›Oh Gott, ich esse Deinen Penis‹.« Allerdings bleibt wie auch bei anderen Göttern, die gegessen werden, »die Frage« zu klären, »ob es sich hier möglicherweise um ein letztes Überbleibsel einer uralten kannibalistischen Praxis handelt«.[25]

Phallusverehrung ist auch in vielen Symbolen und Redewendungen der modernen Welt noch deutlich auszumachen, allerdings weniger im Zusammenhang mit Zeugung als mit dem Tod. Gewehre, Kanonen, Raketen und andere Waffen sind Phallussymbole. Im Unterweltjargon steht »Spritze« für eine Schußwaffe. Ausdrücke wie zum Beispiel »flachlegen« und »stoßen« bezeichnen sowohl tätliche Angriffe als auch sexuelle Kontakte. Dominierende Männer sind »Kanonen«. Das antike Bild des Fruchtbarkeit spendenden Herrn des Lebens verwandelt sich in unglückseliger Weise in das eines Herrn des Todes, wenn die männliche Macht mit der Macht der Zerstörung gleichgesetzt wird. In ihrer Verherrlichung des männlichen Aggressionsprinzips läßt die moderne Welt jene zentrale Vorstellung der antiken Verehrung der Göttin schmerzlich vermissen: daß nämlich wahre Macht die Macht der Erhaltung ist.

1. Edwardes, 65f. (dt. 75f.). 2. Brasch, 152; Potter & Sargent, 298.
3. Graves, G. M., 14.c. 4. O'Flaherty, 297. 5. Gaster, 789.
6. Jacobus d.V. 583 (dt. 2, 220). 7. Robbins, 193. 8. Knight, D.W. P., 129.
9. Hazlitt, 76. 10. Frazer, G. B., 142 (dt. 179). 11. Scot, 219.
12. Knight, D.W. P., 145. 13. G. R. Scott, 250ff.
14. Phillips, 169; Knight, D.W. P., 131. 15. Knight, D.W. P., 141.
16. G. R. Scott, 247. 17. Budge, A.T., 26. 18. Goldberg, 67.
19. Tuchman, 342 (dt. 292). 20. G. R. Scott, 253. 21. M. Harrison, 210.
22. Dumézil, 26, 323. 23. Lederer, 214f. 24. Sprenger & Institoris, II.85.
25. Trigg, 206.

Phanes

Zweigeschlechtliche, orphische Gottheit, die als erste dem Weltei entschlüpfte. Er-Sie half der dreifaltigen Göttin, das Universum zu ordnen. Phanes war auch bekannt unter den Namen Eros, Erikepaios oder Phaeton Protogenus (der leuchtende Erstgeborene).[1] Phanes bedeutete »der Offenbarer«.

1. Graves, G. M., 2.b–1, 123.1.

Phoebe

»Heller Mond«, Bezeichnung für Themis, die Orakelgöttin von Delphi, und ihre Emanation Ar-temis. Phoebus Apollo übernahm diesen Namen und erhielt damit die in sich widersprüchliche Bezeichnung »Mond-Sonne«.[1]

Dennoch beharrten seine Priester auf diesem Namen. Manchmal wurde er schlicht Phoebus genannt, was eher auf einen Mond- als auf einen Sonnengott hindeutet.

1. Graves, G. M., 51.b.

Phoenix

Die ÄgypterInnen setzten den phönikischen Gott Phoenix mit ihrem *bennu* gleich, einem Geist des *benben* oder des phallischen **Obelisken**. Er stieg wie Luzifer nach seiner Opferung im Feuer, in dem er starb, und seiner Wiedergeburt in Gestalt des Morgensterns zum Himmel auf.[1] In Phönikien wie in Ägypten verkörperte er den heiligen König, der verbrannt und wiedergeboren wurde. Die symbolische Verbrennung des Königs fand in Oberägypten bis in unser Jahrhundert hinein am ersten Tag jedes Sonnenjahres nach koptischer Rechnung statt.[2] Die Seele des Königs, die über dem Scheiterhaufen freigesetzt wurde, nahm die Gestalt eines Vogels an, so wie die Pharaonen der Antike bei ihrer Verbrennung die Gestalt eines Horus-Falken annahmen. (Siehe **Vögel**.)

1. Budge, G. E. 2, 97. 2. Frazer, G. B., 332f. (dt. 417).

Phrixos

Böotischer Vorläufer Isaaks; sein gottesfürchtiger Vater hätte ihn fast Gott als Opfer dargebracht, als ein geflügelter Widder erschien und seine Stelle einnahm. Der Widder brachte Phrixos außer Gefahr und gab dann sein Leben und sein goldenes Vlies, das zum geheiligten Fetisch wurde. Der Mythos »ist der Bericht vom jährlichen Bergopfer des Königs oder seines Stellvertreters. Anfangs wurde ein in ein Widderfell gekleideter Knabe und später ein Widder … geopfert«.[1] So wurde Aries der Widder (ägyptisch Amen) zum Gott des Neujahrsopfers. (Siehe **Widder**.)

1. Graves, G. M., 70.2.

Pithos

Heiliges Tongefäß und Weiblichkeitssymbol, in den eleusinischen Mysterien als uterines Behältnis für Leichen verwandt, um ihnen eine gesegnete Wiedergeburt zu sichern. Die Göttin selbst war als Gefäß oder Topf in Gestalt Pandoras, der »All-Geberin« dargestellt (siehe **Pandora**). Die Gleichsetzung der Großen Mutter mit diesem Gefäß der Wiedergeburt und Verjüngung war als Vorstellung den meisten antiken Kulturen geläufig, in denen die Herstellung von Töpfen und Krügen aller Art gewöhnlich eine Arbeit der Frauen war.[1]

In der christlichen Tradition wurde *pithos* zu *pyx* oder »Büchse«, die den Leib Christi enthielt; Erasmus verwechselte die beiden Gefäße bei der Übersetzung der patriarchalischen Version des Pandora-Mythos.

1. Neumann, G. M., 134f.

Planetensphären

Die astrologische Kosmologie der ChaldäerInnen besaß in frühchristlicher Zeit im gesamten Mittelmeerraum allgemeine Geltung. Nach dieser Kosmologie lag die Erde unter einer Folge ineinandergeschachtelter, umgekehrter Kristallschalen, die Sternenengel in voneinander unabhängiger Drehung hielten. Aus dieser Vorstellung ließen sich die unabhängige Bewegung von Sonne, Mond und Planeten gegenüber den Fixsternen erklären. Jede »Sphäre« hatte ihre eigenen Schutzgottheiten. In Ägypten bewachten die sieben himmlischen Hebammen, Emanationen von Hathor, die sieben Tore des Himmels. Seelen, die Einlaß begehrten, mußten sie mit *hekau* ansprechen, mit Machtworten. Die erste war zu grüßen: »Herrin der Zitternden, umgeben von luftigen Mauern, Führerin, Herrin der Zerstörung, die über die Worte verfügt, die Stürme zu vertreiben und den Vorübergehenden von Vernichtung freizusprechen.«[1]

Unter der Erde lagen spiegelbildlich zu den Sphären des Himmels sieben Untersphären, die in den Abgrund führten. Die einzelnen Schichten der Unterwelt hießen die sieben Tiefen, sieben Tore, Abgründe, *bothroi*, *antra*, *mychoi*, *pylai*, oder *chasma* (Schlünde).[2] Auf ihrem Grund lagen die Fundamente der Erde, »der Zusammenfluß der mächtigen Wasser«. Wie die Himmelstore wurden auch die Tore der Unterwelt von besonderen Torhütern bewacht, den assyrisch-babylonischen *maskim* oder Anunnaki. Zikkurats waren Modelle der oberen und unteren Planetensphären. Die aufsteigenden Himmel waren dargestellt in den Terrassen des Zikkurats, die sieben Stufen der sieben Weltsphären genannt.[3] Im Inneren des Stufenturmes befanden sich die entsprechenden »Tiefen« oder »Abgründe«.

Einweihungen im Tempel ahmten offenbar den Abstieg in die Abgründe der Unterwelt und eine Reise durch die Stufen des Himmels nach. Apuleius beschrieb seine Einführung in die Mysterien der Isis als Abstieg in ein Land des Todes zur Schwelle der Isis-Nephthys oder Persephone, der Zerstörerin. Er erblickte die schwarze Sonne, die Unterwelterscheinung des Sonnengottes. Dann stieg er durch die Sphären der unteren und oberen Welten hinauf und sah die Gottheiten beider Welten »von Angesicht zu Angesicht«. Schließlich erhob er sich in die Höhe und erschien den Versammelten in Gestalt des Sonnengottes.[4] Die Reise eines jeden Initianden war eine dramatische Aufführung mit Priestern und Priesterinnen, die Kostüme und Masken der jeweiligen Geister trugen, mit dramatischen Abstiegen durch finstere Höhlen und andere besonders ausgestattete Räume. Die beeindruckende Wirkung läßt sich leicht nachempfinden.

Die frühen ChristInnen glaubten, alle Seelen stiegen vom Himmel herab, um auf Erden in ihre fleischlichen Körper zu schlüpfen; beim Abstieg nähmen sie aus jeder Sphäre Schwächen und Leidenschaften mit, die ihre ursprüngliche Reinheit befleckten und Versuchungen hervorbrächten. Das war der Ursprung der sieben Hauptsünden. »Während die Seelen abwärts steigen, ziehen sie mit sich die Trägheit des Saturn, den Jähzorn des Mars, die Begierde der Venus, die Gewinnsucht Merkurs, die Herrschsucht Jupiters: diese bewirken den Seelen eine Verwirrung, so daß sie nicht mehr die Energie und ihre *eigenen* Kräfte gebrauchen können.«[5] Wenn die Seele das richtige Leben geführt hatte, konnte sie nach dem Tode wieder aufsteigen und dabei nacheinander ihre sündigen Eigenschaften abwerfen.[6] Manchmal fungierten die Geister der Planetensphären als Inspektoren nach ägyptischem Vorbild: »Beim Aufstieg finden die Menschen Wachtposten vor, die aufmerksam den Weg hüten und den verderbten Seelen den Durchgang verwehren; jeder Wachtposten prüft die Seele auf eine bestimmte Sünde, einer auf Falschheit, einer auf Mißgunst, ein weiterer auf üble Nachrede und so der Reihe nach fort, für jedes Laster gibt es eigene Inspektoren und Prüfer.«[7]

Gnostische Mysterienkulte imitierten die HeidInnen und lehrten Losungen und Zauberformeln, um die Wächtergeister der jeweiligen Sphäre gewogen zu stimmen. In der *Pistis Sophia* sagte Jesus seinen Jüngern: »Laßt eure Hände nicht eher ruhen, bis ihr die reinigenden Mysterien gefunden habt, die euch so rein machen wie pures Licht, auf daß ihr in die Höhen aufsteigen und das Licht meines Reiches erben könnt.«[8] Mit Höhen war das Empyreum gemeint, der höchste Himmel, in dem Gott wohnte. Jene, die wahre Erleuchtung erlangten, würden eingehen in den Geist Gottes und Gott werden, ebenso wie orientalische Weise glaubten, sie könnten ins Nirvana eingehen und eins werden mit der Unendlichkeit.[9] In China wurde die Abfolge der höheren Himmel bildlich dargestellt in den Stufendächern der Pagode, die sich übereinander schichten.[10]

Noch heute sind die Wochentage nach den Planetensphären benannt. Montag ist der Tag des Mondes (*dies lunae*). Dienstag ist der Tag Tiws, benannt nach dem sächsischen Gegenstück des Gottes Mars: es ist der Tag des Mars in romanischen Sprachen (Französisch: *mardi*). Mittwoch – engl. *wednesday*, franz. *mercredi* – ist der Tag Wodans, *dies mercurii*, im Englischen benannt nach dem teutonischen Gott *Wodan*, der als Äquivalent Merkurs galt. Nur in Deutschland, wo der Name entstand, wurde der Name des höchsten Gottes von der Liste der Wochentage gestrichen und durch das neutrale »Mittwoch« ersetzt.

Thors Tag (*tuesday*) wurde so genannt nach dem Donnergott, der germanischen Entsprechung von Jupiter; die Römer nannten ihn *dies jovi*. Freitag war der Tag Freyas, in Rom *dies veneris*, der Tag, der Venus-Aphrodite-Freya geweiht war, der einzige völlig weibliche Tag, und darin mag wohl auch der Grund liegen, daß mit ihm so viel magischer Volksglauben verbunden ist. Dem Tag der Göttin folgten der Tag Saturns (*saturday*) und der Tag der Sonne (*dies solis*), der mit dem »feurigen« Himmel des Äthers zusammenhängt.

So wie die Planeten verschiedene Himmelsordnungen regierten, so beherrschten sie dem Glauben nach auch verschiedene Orte der Erde gemäß ihren Eigenschaften. Der Sonne »gehören die hellen und heiteren Örter zu, wie die Paläste der Könige und Fürsten, die Schaubühnen, die Theater, die Throne und alles Königliche und Herrliche«. Dem Mond unterstanden »die Einöde, die Wälder, die Felsen und großen Steine, die Berge, Gehölze, Quellen und anderes, Wasser, Flüsse, Meere, Ufer, Schiffe … die Fruchtspeicher und Ähnliches«. Mars besaß »die feurigen und blutigen Örter, wie die Öfen, die Backstuben, die Schlachthäuser, die Kreuze, die Galgen, die Kampfplätze, die Folterkammern«. Merkur gehörten »die Werkstätten, die Schulen, die Kaufläden, die Märkte«. Jupiter regierte »alle bevorzugten Örter, als: die Versammlungslokale der obersten Beamten, die Tribunale, Lehrstühle, Gymnasien, Schulen und alle glänzenden, reinen, mit mannigfaltigen Wohlgerüchen erfüllten Örter«. Venus beherrschte »die lieblichen Quellen, die grünen Wiesen, die blühenden Gärten, die geschmückten Betten, die Bordelle … das Bläuliche, Ufer und Bäder, die Tanzsäle und alles Weibliche«. Saturn unterstanden »alle stinkenden, finsteren, unterirdischen, traurigen und Leichen enthaltenden [Örter], wie Kirchhöfe, Gräber, von Menschen verlassene und durch das Alter verfallene Wohnungen, finstere und schauerliche Örter, einsame Grotten, Höhlen und Gruben; auch die Fischteiche, Pfützen, Sümpfe u. dgl.«.[11]

1. Budge, B. D., 271f. 2. Lindsay, O. A. 64. 3. Lethaby, 129. 4. Rose, 283. 5. Arnobius, zit. in: Jonas 157 (dt. 1, 182.1). 6. Lindsay, O. A., 124. 7. Lawson, 284. 8. Legge 2, 174f. 9. Jonas 153 (dt. 1, 208). 10. Lethaby, 50. 11. Agrippa v. N., 149f. (dt. 111f.).

Plejaden

Die vielschichtige Symbolik der Plejaden oder der sieben Schwestern deutet auf eine stark archaische Tradition hin. Die Wichtigkeit, die dieser kleinen Gruppe schwach leuchtender Sterne beigemessen wird, scheint in keinem Verhältnis zu ihrer äußeren Bedeutungslosigkeit zu stehen.

Das Opfer für den mexikanischen Erlöser Xipe Totec, »unser Herr der Geschundene«, fand auf dem »Sternenhügel« genau in dem Augenblick statt, wenn die Plejaden in der letzten Nacht des großen Jahreszyklus' den Zenith erreichten. Es herrschte der Glaube, wenn das Siebengestirn nicht durch Opfer besänftigt werde, breche das Universum in Stücke und das Ende der Welt sei gekommen.[1]

Auch das prävedische Indien maß den Plejaden heilige Bedeutung bei; sie hießen Sieben Mütter der Welt oder Krittikas, »Klingen« oder »Messer«. Sie waren auch die sieben Priesterinnen, die Männer »richteten« – gleichen Ursprungs ist das griechische Wort *kritikos*, »Richter« – und ihnen manchmal »kritische« Verletzungen beibrachten, denn ihre Klingen waren kastrierende Mondsicheln. Der Feuergott Agni kopulierte mit den Sieben Müttern während ihrer Menstruation, ein gebräuchliches Tantraritual, das die vedische Priesterschaft später ächtete. Sie gebaren einen Sonnenhelden in einer großen roten Wolke (weibliches Symbol), durchdrungen von Blitzen (männliches Symbol). Der Held starb einen sakralen Opfertod; ein Speer durchstach ihm die Seite, und seinem Körper entsprang seine Reinkarnation, ein anderer Held wie er selbst.[2] In diesem Mythos sind uralte Riten erkennbar, die aus der Zeit vor Entdeckung der Vaterschaft stammen, als das Blut noch als Zeugungsessenz galt.

Die Plejaden spielten eine herausragende Rolle im Kult der Aphrodite, die sie – unter dem Namen Pleione – geboren haben soll. Aphrodite war eine kastrierende Göttin in Gestalt eines alten Weibes und eine heilige Taube; und die Plejaden sind »eine Taubenschar«.[3] In Griechenland wie auch in Mittelamerika und Südostasien wurden sie mit den Neujahrsfeierlichkeiten in Verbindung gebracht. Die sieben Schwestern standen in der Neujahrsnacht im Zenith, als wollten sie den Gott des neuen Aeons empfangen. Alte babylonische Texte begannen das Jahr mit den Plejaden. Später wurde Aries, der Widder, zum Tierkreiszeichen des neuen Jahres.[4]

Ägyptische Texte verweisen auf die archaische Bedeutung der Plejaden als *Krittikas*, Richterinnen der Menschen, und ordnen sie ebenso wie die sieben Hathoren den sieben Planetensphären zu. Die Toten mußten die Namen dieser sieben Göttinnen aussprechen, um ihre »kritischen« Prüfungen zu bestehen und ins Paradies einzugehen: »Heil, ihr sieben Wesen, die ihr Urteile fällt, die ihr am Abend des Gerichts Utchats den Ausschlag gebt, die ihr Köpfe abschlagt, Hälse durchtrennt, die ihr gewaltsam Besitz ergreift von den Herzen und die Orte zerreißt, die Herzen Genesung bringen, die ihr im Feuersee Gemetzel anrichtet, ich kenne euch und ich kenne eure Namen; darum sollt ihr mich kennen, so wie ich eure Namen kenne.«[5] Der Verweis auf das Herausreißen von Herzen erinnert erstaunlich an die religiösen Bräuche der Azteken. Die Sieben Richtenden Mütter erschienen in Arabien als die sieben Weisen, *imams* (von *ima*, »Mutter«).[6]

In der klassischen Mythologie standen die Plejaden für das Lebensfest im Mai und das Todesfest im November, also an entgegengesetzten Zeitpunkten des Jahres. Sie waren Emanationen der Mondgöttin, »die an den beiden Sonnenwendtagen abwechselnd als Göttin des Lebens und des Todes verehrt wurde – und die Anfang November, wenn die Plejaden untergehen, dem heiligen König sein Todesurteil sandte«.[7] Vor den Plejaden am 1. November wurden Gebete für die Toten gesprochen, daraus wurde später Allerseelen.[8]

Wie die GriechInnen sagten, war die Anführerin der Plejaden die Taubengöttin Alkyone, der Vogel »Halkyon«, der gutes Wetter zur Pflanzzeit brachte. Eine andere Plejade war Elektra, Mutter des Dardanos, des legendären Begründers von Troja, dessen Name in den Dardanellen noch erhalten ist. Eine weitere Plejade war Merope, die »Bienenesserin«, ein Name der Bienenkönigin Aphrodite als Verschlingerin der Drohne. Manche behaupteten, Merope sei eine der Furien gewesen; andere sagten, sie habe den in die Unterwelt verbannten Sonnenhelden Sisyphos geheiratet. Eine weitere Plejade war Maia, »die Schöpferin« oder die »Großmutter«, die Mutter des Erleuchteten Hermes, die wie ihr hinduistisches Gegenstück Maya den erleuchteten Buddha gebar.[9]

Die klassischen Schriftsteller scheinen ängstlich bemüht gewesen zu sein, das wahre Wesen der Plejaden zu verbergen. Eine Erzählung besteht darauf, daß sie alle Jungfrauen gewesen seien. Der Jäger Orion versuchte, sie zu vergewaltigen, aber Zeus beschützte sie, indem er sie in Tauben verwandelte und an den Himmel versetzte. Diese Geschichte war offensichtlich absurd, da alle Plejaden Liebhaber oder Ehemänner hatten, und drei von ihnen hatten sich mit Zeus selbst vereinigt. In früheren Mythen war der Jäger Orion ihr Opfer, nicht ihr Angreifer. Die Jägerin der Sieben Sterne, Artemis, erschoß ihn im Meer, ein Hinweis auf den Brauch, Opfer manchmal mit Pfeilen zu durchlöchern und dem Meeresgrund zu übergeben.[10]

Artemis verkörperte ein weiteres Siebengestirn, die wesentlich größere Konstellation Ursa Major, »die Große Bärin«, bei der es sich um eine andere Version der Sieben Schwestern gehandelt haben mag. Artemis wie Aphrodite standen mit alten Kulten der sieben Weisheitssäulen in Zusammenhang, jenen sieben mantischen Priesterinnen des siebentorigen Theben, wo die sieben Hathoren einst herrschten, wo alle sieben Jahre heilige Könige getötet wurden und wo Teiresias kastriert wurde und sieben Jahre als Tempelfrau lebte. Die gleichen magischen Sieben hießen in Ägypten und im Orient die Sieben Hebammen. Im präpatriarchalischen Jerusalem wurden sie vermutlich mit der heiligen Menora (dem siebenarmigen Leuchter) dargestellt; sie symbolisierten die siebenfältigen Mondpriesterinnen, wie ihr Schmuck mit Symbolen für das weibliche Genital – Lilien und Mandeln – zeigt (Exodus 25, 33).

Der Volksglaube des Mittelalters läßt deutlich Angst vor Gruppen von sieben Frauen erkennen, vielleicht als Relikt uralter Vorstellungen von den sieben Schwestern. Die Ostfriesen glaubten, daß von sieben Schwestern mit Sicherheit stets eine ein Vampir oder ein Werwolf sei.[11] Die Siebenergruppierung war auch in der vertikalen Verwandtschaftslinie bedeutsam, wie der verbreitete Glaube zeigt, daß die siebente Tochter einer siebenten Tochter immer eine Hexe sei.

1. Tannahill, 82 (dt. 90). 2. O'Flaherty, 346, 187, 110–115.
3. Graves, G. M., 11.2., T. 2; W. G., 194 (dt. 218). 4. Lindsay, O. A., 56.
5. Budge, E. M., 165. 6. Briffault 1, 377. 7. Graves, W. G., 194 (dt. 218).
8. Jobes, 336. 9. Graves, G. M., 45.4, 67.j, 158.b, 10. Graves, G. M., 41.e, 41.6.
11. Baring-Gould, W., 113.

Pluto

»Reichtum«, Unterweltgemahl der Persephone im klassischen Mythos. In einer früheren Variante war Pluto nicht männlich, sondern weiblich, eine Tochter der kretischen Erdmutter Rhea, eine der Titaninnen oder älteren Gottheiten.[1] Sie war offenbar die zweite der ursprünglichen Demeter-Trinität – ebenfalls Rhea genannt –, zu der die Jungfrau Kore, die Mutter Pluto und die Vernichterin Persephone gehörte. »Reichtum« bezeichnete typischerweise die Muttergestalt, aus deren Brüsten der Überfluß strömte. Später wurde Pluto vermännlicht, und in christlicher Zeit wurde »er« zum Synonym für den Teufel.

1. Graves, G. M., 108.a.

Poimandres

»Hirte der Menschen«, ein Name des Hermes Trismegistos als **Psychopompos** oder Seelenführer. Nach den hermetischen Schriften, die den Namen *Poimandres* tragen, konnte die erleuchtete Seele unter Leitung des Hermes zum Himmel aufsteigen, indem sie in jeder Planetensphäre ihre jeweiligen Sünden ablegte, eins wurde mit den himmlischen Mächten und in den Kräften Gottes aufging. »Das ist das gute Ende derer, die Erkenntnis erhalten haben: Sie werden zu Gott.«[1] (Siehe **Antinomismus**.)

Ein mittelalterlicher Prophet namens Giovanni Mercurio da Corregio setzte sich mit Poimandres gleich, der in diesem Kontext offenbar eine Inkarnation Jesu war. Er kam an einem Palmsonntag nach Rom, ritt auf einem weißen Esel und führte eine Prozession an. Die Mondsichel auf seiner Dornenkrone trug die Inschrift: »Das ist mein Sohn Pimander [sic], den ich auserwählt habe ... So spricht Gott der Herr und der Vater aller Zeichen in der Welt, Jesus von Nazareth.« Dieser hermetische Held marschierte zum Vatikan, um seine magischen Gerätschaften auf den Altar zu legen und zu erklären, er sei vom Himmel herabgestiegen mit der Macht, die Lebenden und die Toten zu richten. Jahrelang wanderte er durch Italien, predigte und wirkte Wunder. Er wurde der Häresie verdächtigt, da er aber unter dem Schutz Lorenzo de Medicis und anderer einflußreicher Herren stand, ließ die Inquisition ihn in Ruhe.[2]

1. Jonas 153f. (dt. 1, 210). 2. Shumaker, 111.

Pollux

Lateinische Form von Polydeukes, Zwillingsbruder Castors. Zusammen bildeten sie die Dioskuren, die gemeinsam mit ihrer Schwester Helena von Troja aus Ledas Ei hervorgingen. Castor und Pollux wurden als Götter des Morgen- und Abendsterns verehrt und als Helfer der Mondgöttin, ihrer Mutter.[1]

1. Graves, G. M., 62.a u. 62.2.

Pomona

Römische Apfelmutter, Göttin der Obstbäume; ein Name für Hera oder Eva, Spenderin der Äpfel des ewigen Lebens. Um das Wohlwollen von Pomona zu beschwören, endete in der Antike jedes römische Festmahl mit Äpfeln. (Siehe **Apfel**.)

Pooka

Irische Version von Puck, aus dem altenglischen *puca*, Elfe; auch verwandt mit »Spuk«, einem Geist oder Dämon, wie die alten Götter der Elfenreligion genannt wurden.[1] In Irland gab es mehrere *Puckstowns* (Puckstädte), einen *Puck Fair* und einen *Pooka's Ford*.[2] (Siehe **Bogy**.)

1. Potter & Sargent, 295. 2. Pepper & Wilcock, 279f.

Poseidon

Griechischer Meeresgott, entspricht dem römischen Neptun. Er war »gierig nach irdischen Königreichen« – das heißt, seine Priester waren gierig – und daher erzählt sein Mythos, wie er der Göttin in ihren verschiedenen Gestalten Territorien entriß. Er gab vor, die dreifaltige Göttin unter ihrem Namen Amphritite zu heiraten und würdigte sie zu einer einfachen Meeresnymphe herab. Er versuchte, Hera Argolis und Athene Athen abzujagen. Er behauptete, er habe den Zügel für Pferde erfunden, obwohl Athene dies bereits vorher getan hatte. Er verlangte, den Frauen in Athen das Stimmrecht abzusprechen, und verbot Männern, weiterhin die Nachnahmen ihrer Mütter zu tragen, wie sie es bis dahin getan hatten.[1] Er erklärte sich sogar zum Gemahl der Demeter in Gestalt einer Mähre, da er sie einst in Gestalt eines Hengstes vergewaltigt hatte.

Poseidon war jedoch ein Neuling unter den Göttern und in älteren Mythen über ihn der Göttin offensichtlich noch unterstellt. »Er hatte genau genommen keinen eigenen Namen, sondern war schlicht als ›Gemahl der Erde‹ bekannt. Zum großen Gott wurde er erst, als sein ursprünglicher Name und damit auch sein Ursprung in Vergessenheit geriet.«[2]

Als Poseidon eine Flut über die xanthische Ebene schickte, schlugen die xanthischen Frauen ihn in die Flucht und retteten ihr Land, indem sie ihm mit hochgezogenen Röcken und entblößten Genitalien entgegengingen. Der beherzte Meeresgott trat eilig den Rückzug an.[3]

1. Graves, G. M., 15.c–f. 2. Guthrie, 98. 3. Graves, G. M., 75.d.

Prakriti

»Natur«, im Sanskrit Name der Kali als der weiblichen heiligen Dreifaltigkeit, die über die **Gunas** herrscht, die weißen, roten und schwarzen Fäden von Schöpfung, Erhaltung und Vernichtung.[1] Prakriti verkörperte neben Vergangenheit, Gegenwart und Zukunft auch Erde, Meer und Himmel, Jugend, Reife und Alter sowie andere Manifestationen der Dreifaltigen Göttin.

1. O'Flaherty, 350.

Priamos

»Der Losgekaufte«, bei Homer König von Troja, Gemahl der Mondgöttin in Gestalt Hekabes (Hekate). Manche behaupteten, Trojas heiliger Fetisch, das Palladium, sei das Zepter des Priamos in Form eines

Phallus gewesen.[1] Andere sagten, es habe sich um ein weibliches Symbol gehandelt; höchstwahrscheinlich war es eine duale Lingam-Yoni, welche die Heilige Hochzeit darstellte.

1. Dumézil, 323.

Priapos

Gott des Phallus, eine Gestalt mit gewaltigen Genitalien, Sohn von Aphrodite und Adonis oder Dionysos, letzteres ist vielleicht eine allegorische Feststellung, daß Wein Lust erzeugt. Priapos war eine primitive Form des Eros und basierte auf ithyphallischen Holzbildnissen, die im frühen Griechenland verehrt und in späterer Zeit in Steinhermen oder Tempelphalli zur Defloration von Jungfrauen verwandelt wurden.[1] (Siehe **Erstgeborener**.) Einige der grotesken Darstellungen des Priapos hielten sich noch während des Mittelalters und wurden sogar als Heilige verehrt (siehe **Phallusverehrung**).

1. Graves, G. M., 18.e, k u. 2.

Prisca, Heilige

Mythische »jungfräuliche Märtyrerin«, erfunden nach einem Bildnis der Muttergöttin mit einem Palmzweig in der Hand und einem Löwen zu ihren Füßen. Die christliche Legende behauptete, Prisca sei unter der Herrschaft von Claudius I. den Löwen zum Fraß vorgeworfen worden, weil sie ihre Jungfräulichkeit bewahren wollte. Von ihrer Unschuld ging ein so starker Zauber aus, daß die Bestien sich weigerten, sie zu fressen und sich wie Hauskatzen zu ihren Füßen niederlegten.[1] Offenbar waren menschliche Wesen besser imstande, ihrem Charme zu widerstehen.

Gegen die Glaubwürdigkeit dieser Legende spricht allerdings die Tatsache, daß unter der Herrschaft von Claudius keine ChristInnen ermordet wurden. Im Gegenteil, Claudius wollte die Religionsfreiheit in seinem Reich ernsthaft bewahren und bat sich bekriegende christliche Sekten, »diese zerstörerische und eigensinnige Feindschaft aufzugeben«.[2] Claudius war indes ein ergebener Anhänger von Mutter Kybele, die auf seinen Münzen mit einem Löwen zu ihren Füßen abgebildet war, wie es auch auf dem ursprünglichen Bild der heiligen Prisca der Fall war.[3]

Die einzige menschliche Prisca, die sich vielleicht legitimerweise in einen Zusammenhang mit dem frühen Christentum bringen ließe, war eine Frau, von der angenommen wird, daß sie die wahre Autorin des Briefes an die Hebräer ist; sie wird gelegentlich Priscilla genannt, »kleine Prisca«.[4] Es gibt keinerlei Hinweis darauf, daß sie ein Martyrium erlitt.

1. Brewster, 73. 2. *Encyc. Brit.*, »Claudius I«. 3. Vermaseren, 179. 4. Morris, 121.

Prometheus

Griechisch »vorbedacht«; Prometheus war vermutlich nicht der ursprüngliche Name dieses Gottes, sondern eine klangliche Annäherung an das Sanskritwort *pramantha* für die Swastika oder das sich drehende

Reibholz zum Feuermachen; beides war Agni geweiht, dem Feuergott, der Kalis Wasserelement Fruchtbarkeit verlieh. Prometheus brachte der Menschheit Feuer oder »Licht«, wie Luzifer es getan hatte, gegen den Willen des himmlischen Vaters im Olymp. Allerdings erschien Zeus selbst in Thurioi als Zeus Prometheus mit einem Reibholz in der Hand.[1]

Nach einer Version der hinduistischen Schöpfungsgeschichte entsprangen alle Dinge der Reibung männlicher Reibhölzer (*agni*), die sich in der weiblichen Furche (Ambika-Kali) drehten.[2] Die Meerdajaks haben die gleiche Vorstellung vom geschlechtlichen Schöpfungsvorgang. Sie sagen, nur eine Frau habe die Sintflut überlebt. Sie machte einen Feuerreiber und benutzte ihn als Phallus. Durch seine Bewegung in ihrem Körper empfing sie die Menschheit.[3] Solche Mythen gehen offensichtlich auf eine Zeit zurück, als dem Sperma noch keine Zeugungskraft zugesprochen wurde. Eine der frühen Theorien zur Vaterschaft besagte, daß allein sexuelle »Bewegung« die Entstehung des Lebens im Mutterleib anrege.

Die GriechInnen wußten nicht, woher Prometheus kam. Diodorus erklärte, er sei Ägypter gewesen. Eine orphische Hymne setzte ihn mit Saturn gleich. Lycophron nannte ihn »den ägyptischen Gott Prometheus«.[4] Er war der Gemahl der libyschen Athene; sie erweckte die Menschen, welche er aus Lehm formte, zum Leben (siehe **Töpferei**). Von Athene erlernte er die schönen Künste, die er an seine Schützlinge weitergab, zusammen mit dem gestohlenen »Feuer vom Himmel«, das gleichgesetzt wird mit dem Blitz, der Erleuchtung oder dem göttlichen Wissen, das Zeus vor den Menschen geheimhalten wollte.[5]

Wie Luzifer war Prometheus dem himmlischen Vater ungehorsam, als er der Menschheit mehr Wohlwollen entgegenbrachte als Zeus. Die antike Tragödie *Der gefesselte Prometheus* von Aischylos zeigte unverhohlen mehr Sympathie für den Ungehorsamen als für den Gott, den er beleidigte. Zeus strafte Prometheus, indem er ihn auf einem kaukasischen Berggipfel ankettete und einen seiner eigenen Totem-Geier Tag für Tag seine Leber fressen ließ, die Nacht für Nacht nachwuchs, nur um aufs Neue verschlungen zu werden. Die Meernymphen trauerten um Prometheus. Die Töchter des Meeres verfluchten Zeus als herrschsüchtigen Despoten. Der andere Gott des Blitzes, Hephaistos, murrte rebellisch: »Zeus ist schwer versöhnbar ja der Sinn. Ist jeder hart doch, wer sein Amt neu führt als Herr« (Vers 33f.).

Prometheus überlegt: »Ich aber wagt es, machte frei das Menschenvolk vom Los, zerschmettert in des Hades Reich zu gehn. ... Fand solchen Rat und Hilfe ich Unselger gleich den Menschen, selber doch weiß ich kein Mittel, wie ich mich vom Drang quälender Not befreien soll« (Vers 235f., 469ff.). Er prophezeite Zeus' Kniefall vor den uralten weiblichen Mächten der Gerechtigkeit (oder des Karmas): »Moiren, dreifaltge, und Erinyen, schuldbedacht« (Vers 516). Io, der Mondkuh, die ebenfalls von Zeus unterdrückt wurde, sagte er voraus, daß ihre Nachkommen zum Werkzeug für das Todesurteil gegen Zeus werden würden.

Der Prometheusmythos ist ein Vorbote der Sympathie, die die GnostikerInnen Luzifer entgegenbrachten; Luzifer verkörperte einen ähnlichen Heldentypus – einen menschenfreundlichen Anti-Gott, der ungerechterweise bestraft wurde, weil er der Menschheit »Licht« oder »Erleuchtung« brachte. Gnostische Bilder kopierten frühe Darstellungen von Prometheus, wie er den ersten Menschen aus Lehm formte, während Athene wartend dastand, um der Figur den Lebensgeist einzuhauchen. Hinter ihr stand ein Baum, um den sich eine Schlange wand, ein Totemsymbol ihrer Weisheit.[6] Die Geschichte vom Garten Eden basierte auf solchen bildlichen Darstellungen.

Einem anderen Mythos zufolge überlistete Prometheus Zeus, im Namen der Götter die weniger genießbaren Teile der Tieropfer wie Fett und Knochen anzunehmen, während die Menschen das Fleisch essen durften. Das lag nicht in Zeus' Absicht, und er schwor Prometheus und seinen menschlichen Freunden Rache.[7] Er hatte jedoch seine Wahl getroffen und mußte sich daran halten. Der biblische Jahweh traf die gleiche Wahl und erhielt ebenfalls nur Fett und Knochen der Opfertiere (Levitikus 4), während die Priester den Rest aßen. Mit ihrem Sinn für Humor meinten die Griechen, Zeus nehme dieses Opfer nur an, weil er dazu gezwungen war, nachdem er beim Styx geschworen hatte, seiner Entscheidung treuzubleiben; die Juden behaupteten einfach, Jahweh ziehe diesen Teil vor.

Prometheus wurde zu einem der Titanen, jener Gruppe riesenhafter Erdgeister, die Zeus und seine olympischen Heerscharen überfielen und ihm durchweg feindlich gesinnt waren. Der Kampf zwischen Zeus' Olympiern und den Titanen, in dessen Verlauf die Titanen ihren Status als Götter einbüßten und unter der Erde angekettet wurden, war einer der Prototypen für den jüdisch-christlichen »Krieg im Himmel«.

1. Graves, G. M., 39.8; d'Alviella, 48. 2. O'Flaherty, 148. 3. Gaster, 101. 4. Knight, S. L., 88. 5. Graves, G. M., 39. e–g. 6. d'Alviella, 166. 7. E. Hamilton, 70.

Prophezeiung

In der Antike war der Maßstab für die Beurteilung eines heiligen Mannes oder einer heiligen Frau seine oder ihre Macht, Kommendes vorherzusagen. Umgekehrt hing die geistige Autorität eines jeden Menschen von der Erfüllung seiner bereits gegebenen Prophezeiungen ab. Für die Begründung des Christentums war dieser Aspekt so wichtig, daß das Neue Testament immer wieder Ereignisse schildert, die nur deshalb geschahen, weil sie eine Prophezeiung des Alten Testaments erfüllten. Nach der damaligen Vorstellung war das Erscheinen Jesu oder irgendeines anderen geistigen Führers nur dann von Bedeutung, wenn ein anderer geistiger Führer es vorausgesagt hatte.

Propheten ließen sich manchmal von ihrer Ekstase mitreißen und gaben allzu genaue Prophezeiungen, die sich leicht überprüfen ließen. Es hatte dann den Anschein, als lüge der prophetische Gott. Die Bibel traf dagegen Vorkehrungen – nicht, um den übereifrigen Propheten zu entschuldigen, sondern Gott: »Wenn ein Prophet im Namen des Herrn spricht und sein Wort sich nicht erfüllt und nicht eintrifft, dann ist es ein Wort, das nicht der Herr gesprochen hat« (Deuteronomium, 18, 22). Das machte es natürlich unmöglich, zu entscheiden, ob eine gegebene

Prophezeiung echt war oder nicht; damit verloren Prophezeiungen weitgehend ihren Sinn.

Prorsa und Postverta

Zwei Gesichter der etruskischen Jahresgöttin Anna Perenna, die in der Zeit zurück- und vorausschaute und daher sowohl über die Vorhersage der Zukunft als auch die Geschichte der Vergangenheit herrschte. Die Römer vermännlichten sie zu Janus.

Var. Proserpine

Proserpina

Römische Version von Persephone, Königin der Unterwelt. Mit Hekate und Diana wurde Proserpina in der mittelalterlichen Tradition häufig als »Königin der Hexen« bezeichnet. Christliche Gnostiker sprachen von ihr als der Todesgöttin, der jede Seele kurz nach dem Tod begegnen würde. Christliche Dämonologen setzten Proserpina als »Erzteufelin« auf die Liste der Höllenfürsten.[1] Allerdings besaß sie eine ausgeprägte poetische Anziehungskraft zum Beispiel für Swinburne, der sagte, sie »sammelt alles Sterbliche mit kalter, unsterblicher Hand«; und in ihrem Zaubergarten gab es »nur den ewigen Schlaf in einer ewig währenden Nacht«.[2]

1. Givry, 141. 2. Swinburne, *The Garden of Proserpine.*

Prostitution

Wie die *Devadasis* in Hindutempeln spendeten in antiken Tempeln des Mittleren Ostens Prostituierte-Priesterinnen die Gnade der Göttin. Oft hießen sie Chariten oder Grazien, da sie in jener einzigartigen Verbindung von Anmut und Barmherzigkeit handelten, die *charis* genannt wurde (lateinisch *caritas*). Tatsächlich entsprach diese Eigenschaft dem Hinduwort *karuna*, einer Kombination aus Mutterliebe, Zärtlichkeit, Geborgenheit, mystischer Erleuchtung und Sexualität.

Hesiod sagte, die sinnliche Magie der heiligen Huren oder Horae »mildere das Benehmen der Männer«.[1] Ishtar, die große Hure von Babylon, erklärte: »Eine barmherzige Prostitutierte bin ich.«[2] Maria Magdalena sagte von ihren Schwestern in diesem Beruf: »Wir sind nicht nur barmherzig mit uns selbst, sondern mit der gesamten Menschheit.«[3]

In früheren Zeiten nahmen Prostituierte häufig einen hohen gesellschaftlichen Rang ein und waren für ihre Bildung berühmt.[6] Als Verkörperungen der Himmelskönigin – in Palästina Qadeshet, die Große Hure, genannt – wurden die Prostituierten in den Bildungszentren Griechenlands und Kleinasiens geehrt wie Königinnen.[7] Manche wurden sogar wirklich Königinnen. Kaiserin Theodora, die Ehefrau Justinians, begann ihre Karriere als Tempeldirne.[8] St. Helena, die Mutter Konstantins des Großen, war Prostituierte, ehe sie zur Kaiserin und Heiligen wurde.[9]

In einer ägyptischen Geschichte verlangt eine Bubastispriesterin von einem Mann all seine weltlichen Güter für eine einzige Nacht ihrer

Als Mutter der Huren wurde Ishtar die Große Göttin HAR genannt. Ihre Hohepriesterin, die Harin, war geistige Führerin der »Stadt der Ishtar«.[4] HAR war verwandt mit der persischen *houri* und der griechischen *hora*, und ist auch der Stamm von »Harem«, was ursprünglich einen Frauentempel oder ein Heiligtum bezeichnete.[5] Eine

Liebe. Sie erklärt: »Ich bin eine Hierodule; ich bin keine gemeine Person.«[10] Bis vor kurzem gab es in Ägypten immer noch einen weiblichen Stand, *ghazye* genannt, »heilige Huren«, die zu Zeiten der Mameluken hohe Ehren genossen und als Bräute gesucht waren, wenn die Zeit ihres Dienstes endete.[11]

ähnliche Bedeutung hatte früher auch das Wort *seraglio*, das aus dem semitischen *serai* entwickelt ist, einem Heiligtum der Königinnen.

Tempelhuren wurden auch als Heilerinnen der Kranken verehrt. Allein schon ihre Sekretionen sollten heilende Kraft haben. Ein Sprichwort der Sufis deutet auf diese Ansicht hin: »In der Vagina des Weibes liegt Heilung.«[12] Selbst ihr Speichel konnte heilen. Jesu Heilung des Blinden mit Speichel (Markus 8, 23) war einer matriarchalischen Tradition nachempfunden. Eine Tontafel aus Ninive besagt, Augenleiden ließen sich mit dem Speichel einer Hure heilen.[13] Prostituierte waren auch Zauberinnen, Prophetinnen und Seherinnen. Das hebräische Wort *zonah* bedeutete zugleich Prostituierte und Prophetin.[14]

Heilige Mütter erwählten die promiskuitiven Priesterinnen-Schamaninnen in Japan, die auch Geist-Frauen genannt wurden. Als Bräute Gottes betraten sie das Heiligtum, um einem Priester beizuwohnen, der vom Geist Gottes besessen war.[15] Ähnliche Sitten herrschten bei den indischen *Devadasis*, menschlichen Vertreterinnen der lasziven himmlischen Nymphen.

Der Beruf war sehr verbreitet. In den Tempeln der Aphrodite in Eryx, Korinth, Zapern und anderen heiligen Stätten dienten tausend heilige Huren gleichzeitig.[16] Als das hellenistische Griechenland die Ehefrauen zu bloßen Mägden herabwürdigte, blieben die Hetären oder Kurtisanen den Männern rechtlich und politisch gleichgestellt. Römische Frauen der höchsten Gesellschaftsschichten prostituierten sich im Tempel der Juno Sospita, wenn eine Offenbarung benötigt wurde.[17] Jede babylonische Frau prostituierte sich vor der Ehe im Tempel.[18] Nach Amoritischem Gesetz galt: »Jene, die vor ihrer Eheschließung steht, soll sieben Tage in Hurerei am Tor [des Tempels] verbringen.«[19] Solche Gesetze sollten die Göttin versöhnen, die in einer Zeit, in der es keine formale Ehe gab und Kinder ihre Väter nicht kannten, die Monogamie ablehnte.[20] Im griechischen Mythos verbot die Große Mutter dem himmlischen Vater Zeus eine monogame Ehe mit der Begründung, daß nur ihr altes System der Gruppenehe ehrbar sei.[21]

Das tantrische Wort für eine heilige Hure lautete Veshya, vermutlich bildete es den Ursprung für den ältesten Namen der Göttin in Griechenland und Rom, Hestia oder Vestia, die Herdmutter. Ihr dienten die vestalischen Jungfrauen, die ursprünglich Priesterinnen und Hierodulen waren.[22] »Herd« und »Erde« gehen beide auf die sächsische Göttin Ertha oder Hertha zurück, die nordische Hestia-Vestia. In matriarchalischer Zeit war das Herdfeuer jeder Frau ihr Altar.[23] Der Herd war zudem der Nabel, der weibliche Mittelpunkt der Welt, das Zentrum des Tempels, um den die heiligen Huren ihre Stundentänze aufführten.

Tanzende Huren erhielten mit der Zeit den Namen Horen: im Persischen *houri*, im Griechischen *horai*. Die ägyptischen Tempelfrauen waren zugleich die Herrinnen der Stunde *(hora)*. Jede herrschte über eine bestimmte Stunde der Nacht und schützte während dieser Zeit das Sonnenboot des Gottes Ra auf seiner Fahrt durch die Unterwelt.[24] Der

Tanz der Horen begann als heidnische Zeremonie der Horai (göttlichen »Huren«), die die Stunden der Nacht mit Tanzen verbrachten, wie die christlichen Mönche später die Stunden des Tages im Gebet zubrachten. Der älteste authentische hebräische Volkstanz trägt immer noch den Namen *hora* nach den Kreistänzen der heiligen Huren. Die Horen bewachten auch die Himmelstore, halfen den Seelen der Seligen und drehten die himmlischen Sphären.[25] (Siehe **Huri**.)

Das hebräische Wort *hor* bedeutet Loch, Höhle oder Abgrund, gebräuchliche Synonyme für heilige Prostituierte und für die Göttin, der sie dienten und deren Yoni durch ein Loch, eine Höhle, einen Abgrund oder einen Teich im Zentrum des Tempels symbolisiert war.[26] Ein ähnlicher lateinischer Begriff war *puteus*, Brunnen oder Grube, der Stamm des spanischen *puta*, »Hure«. Die Römer begruben das einfache Volk in *puticuli*, »Gruben«, die wie alle Gräber den Schoß der Wiedergeburt symbolisierten.[27] Die gemeinsame Wurzel dieser Worte lag im vedischen *puta*, »rein« oder »heilig«, und im avestischen *putika*, einem mystischen See des Wassers der Geburt.[28] »Herrin vom See« war ein Titel der Großen Göttin im gesamten eurasischen Bereich. Im Aramäischen hießen ihre Heiligtümer *Athra qaddisa*, »heiliger Ort«, oder wörtlich »himmlischer Hurenort« oder Genitalgrube oder -see.[29]

»In das Wasser tauchen [heißt] in das Geheimnis der Maya eingehen; heißt nach dem letzten Geheimnis des Lebens suchen … Grenzenlos und unvergänglich sind die kosmischen Wasser, gleicherzeit die unbefleckte Quelle aller Dinge und ihr schreckliches Grab.«[30] In ganz Asien war Wasser ein weibliches Element, die Quelle der Schöpfung, die *arché* der stoischen Philosophie. In dieses Wasser einzutauchen war ein Symbol sexueller Vereinigung. Männer, die sich auf diese Weise mit einer heiligen Hure vereinten, konnten die geistige Erleuchtung erlangen, die *horasis* genannt wurde. Dieses Wort taucht im Neuen Testament (Apostel 2,17) unter der irreführenden Übersetzung »Visionen« auf.[31]

Ein semitischer Stamm, die Horiten, führen in Genesis 36 ihre Abstammung auf die Große Göttin unter dem Namen »Hora« zurück.[32] Die Juden hatten zur Zeit König Joschijas Tempeldirnen, die beim Tempel lebten und Schleier für den heiligen Hain webten (2. Könige 23,7). Moderne Bibelübersetzungen nennen sie »Hierodulen«, ein anderes Wort für heilige Huren.[33] Solche heiligen Huren waren oftmals »Gattinnen des Gottes«, die ausgewählt waren, Söhne Gottes zu gebären, das heißt Propheten und manchmal auch Sakralopfer.[34]

Heilige Huren wurden »Jungfrauen« genannt, weil sie unverheiratet blieben (siehe **Jungfräuliche Geburt**). Wie die Nonnen des Mittelalters trugen sie den Schleier als Zeichen ihres Amtes. Ishtar-Aschera-Mari-Anath war nicht nur die Große Hure, sondern auch die Große Jungfrau (*kadesha*, Heilige). Ihr griechischer Name war Athene, die ebenfalls als »Jungfrau« (Parthenia) bezeichnet wird; in Athenes Tempel, dem Parthenon, dienten ihr promiskuitive Hierodulen wie in allen anderen Heiligtümern der Großen Göttin. Spätere Mythen erklärten die sich ständig erneuernde »Jungfräulichkeit« lasziver Fruchtbarkeitsgöttinen mit regelmäßigen Erneuerungszeremonien des Hymens wie zum Beispiel der Wassertaufe, jährlichem Baden in heiligen Quellen und so weiter. Die Jungfräulichkeit der Großen Mutter Hera erneuerte sich alljährlich beim Eintauchen in die Quelle von Canathos in Nauplia. Pausanias erklärte, der Mythos basiere auf einem Ritus, das Abbild der Großen Göttin ins Wasser zu tauchen.[35]

Da Prostituierte im Heidentum eine wichtige Stellung einnahmen, machte das Christentum ihren Beruf verächtlich. Der Klerus wollte die Prostitution zwar nicht völlig unterdrücken, ihr jedoch die spirituelle Bedeutung nehmen. Johannes Chrysostomos erntete viel Lob vom Patriarchen von Konstantinopel, weil er die Tempeldirnen »der Ehren beraubte, die ihnen zuteil wurden«.[36] In der Legende wurden aus der Triade der himmlischen Horen drei jungfräuliche Heilige, die gemeinsam das Martyrium erlitten, Agape, Chionia und Irene (»Liebesmahl«, »Die aus Chios« und »Friede«).[37] Die wirklichen Huren wurden aus den Tempeln in Hurenhäuser verwiesen. Das traditionelle Rotlicht des Bordells stammt von den Häusern römischer *venerii*, die mit dem Zeichen eines erigierten, blutrot angemalten Phallus versehen waren.[38]

Das mittelalterliche germanische Recht verbot Männern unter der Strafandrohung, ihren gesamten Besitz einzuziehen, den Bau eines *hörgr* oder die Bezeichnung ihres Hauses als *hörgr*; denn *hörgr* war der Name für ein heidnisches Heiligtum, ein Haus der »heiligen Huren«, in dem Priesterinnen die alte Religion fortführten. Ortsnamen wie Hörgsholt in Island deuten noch heute auf derartige alte Heiligtümer hin.[39]

Im Jahre 1000 n. Chr. willigten die IsländerInnen ein, jedenfalls dem Namen nach ChristInnen zu werden und sich taufen zu lassen. Aber es war noch eine ganze Weile erlaubt, die uralten Riten in privaten Gebäuden, den *hörgr*, durchzuführen, bis die Kirche ihr Duldungsversprechen zurückzog.[40] In früheren Jahrhunderten war der *hörgr* vermutlich ein *mons veneris* oder Omphalos in einem heiligen Hain gewesen.[41]

Gelegentlich hatte auch das Wort *hus* (Haus) die Bedeutung »ein Ort der Verehrung«, denn jede Matriarchin verehrte einst die Göttin ihres eigenen Herdes, den sie mit mehr als nur einem Mann – im Englischen: *husband* – teilen konnte. Daher bezeichnet das englische Wort *hussy*, »Hausherrin«, in der christlichen Definition eine promiskuitive Frau.[42]

Mittelalterliche Minnesänger, die die Große Göttin unter ihrem neuen Namen als Minne, »Liebe«, verehrten, brachten der Promiskuität eher Wertschätzung entgegen, statt sie zu beklagen. Sie lehnten kommerzialisierte Prostitution als Erniedrigung ihrer Göttin ab: »Liebe, die Königin aller Herzen, die frei Geborene, die einzige und einmalige, wird öffentlich zum Verkauf feilgeboten! Was für einen schändlichen Tribut verlangt unsere Herrschaft von ihr! Mit verbittertem Sinn, mit Lug und Trug pflegen wir die Liebe und erwarten dann von ihr, daß sie Körper und Herz erfreue; statt dessen bringt sie Schmerz, Verdorbenheit, schlechte Frucht und Fäulnis – gemäß der Saat, mit der ihr Boden bestellt war.«[43]

Theologen akzeptierten die kommerzielle Prostitution allerdings als »gesetzliche Unmoral«, um es mit der in sich widersprüchlichen Wendung von Thomas von Aquin zu sagen. Er behauptete, Prostitution sei notwendig, um die Menschen vor Homosexualität und Sodomie zu bewahren. »Entferne die Prostituierten aus der Welt, und sie wird mit

Nauplia
Antike Stadt bei Argos auf dem Peleponnes, Stätte von Heras heiliger Quelle Canathos.

Pausanias
Griechischer Reisender und Geograph des 2. Jahrhunderts n. Chr. Da er in einer Zeit des kulturellen Niederganges lebte, war er von dem Wunsch beseelt, die heiligen Stätten der Antike für die Nachwelt zu beschreiben.

Homosexualität erfüllt sein«, erklärte er.[44] Die Prostitution ermöglichte es dem Mann, promiskuitive Frauen als lasterhaft zu sehen, während ihre gleichermaßen promiskuitiven Kunden als hilflose Opfer eines unwiderstehlichen Dranges galten. In keiner Weise fand die Tatsache Anerkennung, daß die meisten Prostituierten unter einem wesentlich drängenderen Zwang handelten, als es die Sexualität eines Mannes war: nämlich der Notwendigkeit, ihren Lebensunterhalt zu verdienen. Sie hatten kein leichtes Leben. Bestenfalls war die Prostituierte gezwungen, sich zur ergebenen Dienerin eines Fremden zu machen. Schlimmstenfalls konnte – und kann – sie sein gemartertes Opfer werden.[45]

Gewisse antiklerikale Schriftsteller vertraten die Ansicht, einer Prostituierten gebühre Respekt für ihre Bereitschaft, sich gefällig zu zeigen. Lorenzo Valla trat im 15. Jahrundert in seiner Schrift *De Voluptate* für eine Rückkehr zu antiken Gebräuchen ein – ein Widerhall von Horaz' *Omnia voluptas bona est*. Er schrieb: »Huren und Prostituierte machen sich um die Menschheit mehr verdient als Nonnen mit ihrer Keuschheit und Jungfräulichkeit!«[46] Natürlich setzten sich solche Einstellungen nicht durch. Zwei Jahrhunderte später feierten englische Lehrlinge jeden Fastnachtsdienstag, indem sie in Freudenhäuser einfielen und die Insassinnen verprügelten. In England setzte sich auch die Sitte durch, daß Zuhälter die Huren, die ihnen unterstanden, »bestraften«, indem sie ihnen die Kniesehnen durchtrennten und sie so auf Lebenszeit verkrüppelten.[47] Das erinnert an die chinesische Sitte, Kurtisanen durch Abbinden der Füße zu verkrüppeln.

Gott bestrafte die Huren in der Hölle noch strenger, als Männer es auf Erden mit ihnen taten; so sagten es zumindest Gottes Vertreter, deren Askese sexuelle Fantasien von erstaunlicher Brutalität hervorbrachte.[48] Die mönchischen Entbehrungen und Repressionen führten zu einem geheimen Neid und heftigen Haß auf jenes fleischliche Gesindel, das in Verdacht stand, sexuelle Handlungen zu genießen.[49] Der Haß ergoß sich in einer Vielzahl gräßlicher Vorstellungen von der Hölle. Abbé Francois Arnoux, 1622 Kanonikus von Riez, liefert hierfür ein Beispiel:

> *Und die leichten Frauen, sie sollen in Armen halten einen Drachen grausamster Art, der von Feuer lodert ... und der ihre Füße und Arme mit seinem Schlangenschwanz bindet und fesselt und ihren ganzen Körper mit seinen gräßlichen Klauen umklammert, der sein geiferndes und stinkendes Maul auf ihres drückt, ihnen lodernde Flammen und Schwefel und Gift und Galle einhaucht, der mit seiner rotzigen und scheußlichen Nase seinen stinkenden, giftigen Atem in ihre haucht ... dieser Drache soll sie erleiden lassen tausend Folterqualen, tausend Koliken und bittere Windungen des Bauches, und alle Verdammten sollen heulen und die Teufel mit ihnen: »Seht, die Buhlerin! Seht die Dirne! Laßt sie wahrlich Folterqualen leiden! Auf sie, ihr Teufel! Auf sie, ihr Dämonen! Auf sie, ihr Furien der Hölle! Seht die Hure! Seht die Wollüstige! Stürzt euch auf diese Dirne und laßt an ihr alle Folterqualen aus, die euch zu Gebote stehen!«*[50]

Kastoria
Das antike Celetrum, eine Stadt und Verwaltungszentrale im griechischen Makedonien.

Ein Wandgemälde in der Kirche St. Johannes der Täufer in Kastoria zeigt Gottes Strafe für eine Hure. Gefesselt liegt die Frau in der Hölle, zwei Dämonen halten ihre Beine gespreizt, während ein dritter glühendrote Eisen in ihre Vagina stößt. Neben der Frau, die bestraft wurde, weil sie sexuell verfügbar war, erlitt eine andere Frau, die als eitle Kokette ausgewiesen war, die gleiche Strafe, weil sie *nicht* sexuell verfügbar war.[51] Den Frauen, die diese Kirche besuchten, war es nicht zu verdenken, wenn sie meinten, daß sie gleichermaßen verdammt waren, wenn sie »es« taten und wenn sie es nicht taten.

Die Kirchenväter machten keinen Unterschied zwischen einer berufsmäßigen Prostituierten und einer Frau, die ihren Liebhaber liebte. Beide waren »Huren«. Im Kern lautete die patriarchalische Moral, Frauen hätten kein Recht, einen Mann auszusuchen und zu erwählen. Im System der mittelalterlichen Kirche kam es für eine Frau einer Tragödie gleich, sich leidenschaftlich zu verlieben: ein paar gestohlene Stunden der Liebe mußte sie ebenso wie ihr Liebhaber mit ewigem Leid bezahlen.[52] Dies verdeutlicht Grünewalds Gemälde *Die Verdammung der Liebenden*, das ein sündiges Paar als ausgemergelte Leichen in der Hölle zeigt, durch deren Fleisch sich Würmer bohren, während eine Schlange den Kopf der Frau krönt und eine Kröte ihre Genitalien frißt. Nach einer Illustration zu Augustinus *De Civitate Dei* aus dem 15. Jahrhundert werden Liebende in der Hölle zusammen auf Spießen über einem Kohlenfeuer geröstet, das Teufel schüren.[53]

Angesichts der grausigen Strafen, die die abendländische Religion für sexuelle Lust in Aussicht stellte, kann es durchaus nicht überraschen, daß die westliche Zivilisation insgesamt bis heute von einem krankhaften Zwang beseelt war, alle Formen der Lust zu vernichten.[54]

Doch selbst im christlichen Himmel besaßen Huren ihre eigenen Schutzpatroninnen nach dem Vorbild römischer Hurengöttinnen wie Venus und Meretrix. Offizielle katholische Patroninnen der Huren waren die heilige Aphra, die heilige Aphrodite und die heilige Maudline (Magdalena), schlichte Kanonisierungen alter Namen der Großen Göttin.[55] Hauptpatronin der Huren war die Jungfrau Maria. Bis auf den heutigen Tag begehen die Prostituierten von Antwerpen bestimmte Festtage mit Prozessionen, um in den Kirchen der Heiligen Jungfrau, die sie zu ihrer besonderen Göttin erkoren haben, Kerzen zu weihen.[56]

In einer verbreiteten Sage des Mittelalters hieß es, als eine Nonne sich entschloß, ein paar Tage aus ihrem Kloster fortzulaufen, um als Prostituierte zu leben, habe Maria die Gestalt der Nonne auf Abwegen angenommen und sie im Kloster vertreten, damit sie nicht vermißt und verfolgt werde.[57] Eine deutsche Variante dieser Geschichte besagte, die Nonne Beatrix habe das Kloster verlassen, um fünfzehn Jahre mit ihrem heidnischen Liebhaber zu leben. Als sie zurückkehrte, stellte sie fest, daß Maria sie die ganze Zeit vertreten hatte.[58]

Im Mittelalter waren die Bordelle nicht immer eindeutig von den Klöstern zu unterscheiden. Eine Spur jener heidnischen *collegia* der Priesterinnen haftete nach wie vor beiden Einrichtungen an. Frühe »Doppelklöster«, in denen Männer und Frauen in einer gemeinsamen Ordensgemeinschaft lebten, beherbergten zuweilen auch konsekrierte Prostituierte. Verschiedene Päpste unterhielten in Rom »heilige Bordelle«; Königin Johanna von Neapel gründete im päpstlichen Avignon ein religiöses Haus für Prostituierte, das »die Abtei« hieß. In viktorianischer Zeit war es immer noch Sitte, die Madam eines Freudenhauses »Äbtissin« zu nennen, wenngleich ihr historisches Vorbild in Vergessenheit geraten war.[59] (Siehe **Maria Magdalena**.)

Außerhalb der jüdisch-christlichen Tradition war die Prostitution häufig eine durchaus legitime Lebensweise. Die Menschen in Schwarzafrika übernahmen niemals vollständig die Ansichten ihrer Missionare in dieser Frage. Die Gesetze des weißen Mannes sprachen afrikanischen Frauen das Recht auf Eigentum und ihre Monopolstellung in Landwirtschaft, Handel und Handwerk ab, aufgrund derer sie ihre Kinder ernährten. Für die afrikanischen Frauen bedeutete dies eine erhebliche Einbuße an Selbstachtung, da ihre Gesellschaft einer Frau ohne eigenes Einkommen nur Verachtung entgegenbrachte. Als sie herausfanden, daß weiße Männer für sexuelle Gefälligkeiten bezahlten, nahmen viele Afrikanerinnen die Prostitution als letzte ihnen verbleibende Möglichkeit wahr, ein anständiges Leben zu führen. Noch heute gilt in Afrika eine erfolgreiche Prostituierte eher als sinnvoll beschäftigte Geschäftsfrau denn als Kriminelle.[60]

Die christliche Gesellschaft bot Frauen dagegen kaum eine Gelegenheit, Prostitution als ehrbaren Beruf zu ergreifen; vielmehr schaute sie halb bewußt fort, wenn Hunderte junger Mädchen ihr »verfielen«. Im 18. Jahrundert wimmelte es in London nur so von Mädchen im Kindesalter, die sich mühsam mit Prostitution über Wasser hielten; ein Pamphlet dieser Zeit prangerte an: »Kleine Kreaturen liegen in Haufen übereinander, schlafen auf offener Straße in der strengsten Jahreszeit und manche, deren Köpfe kaum über den Hosenbund eines Mannes reichen, geraten bald in andere Umstände und fallen der Gemeinde zur Last.« Weit davon entfernt, mit diesen kleinen Mädchen Mitleid zu verspüren, nannte der Verfasser dieser Schrift sie gemeine Huren und ihr Tun »eine höchst verwerfliche Sünde, dem Unbedachten Fallstricke zu legen und sich als Werkzeug herzugeben, das Körper und Seele so vieler unschuldiger junger Ehrenmänner ruiniert«.[61]

Nach der damaligen Terminologie bezeichnete das englische Wort *wench* Kinder beiderlei Geschlechts. Dryden meinte mit seiner Charakterisierung des Gentleman als eines Mannes, der »im Überfluß ißt, trinkt und hurt« (*wenches*) offenbar einen Mann, der sich obdachlose Jungen oder Mädchen von der Straße holte, um seine sexuellen Neigungen zu befriedigen. Später bezeichnete *wench* nur noch ein Mädchen der unteren Gesellschaftsschicht, ein Dienstmädchen oder eine Bauernmagd, die einem Gentleman sexuell zur Verfügung stand.[62]

Im 19. Jahrundert führte die englische Polizei Tausende von Mädchen unter 14 Jahren als »gewohnheitsmäßige Prostituierte« in ihren Listen. 1860 gab es in London mindestens 500 registrierte Prostituierte unter 13 Jahren, und weitere 1500 waren unter 16. Die Herren der viktorianischen Gesellschaft fanden Geschmack daran, unschuldige Kinder zu vergewaltigen, die in Freudenhäusern zu Höchstpreisen gehandelt wurden. Erfahrene Kinderprostituierte lernten, die Schreie und Kämpfe eines zu deflorierenden Opfers zu imitieren und Blutegel und Glasscherben in die Vagina einzuführen, um einen überzeugenden Blutfluß hervorzurufen.[63]

Josephine Butlers Untersuchungen über das englische System der Prostitution veranlaßte die Gesetzgebung, das »Konsensalter« auf 14 hinaufzusetzen; und dennoch wurden auch weiterhin zahllose jüngere Mädchen in Bordellen gefangen und eingesperrt. »Das Gesetz wurde in Entführungsfällen lasch gehandhabt, und die Strafe für Mädchenhandel war lächerlich.« Die männlich dominierten Behörden interessierten sich für die Prostitution erst, als ihnen der Zusammenhang mit den grassierenden Geschlechtskrankheiten eindeutig klar wurde. Nun führten sie gesetzliche Bestimmungen für Bordelle ein; allerdings bedeutete das keineswegs deren Schließung. Sie wurden vielmehr medizinischer Überwachung unterstellt, damit sie für männliche Besucher sicher wären.[64]

Huren galten nicht als vollwertige Menschen. Das 18. Jahrhundert nannte Prostituierte »einen fleischlichen Komfort« (*convenience*).[65] Das Wort *convenience* bedeutete auch »Klosett«. Von der geehrten Heiligen Hure der Antike bis hierher war es ein langer Abstieg.

1. *Larousse*, 138. 2. Briffault 3, 169. 3. Malvern, 49. 4. *Assyr. & Bab. Lit.*, 170.
5. Briffault 2, 320. 6. Rawson, E. O., (dt. 85), 265. 7. Briffault 2, 341 f.
8. Bullough, 125. 9. J. H. Smith, C. G., 16. 10. Maspero, 138.
11. Briffault 3, 217. 12. Edwardes, 96 (dt. 104). 13. Gifford, 63.
14. Stone, 211 (dt. 296). 15. Eliade, S., 463. 16. Knight, D.W. P., 105.
17. Dumézil, 431. 18. Gifford, 182. 19. Briffault 3, 220. 20. *Larousse*, 83.
21. Graves, G. M., 13.2. 22. *Mahanirvanatantra*, 328. 23. Potter & Sargent, 201.
24. Budge, B. D., 497. 25. Lethaby, 199. 26. Gaster, 608. 27. James, 182.
28. Dumézil, 81. 29. Albright, 210. 30. Zimmer, 34 (dt. 41).
31. Campbell, M. D. R., 71. 32. Graves, W. G., 441 (dt. 445). 33. Martello, 173.
34. Rawson, E. A., 88 (dt. 92 f.). 35. Guthrie, 103. 36. J. H. Smith, D.C. P., 175.
37. Attwater, 34. 38. Brasch, 164. 39. Turville-Petre, 240, 298. 40. Branston, 35.
41. Turville-Petre, 236, 298. 42. Legman, 612. 43. Campbell, C. M., 249.
44. Daly, 61 (dt. 79). 45. Rugoff, 251. 46. Guignebert, 365. 47. Hazlitt, 34, 634.
48. Hartley, 323. 49. H. Smith, 266. 50. Givry, 39. 51. Lawson, 68.
52. Campbell, C. M., 53. 53. Hughes, 203, 211. 54. Henry, 405. 55. Scot, 442.
56. Briffault 3, 216. 57. Briffault 3, 500. 58. Guerber, L. R., 73. 59. Briffault 3, 215 f.
60. Briffault 2, 221. 61. Vries & Fryer, 104, 110. 62. Funk, 261.
63. Pearsall, N. B. A., 243. 64. Crow, 240, 247. 65. Vries & Fryer, 25.

Providenz

Vorsehung; Lateinisch *providere* bedeutet »vorhersehen«; *Providentia* stand für seherische Kraft.[1] Es war eine Verkörperung weiblicher prophetischer oder mantischer Fähigkeiten, jene Eigenschaft, die es antiken Matriarchinnen ermöglichte, mittels ihres Vorherwissens über Sterne oder Jahreszeiten, Landwirtschaft oder Nahrungsvorräte »Vorkehrungen« für ihre Schutzbefohlenen zu treffen, »vorsichtig« zu sein. Im christlichen Sprachgebrauch war Vorsehung gelegentlich ein Synonym für Gott; doch viele Mystiker definierten die Vorsehung als weibliche Gottheit.[2]

1. Funk, 275. 2. Collins, 54.

Psyche

Im Griechischen »weibliche Seele«, entspricht der hinduistischen Shakti. Der klassische Mythos vermählte die Psyche dem Liebesgott

Eros: eine Vereinigung von Körper und Seele. Apuleius erklärt in seiner Version, Psyche und ihr Bräutigam könnten nur im Dunkeln zusammenkommen. Als Psyche darauf bestand, Eros beim Licht ihrer Lampe zu sehen, mußte er sie für immer verlassen.[1] Als Allegorie besagte dies, daß die Leidenschaft der Seele die sexuelle Leidenschaft zu verbannen vermag. Ursprünglich entsprang diese Geschichte vermutlich einer Sitte wie jener im alten Sparta gebräuchlichen, wo junge Ehemänner ihre Frauen nur bei Nacht besuchten. »Manchmal wurden Kinder geboren, ehe das Paar sich auch nur einmal bei Tageslicht ins Gesicht gesehen hatte.«[2]

Psyche war in einem Schmetterling verkörpert, da die frühen GriechInnen glaubten, menschliche Seelen könnten beim Übergang von einem Leben in das nächste in fliegende Insekten schlüpfen. Dieser Glaube geriet nicht in Vergessenheit. 1329 wurde in Carcassonne ein liebebedürftiger Karmelitermönch der Hexerei angeklagt, weil er Liebeszauber in den Häusern von Frauen versteckt haben sollte. Man warf ihm auch vor, er habe Satan angerufen und ihm als Symbol für seine Seele einen Schmetterling geopfert.[3]

1. E. Hamilton, 92–100. 2. Crawley, 42. 3. J. B. Russell, 186.

Psychopompos

»Führer der Seelen«, Titel des Hermes und anderer Götter, die als »Gute Hirten« die Seelen nach dem Tod durch die Nachwelt führten. Engel, Walküren, bestimmte Vögel und Tiere konnten ebenfalls als Psychopompos dienen. (Siehe **Hermes**; **Hund**; **Geier**.)

Pucelle

»Die Jungfrau«, französische Bezeichnung für jede Frau, die die jungfräuliche Göttin der druidischen Feenreligion verkörperte; eine weibliche Form von Puck (siehe **Pooka**; **Bogy**). Es war auch der Beiname von **Jeanne d'Arc**, ein Hinweis, daß ihr Glaube im Grunde nichtchristlicher Natur war. Britische HeidInnen nannten Maid Marian auch *pucelle* oder »Maiden of the Coven«. Ihr Gemahl war Robin Hood oder Robin Goodfellow, bekannt als Gott der Hexen (siehe **Robin**).[1]

1. Graves, W. G., 441 (dt. 477).

Pudens und Pudenziana, Heilige

Naive christliche Kanonisierung der symbolischen Genitalien des Gottes und der Göttin Roms (*pudenda*). Nach der christlichen Legende war Pudenziana die übliche jungfräuliche Konvertitin, Tochter eines gewissen Pudens, eines wohlhabenden Patriziers. Peter und Paul wohnten während ihres (mythischen) Aufenthaltes in Rom im Hause Pudenzianas. Mit Hilfe eines Heiligen namens Pastorus (Hirte) saugte Pudenziana das Blut christlicher Märtyrer mit einem Schwamm auf, den sie in einem Brunnen verbarg.[1] Diese Sage wurde häufig angeführt, um die zahlreichen Flaschen mit Märtyrerblut zu erklären, die in zahllosen Kirchen als heilende Reliquien Verwendung fanden.

Der Brunnen mit seinem heiligen Blut stand vermutlich für die yonische »Grube« (*puteus*) im Forum, in der die Seelen seliger Vorfahren wohnen sollten. Der Hirte Pastorius war eine Form des Psychopompos oder Seelenführers, der gelegentlich auch Hirte der Sterne genannt wird.

1. Brewster, 250f.

Purgatorium

Siehe **Fegefeuer**

Purim

Jüdischer Festtag, der sich auf das Buch Ester stützt, eine hebräische Version des elamischen Kultes vom heiligen Königtum unter der Herrschaft der Göttin **Ishtar**, die im Hebräischen »Ester« hieß. Im Buch Ester wird Jahweh nicht erwähnt, da die elamischen Juden ihn nicht kannten. Sie verehrten Ishtars Gemahl Marduk, der in der Heiligen Schrift Mordechai genannt wird.

Purim ist das Losfest, da sich das ursprüngliche elamische Fest wiederum auf das hethitische Purulli gründete, bei dem durch Los oder Wettkampf ein heiliger König als Opfer erwählt wurde.[1] Im jüdischen Purim war das Opfer Haman, der dem libyschen Opfergott Amun oder Amon entspricht.

Haman wohnte der Göttin Ishtar-Ester bei und wurde dann von Marduk-Mordechai getötet (Ester 7, 8). Anschließend wurde sein Fleisch feierlich verspeist; symbolisch wird er beim Purimfest immer noch verspeist in Form von *hamantaschen*, einem kleinen dreieckigen Gebäck in der heiligen Deltaform der Großen Göttin. Ägyptische Bäcker buken ähnliche dreieckige Küchlein, die beim Fest Amuns die Hostie oder das Opfer darstellten.[2]

Die Geschichte Esters ist eine Allegorie für die Fürsprache Ishtars, die die Juden zur damaligen Zeit verehrten, zugunsten der unterdrückten jüdischen Stämme beim König, der als ihr Gemahl galt. Mit diesem Thema ist das Ritualopfer verflochten. Haman erhielt ein letztes Abendmahl und erlebte eine Liebesnacht mit der Göttin-Königin. Dann wurde er an jenem hohen Galgen erhängt, der für »Mordechai errichtet« war – das heißt, er wurde zum Gott Marduk und nahm die Zeichen der Göttlichkeit an (Ester 7, 10).

Die Juden verehrten auch Marduk, der ursprünglich »das Wasser oberhalb des Gewölbes vom Wasser unterhalb des Gewölbes« schied (Genesis 1, 7), indem er die Wassermutter **Tiamat** teilte. Im Buch Ester machten jüdische Schriftgelehrte Marduk zu einem ihrer eigenen heiligen Vorfahren. Marduk half den Juden, 75000 ihrer Feinde zu töten, offenbar durch Magie, denn »an ihrem Besitz vergriffen sie sich nicht« (Ester 9, 16).

1. Hooke, M. E. M., 99. 2. Budge, D. N., 75.

Purpur

Aus dem Lateinischen *purpureus*, »sehr, sehr rein«, oder auch heilig oder tabu.[1] Das »Königspurpur« der Antike war kein Violett, sondern ein dunkles Weinrot, es hatte die Farbe von Blut, besonders von Menstruationsblut, das einst als der Saft des Lebens galt. Königspurpur bedeutete das gleiche wie königliches Blut: die matrilineare Verwandtschaft in einer heiligen Familie. Manche Legenden behaupteten, die Farbe Königspurpur leite sich aus Athenes »rot gefärbter Ziegenhaut« ab, der **Aigis** der Souveränität.[2] Die purpurfarbene Robe des römischen Imperators war der Sage nach »mit Blut gefärbt«.[3] Noch zu Shakespeares Zeiten bedeutete Purpur die Farbe des Blutes; er sprach nämlich von den »Purpurhänden« der Mörder Caesars, getränkt mit Blut, »dem edelsten Blut der Welt« (*Julius Caesar*, III.1).

Wenn es im Markusevangelium heißt, Jesus habe einen Purpurmantel getragen (Markus 15, 17) und im Matthäusevangelium, der Mantel sei purpurrot gewesen, so ist bei beiden die Rede von der traditionellen Robe des Heiligen Königs in der Farbe des Mondblutes. Babylonische Könige trugen den gleichen dunkelroten Mantel, der dort *lamhussu* hieß. Die gleiche heilige blutrote Farbe bedeckte die Altäre Kanaans und Israels (Numeri 4, 6) und färbte den »roten Teppich«, über den feierliche religiöse Prozessionen führten.[4]

Die Purpurfarbe des Blutes war schon den HeidInnen heilig, wie das *Erste Buch Adam und Eva* zeigt, in dem es heißt, die Kunst, karmesinrot und purpur zu färben, sei vom Satan erfunden.[5]

Erstes Buch Adam und Eva
Ein Buch der legendären Apokryphen (nach jüdischen Quellen in Griechisch geschrieben), die weitere Einzelheiten des Mythos der Genesis ausführen oder alternative Versionen hierzu beschreiben.

Tatsächlich haben die PhönikierInnen diese Kunst entwickelt; sie gewannen den tiefroten Blutfarbstoff aus den sogenannten Purpurschnecken aus der Familie der Muricidae. Diese Seeschnecken waren die Quelle jenes berühmten »tyrischen Purpurs«, das Könige trugen.[6] In der römischen Gesellschaft war es den Rängen, die unmittelbar nach dem Imperator kamen, gestattet, in ihren Togas Streifen oder Borten in der heiligen Farbe zu tragen, deren Breite sich nach der jeweiligen Ranghöhe richtete.

1. Graves, W. G., 395 (dt. 428). 2. Mendenhall, 43.
3. Jacobus d.V., 79 (dt. 1, 117). 4. Brasch, 33. 5. *Forgotten Books*, 77.
6. Sprague de Camp, A. E., 79 (dt. 96); Potter & Sargent, 146.

Purusha

»Mensch«, der Weltenleib in orientalischen Darstellungen, ursprünglich die Große Mutter als Riesin, die das Universum enthält. Die Erdebene lag in ihrer Körpermitte, darunter erstreckten sich in ihrem Unterleib sieben Höllen in konzentrischen Kreisen und sieben weitere in ihren Beinen. Vierzehn entsprechende Himmel stiegen über den Brustkorb bis in ihren Kopf hinauf: Insgesamt waren es also 28 Ebenen wie bei Osiris, der auf seinem Weg in die Unterwelt 14 Ebenen hinunterstieg und weitere 14 in den Himmel hinaufstieg – rechnen wir für jede Ebene eine Nacht, so ergibt sich ein vollständiger Mondzyklus. Ägyptische Priester und Priesterinnen sagten, der Körper der Welt sei die Göttin Neith.[1] Allerdings war Purusha bei den asketischen Jaina-

Buddhisten geschlechtsneutral. Später übernahm das mittelalterliche Europa diese Vorstellung, erklärte jedoch den Weltkörper für männlich.[2]

Der höchste Himmel, den die GriechInnen Empyreum nannten, breitete sich wie ein glänzender Schirm über den Kopf Purushas aus. Auf der Erdebene waren Kontinente und Ozeane in konzentrischen Kreisen angeordnet wie auf einer horizontalen Zielscheibe.[3] Diese Darstellung war noch in mittelalterlichen Weltkarten zu finden.

1. Budge, G. E., 299. 2. Campbell, Or. M., 256. 3. Campbell, Or. M., 224.

Pygmälnnen

Homer sprach von *Oi Pygmaioi*, den Pygmäen, die in einem tropischen Paradiesgarten in der Nähe der Mondberge an der Quelle des Nils lebten. Die PygmäInnen leben heute wie vor 3000 Jahren im Urwald in der Nähe des Ruwenzori-Gebirges (Mondberge). Dieses Gebiet wurde von Norden her praktisch unzugänglich, als klimatische Veränderungen einen heute unter dem Namen Sudd bekannten, ausgedehnten Sumpf schufen, der die Siedlungen am Nil von den Oberläufen in den Bergen trennte. Doch in früheren Zeiten war die Topographie Afrikas für Reisen und Kolonisierung besser geeignet.

Die PygmäInnen sagen, ihre Vorfahren seien aus dem nördlichen Land Kimi gekommen, einem koptischen Namen für Ägypten, der sich aus *Khemennu* ableitete, »Land des Mondes«. Der Kulturheld der PygmäInnen, Efé, trug gelegentlich auch den Namen Heru, ein alter ägyptischer Name für Horus. Er wurde an einem Weltenbaum gekreuzigt und erhielt die Offenbarung eines heiligen Gesetzes von einem Mondgeist namens Mara, dem alten Pygmäennamen für eine Stammesmutter und später für jede göttliche Gestalt.[1]

Wie ihre Verwandten, die »Buschmänner«, sind die PygmäInnen ein kaukasoides Volk: sie haben schmale Lippen, helle Haut und häufig blaue Augen. Anthropologische Studien zeigen, daß die PygmäInnen eigentlich kein primitives Volk sind, sondern die Überreste einer hochentwickelten Kultur darstellen, der Vorfahren jenes Berbervolkes, die das, wie Hallet es nennt, »alte weiße Afrika« bewohnten.[2] PygmäInnen haben etwa die gleiche Statur wie ägyptische Mumien; die antiken ÄgypterInnen waren nicht sehr groß.

In Ägypten gab es einen Pygmäen-Gott, Bes, Schutzpatron der Musik, des Tanzes und der Unterhaltung. Anscheinend war er ein bedeutender Hofnarr der Gottheiten. »Sie ergötzten sich an seiner grotesken Gestalt und seinen Verrenkungen ebenso, wie sich die Pharaonen von Memphis im alten Königreich an den Possen ihrer Pygmäen erfreuten.« Bes wurde fast so populär wie Osiris. Er beschützte die Frauen, vor allem die schwangeren. Er beschützte die Familien, kümmerte sich um die Toten in der Unterwelt und half bei der Geburt des Sonnengottes. Später wurde Bes zusammen mit allen übrigen ägyptischen Göttern verteufelt. Er wurde als »böser Dämon« bezeichnet, den Mose austrieb. Der Sage nach soll er immer noch im Südtor des Tempels von Karnak wohnen, von wo aus er einsame Wanderer erschrickt.[3]

Die PygmäInnen haben aus ihren Ursprüngen matriarchalische Traditionen beibehalten. Sie sagen, die ersten menschlichen Wesen habe der **Mond** erschaffen. Die erste Frau, die Gottesmutter, war Matu (Mutter), die noch immer in Höhlen unter den Mondbergen wohnt. Gelegentlich war sie wie die ägyptische Bast als katzenköpfige Göttin zu sehen. Ihr Name ist verwandt mit Maat und der sumerischen Matu, dem Urgefäß, der Unterwelt und der Verschlingerin der Toten. In Babylonien war die Todesgöttin Matu zugleich Lilith oder der yonische Lotos *lilu*. Heute sagen die PygmäInnen, ihre Göttin könne die Gestalt eines Ungeheuers namens Lulu annehmen; sie habe in dieser Gestalt ein riesiges vulvaförmiges Maul, welches sich nicht horizontal, sondern vertikal öffnet und Menschen mit dem Kopf voran verschlingt.[4]

Die Mythen und Gottheiten der PygmäInnen stammen nicht nur aus der antiken Welt, ihre Überlieferungen sprechen zudem deutlich von einer Zeit, als ihre Vorfahren in einer hochentwickelten Zivilisation lebten mit großen Städten, wunderbaren Werkzeugen und Fertigkeiten, die es ihnen ermöglichten, Wunder zu wirken.[5]

Der wahre Ursprung dieses Volkes läßt sich nicht mit Gewißheit ausmachen, ebenso wenig wie der anderer Völker ohne schriftliche Überlieferung. Und doch scheint es klar zu sein, daß sie mit der Kultur am Nil schon sehr früh in Verbindung gestanden haben, möglicherweise mit Kolonialsiedlungen an den Oberläufen des Nil. Selbst im Ägypten der großen Dynastien gab es halbvergessene Geschichten über die »wahre Quelle« des Nils am Mondberg der Göttin mit seiner riesigen uterinen Höhle. Später wurde die zeremonielle Nilquelle nach Elephantine verlegt, weil es zu beschwerlich wurde, von dort aus weiter flußaufwärts zu reisen. Schließlich waren die PygmäInnen von den Nilbewohnern abgeschnitten.

1. Hallet, 113, 115, 124. 2. Hallet, 37. 3. *Larousse*, 39. 4. Hallet, 95, 144, 170. 5. Hallet, 102, 106.

Pygmalion

Griechische Version der phönikischen Priester-Könige, die Pumiyathon genannt wurden; sie waren dem Bildnis der Astarte in Byblos vermählt. Pygmalion als Priester-König von Zypern erlangte das Recht auf Herrschaft durch seine feierliche Vermählung mit dem Bildnis der Göttin, die **Galatea** (Weiße Göttin oder Milchgöttin) genannt wurde. Aphrodite erweckte während der heiligen Ehezeromonie die Statue zum Leben – das heißt, lebte in ihr.[1]

1. Frazer, G. Z., 484f.

Pyrrha

Frau des Deukalion, der griechischen Version Noahs. Sie und ihr Mann bevölkerten nach der großen Flut die Erde erneut, und zwar auf Anweisung der Göttin Themis, die auf magische Weise aus Steinen Menschen entstehen ließ. Pyrrha, deren Name »flammendrot« bedeutet, mag für das magische Ingrediens dieses Zaubers stehen und das Blut des Lebens verkörpern. Ihr Name war auch als Bezeichnung für Wein gebräuchlich.[1]

1. Graves, G. M., Kap. 38.

Python

Große Schlange, geboren von Mutter Hera ohne Zutun von Zeus; das bedeutet, die erstgeborene **Schlange** der Mutter ging allen Vatergöttern voraus, wie die Ophion-Schlange der Schöpferin Eurynome. Wie Luzifer war Python die Schlange des Blitzes, die in die Tiefe hinabstieg, um die Große Göttin zu befruchten. Mutter Hera gebar auch Hephaistos ohne Zutun eines männlichen Gottes, und Hephaistos war ebenfalls der Gott des Blitzes, der »vom Himmel fiel«.[1]

Python verkörperte den prophetischen Geist des Orakels von Delphi, dessen Priesterin immer die Pythia war, auch als Apollon das Heiligtum übernahm. Python lebte im Schoß der Erde und kannte deren Geheimnisse, deshalb war er ein Orakel. Manche Mythen sagten, Python sei der Herr des Todes, weil Apollon ihn getötet hatte. Doch wie alle anderen Zwillinge von Licht und Dunkel waren Apollon und Python im Grunde ein- und derselbe Gott. Die heiligen Könige von Delphi töteten immer ihre Vorgänger und setzten sie im steinernen **Omphalos** bei, wo Pythia saß, um mit den Orakelgeistern Kontakt aufzunehmen.[2]

Manchmal war Python auch der negative Aspekt Apollons, die schwarze Sonne, die der himmlischen Sonne entsprach. Diese Schlangengestalt kennen wir auch als Sata, Thot, Typhon, Ouroboros, Okeanos, Hermes und andere unterirdische Orakelgötter.

1. Guthrie, 73. 2. Graves, G. M., 21.3.

In der Frühzeit bezeichnete das englische Wort QUEEN jede Frau, die Landbesitz hatte; später verengte sich die Bedeutung auf Königinnen. Das Bild zeigt Karomama, die in Ägypten mit ihrem Mann, Takelot II., in der 22. Dynastie (950–739 v. Chr.) herrschte. Damaszierte Bronze.

Es heißt, die Geschichte von ROTKÄPPCHEN *(Red Riding Hood)* basiere auf der Trinität – Jungfrau, Mutter, Großmutter – der Göttin Diana. In dieser Geschichte tauchen auch der Herr der Jagd und die Wölfin auf. Die Abbildung zeigt Rotkäppchen auf dem Einband eines Buches, das insgesamt nach der Silhouette des kleinen Mädchens zugeschnitten ist.

Lupa, die Wölfin, säugt ROMULUS UND REMUS; eine Darstellung der Gründungsgeschichte Roms. Etruskische Bronzeskulptur, der in der Renaissance die Zwillinge hinzugefügt wurden; Kapitolmuseum, Rom.

Qadeshet

Arabisch *qadisha*, hebräisch *kadesha*, heilige Hure oder heilige Jungfrau; *qadeshet* war auch der Name der Astarte und ihrer Tempelfrauen. Das Wort bedeutete »Priesterin«. Im Koran war es der Name der reichen Frau Mohammeds, Khadija, mit deren Geld der Prophet seine Bestrebungen finanzierte.[1] Astarte die Qadeshet war das syrische Gegenstück zu Ishtar, der großen Hure Babylons, die sich zur Mutter der Barmherzigkeit erklärte.[2] (Siehe **Prostitution**.)

1. Briffault 1, 375. 2. Lindsaw, O. A., 54.

Queen

Altnorwegisch *kvaen*, altenglisch *cwene*, bedeutete »Besitzerin« und bezeichnete vor allem Landeigentümerinnen in den Zeiten des Matriarchats. Antike Schriftsteller beschrieben viele barbarische Gesellschaften als Völker von »Queens«.[1] (Siehe **Weibliche Erbfolge**.)

1. Thomson, 244.

Quetzalcoatl

Aztekische Erlösergottheit mit den gleichen Merkmalen wie entsprechende Götter des alten Orients. Quetzalcoatl wurde von einer Jungfrau geboren, einer der drei mystischen Schwestern (also der dreifaltigen Göttin). Er repräsentierte das Getreide. Sein Tod und seine Auferstehung standen in engem Zusammenhang mit Aussaat, Wachstum und Ernte. Wie die Schlangen-Tauben-Gottheiten Mesopotamiens vereinte er in sich Merkmale fliegender und kriechender Tiere; er wurde Vater der gefiederten Schlange genannt.

Er gab Blut aus seinem Penis, um die Menschheit nach der großen Flut neu zu erschaffen und wurde so zu einem der »kastrierten Väter«.[1] Er wurde geopfert, stieg in die Hölle hinab und erstand von den Toten wieder auf. Seine Wiederkunft wurde erwartet.

Wie der tote und lebende Shiva, wie Njord und Frey, Horus und Set, Apollon und Python und andere war Quetzalcoatl ein zwiegesichtiger Gott der Schöpfung und Zerstörung, der Rücken an Rücken mit seinem Bruder Tod vereint war.[2] Die nordamerikanischen Indianer verehrten die gleichen rivalisierenden Götter als Weißen und Schwarzen Manitu, die Herren über Leben und Tod. Sie waren abwechselnd Söhne und Gemahle der Großen Göttin, die von diesen Stämmen als Göttliche Großmutter bezeichnet wurde.[3] Die Azteken nannten sie die Herrin des Schlangenschurzes, die Quetzalcoatls Opfer entgegennahm.

1. Campbell, M. I., 156. 2. Neumann, G. M., 205 (dt. 196f.). 3. Briffault 2, 732.

Quintessenz

Blaues Blut galt einst als Zeichen des vornehmen Geblüts der Gottheiten. Die Große Göttin verlieh es den gottgewordenen Vorfahren der höchsten Kaste. Die Römer nannten blaues Blut *quinta essentia*, den

»essentiellen fünften Teil« oder die Quintessenz; sie verkörperte einen Geist der Unsterblichkeit (Göttlichkeit).[1] Manchmal war die *quinta essentia* ein heiliger Wein oder Ambrosia; andere Male war sie offensichtlicher als das Menstruationsblut der Großen Göttin gekennzeichnet. Anhänger der Aphrodite lehrten, ein Mann erlange die Quintessenz während des Mondmonats, der Honigmond genannt wurde und eine Menstruationsperiode umfaßte. Aphrodites Nektar wurde auch **Honig** genannt. Horaz schrieb, Aphrodite mische dem Kuß, der das eheliche Band besiegele, »selbst ein Fünfteil ihres eigenen Nektarsafts« bei.[2] Homer erklärte, das Blut, das in göttlichen Adern fließe, sei eine blaue ätherische Flüssigkeit, der *Ichor*, den Aphrodites Honigbienen bereiteten.[3]

Diese blaue Essenz entwickelte sich vermutlich aus einer unklaren Erinnerung an göttliche indo-europäische Vorfahren, die durch blaues Blut Unsterblichkeit erlangt hatten. Hindu-Gottheiten werden in der Sakralkunst nach wie vor blau gemalt – das mag die Sitte der Pikten und anderer früher britischer Stämme erhellen, sich für religiöse Zeremonien mit Färberwaide blau anzumalen, manchmal auch für Kriegszüge, um ihre Auferstehung im Falle ihres Todes auf dem Schlachtfeld sicherzustellen.[4]

Der blaublütige Gott, erfüllt von *quinta essentia*, war den gnostischen Denkern wohlbekannt. Porphyrios erklärte, der Demiurg oder Schöpfer der materiellen Welt habe die Gestalt eines Mannes, allerdings mit dunkelblauer Hautfarbe, ganz so wie Shiva, Vishnu und andere Hindu-Gottheiten.[5] Aristoteles lehrte, die Quintessenz sei ein fünftes Element – nach Erde, Wasser, Luft und Feuer –, aus dem die göttlichen Körper gemacht seien. Manchmal hieß es, dieses fünfte Element sei das gleiche wie der Äther, das Fluidum des Himmels.[6]

Mittelalterliche Alchimisten beschrieben die *quinta essentia* als blaues Elixir, das geistige Erleuchtung und körperliche Auferstehung verleihen könne.[7] Später wurde die mystische fünfte Essenz im Tarotkartenspiel repräsentiert durch die fünfte Trumpffolge, die großen Arkana (die großen Geheimnisse), deren Figuren Eingeweihten mystische Lehren vermittelten.

1. Jung, P. R., 121. 2. Bachofen, M. R. M. R., 46 (dt. 56). 3. Gaster, 29. 4. Hagen, 137 (dt. 187). 5. Lindsay, O. A., 137. 6. Funk, 349. 7. Jung, P. R., 121.

Ra

Var. Re

Ägyptens königlicher Sonnengott; der Sage nach hat er jeden Pharao gezeugt, indem er sich der Königinmutter vermählte.[1] Er war eine Späterwerbung des ägyptischen Pantheons. Über seine Ursprünge herrschte selbst bei seinen eigenen Priestern Unklarheit: Sie nannten ihn die höchste Gottheit, obwohl die Priesterinnen der Großen Göttin darauf bestanden, daß Ra nur ihr abhängiges Kind sei. Viele Schriften zeugen von diesem ideologischen Kampf.

Während der ptolemäischen Periode lehnten manche Anhänger Ras die Vorstellung ab, er sei von der Mutter aller Gottheiten geboren worden; sie nannten ihn »selbst gezeugt und selbstgeboren«.[2] Eine Hymne nannte ihn: »Göttlicher Gott, der von selbst entstand, Urgott, der am Anbeginn wurde«. Doch diese Passage war eine Einschiebung. In der gleichen Hymne hieß es auch: »Du bist schön, oh Re, alle Tage; deine Mutter Nut umarmt dich.«[3]

Eine Quelle nannte Ra »das göttliche Mann-Kind, den Erben der Ewigkeit, aus sich gezeugt und geboren«; doch eben diese Quelle erklärte auch, er sei »die Frucht in deiner Mutter Hathor … jeden Tag gestärkt von deiner Mutter Nut«. Gelegentlich gründete sich Ras Göttlichkeit auf die Gleichsetzung mit seiner Mutter. Es hieß: »Du bist wahrhaft Isis« oder »Du bist die Große Katze«, das heißt, die Göttin Bast-Hathor.[4]

Manche Autoren verhöhnten Ras Anspruch auf Göttlichkeit und sahen ihn als seiner Mutter untergeordnet. Er wurde »gestern geboren aus den Hüften der Göttin Mehurt … dem Großen Himmelswasser«. Sie richteten sich an ihn mit den Worten: »Deine Mutter brachte dich aus eigener Kraft hervor.« Offenbar duldete das gemeine Volk in Ägypten die Bestrebungen der Priesterschaft nicht, die Göttin zu beseitigen und an ihre Stelle den Sonnenvater des Königs einzusetzen. Budge erklärt: »Es steht mit einiger Sicherheit fest, daß es in den Lehren der Priester Ras oder im Kult, der ihren praktischen Ausdruck darstellte, etwas gab, das den Instinkten der Ägypter als Nation zuwiderlief.«[5]

Bei ihren Anstrengungen, ihren Gott ohne eine Mutter ins Leben zu bringen, nahmen die Priester Ras Zuflucht zu Abstraktionen, die weit über das Verständnis des einfachen Volkes hinausgingen. »Der Gott hat sich gebildet und man weiß seine Gestalt nicht … Er hat seinen Samen mit seinem Leibe verknüpft, so daß sein Ei entstand in seinem geheimnisvollen Inneren … Er hatte keine Mutter, die ihm seinen Namen gegeben hätte … Er, der sein Ei selbst bildete, der Mächtige von geheimer Geburt, der selbst seine Schönheit schuf.« Solche Abstraktionen konnten die buchstabengläubigen ÄgypterInnen nicht zufriedenstellen, die wissen wollten, wie Ra dies gemacht hatte. Die Priester antworteten ebenso ausweichend, wie es auch die moderne Priesterschaft tut.

> *Sein Bild ist nicht in Büchern ausgebreitet … Er ist zu geheimnisvoll, als daß man sein Ansehen entblößen könnte: er ist zu groß, als daß man über ihn beraten könnte und zu stark, als daß man ihn kennen könnte. Auf der Stelle stürzt tot man vor Schrecken hin, wenn man seinen geheimen Namen ausspricht, den niemand kennt. Kein Gott kann ihn damit anrufen, ihn, den Beseelten, der seinen Namen verbirgt.*[6]

Ra war allerdings nicht das einzige Kind der Großen Göttin; es mag sogar sein, daß er eine vermännlichte Form der Göttin selbst war. Einer ihrer alten Namen lautete Ra mit weiblicher Endung *-t*: »Ra-t von den zwei Ländern, die Herrin des Himmels, Herrscherin der Götter … Herrscherin von Heliopolis.« Ihr voller Name lautete Rat-taiut, »Ra-t der Welt«.[7] Ihre Stadt, deren Namen die GriechInnen mit Heliopolis übersetzten, war das ägyptische Anu, das in der Bibel On heißt. In Wirklichkeit hatte die Große Göttin mittels seines geheimen Seelennamens Gewalt über Ra. Jeden Tag belegte sie ihn mit einem Bann, der nicht zu brechen war, und zwang ihn, alt und greis zu werden, während er auf seinem Stock im Sonnenuntergang seinem Tod entgegenhinkte. Sie befahl ihm, im Zenit am Himmel stillzustehen, während sie ihren Sohn Horus vom Tode auferstehen ließ, eine Tat, auf die sich der jüdische Mythos gründete, daß Josua beim Kampf um Jericho die Sonne in ihrem Lauf anhielt.[8]

Die Juden nahmen die Gestalt des Ra mit Begeisterung auf und setzten ihn mit Jahweh gleich, vor allem in seiner babylonischen Form als Sonnengott Shamash (Chemosh). Beth-Shemesh, Haus der Sonne, war eine biblische Version der Kultstätte des Sonnengottes, die dem ägyptischen *per Ra* entsprach. Der Gott Moses folgte Ras Sitte, die verlangte, daß die ihn Anbetenden in seiner Gegenwart barfuß gingen. »Leg deine Schuhe ab, denn der Ort, wo du stehst, ist heiliger Boden« (Exodus 3, 5).[9] Manchmal nannten die Juden ihren Sonnengott auch Elias, eine Verstümmelung des griechischen Helios. Elias war der »Vater«, den Jesus am Kreuz anrief (Matthäus 27, 47–49).

1. Budge, B. D., 165. 2. Ders., G. E. 1, 341. 3. Erman, 139 (dt. 185f.).
4. Ebd., G. E. 1, 339–345. 5. Budge, B. D., 385, 501, 167.
6. Erman, 296, 299f. (dt. 366, 369f.). 7. Budge, G. E. 1, 328. 8. Ders., E. M., 135.
9. Budge, B. D., 25, 203, 231.

Rabbatu

»Heilige«, weibliche Form von *rabbi*, angewandt auf die semitische Göttin oder ihre Priesterinnen.[1] (Siehe **Aschera**.)

1. Allbright, 210.

Rabe

Mit seinem schwarzen Gefieder war der Rabe ein natürliches Totemtier der Todesgottheiten. Der Herr des Todes verkörperte sich häufig in Rabengestalt. Chukchi-Schamanen nannten ihren Ahnherren und Zaubermeister, der feierlich kastriert und getötet wurde, Großer Rabe.[1] Die Dänen sprachen von einem *Valraven*, der Hels König in der Unterwelt war. Als Sohn und Gemahl der Göttin der Unterwelt wurde er gelegentlich mit König Morvran, dem »Seeraben«, gleichgesetzt.[2]

Walküren konnten die Gestalt von Raben annehmen, um das Blut gefallener Krieger zu trinken; deshalb nannten die nordischen Skalden Blut den »Rabentrunk«.[3] Es hieß, ein Rabe sitze wie eine Walküre oder ein Psychopompos auf der Schulter des Einzuweihenden bei den orphischen Mysterien, wenn er den Tempel zur symbolischen Zeremonie von Tod und Wiedergeburt betrete.[4] Den Mithrasmysterien zufolge erhielt der Initiand den Namen Rabe, sobald er die erste Stufe der Erleuchtung erreicht hatte; sie entsprach dem Aufstieg in die himmlische Mondsphäre, dem Reich der Mondgöttin, welche die Toten empfing und für sie sorgte.[5]

Der Rabe als Symbol von Tod und Auferstehung hat sich in der deutschen Überlieferung so nachhaltig gehalten, daß diese dem neuen deutschen Volkshelden der Wiederkunft, Kaiser Friedrich Barbarossa, nachsagte, er werde in seinem Schlaf in einem unterirdischen Heiligtum, wo er auf den Tag seiner Rückkehr zur Erde warte, von Raben bewacht. In der armenischen Version schläft der Kaiser immer noch in einem Zauberberg mit dem Namen Rabenfels.[6] In Märchen ist der Rabe häufig der Seelenvogel, der den Helden an mysteriöse, unterirdische Orte und wieder hinaus führt oder ihn in Geheimnisse des Jenseits einweiht.

1. Hays, 412. 2. Graves, W. G., 87 (dt. 107). 3. Turville-Petre, 58. 4. Campbell, M. I., 389. 5. Rose, 289. 6. Borchardt, 152.

Var. Rahel

Rachel

»Schoß«, Personifizierung von *rachamin*, »Mutterliebe« oder »Erbarmen«, vergleichbar dem Sanskrit-Begriff *karuna*.[1] Rachels totemische Gestalt war das göttliche Mutterschaf, Mutter des heiligen Lamms, ein wichtiges Symbol früher hebräischer Stammesmütter. Rabbinische Schriften räumen ein, daß in dieser stammesgeschichtlichen Periode die vier Matriarchinnen – Rachel, Sara, Rebekka und Lea – eine größere Bedeutung besaßen als die drei Patriarchen – Abraham, Isaak und Jakob.[2]

1. Brasch, 183. 2. Briffault 3, 551 ff.

Rad

Das karmische Rad war ein ursprünglich orientalisches Symbol für die Göttin in ihrer Funktion als Gebieterin des Schicksals. Es wurde oft mit dem Rad der Galaxis, der Milchstraße oder des Tierkreises gleichgesetzt, das am äußeren Rand des Universums um die *yoni* oder den Omphalos (Nabel) der Göttin, ihre erdzentrierte Radnabe kreiste. Die tantrische Tradition zeigte das Rad als ein Mandala, in dessen Mittelpunkt die drei Totemzeichen der Dreifachen Göttin stehen: die Taube (Jungfrau-Schöpferin), die Schlange, (Mutter-Bewahrerin) und die Sau (Greisin-Zerstörerin).[1] Aus diesem Mandala entstand die Vorstellung der »sechs Reiche im Kreislauf des Seins«, das heilige **Hexagramm**.

Die KeltInnen verehrten das karmische Sternenrad als Emblem der Mutter Arianrhod, der Ahnin der »ArierInnen«. Einige sagten, es sei ein großes silbernes Rad, das ins Meer eintauchte und auf dem die Heroen nach Emania, in das Mondland des Todes, ritten.[2]

In Äthiopien befand sich das Bild der Göttin – indischen Bildern der Kali gleich – in der Mittes eines flammenden Rades. Christliche Mythen beschreiben die Zerstörung ihres Idols durch frühe Missionare; sie hielten es für die Abbildung einer alten Frau, die mit der Kraft des bösen Blickes ausgestattet war und deren Füße »auf einem feurigen Rad« standen. Jesus befahl: »Nehmt diese Frau mit dem bösen Blick und bereitet ein Feuer und tragt sie zu dem Feuer und werft sie hinein und verbrennt sie.«[3] Ihre Asche sollte in alle Winde zerstreut werden, denn die Leute glaubten, sie würde wie der Phoenix aus der Asche wiederauferstehen, wenn sie an ihrem Platz bliebe.

Die Zerstörung des Bildes der Rad-Göttin war vermutlich die Grundlage für die Legende der heiligen Katharina, die angeblich auf einem Feuerrad, dem berühmten »Katharinen-Rad«, den Märtyrertod erlitten haben soll. Die heilige Katharina hat zwar nie existiert, aber es gab eine Göttin, die auf dem Feuerrad im Mittelunkt des Universums die Kathakali – Kalis »Tanz der Zeit« – tanzte. Die Kalacakra Tantra (Rad der Zeit), aus der dieses Bild stammt, ist immer noch der in Indien und Tibet am meisten verehrte Text und »steht an der Spitze des tantrischen Abschnittes der heiligen Schriften«.[4] (Siehe **Katharina**.)

Katharina war nicht die einzige mittelalterliche Manifestation der Göttin des Rades der Zeit. Das Rad der Zeit war zugleich das Glücksrad, das von der Dreifaltigen Schicksalsmutter Fortuna gedreht wurde. Im alten Rom galt die Fortuna als eine Emanation der Juno Februata, deren Fest im Christentum zum St. Valentinstag wurde. Das Symbol ihres Festes war ein auf asiatische Weise aus yonischen Mandorlas geformtes sechsspeichiges Rad.[5] Die sechs Speichen blieben bis tief in die christliche Zeit hinein das Zeichen der Juno.[6]

Im 12. Jahrhundert erschienen die Göttin und ihr Rad im *Hortus delicarium*. Die radförmigen Fenster der Kathedralen erinnerten an sie; auf einigen dieser Fenster sind menschliche Gestalten abgebildet, die auf der einen Seite des Rades emporsteigen und auf der anderen hinunterfallen – wie bei der *Rota Fortuna* (dem Schicksalsrad) im Zentrum der großen Arkana des Tarot. »Es ist die Dame Fortuna, die in diesen Kathedralen und königlichen Abteien schneller als eine Windmühle das Unterste zuoberst kehrt.« Honorius von Autun sagte: »Philosophen erzählen uns von einer Frau, die an ein Rad gebunden ist, das sich ständig dreht, so daß man sagen kann, daß sie sich mit seiner Bewegung einmal erhebt und einmal niedersinkt. ... Diese Frau ist Fortuna, deren Kopf sich einmal hebt und sich dann wieder senkt.« Hier war die wirkliche heilige Katharina: die Schicksalsgöttin, die von den Baumeistern der Kirchen verehrt wurde und deren geheime Symbole sich deswegen in diesen Kirchen wiederfinden. Hugo wies darauf hin, daß »manchmal ein Portal, eine Fassade oder eine ganze Kirche eine symbolische Bedeutung hat, die dem Gottesdienst völlig fremd, ja sogar kirchenfeindlich ist«.[7]

Hortus Deliciarum (Garten der Wonnen), eine in der zweiten Hälfte des 12. Jahrhunderts entstandene Handschrift, die als allgemeines Handbuch für Klosterfrauen geplant war. Neben Auszügen aus der Bibel und den Kirchenvätern enthielt der Hortus deliciarum auch eine Fülle weltlicher Gedichte sowie eine große Zahl oft ganzseitiger Illustrationen.

Von Boethius (480–524), einem gnostischen Philosophen, der zu bekannt war, um ignoriert zu werden, wurde behauptet, er sei ein christlicher Theologe. Aber in seinem Hauptwerk *De consolatione Philosophiae* (vom Trost der Philosophie) wird Christus mit keinem Wort erwähnt. Boethius fand seinen *Trost* im Besuch seiner Schutz-Göttinnen Philosophia und Fortuna. Die letztere lehrte ihn ihr Prinzip des karmischen Rades: »Ich lasse ein Rad schnell kreisen; es gefällt mir, die Gefallenen emporzuheben und die Hochmütigen zu erniedrigen. Steig also auf, wenn du willst – aber unter der Bedingung, daß du nicht zornig wirst, wenn das Gesetz meines Spiels dir befiehlt, abzusteigen.«[8]

Fortuna, die Göttin des Rades, kann von einer vorrömischen Vortumna (Die, die das Jahr umdreht) abgeleitet werden.[9] Schicksal und Zeit bildeten in den Gedanken der Alten immer eine Einheit. Römische Schriftsteller versuchten später, die Göttin in den männlichen Jahreszeitengott Vertumnus zu verwandeln; sie gaben allerdings »seinen« eigentlichen Charakter preis, indem sie sagten, er erscheine in der Verkleidung einer alten Frau. Die Göttin wurde in ihrem wohltätigen wie in ihrem bösen Aspekt als Bona Fortuna bzw. Mala Fortuna verehrt; in ihrem

Rad der Fortuna oder Glücksrad

Tempel auf dem Esquilin (einem der sieben Hügel Roms) wurde sie durch das radförmige Allsehende Auge symbolisch dargestellt.[10]

Als Fortuna Primageneia war die Göttin des Rades das erstgeborene Kind der Urmutter Juno und wurde als Jungfrau verehrt, »die ihren Anbetern jede Anmut des Leibes und jede Schönheit der Seele schenkt«.[11] Sie wurde mit der »Glorie« des Mazdaismus (Religion der Zarathustra-Gläubigen Altpersiens) gleichgesetzt. In ihrer Funktion als Fortuna Augusti gewährte sie den römischen Kaisern das göttliche Recht der Herrschaft.

Während der frühen Bronzezeit gab es einen ursprünglichen und direkten Zusammenhang zwischen dem feurigen Rad der Fortuna und dem Königtum; die heiligen Könige starben – wie es die Legende von Ixion, einem Herrscher der thessalischen Lapithen zeigt – auf dem Rad der Wiedergeburt.[12] Ixion mußte am Ende seiner Amtszeit sterben: er wurde auf ein brenndes Rad gebunden, das die Sonne darstellte, und einen Berg hinabgerollt. Diese Gestalt des heiligen Königs kann mit der altnordischen Gottheit Kris Kringle verglichen werden; einem »Christus vom Rad«, der zur Zeit der Wintersonnenwende die sterbende und wiedergeborene Sonne verkörperte. Daher rührte auch seine spätere Verbindung mit dem Weihnachtsfest (engl. *christmas*); noch später wurde er sogar mit dem heiligen Nikolaus (engl. *Santa Claus*, gleichbedeutend mit dem deutschen »Weihnachtsmann«) gleichgesetzt.[13]

Die nordischen Völker glaubten, daß die mystischen Räder des Daseins aufhörten, sich zu drehen, wenn sich die Sonne während der dunkelsten Tage des Winters bei dem entscheidenden Wechsel zwischen den Jahren ihrem *Nadir* (Tiefpunkt) näherte. Um diese Zeit – während des Julfestes – waren alle Kreisbewegungen tabu: Wagenräder durften nicht rollen; das Butterfaß durfte nicht gedreht werden.[14] Von britischen Hügeln wurden dagegen zur Wintersonnenwende und ihrem Gegenstück auf der anderen Seite des dahinrollenden Jahres, der Sommersonnenwende, noch im 19. Jahrhundert feurige Schicksalsräder hinabgerollt. »Die heidnischen Bräuche des Festes der Sommersonnenwende können als genaues Gegenstück der Jul-Bräuche angesehen werden. Die Leute glauben, daß all ihr Unglück mit diesen Rädern von ihnen hinwegrollt.«[15]

Dionysius Aeropagita
Unter diesem Namen ist eine Sammlung in gekünstelter griechischer Sprache abgefaßter Schriften überliefert, die sehr lange dem angeblich von Paulus bekehrten (Apostel 17, 34) ersten Bischof von Athen zugeschrieben wurde. Seit der Renaissance wurde die Echtheit dieser Schriften mit

Bei **Dionysios** Areopagita heißt es, daß es sich bei der Klasse der Engel, die »Throne« genannt werden, in Wirklichkeit um Räder handelt, die den Namen »Gel« tragen, »was in hebräischer Sprache Umwälzung und Offenbarung heißt«.[16] Dieses Bild war orientalischen Ursprungs; es entstammte einer Vision östlicher Tempel, die als riesige, mit Rädern versehene Weltwagen, betrachtet wurden. Die Gottheit thronte auf diesem Wagen, nahm von dort aus an dem Feiern des Daseins teil und beförderte in ihm die Welt mitsamt allen Erscheinungen des Lebens: Tieren, Pflanzen, Bergen und Flüssen. Die Weisen sagten über die Identifikation mit der Gottheit: »Wer sein wahres Selbst gesehen hat, sieht auf das sich wandelnde Dasein wie auf ein rollendes Wagenrad herab.«[17]

Auch mittelalterlichen Prozessionen waren mitunter an der Kreisform ausgerichtet; die Teilnehmer umrundeten dann beständig einen öffentlichen Platz oder einen Innenhof – ein Verfahren, das als »Karussell« oder »Wagenrad« bekannt war.[18] Die Einbeziehung dieses Modells in Karnevalsfeiern und Jahrmärkte bestätigt die Wahrscheinlichkeit seines heidnischen Ursprungs, denn bei einem Großteil der althergebrachten Bräuche auf Volksfesten handelt es sich um Überbleibsel der Alten Religion – und dazu gehörte auch das Glücksrad.

Die Bezeichnung Karneval stammt ursprünglich von alten Festen, die zu Ehren der Göttin Carna oder Karna, der Mutter der »Re-in-Karnation« (durch das karmische Rad der Kali geregelte Kreisläufe), veranstaltet wurden. Das *Roulette* (»kleines Rad«) entwickelte sich aus dem östlichen Gebetsrad. Sein Schutzgeist war nicht nur die Dame Fortuna, sondern auch die Dame Glück (engl. *Lady Luck*); ihr Name entwickelte sich aus der *Loka* des Sanskrit, einer göttlichen Hebamme und Wächterin über eine der Planetensphären oder die »aufsteigenden Lichtebenen der Erfahrung«.[19]

Ein anderes Zubehör des Karneval war das Riesenrad (engl. *ferris wheel*), eine Form des Elfenrades (engl. *fairies' wheel*), das vom keltischen Rad der Arianrhod abstammt. Die »Reiter des Rades« verkörperten vorchristliche »Feen-Leute«, deren Seelen in karmische Zyklen verstrickt waren. Im *Traum des König Artus* wird ein Feen-Rad beschrieben, das einem modernen Riesenrad erstaunlich ähnelt.[20]

Recht bezweifelt, und es gelang schließlich, sie auf das fünfte Jahrhundert zu datieren; ihr unbekannter Autor wird auch als »Pseudo-Dionysius« bezeichnet.

1. Campbell, C. M., 416. 2. Spence, 152f. 3. Gifford, 57. 4. Tatz & Kent, 18. 5. Brewster, 104. 6. Koch, 54. 7. Mâle, 95ff., 395. 8. Ebd., 96. 9. Graves, G. M., 32.1. 10. Elworthy, 195, 11. Cumont, M. M., 111. 12. Campbell, C. M., 422. 13. Wainwright, 245. 14. Oxenstierna, 214. 15. Hazlitt, 346. 16. Hughes, 29. 17. Rawson, A. T., 193. 18. Moakley, 44. 19. Woodroffe, 40. 20. B. Butler, 147.

Radha

»Elefantenkuh«, die Shaḳti Krishnas. Ihr Name entstand ohne Zweifel im Zusammenhang mit dem antiken Kult des Elefantenbullen. Krishna galt als Avatar des Elefantengottes Ganesha.[1] Nach dem Kama Sutra repräsentierte der Elefant höchste sexuelle Potenz und unstillbare Begierde.

1. Rawson, A. T., 99.

Ragnarök

Altnordischer Tag des **Weltgerichts**, das Ende der gegenwärtigen Welt. Heimdall wird die letzte Schlacht der Götter mit dem letzten Stoß seines Hornes verkünden; darauf folgt die Vernichtung der Erde, das Erlöschen der Sonne, der Tod aller Gottheiten und die Rückkehr der Erde in ihren chaotischen Urzustand.

Rama

Held des Ṙamayana, dessen Name soviel hieß wie »sexuelle Lust« oder »Genuß der Männlichkeit« – einer der phallischen Avatars Krishnas als Gemahl der weiblichen Genitalgöttin Sita, »Die Furche«.[1] Ihre

Geschichte basierte auf den Namen für das männliche und das weibliche Element der Lingam-Yoni.

1. Woodroffe, 607 (dt. 371).

Rati

Balinesischer Name der Großen Göttin, »Erotische Wonne«, vielleicht verwandt mit der altägyptischen Ra-ti der Welt, »Herrin des Himmels, Herrscherin der Götter«.[1] Es mag auch eine Beziehung zur griechischen Erato, der »Geliebten«, der Muse der Liebesdichtung gegeben haben.[2] Bildnisse von Rati zeigten die überschäumende Sexualität und Fruchtbarkeit, die an den alten Matriarchinnen so bewundert wurde: große Brüste, ein schwangerer Leib, eine wie eine Vulva geformter, einseitig geöffneter Mund. Zimmers Beschreibung bringt das typische Unbehagen zum Ausdruck, das westliche Männer angesichts so übertriebener Symbole des ewig Weiblichen befällt:

Heinrich Zimmer (1890–1943). Führender westlicher Erforscher orientalischer Religionen und Sanskritschriften, vor allem der indischen Mythologie.

> *Die Göttin der Mutterschaft und Fruchtbarkeit … verweist mit einer traditionell in doppelter Hinsicht symbolischen Geste auf die beiden Hauptfunktionen des weiblichen Prinzips. Ein Unterarm hebt die Brüste an, die die von ihr hervorgebrachten Wesen nährt, während die andere Hand, unmittelbar über den Geschlechtsorganen auf den Unterleib gelegt, den ständig schwangeren Leib drückt. Der sinnliche Mund mit seinen halb geöffneten Lippen und der größer werdenden Öffnung im linken Mundwinkel hat einen wollüstigen, schmerzlichen Zug, der zugleich die Freuden der Liebe und Empfängnis und die Schmerzen und Wehen der Geburt andeutet. Die Figur stellt offen die gänzlich unschuldige Schamlosigkeit archaischer Mutterfiguren zur Schau, doch überdies – so scheint es zumindest – auch die herausfordernde, ruhige, lauernde und bewußt exhibitionistische Haltung einer merkwürdig dämonischen, übermenschlichen Hure. Die scheußlichen und grotesken Züge sind durchdrungen von einer finsteren, teuflischen Lockung der Sexualität …*
>
> *Obschon dieses Bild in der Kunst Balis keineswegs allein steht, ist es doch eines der herausforderndsten und bedeutungsschwersten seiner Art …, das auf grobe Weise gegen die luftigen Lehren der Befreiung und transzendental erlösenden Weisheit protestiert, die zu dieser Zeit in Form des Buddhismus und der Askese der Yogas die deutlichsten und mächtigsten Früchte des männlichen Geistes darstellten. Nach jahrtausendelangen Kämpfen der Gurus, den Menschen aus der primitiven Versklavung durch die dämonischen Mächte der schieren Natur zu befreien, waren diese immer noch – unvermindert, unbesiegt und unversöhnt – vorhanden. Und sie sind gleichermaßen schockierend wie attraktiv.*[3]

1. Budge, G. E. 1, 328. 2. Graves, W. G., 469. 3. Campbell, M. I., 270f.

Ravana

Hinduistischer »Königsdämon« mit Eselskopf, den zehn menschliche Könige in Folge trugen; der letzte von ihnen wurde von Gott Krishna getötet.[1] Ravanas Bild zeigte gewöhnlich den Eselskopf in der Mitte und die Menschenköpfe seitlich neben seinem Hals aufgereiht. Die Könige wurden mit den zehn vorsintflutlichen Patriarchen in Zusammenhang gebracht, welche die Esel anbetenden Hebräer für sich in Anspruch nahmen. (Siehe **Esel**.)

1. Norman, 123.

Re

Siehe **Ra**

Rebhuhn im Birnbaum

(*Partridge in a Pear Tree*; Bild aus einem englischen Weihnachtslied); das englische Wort *partridge*, »Rebhuhn«, mittelenglisch *pertriche*, geht zurück auf Perdix, einen der heiligen Könige Athenes, den seine Göttin von einem Turm ins Meer hinabstieß und in Gestalt eines Vogels in den Himmel erhob.[1] Er war das Rebhuhn, sie der Birnbaum. In Böotien wurde Athene als Birnbaum und Mutter aller Birnbäume verehrt. Der Name Perdix bedeutete ursprünglich »der Verlorene«. Perdix war eine Form des Vishnu-Narayana, der in seiner heiligen Stadt Badrinath im Himalaya (von *badri*, »Birnbaum«) Herr der Birnbäume genannt wurde. Der Birnbaum war im gesamten eurasischen Raum ein weiblich-mütterliches Symbol. Er war auch Hera geweiht, deren ältestes Abbild im Heraion zu Mykene aus Birnenholz geschnitzt war.[2] Bei europäischen Bauern galt der Birnbaum als bevorzugter »Lebensbaum« für Mädchen. In Rußland wurde ihm magische Schutzwirkung für Kühe zugeschrieben.[3] Offenbar wurde das Rebhuhn im Baum bei der Übertragung dieses Bildes in ein Weihnachtslied zum Symbol für Christus anstelle von Perdix.

1. Potter & Sargent, 123. 2. Graves, G. M., 74.6. 3. B. Butler, 238.

Recht der ersten Nacht

Dieses »Herrenrecht«, auch franz. *Droit du Seigneur* oder lat. *Ius primae noctis*, war ein Auswuchs des Feudalsystems, der den Besitz von Land mit dem Besitz einer Frau gleichsetzte. Das Recht der ersten Nacht besagte, daß die Braut eines Leibeigenen in ihrer Hochzeitsnacht nicht von ihrem Bräutigam, sondern von ihrem Grundherren entjungfert werden mußte.

Das von Ewen III. von Schottland gesetzlich verankerte Recht betraf auch alle anderen Frauen aus dem Volk, sie durften jederzeit von einem Adligen vergewaltigt werden. »Dem Grundherren soll die Jungfernschaft aller auf seinem Land lebenden Mädchen gehören.«[1]

Die Kirche billigte das *Ius primae noctis* als gottgegebenes Adelsrecht. Sie bezeichnete es als blasphemisch dem »heiligen Segen« der Ehe gegenüber und als ein Zeichen »fleischlicher Begierde«, wenn ein Untertan in den ersten drei Tagen nach der Hochzeit die Ehe vollzöge.[2] Dagegen war die Lust des Grundherren angemessen und nicht anrüchig. Die Ostkirche erließ Strafen für Männer, die versuchten, die Ehe zu vollziehen, bevor ihr Herr die Braut vergewaltigt hatte.[3]

Das Recht der ersten Nacht galt die ganze Feudalzeit hindurch als allgemeines Recht und hielt sich in Rußland bis ins 19. Jahrhundert.[4]

In Amerika bestand dieses Recht – zwar inoffiziell, aber allgemein anerkannt – bis zum Bürgerkrieg bei den Sklavenhaltern der amerikanischen Südstaaten. Jede schwarze Frau, ob sie mit einem Sklaven verheiratet war oder nicht, galt als sexuelles Eigentum ihres Herrn.[5] Ehen unter Sklaven konnten rechtmäßig ignoriert werden, wenn die Plantagenbesitzer es nur wollten. Im Jahr 1757 beklagte Peter Fontaine, daß die Plantagenbesitzer so viele Kinder mit ihren Sklavinnen gezeugt hatten, daß »das Land von Mulatten-Bastarden wimmelt«. Thomas Anburey lobte das System als »eine bequeme Methode, sich billig Sklaven zu verschaffen«.[6]

1. Bullough, 168. 2. Brasch, 74. 3. Briffault 3, 242. 4. Fielding, 155. 5. Brasch, 72. 6. Bullough, 300; Rugoff, 325f.

Regenbogen

Mythen bringen den Regenbogen häufig mit der Traumzeit oder dem Goldenen Zeitalter in Verbindung, als Himmel und Erde noch in Einklang miteinander standen. Gottheiten, Geister und Sterbliche konnten auf der Brücke des Regenbogens hin- und hergehen, die auch die *axis mundi* war, die Himmelsleiter oder das Halsband der Großen Mutter, die im Goldenen Zeitalter herrschte. Der Goldtopf am Ende des Regenboges war eine andere Form des Heiligen Grals der KeltInnen, ein Gefäßsymbol für den Mutterschoß und verwandt mit den Töpfen, in denen die Mondmutter (Mana) die Seelen der Verstorbenen in ihrem Paradies im Westen aufbewahrte.[1]

Die sieben Farben des Regenbogens standen für die sieben Himmelssphären und die regenbogenfarbenen Schleier der Maya, der Großen Göttin, die hinter diesen Schleiern wirkte, um die materielle Welt in ihrer komplexen Buntheit erstehen zu lassen. Ihre Priesterinnen trugen die Farben ihrer Schleier, die in der ägyptischen Mythologie als die Sieben Schleier der **Isis** und in der Bibel als die sieben Schleier **Salome**s auftauchten.[2]

Die Regenbogenschleier der Göttin Ishtar waren manchmal Kleidungsstücke, manchmal aber auch Juwelen. Der Regenbogen wurde auch ihr Halsband genannt, aus dem sie für die Seelen der Auserwählten die Brücke zum Himmel schuf. Ihre Regenbogenkette hatte besondere Macht. Wenn die Göttin es befahl, konnten weder Menschen noch Gottheiten über die Regenbogenbrücke hinweggehen. Einmal versperrte sie mit ihrem Regenbogen dem himmlischen Vater den Weg zu den Essensgaben, die für ihn auf den irdischen Altären bereitlagen; sie wollte ihn strafen, nachdem er die **Flut** geschickt und ihre irdischen Kinder vernichtet hatte.[3] Die Verfasser der Bibel deuteten diesen babylonischen Mythos um; sie ließen die Große Göttin weg und machten den Regenbogen zum Zeichen für Gottes Versprechen an Noah, es nicht wieder zu tun.

Die Selektivität des Regenbogens ist ein verbreitetes Motiv. Den Auserwählten war die schimmernde Brücke ein breiter Weg, den Bösen eine messerscharfe Klinge. In der *Katha Upanishad* heißt es, die Regenbogenbrücke zum Himmel sei so schwer zu überschreiten wie eine scharfe Klinge.[4] Die PerserInnen erzählten das gleiche von ihrer Regenbogenbrücke Kinvad oder Cinvat: »Für die Gerechten ist sie neun Lanzenlängen breit, für die Gottlosen ist sie schmal wie ›das Blatt eines Rasiermessers‹. Die Brücke Cinvat befindet sich im Zentrum der

Upanishaden
Buddhistische Schriften, die das letzte Stadium vedischen Denkens darstellen und sich mit der als Vedanta bekannten

Welt ... die Brücke ... verbindet also im ›Zentrum‹ die Erde mit dem Himmel.«[5] In der christlichen Tradition war ebenfalls von einer Brücke die Rede, die nur Auserwählten offenstand: »und der Weg dahin ist schmal, und nur wenige finden ihn« (Matthäus 7, 14).

Philosophie befassen. Die *Katha Upanishad* erörtert die Seelenwanderung, das Wesen des ewigen Lebens, die Lehre *Mayas* und einen Bericht über einen Besuch bei Yama, dem Todesgott.

In Japan hieß es, der Regenbogen sei »Weg der Götter und Brücke zwischen Himmel und Erde«. Ebenso wie in Indien und Mesopotamien standen die sieben Farben für die sieben Himmel. »Der Thron Gottes ist von einem Regenbogen überwölbt, und dieses Symbol hält sich bis in die christliche Kunst der Renaissancezeit.« Die patriarchalische Theologie änderte das Geschlecht dieses Höchsten Wesens, doch das Symbol verweist nach wie vor auf die archaische Maya-Shakti, die in ihre Regenbogenschleier gehüllt ist. »Die Schamanentrommeln tragen Zeichnungen des Regenbogens in Gestalt einer Brücke zum Himmel. In den türkischen Sprachen hat der Regenbogen übrigens auch die Bedeutung von Brücke.«[6]

Auch nordische HeidInnen sagten, die Halskette der Großen Göttin und die Regenbogenbrücke zum Himmel seien ein und dasselbe.[7] Freyas Zauberhalskette Brisingamen war identisch mit der Regenbogenbrücke, die Bifrost oder Bilrost hieß, der »schwankende Steg«, auch Asbru genannt, »Brücke der Gottheiten«.[8] In christlicher Zeit wurde aus dieser Regenbogenbrücke ein Merkmal des Märchenlandes. Heidnische Legenden sagten, wenn das Jüngste Gericht nahe, breche die Brücke entzwei, so daß es keine Verbindung mehr zwischen Himmel und Erde gebe. Das hieß, daß Sterbliche nicht mehr in den Himmel eingehen würden, weder in schamanischer Trance, noch als Seele nach dem Tode.

In Griechenland war der Regenbogen die Verkörperung der Göttin **Iris**, die gewöhnlich als Botin Heras galt, ein weiterer Hinweis auf den Zusammenhang zwischen der Großen Göttin und dem bunten Gewand, den Schleiern der Maya oder Isis. Als »Brücke« trug Iris die Botschaften Mutter Heras ebenso zur Erde, wie der regenbogenfarbene Pfau die Botschaften Mutter Junos überbrachte. Iris band auch den nemeischen Löwen mit ihrem bunten Gürtel und trug ihn in die heilige Höhle in den Nemeischen Bergen.

In den Nemeischen Bergen auf dem Peleponnes befand sich in der Nähe der Stadt Nemea in Argolis ein antiker Tempel.[9]

1. Davidson, 34. 2. Angus, 251. 3. *Assyr. & Bab. Lit.*, 434. 4. Upanishaden, dt. 167. 5. Eliade, S., 485, 397 (dt. 446, 378). 6. Eliade, S., 134 (dt. 138f.); Rowland, zit. in Eliade, S., 138. 7. Turville-Petre, 176. 8. Branston, 104. 9. Graves, G. M., 123.c.

Reinkarnation

Buchstäblich »Wieder-Fleischwerdung«, grundlegender orientalischer Glaube an die zyklische Wiedergeburt nach dem Tode. Als Schicksalsgöttin steuerte die Große Mutter das Rad des Wiedergeburt (griechisch *kyklos geneseon*), das für den Kreislauf der aufeinanderfolgenden Leben stand, ebenso wie Kali das Rad des Karma steuerte.[1]

Patriarchalische Denker neigten dazu, die Lehre der Reinkarnation zugunsten eines unumkehrbaren Einganges in Himmel oder Hölle nach nur einem Erdenleben abzulehnen. Sie strebten eher nach ewigem Stillstand als nach zyklischer Bewegung. Und doch gehörte die Reinkarnation zum Glaubenskanon aller antiken Völker, und das patriarchalische Prinzip ewigen Stillstands erschien lediglich als späte Sonderentwicklung.

Pythagoras glaubte an den Übergang der Seelen von einem Körper in einen anderen: »Die Seele wandert, kommt hierin und dorthin und nimmt jede Gestalt an, die ihr gefällt. Von Tieren schlüpft sie in menschliche Körper und von unseren Körpern in Tiere, aber niemals vergeht sie.«[2] Platon war der gleichen Auffassung. In *Politeia* (»Der Staat«) schilderte er griechische Helden in der Unterwelt, die sich Körper für ihre nächste Inkarnation auf Erden aussuchten. Die Lehre der Wiedergeburt war bei den meisten kultivierten Griechen, die in die Mysterien eingeführt waren, akzeptiert. Der Gedanke war der gleiche wie in der tantrischen Vorstellung, die den Erleuchteten im Zwischenstadium zwischen Tod und nächstem Leben freie Wahl ihrer nächsten Gestalt versprach.[3]

Erstes Buch Adam und Eva
Ein Buch der legendären Apokryphen (nach jüdischen Quellen in Griechisch verfaßt), das weitere Einzelheiten beziehungsweise alternative Versionen des Genesismythos beschreibt.

Selbst die jüdische Überlieferung hat Spuren der Reinkarnationslehre bewahrt. Im *Ersten Buch Adam und Eva* bot Adam Gott das Opfer seines eigenen Blutes mit den Worten an: »Sei mir gnädig, wann immer ich sterbe, und erwecke mich wieder zum Leben.«[4] Orthodoxe Juden machten es sich zur Regel, ein Neugeborenes nicht nach Lebenden zu benennen, damit eine vorzeitige Übertragung der Namenseele dem Älteren nicht den Tod bringe. Die Regel entsprang dem alten Glauben, daß jedes Kind die Seele eines Vorfahren in einem neuen Körper berge.[5] Der jüdische Glaube, daß eine Frau durch ein Bad in Wasser, das zur Leichenwaschung benutzt wurde, empfangen könne, verweist eindeutig auf den Glauben an die Reinkarnation.[6] Tatsächlich heißt es im Talmud, Adam sei in Gestalt Davids wiedergeboren und ein weiteres Mal im Messias.[7]

Der Glaube an die Reinkarnation herrschte nicht nur im gesamten Orient, sondern auch im heidnischen Europa. Caesar erklärte, die Druiden hätten die zyklische Wiedergeburt gelehrt.[8] Auch heute stellen sich viele Naturvölker, aber auch Menschen in modernen Zivilisationen, ihre Seelen als vorübergehende Abspaltungen von der Weltseele vor, die alles Lebende beseelt. Aus der Edda-Dichtung spricht der Glaube an das karmische Rad der Wiedergeburt, aus dem nur die Selbstzerstörung hinausführen kann. Brunhilds Selbstmord stellte sicher, daß sie »niemals wiedergeboren werde«.[9] Bei den Eskimos umfaßt der Kreislauf der Wiedergeburt ebenso wie bei den alten GriechInnen und Hindus alle Lebensformen. Sie sagen, die Göttin der Tiere sorge für alle Kreatur und leide es nicht, daß zu viele Tiere getötet werden, weil sie von derselben geistigen Substanz seien wie die Menschen. »Das Leben ist unendlich«, sagen die Schamanen, »nur wissen wir nicht, in welcher Gestalt wir nach dem Tode wiederkehren.«[10]

Reinkarnation war in allen Gesellschaften untrennbar mit Mutterschaft verknüpft, da die Mütter die Vermittlerinnen und Trägerinnen waren. Die Mutter gab Lemminkainen, dem Helden des finnischen Nationalepos *Kalevala* neues Leben, nachdem er getötet worden war.[11] In Nordindien wurden tote Kinder unter der Türschwelle begraben, damit ihre Seelen in den Körper der Mutter eingehen konnten, wenn sie die Schwelle überschritt, und wiedergeboren wurden.[12]

Reinkarnation scheint auch in manchen frühchristlichen Kirchen zu jener Geheimlehre gehört zu haben, die in gewöhnlichen Kongregationen nicht gelehrt wurde, sondern den »auserwählten« oder »eingeweihten« Mystikern erst nach den ersten Stufen der Einführung in einen inneren Kreis offenbart wurde. Später lehnte die Kirche die Lehre von Wiedergeburt und Karma offiziell ab. 553 n. Chr. erließ das Zweite Konzil von Konstantinopel ein Dekret: »Jeder, der die mythische Lehre von der Präexistenz der Seele und die daraus folgende wunderliche Ansicht von ihrer Wiederkehr unterstützt, sei mit dem Kirchenbann belegt«. Origenes, einst zu den Heiligen Kirchenvätern gerechnet, hielt an der Lehre der Reinkarnation fest; doch drei Jahrhunderte nach seinem Tod wurde er »wegen seines Glaubens« offiziell exkommuniziert.[13]

Origenes (Origenes Adamantius). ca. 185–254 n. Chr., christlicher Kirchenvater ägyptischer Herkunft, der in griechischer Sprache schrieb und starken Einfluß auf die frühe griechische Kirche ausübte. Zuerst wurde er zu den Heiligen gerechnet, doch drei Jahrhunderte nach seinem Tod wurde er aufgrund gnostischer Elemente in seinen Schriften zum Häretiker erklärt.

Die Idee der Reinkarnation beraubt die christliche Lehre, die dem Menschen Lohn oder Strafe nach dem Tode verhieß, ihres Sinns. Wenn alle Seelen in denselben Kessel der Wiedergeburt zurückkehren, auch die der Tiere, die sich mit denen der Menschen vermengen, sind sie logischerweise nicht auf ewig in »gute« und »schlechte« Seelen unterteilt. Die im Westen traditionelle Haltung, Tieren eine Seele abzusprechen, und ihr Beharren, allein die Menschen seien unsterblich und bildeten den Höhepunkt der gesamten Schöpfung, hat jene Mißbräuche hervorgebracht, die zur ökologischen Krise der heutigen Zeit beigetragen haben. Auf einem theologischen Symposion, das 1970 in Kalifornien stattfand, waren sich »praktisch alle Gelehrten einig, daß die traditionelle christliche Haltung zur Natur die Ausbeutung der Umwelt durch Wissenschaft und Technik sanktioniert und so zu Luft- und Wasserverschmutzung, Überbevölkerung und anderen ökologischen Bedrohungen beigetragen hat«. Lynn White schrieb: »Eine der Ursachen für unsere gegenwärtige Krise ist in den jüdisch-christlichen Traditionen zu suchen … die von der Herrschaft des Menschen über die Natur sprechen … Mit der Zerstörung des heidnischen Animismus hat es das Christentum möglich gemacht, die Natur in einer Haltung der Gleichgültigkeit gegen die Gefühle natürlicher Objekte auszubeuten.«[14] Es ist seltsam, daß selbst hier jene lebendigen Dinge mit Gefühlen als »Objekte« bezeichnet werden.

Östliche Auffassungen von Reinkarnation schwächen die Grausamkeit des Menschen gegen seine Mitkreatur ab, um den Preis, ihnen einen Seeleninhalt zuzuschreiben, der von dem menschlicher Wesen nicht zu unterscheiden ist. Es bedeutet keinen großen moralischen Sieg, eine Spinne nicht zu töten, wenn jemand ernstlich glaubt, sie könne die Seele der eigenen Großmutter enthalten. Moralischer wäre es, sie einfach deshalb nicht zu töten, weil sie lebendig ist und es auch bleiben will; und jeder Lebenswille verdient Respekt.

Das vielleicht beste Argument, das sich für die Reinkarnation anführen läßt, ist, daß sie alles andere als verschwenderisch ist. Die Seelensubstanz wird erhalten und wiederverwertet. Die christliche Theorie war weniger ordnungsliebend mit ihrer ständigen Erschaffung von neuen, angeblich »unsterblichen« Seelen seit Anbeginn der Welt: das ergibt eine ungeheure Anhäufung von Seelen, die täglich zunimmt. In der Praxis glauben allerdings viele ChristInnen insgeheim in der ein oder anderen Form an die verbotene Reinkarnation. Wie die Orphiker behaupten manche sogar, sie könnten sich an ein früheres Leben erinnern. Das Fehlen materieller Beweise für solche Behauptungen scheint den Glauben jener nur zu bestärken, die daran glauben wollen.

1. Evans-Wentz, dt. 59. 2. Campbell, P. M., 293f. 3. Evans-Wentz, dt. 124f., 262. 4. *Forgotten Books*, 17. 5. Lys, 428. 6. Gaster, 521. 7. Waddell, 226. 8. Squire, 36. 9. H. R. E. Davidson, G. M.V. A., 158. 10. Campbell, P. M., 294. 11. H. R. E. Davidson, G. M.V. A., 234. 12. Frazer, F. O.T., 320. 13. Evans-Wentz, dt. 316. 14. Patai, 135f.

Religion

Das lateinische Wort *religio* bedeutet Rückbindung oder Wiedervereinigung und bezeichnet die Wiederherstellung der mütterlichen Bindung zwischen Natur und Mensch, beziehungsweise zwischen der Muttergöttin und ihrem Sohn und Gemahl, versinnbildlicht in der sexuellen Vereinigung der Menschen. Im Sanskrit hieß die Entsprechung *yoga*, das bedeutet ebenfalls Verbindung oder Vereinigung und ist verwandt mit unserem Wort »Joch«.[1]

Das Bedürfnis, die Mutter-Kind-Bindung symbolisch wiederherzustellen, mag die Quelle jeder Religion gewesen sein; Schleiermacher hat Religion als infantiles »Gefühl völliger Abhängigkeit« definiert.[2] Gaylin erklärt, »die Hilflosigkeit des Säuglings« werde in der religiösen Vorstellungswelt »zu einer inständigen Bitte um eine Lösung des Überlebensproblems«.[3] Bezeichnenderweise war selbst in der Darstellung der patriarchalischen Religionen die reife, fürsorgliche Gestalt weiblich, nicht männlich. Fast immer machte Gott ein Kindheitsstadium im Arm seiner Mutter durch. Die Große Göttin war jedoch selbst in ihrer jungfräulichen Erscheinung immer erwachsen und mit mütterlichen Fähigkeiten ausgestattet. Dieser Umstand mag sich auf die Tatsache gründen, daß die Gläubigen eine Haltung zur Gottheit einnehmen wie ein Kind zu seinen Eltern, und bei allen Säugetieren ist es die Mutter, deren biologische Elternschaft anerkannt wird. Daher verbirgt sich selbst in patriarchalischen Religionen unbewußt die »starke Neigung, die Mutter zu lieben und zu verehren«.[4]

Freud definierte Religion als einen Versuch, die »Sinneswelt ... mittels der Wunschwelt zu bewältigen«. Religiöse Vorstellungen sind »Erfüllungen der ältesten, stärksten, dringendsten Wünsche der Menschheit«.[5] Abgesehen vom Wunsch, die Mutterfigur zu beherrschen, und dem Wunsch, nicht zu sterben, kamen in den nach menschlichem Vorbild geschaffenen Gottheiten eine Reihe recht schäbiger, selbstsüchtiger Wünsche zum Ausdruck, die offenbar einer eingeschränkten Vorstellungswelt entsprangen. Santayana bemerkte: »Kläglich ist es zu beobachten, welche niedrigen Motive selbst die höchste Religion der Gottheit unterstellt und was für einem gequälten und bitteren Leben sie entspringen. Den besten Bissen zu erhalten, nicht vergessen zu werden, gepriesen zu werden, blinden und sofortigen Gehorsam zu finden, das hielten die Götter für Ehrensache.«[6] Natürlich waren es in erster Linie beim Menschen Fragen der Ehre. Sir Richard Francis Burton sagte: »Je mehr ich mich mit dem Studium der Religionen beschäftige, desto mehr

Sir Richard Francis Burton (1821–1890), britischer Reisender,

gelange ich zu der Überzeugung, daß der Mensch von jeher nichts höher schätzt als sich selber.«[7]

Buddhistische Asketen waren sich einig, daß ein Mann sich selbst lieber »ist als ein Sohn, lieber als Besitz, lieber als alles andere ... Nur den Atman soll man als Liebes verehren. Wer nur den Atman als Liebes verehrt, dem wird Liebes nicht verkümmert.« Kinder waren für die männlichen Asketen bedeutungslos: »Darum haben die Brahmanen der Vorzeit, die studiert hatten und kundig waren, nicht Nachkommenschaft begehrt. ›Was sollen wir‹, dachten sie, ›mit Nachkommenschaft tun, wir, deren Welt der Atman ist‹?«[8]

Mit dem Übergang zu männlichen Göttern entwickelte sich in den Religionen geradezu eine Besessenheit von Schuld und Sünde; die Gläubigen sorgten sich, was die Götter wohl als Hybris bestrafen mochten, und waren ängstlich bedacht, sie nicht mit unbedachten Worten oder Taten zu beleidigen. Kurzum, die Götter benahmen sich wie nicht eben liebevolle Väter oder ältere Männer, die die Oberhand über die Jüngeren behalten wollen. Der jüdisch-christliche Gott entwickelte sich zu einem der hervorstechendsten Beispiele für ödipale Feindseligkeit im Weltpantheon. Er strafte die gesamte Menschheit für eine einzige Sünde eines entfernten Vorfahren mit einer schrecklichen Buße, die in erbarmungsloser Pein ewig währen sollte. Die Angst vor einer so irrationalen und rachsüchtigen Gottheit trieb eine ganze Zivilisation in die Neurose. Gegen soziale Mißstände, die durchaus zu beheben gewesen wären, wurde nichts unternommen aufgrund der Theorie, daß alle Menschen arme Sünder sind, die ihr Leid verdient hätten – vor allem die Frauen, die ersten Sünderinnen. Leibeigenschaft, Sklaverei, legalisierte Grausamkeit, wirtschaftliche Unterdrückung – all dies wurde im Namen eines rachsüchtigen Gottes entschuldigt, dessen Priesterschaft auf seiner feindlichen Haltung zur Menschheit bestand und sogar unbeschreibliche Greueltaten beging, um den Ruhm ihrer Religion zu mehren.[9] Die christliche Geschichte zeigt, daß die Religion als Reaktion auf gesellschaftliche Tendenzen durchaus einem menschlichen Kurs zu folgen vermag; sie führt aber nicht von sich aus dahin.

Mit seiner Lehre von der Erbsünde, die kein Mensch büßen konnte ohne Vermittlung des Sohnes, dessen Tod der Vater verlangte, etablierte das Christentum die feindliche Vaterfigur und bestand darauf, daß der einzige Weg zur Gerechtigkeit die Gottesfurcht sei. Entsprechend legten die Kirchenväter auf diesen Punkt besonderen Nachdruck. Lacantius erklärte, alle Religion beruhe auf Furcht; Tertullian fragte: »Wie willst du lieben, wenn du nicht fürchtest, nicht zu lieben?«[10] Das Schreckensbild der Feindseligkeit Gottes gegen seine sündigen Kinder galt nicht als bildliche psychologische Vorstellung, sondern als Realität im buchstäblichen Sinne. Diese »Fiktion zeitloser Wahrheiten hat den Scharfsinn selbst der fähigsten Rationalisten belastet, die mit subtilen Instrumenten der Klassifizierung verwirrende neue Erkenntnisse in den Rahmen alter Glaubenssätze einzupassen suchen«.[11] Da in den alten Glaubensansichten jedoch auch archaische Unwissenheit mitschwang, mußten sie deren Rahmen ausweiten, um einen gewaltigen Tatsachenbereich abzudecken, für dessen Erklärung sie gar nicht gedacht waren.

Konsul, Orientalist, Übersetzer von *The Arabian Nights (Tausendundeine Nacht)*, Autor von mehr als 50 Büchern über die Kulturen Indiens, Arabiens, Südamerikas und Afrikas, darunter auch eines über die Mormonen von Salt Lake City. Burton hat als einer der ersten Europäer die Pilgerfahrt nach Mekka und Medina unternommen; mit J. H. Speke gehörte er zu den Entdeckern des Tanganjikasees und der Nilqueilen.

Und dennoch passen die Tatsachen nur schlecht in den erweiterten Rahmen:

> *Keine Ethik und keine Religion kann eine Weisheit enthalten, die über die Kenntnis des Menschen bezüglich der unmittelbaren und zukünftigen Folgen seines Handelns hinausgeht. Jede Religion und jedes ethische System muß erkennen, daß eine Ausweitung des menschlichen Wissens in fast jedem Gebiet sie obsolet machen kann …*
>
> *Weit davon entfernt, eine vorausschauende und konsistente Führung unter Beweis zu stellen, hat der Klerus nichts anderes als die nur allzu menschliche Tendenz an den Tag gelegt, seine Segel nach dem jeweiligen Wind der öffentlichen Meinung zu drehen, von wo er auch wehen mochte, und mit seinen unabdingbaren Interessen immer am Ruder zu bleiben.*[12]

Die unabdingbaren Interessen des Klerus verlangen heute eine Revision traditioneller Illusionen und deren Anpassung an ein moderneres Denken. Augstein sagt: »Viele, und nicht die schlechtesten Christen, stellen uns vor, das Christentum seit Konstantin habe sich 1600 Jahre lang verfehlt, habe immer die falschen Gottesbilder gehabt, sei erst jetzt dabei, seine gesellschaftliche Praxis zu entdecken, kurz, solle ganz neu beginnen. Aber die Religion, als sie kräftig war, hat die gesellschaftliche Praxis nicht positiv beeinflussen können; wie sollte sie das heute, wo sie als eine Übriggebliebene dahindämmert?«[13] Die Kirchen haben keinerlei Neigung gezeigt, sich zu reformieren, wenn nicht gerade der Verkauf ihres »Produktes« bis zu einem gefährlichen Punkt absank, und nur wenige bringen aktives Interesse an gesellschaftlichen Fragen auf. Der Landwirtschaftsgehilfe Roberto Acuna äußerte sich verbittert über die Gleichgültigkeit seiner Kirche: »Ich könnte die Kirchen niederreißen. Ich habe nie einen Priester draußen auf den Feldern gesehen, der versucht hätte, den Menschen zu helfen … Immer hat die Kirche von den Menschen nur genommen.«[14]

James Martineau, Professor für Moralphilosophie am Manchester New College, faßte das Dilemma der konventionellen Religion in seinem Aufsatz *The Seat of Authority of Religion* so zusammen:

> *Das Christentum … hat sich hauptsächlich aus dem entwickelt, was in seinen Quellen unhistorisch und überholt ist; aus dem, was in seinen Traditionen unhistorisch, in seinen vorgefaßten Ansichten mythologisch ist und in den Weissagungen seiner Propheten mißverstanden wurde. Von der Fabel vom Garten Eden bis hin zur Vorstellung vom letzten Trompetenstoß ist die ganze Geschichte der göttlichen Weltordnung verzerrt und verdreht …*
>
> *Die sich ausweitende Entfremdung der geistigen Schichten in den Gesellschaften Europas vom Christentum und die Tatsache, daß der Rest auf einem geistigen Niveau gehalten wird, das nicht weit über dem der Heilsarmee liegt, sind gesellschaftliche Phänomene, die den etablierten Kirchen ein feierlicher Appell an ihr Gewissen sein sollten.*[15]

Manche Gelehrte finden es erstaunlich, daß der Mensch unfähig zu sein scheint, eine Ethik oder Philosophie auf die Wahrnehmung der Realität zu gründen, und sich statt dessen an Mythen festklammert – sogar in einem Maße, daß sein Leben und das anderer oft mit unnötigen Schrecken erfüllt.[16] Zu den furchtbarsten dieser Schrecken gehört die reale Gewalt, mit der der Mensch andere, die an seinen Mythen zweifeln, angreift: als wolle er seine eigenen Zweifel abtöten, ehe sie an die Oberfläche seines Denkens treten und ihm voll bewußt werden.

Eine unaufgeklärte Erziehung zu leisten und Mythen zu lehren, als seien es Tatsachen, ist ein weiterer Mißbrauch der kulturellen Kommunikation; er impft Kindern eine Vermengung von Wahrheit und Fantasie ein, die sie möglicherweise ihr Leben lang verfolgt und sie insgesamt an der Entwicklung eines scharfen Denkens hindert. Es ist für ein Kind nicht immer einfach zu erkennen, wo die reale Welt aufhört und seine eigene Fantasie anfängt. Wenn Erwachsene ihm nicht helfen können, diese Grenze zu ziehen, weil ihr eigenes Denken von uralter Ignoranz verwirrt ist, wird die nächste Generation die Irrtümer von Jahrhunderten wiederholen.

Religionen gefallen sich darin, die »höhere Wahrheit« zu verbreiten, doch allzu oft hat ihre alleinige Wahrheit eine gefährliche Ähnlichkeit mit einer einzigen Lüge. Ein Theologe erklärte, das Ziel der Religion sei es, »die Wahrheit zu erkennen und nach ihr zu leben«; doch eben dieser Theologe definierte Religion als »den Glauben an Dinge, die nicht so zu sein scheinen, und immer ist es der Glaube an Dinge, die sich nicht beweisen lassen«. Ein weniger spitzfindiger Seminarist definierte einmal Religion als »die Macht, die es uns ermöglicht zu glauben, wovon wir wissen, daß es nicht wahr ist«.[17] Kein Wunder, daß Reverend Kirsopp Lake beklagte: »Der moderne Geistliche hat im allgemeinen niedrigere Maßstäbe für intellektuelle Redlichkeit als jeder andere Stand.« Ein anerkannter Historiker schrieb: »Seit langem bilden die Kirchen in unserer Kultur die intellektuelle Nachhut, und ... ihr geistiger Führungsanspruch [leidet] nach wie vor unter ihrer eigenen Tendenz zum Widerstand gegen neue Erkenntnis und neue Zielsetzungen. Die meisten fühlen sich noch zu einer dogmatischen, übernatürlichen Weltanschauung hingezogen, welche die für einen positiven Idealismus notwendige intellektuelle Redlichkeit und den intellektuellen Mut untergräbt.«[18]

Rev. Kirsopp Lake
Britischer Kirchenhistoriker, Autor von *Landmarks in the History of Early Christianity*, 1920.

Noch immer gilt es als selbstverständlich, daß die Religion dazu beiträgt, den gewöhnlichen Bürger auf ehrbaren Wegen zu halten, angeblich durch die Furcht vor der Strafe Gottes. Dabei mag es sich allerdings um ein Mißverständnis handeln:

> *Alle Untersuchungen, die je über die Zusammensetzung der kriminellen Bevölkerungsanteile gemacht wurden, ergeben einen höheren Prozentsatz erklärtermaßen religiöser Menschen, als er in einer Zufallsstichprobe der Bevölkerung zustandekommt ... Es ließ sich nur ein geringer oder gar kein Zusammenhang feststellen zwischen Vorhandensein oder Abwesenheit, Intensität oder Ausdrucksweise religiösen Glaubens und Handeln oder Moralvorstellungen. Manche besonders skeptische Menschen oder diejenigen, die jegliches Bedürfnis nach einem Glauben oder einer Beschäftigung mit religiösen Fragen verneinten, legten ein tadelloses Verhalten an den Tag, waren freundlich und hilfsbereit anderen gegenüber und von hoher Integrität ...*
>
> *Die vielen Versuche, Belege zu finden, daß die Religion oder deren Ausübung wünschenswerte Auswirkungen [sic] auf die Verhinderung der Kriminalität haben, sind ausnahmslos gescheitert ... es scheint keinerlei überzeugenden Beweis dafür zu geben, daß die herkömmliche Religion sich als wirksames Gegenmittel gegen Kriminalität erwiesen hätte.*[19]

Leider war in der westlichen Welt Religion häufiger ein Instrument der Unterdrückung als Wegweisung zu einer ehrbareren oder toleranteren Lebensweise. Die Kirchen haben im allgemeinen die Mächtigen auf Kosten der Machtlosen unterstützt. So half zum Beispiel die Kirche selbst den grausamsten Monarchien der Geschichte, indem sie die Doktrin der göttlichen Rechte des Königs formulierte und aufrechterhielt. Noch in unserem Jahrhundert hat die Welt Kardinäle für den Erfolg von Diktatoren beten sehen.[20]

Ein gebräuchliches Sinnbild für eine religiöse Organisation ist »der Hirte und die zu weidende Herde…, zugrunde liegt ihr die kindliche Auffassung, daß die Eltern zu unserem Wohl die Welt für uns lenken«.[21] Natürlich weidet der Hirte die Herde nicht zum Wohle der Schafe. Er weidet sie zu seinem eigenen Nutzen. Er lebt von ihr. In mancher Hinsicht ist diese Analogie passend. Die kirchlichen »Hirten« haben in der Vergangenheit jedes nur erdenkliche Verbrechen begangen, um ihren Profit zu mehren: Landnahme, Vandalismus, Meineid, Rufmord, Fälschung, geistiger Diebstahl, sogar Krieg und Mord, seit Papst Leo der Große die Todesstrafe für »Irrglauben« einführte. Immer noch neigen ChristInnen zu der Annahme, »ihre Religion sei die einzig wahre und es sei ihre christliche Pflicht, die übrige Welt zu bekehren. Die übrige Welt, die zufällig die Mehrheit der Menschen ausmacht, nimmt diese Annahme jedoch übel.«[22]

Die elitäre Haltung des Christentums ermöglichte es den Theologen, zu »glauben, daß sie für alle sprachen, wenn sie über Begriffe wie Schuld, Liebe, Sünde und Gnade lehrten. Diese Naivität macht es ihnen möglich, definitive Erklärungen über den wahren Weg abzugeben, wie alle Menschen leben und über diese Dinge denken sollten. Theologen wissen nicht, was jedem Anthropologen bekannt ist – daß nämlich die Art unseres Denkens der Form unserer Kultur entspringt.« Es wurde bereits oft genug gezeigt, daß vor allem die Frauen unter der Unterdrückung ihrer eigenen natürlichen Religionsvorstellungen zugunsten eines oktroyierten maskulinen, fremden, hierarchischen Systems zu leiden hatten. »Um zu intellektuell verantwortlichen und schöpferischen Mitgliedern der Gesellschaft zu werden, müssen Frauen die ödipale Abhängigkeit von der väterlichen Autorität überwinden, ob diese Autorität nun in einem paternalistischen Ehemann, im Vater oder in Gott verkörpert ist.« Feministinnen haben gezeigt, »wie wichtig die Abdankung Jahwehs oder Christi für die intellektuelle Unabhängigkeit westlicher Frauen ist. Freud war sich sicher, daß Judentum und Christentum die intellektuelle Reifung der Männer behinderten. Es besteht allerdings eine hohe Wahrscheinlichkeit, daß diese Religionen für die intellektuelle Entwicklung der Frauen noch wesentlich schädlicher waren«.[23]

Wenn die Frauen erst einmal wieder die Freiheit haben, ihre eigene Religion zu entwickeln, wie sie es in einer fernen Vergangenheit getan haben, dann ist zu hoffen, daß diese Religion weniger von jenen Profitinteressen, Grausamkeiten, Feindseligkeiten und ödipalen Eifersuchtsgefühlen durchdrungen ist als die religiösen Vorstellungen von Männern. Es ist auch zu hoffen, daß diese neue Religion sich für Korrekturen durch neue wissenschaftliche Erkenntnisse offenhält, wie es das Christentum nie getan hat. Thomas von Aquin warnte bereits vor langer

Zeit, der Glaube werde sich der Lächerlichkeit preisgeben, »wenn ein nicht mit den notwendigen wissenschaftlichen Kenntnissen ausgestatteter Katholik ein Dogma anbietet, das sich bei wissenschaftlicher Prüfung als falsch herausstellt«.[24] Spätere Kirchenväter vergaßen diesen Rat. Folglich haben sie derzeit keine anderen Vernunftgründe anzubieten als das Dekret der Kirche, Dinge zu vertreten wie die Jungfrauengeburt, die Transsubstantiation, die Auferstehung des Fleisches und all die biblischen Wunder. Zugleich müssen sie ebensolche Phänomene ablehnen, wenn die historischen Gegner des Christentums sie mit gleichermaßen glaubwürdigen (oder unglaubwürdigen) Begründungen vertreten.

Offenbar sind die Religionen der westlichen Welt in eine Krise geraten und stehen vor der Notwendigkeit, sich aufzulösen und nach neuen Prinzipien neu zu formieren – vielleicht nach Prinzipien, die realistischer und humanistischer sind.

1. Campbell, Or. M., 13; Muller, 315 (dt. 481). 2. Starkloff, 38.
3. zit. in: Becker, D. D. 213 (dt. 313f.). 4. Montagu, T., 273 (dt. 208).
5. Freud, N.V. E. P., 181; Z., 352. 6. Muller, 85 (dt. 134).
7. Edwardes, XX (dt. 16). 8. *Upanishads*, 80, 111. 9. Muller, 159 (dt. 246f.).
10. Cavendish, P. E., 163; Muller, 86 (dt. 136). 11. Vetter, 85.
12. Vetter, 470–473, 520f. 13. Augstein, 415 (dt.). 14. Terkel, 32.
15. H. Smith, 398f. 16. Campbell, P. M., 4. 17. Vetter, 18f, 257f.
18. Muller, 250, 354 (dt. 382, 539). 19. Vetter, 479f.
20. Muller, 154, 185 (dt. 238, 285). 21. Augstein, 252 (dt.).
22. Muller, 184, 45 (dt. 284, 74). 23. Goldenberg, 115, 35.
24. zit. in: Muller, 249 (dt. 380).

Renenet

Ägyptens »Herrin der doppelten Kornkammer«, Göttin des Säugens, die jedem Säugling mit der Muttermilch sein *ren* (geheime Namenseele) gab. Gelegentlich trug sie einen Löwenkopf wie Hathor; andere Male erschien sie als Schlangenkopf oder sie trug die Federn der Mutter Maat, der »Göttin namens Wahrheit«.[1] Renenet verkörperte die alte matriarchalische Theorie, daß die Mutter das Kind mit einer Seele ausstatte, nachdem sie seinen Körper geboren habe. Die *ren*-Seele wurde geheim gehalten, da ein Feind, der sie entdeckte, gegen den Besitzer einen bösen Zauber bewirken konnte.[2] (Siehe **Name**.)

1. *Larousse*, 38. 2. H. Smith, 24.

Repanse de Joie

»Freudenspenderin«, Sagenkönigin, die in ihrem heiligen Schloß in Montsalvatsch den heiligen Gral hütete.[1] Sie wurde gleichgesetzt mit Elaine, der Lilienjungfrau im Artuszyklus sowie mit verschiedenen anderen Versionen der Weißen Dame, was zeigt, daß sie schlicht eine mittelalterliche Transformation der Mondgöttin mit ihrem Kessel der Wiedergeburt war. Ihr Name war ein traditioneller Beiname von Tempeldirnen. (Siehe **Gral, Heiliger**.)

1. Guerber, L. M. A., 200.

Restitua, Heilige

»Die Wiedereingesetzte«, eine Heilige, deren Legende sich vermutlich auf eine durch Vandalismus zerstörte und halb verbrannte Statue der Großen Göttin gründete, die auf der Insel Ischia gefunden und wieder in ihren Tempel gebracht wurde. Dem christlichen Mythos zufolge war Restitua eine »jungfräuliche Märtyrerin«, die in Afrika getötet und in einem mit brennendem Pech gefüllten Boot ausgesetzt wurde. Das Boot trieb an die Küste von Ischia, wo Christen ihre sterblichen Überreste an sich nahmen und »erfürchtig verwahrten«.[1] Die wahrscheinlichere Möglichkeit ist, daß BewohnerInnen von Ischia die beschädigte Statue ihrer Göttin nach einem Übergriff fanatischer Bilderstürmer wieder in ihren Tempel brachten.

1. Brewster, 245.

Revelation

Siehe **Offenbarung**

Rhadamanthys

»Wahrsager«, einer der drei kretischen Gottkönige, geboren von der Vollmondgöttin Europa, gezeugt von Zeus. Die anderen beiden waren Sarpedon und Minos.

Rhadamanthys soll so weise und gerecht gewesen sein, daß er in der Unterwelt zum Richter der Toten wurde wie der entsprechende Stierkönig Yama in Indien. Manche Mythen besagen, als Rhadamanthys im Paradies der Elysischen Gefilde eingesetzt wurde, habe er Alkmene geheiratet, die »Mondmacht«, die jungfräuliche Mutter des Herakles.[1] So war er also eine weitere Form jenes Mond-Stierkönigs, wie Zeus selbst ein Gemahl der Mondkuh Europa – ein Sohn, der mit seinem göttlichen Vater gleichgesetzt wurde wie alle anderen Versionen des Todesgottes.

1. Graves, G. M., 88.h–i.

Rhea

Kretischer Name der ägäischen Universalmutter oder Großen Göttin, die keinen Gemahl hatte und vor dem Eindringen patriarchalischer Hellenen als die höchste Herrscherin galt. Rhea war die archetypische dreifaltige Göttin, deren verschiedene Namen auf ihre unterschiedlichen Funktionen hindeuteten: sie war Britomartis, die süße Jungfrau; Dictynna, die gesetzgebende Mutter des Berges Dicte, und Aegea, die Begründerin der ägäischen Zivilisation.[1] Ein weiterer ihrer Namen war Coronis als Sinnbild für die Rabenkrähe (Todesgöttin) und die jungfräuliche Mutter (Lebensgöttin) des großen Helden der Heilkunst, Asklepios, dessen Titanenkult der hellenische Zeus wütend vernichtete.

Rhea war nicht auf die Ägäis beschränkt. Bei den alten Volksstämmen Südrußlands war sie Rha, die Rote, eine andere Version von Kali als Mutter Zeit, die ein Gewand aus Blut trug und alle Gottheiten, ihre

Nachkommen, verschlang.[2] Aus dieser Mutter Zeit wurde die keltische Göttin Rhiannon, die ebenfalls ihre eigenen Kinder eins nach dem anderen verschlang.[3] Dieses Bild der kannibalischen Mutter war überall charakteristisch für die Göttin der Zeit, die vernichtet, was sie hervorbringt; oder auch für die Erde, die das gleiche tut. Als Rhea im hellenischen Mythos einen Gemahl bekam, erhielt er den Namen Kronus oder Chronos, »Vater Zeit«, der wie zuvor Rhea seine eigenen Kinder verschlang. Er kastrierte und tötete zudem seinen eigenen Vater, den Himmelsgott Uranus, und wurde seinerseits von seinem eigenen Sohn Zeus bedroht.[4] Diese Mythen spiegeln die ursprüngliche Abfolge der heiligen Könige wieder, die von ihrem jeweiligen Widersacher und Nachfolger kastriert und getötet wurden (siehe **Königtum**). Ursprünglich war es Rhea Kronia, Mutter Zeit, die die kastrierende Mondsichel oder Sense schwang, eine Waffe der Skythen, das Instrument, mit dem der Himmelsvater »hingemäht« wurde. Rhea selbst war die unbarmherzige Mäherin.

Im präromanischen Latium war sie als Rhea Silvia bekannt, »Rhea der Wälder«, eine Frühform der Mondgöttin Diana, der ersten vestalischen Jungfrau und Mutter von Romulus und Remus. Unter der Herrschaft von Rhea Silvia waren die Vestalinnen weder enthaltsame Nonnen noch Staatsdienerinnen, wie sie es später wurden. Ihnen oblag die Wahl und Absetzung der frühen latinischen Könige, sie bildeten ein Kollegium der *matronae*, die über die Regierenden herrschten und unverheiratet blieben. Folglich empfingen sie all ihre Kinder von »Göttern«, nicht von Männern, wie es auch bei den Kindern Rhea Silvias der Fall war. Nach der Geburt sorgte Acca Larentia, eine »heilige Hure« oder Hohepriesterin, für Rheas Kinder, wie sie auch für alle Geister der Ahnen (*lares*) Roms sorgte. (Siehe **Akka**.)

Der hellenische Mythos übernahm Rhea als Frau und Mutter des großen Gottes Zeus. Zeus »vergewaltigte« seine Mutter Rhea, weil sie ihm eine monogame Ehe verbot (ihre eigene Sippe praktizierte die Gruppenehe). Zeus »vergewaltigte« auch seine Schwester und Braut Hera, Rheas Tochter, *alter ego* und jungfräuliche Gestalt, deren Name in Wirklichkeit derselbe war wie der Rheas – *He Era*, die Erde.[5]

Nachdem Zeus Rhea-Hera gezwungen hatte, ihn zu heiraten, wurde er in Griechenland zum Symbol des Mißbrauchs der Ehefrau. Mutter und Vater der olympischen Gottheiten verachteten einander und lagen ständig miteinander in Zank und Streit; eingehend beschrieben die Mythographen Heras »eifersüchtige« Feindseligkeit gegen Zeus' zahlreiche Affären mit irdischen Jungfrauen, mit denen er Kinder zeugte und so die Erde mit Helden göttlicher Abstammung versorgte. Um ihren Zwillingsbruder, Sohn und Gemahl zu ärgern, kehrte Rhea-Hera zu ihrer althergebrachten Geburtsmagie zurück und empfing und gebar in Parthenogenese den Schlangengott Python – ebenso wie sie unter dem archaischen Namen **Eurynome** die Welt allein geschaffen und den Schlangengott Ophion geboren hatte.

Ein anderer Name Rheas war **Pandora**, »die Allgeberin«; Hesiod verwandelte sie in eine Gestalt, die ähnlich wie Eva der Menschheit durch ihre übertriebene Neugier alle Übel gebracht hat.[6] Der Ursprung dieses Mythos lag in der Vorstellung begründet, daß die Große Göttin tatsächlich in ihrem endlosen Kreislauf der Zeit jedwedes Schicksal brachte, Tod und Geburt, Leid und Freud.

1. *Larousse*, 85f. 2. *Mahanirvanatantra*, 295f. 3. Squire, 286. 4. Graves, G. M., 7.e. 5. Graves, G. M., 12.a, 12.1. 6. Graves, G. M., 39.8.

Rheintöchter

Teutonische Flußnymphen, ursprünglich Bewahrerinnen des Goldschatzes der Nibelungen. Da die Nibelungen »Schatten« oder Geister der Toten waren, symbolisierte der Ring der Nibelungen das Schicksalsrad, und die Rheinjungfrauen waren als eine Art Wasser-Walküren die Hüterinnen der Toten, die dem Wasser übergeben wurden. Sie besaßen Ähnlichkeit mit den Vilen des Ostens und den Sirenen Homers; ihre süßen Lieder zu hören konnte für Männer den Tod bedeuten. In der Antike sangen die Priesterinnen solche Lieder, wenn sie eine Leiche im Totenboot der Wassermutter übergaben.

RiesInnen

Das früheste Ur-Geschlecht der Erde bildeten in jeder Mythologie RiesInnen oder GigantInnen. In ihnen spiegelten sich offensichtlich die ersten Kindheitswahrnehmungen von der Welt der Erwachsenen wider. Ähnlich wie die Erwachsenen in den Augen des Kleinkindes erscheinen, wurden RiesInnen als angsteinflößend, manchmal blutrünstig, aber zuweilen auch gütig und wohlwollend angesehen. Sie galten als HüterInnen einer uralten, geheimen Weisheit und als MeisterInnen der Magie.

Gemäß der Bibel waren die Riesen, wie alle Erlösergestalten – einschließlich Jesus –, die Kinder von göttlichen Vätern und menschlichen Müttern (Genesis 6,4). Die semitische Tradition kannte all die biblischen Patriarchen als Riesen. Abraham war siebzigmal größer als ein zeitgenössischer Mann. Philo behauptete, daß auch Adam ein Riese gewesen sei.[1] Ungebildete AraberInnen erzählen noch heute, daß die Megalithdenkmäler, die die ArchäologInnen so sehr faszinieren, von den alten Völkern ohne Schwierigkeiten hätten errichtet werden können, weil jene Menschen Riesen gewesen seien.[2]

Die Hindus glaubten schon lange vor der Niederschrift der Bibel daran, daß die Menschen des Goldenen Zeitalters, also der Kindheit der Menschheit, RiesInnen gewesen waren. So wie das Kind seine Eltern sieht, galten die Ur-Geschlechter als riesengroß, ohne Sünde, weise und langlebig. Sie starben erst, wenn sie es wünschten. Sie konnten tausend Jahre alt werden, weil sich in ihrem Zeitalter das Leben »im Blut konzentrierte«, d. h. im unsterblichen Blut der Großen Göttin.[3] (Siehe **Menstruationsblut**.) Daß es sich bei diesem lebenspendenden Blut um eine weibliche Flüssigkeit handelte, wird in der Geschichte von Thors Reise in das Land der GigantInnen, wo er die Geheimnisse der alten Magie sucht, angedeutet. Er findet den richtigen Weg erst, nachdem er einen Fluß, in dem das Menstruationsblut der Gigantin fließt, überquert hat.[4] In Griechenland hieß der entsprechende Fluß Styx und führte in das Land der »AhnInnen«.

Die GriechInnen nannten die Riesen Titanen, die Kinder der Mutter Erde und des Vaters Himmel (Uranus). Aus Eifersucht versuchte der himmlische Vater, seine Kinder zu ersticken, indem er sie so fest an die Mutter Erde preßte, daß sie nicht mehr atmen konnten. Die Erde gab ihrem Sohn Kronos die Mondsichel und befahl ihm, seinen Vater zu kastrieren und zu töten. Später vermählte sich Kronos mit der Titanin Rhea – einer Inkarnation derselben Mutter Erde – und fürchtete sich, da er nun selbst in der Rolle des Vaters war, vor demselben Oedipus-Schicksal. Um sein Leben zu retten, verschlang er seine Kinder. Die Mutter konnte jedoch eines von ihnen retten, nämlich den Zeus, der dann wirklich über seinen Vater herfiel und später dieselbe Mutter Erde in einer Vielzahl ihrer Varianten heiratete: als Hera, Olympia, Rhea, Gaia oder Danaë. Das Oedipus-Motiv von der Rivalität zwischen Vater und Sohn erscheint fast immer im Zusammenhang mit GigantInnen-Mythen.[5]

Die GriechInnen schrieben den TitanInnen alle barbarischen religiösen Riten ihrer Vorfahren zu, wie z. B. heilige Zeremonien, in deren Verlauf Menschenfleisch verzehrt wurde, oder die Zerstückelung göttlicher Opfer wie Dionysos oder Zagreus. In einem Mythos, der auch als der Aufstand der Riesen bekannt ist, bekämpften die Titanen als archaische Erdgottheiten die jüngeren olympischen Götter. Die persischen, jüdischen und christlichen Geschichten vom Krieg im Himmel sind mit diesem Mythos vergleichbar.[6] Einer der mythischen Gründe für den Krieg war, daß Zeus die Titanen bestrafen wollte, weil sie das Fleisch des Dionysos verzehrt hatten. Widersinnigerweise verschlang aber Zeus selbst das Herz des Dionysos.

Die Christen nutzten die Legenden von riesenhaften Vorfahren für ihre Geschichte von den angeblich wunderkräftigen Knochen der heiligen Unschuldigen Kinder, die König Herodes niedergemetzelt haben soll. Als sich herausstellte, daß diese der Kirche einträglichen Knochen viel zu groß waren, um von zweijährigen Kindern stammen zu können, erklärten die Geistlichen, das menschliche Körpermaß sei zu Herodes Zeit größer gewesen, weil sie noch näher an das Zeitalter der RiesInnen heranreichte.[8]

Nach irischen Erzählungen lebten die RiesInnen immer noch in »den unterirdischen Kammern von Tara, wo das vierte Göttergeschlecht, das Irland besiedelte, wohnt.« Sie waren die **Tuatha Dé Danann**, das Volk der Göttin Dana, das die Steinheiligtümer errichtete.[9] Ihre Göttin fand als Titania, die Feenkönigin, Eingang in den mittelalterlichen Volksglauben.[10] Die Titanin und die GigantInnen der Tuatha Dé Danann schrumpften, als im Volk der Glaube an ihre Kräfte abnahm. Dies war merkwürdigerweise noch vor dem Aufkommen der neuen Religion der Fall. Schließlich wurden sie zu Feen oder Elfen, aus den Riesen wurden »Zwerge«, die so groß wie kleine Kinder oder noch kleiner waren.[11] Der Verlust ihrer Größe ging sicherlich mit dem Verlust ihrer ehrfurchtgebietenden Ausstrahlung einher. Bezeichnenderweise entwickelten sich aus ihren religiösen Mythen die Kindermärchen, und ein großer

Teil ihrer Liturgien und heiligen Gesänge fand sich in Kinderliedern und -versen wieder.

1. Tennant, 134. 2. Cavendish, P. E., 128. 3. *Mahanirvanatantra*, pp. XLVII–XLVIII. 4. Turville-Petre, 79. 5. Cavendish, P. E., 124f. 6. Graves, G. M., Kap. 31 u. 35. 7. Campbell, P. M., 101. 8. Jacobus d.V., 66. 9. Keightley, 446. 10. Graves, W. G., 476. 11. Cavendish, P. E., 238.

Ritterroman

Mittelalterliche Dichter hielten zahlreiche druidische und sonstige vorchristliche mythische Sagen unter dem Deckmantel der »Ritterromane« am Leben, die nach Art der Vedas von Generation zu Generation mündlich überliefert wurden. Frühere Dichter waren Priester der Großen Göttin, die ihnen die Gabe der Inspiration aus ihrem magischen Kessel oder Heiligen Gral verlieh.[1] Ein Poet war wie ein Seher oder Zauberer in der Lage, mit »Worten der Kraft« umzugehen und mit der Magie des Wortes den Segen der Muse heraufzubeschwören. Mittelalterliche Poeten verehrten die Kunst und die Frauen, begründeten den Kult der höfischen Liebe, waren Sänger der *Mansongr*, jener »Frauenlieder«, wie die Große Göttin sie liebte; und sie machten sich über die Kirche lustig.

Die Poeten sahen sich offenbar als die enteignete Priesterschaft der Göttin der Liebe (Minne), die die Feindschaft der Kirche auf sich zog. Vor dem 13. Jahrhundert versagte die Kirche den Dichtern die Kommunion und brandmarkte sie als »Diener Satans«. Später erlangten sie Anerkennung, indem sie biblische und theologische Motive in ihre Lieder aufnahmen; allerdings haftete der romantischen Dichtung auch weiterhin der Ruch der Ketzerei an.[2]

Alte Ritterromane und -balladen schilderten die Kleriker als rüde, grobe Kerle, die zarte Damen mißhandelten und selbst gegen ihre Mitbrüder sadistisches Verhalten an den Tag legten.[3] Den heidnischen Gottheiten gestanden sie einen warmherzigeren Charakter zu. Die Frithjofssaga läßt durchblicken, Christus habe die Liebe verachtet, während der Gott Balder dies nicht tat. In den Tempeln Balders, »des frommen Gottes«, konnten Liebende sich treffen, denn: »Ist nicht seine Liebe zu Nanna Teil seiner eigenen Natur, rein und warm?« Ritterliche Helden mieden meist das christliche **Paradies** und gingen ein ins irdische, das regiert wurde von der Göttin Morgan oder der Feenkönigin.[4]

Frithjofssaga
Schwedisches Nationalepos von Esaias Tegnér (1782–1846), das sich auf eine alte isländische Sage stützt.

Im Kudrunlied (Gudrunlied) besaß der Dichter mehr magische Kraft als jeder Priester. Wie der Dichter und Erlöser Orpheus konnte er Vögel und Tiere mit Musik bezaubern und sogar Tote auferwecken. Seine Lieder fanden mehr Gefallen als die Predigten der Priester:

Was er da singen mochte, das deuchte niemand lang.
Verleidet in den Chören war aller Pfaffen Sang,
Auch die Glocken klangen nicht mehr so wohl als eh:
Allen die ihn hörten, war nach Horanden weh.[5] *(V. 370)*

Die Ritterballaden wurden als Werke gelobt, die »ins Innerste des menschlichen Herzens geschaut« zu haben schienen, abgesehen von ihren gelegentlichen christlichen Moralisierungen, die immer »eindeutig später hinzugefügt sind«. Steenstrup verweist darauf, »in welch geringem Maße sie das kirchliche oder strikt katholische Element ... durchscheinen lassen ... Das religiöse, kirchliche, katholische Element wurde später aufgesetzt und ... bildet ein störendes und widersprüchliches Moment.«[6] Die Barden riefen nicht Gott an, sondern Erda – Mutter Erde – und die Göttin Minne, deren Name ein Synonym für die Liebe war.[7]

Für den Klerus war die Liebe »nichts«. Um die Gunst der »Liebe« zu spielen, hieß um nichts zu spielen.[8] Der Ausdruck »um Geld oder Liebe« nahm seinen Anfang mit dieser Unterscheidung zwischen der christlichen und der heidnischen Motivation. Den Troubadouren und Minnesängern ging es um den Minnedienst.[9] Natürlich waren Gaben immer willkommen.

Der Frauendienst umfaßte selten die Ehe, die gewöhnlich von den Eltern des Paares aus wirtschaftlichen Erwägungen arrangiert wurde. Die Damen des Cours d'amours in Südfrankreich waren der Meinung, wahre Liebe könne es zwischen Eheleuten nicht geben. Wahre Liebe gebe es nur zwischen einer Dame und ihrem auserwählten Ritter, der seine *galanterie*, seine Ritterlichkeit, im Kampf unter Beweis stellen mußte, ehe er ihr »Galan« oder Liebhaber werden konnte. Edeldamen erklärten ihren Bewerbern, um ihre Liebe zu erringen, müßten sie erst ritterliche Taten vollbringen. Sie würden ihnen ihre Liebe erst schenken, wenn sie vor den Augen der Angebeteten ihr erstes Turnier gekämpft hätten. Die *Chansons de gestes* rieten den Kämpfenden, den Gegner direkt in die Eingeweide zu treffen, um die Liebe der schönsten Damen des Hofes zu erringen.[10]

Chansons de gestes Altfranzösische epische Dichtung des 11. bis 13. Jahrhunderts.

Es war ein merkwürdig animalisches System, das die Frauen den Männern beim Kampf zusehen und die Sieger mit ihrer sexuellen Gunst belohnen ließ. Bischof Jacques de Vitry beklagte, die Ritter kämpften nur in Turnieren, um »die Gunst jener schamlosen Frauen zu erwerben, deren Zeichen sie tragen«. Der Mönch Gildas beschrieb den barbarischen Adel als »dem Laster verschrieben, ehebrecherisch und gotteslästerlich«.[11]

Alte Balladen und Ritterromane schildern eine Gesellschaft, in der die Männer sich ständig zur Schau stellten, um die Bewunderung der Frauen zu erregen, fast wie die Männchen bei Vögeln und vielen anderen Tierarten vor den Weibchen balzen. Die nordischen Skalden erklärten, alles, was Männer tun, diene dazu, die Damen zu beeindrucken. Wenn die Frauen zusahen, gaben sie ihren Pferden die Sporen, damit »die Damen und Mädchen bereitwillig aufschauen, wenn wir vorüberreiten«.[12] Geoffrey of Monmouth schrieb, die Edeldamen seien um ihres Reichtums an Geist und Witz willen verehrt worden und hätten »niemanden ihrer Liebe würdig gehalten, der seine Tapferkeit nicht in drei verschiedenen Kämpfen unter Beweis gestellt hatte«.[13]

Entsprechend bildete sich der Glaube heraus, kein Mann vermöchte ohne die Inspiration durch die Verheißung der Liebe seiner Dame gut zu kämpfen. Tristan erklärte, ein Mann könne nur als Liebender Krieger sein. Lancelot wurde nur unbesiegbar, weil Elaine ihm ihr Liebespfand in Form eines Sexualsymbols gegeben hatte, ein rotes Seidenfutteral als

Wolfram von Eschenbach
Einflußreicher deutscher Dichter des 13. Jahrhunderts; verfaßte Versromane wie *Parzival*, *Willehalm* und *Titurel* sowie verschiedene Tagelieder.

»Scheide« für sein »Schwert«. Der Minnesänger Wolfram von Eschenbach schrieb vom Liebestaumel, der einen Ritter unbesiegbar mache wie einen Berserker. Wolframs Parzival versicherte, für jede Art seelischer Unterstützung – auch für die Tapferkeit im Kampf – sei es besser, auf eine Frau zu vertrauen als auf Gott.[14]

Diese deutsche Parzivaldichtung enthielt keinerlei christliches Zeremoniell; sie war vielmehr geschrieben, als gebe es gar keine Kirche. Parzivals Gebete richteten sich an seine Dame, die ihn im Kampf auf magische Weise beschützte und ihm zum Sieg verhalf, als sei sie die heilige Hand der Siegesgöttin alter Zeiten. Er kämpfte in einem Liebestaumel der Verbundenheit mit ihrem Geiste, der ihm praktisch übermenschliche Kräfte verlieh.[15]

Dieser heidnische Ritter kämpfte gegen sein eigenes *alter ego*, einen christlichen Ritter; dieser wich vor dem Angriff des »Heiden«, den die Liebe seiner Dame unbesiegbar machte, zurück. »Des Heiden Liebe: nie gerostet, so war sein Herz im Kämpfen stark.« Wenn er den Namen des Wohnsitzes seiner Königin hinausschrie, »so faßte er gleich frischen Mut«.[16]

Eine Zeitlang nahmen es gewisse Ritterorden auf sich, die bedrohten Frauenrechte im Namen der großen Göttin zu verteidigen. Aus dieser Epoche stammen romantische Geschichten von Rittern, die »Frauenburgen« vor Räuberbaronen retteten, die ihnen ihren Besitz genommen hatten. Um das 12. Jahrhundert, als die Kirche begann, ihre Gesetze mit den Zähnen der Inquisition bewaffnet durchzusetzen, verlagerte sich der Schwerpunkt von der Verteidigung der Frauen auf die Verteidigung der Kirche. Sir Parsifal oder **Parzival** war das typische Beispiel des heidnischen Helden, der schließlich zum Christentum übertrat und den Frauen entsagte.

Zunächst war er ein Meister der Liebe; später wurde er »geläutert«, schließlich schrieb ein kirchlicher Schriftsteller über ihn: »Er galt damals als einer der Männer der Welt, die am tiefsten an Jesus Christus glauben, und davon gab es nur wenige, denn in jenen Tagen schonte der Sohn den Vater so wenig wie einen Fremden.« Parzival macht sich auf, »eine Edelfrau, die enterbt worden ist«, zu retten, doch inmitten dieses Abenteuers wandelt sich seine treue Ergebenheit, und er brandmarkt sie als Verführerin und Hexe.[17]

Johan Huizinga
(1872–1945). Niederländischer Historiker, Autor des Buches *Herbst des Mittelalters*, Professor für Geschichte an den Universitäten Groningen und Leiden bis zu seiner Verhaftung durch die Nazis 1942.

Die romantische Dichtung offenbart den ständigen Konflikt zwischen der liebesorientierten Philosophie der Minnesänger und der liebesfeindlichen Haltung der Kirche. Der Klerus erklärte, Liebende seien »lasterhaft«, weil sie Gott vergäßen und die geliebte Frau zur Göttin erhöben. Ein Priester behauptete, die Barden »lieben in sündiger Weise Frauen, die sie zu Göttinen erheben« und das sei dasselbe, wie den Satan zu lieben.[18] Huizinga bemerkte: »Vom geistlichen Leben erklingt der Fluch über alles, was Liebe ist, als der Sünde, die die Welt verdirbt.« Die Dichter beharrten jedoch: »Die Liebe ist ein Segen des Himmels, sie bezwingt die bloße animalische Lust … Der Liebende, dessen Herz die Zucht seiner Dame milde gestimmt hat, geht ein in eine Sphäre verzückter Erleuchtung, die niemand, der solches erfahren hat, je mit Sünde gleichzusetzen vermag«, wie es die Kirche tat.[19]

In der Beurteilung der späteren Stadien der höfischen Liebe, als ein Mann namens Frauenlob die Singschule der Meistersinger gründete, gehen die Ansichten der modernen Gelehrten auseinander. Die offensichtliche Spiritualität der Bewegung veranlaßte manche, sie als sentimentale Askese auszulegen, inspiriert durch die Verehrung der Jungfrau Maria. Allerdings war ein Teil der Minnelieder äußerst erotisch, sogar derb, und konzentrierte sich auf den realen weiblichen Körper und nicht auf eine ätherische Vision. Den Gelehrten war diese Kombination aus Vergeistigung und Sinnlichkeit ein Rätsel, weil sie ihre historische Wurzel nicht erkannten: die Durchdringung Europas mit einer weiteren Welle tantrischer Sexualverehrung.

Das rätselhafteste Element der höfischen Liebe war jene geheime Liebestechnik, die als *drudaria*, *druerie* oder *karezza* bekannt war. Es kann sich dabei nur um eine westliche Variante des tantrischen *maithuna* gehandelt haben, das Sakrament des *coitus reservatus*. Dies allein vermag den Hauch erotischer und geistiger Ekstase zu erklären. Bezeichnenderweise war eines der beliebtesten Vorbilder der Dichter für ihre Helden der höfischen Liebe Tristan, der seinen Namen für das geheime Einverständnis mit seiner geliebten Dame umgekehrt hatte und sich Tantris nannte.[20] (Siehe **Tantrismus.**)

Die Dichter wahrten ihr Geheimnis, ergingen sich jedoch in dunklen Andeutungen, wenn sie sich gegen den Vorwurf der Wollust verteidigten. Sie erklärten, ihr Ziel sei nicht selbstsüchtige Lust, sondern lediglich die Befriedigung der Dame. Montanhagol schrieb, ein Liebender solle unter keinen Umständen begehren, was seine geliebte Dame entehren würde, und meinte damit vermutlich eine ungewollte Schwangerschaft. »Begierde hatte niemals die Macht über mich, mich wünschen zu lassen, daß sie, der ich mich ganz gegeben habe, sein sollte, was sie nicht sein darf. Ich sähe nichts als Lust an, das sie verderben würde«. Ein anderer Dichter schrieb: »Ein wahrer Liebhaber muß hundertmal mehr nach dem Wohl seiner Geliebten streben als nach seinem eigenen.«[21]

Guilhelm Montanhagol
Provenzalischer Troubadour, der entscheidend dazu beitrug, die Ideale der romantischen Liebe in die Renaissancedichtung einzuführen.

Die Poeten waren erbost über gewisse ignorante Männer, die die Haltung der höfischen Liebe kopierten, ohne ihre Grundlagen zu verstehen. Männer, die den Frauen um ihrer eigenen sexuellen Befriedigung willen nachstellten, galten als vulgäre Flegel, die »alles durcheinanderbrachten mit ihrem Verhalten, das nicht besser ist als das von Hunden«. Männer, die die wahre Einführung in die Liebe nicht beherrschten, »nahmen andere Maximen an, die Schande bringen«. Marcabru erklärte voller Zorn: »Wenn sie dies Drudaria nennen, lügen sie.« Arnaud Daniel behauptete, er habe die Liebe reicher Frauen zurückgewiesen, die nur Vergnügungen schändlichster Art kannten. »Jene Liebe, die mich bewegt, ist solch untreuen Verfolgern der Frauen versagt, welche die Courtoisie zerstören.«[22] Courtoisie war gleichbedeutend mit Minnedienst, dem Dienst an jenen Frauen, die es verstanden, sich dienen zu lassen.[23]

Marcabru oder **Marcabrun**
Einer der frühesten provenzalischen Troubardours, von dem etwa 40 Arbeiten aus der Zeit von 1135–1148 erhalten sind.

Wo haben die Minnesänger *maithuna* gelernt? Vermutlich aus verschiedenen Quellen. Die Zigeuner praktizierten es, und sie wanderten spätestens ab dem 11. Jahrhundert nach Europa ein.[24] Einflußreicher noch war die maurisch-sarazenische Tradition, die nach den Kreuzzügen aus Spanien und dem Mittleren Osten eindrang. Die Yoniverehrung hielt sich in Sekten wie den Sufis, deren »Sufiweg« die sexuelle Intiation durch eine *fravashi*, eine okkulte Liebespriesterin ähnlich der tantrischen Shakti umfaßte. Weise Sufis lehrten, ein Mann könne nur in der Liebe geistige Erfüllung finden, indem er die Frau als »Lichtstrahl der Gottheit« erkenne. Das Wort Sufi enthielt »in verschlüsselter Form die Vorstellung der Liebe«. Entschlüsselt reduzierte es sich nach dem arabischen numerischen System auf die drei Buchstaben FUQ, die »transzendierend« bedeuten.[25]

Nach dem gleichen Geheimsystem hieß ein Sänger Ta Ra B, was mit der allmählich hinzukommenden spanischen Endung »-ador« zu »Troubadour« wurde. So war also die Liebesverehrung der Troubadours eine Synthese aus heidnischen und orientalischen Themen, die sich auf die Vorstellung von der Frau als wahrem Quell der Güte gründete. Der Troubadour Bernard de Ventadorn schrieb an seine Geliebte: »Edle Dame, nichts verlange ich, als daß du mich zu deinem Diener nimmst. Dienen würde ich dir, wie man einem guten Herren dient, welchen Lohn ich auch immer erhalten mag. Sieh, ich bin dein gehorsamer Diener, ernst und demütig, fröhlich und höflich. Du bist weder Bär noch Löwe, mich zu töten, wie ich hier stehe, mich dir zu ergeben.«[26] Sanftmut und Sinnlichkeit herrschten gemeinsam in jenem mystischen Märchenland, das Aucassin besuchte, ein französischer romantischer Held, der sich auf den arabischen »Sultan der Liebe«, Al Kasim, stützte.[27]

Gottfried von Straßburg
Einer der größten deutschen Dichter des Mittelalters, Autor des Versepos *Tristan und Isolde* (frühes 13. Jahrhundert) und zahlreicher lyrischer Werke.

Die Minnesänger verehrten ihre Göttin Minne als Liebe, machten sich jedoch über den Synkretismus christlicher Dogmen lustig. Gottfried von Straßburg schrieb:

Da muß sich im Wahren
Vor der Welt offenbaren,
Daß der so tugendhafte Christ
So luftig wie ein Ärmel ist.
Er fügt sich bei und schmiegt sich an
Wie man es mit ihm fügen kann,
So schmiegsam fügt er sich und wohl,
Wie er mit allem Rechte soll.[28]

Walther von der Vogelweide
(ca. 1170–1230). Großer deutscher Dichter, der sich selbst als Minnesänger bezeichnete; Autor zahlreicher Minnelieder, Schützling Phillips von Schwaben und des Landgrafen von Thüringen.

Wolfram von Eschenbach parodierte in der Figur des kastrierten Zauberers Klingsor (»Pfaffe«), der seine Dienste dem Teufel anbot, den Papst als Eunuchen.[29] Walther von der Vogelweide warf dem Klerus seine Verdammung der Liebe vor:

Wer sagt, daß Liebe Sünde sei
Bedenke wohl, was ihn verdrießt
Es wohnt ihr manche Ehre bei
Die man aus rechter Lust genießt.[30]

Konrad von Megenburg
Deutscher Gelehrter,

Konrad von Megenburg schrieb eine bissige Satire in Form einer Debatte zwischen Frau Kirche (Maria Ecclesia) und ihrer Dienerschaft, dem Klerus, der nur vorgab, ihr zu dienen, in Wahrheit jedoch ihrer Rivalin Frau von Habgier und Hochmut diente. Frau Kirche beschimpfte ihre Diener in äußerst undamenhafter Weise und nannte deren wahre Herrin eine Hure, eine verdorbene Amme des Lasters, ein höchstes Übel, eine Heuchlerin.[31]

Aus der höfischen Liebe ging eine der seltsamsten christlichen Pseudo-Heiligen hervor: die heilige **Dymphna**, eine Entstellung der dichterischen Anrede für die Geliebte, *madonna* oder *ma dompna*, »meine Herrin, meine Dame«. Als ehemalige Schutzpatronin der Mondsucht, die den Poeten in seinen Liebestaumel versetzte, gilt sie heute noch als Heilerin »seelischer Leiden«.[32]

Sprache und Metaphern der Ritterromane und Minnelieder verweisen im allgemeinen auf verborgene häretische Allegorien, wie sie auch in der Folklore und in heidnischen Gebräuchen, Dramen, Kinderspielen und in der Hexerei fortleben.

der gegen die päpstliche Vorherrschaft eingestellt war; Autor der Werke *Planctus Ecclesiae in Germaniam* (1337) und *De translatione Imperii Romani* (1354).

1. Briffault 3, 451. 2. Briffault 3, 446ff. 3. Guerber, L. M. A., 121. 4. Ebd., 271, 138.
5. Ebd., 26 (dt. Gudrunlied, V. 370). 6. Steenstrup, 188, 199, 207.
7. Turville-Petre, 251. 8. Hazlitt, 371. 9. Jung & Franz, 75 (dt. 66).
10. Briffault 3, 409ff, 428. 11. Ebd., 384, 417. 12. Hollander, 152.
13. Riencourt, 223. 14. Kühn, dt. 865. 15. Campbell, C. M., 476f. 16. Kühn, 846f.
17. Malory 2, 199, 204 (dt. 3, 749, 753). 18. Briffault 3, 490, 494.
19. Huizinga, 188; Campbell, Oc. M., 509. 20. Guerber, L. M. A., 238.
21. Briffault 3, 489. 22. Ders. 3, 482–490. 23. Jung & Franz, 75 (dt. 66).
24. Derlon, 159. 25. Shah, 29, 121, 135, 176 (dt. 34, 113, 124, 158, 255f.).
26. Campbell, C. M., 62, 179. 27. Murstein, 150.
28. Gottfried v. Str., 394: V. 15733–740. 29. Campbell, C. M., 512. 30. Ebd. 181.
31. Borchardt, 272. 32. Murstein, 150.

Ritterschlag

Im Mittelalter wurde ein Mann durch eine symbolische Imitation jenes Rituals, das aus einem Mann einen Gott machte, nämlich der Enthauptung, in den Ritterstand erhoben. Mit einem Schwert wurde zuerst die eine, dann die andere Schulter berührt; bloß angedeutet blieb der Durchgang durch den Hals. Keltische Stämme verehrten vor allem Mann-Götter in Form des abgeschlagenen Kopfes, von dem es hieß, daß er orakeln könne. Auch in Griechenland sprachen Erlösergötter wie Orpheus durch die Münder ihrer mumifizierten Köpfe vom Leben nach dem Tod. Die symbolische Enthauptung adelte auch jene Männer, die der Göttin Artemis in ihren Heiligtümern in Sparta dienten. Bei diesem »Ritterschlag« wurde mit der Schwertklinge ein kleiner Schnitt in den Nacken des Kandidaten geritzt.[1]

1. Graves, G. M., 116. b–c.

Robin

Im angelsächsischen Sprachraum Gott der Hexen mit zahlreichen Variationen: Robin Goodfellow; Robin, der Sohn von Art; Robin, the Bobbin oder Robin Readbreast; dieser letzte Name, wörtlich: »Rotbrust«, entsprang offenbar Erinnerungen an den normannischen heiligen König, der sich an seinem »Rote-Lettern-Tag« blutige Runen oder *geirs-odd* ins Brustfleisch einritzte (siehe **Runen**). Als Herr der Jagd und sterbender Gott wurde er zum getöteten »Cock Robin«, Rotkehlchenmännchen, das sein Henker in einem englischen Kinderreim »mit mei-

Das Wort Robin ist sarazenischen Ursprungs und leitet sich aus dem Wort *Rah-bin* ab, »Wegbereiter«, das verwandt ist mit dem semitischen *rabba*, »Herr«, *reb* oder *rabbi*, Priester. Die Verehrung Robins wurzelte im maurischen Spanien und drang von dort nach Nordeuropa vor.[7] Die iberische Halbinsel wurde erst nach Vertreibung der arabischen Herrscher im 11. Jahrhundert n. Chr. christianisiert. Wie Skandinavien war sie in der damaligen Zeit ein Quell heidnischer Vorstellungen und Praktiken.

nem winzigen Pfeil und Bogen« erschießt – eine sächsische Version des keltischen **Cuchulain**, der in Mag Muirthemne an den heiligen Pfahl gebunden in einem Hagel von Pfeilen starb.[1]

Der Frühlingsvogel mit roter Brust war die Seele Cock Robins; das Rot war sein Blut, das bei einem heidnischen Opfer vergossen wurde, wenngleich eine christliche Legende es auch anders zu erklären suchte: Ein Rotkehlchen habe versucht, die Dornen aus Christi Dornenkrone auszureißen, habe sich aber nur selbst die Brust aufgerissen, so daß seitdem alle Rotkehlchen eine rote Brust hätten.[2] Trotz dieser Fabel gelang es nicht, Cock Robin in der Einschätzung christlicher Autoritäten von seinem Fluch zu befreien, denn sie wußten recht gut, daß er ein phallischer Gott war.

In Cornwall bezeichnete Robin einen Hahn im anderen Sinne, nämlich einen Penis. Sein Nachname Hood oder Hud verwies auf den symbolischen Holzbalken, der als heiliger Pfahl in Mutter Erde gepflanzt wurde. Eine Schmähschrift von 1639 schilderte Robin als ithyphallischen Satyr mit Hufen und Hörnern, der in Begleitung eines schwarzen Hundes und einer Eule den Hexensabbat anführte.[3]

Die Legende von Robin Hood, dem Hexer von Greenwood, entstand nach einer oder mehreren realen Personen, die Anfang des 14. Jahrhunderts die Banden der Gesetzlosen von Sherwood Forest anführten und deren Frau oder Geliebte die Rolle der Göttin Maerin, Marian oder Mari-Anna übernahm, der sächsischen *wudu-maer*, also wörtlich der Maria oder Mutter des Waldes. Volkslieder und Gedichte erinnerten noch drei Jahrhunderte später an große Opferfeierlichkeiten zu Ehren von Robin und seiner Frau; damals war er »Robin the Bobbin, der dickbäuchige Ben, der mehr Fleisch aß als achtzig Mann«.[4]

Manche Familiennamen lassen sich noch heute auf die *greenwood marriages* zurückführen; sie wurden von heidnischen Schamanen geschlossen, symbolisiert in der Gestalt des abtrünnigen Mönches Friar Tuck. Die Moriskentänze leiteten sich von den orgiastischen Moriskentänzern her, die »morrice-men« genannt wurden, Marians fröhliche Gesellen.[5] Wie Robin (oder Robinson) stammten auch die Riten der Moriskentänzer zum 1. Mai aus dem maurischen Spanien. Das Ursprungswort war *morisco*, »maurisch«.[6]

Das einfache Volk in England liebte Robin, deshalb nannte es ihn Goodfellow oder Puck (Kobold), eine Bezeichnung, die sich aus einem Wort für »Gott« ableitete. Er machte angeblich das Unrecht wieder gut, das die Kirche der Landbevölkerung zufügte. Er stahl dem reichen Klerus und Adel seine Schätze und verteilte sie an die Armen. Mit Waffengewalt schützte er eine heidnische Siedlung in den wilden Wäldern, einen Zufluchtsort für Häretiker und andere von der Kirche Verfolgte. Der Volkssage nach wurde Robin von Oberon, dem König der Elfen gezeugt und von einer Jungfrau geboren. Er reiste ins Elfenland und erfuhr dort »viele Geheimnisse, die er der Welt niemals offenbarte«.[8]

Wie der griechische Pan verteidigte auch Robin unberührtes Land gegen das Vordringen der Städte. In ländlichen Bezirken behielt jedes Dorf ein Stück Brachland, das unberührt bleiben mußte, dem Goodfellow oder Good Man vor.[9] 1594 setzten die Kirchenältesten der schottischen Kirche ihren gesamten Einfluß ein, diese Sitte des Goodfellow's Croft abzuschaffen, den sie Teufelsacker nannten und als »großes Ärgernis« bezeichneten.[10]

Viele Mysterienspiele des 16. Jahrhunderts feierten nach wie vor Robin, Maid Marian, Friar Tuck, Little John und andere heidnische Helden. In den Büchern eines Kirchenrendanten sind die Preise für die Kostüme von Robin und Marian als Maikönig und Maikönigin aufgeführt. Die Frau, die Marian darstellte, trug eine Krone, eine purpurrote Kappe, einen blauen Umhang, ein gelbes Kleid und rote Ärmel.[11] Auf diese Weise vereinnahmte die Kirche heidnische Feste, indem sie sie förderte und schließlich ihres ernsthaften Hintergrundes beraubte.

1. *Larousse*, 233. 2. Bowness, 38. 3. Graves, W. G., 441 (dt. 476).
4. Spence, 109. 5. Graves, W. G., 441 ff. (476ff.). 6. Hazlitt, 422.
7. Shah, 210 (dt. 182, 196); Ravensdale & Morgan, 153. 8. Keightley, 287, 289, 315f.
9. W. Scott, 78. 10. Hazlitt, 283. 11. Hazlitt, 384f, 520.

Rochus, Heiliger

Offizieller Schutzpatron der römischen Kirche gegen die Pest. Französische Kleriker behaupteten, die Pest komme niemals in ein Haus, das durch die Lettern V.S.R. (*Vive Saint Roch*) geschützt sei.[1] Leider wirkte der Zauber nicht.

1. Mâle, 271.

Romulus und Remus

Söhne von Rhea Silvia, gesäugt von der etruskischen Wölfin Lupa; diese bekannten Zwillinge galten allgemein als Begründer Roms. Romulus tötete seinen Bruder Remus aus Eifersucht; ein Mythos, der den Brudermord an den Anfang des römischen Patriarchats stellte, wie der Mythos von Kain und Abel den Brudermord an den Anfang des jüdischen Patriarchats stellte.[1]

Nach der Legende waren die Nachkommen von Romulus alle Männer, die nach dem alten matriarchalischen Recht keinen Anspruch auf Landbesitz hatten und gezwungen waren, Sabinerinnen mit Landbesitz zu heiraten, um die Zugehörigkeit zur Gemeinschaft und *sanguis ac genus*, die Blutszugehörigkeit zu bekommen, die nur in der weiblichen Linie weitergegeben wurde.[2] Manche sagen, Romulus' Männer seien Kriminelle und Gesetzlose gewesen, die nicht an der heiligen Stammesfolge teilhaben konnten.[3] Sie mußten die Sabinerinnen entführen, um *curiae*, Stämme, zu gründen; doch jeder Stamm trug auch weiterhin den Namen der Urahnin.[4] Römische Schriftsteller behaupten, Romulus habe die Stämme zu Ehren der Sabinerinnen nach ihnen benannt; tatsächlich trugen die latinischen Stämme jedoch seit Menschengedenken die Namen ihrer Frauen. (Siehe **Mutterschaft**.)

Romulus selbst war eine patriarchalische Erfindung, die sich auf einen uralten weiblichen Stammesnamen gründete: er hieß nach dem etruskischen Stamm Romulia, der Rom eigentlich begründet hat.[5]

1. *Larousse*, 315. 2. Dumézil, 68. 3. Pepper & Wilcock, 83.
4. Briffault 1, 422, 427. 5. Carter, 22.

Rosalia, Heilige

Schutzpatronin von Palermo, eine oberflächlich christianisierte Venus Rosalia, jene heidnische Göttin, deren yonisches Symbol die heilige Rose war. Für Rosalia wurde der übliche Mythos der jungfräulichen Märtyrerin erfunden, doch nicht einmal ihre Gebeine waren echt. Der Osteologe Buckland analysierte Rosalias Reliquien und stellte fest, daß es sich um Ziegenknochen handelte.[1] Dennoch behielten die Knochen auch nach Bucklands Entdeckung unvermindert ihre Kraft, jene Wunderheilungen zu bewirken, die jahrhundertelang die Spezialität des Rosalienschreins waren.

1. White 2, 29.

Rose

Der Rosenkranz war ein Kultgegenstand in der Verehrung der Rose, die im alten Rom als Blume der Venus galt und das Kennzeichen ihrer heiligen Prostituierten war.[1] Dinge, die »unter der Rose« (*sub rosa*) gesagt wurden, gehörten zu den sexuellen Mysterien der Venus und durften nur an Eingeweihte weitergegeben werden.[2] Die rote Rose stand für die mütterliche Sexualität in voller Blüte; die weiße Rose oder die Lilie waren Zeichen der jungfräulichen Göttin. Die Christen verlagerten diese beiden symbolischen Blumen auf die Jungfrau Maria und nannten sie die Heilige Rose.

Die Rosettenfenster in gotischen Kathedralen wiesen nach Westen, in die Richtung des matriarchalischen Paradieses; sie waren vorrangig Maria geweiht als dem weiblichen Symbol, das dem männlichen Kreuz in der Ostapsis gegenübergestellt war. In Chartres zeigt das Fenster, das den Namen Rose von Frankreich trägt, »im Zentrum die Jungfrau in ihrer Erhabenheit ... In einem Kreis um sie herum befinden sich zwölf Medallions; vier enthalten Tauben; vier sechsflügelige Engel oder Throne; vier Engel niederer Ordnung, doch alle symbolisieren Gaben und Eigenschaften der Himmelskönigin.« Darunter befindet sich die marianische Anzahl von fünf Fenstern, deren Mittelpunkt Marias Mutter Anna bildet; sie ist »die größte Mittelfigur, die höchste und beherrscht die ganze Kirche«.[3]

Fünf war die marianische Zahl, weil die Rose fünf Blütenblätter aufweist, genau wie die Apfelblüte – ein weiteres Symbol der Jungfräulichkeit –, aus der die fünf Kerngehäuse des reifen Apfels hervorgehen, das entsprechende Symbol für Mutterschaft, Fruchtbarkeit, Wiedergeburt und das ewige Leben. Die Zahl Fünf galt als »der Marienverehrung gemäß«, weil Maria – symbolisiert in der Rose – die Reinkarnation Evas – symbolisiert im Apfel – darstellte. In der christlich-mystischen Kunst wuchsen am Lebensbaum in Marias »verschlossenem Garten« der Jungfräulichkeit Äpfel und Rosen.

Die fünfblättrige Rosen- und Apfelblüte war verwandt mit anderen vorchristlichen Zeichen der Großen Göttin, mit dem Drudenfuß, dem fünfzackigen Stern Ishtars und dem ägyptischen Symbol der uterinen Unterwelt und der zyklischen Wiedergeburt. Die Mysterien der Rose gehörten Aphrodite, wie der Dichter Nossis schrieb: »Wen die Zyperin nicht liebt, weiß nicht, welche Blumen ihre Rosen sind.« Für Aphrodite stand eine Rose-Marie-Pflanze, die nach ihr *Rosmarina* benannt ist, »Meertau«.[4]

In der großen Zeit der Kathedralen, als Maria als Göttin in ihren »Palästen der Himmelskönigin« oder *Notre-Dames* verehrt wurde, erhielt sie häufig den Beinamen Rose, Rosenbusch, Rosengirlande, Rosengarten, Rosenkranz, Mystische Rose oder Königin des allerheiligsten Rosengartens.[5] Die Kirche, der Garten und Marias Körper waren mystisch ein und dasselbe; denn sie war Ecclesia, Mutter Kirche und »der reine Schoß der Wiedergeburt«. Wie ein heidnischer Tempel stellte die gotische Kathedrale den Körper der Göttin dar, die zugleich das Universum war und die Essenz der männlichen Gottheit in sich trug. Mit dem Niedergang der Gotik geriet dies weitgehend in Vergessenheit. In späteren Jahrhunderten erhielt der Begriff »gotisch« zunehmend einen abwertenden Beiklang und war gleichbedeutend mit »barbarisch«. Die Symbolik der Paläste der Himmelskönigin entzog sich dem Verständnis. Im 18. Jahrhundert lagen ihre Geheimnisse bereits ebenso im Dunkeln wie die krypto-erotische Kunst indischer Tempel.[6]

Tatsächlich erhielt die Große Göttin, deren Körper der Tempel war, zuerst in Indien den Namen Heilige Rose.[7] Die »Blume der Göttin« war die scharlachrote Chinarose – der Hibiskus.[8] Manchmal wurde sie gleichgesetzt mit der mystischen Kulablume, der Quelle des jungfräulichen Menstruationsblutes; dieses symbolisierte das Leben ihrer zukünftigen Kinder und ihre Verbindung mit dem Geist vergangener Stammesmütter.[9]

Der Weltenbaum des Ostens wurde häufig als Stammbaum in Gestalt eines Rosengewächses dargestellt, als weiblicher Baum des Lebens und der Unsterblichkeit. In Zentralasien hieß dieser Baum auch Frau, Quelle, Milch, Tiere, Früchte. So »zeigt sich der Kosmische Baum allezeit als Reservoir des Lebens und Herr des Schicksals«. Die Mongolen kannten ihn als *zambu*, dessen Wurzeln am Fuß des Berges Sumer in die Tiefe reichten; er war der Mutterbaum, der mit seinen Früchte die Götter nährte.[10] Der Baum *zambu* war ohne Zweifel identisch mit dem Paradies der Hindus, der Insel **Jambu**, der Heimat des kosmischen Rosenapfelbaumes. Die Insel hatte die Form einer Yoni. In ihrem »Diamantsitz« (einer symbolischen Klitoris) konnte ein Mensch als Mensch mit scharfem Verstand wiedergeboren werden.[11]

Die jüdisch-christliche Überlieferung verband diesen Stammbaum mit einem männlichen Lebensbaum (den Genitalien), da sie die männliche Abstammungslinie als die einzig wichtige ansah. Die mittelalterliche Kunst stellte den Stammbaum Christi als phallischen Baum dar, der den Lenden eines ruhenden Jesse entsprang und dessen Blüten und Früchte die Gestalten Davids, Marias und Jesu umrankten. Im allgemeinen schrieben die Mystiker jedoch Rosenbaum, Rosengarten und Rosenkranz, die sie durchaus als Genitalsymbole auffaßten, auch weiterhin ein weibliches Geschlecht zu. Der mittelalterliche Gelehrte Pierre Col erklärte, im Lukasevangelium sei die Heilige Rose als Zeichen der Vulva erwähnt.[12]

In Großbritannien gab es einen traditionellen Tanz in den Mummer's Plays, der *The Rose* hieß: fünf Tänzer bildeten einen fünfzackigen Stern aus Schwertern über einem Opfer, *The Fool* – »der Narr« – genannt, der symbolisch getötet und mit einem mysteriösen Elixir wieder auferweckt wurde, dem *Golden Frosty Drop* oder *Dewdrop in the Rose*, dem Tautropfen in der Rose. Es handelte sich dabei schlicht um eine westliche Version des Juwels im Lotos, das heißt, einem Samentropfen in der weiblichen Blüte. Es hieß, »der ›Garten‹ könnte den Uterus symbolisieren, wie die ›scharlachrote Blume‹ für die Vulva stehen kann«. Der Eisige Tropfen oder Tau stand für den Samen Gottes, der sich in der Göttin wiederverkörperte. In der Bibel war Tau eine poetische Umschreibung für Samen (Hohelied 5, 2). Meister Eckhard begriff sehr wohl die sexuelle Bedeutung von Tau und Rose, als er schrieb: »Und wie sich am Morgen die Rose öffnet und den Tau von Himmel und Sonne empfängt, so öffnete sich Marias Seele und empfing Christus, den himmlischen Tau.«[13]

Der oben erwähnte Rosentanz scheint ein so lebendiges heidnisches Ritual gewesen zu sein, daß er sich nicht unterdrücken ließ. Das Lied, das dazu gesungen wurde, hieß *Ring-Around-A-Rosy*, im Deutschen »Ringel, Rangel, Rose«.[14] die Zeile *pocket full of posies*, »Tasche voller Blumen«, des englischen Kinderreims bezog sich vermutlich auf die Blumenhöhle, ein altes Symbol des unterirdischen Feenlandes. In der letzten Instruktion *all fall down* (in den verschiedenen Versionen des deutschen Kinderliedes heißt es: »alle setzen sich«) kommt das Geheiß von *Morgan the Grim Reaper* oder der Mutter des Todes zum Ausdruck, die der fruchtbaren Jahreszeit ein Ende bereitet. Nach dänischen Bräuchen zierten Rosen zum Mittsommernachtstanz die Wälder, die von bewaffneten Männern gegen mögliche Eindringlinge zu schützen waren.

Mit ihrem Schwert in Mittsommernacht
Ritter und Junker halten Wacht;
mit Fackeln und rotem Rosenkranz
schreiten im Wald sie zum Rittertanz.[15]

Die Rose wurde nicht nur mit Maria in Verbindung gebracht, sondern auch mit anderen Formen der heidnischen Göttin, die sich erhalten hatten. Als *Faerie Queene* hatte sie in Spensers gleichnamigem Versroman eine Wohnung der Seligkeit, die für ihr sexuelles Wesen stand und deren Allerheiligstes die Rose der Liebe bildete.[16] Mittelalterliche Mythen von Lady Briar Rose zeichneten die Jungfrau als Rose inmitten eines Dornbusches, ein sexuelles Bild, das der Dichter Sedulius lange Zeit zuvor eingeführt hatte:

Wie zwischen Dornen die liebliche Rose blüht, selbst dornenlos, die Zierde des Busches, den sie krönt,
so entspringt der Wurzel Evas Maria, die neue Magd, und büßt die Sünden, die einst jene erste Magd beging.[17]

Wie durchgängig auch der Versuch war, die Rose mit Maria gleichzusetzen, so war sie doch ganz offensichtlich ein Sexualsymbol des Kultes der Großen Göttin, der mit den Kreuzfahrern aus Arabien wieder nach Europa kam.[18] Sufische Mystiker verfaßten in Arabien romantisch-religiöse Werke, die sich um den Rosengarten und die Rose drehten. Fariduddin Attars *Parlament der Vögel* erklärte das Symbol mit den Worten der »leidenschaftlichen Nachtigall«:

> *Ich kenne die Geheimnisse der Liebe. Die ganze Nacht lang schmettere ich mein Liebeslied … Ich bin es, die die Rose in Bewegung bringt und die das Herz der Liebenden anrührt. Ununterbrochen lehre ich neue Geheimnisse … und wenn die Rose des Sommers in die Welt zurückkehrt, öffne ich mein Herz der Freude. Wenige kennen meine Geheimnisse – aber die Rose kennt sie. Ich denke an nichts anderes als die Rose; ich ersehne nichts anderes als die tiefrote Rose … könnte die Nachtigall auch nur eine Nacht ohne die Geliebte leben?*[19]

Dieser Eros in Gestalt der Nachtigall tauchte in europäischen Romanen des 17. Jahrhunderts als Geist der Rose oder als »Teufel« namens Rosier wieder auf. Nach Angaben des Exorzisten Pater Sebastien Michaelis flüsterte der Teufel Rosier süße Worte und verleitete so die Männer, sich zu verlieben. Rosiers himmlischer Gegner war der heilige Basilius, »der nicht auf die verliebten und bezaubernden Reden hörte«.[20] Später wurde eben dieser Dämon jedoch zum Helden des klassischen Ballets *Le Spectre de la Rose*, in dem er ein junges Mädchen dazu verführt, sich zu verlieben.

Gelegentlich war der männliche Geist der Rose eine Heckenrose mit »stechenden« Dornen. »In Fleisch zu stechen, um auf künstliche Weise an Blut zu gelangen, ist die einzige Möglichkeit der Männer, es zu ›produzieren‹. In der romantischen Legende Europas von den beiden Liebenden unterschiedlichen Geschlechts ist der weiblichen roten Rose der männliche Dornbusch oder Dorn (*prick*) beigestellt. In der Umgangssprache ist *prick* eine tabuisierte Bezeichnung für den Penis und ein deskriptives Zauberwort für den Zugang zur Macht … Der Dornbusch ist die männliche Rose.«[21]

1. Wilkins, 108, 136. 2. Hazlitt, 527. 3. Campbell, M. I., 235.
4. Wilkins, 108. 110, 133. 5. Ders., 93, 106. 6. Riencourt, 261. 7. Wilkins, 44.
8. Woodroffe, 203 (dt. 132). 9. *Mahanirvanatantra*, 88. 10. Eliade, S., 271 (dt. 260f.).
11. Tatz & Kent, 37, 84 (dt. 39, 82). 12. Tuchman, 481 (dt. 433).
13. Wilkins, 102, 113f., 124. 14. Ders., 81. 15. Steenstrup, 12. 16. Wilkins, 128.
17. Ders., 116. 18. Goodrich, 103. 19. zit. in: Shah, 108 (dt. 101f.).
20. Robbins, 129. 21. Spretnak, 274.

Rosenkranz

Die Dominikanermönche haben behauptet, der Rosenkranz habe seinen Ursprung in der »beseligenden Gottesschau« des heiligen Dominik in der Kirche St. Sabina in Rom. In Wirklichkeit übernahmen die ChristInnen den Rosenkranz jedoch von orientalischen HeidInnen. Sein wahrer Ursprung liegt im hinduistischen *japamala*, jener »Rosenperlenschnur«, die der Rosenkranz der Mantras genannt und von Kali Ma getragen wurde. Seine abwechselnd roten und weißen Perlen symbolisierten ihre Gestalt als Mutter und Jungfrau (siehe **Gunas**). Im Rosenkranz-Upanishad heißt es, der Klang ihrer Mantras sei weiß und die Berührungen der Perlen rot.[1] Arabische Dichter sahen sowohl die weißen als auch die roten Perlen als Embleme des weiblichen Prinzips und nannten ihre Rosenkränze *wardija*, »Rosengarten«. Im Lateinischen bezeichnete das gleiche Wort, *rosarium*, die frühen Rosenkränze, die bis

Upanishaden
Buddhistische Schriften, die das letzte Stadium vedischen Denkens darstellen und sich mit

ins 14. Jahrhundert ausschließlich in der Marienverehrung Verwendung fanden. Die Litanei von Loreto nennt Maria die »Königin des allerheiligsten Rosariums«. Der deutsche Begriff Rosenkranz wurde gelegentlich in der Kurzform ›Kränzlein‹ als Symbol der Jungfräulichkeit oder der »Blume der Jungfräulichkeit« verwendet.[2] Im Osten stand der Blumenkranz für die heilige Ehe und umgab den »Kopf« des phallischen Gottes.[3]

Wie eine tragbare Gebetsmühle wurde der Rosenkranz überall benutzt, um ständig wiederkehrende Gebete oder Mantras abzuzählen. Die ständige Wiederholung solcher Beschwörungsformeln sollte dem Betenden automatisch ein glückseliges Leben nach dem Tode bescheren. In einem der ägyptischen Totenbücher heißt es, das formelhafte Aufsagen des Rosenkranzes (an dem in Ägypten ein Bildnis des Horus hing) sei »ein Schutz auf Erden und sichert den Verstorbenen das Wohlwollen der Menschen, Götter und Geister, die vollkommen sind. Zudem wirkt er als Beschwörung in Khert-Neter, doch mußt du ihn im Namen von Osiris Ra regelmäßig und millionenfach sprechen«.[4]

Frühe ChristInnen lehnten den Rosenkranz zunächst ab und sprachen der ständigen Wiederholung von Gebeten, die an Perlen abgezählt werden, keinerlei Wirksamkeit zu. Jesus sagte: »Wenn ihr betet, sollt ihr nicht plappern wie die Heiden, die meinen, sie werden nur erhört, wenn sie viele Worte machen« (Matthäus 6,7). Trotz dieser Weisung des Evangeliums übernahmen die ChristInnen allmählich von den HeidInnen die Sitte, Gebete zu »plappern« und sie am heidnischen Rosenkranz abzuzählen, den sie mit ihrer eigenen Version der großen Mutter in Verbindung brachten, wie die Hindus ihn mit Kali Ma verbanden. Bis heute wenden sich die Rosenkranzgebete meist an Maria und flehen sie an, in der Stunde des Todes anwesend zu sein, so wie die tantrischen Weisen Kali-Shakti anriefen.

In der Religion Tibets findet sich noch heute die Assoziation des Rosenkranzes mit dem Tod; dort sind die Perlen des Rosenkranzes manchmal aus menschlichen Schädelknochen gemacht und erinnern an den Rosenkranz aus Schädeln, den Kali die Zerstörerin trug. Eine bemerkenswerte Parallele liegt in dem Umstand, daß christliche Rosenkränze gelegentlich aus winzigen Schädeln bestanden, die aus Knochen oder Elfenbein geschnitzt waren. Viele östliche Rosenkränze wiesen eine Endperle in Form eines Gefäßes auf, die angeblich die anderen Perlen gebären sollte. Im Westen wurden die heidnische Große Göttin wie auch die Jungfrau Maria – an die sich die Rosenkranzgebete in erster Linie wandten – auch als Heiliges Gefäß bezeichnet.[5]

Mohammedanische Rosenkränze enthalten gewöhnlich 99 Perlen, eine für jeden wundertätigen Namen Allahs (siehe **Name**). Kleinere Rosenkränze haben 33 Perlen mit drei Gruppen zu je elf, die durch Markierungen abgesetzt sind; vermutlich ist dies eine Nachahmung der vedischen Überlieferung, die 33 Götter in drei Gruppen von jeweils elf Göttern unterteilte.[6] Die Araber nennen den Rosenkranz gelegentlich auch Gulistan, den Rosengarten; so lautet auch der Titel eines mystischen Werkes des Sufi-Dichters Saadi von Schiras, eines Verehrers der Großen Göttin aus dem 13. Jahrhundert n. Chr. Die im Englischen in

der als Vedanta bekannten Philosophie befassen. Die *Katha-Upanishad* erörtert die Seelenwanderung, das Wesen des ewigen Lebens, die Lehre von Maya und einen Bericht über den Besuch bei Yama, dem Herrn des Todes.

Totenbuch gebräuchliche Bezeichnung für eine Sammlung ägyptischer Grabschriften, die zwischen 1500 und 1350 v. Chr. entstanden sind; sie enthalten unter anderem Vignetten, Hymnen, Verse und deskriptive Abschnitte. Zu den besterhaltenen und besonders typischen Schriften aus Theben gehört das vielstudierte *Papyrus Anii*.

der Heraldik gebräuchliche Bezeichnung *gules* für Rot geht auf das arabische Wort für »Rose« zurück.[7]

1. Wilkins, 44, 194, 201. 2. Ders., 40, 42, 151. 3. *Larousse*, 335. 4. Budge, B. D., 567. 5. Wilkins, 45, 58. 6. Budge, A.T., 437. 7. Shah, 98 (dt. 94).

Rotkäppchen

Eine Märchenheldin, deren Gestalt auf dem jungfräulichen Aspekt der rotgekleideten Diana basiert. Im Märchen tritt die übliche Dreieinigkeit von Mädchen, Mutter und Großmutter auf. Der Jäger war ursprünglich *le Chasseur Maudit* oder der heidnische Herr der Jagd, während die menschenfressende Wölfin oder Großmutter eine westliche Form der Kalika war. (Siehe **Werwolf**.)

Rudra

Prävedischer »roter Gott«, eine primitive Form von Shiva, gelegentlich auch der Heulende genannt.[1] Seine rote Farbe und sein Heulen stellen ihn in einen Zusammenhang zum Häutungstod jener Sakralopfer, die Maruts heißen und deren Vorfahr er war. Die Maruts wurden im Westen ebenfalls zu gehäuteten oder roten Göttern, zum Beispiel Mars, der rote Gott, und sein phrygisches Gegenstück Marsyas, der gehäutete Satyr, der an einer Tanne aufgehängt und Apollo geopfert wurde. Satyrn waren Ziegengötter, und Ziegen waren typische Opfertiere für Versöhnungsopfer in Rom (zum Beispiel Lupercalia), Phrygien, Syrien und Mesopotamien.

Rudra wurde auch Tryambaka genannt, »der drei Muttergöttinnen Gehörende«.[2] Wie nach ihm Shiva scheint auch er eine Gabe an die ursprüngliche weibliche Dreifaltigkeit gewesen zu sein. Und wie Shiva verschmolz er mit ihr – oder ihnen – und wurde bekannt als der androgyne ›Herr, der halb Frau ist‹.[3]

Sein Name ging als *rudus* ins Lateinische ein und bezeichnete dort eine Gottheit der wilden Tiere und der Wälder, mithin einen typischen Satyr.[4] Es läßt sich also sagen, daß Rudra ein Prototyp aller arischen Fruchtbarkeits- und Todesgötter war.

1. O'Flaherty, 357. 2. *Larousse*, 342. 3. O'Flaherty, 298. 4. Dumézil, 418.

Runen

Die Runenschrift wurde anscheinend von den »weisen Frauen« Nordeuropas erfunden. Runen tauchen zum erstenmal in den Händen der Göttin Idun auf, Hüterin der magischen Äpfel, welche die Unsterblichkeit der Gottheiten sicherten. Sie gab die Runen ihrem Gemahl Bragi, indem sie sie in seine Zunge ritzte; so erwarb er die magische Kraft der Worte und wurde zum ersten Zauberkönig der skaldischen Dichtung.

Odin erlangte Kenntnis von den Runen durch seine Selbstopferung, indem er neun Nächte – also eine *noínden*, das traditionelle Wochenbett einer Frau nach der Niederkunft – am Galgenbaum Yggdrasil hing. Die alten Mythen verlangten häufig die Selbstopferung oder den Selbstmord von Männern als Preis, um an weibliche Weisheiten zu gelangen. Das bedeutete auch eine Reise ins Paradies (Feenland) und die gottähnliche Unsterblichkeit.

Odin starb, um den Männern die Runen zu erringen; allerdings wurde von ihnen erwartet, daß sie sein Opfer nachahmten, wie die christlichen Märtyrer das Opfer Christi nachahmten. Wenn ein nordischer Held nicht im Kampf sterben konnte, was ihn automatisch zum Sohn Odins gemacht hätte, konnte er eine Art Hara-kiri begehen, indem er die Runen in sein eigenes Fleisch ritzte und verblutete.[1] Auf diese Weise rief Sigurd die Walküren an, ihn nach Walhall zu bringen: »Tapfer schlitzt er Odins rote Lettern, Blutrunen der Helden sich auf Arm und Brust.«[2]

Der festliche Todestag eines Helden wurde so zum »Rote-Lettern-Tag«, der auf Runenkalendern rot gekennzeichnet war, wie es in modernen Kalendern immer noch für Sonn- und Feiertage gilt. Für den feierlichen Selbstmord waren spezielle Sakralrunen, *geirs-odd*, vorgeschrieben. Sie ermöglichten es dem Helden, seinen eigenen Totengesang in seiner letzten »Inspiration« (wörtlich: Atem) zu komponieren. Die skaldische Überlieferung assoziierte die Poesie mit Blut. Der Met der Poeten hieß auch die See aus Odins Brust; damit war das Blut gemeint, das aus seiner Brust floß, als er am Kreuz durchbohrt wurde.

Der englische Kinderreim vom getöteten »Cock Robin Redbreast« (Rotkehlchen) geht auf die Folklore des *geirs-odd* zurück. **Robin** war der Gott der Hexen, häufig gleichgesetzt mit Odin; er wurde in einem heiligen Hain der Jungfrau Marian geopfert, die bei den SkandinavierInnen Maerin hieß und noch bis ins 11. Jahrhundert in Trondheim mit Blutopfern geehrt wurde.[3] Robin Redbreast tauchte in einer alten dänischen Ballade als menschlicher Märtyrer auf. Er gewann die Liebe einer Vogeljungfrau (Walküre), indem er sich Stücke seines Fleisches für sie aus der Brust schnitt, und sie nahm ihn mit ins Paradies. »Der Knabe hat nun seinen Lohn, sein Leid bracht' sicher ihm Gewinn; voll Wonne gibt des Nachts er sich den Armen seiner Liebsten hin.«[4]

Der Todesgesang, den Ragnar Lodbrok für sich selbst verfaßte, ist die heidnische Version einer Runen-Grabschrift, die der verblutende Mann mit seinen letzten Atemzügen singen sollte wie das Lied des sterbenden Schwans; tatsächlich kamen Runen und Schwanenbilder häufig gemeinsam vor. Ragnar sang mit einem gewissen Heldenmut:

> *Laß nach, o Kraft! Ich höre eine Stimme aus dem Reich, da Heldenseelen frohlocken; die Mägde des Todes hör ich rufen, sie rufen mich in Odins Saal: hoch oben in ihrer seligen Wohnstatt werd' bald der Götter Trunk ich leeren. Des Lebens Stunden sind vorbeigeglitten; ich falle, aber lächelnd sterbe ich.*[5]

Da die Christen wußten, daß die Runenzeichen des heidnischen Alphabets mit Todeszauber und mysteriösen Verfluchungen verbunden waren, galten sie ihnen als teuflisch. Sie glaubten, Hexen könnten den Tod herbeiführen, indem sie »die Runen warfen«. Der ursprüngliche Zweck des Runenwerfens bestand jedoch in der Weissagung; das System glich dem Werfen der Schafgarbenstengel im I Ging, dem »Stablos« in mittelalterlichen Kirchen, dem Werfen von Würfeln wie zum Beispiel den magischen Knöcheln oder dem Mischen der Tarotkarten. Die

Runen wurden auf Holztafeln oder Klötzchen geritzt ähnlich wie beim Würfel, und diese wurden nach bestimmten Mustern geworfen. Die Ausdeutung des Wurfes hieß *raedan*, »lesen«, englisch *reading*; das Ergebnis des Wurfes waren die *raedels* oder »Rätsel«, englisch *riddles*. Im altenglischen Sprachgebrauch bedeutete *reading* auch ein Rätsel lösen.[6] Von den Runen leitet sich zum Beispiel die Sprachkonstruktion *read me this riddle*, »lies mir dieses Rätsel« und die Bedeutung des Wortes *reading* als Weissagung her.

1. Branston, 106. 2. Guerber, L. M. A., 279. 3. Turville-Petre, 39, 91. 4. Steenstrup, 54. 5. Guerber, L. M. A., 279. 6. Funk, 27.

Rusalki

Russische Wasserhexen und Seelenführerinnen, nach Mutter Rußland benannt; ehedem waren es ihre Priesterinnen der Flüsse und Quellen. Die Rusalki waren gefürchtet als Sirenen, die Männer ins nasse Grab locken konnten. Ihre alte Funktion als Fruchtbarkeitsgeister geriet jedoch nicht in Vergessenheit. In der Rusalki-Woche zu Sommeranfang kamen sie bei Mondschein aus dem Wasser und tanzten. Bauern sagten: »Wo die Rusalki beim Tanzen hingetreten haben, wächst das Gras dichter und der Weizen üppiger.«[1] Die Rusalki entsprachen den Wilis, Vilen oder Walküren.

1. *Larousse*, 293.

SHIVA, ältester der vedischen Trinität, zu der auch Brahma und Vishnu gehört. Er war der Gott des Yoga, des Todes, der Rinder, des Tanzes, des Mondes, und all der abstrakten Kräfte wie Wohltätigkeit und Zerstörung. Universelle Kraft konnte er jedoch nur mit Hilfe seiner weiblichen Ergänzung, Shakti, darstellen. Shiva tanzt im Flammenkreis, der den Kosmos darstellt. Bronze, Indien. Chola-Periode, 11. bis 12. Jahrhundert.

Die Große Göttin Hathor verwandelte sich in die geflügelte, meist löwenköpfige SPHINX, um die Menschen mit ihrem berühmten Rätsel zu verwirren. Oedipus verdarb ihr den Spaß, als er ihr die Lösung gab und sie dann aus Theben hinauswarf. Das Gemälde von Gustave Moreau (1864) zeigt sie, bevor der Verdruß begann.

Sa

Ägyptisches Wort für das heilige Blut der Isis, das dem Pharao und anderen ausgewählten Heroen die Unsterblichkeit verlieh; es bildete das Gegenstück zum hinduistischen *soma*. Die göttliche Körperflüssigkeit der unumschränkten Gewalt zeigte sich in verschiedenen Formen; im Grunde wurde sie aber stets vom **Menstruationsblut** der Großen Göttin hergeleitet. Wie das »weise Blut« der ägyptischen Großen Mutter sollte *sa* den Geist aller Einsicht enthalten.[1]

1. Budge, G. E. 2, 298.

Saba

Siehe **Scheba**

Sabakios

Phrygischer Schlangengott, der mit dem Attis, dem Dionysos und im ersten vorchristlichen Jahrhundert auch mit dem jüdischen Jehovah gleichgesetzt wurde.[1] Plutarch berichtete, daß die jerusalemischen Anhänger des hebräischen Gottes ihn mit dem Namen Sahib anriefen. Die Juden aus Kleinasien waren der Meinung, ihr Jehovah sei eine andere Form des Zeus Sabakios.[3]

Die Phrygier meinten, der Ahnherr ihres Volksstammes sei die große Schlange gewesen, die im Lebensbaum des Paradiesgartens gewohnt hätte; deshalb seien sie Ophiogeneis, »schlangengeborene Menschen«.[4] Solche heidnischen Traditionen führten dazu, daß gnostische Gruppen den Jehovah mit der Schlange im Garten Eden verwechselten; beide galten ihnen abwechselnd als Feind der Menschheit. (Siehe **Gnosis**.)

Es gab die Vermutung, daß die Bezeichnung Sabbat – sowohl in jüdisch-christlicher als auch in heidnischer Hinsicht (etwa der »Hexensabbat«) – auf die nächtlichen Riten des Sabakios zurückzuführen sei; aber es sind auch andere Ursprünge dieses Mondfestes denkbar. Sabakios scheint lediglich eine Variante des überall vorkommenden Schlangengottes, des ersten Gefährten der Großen Mutter aller Götter gewesen zu sein.

1. Graves, W. G., 366ff. (dt. 400ff.). 2. Knight, S. L., 156. 3. Enslin, C. B., 91.
4. J. E. Harrison, 129.

Saci

»Kraft«, Titel der Hindu-Göttin als Gattin des Indra, der das Wesen seiner Göttlichkeit von ihr empfing.[1] Sie war vermutlich mit der ägyptischen Göttin Sakhmis oder Sekhmet, »der Machtvollen« verwandt; dies war einer der Titel der Hathor als bluttrinkende Göttin der Schlachten oder göttliche Löwin und Herrin des Sieges.[2] Saci oder Saki war auch als Name für den arabischen Geist des Mundschenks gebräuchlich, der den Göttern und Menschen den Wein des Lebens ausschenkte; im Mythos des Indra, der den Blut-Wein der unumschränkten Gewalt von der Großen Göttin empfing, klingt diese Vorstellung ebenfalls an.

1. O'Flaherty, 351. 2. *Larousse*, 36.

Saga

Dem Wortsinn nach »Sprechende Frau« oder »Sagerin«; eine altnordische Göttin in Asgard, dem Himmel der nordischen **Asen**.[1] Der Name stand auch für eine Priesterin, die in heiliger Dichtung, in Zauberformeln und in Worten der Macht bewandert war. Im Mittelalter wurde die Bezeichnung *saga* oder Weise Frau zu einem Synonym für »Hexe«.[2]

1. Branston, 88. 2. Wedeck, 140.

Sais

Während des siebten vorchristlichen Jahrhunderts die Hauptstadt Ägyptens, in der die Große Göttin (Isis Neith) in ihrem Tempel die unumschränkte Gewalt innehatte. Der Tempel trug eine Inschrift, die später von dem biblischen Gott übernommen wurden: »Ich bin, die da ist, die da war und die da kommen wird« (siehe Offenbarung 1,8).[1] Ein Jahrtausend später übernahmen die Christen den Tempel von Sais und wandelten ihn in eine der Jungfrau Maria geweihte Kirche um.

1. *Larousse*, 37.

Saki

Arabisch »Mundschenk«; der Name leitete sich von der Hindu-Göttin *Saci* oder »Kraft« her, deren Wein allen Göttern Leben und Kraft spendete. Saki war manchmal weiblich wie Hebe, die Mundschenkin der griechischen Götter, und manchmal männlich, wie Ganymed, der von Zeus geliebte Jüngling, der nach der Hebe das Amt des Mundschenks bekleidete. Gemäß der arabischen Symbolik mußte ein Mensch sterben, wenn Saki mit einem umgekehrten, leeren Kelch erschien; sein Leben war dann »bis zur Neige geleert«.

Sakral

Ableitung vom lateinischen *sacer*; dieses Wort bedeutet »unberührbar« im doppelten Sinne: »heilig« und »unrein«. Unberührbare Personen oder Gegenstände waren nur für göttliche Zwecke oder den sakralen Gebrauch bestimmt; sie waren tabu, der anderen Welt geweiht; vom gewöhnlichen Volk wurden sie wegen ihrer gefährlichen Aufladung mit göttlichem *mana* gemieden. Ein treffendes Beispiel hierfür ist die biblische Geschichte des Usa, der es gewagt hatte, die Bundeslade zu berühren, damit sie nicht vom Ochsenkarren fiele. Obgleich die Beweggründe des Usa absolut ehrenhaft waren, erschlug ihn Gott, weil er den Gegenstand berührt hatte, der *sacer* war (2. Samuel 6,3–8). Die Priester kannten einen besonderen Schutzzauber, mit dessen Hilfe sie sich dem Allerheiligsten ohne Todesgefahr nähern konnten: »Wenn sie in die Stiftshütte oder zum Altar eingehen, sollen sie sich mit Wasser waschen, damit sie nicht sterben« (vgl. Exodus 18f.). Der gleiche Schutzzauber wird bis heute in katholischen Kirchen vollzogen, wenn die Gläubigen ihre Finger in ein Weihwasserbecken tauchen und ein schützendes Kreuzzeichen schlagen.

Das biblische Wort »unrein« bedeutete gleichzeitig »unberührbar«. Menstruationsblut und gebärende Frauen galten als »unrein«, weil sie mit mystischer, gefährlicher Magie behaftet waren (Levitikus 15). Auch Weiheopfer, die einzig den Göttern zum Verzehr bestimmt waren, waren unberührbar. Bestimmte Tiere galten als »unrein«, es sei denn, sie wurden – wie der heilige Stier in Ägypten und die Schweine in Syrien, im Libanon und in Palästina – im Rahmen religiöser Zeremonien verzehrt. Lukian sagte, daß die Schweine, die im Tempel von Hierapolis gehalten wurden, im typisch doppelten Sinne tabu waren, nämlich »unrein« und »heilig«.[1] Besonders unverbildete Menschen zeigen allenthalben noch Furcht vor dem, was sie als heilig betrachten: dies ist das bekannte Gefühl, das Coleridge als »heiligen Schrecken« bezeichnete.

1. Crawley 1, 114.

Sakyamuni

Eine der früheren Inkarnationen des Buddha als der »Weise aus dem Geschlecht der Sakya«, der zu dem Buddha Siddhartha etwa im gleichen Verwandschafsverhältnis stand wie König David zu Jesus. Als Sakyamuni im Himmel weilte, spürte er, daß er in dem Nachkommen einer Königin aus dem Geschlecht der Sakya reinkarniert werden sollte. Die Buddha-Legende wies der Göttin Maya die Rolle der Königin zu; den Samen zu der göttlichen Geburt trug der Gott Ganesha bei.[1]

1. *Larousse*, 348.

Sala

Symbol der Jungfernschaft; der heilige Kirschbaum, unter dem die Jungfrau Maya den Buddha gebar. Es gibt eine vergleichbare christliche Legende von einem Kirschbaum, der in einem alten englischen Weihnachtslied, dem *Cherry Tree Carol* gefeiert und besungen wird. (Siehe **Kirsche**.) Die »weiblichen« Qualitäten der Röte, Rundheit und Üppigkeit machten die Kirsche im Verein mit anderen roten Früchten – wie etwa Apfel und Granatapfel – überall zu einer der Göttin geweihten Frucht.

Salacia

»Wollüstige« (engl. *salacious*) Meeres-Göttin; die Venus-Aphrodite, die in Rom als weiblicher Abgrund verehrt wurde und über die es hieß, daß es »in ihrem Leib von Fischen wimmelt«.[1] Der Name ist vermutlich verwandt mit dem griechischen Thalassa (Meer); hierin könnte der Ursprung des heiligen Ausrufs *Talassio* liegen, den die Gäste einer Hochzeit zu Ehren der Aphrodite-Mari, der Göttin der Vermählung ausstießen. Die RömerInnen kannten den Ursprung dieses Hochzeitsrufes wohl nicht mehr, führten die Tradition aber trotzdem fort.[2] (Siehe **Fisch**.)

1. Neumann, A. P., 6. 2. Rose, 192.

Salem

Semitisch »Frieden«; auch als Shalem, Shalom, Selim, Salomon, Shalman oder Shalmaneser geläufig. Jeru-Salem war »das Haus des Friedens« oder des Gottes Salem, dessen frühere Stadt von Melchisedek, dem »König des Lichtes«, der in Phönikien auch Melek oder Molech hieß, regiert wurde (Genesis 14). Das Wort »Friede« wurde nicht nur täglich der untergehenden Sonne zugerufen, sondern es galt auch dem sterbenden Opfer, das in den Riten, die »Brot und Wein hervorbrachten« (Genesis 14, 18), die Sonne verkörperte. (Siehe **Luzifer**.)

Salome

Die Bibel stellt den Tanz der Sieben Schleier als einen vulgären Striptease dar, den die Salome aufführte, um »Herodes zu gefallen« (Matthäus 14, 6–8). In Wirklichkeit war der Tanz der sieben Schleier ein bedeutender Bestandteil des Heiligen Dramas, das den Tod des Ersatz-Königs, seinen Abstieg in die Unterwelt und seine Errettung durch die Göttin darstellte; die Göttin legte dabei an jeder der sieben Pforten der Unterwelt eines ihrer sieben Gewänder ab. Die Salome oder »Friede« (Schalom) genannte Priesterin verkörperte die hinabsteigende Göttin, indem sie durch sieben Tore in den Tempel Jeru-Salem (das Haus des Friedens) schritt. »Josephus berichtet, daß der erste Name der Stadt Solyma lautete. Salma oder Salim war augenscheinlich der semitische Gott der aufgehenden oder wiedergeborenen Sonne; Salmaone war die ägäische Göttin, von der er – gleich Salmoneus, dem Äolier – seine Titel übernommen hatte.«[1]

Die Salome verkörperte als die dritte der drei Hohenpriesterinnen oder »Marien« die Ishtar. Bei ihrem Namen handelte es sich um eine Übersetzung der griechischen *Irene* (Friede), der dritten der drei Horae genannten heiligen Tempel-Huren.[2] Sie könnte mit der heiligen Tempel-Hure Maria Magdalena oder Maria vom Tempel identisch sein; die sogenannten »sieben Teufel« der Maria Magdalena waren demzufolge die Wächter der Unterwelttore, die von der Tempeltänzerin die sieben Schleier erhielten. Diese Schleier bedeuteten – wie auch die Regenbogenschleier der Maya – die Schichten irdischer Erscheinungen oder Täuschungen, die von denen abfielen, die sich dem zentralen Mysterium der Tiefe näherten. Die Isis trug ebenfalls sieben Gewänder, denen die gleiche mystischen Bedeutung zukam.[3]

Die tanzende Priesterin war mehr als eine simple Unterhaltungskünstlerin. Salomes Gatte Joseph wurde getötet, nachdem er mit der Königin, Mariamne oder Miriam (Maria), geschlafen hatte.[4] Salome war während der Geburt des Jesus bei der Jungfrau Maria (der gleichen Maria?) zugegen; manche sagen, sie sei die Hebamme gewesen, die das heilige Kind auf die Welt brachte.[5] Auch beim Tod des Jesus war Salome unter den drei Marien zugegen (Markus 15, 40). Offensichtlich war sie auch in den Tod Johannes des Täufers verwickelt, bei dem es sich aber nicht um Mord, sondern um ein rituelles Opfer gehandelt haben dürfte.

Einige frühchristliche Religionsgemeinschaften (etwa die Mandäer) nahmen keine Notiz von Jesus und verehrten Johannes den Täufer als den wahren geopferten Christus.[6] In einem frühen griechischen Ephiphanias-Hymnus heißt es, das Blut des Täufers habe die Mütter und Kinder von Jerusalem »betaut« – das heißt befruchtet.[7] Als eingeweihter essenischer Prophet war Johannes demnach *sacer* (siehe **sakral**) und dazu »auserwählt«, als Ersatz für den König zu sterben, dessen Blut die Fruchtbarkeit des Landes gewährleistete. Johannes wurde enthauptet; dies war bei den frühen ägäischen und levantinischen Kulturen die übliche Art des Opfertodes; die Enthauptung ist auch heute noch in einigen östlichen Tempeln der Großen Göttin üblich, wenn auch nun anstelle der Männer Tiere geopfert werden.[8]

Obgleich sie nur bruchstückhaft überliefert ist, bezeugt die Geschichte der Salome doch das Überleben des Tammuz-Ishtar-Kultes in Jerusalem: dort starb in regelmäßigen Zeitabständen ein Mann in der Rolle des Gottes und die Frauen stimmten im Tempel die uralten Klagegesänge für das Opfer an (Ezechiel 8, 14).

1. Graves, W. G., 413 (dt. 446). 2. *Larousse*, 138. 3. Angus, 251.
4. Enslin, C. B., 48. 5. Graves, W. G., 75. 6. Reinach, 77. 7. J. E. Harrison, 174.
8. Neumann, G. M., 152.

Var. Salomon, Solomon; Saba

Salomo und Scheba

Salomo oder Solomon bedeutete »Sonnen-Gott des On«, die jüdische Version des Ra von Heliopolis.[1] Salomo war der einzige jüdische König der den Anspruch erhob, während seiner Herrschaft ein goldenes Zeitalter herbeigeführt zu haben. Die Wunder seiner Regierungszeit wurden seiner Weisheit – angeblich einem Geschenk Jahwehs – zugeschrieben; die Bibel widerspricht dem allerdings und behauptet, Salomo habe den Jahweh nicht verehrt. Der berühmte Tempel des Salomo wurde nicht von ihm selbst erbaut, sondern von König Hiram von Tyrus, dem Salomo tributpflichtig war (1. Könige 5, 11). Die in diesem Tempel verehrten Gottheiten waren der tyrische Sonnengott Melek oder Herakles-Melkart (biblisch Moloch), der Sonnengott Schamash (biblisch Chemosch) und die Göttin Astarte oder Ashtoret, die von den Priestern des Jahweh »ein Greuel« genannt wurde (1. Könige 11, 5–7).

In Wirklichkeit gab es kein goldenes Zeitalter des Salomo. Keine zeitgenössische Nation nahm Notiz von Israels angeblicher Herrlichkeit. Die »großen Städte«, die Salomo gebaut haben soll, waren kleine Dörfer aus Lehmhütten; die »Stadt« Megiddo nahm nicht viel mehr als fünf Hektar ein. »Verglichen mit dem vorherrschenden Standard in anderen Teilen der alten nahöstlichen Welt kann der Lebensstandard hier keineswegs als luxuriös bezeichnet werden.«[2]

Die Regierungszeit König Salomos ist auf die Mitte des zehnten vorchristlichen Jahrhunderts datiert worden, aber die hebräische Handschrift, auf die der biblische Bericht sich stützte, wurde erst im zehnten nachchristlichen Jahrhundert – also zwei Jahrtausende später – aufgezeichnet, obgleich sich die Ursprünge einiger frühmittelalterlicher Varianten einer griechischen Fassung dieses Textes möglicherweise bis in das dritte Jahrhundert v. Chr. verfolgen lassen. Auf jeden Fall gibt es keinerlei Berichte, die zu Lebzeiten des Salomo entstanden wären; nicht einmal das in diesen Zeiten übliche Verzeichnis der Könige konnte hier als Beleg dienen. Dem Salomo wurde –wie auch dem David – willkürlich eine Regierungszeit von vierzig Jahren zugeschrieben, denn dies war die hergebrachte Zeitspanne einer Generation.[3]

Was von Salomos Regierung und seinen Taten berichtet wird, muß als eine Legendensammlung interpretiert werden, die aus Ägypten, Phönikien und besonders aus dem südlichen Arabien – dem Lande Scheba, in dem unter einer Reihe matriarchaler Königinnen ein wirkliches goldenes Zeitalter erblühte – zusammengetragen wurde. Scheba war die Bezugsquelle für Weihrauch und andere wertvolle Gewürze, an denen nicht nur zur Konservierung von Nahrungsmitteln, sondern auch zu religiösen und Bestattungszwecken ein großer Bedarf herrschte.

Eutychius Griechischer Geschichtsschreiber, Verfasser einer Reihe von *Annalen*.

Nach Eutychius wurde die ganze Sinai-Halbinsel seit Menschengedenken von reichen sabäischen Königinnen beherrscht. Zu der Zeit, auf die das Leben des Abraham datiert wird, hatte die Königin Sahib (Scheba) die Städte »Nisib und Edessa erbaut und mit Mauern umgeben. Sie gründete auch das Heiligtum von Harran und machte ein Idol aus Gold, das sie Sin nannte.«[4] Dies war der Mond-Gott des Berges Sinai, der Gott des Moses. Semitische Stämme aus Arabien verehrten die Mondin und die Königin als ihre irdische Verkörperung spätestens seit dem 16. Jahrhundert v. Chr.[5] Scheba war das Besitztum der Mondkönigin; in Ägypten war es auch als Punt oder Ophir bekannt und für seinen fantastischen Reichtum berühmt.[6]

In Marib (Mariaba), der Hauptstadt von Scheba gab es königliche Gemahle, denen es bei Strafe der Steinigung verboten war, den Palast der Königin zu verlassen.[7] Marib war die Drehscheibe des Gewürzhandels und besaß in Almaqah einen großen Mondtempel, der in der für matriarchalische Weihestätten charakteristischen weiblich-symbolischen Form des Ovals angelegt war. Die Priesterinnen dieses Tempels erscheinen im Alten Testament als »Sabäerinnen«; Sie werden als heilige Dirnen aus der »Wüste« – dem biblischen Ausdruck für jeden Ort außerhalb Israels – beschrieben, die auf ihren Häuptern goldene Kronen und an ihren Armen juwelengeschmückte Reife trugen (Ezechiel 23,42). Die Priester der Sabäer wurden *mukarrib*, »Verwandter der Mondin« genannt; von diesem Titel sind das hebräische *kerubh* (»Cherubim, Engel«) und das arabische *muqarribin* (»nahe Verwandschaft«), ein Titel der mittelalterlichen Sufi-Mystiker, abgeleitet.[8]

Die Bibel zeichnet das recht unwahrscheinliche Bild einer reichen Königin, die mit einer mit Gewürzen, Gold und Edelsteinen beladenen Karawane aus Saba kam, um im armen, rückständigen Israel einen König zu besuchen. Sie überhäufte Salomo mit Geschenken, weil sie von seinem Reichtum und seinen klugen Entgegnungen auf ihre Fragen sehr beeindruckt war (1. Könige 10, 5). Es ist fast unnötig zu sagen, daß es sich bei diesem Bericht nur um eine Spielerei mit mythologischen Namen handelte: Salomo wurde von einer sabäischen Mondpriesterin als König eingesetzt und gekrönt; diese Priesterin wurde Bat-Seba (Tochter aus Saba) genannt und es hieß von ihr, sie sei seine Mutter gewesen (Hoheslied 3,11). Der König – ob sein Name nun Salomo war oder nicht – lebte offensichtlich in einer weit größeren Abhängigkeit von dem sabäischen Matriarchat, als der Bericht vom Besuch der Königin es vermuten läßt.

Dem Koran zufolge raubte Salomo seinen Thron der Balkis, der Königin von Scheba.[9] Der Name Balkis, Bilqis, oder Balqama ist vermutlich mit dem griechischen *pallakis* (»heilige Tempelhure«) verwandt. Der Tempel in Marib war der Mahram (Mond-Mutter) Bilqis – so lautete der offizielle Name der Göttin-Königin – geweiht. Im Eingang des Tempels befand sich ein großes mit Wasser gefülltes Taufbecken; es stellt den Prototyp des »ehernen Meeres« im Tempel des Salomo dar, das eine Kopie dieses sabäischem Vorbilds war.[10] Dieses mächtige Mutterschoß-Symbol war mit weiblichen Yoni-Emblemen aus Knospen und Lilien verziert; die dort ebenfalls abgebildeten »Cherubim« konnten ihre Herkunft von den sabäischen *mukarribim* nicht verleugnen.[11]

Eine Besonderheit im Tempel des Salomo war ein Paar phallischer Säulen vor der Eingangshalle; sie trugen die Namen Boaz (»In ihm ist Stärke«) und Jachin (»Gott läßt ihn aufstehen«), und ihre Kapitelle waren mit weiblichen Symbolen in Form von Lilien und Granatäpfeln geschmückt (1. Könige 7, 19–21). Nach der alten Symbolik verkörperten die beiden Säulen am Tempeleingang den König und seinen Nachfolger, die danach verlangen, Einlaß in den verschlossenen Garten oder Tempel-Leib der Göttin zu erhalten. Der **Hieros Gamos** (die Heilige Hochzeit) zwischen Salomo und seiner rätselhaften schwarzen Königin – eine Ehe, die von Bat-Seba arrangiert worden war – war die Vermählung des Königs mit seinem Land, wie aus pornographischen Hymnen, zum Beispiel den sumerischen Hochzeitsgedichten, hervorgeht.[12]

Das heute als »Hohelied des Salomo« bekannte Fragment der Liebes-Liturgie ist den Theologen stets peinlich gewesen, obgleich sie nachdrücklich betonten, daß es sich hier um eine Allegorie auf die Liebe Christi zu seiner Kirche, der Dame Ecclesia, handelt. Es war schwer zu erklären, weshalb diese Liebe eine derartig erhitzte Atmosphäre von offensichtlicher erotischer Sinnlichkeit ausströmen sollte. Noch im ausgehenden 18. Jahrhundert wurde der Gelehrte J. G. Herder in seiner Funktion als Geistlicher verfolgt und von einem Pastorat ins andere gejagt, weil er die Behauptung gewagt hatte, das Liebesgedicht des Salomo solle als das genommen werden, was es eigentlich war: ein Stück orientalischer erotischer Dichtung.[13]

Wenn die Metaphern dieses Gedichtes enträtselt werden, erweisen sie ziemlich offen ihren freimütigen sexuellen Charakter. Der *hortus conclusus* (verschlossene Garten) bezeichnet die inneren Genitalien der jungfräulichen Braut; den Ort, an dem ihr Gatte »ins Paradies eindringt« – das Wort »Paradies« stammt vom Hebräischen *pardes* (Garten).[14] Salomo spricht: »ein verschlossener Garten ist meine Schwester, meine Gattin, eine verschlossene Quelle, ein versiegelter Born.« Er schlägt vor, sie zu entsiegeln, die Tür aufzuschließen und »zu trinken von dem gewürzten Wein und vom Most meiner Granatäpfel« (Hoheslied 8, 2). Dieses Bild erklärt sich aus dem zeitgenössischen Symbol des Granatapfels (*rimmon*), der für das weibliche Genital stand. Gewürzter Wein bedeutet die das Blut des Lebens verkörpernde Absonderung der

Göttin, ihr **Menstruationsblut**, das zu kosten nur Königen und Göttern vorbehalten war.[15]

Salomos Braut sagte einladend: »Laß meinen Geliebten in seinen Garten kommen und seine schönen Früchte essen.« Salomo antwortete: »Öffne mir, meine Schwester, meine Liebe, mein Taube, meine Unbefleckte: denn mein Haupt ist voller Tau und meine Locken voller Nachttropfen. Ich habe meinen Rock ausgezogen, wie soll ich ihn wieder anziehen?« Des Köngs taubenetztes »Haupt« war in den königlichen Hochzeitshymnen Sumers und Akkadiens ein allgemeines Symbol für den Penis. Die Vereinigung eines Königs mit der Göttin Inanna, der Königin des Universums wurde folgendermaßen beschrieben: »Der König geht mit erhobenem Haupt zu dem heiligen Schoß, er geht und hebt das Haupt empor zu dem heiligen Schoß der Inanna.« Inanna war die göttliche Braut eines jedes Königs, »die Königin, die Vulva des Himmels und der Erde«.[16]

In der königlichen Hochzeitsnacht verkörperte eine Priesterin die Göttin. Bei Salomos rätselhafter »schwarzer, aber schöner« Braut, der Sulamitin, scheint es sich lediglich um den alten kanaanäischen Titel der Göttin gehandelt zu haben: Zulumat, »Dunkelheit«.[17] Wie die Göttin war auch die Braut nicht nur die Nacht und der Mond; sie war auch das Land und sein Getreide. Ihre Gestalt glich einer Palme, ihre Brüste Weintrauben, ihr Mund einer Honigwabe, ihre Zähne einer Herde von Schafen, ihr Bauch einem Haufen Weizen, umsteckt mit Lilien, und so fort. Kurz gesagt: sie war – wie die fernöstliche Shalimar – der Verschlossene Garten orientalischer Könige, die semitische Scheol-Mari oder Maria des verzauberten Gartens der Unterwelt.

Der Verschlossene Garten wurde ebenfalls zu dem christlichen Symbol dieser Maria. Die Marienlitanei verwendet viele der alten Fruchtbarkeitssymbole und bezeichnet die Maria als Verschlossenen Garten, Wasserbrunnen, Tor des Himmels, Auserwähltes Gefäß, Stadt Gottes, Schöner Mond, Geliebte der Sonne, Rose, Lilie, Olive und Palme.[18] Inmitten des *hortus conclusus* der Jungfrau befanden sich phallische Symbole wie der Turm Davids, der Lebensbaum, das verzauberte Einhorn und die erhabene Zeder des Libanon. Diese Symbole gelten allesamt als »hoch«; die alte Bedeutung von »hoch« umfaßte die Begriffe »prompt, schnell, gelehrig, anmutig und stattlich«, schmeichelhafte Beschreibungen des göttlichen Phallus.[19]

Maria oder Mari war eng mit dem sabäischen Mondtempel in Marib verbunden, weil sie den Namen und Titel *almah* oder Mondfrau trug, der einstmals den Priesterinnen von Almaqah zukam. Der Umstand, daß Bat-Seba nicht nur die Mutter des Salomo war, sondern ihn auch gekrönt hatte, weist offenbar darauf hin, daß sie als die ältere Königin von Scheba auch die Nackte Göttin war, die vom künftigen König bei ihrem Bad beobachtet wurde. Ihr Geliebter David gelangte zu seinem Königsamt, weil er sie bei ihrem Bad beobachtete und daraufhin eine für sie befriedigende Reaktion zeigte. Vor Salomos Regierungszeit wurde der besiegte Vorgänger des Königs als Absalom (Vater Salomo), Salem, Salma, Schalem oder Salomon bezeichnet. Absalom starb, nachdem er zum Beweis seiner Männlichkeit mit den königlichen Konkubinen geschlafen hatte, den Opfertod an einer Eiche und eine phallische Säule wurde ihm zu Ehren errichtet. (2. Samuel 18, 18). Bat-Seba bedeutete wörtlich Tochter der Schaybah und war ein alter arabischer Name der Großen Göttin.[20] (Siehe **Zenobia.**)

In einem Jahr erhielt Salomo 666 Talente Gold (1. Könige 10, 14); 666 war die mystische Zahl der Dreifachen Göttin, die später von ihren Feinden in »die Zahl des Tieres« (Offenbarung 13, 18) umgedeutet wurde. Sicherlich verehrte Salomo die Göttin (1. Könige 11, 5) und kümmerte sich wenig oder gar nicht um Jahweh. In apokryphen (nicht in die Bibel aufgenommenen) Texten heißt es, Jahweh hätte dem Salomo das Heidentum niemals vergeben und ihn nach seinem Tode zu einer ewigen Strafe verdammt, die der Strafe des Prometheus ähnelte: zehntausend Raben sollten auf alle Zeiten an ihm fressen.[21]

Das Gold, das Salomo erhielt, war vermutlich ein Symbol seiner Weisheit; denn die Weisheit der Könige wurde allgemein ihrer Vereinigung mit der Göttin zugeschrieben, sie verkörperte die »Mutter-Weisheit« (hebräisch *hok-mah*, nach dem ägyptischen *hek-maa*). Sargon II. behauptete ebenfalls, von der arabischen Königin »Gold« erhalten zu haben.[22] Jahrhunderte später sprachen arabische Alchimisten mit hochgradig esoterischen Begriffen über den Erwerb des mystischen Goldes; sie dürften damit allerdings etwas anderes gemeint haben als das nach der üblichen Auffassung aus unedlen Metallen gewonnene materielle Gold. In der mittelalterlichen Alchimie wurde der okkulten Verbindung zwischen dem Gold und der Göttin der Weisheit viel Bedeutung beigemessen; diese Göttin wurde mit verschiedenen Namen belegt: Sophia, Sapientia, Anima Mundi, Athene oder Luna.

Salomo erfuhr bei den mittelalterlichen Okkultisten wegen seiner legendären Weisheit nahezu die gleiche Hochschätzung wie Thot-Hermes Trismegistos, der Gott der Magie. Aus seiner Feder stammen angeblich verschiedene Zauberbücher; *Der Schlüssel des Salomo* war das bekannteste von ihnen. Magische Zeichen wie das Pentagramm oder das Hexagramm wurden oft als Siegel des Salomo bezeichnet. »Wahrhaftig«, so heißt es im *Grand Grimoire* über Salomo, »welcher andere Mann außer diesem unbesiegbaren Genius würde die Kühnheit gehabt haben, die vernichtenden Worte zu offenbaren, die Gott benutzte, um die rebellierenden Engel mit Schrecken zu schlagen und sie zum Gehorsam zu zwingen?«[23] Darum beschworen Magier die Hilfe des Salomo, wenn sie zu magischen Zwecken Dämonen herbeizitierten.

Was Salomos Tod betrifft, ist die Bibel leider auffällig wenig mitteilsam – wenn wir bedenken, in welch intimen Details sie seine Hochzeitsnacht, die Ausstattung seines Tempels und seinen Haushalt beschreibt. Die Araber erzählen, Salomo hätte, als er eines Tages im Jordan badete, seinen magischen Ring und damit auch seine Weisheit verloren; so konnte er von einem *djinni* (einem bösen Geist) getötet werden, der danach an seiner Stelle regierte. Rabbinische Schreiber behaupteten, Salomos Leichnam sei einbalsamiert und dem Volk an heiligen Tagen gezeigt worden, damit es denken sollte, Salomo sei immer noch am Leben. Eines Tages zerbrach die königliche Mumie jedoch ungelegenerweise, und der Betrug hatte ein Ende.[24]

1. Stanton, 67. 2. Pritchard, S. S., 35. 3. Ebd., 10, 21. 4. Briffault, 3, 108. 5. Albright, 96. 6. Pritchard, S. S., 47. 7. Lethaby, 159f. 8. Shah, 180. 9. Givry, 98. 10. Pritchard, S. S., 61, 100. 11. Shah, 26, 180. 12. *Encyc. Brit.*, »Solomon«. 13. White 2, 325. 14. Hughes, 47. 15. *Mahanirvanatantra*, 273. 16. Pritchard, A. N. E., 135, 202. 17. Ebd., 97. 18. Hughes, 55. 19. Potter & Sargent, 220. 20. Briffault 3, 80. 21. Wedeck, 211. 22. Pritchard, A. N. E., 197. 23. Waite, C. M., 100f. 24. Givry, 97f.

Salz

Salz war eine der wenigen Substanzen, die den Alten zur Konservierung von Nahrungsmitteln und Leichnamen bekannt war. Ägyptische Mumien wurden in eine Salzlake gelegt, die als *Natron*, »Geburts-Wasser«, bezeichnet wurde. Salz diente als Ersatz für das mütterlich-erneuernde Blut; es kam aus dem Schoß des Meeres und hatte den Geschmack des Blutes. Daher galten Salz und mütterliches Blut gleichermaßen als Symbole der Blutsverwandschaft. Im römischen Ritus der *confarreatio* (der patrizischen Hochzeit) mußten Braut und Bräutigam einen Kuchen aus Mehl und Salz teilen; dieses Gemisch bedeutete Fleisch und Blut und machte das Brautpaar – gleich jenen, die in alten Zeiten wirklich Fleisch und Blut teilten – auf magische Weise zu Blutsverwandten, die einander kein Leid zufügen konnten.[1]

Bei den Arabern hatte der gemeinsame Verzehr eines Mahles von Brot und Salz eine ähnliche Bedeutung: es gab einem Vertrages die verbindliche Wirkung. Die Bibel bezeichnet einen Bund, der nicht gebrochen werden konnte, als »Salzbund« – selbst wenn er zwischen Gott und Mensch geschlossen wurde (Levitikus 2, 13). Das Salz galt sogar als ein anerkannter Ersatz für das Blut, mit dem ein Altar nach jüdischem oder christlichem Ritus eigentlich geweiht werden mußte. (Siehe **Segen**.)

Eine allgemein übliche semitische Bezeichnung für erleuchtete Seher lautete »Salz der Erde« – mit anderen Worten: wahres Blut der Mutter Erde. Dieser Ausdruck wurde auch auf die Jünger des Christus angewandt (Matthäus 5, 13) um anzudeuten, daß sie wirklich prophezeien konnten.

Das Christentum übernahm den Gebrauch des Salzes im wesentlichen von dem römisch-heidnischen Brauch, jedes öffentliche Opfer mit Salz zu segnen. Das lateinische *immolare* (»opfern«) ist abgeleitet von dem Wort *mola* für das von den vestalischen Jungfrauen zubereitete Gemisch von Salz und Mehl, das Fleisch und Blut symbolisierte und mit dem jedes Opfertier bestreut wurde.[2]

Auch Kirchenglocken wurden feierlich mit Wasser und Salz gesalbt, mit Leinentüchern getrocknet und anschließend gesegnet und getauft. Danach wurde zu Gott gebetet, er möge den Glocken die Macht verleihen, mit ihrem Klang die Dämonen zu vertreiben und Donner und Blitz von der Nachbarschaft der Kirche fernzuhalten – allerdings war das Glockenläuten in diesem Fall nie sonderlich hilfreich, und Glockentürme wurden wesentlich öfter von Blitzen heimgesucht als jedes andere Gebäude.[3]

Bei der christlichen Kindstaufe wurde das Kind zur Abwehr der

Dämonen oftmals mit Salz eingerieben; es wird berichtet, Häretiker hätten das Salz sorgfältig abgewischt.[4]

Die magische Furcht, Salz zu verschütten, rührt von der Angst her, Blut zu vergießen. Wer eine Prise Salz über die Schulter warf, um einen Fluch abzuwenden, drückte damit symbolisch den Willen aus, alles Blutvergießen »hinter sich zu lassen« oder ihm den Rücken zu kehren.

Im Mittelalter entdeckten geschäftstüchtige Sarazenen, daß die natürlichen Salzsäulen in der Umgebung des Toten Meeres eine ergiebige Einnahmequelle waren; sie fanden heraus, daß die Christen gutes Geld dafür zahlten, zu der Stelle geführt zu werden, an der »Lots Weib« stand – weil sie das biblische Wunder mit eigenen Augen schauen wollten. Die Salzsäulen waren vom Wind ausgehöhlt und hatten oft fantastische Formen angenommen; eine von ihnen hat vielleicht die Gestalt einer Frau gehabt – falls nicht, mögen Hammer und Meißel hier ein wenig nachgeholfen haben.

Die kabbalistische Tradition deutet darauf hin, daß die biblische Gemahlin des Lot in Wirklichkeit eine Erscheinung der Dreifachen Göttin gewesen ist. Das hebräische Mälach (Salz) ist ein heiliges Wort, weil sein Zahlenwert genau dem dreifachen Zahlenwert des Namens Gottes (JHWH) entspricht.[5] Auch Malkuth, der Name der kabbalistischen Königin und Mutter Erde, leitet sich von Mälach her.

1. Hartley, 231. 2. Dumézil, 318. 3. Hazlitt, 43. 4. Cavendish, P. E., 223. 5. Budge, A.T., 323.

Samjna

Das Hindu-Wort für »Zeichen«, »Buchstabe« oder »Name«; der Titel der Großen Göttin als Erfinderin der Schrift und des Bilderalphabets; ebenso der Titel des Mondes.[1] (Siehe **Mutterschaft**.)

1. O'Flaherty, 352.

Var. Samuel

Sammael

»Fürchte den Herrn«; die semitische Variante des asiatischen Sama, Samana oder Samavurti; »der Gleichmacher« und Richter der Toten, der mit Yama, dem König der Unterwelt, gleichgesetzt wurde.[1] In der Sama-Veda wurde er als der in schwarze Wolken gekleidete Gott der Stürme bezeichnet.[2] Wie seine spätere Inkarnation Satan war auch er ein Fürst der Luftmächte; das gleiche galt für den keltischen Gott des Samhain (des Festes der Toten), das in der christlichen Fassung zu Allerseelen wurde. Die Gnostiker wurden im Mittelalter beschuldigt, den Sammael oder Satanael zu verehren.

In Britannien gab es ein weibliches Gegenstück des Sammael: Samothea (»Göttin der Toten«), die Königin des rätselhaften Landes der Hyperboreer. Pytagoras reiste dorthin, um sich von dieser weisen Frau in der Kunst des Schreibens, in der Astronomie und den Naturwissenschaften unterweisen zu lassen.[3] Wahrscheinlich war Samothea eine andere Erscheinungsform der **Skadi** oder Scatha.

1. *Larousse*, 346. 2. Frazer, G. B. 78. 3. Boulding, 193f.

Sanguis ac Genus

Lat. »Blut und Geschlecht« ist die Substanz der gleichbleibenden Erbmasse eines Stammes, die nach dem Glauben des vorrömischen Latium nur Frauen besaßen.[1] (Siehe **Mutterschaft; Romulus und Remus.**)

1. Dumézil, 68.

Santo Niño

Das »Heilige Kind«, das von Juden geschlachtet und ausgeweidet wurde, um das gesamte Christentum mit einen Todesbann zu belegen. So lautete jedenfalls die Legende, mit der die spanische Inquisition unter dem Generalinquisitor Torquemada die Vertreibung aller Juden aus Spanien rechtfertigte.[1] Sie wurde von mehreren Juden bestätigt, nachdem man sie eingekerkert und schweren Foltern unterzogen hatte. Die gleiche Legende wurde bereits zwei Jahrhunderte zuvor in Deutschland zur Propagierung der **Judenverfolgung** in Umlauf gebracht.[2]

1. Plaidy, 171 ff. 2. Guerber, L. R., 206.

Saphir

Die biblische Fehlübersetzung von *sappur*. *Sappur* bedeutete wörtlich »heiliges Blut« und bezeichnete den Lapislazuli, aus dem der Thron Gottes bestehen sollte.[1] Ursprünglich war damit das göttliche blaue Blut im großen **Kessel** der Greisin Siris, der babylonischen »Kosmischen Mutter« gemeint.[2]

1. Graves, W. G., 290, (dt. 318). 2. *Assyr. & Bab. Lit.*, 308.

Sapientia

Lateinischer Name der »Dame Weisheit«; sie entspricht der griechischen Sophia, der gnostischen Göttin, die von Hermetikern, Alchimisten, Kabbalisten und mittelalterlichen »Philosophen«, deren Dogmen verkleidete Häresien waren, verehrt wurde. In der Tat wurde die Sapientia mitunter als die »Sirene der Philosophen« dargestellt, die wie die gekrönte Aphrodite aus dem Meer aufsteigt und den roten und weißen Wein der Erleuchtung aus ihren Brüsten strömen läßt.[1]

Mystiker aus der Zeit der Renaissance stellten die Sapientia als die Shakti Gottes dar und identifizierten sie abwechselnd mit der Jungfrau Maria, mit der Mutter Natur, mit Gottes »innerem Sinn« oder der Inneren Göttin (I-dea). Sie wurde als die Weisheit Gottes bezeichnet, sogar als »alle Weisheit, die er hat«.[2] Spenser sagte, die Sapientia ruhe an der Brust Gottes, sie sei seine Gemahlin, »die hoheitliche Geliebte der Gottheit, wie eine Königin in fürstliche Gewänder gekleidet«. Sie wurde als »der Ursprung und Urquell aller Dinge ... als das Sein, das Leben und das Licht aller dem Verständnis zugänglichen Dinge« beschrieben; ebenso als die Dreifache Göttin: *Sapientia Creans*, die Schöpferin, *Sapientia disponans* »die alle Dinge in Harmonie vereinigt« und *Sapientia gubermans*, »anderweitig als die göttliche Vorsehung bekannt«.[3]

Der christliche Schriftsteller Pseudo-Dionysius rechnete der Sapientia die Schöpfung selbst als Verdienst an. Er nannte sie: »Du nie begonnene und immerwährende Weisheit, die du in dir selbst die wahrhaft fürstliche Erstheit bist, die souveräne Göttin und das höchste Gut.«[4]

Im mittelalterlichen Gedankengut galt die Sapientia als die verborgene Schöpferin – wenn sie auch als inoffizielle Göttin vermutlich bereits Jahrhunderte vorher aus den europäischen Religionen getilgt worden war. Bruchstückhaft existierte sie aber weiterhin unter verschiedenen Namen: Maria, Natur, Luna, Erde, Venus oder Sophia.

1. Givry, 361. 2. Franz, 16. 3. Collins, 54, 220. 4. Wilkins, 112.

Sappho

Dichterin und Priesterin von Lesbos, der der Göttin geweihten »Insel der Frauen«. Zunächst verheiratet und Mutter der Cleis, weihte Sappho später ihr Leben der Liebe zu Frauen. Sie wurde die zehnte Muse genannt und für bedeutsamer als Homer erachtet; von ihrem Werk haben sich nur Fragmente erhalten, da ihre Bücher in späteren Zeiten verbrannt wurden. (Siehe **Lesbierinnen**.)

Sara-Kali

»Königin Kali«; die von den ZigeunerInnen verehrte Göttin stammte ursprünglich aus Hindustan. Im 10. Jahrhundert erschienen in Persien Zigeunergruppen in Form von Stämmen umherziehender Derwische, die sich Kalenderees (Volk der Göttin Kali) nannten.[1] Kaldera oder Calderash ist heute noch ein gebräuchlicher Name für einen Zigeunerstamm, der – wie die irischen Kele-De – in früherer Zeit die Kali verehrte.[2]

Europäische ZigeunerInnen wähnten ihre Göttin in der alten »Druiden-Grotte« unterhalb der Kathedrale von Chartres; zur Zeit der Carnuten, der »Kinder der Göttin Car«, war diese Grotte – der Innenbereich eines heiligen Berges – als der »Mutterschoß Galliens« bekannt. Carnac, Kermario, Kerlescan, Kercado, das spanische Carmona und auch Chartres waren nach dieser Göttin benannt; sie war vermutlich eine keltische Variante der **Kore** oder Q're, die bei den Völkern des Ostens bis zur Kauri (einem anderen Namen der Kali) zurückverfolgt werden kann.[3]

In der druidischen Grotte befand sich die Statue einer schwarzen gebärenden Göttin, die bestimmten Darstellungen der Kali ähnelt.[4] Die Christen haben dieses alte Idol übernommen und nannten es *virgo paritura* (gebärende Jungfrau). Die ZigeunerInnen nannten sie Sara-Kali, »die Mutter, die Frau, die Schwester, die Königin, die *Phuri Dai*, die Quelle allen Roma-Blutes«. Sie sagten, die schwarze Jungfrau trage das Kleid einer Zigeunertänzerin, und jeder Zigeuner solle wenigstens einmal im Leben eine Pilgerfahrt zu ihrer Grotte unternehmen. Die Grotte wurde als »deiner Mutter Leib« bezeichnet. Einem Zigeunerpilger wurde gesagt: »Schließe deine Augen, wenn du vor Sara, der Kali, stehst, und du wirst den Ursprung der Lebensquelle erkennen, die durch das Zigeunervolk fließt.«[5]

Ein Zigeunergebet zeigt die Göttin in ihrer der Kali vergleichbaren Trinität als Schöpferin, Bewahrerin und Zerstörerin:

Du zerstörst alles auf Erden und erschaffst es neu, du magst nichts Altes sehen, denn der Tod wohnt in dir; du gebierst alles auf Erden, denn du bist das Leben selbst. ... Du bist die Mutter jedes lebendigen Geschöpfes und die Spenderin alles Guten; du richtest durch deine Weisheit, indem du zerstörst, was fruchtlos ist und dessen Lebenszeit zuende ist; durch deine Weisheit läßt du die Erde Neues hervorbringen. ... Du bist die Wohltäterin der Menschheit.[6]

Sara-Kali war auch als Bibi bekannt, »die Tante«; eine zerstörende Greisin, die der russischen Baba Yaga entsprach. Wie die Kalika, die tödliche Krankheiten hervorbrachte, hatte auch Bibi »die Macht, alle Arten von Krankheiten zu bewirken, besonders am Anfang des neuen Monats, wenn Vollmond ist«.[7] Die roten Gewänder der Bibi erinnern an die Gewänder, die Kali am Tag der endgültigen Zerstörung der Welt trägt: ihre Kleidung besteht dann wegen all der Götter, die sie verschlungen hat, aus »einem Klumpen roten Blutes«.[8] Wie die **Dakini**s der Kali sich bei Todeszeremonien mit der Zerstörerin identifizierten, so trugen Zigeunerinnen bei Beerdigungen rote Kleidung.[9]

Das indoägyptische Yoni-Yantra (Dreieck) wurde auch von den ZigeunerInnen als Zeichen für »Frau« benutzt; sie praktizierten nach östlichem Vorbild tantrische Sexualriten und glaubten gemäß der hinduistischen Lehre von dem durch die Göttin beherrschten Karma an die Reinkarnation. Die ZigeunerInnen sagten: »Der Sand der Wahrheit wird mich auf das Bett der Erde legen, von der ich kam. ... Nackt werde ich zurückkehren in meiner Mutter Leib.«[10]

Für einige ZigeunerInnen war die Sara-Kali die Königin des Himmels und der Erde. Nach einer geheimen Überlieferung waren alle französischen Kathedralen als irdisches Abbild des Sternbildes »Jungfrau« angelegt, das als die himmlische Wohnung der Sara-Kali galt.[11] Auch nachdem man sie größtenteils zum Christentum bekehrt hatte, setzten die ZigeunerInnen die Sara-Kali noch mit der Jungfrau Maria gleich. Die Himmelfahrt der Gesegneten Jungfrau wurde von ihnen gefeiert, indem sie die Köpfe geopferter Hühner vor Kirchen ähnlich aufhäuften, wie die indischen Verehrer der Kali die Köpfe geopferter Tiere aufschichteten.[12]

Im Zuge der Christianisierung entstanden sehr viele Legenden um die Sara-Kali, durch die sie mit einem christlichen Hintergrund versehen wurde. Manche behaupteten, sie sei nicht eine Mutter-Göttin, sondern eine Heilige – die Schutzheilige des Zigeunervolkes. Sie soll die drei Marien auf ihrer Fahrt vom Kreuz Jesu gen Westen bis nach Saintes-Maries-de-la-Mer begleitet haben, wo sie schließlich an Land gingen. Einer anderen Legende zufolge war die Sara-Kali eine Zigeunerkönigin aus dem Rhonedelta; sie schwamm von Saintes-Maries-de-la-Mer aus einem Schiff entgegen, auf dem sich Maria Salome, Joseph von Arimathäa, Maria und Martha, deren Bruder Lazarus und andere christliche Berühmtheiten befanden, deren Knochen während des ganzen Mittelalters in Saintes-Maries-de-la-Mer zu besichtigen waren.[13]

1. Keightley, 20. 2. Esty, 67. 3. Campbell, Oc. M., 294.
4. Rawson, A.T., 33. 5. Derlon, 217ff. 6. Leland, 107. 7. Trigg, 186.
8. *Mahanirvanatantra*, 295f. 9. Trigg, 119. 10. Derlon, 132, 159.
11. Ebd., 210. 12. Trigg, 184. 13. Esty, 79.

Sarah

»Königin«, auch überliefert als Sarai, Sara, Serah, Serai. Die persischen Namensformen bezogen sich zunächst auf die matriarchalische Herrschaft und bezeichneten später den »Tempel der Frauen«, den *seraglio* oder Harem.[1]

Sarah war die Muttergöttin des »Abraham«-Stammes, der im dritten vorchristlichen Jahrtausend ein Bündnis mit dem ägyptischen Volk schloß.[2] Hier liegt der wahre Hintergrund der peinlichen biblischen Erzählung, in der Abraham seine Frau verkuppeln wollte (Genesis 12). Nach jüdischer Tradition hatte Sarah einen höheren Rang als ihr Gatte; daher brachte ihr Tod »Verwirrung« in das Volk, mit dem zu ihren Lebzeiten alles in Ordnung war.[3] Sie wurde in der heiligen Höhle von Machpelah beigesetzt, einer Mutterschoß-Nekropole der Göttin der Anakim. Die Juden übernahmen später Votivbilder aus dieser Höhle und gaben ihnen die Namen ihrer vergöttlichten Vorfahren: Sarah, Abraham, Isaak, Rebekka, Lea und Jakob.[4]

1. Briffault 3, 110. 2. Graves, W. G., 300 (dt. 328). 3. Ochs, 45.
4. Graves, W. G., 162 (dt. 184).

Sarama

Vedische Hundegöttin; die Mutter der scheckigen Hunde des Yama, die zunächst als die keltischen Hunde von Annwn und später als die christlichen Höllenhunde in die westliche Mythologie aufgenommen wurden.[1] Sarama war die östliche Variante der Jägerin, die in der klassischen Mythologie als Artemis, Diana oder Hekate bekannt war. (Siehe **Hund**.) Wie andere Jägerinnen-Figuren symbolisierte auch sie den todbringenden Aspekt der Göttin, die unerbittlich diejenigen zu Tode hetzte, für die gemäß den karmischen Zyklen die Zeit des Todes gekommen war.

1. O'Flaherty, 352.

Saranyu

Die vedische Göttin als Stute, Mutter der Asvinen oder Zentauren. Ihre westlichen Ebenbilder sind Leukippe, Melanippe, Epona und die stutenköpfige Demeter. (Siehe **Pferd**.) Saranyu gebar auch den Yama und die Yami, den Herrn des Todes und die Herrin des Lebens, als sie anstelle ihrer Stutengestalt die Gestalt einer Frau angenommen hatte. Einer Legende zufolge schuf Saranyu eine Schattenfrau; sie ließ dieses Scheinwesen, das ihr genaues Ebenbild war, bei ihrem Gatten zurück, während sie selbst ihn als Stute verließ. Als ihr Gatte Vivasvat den Betrug bemerkte, verwandelte er sich in einen Hengst und folgte ihr – so, wie auch Poseidon die Gestalt eines Hengstes angenommen hatte, um sich mit der stutenköpfigen Demeter zu paaren. Die Schwängerung der Saranyu vollzog sich allerdings auf eine eigentümliche Weise: Vivasvat ergoß seinen Samen auf die Erde, und Saranyu sog ihn mit ihren Nüstern auf. Auf diese Weise wurde sie schwanger und gebar aus ihrem Mund ein heilkundiges göttliches Zwillingspaar, die Asvinen.[1] Der Mythos stammt offensichtlich aus einer frühen Zeit, in der die

Menschen noch daran glaubten, daß es mehr als eine Möglichkeit der Befruchtung gab und daß die Geburt demzufolge nicht notwendigerweise durch die Vaginalöffnung erfolgen mußte.

1. O'Flaherty, 61, 69.

Sarapis

Var. Serapis

Aus verschiedenen Traditionssträngen gemischter Gott, der in Ägypten bis zum Ende des 4. Jahrhunderts n. Chr. als höchste Gottheit verehrt wurde. Der ausgesprochen populäre Kult des Sarapis machte Gebrauch von vielerlei Zubehör, das später vom Christentum übernommen wurde: Gesänge, Lichter, Glocken, festliche Gewänder, Prozessionen und Musik.

Mit dem Sarapis wurde die Gestalt des Erlösers Osiris endgültig in eine monotheistische Form überführt; er war praktisch mit dem christlichen Gott identisch. Die Religion des Sarapis wurde im 3. Jahrhundert v. Chr. von Ptolemaios Soter (Ptolemäus dem Erlöser) begründet, einem makedonischen Pharao, der sich nach der Art der alten Pharaonen mit der Gottheit gleichsetzte.[1] Dieser ptolemäische Gott war eine Zusammensetzung aus Osiris und Apis und wurde Osarapis oder Sarapis genannt. Wie der Christus in seinem doppelten Aspekt als Mensch und Opferlamm war Sarapis sowohl der geopferte Stier als auch Gott in Menschengestalt. Er wurde alljährlich zur Sühne der Sünden Ägyptens mit den Worten geopfert: »Wenn irgendein Übel jene, die jetzt opfern, oder Ägypten im allgemeinen befallen sollte, so möge es abgewendet werden auf dieses Haupt.«[2]

Im Laufe seiner weiteren Entwicklung hat Sarapis Eigenschaften aller ägyptischen Gottheiten angenommen und wurde sowohl Vater als auch Sohn, Herrscher und Opfer. Er wurde als Herr des Todes, Guter Hirte, Schöpfer, Heiler, Sonne, Fruchtbarkeitsgott und Schwängerer der Göttin bezeichnet – sein Standbild, das in heiligen Prozessionen mitgeführt wurde, war ein riesiger Phallus. Sein größter Tempel, das Sarapeum in Alexandria, war ein Anziehungspunkt für Pilgerzüge und ein Zentrum der Heilkunst. Der Philosoph Demetrius von Phalerum bezeugte, daß Sarapis ihn von Blindheit geheilt hatte; seine Lobgesänge zu Ehren des Gottes wurden noch Jahrhunderte später als Hymnen gesungen.[3] Alexandrinische Psalmen verkündeten: »Es gibt keinen Gott neben dem Zeus Sarapis.«[4]

Sarapis wurde zum großen Schutzpatron der Künste und der Wissenschaften. Dem Sarapeum war eine riesige Bibliothek voller literarischer Schätze aus dem gesamten römischen Reich angeschlossen; eine Fundgrube zeitgenössischer Gelehrsamkeit. Als das Christentum in Alexandria die Macht übernahm, wurde die Bibliothek das Ziel zahlreicher Angriffe; für drei Jahre gelang es noch mit verzweifelten Anstrengungen, sie zu verteidigen.[5] Im Jahre 389 gab Theodius schließlich den ausdrücklichen Befehl, das Gebäude niederzureißen und die Bücher zu verbrennen. Daraufhin zerstörten die Christen das Sarapeum mit der Bibliothek und vernichteten so die einzigartige Sammlung der bedeutendsten Literatur der alten Welt.[6]

Der »dahingeschiedene« heidnische Gott wurde später als ein oder mehrere fiktive Heilige in den christlichen Kanon aufgenommen. Unter den verschiedenen ägyptischen Gestalten namens St. Sarapion ragt besonders ein Begleiter des heiligen Antonius hervor; dessen Märtyrerlegende war allerdings aus der Zerstörung des Tempels des Sarapis konstruiert worden. Die späte offizielle Heiligsprechung des Sarapion am Ende des 19. Jahrhunderts war auf einen kirchlich-literarischen Schwindel gegründet: man gab vor, einige Texte »entdeckt« zu haben, die angeblich aus dem Bestand der verlorenen Sarapischen Bibliothek stammten.[7]

1. Cumont, A. R. G. R., 74. 2. Budge, G. E. 2, 349. 3. Cumont, A. R. G. R., 75. 4. *Encyc. Brit.*, »Sarapis«. 5. I. H. Smith, C. G., 168. 6. H. Smith, 228. 7. Attwater, 305.

Sarasvati

»Die Fließende«; vedische Flußgöttin, deren Wasser die Könige bei der Taufe göttlich machte. Sarasvati war auch die Königin des Himmels; der Brahmanismus übernahm sie als die Gattin Brahmas – eine Verknüpfung, die an die biblischen Namen Abraham und Sarah denken läßt. Die Sarasvati ist in Wirklichkeit allerdings wesentlich älter als der Kult des Brahma. Es hieß von ihr, sie hätte alle Kulturtechniken erfunden: Musik, Schrift, Mathematik, Kalender, Magie, die Veden und alle anderen Gebiete der Gelehrsamkeit. Einige Gelehrte verzeichneten sie als einen männlichen Gott namens Savitri, obgleich Savitri in alten Schriften als »Gattin des Brahma« und »Tochter der Sonne« bezeichnet wurde.[1] Häufig wurde sie auch mit den heiligen Wassern des Ganges gleichgesetzt.

1. O'Flaherty, 352 f.; *Larousse*, 332, 344.

Sargon

König von Akkad (jetzt im Nordirak), 2241–2186 v. Chr.; ein typischer Gottkönig, der von einer Tempeljungfrau, einer »jungfräulichen Braut Gottes«, geboren wurde. Um ihn vor den Morddrohungen des amtierenden Königs in Sicherheit zu bringen, wurde er heimlich in einen Binsenkorb gelegt, in dem er flußabwärts trieb; dort rette ihn eine magische Gestalt: die Wasserfrau oder Hebammen-Göttin Akki. Sargon wuchs in der Einsamkeit der Wildnis auf und kehrte von dort im Triumph an den Hof zurück, um sich mit der Göttin Ishtar zu vermählen und über ihr Reich zu herrschen.[1] Viele andere Heldensagen haben später Einzelheiten aus dem Mythos des Sargon übernommen.

1. Jobes, 375.

Satan

Wie alle sogenannten Teufel war Satan ursprünglich ein Gott. Die alten ÄgypterInnen nannten ihn die Große Schlange Sata, den Sohn der Erde; er galt ihnen als unsterblich, weil er täglich im Schoß der Göttin wiedergeboren wurde. Wenn ein Mensch die Gebete sprach, die ihn mit dem Gott gleichsetzten, konnte auch er unsterblich werden wie Sata:

»Ich bin die Schlange Sata, deren Jahre unendlich sind. Ich lege mich tot nieder. Ich werde täglich geboren. Ich bin die Schlange Sata, ich lebe an den äußersten Enden der Welt. Ich lege mich sterbend nieder. Ich werde geboren. Ich werde neu. Ich erneuere meine Jugend täglich.«[1]

Sata scheint ein unterirdischer Aspekt des Horus-Ra, der Sonne gewesen zu sein; er ist Python vergleichbar, der unterweltlichen Schlangengestalt des Apoll, der bei den Juden Apollyon, Geist des Abgrundes, hieß. Er war der phallische Gemahl der archaischen Göttin Sati oder Setet, die dem Jungfrauen-Aspekt der Kali entsprach und einst Oberägypten – das Land der Sati – regiert hatte.[2] Ein weiterer Name des Gottes war Set; der biblische Set war vielleicht nicht unsterblich, erreichte aber immerhin ein Alter von 912 Jahren (Genesis 5, 8).

Die enge Verbindung der Schlange mit den lebenspendenden Quellen der Tiefe war in dynastischen Zeiten immer noch eine bedeutende Vorstellung; Sata wurde nun zur Keheret-Schlange, die in einer yonischen Öffnung des Isis-Tempels lebte und wie die delphische Python-Schlange Orakel aussprach. Ihre Anhänger waren der Ansicht, daß Unglück über das Land hereinbrechen würde, wenn die Schlange das heilige Loch der Göttin verließe.[3]

Die **Schlange** galt oft als Symbol für das andere Ich des Sonnengottes, die schwarze Sonne, den Geist der Nacht und des Todes. Während seiner dunklen Stunden vereinigte er sich als Gott mit der Sonnenscheibe. Dieser Vorstellung entsprachen stets die gleichen Muster: Osiris-Set, Apollo-Python, Anu-Aciel, Baal-Yamm usw. Der dunkle Gott war der Widersacher des lichten Gottes – und zwar nicht, weil er ursprünglich als böse angesehen wurde, sondern weil er den schlafenden oder ruhenden Zustand des gleichen Gottes darstellte.

Sata, der ständig in der Unterwelt lebte, erscheint in russischen Volksmärchen als die große Unterweltschlange Koshchei, die Todlose.[4] In seiner Rolle als »Widersacher« wurde er schließlich der unsterbliche Drache, den der Sonnenheld töten mußte, so wie die Menschen gerne den Geist des Todes töten würden, der in ihren eigenen Körpern wohnt, den archetypischen »Verräter«, der sie früher oder später ihrer Vernichtung zuführt.

Für die Hebräer war ein »Satan« ein Widersacher im Sinne eines Richters: einer, der die Redlichkeit eines anderen prüfte, indem er ihm Fangfragen stellte oder Rätsel zu lösen gab. Bei seinem ersten biblischen Auftritt erscheint »Satan« als einer der Söhne Gottes und empfiehlt Gott, den Glauben des Hiob zu prüfen (Hiob 1, 6). Im hebräischen Urtext war Satan einer der *bene ha-elohim*, der Söhne »der Götter«; die Bibelübersetzer haben den Plural allerdings stets als Singular wiedergegeben, um den Umstand zu verbergen, daß die biblischen Juden ein ganzes Pantheon mannigfaltiger Gottheiten verehrten.[5]

Als Jesus sagte, er habe den Satan vom Himmel herabfahren sehen wie einen Blitz (Lukas 10, 18), setzte er diesen »Sohn Gottes« mit der Blitz-Schlange Luzifer gleich. Dies war eine Übernahme des persischen Mythos von der Blitz-Schlange Ahriman, die vom Gott des Lichtes des Himmels verwiesen und in die Unterwelt geschleudert wurde. Die Perser waren der Ansicht, der Gott und die Große Schlange seien Zwillingsbrüder – ein Gedanke, der zunächst in die gnostische Überlieferung und von dort aus in mittelalterliche Zauberbücher einging; in diesen Büchern wurde Satan mit den mystischen Gottesnamen wie Messias, Soter (Erlöser), Emmanuel (Immanuel), Saboth (Herr der Heerscharen), Adonai (der Herr) angerufen.[6]

Satan hörte nicht nur auf Gottesnamen, er konnte sogar nach Belieben als Gott in Erscheinung treten. Die mittelalterliche Kirche beharrte darauf, daß Satan »sich in einen Engel des Lichtes verwandeln konnte«; so konnte jeder, der sich einer nicht abgesegneten Engelserscheinung rühmte, von den Inquisitoren der Teufelsanbeterei bezichtigt werden – die Inquisitoren selbst waren natürlich stets in der Lage, präzise zwischen einem wirklichen Engel und einem als Engel verkleideten Teufel zu unterscheiden.[7]

Islamische Schriftsteller bezeichneten den Satan als Shaitan oder Iblis. Er herrschte über das Geschlecht der *djinn*, der »Genien«, die einst – wie die römischen Genien – Ahnengeister waren. Die *djinn* verspotteten den Propheten Allahs; deswegen griff eine Heerschar der Engel sie an, tötete viele von ihnen und nahm den Rest gefangen. Zu den Gefangenen zählte auch Iblis-Shaitan, der identisch mit dem Azazel war, dem die Juden am Tag der Versöhnung Sündenböcke opferten. Iblis-Shaitan hatte gegen Allah rebelliert, als dieser den Adam geschaffen hatte und befahl, daß alle Engel sein Geschöpf verehren sollten. Allah sagt im Koran: »Wir geboten den Engeln, huldiget dem Adam, und sie verehrten ihn alle, nur nicht Iblis, der von den Jinn war.«[8]

Der Hintergrund dieser Geschichte mag aus dem frühen gnostischen *Philippus-Evangelium* stammen, das die Kirche aus naheliegenden Gründen mißbilligte: »Menschen machen sich Götter und verehren ihre Schöpfung. Es sollte den Göttern geziemen, die Menschen zu verehren!«[9]

Das größte Vergehen des Satan scheint gewesen zu sein, daß er sich weigerte, dem Menschen Ehrerbietung zu erweisen ; er kannte die Fehler des Menschen sehr wohl und ließ auch an Gott kein gutes Haar, weil dessen himmlische Herrschaft zu streng war und zu einer Rebellion führte.

Mittelalterliche Christen interpretierten alles, was nicht in ihre enggefaßte Lehre paßte, als Ausdruck eines Satanskultes: Astrologie, Magie, heidnische Zeremonien, Wahrsagen usw.

> *Alles, was mit Heidentum zu tun hat, ist Satansdienst – nicht nur die Opfer und die Verehrung von Götzenbildern und die Zeremonien, mit denen diese Götzenbilder nach alten Bräuchen verehrt werden, sondern auch alle Dinge, die ihren Urspung darin haben. Es ist ganz offenkundig Satansdienst, wenn jemand der Astrologie anhängt, die Stellungen und Bewegungen der Sonne, des Mondes und der Sterne beobachtet und davon den günstigsten Zeitpunkt für Reisen, Fahrten oder den Beginn einer Arbeit abhängig macht, weil er glaubt, daß er Nutzen oder Schaden durch die Bewegung oder den Lauf der Gestirne hat. Es ist gleichfalls Satansdienst, wenn er denen glaubt, die die Bewegung der Gestirne beobachten und danach die Zukunft vorhersagen.*[10]

1. Budge, B. D., 307, 544f.; Briffault 2, 649. 2 *Larousse*, 27, 335. 3. Erman, 101. 4. Lethaby, 168. 5. Cavendish, P. E., 184. 6. Wedeck, 95. 7. J. B. Russell, 77. 8. Keightley, 289. 9. Pagels, 122. 10. Laistner, 6f.

Sati

Kali als die gefährliche Jungfrauen-Braut der indischen **Svayamara**-Zeremonie. Der gleiche Name wurde auch für die archaische Jungfrau-Jägerin in Ägypten verwandt, die einst über das »Land der Sati«, die wichtigste Provinz Oberägyptens, herrschte. Ihre heilige Stadt war Abu, die Stadt der Elefanten (das griechische Elephantine); hier wurde sie zusammen mit dem Elefantengott verehrt, der sich auch mit der Hindu-Variante der Sati vermählte – bei dieser Hochzeit trug sie den »magischen« Namen Maya – um mit ihr den Buddha, den erleuchteten Sohn Gottes zu zeugen.[1]

In Indien gibt es noch heute Wallfahrtsstätten, die eingedenk der Zeit, in der die Göttin auf Erden wandelte, als Fußspuren der Sati bekannt sind.[2]

1. *Larousse*, 37, 348. 2. Ross, 49.

Saturn

♄

Zeichen des Saturn

Römischer Name des Kronos, des frühen Erdgottes, der eng mit der Großen Mutter Rhea und ihrem zerstörerischen Aspekt – sie verschlang ihre eigenen Kinder – verbunden war. Saturn glich der schwarzen Sonne (Aciel) der chaldäischen Astrologen; er war der Herr der Toten im tiefsten Punkt der Unterwelt und stellte die Sonne in ihrem Nadir, ihrem tiefsten Stand zur Zeit der Wintersonnenwende dar. Mitunter wurde er auch als Sonne der Nacht bezeichnet.

In Harran – in der Nähe des alten, heute zur Türkei gehörigen Edessa – war das Tragen schwarzer Kleider und das Abbrennen von Kerzen, die aus Weihrauch, Opium, Ziegenfett und Urin hergestellt wurden, ein Bestandteil der Verehrung des Saturn. Während des Rituals wurde folgendes Gebet gesprochen: »Herr, dessen Name erhaben ist, dessen Macht allgegenwärtig und dessen Geist edel ist, oh Herr Saturn, du kalter, du trockener, du dunkler, du zerstörerischer, … du verschlagener Herr, der du alle Listen kennst, der du trügerisch, weise und verständig bist, der du Gedeihen und Verderben gibst, glücklich oder unglücklich ist der, dem du es zuteilst.«[1]

In der Regel war der Gott des Todes – wie Shiva, der Zerstörer – Gott und Dämon zugleich. Er war die negative Seite der Sommersonne; im tiefen Winter war er aber versöhnlich gestimmt und ermöglichte so die Wiederkunft des Frühlings. Die römischen Saturnalien wurden zu seinem wichtigstes Fest; das christliche Weihnachtsfest hat viele ihrer Bräuche übernommen. Das Fest des Saturn zeichnete sich sowohl durch die Spannung von Tod und Versöhnung als auch durch die freudige Feier der Wiedergeburt der Sonne aus.

Zunächst wurde ein Opfer auserwählt, das den Gott und den Ersatz-König verkörperte; dieses Opfer wurde erschlagen und in die Unterwelt gesandt, um dort mit seinem göttlichen Ebenbild eins zu werden. »Wo auch immer im alten Italien der Saturn verehrt wurde, gab es den Brauch, einen Mann zu wählen, der für ein Jahr die Rolle des Saturn übernahm und dessen althergebrachte Privilegien genoß; danach starb er – entweder von eigener Hand oder durch Messer, Feuer oder den

Galgen hingerichtet – in der Rolle des guten Gottes, der für die Welt sein Leben dahingab.«[2]

Obgleich die wirkliche Hinrichtung des Opfers nach und nach durch eine symbolische Hinrichtung ersetzt wurde, wurde das Fest niemals aufgegeben; zu christlicher Zeit bildete es schließlich einen Teil des winterlichen Karnevals. »Bei der vorgetäuschte Exekution des Karnevalsprinzen handelt es sich um einen Überrest der alten Saturnalien, bei denen der Mann, der den König gespielt hatte, am Ende seiner Regierungszeit von den Teilnehmern des Festes wirklich umgebracht wurde. Einige Teile des römischen Heeres hielten bis tief in die christliche Zeit hinein an diesem Brauch fest.«[3]

Der christliche Feldzug gegen die alten Namen der Wochentage wurde von der angelsächsichen Mission unter Bonifatius (um 673–754) geführt und war eigenartigerweise nur auf dem Kontinent erfolgreich. Während auf den britischen Inseln selbst der alte Name *saturday* erhalten blieb, setzte sich in Norddeutschland die Bezeichnung *Sonnabend* (Vorabend des Sonntag) durch; das süddeutsche *Samstag* ist – wie auch franz. *samedi* und ital. *sabato* – auf das vulgärgriechische *sambaton* (von griech. *sabbaton* für hebr. *sabbath*), die Bezeichnung des wöchentlichen Ruhetags der Juden zurückzuführen.

Vom Saturn leitet sich der Namen des letzten Wochentages (engl. *saturday*) her, dem Sabbat am Ende der Woche; er geht der Ankunft der neuen Sonne am Sonn-Tag (lat. *dies solis*) voraus. Für die Juden war dies der siebte Tag, an dem Gott »ruhte« – wie Saturn, der sich in der Dunkelheit vor dem Sonnenaufgang ruhig verhielt. Saturn wurde mit der siebten Planetensphäre gleichgesetzt, deren astrologischer Einfluß »saturnische« Eigenschaften wie Ernsthaftigkeit, Schwere, Dunkelheit, Passivität, Kälte und Melancholie förderte.

Der babylonische Name des Planeten Saturn war Ninip; gleichzeitig hieß so ein Unterweltgott: »Der schwarze Saturn, der Geist der toten Sonne, der dämonische ältere Gott.«[4] Aber Saturn war nicht ausschließlich dämonisch; wie die meisten Erdgottheiten stand er für mehrere Bereiche und wurde auch als Heiler verehrt. Das medizinische Symbol Rx (in den USA noch auf Rezepten zu finden) leitet sich von dem planetarischen Zeichen des Saturn her, das früher oft als Heilmittel auf ein Stück Papier geschrieben und verzehrt wurde.[5]

1. Cumont, A. R. G. R., 28, 90. 2. Frazer, G. B., 679. 3. Moakley, 55.
4. Hallet, 387. 5. Waddell, 401.

Sau

Die weiße, leichenfressende Sau-Göttin verkörperte den Todesaspekt der Großen Mutter in den Kulten der Astarte, der Demeter, der keltischen Cerridwen und der germanischen Freya. Als Todes-Göttin trug Freya den Titel *Syr*, »Sau«.[1] Demeter-Persephone oder »Demeter, die Zerstörerin«, war manchmal Phorcis, die Sau, Mutter der Phorciden oder Schicksalsfrauen. Eine dieser Phorciden war Kirke, die Schweine-Göttin von Aia, die Männer in Opferschweine verwandeln konnte.[2] Ihre Insel hieß *Aia*, »Jammern«, ein Hinweis auf die rituellen Klagelieder, welche die Opferung des Gottes in Schweinegestalt begleiteten.

Das Selbstopfer des Vishnu in Gestalt eines Ebers wiederholte sich in westlichen indoeuropäischen Mythen, wo der Gott Porcus, Phorcus oder Orkos, Herr des Todes, war. *Orc* heißt auf gälisch »Schwein«; die Orkney-Inseln waren einst der verschlingenden Sau geweiht.[3]

Im tantrischen Buddhismus wird die Göttin immer noch als Diamanten-Sau Marici verehrt. Sie sitzt auf einem Lotos-Thron, der von sieben Schweinen gezogen wird. Auf Erden ist ihre Inkarnation als leibhaftige Frau das weibliche Gegenüber zum Dalai Lama.[4] (Siehe **Eber; Vishnu.**)

1. Turville-Petre, 168. 2. Graves, G. M., 33.6. 3. Graves, W. G., 244 (dt. 259.)
4. Waddell, 233, 361.

Säule

Der Obelisk, der Maibaum, der Pfeiler, der heilige Baumstamm, das aufragende Kreuz und andere männliche Göttlichkeitssymbole haben vermutlich ihren Ursprung in Indien, wo Shivas Lingam (Penis) als heilige Säule verehrt wurde. Shivas Name Sthanu, »die Säule«, zeigte ihn als personifizierten Phallus.[1] Manche seiner heiligen Säulen sind bis heute beliebte Wallfahrtsorte. Das Land im Umkreis von 100 Ellen um eine solche Säule galt als Reich Shivas, in dem sich viele Wunder ereigneten, unter anderem auch die sofortige Vergebung der Sünden.[2] Bei jahreszeitlichen Festen wird immer noch ein Baum aufgestellt, der Shivas »Großen Lingam« darstellt.[3]

Phallische Säulen tauchen auch in Nordasien und Sibirien auf, wo solche Erektionen die Bezeichnung »die mächtigen Pfostens des Zentrums der Stadt« oder »Eiserner Pfeilermann« tragen. Die Menschen beten solche Säulen an, nennen sie »Mann« oder »Vater« und bringen ihnen Blutopfer dar.[4]

Blut galt seit altersher als wesentlich für die Lingamsäule; die Hindus malten sie häufig rot an oder bestrichen sie mit Blut. Ein archaischer ägyptischer Mythos besagte, zwei Säulen mit dem Namen »Bäume, die Blut vergießen«, hätten am Eingang des Tempels gestanden. Das Blut, das sie vergossen, konnte Frauen schwängern.[5] Darin läßt sich vielleicht ein Überbleibsel der primitiven Vorstellung sehen, daß das männliche Blut und nicht der Samen die fruchtbare Flüssigkeit ist, abgeleitet aus der neolithischen Verehrung des weiblichen »Mondblutes«. Der Tempeleingang stand für die Yoni, genannt *Er-per*, die Heilige Pforte der Göttin.[6]

Wie in Indien, wo Shivas Lingam rot angemalt oder zu religiösen Festen mit Blut bestrichen wurde, bestrichen die Menschen auch in Ägypten die Säulen vor dem Tempeleingang mit Blut im Gedenken an frühere Opferriten, bei denen Menschen blutend an ihnen aufgehängt worden waren. Die Juden nahmen diesen ägyptischen Brauch auf und strichen zum Passahfest das Blut des Opferlammes an die Türpfosten. Die Türpfosten stellten Phalli dar, wie auch die Säulen vor dem Tempel Salomos, die Boas und Jachin hießen, »Festigkeit« und »Gott mache ihn stark« (1. Könige 7, 19–21).

In Hierapolis stand vor dem Tempel der Göttin zu jeder Seite des Eingangs eine riesige, phallische Säule. Jedes Jahr kletterte auf jede dieser Säulen ein Mann und blieb sieben Tage dort oben, eine symbolische Erinnerung an Opferungen früherer Zeiten, bei denen die Säulen mit dem Blut von Menschenopfern getränkt wurden, die offenbar eine Mondwoche lang an ihnen hängen blieben, vielleicht in Anlehnung an die Menstruationsperiode.[7] Als Syrien christianisiert wurde, führten die »Säulenheiligen« diese Sitte fort; wie ihre heidnischen Vorläufer meinten sie, so seien sie dem Himmel nahe genug, daß ihre Gebete Erhörung fänden.[8] Der berühmteste von ihnen war der heilige Simeon Stylites, »Simeon von der Säule«, der solange oben blieb, bis seine Beine brandig wurden und er im beißenden Geruch der Heiligkeit starb.[9]

In Athen wurde eine Kirche rund um eine heilige Säule erbaut und erhielt den Namen Heiliger Johannes von der Säule. Wie die HeidInnen früher ihre Krankheiten mit einem Seidenfaden an die Säule zu binden pflegten, so befahl auch der heilige Johannes: »Laßt alle Kranken kommen und einen Seidenfaden an die Säule binden und geheilt werden.«[10]

Kirchen mit ihren säulenförmigen Türmen oder Kampanilen werden kaum je als männliche Symbole in Verbindung mit einem weiblichen erkannt, obwohl der *shikhara* (Turm) eines Hindutempels allgemein als Phallus gilt.[11]

1. O'Flaherty, 354. 2. *Mahanirvanatantra*, 335. 3. Woodroffe, 517 (dt. 317). 4. Eliade, S., 263 (dt. 253). 5. Maspero, 17f. 6. Budge, D. N., 144. 7. Knight, D.W. P., 84. 8. Frazer, F. O.T., 69. 9. *Encyc. Brit.*, »Simeon«. 10. Hyde, 109. 11. Sprague de Camp, A. E., 298 (dt. 341).

Savitri

Einer der Namen der Großen Göttin der Hindus in ihrer Funktion als Mutter der Kultur, die Musik und Literatur, Rhythmus, Zeit, das Messen, Tag und Nacht, Erinnerung, Eroberung, Sieg, Yoga und Religion und dazu noch viele Geister der Künste der Kultur erschaffen hatte; sie schuf auch die Jungfrau Tod, die Auflösung und alle Krankheiten.[1] Diese Schöpfungsakte wurden der Göttin auch unter einem anderen Namen zugeschrieben: **Sarasvati**, die Erfinderin des Alphabets, der Weisheit, der Sprache, der Veden usw. Beide Namen der Göttin wurden später für die »Gemahlin des Brahma« verwandt, obgleich die schöpferische Göttin wesentlich älter war als Brahma und erst zu dessen Gemahlin wurde, nachdem der brahmanische Kult sie als Quelle seiner Macht beanspruchte.

1. O'Flaherty, 49f.; *Larousse*, 344.

Schatten

Im Altertum galt der Schatten des Menschen als eines seiner verschiedenen Seelenglieder. In Ägypten hieß der Schatten *khaibut*, bei den RömerInnen *umbra*, der »Schatten« oder Geist, der nach dem Tod in das unterirdische Reich der Schatten ging. Die Menschen im heidnischen Europa stellten sich die Geister ihrer Vorfahren wie schwarze Schatten vor und glaubten, daß sie sich nach Blut sehnten, dem Elixir der Wiedergeburt.

Der Schatten war ein verletzlicher Teil der Seele, weil er sich außerhalb des Körpers befand, und mußte sorgsam vor Unheil geschützt werden. Noch heute vermeiden manche Menschen es ängstlich, ihren Schatten über ein offenes Grab, eine Felsspalte oder einen reißenden Fluß fallen zu lassen.[1]

In der Bibel sprechen Josua und Kaleb mit den Worten »Ihr schützender Schatten ist von ihnen gewichen« einen tödlichen Fluch über ihre Feinde (Numeri 14, 9). Das war eine typische Verdammung, eine Prophezeiung, die schon durch ihr Aussprechen wirksam werden sollte.

Es war auch möglich, einem Gott den eigenen Schatten zu weihen und ihm so die eigene Seele zu überantworten. Nach Pausanias verloren die Menschen im Heiligtum des Zeus Lycaeus (des »Wölfischen Zeus«) ihren Schatten.[2] Solche Überzeugungen waren der Ursprung für den schattenlosen »Werwolf« oder Vampir des mittelalterlichen Volksglaubens. Schatten und Spiegelbild wurden im Altertum mit der Seele gleichgesetzt, und ihr Fehlen war ein Zeichen der Seelenlosigkeit.

Pausanias
Griechischer Reisender und Geograph des 2. Jahrhunderts n. Chr. Er lebte in einer untergehenden Kultur und wurde von dem Wunsch getragen, die alten heiligen Riten für die Nachwelt zu beschreiben.

Wie jene, die ihren Schatten einer Gottheit weihten, waren im mittelalterlichen Volksglauben auch Menschen, die ihre Seele dem Teufel verkauft hatten, an ihrem fehlenden Schatten zu erkennen. Der berühmteste »Mann ohne Schatten« in der jüdischen Überlieferung war Peter Schlemihl; sein Name wurde zum Inbegriff des geduldigen, einfältigen Pechvogels, weil der Teufel ihn überlistete, sich von seinem Schatten zu trennen.[3] Sein Mythos basierte offensichtlich auf einem biblischen Patriarchen, der *Schelumiel* hieß, »Freund Gottes«, vielleicht weil er Gott seine Schatten-Seele gab. In Böhmen hieß Peter Schlemihl *Prschemischl* und war ein Heros, der sich mit der legendären Königin Libussa vermählte. Diese Legende könnte eine entstellte Fassung der Heiligen Hochzeit des Pater Liber und der Göttin Libera gewesen sein.[4]

Peter Schlemihl
Die bekannteste literarische Bearbeitung dieses Stoffes ist die Erzählung *Peter Schlemihls wundersame Geschichte* von A. von Chamisso (1781–1838).

Eine andere Version von Pater-Peter und seiner Schatten-Seele liegt in der Apostelgeschichte vor (Apostel 5,15–16). Kranke oder von Dämonen besessene Menschen wurden auf die Straße gebracht, »damit, wenn Petrus vorüberkam, wenigstens sein Schatten auf einen von ihnen fiel«. »Und alle wurden geheilt« durch diese Seelenberührung.

In heidnischen Überlieferungen war ein schattenloser Mann kein Dämon, Werwolf oder »Schlemihl«, sondern jemand, dessen Seele in die ewige Glückseligkeit eingegangen war. Plutarch schrieb, am Ende der Welt würden die Seligen für immer glücklich sein und »keine Speise brauchen noch einen Schatten werfen«.[5]

Das irdische Dasein war ohne Schatten allerdings nicht wünschenswert. Die Juden lebten in der Angst vor dem »Mittagsteufel« (*Keteb*), der die Schatten stahl. Er machte die Schattenseele mittags klein und schwach, so daß ihr Besitzer anfällig für Krankheitsdämonen war.[6] Dieser schattenraubende Teufel ging als *daemonium meridianum* (»Mittagsteufel«) auch in den christlichen Volksglauben ein.

1. Frazer, G. B., 575. 2. d'Alviella, 64. 3. Normann, 131. 4. Leland, 115. 5. Knight, S. L., 117. 6. Budge, A. T., 219.

Scheba

Var. Sheyba, Shebat, Saaba

Arabisch-aramäischer Titel der Großen Göttin. Scheba war die »Alte Frau«, deren Geist in Mekka im heiligen Stein der Kaaba weilte. Mit Scheba oder Saba wurde das Land bezeichnet, das arabische Königinnen von der alten südarabischen Königsstadt Marib (heute Jemen) aus regierten; Scheba war zugleich der Name dieser Königinnen in ihrer Funktion als Göttinnen. Shebat war als mesopotamische Mondgöttin (eine Variante der Hebat oder der Eva) auch die Namenspatronin eines Monats. In Assyrien wurde das älteste Familienoberhaupt *shebu* genannt. Ursprünglich handelte es sich dabei um eine Matriarchin; in späterer Zeit übten die jeweiligen Stammesältesten – unabhängig vom Geschlecht – dieses Amt aus. (Siehe **Arabien**.)

Var. Shekina

Schechina

Jüdisch-kabbalistische Variante der Shakti; die weibliche Seele Gottes, der erst vollkommen sein konnte, wenn er sich mit ihr wiedervereinigt hatte. Den Kabbalisten zufolge entstand alles Böse allein darum, weil Gott seine Schechina verloren hatte. Das hebräische Sch'china bedeutete »Wohnsitz«, ein Hinweis auf den Umstand, daß Gott ohne sie »unbehaust« war. Wie ihr tantrisches Ebenbild Shakti war die Sch'china Ursprung alles »Beseelten« im Universum. Die gnostischen ChristInnen des vierten Jahrhunderts sprachen von ihr als dem »Geist der Herrlichkeit«, in dem Lichtwesen wie Kinder im Leib oder Haus ihrer Mütter lebten. Mani, der Gründer der **Manichäer**, deutete die Aeonen als Sch'chinas oder weibliche Geister des heiligen Jahres.[1]

Die Kabbalisten lehrten, es sei das Wichtigste, die männlichen und weiblichen kosmischen Prinzipien wieder zusammenzubringen. Diese Vereinigung könne durch sexuelle Magie – die Vereinigung der Sonne (des Mannes) mit dem Mond (der Frau) – vollzogen werden; ihr graphisches Abbild war das **Hexagramm**. Nach der kabbalistischen Philosophie zeigte sich die übernatürliche Mutter Schechina in der irdischen Mutter, deren Gemahl am Sabbat das Beilager mit ihr halten sollte, denn: »alle sechs Tage der Woche verdanken ihren Segen« diesem Zusammensein. Rabbi Eliahu di Vidas sagte: »Wer niemals die Kraft leidenschaftlicher Liebe zu einer Frau erfahren hat, wird niemals zur Gottes-Liebe gelangen.«[2]

Jüdischen Mystikern zufolge war die Torah (das heilige Gesetz) das »äußere Gewand« der Schechina. Ein Mann wurde durch das Studium der Torah zu ihrem Bräutigam. Diese Symbolsprache bediente sich erotischer Bilder: Er mußte ihr wie einem schönen Mädchen den Hof machen. »Sie beginnt hinter einem Vorhang Worte zu sprechen, wobei sie ihm nur zumutet, was er verstehen kann, bis er sehr langsam zur Einsicht kommt.« Die Schechina als »Ein-Wohnende« kann mit der lateinischen I-dea, der Inneren Göttin verglichen werden. »Sie öffnet die Tür ihrer verborgenen Kammer immer nur einen Spalt breit und enthüllt ihrem Geliebten einen Augenblick lang ihr Gesicht, um es dann sofort wieder zu verbergen. ... Er allein sieht es und fühlt sich mit seinem Herzen und seiner Seele und seinem ganzen Wesen zu ihr hingezogen.«[3]

So wie ein Mann zur Erleuchtung seiner Schechina bedurfte, so bedurfte Gott ihrer, um Weisheit und Schöpfungskraft zu erlangen. Dieser entscheidende Grundsatz der kabbalistischen Lehre wird heutzutage kaum je betont – geschweige denn überhaupt erwähnt.

1. Jonas, 218, 98. 2. Lederer, 187. 3. Cavendish, T., 72 f.

Scheol

Hebräisch »Grube«, Höhle, Mutterschoß oder Unterwelt; verwandt mit dem uterinen Paradiesgarten, der in Tibet Shal-Mari und in Indien Shalimar hieß.[1] In seiner frühesten Form war Scheol der »Verschlossene

Garten« der Jungfrau mit Blumen, Früchten, Brunnen und Feen-Nymphen darin. Heilige Könige, die an Bäumen starben, gingen in diese andere Welt ein. Das Markandeya-Purana erwähnt ein Reich der Unterwelt, in dem Männerseelen auf Bäumen gepfählt wurden.[2] Im Mittleren Osten wurde Shal-Mari vermutlich zu Scheol-Mari; dort entsprach Mari der Göttin Ishtar, und es gab eine lange Tradition, Menschenopfer an Bäumen aufzuhängen.

Puranas sind alte Sanskritschriften in Versen; sie handeln von Kosmologie, Mythologie und der Natur des Göttlichen.

1. Robertson, 25ff., 93. 2. Hughes, 172.

Schibboleth

Hebräisch »Getreideähre«; der mystische Gegenstand der letzten Offenbarung, der in den Tempeln der Astarte und der Demeter gezeigt wurde. Die Ähre bedeutete gegenwärtige Nahrung und zukünftigen Samen, gegenwärtiges Leben und zukünftiges Leben. Zum Ritual des eleusinischen Mysterienkultes gehörte das Vorzeigen »einer unter Schweigen geernteten Getreideähre«.[1]

Die Schreiber des Alten Testaments nahmen an, das *Schibboleth* sei Astartes sterbender und wiedergeborener Gott Baal gewesen. Das Wort »Schibboleth« wurde als Losungswort benutzt, weil manche Stämme es nicht richtig aussprechen konnten (Richter 12, 6). Der patriarchale Widerstand gegenüber diesem Symbol machte es gleichbedeutend mit »falsche Gottheit«; diese Bedeutung hat es bis auf den heutigen Tag behalten.

1. d'Alviella, 2.

Schicksalsgöttinnen

In fast allen Mythologien finden sich Spuren der Dreifachen Göttin in Gestalt dreier Schicksalsgöttinnen, die über Vergangenheit, Gegenwart und Zukunft gebieten. Sie erschienen üblicherweise in den *personae* der Jungfrau, der Mutter und der Alten (oder Schöpferin, Erhalterin und Zerstörerin). Die weibliche Dreiheit nahm in den westlichen Religionen viele verschiedenen Gestalten an. Darunter waren z. B. die **Nornen** oder Schicksalsschwestern des Nordens, die Zorya der SlawInnen, die Morrigane der IrInnen, die dreifache Guinevere oder Brigit der BritannierInnen.

In der griechischen Mythologie waren in erster Linie die drei machtvollen Moiren die Schicksalsgöttinnen. Daneben gab es andere dreifache Schicksalsgöttinnen: die Parzen, die Horen, die Graien, die Musen, die Gorgonen und die Furien. Fast immmer wurden sie als Weberinnen dargestellt. In der angelsächsischen Literatur wird das Schicksal »gewebt«. Das lateinische *destino* (Schicksal) meint etwas Gewebtes oder mit Stricken und Bändern Festgemachtes. Das Schicksal ist daran »gebunden«, geschehen zu müssen, so wie der Zauberbann der Feen »bindend« war.[1]

Zu den griechischen Moiren gehörten Klotho, die den Lebensfaden spinnt, Lachesis, die ihn zumißt, und Atropos, die ihn abschneidet. Alle drei verkörperten Aspekte der archaischen Dreifachen Aphrodite, deren echter Name angeblich Moira war und die älter als die Zeit gewesen sein soll.[2] Moira wurde erst später zum Namen der Schicksalsgöttin. Der Ausdruck bezeichnete in mykenischer Zeit den Grundbesitz einer Landeigentümerin und war somit ein Überbleibsel des alten Matriarchats. Mit Moira war also ursprünglich ein zugeteiltes Stück Land gemeint und erst in späterer Zeit das »zugeteilte Schicksal«.[3]

Die Dreifache Aphrodite erschien zuweilen in Gestalt der drei Horen, der himmlischen Nymphen Eunomia, Dike und Irene, welche Ordnung, Schicksal und Frieden verkörperten. Sie standen für das »Ordnen« der Elemente bei der Erschaffung eines Menschen, für das ihm von der Mutter bestimmte Schicksal und für den »Frieden« der Auflösung, also des Todes, den Aphrodite Columba, die Taube des Friedens, am Ende seines Lebens über ihn verfügte.[4]

Konnten die webenden Schicksalsgöttinnen in einem lebensbedrohenden Moment dazu bewegt werden, den Lebensfaden nicht durchzuschneiden, so blieb der Mensch verschont. Wenn das aber nicht gelang, mußte er sterben. Aus dieser Vorstellung heraus entstanden viele magische Beschwörungsformeln. Ein slawischer Zauberspruch zum Heilen von Wunden richtete sich an die Schicksalsweberin auf der mystischen Insel Bujan oder Buyan, dem Paradies der Göttin: »Im Ozean, auf der Insel Buyan, webte eine schöne Jungfrau Seide; sie hörte nicht auf, Seide zu weben; das Blut floß nicht mehr.«[5] Der russische Mythos nannte dieses Mädchen die Jungfrau der Dämmerung. Sie entsprach der lateinischen Mater Matuta und der griechischen Eos, die die erste in der Reihe der Schicksalsgöttinnen war. Auf ihrer magischen Insel legte sich der Sonnengott am Abend zur Ruhe, und über dieser Insel stieg er auch jeden Tag erneut auf.[6]

Andere griechische Namen der Schicksalgöttin waren Tyche, Dike und Nemesis. Die RömerInnen nannten sie **Fortuna**, die entweder als Dreiheit oder als Einheit dargestellt wurde. Ein in Wien gefundenes Terrakotta-Medaillon zeigt sie als schützende Stadtgöttin, die eine mauerähnliche Krone trägt und in einem Lorbeerkranz thront.[7] Die babylonische »Mutter des Schicksals« hieß Mammetu, die Schöpferin.[8] All diese Varianten der Schicksalsgöttin hatten ihre gemeinsame Wurzel in der indoeuropäischen Ur-Mutter des Karma, in Kali Ma.

Die englischen Worte *fate*, »Schicksalsgöttin, Schicksal«, und *fairy*, »Fee«, wurden im Mittelalter synonym benutzt. Alphonsus de Spina stellte die Schicksalsgöttinnen an den Anfang seiner Liste von Teufeln und bemerkte dazu: »Einige behaupten, sie hätten Schicksalsgöttinnen gesehen; wenn dem so ist, so waren es nicht Frauen, sondern Teufel.«[9] Burchard von Worms beklagte, daß die Menschen zum Jahresbeginn den Schicksalsgöttinnen oder -schwestern huldigten, indem sie einen Tisch mit Speisen und Getränken für sie bereiteten. Sie legten drei Fleischmesser dazu, womit sie vermutlich vermeiden wollten, daß die todbringende »Abschneiderin« ihr eigenes Messer benutzte.[10]

Die GriechInnen sagen auch heute noch, daß die Schicksalgöttinnen jedes neugeborene Kind an seiner Wiege besuchen, um als Feen-Patinnen die Zukunft des Kindes zu bestimmen. Die Eltern legen den Wachhund an die Kette, lassen die Haustür offen und stellen köstliche

Speisen auf, um die Moiren in gute Stimmung zu versetzen.[11] Viele Märchen berichten von strengen Strafen für die Torheit, Feen-Patinnen zu beleidigen. Auch bei den ZigeunerInnen sind die »drei weißen Damen« bekannt, die an jeder Kinderwiege stehen und die Seele wieder zurückholen, wenn das Leben seinen Lauf genommen hat. Sie ähneln den drei Königinnen der Artussage. Die griechischen Totenklagen werden immer noch *moirologhia* genannt, d. h. der Verstorbene wird den Moiren zurückgegeben.[12]

1. Cavendish, P. E., 75. 2. Bachofen, 57. 3. Lindsay, A. W., 32. 4. *Larousse*, 138. 5. Wedeck, 50. 6. d'Aviella, 168. 7. Lindsay, O. A., 379. 8. *Gilgamesh*, 107. 9. Robbins, 127. 10. Miles, 181. 11, Briffault 3, 160. 12. Rose, 40.

Schicksalsschwestern

Var. engl. *Weird Sisters*

Die drei Hexen in Shakespeares *Macbeth* wurden – in Anlehnung an die drei **Schicksalsgöttinnen** oder **Nornen**, die den griechischen Moiren und der keltischen Morrigan (Marenkönigin) entsprachen – Schicksalsschwestern genannt; dies war ein weiterer Name für die Dreifache Göttin der Vergangenheit, der Gegenwart und der Zukunft. *Weird* war ein sächsischer Name der Todesgöttin oder Greisin, die oft für die gesamte Trinität stand. Andere Varianten ihres Namens sind Wyrd, Wurd und Urd; sie bedeuten zugleich »Erde« und »unabänderliches Schicksals-Wort«.[1] Das Wort *weird* hat sich im modernen Englisch als »unheimlich, geisterhaft« erhalten; im Schottischen wird damit noch heute ein unabänderliches Schicksal bezeichnet. In genau diesem Sinne heißt es im Beowulf-Epos: »Jedermann wird sich dereinst auf das Bett niederstrecken, auf das die Wyrd ihn zu nageln beschlossen hat.«[2]

Beowulf
Altenglisches Heldengedicht in über dreitausend Stabreimen, das früheste erhaltene nordische Buchepos. Es handelt hauptsächlich vom Helden Beowulf, der in der Jugend im Lande der Dänen das Ungeheuer Grendel und dessen Mutter erschlägt und 50 Jahre später im Kampf gegen einen Drachen fällt.[3]

Dieses Zitat vermag die Bedeutung des berühmten Nagelbettes der östlichen Yogis zu erhellen: es ist das Symbol ihrer Unterwerfung unter die Göttin. Die Ergebenheit gegenüber den Schicksalsgöttinnen und ihren Sprüchen führte bei östlichen wie westlichen Mystikern oft zu einer »leidenschaftlichen Hingabe«. Das brennende Verlangen, sich dem göttlichen Schicksal zu fügen, befeuerte in vergangenen Zeiten solche Seelen zu viel Inbrunst, die an die Verzückung gemahnt, mit der die christliche Hingabe an den Willen Gottes einherging.[3] Die Vorstellungen über das *karma* sind in der Tat im wesentlichen mit den Vorstellungen vom Wirken der Weird identisch.

Das Beowulf-Epos entstand zwar in heidnischer Zeit, erfuhr aber später christliche Änderungen und Ergänzungen: Wo es etwa ursprünglich hieß, die Göttin Wyrd werde den Ausgang eines Kampfes bestimmen, wurde der Name der Göttin kurzerhand durch »Gott« ersetzt. Der mittelalterliche Klerus bekämpfte die Dreifache Göttin mit aller Macht. Im zwölften Jahrhundert schalt der Bischof von Exeter seine Gemeinde wegen des Brauches, nach einer Kindsgeburt die Drei Schwestern ins Haus zu laden, damit dem Neugeborenen ein gutes Geschick zuteil würde. Bei dieser Gelegenheit wurden den Schicksalsschwestern auf einem Tisch, der »zu Diensten der Feen mit drei Messern gedeckt«[4] war, Gaben dargebracht.

Die bischöfliche Schelte tat dem Brauch allerdings keinen Abbruch. Noch vier Jahrhunderte später, während der Tudor-Zeit, war es üblich, ein Gebet zu sprechen, damit die Schicksalsschwestern an der Wiege eines Neugeborenen erschienen und »dem Kind gewähren, was ihm beschieden ist«.[5]

1. Campbell, Oc. M., 485. 2. Goodrich, 18, 32. 3. Cumont, A. R. G. R., 86.
4. Cavendish, P. E., 74, 82. 5. Hazlitt, 379.

Schiff

Das deutsche Wort »Schiff« stammt vom altnordischen *skop*, was »Schicksal« und auch »Genitalien« bedeutet.[1] Das Schiff war ein Symbol der Göttin Frigga (Freya), deren Name zu *frigging* (»ficken«) und *frigate* (»Fregatte«) führte. Sie herrschte über die wie ein Schiff gebauten Grabhügel.[2]

Aus diesen Hügeln entwickelten sich die normannischen Tempel, die ebenfalls in der Form eines Schiffes *(navis)* angelegt waren; nach diesem Muster wurde später das Kirchen»schiff« gebaut. Die englischen Worte *navel* (»Nabel«) und *naval* (»Schiffs ...«) bezogen sich einst auf den Bestattungsschrein, der gleicherweise einem Schiff und dem Mutterleib glich. Das altnordische Totenschiff – Fahrzeug der berühmten »Wikingerbestattung« – wurde *ludr* genannt; das Wort bedeutete Boot, Sarg und Wiege.[3] Es brachte die Toten zurück zu ihrer Mutter, dem Meer; der altnordische Ausdruck für »tot« war »in den Mutterleib zurückkehren«.[4] Die heidnischen WaliserInnen schickten ihre Toten ebenfalls zurück in den Meeres-Mutterleib und nannten ihre Totenklagen *marwysgafen* »Der Mutter Meer zurückgeben«.[5] Das Fahrzeug des Todes und der Wiedergeburt war immer weiblich, daher mag es kommen, daß Schiffe heute noch als »weiblich« gelten.

Ägyptens Herr des Todes, Osiris-Seker, wurde in einem Schiff davongetragen; dies geschah unter der Schirmherrschaft eines Priesters, der den Titel »Großer Häuptling des Hammers« trug; den gleichen Titel hatte auch Thor inne. Der Gott kehrte »in einem Morgenboot« ins Leben zurück und wurde von einem Geist mit Namen Matet bedient, der offensichtlich mit *Mater Matuta*, der Mutter-Dämmerung, identisch war.[6] Matet war eine Variante der Mutter Isis, der das Sonnenschiff geweiht war.

Die Römer verehrten Isis als die Schiffs-Göttin. Das Boot war ein Symbol ihres Mutterleibes. Jeder ihrer Tempel zeigte am Eingang eine in Stein gemeißelte »Barke der Isis«. Aus dem römischen Tempel, in dem sich das heilige Boot der Isis befand, wurde eine christliche Kirche mit dem Namen *Santa Maria della navicella*: Unsere Frau vom Boot.[7] Isisfiguren in Booten, die überall in Europa in heidnischen Tempeln aufbewahrt wurden, gaben den Anstoß zu dem seltsamen Märchen von der »Hexe im steinernen Kahn«.

Viele »Hexen« oder Göttinnen-Figuren in Booten tauchten noch während der eigentlich bereits christlichen Zeit auf. Ein Chronist des 12. Jahrhunderts sprach von Prozessionen, bei denen die Gläubigen singend und tanzend heiligen Schiffen auf Rädern folgten, die nach seiner Ausdrucksweise »ich weiß nicht welchen bösen Geist« bargen.[8] Wir haben den Verdacht, daß der Chronist ganz genau wußte, daß dieses

Schiff auf Rädern eine heidnische Göttin trug. Bis ins späte Mittelalter wurde das Schiff der Göttin von den Weber-Innungen auf Rädern durch die Straßen flämischer Städte gezogen und dabei von halbnackten Tänzerinnen und Tänzern begleitet, deren Benehmen Kirchenmänner als »skandalös und bacchantisch« bezeichneten.[9] Im Jahr 1770 wurden in Dounai anläßlich des Sommersonnenwend-Festes ein großes Glücksrad – das Symbol der Schicksalsgöttinnen – und ein Land-Schiff vorgeführt. Das Schiff war voller Menschen, die mit »befremdlichen Gesten« die Bilder der Ahnengeister im Schiff der Arianrhod beschworen; dieses Schiff galt gleichfalls als Sternenrad.[10] (Siehe **Rad**.)

Schiffe waren eng mit uralten orgiastischen Riten verbunden, in denen sie als Mutterleibssymbole und irdisches Abbild des Halbmondes erschienen. Die orientalischen Weisen bezeichneten den Mond als »Arche oder bootsförmiges Gefäß, ein Symbol der Fruchtbarkeit und der Behälter des Keimes allen Lebens«.[11]

1. Neumann, G. M., 245–55. 2. Oxenstierna, 34. 3. Turville-Petre, 276. 4. Gaster, 787. 5. *Encyc. Brit.*, »Welsh Literatur«. 6. Budge, G. E. 1, 323, 505. 7. Wilkins, 146. 8. Reinach, 138. 9. Briffault 3, 65. 10. Gelling & Davidson, 158. 11. Woodroffe, 423.

Schlange

Im Altertum wurde allgemein geglaubt, daß Schlangen nicht wie andere Tiere an Altersschwäche sterben, sondern sich in periodischen Abständen häuten und erneuert oder wiedergeboren in einem andern Leben erscheinen. Die GriechInnen nannten die abgelegte Haut der Schlange *geras*, »Altersschwäche«. Die ChinesInnen stellten sich die Auferstehung vor wie einen Menschen, der seine alte Haut aufschlitzt und, der Schlange gleich, als Jugendlicher daraus hervorgeht. Die MelanesierInnen sagen, »die Haut abzustreifen« bedeutet ewiges Leben. In einer uralten Version des Schlangenmythos erschuf die zweifache Mondgöttin von Leben und Tod den ersten Menschen. Ihr heller Aspekt hatte den Gedanken, ihn unsterblich wie die Schlange zu machen und ihm die Möglichkeit zu geben, sich zu häuten; aber ihr dunkler Aspekt bestand darauf, daß er sterben und in der Erde begraben werden sollte.[1] In dem italienischen Ausdruck *aver piu anni d'un serpente* – »älter sein als eine Schlange« sind ewiges Leben und Schlangendasein immer noch aufeinander bezogen.

Die alterslose Schlange wurde ursprünglich gleichgesetzt mit der Großen Göttin selbst. Im Hinduismus war die Unendliche Ananta die Schlangenmutter, die Vishnu und andere Götter während ihrer »toten« Phase umarmte.[2] Sie war auch die Kundalini, die innere weibliche Seele des Menschen, die sich schlangenhaft zusammengerollt im Becken befindet und durch richtige Yoga-Praxis dazu gebracht wird, sich zu entrollen und durch die Rückgrat-*Chakren* zum Kopf hin aufzusteigen und so Erleuchtung zu bringen. Die Schlangengöttin bewohnte den berühmten Khmer-Tempel von Angkor Wat in Kambodscha, wo sie den König jede Nacht umarmte. Erschien die Göttin eines Nachts nicht, so galt dies als Zeichen, daß der König getötet und ein neuer König gewählt werden mußte.[3]

Die Negritos sagten, das göttliche Volk der Chinoi (Chinesen) stamme von der mächtigen Schlangengöttin Mat Chinoi, Mutter der ChinesInnen, ab. In ihrem Bauch lebten wunderschöne Engel, die die Seelen der Toten in Empfang nahmen. Da der Mutterleib der Göttin das Paradies war, mußten sich die Schamanen im Zuge ihrer Einweihungen in Tod und Wiedergeburt in den Bauch der Schlange begeben.[4]

Die alte ägäische Welt verehrte in erster Linie Frauen und Schlangen. Bis zum Ende der Bronzezeit nahmen Männer an den religiösen Zeremonien nicht teil; erst später war es kretischen Königen gestattet, Priester des Stier-Gottes zu werden. Aber auch dann war die Rolle des Priesters noch unbedeutender als die der Priesterin – bis er sich selbst den Titel der »Schlange« aneignete.[5] Das alte akkadische Wort für »Priester« bedeutete eigentlich »Schlangenbeschwörer«.[6]

Die indische Schlangengöttin Kadru gebar alle Nagas oder Kobra-Leute, nährte sie mit ihrem heiligen Mondblut und machte sie so unsterblich.[7] Ihr babylonisches Gegenstück, die Göttin Kadi von Der, wurde als eine Schlange mit Kopf und Frauenbrüsten verehrt.[8] Ihre Kinder wurden – wie die Nagas – als Wasserschlangen dargestellt: Wie Seejungfrauen und Wassermänner waren sie von der Taille aufwärts mit einem menschlichen Körper ausgestattet. Die Nagas bewachten in ihren unterseeischen Palästen »Schätze von großem Wert und kostbare Steine; mitunter auch Bücher mit geheimen Lehren«.[9]

Das Buch Thot
Legendärer ägyptischer Zaubertext, angeblich vom altägyptischen Gott Thot geschrieben; ein junger Prinz namens Satni-Khamoi fand das Buch in der Nekropole von Memphis.

Eine ähnliche Schlange bewachte das wunderbare Buch Thot, das in einem Unterwasser-Palast verborgen war.[10] Wie sein griechischer Zwillingsbruder Hermes erschien Thot oft als eine Schlange, was seine magische Weisheit ausdrücken sollte. In Ägypten war wie in Indien die erste Schlange eine Totemform der Großen Mutter selbst. Ägyptens archaische Schöpfungsmutter war eine Schlange, Per-Uatchet oder Buto. Die ägyptische Uräus-Schlange war eine Hieroglyphe für »Göttin«.[11] Merkwürdigerweise wurde »Uräus« später auf »Zauberzetteln« und in mittelalterlichen Zauberbüchern zu einem der beliebtesten »geheimen Namen Gottes«.

Magische Papyri
Sammlungen von Exorzismen, Anrufungen, Zaubersprüchen und Verwünschungen. In frühchristlicher Zeit waren sie weit verbreitet, später dienten sie als Basis für Zauberbücher und esoterische Texte.

Die ägyptische Schlangengöttin trug ähnlich wie Kundalini oder Ananta den Titel Mehen, die Umschlingende. Sie umarmte allnächtlich den widderköpfigen Gott Auf-Ra (Phallus des Ra) während seines Aufenthaltes im Bauch der Unterwelt. Dies war ein mythisches Bild von der sexuellen Vereinigung des Königs mit seiner Göttin, Erinnerung an die Bräuche von Angkor Wat.[12] In Philae erhielt die Schlangengöttin den Titel Anquet, von *anq*, umfangen, umschließen.[13] »Schlange des Nils« war der Titel nicht nur Kleopatras, sondern aller ägyptischen Königinnen; sie repräsentierten die Nation und verkörperten bei der Umarmung des Königs die Göttin.

Die Geburts- und Todesgöttinnen Isis und Nephthys wurden mit der zweifachen Schlangen-Mutter des diesseitigen und des jenseitigen Lebens gleichgesetzt. Nur mit ihrer Hilfe konnten die Seelen den Teil der Unterwelt passieren, der von den ägyptischen Verwandten der Nagas bewohnt wurde.[14] Im *Mahabharata* ist von einem Heroen die Rede, der in einer vergleichbaren Unterwelt namens »Stadt der Schlangen« die Unsterblichkeit sucht. An diesem Ort wob die zweifache

Mahabharata
Indisches Nationalepos, besteht aus historischem und

Mutter des Lebens und des Todes den roten Lebensfaden in den aus schwarzem und weißem Garn bestehenden Teppich der Tage und der Nächte.[15]

Die akkadische Göttin Ninhursag, »Die, welche den Toten das Leben gibt«, wurde ebenfalls »Herrin der Schlangen« genannt und war eine weitere Variante der Kadru oder Kadi.[16] In Babylon galt sie als der schwarze Zwilling der Himmelsgöttin Ishtar und hieß Lamia oder Lamaschtu, »Große Edelfrau, Tochter des Himmels«. Auf Walzensiegeln ist dargestellt, wie sie in der Art der Kali über ihrem Gemahl, dem Gott Pazuzu, (»Der mit dem Schlangenpenis«), hockt.[17] Als Herr des Todes opferte er sich selbst, um von der Göttin verschlungen zu werden. Das Bild von der männlichen Schlangengottheit, die von der weiblichen umschlossen oder verschlungen wird, ließ eine sonderbare Vorstellung vom Sexualleben der Schlangen aufkommen; sie wurde von Plinius geschildert und noch bis ins 20. Jahrhundert in Europa ernsthaft geglaubt: das Schlangenmännchen sollte seinen Kopf in das Maul seiner Partnerin stecken und sich von ihr auffressen lassen[18]

Die männliche Schlangengottheit wurde zum phallischen Gatten der Großen Mutter, manchmal galt er als »Vater« der Menschheitsvölker, weil er der ursprüngliche Gefährte der Mutter war. In manchen Mythen war er nicht mehr als ein lebendiger Phallus, den sie sich zu ihrem sexuellen Vergnügen geschaffen hatte. In anderen Mythen erlaubte sie ihm, sich am Werk der Schöpfung zu beteiligen oder ihren Mutterbauch, der die Welt gebären sollte, zu befruchten. Als dieser Schlangen-Schöpfer sich in seiner Überheblichkeit zu der Behauptung verstieg, das Universum allein geschaffen zu haben, bestrafte ihn die Göttin, indem sie seinen Kopf mit der Ferse zermalmte und ihn in die Unterwelt verbannte.[19] Auf diese Version des Schöpfungsmythos gründeteten die Juden ihre Meinung, daß Evas Nachkommenschaft der Schlange den Kopf zertritt; auf ihr beruhte auch die rabbinische Ansicht, die Schlange sei der erste Geliebte der Eva und der wahre Vater des Kain gewesen.[20]

Tatsächlich wurde die Schlange in Palästina schon verehrt, lange bevor es den Jahweh-Kult gab. Die frühen Hebräer übernahmen den Kult des zu ihrer Zeit überall verehrten Schlangengottes; die Angehörigen des jüdischen Priesterstammes der Leviten nannten sich »Söhne der großen Schlange Leviathan«.[21] Der Leviathan (»Der sich Windende«) wurde gemeinsam mit seiner Göttin, der Mondin, verehrt.[22] Die Bibel zeigt, daß Jahweh ein Rivale der Schlange Leviathan war, denn die zwei Götter bekämpften einander (Psalm 74, 14; 89, 10; Jesaja 51, 9); es hieß, daß sie einander am Jüngsten Tag in einem letzten Kampf gegenüberstehen würden (Jesaja 27, 1; Offenbarung 12).

Ein anderer jüdischer Name für die Große Schlange war Nehuschtan, der Gott Moses. Das hebräische Wort *nahasch* (»Schlange«) war von dem Namen des alten vedischen Schlangen-Königs Nahusha abgeleitet; ehe er von einem Rivalen in die Unterwelt verstoßen wurde, war Nahusha »der höchste Herrscher des Himmels«.[23] Nehuschtan war der Gott, dessen Bildnis Mose angefertigt hatte: »eine eherne Schlange« (Numeri 21, 8). Die Israeliten verehrten ihn bis zur Regierungszeit Hiskijas, als die neue Priesterschaft »die Haine mit dem Bild der Aschera

legendärem Material, das zwischen dem 4. und 10. Jahrhundert nach Christus gesammelt wurde. Es schließt die berühmte Bhagavadgita ein.

verwüstete und die eherne Schlange zerschlug, die Mose gemacht hatte« (2. Könige 18,4).

Dennoch wurde die Schlangenverehrung in Israel fortgesetzt. *Seraph*, das hebräische Wort für die göttliche feurige Schlange, bedeutete zunächst eine die Erde befruchtende Blitz-Schlange und wurde später die Bezeichnung für eine Hierarchie der Engel.[24] Die *Seraphim* waren ursprünglich Schlangengeister, gleich jenen des **Caduceus**, die von Hermes, der »Großen Schlange«, geschaffen und von der mosaischen Tradition kopiert wurden. Jüdische Münzen aus dem ersten und zweiten Jahrhundert v. Chr. zeigten Jehovah als einen den griechischen »schlangenschwänzigen Winden« ähnelnden Schlangengott.[25] Juden aus Kleinasien sagten, ihr Jehovah sei identisch mit Zeus Sabazius, dem Schlangengott von Phrygien.[26] Einige jüdische Gnostiker behaupteten in der Frühzeit des Christentums, daß Jehovah nach dem Exil kein Gott mehr war, sondern ein Teufel, der Usurpator des ursprünglichen Königtums der Weisen Schlange.[27]

In vielen gnostischen Schriften wird die Schlange des Paradieses dafür gepriesen, daß sie der Menschheit gegen den Willen eines tyrannischen Gottes, der die Menschen in Unwissenheit halten wollte, das »Licht« des Wissens gebracht hat.[28] Diese Auffassung des Mythos vom Garten Eden leitet sich aus sumerisch-babylonischen Quellen her, in denen es heißt, daß der Mensch von der Erdenmutter aus Schlamm gemacht und in den Garten gesetzt wurde, »daß er ihn bebaute und bewahrte« (Genesis 2,15), weil die Götter zu faul waren, die Arbeit selbst zu tun und Sklaven brauchten, die pflanzten und ernteten und ihnen Opfergaben darbrachten.[29] Die Götter kamen überein, daß ihre Sklaven niemals das göttliche Geheimnis der Unsterblichkeit erfahren sollten, damit sie nicht die Götter überflügelten und für die Arbeit verdorben wären. Darum gaben die Götter, wie das Gilgamesh-Epos berichtet, den Menschen den Tod und »behielten das Leben für sich«.[30]

Einer in den biblischen Schöpfungsbericht eingeflochtenen Geschichte zufolge gab es nicht nur einen Gott, sondern deren mehrere: die *elohim* oder »Götter und Göttinnen«.[31] Der Gott von Eden bemerkte seinen göttlichen Kollegen gegenüber: »Siehe, der Mensch ist geworden wie unsereiner und weiß, was gut und böse ist«, daher mußte er sofort aus dem Garten vertrieben werden, damit er nicht »breche auch von dem Baum des Lebens und esse davon und lebe ewiglich« (Genesis 3,22). Die Lehren der Schlange würden es den Menschen gegen den Willen der *elohim* ermöglicht haben, den Tod zu überwinden und gottgleich zu werden.

Hypostase der Archonten (»Wirklichkeit der Herrscher«), ein gnostisches Evangelium, geschrieben um das 3. Jahrhundert n. Chr.; es enthält eine alternative Version des Mythos von Adam und Eva.

Die *Hypostase der Archonten* zeigte, daß die Schlange eine Totemform der Göttin war, die offenbar Mitleid mit ihrer schicksalsgeschlagenen Kreatur hatte und sie zu unterrichten suchte, wie ewiges Leben zu gewinnen sei: »Das weibliche Prinzip der Spiritualität kam von der Schlange, der Unterweiserin, und sie lehrte sie und sprach: »Ihr werdet nicht sterben, denn es war aus Eifersucht, was er euch da sagte. Im Gegenteil werden eure Augen geöffnet werden und ihr werdet den Göttern gleich werden und Gut und Böse unterscheiden.« Und dann verfluchte »der anmaßende Herrscher« (Gott) die Schlange und die Frau.[32] Einige gnostische Sekten verehrten sowohl Eva als auch die Schlange wegen ihrer Bemühungen um die Menschheit. [33]

Die augenblickliche Form der biblischen Geschichte ist offensichtlich eine oft revidierte Version der ursprünglichen Erzählungen von der Großen Mutter und ihrer Schlange. Babylonische Tempelbilder zeigen, wie die Göttin, begleitet von ihrer Schlange, sich dem Menschen zuwendet und ihm die Nahrung der Unsterblichkeit reicht. Die Pyramidentexte besagten, die Schlange habe die Nahrung des ewigen Lebens gespendet.[34] Als Ophion oder Ophi war sie eine Ahnin des afrikanischen Schlangengottes Obi, dessen Name im magischen System des Voodoo-Zaubers als *obeah* erhalten geblieben ist.[35] Die Bibel verwendet mit *obh* eine hebräische Version des Namens für den Wahrsagergeist der Hexe von Endor; die Vulgata gibt dieses Wort mit *phyton* wieder.[36] In der Mythologie des westafrikanischen Dahomey wurde die erste Mutter-Schöpferin Mawu von einer Großen Schlange unterstützt.[37]

In den gnostischen Berichten über den Eden-Mythos gibt es ein aramäisches Wortspiel, in dem Eva, die Lehrerin und die Schlange gleichgesetzt werden: *Hawah*, Mutter alles Lebendigen; *hawa*, unterrichten und *hewya*, Schlange.[38] Evas Name verbindet im Arabischen immer noch den Gedanken von »Leben« (*hayyat*) mit dem Namen der Schlange (*Hayyat*).[39] Hippolytos betrachtete die Schlange als einen weiblichen Logos, als »das weise Wort der Eva. Dies ist das Mysterium von Eden. Dies ist der Fluß, der aus Eden hinausfließt. Dies ist ebenso das Mal, mit dem Kain gezeichnet wurde, dessen Opfer der Gott dieser Welt nicht annehmen wollte, wohingegen ihm das blutige Opfer Abels gefiel, denn der Gott dieser Welt schwelgt im Blut. Diese Schlange ist er, welcher in späteren Tagen zur Zeit des Herodes in menschlicher Gestalt erschienen ist.«[40]

Die arabische Tradition setzte die Unsterblichkeit gewährende Nahrung mit dem weiblichen Menstruationsblut »von königlich purpurner Farbe« und dem uterinen Garten der Mutter mit dem Mondtempel zu Marib in Scheba gleich. Nach der Legende waren die Schlangen von Scheba purpurrot von der göttlichen Essenz und lebten in Bäumen; die Menschen waren schlangengleich, besaßen gespaltene Zungen, große Weisheit und hatten ein langes Leben.[41] Von Scheba mag die rätselhafte lebensspendende Substanz gekommen sein, die im Gilgamesh-Epos *shiba* genannt wird und die dem Utnapishtim (Noah), der als einziger Mensch unsterblich geworden ist, von seiner Gattin gespendet worden ist; diese Frau war also eine Göttin. Als diese heilige Matriarchin dem Gilgamesh *shiba* gab, warf er seine alte, kranke Haut ab wie eine Schlange und kam wie neugeboren daraus hervor.[42]

Die Perser bewahrten auch die symbolischen Beziehungen zwischen Menstruationsblut und dem Geheimwissen der Schlange über ein langes Leben. Die Anhänger des Mithra behaupteten, die Unsterblichkeit werde durch das Blut des geopferten Stieres übertragen, aber beim Opfer war eine Schlange zugegen, um das Blut aufzufangen, das aus dem Körper des Stieres herausfloß; dieses Blut war eine Nachahmung des Menstruationsblutes, weil es »vom Mond geschickt« wurde.[43]

Die Unsterblichkeit war von alters her das ureigene Reich der sich häutenden Schlange und der blutspendenden Großen Göttin. Manche archaischen Traditionen der Großen Schlange setzten sie mit dem Erdinnern gleich. Von archaischen Schlangengottheiten wie dem Apep in Ägypten und Khumbaba in Sumer hieß es, sie »glichen Gedärmen«.[44] Übrigens lautete der biblische Ausdruck für Geburt oder Wiedergeburt »von den Gedärmen getrennt werden«. Schlangen vermochten den Toten das Leben wiederzugeben; in der kretischen Mythologie erfuhr der Zauberer Polyidos das Geheimnis der Schlangen und kam am minoischen Hof zu großen Ehren, als er den toten Prinzen Glaukos wieder ins Leben zurückholte.[45]

Viele gnostische Traditionen setzten die Schlange mit Jesus gleich. In der *Pistis Sophia* war Jesus die Schlange, die »vom Baum des Wissens und vom Baum des Lebens, welche in Adams Paradies waren« zu Eva sprach. Jüdische Naassener (Schlangen-Verehrer) sagten, die Schlange sei der Messias. Die »Magischen Papyri« nannten ihn »Weltenherrscher, Große Schlange, Führer der Götter ... Gott der Götter«.[46] Einige Christen behaupteten, die Schlange sei der Vater Jesu, der das Bett der Jungfrau Maria »überschattet« und die menschliche Gestalt des Retters gezeugt habe.

Diese Traditionen waren, wenn auch verborgen, noch in der Renaissance geläufig. Bartel Bruyns gnostisch-symbolisches Gemälde von der Verkündigung zeigt unmißverständlich, wie der Engel Gabriel einen hermetischen Schlangen-Caduceus als Heroldstab auf Maria richtet und sie damit schwängert. Die Taube schwebt in einem Ring oder Heiligenschein auf der Spitze des Stabes und bildet ein Zeichen, das aussieht wie ein Kreuz zwischen einem Zauberstab und dem Emblem der Venus.[47] So ergab sich ein Symbol für das männlich-weibliche Geheimnis von Schlange und Taube, das bei Matthäus 10, 16 Jesus in den Mund gelegt wird. Viele TheologInnen behaupten, daß die gekreuzigte Schlange Nehuschtan eine Prophezeiung auf Jesus war: »Und wie Mose in der Wüste eine Schlange erhöhte, so muß der Menschensohn erhöht werden« (Johannes 3, 14). Im 16. Jahrhundert fertigten deutsche Goldschmiede goldene Taler mit dem gekreuzigten Christus auf der einen Seite und der gekreuzigten Schlange auf der anderen und wiesen damit auf die zwei Seiten desselben Erlösers hin.[48]

In jeder Mythologie kommt in irgendeiner Form die (männliche) Weltenschlange bzw. der Schlangendrache vor. Gleich der hermetischen oder gnostischen Schlange, die das Weltenei umschließt, war er ein entscheidendes Symbol indoeuropäischer Religionen. In altnordischen Mythen umgürtet er als Midgard-Wurm das ganze Rund der bewohnten Erde (Midgard), wobei er sich selbst in den Schwanz beißt.[49] Die RussInnen nannten ihn Koschchei, den Todlosen, der die Unterwelt umschließt.[50] Er scheint hier eine Variante des japanischen Drachens der Meeresgezeiten, Koshi, gewesen zu sein.[51] Die ÄgypterInnen nannten ihn Sata (Satan) oder den Tuat, auf dessen Rücken der Sonnengott jede Nacht durch die Unterwelt ritt. In Griechenland hieß er Okeanos, Seeschlange des äußersten Ozeans.

Oft nahm der Himmlische Vater diese Schlangenform an, wie Zeus Meilichios, der im 4. Jahrhundert v. Chr. als Riesenschlange verehrt wurde.[52] In Schlangengestalt wurde er der Gemahl der Persephone in ihrem Aspekt als Göttin der Unterwelt.[53] Er zeugte auch Heroen mit sterblichen Frauen. Alexander der Große wurde angeblich von Gott gezeugt, der in der Gestalt einer Schlange Alexanders Mutter, Königin Olympias, schwängerte.[54]

In den Pyramidentexten wird der Schlangendrachen sowohl als unterirdisches wie auch als himmlisches Wesen erwähnt. In seinem himmlischen Aspekt war er der Spender der Unsterblichkeit.[55]

Als beständig erigierter göttlicher Phallus war er der Baum des Lebens, oder *axis mundi*, eine durch die Mitte von Himmel und Erde gehende Achse – Vater Himmel an die »Radnabe« der Göttin gekoppelt. Der Polarstern wurde als sein Auge betrachtet. Im Jahre 3000 v. Chr. war der Polarstern Alpha Draconis, das Drachenauge.[56]

Das *Mahabharata* sagt, der Polarstern, an welchem das Joch der Welt festgemacht ist, sei »die Höchste Schlange, Vasuki«. Dieselbe Schlange war der phallische Gott, der nach Aussage der Veden bei der Schöpfung den Schoß des Abgrunds aufwühlte.[57] Gleich dem Gott der Genesis behauptete die vedische Gottheit Indra, die Große Schlange aus dem Himmel gestoßen und hinunter in den weltumspannenden Abgrund des äußeren Weltmeeres geworfen zu haben.[58] Wie die biblische Geschichte deutete dieser Mythos die ursprüngliche Bedeutung der Schlange zu einem herabsteigenden, befruchtenden Phallus um.

Das Sexualbild des phallischen Schlangenkopfes als Juwel im Lotos verzweigt sich in viele Versionen des Mythos von der Menarche: danach kommt die erste Regelblutung durch den Verkehr mit einer übernatürlichen Schlange zustande (siehe **Menstruationsblut**). In dieser Bildersprache erlangt die göttliche männliche Schlange ein »blutrotes Juwel« an ihrem Kopf. Hindus sagen, daß alle großen Schlangen blutrote Rubinen der Unsterblichkeit an ihren Köpfen tragen.[59]

Im deutschen Märchen ist eine Schlange mit einem magischen Stein an ihrem Kopf unter der Wurzel eines Haselstrauches – eines typischen Hexenbaums – in der Nähe der Mistel zu finden. Der Schlangenstein war dem Mond geweiht und galt als Stein der Weisen, der ewiges Leben bringen konnte.[60] Reste der phallischen Symbolik der Schlange tauchten in mittelalterlichen Zauberformeln auf, wie zum Beispiel die Überzeugung, daß »Frauenkrankheiten« durch das Auflegen eines Stabes, mit dem eine Schlange geschlagen worden war, geheilt werden konnten.[61]

Im Frankreich des 13. Jahrhunderts wurde eine dem Christusbild der Ophiten ähnelnde Schlange an einem Stab in der Osterwoche im Triumphzug zum Taufbecken der Kirche getragen.[62] Manchmal war der Fetisch eine riesige ausgestopfte Schlange in der Art eines chinesischen Festdrachens. Die Kirchenmänner versuchten, diesen Brauch umzudeuten, indem sie behaupteten, die Schlange sei der Teufel, »der durch die Passion Christi aus seinem Königreich vertrieben wurde« – eine schwache Erklärung für einen Ritus, der bereits ein ehrwürdiges Alter hatte, als das Christentum noch in den Kinderschuhen steckte.[63]

Frühe ophitische Christen machten sich die Verehrung der Schlange zu eigen und nahmen Mose als Gründer ihrer Religionsgemeinschaft in Anspruch, wobei sie vorgaben, er habe die Juden gelehrt, die Schlange in der Wüste zu verehren.[64] Außerdem hatte die Schlange Adam und Eva sicherlich einiges Wissen vermittelt und war daher eine Retterin der Menschheit, eine frühe Inkarnation Christi, der ebenfalls unter Gottes Hand litt, weil er das Licht der Aufklärung gebracht hatte. Die heiligen Schlangen der Ophiten sollten sich bei der Eucharistiefeier um das Brot herumwinden, wurden an Kreuze gehängt und verehrt. Ophitische »Schulen« existierten in Bithynien noch im 5. Jahrhundert n. Chr.; dann begannen die Bischöfe, den Mob zur Zerstörung der ophitischen Kirchen aufzuhetzen.[65]

Bithynien
Name einer Region im Kleinasien des Altertums, die an das Marmarameer, den Bosporus und das Schwarze Meer angrenzte. Die BithynierInnen, ein thrakischer Volksstamm, ließen sich gegen Ende des 2. Jahrtausend v. Chr. dort nieder.

Mittelalterliche Hermetiker (siehe **Hermes Trismegistos**) verehrten die sich in den Schwanz beißende Schlange als Ouroboros, König der Magie; er war eine Mischung aus dem Christus Ophion der Ophiten, dem griechischen Hermes, der phönikischen Taaut, der ägyptischen Tuat und anderen alten schlangenschwänzigen Gottheiten wie dem Unterweltorakel Python.[66] Es besteht ein Zusammenhang zwischen dem Ouroboros und einem chinesischen Symbol des Universums, dem *pi*-Drachen, der auf Jadeschnitzereien als Drache oder Schlange dargestellt wird, die sich in den Schwanz beißt.[67] Vielleicht ist dies der Prototyp der Schlange-Python und die Ursache der pythagoräischen Verehrung des *pi* als mystisches numerisches Prinzip des Kreises. Zwei Schlangen, die einander in den Schwanz beißen, verbanden das Mandala von Ying und Yang mit dem Caduceus und drückten die zweigeschlechtliche Natur des Hermes sowie jeden zyklischen Wechsel aus: Geburt/Tod, Sommer/Winter, Licht/Dunkelheit usw. Der Ouroboros wurde in bestimmten Teilen Europas immer noch als unterirdische Macht empfunden, und manche Leute behaupteten, seine langsamen Bewegungen durch ihre Füße spüren zu können, wenn sie in den alten Heiligtümern standen.

1. Briffault 2, 643–48. 2. O'Flaherty, 340. 3. Wendt, 198. 4. Eliade, S., 340.
5. Sinclair Hood und Gustave Glotz in Stone, 47f. (dt. 82f.). 6. *Assyr. & Bab. Lit.*, 4.
7. O'Flaherty, 222. 8. *Larousse*, 63. 9. Tatz & Kent, 79. 10. Maspero, 125.
11. Budge, G. E. 1, 24. 12. Norman, 48. 13. Budge, G. E. 2, 57.
14. Ders., B. D., 140. 15. Lethaby, 238. 16. Ashe, 15. 17. Budge, A. T., 110.
18. Briffault 2, 667. 19. Graves, G. M., l.c. 20. Tennant, 154. 21. Gaster, 576.
22. Briffault 3, 108. 23. O'Flaherty, 348. 24. Brandon, 360. 25. Campbell, M. I., 294.
26. Enslin, C. B., 91. 27. Graves, W. G., 367 (dt. 401). 28. Malvern, 34.
29. Campbell, Or. M., 109. 30. *Larousse*, 72. 31. Reinach, 188. 32. Pagels, 31.
33. Malvern, 34. 34. Lindsay, O. A., 54. 35. Martello, 159.
36. Summers, H. W. D., 177. 37. Jobes, 97. 38. Pagels, 30f. 39. Shah, 387.
40. Jonas, 95. 41. Thomson, 195. 42. *Assyr. & Bab. Lit.*, 360; Hooke, M. E. M., 55.
43. *Larousse*, 316. 44. Budge, A. T., 169. 45. Jobes, 245. 46. Legge 2, 173, 256.
47. Campbell, M. I., 245. 48. Ders., C. M., 153f. 49. Branston, 96.
50. Lethaby, 168. 51. Jobes, 172. 52. Campbell, M. I., 295.
53. Graves, G. M., 14.a–14.2. 54. Gifford, 141. 55. Lindsay, O. A., 54.
56. *Encyc. Brit.*, »Precession of the Equinoxes«. 57. O'Flaherty, 131, 274.
58. Campbell, Or. M., 183. 59. O'Flaherty, 226. 60. Briffault 2, 704.
61. Agrippa, 158. 62. Mâle, 183. 63. Jacobus d.V., 280. 64. Budge, A. T., 203.
65. Legge 2, 77. 66. Cavendish, T., 70. 67. Rawson, E. A., 229.

Schmied

Über die Amazonen wurde vielfach berichtet, sie würden Männer, die Mitglieder einer bestimmten Metallarbeiter- und Schmiede-Kaste waren, absichtlich verkrüppeln; ihre Deformation wurde dann ein Zeichen ihrer Kaste. Der Schmiedegott der Amazonen, Hephaistos, hinkte. Manche sagten, er hätte sich die Lähmung zugezogen, als Zeus ihn vom Himmel in die Unterwelt warf, weil er versucht hatte, seine Mutter Hera zu verteidigen. Andere sagten, Hera selbst habe die Lähmung herbeigeführt. Hephaistos teilte einen Tempel mit Athene, die als Lehrmeisterin der Schmiede gepriesen wurde. Sie lehrte auch Daidalos, den Erbauer des kretischen Labyrinthes, das Schmiedehandwerk.[1]

Viele Mythen weisen auf eine kontinuierliche Verbindung zwischen dem Schmiedehandwerk und der Verehrung der Großen Göttin hin. Ägyptische Isis-Priester waren *mesniu*, »Schmiede«.[2] Aphrodite herrschte auf ihrer heiligen Insel Zypern über Kupferminen und Schulen, in denen das Metallhandwerk gelehrt wurde; das Wort »Kupfer« leitet sich von *aes cyprium* (lat. »Erz aus Zypern«) ab. Noch im Mittelalter bezeichneten Alchimisten das Kupfer als Metall der Venus. Der hinkende Schmied Hephaistos beanspruchte Aphrodite als seine Braut; die Ur-Meeres-Göttin liebte ihn trotz seiner Behinderung. In seiner Werkstatt auf der Insel Lemnos – der legendären Stammheimat der kriegerischen Amazonen – gingen dem Hephaistos »goldene Frauen« zur Hand.[3]

Schmiede behaupteten oft, durch ihre geheimen Verbindungen zu den weiblichen Kräften der Natur magische Kräfte zu besitzen. Das römische *faber* bedeutete sowohl »Schmied« wie auch »Magier«. Russische Volksmärchen zeigen Schmiede als Helfer der Hexen. Von dem heiligen Patrick zugeschriebenen Bannformeln hieß es, sie könnten den Zauber von »Frauen, Schmieden und Druiden« rückgängig machen.[4] Die sibirischen Yakuten sagten: »Schmiede und Schamanen kommen aus dem gleichen Nest« und glaubten, Schmiede könnten heilen, wahrsagen und Wunder vollbringen. Geheimgesellschaften, die das Wissen um die Metallverarbeitung mit Magie verbanden, finden sich sowohl in der chinesischen und japanischen Überlieferung als auch in der Geschichte der mittelalterlichen Alchimisten, der Handwerks-Bruderschaften und sonstiger Männerbünde.[5]

Der deutsche Name Schmidt bezog sich einst auf eine Priesterkaste von metallverarbeitenden Schamanen, die gleichzeitig Barden waren. Ihr vergöttlichter Gründer war Wieland – altnordisch Völundr – der Schmied, ein Gemahl der Dreifachen Göttin. Sie begegnete ihm in totemistischer Gestalt in Form dreier Tauben, die über eine heilige Quelle flogen.[6]

Der englischen Überlieferung zufolge lebte Wieland der Schmied in einem Hügel in Berkshire, an dem noch heute die über 100 Meter lange Zeichnung des weißen Pferdes von Uffington zu sehen ist. Wenn ihm nachts Pferde gebracht und mit Geld an einem der aufgerichteten Megalithe stehengelassen wurden, dann beschlug er sie, so hieß es, bis zum Morgengrauen.[7]

In der Mongolei galten die sieben Sterne des Großen Bären (die Hindus bezeichneten sie als die Sieben Rishis) als die Schädel von sieben Schmieden, die die Göttin an den Himmel versetzt hatte; das Sternbild war der Schutzpatron der Schmiede.[8] Der volkstümlichen christlichen Überlieferung zufolge ist der Mann im Mond Kain, weil dessen Name

»Schmied« bedeutet; in der Tat bildeten die Cainiten oder Keniten im alten Palästina eine besondere Kaste von Metallarbeitern, ehe sie aus dem Land getrieben wurden (1. Samuel 13,19). (Siehe **Kain**.)

Die IrInnen sagten, der himmlische Schmied sei Luno (der Mond-Mann); er hinkte wie Hephaistos und schmiedete das magische Schwert des Fingal.[9] Auch Merlin hatte als Schmied die magische Rüstung des Artus angefertigt.[10] Die Vermischung christlichen Gedankengutes mit anderen Religionen führte zur Bildung von Legenden, in denen sogar Gott als ein »himmlischer Schmied« dargestellt wurde, der die Jungfrau Maria schwängerte, indem er seinen Hammer in ihre Brust schleuderte – vermutlich übernahm er hier die Rolle des Thor oder des vergöttlichten Wieland.[11]

Nachdem man die alten Götter in Teufel verwandelt hatte, wurde das Schmiedehandwerk mit dem Werk des Teufels in Verbindung gebracht. Von zahlreichen Kirchenglocken hieß es, der Teufel habe sie gegossen.[12] Der Teufel sollte auch die ersten Eisentüren von Notre Dame in Paris geschmiedet haben; im Jahre 1860 wurden sie durch neue Türen ersetzt.[13]

Auch Zigeuner wurden oft als Schmiede beschrieben, und viele von ihnen nahmen den Nachnamen Schmidt an.[14] Die Vorurteile gegen Metallhandwerker galten auch für die Zigeuner. In Abessinien waren diese Vorurteile besonders ausgeprägt: Nur die Angehörigen einer bestimmten Kaste durften dort das Handwerk des Schmiedes ausüben; sie waren von den Riten der Kirche ausgeschlossen, und es hieß, sie hätten den bösen Blick.[15]

Neben den Schmieden galten noch andere Handwerksgilden bei der rechtgläubigen Christenheit für umstürzlerisch. Die Freimaurergilden zum Beispiel pflegten ihre eigenen Zeremonien, Geheimnisse und semireligiösen Lehren. »Die Kirche betrachtet, wohl nicht ganz grundlos, die Freimaurer-Bruderschaft als ihren heimtückischsten und gefährlichsten Feind, der darauf zielt, ihr Werk zu zerstören und es in einem anderen Geist wieder aufzubauen«.[16] Zu gewissen Zeiten waren die Zünfte der Schmiede den Verdächtigungen in einem derartigen Maße ausgesetzt, daß die Kirche es für notwendig erachtete, einige dieser Zünfte aufzulösen.

1. Graves, G. M., 92.a. 2. Briffault 2, 535. 3. Graves, G. M., 25.b.
4. Joyce, 223. 5. Eliade, S., 470ff. 6. Keightley, 215. 7. Hazlitt, 621.
8. Jobes, 262. 9. W. Scott, 99. 10. Guerber, L. M. A., 211. 11. d'Alviella, 16.
12. Guerber, L. R., 47–56. 13. Givry, 152. 14. Groome, XXVIII, LXI.
15. Gifford, 29. 16. Guignebert, 443.

Schöpfung

Schöpfungsmythen bieten im allgemeinen eine symbolische Sicht der Geburt. Die Zustände vor der Schöpfung ähneln der Umgebung in der Gebärmutter: Dunkelheit, Flüssigkeit, stampfende oder rührende Bewegungen, das »ewige Fließen«, das mit dem Blut der Mutter assoziiert wird (zum Beispiel Kalis Ozean aus Blut). Oft gibt es die Vorstellung eines Wesens in einem anderen: »Als da weder Schöpfung, noch Sonne, Mond, Planeten oder Erde war, und als die Dunkelheit in der Dunkelheit entfaltet wurde, da war die Mutter, die Gestaltlose, Maha-Kali, die Große Macht, eins mit Maha-Kala, dem Absoluten.«[1]

Die im höchsten Maße epigonale Version der Bibel sagt: »Die Erde aber war wüst und leer, Finsternis lag über der Urflut« (Genesis 1, 2). Die Urflut war der Leib der Mutter, *tehom*, abgeleitet von Tiamat, dem babylonischen Namen der ursprünglichen Göttin. In Ägypten war sie Temu, Mutter der Elemente des Abgrundes: Wasser, Dunkelheit, Nacht und Ewigkeit.[2]

Die meisten Schöpfungsmythen sprechen von einer Eröffnung oder Zersplitterung dieser gestaltlosen Mutter. Der Beginn der Existenz dieser Welt wird durch den Einbruch des Lichtes signalisiert. Die RömerInnen stellten die Verbindung mit der Geburt deutlicher heraus: Juno Lucina war nicht nur eine Schöpfergöttin, sondern auch die Mutter, die das »Licht« zu den Augen der Neugeborenen brachte.[3] Der biblische Gott kopierte mit seinem »Es werde Licht« (*Fiat lux*) die Worte der Göttin.

Die Wichtigkeit, die überall dem Augenblick beigemessen wird, in dem das Licht kommt, legt archetypische Erinnerungen nahe an den Augenblick, wenn zum ersten Mal das Licht in die Augen eines Neugeborenen fällt. Wie die Träume des individuellen Unbewußten, so enthüllen auch die Mythen des kollektiven Unbewußten verborgene Erinnerungen an das Geburtstrauma. »In den Tiefen unseres unbewußten Verstandes ist der furchtbare Eindruck der Geburt eingeschlossen, das brutale Abenteuer, das uns aus unserer pränatalen Welt herausgerissen hat.«[4] In gleicher Weise ist es in der Symbolsprache der Mythen eingeschlossen, projiziert auf einen kosmischen Maßstab.

Die Schöpfung/Geburt war nicht von der Gestalt der Mutter zu trennen. Die ältesten Mythen machten sie zur Trennerin der Wasser, Schöpferin von Himmel und Erde. Wenn ein Gott ins Spiel kam, war er zuerst nur ihr untergeordneter Geliebter, eines der Wesen, die sie erschaffen hatte: manchmal, in Gestalt einer Schlange, ein Phallus ohne den restlichen Körper. Die späten ägyptischen Götter, die von sich behaupteten, die Schöpfer zu sein, hatten nie Erfolg bei ihrem Versuch, sich von dem weiblichen Bild zu lösen. Zum Beispiel bestand **Khepera** darauf, daß er allein das Universum erschaffen hätte: »Da war kein anderes Wesen, das mit mir schuf.« Trotzdem mußte er zugeben: »Ich legte einen Grund in Maa«, womit der Große Mutterleib, die Göttin Maat gemeint war.[5]

Oft heißt es in den Schöpfungsmythen: Als der Gott die Welt erschaffen durfte, wurde er vor Stolz ganz aufgeblasen und begann, seine Mutter zu ignorieren und die alleinige Urheberschaft am Universum für sich zu reklamieren. Darüber wurde die Göttin zornig. Sie bestrafte ihn, zerquetschte seinen Kopf unter ihrer Ferse und schickte ihn in die Unterwelt.[6] (Siehe **Eva**.) Den sumerischen Schöpfungsmythen zufolge legte die Göttin den Fluch der Verbannung auf ihren Sohn-Geliebten, als er begann, Anzeichen von Hochmut zu zeigen. Sie sprach: »Hinfort sollst du weder im Himmel noch auf Erden weilen.«[7] Dies ist besonders interessant im Hinblick auf die Opfergötter des Nahen Ostens, die wegen einer Ursünde starben, in Bäume oder an Kreuze gehängt, »zwischen Himmel und Erde«.

Noch in den gnostischen Schöpfungsmythen der frühchristlichen Zeit spielte das weibliche Element eine herausragende Rolle, deshalb wurden sie auch nicht in die Bibel aufgenommen. Einer Quelle zufolge erklärte Jehovah »in seinem Wahn«, der einzige Gott zu sein, denn er hatte die Mutter vergessen, die ihm das Leben geschenkt hatte. Die Mutter der Götter war zornig, daß er sich gotteslästerlich gegen sie und ihre anderen Kinder, die männlichen und weiblichen Unsterblichen, versündigt hatte. Diese Kinder waren die *elohim* aus dem Buch Genesis. Gott selbst stellte sich mit ihnen auf eine Stufe, indem er die *elohim* und sich »wir« nennt (Genesis 3, 22). Aber bei den Überarbeitungen der Bibel wurden die früheren Gottheiten meist eliminiert, vor allem die weiblichen. Nach einem Jahrhunderte währenden Auswählen und Bearbeiten der kanonischen Bücher war fast jede Spur der weiblichen Gottheit aus der christlichen Literatur getilgt.[8]

Jean Astruc
Französischer Arzt und katholischer Gelehrter des 18. Jahrhunderts.

Jedenfalls bis 1753, als Jean Astruc erkannte, daß das Buch Genesis mindestens zwei verstümmelte, einander widersprechende Versionen des Schöpfungsmythos enthielt. Die eine Version wird von den Theologen E genannt, da sie von mehreren Schöpfern, den *elohim*, spricht, weiblichen und männlichen Gottheiten. Eine andere Version ist J, für *Jahweh elohim*, den Gott der Götter. Die beiden Fassungen weichen an zahlreichen Punkten voneinander ab:

E: Vögel und wilde Tiere wurden vor dem Menschen geschaffen.
J: Der Mensch wurde vor den Vögeln und wilden Tieren geschaffen.

E: Die Vögel sind gemeinsam mit den Fischen aus dem Wasser geschaffen.
J: Die Vögel sind gemeinsam mit den wilden Tieren aus der Erde geschaffen.

E: Dem Menschen ist die Herrschaft über die gesamte Erde gegeben.
J: Der Mensch wurde nur in den Garten Eden »gesetzt«, »damit er ihn bebaue und hüte«, ähnlich den Menschen im sumerischen Original, die als Bauern-Sklaven geschaffen wurden.

E: Mann und Frau wurden gemeinsam erschaffen, nach den Tieren: »Als Mann und Frau schuf er sie (schufen sie sie). Gott (die *elohim* oder Gottheiten) segnete (segneten) sie.«
J: Der Mann wurde allein erschaffen, vor den Tieren und Vögeln. Die Frau enstand aus seiner Rippe.

E: Die Schöpfung dauerte sechs Tage.
J: Die Schöpfung dauerte einen Tag.

E: sagt nichts über den Sündenfall, der nur in J erzählt wird.

Der Sündenfall war von größter Wichtigkeit. Hatte er niemals stattgefunden, dann gab es keine Ursünde, dann war keine Erlösung nötig, kein Heiland. Ein Dekan Burgon aus Chichester schrieb, die wörtliche Wahrheit der Bibel zu leugnen hieße, »das gesamte Schema der Erlösung des Menschen zum Einsturz zu bringen«. Calvin glaubte felsenfest an das, was seiner Meinung nach in der Bibel stand. Er bestand darauf, daß alle Tiere auf einmal geschaffen worden waren, in einem Zeitraum von sechs normalen Tagen, jeder mit einem Morgen und einem Abend, wie es geschrieben stand. Diejenigen, die nicht mit ihm übereinstimmten, würden »den Schöpfer in niederträchtiger Weise beleidigen«, und nach ihrem Tod auf »einen Richter (treffen), der sie vernichten wird«.[9]

Die kirchliche Erforschung der Ursprünge der Menschheit erschöpfte sich darin, die Bibel zu studieren und die dort festgehaltenen Lebensjahre der Patriarchen seit Adam aufzusummieren. Solch ein Zusammenzählen unternahm im 7. Jahrhundert Isidor von Sevilla, der zu einer seltsamen, biblisch orientierten Sicht der Geschichte kam: »Josef lebte 105 Jahre. Die Griechen begannen Getreide anzubauen. Die Juden waren 144 Jahre in ägyptischer Sklaverei. Atlas entdeckte die Astrologie. Josua herrschte 27 Jahre. Erichthonius jochte zwei Pferde zusammen. Otniel, 40 Jahre. Kadmus erfand die griechischen Buchstaben. Debora, 40 Jahre. Apollon entdeckte die Heilkunst und erfand die Kithara. Gideon, 40 Jahre. Hermes erfand die Lyra und gab sie Orpheus.« Auf dieser Ebene weiter schlußfolgernd – und ohne jemals über die vielen aufeinanderfolgenden Regierungszeiten von 40 Jahren zu stolpern – errechnete 1650 Erzbischof Usher als Datum der Schöpfung das Jahr 4004 v. Chr. Dr. John Lightfoot, im 19. Jahrhundert Vizekanzler der Universität Cambridge, führte die Berechnungen sogar noch weiter: »Der Mann wurde von der Trinität am dreiundzwanzigsten Oktober 4004 v. Chr. um neun Uhr am Morgen geschaffen.«[10]

Die Absurdität solcher Schlußfolgerungen wurde 1830 langsam klar, als Sir Charles Lyell in seinen *Principles of Geology* die langfristigen Veränderungen der Erde untersuchte. Er zeigte, daß die Schöpfung nicht in sechs Tagen stattgefunden haben konnte, auch nicht in sechs Jahren und noch nicht einmal in sechstausend Jahren. Geologen hatten Fossilien von Tieren gefunden, die vor Millionen von Jahren gelebt haben. In Höhlen wurden Knochen von längst ausgestorbenen Tieren entdeckt, vermischt mit menschlichen Knochen. Die Archäologen fanden heraus, daß 6000 v. Chr. in Ägypten eine Zivilisation geblüht hatte und es auch für weit ältere, primitivere Perioden Beweise gab. Keilschrifttafeln zeigten, daß die Menschen Mesopotamiens dieselbe Schöpfungsgeschichte erzählt hatten wie die Bibel – mehrere tausend Jahre zuvor.

Die christlichen Gelehrten mühten sich sehr damit, die neuen Funde zu widerlegen. Gosse behauptete in seinem Werk *Omphalos*, alle Fossilien, Spuren zurückweichender Gletscher, Lavaflüsse, abgelagerte Gesteinsschichten usw. wären in einem Augenblick von Gott zusammen mit ihrem *Anschein* einer weit älteren Existenz geschaffen worden. Chateaubriand behauptete, Gott habe die Menschen mit dem trügerischen Anschein eines höheren Alters absichtlich getäuscht, um ihren Glauben zu prüfen. Andere versuchten, Fossilien als Täuschungen Gottes zu erklären, die aus »Gesteinsflüssigkeit« oder »Samenluft« geformt seien.[11]

Natürlich wurden diese abstrusen Ansichten letzten Endes beiseite gefegt. Verfechter der Bibel versuchten, den Schöpfungsmythos der Genesis zur Allegorie zu erklären, worin jeder »Tag« einem langen Zeitraum der Vorgeschichte entspricht. Aber auch das führt nicht weiter. Die Bibel läßt die Pflanzen vor der Sonne entstehen, von der das Leben der Pflanzen abhängt; Fische und Vögel entstanden vor dem »Vieh und den Kriechtieren« des Landes, was kaum der Fall gewesen sein wird; das

Nicolas Malebranche (1638–1715). Französischer Philosoph, der den Versuch unternahm, die kartesische Philosophie mit der katholischen Lehre in Übereinstimmung zu bringen.

Licht entstand angeblich vor den Lichtquellen des Himmels, Sonne und Mond.

Diese Mythen besitzen immer noch eine große Macht über viele Menschen, die von einem veralteten Fundamentalismus vorsätzlich in Unwissenheit gehalten werden. Selbst gebildetete Erwachsene behaupten noch manchmal, daß ein allwissender Gott die Erde für einen nur ihm bekannten Zweck geschaffen habe.[12] Nicolas Malebranche entwickelte eine Idee, die vielleicht dem öffentlichen Ansehen seiner Kirche genützt hat, seinen Gott jedoch nicht besonders großartig wirken läßt. Er sagte, Gott »kann nur Sich selbst lieben und deshalb nur zu dem Zweck wirken, Seinen Ruhm zu mehren. ... Deshalb ist der einzige Zweck der Schöpung die Inkarnation und Gründung der Kirche.«[13]

1. Riencourt, 165. 2. Budge, D. N., 211. 3. *Larousse*, 203. 4. Fodor, 4. 5. Budge, G. E. 1, 295. 6. Graves, G. M., l.c. 7. Campbell, Or. M., 111. 8. Pagels, 29, 57. 9. White 1, 26, 76. 10. Ebd. 1, 251, 256. 11. White 1, 214. 12. Campbell, P. M., 87. 13. Walker, 204.

Schoß

Siehe **Mutterschoß**

Schwan

Ein alter Schamanenbrauch, das Tragen von Schwanenfeder-Umhängen, steht in Zusammenhang mit zahlreichen Mythen von Gottheiten, die sich in Schwäne verwandeln konnten. Die himmlischen Nymphen (Apsaras) der Hindu-Mythologie waren Schwanenmädchen. Krishna wurde als phallischer Gott, der mit diesen erotischen Engeln im vedischen Himmel herumtollte, zu einem Schwanen-Ritter. Vervielfachte Inkarnationen seiner Göttin waren manchmal üppige Schwanen-Huris, manchmal auch Melkerinnen, die Gopis. Aus dem Sanskrit übersetzte kalmückische Geschichten von den *Siddhi Kur* machten Krishna zu einem Schwanenritter, welcher der Dreifachen Göttin in ihrer Gestalt als drei Milchmädchen, Töchtern der Greisin (Kali), den Hof machte.[1]

Das gleiche indoeuropäische Sagengut kam in altnordischen Mythen mit den Schwaneninkarnationen der Walküren zum Vorschein, die magische Schwanenfedern-Umhänge trugen, um sich zu verwandeln. Kali oder Kauri wurden zur Walküre Kara, die mit ihren Schwanenfedern über das Schlachtfeld flog und Zauberformeln sang, um des Feindes Stärke zu brechen. Die Sagen betonen, daß Walküren einem Mann, der ihnen das Schwanenfederkleid gestohlen hatte, jeden Wunsch erfüllen mußten.[2]

Der Schwanenritter Krishna tauchte im klassischen Mythos als »Zeus in Schwanenfedern« wieder auf. Er hatte sich mit diesen Schwanenfedern verkleidet, um die Göttin Leda zu verführen, die das Weltei gebar, was darauf hindeutet, daß sie ebenfalls ein Totemschwan war. Manchmal wurde sie mit der Göttin Nemesis verwechselt, von der Zeus' Leben abhängig war: Leda, kretisch »Frau«, war jedoch nur ein Titel der Nemesis.[3] Die nordische Mythologie setzt sie mit der Walküre Brunhilde gleich, deren sieben Kinder oder sieben Zwerge in die sieben Schwäne des Märchens verwandelt wurden.[4] Die Schwanengestalt des

Zeus kann zurückverfolgt werden bis zu dem vedischen Bild von Brahma in seiner besonderen *vahana* (»Vehikel«, Gefährt, Tier-Inkarnation): einem Schwan.[5]

Schwanenmädchen und Schwanenritter aus der alten Religion waren im europäischen Sagengut durch die ganze christliche Ära hindurch wohlbekannt. Ein legendärer Ritterorden, der für den Gralstempel und bedrohte Frauen kämpfte, behauptete, von einem göttlichen Schwanenhelden abzustammen. Die Familien Gelder und Cleve führen einen Schwan in ihren Wappen, zu Ehren ihres Ahnen, »dem Ritter des Schwanes, Diener der Frauen«, zu dessen Andenken Herzog Adolph im Jahre 1453 ein Turnier abhielt.[6]

Dieser legendäre Ritter wurde manchmal Lohengrin genannt und war wie der britische Held Lancelot-Galahad ein Retter der Frauen. Nach dem klassischen Muster trieb Lohengrin als kleines Kind in einem mystischen Behältnis im Meer und wurde von einer großen Königin in einem fremden Lande gefunden und aufgezogen. Nach seinem Tode wurde er wiedergeboren oder reinkarniert in seinem Sohn.[7]

Als Lohengrin einer der Gralsritter geworden war, wurde er von der Grals-Burg Montsalvatsch ausgesandt, um für die Fürstin Elsa von Brabant zu kämpfen, die unrechtmäßigerweise eingekerkert worden war, weil sie von dem alten Recht einer Edelfrau, sich einen Mann auszuwählen, der von niedrigerem Rang war als sie, Gebrauch gemacht hatte. Nachdem er Elsas Feinde besiegt hatte, vermählte sich Lohengrin mit ihr. Einer an das Märchen von Amor und Psyche erinnernden Variante dieser Geschichte zufolge war es Elsa verboten, ihren Gatten nach seinem richtigen Namen zu fragen. Sie schaffte es jedoch nicht, sich an dieses Verbot zu halten; Lohengrin offenbarte ihr traurig seinen Namen, mußte Elsa jedoch dann verlassen und zum Paradiesberg zurückkehren. Nach anderen Versionen der Geschichte nahm er sie mit zum Montsalvatsch, wo sie lange glücklich zusammen lebten.[8]

Andere Geschichten erzählten, daß Lohengrin in seinem Schwanenfeder-Kostüm erschien, um Clarissa, die Herzogin von Bouillon, gegen den Grafen von Frankfurt zu verteidigen, der ihr das Herzogtum abzunehmen versuchte. Oder er nahm sich der Beatrice von Cleve an, deren Eigentumsrechte von bösen Baronen bedroht waren.[9] Er brach immer wieder auf, um Damen aus der Not zu helfen, aber die wahre Heimat des Schwanenritters blieb stets der »Berg, wo Venus in ihrem Gral lebt«.[10]

1. Baring-Gould, C. M. M. A., 568. 2. *Larousse*, 278f.; Baring-Gould, C. M. M. A., 579. 3. Graves, G. M., 62.2. 4. Baring-Gould, C. M. M. A., 571, 579. 5. Ross, 36. 6. Baring-Gould, C. M. M. A., 600. 7. Rank, 62. 8. Guerber, L. M. A., 202f. 9. Baring-Gould, C. M. M. A., 600. 10. Jung & Franz, 121.

Schwefel

Der alte englische Name für Schwefel, *brimstone*, leitete sich von Brimo her, einem Titel der Athene, Hekate und Demeter.[1] Brimo bedeutete »Zornige«, das ist der zerstörerische Aspekt der Göttin.[2] Das alchimistische Symbol für den Schwefel war mit dem Symbol der Athene identisch, ein Dreieck über einem Kreuz: das Zeichen des weiblichen Genitals über dem männlichen, ähnlich dem Symbol der Venus.[3]

Sogar die zornige Brimo erschien als jungfräuliche Mutter beim Fest der Reinigung in Eleusis, wo die Ankunft des göttlichen Kindes mit folgendem Ruf verkündet wurde: »Die heilige Brimo hat das heilige Kind Brimos geboren.«[4]

Wegen seiner magischen Fähigkeit zu reinigen und zu läutern galt der Stein der Brimo als Heilmittel gegen Krankheit. Auch im Mittelalter wurde brennender Schwefel benutzt, um Krankenzimmer auszuräuchern und die Pest abzuhalten. Der Gebrauch von Schwefel als Mittel der Läuterung geht auf eine Beschreibung des Fegefeuerkessels zurück, wo mit »Feuer und Schwefel« die Sünden hinweggebrannt werden.

Die Alchimisten versuchten, »Hermes und Athene« zu vermählen, indem sie Quecksilber mit Schwefel mischten, da sie auf diese Weise Gold machen wollten. Der Erfolg blieb jedoch aus.

1. Knight, S. L., 102. 2. Graves, G. M., 24.6. 3. Koch, 54, 66. 4. Wilkins, 67.

Schwein

Siehe **Eber**

Schwert

Herodot
Griech. Historiker, um 490–425 v. Chr. Mit seinen neun Büchern »Historien« gilt er als der Begründer der Geschichtsschreibung.

Ammianus Marcellinus
Römischer Geschichtsschreiber, 330–395 n. Chr.; trotz seiner Hochachtung vor dem Christentum war er überzeugter Heide.

Herodot berichtete, der skythische Kriegsgott werde durch ein altertümliches, eisernes Schwert (Phallus), repräsentiert. Es steckte in einer Reisigpyramide (weibliches Symbol), die mit dem Blut von Menschenopfern fruchtbar gemacht wurde.[1] Achthundert Jahre später verehrten die Alani und Quadi in der gleichen Region einen Vatergott in Gestalt eines blanken Schwertes, das in der Erde steckte. Ammianus schrieb, die Krieger verehrten ihre Schwerter wie Götter.[2]

Das weibliche Ursymbol des Nordens war das Haus *(hus)*, das durch Heirat mit dem Schwert vereinigt wurde. Im Englischen ist dieser Zusammenhang noch heute offensichtlich: Ableitungen des alten Stammwortes *hus* sind *hussy* (»Weibsbild, Dirne«) und *husband* (»Ehemann«, eigentlich: »Der an das Haus Gebundene«). Ein nordischer Hochzeitsbrauch war, ein Schwert in den Tragebalken eines Hauses zu stoßen: »Ein Beweis für die Virilität des Bräutigams und ein Glückszeichen für die Ehe.«[3]

Im altnordischen Mythos werden die Pforten des Himmels bewacht von einem Mann, der mit sieben Schwertern jongliert, eines für jeden der sieben männlichen Geister der Planetensphären.[4]

1. Goodrich, 217. 2. Gelling & Davidson, 38. 3. Gelling & Davidson, 150. 4. Keightley, 61.

Scotia

Lateinische Form der »dunklen Aphrodite«, nach der das Land der »Schotten« benannt wurde; in ihrem Heimatland war sie die Todesgöttin Scatha oder **Skadi**.[1] Sie war die Mutter Kaledoniens; manche sagten, sie sei identisch mit der Caillech, dem »Alten Weib«, das die Welt erschuf.

1. Graves, G. M., 18.4.

Sebastian, Heiliger

Die heiliggesprochene Erscheinungsform des gallischen Erlösergottes, der wie **Cuchulain** geopfert wurde, indem er an einen Baum oder eine Säule gebunden und mit Pfeilen durchbohrt wurde. Die heidnischen Darstellungen des sterbenden Gottes wurden kurzerhand als »St. Sebastian« bezeichnet; so auch die in dem alten Steintempel von Knockmay in Galway – was wörtlich »Weg der Gallier« bedeutet.[1]

Der christianisierte Mythos machte St. Sebastian zu einem »in Gallien geboren« Märtyrer. Seine Legende wird heute von katholischen Gelehrten als ein »einfaches Ritterepos« bezeichnet – eine milde Umschreibung für die Fälschung eines Heiligen. Trotzdem ist St. Sebastian niemals offiziell aus dem Heiligenkalender gestrichen worden.[2]

1. Spence, 85, 106. 2. Attwater, 304.

Seele

Das altgermanische Wort »Seele« war weiblich; Mystiker wie Meister Eckhart und Goethe verwendeten dieses Wort im gleichem Sinne wie das indische *Shakti*: als »die weibliche Letzte Wirklichkeit«.[1] Die meisten der alten Bezeichnungen für die Seele waren ebenfalls weiblich: Psyche, Pneuma, Anima, Alma. Gott-Seelen waren Göttinnen: Kore, Sophia, Metis, Sapientia und Juno. Die Alten glaubten, jeder Mann habe über seine irdische Mutter von der Mutter-Göttin eine weibliche Seele erhalten.

Alle ÄgypterInnen waren mit sieben Seelen ausgestattet; diese wurden ihnen von den sieben Erscheinungen der Hathor gegeben – Feen, welche die Planetensphären bewachten und als Feen-Patinnen bei der Geburt eines jeden Kindes zugegen waren. Die Seelen waren *aakhu*, *ab*, *ba*, *ka*, *khaibut*, *khat* und *ren*: (1) der im Blut wohnende Geist des Ur-Lebens; (2) das aus dem Herzblut der Mutter geformt Herz; (3) der Geist, der nach dem Tod erschien und oftmals in Gestalt eines Vogels im Grab ein- und ausflog; (4) die äußere Erscheinung oder das im Spiegelbild sichtbare andere Selbst; (5) der Schatten; (6) der materielle, lebendige Körper, der nach dem Tode »im Fleisch« wiederauferstehen sollte; (7) der geheime Name oder Name der Seele.[2]

Die Griechen verbanden unterschiedliche Aspekte der Seele mit verschiedenen Gottheiten. Psyche, die Kraft der Seele, war mit Eros (oder Amor), dem Körper, bis zu ihrer Trennung durch den Tod vermählt; dies war die philosophische Bedeutung des romantischen Märchens von Amor und Psyche. In dem unterirdischen Reich der Persephone waren die Seelen Schatten, *umbrae*, sie entsprachen den ägyptischen *khaibut* (siehe **Schatten**). Die im Wasser existierenden Spiegel-Seelen waren offenbar mit der Wassergöttin Echo verbunden; der Mythos von Narzissus deutet jedenfalls darauf hin.

Patriarchale Autoren legten besonderen Nachdruck auf die Existenz des *pneuma*, (der Atem-Seele), weil dies die einzige Art von Seele war, die ein Kind von seinem Vater erhalten konnte. Der Gedanke kam aus dem vedischen Indien. Patriarchale Brahmanen nannten das Lebensprinzip das Selbst- oder Seele-Atmen; »Atem« ist verwandt mit dem griechischen *atmos* (Luft). Brahmanen-Väter gaben ihren Kindern Atem-Seelen – im Gegensatz zu den von den Müttern beigesteuerten Seelen des Blutes, des Herzens, des geheimen Namens, des Fleisches, des Gemüts und des Schattens. Die Atem-Seele wurde deshalb von den Brahmanen als die einzig wichtige Seele angesehen. Ein brahmanischer Vater gab vor, sein neugeborenes Kind durch dreimaliges Anhauchen in das Leben zu bringen und die Seele in dessen Körper zu übertragen.[3] Wie alle arischen Vorstellungen tauchte auch diese Jahrhunderte später in Europa wieder auf – in einem magischen Glauben über Löwen: »Drei Tage nach der Geburt gaben die Jungen der Löwin immer noch kein Lebenszeichen von sich, aber am dritten Tag kam der Löwe und brachte sie mit seinem Atem ins Leben zurück.«[4]

Der biblische Gott vollbrachte das gleiche Wunder und erweckte bereits zu Knochenhaufen verrottete tote Krieger mit seinem Atem wieder zum Leben. Auf das Bittgebet des Ezechiel hin sandte Gott seinen Atem durch den Wind, »und sie wurden wieder lebendig und richteten sich auf ihre Füße und ihrer war ein sehr großes Heer« (Ezechiel 37, 10). Wir sind immer wieder erstaunt über die Leichtigkeit, mit der die alten Propheten derartige Wunder wirkten, die nach menschlichem Ermessen so nie stattgefunden haben können.

Das Jesuswort, »das Reich Gottes ist inwendig in euch« (Lukas 17, 21) stammte ursprünglich von den ionischen Philosophen des fünften und sechsten vorchristlichen Jahrhunderts. Sie sahen in der Luft-Seele Gott und meinten, daß der göttliche Funke im Menschen eben die Luft war, die der Mensch atmete; das »subtilste aller Elemente«, das gleichzeitig die persönliche Seele und die Über-Seele bildete. Diogenes von Apollonia erläuterte diese Lehre folgendermaßen:

> *Menschen und Tiere leben von der Luft, die sie atmen; die Luft formt ihre Seele und ihr Gemüt.*
>
> *Die Seele aller Lebewesen ist der Atem, der wärmer ist als die Luft außerhalb des Körpers und doch viel kälter als die Luft in der Nähe der Sonne.*
>
> *Meiner Meinung nach ist die Einsicht in dem, was die Menschen Luft nennen; von ihr wird alles geleitet, und sie hat Macht über alle Dinge – es ist genau diese Substanz, die ich für Gott halte.*[5]

Die Philosophen folgerten aus der Formel Gott = Luft = Seele, daß diese Luft in einem atmenden Menschen die Existenz eines Gottes bewirke, der die Taten des Menschen beurteilte – ein inneres Gewissen. So heißt es bei dem Dichter Philemon:

> *Ich bin der, vor dem sich niemand verbergen kann, bei keinem Schritt, den er tut, tun wird oder gerade getan hat, sei er nun Gott oder Mensch. Mein Name ist Luft, doch nennt mich auch Zeus. Ich bin, wie es sich für einen Gott geziemt, überall – hier in Athen, in Patrae, auf Sizilien, in allen Städten, in jedem Heim und in jedem von euch. Es gibt keinen Ort, wo Luft nicht ist. Und er, der allgegenwärtig ist, weil er allgegenwärtig sein muß, weiß alles.*[6]

Die Christen haben die Luft-Seele-Theorie im wesentlichen übernommen und daraus ihre Auffassung von unsichtbaren Geistern bezogen, die wie die Luft zwar gefühlt, nicht aber gesehen werden können; die Vorstellung, daß wie der Atem auch die Seele durch Nase oder Mund aus dem Körper entweichen kann, stammt ebenfalls teilweise hierher –

aber auch wesentlich ältere Vorstellungen über die Seele haben diese Theorie beeinflußt.

Die ägyptische Lehre von den sieben Seelen, die von den sieben planetarischen Sphären herabgestiegen sind, erschien im gnostischen Christentum in der Lehre von den sieben Eigenschaften der Seele, die von den planetarischen Sphären angezogen und von ihnen beeinflußt werden. Auf ihrer Reise vom Himmel herab in einen neugeborenen Körper verlor die Seele bei ihrem Weg durch die Sphären ihre ursprüngliche Reinheit durch Sünde und Leidenschaft: »Indem die Seele herabsteigt, befleckt sie sich mit der Trägheit des Saturn, dem Zorn des Mars, der Begierde der Venus, der Gewinnsucht des Merkur und der Machtlüsternheit des Jupiter.« Die Seele erwarb die sieben Todsünden also von den sieben Sphären; sie konnte sich allerdings nach dem Tode davon reinigen, wenn sie die Sphären auf ihrer Reise zum Himmel wieder in umgekehrter Richtung durchquerte. Den Christen zufolge war jeder Mensch mit nur einer Seele ausgestattet; einige Gnostiker behaupteten allerdings, daß jeder Mensch zwei Seelen habe: eine, die aus dem ursprünglichen Geist strömte und eine sogenannte Gott-schauende Seele, »die durch die Umdrehung des Himmels in den Leib gelangt«.[7]

Über den physischen Sitz der Seele im Körper gab es eine Vielzahl unterschiedlicher Theorien. Die Alten lokalisierten die Seele meist im Herzen oder in der Leber. Patriarchale Denker behaupteten, daß die Seelen seiner zukünftigen Kinder in den Hoden eines Mannes enthalten seien; Thomas von Aquin und andere christliche Autoritäten teilten diese Ansicht. Einige Seelen hatten auch ihren Sitz in abgestoßenen Körperteilen: sie weilten in der Nabelschnur, in der Plazenta, in abgeschnittenen Nägeln und in abgeschnittenem Haar; jede Verletzung dieser Stoffe würde der Person schaden. Eine Theorie aus der Frühzeit der Aufklärung besagt, der Sitz der Seele sei die Zirbeldrüse.

1. Evans-Wentz, XXXV. 2. H. Smith, 24. 3. Hays, 223. 4. Mâle, 15. 5. Guthrie, 136. 6. Ebd., 142. 7. Jonas, 157, 160.

Segen

Das englische Wort für »Segen«, *blessing*, leitet sich vom Altenglischen *bletsain* oder der noch älteren Form *bleodswean* her, »durch das Versprengen mit Blut heiligen«.[1] Es war üblich, Altäre durch Besprengen mit Blut zu weihen und einzelne Personen, indem sie mit Blut gezeichnet wurden. Bei der Fuchsjagd in England ist es heute noch Brauch, neue Mitglieder eines Jagdclubs nach dem Töten eines Fuchses mit Blut zu bespritzen. Tacitus zufolge hielten es die Kelten »tatsächlich für ihre Pflicht, ihre Altäre mit dem Blut von Gefangenen zu bedecken«.[2] Im wesentlichen taten die Römer das gleiche, obwohl ihre Altäre mit dem Blut geopferter Tiere »gesegnet« wurden.

Cornelius Tacitus
Römischer Historiker und Rhetoriker, ca. 56–120 n. Chr.

Die Katholiken segnen ihre Altäre heutzutage, indem sie sie mit Salz bestreuen. Dies ist ein alter jüdischer Brauch, der auf der uralten Vorstellung beruht, daß Blut und Salz magische Äquivalente sind, weil sie ähnlich schmecken. Auch in Ägypten wurden die Altäre mit Salz *dediziert*, geweiht; denn die ÄgypterInnen bezeichneten mit dem Wort *dedi* das magische Salz, durch das das Nilwasser zu »Menschenblut« wurde.[3] (Siehe **Menstruationsblut, Salz.**)

Das Segnen eines Menschen durch das Schlagen des Kreuzzeichens über dem Kopf und auf der Brust stammt aus dem Mithraskult, dem Ritus des Tauroboliums, wo das Kreuz (ein Zeichen des Mithras) genau so mit dem Blut des Stiers auf die Teilnehmer gezeichnet wurde. Dadurch wurden sie zu offiziellen Zeugen der Wiedergeburtszeremonie. Gesegnet zu werden hieß, durch die Magie des Blutes gerettet zu werden, wie es auch im Neuen Testament steht: »Fast alles wird nach dem Gesetz mit Blut gereinigt, und ohne daß Blut vergossen wird, gibt es keine Vergebung« (Hebräer 9, 22).

1. M. Harrison, 129. 2. Pepper & Wilcock, 217. 3. Erman, 49.

Seidr

Freyas Geheimnisse der Hexerei, die von den patriarchalen Göttern unter Vater Odin nachgeahmt wurden; verwandt mit dem irischen *sidh* und dem hinduistischen *siddhi*, den magischen Kräften, die von der Ausübung des Yoga herrühren. Sufi-Weise bezeichneten diese Kräfte mit dem Namen *sihr*.[1]

1. Shah, 335.

Seker

Ägyptischer Herr des Todes, »der Verborgene« oder »der Eingeschlossene«; Osiris in seinem Aspekt der Schwarzen Sonne, die im Schoß der Erde am tiefsten Grund der Unterwelt in einer geheimen Pyramide eingeschlossen ist, in der »schwärzeste Dunkelheit« herrscht.[1] Seker war die Bezeichnung für den Phallus im Augenblick des »Sterbens«, in dem er seinen Samen in die Dunkelheit ergoß; von Seker leitet sich auch *zekker*, das arabische Wort für »Penis« her.[2]

Der gleiche Herr des Todes war auch die Schutzgottheit der Nekropole von Sakkara – einer weiteren Ableitung seines Namens.[3] In Babylon erschien er als Zaquar; hier war er ein Bote des Mondes – also aus dem Land des Todes.[4] Sein hebräischer Name lautete *zakar*, »Männlichkeit«. Sein mittelalterlicher Nachfahr war der phallische Satan, der auch im dunkelsten Abgrund der Hölle immer noch den Geist der Lust ausstrahlte.

1. Budge, B. D., 145. 2. Edwardes, 23. 3. Budge, G. E. 1, 504. 4. *Larousse*, 63.

Semele

Die jungfräuliche Mutter des Dionysos, die sowohl mit der Erde als auch mit dem Mond verbunden ist; die Mondgöttin Selene war nur eine Variante der Semele.[1] Ihr phrygischer Name als Inkarnation der Kybele, der Großen Mutter der Götter, lautete Zemelo.[2] Die Thebaner machten Semele »zu einer Frau und nannten sie die Tochter des Kadmos, obgleich ihr ursprünglicher Charakter einer Erd-Göttin deutlich durchscheint.«[3]

1. Graves, G. M. 2, 408. 2. Neumann, A. C. U., 70. 3. Guthrie, 56.

Semiramis, Königin

Griechischer Name der assyrischen Königin Sammuramat, von der es hieß, sie habe Babylon gegründet, dessen berühmte hängende Gärten erbaut und sei bei der Eroberung des gesamten Mittleren Ostens bis nach Kusch (Nubien) und Indien vorgedrungen.[1] Ihr Gemahl war so gut wie gar nicht an der Regierung beteiligt; als Tochter der Göttin machte Semiramis ihren Sohn zum König. Manche behaupteten, sie habe alle Männer ihres Hofstaates kastrieren lassen, um ein Zeichen dafür zu setzen, daß sie die Göttin war, in deren Tempel Eunuchen als Priester zu dienen hatten.[2] Wie die meisten der frühen assyrisch-babylonischen Königinnen verkörperte sie den Geist der Mari-Ishtar.[3]

1. Sprague de Camp, A. E., 69. 2. Brasch, 155. 3. *Encyc. Brit.*, »Semiramis«.

Semiten

Der Bibel zufolge waren die semitischen Stämme die Nachkommen von Noahs Sohn Schem oder Sem. Der Name dieser mythischen Gestalt war eigentlich ein Titel der ägyptischen Priester des Ra, denen es – wie den Priestern des Dionysos und des Jahweh – erlaubt war, nach ihrer vollständigen Initiation das Panterfell zu tragen und sich Schem zu nennen. Diese Priester mögen sich ihrerseits aus den *schemat* (singende Mütter) entwickelt haben, einer Klasse ägyptischer Priesterinnen, die der Hymnen und Worte der Kraft kundig waren.[1]

1. Budge, B. D., 221, 278.

Senate

Aus dem lateinischen *se-natus* (durch sich selbst geboren); in frühesten Zeiten wahrscheinlich ein Gruppe von Matronen oder Stammesmüttern, von denen angenommen wurde, daß sie durch die matrilineare Erbfolge in ihren Töchtern reinkarniert wurden. Die späteren patriarchalen Götter – etwa der ägyptische Ra – behaupteten ebenfalls »durch sich selbst geboren« zu sein.[1] Wenn ein Gott eine Mutter hatte, ergab sich daraus, daß es eine ältere und größere weibliche Autorität über ihm gegeben haben mußte – für patriarchale Denker eine unmögliche Vorstellung.

1. Budge, G. E. 1, 341.

Seshat

Ägyptische Göttin der Schrift, des Messens, des Rechnens, der Aufzeichnung von Erinnerungen und der Hieroglyphen; die »Herrin des Hauses der Bücher« und die »Herrin der Maße der Bauleute«. Die Priester des Thot beteuerten, ihr eigener Gott habe durch die Vermählung mit der Seshat auch deren Funktionen übernommen; aus diesem Grunde wurde die Erfindung der Buchstaben und Zahlen auch oft dem Thot zugeschrieben. Zur Zeit der Königin Hatshepsut waren Thot allerdings die Hofberichte und die Buchhaltung noch nicht völlig anvertraut; seine Aufzeichnungen mußten von »seiner Gattin überprüft werden«.[1]

Die meisten neueren Abhandlungen männlicher Gelehrter schenken der Seshat keine Beachtung und geben Thot allein als Gott der Schreibkunst aus – obgleich literarische Zeugnisse aus den frühesten Dynastien diesen Titel ausdrücklich der Seshat – und nicht dem Thot – zuweisen.

1. *Larousse*, 28.

Set

Eselköpfige ägyptische Gottheit; einstmals der Herrscher des Pantheons. Set verdrängte den Guten Hirten Osiris und war ein ständiger Rivale des Horus. Er wurde von den Autoren der Bibel übernommen und erscheint im Alten Testament als Seth, der den Guten Hirten Abel verdrängte. (Siehe **Esel**.)

Sexismus

Eine katholische Enzyklopädie erklärt: »Das weibliche Geschlecht ist dem männlichen in körperlicher und seelischer Hinsicht in gewisser Weise unterlegen.«[1] Dies ist die leicht modifizierte Version der Ansicht des Thomas von Aquin, der darauf beharrte, jede Frau sei von Geburt an mit Mängeln behaftet und als unvollständiger Mann empfangen worden, weil ihr Vater zur Zeit ihrer Zeugung entweder krank oder geschwächt war oder sich im Zustande der Sünde befand.[2] Da die Kirche nichts von der menschlichen Eizelle wußte, lehrte sie die Doktrin des Augustinus und des Thomas von Aquin, der zufolge die Mutter zum genetischen Erbe des Kindes nichts beiträgt, sondern dem seelenhaltigen Samen des Mannes lediglich als »Erde« dient.[3] Dennoch behaupteten die Kirchenmänner, eine echte Mißbildung sei nicht auf die Schuld des Vaters, sondern auf eine »überhitzte und eigensinnige Fantasie« der Mutter während des Geschlechtsverkehrs zurückzuführen.[4]

Die Kirchenväter waren ausgesprochene Frauenhasser. Johannes Chrysostomos unterstellte den Männern, »tausend Übel« zu erleiden, wenn sie Frauen anzusehen hätten: »Der Frauen Schönheit ist der größte Fallstrick.« St. Odo von Cluny weigerte sich, einer Frau in die Falle zu gehen und sagte: »Warum sollte uns danach verlangen, etwas zu umarmen, das nichts weiter ist als ein Sack voll Mist!« Bei Walter Map heißt es, »Auch die beste Frau – sie ist seltener als ein Phoenix – kann nicht ohne die widerliche Bitterkeit von Furcht, Sorge und ständigem Unglück geliebt werden.« Ein anglikanischer Kirchenmann aus dem 19. Jahrhundert sagte, alle Frauen seien »von ihrem Wesen her untergeordnet, durch ihr Geschlecht und ihre Natur dem Irrsinn verfallen, körperlich schwach, unbeständig im Geist und unvollkommen und wankelmütig im Charakter«.[5] Um 1890 erklärte der Präsident eines führenden theologischen Seminares: »Meine Bibel befiehlt die Unterwerfung der Frau bis in alle Ewigkeit.«[6]

St. Johannes Chrysostomos »Johannes Goldmund«; ein christlicher Redner des vierten Jahrhunderts, der das Amt des Patriarchen von Konstantinopel innehatte, bis er sich den Zorn der Kaiserin Eudoxia zuzog, die seine Amtsenthebung und Verbannung veranlaßte.

Walter Map Kanonikus von St. Paul, Lincoln und Hereford; Erzdiakon von Oxford; gegen Ende des zwölften Jahrhunderts Kirchenrichter am Hofe

Und genau das war geschehen. Über Jahrhunderte hinweg förderte die Bibel sexistisches Gedankengut, das von allen Klerikern verbreitet wurde. Paulus schrieb: »Das Haupt eines jeden Mannes ist Christus; und das Haupt der Frau ist der Mann« (1. Korinther 11, 3). Petrus sagte im Thomasevangelium: »Frauen sind nicht lebenswert.«[7] Clemens von

Alexandrien zitierte angebliche Christusworte aus dem Ägypter-Evangelium: »Ich bin gekommen, das Werk der Frau zu zerstören.«[8] Er fügte hinzu: »Jede Frau sollte bei dem Gedanken, daß sie eine Frau ist, mit Scham erfüllt sein.«[9]

Heinrichs II. Ihm wurde – wohl irrigerweise – die Autorenschaft einiger der älteren Artuslegenden zugeschrieben.

Bis in unsere Tage berief sich der Klerus auf die Autorität der Bibel, wenn es darum ging, die politische Unterdrückung der Frau aufrechtzuerhalten. »Der Klerus befand sich im Kampf gegen das Frauenstimmrecht oft an der vordersten Front und zog Bibelzitate heran, um zu beweisen, daß die natürliche Ordnung der Dinge den Gehorsam der Frau gegenüber dem Manne verlangt.« Simone de Beauvoir schrieb: »Bei den Juden, Mohammedanern, Christen und anderen Glaubensgemeinschaften ist der Mann kraft göttlichem Recht Herr und Gebieter. Die Gottesfurcht wird deshalb in den geknechteten Frauen jeden Ansatz einer Revolte unterdrücken.« Noch 1971 hat ein Bischof der Episkopalkirche diese Ansichten bestätigt: »Das Geschlecht Christi ist kein Zufall, seine Männlichkeit ist keineswegs nebensächlich. Es ist von Gott so bestimmt worden.« Feministinnen glauben, daß die Kirchen – auch auf die Gefahr der Selbstzerstörung hin – bis zuletzt an der Vorstellung männlicher Überlegenheit festhalten werden, weil dieser Gedanke seit den ersten Anfängen ihr eigentliches Fundament gebildet hat.[10] Das ganze Begriffssystem der Theologie ist von Männern ersonnen worden, um den Interessen von Männern zu dienen und dabei – keineswegs zufällig – die Interessen der Frauen zu beschneiden und zu unterdrücken.[11]

Schon vor langer Zeit hatten die Kirchenväter den Grundsatz von der Schuld der Frau an der Existenz von Tod und Sünde ersonnen. Augustinus machte für die endlose Fortsetzung der Erbsünde die »Fleischeslust« verantwortlich, die männliche und weibliche Körper auf vielerlei Weise – einschließlich der Ehe – vereinigte.[12] Das Christentum war die erste Religion, die das Leben selbst schon als Sünde auffaßte, weil Menschen durch den Geschlechtsverkehr empfangen und von Frauen geboren werden.[13] Johannes Chrysostomos empfahl jedem christlichen Vater, seinen Sohn »eine entschiedene Ablehnung alles Weiblichen« zu lehren: »Laß ihn mit keiner Frau außer seiner Mutter sprechen. Laß ihn keine Frau ansehen.«[14]

Mitunter offenbaren die Schriften christlicher Männer eine nachgerade hysterische Angst vor der Frau. Schon ihr Blick konnte »vergiften, locken, verhexen«, denn ihre Augen »vergiften und berauschen den Geist: Ja, ihre Gesellschaft führt zu Unzüchtigkeiten, schadet der sexuellen Unberührtheit, verbraucht und vernichtet sowohl den Körper als auch alles Hab und Gut und vor allem die Seele eines Mannes. Und schließlich wird der Körper einer Frau sogar das Fleisch und die Knochen des Mannes der Fäulnis anheim fallen lassen.« Vairus war der Ansicht, daß Frauen zu Hexen würden, weil »sie von Natur aus ein so wildes Temperament und eine ungezügelte Lüsternheit besitzen. ... Und sie haben derartige Beschwerden mit üblen Körpersäften, daß sie giftige Ausdünstungen absondern, welche durch ihre schlechtgewählte Nahrung hervorgerufen und durch ihre bösartigen Exkremente noch vermehrt werden.«[15]

Andreas Capellanus (Andreas der Kaplan), französischer Autor des zwölften Jahrhunderts, der am Hofe von Troyes eine weit verbreitete Abhandlung mit dem Titel *De arte honeste amandi* (»Über die Kunst der ehrbaren Liebe«) verfaßte.

Orestes Augustus Brownson (1803–1876) amerikanischer Schiedsmann und Schlichter von Rechtsstreitigkeiten; er veröffentlichte Schriften über

John Aylmer brandmarkte alle Frauen als »Aufschneiderinnen, Lauscherinnen, Klatschweiber, Lästermäuler von böser Denkungsart und in jeder Weise durch den Umgang mit dem Abschaum von des Teufels Misthaufen verdummt«.[16] Ähnliche Beschimpfungen werden heute noch von Frauenschändern vorgebracht – so äußerte etwa ein Vergewaltiger: »Ich hab' gedacht ... Frauen wären gemeine und miese Dreckstücke. Das ist mir eben so beigebracht worden.«[17]

Andreas Capellanus fand, daß eine Frau »von Natur aus geizig, neidisch, verleumderisch ... gierig ist; sie ist eine Sklavin ihres Bauches, unbeständig, launisch ... ungehorsam und außerstande, sich selbst zu bezähmen, befleckt mit der Sünde des Stolzes und gierig nach eitlem Glanz, eine Lügnerin, eine Trinkerin, eine Schwätzerin, der man kein Geheimnis anvertrauen kann, die zu sehr der Geilheit verfallen ist und die in ihrem Herzen niemals einen Mann zu lieben vermag.«[18]

Johannes Scotus Erigena, ein irischer Theologe des neunten Jahrhunderts, lehrte, die Menschen seien dereinst sündenfrei und geschlechtslos gewesen; nachdem sie aber Gott ungehorsam geworden waren, habe er sie in zwei Geschlechter geteilt. Der sündenfreie Teil wurde in den Körper des Mannes, der sündhafte Teil in den Körper der Frau aufgenommen.[19] Andere Theologen hielten Frauen für »die Verwirrung des Mannes, unersättliche Bestien, eine beständige Sorge, einen unablässigen Krieg und einen täglichen Ruin«. Die Kirche gab vor, gegen den Teufel zu kämpfen, ihr wirklicher Kampf richtete sich aber gegen die Frauen. »Die Frau war die Rivalin der Kirche, die Versuchung, die Ablenkung, das Hindernis auf dem Weg zur Heiligkeit und des Teufels Köder.«[20] In den offiziellen Schriften der Kirche findet sich folgende Aussage:

> *Klein ist jede Bosheit gegen die Bosheit des Weibes. ... Der natürliche Grund dafür ist ihre Sinnlichkeit, die größer ist als die Sinnlichkeit des Mannes, was ihre unzähligen geschlechtlichen Abscheulichkeiten zeigen. Und es sollte besonders erwähnt werden, daß schon das erste Weib bei seiner Erschaffung mit einem Mangel behaftet war, da es aus einer Rippe geschaffen wurde, eine Rippe der Brust, einer Rippe, die in entgegengesetzter Richtung zum Mann gebogen ist. Und seither ist das Weib durch diesen Mangel ein unvollkommenes Tier. Sie betrügt allezeit.*[21]

Seltsamerweise läßt die moderne Genforschung erkennen, daß die Wahrheit viel eher beim Gegenteil dieser Ansicht zu finden ist. Das XY-Chromosom, durch das ein männliches Wesen entsteht, ist in physiologischer Hinsicht ein »unvollkommenes« weibliches XX-Chromosom. Einige Individuen werden mit einer XYY-Chromosom-Anomalie geboren, die sie genetisch zu Super-Männern macht. Sie sollen überdurchschnittlich groß, dafür aber von geringer Intelligenz sein und stark zu kriminellem Verhalten neigen.[22]

Dies würde Männer wie Orestes Brownson überrascht haben, der verlangte, daß »der Ehrgeiz und die natürliche Machtliebe« einer Frau männlicher Kontrolle unterliegen müßte, weil sie sonst »nicht in ihrem Element ist und sich zu einer gesellschaftliche Mißbildung und manchmal zu einem abscheulichen Monstrum entwickelt – was bei Männern selten vorkommt, es sei denn, durch den Einfluß einer Frau.«[23] Solche

Männer schienen allerdings niemals bemerkt zu haben, daß sie sich mit ihrer Denunziation der Frau in einen höchst peinlichen Widerspruch verwickelten; gesetzt den Fall, die Machtliebe sei für eine Frau wirklich »natürlich«: dann befände sich diese Frau doch erst recht in ihrem Element, wenn sie versucht, die Macht auch auszuüben.

Spiritualismus, Religion, Sozialreformen, Staatsrechte usw.; 1844–1875 war er der Herausgeber von *Brownson's Quarterly*.

Martin Luther behauptete, daß der körperliche Unterschied zwischen Männern und Frauen Gottes sexistische Absichten belege. »Männer haben einen breiten, großen Brustkorb, kleine, schmale Hüften und mehr Verstand als Frauen, die nur einen kleinen, schmalen Brustkorb, dafür aber breite Hüften haben, auf daß sie das Haus hüten, sich ruhig verhalten, den Haushalt versorgen und Kinder gebären und aufziehen.«[24] Daß das Gebären von Kindern und deren Pflege an den Kräften der Frauen zehrte, spielte – so Luther – keine Rolle: »Sind die Frauen erschöpft und sterben im Kindbett, so liegt kein Übel darin. Laß sie sterben, so lange sie nur gebären, denn dies ist recht eigentlich ihre Bestimmung.«[25]

Der Philosoph Schopenhauer verachtete die Frauen und sah in ihrer körperlichen Erscheinung nichts Liebenswertes: »Nur ein Mann, dessen Intellekt durch seinen Geschlechtstrieb getrübt ist, konnte den Namen *schönes Geschlecht* einer Gattung geben, die zu klein geraten, so schmalschultrig, so breithüftig und so kurzbeinig ist. … Die Zuneigung, die zwischen ihnen und Männern besteht, ist nur oberflächlich und berührt Geist, Gefühl und Charakter keineswegs.«[26] Auch Hartley scheint dem Gedanken beizupflichten, daß dank der christlichen Tradition »die starke äußerliche geschlechtliche Anziehungskraft nur als dünner Schleier die tiefe innere Ablehnung der Geschlechter verdeckt, so daß es fast unmöglich scheint, Männer und Frauen könnten einander jemals wirklich verstehen«.[27]

Die wenigen Männer, die zur Zeit der Renaissance etwas zugunsten der Frauen vorbrachten, standen außerhalb der Kirche und wurden für gewöhnlich der Ketzerei verdächtigt; einer von ihnen ist Agrippa von Nettesheim, der über die Frauen schrieb, sie würden »von Männern wie Eroberte von ihren Eroberern behandelt, und das weder aus göttlicher Notwendigkeit noch überhaupt aus irgendeinem Grunde, sondern einzig aus Gewohnheit, Erziehung, Geldgier und der Gelegenheit zur Tyrannei«.

> *Die Tyrannei der Männer, die sich über göttliches Recht und die Gesetze der Natur erhebt, richtet die Freiheit der Frauen durch Gesetze zugrunde, schafft sie ab durch Brauchtum und Sitte und löscht sie aus durch Erziehung. Denn die Frau wird von ihrer Geburt und ihren frühesten Jahren an im Hause in Untätigkeit gehalten; als ob es ihr an der Fähigkeit zu höherer Beschäftigung mangele, darf sie keinen Wunsch hegen, der über Nadel und Faden hinausgeht. Wenn sie die Jahre der Mannbarkeit erreicht hat, wird sie der eifersüchtigen Herrschaft des Mannes übergeben oder für immer in ein Geschäft voller Vestalinnen eingesperrt. Die Gesetze verbieten ihr, öffentliche Ämter zu übernehmen. Die Vernunft verbietet ihr, vor Gericht zu gehen.*[28]

Sexistische Diskriminierungen finden sich sogar bei den Strafen, die für Hexerei verhängt wurden. Weibliche Hexen wurden viel härter bestraft als männliche. Ein Gesetz von 1683 sah vor, daß ein Mann für das Verbrechen, durch Hexerei den Tod eines Menschen verursacht zu haben, gehängt werden konnte – eine Frau hingegen mußte auf dem

Scheiterhaufen verbrannt werden. Um 1650 durften Männer ungestraft ihre Frauen zu Tode prügeln oder auf andere Weise ermorden; Frauen, die ihren Ehemann getötet hatten – ein Verbrechen, das eigentlich als »minderer Verrat« galt – wurden verbrannt.[29]

Der sich wie von selbst fortpflanzende Glaube an den geringen Verstand der Frauen wurde durch den nahezu überall verbreiteten Brauch, Frauen von den Schulen fernzuhalten, begünstigt. Mit Ausnahme einiger adeliger Damen, die sich den kostspieligen Privatunterricht leisten konnten, waren hiervon alle Frauen betroffen. Die englische Königin Elisabeth I. wurde von etlichen Historikern zum Mann gemacht, weil sie glaubten, sie sei für eine Frau viel zu klug gewesen; sie behaupteten, daß Elisabeth als Kind gestorben und daß an ihrer Stelle heimlich ein Junge aufgezogen worden sei. Die wenigen wirklich gebildeten Frauen wurden selten als solche akzeptiert. So wurde dem König Jakob I. gelegentlich eine gelehrte Dame als Kuriosum vorgestellt und man teilte ihm mit, sie spräche fließend Latein, Griechisch und Hebräisch. Er fragte darauf nur: »Aber kann sie auch spinnen?«[30]

Die meisten Schulen waren in kirchlicher Hand, und solange es sich irgend vermeiden ließ, wollte die Kirche mit Frauen nichts zu tun haben. Der heilige Columkille verbot die Bestattung von Frauen in der näheren Umgebung christlicher Kirchen und begründete sein Verbot mit der Behauptung, so sei seit Anbeginn des Christentums verfahren worden. In der irischen Grafschaft Tyrone gibt es noch einen *Relig-na-man*, einen »Friedhof für Frauen«; er liegt eine halbe Meile von der Kirche entfernt, auf deren eigentlichem Friedhof ausschließlich Männer beigesetzt wurden.[31] Einige Kleriker waren der Meinung, Frauen hätten nicht einmal Seelen, die gerettet werden könnten. Ockham hingegen behauptete, Frauen hätten sehr wohl Seelen; aus diesem Grunde sollten sie auch in der Kirchenversammlung das Stimmrecht erhalten – der Papst verdammte diese Ketzerei unverzüglich.[32]

Wilhelm von Ockham (um 1285–1349) In England gebürtiger Theologe und Philosoph, der wegen seiner Widersetzlichkeit schon während des Studiums der Universität von Oxford verwiesen wurde. Später stellte er sich auf die Seite der gegen den Papst rebellierenden spiritualen Franziskaner und trat unter anderem für die Besteuerung des Klerus ein.

Josephine Henry trat im 19. Jahrhundert in Kentucky als Suffragette auf; sie verfaßte zahlreiche Pamphleten und beteiligte sich aktiv an der Bewegung für Frauenrechte.

Josephine K. Henry geißelte die Kirche für ihre jahrhundertelange frauenfeindliche Haltung:

> *Hat die Kirche je verkündet, daß Frauen vor dem kirchlichen und dem weltlichen Recht den Männern gleichgestellt sein sollen, daß ihre Gedanken in das Glaubensbekenntnis und das Gesetzbuch aufgenommen werden sollen, daß sie in der Ehe über ihren Körper und ihr Vermögen selbst bestimmen sollen, oder daß sie einen rechtmäßigen Anspruch auf die Kinder haben, die sie in der Ehe geboren haben – von der das Christentum behauptet, sie sei ein »Sakrament« und eines der »heiligen Mysterien«? … Keine Institution der modernen Gesellschaft ist den Frauen gegenüber derartig tyrannisch und ungerecht wie die christliche Kirche. Sie verlangt alles von ihnen und gibt ihnen nichts dafür. Die Kirche kann sich nicht rühmen, jemals in ihrer Geschichte für die Gleichberechtigung der Frauen eingetreten zu sein. … Einzig durch Tyrannei und Falschheit ist die Kirche in der Lage, die Frauen in einer solchen Abhängigkeit zu halten.*[33]

Tatsächlich hatten die Frauen unter den vorchristlichen Gesetzen nahezu überall einen besseren Stand. Das alte byzantinische Recht machte keinen Unterschied zwischen männlichen und weiblichen Erben; ehebrecherische Männer wurden hingerichtet, Ehebrecherinnen nicht.[34] Nach mehreren Jahrhunderten christlicher Einflüsse billigten die Gesetze den Männern bereitwillig den Ehebruch zu, während ihre Frauen dafür mit Gefängnis bestraft oder zu Tode geprügelt werden durften. Bis zum Jahre 1857 konnte in England keine Frau ohne einen besonderen Parlamentsbeschluß geschieden werden – was bedeutete, daß ausschließlich Frauen der oberen Schichten, die über großen politischen Einfluß verfügten, überhaupt auf eine Scheidung hoffen konnten.[35]

Im Jahre 1835 verließ eine Mrs. Caroline Norton ihren Ehemann, der sie wiederholt geschlagen, seelisch mißhandelt und betrogen hatte und sich im gemeinsamen Haus eine Mätresse hielt. Ein Gericht befand zwar, die Frau müsse nicht in das Haus zurückkehren, dennoch wurden die drei Kinder ihrem Mann zugesprochen, weil Caroline Norton »dessen Handlungen stillschweigend verziehen« hatte, da sie während all dieser Grausamkeiten bei ihm geblieben war. Im Jahre 1839 wurde die Kinderschutzverordnung hinsichtlich des Sorgerechtes leicht verändert. Der Richter konnte nun nach seinem eigenen Gutdünken bestimmen, ob es recht und billig war, daß von ihrem Gatten getrennt lebende Mütter ihre Kinder unter sieben Jahren behielten; er konnte ihnen auch das Besuchsrecht für die älteren Kinder gewähren – vorausgesetzt, daß nicht die Mutter des Ehebruchs schuldig war.[36] Väter unterlagen solchen Einschränkungen natürlich nicht.

Frauen, die sich der Ehe-»Disziplin« nicht unterwerfen wollten und stattdessen das gefährliche Spiel uneingelöster Versprechen spielten, waren als Kokotten bekannt. Solche Frauen entfachten – wenn wir einer alten Schmähschrift Glauben schenken – die wildesten Ausbrüche sexistischer Gefühle:

> *Ihre Tricks und Kniffe sind zahllos und lassen sich nur noch mit ihrer Undankbarkeit und Unmenschlichkeit vergleichen. In Bezug auf die Unmenschlichkeit übertreffen sie sich tatsächlich selbst: in der ganzen Natur findet sich nichts, das derartig gefühllos und grausam wäre, wie diese Sorte [sic!] von Kreatur. ... Sie sind wie Ungeziefer, so gierig und bösartig, und bei allem so raffiniert und ausklügelnd, so scheinheilig und heuchlerisch tugendhaft und doch so erschreckend gewöhnlich und unverschämt geil, so stolz und doch so feil und vor allem so bösartig – womit in diesem knappen Abriß des Charakters einer Kokotte alle Laster, Torheiten und Frechheiten des ganzen Geschlechtes zusammengefaßt wären. ... Kurz: für mich sind sie nichts geringeres als eine Kolonie von Höllenkatzen, die der Teufel hier zum Verderben der Männer angesiedelt hat.*[37]

Es lag auf der Hand, daß die Frauen sich in dem Spiel, dessen Regeln die Männer gemacht hatten, oft unfair verhielten. Nicht einmal Freud vermochte sich über die sexistische Einstellung seiner Zeit zu erheben; er schrieb: »Man kann dem Gedanken nicht widerstehen, daß Frauen eine andere Auffassung von normaler Moralität haben. Ihr Über-Ich wird nie so unerschütterlich, so unpersönlich und von seinem affektiven Ursprung unabhängig sein, wie wir es von einem Mann erwarten. Seit undenklichen Zeiten haben Kritiker die Frauen wegen gewisser Charakterzüge getadelt: weil sie weniger Sinn für Gerechtigkeitsinn als die Männer zeigen; weil ihre Bereitschaft, sich den großen Notwendigkeiten des Lebens unterzuordnen, geringer ist.« Da Freud die Oberherrschaft der Männer als eine der großen Notwendigkeiten des Lebens ansah, hätte er wirklich nicht überrascht sein müssen, daß er Frauen fand, die sich dagegen zur Wehr setzten. Simone de Beauvoir schrieb, jede Frau wisse, daß »männliche Moralität in Bezug auf Frauen ein gewaltiger Schwindel [ist]. Der Mann trompetet aufgeblasen seinen Kodex von Tugend und Ehre hinaus, aber insgeheim fordert er sie zu dessen Nichtbeachtung auf und rechnet sogar mit ihrem Ungehorsam; ohne dies würde die ganze großartige Fassade, hinter der er sich versteckt, zusammenbrechen.«[38]

Da Frauen die Spielregeln nicht kannten, wurden viele von ihnen schon zu Verliererinnen, wenn sie noch viel zu jung waren, um die Regeln überhaupt zu begreifen. W. T. Stead kommentierte den Prozeß, in dem Oscar Wilde wegen Homosexualität zu einer Zuchthausstrafe verurteilt wurde, folgendermaßen: »Hätte Oscar Wilde sich nicht schmutzigen Ränken um unanständige Vertraulichkeiten mit Jungen und Männern hingegeben und statt dessen ein halbes Dutzend einfältiger Mädchen in den Ruin gestoßen oder das Familienleben eines Freundes zerstört, indem er dessen Gattin verführte – niemand hätte Anzeige gegen ihn erstattet. Der Mann ist unantastbar, die Frau ist ein Freiwild.«[39]

Obgleich man Frauen ohnehin als »dumme Gänse« verspottete, nahm der Spott noch dreistere Züge an, wenn sie versuchten, ihr Wissen zu erweitern. Die Popularität der Florence Nightingale begeisterte nicht wenige Frauen für eine medizinische Ausbildung, aber die männlichen Studenten rotteten sich gegen sie zusammen. 1870 versuchte eine Gruppe von Medizinstudenten gezielt, fünf Frauen den Weg in die Hörsäle der Londoner Surgeons' Hall zu verwehren. Bei medizinischen Examen nahmen die Prüfer jede Gelegenheit wahr, Frauen mit anstößigen Fragen in Verlegenheit zu bringen. Wenn Frauen mit guten Noten aus dem Examen hervorgingen, wurden sie schlichtweg übergangen – die Stipendien erhielten Männer, deren Ergebnisse erheblich schlechter waren.

Ein vergleichbarer Zustand fand sich auch in anderen Berufen. Im Jahre 1879 wurden in Birmingham auf Betreiben der Schulleiter Frauen von der Anstellung als Lehrerinnen für Knaben ausgeschlossen, weil dies angeblich der »Unmoral« Vorschub leisten würde. Die Anwälte verweigerten Frauen den Zugang zu den vier Londoner Advokateninnungen und ihren Rechtsschulen. Durch die Bemühungen entschlossener Feministinnen wurden 1848 einige Frauen zu Kursen des Queen's College zugelassen; doch der Bischof von London schloß Frauen generell von Wheatstones Vorlesungen über Elektrizität aus, weil sie sich in Sir Charles Lyells Geologievorlesungen bereits »reichlich versammelt« hatten und verdienteren Studenten – eben Männern – dort die Sitzplätze wegnahmen. Und was die Religion anbelangte, so hielt die Kirche von England es für »undenkbar«, daß Frauen jemals zu geistlichen Ämtern zulassen werden könnten.[40]

Christine Pierce
Zeitgenössische amerikanische Feministin, Professorin für Rechtswissenschaft und Philo-

Den grundsätzlichen Irrtum des Sexismus in bezug auf Beruf oder Ausbildung formulierte Christine Pierce: »Wir brauchen nicht zu befürchten, daß Frauen etwas tun werden, wozu sie nicht in der Lage sind.«[41] Wären Frauen wirklich nicht fähig gewesen, Medizin, Jurisprudenz, Theologie, Naturwissenschaften oder andere Fächer zu studieren, so wäre es für die Männer wohl kaum nötig gewesen, soviel Autorität aufzubieten und so viel Kraft darauf zu verwenden, sie vom Lernen abzuhalten. Die Theorie von der Minderwertigkeit des weiblichen Intellekts trat allmählich in den Hintergrund, als es Frauen gelang, sich akademisch auszubilden. Gleichwohl hielten viele Männer an dem Glauben fest, daß Frauen weniger zum Denken befähigt seien als Männer.

sophie in Harvard und an der New York State-University.

Im Jahre 1913 verfaßte T. E. Reed ein Buch mit dem Titel *Das Geschlecht, sein Ursprung und seine Bestimmung*; er wollte damit den »wissenschaftlichen« Nachweis der biologischen Minderwertigkeit der Frauen erbringen. Reed war unter anderem der Ansicht, daß das Geschlecht eines Kindes von den Gezeiten abhängig war, die während seiner Zeugung herrschten: fand der Koitus während der Flut statt, dann würden Jungen empfangen werden, fand er während der Ebbe statt, so würden daraus Mädchen hervorgehen. Damit wollte er beweisen, daß Mädchen schwächer sind, weil sie aus »abnehmenden« Kräften hervorgegangen waren. Trotz des Umstandes, daß Ebbe und Flut an jeder Küste der Welt zu einem anderen Zeitpunkt auftreten, und daß Kinder, die im Binnenland empfangen werden, schwerlich mit den Gezeiten in Verbindung gebracht werden können, erfreute sich diese Theorie großer Beliebtheit.[42]

Sexistische Denker haben auf vielerlei Weise versucht, die männliche Vorherrschaft als »natürlich« oder als eine biologische Verfügung Gottes auszugeben. Die Lebensweise anderer Säugetiere beweist allerdings, daß eine solche Ordnung der Dinge keinem biologischen Ziel dienen kann.

Jede Tierart, bei der das Männchen biologisch darauf programmiert wäre, das Weibchen anzugreifen und zu verletzen, wäre hinsichtlich des Überlebens der Art benachteiligt, da ein junges Säugetier nicht ohne eine gesunde, lebenstüchtige Mutter aufwachsen kann.[43] So wurde bei den meisten Arten eine biologische Hemmung festgestellt, die die Männchen – selbst im Falle ausgesprochener Provokationen – daran hindert, die Weibchen anzugreifen. Jede Art von Einmischung in die Beziehung zwischen ein Jungtier und das schützende Weibchen ist im Tierreich mit einem großen Tabu belegt, das von den Männchen praktisch nie gebrochen wird.

Karen Horney meinte, die Feindschaft der Männer könne sich aus dem Geschlechtsneid entwickelt haben: »Der Mann ist sexuell in einem höheren Maße von der Frau abhängig als umgekehrt, weil die sexuellen Energie der Frau teilweise mit dem Prozeß der Fortpflanzung verbunden ist. Wäre es nicht denkbar, daß Männer deshalb ein lebenswichtiges Interesse daran haben, daß Frauen von ihnen abhängig bleiben?«[44] Judith Antonelli sagt: »Das Patriarchat ist der Täuschung ver*phallen*, daß der Mann stets Schöpfer ist. Die ursprünglichen Regungen der Ehrfurcht und des Neides gegenüber der Frau werden unter dem Patriarchat zu Unmut und Feindschaft. Die einzige Möglichkeit des Mannes, der weiblichen Macht habhaft zu werden, liegt in den Frauen selbst; aus diesem Grunde unterwirft er sie und unterdrückt ihre Sexualität, damit sie *ihm* nützt, anstatt die Quelle *ihrer* Macht zu sein – das Patriarchat ist in der Tat eine männliche Neurose.«[45]

Karen Horney geb. Danielsen (1885–1952). Amerikanische Psychoanalytikerin und Lehrerin; sie hing zunächst der Freudschen Schule an, löste sich jedoch später in vielerlei Hinsicht von deren Gedanken.

1. Evans, N. H. N., 180. 2. Riencourt, 227. 3. Rees, 227. 4. Shumaker, 95.
5. Bullough, 98, 187, 203. 6. Stanton, 194. 7. Malvern, 1. 8: Stone, 194.

9. Lederer, 162. 10. Stone, 236ff. 11. Daly, 4. 12. Bullough, 117.
13. H. Smith, 250. 14. Laistner, 112. 15. Scot, 227, 248, 16. Bullough, 202.
17. Goldstein & Kant, 85. 18. Murstein, 160. 19. Riencourt, 227.
20. Tuchman, 211. 21. Sprenger & Institoris, 44. 22. Torrey, 178.
23. Bullough, 309. 24. Lys, 179. 25. Riencourt, 258. 26. Murstein, 261.
27. Hartley, 266. 28. Agrippa, 271. 29. Robbins, 165, 209. 30. Bullough, 223.
31. Joyce 2, 374. 32. Coulton, 227. 33. Stanton, 205ff. 34. Soisson, 43.
35. Crow, 147. 36. Ebd., 40f. 37. Vries & Fryer, 111ff. 38. Lederer, 93ff.
39. Pearsal, N. B. A., 231. 40. Ebd., 43ff. 41. Gornick & Moran, 252.
42. Montagu, S. M. S., 92. 43. Fromm, 192 (dt. 171). 44. Roszack, 110.
45. Spretnak, 401.

Sexualität

Reverend Dr. Joseph Fletcher schrieb als Mitarbeiter der theologischen Schule der Episkopalkirche: »Die christlichen Kirchen müssen in der westlichen Kultur einen großen Teil der Verantwortung für die Verwirrung, die Unwissenheit und die Schuldgefühle auf sich nehmen, die in der westlichen Kultur mit der Sexualität verbunden sind. ... Von ihren ersten Anfängen her stand die christliche Kirche viel zu oft unter dem Einfluß katholischer und protestantischer Puritaner, für die Sexualität von Natur aus gottlos war.«[1]

Andere waren weniger nachsichtig und sagten unverblümt, die christlichen Kirchen hätten nicht bloß »einen großen Teil« der Schuld, sondern die ganze Schuld auf sich zu nehmen. Nach R. E. L. Masters ist die römisch-katholische Kirche eindeutig die Urheberin »des Hexenverfolgungswahns gewesen und für den größten Teil des vergifteten Sexuallebens in der westlichen Welt verantwortlich«.[2] Die übrige Schuld muß dann offenbar dem Protestantismus angelastet werden, denn außer dem Christentum hat es im abendländischen Kulturbetrieb sonst keine Instanz gegeben, die den Menschen unablässig Ekel und Furcht vor der Sexualität eingeflößt hat.

Der Abscheu der Christen vor dem Sexualität nahm seinen Anfang bei den Kirchenvätern, die darauf beharrten, daß das Reich Gottes unmöglich errichtet werden könnte, ehe es der Menschheit gelänge, im Rahmen eines allumfassenden Zölibats auszusterben.[3] Marcion verkündete, daß von nun an keine Fortpflanzung mehr stattfinden dürfe. Der heilige Hieronymus befahl: »Erachtet alles als Gift, was den Samen sinnlichen Vergnügens in sich birgt.«[4] St. Athanasius behauptete, die große Offenbarung und Segnung, die Jesus gebracht habe, sei das Wissen um die rettende Gnade der Keuschheit.[5] Tertullian erklärte, die Keuschheit sei der »Tauschwert, mit dem ein Mann Handel treibt und so zu einem riesigen Vermögen an Heiligkeit kommt«, wohingegen der Geschlechtsverkehr selbst die Ehe »unzüchtig« mache.[6]

Numenius von Apamea wurde im zweiten nachchristlichen Jahrhundert in Syrien geboren und beeinflußte als Neopythagoräer und platonischer Philosoph die Schule des Plotin.

Numenius von Apamea proklamierte, daß die Vereinigung der Seele mit Gott nur bei absoluter sexueller Abstinenz möglich sei.[7] Der heilige Augustinus formulierte den Grundsatz, daß die »Lüsternheit« die Wurzel der Erbsünde sei und daß die Schuld des Adam so auf alle Generationen übertragen werde. Damit besiegelte er – zumindest in der Theorie – für die nächsten 1600 Jahre die Bindung der Kirche an das Asketentum.[8] Augustinus sagte, Geschlechtsverkehr sei niemals – nicht einmal innerhalb der Ehe – frei von Sünde.[9] Diese Doktrin hat er allerdings nicht selbst entwickelt; er hatte sie von gnostischen Manichäern übernommen, zu deren Religionsgemeinschaft er vor seiner Bekehrung zum orthodoxen Christentum gehörte. Die Gnostiker lehrten, daß die Seelen von dem »Mysterium der Liebe und der Lust, welches alle Menschen erregt«, im Fleische gefangen seien. Vermutlich wurzelt diese Lehre in den Anweisungen der asketischen Yogis des Jaina-Buddhismus, die den biblischen Geboten des Johannes entsprechen: »Habt nicht lieb die Welt noch was in der Welt ist ... denn alles, was in der Welt ist, des Fleisches Lust und der Augen Lust und hoffärtiges Leben, ist nicht vom Vater« (1. Johannesbrief 2, 15–16).[10]

Diese Ansichten setzten sich im Laufe der Zeit mehr und mehr fest. Mittelalterliche Theologen behaupteten, Sexualität sei »die Ursache für die Verdammnis der Menschheit und deren Vertreibung aus dem Paradies; um dieser Ursache willen sei auch Christus getötet worden«.[11] Führende Inquisitoren lehrten in ihren Handbüchern, daß die »fleischliche Lust« der Frauen den Nährboden für Hexerei und Satanismus bilde, denn Gott »billige dem Teufel über den Geschlechtsakt – durch den die Erbsünde übertragen wird – wegen der ihm eigenen Scheußlichkeit mehr Macht zu als über alle anderen menschlichen Tätigkeiten«.[12]

Die Kirche verbreitete Legenden über Heilige, die sich der Keuschheit in einem solchen Maße verschrieben hatten, daß sie extreme physische Folter dem sexuellen Vergnügen vorzogen. Der gottlose Kaiser Decius ließ den Einsiedler St. Paul in Fesseln legen und setzte ihn den erotischen Liebkosungen einer Dirne aus. Sobald St. Paul eine Erektion verspürte »und er keine Waffen hatte, sich zu verteidigen, biß er sich die Zunge ab und spuckte sie der unzüchtigen Frau ins Gesicht«. Der heiliggesprochene Papst Leo war derartig keusch, daß er sich, »als eine Frau seine Hand küßte und so in ihm eine ungestüme Versuchung des Fleisches hervorrief«, die Hand abhackte. Ein unvergleichlich glückliches Schicksal wollte es, daß ihm die Jungfrau Maria die abgehackte Hand wieder heilte, so daß er weiterhin religiöse Zeremonien durchführen konnte.[13]

Die frühe Kirche bekämpfte unerbittlich die vielen heidnischen Glaubensrichtungen, die den Geschlechtsakt zu ihrem zentralen heiligen Sakrament machten und so die Vereinigung der Großen Göttin mit ihrem phallischen Gemahl nachvollzogen. Tertullian prangerte öffentlich die »Hurerei zu Eleusis« an, und Eusebius verdammte »die unaussprechlichen Riten der Mysterien, des Ehebruchs und weitaus niederträchtigerer Lüste«. Und doch hatten Platon und seine Zeitgenossen den Eros – den Gott der Liebe und der sexuellen Lust – als die »verehrungswürdigste aller Gottheiten, der alle Hochachtung gebührt und die alle Macht hat, der Menschheit in diesem Leben wie nach dem Tode Tugend und Glückseligkeit zu gewähren«, hoch verehrt.[14]

Seit Urzeiten war die Sexualität ein bedeutender Bestandteil heidnischer Religionen; in alten germanischen Sprachen bedeutete das Wort *Lust* soviel wie »religiöse Freude«.[15] Die Menschen des Nordens sangen an ihren heiligen Festen Lieder, die von den Christen als »unzüchtig und schändlich« bezeichnet wurden; dazu führten sie hüftschwingende Tänze auf, angesichts derer die Christen vom »Winden des Weiberkörpers« sprachen.[16] Die Leute weigerten sich, diese Bräuche aufzugeben, da sie glaubten, daß sie für die allgemeine Fruchtbarkeit des Landes unabdingbar seien. Wenn auf dem Land der ersten zum Christentum bekehrten Könige die Saat nicht aufging und das Getreide nicht recht wachsen wollte, so waren sich die Landleute darüber einig, daß die Ursache hierfür in der Vernachlässigung der Riten zu Ehren der alten Gottheiten zu suchen war.[17]

In Kulturkreisen, in denen den weiblichen Prinzipien Freiheit eingeräumt und Ehre erwiesen wurde, wurde auch der Sexualität Ehrfurcht entgegengebracht – so etwa in Ägypten, wo die Frauen ihre Liebhaber nach Belieben auswählten und umwarben.[18] Die Ägypter umschrieben den Geschlechtsverkehr als »mit einer Frau vertraut sein« und betrachteten ihn als ein Vergnügen. Die Weisen rieten den Männern, niemals grob zu einer Geliebten oder Gattin zu sein oder sie gar herumzukommandieren, denn das wäre der Gesellschaft eines Mannes, mit dem eine Frau ihre »Freude« geteilt hatte, nicht angemessen.[19] Diese Gedanken ähneln auffällig der tantrischen Gleichsetzung sexueller Glückseligkeit mit der Glückseligkeit, in der die Göttin und der Gott beständig Leben im Universum hervorbringen.[20] Die Hindus setzten den Geschlechtsverkehr mit einer Frau der Vereinigung mit der Göttin selbst gleich. Diese sexuelle Vereinigung ist weit davon entfernt, sündig zu sein: »mit der Göttin Parvati das fleischliche Beilager zu halten ist vielmehr eine Tugend, die alle Sünden tilgt.«[21]

Aber aus christlicher Sicht wurde der Tod von der Frau in die Welt gebracht und durch die Sexualität immerwährend fortgesetzt.[22] Es hieß, Adam sei als ein Unsterblicher geschaffen worden, aber er habe mit seiner Unschuld auch seine Unsterblichkeit verloren, als Eva ihn in die Sexualität einweihte. Laut Tertullian sind alle Frauen Ebenbilder der Eva, die als »Enthüllerrin des Baumes« durch ihre bloße Existenz dem »Ebenbild Gottes, dem Mann« nichts als Zerstörung gebracht hat.[23] Frauen galten selbst nach ihrem Tode noch als gefährlich; ein frühes kirchliches Edikt ordnete an, daß ein männlicher Leichnam nicht neben einem weiblichen Leichnam beerdigt werden durfte, ehe der letztere nicht vollständig verwest war.[24]

St. Johannes Chrysostomos sagte, ein Mann könne »es nicht ertragen«, eine Frau anzusehen.[25] Ein Biograph des heiligen Augustinus nahm ohne weiteres an, daß dieser »wegen seiner großen Heiligkeit keiner Frau ins Gesicht sehen wollte«.[26] Die Lehre des heiligen Augustinus von der Erbsünde sollte nicht nur Christus, sondern mit ihrer lustfeindlichen und schmerzlüsternen Philosophie das gesamte Abendland kreuzigen.[27] Selbst heute ist es für einen im westlichen Kulturkreis aufgewachsenen Menschen ohne langwierige geistige Bemühungen kaum möglich, die Ansichten der alten Welt nachzuvollziehen, in der Sexualität als eine Erfahrung göttlichen Vergnügens oder ein Vorgeschmack des Himmels galt.

Nicht nur Europa, sondern auch große Teile Ozeaniens, Afrikas und des fernen Ostens fielen der Sexualfeindlichkeit der Christen zum Opfer. Wohin christliche Missionare auch immer kamen (und kaum ein Ort blieb von ihnen verschont) belehrten sie die Menschen, daß ihre eigenen sexuellen Bräuche – die ihrem Wohlbefinden meist zuträglich waren – schlecht und sündig wären. Ein Missionar beschrieb die Erntefeiern der Bantu als bacchantische Feste: »Es ist unmöglich, ihnen ohne Scham zuzusehen. Männer und Frauen, die normalerweise in ihrem Betragen und Reden bescheiden sind, lassen sich bis zur Unzüchtigkeit gehen.« Ein anderer Missionar schrieb: »Ich habe vor den Badaga-Tempeln die unanständigsten Vorführungen in Form von Tänzen und Theaterstücken gesehen; als ich den Leuten ihr gottloses Treiben vorhielt, sagten sie mir, daß der Gott Freude daran hätte.«[28]

Ein Missionar beobachtete in Malaya, daß bei den Eingeborenen alle – in seiner Einschätzung – fleischlichen Sünden begangen wurden; nur eine nicht: Vergewaltigung.[29] Diese Beobachtung brachte ihn leider nicht dazu, sich mit der weiten Verbreitung von Vergewaltigung in seinem eigenen Land zu beschäftigen; immerhin verstehen die PsychologInnen heutzutage allmählich, welch bedeutende Rolle die sexuelle Unterdrückung bei der Entwicklung jener Art von Frauenhaß spielt, der zu Vergewaltigungen führt. Westliche Denker begreifen erst neuerdings, daß die in unserem Kulturkreis übliche Unterdrückung des Bedürfnisses nach sexueller Lust unvermeidlich die pervertierte Freisetzung von Gewalt zur Folge hat.[30]

Die Anwendung von Gewalt gegenüber Frauen und Kindern war bei den frühen Christen der Ersatz für die Zärtlichkeit, die ihnen in weniger asketischen Gesellschaften ganz selbstverständlich entgegengebracht wurde. Die *Apostolischen Konstitutionen* riefen nach harten körperlichen Strafen für Kinder. Vätern (nicht Müttern) wurde empfohlen: »Zögere nicht, sie zu tadeln, züchtige sie mit aller Strenge. ... Lehre deine Kinder das Wort des Herrn; weise sie, wenn es not tut, auch mit Schlägen in ihre Grenzen und mache sie demütig; lehre sie von früher Kindheit an die Heilige Schrift.«[31]

Neuere Experimente haben gezeigt, daß Tiere, die am Ausleben ihres Sexualtriebes gehindert werden, mit aggressivem Verhalten reagieren, während das Zulassen der Sexualität friedvolle Koexistenz zur Folge hat. Während einige Forscher die Theorie aufstellten, daß Aggression und Lust aus einer gemeinsamen Quelle stammen, unterstützen Experimente diese Annahme nicht. Stattdessen scheint es, daß diese beiden Zustände sich gegenseitig hemmen.[32] Das Christentum hat ganz Europa zu einem riesigen Experimentierfeld für eingeengte Sexualität gemacht; die Folgen waren absehbar. In einem der grausamsten Zeitalter der Geschichte sprach Thomas Browne über eine nahezu totale Verwerfung der Sexualität: »Ich wäre zufrieden, wenn wir uns fortpflanzten wie die Bäume, ohne Paarung, oder wenn es einen anderen Weg gäbe, die Welt fortbestehen zu lassen, ohne diese triviale und vulgäre Art der Vereinigung.«[33]

Im Jahre 1721 empfahl der Erzbischof von Paris Beaumont den Gläubigen, alle sinnlichen Freuden, selbst die geringsten und die unabsichtlichen, aufzugeben:

> *Wenn du plötzlich einen süßen Geschmack in deinem Munde verspürst oder Wärme wie ein Feuer in deiner Brust fühlst oder eine angenehme Regung irgendwo in deinem Körper wach wird oder ... wenn du im Augenblick Ver-*

Apostolische Konstitutionen Kurztitel für die *Gnadenreichen Verfügungen der heiligen Apostel*; gefälschte Dokumente, die als eine von den zwölf Aposteln und ihren direkten Nachfolgern aufgezeichnete Kirchenordnung ausgegeben wurden. Die *Konstitutionen* wurden in Wirklichkeit gegen Ende des vierten Jahrhunderts von einem anonymen syrischen Autor verfaßt.

Sir Thomas Browne (1605–1682) war ein englischer Arzt, der in seiner Abhandlung *Religio Medici* (»Die Religion des Arztes«) naturwissenschaftliche Erkenntnis und christlichen Glauben als so verbindlich wie unvereinbar darstellte.

gnügen oder Befriedigung empfindest, so daß dein Herz von der Betrachtung Jesu Christi und von deinen geistigen Übungen abgelenkt wird ... dann ist diese Lustempfindung sehr verdächtig, und du mußt befürchten, daß sie vom Feind kommt. Darum lehne sie – und sei sie auch noch so schön und so erregend – immer ab und laß dich auf keinen Fall darauf ein.[34]

Dr. William A. Alcott
Amerikanischer Arzt, der jungverheirateten Paaren mit seinen Büchern *The Young Wife* (1837) und *The Young Husband* (1839) Verhaltensmaßregeln geben wollte.

Das Schlüsselwort westlicher Moral lautete bis zum 19. Jahrhundert »Unterdrückung wollüstiger Regungen«; zu dieser Zeit formulierte Dr. Alcott die Regel, daß auch dem ehelichen Geschlechtsgenuß auf keinen Fall öfter als einmal im Monat gefrönt werden dürfe. Häufigerer Vollzug wäre eine »unzüchtige Entehrung des ehelichen Lebens«.[35] Viele Jahrhunderte hindurch bestand die Kirche darauf, daß der eheliche Geschlechtsverkehr so weit als möglich bar jeden Vergnügens sein sollte und daß der weibliche Orgasmus ungehörig und ein Werk des Teufels sei. Die »Missionarsstellung« war die einzige erlaubte Koitus-Position, weil sie – in erster Linie der Frau – die geringste Lustempfindung gewährte.

Als Ergebnis solcher Sozialisation lernten »gute« Frauen häufig, den Sex zu hassen. Bertrand Russell berichtete von seiner ersten Frau, daß sie – wie alle amerikanischen Frauen in jener Zeit – mit dem Vorurteil erzogen worden war, Sex sei bestialisch, alle Frauen würden ihn verabscheuen und die brutalen, ekelhaften Gelüste der Männer stünden dem ehelichen Glück im Wege.[36]

In einer christlichen Handschrift mit dem Titel *Von den Namen Gottes* – sie wurde fälschlich dem heiligen Dionysius zugeschrieben – hieß es, daß »Liebe« ein unpassender Name für Gott sei, »denn wir können Gott ehren, ihn aber nicht lieben.«[37] Das Christentum überließ die Liebe den Sündern und bestätigte so Nietzsches Beobachtung, daß es »dem Eros Gift zu trinken gab; er starb zwar nicht daran, aber er verkam zu einem Laster.«[38] Erst in jüngster Zeit wurde darauf hingewiesen, daß Liebe (oder Eros) für die moralische Entwicklung eines Menschen von Bedeutung ist – und zwar in einem Sinne, den westliche Moralisten noch nicht einmal andeutungsweise genannt hatten. Ein Mensch kann sich auf »eine neue moralische Stufe« erheben, indem er sich verliebt; dies ist ein Prozeß, der nicht durch ein rational geplantes Programm in Gang gesetzt werden kann. Die westliche Gesellschaft ist nicht in der Lage, einem Idividuum eine angemessene »instinktive« Moral zu vermitteln; selbst wenn sie die Chance hätte, schon in frühester Kindheit an diesem Problem zu arbeiten, würde sie scheitern – umso weniger vermag sie die moralische Einstellung eines Erwachsenen zu verbessern. Aber die gefühlsmäßige Bindung eines Mannes an seine Geliebte ist durchaus dazu in der Lage, sofern sie ernsthaft ist: Sie kann die gesamte Wahrnehmung seiner selbst und seiner Umwelt, seine Ansichten über Recht und Unrecht, seine Beziehungen zu anderen und sein Verantwortungsgefühl ihnen gegenüber radikal ändern und verbessern.[39]

Die patriarchale Religion hatte es sich zur Aufgabe gemacht, die wollüstige weibliche Natur zu zerstören, die solche gefühlsmäßigen Bindungen hervorrief und selbst darauf einging. Die sexuelle Lust und das Vergnügen der Frau wurden allgemein als schädlich für die eheliche Gemeinschaft angesehen.[40] In Sinibaldis *Geneanthropeia*, einem Kardinal d'Este gewidmeten christlichen Standardwerk aus dem 17. Jahrhundert über die Bedeutung der Sexualität wurde behauptet, keine Frau könne empfangen, wenn sie Vergnügen am Geschlechtsverkehr habe.[41] Noch Ende des letzten Jahrhunderts wurde von einer »guten« Frau erwartet, daß sie von sexuellem Genuß nichts wußte. Wenn sie Anstalten machte, derartige Empfindungen zu entwickeln, wurde sie grausam verspottet. Thomas Branagan riet jungen Männern, die Tugend ihrer Verlobten durch eine vorgetäuschte Verführung auf die Probe zu stellen, um sicher zu sein, daß sie mit »geziemendem Abscheu« reagierte. Wenn sie sich als zu nachgiebig erwies, mußte ihr der Laufpaß gegeben werden.[42]

Thomas Branagan Amerikanischer Autor des 1808 erschienenen Buches *The Excellency of Female Character Vindicated* (Verteidigung der Vortrefflichkeit des weiblichen Charakters).

Der Name John Bowdler wurde zum Inbegriff für das fromme Werk, alle gewagten Wörter aus Büchern wie der Bibel oder Shakespeares Werken zu entfernen. Er wandte sich aus moralischen Gründen sogar gegen jegliche Erwähnung der traditionellen Frauenberufe – der Pflege von Kranken und Kindern –, denn: »Frauen haben *keine Vorstellung* [Hervorh. von Bowdler] davon, wie sehr Männer es verabscheuen, wenn Frauen auch nur vage auf diese Themen zu sprechen kommen. ... Wenn sie sich dem Kinderzimmer oder dem Krankenbett zuwenden, sind Frauen stets in der Gefahr, Ausdrücke zu benutzen, die empfindsame Männer einfach schockieren müssen.«[43] Die »Empfindsamkeit« der Männer schrieb sogar die Aufbewahrung der Bücher weiblicher und männlicher Autoren auf getrennten Bücherregalen vor – es sei denn, diese Autorinnen und Autoren wären »zufällig verheiratet«.[44]

Der große viktorianische Sachverständige für das Gebiet der Sexualität war Dr. William Acton; er konnte »all jene geheimnisvollen Empfindungen, die das ausmachen, was wir *Virilität* nennen«, gar nicht genug loben. Dabei handelte es sich um eine Eigenschaft, die notwendig zu sein scheint, um einem Mann jenes Bewußtsein seiner Würde, seine Aufgabe als Oberhaupt und Herrscher und seiner Bedeutung zu geben, welches für das Gedeihen der Familie und durch sie der Gesellschaft selbst absolut unerläßlich ist. Sie ist eine Macht, ein Privileg, auf welches der Mann stolz ist und stolz sein sollte.« Den Frauen hingegen war ein solcher Stolz auf ihre weibliche Natur nicht gestattet. »In der Regel«, so sagte Acton, »wünscht eine sittsame Frau keine sexuellen Freuden für sich selbst. Sie gibt sich ihrem Mann hin, doch nur, um ihm gefällig zu sein. Und sie würde, wäre da nicht die Mutterschaft, wohl mit Erleichterung auf seine Aufmerksamkeiten verzichten.« Acton gibt jedoch zu, daß es ein paar traurige Ausnahmen von seiner Regel gibt, die entweder vor dem Scheidungsrichter oder in einer Irrenanstalt enden, weil sie an Nymphomanie, »einer Form des Wahnsinns«, leiden.[45]

Frauen, die zu viktorianischer Zeit als Nymphomaninnen abgestempelt und in Irrenanstalten eingesperrt wurden, waren häufig unverhofft auf ihre eigene Orgasmusfähigkeit gestoßen und stellten zu ihrem Entsetzen fest, daß Männer weder etwas darüber wußten noch sich darum kümmerten. Selbst Freud lag mit seinen Ansichten über die weibliche Sexualität vollkommen falsch. Über fünfzig Jahre hingen die Ärzte sklavisch Freuds Theorien an und wunderten sich, warum es so viele »frigide« Frauen gab, deren sexuelle Bereitschaft beständig erregt worden war, ohne daß sie Befriedigung erfahren hätten – und die dann die

Sexualität aus schierer Frustration ablehnten. »Es ist bemerkenswert, daß Freuds klassische Theorie von der weiblichen Sexualität – der Begriff des doppelten Orgasmus – erst in jüngster Zeit wirklich überprüft worden ist und sich schlicht als falsch erwiesen hat.«[46]

Das 20. Jahrhundert hatte lange Zeit dem 19. in puncto Aufklärung nicht viel voraus. Das Ehehandbuch von Stall – um die Jahrhundertwende galt er als höchste Autorität – gab den Frauen selbst die Schuld für ihre gesellschaftlich bedingte sexuelle Unkenntnis. Wenn eine Frau die sexuellen Bedürfnisse ihres Ehemannes nicht verstehen konnte, mußte sie sich »Unwissen und Rücksichtslosigkeit« vorwerfen lassen.[47] Das Unwissen und die Rücksichtslosigkeit der Männer waren hingegen ein Teil der Kultur.

> *Die oftmals vernommenen Klagen von Frauen über die Ungeschicklichkeit, Grobheit und Unfähigkeit der Männer bei ihren sexuellen Annäherungen und beim Geschlechtsverkehr selbst, ihre Ungeschicklichkeit beim Vorspiel und ihr Unvermögen, dessen Bedeutung zu begreifen, weisen im Grunde mit ziemlicher Sicherheit auf mangelnde Körperkontakte hin, unter dem die Männer in der Kindheit gelitten haben. Die Grobheit, mit der manche Männer mit Frauen und Kindern umgehen, bildet einen weiteren Beweis, daß ihnen frühkindliche Tasterfahrungen fehlen; es ist schwierig, sich jemand vorzustellen, der in der Kindheit zärtlich geliebt und liebkost worden ist und es nicht versteht, einer Frau oder einem Kind mit Zärtlichkeit zu begegnen. Allein das Wort »Zärtlichkeit« läßt an Weiches, empfindsames Fühlen und Fürsorge denken. Der Gorilla, diese eigentlich sanfte Kreatur, wird oft als Sinnbild verleumdet, wenn Frauen die sexuelle Annäherung des Durchschnittsmannes beschreiben wollen. Sex scheint eher zum Abbau von Spannungen zu dienen, als daß er als bedeutungsvoller Akt der Kommunikation gesehen wird, der die tiefe Verbundenheit einer menschlichen Beziehung voraussetzt.*[48]

Eine moderne Frau – Opfer einer Vergewaltiung – drückte ihre eigene Ansichten über Sexualität so aus:

> *Bei Männern ist der Sex völlig auf den Orgasmus ausgerichtet; sie halten Sex nicht für erfolgreich, wenn er nicht mit Geschlechtsverkehr und Orgasmus verbunden ist. Ich finde das lächerlich. Für mich ist Sexualität eine viel umfassendere Erfahrung, an der meine Gefühle und alle Sinne beteiligt sind. Es geht doch nicht nur darum, daß ein bestimmter Körperteil geweckt und erregt wird, und danach ist alles vorbei und war entweder ein Erfolg oder ein Fehlschlag.*[49]

Männer, zu deren kultureller Grunderfahrung die Mißachtung der Frauen zählte, konnten selten nachvollziehen, was Frauen mit »Liebe« meinten – selbst wenn die Frauen es ihnen zu erklären versuchten. Die vielgerühmten Kinsey-Reporte über das sexuelle Verhalten der Amerikaner verzeichnen das Wort »Liebe« nicht im Register.[50] Ganz gewiß gab es in Amerika niemals den Gedanken des tantrischen *karuna*, das alle Formen der Liebe mit dem weiblichen Prinzip verband, obgleich moderne Frauen hie und da nach einem solchem Konzept suchen und nicht ahnen, daß es schon vor langer Zeit entwickelt worden ist.

> *Die Schwangerschaft … ist ein komplexer innerer Prozeß, bei dem die Sexualität durch alle Kräfte und Fähigkeiten gespeist wird, die einer Frau überhaupt zur Verfügung stehen – sie läßt sich mit der Weise vergleichen, in der eine Frau einen Fötus ernährt. Gibt es keinen Fötus, so füllt eine umfassende sexuelle Intimität einen vergleichbaren inneren Raum aus. Wird der Sex aber aus diesem Zusammenhang gerissen, dann kann der Unterschied zwischen einer*

Penetration, die eine bloße »Aktion« ist und einer Penetration, die in diesen komplexen Innenraum hineinreicht, ziemlich überwältigend sein ...

Den meisten Männern erscheint dieses Problem ... nicht sonderlich realistisch. Für sie ist der Orgasmus das eindeutige Ziel der Sexualität, der Augenblick intensiver physischer Intimität und Befriedigung, die so oft als Ersatz für andere Arten von Intimität dient. Vielleicht ist das einer der Gründe, weshalb Männer sich die rein sexuelle Befriedigung der Frauen derartig angelegen sein lassen und dabei nur ihre eigenen Bedürfnisse auf die Frau projizieren. Hier mag auch die Ursache dafür liegen, daß Männer zu denken scheinen, viele Frauen wären sexuell nie ganz zu befriedigen. Das Gebiet, auf dem die Frau stets unbefriedigt oder – wie die Männer es nennen – »unersättlich« bleibt, ist vermutlich der Bereich, in dem ihre Sexualität unmittelbar an das komplexe psycho-sexuelle Zentrum ihres Seins angrenzt.[51]

In den Ländern des Orients, die das Bild der Göttin bewahrten, blieb auch eine entsprechend umfassendere Vorstellung von der Sexualität erhalten:

Nach der westlichen Sicht der Dinge ... ist der Geschlechtsverkehr eine Sache der Spannung, der Begierde und der Befreiung ... gemäß der immer noch existierenden, allzu stark vereinfachenden biologistischen Auffassung. ... Es ist bekannt, daß der Mann, der nach den Angaben des Kinsey-Reports täglich über dreißig Orgasmen bekommen konnte, in Amerika für lange Zeit zu einer Art Volksheld wurde. In diesem Zusammenhang wird die geschlechtliche Liebe günstigstenfalls zu einer Sache häufiger, glücklich geteilter Orgasmen.

Nach der althergebrachten indischen Auffassung ist dieses Verhalten grotesk und kläglich. Selbst der Durchschnittsmann gibt zu, daß eine solche Vereinfachung absurd ist. Im 18. Jahrhundert verspotteten indische Freudenmädchen europäische Männer wegen ihrer miserablen sexuellen Leistung und bezeichneten sie als »Misthaufen-Hähne«, für die der Akt nach wenigen Sekunden vorüber war. Obwohl sich das Wissen um die Bedeutung des Sex in letzter Zeit wesentlich vermehrt hat, neigt der Westen immer noch dazu, Sex als die Jagd nach dem Orgasmus zu betrachten – eine Folge des oberflächlichen westlichen Verständnisses von Sexualität, das sich auf die provisorische und ziemlich armselige Rationalisierung der unendlichen Gesamtheit menschlicher Erfahrungen gründet. ... Das traditionelle Indien denkt nicht so.[52]

Die mystischen oder poetisch geprägten indischen Vorstellungen über Sex schienen puritanische Gemüter noch mehr zu beleidigen als dessen »schmutzige«, degradierende Auffassung. Dr. Marie Stopes Buch *Married Love* gelangte im Jahre 1918 aus England in die USA, wurde dort aber als obszön verboten; die Anklage stützte sich dabei in erster Linie auf solch »fiebrige« Passagen wie die folgende:

Die halbohnmächtigen Sinne verlieren sich in dem fließenden Strom, der den Geist von Mann und Frau im ewigen Augenblick ihres höchsten Entzückens überflutet und ihr ganzes Sein in seine lodernden Gezeiten fortreißt. Die Hitze der Berührungen löst ihr Bewußtsein in einen duftigen Nebel auf, bis es den ganzen kosmischen Raum ausfüllt. In diesem Augenblick sind sie vereinigt mit dem göttlichen Gedanken, den Wellen der ewigen Kraft, die den Mystikern oft als goldenes Licht erschienen.[53]

Seit ihre sexuelle Stumpfheit die westlichen Männer in Indien zum Gegenstand des Gelächters machte, ist immerhin einiger Fortschritt zu verzeichnen. Aber neuere Untersuchungen verzeichnen nach wie vor »eine Ansicht über Sex, die so verdreht ist wie die des viktorianischen Zeitalters: der Zugang zur Sexualität wird immer noch durch unrealistische Erwartungen und veraltete Vorstellungen über das Sexualverhalten verstellt. Diese Vorstellungen sind mehr durch Fantasie als durch die Wirklichkeit bestimmt; Feindseligkeit, Angst und Schuldgefühle werden dadurch eher verstärkt als gemildert.«[54] Ein männlicher Autor bezeichnet die männliche Sexualität bemerkenswerterweise als lieblos, todeszentriert und dazu angetan, die Grundfesten der Gesellschaft zu zerstören:

> *Die Erotik versucht heutzutage, die Frau sexuell zu befreien – allerdings nach männlichen Vorstellungen von der Sexualität. ... Die gegenwärtige Wiederherstellung der Erotik widerspricht mit ihrem rein sexuellen, lieblosen Zug der wahren weiblichen Auffassung vollkommen; ... sie ist beherrscht von einem endgültiges Streben nach Erschütterung, Zerstörung und Tod; Thanatos steht gegen Eros, gegen die liebeserfüllte Erotik, die vereinigend und bewahrend zugleich ist. ... Letztlich droht diese Überbetonung der männlichen Komponente in der westlichen Gesellschaft, deren Grundlagen vollständig zu zerstören.*[55]

George Sand zufolge würde nichts als Gegengewicht zu den zerstörerischen Kräften einer männerorientierten Gesellschaft so wirksam sein wie die Wiederentdeckung des weiblichen Prinzips: »Liebe und Verehrung, Geduld und Erbarmen werden ihre wahre Heimstatt nirgendwo mehr als im weiblichen Herzen finden – so, wie es immer schon war. In einer Welt der brutalen Leidenschaften fällt den Frauen die Pflicht zu, die Tugend der Nächstenliebe aufrechtzuerhalten. ... Verweigerten sich die Frauen plötzlich dieser Rolle, so wäre das Leben selbst der große Verlierer.«[56] Kluge Köpfe bedauern auch, daß in der modernen Kultur nicht genügend Nachdruck auf die weibliche Moralvorstellungen gelegt wird; durch sie könnte Sex mit Liebe, Zärtlichkeit und Empfindsamkeit für die emotionalen Bedürfnisse anderer Menschen verschmelzen. Es ist oft gesagt worden, daß männlich dominierte Gesellschaften dazu neigen, den Sexualtrieb von Männern und Frauen mit grundsätzlich unbegründeten Schuldgefühlen, Ängsten, Zorn und den daraus entstehenden Aggressionen zu belasten. Manche Formen der »Unterhaltung« benutzen beispielsweise die neue Offenheit, um den Erziehungsprozess, der die Massen eigentlich zu sexueller Reife führen sollte, mit sadistischen Elementen zu unterlaufen. »Anstatt die gegenwärtige Ermutigung zu sexueller Lust zu beklagen, sollten wir die Zeit besser dazu nutzen, unsere damit zusammenhängenden Gefühle als gute Gefühle anzunehmen.«[57]

Noch 1966 entdeckte eine anthropologische Studie über die Bewohner der irischen Insel Inis Beag einen kleinen Kulturkreis, in dem das Sexualleben von den christlich-patriarchalen Mustern des 19. Jahrhunderts bestimmt wurde. Der weibliche Orgasmus war dort unbekannt, die Frauen wurden dazu erzogen, den Sex eher zu ertragen als ihn zu genießen. Die Männer ejakulierten gewöhnlich schon nach wenigen Sekunden. Männer und Frauen wurden nahezu ausschließlich von dem Gedanken an die Sittsamkeit in Anspruch genommen; Eheleute sahen einander niemals unbekleidet. Das sexuelle Vorspiel bestand aus ungeschicktem Gefummel über der Nachtbekleidung; es war keine andere Koitus-Stellung als die der *Venus observa* üblich.

Vorehelicher Geschlechtsverkehr war praktisch unbekannt, da junge Paare niemals ohne Aufsicht gelassen wurden. Nicht einmal ein Spaziergang – die altmodische Art, sich mit einem Partner zu treffen – wurde ihnen gestattet. Die jungen Leute erhielten keinerlei sexuelle Unterweisung; die Inselbewohner waren der Ansicht, nach der Hochzeit würde die Natur auch ohne die Peinlichkeit eines aufklärenden Gespräches »ihren Lauf nehmen«.

Obgleich die Männer oft in kleinen Booten auf See waren, lernten sie niemals das Schwimmen, weil sie sich in der Öffentlich nicht ausziehen mochten. Wer im Meer »badete«, watete in voller Bekleidung im Wasser; bei dieser Gelegenheit wurden die Geschlechter außerdem noch streng getrennt. Die Männer starben lieber an Krankheiten oder Verletzungen, als daß sie in ein Krankenhaus auf dem Festland gingen, weil sie befürchteten, ihre Körper dort vor den Augen der Pflegerinnen entblößen zu müssen.

Auf Inis Beag wurden selbst die Hunde gepeitscht, wenn sie ihre Genitalien leckten oder anderes »obszönes« Verhalten an den Tag legten. Importierte amerikanische Zeitschriften wie *Life* oder *Time* wurden von der Kanzel herab als Pornographie gebrandmarkt. Die Angst vor den »weiblichen Mysterien« war offenkundig: Während der Menstruation und in den Monaten nach der Kindsgeburt vermieden die Männer die sexuelle Annäherung an ihre Frauen, weil sie sie zu diesen Zeiten für besonders gefährlich hielten. Wie es vorauszusehen war, forderte die strenge Unterdrückung ihren harten Tribut in der Form von Streitsucht, Alkoholismus, Gewalttätigkeit und häufigen mentalen Störungen.[58]

Es ist paradox: je mehr Sexualität verboten und ignoriert wird, desto mehr Furcht wird bei den Männern erzeugt. Eine patriarchal-asketische Ethik scheint dem Sexualverhalten die von den Männern gewünschte Gestalt zu verleihen – das Resultat bekommt allerdings auch ihnen offenbar nicht sonderlich gut. Ein Psychiater sagte: »In der privaten Atmosphäre unserer Sprechzimmer sehen wir von Zeit zu Zeit, wie gereizt starke Männer sind, und wir hören, wie sie mit Angst und Schrecken und heiliger Scheu von Frauen reden, als seien sie – weit davon entfernt, schüchterne Kreaturen zu sein, die man beschützen muß – mächtig wie die See und unberechenbar wie das Schicksal. ... Ein Mann, der einer Frau gegenübersteht, scheint sich abwechselnd zu fürchten, sich gegen sie zu sträuben, sie beherrschen zu wollen, verwirrt zu sein und sich zuweilen auch überflüssig vorzukommen.«[59] In dem folgenden Passus offenbart ein männlicher Autor die sexuellen Gefühle seiner Geschlechtsgenossen; er bezeichnet die Frau zwar als »es«, gesteht aber auch »die allgemeine Hilflosigkeit ihr gegenüber« ein und gibt zu, daß er sich ihrer »furchteinflößenden Macht« ausgesetzt fühlt – ganz offenkundig ziemlich übertriebene Worte über einen normalen weiblichen Menschen:

> *Wir können uns nicht auf das ganze Objekt beziehen, wie es [sic!] ist; deshalb benötigen wir standardisierte Definitionen für die sexuelle Attraktivität. Diese erhalten wir in Form von Stichworten, die dazu dienen, das Objekt auf eine handhabbare Größe zu reduzieren: Wir schauen auf die Brüste oder die schwarze Unterwäsche und müssen so nicht die Person, der wir uns nähern, in ihrer Gesamtheit betrachten. ... Wir entkleiden die Partnerin von dem, was uns beeindruckt – und damit ihrer Macht – und überwinden so die allgemeine Hilflosigkeit, die wir ihr gegenüber empfinden.*[60]

Die Schlüsselreize des »Sex-Appeal« werden uns von der Gesellschaft vermittelt, die sie auch geschaffen hat – so seltsam es auch erscheinen mag, daß die körperlichen Reaktionen eines Menschen tatsächlich durch abstrakte Bilder hervorgerufen werden können. »Es ist jetzt völlig klar, daß das sexuelle Verhalten eines Menschen größtenteils nicht von angeborem, sondern von erlerntem Verhalten abhängig ist.«[61] Das vorherrschende Verständnis und sein Einfluß auf das heranwachsende Kind bestimmen für die Mehrzahl der Menschen, ob sie den Sex genießen oder hassen, ob sie ihre eigenen Körper als Himmel oder Hölle empfinden. Die westliche Sexualitätsfeindlichkeit hat viele Individuen hervorgebracht, die auf dieser Skala eher dem »Haß« und der »Hölle« zuneigen. Ein psychisch kranker Patienten faßte diesen Sachverhalt knapp zusammen: »Irgendwie denke ich immer, daß der Geschlechtsverkehr eine große Schande für die Menschen ist.« Eine Patientin bezeichnete ihren Körper als »abscheuliche Hülle« und sagte: »Ich wünschte, ich könnte diese Haut herunterreißen. Wenn ich diesen dummen Körper nicht hätte, könnte ich äußerlich so rein sein, wie ich mich innerlich fühle.«[62]

Frauen haben in einer Gesellschaft, die der vielfältigen, körperorientierten Rolle der Ehefrau, Mutter, Erzieherin oder Trösterin so wenig Wert beimißt, große Probleme mit ihrem körperlichen Selbstverständnis; sie geben diese Rollen manchmal sogar auf, wenn sie das Wertsystem des herrschenden Geschlechtes völlig akzeptiert haben. Sie lehnen die traditionelle »weibliche« Rolle weder aus reiner »Verdrehtheit« ab, noch wegen des Penisneides, der absurden Erfindung Sigmund Freuds. Die Mehrzahl der Frauen möchte den Männern gleichgestellt sein und auch etwas tun, das die Gesellschaft als wertvoll ansieht und belohnt. Wenn die Rolle der Ehefrau und Mutter unterbewertet oder sogar – wie es während der vergangenen zweitausend Jahre in der westlichen Welt der Fall war – abgelehnt wird, darf man den Frauen wohl kaum die Schuld daran geben, daß sie auf anderen Gebieten nach Anerkennung suchen.[63] Der universelle Wertmaßstab unserer Gesellschaft ist das Geld – und die sogenannte »Karriere« einer Hausfrau und Mutter bringt eben kein Geld ein.

Die Unterbewertung der Mutterschaft beeinflußt Söhne und Töchter, weil die Reaktion der Mutter auf die an sie gerichteten gesellschaftlichen Erwartungen in den Kindern unvermeidlich einen tiefen Eindruck hinterläßt. »Psychiatrische Beobachtungen deuten darauf hin, daß menschliches Sexualverhalten vorwiegend durch die Art der sozialen Bindungen geformt wird, die während der Entwicklung einer Persönlichkeit entstanden sind«; die Mutter stellt die erste dieser Bindungen dar.[64] Chodrow sagt über den modernen zivilisierten Mann, er sei »in der unglücklichen Lage, seine männliche Identität nur erhalten zu können, indem er sich bemüht, sich von der Person [seiner Mutter] zu unterscheiden, die ihm am nächsten ist und mit der er sich am liebsten identifizieren möchte. Diese Bemühungen nehmen gewöhnlich die ziemlich primitive Form der Ablehnung alles ›Weiblichen‹ bei Frauen und in sich selber an.«[65]

Die sexuelle Entwicklung wird zusätzlich durch die althergebrachten Religionen behindert, die nahezu jedes ihrer Entwicklungsstadien immer noch mit Schuld und Angst verbinden. Papst Paul VI. ließ noch 1976 sämtliche neuen Erkenntnisse der Sexualforschung, die für beide Geschlechter die Bedeutung der Masturbation für die Entwicklung einer normalen Orgasmusfähigkeit belegen, kurzerhand unbeachtet, als er in seiner Enkyklika zur Sexualethik verkündete, Masturbation sei »eine ernste sittliche Verfehlung«. Überdies könne auch innerhalb des Rahmens der Ehe nur die »Zeugungsabsicht« dem Sex »moralische Güte sichern«. Mit anderen Worten: Sex soll nicht Spaß machen, sondern Babys.[66] Den vorehelichen Geschlechtsverkehr erklärte Norman Vincent Peale selbst für Menschen, die tiefe Liebe für einander empfinden, zu einer schrecklichen Sünde, die ohne langwierige geistliche »Behandlung« nicht vergeben werden könne.[67]

Neuerdings wird behauptet, daß sexuelles Verlangen »wenig oder nichts mit biologischen oder körperlichen Bedürfnissen gemein hat. ... Erotische Wünsche gehen eher auf das soziokulturelle Umfeld als auf die physiologischen Gegebenheiten zurück.«[68] Daher sollte die weite Verbreitung abstoßender oder grausamer sexueller Verhaltensmuster in der modernen Gesellschaft zum Nachdenken darüber anregen, was diese Gesellschaft einem Menschen eigentlich vermittelt. Im Jahr 1972 berichtete der Chef des Sittendezernats der Polizei von Washington D. C.: »Die Zeitungen drucken nur das, was sie drucken wollen. Ich erzähle ihnen von sechs- oder siebenjährigen Mädchen, die mit Geschlechtskrankheiten hierherkommen, mit denen die männlichen Mitglieder ihrer eigenen Familien sie angesteckt haben. Oder über die erschreckende Anzahl von Elf- und Zwölfjährigen, die Kinder bekommen, nachdem ihre eigenen Väter sie vergewaltigt haben. Aber so etwas wollen sie nicht drucken. Denn das ist nur herzzerreißend und schrecklich – aber nicht sensationell.«[69]

Der Bericht einer Kommission, die eine Studie über Obszönität und Pornographie erstellen sollte, schloß mit den Worten: »Durch das Versäumnis, offen und direkt über Sex zu sprechen ... wird der Sex viel zu stark betont; auf diese Weise werden ihm magische, unnatürliche Eigenschaften beigelegt. ... Ein solches Versäumnis erschwert die Aufgabe, Kindern und Jugendlichen den Weg zu weisen, damit sie sich zu angemessen handelnden und sexuell reifen Erwachsenen entwickeln. ... Eine gesunde Einstellung zur Sexualität, die durch angemessene und sorgfältige Information vermittelt werden kann, ist das Fundament unserer Gesellschaft.«[70] Mit anderen Worten: Das Fundament der Gesellschaft beruht auf der Verbreitung genau der Informationen, die uns allen – Männern, Frauen und Kindern – von der christlichen Moral beständig vorenthalten worden sind.

Heutzutage lehnen die Kirchen die Festsetzung von Richtlinien für das Geschlechtsleben im wesentlichen ab; damit entziehen sie sich jeglicher Verantwortung und geben ihre Gemeinden diesbezüglich der Orientierungslosigkeit preis. Stattdessen betonen die Theologen »die persönliche Verantwortung eines jeden Christenmenschen, den Willen Gottes für sich selbst herauszufinden«.[71] Wenn wir sie darin beim Wort nehmen, brauchen wir allerdings wohl kaum noch eine Kirche.

1. S. Harris, 255. 2. R. E. L. Masters, XXVI. 3. Lederer, 163. 4. Mumford, 145.
5. Bullough, 97. 6. Fielding, 81; Jonas, 145. 7. Bullough, 110.
8. H. Smith, 250; Cavendish, P. E., 27. 9. J. B. Russel, 284. 10. Jonas, 73.
11. Briffault 3, 494. 12. Sprenger & Institoris, 167, 169. 13. Jacobus d.V., 89, 231.
14. Lawson, 570, 606. 15. Wilkins, 122. 16. Oxenstierna, 223f.
17. Turville-Petre, 193. 18. Fielding, 145f. 19. Hartley, 196. 20. Woodroffe, 191.
21. Edwardes, 52. 22. Ashe, 178f. 23. Bullough, 114. 24. Murstein, 76.
25. Bullough, 115. 26. Jacobus d.V., 499. 27. H. Smith, 228f.
28. Briffault 3, 199, 207. 29. Ebd. 2, 48. 30. Elisonfon & Watts, 11.
31. Laistner, 31. 32. Fromm, 190. 33. Riencourt, 102. 34. Silberer, 284f.
35. Rugoff, 47. 36. Barker-Benfield, 279f. 37. Jacobus d.V., 146.
38. Sadock, Kaplan & Freedman, 32. 39. Gilder, 145f. 40. Bullough, 114.
41. Simons, 141. 42. Rugoff, 49. 43. Perrin, 68. 44. Bullough, 290.
45. Marcus, 25ff. (dt. 42, 48). 46. Gornick & Moran, 211. 47. Stall, 134.
48. Montagu, T., 173f. 49. D. E. H. Russel, 105. 50. Mumford, 344. 51. Bengis, 68.
52. Rawson, A. T., 78. 53. Murstein, 421. 54. Steinman & Fox 258f.
55. Riencourt, 416f. 56. Ebd., 301. 57. Nobile, 237f. 58. Marshall & Suggs, Kap. 1.
59. Lederer, VII. 60. Becker, D. D., 242. 61. Montagu, S. M. S. 63.
62. Becker, D. D. 226, 236. 63. Mead, 92. 64. Nobile, 232f.
65. Gornick & Moran, XXIV. 66. *Newsweek*, 26. Jan. 1976. 67. Ellis, 187.
68. Nobile, 233f. 69. D. E. H. Russel, 31. 70. Goldstein & Kant, 153.
71. Murstein, 433.

Shaharit

Jüdischer Morgen-Gottesdienst, der sich auf den alten kanaanitischen Kult von Shaher, dem Gott des Morgensterns, gründete. Die Aufgabe des Shaher bestand darin, die Wiedergeburt der – nach orientalischer Vorstellung männlichen – Sonne mit dem Ruf »Er ist auferstanden!« zu verkünden. (Siehe **Luzifer**.)

Shakta

Ein männlicher Verehrer des tantrischen Bildes der Großen Göttin Shakti; ein Mann, der die Techniken des tantrischen Yoga beherrschte und sich durch sexuelle Vereinigung mit ihrer irdischen Repräsentantin mit der Göttin selbst gleichsetzte. Ein *shakta* wurde auch *sadhaka* oder *sadhu* genannt; in diesen Namen liegt möglicherweise der Ursprung der in der Bibel erwähnten »Sadduzäer«. (Siehe **Tantrismus**.)

Shakti

Tantrischer Titel der Großen Göttin (**Kali Ma**), die sich sowohl in der Sexualpartnerin als auch in der innersten, lebendigen Seele eines Mannes oder Gottes vergegenwärtigte – die griechische Psyche, die römische Anima, die gnostische Sophia und die kabbalistische Schechina gründeten sich allesamt auf die Shakti. Jung schrieb, sie sei die als »Meine liebe Frau Seele« bekannte Gestalt: »Jede Mutter und jede Geliebte sollte zur Trägerin und zur Verkörperung dieses allumfassenden und alterslosen Bildes werden, das der tiefsten Realität eines Mannes entspricht.«[1]

Shakti heißt übersetzt »Kosmische Energie«. Sie steht zugleich für »Kraft, Fähigkeit, Auffassungsvermögen, Gewandtheit, Stärke, Tapferkeit, königliche Macht, die Macht der Gestaltung, poetische Kraft, Genius; die Kraft oder Bedeutung eines Wortes oder Ausdrucks; die einer Ursache zur Erzeugung der notwendigen Wirkung innewohnende Kraft. ... *Shakti* ist das weibliche Organ; *Shakti* ist die aktive Kraft eines Gottes und gilt in mythologischer Hinsicht als dessen Göttin-Gemahlin und Königin.«[2] Jeder Gott brauchte seine Shakti, anderenfalls war er handlungsunfähig. Den Tantras zufolge ist »das weibliche Prinzip älter als das männliche und schließt dieses ein; ... das weibliche Prinzip ist die höchste Gottheit.«[3]

Nach tantrischer Lehre sind sterbliche Frauen »das Leben selbst« und göttinnengleich, weil sie das Prinzip der Shakti verkörpern. Die Weisen »achten die Frauen und nennen sie Shaktis; es ist ein Verbrechen, eine Shakti – also eine Frau – schlecht zu behandeln«. Ein tantrisches Synonym für »Frau« war *Shaktiman*: »Shakti-Geist« oder »Shakti-Inhaberin«.[4]

Eine Shakti war auch ein weiblicher Schutzengel oder eine Geist-Frau, die sowohl in der irdischen Ehefrau oder Geliebten als auch in einer gänzlich übernatürlichen Gestalt verkörpert sein konnte. »Ein wichtiger Teil der ›Mythologie der Frau‹ möchte zeigen, daß immer ein weibliches Wesen dem Heros hilft, Unsterblichkeit zu erlangen oder aus seinen Initiationsprüfungen als Sieger hervorzugehen. ... Jeder Schamane hat eine Geist-Frau, die im siebenten Himmel lebt; dort trifft er sie während seiner ekstatischen Reisen; dort vereinigt er sich mit ihr in zärtlicher Liebe.«[5]

Die endgültige Vereinigung mit der Shakti trat für den tantrischen Mystiker im Augenblick des Todes ein. Die Shakti war sowohl die individuelle als auch die kosmische Göttin, die Körper und Seele des sterbenden Weisen in sich aufnahm und ihm so die Erfahrung unbeschreiblicher Freuden gewährte. »Sie, die kosmische Shakti, die lebendige Verkörperung von Schönheit und ewiger Jugend zu besitzen, ist das Ziel allen Strebens und der allerhöchste Preis.«[6]

Der Kulacudamani Nigama zufolge konnte nicht einmal Gott zum höchsten Herrscher werden, wenn die Shakti nicht in ihn eintrat. Aus dieser Vereinigung entstanden alle Dinge, aber die Shakti sagte: »Es gibt niemanden außer mir, der Mutter, die alles erschafft.« In der Lalita Sahasranamam hieß es: »Die Abfolge der Universen erscheint und verschwindet, wenn sie die Augen öffnet und wieder schließt.« Wie der Gott ihrer Kraft bedurfte, bevor er überhaupt tätig werden konnte, so brauchte sein irdischer Gefolgsmann die Kraft seiner eigenen Istadevata, Shakti oder Geliebten Dame.[7]

Lalita Sahasranamam Einer der tantrischen Texte mit Lobgesängen auf die Göttin Kali-Shakti.

Auch die Mystiker des mittleren Ostens waren diesem System verpflichtet; die Sufis waren beispielsweise der Ansicht, die mystische Geliebte oder *fravashi* sei für die Erleuchtung eines jeden Mannes vollkommen unverzichtbar. Frühe christliche Gnostiker verehrten ebenfalls die Shakti unter den Namen Sophia, Pneuma, Eikon oder Anima. Gnostische Schriften lassen erkennen, daß die Vereinigung mit der eigenen Seele nach dem Tode als Liebesvereinigung verstanden wurde; dies beweist die sexuelle Symbolik der mandäischen Toten-Liturgien: Die Seele oder das »Bild« (Eidolon) umfängt und liebkost den verstorbenen Mann wie eine innig geliebte Frau. Der tantrische Gedanke, daß ein Gläubiger nach dem Tode von seinem eigenen Bewußtsein »in der

Avesta (»Wissen«) Frühe parsische Schriften, die authentische Äußerungen des Zarathustra enthalten. Sie wurden in der alten iranischen Sprache Avestan verfaßt und sind bei den nach Indien ausgewanderten Parsen immer noch als Bibel und Gebetbuch in Gebrauch.

Gestalt eines schönen Mädchens« begrüßt würde, gelangte über die Avesta-Lehre in den Westen.[8]

1. Campbell, C. M., 488. 2. Zimmer, 25. 3. Woodroffe, 173. 4. Woodroffe, 172, 388. 5. Eliade, S., 76. 6. Zimmer, 178. 7. Woodroffe, 390, 396, 452. 8. Jonas, 122.

Shalimar

Orientalischer Liebesgarten; das **Paradies** der Könige im Zustand ihrer heiligen Vereinigung mit der Göttin. Der Garten stand sowohl für den Leib der Göttin als auch für die jenseitige Welt; er war – dem tibetischen Shal-Mari vergleichbar – ein »Land der Seelen«. Die Vorstellung von einem mystischen Garten dürfte auch im mittleren Osten mit dem Leib der Großen Göttin Scheol-Mari verbunden gewesen sein; *Scheol* – daraus wurde später ein Synonym für »Hölle« – war ursprünglich ein tief im Bauch der Mutter Erde gelegener Wundergarten. Der *hortus conclusus* (lat. verschlossener Garten) stand für den Jungfrauen-Aspekt der Göttin Mari, die als *pardes* (Paradies) die jungfräuliche Braut hebräischer Gott-Könige war.

Shamrock

Das keltische Symbol des Kleeblattes (irisch *shamrock*) stammt aus dem Osten. Die vorislamischen AraberInnen bezeichneten das Kleeblatt als *shamrakh*, die dreiblättrige Lilie oder Lotos-Blume der Dreifachen Mondgöttin; Abbildungen der »drei Yonis« finden sich bereits zwischen 2300 und 1300 v. Chr. sowohl auf Kunstwerken der alten Indus-Tal-Kultur als auch auf Steinen, Keramiken und Holzschnitzerein aus Mesopotamien, Kreta und Ägypten.[1]

Die Christen gaben vor, St. Patrick habe den Iren die Lehre von der christlichen Dreieinigkeit am Beispiel des Kleeblattes erläutert. Die Iren verehrten dieses Emblem ihrer dreifachen Göttin jedoch lange, bevor Christen ihr Land betraten. Es stand für die dreifache »Pforte« der Göttin; der ihr beigesellte Gott trug bisweilen den Titel Trefuilngid Tre Eochair – »dreifacher Träger des dreifachen Schlüssels« –, womit ein Dreizack oder dreifacher Phallus gemeint war. Er wurde Gott des »Shamrock« genannt; durch die Legende, er sei den Iren am Tage der Kreuzigung Christi erschienen und habe heilige Steintafeln sowie einen Zweig mit drei Früchten getragen, wurde er zumindest teilweise dem Christentum einverleibt.[2]

1. *Encyc. Brit.*, »Indus Valley Civilization«. 2. Graves, W. G., 563.

Sheila-na-gig

Geschnitzte Darstellung einer nackten Frau, die mit gespreizten Knien hockend ihre Vulva präsentiert, die als *vesica piscis* oder doppelt zugespitztes Oval gezeigt wird. Manchmal weist die Figur die *vesica* mit beiden Händen auseinandergezogen vor oder öffnet sie mit einer Hand. Sheila-na-gig-Figuren gab es überall in alten irischen Kirchen, die vor dem 16. Jahrhundert gebaut worden waren.[1] Viele waren noch im

19. Jahrhundert vorhanden, aber viktorianische Prüderie beschädigte oder zerstörte eine große Anzahl von ihnen. Viele Figuren wurden auch in der Nähe jener Kirchen, die sie einst geschmückt hatten, vergraben gefunden.[2]

Sheila-na-gig-Figuren ähneln den yonischen Statuen der Kali an den Eingängen von Hindu-Tempeln; hier feuchten die Gläubigen einen Finger an und berühren die glückbringende Yoni. Die Yonis der älteren Figuren sind durch die vielen Berührungen tief ausgehöhlt worden.[3]

Der hervortretende Brustkorb vieler Sheila-na-gig-Figuren erinnert an die Darstellungen der Kali als Todesgöttin. In der irischen Überlieferung lebt sie weiter als Caillech oder »Alte Frau«, die nicht nur Todesgöttin, sondern auch Schöpferin ist und einst alle Menschenrassen gebar.[4] Die KeltInnen schützten ihre Haustüren stets mit einem weiblichen Genitalfetisch und legten auch ihre Siedlungen in Hufeisenform an, dem klassischen Omega-Zeichen der Kalika. In Indien stand das Omega für den weiblichen Kosmos, in dem Shiva seinen immerwährenden sexuellen Schöpfungstanz aufführte; allerdings wurde er auch der Kali gleichgesetzt und erhielt ihren Titel Zerstörer.[5]

Die Herkunft des Ausdrucks Sheila-na-gig ist dunkel. Er bedeutet so etwas wie »Vulva-Frau«. Gig oder Giggie steht für weibliche Genitalien und könnte mit dem irischen *jig* verwandt sein. Dieser Tanz stammt von der französischen *gigue* und war in vorchristlicher Zeit ein orgiastischer Tanz. Im alten Erechtheion scheint eine *gig* eine heilige Yoni gewesen sein; die heiligen Freudenmädchen des Tempels waren als *nu-gig* bekannt.[5]

1. Huxley, 63. 2. G. R. Scott, 239–243. 3. Rawson, E. A., 30.
4. Kneight, D.W. P., pls. XXIX, XXX. 5. Campbell, M. I. 358. 6. Stone, 158.

Shin-Mu

»Mutter der vollkommenen Geisteskraft«, Chinas heilige Jungfrau, die ihren erstgeborenen Sohn – einen Erlöser und Geist des Getreides – auf wunderbare Weise zur Welt brachte. Ihr Kind »kam wie ein Lamm, ohne Zerren und Reißen, ohne Schmerz oder Schaden« und wurde liebevoll von Schafen und Ochsen verehrt.[1]

Nachdem sie das Kind geboren hatte, nahm Shin-Mu ihren archaischen Charakter der Großen Mutter wieder an und gebar 33333 Geschöpfe. Patriarchale Mythen beraubten sie ihrer Vagina und behaupteten, alle diese Geschöpfe seien ihren Armen und ihrer Brust entsprungen. Ein christlicher China-Reisender begründete die rätselhafte Mutterschaft der Shin-Mu folgendermaßen: sie hatte »keine Stelle an ihrem Körper, mit der sie hätte gebären können wie andere irdische Frauen, die Gott ihrer Sünde wegen dem Schmutz der Verderbtheit unterworfen hatte, um zu zeigen, wie abscheulich die Sünde ist.«[2]

Nachdem man Shin-Mu zur Jungfrau gemacht und sie sogar ihrer Vagina beraubt hatte, erinnerte der einzige ihr verbliebene sexuelle Aspekt an die Jungfrau Maria: Auch Shin-Mu blieb die Schutzpatronin der Huren.[3]

Die Perser diabolisierten sie und bezeichneten sie in einem manichäischen Beichtgebet, das in Turfan und in der »Höhle der tausend Buddhas« in Tun-huang gefunden wurde, als die »Große Teufelin«.[4]

1. Hays, 241. 2. Briffault 3, 171. 3. Ebd., 177. 4. Legge 2, 334f.

Shiva

Der älteste Gott der vedischen männlichen Trinität (Brahma-Vishnu-Shiva), die der älteren weiblichen Trinität nachgebildet war. Wie die Große Göttin – deren Sohn, Liebhaber und Opfer er war – hatte Shiva viele Namen. Manchmal bildete er allein eine Trinität oder trat als dreiköpfiger Gott auf; als solcher war er der Träger des Dreizacks oder des dreifachen Phallus, der ihn befähigte, sich mit der Dreifachen Mutter zu vermählen.[1]

Shiva befand sich »in einem Zustand der Verwirklichung, denn er stand in körperlichem Kontakt mit seiner eigenen universalen Kraft, der Shakti, der Göttin, dem aktiven weiblichen Prinzip, der wirkenden und wesentlichen Ursache des Universums, der Maya, die die verschiedenen Elemente und Seinsformen entwickelt. Sakala Shiva trägt auf seinem Kopf die Mondsichel.«[2]

Shiva wurde der Herr des Yoga genannt; Yoga bezeichnet das »Joch« (engl. *yoke*), das ihn mit der Göttin verband. Als Shava der Leichnam war er auch der Herr des Todes und lag ausgestreckt unter den Füßen der Kali, die seine Eingeweide verschlang – eine Hindu-Parallele zum toten Osiris, der als Stillstehendes Herz, als tote und zugleich lebendige Mumie dargestellt wurde.[3]

Zu den vielen weiteren Titeln des Shiva gehörten Großer Herr; Herr des Tanzes; Herr der Herden (Pasupati); der Wohltätige (Sankara); Herr, der zur Hälfte Frau ist (Ardhanarisvara); der Gott mit dem Mond in Seinem Haar (Candrasekhara); Er, der zur Dreifachen Göttin Gehört; Er, der Gibt und Nimmt; Gatte der Göttin Uma; der Verdammte; Zerstörer; Heuler.[4] Tantrische Yogis betonten, daß ihr allerhöchster Shiva der einzige Gott sei, von dem alle anderen Götter minderwertige Nachahmungen wären. Er war mit Sicherheit älter als die vedischen Himmels-Götter. Sumerische Rollen-Siegel aus der Zeit um 2300 v. Chr. zeigen eine dem Shiva vergleichbare Gottheit unter den Füßen einer der Kali ähnlichen, hockenden Göttin.[5] Es gab bereits zu einem sehr frühen Zeitpunkt einen Austausch zwischen den sumerischen Kulturen und denen des Indus-Tales; die VerehrerInnen Shivas mögen also in der Tat recht gehabt haben, wenn sie in anderen Göttern nur Emporkömmlinge neueren Datums sahen. Einige ihrer Schriften behaupteten, Brahma und Vishnu seien derartig kümmerlich gewesen, daß sie nicht einmal die Ausmaße des kosmischen Lingam (Phallus) von Shiva erkennen konnten.[6]

Als Sexual-Gott stand Shiva für das tantrische Ideal des *maithuna*: er unterdrückte seinen eigenen Orgasmus, um das Vergnügen seiner Partnerin sicherzustellen und die sexuelle Energie mit ihr zu teilen. Er befürwortete die Koitus-Stellung, bei der die Frau auf dem Mann sitzt oder liegt – eine Stellung, die von den Patriarachen meist verboten worden war, aber im Mittleren Osten auch von Göttinnen wie Hekate, Lilith und Aschera bevorzugt wurde.[7] Im Brahma Purana hieß es, bei dieser Stellung, die von Shiva praktiziert wurde und nach der es die »Töchter der Weisen« alter Zeit gelüstete, handele es sich um eine »Verkehrung«, die anständige Brahmanen als Perversion zu betrachten hätten.[8]

Puranas sind alte Sanskrittexte in Versform, die von der Kosmologie, der heiligen Geschichte und der Natur der Götter handeln.

Vedische Mythen schildern die Feindschaft zwischen Brahma und Shiva, obgleich beide zusammen mit Vishnu schließlich eine Trinität bildeten. Die Priester des Shiva behaupteten, Brahmadeva (Brahma-Gott) sei nichts weiter als ein Diener des Shiva, der ursprünglich den Namen Rudra Mokshakala (befreiter schwarzer Rudra) getragen habe. Die Brahmanen rächten sich, indem sie den Shiva herabsetzten und ihn »einen üblen Yogi« nannten, dessen Kult nur aus »der Verehrung des Lingam« bestünde; wenn Brahma schon Shivas Diener gewesen sei, so hätte sich der Diener wenigstens nicht den »Zügellosigkeiten« und »scheußlichen Handlungen« seines Herrn hingegeben. Wie bei westlichen Unterwelt-Göttern fiel es leicht, Shiva zu diabolisieren, weil er ohnehin schon der Große Schwarze (Mahakala) war und mit Yama und Ganesha verwechselt wurde – dem Herrn des Todes und dem Herrn der Heerscharen, der seine Reinkarnationen mit der Maya-Kali zeugte.[9]

Als Herr des Tanzes stand Shiva für einen der feinsinnigsten Gedanken des Hinduismus. Er ahmte den Lebenstanz der Kali nach; vermutlich dirigierte und kontrollierte er durch den Rhythmus die ständige Bewegung aller Materie in Zeit und Raum. Shiva vollzog diesen Tanz an einem Ort, der zwar Chidambaram (Zentrum des Universums) genannt wurde, sich jedoch im menschlichen Herzen befand.[10] Die Weisen legten diese Vorstellung folgendermaßen aus: (1) Der Herzschlag ist der Grundrhythmus, auf den sich alle menschliche Musik bezieht, weil sogar das ungeborene Kind im paradiesischen Zustand des vorgeburtlichen Lebens ihn hört und niemals vergißt; (2) Jeder Mensch betrachtet insgeheim sein eigenes Herz als das Zentrum des Universums; darum ist die Gottheit im innersten Kern eines jeden Menschen zu finden.

Shiva wurde selten allein dargestellt, denn seine Macht beruhte auf der Vereinigung mit der Kali, seiner weiblichen Energie, ohne die er nicht handeln konnte. Das rätselhafte Bild des Shiva, der als Shava der Leichnam unter den Füßen der Göttin liegt, veranschaulicht »die Lehre, daß Shiva ohne seine Shakti nichts tun kann und, soweit es sich um den Geoffenbarten handelt, nichts ist«. Doch in der Vereinigung mit der Göttin wurde er der Bindu oder Schöpfungsfunke. Jeder menschliche Orgasmus – so glaubten die Anhänger des Shiva – habe Anteil an dieser schöpferischen Erfahrung als »unendlich kleines Bruchstück und schwacher Abglanz des Schöpfungsaktes, in dem sich Shiva und Shakti vereinigen, um Bindu, die Saat des Universums, hervorzubringen«.[11] Ein tantrischer Yogi konnte in der sexuellen Vereinigung mit seiner Yogini oder Shakti die Erfahrung des *Yoga* machen; er konnte sich mit der Gottheit »verbinden« und in seiner Ekstase *Shivaham* ausrufen: »Ich bin Shiva«.[12]

1. O'Flaherty, 130. 2. Zimmer, 205. 3. Campbell, Or. M., 198, 90.
4. Zimmer, 126, 130. 5. Campbell, Or. M., 42. 6. Zimmer, 129f.
7. Graves & Patai, 68f, (dt. 80ff.). 8. O'Flaherty, 144.
9. Tatz & Kent, 82f., 106. 10. Ross, 32. 11. Woodroffe, 191, 417.
12. Campbell, Or. M., 198; Ders. Oc. M., 183.

Var. Sybille

Sibylle

»Grottenbewohnerin«, die lateinische Bezeichnung der Großen Göttermutter Kybele. Der Name mag von der babylonischen *Subultu* abgeleitet sein, einer Göttin, die als Sternbild der Himmlischen Jungfrau zu sehen ist.[1] Ihr wahrsagender Geist beschäftigte in der heiligen Grotte von Cumae Generationen von Priesterinnen. Diese Grotte befand sich in der Nähe des Averner Sees und war der Dreigestaltigen Hekate geweiht. Im Altertum galt sie als Pforte zur Unterwelt; die Sibyllen zitierten hier Verstorbene zum Zweck nekromantischer Totenbefragungen herbei. Aeneas stieg durch diese Pforte in den Leib der Erde – zu seiner Mutter Aphrodite – hinab.[2]

Im zweiten Jahrhundert v. Chr. wurde der heilige Stein der Kybele auf Anordnung der cumäischen Sibyllen nach Rom gebracht; ihre Orakel leiteten nun von dort die Weltpolitik des römischen Reiches. Die in den sibyllinischen Bücher aufgezeichneten Orakelsprüche der Priesterinnen erfuhren eine derartige Wertschätzung, daß Christen und Juden viele Jahrhunderte damit verbrachten, diese Bücher neu zu schreiben und sie durch eigene Ergänzungen derartig zu fälschen, daß es aussah, als hätten die Sibyllen das Erscheinen des Christus beziehungsweise des Messias vorausgesagt.[3]

Varro, Marcus Terentius (116–27 v. Chr.) Römischer Gelehrter und Schriftsteller, der besonders um die Erforschung und Pflege altrömischer Traditionen bemüht war.

Varro zufolge teilten im ersten vorchristlichen Jahrhundert die Orakel-Heiligtümer zehn großer Sibyllen die gesamte bekannte Welt unter sich auf. Das ganze Mittelalter hindurch beschrieben Gelehrte jede dieser Sibyllen als Prophetin Christi und ließen sie mit christlichen Symbolen wie Kruzifixen, Dornenkronen, Lilien, Krippen usw. abbilden.[4]

Die volkstümliche Überlieferung berichtete, die Sibyllen hätten ihre heiligen Höhlen in bestimmten, der Großen Göttermutter zugeeigneten Bergen nach dem Sieg des Christentums in Europa weiterhin bewohnt. Diese Berge waren die Venusberge des mittelalterlichen Heidentums. Viele Sagen erzählten von Männern, die – wie der Tannhäuser und Thomas der Reimer – eine solche Höhle betraten und im »Paradies der Königin Sibylle« lebten.[5]

Beschwörungen und Bitten um vergrabene Schätze, unsichtbar machende Ringe und dergleichen mehr wurden an »Sibyllia«, die heilige Feenjungfrau, oder an die drei Feenschwestern Milia, Achillia und Sibyllia gerichtet. Sie waren vom Vater, Sohn und heiligem Geist dazu verurteilt, »in Form und Gestalt schöner Frauen in weißen Gewändern zu erscheinen«.[6]

1. Briffault 2, 600. 2. Graves., W. G. 301. 3. James, 248ff.; Ashe, 132.
4. Brewster, 415ff. 5. Goodrich, 172. 6. Scot, 340ff.

Siddhartha Gautama

Der siebente in der Reihe der reinkarnierten Buddhas, der noch einmal als achter *Avatar Maitreya* auf die Erde kommen soll und jenseits von Raum und Zeit in der Gestalt eines *Bodhisattva* sein nächstes und endgültiges Erscheinen am Ende der Welt erwartet.[1]

Siddhartha bedeutet wörtlich »reich an Magie«, denn *siddhi* ist die magische Kraft, über die ein Meister-Yogi verfügt. Tantrische Texte behaupteten, ein solcher Weiser könne auf dem Wasser gehen, sich unsichtbar machen, Materie erzeugen und zerstören und niedere Elemente in Gold verwandeln – wie es Alchimisten über viele Jahrhunderte versucht haben.[2]

Siddhi war ein internationales Wort. Das Sufiwort für die magische Kraft eines erleuchteten Weisen war *sihr*.[3] Die Kalmücken – Nachfahren »der Mutter Kali« – nannten ihre heiligen Geschichten und magischen Formeln *Siddhi-Kur*.[4] Altnordische Mythen berichten, die Götter hätten das *seidr* – ihre magische Macht über Elemente und Geister – von der Mutter Freya erlernt. In der *Lokasenna* (einem der eddischen Götterlieder) wurde Odin gescholten, weil er sich des *seidr*, das als weibliche Kunst Eigentum der Göttin war, bedient hatte.[5] Die Lappen verehrten die *seidi* (Geister-Kraft) ihrer Gottheiten.[6] Die KeltInnen nannten ihre matriarchalen Märchen-Überlieferungen *sidh*; dieses Wort wird wie das weibliche englische Personalpronomen *she* (sie) ausgesprochen. Das Zentrum der jenseitigen Welt der KeltInnen war *Caer Sidi*, die kreisende Nabe im karmischen Rad der Göttin.

1. Ross, 124. 2. Menen, 93. 3. Shah, 335. 4. Baring-Gould, C. M. M. A., 570. 5. Eliade, S., 385. 6. Davidson, 79.

Siduri Sabitu

Babylonische Göttin; sie spendet den Göttern den Wein des ewigen Lebens. Sie riet **Gilgamesh**, seine Suche nach Unsterblichkeit aufzugeben, denn die Götter behielten ihren »Wein« für sich selbst und weigerten sich, ihn mit Menschen zu teilen.[1]

Sie wurde zur Saki der arabischen Sufi-Mystiker, die den Erleuchteten den Wein des Paradieses ausschenkt.

1. *Larousse*, 72.

Sieben Säulen der Weisheit, Sieben Schwestern

Siehe **Plejaden**

Siegfried

Der deutsche Held *par excellence:* Drachentöter, Krieger, Eroberer der Walküren-Königin, starker Mann und rituell erschlagener Heiliger König. Eine Sage berichtete, Siegfrieds Vater sei Sigmund von Tarlungaland, seine Mutter sei Königin Sisibe, ein Prototyp des Schneewittchen gewesen: des Ehebruchs verdächtigt, wurde sie mit einem Jäger in den Wald geschickt; der Jäger hatte den Befehl, ihr die Zunge herauszuschneiden, was er aber nicht tat. Die Königin starb bei der Geburt des Siegfried, der in einem gläsernen Schiff ausgesetzt wurde und einen Fluß hinabfuhr. Schließlich wurde er von einer Hirschkuh an Land gebracht; sie nährte ihn, bis ihn der Schmied Mimir oder Mime fand und aufzog. Einer anderen Überlieferung zufolge wurde Siegfried von einer Wölfin genährt; sein früherer Name war deswegen Wolfdietrich.[1]

Siegfrieds spätere Abenteuer sind Gegenstand des Nibelungenliedes und anderer Heldensagen: wie er den Drachen *Fafnir* erschlug und um die Brunhilde (brennende Hölle) warb, wie er als Opfer eines Mordanschlages einen typischen **Liebestod** starb und wie er anschließend wieder mit seiner mystischen Braut vereinigt wurde. Er war der germanische Herakles und wies viele Elemente des Sonnen-Heros auf.

1. Rank, 57f.

Sige

Griechisch »das Schweigen«; ein gnostischer Name der Schöpferin, die manchmal auch die Großmutter Gottes genannt wurde. Sie gebar das erste Wort – den **Logos** der Schöpfung. Wie die Mutter Nacht stand sie am Anfang aller Dinge und verkörperte den Zustand des Chaos oder der Nichtexistenz, der herrschte, bevor das Universum Gestalt annahm. (Siehe **Sophia, Heilige**.)

Simon Magus

Clementinische Homilien (Pseudoclementinen), griechische Schriften, die fälschlich Clemens, einem Apostelschüler und römischen Bischof des ersten Jahrhunderts zugeschrieben wurden; in Wirklichkeit wurden sie gegen Ende des vierten Jahrhunderts von einem anonymen christlichen Apologeten verfaßt.

»Simon der Magier« war im ersten nachchristlichen Jahrhundert einer der Hauptrivalen des christlichen Kult-Heros. In den Clementinen hieß es, Simon sei Essener, ein Jünger Johannes des Täufers und der Begründer des gnostischen Christentums gewesen. Simon soll in Samarien als Gottvater, in Palästina als Sohn und in der übrigen Welt als der Heilige Geist erschienen sein. Als »St. Simon« wurde er sogar heiliggesprochen; er soll angeblich im Jahre 62 n. Chr. zum »Bischof von Jerusalem« gewählt worden sein, nachdem er zuvor am anderen Jordanufer im Dorf Pella Leiter einer Gruppe von Essener-Eremiten gewesen war. Simon hatte noch im vierten Jahrhundert eine zahlreiche Anhängerschaft.[1]

Vom rechtgläubigen Standpunkt aus war der Stein des Anstoßes, daß Simon in seiner Religionsgemeinschaft Frauen willkommen hieß und der Ansicht war, die schöpferische Kraft dieser Welt sei ebenso weiblich wie männlich. Simons Himmel war nach klassischem Muster siebenfach gegliedert und wurde von drei Paaren männlicher und weiblicher Kräfte – den Wurzeln oder Aeonen – regiert, die allesamt von dem Ursprung aller Dinge, einer großen weiblichen Quelle mit der Kraft der Empfängnis, geboren worden waren. Simon sagte, auch Gott der Vater sei aus ihr geboren worden und hätte erst von ihr den Namen Vater erhalten.[2]

Simon reiste mit einer Tempelhure namens Helena, die er seinen Ersten Gedanken (Ennoia) nannte. Sie war die Reinkarnation der trojanischen Helena, der Inanna, der Athene und anderer Göttinnen. Simon behauptete, er habe in seiner vorherigen Gott-Inkarnation mit ihr die Welt erschaffen. Die SimonianerInnen verehrten sie als Sophia, die gnostische Jungfrau des Lichtes und betonten, sie sei die Mutter Jesu. Als heilige Hure (Prunikos) verkörperte sie die gefallene Ennoia, um derentwillen Gott herabstieg und in der Person des Simon Mensch wurde. »Die Rettung der Welt war eng mit ihrer Erlösung durch ihn verknüpft.«[3]

Die SimonianerInnen behaupteten, diejenigen, die ihren Glauben auf Simon und Helena setzten, würden durch die Gnade erlöst und bedürften keiner weiteren Werke. Die Beziehung zwischen Simon und Helena glich der des gnostischen Christus zu seiner heiligen Hure Maria Magdalena, die ebenfalls Pistis-Sophia-Prunikos (Glaube-Weisheit-Hure) genannt wurde. Sie verkörperte die Sophia in ihrem Aspekt der himmlischen Geliebten Jesu.[4] Die gnostischen Evangelien berichteten, Jesus hätte das mystische Geheimnis der Schlüssel zum Himmelreich nicht dem Petrus, sondern der Maria übergeben; Petrus habe daraufhin Maria und allen Frauen gegenüber mit Eifersucht und Feindschaft reagiert.[5]

Petrus war auch dem Simon Magus feindlich gesonnen. Der Apostelgeschichte zufolge maßregelte Petrus den Simon, weil er versucht hatte, den Aposteln das Geheimnis des »Handauflegens« abzukaufen; er wollte so den heiligen Geist empfangen, Krankheiten heilen und Teufel austreiben (Apostel 8, 18). Aus dieser biblischen Erzählung wurde der Ausdruck Simonie hergeleitet – der Versuch, kirchliche Ämter und priesterliche Vollmachten für Geld zu erwerben oder zu verkaufen; eine Sünde, der die mittelalterlichen Nachfolger Petri besonders zugetan waren. Der Autor (oder die Autoren) der Apostelgeschichte ließen kein gutes Haar an Simon; sie bezeichneten ihn als einen falschen Propheten, der »die Leute von Samaria bezauberte und sich selbst als etwas Großes ausgab: und die hingen ihm alle an ... und sagten, dieser Mann ist die große Kraft Gottes« (Apostel 8, 9f.).

Wie Petrus soll auch Simon Rom besucht und die gekrönten Häupter mit seinen Wundern beeindruckt haben. Die Christen erfanden eine Geschichte über den Simon, um die Inschrift auf einer Statue des alten Sabiner-Gottes Semo Sancus zu erklären: Die Inschrift lautete *Semoni deo sancto* (dem Gotte Semo geheiligt); irgendeine halbgebildete »Autorität« übersetzte das mit »Der heilige Gott Simon« und behauptete, Nero habe die Statue zu Ehren des Simon Magus aufstellen lassen, nachdem Simon seinen Scharfrichtern gestattet hatte, ihn zu enthaupten. Daraufhin sei Simon durch Zauberkraft in der Gestalt eines Widders erschienen und schließlich in der Art aller Erlöser-Götter nach drei Tagen vor Neros Augen von den Toten auferstanden.[6]

Die Apostelgeschichte des Petrus und des Paulus versicherte, daß Simon in einer von geflügelten Dämonen gezogenen Kutsche über das Marsfeld geflogen sei. Auf dem Höhepunkt dieses Triumphes habe sein Feind Petrus einen Zauberspruch rezitiert, durch den er zu Fall kam und sich das Genick brach.[7] Im achten Jahrhundert ließ Papst Paul I. »genau an der Stelle« dieses Todessturzes eine Kirche erbauen – die genaue Stelle konnte vermutlich dank einer vertraulichen Offenbarung des Heiligen Geistes ausfindig gemacht werden. Im Jahre 850 ließ Papst Leo IV. diese Kirche restaurieren und nannte sie Santa Maria Nova – die neue heilige Maria.

Nach dem Tode Simons trat ein anderer gnostischer Halbgott dessen Nachfolge an.[8] Menander (der Mondmann) scheint eine Reinkarnation Simons gewesen zu sein, die mit dem Mond gleichgesetzt wurde. Die Rivalitäten zwischen Petrus und Simon-Menander deuten auf Kämpfe in den christlichen Lagern hin: Kämpfe zwischen Christen, die den essenischen Sonnengott verehrten – sie nannten ihre Priester Pater, Petra oder Petrus – und solchen, die den Mond-Heros verehrten. Die Kontroverse legt die Vermutung einer Kirchenspaltung nahe: Es muß daran erinnert werden, daß Petrus ebenfalls ein »Magier« war und zunächst Simon hieß; erst Jesus gab ihm den Namen Petrus (Matthäus 10, 2).

Die drei weisen Magier aus dem Morgenland erfuhren der christlichen Erzählung zufolge (Matthäus 2) durch astrologische Magie von der Ankunft des Jesus; dies wurde als Beweis der Göttlichkeit des Jesus herausgestellt. Darum zögerten die Christen anfänglich, einen Magier als unglaubwürdig erscheinen zu lassen. Im Fall des Simon bestanden jedoch für die frühen Kirchenväter beim Kernpunkt seiner Lehre unversöhnliche Gegensätze zu ihren eigenen Ansichten; »die irdische Inkarnation der himmlischen Mutter« wollten sie nicht gelten lassen. »Die Führer der rechtgläubigen Kirche kämpften seit den allerersten Anfängen des Christentums gegen eine solche Verherrlichung der Frauen.«[9] In den Simon zugeschriebenen Schriften finden sich in großem Umfang weibliche Symbole: das Paradies als Mutterleib, der Garten Eden als Plazenta. »Der Fluß, der in Eden entspringt, symbolisiert den Nabel, der den Fötus nährt. ... Der Exodus bedeutet folglich den Auszug aus dem Mutterleib, und ... ›die Überquerung des Roten Meeres bezieht sich auf das Blut‹.«[10] Eine solche weibliche Bildersprache verbindet Simon mit den Priestern der alten Religion. In Irland war er als Simon der Druide bekannt.[11]

Zu Beginn der christlichen Ära wurde Simon der lateinische Beinamen Faustus (der Auserwählte) verliehen. »Der Umstand, daß er von einer Helena begleitet wurde, von der er behauptete, sie sei die wiedergeborene Helena von Troja, zeigt klar, daß wir es hier mit einer der Quellen der Faust-Legende aus der frühen Renaissance zu tun haben. Sicherlich haben die Bewunderer von Marlows und Goethes Dramen kaum eine Ahnung, daß ihr Held der Nachfahre eines gnostischen Sektierers ist, und daß die schöne Helena, die er durch die schwarze Kunst heraufbeschwört, einst der gefallene Gedanke Gottes war, durch dessen Aufrichtung die Menschheit gerettet werden sollte.«[12]

1. Brewster, 107. 2. Legge, 183. 3. Jonas, 107. 4. Malvern, 34. 5. Pagels, 22, 64f. 6. Mâle, 297. 7. Reinach, 264. 8. Summers, H.W., 193. 9. Seligmann, 128f. 10. Pagels, 53. 11. Wedeck, 142. 12. Jonas, 111.

Simson

Var. Samson, Sampson, Shimshon

Hebräische Variante des Sonnengottes, in Arabien Schams-On und in Babylon Schamasch genannt; er war identisch mit dem ägyptischen Ra-Harakhti und dem griechischen Herakles. Die Taten Simsons als Löwentöter, als Säulenträger und andere Kraftakte sind den Arbeiten des Herakles nachgebildet und symbolisieren den Lauf der Sonne durch den Tierkreis. Die »Mühle« des Simson entsprach dem Rad der Omphale, an das der Herakles gefesselt war. Der Umstand, daß Simson seiner Haare beraubt wurde, bedeutete symbolisch, daß dem Sonnengott im Winter, der Jahreszeit seiner Schwäche, die Strahlen abgeschnitten wurden.

So, wie Herakles von Omphale beherrscht und Ra von Isis »geschwächt« wurde, so wurde Simson zur rechten Jahreszeit von Delila (die Schwächende) seiner Stärke beraubt. Eine anderere Deutung des Namens Delila lautete »die Lilie der Yoni«; dieser Deutung zufolge raubte das weibliche Prinzip dem phallischen Gott seine Stärke, indem es seine »Strahlen« oder seine Energie in sich hineinsog. Das Scheren der Haare war ein allgemein übliches mythisches Bild für die Kastration, da gemäß dem alten östlichen Glauben die phallische Kraft eines Mannes in seinem **Haar** wohnte.[1] Die Priesterin Delila, die den Simson kastrierte, war das semitische Ebenbild der Deianira, der todbringenden Gemahlin des Herakles. Das »Blenden« stand ebenfalls für das Ausstechen des »phallische Auges«.

Die Talmudtradition faßte Simsons »Mahlen« im Lande der Philister als ein Symbol für den Koitus auf – damit deutet sie auf einen Kult des Heiligen Königs hin, in dem ein starker Mann die Rolle des Sonnenheros übernahm, der solange Jungfrauen deflorierte, bis er seine Kraft verausgabt hatte und sich dann mit seiner Kastration und Opferung abfinden mußte.[2] Das Niederreißen des Philistertempels durch Simson stand unter Umständen auch für die Kraft der Sonne, die ein Bauwerk aus Lehm und Stein austrocknet und zusammenfallen läßt.

1. Rawson, E. A., 25. 2. Legman, 520; Silberer, 97.

Sin

Der ursprüngliche Mond-Gott des Berges Sinai, des »Berges des Mondes«. Er wurde von Nanna oder Inanna, der Jungfrau-Königin des Himmels geboren und herrschte über das Land Sinim (Jesaja 49, 12); Sinim bedeutet »Land des Mondberges« und ist eine ältere Form von Zion. Sein chaldäischer Name war Kingu. Er war der Gott, der von der **Tiamat**, der Urmutter der Schöpfung die Gesetzestafeln erhalten hatte. Als Gott des Mose hatte er immer noch den gleichen Berg-Thron und die gleichen Tafeln inne. Ein Spezialist für das Alte Testament wies darauf hin, daß »der Jehovah der Hebräer« nur eine Umformung der »primitiven Mond-Gottheit Arabiens« war.[1]

Zeichen des Sin

Der Gott, dem Mose auf dem Berg Sinai begegnete, behauptete, der Gott Abrahams zu sein – obwohl er gleichzeitig sagte, Abraham kenne ihn unter einem anderen Namen (Exodus 6, 3). Tatsächlich könnte Abraham mit diesem Gott identisch gewesen sein: Sehr alte Dokumente benutzten den Namen Abraham oder Ab-ram als Synonym für Ab-Sin, Mond-Vater.[2] Im 12. Jahrhundert v. Chr. herrschte im babylonischen Himmel eine Trinität, die aus Shamash, Sin und Ishtar bestand und Sonne, Mond und Sterne verkörperte.[3]

1. Briffault 3, 106. 2. Ebd., 108. 3. Campbell, M. I., 88.

Sintflut

Siehe **Flut**

Sinti und Roma

Stämme der **ZigeunerInnen**

Sirenen

Homers Bezeichnung für die magischen Frauen von Kyrene, die durch ihre Zaubersprüche bewirkten, daß Schiffe an der felsigen Küste scheiterten. Die »süßen Gesänge«, mit denen die Sirenen den Odysseus bezauberten, waren Zauberformeln, mit denen fremde Schiffe in die seichten kyrenischen Gewässer gelockt wurden, deren Anwohner offenbar dem einträglichen Gewerbe der Strandräuberei nachgingen.

Sirius

Siehe **Sothis**

Sita

»Furche«, die Göttin Erde als Gattin des Rama (Krishna) im *Ramayana* und eine Personifikation der Yoni. Sie war mit dem phallischen »Widder« (engl. *ram*) vermählt; sein Name bedeutete auch »sexuelle Freude«. (Siehe **Furche**.)

Var. Skatha, Skotia

Skadi

Die keltisch-gemanische Göttin in ihrem Aspekt als »Vernichterin«. Wie die griechische »Vernichterin« Persephone war sie die Königin der Schatten und die Mutter Tod. Ihr Name bildete die Wurzel von gotisch *skadus*, altenglisch *sceadu*, englisch *shade*: »Schatten«. Sie war der Schatten, in den alle Götter am Jüngsten Tage eingehen mußten – die Götterdämmerung oder das In-den-Schatten-Eingehen-der-Götter.[1] Als Skotia war sie – wie die schwarze Kali, die Caillech – die dunkle Göttin, nach der Schottland benannt wurde.[2]

Wie Kali mußte auch die Skadi alljährlich durch das Vergießen männlichen Opferblutes versöhnt werden. Das ihr jährlich dargebrachte Opfer wurde dem Gott Loki gleichgesetzt, der zum »Erlöser« wurde, indem er die Skadi mit seinem Blut schwängerte. Die Genitalien des Loki wurden mit einem Seil an eine Ziege gebunden, die so lange daran zerrte, bis sein Körper nachgab, er in den Schoß der Skadi fiel und ihre Schenkel so mit seinem Blut badete. Die Götter wachten ängstlich über das Lächeln der Skadi; lächelte sie, so bedeutete dies, daß der Frühling wieder einmal Einzug halten konnte.[3]

Vergleichbare Blutriten wurden überall dort in der Welt der Antike ausgeübt, wo Männer – ehe Tieropfer an die Stelle der Menschenopfer traten – die Vergöttlichung suchten, indem sie ihr Blut für die Göttin ließen. Für eine Priesterin war es nicht ungewöhnlich, die Göttin zu verkörpern und in dem Opferblut zu baden – wie die ägyptischen Frauen, die den Stier-Gott Apis opferten und ihre Röcke hochhoben, wenn sie ihn zerstückelten, damit das herausspritzende Blut ihren Schoß neu befruchten konnte.[4] Wie viele Gestalten der Todes-Göttin sammelte Skadi die Geschlechtsorgane ihrer kastrierten Heroen auf; in dieser Rolle wurde sie Mörmir (Trollfrau) genannt.[5]

In Norwegen und Schweden ließen sich noch im späten 17. Jahrhundert Spuren der alten mit Loki und der Ziege vollzogenen Blutopfer finden. Der Kirche war kein Erfolg beschieden, als sie die Maskeraden, die sexuelle Freizügigkeit und die »Ziegen-Spiele« anprangerte, die anläßlich des Osterfestes und anderer religiöser Feiern stattfanden.[6]

Skadi war als dunkle Zwillingsschwester der Freya eigentlich identisch mit der Unterweltgöttin Hel. Sie war einst die ganze Erde, die Gebärerin und Verschlingerin ihrer Kinder. Die gesamte skandinavische Landmasse trägt ihren Namen; Skandinavien bedeutete ursprünglich Scadin-auja, das Land der Skadi.[7]

Skuld, die dritte der Schicksalsgöttinnen oder **Nornen**, trug in der Rolle der zerstörenden Alten eine Variante des Namens Skadi. Selbstverständlich wurde sie auch Patronin der Hexen, deren Aktivitäten als *skulduggery* (engl. »Gaunerei«) bezeichnet wurden.

Für die KeltInnen war sie die Scatha oder Scath. Ihr unterirdisches Totenreich war das »Land der Scath«. Gleich der zwischen den sieben Windungen des Styx gelegenen Unterwelt der Persephone war das Land der Scath eine Stadt mit sieben Mauern.[8] Dieser Stadt wurden verschiedene Orte zugeschrieben: unter der Erde, im Himmel oder weit über dem Meer auf einer westlichen Insel, in dem Land *Sky* (engl. »Himmel«). **Cuchulain** und andere keltische Heroen erwarben ihre kriegerisch-magischen Fertigkeiten anläßlich eines Aufenthaltes auf Königin Scathas Insel Skye. Cuchulain mußte dort »ein Jahr und einen Tag« bleiben – der übliche mythische Ausdruck für das alte 13-monatige Mondjahr mit seinem Schalttag. Wenn Scatha einem Mann all ihre Kentnisse vermittelt hatte, sandte sie ihn als Todgeweihten auf die Erde zurück; er war nun auserwählt und *sacer* und dazu bestimmt, große Taten zu vollbringen und den Opfertod zu sterben.[9] Die Sage läßt vermuten, daß sich auf der vor der schottischen Westküste gelegene Insel Skye einst das Kultzentrum der Göttin befand, zu dem die Krieger zogen, um sich in ihr Handwerk einweihen zu lassen.

Schwedische Ortsnamen wie Skadave (Skadis Tempel) und Skadalungr (Skadis Hain) beschwören heute noch den Geist der Skadi.[10]

1. Turville-Petre, 164. 2. Graves, G. M. 18.4. 3. Oxenstierna, 213. 4. Graves, G. M. 75.5. 5. Turville-Petre, 257. 6. Oxenstierna, 216. 7. Branston, 164. 8. Lethaby, 163. 9. Goodrich, 187. 10. Turville-Petre, 165.

Skalden

Skandinavische Dichter-Schamanen, deren Titel sich vermutlich auf Skadi oder Skuld als Göttin der göttlichen Eingebung zurückführen läßt. Von einem großen Skalden hieß es, er sei der »Worte der Kraft« mächtig; was immer er sang oder prophezeite, würde in Erfüllung gehen. Er konnte durch Trauerballaden mit der Todesgöttin selbst in Verbindung treten, und sie um Fürsorge für die Verstorbenen bitten. Die altnordische Sagas und die eddische Dichtkunst waren das Werk der Skalden, die wie die Druiden zu einer Priesterkaste gehörten. (Siehe **Minnesang**.)

Sklaverei

Máire und Liam de Paor notierten über das Leben eines Sklaven im frühchristlichen Irland: »Wenn er auch ein Sklave war, so hatte er doch den Vorteil, in einer Gesellschaft zu leben, welche die Lehren des Christentums angenommen hatte.«[1] Dies war allerdings kein bemerkenswerter Vorteil, wenn wir bedenken, daß er in der vorchristlichen Gesellschaft gar nicht Sklave gewesen wäre. Die Vereinigten Staaten von Amerika im 19. Jahrhundert waren ebenfalls christlich – den Sklaven auf den Baumwollfeldern des Südens nützte das herzlich wenig.

Der von den christlichen Kirchen unterstützte Feudalstaat war in der Tat ein Sklavenhalter-Staat. Die Grundbesitzer hatten die Macht über Leben und Tod der Leibeigenen, die ihrer Gnade völlig ausgeliefert waren und zusammen mit dem Land ge- und verkauft werden konnten. Die Leibeigenen waren zwar steuerpflichtig – sie sollten Kirche und Adel unterstützen – aber völlig rechtlos. Die »Lehren« des Christentums befaßten sich nicht mit ihrer Zwangslage, und die Kirchen taten nichts, was ihre Leiden hätte mildern können.

Die Kirchenväter waren in erster Linie daran interessiert, die Frauen aller sozialen Schichten im Zustand der Unterordnung zu halten; so konnte sich sogar jeder männliche Sklave einen eigenen Sklaven halten: seine Ehefrau. Augustinus war der Ansicht, daß Ehefrauen die Sklavinnen ihrer Gatten zu sein hätten, und daß Ehemänner das Recht hätten, sie zu schlagen und zu mißhandeln. Zu einer verprügelten Frau würde er gesagt haben: »Es ist die Pflicht einer Dienerin, ihrem Herrn zu gehorchen ... Du hast einen Dienstvertrag unterschrieben.«[2] Thomas von Aquin befand, ein männlicher Sklave sei seiner Ehefrau übergeordnet, weil er »nach dem Gesetz der Natur« nicht der Untergeordnete sei; die Ehefrau jedoch »ist dem Mann wegen der Schwäche ihrer Natur, sowohl geistig wie körperlich, untergeordnet«.[3] Mit anderen Worten, Thomas von Aquin glaubte an das Recht des Stärkeren; Stärke muß Schwäche beherrschen. Dies galt natürlich nur für Beziehungen zwischen Männern und Frauen; unter Männern war es keineswegs immer die Regel.

In christlichen Gesellschaften machte die Verbindung von Sklaverei und Sexismus das Los der Sklavinnen besonders drückend. Sie waren ihren Herren hilflos ausgeliefert und konnten straffrei vergewaltigt, gefoltert und ermordet werden. Selbst im »aufgeklärten« 19. Jahrhundert befanden sich die Sklavinnen Amerikas in keiner beneidenswerten Lage.

Dr. James Marion Sims – bekannt als amerikanischer »Vater der Gynäkologie« – wurde als Erfinder eines operativen Heilverfahrens für vesiko-vaginale Fisteln berühmt. Nebenbei führte er Hunderte von Klitorisdektomien und Ovariotomien (Entfernung der Klitoris bzw. Durchtrennung des Eileiters) durch, um Frauen von »geschlechtsbezogenen Krankheiten« zu heilen. Seine Biographen verschweigen üblicherweise, wie er seine Techniken entwickelte: Vor dem amerikanischen Sezessionskrieg hielt er sich in einem unbenutzten Gefängnis Sklavinnen und machte sie zu seinen Versuchskaninchen; um seiner Forschungen willen führte er Hunderte von experimentellen Operationen durch; wenn eine Frau starb, wurde sie durch ein neues Opfer ersetzt.[4] Sims Karriere, seine Aufsätze und Briefe belegen, was einige PsychologInnen schon immer vermutet haben: die frühen Gynäkologen waren im Grunde Frauenhasser mit sadistischen Neigungen.

In einer patriarchalen Gesellschaft – so sagte Marx – werden »die wahren Qualitäten der Frauen zu ihrem Nachteil verbogen; alle Moral und alle zarten Bestandteile ihrer Natur werden so zu Mitteln, sie zu versklaven und leiden zu lassen.«[5]

1. Paor, 100. 2. Hartley, 231. 3. Riencourt, 219.
4. Vergleiche Barker-Benfield über Sims. 5. Riencourt, 364.

Skorpion

Das Sternzeichen des Skorpion ist eins der Verbindungsglieder zwischen den Kulturen Zentralamerikas und denen des alten Ostens, dessen Stufentürme den mexikanischen Pyramiden auffällig ähnlich sehen. Der Skorpion war in Babylon, Indien und Griechenland bekannt; die Maya-Stämme von Yuktan nannten dieses Sternbild ebenfalls »Skorpion-Sterne«.[1]

Die astrologischen Mythen haben überall die gleichen Zusammenhänge hergestellt: Der Wassermann (*Aquarius*) wurde der Wintersonnenwende, der Stier (*Taurus*) der Tag- und Nachtgleiche im Frühjahr, der Löwe (*Leo*) der Sommersonnenwende und der Skorpion (*Scorpio*) der herbstlichen Tag- und Nachtgleiche zugeordnet.[2] Aus diesem Grunde hieß es in Ägypten, der Skorpion habe Horus, die Sonne, getötet und ihn in seinen Winter-Tod und zu seiner Auferstehung – die ihm die Mutter Isis in der Wiedergeburt gewährte – gesandt; die Tochter des Pharao spielte offenbar – wie im Mythos von **Mose** gezeigt wird – an den Ufern des Nil die Rolle der »Wasserfrau« oder göttlichen Hebamme.

Die Geister dieser vier Wendepunkte des Jahres wurden manchmal »Söhne des Horus« genannt und in Form kleiner Standbilder in den vier Ecken eines Pharaonengrabes aufgestellt. Als Mensch, Stier, Löwe und Skorpion (oder Schlange) wurden sie vom Christentum übernommen und in die vier Totemtiere der Evangelisten und die vier Engel der Apokalypse umgewandelt, wobei die Schlange als phallisches Symbol sich zu einem Mann oder Engelmenschen entwickelte.

1. Hagen, 178. 2. Campbell, Oc. M., 259.

Skuld

Die nordische Göttin des Fluches war die dritte der Nornen und sprach die tödlichen Worte, die jeden Menschen früher oder später zu seinem Tod verdammten. Von ihrem Namen leitet sich vermutlich die englische Bezeichnung *scold* für ein zänkisches altes Weib her. Auch nachdem das Christentum die Skuld in Mißkredit gebracht hatte, glaubten Männer weiter daran, daß Frauenflüche genügend Macht hätten, ihnen zu schaden und Unglück, Krankheit oder Tod herbeiführen könnten.

Christliche Gesetze zeigten deutlich die Angst vor den Verwünschungen der Frauen. Männern war es erlaubt, Frauen zu verfluchen, aber eine Frau konnte mit Gefängnis bestraft und gefoltert werden, wenn sie einen Mann ausschalt (*scolded*). In England wurde eine Frau, die einen Mann verflucht hatte, als eine Kriminelle angesehen wie eine Diebin. Der *ducking stool* (»Tauchstuhl«), oft benutzt, um Hexen zu ertränken, trat auch in Aktion, wenn eine fluchende Frau bestraft werden sollte.[1]

Im Jahre 1632 brachten die Engländer aus Schottland ein Folterinstrument mit, *brank* genannt oder *scolds bridle*, »Zaum für Lästerzungen«: ein eiserner Kopfkäfig mit einem Zungenstück, das in den Mund reichte, der Käfig wurde rund um den Kopf geschlossen. Manchmal hatte das Zungenstück die Form eines Löffels; manchmal war es ein scharfer Nagel. Mit einem *brank* mit vier scharfen Nägeln, zwei um die Zunge zu durchstechen und zwei für die Wangen, wurde die »Hexe« Agnes Sampson an der Wand ihrer Zelle »festgenagelt«, ein Teil der Folter, damit sie die Hexerei gestand.[2]

Der *brank* war bis zur Mitte des 19. Jahrhunderts für »zänkische« Frauen in Gebrauch. Noch 1856 wurde eine Frau in eines dieser Geräte eingeschlossen und in Bolton-le-Moors in Lancashire zum Gespött der Leute durch die Stadt zur Kirche geführt.[3]

1. Hazlitt, 158. 2. Robbins, 359. 3. Pearsall, N. B. A., 190.

Sleipnir

Odins graues, achtfüßiges Pferd; ein altnordisches Todessymbol, das mit dem Galgen-Baum, an dem Odin hing, in Zusammenhang gebracht wird. Die Skalden bezeichneten den Galgen als den »hochbrüstigen Seil-Sleipnir«, der die Männer in das Land des Todes trug. Sleipnir hieß daher auch Yggrdasil, »Odins Pferd«. Das altnorwegische Wort *drasil* bedeutete sowohl »Galgenbaum« als auch »Pferd«.[1] (Siehe **Pferd; Odin**.)

1. Turville-Petre, 48.

Smashana-Kali

Kali-Ma als die Göttin der Verbrennungsstätten und anderer Orte des Todes. Das *Yantra* (Symbol) der Smashana-Kali war die doppelte Yoni: ein achtblättriger Lotos mit vielfachenen Wiederholungen des auf der Spitze stehenden Dreiecks, des Zeichens für »weibliche Genitalien«; die doppelte Yoni symbolisierte die Wiedergeburt nach dem Tode.[1] Die **Dakinis**, die Priesterinnen der Smashana-Kali, führten Bestattungen durch und kümmerten sich um die Sterbenden; im Jenseits wurden sie zu Seelenführerinnen.

1. *Mahanirvanatantra*, 360.

Sonnengöttin

Zeichen der Sonnengöttin

Obgleich in der westlichen Ikonographie (und in den meisten europäischen Sprachen) die Sonne gewöhnlich männlich und der Mond weiblich ist, war in der fernöstlichen Überlieferung stets von einer weiblichen Sonne die Rede. Japanische Herrscherhäuser leiteten ihre Abstammung von der allerhöchsten Sonnengöttin Omikami Amaterasu ab.[1] Im Jahre 238 n. Chr. wurden japanische Stämme von einer Königin namens Himiko (Tochter der Sonne) regiert.[2]

Die Große Mutter der Hindus nahm als Göttin Aditi die Gestalt der Sonne an und war die Mutter der zwölf Adityas des Tierkreises – Geister, die »ihr Licht am jüngsten Tage offenbaren« sollten.[3] Das *Mahanirvanatantra* sagte, die Sonne sei das »Gewand« der Großen Göttin:

»Die Sonne, das herrlichste aller Symbole in der Welt der Körper, ist das Maya-Gewand von ihr, die ›mit der Sonne bekleidet‹ ist.«[4] Dieselbe Göttin wurde mit Maria gleichgesetzt und erschien in der Offenbarung des Johannes als »eine Frau, die mit der Sonne bekleidet war« (Offenbarung 12, 1).

Der tantrische Buddhismus erkannte in der Sonne eine Vorgängerin der mittelöstlichen Mari oder Maria. Die Mönche begrüßten sie bei Sonnenaufgang als »die Herrlichste, die Sonne des Glückes. ... Ich begrüße dich, O Göttin Marici! Segne mich, und erfülle mein Verlangen. Beschütze mich, oh Göttin, vor allen acht Ängsten.«[5]

Als die Japaner ihre Mythologie überarbeiteten, um sie den neuen patriarchalen Gedanken anzupassen, wurde die Göttin Marici vermännlicht, und ihre frühere Identität mit der Omikami Amaterasu geriet in Vergessenheit. Dennoch zeigte der »machtvolle Gott« Marici-deva oder Marishi-ten eine seltsame Doppeldeutigkeit: »Er« galt als Beschützer der Sonne, aber »er« trat stets in der Kleidung einer chinesischen Frau auf und wies so auf seinen weiblichen Urspung und seine chinesische Herkunft hin.[6]

Bei den alten AraberInnen war die Sonne eine Göttin; sie wurde Atthar und mitunter auch Fackel der Götter genannt.[7] Die KeltInnen nannten ihre Sonnengöttin Sulis; *suil* bedeutete sowohl »Auge« wie auch »Sonne«. In Germanien hieß sie Sunna, in Norwegen Sol.[8] In Skandinavien war sie unter dem Namen »Ruhm der Elfen« als die Göttin bekannt, die am Ende aller Tage die Sonne der nächsten Schöpfung in Gestalt einer Tochter gebären würde.[9] In der Edda hieß es: »Ein strahlendes Kind gebiert die sengende Sonne, ehe sie der Fenrir verschlingt; so soll die Tochter den Weg der Mutter wandeln, wenn die Götter vergangen sind.«[10]

Die Sonnengöttin Sul, Sol oder Sulis wurde in Britannien auf dem Silbury Hill, dem berühmten künstlichen Berg im Gebiet der Hünengräber von Avebury verehrt. Hier gebar sie die Aeonen aus ihrem großen Mutterleib-Grabhügel, der fast 40 Meter hoch ist und einen Durchmesser von mehr 160 Metern hat. »Der Einflußbereich der britischen Göttin Sul erstreckte sich über den größten Teil Südwestenglands; ihre Verehrung scheint auf Anhöhen und Hügeln stattgefunden zu haben, von denen sich Quellen überblicken ließen. So finden wir in der Nähe ihrer Quellen in Bath einen vereinzelt liegenden Hügel, der Solsbury oder Sulisbury genannt wird und vermutlich der Ort ihrer Verehrung war.« Die Römer betrachteten die Sul von Bath als identisch mit ihrer Minerva und errichteten ihr Altäre, die sie der Sul-Minerva widmeten.[11]

1. *Larousse*, 408ff. 2. Campbell, Or. M., 463. 3. O'Flaherty, 339.
4. *Mahanirvanatantra*, XL. 5. Waddell, 218. 6. *Larousse*, 422. 7. Ebd., 323.
8. Branston, 152. 9. Snorri, 92. 10 Branston, 288. 11. Dames, 154.

Sophia, Heilige

Die heiliggesprochene christliche Variante der gnostischen Großen Mutter; lateinisch Sapientia, griechisch Sophia, der Geist weiblicher Weisheit. Das Symbol der Sophia war die Taube der Aphrodite, die später auch als Symbol des Heiligen Geistes galt. Die Sophia verkörperte einst die weibliche Seele Gottes, die Quelle seiner Kraft; sie entsprach damit der Kali-Shakti, von der die Hindu-Götter ihre Lebenskraft erhielten.[1]

Im *Trattato Gnostico* hieß es, die Sophia sei die Mutter Gottes, »die große, ehrwürdige Jungfrau, in welcher der Vater seit Anbeginn verborgen war, noch ehe er etwas erschaffen hatte«. Sie wurde mit der Isis-Hathor gleichgesetzt, deren sieben Erscheinungsformen allen ÄgypterInnen sieben Seelen gewährten. Irenäus schrieb, Sophia und Hathor seien gleichermaßen die Mütter der sieben planetarischen Geister, deren Namen in gnostischen Papyri als die magisch wirkenden geheimen Namen Gottes verzeichnet waren.[2]

Clementinische Homilien (Pseudoclementinen), griechische Schriften, die fälschlich Clemens, einem Apostelschüler und römischen Bischof des ersten Jahrhunderts zugeschrieben wurden; tatsächlich wurden sie gegen Ende des vierten Jahrhunderts von einem anonymen christlichen Apologeten verfaßt.

In den Clementinen wurde Sophia als das All-Mütterliche Wesen, die Königin und die Dame Weisheit bezeichnet. Das frühe gnostische Christentum vertrat die Ansicht, Christus und Gott würden wie Krishna und Shiva oder Dionysos und Zeus mit Sophia zu einem zweigeschlechtlichen Wesen verschmelzen: »Der Menschensohn vereinte sich mit seiner Gemahlin Sophia und offenbarte sich in einem großen Licht in seiner Zweigeschlechtlichkeit. Seine männliche Natur wird ›der Erlöser‹ und der Erzeuger aller Dinge genannt, sein weiblicher Aspekt hingegen ist ›Sophia, die All-Mutter‹.«[3]

Ein gnostischer Schöpfungsmythos berichtete, daß Sophia von der weiblichen Ur-Macht Sige (Schweigen) geboren wurde. Sophia selbst gebar einen männlichen und einen weiblichen Geist, den Christus und die Achamoth. Die Achamoth schenkte den Elementen und der irdischen Welt das Leben; danach gebar sie den neuen Gott Ildabaoth (Sohn der Dunkelheit) und fünf planetarische Geister, die später als Emanationen des Jehovah galten: Iao, Sabaoth, Adonai, Eloi und Uräus. Diese Geister erschufen die Erzengel, die Engel und schließlich die Menschen.

Ildabaoth oder Jehovah verbot den Menschen, von der Frucht der Erkenntnis zu essen, aber seine Mutter Achamoth sandte ihren eigenen Geist in der Form der Schlange Ophis zur Erde, um die Menschen zu lehren, dem eifersüchtigen Gott ungehorsam zu sein. Die Schlange wurde auch als der Christus bezeichnet, der trotz des göttlichen Verbotes den Adam lehrte, von der Frucht der Erkenntnis zu essen.[4]

Sophia sandte den Christus in der Gestalt ihres eigenen Totemtieres, der Taube, erneut zur Erde: Als Jesus im Jordan getauft wurde, zog der Christus-Geist in ihn ein. Nachdem Jesus gestorben war, verließ Christus dessen Körper und kehrte zum Himmel zurück. Sophia gab Jesus einen Ätherleib und setzte ihn im Himmel ein, damit er ihr half, Seelen zu sammeln.[5] Manche meinten, Jesus sei der Gemahl der Sophia geworden und seine Herrlichkeit hätte auf dieser Heiligen Hochzeit beruht; als einer der Aeonen war er nur ein niederer Geist und galt als »gewöhnliche Frucht« der *pleroma* (griech. »Fülle«, eine Bezeichnung für die Welt der Götter).[6]

Einige sagten, Sophia sei ebenfalls die Mutter des Jesus gewesen, denn sie war die Jungfrau des Lichtes, deren Geist in den Leib der Maria einging, um Jesus zu empfangen.

Sie ging auch in den Leib der Elisabeth ein, um Johannes den Täufer zu empfangen. Manche meinten, die Sophia sei für Gott das gewesen, was die Metis für Zeus war: sein »Geist« oder seine »Klugheit«. Aber die rein männliche Kirche konnte die Sophia nicht annehmen. Die drei mächtigen weiblichen Kräfte des gnostischen Schöpfungsmythos waren allesamt höheren Ranges als Jehovah; zwei widersetzten sich sogar seiner Tyrannei und erlösten so die Menschheit aus der Unwissenheit. Dies war freilich eine Version, die in der paulinischen Kirche auf wenig Gegenliebe stieß.

Nichtsdestoweniger wurde die Sophia von östlichen ChristInnen hingebungsvoll verehrt. Ihr größtes Heiligtum wurde im sechsten nachchristlichen Jahrhundert in Konstantinopel errichtet und galt als eines der Weltwunder: die Hagia Sophia, die Kirche der heiligen Sophia.

Die römischen Christen waren von diesem wunderbaren Monument für die Große Mutter peinlich berührt und behaupteten, es sei der St. Sophia, einer geringeren »Jungfrau-Märtyrerin« geweiht, deren gefälschte Legende allerdings nicht einmal ihre Lebenszeit angab. Trotz ihrer Jungfräulichkeit galt sie als Mutter dreier Töchter, die ebenso »Jungfrau-Märtyrerinen« waren: Glaube, Hoffnung und Liebe. Diese Legende mag aus dem Sprichwort »Weisheit gebiert Glaube, Hoffnung und Liebe *(caritas)*« entstanden sein. Die »Biographen« der Heiligen haben es wörtlich genommen und bei dieser Gelegenheit – wohl wegen »caritas« (engl. *charity*) – die drei dort genannten Tugenden mit den drei Charitinnen (dem römischen Gegenstück der griechischen Grazien) verwechselt. Katholische Gelehrte behaupten nun, die Hagia Sophia sei niemals der Großen Mutter – nicht einmal einer weiblichen Heiligen – geweiht gewesen. Sie sagen, daß Hagia Sophia – griechisch einfach »Heilige Weibliche Weisheit« – in Wirklichkeit mit »Christus, das Wort Gottes« zu übersetzen sei.[7]

Die jüdische »Weisheitsliteratur« ist dem Kult der Sophia, die im mittelalterlichen jüdischen Kabbalismus als die Schechina Gottes wieder erscheinen sollte, sehr verpflichtet. Dessen ungeachtet belegen das achte und das neunte Kapitel der Sprüche Salomos den alten Konflikt zwischen den Anhängern der Sophia und den Anhängern Gottes. In den ersten Abschnitten werden die Segnungen dargestellt, die den Verehrern der Sophia – hier wird sie »Weisheit« genannt – zuteil werden:

> *Ruft nicht die Weisheit, und die Klugheit läßt sich hören? / Öffentlich am Wege und auf den Straßen steht sie. / An den Toren bei der Stadt, da man zur Tür eingeht, schreit sie: / O ihr Männer, ich schreie zu euch, und rufe den Leuten. / Merkt ihr Unverständigen auf Klugheit / und ihr Toren, nehmt es zu Herzen. / Höret, denn ich will reden, was fürstlich ist, / und lehren was recht ist. / Denn mein Mund soll die Wahrheit reden. /... Denn Weisheit ist besser als Perlen; / und alles was man wünschen mag, kann ihr nicht gleichen. / Ich, Weisheit, wohne bei der Klugheit, / und ich weiß guten Rat zu geben. /... Mein ist beides, Rat und Tat; / ich habe Verstand und Macht. / Durch mich regieren die Könige / und setzen die Ratsherren das Recht. / Durch mich herrschen die Fürsten / und alle Regenten auf Erden. / Ich liebe, die mich lieben; / und die mich frühe suchen, finden mich. /... Ich wandle auf dem rechten Wege, / auf der Straße des Rechts, / daß ich wohl versorge, die mich lieben / und ihre Schätze voll mache. /... Wohl dem Menschen, der mir gehorcht, / daß er wache an meiner*

> *Tür täglich, / daß er warte an den Pfosten meiner Tür. / Wer mich findet, der findet das Leben. / ... Wer aber an mir sündigt, / der verletzt seine Seele. / Alle, die mich hassen, / lieben den Tod.* (Sprüche 8, 1 ff.)

Dies war die eine Seite der Werbekampagne um die öffentliche Gunst. Im darauf folgenden Kapitel kommt die Gegenseite zu Wort; der Gott gibt die Verehrung der Göttin und ihre Priesterinnen der Lächerlichkeit preis:

> *Die Weisheit baute ihr Haus und hieb sieben Säulen, / schlachtete ihr Vieh und trug ihren Wein auf / und bereitete ihren Tisch / und sandte ihre Dirnen aus / zu rufen oben auf den Höhen der Stadt: / »Wer unverständig ist, der mache sich hieher!« / und zum Narren sprach sie: / »Kommt, zehret von meinem Brot / und trinket von meinem Wein, den ich schenke.« / ... Der Weisheit Anfang ist des Herrn Furcht / und den Heiligen erkennen ist Verstand. / Denn durch mich [= Gott] werden deiner Tage viel werden, / und werden dir der Jahre des Lebens mehr werden. / ... Es ist aber ein törichtes, wildes Weib, / voll Schwätzens und weiß nichts; / die sitzt in der Tür ihres Hauses auf dem Stuhl, / oben in der Stadt, / zu laden alle, die vorübergehen / und auf ihrem Wege wandeln: / »Wer unverständig ist, der mache sich hieher!« / ... Er weiß aber nicht, das daselbst Tote sind / und ihre Gäste in der tiefen Grube.* (Sprüche 9, 1 ff.)

Die »Höhen der Stadt« bedeuteten Tempel; mit dem »törichten wilden Weib« war also die Göttin gemeint, die den Widerstand der Gefolgseute des Gottes erfahren mußte. Dennoch war sie noch im Mittelalter als Sophia Sapientia, die Dame Weisheit, nachweisbar. Sie war die herrschende Gottheit der gnostischen Philosophen, die sagten, die Weltseele würde aus ihrem Lächeln geboren.[8]

1. Graves, W. G., 184. 2. Legge 2, 69. 3. Malvern, 43, 53.
4. Jonas, 204. 5. Legge 2, 69ff. 6. Jonas, 188. 7. Attwater, 127, 312.
8. Neumann, A. C. U., 56.

Soteira

»Erlöserin«; einer der Titel der Persephone; die weibliche Form von griechisch *soter*, »Erlöser« oder »Säer des Samens«. Das Wort entstammt uralten Vorstellungen vom Erlöser als einem phallischen Gott, der in und mit seinem Tod die Erde befruchtete. Persephone erhielt diesen Titel in ihrem Aspekt der alljährlich von Pluto oder Hades als Braut in die Unterwelt entführten Göttin.

Sothis

Griechisch-ägyptischer Name des Sirius; der hellste Stern am Himmel, der »im Osten aufging«, um alljährlich zu Beginn des Nilhochwassers die Ankunft des Erlösers Osiris zu verkünden. »Drei Weise Männer« meldeten das Erscheinen des Sothis – es sind die drei Sterne im Gürtel des Orion, die direkt zum Sirius hinweisen. Als das »Auge« des großen Hundes (Canis Major), wurde Sirius manchmal Canopis (Hundeauge) genannt; den gleichen Namen trug die heilige Stadt des Anubis, der als Hund des Todes die Seele des Osiris gefangenhielt und sie bis zu dessen Wiedergeburt im Stern Sothis aufbewahrte. (Siehe **Hund**.)

Spartakus

Thrakischer Sklave, der im Jahre 73 v. Chr. einen kurzlebigen Sklavenaufstand gegen die römische Regierung anführte. Spartakus war ein selbsternannter orphischer Erlöser, der sich als eine Inkarnation des Gottes betrachtete. Seine Gemahlin – eine Priesterin des Orpheus-Dionysos – sah in einem Traum, wie sich die orphische Schlange um den Kopf des Spartakus wand; sie deutete den Traum dahingehend, daß Spartakus große Taten vollbringen und als Heros sterben würde.[1] Ihre Prophezeiung erfüllte sich: Der Aufstand des Spartakus wurde schnell niedergeschlagen; er selbst wurde gefangengenommen und nach Art der Heiligen Könige hingerichtet.

1. Dumézil, 517.

Speichel

Sowohl Mohammed als auch Christus behaupteten, die Sehkraft eines Blinden wiederhergestellt zu haben, indem sie dessen Augen mit Speichel benetzten (Markus 8, 23). Dies sind Nachahmungen von Heilungen, die früher den Priesterinnen der Göttin zugeschrieben wurden. Auf einer Tontafel aus Ninive heißt es, daß Augenleiden geheilt werden könnten, wenn eine Tempel-Hure Speichel und Milch vermische. Die RömerInnen glaubten, Blindheit könne mit dem Speichel einer Mutter von Söhnen geheilt werden. Noch im 19. Jahrhundert versuchten italienische VolksheilerInnen, Blindheit mit dem Speichel und der Milch der Mutter eines zu früh geborenen Kindes zu heilen.[1]

Der Glaube an die wunderbare Heilkraft des weiblichen Speichels läßt sich bis zum Tantrismus und seiner chinesischen Variante, dem Taoismus, zurückverfolgen. In den Schriften beider Richtungen wurde Frauenspeichel als »große Medizin« bezeichnet; er galt neben Muttermilch und Menstruationsblut als einer der drei wunderbaren Yin-Säfte.[2]

Heidnische Heroen des Abendlandes heilten Blindheit ebenfalls mit Speichel – diese Praxis war derartig verbreitet, daß mittelalterliche Kirchenmänner zu der Behauptung Zuflucht nahmen, sie sei eines der Erkennungszeichen des Antichristen.[3]

1. Gifford, 63. 2. Rawson, E. A., 234. 3. Gifford, 120.

Sphinx

Die Mutter Hathor gab Männern als löwenköpfige Sphinx ihr geheimnisvolles Rätsel auf; wer immer es nicht lösen konnte, wurde von ihr getötet – bis König Oedipus die Antwort fand und die Sphinx aus Theben verbannte. Das Rätsel lautete: »Was geht des Morgens auf vier Beinen, des Mittags auf zwei Beinen, des Abends auf drei Beinen und ist am schwächsten, wenn es am meisten gestützt wird?« Die Antwort lautete entweder »ein Mensch« oder »Gott«. Hathors Nachkomme, der Sonnengott Ra, wurde am Ende eines jeden Tages alt und schwach und benutzte ein drittes Bein: einen Stock.[1] Manche sagten, die Schwäche des Ra sei durch einen Fluch seiner Mutter entstanden.

Wie die doppelgesichtige Göttin der Geburt und des Todes blickte die Sphinx manchmal mit zwei Köpfen und zwei Oberkörpern in zwei Richtungen. Diese Skulptur wurde – der griechischen Bezeichnung der Göttin als Alpha und Omega vergleichbar – *xerefu* und *akeru*, »die Löwen des Gestern und des Heute« genannt.[2]

1. Graves, G. M. 105.a. 2. Budge, E. L., 61

Spiegel

Die Menschen des Altertums sprachen jeder reflektierenden Oberfläche, ob fest oder flüssig, geheimnisvolle Kräfte zu, denn sie hielten das Spiegelbild für einen Teil der Seele. Das Aufrühren von Wasser, in das eine Person blickte, war mit schweren Tabus belegt, denn die Zerstörung des Spiegelbildes bedeutete eine Gefahr für die Seele. Daher stammt auch das Tabu für das Zerbrechen eines Spiegels, und noch heute soll das Zerbrechen eines Spiegels sieben Jahre Unglück bringen.

Die Beschädigung der Spiegelbild-Seele war die eigentliche Grundlage für den Narziß-Mythos, der normalerweise als eine Fabel für übertriebene Eigenliebe mißverstanden wird. Narziß konnte es nicht über sich bringen, das Spiegelbild seines schönen Gesichts im Zauberteich der Nymphe Echo zu verlassen. Deshalb verlor er all seine Lebenskraft, starb und wurde zu einer Blume am Ufer. Auch Echo schmachtete dahin, bis von ihr nichts als eine Stimme übrig war. Echo war nach Glaubensvorstellungen, die noch heute unter AfrikanerInnen und MelanesierInnen zu finden sind, die Göttin des Wassertodes, die auf der Lauer lag, um jemandes Spiegelbild-Seele zu erwischen.[1] Narziß war ein anderer Name des geopferten Frühlingsblumen-Helden, der auch Antheus, Adonis, Hyazinth oder Dionysos genannt wurde und in Kreta, Mykenä und Lakedaemon an dem Maitag mit dem Namen Heroantheia (Heldenblühen) starb.[2]

Ein Spiegel führte in dem pelasgischen Mythos von Dionysos zum Tod des Gottes. Die Titanen fingen in ihm seine Seele ein, so wie die Seele von Narziß im spiegelnden Wasser gefangen war. Dionysos wurde dann im Ritus der Omophagie in Stücke gerissen (siehe **Kannibalismus**). Die ZigeunerInnen erzählten viele Jahrhunderte später die Geschichte von Dionysos neu. Sie verwandelten ihn in den Erleuchteten oder Verwünschten Jäger, dessen Seele eine »Zauberin« Mara, dieselbe Göttin wie der Todesgeist Mara der Hindus, in einem Spiegel einfing.[3] Mara oder Mora war bei den slawischen ZigeunerInnen die zerstörende Schicksalsgöttin, die auf den Nachtwinden ritt und »das Blut von Männern trank«.[4] Der tragisch verstorbene Narziß wurde als ein Heiliger in den christlichen Kanon aufgenommen; er soll im ersten Jahrhundert ein »Bischof« von Jerusalem gewesen sein (als es in Jerusalem noch gar keine Bischöfe gab). Dieser heilige Narzissus lebte, statt wie sein ephebischer Namensvetter auf der Höhe seiner Jugend und Schönheit zu sterben, bis zum gesegneten Alter von 116 Jahren.[5] Er war einer der Pseudoheiligen, deren Legenden die HeidInnen davon überzeugen sollten, daß der christliche Glaube das Geschenk der Langlebigkeit gewähren könne.

Spiegel wurden in christlichen Vorstellungen oft mit dem Tod in Zusammenhang gebracht. Dämone, Werwölfe, Vampire und andere »seelenlose« Kreaturen besaßen kein Spiegelbild. Viele Menschen drehen noch heute nach einem Todesfall im Hause die Spiegel zur Wand. Dem liegt der Glaube zugrunde, daß Spiegel die Seelen der Lebenden fangen oder die Seelen der Toten auf ihrer Reise aufhalten könnten.[6] Es wird gesagt, jeder, der in einem Haus, in dem gerade jemand gestorben ist, in einen Spiegel sieht, erblicke nicht sein eigenes Gesicht, sondern das Gesicht des Verstorbenen.[7] Papst Johannes XXII. fürchtete sich ganz besonders vor Spiegeln; er behauptete, daß Zauberer Teufel senden würden, die ihn aus Spiegeln angreifen sollten.[8]

Der sogenannte Hexenspiegel konnte aus poliertem Stein, einer Metallplatte, einem Kristall oder einer Schale mit Wasser oder Tinte bestehen. Wasser verkörperte den Abgrund, die numinos verborgene Geisterwelt; seine Reflektionen wurden vielleicht als der Schatten zukünftiger Ereignisse verstanden. Das Land der Seelen erschien in Märchen oft als eine Spiegelhalle.[9]

Die Kabbalisten behaupteten, sie würden den Willen der sieben planetarischen Geister in sieben Spiegeln lesen; jeder dieser Spiegel war aus dem Metall für einen bestimmten Wochentag gemacht und entsprach der jeweiligen Gottheit und dem ihr unterworfenen Themenbereich. Fragen über das auserwählte Volk wurden an einem Sonn-Tag an einen goldenen Spiegel gerichtet. Der Montag (Mond-Tag) war mit einem Spiegel aus Silber für Träume und mystische Erleuchtung zuständig. Dienstags konnten mit einem Marsspiegel aus Eisen Feindschaften und Prozesse geregelt werden. Wegen Geldangelegenheiten wurde am Mittwoch ein Merkurspiegel aus Quecksilber in Glas konsultiert. Am Donnerstag konnte ein Jupiterspiegel aus Zinn über weltliche Erfolge befragt werden. Die Klärung von Liebesfragen geschah freitags mit einem Venusspiegel aus Kupfer. Und mit einem Saturnspiegel aus Blei konnten am Sonnabend verlorene Gegenstände und Geheimnisse wiedergefunden werden.[10]

Die esoterische Bedeutung des Spiegels erklärte schon vor langer Zeit Plotin. Er brachte ihn dabei mit der hinduistischen Vorstellung von Maya als Schöpferin der »Spiegelbilder« spiritueller Realität im Spiegel der materiellen Welt in Verbindung. »Materie dient als ein Spiegel, auf den die Weltseele die Bilder oder Spiegelbilder ihrer Schöpfungen projiziert, und so entstehen die Phänomene des wahrnehmbaren Universums.«[11]

Orientalische Mystiker zogen die Schlußfolgerung, daß die Weltseele in Wirklichkeit die eigene Seele eines jeden Menschen sei, in der die Realität dunkel wie in einem Spiegel wahrgenommen wird. In einem buddhistischen Aphorismus heißt es: »Jede Existenz ist ein Reflex in einem Spiegel, ohne Substanz, nur ein Phantom des Geistes. Wenn der begrenzte Geist handelt, dann entstehen alle Arten von Dingen; hört der endliche Geist auf zu handeln, dann hören alle Arten von Dingen auf.«[12] Mit anderen Worten: Die Welt existiert nur für diejenigen, die leben und sie wahrnehmen. Westliche Philosophen spielten immer wieder mit diesem Gedanken. Sie gingen dabei bis zu der logischen, aber irrationalen Vorstellung, daß das Universum überhaupt nicht existierte, wenn es keine intelligenten Wesen gäbe, um es wahrzunehmen.

1. Frazer, G. B., 223 (dt. 281). 2. Graves, G. M. 1, 113. 3. Groome, 131f. 4. R. E. L. Masters, 188. 5. Brewster, 467. 6. Clodd, 33f. 7. Cavendish, P. E., 36. 8. White 1, 384. 9. Guerber, L. R., 219. 10. Jobes, 90. 11. Shirley, 42. 12. Evans-Wentz, 227 (dt. 309).

Spinne

Die Spinne Arachne war eine Totem-Gestalt der Schicksalsspinnerin, die auch als Klotho, Athene oder Moiren-Jungfrau bekannt war. Es gibt einen klassischen Mythos, in dem die eifersüchtige Athene das Mädchen Arachne in eine Spinne verwandelte; aber auch als Spinne übte Arachne ihre unvergleichliche Web- und Spinnkunst weiterhin aus. Dieser Mythos wurde irrtümlich aus einem kultischen Bild abgeleitet, das Athene mit einer totemistischen Spinne zeigte, die den Schicksalsfaden spann und ihn zu einem Netz verwebte, aus dem die Zukunft vorausgesehen werden konnte. Ein englischer Autor des 17. Jahrhunderts war noch durchaus der Ansicht, daß »Minerva« (Athene) den Spinnen die besondere Befähigung verliehen hatte, das Wetter vorherzusagen.[1]

Im Hindu-Mythos verkörperte die Spinne die Maya, den Jungfrauen-Aspekt der dreifachen Göttin; als solche war sie die Spinnerin der Magie, des Schicksals und der irdischen Erscheinungen.[2] Das Spinnennetz wurde mit dem Schicksalsrad verglichen; die Spinne selbst stand für die Göttin als Spinnerin, die im Zentrum ihres radförmigen Netzes sitzt.

Die Beobachtung, daß weibliche Spinnen mitunter ihre Männchen auffressen, führte zur Gleichsetzung der Spinne mit der Todesgöttin; Maya wurde zur Kali-Uma verwandelt. Die Ursprünge aztekischer Mythen deuten in rätselhafter Weise auf das Herkunftsland Indien hin; in diesen Mythen verkörpern Spinnen die Seelen kriegerischer Frauen des vor-aztekischen Matriarchats – wie etwa die amazonischen Schicksalsspinnerinnen. Am jüngsten Tage sollen diese Frauen an ihren seidenen Fäden vom Himmel herabsteigen und – wie die achtbeinigen Walküren – alle Männer der Erde verschlingen. Tatsächlich gibt es auch in skandinavischen Mythen Anklänge an diese Vorstellungen: Odins Pferd Sleipnir war grau und hatte – wie eine Spinne – acht Beine; in Verbindung mit dem Galgen, an dem Odin hing, verkörperte es zugleich Odins »Schicksal«.

Das mittelalterliche Europa stellte üblicherweise eine Gedankenverbindung zwischen Spinnen und Hexen her. Das Volksmärchen von der Spinne und der Fliege läßt an den einst weitverbreiteten Glauben denken, dem zufolge Fliegen Seelen auf der Suche nach einem weiblichen Wesen waren, das sie schlucken und ihnen die Wiedergeburt gewähren würde.[3] (Siehe **Arachne**.)

1. Hazlitt, 625. 2. B. Butler, 244, 3. Spencer, 96.

Starkad

Ein vielarmiger altnordischer Gott; Thor riß ihm alle Arme bis auf zwei heraus, um ihm »eine schönere Gestalt zu verleihen«, aber sein Körper zeigte weiterhin die Narben der herausgerissenen Gliedmaßen. Er war einer der *risi*, der älteren Götter oder Riesen. *Risi* ist eine Abwandlung des Sanskrit-Wortes *rishi* (ein Weiser); ursprünglich handelte es sich bei Starkad also offensichtlich um ein Hindu-Idol vom Typ des Vielarmigen, wie es in Indien heute gefunden werden kann.[1] Dieser Mythos bezeugt die asiatische Herkunft der nordeuropäischen Arier.

1. Turville-Petre, 206, 231.

Stechpalme (Ilex)

Bei den Druiden galt die Stechpalme als Symbol von Tod und Wiedergeburt. Sie war der heilige Baum der Mutter Holle, oder Hel, der Göttin der Unterwelt.[1] Germanische Hexen, die diese verehrten, bevorzugten das Holz der Stechpalme, *holly wood*, für ihre Zauberstäbe. Die roten Beeren repräsentierten die Farbe des weiblichen Lebensblutes, so wie die weißen Beeren der Mistel mit den männlichen Elementen Samen und Tod assoziiert wurden. Während der beim Julfest zelebrierten Heiligen Hochzeit wurden die Beeren beider Pflanzen gemeinsam ausgebreitet.

Die englische Bezeichnung für die Stechpalme, *holly*, ist sprachlich verwandt mit *hole*, »Loch«, **Hel**s yonischer »Höhle«. Wie ein mittelalterlicher heidnischer Lobgesang zum Julfest verrät, galt sie als der heiligste aller Bäume: »Der Stechpalme gebührt die Krone.«[2]

Der Dionysoskult verband die weibliche Stechpalme mit dem Efeu, dem männlichen Gottessymbol.[3] Zur Sonnwendfeier wurden die Hauseingänge mit grünen Zweigen beider Pflanzen geschmückt. Tertullian verdammte diesen Brauch. Er meinte, daß ein Christ, der »sich von den Tempeln losgesagt hat«, nicht seine eigene Haustür zum Tempel machen sollte.[4] Dennoch wurden die Häuser zur Sonnenwendfeier weiterhin mit Stechpalmen-, Efeu- und Mistelzweigen geschmückt. Das Konzil von Bracara verbot allen ChristInnen, zu Weihnachten Stechpalmenzweige in ihr Haus zu bringen, weil dies ein Brauch »heidnischer Menschen« sei.[5] Heidnisch oder nicht, der Brauch war fest mit dem Julfest verbunden und konnte nicht ausgerottet werden.

Bracara
Die heutige Stadt Braga im Nordwesten Portugals. Sie wurde von den Römern als Bracara Augusta gegründet. Im Jahr 563 n. Chr. fand hier ein Kirchenkonzil statt.

Sogar die sexuelle Symbolik der Stechpalme lebte in bestimmten Bräuchen bis ins 17. Jahrhundert fort. Zu den Spielen der Weihnachtszeit gehörte ein Scheinkampf der Geschlechter, den der Hausherr und die Dame des Hauses miteinander ausfochten: »Heftig ist der Zank zwischen Stechpalme und Efeu, ob nun der Herr oder die Dame die Hosen anhat.«[6] Der Kuß unter dem Mistelzweig repräsentierte ursprünglich die geschlechtliche Vereinigung, also die friedliche Lösung des Kampfes.

1. Goodrich, 54. 2. Graves, W. G., 186 (dt. 208). 3. Lys, 63. 4. Miles, 269. 5. Hazlitt, 118, 127. 6. Ebd., 120.

Stein der Weisen

Siehe **Alchimie**

Stella Maris

»Stern des Meeres«; ein Beiname der Isis, Ishtar, Aphrodite, Venus, Mari-Anna und der Jungfrau Maria. Es hieß, Hieronymus sei der erste gewesen, der den alten Göttinen diesen Titel geraubt und ihn auf die Maria übertragen habe.[1] Als »Stern des Meeres« galten verschiedentlich der Planet Venus (der Morgen- und Abendstern), der Polarstern, der die *axis mundi* (Weltachse) bezeichnete, der Sirius oder der Leitstern der Plejaden.

1. Jobes, 350.

Stier

Die biblische Bezeichnung, die mit »Gott« übersetzt wird, ist *El*, ursprünglich der Titel des phönikischen Stiergottes, der als Vater der Menschen bezeichnet wurde. Als die »höchste Gottheit des semitischen Pantheons wurde El in ganz Syrien neben den lokalen Gottheiten oder Ba'als verehrt. Einer seiner Titel war tatsächlich ›der Stier‹.«[1]

Wie Zeus als Stier der Gefährte der weißen Mondkuh Hera-Europa-Io war, heiratete El die Göttin **Aschera**, die semitische Form der heiligen Kuh. Er wurde mit Elias oder Helios, dem Sonnengott, gleichgesetzt. Er war noch zur Zeit Jesu der semitische Vater der Menschen, und Jesus rief nach ihm vom Kreuz und nannte ihn Vater (Markus 15,34).

Fast jeder Gott der antiken Welt inkarnierte sich früher oder später in einem Stier. Der kretische Mondkönig namens Minos inkarnierte sich in einer Folge von Minotauren (Mond-Stieren), die stellvertretend für den König geopfert wurden. Yama, der hinduistische Herr des Todes, trug den Kopf eines Stiers und wurde zum Richter der Unterwelt, ähnlich wie Minos.[2] Shiva inkarnierte sich in dem weißen Stier Nandi.[3] Der wirkliche Grund, daß sich König Nebukadnezar »von Gras ernähren« (Daniel 4,30) mußte, lag wahrscheinlich darin, daß seine Seele sich zeitweilig im Körper des göttlichen Opferstiers befand. Die Hofpropheten der Könige Israels trugen Stiermasken, während sie Zaubersprüche für den Sieg über die Feinde ausriefen (1. Könige 22, 11).[4]

Die Verehrung von Stieren war ein bedeutender Teil des Mithraskultes. Dem Stierblut wurde die Macht zugeschrieben, alle Lebewesen der Erde ohne die Hilfe einer Kuh zu erzeugen, obwohl ihre Macht unausgesprochen dabei war, da das Blut aufgefangen und vom Mond magisch behandelt wurde. Der Stier war Anahit geweiht, einer persischen Form der Mondgöttin, die von den GriechInnen Artemis Tauropolos, »Stiertöterin«, genannt wurde. Der stiertötende Erlöser **Mithras** war eine späte, maskulinisierte Form dieser Göttin.[5] Wie die meisten patriarchalischen Symbole waren auch die des Mithraskultes von den Mythen der asiatischen Großen Göttin übernommen worden. Eine Statue der Kali in den Höhlen von Ellora (in Indien) zeigt sie in der typischen Haltung des Mithras: Sie zieht das Maul des Opferstieres hoch und bereitet ihn so auf die Schlachtung vor.[6]

Der Stier wurde bei dem römischen Taurobolium zu Ehren von Attis, Kybele oder Mithras für eine Bluttaufe getötet. »Es wurde eine Grube gegraben, über der eine Plattform aus Brettern errichtet wurde, die

Löcher und Lücken hatte. Auf der Plattform wurde der Opferstier getötet, dessen Blut über den Initianden in der Grube strömte … dieser drehte sich und richtete seinen Kopf auf, damit das Blut auf seine Lippen, Ohren, Augen und Nasenlöcher rinnen konnte. Er befeuchtete seine Zunge mit dem Blut, das er dann als einen sakramentalen Akt trank. Begrüßt von den Zuschauern kam er dann aus seiner blutigen Taufe hervor, sicher, daß er von seinen Sünden gereinigt war und ›wiedergeboren für die Ewigkeit‹.«[7] Der Teilnehmer des Tauroboliums machte genau das, was die Christen »im Blut des Lammes waschen« nannten.

Der ägyptische Erlöser Osiris wurde in Stiergestalt als Apis-Osiris verehrt, Mondstier Ägyptens, der jährlich zur Vergebung der Sünden des Königreiches geschlachtet wurde.[8] In der Zeremonie seiner Wiedergeburt erschien er als das Goldene Kalb Horus, geboren von Isis, deren Bild eine goldene Kuh war. Das gleiche Goldene Kalb wurde von den Israeliten unter Aaron angebetet (Exodus 32, 4).

Der orphische Gott Dionysos nahm ebenfalls die Gestalt eines Stiers an; eine seiner frühen Inkarnationen war der kretische Stiergott Zagreus, »der göttliche Stier«, gleichzeitig Sohn und Reinkarnation von Zeus und eine weitere Version des Minotaurus. Der Gott war auf der Erde ein Stier, und in der Unterwelt, seiner Phase der Verjüngung, eine Schlange. Die orphische Formel lautete: »Der Stier ist der Vater der Schlange, und die Schlange ist der Vater des Stiers.«[9] Dionysos wurde immer wieder reinkarniert, und manche sahen in ihm den persischen **Messias**. Im Buch Henoch wird der Messias als weißer Stier dargestellt.[10]

Die athenischen Legenden der Moiren (**Schicksalsgöttinnen**) verglichen alle Menschen mit dem Opferstier, dem von der Hand des Schicksals früher oder später der Tod bestimmt ist. Im mittelalterlichen Glauben hieß die Göttin des Schicksals Mora, sie war ein nächtlicher Geist, der die Welt durchstreifte und die Menschen ergriff und sie zerquetschte, bis sie »wie die Stiere brüllten«. Sie wurde als heilige Maura christianisiert, und an ihrem Tag war es den Frauen verboten zu nähen, damit sie nicht wie die Moiren »den Lebensfaden abschnitten«.[11]

Im mittelalterlichen England stellten die Bräuche am Vorabend des Dreikönigstages die Überreste des Stierkultes deutlich in den Vordergrund. Ein großer Kuchen mit einem Loch in der Mitte wurde über das Horn eines Stieres geworfen, um eine Lingam-Yoni zu bilden. Dann wurde der Stier gekitzelt, »damit er den Kopf herumwarf«. Wenn er den Kuchen hinter sich warf, gehörte er der Herrin, warf er ihn nach vorne, gehörte er dem Vogt.[12] Diese Zeremonie leitete sich wahrscheinlich von einem alten Brauch des Wahrsagens her. Wie allen Opfern, die bereits den übernatürlichen Bereichen geweiht waren, wurden auch dem Stier prophetische Fähigkeiten zugeschrieben.

1. *Larousse*, 74. 2. Campbell, M. I., 409. 3. Campbell, Or. M., 90.
4. Hooke, S. P., 160. 5. Cumont, M. M., 20, 137. 6. Ross, 40. 7. Angus, 94f.
8. Budge, G. E. 2, 349. 9. Legge, 39. 10. Hooke, S. P., 138. 11. Lawson, 175.
12. Hazlitt, 603.

Stoizismus

Griechisch-römische Philosophenschule; sie gründete sich auf die Verehrung des Schicksals als einer Göttin, deren Gesetz die ständige Vereinigung, Auflösung und Wiedervereinigung der Elemente *(stoicheia)* regelte. Die unendliche Vielfalt der Kombinationsmöglichkeiten elementarer Bestandteile »ließ alle wahrnehmbaren Phänomene entstehen«.[1]

Nach den Lehren der Stoiker war es selbst Göttern nicht möglich, die karmischen Gesetze der Natur aufzuheben – auch die Götter waren diesen Naturgesetzen unterworfen und würden dereinst wie alle anderen Kreaturen vergehen. So standen die Stoiker im Gegensatz zu der jüdisch-christlichen Vorstellung, nach der Gott seine eigenen Gesetze von Zeit zu Zeit durch Wunder brach. Den Stoikern zufolge war hingegen alles Seiende natürlich.

Die stoische Auffassung des Schicksals oder der Nemesis ähnelte der tantrischen Vorstellung von der Kali als Schwarzer Göttin des Weltalls. Die Göttin zu kennen bedeutete, die Tatsache des Todes anzunehmen und sich dem Schicksal und seinen Fügungen so würdevoll wie möglich zu beugen.

Römische Intellektuelle wie Seneca und Lukrez, die religiöse Geschäftemacherei und Heuchelei verabscheuten, waren vom Stoizismus angetan. Der stoische Weise Persius scheint eine Art Vorbild für die Geschichte von Christus und den Geldwechslern im Tempel abgegeben zu haben. Persius war der erste, der die Frage stellte: »Was hat das Gold an einem heiligen Ort zu suchen?«[2]

Die frühen Christen neideten der stoischen Theologie die ästhetische Eleganz und versuchten, sie ihrem System einzuverleiben; die Grundlagen stoischen und christlichen Denkens bildeten allerdings unversöhnliche Gegensätze. »Der Unterschied zwischen beiden Auffassungen muß sich unweigerlich offenbaren. ... Die stoischen Ethiker sind Selbstversorger, sie gehen sozusagen von der Natur aus und verlassen sich nicht auf die Gnade; sie sind unabhängig und benötigen keine Erlösungs-Lehre. ... Es gibt keine Gemeinsamkeit zwischen ihnen und den Christen – mit Ausnahme der Gedanken, die die Christen einst von ihnen übernommen haben.«[3]

Antonius Marcus Aurelius (121–180), römischer Kaiser und stoischer Philosoph, dessen hauptsächlich auf Feldzügen entstandenen »Selbstbetrachtungen« bis in die Gegenwart hinein viel gelesen werden.

Trotzdem strebten christliche Bewunderer des Stoizismus danach, sich stoische Prinzipien zu anzueignen – etwa die brüderliche Einstellung der Menschheit gegenüber, die das christliche Evangelium nicht lehrte. Augustinus übernahm sogar einen Ausspruch, den Marc Aurel mit seiner stoischen Vision von der »Stadt des Zeus«, in der alle Rassen geschwisterlich miteinander leben, geprägt hatte – er änderte lediglich den Namen der Stadt in »Stadt Gottes« um.[4]

1. Cumont, A. R. G. R., 68. 2. Rose, 267. 3. Guignebert, 367f.
4. Guthrie, 65.

Styx

»Schaudern«, »Das, Was Tabu ist«; der Hauptfluß der Unterwelt in der griechischen Mythologie.[1] Der Styx war tabu, weil er mit dem Menstruationsblut der Mutter Erde gleichgesetzt wurde, das aus ihrem geheimen yonischen Heiligtum in einen Berg bei der Stadt Clitor floß.[2] Wie die meisten Flüsse der alten Welt wurde auch der Styx als Göttin personifiziert und »Tochter des Okeanus« genannt. Diese Göttin vermählte sich mit dem Pallas (*phallos*, dem Lingam) und gebar Kraft, Macht und Herrschaft (Nike). Dies war ein mythischer Ausdruck für die magische Kraft, die in der Verbindung von Menstruationsblut und Samen vermutet wurde.[3]

Der Styx durchfloß die Unterwelt in sieben Windungen: ein Überrest des alten Glaubens, daß die Schwangerschaft sieben Mond-Monate dauerte und die Wiedergeburt nach sieben Mond-Zyklen erfolgen würde. Wer das Land der Wiedergeburt vom Tode betreten wollte – so hieß es – hatte den Styx zu überqueren; in diesem Sinne überquerten jüdische Weise den Jordan, und auch **Thomas der Reimer** überquerte den Fluß des Blutes, um in das Feenland zu gelangen. Styx und Jordan waren sowohl Geburts- als auch Todesflüsse. Ein anderer Name des Styx war Alpha, »Geburt«. Wenn ein Mann siebenmal im Jordan untertauchte, »wurde sein Fleisch wieder wie das eines kleinen Kindes« (2. Könige 5, 14).

Der alte Glaube, daß ein Toter sich vom Fährmann Charon über den Styx setzen lassen mußte, war in Griechenland, Irland und anderen Ländern bis zum 17. und 18. Jahrhundert noch ausgesprochen lebendig. Obgleich sie dem Namen nach Christen waren, legten die Bauern dort ihren Toten üblicherweise vor der Beerdigung ein Geldstück in den Mund, damit sie »die Überfahrt bezahlen« konnten.[4]

1. J. E. Harrison, 73. 2. Graves, W. G. 240ff. 3. J. E. Harrison, 72f. 4. Hazlitt, 338.

Subinzision

Das zeremonielle Penis-Aufschlitzen, das bei einigen Naturvölkern praktiziert wurde bzw. wird, sollte die männlichen Genitalien den weiblichen ähnlich machen. Wie die Beschneidung entwickelte sich auch die Subinzision aus dem älteren Brauch der Kastration und markierte als Initiationsritus den Eintritt eines Knaben ins Mannesalter. Die erwachsenen Männer konnten so ihrer Feindseligkeit gegenüber der aufbrechenden Männlichkeit pubertierender Jugendlicher Ausdruck verleihen und gleichzeitig vorgeben, »Männer aus ihnen zu machen«.

Succubus

Die Bezeichnung mittelalterlicher Christen für einen lüsternen weiblichen Dämon; im Altertum waren Succubi unter den Namen Lamia, Hora, Tochter der Hekate, Tochter der Lilith, Empusa usw. bekannt. Der Succubus verkehrte im Traum mit Männern und saugte ihnen die Essenz ihrer Seelen (das Sperma) aus. Nächtliche Samenergüsse galten stets als Folge der Aufmerksamkeiten dieser Dämoninnen, die »den Männern zu erotischen Traum-Begegnungen mit Frauen verhelfen und sie so ihres Samens berauben können, um daraus einen neuen Geist zu zeugen«.[1] (Siehe **Incubus**.)

Ein verbreiteter Name für einen Succubus war Brizo – nach der griechischen Göttin des Schlafes, deren Name von *brizein*, »verzaubern« abgeleitet war. Brizo spielte in einer als *Brizomantie* bezeichneten Abart der Inkubation eine wichtige Rolle; wie die babylonische Traumgöttin Nanshe gewährte sie prophetische Träume, die in späteren Zeiten als »feuchte« Träume identifiziert wurden.[2]

1. Robbins, 127. 2. Wedeck, 220.

Sufismus

Ein arabisches System der Mystik, das innerhalb des Islam eine tantrische Form der Göttinnen- und Frauen-Verehrung bewahren konnte. Die mittelalterlichen Sufi-Dichter sangen – sie wurden darin später von den Barden und Minnesängern nachgeahmt – von der spirituellen Bedeutung der Liebe, die sie am Beispiel der Fravashi oder »Geist des Weges« genannten Frau veranschaulichten. Die Sufis waren der Ansicht, das Universum werde von den weiblichen Kräften der Mutterschaft und der Sexualität zusammengehalten. Um in einer fanatisierten patriarchalen Gesellschaft zu überleben, verhüllten die Sufis ihre Lehren mit vielen allegorischen Symbolen und errrichteten ein mystisches System, in dem nahezu jeder Lehrsatz durch ein Bildzeichen oder eine metaphorische Geschichte mitgeteilt wurde. Sir Richard Burton bezeichnete den Sufismus als »östlichen Vorfahr des Freimaurertums«. (Siehe **Arabien; Ritterromane; Tantrismus**.)

Sukra

»Saat«; ein Sohn des Planeten Venus. Shiva mußte, nachdem er den Sukra verschlungen hatte, eine hundertjährige Schwangerschaft erdulden, ehe er ihn durch seinen Penis ein zweites Mal gebären konnte.[1] Der Mythos des Sukra beabsichtigte – wie die Geschichten von gebärenden Männern in Griechenland und im mittleren Osten – der Meinung Geltung zu schaffen, daß auch Männer »Mütter« sein konnten. (Siehe **Gebären durch einen Mann**.)

1. O'Flaherty, 354.

Svayamara

Die Zeremonie der Bräutigam-Wahl vor-vedischer Königinnen, die den Geist der Sati als Jungfrau Kali verkörperten. Die Sati erwählte Shiva, den Verdammten, zu ihren Gemahl, indem sie ihm einen Blumenkranz um den Hals legte und so symbolisch darstellte, wie ihre Yoni seinen Lingam umschloß. Bei dieser Hochzeit mußte Shiva in der Rolle des Heiligen Königs – wie ein erschlaffender Penis – sterben; der Hochzeitskranz wurde ihm als Trauerkranz auf das Grab gelegt.[1] Seine göttliche Braut folgte ihm in die Unterwelt und geleitete ihn von dort zurück, wie es auch in den Mythen von Ishtar-Tammuz und Aphrodite-Adonis berichtet wurde.[2]

Svayamara bedeutete den Liebestod, eine grausige Konsequenz für einen Mann, der eigentlich »den Kranz der Braut« errungen hatte. Aber das Patriarchat machte den Geist der Sati später zum Inbegriff einer pflichtbewußten Ehefrau, die – ob sie wollte oder nicht – ihrem verstorbenen Gatten in die Unterwelt zu folgen hatte. »Sati« wurde zu *suttee*, der Witwen-Verbrennung, entstellt. Bis ins 19. Jahrhundert hinein war es in Indien üblich, auf dem Scheiterhaufen eines verstorbenen Ehemannes auch dessen Witwe zu verbrennen. Die britische Kolonialherrschaft verbot schließlich diesen Brauch und erklärte ihn zum Totschlag (engl. *homicide*), obwohl es sich beim *suttee* ausschließlich um *Gynozid* (Frauenmord) handelte, dem kein einziger Mann (lat. *homo*) je zum Opfer fiel.[3] Kein Witwer wurden jemals um seiner verstorbenen Gattinnen willen umgebracht.

1. *Larousse*, 335. 2. Hauswirth, 41. 3. Bullough, 242.

Swastika

Wer die Swastika nur als das Hakenkreuz der Nationalsozialisten kennt, wird erstaunt sein zu erfahren, daß sie eines der ältesten und weitverbreitetsten religiösen Symbole der Welt ist. Swastiken erscheinen bereits um 10 000 v. Chr. in der Ukraine als Schnitzereien auf Mammut-Stoßzähnen.[1] Swastiken finden sich auf den ältesten indischen Münzen.[2] In Persien, Kleinasien und Griechenland wurde die Swastika als Symbol des kreisenden *axis mundi* (lat. »Weltachse«) auf Münzen geprägt. Auf einer böotischen Amphore aus dem siebten vorchristlichen Jahrhundert erschien die Swastika als heiliges Zeichen der Göttin Artemis.[3] Das Symbol stand auch für viele andere Gottheiten von Island bis Japan und von Skandinavien bis Nordafrika. Bereits vor dem 13. vorchristlichen Jahrhundert wurde es in Troja und Mykene häufig verwendet.[4]

Das Sanskrit-Wort *svastika* bedeutet »so sei es« oder »amen«. In Japan war die Swastika das Zeichen für die Zahl 10000; weil dies für japanische Weise die größte überhaupt denkbare Zahl war, hatte die Swastika auch die Bedeutung »unendliche Größe« oder »Unendlichkeit«.[5]

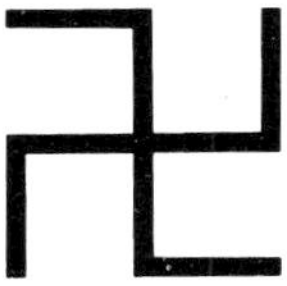

Mond-Swastika

Es gibt zwei Grundtypen von Swastiken: die nach links weisende Mond-Swastika und die nach rechts weisende Sonnen-Swastika. Die Mond-Swastika war natürlich mit dem Pfad der Linken Hand der Göttin, die Sonnen-Swastika mit dem Pfad der Rechten Hand des Gottes verbunden. (Siehe **Linke Hand**.) Für die Hindus repräsentierte die Sonnen-Swastika den Gott Ganesha, den »Herrn der Heerscharen«, die Mond-Swastika hingegen dessen jungfräuliche Braut Kali-Maya, die Mutter Buddhas.[6] Als Reinkarnation seines göttlichen Vaters zeigte Buddha das Zeichen des Kreuzes an beiden Armen.[7] Die tibetischen Buddhisten sagten, die Swastika rechter Hand stehe für den Erlöser, die Swastika linker Hand hingegen bedeute »Hexerei« oder aber auch die »Magie« der Mutter Maya.[8]

Die weibliche Mond-Swastika erhielt den Namen *sauvastika* und bezeichnete die herbstliche Jahreshälfte, in der die Kraft der Sonne abnahm; die männliche Swastika stand für das Frühlingshalbjahr mit der stärker werdenden Sonne.[9] Da die weibliche *sauvastika* nicht nur die tiefer stehende, sterbende Sonne, sondern auch deren Auferstehung zur Zeit der Wintersonnenwende symbolisierte, stand sie mitunter auch für die Wiedergeburt.

In Japan trug der neugeborene Amida, »der Buddha des unermeßlichen Lichtes«, eine linksläufige Swastika auf der Brust eingeritzt.[10] Eine vergleichbare linksläufige Swastika war der Hammer, der als Zeichen des Thor auf altnordische Münzen geprägt wurde.[11] Thor war einer der Götter, die aus dem alten Troja stammen sollen; trojanische Abbildungen der Großen Göttin zeigten auf ihrem Bauch eine Swastika in einem weiblichen Dreieck und deuteten so auf den in ihrem Bauch verborgenen Gott hin, der seiner nächsten Wiedergeburt entgegenharrte.[12]

Die frühen Christen übernahmen die Swastika als Symbol Christi und nannten sie *crux dissimulata* (verkleidetes Kreuz). Dieses Kreuz wurde auch crux gammata, gammadion, oder Gamma-Kreuz genannt, weil es den griechischen Buchstaben Gamma in vierfacher Wiederholung zeigte. Bei den Angelsachsen hieß es *fylfot*; dieses Wort läßt sich sowohl mit »Vier-Fuß« als auch mit »Füll-Fuß« übersetzen – im ersten Fall bezieht es sich auf die vier himmlischen Säulen an den vier Enden der Erde; im zweiten Fall spielt es auf den christlichen Brauch an, den Fuß eines Kirchenfensters mit *fylfot*-Ornamenten auszufüllen.[13] In alten dänischen Kirchen war die Swastika üblicherweise als Verzierung des Taufbeckens zu finden.[14] Auf mittelalterlichen Wappen erschien sie auch häufig als »Hakenkreuz«, *croix gammeé* oder *croix cramponneé*. Dennoch konnten die Ritter, die die Swastika auf ihrem Schild führten, nicht sicher sein, ob das Zeichen für das Kreuz des Christus oder für das Kreuz des Thor stand, das von Deutschland bis hinauf zu den skandinavischen Siedlungen in Lincolnshire und Yorkshire (England) verehrt wurde.[15]

In den 20er Jahren dieses Jahrhunderts übernahmen die Nationalsozialisten die Swastika als Parteiabzeichen, weil sie davon ausgingen, daß sie ein »rein arisches« Zeichen sei. Eine Variante der Swastika war für lange Zeit das Zeichen des alten Femegerichtes (von *Vehme*, Bestrafung), das im Mittelalter als Ziviltribunal zur Verfolgung von Ketzern eingerichtet wurde und sich später mit der Inquisition zusammenschloß. Die Aktivitäten des Femegerichtes wurden geheimgehalten; noch zur Zeit Napoleons gab es die Femegerichte in Form von Geheimgesellschaften, die im Schnellverfahren Verräter und politische Gegner hinrichteten – wie etwa die sizilianische Schwarze Hand.[16] Aus diesen Femegerichten gingen im frühen 20. Jahrhundert in Deutschland und Österreich ausgesprochen antisemitische Geheimgesellschaften hervor – die Vorläufer der Nationalsozialisten.

1. Campbell, F.W. G., 147. 2. d'Alviella, 80. 3. Neumann, G. M., 134.
4. d'Alviella, XIf. 5. Hornung, 211; d'Alviella, 43.
6. Graves, G. M., 39.12; d'Alviella, 608. 7. Baring-Gould, C. M. M. A., 354.
8. Jung, M. S., 36. 9. Budge, A.T., 332. 10. Campbell, F.W. G., 173.
11. Baring-Gould, C. M. M. A., 351. 12. d'Alviella, 33. 13. Hornung, 211.
14. d'Alviella, 39. 15. Baring-Gould, C. M. M. A., 354.
16. *Encyc. Brit.* »Vehmgericht«.

Swithin, Heiliger

Ursprünglich der heilige Wothin oder Wotan. »Swithin« war der Gott der westsächsischen Könige von Winchester, dem »Ort der Winde«. Das kalendarische Zeichen des heiligen Swithin war das die vier Winde darstellende Kreuz des Wotan.[1] Da Wotan eine angelsächsische Variante des Jupiter Pluvius war, hieß es, Regen am St. Swithins-Tag brächte Regen für die nächsten vierzig Tage; außerdem wurde behauptet, die Überreste des Heiligen lägen vor der Kathedrale von Winchester begraben, so daß der Regen vom Wasserspeier des Daches auf sein Grab niederströmen könnte.

Swithin wurde etwa ein Jahrhundert nach seiner angeblichen Lebenszeit – man hatte sie auf das neunte Jahrhundert datiert – zu einem christlichen Heiligen gemacht.[2] Seinen Anspruch auf die Heiligsprechung soll er sich damit erworben haben, daß er in England den Zehnten einführte, indem er den Sachsenkönig Ethelwold überredete, den zehnten Teil seiner Besitzungen der Kirche zu überlassen.[3]

1. Brewster, 330. 2. Hazlitt, 576. 3. Brewster, 330.

Sylphe

Griechisches Wort für einen weiblichen Luft-Geist; ein unsichtbarer Engel, dessen Stimme im leisen Wind vernehmbar ist. Im Mittelalter wurde »Sylphe« gleichbedeutend mit »Hexe«. (Siehe **Elemente**.)

Synesaktismus

Der »Weg des Shaktismus«, gnostisch-christlicher Begriff für den Ritus der »geistlichen Hochzeit« oder der *agape*, der Liebes-Feier; in Wirklichkeit handelte es sich um eine westliche Variante des tantrischen Sexualkultes. Der Synesaktismus erlebte seine Hochblüte in der Spätzeit des römischen Reiches; spätestens im siebten nachchristlichen Jahrhundert wurde er als Ketzerei gebrandmarkt und von der »rechtgläubigen« Kirche abgelehnt.[1] (Siehe **Tantrismus**.)

1. Bullough, 105; Sadock, Kaplan & Freedman, 23.

TLAZOLTEOTL, die Mutter-Göttin der Azteken, war ihrem kleinasiatischen Pendant Hekate sehr ähnlich. Die Statue zeigt sie bei der Geburt des Sonnengottes. Aplit mit eingesprenkeltem Granat.

Die wichtigste vorvedische Göttin TARA war von Indien bis Irland bekannt und wurde als »Retterin« und »Stern« verehrt. Vergoldete Bronze, Tibet, 16. Jahrhundert.

Die Große Glücksgöttin Fortuna oder TYCHE, auf einem Felsen sitzend.
Die Gestalt zu ihren Füßen stellt den Fluß Orontes dar. Marmor; römische Kopie eines aus dem dritten vorchristlichen Jahrhundert stammenden Originals von Eutychides.

Ta-Mera

»Land des Wassers«, eine alte Bezeichnung für Ägypten. Mera oder Mara war der archaische Name der Göttin des Urmeeres. In Ägypten wurde sie sogar mit dem Sonnengott zu der androgynen Gottheit Meri-Ra verbunden. Unter den verschiedenen Bedeutungen von *Mera* finden sich weibliche Symbole wie Wasserlauf, Wassergraben, Grube, Meer und Güte.[1]

1. Budge, E. L., 76.

Taaut

Phönikischer Name der Welt-Schlange, in Ägypten Tuat oder Toth, in der griechisch-römischen Welt Ouroboros oder Phyton genannt. Die weithin überlieferte Gestalt der Unterweltschlange, die sich in den Schwanz beißt, wurde auch mit der erdumschlingenden, kosmischen Wasser-Schlange (Okeanos) und der an den Wurzeln der Erde hausenden Schlange Sata in Verbindung gebracht. Die ÄgypterInnen sagten, im Körper der Schlange sei genug Raum für die vielen »Wohnungen« (Arits) der Unterwelt. (Siehe **Schlange**.)

Var. Tat

Tait

Titel der Isis in ihrer Eigenschaft als Weberin und Knüpferin der Schicksalsfäden, die mit ihrer magischen Webkunst alles Geschehen regiert. Hochstehenden Persönlichkeiten wurden Mumien-Grabtücher versprochen, die von der Göttin selbst gewebt und geknüpft worden waren.[1] (Siehe **Knoten**.)

1. Erman, 73.

Taliesin

Walisischer Barde und Zauberer. Die Legenden um seine Person behaupten, er sei der Sohn der Göttin Cerridwen, der Weißen Göttin des Kessels der Erneuerung und der Inspiration. Viele mystisch-allegorische Schriften über die Alte Religion wurden Taliesin zugeschrieben. Es wird allgemein angenommen, daß es sich um eine authentische Gestalt handelt, die im 6. Jahrhundert n. Chr. gelebt hat.[1] Bei den Werken Taliesins scheint es sich jedoch – wie bei denen Homers – um Sammlungen und Neuordnungen alter Mythen zu handeln.

1. *Encyc. Brit.*, »Welsh Literature«.

Var. Tammus, Tamuzu; sumerisch Dumuzi

Tammuz

Der *Christos* oder heilige König, der jährlich im Tempel zu Jerusalem geopfert wurde. Er wurde von Frauen begleitet, die ihn ihrer Göttin Ishtar-Mari, der Himmelskönigin, seiner Mutter und Braut weihten (Ezechiel 8,14).

Tammuz ist eine hebräische Variante des Dionysos Liber oder Adonis, den die Römer für den obersten Gott der Juden hielten.[1] Tacitus nahm allerdings an, die Juden hätten die Verehrung des Liber aufgegeben, weil er auf »eine festliche und fröhliche Weise verehrt wurde, während die jüdische Religion geschmacklos und armselig ist«.[2] Tammuz wurde bis ins 10. Jahrhundert verehrt; ein Monat des jüdischen Kalenders wird immer noch nach ihm benannt.[3]

Tammuz war von den Juden aus Babylon eingeführt worden, aber seine Verehrung reicht weiter zurück als die Geschichte Babylons. Seine Ursprünge liegen in dem sumerischen Retter-Gott Dumuzi oder Damu, dem »eingeborenen Sohn«, oder »Sohn des Blutes«. Tammuz befruchtete sterbend die Erde mit seinem Blut und trug Namen wie Heiland, Retter und himmlischer Hirte. Er hütete die Herden der Sterne, die als die Seelen der Verstorbenen im Himmel galten. Er wurde alljährlich am Versöhnungstag in der Gestalt eines Lammes als Sohn des heiligen Mutterschafes geopfert; diese Tierinkarnation galt allerdings lediglich als Ersatz eines Menschenopfers. Ein Klagelied auf den toten Gott fragte:

> *Warum haben sie ihn erschlagen, der aus der Ebene stammt? Den Hirten, den Mann der Weisheit, den Schmerzensmann, warum haben sie ihn erschlagen? Die Herrin des Weinstockes härmt sich, die Lämmer und die Kälber verschmachten. Der Herr, der Hirte der Herde, lebt nicht mehr, der Gemahl der Himmelskönigin lebt nicht mehr.*[4]

Beim Tode des Gottes erhoben die Tempelfrauen ihr rituelles »Heulen und Wehklagen«, das die BabylonierInnen und die GriechInnen lautmalerisch mit *alalu* bzw. *houloi* bezeichneten. Diese Klagelaute wurden schon von Ezechiel erwähnt: im Tempel von Jerusalem »klagten« Frauen um Tammuz (Ezechiel 8, 14). Ein typisches »Wehklagen« wird in einer sumerischen Schrift erwähnt:

> *Ihm, der uns genommen wurde, gilt unser Wehklagen; weh mir, mein Kind ist mir genommen worden, mein Damu wurde mir genommen, mein Christus ward hinweggenommen von der heiligen Zeder, da die Mutter ihn gebar. Das Wehklagen gilt den Pflanzen, denn sie wachsen nicht; den Häusern und den Herden, denn sie sind unfruchtbar; den dahinsiechenden Eheleuten, den dahinsiechenden Kindern, den Menschen von Sumer, denn sie sind unfruchtbar. Das Wehklagen gilt dem großen Strom, denn die Flut bleibt aus. Das Wehklagen gilt den Fischteichen, die Fische laichen nicht. Das Wehklagen gilt den Wäldern; die Tamariske gedeiht nicht. Das Wehklagen gilt den Vorratsspeichern, Honig und Wein bleiben aus.*[5]

In manchen Liturgien wurde Dumuzi-Tammuz als Usir oder Usirsir angerufen; dies sind Varianten des Namens Osiris, der ebenfalls der Gute Hirte und Erhalter der »Herde« der Toten war.[6] Obgleich Tammuz in Jerusalem im Zentrum des heiligen Dramas stand, verwandelte das Neue Testament ihn vermittels der griechischen Form seines Namens, **Thomas**, in einen schlichten Apostel des neuen sterbenden Gottes.

Tausend Jahre später erachteten syrische Bauern jedoch das Opfer des Korngottes Ta-uz immer noch als unverzichtbar für das Gedeihen des Getreides. Ta-uz wurde grausam behandelt: Er wurde mit der Sichel des Schnitters erschlagen, seine Knochen wurden in einer Mühle gemahlen, sein Fleisch auf der Erde verstreut; anschließend wurde sein Tod von den Frauen beweint.[7]

Wie alle früheren »Retter« wurde Tammuz in der christlichen Tradition schließlich diabolisiert. Während des Mittelalters galt er als einer der höchsten Höllenteufel. Weyers Abhandlung über Dämonologie machte aus Tammuz den Botschafter der Hölle in Spanien, vermutlich weil er in Spanien immer noch von sarazenischen Gruppen verehrt wurde.[8]

1. Graves, W. G., 368 (dt. 401). 2. Tacitus, 660. 3. Frazer, G. B., 393. 4. Briffault 3, 91 ff. 5. Ebd., 94. 6. Hooke, S. P., 175. 7. Frazer, G. B., 392 f. 8. Waite, B. C. M., 186 f.

Tannhäuser

»Bewohner des Hauses Tann«, ein Heros, der im Venusberg, dem magischen Berg der Göttin, lebte. Tann, Dann, Danu, Diana, Tannetis und Dennitsa waren unterschiedliche Namen der gleichen Göttin (Venus), die von Tannhäuser in der Gestalt ihrer sterblichen Priesterin, der Königin Sibylle verehrt wurde. Die Tannhäusersage ließ eine beträchtliche Feindschaft gegenüber der Autorität des Papstes erkennen und empfahl den Kult der Göttin als Alternative zum Christentum. (Siehe **Sibylle**.)

Tantrismus

Das religiöse System der Yoni-Verehrung, ein frauenzentrierter Sexualkult, der angeblich vor tausenden von Jahren in Indien von den Frauen einer Geheimsekte gegründet wurde. Die Angehörigen dieser Sekte wurden Vratyas genannt und waren Vorläuferinnen der *devadasis* oder heiligen Tempelhuren.[1] Die Religion wurde mit später verfaßten Schriften, den Tantras, in Verbindung gebracht; daher die Bezeichnung Tantrismus. Der ursprüngliche Gegenstand ihrer Verehrung war die Lingam-Yoni, das Zeichen männlicher und weiblicher Prinzipien in ihrer Vereinigung (der Gott Shiva und die Göttin Shakti-Kali). Der Tantrismus wird in Indien, Nepal, Bhutan und Tibet noch häufig praktiziert.[2]

Das Grundprinzip des Tantrismus war der Gedanke, daß Frauen mehr spirituelle Energie besitzen als Männer und daß ein Mann sein göttliches Wesen nur durch sexuelle und gefühlsmäßige Vereinigung mit einer Frau entfalten konnte. Den fundamentalen Ritus bildete der kontrollierte Geschlechtsverkehr, *maithuna* (lat. *coitus reservatus*: Verkehr ohne männlichen Orgasmus). Dem lag die Überlegung zugrunde, ein Mann solle seine vitalen Kräfte sammeln, anstatt sie in einer Ejakulation ausströmen zu lassen. Durch tantrische Übungen lernte er, mit dem Penis die Feuchtigkeit, die durch den Orgasmus seiner Partnerin zustande kam, in sich aufzunehmen und den Geschlechtsverkehr auf viele Stunden auszudehnen. So konnte er wie Shiva werden: Der Gott, der sich in ständiger Vereinigung mit seiner Göttin befand. Der Theorie zufolge werden die derart gesammelten Kräfte am unteren Ende der Wirbelsäule gespeichert, steigen dann durch die Chakren zum Kopf empor und erblühen dort zur Inspiration göttlicher Weisheit. In den Tantras werden diese und andere aus der Verehrung der Göttin abgeleiteten Praktiken anhand philosophischer Überlegungen erläutert.

Chakra (sanskr. »Rad«, »Lotos-Blume«), hier: Chakren sind Kraftzentren im menschlichen Körper, die durch die »Vitalkräfte« zum Erblühen gebracht werden.

Das allerheiligste *mantra* (heilige Silbenfolge), das die Prinzipien tantrischer Verehrung verdeutlicht, lautet *om mani padme hum*, das Juwel (Penis) im Lotos (Vulva). Die symbolische Lingam-Yoni nahm oft die Form eines Altares an, der als Penis in der Vulva gestaltet war.[3] Überbleibsel tantrischer Praktiken beförderten im europäischen Mittelalter den Glauben, daß »Hexen« ihre Anbetung an einem Altar verrichteten, der aus einen weiblichen Körper bestand.

Der tantrische Buddhismus entsprang einer nicht unproblematischen Ehe zwischen einem ursprünglich asketischen buddhistischen Kult und uralten sexuellen Praktiken. Wie sein 500 Jahre jüngerer christlicher Ableger beruhte der Buddhismus auf der Ablehnung des weiblichen Prinzips und dem Glauben, daß Männer Frauen zu meiden hätten: Um die Lebensenergie ihrer Seelen zu bewahren, sollten sie ihren Samen zurückhalten und sich auf das Selbst besinnen. Buddhistische Mönche behaupten, ihr Prophet habe ihnen befohlen, alles sexuelle Begehren zu unterdrücken und niemals eine Frau anzusehen oder mit ihr zu sprechen.[4]

Der Buddhismus verbreitete sich wie das frühe Christentum in einer Vielzahl von Sekten. Ihre Spannweite reicht von den strengen, puritanischen Jainas bis hin zu Gruppen, die einen überschwenglich-erotischen Kult des Tantrismus praktizieren. Ein Grundsatz der letzteren lautet: »Der Buddha-Geist wohnt in der Vulva.«[5] In indischen Tempeln finden sich allenthalben Darstellungen buddhistischer Heiliger, die in inniger Umarmung mit ihren üppigen Shaktis begriffen sind. Dieser Typus heißt Yab-Yum (Vater-Mutter) und versinnbildlicht die immerwährenden Freuden des Orgasmus – den wahren Grund für das glückselige Lächeln auf den Gesichtern der Bodhisattvas.

Erotische Formen des tantrischen Buddhismus breiteten sich in ganz Asien aus, obgleich patriarchale Sekten sie später unterdrückten und ihre geschichtliche Existenz leugneten. Der tantrische Buddhismus blühte in China unter den sechs Dynastien, der Tang- und der mongolischen Jüan-Dynastie, bis es konfuzianischen Patriarchen gelang, ihn auszumerzen. Die japanische Shingon-Sekte ist ein kläglicher Überrest. In China und Japan wird der Tantrismus nicht mehr erwähnt; seine Kunstwerke wurden zerstört; die Autoritäten geben vor, er habe nie existiert.[6]

Die gleiche Ablehnung war im Einflußbereich des Islam zu beobachten; hier konnte sich eine Form des Tantrismus in den Lehren der Sufi-Mystiker erhalten. Die Sufis legten Wert auf die Übung des *fana* (arab. »Verzückung«); es ist nur mit einer *pir* (Peri), einer Feengeliebten, erreichbar, die auch als Fravashi, »Geist auf dem Weg«, bekannt ist.[7] Durch sie kann ein Mann »die größere volle Hingabe« erreichen, von der es heißt, sie ginge über Gott hinaus bis hin zur Realisierung der endgültigen Leere, die selbst die Götter verschlingt.[8]

Fana bezeichnet im Sufismus die Auslöschung der ichhaften Grenzen im Zustand der Einung mit Gott.

Frühe gnostische ChristInnen nannten ihre Religion *Shaktismus*, den Shakti-Weg, ein anderer Name für Tantrismus.[9] Diese ChristInnen wurden nicht nur vom orientalischen Tantrismus beeinflußt; sie übernahmen auch Anregungen von einigen seiner westlichen Formen, bei denen die Philosophie der Göttinnen-Verehrung aus der Perspektive pythagoräischer und neuplatonischer Mystik betrachtet wurde. Plotin stellte das Fortschreiten des Geistes zum Unaussprechlichen »dem Anblick einer wunderschönen Frau« gleich. Das Emporsteigen des Geistes zur Verwirklichung seiner Göttlichkeit war in sechs Stufen unterteilt; es begann mit der Wahrnehmung der Schönheit einer Frau und erreichte seinen Höhepunkt in der kontemplativen Betrachtung universeller Schönheit.[10]

ChristInnen wie zum Beispiel Ophiten und Montanisten beteten offenbar die weibliche Lebenskraft auf eine erotisch abgetönte Weise unter dem Namen **Sophia** an; dies ist der weibliche Heilige Geist, eine weibliche Seele oder die Shakti Gottes. Ihr Ritus der »geistlichen Hochzeit« wurde von den Rechtgläubigen mißverstanden, die ihn später als Glaubensprobe bezeichneten. Gewisse männliche und weibliche Heilige – so sagten sie – hätten ihre Keuschheit unter Beweis gestellt, indem sie nackt beieinander gelegen hätten, ohne zu kopulieren. Vielleicht war es nicht der Geschlechtsverkehr *per se*, den diese »Heiligen« vermeiden wollten, sondern bloß der männliche Orgasmus. Wie die tantrischen Yogis hielten sich gnostische Heilige mitunter kraft des *coitus reservatus* für »vollkommen«, so daß sie sich der Nacktheit und Promiskuität hingeben konnten, ohne zu sündigen.[11]

Diese Sekten wurden vernichtet und verschwanden gegen Ende des fünften nachchristlichen Jahrhunderts; von der berühmten Glaubensprobe ist nichts mehr gehört worden.[12] Die Kirchenväter verfügten, daß der Geschlechtsverkehr einzig dem Zwecke der Zeugung zu dienen habe und daß sexuelles Vergnügen den Frauen ganz und gar verwehrt sein solle.[13]

Während tantrische ChristInnen als KetzerInnen verdammt wurden, attackierten islamische Führer den Liebeskult der Sufis.[14] Die Sufi-Mystik überlebte im Untergrund in der Tradition der Troubadours, die sich selber »Liebende« nannten und das weibliche Prinzip als die welterhaltende Kraft verehrten. Die Yoni-Verehrung der Sufis beeinflußte die europäischen Troubadours, die in den Jahrhunderten nach den Kreuzzügen Kulte höfischer Liebe begründeten. Die Kirche nannte sie Teufels-Anbeter, weil sie, statt Gott zu lieben, Frauen »sündig« liebten – Frauen waren nach der theologischen Meinung der damaligen Zeit dem Teufel gleichgestellt.[15] (Siehe **Minnesang**.)

Die Helden der höfischen Liebes-Bewegung praktizierten anscheinend das tantrische *maithuna* unter dem Namen Drudaria; eine Liebe, zu der zwar männlicher Verzicht gehörte, die aber keineswegs keusch war. Das Gegenteil ist der Fall: die diesem Kult entsprungene Dichtung ist hocherotisch.[16] Die höfische Poesie zeigte manchmal sehr deutliche Beziehungen zum östlichen Tantrismus – so offenbart Peredurs mystische Geliebte, daß sie aus Indien stamme, und Tristan gibt sich seiner geliebten Dame Isolde gegenüber als Tantris aus.[17]

Obgleich es offiziell niemals zugegeben wurde, ist tantrische Sexualität im Verlauf der Geschichte überall in der westlichen Welt praktiziert worden – entweder in Übereinstimmung mit Geheimlehren oder aufgrund selbstständiger Entdeckungen. Mittelalterliche Verehrerinnen der Göttin, die als »Hexen« verunglimpft wurden, wußten offenbar darum und benutzten diese Technik zur Geburtenkontrolle. Durch Teilnahme an einem Hexen-Sabbat soll niemals eine Frau schwanger geworden sein.[18]

Im Jahre 1848 wurde *maithuna* durch John Humphrey Noyes, den Gründer der Oneida Greek Community, wieder publik gemacht. Er stieß darauf, als er überlegte, wie er seine Frau vor »den Schrecken und der Angst unerwünschter Schwangerschaften« schützen konnte, nachdem sie vier verhängnisvolle Schwangerschaften hinter sich hatte.[19] Noyes nannte seine Entdeckung »männliche Enthaltsamkeit« oder *karezza* (ital. *Liebkosung*) und ließ die Mitglieder seiner Gemeinschaft diese Technik einüben. Daraufhin beteiligten sie sich an einer Lebensform, die Noyes *complex marriage* (»vielfältige Ehe«) nannte; sie konnten so mit verschiedenen Partnern leben, ohne daß es zu unerwünschten Schwangerschaften kam.[20] Einige okkulte Gesellschaften des 19. und 20. Jahrhunderts machten aus verschiedenen Gründen Gebrauch von dem tantrischen *coitus reservatus*, aber er wurde selten in das »normale« sexuelle Repertoire westlicher Männer aufgenommen.

1. Rawson, A.T., 80. 2. *Encyc. Brit.*, »Tantrism«. 3. Rawson, E.A., 47. 4. Campbell, Or. M. 301. 5. Ebd., 352. 6. Rawson, E.A., 255. 7. Bullough, 150. 8. Campbell, Oc. M. 9. Bullough, 105. 10. Collins, 113. 11. Bullough, 112. 12. Legge 2, 77. 13. Bullough, 114. 14. Sadock, Kaplan & Freedman, 23. 15. Briffault 3, 490. 16. Briffault 3, 483. 17. Loomis, 211; Guerber, L.M.A., 238. 18. Knight, D.W.P., 236. 19. Crow, 179. 20. Carden, 55f.

Tao

»Der Weg«; chinesische Version des Tantrismus. Männer lernten, ihre Vitalkräfte, die durch die Ejakulation gefährlich erschöpft würden, aufzusparen. Statt dessen sollten sie die mächtigen Yin-Kräfte, die durch den Orgasmus einer Frau erzeugt werden, in ihre schwächere Yang-Natur aufnehmen. Den Männern wurde empfohlen, diesen »Schlüssel« gut vor den Frauen zu verstecken und sie in das Geheimnis nicht einzuweihen – lernten die Frauen nämlich, ihren eigenen Orgasmus zurückzuhalten, während sie die Männer in Ekstase brachten, so würden sie ihnen an Weisheit und spiritueller Kraft weit überlegen sein. Ihre ohnehin schon mächtigere Yin-Magie würde in ihren Körpern bleiben und außerdem noch durch die schwächere Yang-Kraft des Mannes verstärkt werden.[1]

Lao-Tse sagte: »Wie unfaßbar ist Tao – wie die Leere eines Gefäßes, und doch ist es unser aller verehrte Ahnin. Wenn wir es benutzen, finden wir es unerschöpflich, tief und unerforschlich. Wie still und rein doch der Weg ist! Ich weiß nicht, wer ihn geschaffen hat. Es kann sein, daß er war, bevor es Gott gab.«[2]

1. Bullough, 256. 2. Ross, 141.

Tara

Von Indien bis Irland bekannter indo-europäische Name der Urgöttin Erde; verwandt mit der lateinischen Terra Mater, der hebräischen Terah, der gallischen Taranis und der etruskischen Turan.[1] Seit ältester Zeit wurde in Athen alljährlich ein Fest abgehalten, das nach ihr

Taramata (Mutter Tara) benannt war; wegen seiner wild-orgiastischen Bräuche war es aber auch unter der Bezeichnung »Der große Tumult« bekannt.[2]

Bei dem heiligen Hain der Tara in Irland handelte es sich um das Genital-Heiligtum der Göttin; es umschloß den steinernen Pfeiler Fal (Phallus), der den Gott repräsentierte. Dieser Pfeiler stand – wie die ägyptischen Obelisken – für die Zeugungskraft des Gottes und wurde präzise »der Stein-Penis« genannt.[3] Der Name des Gottes war in Wales Taran, in Irland Torann und bedeutete »Donner«. Wie Jupiter Pluvius befruchtete er Mutter Erde mit Regen.[4] Das traditionelle »Taran-Tara« der Fanfaren ist ursprünglich von einem magischen »Schrei« hergeleitet, mit dem die Einheit der beiden Gottheiten ausgedrückt wurde.

Tantrische Buddhisten in Tibet beten immer noch wie folgt zu Mutter Tara:

> *Heil! O grünende Tara! Du Retterin aller Wesen! Komm herab, wir bitten dich, komm herab aus deiner himmlischen Wohnung in Potala, komm herab mit all deinem Gefolge, den Göttern, den Riesen und den Erlösern! Wir liegen im Staube vor dir und demütigen uns vor deinen Lotosfüßen! Erlöse uns von allem Übel! O heilige Mutter! Wir grüßen dich! O verehrte und erhabene Tara! Die du angebetet wirst von allen Königen und Prinzen aus allen zehn Weltrichtungen und aus der Gegenwart, der Vergangenheit und der Zukunft.*[5]

In Indien war Tara »die meistverehrte« der alten vor-vedischen Göttinnen, genau wie Mutter Erde in allen von Ariern bevölkerten Ländern die erste, älteste und größte aller Gottheiten war.[6]

1. Dumézil, 676. 2. Lawson, 226. 3. Rees, 273. 4. Turville-Petre, 120. 5. Waddell, 435. 6. *Larousse*, 359.

Tarot

Die modernen Spielkarten haben sich unter Verzicht auf 25 Karten aus dem Tarot entwickelt. Anders als das heute allgemein gebräuchliche Kartenspiel mit 52 Blatt – vier verschiedene Reihen von As bis König – hatte ein Spiel Tarot-Karten eine fünfte Reihe, die Großen Arkana (Große Geheimnisse); eine Trumpf-Reihe, die aus 22 Bildkarten bestand. Nur eine dieser Trumpf-Karten ist im heutigen Spiel erhalten: der Joker, Spaßmacher oder Narr. Die Kartenspiele unserer Zeit sind nur noch klägliche Überbleibsel des mittelalterlichen Kartenspiels – eben des Tarot.

Vier Hofkarten sind ebenfalls aus dem Spiel verschwunden: die vier Ritter. Daher haben moderne Spiele nur drei Hofkarten pro Farbe: König, Dame und Bube. Das Verschwinden der Ritter führte einige Gelehrte zu der Annahme, die Ritter des Tempelordens, die im 14. Jahrhundert in Ungnade fielen, zu Ketzern erklärt und vernichtet wurden, könnten die Tarotkarten erfunden haben. Nun mögen die Tempelritter den Gebrauch der Karten zwar den Sarazenen abgeschaut haben, erfunden haben sie diese aber nicht.[1] Ungebundene »Bücher« von Bilderkarten waren im Osten seit altersher im Gebrauch, um mystische Lehren an des Lesens unkundige Menschen weiterzugeben.[2]

Der italienische Autor Covelluzo schrieb: »Im Jahre 1379 kam das

Kartenspiel aus dem Land der Sarazenen, wo es *naib* heißt, nach Viterbo.« In diesem Jahr dienten sarazenische Söldner in den Armeen der rivalisierenden Päpste Urban VI. und Clemens VII.; aber sarazenische Araber hielten bereits seit dem frühen 8. Jahrhundert Spanien, Südfrankreich, Sizilien und Italien besetzt; in Spanien herrschten sie bis zum 15. Jahrhundert. Ihr Wort *naib* wurde zum spanischen *naipes*, »Spielkarten«.[3]

Auch nach Europa eingewanderte ZigeunerInnen brachten aus ihrer alten Heimat Hindustan Karten mit. Die Tarotkarten sind »das Kompendium der Zigeuner-Philosophie und -Religion« genannt worden.[4] Das älteste Glücksspiel der Welt, Faro, stammte von Zigeunern, die für »Ägypter« gehalten und deren »Spiel der Könige« natürlich Pharao (Faro) genannt wurde, weil es hieß, ihre Karten trügen die Bilder von Pharaonen.[5] Spanische ZigeunerInnen führten das spanische National-Kartenspiel omre (span. *hombre*), das »Männerspiel«, ein; es wurde sowohl zum mystischen Wahrsagen als auch zum Spielen benutzt. Ombre war »eine Modifikation des früher beliebten Primero-Spieles, … von allen modernen Spielen ist es dem alten Tarot am ähnlichsten.«[6]

Das rätselhafte Verschwinden der Trumpf-Reihe und der Ritter stand im Zusammenhang mit der fast durchweg feindseligen Haltung, die christliche Autoritäten den Karten gegenüber einnahmen. Im Jahre 1370 sagte ein Mönch namens John von Brefeld, in der Symbolik der Karten sei »der Zustand der Welt ganz ausgezeichnet dargestellt und gestaltet«. Aber dies erwies sich als ketzerische Ansicht. Andere Geistliche behaupteten, die Katharer hätten Karten benutzt, um damit ihren gnostischen Glauben zu lehren. Im Jahre 1378 wurden die Karten in Regensburg geächtet, 1381 wurden sie in Marseilles verdammt, und 1397 wurden sie in Paris verboten. 1423 erklärte der heilige Bernardino von Siena, der Teufel habe die Karten erfunden. 1441 wurde in Venedig die Einfuhr von Karten untersagt, und 1450 verurteilte sie in Norditalien ein Franziskanermönch. John Northbrooke schrieb später: »Das Kartenspiel ist eine Erfindung des Teufels, er erfand sie, damit er umso leichter Menschen zur Abgötterei verführen kann.« Schottische Kirchenmänner nannten die Spielkarten »des Teufels Gebetbuch«. Der Zorn der Geistlichkeit richtete sich besonders gegen die Trumpf-Reihe der Großen Arkana. Diese 22 Bildchen, so hieß es warnend, seien »die Sprossen einer Leiter, die hinab in die Tiefen der Hölle führt«.[7] Karten wurden auch des Teufels Brevier genannt, »das verschiedene Abbildungen enthält, wie sie auch in einem christlichen Brevier gemalt sind, diese Bilder aber zeigen die Geheimnisse des Bösen«.[8]

Wir dürfen uns wohl fragen, was es mit diesen Geheimnissen auf sich hatte. Welchen »Götzen« leistete die Abgötterei der Karten Vorschub? Welche Lehren wurden durch des »Teufels Gebetbuch« vermittelt?

Das Tarot wurde mit verschiedenen nicht-christlichen mystischen Systemen in Zusammenhang gebracht: mit der Kabbala, mit hermetischer Magie, mit dem antiken Heidentum und mit der Hexerei.

Dr. Gerard Encausse schrieb: »Das Kartenspiel, Tarot genannt, welches die Zigeuner besitzen, ist die Bibel der Bibeln. Es ist das Buch des Toth Hermes Trismegistos, das Buch Adams, das Buch der Ur-Offen-

Dr. Gerard Encausse
Französischer Arzt, Theosoph und Gründer des populären

spiritistisch-freimaurerischen Martinisten-Ordens. Unter dem Pseudonym Papus veröffentlichte er im Jahre 1889 *Le Tarot des Bohemiens*. Mit diesem Werk, das noch heute von Bedeutung ist, wirkte er bahnbrechend und nahm maßgeblichen Einfuß auf die Interpretation des Tarot im frühen 20. Jahrhundert.

barung der alten Kulturen.«[9] Ein jüngerer Forscher schreibt: »Das Tarot spricht in einer Symbolsprache, in der Sprache des Unbewußten, und wenn wir uns ihm in der rechten Weise nähern, kann es uns Türen zu den geheimen Bereichen der Seele öffnen.«[10]

Im Osten, aus dem die Karten ursprünglich stammten, gab es eine alte Tradition religiöser Innenschau, die durch dramatische Darbietungen oder durch Bilder gelehrt wurde. Östliche Mystiker glauben an die Existenz eines internationalen geheimen Symbol-Codes, der die wahre Bedeutung der religiösen Mysterien zu offenbaren vermag und nur Eingeweihten bekannt ist. Gleichermaßen wurde angenommen, daß die ägyptischen und mittelamerikanischen Hieroglyphen ursprünglich ein geheimer Symbol-Code waren. Im Altertum benutzten pythagoräische und orphische Eingeweihte solche Code-Systeme. Europäische Mysterienspiele vermittelten gnostisches und nichtchristliches Gedankengut durch symbolhafte und anschauliche Darstellungen, deren Ursprünge weit in die Vergangenheit zurückreichen. Sie taten dies direkt unter den Augen von Kirchenmännern, die, hätten sie nur ihre Bedeutung verstanden, diese Spiele sofort unterdrückt hätten.[11]

Wenn wir es im Zusammenhang der Lehren betrachten, die zum Zeitpunkt ihres europäischen Bekanntwerdens im Osten längst verbreitet waren, dann ähnelt das Tarot auffallend einem orientalischen Symbol-Code. Die Bilder der großen Arkana lassen sich mit historischen Mysterienspielen, gnostischen Lehren und orphischen Ikonen verbinden. Hier lag der wirkliche Grund für die Ablehnung der Trumpf-Karten – einer so bitterbösen Feindschaft, daß schließlich alle Trumpfkarten mit Ausnahme des Jokers, des »Narren«, entfernt worden sind. Wegen der feindlichen Einstellung der Kirche müssen heutige KartenspielerInnen auf die Trumpfreihe verzichten und, wenn nötig, eine der verbliebenen vier Farben des Kartenspiels »Trumpf« nennen.

Die Abbildungen des Tarot lassen an die weiblichkeitszentrierten zyklischen Inkarnationslehren denken, die von den alten Religionen gelehrt wurden. Der Ursprung der Karten läßt sich möglicherweise auf die »Elfen-Bücher« zurückführen; diese Bücher hatten die Elfen angeblich ihnen nahestehenden Menschen überlassen, damit sie daraus die Zukunft vorhersagen konnten.[12] Daneben wurden die Karten mit Hexen in Verbindung gebracht. In deutschen Städten, wo die grausamsten Hexenverfolgungen stattfanden, wurden die verbotenen Karten von Frauen gemalt.[13] Moakley hat darauf hingewiesen, daß »Prediger die Spielkarten niemals gerne gesehen haben und wir sagen können, daß die von den Karten erzählte Geschichte den Grundlehren des Christentums ganz und gar nicht entspricht«.[14]

Um diese Geschichte zu verstehen, müssen wir die Aufteilung des Kartenspiels genauer betrachten. Die vier Reihen oder Abteilungen der kleinen Arkana (der geringeren Geheimnisse) sind deutlich mit orientalischen Darstellungen der vier Elemente verwandt. Die erste Reihe bildeten die Becher, Kelche oder Gralsschalen; später wurde daraus das Herz. Die zweite Abteilung bildeten die Stäbe, Ruten, Knüppel oder Zepter – sie erscheint heute als Kreuz (Treff, Eichel) – wobei das »Kreuz« eigentlich kein Kreuz, sondern ein Kleeblatt ist. Die dritte

Abteilung wurde gewöhnlich mit Fünfeck oder Pentagramm bezeichnet; daneben war sie auch als Münzen, Scheiben, Denare oder Granatäpfel geläufig. Ihr Symbol wurde zu einem zugespitzten Viereck: dem Karo. Und schließlich gab es die Reihe der Schwerter, aus denen durch die mißverstandene Übernahme des spanischen *espada* (Schwert) die Spaten (engl. *spades*, dt. Pik, Schippe) wurden.

Becher, Zepter, Ring und Schwert: diese Embleme schmücken die vierarmige androgyne Gottheit Ardhanarisvara, in der Kali und Shiva zu einer Gestalt verschmolzen sind.[15] Andere Götter – etwa der Affengott Hanuman – halten die gleichen Symbole in ihren Händen.[16] Brawani, das weibliche Prinzip der Erde, trug die vier Elemente als Lilie, Flamme, Kreuz und Schwert.[17] Auch Nemesis, die griechische Göttin der Gerechtigkeit, zeigte die gleichen Symbole: Kelch, Apfelzweig, Rad und Schwert.[18]

Die Symbole der vier Tarot-Reihen standen für paarweise angeordnete männliche und weibliche Elemente: Das weibliche Wasser (Kelche) paart sich mit dem männlichem Feuer (Stäbe), die weibliche Erde (Münzen) mit der männlichen Luft (Schwerter). Diese wiederum waren bei tantrischen Philosophen mit den vier Stufen des Lebens verknüpft: Sambhoga, Nirmana, Artha und Moksha.[19] Die vier Lebensstufen hatten die folgende »elementare« Bedeutung:

1. *Sambhoga*, »das freudvolle Leben«, bezieht sich auf das weibliche Element des Wassers und sein Symbol – Kelch, Gral oder Herz. Es bedeutet die unter mütterlicher Aufsicht verbrachte Jugend, in der die Lebenserfahrung am stärksten von der Sinnenfreude geprägt wird. Während dieser Zeit füllt sich der Kelch des Lebens mit Gefühlen, Bewußtwerdung und dem Gewahrwerden anderer. Die Tarotreihe der Kelche handelt daher im Rahmen der Überlieferung von Liebe, Familie, Verwandschaft, Ehe, Kindern und Emotionen: Es geht um Herzensangelegenheiten oder eben um »Herzen«.

2. *Nirmana*, »der Zustand des Aufbauens«, bezieht sich auf das männliche Feuer-Element und sein Symbol, den phallischen Stab, das Zepter, die Rute oder die Keule. Es bedeutet das frühe Erwachsenenalter, die Zeit des Sich-Behauptens, den Höhepunkt der Tatkraft. Der Stab oder *dorje* verkörpert den phallischen Blitzstrahl, der das Wasser trifft. Daher wird die Reihe der Stäbe den Angelegenheiten des Status und der Macht, dem Geschäft und dem Handel zugeordnet.

Der gerade Stab wurde durch alchimistische Transformation zu einem Kleeblatt. Dieses Kleeblatt war ein alchimistisches Symbol für Holz, das manchmal »Holz vom Baum des Lebens« genannt wurde.[20] Die Chinesen hielten Holz für das fünfte Element, das zwischen der Erde, von der es geboren wurde, und dem Feuer, von dem es verzehrt wird, seinen Platz hat.[21] Der Stab des Tarot würde in seiner Verbindung mit dem Feuer »hölzerne Fackel« bedeutet haben, deshalb verwandelte das Symbol ihn in die moderne »Keule« (engl. *club*, dt. Kreuz, Treff bzw. Keule).

Symbol des Holzes

3. *Artha*, »Erde«, stand für Reichtum oder Besitz: die Zeit des mittleren Alters, in der die Früchte der Arbeit eingesammelt werden und die bereits erwachsenen Kinder das Erworbene wahren helfen. Das weib-

liche Erd-Element wurde in allen indo-europäischen Traditionen mit Reichtum assoziiert. So wurde das Pentagramm der Göttin zum Diamanten (engl. *diamond*, dt. Karo bzw. Diamant), dem fernöstlichen Symbol der Erde, in dessen Name schon die Bedeutung »Göttin der Welt« (lat. *dea mundi*) liegt. Die älteste Form des Geldes war die weiblich-genitale Kauri-Muschel, und Münzen wurden im Tempel der Mutter-Göttin in Rom geprägt.[22] Es war also nicht unlogisch, daß die Tarotreihe der Münzen sich auf Geldangelegenheiten und Besitz bezog. Manchmal trugen die Karten als Zeichen auch den Granatapfel, ebenfalls ein weibliches Symbol.[23]

4. *Moksha*, »Befreiung« oder »die Kunst des Sterbens« stand im Zusammenhang mit dem männlichen Luftelement. Es bedeutete die vom Körper befreite Seele, die unter die Obhut des Herrn des Todes oder die Obhut der Zerstörerin Kali gestellt wurde; die Macht dieser Gottheiten wurde durch das Schwert dargestellt. Östliche Philosophen sahen im Alter – der vierten Lebensstufe – die rechte Zeit, die furchtlose Annäherung an den Tod zu erlernen. Die Tarotreihe der Schwerter war jedoch mit furchteinflößenden Geschehnissen verknüpft: Unglück, Schwierigkeiten, Drohungen und verschiedenen Schicksalsschlägen. Selbst bei normalen Spielkarten wurden die Pikkarten, die Nachkommen der Schwerter, als böses Omen gewertet.

Das Auslegen der Karten gründete auf der Annahme, daß das Mischen der Karten sich in Analogie zur Mischung der Elemente im Makrokosmos vollzog. Die Vorsehung würde die Wahrsagerin zum Auslegen einer Kombination anleiten, die sich, richtig interpretiert, auf die vergangenen oder zukünftigen Geschehnisse bezog, die aus der Vermischung der Elemente entstanden waren. Die Farben der modernen Spielkarten zeigen immer noch die blutrote Farbe des Lebens für die »weiblichen« und die schwarze Farbe des Todes für die »männlichen« Elemente. Sie stimmen darin überein mit sehr alten orientalischen Vorstellungen über den Gegensatz der aktiven Energie der Herrin des Lebens und der Passivität des Herrn des Todes. Ein merkwürdiger tieferer Sinn mag in dem Umstand liegen, daß das übergroße As der modernen Spielkarten das Pik-As ist, das Symbol für das Schwert von Vater Himmel; die WahrsagerInnen bezeichnen diese Karte als Todeskarte.

Als es den Kirchenmännern nicht gelang, das Kartenspielen auszurotten, unternahmen sie verschiedene Versuche, die Karten der christlichen Lehre anzupassen. Die Großen Arkana wurden in die verschiedenen Stationen der Passion Christi umgedeutet, als ob hier Kreuzwegstationen dargestellt wären.[24] Eine andere Konstruktion versuchte, die vier Reihen mit den vier Gralsheiligtümern in Verbindung zu bringen, die im 12. Jahrhundert aufgezählt wurden als (1) der Kelch des letzten Abendmahls; (2) die hölzerne Lanze, mit welcher der heilige Longinus Jesu Seite aufstach; (3) die runde Patene oder Servier-Platte, von der die Jünger Jesu das Passah-Lamm aßen und (4) König Davids »Schwert des Geistes«. Diese Gralsheiligtümer waren ganz und gar unchristlich; es handelte sich bei ihnen schlicht um ein Plagiat der Vier Schätze des vorchristlichen Irland. Diese magischen Embleme der **Tuatha Dé Danann** waren: (1) der große Kessel der Erneuerung; (2) der Speer des Lug;

(3) der Stein von Fal oder »Stein der unumschränkten Gewalt«, der wie der schottische Stein von Scone den wahren König erkennen und ihn laut ausrufen würde und (4) das Schwert von Nuada.[25] Eine typische Lingam-Yoni-Kombination der beiden letzteren ließ das berühmte Bild des »Schwertes im Stein« entstehen, das in der Artus-Sage eine wichtige Rolle spielt.

Das Triumph-Spiel des 15. Jahrhunderts verband die vier Reihen mit Qualitäten, die an tantrische Definitionen der vier elementaren Lebensstufen erinnern: (1) Vergnügen, (2) Tugend, (3) Reichtum, und (4) Jungfräulichkeit.[26] Diese Qualitäten können leicht mit den vier männlich-weiblichen Elementen gleichgesetzt werden: Tugend (engl. *virtue*, dt. ursprünglich *Tauglichkeit*) leitet sich her von lat. *virtus* (»Männlichkeit, Geradheit«) und bezeichnet so im doppelten Sinne sowohl die moralische Aufrichtigkeit als auch die Erektion, die Aufrechtheit des Penis. Jungfräulichkeit bezieht sich auf das asketische Leben, das die Weisen östlicher Länder seit altersher empfahlen. Aber das Spiel selbst hatte seinen Namen von den Großen Arkana – den von der Geistlichkeit als ketzerisch verdammten »Trumpf«-Karten.

Das Wort »Trumpf« kam von *trionfi* oder »Triumph«, dem alten lateinischen Wort für eine religiöse Prozession, in der die Kostüme und Masken der Teilnehmer und die Reihenfolge ihres Auftretens für die Grundsätze der Lehre standen und den Eingeweihten ohne weiteres verständlich waren. Bilder von Gottheiten und heilige Masken, die von Tempeltänzerinnen, Wagenlenkern, Priestern und Priesterinnen getragen wurden, zeigten die *exuviae*, die »Attribute« des göttlichen Wesens. Der Anführer dieser Prozession war der *triumphator*, ein Magistrat, dem in Rom die heiligen Spiele unterstanden. Am Schluß des Dramas oder der Parade ließen die Feiernden den Schrei *Triumpe* erschallen und verkündeten so, daß der göttliche Geist den gezeigten Gegenständen und Masken innewohnte.[27] Trumpf bedeutete also ursprünglich »das, was göttlich ist«, und wie alles Göttliche verfügte es damit auch über die Kraft göttlicher Weissagung.

Nach den alten Vorstellungen von der göttlichen Ordnung offenbarten sich die Gottheiten innerhalb eines begrenzten Zeitraums. Ein Myste, der sich in die heidnischen Mysterien einweihen ließ, würde einer nach der anderen begegnen und von jeder in eine neue Gedankenwelt eingeführt werden. Neben dem Sachrahmen der Elemente erscheint im Tarot auch ein solcher Zeitrahmen. Dies hatte mit der Numerierung der Karten zu tun.

Die kleinen Arkana bestehen aus 56 Karten; eine Zahl, die in der orientalischen Philosophie von grundlegender Bedeutung ist. Als Buddha geboren wurde, machte er seine ersten 56 Schritte in jede der vier Himmelsrichtungen, jeweils 7 vorwärts und 7 rückwärts; sie stehen – den 14 Sprossen der himmlischen Leiter des Osiris vergleichbar – für die jeweils 14 Tage des zunehmenden und des abnehmenden Mondes der lunaren Wochen.[28]

Die Kreise alter Kultstätten – wie z. B. Stonehenge – wurden von 56 Pfosten oder Steinen gebildet, die die »Zeitschritte« astronomischer Berechnungen darstellten. Das heilige Große Jahr, das den Zeitraum zwischen der zweimaligen Übereinstimmung von Sonnen- und Mondzyklus bezeichnete, umfaßte 56 Sonnenjahre.[29] Die Sonnenkarte des Tarot trägt die Zahl XIX, die Mondkarte die Zahl XVIII: das alte Große Jahr bestand aus zwei Perioden von 19 und einer von 18 Jahren; es dauerte eben 56 Jahre, bis Sonne und Mond wieder vereint waren. Das Tarotspiel enthält insgesamt 78 Karten; diese Zahl ergibt sich auch als Summe aller Zahlen des Tierkreises: 1 + 2 + 3 + 4 + 5 + 6 + 6 + 7 + 8 + 9 + 10 + 11 + 12.

Unter den vielen Herleitungen, die für das rätselhafte Wort Tarot angeboten wurden, war auch das berühmte Palindrom ROTA TARO ORAT (TORA) ATOR: Das Rad des Taro spricht vom (Gesetz der) Hathor.[30] Der orientalische Hintergrund des Wahrsagens aus Spielkarten und die 21 numerierten Karten der Großen Arkana lassen allerdings den wesentlich älteren Zusammenhang mit der Göttin Tara, der arischen Großen Mutter als »Erde«, vermuten, von deren Name sowohl die lateinische Terra Mater wie auch die keltische Tara abstammen.

Seit altersher waren dieser Göttin 21 Formen zugewiesen. Magische Diagramme und bemalte Würfelbretter, die unter anderem zur Bestimmung von Krankheitsursachen und für Prophezeiungen verwendet wurden, sind immer noch als »die 21 Taras« bekannt. Wenn die 21 numerierten Karten der Großen Arkana mit solchen Brettspielen in Verbindung gebracht werden können, entsprechen die Kleinen Arkana sicherlich ähnlichen Brettern mit 56 Quadraten, die benutzt werden, »um die aufeinanderfolgenden Regionen und Grade zukünftigen Wiedergeburten zu bestimmen«.[31] Im fernen Osten wurden Karten- und Würfelspiele zur Übermittlung esoterischer Lehren benutzt. Tantrische Buddhisten haben immer noch Freude an einem »Spiel der Wiedergeburt«, das mit Würfeln und einem farbenprächtigen Brett gespielt wird; es ist gleichermaßen ein Zeitvertreib und eine Verständnishilfe für spirituelle Lehren.[32]

In China entstanden die Karten vermutlich aus den möglichen Stabkombinationen bei der Befragung des I Ging. Das Format des Tarot wurde dagegen offensichtlich vom Wahrsagen mit Würfeln beeinflußt. Die Tarot-Zahlen 56 und 21 sind Würfelzahlen – 21 ist die Anzahl der möglichen Augenkombinationen zweier Würfel, 56 die der möglichen Augenkombinationen dreier Würfel. Zusammen ergibt das 77 – sieben mal elf, die höchste Zahl bei Würfel-Spielen. Das Tarot-Spiel hat allerdings mit seinen 78 Karten eine Karte mehr, aber diese Karte hat keinen Zahlenwert. Es ist der Narr, dessen Zahl die Null ist. Bei vielen Auslegetechniken des Tarot steht er als Beobachter und Fragesteller abseits.[33]

Die Form und Bedeutung von Hindutempeln hat ebenfalls einige Spuren im Tarot hinterlassen. Entlang der Gänge, die zum Allerheiligsten dieser Tempel führten, standen Bilder aufgereiht, die verschiedene Manifestationen oder Avatare der Gottheiten zeigten. Fromme Pilger gingen durch diese »belehrende Bildergalerie« und beteten bei jeder Station.[34] Bilder der Gottheiten und ihrer Attribute wurden auch auf Karten gemalt – eine Miniatur-Bildergalerie für private Meditation. Solch ein papierener Götter-Umzug offenbarte denen, die sich auf seine symbolische Bedeutung verstanden, die heilige Mysterien. Hier liegt der wahre Grund für die Ablehnung der Großen Arkana durch die Christen: nicht, daß die Karten nicht ernstzunehmen gewesen wären – die ihnen zugrundeliegende Bedeutung war allzu ernst.

Das bedeutsamste Ornament in der sakralen Kunst des Orients war das Dreieck, das Zeichen der Göttin, bekannt als das Kali-Yantra oder das Urbild.[35] Ein weibliches Dreieck mit einem Punkt oder *bindu*, dem »Funken des Lebens«, in der Mitte, stand für die genitale Kraft, mit der die Göttin Leben erschaffen konnte. Die 21 bezifferten Tarot-Trümpfe erscheinen wie geschaffen für die Form dieses *yantras*: sieben Karten auf jeder Seite des Dreiecks; der unnumerierte Narr als *bindu* in seiner Mitte.

Die drei Seiten der Dreieckes bedeuteten ursprünglich die dreifache Göttin in ihrem Aspekt der drei Schicksalsschwestern, die Vergangenheit, Gegenwart und Zukunft regierten; daneben standen sie für die drei Lebensdrittel intrauterinärer und die drei größeren Lebensdrittel extrauterinärer Existenz: von der Geburt bis zum 21. Lebensjahr; vom 21. Lebensjahr bis zum mittleren Alter von 42 Jahren; und von dort bis zum »großen Klimakterium« mit 63 Jahren. Diese drei Abschnitte eines Menschenlebens wurden in solch klassischen Bildern wie dem Rätsel der Sphinx beschrieben.

Der biblische Gott versprach seinen Gefolgsleuten eine Lebenszeit von 70 Jahren (Psalm 90,10; in der engl. Bibelübersetzung heißt es *threescore and ten*, dt. etwa *dreimal zwanzig und zehn*), und gewährte ihnen damit sieben Jahre mehr, als die alten Gottheiten, die der mystischen Dreieinigkeitszahl gemäß nur dreimal zwanzig und drei Jahre garantierten. Die heidnische Lebensspanne war noch im Mittelalter in Erinnerung, als das Alter von 63 Jahren als die große kritische Zeit der Lebenswende galt und die Menschen glaubten, es trage die Drohung des Todes in sich.[36] Weil dieses vorchristliche System der Altersstufen zur Grundlage allgemeiner Gesetzgebung wurde, nehmen wir heute immer noch an, daß mit 21 Jahren der Gipfel der ersten Reifung erreicht ist.

Jedes Lebensdrittel erstreckt sich über 21 Jahre, die erste exklusive Multiplikation der heiligen Zahlen 3 und 7. Daher konnten Vergangenheit, Gegenwart und Zukunft, wie sie in den Großen Arkana angeordnet waren, als eines der wesentlichen Siegel der Göttin gedacht werden. Die Form des Dreiecks war ZigeunerInnen sehr geläufig, weil sie verstanden, daß das »Dreieck« für »weiblich« stand und daß die Göttin die dreifaltige Herrscherin des Schicksals war.[37]

Die letzte Trumpfkarte wird »die Welt« genannt, sie ist auch als die Braut, die Schechina, das Universum, Mutter Natur, Sophia oder als das Große Glück bekannt.[38] Diese Karte zeigte immer eine nackte Frau, die, von Emblemen der vier Jahreszeiten flankiert, in einem Blumenkranz tanzt. Dies war die höchste Offenbarung des Tarot-Systems: die entschleierte Göttin, die Shakti, die im Augenblick des Todes die Freude bringt. Nach karmischer Lehre ist es »Sie, die immerwährend ersehnt, gewonnen und wieder verloren wird«.[39] Beim kreisförmigen oder fortlaufenden Auslegen der Karten, das die Zigeunerinnen beim Kartenlegen bevorzugten, führte das Aufdecken der Welt »ganz natürlich zu der nächsten Karte, dem Narren, dem Symbol des neugeborenen Kindes, das seine Lebensreise antritt. Und so beginnt der Kreislauf der

Wiederkehr erneut.«[40] Mit anderen Worten: Die Religion des Tarot war eine zyklische Religion der Reinkarnation – keine lineare Religion, die nur die Wahl zwischen Himmel und Hölle läßt.

Bei einer beliebten Methode des Kartenlegens wurden zwei Ringe der Wiederkehr gebildet; die vereinigten Kreise des Pfades der rechten (im Uhrzeigersinn) und des Pfades der linken Hand (gegen den Uhrzeigersinn). Die traditionellen Symbole männlicher und weiblicher Kräfte, wurden so zu einer liegenden Acht, dem vedischen Zeichen der Unendlichkeit, zusammengefügt. Wir haben dieses Zeichen zusammen mit den anderen »arabischen Ziffern« – die genaugenommen indischen Ursprungs sind – von der Arabern übernommen; in der modernen Mathematik bedeutet die liegende Acht immer noch eine unendliche Größe; in der Geometrie wird eine solche Kurve als Lemniskate bezeichnet. Die Großen Arkana regten schon durch ihre traditionelle Gestaltung zu dieser Art des Kartenauslegens an.

Auf der Karte des Magiers, die die erste Dekade der Trümpfe mit der Nr. I einleitet, erscheint die Lemniskate als ein breitkrempiger Hut oder Heiligenschein über dem Kopf einer männlichen Figur. Das Zeichen findet sich als der gleiche breitkrempige Hut oder Heiligenschein über dem Kopf der Göttin der Stärke, einer weiblichen Figur, die die zweite Dekade der Trümpfe mit der Nr. XI einleitet. Diese männlichen und weiblichen Figuren deuten an, daß der erste Kreis von zehn Karten sich im Uhrzeigersinn, also den »Sonnenpfad« entlang, drehen sollte; der zweite Kreis sollte sich den »Mondpfad« entlang gegen den Uhrzeigersinn drehen.

Die Ziffer Acht stellte nicht nur im Orient, sondern auch in alten keltischen Hochzeitsriten die Einheit der Geschlechter dar; diese Riten sind noch im alten schottischen Brauch des Händegebens erhalten: Braut und Bräutigam geben einander ihre rechten »männlichen« und anschließend ihre linken »weiblichen« Hände und formen so das doppelgeschlechtliche Zeichen der Unendlichkeit, um das Verschmelzen ihrer beider Naturen kundzutun. Dieser Brauch ist auch in Indien, wo die Symbolik des rechten und linken Pfads niemals verlorenging, immer noch lebendig.[41]

Neben dem Magier und der Göttin der Stärke zeigte eine weitere Karte das Zeichen der Ewigkeit: auf der Zwei der Münzen sind zwei Münzen abgebildet, die von einer – mitunter durch zwei Schlangen dargestellten – Lemniskate endlos umschlungen werden. Die Bedeutung dieser Karte wurde durch ihre besondere Ausschmückung deutlich; meist trug sie, dem Pik-As des heutigen Kartenspiels vergleichbar, das Warenzeichen des Herstellers. Es liegt auf der Hand, daß das Auslegen der Karten in Form einer Acht beabsichtigt war. Doch was sollte damit gezeigt werden?

Das erste Kreis stand für den Bereich des Bewußten, die Materie, die Welt der Geschäfte: solar, nach außen gewandt – alle Karten zeigten die Bildseite. Der zweite Kreis stand für das Unbewußte oder den Geist – lunar, nach innen gewandt, weiblich: das Reich der Mysterien und der »wahren Bedeutung«. Auf die Kreuzungspunkte beider Kreise wurden die zwei »Mandala«-Karten gelegt, das Glücksrad und die Welt (oder

Großes Glück). In einer solchen Anordnung paßte jede Karte der solaren zu einer Karte der lunaren Sphäre; die Zahlenwerte beider Karten ergaben zusammen jeweils 20, eine heilige Zahl des östlichen Dezimalsystems.[42] Jedes Kartenpaar offenbarte eine geheime Identität oder Bedeutung.

Der Magier oder Hermes (I) entsprach im geistigen Bereich der männlichen Kraft der Sonne (XIX). Die Päpstin (II) offenbarte sich als eine Personifikation des Mondes (XVIII). Die Kaiserin (III) war auch die nackte Göttin der Sternkarte (XVII), die ihre Segnungen über Land und Meer ergießt – also Astarte oder Ishtar. Der Kaiser (IV) stand für das heilige römische Reich, das nach häretischer Voraussage bald zugrunde gehen würde; die Zerstörung des Reiches wurde auf der korrespondierenden Karte gezeigt – dem Turm oder Haus Gottes (XVI), das durch einen Blitzstrahl des Lichtbringers Luzifer vernichtet wird. Mit den zwei Figuren, die von der Zinne des vom Blitz getroffenen Turmes herabstürzen, können ohne weiteres Kaiser und Papst gemeint sein. Was den Papst (V) selbst betrifft, so wird im spirituellen Bereich des Tarot enthüllt, daß er mit dem Teufel (XV) identisch ist. Die Gestalten auf beiden Karten nehmen die gleiche Pose ein und zu ihren Füßen finden sich je zwei Verehrer.[43]

Tarotkarten waren nicht die einzigen Manifestationen dieser subversiven Symbole. Die gleichen Bilder tauchten auf rätselhafte Weise an verschiedenen Orten auf – selbst in Kirchen. Die Kathedrale zu Reims besitzt immer noch eine Steintafel, die einen vom Blitz getroffenen Turm zeigt, von dessen berstender Krone zwei männliche Gestalten herabstürzen.[44] Ein graviertes Horoskop-Rad, das im Jahre 1515 in Nürnberg hergestellt wurde, setzte sieben Bilder der Großen Arkana an verschiedene Positionen des Tierkreises.[45] Die Darstellungen der Welt, des Glücksrades, der Gerechtigkeit, des Narren und des Todes – dem grimmigen Knochenmann als Schnitter – waren wohlbekannte Illustrationen des mittelalterlichen Zeitgeistes. Allerdings weiß niemand, wer hier wen kopiert hat: Stammen diese Darstellungen aus dem Tarot oder haben die Kartenbilder umgekehrt solche Illustrationen übernommen?

Die Karte des Todes folgte unmittelbar auf die wohl charakteristischste aller Tarotkarten: den Gehängten, der »sich in keiner christlich orthodoxen Symbolik findet und ganz klar erkennen läßt, daß die Tarot-Trümpfe zur Illustration eines nicht-christliches Glaubensbekenntnisses bestimmt waren«.[46] Die auf dieser Karte abgebildete männliche Gestalt hing an einem türartigen Galgen, einem Gebilde, das die altnordischen HeidInnen hölzernes Pferd oder das Pferd Odins nannten.[47] Obgleich die Karte des Todes ihm unmittelbar folgt, meinte seine Karte nur einen symbolischen Tod. Er war nicht am Hals, sondern an einem Fuß aufgehängt: ein Brauch, der als *baffling* oder »Baumeln« bekannt war, und mit dem in Deutschland, Italien und Schottland Schuldner und Verräter bestraft wurden.[48] Das »Baumeln« war eine formelle Art der Erniedrigung und darin dem Zur-Schau-Stellen am Pranger oder der Verspottung des Heiligen Königs während seiner Selbstopferung (wie etwa bei Jesus) vergleichbar. Im Verlauf mystischer Initiationen wurden solche Prozeduren nachgeahmt, damit der Novize »sich selbst vollkommen entleerte. Er sollte all seiner Fähigkeiten beraubt werden, seine Voreingenommenheit, sein selbstständiges Denken, seinen eigenen Willen – kurz: sein ganzes Selbst – aufgeben.«[49] Die Zahl des Gehängten (XII) gemahnt an die berühmte zwölfte Rune; sie war Odin, dem gehängten Gott, heilig; mit ihrer Hilfe konnten erhängte Opfer zum Reden und zur Offenbarung der Mysterien der Totenwelt gebracht werden.[50]

Die mystische Offenbarung, die dem Zusammentreffen des gehängten Mannes mit dem Tod folgte, war die weibliche Figur der Mäßigkeit. Das Bild ihrer Karte lehnte sich an magische Schriften an, die die Göttin Isis mit einem Fuß auf dem Land und dem anderen im Wasser zeigten und so ihre Herrschaft über beide Elemente offenbarten.[51] Dieser Engel der Mäßigkeit gießt Wasser von einer Schale in eine andere; damit erinnert er an die auf dem Amulett der zwei Krüge – einem alten ägyptischen Zauber für ewiges Leben – dargestellte symbolische Verschmelzung von Isis und Osiris.[52] In Indien wurde die Offenbarung göttlicher Liebe als eine Verschmelzung von Gott und Göttin angesehen – »als ob Wasser in Wasser gegossen wird«.[53] Der Wasserkrug war sogar eine der Inkarnationen des Gottes; babylonische, ägyptische und kabirische Erlöser-Gottheiten bis hin zu Jesus wurden in ihren heiligen Prozessionen durch Wasserkrüge symbolisiert (Lukas 22, 10). Im Fernen Osten wurde das Wassergefäß als die heilige Wohnung der Gottheit betrachtet.[54] Überdies erscheint derselbe Wasserkrug-Erlöser auf hinduistischen Spielkarten als Hauptkarte der Reihe der Krüge, die der Kelch-Reihe des Tarot entspricht.[55]

So scheint das europäische Tarot einen Mann zu zeigen, der symbolisch stirbt, um schließlich einer Offenbarung der Göttin zu begegnen. Diese Begegnung oder Verschmelzung »wie in Wasser gegossenes Wasser« präfigurierte das letzte Zusammentreffen mit der kosmischen Mutter am Tage des wirklichen Todes – den letzten Trumpf. Das gleiche gilt für die sexuelle Vereinigung eines Mannes mit seiner irdischen Shakti; auch sie war die Vorwegnahme seiner Vereinigung mit Kali, der endgültigen Shakti des Geistreiches. Kein Wunder, daß patriarchale Christen das Tarot für eine Ketzerbibel hielten, zumal es selbst den des Lesens Unkundigen bereits zu einer Zeit verständlich war, in der nicht einmal gebildete und des Lesens sehr wohl mächtige Laien selbstständig die Bibel lesen durften.[56] Der orientalische Ursprung dieser häretischen tantrisch-gnostischen Bildersprache wird durch das slawische Wort für einen Karten-»Leser« nahegelegt: *Vedavica* bedeutet wörtlich »vedischer Seher«.[57] Abermals kein Wunder, daß manche Bischöfe und Kardinäle versuchten, die Kartenspiele einsammeln und verbrennen zu lassen, wie es 1452 in Nürnberg geschah.[58] Die Karten verloren ihre Gefahr für die Kirche erst, als ihre religiösen Symbole entfernt und deren Bedeutung vergessen war, so daß sie weiter nichts als »Spiele« waren – damit ergab sich endlich eine Möglichkeit, die alten heidnischen *ludi* oder »heiligen Spiele« der Lächerlichkeit preiszugeben. Auch für die hebräischen Patriarchen wurden *naipes*, »Karten«, zu *naibi*: »Zauberei«.[59]

1. A. Douglas, 21. 2. Cavendish, T., 18. 3. A. Douglas, 20. 4. Trigg, 47.
5. Funk, 320. 6. Hazlitt, 460. 7. Cavendish, T., 15ff; A. Douglas, 24, 32.
8. Moakley, 98. 9. Papus, 9. 10. A. Douglas, 43. 11. Evans-Wentz, 3.

12. Keightly, 81. 13. A. Douglas, 24. 14. Moakley, 35. 15. *Larousse*, 371.
16. A. Douglas, 19. 17. Baring-Gould, C. M. M. A., 375. 18. Cavendish, P. E, 71.
19. Evans-Wentz, 11. 20. Koch, 74. 21. Lethaby, 245. 22. *Larousse*, 204.
23. Cavendish, T., 155. 24. Jobes, 79. 25. A. Douglas, 37. 26. Moakley, 46.
27. Dumézil, 231, 572. 28. Evans-Wentz, 207. 29. Hawkins, 140. 30. Case, 123.
31. Waddell, 359, 467, 1472. 32. Tatz & Kent, 19, 32. 33. Moakley, 41.
34. Zimmer, 127. 35. Silberer, 170; *Mahanirvanatantra*, 127. 36. Elworthy, 407.
37. Trigg, 48. 38. Gettings, 109. 39. Zimmer, 178. 40. A. Douglas, 114. 41. Lys, 169.
42. Jung, M. H. S., 42. 43. A. Douglas, 44f. 44. Gettings, 87. 45. Lehner, 60.
46. A. Douglas, 85. 47. Branston, 114. 48. Moakley, 95. 49. Waite, O. S., 234.
50. B. Butler, 154. 51. Seligmann, 43. 52. Budge, E. M., 60. 53. Tatz & Kent, 140.
54. Zimmer, 34. 55. Hargrave, 25, 27. 56. H. Smith, 253. 57. Leland, 65.
58. Hargrave, 101. 59. Ebd., 224.

Tartarus

Griechische Bezeichnung für die Unterwelt. Das Wort ist verwandt mit *tartaruga*, »Schildkröte« – einer alten hinduistischen Überlieferung zufolge trug Vishnu in Gestalt einer Schildkröte die Erde. Die Schildkröte war das Totemtier des Unterweltgottes, der manchmal durch Pan oder Hermes verkörpert wurde. Um universelle Harmonie hervorzubringen, spannte Hermes Saiten über einen Schildkrötenpanzer und erfand so die Lyra. [1] In der Alchimie wurde der Unterweltgott zum *spiritus tartari*, dem Geist des Tartarus, der Weinsteinsäure.

1. Jung & Kerenyi, 78.

Taube

Das Totemtier der Aphrodite, das als Vogel der sexuellen Leidenschaft die symbolische Entsprechung der Yoni war.[1] Auch in Indien war die Taube, *paravata*, das Symbol der Lust.[2] Zusammen mit ihrem Gemahl, der phallischen Schlange, stand die Taubengöttin für die sexuelle Vereinigung und »das Leben«.

Der Jesus zugeschriebene Satz »...seid daher klug wie die Schlangen und arglos wie Tauben« (Matthäus 10,16) enthält keine zufällige Metapher, sondern eine traditionelle Anrufung des syrischen Götterpaares (der Gott als Schlange und die Göttin als Taube).[3] Diese orientalischen Symbole blieben in den Volkserzählungen der ZigeunerInnen erhalten. Nach ihnen lebten die Seelen der Ahnen in wundersamen, ausgehöhlten Bergen, nachdem die Männer in Schlangen, die Frauen in Tauben verwandelt worden waren.[4]

Die Christen übernahmen die weibliche Taube als Symbol für den Heiligen Geist – ursprünglich die Göttin Sophia –, der Gottes »Weisheit« verkörpert, so wie einst die Göttin Metis »die Weisheit« des Zeus verkörperte. Die gnostischen Christen hielten die Taube, die die Jungfrau Maria schwängerte, für eine Inkarnation Sophias. Eben diese Taube kam bei Jesu Taufe auf ihn herab, und sie befruchtete seinen Geist (Matthäus 3,16). Fromme Verehrer von Papst Gregor dem Großen hielten diesen sogar für heiliger als Jesus; sie berichteten, der Heilige Geist sei nicht nur einmal, sondern viele Male in Gestalt einer Taube über Gregor gekommen.[5] All diese Vorstellungen wurden aus der römischen Ikonographie übernommen, die die menschliche Seele als Taube darstellte. Sie flog aus der Überseele der Taubengöttin herab, um den Körper zu beleben.[6]

Als Überbringerin des Todes oder des »Friedens« trug Aphrodite manchmal den Namen Irene, Taube des Friedens. Ein anderer ihrer Namen als Totengöttin war Epitymbria, »aus den Gräbern«.[7] Die Römer nannten sie Venus Columba, »die Taube Venus«. Die ihr geweihten Katakomben, Mausoleen und Nekropolen wurden *columbaria*, »Taubenschläge«, genannt.[8] Die zur Göttin zurückkehrenden Seelen stellte man sich folglich ebenfalls als Tauben vor. Auf dieses Bild ging die christliche Vorstellung zurück, daß die Seelen der Heiligen im Moment ihres Todes als weiße Tauben aus ihren Mündern herausfliegen. Bei der katholischen Zeremonie der Heiligsprechung werden im entscheidenden Moment des Rituals weiße Tauben aus Käfigen freigelassen.[9]

In der christlichen Ikonographie wurde der Heilige Geist als Taube dargestellt, von der sieben Lichtstrahlen ausströmen. Dieses Bild wurzelte in einigen uralten Erscheinungsformen der Göttin.[10] Im Orient hießen die mystischen Sieben die Plejaden, »sieben Schwestern«, deren griechischer Name »Taubenschar« bedeutete. Sie waren die Töchter oder »Strahlen« der Aphrodite unter ihrem Namen Pleione, Königin des Meeres.[11] Nach Herodot haben sieben heilige Frauen in Taubengestalt die Orakelstätten Dodona in Epirus und Amon in Theben gegründet.[12] Im Mittleren Osten wurden sie als die Sieben Weisen Frauen oder die Sieben Säulen der Weisheit angebetet. Seit dem dritten Jahrtausend v. Chr. standen die Tempel der Göttin auf sieben Säulen, die die Form von Frauengestalten hatten.[13] (Siehe **Karyatiden**.) Die Araber verehren noch heute die Sieben Weisen, und einige erinnern sich an sie als Frauen oder »Tauben«.[14] Das semitische Wort für »Taube«, *ione*, ist mit dem Wort »Yoni« verwandt und benannte die Göttin Uni, aus der später Iune oder Juno wurde.

Für gewöhnlich enthielt der Taubenkult ursprüngliche Kastrationsriten, die zu Beschneidungsriten modifiziert wurden. In Indien hießen die Sieben Schwestern »Rasiererinnen« oder »Schneiderinnen«. Die sogenannten Krittikas, »die Sieben Mütter der Welt«, richteten über die Männer und brachten ihnen »kritische« Verletzungen bei. Von Krittikas ist das griechische *kritikos*, »richten«, entlehnt. Die Krittikas töteten Götter und erweckten sie wieder zum Leben. Diese Götter wurden kastriert, um sie so fruchtbar wie Frauen zu machen. Der Name der legendären Gründerin von Babylon, Königin Seramis, bedeutet auf syrisch »Taube«. Sie soll alle ihre Gemahle kastriert haben.[15]

Als Beschneidungsriten die Kastrationsriten ablösten, spielte die Taube auch weiterhin eine Rolle. Das offizielle Symbol für das Fest der Beschneidung Christi war eine Taube, die in ihrem Schnabel einen Ring trug, der die heilige Vorhaut verkörperte. »Das befruchtende Blut Christi« tauchte im Pfingstemblem wieder auf, das eine herabfliegende Taube auf blutrotem Hintergrund zeigt. Offiziell galt das Bild als Darstellung der Kirche, die vom Blut Christi und der Märtyrer befruchtet wird.[16]

Die Verehrung einer »jungfräulichen Märtyrerin«, der heiligen Columba (heilige Taube), war besonders in Frankreich weit verbreitet, obwohl sie als Mensch niemals existierte.[17] Ein anderes kurioses Überbleibsel der heidnischen Taubenvorstellung war ein Beiname des heiligen Petrus: Bar-Iona, »Sohn der Taube«.[18] Einige dieser Überbleibsel waren vielleicht auch Erfindungen der Christen, um Taubendarstellungen auf antiken Münzen, die eigentlich Aphrodite symbolisierten, umzudeuten.[19]

1. Graves, W. G., 132. 2. Waddell, 108. 3. Cumont, O. R. R. P., 118. 4. Trigg, 196. 5. Jacobus d.V., 188. 6. Strong, 136. 7. Graves, G. M., 18.4. 8. Bachofen, 21. 9. Gaster, 769. 10. Lys, 13. 11. Graves, G. M. 2, 405; W. G., 194. 12. Knight, S. L., 48. 13. Gaster, 804. 14. Briffault 1, 377. 15. Rank, 93. 16. Brewster, 50, 246f. 17. Attwater, 92. 18. Jacobus d.V., 330. 19. d'Alviella, 91f.

Taueret

»Die Große«, Hathor als Göttin der Geburt und Kinderpflege; als Mutter des Nils trug sie manchmal den Kopf eines Nilpferdes. Zu anderen Zeiten trug sie den Löwenkopf der Zerstörung. Ihren Bildern wurde das hieroglyphische Zeichen *sa* hinzugefügt; es bedeutete das Menstruationsblut der Göttin, das ewiges Leben verleihen konnte.[1] (Siehe **Menstruationsblut**.)

1. *Larousse*, 38f.

Taufe

Im Jahr 418 n. Chr. entschied ein katholisches Konzil, daß jedes neugeborene Kind aufgrund seiner sexuellen Empfängnis dämonisch und deshalb automatisch verdammt ist, bis es getauft worden ist.[1] Während einer katholischen Taufe wird das Kind auch heute noch folgendermaßen angesprochen: »Ich treibe dich aus, du unreiner Geist. ... Vernimm dein Ende, verfluchter Teufel, verfluchter Satan!«[2] Dieser Exorzismus wird euphemistisch beschrieben als »ein Mittel, Hindernisse auf dem Weg zur Gnade zu beseitigen, die aufgrund der Erbsünde und der Macht des Satans über die gefallene Natur bestehen«.[3] Es ist aber aus dem immer noch weit verbreiteten Volksglauben offensichtlich, daß nach der Lehre der Kirche jedes neugeborene Kind bis zur Taufe dem Teufel gehört.[4] Die Lehre des heiligen Augustinus über die Erbsünde bildet die Basis dieser Idee, und Tertullian sagte, daß jedes Kind böse geboren wird: seine Seele ist vor der Taufe »unrein« und »tätig sündig«.[5] Mittelalterliche Theologen vertraten die Meinung, daß jedes Kind im Mutterleib zur ewigen Verdammnis verurteilt ist.[6] Offensichtlich entwickelten sich diese Vorstellungen aus der ödipalen Eifersucht der Männer, denn nur wenige Frauen können oder mögen sich ausmalen, daß Babys für alle Ewigkeit in den Qualen des Höllenfeuers schreien, nur weil sie kein Priester mit Wasser besprengt hat, bevor sie starben.

Tatsächlich weigerten sich Priester, ein Kind innerhalb von vierzig Tagen nach seiner Geburt zu taufen, weil Mutter und Kind während dieser Periode als unrein angesehen wurden (deshalb war die Berührung für die Priester zu gefährlich). »Ein ungetauftes Kind wurde wie eine Frau zwischen Geburt und Aussegnung als heidnisch bezeichnet.«[7] Der wirkliche Grund für dieses »Heidentum« tritt in zahlreichen Überzeugungen des Volkes zutage: Es war die Geburtsmagie der antiken

Göttin, die sowohl die Frauen als auch deren Kinder für die Vollendung ihres Mysteriums beanspruchte. In den nordischen Ländern heißt es noch heute, daß ungetauft gestorbene Kinder zu Frau Holda, Hel oder Perchta, der unterirdischen Mutter, gingen.[8] Auf den Hebriden wird immer noch der Schutzritus der Göttin angewandt, um die Kinder während der gefährlichen Phase zwischen Geburt und der Taufe zu bewahren: Täglich wird eine Kerze um die Wiege getragen, wie schon in den alten, vorchristlichen Bräuchen.[9] Manche Volkslieder leugnen die christliche Lehre, daß Frauen, die im Kindbett sterben, ebenso wie ungetaufte Kinder in die Hölle kommen: Vielmehr wird in diesen Liedern behauptet, daß die so Gestorbenen in einen heidnischen Himmel eingehen. Mexikanische Bauern sagen noch heute, sie kämen »an einen Ort der Freude im Tempel der Sonne«.[10]

Das Heidentum war also freundlicher zu Kindern und ihren Müttern als das Christentum. Die Theologen fühlten sich deshalb oftmals aufgerufen, Gottes offensichtliche Grausamkeit zu erklären, wenn er es zuläßt, daß ungetaufte Kinder sterben und so zur Hölle verdammt sind, bevor sie auch nur die Möglichkeit hatten, erlöst zu werden. Im 16. und 17. Jahrhundert vertrat der Klerus steif und fest die Ansicht, daß Gottes Grausamkeit absolut gerecht sei. So sagte der Jesuit Martin Del Rio: »Wenn, was nicht ungewöhnlich ist, Gott erlaubt, daß Kinder sterben, bevor sie getauft worden sind, so geschieht das nur, um zu verhindern, daß sie in ihrem späteren Leben Sünden begehen, die ihre Verdammnis nur noch schlimmer machen würden. So ist Gott also weder grausam noch ungerecht, schon allein aufgrund der Tatsache der Erbsünde haben die Kinder den Tod verdient.«[11]

Es war üblich, die Taufe denjenigen zu verweigern, die im Verdacht standen, außerehelich oder sündhaft gezeugt worden zu sein. Amerikanische Geistliche haben sich häufig geweigert, Kinder zu taufen, die an einem Sonntag geboren waren. Es wurde nämlich angenommen, daß die Kinder immer an dem Wochentag geboren würden, an dem sie auch gezeugt worden waren. Und Sonntags waren eheliche Beziehungen verboten.[12]

Moderne Theologen geraten in Schwierigkeiten, wenn sie die Notwendigkeit der Taufe erklären sollen. Unwissende Eltern glauben ernsthaft, ihre Kinder wären zu ewigen Qualen verdammt, bis sie in einer Kirche mit etwas Wasser bespritzt worden sind. Der biblische »Sündenfall«, der ursprünglich den Grund dafür geliefert hatte, ist schon lange in den Bereich des Mythos verbannt worden.[13] Der ursprüngliche Gedanke eines öffentlichen Rituals der Namensverleihung scheint alles zu sein, was übriggeblieben ist, um die Zeremonie zu rechtfertigen, die nicht mehr ist als ein Vorwand für Leute, sich fein anzuziehen, zusammenzukommen und das neue Leben in der Sippe zu feiern. Vielleicht sollte daran erinnert werden, daß diese Funktion einst die ausschließliche Angelegenheit der Mütter und der Göttinnen war.

1. H. Smith, 238. 2. Givry, 157. 3. *Encyc. Brit.*, »Exorcism«. 4. Gifford, 51. 5. Tennant, 333. 6. Jacobus d.V., 585 (dt. 421f.). 7. Wimberly, 372. 8. Miles, 242. 9. Elworthy, 65. 10. Wimberly, 409f. 11. Robbins, 123. 12. Murstein, 319. 13. Campbell, F.W.G., 207.

Tefnut

Ägyptische Todes-Göttin archaischer Zeit, die als Schattenschwester der Göttin Nut in den Tiefen der Unterwelt lebte, während Nut in der höchsten Höhe des Himmels wohnte. Eine Gruppe niederer Götter hackte die Toten auf Hauklötzen in Stücke und fütterte Tefnut mit deren Blut – eine mythische Erinnerung an jungsteinzeitliche Opfer.[1]

Tefnut wurde mit Hathor in ihrem Aspekt als Sphinx und mit der griechischen Artemis gleichgesetzt.[2] Manche sagten, sie wäre eine wilde Göttin aus der nubischen Wüste; sie war immer rot vom Blut der von ihr verschlungenen Männer.[3] Sie glich der blutroten Kalika, die alles verschlang, was sie hervorgebracht hatte. (Siehe **Kali Ma**.)

Tefnuts Gemahl war Shu, »Geber der Winde«, der als Gott der Trockenheit der mit ihr assoziierten Feuchtigkeit entgegengesetzt war.[4] Er galt als »trocken, versengt, verwelkt, leer«. Er trug zwar die phallische Bezeichnung »Stütze des Himmels«, aber er war ein bereits verausgabter Phallus in der »Tiefe« der Göttin, die ihm als »Versteck seines Leibes« diente. Wie Jahweh konnte er die Toten – »das verdorrte Gebein auf dem Felde« (Ezechiel 37) – wieder zum Leben erwecken. Bei manchen Juden galten Jahweh und Shu tatsächlich als identisch.[5]

1. Budge, B. D., 146. 2. *Larousse*, 13. 3. Budge, B. D., 176.
4. Budge, G. E. 2, 420. 5. Ebd., 67, 87.

Teiresias

Var. Tiresias

Doppelgeschlechtlicher Seher von Theben. Die Göttin verwandelte ihn auf wunderbare Weise in eine Frau; er lebte danach sieben Jahre lang als Tempeldirne und gewann große Einsicht und die Fähigkeit zur Weissagung. Der Ursprung seines Mythos mag im Transvestismus oder in der rituellen Kastration liegen; ihr mußten sich diejenigen Männer unterziehen, die der Priesterschaft der Göttin beitreten wollten. Auch Hermes wurde erst zum Gott der magischen Innenschau, nachdem er sich in den pseudo-weiblichen Hermaphroditos verwandelt hatte und, mit weiblicher Kleidung und künstlichen Brüsten versehen, dem Tempel seiner Gemahlin Aphrodite vorstand.[1]

Im Hinduismus gab es ein Gegenstück zu Teiresias: Trisiras, den Gott der Magie, dessen Macht auf der Fähigkeit beruhte, sich nach Belieben aus einem Mann in eine Frau zu verwandeln.[2]

Die »Tochter« des Teiresias war Mante, die »Seherin«; so lautete ein Titel der thebanischen Priesterinnen, ehe es den Männern gelang, deren Funktionen zu übernehmen.

1. Graves, G. M., 18. 8. 2. O'Flaherty, 70.

Tell, Wilhelm

Meisterschütze von Altdorf, wohl der bekannteste aus dem Kreis sagenhafter Heroen. Ein grausamer Landvogt befahl Tell, sein Können unter Beweis zu stellen und mit der Armbrust einen Apfel vom Kopf seines Sohnes zu schießen. Tell vollbrachte das Kunststück, hielt jedoch einen zweiten Pfeil bereit, mit dem er, wie er hinterher sagte, den Tyrannen umgebracht hätte, falls sein Sohn verletzt worden wäre.

Die gleiche Geschichte wurde von Puncker, einem Wunderschützen aus dem Rheinland, erzählt. Ihm hatte Prinz Eberhard Langbart befohlen, einen Pfennig vom Kopf seines Sohnes zu schießen. Puncker hielt ebenfalls einen zweiten Pfeil bereit, mit dem er das Herz des Prinzen durchbohrt hätte, falls die Probe mißglückt wäre.[1]

Im 12. Jahrhundert berichtete der dänische Geschichtsschreiber Saxo Grammaticus die gleiche Geschichte über Toki, einen dänischen Meisterschützen, der von König Harald Blauzahn gezwungen wurde, mit seiner Armbrust einen Apfel vom Kopf seines Sohnes zu schießen. Der gleiche Vorfall erscheint in der mythischen Geschichte von Egil, dem Bruder des Velundr, die in in der Thidrickssaga überliefert ist. Ein weiterer altnordischer Held, Eindridi, wurde gezwungen, eine Schreibtafel vom Haupt seines Sohnes zu schießen. Wieder ein anderer, Hemingr, mußte mit einem Speer eine Haselnuß auf dem Kopf seines Bruder Bjorn treffen. Der Meister-Schütze der Färöer-Inseln war Geyti, dem König Harald befahl, eine Haselnuß vom Kopf seines Bruders zu schießen.

Daß all diese Varianten auf ein älteres Motiv zurückgehen, legt eine außereuropäische Fassung des Motivs nahe: die altpersische Dichtung *Manteq O'Tair* (die Sprache der Vögel) des Farid o'd-Din Attar (um 1140–1230). Eine der bekanntesten Geschichten dieses Werks erzählt von einem König, der einen Apfel vom Kopf eines Lieblingspagen schoß.[2]

1. Sprenger & Institorius, 151. 2. Baring-Gould, C. M. M. A., 119ff.

Tempelritter, Templer

Der Orden der Tempelritter oder Templer wurde 1118 n. Chr. im Heiligen Land gegründet, und zwar von einem burgundischen Ritter namens Hugues de Payens bzw. Payns, d. h. »Heiden-Hugo« (*païen* = Heide).[1] Die Organisation des Ordens war nach dem Vorbild der sarazenischen Brüderschaft *Haschischim* entworfen worden, den »Haschischessern«, die von den Christen Assassinen genannt wurden (siehe **Aladin**).[2] Das erste Stammquartier der Templer lag in einem Flügel des Königspalastes von Jerusalem, gleich neben der El-Aksa-Moschee, die für Schiiten das zentrale Heiligtum der Göttin Fatima ist.[3]

In westlichen, von schiitischen Dichtern inspirierten Ritterromanen wurde aus diesem Mutterheiligtum der Tempel vom Heiligen Gral, in dem sich legendäre Ritter, die sogenannten Tempelherren trafen, um der Göttin ihre Dienste anzubieten, das weibliche Prinzip der Göttlichkeit zu ehren und Frauen zu verteidigen (siehe **Gral, Heiliger**). Diese Ritter sind bekannt unter den Namen Galahad, Parzival, Lohengrin usw.

Die echten Tempelherren bekannten sich jedoch zum Christentum und widmeten sich der Aufgabe, christliche Pilger und Händler zu beschützen, die durch das Heilige Land reisten. Auch übernahmen sie den Schutz der von den Reisenden zurückgelassenen Ländereien, Burgen und Besitztümer und ließen sich zu diesem Zweck aus Jerusalem herbeirufen. Wenn die Pilger von ihren Reisen nicht zurückkehrten, ging ihr Vermögen nicht selten in den Besitz der Templer über. Wie andere geistliche Orden, in denen eigentlich das Armutsgelübde galt, wurden die Templer bald sehr reich.

Zu Anfang hatten sie Schwierigkeiten, die päpstliche Zustimmung für ihren militärischen Orden zu bekommen. Der Papst sträubte sich, bis eine Rechtfertigung ihrer Ziele schriftlich fixiert wurde, und zwar durch den heiligen Bernard, dessen Onkel dem Orden beitrat und Großmeister wurde. Eine von Papst Innocent II. unterzeichnete Bulle befreite den Orden von Steuerabgaben an die Kirche und schützte seinen Besitz vor Ansprüchen des Papstes. Diese finanzielle Unabhängigkeit führte jedoch den Zerfall des Ordens herbei.

Über den Erwerb von Ländereien und Schatzhäusern in Frankreich, Spanien, Portugal und der Levante entwickelten sich die Templer zu den größten Geldverleihern des 13. Jahrhunderts. Sie trieben Geschäfte mit Königen und Handelsmagnaten. Eigene Schiffe kreuzten im östlichen Mittelmeer. Ihr Ruf war derart gut, daß ihnen auch die Moslems vertrauten. Schließlich verbündete sich Papst Klemens V. mit König Philip V. von Frankreich, der kurz vor dem Bankrott stand, um den Templern Vermögen und Leben zu rauben.

Anfang des 14. Jahrhunderts wurde den Templern vorgeworfen, organisierte Ketzerei, Teufelsbeschwörung, homosexuelle Riten und Blasphemie zu betreiben, sowie ein androgynes Idol mit dem Namen **Baphomet** zu verehren, »das bisweilen drei Gesichter zeigt, manchmal zwei oder bloß eines, gelegentlich auch mit blankem Schädel in Erscheinung tritt; das nannten sie ihren Erlöser, und sie glaubten, daß sein Einfluß reich mache, die Blumen wachsen und die Erde ausschlagen lasse.«[4]

Die Verleumder behaupteten, die geheimen Riten der Templer würden die Leugnung Christi beinhalten, die Verunglimpfung des Kreuzes, den Zwang für Novizen, sich homosexuell zu betätigen, das Küssen der Genitalien des Teufels usw., Anklagen, wie sie später bei der Hexenverfolgung ständig erhoben wurden. Großmeister Jacques de Molay und andere führende Ordensmitglieder wurden verhaftet und gestanden unter der Folter, tatsächlich solche Dinge getan zu haben mit dem Ziel, jungen Rittern unbedingten Gehorsam den Vorgesetzten gegenüber beizubringen. Molay und seine Freunde widerriefen die erzwungenen Geständnisse später in aller Öffentlichkeit. Vor einer großen Menschenmenge beteuerten sie 1314 ihre Unschuld. Noch am selben Nachmittag wurden sie als rückfällige Häretiker auf dem Scheiterhaufen verbrannt.[5]

Der Orden wurde brutal unterdrückt. Landjunker aus Frankreich, Zypern, Kastilien und anderen Gegenden mordeten Templer, raubten ihren Besitz und erhielten den Segen der Kirche dazu. Gefangene Templer wurden gezwungen, allerlei Verbrechen zu gestehen, die offenbar sämtlich der Fantasie ihrer Richter entstammten. Jeder einzelne Templer, so stellte sich heraus, gestand immer das, was ihm der Richter vorwarf, der ihn gerade folterte.[6] Die Verfahren waren eine Farce; beim Templerprozeß in Paris weigerte sich das Gericht, die immerhin 573 Zeugen der Verteidigung zur Aussage kommen zu lassen.[7]

Einigen Templern gelang es, nach England zu fliehen, wo die Folter (noch) verboten war. Deshalb konnte nicht erlangt werden, was Papst Klemenz den »wahren Beweis« nannte, nämlich das durch Folter erpreßte Geständnis. Der Papst schrieb an König Edward II. und forderte ihn auf, die Templer festzunehmen und zu foltern; anderenfalls drohe ihm und seinem Hof die Exkommunikation wegen Behinderung der Inquisition. Als Köder wurde dem König eine Generalabsolution für alle seine Sünden in Aussicht gestellt. Am Ende gestattete dieser den päpstlichen Richtern, die Templer zu foltern und änderte das geltende englische Recht »aus Ehrfurcht vor dem Heiligen Stuhl«.[8] Die Folter war damit als unverzichtbare Notwendigkeit legitimiert, und »die erfolgreiche Vernichtung der Templer diente später als Vorlage für die Hexenverfolgungen«.[9]

Viele Gelehrte haben zu ergründen versucht, ob einzelne gegen die Templer erhobenen Vorwürfe berechtigt waren oder nicht und sind überwiegend zu der Ansicht gekommen, daß die Templer manche Lehren der östlichen Gnostiker übernommen hatten.[10] Das von den Ordensrittern angeblich verherrlichte Idol Baphomet war womöglich identisch mit der Trias der Weisheit, die sich die Ordensgründer in Gestalt von drei schwarzen Sarazenerköpfen auf die Arme malen ließen.[11] Andererseits sind aber in den beschlagnahmten und versiegelten Häusern und Heiligtümern der Templer nie Hinweise auf das Idol Baphomet entdeckt worden.[12] Die Templer wurden beschuldigt, das Kruzifix zu verunglimpfen, indem sie es mit dem Fingerzeichen der Feige bedachten. Dieses sexuelle Symbol war jedoch nach orientalischen Standards keinesfalls herabwürdigend, sondern ein sogenanntes Erkennungszeichen, das feminine Pendant zum phallischen Kreuz, entsprechend der indischen Lingam-Yoni-Symbolik.[13] Wenn die Templer tatsächlich auf dem Kruzifix herumgetrampelt haben, so vielleicht lediglich in Nachahmung arabischer Derwische, die in zeremonieller Form ein Kreuz zurückwiesen mit den Worten: »Du magst das Kreuz besitzen, wir aber wissen um seine Bedeutung.«[14] Was die Anklage der Homosexualität anging, so war nicht ein einziger Mönchsorden frei davon. Von Frauen getrennte Männer neigten im 13. Jahrhundert nicht weniger zu homosexuellem Verhalten als ihre Geschlechtsgenossen im 20. Jahrhundert, die in Gefängnissen, Kasernen, Arbeitslagern oder Internaten leben.

1. Shah, xix. 2. MacKenzie, 117. 3. *Encyc. Brit.*, »Templars«.
4. Knight, D.W. P., 186. 5. *Encyc. Brit.*, »Templars«. 6. Reinach, 310.
7. J. B. Russell, 197. 8. Coulton, 245. 9. Robbins, 208. 10. Knight, D.W. P., 193.
11. Shah, xix. 12. Coulton, 243. 13. Knight, D.W. P., 150. 14. Shah, 233.

Teppich, fliegender

Die orientalischen Geschichten von fliegenden Teppichen entwickelten sich aus schamanischen Initiationsriten, in denen der Adept lernte, in einer Geist-Reise zu »fliegen«. Novizen, die sich diesem Ritual in Zentralasien unterzogen, wurden von vier Priestern, den sogenannten »Söhnen« des Oberschamanen, auf einem Filzteppich getragen. Die vier Priester können mit den vier Söhnen des Horus verglichen werden, die im alten Ägypten den toten Mann trugen.[1] Der Trance-Flug zum

Himmel auf einem Teppich war ein integraler Teil der Tod-und-Wiederauferstehungs-Zeremonien, er war nötig für die Erleuchtung des angehenden Schamanen.

1. Eliade, S., 119 (dt. 125).

Teraphim

Alttestamentarische Hausfetische, die Hosea zu den unentbehrlichen Kultgegenständen zählt (Hosea 3, 4). Ein hebräischer Kommentator meint, die *teraphim* seien Ahnengeister in der Gestalt mumifizierter Orakelköpfe gewesen.[1] Ihr Name bedeutet »Kinder des Terah«. Die Bibel sagt, Terah »zeugte« **Abraham** (Genesis 11,27), aber das Wort, das mit »zeugen« übersetzt wurde, bedeutete oft auch »gebären«, und im Pentateuch tragen viele der sogenannten Patriarchen weibliche Namen. Wenn Abraham mit Ab-Brahm oder dem Vater Brahma identisch war, dann wäre die Göttin Tara (ein universaler Name für Mutter Erde) seine Mutter gewesen.

Die jüdischen *teraphim* ähnelten den römischen *lares* oder *manes*; diese waren ebenfalls Ahnengeister, die in Reliquien wohnten. Wie die *teraphim*-Verehrer glauben auch afrikanische Eingeborene immer noch daran, daß die Geister toter Ahnen in Bildnissen wohnen können – vor allem, wenn sie deren körperliche Überreste wie Knochen, Zähne, Haar usw. enthalten; durch die Befragung eines solchen Idols kann ein Nachfahre direkt mit dem Ahnen in Verbindung treten.[2]

Viele Völker des mittleren Osten bewahrten gemäß ihrer Überlieferung die Schädel ihrer Toten, besonders aber den des heiligen Königs für spätere nekromantische Befragungen auf. Ein solcher Opferplatz namens Golgatha (»Schädelstätte«) war angeblich auch der Schauplatz der Kreuzigung Christi.

1. Graves, W. G., 164, (dt. 186). 2. Lys, 431.

Terra Firma

Aus der homerischen Prägung »Große Mutter, Fest Gegründet, Älteste Gottheit« abgeleiteter Titel der Mutter Erde. Für die GriechInnen herrschte sie als Gaia, »Die Großbrüstige«, auf dem Olymp, bevor die hellenischen Götter kamen. (Siehe **Tara**.)

Tetragrammaton

»Vier-Buchstaben-Wort«; der geheime Name Gottes in den hebräischen Buchstaben *Jod-He-Vau-He* (JHWH). Es wird oft mit den Worten verwechselt, mit denen Gott sich dem Mose vorstellt: »Ich bin der ich bin« (Exodus 3,14). Diese Formel wurde von dem Gott Ab-braham oder Vater Brahma übernommen, der sich im Sanskrit als *Tat Sat* vorstellt – »Ich bin das, was ist«.[1]

Die Wurzel von JHWH ist HWH, *He-Vau-He* und bedeutet »Sein«, »Leben« oder »Frau« – im alten mittleren Osten waren dies auswechselbare Begriffe.[2] Die gleichen Buchstaben lauten im Lateinischen E-V-E: Eva.[3] Die sogenannte innere Bedeutung des Tetragramms bezog sich damit in Wirklichkeit auf Eva, die Mutter alles Lebendigen, die wirkliche Schöpferin der Welt, die in gnostischen Schriften als Mutter des Adam bezeichnet wurde.[4]

Es gab zwei Versionen des Tetragrammaton. Die weniger bekannte war EHJH; sie stand für das von Hajja (einem weiteren Namen Evas) abgeleitete weibliche Prinzip, das die Göttin in ihrer besonderen Beziehung zu Wöchnerinnen bezeichnet. Auf samaritischen Amuletten waren die maskuline und feminine Version des Tetragrammaton ineinander verschlungen abgebildet.[5]

Mittelalterliche Schriftsteller, denen die Bedeutung des Tetragrammatons unbekannt war, hielten es oft für den Namen eines mächtigen Dämons, den sie mit Zaubersprüchen beschworen. Ein Schriftsteller des 17. Jahrhunderts erklärte, »das mächtige Tetragrammaton« sei ein Teufel, der die Hexen beschütze.[6] Andere Autoritäten sagten, das Tetragrammaton sei einer der wirksamsten geheimen Namen Gottes, der bei Geisterbeschwörungen gebraucht würde, um nicht die Gewalt über die Dämonen zu verlieren. (Siehe **Name**.)

Jüdische Mystiker aus dem Umfeld der kabbalistischen Überlieferung machten ausgiebigen Gebrauch vom Tetragrammaton. JHWH wurde der Geteilte Name genannt, »der alle Kräfte der Natur umfaßt«. Der heilige Name konnte in »HWH« (für Mutter Eva) und »J« (für Jahweh bzw. Jehovah) zerteilt werden. Nach kabbalistischer Lehre war dies ein Hinweis auf den Umstand, daß Gott seine Schechina, die Große Mutter, verloren hatte; ihre Rückkehr hielten die Mystiker für unbedingt notwendig, wenn im Universum Friede einkehren sollte.

Manchmal wurde das Tetragrammaton auch Sem ha-mephoras oder Schemahamphorasch genannt; hier liegt wohl der Ursprung des Wortes Semaphor, (»Zeichenträger«), mit dem ein Wort-Zeichen im Sinne der hinduistischen *samjna* gemeint ist.[7] Die rabbinische Tradition sagt, das Sem ha-mephoras sei entweder auf einem heiligen phallischen Stein, der im Großen Tor der Mutter Erde vergraben war, eingemeißelt gewesen oder hätte den Stein selbst bezeichnet. Dieser Stein wurde auch *Eben stijjah* genannt, der Stygische Stein oder Stein der Tiefe. Mit ihm wurde ein sexueller Mythos assoziiert: Der Phallus von Vater Himmel stieg herab in die Yoni der jungfräulichen Mutter Erde, um »ihre Quellen aufzuschließen« – das heißt, um das welterhaltende Blut aus der Tiefe aufwallen zu lassen. Die Sexualorgane des Gottes und der Göttin befanden sich im Zentrum des Allerheiligsten. »David soll bei den Ausschachtungsarbeiten für die Grundmauern des Tempels diesen *Eben stijjah* gefunden haben; den Stein der Tiefe, der die Quelle der großen Tiefe erschließt und auf dem das *Sem hamephoras*, der (unverhüllte) Name Gottes, geschrieben stand.«[8]

1. *Mahanirvanatantra*, XIX. 2. Reinach, 188. 3. Cavendish, T., 116. 4. Pagels, 30. 5. Budge, A.T. 224, 261. 6. Hazlitt, 656. 7. O'Flaherty, 352. 8. Silberer, 315.

Teufel

Die englischen Wörter *devil*, »Teufel«, und *divinity*, »Göttlichkeit«, haben eine gemeinsame indoeuropäische Wurzel: *devi* (Göttin) oder *deva* (Gott), ein Wort, das im Persischen zu *daeva* (Teufel) wurde.[1] Das altenglische *divell* »Teufel«, kann auf das lateinische *divus*, *divi*, »Gott, Götter«, zurückgeführt werden.[2] So vermischten sich offenbar seit Urzeiten Götter- und Teufelsvorstellungen miteinander.

»Göttlich«, engl. *divine*, und *teuflisch*, engl. *devilish*, bildeten ein aufeinander bezogenes Begriffspaar. So bedeuteten die hebräischen Wörter für »gut« und »böse« ursprünglich »nützlich« und »schädlich«.[3] Götter taten »böse« Dinge, wenn ihr Zorn erregt war, Teufel konnten »gute« Dinge tun, wenn sie erfreut wurden. Der Gott eines Menschen war gleichzeitig der Teufel seines Feindes. Die Armenier opferten am Ostertag ein Schaf für Christus, aber dreißig für den Teufel, weil sie davon ausgingen, daß der Teufel mehr Einfluß auf die diesseitige Welt, das Hier und Jetzt, hätte.[4]

Dieses Denken war nicht ungewöhnlich. Oft wurden Teufeln nützliche Zauberkräfte zugeschrieben. So gab es einen Teufel, der »den Menschen zu Witz und Geist verhilft, alle Metalle in Münzen des jeweiligen Herrschaftsgebietes verwandelt, Wasser in Wein und Wein in Wasser, Blut in Wein und Wein in Blut wandelt und einen Narren in einen Weisen – und er ist Herr über 33 Dämonenlegionen.« Ein anderer Teufel »vermittelt vollkommenes Wissen über den Einfluß der Sterne, er verwandelt Menschen, schenkt Ansehen, Prälatenwürde und vollzieht die Firmung.« Wieder ein anderer Teufel »spricht von der göttlichen Tugend; er berichtet Wahres über die gegenwärtigen, die vergangenen und die zukünftigen Dinge und über die Göttlichkeit und die Schöpfung; er täuscht niemanden und duldet nicht, daß irgend jemand versucht wird; er schenkt ein hohes Ansehen und Prälatenwürde.«[5]

Selbst die ersten Christen gaben zu, daß die in den heidnischen Tempeln angebeteten »Teufel« bekannt dafür waren, Kranke zu heilen.[6] Tertullian sagte: *Diabolus simia Dei*, der Teufel imitiert Gott. Wer jedoch – chronologisch betrachtet – wen imitierte, war zweifelhaft.[7]

Tertullian (Quintus Septimius Florens Tertullianus), ein bedeutender frühchristlicher Gelehrter und Kirchenvater (etwa 155–220 n. Chr.), der in Karthago als Kind heidnischer Eltern geboren wurde.

Jüdisch-christliche Traditionen schrieben Gott eine Anzahl »diabolischer« Taten zu. Er brachte Pest und Hungersnot über die Menschen. Er schuf die furchterregende Hölle mit ihren Dämonen, die die menschlichen Seelen auf seine Befehle hin quälten. Er verursachte heftige Stürme, die damals wie heute als »höhere Gewalt« bezeichnet werden. Seit dem 15. Jahrhundert verkaufte die Kirche das Agnus Dei, Wachstäfelchen, denen ein Kreuz eingeprägt war. Sie sollten einen sicheren Schutz gegen Stürme und andere »höhere Gewalten« bieten. So wurde paradoxerweise Gottes Hilfe angerufen, damit er sich selbst bekämpft.[8]

Aus dem Dogma, nach dem Gottvater und Sohn in einer Person vereinigt sind, folgte, daß Gott sich in Christus sogar selbst getötet hatte. Andererseits wurde behauptet, die »teuflischen« Juden seien die Mörder Christi gewesen. Obwohl die Juden den vorherbestimmten Heilsplan Gottes ausführten und, als sie Jesus kreuzigten, nach Gottes Willen handelten, wurde Gott von den Theologen entlastet und den Juden die alleinige Schuld zugeschrieben. Obwohl der Gott des Alten Testaments viel »Böses« tat – so vernichtete er Tausende seiner eigenen, hilflosen Verehrer wegen unbedeutender Vergehen (1. Samuel 6, 19) –, wagten es

Geistliche nur selten, das biblische Bild von Gott als dem Verursacher des Bösen anzunehmen. »Ich erschaffe das Licht und mache das Dunkel, ich bewirke das Heil und erschaffe das Unheil. Ich bin der Herr, der das alles vollbringt.« (Jesaja 45, 7). Aufgrund dieser Bibelstelle befürworteten einige Geistliche die Theorie, daß Gott den Teufel absichtlich noch vor dem Anfang der Welt geschaffen habe, weil das Prinzip des Bösen notwendig war, um »den Glauben der kommenden Menschenrasse zu prüfen«.[9] Denn eigentlich konnte die Erschaffung des Teufels nicht böse sein, wenn sie durch Gott geschah.

Die PerserInnen hielten Gott und den Teufel für Zwillingsbrüder, die gleichzeitig aus dem Schoß der zweifachen Mutter der Unendlichen Zeit, Zurvan, geboren wurden. Der Teufel (Ahriman) wurde nur deshalb aus dem Himmel in die Unterwelt verstoßen, weil die ältere Gottheit sein dargebrachtes Opfer, wie das des Kain, nicht akzeptierte. Der himmlische Gott (Ahura Mazda) herrschte weiter in den Höhen des Himmels, weil er die richtigen Opfer zu machen wußte.

Aber der Teufel, und nicht der Gott, war der wirkliche Schöpfer der Erde und aller Kreaturen der irdischen, materiellen Welt. Deshalb baten die Zauberpriester ihn bei allen weltlichen Unternehmungen um Beistand und verehrten ihn als die Quelle ihrer magischen Kräfte. In römischen Zeiten wurde Ahriman in ganz Nordeuropa verehrt und mit den chthonischen Göttern, wie Pluto, Saturn oder Dis Pater, gleichgesetzt.[10] In frühen christlichen Mysterienspielen erschien er als wundertätiger Geist, z. B. in England als St. Mahown.[11]

Die Christen setzten ihren Teufel aus vielen antiken Göttern zu einer einzigen vielgestaltigen Figur zusammen. Zu seinen Attributen zählten die Ziegenhörner und die Hufe der Satyrgötter, wie Pan, Marsyas und Dionysos, der Dreizack von Neptun, Hades oder Shiva, die Reptiliengestalt des Leviathan, des Python und des Ouroboros, die Feuergestalt des Agni oder Helios, die Brüste der Astarte-Ishtar, das Wolfsgesicht von Dis, Feronius oder Fenris, die vierfachen Flügel der babylonischen Cherubim und die Vogelklauen der Urgeister, der *aves*. Außerdem versahen ihn die Christen mit allen Götternamen, die sie kannten, darunter viele, hinter denen sich ihr eigener Gott verbarg: Jupiter, Merkur, Minerva, Venus, Hades, Pluto, Baal-Zebub, Luzifer, Zeus Chthonios, Sabazius, Belial, Adonis, Zebaoth, Iao, Soter, Emmanuel und Sammael.[12] Der Teufel konnte jede Gestalt annehmen: Papst Gregor IX. beschrieb ihn als »einen blassen Jüngling mit schwarzen Augen und melancholischen Zügen«.[13] In älteren Religionen wurde er als ein aus Tieren zusammengesetztes Fabelwesen dargestellt, wie z. B. auf einem Amulett des ägyptischen Schutzdämonen Bes:

> *Nackter Genius mit dem Kopf des Bes, flankiert von sieben Tierköpfen, unter denen sich ein Stier, ein Löwe und ein Ibis befinden, überragt von einer* atef *Krone mit mehreren Hörnern; vier Flügel; ein Falken- und ein Krokodilschwanz; vier Arme – zwei sind an den Flügeln entlanggestreckt und halten Lanzen und Schlangen, auf der linken Seite ergreift der dritte Arm einen Löwen, auf der rechten Seite hält der vierte Arm ein Zepter und eine Peitsche. Der eregierte Penis endet in einem Löwenkopf; auf den Knien sind Löwenmasken abgebildet, die Füße haben die Form eines Schakalkopfes mit spitzen Ohren, die in der Verlängerung zu sich windenden Schlangen werden. Bes steht*

auf einem Ouroboros (kosmische Schlange), der mehrere Tiere in sich vereinigt: einen Skorpion, ein Krokodil und eine Schildkröte.[14]

Der in England verbreitete Spitzname des Teufels *Old Scratch* geht auf das deutsche »Schrat« oder »Waldschrat« zurück, womit ein Waldgeist gemeint war. Manchmal fungierte er auch unter dem Namen *Schrä(e)ttel* (»kleiner Schrat«) als Beschützer des Hauses. Das dem Geist zugehörige phallische Amulett beruhte auf dem zweigeschlechtlichen Symbol von Lingam und Yoni; darauf weisen auch das angelsächsische *scritta* und das altenglische *scrat* hin – beide bedeuten »Hermaphrodit«. Ein anderer englischer Spitzname für den Teufel, Deuce, leitete sich von gallischen Göttern, den Dusii ab, deren Name eine Variante des lateinischen *deus*, »Gott«, war. Dabei gab es wiederum eine hermaphroditische Nebenbedeutung, weil *deuce* auch »zwei« bedeutete.[15]

Einige Dämonologen gingen von sieben Teufeln aus, die den sieben Todsünden entsprachen: Luzifer (Stolz), Mammon (Habgier und Geiz), Asmodeus (Wollust), Satan (Zorn), Beelzebub (Völlerei), Leviathan (Neid) und Belphegor (Trägheit). Belial, ein Geist mit geringem Ansehen, herrschte über solche Laster wie das Karten- und das Würfelspiel.[16]

»Die Teufel« und »der Teufel« waren austauschbare Bezeichnungen. Der Teufel hatte gleichzeitig eine und viele Gestalten: die monotheistische Umwandlung eines polytheistischen Konzepts. Christliche Nationen behaupteten, alle anderen Völker huldigten »Teufeln« oder »dem Teufel« unter verschiedenen Namen. Eine aus dem 16. Jahrhundert stammende Auflistung von Ländern, in denen der Teufel verehrt wird, nannte die Tatarei, China, Lappland, Finnland, die Nördlichen Inseln, Ostindien, Persien, Arabien, Anatolien, Ägypten, Äthiopien, die Türkei, Rußland und Norwegen.[17] Laut Johann von Beaumont, einem deutschen Theologen des 18. Jahrhunderts, gehörte überall auf der Welt jeder Mensch, der »nicht anerkennt, daß Jesus Christus Fleisch geworden ist«, den Teufeln.[18]

So wie Gott Mensch geworden war, sollte auch der Teufel kurz vor dem Anbrechen des Jüngsten Gerichts Mensch werden. Dieses dämonische Wesen wurde gemeinhin Antichrist genannt. Angeblich würde er wie Christus wundertätige Heilungen vollbringen, z. B. Blinde sehend machen, wodurch er Berühmtheit erlange würde.[19] Nirgendwo wurde jedoch erklärt, wie diese dämonischen Wundertaten von den heiligen unterschieden werden könnten. Das Kommen des Antichrist wurde immer wieder angekündigt, in jedem Jahrhundert dutzende Male. Dem Kanoniker Moreau und anderen Geistlichen seiner Zeit zufolge wurde der Antichrist 1599 in Babylon geboren, wo ihm die Juden als ihrem Messias zujubelten.[20] Anscheinend wurde er hier mit dem messianischen Elias gleichgesetzt, den die Juden Jahr für Jahr an ihrem Passahfest erwarteten.

Bei der Vielzahl an Mythen gab es doch zwei Attribute des Teufels, die immer auftraten und eher göttliche Qualitäten beschrieben: übermenschliche Geisteskraft und übermenschliche Sexualität. Der Inquisitor Jean Bodin schrieb: »Sicher ist, daß die Teufel ein tiefes Wissen von allen Dingen haben. Kein Theologe vermag die Heilige Schrift besser zu deuten als sie. Kein Rechtsgelehrter hat mehr Fachwissen über Testamente, Verträge und Prozesse. Weder Arzt noch Philosoph verstehen mehr vom menschlichen Körper und von den Eigenschaften der Himmel und Sterne, Vögel und Fische, Bäume und Pflanzen, Metalle und Steine.« Der Inquisitor Nicholas Remy sagte, der Teufel besitze das vollkommene Wissen über alle Dinge, die den Menschen unerklärbar seien. »Alles Unbekannte findet sich nur in der verfluchten Sphäre der Dämonologie; denn es gibt keine unerklärten Tatsachen. Alles Anormale ist durch den Teufel verursacht.«[21]

Es war keinem Christen erlaubt, nicht an den Teufel zu glauben. Sowohl seine wie Gottes Glaubwürdigkeit stützte sich auf ein und dieselbe Grundlage, das gesamte Konzept der Erlösung hing letztlich vom Teufel ab. Ohne Versucher hätte es keine Erbsünde, keine Vertreibung aus dem Paradies und keine Hölle gegeben und somit auch nicht das Bedürfnis nach einem Erlöser oder der Kirche. Givry stellte treffend fest: »Wenn an dem satanischen Konzept etwas geändert wird, fällt das ganze wohlausgedachte christliche Lehrgebäude der Kirchenväter in sich zusammen.«[22]

Der Teufel war für die dualistische Theologie, die die Christen von den Persern übernahmen, unentbehrlich. Wenn die Welt von zwei Mächten, der guten und der bösen, beherrscht wurde, dann mußte eine böse Gottheit existieren, weil sonst Gott für alles Schlechte verantwortlich gemacht werden konnte. Ein Gott konnte logischerweise nicht allgut und gleichzeitig allmächtig sein. Wenn Gott eine Welt ohne das Böse hätte schaffen können, es aber nicht getan hatte, konnte er nicht all-gut sein. Wenn Gott eine Welt ohne das Böse schaffen wollte, es aber nicht konnte, war er nicht allmächtig. Die einzige Lösung – keine gute, aber eine mögliche – war es, Gott mit einem ebenbürtigen Gegenspieler zu versehen, der für das Böse verantwortlich war. Demzufolge verurteilten es die Theologen als größte Häresie und als »wider den wahren Glauben«, den Teufel als bloßes Werk der Einbildungskraft zu verstehen.[23] Für Martin Luther besaß der Teufel so viel Realität, daß er eines Abends mit ihm sprach und ein Tintenfaß nach ihm warf.[24]

Es blieb ein kompliziertes theologisches Problem, eine Begründung für Gottes offensichtliche Hilflosigkeit den Aktivitäten des Teufels gegenüber zu finden. Obwohl Luzifer oder Satan während des berühmten Krieges im Himmel angeblich vernichtend geschlagen worden war, zeigte er sich so lebendig, daß für ihn der Krieg und die Niederlage anscheinend nicht mehr als eine flüchtige Unannehmlichkeit gewesen waren. Die Theologen konnten keine andere Erklärung finden, als daß Gott dem Teufel »erlaube«, frei zu handeln. »Weder die Flugsalbe der Hexe noch ihre magischen Zaubersprüche ermöglichen ihr, auf einem Besen durch die Luft zu fliegen, sondern die Macht des Teufels, die ihm von Gott gegeben ist.«[25] Niemals erklärten die Theologen, warum die Kirche bestrafte, was Gott erlaubte.

Immer wieder gab es spitzfindige Definitionen, die das Verhältnis zwischen Teufel, Gott und Mensch genau zu beschreiben versuchten. So war Zauberei z. B. etwas anderes als Hexerei. Die durch Zauberei herbeibeschworenen Geister »wirkten durch die Kräfte, die Gott dem

Teufel zugestand«. Die Hexerei aber beschwor Geister, »die gegen den Willen Gottes agierten«. Praktisch betrachtet machte sich ein Mann, der den Teufel bei der Verführung einer Frau um Hilfe bat, keines Verbrechens schuldig, weil der Bereich der Sexualität nach Gottes Gesetz in die Zuständigkeit des Teufels fiel. Teufel, die Kinder töteten, begingen keine Sünde, weil Gott ihnen erlaubte, Kinder zu töten, »um deren Eltern zu bestrafen«.[26] Andererseits machte sich eine Frau, die ihr sterbendes Kind mit Hexenkräutern zu retten versuchte, schuldig und verdiente die Todesstrafe.[27]

Für die Theologen war alles Hexenwerk das Werk des Teufels, der dafür Gottes Erlaubnis besaß. Selbst Hexen, die ausschließlich Gutes taten, z. B. Kranke heilten, wurden mit dem gleichen Tod bestraft, den die Hexen, die Böses taten, erleiden mußten.[28] Die Hexen gerieten so in eine ausweglose Lage. Eine Geschichte erzählt, wie ein Mann eine Hexe verprügelte und dazu zwang, einen von ihr über seinen Sohn verhängten Zauber zurückzunehmen. Papst Benedikt XIV. entschied, daß die Hexe sich einer zweifachen Sünde schuldig gemacht habe, weil sie die Macht des Teufels zweimal genutzt habe, auch wenn sie beim zweiten Mal gewaltsam dazu gezwungen worden sei. Nach gründlicher Überprüfung stellte Benedikt fest, daß der Mann, der sie geschlagen hatte, ganz und gar unschuldig sei.[29]

Von der Kirche selbst stammte die Idee, daß Hexen Verbündete des Teufels seien, mit dem sie in einer riesigen gemeinsamen Verschwörung versuchten, das Christentum zu untergraben. Diese Theorie war die eigentliche Ursache für die Hexenverfolgungen. Die meisten Menschen standen der Hexenjagd der Priester zunächst eher gleichgültig gegenüber, bis ihnen die Angst von der Kanzel herunter aufgedrängt und sie, einmal eingepflanzt, vorsätzlich geschürt wurde.[30]

Zuweilen suchten auch die Geistlichen den Rat des Teufels, aber ohne dafür jenen Strafen ausgesetzt zu sein, die sie für Laien bereithielten. Im Jahre 1170 gelang es dem Bischof von Besançon, aufgrund der Zeugenaussage des Satans einige wundertätige Ketzer schuldig zu sprechen. Mit Hilfe eines in der Schwarzen Kunst erfahrenen Priesters sprach der Bischof mit dem Satan, der versicherte, daß die Angeklagten seine Diener seien. Sie wurden schließlich auf dem Scheiterhaufen verbrannt.[31]

Hilfreich war der Teufel für Geistliche – und jeden anderen Mann –, die eine Rechtfertigung für ein wollüstiges Vergehen suchten:

> *...daß der Teufel sich in die Gestalt des heiligen Silvanus, des Bischofs von Nazareth, des Freundes des Hieronymus, verwandelte. Dieser Dämon begann zuerst eine edle Frau nachts im Bette zur Üppigkeit mit Worten zu reizen und zu locken, und dann erregte er sie mit Taten zum Bösen. Als sie schrie, verbarg sich der Dämon in der Gestalt des heiligen Bischofs unter dem Bette der Frau. Dort gesucht und gefunden log er mit üppigen Worten, er sei der Bischof Silvanus. Am Morgen kam daher der heilige Mann in den schlimmsten Leumund, während der Teufel verschwand.*[32]

Einige gewitzte Gesellen nutzten den Teufelsglauben für ihre Betrügereien aus. In Cornwall konnte ein Mann seine Nachbarn davon überzeugen, daß er seine Seele an den Teufel verkauft hatte. Er steckte allabendlich einige Münzen ein und ging in die Dorfkneipe. Dort hielt er seinen Hut in den Kamin und bat seinen teuflischen Freund um Beistand. Daraufhin lagen die Münzen in seinem Hut. So täuschte er vor, daß der Teufel ihm das Geld für seine Zeche zukommen ließe. Der Wirt mochte das Geld nicht anrühren. Auf diese Weise konnte der Mann jeden Abend frei trinken.[33]

Der Teufelspakt war ein wesentlicher Bestandteil der Mythen um den Teufel und sorgte in den über sechs Jahrhunderte währenden Hexenverfolgungen für Millionen von Morden. Die Idee war jedoch unlogisch und absurd; wenn nach der Lehre der Kirche die Seele eines jeden Sünders dem Teufel zufiel, mußte das nicht mit einem »Pakt« abgesichert werden. Die Seele würde ohnehin ihm gehören. Die Sünder konnten dagegen, wie Scot herausstellte, kaum Nutzen aus dem Pakt ziehen: Jede Frau mit gesundem Menschenverstand würde den Teufelspakt mit den Worten ablehnen: »Warum soll ich auf dich hören, wenn du mich nachher betrügst? Hast du nicht auch meiner Nachbarin Mutter Dutton versprochen, ihr zu helfen und sie zu retten? Und dennoch schaust du mit an, wie sie gehängt wird.«[34]

In frühchristlicher Zeit stand der Teufelspakt unter keiner besonders hohen Strafe. Die *Legenda Aurea* erzählte von einem jungen Mann, der seine Seele dem Teufel verschrieben hatte, um die Liebe seiner auserwählten Dame zu erlangen. Später betete der heilige Basilius für den jungen Mann und konnte den Vertrag vom Teufel zurückbekommen; ein Blatt Papier »segelte vor aller Augen von einem der höheren Kirchenbalkone durch den Raum herunter und landete in seinen Händen«. Er zerriß das Papier, und der Jüngling war frei.[35]

Ein Pakt mit dem Teufel wurde auch mehreren Päpsten nachgesagt. Einer von ihnen mag von einer unverfälschten heidnischen Tradition beeinflußt gewesen sein: Sylvester III., dessen ursprünglicher Name Gerbert de Aurillac lautete. Er wuchs in einem Frankreich auf, das noch vom Dianakult und vom Druiden- und Feenglauben durchdrungen war. In Rouen wurde der Aphrodite noch bis ins 12. Jahrhundert hinein gehuldigt, und der Hain der Mondgöttin zog bis ins 14. Jahrhundert Pilger an. Als Papst wählte Sylvester einen Namen, der »Geist des Hains« bedeutete. Er soll eine Feengeliebte mit dem Namen Meridiana (Maria-Diana) gehabt haben, die ihn in die Geheimnisse der Magie einweihte.[36] Laut Kardinal Benno und William von Malmesbury unterzeichnete Sylvester einen Pakt mit dem Teufel, um die Papstkrone zu erlangen, was der Teufel dann auch ermöglichte.[37]

In Wirklichkeit hatte Papst Sylvester einen für seine Zeit ungewöhnlichen intellektuellen Geschmack. Für ihn war »die Philosophie das einzige Heilmittel« für die Enttäuschungen und Probleme seines Lebens.[38] Mit dem Begriff »Philosophie« war zu seiner Zeit aber nicht die christliche Theologie, sondern die heidnische Literatur, die Naturwissenschaft und die Geheimwissenschaft gemeint.

> *Die Liste großer Männer jener Jahrhunderte, die sich mit Magie beschäftigten, ... ist erstaunlich. Sie schließt jeden Menschen von einiger Bedeutung ein, und mitten darin steht einer der geistvollsten Päpste, Sylvester II. (Gerbert), und der oberste aller mittelalterlichen Denker über Naturwissenschaft, Albert der Große. Die Vorstellung wurde beinah allgemein, daß wenn ein Mensch den*

Wunsch hegte, die Werke Gottes zu studieren, sein erster Schritt ein Bund mit dem Teufel sein müsse.[39]

Ein anderer »teuflischer« Philosoph war Heinrich Cornelius Agrippa von Nettesheim, ein Historiograph von Kaiser Karl V. und Autor der berühmten Abhandlung über die Geheimwissenschaft *De occulta philosophia*. Die Kirche verdammte seine Werke und erteilte ihm einen strengen Verweis, weil er Frauen, die der Hexerei angeklagt waren, zu verteidigen versucht hatte. Seine reichen Gönner konnten ihn jedoch vor der Gefangenschaft bewahren. Nur ein einziges Mal wurde er eingesperrt, allerdings nicht wegen des Vorwurfs der Ketzerei, sondern weil er Schulden gemacht hatte.[40] Die Magie war für ihn die vollkommene Wissenschaft, und er ließ durchblicken, daß er – wie die gnostischen Ketzer – daran glaubte, daß nicht Gott, sondern der Teufel den Menschen Erkenntnis geschenkt habe.

Die Lebensgeschichte Agrippas trug viel zur Faustlegende bei, die sich auf eine Vielzahl packender und schauerlicher Geschichten gründete. Der historische Faust war keine besonders eindrucksvolle Figur. Als zwielichtiger Schulmeister in Kreuznach wurde er 1507 wegen des Vorwurfs der Sodomie entlassen.[41] Sechs Jahre später trat er als Astrologe und Wahrsager, der sich selbst als Halbgott von Heidelberg bezeichnete, wieder in Erscheinung. Die Einwohner Münsters kannten ihn später als »den berühmten Schwarzkünstler Dr. Faustus«. Im Grunde beruhte sein Ruhm weniger auf seinen Taten als auf den sogenannten faustischen Büchern, *Höllenzwänge*, deren Autor er nicht einmal war. Aus diesen anonymen Werken erwuchs eine Unmenge an Literatur, die vorgab, den Leser in der Magie zu unterweisen, so z. B. in den Teufelspakt, die Zauberei, das Auffinden verborgener Schätze, das Erlangen von Liebe und Reichtum und schließlich in das rechtzeitige Lossagen vom Pakt, um die eigene Seele zu retten. Diese Bücher waren erwartungsgemäß ungeheuer populär. Das Werk *Von dem Vorzug des weiblichen für dem männlichen Geschlecht*, das Agrippa von Nettesheim eigentlich nur geschrieben hatte, um die Gunst Margaretes von Österreich zu erlangen, wurde als ketzerisch verurteilt und seine Publikation verboten.[42]

Zauberbücher enthielten fast immer Vorschriften für Verhandlungen mit dem Teufel. In *Le Dragon Rouge* wurde dem ehrgeizigen Magier geraten, den »Kaiser Luzifer, den Herrn aller widerspenstigen Geister«, anzurufen, nebst seinen Dienern Lucifuge Rofocale, Prinz Beelzebub und Graf Ashtoreth.[43] In den Magischen Papyri, den frühen Vorläufern dieser Bücher, waren die Namen und Attribute von Jehovah und Luzifer oft durcheinandergebracht worden. So sprachen sie z. B. von »... Gott, dem Lichtträger, dem Unbezwingbaren, der das, was im Herzen jeglichen Lebens ist, weiß, der aus Staub schuf das Geschlecht des Menschen ...«[44] Wie wir gesehen haben, herrschte in der christlichen Theologie die gleiche Unklarheit. Und dennoch wurden im 14. Jahrhundert in Toulouse Frauen als Hexen verbrannt, weil sie einen Grundsatz des von der Kirche vertretenen Dualismus aussprachen: »Gott und der Teufel sind völlig gleichgestellt. Der eine herrscht über das Himmelreich und der andere über die Erde; alle Seelen, die der Verführungs-

Le Dragon Rouge ou l'art de commander les esprits célestes, aériens, terrestres, infernaux Ein Buch über Zauberei, das 1522 in Avignon erschien. Wahrscheinlich ist die Jahresangabe gefälscht und das Buch später verfaßt worden.

Magische Papyri Sammlungen exorzistischer Beschwörungsformeln,

Anrufungen und Zaubersprüche. Sie waren in frühchristlicher Zeit weit verbreitet und dienten als Quellen für die späteren Zauberbücher und geheimwissenschaftlichen Abhandlungen.

Herbert Thurston Ein Jesuit, der am Beginn des 20. Jahrhunderts mehrere Schriften zum Okkultismus verfaßte.

kunst des Teufels unterliegen, gehen dem Höchsten Gott verloren und leben ewiglich auf der Erde oder in der Luft.«[45]

Bis ins 20. Jahrhundert hinein hielten Geistliche beharrlich an der Idee vom Teufelspakt fest. Pater Thurston schrieb: »Angesichts der Heiligen Schrift und der Lehren unserer Kirchenväter und Theologen kann die abstrakte Möglichkeit eines Bundes mit dem Teufel und einer Einmischung des Teufels in das Wirken der Menschen kaum geleugnet werden.«[46] Die Kirchenväter und Theologen erklärten jedoch nie, welchen weiteren Nutzen der Teufel aus dem Pakt ziehen würde, außer daß er die »Seele« erhielt, die ohnehin die seinige war. Treffend merkte Samuel Butler an, daß niemand jemals die Position des Teufels angehört habe, weil Gott alle Bücher schrieb.[47]

Eigentlich sollte eine »aufgeklärte«, moderne Gesellschaft die Idee vom Teufel längst aufgegeben haben. Aber laut einer Umfrage von 1978 »glauben zwei von fünf AmerikanerInnen an Teufel«.[48] Die bemerkenswerte Lebensfähigkeit der Teufel mag ihrer Nützlichkeit entsprungen sein, Gottes Schuld und die des Menschen abzuschwächen. »Sowohl Juden wie Christen haben an der Lehre festgehalten, daß Gott für alles Gute in der Geschichte der Menschheit verantwortlich ist und daß der Mensch die Schuld an allem Bösen trägt.«[49] Demzufolge war der wahre Zweck des Teufelsglaubens, einen Teil der schweren Verantwortung von den schwachen Schultern des Menschen zu nehmen. Kurz, der Teufel, und nicht Christus, war der wirkliche Sündenbock, der die Last der menschlichen Sünden auf sich nahm.

1. *Larousse*, 317. 2. Scot, 444. 3. Tennant, 13. 4. Briffault 2, 564. 5. Scot, 323 ff. 6. J. H. Smith, C. G., 287. 7. Summers, V., 56. 8. H. Smith, 276. 9. J. B. Russell, 121. 10. Reinach, 72. 11. Hazlitt, 176. 12. Jacobus d. V., 670; Wedeck, 95. 13. Haining, 59. 14. Lindsay, O. A., 197. 15. Knight, D. W. P., 152. 16. Robbins, 127. 17. Scot, 521, 523. 18. Silberer, 286. 19. Gifford, 120. 20. Baring-Gould, C. M. M. A., 168. 21. Robbins, 127, 408. 22. Givry, 49. 23. Cavendish, P. E., 24, 139. 24. Givry, 139. 25. Robbins, 213. 26. J. B. Russell, 146. 27. Haining, 85. 28. Robbins, 213. 29. Summers, W., 36. 30. Robbins, 218. 31. Lea, 2. 32. Kramer & Sprenger, 134 (dt. II. 120). 33. Hazlitt, 647. 34. Scot, 40. 35. Jacobus d. V., 312. 36. Gaster, 771. 37. Woods, 89. 38. *Encyc. Brit.*, »Silvester«. 39. White 1, 386 (dt. 330). 40. *Encyc. Brit.*, »Agrippa, Heinrich Cornelius«. 41. *Encyc. Brit.*, »Faust«. 42. Seligmann, 212. 43. Givry, 117. 44. Barrett, 32 (dt. 44). 45. Caro, 85. 46. Summers, H. W., 63. 47. Ebon, W. T., 86. 48. *Newsweek*, 26. Juni 1978, 32. 49. Muller, 87.

Teutates

Altgermanische Version des priapeischen Hermes, der als riesiger Phallus in Eresburg, dem Berg der Mutter Erde (Hera), verehrt wurde. Teutates wurde auch Herr des Todes und Vater der »Teutonen« genannt.[1]

1. Bochardt, 145.

Var. Thugs

Thags

Der seltsame Ritual-Mord-Kult des Thaggi florierte für drei Jahrhunderte in Indien, bis durch den Bau der Eisenbahn mit der schwindenden Zahl der Fußreisenden auch die Wegelagerei der Thaggi-Banden zurückging. Die Thags hatten als fanatische Verehrer der Göttin Kali die Vorstellung entwickelt, es würde ihnen eine bevorrechtigte Reinkarnation einbringen, wenn sie im Namen der Kali Männer umbrächten. Sie lauerten vornehmlich ihren Feinden, den Brahmanen, auf. Frauen hatten vor den Thags nichts zu befürchten, ihre Opfer waren ausschließlich Männer.[1]

Die Thaggi-Legende erzählt, Kali hätte einst versucht, alle von männlichen Göttern geschaffenen »Dämonen aus Blut und Samen« (Männer) zu vernichten. Aber nach der Enthauptung eines jeden von ihnen entstand aus jedem Tropfen des vergossenen Blutes ein weiterer Mann; dabei handelt es sich möglicherweises um einen Überrest des Glaubens, im Heiligtum der Göttin vergossenes Blut bringe vermehrte Fruchtbarkeit hervor. Zuletzt wischte sich Kali mit einem Tuch den Schweiß von den Armen, übergab das Tuch ihren getreuen Gefolgsleuten und wies sie an, daraus eine Kordel zu machen und die »Dämonen« ohne Blutvergießen zu erdrosseln.

Männer wurden der Kali – hauptsächlich durch Enthauptung – bis ins 16. Jahrhundert (und gelegentlich noch darüber hinaus) geopfert. Auf ihrem Altar in Tanjore wurde jeden Freitag bei Sonnenuntergang ein Knabe enthauptet.[2] Im 16. Jahrhundert brachte ihr der König von Cooch Behar im Heiligtum von Danteshvari 150 Männer dar; der König von Bastar opferte noch 1830 im gleichen Heiligtum 25 Männer. Die Menschenopfer wurden im Jahre 1835 verboten und durch Tieropfer ersetzt.

Wie die mittelalterlichen arabischen Assassinen hielten die Thags an den Riten ihrer Göttin fest und meinten, die Brahmanen seien Ketzer und gehörten als solche ausgerottet. Die *Mahabharata* zeigt Kali als Geist des Brahmanenmordes »mit schrecklich vorspringenden Zähnen, wütend verzerrtem Gesicht, gelbbraun und schwarz, mit wirrem Haar, entsetzlichem Blick und einem Halsschmuck aus Totenschädeln, im Blut watend, in Lumpen und Baumrinde gekleidet«.[3] Dies war vermutlich ein uraltes Bild der Todes-Göttin, deren begeisterte Anhänger glaubten, sie müsse in Blut gebadet werden, um fruchtbar und zufrieden zu bleiben.

1. Tannahill, 153. 2. Campbell, Or. M., 5. 3. Ebd., 187.

Thais, Heilige

Die berühmte Hure Thais, die Mätresse Alexanders des Großen, wurde in der christianisierten Fassung ihrer Legende ins vierte nachchristliche Jahrhundert versetzt, was freilich aller realen Chronologie widersprach. Immerhin ließ sich so behaupten, daß Thais ihr luxuriöses Leben bereute und von einem koptischen Einsiedler (meist wird hier der heilige Antonius genannt) zum Christentum bekehrt werden konnte. Offenbar um einer der Lieblingsfantasien des Asketen zu genügen, hieß es, Thais habe auf der Höhe ihrer Schönheit und ihres Ruhmes ihren Sünden entsagt, ihren Leib kasteit, ihre schönen Kleider und ihren Schmuck verbrannt, der Kirche all ihre Habe übereignet und sich in eine Wüsteneinsiedelei zurückgezogen, um dort inmitten ihres eigenen Unrats zu leben.[1] Das einzige Problem bei dieser Erfindung des Hagiographen ist der Umstand, daß Thais zu dem Zeitpunkt, an dem sich diese Geschichte ereignet haben soll, bereits mehr als 600 Jahre tot war.

1. Attwater, 320.

Thalassa

Göttin von Rhodos und Milet, Mutter der Telchinen (»Zauberer«). Als Patronin von Sexualität und Ehe war sie eine archaische Form der Aphrodite Marina. Bei römischen Hochzeiten wurde sie mit dem Schrei *Talassio* angerufen, dessen Bedeutung in Vergessenheit geraten war. Trotzdem war es weithin bekannt, daß dieser Ruf »das rechte Ding bei Hochzeiten zu schreien« war.[1]

1. Rose, 192.

Thekla, Heilige

»Die Berühmte«, ein Titel der Diana von Ephesus, deren Heiligtum in Seleukia in heidnischer Zeit ein beliebtes Pilgerziel war und es auch bis ins 17. Jahrhundert n. Chr. blieb – als die Göttin schon längst christianisiert und in eine Heilige verwandelt worden war.[1] Die frühen Kirchenmänner liebten weder die heilige Thekla noch ihr Sanktum sonderlich. Im 4. Jahrhundert wurde es unter Leitung einer »Diakonin« von einer Gruppe betreut, deren Mitglieder sich ApotaktikerInnen nannten, weil sie nach dem Vorbild der ersten ChristInnen auf jeden Besitz verzichtet hatten. In späterer Zeit wurden sie folgerichtig der Ketzerei bezichtigt.[2] Manche ChristInnen behaupteten, die heilige Thekla sei eine Priesterin der Göttin Diana gewesen.[3] Andere, darunter Tertullian, wußten, daß es sich bei ihr nur um einen Beinamen der Großen Göttin handelte. Tertullian widersprach der Legende, nach der Thekla eine Schülerin des Apostels Paulus gewesen sein sollte. Er bezeichnete sie als Lüge, die von einem irregeführten Kirchenältesten »aus Liebe zum Apostel Paulus« erfunden worden sei – eine seltsame Erklärung, die darauf hinweist, daß Paulus sich dieser Verbindung offenbar nicht hätte schämen müssen.[4]

1. Attwater, 321. 2. Boulding, 370. 3. Brewster, 423. 4. Reinach, 255.

Themis

Vorhellenische Schöpfergottheit, die mit der chaldäischen *Thamte* (»Meer«) und der Tiamat verwandt war. Ihr Jungfrauen-Aspekt war Artemis (Ar-Themis); ihr Name hatte den gleichen Zahlenwert wie der Mond.[1] Ihre Kinder waren die Themisten, »Orakel«. Sie gründete das Orakel von Delphi (»Mutterleib«) lange bevor Apollo es an sich reißen konnte.

Aphrodite, Cybele, Anat-Athene und viele andere Göttinnen bewohnten unbehauene Steine, die in Griechenland

Die Schwarzmeer-Amazonen verehrten Themis in der Form eines schwarzen Steins auf ihrer heiligen Insel Themiscyra, »Göttliche Themis«. Auch im Forum Romanum befand sich ein uralter Stein, der *Lapis Niger* (»schwarzer Stein«), in den das heilige Gesetz der Göttin eingemeißelt war.[3] Selbst im weit entfernten Island wurde die gleiche Göttin in der Gestalt eines Steines verehrt, der *Spamathr* »Mutter der

Prophezeiung«, oder auch *Armathr*, »Mutter des Wohlstands«, genannt wurde.[4]

Für die ÄgypterInnen war Themis *Temu*, ein Geist des fruchtbaren Abgrundes, der am Anfang alle Dinge hervorgebracht hatte.

Der antike Mythos machte Themis zum Geist der nach-sintflutlichen Schöpfung. Nachdem die Flut sich zurückgezogen hatte, lehrte Themis die beiden Überlebenden Deukalion und Pyrrha, wie die Erde durch magische Kräfte wieder zu bevölkern sei. Sie sollten im Gehen »die Knochen ihrer Mutter hinter sich werfen«. Sie versuchten, diesen rätselhaften Befehl zu verstehen und begriffen schließlich, daß Themis Steine meinte – die Knochen ihrer Mutter Erde.[5] Durch die Gnade der Göttin erstanden neue Menschen aus diesen Steinen.

baitulos, in Syrien *baetyl*, und in Palästina *beth-el* oder »Haus Gottes« genannt wurden.[2]

1. Neumann, G. M., 214. 2. Graves, W. G., 405 (dt. 439). 3. Lindsay, A. W., 176. 4. Turvill-Petre, 230. 5. Graves, G. M., 38. d.

Theologie

Buchstäblich »Gotteswissen«, der paradoxe Anspruch, etwas zu wissen, was die TheologInnen selbst für unerforschlich halten. Die Schwäche der Theologie als »Wissenschaft« ist ihr Mangel an objektiven Beweisen für irgendeine ihrer Behauptungen. Vetter weist darauf hin, daß in der modernen Welt eigentlich jeder Theologe seinen Kummer und seinen Zweifel haben müßte: »Er versucht, die Wissenschaft mit Glauben und Lehre zu vereinen, aber diese Bereiche sind einfach unvereinbar.«[1]

Seit Galileis Zeiten hat sich die Theologie weniger darum bemüht, Gottes Verhältnis zur Menschheit, als vielmehr sein Verhältnis zur Wissenschaft zu rechtfertigen. Dies wird meistens durch die Umkehrung der üblichen Argumentation bewerkstelligt: man geht von den gegebenen Überzeugungen der Religion aus und gelangt so zu wissenschaftlichen Thesen. Im Jahre 1952 demonstrierte Papst Pius XII. dies mit einer erstaunlichen Kette von Ungereimtheiten, um die »Wissenschaft« zu zwingen, die Existenz Gottes zu beweisen:

> *Welche Bedeutung hat die moderne Wissenschaft für den Beweis der Existenz Gottes, der auf der Tatsache beruht, daß der Kosmos Veränderung zuläßt? … Aus der Tatsache, daß es Veränderung gibt, können wir auf ein absolutes Sein schließen, dessen Natur unveränderlich ist. … [Die Wisssenschaft] hat mit der Exaktheit eines physikalischen Beweises das Kontingenzprinzip bestätigt und daraus die Schlußfolgerung gezogen, daß … der Kosmos durch die Hand des Schöpfers entstanden ist.*[2]

Nur Theologen können mit einer so wackeligen Argumentation einen so großen Sprung wagen und von der Tatsache, daß es Veränderung gibt, zu der »Schlußfolgerung« gelangen, daß es etwas Unveränderliches geben muß. Unnötig zu sagen, daß die Wisssenschaft das theologische Kontingenzprinzip keineswegs mit irgendwelchen »physikalischen Beweisen« bestätigt hat – Theologen verstehen einfach nicht, worin ein physikalischer Beweis besteht.

Theologische Probleme werden nicht durch physikalische Beweise, sondern durch die Berichtigung verbaler Definitionen gelöst. Die übliche Methode ist die Debatte. Theologieprofessoren diskutierten im Mittelalter ernsthaft die Fragen, wieviele Engel auf einer Nadelspitze tanzen können und ob die Erde an einer goldenen oder einer eisernen Kette vom Himmel herabhänge. »Evidenz« wurde aus Analogieschlüssen hergeleitet. So bestimmten beispielsweise die Inzest-Gesetze des Petrus Lombardus, daß es ratsam sei, außerhalb des sechsten Grades der Blutsverwandtschaft zu heiraten, weil es sechs Weltalter gäbe. Im Jahre 1215 erklärte das vierte Lateran-Konzil es sogar für rechtmäßig, außerhalb des vierten Grades der Blutsverwandtschaft zu heiraten, weil es vier Körpersäfte, vier Temperamente sowie vier Elemente im Universum gäbe.[3]

Petrus Lombardus (um 1100–1160) lehrte seit 1140 an der Domschule zu Paris und wurde dort 1156 Bischof. Seine *Summa sententiarum* gilt als eine der bedeutendsten Arbeiten der Scholastik.

Zwischen Theologie und Wissenschaft bestand meist unversöhnliche Feindschaft.[4] Die Aggression kam stets von seiten der Theologie, nicht von der Wissenschaft; die letztere geht einfach Fakten nach, die erstere greift diese Fakten an, weil sie orthodoxe Vorstellungen bedrohen.

> *Die Priesterschaft, welcher Coleur auch immer, kann die schmähliche Rolle, die sie in der christlichen Welt während des letzten Jahrtausends gespielt hat, nie vergessen machen noch sie jemals wieder gutmachen. Aber weitaus schlimmer ist, daß sie aus der Niederlage nichts gelernt zu haben scheint und nun die Reihen schließt, um die gleichen Gefechte auf dem Gebiet der Sozialwissenschaft und der Ethik fortzuführen. … Supernaturalismus ist in seinen gesellschaftlichen Funktionen und Konsequenzen ein gefährliches Opiat. Und was vielleicht noch schlimmer ist: er verhindert jeden Versuch, auf gesellschaftlichem Gebiet zu experimentieren, zu planen oder zu forschen und untergräbt so das Vertrauen eines jeden Menschen in seine eigenen Kräfte. …*
>
> *Die Theologen gehorchen noch immer den gleichen Methoden und Prinzipien; sie haben nur einige Felder, die sie nicht mehr gewinnträchtig ausbeuten können, aufgegeben. Statt dessen haben sie ihre Bemühungen auf psychologische und soziologische Bereiche konzentriert, in denen sie seit altersher Erfahrungen sammeln konnten. Ihr einziger Geltungsanspruch beruht heute auf dem Ausmaß ihrer sozialen Akzeptanz, nicht auf einer wie auch immer gearteten empirischen Gültigkeit. Um diese gesellschaftliche Akzeptanz nicht zu verlieren, ließ die organisierte Religion nichts unversucht, um »kontroverse« Themen von öffentlichen Schulen und Universitäten fernzuhalten und so vielen »Gläubigen« wie eben möglich ein Höchstmaß an kirchlicher Erziehung zu bieten.*[5]

Um die solcherart als christlich definierte Erziehung zu sichern, mußten die Theologen oft lügen und anschließend ihre Lügen durch die rechte Formulierung ins Licht rechter Moral rücken. In einem Buch des Jesuitenpaters F. Healy, das sich an katholische Laien richtet und 1960 unter dem einigermaßen erstaunlichen Titel *Moral Guidance* (»Moralische Führung«) erschien, werden solche Sinnverdrehungen anschaulich vorgeführt:

> *Manchmal ist man genötigt, die Wahrheit bewußt zu verschleiern, denn es gilt, Geheimnisse zu hüten und Verunglimpfungen zu vermeiden. Manchmal genügt es nicht, zu schweigen, um ein Geheimnis zu bewahren. Im Gegenteil: es kann geschehen, daß Schweigen ein Geheimnis verrät. Daher muß es erlaubte Wege geben, die Wahrheit im Notfall zu verbergen. Ein erlaubtes Mittel ist die Mentalreservation. … Wir können die Frage anders formulieren und erwägen, ob eine falsche Aussage immer eine Lüge ist. Manche Theologen verneinen das. … Manchmal ist eine falsche Aussage nötig, um ein geheimes Wissen zu schützen. Schweigen und Mentalreservation reichen nicht aus, die*

Mentalreservation (*reservatio mentalis*), »innerer Vorbehalt« bei einer Aussage oder Handlung. Sie wurde von den

einzige Möglichkeit, das Geheimnis zu bewahren, ist eine Aussage im Widerspruch zu dem, was dir als Wahrheit bekannt ist.[6]

Von gleicher Denkungsart war Eusebius, der »heiliges Lügen« guthieß und rühmte, sofern es um der Kirche willen geschah. Healy macht die Unwahrheit zu einem »erlaubten Mittel« und öffnet damit jeder Falschheit Tür und Tor. Die Kirchenmänner selbst haben selten die Lügen geglaubt, die sie verbreiteten oder zuließen; das geht jedenfalls aus einem im 19. Jahrhundert in Pastorenkreisen kursierenden Aphorismus hervor: »Wer seinen Mund halten kann, der kann alles halten, wie er will.«[7] Der Theologe Beausobre schrieb:

> *Geistliche sagen nicht nur nicht, was sie denken, sondern sie verkünden auch das glatte Gegenteil davon. In ihren Studierstuben sind sie Philosophen; nach außen geben sie sich mit Fabeln zufrieden, obgleich sie genau wissen, daß es Fabeln sind. Nein, mehr noch: Sie überantworten ehrliche Männer dem Scharfrichter, weil diese etwas geäußert haben, von dem sie genau wissen, daß es wahr ist. Wieviele Atheisten und Heiden sind von Heiligen unter dem Vorwand der Ketzerei verbrannt worde? Jeden Tag konsekrieren Heuchler die Hostie und bringen Menschen dazu, sie zu verehren, obgleich sie doch genau wie du und ich wissen, daß die Hostie nichts weiter ist als ein Stückchen Brot.*[8]

Die vielleicht gefährlichste aller Wahrheiten, die von den Theologen stets mit Lügengebilden verbrämt wurde, war die Erkenntnis des arabischen Philosophen Averroës: alle Religionen sind von gleichem Wert oder Unwert, denn alle sind bloß von Menschen gemacht.[9] Die jüdisch-christliche Tradition konnte diesen Gedanken nicht ertragen, denn sie lehrte nicht nur, daß ihre »heiligen« Schriften direkt von Gott diktiert worden sind, sondern auch, daß ihre Religion die einzig »richtige« sei – selbst wenn sie durch falsches Zeugnis untermauert wird.

Wie konnte die moderne Kirche anerkennen, fragt Guignebert, »daß die Religion ausschließlich im Bewußtsein der Menschen lebt und nicht zugeben, daß dieses Bewußtsein sich seit dem dreizehnten Jahrhundert grundlegend verändert hat?« Die Orthodoxie hält sich für unwandelbar, aber sie ist immer peinlich berührt, wenn ihre Irrtümer an die Öffentlichkeit dringen. Renan sagt: »Eines kann ein Theologe niemals sein: ein Historiker. Der Historiker bedarf des freien Blicks. ... Der Theologe hat stets sein Dogma im Auge. Auch wenn dieses Dogma gestutzt und beschnitten wird, soweit es nur möglich ist, bleibt es für den kritischen Geist eine untragbare Last. Der orthodoxe Theologe kann mit einem Vogel im Käfig verglichen werden: jede wirklich freie Bewegung ist ihm verboten.«[10]

Die logische Frage, die von der Theologie einst für undenkbar gehalten wurde, wird immer öfter gestellt: »Welche Gottheiten gibt es – und welche hat es je gegeben –, die nicht der menschlichen Einbildungskraft entstammen?«[11] Will er auf der realen Existenz eines Gottes in der wirklichen Welt beharren, so muß der Theologe sich auf intellektuelle Unredlichkeit einzulassen. »Man soll nur als Wissen ausgeben, was man wirklich weiß und zugeben, daß man nicht weiß, was man nun einmal nicht weiß. Die für den Westen charakteristische Leidenschaft, unbeantwortbare Fragen zu beantworten, wäre erfreulicher, wenn sie ohne den Brustton absoluter Gewißheit auskäme.«[12] Morton Smith weist dar-

Jesuiten vor allem bei Eiden, die den Prinzipien des Vereidigten grundsätzlich widersprachen, für zulässig gehalten.

Eusebius
Bischof v. Caesarea in Palästina (um 270–339). Er war der erste Verfasser einer Kirchengeschichte, »Hoftheologe« in Konstantinopel und Bewunderer und Biograph Konstantins.

Averroës
(1126–1198) Eigentlich Ibn Ruschd. Islamischer Philosoph und Aristoteles-Übersetzer. Averroës lehnte die Möglichkeit von Wundern, die Vorsehung und die Unvergänglichkeit der individuellen Seele ab.

auf hin: »Wenn ein Theologe von ›höherer Wahrheit‹ redet, versucht er meistens, die niedere Falschheit zu verbergen.«[13]

1. Vetter, 257. 2. Keller, 413. 3. Murstein, 11. 4. Siehe White.
5. Vetter, 472, 515. 6. Lederer & Jackson, 109. 7. H. Smith, 375.
8. Doane, 435. 9. Guignebert, 305. 10. Ebd., 467, 492.
11. Campbell, M. L. B., 253. 12. Muller, 334. 13. M. Smith, 165.

Theotokos

»Gottes-Gebärerin«, Titel der Jungfrau Maria. Die Kirchenväter lehnten diesen Titel ursprünglich ab, denn: »Es ist unmöglich, daß Gott von einer Frau sollte geboren werden.«[1] Spätere Autoritäten der Kirche entschieden sich allerdings dafür, daß es doch möglich wäre.

1. Riencourt, 150.

Thesmophoria

Frauenfest der Demeter-Thesmophoros, der »Demeter, die den Brauch gegründet hat« (d. h. den Ackerbau, dessen Schutzgöttin sie war). Es wurde im Saatmonat fünf Tage lang mit Orgien und strengem Fasten gefeiert. Nur verheiratete Frauen nahmen daran teil, die Gegenwart von Männern war verboten. Die Frauen mischten ihr Menstruationsblut unter das Saatgut, um ihm Leben zu geben; sie opferten Schweine; in Prozessionen trugen sie Gefäße mit Saatgut, Schlangen und Kuchen, die den weiblichen Genitalien nachgebildet waren.[1] Am dritten Tag traten die Geopferten in der Kalligeneia, »der schönen Geburt«, aus ihrem Erden-Leib hervor.[2] Die Opfer wurden mit dem Erlöser Dionysos gleichgesetzt, dem heiligen Kind, das in eine Krippe gelegt wurde, um später zu sterben; sein Blut wurde als heiliger Wein den Gläubigen gereicht, damit sie die Unsterblichkeit erlangten.

1. Spretnak, 269. 2. *Encyc. Brit.*, »Thesmophoria«.

Thomas der Reimer

Thomas Learmont, auch bekannt als Thomas von Erceldoune, ein schottischer Dichter und Seher des 14. Jahrhunderts. Erceldoune (heute Earlston) war »Ercel's Down«, der Sitz der angelsächsischen Göttin Ercel, Ursel oder Horsel. Ercel war gleichzeitig die Feenkönigin, die Thomas in Liebe zugetan war und ihn die Geheimnisse der Magie lehrte. Die amtierende Königin von Elphame, eine irdische Inkarnation der Göttin, war bei Huntlie Bank an Thomas herangetreten. Sie lehrte ihn die Geheimnisse des Hexenkultes und unterzog ihn, nachdem er dem Christentum abgeschworen hatte, der Wiedertaufe zum Wahren Thomas.[1]

Nach der »Ballade von Thomas dem Reimer« zeigte die Feenkönigin Thomas drei Straßen: die erste führte in den Himmel, die zweite in die Hölle und die dritte in das »schöne Elfenland«; damit ist ein Weg gemeint, der weder christlich noch anti-christlich war. Auf dieser dritten Straße gelangte Thomas zu dem Fluß aus Blut, der sowohl mit dem griechischen Geburtsfluß Styx vergleichbar ist, wie auch mit dem Fluß des Menstruationsblutes der Riesinnen, den der Gott Thor auf seinem Weg ins Land der älteren Gottheiten überquerte. Hier geriet Thomas an einen sehr rätselhaften Ort: »vierzig Tag' und vierzig Nächte / watet' er durch rotes Blut, / sah nicht der Sonn' noch Mondes Glut, / doch hört' er tosen Meeres-Mächte.«[2]

Die Sage legt eine Erleuchtung tantrischer Art nahe, die durch den Kontakt mit der weiblichen Lebens-Essenz herbeigeführt wurde. Die Feenkönigin sagte, sie habe »roten Wein« (engl. *claret*) in ihrem Schoß und lud Thomas ein, seinen Kopf dorthin zu legen. Die ursprüngliche Bedeutung des »Rotweins« war »Wahrnehmung« bzw. »Erleuchtung« (*claret* klingt an engl. *clarification*, »Erhellung« an); in der Umgangssprache steht *claret* auch als Synonym für Blut. In keltischen Mythen bot die Feenkönigin »roten Met« und damit ebenfalls sich selbst an: Ihr Name **Mab** bedeutete nichts anderes als »Met«.[3] Die altnordische Variante des Thomas war Sir Bosmer, der durch die »wirbelnde Flut« zur Elfenkönigin schwamm, während diese am fernen Ufer stand und rief: »Sei willkommen, Sir Bosmer! Komm heim zu mir, ich habe Met und Wein für dich gebraut.«[4] Solche Geschichten bestärkten die Geistlichen in ihrer Auffassung, daß **Menstruationsblut** der Kommunionswein der Hexen sei.

Nach seiner Reise in das geheime Paradies, in dem er sieben Jahre blieb – eine Erinnerung an die sieben Windungen des Styx – wurde Thomas als großer Zauberer, Dichter und Prophet ranggleich mit Merlin, Tristan und anderen Weisen des alten Glaubens.[5]

1. Graves, W. G., 483 (dt. 518.). 2. Sargent & Kittredge, 64. 3. Rees, 75. 4. Wimberly, 116. 5. *Encyc. Brit.*, »Thomas the Rhymer«.

Thomas, Heiliger

Helenisierter Name des Gottes Tammuz; ursprünglich der sterbende Erlöser des jerusalemischen Kultes (Ezechiel 8, 14), dessen Riten durch den Jesus-Kult verdrängt wurden. Aus Tammuz wurde nun der »ungläubige Thomas«, der Jesu Anspruch auf wahrhafte Vergöttlichung und leibliche Auferstehung bezweifelte. Er glaubte nicht, daß sein Rivale vom Tode auferstanden sei, bis er dessen Wunden geprüft hatte. Danach verkündete Thomas-Tammuz, daß er Jesus akzeptiere und redete ihn mit »mein Herr und mein Gott« (Johannes 20, 28) an – so will es jedenfalls das Evangelium.

Die Geschichte vom Ungläubigen Thomas erscheint nur in dem sogenannten gnostischen Evangelium des Johannes, das mehr als 150 Jahre nach Jesu angeblicher Lebenszeit niedergeschrieben wurde.[1] Sein Zweck war, dem christlichen Anspruch auf Vorrang vor älteren Gottheiten Nachdruck zu verleihen.

Der bekehrte Zweifler Thomas war auch Thomas der Zwilling: Die christliche Legende läßt gelten, daß Jesus und Thomas-Tammuz die gleichen Gesichtszüge hatten und wirklich der gleiche Gott waren. Einigen Quellen zufolge hieß der Rivale Christi »Judas Thomas« oder »Judas der Tammuz, der das gleiche Gesicht wie Jesus hat«.[2] Die Opfer, in denen sich der Gott Tammuz inkarnierte, scheinen traditionsgemäß Namen wie Judas oder Jesus angenommen zu haben.

Im Laufe des vierten Jahrhunderts wurde in Edessa ein Heiligtum von den Nachfolgern des neuen Tammuz übernommen – nun wurde er der heilige Thomas genannt und war der Apostel Indiens –, und man leitete die üblichen Reliquienfälschungen in die Wege.[3]

1. Enslin, S. C. M., 451. 2. Augstein, 225. 3. Attwater, 325.

Var. Thundr, Thunaer, Donar

Thor

Altnordischer Gott des Blitzes und des Donners, der dem germanischen Donar, dem slavischen Pyerun und dem römischen Jovis (Jupiter) entsprach. Daher kommt es, daß der römischische *dies jovis* (lat. »Tag des Jupiter«, erhalten in ital. *giovedi* und franz. *jeudi*) im Deutschen zu Donnerstag und im Englischen zu Thursday wurde. Im alten England hatte Thor mindestens sechs bedeutende Heiligtümer; der Name der Ortschaft Thurstable in Essex bedeutete ursprünglich »Thors Pfeiler«. Thors Kult hatte bis zum 11. Jahrhundert Bestand; um diese Zeit erwähnte ein christlicher Chronist, daß Thor – oder sein Priester – »der böse Mann von Kent« sei, der als Königsberater fungiere. Als man die Sachsen mit Gewalt zum Christentum bekehrte, zwang man sie, »Thunaer, Woden, Saxnot und allen Dämonen, die ihre Begleiter sind«, abzuschwören.[1]

Trotzdem wurde Thor im Norden weiterhin verehrt. Sein Heiligtum zu Maerin bei Trondheim bestand noch im 11. Jahrhundert.[2] Eligius, der Bischof von Noyons, schalt die Christen im 7. Jahrhundert, daß sie den Donnerstag als heiligen Tag des Thor ehrten; trotzdem wurde »Thors Hammer« noch 500 Jahre später als heilige Reliquie und Ursprung des Donners in vielen Tempeln verehrt. Von der Bevölkerung Preußens wurde Jupiter-Thor bis zum 16. Jahrhundert »in heiligen Wäldern verehrt, wo sie Opfer darbrachten und heilige Quellen hatten, denen Christen sich nicht nähern durften«.[3]

Der Name Thors leitet sich offenbar vom Donner-Stier des mittleren Ostens her, mit dem auch Jupiter identisch war. Plutarch schrieb, der phönikische Donnergott heiße Thur, der Stier.[4] Bei den germanischen Stämmen »brüllte Thor wie ein Stier«, wenn er seinen Hammer schwang.[5] Wie die anderen Formen des Stier-Gottes war er mit der Erd-Göttin *Thrud*, »Kraft« oder »Stärke« vermählt.[6] Obgleich spätere Mythen Thrud manchmal als seine »Tochter« bezeichneten, war sie die Herrscherin in Thors Heim in Asgard: es hieß *Thrudvangar*, »Thruds Feld«.[7]

1. Turville-Petre, 99f. 2. Oxenstierna, 294. 3. H. R. E. Davidson, G. M. V. A., 81ff. 4. Knight, S. L., 20. 5. *Larousse*, 261. 6. Hollander, 32. 7. Branston, 87.

Thot

Ägyptischer Gott der magischen Worte und Schriften, die er von seiner Gemahlin Seshat oder Maat erworben hatte. Er wurde mit dem griechischen Hermes gleichgesetzt. Seine heilige Stadt war als Hermopolis, »Stadt des Hermes«, bekannt. Die dortigen Priester behaupteten, Thot habe die Welt erschaffen, indem er das Weltenei (das er in Form der gnostischen Schlange umringte) ausbrütete; in einer anderen Variante heißt es, er habe nach der Art des biblischen Gottes die Worte der Schöpfung ausgesprochen. (Siehe **Logos; Ur-Text.**) Das *Buch des Thot* war ein weithin bekanntes legendäres Werk, das angeblich die Geheimnisse der Beeinflussung von Materie durch Zaubersprüche offenbarte.

Wie Hermes und andere Manifestationen der Weisen Schlange hatte Toth seine Kräfte durch seine frühere enge Verbindung mit der Großen Mutter erhalten. Seinem Wesen nach war er eher dem Mond als der Sonne verbunden. Als er in den Himmel aufstieg, wurde er der Hüter der Mond-Pforten.[1]

1. *Larousse*, 27.

Thyrsos

Rute und Stab des Dionysos; ein Zauberstab oder Zepter, der, mit Efeu und Weinlaub umwunden und von einem Pinienzapfen gekrönt, die Fruchtbarkeitskraft des Gottes darstellte. Der Thyrsos wurde vom Gott selbst, aber auch von den Satyrn, Maenaden, Silenen und anderen Teilnehmern der heiligen *orgia* getragen. Manchmal wurde der Thyrsos zusammen mit einem Weinbecher gezeigt, um – der Kombination von königlichem Zepter und Reichsapfel vergleichbar – die Vereinigung männlicher und weiblicher Kräfte zu versinnbildlichen.[1]

1. *Larousse*, 153.

Tiamat

Sumerisch-babylonische »Göttin-Mutter« (*Dia Mater*), aus deren gestaltlosem Körper bei der Schöpfung das Universum geboren wurde; eine Personifikation der Tiefe oder des **Tohuwabohu.** Die BabylonierInnen behaupteten, ihr Stadt-Gott Marduk, Tiamats Sohn, hätte aus ihr Himmel und Erde geschaffen – wie später auch Marduks Nachahmer, der Gott der Bibel. Aber die ursprüngliche Teilung, von der der alte pelasgische Mythos ihres ägyptischen Pendants Eurynome berichtet, wurde von der Mutter selbst vollzogen.[1]

Im davon abgeleiteten hebräischen Mythos wurde die Tiamat zu *Tehom*, der Tiefe; unter diesem Namen erscheint sie in der Bibel (Genesis 1, 2). Die patriarchalen Schriftsteller vergaßen, daß »die Tiefe« ein personifizierter Mutterleib war, eine mittelöstliche Variante der Kali, deren Sein vor der Schöpfung »formlos« war. Die meisten Schöpfungsmythen beinhalten die Vorstellung der ursprünglichen Gestaltlosigkeit und Finsternis; erst die Geburt brachte »Licht«, indem sie den Mutterleib dergestalt aufbrach, daß aus ihm Himmel und Erde entstanden. Der biblische Schöpfungsmythos fußt auf dem gleichen Archetypus.

In Ägypten war die Tiamat Temu oder Te-Mut, die älteste aller Gottheiten, die Mutter der archaischen Enneade der vier zweifachen weiblichen Elemente: Wasser, Dunkelheit, Nacht und Ewigkeit.[2] Sie war auch Nun, Naunet oder Ma-Nu, der große Fisch, der das Universum und die Götter gebar. In den wiederholten Zyklen des Werdens verschlang sie periodisch Götter und Universum, um sie – wie Kali – erneut zu gebären.[3]

Tiamats erstgeborenes Kind scheint ein Duplikat ihrer selbst gewesen zu sein; es hieß Mummu, was sowohl mit »buttern« als auch mit »Mutter« übersetzt werden kann. Diese Wortkombination erinnert an die alte Vorstellung, daß der feste Erdboden durch das »Buttern« der Urflüssigkeit entstanden ist – wie bei der Herstellung von Butter, bei der das Fett durch Stampfen der Milch zur Verfestigung gebracht wird.[4] Manche Mythen gesellten der Tiamat den Gatten Apsu bei; er war, dem Jupiter Pluvius vergleichbar, ein Vater Himmel; seine Aufgabe bestand darin, den mütterlichen Abgrund mit seinem Samen-Regen zu befruchten. Aber er war ihr weder übergeordnet noch gleichgestellt: Selbst im chaotischen Zustand vor der Schöpfung war Tiamat die wahre Quelle des Lebens; ihr Gatte war zweitrangig und nicht einmal unbedingt notwendig.[5] Verschiedene Mythen besagen, Tiamat habe alleine die Schöpfungsflüssigkeit erzeugt, die nicht aus Samen, sondern aus ihrem Menstruationsblut bestand, das während dreier Jahre und dreier Monate unaufhörlich floß.[6] Das große Sammelbecken des Blutes war das Rote Meer – dem »Ozean von Blut« der Kali vergleichbar – dessen Ostküste in Arabien immer noch Tihamat heißt.

Die BabylonierInnen glaubten, Marduk hätte seine Mutter in zwei Teile geteilt, in die oberen und die unteren Wasser. Der jüdische Gott machte es ebenso: Er »trennte die Wasser unter dem Firmament von den Wassern über dem Firmament« (Genesis 1,7). Außerdem teilte er das Rote Meer, das ebenfalls als Synonym für die Tiamat stand.

Die Vorstellung von der Teilung der Wasser war nicht jüdischen Ursprungs. Lange bevor dies über Götter berichtet wurde, hatten Göttinnen die Wasser geteilt. Die Hindu-Göttin Bindumati, die »Mutter des Lebens«, teilte die Wasser des Ganges.[7] Die Göttin Isis teilte die Wasser des Flusses Phaedrus, um ihn trockenen Fußes zu überqueren.[8] Selbst ein unbedeutender ägyptischer Zauberer namens Zazamonkh teilte das Wasser eines Sees, um den verlorenen Ohrschmuck einer Hofdame herauszuholen.[9] Die Wunder, die Jahweh zugunsten seiner Israeliten vollbrachte, waren im Kontext des zeitgenössischen Sagenschatzes nichts Besonderes.

Indem er Tiamat teilte, schuf Marduk den Diameter (Horizont), die Trennungslinie zwischen Himmel und Erde. Diameter ist die griechische Variante des Namens Tiamat und bedeutet göttliche Mutter (lat. *dia mater*). Wir sagen noch heute, daß der *Diameter* (der Kreisdurchmesser) einen vollen Kreis in zwei Hälften teilt. Obgleich Marduk seine Mutter, den Ozean voller Blut, erschlagen haben soll, hielt er am babylonischen Menstrualkalender fest und feierte die Sabbate und die Monate des Jahres nach den Mondphasen.[10]

Moderne Gelehrte neigen dazu, Tiamats mütterliche Natur zu übersehen; ihnen gilt sie lediglich als der »Drachen des Chaos«, der von Marduk erschlagen wurde. Sie stellen selten heraus, daß es sich hier um den Mythos vom Mutter-Mord handelt und daß Tiamat die Göttin war, die einst die Welt erschuf. Einige Überlieferungen lassen erkennen, daß das Motiv für Marduks Muttermord – wie beim Mord Kains an Abel –

in der Eifersucht zu suchen ist. Die Mutter Tiamat hatte nämlich den Marduk verschmäht und Kingu, einen anderen ihrer Söhne, zu ihrem Gatten und zum König über das Universum erwählt.

Zu den Göttern erhob Sie ihren Sohn, den Sie geboren hatte, Kingu erhob sie und machte ihn zum Größten von allen. ... Sie setzte ihn auf einen Thron und sagte: »Durch meinen Zauber und meinen Spruch habe ich dich zur Macht unter den Göttern erhoben. Die Herrschaft über alle Götter habe ich dir anvertraut. Hocherhoben sollst du sein, du mein erwählter Geliebter; groß sei dein Name in aller Welt«. Dann gab Sie ihm die Schicksalstafeln und legte sie ihm auf die Brust.[11]

Der eifersüchtige Marduk tötete nicht nur die Tiamat; er entthronte, kastrierte und tötete auch Kingu und formte den ersten Mann auf Erden aus seinem Blut – was darauf schließen läßt, daß Kingu einst der Name des geopferten Gott-Königs war, dessen Blut die »weibliche« Kraft hatte, Leben zu erschaffen.[12] Kingu wurde mit dem Mond gleichgesetzt. Die Chaldäer nannten ihn Sin, den Mond-Gott vom Berge Sinai. Wie es scheint, besaß er immer noch die Gesetzestafeln, die ihm die Tiamat gegeben hatte (wie Mutter Rhea die heiligen Gesetzestafeln auf dem Berg Dikte dem Minos übergab), denn das Alte Testament behauptet, er habe sie an Mose weitergegeben.

Im südlichen Arabien wurde die Göttin mit Ishtar gleichgesetzt. Die Augen ihres Standbildes Tehama, so hieß es, schwämmen jedes Jahr in Tränen, wenn sie den Tod des Tammuz beklagte.[13]

1. Graves, G. M., 1, 1. 2. Budge, D. N., 211.
3. Neumann, G. M., pl. 91; Erman, 252. 4. Brandon, 22.
5. Stone, 26. (dt. 56). 6. *Assyr. & Bab. Lit*, 301. 7. Rawson, A. T., 74.
8. Budge, G. E. 2, 191. 9. Erman, 40. 10. Hooke, M. E. M., 45.
11. *Assyr & Bab. Lit.*, 287. 12. *Larousse*, 54. 13. Baring-Gould, C. M. M. A., 279.

Tingeltangel

Eine im mittelalterlichen Deutschland zu Ehren der Großen Mutter gefeierte Sexualorgie. Im 17. Jahrhundert gestand eine schottische Hexe in Forfar, bei einem nächtlichen Treffen auf dem Friedhof sei ein »fröhliches« Lied gesungen worden. Das Lied hieß *Tinkletum Tankletum*; die Ähnlichkeit mit dem deutschen Ausdruck legt eine enge Verwandtschaft beider Wörter nahe. Die schottischen Riten scheinen allerdings recht harmlos gewesen zu sein. Schottische Hexen tranken nur etwas Bier, tanzten und »der Teufel küßte jede der Frauen«.[1] Immerhin wurden als Resultat eines solchen Geständnisses vier Frauen gehängt.

1. Summers, G. W., 230.

Tinnit

Var. Thinit, Tenn(e)it, Tanit

Karthagischer Name der phönikischen Großen Göttin Astarte – der biblischen Ashtoreth oder Aschera. Ihr Tempel in Karthago wurde als das Heiligtum der Himmlischen Jungfrau bezeichnet. Griechische und römische Schriftsteller nannten ihn Mondtempel.[1]

Ein weiterer Titel der Tinnit war Astroarache, Königin der Sterne. Ihre Priesterinnen waren berühmte Astrologinnen, deren Prophezeiungen im gesamten römischen Reich umliefen und sogar den Orakelsprüchen der Sibyllen von Cumae Konkurrenz machten.[2]

Obgleich die Römer Karthago im Verlauf der punischen Kriege zerstört hatten, verfolgt die römische Sage die ersten Anfänge Roms bis in die karthagische Mutterstadt: In der Geschichte von Aeneas heißt es, daß er von Karthago aufbrach und über das Mittelmeer fuhr, um Rom zu gründen.[3] Die Königin Tanaquil, die in der Frühzeit Roms die Herrschaft den Tarquiniern, den »vaterlosen« latinischen Königen, übertrug, war niemand anderes als die libysche Göttin Tanit. Sie war auch als Libera, die Göttin von Libyen, bekannt; ihr Fest, die Liberalia, wurde in Rom alljährlich an den Iden des März gefeiert.[4] Die bekanntere Bezeichnung des Festes war das *Bacchanal*; in seinem Verlauf wurden Liebestod und Wiederauferstehung des Bacchus Liber (oder Dionysos oder Consus, wie andere Namen des gleichen Fruchtbarkeitsgottes lauteten) im dramatischen Spiel dargestellt.[5]

Zeichen der Tinnit

Das besondere Symbol Tinnits oder Tanits hatte die Form einer Pyramide; es ähnelte einer Frau im weiten Rock, die einen scheibenförmigen Vollmond-Kopf trug und ihre Arme in der Art des ägyptischen *Ka* emporstreckte.[6] Vergleichbare Symbole standen auch für Göttinnen wie Aphrodite, Athene, Venus und Juno.

1. Reinach, 42. 2. Lindsay, O. A., 327. 3. Reinach, 106. 4. G. R. Scott, 165. 5. Graves, W. G., 399. 6. *Larousse*, 84.

Titania

Ovids Name für Diana, der – wie es etwa Shakespeares *Sommernachtstraum* belegt – auch für die mittelalterliche Feenkönigin geläufig war.[1] Die ursprüngliche Titania war die Große Göttin; sie herrschte über das Pantheon der ägäischen »Titanen«, der älteren Götter, die später von den patriarchalen Olympiern unter Vater Zeus gestürzt wurden. Der Name »Titanen« bedeutet »Herrschende«, denn sie beherrschten einst die ägäische Welt. Ihre Königin Titania – sonst als Themis, Gaia oder Mutter Rhea bekannt – wurde später zur Mutter des erobernden Zeus.

1. Keightley, 325.

Tiw

Sächsische Gottheit, die mit Mars gleichgesetzt wurde. Tiw war der Gott des Dienstags (engl. *tuesday*), des römischen Marstages; diese Verbindung ist noch heute im franz. *mardi* erhalten. Er war ein archaischer Himmelsgott, der sich wie Zeus Pater vom Dyaus pitar des Sanskrit herleitet. Auf diese Herkunft deuten auch seine anderen Namen hin: Tiuz in Nordgermanien, Ziu in Südgermanien und Tyr in Skandinavien. Er wurde auch *Things* genannt, denn er wurde auf dem germanischen *Thing* oder *Ding*, einer gesetzgebenden Zusammenkunft, angerufen und war der »Thingbeschützer«. Eine britische Inschrift römischer Herkunft aus dem 3. Jahrhundert nannte ihn Mars Thincsus. Das deutsche Wort Dienstag entwickelte sich aus »Thing-Tag«.[1]

1. *Larousse*, 265 f.

Tlalteutli

Aztekische Schöpfungsgöttin. Am Anfang der Zeit entstand das Universum aus ihrem Körper. Die Götter entdeckten, daß sie, wie manche der Kali-Manifestationen, weder Frucht und Nahrung noch irgendein neues Leben hervorbrachte, wenn sie nicht mit menschlichen Herzen gefüttert und mit menschlichem Blut getränkt wurde.[1] Dies ist der Hintergrund für die blutrünstigen Opfer der Azteken.

1. Campbell, P. M., 225.

Tlazolteotl

Aztekische Göttin, die der mittelalterlichen Hekate als Hexenkönigin gleicht. Ihr Symbol war der Besenstiel; unter ihren Attributen finden sich ferner der Mond, die Schlange und die schreiende Eule. Die heiligen Frauen der Tlazolteotl hielten ihre Sabbate an Kreuzwegen ab; sie wurden *Ciuateteo* (»sehr ehrenwerte Mütter«) oder *Ciuapipiltin* (»Prinzessinnen«) genannt. Sahagun schrieb, sie seien die Geister von Frauen, die im Wochenbett gestorben waren. »Sie sollen durch die Luft streifen und zur Erde herabsteigen, wann es ihnen gefällt. … Sie suchen häufig Kreuzwege mit ihren Schandtaten heim; hier lassen sie sich auch Tempel erbauen, in denen ihnen Brotopfer dargebracht werden, und hier befinden sich die Donnersteine, die vom Himmel gefallen sind.«[1] Mit anderen Worten: in Mexiko wie in Europa mußten sich christliche Missionare sehr anstrengen, die Muttergottheiten zu verteufeln.

1. Summers, V., 261 f.

Tod

Zuweilen wird gesagt, daß der Tod erst existiert, seitdem sich der Mensch seiner selbst bewußt ist. Dies ist eine umständlich formulierte Feststellung der Tatsache, daß der Tod für den Menschen eine realere Bedeutung hat als für jedes andere Lebewesen, weil nur er um ihn weiß.[1] Die Religionen verdanken ihre Existenz der einzigartigen Fähigkeit des menschlichen Tieres, zu wissen, daß es sterben muß.

Um dieser Erkenntnis zu entgehen, werden alle Kräfte der Fantasie aufgeboten. Jedem wahrnehmenden Geist fällt es äußerst schwer, das eigene Nichtsein, den Stillstand allen Wahrnehmens, zu begreifen. Im Kult der Göttin Kali wurde der Zustand nach dem Tod als Traumloser Schlaf verstanden.[2] Die meisten alten Völker jedoch konnten sich einen wahrnehmungslosen Zustand nach dem Tod nicht vorstellen.

Selbst das so wenig einladende Land der Toten bei den BabylonierInnen – das Haus des Staubs und das Ende der Straße ohne Wiederkehr – war sinnlich wahrnehmbar. Die Toten wurden wie **Vögel** in Federn gekleidet. »Staub ist ihre Nahrung, und Lehm ist ihr Fleisch … sie sehen kein Licht, sie sitzen in der Finsternis.« Und dennoch gab es in diesem Haus des Staubs Priester und Könige, die herrschten und Diener, die gebratenes Fleisch brachten und Wasser aus Schläuchen einschenkten.[3]

In der babylonischen Literatur drückt sich die Hoffnung aus, daß irgendwann das richtige rituelle Heilmittel entdeckt werden wird, das den Tod überwindet. Ganz ähnlich hoffen wir heute auf eine Heilmethode, die den Krebs endgültig besiegt. Die empfohlene Vorgehensweise zum Finden dieses Rituals war die Konsultation der Toten mit Hilfe von Geisterbeschwörungen. »Die Suche nach der Unsterblichkeit war im wesentlichen die Suche nach dem richtigen Ritual, die Suche nach der Erkenntnis, was zu tun war, um das Weiterleben nach dem Tod zu sichern. Dieses Wissen ist im Besitz der verstorbenen Ahnen und kann nur von ihnen erhalten werden.«[4]

Gemeinhin glaubten die Menschen, daß nur diejenigen den Tod erklären könnten, die ihn schon einmal erfahren haben. Diesem Glauben entsprangen die den Tod nachahmenden Initationszeremonien, wie z. B. die der sibirischen Schamanen. Sie versetzen sich in Trancezustände, die sie fortrissen und ihnen das Gefühl geben, sich in nackte Skelette zu verwandeln. »›Während er sich nun so nackt und von dem vergänglichen, ephemeren Fleisch und Blut völlig befreit erblickt, weiht er sich selbst – immer in der heiligen Sprache der Schamanen – durch diesen der Wirkung von Sonne, Wind und Zeit am längsten standhaltenden Teil seines Körpers seiner großen Aufgabe.‹ … Im Rahmen gewisser zentralasiatischer Meditationen von mehr oder weniger buddhistischer und tantristischer Herkunft dagegen hat die Zurückführung auf den Skelettzustand eine mehr asketische und metaphysische Geltung, nämlich das Werk der Zeit vorwegzunehmen, das Leben durch das Denken auf das zurückzuführen, was es in Wahrheit ist: eine ephemere Illusion in dauerndem Wandel.«[5]

Die Vorstellungen von der Welt der Toten waren vielfältig und lebendig. Orientalische Weise z. B. versuchten ihr wahrnehmendes Bewußtsein mit Hilfe von Gebeten so weit zu schärfen, daß sie sich selbst als reine Erfindungen des Geistes erkannten: »O daß ich jetzt … was da erscheint, als meine eigenen Gedankenformen erkenne. Daß ich sie als Schemen im Zwischenzustand kenne. … Nicht fürchte die Scharen der Friedlichen und Zornigen (Gottheiten): meine eigenen Gedankenformen. … Möge es dahin kommen, daß (wir) alle Töne als unsere eigenen Töne erkennen; möge es dahin kommen, daß (wir) alle Strahlungen als unsere eigenen Strahlungen erkennen.«[6]

Der tantrische Buddhismus ging davon aus, daß die Totenwelt oder der sogenannte Zwischenzustand durch eine sorgfältige Vorbereitung im Leben beherrschbar sein kann, so daß die Verstorbenen die richtige »Schoßespforte« für ihre Reinkarnation finden. »In jedem Fall kommt es darauf an, sich des rechten Dinges zur rechten Zeit zu erinnern. Um dieses möglich zu machen, muß man sich während seiner Lebenszeit geistig vorbereiten. Die Fähigkeiten, die man im Tode und darüber hinaus zu entscheidenden, richtunggebenden Einflüssen machen möchte, muß man im Leben hervorbringen, aufbauen und pflegen, so daß man, wenn die entscheidende Stunde kommt, nicht verwirrt und bestürzt ist, sondern *spontan* den richtigen Weg einschlägt, selbst wenn der bewußte Wille gelähmt ist.«[7] Das Leben und das Sterben galten als sich ergänzende Aspekte desselben Kreislaufs, die beide der rechten Ausbildung bedurften. So schrieb Bachofen: »Die Sphäre des materiellen Lebens ist nicht das Sein sondern das Werden und Vergehen, der ewige Wechsel der beiden Farben: das Weiß des Lebens und das Schwarz des Todes. Nur das rhythmische Zusammenwirken beider Kräfte sichert das Überleben der materiellen Welt. Ohne den Tod gibt es keine Erneuerung. … Die positive Kraft kann ohne die negative keinen Moment lang existieren. Der Tod ist also nicht Gegenspieler sondern Gehilfe des Lebens.« Und an anderer Stelle: »Tod und Leben sind zwei Seiten der Kraft, die sich ewig zwischen zwei Polen bewegt. … Als Bruder- oder Schwesterpaar stehen sie nebeneinander, einer Mutter entsprossen und nie sich verlassend.«[8]

Die Große Göttin war mit jeder Manifestation des Todes und auch des Lebens eng verwoben. Deswegen gab es für jede tödliche Krankheit eine ihrer »Emanationen«, wie z. B. Mari-Amma, Ankamma, Mutteyalamma, u. a. Ihre Priesterinnen stützten die Sterbenden und spendeten ihnen Trost. »Wie bei den Göttern war der Tod auch bei den Sterblichen eine Angelegenheit der Frauen. Eine Frau soll die Totenklage erfunden haben. … Frauen wiegen sowohl den Säugling wie auch den Leichnam in sein neues Leben.«[9]

Die Römer glaubten, daß der Tod im Denken des Menschen immer gegenwärtig sein sollte, insbesondere dann, wenn er auf dem Höhepunkt seines Lebens dazu neigt, diesen anderen, ebenso zwangsläufigen Bestandteil seines Lebenskreislaufes zu vergessen. Kehrte ein römischer Kriegsheld in einem Triumphzug nach Rom zurück, dann fuhr er auf einem goldenen Streitwagen, und die Massen begrüßten ihn wie einen Gott. An seiner Seite aber stand eine Person mit der Maske des Todes, die ihn vor der Sünde der Hybris bewahren sollte, indem sie ihm immer wieder ins Ohr flüsterte: »Bedenke, daß du sterben wirst.«[10]

Die tantrische Vorstellung des sich wiederholenden Zyklus von Wachstum und Zerfall hatte ihren Ursprung im Heidentum. »Die alten Fruchtbarkeitsgötter wichen nicht vor der Tatsache des Todes zurück. Sie suchten nicht nach kindischen Ausflüchten, sondern versprachen Wiedergeburt und Erneuerung.«[11] Dagegen leugneten die Christen, daß die Gläubigen, die ihrer Kirche angehörten, sterben könnten. Wenn Christen gestorben waren, hieß es, sie seien »eingeschlafen« und bei der Wiederkunft Christi leicht wiederzuerwecken. Die kirchliche Ablehnung begleitete häufig eine morbide Ängstlichkeit. Kermode schreibt: »Von allen großen Religionen ist das Christentum die ängstlichste und diejenige, die den Schrecken des Todes am stärksten betont.«[12]

Manchmal wurde diese Angst zu einer Besessenheit, zu einer Art Haß-Liebe zum Tod. Im *Geheimen Buch des Jakobus* empfahl Jesus den Selbstmord: er sagte, das Königreich des Todes könne nur denen gehören, die sich selbst töten, und niemand, der dieser Pflicht ausweiche, könne errettet werden.[13]

Das Geheime Buch des Jakobus war eines der sogenannten gnostischen Evangelien, die Mag Hammadi 1945 in Oberägypten entdeckte; er behauptete, der Apostel Jakob hätte es verfaßt.

Diese Besessenheit blühte in unzähligen, komplizierten und kunstvollen Todesbräuchen und -ritualen auf, die das eigentliche Phänomen abspalten und aus dem alltäglichen Leben verbannen sollten, so daß die Unvermeidbarkeit des Todes nicht völlig erfaßt werden mußte. Nach Frazers Ansicht waren diese Bräuche und Rituale die verderblichsten, die eine Gesellschaft jemals hervorgebracht hat:

> *Kein Glaube hat soviel dazu beigetragen, den wirtschaftlichen und damit den sozialen Fortschritt der Menschheit aufzuhalten, wie der Glaube an die Unsterblichkeit der Seele; denn dieser Glaube verführte Geschlecht auf Geschlecht, Generation auf Generation dazu, die wirklichen Bedürfnisse der Lebenden den imaginären Bedürfnissen der Toten zu opfern. Die Verschwendung und Zerstörung des Lebens und des Eigentums, die dieser Glaube zur Folge hatte, sind enorm und unermeßlich.*[14]

Die bei den heidnischen Philosophen zu findende Akzeptanz des Todes wäre wesentlich praktikabler gewesen als die komplizierten Ablehnungsmechanismen, die später entwickelt wurden. Mit finsterer, aber mutiger Klarheit und heiterer Gemütsruhe formulierte Euripides die heidnische Überzeugung von der Unmöglichkeit, sich auch nur irgendeine Vorstellung vom Tod zu machen:

> *Und was soll der Mensch außer dem Leben begehren? Mit dunklen Wolken ist alles verhängt. Wir lieben betrogenen Herzens Licht, wenn es wirklich hier auf der Erde erglänzt, denn wir kennen kein anderes Leben. Wer gibt uns Gewähr von der drüberen Welt? Uns täuschen nur schwankende Bilder.*[15]

Weil die griechischen Philosophen als Träger der westlichen Kultur galten, wurde ihrer Orginalität oft mehr Glauben geschenkt, als sie es verdiente. Tatsächlich aber übernahmen sie ihre Gedanken über den Tod und seinen Einfluß auf die Lebenden weitestgehend von orientalischen Weisen, die diese Ideen zuerst entwickelten. Die Vorstellungen vom »traumlosen Schlaf«, von der Reinkarnation, von den vier Zeitaltern der Menschheit, einschließlich des Urzeitalters der GigantInnen, stammen alle aus orientalischen Quellen. Die Weisen der Tantra erzählten von einem weit zurückliegenden Goldenen Zeitalter, in dem alle Menschen GigantInnen waren und älter als tausend Jahre alt wurden. Dies deshalb, weil sie der Zeit der Weltschöpfung zeitlich näher standen, der Zeit, als das nährende Geburtsblut der Großen Göttin noch im Überfluß vorhanden war und ihre Kinder dadurch einen innigeren Zugang zu ihrer Weisheit hatten. Auch die Bibel berichtet, daß in jenen Tagen Giganten auf der Erde lebten (Genesis 6, 4).[16]

Die Verfasser der Bibel sahen dieselben langlebigen Giganten als ihre Vorfahren an. Die hinduistische Vorstellung von der langen Lebenszeit der Menschen im Goldenen Zeitalter wurde in die Bibel übernommen. In ihr sind die ersten Patriarchen zwar nicht ganz tausend Jahre alt geworden, aber jeder von ihnen hat über neun Jahrhunderte lang gelebt: Adam wurde 930 Jahre alt, Set 912, Enosch 905 usw. Der älteste war Metuschelach mit 969 Jahren (Genesis 5).

Wenn der Tod auch lange aufgeschoben war, so nahte er doch unvermeidbar. Mit diesem Gedanken konnten sich die Patriarchen nicht abfinden. Die älteren, matriarchalischen Religionen waren dagegen in ihrer Akzeptanz des Todes realistischer. Sie erhoben es zur Pflicht des Weisen, neben der Schönheit der Natur in ihr auch die Häßlichkeit, die Verderbtheit und den Zerfall wahrzunehmen. Dem Tod wurde ebensoviel Bedeutung beigemessen wie der Geburt. Beide waren gleichwertig, zwei Durchgänge durch dasselbe Tor: der eine führt hinaus, der andere hinein. Diese Idee spiegelte sich in verschiedenen Personifikationen der Großen Göttin wieder. Einerseits erschien sie als wunderschöne Jungfrau im heiratsfähigen Alter oder zärtlich umsorgende Mutter, andererseits als häßlicher Ghul, d. h. in Gestalt einer Leiche oder als Verschlingerin einer Leiche. Und beide Erscheinungsformen fanden die gleiche tiefe Verehrung. Mit Recht bemerkte Woodroffe, daß im Westen »die schreckliche Schönheit dieser Erscheinungsformen nicht verstanden wird«. Missionare konnten die Todesgöttin nur als Teufelin beschreiben.[17] Dennoch ist für den Erleuchteten »diese blutige Göttin mit ihren reißenden Zähnen und Krallen eins mit der schönen Mutter und Liebenden. Diese beiden Bilder zu vereinen und in einem Bild zu verehren, ist vielleicht der solideste Anfang auf dem Weg zum Sadhana.«[18]

Einige Denker der westlichen Kultur gelangten mehr oder weniger selbständig zu dieser Vision eines archetypischen, weiblichen Todesgeistes. Wo immer es eine Vorstellung von der Mutter Natur gab, verband sie sich mit dem Gedanken, daß der Tod etwas Natürliches ist und daß die Wurzeln jeder Blume im organisch Verwesenden stecken. Für Coleridge war der »Alptraum LEBEN-IM-TOD« eine Frau. Keats beschrieb sich als »halb verliebt in den befreienden, friedlichen Tod«. Wie die orientalischen Weisen betrachtete Alfred de Vigny den Tod als eine mütterliche Göttin: »O Tod, Göttliche, auf deinen Ruf kehren wir alle zu dir zurück und vergehen in deiner Umarmung. Nimm deine Kinder auf in deinen gestirnten Schoß. Befreie uns von Zeit, Zahl und Raum. Und gebe uns wieder, woran es unserem Leben mangelt.«[19]

1. Franz, Tafel 7. 2. Campbell, C. M., 347. 3. *Gilgamesh*, 92.
4. Hooke, S. P., 55. 5. Eliade, 63 (dt. 72/73).
6. Campbell, M. I., 399; Evans-Wentz, 202 (dt. 179, 283, 285).
7. Evans-Wentz, 183 (dt. 34). 8. Bachofen, 33f. (dt. 244). 9. Lederer, 126f.
10. Dumézil, 566. 11. Mumford, 267. 12. Kermode, 27. 13. Pagels, 90 (dt. 141).
14. Frazer, P. T., 52. 15. Angus, 230f. 16. *Mahanirvanatantra*, XLVII–XLVIII.
17. Woodroffe, 171. 18. Rawson, A. T., 112, 129. 19. Cumont, A. R. G. R., 94.

Toga

Im vorpatriarchalen Rom war die Toga das Kleidungsstück der über den Stamm herrschenden *matronae*. Als die politische Macht der Männer zunahm, übernahmen diese die Toga als Zeichen ihrer Würde. In klassischer Zeit waren schließlich die sexuell ungebundenen Priesterinnen der Göttin die einzigen Frauen, die immer noch die Toga trugen. So wurde es üblich, unter »Toga-Trägerin« eine Prostituierte zu verstehen.[1]

1. Rose, 191.

Tohuwabohu

Var. Tohu Bohu

Hebräisch »wüst und leer«, Urchaos; die elementare Formlosigkeit zwischen der Zerstörung der einen und der Erschaffung der nächsten Welt. Die Vorstellung entstammte dem in ganz Asien verbreiteten Glauben an zyklische Wiederkehr. Als Verursacherin dieser Zyklen galt die Göttin (Kali), von der es hieß, die sei der Kessel oder das Meer »unendlicher Formlosigkeit« und enthalte doch alle potentiellen Formen.[1] Sie war, wie die Bibel sagt, der Abgrund oder die Tiefe vor der Schöpfung (Genesis 1, 2).

Die chaldäischen Quellen der biblischen Mythen besagten, der brütende schöpferische Geist, der das Chaos ordnete, sei die Göttin selbst gewesen, aber pratriarchale Schriftsteller verwandelten sie in den »Geist Gottes«.[2] Das *Tohu bohu* war ihre halbflüssige Substanz, ihr gerinnendes Menstruationsblut; es war das Meer, aber auch ein Meer voller Blut. Die Orphiker nannten es »ewiges Chaos, unermeßlich, ungeschaffen, aus dem alles hervorgeht; weder dunkel noch hell, weder feucht noch trocken, weder heiß noch kalt, alles vermischt zu Einem, ewig eins und grenzenlos.«[3] Einige Gelehrte haben das *tohu* mit der Göttin Tiamat (hebräisch *Tehomet*), dem Urmeer, gleichgesetzt; das *bohu* entsprach für sie dem männlichen Erd-Gott Behemoth, der »eine sexuelle Schöpfung« vollbringt.[4]

1. Woodroffe, 229, 233. 2. Augstein, 264. 3. Lindsay, O. A., 161. 4. Ochs, 94.

Töpferei

Die erste Töpferin war die sumerisch-babylonische Göttin Aruru die Große, die Menschen aus Lehm schuf. Sie machte den Menschen nach dem Bilde eines Gottes und hauchte ihm den himmlischen Atem ein, der ihn zum Leben erweckte.[1] Aruru war auch Ishtar, Inanna, Ninhursag und Mami, Mama oder Mammitu; sie schuf den ersten Mann (Adam) aus Lehm (*adamah*, die weibliche Erde). Die AssyrerInnen sagen, sie hätte sieben Mutter-Gefäße aus Ton für Frauen und sieben für Männer gemacht. Die Schöpferin des Geschickes habe sie paarweise geformt – »die Formen der Menschen formt Mami«.[2]

Die biblische Geschichte, daß Gott Adam aus Lehm erschuf, war ein Plagiat uralter Texte mit der üblichen Vermännlichung der Gottheit. Mesopotamische Vorstellungen, daß Fleisch gleich Lehm sei, stammten aus dem Matriarchat der Urzeit, als alle Töpferarbeiten Frauensache waren. »Die Töpferkunst ist eine weibliche Erfindung; die erste Töpferin war eine Frau. Bei allen primitiven Völkern ist die Töpferkunst in Händen der Frauen zu finden, und erst unter dem Einfluß fortgeschrittener Kultur wird sie zur Männerarbeit.«[3]

Die Göttin wurde im jüdischen Tempel als Töpferin verehrt, wo sie die »dreißig Silberlinge« als den Preis eines Sakralopfers erhielt (Sacharja 11, 13). Ihr gehörte der Blutacker, Hakeldamach, auf dem der Lehm mit dem Blut der so erkauften Opfer getränkt wurde. **Judas**, der angeblich Jesus für den gleichen Preis verkaufte, war selbst ein Opfer der Töpferin. Auf dem Töpferacker wurde er entweder erhängt (Matthäus 27, 5) oder aufgeschlitzt (Apostel 1, 18), ein Hinweis, daß der Töpfer niemand anderes war als die Göttin, die das Leben schuf und es auch wieder vernichtete.

Die indische **Kali Ma** war die gleiche erschaffende und vernichtende Göttin mit einer besonderen Inkarnation als Kel Mari, die Topf-Göttin.[4] Da sie den ersten Mann aus Lehm erschuf, hieß ihr Volk die Arier von *arya*, »Mann aus Lehm«.[5] Kel Mari war verwandt mit Mari von Mesopotamien oder Mariamne, Miriam oder Maria, deren Namen mit dem Tode Johannes des Täufers und Jesu in Verbindung gebracht wird. Ihre Erde, die das Blut geopferter Männer trank, könnte der gleiche Töpferacker gewesen sein, der auch das Blut des Judas aufnahm.

Kalis anderer Name Maya entspricht jener mittelamerikanischen Kultur, deren Frauen bemerkenswerte Töpferarbeiten schufen. Die älteste Form von Töpfergeschirr der Maya war das Mamom, »die Großmutter«. Von Hagen erklärt: »Die Keramik war eine Domäne der Frau. Alles, was wir von den Überresten der Maya-Keramik kennen, wurde von Frauen verfertigt. Dies ist eine Tatsache, der man nicht genug Gewicht beilegen kann: fast überall, wo sich die Töpferei noch auf archaischem Niveau befindet – in Afrika und Melanesien –, wird sie von Frauen verfertigt und von Frauen entworfen. Im ganzen Amazonasgebiet ist sie eine ausschließlich feminine Beschäftigung. Auch in Peru war, soviel uns bekannt ist, Töpfern ein weibliches Handwerk, ebenso bei den frühen GriechInnen und frühen Ägyptern bis zum Aufkommen der Töpferscheibe ... All die ausgesucht schönen Muster auf Töpferwaren (wie auch beim Weben) waren von Frauen erdacht.«[6]

Der biblische Gott konnte nicht gebären, daher kopierte er die zweitbeste Schöpfungstechnik und formte seinen ersten Mann aus Lehm, wie es die Göttin vor ihm getan hatte.

1. *Gilgamesh*, 121 (dt. 17f.). 2. Neumann, G. M., 136.
3. Briffault 1, 466–477. 4. Briffault 1, 474. 5. Potter & Sargent, 27.
6. Hagen, 27 (dt. 33), 80 (dt. 103).

Topheth

Eine andere Bezeichnung der Hölle, die vom außerhalb Jerusalems im Hinnom-Tal gelegenen jüdischen Heiligtum Topheth abgeleitet war; hier brachte Salomo dem tyrischen Gott Herakles-Melkart oder Moloch Feueropfer dar (1. Könige 11, 7). Dieser Brauch ging seinerseits vermutlich auf das ägyptische Tephet zurück, das als »verborgener Aufenthalt« einen Teil der Unterwelt bezeichnete.[1]

Am Tophet-Altar gingen die Opfer »durch das Feuer zum ewigen Leben«, was bedeutet, daß sie den Feuertod erlitten und als Götter wiederauferstanden. Eine Zeitlang wurde Moloch mit Jahweh gleichgesetzt, daher wurden die Söhne Aarons am Altar »durch Feuer vom Herrn« vertilgt (Levitikus 10, 2). Altnordische Heroen mußten ebenfalls das »magische Feuer« durchqueren, um zum Paradies der Walküren zu gelangen. Noch zur Regierungszeit des Josia (639–609 v. Chr.) wurden jüdische Ersatz-Könige ihrem Gott als Brandopfer dargebracht (2. Könige 23, 10).[2]

Obwohl levitische Priester schließlich eine strenge Trennung zwischen Jahweh und Moloch vollzogen und die Verehrung des letzteren untersagten (Levitikus 18, 21), blühte der Kult des Herakles-Melkart noch zu Zeiten des Apostel Paulus in dessen Heimatstadt Tarsus.[3] Weil die auf dem »Tophet« dargebrachten Opfer als heilige Märtyrer vergöttlicht wurden, glaubte Paulus, daß diese Verbrennung den Geopferten eine besondere magische Kraft verleihe (1. Korinther 13, 3).

1. Budge, G. E. 1, 230. 2. James, 192. 3. Smith, 182.

Transsubstantiation

Im Dogma von der Transsubstantiation behaupten die Katholiken, daß in der Eucharistie Brot und Wein völlig in das Fleisch und Blut Jesu verwandelt werden. Dieser Glaubenssatz ist so alt wie die primitiven kannibalistischen Blut-Opfer, deren »Symbol« immerhin noch real war, weil der sterbende Gott tatsächlich verzehrt wurde. Die Satapatha Brahmana sagt, das erste und den Göttern angenehmste Opfer sei ein Mann gewesen; dann wurde als Ersatz ein Pferd geopfert, schließlich ein Stier, ein Ziegenbock oder eine Ziege, und zuletzt »stellte es sich heraus, daß die Götter hocherfreut waren«, wenn sie Getreideopfer erhielten.[1]

In den Mysterienkulten frühchristlicher Zeit wurden Götter in Form von Brot und Wein geopfert und verzehrt; dabei spielte es keine Rolle, ob es sich bei dem »Erlöser« um Osiris, Mithras, Attis, Dionysos oder Orpheus handelte. Rationalisten wie Cicero widerstrebte diese Praxis: »Wenn wir das Korn ›Ceres‹ und den Wein ›Bacchus‹ nennen, so benutzen wir gebräuchliche Metaphern; kannst du dir aber vorstellen, jemand sei so verrückt, zu glauben, er verspeise da tatsächlich einen Gott?« Und doch glaubten einfache Menschen daran, sie übertrugen den alten kultischen Brauch der *Omophagia* auf das Brot-Fleisch und das Wein-Blut des neuen Gottes, der sie in den Himmel brächte, wenn er erst ein Teil von ihnen wäre. Jesus trat mit dem Anspruch aller Erlöser-Gottheiten auf: »Wer mein Fleisch ißt und mein Blut trinkt, der hat das ewige Leben; und ich werde ihn am jüngsten Tage auferwecken« (Johannes 6, 54).[2]

Omophagie
Das gemeinsame Verschlingen des rohem Fleisches des eben geschlachteten Opfertieres. Die Teilnehmer des Rituals sollten die Kraft der in dem Tier verkörperten Gottheit in sich aufnehmen; ein Beispiel dafür bietet der Dionysos-Kult.

Die der Transsubstantiation zugrundeliegende Theorie war die primitivste Form der Magie, »das Echo einer vorhistorischen kannibalistischen Religion. ... Das gegessene Fleisch und das getrunkene Blut werden zur eigenen Natur des Essers. Wenn ein Mann einen Hirsch ißt, verleibt er sich damit gewissermaßen die Schnelligkeit dieses Tieres ein; wenn er das Blut eines Kriegers trinkt, erlangt er dessen Kraft und Stärke.«[3] Wenn er einen Gott ißt, wird er gottgleich.

Der buchstäbliche Glaube an die physische Wandlung von Brot und Wein in Jesu Fleisch und Blut war wesentlich für den Erlösungsgedanken, den das Christentum mit den heidnischen Mysterien teilte. Zweifel an diesen Vorstellungen wurden niemals toleriert. Gregor der Große berichtete von einer Frau, die gewagt hatte, über die Eucharistie zu lachen; um ihr Lachen zu erklären, sagte sie zu Gregor: »Ich lache, weil du dieses Bröckchen Brot, das ich mit meinen eigenen Händen geknetet habe, den ›Leib Christi‹ nanntest.« Gregor sprach daraufhin ein Gebet und bewirkte so, daß die auf dem Altar liegende Hostie sich in »einen Finger aus Fleisch und Blut« verwandelte. Dies überzeugte die Frau; sie aß das Brot, dessen wunderbare Verwandlung sie mitangesehen hatte und fand zu ihrem Glauben zurück.[4]

Gregor der Große
Papst (590–604), der zu den bedeutenden Kirchenlehrern gerechnet wird. Er leitete die Missionierung der Angelsachsen ein und verfaßte zahlreiche fromme Schriften.

Noch in unseren Tagen wurden diejenigen, die den Versuch einer rein symbolischen Reinterpretation der Eucharistie unternahmen, vom Papst *ex cathedra* gerügt. Die Enzyklika *Mysterium Fidei* aus dem Jahre 1965 bestand erneut auf einer »wunderbaren Verwandlung der ganzen Substanz des Brotes in Christi Fleisch und der ganzen Substanz des Weines in sein Blut«. Da die Männer der Kirche an diesem Punkt stets hartnäckig festhielten, argumentierten sie mit einer – milde ausgedrückt – seltsamen Inkonsequenz, als sie bekehrte mexikanische Indianer verdammten, weil diese heimlich an ihrer »großen Ketzerei und abscheulichen Sünde« festhielten: Sie hatten »Teigfiguren ihrer Götter gemacht, die verteilt und gegessen wurden«.[5]

Die Lehre von der Transsubstantiation war einer der wichtigsten Auslöser protestantischen Reformation. Johannes Hus und sein Mitstreiter Hieronymus von Prag mußten den Scheiterhaufen besteigen, weil sie die Transsubstantiation ablehnten. Ihr Martyrium ließ den Krieg zwischen Papisten und böhmischen Häretikern ausbrechen, der dem Vatikan den Verlust Böhmens und die Gründung der unabhängigen böhmischen Kirche bescherte.[6] Die Protestanten entwickelten schließlich Abneigung und Verachtung gegen die katholischen »Gottesesser«. In den *Epigrammen* von Heath aus dem Jahre 1610 hieß es, sie seien schlimmer als die Kannibalen, deren Sünde die geringere wäre, weil sie nur Menschenfleisch äßen.[7] Beide Parteien erinnerten sich vermutlich vage an heidnische Formen der Transsubstantiation und sahen Hexen als Kannibalen an. »Wo sich grundlegende innere gesellschaftliche Spaltungen zwischen den Generationen und den Geschlechtern auftun, werden Frauen und Kinder von den herrschenden Männern oft als Hexen und Kannibalen ausgegrenzt.«[8]

Bei den heidnischen Kommunionsfeiern gab es viele zufriedene Gesichter, wenn der Gott sich in einem eßbaren Tier inkarnierte und auch den Armen, die sich nur selten Fleisch leisten konnten, ausgeteilt wurde. Aber die Kirche erachtete solche Feste für zu kostspielig. »Ein Punkt verdient wirklich Aufmerksamkeit: der Nährwert solcher Kommunionsfeiern ist – Transsubstantiation hin oder her – gleich Null. ... Das Ende der Tieropfer bedeutete vor allem das Ende gemeinschaftlicher religiöser Festmähler.«[9]

1. Robertson, 27. 2. H. Smith, 168, 200. 3. Jobes, 219.
4. Jacobus d.V., 185. 5. Arens, 67, 161. 6. H. Smith, 319.
7. Hazlitt, 59f. 8. Arens, 158. 9. M. Harris, 119.

Transvestismus

Der Besitz religiöser und magischer Kenntnisse war ursprünglich eine Domäne der Frauen. Als die Männer sich auf die Suche nach einem Weg machten, der auch ihnen die Teilnahme an diesen Bereichen ermöglichen sollte, verfielen sie zunächst auf den Gedanken, als Frauen aufzutreten, damit die Geister sie annehmen würden.

Transvestismus findet sich in nahezu allen alten Priesterschaften. Tacitus berichtet, daß die Priester germanischer Stämme *muliebri ornatu*, als Frauen verkleidete Männer waren.[1] Die nordischen Priester des Sonnenauf- und -untergangsrituals, das zu Ehren der Haddingjar (der himmlischen Zwillinge) zelebriert wurde, waren Männer, deren Dienst weibliche Kleider und Haartracht verlangte.[2] Selbst der Donnergott Thor wurde erst mit seinen magischen Hammer und seiner Kraft ausgestattet, nachdem er das Gewand der Göttin Freya angelegt hatte und vorgab, eine Braut zu sein.[3]

Bei dem alten argivischen »Fest des Übermuts« (Hubriskia), wurden Männer zu Frauen, indem sie Frauenkleider und Schleier trugen; durch die Übertretung eines bestimmten Tabus nahmen sie vorübergehend weibliche Kräfte an.[4] Die kretischen Priester der Leukippe, der Weißen Stuten-Mutter, trugen ständig weibliche Kleidung. Die Priester des Herakles taten es ihnen gleich; sie gaben vor, es geschehe in Erinnerung ihres (in weiblicher Kleidung vollzogenen) Dienstes an der lydischen Göttin Omphale, der Personifikation des *omphalos*.[5] Der jüdische Philosoph Mose Maimonides berichtete, daß sich zu seiner Zeit Männer in weibliche Gewänder kleideten, um die Hilfe der Göttin Venus zu erflehen.[6]

Die römischen Priester der Magna Mater waren wie Frauen gekleidet, und Transvestismus spielte bei den römischen Riten der Lupercalia und an den Iden des Januar eine große Rolle. Der Brauch war zur Zeit des heiligen Augustinus immer noch weit verbreitet; Augustinus wetterte gegen Männer, die sich am Fest des Janus Frauenkleider anzogen. Er sagte, solche Männer könnten selbst dann nicht das Heil erlangen, wenn sie sonst gute Christen wären. Der heilige Hieronymus höchstpersönlich hatte vor seiner Bekehrung zum Christentum an rituellem Transvestismus teilgenommen; seine Biographen stellten es allerdings so dar, als hätte er die Frauenkleider aus Versehen angezogen.[7]

Augustinus und anderen Kirchenvätern zum Trotz wurde der rituelle Transvestismus beibehalten. Im 5. Jahrhundert trugen Männer in Amasia gelegentlich religiöser Feste Frauenkleider; im 10. Jahrhundert wurde der Brauch wieder – oder noch – an den Kalenden des Januar gepflegt. Balsamon teilt mit, daß im 12. Jahrhundert selbst Geistliche an heidnischen Riten im Kirchenschiff teilnahmen und dabei Masken und Frauenkleider trugen.[8] Gregor von Tours, zu merowingischer Zeit Bischof der Auvergne, wurde einmal gezwungen, seine Kirche einer Gruppe von »Dämonen« zu überlassen; ihr Anführer trug Frauenkleider und nahm auf dem bischöflichen Stuhl Platz.[9] Der Inquisitor Jean Bodin behauptete, daß männliche und weibliche Hexen tatsächlich ihr Geschlecht wechselten, wenn sie miteinander die Kleider tauschten.[10]

Der männliche Transvestismus wurzelt in dem alten Verlangen, weibliche Magie zu imitieren. Auf Celebes blieb die Ausübung religiöser Riten in den Händen der Frauen; dabei assistierte ihnen ein Priesterorden, dessen Mitglieder weibliche Kleidung trugen und *tjalabai*, »Imitations-Frauen«, genannt wurden. Das gleiche Wort – *djallaba* – wurde in Arabien für die Robe gebraucht, die die Männer von den Frauen übernommen hatten.[11] Bei den nördlichen Batak gibt es ausschließlich Schamaninnen, und das Amt wird in weiblicher Linie vererbt, weil es dort keinen Transvestismus gibt.[12] Auf Borneo waren die Zauberer gehalten, Frauenkleidung zu tragen. Auch sibirische Schamanen trugen oft Frauenkleider. Diejenigen Schamanen, die »ihr Geschlecht umwandeln« konnten, weiblich wurden, einen Gatten nahmen und homosexuell als Frauen lebten, galten als die bedeutendsten.[13]

Amerikanische Indianer betrachteten einen Homosexuellen oder *berdache* als begabten Medizin-Mann. Der *berdache* behauptete, daß ihm die Mondgöttin im Traum befohlen habe, er solle zur Frau werden, um einer der ihren zu sein. Der Stamm akzeptiert ihn als die Frau, die er sein wollte; er durfte Frauenkleidung tragen und trat der Handwerks-Zunft der Frauen und der Tanzgesellschaft bei. Eliade sagt, »die rituelle und symbolische Transformation in eine Frau ist vermutlich mit einer Ideologie zu erklären, die aus dem archaischen Matriarchat stammt«.[14]

Ein Beobachter in Malaya sagte, es sei »mehr als wahrscheinlich, daß Manangismus (Schamanismus) ursprünglich ein Beruf der Frauen gewesen ist und daß Männer hier erst nach und nach zugelassen wurden; zunächst nur dann, wenn sie den Frauen so weit wie möglich glichen.«[15] Der Manange oder Schamane zog nach seiner feierlichen Einführung weibliche Kleidung an und blieb sein Leben lang Transvestit. Ein Manange der Djak trägt immer Frauenkleidung und geht Frauenbeschäftigungen nach. »Dieser Transvestismus mit allen Veränderungen, die damit zusammenhängen, wird akzeptiert, nachdem der Adept einen übernatürlichen Befehl dreimal durch einen Traum erhalten hat: sich zu weigern, würde Tod bedeuten. Diese Kombination der Elemente zeigt klar die Spuren femininer Magie und matriarchaler Mythologie, die früher den Schamanismus der See-Djak beherrscht hat; fast alle Geister werden vom Manangen unter dem Namen von Ini, (›Große Mutter‹) angerufen.«[16]

Der Krishna-Kult, wie er heute in Indien praktiziert wird, fordert für Männer, die das weibliche Prinzip verehren und sich mit den Gopis des Krishna identifizieren, noch immer den rituellen Transvestismus. Sie tragen Frauenkleidung und -schmuck und beachten sogar eine »Menstruationsperiode«, während der sie sich jeden Monat für einige Tage zurückziehen. Nach ihrer theologischen Doktrin sind »vor Gott alle Seelen weiblich«.[17]

1. Tacitus, 730. 2. Turville-Petre, 219. 3. Oxenstierna, 206.
4. Lederer, 145. 5. Gaster, 316. 6. King, 50. 7. Jacobus d.V., 83, 588.
8. Lawson, 222f. 9. Givry, 139. 10. Scot, 71. 11. Gaster, 317.
12. Eliade, S., 346f. 13. Hays, 416. 14. Eliade, S., 258. 15. Briffault 2, 526f.
16. Eliade, S. 351f. 17. Rawson, A.T., 109.

Trefuilngid Tre-Eochair

Irischer Gott des Kleeblatts (Shamrock), »dreifacher Träger des dreifachen Schlüssels«. Er ist identisch mit Shiva, dem »Dreizack-Träger« – mit dem »Dreizack« ist der dreifache Phallus gemeint, mit dem der Gott die dreigestaltige Göttin zu schwängern vermochte. Der Kleeblatt-Gott wurde zum heiligen Patrick, einem weiteren Träger des Kleeblattes, dessen Name »Vater« (im Sinne von »Stammvater«) bedeutete. Alte Sagen erzählen, daß aus dem Kleeblatt des irischen Gottes nicht nur Apfel-, Nuß- und Eichenbäume hervorwuchsen, sondern auch die fünf mystischen Bäume, die die fünf Sinne symbolisieren.[1] (Siehe **Shamrock; Dreizack.**)

1. Graves, W. G., 518 (dt. 564).

Var. Trivia

Trevia

»Drei Wege«, ein römischer Titel der Hekate als Göttin der Weggabelungen, an denen ihrer dreigestaltigen Statue Gaben in Form von Kuchen, Früchten oder Geld dargebracht wurden. Sie herrschte auch über Brunnen und Quellen. Der römischen *Fontana di Trevi*, einem Brunnen, der ihren Namen trägt, wird immer noch Geld geopfert.

Triduana, Heilige

Schottisch-christliche Umgestaltung der Dreifachen Göttin Diana Triformis. Triduana war die »Drei Dianen«, eine dreifaltige Königin des Mondes. Ihr wurde die gleiche fromme Legende vom Augenopfer zugeschrieben wie der heiligen Lucia, der christlichen Umbildung der Juno Lucina (siehe **Lucia, Heilige**). Triduanas Heiligtum in Restalrig wurde 1560 auf Anordnung der Kirche zu einem »Monument der Abgötterei« erklärt und zerstört.[1] So stellte es sich heraus, daß sie selbst als Heilige untragbar war – untragbar für die Kirche, die sie heiliggesprochen hatte.

1. Gifford, 131.

Trinität

Seit ältester Zeit stellten sich Menschen die Große Göttin als eine Trinität, eine »Heilige Dreifaltigkeit« vor; sie lieferte das Vorbild aller nachfolgenden Trinitäten, seien sie weiblich, männlich oder gemischt. Im 7. Jahrtausend v. Chr. wurde in anatolischen Dörfern eine Göttin in ihren drei Aspekten verehrt – als eine junge Frau, eine gebärfähige Matrone und eine alte Frau.[1] Dieser typischen Vereinigung von Jungfrau, Mutter und Greisin entsprachen in Indien Parvati-Durga-Uma (Kali); in Irland Ana-Babd-Macha (die Morrigan); in Griechenland Hebe-Hera-Hekate, die drei Moiren, die drei Gorgonen, die drei Grazien, die drei Horen usw. Bei den Wikingern erschien die dreifaltige Göttin in Gestalt der drei Nornen; bei den Römern als die Parzen oder Fortunen und bei den Druiden als Diana Triformis. Die dreigestaltige Göttin hatte nicht nur drei Gestalten: es gab deren hunderte.

Das vorrömische Latium verehrte sie als kapitolinische Triade unter dem mit *yoni* sinnverwandtem Kollektivnamen Uni, »die Eine«. Ihre drei *personae* waren die Jungfrau Juventas, die Mutter Juno, und die weise Alte Menarva oder Minerva. Zur Zeit des römischen Reiches wurde die Juventa aus der Trinität entfernt, um Platz für das männliche Mitglied Jupiter zu machen.[2] Einige moderne Gelehrte bezeichnen diese aus zwei Göttinnen und einem Gott bestehende kapitolinische Trias als die »drei Götter« – als ob es sich bei einer Gruppe von zwei Frauen und einem Mann um »drei Männer« handeln würde.[3]

Cumont sagt: »Orientalische Theologen entwickelten den Gedanken, daß die Welt eine Dreiheit bildet; sie besteht aus einer in dreien und dreien in einer.«[5] Der männliche Gelehrte ersetzte die »Göttin« durch das Neutrum »Welt«, obgleich beide in gewissem Sinne Synonyme waren. Es war die Göttin, die die dreieinige Gestalt von Schöpfer,

Die ägyptische Urmutter Mut hatte – der indischen Kali vergleichbar – drei Köpfe und drei

Erhalter und Zerstörer erschaffen hatte. Obgleich die Brahmanen eine männliche Trinität entwickelten, in der Brahma, Vishnu und Shiva diese Rollen spielten, weisen tantrische Schriften darauf hin, daß auch diese drei Götter ursprünglich von der Dreifachen Göttin erschaffen wurden.[6]

Die drei Aspekte der Göttin wurden auf Erden durch die drei Arten ihrer Priesterinnen personifiziert: Yogini, Matri und Dakini – heiratsfähige Jungfrauen, Mütter und ältere Frauen. Diese wurden mitunter auch als »Naturgottheiten« bezeichnet; die Manifestationen der Dreigestaltigen Göttin waren als »Die Drei Höchst Kostbaren« bekannt.[7]

Die Negritos der malaiischen Halbinsel verehrten die Göttin unter dem Namen Kari als eine Jungfrau, die den ersten Mann und die erste Frau empfing, indem sie ihren eigenen Lotos aß; dennoch war auch sie eine Trinität und wurde die »drei Großmütter unter der Erde« genannt.[8]

Selbst im alten Mexiko war die jungfräuliche Göttin, die den Erlöser Quetzalcoatl gebar, eine von »drei göttlichen Schwestern«, eine Trinität. Wie die semitische Maria war sie zugleich Gebärerin, Mutter und Todbringerin. Sie war auch als Kostbarer Opferstein bekannt – offensichtlich galt der Altar, auf dem das Blut ihres Erlöser-Sohnes vergossen wurde, als Personifikation ihres Wesens.[9]

Die Mutter der griechischen Götter war eine Trinität, die aus der Jungfrau **Hebe**, der Mutter **Hera** und der Greisin **Hekate** bestand; in den arkadischen Sümpfen von Stymphalus wurde sie als Kind, Braut und Witwe verehrt.[10] Jede dieser *personae* konnte wiederum selbst eine Trinität sein – so konnte sie in Gestalt der Musen oder der Neunfachen Göttin erscheinen. Hekate wurde Triformis genannt und mit drei Gesichtern abgebildet, deren jedes für eine Mondphase stand.[11] Bei den Iren war sie die Dreifache Morrigan oder Morgan; manchmal wurde sie potenziert zu den »neun Schwestern«, die den Kessel der Erneuerung bewahrten und über die westlichen Toteninseln herrschten.[12]

Die Göttin Triformis herrschte im Himmel als Jungfrau, auf der Erde als Mutter und in der Unterwelt als die Greisin **Hel**, die Königin der Schatten. Dies war noch zu Chaucers Zeiten nicht vergessen: In den *Canterbury Tales* ruft Palamon ihre »drei Gestalten« zur Hilfe – Luna im Himmel, Diana auf der Erde und Proserpina in der Hölle.[13] Trinacria, der alte Name Siziliens, erinnert an die Triformis als »Mittelpunkt der Welt« und an ihre drei Reiche.

Bardische Dichtungen und Gesänge schwelgten in Offenbarungen der Dreifachen Göttin. Wieland der Schmied vermählte sich mit ihr, nachdem sie ihm zunächst in Gestalt dreier magischer Tauben erschienen war.[14] König Arthur ging mir ihr nach Avalon. Bei der triadischen Ginevra oder Guinevere handelt es sich um eine weitere Variante der Göttin. Sir Marhaus (Mars) begegnete ihr in Gestalt der Drei Maiden an ihrem magischen Brunnen: die älteste »sechzig Winter alt, trug einen goldenen Stirnreif; die zweite, dreißig Winter alt, trug einen goldenen Reif; die jüngste war fünfzehn Winter alt und trug einen Blumenkranz.«[15] Die 15 war die Zahl der heidnischen Jungfrau **Kore**, das Pentagramm im Apfel. Die mythischen Jungfrauen-Mütter – etwa die des

Namen. Ein sehr alter Name Ägyptens lautete *khem*; mit einer weiblichen Endung versehen wurde daraus das Wort *khemt* – »drei«.[4]

Zarathustra – gebaren typischerweise im Alter von 15 Jahren; verdoppelt ergab sich daraus das Alter der Mutter, wiederum verdoppelt das Alter der Geisin. Der mittlere Osten kannte viele – ursprünglich meist weibliche – Trinitäten. Erst mit der Zeit wurden ein oder zwei Mitglieder der Trias männlich. Das übliche Schema war Vater-Mutter-Sohn, wobei der Sohn als Erlöser vorgestellt wurde.[16]

Der Gedanke der Trinität entstand während des 14. Jahrhunderts v. Chr. bei den Hethitern und Hurri. Eine beliebte babylonische Trinität des 5. vorchristlichen Jahrhunderts bestand aus Schamasch, Sin und Ishtar – Sonne, Mond und Stern. In Griechenland wiederholte sie sich als Helios (Sonne), Selene (Mond) und Aphrodite (Stern). In Costopitum wurde eine Vater-Mutter-Sohn-Trinität aus Jupiter Dolichenus, der Himmlischen Brigantia und Salus verehrt.[17]

Gnostische Varianten der Trinität übernahmen das Vater-Mutter-Sohn-Schema aus dem zeitgenössischen Gedankengut des Ostens. Für den Heiligen Geist steht hier die weibliche Sophia, die Taube, die in Konstantinopel als Große Göttin verehrt und von den meisten Gnostikern als die **Shakti** Gottes angesehen wurde. Der christliche Gott war den ursprünglich fernöstlichen Himmelvätern – etwa Brahma und Dyaus Pitar – nachempfunden. Ihnen ist gemein, daß sie ohne ihre weiblichen Quellen der »Macht« nicht handlungsfähig waren;[18] aus diesem Grunde war selbst für Gott ein weibliches Mitglied der Triade unerläßlich. Unter den arabischen Christen gab es offenbar eine heilige Trinität aus Gott, Maria und Jesus, die als Ersatz für die ägyptische Dreifaltigkeit von Osiris, Isis und Horus verehrt wurde.[19]

Während der christlichen Ära verbreiteten sich bei den germanischen Stämmen rein männliche Trinitäten. Wotan, Thor und Saxnot wurden von den alten Sachsen des 8. und 9. Jahrhunderts gemeinsam verehrt; in Nordeuropa hießen sie Odin, Tyr und Frey. Einem fragmentarisch erhaltenen Mythos zufolge scheint die Dreigestaltige Göttin als Hexe verbrannt worden zu sein. Sie mußte dreimal zu Asche verbrannt werden; daraufhin verließen Jugend, Schönheit und Liebe Asgard in der Person Freyas, und es war Krieg im Himmel.[20]

Wie viele andere Relikte des Heidentums findet sich die weibliche Trinität immer noch in Verbindung mit Hochzeitsbräuchen. Bretonische Hochzeitszeremonien feierten die drei Lebensabschnitte der Braut, indem sie sie zunächst durch ein kleines Mädchen, dann durch die Frau des Hauses und schließlich durch eine alte Großmutter darstellten.[21] Im modernen Hochzeitsritual finden sich immer noch die Blumenmädchen und die Ehrendame, aber die Gestalt der Greisin ist – bezeichnenderweise – verschwunden.

August Comte stellte die weibliche Trinität in seiner Vision von der Frau als Vermittlerin zwischen dem Mann und dem führenden Geist der Moral beinahe wieder her. Mutter, Ehefrau und Tochter sollten so nicht nur die Einheit des Mannes mit Vergangenheit, Gegenwart und Zukunft verkörpern; sie standen auch für etwas, das Comte als die drei altruistischen Instinkte bezeichnet: Ehrfurcht, Anhänglichkeit und Güte.[22] In schlichteren Worten: dies wäre es, was sich Frauen von Männern wünschen – Respekt, Liebe und Freundlichkeit.

1. Stone, 17 (dt. 43). 2. Dumezil, 116. 3. Cater, 26. 4. Budge, G. E. 1, 317. 5. Cumont, A. R. G. R., 69. 6. Riencourt, 167. 7. Waddell, 129, 169. 8. Hays, 352. 9. Campbell, P. M., 458. 10. Graves, G. M., 12, 6. 11. d'Alviella, 183. 12. Graves, W. G., 406 (dt. 442); Rees, 193. 13. Chaucer, 81, 511. 14. Keightley, 215. 15. Malory 1, 115. 16. Briffault 3, 96. 17. Lindsay, O. A., 112, 328, 375; Norman, 71. 18. Zimmer, 25. 19. Ashe, 206. 20. Branston, 112, 213f. 21. Crawley 2, 51. 22. H. Smith, 401.

Triptolemos

»Der Dreimal Pflügende«, der Name oder Titel des jungen Gottes, mit dem Demeter – ehe er erschlagen wurde – dreimal auf den gepflügten Feldern Kretas das Beilager hielt. Er vermählte sich (logischerweise) dreimal mit der dreigestaltigen Göttin, um jede ihrer *personae* zu schwängern – denn er war nicht Pluto, der Gott des Dreizacks, der dies gleichzeitig zu bewirken vermochte. Ein anderer Name des Triptolemos war Iasius oder Iasion, sinnverwandt mit Jesus und Jason.[1]

1. Graves, G. M., 24. 5f.

Tristan

Kult-Heros des höfischen Minnedienstes; ein Zauberer, Dichter, Drachentöter, Liebender und vielleicht auch ein Anhänger des Tantrismus. Als er seiner Shakti in Gestalt der Isolde begegnete, vertauschte er die Silben seines Namens und stellte sich als Tantris vor – was ein geheimes bardisches Wortspiel oder ein »Erkennungszeichen« gewesen sein könnte.[1] Obgleich König Marke von Cornwall der rechtmäßige Gatte Isoldes war, bezeichneten ihn die Dichter als einen »Schurken«, weil er Isolde daran hindern wollte, sich ihren eigenen Liebhaber zu wählen. Als treuer Jünger der Liebesgöttin soll Tristan in **Thomas dem Reimer**, einem anderen Verehrer der Göttin, reinkarniert worden sein.

1. Guerber, L. M. A., 238.

Tritone

Var. Triton, Tritonis

Die Athener behaupteten, ihre Göttin Athene sei aus dem Kopf des Zeus geboren worden; in Wirklichkeit stammte sie aber aus Nordafrika, und zwar aus »einer Epoche, in der die Vaterschaft noch nicht bekannt war«. Ihre libysche Mutter war Tritone, die Dritte Königin, und der Ort ihrer Geburt war der See Tritonis, »die drei Königinnen«. Herodot sagt, Athenes Kleid und die Attribute ihres Kultes seien von der Tracht der libyschen Frauen entlehnt worden.[1] (Siehe **Athene; Neith.**)

1. Graves, G. M., 8. 1.

Trolle

Erd-Dämonen, die Burton in der *Anatomie der Melancholie* als Trulli bezeichnet.[1] Das altertümliche englische Wort *trull* (»Hure«) entstand aus der derselben Wurzel; demzufolge waren Trolle vermutlich ursprünglich heidnische Hexen oder Erd-Priesterinnen.

In der 1621 erschienenen **Anatomy of Melancholy** untersucht Robert Burton in einem sehr umfassenden Sinne die damalige »Modekrankheit« Melancholie. Seine durchaus fortschrittlichen Gedanken belegt er mit einer Fülle von Zitaten aus der klassischen und zeitgenössischen Literatur.

In der altnordischen Folklore heißt es, die Trolle lauerten unter Brücken, um diejenigen, die über die Brücke gingen, ohne ihnen eine Spende zu geben, zu packen und aufzufressen. Die Erwähnung der Brücken legt eine Verbindung mit den Walküren nahe, die die Himmelsbrücke Bifröst bewachten; auch sie waren *trulls* oder Trolle. Von den Engeln des Todes heißt es, sie versammelten sich an einem heiligen Sabbat, der *trolla-thing* genannt wurde.[2]

1. Wedeck, 107, 2. J. B. Russell, 48.

Tu Kuëh

Legendärer Gründer und Namengeber der türkischen Nation. Er wurde, wie Romulus, von einer göttlichen Wölfin genährt und aufgezogen; später vermählte er sich mit ihr.[1] (Siehe **Hund**.)

1. Gaster, 228.

Tuat

Ägyptisches Wort für Unterwelt; manchmal ist damit eine Mutterleibs-Höhle gemeint, manchmal eine große Schlange, die sich – wie die phönikische Taaut – um den äußeren Rand der Welt windet.

Tuatha Dé Danann

»Leute der Göttin Dana«; frühe matriarchale Besiedler Irlands, von denen es später hieß, sie seien Feen, die in Hügelgräbern und heiligen Erdhügeln lebten. Dana, Danu, Ana, Dinah, Diana und ähnliche Namen bezeichneten die arische Große Göttin, die von Dänen, Kelten, Sachsen und vielen anderen Stämmen in Europa und dem Mittleren Osten verehrt wurde.

Tugend

Das deutsche Wort »Tugend« bedeutete ursprünglich »Tauglichkeit« oder »Kompetenz«; die deutsche Sprache hat hier allerdings einen Sonderweg eingeschlagen: Sein englisches Pendant *virtue* leitet sich – wie etwa auch franz. *vertu* und ital. *virtù* – vom lateinischen *virtus* (von lat. *vir*, Mann) her.

Virtus bedeutet also ursprünglich Männlichkeit, schwängernde Kraft, Samen oder männliche Magie (siehe **Heill**). Weil patriarchale Denker Männlichkeit für gut und Weiblichkeit für schlecht erlärten, ist *virtus* ein Synonym für Tugendhaftigkeit und Frömmigkeit geworden – ähnlich wie andere Begriffe, die ebenfalls auf die männliche Sexualität anspielen: aufrechte Haltung (engl. *erectness*), Geradheit, Aufrichtigkeit usw. Schon das Alte Testament sagt: »Freuet euch des Herrn, ihr Aufrechten« (Psalm 33, 1). Alte phallische Nebenbedeutungen von *virtus* (Tugend) mögen in den Evangelien in der Geschichte von der wunderbaren Heilung der Frau mit dem Blutfluß versteckt sein. Als Jesus von dieser Frau berührt wurde, fühlte er, wie *virtus* von ihm ausging, und »alsbald versiegte die Quelle ihres Blutes und sie fühlte es am Leibe, daß sie von ihrer Plage geheilt war« (Markus 5, 29f.). In dem uralten System des heiligen Königtums mußte der zu opfernde König zuvor seine Virilität unter Beweis stellen: er hatte eine bestimmte, ausgewählte Priesterin zu schwängern, auf daß der »Quell ihres Blutes« versiegte.

Tutela

»Schutzgöttin der Stadt«; der Titel jeder göttlichen Mutter, die eine bestimmte Stadt unter ihren Schutz nahm. Ihr Emblem war die Mauerkrone, die kundtat, daß alles, was sich innerhalb der Stadtmauer befand, ihrer Fürsorge oblag. Die Krone wurde von den mittelalterlichen Königen kopiert.

Tutunus

Phallischer Gott der römischen Hochzeiten; ein anderer Name des Priapus. Bräute deflorierten sich selbst vermittels des erigierten Penis einer Statue des Gottes, denn der Gott und nicht ein Mann sollte »die Gebärmutter öffnen«, damit das erste Kind als vom Gott gezeugt angesehen werden konnte.[1] Jede Frau, die sich auf diese Weise defloriert hatte, wurde Jungfräuliche Braut des Gottes genannt. Der Gott selbst war ein *christos*, ein »Gesalbter«, weil sein Phallus mit dem heiligem Öl, dem *chrisma*, gesalbt war. Der Brauch war noch im 4. Jahrhundert n. Chr. allgemein lebendig. (Siehe **Erstgeborener**.)

1. Simons, 77.

Tyche

Griechischer Name der »Fortuna«; sie wurde auch Dike oder Moira genannt und war als Göttin des Schicksals entweder für das Universum oder für die individuelle Seele zuständig.[1] Tyche Basileos war der Titel der »weiblichen Seele« oder Glücksgöttin eines Königs; kein Herrscher hatte Macht zu handeln, es sei denn, die Göttin Tyche sah mit Wohlgefallen auf ihn herab. (Siehe **Fortuna**.)

1. Lawson, 289.

Typhon

Griechischer Name des ägyptischen Eselsgottes Set. Sein Atem war der heiße Wind, von dem es hieß, daß er die Pestilenz (Typhus) bringe. Der Name war in ganz Asien verbreitet: *t'ai fung* in China, *tufan* in Arabien und »Taifun« in Südostasien. Dieser Gott des Windes ging vermutlich auf den vedischen Esel-Gott Ravana zurück. In der gesamten alten Welt wurde ein typhuserregender heißer Wüstenwind als »Atem des Esels« bezeichnet. (Siehe **Esel**.)

Die römische VENUS ist weithin als Liebesgöttin bekannt, aber sie war viel mehr, so z. B. auch die Geburts- und Todesgöttin. Dieses Bild einer Schülerin aus dem frühen 19. Jahrhundert trägt den Titel »Venus, von Tauben gezogen«. Der ursprüngliche Titel und der Name der Künstlerin sind unbekannt.

Die sächsische Göttin Ursel, die Bärin, wurde von den Kirchenvätern in die heilige URSULA verwandelt. Weil sie so klug, schön und keusch war, erfüllte Prinz Conon von England ihr jeden Wunsch, um sie heiraten zu dürfen. Er schenkte ihr 11000 jungfräuliche Mägde, unternahm eine drei Jahre währende Pilgerreise in das Heilige Land und bekehrte sich zu ihrem Glauben. Conon und die 11000 Mädchen wurden von den Hunnen getötet. Weil Ursula sich weigerte, deren Anführer zu heiraten, erschoß er sie mit drei Pfeilen. Benozzo Gozzoli, Ölgemälde auf Holz, Florenz, 15. Jahrhundert.

Uchati

»Klageweiber«, Titel der heiligen Huren der Ishtar, zu deren Pflichten es gehörte, die formale Totenklage zu halten.[1] Sie beweinten auch den verstorbenen Erlöser Tammuz im Tempel von Jerusalem, wo Ishtar als Himmelskönigin Mari verehrt wurde (Ezechiel 8,14). Der Name Uchati war verwandt mit dem ägyptischen Utchatti oder Udjatti, »Göttliche Augen«. Dieses war der Göttin Maat als dem »Allsehenden Auge« geweiht. Ihr hieroglyphisches Augenemblem wurde später mit dem Horus-Kult in Verbindung gebracht.[2]

1. *Assyr. & Bab. Lit.*, 413. 2. Budge, A.T., 360.

Uma

Kalis Aspekt als Zerstörerin oder Altes Weib; sie war auch als Prisni, Mutter der dunklen Jahreszeit und der »Dämonen« Maruts und Rudras, bekannt. Im *Skanda Purana* erschien Uma als Dämonin mit einer **Vagina Dentata**: »Harte Zähne wie Donnerkeile mit scharfen Spitzen in der Vagina.«[1] Manchmal wurde Uma »Tochter der Berge« oder »Tochter des Himmels« genannt – gemeint war der Himalaya, dessen Name sowohl Berg als auch Himmel bedeutete. Als Gattin Shivas war Uma die Schutzherrin der asketischen Yogi-Lehre. Ihre häufigsten Erscheinungsformen zeigen sie als Mutter Tod.

1. O'Flaherty, 257.

Umbra

»Schatten«, die Schattenseele, an die GriechInnen, RömerInnen, ÄgypterInnen, SemitInnen und andere Völker des Altertums glaubten. Nach dem Tode gelangte die *umbra* in das Schattenreich, wo ihr ein dunkles, blutleeres Scheinleben bestimmt war. (Siehe **Schatten**.)

Ummati

Titel assyrischer Priesterinnen; er bedeutete »Mütter der Schöpfung«, denn *umm* war die semitische Form von *Om*, dem Schöpfungswort, das in Indien der Kali zugeschrieben wurde. Um Zutritt zum Allerheiligsten zu erlangen, mußte eine Frau Kinder geboren haben. Damit stellte sie unter Beweis, daß sie den Geist der Fruchtbarkeit in sich trug und die »Weisheit der Mutterschaft« besaß.

Unbefleckte Empfängnis

Oft irrtümlich auf die Empfängnis Christi bezogen, wurde die Lehre von der unbefleckten Empfängnis eigentlich entwickelt, um die Jungfrau **Maria** vom Augenblick ihrer eigenen Empfängnis an von der Erbsünde zu befreien. Frühen Kirchenvätern zufolge konnte Maria unmöglich als menschliches (und damit von der Erbsünde beflecktes) Wesen Theotokos (Gottesgebärerin) sein: Es war demnach Ketzerei, sie als göttlich anzubeten.[1] Dessen ungeachtet hielten die Gläubigen weiterhin an der Marienverehrung fest.[2] Im 12. Jahrhundert übertraf der Marienkult sogar die Anbetung Gottvaters und Christi; man ersann also die Lehre von der unbefleckten Empfängnis, um Maria mit dem Glanz einer einzigartigen Heiligkeit zu versehen.

Viele Kirchenmänner widersetzten sich dieser Lehre, die im Verlauf der folgenden 700 Jahre heiß diskutiert wurde. Schließlich erhob Papst Pius IX. sie im Jahr 1854 zum Dogma.[3] Alle KatholikInnen war hinfort verpflichtet, zu glauben, daß Maria »vom ersten Augenblick ihrer Empfängnis an durch die einzigartige Gnade und das ihr gewährte Privileg Gottes vor aller Befleckung durch die Erbsünde bewahrt ist«.[4]

Ein ungenannter heiliger Mann erfuhr im Mittelalter aus göttlicher Quelle, daß Maria am 8. September geboren worden sei[5] – also genau neun Monate nach dem Dezemberfest, das ursprünglich zu Ehren der Empfängnis der jungfräulichen Göttin Kore begangen wurde. Offenbar wurde das Datum gewählt, um das Epiphaniasfest und die unbefleckte Empfängnis in der gleichen Zeit feiern zu können.

Der Zusammenhang dieser Umstände entzieht sich allerdings jeglicher offiziellen Dokumentation, ihre Erdichtung und Verkündung erregte mitunter den Hohn von Nicht-Katholiken. Hazlitt spottete: »Wir hören, daß ihre unbefleckte Empfängnis ein nachträglicher Einfall der römischen Katholiken war ... Die ganze Geschichte über sie [Maria] ist offenkundig fabulös und ... die unbefleckte Empfängnis durch ihre Mutter, ihre eigene Reinigung ... sind Absurditäten.«[6]

Die Beantwortung der Frage, wie denn nun die Empfängnis der Maria erfolgte, führte zu einigem genialen theologischen Unsinn. Marias Vater war weder Gott noch ein Geist, sondern ein lebendiger Mensch; gemäß der ureigenen Lehre der Kirche mußte er als solcher beim Geschlechtsverkehr mit Marias Mutter die Erbsünde unweigerlich an Maria weitergegeben haben. Einige Theologen stellten sich vor, sein Sperma könne durch Zauber übertragen worden sein – als ob er ein Incubus gewesen wäre.

1. Riencourt, 150. 2. Daly, 102. 3. Young, 203. 4. *Encyc. Brit.*, »Mary«. 5. Jacobus d.V., 524 (dt. 682). 6. Hazlitt, 394.

Unfehlbarkeit, päpstliche

Die Lehre von der Unfehlbarkeit des Papstes besagt, daß jedes seiner Worte unbedingt richtig und jede seiner Handlungen unbedingt gut ist, weil Gott einen Irrtum seines Stellvertreters in Wort oder Tat nicht zulassen kann. Die Lehre nahm im 15. Jahrhundert erstmals Gestalt an und wurde in den Schriften des spanischen Kardinals Torquemada weiter ausgearbeitet. Der italienische Kardinal Jakobus Cajetanus de Vio (1496–1534) verkündete sie öffentlich und regte den Papst zur Herausgabe der Bulle *Pastor eternus* an, mit der die Lehre von der Unfehlbarkeit des Papstes zum kanonischen Gesetz erhoben wurde.[1]

Seit dem Zeitalter der Aufklärung hat eine wissenschaftliche Entdeckung nach der anderen belegt, daß die Ansichten des Papstes zu Themenbereichen wie Astronomie, Biologie, Botanik, Geologie und anderen Naturwissenschaften (um hier von denen zu Hexen, Teufeln und der Bibel ganz zu schweigen) offensichtlich doch fehlbar – oder besser gesagt: falsch waren. So ging die Kirche dazu über, die päpstliche Unfehlbarkeit nur noch für die Fälle zu behaupten, in denen der Papst offiziell *(ex cathedra)* sprach und erhob im 1. Vatikanischen Konzil 1870 diese Unfehlbarkeit des Papstes zum Dogma; bei offiziellen Anlässen bewahrte Gott, wenn er es schon sonst nicht tat, die Worte des Papstes vor Irrtum. Unglücklicherweise hatte diese Konstruktion nicht sehr lange Bestand: Nur zu bald stellte sich heraus, daß eine ganze Anzahl offizieller päpstlicher Äußerungen in Bullen und Enzykliken schlicht falsch war.

Die Lehre von der Unfehlbarkeit mußte erneut einer Revision unterzogen werden. Diesmal kam man zu dem Ergebnis, daß der Papst nur dann unfehlbar sei, wenn er über Fragen des Glaubens und der Moral spräche. Eine weitere Revision der Lehre in diesem Punkt steht für die nähere Zukunft noch aus.

1. Guignebert, 357.

Var. Unial

Uni

Etruskischer Name für die heilige Dreieinigkeit der Großen Mutter, einer »Dreieinigen Göttin«, die das *Uni*-versum gebar. Ihr Symbol war identisch mit dem Zeichen für das weibliche Geschlecht; außerdem ist der Name Uni verwandt mit »Yoni«. Ihre frühe römische Entsprechung hatte Uni in der kapitolinischen Triade Jungfrau-Mutter-Altes Weib (Juventas, Juno, Minerva). Zur Zeit des römischen Kaiserreiches aber wurde die Jungfrau-Göttin durch Jupiter ersetzt.[1] Der Name Uni entwickelte sich zu June oder Juno.

1. Hays, 181.

Ur-Text

Nach dem Lebenswasser und dem Stein der Weisen der bedeutendste, legendäre Schatz mittelalterlicher hermetischer Magie. Der Ur-Text war angeblich eine magische Grammatik der Ursprache, deren Worte Gott bei der Schöpfung aussprach, um die Dinge durch sie zu erschaffen; allein das Aussprechen dieser Worte brachte die Dinge hervor. Diese Idee basierte auf östlichen Vorstellungen von der schöpferischen Kraft des Sanskrit, der Muttersprache.[1] Eine andere Entwicklung dieses Gedankens war der neuplatonische *Logos* oder das »Zeugungswort«, welches als christliches Dogma übernommen wurde. (Siehe **Logos**.)

Es wird angenommen, daß der Ur-Text aus Abrahams »Ur in Chaldäa« stammt, das als Heimat der Magie und der Astrologie bekannt war. Nach mittelalterlicher Anschauung übten alle Worte und Namen einen gewissen Einfluß auf die von ihnen benannten Objekte aus, was den Glauben an die Wirkung sowohl von Zauberworten als auch von liturgischen Liedern und Formeln erklärt. In allen Sprachen stimmte aber die Kraft der Worte nicht völlig mit dem wahren Wesen der Dinge, die sie bezeichneten, überein, ähnlich wie sich das Kalenderjahr nicht ganz mit dem Sternenjahr deckte. Im Ur-Text dagegen stimmten die Worte genau mit dem Wesen der Dinge oder der »Seele« überein, so daß seine Worte die Dinge und Ereignisse vollkommen beherrschen konnten.

Daraus folgte, ähnlich wie aus dem hinduistischen Gedanken von der »heiligen Sprache« des Sanskrit, daß das Wissen um den Ur-Text einem Menschen absolute Macht über das Universum verleihen könnte. Was immer er ausspräche, würde im selben Moment wahr.

Viele Magier setzten den Ur-Text mit dem wunderbaren *Buch Thot* gleich, das nach dem ägyptischen Gott der Magie benannt war. Uralte ägyptische Volkserzählungen berichteten, in diesem Buch sei aufgezeichnet, auf welche Art Thot durch die Macht des Wortes die Dinge erschuf. Eine Geschichte behauptete, das Buch sei von einem Weisen namens Satni-Khamios in einer Grabhöhle von Memphis gefunden worden. Es enthielt nur zwei Formeln, aber diese waren große *hekau* (Worte der Macht):

> *Geschrieben stehen hier zwei Formeln: sprichst du die erste aus, herrscht dein Zauber über den Himmel, die Erde, die Welt der Nacht, die Berge, die Wasser, du verstehst die Sprache von den Vögeln des Himmels und von den auf Erden kriechenden Tieren; von allen, die es gibt. Du wirst die Fische erblicken, denn die göttliche Kraft wird sie an die Oberfläche des Wassers bringen. Liest du die zweite Formel, nimmst du, selbst wenn du im Grab liegst, die Gestalt an, die du auf Erden hattest; du wirst sehen, wie die Sonne am Himmel aufgeht, und du wirst ihre Götterschar erblicken, ebenso den Mond, so wie er immer aufgeht.*[2]

Die ersten, die diese wunderbare Magie für sich nutzten, erlangten nicht durch das Lesen des Buches Unsterblichkeit, sondern indem sie den Papyrus, auf den die Worte geschrieben waren, aufaßen. Dennoch existierte das Buch weiterhin, in Krügen unter Wasser versteckt und bewacht von der Großen Schlange.[3] Es gab im Orient den verbreiteten Brauch, daß, wer des Lesens nicht mächtig war, ein Stück Zauberliteratur verzehrte, anstatt es zu lesen, um so die Kraft des magischen Wortes in sich aufzunehmen. In Tibet, Madagaskar, China und Japan war es üblich, Krankheiten zu heilen, indem der Heilzauber auf Papier geschrieben und dieses Papier oder seine Asche aufgegessen wurde.[4] Tartarische Lamas schrieben den Namen einer Medizin auf Papier und ließen den Patienten das Rezept hinunterschlucken, denn sie glaubten, »es sei dasselbe, den Namen des Heilmittels oder das Heilmittel selbst hinunterzuschlucken.«[5]

Die gleiche Vorstellung fand sich auch oft in der westlichen Kultur. Das »Rx«, die in den USA heute noch geläufige Abkürzungsformel auf Rezepten, war einstmals das Heilsymbol des Saturn, das auf Papier geschrieben und vom Patienten gegessen wurde.[6] Ein im Mittelalter verbreitetes Mittel gegen Zahnweh war ein Papier, auf dem die magischen Worte standen, mit denen Jesus einen Wurm aus dem Zahn des Heiligen Petrus entfernt hatte.[7] Der gelehrte englische Mönch Beda Venerabilis (673–735) behauptete, Papierschnipselchen von einer Seite »aus irischen Büchern«, mit Wasser getrunken, würden angeblich von einem Schlangenbiß heilen.[8]

Es ist bei so viel blindem Glauben an das geschriebene Wort – besonders bei der Mehrheit der Menschen, für die alles Geschriebene rätselhafte, unbekannte Magie war – kaum verwunderlich, daß der Glaube an das Buch der Bücher, an den Ur-Text, überlebte. Einiges von dem Glauben an den Ur-Text wurde auf die lateinische Bibel übertragen. Die mittelalterliche Kirche verbot ihre Übersetzung in eine andere Sprache, obwohl dadurch die Lesungen von der Kanzel für den größten Teil der Gemeinde völlig unverständlich blieben. Sie vertrat die Ansicht, daß das Latein die Sprache des Bischofssitzes des heiligen Petrus in Rom war und daß die Bibel nach Gottes Willen in keiner anderen Sprache geschrieben werden dürfe; denn die magische Bedeutung lag im Klang der Worte, der in einer anderen Sprache verlorenginge. Und so bewirkte der pure Glaube an die Macht des Wortes, daß die Kirche die »tote« Sprache Latein innerhalb ihrer klerikalen Welt über 1500 Jahre lang am Leben erhielt.

1. *Mahanirvanatantra*, CVII. 2. Maspero, 118. 3. Maspero, 129. 4. Gasper, 299. 5. Wedeck, 112. 6. Waddell, 401. 7. Leland, 38. 8. Paor, 18.

Urania

»Die Himmlische«, Titel der Aphrodite als Himmelskönigin. In der klassischen Mythologie erscheint ihr früherer Gemahl Uranos als ihr »Vater«, der von seinem vatermörderischen Sohn kastriert wurde. Dieser warf die abgetrennten Genitalien ins Meer, und der Schoß des Meeres gebar Aphrodite. Eigentlich waren die Himmlische Aphrodite und der Schoß des Meeres identisch: Beide verkörperten die Dreifältige Göttin. Der kastrierte, sterbende Gott stand für ihren allgegenwärtigen Sohn-Geliebten, der sie sterbend durch seinen Tod befruchtete und sich so selbst wieder zeugte.

Uranos war eine westliche Variante des Varuna, einer Gottheit unbestimmten Geschlechtes, die manchmal als ein in eine Frau verwandelter Mann wie Hermes oder Teiresias auftrat. Die PerserInnen kannten sie als *varan*, einen Geist des Geschlechtsverkehrs, der dem hinduistischen Kama entsprach. Sein Name geht auf *vr*, »umschließen«, zurück – eine weibliche Funktion. Er vollbrachte Wunder, die eigentlich dem Weiblichen zugesprochen wurden. So verwandelte er Wasser in Blut, gebar die Sonne und legte die Maße der Erde fest.[1] Aus den asiatischen Vorläufern von Urania und Uranos läßt sich schließen, daß sie die gleichen androgynen Urwesen waren wie Jan-Janus, Diana-Dianus usw.

1. Campbell, Or. M., 177.

Uräus

Ägyptisches Schlangensymbol, eine Hieroglyphe für »Göttin«, was darauf schließen läßt, daß in vor-dynastischer Zeit alle Schlangen als weiblich und göttlich galten. Die Schlangen-Mutter war eine der ältesten ägyptischen Gottheiten, und ihre Uräusschlange symbolisierte die heilende Kraft. Mose knüpfte an diese ägyptische Magie an, als er seine »eherne Schlange« schuf (4. Mose 21, 9). Ägyptische Herrscher trugen das Symbol der Uräusschlange in Form einer sich aufbäumenden Kobra als das »dritte Auge« mystischer Erkenntnis an der Stirnseite ihres Kopfschmucks. Trotz der patriarchalischen Abneigung gegen das Symbol der weiblichen Schlange Uräus benutzten die gnostischen Christen ihren Namen in späterer Zeit als einen der »geheimen Namen Gottes«. (Siehe **Schlange**.)

Urd

Neben Urtha, Erda, Eartha, Wyrd, Wurd, Word, Weird usw. einer der nordischen Namen für die Mutter Erde. Urd galt gemeinhin als die Quelle der Weisheit, die unter der Wurzel des Weltenbaumes von den drei Nornen (Schicksalsschwestern) gehütet wurde. Auch die älteste Norne, eine Erdgottheit, die um alles Vergangene, Gegenwärtige und Zukünftige wußte, trug den Namen Urd. Die Götter konnten nur an der Quelle von Urd Gericht halten; denn ohne die Weisheit des *Urdarbrunnen*, des »Stromes von Urd«, der Leben und Bewußtsein spendete, waren sie hilflos. Alte Mythologien beschrieben die Quelle der Weisheit als weiblich und versicherten, daß ohne ihre Kraft weder Menschen noch Götter etwas wissen konnten.[1] Ein weiterer Name für diese Quelle war *Mimir*, was »Mutter« bedeutet, obgleich derselbe Name später Odins mütterlichem Onkel gegeben wurde. Dieser brachte Odin mit Hilfe des Wassers aus der Mutter-Quelle ins Leben zurück und lehrte ihn die Weisheit der Runen.

1. Branston, 76.

Urim und Tummim

Knöchelspiel oder »Würfellos«; jüdische Priester benutzten es zum Weissagen. Möglicherweise geht es auf das angeblich von Hermes erfundene Orakel-Knöchelspiel zurück. Die Könige Israels richteten ihre Entscheidungen nach den Prophezeiungen von Urim und Tummim (1. Samuel 28, 6). Das levitische Gesetz schrieb vor, daß sich die heiligen Lose immer in der »Brusttasche der Gerechtigkeit« des hohenpriesterlichen Gewandes befinden mußten, wenn der Hohepriester das Heiligtum betrat. So konnte das *Mana* des heiligen Ortes in sie eindringen, und sie brachten die richtigen Prophezeiungen hervor (2. Mose 28, 30).

Urin

Abgeleitet von Uranus, »Vater Himmel«, dessen magischer Urin, Samen oder magisches Blut als Regen auf die Mutter Erde fiel, um sie zu befruchten. Archaische Mythen verstehen alle drei Körpersäfte als die Quellen der Fruchtbarkeit. Zeus kam in Gestalt des »goldenen Regens« (Urin) auf die unter der Erde eingesperrte Danaë, die Erde, herab. Ihre Priesterinnen, die Danaiden, führten Regenzauber aus, die an diese Vorstellung anknüpften. Sie trugen Wasser in einem Sieb herum.

Nach Aristophanes regnete es immer dann, wenn Zeus durch ein Sieb urinierte. Aristoteles erwähnte einen Volksglauben, nach dem »Zeus es nicht regnen läßt, damit das Getreide wächst, sondern weil es natürliche Zwänge gibt«. Damit wollte er andeuten, daß Zeus es aus dem gleichen Grunde regnen lasse, aus dem die Menschen urinieren – nämlich weil er ein natürliches Bedürfnis habe.[1]

Die Danaiden begründeten den eleusinischen Ritus der Thesmophorien, bei dem die abgetrennten Genitalien des Heiligen Königs der Göttin geopfert wurden, gerade so wie die abgeschnittenen Geschlechtsorgane des Uranos in den Schoß des Meeres geworfen wurden. Die Genitalien eines lebendigen Opfers wurden später durch Symbole ersetzt, so z. B. durch schlangen- und phallusförmige Brotlaibe. Ihre Funktion blieb jedoch die alte – das Beschwören des göttlichen Urins, Samens oder Blutes.[2]

Aischylos schrieb über die Riten der Danaiden: »Regen fällt herab vom Bräutigam Himmel und schwängert die Erde. Sie schenkt dann den Sterblichen fruchtbares Land für Vieh und Korn, die Gaben Demeters; und die Fruchtbarkeit der Bäume findet durch den Tau der hochzeitlichen Vereinigung Vollendung.« Da die Göttin beides war, Erde und Meer, fielen Urin, Samen und Blut überall herab. Die Priesterinnen erhoben ihren Blick zum Himmel und riefen: »Regne!« Sodann blickten sie herab zur Erde und riefen: »Empfange!«[3]

Das Regenmachen galt in vielen Religionen als eine der Hauptaufgaben der himmlischen Väter. Roms zeugender Gott war Jupiter Pluvius (»der Regen machende Jupiter«) – eine weitere Version des Zeus, der wiederum an die Stelle des Uranos trat. Selbst nachdem der Samen schließlich als lebensspendender Körpersaft identifiziert war, spielten die anderen Säfte im Volksglauben weiterhin eine Rolle. Das Urinieren blieb ein weitverbreiteter Regenzauber. Sibirische Schamanen beschworen Regen herbei, indem sie auf den nackten Körper einer Frau, die die Erde repräsentierte, »Wasser ließen.«[4]

Wenn im Irak Regen erwünscht war, wurde eine dem Frauenkörper nachgebildete Puppe, Braut Gottes genannt, ins Feld gestellt, in der Hoffnung, daß Gott »Wasser auf sie ließe«.[5]

1. Guthrie, 38. 2. Graves, G. M., 60.k; 60.6; 6.a; 11.b. 3. Guthrie, 54.
4. Frazer, G. B., 80f. 5. Briffault 3, 210.

Ursula, Heilige

Christianisierte Form der Sachsengöttin Ursel oder Horsel, die der »Ercel« in *Erceldoune* von Thomas dem Reimer und der Venus des Horselberges – Venusberges – entspricht. Ursel bedeutet »Bärin«, was wiederum der Titel der Artemis Kallisto war. Diese entsprach der helvetischen Göttin Artio in ihrer Erscheinungsform als Ursa Major (die Große Bärin), deren Sternbild den Polarstern umkreist, ohne jemals im Meer unterzugehen. Die Alten glaubten, daß Artemis, die Bärin, alle Sterne regierte, bis Zeus sie von ihrem Platz verdrängte.[1]

Die mythische Heilige Ursula wurde von 11000 Jungfrauen begleitet, was auf ein verbreitetes Bild von der Mondgöttin und ihren Kindern, den Sternen, zurückgeht. Eines der frühen Heiligtümer der Göttin lag in Köln, wo »Ursel« später – weil die dort lebenden Menschen sie besonders verehrten – in eine christliche Heldin umgewandelt wurde.

Die Geschichte, auf der die Heiligsprechung Ursulas basiert, wurde im 9. Jahrhundert n. Chr. erfunden. »Im 12. Jahrhundert wurde die fromme Legende durch Irrtümer fantasievoller Schwärmer weitergesponnen; eine in Köln ausgegrabene, öffentliche Begräbnisstätte sollte angeblich das Märtyrerinnengrab gewesen sein. Falsche Reliquien kamen in Umlauf, und gefälschte Grabinschriften von fiktiven Verstorbenen wurden produziert.«[2]

Die Kleriker behaupteten, die Heilige Ursula sei eine bretonische Prinzessin gewesen, die im 5. Jahrhundert n. Chr. mit einem englischen Prinzen namens Conon verlobt war. Vor ihrer Hochzeit unternahm sie mit ihren 11 000 Jungfrauen eine Pilgerfahrt nach Rom. Auf dem Rückweg wurden sie bei Köln von den Hunnen angegriffen und auf Betreiben zweier römischer Generäle ermordet. Diese fürchteten, daß die beispielhafte Frömmigkeit der christlichen Damen alle Barbaren des Nordens zum Glauben an Christus bekehren könnte.[3]

Mit dieser Legende sollte die Bären-Mondgöttin, die im Kölner Raum sehr stark verehrt wurde, christianisiert werden. Sie entsprach der Artio, der helvetischen »Mutter der Tiere«, deren Kultstätte in Bern (»Bärin«) lag. Ihr Bild ist heute noch im Stadtwappen von Bern zu sehen.[4] Ursel und Artio waren weitere Namen der dreifachen Artemis, die den »Bären-König« Arthur ins Paradies brachte. Die GriechInnen verbanden mit Artemis-Kallisto, »Schönste«, sowohl den Mond als auch das Sternbild des Großen Bären. Die BritInnen bezeichneten *Ursa Major* (wörtlich: »Große Bärin«!) oft als »Herrin Ursula«, einst ein Titel der Göttin, der später auf die Heilige übertragen wurde.[5]

Artemis, die Bärin, war weithin als die Mutter der Tiere bekannt. Die Insel Kallista, die ihr vormals geheiligt war, trägt heute noch einen Namen, der an sie erinnert: Thera, »die Bestie«.[6] Die ArkaderInnen hielten den Sohn der Artemis, Arkas – den Kleinen Bären (*Ursa Minor*) –, für ihren Ahnherren. Er war ein Bärengott, ähnlich dem keltischen Artus. Nach hellenischen Sagen war die Nymphe Kallisto die Mutter des Arkas. Als Strafe für den Verlust ihrer Jungfernschaft wurden sie und ihre Kinder in Bären verwandelt. Artemis jedoch hatte Mitleid mit ihnen und setzte sie als Sternenbilder – Ursa Major und Ursa Minor (Großer Bär und Kleiner Bär) – an den Himmel. Diese Version des Mythos wurde ersonnen, um »die traditionelle Verbindung zwischen Artemis und dem Großen Bären zu betonen«.[7] Die christliche Version wurde aus einem anderen Grunde erfunden, hatte jedoch das gleiche Ziel, nämlich die Göttin zu vermenschlichen.

Die Gründung des Ursulinen-Ordens durch die Heilige Angela Merici im Jahre 1506 scheint insgeheim von Reminiszenzen an die Mondgöttin Ursula beeinflußt. Heute behauptet die katholische Kirche, daß der Ursulinen-Orden der älteste Orden sei, in dem Nonnen lehren dürfen. Aber auch die meisten alten Nonnenklöster waren Zentren der Frauenbildung, bis die Kirche im 13. Jahrhundert den Unterricht für

Frauen untersagte.[8] Möglicherweise durften später nur die Nonnen des Ursulinen-Ordens unterrichten und erziehen, weil sie dem Papsttum treu geblieben waren.

Dennoch standen die Anfänge des Ordens unter einem dunklen Verdacht. Angela Merici stammte aus Brescia, einem Ort, den Papst Kalixtus III. als Brutstätte der Hexen bezeichnet hatte.[9] Zu ihrer ersten Schwesterngruppe gehörten genau 28 Frauen, was der Mondzahl entspricht. Sie hielten ihre erste Andacht in einer Kirche, die der heiligen Afra oder Aphra (Aphrodite), einer der vielen mythischen Heiligen, geweiht war, welche lediglich eine weitere, christianisierte Erscheinungsform der Göttin darstellten.[10] Angela durfte die heilige Gemeinschaft der lehrenden Nonnen erst vierzig Jahre nach ihrer eigentlichen Vision gründen, die sie nicht in einer Kirche, sondern bei Mondschein auf einem Feld erfahren hatte. Sie und ihre Frauen trugen keine Ordenskleider, kannten kein Ordensgelübde und lebten nicht innerhalb der Ordensgemeinschaft. Sie gingen, ähnlich den von Ort zu Ort wandernden Hauslehrerinnen, in die Häuser ihrer Schülerinnen, um sie zu unterrichten.

Die Kirche interessierte sich nicht für Angela, bis sie in ihrer Heimat eine »volkstümliche« Heiligsprechung erfuhr. Zwei Jahrhunderte später entschied die Kirche, sich ihre Beliebtheit zunutze zu machen und sprach sie selig. Im Jahr 1807 wurde sie schließlich durch Papst Pius VII. heiliggesprochen.[11] Aber ihr Bild ist immer noch ähnlich undeutlich und verschwommen wie das der ursulinischen Mond-Bärin, welche die Menschen einst in Brescia verehrten. Einem katholischen Gelehrten des 20. Jahrhunderts unterlief, als er sich mit ihr befaßte, ein für patriarchalische Schriftsteller typischer und häufiger Lapsus. Er schrieb, der Ursulinische Orden sei von »dem Bischof Angela von Brescia« gegründet worden.[12]

1. Graves, G. M., 22.4. 2. Attwater, 333f. 3. Guerber, L. R., 66. 4. *Larousse*, 226. 5. Jobes, 226. 6. Herodot, 251. 7. Graves, G. M., 22.h. 8. Bullough, 160. 9. M. Harrisson, 240. 10. Attwater, 46. 11. *Encyc. Brit.* »Angela Merici«. 12. Brewster, 459.

Uther Pendragon

Siehe **Arthur**

Utnapishtim

Babylonisches Urbild Noahs; der Held der Flut, der während der großen Sintflut die Vorfahren aller Lebewesen in seiner Arche rettete. Er war der einzige Mensch, der unsterblich wurde, weil er jene Göttin heiratete, die das Lebenswasser, *shiba*, spendete. (Siehe **Gilgamesh**.)

Uzza

In der jüdischen Tradition »der Mächtige«, ein rebellierender Engel, der die heiligen Geheimnisse der Magie stahl und sie Eva offenbarte. Der Name geht auf die arabische Mondgöttin Al-Uzza, die Mächtige, zurück, die möglicherweise eine Version der Greisin verkörperte. (Siehe **Arabien**.)

Va-Kul

Syrjänische (finnisch-ugrische) »Mutter des Wassers«, im ganzen Mittelalter als machtvolle Göttin verehrt, deren Verärgerung Katastrophen heraufbeschwören konnte.[1] (Siehe **Wasser**.)

1. *Larousse*, 307.

Vac

Die »Stimme« (engl. *voice*), die das erste schöpferische Wort *Om* aussprach; eine Hindu-Göttin, die das Rigveda als die Erste, die Königin und die Größte aller Gottheiten beschreibt.[1] (Siehe **Logos**.)

1. Briffault, 17.

Vagina Dentata

»Gezähnte Vagina«, das klassische Symbol der männlichen Angst vor dem Geschlechtsverkehr. In ihm kommt die unterbewußte Furcht des Mannes zum Ausdruck, daß die Partnerin ihn beim Geschlechtsverkehr verschlingt oder kastriert. Freud sagte: »Wahrscheinlich bleibt keinem Mann der Schrecken vor der drohenden Kastration beim Anblick weiblicher Genitalien erspart.«[1] Allerdings lag er mit seiner Begründung falsch, denn in Wirklichkeit ging es bei diesem »Schrecken« nicht um die Angst vor der Vagina, sondern um die Angst vor dem Mund. Daß die Mund-Symbolik in den Mythen und in der Fantasie der Menschen einen festen Platz einnimmt, ist heute allgemein akzeptiert: »Es ist der Psychiatrie wohlbekannt, daß Männer wie Frauen sich den Eingang zur Vagina in ihrer Fantasie als Mund vorstellen.«[2]

Diese Fantasie scheint umso mehr Ängste wachzurufen, je patriarchalischer eine Gesellschaft ist. Die Männer von Malekula, der zweitgrößten Insel der Hebriden, fühlten sich, nachdem sie das Matriarchat gestürzt hatten, von einem yonischen Geist verfolgt, den sie »Das was uns zu Ihr zieht, so daß Sie uns verschlingen kann« nannten.[3] Die Yanomamo erzählten, eines der ersten Wesen auf dieser Erde sei eine Frau gewesen, deren Vagina sich in einen Mund voller Zähne verwandelte, mit denen sie ihrem Gefährten den Penis abbiß. Chinesische Patriarchen glaubten, das Geschlechtsorgan der Frau sei nicht nur die Pforte zur Unsterblichkeit, sondern auch die »Scharfrichterin der Männer«.[4] Ein moslemischer Aphorismus besagte: »Drei Dinge sind unersättlich: die Wüste, das Grab und die Vulva der Frau.«[5] Die Polynesier erzählten von ihrem Erlösergott Maui, er sei in den Mund (die Vagina) seiner Mutter Hina gekrochen, um so in den Schoß der Schöpferin zurückzukehren und das ewige Leben zu finden. Sie aber biß ihn entzwei und tötete ihn.[6]

Geschichten von der verschlingenden Mutter sind überall in den Mythen zu finden. Sie repräsentieren die Angst vor dem Tod, die in der männlichen Psyche als Angst vor dem Geschlechtsverkehr zum Ausdruck kommt. Nach alten Schriften besteht die Rolle des Mannes beim Geschlechtsverkehr nicht darin, die Frau »zu nehmen« oder zu »besitzen«, sondern eher darin, »genommen zu werden« und »hervorzubringen«.[7] Die Ejakulation stand für den Verlust der männlichen Kraft, die von der Frau »verzehrt« wurde. Das griechische Wort *sema*, »Samen, Sperma«, bedeutete sowohl »Samen« im botanischen Sinne als auch »Nahrungsmittel«. *Consumatio* als kirchenrechtlicher Ausdruck für den Vollzug der Ehe ist eng verwandt mit »konsumieren, verzehren«, d. h. beim Vollzug der Ehe wird der Mann verzehrt. Bei vielen Naturvölkern gibt es diese Vorstellung noch heute. Das Wort der Yanomamo für »schwanger« ist ein Synonym für »satt sein«, für »essen« und »sich paaren« gibt es nur ein Wort.[8]

Der Unterschied zwischen dem Mund und den weiblichen Genitalien wurde durch die griechische Vorstellung der Lamien verwischt – lüsterne Dämoninnen, geboren von der libyschen Schlangen-Gottheit Lamia. Ihr Name bedeutet »wollüstige Vagina« oder »gefräßiger Schlund«.[9] Lamia war der griechische Name für die göttliche weibliche Schlange, die in Indien Kundalini, in Ägypten Uräus oder Per-Uatchet und in Babylon Lamashtu genannt wurde. Ihr babylonischer Gemahl war Pazuzu mit dem Schlangen-Penis. Die Sage von Lamia und die in ihr enthaltene Vorstellung, daß Männer geboren sind, um gefressen zu werden, beeinflußte Plinius' Bericht über das Sexualleben der Schlangen, dem im Abendland noch bis zum 20. Jahrhundert weithin Glauben geschenkt wurde: Das Schlangenmännchen befruchtet die weibliche Schlange, indem es seinen Kopf in ihren Rachen steckt und zuläßt, daß es gefressen wird.[10]

Die Sioux-Indianer erzählten eine Geschichte, die der von Lamia gleicht. Eine wunderschöne, verführerische Frau erwiderte die Liebe eines jungen Kriegers und vereinigte sich mit ihm in einer Wolke. Als die Wolke wieder aufstieg, stand die Frau allein da. Vor ihren Füßen lag der Mann als ein Haufen Knochen, an dem Schlangen nagten.[11]

Mund und Vulva wurden in vielen ägyptischen Mythen gleichgesetzt. Manu, das westliche Tor, durch das der Sonnengott täglich wieder in seine Mutter zurückkehrte, war manchmal eine »Spalte« (yoni) und machmal ein »Mund«.[12] Priesterinnen von Bast, welche die Göttin repräsentierten, hoben während einer religiösen Prozession ihre Röcke hoch, um ihre Genitalien zu entblößen.[13] Für die Griechen war eine solche Darbietung erschreckend. Bellerophon floh in höchster Angst vor den lykischen Frauen, die sich ihm mit entblößten Genitalien näherten, und selbst der Meeresgott Poseidon zog sich aus Angst, daß sie ihn verschlängen, zurück.[14]

Nach Philostratus erweckten »Magierinnen sexuelles Begehren, um den zu verschlingen, den sie haben wollen«.[15] Die patriarchalischen Perser und Moslems hielten dies eindeutig für möglich. Den Mund einer Frau zu betrachten, galt als obszön, gefährlich oder überaus verführerisch, deshalb bestanden sie auf seiner Verschleierung. Der Mund eines Mannes jedoch, der nicht viel anders aussah als der einer Frau, wurden nicht als Bedrohung empfunden.

Das englische Wort *mouth* (»Mund«) hat dieselbe Wurzel wie *mother* (»Mutter«), nämlich das angelsächsische *muth*, das auch verwandt ist mit dem Namen der ägyptischen Göttin Mut. Eine Vulva hat *labiae*, »Lippen«, und früher glaubten viele Männer, daß sich hinter den Lippen Zähne verbergen. Mittelalterliche Kleriker lehrten, daß sich bestimmte Hexen mit Hilfe des Mondes und verschiedener Zaubersprüche Fangzähne in ihrer Vagina wachsen lassen konnten. Sie verglichen das weibliche Genital mit dem »gähnenden« Schlund der Hölle. Dies war keineswegs neu. Das Tor zur Unterwelt war immer schon die Yoni der Mutter Hel. Es hatte immer schon »gegähnt« – englisch *yawned*, was auf das mittelenglische *yonen*, eine weitere Ableitung von »yoni«, zurückgeht. Der vulgäre deutsche Ausdruck *Fotze* bedeutet in einigen Regionen Bayerns einfach nur »Mund«.[16]

Für die christlichen Asketen hatten der »Höllenschlund« und die Vagina die gleiche uralte Symbolik. Beide wurden mit dem Schoß-Symbol des Wales gleichgesetzt, der Jona verschlang. Ähnlich wie es dem Propheten Jona mit dem Wal erging, verschlang der »Höllenschlund« Christus (so wie Hina ihren Sohn Maui verschlang) und behielt ihn drei Tage lang dort. Visionäre Reisen zur Hölle lesen sich oft »wie die Beschreibung einer Geburt, aber im umgekehrten Sinne – als ob das Kind in die Gebärmutter gezogen und vernichtet, und nicht dort geformt und zum Leben erweckt wird.« Die heilige Theresa von Avila beschrieb ihre visionäre Reise zur Hölle als »äußerst bedrückend und beklemmend. Ich fühlte ein qualvolles Leid und befand mich dabei in solch einem hoffnunglosen und erdrückenden Elend, daß keines meiner Worte dieses Gefühl angemessen beschreiben könnte. Wenn ich sage, daß es so war, als würde mir unaufhörlich die Seele aus dem Leib gerissen, reicht dies noch lange nicht aus, meine Qual zu beschreiben.«[17]

Das archetypische Bild des »verschlingenden« weiblichen Genitals scheint zweifellos in der modernen Welt noch lebendig zu sein. »Die Männer in unserer Gesellschaft verspüren große Angst vor dem direkten Kontakt mit dem weiblichen Genital. Sie fürchten sich sogar, ihre Lust darauf zu beziehen. Sie übertragen ihre Gefühle auf die sekundären Geschlechtsorgane, auf Hüften, Beine, Brüste, Gesäß usw., auf die sie dann eine übersteigerte Lust befällt.«[18] Selbst hier »überträgt« der männliche Gelehrte das Wort Geschlechtsorgan auf Körperteile, die mit dem eigentlichen Vorgang des Geschlechtsverkehrs nichts zu tun haben.

Das Hineinschauen, Berühren und Eindringen in die weibliche Geschlechtsöffnung scheint mit geheimen Ängsten befrachtet, die in einer Unzahl von Männerhirnen und -mythen durch eine Gleichsetzung des Geschlechtsverkehrs mit dem Tod zum Ausdruck kommen. PsychiaterInnen sprechen davon, daß viele Männer den Geschlechtsverkehr unbewußt als Sterben empfinden: »Jeder Orgasmus ist ein kleiner Tod, der Tod des ›kleinen Mannes‹, des Penis.«[19] Eben in dieser Vorstellung wurzeln die asketischen Religionen, die die Ablehnung des Todes mit der Ablehnung der körperlichen Liebe gleichsetzen.

Die Moslems übertrugen alle nur denkbaren bedrohlichen Kräfte auf die Vulva. Sie konnte den Blick eines Mannes »abbeißen«, was jeden Mann erblinden ließ, der in ihre Öffnung hineinschaute. Von einem Sultan aus Damaskus wird erzählt, daß er das Augenlicht auf diese Weise verlor. Der christlichen Legende nach ging er nach Sardinien, weil er sich von einem wunderwirkenden Bild der Jungfrau Maria Heilung von seiner Blindheit erhoffte; denn der Pforten-Mund der ewigen Jungfrau Maria wurde auf immer vom Schleier des Hymens verschlossen.[20]

Offensichtlich hatte Freud mit seiner Annahme Unrecht, nach der die Furcht der Männer vor den weiblichen Genitalien aus der Vorstellung entstand, daß die Frauen kastriert waren. Die Angst der Männer war weniger nachfühlender als vielmehr persönlicher Natur: Sie fürchteten, verschlungen zu werden, das Geburtstrauma umgekehrt zu erleben. Die seltsame Beschreibung des Höllenmundes als weiblichen Schoß durch einen katholischen Gelehrten verrät unbeabsichtigt diese Idee: »Wenn wir uns vorstellen, wie der Mann in die Hölle fährt, dann setzt er in unseren Augen den Fuß auf die wesentlichste, allumschließendste, elementarste und tiefste Stufe der Wirklichkeit der Welt.«[21]

1. Becker, D. D., 223. 2. Farb, W. P., 93. 3. Neumann, G. M., 174.
4. Rawson, E. A., 260. 5. Edwardes, 45. 6. Briffault 2, 657ff.
7. *Assyr. & Bab. Lit.* 338f. 8. Chagnon, 47. 9. Graves, G. M., Kap. 61.
10. Briffault 2, 667. 11. Campbell, F. W. G., 78. 12. Maspero, IX.
13. Budge, G. E. 1, 448. 14. Bachofen, 123. 15. Wedeck, 153. 16. Young, 47.
17. Cavendish, P. E., 157f. 18. Ellis, 239f. 19. Lederer, 126. 20. Gifford, 143.
21. Cavendish, P. E., 160.

Vajra

Sanskrit »Juwel«, »Phallus« oder »Blitz« - Bilder für den Juwel in der Lotosblüte. Sie beschreiben den im Weiblichen eingeschlossenen männlichen Geist, was bildlich durch die Lingam-Yoni dargestellt wird. Der »Diamantensitz« des tantrischen Yogi, *vajrasana*, meint den mystischen Zustand, bei dem eine psycho-sexuelle Vereinigung mit der Göttin vollzogen wird. Weil die Form des Diamanten ein archaisches Symbol der Klitoris war, wurde der *vajra* möglicherweise als eine vergrößerte, männliche Version der Klitoris angesehen. (Siehe **Lotos**.)

Valentin, Heiliger

Ursprünglich geht der Valentinstag Mitte Februar auf die römischen Lupercalia zurück, ein Fest der sexuellen Freizügigkeit. Junge Männer wählten Partnerinnen für erotische Spiele, indem sie »Billets«, kleine Zettel mit dem Namen einer Frau, zogen. Die Christen verurteilten diesen Vorläufer des Valentinstages als unanständigen, »heidnischen Hurenbrauch«.[1] Geistliche versuchten, diesen Brauch zu ändern, indem sie die Namen von Heiligen und kurzen Predigten auf die Billets schrieben und unters Volk brachten, aber die Menschen fanden schnell wieder zu den alten Liebesbriefchen zurück.[2] Der Februar war der heilige Monat der Juno Februata, der Göttin des »Liebesfiebers« (*febris*). Die

Kirche ersetzte sie durch einen fiktiven Märtyrer, den heiligen Valentin, der mit mehreren, sich widersprechenden Biographien ausgestattet wurde. In einer von ihnen erscheint er als schöner römischer Jüngling, der genau in dem Augenblick hingerichtet wurde, als seine Liebste seinen Liebesbrief erhielt.[3]

Der heilige Valentin entwickelte sich zwangsläufig zum Schutzheiligen der Liebenden, denn das Fest blieb allen offiziellen Bemühungen zum Trotz den Liebenden gewidmet. Selbst in seiner christlichen Form war mit dem Valentinsfest ein geheimer sexueller Ritus verbunden, der als »Ritus einer spirituellen Hochzeit mit Engeln in einer Hochzeitskammer« bezeichnet wurde.[4] Gewöhnliche Menschen verlobten sich vor Zeugen, indem sie den Geschlechtsverkehr vollzogen, was sie als die Hochzeit Sophias mit ihrem Erlöser beschrieben. In der gesprochenen Formel heißt es bei diesem Anlaß: »Laß den Samen des Lichtes in dein Brautgemach eindringen, empfange den Bräutigam ... öffne deine Arme, ihn zu umfassen. Siehe, Gnade ist auf dich herabgekommen.«[5] Im Mittelalter wurde der heilige Valentin bei Liebeszaubern und bei der Zubereitung von Liebestränken oft angerufen; denn er war eine nur unvollkommen christianisierte Variante solcher Liebesgötter wie Eros, Cupido, Kama, Priapos oder Pan.

1. Brewster, 104. 2. Hazlitt, 608. 3. Lys, 358. 4. Angus, 116.
5. Seligmann, 65.

Vampir

Aus der archaischen Vorstellung, daß alles Leben von der magischen Kraft des **Menstruationsblutes** – oder »dem Blut des Mondes«, wie manche Naturvölker sagen – abhängt, entwickelte sich der Gedanke, daß die Toten nach Blut verlangen, um wieder leben zu können.[1] Die GriechInnen glaubten, die Schatten der Toten könnten wegen ihres Verlangens nach Blut durch Blutopfer aus der Unterwelt zurückgerufen werden; daher war Blut ein wesentlicher ritueller Bestandteil der Totenbeschwörung. Homers Odysseus rief die Toten mit Hilfe einer nekromantischen Zeremonie zu sich: »Da ergriff ich die Schafe, und über die Grube sie haltend, schnitt ich die Kehlen durch, und das Blut, das schwarze, verströmte. Da versammelten sich aus der Tiefe die Toten.«[2]

Seit Homers Zeiten lebte in den westlichen Kulturen die Vorstellung, daß Blut die Toten, wenigstens vorübergehend, ins Leben zurückrufen konnte. Regelmäßige Gaben von Blut sollten den »Untoten«, gemeint waren Vampire, eine Art Leben verleihen. Sie wurden vom Mond, ihrer wahren Mutter, die auch das Blut der Lebenden hervorbrachte, herbeigerufen. Weil der Mond als die ursprüngliche Heimat der Toten und die Quelle der Wiedergeburt galt, stand er in engem Zusammenhang mit den Vorstellungen über Vampire. Bretonische Geistliche des Mittelalters, die über die physiologischen Vorgänge bei der Empfängnis noch nicht genau Bescheid wußten, behaupteten, eine Frau, die ihren nackten Körper dem Mondlicht aussetze, würde schwanger werden und einen Vampir gebären.[5] In den Volksbräuchen lebte die alte Vorstellung fort,

Das griechische Wort für Vampir war *sarcomenos*, »fleischgeworden durch den Mond«.[3] Das Wort Vampir ist slawischer Herkunft, und seine Wurzel kann vermutlich bis nach Zentralasien und Indien zurückverfolgt werden. Die SiamesInnen nennen einen lunaren

Sabbattag immer noch *vampra*. Im frühen Griechenland gab es im lunaren Monat zwei *vampra*-Sabbattage, einen zur Zeit des Neumondes und einen bei Vollmond. Dazu kamen kleinere Sabbate zu den Halbmonden, so daß ein Monat in vier Sieben-Tage-Wochen eingeteilt war.[4]

daß die Seelen aller Kinder im Mond darauf warten, wiedergeboren zu werden. Schottische Mädchen heirateten ausschließlich bei Vollmond, weil sie fürchteten, sonst keine Kinder zu bekommen. Auf den Orkneyinseln begaben sich junge Bräute, um Kindersegen zu erbitten, zu einem uralten megalithischen Steinkreis, der als Tempel des Mondes bezeichnet wurde.[6]

Die Vorstellung, daß der Mond den Lebenden wie den Toten Lebenskraft spendet, blieb all die Jahrhunderte hindurch lebendig und fand vor hundert Jahren in der mit Begeisterung aufgenommenen Vampirliteratur nur neue Popularität. In Boucicaults Novelle *Der Vampir* (1819) trägt jener seinen Dienern auf, seinen Leichnam auf einen hohen Berg zu tragen, damit er dort von den ersten Strahlen des aufgehenden Mondes getroffen wird. Als dies geschieht, springt der Vampir ins Leben zurück und sagt: »Quelle meines Lebens, noch einmal haben deine Strahlen mich wieder ins Leben zurückgerufen. Tod! Ich trotze dir!«[7] Ein englischer Klosterbruder sagte einmal: »Der Mond ist die Mutter aller Körpersäfte«, und der allerwichtigste, lebensspendende »Körpersaft« sei das Blut.[8]

Darum wandelten Vampire immer dort, wo der Mond schien und wo Blut zu finden war. So lehrte es die Kirche, und kein Laie wagte es anzuzweifeln. In den Balkanländern gab es Zauberer, die darauf spezialisiert waren, Vampire in Flaschen einzuschließen. Diese Technik hatten sie wahrscheinlich von arabischen Magiern gelernt, die ebenfalls *djinn* (lateinisch *genii*) in Flaschen oder Lampen, ähnlich der Lampe Aladins, hineinzwängten. Wenn ein bulgarisches Dorf wegen eines angeblichen Vorfalls von Vampirismus in Panik geriet, wurde ein solcher Zauberer gerufen. Er suchte dann feierlich das Grab des Missetäters, um den ruhelosen Geist mit einer Flasche Blut zu locken und einzufangen, die Flasche zu verkorken und anschließend zu verbrennen.[9]

Der Geistliche Montague Summers verriet ein sicheres Mittel gegen Vampirismus, das in seiner Anwendung einfach sei und gleichzeitig alle drastischen, zeitaufwendigen, und letztlich fruchtlosen klassischen Methoden wie Exorzismus, Kruzifixe, Knoblauch, Silberkugeln, Pfähle durchs Herz usw. überflüssig mache: Eine in das Grab eines Vampirs gelegte geweihte Hostie könne diesen für immer ruhigstellen. Summers war jedoch der Ansicht, daß dieses Mittel »nicht angewendet werden soll, weil es der leichtsinnigen Profanierung des Leibes Christi Vorschub leistet«.[10] Summers zog als frommer Christ offensichtlich die Auszehrung einer ganzen Gemeinde durch gierige Vampire der Entweihung des eucharistischen Brotes vor.

Summers attackierte auch die rational begründeten Zweifel des Dom Calmet, der sich zwei Jahrhunderte zuvor den Kopf über die physikalische und physiologische Unmöglichkeit des Vampirismus zerbrochen hatte und Fragen aufwarf, um deren Beantwortung sich vorher niemand je bemüht hatte:

> *Wie kann ein Leichnam, auf dem vier oder fünf Fuß Erde lasten, der nicht genug Platz hat, sich auszustrecken oder auch nur ein Glied zu rühren, der, in Leinentücher eingehüllt, in einem Sarg aus Holz eingeschlossen ist, wie kann der, so frage ich, den Weg an die Luft suchen, in die Welt zurückkehren, auf*

der Erde wandeln und dort jenes außergewöhnliche Unwesen treiben, das ihm nachgesagt wird? Und nach all dem, wie kann er in sein Grab zurückkehren, wo man ihn frisch, unverwest und voller Blut, gerade so wie einen lebendigen Menschen, vorfindet? Läßt sich die Behauptung aufrechterhalten, daß diese Leichname die Erde durchbrechen, ohne sie aufzuwühlen, gerade so wie Wasser und Dunst in der Erde verschwinden oder aus ihr heraustreten, ohne sichtbare Spuren zu hinterlassen? Ich wünschte mir, die Berichte über die Wiederkehr von Vampiren hätten diesen Fragen wenigstens etwas Aufmerksamkeit gewidmet und diese Schwierigkeiten irgendwie aufgehellt.[11]

Hochwürden Summers wies die Fragen Dom Calmets kurzerhand nach Theologenweise zurück: Er beantwortete sie nicht, sondern prangerte sie öffentlich an:

Die Fragen, die Dom Calmet mit wenig Auffassungsgabe aufgeworfen hat ... sind nicht nur oberflächlich, sondern an ihnen haftet der Ruch der Irrgläubigkeit ... Die vielen Zeugnisse über den Vampirismus lassen sich kaum beiseite fegen. ... Kann der Teufel einen Körper mit den Fähigkeiten ausstatten, sich zu verflüchtigen, zu verdünnen, sich zu vergrößern und sich zu verkleinern, so daß er durch Fenster und Türen gehen kann? Ich antworte, daß es keinen Zweifel daran gibt. Der Dämon kann dies tun, und wer diese These leugnet, darf sich kaum rechtgläubig nennen.[12]

Aus den vielen, von der Kirche gesammelten »Zeugnissen über den Vampirismus« schließt Summers: »Es kann überhaupt keinen Zweifel geben, daß der Vampir unter satanischem Einfluß steht und auf satanische Weisung handelt.«[13] Diese Behauptung stammt nicht aus dem 12. oder 13. Jahrhundert, sondern aus dem Jahre 1928.

Ein kaum zu übersehender Grund für die nicht enden wollende Popularität der Vampirgeschichten liegt in deren Anspielungen auf das sündige Liebesspiel. Küssen und Beißen liegen nahe beieinander, sowohl in der Fantasie wie auch im tatsächlichen Verhalten. Der Angriff eines weiblichen oder männlichen Vampirs auf ein Opfer des jeweils anderen Geschlechtes ähnelte sicherlich dem Liebesbiß. Einer der Dauerklassiker der Vampir-Literatur, Prests *Varney the Vampire* (1845), erregte die viktorianische männliche Leserschaft mit Szenen, die eher eine Vergewaltigung als eine dämonische Handlung suggerierten:

Dieses der schrecklichen Gewalt völlig ausgelieferte, junge und schöne Mädchen. ... Ihr schön geformter Körper zitterte in ihrer Seelenangst. Die starren, fürchterlichen Augen der Gestalt glitten mit scheußlicher Befriedigung über ihren engelhaften Körper hin – welch grausame Schändung. Er zerrt ihren Kopf an den Rand des Bettes und drückt ihn nach hinten, indem er an ihren langen Haaren zieht, die er, mehrfach um seine Hand gewunden, fest umklammert hält. Er stürzt sich auf sie, und seine raubtierhaften Zähne beißen sich in ihrem Hals fest.[14]

Die Kirche billigte den Glauben an die Vampire, um die Angst der Ungläubigen zu deren Bekehrung zu nutzen. Sie führte offizielle Rituale ein, bei denen vermeintliche Vampire in ihren Gräbern verbrannt oder mit Pfählen durchbohrt wurden. Dieser Ritus wurde noch in diesem Jahrhundert von Priestern auf dem Balkan praktiziert.[15] Jean-Jacques Rousseau hat gezeigt, daß dem Beweis für die Existenz von Vampiren eine ganz ähnliche Argumentation zugrundeliegt wie dem Beweis für die Existenz Gottes: »Wenn es jemals in der Welt eine hieb- und stichfeste Geschichte gegeben hat, dann ist es die von Vampiren. Es fehlt einfach nichts: offizielle Berichte, Aussagen glaubwürdiger Personen von Stand, von Ärzten, Priestern und Richtern. Das juristische Beweisverfahren ist allumfassend.«[16]

Der berühmteste Vampir der Literatur, Graf Dracula, hat tatsächlich gelebt. Er war ein sadistisch veranlagter rumänischer Adliger und wurde »Vlad der Pfähler« genannt. Er stammte aus der Sippe der sogenannten Kleinen Drachen, daher sein Name *Dracule*. Es bereitete ihm Spaß, seine Feinde zu pfählen; dabei zerlegte er sie, briet sie und aß Teile ihres noch lebendigen Körpers.[17] Die Angst vor diesem Monster war so groß, daß die Leibeigenen glaubten, er würde wiederkehren, um sie noch nach seinem Tode zu quälen. Natürlich kehrte er niemals zurück, aber der Sippenname des Grafen blieb erhalten und scheint wirklich unsterblich zu sein.

1. Chagnon, 38. 2. Homer, Odysee 11, 35 ff. 3. Summers, V., 19. 4. Briffault 2, 425. 5. Summers, V., 238. 6. Briffault 2, 587 f. 7. Summers, V., 316. 8. Briffault 2, 782. 9. Tannahill, 124. 10. Summers, V., 106. 11. Ebd., V., 171. 12. Ebd., V., 174. 13. Ebd., V., 32. 14. Cohen, N. H. U. T., 53. 15. Hyde, 182 f. 16. Seligmann, 302. 17. Siehe Mc Nally & Florescu.

Vanir

Ältere skandinavische Gottheiten; friedliebende, matriarchale Naturgeister, die Felder und Äcker pflegten. Sie wurden angeführt von der Mutter Erde und von »der Gebieterin« Freya, auch *Vanadis* oder Matriarchin der Vanir genannt. Die kämpferischen **Asen**, angeführt von Vater Odin, drangen in das Territorium der Vanir ein, um Krieg gegen sie zu führen. Dieser begann mit einer Greueltat: die Asen ergriffen die heilige Zauberin Gullveig und folterten sie.[1] Am Ende waren die Vanir besiegt, aber viele Generationen behielten die Ehrfurcht vor ihren Zauberkräften. Angeblich konnten sie mit Hilfe der Magie alles bewirken, und alles Wissen, über das die neuen Götter verfügten, sollte von ihnen stammen.[2]

Ob es sich bei den Vanir nun um ältere Götter, Riesen, Elfen, Matriarchinnen oder uralte Stammesmütter gehandelt hat, sie scheinen auf jeden Fall vor-patriarchalische Ackerbaukulturen repräsentiert zu haben, die von nomadisch lebenden, arischen Eindringlingen verdrängt wurden.

1. *Larousse*, 270. 2. Turville-Petre, 159, 176.

Varuna

Sohn der hinduistischen Sonnengöttin Aditi, ein vielgestaltiger, archaischer Gott. Varuna galt als der Herr des Himmels, des Wassers, der Gesetze, der Winde, der Jahreszeiten und des Todes. Manchmal war er weiblich, manchmal verkörperte er als androgynes Wesen die sexuelle Vereinigung. In dieser Gestalt entwickelte er/sie sich vermutlich zu dem persischen *Varan*, einem »Geist der Begierde«. Varuna bildete mit Mitra – einem ihm ähnlichen Wesen und in gewisser Weise seine Zwillingsschwester (oder ihr Zwillingsbruder) – ein Paar. Aus dieser Doppelgestalt entwickelte sich der völlig maskulinisierte *Mithra* der Perser.

1. *Larousse*, 328.

Vas Hermeticum, Vas Spirituale

Eine alchimistische Bezeichnung für den symbolischen Gral. Gemeint war der Mutterleib der Materie, ein universales Gefäß für alle Transformationen. Das ursprüngliche Symbol hierfür war die »Vase« des Lebens und des Todes, die den Schoß der großen Göttin Rhea Pandora versinnbildlichte. Bei christlichen Mystikern war *Vas Spirituale* eine geläufige Bezeichnung für die Jungfrau Maria.

Vaterschaft

Alle Mythen zeigen, daß die Männer, nachdem sie ihre Rolle bei der Zeugung erkannt hatten, viele Kinder haben wollten, denn das Zeugen war der beste und einfachste Weg, ein Gott zu werden. Unzählige Generationen lang waren die Urmütter von ihrer Nachkommenschaft zu Göttinnen erhoben worden. Weil ein Stammvater großen Ruhm in der Nachwelt erlangte, erhofften sich die Patriarchen eine ähnliche Nachkommenschar. Die Männer übertrugen ihre Ergebenheit von der Großen Mutter, der ursprünglich vergötterten Stammutter, auf Götter wie Jahweh, denn dieser versprach: »Ich werde dich zu einem großen Volk machen, dich segnen und deinen Namen groß machen. ... Ich mache dich sehr fruchtbar und lasse Völker aus dir entstehen; Könige werden von dir abstammen.« (Genesis 12, 2; 17, 6).

Die Perser glaubten, daß ein kinderlos verstorbener Mann niemals in das Paradies eingehen könnte. Gebete und Opfer der Nachkommen waren für die Glückseligkeit der väterlichen Seele unerläßlich. Die Hindus bestimmten den Sohn dazu, mit seinen Beschwörungen und Opfergaben die Seele des Vaters davor zu schützen, heimatlos und hungrig in den öden Weiten der Ewigkeit umherzuirren. Im Brhaddarma Purana hieß es, daß »ein Mann ohne Nachkommen von niemandem rituell verehrt wird. ... Söhne sind dazu gut, den Vorfahren Opfergaben darzubringen.«[1] Die Chinesen glaubten, daß ein Vater ohne Sohn die bis dahin von Generation auf Generation übertragene Verehrung der Ahnen abbricht und damit seine Chance auf Unsterblichkeit verliert.[2]

Puranas
Alte Sanskrit-Schriften in Versform, die sich mit Kosmologie, heiligen Überlieferungen und der Natur des Göttlichen befassen.

Die Vaterschaft war hauptsächlich eine durch Zeremonien geprägte Verwandtschaftsbeziehung, in der die Möglichkeit weitgehend unberücksichtigt blieb, daß sich Männer aktiv an der Erziehung ihrer eigenen Kinder beteiligen könnten. Der klassische lateinische Ausdruck *pater familias*, der heute zugleich den Familienvater und den Haushaltsvorstand bezeichnet, hatte bei den Römern, die ihn erfanden, einen völlig anderen Sinn:

> *Wenn die Römer Jupiter mit diesem Titel als »pater« der Götter und Menschen anbeteten, war er für sie keinesfalls ihr physischer Vater. Das haben sie*

niemals angenommen, sie glaubten im Gegenteil, daß die Menschen bereits vor ihm existierten. Derselbe Titel wurde auch Neptun, Apollon, Bacchus, Vulcanos und Pluto zuteil, die gewiß allesamt von keinem Mann als Vater angesehen wurden. … Genauso konnte der Titel pater familias an einen Mann verliehen werden, der keine Kinder hatte, nicht verheiratet war und noch nicht einmal das heiratsfähige Alter erreicht hatte … das lateinische Wort pater ist gleichen Ursprungs wie »Vater« und in seiner Bedeutung eng damit verwandt. Es bezeichnet weniger den Mann, der ein Kind gezeugt hat, sondern vielmehr denjenigen, der eine auf Alter und Status gegründete, natürliche Autorität gegenüber einem unter ihm stehenden Menschen besitzt.[3]

Die Männer oder Götter leiteten anfangs ihren Anspruch auf die physische Vaterschaft nicht so sehr vom Zeugungsakt ab, sondern ersannen eine ungewöhnliche Zeremonie, in deren Verlauf das der Mutter vorbehaltene Gebären imitiert wurde. (Siehe **Gebären durch einen Mann**.) Diese Imitation lief in frühester Zeit sehr wirklichkeitsgetreu ab und ähnelte dem Ritus der Couvade (Männerkindbett), der von primitiven Völkern praktiziert wurde, um die väterlichen Rechte auf das Kind durchzusetzen. Während die Mutter gebar, legte sich der Vater ächzend und stöhnend ins Bett und gab vor, ein Kind zur Welt zu bringen. Die Couvade war ein Initiationsritual für die Priester der Aphrodite Ariadne in Amathus. Dort spielte ein Mann in Frauenkleidern pantomimisch die Geburt nach, um den priesterlichen Titel »Vater« zu erlangen.[4]

Christliche Gelehrte schrieben, daß die Mission das Ziel hatte, in Europa ein patriarchalisches System zu errichten, in dem Männer ihrer Nachkommenschaft Respekt abverlangen konnten; denn vor der Christianisierung Britanniens gab es in der Sozialstruktur der Großfamilie eine »große Sünde«: »Weder liebte der Vater den Sohn, noch der Sohn den Vater.«[5] Die ersten Missionare beklagten sich darüber, daß es in den britischen Stämmen ohne Bedeutung war, wer wen zeugte; Frauen nahmen sich Liebhaber, wie es ihnen gefiel, und »Ehegelöbnisse sind nicht üblich«. Der heilige Bonifatius sagte, daß »die Engländer den Ehestand völlig verachten«. Er meinte die Art von Ehe, die dem Ehemann die Kontrolle über den Besitz und die Kinder gab.[6]

Das Christentum brachte schließlich eine Abkehr von der vagen Einstellung heidnischer Kulturen der Vaterschaft gegenüber mit sich. Der heilige Thomas von Aquin entwickelte die Grundlagen für die offizielle Lehrmeinung der Kirche, nach der der Vater der wahre Elternteil ist, die Mutter dagegen nur der »Acker«, auf dem der »Same« des Vaters wächst. Er lehrte, daß der Vater mehr als die Mutter geliebt werden solle, weil sein Beitrag zur Zeugung des Kindes »aktiv«, der der Mutter dagegen nur »passiv« sei.[7]

Die Betonung der Vaterschaft war ein Charakteristikum patriarchalischer Gesellschaftssysteme. Oft versuchten Männer vorzutäuschen, daß das Zeugen eines Kindes weitaus wichtiger wäre als die unzähligen Anforderungen an die Mutter, die das Kind austrug, gebar, stillte und es in allen grundlegenden Verrichtungen des Alltagslebens unterwies. Im matriarchalischen Arabien war die biologische Vaterschaft bedeutungslos. Nach dem Aufkommen des Islam besaß sie unter den Männern dann aber einen so hohen Stellenwert, daß einer Frau eine einjährige Wartezeit zwischen ihrer Scheidung oder Witwenschaft und der Wiederverheiratung vorgeschrieben wurde. Es sollte völlig sicher sein, daß sie nicht von ihrem früheren Ehemann schwanger war, denn kein Mann wollte, daß seine Frau das Kind eines anderen gebar.[8] Die gleiche Frist verlangte man auch den Frauen im christlichen Europa ab. Es war so selbstverständlich, diese Vorschrift einzuhalten, daß eine Frau als anstößig galt, wenn sie sich nach dem Tod oder Weggang ihres Ehemannes zu früh neu verheiratete.

Ein Grund für die restriktive, autoritäre Stimmung in patriarchalischen Gesellschaften scheint gewesen zu sein, daß die Männer nicht bereit waren, ihre Kinder als unabhängige Personen anzusehen, sondern sie als eine Erweiterung ihres väterlichen Egos betrachteten. Sie verlangten folglich von ihren Kindern strengste Disziplin, um sie nach ihrem Muster zu formen. Nach Zimmer ist in der Sprache der Symbole der Begriff »Sohn« gleichbedeutend mit den Begriffen »Ebenbild«, »zweites Selbst«, »lebendiges Spiegelbild des Vaters« oder »des Vaters innerstes Wesen in anderer Individualisierung«.[9] Das Interesse des Vaters an seinen Kindern war also im Gegensatz zu dem der Mutter von egoistischerer Natur.

Harriet Stanton Blatch
Amerikanische Feministin des 20. Jahrhunderts. Ihre Mutter war Elizabeth Cady Stanton (1815–1902), eine bekannte amerikanische Frauenrechtlerin, Juristin und Publizistin, die 1848 den ersten Frauenrechtskongreß organisierte.

Harriet Stanton Blatch schrieb: »Männer sprechen zwar von der Heiligkeit der Mutterschaft, aber gemessen an ihren Taten ist sie das letzte, was sie als heilig erachten. ... Das Pflichtgefühl gegenüber der Nachkommenschaft ist bei Männern nur schwach ausgeprägt; es hat niemals einen durch die Evolution entwickelten Vaterinstinkt gegeben. Sie sind keine enterbten Väter, sondern schlichtweg unentwickelte Eltern. Diejenigen, die die Menschheit hätten bessern können, wurden von jenen, die es vorzogen, Dampfmaschinen zu verbessern, daran gehindert. ... Das Geschlecht, das von der Natur für die mühselige Aufgabe, die Nachkommen zu versorgen, langsam herangebildet wurde, ist benachteiligt.« Das abendländische Patriarchat entwickelte eine auf Gewinnsucht, Aggression und Rangordnungen fußende Kultur, weil die zugrunde liegende Philosophie maskulin-egoistisch geprägt war. So schrieb Neumann: »Diese – uns besonders von der abendländischen Entwicklung bekannte – Situation des Patriarchats ist gekennzeichnet durch ein Zurücktreten der weiblichen Psychologie und ihrer Dominanten und durch ein mehr oder weniger völliges Bestimmtsein auch des weiblichen Daseins durch die männliche Bewußtseinswelt und ihre Werte.«[10]

Die maskuline Bewußtseinswelt ist insofern, als »die Fantasien des einzelnen Mannes die allgemeine Kultur durchdringen«, als »unfruchtbar« und »destruktiv« bezeichnet worden.[11] Im Zentrum dieser Fantasien stehen selbstsüchtige Habgier, Aggressivität und eine eigennützige Verteidigungshaltung, nicht aber die Liebe zu zukünftigen Generationen und die Erkenntnis, von ihnen abhängig oder für sie verantwortlich zu sein. Die Verhaltensmuster der maskulinen Welt erinnern an das früheste chinesische Ideogramm für »männlich«, das synonym mit »egoistisch« war.[12]

In der heutigen Kultur werden oft harte Urteile über Frauen gefällt.

Man stempelt sie als unfähige Mütter ab, weil sich die sonst immer »dominanten« Männer nun mit dem Kind und nicht mit der Mutter identifizieren. Die Anforderungen an Väter sind nicht so hoch. Trinkern, Ehebrechern, Männern, die Kinder schlagen und Kriminellen wird ein »Recht« auf Vaterschaft zuerkannt, ganz zu schweigen von den Millionen von Männern, die ihre Kinder mit einer nachlässigen Gleichgültigkeit behandeln, mit der sich jede Mutter den Zorn der Gesellschaft einhandeln würde. Männer sollten vielleicht dazu erzogen werden, die Vaterschaft als ein Privileg anzusehen, das sie sich verdienen müssen und nicht als ein Recht, das sie mißbrauchen dürfen.

1. O'Flaherty, 263. 2. Bullough, 247. 3. Rose, 170. 4. Briffault 2, 534. 5. Malory 2, 179. 6. Briffault 3, 418f. 7. Tuchman, 214. 8. Riencourt, 189. 9. Zimmer, 109. 10. Neumann, A. P., 87 (dt. 173). 11. Gilder, 156. 12. Thorsten, 262.

Var. heiliger Vitus

Veit, Heiliger

Imaginärer Heiliger, der vage mit Sizilien in Zusammenhang gebracht wird. Sein Name geht möglicherweise auf das lateinische Wort *Vitus* (»lebendig«) zurück. Außerdem diente ein Emblem der Mondgöttin zur Ausschmückung der Legende um den Heiligen Veit. Die darauf abgebildete Frau war angeblich seine »Amme« *Crescentia* (»Wachstum«).

Veit wurde besonders in Westfalen sehr verehrt. Dort fand man Knochen, die als seine Überreste ausgegeben wurden und angeblich seit dem 9. Jahrhundert n. Chr. dort geruht hatten. Seine Legende siedelt ihn allerdings in der Zeit Diokletians an, also 600 Jahre früher. Den Knochen wurde die Kraft zugeschrieben, viele Krankheiten zu heilen, besonders Chorea Huntington, den sogenannten Veitstanz.[1]

1. Attwater, 338.

Venus

Zeichen der Venus

Der römische Name für die Große Göttin in ihrem sexuellen Aspekt; er ist abgeleitet von der namengebenden Mutter der venezianischen Stämme der Adria, nach der auch die Stadt Venedig benannt ist. *Veneration* (engl. »Verehrung«, »Ehrfurcht«) und *venery* (engl. »Geschlechtsverkehr«, »-genuß«, aber auch: »Jagd«) sind weitere Ableitungen. Das lateinische *venari* bedeutete »jagen«, denn gleich ihrem östlichen Ebenbild Artemis, war Venus einst die Herrin der Tiere, und der Name ihres gehörnten Gottes – Adonis, sowohl Jäger als auch Opfertier – entwickelte sich im Englischen zu *venison* (Wildbret), was soviel wie »Venus-Sohn« bedeutete.[1]

Frühe Kirchenväter verdammten die Tempel, die dem »stinkenden Teufel, der auf den Namen Venus hört, geweiht sind – eine Schule der Sündhaftigkeit für alle Jünger der Unkeuschheit.«[2] Es handelte sich um Schulen, in denen unter Aufsicht der *Venerii*, der heiligen Tempeldirnen-Priesterinnen, sexuelle Praktiken gelehrt wurden.[3] Sie wiesen den Weg zur göttlichen Gnade, genannt *venia*, durch sexuelle Techniken, die denen des **Tantrismus** ähnelten.[4]

Wie die tantrischen Yogis stellten sich auch gebildete Römer den Augenblick des Todes wie den Höhepunkt einer geschlechtlichen Vereinigung vor, sozusagen als den finalen Akt der Heiligen Hochzeit, die im Mittelpunkt der Venusanbetung stand. Ovid, ein Eingeweihter dieser Religion, wünschte sich, während des Liebesaktes zu sterben: »Laßt mich in dem Augenblick gehen, wenn ich zur Venus komme; in mehr als einem Sinne laßt mich sterben.«[5] Jahrhunderte später, in der Zeit Shakespeares, war »sterben« immer noch eine übliche Metapher für den Orgasmus.[6] Eine englische Abhandlung über die Bedeutung von Träumen prophezeite einem kranken Mann, der von der Heirat mit einem Mädchen träumt, den Tod.[7] Wenn Christen davon sprachen, daß das Sterben die Einkehr in den Schoß Christi oder Abrahams bedeute, gründete sich diese Vorstellung unwissentlich auf die alte Religion der Venus.

Moderne Deutungen der klassischen Mythologie stellen Venus oft ausschließlich als Göttin der sexuellen Liebe dar. Ihre Aspekte als Göttin von Geburt und Tod werden verschwiegen. In ihrem Kult besaßen jedoch alle Aspekte eine gleich große Bedeutung. Als Königin der Schatten wurde sie mit Proserpina gleichgesetzt, trug aber den Namen Libitina. Nach Plutarch war Libitina nur ein anderer Name für Venus, »die Göttin der Fortpflanzung«.[8]

Im frühen Mittelalter entwickelte sich Venus zu der Feenkönigin, die auf den Zauberbergen, den sogenannten Venusbergen, herrschte. Außerdem wurde aus ihr eine christliche Heilige, die Heilige Venerina, gemacht. Sie existierte niemals in menschlicher Gestalt, sondern nur als Kultfigur, und diente dazu dazu, die Verehrung der Venus in Kalabrien unter christlicher Verbrämung fortzuführen.[9] In den Balkanländern hieß sie St. Venere und wird noch immer von jungen Mädchen, die sich gute Ehemänner wünschen, als Patronin der Heirat um Hilfe gebeten.[10] Der magische Vers, mit dem der Planet Venus als Abendstern angerufen wurde, klingt noch immer durch die Jahrhunderte nach: »Stern so hell, Stern so klar, diese Nacht so wunderbar, mache meinen Wunsch mir wahr, der in meinem Herzen war.«

Als Abendstern wurde die Venus auch *Stella Maris*, Stern des Meeres, genannt. In der ihr geheiligten Stadt Venedig feierte der Herzog von Venedig jedes Jahr am Himmelfahrtstag symbolisch Hochzeit mit ihr, indem er einen goldenen Ehering ins Meer warf.[11] Diesen Brauch gab es noch bis in die Zeit der Renaissance, sogar noch, als der Titel *Stella Maris* schon auf Maria übertragen worden war.

1. Potter & Sargent, 209. 2. J. H. Smith, C. G., 287. 3. Massa, 101. 4. Dumézil, 94. 5. Cavendish, P. E. 51. 6. Sadock, Kaplan & Freedman, 544. 7. Hazlitt, 190. 8. Knight, D.W. P., 73. 9. Hughes, 52. 10. Hyde, 84. 11. Scott, 173.

Venus Observa

Bezeichnung für die Stellung beim Geschlechtsverkehr, bei der der Mann auf der Frau liegt. Es ist die Position, die Adam Lilith aufzwingen wollte, was ihm jedoch mißlang. Die katholische Kirche erklärte sie zur einzig rechtmäßigen Stellung beim ehelichen Geschlechtsverkehr, weil sie der Frau am wenigsten Vergnügen bereitet.[1] Patriarchalische Gesellschaften lehnten grundsätzlich alle Stellungen beim Geschlechtsverkehr ab, bei denen sich die Frau über dem Mann befand, so z. B. jene, die den Verehrerinnen des Shiva und der Hekate und ebenso den Hexen des Mittelalters besonders gefielen. Letztere ritten, wie es in einem Kinderreim heißt, auf ihren »Steckenpferden«.

Überall in der Welt bestanden christliche Missionare darauf, daß ihre »Eingeborenenschäfchen« beim Geschlechtsverkehr alle Abweichungen, die sie vielleicht gewohnt waren, aufgaben und nur die *Venus observa*-Stellung praktizierten, denn alles andere galt als sündig. So wurde sie als »Missionars-Stellung« bekannt, und Eingeborenenpaare machten sich oft heimlich darüber lustig.

1. Graves & Patai, 67.

Verdandi

Die zweite der drei **Nornen**, die von den altnordischen Völkern verehrt wurden. Verdandi verkörperte die Gegenwart, während ihre Schwestern Urd und Skuld für die Vergangenheit und die Zukunft standen.[1] Als **Schicksalsschwestern** oder Mütter des Schicksals (*wyrd*) entsprachen sie den griechischen Moiren, den römischen Parzen, den lateinischen Fortunae und anderen Versionen der dreifachen Göttin. Verdandi herrschte auch, ebenso wie Kali, die Erhalterin, über die Mutterschaft und die Mondphasen.

1. Branston, 209.

Vergewaltigung

In der klassischen Mythologie kommen zahlreiche Vergewaltigungen vor: die Vergewaltigung der Sabinerinnen (meist beschönigend »Raub« genannt), Zeus' Vergewaltigung seiner Mutter Rhea, Apollons zahlreiche Vergewaltigungen von Nymphen und selbst seiner Schwester Artemis. Es entsteht fast der Eindruck, als hätten die Griechen geglaubt, Frauen müßten immer zu sexuellen Beziehungen gezwungen werden, selbst zu Beziehungen mit Göttern. Doch das mit »Vergewaltigung« übersetzte Wort bedeutete eigentlich mehr Verführung. Teiresias, der sowohl als Mann wie auch als Frau gelebt hatte, enthüllte seine Entdeckung, daß die sexuelle Lust einer Frau die des Mannes um das Neunfache übertreffe.[1]

Echte Vergewaltigung war in der Antike nicht üblich. Die Menschen der Antike glaubten, daß wie bei allen anderen Arten die sexuelle Initiative vom weiblichen Part ausgehen müsse. Die verbreitete moderne Beschimpfung des Vergewaltigers als »Tier« ist eine Verunglimpfung des Tierreiches; Tiere vergewaltigen nicht. Nur Männer zwingen unwilligen Frauen sexuelle Handlungen auf.

Die Bibel erzählt von einem Leviten, der seine Nebenfrau dem Pöbel zur vielfachen Vergewaltigung überließ, an der sie starb; er wollte damit sich selbst vor Mißhandlungen schützen; anschließend zerschnitt er sie in Stücke. »Jeder, der das sah, sagte: So etwas ist noch nie geschehen, so etwas hat man nicht erlebt, seit die Söhne Israels aus Ägypten heraufgezogen sind, bis zum heutigen Tag« (Richter 19, 30). Es kam zum Krieg über diesen Zwischenfall, was zeigt, daß er äußerst ungewöhnlich war.

Die veränderte Einstellung zur Vergewaltigung machte einen der Gegensätze zwischen der Welt der Antike und der des europäischen Mittelalters aus. Die Römer und Sachsen bestraften Vergewaltiger mit dem Tode. Die Normannen schnitten dem Vergewaltiger die Hoden ab und stachen ihm die Augen aus.[2] Das orientalische Erbe der ZigeunerInnen fordert für Vergewaltiger die Todesstrafe.[3] Das hinduistische Gesetz besagte, daß ein Vergewaltiger selbst dann zu töten war, wenn sein Opfer der niedrigsten Kaste entstammte, also eine Unberührbare war; und seine Seele sollte »niemals Vergebung finden«.[4] Das byzantinische Recht sah vor, daß der Vergewaltiger sterben mußte und sein Hab und Gut dem Opfer zufiel, selbst wenn es sich nur um eine Sklavin handelte.[5]

Mit dem christlichen Recht änderte sich das Bild. Unter dem neuen Regiment standen die Ehefrauen, Schwestern und Töchter der Leibeigenen ihren Herren jederzeit sexuell zur Verfügung.[6] Bauernbräute wurden vom Feudalherrn vergewaltigt, noch ehe sie ihrem Bräutigam übergeben wurden – vermutlich um wieder vergewaltigt zu werden. Die Kirche sprach jeder Ehefrau das Recht ab, den Geschlechtsverkehr zu verweigern, außer an kirchlichen Feiertagen, an denen der eheliche Verkehr untersagt war. Dies förderte die Vergewaltigung in der Ehe.

Das viktorianische England erreichte eines der ersehntesten Ziele des Patriarchats: die völlige Kontrolle des Mannes über die weibliche Sexualität. Bis 1884 konnte eine Ehefrau zu Gefängnisstrafen verurteilt werden, wenn sie ihrem Mann seine »ehelichen Rechte« versagte. Sie war ebensosehr sexuelle Sklavin wie jede Frau in einem orientalischen Harem.[7] Gezwungen, sich häufiger Vergewaltigung durch Ehemänner zu beugen, die über sexuelle Lust bei Frauen nichts wußten und sich auch nicht darum scherten, entwickelten die Ehefrauen des 19. Jahrhunderts, wie nicht anders zu erwarten, eine gewisse Gleichgültigkeit gegen die Freuden des Ehebetts, und zwar in so ausgeprägter Zahl, daß medizinische Autoritäten erklärten, den Frauen »fehlt es weitgehend an sexueller Lust«. In einem Standardhandbuch der Ehe aus dieser Zeit, das jahrzehntelang in Gebrauch war und in 12 Sprachen übersetzt wurde, hieß es: »Frauen suchen selten die enge Umarmung ihres Ehemannes. Sie sind im allgemeinen gleichgültig, häufig sogar von tiefem Widerwillen erfüllt ... Gott hat der Frau Passivität gegeben zum Schutze für ihren Mann und zum vielfachen Segen für ihre Kinder.« Nachdem er Gott für eine Welt voller unerregter Frauen gedankt hat, fährt der Autor fort: »Es kann kaum ein Zweifel bestehen, daß die eheliche Gleichgültigkeit auf seiten der Frauen häufig auf die chronische Verstopfung zurückzuführen ist, die unter Frauen so verbreitet ist.«[8] Daraus läßt sich schließen, daß Gott in weiser Voraussicht Frauen mit chronischer Verstopfung geschlagen hat, neben den anderen Verfluchungen, die auf Eva lasten.

In Gesellschaften, die an der Verehrung der Großen Göttin festhalten, kommen kaum Vergewaltigungen innerhalb oder außerhalb der Ehe vor; fast immer ist die weibliche Sexualität voll entwickelt. Sadistische, gewalttätige Sexualfantasien gibt es in der Vorstellungswelt Indiens nicht.[9] Bei den matriarchalischen Semai galt es als ungesetzlich, wenn ein Mann auch nur versuchte, eine Frau zu sexuellen Beziehungen zu überreden, nachdem sie einmal nein gesagt hatte.[10] Wie G. B. Shaw erklärte, regten die Gesetze gegen Vergewaltigung herzlichere Beziehungen an: »Der Wunsch zu geben flößt keine Zuneigung ein, wenn nicht auch die Macht vorhanden ist, zu verweigern.«[11]

Die Gesetze in Shaws Gesellschaft waren allerdings so angelegt, daß sie den Frauen die Macht zur Verweigerung vorenthielten. Vor 1653 konnte jeder Engländer eine Erbin im Kindesalter entführen und vergewaltigen, das Gesetz sah ihn anschließend als ihren legitimen Ehemann an. Als Lohn für die Vergewaltigung erhielt er den Besitz seines Opfers. 1653 wurde das Gesetz geändert – nicht, um dem Opfer zu helfen, sondern um den Staat an der Beute zu beteiligen. Ein Mann konnte demnach ins Gefängnis gebracht werden, wenn er ein junges Mädchen ihres Geldes wegen vergewaltigt hatte, allerdings fiel die Hälfte ihres Besitzes an den Staat.[12]

Die viktorianische Gesellschaft zog nie einen Mann zur Verantwortung, wenn er Unzucht mit einem heranwachsenden Mädchen trieb, denn gesetzlich war das »Konsensalter« für Frauen auf zwölf festgelegt. Ein Mädchen unter acht Jahren durfte vor Gericht nicht gegen einen Mann aussagen, der es vergewaltigt hatte, mit der Begründung, es sei zu jung, die Bedeutung des Eides zu begreifen.[13] Im 16. Jahrhundert lag das »Konsensalter« allerdings bei sechs Jahren.[14] Kinder zu vergewaltigen war ein recht verbreitetes Vergnügen unter viktorianischen Männern, die erklärten, der Verkehr mit einem jungfräulichen Kind sei ein sicheres Mittel gegen Syphilis. Noch 1930 warb die Madam eines Bordells im Londoner Westend: »In meinem Haus können sie sich an den Schreien der Mädchen mit der Gewißheit weiden, daß niemand außer Ihnen sie hören wird.«[15]

Die viktorianische Pornographie spiegelt eine an Besessenheit grenzende Faszination durch Gewalt und Vergewaltigung wider; häufig bezeichnet sie den Mann und seine Sexualpartnerin als »Gegner«, obwohl sie gewiß nicht gleich stark waren. Ein Autor stellte sich die weibliche Erfahrung der Defloration durch einen Vergewaltiger so vor: Er »grub sein ungeheures Instrument so tief in mich ein, daß ich keine Möglichkeit mehr hatte, mich zu entziehen. Er achtete nun nicht mehr auf meine Schmerzen, sondern verstärkte seine Bewegungen, bis die zarte Haut seinem wilden Reißen und Bohren nachgab. Ein gnadenloser, gewaltiger Stoß riß mich auf und ließ ihn, von meinem jungfräulichen Blut getränkt, in seiner ganzen Länge in meinen Körper ein. Der Schrei, den ich ausstieß, zeigte, daß ich vollständig durchdrungen war. Kurzum, sein Sieg war vollkommen.« Derselbe Autor sinniert selbstgefällig: »Wie magisch ist doch der Einfluß unseres Geschlechts auf die Gefühle jenes schwächeren.«[16]

Diese Magie entging dem modernen Opfer einer Vergewaltigung

offenbar, das dennoch fast katatonisch die Rolle als Opfer akzeptierte und ihren Angreifern sogar das Recht zubilligte, sie zu mißbrauchen:

> *Sie benutzten mich einfach, weil ich allein war und weil ich da war. Das ist einfach die Art, wie Männer mit Frauen umgehen. Wenn Frauen allein und verfügbar sind, benutzen sie sie eben. Und es ist nichts Perverses. Es ist ihre normale Art, mit Frauen umzugehen …*
>
> *Als es vorbei war, spürte ich den Schmerz und den Schmutz in meinem Körper, und ich war verletzt in meinem Stolz und verwirrt, weshalb sie mich vergewaltigt hatten und warum sie über mich lachten und sich über meinen Körper lustig machten und mich verhöhnten. Und ich war mir ganz sicher, daß Gott das alles sah, seinen Kopf schüttelte und sich sagte, was ich für eine schreckliche Person sei, daß ich es zuließ, vergewaltigt zu werden.*[17]

Studien haben ergeben, daß vergewaltigte Frauen oft gezögert haben, ihre Angreifer zu verletzen – zum Beispiel indem sie ihnen in die Augen stechen oder die Hoden verdrehen –, selbst wenn sie die Möglichkeit dazu gehabt hätten. »Frauen nehmen oft die Verantwortung auf sich, wenn Männer sie als Beute behandeln. Das ist nicht nur eine verrückte Marotte der Frauen. Diese Einstellung ist tief verwurzelt … Frauen lernen, sich für Männer attraktiv zu machen. Wenn sie es nicht tun, ignorieren die Männer sie oder bringen ihr Mißfallen zum Ausdruck. Doch wenn sie zum Opfer sexueller Übergriffe werden, fällt sofort der Verdacht der Mitwirkung auf sie. Kein Mann trägt je die Schuld.«[18]

1971 wurde in San Francisco ein Mann, der eine Frau mit Waffengewalt vergewaltigt hatte, freigesprochen, weil sein unverheiratetes Opfer zugab, einen Liebhaber zu haben. Demonstrantinnen protestierten vergeblich gegen dieses Urteil, sie verteilten Flugblätter, in denen es hieß:

> *Wenn eine Person ausgeraubt wird, wird der Räuber vor Gericht gestellt. Wenn jemand ermordet wird, wird der Mörder vor Gericht gestellt. Aber wenn eine Frau vergewaltigt wird, wird die Frau und nicht der Vergewaltiger vor Gericht gestellt … Wenn ihr nachgewiesen wird, daß sie eine sexuelle Vergangenheit hat, muß der Vergewaltiger freigesprochen werden, denn nach ihrer Definition handelt es sich dann keineswegs um Vergewaltigung. Denn wenn eine Frau es sich erlaubt, ein sexuelles Wesen zu sein und ihre Sexualität auf ihre Weise und zu der ihr gemäßen Zeit zu genießen, verliert sie jeglichen Schutz dagegen, gezwungenermaßen sexuelle Handlungen mit jedem beliebigen Mann zu jeder beliebigen Zeit zu begehen.*[19]

Manchmal erzeugt die Kultur bei Männern die Haltung von Pseudovergewaltigern, wo Männer sich in Gruppen verbal oder symbolisch gegen eine Frau zusammenrotten, um sie in ihrem Selbstgefühl zu verletzen. Eine junge Frau schrieb: »Als ich zum ersten Mal in der Stadt wohnte und an den Bauarbeitern vorbeiging, die ihre Mittagspause machten, hörte ich all diese schrecklichen Bemerkungen. Ich wußte nicht recht, wie ich damit umgehen sollte. Ich war verwirrt, weil ich Brüste hatte. Ich hatte das Gefühl, es sei mein Fehler, daß ich sie habe, und natürlich verdiente ich es, Bemerkungen darüber zu hören. Heute weiß ich, das das nicht stimmt. Sie müssen sich ändern, nicht ich.«[20] In einer neueren Untersuchung heißt es:

> *Der Nimbus der Männlichkeit … schafft bei Männern eine Disposition zur Vergewaltigung. Wenn Frauen physisch stärker wären als Männer, glaube ich*

nicht, daß es Fälle gäbe, in denen Frauen Männer vergewaltigen, denn die weibliche Sexualerziehung fördert es, daß Frauen Sexualität, Zuneigung und Liebe verbinden und sensibel auf die Wünsche ihres Partners eingehen. Natürlich gibt es viele Frauen, die von diesem Muster abweichen, ebenso wie es Männer gibt, die es geschafft haben, ihre Erziehung zur Männlichkeit abzulegen. Doch die kulturellen Entwicklungstendenzen machen diese Fälle zur Ausnahme. Wenn unsere Kultur es für männlich hielte, sanft und einfühlsam zu sein, auf die Bedürfnisse anderer einzugehen, Gewalt, Beherrschung und Ausbeutung zu verabscheuen, Sex nur innerhalb einer inhaltlich bedeutsamen Beziehung zu haben, sich von Persönlichkeit und Charakter stärker angezogen zu fühlen als von äußerer Erscheinung, dauerhafte Beziehungen über flüchtige zu setzen, dann wäre Vergewaltigung tatsächlich ein außergewöhnliches Verhalten …

Wenn Lynchjustiz der extreme Ausdruck von Rassismus ist, dann ist Vergewaltigung der extreme Ausdruck von Sexismus. Sie ist ein Akt physischer und psychischer Unterdrückung … Wie das Lynchen ist sie feige, und wie das Lynchen wird sie eingesetzt, um einzelne Frauen und die Frauen als gesellschaftliche Gruppe an ihrem Platz zu halten. Und schließlich wird dem Vergewaltigungsopfer ebenso wie dem Opfer der Lynchjustiz Provokation vorgeworfen.

Vergewaltigung ist ein Mißbrauch von Macht, und die Zunahme der Vergewaltigungen zeigt, daß Männer zunehmend unfähig sind, mit ihrer exzessiven Macht über Frauen umzugehen … Die Vergewaltigung kann nur bekämpft werden, wenn die Machtdiskrepanz zwischen Männern und Frauen abgeschafft wird.[21]

Von den Folterern der Inquisition, die ihre Opfer gewöhnlich zuerst vergewaltigten, bis hin zu den viktorianischen Ärzten, die den Genitalien der Frauen mit Blutegeln zuleibe rückten, lassen sich viele Arten von Vergewaltigung auf eine Einstellung zurückführen, die als »der virulente Frauenhaß im fundamentalistischen Christentum« bezeichnet worden ist.[22] Jüngere Studien zeigen, daß die meisten Vergewaltiger sich zu einer religiösen Sekte bekannten und gelernt hatten, Sexualität in traditionell christlicher Manier als etwas Böses zu sehen.[23] Ein Vergewaltiger erklärte: »Ich bin damit groß geworden, daß Sex schmutzig ist, Sex sollte man nicht treiben.« Ein anderer erklärte, er habe gar nicht richtig gewußt, »was der Geschlechtsakt eigentlich ist und wie sie das machten«. Wieder ein anderer war so naiv, daß er nicht wußte, wo die kleinen Kinder herkommen, und ein weiterer kannte das Wort »Vagina« nicht, er nannte es »Virginia«.[24] »Insgesamt waren Sexualtäter äußerst naiv in sexuellen Dingen, sie fühlten sich minderwertig, hatten in der Kindheit unter sexuellen Ängsten und Nöten gelitten … und hatten keine genaue Sexualaufklärung erhalten.«[25]

In manchen Gegenden unterstützten die kirchlichen und staatlichen Gesetze noch bis vor kurzer Zeit Vergewaltigung. Bis 1978 konnte ein Vergewaltiger in Italien straffrei ausgehen, wenn sein Opfer sich bereiterklärte, ihn zu heiraten. Mit einer Kombination aus Vergewaltigung und Druck war es einem Mann durchaus möglich, die Ehe einer Frau aufzunötigen, die allen Grund hatte, ihn zu fürchten und zu hassen. Und da die patriarchalische Gesellschaft es den Frauen letztlich verbot, Männer zu hassen, vor allem den Ehefrauen, bekam wieder einmal das Opfer die Schuld zugeschoben, daß es zum Opfer geworden war.

1. Graves, G. M., 105.h. 2. Pearsall, W. B., 315. 3. Derlon, 135.
4. *Mahanirvanatantra*, 267. 5. Soisson, 43. 6. Bullough, 168. 7. Crow, 147.
8. Stall W. Y. H. O. K., 49, 124ff. 9. Rawson, E. O. 186.
10. Briffault 2, 48; siehe Dentan. 11. Riencourt, 349. 12. Murstein, 224.
13. Crow, 247. 14. Robbins, 462. 15. Pearsall, W. B., 243, 350.
16. Marcus, 212 (dt. 191). 17. D. E. H. Russell, 48ff. 18. Dies. 44. 19. Dies., 11.
20. Dies., 168. 21. Dies., 264. 22. Robbins, 502; Dreifus, 49; Spretnak, 388.
23. Evans, S. S., 226. 24. Goldstein & Kant, 56, 81–85, 143. 25. Shultz, 165.

Veronika, Heilige

Der Name Veronika bezeichnete ursprünglich keine Person, sondern entstand aus der Zusammenziehung der beiden lateinischen Worte, *vera iconica*, »wahres Bild«. Im Rom des 8. Jahrhunderts tauchte in der Kirche St. Peter ein Tuch mit dem Abdruck eines Männergesichtes auf, das öffentlich als die *vera iconica* von Christus gepriesen wurde. Zur Herkunft des Tuches erfand man folgende Legende: Als Jesus sein Kreuz trug, wischte ihm eine Frau namens Veronika mit ihrem Schleier den Schweiß vom Gesicht, und der Stoff nahm wunderbarerweise das Abbild des heiligen Gesichtes an.[1]

Geschichten dieser Art waren in der alten Welt nicht ungewöhnlich. Eine alte griechische Sage erzählt von Pandarus aus Thessalien, der »schändliche Buchstaben« auf seiner Stirn trug, bis der Gott Asklepios sie durch ein Wunder entfernte, indem er sie auf ein Tuch bannte, das Pandarus sich um die Stirn gebunden hatte.[2] Eine weitere heidnische Geschichte wurde den Veronika-Legenden hinzugefügt: Der König von Edessa beauftragte einen Künstler, das Porträt Jesu zu malen. Der Maler konnte Jesus aber nicht ins Gesicht sehen, weil es wie die helle Sonne leuchtete und ihn blendete. So drückte er nur ein Tuch auf das göttliche Gesicht, und der Abdruck ergab ein perfektes Abbild. In einer anderen, unglaublichen Geschichte wird behauptet, daß Veronikas Schleier den Kaiser Tiberius von einer Krankheit heilte; deshalb trug er ihn auf einer mit Seide ausgelegten Straße nach Rom und ließ ihn in einem Schrein aufbewahren. Dort wurde er acht Jahrhunderte später »gefunden«.[3]

Das Bild, auf dem Veronika mit ihrem Schleier das Gesicht Jesu trocknet, ist immer noch Teil des Kreuzwegs, obgleich manche Geistliche empfohlen haben, diese Station wegzulassen – es ist inzwischen zu gut bekannt, daß Veronika eine fiktive Person ist.[4]

1. Brewster, 65. 2. Frazer, F. O. T., 227. 3. Jacobus d. V., 215, 634.
4. Attwater, 335.

Versöhnungsfest

Im antiken Zweistromland entsprach das Versöhnungsfest dem Beginn des neuen Jahres, bei dem alle Sünden kollektiv für den neuen Zeitabschnitt gesühnt wurden. Der jüdische Jom Kippur, Versöhnungstag, basierte auf dem babylonischen *kupparu*, einer Versöhnungszeremonie, bei der ein Schaf rituell mit allen Sünden der Gemeinschaft beladen und dann getötet wurde. Das Schaf war der Tier-Ersatz für den Menschen, der in früheren Zeiten als »Sündenbock«, Erlöser oder als Guter Hirte – Dumuzi oder **Tammuz** – sterben mußte.

Bei dem ägyptischen Versöhnungsfest spielte ein **Widder** die Rolle des Sündenbocks, weshalb der Widder noch heute das Tierkreiszeichen ist, in dem – nach antiken Kalendern – im März das neue Jahr begann. Die ÄgypterInnen nannten ihn Amon den Widdergott, die Juden übernahmen ihn in Form des Paschalammes, das am Paschafest geopfert wurde.

Auf der ganzen Welt stand das Schaf als Versöhnungsopfer für den Hirten. In China trugen die Kriegsgefangenen, die geopfert werden sollten, den Namen *Ch'iang*, »Schafhirte«. Das Schriftzeichen für »Schafhirte« war ein Mann, dem ein Messer den Hals durchtrennte.[1] In Samarkand, im 2. Jahrhundert v. Chr., »starb der Sohn Gottes mit dem siebten Monat ... alle Einwohner, ohne Ausnahme, erscheinen in Gewänder aus schwarzer Wolle gekleidet. Sie gehen barfuß, schlagen sich gegen ihre Brust, geben laute Wehrufe von sich und weinen viele Tränen. Dreihundert Menschen, Männer und Frauen, gehen über das spärliche Gras der Felder und suchen nach den Überresten des Gottessohnes.«[2] So erlebte ein Reisender in China den Ritus, der in Griechenland als *anagnorisis*, Suche und Entdeckung, bekannt war (siehe **Drama**).

Das Gesetz Israels verlangte nach einem Ziegenbock, der die Sünden der Gemeinschaft zu dem Gott **Asasel** tragen mußte, den die Syrer *Aziz* nannten, »Bote des Herrn«.[3] Nachdem der Priester den Sündenbock ausgesucht hatte, sollte er »über ihm alle Sünden der Israeliten, alle ihre Frevel und alle ihre Fehler bekennen. Nachdem er sie so auf den Kopf des Bockes geladen hat, soll er ihn ... in die Wüste treiben lassen« (Levitikus 16, 21). Nachdem der erste Bock fortgetrieben war, wurde ein zweiter getötet, da kein Gott Sünden ohne ein Blutopfer vergeben würde: »Fast alles wird nach dem Gesetz mit Blut gereinigt, und ohne daß Blut vergossen wird, gibt es keine Vergebung.« (Hebräer 9, 22)

Als die Entwicklung der Wollindustrie es profitabler machte, die Schafe wegen ihres Fells am Leben zu erhalten, als sie wegen ihres Fleisches zu schlachten, wurde der Ziegenbock zum gebräuchlicheren Opfertier. Manchmal wurde die Tiere gehäutet, um ein ausreichendes Blutbad für die Vergebung der Sünden zu erhalten. Ein Gesang der Shurpu-Reihe gibt eine magische Erklärung für das Schinden eines Ziegenbocks wieder:

> *So wie dieses Ziegenfell abgezogen und ins Feuer geworfen wird, und die lodernden Flammen es verzehren, und es nicht zu der Ziege zurückkehrt und nicht länger (von Blut) gefärbt ist, so mögen der Fluch, der Bann, der Schmerz, das Elend, die Seuche, die Krankheit, der Frevel, die Übeltat, die Sünde, die Krankheit, die in meinem Körper wütet, mein Fleisch und meine Gelenke wie dieses Ziegenfell abgezogen werden, und sie sollen weit fort verbannt werden, und ich möge das Licht sehen.*[4]

Die frühen griechischen Mythen beschwören einen primitiven Totemismus herauf, mit Ziegengöttern, die gehäutet werden, um für andere die Versöhnung zu erlangen. **Athene** zog dem Ziegengott Pallas (siehe **Palladium**) oder **Pan** die Haut ab und machte aus dem Fell ihre **Aigis**.[5] Die PhrygierInnen nannten denselben Gott den Satyr Marsyas, der zur Sühne eines Verbrechens gegen den Gott **Apollon** an eine Pinie genagelt und geschunden wurde. In Rom wurde Ziegenböcken während des Versöhnungsfestes der Lupercalien, an dem der sterbende Satyr-Gott Faunus der sabinischen Muttergöttin Ops geopfert wurde, das Fell abgezogen.[6]

Das alte römische Neujahrsfest wurde an den Iden des März begangen und hieß Mamuralia. Auch dieses Fest trug Spuren eines Sündenbock-Opfers. Ein Mann, der in Ziegenfelle gehüllt war, wurde in einer Prozession durch die Stadt geführt, mit Ruten geschlagen und mit den Worten »Fort mit Hunger, herein mit Reichtum und Gesundheit« in die Verbannung geschickt.[7] Nach Ovid war der Sündenbock des März ein legendärer Schmied namens Mamurius, der Münzen geprägt hatte, die jeden Monat des Jahres darstellten, Sonnensymbole des Tierkreises.

Solche Praktiken machen deutlich, daß die Sündenböcke früher Menschen gewesen waren und die Tiere die menschlichen Opfer ersetzten. Fast überall schickten die liturgischen Formeln die Sünden der Menschen zusammen mit dem geopferten Tier in die Vergessenheit. Wenn die ÄgypterInnen den Stier töteten, der Osiris darstellte, sagten sie, daß die Sünden des gesamten Volkes auf seinem Haupt ruhten.[8] In Tibet nahm das Tieropfer eine humanere Form an: bei der Neujahrszeremonie wurden drei Pferde und drei Hunde mit roter Farbe beschmiert, anstatt sie zu häuten, dann wurden sie dem Tempel geweiht.[9]

Die christliche Symbolsprache machte Christus zum Opferlamm Gottes, das wie das Paschalamm für die Vergebung der Sünden umgebracht wurde. Einige frühchristliche Autoren waren der Meinung, daß das Tieropfer zuerst da war und daß das Menschenopfer eine spätere, »höhere« Entwicklung darstellte: »Gott ist ein Menschenfresser. Aus diesem Grund werden ihm Menschen geopfert.«[10] Unter den mittelalterlichen Theologen gab es die allgemein verbreitete Ansicht, das Opfer Jesu sei nicht ausreichend gewesen: nur »einige wenige« waren durch den Tod des Heilandes erlöst worden. Der heilige Thomas von Aquin und andere behaupteten, die Mehrzahl der Menschen sei nach wie vor zu ewigen Qualen in der Hölle verdammt.[11] So wurde die Lehre der Versöhnung für alle Ewigkeit oder für die gesamte Menschheit praktischerweise von derselben Kirche geleugnet, die daraus die Basis ihrer weltlichen Macht schuf.

1. Hays, 188. 2. Briffault 3, 100. 3. Cumont, O. R. R. P., 113.
4. *Assyr & Babyl. Lit.*, 394. 5. Graves, G. M., 21.5. 6. *Larousse*, 208.
7. J. E. Harrison, 196f.; Frazer, G. B., 670 (dt. 839). 8. Budge, G. E. 2, 349.
9. Wadell, 529, 531. 10. Robinson, 138. 11. Coulton, 19.

Vesica Piscis

Zeichen der Vesica Piscis

»Fischgefäß«, ein verbreitetes yonisches Symbol. Das oben und unten zugespitzte Oval erhielt seinen Namen aufgrund der alten Behauptung, daß die weiblichen Genitalien nach Fisch riechen. Mutter Kali selbst erschien, ähnlich der ägyptischen Göttin Maat, in einer Hindu-Geschichte als »eine Jungfrau, genannt der Fischgeruch, deren wirklicher Name Wahrheit war«.[1] Die ÄgypterInnen sagten, Abtu, der Schlund, sei »ein Fisch, der den Penis des Osiris verschluckt hätte«, aber dieser Schlund war ebenso »der Fisch der Isis« und damit eine sexuelle Metapher. Aphrodites wichtigste Riten in Paphos fanden unter dem Zeichen der *Pisces*, der Fische, statt. Aphrodite, Isis, Freya und andere Erscheinungsformen der Göttin in ihrem sexuellen Aspekt erschienen eingehüllt in Fischnetze.[2] (Siehe **Fisch**.)

Die *vesica piscis* war ein eindeutiges Genitalsymbol der **Sheila-na-gig**-Figuren an alten irischen Kirchen. Die hockende, nackte Göttin stellte ihre Vulva als eine *vesica* zur Schau, ähnlich wie es die Darstellungen der Kali auf den Tempeltüren in Indien zeigen.[3] Eines der alten heidnischen Ideogramme der sexuellen Vereinigung wurde von der Kirche übernommen, um das Fest des Heiligen Nikolas auf dem Runen-Kalender symbolisch darzustellen: eine *vesica piscis*, die eine männliche »Forke« oder Furca umschließt.[4]

Das zugespitzt-ovale Fischzeichen wurde sogar von den frühen ChristInnen als Symbol für das Mysterium der Vereinigung Gottes mit seiner Mutter-Braut eingesetzt; deshalb wurde Jesus auch »der kleine Fisch« in der Quelle der Jungfrau genannt.

Dieses Symbol des weiblichen Umschließens findet sich häufig in der christlichen Kunst. Oft ist das Zeichen auf den Bauch der Maria gemalt und umschließt das Jesuskind. Manchmal wird gezeigt, wie Christus bei der Himmelfahrt in eine himmlische *vesica* aufsteigt, so als kehre er zu dem Muttersymbol zurück. Die *vesica* rahmt häufig Darstellungen von Jesus, Gott und den Heiligen ein.

Ein anderer Name für das gleiche Zeichen war *mandorla*, »Mandel«, ebenfalls ein Symbol für die Yoni. Im Kult der *Magna Mater* hatte eine Mandel die Funktion eines weiblichen Empfängniszaubers für die jungfräuliche Geburt des Attis.

1. Campbell, C. M., 13. 2. Knight, S. L., 296. 3. G. R. Scott, 239ff.
4. Brewster, 13. 5. Hardig, 58.

Vestalinnen

Zeichen der Vesta

Priesterinnen der Vesta; der ältesten römischen Göttin-Matriarchin, die mit der griechischen Hestia identisch war. Als Nachkommen eines uralten Ordens heiliger Frauen, die die öffentliche Feuerstelle und den Altar hüteten, waren die Vestalinnen damit betraut, das ewige Feuer zu versorgen, welches das mystische Herz des römischen Reiches darstellte.

Die Vestalinnen waren *virgines* (lat. Jungfrauen); dies bedeutet, daß sie Frauen waren, die als Bräute des »römischen Geistes« gelobt hatten, niemals zu heiraten; im gleichen Sinne verstanden sich christliche Nonnen als Bräute Christi. Zur Begrenzung ihrer weiblichen Kräfte unterzogen sich die Vestalinnen der gleichen Zeremonie, die später den Nonnen auferlegt wurde: Sie mußten sich das Haupthaar scheren lassen.[1] Ursprünglich waren sie allerdings nicht derartig eingeengt; wie alle anderen Priesterinnen der alten Zeit regierten sie vermöge ihrer magischen Ausstrahlung und Mutterschaft und bildeten so die herrschende Schwesternschaft Latiums.

Die erste Vestalin hieß Rhea Silvia oder »Rhea vom Waldland«; sie war eigentlich die in die latinischen Kolonien verpflanzte griechische Göttin Rhea. Der römischen Legende zufolge gebar sie Romulus und Remus, die Gründer der Stadt Rom. Ihre Hebamme Acca Larentia – ebenfalls eine Vestalin, die den Beinamen »die Kurtisane« trug – gebar die von den Römern *lares* genannten Ahnen-Geister. (Siehe **Akka**.)

In körperlicher Hinsicht waren die Vestalinnen niemals vollkommene Jungfrauen. Ihre leibliche Hochzeit mit der phallischen Gottheit des **Palladiums** wurde unter strenger Geheimhaltung im Tempel der Vesta vollzogen. Die Zeremonie wurde von einem *Pontifex Maximus* (größter Erbauer der *pons*) genannten Priester durchgeführt – *pons* kann hier sowohl mit »Brücke« als auch mit »Pfad« oder »Weg« übersetzt werden. Der Pontifex Maximus hatte an den Vestalinnen eine – wie Dumézil es ausdrückt – »verborgene und heute unbekannte Pflicht« zu erfüllen.[2] Die Vermutung liegt nahe, daß sein »Weg« etwa von der Art der östlichen Sexual-Sakramente war; daß er also die »Brücke« zwischen dem Vater Himmel und der Mutter Erde (Vesta) baute.

Das Amt des Pontifex wurde von den Christen übernommen; das englische Wort *pontiff* war gleichbedeutend mit »Papst«. Die Vestalinnen wurden jedoch ausdrücklich *nicht* von den Christen übernommen, obgleich verschiedene Einzelheiten ihrer Bräuche und ihres Lebensstils in christlichen Nonnenklöstern nachgeahmt wurden. Die heidnische Bevölkerung verehrte die Vestalinnen und war entsetzt über die Behandlung, die ihnen das christliche Regime im vierten und fünften Jahrhundert angedeihen ließ. Im Jahre 382 wurden allen heidnischen Tempeln die Stiftungsgelder entzogen; unter ihnen befand sich auch der 600 Jahre alte Tempel mit dem Mutter-Herd der Vesta. »In den Augen einiger Traditionalisten war dabei das Schrecklichste, daß im Tempel der Vesta das heilige Feuer erlosch: die Vestalischen Jungfrauen verloren ihren Unterhalt und ihre Steuerfreiheit; sämtliche Privilegien wurden ihnen entzogen. Die kleine, aus nur sechs Vestalinnen bestehende Gemeinschaft erfuhr den besonderen Haß der Christen. ... Ihre christlichen Feinde fürchteten sie als geheimnisvoll und zauberkundig: Sie verstanden sie nicht und wollten sie nicht verstehen, sie wollten sie nur vernichtet wissen.«[3]

1. Graves, W. G., 396. 2. Dumézil, 583. 3. J. H. Smith, D. C. P., 149.

Vida

Bezeichnung für die heilige Dichtung der Skalden, der altnordischen Dichter und Sänger. Sie bestand aus religiösen Geschichten, Sagen und Legenden, die von den Skalden gesungen wurden. Der Vida verwandt waren die Veden der Hindus. Das Wort *vida* geht möglicherweise auf ein altes Riesengeschlecht, die *risi*, zurück. Der Name leitet sich vom Sanskritwort *rishi*, »Erleuchteter« oder »Weiser« ab. Die *rishi* sollen auch die ersten Sammler der Veden gewesen sein.[1]

1. Turville-Petre, 231.

Vidya

»Weisheit«, eine tantrische Bezeichnung für eine Frau, die in einem magischen Zirkel als sexuelle Partnerin eines Mannes agiert; außerdem ein weiterer Beiname für den »Geist des Weges«, die Shakti, die zur Erleuchtung führt.

Vikarr

Ahnherr der Wikinger; ein legendärer König Norwegens, der als Kultopfer von den Priestern Odins getötet wurde. Er konnte mit seinem Blut, das er auf die mütterliche Erde vergoß, ganze Stämme zeugen.

Var. Wili

Vila

Slawischer Hexengeist, der mit Wasser assoziiert wurde und mit der skandinavischen Vala oder **Walküre** verwandt war. Russische Vilen wurden zuweilen auch Rusalki, Töchter der heiligen Mutter Rußland (Erde), genannt. Ebenso wie die Walküren trugen die alten Vilen die Verantwortung für die Zeremonien der Totenfeiern, und sie führten die Seelen ins Totenreich. Manchmal durften besonders begünstigte Männer die Vilen eine Zeitlang begleiten, meistens sieben Jahre lang. Der Mann wurde in eine Höhle oder in einen hohlen Baum gelockt und fand sich im Feenland wieder. Von ihm hieß es dann, er sei »einer, der die Liebe einer Vila gewonnen hat«. Sein Titel war *Krstnik*, ein »Christus«, was sowohl »der Gesalbte« als auch »der Verfluchte« bedeutete.[1] Er verkörperte die slawische Version des verzauberten Jägers *(Chasseur Maudit)*, so wie **Thomas der Reimer, Tannhäuser** u. a.

In Dalmatien hieß ein Mann, der zu den Vilen gehörte, Macieh, »Messias«. Er nahm die Gestalt eines Jünglings an, der eine phrygische Mütze trug, ähnlich dem indo-iranischen Sonnenhelden Mithra.[2] Die weiblichen Geister, bei denen er lebte, wurden auch *krstaca*, »die Gekreuz(ig)ten«, genannt, abgeleitet von *krst*, Kreuz. Der Name war sowohl mit dem griechischen *Christos* als auch mit dem angelsächsischen *curst* (»verflucht«) verwandt. Die weiblichen Geister trugen auch den Namen *Rogulja*, »die Gehörnten«.[3]

Später waren die Vilen oder Wilis als böse, gefährliche »Seelen ertrunkener Frauen«, die im Wasser wohnen, gefürchtet. Vielleicht entstand diese Vorstellung deshalb, weil so viele »Hexen« ertränkt worden waren. Ebenso wie die Sirenen zogen sie angeblich jeden unbekümmerten Wanderer, der sie zufällig im Mondenschein tanzen sah, ins Wasser. Sie tanzen heute noch in unseren Theatern bei Aufführungen des klassischen Ballettstückes *Giselle*. Die alte Furcht vor ihnen findet sich noch in englischen Redewendungen wie: *It gives me the willies* (»Das macht mich nervös!«). Ein kalter Schauder, so hieß es, sei die unheilkündende Berührung von der todbringenden Hand einer Wili. Jedoch finden sich in einer Legende noch Spuren von der Mildtätigkeit, die ihren alten Priesterinnen nachgesagt wurde. Sie erzählt, daß dort, wo jene in den Nächten der alten heidnischen Feste tanzten, das Gras dichter wuchs und der Weizen im Überfluß gedieh.[4]

1. Leland, 145f. 2. Knightley, 494. 3. Leland, 66. 4. *Larousse*, 292f.

Virginal, die Eiskönigin

Mittelalterliche europäische Version der Göttin des Hochgebirges, in Indien unter dem Namen Durga, die Unnahbare, bekannt. Sie lebte im Hochgebirge des Himalaya und stieg zuweilen von dort herunter, um sich mit einem Mann zu vereinigen. Sie kehrte jedoch immer wieder zu ihren einsamen Gletschern zurück. In europäischen Volksmärchen lebte Virginal, die Eiskönigin, allein in den reinen, oberen Schneefeldern der Berge. Ein einziges Mal stieg sie in ein Tal hinunter und wurde die Braut des Minnesängers und Zauberers Dietrich von Bern. Bald jedoch war sie des Lebens in den Tälern und an seiner Seite überdrüssig und kehrte zu ihrem heiligen Berggipfel zurück, wo »sie immer noch als oberste Gebieterin herrscht«.[1]

Die altnordische Variante der Durga-Virginal war die Totengöttin **Skadi**, die sich mit dem Gott Njord vermählte. Nach einiger Zeit mochte sie nicht mehr länger mit ihm in den Tälern am Meer leben und zog sich allein in ihre Berge zurück. Einigen Erzählungen zufolge wurde aus ihr die böse Schneekönigin, die Kinder aus ihrem Zuhause entführt und ihnen die Seele raubt.

Weil die schneebedeckten Berge häufig mit den milchspendenden Brüsten der Mutter Erde in Verbindung gebracht wurden, ist es möglich, daß Durga, die Unnahbare und andere ihr ähnelnde Eisköniginnen die nährende Göttin personifizierten. In jener Zeit galten stillende Frauen und säugende Muttertiere tatsächlich als unnahbar für männliche Wesen. Solange die Göttin mit den Aufgaben der Mutterschaft beschäftigt war, verhielt sie sich männlicher Zuneigung gegenüber »jungfräulich« ablehnend. Sie »zog sich« aus ihrer Ehe »zurück« und begab sich an einen Ort, zu dem ihr kein Mann folgen konnte. In diesen Geschichten findet sich ein archetypisches Element. Wie Marie-Luise von Franz sagte: »Man steht plötzlich einem Etwas in der Frau gegenüber, das störrisch, kalt und vollkommen unzugänglich ist.«[2]

Dr. Marie-Louise von Franz Schweizerische Psychologin, Mitarbeiterin und Freundin von Carl Gustav Jung.

1. Guerber, L. M. A., 115. 2. Jung, M. H. S., 189.

Vishnu

Vedischer Gott, der sowohl den Opfer-Eber als auch den Phallus verkörpert. Sein Name bedeutete: »Er, der umfängt, durchdringt oder eindringt«; er war bekannt als der »sich Ausdehnende« und als der, »welcher Männer erregt«.[1] Sein Emblem war eine Lingam-Yoni, die aus einem männlichen Kreuz und einem weiblichen Kreis gebildet war und als das Zeichen *Kiakra* bezeichnet wurde: »In Vishnus Händen versinnbildlicht es seine Kraft, Himmel und Erde zu durchdringen.«[2]

Vishnu verkündete, daß sein Fleisch und sein auf dem Opferaltar vergossenes Blut die ganze Welt erhalte, alle irdischen Geschöpfe und auch die Götter. In seiner Erscheinungsform als Eber galt er als der Erlöser der Welt. Für das Heil der Welt übergab er sich dem Tod und wurde von »Göttern, die Om sprachen«, geopfert.[3]

Der Hauer des Ebers wurde mit Vishnus Phallus gleichgesetzt, weil er mit ihm die Vereinigung mit der Ur-Göttin Erde vollzog: »Er erhob sich und trug die liebliche Göttin Erde auf seinem Hauer und verteilte nach allen Seiten hin das salzige Wasser des kosmischen Meeres.«[4] In ozeanischen und fernöstlichen Kulturen repräsentierten die Hauer eines Ebers häufig Phalli.

1. Campbell, M. I., 480f.; O'Flaherty, 357. 2. Baring-Gould, C. M. M. A., 374. 3. O'Flaherty, 196f. 4. Campbell, M. I., 481.

Viviane, Heilige

Heiliggesprochene Variante der heidnischen Göttin Viviane, deren Name »Leben« bedeutet. Ihr Name scheint auf ein einziges Wort zurückzugehen, das in den Tempel der Göttin auf dem esquilinischen Hügel in Rom eingemeißelt war. Wahrscheinlich wurde das so beschriftete Bild der Göttin bewußt als Bild einer »jungfräulichen Märtyrerin« umgedeutet.[1]

Frühmittelalterliche keltische Dichter gebrauchten den Namen »Viviane« für die Herrin vom See, die in der Artus-Sage als eine Variante der Nimue, der »Nemesis« des Merlin, erscheint.

1. Attwater, 338.

Vögel

Seit frühesten Zeiten gab es den gesamt-indoeuropäischen Glauben, daß Seelen die Gestalt von Vögeln annehmen können. Das lateinische Wort *avis* bedeutete sowohl »Vogel« als auch »Geist der Vorfahren«, »Gespenst« oder »Engel«. Die römischen Kaiser erlangten den Zustand der Göttlichkeit in Gestalt eines Adlers, der bei der Verbrennung ihres Leichnams freigelassen wurde, um die Seele des Kaisers zum Himmel zu tragen.[1] In ähnlicher Weise reiste die Seele des ägyptischen Pharaos in oder auf dem Sonnenfalken des **Horus** nach oben, der bei seinem Begräbnis freigelassen wurde. Wie Phoenix ging die Seele durch das Feuer und wurde mit Schwingen wiedergeboren. Basierend auf solchen Vorbildern stiegen auch die Seelen der christlichen Heiligen als weiße Tauben in den Himmel auf, die bei der Zeremonie der Heiligsprechung freigelassen wurden.[2]

In einer Vision oder einem Trancezustand zu einem Vogel zu werden, war ein weitverbreitetes Symbol des initiatorischen Todes und der Wiedergeburt. Die Schamanen und Propheten des südlichen Pazifiks, Indonesiens, Zentralasiens und Sibiriens gaben vor, sich in Vögel verwandeln zu können. Den buddhistischen Yogis zufolge war der ekstatische Flug die erste magische Fähigkeit, die durch die Yogapraxis entwickelt werden konnte. Nach Eliade ist die Verwandlung in einen Vogel oder die Begleitung durch einen Vogel ein Zeichen für die Fähigkeit, noch vor dem Tod die ekstatische Reise in den Himmel und darüber hinaus zu unternehmen.[3] Die keltischen »Feen« konnten sich in Vögel verwandeln, weshalb sie auch wie Engel mit Flügeln abgebildet wurden und weshalb Hexen zum Hexensabbat »flogen«.[4]

Die Chinesen sagten, daß die Frauen das Geheimnis des Fliegens noch vor den Männern kannten. Der Kaiser Shun lernte es von zwei Prinzessinnen. »Hier ist zu beobachten, daß die Quelle der magischen Kraft bis zu einer bestimmten Zeit in den Frauen lag ... ein Anzeichen unter mehreren anderen für ein altes chinesisches Matriarchat.« Ebenso gehörten in Nordeuropa der Göttin Freya all die magischen Federkleider, durch die die Zauberer in der Lage waren, wie Vögel durch die Luft zu fliegen.[5] Die kunstvollen Federbekleidungen der Maya- und Aztekenpriester hatten ursprünglich wahrscheinlich dieselbe Funktion, nämlich die Seelen-Flüge ihrer Träger zu ermöglichen.

Da die Vögel frei zwischen den Bereichen der Erde und des Himmels hin- und herfliegen konnten, wurden sie überall als engelhafte Boten angesehen, die Omen verkündeten, okkulte Geheimnisse kannten und die Seelen transportierten. Aaskrähen und Geier trugen Seelen zum Himmel, Störche brachten sie zur Wiedergeburt zur Erde zurück. Weise Eulen verkündeten die Geheimnisse der Nacht, sinnliche Tauben und Nachtigallen erzählten die Geheimnisse der Liebe. Engelsgleiche Adler prophezeiten die Zukunft.

Die Mythen schrieben wiederholt SeherInnen die Fähigkeit zu, die Sprache der Vögel zu verstehen, meist, nachdem heilige Schlangen an ihren Ohren geleckt hatten, um sie zu »öffnen«, wie im Fall der trojanischen Prophetin **Kassandra**.[6] Siegfried erhielt in ähnlicher Weise, nämlich durch das magische Blut der Großen Schlange bzw. des Drachens die Macht, die Vögel zu verstehen. In den germanischen Sprachen wurden ein Vogelruf, ein Zauberspruch und das Singen mit denselben Worten bezeichnet.[7]

Vor allem wurde die Elster (englisch: *magpie*) als Orakel verehrt. Der *picus* (Specht) war der Göttin *Mag* oder *Magog* geweiht. Sie war die namengebende Urahnin der skythischen Magnetes, der amazonengleichen Kentauren, denen prophetische Kräfte zugeschrieben wurden.[8] In Rom waren Elster oder Specht die Totemvögel des Gottes **Mars**, die angeblich seine Seele zwischen seinen Inkarnationen als Maris oder Faunus beherbergten.

In Ägypten repräsentierte der Falke die Seele des Horus und des Pharaos, die in ihm waren. Falken wurden zum Symbol des Teils der Seele, der *ba* genannt wurde und der nach dem Tod nach eigenem Belieben kommen und gehen konnte, indem er frei aus dem Grab flog und wieder zurückkam. In den unterirdischen Gräbern wurden enge Schächte freigehalten, damit der *ba* passieren konnten. Ähnliche Schächte in den Pyramiden, die manchmal als Belüftungsschächte mißdeutet wurden, dienten ursprünglich dazu, die Vogel-Seele des Toten ein- und ausfliegen zu lassen.[9]

Die Vogel-Seele, die aus dem verbrannten Körper geboren wurde, ging in die ägyptische Mythologie als Phoenix ein, manchmal ein Mensch, manchmal ein Feuervogel. Der Name ist griechisch und bedeutet »der Phönikier«, ein Verweis auf die Sakralkönige der Astarte in Byblos, wo sie häufig verbrannt wurden.[10] Der Kult wanderte mit phönikischen Siedlern nach Nordafrika und wurde in Karthago gepflegt, wo die Sakralkönige noch lange Zeit in den Flammen starben.[11] Ihre Vogel-Seelen, wiedergeboren von den Flammen und zum Himmel aufsteigend, gaben Anlaß zum Mythos des ägyptischen Phoenix, der sich periodisch selbst verbrannte und aus der Asche wiedergeboren wurde. Seine Verehrer, die sich mit dem Gott durch das Sakrament identifizierten, hatten an derselben Fähigkeit des Himmelsfluges teil. Ein gebräuchlicher Ausdruck für den Tod war »fortfliegen«.

Philon von Alexandria (ca. 30 v. Chr. bis 40 n. Chr.) Alexandrinischer jüdischer Philosoph, stark vom hellenistischen Platonismus, Pythagoräertum und der Stoa beeinflußt. Autor von biblischen Kommentaren, philosophischen Abhandlungen und geschichtlichen Werken.

Philon schrieb über die Seelen-Flüge der Weisen: »In Gedanken begleiten sie Mond und Sonne in ihren Umläufen, die Chöre der anderen Planeten und die Fixsterne, unten durch ihre Leiber an den Erdboden gebunden, verleihen sie jedoch ihren Seelen Flügel, so daß sie, über den Äther wandelnd, die Mächte bedenken, die sie dort finden.« Auch heute noch als Yogatrance oder außerkörperliche Erfahrungen (*out-of-body experience*) bekannt, wurde der Flug der Seele in mittelalterlichen Werken über die hermetische Magie häufig beschrieben: »Nichts kann hindern, weder das Feuer der Sonne, der Äther, die Bewegungen des Himmel oder die Körper der anderen Sterne; sondern die Seele wird, den ganzen Raum durcheilend, bei ihrem Flug zu den höchsten Himmelskörpern aufsteigen.«[12] Vogelkunde war immer ein Ausdruck für den Neid der Menschen auf die Fähigkeit des Fliegens und für seine Sehnsucht, zu wissen, wie die Welt vom Himmel gesehen ausschaut.

1. Campbell, Oc. M., 334. 2. Gaster, 769. 3. Eliade, S., 98, 367, 409, 481f.
4. Keightley, 421. 5. Eliade, S., 386, 449 (dt. 368, 418). 6. Graves, G. M., 158.p.
7. Eliade, S., 98 (dt. 105). 8. Lawson, 244. 9. Budge, A.T., 144f.
10. Graves, G. M., 18.h. 11. H. Smith, 136. 12. Lindsay, O. A., 191f.

Völsi

»Pferde-Penis«, ein Titel Odins in seiner Erscheinungsform als das kastrierte, königliche Pferd, dessen amputiertes Glied zum Ahnherren der Völsungen wurde. Derens walisische Äquivalent waren die Waelsingen (Wälsungen), Söhne von Waels, aus denen sich später »der Gott Wales« entwickelte. Waels bedeutet auch »der Leichnam«, denn der tote Gott feierte immer wieder Auferstehung und war der aus vielen Religionen bekannte Herr der Toten, ähnlich dem Shava, der Erscheinungsform Shivas als Leichnam. (Siehe **Pferd**.)

Vorsehung

Siehe **Providenz**

Vulkan

Lateinischer Blitz- oder Vulkan-Gott, abgeleitet vom kretischen Velchanos, der mit Hephaistos identisch war. Vulkans Schmiedefeuer lagen dem Glauben nach unter dem Ätna oder dem Vesuv. (Siehe **Blitz;**

Schmied.) Die nordische Entsprechung ist *Völundr* oder »Wieland der Schmied«, ein zauberischer, kunstreicher Schmied, den die BritInnen Wayland nannten.

YAMA, der hinduistische Herr des Todes, mit seinem spirituellen weiblichen Ebenbild Yami. Er blickt in seinen karmischen Spiegel, um die guten und schlechten Taten seiner Opfer zu erspähen, ehe er sie schlachtet. Tibet; 19. Jahrhundert.

Der WIDDER war wie die anderen gehörnten Tiere – Stier, Hirsch und Geißbock – heilig und diente auch als Sakralopfer. Da diese Tiere immer phallischen Symbolwert besaßen, trugen Götter mit menschlichen Körpern häufig gehörnte Köpfe; so auch der Gott in diesem Kalksteinrelief. Ägypten, 4.–3. Jahrh. v. Chr.

ZEUS galt zwar als der himmlische Vater, aber er schuf weder das menschliche Leben, noch bestimmte er die Gesetze des Universums. Seine Aufgabe bestand einzig darin, die Mutter Erde mit Blitzen und Regen zu befruchten, damit sie Leben hervorbrachte. Detail von einer Statue des Jupiter, der römischen Variante des Zeus; Museen des Vatikan.

Waage

Siehe **Libra**

Walküren

Nordische Totenengel, die über den Schlachtfeldern schwebten und die Seelen tapferer Krieger nach Walhalla, in den Himmel des Odin brachten – so will es zumindest die klassische Überlieferung. Zunächst scheinen die Walküren allerdings Amazonen-Priesterinnen gewesen zu sein, die über die Pforten des Todes herrschten und in ihren ursprünglichsten Ausprägungen sogar die Toten aßen, um ihnen die Wiedergeburt schenken zu können.

Die Walküren waren das nordische Gegenstück der Geier-Priesterinnen ägyptischer Begräbnisrituale, die oft mit Geierfedern geschmückt waren. Wie die engelhaften hinduistischen *apsaras* trugen sie auch Schwanenfedern, wenn sie nicht bei Begräbnissen als Aasgeier oder Raben erschienen. In skaldischen Dichtungen wurden die toten Heroen als *hrafengrennir* (Rabenfutter) besungen; das Blut der Erschlagenen war »der Rabentrunk«.[1] Bei den alten Sachsen fraßen die Walküren – *Valkyrien* oder *Waelkeasig* – die Leichen; im elften Jahrhundert n. Chr. wurden sie als »männerfressende Frauen« bezeichnet.[2]

Die Walküren wurden wegen ihrer schwarzen Rabenfedern »Kraken« oder »Krähen« genannt. Im Mittleren Osten galten Raben ebenfalls als Geister der lunaren Sphäre von Tod und Wiedergeburt; im Mithras-Kult hat sich diese Vorstellung symbolisch in dem Raben erhalten, der die Eingeweihten zu der Sphäre des Mondes, der ersten Stufe der mystischen Hierarchie geleitet.[3] Eine vergleichbare Bedeutung wurde den Raben noch sehr spät zuteil; in Perkins' *Hexenkunst* (1613) heißt es: Wenn der Rabe an hoher Stelle (der lunaren Sphäre) steht »und in eine besondere Richtung schaut und schreit«, dann kann aus dieser Richtung der Tod erwartet werden.[4]

In alten Balladen werden die Walküren durch Schwäne, Raben, Krähen oder Falken dargestellt; ein Beispiel dafür ist »das Mädchen, das in einen Vogel verwandelt wurde«: sie mochte überaus gern das Fleisch ihres Geliebten essen und erwies ihm damit eine Wohltat, denn nachdem er ihr sein Fleisch geopfert hatte, erreichte er in ihren Armen einen paradiesischen Zustand.[5] Eliade sagt: »Die Walküren sind Seelenführerinnen (Psychopompos) und spielen mitunter die Rolle der ›himmlischen Gemahlinnen‹ oder ›Geistfrauen‹ der sibirischen Schamanen.… Dieser spätere Komplex führt über die Sphäre des Schamanismus hinaus und weist sowohl Elemente der Mythologie der Frau als auch Elemente der Mythologie des Todes auf.«[6]

Die Walküren sind als Stuten-Frauen zu einem Tier-Totem geworden; darin ähneln sie den Pferdemasken tragenden alten Priesterinnen der Demeter. In Schweden war die Stuten-Frau eine *Volva* – eine Göttin, Priesterin oder Hexe –, die sich in ein Pferd verwandeln und einen Mann in den Tod forttragen konnte. Eine damit verwandte Bezeichnung für eine heilige Frau war *Vala*; den *Valas* entsprachen in slawischen Ländern und in Zentralasien die Vilen, Wilas oder Wilis – all diese

Namen lassen sich möglicherweise von *vilasa* herleiten: den himmlischen Freuden, die im Hinduismus von paradiesischen Nymphen im Dienst der Göttin ausgeteilt wurden.[7] Solche Geister wurden manchmal auch Samovila oder Samodiva – »Totengöttin« – genannt.[8] Manche behaupteten, daß der Tod in den Armen einer Vila eine freudenreiche Reise in ein feenhaftes Paradies sei; andere meinten, er sei eine grausame Folter – vermutlich eine mythische Beschreibung der verschiedenen Todesarten.[9] (Siehe **Vila**.)

Das *Grimnismal* nennt genau 13 Walküren, die Zahl des Hexensabbats; anderen Quellen zufolge gab es nur neun Walküren – die Zahl der Musen. Vom 10. bis zum 14. Jahrhundert wurden Walküren und Hexen für identisch gehalten, beide waren auch mystische Schwanenmädchen und Feen.[10] Irdische Priesterinnen, die bei heidnischen Trauerfeiern die Rolle der Walküre spielten, wurden von der Kirche als Vilen oder Hexen bezeichnet.[11]

Walhalla oder Valhöll war das Totenreich der Hel, der großen Vala. Obgleich die neuen Götter die Walhalla unter der Führung des Vater Odin übernommen hatten, blieb der archaische weibliche Name. Spätere Mythen machten die Walhalla zu einem Paradies, das Mitgliedern der militärischen Kaste, Kriegern und Kriegerkönigen, vorbehalten blieb; wie die japanischen *Samurai* und die moslemischen »Soldaten Allahs« waren sie der Ansicht, himmlische Freuden stünden nur denen zu, die im tapferen Kampf gestorben waren.

Der Friesenkönig Radbod weigerte sich, seinen Glauben aufzugeben, nachdem ihm ein christlicher Missionar erläutert hatte, daß Walhalla und die christliche Hölle eins seien. Wo seine Vorfahren denn wären – so wollte Radbod wissen – wenn es keine Walhalla gäbe? Der Missionar sagte ihm, sie würden als Heiden in der Hölle schmoren. »Gemeiner Priester« schrie Radbod daraufhin, »wie könnt ihr die Behauptung wagen, meine Vorfahren seien zur Hölle gefahren? Ich würde lieber – ja, beim Gott meiner Vorfahren, dem großen Wodan, schwöre ich es – ich würde zehntausendmal lieber diesen Helden in die Hölle als euch in euren Priesterhimmel folgen!«[12]

1. Turville-Petre, 58. 2. Woods, 156. 3. Campbell, Oc. M., 255.
4. Scot, 546. 5. Steenstrup, 53 f. 6. Eliade, S., 381. 7. Woodroffe, 199.
8. Leland, 67. 9. *Larousse*, 292 f. 10. Branston, 191 f. 11. Leland, 143.
12. Guerber, L. R., 9.

Walpurgis, Heilige

Var. heilige Walburga

Die christianisierte heidnische Göttin der Walpurgisnacht (des Vorabends zum ersten Mai), eines orgiastischen Festes der Heiligen Hochzeit im Frühling. Walpurgis war die Maikönigin, deren Kult in Deutschland derartig beliebt war, daß die Kirche sie sich auf die übliche Weise zu eigen machte: durch eine fadenscheinige Heiligsprechung. Ihrer Heiligenlegende zufolge war die Walpurgis eine Angelsächsin, die im achten Jahrhundert als oberste Äbtissin das Doppel-Klosters von Heidenheim leitete; aber es gibt keinerlei zeitgenössische Berichte über die Lebens- und Amtszeit dieser »Äbtissin«.[1]

Während des achten Jahrhunderts führten solche Doppel-Klöster die heidnischen Traditionen der »Schulen« fort, in denen Priester und Priesterinnen gemeinsam unter weiblicher Oberherrschaft lebten und offenbar die alten Sexualriten unter dem dünnen Schleier einer christlich-heidnischen Mischreligion fortführten.[2] (Siehe **Kloster**.) Allein der Name des Klosters der Walpurgis steht für diese Tradition: »Heiden-Heim«.

Die mittelalterliche Kirche produzierte und vermarktete große Mengen eines angeblich Wunder wirkenden Sankt-Walpurgis-Öles, das – so wurde behauptet – der heilige Fels absonderte, unter dem die Gebeine der Heiligen lagen; es wurde als Heilmittel gegen alle möglichen Krankheiten empfohlen.[3]

Der Tag der Heiligen wurde vom Vorabend des ersten Mai in den Februar verlegt; möglicherweise wollte man damit die ausgelassenen Walpurgisfeiern unterbinden – aber die »Hexen« feierten das Hochzeitsfest zu Ehren der Walpurgis an seinem ursprünglichen Datum. Daher mußte die Kirche behaupten, der Abend vor dem ersten Mai solle an die Überführung der Gebeine der Walpurgis nach Eichstätt erinnern; es sollte aussehen, als ob die Prozessionen, Tänze und Gesänge in Verbindung mit der Überführung des verehrten Reliquienschreins stattfänden.[4] Der Vorabend des ersten Mai blieb jedoch in ganz Europa das wichtigste Fest der Hexen.

1. Attwater, 339. 2. *Enyc. Brit.*, »Women in Religious Orders«.
3. Wilkins, 61. 4. Attwater, 339.

Wasser

Nach den Lehren der alten miletischen Philosophen war das Wasser erste Element, das *arché*, die Mutter aller Dinge.[1] Das Wasser gebar den »Geist«, der offenbar als männliches Prinzip aufgefaßt wurde; daher umfaßte der von den Christen aus dem Heidentum übernommene Gedanke von der Wiedergeburt durch die Taufe beide Elemente: das (weibliche) Wasser und den (männlichen) Geist. Das Taufbecken wurde als »Schoß« bezeichnet – vornehmlich als Schoß der Maria, deren Name der aller alten Meeres-Göttinnen war.[2] Die meisten Mythen verlegten den ersten Impuls der Schöpfung in den Wasser-Schoß des Chaos oder der »Formlosigkeit«, der für die Große Mutter (Tiamat, Kali, Ma-Nu, Themis usw.) stand. Dieses Bild entspricht in der Tat der Unfähigkeit, zwischen dem Selbst und Anderen oder dem Selbst und der Mutter zu unterscheiden; damit drückt es eine Erfahrung aus, die ein Kind im Mutterleib macht und unbewußt als archetypisches Bild sein Leben lang erinnert. Der Mutter-Buchstabe M (Ma) war ein Ideogramm für die Wellen des Wassers.

»Wer sich mit Mythologie beschäftigt, wird feststellen, daß das weibliche Prinzip immer dann still und ruhig untertaucht, wenn es der Gegenstand von Verfolgung ist und – wie im Mittelalter durch christliche Autoritäten – beständig angegriffen wird. Unter Wasser (denn dort begann das organische Leben) schwimmt es durch das Unterbewußtsein der dominierenden Männergesellschaften; gelegentlich erscheint es an der Oberfläche und hinterläßt einen flüchtigen Eindruck der hervortretenden Harmonie.«[3]

Die Übereinstimmung zwischen »Wasser« und »Mutter« war selbst im Mittelalter, als das mütterliche Prinzip in den theoretischen Überlegungen nichts galt, derartig universell, daß gnostische Magier und andere »Philosophen« behaupteten, nicht Gott, sondern die mütterliche Erde und das mütterliche Wasser hätten die Seele geschaffen.[4] Die Heiligtümer der Göttin standen nahezu immer mit Brunnen, Quellen, Seen oder Meeren in Verbindung.[5] Die Herrin vom See war identisch mit der Minne/Aphrodite, der Liebesgöttin der Minnesänger, die als Meerjungfrau erschien und von der es hieß, sie habe die »Wasser-Natur«. Oft war das Wasser auch eine Metapher für die Liebe selbst. Wie Wasser blieb die Liebe bei dem Mann, der sie leicht wie in einer offenen, hohlen Hand hielt; der Mann aber, der sie festzuhalten versuchte, mußte feststellen, daß sie ihm davonfloß und er nichts in seiner Faust hielt. Wasser wie Liebe waren unentbehrlich für die Lebenskräfte der Fruchtbarkeit und der Schöpfung; ohne sie wurden die geistig-seelische Welt und die materielle Welt zu einer ausgetrockneten Wüste, zu einer »**Einöde**«.

1. Campbell, P. M., 64. 2. Neumann, G. M., 311. 3. Dames, 152f.
4. Agrippa, 43, 49. 5. Dames, 154.

Wasserkrugträger

Ein mysteriöser Mensch, der einen Wasserkrug in jenes Haus voranträgt, das Jesus zum heiligen Abendmahl aufsucht (Lukas 22, 10). Die Bedeutung dieses Details enthüllt sich im babylonischen Kult des Rettergottes Nabu oder Nebo, der, das Heilsdrama seiner Selbstopferung inszenierend, dem Hain der Göttin entgegenzieht, und zwar am dritten Tag des Monats Iyyar, wenn die Priester das Hochzeitsbett des Gottes weihen und »der Gott das Schlafzimmer betritt (oder die Gruft). Am vierten Tag findet dann die Rückkehr Nabus statt.« Dem Darsteller des Gottes ging immer ein Mann mit einem Krug voll Wasser voran, das den befruchtenden Geist des Gottes symbolisierte, das Medium seiner Vermählung mit der gefürchteten Göttin.[1]

In Ägypten war der Krug die *menat* oder der Mondzauber, in Hieroglyphen dargestellt als Flüssigkeit, die aus einem engen, phallischen Gefäß in ein weiteres, eine weibliche Schale oder Vase fließt. Schon zur Zeit der sechsten Dynastie bezeichnete *menat* die Wiederherstellung der sexuellen Fähigkeiten nach der Wiedergeburt.[2] Im Gegensatz zu den Christen, die sexuelle Betätigung im Himmel für ausgeschlossen halten (Matthäus 22, 30; Markus 12, 25; Lukas 20, 35), war für die ÄgypterInnen himmlisches Glück ohne Sex undenkbar. Selbst der Erlöser Osiris, der als »Schwängerer« seiner Mutter wiedergeboren wurde, folgte der *menat*, dem Wasser in »männlicher«, phallischer Vase, in seinen Liebestod.[3]

Osiris und Isis wurden verglichen mit Behältnissen voller Wasser, die sich bei der Paarung so vollständig vereinen wie eben zusammengeschüttetes Wasser. Diese Vorstellung entspricht dem tantrischen Bild des vom Gott der Liebe gesegneten sexuellen Glücks: eine Verschmelzung von Glück und Leere, »wie Wasser mit Wasser gemischt«.[4]

Assurbanipal
Assyrischer König
883–859 v. Chr.

Ähnliche bildliche Vorstellungen tauchen in Schöpfungsmythen auf, zum Beispiel in den zwölf Tontafeln Assurbanipals, wo das männliche Himmelsmeer Apsu sein befruchtendes Wasser herabregnen läßt in den Schoß der Mutter **Tiamat**, das untere Meer.[5] Da im Altertum der Regen für eine Art himmlischen Samens gehalten wurde, waren die mythologischen Himmelsväter meist Regengötter (z. B. Jupiter Pluvius). Weil unentschieden blieb, ob das befruchtende Naß vom Himmel als Samen oder Urin bezeichnet werden sollte, verströmten die Himmelsväter manchmal auch »goldenen Regen«, gleich dem Urin, mit dem Zeus Danaë, die Erde, schwängerte.[6] Uranus oder »Vater-Himmel« war ein archaischer Produzent fruchtbarmachenden Urins.

In Indien wird der Geist der Liebe immer noch durch einen Wasserkrug symbolisiert, »anstelle eines Heiligenbildes. Für die Zeit der Weihehandlung wird das Wasser als Wohnung oder Sitz (pitha) des Gottes angesehen.«[7] Das sanskritische Wort *pitha* scheint dem griechischen *pithos* verwandt zu sein, jenem Krug, der in den Eleusinischen Mysterien der Demeter die Wiedergeburt symbolisierte.[8]

In den Mysterien der Kabiren in Phrygien und Samothrake wurde Demeter Kabiria in Verbindung mit dem Jungen Gott (Ganymed, Dionysos oder Kabirius) verehrt, der aus einem Krug Wasser in einen Kessel oder auch Gral goß. Er war der universelle Ephebe (Jüngling) und das Gefäß stellte seine Mutter dar.[9] Ähnliche Mysterien gab es auch im Nahen Osten, und so wurde der Wasserkrugträger zum Symbol des Erlösergottes, der seinem heilbringenden Tod entgegensieht.

1. *Assyr. & Bab. Lit.*, 249. 2. Budge, E. M., 60. 3. Elworthy, 187, 301.
4. Tatz & Kent, 140. 5. *Larousse*, 49. 6. Graves, W. G., 54. 7. Zimmer, 34 (dt. 46).
8. Neumann, G. M., 267. 9. Ebd., 324f.

Waste Land

Siehe **Einöde**

Weibliche Erbfolge

Das mütterliche Verwandschaftssystem und die Regeln des Mutterrechts herrschten während der Jungsteinzeit fast überall. Frühe ägyptische Schriften schildern die Frau als im vollen Besitz der Macht über sich selbst und ihr Heim; Besitz fiel von der Mutter an die Tochter. Die bedeutsamste Umwälzung in Griechenland war der Übergang von der weiblichen zur männlichen Erbfolge und die sich daraus ergebende Zerstörung der Familienloyalitäten. In vielen anderen Gegenden existierte das Mutterrecht noch lange weiter. Im Werk des Beda Venerabilis werden Regeln mütterlicher Erbfolge erwähnt, die in Teilen der britischen Inseln noch bis zum 9. Jahrhundert galten.[1]

Die mütterliche Erbfolge war unter den britischen Stämmen bis zum Vordringen des Christentums die Regel. Die PiktInnen vererbten allen Reichtum, selbst »Königreiche«, über die weibliche Linie.[2] Aber die alten Gesetze des Mutterrechts begannen mit dem Aufkommen des Christentums zu verfallen. In England gab es im 6. Jahrhundert Gesetze gleichberechtigter Erbfolge, und eine Frau, die sich zum Verlassen ihres Ehemannes entschloß, konnte die Hälfte des Besitzes sowie alle Kinder mitnehmen. Aber im weiteren Verlauf der christlichen Ära wurde der Frau alles genommen. Das englische Wort *heir* (»Erbe«) entstand aus *heres*, einem mit der griechischen Bezeichnung für eine Landbesitzerin, *here* oder »Hera«, verwandten Wort. Die Magna Charta bezog sich auf eine *here* als eine Person unbestimmten Geschlechts. In späteren Kirchengesetzen wurden *heres* als ausschließlich männlich aufgeführt.[3]

Männer konnten bei den heidnischen KeltInnen ihren Kindern nichts vermachen; ihren Besitz erbten ihre Schwestern oder die Kinder ihrer Schwestern. Nach alten Gesetzen Burgunds und Thüringens wurde Besitz nur in der weiblichen Linie weitergegeben.[4] Karl der Große widersetzte sich einer Heirat seiner Töchter, weil eine solche Heirat nach den alten fränkischen Gesetzen mütterlicher Erbfolge eine Aufteilung seines Königreiches bedeutet hätte.[5]

Grundbesitz hieß im vorrömischen Latium *latifundia*, »gegründet von der Göttin **Lat**«, nach der das Land benannt worden war; jede Landparzelle gehörte ursprünglich einer Matriarchin.[6] Selbst im späteren römischen Kaiserreich konnten Männer keinen legalen Anspruch auf das Land oder den Besitz ihrer Frauen geltend machen, solange die Frau dafür sorgte, daß sie jedes Jahr drei aufeinanderfolgende Nächte außerhalb ihres Hauses verbrachte.[7] Das war ein Überrest des früheren Brauchs, nach dem ähnlich wie bei den präislamischen AraberInnen eine Frau ihren Ehemann dadurch verstoßen konnte, daß sie ihn drei aufeinanderfolgende Nächte aus dem Haus ausschloß.[8]

In Griechenland war ein Besitz *temenos*, »Land, das dem Mond gehört«, also der Frau.[9] Damit war insbesondere das Land gemeint, das den Tempel der Göttin umgab.[10] Aber in der Frühzeit war das Haus jeder Matriarchin ein Tempel der Großen Göttin. Die Bevölkerung und eine Landeinheit hießen in Attica beide *demos*, abgeleitet von De – die Göttin De-Mutter oder Demeter.[11] Häuptlinge konnten nur durch Heirat mit der ortsansässigen Matriarchin herrschen. Im Mahabharata heißt es über dieses Systems in Indien, daß die wichtigsten Merkmale einer Königin hohe Geisteskraft, heiliges Wissen und Reichtum gewesen seien.[12]

Mahabharata
Indisches Versepos, das aus historischem und legendenhaftem Material besteht und zwischen dem 4. und dem 10. Jahrhundert n. Chr. zusammengetragen wurde, ein Teil davon ist die berühmte Bhagavadgita.

In den Ur-Gesellschaften verließen junge Männer ihr mütterliches Heim, um ihr Glück woanders zu suchen, denn den Familiensitz erbten ihre Schwestern. Es war bei griechischen Männern und den in Märchen beschriebenen heidnischen Helden eine feststehende Sitte, von ihrem Zuhause fortzugehen und in einem entfernten Land eine matrilokale Ehe mit einer Erbin zu suchen.[13]

Das weibliche Gegenstück zu »Patrimonium« hieß »Matrimonium«: die Vererbung des Reichtums in der weiblichen Linie. Matrimonium wurde in der lateinischen und englischen Sprache zu einem Synonym für Ehe, weil Männer nur über die Ehe zu Macht über Besitz kommen konnten.

In Lydien besaßen die Frauen das Land, regierten die Gemeinwesen und übernahmen in Liebesdingen die Initiative.[14] Genauso war es in Ägypten. »Das Erbe ging eher über die Mutter als über den Vater«, schrieb Professor Gordon. »Dieses System kann durchaus bis auf prähistorische Zeiten zurückgehen, als nur die offensichtliche Beziehung zwischen Mutter und Kind bekannt war, nicht aber die weniger augenscheinliche Beziehung zwischen Vater und Kind.« In Ägypten existierten patriarchalische Ehen viele Jahrhunderte lang Seite an Seite mit matriarchalischen Verbindungen alten Stils, die von Frauen initiiert und allein durch ihren Willen zeitlich begrenzt wurden.[15] Es war die Pflicht einer ägyptischen Tochter (nicht eines Sohnes) für ihre betagten Eltern zu sorgen, denn die Töchter, nicht die Söhne, erbten den Besitz.[16]

Männliche Wissenschaftler haben meist nur widerstrebend über die alten Systeme mit weiblicher Erbfolge berichtet. W. Boscawen schrieb nach der Übersetzung früher babylonischer Texte: »Die Freiheit, die den Frauen in Babylonien *gewährt* [Hervorhebungen durch die Autorin] wurde, *erlaubte* es ihnen, ihren eigenen Landbesitz zu erhalten und zu verwalten ... Die Mutter wird hier immer durch ein Zeichen dargestellt, welches ›Göttin des Hauses‹ bedeutet.«[17] Boscawen setzte offenbar stillschweigend voraus, daß die Frauen ihren Besitz nur der Freundlichkeit der Männer verdankten; das war aber durchaus nicht der Fall. Frauen besaßen ihren Reichtum aufgrund der ehernen Gesetze des Mutterrechts, und eine babylonische Frau trug denselben Titel wie eine Matriarchin in Indien, *grhadevata*, »Hausgöttin«.

Sogar Mohammed, ein führender Gegner matriarchalischer Prinzipien, »konnte seine Mission nur dank des Reichtums erfüllen, den er von seiner ersten Frau Khadija bekommen hatte, die einträglichem Handel nachging und Grundbesitz besaß«.[18]

Der Besitz an Grund und Boden bildete sich in den Händen von Frauen heraus, weil Frauen die ersten waren, die das Land bebauten und auf diesem Wege den Besitz daran begründeten. Bei einigen Naturvölkern herrscht bis in die heutige Zeit der Glaube, daß nur die den Frauen eigene Lebensmagie die Pflanzen wachsen läßt: »Die Frauen wissen, wie sie hervorbringen, und verstehen auch, die Saat zum Wachsen zu bringen. ... Männer verstehen nicht so viel davon wie sie.«[19]

Die Indianer schrieben die Erfindung des Ackerbaus den Frauen zu, den alleinigen Besitzerinnen der kultivierten Felder. Unter den Algonquin, Sioux, Seneca, Pawnees, Seminolen, Kiowa und Cree waren matrilokale Heiraten und mütterlicher Besitz am heimatlichen Boden die Regel. Die Väter waren wie im alten Griechenland »Fremde« innerhalb des Familienverbandes. Die »Herrinnen der Scholle« waren die Frauen.[20] »Die Frauen waren die höchste Macht in der Verwandtschaftsgruppe wie auch sonst überall ... Die ursprüngliche Nominierung der Häuptlinge geschah immer durch sie.«[21] Als die Irokesen der US-Regierung Ländereien übereigneten, mußten die Dokumente von ihren Frauen abgezeichnet werden; die Zeichen von Männern hatten bei den Stämmen keine Gültigkeit.[22]

Ein Missionar stellte erstaunt fest, daß den Payuga-Frauen alles gehörte: »Gibt der Ehemann seiner Frau einen wirklichen oder eingebildeten Grund oder beleidigt er sie, packt sie das Zelt und den Hausrat zusammen, eignet sich sogar das Kanu an und nimmt alles fort; die Kinder folgen ihr, und der Ehemann und Vater bleibt mit den Kleidern, die er am Leibe trägt und seinen Waffen als einzigem Besitz zurück.«[23] Die Gesetze des Heimatlandes des Missionars bestimmten das Gegenteil: ein geschiedener Ehemann behielt einschließlich der Kinder alles, die Frau hatte noch nicht einmal ein gesetzlich verankertes Anrecht auf ihre Kleidung. Aus diesem Grund war der Missionar über die indianischen Bräuche völlig verblüfft und erwartete, daß sie bei den Männern Ärger hervorrufen würden. Aber indianische Männer hatten nichts gegen die Privilegien des Mutterrechts einzuwenden. Sie betrachteten die Autorität der Mutter als ganz natürlich, so wie die Christen die Autorität der Männer für natürlich hielten. Indianische Ehemänner waren dafür bekannt, daß sie manchmal vierzig oder fünfzig Meilen wanderten, um eine besondere Kost zu beschaffen, nach der sich ihre schwangere Frau sehnte.[24]

In Afrika gehörte den Frauen das Land und anderer Besitz im Zusammenhang mit dem Haus, und sie übertrugen das Eigentum auf ihre Töchter oder die Töchter ihrer Brüder. Gegen die mutterrechtlichen Bräuche unter den Einheimischen führten europäische Regierungen und Missionen in Afrika einen Propagandafeldzug durch. Landreformen europäischen Stils führten in den meisten afrikanischen Nationen dazu, daß den Frauen das Land weggenommen und ihren Ehemännern übergeben wurde.[25] Die Frauen sollten damit zu Almosenempfängerinnen gemacht und ihre Selbstachtung zerstört werden, denn bei ihren Stämmen war eine Frau, die ihre Kinder nicht ernähren konnte, nicht gut angesehen.

Religiöse patriarchalische Autoritäten veränderten überall die alten Systeme der weiblichen Erbfolge. Sie verfolgten dabei das Ziel, den Reichtum in den Hände von Männern zu konzentrieren. Christliche Könige des Mittelalters gaben ihren Baronen oft den Satz mit auf den Weg: »Nimm jene Frau und ihr Lehen.«[26] Die christliche Eroberung Europas bestand in den ersten Jahrhunderten vor allem im Ankauf von Land, das den heidnischen Frauen gehörte. Die Deutschordensritter erhielten die Insel Mainau von ihrer Besitzerin, der schönen Herrin von Mainau, nur unter der Bedingung, daß ihr Geliebter Oberhaupt des Ordens wurde.[27]

Die Bibel enthält Spuren der mütterlichen Erbfolge und matrilokalen Ehen früherer Zeiten; ein Mann sollte zum Beispiel »seinen Vater und seine Mutter verlassen und sich an seine Frau binden« (Genesis 2, 24). Naomi sagte ihren Schwiegertöchtern, daß »eine jede in das Haus ihrer Mutter zurückkehren« solle (Rut 1, 8), denn den Müttern, nicht den Vätern, gehörten die Häuser. Ein Eheabkommen, das den Auszug einer Frau aus ihrem mütterlichen Haus zuließ, verletzte althergebrachte Gesetze. Adam mußte deshalb, als er eine Braut für seinen Sohn suchte, der Braut, ihrer Mutter und ihrem Bruder (nicht ihrem Vater) viele Geschenke machen, um den Abschied von ihrem Haus auszugleichen (Genesis 24, 53).

Der Zweck der von Gott befohlenen Schwagerehe (Deuteronomium 25, 5) war das Zurückbehalten von Besitz in den Händen der väterlichen

Familie. Wenn ein Mann starb, sollte sein Bruder lieber die Witwe heiraten, als daß sie mit ihrem Besitz die Familie verließ. Diese Regel stammte noch aus einer Zeit, in der die nomadischen Israeliten begannen, durch Heiraten mit heidnischen Frauen aus Kanaan, Moab, Phönikien usw. Land und Besitz zu erwerben. Moderne Gesetze wenden auf die Frauen denselben Trick an. Sterben ein Ehemann und seine Frau zusammen bei einem Unfall, wird angenommen, daß die Frau zuerst gestorben ist, so daß die Familie des Mannes erbt.[28]

Völker wie die Indianer, die an der matrilokalen Ehetradition festhielten, entwickelten weder Hochzeits-Wehklagen noch Scheingefechte, Pseudo-Entführungen der Braut oder ein Zurschaustellen von Sprödigkeit.[29] Bei patrilokalen Hochzeiten ist es dagegen üblich, daß die Verwandten der Braut ein großes Widerstandstheater veranstalten. Auch der nordische Mythos von Ragnar Lodbrok (Lederhosen) berichtet von einer matrilokalen Heirat; Ragnar heiratete eine fremde Kriegerprinzessin, konnte sie aber nicht dazu bringen, ihr Land zu verlassen. Als er in sein Heimatland zurückkehren wollte, mußte er sie zurücklassen.[30]

Sogar die umherwandernden ZigeunerInnen hatten matrilokale Hochzeitstraditionen. In den Märchen der ZigeunerInnen verließen die Heldinnen ihr mütterliches Zuhause nie. Sie wurden nach ihrem Tod unter der Familienschwelle begraben. Dieser Brauch war von den alten Hindus, den Vorfahren der ZigeunerInnen, übernommen worden.[31]

Das Ziel der europäischen Christenheit war es, zu Reichtum zu kommen, und zu diesem Zweck mußten die heidnischen Systeme mütterlicher Erbfolge abgeschafft werden. Die Kirche konnte sich durch gewaltsame Aneignung und Kriegführung bis zum frühen Mittelalter ein volles Drittel des Landbesitzes auf dem europäischen Kontinent aneignen.[32] Mit dem Rest war es schwieriger. In einigen Teilen Europas wurden Frauen 1200 n. Chr. noch immer als Landbesitzerinnen aufgeführt, und die Männer wiesen sich durch die Geschlechternamen ihrer Mütter aus. Bis zum 10. Jahrhundert heirateten Priester, mit dem Ziel, Besitz zu erlangen. Sie behaupteten, ohne ihre Ehefrauen müßten sie »Hunger und Nacktheit« leiden. Durch Kirchengesetze wurde das System geändert, und zwischen 1031 und 1051 ordnete eine Reihe von Dekreten an, daß Priester ihre Frauen aufzugeben und ihre Kinder in die Sklaverei zu verkaufen hätten.[33] Der Besitz und die Gelder, die der Priester erworben hatte, fielen nach seinem Tod natürlich an die Kirche – er hatte ja keine legalen Erben mehr.

Der Rechts- und Kirchenkrieg um den weiblichen Besitz an weltlichen Gütern ging Jahrhundert um Jahrhundert weiter. Schließlich waren die Frauen durch die Gesetze Gottes und des Mannes in ihren Rechten so beschnitten, daß ihnen fast nichts mehr geblieben war, das sie ihr Eigentum nennen konnten. Englische Frauen konnten Ende des 19. Jahrhunderts ihren Besitz, wenn sie denn noch welchen hatten, nicht mehr verwalten und ohne die Erlaubnis ihres Ehegatten nicht nach eigenem Willen darüber verfügen.[34] Noch 1930 war es einer Frau verboten, Geschäfte mit einer Bank zu tätigen; sie konnte ohne die Erlaubnis ihres Ehegatten nicht einmal kleine Einzahlungen vornehmen.[35] Die fehlende Kontrolle über Geld und Besitz ist bis heute das größte Hindernis für Frauen, die mit ihren Kindern mißhandelnde oder gewalttätige Ehemänner verlassen wollen. In dieser Hinsicht haben die jahrhundertelangen patriarchalischen Bemühungen ihr Ziel erreicht.

1. Stone, 15, 37, 52 (dt. 47). Boulding, 318. 2. Johnson, 157. 3. Beard, 194, 199f.
4. Briffault 1, 415f. 5. Jacobus d.V., 759. 6. Cumont, M. M., 74. 7. Hartley, 232.
8. Briffault 2, 348. 9. Campbell, Oc. M., 47. 10. Knight, D.W. P., 64.
11. Rose, 34. 12. Campbell, Or. M., 197. 13. Angus, 183. 14. Fielding, 145f.
15. Stone, 37 (dt. 69). 16. Bachofen, 71 (dt. XXVII). 17. Stone, 43 (dt. 77).
18. Briffault 1, 375. 19. Frazer, G. B., 33 (dt. 41). 20. Briffault 3, 2; 1, 269, 275, 316f.
21. Hartley, 133. 22. Farb, M. R. C., 97ff. 23. Briffault 1, 318.
24. Montagu, S. M. S., 153. 25. Gornick & Moran, 411. 26. Briffault 3, 407.
27. Guerber, L. R., 326. 28. Kermode, 41. 29. Briffault 1, 307, 422.
30. Guerber, L. M. A., 23. 31. Groome, 19. 32. Augstein, 298.
33. H. Smith, 263; Boulding, 399. 34. Persall, N. B. A., 40.
35. Hauswirth, Kap. 1.

Weide

Wasser und Weiden verkörperten die Göttin Helike (Weide); die Hekate als Jungfrau mit ihrem Getreidekorb aus Weidengeflecht.[1] Mit Weidenruten ließen sich die Musen, deren Berg vom Helikon (Weidenstrom) umflossen wurde, herbeizitieren. Der Thyrsosstab des Dionysos – und später der Zauberstab der Hexen – bestand aus Weidenholz. Da Dionysos einst einer der Hauptgötter Jerusalems war, spielte die Weide dort eine bedeutende Rolle bei den Stadtfesten. Ein »großer Tag« des Laubhüttenfestes hieß »Tag der Weiden« und wurde mit einer Feuer- und Wasserzeremonie begangen.[2] Zauberstäbe aus Weidenholz gewährten Schutz in der Unterwelt; Orpheus trug einen Weidenstab, der ihm den Weg anzeigte.[3] Derartige Zauberstäbe waren bis ins 17. Jahrhundert der Mondgöttin geweiht; um diese Zeit war in einem englischen Pflanzenbuch noch zu lesen, daß die Weide dem Mond angehöre.

Hexen benutzten die Weidenrinde zur Behandlung von Rheumatismus und Fieber; aus ihr wurde die Salizylsäure (von lat. *salix*, Weide) gewonnen, der Wirkstoff des Aspirins, der bereits ein Heilmittel der Hekate war. Manche meinten, die englischen Worte *wicca* oder *witchcraft* (Hexerei) seien aus dem Wort *willow* (Weide) entstanden, das seinerseits mit *wicker* (Weidengeflecht) verwandt ist. Es hieß, daß aus den Weidenkätzchen Zauberkatzen wüchsen, die zu Begleiterinnen der Hexen würden. Die Weidenkätzchen waren Vorboten des Frühlings und erschienen auf den Weiden als graue Hausgenossen der Hexen. (Siehe **Katze**.)

1. Graves, G. M., 28.5. 2. Graves, W. G., 47. 3. Pepper & Wilcock, 57.

Weihnachten

Während der ersten drei Jahrhunderte kannte die christliche Kirche den Geburtstag ihres Heilands nicht. Im 4. Jahrhundert gab es eine lange Diskussion über ein mögliches Datum. Manche waren für den populären Tag des Koreion, an dem die göttliche Jungfrau in Alexandria den neuen Aion gebar.[1] Heute heißt dieser Tag Epiphanias und ist in der armenischen Kirche immer noch der offizielle Geburtstag Christi, und in der griechisch-orthodoxen Kirche wird dieser Tag feierlicher began-gen als Weihnachten.[2]

Die römischen Kleriker neigten mehr zum Mittwinterfest des Mithraskultes, das *Dies Natalis Solis Invictus*, »Geburtstag der unbesieg-ten Sonne«[3] genannt und von Kaiser Aurelianus mit dem griechischen Sonnenfest der Helia vermischt wurde. An diesem 25. Dezember wur-den auch Götter wie Attis, Dionysos, Osiris, der syrische Baal und andere Versionen des Sonnengottes gefeiert, die Titel trugen wie Licht der Welt, Sonne der Gerechtigkeit und Erlöser.[4] Die meisten heid-nischen Mysterienkulte feierten die Geburt des göttlichen Kindes zur Wintersonnenwende. Die Bevölkerung Nordeuropas beging den Ge-burtstag ihres Herrn Freyr beim tiefsten Stand der Sonne, am dunkel-sten Tag des Jahres, dem **Julfest**. Die Nacht der Geburt, der Heilige Abend, hieß Modranect, lateinisch *matrum noctem*, die Nacht der Mut-ter – ursprünglich ein höherer Feiertag als der Weihnachtstag selbst.[5]

Zu Beginn des 4. Jahrhunderts übernahm die römische Kirche den 25. Dezember, weil die Menschen es gewohnt waren, diesen Tag Ge-burtstag Gottes zu nennen. Die östlichen Kirchen weigerten sich aller-dings bis 375 n. Chr., diesen Tag zu ehren.[6] Die Fiktion, daß in dem Land, in dem Jesus angeblich geboren war, noch schriftliche Zeugnisse existierten, konnte nicht aufrechterhalten werden, und die Kirche von Jerusalem weigerte sich bis ins 7. Jahrhundert hinein, das offizielle Datum zur Kenntnis zu nehmen.[7]

Bräuche wie Weihnachtsbäume, Geschenke, Kerzen, Mistelzweige, Stechpalmensträucher, Lieder, Feiern und Prozessionen waren allesamt heidnisch und stammten aus der Verehrung der Göttin als Mutter des Göttlichen Kindes. Die Weihnachtsbäume entwickelten sich aus den *pinea silva*, Pinienhainen, die bei den Tempeln der Göttin lagen. In der Nacht vor einem heiligen Tag schnitten römische Priester, die *dendrophori*, »Baumträger«, genannt wurden, eine der heiligen Pinien, schmückten sie und brachten sie in den Tempel, damit daran das Bild des Attis aufgehängt werden konnte.[8] Die Figuren und Fetische, die in späteren Jahrhunderten an diese Bäume gehängt wurden, scheinen den ganzen heidnischen Pantheon am Weltenbaum dargestellt zu haben.

Die Feiern der Weihnachtszeit blieben offensichtlich heidnisch, so daß viele Kirchenmänner verbittert ihre »fleischliche Extravaganz und Ausgelassenheit« beklagten. Polydor Virgil schrieb: »Tänze, Maskera-den, Mummenschänze, Bühnenstücke und andere solche Störungen des Weihnachtsfestes, die heute bei den ChristInnen gebräuchlich sind, leiteten sich von diesen Saturnalien und Bacchanalen ab; deshalb soll-ten alle frommen Christen sie auf ewig verabscheuen.«[9] Die Puritaner des 17. Jahrhunderts in Massachusetts versuchten, das Weihnachtsfest wegen seines offensichtlich heidnischen Ursprungs ganz abzuschaffen, was ihnen natürlich nicht gelang.[10]

Ein bizarrer Fehler in den weihnachtlichen Mysterienspielen des Towneley-Zyklus zeigt ein Bild der Großen Mutter, das nicht vollstän-dig an das der Maria angepaßt wurde. Bevor sich ihre Aufmerksamkeit auf den Verkündigungsengel konzentrierte, beklagten sich die leichthin plaudernden Schafhirten über ihre grausamen Herren und baten »Unsere Herrin«, sie zu verwünschen.[11] In Anbetracht der Tatsache, daß sie noch nicht mit der Mutter Christi bekannt gemacht worden waren, muß eine vollkommen andere »Herrin« gemeint gewesen sein.

Neben vielen anderen Bräuchen, die mit dem Weihnachtsfest verbunden waren, gab es einige, die für heidnische Feiertage typisch waren; zum Beispiel der Glaube, daß Tiere um Mitternacht des Heiligen Abends menschliche Worte sprechen könnten oder daß zur selben Zeit an Kreuzwegen die Zukunft vorhersagende Stimmen zu hören seien.[12] Ebenfalls um Mitternacht des Heiligen Abends verwandelte sich angeblich das Wasser in Brunnen und Quellen in Blut oder seine sakramentale Entsprechung, Wein. Das Wunder konnte allerdings nicht bewiesen werden, denn wer Zeuge oder Zeugin dieses Geschehens wurde, mußte innerhalb eines Jahres sterben.[13]

1. Campbell, M. I., 34. 2. Miles, 22. 3. Reinach, 282.
4. H. Smith, 130; Hyde, 92; Miles, 23. 5. Turville-Petre, 227.
6. Frazer, G. B., 416. 7. Miles, 22. 8. Vermaseren, 115. 9. Hazlitt, 118f.
10. Lys, 372. 11. Miles, 135. 12. Summers, V., 157. 13. Miles, 234.

Weissagung

Siehe **Prophezeiung**

Weltei

Siehe **Ei; Dioskuren; Gänse; Schwan**.

Weltgericht

Die universelle Vorstellung vom Weltende als Weltgerichtstag hat ihre Wurzeln im alten hinduistischen Glauben an den zyklischen Wechsel der Universen, für den die Göttin Kali verantwortlich war.

Demnach ist jede neue Schöpfung in vier *yugas* oder Zeitalter eingeteilt: Satya, Treta, Dvapara und Kali. Das vierte und letzte Zeitalter ist geprägt von der Verwandlung der Mutter in die Zerstörerin. Der Grund für diese Verwandlung liegt im sittlichen Verfall der Menschen. Sie werden gewalttätig und sündig, weil sie im weiblichen Prinzip nicht mehr die Göttin erkennen. »Wegen der verminderten Erkenntnisfähigkeit und der verstärkten sinnlichen Begierde der Menschen im Kali Yuga-Zeitalter werden sie unfähig, die Frauen als Manifestationen der Shakti zu erkennen.« Nur einige schaffen es, der spirituellen Degeneration zu entgehen: Jene, die sich »dem Lotos am Fuße ihrer Mutter und ihren eigenen Ehefrauen« hingeben.[1]

Wenn das Weltgericht der Kali anbricht, werden sich die Götter gegenseitig erschlagen. Feuer und Fluten werden die Erde überwältigen. Die Göttin wird alles verschlingen und vernichten und in ihren ursprünglichen Zustand des gestaltlosen **Chaos**, in dem sie sich vor der Schöpfung befand, zurückkehren. Alle Lebewesen werden in sie eingehen, weil »sie jede Existenz verschlingt«.[2] Nach einer Zeitspanne, die

Puranas
Alte sanskritische Schriften in Versform, die sich mit Kosmologie, heiligen Überlieferungen und der Natur des Göttlichen befassen.

nicht meßbar ist, weil sogar die Zeit vernichtet wurde, wird Kali ein neues Universum erschaffen.

Im Matsya Purana heißt es, daß die Anzeichen des nahenden Weltgerichts daran zu erkennen seien, daß soziale Strukturen zerfallen, Kriminalität und Gewalt zunehmen und die menschliche Vernunft verkommt:

> *Da ist auch nicht einer, nicht ein einziger mehr, in dem erleuchtete Güte (sattva) wohnt, kein wirklich Weiser, kein Heiliger, keiner, der Wahrheit redet und zu seinem geheiligten Wort steht. Der nach außen heilig scheinende Brahmane ist nicht besser als der Narr. Alte Leute, der wahren Weisheit, des tiefen Alters verlustig, möchten sich wie die Jugend benehmen, und dieser mangelt die Offenheit. Die gesellschaftlichen Klassen haben ihre unterscheidenden und würdegebenden Eigenschaften aufgegeben; ... Der Wille, sich zu etwas Höherem zu erheben, ist erloschen. Alle Bande der Sympathie und Liebe haben sich aufgelöst; die engste Ichsucht herrscht. ... Wenn dieses Elend die einst harmonisch geordnete Menschheit befallen hat, hat die Substanz des Weltorganismus sich über jede Rettungsmöglichkeit hinaus verschlechtert, und das All ist reif für die Auflösung.*[3]

Dem Vishnu Purana zufolge wird die Gesellschaft in den letzten Tagen in einen Zustand geraten, »wo Reichtum Rang verleiht, Besitz die einzige Quelle der Tugend wird, Leidenschaft das einzige Band zwischen Mann und Weib, Betrug die Grundlage des Erfolges im Leben, geschlechtliche Liebe der einzige Weg zur Freude und äußere Verwirrungen mit innerlichem Glauben zusammengeworfen werden«.[4]

Die Asiaten betrieben die Kunst der Himmelsbeobachtung und der Berechnung von Kalendern mit dem Ziel, die exakte Dauer eines jeden *yuga* herauszufinden, um das Weltende voraussehen zu können. Es wurde angenommen, daß ein neues Zeitalter begann, wenn die Sonne, der Mond und alle Planeten am Ausgangspunkt der Ekliptik in Konjunktion standen, und daß es endete, wenn sie alle dorthin zurückkehrten. Nach hinduistischen Berechnungen begann das gegenwärtige *yuga* im Jahre 3102 v. Chr. Die Chronologie der mittelamerikanischen Maya setzte nur 11 Jahre später, im Jahre 3113 v. Chr., ein. Dieser »Diskrepanz liegt wahrscheinlich ein unbedeutender Fehler zugrunde, der bei der Datierung des Zeitpunktes, an dem die Bewegungen der Himmelskörper beobachtet wurden, entstand«.[5]

Im alten Mesopotamien fiel, wie in Indien und Mexiko, der Beginn der zivilisierten Künste, insbesondere der Kunst der Astronomie, in denselben Zeitraum, nämlich zwischen 3113 und 3102 v. Chr. Der babylonische Weise Berossus sagte: »Die Welt wird brennen, wenn alle Planeten, die jetzt in verschiedenen Bahnen laufen, im Sternbild Krebs zusammenkommen, so daß sie alle in diesem Zeichen eine gerade Linie bilden ... und die Flut wird kommen, wenn sich die gleiche Konjunktion im Sternbild Steinbock ereignet. Denn der Krebs ist die Konstellation der Sommersonnwende und der Steinbock die der Wintersonnwende. Beide sind die entscheidenden Sternbilder, weil in ihnen die Wendepunkte des Jahres liegen.« Dazu kommentierte Jeremias:

> *Diese babylonische Lehre hat sich über die ganze Welt verbreitet. Wir begegnen ihr in Ägypten, in der Religion der Avesta und in Indien. Spuren tauchen sowohl in China und Mexiko wie auch bei den primitiven Völkern Süd-*

amerikas auf. Es wird nicht ausreichen, diese Phänomene mit »elementaren Mythen« erklären zu wollen, die unabhängig voneinander bei verschiedenen Völkern vorkommen, wenn wir beachten, daß diese Ideen auf definitiven Fakten, nämlich auf regelmäßigen astronomischen Beobachtungen, fußen.[6]

Diese Bemerkungen werfen vielleicht ein Licht darauf, warum die großen jungsteinzeitlichen Monumente, die zu astronomischen Berechnungen dienten, mit soviel Mühe und Sorgfalt errichtet wurden. Die stoischen Philosophen äußerten sich über das Weltgericht ganz ähnlich wie die orientalischen Weisen: »Ein neues Meer wird alles überfluten, und der Ozean, der sich heute wie ein Gürtel als Grenze um die Welt schlingt, wird dann ihr Zentrum sein. ... Alle von Natur aus getrennten Dinge werden zu einer einzigen Masse verschmelzen.« Dieser Glaube an die im Chaos endende Auflösung bildete »einen wichtigen Teil der stoischen Lehre«.[7]

Dieselben alten Quellen beeinflußten auch die nordeuropäischen Mythen über das Weltgericht, das sogenannte Ragnarok. Nach ihnen leitet der Mutspell (Fluch der Mutter) das Weltende ein, nachdem gewaltige und zerstörerische Götter die alten Gesetze des Friedens und des heiligen Königsopfers mißachtet haben. Die zornige Göttin nimmt die Gestalt der Zerstörerin Skadi an, die, wie ihre orientalische Entsprechung Kali, die Welt mit ihrem riesigen Schatten verschlingt. Die Götter treten in den Schatten der Götterdämmerung ein. Sie werden vernichtet und Himmel und Erde mit ihnen. Die Welt fällt in den Mutterschoß des uranfänglichen Chaos, aus dem sie hervorging, zurück.[8]

Dies war die Prophezeiung der sibyllinischen Priesterin, die die *Voluspá* schrieb. Sie wurde von der irischen Sibylle Babd, einer der drei Schicksalsgöttinnen, übernommen, die das Nahen der Einöde voraussagte: »... Bäume ohne Früchte und Meere ohne Fische; die Alten werden falsche Urteile sprechen, und die Gesetzgeber werden ungerechte Gesetze erlassen; Krieger werden sich untereinander betrügen, und die Menschen werden Diebe sein. In der ganzen Welt wird es keine Werte mehr geben.«[9]

Nach der Zerstörung dieser ehrlosen Welt und ihrer grausamen Götter wird eine Zeit der finsteren Leere folgen. Dann wird aus dem Schoß der Göttin ein neues Universum geboren werden. Ein neues Menschengeschlecht wird aus einem Urelternpaar heranwachsen. Die Frau wird »Leben« heißen – einer der semitischen Namen Evas –, und der Mann wird »Der das Leben begehrt« genannt werden.[10]

Die patriarchalischen Perser veränderten dieses Bild in einigen Zügen. Ihre Vorstellung vom Weltgericht war schrecklicher als jede andere. Zunächst sprachen sie von den üblichen Erschütterungen der Erde und des Meeres, den Feuern, Fluten und Dingen, die vom Himmel fallen. Aber dann leugneten sie die nachfolgende Schöpfung einer neuen Welt. Das persische Konzept war nicht zyklisch, sondern linear. Schöpfung und Weltgericht konnten nur ein einziges Mal geschehen. In der großen Schlacht von Armageddon, die am letzten Tag der Welt stattfinden würde, in dem »Krieg der Söhne des Lichts gegen die Söhne der Finsternis«, würden die himmlischen Streitkräfte des Sonnengottes siegen.[11] Sie würden die Sünder von den Rechten unterscheiden und sie in den Himmel oder in die Hölle senden. Danach folgte keine neue Schöpfung, sondern ein ewiger Stillstand, ähnlich dem brahmanischen Nirwana.

Über jüdisch-essenische und römisch-mithreische Sekten gelangte diese persische Vorstellung vom Weltgericht in den christlichen Glauben. Daneben flossen in das Christentum zahlreiche Einzelheiten aus dem älteren, arischen Heidentum ein. So wurde der letzte Trompetenstoß aus Gabriels Horn ursprünglich auf Rig Heimdalls »Glockenhorn« (*gjallahorn*) geblasen.[12] In der letzten Schlacht tötete Thor die Große Schlange, die später mit dem Satan gleichgesetzt wurde.[13] Wie die heidnischen Heiligen Dramen war auch das letzte Drama der Vernichtung der Welt in fünf Akte eingeteilt.[14] Die Christen übersetzten sogar den altnordischen »Fluch der Mutter«, von dem ihnen viele Namensvarianten bekannt waren, wie z. B. Mutspell, Muspell, Muspelle, Mudspeller oder Muspilli, mit »Tag des Jüngsten Gerichts«.[15]

Der kurz vor dem Ende der Welt noch einmal erscheinende Erlöser hatte in alten buddhistischen Schriften einen Vorläufer. Dort war es der Kalki Avatara, der Vernichter der Sünden, der vom Himmel herabsteigen wird, um das Weltende anzukündigen.[16] Die Perser übernahmen diese Gestalt, die die Bezeichnung »Sohn des Menschen« oder »Messias« trug. Vor 170 v. Chr. nannte ihn das Buch Henoch *Christos*, den Gesalbten, und verkündete, daß er schon einmal gekommen und weggegangen war und seine Wiederkunft jeden Moment bevorstehe.[17]

Den Evangelien zufolge identifizierte Jesus sich mit dieser Gestalt, die man »mit großer Macht und Herrlichkeit auf den Wolken kommen sehen [wird]. Und er wird die Engel aussenden und die von ihm Auserwählten aus allen vier Windrichtungen zusammenführen, vom Ende der Erde bis zum Ende des Himmels.« (Markus 13, 26–27). Jesus war nicht der einzige Messias seiner Zeit. Nach Josephus, dem jüdischen Geschichtsschreiber aus dem 1. Jahrhundert n. Chr., gab es vor 70 n. Chr. unzählige Messias- und Christusgestalten, die das bevorstehende Ende der Welt ankündigten.[18]

Die Evangelien versicherten, daß das Jüngste Gericht jeden Augenblick zu erwarten sei. Jesus behauptete, es würde sich noch zur Zeit seiner Generation ereignen: »Wahrhaftig, das sage ich euch: Von denen, die hier stehen, werden einige den Tod nicht erleiden, bis sie das Reich Gottes gesehen haben.« (Lukas 9, 27). Demgemäß erwarteten die ersten Christen das Ende der Welt schon so bald, daß sie keinen Sinn mehr darin sahen, zu heiraten und Kinder zu bekommen, die nicht mehr hätten heranwachsen können – dies war einer der Hauptgründe dafür, daß die Christen die **Hochzeit** ablehnten. Eine Mutterschaft würde den Frauen in den Erschütterungen der Letzten Tage nur Leid bringen. »Weh den Frauen, die in jenen Tagen schwanger sind oder ein Kind stillen! Denn eine große Not wird über das Land hereinbrechen: der Zorn Gottes wird über dies Volk kommen.« (Lukas 21, 23).

Hoffnungsvolle Christen erkannten, daß die Zeit der Generation Jesu und vieler anderer Generationen ohne Anzeichen der Apokalypse vorübergegangen war. Theologen, die nach einer Erklärung dafür suchten, entdeckten eine Bibelstelle, nach der für Gott tausend Jahre wie ein Tag sind (Psalm 90, 4). Auch dies wurde von orientalischen Weisen übernommen, nach denen ein Tag des Brahma tausend Jahre dauerte. Aufgrund dieser Aussage der Heiligen Schrift wurde das Ende der Welt auf das Jahr 1000 n. Chr. angesetzt. Je näher dieses Jahr heranrückte, desto stärker wurde Europa von einer Weltuntergangsangst heimgesucht. Fanatiker wanderten durch das Land und kündigten die Letzten Tage an, viele Menschen gaben daraufhin ihre Höfe auf und verließen ihre Dörfer. In einigen Regionen kamen Landwirtschaft und Handel praktisch zum Erliegen. Das Jahr 1000 verging ereignislos, aber die Menschen litten schwer unter den Hungersnöten und Unruhen, die der Glaube an das bevorstehende Weltende verursacht hatte.[19]

Einige Franziskaner erklärten, daß Christus im Jahr 1000 n. Chr. wirklich auf die Erde zurückgekehrt sei, und zwar in der Gestalt des Heiligen Franziskus, des neuen Messias, der sich »ganz in die Person Christi verwandelt habe«. Franziskus wurden alle die von Christus vollbrachten Wundertaten nachgesagt: Teufelsaustreibungen, Umwandlungen von Wasser in Wein, die Heilung von Kranken, besonders auch von Blinden, die Wiedererweckung von Toten usw.[20] Einige gingen so weit zu behaupten, Christus sei nur als Vorbote des heiligen Franziskus von Bedeutung gewesen.[21]

Nicht nur Christi Wiederkunft wurde kurz vor dem Jüngsten Gericht erwartet, auch das Erscheinen seines Gegenspielers, des **Antichrist**; die letzte Schlacht zwischen Gut und Böse konnte nicht eher stattfinden, bis jede Seite all ihre Streitkräfte aufgeboten hatte. Einer deutschen Sage nach würde der Antichrist solange nicht auf Erden erscheinen, wie das Heilige Römische Reich bestand.[22] Diese Sage diente dazu, die sich immer wieder bekämpfenden Stämme beieinander zu halten; dennoch blieb das Heilige Römische Reich die meiste Zeit über eine lose, undefinierbare Einheit. Der Antichrist wurde beinahe ebenso beharrlich erwartet wie Christus.

In späterer Zeit behauptete – neben anderen – Emanuel von Swedenborg (1688–1772), ein schwedischer Naturforscher und Laientheologe, daß das Jüngste Gericht bereits stattgefunden habe. Er datierte es auf das Jahr 1757, in dem er seine eigene »Kirche des Neuen Jerusalem« gegründet hatte. Klugerweise unterließ er es, das Ende der Welt vorher anzukündigen. Andere jedoch waren weniger klug. Der Engländer Cumming sagte das Ende der Welt für das Jahr 1867 voraus. Als es ausblieb, war es um seine Glaubwürdigkeit geschehen.

Ein prominenter Prophet des Jüngsten Gerichts war William Miller, der unvorsichtige Gründer der »Zeugen Jehovas« und der »Adventisten vom siebten Tage«. Er datierte den Beginn des Tausendjährigen Reiches (Millenium) auf den 21. März 1843. Seine Anhänger brannten vor Enthusiasmus, konnten aber den erwarteten Christus nicht – wie angekündigt – aus den Wolken herabsteigen sehen. Miller hatte sich natürlich verrechnet und legte ein neues Datum fest, den 21. Oktober desselben Jahres. »Am angekündigten Tag des Jüngsten Gerichts legten seine rasenden Anhänger ihre Gewänder an, verschlangen in ihren Gemeinden ein letztes Mittagessen und nahmen ihre Plätze auf den Hausdächern ein, immer in Richtung Osten blickend. Am 22. Oktober aßen sie zu Mittag und kletterten wieder hinunter. Miller gab seine Enttäuschung zu, bestand aber weiter darauf, daß ›der Tag des Herrn vor der Tür steht‹.«[23] Die Milleraner gaben die Hoffnung nie auf. Die aus ihnen hervorgegangenen Sekten existieren immer noch und haben auch heute regen Zulauf. Allerdings werden jene naiven Demonstrationen ihrer Leichtgläubigkeit mittlerweile vermieden.

1. *Mahanirvanatantra*, 12, 53, 56, 177. 2. *Mahanirvanatantra*, 295–296.
3. Ross, 66; Zimmer, 35–36 (dt. 43). 4. Zimmer, 15 (dt. 20/21).
5. Campbell, M. I., 148–149. 6. Ebd., 149. 7. Lindsay, O. A., 107–108.
8. *Larousse*, 275. 9. Squire, 118. 10. Branston, 289–290. 11. Black, 3.
12. Turville-Petre, 154. 13. Branston, 281. 14. Mâle, 367. 15. Turville-Petre, 284.
16. *Mahanirvanatantra*, XLVIII. 17. Reinach, 217. 18. Brandon, 248.
19. Summers, V., 150. 20. Jacobus d.V., 608–610. 21. Reinach, 307.
22. Borchardt, 69. 23. Lys, 435.

Wermut

Der Wermut (botanisch *Artemisia absinthium*) war der Großen Mutter heilig. Trevisa schrieb 1398: »Artemisia wird Mutter der Kräuter genannt und war ehemals der Göttin geheiligt, die den Namen Artemis trägt.«[1]

In Rußland galt der Wermut oder Absinth als »verfluchtes Kraut«, weil er den heidnischen Nymphen (Vilen) geheiligt war; es ging allerdings auch ein Schutzzauber von ihm aus.[2]

Der Name der Pflanze ist eine verderbte Form von altenglisch *wermod*, althochdeutsch *werimuota* (Geist-Mutter), das zum deutschen Wermut, zum französischen *vermouth* und zum englischen *wormwood* (wörtlich Wurm-Holz) wurde. Der Absinth wurde ursprünglich von französischen Hexen aus *artemisia* zubereitet; im 18. Jahrhundert wurde er dann kommerziell hergestellt, obgleich er sich als ausgesprochen gefährlich erwies: Wermut ist eine suchtbildende Droge, die Gehirnzellen zerstören und zum Delirium führen kann; außerdem hatte der handelsübliche Absinth einen Alkoholgehalt von 68 Volumenprozenten.[3] Im Verlauf des 19. Jahrhunderts wurde die Produktion vom französischen Staat gesetzlich verboten.[4]

1. Potter & Sargent, 274. 2. *Larousse*, 293. 3. Potter & Sargent, 275.
4. *Encyc. Brit.*, »Absinth«.

Werwolf

Der Glaube an den Werwolf oder »Geistwolf« nahm seinen Anfang offenbar bei den frühmittelalterlichen Wolf-Clans, die ihre Totemgötter in Wolfsgestalt verehrten; dieser Brauch war allerdings schon Jahrhunderte zuvor bei den Völkern der griechisch-römischen Welt verbreitet gewesen. Der Zeus Lykaios oder Lykaon war ein pelasgischer Wolfkönig, der in einem Neun-Jahres-Zyklus als Gatte der neunfachen Göttin Nonacris regierte.[1] Vergil sagte, der erste Werwolf sei Moeris, der Gatte der dreifaltigen Schicksalsgöttin (Moira) gewesen; von ihr habe er die Geheimnisses der Magie erlernt; darunter auch die nekromantische Kunst, die Toten aus ihren Gräbern zu rufen.[2]

Die Lykanthropie – die Verwandlung von Menschen in Wölfe – wurde nach dem Apollo Lycaeus (dem wölfischen Apoll) benannt, der in dem berühmten Lyceum oder »Wolfs-Tempel« verehrt wurde, in dessen Vorhalle auch Sokrates lehrte.[3] Apollon war der Gatte der Artemis, einer göttlichen Wölfin aus Thrakien, die den Orestes mit dem Blut von neun Geopferten reinigte.[4] Pausanias berichtet, Apollon sei ursprünglich eine ägyptische Gottheit gewesen, und leitet seinen Namen von Up-Uat (Ap-ol), einem sehr alten Name für den Anubis ab.[5] (Siehe **Hund**.)

Pausanias
Griechischer Reisender und Geograph des 2. Jahrhunderts n. Chr. Er lebte in einer untergehenden Kultur und wurde von dem Wunsch getragen, die alten heiligen Riten für die Nachwelt zu beschreiben.

Eine weitere römische Version des Wolf-Gottes war der Dis Pater, Soranus oder Feronius, der Begleiter der sabinischen Unterweltgöttin Feronia, der »Mutter der Wölfe«. Eine alte römische Familie behauptete, von deren sabinischen Priesterinnen abzustammen; ihre Mitglieder demonstrierten alljährlich anläßlich des Festes der Feronia ihre Macht, indem sie barfuß über glühende Kohlen gingen.[6] Die Feronia wurde ebenfalls mit der Wölfin Lupa gleichgesetzt; in Gestalt junger, in Wolfsfelle gekleideter Männer, die ihr durch die Teilnahme an den Lupercalia (dem Fest der Wölfin) geweiht waren, reinigte ihr Geist palatinische Städte.[7]

Die Wölfin war ebenfalls ein Aspekt der Dreifachen Göttin; dies wurde durch ihre dreifache Mutterschaft belegt: Sie gab ihrem Sohn, dem legendären König Erulus oder Herulus drei Seelen, so daß er – als der Evander ihn besiegt hatte – dreimal getötet werden mußte.[8] Zu den Amazonen, die die dreifache Göttin verehrten, gehörte der Stamm der Neuri, die sich während ihres religiösen Hauptfestes alljährlich für einige Tage »in Wölfe verwandelten« – vermutlich, indem sie Wolfsfelle und Masken trugen.[9] Das gleiche wurde von einem irischen Stamm in Ossory berichtet, dessen Angehörige während des Julfestes zu Wolfsmenschen wurden; sie verschlangen das Fleisch der Rinder wie Wölfe und nahmen anschließend wieder ihre menschliche Gestalt an. »Giraldus Cambrensis berichtet über dieses Wunder in allen Einzelheiten, als sei es noch zu seiner Zeit geschehen, und er glaubte jedes Wort davon.«[10]

Die Verehrung der Wolfgötter-Ahnen bei den GermanInnen erweist sich durch die Beliebtheit solcher Namen wie Wolf, Wulf, Wolfram, Wolfsburg, Aethlewulf, Wolfstein, Wolfgang usw. »Beowulf, Sohn des Beowulf«, der Held der angelsächsischen Sage, wurde von den Dänen Scyld genannt; sie sagten, er sei in einem Korb aus dem Wasser gezogen worden wie Romulus und Remus, die Pflegesöhne der Wölfin.[11]

Irische Stämme gaben an, ihre spirituellen Väter seien Wölfe gewesen; aus diesem Grunde trugen sie Wolfsfelle und benutzten Wolfszähne als Heilungsamulette. Keltische Volkslieder berichten von Kindern und Frauen, die in Wölfe verwandelt wurden; selbst ein ganzer Stamm sollte alle sieben Jahre die Gestalt von Wölfen annehmen.[12] Es gab den Glauben, daß sich Menschen – wie die germanischen *Berserker*, die zu Bären werden konnten, indem sie Bärenfelle anzogen – in Wölfe verwandeln konnten, wenn sie sich in Wolfspelze kleideten.[13]

Im zehnten Jahrhundert fand unter der Leitung zweier Druiden, deren einer »Werwolf« genannt wurde, in Meruia eine Renaissance archaischer Weisheit statt.[14] Die Bezeichnung »Geistwolf« scheint allgemein für Gegner des Christentums verwandt worden zu sein; um das Jahr 1000 wurde das Wort »Werwolf« gleichbedeutend mit »Geächteter«.[15]

Die Südslawen pflegten ein neugeborenes Kind durch ein Wolfsfell zu ziehen und sagten dann, es sei von der Wölfin geboren worden. Nach ihrer Christianisierung behaupteten die gleichen Leute, diese Zeremonie würde das Kind vor den Hexen beschützen. Aber der wahre Zweck der Zeremonie lag auf der Hand: vermittels einer zweiten Geburt durch eine Wölfin sollte das Kind in den Totemclan des Wolfs aufgenommen werden.[16]

In Livland sollen Hexen sich regelmäßig in Wölfe verwandelt haben, wenn sie einen bestimmten Zauberteich durchschritten – ein Beispiel für die Vorstellung der durch die Taufe bewirkten Wiedergeburt in der Gestalt eines Tieres.[17] Eine polnische Sage berichtet, daß eine Hexe Braut und Bräutigam in Wölfe verwandeln konnte, indem sie einen Gürtel aus Menschenhaut über die Schwelle des Hochzeitshauses legte. Später erhielt das Paar dann Kleider aus Fell und konnte nach Belieben menschliche Gestalt annehmen.[18] Das Konzil von Toledo verurteilte im siebten Jahrhundert solche totemistischen Zeremonien mit aller Schärfe; Menschen, die sich Tierköpfe aufsetzten und »sich zu wilden Tieren machten«, fielen diesem Urteil in besonderem Maße anheim.[19]

Italienische Bauern sagen heute noch »wenn ein Mann am Freitag bei Vollmond im Freien schläft, wird ihn entweder ein Werwolf angreifen, oder er wird sich selbst in einen Werwolf verwandeln«. Die Freitagnacht war die Nacht der Göttin; die Warnung vor ihrem lunaren Einfluß läßt sich vermutlich auf den Mythos von Endymion (»verführter Mondmann«) zurückführen, der auf dem heiligen Mondberg der Göttin einschlief und so zu ihrem verzauberten Bräutigam wurde, der niemals wieder erwachte, so daß sie ihn Nacht für Nacht mit ihren Küssen bedecken konnte.[20]

Das Märchen vom »Rotkäppchen« ist eine weitere Geschichte, die sich auf die Traditionen der Wolf-Clans zurückführen läßt. Das rote Kleidungsstück; der Umstand, daß einer »Großmutter«, die im tiefen Wald lebt, Speise und Trank gebracht werden – noch dazu einer Großmutter, die ein Wolfsfell trägt – und das kannibalische Motiv des Verschlungen-Werdens mit der anschließenden Wiederauferstehung weisen deutlich auf diesen Zusammenhang hin. Die »rote gewebte Haube« galt in England als Kennzeichen einer Prophetin oder Priesterin.[21] Das ursprüngliche Opfer der Geschichte war keineswegs das rotgekleidete Mädchen, sondern der Jäger: der Herr der Jagd. Wie das Schneewittchen war das Rotkäppchen Teil einer Jungfrau-Mutter-Greisin-Trinität; es trug die gleiche rote Kleidung wie die Jungfrau Kali; wie der rote Mond einer Mondfinsternis zeigte sie nahende Katastrophen an und erregte viel Furcht. Rumänische Geistliche erklärten, die Farbe des Mondes rühre von ihrem eigenen Blut her; sie habe es vergossen, als sie von ihren Wölfen angriffen wurde, zum Zeichen, daß »die Menschen Buße tun und sich vom Bösen abwenden sollen«.[22]

Der Werwolf existierte in allen europäischen Sprachen: dänisch *var-ulf*, gotisch *vaira-ulf*, altnorwegisch *wargus*, serbisch *wlkoslak*, slovakisch *vlkodlak*, russisch *wawkalak*, griechisch *vrykolaki*, rumänisch *varcolaci*, französisch *loup-garou*, italienisch *lupo manaro*.[23] Die slavischen Bezeichnungen leiten sich von den *volkhvi* ab; diesen Titel trugen Schamanen, die vor der Christianisierung

Die gallische Diana verehrten sowohl im Altertum als auch im Mittelalter zahlreiche AnhängerInnen des Wolfskultes. Unter ihrem Totemnamen Lupa war die Diana die Mutter der wilden Tiere; in Südfrankreich wurde sie offenbar durch bestimmte Frauen verkörpert. Ein provencalischer Troubadour namens Pierre Vidal verfaßte ein Liebesgedicht für eine Dame aus Carcassonne, deren Name Loba (Wölfin) lautete:

Wenn der Werwolf, der aufwieglerische, mich ruft,
Wenn wandernde Hirten mich verhöhnen
Mir nachjagen und mir Fußtritte geben,
Ärgert mich das doch keinen Augenblick.
Ich suche weder Paläste noch Schlösser auf
Und keine Zuflucht, wenn der Winter kommt;
Ausgesetzt dem Wind und Frost bei Nacht
Ist meine Seele aufgewühlt von Freude, denn:
Mich will meine Wölfin, die Göttliche;
Und mit Recht fordert sie das Ihre
Denn, bei meiner Ehre, mein Leben gehört ihr,
Mehr als einem anderen, mehr als mir.[25]

wichtige Funktionen im Leben eines Stammes ausübten. Das deutsche *Volk* und das russische *vrach* sind eng mit *volkhvi* verwandt; *vrach* weist darauf hin, daß sich bei Werwölfen in der Tat um Menschen gehandelt haben muß: um totemistische Heiler mit Wolfsmasken.[24] Vergleichbare »Medizinmänner« finden sich bei Naturvölkern auf der ganzen Welt.

Die Liebhaber der Wölfin fanden sie mitunter auf einem heiligen Berg, den die ZigeunerInnen Monte Lupo (Wolfsberg) nannten. Junge Männer konnten die Geheimnisse der Magie erlernen, wenn sie die Heilige Hochzeit feierten: sie mußten über der Statue der Göttin onanieren und sie mit ihrem Sperma bespritzen. Die Göttin würde sie dann leiten und beschützen – vorausgesetzt, sie setzten niemals wieder einen Fuß in eine christliche Kirche.[26] Der Gestaltwechsel der Menschen, die sich der Göttin geweiht hatten, folgte den Mondphasen, denn der Mond war eine Ihrer Erscheinungsformen. Im zwölften Jahrhundert notierte Gervais von Tilburg: »Wir sehen in England oft junge Männer, die sich zum Mondwechsel in Wölfe verwandeln.«[27]

Sacharow zitierte einen alten russischen Zauberspruch, den diejenigen zur Anrufung der Mondgöttin verwandten, die zum Werwolf werden wollten:

Auf die See, auf den Ozean, auf die Insel, auf Bujan, auf das leere Weideland scheint der Mond, auf einen Eschenstrunk im grünen Gehölz, in ein düsteres Tal. Zu diesem Baumstrunk wandert der struppige Wolf, gehörntes Vieh sucht er für seine scharfen, weißen Fangzähne, aber der Wolf dringt nicht in den Wald, aber der Wolf taucht nicht hinab in das schattige Tal. Mond, Mond, goldgehörnter Mond, halte den Flug der Kugeln auf, mach stumpf der Jäger Messer, zerbrich der Hirten Knüppel, wirf wilde Angst über die Herde, über die Männer, über alle die schleichen, auf daß sie den grauen Wolf nicht fangen, auf daß sie sein warmes Fell nicht zerreißen! Mein Wort ist bindend, bindender als der Schlaf, bindender als das Versprechen eines Helden.[28]

Diese Zauberformel klingt noch wie echte Bauern-Magie; sie läßt an einen hungrigen Viehdieb denken, der versucht, unter dem Schutz eines Wolfspelzes frisches Fleisch von den Herden des Grundherrn zu stehlen. Auf die Wilderei – sei es unter den Herden des Grundherrn oder in seinem Wald – stand die Todesstrafe; das mag die Grausamkeit erklären, mit der die der Lykanthropie Beschuldigten verfolgt wurden. Ein in Frankreich gefangener »Werwolf« war derartig übel zugerichtet worden, daß ein Zeuge sagte: »Er hatte kaum noch Ähnlichkeit mit einem

Menschen; alle, die ihn sahen, waren entsetzt.« Der Inquisitor Pierre Boguet erklärte, daß schreckliche Verletzungen bei Werwölfen häufig vorkämen; sie seien darauf zurückzuführen, daß die Werwölfe sich Riß- und Fleischwunden zuzögen, wenn sie durch das dornige Unterholz liefen.[29]

Über einen anderen Werwolf, der 1598 von der Inquisition eingekerkert wurde, hieß es, er sei während seiner Haft »von einem Dämonen besessen« gewesen. Der Dämon hätte ihn unter einem solchen Durst leiden lassen, daß er ein ganzes Faß Wasser getrunken habe. Danach sei sein Bauch »vorgewölbt und hart« gewesen; er habe sich geweigert, irgend etwas zu essen oder zu trinken und sei bald darauf gestorben.[30] Wenn wir dieses offizielle Protokoll in die ihm zugrundeliegenden Tatsachen zurückübersetzen, müssen wir annehmen, daß man diesen unglücklichen Werwolf mit der Wasserfolter gequält hat und er an einem geplatzten Magen gestorben ist.

Ein weiterer unglücklicher Werwolf war Peter Stubb aus Köln; er wurde gefoltert, bis er gestand, sich mit Hilfe eines magischen Gürtels, den er vom Teufel erhalten hätte, in einen Wolf verwandelt zu haben. Die Richter konnten den Gürtel nicht in dem Versteck finden, das Peter Stubb ihnen bezeichnet hatte; diesen Umstand erklärten sie mit der Feststellung: »Er ist wieder zum Teufel gegangen, woher er auch gekommen ist, so daß er nicht gefunden werden konnte.« Obgleich keine ausreichenden Beweise gegen Peter Stubb vorgebracht werden konnten, wurde er für das Verbrechen der Lykanthropie auf eine schreckliche Weise hingerichtet: man verurteilte ihn dazu, ihm sein Fleisch an zehn Stellen des Körpers mit rotglühenden Zangen von den Knochen zu reißen, ihm dann mit einer hölzernen Axt Arme und Beine zu brechen und ihn schließlich zu enthaupten und zu verbrennen.[31]

Ein wiederum anderer Werwolf erlebte im Jahre 1541 nicht einmal seinen Abtransport in den Kerker: Seine Häscher hackten ihm Arme und Beine ab und behaupteten, sie hätten nach dem Wolfshaar gesucht, das angeblich unter der Haut getragen wurde. Dieses Haar wurde nicht gefunden; das Opfer wurde von der Anklage der Lyknanthropie freigesprochen und für unschuldig erklärt – was ihm freilich nicht mehr nützen konnte, denn es war bereits tot.[32]

Eine viel erzählte Geschichte handelte von einem einsamen Mann, der bei Nacht von einem einsamen Wolf angegriffen wurde, den er im Kampf verwundete; üblicherweise hieß es, er habe ihm seine Vorderpfote abgetrennt. Am nächsten Tag wurde eine Frau mit einer fehlenden Hand aufgegriffen – was sie als Werwölfin auswies. Jean de Nynauld berichtete 1615 über einen solchen – realen – Vorfall: die betroffene Frau wurde hier lebendig verbrannt.[33] Diese Geschichte empfahl sich vermutlich manchen Männern als sicherste Möglichkeit, sich einer von ihnen mißhandelten Frau – etwa dem Opfer einer Vergewaltigung – zu entledigen.

Am 14. Dezember 1598 wurde in Chalons ein Schneider wegen Lykanthropie zum Tode verurteilt, nachdem er gestanden hatte, Kinder in seinen Laden gelockt, sie ermordet und aufgefressen zu haben. Die Art und Weise, auf die diese Geständnisse aus dem Mann herausgepreßt wurden, können wir nur vermuten, weil die Richter die unverzügliche Verbrennung der Gerichtsakten anordneten. Im Jahre 1521 wurden in Poligny drei Männer unter der Folter zu der Aussage gezwungen, sie hätten sich mit Hilfe einer Salbe, die sie vom Teufel erhalten hätten, in Wölfe verwandelt, in der Wolfsgestalt mehrere Kinder gefressen und den Geschlechtsverkehr mit wilden Wölfinnen genossen.[34] Gilles Garnier war ein berühmter »Lykanthrop«, der von der Inquisition gefaßt, gefoltert und hingerichtet wurde, weil er angeblich Kinder gefressen hatte. Die Anklage gegen ihn wurde nicht wegen Mordes oder Kannibalismus, sondern wegen Lykanthropie erhoben.[35] Die christliche Kirche scheint alle Überreste der heidnischen Wolfs-Kulte als Material für die zählebige Legende vom Werwolf verwandt zu haben.

1. Graves, W. G., 406, (dt. 440). 2. Lawson, 250. 3. Summers, W., 144. 4. Graves, G. M., 60.f; 114.h. 5. Baring-Gould, C. M. M. A., 129. 6. *Larousse*, 210. 7. Wedeck, 174. 8. Dumézil, 244. 9. Herodot, 244. 10. Joyce, 299. 11. Rank, 63. 12. H. Smith, 275. 13. Wedeck, 173. 14. Wainwright, 70. 15. Robbins, 325. 16. J. E. Harrison, 131. 17. Scot, 72. 18. Baring-Gould, C. M. M. A., 152f. 19. H. Smith, 270. 20. Graves, G. M., 64f. 21. Goodrich, 180. 22. A. Masters, 93. 23. Baring-Gould, W., 48f. 24. Spinka, 9. 25. Baring-Gould, W., 64. 26. Leland, 206. 27. Robbins, 327. 28. Baring-Gold, W., 117. 29. Cohen, N. H. U. T., 49. 30. Baring-Gould, W., 83. 31. Robbins, 490. 32. Cohen, N. H. U. T., 44. 33. Robbins, 326. 34. Ebd., 324, 537. 35. Summers, G. W., 23f.

Widder

Eines der »gehörnten« Tiere, die den phallischen Gott verkörperten; zu ihnen gehörten auch Stier, Hirsch und Geißbock. Dem Widder wurde häufig die zweifelhafte Ehre zuteil, als Opfertier zu dienen, da er mit dem Gott gleichgesetzt wurde, der sich selbst für die Menschheit als Opfer darbrachte.

Sonnengötter wurden mit dem himmlischen Widder (lat. *Aries*) in Verbindung gebracht, der mit seinem Tod das heilige Jahr einleitete und als neuer Aion wiedergeboren wurde. In Ägypten hieß er Amen-Ra, »der Widder, die kraftvolle Männlichkeit, der heilige Phallus, der die Leidenschaften der Liebe schürt, der Widder aller Widder«.[1]

Der im Gestrüpp verfangene Widder war eine sexuelle Metapher und als religiöses Bild in Abrahams legendärer Heimat Ur in Chaldäa gebräuchlich. Eben dieser im Gestrüpp verfangene Widder tauchte in der Bibel als Ersatzopfer für Isaak auf, den sein Vater Abraham gerade auf Jahwehs Befehl auf dem Altar opfern wollte (Genesis 22, 13). Die Geschichte kennzeichnet den Übergang von den alten Bräuchen der Menschenopfer zu den klassischen Tieropfern, wie sie auch in der stellvertretenden Opferung des Widders mit dem goldenen Vlies anstelle des Königssohnes in einem bötischen Opfer an Zeus deutlich wird.[2] In einer älteren Midraschfassung der Geschichte von Abraham und Isaak hieß es, Abrahams Hand habe nicht innegehalten, und der Widder sei nicht erschienen. Issak wurde geopfert, begraben und erstand am dritten Tage wieder auf.[3]

Widder wurden in Israel als Gemahle Rachels verehrt, des heiligen Mutterschafes, das die Bibel später mit Jakob verheiratete, einer Reinkarnation Isaaks. Die Juden opferten alljährlich das Passahlamm als erstgeborenen Sohn des Widdergottes, der mit Jahweh gleichgesetzt wurde. Einst trug der biblische Gott Widderhörner, die später dem Teufel zugeschrieben wurden. Josuas Priester benutzten Widderhörner als Siegeszauber (Josua 6,4), um zu zeigen, daß der göttliche Widder sie in die Schlacht führte.

1. Budge, G. E. 2, 64. 2. Graves, G. M., 70.2. 3. Ochs, 32.

Widdershins

Linksherum, die Richtung gegen den Uhrzeigersinn, die Umlaufrichtung des Mondes; auch der »Widdershins-Weg« heidnischer Tänze (in Volkstänzen immer noch verbreitet). Wer die Tür eines Feenhügels öffnen wollte, mußte ihn dreimal »linksherum« umschreiten; so machte es der Junker Roland und rief dabei: »Öffne dich, Tür!« Das gleiche Sesam-öffne-dich findet sich in anderen Balladen: »Dreimal umwanderte die schöne Agnes den Hügel und trat in die Höhle tief unter der Erde ein.«[1] Da heilige Höhlen einst als heidnische Tempel gedient hatten, verbot die mittelalterliche Kirche, sie zu betreten, und behauptete, es sei ein *indicium* für Hexerei, wenn jemand linksherum gehe oder sich linksherum drehe.[2] (Siehe **Linke Hand**.)

1. Wimberly, 363, 367. 2. Robbins, 209, 421.

Wiedergeburt

Siehe **Reinkarnation**

Wohlgeruch der Heiligkeit

Ein angebliches Erkennungszeichen für Körper oder Gräber christlicher Heiliger war ein süßer Wohlgeruch, der im Gegensatz zu dem zu erwartenden Geruch der Verwesung stand. Das wurde in Legenden über die Reliquien vieler Heiliger nachdrücklich betont, wie zum Beispiel in der Legende über die Überbleibsel des heiligen Markus, die angeblich im 5. Jahrhundert in Alexandria von einem venezianischen Kaufmann entdeckt wurden. »Als sie den Leib aus seinem Grab nahmen, breitete sich ein solcher Duft über ganz Alexandria aus, daß jeder sich wunderte, woher der süße Duft wohl käme.«[1]

Von jedem Heiligen hieß es, daß er oder sie »im Duft der Heiligkeit« gestorben sei, denn der süße Geruch wurde als symbolischer Beweis für die nicht verwesende Unsterblichkeit genommen, an die die Doktrin der Kirche von der Wiederauferstehung des Fleisches gebunden war. Wenn ein Heiliger oder Märtyrer umgehend in den Himmel kam, wie es offizielle Lehrmeinung war, dann konnte dieses Fleisch nicht verwesen und mußte deshalb wie die himmlischen Lüfte duften, von denen allgemein angenommen wurde, daß sie wohlriechend seien.

Ursprünglich war das keine christliche Vorstellung. Sie wurde von dem ägyptischen Ritual und der Theorie der Mumifizierung übernommen. Ein Leichnam mußte süß duften, um von den ägyptischen Gottheiten akzeptiert zu werden; aus diesem Grund waren Mumien mit süß duftenden Gewürzen, Harzen und aromatischen Ölen einbalsamiert. **Anubis** bewachte die Tore der Nachwelt und überprüfte mit seiner scharfen Hundenase jeden Neuankömmling. Wenn der Geruch annehmbar war, erklärte Anubis den Toten als durch seinen Wohlgeruch der Heiligkeit mit den Göttern versöhnt und gewährte ihm Eintritt in das gesegnete Reich.[2]

Die Kunst der Mumifizierung ging im finsteren christlichen Mittelalter verloren – und wurde erst durch Einbalsamierer des 20. Jahrhunderts neu entdeckt und vervollkommnet –, aber manchmal wurden unbeholfen dieselben Gewürze verwendet, um tote Körper vor der Verwesung zu schützen. Weihrauch besaß die kostbare Eigenschaft, als Schlüssel zum Himmel zu dienen, weil es »dem kranken Geruch« eines Leichnams entgegenwirkte.[3] Die Männer der Kirche behaupteten, daß sich auch die Körper derjenigen, die exkommuniziert waren, nicht zersetzen würden, aber ihnen fehle der Wohlgeruch der Heiligkeit, der Heilige charakterisiere.[4]

Dieser angeblich von Heiligen ausströmende Wohlgeruch konnte Wunder bewirken und Krankheiten heilen. Als der heilige Stephanus zum erstenmal exhumiert wurde, heilte sein Leichnam auf der Stelle 70 kranke Menschen, die seinen Duft rochen. Erde vom Grab des heiligen Dominikus wurde nachgesagt, sie würde süß riechen und geheimnisvolle Kräfte besitzen.[5]

Der Inquisitor des 13. Jahrhunderts, Bernard de Caux, sollte mit Hilfe einer Legende über seine angebliche Unverwesbarkeit heiliggesprochen werden, denn er war »ein Verfolger und Hammer der Ketzer … ein heiliger Mann … wunderbar in der Ausrottung von Ketzern«, wie Guidonis schrieb. 28 Jahre nach seinem Tod wurde sein Körper exhumiert, und es hieß, er sei vollkommen frisch gewesen und habe süß geduftet, nur ein Teil seiner Nase habe gefehlt.[6]

Die ZigeunerInnen machten sich über die christlichen Legenden von nicht verwesenden Heiligen lustig und behaupteten, daß Körper, die nicht der normalen Zersetzung unterworfen sind, nicht Heilige, sondern Vampire seien.[7] Die Kirche nahm die Geschichten über die »Untoten« hin, aber sie bestand auch auf nicht verwesenden Heiligen.

1. Jacobus d.V., 241 (dt. 169). 2. Budge, B. D., 569. 3. Hazlitt, 250. 4. Robbins, 523. 5. Jacobus d.V., 409, 427 (dt. 303, 316). 6. Lea, 246 (dt. 1, 616). 7. Trigg, 156.

Wolf

Die Häufigkeit, mit der die Silben »Wolf« oder »Wulf« in Orts- und Familiennamen erscheinen, belegt, daß der Wolf im Mittelalter das heilige Totemtier vieler europäischer Clans war. Das Jahr der alten Sachsen begann mit dem Wolf-Monath. In den Lebensbeschreibungen heidnischer Heroen spielten Wolfsmütter oder Wolfsammen eine bedeutende Rolle. In einer frühen Fassung der Siegfriedsage wurde der Heros von einer göttlichen Wölfin genährt und erhielt den Namen Wolfdietrich.[1]

Die Verehrung des Wolfes bei den heidnischen Clans führte zu zahllosen Vorstellungen von Wolfdämonen und Werwölfen. Die Verbindung der Wölfe mit Tod und Wiedergeburt entstand aus dem Glauben, aasfressende Tiere würden die Toten in ihren eigenen Körpern in die heidnischen Himmel oder Höllen tragen. (Siehe **Hund; Werwolf.**)

1. Rank, 58.

Var. Woden, Wodan, Wuotan

Wotan

Die angelsächsische und fränkische Variante des Odin, den die GotInnen Godan (Gott) oder Vater Goth nannten. Der englische *wednesday* (Mittwoch, wörtlich »Wotanstag«) weist noch auf den ihm geheiligten Tag hin. In Deutschland gelang es dem Klerus mit der Zeit, für diesen Tag den Namen »Mittwoch« durchzusetzen; so konnte er verhindern, daß ständig der Name einer heidnischen Gottheit in den Mund genommen wurde.

In den romanischen Sprachen ist der Mittwoch der Tag des Merkur (ital. *mercoledi*, franz. *mercredi*, span. *miercoles*), denn Wotan-Odin wurde mit dem römischen Merkur (Hermes) gleichgesetzt. Als Seelenführer war Wotan mit dem Kult der Verstorbenen verbunden, die früher in Skandinavien »Elfen« genannt wurden; folglich entwickelte er sich zum Elfenkönig, zum Erlkönig und – wenn die Geister zu Halloween, dem Vorabend des Allerheiligenfestes, durch die Lüfte ritten – zum Anführer der Wilden Jagd. Als Höd oder Hödur, der den Jahresgott Balder (Baldur) tötete, erschien Wotan in einer Totenmaske mit Kapuze (engl. *hood*) als die böse Gottheit *Old Carl Hood*, dem Vater des **Robin**, des Heroen aus dem Dunkelwald.[1] Die Christen haben ihn schnell mit dem Teufel gleichgesetzt, zumal er bereits der personifizierte Tod war und als solcher Ähnlichkeit mit Yama, dem hinduistischen Herrn des Todes, hatte.

1. Wimberley, 200.

Wudu-Maer

»Mutter des Waldes«, buchstäblich »Wald-Marie«; die altsächsische Bezeichnung für eine Nymphe oder Fee des heiligen Hains, eine Priesterin der Eichengöttin oder Druidin. In Bayern wurden den *wudu-maer* Opfergaben in Form von Nahrungsmitteln dargebracht, um sie günstig zu stimmen; sie hießen »Kleine Waldfrauen«.[1] Eine vergleichbare Vorstellung von einer Waldpriesterin überdauerte auch in den englischen Legenden um die Maid Marian. (Siehe **Robin.**)

1. Frazer, F. O.T., 312.

Wurm

»Der Wurm« oder »der Wurm, der niemals stirbt« bezeichnet mitunter die Erd-Göttin in ihrem Aspekt als Leichenfresserin. Ihr Geist – so die Vorstellung – lebte im Grab in den Würmern der Verwesung, den Maden, altnordisch *mathkr*, altenglische *matha*. Beide Worte sind mit »Mutter« verwandt. Das englische Wort *maggot* für Made hängt mit dem mittelenglischen *mawke* zusammen.[1] In sprachlicher Hinsicht sind diese »Würmer« verwandt mit den Haustieren der Göttin, den *mawkins* oder *malkins* (den grauen Weidenkätzchen).

Das germanische Substantiv *Wurm* bezog sich ursprünglich auch auf Schlangen und Drachen, z. B. war der »Lindwurm«, den Sigfried tötete, ein riesiger Drache. »Wurm« in der Bedeutung des Drachen war im Mittelalter auch eine Bezeichnung für den Teufel. (Siehe **Katze**.)

1. Potter & Sargent, 238.

Xikum

Babylonischer Himmelsbaum, der die Göttin Ishtar verkörpert. Seine Zweige erstrecken sich bis in den Himmel und die Unterwelt hinein und umfangen in ihrer Mitte den Erlöser Tammuz.[1] Die Moslems verteufelten den Mutterbaum und bezeichneten ihn im Koran als Zakkum, den Baum der Hölle.[2] (Siehe **Feige**.)

1. Harding, 48. 2. Campbell, Oc. M., 430.

Xipe-Totec

»Unser Herr, der Geschundene«, altmexikanischer Gott. Er wurde von einem Mann verkörpert, der immer am Ende eines heiligen Zyklus von 52 Jahren auf dem Berg der Sterne in dem Augenblick hingerichtet wurde, wenn die Plejaden den Zenith erreichten. Nachdem das Opfer kastriert und gehäutet worden war, wurde der Priester in dessen blutiger Haut gekleidet und so die Wiedergeburt des Gottes kundgetan.[1] Die Menschen holten neues Feuer von seinem Tempel, um ihre häuslichen Feuer neu zu entzünden, und hofften, daß sein Tod das Ende der Welt abwenden würde, wenigstens für die Dauer des nächsten Zyklus.[2]

Xipe-Totec war der Sohn der Demeter-ähnlichen Getreidegöttin Chicomecoatl. Wie alle Getreidegötter erlitt er bei der Opferhandlung das Mähen und Mahlen des Kornes. Das Häuten könnte für das Schälen und Enthülsen der Maiskolben gestanden haben.

Der »Geschundene« hatte eine erstaunliche Ähnlichkeit mit dem archaischen Hindu-Gott Rudra, dessen Name soviel bedeutete wie ›der Rote‹, ›der Heuler‹ oder ›der Herr, der halb Frau ist‹. Rudra war ebenfalls auf rätselhafte Weise mit den **Plejaden** verbunden, den sogenannten Sieben Müttern der Welt oder Krittikas (»Schnitterinnen«), deren »Schnitterinnen«-Funktion es wohl war, den geopferten Gott zu kastrieren oder gar zu häuten.[3]

1. Neumann, G. M., 192. 2. Tannahill, 82. 3. O'Flaherty, 298, 346.

Xochiquetzal

Mexikanische Aphrodite; eine Liebesgöttin mit vielen Facetten. Sie war Mondjungfrau, Feenkönigin und Madonna; außerdem galt sie als Patronin der Hochzeit und der heiligen Tempeldirnen, ebenso als Schutzherrin der Sangeskunst, des Spinnens und Webens, der Veränderung und Verwandlung, der Magie und der Kunst. Ähnlich dem syrischen Adonis war ihr Sohn-Geliebter ein junger Gott der Vegetation.[1]

Ihre Verehrer hielten Xochiquetzal für die Mutter aller nach der Sintflut lebender Menschenvölker. Ihre vielen Kinder waren stumm wie Tiere, bis ihr heiliger Geist in Form einer Taube vom Baum des Himmels auf sie herabkam und ihnen Sprache gab. Auf diese Weise entstanden alle Sprachen der Welt.[2]

Außer der Taube teilte Xochiquetzal noch ein anderes Symbol mit den alten indoeuropäischen Göttinnen, nämlich die ihr geheiligte Ringelblume – vielleicht war das die Neue- Welt-Variante des tausendblättrigen, goldenen Lotos, der in Indien die Große Mutter symbolisierte.

Xochiquetzals Paradies lag »über den neun Himmeln, an einem höchst angenehmen und köstlichen Ort, bevölkert und beschützt von vielen Menschen und behütet von Frauen, die den Rang einer Göttin haben. Springbrunnen, Bäche und Blumengärten schenken dort viele Freuden.«[3] Dieses Feenland war denen zugedacht, die der Göttin treu gedient und in Einklang mit ihren Geboten gelebt hatten.

1. Neumann, G. M. 196f. 2. Frazer, F. O.T., 107. 3. Summers, V. 260.

Yab-Yum

»Vater-Mutter«, eine tantrische Bezeichnung für die Stellung beim Geschlechtsverkehr, mit der sich die Götter mit der Göttin und die Männer mit ihren Shaktis vereinigten, besonders im Augenblick des Todes, wenn die Ewige Shakti die immerwährende Seligkeit brachte.[1] Anders als die westlichen Patriarchen hielten orientalische Mystiker nicht die *Venus observa* (der Mann liegt auf der Frau) für die zu bevorzugende Position beim Geschlechtsverkehr, sondern Yab-Yum. Beide Partner sitzen aufrecht, schauen einander ins Gesicht und sind frei in ihren Bewegungen.

1. Rawson, E. A., 170; Abb. 103

Yama

Im Hinduismus der Herrscher über die Toten, die männliche Entsprechung zur Herrin des Lebens, deren Name der seinige in Umkehrung war: Ma-Ya. In der klassischen hinduistischen Mythologie war Yamas Gefährtin allerdings seine Zwillingsschwester Yami, eine weibliche Erscheinungsform seiner selbst. Das Schicksal sah für ihn vor, sich mit ihr zum Ur-Androgyn zu vereinigen. (Siehe **Androgyn**.) Aber Yama weigerte sich, denn er wollte keusch bleiben. Weil er sich von seiner weiblichen Hälfte trennte und die lebenserhaltenden Kräfte des Weiblichen von sich wies, wurde er der erste sterbliche Mensch.[1] Er stieg in die Unterwelt hinab und wurde ihr König.

Dieser Mythos stellt eine interessante Umkehrung der jüdisch-christlichen Vorstellung dar, nach der durch den Sündenfall der Frau und durch die Sexualität der Tod in die Welt kam. In Yamas Geschichte entspringt der Tod aus der Sünde der männlichen Keuschheit. Er »starb«, weil er sich weigerte, ein Geschlechtswesen zu sein. Seine Nachfolger verehrten ihn als **Psychopompos**, ähnlich dem Hermes, nachdem dieser sich von Aphrodite getrennt hatte: »Yama wählte den Tod, und er fand den Weg für viele, und er gibt den Seelen der Toten einen Ruheplatz.«[2]

Als Herr des Todes nahm er den Titel Samana an, »Gleichmacher«. Zuweilen erschien er in der furchterregenden Gestalt eines blauhäutigen, ochsenköpfigen Dämons, ähnlich Sammael, dem Engel des Todes im Buch Henoch.[3] Die Perser verehrten ihn als Yima, den Herrlichen, den Guten Hirten, der den Menschen Unsterblichkeit schenkte.[4] Im alten Land Kanaan entwickelte er sich zu Yamm, dem Herrn des Abgrundes. In einem immerwährenden Wettstreit um die Gunst Astartes wurde er jährlich von Baal in die Tiefe hinabgestoßen.

1. *Larousse*, 345. 2. Rees, 108. 3. Brandon, 362; F. Huxley, 45.
4. *Larousse*, 310.

Yang und Yin

Chinesisches Mandala, das für hell und dunkel, männlich und weiblich, Sommer und Winter, Tod und Leben usw. steht. Eine S-Kurve teilt einen Kreis in eine schwarze und eine weiße Hälfte; in jeder Hälfte befindet sich ein Punkt in der Farbe der anderen Hälfte. Auch wenn das Yang und Yin-Symbol heute als zweigeschlechtliches Sinnbild angesehen wird, war es ursprünglich ausschließlich weiblich. Während der Sung-Periode stand es für die zyklischen Mondphasen.[1] Yin, die weibliche Kraft des Mandala, war sinnverwandt mit *yoni*.

Yang und Yin-Zeichen

1. Campbell, Or. M., 24.

Yantra

Tantrisches »Meditationszeichen«, die graphische oder symbolische Entsprechung eines *mantras*. Die größte Bedeutung besaß das Sri Yantra oder Große Yantra, das Bild zweier ineinander verhakter Dreiecke, welche die Zyklen der Zeit und die Vereinigung von Göttin und Gott darstellten. (Siehe **Hexagramm**.).[1] Die Meditation mit dem *yantra* hatte zum Ziel, »die Einheit mit der Mutter des Universums« zu erreichen.[2]

1. Rawson, A.T. 82. 2. Woodroffe, 428.

Yggdrasil

»Schreckliches Pferd« oder »Yggs Pferd« (engl.: *ogre*, »menschenfressendes Ungeheuer«); altnordischer Name für die Weltesche, die zu Odins Galgenbaum wurde – ein Galgen, der in der Poesie mit einem Pferd *(drasil)* verglichen wurde, auf dem die Menschen in den Tod ritten. Wie das Kreuz Christi wurde Yggdrasil als die **Axis Mundi** bezeichnet. Seine Wurzeln stützten die Erde, sein Stamm ging durch den Mittelpunkt der Welt hindurch, und seine Zweige, an denen die Sterne hingen, breiteten sich über den Himmel aus. Unter seinen Wurzeln, an der Quelle der Weisheit, lebten die drei Schicksalsgöttinnen oder Nornen. Eine riesige Schlange nagte ständig an dem Baum; am Tag des

Weltuntergangs würde sie den Weltenbaum Yggdrasil zum Einsturz bringen. Allen Welten, die er trug – Erde, Himmel, Midgard (die Menschenwelt) und Asgard (die Götterwelt) –, war es bestimmt, herabzustürzen und auseinanderzufallen. (Siehe **Weltgericht; Odin.**)

Yin

Chinesische Bezeichnung für die weibliche Lebenskraft, verwandt mit *yoni.* Das Yin wird meistens als eine Flüssigkeit dargestellt, die aus der weiblichen »Grotte des weißen Tigers« (dem Geschlechtsorgan) fließt.[1] Nach den Lehren des Tao war die Kraft des *yin* stärker als jede männliche Kraft; daher mußten Männer lernen, weibliche Körperflüssigkeiten in sich aufzunehmen, um Weisheit und Gesundheit zu erlangen.

1. Rawson, E. A., 253.

Ymir

Germanischer Riese, der starb, um dem Universum Leben zu geben. Aus seinem Fleisch entstand die Erde, aus seinem Blut entsprangen Flüsse und Meere, sein Schädel bildete das Himmelsgewölbe. Das erste Menschenpaar entstand aus dem Schweiß seiner linken Achselhöhle. Die Zwergenrasse ging aus den Maden hervor, die sich in Ymirs verwesendem Körper vermehrten. Mit diesem pantheistischen Schöpfungsmythos sollte der Anfang aller Dinge einem geopferten Gott zugeschrieben werden; aber Ymir war nicht wirklich das erste aller Lebewesen. Die Kuh-Mutter Audumla, »Schöpferin der Erde«, hatte ihn zum Leben erweckt und genährt.[1]

Ymirs Name ist mit dem sanskritischen Yama in Beziehung gesetzt worden. Er war der älteste Unterweltgott, hatte die Erscheinungsform eines Hermaphroditen und galt als Schöpfer alles Lebendigen.[2] So wie Odin eine Variante Indras war, entsprach Ymir dem Yama, den die arischen Stämme bei ihren Wanderungen westwärts in Erinnerung hielten.

1. *Larousse*, 248. 2. H. R. E. Davidson, G. M. V. A., 151, 199.

Yoga

Das Sanskritwort *yoga* bedeutet »anschirren, verbinden« oder »vereinen« und ist sprachlich verwandt mit dem englischen *yoke* (»Joch; anschirren«) und dem deutschen »Joch«. Yoga bezeichnete die sexuelle Vereinigung zwischen dem tantrischen *sadhu* und seiner *yogin* oder Shakti nach dem Vorbild der Vereinigung zwischen Kali und Shiva. Als Kalis Gemahl trug Shiva den Titel »Herr des Yoga«.[1]

Die Yoga-Übungen sollten magische Kräfte zur Entwicklung bringen, welche zusammengefaßt als *siddhi* – in Nordeuropa als *sidh* oder *seidr*, »Magie« – bezeichnet wurden. Der von diesen Kräften erleuchtete Weise konnte auf dem Wasser gehen, unedle Metalle in Gold verwandeln, verstand alle Sprachen, heilte Krankheiten, trieb Dämonen aus und beherrschte vieles andere mehr.[2] Die Mauren nannten eine solche

Person *sidi*, »Held«. In den mythischen Sagenkreisen des maurischen Spaniens erhielt der größte, bekannte Held, El Cid, diesen Titel zum Namen.[3]

1. Campbell, Or. M., 13. 2. Evans-Wentz, 158; Campbell, Or. M., 424.
3. Goodrich, 236.

Yoni

»Vulva«, Mittelpunkt der religiösen Verehrung im Tantrismus. Zu ihren verschiedenen Symbolen gehören: Dreieck, Fisch, ein doppelt zugespitztes Oval, Pferdehuf, Ei, verschiedene Früchte usw. Als Verkörperung der *yoni* trug die Göttin Kali den Titel Cunti oder Kunda, aus dessen Stammwurzel sich in fast allen indoeuropäischen Sprachen sinnverwandte Wörter gebildet haben, so z. B. das lateinische *cunnus* [weibliche Scham] oder das englische *cunt* (derbe Bezeichnung wie »Möse, Fotze«), aber auch *kin* (»Stamm, Sippe«) oder *country* (Land). (Siehe **Cunnus**.)

Das Yoni-Yantra oder Dreieck galt als das Urbild, das die Große Mutter als Quelle allen Lebens darstellte.[1] Das geometrische Yantrasymbol versinnbildlichte den in der Vulva der Göttin liegenden Brennpunkt ihrer göttlichen Energie und wurde ebenso stark verehrt wie das Kreuz bei den ChristInnen.

Zur Zeremonie der Wiedergeburt durch die Taufe gehörte es oft, mit dem ganzen Körper durch eine riesige Yoni gezogen zu werden. Diejenigen, die sich dieser Zeremonie unterzogen, wurden als »Zweimal Geborene« bezeichnet.[2]

1. Silberer, 170. 2. Frazer, G. B., 229.

Yonijas

Ein hinduistischer Mythos vom Kampf der Geschlechter erzählte, daß sich die Göttin Parvati (Kali) und der Gott Mahadeva (Shiva) darüber stritten, wer von beiden Anspruch auf die wahre Urheberschaft des menschlichen Lebens erheben dürfte. Um die Frage zu entscheiden, nahm sich jeder vor, ohne die Hilfe des anderen ein Menschengeschlecht zu erschaffen. Der Gott, der Geist des Lingam oder Phallus, erschuf die Lingajas, die schwach und dumm waren, »schwer von Begriff, ihre Körper kläglich, ihre Glieder verdreht«.

Die Göttin dagegen schuf die Yonijas, Geister der Yoni oder Vulva, die sich als vortreffliche Musterexemplare erwiesen: »wohlgestaltet, von lieblicher Erscheinung und feinen Zügen«.[1] Die beiden Rassen bekämpften sich in einem Krieg, den die Yonijas gewannen.

Dies ist vielleicht einer der ersten Mythen über den Streit zwischen männlichen und weiblichen Gottheiten um die Frage, wer von beiden die Schöpfung wirklich vollbrachte. Er stammt noch aus einem matriarchalischen Zeitalter, was daran deutlich wird, daß die Mutter lebenstüchtigere Menschen schuf als der Vater, der nur die schwächlichen *lingajas* zustande brachte.

1. Simons, 57.

Yu-Ti

Chinesischer Himmlischer Vater, Gemahl der Mutter Erde (Wang-Mu). Er war als Erlauchte Majestät der Jade oder Erlauchter Höchster Jadekaiser bekannt. Er lebte im Himmel in einem Palast, der dem kaiserlichen Palast auf Erden genau gleich war. Von ihm hieß es – ebenso wie von anderen archaischen Göttern, deren »Schöpfungsakte« zu einer Zeit stattfanden, als der Vorgang der Zeugung noch nicht verstanden wurde –, er habe die ersten Menschen aus Lehm erschaffen.[1]

1. *Larousse*, 381 f.

Zabat

Bei den Berbern eine Bezeichnung für heilige Tänze, die in Gruppen von dreizehn TänzerInnen bei einer bestimmten magischen Zeremonie, dem sogenannten »Ereignis der Kraft«, aufgeführt wurden. Möglicherweise liegt hier der Ursprung des sogenannten »Hexensabbats«.[1]

1. Shah, 210; Ravensdale & Morgan, 153.

Zagreus

Kretischer Stiergott und Erlöser. Er wurde sowohl mit Dionysos, dem Sohn, als auch mit Zeus, dem Vater, gleichgesetzt. Zagreus wurde von den Titanen (vor-hellenische Göttern) als Opfer erschlagen, dann von seinem himmlischen Vater verschlungen und als getreues Bild seiner selbst wieder zum Leben erweckt, indem ihn die Mutter (Rhea) wiedergebar.

Zakar

Hebräisch »männlich«, abgeleitet von mehreren alten Wörtern für »Penis«. Zakar oder Zaqar war eine phallische Gottheit, ähnlich dem Hermes in Babylon, der dort ›Bote vom Monde‹ genannt wurde. *Zekker*, das arabische Wort für »Penis«, geht auf eine ähnlich klingende, ägyptische Wurzel zurück: Seker, den Herr des Todes, also Osiris in Gestalt des toten Gottes (oder Phallus), der im Mutterleib verborgen war. (Siehe **Seker**.)

Zalmoxis

Thrakischer Erlösergott, den die GetInnen verehrten; er wurde mit Orpheus gleichgesetzt. Zalmoxis versprach denen, die als Gäste an seinem sakramentalen Letzten Abendmahl teilnahmen, ewiges Leben. Dann ging er in die Unterwelt und war am dritten Tage – oder nach manchen Berichten im dritten Jahre – wieder auferstanden. Er führte heilige Einweihungsmysterien über die Geheimnisse des Lebens nach dem Tode ein. Die ihm dargebrachten Menschenopfer wurden gepfählt, ähnlich wie die Opfer, die den Tmolus in Lydia verkörperten (siehe **Herakles**).[1] Das Martyrium für Zalmoxis war, wie es scheint, heftig begehrt. Wenn der Geopferte nach dem Sturz in die Speerspitze überlebte, wurde er geschmäht und als »schlechter Mann« bezeichnet. Es wurde dann ein anderes Opfer auserwählt, anstatt seiner zu sterben.[2]

1. Herodot, 241f. 2. Guthrie, 175.

Zar

Äthiopischer Dämon, immer noch von Frauen als Geist ihres Voodoo-ähnlichen Kultes der **Besessenheit** verehrt. Zu diesem Kult nehmen sie Zuflucht, wenn sie von der patriarchalischen Gesellschaft schikaniert werden. Der Name Zar könnte verwandt sein mit dem alten Namen des **Osiris**, der während der ersten Dynastie in Abydos als Gott-König Zer und später als Herr der Unterwelt verehrt wurde.

Zarathustra

Var. Zarathuschtra, griech. *Zoroaster, Zoroastres*, ital. *Sarastro*, parsisch *Zarduscht*

Patriarchaler persischer Prophet um 600 v. Chr., dessen Name für viele frauenfeindliche Lehren steht. So z. B. kann nach seinem Gesetz keine Frau in den Himmel kommen, es sei denn, sie hat »sich unterworfen und ihren Ehemann als ihren Herrn angesehen«.[1] Die meisten Frauen waren natürlich dazu bestimmt, in die Hölle zu fahren. Zusammen mit vielen anderen Gedanken übernahmen die Juden auch diese Vorstellung aus den Lehren des Zarathustra und verknüpften sie mit den Geboten Jahwehs.[1]

1. Campbell, Oc. M., 196, 199.

Zen

Japanisches System kontrollierter Meditation anhand der Beherrschung verschiedener Künste, insbesondere des kriegerischen Kampfes. Das Wort Zen entstand aus der falschen Aussprache des chinesischen ch'an, das wiederum auf eine falsche Aussprache des Sanskritwortes *dhyana*, »Kontemplation« zurückging.[1] Mittelalterliche Ritter, die Diana verehrten und einem ähnlichen Kult der Kriegskunst huldigten, haben ihre Tradition möglicherweise aus dieser orientalischen Quelle geschöpft.

1. Campbell, M.T. L., 127; Or. M., 440.

Zenobia

Dynastie-Name der matriarchalischen Königinnen von Palmyra. In ihrer aramäischen Sprache lautete der Name Bath-Zabbai oder Bath-Scheba und bedeutete »Tochter der Göttin«. (Siehe **Salomo und Scheba**.) Die berühmte Königin Zenobia Septimia war die »siebente Bath-Scheba«.[1] Sie hatte keinen offiziellen Gatten und nannte ihren Sohn Wahab-Allath, »Geschenk der Göttin Allath«. Allath war die semitische Mondmutter, die der Islam später zu *Allah* vermännlichte.[2]

1. *Encyc. Brit.*, »Zenobia«. 2. Riencourt, 75.

Zentauren

Griechische Pferdegeister, von den hinduistischen *asvins* und den Zauberern Zentralasiens abgeleitet, die die Gestalt von Pferdemenschen hatten. Die Zentauren konnten auf magische Weise ihre Gestalt verändern und waren Lehrer der hellenistischen Götter.[1] Meist wurden sie mit Kopf und Schultern eines Menschen und dem Körper und den Beinen eines Pferdes dargestellt. Ein weiterer Name für sie war *magnetes*, »Große«.[2] Sie wurden mit dem lateinischen Wort *centuria*, eine Hundertschaft Soldaten, in Verbindung gebracht.[3] Ständige Rivalen der Zentauren waren die Lapithen, »Männer, die Steinwaffen benutzen«, ein Hinweis auf ihre extreme Altertümlichkeit. (Siehe **Pferd**.)

1. Graves, W. G., 255 f. 2. Lawson, 244. 3. Graves, G. M., 102.1.

Zephyr

Griechischer Windgeist, der Frauen oder weibliche Tiere schwängern konnte. Er ähnelte Boreas, dem Nordwind, dem nachgesagt wurde, daß er Stuten schwängere. Griechische Phallusgötter erschienen auf Steinbildnissen und Amuletten als »Winde mit Schlangenschwänzen«. Der Gedanke, daß eine Vaterschaft dadurch zustande kam, daß man Luft, Atem oder Wind in den Schoß der Frau schickte, war nicht nur eine griechische Vorstellung, sondern auch in frühen patriarchalischen Religionen verbreitet, die lehrten, daß die männliche Überseele sei Luft. (Siehe **Seele**.)

Zeus

Griechische Form des sanskritischen *Dyaus pitar*, »Vater Himmel«, möglicherweise verknüpft mit dem babylonischen Mythos von *Zu*, dem blitzeschleudernden Sturmvogel. Die Römer nannten ihn Jupiter oder Jove; bei den Juden hieß er Jahweh.

Zeus galt im Gegensatz zum jüdisch-christlichen Gott, der viele seiner Attribute übernahm, nicht als Schöpfer der Menschheit und noch weniger als Gesetzgeber. Die wirkliche Schöpferin und Gesetzgeberin war die Göttin, die entweder als seine Mutter oder als seine Gattin bezeichnet wurde: Rhea, Hera, Gaia; sie war in allen Erscheinungsformen eine »jungfräuliche Mutter Gottes«. Zeus trug den Titel Marnas, »Jungfräulich geborener Zeus«.[1] Er wurde ebenfalls mit einer Reihe sterblicher Götter gleichgesetzt, so z. B. mit Zeus-Sabazius, Zeus-Zagreus, Zeus-Sabaoth. Wie Luzifer »kam er herab« in Form von Regen oder Blitzen, um seine Mutter, die Erde, zu befruchten. Als Gott des befruchtenden Blitzstrahles wurde er Zeus Kazaibates, »Zeus, der herabkommt«, genannt.[2] Als Wohnsitz übernahm er den Berg Olympos, der früher das Heiligtum der Gaia Olympia gewesen war.

Zeus wurde schließlich der olympisch-platonische Patriarch, der sogar behauptete, Athene – die alte libysche Göttin weiblicher Weisheit – aus seinem eigenen Kopf geboren zu haben. »Mit der Ausbreitung der platonischen Philosophie degenerierte die bis dahin intellektuell dominierende griechische Frau, wo immer Zeus und Apollon die herrschenden Götter waren, zu einer unbezahlten Arbeiterin und Gebärerin von Kindern.«[3]

1. Graves, W. G. 320 (dt. 349), 2. Guthrie, 38. 3. Graves, G. M. 29.3.

ZigeunerInnen

Zu den letzten Gruppen, die in Europa an der Anbetung der Großen Göttin festhielten, gehörten die ZigeunerInnen. Sie begannen um das Jahr 1000 n. Chr. herum Hindustan zu verlassen und in Richtung Westen zu wandern.[1] Weil für die Christen ihr Glaube Hexerei war, wurden sie von ihnen z. B. »Günstlinge des Mondes« oder »Förster der Diana« genannt. Wahrscheinlich hatten manche den Hexenkult der Diana über eine Verschmelzung der lunaren Diana mit ihrer Göttin Sara-Kali (Königin Kali) angenommen, die auch Laki (entsprechend der hinduistischen Lakshmi) oder Matta, die Mutter, genannt wurde.[2] Die ZigeunerInnen verehrten das Weibliche als die Quelle des Lebens. Sie sagten: »Für uns ist die Frau wie die Erde. Die Erde ist unsere Mutter, und so ist die Frau. Das Geheimnis des Lebens entspringt dem Boden.«[3]

Die heute in Europa lebenden Zigeunerstämme ziehen die Stammesbezeichnungen *Sinti* und *Roma* dem Begriff »Zigeuner« vor, weil in diesem Oberbegriff für alle Stämme ihres Volkes die alte Diskriminierung weiter mitschwingt.

Viele EuropäerInnen glaubten, daß die ZigeunerInnen aus Ägypten stammten, weshalb sie auch »Ägypter« hießen.[4] Ihre Traditionen, die sie gewöhnlich vor Nicht-ZigeunerInnen verbargen, haben hinduistische Wurzeln. Sie glaubten an die Reinkarnation und das Karma. Ein Wahrsager oder Kartenleger hieß bei ihnen *Vedavica*, Deuter der Veden, denn die ZigeunerInnen sahen die **Tarot**karten offenbar als ihre eigenen Veden an.[5]

Kali, die Göttin der ZigeunerInnen, war eine Trinität. Sie erschien als die gleiche Dreiheit von Schicksalsgöttinnen, die auch von Heiden und Hexen verehrt wurde. Wie die Feen-Patinnen, die Moirae oder Fortunae, trat Kali in Gestalt dreier mystischer Frauen an die Wiege jedes Neugeborenen. Bei jeder Taufe wurden ihr am Bett des Kindes drei Opfer dargebracht, »eines für jede Schicksalsgöttin«.[6]

Das Symbol der drei göttlichen Mütter war ein Dreieck, das heilige Yoni Yantra der tantrischen Yogis, ein uraltes Zeichen der Frau. In der Zeichenschrift der ZigeunerInnen, die keinen festen Regeln unterworfen war, wurde »Frau« immer durch das Yoni-Yantra dargestellt.[7] Die Wahrsager bevorzugten es, die Karten nach diesem »weiblichen« Muster auszulegen. Wie die dreifache Göttin selbst symbolisierten die drei Seiten des Dreiecks Vergangenheit, Gegenwart und Zukunft.[8]

Im Mittelpunkt des Sippenlebens stand die Matriarchin. »Alles, was sich um die Sippenmutter herum abspielte, ähnelte den alten, heidnischen Sexualriten.« Ihr Ehemann war ein mit einer Drohne vergleichbarer Nichtstuer, dessen einzige Aufgabe es war, sie zu schwängern. Die Sippe versorgte ihn in seiner Untätigkeit, achtete ihn aber als unproduktives Sippenmitglied gering. Wenn es ihm nicht gelang, vollkommen gesunde Kinder zu zeugen, wurde er »wie zufällig« getötet, und ein anderer »oberster Zuchthengst« nahm seinen Platz ein. »Die Sippenmütter waren oft mehr als ein halbes dutzendmal verwitwet.« Der Stammesmutter am nächsten stand nicht ihr Ehemann, sondern der sogenannte »Schmeichler«, der von frühester Jugend an dazu ausgebildet war, sein eigenes sexuelles Verlangen zu beherrschen und »sich vollständig auf die Lust seiner Partnerin zu konzentrieren. Er mußte alle empfindlichen und erogenen Stellen des weiblichen Körpers kennen. In dieser seltsamen Dreierbeziehung verschaffte der Schmeichler der Mutter die Befriedigung ihrer Lust, ohne auch nur ein einziges Mal in sie einzudringen. Statt dessen erregte er sie mit Liebkosungen, Worten und Seufzern so weit, daß sie kurz vor dem Orgasmus stand. In diesem Moment kam der Ehemann hinzu und drang in sie ein.«[9]

Der Schmeichler der Königin wurde, ähnlich wie ein tantrischer Yogi, in den Riten des *maithuna* ausgebildet. Das Gleiche galt für die von den ZigeunerInnen verehrten sogenannten »okkulten Paare«, die die Göttin und den Gott in ihrer ewigen, welterhaltenden Vereinigung verkörperten. Für den Zigeuner, ebenso wie für den tantrischen Yogi und den sufistischen Derwisch, war in Übereinstimmung mit dem alten orientalischen Glauben, nach dem alle Magie von der Frau ausgeht, der okkulte *coitus reservatus* ohne männlichen Orgasmus ein »Mittel, die psychischen Kräfte zu steigern«.[10]

Bei den ZigeunerInnen hieß eine Fee *rashami*, »Priesterin«. Die häufigsten Familiennamen waren Schmidt (Schmied) und Faa, »Fee«.[11] Viele Zigeuner übten das Schmiedehandwerk aus und waren deshalb auch von der mittelalterlichen Überzeugung betroffen, nach der Schmiede, Zauberer und Frauen gegen die christliche Kirche konspirierten.[12] (Siehe **Schmied**.)

Viele Legenden zeugen von der Feindschaft zwischen Christen und ZigeunerInnen. Es wurden Gesetze gegen Landstreicherei bemüht oder sogar ausdrücklich erlassen, um der Inquisition die Befugnis zu geben, ZigeunerInnen aufzugreifen und in Hexengefängnisse zu werfen. Oft wurden dabei nicht einmal ihre Namen registriert.[13] Im Jahre 1500 verfügte die Augsburger Ratsversammlung, daß Christen ungestraft Zigeuner töten durften, wogegen ein Zigeuner, der von einem Christen verletzt wurde, kein Recht auf Entschädigung hatte.[14] Im Jahre 1782 wurden 45 Zigeuner gefoltert, gerädert, gehängt, gestreckt und gevierteilt, weil ihnen die Ermordung einiger Ungarn vorgeworfen wurde. Diese lebten aber, und es ging ihnen so gut, daß sie der Exekution ihrer angeblichen Mörder beiwohnen konnten.[15]

Ein verbreiteter Glaube besagte, daß die ZigeunerInnen aus der Vereinigung der ersten Zigeunerin mit dem Teufel hervorgegangen waren.[16] Ein englischer Autor nannte die ZigeunerInnen »Diebe, Gauner und bettelnde Schurken … bekannt als Bohemiens, Ägypter und Caramaras.«[17] Die dritte Bezeichnung erinnert an Kauri-Ma oder Mutter Kali als Göttin des Todes.

So wie die Bezeichnung »Mörder Christi« die Judenverfolgungen unterstützte, so bekräftigten bestimmte Bezeichnungen und Legenden die Verfolgung von ZigeunerInnen. Es wurde behauptet, die Zigeunerschmiede hätten die Nägel für die Kreuzigung Christi hergestellt. Die ZigeunerInnen verbreiteten eine Gegenlegende: Ein Ahnherr ihres Volkes stahl einen der vier zur Kreuzigung Jesu bereitgelegten Nägel, hatte aber keine Zeit, auch die restlichen drei zu stehlen. Weil der vierte

Nagel fehlte, mußten Jesu Füße mit einem einzigen Nagel ans Kreuz geschlagen werden. Merkwürdigerweise fand in den Darstellungen der christlichen Kunst der Übergang von vier auf drei Nägel ungefähr zur gleichen Zeit statt, als die Zigeuner ihre Geschichte verbreiteten.[18] Sie behaupteten außerdem, Jesus habe als Dank für den Versuch des Zigeuners, ihn zu retten, vom Kreuz aus allen ZigeunerInnen das Recht zu stehlen zugestanden. Einer anderen Legende nach durften die ZigeunerInnen stehlen, weil eine Zigeunerfrau einst das Christuskind stahl und es in ihrer Tasche vor Herodes' Kindermördern versteckte.[19]

Einige ZigeunerInnen sagten, ihr Volk habe seinen eigenen Erlöser, einen Gottessohn namens Alako, der zum Mond aufgestiegen sei. Er beschütze die ZigeunerInnen und trage ihre Seelen nach dem Tod zum Mond. Seine beiden Feinde seien der Teufel und Christus.[20] Die ZigeunerInnen beteten aber auch zu einem Geist der Mutter Erde, dem *Pchuvus* (verwandt mit dem keltischen *pooka* oder Puck), der auserwählten Menschen »Erde« spenden konnte. In der Sprache der ZigeunerInnen steht der Begriff Erde für Glück, günstiges Schicksal und Geld, ähnlich dem hinduistischen *artha*, den Reichtümern der Mutter Erde.[21]

Die ZigeunerInnen hielten es für unheilbringend, am Morgen als erstes einem Mönch oder Priester zu begegnen. An so einem Tag konnte nichts mehr gelingen. Diese anti-klerikale Idee verbreitete sich sogar bei den Christen und fand sich in ganz Italien noch bis ins 19. Jahrhundert.[22] In seinem Werk *De occulta philosophia* (1510) schrieb Agrippa, es sei ein böses Omen, einem Mönch zu begegnen, »weil diese Menschengattung in der Regel vom plötzlichen Tod anderer Menschen lebt, so wie Geier vom Schlachtvieh«.[23] Reginald Scot schrieb, daß Jäger es für so unglückbringend ansahen, einem Priester zu begegnen, daß sie »ihre Hunde an die Leine legten und an diesem Tag ohne Hoffnung auf weiteres Jagdglück nach Hause zogen«.[24]

Die Mythen der ZigeunerInnen nahmen in Form von Märchen die Inhalte des Heiligen Dramas wieder auf. Häufig erscheint der Hörnergott und wird der Dreifachen Göttin geopfert. Als Zigeunerjüngling aß er einst einen Zauberapfel, den ihm eine Frau geschenkt hatte. Daraufhin wuchsen ihm Hirschhörner aus dem Kopf. Er aß einen zweiten Zauberapfel, woraufhin das Fleisch von seinen Knochen abfiel. Er aß einen dritten Zauberapfel, überquerte einen Fluß (den Fluß Styx), wurde wieder zum Leben erweckt und war schöner und makelloser denn je.[25] Dahinter verbarg sich Dionysos, bzw. Aktaion oder Pentheus, der Gott mit der Stiermaske, der getötet und wieder zum Leben erweckt wurde.

Ähnlich wie in vedischen Mythen wurden die Götter der ZigeunerInnen oft als Schweine geopfert. Meistens gehörte der äußerst wichtige **Apfel**, der die »Herz-Seele« (ägyptisch *ab*) verkörperte, dazu. Ein Zigeunermädchen soll – an Kirke erinnernd – ihren toten Geliebten dadurch wieder zum Leben erweckt haben, daß sie sein Fleisch durch das eines Schweines ersetzte. Dies war ein klassisches Bild für die Entmenschlichung eines Mannes oder Gottes als Opfer. Als sie ihm einen Apfel in den Mund preßte, der als sein neues Herz dienen sollte, erwachte er wieder zum Leben.[26] Auch die Anbeter Vishnus, des Ebergottes, und die seines skandinavischen Äquivalents, des **Ebers** (oder säugenden Schweins) des Julfestes, kannten das Schwein mit dem Apfel im Maul. Die ÄgypterInnen glaubten, ein Toter könne wiedererweckt werden, wenn **Anubis** ihm das Herz in den Mund drücke.[27] Ähnliches erzählten die ZigeunerInnen über eine Zigeunerhexe, die ihren Sohn ins Leben zurückrief, indem sie ihm sein Herz in den Mund preßte.[28] Ein Apfel galt häufig als Symbol für das Herz.

Unter Verliebten oder Brautleuten der ZigeunerInnen war das »Herzverschenken« oft mit dem Brauch verbunden, sich einen Apfel zu schenken. »Okkulte Paare« begannen ihre sexuellen Riten damit, daß sie feierlich einen Apfel zu einem Pentagramm zerschnitten, um seine magische Kraft zu betonen. Anschließend fütterten sie sich gegenseitig mit den Stücken und sprachen dazu: »Ich bin deine Nahrung, du bist die meinige. Wir sind das Fest.«[29] Auch südslawische Heiden verwendeten den Apfel bei ihren Hochzeitsbräuchen. Die Braut aß die eine Hälfte und überreichte die andere ihrem Bräutigam. Es wird vermutet, daß ein ähnlicher, alter Hochzeitsritus der Geschichte von Eva und dem Apfel zugrundeliegt.[30]

Zweifellos waren die Mythen, die in die Volkssagen der ZigeunerInnen eingingen, sehr alt und in allen indoeuropäischen Kulturen verbreitet. Ihre Göttin Sara-Kali könnte ohne weiteres ursprünglich Sara gewesen sein, die ihr Volk um 1900 v. Chr. aus der matrilinearen Gesellschaft der chaldäischen Stadt Ur wegführte.[31] Der Bibel nach spielte dabei ihr angeblicher Ehemann Abraham die entscheidende Rolle, in rabbinischen Schriften wird er dagegen nur als chaldäischer »Astrologe«, d. h. Priester der Mondgöttin, erwähnt.[32] In einer anderen Zigeunerlegende tritt die Göttin als Mutter der Sonnengottheit auf, als »weiß gekleidete alte Frau, die in einem Tempel sitzt«. Sie erklärt ihr Wirken mit Worten, die an das Rätsel der Sphinx erinnern: »Ich bin die Mutter des Sonnenkönigs, der täglich als kleines Kind aus diesem Haus herausfliegt, am Tag zum Mann wird und abends als Graubart zurückkehrt.«[33] Ebenso verkörperte sie die göttliche Cauldron (Kessel), die den Sonnenkönig täglich verschlang und wieder gebar. Der bei ZigeunerInnen beliebte Familienname Kaldera oder Kalderas läßt sich wahrscheinlich von Kali-Devi als Cauldron ableiten.[34]

Die Cauldron der Tiefe erscheint im Sagen- und Märchengut der ZigeunerInnen auch als Spiegel, ähnlich dem, mit dem die Titanen die Seele des Dionysos einfingen. Dionysos wurde mit dem Sonnengott gleichgesetzt. Transsylvanische ZigeunerInnen nannten ihn den verzauberten (oder verdammten) Jäger, der eine Hexe namens Mara oder Mari – gemeint ist Mutter Tod – liebte. Sie fing die Seele des Jägers mit ihrem magischen Spiegel ein und behielt sie für sich. In seinem Schicksalszyklus ging dies der Wiederauferstehung voraus.[35]

Viele hochinteressante Aspekte der Zigeunersagen und -märchen wurden jahrhundertelang vor Nicht-ZigeunerInnen verborgen gehalten, weil die christliche Kirche alles, was damit zusammenhing, als Häresie ansah. Selbst Volksmärchen konnten als Rechtfertigung für Verfolgungen dienen. Die Vorurteile gegenüber ZigeunerInnen haben sich bis in unser Jahrhundert hinein gehalten. Die Nationalsozialisten erklärten die ZigeunerInnen«, gemeinsam mit Jüdinnen und Juden, Slawinnen und Slawen und anderen »Nichtariern« zu »Untermenschen«. Über 400000 Zigeuner und Zigeunerinnen wurden in deutschen Konzentrationslagern umgebracht.[36]

1. Trigg, 7. 2. Groome, IV, LXII. 3. Derlon, 135. 4. Trigg, 4. 5. Leland, 67. 6. Trigg, 80. 7. Lederer, 141. 8. Trigg, 48f. 9. Derlon, 132. 10. Ebd., 159. 11. Groome, LXI. 12. Joyce 1, 223. 13. Summers, G.W., 488ff. 14. Trigg, 11. 15. Tannahill, 103. 16. Trigg, 21. 17. Hazlitt, 113. 18. Groome, XXX. 19. Trigg, 72f. 20. Ebd., 202. 21. Leland, 99. 22. Ebd., 129; Gifford, 25. 23. Agrippa, 172. 24. Scot, 164. 25. Groome, LXVII. 26. Ebd., 28. 27. Erman, 158. 28. Groome, 18. 29. Derlon, 131f. 30. Crawley 2, 133. 31. Boulding, 236. 32. Barrett, 183. 33. Groome, 136. 34. Esty, 67. 35. Groome, 131f. 36. Boulding, 328.

Zikkurat

Babylonischer »Berg des Himmels«, die Pyramide, die in mesopotamischen Städten als Tempel und Palast diente. Auf seinem Gipfel, dem Punkt, an dem Himmel und Erde aufeinandertrafen, vollzog der König seine Heilige Hochzeit mit der Göttin. Nebukadnezars Stufenturm bestand aus sieben Stockwerken entsprechend den sieben Planetensphären. Darunter befanden sich sieben Kellergeschosse, die den Abstieg in die sieben entsprechenden Sphären der Unterwelt versinnbildlichten. In diesen unterirdischen Stockwerken wurden bei der Initiation von Priestern Zeremonien des Sterbens und der Wiedergeburt zelebriert. (Siehe **Berg**.)

Ziusudra

Sumerischer Prototyp Noahs, des Helden der Sintflut; er trug die Saat eines neuen Universums durch das Chaos der Wasserfluten, das zwischen der Zerstörung der einen Welt und der Geburt der nächsten herrschte. Eine Variante seines Namens war Xisuthros. (Siehe **Flut**.)

Zoe

»Leben«, ein gnostischer Name für Eva, vergleichbar mit der teutonischen Allmutter Lif.[1] Zoe war eine Tochter oder Emanation der gnostischen Göttin Sophia, die dem Adam seine Seele schenkte. Sie stieß den ungerechten Schöpfer, der es gewagt hatte, sie zu verfluchen, hinunter in den Abgrund und hob den Herrn der Heerscharen in den siebten Himmel empor. Dort belehrte sie ihn über den achten Himmel, den Aufenthaltsort der Großen Mutter. Gnostische Evangelien berichten, daß nach erfolglosen Versuchen verschiedener Götter nur Zoes Macht groß genug war, den ersten Menschen aus Lehm mit Leben zu erfüllen. Der neugeschaffene Mann nannte sie deshalb ›Mutter alles Lebendigen‹.[2] Die kanonische Bibel behielt ihren Titel bei, verschwieg aber, daß sie Adam das Leben gegeben hatte.

1. Pagels, 30. 2. Robinson, 159, 166ff., 172ff.

Zorya

Die drei »Schicksalsgöttinnen« der slawischen Mythologie. »Drei kleine Schwestern, drei kleine Zorya: jene vom Abend, jene von der Mitternacht und jene vom Morgen« – das bezog sich auf den alten Mondkalender, der den Tag von Mittag zu Mittag rechnete. Wie die Nornen hatten die Zorya den Wolf des Jüngsten Tages an den Polarstern angekettet: »Ihre Pflicht ist es, den Hund zu bewachen, der mit einer eisernen Kette an das Sternbild des Kleinen Bären gefesselt ist. Wenn die Kette zerspringt, wird dies das Ende der Welt sein.«[1] Ein ägyptisches Urbild der dreifachen Zorya war die Göttin Reret, die die Zerstörungsmächte an einer Kette gefangen hielt.[2]

1. *Larousse*, 285. 2. Budge, G. E. 2, 249.

Zunge

Das lateinische wort *lingus*, »Zunge« stammt von dem Sanskritwort *lingam*, »Phallus«, ab. Die heilige Geste, bei der zwischen den Lippen die Zunge gezeigt wurde, stand für die Lingam-Yoni; bis heute heißen die Vulvafalten *labiae*, (Scham-)»Lippen«. (Siehe **Vagina Dentata**.)

Bei ihrer Verschmelzung mit Shiva streckt Kali Ma auf vielen Darstellungen zum Zeichen des sexuellen Sakramentes ihre Zunge heraus.[1] Auch das Medusenhaupt des klassischen Altertums, das für »weibliche Weisheit« stand, zeigte in Anspielung auf die uralten der Medusa zu Ehren abgehaltenen Sexualmysterien eine herausgestreckte Zunge.[2]

Im Mittelalter verstanden die Christen die sexuelle Symbolik der Zunge sehr wohl. Darstellungen lüsterner Teufel zeigten lange phallische Zungen, und es war schon damals eine beliebte Beleidigung, jemandem mit der herausgestreckten Zunge ein *fuck you* zu bedeuten. In Asien, wo Sexualität traditionell nicht mit Scham oder Schande in Verbindung gebracht wurde, ist das Herausstrecken der Zunge dagegen vielerorts noch heute ein höflicher Gruß.

Die Italiener erhöhten die Ähnlichkeit des Mundes mit der Vulva, indem sie mit dem Daumen einen Mundwinkel herabzogen.[3] Der symbolische Biß in diesen Daumen war ein Kastrationsfluch und gehörte in Italien zu den schlimmsten Beleidigungen.

Die heiligen Könige der Urzeit, die ihre »Väter« bzw. Vorgänger töten mußten, um die Königin zu gewinnen, kastrierten oft den besiegten Rivalen, um seinem Geist die *virtu* (magische Männlichkeit) zu rauben und damit die Macht, rächend wiederzukehren. Dieser ödipale Angriff taucht in der Mythologie oft als der Kampf mit dem Drachen auf, dem Symbol für »Vater« oder »Größerer Phallus«. Die Belohnung des Drachentöters war die Frau (Mutter). Die Helden schnitten dem Drachen die Zunge heraus, ein Symbol für die Abtrennung des Penis. Tristan schnitt dem von ihm erschlagenen Drachen die Zunge heraus und erwarb damit das Recht, Isoldes Hand zu fordern.[4]

In mittelalterlichen Kathedralen sind »auffallend viele groteske Köpfe mit heraushängenden Zungen« dargestellt, und diese Figuren hingen eindeutig mit dem Vorweisen der Genitalien zusammen. »Das Vorzeigen der Genitalien sollte nach allgemeiner Überzeugung die widrigen Machenschaften böser Kräfte vereiteln und fernhalten.«[5] Die zahlreichen Wesen mit herausgestreckter Zunge in gotischen Kathedralen zeigen wieder einmal, daß die Kathedralen dieser Zeit einem Himmel voller christlicher wie heidnischer Gottheiten geweiht waren. Die Menschen wollten, daß ihre »Grottenwesen« oder *Grotesken* die Kirchen bevölkerten, die über den alten heiligen Grotten erbaut waren. In der Renaissance wurden die alten Gottheiten mit ihren obszön herausgestreckten Zungen zu Teufeln erklärt, so daß Zungenherausstrekken zu einer üblichen Symbolgeste für den Teufel wurde.[6]

Die Geschichte von Pinocchios Nase, die mit jeder Lüge länger wird, hat ihren Ursprung unter Umständen in alten östlichen Überzeugungen. Im Buddhismus heißt es, die Zunge eines Lügners würde in der Hölle riesig lang.[7] Demgemäß galten hier die meisten alten, nichtbuddhistischen Gottheiten mit ihren als Symbol für das Sexualsakrament herausgestreckten Zungen als »Lügner«.

1. Neumann, G. M., plts. 65, 67. 2. Massa, 19. 3. Knight, S. L., 30. 4. Guerber, L. M. A., 240. 5. Sheridan & Ross, 54. 6. Givry, 141. 7. Tatz & Kent, 69.

Zungenreden

Glossolalie, »in Zungen reden«, war Teil religiöser Ekstase oder Trance und wurde vorzeiten als Beweis göttlicher Gnade angesehen. Der Apostel Paulus war stolz auf seine Fähigkeit, »mehr in Zungen reden« zu können als alle seine Anhänger (1. Korinther 14, 18). Frühe Christen glaubten, daß ein Zungenredner, wenn er vom göttlichen Geist erfüllt war, in fremden, ihm unbekannten Sprachen reden konnte. Der Gedanke stammte ursprünglich von den Buddhisten. Sie behaupteten, die Worte, die Buddha an Götter, Dämonen, Menschen und Tiere richtete, würden von jedem Wesen in der ihm geläufigen Sprache vernommen.[1]

1. Waddell, 159.

Zurvan

Archaische persische Gottheit der unendlichen Zeit, die in der zarathustrischen Symbolik zweigesichtig oder zweigeschlechtlich erscheint. Zurvan muß ursprünglich eine Manifestation der beiden Herrinnen von Leben und Tod gewesen sein, die ähnlich wie Kali die Aspekte der Jungfrau und des Alten Weibes verbanden. Der Schoß der Zurvan gebar die Zwillinge **Ahura Mazda** (Gott) und **Ahriman** (Satan). Der erste Zwilling wurde König des Himmels, weil er die richtigen Opfer darbrachte. Ahrimans Opfer waren unerwünscht, und so wurde er in die Unterwelt verbannt und wurde zur Großen Schlange.[1]

Zurvan Akarana galt ihren VerehrerInnen als die Erste Ursache oder das Prinzip der Schöpfung, eine Vorstellung, die mit den Phänomenen Zeit, Bestimmung und Schicksal, den drei Hauptaspekten der Göttin, verknüpft war.[2] In einer alten Schrift heißt es, daß ihre Heiligkeit nicht einmal angerufen werden konnte, denn »sie ist dem Menschen so rätselhaft, daß wir unseren Respekt vor ihr nur in ehrfürchtigem Schweigen ausdrücken können.«[3] Somit entsprach Zurvan der gnostischen Göttin Sige, »Ursprung aller Dinge im Schweigen«. Ahura könnte einer ihrer frühen Namen gewesen sein. In Ägypten war Ahura weiblich.[4]

Das Pantheon des Zarathustra wies Zurvan die dunkle Seite der Göttlichkeit zu. Sie erschien als eine klapprige, altersschwache Dämonin, sehr ähnlich der Kali in Gestalt der Greisin, die Alter und Sterben verkörperte.[5] Bezeichnenderweise betonen patriarchalische Denker die negativen Aspekte der zerstörenden und schöpferischen Göttin selbst dann, wenn der ursprüngliche Charakter der Mutter von Gut und Böse, von Zeit, Schicksal und Universum hinter dem falschen Glanz späterer Mythen noch deutlich zutage tritt.

1. *Larousse*, 323. 2. Cumont, A. R. G. R., 61. 3. Seligmann, 14.
4. Budge, E. M., 144. 5. Seligmann, 14.

Zwillinge

Dylan und Lieu, die Zwillingsmächte von Licht und Finsternis, wurden von Arianrhod, der keltischen Göttin des Sternenrades, gleichzeitig geboren.[1]

Kastor und Polydeukes (Castor und Pollux), die Zwillingsgötter des Morgen- und Abendsternes, wurden gleichzeitig aus dem Schoße Ledas oder Latronas, in der griechischen Mythologie die Urmutter des Welteneis, geboren.[2]

Shaher und Shalem, die Zwillingsgötter des Morgen- und Abendsternes in Kanaan, entsprangen gleichzeitig dem Schoß Helels, dem Abgrund, einem dunklen, yonischen Aspekt der Göttin Asherah, die den Vatergott El verschlang.[3]

Ahura Mazda und Ahriman, also Gott und der Teufel, waren als Zwillingsbrüder gleichzeitig aus dem Schoß der Zurvan geboren, dem zweigesichtigen, androgynen Urwesen, das bei den Persern die unendliche Zeit personifizierte. Dieses Ereignis wird auf der berühmten Silberplakette von Luristan dargestellt, die aus dem 8. Jahrhundert v. Chr stammt.[4]

Amerikanische Indianer erzählen, der Weiße Manitu, der Herr des Lebens, und der Schwarze Manitu, der Herr des Todes, seien Zwillinge. Beide wurden gleichzeitig von der Mondgöttin geboren, der sogenannten Alten Frau, die niemals stirbt und die wahre Herrscherin über alle Götter und Menschen ist.[5]

Den Gnostikern zufolge hatte der Sonnengott Helios oder Apollo einen dunklen Zwilling, den Sol Niger (Schwarze Sonne), König der Unterwelt. Die Chaldäer nannten ihn Aziel.[6] Der helle Gott wurde in den dunklen verwandelt, wenn er in Verbindung (»Konjunktion«) mit ihrer gemeinsamen Mutter, der Mondin, trat.

In allen Mythologien läßt sich das gleiche Paar finden: Zwillinge des Lichts und der Finsternis, geboren von der Großen Mutter. Jede dualistische Religion – so wie die des Zarathustra –, die einem Prinzip des Bösen ein Prinzip des Guten entgegensetzt, baut auf diese beiden Prinzipien auf, die als Kinder des Urschoßes personifiziert werden. Hier hat die Behauptung der mittelalterlichen Häretiker ihren Ursprung, daß Gott und der Teufel Zwillingsbrüder seien; denn wenn es keinen dunklen Zwilling gäbe, trüge Gott die Verantwortung auch für das Böse. (Siehe **Teufel**.)

1. Squire, 261. 2. Graves, G. M., 74.d. 3. Hooke, M. E. M., 93. 4. *Larousse*, 323.
5. Briffault 2, 729–732. 6. Jung & Franz, 200.

Bibliographie

Adler, Margot: *Drawing Down the Moon*. Boston: Beacon Press 1981.
Agrippa von Nettesheim, Heinrich Cornelius: *The Philosophy of Natural Magic*. Secaucus, N. J.: University Books 1974.
Agrippa von Nettesheim, Heinrich Cornelius: *Magische Werke*. (5 Teile in 3 Bänden) Berlin: Barsdorf [4]1921.
Albright, William Powell: *Yahweh and the Gods of Canaan*. New York: Doubleday & Co. 1968.
Angus, Samuel: *The Mystery-Religions*. New York: Dover Publications 1975.
Apocrypha, Authorized Version. New York: University Books Inc. 1962.
Apuleius: *Der goldene Esel / Metamorphosen*. o. O.: Heimeran [2]1963.
Arens, William Edward: *The Man-Eating Myth*. New York: Oxford University Press 1979.
Ashe, Geoffrey: *The Virgin*. London: Routledge & Kegan Paul 1976.
Assyrian and Babylonian Literature. Selected Translations. New York: D. Appleton & Co. 1901.
Attwater, Donald: *The Penguin Dictionary of Saints*. Baltimore: Penguin Books, Inc. 1965.
Augstein, Rudolf: *Jesus Son of Man*. New York: Urizen Books 1977.
Augstein, Rudolf: *Jesus Menschensohn*. München: Bertelsmann 1972.
Avalon, Arthur: siehe Woodroffe, Sir John.
Bachofen, Johann Jakob: *Myth, Religion and Mother Right*. Princeton, N. J.: Princeton University Press 1967.
Bachofen, Johann Jakob: *Das Mutterrecht. Eine Untersuchung über die Gynaikokratie der alten Welt nach ihrer religiösen und rechtlichen Natur*. Frankfurt am Main: Suhrkamp [7]1989. Auch in: Ders.: *Gesammelte Werke*, Band II/III. Basel: Benno Schwabe & Co. 1948.
Bächthold-Stäubli, H. u. E. Hoffmann-Krayer: *Handwörterbuch des deutschen Aberglaubens*. Berlin u. Leipzig: 1927–1942.
Bacon, Edward (Hrsg.): *Vanished Civilizations of the Ancient World*. London: Thames & Hudson 1963.
Bacon, Edward (Hrsg.): *Versunkene Kulturen. Geheimnis und Rätsel früherer Welten*. Eltville am Rhein: Rheingauer Verlagsgesellschaft 1986.
Barber, Charles L.: *The Story of Speech and Language*. New York: Thomas Y. Crowell Co. 1965.
Baring-Gould, Sabine: *Curious Myths of the Middle Ages*. New York: University Books Inc. 1967.
Baring-Gould, Sabine: *The Book of Werewolves*. New York: Causeway Books 1973.
Barker-Benfield, Graham John: *The Horrors of the Half-Known Life*. New York: Harper & Row 1976.
Barret, Charles Kingsley: *The New Testament Background*. New York: Harper & Row 1961.
Barrett, Charles Kingsley: *Die Umwelt des Neuen Testamentes*. Tübingen: Mohr 1959.
Beard, Mary R.: *Woman as Force in History*. London: Collier-Macmillan Ltd. 1946.
Becker, Ernest: *The Denial of Death*. New York: The Free Press 1973.
Becker, Ernest: *Die Überwindung der Todesfurcht*. München: Goldmann 1985.
Becker, Ernest: *Escape from Evil*. New York: The Free Press 1975.
Bengis, Ingrid: *Combat in the Erogenous Zone*. New York: Bantam Books, Inc. 1972.
Bharati, Agehananda: *The Tantric Tradition*. New York: Samuel Weiser, Inc. 1975.
Bharati, Agehananda: *Die Tantra-Tradition*. Freiburg im Breisgau: Aurum 1977.

Biedermann, Hans: *Knaurs Lexikon der Symbole*. München: Droemer Knaur 1989.
Binder, Pearl: *Magic Symbols of the World*. London: Hamlyn Publishing Group Ltd. 1972.
Black, Matthew: *The Scrolls and Christian Origins*. New York: Charles Scribner's Sons 1961.
Book of Shadows. St. Paul, Minn.: Llewellyn Publications 1973.
Borchardt, Frank: *German Antiquity in Renaissance Myth*. Baltimore, Md.: Johns Hopkins University Press 1971.
Boulding, Elise: *The Underside of History*. Boulder, Colo.: Westview Press 1976.
Bouquet, A. C.: *Comparative Religion*. London: Penguin Books Ltd. 1942.
Bowness, Charles: *Romany Magic*. New York: Samuel Weiser, Inc. 1973.
Boynton, Richard W.: *Beyond Mythology*. New York: Doubleday & Co. 1951.
Brandon, Samuel George Frederick: *Religion in Ancient History*. New York: Charles Scribner's Sons 1969.
Branston, Brian: *Gods of the North*. London: Thames & Hudson 1955.
Branston, Brian: *Götter und Helden der Wikinger*. Nürnberg: Tesloff 1979.
Brasch, Rudolph: *How Did Sex Begin?* New York: David McKay Co. 1973.
Bratton, Fred Gladstone: *Myths and Legends of the Ancient Near East*. New York: Thomas Y. Crowell Co. 1970.
Brewster, H. Pomeroy: *Saints and Festivals of the Christian Church*. New York: Frederick A. Stokes Co. 1904.
Briffault, Robert: *The Mothers*. (3 Bde.) New York: Macmillan 1927.
***Der große Brockhaus* in zwölf Bänden. Wiesbaden: F. A. Brockhaus [18]1977ff.**
Bromberg, Walter: *From Shaman to Psychotherapist*. Chicago: Henry Regnery Co. 1975.
Brownmiller, Susan: *Against Our Will: Men, Women, and Rape*. New York: Simon & Schuster 1975.
Brownmiller, Susan: *Gegen unseren Willen. Vergewaltigung und Männerherrschaft*. Frankfurt am Main: Fischer 1987.
Budge, Sir E. A. Wallis (Hrsg.): *Book of the Dead*. New York: Bell Publishing Co. 1960.
Budge, Sir E. A. Wallis: *Amulets and Talismans*. New York: University Books Inc. 1968.
Budge, Sir E. A. Wallis: *Gods of the Egyptians*. (2 Bde.) New York: Dover Publications 1969.
Budge, Sir E. A. Wallis: *Egyptian Magic*. New York: Dover Publications 1971.
Budge, Sir E. A. Wallis: *Dwellers on the Nile*. New York: Dover Publications 1977.
Budge, Sir E. A. Wallis: *Egyptian Language*. New York: Dover Publications 1977.
Büchmann, Georg: *Geflügelte Worte. Der Zitatenschatz des deutschen Volkes*. Berlin: Haude & Spenersche Buchhandlung 1914 (oder neuere Ausgaben).
Bullough, Vern L.: *The Subordinate Sex*. Chicago: University of Illinois Press 1973.
Butler, Bill: *Dictionary of the Tarot*. New York: Schocken Books 1975.
Butler, E. M.: *Ritual Magic*. Cambridge: Cambridge University Press 1949.
Byron, George Gordon: *Aristomanes*. In: Sämtliche Werke, Bd. II. München: Winkler o. J.
Campbell, Joseph: *The Masks of God: Primitive Mythology*. New York: Wiking Press 1959.
Campbell, Joseph: *Mythologien der Urvölker. Die Masken Gottes, Bd. 1*. Basel: Sphinx 1991.
Campbell, Joseph: *The Masks of God. Oriental Mythology*. New York: Viking Press 1962.
Campbell, Joseph: *The Masks of God. Occidental Mythology*. New York: Viking Press 1964.

Campbell, Joseph: *The Masks of God. Creative Mythology*. New York: Viking Press 1970.
Campbell, Joseph: *The Flight of the Wild Gander*. Chicago: Henry Regnery Co. 1969.
Campbell, Joseph: *Der Flug der Wildgans. Mythologische Streifzüge*. Basel: Sphinx 1990.
Campbell, Joseph: *Myths to Live By*. New York: Viking Press 1972.
Campbell, Joseph: *Lebendiger Mythos. Gedanken über die inneren Horizonte*. München: Goldmann 1988.
Campbell, Joseph: *The Mythic Image*. Princeton, N. J.: Princeton University Press 1974.
Campbell, Joseph (Hrsg.): *Myths, Dreams and Religion*. New York: E. P. Dutton & Co. 1970.
Carden, M. L.: *Oneida. Utopian Community to Modern Corporation*. Baltimore, Md.: Johns Hopkins University Press 1969.
Caro Baroja, Julio: *The World of Witches*. Chicago: University of Chicago Press 1965.
Carpenter, Edward: *Pagan and Christian Creeds*. New York: Harcourt, Brace & Howe 1920.
Carter, J. B.: *The Religious Life of Ancient Rome*. New York: Cooper Square 1972.
Case, Paul Foster: *The Tarot*. Richmond, Va.: Maccy Publishing Co. 1947.
Castiglioni, Arturo: *Adventures of the Mind*. New York: Alfred A. Knopf 1946.
Cavendish, Richard: *The Powers of Evil*. New York: G. P. Putnam's Sons 1975.
Cavendish, Richard: *The Tarot*. New York: Harper & Row 1975.
Cavendish, Richard: *Visions of Heaven and Hell*. New York: Harmony Books 1977.
Ceram, C. W.: *Gods, Graves and Scholars*. New York: Bantam Books, Inc. 1972.
Ceram, C. W.: *Götter, Gräber und Gelehrte*. Reinbek bei Hamburg: Rowohlt 1986.
Chagnon, Napoleon A.: *Yanomamo. The Fierce People*. New York: Holt, Rinehart & Winston 1968.
Chamberlin, E. R.: *The Bad Popes*. New York: Dial Press 1969.
Chamberlin, E. R.: *Antichrist and the Millennium*. New York: E. P. Dutton & Co. 1975.
Chaucer, Geoffrey: *The Canterbury Tales*. Harmondsworth, England: Penguin Books Ltd. 1951.
Chaucer, Geoffrey: *Die Canterbury-Erzählungen*. Frankfurt am Main: Insel 1987.
Clodd, Edward: *Magic in Names and in Other Things*. London: Chapman & Hall, Ltd. 1920.
Cohen, Daniel: *A Natural History of Unnatural Things*. New York: McCall Publishing Co. 1971.
Cohen, Daniel: *The New Believers*. New York: M. Evans & Co. 1975.
Collins, Joseph B.: *Christian Mysticism in the Elizabethan Age*. New York: Octagon Books 1971.
Coulton, G. G.: *Inquisition and Liberty*. Boston: Beacon Press 1959.
Crawley, Ernest: *The Mystic Rose*. (2 Bde.) New York: Meridian Books Inc. 1960.
Crow, Duncan: *The Victorian Woman*. New York: Stein & Day 1972.
Cumont, Franz: *Oriental Religions in Roman Paganism*. New York: Dover Publications 1956.
Cumont, Franz: *Die orientalischen Religionen im römischen Heidentum*. Darmstadt: Wissenschaftliche Buchgesellschaft [9]1989 [= Repr. der Ausgabe Leipzig, 1931].
Cumont, Franz: *The Mysteries of Mithra*. New York: Dover Publications 1956.
Cumont, Franz: *Die Mysterien des Mithra. Ein Beitrag zur Religionsgeschichte*

***der römischen Kaiserzeit.* Stuttgart: Teubner [5]1981. [= Repr. der Ausgabe Leipzig, 1923].**

Cumont, Franz: *Astrology and Religions Among the Greeks and Romans.* New York: Dover Publications 1960.

d'Alviella, Count Goblet: *The Migration of Symbols.* New York: University Books 1956.

Daly, Mary: *Beyond God the Father.* Boston: Beacon Press 1973.

Daly, Mary: *Jenseits von Gottvater, Sohn & Co. Aufbruch zu einer Philosophie der Frauenbefreiung.* München: Frauenoffensive [4]1986.

Dames, Michael: *The Silbury Treasure.* London: Thames & Hudson 1976.

Davidson, H. R. Ellis: *Pagan Scandinavia.* New York: Frederick A. Praeger 1967.

Davidson, H. R. Ellis: *Gods and Myths of the Viking Age.* New York: Bell Publishing Co. 1981.

Davidson, Terry: *Conjugal Crime.* New York: Hawthorne Books Inc. 1978.

Davies, Arthur Powell: *The Meaning of the Dead Sea Scrolls.* New York: New American Library 1956.

Davies, Arthur Powell: *Der Fund von Qumran.* Wiesbaden: Brockhaus 1958.

Davis, Elizabeth Gould: *The First Sex.* New York: G. P. Putnam's Sons 1971.

Davis, Elizabeth Gould: *Am Anfang war die Frau. Die neue Zivilisationsgeschichte aus weiblicher Sicht.* Frankfurt am Main, Berlin: Ullstein [2]1990.

Delehaye, Hippolyte: *The Legends of the Saints.* New York: Fordham University Press 1962.

Dentan, Robert Knox: *The Semai. A Nonviolent People of Malaya.* New York: Holt, Rinehart & Winston 1968.

Derlon, Pierre: *Secrets of the Gypsies.* New York: Ballantine Books 1977.

Derlon, Pierre: *Die Gärten der Einweihung und andere Geheimnisse der Zigeuner.* Basel: Sphinx 1991.

Doane, T. W.: *Bible Myths and Their Parallels in Other Religions.* New York: University Books Inc. 1971.

Douglas, Alfred: *The Tarot.* New York: Taplinger Publishing Co. 1972

Douglas, Alfred: *Ursprung und Praxis des Tarot.* Düsseldorf, Köln: Diederichs 1986.

Douglas, Emily Taft: *Margaret Sanger. Pioneer of the Future.* New York: Holt, Rinehart & Winston 1970.

Dreifus, Claudia (Hrsg.): *Seizing Our Bodies.* New York: Vintage Books 1978.

Dumézil, Georges: *Archaic Roman Religion.* (2 Bde.) Chicago, Ill.: University of Chicago Press 1970.

Durrell, Lawrence: *Pope Joan.* London: Derek Verschoyle 1954.

Dworkin, Andrea: *Woman Hating.* New York: E. P. Dutton & Co. 1974.

Ebon, Martin: *Witchcraft Today.* New York: New American Library 1971.

Ebon, Martin: *The Devil's Bride. Exorcism Past and Present.* New York: Harper & Row 1974.

Ebon, Martin: *The Satan Trap.* New York: Doubleday & Co. 1976.

Eckstein-Diener, Berta (unter d. Pseud. Helen Diner): *Mothers and Amazons.* New York: Julian Press Inc. 1965.

Eckstein-Diener, Berta: *Mütter und Amazonen.* Berlin: Herbig 1954.

Edwardes, Allen: *The Jewel in the Lotus.* New York: Lancer Books 1965.

Edwardes, Allen: *Juwel im Lotos.* Hamburg: Kala 1966.

Ehrenreich, Barbara und Deirdre English: *For Her Own Good.* New York: Anchor / Doubleday 1978.

Eliade, Mircea: *The Myth of the Eternal Return.* Princeton, N. J.: Princeton University Press 1954.

Eliade, Mircea: *Kosmos und Geschichte. Der Mythos der ewigen Wiederkehr.* Frankfurt am Main: Suhrkamp 1986.

Eliade, Mircea: *Shamanism*. Princeton, N. J.: Bollingen Series 1964.
Eliade, Mircea: *Schamanismus und archaische Ekstasetechnik*. Frankfurt am Main: Suhrkamp [7]1991.
Elisofen, Eliot und Alan Watts: *Erotic Spirituality*. New York: Macmillan 1971.
Ellis, Albert: *The Folklore of Sex*. New York: Charles Boni 1951.
Elworthy, Frederick: *The Evil Eye*. New York: Julian Press, Inc. 1958.
Encyclopaedia Britannica. Third Edition 1970.
Enslin, Morton Scott: *Christian Beginnings*. New York: Harper & Bros. 1938.
Enslin, Morton Scott: *The Literature of the Christian Movement*. New York: Harper & Bros. 1938.
Erman, Adolf: *The Literature of the Ancient Egyptians*. New York: Benjamin Bloom Inc. 1971.
Erman, Adolf: *Die Literatur der Ägypter*. Leipzig: Hindrichs 1923.
Esty, Katharine: *The Gypsies. Wanderers in Time*. New York: Meredith Press 1969.
Evans, Bergen: *The Spoor of Spooks*. New York: Alfred A. Knopf 1954.
Evans, Bergen: *The Natural History of Nonsense*. New York: Alfred A. Knopf 1965.
Evans, Bergen: *Lauter Dummheiten*. München: Rütten und Loening 1964.
Evans-Wentz, W. Y. (Hrsg.): *Bardo Thodol*. London: Oxford University Press 1927.
Evans-Wentz, W. Y. (Hrsg.): *Das Tibetanische Totenbuch*. Nach der englischen Fassung des Lama Kazi Dawa Samdup. Olten, Freiburg im Breisgau: Walter 1971.
Ewen, C. L.'Estrange: *Witchcraft and Demonianism*. London: Heath Cranton Ltd. 1933.
Farb, Peter: *Word Play*. New York: Alfred A. Knopf 1974.
Farb, Peter: *Man's Rise to Civilization*. New York: E. P. Dutton & Co. 1968.
Farb, Peter: *Die Indianer. Entwicklung und Vernichtung eines Volkes*. Frankfurt am Main, Berlin: Ullstein 1988.
Fasteau, Marc Feigen: *The Male Machine*. New York: Dell Publishing Co. 1975.
Fielding, William J.: *Strange Customs of Courtship and Marriage*. New York: Garden City Publishing Co. 1942.
Fodor, Nandor: *The Search for the Beloved*. New York: University Books Inc. 1949.
Forgotten Books of Eden. New York: Bell Publishing Co. 1980.
Franz, Marie-Louise von: *Time, Rhythm and Repose*. New York: Thames & Hudson 1978.
Franz, Marie-Louise von: *Zeit. Strömen und Stille*. Frankfurt am Main: Insel 1981.
Frazer, Sir James G.: *Psyche's Task*. London: Macmillan & Co. Ltd. 1909.
Frazer, Sir James G.: *The Golden Bough*. New York: Macmillan 1922.
Frazer, Sir James G.: *Der goldene Zweig. Das Geheimnis von Glauben und Sitten der Völker*. Reinbek bei Hamburg: Rowohlt 1989. [= Repr. der Kurzfassung, 1928].
Frazer, Sir James G.: *Folk-Lore in the Old Testament*. New York: Macmillan 1927.
Frazer, Sir James G.: *Die Arche*. Stuttgart: Koehler 1960.
Freud, Sigmund: *Der Mann Moses und die monotheistische Religion*. In: Gesammelte Werke, Bd. 16. Frankfurt/Main: Fischer 1968.
Freud, Sigmund: *Die Zukunft einer Illusion*. In: Gesammelte Werke, Bd. 14. Frankfurt/Main: Fischer 1968.
Fromm, Erich: *The Anatomy of Human Destruktiveness*. New York: Holt, Rinehart & Winston 1973.
Fromm, Erich: *Anatomie der menschlichen Destruktivität*. Reinbek bei Hamburg: Rowohlt 1991.
Funk, Wilfred: *Word Origins and Their Romantic Stories*. New York: Bell Publishing Co. 1978.

Gaster, Theodor: *Myth, Legend and Custom in the Old Testament*. New York: Harper & Row 1969.
Gelling, Peter und Hilda Ellis Davidson: *The Chariot of the Sun*. New York: Frederick A. Praeger 1969.
***Die Geschichte von Aucassin und Nicolette*. Frankfurt/Main: Insel 1954.**
Gettings, Fred: *The Book of Tarot*. London: Triune Books 1973.
Gibbon, Edward: *The Decline and Fall of the Roman Empire* (3 Bde.). New York: New Library, o. D.
Gibbon, Edward: *Verfall und Untergang des römischen Reiches*. Nördlingen: Greno 1987.
Gifford, Edward S., Jr.: *The Evil Eye*. New York: Macmillan 1958.
Gilder, George: *Naked Nomads*. New York: Quadrangle Books 1974.
Epic of Gilgamesh. Harmondsworth, Middlesex, England: Penguin Books Ltd. 1960.
***Das Gilgamesh-Epos*. Stuttgart: Reclam 1958.**
Gittelson, Natalie: *The Erotic Life of the American Wife*. New York: Delacorte 1972.
Givry, Grillot de: *Witchcraft, Magic and Alchemy*. New York: Dover Publications 1971.
Goldberg, B. Z.: *The Sacred Fire*. New York: University Books Inc. 1958.
Goldenberg, Naomi: *The Changing of the Gods*. Boston: Beacon Press 1979.
Goldstein, Michael J. und Harold S. Kant: *Pornography and Sexual Deviance*. Berkeley: University of California Press 1973.
Goodrich, Norma Lorre: *Medieval Myths*. New York: New American Library 1977.
Gornick, Vivian und Barbara K. Moran (Hrsg.): *Woman in Sexist Society*. New York: New American Library 1972.
Gottfried von Straßburg: *Tristan und Isolde*. Nach H. Kurtz. Göppingen: 1976.
Graves, Robert von Ranke: *The Greek Myths* (2 Bde.). New York: Penguin Books Inc. 1955.
Graves, Robert von Ranke: *Griechische Mythologie. Quellen und Deutung*. Reinbek bei Hamburg: Rowohlt 1990.
Graves, Robert von Ranke: *The White Goddess*. New York: Vintage Books 1958.
Graves, Robert von Ranke: *Die weiße Göttin. Sprache des Mythos*. Reinbek bei Hamburg: Rowohlt 1988.
Graves, Robert von Ranke und Raphael Patai: *Hebrew Myths*. New York: Doubleday & Co. 1964.
Graves, Robert von Ranke und Raphael Patai: *Hebräische Mythologie. Über die Schöpfungsgeschichte und andere Mythen aus dem alten Testament*. Reinbek bei Hamburg: Rowohlt 1990.
Gray, John: *Near Eastern Mythology*. London: Hamlyn Publishing Group Ltd., 1963.
Gray, John: *Mythologie des Nahen Ostens*. Wiesbaden: Vollmer 1975.
Groome, Francis Hindes: *Gypsy Folk Tales*. London: Herbert Jenkins 1963.
Guerber, H. A.: *Legends of the Rhine*. New York: A. S. Barnes & Co. 1895.
Guerber, H. A.: *Legends of the Middles Ages*. New York: American Book Co. 1924.
Guignebert, Charles: *Ancient, Medieval and Modern Christianity*. New York: University Books 1961.
Guthrie, W. K. C.: *The Greeks and Their Gods*. Boston: Beacon Press 1955.
Hagen, Victor W. von: *World of the Maya*. New York: New American Library 1960.
Hagen, Victor W. von: *Die Kultur der Maya*. Hamburg: Zsolnay 1960.
Haining, Peter: *Witchcraft and Black Magic*. New York: Grosset & Dunlap 1972.
Hallet, Jean-Pierre: *Pygmy Kitabu*. New York: Random House 1973.

Halliday, William Reginald: *Greek and Roman Folklore*. New York: Cooper Square 1963.
Hamilton, Edith: *Mythology*. Boston: Little, Brown & Co. 1940.
Harding, M. Esther: *Woman's Mysteries, Ancient and Modern*. New York: G. P. Putnam's Sons 1971.
Harding, M. Esther: *Frauen-Mysterien, einst und jetzt*. Zürich: Rascher 1949.
Hargrave, Catherine Perry: *A History of Playing Cards*. New York: Dover Publications 1966.
Harris, Marvin: *Cannibals and Kings*. New York: Random House 1977.
Harris, Marvin: *Kannibalen und Könige. Die Wachstumsgrenzen der Hochkulturen*. Stuttgart: Klett-Cotta 1990.
Harris, Sara: *The Puritan Jungle*. New York: G. P. Putnam's Sons 1969.
Harris, Thomas A.: *I'm OK – You're OK*. New York: Harper & Row 1967.
Harris, Thomas A.: *Ich bin O. K., du bist O. K. Wie wir uns selbst besser verstehen und unsere Einstellung zu anderen verändern können. Eine Einführung in die Transaktionanalyse*. Reinbek bei Hamburg: Rowohlt 1985.
Harrison, Jane Ellen: *Epilegomena to the Study of Greek Religion*, und *Themis*. New York: University Books Inc. 1962.
Harrison, Michael: *The Roots of Witchcraft*. Secaucus, N. J.: Citadel Press 1974.
Hartley, C. Gasquoine: *The Truth About Woman*. New York: Dodd, Mead & Co. 1913.
Hauswirth, Frieda: *Purdah: The Status of Indian Women*. New York: Vanguard Press 1932.
Hauswirth, Frieda: *Schleier vor Indiens Frauengemächern*. Erlenbach: Rotapfel-Verlag 1935.
Hawkins, Gerald S.: *Stonehenge Decoded*. New York: Dell Publishing Co., 1965.
Hawkins, Gerald S.: *Merlin, Märchen und Computer. Das Rätsel Stonehenge gelöst?* Berlin: Zerling 1983.
Hays, H. R.: *In The Beginnings*. New York: G. P. Putnam's Sons 1963.
Hazlitt, W. Carew: *Faiths and Folklore of the British Isles*. (2 Bde.) New York: Benjamin Blom, Inc. 1965.
Henry, Jules: *Pathways to Madness*. New York: Random House 1965.
Herodotus. *The Histories* (übers. v. Henry Cary). New York: D. Appleton & Co. 1899.
Herodot: *Historien*. Griechisch-deutsch. Zürich, München: Artemis [4]1988.
Higgins, Godfrey: *Anacalypsis*. (2 Bde.) New York: University Books Inc. 1965.
Hill, Douglas und Pat Williams: *The Supernatural*. New York: Hawthorne Books, Inc. 1966.
Hinnels, John R.: *Persian Mythology*. London: Hamlyn Publishing Group Ltd. 1973.
Hirsch, Miriam F.: *Women and Violence*. New York: Van Nostrand Reinhold Co. 1981.
Hitching, Francis: *Earth Magic*. New York: Pocket Books Inc. 1978.
Hollander, Lee M.: *The Skalds*. Ann Arbor: University of Michigan Press 1968.
Holloway, Mark: *Heavens on Earth*. New York: Dover Publications 1966.
Holmes, Ronald: *Witchcraft in History*. Secaucus, N. J.: Citadel Press 1974.
Homer: *Complete Works*. New York: Modern Library 1950.
Homer: *Ilias, Odyssee*. Vollständige Ausgabe in der Übertragung von Johann Heinrich Voß. München: Winkler [2]1987.
Hooke, S. H.: *Middle Eastern Mythology*. Harmondsworth, Middlesex, England: Penguin Books Ltd. 1963.
Hooke, S. H.: *The Siege Perilous*. Freeport, N. Y.: Books for Libraries Press 1970.
Hornung, Clarence P.: *Hornung's Handbook of Designs and Devices*. New York: Dover Publications Inc. 1959.

Hornung, Clarence P.: *Zeichen – Symbole – Muster. Ein Vorlagenbuch für Entwurf und Gestaltung*. München: Callwey 1983.

Hughes, Robert: *Heaven and Hell in Western Art*. New York: Stein & Day 1968.

Huizinga, Johan: *Der Herbst des Mittelalters*. Stuttgart: A. Kröner 1975.

Huxley, Aldous: *The Devils of Loudun*. New York: Harper & Bros. 1952.

Huxley, Aldous: *Die Teufel von Loudun*. München, Zürich: Piper 1992.

Huxley, Francis: *The Way of the Sacred*. New York: Doubleday & Co. 1974.

Hyde, Walter Woodburn: *Greek Religion and Its Survivals*. New York: Cooper Square 1963.

Jacobus de Voragine: *The Golden Legend*. New York: Longmans, Green & Co. 1941.

Jacobus de Voragine: *Legenda Aurea. Das Leben der Heiligen*. Aschaffenburg: Pattloch 1986.

James, E. O.: *The Ancient Gods*. New York: G. P. Putnam's Sons 1960.

Jobes, Gertrude und James: *Outer Space*. New York: Scarecrow Press, Inc. 1964.

Johnson, Walter: *Folk-Memory*. New York: Arno Press 1980.

Jonas, Hans: *The Gnostic Religion*. Boston: Beacon Press 1963.

Joyce, P. W.: *A Social History of Ancient Ireland*. (2 Bde.) New York: Arno Press 1980.

Jung, Carl Gustav: *Wandlungen und Symbole der Libido. Beiträge zur Entwicklungsgeschichte des Denkens*. Leipzig/Wien: Franz Denticke 1925.

Jung, Carl Gustav: *Psychology and Religion*. New Haven: Yale University Press 1938.

Jung, Carl Gustav: *Psychologie und Religion*. Zürich: Rascher [4]1962.

Jung, Carl Gustav: *Mandala Symbolism*. Princeton, N. J.: Princeton University Press 1959.

Jung, Carl Gustav: *Mandala. Bilder aus dem Unbewußten*. Olten, Freiburg im Breisgau: Walter 1977.

Jung, Carl Gustav: *Man and His Symbols*. New York: Doubleday & Co. 1964.

Jung, Carl Gustav: *Der Mensch und seine Symbole*. Olten, Freiburg im Breisgau: Walter [8]1985.

Jung, Carl Gustav und C. Kerenyi: *Essays on a Science of Mythology*. New York: Bollingen 1949.

Jung, Emma, and Franz, Marie Louise von: *The Grail Legend*. New York: G. P. Putnam's Sons 1970.

Jung, Emma und Marie Lousie von Franz: *Die Graalslegende in psychologischer Sicht*. Olten, Freiburg im Breisgau: Walter [4]1987.

Keightley, Thomas: *The World Guide to Gnomes, Fairies, Elves and Other Little People*. New York: Avanel Books 1978.

Keller, Werner: *The Bible as History*. New York: William Morrow & Co. 1956.

Keller, Werner: *Und die Bibel hat doch recht. Forscher beweisen die historische Wahrheit*. Reinbek bei Hamburg: Rowohlt 1988.

***Keltische Erzählungen vom Kaiser Arthur*. Kettwig: Phaidon 1989. Dt. Übers. von: MacCana, Proinsias: *Celtic Mythology*. London: Hamlyn Publishing Group Ltd. 1970.**

Kendall, Alan: *Medieval Pilgrims*. New York: G. P. Putnams's Sons 1970.

Kermode, Frank: *The Sense of an Ending*. London: Oxford University Press 1966.

King, Francis: *Sexuality, Magic and Perversion*. Secaucus, N. J.: Citadel Press 1972.

Klaich, Dolores: *Woman Plus Woman*. New York: Simon & Schuster 1974.

Knight, Richard Payne: *The Symbolical Language of Ancient Art and Mythology*. New York: J. W. Bouton 1892.

Knight, Richard Payne: *A Discourse on the Worship of Priapus*. New York: University Books Inc. 1974.

Koch, Rudolf: *The Book of Signs*. New York: Dover Publications 1955.

Koch, Rudolf: *Das Zeichenbuch. Welches alle Arten Zeichen enthält, wie sie gebraucht worden sind in den frühesten Zeiten, bei den Völkern des Altertums, im frühen Christentum und im Mittelalter.* Frankfurt am Main: Insel 1984.

Kramer, Heinrich siehe unter Sprenger, Jakob

Kramer, Samuel Noah: *History Begins at Sumer.* New York: Doubleday & Co. 1959.

Kramer, Samuel Noah: *Die Geschichte beginnt mit Sumer.* München: List 1959.

Kühn, Dieter: *Der Parzival des Wolfram von Eschenbach.* Frankfurt/Main: Insel 1986.

La Barre, Weston: *The Human Animal.* Chicago, Ill.: University of Chicago Press 1955.

Laistner, M. L.W.: *Christianity and Pagan Culture in the Later Roman Empire.* Ithaca, N. Y.: Cornell University Press 1951.

Lamont, Corliss: *The Illusion of Immortality.* New York: Philosophical Library 1950.

Langer, Walter C.: *The Mind of Hitler.* New York: Basic Books Inc. 1972.

Langer, Walter C.: *Das Adolf-Hitler-Psychogramm.* Wien, München: Molden 1973.

Langley, Roger und Richard C. Levy: *Wife Beating. The Silent Crisis.* New York: E. P. Dutton & Co. 1977.

Larousse Encyclopedia of Mythology. London: Hamlyn Publishing Group Ltd. 1968.

Lawson, John Cuthbert: *Modern Greek Folklore and Ancient Greek Religion.* New York: University Books Inc. 1964.

Lea, Henry Charles: *The Inquisition of the Middle Ages.* New York: Citadel Press 1954; die ungekürzte Fassung New York: Macmillan 1961.

Lea, Henry Charles: *Geschichte der Inquisition im Mittelalter.* (3 Bde.). Aalen: Scientia 1980 [= Repr. der Ausgabe Bonn, 1905ff.].

Lederer, William J. und Don D. Jackson: *The Mirages of Marriage.* New York: W. W. Norton & Co. 1968.

Lederer, William J. und Don D. Jackson: *Ehe als Lernprozeß. Wie Partnerschaft gelingt.* München: Pfeiffer; Offenbach: Burckhardthaus-Laetare [3]1976.

Lederer, Wolfgang: *The Fear of Women.* New York: Harcourt Brace Jovanovich Inc. 1968.

Legge, Francis: *Forerunners and Rivals of Christianity.* (2 Bde.) New York: University Books Inc. 1964.

Legman, G.: *Rationale of the Dirty Joke.* New York: Grove Press 1968.

Lehner, Ernst: *Symbols, Signs and Signets.* New York: Dover Publications 1969.

Leland, Charles Godfrey: *Gypsy Sorcery and Fortune Telling.* New York: University Books Inc. 1962.

Lethaby, W. R.: *Architecture, Mysticism and Myth.* New York: George Braziller 1975.

Lethbridge, T. C.: *Witches.* Secaucus, N. J.: Citadel Press 1972.

Levy, Howard S.: *Chinese Footbinding. The History of a Curious Erotic Custom.* New York: Walton Rawls 1966.

Lewis, Helen Block: *Psychic War in Men and Women.* New York: New York University Press 1976.

Lindsay, Jack: *The Ancient World.* New York: G. P. Putnam's Sons 1968.

Lindsay, Jack: *The Origins of Astrology.* New York: Barnes & Noble, Inc. 1971.

Loomis, Roger S. und Laura H.: *Medieval Romances.* New York: Modern Library 1957.

Lys, Claudia de: *The Giant Book of Superstitions.* Secaucus, N. J.: Citadel Press 1979.

Mabinogion (übers. v. Gwyn und Thomas Jones). London: Everyman's Library, J. M. Dent & Sons 1970.
MacCana, Proinsias: *Celtic Mythology*. London: Hamlyn Publishing Group, Ltd. 1970. Dt. übers. siehe *Keltische Erzählungen*.
MacKenzie, Norman: *Secret Societies*. New York: Holt, Rinehart & Winston 1967.
Mahanirvanatantra. (Ins Englische übersetzt von Sir John Woodroffe) New York: Dover Publications 1972.
Mâle, Emile: *The Gothic Image*. New York: Harper & Row 1958.
Mâle, Emile: *Die Gothik*. Stuttgart: Belser 1986.
Malory, Sir Thomas: *Le Morte d'Arthur* (2 Bde.). London: J. M. Dent & Sons Ltd. 1961.
Malory, Sir Thomas: *Die Geschichten von König Artus und den Rittern seiner Tafelrunde*. (3 Bde.) Frankfurt am Main: Insel 1986.
Malvern, Marjorie: *Venus in Sackcloth*. Carbondale, Ill.: Southern Illinois University Press 1975.
Maple, Eric: *The Dark World of Witches*. Cranbury, N. J.: A. S. Barnes & Co., Inc. 1964.
Marcus, Steven: *The Other Victorians*. New York: Basic Books Inc. 1964.
Marcus, Steven: *Umkehrung der Moral. Sexualität und Pornographie im viktorianischen England*. Frankfurt am Main: Suhrkamp 1979.
Marshall, Donald S. und Robert C. Suggs: *Human Sexual Behavior*. New York: Basic Books Inc. 1971.
Martello, Leo Louis: *Weird Ways of Witchcraft*. Secaucus, N. J.: Castle Books Inc. 1972.
Martin, Del: *Battered Wives*. San Francisco, Calif.: Glide Publications 1976.
Maspero, Gaston Chamille Charles: *Popular Stories of Ancient Egypt*. N.Y.: University Books Inc. 1967.
Maspero, Gaston Camille Charles: *Das alte Ägypten*. Braunschweig: Westermann 1921.
Massa, Aldo: *The Poenicians*. Genf: Editions Minerva 1977.
Masters, Anthony: *The Natural History of the Vampire*. New York: G. P. Putnam's Sons 1972.
Masters, R. E. L.: *Eros and Evil*. New York: Julian Press Inc. 1962.
McNally, Raymond T. und Radu Florescu: *In Search of Dracula*. Greenwich, Conn.: New York Graphic Society 1972.
Mead, Margaret: *Male and Female*. New York: William Morrow & Co. 1949.
Mead, Margaret: *Mann und Weib*. Frankfurt am Main, Berlin: Ullstein 1992.
Medea, Andra und Kathleen Thompson: *Against Rape*. New York: Farrar, Straus & Giroux 1974.
Mendenhall, George E.: *The Tenth Generation*. Baltimore, Md.: Johns Hopkins University Press 1973.
Menen, Aubrey: *The Mystics*. New York: Dial Press 1974.
Merivale, Patricia: *Pan the Goat-God*. Cambridge, Mass.: Harvard University Press 1969.
***Meyers enzyklopädisches Lexikon* in 25 Bänden. Mannheim/Wien/Zürich: Bibliographisches Institut [9]1971 ff.**
Miles, Clement A.: *Christmas Customs and Traditions*. New York: Dover Publications 1976.
Moakley, Gertrude: *The Tarot Cards Painted by Bembo*. New York: New York Public Library 1966.
Montagu, Ashley: *Sex, Man and Society*. New York: G. P. Putnam's Sons 1967.
Montagu, Ashley: *Touching*. New York: Columbia University Press 1971.
Montagu, Ashley: *Körperkontakt. Die Bedeutung der Haut für die Entwicklung des Menschen*. Stuttgart: Klett-Cotta [6]1990.

Morris, Joan: *The Lady Was a Bishop*. New York: Macmillan 1973.

Muller, Herbert Joseph: *The Uses of the Past*. New York: New American Library 1954.

Muller, Herbert Joseph: *Geschichte ohne Mythos*. Köln: Kiepenheuer & Witsch 1965.

Mumford, Lewis: *Interpretations and Forecasts*. New York: Harcourt Brace Jovanovich Inc. 1973.

Murray, Margaret Alice: *The Witch-Cult in Western Europe*. London: Oxford University Press 1921.

Murstein, Bernard I.: *Love, Sex and Marriage through the Ages*. New York: Springer Publishing Co. 1974.

Neumann, Erich: *Amor and Psyche*. New York: Harper & Bros. 1956.

Neumann, Erich: *Amor und Psyche. Deutung eines Märchens. Ein Beitrag zur seelischen Entwicklung des Weiblichen*. Olten, Freiburg im Breisgau: Walter ^{5}1986.

Neumann, Erich: *The Great Mother. An Analysis of the Archetype*. Princeton, N. J.: Princeton University Press 1963.

Neumann, Erich: *Die große Mutter. Eine Phänomenologie der weiblichen Gestaltung des Unbewußten*. Olten, Freiburg im Breisgau: Walter ^{9}1989.

Neumann, Erich: *Art and the Creative Unconscious*. Princeton, N. J.: Princeton University Press 1959.

Neumann, Erich: *Kunst und schöpferisches Unbewußtes*. Zürich: Daimon ^{2}1980.

Nobile, Philip (Hrsg.): *The New Eroticism*. New York: Random House 1970.

Norman, Dorothy: *The Hero*. New York: World Publishing Co. 1969.

Ochs, Carol: *Behind the Sex of God*. Boston: Beacon Press 1977.

Oesterreich, T. K.: *Possession, Demoniacal and Other*. New York: University Books Inc. 1966.

O'Flaherty, Wendy Doniger: *Hindu Myths*. Harmondsworth, Middlesex, England: Penguin Books Ltd. 1975.

Oldenbourg, Zoé: *The Crusades*. New York: Random House Inc. 1966.

Oldenbourg, Zoé: *Massacre at Montségur. A History of the Albigensian Crusade*. New York: Minerva Press 1961.

O'Neill, Eugene: *Selected Plays of Eugene O'Neill*. New York: Random House 1967.

O'Neill, Eugene: *Meisterdramen*. Frankfurt am Main: S. Fischer 1986.

Oxenstierna, Eric: *The Norsemen*. Greenwich, Conn.: New York Graphic Society 1965.

Oxenstierna, Eric: *Die Nordgermanen*. Essen: Phaidon; Wiesbaden: Akademische Verlagsgesellschaft 1985.

Pagels, Elaine: *The Gnostic Gospels*. New York: Random House 1979.

Pagels, Elaine: *Versuchung durch Erkenntnis. Die gnostischen Evangelien*. Frankfurt am Main: Suhrkamp 1987.

Paor, Máire and Liam de: *Early Christian Ireland*. London: Thames & Hudson 1958.

Paor, Máire und Liam de: *Alt-Irland*. Köln: DuMont Schauberg 1960.

Papus: *The Tarot of the Bohemians*. New York: Arcanum Books 1958.

Papus: *Das Tarot der Zigeuner: Zum ausschließlichen Gebrauch durch Eingeweihte*. Interlaken: Ansata 1981.

Patai, Raphael: *Myth and Modern Man*. Englewood Cliffs, N. J.: Prentice-Hall, Inc. 1972.

Pearsall, Ronald: *The Worm in the Bud*. New York: Macmillan 1969.

Pearsall, Ronald: *Night's Black Angels*. New York: David McKay Co. 1975.

Pepper, Elizabeth und John Wilcock: *Magical and Mystical Sites*. New York: Harper & Row 1977.

Perrin, Noel: *Dr. Bowdler's Legacy*. New York: Atheneum 1969.
Pfeiffer, Charles F.: *The Dead Sea Scrolls and the Bible*. New York: Weathervane Books 1969.
Phillips, Guy Ragland: *Brigantia*. London: Routledge & Kegan Paul 1976.
Piggot, Stuart: *The Druids*. New York: Frederick A. Praeger 1968.
Plaidy, Jean: *The Spanish Inquisition*. New York: Citadel Press 1967.
Polo, Marco: *Travels*. New York: Modern Library 1953.
Polo, Marco: *Il milione – Die Wunder der Welt*. Zürich: Manesse [4]1986.
Potter, Stephen und Laurens Sargent: *Pedigree*. New York: Taplinger Publishing Co. 1974.
Pritchard, James B.: *The Ancient Near East*. (2 Bde.) Princeton, N. J.: Princeton University Press 1958.
Pritchard, James B.: *Solomon and Sheba*. London: Phaidon Press Ltd. 1974.
Putney, Snell und Gail J.: *The Adjusted American*. New York: Harper & Row 1964.
Ramsay, Raymond H.: *No Longer on the Map*. New York: Viking Press 1972.
Rank, Otto: *The Myth of the Birth of the Hero*. New York: Vintage Books 1959.
Rank, Otto: *Der Mythus von der Geburt des Helden*. Nendeln: Kraus 1970. [= Repr. der Ausgabe Leipzig, 1909].
Ravensdale, T. und J. Morgan: *The Psychology of Witchcraft*. New York: Arco Publishing Co. 1974.
Rawson, Philip: *Erotic Art of the East*. New York: G. P. Putnam's Sons 1968.
Rawson, Philip: *Die erotische Kunst des Ostens*. Hamburg: Hoffmann & Campe 1969.
Rawson, Philip: *The Art of Tantra*. Greenwich, Conn.: New York Graphic Society 1973.
Rees, Alwyn und Brinley: *Celtic Heritage*. New York: Grove Press 1961.
Reinach, Salomon: *Orpheus*. New York: Horace Liveright Inc. 1930.
Reinach, Salomon: *Orpheus. Allgemeine Geschichte der Religionen*. Wien: Eisenstein 1911.
Riencourt, Amaury de: *Sex and Power in History*. New York: Dell Publishing Co. 1974.
Robbins, Rossell Hope: *Encyclopedia of Witchcraft and Demonology*. New York: Crown Publishers 1959.
Robertson, J. M.: *Pagan Christs*. New York: University Books Inc. 1967.
Robinson, James M. (Hrsg.): *The Nag Hammadi Library in English*. San Francisco: Harper & Row 1977.
Rose, H. J.: *Religion in Greece and Rome*. New York: Harper & Bros. 1959.
Rosen, Barbara: *Witchcraft*. New York: Taplinger Publishing Co. 1972.
Ross, Nancy Wilson: *Three Ways of Asian Wisdom*. New York: Simon & Schuster 1966.
Roszak, Betty und Theodore: *Masculine/Feminine*. New York: Harper & Row 1969.
Rugoff, Milton: *Prudery and Passion*. New York: G. P. Putnam's Sons 1971.
Russell, Bertrand: *A History of Western Philosophy*. New York: Simon & Schuster 1964.
Russell, Bertrand: *Philosophie des Abendlandes. Ihr Zusammenhang mit der politischen und der sozialen Entwicklung*. Wien, Zürich: Europa [5]1988.
Russell, Diana E. H.: *The Politics of Rape*. New York: Stein & Day 1975.
Russell, Jeffrey Burton: *Witchcraft in the Middle Ages*. Ithaca, N. Y.: Cornell University Press 1972.
Sadock, B. J., H. I. Kaplan und A. M. Freedman: *The Sexual Experience*. Baltimore: Williams & Wilkins Co. 1976.
Sagan, Carl: *The Dragons of Eden*. New York: Random House 1977.
Sagan, Carl: *Die Drachen von Eden. Das Wunder der menschlichen Intelligenz*. München: Droemer Knaur 1978.

Sargent, H. C. und G. L. Kittredge: *English and Scottish Popular Ballads*. Boston: Houghton Mifflin 1932.
Savramis, Demosthenes: *The Satanizing of Women*. New York: Doubleday & Co. 1974.
Savramis, Demosthenes: *Religion und Sexualität*. München: List 1972.
Scarf, Maggie: *Unfinished Business*. New York: Ballantine Books 1981.
Scarf, Maggie: *Wege aus der Depression. Krisenstationen im Leben von Frauen*. München: Mosaik 1986.
Scot, Reginald: *Discovery of Witchcraft*. Yorkshire, England: Rowmand & Littlefield 1973.
Scott, George Ryley: *Phallic Worship*. Westport, Conn.: Associated Booksellers o. J.
Scott, Sir Walter: *Letters on Demonology and Witchcraft*. London: George Routlege & Sons 1884.
Seligmann, Kurt: *Magic, Supernaturalism and Religion*. New York: Pantheon Books Inc. 1948.
Seth, Ronald: *In the Name of the Devil*. New York: Walker & Co. 1969.
Seznec, Jean: *The Survival of the Pagan Gods*. Princeton, N. J.: Princeton University Press 1953.
Seznec, Jean: *Das Fortleben der antiken Götter. Die mythologische Tradition im Humanismus und in der Kunst der Renaissance*. München: Fink 1990.
Shah, Idris: *The Sufis*. London: Octagon Press 1964.
Shah, Idris: *Die Sufis*. Düsseldorf, Köln: Diederichs [7]1990.
Sheehy, Gail: *Passages*. New York: E. P. Dutton & Co. 1976.
Sheehy, Gail: *In der Mitte des Lebens. Die Bewältigung vorhersehbarer Krisen*. München: Droemer Knaur 1989.
Sheridan, Ronald und Anne Ross: *Gargoyles and Grotesques. Paganism in the Medieval Church*. Boston: New York Graphic Society 1975.
Shirley, Ralph: *Occultists and Mystics of all Ages*. New York: University Books Inc. 1972.
Shultz, Gladys Denny: *How Many More Victims?* Philadelphia: J. B. Lippincott Co. 1965.
Shumaker, Wayne: *The Occult Sciences in the Renaissance*. Berkeley: University of California Press 1972.
Silberer, Herbert: *Hidden Symbolism of Alchemy and the Occult Arts*. New York: Dover Publications 1971.
Silberer, Herbert: *Probleme der Mystik und ihrer Symbole*. Darmstadt: Wissenschaftliche Buchgesellschaft 1969. [= Repr. der Ausgabe Wien, 1914].
Simons, G. L.: *Sex and Superstition*. New York: Harper & Row 1973.
Smith, Homer: *Man and His Gods*. Boston: Little, Brown & Co. 1952.
Smith, John Holland: *Constantine the Great*. New York: Charles Scribner's Sons 1971.
Smith, John Holland: *The Death of Classical Paganism*. New York: Charles Scribner's Sons 1976.
Smith, Morton: *Jesus the Magician*. San Francisco: Harper & Row 1978.
Snorri Sturluson: *The Prose Edda*. Berkeley: University of California Press 1954.
Snorri Sturluson: *Die Prosa-Edda. Altisländische Göttergeschichten*. Zürich: Manesse 1991.
Snorri Sturluson: *Gylfaginning. Texte, Übersetzung, Kommentar*. G. Lorenz (Hrsg.), Darmstadt: Wissenschaftliche Buchgesellschaft 1984.
Sobol, Donald J.: *The Amazons of Greek Mythology*. Cranbury, N. J.: A. S. Barnes & Co., Inc. 1972.
Soisson, Pierre und Janine: *Byzantium*. Genf: Editions Minerva 1977.
Spee, Friedrich von: Cautio criminalis oder rechtliches Bedenken wegen der Hexenprozesse. München: dtv 1986 [= Repr. der Ausgabe Weimar 1939].

Spence, Lewis: *The History and Origins of Druidism*. New York: Samuel Weiser, Inc. 1971.
Spinka, Matthew: *A History of Christianity in the Balkans*. Archon Books 1968.
Sprague de Camp, Lyon: *The Ancient Engineers*. New York: Ballantine Books 1960.
Sprague de Camp, Lyon: *Ingenieure der Antike*. Düsseldorf: Econ 1964.
Sprague de Camp, Lyon und Catherine C.: *Spirits, Stars and Spells*. New York: Canaveral Press 1966.
Sprenger, Jakob und Heinrich Institoris: *Der Hexenhammer (Malleus maleficarum)*. München: dtv [5]1986. Amer. Übers.: Kramer, Heinrich and Sprenger, James: *Malleus Maleficarum*. New York: Dover Publications 1971.
Spretnak, Charlene (Hrsg.): *The Politics of Women's Spirituality*. New York: Anchor / Doubleday 1982.
Squire, Charles: *Celtic Myth and Legend, Poetry and Romance*. New York: Bell Publishing Co. 1979.
Stall, Sylvanus: *What a Young Husband Ought to Know*. Philadelphia: Vir Publishing Co. 1897.
Stall, Sylvanus: *Was ein junger Ehemann wissen muß*. Berlin: Gerdes & Hödel 1906.
Stanton, Elizabeth Cady: *The Original Feminist Attack on the Bible*. New York: Arno Press 1974.
Starkloff, Carl F.: *The People of the Center*. New York: Seabury Press 1974.
Steenstrup, Johannes C. H. R.: *The Medieval Popular Ballad*. Seattle: University of Washington Press 1968.
Steinman, Anne und David J. Fox: *The Male Dilemma*. New York: Jason Aronson 1974.
Stone, Merlin: *When God Was a Woman*. New York: Dial Press 1976.
Stone, Merlin: *Als Gott eine Frau war. Die Geschichte der Ur-Religionen unserer Kulturen*. München: Goldmann 1989.
Strong, Eugenia Sellers: *Apotheosis and After Life*. Freeport, N.Y.: Books for Libraries Press 1969.
Summers, Montague: *The Discovery of Witches*. London: Cayme Press 1928.
Summers, Montague: *The Geography of Witchcraft*. New York: University Books Inc. 1958.
Summers, Montague: *The Vampire, His Kith and Kin*. New York: University Books Inc. 1960.
Summers, Montague: *The Werewolf*. New York: Bell Publishing Co. o. J.
Summers, Montague: *The History of Witchcraft and Demonology*. London: Routledge & Kegan Paul 1973.
Swaan, William: *The Gothic Cathedral*. New York: Doubleday & Co. 1969.
Tacitus, Cornelius: *Complete Works*. New York: Modern Library 1942.
Tacitus, Cornelius: *Sämtliche erhaltene Werke*. Essen: Phaidon 1985.
Tannahill, Reay: *Flesh and Blood: A History of the Cannibal Complex*. New York: Stein & Day 1975.
Tannahill, Reay: *Fleisch und Blut. Eine Kulturgeschichte des Kannibalismus*. München: Goldmann 1979.
Tatz, Mark und Jody Kent: *Rebirth*. New York: Anchor Press / Doubleday 1977.
Tatz, Mark und Jody Kent: *Karma. Durch Wiedergeburt zur Befreiung*. Düsseldorf, Köln: Diederichs 1978.
Tennant, F. R.: *The Sources of the Doctrines of the Fall and Original Sin*. New York: Schocken Books 1968.
Terkel, Studs: *Working*. New York: Pantheon Books, Inc. 1972.
Theokrit: *Sämtliche Dichtungen*. Aus dem Griechischen übersetzt und herausgegeben von Dietrich Ebener. Frankfurt am Main: Insel 1989.

Thomson, James Oliver: *History of Ancient Geography*. New York: Biblio & Tannen 1965.
Thorsten, Geraldine: *God Herself: The Feminine Roots of Astrology*. New York: Avon Books 1981.
Thorsten, Geraldine: *Sternzeichen der Göttin. Die Astrologie der Frau*. München: Goldmann 1990.
Torrey, E. Fuller: *The Death of Psychiatry*. Radnor, Pa.: Chilton Book Co. 1974.
Trigg, Elwood B.: *Gypsy Demons and Divinities*. Secaucus, N. J.: Citadel Press 1973.
Tuchman, Barbara: *A Distant Mirror*. New York: Alfred A. Knopf 1978.
Tuchman, Barbara: *Der ferne Spiegel. Das dramatische 14. Jahrhundert*. München: dtv 1982.
Turville-Petre, E. O. G.: *Myth and Religion of the North*. New York: Holt, Rinehart & Winston 1964.
Tylor, Sir Edward Burnett: *Religion in Primitive Culture*. New York: Harper & Bros. 1958.
Upanishads. New York: Mentor Books, New American Library 1957.
***Upanishaden. Die Geheimlehre der Inder*. Düsseldorf, Köln: Diederichs 1977.**
Vermaseren, Maarten J.: *Cybele and Attis*. London: Thames & Hudson 1977.
Vetter, George B.: *Magic and Religion*. New York: Philosophical Library 1973.
Vries, Leonard de und Peter Fryer: *Venus Unmasked*. London: Arthur Barker Ltd. 1967.
Wachtel, Paul L.: *Psychoanalysis and Behavior Therapy*. New York: Basic Books Inc. 1977.
Wachtel, Paul L.: *Psychoanalyse und Verhaltenstherapie. Ein Plädoyer für ihre Integration*. Stuttgart: Klett-Cotta 1981.
Waddell, L. Austine: *Tibetan Buddhism*. New York: Dover Publications 1972.
Wainwright, F. T.: *Scandinavian England*. Sussex, England: Phillimore & Co., Ltd. 1975.
Waite, Arthur Edward: *The Book of Ceremonial Magic*. New York: Bell Publishing Co. 1969.
Waite, Arthur Edward: *The Occult Sciences*. Secaucus, N. J.: University Books Inc. 1974.
Walker, D. P.: *The Decline of Hell*. Chicago, Ill.: University of Chicago Press 1964.
Wedeck, Harry E.: *A Treasury of Witchcraft*. Secaucus, N. J.: Citadel Press 1975.
Weintraub, Stanley: *Beardsley*. New York: George Braziller 1967.
Wendt, Herbert: *It Began in Babel*. Boston: Houghton Mifflin 1962.
Wendt, Herbert: *Es begann in Babel*. Rastatt: Grote 1958.
White, Andrew Dickson: *A History of Warfare of Science with Theology in Christendom* (2 Bde.). New York: George Braziller 1955.
White, Andrew Dickson: *Geschichte der Fehde zwischen Wissenschaft und Theologie in der Christenheit*. (2 Bde.) Leipzig: Th. Thomas 1911.
Whitehouse, Ruth: *The First Cities*. New York: E. P. Dutton 1977.
Wickler, Wolfgang: *The Sexual Code*. Garden City, N. Y.: Anchor Press / Doubleday 1973.
Wickler, Wolfgang: *Sind wir Sünder? Naturgesetze der Ehe*. München, Zürich: Droemer Knaur 1969.
Wilkins, Eithne: *The Rose-Garden Game*. London: Victor Gallancz Ltd. 1969.
Williams, Charles Alfred Speed: *Outlines of Chinese Symbolism and Art Motives*. New York: Dover Publications 1976.
Wilson, Colin: *The Outsider*. Boston: Houghton Mifflin 1956.
Wilson, Colin: *Der Outsider*. Stuttgart: Scherz & Goverts 1957.
Wimberly, Lowry Charles: *Folklore in the English and Scottish Ballads*. New York: Dover Publications 1965.

Wind, Edgar: *Pagan Mysteries in the Renaissance*. New York: W. W. Norton & Co. 1968.

Wind, Edgar: *Heidnische Mysterien in der Renaissance*. Frankfurt am Main: Suhrkamp 1988.

Wolff, Geoffrey: *Black Sun*. New York: Random House 1976.

Woodroffe, Sir John (unter d. Pseud. Arthur Avalon): *Shakti and Shakta*. New York: Dover Publications Inc. 1978.

Woodroffe, Sir John: *Shakti und Skakta. Lehre und Ritual des Tantra-Shastra*. Bern: Barth 1987.

Woods, William: *A History of the Devil*. New York: G. P. Putnam's Sons 1974.

Young, Wayland: *Eros Denied. Sex in Western Society*. New York: Grove Press 1964.

Zimmer, Heinrich: *Myths and Symbols in Indian Art and Civilization*. Princeton, N. J.: Princeton University Press 1946.

Zimmer, Heinrich: *Indische Mythen und Symbole. Schlüssel zur Formenwelt des Göttlichen*. Düsseldorf, Köln: Diederichs ^{3}1986.

Verzeichnis der Marginalien

Wir danken folgenden Einrichtungen für die Erlaubnis zum Abdruck der Fotografien:

Art Resource, New York: S. II, VIII, XIV, 1, 85, 150, 245, 290, 291, 335, 435, 597, 634, 768, 769, 828, 829 oben, 896, 897 unten, 938, 1045 unten, 1151 unten.
Metropolitan Museum of Art, New York: S. 596, 635 oben, 829 unten, 939, 1151 oben.
Musée du Louvre, Paris: S. 84, 151.
American Museum of Natural History, New York: S. 1150.
Bettmann Archive, New York: S. 244.
Colonial Williamsburg Foundation, Williamsburg (Virg.): S. 1111 oben.
Dumbarton Oaks Research Library and Collection, Cambridge (Mass.): S. 1044.
Marquandt Library, Princeton University, Princeton (N. J.): S. 434.
Max Hirmer Fotoarchiv, München: S. 181
Museo De Arte De Cataluña, Barcelona: S. 635 unten.
National Gallery of Art, Washington D.C.: S. 1111 unten.
National Museums and Galleries on Merseyside, Liverpool (G. B.): S. 334.
Seattle Art Museum, Seattle: S. 180.
The New York Public Library, New York: S. 897 oben.
Victoria & Albert Museum, London (G. B.): S. 1045 oben.

Außerdem von Barbara Walker

A Treasury of Knitting Patterns (Scribner's, 1968)
A Second Treasury of Knitting Patterns (Scribner's, 1970)
The Craft of Lace Knitting (Scribner's, 1971)
The Craft of Cable-Stitch Knitting (Scribner's, 1971)
Charted Knitting Designs (Scribner's, 1972)
Knitting from the Top (Scribner's, 1972)
The Craft of Multicolour Knitting (Scribner's, 1973)
Sampler Knitting (Scribner's, 1973)
Barbara Walker's Learn-To-Knit Afghan Book (Scribner's, 1974)
Mosaic Knitting (Scribner's, 1976)
The Secrets of the Tarot: Origins, History, and Symbolism (Harper & Row, 1984)
Deutsch: Die Geheimnisse des Tarot. Bruno Martin 1985
The Barbara Walker Tarot Deck (U.S. Games Systems Inc., 1986)
The Crone: Woman of Age, Wisdom and Power (Harper & Row, 1985) Deutsch: Die weise Alte: Kulturgeschichte – Symbolik – Archetypus. Frauenoffensive 1986
The I Ching of the Goddess (Harper & Row, 1986)
The Sceptical Feminist: Discovering the Virgin, Mother and Crone (Harper & Row, 1987)
The Woman's Dictionary of Symbols and Sacred Objects (Harper & Row, 1988)
The Book of Sacred Stones: Fact and Fallacy in the Crystal World (Harper & Row, 1989)
Women's Rituals: A Sourcebook (Harper & Row, 1990)
Amazon: A Novel (Harper, Spring 1992)

MannsBilder im dtv

Absender:
Dein Sohn
Briefe an den Vater
Herausgegeben von
Wilfried Wieck
dtv 30466

Philip Roth:
Mein Leben als Sohn
Eine wahre Geschichte
dtv 11965

Klaus Theweleit:
Männerphantasien
Band 1:
Frauen, Fluten, Körper, Geschichte
dtv 30461
Band 2:
Männerkörper – zur Psychoanalyse des weißen Terrors
dtv 30462

MannsBilder von Frauen
dtv 11720

MannsBilder von Männern
dtv 11721

Camille Paglia:
Die Masken der Sexualität
dtv 30454

Esther Vilar:
Der dressierte Mann
Das polygame Geschlecht
Das Ende der Dressur
dtv 30072

David G. Gilmore:
Mythos Mann
Wie Männer gemacht werden
Rollen, Rituale, Leitbilder
dtv 30354

Wassilios E. Fthenakis:
Väter
Band 1:
Zur Psychologie der Vater-Kind-Beziehung
Band 2:
Kind-Beziehung in verschiedenen Familienstrukturen
dtv 15046

Peter Schellenbaum:
Homosexualität im Mann
Eine tiefenpsychologische Studie
dtv 35079

Loren E. Petersen:
Das Weibliche im Mann
Eine Psychologie des Mannes
dtv 35083

Régine Pernoud
im dtv

Foto: Irmeli Jung

Königin der Troubadoure
Eleonore von Aquitanien.
Ein lebendiges Bild aus dem Frankreich des Mittelalters: Leben und Zeit der schönen und klugen Königin von Frankreich.
dtv 30042

Herrscherin in bewegter Zeit
Blanca von Kastilien,
Königin von Frankreich,
Königin Blanche, die Enkelin der Eleonore von Aquitanien, lenkte die Geschicke ihres Landes mit sicherer Hand durch die Turbulenzen der ersten Hälfte des 13. Jahrhunderts.
dtv 30359

Heloise und Abaelard
Ein Frauenschicksal im Mittelalter. Die Liebes- und Lebensgeschichte des mittelalterlichen Philosophen, der Entscheidendes der Frau in seinem Schatten verdankte.
dtv 30394

Christine de Pizan
Das Leben einer außergewöhnlichen Frau und Schriftstellerin.
Vor dem Hintergrund des ausgehenden Mittelalters erzählt Régine Pernoud das Leben der französischen Schriftstellerin, die als erste Feministin in die Geschichte eingegangen ist.
dtv 30086

Die Heiligen im Mittelalter
Frauen und Männer, die ein Jahrtausend prägten.
Mit einem Kapitel über die deutschen Heiligen im Mittelalter von Klaus Herbers.
Leben, Wirken und Leiden jener Frauen und Männer des Mittelalters, die als Heilige bis heute verehrt werden.
dtv 30441

Dorothee Sölle
im dtv

Foto: Brigitte Friedrich

Gott im Müll
Eine andere Entdeckung Lateinamerikas

Dorothee Sölle, die engagierte Christin, hielt fest, was sie auf einer Reise durch Lateinamerika sah und erlebte. Es entstanden beeindruckende Miniaturen, die lehren, mit dem Herzen zu sehen und diesen Halbkontinent anders und neu zu entdecken.
dtv 30040

Und ist noch nicht erschienen, was wir sein werden
Stationen feministischer Theologie

Stationen einer feministischen Theologie der engagierten Theologin Dorothee Sölle, die sich am Lebendigen orientiert und der männlich »verkopften« Theologie den Kampf angesagt hat. Beiträge über Liebe und Unterdrückung, Macht und Ohnmacht.
dtv 10835

Ich will nicht auf tausend Messern gehen
Gedichte

»Wir brauchen freunde
vielleicht haben wir sie schon
viele menschen lassen sich
verlocken zum frieden
mehr als wir denken und sehen
laßt uns dem alten ruf folgen
und menschen fischen«
dtv 10651

Gesellschaft
Politik
Wirtschaft

Christoph Buchheim:
Industrielle Revolutionen
dtv 4622

Ralf Dahrendorf:
Der moderne soziale Konflikt
dtv 4628

Gilberto Freyre:
Das Land in der Stadt
Die Entwicklung Brasiliens
dtv/Klett-Cotta 4537

Erich Fromm:
Arbeiter und Angestellte am Vorabend des Dritten Reiches
dtv 4409

Ernest Gellner:
Der Islam als Gesellschaftsordnung
dtv 4588

Bronislaw Geremek:
Geschichte der Armut
dtv 4558

Gerd Hardach:
Der Marshall-Plan
Auslandshilfe und Wiederaufbau in Westdeutschland 1948-1952
dtv 4636

Indianische Realität
Nordamerikanische Indianer in der Gegenwart
Herausgegeben von Wolfgang Lindig
dtv 4614

Klassische Texte der Staatsphilosophie
Herausgegeben von Norbert Hoerster
dtv 4455

Hans van der Loo/
Willem van Reijen:
Modernisierung
Projekt und Paradox
dtv 4573

Herbert Marcuse:
Der eindimensionale Mensch
Studien zur Ideologie der fortgeschrittenen Industriegesellschaft
dtv 4623

Peter Cornelius Mayer-Tasch:
Politische Theorie des Verfassungsstaates
dtv 4557

Jörg P. Müller:
Demokratische Gerechtigkeit
dtv 4610

Oskar Weggel:
Die Asiaten
dtv 4629

Griechische und römische Antike

Der Kleine Pauly Lexikon der Antike
dtv 5963

Siegmar Döpp:
Werke Ovids
dtv 4587

dtv-Geschichte der Antike
Oswyn Murray:
Das frühe Griechenland
dtv 4400

John K. Davies:
Das klassische Griechenland und die Demokratie
dtv 4401

Frank W. Walbank:
Die hellenistische Welt
dtv 4402

Michael Crawford:
Die römische Republik
dtv 4404

Colin Wells:
Das Römische Reich
dtv 4405

Averil Cameron:
Das späte Rom
dtv 4621

Albin Lesky:
Geschichte der griechischen Literatur
dtv 4595

Michael v. Albrecht:
Geschichte der römischen Literatur
2 Bände · dtv 4618

Moses I. Finley:
Das politische Leben in der antiken Welt
dtv 4563
Das antike Sizilien
dtv 4592
Die antike Wirtschaft
dtv 4584

Siegfried Lauffer:
Alexander der Große
dtv 4298

Christian Meier:
Caesar
dtv 4596

Siegfried Melchinger:
Das Theater der Tragödie
dtv 4535

Theodor Mommsen:
Römische Geschichte
8 Bände · dtv 5955

Robert M. Ogilvie:
... und bauten die Tempel wieder auf
dtv 4427

Otto Seel:
Quintilian oder Die Kunst des Redens und Schweigens
dtv 4459

Arpad Szabó:
Das geozentrische Weltbild
dtv 4490

Über das Studium der Alten Geschichte
Herausgegeben von Winfried Nippel
dtv 4583

Paul Veyne:
Brot und Spiele
dtv 4639

dtv-Geschichte der Antike

Herausgegeben von Oswyn Murray

Die moderne Forschung, neue Entdeckungen und Funde haben unser Bild der Antike in wichtigen Punkten verändert; es ist daher an der Zeit, die Ergebnisse dem Publikum zugänglich zu machen. Die überarbeitete Neuausgabe der bewährten Reihe umfaßt die Antike von ihrem Beginn im frühen Griechenland bis zur Spätzeit des Römischen Reiches. Ziel ist es, die Darstellung der jeweils behandelten Periode zusammen mit möglichst vielen Zeugnissen zu bieten. So sind ausgewählte Dokumente in die Erzählung einbezogen und werden ausführlich erörtert. Wo Interpretationen umstritten sind, werden die verschiedenen Meinungen dem Leser vorgelegt. Jeder Band enthält zahlreiche Abbildungen, Kartenmaterial, eine Übersicht der unterschiedlichen Quellen der jeweiligen Epoche sowie Vorschläge zur vertiefenden Lektüre.

Oswyn Murray:
Das frühe Griechenland
dtv 4400

John K. Davies:
Das klassische Griechenland und die Demokratie
dtv 4401

Frank W. Walbank:
Die hellenistische Welt
dtv 4402

Michael Crawford:
Die römische Republik
dtv 4404

Colin Wells:
Das Römische Reich
dtv 4405

Averil Cameron:
Das späte Rom
dtv 4621